Genauigkeit, Sachlichkeit und Aktualität zeichnen den **Fischer Weltalmanach** seit 47 Jahren aus und machen ihn zu einem »Klassiker der enzyklopädischen Kategorie« (FAZ). Alljährlich überarbeitet und auf den neuesten Stand gebracht, zudem in diesem Jahr **noch umfangreicher,** liefert das Buch zu allen 194 Staaten der Erde die wichtigsten Zahlen, Daten und Fakten aus Politik, Wirtschaft, Umwelt, Kultur und Sport. Zahlreiche farbige Karten, Tabellen, Info-Grafiken und Fotos veranschaulichen die neuesten Entwicklungen, informative Stichworte und ausführliche Hintergrundberichte erleichtern das Verständnis politischer Entwicklungen und befassen sich mit in der Öffentlichkeit viel diskutierten Problemen.

Das Jahrbuch ist nicht nur eine Ergänzung zu jedem Lexikon, sondern auch als eigenständiges Nachschlagewerk für Schüler, Studenten, Lehrer, Journalisten und politisch interessierte Leser unentbehrlich.

Die CD-ROM enthält eine Fülle von Zusatzinformationen, u. a. Karten zu allen Staaten und Zeitreihen für über 140 Kategorien von Daten (über 200 000 zusätzliche Einzeldaten).

Autorinnen und Autoren

Albrecht, Birgit geb. 1963, Studium der Germanistik, Kunstpädagogik und Theaterwissenschaften; freie Autorin und Lektorin. Verantwortlich für die Chroniken der nord- und westafrikanischen Länder im Kapitel Staaten.

Baratta, Dr. Mario von geb. 1936, Studium der Zeitungswissenschaften; freier Journalist und Publizist, langjähriger Herausgeber des Fischer Weltalmanach. Verantwortlich für die Themen der Welt und die Nobelpreise.

Brander, Sibylle geb. 1955, Diplom-Volkswirt; Länderrisikoanalystin bei einer Großbank in Frankfurt am Main. Verantwortlich für das Kapitel Europäische Union.

Eschenhagen, Wieland geb. 1944, Studium der Politologie und Geschichte; freier Lektor und Publizist. Verantwortlich für die Chroniken der Länder Europas (mit Ausnahme der baltischen und GUS-Staaten), Nordamerikas und Asiens im Kapitel Staaten.

Hänsel, Heiko geb. 1971, Studium der Osteuropastudien, Ost- und Südosteuropäischen Geschichte und Neueren Deutschen Literatur; Mitarbeiter der Stiftung Aufarbeitung und Redakteur des Jahrbuchs für Historische Kommunismusforschung. Verantwortlich für die Chroniken der GUS-Staaten und des Baltikums im Kapitel Staaten.

Hartmann, Prof. Dr. Christof geb. 1967, Studium der Politikwissenschaft, Neuen Geschichte und des Öffentlichen Rechts; Juniorprofessor für Transformationsforschung Afrika / Asien an der Ruhr-Universität Bochum. Verantwortlich für die Chroniken der afrikanischen Länder südlich der Sahara (ausgenommen Westafrika) im Kapitel Staaten.

Jansen, Sabine geb. 1958, Studium der Kulturanthropologie, Kunstgeschichte und Romanistik (Italienisch); freie Lektorin und Publizistin. Verantwortlich für die Jahreschronik und die Kapitel Kultur und Nachrufe.

Jung, Wolfgang geb. 1966, Studium der Physik; Prokurist und Projektleiter am Wissenschaftspark Gelsenkirchen. Verantwortlich für das Kapitel Umwelt.

Kick, Dr. Karl G. geb. 1958, Studium der Geschichte und der Politikwissenschaft, Mitarbeiter einer Online-Redaktion. Verantwortlich für das Kapitel Internationale Organisationen.

Kraft, Dr. Ekkehard geb. 1959, Historiker; Dozent in der Erwachsenenbildung und Publizist. Verantwortlich für die Chroniken der Länder des Nahen Ostens und der Türkei im Kapitel Staaten.

Krämer, Harald geb. 1953, Studium der Politikwissenschaft und Germanistik; Werbetexter und Autor mehrerer Sportbücher. Verantwortlich für das Kapitel Sport.

Manig, Dr. Bert-Oliver geb. 1964, Studium der Geschichte und Sozialwissenschaften; freier Autor. Verantwortlich für die Chroniken der südasiatischen Länder im Kapitel Staaten.

Paesler, Dr. Reinhard geb. 1942, Studium der Geografie, Geschichte, Anglistik und Amerikanistik; Akademischer Direktor am Institut für Wirtschaftsgeografie im Department Betriebswirtschaft der Universität München. Verantwortlich für das Kapitel Wirtschaft.

Unger-Kunz, Margit geb. 1961, Studium der Germanistik und Geschichte; freie Lektorin und Publizistin. Verantwortlich für die Chroniken der Länder Lateinamerikas und der Karibik im Kapitel Staaten.

Der Fischer Weltalmanach

2007 Zahlen · Daten · Fakten

Fischer Taschenbuch Verlag

Der Fischer Weltalmanach 2007

Redaktion Eva Berié und Heide Kobert (verantwortlich)
Christin Löchel, Thomas Steinhoff
Mitarbeit: Lea Katharina Ostmann

Redaktionsschluss 15. 7. 2006

Fischer Taschenbuch Verlag
Fischer Weltalmanach
Postfach 70 03 55
60553 Frankfurt am Main
weltalmanach@fischerverlage.de

Täglich aktuell im Internet
www.weltalmanach.de

Originalausgabe
Veröffentlicht im Fischer Taschenbuch Verlag,
ein Unternehmen der S. Fischer Verlag GmbH,
Frankfurt am Main, September 2006

Unsere Adressen im Internet:
www.fischerverlage.de
www.hochschule.fischerverlage.de

Herstellung Frank Geck und Matthias Birkelbach
Umschlag und typografisches Konzept
Farnschläder & Mahlstedt Typografie, Hamburg
Karten BITmap, Mannheim
Grafiken Christiane von Solodkoff, Neckargemünd
Flaggen Archiv für Flaggenkunde, Ralf Stelter, Hattingen
Fotos dpa / Picture-Alliance

Umschlagfotos (von oben nach unten):
– Bundeskanzlerin Angela Merkel
– Erdbebenopfer in Pakistan
– Präsident Mahmud Ahmadinedschad (Iran)
– Montenegro (Karte)
– Berliner Fanmeile

Gesamtherstellung Clausen & Bosse, Leck
(*Satz:* Andreas Hauser, Olivier Metzler)

Printed in Germany

ISBN-13: 978-3-596-72007-1
ISBN-10: 3-596-72007-9
Ausgabe mit CD-ROM
ISBN-13: 978-3-596-72907-4
ISBN-10: 3-596-72907-6
ISSN 0430-5973

Vorwort

Seit über vier Jahrzehnten ist der Fischer Weltalmanach kontinuierlich gewachsen, die vorliegende 48. Ausgabe bietet auf nun mehr **832 Seiten** eine noch größere Fülle an Zahlen, Daten und Fakten sowie Berichte über die wichtigsten politischen Ereignisse.

Das Kapitel **Jahreschronik** präsentiert von Juli 2005 bis Juni 2006 die Ereignisse, die Schlagzeilen machten.

Im Kapitel **Themen der Welt** finden Sie Hintergrundinformationen und Karten zu den wichtigsten globalen Problemen und Herausforderungen, dieses Jahr mit den Themen: Kriege und Konflikte, Gescheiterte Staaten, Massenvernichtungswaffen, Flüchtlinge, Aids / HIV, Illegale Drogen, Vogelgrippe, Hurrikane, Sprachen in Afrika, Weltreligion Islam, Internationale Raumstation (ISS).

Das Kapitel **Staaten** enthält die aktuellen abgesicherten Grunddaten zu den jetzt – mit **Montenegro** – 194 Staaten der Welt und zu den abhängigen Ländern und Gebieten sowie ausführliche Chronikbeiträge über deren Entwicklung im Berichtszeitraum (1. 7. 2005 – 15. 7. 2006). Ergänzt wird das Kapitel um 20 Seiten Basistabellen, die wir dieses Jahr nochmals deutlich erweitert haben: Zusätzlich zu den demografischen Daten, Daten zur Bildung und Gesundheit, Wirtschaft und Umwelt wurden Daten zur Entwicklung und zum Militär aufgenommen. Im Anschluss finden Sie Kontinentkarten und eine Weltkarte, eine Zeitzonenkarte und die Flaggenübersicht.

Das Kapitel **Europäische Union** befasst sich ausführlich mit dem Aufbau und den Organen der EU und zeichnet in der Chronik die jüngsten Entwicklungen um Erweiterung, Verfassung und Finanzierung der Gemeinschaft nach.

Das Kapitel **Internationale Organisationen** porträtiert die Vereinten Nationen (UN) und ihre vielfältigen Organe und Programme und beschäftigt sich in der Chronik u. a. mit den Reformbemühungen der Staatenorganisation, den Auseinandersetzungen um das iranische Atomprogramm und dem UN-Engagement in Afrika. Daneben werden in einer Auswahl die wichtigsten internationalen und regionalen Organisationen und einige weltweit operierende Nichtregierungsorganisationen vorgestellt.

Das Kapitel **Wirtschaft** zeigt die weltwirtschaftlichen Entwicklungen und Probleme sowie die Situation in den wirtschaftlich bedeutenden Staaten und Regionen detailliert auf (Industriestaaten, Transformations- und Entwicklungsländer). Für die wichtigsten Produktgruppen und Erzeugnisse wurden wieder die aktuellen Produktionsziffern und Vergleichszahlen zusammengestellt.

Das Kapitel **Umwelt** geht ausführlich auf die durch menschliche Einflüsse verursachten globalen Veränderungen des Ökosystems (Atmosphäre, Böden, Wälder, Wasser und biologische Vielfalt) ein. Daneben wird detailliert u. a. über Kyoto-Protokoll, Emissionshandel, Wasserkonflikte und Naturkatastrophen berichtet.

Im Kapitel **Kultur** wird über die wichtigen Ereignisse des letzten Jahres auf den Gebieten Architektur, Bildung und Forschung, Film, Kulturpolitik, Kunst, Museen und Ausstellungen, Literatur, Medien, Musik, Theater, UNESCO-Weltkulturerbe und Nobelpreise berichtet.

Übrigens: Unter www.weltalmanach.de ist eine kommentierte Linksammlung vieler Kulturpreise zu finden.

Im Kapitel **Sport** stehen in dieser Ausgabe natürlich der Fußball und die Weltmeisterschaft 2006 im Vordergrund. Daneben werden Sie umfassend u. a. über Tennis, Radsport, Basketball, Motorsport und die Olympischen Winterspiele in Turin informiert. Ein Beitrag widmet sich dem »German Wunderkind« Dirk Nowitzki, ein anderer dem Gendoping – der illegalen Leistungssteigerung im Profisport.

Im Kapitel **Biografien** sind über 130 Persönlichkeiten porträtiert, die zum Stichtag 15. 7. 2006 hohe Staats- und Regierungsämter bekleideten, im Berichtszeitraum ins Amt gekommen sind oder im Zentrum des öffentlichen Interesses standen. Schwerpunktmäßig sind Politiker Afrikas berücksichtigt.

An wichtige verstorbene Persönlichkeiten wird im Kapitel **Nachrufe** erinnert.

Hinweisen möchten wir auf die Reihe Fischer Weltalmanach aktuell, die wir gemeinsam mit der ZEIT herausgeben. Der 2006 veröffentlichte Band **Afrika** (FTV 72305) widmet sich dem allzu oft vernachlässigten schwarzen Kontinent.

Zu allerletzt: Im Internet finden Sie unter www.weltalmanach.de täglich aktuelle Nachrichten, neu ins Amt gekommene politische Amtsträger sowie Hintergrundberichte, die Sie bis zur nächsten Ausgabe des Fischer Weltalmanach auf dem Laufenden halten.

Die Redaktion
Frankfurt am Main, im Juli 2006

Inhalt

NEUENTDECKUNG
STÖBERLAUNE
DIE LUST ZU LESEN
IST JA INTERESSANT
WIE ES WOHL WEITERGEHT ?
LESE- UND HÖRPROBEN online
Bekannte Buchverlage präsentieren ihre Titel unter
www.zeit.de/literatur
Gehen Sie auf Entdeckungsreise
Stöbern Sie nach Lust und Laune durch das umfangreiche Angebot der Buchverlage. Eine **effiziente Suchmaschine** sowie eine **einfache Handhabung** unterstützen Sie dabei – entdecken Sie mit der ZEIT die Lust zu lesen!
www.zeit.de
Genießen Sie DIE ZEIT

Juli 2005

Schröder stellt Vertrauensfrage Wie geplant verliert Bundeskanzler Gerhard Schröder am 1. 7. die »unechte« Vertrauensfrage im Bundestag: 151 der insgesamt 595 Abgeordneten stimmen mit Ja, 296 mit Nein, 148 enthalten sich. Unmittelbar vor der Abstimmung begründet er seinen Antrag mit dem fehlenden Rückhalt in der Koalition, der destruktiven Blockadepolitik im Bundesrat und der Serie schwerer Wahlniederlagen. In einer mit Spannung erwarteten Fernsehansprache gibt Bundespräsident Horst Köhler am 21. 7. seine Entscheidung über vorgezogene Bundestagswahlen bekannt, die für den 18. 9. angesetzt werden.

Bundeskanzler Gerhard Schröder vor der Vertrauensfrage am 1. 7. 2005

Rock gegen Armut Rund zwei Milliarden Menschen verfolgen am 2. 7. die insgesamt zehn Live-8-Konzerte rund um den Globus. Die vom irischen Musiker Bob Geldof initiierte Konzertreihe soll weltweit ein Zeichen gegen Armut und Elend setzen.

Roger Federer erneut Wimbledon-Sieger Mit einem glatten 6:2, 7:6, 6:4-Sieg gegen den US-Amerikaner Andy Roddick gewinnt der Schweizer Roger Federer am 3. 7. zum dritten Mal in Folge das englische Traditionsturnier.

Terror in London Am Morgen des 7. 7. detonieren in drei Londoner U-Bahnen und einem Doppeldeckerbus fast zeitgleich mehrere Sprengsätze, 56 Menschen sterben, über 700 werden verletzt. Durch Aufnahmen einer Überwachungskamera gelingt es den Fahndern eine Woche nach den Anschlägen, die Selbstmordattentäter zu identifizieren: vier junge Briten pakistanischer Abstammung aus der Gegend um Leeds. Am 21. 7. explodieren erneut vier Bomben in einem Bus und drei U-Bahnen; da die Sprengsätze nicht richtig zünden, wird aber niemand verletzt. → Großbritannien

G8 erhöhen Entwicklungshilfe Die Regierungschefs der sieben führenden Industrienationen und Russland (G 8) vereinbaren am 8. 7. bei ihrem Gipfel im schottischen Gleneagles, ihre Entwicklungshilfe bis 2010 um 50 Mrd. US-$ pro Jahr zu erhöhen und den 18 ärmsten Ländern Schulden im Umfang von 40 Mrd. US-$ zu erlassen.

Hungersnot in Niger Angesichts einer drohenden Hungerkatastrophe im westafrikanischen Niger, einem der ärmsten Länder der Welt, bittet Jan Egeland, UN-Koordinator für humanitäre Hilfe, am 20. 7. in London die internationale Gemeinschaft um Hilfszahlungen in Millionenhöhe: Durch eine anhaltende Dürreperiode und eine anschließende Heuschreckenplage litten 2,5 Mio. Menschen unter Hunger, rd. 800 000 Kinder seien unterernährt, 150 000 von ihnen drohten zu verhungern.

Mörder van Goghs verurteilt Ein Gericht in Amsterdam verurteilt am 26. 7. den Mörder des niederländischen Filmregisseurs Theo van Gogh, Mohammed Bouyeri, zu einer lebenslangen Haftstrafe. Der 26-Jährige hatte van Gogh am 2. 11. 2004 auf offener Straße durch Schüsse und Messerstiche getötet. In der Folge kam es zu einer Welle der Gewalt: Zahlreiche Schulen, Moscheen und christliche Kultstätten wurden in Brand gesetzt.

IRA beendet bewaffneten Kampf Nach mehr als 30 Jahren erklärt die nordirische Untergrundorganisation IRA am 28. 7. ihren bewaffneten Kampf gegen Großbritannien für beendet. Zwischen 1969 und dem Beginn des Friedensprozesses 1994 starben bei den gewaltsamen Auseinandersetzungen zwischen Katholiken und Protestanten über 3700 Menschen. → Großbritannien

Naturkatastrophen Nach einer Hitzewelle in Indien, die etwa 2800 Menschen das Leben kostet, bringt der sommerliche Monsun die heftigsten Niederschläge seit Beginn der Wetteraufzeichnungen. Allein im Bundesstaat Maharastra sterben im Juli 2005 etwa 800 Menschen durch Ertrinken oder durch Erdrutsche. Weite Teile Mumbais sind überschwemmt.

August 2005

Unfalltod des sudanesischen Vizepräsidenten Der sudanesische Vizepräsident und frühere Rebellenführer John Garang kommt am 1. 8. bei einem Hubschrauberabsturz ums Leben. In der Folge brechen in der sudanesischen Hauptstadt Khartum Unruhen aus, bei denen mindestens 130 Menschen getötet werden.

Millionencoup in Brasilien Bei einem spektakulären Bankraub, dem größten in der Geschichte Brasiliens, erbeuten die Täter am 6. 8. in Fortaleza im nordöstlichen Bundesstaat Ceara rund 55 Mio. €. Ihre 3,5 t schwere Beute tragen sie durch einen zuvor gegrabenen 80 m langen Tunnel davon.

Iran nimmt Atomanlage wieder in Betrieb Trotz internationaler Proteste nimmt der Iran am 10. 8. die Urananreicherung in der Nuklearanlage in Isfahan wieder auf. Zwei Tage zuvor hatte die Regierung einen Kompromissvorschlag der EU, der einen Verzicht Teherans auf die Uranumwandlung und im Gegenzug die Lieferung von Kernbrennstoffen vorsah, abgelehnt. Wegen möglicher Sanktionen hatte der Iran im November die Urananreicherung eingestellt. → Iran

Discovery-Mission erfolgreich beendet Zwei Tage später als geplant landet die US-Raumfähre Discovery am 9. 8. sicher auf dem Luftwaffenstützpunkt Edwards in Kalifornien. Knapp eine Woche zuvor hatte der Astronaut Stephen Robinson, mit den Füßen an einem Roboterarm der Raumstation ISS befestigt, zwei überhängende Streifen der Schaumstoffisolierung zwischen den Hitzeschildkacheln an der Unterseite des Shuttles entfernt.

Streik legt ecuadorianische Erdölindustrie lahm Aus Protest gegen die ungerechte Verteilung der Erdöleinnahmen besetzen Ölarbeiter ab dem 14. 8. 200 Förderanlagen und bringen damit die gesamte Erdölförderung zum Erliegen. Trotz der Verhängung des Ausnahmezustands führen erst finanzielle Zugeständnisse der Konzerne zur Beendigung des Streiks. → Ecuador

Friedensverhandlungen für Indonesien Die indonesische Regierung und die Rebellen der Provinz Aceh unterzeichnen am 15. 8. in Helsinki ein Friedensabkommen, das den fast 30 Jahre andauernden Bürgerkrieg, dem seit 1976 mehr als 15 000 Menschen zum Opfer gefallen sind, beenden soll. Das Abkommen regelt unter anderem die Entwaffnung der Rebellen und den Abzug der Regierungstruppen. Zudem einigten sich beide Seiten auf eine Amnestie für die verurteilten Mitglieder der Separatistenbewegung Freies Aceh (GAM). → Indonesien

Papst bei Weltjugendtag Mit drei zeitgleichen Eröffnungsgottesdiensten in Köln, Bonn und Düsseldorf beginnt am 16. 8. der XX. Weltjugendtag in Köln. An der Abschlussmesse mit Papst Benedikt XVI. auf dem Marienfeld bei Köln nehmen rund eine Million Menschen teil.

Hurrikan verwüstet Südstaaten Mit Windgeschwindigkeiten von 230 km/h und einer bis zu zehn Meter hohen Flutwelle erreicht der Hurrikan Katrina am 29. 8. die US-Südküste und richtet verheerende Schäden in den Bundesstaaten Louisiana, Mississippi und Alabama an, mehr als 1300 Menschen kommen ums Leben. Im weitgehend überschwemmten New Orleans bricht die öffentliche Ordnung zusammen. → Vereinigte Staaten

Überschwemmungen um New Orleans

Massenpanik bei Pilgerfest Während der Wallfahrt zu einem schiitischen Heiligtum in Bagdad kommt es am 31. 8. auf einer Brücke über den Tigris zu einer Massenpanik, mehr als 950 Menschen sterben. Auslöser der Panik soll das Gerücht gewesen sein, es befinde sich ein Selbstmordattentäter in der Menge. → Irak

Erbgut des Schimpansen entschlüsselt Ein internationales Forscherkonsortium, das sich unter der Federführung der Harvard University und dem Massachusetts Institute of Technology in Boston mit der Entzifferung des Erbguts von Schimpansen beschäftigt hat, veröffentlicht am 31. 8. das Ergebnis: Die genetische Übereinstimmung des Menschen mit Schimpansen liegt bei 98,7 %, dem tierischen Verwandten fehlen lediglich rd. 50 Gene des Menschen.

September 2005

Tote bei Seilbahnunglück Im Tiroler Ötztal sterben am 5. 9. neun deutsche Skifahrer, darunter sechs Kinder, sieben Personen werden zum Teil schwer verletzt: Ein 750 kg schwerer Betonkübel hatte sich vom Seil eines Transporthubschraubers gelöst und die Gondel mit in die Tiefe gerissen. Ursache des Unfalls war ein winziger, durch Abrieb entstandener Metallspan; er löste den elektrischen Impuls aus, der die Aufhängevorrichtung des Betonkübels öffnete.

Russisch-deutsche Gas-Pipeline Trotz heftiger Proteste aus Polen und dem Baltikum unterzeichnen Russlands Präsident Wladimir Putin und Bundeskanzler Gerhard Schröder am 8. 9. ein Abkommen über den Bau einer neuen Erdgas-Pipeline, die von Wyborg an der russisch-finnischen Grenze durch die Ostsee bis nach Greifswald führen soll. Die 1200 km lange, 4,7 Mrd. € teure Leitung soll ab 2010 jährlich etwa 25 Mrd. m³ Gas nach Deutschland befördern.

Grenzsicherung in Ceuta

Klarer Sieg für Koizumi Bei den vorgezogenen Parlamentswahlen in Japan am 11. 9. erringt die Liberaldemokratische Partei des amtierenden Ministerpräsidenten Junichiro Koizumi mit 296 von 480 Sitzen die absolute Mehrheit. Koizumi hatte den vorgezogenen Urnengang im August angesetzt, nachdem sein wichtigstes wirtschaftspolitisches Reformwerk, die umstrittene Privatisierung des Postwesens, gescheitert war. → Japan

Abzug aus dem Gazastreifen beendet Die letzten der noch verbliebenen 5000 israelischen Soldaten verlassen am 11. 9. den Gazastreifen und beenden damit die 38-jährige Besatzung des von 1,4 Mio. Palästinensern bewohnten Küstenstreifens am Mittelmeer. Begleitet von heftigen Protesten jüdischer Siedler hatten israelische Sicherheitskräfte am 15. 8. mit der Räumung begonnen. → Israel

Durchsuchungen bei Cicero Wegen des Verdachts der Beihilfe zum Geheimnisverrat durchsucht die Berliner Staatsanwaltschaft am 12. 9. die Redaktionsräume des politischen Magazins Cicero in Potsdam. Anlass war ein im April erschienener Bericht über den jordanischen Al-Qaida-Führer Abu Mussab as-Sarkawi; der Artikel hatte sich unter anderem auf geheime Unterlagen des Bundeskriminalamts bezogen. Verleger- und Journalistenverbände kritisieren die Durchsuchungsaktion als einen Angriff auf die Pressefreiheit.

UN-Reform gescheitert Auf der 60. Vollversammlung vom 14.–16. 9. können sich die rd. 170 teilnehmenden Staats- und Regierungschefs nur auf einen Minimalkonsens einigen. Die Reform des Sicherheitsrats, in dem u. a. Deutschland einen ständigen Sitz beantragt hat, wird vertagt, ebenso Initiativen u. a. zu Abrüstung und Nichtverbreitung von Massenvernichtungswaffen. → UN

Rembrandt-Werke entdeckt Das Kunsthistorikerteam des Rembrandt Research Project (RRP) erklärt am 22. 9. in Amsterdam vier Ölgemälde, die bisher als Kopien von Schülern des berühmten holländischen Meisters galten, als echte Rembrandt-Werke. Das RRP überprüft seit 1968 mit Hilfe wissenschaftlicher Methoden wie Röntgenstrahlen, Infrarot und Farbanalysen die Authentizität von Gemälden, die dem Leidener Maler zugeschrieben werden.

Alonso neuer Formel-1-Weltmeister Mit einem dritten Platz beim Großen Preis von Brasilien sichert sich der Spanier Fernando Alonso am 25. 9. in São Paulo den Weltmeistertitel in der Formel 1. Der 24-Jährige ist damit der jüngste Formel-1-Champion aller Zeiten. → Sport

Flüchtlingsansturm auf spanische Exklaven Bei einem Massenansturm auf die spanischen Nordafrika-Exklaven Ceuta und Melilla kommen am 29. 9. mindestens sechs Menschen ums Leben, zahlreiche Personen werden beim Überwinden der Grenzzäune verletzt. Seit Beginn des Jahres hatten insgesamt mindestens 12 000 Menschen versucht, über die beiden Exklaven auf das Gebiet der Europäischen Union zu gelangen. → Spanien

Oktober 2005

Anschläge auf Bali Bei einer koordinierten Anschlagsserie von Selbstmordattentätern werden am 1. 10. auf der indonesischen Ferieninsel Bali 22 Personen getötet und mehr als 100 verletzt; innerhalb weniger Minuten detonieren drei Sprengsätze in voll besetzten Restaurants in Jimbaran und Kuta im Süden der Insel. → Indonesien

Friedensnobelpreis vergeben Die Internationale Atomenergiebehörde IAEA in Wien und ihr Generaldirektor Mohamed el-Baradei werden am 7. 10. mit dem Friedensnobelpreis 2005 ausgezeichnet.

Erdbeben in Südostasien Bei einem Erdbeben der Stärke 7,6 auf der Richterskala im pakistanisch-indischen Grenzgebiet in Kashmir kommen am 8. 10. mehr als 87 000 Menschen ums Leben, nach Schätzungen des Kinderhilfswerks UNICEF werden etwa 4,5 Mio. obdachlos. → Pakistan

Iraker stimmen über Verfassung ab In einem Referendum am 15. 10. nehmen gut 78 % der stimmberechtigten Wähler die neue irakische Verfassung an. Sie definiert den Irak als demokratische, föderale und parlamentarische Republik, in der der Islam Staatsreligion ist; die Amtssprachen sind Arabisch und Kurdisch. → Irak

Eröffnung der höchsten Eisenbahnstrecke der Welt

China eröffnet Eisenbahnstrecke nach Tibet Nach vierjähriger Bauzeit wird am 17. 10. die höchste Eisenbahnlinie der Welt, die von Golmud im Südwesten Chinas nach Lhasa, der tibetischen Hauptstadt, führt, zum Test freigegeben. 90 % der 1142 km langen Strecke führen über eine Höhe von mehr als 4000 m. Kritiker des 3,3 Mrd. € teuren Mammutprojekts befürchten, dass die Eisenbahn vor allem den Abtransport tibetischer Bodenschätze erleichtern soll und der Einfluss Chinas verstärkt wird. → China

Beginn des Prozesses gegen Saddam Hussein Vor einem Sondertribunal in Bagdad beginnt am 19. 10. der Prozess gegen Ex-Diktator Saddam Hussein und sieben ehemalige Mitglieder der irakischen Regierung. Als erster Anklagepunkt wird das Massaker an 143 Schiiten in einem Dorf bei Bagdad im Jahre 1982 verhandelt, da dieses am besten dokumentiert ist. Saddam erklärte gleich zu Beginn des Prozesses, dass er sich weiterhin als Präsident des Irak betrachte und die Legitimität des Gerichts nicht anerkenne. → Irak

Zwillingsbrüder an der Spitze Polens Bei der Stichwahl um das Präsidentenamt am 23. 10. setzt sich Lech Kaczynski von der nationalkonservativen Partei Recht und Gerechtigkeit (PiS) klar gegen seinen liberalen Gegenkandidaten Donald Tusk durch. Die Wahlbeteiligung liegt mit 50,8 % deutlich unter der von 2000. Nach dem Sieg der PiS im September hatte deren Vorsitzender, Lechs Zwillingsbruder Jarosław Kaczynski, auf das Ministerpräsidentenamt verzichtet, um die Chancen des Präsidentschaftskandidaten nicht zu gefährden. → Polen

US-Stabschef tritt zurück Lewis Libby, Stabschef des US-Vizepräsidenten Dick Cheney, wird am 28. 10. wegen Justizbehinderung, Falschaussage und Meineid angeklagt. Er soll an der Enttarnung der CIA-Agentin Valerie Plame im Juli 2003 beteiligt gewesen sein. Libby tritt sofort nach Bekanntwerden der Anklage zurück; im Fall einer Verurteilung drohen ihm bis zu 30 Jahre Haft. → Vereinigte Staaten

Dresdner Frauenkirche geweiht Die wieder aufgebaute Dresdner Frauenkirche wird am 30. 10. im Rahmen eines ökumenischen Festgottesdienstes geweiht. Die spätbarocke Kirche war durch alliierte Bombenangriffe im Februar 1945 fast vollständig zerstört worden. 1994 begann der Wiederaufbau, der zum großen Teil aus Spenden finanziert wurde. → Kulturchronik

Nachwuchs im spanischen Königshaus Prinzessin Letizia, Frau des spanischen Kronprinzen Felipe, bringt am 31. 10. in einem Madrider Krankenhaus ein Mädchen zur Welt. Die kleine Leonor nimmt in der Thronfolge den zweiten Rang hinter ihrem Vater ein. Die frühere Fernsehmoderatorin Letizia Ortiz und Felipe hatten im Mai 2004 geheiratet.

November 2005

Brennende Vorstädte in Frankreich Um die seit Ende Oktober anhaltenden Unruhen in den französischen Vorstädten, den »banlieues«, unter Kontrolle zu bringen, verhängt die Regierung am 8. 11. einen befristeten Ausnahmezustand; Grundlage ist das Notstandsgesetz von 1955, das u. a. Ausgehverbote ermöglicht. Auslöser für die gewalttätigen nächtlichen Ausschreitungen war der Tod zweier Jugendlicher, die in der Pariser Vorstadt Clichy-sous-Bois auf der Flucht vor der Polizei über die Absperrung eines Transformatorhäuschens geklettert waren und dabei tödliche Stromschläge erlitten hatten.
→ Frankreich

Selbstmordanschläge erschüttern Jordanien Mindestens 60 Menschen, darunter zahlreiche Gäste einer Hochzeitsfeier, finden bei Anschlägen auf drei Luxushotels in Amman am 9. 11. den Tod. Die Verantwortung dafür übernimmt die unter Führung des Jordaniers Sarkawi stehende Organisation, dessen Familie sich in Zeitungsanzeigen von ihm distanziert. → Jordanien

Umweltkatastrophe in China Nach einer Explosion in einem Chemiewerk im Nordosten Chinas am 13. 11. gelangen 100 t hoch giftiges Benzol in den Fluss Songhua. Die Wasserzufuhr der 4-Mio.-Stadt Harbin, die 70 % ihres Trink- und Nutzwassers aus dem Fluss bezieht, wird komplett gestoppt.

Prinzessin wird bürgerlich Prinzessin Sayako, einzige Tochter des japanischen Kaisers Akihito, heiratet am 15. 11. ihren Verlobten Yoshiki Kuroda. Durch die Heirat verliert sie sämtliche kaiserlichen Privilegien. Eine Woche später spricht sich eine Expertenkommission dafür aus, dass die weiblichen Mitglieder der Kaiserfamilie trotz einer Hochzeit ihren besonderen Status behalten können. Darüber hinaus empfiehlt die Kommission, ein Gesetz aus dem Jahr 1947 zu ändern, wonach der Thron lediglich Männern vorbehalten ist: Unabhängig vom Geschlecht soll künftig das erstgeborene Kind die Thronfolge antreten. Seit 1965 wurden in der kaiserlichen Familie keine Jungen mehr geboren.

Merkel wird Bundeskanzlerin Zwei Monate nach der Bundestagswahl wird die 51-jährige CDU-Chefin Angela Merkel am 22. 11. mit 397 von 612 Stimmen zur ersten Bundeskanzlerin Deutschlands gewählt. Ihrem Kabinett gehören je acht SPD- und Unions-Mitglieder an. Vizekanzler wird Franz Müntefering. → Deutschland

Letzte »Last Orders« Rund 90 Jahre nach ihrer Einführung wird am 24. 11. in England und Wales die gesetzliche Sperrstunde aufgehoben: Künftig dürfen die Pubs auch nach 23 Uhr geöffnet sein. Der Ausschankstopp war während des Ersten Weltkriegs eingeführt worden, um sicherzustellen, dass die Arbeiter in kriegswichtigen Fabriken nüchtern zur Frühschicht erschienen.

Letzte Runde in einem englischen Pub am 23.11.2005

Schweizer stimmen gegen Gentechnik Bei einem Referendum stimmen 55,7 % der Schweizer am 27. 11. für die Initiative »für Lebensmittel aus gentechnikfreier Landwirtschaft«. Das auf fünf Jahre befristete Verbot von gentechnisch veränderten Produkten in der Landwirtschaft tritt sofort in Kraft. Nicht verboten ist der Import von gentechnisch veränderten Lebens- oder Futtermitteln. → Schweiz

Homosexuellenerlass Der Vatikan veröffentlicht am 29. 11. eine Instruktion, nach der Homosexuelle nicht für das Priesterseminar und zur heiligen Weihe zugelassen werden dürfen. Vertreter von Parteien und Schwulenverbänden bezeichnen das Dokument als »fatales Signal«, das zu einem Klima der Einschüchterung und des Versteckens führe.

Gammelfleisch Bundeslandwirtschaftsminister Horst Seehofer stellt am 30. 11. ein 10-Punkte-Sofortprogramm vor, das die Verbraucher vor dem Verzehr von verdorbenem Fleisch schützen soll, u. a. sollen betrügerische Unternehmen öffentlich genannt werden dürfen und eine Meldepflicht für verdorbene Lebensmittel eingeführt werden. Bundesweit war seit Mitte Oktober tonnenweise im Handel befindliches so genanntes »Gammelfleisch« beschlagnahmt worden, das teilweise das Haltbarkeitsdatum weit überschritten hatte oder als Schlachtabfall eigentlich gar nicht für den Verzehr bestimmt war. → Deutschland

Dezember 2005

Freie Fahrt auf der Ostseeautobahn Mit der Einweihung der letzten Teilstücke bei Tribsees und Greifswald am 7. 12. wird die Ostseeautobahn A 20 nach 13-jähriger Bauzeit auf der ganzen Länge für den Verkehr freigegeben. Der Autobahnbau gilt als wichtige Maßnahme für die Infrastruktur der Region. Kosten der 323 km langen Verbindung zwischen Stettin und Lübeck: 1,9 Mrd. €.

Aus für Londons »Routemaster« In London werden am 9. 12. die legendären roten Doppeldeckerbusse aus dem Verkehr gezogen. Die Busse, die seit 1954 das Stadtbild von London prägten, werden durch moderne, behindertengerechte Niederflurbusse ersetzt, die den Standards der EU entsprechen.

Nach der letzten Fahrt

Tookie Williams hingerichtet Trotz zahlreicher Proteste von Bürgerrechtlern wird Stanley »Tookie« Williams am 13. 12. im US-Bundesstaat Kalifornien hingerichtet. Der Fall des 51-Jährigen, der 1981 in einem Indizienprozess wegen vierfachen Mordes zum Tode verurteilt worden war, hatte in den USA die Debatte um die Todesstrafe neu entfacht. Williams, der im Gefängnis zahlreiche Kinder- und Jugendbücher schrieb, war mehrfach für den Friedens- und den Literaturnobelpreis nominiert worden.

Worte des Jahres Nachdem am 14. und 15. 12. in der Schweiz und in Österreich bereits die Begriffe »Aldisierung« und »Schweige-Kanzler« zum Wort des Jahres 2005 gewählt wurden, entscheidet sich die Gesellschaft für Deutsche Sprache (GfdS) in Wiesbaden am 16. 12. für den Ausdruck »Bundeskanzlerin«.

EU-Finanzstreit beendet Die 25 Staats- und Regierungschefs der Europäischen Union einigen sich nach monatelangem Ringen am 17. 12. in Brüssel auf einen gemeinsamen Finanzrahmen für die Jahre 2007 bis 2013; der Haushaltsplan sieht Ausgaben von maximal 862 Mrd. € vor. → EU

Deutsche Geisel wieder frei Die am 25. 11. zusammen mit ihrem Fahrer im Irak entführte deutsche Archäologin Susanne Osthoff wird am 18. 12. freigelassen. Über die genauen Umstände der Freilassung schweigt das Bundesaußenministerium.

Streik im New Yorker Nahverkehr beendet Nachdem sich die Transportgewerkschaft TWU und die New Yorker Verkehrsbetriebe auf eine Wiederaufnahme der Tarifverhandlungen einigen konnten, beenden die rd. 34 000 Bus- und U-Bahnbeschäftigten am 22. 12. ihren seit drei Tagen andauernden Streik. Der Protest richtete sich vor allem gegen die geplanten Neuregelungen bei der Altersversorgung. Den Behörden zufolge kostete der Ausstand, von dem 7 Mio. Pendler betroffen waren, die Stadt etwa eine Milliarde US-$.

Indio-Präsident in Bolivien Als erster Indio in der Geschichte Boliviens gewinnt der sozialistische Kandidat Evo Morales am 18. 12. die Wahl zum Präsidenten. Der 46-Jährige hatte sich im Wahlkampf für die Legalisierung des Coca-Anbaus ausgesprochen und zudem die Nationalisierung des Energiesektors angekündigt. Massenproteste von Indios und Coca-Bauern gegen die Energiepolitik hatten im Juni 2005 zum Rücktritt des damaligen Präsidenten Carlos Mesa geführt. → Bolivien

Klon-Star Hwang entlarvt Ein Untersuchungsausschuss der Universität Seoul veröffentlicht am 23. 12. einen Bericht, demzufolge der südkoreanische Klonforscher Hwang Woo-suk seine als bahnbrechend geltenden Ergebnisse über Stammzellenforschung komplett gefälscht haben soll. In einer im Mai publizierten Studie hatte Hwang behauptet, menschliche Embryonen geklont und daraus maßgeschneiderte Stammzellen gewonnen zu haben. Am 12. 5. 2006 erhebt die Staatsanwaltschaft in Seoul Anklage wegen Betrugs und Veruntreuung von Forschungszuschüssen. → Korea

Januar 2006

Schneelast Im bayerischen Bad Reichenhall kommen am 2. 1. beim Einsturz einer Eisporthalle 15 Menschen ums Leben, 34 werden zum Teil schwer verletzt. Das Hallendach war nach starken Schneefällen unter der Last der Schneemassen fast über die gesamte Länge gebrochen. Im polnischen Katowice stürzt am 28. 1. das Wellblechdach einer großen Messehalle ebenfalls unter einer zu großen Schneelast ein, mehr als 65 Personen werden getötet und über 150 verletzt.

Gasstreit beendet Russland und die Ukraine legen am 4. 1. ihren wochenlangen Streit um die Gaslieferungen bei und einigen sich auf eine Verdoppelung des Gaspreises. Ursprünglich hatte der staatlich kontrollierte russische Konzern Gazprom von der Ukraine eine Anpassung der bisher subventionierten Gaspreise an das Weltmarktniveau und damit eine Erhöhung von 50 US-$ auf 230 US-$ gefordert. Nachdem die diesbezüglichen Verhandlungen an Silvester gescheitert waren, hatte Gazprom die Erdgaslieferungen komplett eingestellt.

Papst-Attentäter frei Mehmet Ali Ağca, der 1981 ein Attentat auf Papst Johannes Paul II. verübt hatte, wird nach 25-jähriger Haft am 12. 1. in Istanbul aus dem Gefängnis entlassen. Papst Johannes Paul II. war bei dem Attentat auf dem Petersplatz in Rom durch mehrere Schüsse schwer verletzt worden.

Entscheidung im Streit um Klimt-Gemälde Nach einem fünfjährigen Rechtsstreit entscheidet ein österreichisches Schiedsgericht am 17. 1., dass fünf Gemälde von Gustav Klimt an die Erben der früheren jüdischen Besitzer zu restituieren sind. Die Bilder, die als Hauptwerke des österreichischen Jugendstils gelten und auf insg. 250 Mio. € geschätzt werden, waren während der NS-Zeit beschlagnahmt worden und in den Besitz der Österreichischen Galerie im Belvedere gelangt. → Kultur

Sensationeller Fund in Bibliothek Die Grimm-Sozietät bestätigt am 17. 1. in Berlin den Fund von neun bislang als verschollen geltenden Bänden des »Deutschen Wörterbuchs« von Jakob und Wilhelm Grimm. Der neuseeländische Germanist und Grimm-Forscher Prof. Alan Kirkness hatte die Bücher in der Krakauer Jagiellonen-Bibliothek entdeckt. Die neun Exemplare, die eine Vielzahl handschriftlicher Anmerkungen der Brüder Grimm enthalten, sind Teil der im Zweiten Weltkrieg ausgelagerten Beständen der Preußischen Staatsbibliothek in Berlin und wurden noch nie wissenschaftlich erforscht.

Wal in London Vor den Augen tausender Schaulustiger schwimmt am 20. 1. ein 5,85 m langer Wal mitten durch London. Der Meeressäuger war aus der Nordsee in die Themsemündung gelangt. Beim Versuch, das gestrandete Tier mit einer Barkasse wieder ins offene Meer zu bringen, stirbt es einen Tag später.

Hitzewelle in Australien Infolge einer seit Anfang Januar anhaltenden Hitzewelle kommt es in vielen Teilen des Landes zu Bränden. In Sydney werden mehr als 45°C gemessen, das ist der zweithöchste Wert seit Beginn der Aufzeichnungen 1858. Bei Wald- und Buschbränden im Süden werden am 22. 1. drei Menschen getötet.

Schriftstellerprozess Das umstrittene Verfahren gegen den Schriftsteller Orhan Pamuk wird auf Betreiben des türkischen Justizministeriums am 23. 1. eingestellt. Pamuk, der im vergangenen Jahr mit dem Friedenspreis des Deutschen Buchhandels ausgezeichnet worden war, stand seit Mitte Dezember wegen Beleidigung des Türkentums vor Gericht, weil er in einem Interview gesagt hatte, in der Türkei seien bei Massakern während des Ersten Weltkriegs eine Million Armenier getötet worden; die türkische Regierung hat einen Völkermord an den Armeniern stets bestritten.

Siegesfeier in Ramallah am 26. 1. 2006

Hamas gewinnt Parlamentswahlen Mit 76 von 132 Sitzen gewinnt die radikalislamische Hamas am 26. 1. die Parlamentswahl in Palästina und löst damit die regierende Fatah als stärkste politische Kraft ab. In Israel und international löst der Wahlsieg der Hamas negative Reaktionen aus, die u. a. zum Einfrieren der finanziellen Unterstützung für Palästina führen.
→ Israel / Palästinensische Gebiete

Februar 2006

Fed-Chef tritt ab Der legendäre Chef der US-Notenbank, Alan Greenspan, leitet am 1. 2. seine letzte Ausschusssitzung; nach knapp 19-jähriger Amtszeit, die kurz vor dem großen Börsencrash 1987 begann, gibt er die Leitung der Fed an den 52-jährigen Wirtschaftsprofessor und Berater von Präsident Bush, Bernard Bernanke, ab.

Karikaturen-Streit Bei antiwestlichen Massendemonstrationen in zahlreichen islamischen Staaten werden am 6. und 7. 2. mehrere Menschen getötet; in der syrischen Hauptstadt Damaskus werden die Botschaften Dänemarks und Norwegens in Brand gesetzt. Auslöser der Proteste war die Veröffentlichung von zwölf satirischen Zeichnungen mit dem Titel »Die Gesichter Mohammeds« in der dänischen Zeitung Jyllands-Posten Ende September 2005. Nachdem eine norwegische Zeitung am 10. 1. die Mohammed-Karikaturen nachgedruckt hat, eskaliert der Streit, es kommt zu Massenprotesten, Bombendrohungen und Boykottaufrufen. → Dänemark

Abschied von Johannes Rau Etwa 1500 Gäste, darunter zahlreiche europäische Staats- und Regierungschefs, nehmen am 7. 2. im Berliner Dom an der Trauerfeier für Altbundespräsident Johannes Rau teil. Johannes Rau war am 27. 1. nach schwerer Krankheit im Alter von 75 Jahren gestorben. → Verstorbene

Archäologische Entdeckung Die ägyptische Altertumsbehörde teilt am 8. 2. mit, dass amerikanische Archäologen zum ersten Mal seit über 80 Jahren ein nicht ausgeraubtes Grab im Tal der Könige entdeckt haben. In dem Grab, in dem vermutlich Mitglieder des Hofs aus der 18. Dynastie (1539–1292 v. Chr.) bestattet wurden, befinden sich fünf mit farbigen Totenmasken geschmückte Sarkophage mit Mumien. Das 1922 vom britischen Archäologen Howard Carter entdeckte Grab Tutenchamuns war bislang das einzige der im Tal der Könige gefundenen Gräber, das nicht von Grabräubern heimgesucht worden war.

Vogelgrippe erreicht Deutschland Auf der Insel Rügen wird bei mehreren tot aufgefundenen Schwänen am 14. 2. das hoch ansteckende und auch für den Menschen gefährliche Virus H5N1 festgestellt; ab dem 17. 2. gilt allgemeine Stallpflicht. In einem Geflügelbetrieb in Wermsdorf bei Leipzig wird dennoch am 7. 4. erstmals Vogelgrippe bei Nutztieren nachgewiesen. Unklar bleibt, wie das Virus in den Bestand gelangen konnte, da die Tiere seit Februar nicht im Freien gewesen waren. → Themen der Welt

Begehbarer Eisenkristall wiedereröffnet Nach fast zweijähriger Renovierung wird das Brüsseler Atomium am 14. 2. wiedereröffnet. Das 102 m hohe Wahrzeichen der belgischen Hauptstadt, zur Weltausstellung 1958 errichtet, stellt in 165-milliardenfacher Vergrößerung ein Eisenkristall dar. Es besteht aus neun Kugeln von jeweils 18 m Durchmesser. Nach der 27,5 Mio. € teuren Generalüberholung des Gebäudes werden künftig in einer der Kugeln Wechselausstellungen zeitgenössischer Künstler gezeigt, in einer anderen, mit einem »magischen Raum« ausgestatteten Kugel dürfen Kinder übernachten; in der höchsten Kugel wurde ein Restaurant mit Panoramablick eingerichtet.

Das Brüsseler Atomium

Verheerender Erdrutsch auf den Philippinen Nach wochenlangen, sintflutartigen Regenfällen löst sich am 17. 2. eine gewaltige Schlamm- und Geröllawine von einem Berg und begräbt die 500 Häuser des Dorfes Guinsaugon auf der zentralphilippinischen Insel Leyte; über 1000 Menschen werden getötet.

Anschlag auf schiitische Moschee Bei einem Bombenanschlag im Irak wird am 22. 2. eines der bedeutendsten schiitischen Heiligtümer, die rd. 1200 Jahre alte Goldene Moschee in Samarra, stark beschädigt. Der Sprengsatz zerstört die Kuppel und die Mosaikfassade der berühmten Pilgerstätte. In der Folge werden mehr als 60 sunnitische Moscheen mit Feuerwaffen angegriffen oder in Brand gesetzt.
Bei gewalttätigen Zusammenstößen kommen weit über 100 Personen ums Leben. → Irak

März 2006

Indien als Nuklearmacht anerkannt US-Präsident George W. Bush und Premierminister Manmohan Singh unterzeichnen am 2. 3. ein Abkommen über die zivile nukleartechnische Zusammenarbeit. Damit brechen die USA mit der bislang verfolgten Politik, mit Staaten, die den Atomwaffensperrvertrag nicht unterzeichnet haben, keine derartigen Verträge abzuschließen. Für Indien bedeutet dies die faktische Anerkennung als Nuklearmacht durch die USA. → Indien

Schneechaos Ununterbrochene Schneefälle lassen am Wochenende vom 4./5. 3. Österreich, die Schweiz und den Süden Deutschlands im Schnee versinken: Straßen werden gesperrt, Züge gestoppt und Flüge annulliert. Bayern, das den kältesten Winter seit zwei Jahrzehnten erlebt, kämpft gegen Rekordschneemassen. In der Münchner Innenstadt werden 50 cm gemessen, der Nahverkehr kommt komplett zum Erliegen.

Im Englischen Garten in München am 5. 3. 2006

Milošević stirbt in Haft Slobodan Milošević, ehemaliger Präsident Serbiens und Jugoslawiens, stirbt am 11. 3. in einer Zelle des UN-Gefängnisses in Scheveningen an einem Herzinfarkt. Milošević musste sich wegen Völkermordes und Verbrechen gegen die Menschlichkeit während der Balkankriege vor dem Den Haager UN-Tribunal verantworten. → Verstorbene

Baskisches Friedensangebot In einer Videobotschaft kündigt die baskische Terrororganisation ETA am 22. 3. einen dauerhaften Waffenstillstand an. Seit fast vier Jahrzehnten kämpft die ETA für die Unabhängigkeit des Baskenlandes. Bei ihren Anschlägen starben seit 1968 mehr als 800 Menschen.

Luftsicherheit Die EU-Kommission verhängt am 22. 3. wegen schwerer Sicherheitsmängel gegen 92 Fluggesellschaften aus Afrika und Asien ein Start- und Landeverbot. Fachleute aus den 25 EU-Staaten hatten eine entsprechende Liste zusammengestellt. Spricht ein Mitgliedstaat ein solches Verbot für eine Gesellschaft aus, gilt das für die ganze EU.

Regierungswechsel erwünscht Bei den Parlamentswahlen am 26. 3. in der Ukraine erhält die prorussische »Partei der Regionen« unter Führung von Viktor Janukowitsch 32,1 % der Stimmen und verweist damit die Parteienkoalition »Unsere Ukraine« des amtierenden Präsidenten Viktor Juschtschenko auf den dritten Platz. Unter dem massiven Druck der Öffentlichkeit hatte Janukowitsch in der Präsidentschaftswahl 2005 sein Amt an Juschtschenko abgeben müssen. → Ukraine

Neue Partei siegt in Israel Die Zentrumspartei Kadima des amtierenden Ministerpräsidenten Ehud Olmert erringt bei der israelischen Parlamentswahl am 28. 3. die meisten Stimmen und stellt mit 28 Mandaten die größte Fraktion in der Knesset. Die Partei war im November 2005, nach dem Zusammenbruch der Regierungskoalition, von Ministerpräsident Ariel Sharon mit Abweichlern aus dem konservativen Likud (dem er ursprünglich selbst angehörte) und der linksorientierten Arbeitspartei gegründet worden. Nachdem Sharon im Januar 2006 einen Schlaganfall erlitten hatte, hatte Olmert die Regierungsgeschäfte und den Kadima-Vorsitz übernommen.

Abdul Rahman wieder frei Der afghanische Konvertit Abdul Rahman, wegen Apostasie angeklagt, wird aus der Haft entlassen und heimlich nach Italien ausgeflogen, das ihm politisches Asyl angeboten hat. Nach islamischem Recht drohte ihm wegen des Abfalls vom muslimischen Glauben ein Todesurteil. Papst Benedikt XVI., US-Präsident George W. Bush und Bundeskanzlerin Angela Merkel haben sich für Rahmans Freilassung eingesetzt. Angesichts des starken internationalen Drucks auf Präsident Karzai ließ die Staatsanwaltschaft am 28. 3. die Anklage wegen angeblicher Unzurechnungsfähigkeit des Konvertiten fallen.

Gewalt an Berliner Schule Angesichts eskalierender Gewalt richten die Lehrer der Rütli-Hauptschule im Berliner Problembezirk Neukölln einen dramatischen Hilferuf an den Senat. In ihrem am 30. 3. bekannt gewordenen Schreiben schildern sie die Zustände an ihrer Schule: Die Lage sei geprägt von Zerstörung, Gewalt und menschenverachtendem Verhalten auch gegenüber Lehrern. Der Berliner Hilferuf löst eine bundesweite Grundsatzdebatte über die Zukunft der Schulform Hauptschule aus.

April 2006

Anklage gegen liberianischen Ex-Präsidenten Vor dem UN-gestützten Sondergerichtshof für Sierra Leone muss sich seit 3. 4. als prominentester Angeklagter der ehemalige liberianische Staatspräsident Charles Taylor verantworten, der erst nach langem diplomatischen Tauziehen mit Nigeria nach Sierra Leone ausgeliefert worden ist. Taylor wurde in elf Punkten, u. a. wegen Terrorismus, Mordes, Vergewaltigung, Sklaverei, Körperverletzung und des Einsatzes von Kindersoldaten angeklagt. Der Ex-Staatschef plädiert auf nicht schuldig. → Liberia

Massendemonstrationen gegen Arbeitsmarktreform Elf Wochen nach Beginn der Proteste gegen den Abbau des Kündigungsschutzes zieht die französische Regierung am 10. 4. eine umstrittene Gesetzesvorlage zurück, die es den Firmen ermöglicht hätte, Berufseinsteigern in den ersten beiden Jahren ohne Angabe von Gründen zu kündigen. In den vergangenen Wochen hatten Millionen Franzosen gegen die Vorlage demonstriert. → Frankreich

Frankreich demonstriert gegen das Ersteinstellungsgesetz

Chef der Cosa Nostra verhaftet Der meist gesuchte Mann Italiens, Mafiaboss Bernardo Provenzano, wird am 11. 4. auf einem einfachen Gehöft nahe Corleone festgenommen. Der 73-jährige »Boss der Bosse«, seit über 40 Jahren im Untergrund, wurde seit 1963 gesucht. → Italien

Urteil im »Ehrenmord«-Prozess Das Berliner Landgericht verurteilt am 13. 4. einen zur Tatzeit 18-jährigen Türken zu neun Jahren und drei Monaten Jugendhaft. Das Gericht sieht es als erwiesen an, dass er am 7. 2. 2005 seine 23-jährige Schwester mit drei Schüssen in den Kopf getötet hat. Nach Ansicht der Richter musste die junge Deutsch-Türkin sterben, weil die Familie ihren westlichen Lebensstil ablehnte; mit der Tat sollte die »Ehre der Familie« wieder hergestellt werden. Die beiden mitangeklagten älteren Brüder wurden aus Mangel an Beweisen freigesprochen.

Elizabeth II. wird 80 Zum 80. Geburtstag der britischen Königin Elizabeth II. am 21. 4. versammeln sich rund 20 000 Menschen vor Schloss Windsor. Die Queen, laut einer Umfrage das beliebteste Mitglied der königlichen Familie, regiert das Land seit fast 54 Jahren. Den Rekord der am längsten regierenden Königin Großbritanniens hält allerdings Queen Victoria: Sie herrschte 64 Jahre lang.

Streit um Mieten in Straßburg Laut dem Bericht eines Kontrollausschusses des EU-Parlaments vom 26. 4. soll die Stadt Straßburg seit mehr als 25 Jahren deutlich überhöhte Mieten für ihre Gebäude kassiert und damit einen mehrstelligen Millionenschaden verursacht haben. Nach Angaben des Ausschusses liegt die Jahresmiete um fast drei Mio. € über der Pacht, die die Stadt selbst an den Eigentümer zahlt; nach Schätzungen soll es sich um einen Mehrbetrag von insgesamt 29 Mio. € handeln. Der mutmaßliche Finanzskandal entfacht den seit Jahren anhaltenden Streit um den Sitz des Europaparlaments neu.

20 Jahre Tschernobyl Mit Gottesdiensten und Schweigeminuten gedenken Zehntausende Menschen in der Ukraine, ihren Nachbarländern sowie in vielen Staaten Europas am 26. 4. der Reaktorkatastrophe von Tschernobyl. Am 26. 4. 1986 war der Reaktor Nummer 4 des Kernkraftwerks explodiert; es war der bisher schwerste Unfall in der zivilen Nutzung der Atomkraft. Bis heute werden Missbildungen bei Neugeborenen als Folge der radioaktiven Belastung festgestellt.

Berlusconi als schlechter Verlierer Den äußerst knappen Sieg der L'Unione unter Führung von Romano Prodi bei den vorgezogenen Parlamentswahlen am 9./10. 4. erkennt Silvio Berlusconi erst am 29. 4. an. Prodis Parteienbündnis hat dabei von dem von Berlusconi erst kurz zuvor durchgesetzten neuen Wahlrecht profitiert, nach dem die bestplatzierte Parteienkoalition einen Mandatsbonus erhält, der ihr in jedem Fall 340 der 630 Sitze sichert. → Italien

Friedensverhandlungen für Darfur Ende April präsentieren die Vermittler der Afrikanischen Union ein Abkommen, das die Rebellen schließlich nach Intervention der USA und Großbritanniens Anfang Mai abgeändert akzeptieren. Danach muss die Regierung die Janjawid-Milizen entwaffnen, und Teile der Rebellen werden in die nationale Armee sowie in eine Übergangsregierung für die Darfur-Region integriert. → Sudan

Mai 2006

Wahldebakel für Labour Einen Tag nach der schweren Niederlage seiner Partei bei den britischen Kommunalwahlen bildet Premierminister Tony Blair am 5. 5. sein Kabinett auf mehreren Schlüsselposten um. In ihrer größten Niederlage seit der Regierungsübernahme 1997 verlor die Labour-Partei insgesamt 319 Mandate in den Städten und Gemeinden Englands. → Großbritannien

500 Jahre Schweizergarde Mit einer farbenfrohen Zeremonie feiert die kleinste Armee der Welt am 6. 5. ihr 500-jähriges Jubiläum. Bei einer Messe im Petersdom erinnert Papst Benedikt XVI. an den Einzug der ersten 150 Gardisten am 22. Januar 1506, nachdem sie von Papst Julius II. in politisch schwierigen Zeiten zum Schutz angefordert worden waren. Heute gehören der Garde rund 110 Mann an; sie müssen Schweizer Staatsbürger und katholisch, mindestens 1,74 m groß und unter 30 Jahre alt sein und die Rekrutenschule besucht haben.

Bawag-Affäre Im größten Bankenskandal in der österreichischen Nachkriegsgeschichte billigt der Nationalrat zur Rettung der in die Krise geratenen gewerkschaftseigenen Bank Bawag am 8. 5. eine bis Juli 2007 befristete Bundesgarantie in Höhe von bis zu 900 Mio. € für die viertgrößte Bank des Landes. Als Gegenleistung legt der Gewerkschaftsbund sein Vermögen inklusive Streikfonds offen. Ursache waren u. a. riskante Spekulationsgeschäfte in den Steueroasen der Karibik, die zu einem bis dahin geheim gehaltenen Verlust von über 1 Mrd. € geführt hatten. → Österreich

Haiti unter neuer Führung René Préval wird am 14. 5. als Präsident vereidigt. Er hatte zwar bei den Wahlen im Februar die absolute Mehrheit knapp verfehlt. Auf Drängen der UN-Mission und um den Ausbruch großflächiger Unruhen zu vermeiden, entscheidet die Wahlbehörde, 85 000 zuvor als Enthaltungen gewertete leere Stimmzettel auf alle Kandidaten zu verteilen, darunter auch Tausende, die man auf einer Mülldeponie gefunden hatte. Damit erreicht Préval über 50 % der Stimmen. → Haiti

Unruhen in Brasilien Bei einer beispiellosen Welle der Gewalt kommen bis zum 15. 5. im brasilianischen São Paulo rd. 150 Menschen ums Leben; systematisch werden Polizisten, Beamte und Feuerwehrleute aus dem Hinterhalt ermordet. Die Sicherheitsbehörden vermuten hinter den mehr als 180 Angriffen Vergeltungsmaßnahmen für die Überstellung inhaftierter Verbrecher und Bandenchefs in eine entlegene Haftanstalt.

Montenegro stimmt für Unabhängigkeit Die Bürger Montenegros sprechen sich am 21. 5. in einem Referendum für eine Unabhängigkeit von Serbien aus: 55,4 % der Stimmberechtigten votieren mit Ja, 44,6 % stimmen dagegen. → Montenegro

Jubel über die Unabhängigkeit in Podgorica

»Colonia Dignidad«-Gründer verurteilt Ein Gericht in Santiago verurteilt am 24. 5. den Gründer der berüchtigten Deutschen-Siedlung »Colonia Dignidad«, Paul Schäfer, wegen sexuellen Missbrauchs von 25 Kindern zu einer Haftstrafe von 20 Jahren. Nach Aussagen von Zeugen wurden während der Militärdiktatur Augusto Pinochets u. a. politische Gefangene auf das weiträumige Gelände der Deutschen-Kolonie verschleppt und dort zu Tode gefoltert. Deshalb droht dem 84-Jährigen außerdem noch ein Prozess wegen Verstoßes gegen die Menschenrechte. → Chile

Hauptstadtbahnhof eröffnet Mit einem symbolischen Knopfdruck eröffnen Bundeskanzlerin Angela Merkel (CDU) und Bahnchef Hartmut Mehdorn am 26. 5. den neuen Berliner Hauptbahnhof. Den größten Kreuzungsbahnhof Europas sollen täglich etwa 1100 Züge anfahren. Das 600 Mio. € teure Gebäude gilt als architektonisches Meisterwerk; der 450 m lange Ost-West-Bahnsteig wird von einer 321 m langen Glashalle mit Sonnenkollektoren überdacht.

Dow Jones wird 110 Jahre alt Der wichtigste Aktienindex der Welt ist am 26. 5. 1896 von den Wirtschaftsjournalisten Charles Henry Dow, Edward Davis Jones und Charles Milford Bergstresser gegründet worden. Als erster Wert wurden 40,94 Punkte ermittelt, 1972 übersteigt er erstmals 1000 Punkte und kletterte in den 1980er Jahren auf über 10 000 Punkte.

Juni 2006

US-Armee tötet Führer der Al-Qaida im Irak Der Führer der Terrororganisation Al-Qaida im Irak, Abu Mussab as-Sarkawi, wird am 7. 6. bei einem Luftangriff US-amerikanischer Spezialeinheiten getötet. Für die Ergreifung des aus Jordanien stammenden Top-Terroristen, der als Drahtzieher zahlreicher blutiger Anschläge und Geiselnahmen galt, hatten die USA 25 Mio. US-$ ausgesetzt.

Handke verzichtet auf Heine-Preis In einem am 8. 6. veröffentlichten Brief an den Düsseldorfer Oberbürgermeister Joachim Erwin lehnt Schriftsteller Peter Handke den Heinrich-Heine-Preis der Stadt Düsseldorf ab. Die von der Jury beschlossene Auszeichnung des Österreichers war wegen dessen politischer Haltung im Balkankrieg und seines Eintretens für die serbische Politik heftig kritisiert worden. Die Mitglieder des Stadtrats hatten angekündigt, am 22. Juni gegen die Auszeichnung Handkes zu stimmen.

Die Welt zu Gast bei Freunden Hunderttausende Fans in ganz Deutschland feiern am 9. 6. den Beginn der 18. Fußball-Weltmeisterschaft. Allein auf der Berliner Fanmeile zwischen Brandenburger Tor und Siegessäule verfolgen rd. 300 000 Menschen den gelungenen Start der deutschen Elf im Eröffnungsspiel gegen Costa Rica.

Die Berliner Fanmeile

Rebellen brechen Waffenstillstand Bei einem schweren Seegefecht zwischen der hinduistischen Tamilen-Guerillabewegung Liberation Tigers of Tamil Eelam (LTTE) und der srilankischen Marine vor der Nordwestküste der Insel werden am 17. 6. mindestens 51 Menschen getötet. Die LTTE kämpft seit 1983 gegen die von den buddhistischen Singhalesen dominierte Zentralregierung für die Unabhängigkeit des von der tamilischen Minderheit bewohnten Nordostens der Insel. Seither starben mehr als 65 000 Menschen.

Sprengung über der Gotthard-Autobahn Drei Wochen nach einem Felssturz auf die Schweizer A2 wird am 23. 6. ein absturzgefährdeter Felsvorsprung gesprengt. Die Sprengung ist wochenlang vorbereitet worden: 1,5 t Sprengstoff wurden mit Trichtern in 88 gebohrte Löcher direkt in den Felskopf gefüllt. Nach der Explosion stürzte eine Geröllawine ohne die Straße zu beschädigen 700 m tief ins Reuss-Tal. Die A2 war Ende Mai gesperrt worden, nachdem ein deutsches Ehepaar bei einem Felssturz getötet worden war.

»Bruno« ist tot Nach mehr als fünfwöchiger Jagd und mehreren Versuchen, ihn lebend zu fangen, wird Braunbär »Bruno« am 26. 6. erschossen. Der aus Norditalien stammende Jungbär war immer wieder in dicht besiedeltes Gebiet vorgedrungen und zum »Problembären« geworden. Sein Abschuss rief bundesweit heftige Reaktionen hervor, nach Angaben des bayerischen Umweltministeriums gab es sogar Morddrohungen gegen die Schützen und Bayerns Umweltminister Werner Schnappauf.

Militärische Offensive im Gazastreifen Rund acht Monate nach ihrem Abzug aus dem Gazastreifen marschiert die israelische Armee am 28. 6. wieder in das palästinensische Gebiet ein; 60 führende Hamas-Politiker werden festgenommen. Zuvor hatten palästinensische Terrorgruppen einen 19-jährigen israelischen Soldaten entführt und die Freilassung in Israel inhaftierter Palästinenser gefordert. Israel hatte im September 2005 die letzten 5000 Soldaten abgezogen und die 38-jährige Besatzung des Gebietes beendet.

Tour de France ohne Top-Favoriten Am 30. 6., einen Tag vor Beginn des wichtigsten Radrennens der Welt, werden Jan Ullrich und Ivan Basso von der Teilnahme an der Tour ausgeschlossen. Mit der Suspendierung der beiden Stars und zahlreicher weiterer Fahrer wegen des Verdachts der Verwicklung in die Dopingaffäre um den spanischen Sportarzt Eufemiano Fuentes steht die Tour vor einem der größten Skandale in ihrer 103-jährigen Geschichte.

Kriege und Konflikte Das Heidelberger Institut für Internationale Konfliktforschung zählte 2005 weltweit insgesamt 249 politische Konflikte, darunter zwei innerstaatliche Kriege. Im Vergleich zum Vorjahr wurde ein Anstieg der ernsten Krisen mit gelegentlichem Gewalteinsatz von 50 auf 74 verzeichnet. Die meisten von ihnen entstanden aus ideologischen Differenzen und wurden mit dem Ziel geführt, das politische System zu verändern. Seite 22

Gescheiterte Staaten In gescheiterten Staaten fehlt eine effektive Zentralgewalt mit Verwaltungsapparat und Polizeibehörden, sodass kein Ansatzpunkt vorhanden ist, Autorität zu etablieren. 20 Staaten weltweit gelten als gescheitert, darunter an erster Stelle der Sudan, gefolgt von der Demokratischen Republik Kongo und der Elfenbeinküste. Seite 24

Massenvernichtungswaffen Atomare, biologische und chemische Kampfmittel (kurz: ABC-Waffen) sind Massenvernichtungswaffen, die in ihrer Wirkung die herkömmlichen Waffen um ein Vielfaches übertreffen. Zur Eindämmung der Gefahren von Atomwaffen trat 1970 der Vertrag über die Nichtverbreitung von Atomwaffen in Kraft, dem bislang 188 Staaten beigetreten sind. Die Verwendung biologischer (bakteriologischer) Waffen ist seit dem 1972 geschlossenen Biowaffeneinkommen verboten, chemische Waffen sind seit 1997 durch die Chemiewaffenkonvention offiziell geächtet. Dennoch vermutet man in einigen Staaten die Existenz dieser Waffen oder Versuche, sie zu erlangen. Seite 26

Flüchtlinge Weltweit gab es im Jahr 2005 laut U. S. Committee for Refugees 12 Mio. schutzbedürftige Flüchtlinge und Asylsuchende. Zusätzlich lebten schätzungsweise 21 Mio. Opfer von Bürgerkrieg oder Verfolgung als Binnenvertriebene in ihrem eigenen Land, darunter allein 5,3 Mio. Menschen im Sudan. In Kolumbien mussten bis zum Jahresende 2005 rund 2,9 Mio. Menschen ihre Heimatorte verlassen. Seite 28

Aids/HIV Im Jahr 2005 hat sich erstmals die Ausbreitung der Immunschwächekrankheit Aids weltweit verlangsamt, wenngleich der Vormarsch keineswegs gestoppt werden konnte. 38,6 Mio. Menschen sind mit dem HI-Virus infiziert, davon haben sich 4,1 Mio. 2005 neu angesteckt. In Nordamerika erreichte die Zahl der Infizierten mit 1,3 Mio. Personen einen historischen Höchststand. Afrika südlich der Sahara bleibt jedoch nach wie vor die weltweit am stärksten betroffene Region. Seite 30

Illegale Drogen Nach einem Vierteljahrhundert ist der Konsum illegaler Rauschmittel im Jahr 2005 erstmals wieder auf dem Rückzug. Etwa 200 Mio. Menschen konsumierten 2005 mindestens einmal eine illegale Droge; die Zahl der Drogenabhängigen wird auf rd. 25 Mio. Personen geschätzt. Die weltweit am häufigsten konsumierten illegalen Drogen sind Marihuana und Haschisch. Seite 32

Vogelgrippe Die seit mehr als 100 Jahren bekannte Vogelgrippe (aviäre Influenza) ist eine hoch ansteckende Viruskrankheit, die Wildvögel, Ziervögel und Geflügel in Tierhaltung befällt. Von Asien aus hat sich das Virus des Subtyps H5N1 seit 2003 bis nach Deutschland verbreitet, wo es erstmals im April 2006 auch in Nutztierbeständen nachgewiesen wurde. Seite 34

Hurrikane Die atlantische Hurrikan-Saison 2005 hat alle Rekorde gebrochen: Zwischen Mai und Ende November entstanden insgesamt 27 Wirbelstürme – mehr als je zuvor. Nicht zuletzt wegen des Hurrikans Katrina, der das amerikanische New Orleans weitgehend zerstörte, beliefen sich allein die versicherten Schäden 2005 auf schätzungsweise 83 Mrd. US-$, mehr als doppelt soviel wie im bisherigen Rekordjahr 2004 (30 Mrd. US-$). Seite 36

Sprachen in Afrika Nach allgemeinen Schätzungen werden in Afrika 2000 Sprachen gesprochen, damit ist Afrika der im Verhältnis zur Bevölkerung sprachenreichste Kontinent. Nur wenige afrikanische Staaten sind (annähernd) einsprachig. Mit etwa 30–40 Sprachen liegen Angola, Guinea, Kenia, Liberia, Senegal, Togo und Uganda im mittleren Bereich des Sprachenreichtums. Im oberen Bereich befinden sich Staaten mit weit mehr als 100 Sprachen. Seite 38

Weltreligion Islam Rund 1,3 Mrd. Menschen sind Muslime. Damit ist der Islam nach dem Christentum die zweitgrößte und gegenwärtig am stärksten expandierende Religion. In etwa 40 Ländern Asiens und Afrikas ist der Islam Staatsreligion. In Indonesien allerdings, wo die meisten Muslime einer Nationalität leben, ist er es nicht. Seite 40

Internationale Raumstation (ISS) Die seit 1998 im Aufbau befindliche International Space Station ist das größte und mit rund 100 Mrd. US-$ auch das kostspieligste Projekt der Raumfahrtgeschichte. Mit dem Start der US-Raumfähre Discovery am 4. 7. 2006, die auch den Deutschen Thomas Reiter ins All brachte, wurde die Dauerbesatzung wieder auf drei Astronauten heraufgesetzt. Seite 42

Kriege und Konflikte

Im Jahr 2005 gab es weltweit 249 politische Konflikte. Zwei davon waren innerstaatliche Kriege, 22 ernste Krisen mit wiederholtem Gewalteinsatz; 74 Konflikte wurden als Krisen mit sporadischem Gewalteinsatz eingestuft, 151 als gewaltlose Konflikte. Diese Angaben sind einer vom Heidelberger Institut für Internationale Konfliktforschung (HIIK) im Dezember 2005 veröffentlichten Analyse (»Konfliktbarometer«) zu entnehmen (Vorjahr → WA 2006, S. 32f.).

Das HIIK definiert Konflikte als »Interessensgegensätze (Positionsdifferenzen) um nationale Werte von einiger Dauer und Reichweite zwischen mindestens zwei Parteien (organisierten Gruppen, Staaten, Staatengruppen, Staatenorganisationen)«. Gewaltlose Auseinandersetzungen stuft das Institut in »latente Konflikte« (Positionsdifferenz um definierbare Werte von nationaler Bedeutung) und »manifeste Konflikte« (Einsatz von Mitteln, die im Vorfeld gewaltsamer Handlungen liegen – wie ökonomische Zwangsmaßnahmen oder Androhung von Gewalt) ein, gewaltsame Konflikte in »Krisen« (Spannungszustand, in dem mindestens eine der Parteien vereinzelt Gewalt anwendet), »ernste Krisen« (wiederholter Einsatz organisierter Gewalt) und Kriege.

Krisen und Konflikte Die Gesamtzahl der weltweit bestehenden politischen Konflikte ist 2005 gegenüber dem Vorjahr um 7 auf 249 gestiegen, da zwar sechs Dispute beendet werden konnten, 2005 aber 13 neu hinzugekommen sind. Nur zwei dieser 13 neuen Konflikte werden ohne Gewalt ausgetragen: Gambia gegen Senegal und Kolumbien gegen Venezuela (→ WA 2006, S. 273 und 479). Elf werden auf einem niedrigen Gewaltniveau ausgetragen: in → Frankreich (randalierende Jugendliche), in → Äthiopien (Unterdrückung der Opposition sowie Kämpfe zwischen den Ethnien der Oromo und Somali), Guinea (Mordanschlag gegen den Staatspräsidenten; → WA 2006, S. 206), → Sudan (östliche Front), Belize (Opposition), Kolumbien (Guambianos), → Bangladesch (JMP), → Indien (Garo Students Union), Kirgisistan (→ WA 2006, S. 268f.) und Usbekistan (Aufstand in Andischan; → WA 2006, S. 473). 178 der 249 Konflikte waren innerstaatlich, 71 zwischenstaatlich; 2004 hatte diese Zahl bei 164 bzw. 66 gelegen. Nur in drei zwischenstaatlichen Konflikten (Armenien gegen Aserbaidschan um Berg-Karabach, Nigeria gegen Kamerun um die Bakassi-Halbinsel sowie Bangladesch gegen Indien um Territorium und Wasserressourcen) wurde von den gegnerischen Parteien gelegentlich Gewalt angewandt, dagegen in 71 innerstaatlichen Konflikten.

Signifikant abgenommen haben die Konflikte auf den beiden höchsten Intensitätsstufen (Krieg und ernste Krise) – von 38 (2004) auf 24 (2005). Zwei dieser Konflikte mit massivem Gewalteinsatz waren Kriege (→ Karte): Der Krieg in der westsudanesischen Region Darfur (→ Sudan) sowie die Auseinandersetzungen zwischen der von den US-geführten Koalitionstruppen unterstützten irakischen Regierung und hauptsächlich sunnitischen Aufständischen im → Irak gingen 2005 weiter. Im Jahr davor hatte das »Konfliktbarometer« noch drei Kriege ausgewiesen, doch die kriegerischen Auseinandersetzungen zwischen Rebellengruppen in der → DR Kongo sind inzwischen um eine Stufe zu einer ernsten Krise deeskaliert.

Dagegen nahm die Anzahl der Konflikte der mittleren Intensitätsstufe »Krise« (vereinzelter Einsatz von Gewalt) von 50 auf 74 zu. Ihnen standen 2005 insgesamt 151 gewaltlose Auseinandersetzungen gegenüber, die sich in 86 manifeste und 65 latente Konflikte aufgliedern lassen. Die Vergleichszahlen für 2004 liegen bei 143, 66 und 77. Die meisten Konflikte entstanden 2005 aus ideologischen Differenzen und wurden mit dem Ziel geführt, das politische System zu verändern (67) oder die Macht zu übernehmen (53).

Regionale Entwicklung Die Gesamtzahl der weltweiten ernsten Krisen oder Kriege ging 2005 in Asien von zwölf auf sieben, in Afrika von 13 auf fünf und in Amerika von vier auf drei zurück, während die Zahlen in Europa (einer) und im Vorderen und Mittleren Orient (acht) konstant blieben. In Asien ist der Kampf um die regionale Vorherrschaft die häufigste Konfliktursache, sodass die Konflikte intern bleiben. Zwei Konflikte wurden unter dem Einfluss von Naturkatastrophen gelöst: → Indonesien (Aceh) und → Indien (Kashmir). In Afrika überschreiten die Konfliktparteien häufig Staatsgrenzen, was großräumige Instabilität zur Folge hat. Am deutlichsten zurückgegangen ist die Konfliktintensität in → Ruanda (Hutu), → Liberia (LURD) und → Somalia (Somaliland). In Europa ist 2005 wie im Jahr zuvor nur der Kampf der Separatisten in der russischen Kaukasusrepublik Tschetschenien um Unabhängigkeit (→ Russische Föderation) als ernste Krise eingestuft. Die Gesamtzahl der Konflikte in Europa betrug nach Angaben der Wissenschaftler des Heidelberger Instituts im Jahr 2005 wie im Vorjahr 41. Neu hinzugekommen ist der Konflikt zwischen den Behörden und randalierenden Jugendlichen in → Frankreich, während einer in → Georgien (Adscharien) beendet werden konnte.

Putsche 2005 gab es drei erfolgreiche Putsche: In → Mauretanien stürzte eine Gruppe der Republikanischen Garde das Regime von Präsident Maaouiya Ould Sid'Ahmed Taya, in → Nepal setzte König Gyanendra die Regierung ab und rief am 1. 2. den Ausnahmezustand aus (→ WA 2006, S. 328f.) und in Kirgisistan stürzte das Volk nach gefälschten Wahlen im März Präsident Askar Akajew (→ WA 2006, S. 268f.). 2004 hatte es noch zehn angebliche oder tatsächliche Putschversuche gegeben.

Konfliktbeilegung und Friedenssicherung In 24 der 249 laufenden Konflikte werden Gespräche oder Verhandlungen geführt; 2005 wurden insgesamt 22 Verträge oder Abkommen zur Konfliktregulierung unterzeichnet, drei davon sind Friedensverträge: im → Sudan (SPML / A), in → Senegal (MFDC) und → Indonesien (Aceh).

Die Zahl der Friedensmissionen der Vereinten Nationen (→ **UN**) ist 2005 um zwei auf 18 gestiegen. Die neu hinzugekommenen sind die im Mai aufgenommene politische Mission des UN-Büros in → Timor-Leste (UNOTIL) und die im März beschlossene UN-Mission im → Sudan (UNMIS) zur Implementierung des Friedensabkommens für den Südsudan. Die UN hielten 2005 Sanktionen gegen neun Staaten aufrecht: Afghanistan, Elfenbeinküste, Irak, DR Kongo, Liberia, Ruanda, Sierra Leone, Somalia und Sudan.

Die → **NATO** setzte ihr Engagement im Kosovo (→ Serbien) durch die KFOR sowie in → Afghanistan im Rahmen der Internationalen Schutztruppe (ISAF) fort. Die Europäische Union (→ **EU**) beteiligte sich weiter an Maßnahmen zur Friedenssicherung mit Missionen z. B. in → Mazedonien und in der → DR Kongo. Ende 2004 übernahm die EUFOR (European Union Force) von der bislang unter NATO-Kommando stehenden Friedenstruppe SFOR das militärische Kommando in Bosnien und Herzegowina (→ WA 2006, S. 87).

Die Organisation für Sicherheit und Zusammenarbeit in Europa (→ **OSZE**) unterhielt 2005 sieben Langzeitmissionen in Gebieten möglicher oder bestehender Konflikte, die meisten davon auf dem Balkan.

Auch andere internationale Organisationen unterhielten Friedensmissionen, so die Afrikanische Union (**AU**) im Sudan, die Zentralafrikanische Wirtschafts- und Währungsgemeinschaft (**CEMAC**) in der Zentralafrikanischen Republik und die Organisation Amerikanischer Staaten (**OAS**) in Haiti und Suriname.

Der **Internationale Gerichtshof (ICJ)** in Den Haag (Niederlande), ein Organ der UN, das über Streitigkeiten zwischen Staaten auf Grundlage des Völkerrechts urteilt, fällte 2005 drei verbindliche Entscheidungen: Er erklärte sich Ende 2004 für unzuständig, über eine Klage der früheren Bundesrepublik Jugoslawien gegen acht NATO-Staaten wegen ihrer Luftangriffe auf Jugoslawien im Kosovokrieg (1999) zu befinden (→ WA 2006, S. 414) und entschied im Februar 2005, dass auch eine Klage Liechtensteins gegen Deutschland über Entschädigungszahlungen für nach dem Zweiten Weltkrieg aus der Tschechoslowakei Vertriebene nicht in seine Jurisdiktion falle (→ WA 2006, S. 298); im Grenzstreit zwischen Benin und Niger entschied der ICJ im Juli 2005, dass die im Niger-Fluss gelegene Insel Goungou zu Niger gehört.

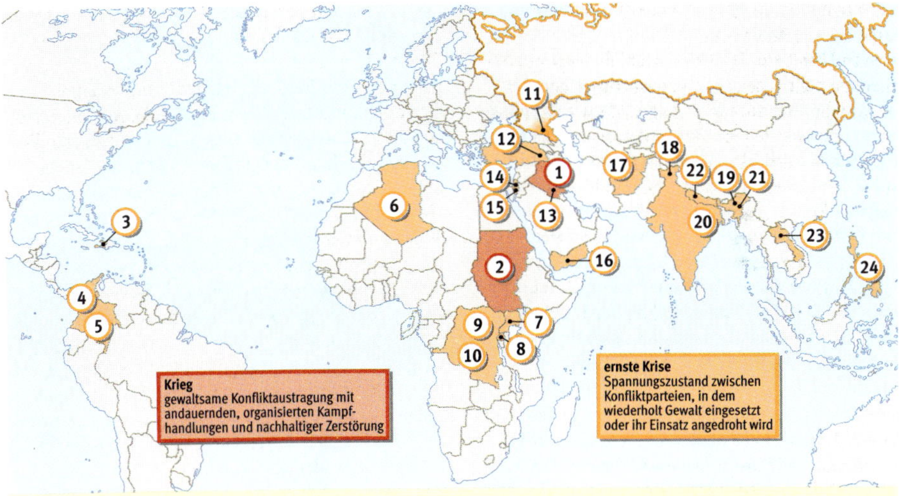

Krieg	Konfliktgegenstand
1 Irak (Rebellen)	nationale Macht, System/Ideologie
2 Sudan (Darfur)	regionale Vorherrschaft

ernste Krise	Konfliktgegenstand
3 Haiti	nationale Macht
4 Kolumbien (ELN)	nationale Macht, System/Ideologie
5 Kolumbien (FARC)	regionale Vorherrschaft, System/Ideologie
6 Algerien (Islamisten)	nationale Macht, System/Ideologie
7 Uganda (LRA)	Autonomie
8 Burundi (Hutu)	nationale Macht
9 DR Kongo (Rebellen)	nationale Macht, Ressourcen
10 DR Kongo (Hema vs. Lendu)	regionale Vorherrschaft, Ressourcen
11 Russ. Föd. (Tschetschenien)	Sezession
12 Türkei (Kurden)	Autonomie
13 Irak (as-Sarkawi Gruppe)	nationale Macht, System/Ideologie
14 Israel (Hisbollah)	System/Ideologie
15 Israel (Palästinenser)	Autonomie, System/Ideologie, Ressourcen
16 Jemen (gläubige Jugendbewegung)	System/Ideologie
17 Afghanistan (Taliban)	regionale Vorherrschaft, nationale Macht
18 Indien (Kashmir)	Sezession
19 Indien (Assam)	Sezession, Ressourcen
20 Indien (Naxalites)	System/Ideologie
21 Indien (Manipur)	Sezession
22 Nepal (Maoistische Rebellen)	System/Ideologie, nationale Macht
23 Laos (LCMD, CIDL)	nationale Macht, System/Ideologie, Autonomie
24 Philippinen (Abu Sayyaf)	Sezession

Quelle: Konfliktbarometer 2005, Heidelberger Institut für Internationale Konfliktforschung; Stand: Dezember 2005

Gescheiterte Staaten

Das Phänomen schwacher und zerfallender Staaten ist in den letzten 15 Jahren zunehmend in den Mittelpunkt politischer und wissenschaftlicher Diskussionen gerückt. In seinem Kern verweist es auf die wachsende Unfähigkeit von Staaten, ihre Hauptaufgaben im wirtschaftlichen, sozialen und polizeilichen Bereich zu erfüllen.

Obwohl viele Staaten in den Entwicklungsregionen kaum jemals den klassischen Kriterien einer effektiven und legitimen Staatsgewalt über alle Personen (Staatsbürger) in einem abgrenzbaren Territorium (Staatsgebiet) entsprachen, sind diese Funktionsdefizite erst in dem Moment in unser Bewusstsein gerückt, als sie von einem Problem der Innenpolitik zu einem Problem regionaler und internationaler Ordnung und Sicherheit wurden. Kollabierende Staaten können nicht nur ihre Verpflichtungen gegenüber den eigenen Bürgern nicht mehr wahrnehmen, sondern gefährden als Hort terroristischer Netzwerke und Umschlagplatz für den Handel mit Drogen und illegalen Gütern auch die Sicherheit anderer Staaten und des internationalen Systems.

Der Zusammenbruch Somalias in den frühen 1990er Jahren gilt als erstes Beispiel eines kollabierten oder gescheiterten Staates (failed state). Da sich dort überhaupt keine effektive Zentralgewalt mit Verwaltungsapparat und Polizeibehörden zu behaupten vermag, fehlt der internationalen Gemeinschaft ein Ansatzpunkt, Autorität ggf. von außen wieder zu etablieren. Nach Somalia galten eine Reihe anderer afrikanischer Staaten wie Sierra Leone, Liberia, Sudan und Zaire (heute DR Kongo) als gescheiterte Staaten. Sechs der zehn labilsten Staaten befinden sich auf dem afrikanischen Kontinent. Dennoch ist es – trotz der Gefahren, die von zerbrechenden Systemen ausgehen – weniger die geografische Lage, die einen Staat scheitern lässt, als vielmehr eine Frage der politischen Führung und der institutionellen Strukturen. Auch Afghanistan gilt nach wie vor als gescheitert. Der anhaltende Widerstand von Taliban im Süden und Osten verhinderte trotz der Durchführung von Parlamentswahlen im September 2005 den Ausbau einer Regierungsautorität; eine leichte Stabilisierung ist durch die Verbesserung des öffentlichen Dienstes und eine Verminderung wirtschaftlicher Ungleichheiten erreicht worden. Hier wie im Irak fehlt es an Fachkräften, die den Aufbau vorantreiben könnten. Haiti wird ebenfalls zur Kategorie der gescheiterten Staaten gerechnet, woran auch die Präsidentschafts- und Parlamentswahlen im Februar 2006 nichts ändern konnten.

In anderen Fällen, in denen der Zentralstaat noch existiert, aber entweder in Teilen des Landes seine (polizeiliche) Autorität nicht mehr durchsetzen kann oder für grundlegende hoheitliche Aufgaben im Bereich der Wirtschafts- und Sozialpolitik nicht mehr aufkommt, wird von zerfallenden bzw. schwachen Staaten gesprochen. Beispiele für den Typus des **zerfallenden** (oder scheiternden) Staates sind Kolumbien, Togo oder Sri Lanka, wo der Wahlboykott der Tamilen im November 2005 der Legitimität der Regierung schweren Schaden zugefügt und die ethnische und religiöse Spaltung vorangetrieben hat. Zum Typus des **schwachen** Staates zählen praktisch alle Staaten der Sahel-Zone, aber auch Russland, Georgien und eine Reihe lateinamerikanischer und südostasiatischer Staaten. Länder mit junger Bevölkerung gelten als besonders labil. Im Sudan, der an der Spitze der gescheiterten Staaten steht, liegt das Altersmittel bei 18 Jahren, in den stabilsten Staaten dagegen bei 33 Jahren und älter.

Indikatoren Die Karte basiert auf dem von **Foreign Policy** entwickelten **Failed State Index 2006**, der sich aus den folgenden Indikatoren zusammensetzt:

- demografischer Druck
- Flüchtlinge und Binnenvertriebene
- gruppenbezogene Missstände

- chronische Migration
- ungleiche wirtschaftliche Entwicklung
- wirtschaftlicher Niedergang
- Delegitimierung des Staates
- öffentliche Dienstleistungen
- Menschenrechte
- Sicherheitsapparat
- zersplitterte Eliten
- externe Interventionen

Ursachen Die Gründe für die zunehmenden Probleme der Staatlichkeit sind vielfältig. Wirtschaftliche Prozesse der Globalisierung stellen die Steuerungsfähigkeit selbst moderner Industriegesellschaften wie Deutschland infrage. Die Staatsapparate in den Entwicklungsregionen sind historisch im Prozess der Kolonialisierung errichtet worden und haben daher Schwierigkeiten, Merkmale einer leistungsfähigen und nachfrageorientierten Verwaltung zu implementieren. Im Prozess des globalen Wandels werden so bereits ohnehin schwache staatliche Strukturen weiter geschwächt.

Das Ende des globalen Ost-West-Konflikts hat ebenfalls zur Schwächung vieler Staatsapparate beigetragen, insofern als viele Staaten aus strategischen Gründen militärisch und außenwirtschaftlich unterstützt wurden. Nachdem die Notwendigkeit für diese externe Alimentierung entfiel, wurde die Fragilität und fehlende interne Legitimität vieler Staaten gerade in Afrika offensichtlich. Ohne externe militärische und ideologische Unterstützung konnten sie sich gegen interne politische und militärische Opposition nicht länger behaupten.

Gegenmaßnahmen Die wesentliche Antwort der internationalen Gemeinschaft auf Staatszerfall besteht in Formen unterschiedlich intensiver Intervention, die von direkter internationaler Verwaltung zu Zwecken des Staatsneuaufbaus (wie in Timor-Leste) bis zur Unterstützung von Institutionenreformen in schwachen Staaten reicht, etwa bei der Reform von Polizei- und Sicherheitskräften oder der Demokratisierung. Die Möglichkeiten der internationalen Gemeinschaft sind jedoch nicht nur in finanzieller Hinsicht begrenzt. Externe Intervention sieht sich zwangsläufig dem Vorwurf der Einmischung ausgesetzt und steht vor dem Problem, einen eventuell noch fragilen Staatsapparat früher oder später wieder in die Hände derjenigen übergeben zu müssen, die ihn bereits früher einmal zerfallen ließen.

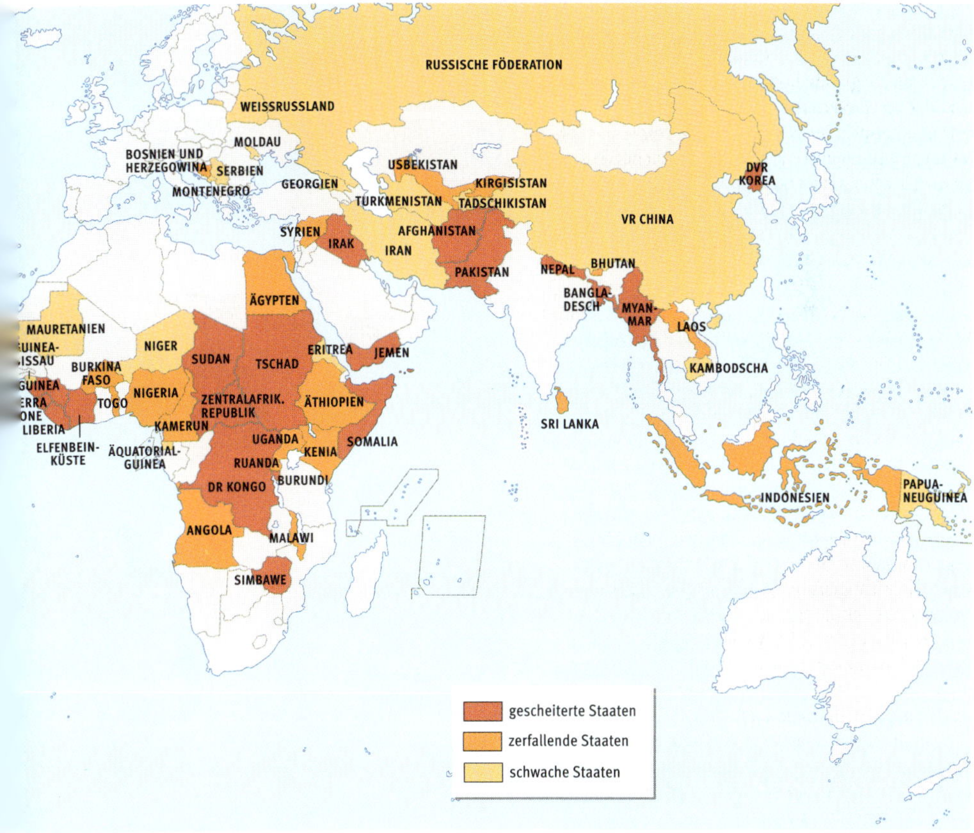

Massenvernichtungswaffen

ABC-Waffen Atomare, biologische und chemische Kampfmittel (kurz: ABC-Waffen) sind Massenvernichtungswaffen, die in ihrer Wirkung die herkömmlichen Waffen um ein Vielfaches übertreffen.

Ein entscheidender Schritt zur Eindämmung der Gefahren durch **Atomwaffen** ist der 1970 in Kraft getretene Vertrag zur Nichtverbreitung von Atomwaffen (Non-Proliferation Treaty/NPT), der die Weitergabe von Atomwaffen und atomwaffenfähigem Material verbietet (→ WA 2006, S. 40f.). Ihm gehören heute 189 Staaten (188 ohne Nordkorea) an; von den Staaten mit Atomwaffenkapazitäten sind nur Indien, Pakistan und Israel nicht beigetreten; Nordkorea (Beitritt 1985) trat 2003 wieder aus und gibt inzwischen zu, dass es den Besitz von Kernwaffen anstrebt. Die fünf »ursprünglichen Atomwaffenstaaten« (nach Definition des NPT Staaten, die vor dem 1. 1. 1967 Atomwaffen hergestellt oder gezündet haben) sind die USA (erster Einsatz 1945), die Sowjetunion (erste Explosion 1949), Großbritannien (1952), Frankreich (1960) und China (1964). Neu hinzugekommene Atomwaffenstaaten sind Indien und Pakistan (1974). Israel entwickelte in den 1970er Jahren ein Kernwaffenprogramm und kann zu den Atommächten gezählt werden, auch wenn es seine Kapazitäten offiziell nie zugegeben hat. Von Nordkorea wird vermutet, dass es im Besitz von Atomwaffen ist. Südafrika, das nach eigenen Angaben sechs Atombomben hergestellt hatte, gab sein Programm in den 1990er Jahren auf. Argentinien und Brasilien verständigten sich 1991 auf die Beendigung ihrer geheimen Kernwaffenprogramme. Die Ukraine, »nukleare Erbin« der 1990 aufgelösten Sowjetunion, erklärte sich 1994 bereit, die noch auf ihrem Territorium gelagerten Atomwaffen an Russland abzugeben. Der Irak und Libyen haben ihre Programme eingestellt.

Die Verwendung **biologischer** (bakteriologischer) Waffen wurde bereits 1925 durch das Genfer Giftgasprotokoll verboten, einem internationalen Abkommen, das den Einsatz bakteriologischer Mittel auch im Krieg untersagt. Das 1972 unterzeichnete und 1975 in Kraft getretene Übereinkommen über das Verbot der Entwicklung, Herstellung und Lagerung bakteriologischer (biologischer) und toxischer Waffen und ihre Vernichtung – kurz: Biowaffenübereinkommen (Biological Weapons Convention/BWC) – wurde bisher von 171 Staaten unterzeichnet, 151 Staaten haben es ratifiziert, darunter alle NATO-Mitglieder sowie Russland. Syrien und Ägypten haben das Übereinkommen zwar unterzeichnet, aber nicht ratifiziert; Israel hat es nicht unterzeichnet. Der Irak wurde nach der Invasion in Kuwait 1991 durch den UN-Sicherheitsrat zum Beitritt verpflichtet. Im BWC fehlt ein effektives Überprüfungs- und Kontrollsystem, weshalb die Unterzeichnerstaaten Mitte der 1990er Jahre diesbezügliche Verhandlungen aufnahmen. Im Herbst 2001 stellten die USA auf der Genfer Überprüfungskonferenz zum BWC jedoch klar, dass sie Inspektionen auf ihrem Territorium wegen der damit verbundenen Spionagegefahr grundsätzlich ablehnen; im Dezember 2002 zogen sie sich ganz aus der Konferenz zurück.

Chemische Waffen sind seit 1997 durch die inzwischen von 186 Staaten unterzeichnete und 178 Staaten ratifizierte Chemiewaffenkonvention offiziell geächtet; auch die Entwicklung, Herstellung und Lagerung sind verboten. Trotz Ratifizierung bleiben die USA, neben Russland, nach wie vor größter Besitzer chemischer und bakteriologischer Kampfstoffe. Nordkorea und der Irak haben das Übereinkommen nicht unterzeichnet. Überwacht wird das Übereinkommen durch die Organisation für das Verbot chemischer Waffen (OPCW) mit Sitz in Den Haag (Niederlande).

Rüstungsausgaben Die weltweiten Rüstungsausgaben sind nach Angaben des vom Friedensforschungsinstitut Stockholm International Peace Research Institute (SIPRI) am 12. 6. 2006 veröffentlichten Jahrbuchs 2006 (»SIPRI Yearbook 2006 – Armaments, Disarmament and International Security«) im Jahr 2005 auf 1001 Mrd. US-$ (zu festen Preisen und Wechselkursen von 2003) gestiegen. Das entspricht einem Anteil von 2,5 % am weltweiten Bruttoinlandsprodukt (BIP) bzw. 173 US-$ pro Kopf und ist eine Steigerung um 3,4 % gegenüber 2004.

Knapp die Hälfte aller Rüstungsausgaben entfielen 2005 allein auf die USA (478,2 Mrd. US-$ / 48 %), mit großem Abstand gefolgt von Großbritannien (48,3 / 5 %), Frankreich (46,2 / 5 %), Japan (42,1 / 4 %), China (41,0 / 4 %), Deutschland (33,2 / 3 %), Italien (27,2 / 3 %), Saudi-Arabien (25,2 / 3 %), Russland (21,0 / 2 %), Indien (20,4 / 2 %) und Südkorea (16,4 / 2 %).

Waffenhandel Auch beim internationalen Waffenhandel ermittelte SIPRI einen Anstieg. Er wird für 2004 global auf 44–53 Mrd. US-$ (0,5–0,6 % des Welthandels) geschätzt.

Hauptexporteure im Fünfjahreszeitraum 2001–2005 waren laut SIPRI Russland (29 Mrd. US-$), die USA (28,2), Frankreich (8,6), Deutschland (5,6) und Großbritannien (3,9). 43 % der russischen Lieferungen gingen nach China, 25 % nach Indien. China und Indien wurden selbst zu bedeutenden Waffenexporteuren, weil beide Staaten erhebliche Fortschritte in ihren technologischen Fähigkeiten gemacht haben.

Im Jahr 2005 entfielen auf die USA und Russland mehr als 80 % aller Waffenlieferungen, auf die USA 7,101 Mrd. US-$, auf Russland 5,771 Mrd. US-$. Führende Lieferanten der EU-Länder waren Frankreich (2,399 Mrd. US-$) und Deutschland (1,855 Mrd. US-$).

Atomwaffenarsenale

Land	Anzahl
Russische Föderation	ca. 16000
USA	ca. 10000
China	über 100
Frankreich	350
Großbritannien	unter 200
Israel	75–200
Indien	45–95
Pakistan	30–50
DVR Korea	1–2

Quelle: Arms Control Association, April 2005

Flüchtlinge

Nach einer vom U. S. Committee for Refugees (USCR) im World Refugee Survey 2006 veröffentlichten Statistik gab es zum 31. 12. 2005 weltweit 12 Mio. schutzbedürftige Flüchtlinge und Asylsuchende (Ende 2004 waren es noch 11,4 Mio.).

Hauptherkunftsländer Die meisten Flüchtlinge stammten aus Palästina (2,97 Mio.), Afghanistan (2,19 Mio.), dem Irak (888 700), Myanmar (727 100), dem Sudan (670 900), der DR Kongo (450 800), Burundi (438 500), Somalia (328 000), Vietnam (305 500), Kolumbien (257 900), Liberia (219 800), Eritrea (215 300), Angola (213 500), Nepal (201 800), China (156 300), Bhutan (122 300), Marokko (117 400), Ruanda (102 500), Sri Lanka (79 100), den Philippinen (67 700), Äthiopien (63 900), Kroatien (59 600), Tadschikistan (54 200) und Nordkorea (51 400).

Binnenvertriebene Ende 2005 gab es schätzungsweise 21 Mio. Binnenvertriebene, Opfer von Bürgerkrieg oder Verfolgung, die man international mit der Abkürzung IDP (Internally Displaced Person) bezeichnet. Die meisten davon befanden sich im Sudan (5,3 Mio.), in Kolumbien (2,9 Mio.), Uganda (1,7 Mio.), in der DR Kongo (1,7 Mio.), dem Irak (1,3 Mio.), Indien (600 000), Simbabwe (569 700), Aserbaidschan (558 400), Myanmar (540 000), der Elfenbeinküste (500 000), Algerien (400 000 bis 600 000), Kenia (381 900), Somalia (370 000), der Türkei (355 800 bis 1 Mio.), Indonesien (342 000 bis 600 000), Sri Lanka (341 200), Russland (265 000), Libanon (250 000), Serbien und Montenegro (247 400 bis 273 400), Georgien (240 000), der Zentralafrikanischen Republik (200 000), Nigeria (200 000), Bosnien und Herzegowina (183 400), Jordanien (160 000), Afghanistan (153 200 bis 200 000), Zypern (150 000) und Äthiopien (150 000).

Rückkehrer Über eine Million Flüchtlinge sind bis Ende 2005 in ihre Heimatländer zurückgekehrt: davon 739 600 nach Afghanistan, 72 800 nach Liberia, 62 000 nach Burundi, 50 000 nach Nordkorea, 39 200 in den Irak, 33 500 in den Sudan, 30 500 nach Liberia, 28 700 in die DR Kongo, 23 000 in die Elfenbeinküste sowie 17 700 nach Angola.

Betreuung durch UNHCR Nach einer vom UN-Flüchtlingskommissariat (→ UNHCR) am 2. 6. 2006 veröffentlichten Statistik war das UNHCR Ende 2005 für insgesamt 8,4 Mio. Flüchtlinge zuständig. Daneben betreute es 1,1 Mio. Rückkehrer (Flüchtlinge, die in ihr Heimatland zurückgekehrt sind), 6,6 Mio. Binnenvertriebene (IDP), 519 430 in ihre Heimatorte zurückgekehrte Binnenvertriebene, 773 500 Asylsuchende sowie 3,3 Mio. andere schutzbedürftige Personen, u. a. Staatenlose.

In Europa lebten laut UNHCR Ende 2003 etwa 4,7 Mio. Flüchtlinge und andere schutzbedürftige Personen, 4,9 Mio. in Afrika, 5,7 Mio. in der so genannten CASWANAME-Region (Zentral- und Südwestasien, Mittlerer Osten und Nordafrika), 3,2 Mio. in Amerika und der Karibik sowie 2,2 Mio. in Asien und der Pazifik-Region. Die fünf Staaten, in denen sich die meisten Flüchtlinge befanden, sind Pakistan (1,1 Mio.), der Iran (716 400), Deutschland (700 000), Tansania (548 800) und die USA (379 300). Die fünf Staaten, in die im Laufe des Jahres 2005 die meisten Flüchtlinge zurückgekehrt sind, sind Afghanistan (752 000), Liberia (70 000), Burundi (68 000), der Irak (56 000) und Angola (54 000).

2005 stellten 668 000 Personen in 149 Staaten Asylanträge. Die meisten Asylsuchenden kamen aus der DR Kongo (56 000), El Salvador (45 200), Myanmar (41 100), dem Irak (34 400), Guatemala (31 900), Somalia (30 500), Kolumbien (19 800), China (19 400) sowie Serbien und Montenegro (18 100). Rund 150 000

Asylsuchende wurden als Flüchtlinge formell anerkannt, weitere 53 000 erhielten ein Aufenthaltsrecht aus humanitären Gründen.

In der UNHCR-Statistik werden Palästinenser, die unter das Mandat des UN-Hilfswerks für Palästinaflüchtlinge im Nahen Osten (UNRWA) fallen, nicht aufgeführt.

Hauptgeberländer Beiträge an die drei wichtigsten für Flüchtlingshilfe zuständigen Institutionen – das UNHCR, die Internationale Organisation für Migration (IOM) und das UNRWA – leisteten 2005 (laut World Refugee Survey 2006) vor allem die USA (600,6 Mio. US-$), die Europäische Kommission (251,7), Schweden (132,4), Japan (125,9), die Niederlande (116,9), Großbritannien (115,9), Norwegen (86,6), Dänemark (65,1), Deutschland (58,4), Australien (51,1), Kanada (43,7), die Schweiz (35,2), Italien (26,4), Finnland (23,6), Frankreich (20,1), Peru (18,7), Belgien (17,7), Irland (17,0), Spanien (15,1) und Guatemala (11,1). Zahlreiche Mitgliedstaaten der Europäischen Union (→ EU) geben sowohl über die Europäische Kommission als auch individuell. Nicht in der Aufstellung enthalten sind bilaterale Hilfen sowie Leistungen durch Institutionen wie die Weltbank und das Welternährungsprogramm (→ UN).

Genfer Flüchtlingskonvention Die Rechtsstellung der Flüchtlinge ist durch das »Abkommen über die Rechtsstellung der Flüchtlinge« (kurz: Genfer Flüchtlingskonvention – GFK) vom 28. 7. 1951 und das Protokoll vom 31. 1. 1967 geregelt. Bisher sind 145 Staaten einem oder beiden UN-Instrumenten beigetreten. Die GFK legt fest, wer ein Flüchtling ist, ebenso wie den rechtlichen Schutz, die Hilfe und die sozialen Rechte, die er oder sie von den Unterzeichnerstaaten erhalten sollte. Laut USCR werden zwei Dritteln aller Flüchtlinge diese Grundrechte vorenthalten.

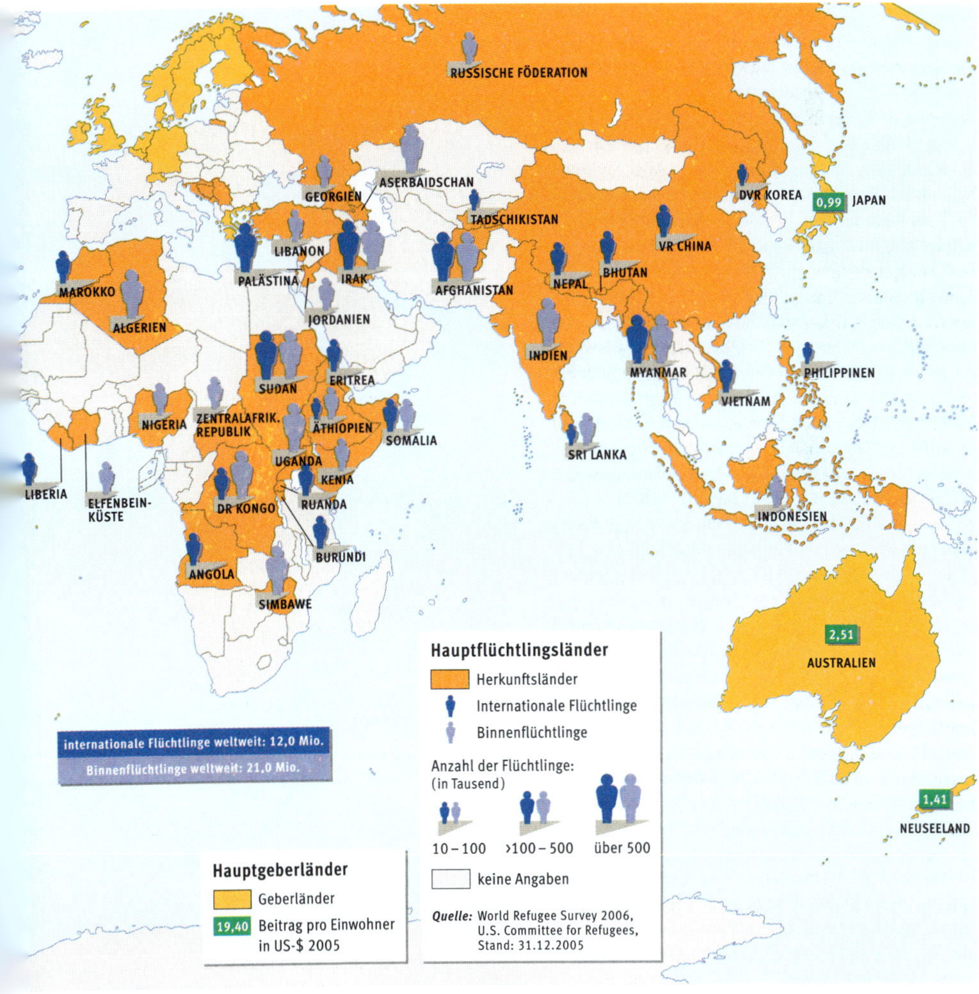

Aids / HIV

Die Ausbreitung der tödlichen Immunschwächekrankheit Aids (Acquired immune deficiency syndrome) hat sich nach Angaben der Vereinten Nationen (UN) im Jahr 2005 weltweit erstmals leicht verlangsamt; dennoch warnt UNAIDS, das gemeinsame Aids / HIV-Bekämpfungsprogramm der UN, in ihrem am 30. 5. 2006 vorgelegten Jahresbericht »2006 Report on the Global AIDS Epidemic« vor verfrühtem Optimismus und verweist auf zahlreiche Probleme vor allem in Afrika, die es bei der Vorbeugung und Behandlung von Aids auch 25 Jahre nach dem ersten bekannten Krankheitsfall gebe. Dort würden sich inzwischen mehr Frauen als Männer mit dem HI-Virus – Human Immunodeficiency Virus, dem Auslöser der Krankheit – anstecken.

Weltweit sind rd. 38,6 Mio. Menschen infiziert; 95 % der Betroffenen leben in Entwicklungs- oder Schwellenländern. Seit 1981 starben rd. 25 Mio. Menschen an Aids und 65 Mio. Männer, Frauen und Kinder wurden in diesem Zeitraum vom HI-Virus befallen.

Im Jahr 2005 haben sich weltweit 4,1 Mio. Menschen neu mit HIV infiziert, 2004 waren es noch 4,9 Mio. Die Zahl der an dieser Immunschwächekrankheit Verstorbenen ging 2005 auf 2,8 Mio. zurück (2004: 3,1 Mio.). Ende 2005 lebten 15,2 Mio. Kinder, die durch Aids einen oder beide Elternteile verloren haben. Die neuen weltweiten Angaben lassen sich wegen einer geänderten Statistik nicht direkt mit den etwas höheren Zahlen des Vorjahres (→ WA 2006, S. 30 f.) vergleichen. Die absolute Zahl der mit dem Virus lebenden Menschen ist durch das Bevölkerungswachstum und die lebensverlängernde Wirkung der Medikamente gestiegen, berichtet UNAIDS. Der Anteil neu infizierter Menschen stabilisierte sich hingegen leicht.

Die Krankheit befand sich UNAIDS zufolge 2005 in allen Regionen der Welt auf dem Vormarsch: 38,6 Mio. Menschen lebten nach Schätzungen weltweit mit dem HI-Virus – in Zentral- und Südafrika 24,5 Mio. und in Asien 8,3 Mio. In **Nordamerika** erreichte die Zahl der Infizierten mit 1,3 Mio. Personen einen historischen Höchststand. Besonders rasch verbreitet sich Aids auch in Mittel- und Südamerika (1,6 Mio.), Osteuropa und Zentralasien (1,5 Mio.). In **Osteuropa** haben Russland (940 000) und die Ukraine (410 000) die höchsten Infektionszahlen, in **Asien** vor allem China, wo erstmals belastbare Daten vorhanden sind (650 000), Indonesien (170 000) und Vietnam (260 000), in Ozeanien Papua-Neuguinea (60 000). In Lateinamerika ist vor allem Brasilien (209 000) betroffen. In **Deutschland** stieg die Zahl der neu Infizierten an. Nach Angaben des Robert Koch-Instituts steckten sich 2005 2490 Menschen mit dem Aidserreger an, 2004 waren es 2210.

Afrika südlich der Sahara bleibt die weltweit am stärksten betroffene Region, dort sind insgesamt 24,5 Mio. Menschen HIV-positiv. In Swasiland sind laut UNAIDS derzeit 33,4 % der Erwachsenenbevölkerung (15 bis 49 Jahre) infiziert, 43 % der schwangeren Frauen sind inzwischen HIV-positiv (1992 waren es noch 4 %). Für Botsuana lauten diese Zahlen 24 bzw. 34 %, für Lesotho 23 bzw. 27 %. Namibia und Simbabwe weisen Infektionsraten von um die 20 % auf. In Südafrika (5,5 Mio. Infizierte) leben fast 19 % der Erwachsenen mit der Krankheit. Die ökonomischen und sozialen Folgen sind katastrophal, denn die Leistungsfähigkeit der Befallenen sinkt, die verkürzte Lebenserwartung lässt die nationale Wirtschaftskraft zusätzlich schrumpfen.

Nur in **Simbabwe** und **Kenia** gibt es rückläufige Ansteckungsraten; dort würden mehr Kondome benutzt, würden die Menschen später mit dem Sex begin-

nen und hätten weniger Sexualpartner, berichtet UNAIDS. In Simbabwe ging der Anteil Infizierter an der Erwachsenenbevölkerung von 22,1 % im Jahr 2003 auf 20,1 % im Jahr 2005, in Kenia von 10 % in den späten 1990er Jahren auf 7 % zurück.

Gegenmaßnahmen Als eines der erfolgreichsten Konzepte gilt die Behandlung mit antiretroviralen Medikamenten (ARV). UNAIDS und die Weltgesundheitsorganisation (WHO) hatten Ende 2003 ein ARV-Projekt mit dem Namen »Drei bis Fünf« initiiert: Bis Ende 2005 sollten 3 Mio. HIV-Patienten in einkommensschwachen Staaten eine ARV-Behandlung erhalten, doch nur 1,3 Mio. Personen konnten dort bisher mit der lebensverlängernden Medizin versorgt werden. »Die finanzielle Hilfe internationaler und nationaler Geber war nicht ausreichend«, erklärte UNAIDS-Direktor Peter Piot. Nach Berechnungen von UNAIDS müsste die internationale Gemeinschaft in den Jahren 2006 und 2007 rd. 40 Mrd. US-$ im Kampf gegen Aids aufbringen; nach Schätzungen von Ende 2005 stellt sie aber nur weniger als die Hälfte der Summe bereit.

Ein wirksamer Impfstoff gegen Aids/HIV wurde bisher noch nicht gefunden. Die medizinische Behandlung ist daher vor allem auf Folgeerkrankungen beschränkt.

UN-Aids-Konferenz Die Vertreter von 151 Staaten, von UN-Behörden und fast 800 Nichtregierungsorganisationen haben nach dreitägigen Beratungen am UN-Hauptsitz in New York am 3. 6. 2006 ein 53-Punkte-Programm für den globalen Kampf gegen HIV/Aids verabschiedet. Danach soll in fünf Jahren möglichst jeder HIV-Infizierte Zugriff auf ARV-Medikamente haben. Feste Finanzzusagen gab es auf der Konferenz für die bis zum Jahr 2010 jährlich benötigten umgerechnet knapp 18 Mrd. € jedoch nicht.

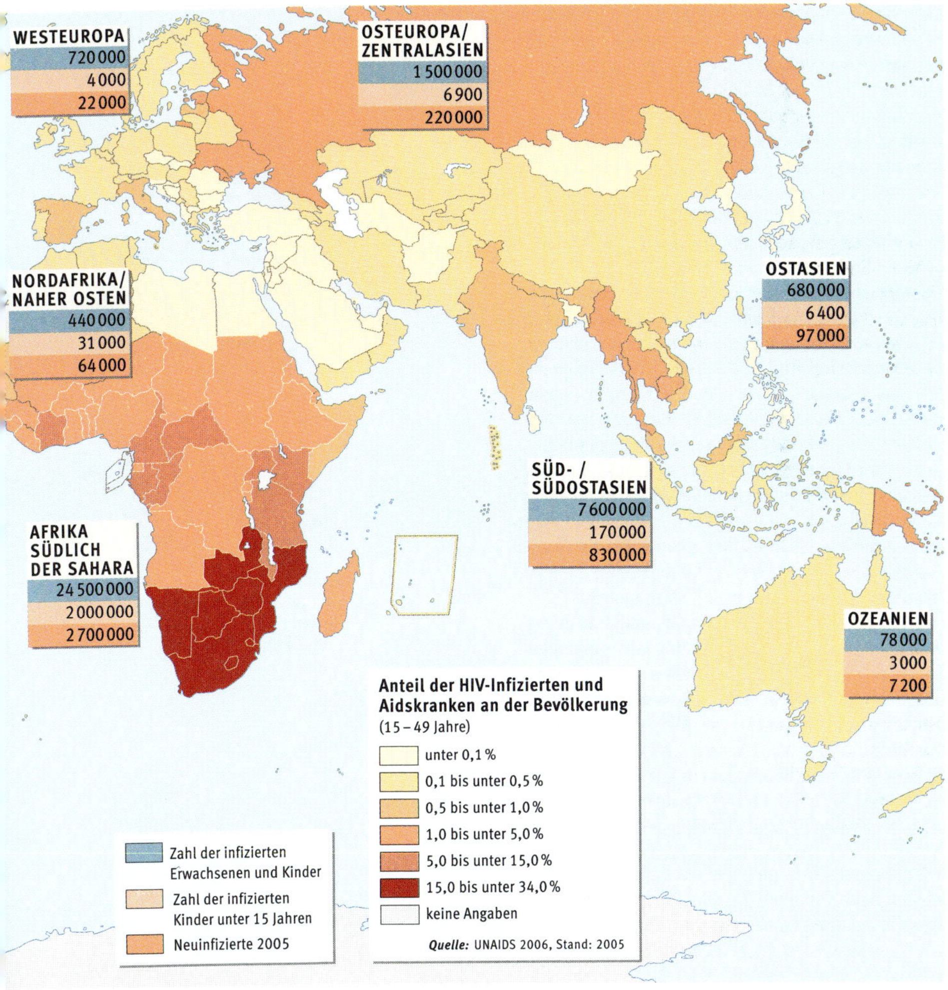

Illegale Drogen

Im weltweiten Kampf gegen die Produktion und den Missbrauch illegaler Drogen ziehen die Vereinten Nationen (UN) eine verhalten positive Bilanz: Nach einem Vierteljahrhundert ist der Konsum illegaler Rauschmittel erstmals wieder auf dem Rückzug, heißt es in dem am 26. 6. 2006 von der UN-Behörde für Drogen und Kriminalität (UNODC) vorgelegten Weltdrogenbericht (»2006 World Drug Report«). Die Herstellung von Opiaten (Heroin, Opium, Morphium) ist 2005 um 5 % gesunken, die von Kokain weitgehend konstant geblieben; der Konsum von Cannabis stieg weiter an, während sich der Markt für Amphetamine stabilisierte. Etwa 200 Mio. Menschen – rd. 5 % der Weltbevölkerung zwischen 15 und 64 Jahren – konsumierten nach diesen Angaben 2005 mindestens einmal eine illegale Droge. Die Zahl der Drogenabhängigen wird auf rd. 25 Mio. Personen geschätzt.

Als Droge wird nach einer Definition der Weltgesundheitsorganisation (WHO) jede Substanz bezeichnet, die in einem lebenden Organismus Funktionen verändern kann. Weltweit am weitesten verbreitet sind allerdings die legalen Drogen Alkohol und Nikotin, die sowohl körperlich als auch psychisch abhängig machen können und auch die meisten Todesopfer fordern.

Cannabis Die weltweit am häufigsten konsumierte illegale Droge bleibt Cannabis, Oberbegriff für die aus Hanf hergestellten Rauschmittel Marihuana (Blüten) und Haschisch (Harz). Cannabis wird in etwa 40 Staaten produziert, insbesondere in Marokko, Afghanistan und Pakistan. Cannabis-Harz gelangt von Marokko – wo die Produktion von 2760 t in 2004 auf 1070 t in 2005 zurückgegangen ist – vor allem nach Europa. 162 Mio. Menschen konsumierten 2005 Cannabis – mit steigender Tendenz.

Aufputschmittel Nach einer Phase des Anstiegs in den 1990er Jahren hat sich der Markt für Aufputschmittel (Amphetamine-type stimulants / ATS) laut UNODC in den vergangenen drei Jahren stabilisiert. Etwa 35 Mio. Menschen haben 2004 mindestens einmal im Jahr ATS konsumiert, davon 25 Mio. Amphetamine und 10 Mio. Ecstasy (Methylendioxymethamphetamin). Die ATS-Produktion wird für 2004 auf 480 t geschätzt, was unter dem Höchststand von 2000 liegt.

Opiate 2004 konsumierten fast 16 Mio. Menschen Opiate, davon 11 Mio. Heroin. Die Weltproduktion von Opium wird für 2005 auf 4620 t geschätzt; 4100 t (89 %) entfallen allein auf Afghanistan. Die Anbaufläche für Schlafmohn ist 2005 um 22 % von 196 000 auf 151 500 ha gesunken. Vor allem die Antidrogenkämpfer im »Goldenen Dreieck« von Laos, Myanmar und Thailand hätten große Erfolge erzielt, erklärte UNODC-Direktor Antonio Maria Costa. Auch in Afghanistan ist die Anbaufläche 2005 um 21 % und damit zum ersten Mal seit 2001 zurückgegangen. Aus Schlafmohn werden Heroin, Opium und Morphium gewonnen.

Kokain Weltweit gesehen ging der Konsum von Kokain 2004 leicht zurück. Noch lebt jeder zweite der insgesamt 13 Mio. Kokainkonsumenten in Nord- und Lateinamerika. Doch dort stagnierte dem UNODC-Bericht zufolge der Verbrauch, während er in Europa weiter ansteigt. Der Anbau von Kokapflanzen geht insgesamt zwar zurück, in Kolumbien jedoch steigt er nach Jahren des Rückgangs trotz staatlicher Gegenmaßnahmen und US-Investitionen im Umfang von 4 Mrd. US-$ in ein Anti-Drogen-Programm wieder an. In Kolumbien werden 54 % der Kokapflanzen weltweit angebaut und dort liegen auch 94 % der Kokainlabors, die 2004 entdeckt und zerstört wurden (über 8200); die Anbaufläche hat jedoch 2005 gegenüber 2004 um 6000 ha (8 %) zugenommen, obwohl in den von den USA be-

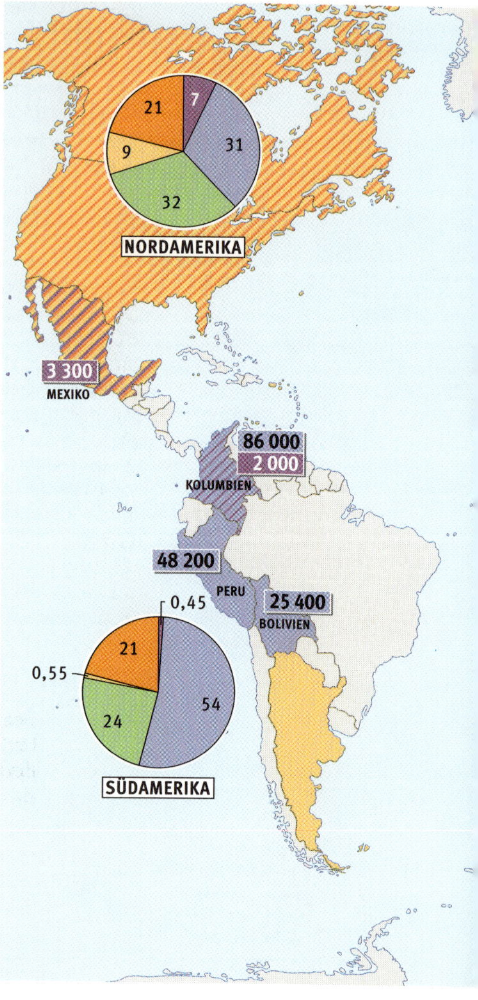

fohlenen Sprühaktionen hochgiftiger Entlaubungsmittel 130 000 ha Koka vernichtet wurden. Internationale Drogenhändler benutzen vor allem zwei Routen: Aus der Anden-Region gelangt das Kokain über Mexiko in die USA. Die Lieferungen nach Europa werden in der letzten Zeit verstärkt über Mittelamerika nach Spanien und Portugal verschifft.

In der Europäischen Union (EU) sterben jährlich mehr als 8000 Menschen, hauptsächlich junge Männer im Alter zwischen 20 und 40 Jahren, an einer Überdosis von Drogen. Schätzungen der EU-Kommission zufolge liegt die tatsächliche Zahl der drogenbedingten Todesfälle jedoch dreimal so hoch. 3–3,5 Mio. Europäer haben 2005 Kokain probiert, 1,5 Mio. Menschen sind regelmäßige Kokain-Konsumenten; 12 Mio. Menschen nehmen Cannabis, davon 3 Mio. mehr oder weniger täglich. Die synthetische Droge Ecstasy wird nach Cannabis am zweithäufigsten konsumiert.

Einer der ersten Schritte zur Bekämpfung illegaler Drogen war die Gründung einer Internationalen Opiumkommission in Shanghai 1909. Die Versammlung der 13 beteiligten Staaten legte den Grundstein für die späteren Drogenverbote im Rahmen der internationalen Opiumkonferenz 1912 und die internationale Ächtung der Substanz. Ein konkretes Ergebnis konnte auf Grund der unterschiedlichen Interessen der beteiligten Staaten während der Versammlung jedoch nicht erzielt werden.

Die drei wichtigsten derzeit gültigen **Übereinkommen zur Drogenkontrolle** sind die Konvention über Rauschgifte von 1961 (in Kraft seit 1975; bisher 180 Vertragsparteien), die Konvention über psychotrope Substanzen von 1971 (1976; 179) und die Konvention gegen den illegalen Handel mit Betäubungsmitteln und psychotropen Substanzen von 1988 (1990; 179).

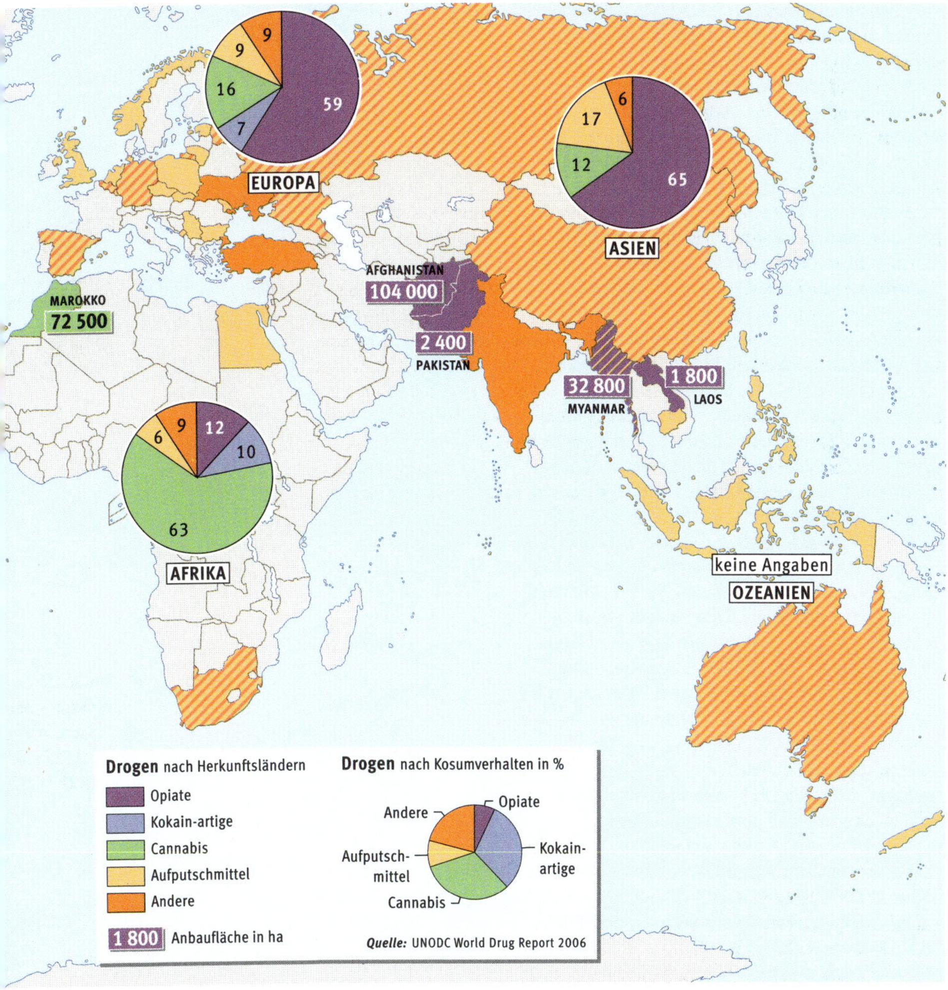

Vogelgrippe

Seit Ende 2003 hat sich das Vogelgrippe-Virus des Subtyps H5N1 von Asien aus verbreitet und im Sommer 2005 zunächst Kasachstan und Russland erreicht, im Oktober dann die Türkei, Rumänien und Kroatien. In Mitteleuropa wurde das H5N1-Virus im Februar 2006 erstmals in Deutschland nachgewiesen, auf Rügen und in anderen küstennahen Gebieten Mecklenburg-Vorpommerns bei mehr als 100 toten Vögeln sowie bei einer Hauskatze. Anfang April griff die Geflügelpest erstmals auch auf Nutztiere über: Nachgewiesen wurde der H5N1-Virusstamm in einer Geflügelfarm in Westsachsen, deren 16 000 Puten, Gänse und Hühner getötet werden mussten.

Ab Februar 2006 erreichte das Virus neben weiteren deutschen Bundesländern u. a. Österreich, die Schweiz, Frankreich, Schweden, Slowenien, Italien, Griechenland und Ungarn; zudem wurde es erstmals auf dem afrikanischen Kontinent entdeckt, in Nigeria. Bisher hat sich das Vogelgrippe-Virus nach Angaben der Vereinten Nationen (UN) auf 48 Länder ausgebreitet, mehr als 200 Menschen infiziert und bis Juni 2006 mindestens 130 Menschen getötet – die meisten davon in Vietnam (42) und in Indonesien (39); alle Verstorbenen hatten sich Untersuchungen zufolge durch engen Kontakt mit infiziertem Geflügel angesteckt. Etwa 200 Mio. Tiere in Geflügelfarmen wurden weltweit vorsorglich getötet.

Der Subtyp H5N1 Vogelgrippe (aviäre Influenza) ist eine hoch ansteckende Viruskrankheit, die Wildvögel, Ziervögel und Geflügel in Tierhaltung, hier vor allem Hühner und Puten, befällt. So genannte hochpathogene aviäre Influenzaviren sind aggressive Erreger und führen zu schweren Schäden an den Tierbeständen, weil ein Großteil des infizierten Geflügels an der Krankheit verendet – daher der Begriff »Geflügelpest«. In der Umgangssprache werden die Begriffe Geflügelpest und Vogelgrippe synonym verwendet (als Vogelgrippe wird eigentlich generell jede Erkrankung des Geflügels durch aviäre Influenzaviren bezeichnet). Bei direktem und intensivem Kontakt mit infiziertem Geflügel können sich auch Säugetiere – etwa Schweine, Katzen und Pferde – sowie Menschen mit dem Virus anstecken. Erreger der derzeitigen Epidemie ist der Subtyp H5N1 des Influenza-A-Virus. Zwar sind Vogelgrippeviren seit mehr als 100 Jahren bekannt und haben auch schon europäische Länder befallen; doch ein derart großer Ausbruch wie jetzt wurde noch nicht registriert. Hinweise auf eine Mutation in einen auch von Mensch zu Mensch leicht übertragbaren Virus gibt es bisher nicht.

Vorsorgemaßnahmen und Behandlungsmöglichkeiten Die Europäische Union (EU) erließ im Oktober 2005 ein umfassendes Importverbot für Geflügel und Geflügelprodukte aus allen von H5N1 betroffenen Ländern. Da besonders Zugvögel für eine rasche Verbreitung der Vogelgrippe sorgen, wurde in Deutschland, Österreich und der Schweiz ebenfalls im Oktober eine Stallpflicht für freilaufendes Geflügel bis zum Ende des Vogelzugs Mitte Dezember angeordnet, um die bei der Freilandhaltung theoretisch bestehende Infektionsgefahr durch Wildvögel zu minimieren. Nach den ersten Vogelgrippefällen auf Rügen ordnete Bundesverbraucherschutzminister Horst Seehofer zum 17. 2. 2006 eine erneute Stallpflicht für Geflügel an. Diese wurde Mitte Mai 2006 auf so genannte Risikogebiete begrenzt, d. h. auf Regionen, in denen infizierte Wildvögel nachgewiesen wurden, eine hohe »Geflügeldichte« besteht oder Feuchtgebiete vorhanden sind.

Bislang stehen zwei Wirkstoffe zur Behandlung der Vogelgrippe zur Verfügung: Zanamivir und Oseltamivir. Sie hemmen die Virusvermehrung und können

den Krankheitsverlauf mildern. Die herkömmliche Grippe-Impfung schützt vor der Vogelgrippe nicht.

Geberkonferenz in Peking In Peking fand am 17./18. 1. 2006 eine gemeinsam von Chinas Regierung, der Weltbank und der Europäischen Union (EU) organisierte Geberkonferenz zum Kampf gegen die Vogelgrippe statt, an der rd. 700 Delegierte aus 90 Staaten und Vertreter von 20 internationalen Organisationen teilnahmen. Die internationale Staatengemeinschaft sagte 1,9 Mrd. US-$ zur Bekämpfung der Seuche zu. Darunter sind neben 900 Mio. US-$ an Krediten, die für technische Hilfe bis zu Infrastrukturmaßnamen verwendet werden können, auch 1 Mrd. US-$ an Schenkungen. Sie können für Aufklärungsmaßnamen ebenso eingesetzt werden wie als Kompensationen für Geflügelbauern. Den größten Beitrag leistet die Weltbank mit Krediten von 500 Mio. US-$. Neben 120 Mio. US-$ von der EU-Kommission verpflichteten sich auch 18 der 25 EU-Länder auf Zahlung weiterer rd. 130 Mio. US-$. Drei Viertel dieses Geldes stellen Großbritannien mit 35 Mio., Frankreich mit 31 Mio. und Deutschland mit knapp 28 Mio. US $. Die USA sagten 334 Mio., Japan 135 Mio. und Russland 44 Mio. US-$ zu.

Gefahr einer Pandemie? Mit dem Vorrücken der Vogelgrippe nach Europa stieg die Angst vor einer Pandemie. Darunter versteht man den grenzübergreifenden, wenn nicht sogar weltweiten Ausbruch einer Krankheit – im Unterschied zur Epidemie, bei der die Krankheit auf eine lokale Gruppe von Menschen beschränkt ist. Sollte das Virus H5N1 die Fähigkeit entwickeln, von Menschen auf Menschen überzugehen, droht eine Pandemie. Voraussetzung ist, dass das Virus sein Erbgut verändert oder sich mit einem Erreger der humanen Influenza kreuzt. Dies könnte etwa geschehen, wenn ein Mensch gleichzeitig an Human- und Vogelgrippe erkrankt.

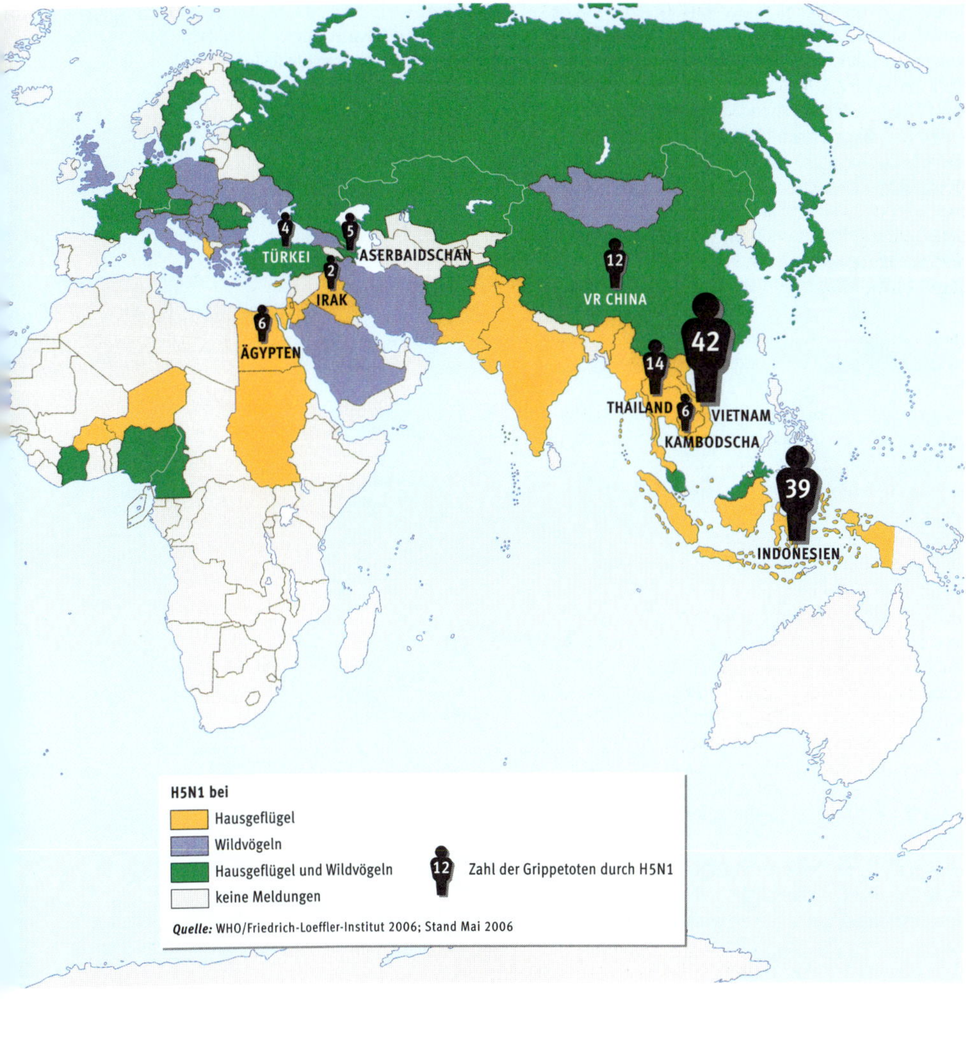

Hurrikane

Die atlantische Hurrikan-Saison 2005 hat alle Rekorde gebrochen. Zwischen Mai und Ende November entstanden über dem warmen Wasser des tropischen Atlantik insgesamt 27 Wirbelstürme – mehr als je zuvor seit Beginn der Aufzeichnungen im Jahr 1851. Zwölf Stürme hatten Windgeschwindigkeiten von mehr als 118 km/h und damit Hurrikan-Stärke (bisheriges Rekordjahr war 1933 mit 21 Stürmen, davon 11 Hurrikane). Spitzenwerte gab es auch bei den Windgeschwindigkeiten: Drei der zehn stärksten jemals registrierten Hurrikane im Nordatlantik entwickelten sich 2005. Hurrikan Wilma erreichte mit 882 Hektopascal den tiefsten jemals im Auge eines Hurrikans gemessen Luftdruck – und damit wahrscheinlich die höchsten Windgeschwindigkeiten in der Karibik seit 1851. Die versicherten Schäden summieren sich nach Schätzungen der Rückversicherungsgesellschaft Münchener Rück auf 83 Mrd. US-$, mehr als doppelt soviel wie im bisherigen Rekordjahr 2004 (30 Mrd. US-$).

Mit Hurrikan Vince bildete sich der bisher östlichste und nördlichste tropische Wirbelsturm in der Nähe der Insel Madeira. Ende November überquerte Tropensturm Delta die Kanarischen Inseln – nie zuvor war ein tropischer Wirbelsturm in diesem Gebiet aufgetreten. Insgesamt haben sich sowohl die Dauer als auch die höchsten Windstärken der tropischen Wirbelstürme in den letzten 50 Jahren um 50 % erhöht. Es gibt durchschnittlich nicht mehr Stürme, aber sie toben immer länger und mit immer zerstörerischerer Kraft.

Kategorien Ein Hurrikan ist die höchste Kategorie eines tropischen Wirbelsturms, einem Tiefdrucksystem, das sich durch Gewitteraktivität und Wind auszeichnet und auf der Nordhalbkugel entgegen dem Uhrzeigersinn, auf der Südhalbkugel im Uhrzeigersinn rotiert. Bei Windgeschwindigkeiten bis 60 km/h spricht man von einem tropischen Tief, zwischen 61 und 117 km/h von einem tropischen Sturm. Für Stürme ab 118 km/h gibt es regional unterschiedliche Bezeichnungen. Der Oberbegriff Tropischer Zyklon wird überall angewendet, im Nordatlantik und Nordpazifik östlich der Datumsgrenze und im Südpazifik östlich von 160° heißt er Hurrikan, im Nordpazifik westlich der Datumsgrenze Taifun. Auf der Saffir-Simpson-Skala sind für Hurrikane folgende Schweregrade festgelegt:

- Kategorie 1: 118 bis 153 km/h
- Kategorie 2: 154 bis 178 km/h
- Kategorie 3: 179 bis 210 km/h
- Kategorie 4: 211 bis 249 km/h
- Kategorie 5: 250 km/h und mehr

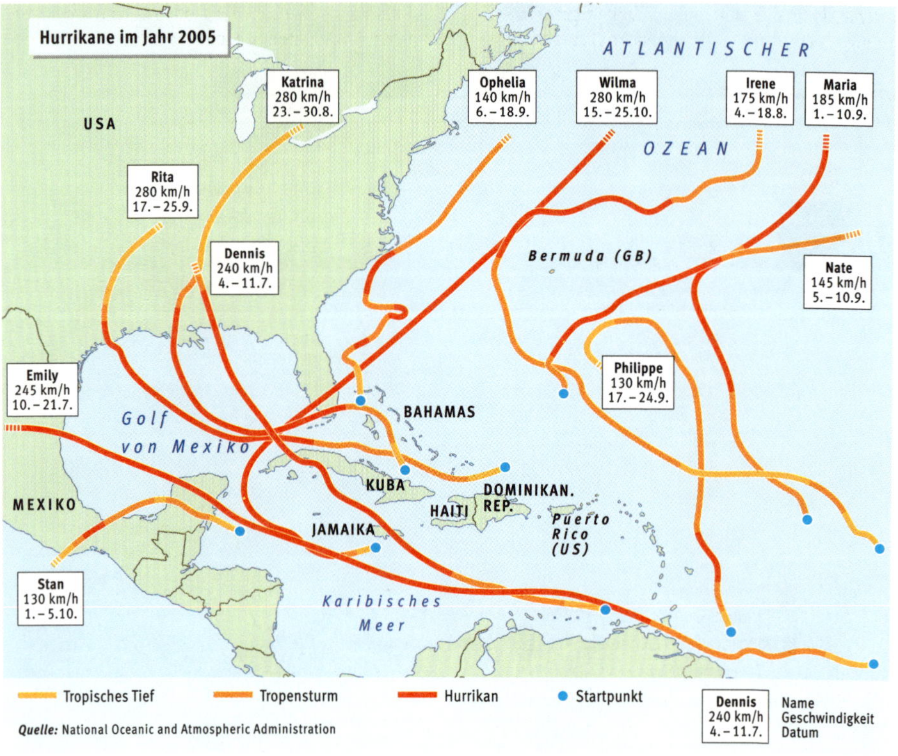

Quelle: National Oceanic and Atmospheric Administration

Entstehung und Aufbau Hurrikane entstehen zwischen dem 5. und 25. Grad nördlicher und südlicher Breite. Ab einer Wassertemperatur von 26,5°C bis in eine Tiefe von rd. 50 m kann sich ein Tiefdruckgebiet durch leichte, gleichmäßige Winde zu einem Tropensturm oder einem Hurrikan entwickeln. Die feuchte warme Luft des Meeres türmt sich zu hohen Quellwolken (Cumulonimben) auf. Durch Kondensation entsteht ein hohes Maß an Wärme, wodurch die Luft schneller nach oben steigt (Spiralbänder) und die für einen Wirbelsturm charakteristische Wirbelbewegung auslöst. Gleichzeitig muss eine konvergente Strömung vorhanden sein, d. h. die feucht-warme Luft am Boden ballt sich zusammen, während sie oben auseinander strömt. Abgekühlt sinkt sie an den Rändern des Gebiets herab, wärmt sich über dem Meer wieder auf und tankt Feuchtigkeit. Der Kreislauf beginnt. In den Spiralbändern läuft auf engstem Raum derselbe Kreislauf ab, hohe Druck- und Temperaturunterschiede sorgen für heftigen Wind. Die Spiralbänder wandern Richtung Zentrum. So entsteht das »Auge« (»eye«, Durchmesser rd. 10–30 km), ein windstilles, wolkenloses Gebiet mit dem niedrigsten Druck. Darum herum befinden sich die Spiralbänder in Form eines Rings, die Eyewall. Hier herrscht durch das Druckgefälle Wind in Orkanstärken.

Ein Hurrikan kann einen Durchmesser von 300–1000 km erreichen. Bleiben die Bedingungen erhalten, verstärkt er sich zunehmend. Zu heftiger Wind kann ihn »zerreißen«, lässt die Feuchtigkeitszufuhr nach, weil das Wasser abkühlt oder er über Land weht, schwächt er sich ab. Da die Bedingungen vielfältig sind, ist die Entwicklung eines Hurrikans jedoch schwer vorhersehbar.

Ursache Klimawandel? Im Hurrikan-Rekordjahr 2005 wurden wissenschaftliche Studien publiziert, die auf einen Zusammenhang zwischen den stärker werdenden Wirbelstürmen und der globalen Erwärmung hinweisen. Unabhängige Untersuchungen kommen zu dem Schluss, dass die Stärke der atlantischen Wirbelstürme in den letzten 35 Jahren parallel zur Oberflächentemperatur des Meerwassers zugenommen hat. Von 1970 bis heute wurde in allen tropischen und subtropischen Ozeanregionen mit Wirbelsturmaktivitäten eine Zunahme der Oberflächentemperatur von ca. 0,5°C gemessen. Modellrechnungen legen nahe, dass diese Temperaturzunahme maßgeblich durch die vom Menschen verursachte Anreicherung von Treibhausgasen in der Erdatmosphäre ausgelöst wird. Wärmeres Wasser verdunstet stärker, steigt in feuchtwarmer Luft rasch nach oben auf und kondensiert in größerer Höhe. Die Folge sind Gewitterwolken und sinkender Luftdruck an der Meeresoberfläche. Somit ist ein plausibler Zusammenhang zwischen globaler Erwärmung und der Zunahme der Sturmstärken hergestellt. Anders verhält es sich mit der Sturmhäufigkeit. Trotz des Rekordjahrs 2005 ist die Zahl der Stürme bisher nicht mit dem Klimawandel zu erklären. Außer im Nordatlantik hat die Zahl der Tropenstürme in den vergangenen zehn Jahren sogar abgenommen.

Entstehung eines Hurrikans

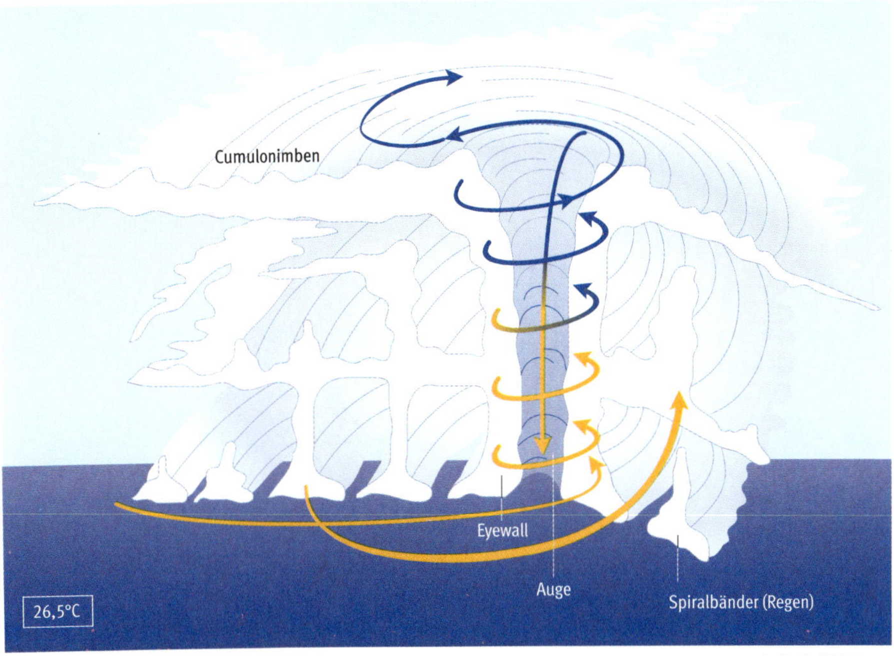

Quelle: The COMET Program

Die Sprachen Afrikas

Nach allgemeinen Schätzungen werden in Afrika 2000 Sprachen gesprochen, das ist ein Drittel der weltweit etwa 6000 Sprachen. Afrika ist damit der im Verhältnis zur Bevölkerung sprachenreichste Kontinent der Welt.

Afrikanische Sprachfamilien Nach dem amerikanischen Sprachwissenschaftler Joseph Greenberg werden vier große Sprachfamilien unterschieden: **Afroasiatisch, Niger-Kordofanisch, Nilo-Saharanisch** und **Khoisan**. Diese Sprachfamilien sind in Untergruppen unterteilt, die ständigen Änderungen unterliegen, da immer noch bisher unbekannte Sprachen auftauchen und die fortschreitende Forschung neue Aufteilungen und Zuordnungen nötig macht. Eine sprachliche Ausnahme bildet das zu Afrika zählende Madagaskar, auf dem austronesische Sprachen gesprochen werden.

Zur **afroasiatischen Sprachfamilie** zählen über 250 Sprachen. Sie konzentrieren sich auf den Nordosten des afrikanischen Kontinents, werden aber auch in großen Teilen des ostafrikanischen Raums gesprochen. Man unterscheidet folgende Hauptgruppen (genannt werden einige wichtige Sprachen):

- Semitisch: Arabisch, Amharisch, Tigrinya, Tigré
- Ägyptisch (ausgestorben)
- Berbersprachen: Tamasheq/Tamazight, Taschelheit/Tachelhit, Kabylisch
- Kuschitisch: Oromo, Somali, Afar
- Tschadisch (mit über 125 Sprachen die zahlenmäßig bedeutendste Gruppe der afroasiatischen Sprachfamilie): Hausa
- Omotisch: Wolaitta, Gamo

Die Verbreitung der **niger-kordofanischen Sprachfamilie** reicht vom äußersten Westen des Kontinents bis zum südlichsten Zipfel, auch in den ostafrikanischen Staaten werden Sprachen dieser Familie gesprochen. Sie ist mit über 1500 Sprachen die größte Sprachfamilie

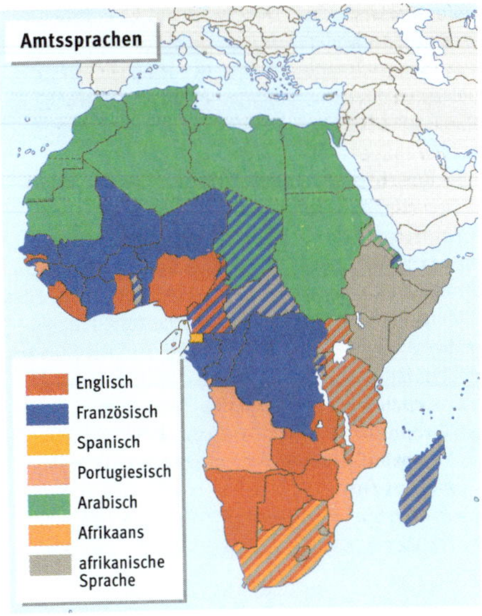

und umfasst folgende Hauptgruppen: Niger-Kongo-Sprachen und Kordofan-Sprachen.

Die **Niger-Kongo-Sprachen** werden in folgende Gruppen unterteilt:

- Westatlantisch: Ful(fulde), Wolof, Serer, Temne
- Mande: Bambara, Malinke, Soninke, Dyula, Kpelle, Mende
- Voltaisch (Gur): Mossi, Dogon, Senufo
- Kwa: Akan, Yoruba, Igbo, Ewe
- Benue-Kongo, hauptsächlich Bantusprachen: Fang, Kinyarwanda, Tswana, Chokwe, Sotho, Xhosa, daneben die Verkehrssprachen: Swahili, Lingala, Shona, Kituba, Umbundu, Nyanja, Luba, Bemba
- Adamawa-Ubangi (Adamawa-Ost): Sango, Zande, Gbaya

Das **Kordofanische** umfasst etwa 30 Sprachen, die in den Nuba-Bergen (Südsudan) gesprochen werden. Die geografische Verbreitung der 150 Sprachen der **nilo-saharanischen Sprachfamilie** reicht vom Tschad bis in den ostafrikanischen Raum. Man unterscheidet sechs Zweige: Songhai, Saharanisch (u. a. Kanuri), Maba, Fur (in Darfur gesprochen), Koma und Schari-Nil-Sprachen. Eine Untergruppe des letztgenannten Zweigs, die nilotischen Sprachen, sind nach Sprecherzahl und regionaler Ausdehnung die größte Gruppe innerhalb der nilo-saharanischen Sprachfamilie: Luo, Dinka, Nuer, Maa(sai), Bari.

Die **Khoisan-Sprachen** werden im südlichen Afrika gesprochen. Die Bezeichnung Khoisan leitet sich von zwei Ethnien ab, den Khoikhoi und den San. Die Khoisan-Sprachen umfassen 27 Sprachen, die von ca. 150 000 Menschen gesprochen werden. Die Sprache mit der größten Sprecherzahl ist Nama, die anderen Sprachen haben weit weniger Sprecher und sind vom Aussterben bedroht. Hervorstechendstes Merkmal der Khoisan-Sprachen ist das Vorhandensein von Schnalzlauten.

Sprachverbreitung Wenige afrikanische Staaten sind (annähernd) einsprachig. Neben den überwiegend arabischsprachigen Staaten Ägypten, Algerien, Dschibuti, Libyen, Marokko, Mauretanien und Tunesien sind dies Burundi, Kap Verde, Komoren, Lesotho, Mauritius, Ruanda, São Tomé und Príncipe, Seychellen, Somalia und Swasiland. Mit etwa 30–40 Sprachen liegen Angola, Guinea, Kenia, Liberia, Senegal, Togo und Uganda im mittleren Bereich. Im oberen Bereich des Sprachenreichtums befinden sich Staaten mit weit mehr als 100 Sprachen: Tansania, Tschad und Sudan. Spitzenreiter sind DR Kongo, Kamerun und Nigeria (200–400 Sprachen).

Afrikanische Verkehrssprachen Schätzungsweise mehr als die Hälfte aller Afrikaner beherrscht neben der Muttersprache (Erst- oder Vernakulärsprache) noch eine oder mehrere Sprachen. Im familiären Bereich und innerhalb der Ethnie wird die Erstsprache gesprochen, im Handel werden Verkehrssprachen benutzt. In offiziellen Bereichen, der Verwaltung, der Bildung ist oft die Kenntnis europäischer Sprachen erforderlich. Neben den europäischen Sprachen Englisch, Französisch, Portugiesisch, Spanisch und Afrikaans (Niederländisch) unterscheidet man drei Typen von afrikanischen Verkehrssprachen:

- Verkehrssprachen, die bereits in vorkolonialer Zeit verbreitet waren: Amharisch, Bambara/Dyula, Hausa, Kanuri, Swahili, Tswana;
- Sprachen, die sich in kolonialer Zeit aus pidginisierten Vernakulärsprachen entwickelt haben: Sango, Lingala, Fanagolo;
- Pidginsprachen: Krio in Sierra Leone, Pidgin-Englisch in Nigeria und Kamerun.

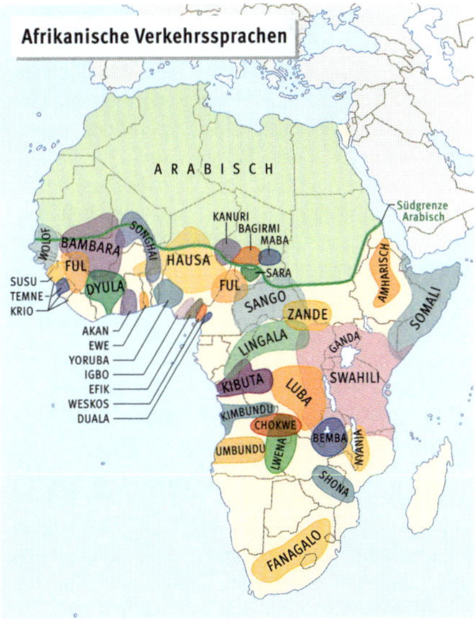

Weltreligion Islam

Die fünf Weltreligionen sind das im 1. Jh. entstandene Christentum mit heute etwa 2 Mrd. Anhängern (darunter 1,1 Mrd. getaufte Katholiken; zur Verbreitung → WA 2006, S. 476 f.), der im 7. Jh. entstandene Islam (1,3 Mrd. Anhänger), der Hinduismus, dessen älteste Quellen 1500 v. Chr. datieren (840 Mio. Anhänger), der etwa im 6. Jh. v. Chr. entstandene Buddhismus (377 Mio. Anhänger) und das Judentum, dessen Anfänge in das 2. Jahrtausend v. Chr. zurückreichen (etwa 15 Mio. Anhänger). Daneben gibt es eine Vielzahl kleinerer Religionen und Religionsgemeinschaften. Seit der Mitte des 19. Jahrhunderts entstanden die so genannten Neuen Religionen, die teilweise aus Abspaltungen von den Weltreligionen oder aus asiatischen bzw. afrikanischen Traditionen hervorgegangen sind und über 100 Mio. Anhänger haben.

Der Islam, die jüngste der fünf großen Weltreligionen, geht auf den um 610 in Mekka als Prophet auftretenden Mohammed zurück und ist nach dem Christentum die zweitgrößte und gegenwärtig am stärksten expandierende Religion. 1,3 Mrd. Menschen – rd. 20 % der Weltbevölkerung – bezeichnen sich als Muslime. Die Mehrzahl lebt in Asien (66 %) sowie in Nordafrika und im Nahen Osten (29 %). Staatsreligion ist der Islam in etwa 40 Ländern Asiens und Afrikas. Die meisten Muslime einer Nationalität leben in Indonesien, wo der Islam aber nicht Staatsreligion ist; 190 Mio. Menschen – 88 % der Bevölkerung – gehören dort dem Islam an. In Deutschland leben rd. 3,2 Mio. Muslime (2005).

Das Glaubensbekenntnis des Islam (»Es gibt keinen Gott außer Allah und Mohammed ist der Gesandte Gottes«) verpflichtet den Muslim zum Monotheismus. Gott ist der Schöpfer aller Wesen und Dinge und Mohammed gilt als der wahre und letzte Prophet, dem sich Gott offenbart hat. Gottes Wille ist im Koran, dem heiligen Buch der Muslime, festgelegt. Nach dem Koran fordert der allmächtige Gott von den Menschen die Unterwerfung unter seinen Willen. Neben dem Koran sind die überlieferten Taten und Aussprüche des Propheten Mohammed (Hadith) die zweite Quelle des islamischen Rechts (Scharia). Beide sind für die Muslime verbindlich und regeln ihr tägliches Leben (Essgewohnheiten, Kleidung, Hygienepraktiken). Die Prophetenüberlieferungen bilden die Sunna (Brauch). Koran und Sunna sind die Grundlagen der von den Ulama (Wissenden, Gelehrten) entwickelten Scharia, der gottgewollten Lebensordnung der Menschen. Koran und Sunna legen auch die zu vollstreckenden Strafen für bestimmte Delikte fest. Die Ulama sind die eigentlichen Träger der religiösen Autorität im Islam, der kein allgemein anerkanntes Oberhaupt hat. Als Imam wird sowohl das Oberhaupt der Gesamtheit der Muslime als auch der Vorbeter oder Vorsteher einer Gemeinde bezeichnet. Im Iran beansprucht seit 1979 (»Islamische Revolution«) der jeweilige Religionsführer eine besondere Autorität auch in politischen Fragen.

Die fünf religiösen Grundpflichten (»Fünf Säulen«) der Muslime gegenüber den Mitmenschen und der Gemeinschaft sind im Koran festgehalten: Das Glaubensbekenntnis zu Allah und seinem Propheten Mohammed (»Ich bezeuge, dass es keine Gottheit gibt außer dem Gott. Ich bezeuge, dass Mohammed der Gesandte Gottes ist.«); das fünfmal täglich stattfindende Gebet in Richtung Mekka; die Pflichtabgabe (das Almosengeben); das Einhalten des Fastenmonats Ramadan; die Pilgerfahrt (Hadsch) zu den heiligen Stätten von Mekka und Medina, die wenigstens einmal im

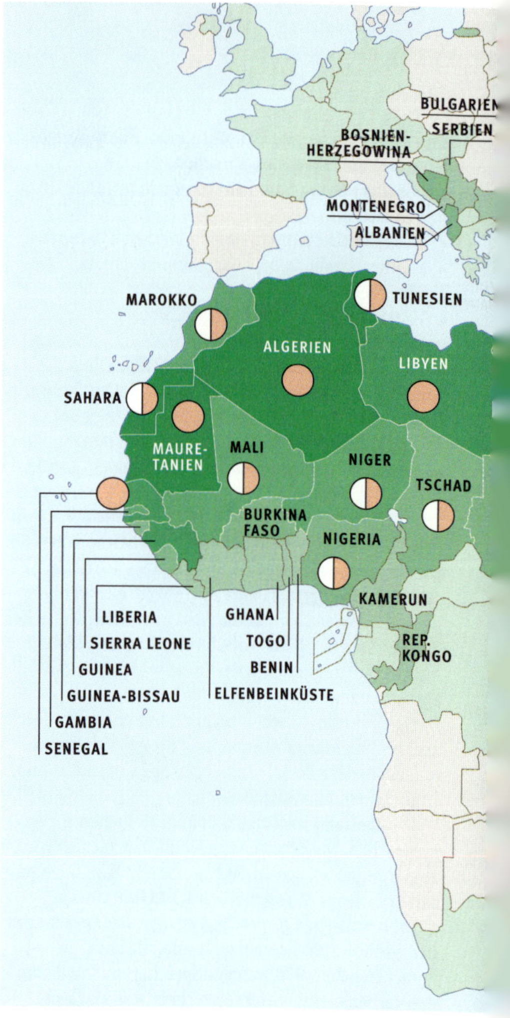

Leben ausgeführt werden soll. Diese muss aber nur antreten, wer dazu die Kraft und das Geld hat; befreit sind auch Alte, Gebrechliche, Schwangere und Kinder. Der Konsum von Alkohol und Fleisch vom Schwein (unrein) sowie das Glücksspiel sind dem Muslim untersagt. Die Polygamie wird durch den Koran auf vier Ehefrauen beschränkt. Homosexualität wird als Unzucht verurteilt und steht damit auf gleicher Stufe wie außerehelicher Geschlechtsverkehr und Selbstbefriedigung.

Glaubensspaltung Nach dem Tode Mohammeds (632 n. Chr.) spalteten sich die Gläubigen, weil sie sich über die Person des Nachfolgers von Mohammed nicht einigen konnten. Heute gibt es – neben mehreren Splittergruppen – zwei Hauptgruppen: die Sunniten und die Schiiten. Beide Gruppen unterscheiden sich weniger durch ihre Riten und Gesetze als vielmehr aufgrund ihres Ethos, ihrer Theologie sowie in der Frage der Rechtmäßigkeit des Imams. In der Mehrzahl sind die Sunniten; sie halten sich an die Sunna und erkennen als rechtmäßige Nachfolger des Propheten die ersten vier »rechtgeleiteten Kalifen« (chalifa = Stellvertreter Mohammeds) – Abu Bakr, Omar, Osman und Ali, den Vetter und Schwiegersohn Mohammeds – an. Die Schiiten (Schia = Partei Alis), die heute etwa 10 % aller Muslime ausmachen, bestreiten den ersten drei Kalifen mangels Verwandtschaft mit dem Propheten die Rechtmäßigkeit der Nachfolge und erkennen statt dessen zwölf Imame an: den vierten Kalifen Ali, seine Söhne Hassan und Hussein (aus der Ehe mit Mohammeds Tochter Fatima) und die neun Nachkommen Husseins. Zwischen den beiden Religionsgruppen kam und kommt es immer wieder zu gewaltsamen Zusammenstößen – so u. a. in → Irak.

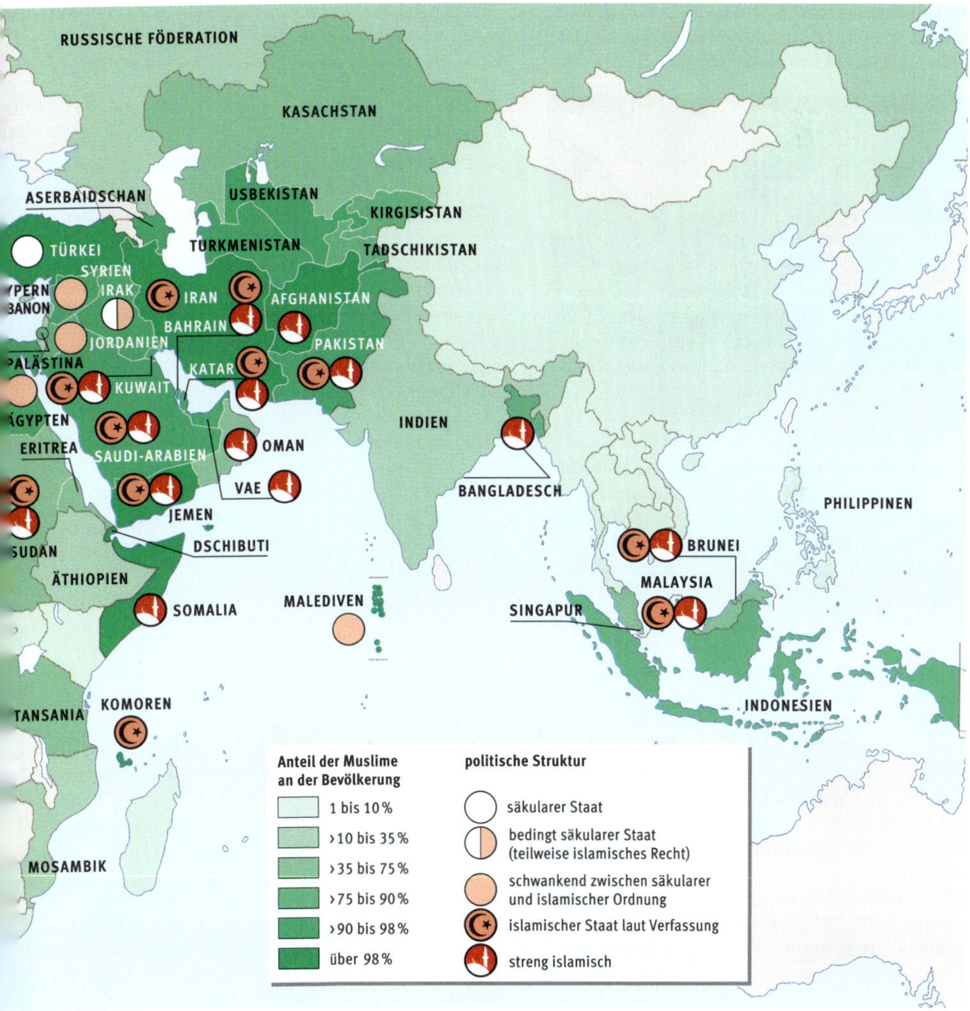

Internationale Raumstation (ISS)

Am 4. 7. 2006 startete die US-Raumfähre Discovery mit einer siebenköpfigen Besatzung vom Kennedy Space Center in Cape Canaveral (Florida/USA) zur Internationalen Raumstation ISS (International Space Station). Zwei Tage später dockte der 100 t schwere Space Shuttle an der ISS an, die die Erde in einer Entfernung von 342 km mit einer Geschwindigkeit von rd. 28 000 km/h alle 90 Minuten umkreist. An Bord der ISS ging der deutsche Astronaut Thomas Reiter (→ Foto), der dort einen Langzeiteinsatz von mindestens sechs Monaten absolvieren wird. Die Raumfähre mit der Flugbezeichnung STS-121, die zudem 14 t Ausrüstungsteile, Nahrung, Wasser und Kleidung zur Raumstation brachte, kehrte am 17. 7. nach einer gründlichen Inspektion durch Außeneinsätze mit den sechs Crewmitgliedern wieder zur Erde zurück.

Thomas Reiter an Bord der ISS

Ausbau der ISS Die seit 1998 im Aufbau befindliche ISS ist das größte und kostspieligste Projekt der Raumfahrtgeschichte. 16 Nationen sind daran beteiligt: USA, Kanada, Japan, Russland und Brasilien sowie elf Mitgliedstaaten der Europäischen Weltraumagentur (ESA), darunter Deutschland, Österreich und die Schweiz. Die Kosten werden bis zur geplanten Fertigstellung im Jahr 2010 100 Mrd. US-$ überschritten haben. Deutschland trägt etwa 40 % der europäischen ISS-Kosten, im laufenden Jahr 161 Mio. €; bis Ende 2006 wird Deutschland 1,8 Mrd. € in die ISS investiert haben.

Zur Zeit besteht die ISS im Wesentlichen aus drei Bauteilen (Modulen), dem 1998 von Astronauten gekoppelten Kontrollmodul Sarja (Sonnenaufgang) und dem Verbindungsmodul Unity (Einheit) sowie dem im Juli 2000 angedockten Wohnmodul Swesda (Stern). Mittels 17 weiterer Raumtransporterflüge sollen zusätzliche Bauteile des Weltraumkomplexes einschließlich neuer Module, Gerüstsegmente und Sonnensegel hinzukommen. Im Endzustand wird die Raumstation maximale Abmessungen von ca. 109 m × 88 m × 80 m haben und mit rd. 450 t Masse die größte jemals gebaute Raumstation sein.

Russischer Beitrag Nach der Columbia-Katastrophe von 2003 war es Russland, das praktisch den Betrieb der ISS aufrechterhielt. Mit der Raumfähre Sojus wurde der Transport der Besatzungen zur ISS und zurück durchgeführt, mit dem Raumfrachter Progress die Versorgungsflüge – so zuletzt am 26. 6. 2006, als eine Progress 2,5 t Nachschub, darunter Obst, Trinkwasser und Treibstoff aber auch frische Wäsche, Hygieneartikel und Familiengeschenke zur ISS brachte. Sie besorgte auch die Müllabfuhr.

Europäischer Beitrag Die europäischen Hauptbeiträge bestehen aus dem Forschungsmodul Columbus und dem unbemannten Transferfahrzeug ATV (Automated Transfer Vehicle). Das im Auftrag der ESA beim Raumfahrtunternehmen EADS Space Transportation in Bremen entwickelte und gebaute Forschungslabor ist 8 m lang und 13 t schwer und wird Wissenschaftsastronauten aus nahezu allen zukunftsträchtigen Disziplinen Forschungsmöglichkeiten an Bord der ISS bieten. Columbus wird voraussichtlich 2007 an Bord eines Space Shuttle ins All gebracht. Das Frachtschiff ATV soll bis zu 7,5 t Fracht zur ISS bringen können: Gase, Wasser, Treibstoff sowie die wissenschaftliche Ausrüstung.

Mission Astrolab Der ESA-Astronaut Reiter führt im Rahmen der »Astrolab« getauften Mission auf der ISS eine Reihe wissenschaftlicher und technologischer Versuche durch. Das Programm hierfür wurde von wissenschaftlichen Einrichtungen aus ganz Europa zusammengestellt und deckt eine Vielzahl von Forschungsgebieten ab. So bringt die Mission Astrolab u. a. eine Gefriereinrichtung an Bord, die –80°C erreicht und somit das langfristige Konservieren biologischer Proben und Experimentergebnisse erlaubt. Gleichzeitig markiert die Mission den Beginn der Langzeitpräsenz europäischer Astronauten auf der ISS.

Zwischen November 2000 und April 2003 war die ISS ständig von einer dreiköpfigen Besatzung bewohnt. Seit Februar 2003, als die US-Raumfähre Columbia beim Eintritt in die Erdatmosphäre verglühte, stagnierte der weitere Aufbau der ISS und ihre Besatzung musste aus Versorgungsgründen auf zwei Personen reduziert werden. Erst am 26. 7. 2005 konnte die NASA ihre Shuttle-Flüge wieder aufnehmen. Mit der Ankunft des ESA-Astronauten Reiter wurde die Langzeitbesatzung wieder dauerhaft auf drei Mitglieder erhöht. Die Rückkehr zu einer dreiköpfigen ständigen Bordmannschaft ermöglicht mehr Zeit für wissenschaftliche Forschungen.

Reiter untersteht als Flugingenieur dem russischen Kommandanten Pawel Winogradow, der im März 2006 gemeinsam mit dem NASA-Flugingenieur Jeffrey Williams mit einer Sojus TMA-8 zur ISS gelangt war. Die TMA-8 ist seitdem an der ISS befestigt und dient der ständigen Bordmannschaft als »Rettungsboot«; sie wird außerdem im September 2006 Winogradow und Williams zur Erde zurückbringen.

Erklärungen zu den Karten

Staatsgrenze
Staatsgrenze umstritten
Provinzgrenze
Küstenlinie
Fließgewässer | Kanal | Wadi
Wasserfall | Stausee
Salzsee | Sumpfgebiet | Korallen
Wüste
bedeutende Straße mit Pass
Straße
Straße mit Tunnel
Eisenbahn
Äquator
südl. + nördl. Wendekreis/Polarkreis
Netzlinien
Datumslinie

Hauptstadt
Provinzhauptstadt, >Mio. | <Mio. Einw.
Millionenstadt | Stadt
Berg | Oase
Ruinen, historische Stätten

SCHWEIZ	Staatsname
FRANKREICH	Nachbarland
Burgenland	Bundesland/-staat/Kanton/Provinz
Martinique	Außengebiet
Korsika	Insel
ATLANTIK	Ozean
Mittelmeer	Meere
Aralsee | *Donau*	See | Fluss
Zugspitze	Berg
Berner Alpen	Landschaft

Erläuterungen zu den Daten

Staat

Deutsche Bezeichnung der Staaten: Verzeichnis der Staatennamen für den amtlichen Gebrauch in der Bundesrepublik Deutschland des Auswärtigen Amtes; Staatennamen in der jeweiligen Amtssprache des Staates; Zwei- bzw. Drei-Buchstaben-Code: Norm DIN EN ISO 3166-1

Fläche: Angaben nationaler statistischer Ämter und anderer offizieller Stellen

Einwohnerzahlen: Weltbank als einzige Quelle zur Ermittlung des Weltrangs

Währungskurse: Deutsche Bundesbank, Kurse vom Mai 2006. EU-Staaten, Schweiz und USA: Kurse vom 1. 7. 2006

LANDESSTRUKTUR, BEVÖLKERUNG

Daten: Angaben nationaler statistischer Ämter und anderer offizieller Stellen

Einwohner: Z = letzte Volkszählung, F = Fortschreibung, S = Schätzung

STAATS- UND REGIERUNGSFORM

Kurzinformationen zur Verfassung und zum politischen System

REGIERUNG UND PARTEIEN

Staatsoberhaupt, Regierungschef/in und Außenminister/in: Stand: 15. 7. 2006

Parlament: Sitzverteilung nach den letzten Wahlen (in Klammern vorangegangene Wahl)

WIRTSCHAFT

Daten: Angaben nationaler statistischer Ämter, der Bundesagentur für Außenwirtschaft und anderer offizieller Stellen

Weitere Erklärungen, Quellenangaben und Definitionen im Glossar, S. 811 ff.
Zusätzliche Kennziffern in den Basistabellen, S. 522 ff.

Afghanistan West-Asien

Islamische Republik Afghanistan;
Dı Afğānistān Islāmī Dawlat (paschtu);
Dowlat-e Eslâmî-ye Afqânestân (dari) – AF / AFG

Fläche (Weltrang: 40): 652 225 km²

Einwohner (38): F 2004 28 574 000 = 44 je km²

Hauptstadt: Kābol (Kabul)

Amtssprachen: Paschtu, Dari

Bruttonationaleinkommen 2004 je Einw.: k. A.

Währung: 1 Afghani (Af) = 100 Puls
Kurs: 1 US-$ = 49,85 Af; 1 € = 63,54 Af

Botschaft der Islamischen Republik Afghanistan
Wilhelmstr. 65, 10117 Berlin
T 030 / 2 06 73 50, Fax 2 29 15 10
E-Mail: afghanische-botschaft@t-online.de

LANDESSTRUKTUR **Fläche**: 652 225 km²; → Karte ▪ **Verwaltung**: 34 Provinzen; Tabelle → WA 2006, S. 46 ▪ **Städte**: (S 2003) Kābol (Kabul) 2 955 880 Einw.; (S 2002) Qandahār (Kandahar) 459 000, Herāt 249 000, Mazār-i Sharīf 183 000, Jalālābād 181 000; (S 1982) Kondūz (Kunduz) 57 100, Baghlān 41 200, Meymaneh 40 200

BEVÖLKERUNG Afghanen – F 2004: 28 574 000 Einw.; ca. 40 % Paschtunen, 25 % Tadschiken, 15 % mongolstämmige Hesoren (Hazara), 5 % Usbeken; außerdem Aimak, Nuristani, Balutschen, Turkmenen, Kirgisen u. a. ▪ **Sprachen**: 50 % Dari (Persisch der Tadschiken), 40 % Paschtu, 5 % Usbekisch; Sprachen der anderen Ethnien ▪ **Religion**: 99 % Muslime (84 % Sunniten, 15 % Schiiten, Minderheit von Ismailiten)

STAATS- UND REGIERUNGSFORM Verfassung von 2004 – Präsidialrepublik seit 2004 – Staatsreligion: Islam – Parlament: Volksversammlung (Wolesi Jirga) mit 249 Mitgl., davon 68 für Frauen reserviert; Wahl alle 5 J.; Ältestenrat (Meschrano Jirga) mit 102 Mitgl. (²/₃ indirekt von Regionalräten gewählt, ¹/₃ vom Präsidenten ernannt), Wahl alle 4 J. – Direktwahl des Staatsoberhauptes alle 5 J. – Wahlrecht ab 18 J. ▪ **Unabhängigkeit**: 8. 8. 1919 (Vertrag von Rawalpindi) ▪ **Nationalfeiertag**: 19. 08. (Unabhängigkeitstag)

REGIERUNG UND PARTEIEN **Staats- u. Regierungschef**: Hamid Karzai, seit 22. 12. 2001; gewählt 2004 – **Äußeres**: Rangin Dadfar Spanta, seit 2. 5. 2006 ▪ **Parlament**: Wahlen vom 18. 9. 2005: 249 Unabhängige, davon 68 Frauen

WIRTSCHAFT **BIP** 2004: 5,761 Mrd. $ (ohne Opiumproduktion); realer Zuwachs: 7,5 %; Anteil (2002) Landwirtschaft 52 %, Industrie 24 %, Dienstleistungen 24 % ▪ **Erwerbstätigkeit** 2002/03: Landwirtsch. 69,6 % ▪ **Arbeitslosigkeit**: k. A. ▪ **Inflation**: k. A. ▪ **Außenhandel** 2002/03: **Import**: 2323 Mio. $; *Güter*: Nahrungsmittel, Erdölprodukte, Konsumgüter; *Länder*: Japan, Pakistan, Rep. Korea; **Export**: 100 Mio. $; *Güter*: Nahrungsmittel und Früchte; *Länder*: Indien, Pakistan

CHRONIK

Mit den ersten Parlamentswahlen seit 1969 im September 2005 wurde ein weiterer Schritt auf dem Weg zur Demokratisierung des Landes erreicht. Die Sicherheitslage verschärfte sich jedoch durch verstärkte Angriffe der Taliban, aber auch durch einige Vorfälle, in die US-Amerikaner verwickelt waren und die zu wachsendem Unmut in der Bevölkerung führten.

▪ **Parlamentswahlen:** Am 18. 9. 2005 fanden die im Vorjahr vertagten und von Gewalt überschatteten Wahlen zur Volkskammer (Wolesi Jirga) und zu den 34 Provinzparlamenten statt. Sieben Kandidaten wurden ermordet, 19 Wahllokale wurden angegriffen, einige blieben wegen Bombendrohungen geschlossen. Verglichen mit der Präsidentschaftswahl im Oktober 2004, bei der die Wahlbeteiligung 83,7 % betragen, fiel sie mit etwa 54 % der 12,4 Mio. registrierten Wähler deutlich geringer aus; in Kabul, wo am Wahltag ein Raketenangriff stattfand, beteiligten sich nur etwa 36 %. Um eine ordnungsgemäße Wahl zu sichern, wurde sie von mehr als 800 internationalen und 8000 afghanischen Beobachtern überwacht.

Nach der Wahl wurden Manipulationsvorwürfe erhoben, die vom Joint Electoral Management Body (JEMB) zurückgewiesen wurden; es räumte aber Unregelmäßigkeiten in etwa 4 % der 26 000 Wahllokale ein. Beobachter der EU sprachen jedoch von Wahlbetrug und der Einschüchterung von Wählern in einigen Provinzen. In den 34 Wahlkreisen / Provinzen hatten sich insgesamt etwa 2700 Kandidaten, darunter 328 Frauen, um eines der 249 Mandate in der Volkskammer beworben. Zur Wahl waren auch 207 Milizenführer angetreten, obwohl dies im Wahlgesetz untersagt worden war; ausgeschlossen wurden aber nur 32 Kandidaten.

Parlamentswahl

Frauenwahlrecht

Um Frauen in der patriarchalischen Gesellschaft Afghanistans am politischen Prozess zu beteiligen, wurde im Wahlrecht eine Frauenquote von 68 der 249 Sitze im Unterhaus festgelegt. Die Kandidatur von Frauen stieß dennoch auf starke Widerstände: 50 von ihnen zogen ihre Kandidatur zurück; auf einige Kandidatinnen wurden Anschläge verübt. Auch auf die Wählerinnen (→ Foto) wurde offenkundig starker Druck ausgeübt, den Wahlen fernzubleiben. In Kabul waren lediglich 29 % der Wahlberechtigten Frauen, in den Provinzen Helmand und Uruzgan sogar nur zwischen 14 und 15 %, in Faryab dagen 52,2 %. In 13 von 34 Provinzen schafften es jedoch 15 Kandidatinnen, auch ohne Frauenquote einen Sitz zu gewinnen. Selbst in besonders konservativen Provinzen gelang es Frauen – begünstigt durch das Persönlichkeitswahlrecht –, in das Parlament gewählt zu werden. So errang die Frauenrechtlerin Malalai Joya in der Provinz Farah den zweiten Platz. Sie war zuvor durch ihr mutiges Auftreten in der Verfassunggebenden Versammlung (Loya Jirga) bekannt geworden, als sie die dort anwesenden Kriegsherren als Kriegsverbrecher bezeichnet und deren Bestrafung gefordert hatte. Die Fitness-Trainerin und Frauenrechtlerin Fauzia Gailani, die aus einer angesehenen Familie stammt, belegte in Herat sogar den ersten Platz.

Präsident Hamid Karzai hatte sich gegen den Rat der Vereinten Nationen (UN) für ein Persönlichkeitswahlrecht entschieden, das regionale Stammesführer, bekannte Persönlichkeiten, finanzkräftige Kandidaten und die Vertreter von Minderheiten begünstigte. In Kabul gelang es daher u. a. dem früheren Minister und Präsidentschaftskandidaten Yunus Qanuni, dem ehemaligen Präsidenten Burhanuddin Rabbani, dem Mudschaheddin Abdul Rasul Sayyaf und einem Bruder des derzeitigen Präsidenten, ein Mandat zu erhalten; in der Provinz Nangarhar siegte der Kriegsherr und frühere Polizeichef Hazrat Ali.

Aus dem am 13. 11. 2005 veröffentlichten **Wahlergebnis** ließen sich aufgrund der Nichtzulassung von Parteien keine klaren Mehrheiten ablesen. Vertreten sind eine große Anzahl von Mudschaheddin, die aber keinen einheitlichen Block bilden, 68 Frauen entsprechend der Quotenregelung und zahlreiche kaum bekannte Abgeordnete.

▪ **Ernennung des Oberhauses:** Am 10. 12. 2005 ernannte Präsident Karzai 34 Mitglieder der zweiten Kammer (Meschrano Jirga), darunter 17 Frauen. Zu den Ernannten gehören der frühere Interimspräsident Sibghatullah Mujaddedi und Maulwi Arsala Rahmani, der unter den Taliban stellvertretender Minister für religiöse Angelegenheiten war. Mujaddedi wurde am 20. 12. zum Präsidenten des Oberhauses gewählt. Am 28. 11. hatten die Provinzparlamente 34 Oberhausmitglieder benannt. Bis Distrikträte geschaffen sind, denen die Ernennung eines weiteren Drittels der zweiten Kammer zusteht, werden nur die Hälfte der von Karzai ernannten Mitglieder an den Sitzungen teilnehmen, so dass das zahlenmäßige Übergewicht der regional gewählten Abgeordneten gewahrt bleibt.

▪ **Konstituierung des Parlaments:** Am 19. 12. 2005 wurden beide Kammern des Parlaments im Beisein von US-Vizepräsident Dick Cheney und des früheren Königs Mohammed Zahir Schah feierlich eröffnet. Präsident Karzai rief in seiner Eröffnungsrede zur »nationalen Versöhnung« auf. Der von ihm unterstützte Paschtune Abdul Rasul Sayyaf unterlag am 21. 12. bei der Wahl des Präsidenten der Wolesi Jirga dem Tadschiken Yunus Qanuni mit 117 zu 122 Stimmen.

▪ **Kabinettsumbildung:** Am 22. 3. 2006 stellte Karzai dem Parlament ein neues Kabinett vor. Zarar Ahmad Moqbel löste Innenminister Ali Ahmad Jalali ab, der die Verstrickung hoher Regierungsbeamter in den Drogenanbau kritisiert hatte und am 27. 9. 2005 zurückgetreten war. Insgesamt nahm das Gewicht der Paschtunen im Kabinett weiter zu. Außenminister Abdullah Abdullah, ein prominenter Tadschike, wurde durch Karzais außenpolitischen Berater Rangin Dadfar Spanta abgelöst, der mehr als 20 Jahre in Deutschland gelebt hatte und dort bei den Grünen aktiv war. Etwa die Hälfte der Minister hatte längere Zeit im Exil gelebt und an westlichen Universitäten studiert. Mit Ismail Khan gehört dem neuen Kabinett nur noch ein prominenter Islamist an. Die Volkskammer, die jedes Kabinettsmitglied einzeln bestätigen muss, lehnte fünf der vorgeschlagenen 25 Minister ab, darunter die Kandidatin für das Amt der Frauenministerin, Suraya Rahim Sabarnag.

▪ **Amnestie:** Auf einer Nationalen Versöhnungskonferenz, an der auch der frühere Außenminister des Taliban-Regimes Wakil Ahmad Mutawakkil teilnahm, rief Präsident Karzai am 12. 11. 2005 Kämpfer und Kommandanten der militanten islamistischen Verbände dazu auf, auf die Amnestieangebote einzugehen und am Wiederaufbau des Landes teilzunehmen. Am 9. 12. bot der Vorsitzende der Friedens- und Versöhnungskommission den Führern von Taliban und Hizb-i Islami, Mullah Mohammed Omar und Gulbuddin Hekmatyar, die Rückkehr nach Afghanistan an und stellte ihre Amnestierung in Aussicht. Beide wiesen das Angebot zurück und erklärten stattdessen ihre Solidarität mit dem Terrornetzwerk al-Qaida.

▪ **Ahndung von Kriegsverbrechen:** Der am 12. 12. 2005 verabschiedete Aktionsplan für Frieden, Versöhnung und Gerechtigkeit sieht die Bildung einer Kommission vor, die bis Ende 2007 Vorschläge zur Ahndung der zwischen 1979 und 2001 begangenen Kriegsverbrechen vorlegen soll. Während berüchtigte Mudschaheddin bislang unbehelligt geblieben sind, demonstrierte die Justiz Härte im Umgang mit früheren Kommunisten: Am 23. 2. 2006 wurde Asadullah Sarwari, 1978 Chef des Geheimdienstes, zum Tode verurteilt. Ihm wird vor-

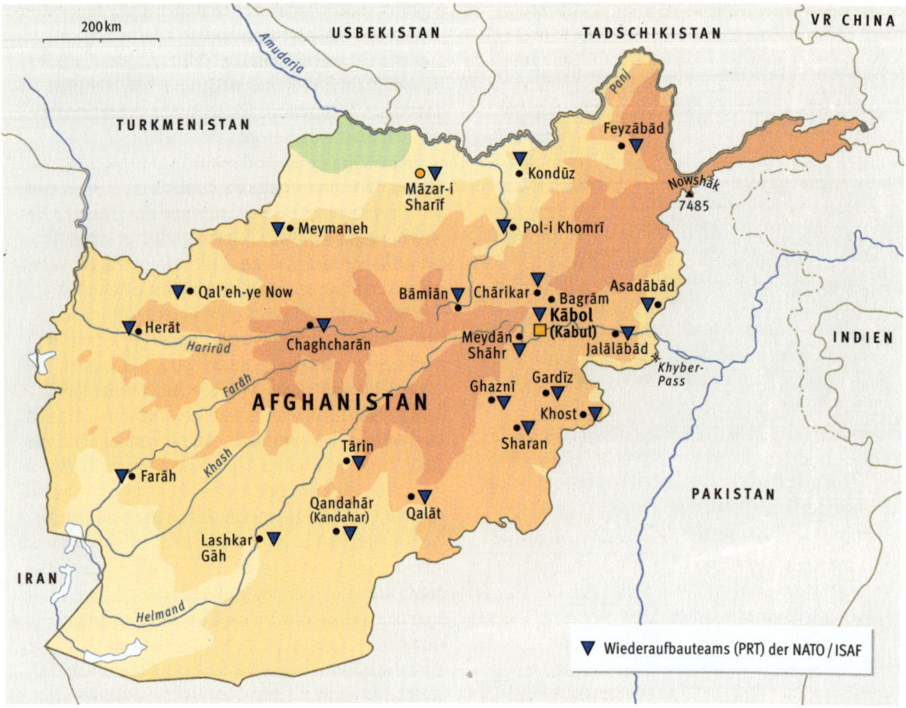

geworfen, die Ermordung zahlreicher Mudschaheddin angeordnet zu haben. Amnesty International und Human Rights Watch sprachen von gravierenden Mängeln des Verfahrens gegen Sarwari, dessen Prozess erst 13 Jahre nach seiner Verhaftung eröffnet wurde.

▪ **Internationale Militärpräsenz (→ Karte):** Der Rat der NATO-Außenminister stimmte am 8. 12. 2005 einer Ausweitung der ISAF-Mandats auf weitere sechs Provinzen im Süden Afghanistans (Farah, Helmand, Kandahar, Nimroz, Uruzgan and Zabul) zu, die bis zum Sommer 2006 vollzogen wurde. Damit ist die ISAF mit Ausnahme des Ostens in ganz Afghanistan präsent. Schwerpunkt der ISAF-Mission bleibt die Herstellung sicherer Rahmenbedingungen für den demokratischen Aufbau. Die Einsatzregeln wurden aber der prekären Sicherheitslage angepasst: Die internationalen Einheiten dürfen sich angemessen verteidigen und Aufstände gegen die demokratischen Institutionen wirkungsvoll bekämpfen (»Anti-Terrorism«). Offensive Operationen (Counter-Terrorism) bleiben aber den US-geführten Combined Forces im Rahmen der Operation Enduring Freedom vorbehalten. Da sich insbesondere Frankreich und Deutschland der von den USA gewünschten stärkeren Integration beider Missionen widersetzten, einigte man sich schließlich darauf, dass der ISAF-Oberkommandeur – seit 4. 5. 2006 der Brite David Richards – einen amerikanischen Stellvertreter erhält, der zugleich für die Kampfeinsätze der Combined Forces verantwortlich ist. Die Ausweitung des ISAF-Mandats ging mit einem Umbau der Kommandostruktur einher. Als neue Leitungsebene wurden vier Regionalkommandos eingerichtet: Mazar i-Sharif im Norden, Herat im Westen, Kandahar im Süden und Kabul. Die Sollstärke der ISAF wurde bis Mitte 2006 von 9000 auf 17 000 Soldaten erhöht. Großbritannien verstärkte sein Kontingent vorübergehend auf 5700 Soldaten, Deutschland erhöhte seine Truppenstärke auf bis zu 3000 Mann und verlegte Soldaten aus Kabul nach Mazar-i-Sharif, wo die Bundeswehr am 1. 6. 2006 das Regionalkommando Nord übernahm. Die Ausweitung des Mandats der Bundeswehr war vom Bundestag am 28. 9. 2005 mit 535 gegen 14 Stimmen gebilligt worden. Bei Bedarf können deutsche Soldaten nun kurzzeitig in ganz Afghanistan eingesetzt werden, ihr reguläres Einsatzgebiet ist der gesamte Nordsektor. In den Niederlanden, deren Soldaten in der südlichen Unruheprovinz Uruzgan stationiert wurden, wurde am 3. 2. 2006 gegen starken Widerstand in Regierung und Parlament beschlossen, ihr Kontingent auf 1400 Mann aufzustocken. Die US-Regierung, die sich von der Ausweitung der ISAF eine Entlastung versprach, beschloss am 19. 12. 2005, ihre Truppen auf 16 000 Mann zu reduzieren.

▪ **Kritik an den US-Truppen:** Nachdem in der Provinz Kunar Anfang Juli 2005 bei einem amerikanischen Luftangriff 17 Dorfbewohner ums Leben gekommen waren, forderte Präsident Hamid Karzai die USA öffentlich zu einem Wechsel ihrer Strategie auf. Es bestehe kein

Anlass mehr für groß angelegte militärische Operationen, insbesondere für Luftangriffe. Der Kampf gegen den Terrorismus müsse sich in erster Linie gegen die Ausbildungslager, Nachschubwege und Finanzquellen der Taliban in Pakistan richten. Drei weitere Vorfälle verstärkten die antiamerikanische Stimmung in der Bevölkerung, darunter die angeblich in provokativer Absicht erfolgte Verbrennung zweier toter Taliban-Kämpfer, die als Leichenschändung wahrgenommen wurde. Eine vom US-Verteidigungsminister Donald Rumsfeld angeordnete Untersuchung des Vorgangs endete mit einem Tadel für die vier beteiligten Soldaten »wegen mangelnder kultureller und religiöser Sensibilität«; ihnen wurde zugute gehalten, dass sie sich aus hygienischen Gründen zur Verbrennung der Toten entschlossen hätten. Im September wurden ein Offizier und zwei Soldaten der amerikanischen Militärpolizei in den USA angeklagt, weil sie für Misshandlungen im Militärgefängnis von Bagram verantwortlich waren, bei denen zwei afghanische Häftlinge starben. Als ein US-Militärkonvoi am 29. 5. in Kabul einen schweren Verkehrsunfall verursacht hatte, bei dem mehrere Passanten starben, wurden die Soldaten mit Steinen attackiert. Der Vorfall löste Unruhen und Plünderungen in mehreren Stadtvierteln der Hauptstadt aus; ein Demonstrationsmarsch zum Parlament, bei dem Slogans gegen die USA und die Regierung Karzai skandiert wurden, konnte von den Sicherheitskräften aufgehalten werden.

▪ **Taliban:** Im Berichtszeitraum nahm die Intensität der islamistischen Gewalt weiter zu. Zunehmend prägten auch Selbstmordanschläge das Vorgehen der Taliban gegen ausländische Militärs, afghanische Polizisten, Beamte und regierungsfreundliche Geistliche. Am 5. 1. 2006 entging US-Botschafter Ronald Neumann in Tirin Kot nur knapp einem Selbstmordattentat. Westliche Nachrichtendienste sprachen von einer Übernahme der Strategien des terroristischen Untergrunds im Irak und von engen Verbindungen der Taliban dorthin. Nach Angaben des US-Militärgeheimdienstchefs hatte sich die Zahl der Bombenattentate 2005 gegenüber 2004 verdoppelt, die der Selbstmordattentate im gleichen Zeitraum vervierfacht. Vor dem US-Senat räumte er am 28. 2. 2006 ein, dass die Taliban weiterhin eine schlagkräftige und bislang nicht zu schwächende Bedrohung darstellten. Ihre Milizen konnten sich weiterhin fast ungehindert über die Grenze nach Pakistan zurückziehen, was zu heftiger Kritik Präsident Karzais an der Regierung in Islamabad führte, die er der Komplizenschaft mit den Taliban verdächtigte (→ Pakistan).

Im Frühjahr nahmen die Auseinandersetzungen in den südlichen Provinzen Helmand, Uruzgan und Kandahar den Charakter von Kriegshandlungen an. Allein in der zweiten Maihälfte starben im Süden des Landes nach Angaben der US-Armee bei Anschlägen und Gefechten mehr als 370 Menschen.

▪ **Fall Rahman:** Im März wurde der zum Christentum konvertierte Afghane Abdul Rahman in Kabul verhaftet und wegen Apostasie angeklagt. Nach islamischem Recht drohte ihm wegen des Abfalls vom muslimischen Glauben ein Todesurteil. Papst Benedikt XVI., US-Präsident George W. Bush und Bundeskanzlerin Angela Merkel setzten sich für Rahmans Freilassung ein. Angesichts des starken internationalen Drucks auf Präsident Karzai ließ die Staatsanwaltschaft am 28. 3. die Anklage wegen angeblicher Unzurechnungsfähigkeit des Konvertiten fallen, am 29. 3. wurde Rahman heimlich nach Italien ausgeflogen, das ihm politisches Asyl angeboten hatte.

▪ **Wirtschaft und Finanzen:** Nach Schätzungen waren von den etwa 8 Mio. erwerbsfähigen Afghanen etwa 2,5 Mio. arbeitslos. Die Regierung bemühte sich in Verhandlung mit arabischen Staaten und mit Australien, die dortigen Arbeitsmärkte für afghanische Arbeitskräfte zu öffnen. Neben der Ausrichtung auf den Opiumanbau gilt die mangelhafte Infrastruktur als größtes Problem der Wirtschaft. Eine internationale Regierungskonferenz über regionale wirtschaftliche Zusammenarbeit im Dezember 2005 maß dem Aufbau eines regionalen Stromverbunds Priorität bei.

Auf einer internationalen Geberkonferenz in London erhielt Afghanistan im Februar die Zusage über weitere 10,5 Mrd. US-$ Finanzhilfe zwischen 2006 und 2010. Die größten nationalen Geber sind die USA (4 Mrd. US-$), Großbritannien (855 Mio.) und Deutschland (480 Mio.); Saudi-Arabien trägt 153 Mio. US-$ bei. Russland, der größte Gläubiger des Landes, beschloss, seine Kreditforderungen von 10 Mrd. US-$ über das Programm von Weltbank und IMF für hoch verschuldete Staaten abzuwickeln, was zu einem völligen Schuldenerlass führen könnte. Der indische Premierminister Manmohan Singh sicherte Karzai in Kabul am 28. und 29. 8. 2005 – dem ersten indisch-afghanischen Gipfel seit 1976 – weitere finanzielle Unterstützung zu.

▪ **Opium:** In seinem Jahresbericht stellte das UN-Büro für Drogen und Kriminalität einen Rückgang der Anbaufläche für Opium in Afghanistan von 131 000 auf 104 000 ha fest; die Produktionsmenge war gegenüber dem Rekordjahr 2004 aber nur geringfügig auf geschätzte 4100 t zurückgegangen, was einem Anteil von 87 % an der Weltproduktion entspricht. Insgesamt betrugen die Einnahmen aus dem Drogenhandel 2,7 Mrd. US-$, eine Steigerung von fast 20 % gegenüber 2004. Ursache dafür ist, dass Afghanistan nicht mehr allein als Rohstofflieferant dient, sondern zunehmend auch die einträgliche Weiterverarbeitung zu Heroin betreibt. Angesichts des Scheiterns der bisherigen Antidrogenpolitik, die auf Erntevernichtung und Appelle an die Bauern setzte, plädierte das Senlis Council, eine internationale Forschergruppe, im Juli 2005 dafür, den Opiumanbau zu legalisieren und damit den weltweiten Bedarf an medizinischen Opiaten zu decken und den illegalen Handel auszutrocknen.

Ägypten

Nordost-Afrika / Vorder-Asien
Arabische Republik Ägypten; al-Ǧumhūriyya al-Miṣriyya al-ʿArabiyya – EG / EGY

Fläche (Weltrang: 29): 1 002 000 km^2

Einwohner (15): F 2004 72 642 000 = 73 je km^2

Hauptstadt: Al-Qāhirah (Kairo)

Amtssprache: Arabisch

Bruttonationaleinkommen 2004 je Einw.: 1250 $

Währung: 1 Ägypt. Pfund (ägypt£) = 100 Piaster
Kurs: 1 US-$ = 5,77 ägypt£; 1 € = 7,48 ägypt£

Botschaft der Arabischen Republik Ägypten
Stauffenbergstr. 6–7, 10785 Berlin
T 030 / 477 54 70, Fax 477 10 49
www.egyptian-embassy.de

LANDESSTRUKTUR **Fläche:** 1 002 000 km^2; → Karte ▪ **Verwaltung:** 27 Provinzen; Tabelle → WA 2005, S. 42 ▪ **Städte:** (S 2001) Al-Qāhirah (Kairo) 9 586 000 Einw.; (Z 1996) Al-Iskandarīyah (Alexandria) 3 339 076, Al-Jīzah (Gise) 2 221 868, Shubrā al-Khaymah 870 716, Būr Saʿīd (Port Said) 472 335, As-Suways (Suez) 417 527, Al-Maḥallah al-Kubrā 395 402, Ṭanṭā 371 010, Al-Manṣūrah 369 621, Asyūṭ 343 498, Al-Uqṣur (Luxor) 360 503

BEVÖLKERUNG Ägypter – F 2004: 72 642 000 Einw.; Bevölkerungswachstum: 1,9 %; letzte Zählung 1996: 61 492 914 Einw. – 99 % Araber, Minderheiten von Nubiern, Beduinen, Berbern, Beja u. a. ▪ **Sprachen:** Arabisch (Ägyptisch); nubische und Berbersprachen; Englisch und Französisch als Handelssprachen ▪ **Religion:** über 80 % Muslime (fast nur Sunniten), 12–15 % Kopten; Minderheiten von Griechisch-Orthodoxen, Katholiken, Protestanten und Juden

STAATS- UND REGIERUNGSFORM Verfassung von 1971, zuletzt geändert 2005; Notstandsgesetze seit 1981 in Kraft – Präsidialrepublik seit 1953 – Staatsreligion: Islam – Parlament: Rat des Volkes mit 454 Mitgl. (444 gewählt und 10 vom Staatsoberhaupt ernannt), Wahl alle 5 J.; Schura als beratendes Organ mit 210 Mitgl. ($^2/_3$ gewählt, $^1/_3$ vom Staatsoberh. ernannt), Wahl alle 3 J. – Direktwahl des vom Parlament designierten Staatsoberh. alle 6 J. – Wahlpflicht ab 18 J. ▪ **Unabhängigkeit:** alte staatl. Tradition; 28. 2. 1922 (ehem. britisches Protektorat) ▪ **Nationalfeiertag:** 23. 7. (Tag der Revolution von 1952)

REGIERUNG UND PARTEIEN **Staatsoberhaupt:** Mohamed Hosni Mubarak (NDP-Vorsitzender), seit 1981; zuletzt gewählt 2005 – **Regierungschef:** Ahmed Nasif (NDP), seit 10. 7. 2004 – **Äußeres:** Ahmed Abul Ghait (NDP), seit 11. 7. 2004 ▪ **Parlament:** Wahlen zum Rat des Volkes vom 9. 11. / 15. 11. / 20. 11. / 26. 11. / 1. 12. und 7. 12. 2005: Nationaldemokratische Partei / NDP 311 von 444 Sitzen (2000: 388), Muslim-Brüderschaft – (17), Wafd-Partei 6 (7), Sonstige 3 (10), Unabhängige (davon 88 zur Muslim-Brüderschaft gehörend) 112 (20), vakant 12 (2) – Teilwahlen zur Schura im Mai / Juni 2004: Mehrheit für die NDP

WIRTSCHAFT **BIP** 2004: 78,796 Mrd. $; realer Zuwachs: 4,2 %; Anteil (2004) Landwirtschaft 15 %, Industrie 37 %, Dienstleistungen 48 % ▪ **Erwerbstätigkeit** 2002: Landwirtsch. 27 %, Industrie 21 %, Dienstl. 52 % ▪ **Arbeitslosigkeit** ∅ 2005 / 06: 9,8 %; hohe verdeckte Arbeitslosigkeit ▪ **Inflation** ∅ 2005 / 06: 4,5 % ▪ **Außenhandel** 2005: **Import:** 19,8 Mrd. $; *Güter* 2004: 18 % Nahrungsmittel, 17 % Maschinen und Fahrzeuge, 13 % Vorerzeugnisse, 11 % chemische Erzeugnisse, 8 % Rohstoffe, 8 % Brennstoffe; *Länder* 2004: 13 % USA, 7 % Deutschland, 7 % Italien, 5 % Frankreich, 5 % VR China, 5 % Großbritannien, 4 % Saudi-Arabien, 3 % Spanien (EU gesamt: 36 %); **Export:** 10,4 Mrd. $; *Güter* 2004: 40 % Brennstoffe, technische Öle, 20 % Vorerzeugnisse, 9 % Nahrungsmittel, 8 % Rohstoffe, 5 % chemische Erzeugnisse, 4 % Fertigerzeugnisse; *Länder* 2004: 13 % Italien, 12 % USA, 7 % Großbritannien, 5 % Deutschland, 5 % Spanien, 4 % Frankreich, 3 % Niederlande, 2 % Jordanien, 2 % Türkei, 2 % Rep. Korea, 2 % Saudi-Arabien (EU gesamt: 42 %)

CHRONIK

In der zweiten Hälfte des Jahres 2005 war die Situation im Land geprägt von den Präsidentschaftswahlen, die der langjährige Präsident Mohamed Hosni Mubarak wieder für sich entscheiden konnte, während bei den Parlamentswahlen die Opposition, vor allem die Muslim-Brüder, Zugewinne verbuchen konnten. Erneut wurden Touristenorte das Ziel von Terroranschlägen.

▪ **Präsidentschaftswahlen:** Erstmalig in der Geschichte des Landes waren nach einer Verfassungsreform mehrere Bewerber für das höchste Amt im Staat zugelassen. Was Präsident Mubarak als Meilenstein in dem unter dem Druck der USA eingeleiteten Reform- und Demokratisierungsprozess bezeichnet hatte, war von der Opposition scharf kritisiert worden, da die Novelle der herrschenden Nationaldemokratischen Partei (NDP) Mubaraks faktisch eine Monopolstellung einräumte (→ WA 2006, S. 51). Gleichzeitig deutete sich im Wahlkampf ein Paradigmenwechsel an: Nach einem Vierteljahrhundert der Herrschaft Mubaraks stellte ein nicht unerheblicher Teil der Bevölkerung offen seine Politik der harten Hand und seine stets mit militärischen, nie mit argumentativ-politischen Mitteln geführte Auseinandersetzung mit dem Islamismus in Frage. Am 18. 7. 2005 rief ein breites Oppositionsbündnis aus so unterschiedlichen Fraktionen wie der Muslim-Bruderschaft, der bürgerlich-liberalen

Wafd-Partei und der Oppositionsbewegung Kifaya (Genug) zum Boykott der Wahlen auf. Prominente potenzielle Kandidaten wie die Frauenrechtlerin Nawal Saadawi und der Menschenrechtsaktivist Saadeddin Ibrahim zogen ihre Bewerbung für die Präsidentschaftswahl zurück. Der Kandidat der erst im November 2004 gegründeten liberalen Al-Ghad-Partei (Morgen), Aiman Nour, trat jedoch bei der Wahl an. Gegen ihn war Ende Juni ein Prozess wegen angeblicher Fälschung von Wahlunterlagen eröffnet worden (→ unten).

Nachdem Mubarak am 28. 7. seine erneute Kandidatur bekannt gegeben hatte, protestierten am 30./31. 7. in der Kairoer Innenstadt Hunderte Oppositionsanhänger gegen dessen Politik, begleitet von gewaltsamem Vorgehen der Sicherheitskräfte gegen die Demonstranten; rund 20 Personen wurden festgenommen. Bei der Wahl am 7. 9. wurde Staatschef Mubarak mit 88,6 % der Stimmen im Amt bestätigt. Sein schärfster Konkurrent unter den insgesamt neun Gegenkandidaten, Aiman Nour, kam lediglich auf 7,6 %. Die Wahlbeteiligung wurde mit 23 % angegeben. Kritikern zufolge waren die Wahlen, zu denen keine offiziellen internationalen Beobachter zugelassen waren, von schweren Unregelmäßigkeiten begleitet.

▪ **Parlamentswahlen:** Bei den vom 9. 11.–7. 12. 2005 in drei Runden stattfindenden Wahlen zum Rat des Volkes konnte die Opposition massive Gewinne verbuchen. Insgesamt erhielt das Bündnis knapp 100 der insgesamt 440 Sitze, 88 (bisher 15) davon entfielen auf die Muslim-Brüderschaft, während die laizistischen Parteien nur noch über neun Mandate verfügen. So wurde der Vorsitzende der Al-Ghad-Partei, Aiman Nour, der zuvor als Mitglied der Wafd-Partei seit zehn Jahren im Parlament vertreten war, nicht wiedergewählt. Die regierende NDP kam nur noch auf 311 (–77) Sitze. Nachdem sich bereits nach der ersten Wahlrunde ein Erstarken der Muslim-Brüder abgezeichnet hatte, war die letzte Runde überschattet von gewaltsamen Versuchen der Sicherheitskräfte, deren Anhänger am Betreten der Wahllokale zu hindern; dabei wurden 12 Menschen getötet. Der Erfolg der Muslim-Brüder ist vor allem auf ihr soziales Engagement in den Kairoer Armenvierteln zurückzuführen, das von der regierenden NDP geduldet wird. Im von Mubarak am 1. 1. 2006 ernannten **neuen Kabinett** blieben die Schlüsselpositionen unverändert. Regierungschef ist weiterhin Ahmed Nasif; auch der von Menschenrechtsorganisationen für die Gewalt während der Wahlen verantwortlich gemachte Innenminister Habib al-Adi behielt seinen Posten.

▪ **Prozess gegen Oppositionsführer:** Aiman Nour, der Gründer und Führer der Ghad-Partei wurde am 25. 12. 2005 von einem Kairoer Gericht zu fünf Jahren Haft wegen angeblicher Urkundenfälschung verurteilt. Das Gericht sah es als erwiesen an, dass Nour bei der Zulassung seiner Partei eine Liste mit gefälschten Unterschriften vorgelegt hatte. Nour wies die Vorwürfe zurück und beschuldigte die Behörden, das Beweismaterial gefälscht zu haben. Die Ablehnung einer Berufungsklage Nours durch den Obersten Gerichtshof am 18. 5. wurde vom US-amerikanischen State Department als »Justizmissbrauch« kritisiert.

▪ **Auseinandersetzungen zwischen Christen und Muslimen:** Nachdem es bereits im Oktober 2005 in der Hafenstadt Alexandria vor einer Kirche zu gewaltsamen Auseinandersetzungen zwischen Muslimen und koptischen Christen gekommen war, bei denen drei Menschen den Tod fanden, wurde bei einem offenbar koordinierten Angriff islamischer Extremisten auf koptische Gottesdienste am 14. 4. 2006 ein Mann christlichen Glaubens getötet, 16 weitere wurden verletzt. Während des Trauerzuges für den Toten am folgenden Tag gingen Hunderte von Moslems und Christen mit Schlagstöcken aufeinander los; 43 Menschen wurden verletzt und über 100 festgenommen.

▪ **Terroranschläge (→ Karte):** Unbekannte Täter zündeten am 23. 7. 2005 an drei Orten in dem von ausländischen Touristen stark frequentierten Badeort Scharm-el-Scheich auf der Sinaihalbinsel insgesamt 400 Kilo Sprengstoff, dabei wurden 64 Menschen getötet und mehr als 200 verletzt. Zu den Anschlägen bekannten sich neben den der Al-Qaida nahestehenden Abdullah-Assam-Brigaden, die auch für die Anschläge vom Oktober 2004 in Taba verantwortlich zeichneten, eine weitere bisher unbekannte Terrororganisation. Bis zum 26. 7. hatte die Polizei 140 Verdächtige festgenommen. Nach Angaben des Innenministeriums wurden am 14. 8. die beiden Hauptschuldigen der Bombenserie dingfest gemacht. Zu weiteren blutigen Terroranschlägen kam es im April 2006. Am 24. 4. explodierten in dem Badeort Dahab auf der Sinaihalbinsel drei Sprengsätze, dabei kamen mindestens 23 Menschen ums Leben und 80 weitere wurden zum Teil schwer verletzt. Daraufhin verlängerte das Parlament den seit 1981 geltenden Ausnahmezustand um zwei Jahre. Sicherheitskräfte nahmen bis Mitte Mai rund 40 Verdächtige fest und töteten sieben mutmaßliche Attentäter bzw. Drahtzieher der Anschläge. Am 9. 5. wurde der Anführer der Terrororganisation Tawhid wal Jihad, die für die jüngsten Anschläge verantwortlich gemacht wird, bei einem Feuergefecht im Norden des Sinai getötet.

▪ **Flüchtlingsdrama:** Bei der gewaltsamen Räumung eines von rund 2500 sudanesischen Flüchtlingen in einem Park in der Kairoer Innenstadt errichteten Zeltlagers durch Sicherheitskräfte am 30. 12. 2005 kamen 26 Sudanesen ums Leben, zahlreiche wurden verletzt. Bei den Sudanesen handelte es sich um abgewiesene Asylbewerber, die mit ihrem drei Monate dauernden friedlichen Sitzstreik die Wiederaufnahme ihrer Asylverfahren hatten erwirken wollen. Nach Prüfung jedes einzelnen Falles durch die Behörden in Zusammenarbeit mit dem UNHCR wurden bis zum 30. 1. 2006 alle 462 bei der Räumung Festgenommen wie-

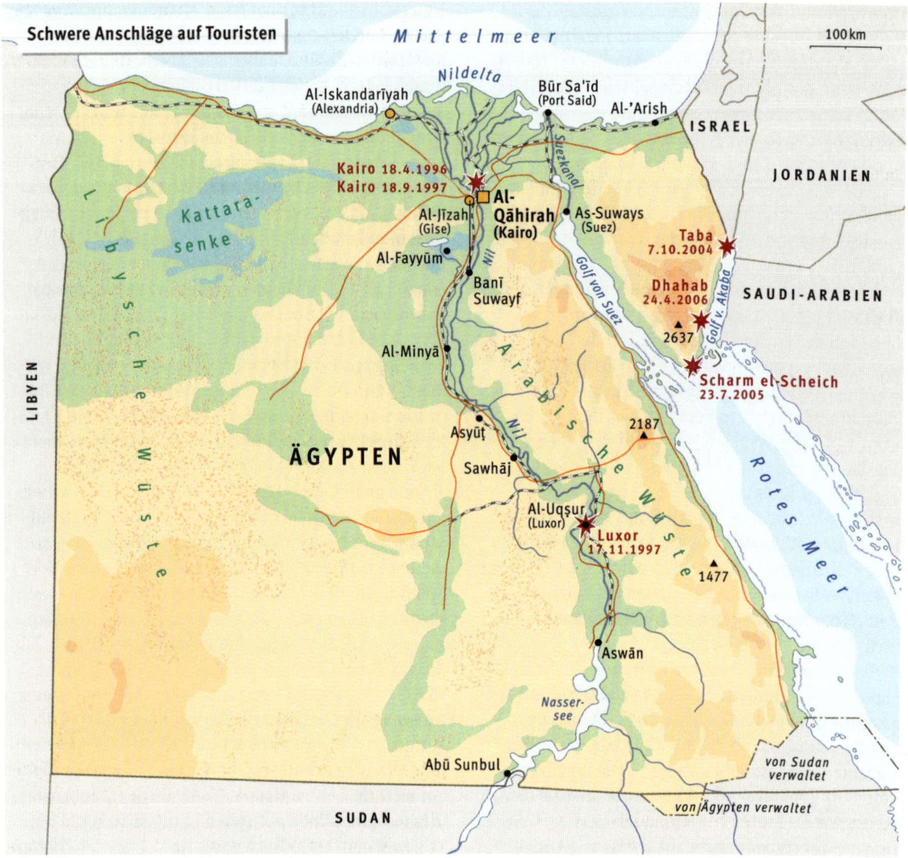

der auf freien Fuß gesetzt. Die Regierung erklärte, die Flüchtlinge, darunter viele aus der Krisenregion Dafur, würden nicht abgeschoben.

▪ **Streit um Mohammed-Karikaturen:** Nachdem am 19. 10. 2005 der dänische Premierminister Anders Fogh Rasmussen ein Treffen mit den Botschaftern von elf islamischen Ländern zur Schlichtung des Streits um die in der dänischen Tageszeitung Jyllands Posten abgedruckten zwölf Karikaturen des Propheten Mohammed abgelehnt hatte, forderte die ägyptische Regierung den dänischen Botschafter in Kairo zu einer offiziellen Verurteilung der bereits am 30. 9. 2005 veröffentlichten Karikaturen auf. Nachdem → Dänemark diese Forderung zurückgewiesen hatte, nahm die Regierung im November Kontakt mit diversen islamischen Ländern und Organisationen auf, um Dänemark unter Druck zu setzen.

▪ **Außenpolitik:** Bei ihrer fünftägigen Nahost-Reise bat die US-amerikanische Außenministerin Condoleezza Rice am 22. 2. 2006 ihren Amtskollegen Ahmed Abul Ghait um Unterstützung für Washingtons Kurs gegenüber dem Iran und der von der Hamas geführten palästinensischen Regierung. Nach Gesprächen mit der deutschen Bundeskanzlerin Angela Merkel und dem österreichischen Präsidenten Heinz Fischer in Berlin und Wien, bei denen ebenfalls der Nahost-Friedensprozess und das iranische Atomprogramm Thema waren, rief Präsident Hosni Mubarak am 13. 3. Israel und die Hamas zu sofortigen Friedensgesprächen und zur Beendigung der Gewalt auf.

Nach dem Abzug jüdischer Siedler aus dem Gazastreifen einigten sich Ägypten, Israel und Palästina Mitte September 2005 darauf, dass zur Kontrolle der ca. 14 Kilometer langen Grenze zwischen ägyptischem und palästinensischem Territorium 750 ägyptische Soldaten postiert werden (Einzelheiten → Israel).

▪ **Fährunglück:** Beim Untergang der Fähre Al Salam Boccaccio 98, die mit insgesamt rund 1414 Passagieren an Bord auf dem Weg von der saudiarabischen Hafenstadt Dhiba nach dem ägyptischen Safaga war, starben in der Nacht vom 2. 2. auf den 3. 2. 2006 rund 1000 Menschen, 389 überlebten das Unglück. In den nächsten Tagen kam es am Hafen von Safaga zu wütenden Protesten der Überlebenden und ihrer Angehörigen.

Albanien Südost-Europa

Republik Albanien; Republika e Shqipërisë, Kurzform: Shqipëria – AL / ALB

Fläche (Weltrang: 139): 28 748 km²

Einwohner (131): F 2004 3 112 000 = 108 je km²

Hauptstadt: Tiranë (Tirana)

Amtssprache: Albanisch

Bruttonationaleinkommen 2004 je Einw.: 2120 $

Währung: 1 Lek = 100 Qindarka
Kurs: 1 US-$ = 95,84 Lek; 1 € = 123,30 Lek

Botschaft der Republik Albanien
Friedrichstr. 231, 10969 Berlin
T 030 / 25 93 04–0, Fax 25 93 18 90
www.botschaft-albanien.de

LANDESSTRUKTUR **Fläche**: 28 748 km²; Karte → WA 2006, S. 53 ▪ **Verwaltung**: 12 Präfekturen; Tabelle → WA 2006, S. 53 ▪ **Städte**: (Z 2001) Tiranë (Tirana) 343 078 Einw., Durrës (Durazzo) 99 546, Elbasan 87 797, Shkodër (Skutari) 82 455, Vlorë (Valona) 77 691, Korçë (Koritza) 55 130, Berat 40 112

BEVÖLKERUNG Albaner – F 2004: 3 112 000 Einw.; Bevölkerungswachstum: 0,6 %; letzte Zählung 2001: 3 069 275 Einw. – über 95 % Tosken und Gegen, Minderheiten von Griechen, Mazedonier, Walachen (Aromunen) und Roma ▪ **Sprachen**: Albanisch (Toskisch und Gegisch), Griechisch, Mazedonisch u. a. ▪ **Religion**: 70 % Muslime (fast nur Sunniten, auch Anhänger des Bektaschi-Ordens), 20 % Albanisch-Orthodoxe, 10 % Katholiken

STAATS- UND REGIERUNGSFORM Verfassung von 1998 – Republik seit 1991 – Parlament (Volksversammlung / Kuvendi Popullor) mit 140 Mitgl., Wahl alle 4 J. – Wahl des Staatsoberhauptes durch Parlament – Wahlpflicht ab 18 J. ▪ **Unabhängigkeit**: 28. 11. 1912 ▪ **Nationalfeiertag**: 28. 11. (Unabhängigkeitstag und Tag der Befreiung 1944)

REGIERUNG UND PARTEIEN **Staatsoberhaupt**: Alfred Moisiu, seit 24. 7. 2002 – **Regierungschef**: Sali Berisha (PDS), seit 10. 9. 2005 – **Äußeres**: Besnik Mustafaj (PDS), seit 10. 9. 2005 ▪ **Parlament**: Wahlen vom 3. 7. 2005: Demokratische Partei / PDS und Verbündete (PDS 56, Republikanische Partei / PRS 11, Neue Demokratische Partei 4, Agrarpartei- und Umweltpartei / PAS 4, griechische Union für Menschenrechte / PBDN 2, Sonstige 3) insges. 80 von 140 Sitzen (2001: 46); Sozialistische Partei / PSS und Verbündete (PSS 42, Sozialdemokratische Partei / PSDS 7, Sonstige 5) insges. 54 (83), Bewegung für Sozialistische Integration / LSI 5 (–), Sonstige – (9), Unabhängige 1 (2)

WIRTSCHAFT **BIP** 2004: 7,590 Mrd. $; realer Zuwachs: 5,9 %; Anteil (2004) Landwirtschaft 25 %, Industrie 19 %, Dienstleistungen 56 % ▪ **Erwerbstätigkeit** 2003: Landwirtsch. 58 %, Industrie 13 %, Dienstl. 29 % ▪ **Arbeitslosigkeit** ∅ 2005: 14,2 %; inoffiziell ca. 30 % ▪ **Inflation** ∅ 2005: 2,5 % ▪ **Außenhandel** 2005: **Import**: 261 710 Mio. Lek; *Güter*: 24 % Maschinen, Ausrüstungen, Transportmittel, 18 % Nahrungsmittel, Getränke, Tabak, 15 % Baustoffe und Metalle, 12 % Textilien und Schuhe, 12 % Mineralien, Kraftstoffe, Elektrizität, 10 % chemische und Kunststoffprodukte, 3 % Holz- und Papierwaren, 2 % Leder und Lederwaren; *Länder*: 29 % Italien, 18 % Griechenland, 8 % Türkei, 5 % Deutschland, 4 % Russland, 3 % Ukraine, 3 % Bulgarien, 2 % Österreich, 2 % Spanien (EU gesamt: 64 %); **Export**: 65 766 Mio. Lek; *Güter*: 58 % Textilien und Schuhe, 16 % Baustoffe und Metalle, 8 % Nahrungsmittel, Getränke, Tabak, 5 % Mineralien, Kraftstoffe, Elektrizität, 4 % Maschinen, Ausrüstungen, Transportmittel, 3 % Holz- u. Papierwaren, 2 % Leder und Lederwaren, 1 % chemische und Kunststoffprodukte; *Länder*: 73 % Italien, 11 % Griechenland, 5 % Serbien u. Montenegro, 3 % Deutschland, 2 % Türkei, 2 % Mazedonien (EU gesamt: 89 %)

CHRONIK

▪ **Parlamentswahlen und neue Regierung:** Nach Erledigung von mehr als 300 Einsprüchen und Nachwahlen in drei Wahlkreisen veröffentlichte die Zentrale Wahlkommission am 1. 9. 2005 das amtliche Endergebnis der Parlamentswahlen vom 3. 7. 2005 (→ WA 2006, S. 53). Danach erhielt die oppositionelle Demokratische Partei (PDS) des früheren Staatspräsidenten Sali Berisha (1992–97) 56 Mandate, 10 mehr als bei der Parlamentswahl 2001. Das von ihr geführte **konservative Parteienbündnis** kam auf die komfortable **Regierungsmehrheit von 80 Mandaten**. Die bisher regierende Sozialistische Partei (PSS) stellt noch 42 statt ehemals 73 Abgeordnete, die von ihr abgespaltene Bewegung für Sozialistische Integration (LSI) des früheren Ministerpräsidenten Ilir Meta 5 in dem 140 Sitze umfassenden Parlament.

Am 10. 9. 2005 wählte das Parlament mit 84 von 137 Stimmen **Sali Berisha zum Ministerpräsidenten**. Am folgenden Tag vereidigte Staatspräsident Alfred Moisiu das auf 14 Ressorts verkleinerte und stark verjüngte Kabinett, in dem fünf Parteien vertreten sind. Zum Außenminister wurde der Schriftsteller und frühere Botschafter in Frankreich, Besnik Mustafaj (PDS), ernannt. Als Konsequenz aus der Wahlniederlage trat der bisherige Ministerpräsident Fatos Nano von der Führung der PSS zurück. Ein außerordentlicher Parteitag wählte am 9. 10. 2005 den international bekannten und u. a. für seine Stadtgestaltung mehrfach ausgezeichneten Bürgermeister von Tirana, **Edi Rama, zum neuen Parteivorsitzenden der Sozialisten.**

Die ersten Monate der neuen Regierung waren von heftigen Auseinandersetzungen zwischen den gegnerischen Lagern im Parlament geprägt. Die neuen Machthaber widmeten sich insbesondere der **Aufdeckung von Korruptionsfällen**, die in die Verantwortung der alten Regierung fielen. Anfang Mai nahm ein Parlamentsausschuss Ermittlungen gegen den Generalstaatsanwalt auf, dem vorgeworfen wurde, in Korruption verwickelte Spitzenpolitiker der Sozialisten gedeckt zu haben.

■ **Außenpolitische Ereignisse:** Mit einem Eklat endete am 1. 11. 2005 der **Besuch des griechischen Staatspräsidenten** Karolos Papoulias. Rund 150 Çamen – Albaner, die nach dem Zweiten Weltkrieg aus dem Griechenland zugeschlagenen Grenzgebiet vertrieben worden waren – demonstrierten vor dem Tagungshotel in Saranda. Aus Protest gegen die vermeintliche Provokation reiste Papoulias vorzeitig ab, ohne seinen Amtskollegen Alfred Moisiu getroffen zu haben.

Nach mehr als dreijährigen Verhandlungen paraphierten Vertreter der Regierung und der EU in Brüssel Anfang Februar 2006 das **Stabilisierungs- und Assoziierungsabkommen mit der EU**. Erweiterungskommissar Olli Rehn stellte eine Entscheidung der EU über den Kandidatenstatus in Aussicht, wenn gewährleistet sei, dass Albanien alle Komponenten des Abkommens ernsthaft umsetze. Dazu gehörten sichtbare Fortschritte im Kampf gegen organisiertes Verbrechen und Korruption, die Funktionsfähigkeit der kommunalen Selbstverwaltung sowie die Restituierung enteigneten Besitzes. Besonders Letzteres könnte den Weg nach Europa blockieren: Vor Beginn der kommunistischen Ära besaßen ca. 70 % der Albaner Land, von dem große Teile enteignet wurden.

Seit Januar 2006 wird die **EU-Mission zur Unterstützung der albanischen Polizei (PAMECA)** von Deutschen geführt. Zu den Aufgaben gehören die Bekämpfung der organisierten Kriminalität und des Terrorismus, die Schaffung eines integrierten Grenzmanagements, das Training von Polizisten und Justizpersonal sowie die Ausstattung der Polizei mit EDV.

Die Aufnahme von fünf von den USA abgeschobenen Uiguren führte im Mai zu **Spannungen mit der VR China**. Die Männer, Mitglieder der Islamischen Bewegung von Ostturkestan, waren von amerikanischen Truppen 2001 in Pakistan verhaftet und später in das Internierungslager Guantánamo gebracht worden, aus dem sie nach mehr als vier Jahren Haft ohne Anklage entlassen wurden. Ihrer Freilassung zur Abschiebung stand entgegen, dass ihnen in China politische Verfolgung gedroht hätte: Die separatistischen Bestrebungen in der autonomen Region Xinjiang werden von der Zentralregierung in Beijing als Terrorismus verfolgt. Die albanische Regierung fand sich schließlich zur Aufnahme der Männer bereit. Die VR China protestierte gegen diese Entscheidung am 9. 5. und verlangte die unverzügliche Auslieferung der Uiguren.

Algerien Nord-Afrika

Demokratische Volksrepublik Algerien; al-Ǧumhūriyya al-Ǧazā'iriyya ad-Dīmuqrāṭiyya aš-Šaʻbiyya – DZ / DZA

Fläche (Weltrang: 11): 2 381 741 km²

Einwohner (35): F 2004 32 358 000 = 13,6 je km²

Hauptstadt: El Djazaïr (Algier)

Amtssprache: Arabisch

Bruttonationaleinkommen 2004 je Einw.: 2270 $

Währung: 1 Alger. Dinar (DA) = 100 Centimes
Kurs: 1 US-$ = 72,92 DA; 1 € = 93,88 DA

Botschaft der Demokratischen Volksrepublik Algerien
Görschstr. 45–46, 13187 Berlin
T 030 / 43 73 70, Fax 48 09 87 16
www.algerische-botschaft.de

LANDESSTRUKTUR **Fläche:** 2 381 741 km²; → Karte ■ **Verwaltung:** 48 Provinzen ■ **Städte:** (Z 1998) El Djazaïr (Algier) 1 519 570 Einw., Wahrān (Oran) 655 852, Qusanṭīna (Constantine) 462 187, Batna 242 514, ʻAnnāba (Annaba) 215 083, Stif (Setif) 211 859, Sīdī bal-ʻabbās (Sidi bel Abbès) 180 260, Biskara (Beskra) 170 956, Djelfa 154 265, Tabassa (Tbessa) 153 246, El Bulayda (Blida) 153 083, Skikda 152 335, Biǧāya (Bejaïa) 147 076, Tihert (Tiaret) 145 332

BEVÖLKERUNG Algerier – F 2004: 32 358 000 Einw.; Bevölkerungswachstum: 1,5 %; letzte Zählung 1998: 29 272 343 Einw. – 70 % Araber, 30 % Berber (Tamazight, Kabylen u. v. a.); französische Minderheit ■ **Sprachen** 1992: 70 % Arabisch (Algerisch), 30 % Berbersprachen: Tamazight (nationale Sprache), Kabylisch u. a.; Französisch ■ **Religion:** fast 100 % Muslime (Sunniten); Minderheiten von Katholiken und Protestanten

STAATS- UND REGIERUNGSFORM Verfassung von 1996 – Präsidialrepublik seit 1962 – Staatsreligion: Islam – Parlament: Nationalversammlung mit 389 Mitgl., Wahl alle 5 J.; Rat der Nation mit 144 Mitgl. (96 gewählt, 48 vom Staatsoberh. ernannt), Wahl alle 6 J., Teilwahlen alle 3 J. – Direktwahl des Staatsoberhauptes alle 5 J. (einmalige Wiederwahl) – Wahlrecht ab 18 J. ■ **Unabhängigkeit:** 5. 7. 1962 (ehem. französische Kolonie) ■ **Nationalfeiertag:** 1. 11. (Tag der Revolution von 1954)

REGIERUNG UND PARTEIEN **Staatsoberhaupt:** Abdelasis Bouteflika (FLN), seit 27. 4. 1999; wieder gewählt 2004 – **Regierungschef:** Abdelasis Belkhadem (FLN), seit 24. 5. 2006 – **Äußeres:** Mohammed Bedjaoui (FLN), seit 1. 5. 2005 ■ **Parlament:** Wahlen zur Nationalversammlung vom 30. 5. 2002: Front de Libération Nationale / FLN (ehem. Einheitspartei) 199 von 389 Sitzen (1997: 64 von 380), Rassemblement National Démocratique/RND 48 (1997: 155), Mouvement de la Réforme Nationale (gemäßigte Islamisten)/MRN 43 (–), Mouvement de la Société de la Paix (gemäßigte Islamisten)/MSP 38 (69), Parti des Travailleurs/PT 21 (4), An-Nahda (Renaissance, gemäßigte Islamisten) – (34), Front des Forces Socialistes (sozialdemokratisch, regimekritisch)/FFS – (19), Rassemblement pour la Culture et la Démocratie (sozialdemokratisch, laizistisch)/RCD – (19), Sonstige 11 (16), Unabhängige 29 (–) – Wahlen zum Rat der Nation am 30. 12. 2003

WIRTSCHAFT **BIP** 2004: 84,649 Mrd. $; realer Zuwachs: 5,2 %; Anteil (2004) Landwirtschaft 10 %, Industrie 57 %, Dienstleistungen 34 % ▪ **Erwerbstätigkeit** 2001: Landwirtsch. 21 %, Industrie 24 %, Dienstl. 55 % ▪ **Arbeitslosigkeit** ∅ 2005: 15,3 %; hohe Jugendarbeitslosigkeit ▪ **Inflation** ∅ 2005: 1,6 % ▪ **Außenhandel** 2005: **Import**: 20,0 Mrd. $; *Güter*: 43 % Industrieausrüstungsgüter, 25 % Produktionsgüter, 17 % Nahrungsmittel, 15 % sonstige Konsumgüter; *Länder*: 22 % Frankreich, 8 % Italien, 7 % USA, 7 % VR China, 6 % Deutschland, 5 % Spanien, 3 % Brasilien; **Export**: 44,4 Mrd. $; *Güter*: 98 % Kohlenwasserstoffe, 2 % Halbwaren; *Länder*: 24 % USA, 16 % Italien, 11 % Spanien, 10 % Frankreich, 7 % Brasilien, 3 % Deutschland

CHRONIK

Mit der Verurteilung eines der Anführer der Groupe Salafiste pour la Prédication et le Combat (GSPC) und einem erneuten Amnestiegesetz führte Präsident Abdelasis Bouteflika seine Doppelstrategie der Härte gegen militante Islamisten einerseits und der Bemühungen um nationale Versöhnung andererseits fort. Nichtsdestotrotz kam es wieder zu gewalttätigen Angriffen islamistischer Extremisten auf Sicherheitskräfte und Zivilisten, bei denen mehrere Menschen getötet wurden.

▪ **Amnestiegesetz:** In einem erneuten Versuch, den seit 1992 anhaltenden Bürgerkrieg zu beenden, dem nach offiziellen Angaben bisher rd. 150 000 Menschen zum Opfer gefallen sind, kündigte Präsident Bouteflika am 14. 8. 2005 ein Amnestiegesetz an. Wie schon bei dem 1999 erlassenen »Gesetz über die bürgerliche Eintracht«, über das in einem Referendum abgestimmt worden war, handelt es sich bei der **»Charta für den Frieden und die nationale Versöhnung«** im Wesentlichen um das Angebot einer Teilamnestie an diejenigen Terroristen, die den bewaffneten Kampf aufgegeben und sich nicht an Massakern, Bombenanschlägen oder Vergewaltigungen beteiligt haben. Darüber hinaus sollten die Verfolgung im Ausland lebender Verdächtiger sowie in Abwesenheit Verurteilter eingestellt und Islamisten, die eine berufliche Benachteiligung erfahren haben, rehabilitiert werden. Die Amnestie war auch für Angehörige der Sicherheitskräfte vorgesehen, die sich massiver Menschenrechtsverletzungen bei der Verfolgung von Extremisten schuldig gemacht haben. Laut offiziellen Angaben stimmten am 29. 9. 97,4 % der Wahlberechtigten in einem Referendum für die Gesetzesvorlage. Die Abstimmungsbeteiligung wurde mit 79,8 % angegeben. Die Opposition und Menschenrechtsgruppen, darunter Amnesty International (ai) sowie Opfer- und Hinterbliebenenverbände, hatten das Projekt zuvor scharf kritisiert und zum Abstimmungsboykott aufgerufen. Ein Sprecher der Front des Forces Socialistes (FFS) bezeichnete das Ergebnis als »unglaubliche Fälschung«. Trotz der von Präsidentenseite geäußerten Zufriedenheit über das Abstimmungsergebnis ließ Innenminister Nourredine Yasid Zerhouni den seit 1992 bestehenden Ausnahmezustand wegen der immer noch im Untergrund operierenden rd. 1000 Mitglieder der Salafisten nicht aufheben. Am 4. 3. 2006 wurden die ersten von insgesamt 2000 durch das Amnestiegesetz begnadigten islamistischen Gefangenen freigelassen. Ebenfalls im Zuge der Friedenscharta wurde am 13. 3. Abdelhak Layada, Gründer der Groupe Islamique Armé (GIA), einer sunnitisch-islamistischen Terrorgruppe, die für zahlreiche Anschläge und Entführungen in den 1990er Jahren verantwortlich zeichnet, auf freien Fuß gesetzt. Er war 1993 in Marokko festgenommen und aufgrund seiner maßgeblichen Rolle im Bürgerkrieg zum Tode verurteilt worden. Trotz der Amnestie- und Versöhnungspolitik Bouteflikas kam es weiterhin zu Anschlägen der GSPC, bei denen im April 28 Zöllner und Polizisten ums Leben kamen. Im Gegenzug tötete die Armee am 10. 5. zehn Terroristen bei einem Angriff auf einen Unterschlupf bewaffneter GSPC-Mitglieder im Gebiet von Jijel bei Chefka (360 km südlich von Algier).

▪ **Terroristenurteil:** Am 26. 6. 2005 wurde der im Oktober 2004 von Libyen (→ WA 2006, S. 54) ausgelieferte Extremist Amari Saifi, genannt Abderrasak el Para, der für die Entführung von 32 europäischen Touristen im Jahr 2003 verantwortlich gemacht wird, von einem Gericht in der Hauptstadt Algier zu lebenslanger Haft verurteilt. Er wurde für schuldig befunden, eine Extremistengruppe aufgebaut zu haben und an zahlreichen terroristischen Aktionen im Land beteiligt gewesen zu sein. Die Verurteilung erfolgte in Abwesenheit Saifis, der sich laut Angaben der Behörden an einem geheimen Ort in Haft befand; nach anderen Angaben befand er sich auf der Flucht.

▪ **Innenpolitik:** Ende Mai 2006 erklärte Ministerpräsident Ahmed Ouyahia überraschend seinen Rücktritt. Präsident Bouteflika ernannte daraufhin seinen engen Vertrauten, den konservativen Chef der Nationalen Befreiungsfront (FLN) und früheren Außenminister, Abdelasis Belkhadem, zum Nachfolger Ouyahias und beauftragte ihn mit der Bildung einer neuen Regierung. Dieser stellte bereits am 26. 5. sein neues Kabinett vor, dem bis auf einen Minister alle bisherigen Ressortchefs angehörten. Belkhadem gilt als Kronprinz Bouteflikas und unterstützt dessen Pläne für eine Verfassungsänderung, die ihm eine dritte Amtszeit ermöglichen soll. Ouyahia, Generalsekretär der Nationaldemokratischen Versammlung, hatte sich diesem Bestreben widersetzt.

▪ **Karikaturenstreit:** Im Zuge der weltweiten Empörung unter Muslimen über Karikaturen des Propheten Mohammed, die zuerst in einer dänischen Tageszeitung veröffentlicht worden waren (→ Dänemark), wurden Anfang Februar 2006 in Algier die Verleger zweier Magazine verhaftet, die ihre Leser zwar dazu aufgefordert hatten, sich bei der dänischen Regierung über die Zeichnungen zu beschweren, diese aber zum Teil veröffentlicht hatten und dafür der Beleidigung des Propheten angeklagt wurden. Ihnen drohen bis zu fünf Jahre Gefängnis.

▪ **Flutkatastrophe:** Anfang Februar 2006 zerstörten heftige Regenfälle in mehreren Flüchtlingslagern im Westen des Landes, in denen Zehntausende von Flüchtlingen aus der von Marokko besetzten Westsahara zum Teil bereits seit 30 Jahren leben, über die Hälfte der Häuser; die Menschen waren zunächst von jeglicher humanitärer Hilfe abgeschnitten. Das UNHCR errichtete eine Luftbrücke, über die ab dem 20. 2. Hilfsgüter in die betroffenen Lager Awserd, Smara und Laayoune gebracht werden konnten.

▪ **Erdbeben:** Bei einem Erdbeben im Norden des Landes am 20. 3. 2006 kamen nach offiziellen Angaben vier Menschen ums Leben, 68 wurden verletzt und mehr als 30 Häuser stürzten ein. Das Epizentrum lag in der Nähe der Stadt Kherrata rd. 250 km östlich von Algier, einer Region, die häufig von Erdstößen erschüttert wird. Das US-Erdbebenzentrum gab die Stärke des Bebens mit 5,0 auf der Richterskala an.

Andorra Südwest-Europa

Fürstentum Andorra; Principat d'Andorra – AD / AND

Fläche (Weltrang: 179): 467,76 km^2

Einwohner (185): F 2004 66 000 = 141 je km^2

Hauptstadt: Andorra la Vella

Amtssprache: Katalanisch

Bruttonationaleinkommen 2004 je Einw.: k. A.

Währung: 1 Euro (€) = 100 Cent
Kurs: 1 US-$ = 0,79 € (1. 7. 2006)

Botschaft des Fürstentums Andorra
Rue de la Montagne 10, B-1000 Brüssel
T 0032 – 2 – 513 28 06, Fax 2 513 07 41
www.andorra.be

LANDESSTRUKTUR **Fläche:** 467,76 km^2; Karte → WA 2005, S. 49 ▪ **Verwaltung:** 7 Täler (Parròquies) ▪ **Städte:** (F 2004) Andorra la Vella 22 884 Einw., Les Escaldes-Engordany 16 918, Encamp 12 924, St. Julià de Lòria 8885

BEVÖLKERUNG Andorraner – F 2004: 66 000 Einw.; letzte Zählung 2004: 76 875 Einw. – 35,7 % ethnische Katalanen, 37,4 % Spanier, 13,0 % Portugiesen, 6,6 % Franzosen, 7,3 % Sonstige ▪ **Sprachen:** Katalanisch, Spanisch, Französisch ▪ **Religion:** meist Katholiken

STAATS- UND REGIERUNGSFORM Verfassung von 1993 – Konstitutionelles Fürstentum seit 1993 – Parlament (Generalrat / Consell General) mit 28 Mitgl., Wahl alle 4 J. – Wahlrecht ab 18 J. ▪ **Unabhängigkeit:** 8. 9. 1278; endgültig 3. 6. 1993 ▪ **Nationalfeiertag:** 8. 9.

REGIERUNG UND PARTEIEN **Staatsoberhaupt:** 2 Co-Fürsten: Präsident Frankreichs und Bischof von Seu d'Urgell (Spanien) – **Regierungschef:** Albert Pintat Santolària (PLA), seit 27. 5. 2005 – **Äußeres:** Juli Minoves Triquell, seit 7. 4. 2001 ▪ **Parlament:** Wahlen vom 24. 4. 2005: Partit Liberal d'Andorra / PLA 14 von 28 Sitzen, Partit Socialdemòcrata / PSD 11, Centre Demòcrata Andorrà / CDA 2, Renovació Democràtica / RD 1

WIRTSCHAFT **BIP** 2004: 1,84 Mrd. € ▪ **Erwerbstätigkeit** 2004: Landwirtsch. 0,3 %, Industrie 19,6 %, Dienstl. 80,1 % ▪ **Arbeitslosigkeit** ∅ 2005: 0 % ▪ **Inflation** ∅ 2005: 3,1 % ▪ **Außenhandel** 2004: **Import:** 1,412 Mrd. €; *Güter* 2003: 19 % Maschinen, 17 % Nahrungs- und Genussmittel, 10 % Fahrzeuge und Transportgeräte, 10 % chemische Produkte; *Länder* 2003: 54 % Spanien, 26 % Frankreich; **Export:** 98,2 Mio. €; *Güter* 2003: 23 % Transportgeräte, 23 % Maschinen, 14 % optische und andere Instrumente; *Länder* 2003: 56 % Spanien, 20 % Frankreich

Angola Südwest-Afrika

Republik Angola; República de Angola – AO / AGO

Fläche (Weltrang: 22): 1 246 700 km²

Einwohner (61): F 2004 15 490 000 = 12,4 je km²

Hauptstadt: Luanda

Amtssprache: Portugiesisch

Bruttonationaleinkommen 2004 je Einw.: 930 $

Währung: 1 Kwanza (Kz)
Kurs: 1 US-$ = 80,56 Kz; 1 € = 102,74 Kz

Botschaft der Republik Angola
Wallstr. 58, 10179 Berlin
T 030 / 24 08 97 – 0, Fax 24 08 97 – 12
www.botschaftangola.de

LANDESSTRUKTUR **Fläche:** 1 246 700 km²; → Karte ▪ **Gebiete:** Exklave Cabinda 7200 km² ▪ **Verwaltung:** 18 Provinzen ▪ **Städte:** (S 2003) Luanda 2 622 976 Einw.; (S 1995) Huambo 400 000; (S 1983) Benguela 155 000, Lobito 150 000, Lubango 105 000, Namibe 100 000

BEVÖLKERUNG Angolaner – F 2004: 15 490 000 Einw.; Bevölkerungswachstum: 2,9 %; letzte Zählung 1970: 5 646 166 Einw.; Cabinda S 2005: 300 000 Einw. – rd. 90 Ethnien (überwiegend Bantu): 38 % Ovimbundu, 23 % Kimbundu, 12 % Bakongo; außerdem Luimbe-Nganguela, Humbe, Chokwe, Lunda, Ambo (Ovambo), Naneka, San u. a.; weiße Minderheit (meist Portugiesen) ▪ **Sprachen:** Portugiesisch und Bantu-Sprachen (Umbundu / Ovimbundu, Kimbundu, Kikongo, Chokwe u. a.) ▪ **Religion:** 68 % Römisch-Katholisch, 20 % Protestanten, 12 % Anhänger von indigenen Religionen

STAATS- UND REGIERUNGSFORM Verfassung von 1975, neue Verfassung in Ausarbeitung – Republik seit 1975 – Parlament: Nationalversammlung (Assembléia Nacional) mit 220 Mitgl., Wahl alle 4 J. – Direktwahl des Staatsoberhauptes alle 5 J. – Wahlrecht ab 18 J. ▪ **Unabhängigkeit:** 11. 11. 1975 (ehem. portugiesische Kolonie) ▪ **Nationalfeiertag:** 11. 11.

REGIERUNG UND PARTEIEN **Staatsoberhaupt:** José Eduardo dos Santos (MPLA-Vorsitzender), seit 1979; gewählt 1992 – **Regierungschef:** Fernando da Piedade Dias dos Santos, seit 5. 12. 2002 – **Äußeres:** João Bernardo de Miranda, seit 30. 1. 1999 ▪ **Parlament:** Letzte Wahlen vom 29. / 30. 9. 1992: Movimento Popular de Libertação de Angola / MPLA 129 von 220 Sitzen, União Nacional para a Independência Total de Angola / UNITA 70, Partido Renovador Social / PRS 6, Frente Nacional de Libertação / FNLA 5, Sonstige 10

WIRTSCHAFT **BIP** 2004: 19,493 Mrd. $; realer Zuwachs: 11,1 %; Anteil (2004) Landwirtschaft 9 %, Industrie 58 %, Dienstleistungen 33 % ▪ **Erwerbstätigkeit** 2002: Landwirtsch. 72 % ▪ **Arbeitslosigkeit:** k. A. ▪ **Inflation** ∅ 2005: 18 % (S) ▪ **Außenhandel** 2002: **Import:** 3,709 Mrd. $; *Länder* 1999: 19 % Portugal, 15 % USA, 12 % Südafrika, 8 % Frankreich, 6 % Großbritannien, 6 % Spanien, 5 % Brasilien; **Export:** 8,359 Mrd. $; *Güter:* 90 % Rohöl und Erdölerzeugnisse, 8 % Diamanten; *Länder* 1999: 60 % USA, 8 % VR China, 8 % Rep. China

CHRONIK

Am 30. Jahrestag der Unabhängigkeit (11. 11. 2005) konnte sich das Land zwar rühmen, zum nach Nigeria zweitgrößten Erdölexporteur Afrikas aufgestiegen zu sein, der Großteil der Bevölkerung lebt aber nach 27 Jahren Bürgerkrieg immer noch in Armut; viele durch den Krieg Vertriebene verfügen noch nicht einmal über Ausweispapiere, um sich für die bereits mehrmals verschobenen Parlaments- und Präsidentschaftswahlen (→ WA 2006, S. 57), die 2007 durchgeführt werden sollen, registrieren zu lassen.

▪ **Cabinda:** Der Separatismus in der bevölkerungsarmen aber ölreichen Exklave Cabinda (300 000 Einwohner, ein Drittel der nationalen Erdölproduktion) erhielt neuen Auftrieb durch die Ernennung von Filomeno Viera Lopes zum neuen Bischof im Juli 2005. Während sein Vorgänger Paulino Fernandes Madeca die separatistischen Bestrebungen mit Wohlwollen begleitet hatte, gilt Viera Lopes als Anhänger des regierenden Movimento Popular de Libertação de Angola (MPLA). Anfang Februar 2006 unterbreitete die Zentralregierung ein Autonomiestatut, verbunden mit einem Waffenstillstandsangebot.

▪ **Cholera-Epidemie:** Angaben der Hilfsorganisation Ärzte ohne Grenzen zufolge waren nach Ausbruch der Cholera im Februar 2006 bis Anfang Mai bereits 34 000 Menschen erkrankt und über 1200 daran gestorben. In elf der 18 Provinzen wurden Fälle registriert, am stärksten betroffen war jedoch die Hauptstadt Luanda, in der mehr als ein Drittel der 4,5 Mio. Einwohner in Slums ohne Wasserversorgung leben.

▪ **Wirtschaft:** Als zweitgrößter Erdölproduzent Afrikas nach Nigeria wurde Angola zur drittgrößten Volkswirtschaft des Kontinents nach Südafrika und Nigeria. Die Erdöleinnahmen machten 52 % des BNE sowie 90 % der Exporte und knapp 90 % der Einnahmen der Regierung aus. Nach Angaben des Internationalen Währungsfonds (IWF) hatte sich die Erdölproduktion innerhalb der letzten 20 Jahre auf 1,4 Mio. Barrel am Tag vervierfacht, die bekannten Erdöl- und Erdgasreserven hatten sich allein in den letzten sieben Jahren verdreifacht. Neben dem Erdöl konnte Angola auch auf einen stark zunehmenden Export von Rohdiamanten bauen (→ Karte). Die hohen Erdölpreise und Investitionen in die Infrastruktur führten zu einem Wirtschaftswachstum von offiziell 12,7 % (2004) bzw.

20,6 % (2005). Für 2006 gingen Schätzungen des IWF von einer Wachstumsrate von 27,6 % aus, womit das Land zur am schnellsten wachsenden Ökonomie weltweit avancierte.

Trotz dieser überaus positiven wirtschaftlichen Entwicklung wurde die angolanische Politik von den internationalen Finanzorganisationen mit Skepsis betrachtet. Die Regierung konnte beim IWF keine neuen Anleihen aufnehmen, da sie den Schuldendienst (für Auslandsschulden in Höhe von 9,7 Mrd. US-$ 2003) nicht bediente und stattdessen in der letzten Dekade Privatkredite und kommerzielle Regierungskredite aus Brasilien, Israel und China in Höhe von mehreren Mrd. US-$ aufnahm. Ursache hierfür dürfte die weitaus weniger strenge oder inexistente Nachweispflicht für die Verwendung der Kredite sein, während Weltbank und IWF zunehmend eine Orientierung der Ausgaben an sozialen Indikatoren einklagen. UN-Schätzungen zufolge leben 70 % der Bevölkerung in Armut und die Sozialausgaben bleiben unter dem afrikanischen Durchschnitt; nach Angaben von Transparency International gehört Angola zu den zehn weltweit korruptesten Staaten mit nachteiligen Auswirkungen auf die inländische wie ausländische Investitionsbereitschaft.

Bei einem **Besuch des chinesischen Premierministers Wen Jiabao** am 20.–21. 6. 2006 wurden eine Reihe von bilateralen Abkommen in den Bereichen Gesundheit, Handel, Wirtschaft und Rechtsfragen unterzeichnet. Dank eines chinesischen Milliardenkredits sind seit 2004 zahlreiche öffentliche Infrastrukturprojekte vor allem in der Hauptstadt Luanda errichtet worden. China ist direkt an der Exploration einiger Erdölfelder beteiligt. Angola ist mit 15 % der Gesamtimporte Chinas wichtigster Erdöllieferant noch vor Saudi-Arabien.

Antigua und Barbuda

Mittel-Amerika; Karibik
Antigua and Barbuda – AG / ATG

Fläche (Weltrang: 181): 441,6 km^2

Einwohner (183): F 2004 80 000 = 181 je km^2

Hauptstadt: St. John's

Amtssprache: Englisch

Bruttonationaleinkommen 2004 je Einw.: 9480 $

Währung: 1 Ostkarib. Dollar (EC$) = 100 Cents
Kurs: 1 US-$ = 2,72 EC$; 1 € = 3,50 EC$

Honorargeneralkonsul von Antigua und Barbuda
Van der Smissen-Str. 2, 22767 Hamburg
T 040 / 38 99 89 11, Fax 38 99 89 90

LANDESSTRUKTUR **Fläche**: 441,6 km^2; davon Antigua 280 km^2, Barbuda 160 km^2, Redonda 1,6 km^2; Karte → WA 2005, S. 51 ▪ **Verwaltung**: 6 Bezirke, 2 Dependencies (Barbuda und Redonda) ▪ **Städte**: (Z 2001) St. John's 22 634 Einw., All Saints 3412, Codrington (Barbuda) 980

BEVÖLKERUNG Antiguaner – F 2004: 80 000 Einw.; Bevölkerungswachstum: 1,1 %; letzte Zählung 2001: 75 741 Einw. – Z 1991: 94,4 % Schwarze, 3,5 % Mulatten, 1,3 % Weiße ▪ **Sprachen**: Englisch, Kreolisch ▪ **Religion** 1999: 80 % Anglikaner, 20 % Katholiken

STAATS- UND REGIERUNGSFORM Verfassung von 1981 – Parlamentarische Monarchie (im Commonwealth) seit 1981 – Parlament: Repräsentantenhaus mit 17 Mitgl., Wahl alle 5 J.; Senat mit 17 ernannten Mitgl. – Wahlrecht ab 18 J. ▪ **Unabhängigkeit**: 1. 11. 1981 (ehem. britische Kolonie) ▪ **Nationalfeiertag**: 1. 11.

REGIERUNG UND PARTEIEN **Staatsoberhaupt**: Königin Elizabeth II., vertreten durch Generalgouverneur Sir James B. Carlisle, seit 10. 6. 1993 – **Regierungschef u. Äußeres**: Baldwin Spencer (UPP), seit 24. 3. 2004 ▪ **Parlament**: Wahlen vom 23. 3. 2004: United Progressive Party / UPP 12 von 17 Sitzen (1999: 4), Antigua Labour Party / ALP 4 (12), Barbuda People's Movement 1 (1)

WIRTSCHAFT **BIP** 2004: 864 Mio. $; realer Zuwachs: 4,1 %; Anteil (2002) Landwirtschaft 4 %, Industrie 22 %, Dienstleistungen 75 % ▪ **Erwerbstätigkeit**: k. A. ▪ **Arbeitslosigkeit** ∅ 2001: 8,1 % ▪ **Inflation** ∅ 2003: 3,4 % ▪ **Außenhandel** 2002: **Import**: 887 Mio. EC$; *Güter*: bearbeitete Waren, Rohstoffe; *Länder* 1999: 49 % USA, 10 % Japan, 6 % Großbritannien, 6 % Trinidad und Tobago; **Export**: 47 Mio. EC$; *Güter*: bearbeitete Waren, Maschinen, Erdöl; *Länder* 1999: 20 % USA, 13 % Montserrat, 13 % St. Kitts und Nevis, 7 % Großbritannien

Äquatorialguinea

Zentral-Afrika

Republik Äquatorialguinea; República de Guinea Ecuatorial – GQ/GNQ

Fläche (Weltrang: 140): 28 051 km²

Einwohner (162): F 2004 492 000 = 17,5 je km²

Hauptstadt: Malabo

Amtssprache: Spanisch

Bruttonationaleinkommen 2001 je Einw.: 710 $

Währung: CFA-Franc
Kurs: 1 € = 655,96 CFA-Francs

Botschaft der Republik Äquatorialguinea
Rohlfsstr. 17–19, 14195 Berlin
T 030–88 66 38 77, Fax 88 66 38 79

LANDESSTRUKTUR **Fläche**: 28 051 km²; davon Festlandgebiet Mbini (Río Muni) mit Elobey-Inseln insg. 26 017 km², Bioko (Fernando Póo) 2017 km², Pagalu (Annobón) 17 km²; Karte → WA 2006, S. 59 ▪ **Verwaltung**: 7 Provinzen ▪ **Städte**: (S 2003) Malabo (Bioko) 95 450 Einw.; (Z 1994) Bata 50 023

BEVÖLKERUNG Äquatorialguineer – F 2004: 492 000 Einw.; Bevölkerungswachstum: 2,3 % – überwiegend Bantu: 84 % Fang, Benga u. a. (Festland), 10 % Bubi u. 3000 Mischlinge (Fernandinos) (Bioko); ca. 4000 Weiße ▪ **Sprachen**: Fang, Bubi, Ndowe, Spanisch, kreolisches Portugiesisch, Fernando Po (Pidgin-Englisch) ▪ **Religion**: 94 % Katholiken; Protestanten, Anhänger von indigenen Religionen

STAATS- UND REGIERUNGSFORM Verfassung von 1991 – Präsidialrepublik seit 1982 – Parlament: Nationalversammlung (Cámara de Representantes) mit 100 Mitgl., Wahl alle 5 J. – Direktwahl des Staatsoberhauptes alle 7 J. – Wahlrecht ab 21 J. ▪ **Unabhängigkeit**: 12. 10. 1968 (ehem. spanische Kolonie) ▪ **Nationalfeiertag**: 12. 10.

REGIERUNG UND PARTEIEN **Staatsoberhaupt**: Oberst Teodoro Obiang Nguema Mbasogo (PDGE), seit 1979; zuletzt gewählt 2002 – **Regierungschef**: Miguel Abia Biteo Borico (PDGE), seit 15. 6. 2004 – **Äußeres**: Pastor Micha Ondo Bile, seit 11. 2. 2003 ▪ **Parlament**: Wahlen vom 25. 4. 2004: Partido Democrático/PDGE 68 von 100 Sitzen (1999: 75 von 80), Wahlbündnis zwischen PDGE und sog. Demokratischer Opposition 30 (–), Convergencia para la Democracia Social/CPDS 2 (1), Sonstige – (4)

WIRTSCHAFT **BIP** 2004: 3,235 Mrd. $; realer Zuwachs: 10,0 %; Anteil (2003) Landwirtschaft 7 %, Industrie 89 %, Dienstleistungen 4 % ▪ **Erwerbstätigkeit** 2001: Landwirtsch. 70 % ▪ **Arbeitslosigkeit**: k. A. ▪ **Inflation** ∅ 2002: 7,6 % ▪ **Außenhandel** 2002: **Import**: 769 Mrd. CFA-Francs; *Länder*: 29 % Serbien und Montenegro, 16 % Großbritannien, 15 % USA, 10 % Frankreich; **Export**: 1547 Mrd. CFA Francs; *Güter*: 95 % Erdöl und Erdölprodukte; *Länder*: 28 % USA, 25 % Spanien, 17 % VR China

CHRONIK

Im Herbst 2005 begann vor einem Militärgericht der Prozess gegen 70 Personen, die **beschuldigt** wurden, im Oktober 2004 einen weiteren **Putsch gegen Obiang geplant zu haben**. 23 Angeklagte wurden zu Gefängnisstrafen von bis zu 30 Jahren verurteilt.

Im seit 34 Jahren andauernden **Streit mit dem Nachbarstaat Gabun um die Hoheitsrechte** über die drei Eilande Mbanie, Cocotier und Conga in den erdölreichen gemeinsamen Küstengewässern (→ Karte) kam es am 27. 2. 2006 durch Vermittlung des UN-Generalsekretärs Kofi Annan zu einer **Wiederaufnahme der Gespräche** in Genf. Im Jahr 2004 hatten sich beide Länder zwar auf eine gemeinsame Erdölförderung geeinigt, Kernfragen im Bezug auf die Kontrolle der Seegrenzen waren jedoch ungelöst geblieben.

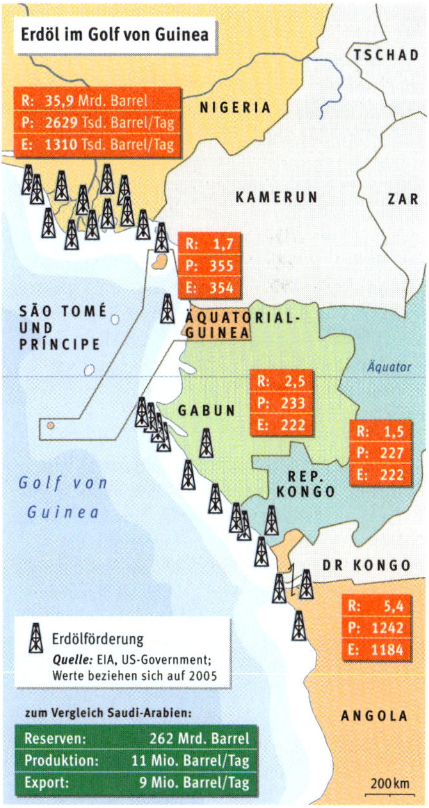

Argentinien Süd-Amerika

Argentinische Republik; República Argentina – AR/ARG

Fläche (Weltrang: 8): 2 780 403 km²

Einwohner (30): F 2004 38 372 000 = 13,8 je km²

Hauptstadt: Buenos Aires

Amtssprache: Spanisch

Bruttonationaleinkommen 2004 je Einw.: 3580 $

Währung: 1 Argentin. Peso (arg$) = 100 Centavos
Kurs: 1 US-$ = 3,09 arg$; 1 € = 3,96 arg$

Botschaft der Republik Argentinien
Kleiststraße 23–26, 10117 Berlin
T 030/226 68 90, Fax 229 14 00
www.argentinische-botschaft.de

LANDESSTRUKTUR **Fläche**: 2 780 403 km²; → Karte ▪ **Verwaltung**: 22 Provinzen, Bundesdistrikt Buenos Aires und Nationalterritorium Tierra del Fuego/Feuerland ▪ **Städte**: (Z 2001) Buenos Aires 2 776 138 Einw. (A 13,047 Mio.), Córdoba 1 267 774, San Justo (La Matanza) 1 253 858, Rosario 906 004, Lomas de Zamora 590 677, La Plata 553 002, Mar del Plata 541 857, San Miguel de Tucumán 525 853, Quilmes 518 723, Almirante Brown 513 777, Merlo 468 724, Salta 462 668, Lanús 452 512, General San Martín 405 122, Moreno 379 801, Santa Fe 368 369, Florencio Varela 343 238, Caseros 335 578, Avellaneda 329 638, Corrientes 314 247, Morón 309 086, Tigre 295 561, San Isidro 293 212

BEVÖLKERUNG Argentinier – F 2004: 38 372 000 Einw.; Bevölkerungswachstum: 1,0 %; letzte Zählung 2001: 36 260 130 Einw. – über 90 % Weiße (v. a. europäischer Herkunft, u. a. 36 % italienischer und 29 % spanischer sowie ca. 500 000 deutscher Herkunft), 5 % Mestizen, 0,5 % Indianer (Mapuches, Coyas, Tobas, Matacos, Chiriguanos); außerdem etwa 2,3 Mio. Ausländer ▪ **Sprachen**: Spanisch, indianische Sprachen ▪ **Religion**: über 90 % Katholiken, Minderheiten von Protestanten, Juden und Muslimen

STAATS- UND REGIERUNGSFORM Verfassung von 1994, zuletzt geändert 1997 – Präsidiale Bundesrepublik seit 1853 – Parlament (Congreso de la Nación): Abgeordnetenhaus mit 257 Mitgl., Wahl jeweils der Hälfte der Mitgl. alle 2 J.; Senat mit 72 indirekt gewählten Mitgl., Wahl alle 6 J. – Direktwahl des Staatsoberhauptes alle 4 J. (einmalige Wiederwahl) – Wahlrecht ab 18 J. ▪ **Unabhängigkeit**: 9. 7. 1816 (ehem. spanische Kolonie) ▪ **Nationalfeiertag**: 25. 5. (Tag der Revolution von 1810)

REGIERUNG UND PARTEIEN **Staatsoberhaupt**: Néstor Carlos Kirchner Ostoic (PJ), seit 25. 5. 2003 – **Regierungschef**: Alberto Fernández (PJ), seit 25. 5. 2003 – **Äußeres**: Jorge Taiana, seit 1. 12. 2005 ▪ **Parlament**: Abgeordnetenhaus (nach Teilwahlen am 23. 10. 2005): Partido Justicialista (Peronisten)/PJ 141 von 257 Sitzen, Unión Cívica Radical/UCR 40, Afirmación para una República Igualitaria/ARI 13, Sonstige 63 – Senat (nach Teilwahlen am 23. 10. 2005): PJ 29 von 72 Sitzen, UCR 11, Fuerza Republicana 2, Frente Cívico y Social 2, Movimiento Popular Neuquino 2, Sonstige 26

WIRTSCHAFT **BIP** 2004: 153,014 Mrd. $; realer Zuwachs: 9,0 %; Anteil (2004) Landwirtschaft 10 %, Industrie 36 %, Dienstleistungen 54 % ▪ **Erwerbstätigkeit** 2003: Landwirtsch. 1,3 %, Industrie 20 %, Dienstl. 78 % ▪ **Arbeitslosigkeit** ∅ 2005: 11,7 % ▪ **Inflation** ∅ 2005: 9,6 % ▪ **Außenhandel** 2005: **Import**: 28,7 Mrd. $; *Güter*: 17 % Kapitalgüter, 17 % Ausrüstung für Kapitalgüter, 15 % Konsumgüter, 5 % Kraftstoffe; *Länder*: 36 % Brasilien, 14 % USA, 8 % VR China, 5 % Deutschland, 3 % Mexiko, 3 % Japan, 3 % Italien, 2 % Frankreich, 2 % Spanien, 2 % Chile; **Export**: 40,0 Mrd. $; *Güter*: 18 % Brennstoffe, Mineralöl, 10 % Rückstände und Abfälle aus der Lebensmittelindustrie, 8 % Fette, pflanzliche und tierische Öle, 7 % Getreide, 7 % Kfz, 6 % Ölsamen und ölhaltige Früchte, 4 % Fleisch; *Länder*: 16 % Brasilien, 11 % Chile, 11 % USA, 8 % VR China, 4 % Spanien, 3 % Niederlande, 3 % Mexiko, 3 % Italien, 2 % Deutschland

CHRONIK

Das anhaltend hohe Wirtschaftswachstum seit Überwindung der Wirtschafts- und Finanzkrise ermöglichte der Regierung, ihre Schulden beim IWF vorzeitig zurückzuzahlen. Aus den Parlamentswahlen ging die Peronistische Partei von Präsident Néstor Carlos Kirchner Ostoic trotz Flügelkämpfen und nach wie vor hoher Arbeitslosigkeit gestärkt hervor. Außenpolitisch kooperierte Argentinien eng mit Brasilien und Venezuela, während es mit Bolivien und Uruguay zu Verstimmungen kam.

Argentinien: Entwicklung des realen BIP

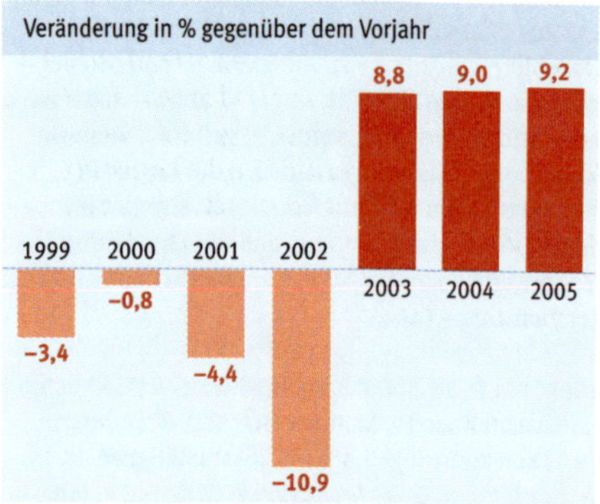

Quellen: Weltbank, Argentinische Zentralbank

▪ **Wirtschaft und Finanzen:** Seit der Überwindung der schweren Wirtschafts- und Finanzkrise (1999–2002) befindet sich Argentinien in einer stetigen und steilen Aufschwungphase, seit 2003 wuchs das BIP zwischen 8 und 9 % jährlich (→ Grafik). Diese positive Entwicklung veranlasste die Regierung von Präsident Néstor Carlos Kirchner Ende 2005, ihre gesamten Schulden beim Internationalen Währungsfonds (IWF) in Höhe von 9,81 Mrd. US-$ auf einen Schlag zu tilgen. Das Geld für die Rückzahlung wurde den Devisenreserven der Zentralbank entnommen, die im Zuge der Rekorderlöse aus den Exporten von Soja, Fleisch und Stahl allein 2005 um 38 % auf rund 27 Mrd. US-$ angestiegen waren. Von der vollständigen Rückzahlung der IWF-Schulden verspricht sich die Regierung eine größere wirtschafts- und finanzpolitische Unabhängigkeit, da sie nun nicht mehr an die vom IWF als Bedingung für Kreditvergaben geforderten Sparmaßnahmen und Strukturreformen gebunden ist. Schon seit Mitte 2004 hatte Argentinien keine neuen IWF-Kredite mehr in Anspruch genommen, um die Umschuldung seiner Verbindlichkeiten in Höhe von mehr als 100 Mrd. US-$ gegenüber privaten Gläubigern (→ WA 2005, S. 54) ohne Einflussnahme des IWF durchführen zu können. Trotz der rasanten wirtschaftlichen Erholung hat das Land noch immer mit erheblichen Problemen zu kämpfen. Dazu gehört vor allem die rasch steigende Inflationsrate, die im November 2005 bei 12 % lag. Als Folge der Wirtschaftskrise, von der die Mittelschicht am stärksten betroffen war, leben derzeit rd. 44 % der Bevölkerung unterhalb der Armutsgrenze, die Arbeitslosenquote beträgt 15 %.

▪ **Innenpolitik:** Bei den **Parlamentsteilwahlen** am 23. 10. 2005 standen 127 der 257 Abgeordneten- und 24 der 72 Senatorensitze zur Neubesetzung an. Dabei konnte Kirchner seine Machtbasis auch innerhalb des peronistischen Partido Justicialista (PJ) weiter ausbauen und verfügt im Abgeordnetenhaus über 141 Mandate, im Senat über 29. Die oppositionelle Unión Cívica Radical gewann zehn Mandate und stellt nun 40 Volksvertreter, im Senat konnte sie zwei Mandate erringen und hält dort künftig 11 Sitze. Auf die Partei Afirmación para una República Igualitaria (ARI) entfielen im Parlament 13 Sitze.

Der Wahlkampf war vor allem von dem anhaltenden Machtkampf in den Reihen der PJ bestimmt. Da sich Kirchner und sein innerparteilicher Rivale, Amtsvorgänger Eduardo Duhalde nicht auf einen Senatskandidaten für die Provinz Buenos Aires einigen konnten, traten die Peronisten im wichtigsten Wahlbezirk des Landes mit zwei separaten Listen an. Diese wurden von den Ehefrauen der Kontrahenten, Cristina Fernández de Kirchner und Hilda González de Duhalde angeführt, wobei schließlich Fernández de Kirchner den Sitz mit 45 % der Stimmen für sich gewann.

Im Rahmen einer größeren **Kabinettsumbildung** ernannte Präsident Kirchner Ende November 2005 Felisa Miceli, die Präsidentin des Banco de la Nación, der größten staatlichen Bank, zur neuen Wirtschaftsministerin. Der bisherige Ressortchef Roberto Lavagna hatte am 28. 11. 2005 aufgrund bereits länger anhaltender Differenzen mit dem Staatschef über dessen linkspopulistisch orientierte Wirtschafts- und Finanzpolitik seinen Rücktritt eingereicht. Lavagna, der unter Duhalde das Finanzministerium geleitet hatte, galt als Verfechter eines makroökonomischen Stabilitätskurses und ist einer der Architekten des derzeitigen Wirtschaftsaufschwungs. Im Zuge des Kabinettsrevirements wurde zudem Außenminister Rafael Bielsa durch seinen bisherigen Stellvertreter Jorge Taiana ersetzt.

Die vom Parlament am 23. 2. 2006 auf Initiative der Regierung hin beschlossene Reform des Consejo de la Magistratura, dem Selbstverwaltungsorgan der Justiz, löste eine heftige innenpolitische Kontroverse aus. Kritisiert wurde vor allem die Verkleinerung des Gremiums, dem Richter, Parlamentsabgeordnete, Rechtsgelehrte, Anwälte und ein Vertreter der Regierung angehören, von 20 auf 13 Mitglieder. Dadurch kann die Politik in dem Rat künftig verstärkt Einfluss nehmen und kein Richter mehr gegen den Willen der

Regierung ernannt oder abgesetzt werden. Kritiker sprachen sich gegen das Gesetz aus, da es die Unabhängigkeit der Justiz einschränke.

▪ **Aufarbeitung der Diktatur:** Am 8. 8. 2005 lehnten die Behörden einen Antrag der Bundesrepublik Deutschland auf Auslieferung des von März 1976 bis Juli 1978 regierenden Ex-Diktators Jorge Rafael Videla und des früheren Junta-Mitglieds Emilio Massera mit der Begründung ab, dass gegen beide bereits im Land selbst Verfahren laufen. Die Staatsanwaltschaft Nürnberg ermittelt seit 2003 gegen beide wegen Ermordung zweier deutscher Staatsbürger im Jahr 1977 in Argentinien. Die juristische Ahndung der während der Diktatur von 1976 bis 1983 begangenen Verbrechen – bis zu 30 000 Regimegegner waren verschleppt, gefoltert und ermordet worden – machte weitere Fortschritte: Nachdem das Oberste Gericht im Juni 2005 die Amnestiegesetze für Menschenrechtsverletzungen während der Zeit der Diktatur für verfassungswidrig erklärt hatte (→ WA 2006, S. 62), beantragte der Staatsanwalt Eduardo Taiano Ende Oktober 2005 die Festnahme und Vernehmung von 295 Personen, die während der Militärdiktatur in der so genannten »Mechanikerschule« der Marine (Esma) in Buenos Aires tätig waren. Am 24. 3. 2006 kamen in Buenos Aires 100 000 Menschen anlässlich des 30. Jahrestags des Militärputsches von 1976 zu einer Gedenkfeier zusammen. Erstmals wurde der 24. März als arbeitsfreier nationaler Gedenktag begangen.

▪ **Sonstige Ereignisse:** Im Verfahren um den Anschlag auf das jüdische Gemeindezentrum Amia in Buenos Aires, dem 1994 85 Personen zum Opfer gefallen waren, identifizierte die Justiz Mitte November 2005 den damaligen Selbstmordattentäter. Laut Staatsanwaltschaft handelte es sich um den Libanesen Ibrahim Hussein Berro, der der von Iran unterstützten schiitischen Extremistenorganisation Hisbollah angehörte.

Mitte Februar 2006 überstellten die Behörden den im August 2005 in Buenos Aires gefassten mutmaßlichen bosnisch-serbischen Kriegsverbrecher Milan Lukić an das UN-Kriegsverbrechertribunal in Den Haag. Lukić steht auch in Serbien wegen Kriegsverbrechen unter Anklage und wurde dort in Abwesenheit bereits zu 20 Jahren Haft verurteilt.

▪ **Außenpolitik:** Der geplante Bau von zwei **Zellulosefabriken** bei dem Ort Fray Bentos (→ Karte) auf der uruguayischen Seite des gemeinsamen Grenzflusses Uruguay belastete im Berichtsjahr zunehmend die bislang guten Beziehungen zwischen den beiden Nachbarn. Die Bewohner der angrenzenden argentinischen Provinz Entre Ríos protestieren bereits seit längerem mit Straßen- und Brückenblockaden gegen die Ansiedlung der Unternehmen, da sie durch die Einleitung von Industrieabwässern massive ökologische Konsequenzen für den Fluss und wirtschaftliche Einbußen für das direkt dem geplanten Standort gegenüber liegende Tourismuszentrum Gualeguaychú befürchten. Anfang Mai 2006 verschärfte sich der Kon-

Quelle: FAZ

flikt, als Argentinien vor dem Internationalen Gerichtshof in Den Haag eine Klage gegen Uruguay einreichte mit der Begründung, das Projekt verletze einen bilateralen Vertrag zum Schutz des Grenzflusses aus dem Jahr 1975.

Bei einem Besuch von Kirchner in der venezolanischen Hauptstadt Caracas im November 2005 bot Präsident Hugo Chávez Frías Argentinien neben Erdöl- und Erdgaslieferungen zu großzügigen Konditionen auch den Ankauf eines milliardenschweren Pakets von argentinischen Staatsanleihen an; eine Kaufzusage über 3 Mrd. US-$ erfolgte Mitte Dezember 2005. Beide Staatschefs hatten bereits Anfang August 2005 in Argentinien eine Reihe bilateraler Abkommen unterzeichnet und über eine energiepolitische Zusammenarbeit beraten. Anfang Mai 2006 kamen die Staatspräsidenten Argentiniens, Brasiliens, Boliviens und Venezuelas im nordargentinischen Puerto Iguazú zu einem Vierergipfel zusammen, nachdem die kurz zuvor angeordnete Verstaatlichung der bolivianischen Erdöl- und Erdgasreserven (→ Bolivien) zu Spannungen zwischen Bolivien einerseits und Argentinien und Brasilien andererseits geführt hatte. Im Gegenzug für die Bereitschaft Argentiniens und Brasiliens, über die für sie bislang sehr günstigen Preise neu zu verhandeln, sicherte der bolivianische Präsident Evo Morales Ayma seinen beiden Hauptabnehmerländern eine auch weiterhin ungestörte Versorgung zu. Der venezolanische Staatschef Chávez verteidigte bei dem Treffen das Vorgehen von Morales.

Armenien Vorder-Asien

Republik Armenien;
Hayastani Hanrapetut'yun,
Kurzform: Hayastan – AM / ARM

Fläche (Weltrang: 138): 29 743 km²

Einwohner (132): F 2004 3 026 000 = 102 je km²

Hauptstadt: Jerevan (Eriwan)

Amtssprache: Armenisch

Bruttonationaleinkommen 2004 je Einw.: 1060 $

Währung: 1 Dram (ARD) = 100 Luma
Kurs: 1 US-$ = 431,80 ARD; 1 € = 552,20 ARD

Botschaft der Republik Armenien
Nußbaumallee 4, 13467 Berlin,
T 030/40 50 91–0, Fax 40 50 91 25
E-Mail: armemb@t-online.de

LANDESSTRUKTUR **Fläche:** 29 743 km²; → Karte ▪ **Verwaltung:** 11 Regionen; Tabelle → WA 2006, S. 63 ▪ **Städte:** (Z 2001) Jerevan (Eriwan) 1 103 488 Einw., Gjumri (ehem. Leninakan) 150 917, Vanadzor (ehem. Kirovakan) 107 394

BEVÖLKERUNG Armenier – F 2004: 3 026 000 Einw.; Bevölkerungswachstum: –0,4 %; letzte Zählung 2001: 3 213 011 Einw. – 97,9 % Armenier, 1,3 % Jesiden, Minderheiten von Russen, Aserbaidschanern, Kurden u. a. ▪ **Sprachen** 2001: 97,7 % Armenisch, 1,0 % Jesidisch, 0,9 % Russisch, Sprachen der Minderheiten ▪ **Religion:** Armenisch-apostolische Kirche (»Gregorianer«); Minderheiten von Russisch-Orthodoxen, Protestanten u. a.

STAATS- UND REGIERUNGSFORM Neue Verfassung am 27. 11. 2005 per Referendum angenommen – Präsidialrepublik seit 1991 – Parlament mit 131 Mitgl., Wahl alle 4 J. – Direktwahl des Staatsoberhauptes alle 5 J. – Wahlrecht ab 18 J. ▪ **Unabhängigkeit:** 1918–1920; erneute Proklamation 21. 9. 1991 ▪ **Nationalfeiertag:** 21. 9.

REGIERUNG UND PARTEIEN **Staatsoberhaupt:** Robert Kotscharjan, seit 1998; wieder gewählt 2003 – **Regierungschef:** Andranik Markarjan (HHK-Vors.), seit 12. 5. 2000 – **Äußeres:** Wartan Oskanjan, seit 1998 ▪ **Parlament:** Wahlen vom 25. 5. 2003: Republikanische Partei / HHK 40 von 131 Sitzen (1999: zusammen mit HZhK 55), Land des Rechts / OE 19 (6), Gerechtigkeit / A 15 (–), Armenische Revolutionäre Vereinigung / Daschnak 11 (9), Nationale Einheit 9 (–), Vereinigte Arbeitspartei 6 (–), National-Demokratische Union / AZhM – (6), Sonstige 16 (4), Unabhängige 14 (34), Volkspartei / HZhK – (zusammen mit HHK: 55), Kommunistische Partei / HKK – (11), Recht und Einheit / IM – (6)

WIRTSCHAFT **BIP** 2004: 3,079 Mrd. $; realer Zuwachs: 7,0 %; Anteil (2004) Landwirtschaft 23 %, Industrie 37 %, Dienstleistungen 40 % ▪ **Erwerbstätigkeit** 2004: Landwirtsch. 47 %, Industrie 15 %, Dienstl. 38 % ▪ **Arbeitslosigkeit** ∅ 2005: 8,1 % ▪ **Inflation** ∅ 2005: 0,6 % ▪ **Außenhandel** 2005: **Import:** 1768 Mio. $; *Güter* 2004: 22 % Edelmetalle, Edel- und Halbedelsteine, Natur- und Zuchtperlen, Schmuckartikel, 21 % Nahrungs- und Genussmittel, 15 % Mineralien (außer Edelsteine), 10 % Maschinen und Anlagen, 7 % Transportmittel, 6 % chemische Erzeugnisse, 3 % Textilien, 3 % pharmazeutische Erzeugnisse, 2 % Mechanotronik; *Länder:* 13 % Russland, 8 % Belgien, 8 % Großbritannien, 8 % USA, 7 % Israel, 6 % Iran, 6 % Deutschland, 5 % Vereinigte Arabische Emirate, 4 % Ukraine, 4 % Georgien, 3 % Schweiz, 3 % Luxemburg (EU gesamt: 33 %, GUS gesamt: 23 %); **Export:** 950 Mio. $; *Güter* 2004: 41 % Edelmetalle, Edel- und Halbedelsteine, Natur- und Zuchtperlen, Schmuckartikel, 14 % Mineralien (außer Edelsteine), 11 % Nahrungs- u. Genussmittel, 10 % Eisenmetalle und -erzeugnisse, 6 % Textilien, 5 % Kupfer- und Kupfererzeugnisse, 3 % Maschinen und Anlagen, 2 % Aluminium und -erzeugnisse; *Länder:* 15 % Belgien, 14 % Israel, 12 % Deutschland, 11 % Russland, 10 % USA, 6 % Schweiz, 4 % Iran, 4 % Georgien, 4 % Italien, 4 % Niederlande, 3 % VR China (EU gesamt: 36 %, GUS gesamt: 17 %)

CHRONIK

▪ **Verfassungsänderung:** In einem Referendum billigte die Bevölkerung am 27. 11. 2005 eine umfassende Verfassungsänderung mit einer deutlichen Mehrheit von 93,3 %. Die gemeinsam mit dem Europarat erarbeitete Reform beschneidet u. a. die Macht des Präsidenten zugunsten des Parlaments und stärkt die Rechtsstaatlichkeit. Zudem ermöglicht sie den Millionen Mitgliedern der armenischen Diaspora in aller Welt, die armenische Staatsbürgerschaft neben der ihres jetzigen Heimatlandes anzunehmen. Bei der ersten Volksabstimmung 2003 war eine entsprechende Reform noch durchgefallen. Die offizielle Wahlbeteiligung lag bei 65 % der rd. 2,3 Mio. Stimmberechtigten. Wahlbeobachter des Europarates bezweifelten diese Angaben, das notwendige Quorum von einem Drittel aller Wähler sei jedoch erreicht worden. Die Opposition, die die Abstimmung boykottiert hatte, warf der Regierung von Präsident Robert Kotscharjan Wahlfälschung vor. Im März 2006 bewilligten die USA Hilfsgelder für Armenien in Höhe von 235,5 Mio. US-$, die in den nächsten fünf Jahren zur Finanzierung weiterer politischer und institutioneller Reformen eingesetzt werden sollen.

▪ **Erhöhung des Gaspreises:** Russland setzte gegenüber Armenien, seinem einzigen Verbündeten im Kaukasus, zum 1. 4. 2006 eine Erhöhung des Preises für russisches Importgas durch. Für die Privatverbraucher erhöhte sich der Gaspreis zum 10. 4. um 52 %, für die Industrie um 85 %. Zugleich erhielt der russische Staatskonzern Gasprom die Kontrolle über das armenische Gaspipeline-Netz. Damit unterband Russland den Versuch Armeniens, über einen Pipeline-Bau in den Iran seine extreme Energieabhängigkeit von Moskau zu reduzieren. Schon seit Jahren befinden sich zahlreiche Unternehmen in Armenien in russischer Hand.

- **Atomkraftwerk Metsamor:** Mitte November 2005 ging der einzige Atromreaktor des Landes nach sechswöchiger Pause wieder ans Netz, nachdem mit russischer Unterstützung neue Brennstäbe eingesetzt worden waren. Die EU fordert dagegen seit langem die Stilllegung des Kraftwerks, das ca. 40 % des Strombedarfs des Kaukasuslandes deckt. Der Reaktor war nach dem schweren Erdbeben von 1988 vorübergehend stillgelegt worden, 1995 aber wegen der Energieknappheit wieder in Betrieb gegangen.
- **Klagen gegen deutsche Geldinstitute:** Sieben in den USA lebende Armenier erhoben am 14. 1. 2006 in Los Angeles Klage gegen die Deutsche Bank und die Dresdner Bank wegen Einbehaltung des Besitzes von Opfern der Verfolgung und des Massakers an den Armeniern im Osmanischen Reich 1915. Sie fordern eine Entschädigung in Millionenhöhe. Ein ähnlicher Fall gegen ein US- und ein französisches Unternehmen war 2005 gegen Zahlung von 37,5 Mio. US-$ außergerichtlich beigelegt worden.
- **Berg-Karabach:** →Aserbaidschan

Aserbaidschan

Vorder-Asien

Republik Aserbaidschan; Azerbaycan Respublikası – AZ / AZE

Fläche (Weltrang: 111): 86 600 km²

Einwohner (88): F 2004 8 306 000 = 96 je km²

Hauptstadt: Bakı (Baku)

Amtssprache: Aserbaidschanisch (Azeri)

Bruttonationaleinkommen 2004 je Einw.: 940 $

Währung: 1 Aserbaidschanischer Neuer Manat (A. M.) = 100 Qäpik;
Kurs: 1 US-$ = 0,90 A. M.; 1 € = 1,16 A. M.

Botschaft der Aserbaidschanischen Republik
Axel-Springer-Str. 54a, 10117 Berlin
T 030 / 219 16 13, Fax 21 91 61 52
www.botschaft-aserbaidschan.de

LANDESSTRUKTUR **Fläche:** 86 600 km²; davon Nagorny-Karabach (Berg-Karabach) 4400 km² → unten
- **Gebiete:** Naxçıvan (Nachitschewan) 5500 km² → unten; → Karte
- **Verwaltung:** 65 Distrikte und 11 bezirksfreie Städte; Autonomes Gebiet Berg-Karabach und Autonome Republik Nachitschewan → unten
- **Städte:** (F 2003) Baki (Baku) 1 839 800 Einw., Gäncä 303 100, Sumqayıt 262 400, Mingäçevir 95 100, Äli Bayramlı 72 100, Naxçıvan (Nachitschewan) 64 500, Şäki 61 900, Xankändi (arm. Stepanakert) 54 700

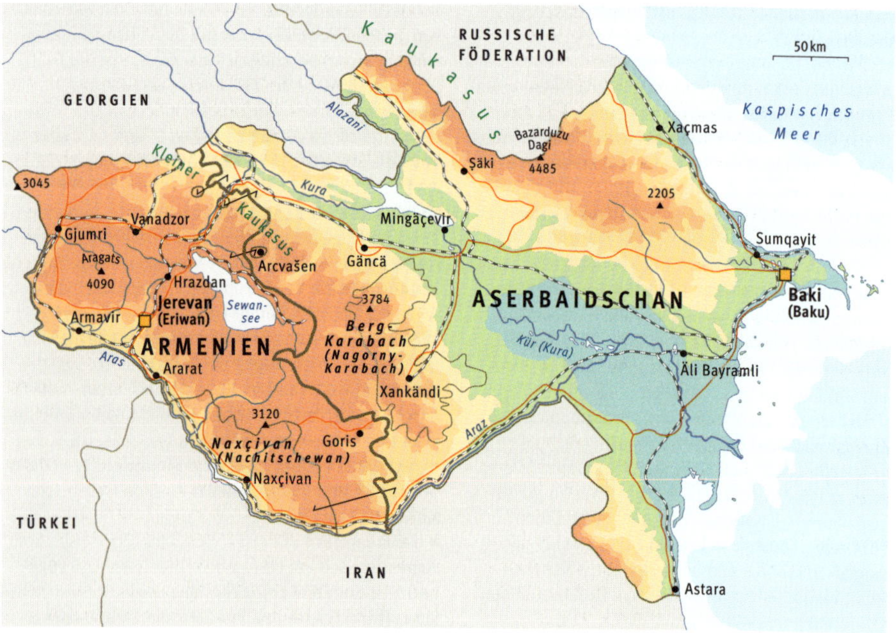

BEVÖLKERUNG Aserbaidschaner – F 2004: 8 306 000 Einw.; Bevölkerungswachstum: 0,9 %; letzte Zählung 1999: 8 016 200 Einw. – 90,6 % Aserbaidschaner, 2,2 % Lesgier, 1,8 % Russen, 1,5 % Armenier u. a. Minderheiten ▪ **Sprachen:** Aserbaidschanisch (Azeri); Russisch, Armenisch, Lesgisch u. a. Sprachen der Minderheiten ▪ **Religion:** 90 % Muslime: 65 % Schiiten, 35 % Sunniten; christliche Minderheiten

STAATS- UND REGIERUNGSFORM Verfassung von 1995 – Präsidialrepublik seit 1995 – Parlament: Nationalversammlung (Milli Mäclis) mit 125 Mitgl., Wahl alle 5 J. – Direktwahl des Staatsoberhauptes alle 5 J. – Wahlrecht ab 18 J. ▪ **Unabhängigkeit:** 1918–1920; erneute Proklamation 18. 10. 1991 ▪ **Nationalfeiertag:** 28. 5. (Tag der Republik 1918)

REGIERUNG UND PARTEIEN **Staatsoberhaupt:** Ilham Alijew, seit 31. 10. 2003 – **Regierungschef:** Artur Rasisade, seit 4. 11. 2003 – **Äußeres:** Elmar Mamadjarow, seit 2. 4. 2004 ▪ **Parlament:** Wahlen vom 6. 11. 2005: Partei Neues Aserbaidschan 56 von 125 Sitzen (2000/01: 75), Opposition Azadlig 6 (6), Sonstige 10 (17), Unabhängige 53 (27)

WIRTSCHAFT **BIP** 2004: 8,532 Mrd. $; realer Zuwachs: 10,2 %; Anteil (2004) Landwirtschaft 12 %, Industrie 55 %, Dienstleistungen 32 % ▪ **Erwerbstätigkeit** 2003: Landwirtsch. 40 %, Industrie 12 %, Dienstl. 48 % ▪ **Arbeitslosigkeit** ∅ 2005: 1,2 %; inoffiziell: über 10 % ▪ **Inflation** ∅ 2005: 9,7 % ▪ **Außenhandel** 2005: **Import:** 4,211 Mrd. $; *Güter:* 33 % Maschinen, Anlagen, 15 % Primärenergieträger, mineralische Produkte, 12 % Metalle, Metallwaren, 11 % Nahrungs- und Genussmittel, lebende Tiere, 10 % Fahrzeuge, 7 % Chemie-, Kunststoff- und Gummierzeugnisse, 2 % Textilien und Bekleidung; *Länder* 2004: 16 % Russland, 12 % Großbritannien, 7 % Kasachstan, 6 % Türkei, 6 % Deutschland, 5 % Ukraine, 4 % Niederlande, 4 % VR China (EU gesamt: 34 %, GUS gesamt: 33 %); **Export:** 4,347 Mrd. $; *Güter:* 77 % Primärenergieträger, mineralische Produkte, 8 % Nahrungs- und Genussmittel, lebende Tiere, 6 % Fahrzeuge, 5 % Chemie-, Kunststoff- und Gummierzeugnisse, 2 % Metalle, Metallwaren; *Länder:* 30 % Italien, 9 % Frankreich, 7 % Russland, 6 % Turkmenistan, 6 % Türkei, 5 % Georgien, 4 % Kroatien, 4 % Iran, 3 % Singapur, 2 % Deutschland (EU gesamt: 47 %, GUS gesamt: 21 %)

Autonomes Gebiet Berg-Karabach
Dağlıq Qarabağ; Lernayin Gharabagh; Nagorny-Karabach

Fläche: 4400 km² ▪ **Bevölkerung** F 1991: 193 300 Einw. – 145 450 Armenier, 40 688 Aserbaidschaner ▪ **Hauptstadt** (F 2003): Xankändi (arm. Stepanakert) 54 700 Einw. ▪ **Status:** Unabhängigkeitserklärung am 10. 12. 1991 – Parlament mit 33 Mitgl. ▪ **Regierung:** Präsident: Arkadi Gukasjan, seit 8. 9. 1997 – Ministerpräsident: Anushawan Danieljan, seit 30. 6. 1999- Äußeres: Georgi Petrosjan, seit 26. 12. 2005

Autonome Republik Nachitschewan **Naxçıvan**

Fläche: 5500 km² ▪ **Bevölkerung** F 2003: 369 800 Einw. – überwiegend Aserbaidschaner, Minderheiten von Russen, Kurden u. a. ▪ **Religion:** v. a. schiitische Muslime ▪ **Hauptstadt** (F 2003): Naxçıvan (Nachitschewan) 64 500 Einw.

CHRONIK

Das autoritäre Regime von Präsident Ilham Alijew stabilisierte sich nach den Parlamentswahlen vom November 2005 weiter, nicht zuletzt aufgrund des Anstiegs der Einnahmen aus der Erdöl- und -gasförderung. Der seit Jahrzehnten andauernde Konflikt mit Armenien um Berg-Karabach blieb weiterhin ungelöst.

▪ **Umstrittene Parlamentswahlen:** Die innenpolitische Situation vor den Parlamentswahlen war von Spannungen geprägt. Die Polizei ging wiederholt gewaltsam gegen Demonstrationen der Opposition vor und nahm zahlreiche ihrer Anhänger fest. Auch 16 Regierungsbeamte wurden verhaftet, darunter die Minister für Gesundheit und wirtschaftliche Entwicklung, Ali Insanow und Farchad Alijew. Präsident Alijew warf ihnen vor, sich an der Planung eines Staatsstreiches gegen ihn beteiligt zu haben. Der Urnengang am 6. 11. 2005 verlief ohne gewaltsame Zwischenfälle. Laut offiziellem Endergebnis errang die Präsidentenpartei Neues Aserbaidschan 56 von 125 Mandaten, auf die Opposition entfielen 16 Sitze. Die Wahlbeteiligung lag nach offiziellen Angaben bei 42,2 %. Die Opposition warf der Regierung Wahlfälschung vor, die OSZE und die USA bemängelten die Verletzung zahlreicher demokratischer Standards. Wahlbeobachter aus Russland und anderer GUS-Staaten bescheinigten der Abstimmung hingegen einen einwandfreien Ablauf.

▪ **Währungsreform:** Zum 1. 1. 2006 führte Aserbaidschan eine Währungsreform durch. Während bislang für 1 US-$ 5400 Manat bezahlt werden mussten, ist künftig 1 US-$ 0,90 neue Manat wert. Das Symbol für den neuen Manat gleicht einem auf der Seite liegenden Euro-Zeichen, weshalb die neue Währung auch als »kaukasischer Euro« bezeichnet wird.

▪ **Berg-Karabach:** Die Verhandlungen über eine Lösung des Konfliktes um das von Armenien besetzte, völkerrechtlich zu Aserbaidschan gehörende Gebiet Berg-Karabach kamen trotz Vermittlung der OSZE nicht voran. Direkte Gespräche zwischen Präsident Alijew und seinem armenischen Kollegen Robert Kotscharjan endeten im Februar 2006 in Paris ergebnislos.

Äthiopien Nordost-Afrika

Demokratische Bundesrepublik Äthiopien; Ityop'ya – ET / ETH

Fläche (Weltrang: 26): 1 133 380 km²

Einwohner (17): F 2004 69 961 000 = 62 je km²

Hauptstadt: Adis Abeba (Addis Abeba)

Amtssprache: Amharisch

Bruttonationaleinkommen 2004 je Einw.: 110 $

Währung: 1 Birr (Br) = 100 Cents
Kurs: 1 US-$ = 8,87 Br; 1 € = 11,41 Br

Botschaft der Demokrat. Bundesrepublik Äthiopien
Boothstr. 20a, 12207 Berlin
T 030/77 20 60, Fax 77 20 624
www.aethiopien-botschaft.de

LANDESSTRUKTUR **Fläche**: 1 133 380 km²; → Karte ▪ **Verwaltung**: 9 Regionen, Adis Abeba und Dire Dawa mit Sonderstatus ▪ **Städte**: (F 2006) Adis Abeba (Addis Abeba) 2 973 000 Einw., Dire Dawa 281 800, Nazret 228 623, Gonder 194 773, Mekele 169 207, Dese 169 104, Bahir Dar 167 261, Jima 159 009, Debre Zeit 131 159, Awasa 125 315, Harer 122 000

BEVÖLKERUNG Äthiopier – F 2004: 69 961 000 Einw.; Bevölkerungswachstum: 1,9 %; letzte Zählung 1994: 53 477 265 Einw. – insg. etwa 80 Ethnien: 35 % Oromo, 28 % Amhara, 9 % Tigray, 6 % Somali, 4 % Afar, Benshangui, Gambella, Harrar, 45 Sudan-Völker (u. a. Niloten); italienische Minderheit ▪ **Sprachen**: Amharisch; Oromo, Tigrinya, Somali; omotische, kuschitische und semitische Sprachen; Italienisch und Arabisch ▪ **Religion**: 45 % Muslime (Sunniten), 40 % Äthiopisch-Orthodoxe, 10 % Protestanten (Pfingstler, Mekane Yesus, Kale Hiwot u. a.), Anhänger von indigenen Religionen, Minderheiten von Katholiken, Hindus und Sikhs

STAATS- UND REGIERUNGSFORM Verfassung von 1995 – Bundesrepublik seit 1994 – Parlament: Rat der Volksabgeordneten mit 547 Mitgl., Wahl alle 5 J.; Vertretung der Regionen (House of the Federation) mit 108 ernannten Mitgl. – Wahl des Staatsoberhauptes durch Parlament alle 6 J. – Wahlrecht ab 18 J. ▪ **Unabhängigkeit**: alte staatl. Tradition; Schaffung des neuzeitlichen Staates nach Friedensabkommen von Addis Abeba 1896 ▪ **Nationalfeiertag**: 28. 5. (Niederlage des Mengistu-Regimes 1991)

REGIERUNG UND PARTEIEN **Staatsoberhaupt**: Girma Wolde Giorgis, seit 8. 10. 2001 – **Regierungschef**: Meles Zenawi (EPRDF), seit 1995 – **Äußeres**: Seyoum Mesfin (EPRDF), seit 1991 ▪ **Parlament**: Wahlen vom 15. 5./21. 8. 2005: Ethiopian People's Revolutionary Democratic Front/EPRDF 327 von 547 Sitzen (2000: 472 von 548), Oppositionsparteien: Coalition for Unity and Democracy/CUD 109, United Ethiopian Democratic Forces/UEDF 52, Somali People's Democratic Party/SPDP 23, Sonstige 33, Unabhängige 1, 2 Sitze ungeklärt

WIRTSCHAFT **BIP** 2004: 8,003 Mrd. $; realer Zuwachs: 13,1 %; Anteil (2004) Landwirtschaft 47 %, Industrie 10 %, Dienstleistungen 44 % ▪ **Erwerbstätigkeit** 2004/05: Landwirtsch. 82 % ▪ **Arbeitslosigkeit**: k. A. (S: 40 % der hauptstädtischen Bevölkerung) ▪ **Inflation** ⌀ 2004/05: 6,8 % ▪ **Außenhandel** 2004/05: **Import**: 3,633 Mrd. $; *Güter*: 33 % Kapital- und Investitionsgüter, 18 % Treibstoffe, 10 % Nahrungsmittel; *Länder*: 17 % Saudi-Arabien, 11 % VR China, 11 % USA, 6 % Indien, 4 % Italien, 3 % Niederlande, 3 % Deutschland; **Export**: 0,818 Mrd. $; *Güter*: 41 % Kaffee, 13 % Ölsaaten, 12 % Kat, 8 % Häute und Lederprodukte, 6 % Gold, 4 % Hülsenfrüchte; *Länder*: 15 % Deutschland, 8 % Japan, 6 % Saudi-Arabien, 5 % Italien, 5 % Belgien/Luxemburg

CHRONIK

Aufgrund zahlreicher Wahlanfechtungen wurde erst nach fast vier Monaten Wartezeit die Wiederwahl des Ministerpräsidenten Meles Zenawi für eine dritte Amtszeit bestätigt. Die Opposition, die ihre Vertretung im Parlament deutlich ausbauen konnte, erkannte die Ergebnisse nicht an und sprach von Wahlbetrug.
▪ **Parlaments- und Regionalwahlen:** Am 5. 9. 2005 veröffentlichte die Nationale Wahlkommission das offizielle **Endergebnis der umstrittenen Parlamentswahl** vom 15. 5. 2005 (→ WA 2006, S. 67), in Folge derer es zu gewalttätigen Ausschreitungen gekommen war. Die Kommission hatte zahlreiche Einsprüche geprüft, in 32 Wahlkreisen wurden die Ergebnisse annulliert und am 21. 8. Nachwahlen abgehalten. Die regierende Ethiopian People's Revolutionary Democratic Front (EPRDF) von Premierminister Meles Zenawi verfügt mit 327 Sitzen weiterhin über eine deutliche Mehrheit, verlor jedoch die Zweidrittelmehrheit, die ihr seit 1992 eine Monopolstellung gesichert hatte. Das Oppositionsbündnis Coalition for Unity and Democracy (CUD), das hauptsächlich von der Volksgruppe der Amhara unterstützt wird, kam auf 109 und die United Ethiopian Democratic Forces (UEDF) mit Wählerbasis bei den Bevölkerungsgruppen im Süden, u. a. den Oromo, auf 52 Sitze.

Der abschließende Bericht der EU-Wahlbeobachter vom 25. 8. kritisierte Unregelmäßigkeiten des Wahlgangs. Die Regierung wies den Bericht als »Farce« zurück. Während die CUD aufgrund der Vorwürfe des Wahlbetrugs einen Boykott des neuen Parlaments beschloss, zog die UEDF ins Parlament ein.

Am 10. 10. wurde **Zenawi** vom Parlament ohne formelle Abstimmung für eine dritte Amtszeit **als Premierminister bestätigt**. In der am 11. 10. vorgestellten Regierung behielten nur sechs Minister ihre Ressorts, u. a. Außenminister Seyoum Mesfin.

▪ **Opposition:** Bei Demonstrationen der Opposition, die das offizielle Wahlergebnis aufgrund des Verdachts auf Wahlbetrug nicht anerkannte, kamen zwischen dem 1. und 3. 11. 2005 insgesamt 42 Menschen zu Tode und zahlreiche weitere wurden verletzt, als die Polizei wahllos in die Menge schoss. Tausende Teilnehmer der von der Opposition organisierten Demonstration, die während eines Treffens der Afrikanischen Union (AU) in Addis Abeba stattfand, wurden verhaftet und ein großer Teil von ihnen in ein Internierungslager im Westen des Landes gebracht. Die gesamte Führung der CUD wurde inhaftiert. Die Opposition rief daraufhin zu einem einwöchigen **Generalstreik** auf, der ab 7. 11. in den Städten weitgehend befolgt wurde. 129 **Oppositionelle und Journalisten wurden des Hochverrats** und z. T. des Genozids (wegen Hetzkampagnen gegen Angehörige der tigrischen Minderheit, der Premierminister Zenawi angehört) **angeklagt**. Vor diesem Hintergrund beschloss die Europäische Union (EU) am 30. 12., ca. 150 Mio. € Entwicklungshilfe vorerst nicht auszuzahlen, Mittel für humanitäre Hilfe, Bildung und Gesundheit waren davon ausgenommen. Das Gerichtsverfahren gegen die 129 Oppositionellen begann am 24. 2. 2006. Gegen 18 der Beschuldigten ließ das Oberste Gericht die Anklage am 22. 3. fallen.

▪ **Wirtschaft:** Im offiziell siebtärmsten Land der Welt konnte 2005 ein Wirtschaftswachstum von 7 % erzielt werden, das im Vorjahr noch bei 9 % gelegen hatte. Hohe Zuwachsraten erklären sich jedoch u. a. durch die dürrebedingte Schrumpfung der Volkswirtschaft 2002/03. Eine erneute, anhaltende Dürre am Horn von Afrika bedrohte laut Welternährungsprogramm (WFP) auch ca. 1,5 Mio. Menschen in Äthiopien.

▪ **Prozesse:** Im Rahmen der seit Jahren andauernden Prozesse gegen Vertreter der sozialistischen Diktatur unter Mengistu Haile Mariam (1977–1991) wurden am 10. 8. 2005 zwei frühere Minister wegen der Errichtung von Internierungslagern und der Folterung von Tausenden Oppositionellen zum Tode verurteilt; am 9. 12. wurde mit Major Melaku Tefera eine weitere zentrale Figur zum Tode verurteilt. Mengistu selbst, gegen den auch ein Verfahren läuft, lebt im Exil in Simbabwe.

Anfang Juni 2006 kam es im Süden des Landes zu gewalttätigen lokalen Konflikten zwischen den ethnischen Gruppen der Boorana und der Gujji. Auslöser der Konflikte, die ihre Ursache in der Konkurrenz um knappes Weideland und Wasser haben, war ein Gerichtsurteil, das den Gujjis ein von beiden Parteien beanspruchtes Gebiet zusprach.

Grenzkonflikt mit Eritrea → Eritrea

Australien Ozeanien

Commonwealth of Australia – AU / AUS

Fläche (Weltrang: 6): 7 692 030 km²

Einwohner (52): F 2004 20 111 000 = 2,6 je km²

Hauptstadt: Canberra

Amtssprache: Englisch

Bruttonationaleinkommen 2004 je Einw.: 27 070 $

Währung: 1 Australischer Dollar ($A) = 100 Cents
Kurs: 1 US-$ = 1,31 $A; 1 € = 1,69 $A

Australische Botschaft
Wallstr. 76–79, 10179 Berlin
T 030 / 88 00 88 – 0, Fax 88 00 88 – 210
www.australian-embassy.de

LANDESSTRUKTUR **Fläche**: 7 692 030 km²; davon Tasmania (Tasmanien) 67 800 km²; Karte → WA 2006, S. 71 ▪ **Gebiete:** Weihnachtsinsel, Kokos- bzw. Keelinginseln, Norfolkinsel → unten; Territory of Ashmore und Cartier Islands, Coral Sea Islands Territory, Territory of Heard Island and the McDonald Islands ▪ **Verwaltung**: 6 Bundesstaaten und 2 Territorien; Tabelle → WA 2005, S. 62 ▪ **Städte**: (F 2004) Sydney (A) 4 225 088 Einw., Melbourne 3 592 975, Brisbane 1 777 651, Perth 1 454 606, Adelaide 1 123 199; (F 2001) Newcastle 494 400, Gold Coast-Tweed 426 400, Canberra-Queanbeyan 364 400, Canberra 321 300, Wollongong 271 100, Hobart 197 800, Sunshine Coast 185 700, Geelong 160 100, Townsville 134 600, Cairns 113 400, Toowoomba 109 300

BEVÖLKERUNG Australier – F 2004: 20 111 000 Einw.; Bevölkerungswachstum: 1,2 %; letzte Zählung 2001: 18 972 350 Einw. – ca. 95 % europäischer (v. a. britischer und irischer) Herkunft, 1,3 % Asiaten (v. a. Chinesen und Vietnamesen), 2,2 % indigene Bevölkerung (Aborigines und Torres Strait Islanders) ▪ **Sprachen** 2001: 84 % Englisch, Sprachen der Einwanderer: 2 % Italienisch, 1,5 % Griechisch, 1,3 % Kantonesisch, 1,2 % Arabisch, 1,0 % Vietnamesisch u. a.; 0,3 % australische Sprachen ▪ **Religion** 2001: 27 % Katholiken, 21 % Anglikaner, 21 % andere christliche Bekenntnisse, 5 % nicht-christliche Religionen; über 25 % religionslos oder ohne Angaben; Minderheit von Hindus und Juden; indigene Religionen

STAATS- UND REGIERUNGSFORM Verfassung von 1901 – Parlamentarische Monarchie (im Commonwealth) seit 1901 – Parlament: Repräsentantenhaus mit 150 Mitgl., Wahl alle 3 J.; Senat mit 76 Mitgl., Wahl für 6 J., alle 3 J. Neuwahlen für die Hälfte der Mitgl. – Wahlpflicht ab 18 J. ▪ **Unabhängigkeit**: 1. 1. 1901 de facto, 11. 12. 1931 nominell (Westminster-Statut) ▪ **Nationalfeiertag**: 26. 1. (Eintreffen erster weißer Siedler 1788)

REGIERUNG UND PARTEIEN **Staatsoberhaupt**: Königin Elizabeth II., vertreten durch Generalgouverneur Michael Jeffery, seit 11. 8. 2003 – **Regierungschef**: John Winston Howard (LP-Vors.), seit 11. 3. 1996; Koalition aus LP und NP – **Äußeres**: Alexander Downer (LP), seit 1996 ▪ **Parlament**: Wahlen zum Repräsentantenhaus vom 9. 10. 2004: Liberal Party / LP 74 von 150 Sitzen (2001: 68), Australian Labor Party / ALP 60 (65), National Party / NP 12 (13), Country Liberal Party / CLP 1 (1), Unabhängige 3 (3) – Senat: Sitzverteilung nach Teilwahlen vom 9. 10. 2004: Liberal National Coalition (LP und NP) 39 von 76 Sitzen (2001: 35), ALP 28 (29), Australian Democrats Party / ADP 4 (8), Greens 4 (2), Family First 1 (–)

WIRTSCHAFT **BIP** 2004: 637,327 Mrd. $; realer Zuwachs: 3,0 %; Anteil (2004) Landwirtschaft 3 %, Industrie 28 %, Dienstleistungen 69 % ▪ **Erwerbstätigkeit** 2003: Landwirtsch. 4 %, Industrie 21 %, Dienstl. 75 % ▪ **Arbeitslosigkeit** ∅ 2005: 5,1 % ▪ **Inflation** ∅ 2005: 2,7 % ▪ **Außenhandel** 2005 (vorläufig): **Import**: 120 Mrd. $; *Güter* 2004: 13 % Kfz, 13 % Elektronik, 12 % Maschinen, 11 % chemische Erzeugnisse, 9 % mineralische Brennstoffe, 4 % Elektrotechnik, 2 % Mess- und Regeltechnik; *Länder* 2004: 15 % USA, 13 % VR China, 12 % Japan, 6 % Deutschland, 4 % Singapur, 4 % Großbritannien, 4 % Malaysia, 4 % Neuseeland, 3 % Rep. Korea, 3 % Italien, 3 % Frankreich; **Export**: 103 Mrd. $; *Güter* 2004: 12 % Erze, 10 % Kohle, 6 % NE-Metalle, 5 % mineralische Brennstoffe, 5 % Fleisch- und Fleischerzeugnisse, 5 % Getreide, 4 % chemische Erzeugnisse, 3 % Kfz, 3 % Maschinen, 3 % Wolle; *Länder* 2004: 17 % Japan, 8 % VR China, 7 % USA, 7 % Rep. Korea, 7 % Neuseeland, 4 % Indien, 4 % Großbritannien, 3 % Rep. China, 3 % Singapur, 2 % Indonesien, 1 % Deutschland
Weitere Informationen → Kap. Wirtschaft

AUSSENGEBIETE

Weihnachtsinsel
Christmas Island

Fläche: 135 km² ▪ **Bevölkerung** F 2002: 1506 Einw. – 60 % Chinesen, 10–15 % Europäer, 25–30 % Malaien ▪ **Religion**: überw. Buddhisten; Muslime und Christen ▪ **Status:** External Territory, seit 1958 bei Australien ▪ **Regierung:** Administrator: Neil Lucas, seit 30. 1. 2006

Kokos- bzw. Keelinginseln
Territory of Cocos Islands

Fläche: 14,2 km² ▪ **Bevölkerung** Z 2001: 621 Einw. – v. a. Cocos Malays ▪ **Religion**: Muslime, Christen ▪ **Status:** External Territory, seit 1955 bei Australien ▪ **Regierung:** Administrator: Neil Lucas, seit 30. 1. 2006

Norfolkinsel
Norfolk Island

Fläche: 34,6 km²; Karte → WA 2005, S. 63 ▪ **Bevölkerung** Z 2001: 2601 Einw. – v. a. Bounty-Meuterer-Nachkommen (Islanders) u. Zugewanderte (Mainlanders) ▪ **Religion** 2001: 35 % Church of England, 12 % Katholiken, 11 % Uniting Church ▪ **Status:** External Territory, seit 1914 bei Australien – Parlament mit 9 Mitgl., Wahl alle 3 J. ▪ **Regierung:** Administrator: Grant Tambling, seit 1. 11. 2003 – Regierungschef: Geoffrey Robert Gardner, seit 5. 12. 2001

CHRONIK

In ihrem elften Regierungsjahr erschien die Herrschaft der liberal-nationalen Koalition unangefochtener denn je; seit Mitte 2005 verfügt sie in beiden Parlamentskammern über eine Mehrheit. Premierminister John Winston Howard, der auf die bislang zweitlängste Amtszeit eines Regierungschefs in der Geschichte Australiens zurückblicken kann, konnte anlässlich seines Zehnjahresjubiläums Anfang März 2006 auf eine Dekade stetigen wirtschaftlichen Wachstums und politischer Stabilität verweisen. Vor diesem Hintergrund fanden Kritiker, die Howard eine Politik der sozialen Kälte, Reformmüdigkeit und einen selektiven Umgang mit der Wahrheit in der Bewältigung politischer Affären vorwarfen, wenig öffentliches Gehör.

INNENPOLITIK

▪ **Kabinett und Parteien:** Premier Howard, der nach den Parlamentswahlen im Oktober 2004 sein Kabinett in den wichtigsten Positionen unverändert belassen hatte, nahm den Rücktritt von Verteidigungsminister Robert Hill (Liberal Party / LP) am 24. 1. 2006 zum Anlass für eine umfangreiche Kabinettsumbildung, wobei die Schlüsselpositionen für Finanzen, Äußeres und Gesundheit nicht neu besetzt wurden. Das **Verteidigungsressort** übernahm der bisherige Erziehungsminister **Brendan Nelson** (LP).

Am 28. 1. 2006 übernahm **Warren Mundine** turnusmäßig den Posten des nominellen **Vorsitzenden der Australian Labor Party** (ALP). Bei der ersten parteiinternen Urwahl 2003 hatte er sich als Dritter für das jährlich wechselnde Amt qualifiziert. Mit Mundine gelangte erstmals ein Aborigine an die Spitze einer politischen Partei; allerdings nimmt der Parteivorsitzende vorwiegend administrative Funktionen wahr. Die politische Führung der Partei liegt beim Fraktionsvorsitzenden des Bundesparlaments (Leader of the Opposition), seit Januar 2005 Kim Beazley.

▪ **Terrorismusabwehr:** Unter dem Eindruck der Terroranschläge in London am 7. 7. 2005 (→ WA 2006, S. 200 f.), die Premierminister Howard als unmittelbare Bedrohung Australiens interpretierte, brachte die Regierung Mitte Oktober eine Vorlage zur drastischen **Verschärfung der Antiterrorismus-Gesetzgebung** ins Parlament ein. Nach kontroverser Debatte und der Billigung durch die von der oppositionellen ALP geführten Bundesstaaten passierte sie am 6. 12. abschließend den Senat. Die neuen Regelungen, die nach Ansicht von Rechtsexperten zu den weltweit härtesten zählen, statten die Bundespolizei und den Geheimdienst Australian Security Intelligence Organisation (ASIO) mit weit reichenden Vollmachten im Kampf gegen den Terror aus: Bei Anzeichen für einen bevorstehenden Anschlag können verdächtige Personen präventiv bis zu 14 Tage ohne richterliche Verfügung festgehalten und vom Geheimdienst befragt werden. Die Ermittlungsorgane können faktisch unbeschränkt persönliche Daten beliebiger Art und Quelle sammeln, Betroffene dürfen Angehörige und die Öffentlichkeit über solche Maßnahmen nicht informieren; auch der Presse ist es unter Strafandrohung verboten, darüber zu berichten. Verdächtige, die als gefährlich eingestuft werden, ohne sich strafbar gemacht zu haben, können auf richterliche Anordnung bis zu zwölf Monate unter Hausarrest oder permanente polizeiliche Kontrolle gestellt werden, ohne dass dem Betroffenen oder seinem Rechtsvertreter die Gründe dafür genannt werden müssen. Personen, die als terroristisch eingestufte Organisationen finanziell unterstützen, sei es bewusst oder »leichtfertig«, drohen lebenslange Haftstrafen. Eine »Shoot to Kill«-Klausel erlaubt es der Polizei, einen Terrorismusverdächtigen zu erschießen, wenn er anscheinend eine terroristische Tat begehen oder sich der Festnahme entziehen will. Der Agentenstab des ASIO soll innerhalb von fünf Jahren auf 1860 Mitarbeiter knapp verdoppelt werden. Teile des Gesetzespakets hatte die Regierung schon am 3. 11. im Ad-hoc-Verfahren über die parlamentarischen Hürden gebracht, nachdem Premierminister Howard vor in allernächster Zeit drohenden Anschlägen gewarnt hatte.

Am 7. 11. gab die Polizei die Vereitelung eines »großangelegten Terroranschlags« und die Festnahme von 17 Verdächtigen bekannt; einen weiteren fasste sie wenige Tage später. Bei den **Razzien in Sydney und Melbourne** waren Waffen und Chemikalien sichergestellt worden, die angeblich den Bau von Bomben nach der Art der in London verwendeten Sprengkörper ermöglicht hätten. Führer der terroristischen Organisation soll der festgenommene islamische Geistliche und australisch-algerische Doppelbürger Abu Bakr (bürgerlich Abdul Nacer Benbrika) sein. Eine Woche nach der bisher größten Antiterroroperation des Landes äußerte die Polizei die Vermutung, die Terrorverdächtigen hätten den einzigen australischen Atomreaktor Lucas Heights bei Sydney als Anschlagsziel vorgesehen.

▪ **Rassenkrawalle:** Vor dem Hintergrund der kontroversen Debatte über die Antiterrorismus-Gesetze und der von nationalistischen Gruppen geschürten Angst vor islamistischem Terrorismus kam es im Dezember zu den schwersten gewaltsamen Ausschreitungen seit Jahrzehnten. Von einem Strand der Metropole Sydney, wo weiße Jugendliche Jagd auf dunkelhäutige Menschen scheinbar arabischer Herkunft gemacht hatten, sprangen die Krawalle auf Stadtviertel von Sydney, Adelaide und Perth über. Das Parlament des Bundesstaates New South Wales erließ am 15. 12. ein Notstandsgesetz. Es erlaubte der Polizei unter anderem, die Unruhezentren für bis zu 48 Stunden abzuriegeln, Stadtteile zu alkoholfreien Zonen zu erklären sowie Fahrzeuge und Mobiltelefone zu beschlagnahmen. Premierminister John Howard verurteilte die Krawalle als »unakzeptabel«, wies aber einen tiefer liegenden rassistischen Hintergrund zurück. In den Medien wurden sie jedoch auch als Ausdruck einer unterschwellig rassistischen Gesellschaft kommentiert, die den eigenen Multikulturalismus nicht verarbeitet habe. Die Polizei ging davon aus, dass die Krawalle von rechtsextremistischen Gruppen, u. a. der Patriotic Youth League, angefacht worden waren.

▪ **Irak-Schmiergeldskandal:** Mitte Februar 2006 wurden in Sydney vorläufige Ergebnisse eines Untersuchungsausschusses bekannt, der sich mit Machenschaften des **Weizenexportmonopolisten AWB** (ehemals Australian Wheat Board) beschäftigte. Danach hatte sich das Unternehmen die Belieferung des Irak mit Weizen zu überhöhten Preisen im Rahmen des 1996 eingeführten humanitären UN-Hilfsprogramms »Öl für Lebensmittel« gesichert und **unterlief** die mit diesem Programm verknüpften **Sanktionsvorschriften der Vereinten Nationen** (UN). Bis zum Sturz des Regimes von Saddam Hussein 2003 brachte AWB 7 Mio. t Weizen in den Irak und war damit dessen größter Lebensmittellieferant. Den Zuschlag zu überhöhten Preisen, die aus den von den UN verwalteten Erdöleinnahmen des Irak bezahlt wurden, erkaufte sich das Unternehmen durch die Bezahlung fingierter »Transportkosten« an eine jordanische Firma, die sich unter der Kontrolle der irakischen Regierung befand. Saddams Regime sollen so umgerechnet rd. 186 Mio. € zugeflossen sein. Die Regierung in Canberra, deren Irak-Engagement ohnehin unpopulär ist, bestritt energisch, von der Schmiergeldpraxis des AWB gewusst zu haben, das bis zu seiner Privatisierung 1999 als staatliche Behörde fungiert hatte. Die USA und Kanada, die härtesten Konkurrenten auf dem Weizenweltmarkt, hatten mehrmals darauf aufmerksam gemacht, dass die UN-Sanktionen gegen den Irak verletzt wurden. Die Ermittlungen in diesem Skandal waren im Gefolge des sog. Volcker-Ausschusses aufgenommen worden, der Korruptionsvorgänge innerhalb der UN-Verwaltung im Zusammenhang mit dem Öl-für-Lebensmittel-Programm untersuchte (→ WA 2006, S. 576). Der Direktor des AWB, Andrew Lindberg, erklärte am 9. 2. 2006 seinen Rücktritt; die irakische Regierung stornierte weitere Geschäftsbeziehungen bis zum für Oktober 2006 erwarteten Abschlussbericht. Die Untersuchungen gegen AWB schädigten die Interessen der Weizenfarmer in doppelter Weise: Der enorme Vertrauensschwund schwächte die Position des Monopolisten in Verhandlungen über Exportpreise; zugleich brach der Aktienkurs des Unternehmens, das sich weitgehend im Besitz der Farmer befindet, seit Aufnahme der Untersuchungen bis Mitte Februar um etwa 30 % ein.

▪ **Sterbehilfe, Abtreibung:** Anfang 2006 trat ein sechs Monate zuvor verabschiedetes Gesetz in Kraft, das die Weitergabe von Informationen bezüglich der Methoden der Sterbehilfe und des Suizids über Kommunikationsmedien, insbesondere über das Internet, unter Strafe stellt. Die Strafandrohung für Einzelpersonen liegt bei rd. 62 000 €, für juristische Personen beim Fünffachen. Die aktive Sterbehilfe – unter strengen Voraussetzungen – war in Australien 1996 legalisiert, auf Druck konservativer kirchlicher Gruppen aber schon 1997 wieder abgeschafft worden. Im Konflikt über die Zulassung der sog. Abtreibungspille RU 486 entzog eine Mehrheit der Unterhausabgeordneten am 16. 2. dem streng konservativen Gesundheitsminister Tony Abbott das Entscheidungsrecht und wies es einer Wissenschaftskommission zu, von der ein positives Votum erwartet wurde. RU 486 löst einen Schwangerschaftsabbruch aus und ist in 35 Ländern zugelassen (in Deutschland unter dem Namen Mifigyne erhältlich).

▪ **Arbeitsmigranten und Arbeitsmarktreform:** Angesichts des Mangels an qualifizierten Arbeitskräften bei einem mit knapp 5 % fast historisch niedrigen Stand der Arbeitslosigkeit startete die Regierung im Herbst 2005 eine **Kampagne zur Anwerbung von ausländischen Fachkräften** direkt in ihren Heimatländern, darunter in Großbritannien, Deutschland, den Niederlanden und Indien. Bis Mitte 2006 wurde die angestrebte Quote ausgebildeter Arbeitskräfte um 20 000 auf 97 500 erhöht (von 140 000 Immigranten insgesamt).

Am 10. 11. 2005 beschloss das Unterhaus gegen den Protest der ALP, der Gewerkschaften und mehrerer hunderttausend Demonstranten in allen Teilen des Landes eine weit reichende **Deregulierung des** zu großen Teilen ohnehin schon arbeitgeberfreundlich gestalteten **Arbeitsmarkts**. Das Schiedsgerichtssystem, in dem eine staatliche Behörde (Australian Industrial Relations Commission) nach einem branchenspezifischen Regelwerk in Fragen der Arbeitsbedingungen und Entlohnung letzte Entscheidungen traf, wurde wesentlich entlastet und vereinfacht: Mitarbeiter sollten fortan ihre Arbeitsverträge mit den Unternehmen individuell aushandeln, wobei festgeschriebene Rahmenbedingungen (wie z. B. Anspruch auf bezahlten Urlaub, Pausenregelungen usw.) außer Kraft gesetzt werden können. Die Mindestlöhne überwacht eine unabhängige Fair Pay Commission.

AUSSENPOLITIK

▪ **Afghanistan- und Irak-Engagement:** Mit der stufenweisen Entsendung von 500 Soldaten zwischen September 2005 und Juli 2006 nahm Australien seine militäri-

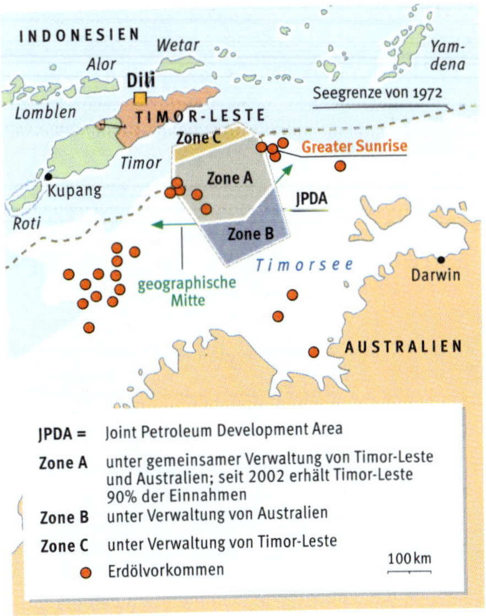

schen Aktivitäten in Afghanistan wieder auf. Die Regierung folgte damit der Bitte der USA und der afghanischen Regierung nach Unterstützung im Kampf gegen die wieder erstarkenden Taliban-Milizen. Die oppositionelle ALP unterstützte die Wiederaufnahme des Engagements in Afghanistan, verlangte aber die schnelle Rückholung der 900 noch in Irak stationierten Soldaten.

- **Singapur:** Die Hinrichtung eines wegen Drogenschmuggels zum Tode verurteilten Australiers in Singapur am 2. 12. 2005 wurde in Australien mit Empörung aufgenommen. Öffentliche Appelle an Regierung und Justiz in dem Stadtstaat waren erfolglos geblieben. Forderungen aus der Bevölkerung nach Handelsboykott und politischen Maßnahmen gegen Singapur, einen der engsten Verbündeten Australiens in Asien, hatte die Regierung Howard zurückgewiesen.
- **Timor-Leste, Salomonen:** Nach vierjährigen Verhandlungen endete vorläufig der Streit über die Ausbeutung des Öl- und Gasfeldes Greater Sunrise in dem von Australien wie auch Timor-Leste beanspruchten Seegebiet (→ Karte). Premierminister Howard und sein osttimoresischer Kollege Mari Alkatiri unterzeichneten am 12. 1. 2006 eine Vereinbarung über die Teilung der Exporterlöse. Ende Mai entsandte Australien 1300 Soldaten nach Dili, um einen Aufstand aus der Armee entlassener Soldaten zu beenden. Eine ähnliche Mission hatten australische Truppen schon Mitte April auf den Salomonen erfüllt, als sie in der Hauptstadt Honiara Unruhen im Zusammenhang mit der Wahl des Regierungschefs unter Kontrolle bringen mussten.
- **Indonesien:** Das Verhältnis zu Indonesien verschlechterte sich dramatisch, als Australien im Januar 43 Bootsflüchtlinge aus West-Papua aufnahm und ihnen ein Dreijahresvisum ausstellte, das faktisch der Gewährung politischen Asyls gleichkam. **Indonesien rief** umgehend seinen **Botschafter zurück**. Der australische Premierminister Howard versicherte, Australien erkenne den Souveränitätsanspruch Indonesiens über die frühere holländische Kolonie Papua voll an. Menschenrechtsorganisationen werfen dem indonesischen Militär vor, separatistische Bestrebungen in Westpapua mit rechtswidrigen Mitteln zu unterdrücken. Um ähnlichen Vorkommnissen vorzubeugen, beschloss das Kabinett Mitte April eine deutliche Verschärfung der Asylgesetzgebung und kehrte zu seiner Politik der »pazifischen Lösung« zurück. Danach sollen illegal eintreffende Migranten, auch wenn sie australisches Festland erreicht haben, in australische Internierungslager auf der zu Papua-Neuguinea gehörenden Insel Manus oder in den pazifischen Ministaat Nauru gebracht werden.
- **Uranexport nach Indien und China:** Bei seinem Besuch in Neu-Delhi erklärte sich Premierminister John Howard am 6. 3. 2006, vier Tage nach Unterzeichnung des indisch-amerikanischen Nuklearabkommens, grundsätzlich dazu bereit, Indien mit Uran zu beliefern. Australien hatte dies bisher ausgeschlossen, da Indien dem Atomwaffensperrvertrag nicht beigetreten ist. Das Hindernis besteht für die VR China nicht, die Mitglied des Nichtverbreitungsvertrags ist. Am 3. 4. traf Howard mit seinem Amtskollegen Wen Jiabao in Canberra ein Abkommen, in dem sich China verpflichtete, von Australien geliefertes Uran ausschließlich zivil zu nutzen. Die Sicherheitsvereinbarung machte den Weg zu umfangreichen Uranexporten nach China und dem weiteren Ausbau der florierenden Wirtschaftsbeziehungen frei.

Am 4. 8. 2005 hatte die Zentralregierung das Vergaberecht von **Schürflizenzen im Northern Territory** an sich gezogen. Die Labor-Regierung des Gliedstaats hatte in den letzten 20 Jahren nur Schürfrechte für eine Uranmine erteilt (zwei weitere Minen in South Australia dürfen ausgebeutet werden). Australien förderte 2004 rd. 9000 t Uran, übertroffen nur von Kanada (12 000 t). Aufgrund der weiter anziehenden Nachfrage stieg der niedrige Uranpreis im Jahr 2005 um das Dreifache. Vor diesem Hintergrund verstärkte sich der Druck auf die mit mehr legislativen Kompetenzen als das Northern Territory ausgestatteten, gleichfalls Labor-regierten Gliedstaaten mit großen Uranvorkommen (Queensland, Western Australia und New South Wales), ihre Verbote für die Uranförderung zu lockern. Australien verfügt über etwa 40 % der derzeit bekannten rentabel abbaubaren Uranvorkommen. Die im Januar 2006 in Sydney abgehaltene Klimakonferenz der sechs Pazifikanrainerstaaten (USA, VR China, Japan, Südkorea, Indien, Australien sowie Laos) betonte die künftige Bedeutung der Kernenergie für die Bewältigung der Probleme des Klimawandels.

Bahamas

Mittel-Amerika; Karibik

Commonwealth der Bahamas;
The Commonwealth of the Bahamas – BS / BHS

Fläche (Weltrang: 155): 13 939 km²

Einwohner (169): F 2004 319 000 = 23 je km²

Hauptstadt: Nassau

Amtssprache: Englisch

Bruttonationaleinkommen 2002 je Einw.: 15 100 $

Währung: 1 Bahama-Dollar (B$) = 100 Cents
Kurs: 1 US-$ = 1,01 B$; 1 € = 1,31 B$

Honorarkonsul des Commonwealth der Bahamas
Flottenstr. 14–20, 13407 Berlin
T 030 / 40 90 04 107, Fax 40 90 04 105
www.hk-bahamas.de

LANDESSTRUKTUR **Fläche**: 13 939 km²; 690 Inseln, davon 29 bewohnt; Hauptinsel: New Providence (mit 69 % der Bevölkerung); → Karte ▪ **Verwaltung**: 19 Distrikte; Tabelle → WA 2006, S. 72 ▪ **Städte**: (Z 2000) Nassau (New Providence) 210 832 Einw., Freeport 26 910; (S 1990) High Rock 8100, West End 7800, Cooper Town 5500

BEVÖLKERUNG Bahamaer – F 2004: 319 000 Einw.; Bevölkerungswachstum: 1,4 %; letzte Zählung 2000: 303 611 Einw. – 85 % Schwarze, 12 % Weiße ▪ **Sprachen**: Englisch, Kreolisch ▪ **Religion** 1990: 31 % Baptisten, 16 % Anglikaner, 16 % Katholiken, 6 % Pfingstler, 5 % Christ of Church, 5 % Methodisten

STAATS- UND REGIERUNGSFORM Verfassung von 1973 – Parlamentarische Monarchie (im Commonwealth) seit 1973 – Parlament: Abgeordnetenhaus mit 40 Mitgl., Wahl alle 5 J.; Senat mit 16 ernannten Mitgl. – Wahlrecht ab 18 J. ▪ **Unabhängigkeit**: 10. 7. 1973 (ehem. britische Kolonie) ▪ **Nationalfeiertag**: 10. 7.

REGIERUNG UND PARTEIEN **Staatsoberhaupt**: Königin Elizabeth II., vertreten durch Generalgouverneur Arthur Dion Hanna, seit 1. 2. 2006 – **Regierungschef**: Perry Gladstone Christie (PLP-Vors.), seit 3. 5. 2002 – **Äußeres**: Fred Mitchell (PLP), seit 10. 5. 2002 ▪ **Parlament**: Wahlen vom 2. 5. 2002: Progressive Liberal Party / PLP 29 von 40 Sitzen (1997: 6), Free National Movement / FNM 7 (34), Unabhängige 4 (–)

WIRTSCHAFT **BIP** 2003: 5,260 Mrd. $; realer Zuwachs: k. A.; Anteil (2003) Landwirtschaft 3 %, Industrie 9 %, Dienstleistungen 88 % ▪ **Erwerbstätigkeit** 2003: Landwirtsch. 3 %, Industrie 16 %, Dienstl. 81 % ▪ **Arbeitslosigkeit** ⌀ 2004: 10,2 % (S) ▪ **Inflation** ⌀ 2003: 3,0 % ▪ **Außenhandel** 2003: **Import**: 1628 Mio. $; *Güter*: 23 % Maschinen und Transportausrüstungen, 18 % Nahrungsmittel, lebende Tiere, Getränke und Tabak, 14 % bearbeitete Waren, 14 % Mineralöle; *Länder*: v. a. USA; **Export**: 425 Mio. $; *Güter*: 41 % Nahrungsmittel, lebende Tiere, Getränke und Tabak, 27 % chemische Erzeugnisse, 12 % Maschinen und Transportausrüstungen; *Länder*: v. a. USA, Rep. Korea, Deutschland, Frankreich

CHRONIK

Das **Justizkomitee des Privy Council in Großbritannien**, das bisher für alle dem Commonwealth angehörende Karibikstaaten als oberstes Appellationsgericht fungiert, **schaffte** am 8. 3. 2006 die in dem Inselstaat auf Mord stehende **mandatorische Todesstrafe ab.** Begründung hierfür war, dass dies die Verfassung des Landes verletze. Die Entscheidung stieß im Land weitgehend auf Ablehnung. Viele Regierungen in den Karibikstaaten betrachten die Todesstrafe als Mittel zur Popularitätssteigerung, da die Mehrheit der Bevölkerung nicht selten für deren Anwendung ist. Menschenrechtsgruppen dagegen befürchten, dass die vorgesehene Ablösung des Privy Council durch den neuen Karibischen Gerichtshof (Caribbean Court of Justice, CCJ, → WA 2006, S. 453) als letzte juristische Appellationsinstanz nicht zuletzt auch zur Wiederaufnahme von Exekutionen führen wird. Nach Einsprüchen des Privy Council waren in der Region in den letzten Jahren mehrfach Hinrichtungen nicht vollstreckt worden.

Arthur Dion Hanna wurde am 1. 2. 2006 zum **neuen Generalgouverneur** ernannt. Er hatte während der Regierung des früheren Premierministers Lyndon O. Pindling dessen Kabinett angehört und war 1984 nach Korruptionsvorwürfen zurückgetreten.

Bahrain Vorder-Asien

Königreich Bahrain; Mamlakat al-Baḥrayn – BH / BHR

Fläche (Weltrang: 174): 715,9 km²

Einwohner (158): F 2004 716 000 = 1001 je km²

Hauptstadt: Al-Manāmah (Manama)

Amtssprache: Arabisch

Bruttonationaleinkommen 2003 je Einw.: 14 370 $

Währung: 1 Bahrain-Dinar (BD) = 1000 Fils
Kurs: 1 US-$ = 0,38 BD; 1 € = 0,49 BD

Botschaft des Königreichs Bahrain
Klingelhöfer Str. 7, 10785 Berlin
T 030 / 86 87 77 77, Fax 86 87 77 88

LANDESSTRUKTUR **Fläche:** 715,9 km²; 33 Inseln, davon Bahrain 572 km², Al-Muḥarraq 23,1 km², Sitrah 30,0 km²; → Karte ▪ **Verwaltung:** 12 Regionen ▪ **Städte:** (Z 2001) Al-Manāmah (Manama) 153 395 Einw., Al-Muḥarraq 91 939, Ar-Rifa'a 79 985, Hammād 52 718, Jidd Ḥafṣ 52 450

BEVÖLKERUNG Bahrainer – F 2004: 716 000 Einw.; Bevölkerungswachstum: 1,4 %; letzte Zählung 2001: 650 604 Einw. – 405 667 Bahrainer, 244 937 Ausländer ▪ **Sprachen:** Arabisch; Englisch ▪ **Religion** 2001: 81,2 % Muslime (65 % Schiiten, 35 % Sunniten), 9,0 % Christen; Minderheiten von Hindus u. a.

STAATS- UND REGIERUNGSFORM Verfassung von 1973, zuletzt geändert 2001 – Konstitutionelle Monarchie seit 2002 – Staatsreligion: Islam – Islamisches Recht (Scharia) – Parlament: Abgeordnetenhaus mit 40 Mitgl., Wahl alle 4 J.; Konsultativrat mit 40 ernannten Mitgl. – Wahlrecht ab 18 J. ▪ **Unabhängigkeit:** Proklamation 14. 8. 1971 (ehem. britisches Protektorat) ▪ **Nationalfeiertag:** 16. 12. (Unabhängigkeitstag)

REGIERUNG UND PARTEIEN **Staatsoberhaupt:** König Hamad Ibn Isa Al-Khalifa, seit 1999, seit 2002 König – **Regierungschef:** Scheich Khalifa Ibn Salman Al-Khalifa, seit 1971 – **Äußeres:** Scheich Khalid Ibn Ahmad Al-Khalifa, seit 26. 9. 2005 ▪ **Parlament:** Wahlen vom 24. / 31. 10. 2002: Liste islamischer Gemeinschaften 19, Unabhängige 18, Liberale 3; keine Parteien zugelassen

WIRTSCHAFT **BIP** 2004: 11,012 Mrd. $; realer Zuwachs: 5,4 %; Anteil (2004) Landwirtschaft 0,7 %, Industrie 41,0 %, Dienstleistungen 58,4 % ▪ **Erwerbstätigkeit** 2001: Landwirtsch. 1 %, Industrie 55 %, Dienstl. 45 % ▪ **Arbeitslosigkeit** ∅ 2003: 15 % ▪ **Inflation** ∅ 2002: 1,2 % ▪ **Außenhandel** 2003: **Import:** 1924 Mio. BD; *Güter:* Rohöl, Maschinen und Transportausrüstungen; *Länder:* Saudi-Arabien, USA, Frankreich, Deutschland, Großbritannien; **Export:** 2393 Mio. BD; *Güter:* Erdöl, Produkte aus Erdöl; *Länder:* Saudi-Arabien, USA, Rep. China, Indien, Japan, Rep. Korea

CHRONIK

König Hamad Ibn Isa Al-Khalifa nahm am 27. 9. 2005 eine **Kabinettsumbildung** vor. Neuer Außenminister wurde Khalid Ibn Ahmad Al-Khalifa. Neben den Neuernennungen wechselten mehrere Minister ihre Ressorts. Alle drei neu ernannten Minister gehören der Herrscherfamilie Al-Khalifa an, die somit weiterhin die Regierung kontrolliert.

Am 11. / 12. 11. 2005 fand in Bahrains Hauptstadt Manama die zweite Konferenz des so genannten **Zukunftsforums** statt. Diese 2004 von den G8-Staaten lancierte Initiative soll die Demokratisierung und die Bürgergesellschaft in den arabischen Ländern fördern. An der Konferenz nahmen Delegationen aus 36 Ländern teil, darunter 22 arabische. Die US-Delegation wurde von Außenministerin Condoleezza Rice angeführt. Ein Konsens über eine Abschlusserklärung, in der sich die arabischen Staaten zur Stärkung der Bürgergesellschaft verpflichtet hätten, scheiterte an den Einwänden vor allem Ägyptens und Saudi-Arabiens. Sie wollten, dass nur von der Regierung zugelassene und damit kontrollierte bürgerliche Organisationen (NGOs) ein Recht auf finanzielle Unterstützung aus dem Fonds des Zukunftsforums erhalten sollten.

Im Zusammenhang mit den im September 2005 in der dänischen Zeitung Jyllands-Posten erschienenen **Mohammed-Karikaturen** forderte Bahrain eine Entschuldigung von der dänischen Königin. Zum Abschluss einer »Konferenz zur Unterstützung des Propheten« sprachen sich am 22. / 23. 3. 2006 rd. 300 muslimische Geistliche für einen Boykott von Waren aus Ländern aus, in denen die Karikaturen publiziert worden waren.

Bangladesch Süd-Asien

Volksrepublik Bangladesch; Gaṇ Prajātantrī Bāṃlādeś – BD/BGD

Fläche (Weltrang: 91): 147 570 km^2

Einwohner (8): F 2004 139 215 000 = 943 je km^2

Hauptstadt: Dakka (Dhaka)

Amtssprache: Bengalisch

Bruttonationaleinkommen 2004 je Einw.: 440 $

Währung: 1 Taka (Tk.) = 100 Poisha
Kurs: 1 US-$ = 70,52 Tk.; 1 € = 91,71 Tk.

Botschaft der Volksrepublik Bangladesch
Dovestr. 1, 10587 Berlin
T 030/39 89 75–0, Fax 39 89 75–10
www.bangladeshembassy.de

LANDESSTRUKTUR **Fläche**: 147 570 km^2; → Karte ▪ **Verwaltung**: 6 Provinzen mit 64 Bezirken; Tabelle → WA 2005, S. 68 ▪ **Städte**: (Z 2001) Dhaka 9 912 908 Einw., Chittagong 3 202 710, Khulna 1 227 239, Rājshāhi 646 716, Kotwali 285 308, Rangpur 251 699, Mymensingh 225 811, Barisāl 202 242, Jessore 178 273, Comilla 168 378

BEVÖLKERUNG Bangladescher – F 2004: 139 215 000 Einw.; Bevölkerungswachstum: 1,9 %; letzte Zählung 2001: 123 151 246 Einw. – ca. 95 % Bengalen, 1 % Bihari und zahlreiche Minderheiten ▪ **Sprachen**: Bengali, andere indoarische sowie tibetobirmanische Sprachen, Munda- und Mon-Khmer-Sprachen; Englisch ▪ **Religion** 1992: 87 % Muslime (meist Sunniten), 12 % Hindus; buddhistische und christliche Minderheiten

STAATS- UND REGIERUNGSFORM Verfassung von 1972, zuletzt geändert 1996 – Republik (im Commonwealth) seit 1991 – Staatsreligion: Islam – Parlament (Jatiya Sangsad) mit 330 Mitgl. (300 direkt gewählt, 30 für Frauen reserviert), Wahl alle 5 J. – Wahl des Staatsoberhauptes durch Parlament alle 5 J. (einmalige Wiederwahl) – Wahlrecht ab 18 J. ▪ **Unabhängigkeit**: Proklamation 26. 3. 1971, endgültig 17. 12. 1971 (ehem. Teil von Britisch-Indien; ab 1947 Teil von Pakistan) ▪ **Nationalfeiertag**: 26. 3.

REGIERUNG UND PARTEIEN **Staatsoberhaupt**: Iajuddin Ahmed (BNP), seit 6. 9. 2002 – **Regierungschefin**: Khaleda Zia (BNP), seit 8. 10. 2001 – **Äußeres**: Morshed Khan, seit 16. 11. 2001 ▪ **Parlament**: Wahlen zum Parlament vom 1. 10. 2001: Bangladesh Nationalist Party/BNP 193 von 300 Sitzen (1996: 116), Awami League/AL 62 (146), Jamaat-e-Islami 17 (3), Jatiya Dal/Ershad 14 (32), Jatiya Dal/Naziur 4 (–), Sonstige 4 (2), Unabhängige 6 (1)

WIRTSCHAFT **BIP** 2004: 56,585 Mrd. $; realer Zuwachs: 6,3 %; Anteil (2004) Landwirtschaft 21 %, Industrie 27 %, Dienstleistungen 52 % ▪ **Erwerbstätigkeit** 2000: Landwirtsch. 62 %, Industrie 10 %, Dienstl. 24 % ▪ **Arbeitslosigkeit** ∅ 2004: 40,0 % inkl. Unterbeschäftigung ▪ **Inflation** ∅ 2004: 5,8 % ▪ **Außenhandel** 2003/04: **Import**: 10,903 Mrd. $; *Güter*: 26 % Kapitalgüter, 12 % Textilien und -fasern, 8 % Garn und Baumwolle, 7 % Erdöl und -produkte, 4 % Eisen und Stahl; *Länder*: 15 % Indien, 14 % VR China, 10 % Singapur, 7 % Japan, 5 % Hongkong, 4 % Rep. Korea; **Export**: 7,603 Mrd. $; *Güter*: 47 % Kleidung, 28 % Strick- und Strumpfwaren; *Länder*: 25 % USA, 14 % Deutschland, 11 % Großbritannien, 6 % Frankreich, 4 % Niederlande

CHRONIK

Beherrschendes politisches Thema war eine **Welle islamistischer Gewalt**. Am 17. 8. 2005 wurden im ganzen Land innerhalb einer Stunde etwa 500 Bomben mit geringer Sprengkraft gezündet; dabei starben zwei Menschen, etwa 140 wurden verletzt. In Flugblättern bekannte sich die im Februar verbotene Jamayetul Mujahideen Bangladesh/JMB (Gruppe der Heiligen Krieger Bangladeschs) zu den Anschlägen. Die bislang wenig bekannte Gruppe forderte darin die Einführung der Scharia und kündigte weitere Anschläge an. Trotz dieser Bekennerschreiben machten einige Regierungsmitglieder die oppositionelle Awami-Liga und Indien für die koordinierte Terroraktion verantwortlich. Die Awami-Liga beschuldigte ihrerseits die regierende Nationalpartei (BNP), den radikal-religiösen Terror aus Rücksicht auf ihre islamistischen Koalitionspartner nicht entschieden zu bekämpfen. Sie rief daher zu einem Generalstreik gegen die Regierung auf, der am 20. 8. das öffentliche Leben in vielen Städten des Landes lahm legte. Polizeiliche Ermittlungen und weitere Gewalttaten bestätigten die Urheberschaft der JMB. Weitere Anschläge, darunter auch erstmals Selbstmordattentate, in den Monaten Oktober bis Dezember forderten mehrere Tote und zahlreiche Verletzte. Einige Anschläge wurden auf Gerichtsgebäude verübt, da das nach der Unabhängigkeit eingeführte laizistische Justizsystem den Islamisten ein Dorn im Auge ist.

Die Regierung reagierte auf die Gewaltwelle mit einer Verstärkung der umstrittenen bewaffneten Sonderpolizei und mit einer Erweiterung der Kompetenzen der Sicherheitskräfte und des Geheimdienstes. Nach den Selbstmordanschlägen wurden in einer **Verhaftungswelle** Anfang Dezember mehr als 1000 mutmaßliche JMB-Anhänger festgenommen. Wegen der Beteiligung an den Bombenanschlägen wurden am 28. 2. 2006 21 von ihnen, durchweg Männer zwischen 20 und 25 Jahren, von einem Gericht in Jhenidah zum Tode verurteilt. Der Chef der Sonderpolizei gab am 26. 4. die Verhaftung der gesamten Führung von JMB bekannt; der Führer der JMB, Shaikh Abdur Rahman, war bereits am 2. 3. festgenommen worden. Anfang März wurde auch Siddiqul Islam alias Bangla Bhai, der Führer der verbotenen radikal-islamistischen Organisation Jagrata Muslim Janata Bangladesh (JMJB), verhaftet. Beobachtern zufolge arbeiten die beiden Gruppierungen eng zusammen, manche halten sie sogar für identisch. Nach Ansicht des Instituts fürKonfliktmanagement in Neu-Delhi verfügt die JMB schätzungsweise über 10 000 Vollzeit-Kader und 100 000 Teilzeit-Kader und wird von Organisationen im Nahen Osten, insbesondere aus Saudi-Arabien und Kuwait wie auch aus Libyen und Pakistan, unterstützt. Zu den islamistischen Gruppierungen zählt auch die 1980 in Afghanistan gegründete Harkat-ul Jihad (Huji), die seit 1992 in Bangladesch operiert und für mehrere poltische Morde verantwortlich sein soll.

▪ **Verhältnis zu Indien:** Die Bekämpfung des islamistischen Terrors bewirkte eine leichte Verbesserung des gespannten Verhältnisses zu Indien. Beim Treffen von Ministerpräsidentin Khaleda Zia mit ihrem indischen Amtskollegen Manmohan Singh am 20. 3. 2006 verzichteten beide auf die üblichen wechselseitigen Vorwürfe, den Terrorismus im Nachbarland zu unterstützen. Unterzeichnet wurden Abkommen über die Intensivierung des Handels und über die Zusammenarbeit im Kampf gegen den Drogenschmuggel.

▪ **Proteste gegen Stromknappheit:** In Kanshat (Distrikt Nawabganj) protestierten am 4. 1. 2006 tausende Menschen gegen die häufigen Stromausfälle. Insbesondere Bauern, die auf Elektrizität zum Betrieb ihrer Bewässerungspumpen angewiesen sind, waren über die oft tagelangen Lieferstopps des staatlichen Energiekonzerns empört. Da die Polizei bei den bis in den Monat April anhaltenden Demonstrationen Schusswaffen einsetzte, wurden einige von ihnen getötet, zahlreiche wurden verletzt. Am 10. 4. kritisierte der Oberste Gerichtshof die Regierung für ihre Weigerung, die Hinterbliebenen zu entschädigen und rechtliche Schritte gegen die verantwortlichen Polizisten einzuleiten.

▪ **Innenpolitische Konfrontation:** Die verbissene Rivalität zwischen der regierenden BNP und der von der Awami-Liga (AL) geführten Opposition prägte weiterhin das innenpolitische Klima. Bei einem von der AL am 22. 1. 2006 organisierten Generalstreik kam es zu Ausschreitungen; die Polizei setzte Gummigeschosse und Tränengas ein und verhaftete etwa 500 Demonstranten. Der Generalstreik sollte die Forderung der AL bekräftigen, die nationale Wahlkommission neu zu besetzen und insbesondere deren Leiter abzulösen. Nachdem die Regierung zugesagt hatte, die Vorschläge der Awami-Liga zu diskutieren, beschloss der Parteitag der AL am 5. 2., den seit 14 Monaten geübten Boykott des Parlaments zu unterbrechen. Ungeachtet der Rückkehr ihrer Abgeordneten ins Parlament setzte die AL ihre Protestaktionen fort: Bei einem erneuten eintägigen Generalstreik am 15. 2. wurden zahlreiche De-

monstranten von der Polizei verletzt; Zeitungen berichteten von Massenverhaftungen. In Khulna wurde der örtliche Parteichef der AL am 20. 2. durch eine Bombe schwer verletzt. Am 18. 4. brach die AL die Verhandlungen mit der Regierung aus Protest gegen die Beteiligung der fundamentalistischen Koalitionspartei Jamaat-e-Islami ab. Eine geplante Kundgebung vor dem Amtssitz der Premierministerin wurde verboten.

▪ **Wirtschaft:** Entgegen der Befürchtungen, der Wegfall der US-Importquotenregelung werde der Textilindustrie schaden, konnte diese ihren Anteil auf dem US-Markt behaupten. Um die Exportschancen der Wirtschaft weiter zu erhöhen, setzte die Regierung auf einen Abbau der Handelsschranken in den stärker entwickelten Ländern. Im Rahmen der im Januar 2006 in Kraft getretenen Freihandelszone (SAFTA) zwischen sieben südasiatischen Ländern (→ Indien) wurde der schrittweise Abbau der Zollschranken bis 2018 vereinbart. Zugleich sagten Indien, Pakistan und Sri Lanka den ärmeren Mitgliedern der Südasiatischen Vereinigung für regionale Zusammenarbeit (SAARC), darunter Bangladesch, Ausgleichszahlungen für den Rückgang der Zolleinnahmen zu.

Ein im Juli 2005 vorgestellter Weltbank-Bericht kam zu dem Urteil, dass die liberale Außenhandelspolitik in den vergangenen Jahren wesentlich zum robusten Wirtschaftswachstum und zur Verringerung der Armut beigetragen hatte. Als bedenklich wurde jedoch die Konzentration auf die Textilindustrie angesehen, die mit 75 % zu den Exporten beigetragen hatte.

Barbados

Mittel-Amerika; Karibik

Barbados – BB / BRB

Fläche (Weltrang: 182): 430 km²

Einwohner (172): F 2004 269 000 = 626 je km²

Hauptstadt: Bridgetown

Amtssprache: Englisch

Bruttonationaleinkommen 2003 je Einw.: 9270 $

Währung: 1 Barbados-Dollar (BDS$) = 100 Cents
Kurs: 1 US-$ = 2,04 BDS$; 1 € = 2,63 BDS$

Botschaft von Barbados
100, Avenue Franklin D. Roosevelt, B-1050 Brüssel
T 0032–2–732 17 37, Fax 732 18 67
E-Mail: brussels@foreign.gov.bb

LANDESSTRUKTUR **Fläche**: 430 km² ▪ **Verwaltung**: 11 Distrikte ▪ **Städte**: (Z 1990) Bridgetown 6720 Einw., Speightstown 3500, Oistins 2200

BEVÖLKERUNG Barbadier – F 2004: 260 000 Einw.; Bevölkerungswachstum: 0,3 %; letzte Zählung 2000: 268 792 Einw. – ca. 92 % Schwarze, 3,2 % Weiße, 2,6 % Mulatten ▪ **Sprachen**: Englisch; Bajan als Umgangssprache ▪ **Religion**: 40 % Anglikaner, 8 % Pfingstler, 7 % Methodisten, 5 % Katholiken

STAATS- UND REGIERUNGSFORM Verfassung von 1966 – Parlamentarische Monarchie (im Commonwealth) seit 1966 – Parlament: Repräsentantenhaus (House of Assembly) mit 30 Mitgl., Wahl alle 5 J.; Senat mit 21 ernannten Mitgl. – Wahlrecht ab 18 J. ▪ **Unabhängigkeit**: 30. 11. 1966 (ehem. britische Kolonie) ▪ **Nationalfeiertag**: 30. 11.

REGIERUNG UND PARTEIEN **Staatsoberhaupt**: Königin Elizabeth II., vertreten durch Generalgouverneur Sir Clifford Husbands, seit 1. 6. 1996 – **Regierungschef**: Owen S. Arthur (BLP), seit 7. 9. 1994 – **Außenministerin**: Billie A. Miller, seit 1994 ▪ **Parlament**: Wahlen vom 21. 5. 2003: Barbados Labour Party / BLP 23 von 30 Sitzen (1999: 26 von 28), Democratic Labour Party / DLP 7 (2)

WIRTSCHAFT **BIP** 2004: 2,797 Mrd. $; realer Zuwachs: k. A.; Anteil (2003) Landwirtschaft 5 %, Industrie 21 %, Dienstleistungen 74 % ▪ **Erwerbstätigkeit** 2003: Landwirtsch. 5 %, Industrie 18 %, Dienstl. 67 % ▪ **Arbeitslosigkeit** ∅ 2004: 9,8 % ▪ **Inflation** ∅ 2004: 1,4 % ▪ **Außenhandel** 2004: **Import**: 2826 Mio. BDS$; *Güter*: Maschinen, Transportausrüstungen, Industriegüter; *Länder*: USA, Großbritannien, Trinidad und Tobago; **Export**: 556 Mio. BDS$; *Güter*: Nahrungsmittel und lebende Tiere, Erdöl, Chemikalien; *Länder*: USA, Großbritannien, Trinidad und Tobago

Belgien West-Europa

Königreich Belgien; Koninkrijk België (niederländisch); Royaume de Belgique – BE / BEL

Fläche (Weltrang: 136): 32 545 km²

Einwohner (76): F 2004 10 421 000 = 320 je km²

Hauptstadt: Brussel / Bruxelles (Brüssel)

Amtssprachen: Niederländisch, Französisch, Deutsch

Bruttonationaleinkommen 2004 je Einw.: 31 280 $

Währung: 1 Euro (€) = 100 Cent
Kurs: 1 US-$ = 0,79 € (1. 7. 2006)

Botschaft des Königreichs Belgien
Jägerstr. 52–53, 10117 Berlin
T 030 / 20 64 20, Fax 20 64 22 00
www.diplomatie.be / berlin

LANDESSTRUKTUR **Fläche**: 32 545 km²; davon Flandern 13 521 km², Wallonien 15 991 km², Deutschsprachige Gemeinschaft 854 km²; Hauptstadtregion Brüssel 162 km²; 2017 km² Territorialgewässer in der Nordsee ▪ **Verwaltung**: 3 Regionen mit Parlamenten: Flandern, Wallonien und die Hauptstadtregion Brüssel; 3 Gemeinschaften mit Parlamenten: Flämische Gemeinschaft (Gemeinschaftsparlament mit Flandern), Französische Gemeinschaft, Deutschsprachige Gemeinschaft; 10 Provinzen, Hauptstadtregion Brüssel; → Tabelle ▪ **Städte**: (F 2005) Brussel / Bruxelles (Brüssel) 1 012 258 Einw., Antwerpen 460 319, Gent 231 671, Charleroi 201 433, Liège (Lüttich) 186 196, Brugge (Brügge) 117 172, Namen / Namur 106 954, Eupen 18 161

BEVÖLKERUNG Belgier – F 2004: 10 421 000 Einw.; Bevölkerungswachstum: 0,4 %; letzte Zählung 2001: 10 263 414 Einw. – 59 % Flamen, 40 % Wallonen, 1 % deutschsprachige Gemeinschaft; 904 528 Ausländer, davon 60 % aus EU-Staaten ▪ **Sprachen**: ca. 60 % Niederländisch (Flamen), 40 % Französisch (Wallonen), 1,2 % Deutsch ▪ **Religion** 2002: 76,3 % Katholiken; 350 000 Muslime, 35 000 Juden; Protestanten

STAATS- UND REGIERUNGSFORM Verfassung von 1994 – Föderale parlamentarische Monarchie seit 1831 – Bundesparlament: Abgeordnetenhaus (Chambre des Représentants / Kamer van Volksvertegenwoordigers) mit 150 Mitgl.; Senat (Sénat / Senaat) mit 71 Mitgl. (40 direkt gewählt und 31 durch Regionalparlamente ernannt); Wahl jeweils alle 4 J. – Wahlpflicht ab 18 J. ▪ **Unabhängigkeit**: 4. 10. 1830 ▪ **Nationalfeiertag**: 21. 7. (Amtseid König Leopolds I. 1831)

REGIERUNG UND PARTEIEN **Staatsoberhaupt**: König Albert II., seit 1993 – **Regierungschef**: Guy Verhofstadt (VLD-Vorsitzender), seit 12. 7. 1999; Koalition aus VLD,

Belgien
Fläche, Bevölkerung und Bevölkerungsdichte

Provinz	Fläche* in km²	Einwohner insgesamt F 2005	je km²
Hauptstadtregion Brüssel	162	1 012 258	6249
Antwerpen	2 867	1 682 683	587
Flämisch-Brabant	2 106	1 040 261	494
Wallonisch-Brabant	1 091	364 722	334
Ostflandern	2 982	1 383 647	464
Westflandern	3 144	1 139 815	363
Hennegau	3 786	1 287 172	340
Lüttich	3 862	1 036 588	268
Limburg	2 422	811 962	335
Luxemburg	4 440	257 114	58
Namur	3 666	456 620	125
Belgien	30 528	10 472 842	343

* nur Landfläche, zur Gesamtfläche von 32 545 km² kommen noch 2017 km² Territorialgewässer in der Nordsee

Quelle: Nationaal Instituut voor de Statistiek/Institut National de Statistique 2006

PS, MR und SPA-SPI – **Äußeres**: Karel de Gucht (VLD), seit 20.7.2004 ▪ **Parlament**: Wahlen vom 18.5. 2003: Abgeordnetenhaus: Vlaamse Liberalen en Demokraten/VLD 25 von 150 Sitzen (1999: 23), Parti Socialiste/PS 25 (19), Mouvement Réformateur/MR 24 (PRL-FDC-MCC: 18), Socialistische Partij Anders u. Spirit/SPA-SPI 23 (nur SP 14), Christen-Democratisch & Vlaams/CD&V 21 (CVP: 22), Vlaams Blok/VB 18 (15), Centre Démocrate Humaniste/CDH 8 (PSC: 10), Ecolo (wallonische Grüne) 4 (11), Nieuw-Vlaamse Alliantie/N-VA 1 (–), Front National/FN 1 (1), Volksunie-ID 21/VU-ID21 – (8), Groen! (vorher: Agalev) (flämische Grüne) – (9) – Senat: SPA-SPI 7 der 40 Direktmandate (1999: nur SP 4), VLD 7 (6), CD&V 6 (CVP: 6), PS 6 (4), MR 5 (PRL-FDF-MCC 5), VB 5 (4), CDH 2 (PSC 3), Ecolo 1 (3), FN 1 (–), Groen! – (3), VU-ID21 – (2)

WIRTSCHAFT **BIP** 2004: 352,312 Mrd. $; realer Zuwachs: 2,9 %; Anteil (2003) Landwirtschaft 1 %, Industrie 25 %, Dienstleistungen 73 % ▪ **Erwerbstätigkeit** 2003: Landwirtsch. 1,8 %, Industrie 24,8 %, Dienstl. 73,2 % ▪ **Arbeitslosigkeit** ∅ 2005: 8,4 % ▪ **Inflation** ∅ 2005: 2,5 % ▪ **Außenhandel** 2005: **Import**: 257,3 Mrd. €; *Güter*: 22 % chemische Produkte, 11 % Transportausrüstungen, 6 % Maschinen und Ausrüstungen, 6 % Basismetalle, 5 % Kunststoffe und Gummi, 5 % Edelsteine und -metalle, 4 % Textilien; *Länder*: 20 % Niederlande, 16 % Deutschland, 13 % Frankreich, 8 % Großbritannien, 7 % USA, 4 % VR China; **Export**: 268,4 Mrd. €; *Güter*: 23 % chemische Produkte, 13 % Transportausrüstungen, 8 % Kunststoffe und Gummi, 8 % Basismetalle, 5 % Maschinen und Ausrüstungen, 5 % Edelsteine und -metalle, 4 % Textilien; *Länder*: 23 % Frankreich, 22 % Deutschland, 16 % Niederlande, 11 % Großbritannien, 7 % Italien, 6 % USA

Der 175. Jahrestag der Staatsgründung (4.10.1830) gab weniger Anlass, die Einheit der belgischen Nation zu feiern, als deren möglichen Zerfall zu debattieren. Vor dem Hintergrund der wirtschaftlich auseinander driftenden Landesteile verlangte insbesondere die Regionalregierung des prosperierenden Flandern von der Bundesregierung, weitere Kompetenzen an die drei Teilstaaten abzugeben, vor allem auf den Gebieten der Gesundheits-, Arbeitsmarkt- und Wirtschaftspolitik. In den Bereichen Kultur und Erziehung sind die Regionen autonom. Ministerpräsident Guy Verhofstadt stellte in seiner Regierungserklärung vom 11.10.2005 jedoch eine weitere Staatsreform erst für die Zeit nach der nächsten Parlamentswahl im Jahr 2007 in Aussicht.

▪ **König gegen Sezessionisten:** Bei seinem traditionellen Neujahrsempfang für die Regierungen der drei Teilstaaten Ende Januar nahm König Albert II. erstmals Stellung zu den Spannungen zwischen den Regionen, dem Wohlstandsgefälle und den daraus resultierenden politischen Perspektiven. Dabei warnte er vor der **Entwicklung eines »Subnationalismus«** und vor den Tendenzen eines anachronistischen Separatismus, der die internationale Rolle Brüssels und des ganzen Landes gefährden könne. Der Monarch bezog sich damit u. a. auf die Forderungen einer Gruppe prominenter flämischer Wirtschaftsführer, die Ende November ein **»Manifest für ein selbständiges Flandern in Europa«** veröffentlicht hatte. Dies propagierte eine Spaltung Belgiens in zwei Teile – die bisherigen Regionen Flandern und Wallonien – nach dem Vorbild der ehemaligen Tschechoslowakei; die Region Bruxelles-Capitale solle einen auf ihre europäischen Hauptstadtfunktionen abgestimmten Sonderstatus erhalten. Mit ihrem Vorschlag zogen die Autoren die Konsequenz aus der disparaten wirtschaftlichen Entwicklung beider Regionen und dem in großen Teilen der flämischen Bevölkerung zunehmenden Widerstand gegen einen Finanztransfer in den Süden, der 6,6 % des flämischen BIP ausmacht. Die Arbeitslosigkeit in Wallonien liegt mit bis zu 20 % mehr als doppelt so hoch wie in Flandern. Die ungewöhnlich deutliche politische Intervention des Staatsoberhaupts, die offenbar mit dem Ministerpräsidenten abgestimmt war, veranlasste flämische Politiker zu kritischen Kommentaren, insbesondere der rechtsextremen Partei Vlaams Belang und der nationalistischen Partei Nieuw-Vlaamse Alliantie.

▪ **Rentenreform:** In seiner Regierungserklärung am 11.10.2005 legte Ministerpräsident Verhofstadt die **Grundzüge eines sog. Generationenpaktes** dar, der das Sozialsystem an die demografische Entwicklung der Bevölkerung anpassen und »zukunftssicher« machen soll. Schwerpunkt des insgesamt 66 Punkte umfassenden Maßnahmenkatalogs ist die Verlängerung der Lebensarbeit. Während es beim Einstiegsalter in die gesetzliche Rente (65 Jahre) bleiben soll, wird jenes für die Frühpensionierung von 58 auf 60 Jahre angehoben; vorher müssen mindestens 30 Jahre (statt bisher 25 Jahre) gearbeitet worden sein. Ältere Beschäftigte, die entlassen werden, müssen dem Arbeitsmarkt weiter zur Verfügung stehen, statt wie bisher mit 52 bzw. 55 Jahren in Vorruhestand gehen zu können. Nur rd. 61 % der Belgier im erwerbsfähigen Alter, darunter knapp 32 % über 55 Jahren, gehen einer Beschäftigung nach; die Arbeitslosigkeit der unter 25-Jährigen liegt bei 18 %. Die Pläne der Regierung gaben Anlass zu den **heftigsten sozialen Protesten seit 1993**. Einem vom sozialistischen Gewerkschaftsbund ABVV ausgerufenen Generalstreik am 7. 10. folgte am 28. 10. ein zweiter, der auch von den christlichen und liberalen Gewerkschaften mitgetragen wurde.

▪ **Terrorismusabwehr:** Ein Gericht in Brüssel verurteilte am 29. 10. vier islamistische Angeklagte zu fünf Jahren **Gefängnis wegen Planung terroristischer Anschläge oder Verbindungen zum Terrornetzwerk Al-Qaida** und anderer Terrorgruppen. Eine Beteiligung an konkreten Terrorakten wurde ihnen nicht nachgewiesen. Bis auf einen Asylbewerber aus dem Irak waren alle Angeklagten belgische Staatsangehörige zumeist marokkanischer Herkunft. In einem weiteren Prozess am 16. 2. 2006 wurden sechs Angeklagte als Führungskader der belgischen Zelle der marokkanischen **Groupe Islamique Combattant Marocain** (GICM) zu fünf bis sieben Jahren Gefängnis verurteilt. Nach Erkenntnis des Gerichts hatten sie den Attentätern von Casablanca (16. 5. 2003) und Madrid (11. 3. 2004) Beihilfe geleistet.

Eine **zum Islam konvertierte Belgierin verübte** am 9. 11. 2005, als erste Frau und Europäerin, **im irakischen Bakuba ein Selbstmordattentat**, dem außer ihr fünf weitere Menschen zum Opfer fielen. Nach Erkenntnissen der belgischen Polizei hatte ihr marokkanischer Mann in Belgien europäische Muslime für die Gruppe um den im Irak operierenden jordanischen Al-Qaida-Führer Abu Mussab as-Sarkawi angeworben.

▪ **Verhältnis zur Türkei:** Sechs türkische Aktivisten, darunter Fehre Erdal, erhielten am 28. 2. **Haftstrafen** zwischen vier und sechs Jahren **wegen Mitgliedschaft in der** vom Strafgericht Brügge als terroristisch eingestuften **linksextremistischen Revolutionären Volksbefreiungsfront** (DHKP-C). Diese Organisation richtet ihre Aktivitäten gegen den türkischen Staat, beteuert aber, ihren Kampf nicht außerhalb der Türkei zu führen. Die Flucht von Erdal aus ihrem vom Geheimdienst Sûreté überwachten Hausarrest führte zu deutlicher **Verärgerung der Regierung in Ankara**.

▪ **Rassistischer Doppelmord:** Ein 18-jähriger flämischer Skinhead erschoss in Antwerpen am 11. 5. eine Frau afrikanischer Abstammung und ein von ihr betreutes zweijähriges belgisches Mädchen, eine Türkin verletzte er schwer. In einem Schreiben hatte er zuvor angekündigt, so viele Ausländer wie möglich umbringen zu wollen. Die Tat brachte das Thema der Fremdenfeindlichkeit als Quelle von Gewalttaten erneut in die öffentliche Diskussion.

Belize Mittel-Amerika

Belize – BZ / BLZ

Fläche (Weltrang: 147): 22 965 km²

Einwohner (171): F 2004 283 000 = 12,3 je km²

Hauptstadt: Belmopan

Amtssprache: Englisch

Bruttonationaleinkommen 2004 je Einw.: 3940 $

Währung: 1 Belize-Dollar (Bz$) = 100 Cents
Kurs: 1 US-$ = 2,02 Bz$; 1 € = 2,60 Bz$

Honorarkonsul von Belize
Breitscheidstr. 10, 70174 Stuttgart
T 0711 / 90 71 09 20, Fax 0711 / 90 71 09 18

LANDESSTRUKTUR **Fläche**: 22 965 km² einschließlich 820 km² kleiner Inseln (Cays); Karte → WA 2006, S. 79 ▪ **Verwaltung**: 6 Distrikte ▪ **Städte**: (F 2004) Belize City 59 400 Einw., San Ignacio / Santa Elena 16 100, Orange Walk Town 15 000, Belmopan 12 300

BEVÖLKERUNG Belizer – F 2004: 283 000 Einw.; Bevölkerungswachstum: 3,2 %; letzte Zählung 2000: 240 204 – 49 % Mestizen, 25 % Kreolen, 11 % Indianer u. a. ▪ **Sprachen**: Englisch; Creole; 15 % Spanisch u. a. ▪ **Religion** 2002: 53 % Katholiken, ca. 28 % Protestanten; Minderheiten von Muslimen, Hindus u. a.

STAATS- UND REGIERUNGSFORM Verfassung von 1981 – Parlamentarische Monarchie (im Commonwealth) seit 1981 – Parlament: Repräsentantenhaus mit 29 Mitgl., Wahl alle 5 J. – Wahlrecht ab 18 J. ▪ **Unabhängigkeit**: 21. 9. 1981 (ehem. britische Kolonie) ▪ **Nationalfeiertag**: 21. 9.

REGIERUNG UND PARTEIEN **Staatsoberhaupt**: Königin Elizabeth II., vertreten durch Generalgouverneur Sir Colville Norbert Young, seit 17. 11. 1993 – **Regierungschef**: Said Wilbert Musa (PUP), seit 1. 9. 1998 – **Äußeres**: Eamon Courtenay (PUP), seit 12. 4. 2006 ▪ **Parlament**: Wahlen vom 5. 3. 2003: People's United Party / PUP 22 von 29 Sitzen, United Democratic Party / UDP und National Alliance for Belizean Right / NABR 7

WIRTSCHAFT **BIP** 2004: 1,094 Mrd. $; realer Zuwachs: 4,2 %; Anteil (2002) Landwirtschaft 15 %, Industrie 20 %, Dienstleistungen 65 % ▪ **Erwerbstätigkeit** 2002: Landwirtsch. 23 %, Industrie 17 %, Dienstl. 60 % ▪ **Arbeitslosigkeit** ∅ 2005: 11,0 % ▪ **Inflation** ∅ 2005: 3,7 % ▪ **Außenhandel** 2005: **Import**: 1184 Mio. Bz$; *Güter*: 17 % Maschinen, 17 % Brennstoffe, 12 % Fertigwaren, 12 % Nahrungsmittel; *Länder*: 39 % USA, 9 % Mexiko; **Export**: 413 Mio. Bz$; *Güter*: 91 % landwirtschaftliche Produkte; *Länder*: 52 % USA, 22 % Großbritannien

Benin West-Afrika

Republik Benin; République du Bénin – BJ / BEN

Fläche (Weltrang: 99): 112 622 km²

Einwohner (89): F 2004 8 177 000 = 73 je km²

Hauptstadt: Porto Novo

Regierungssitz: Cotonou

Amtssprache: Französisch

Bruttonationaleinkommen 2004 je Einw.: 450 $

Währung: CFA-Franc
Kurs: 1 € = 655,96 CFA-Francs

Botschaft der Republik Benin
Rheinbabenallee 18, 14199 Bonn
T 030 / 89 73 02 40, Fax 89 73 02 41

LANDESSTRUKTUR **Fläche:** 112 622 km²; Karte → WA 2006, S. 80 ▪ **Verwaltung:** 12 Regionen; Tabelle → WA 2006, S. 80 ▪ **Städte:** (Z 2002) Cotonou 665 100 Einw., Porto Novo 223 552, Parakou 149 819

BEVÖLKERUNG Beniner – F 2004: 8 177 000 Einw.; Bevölkerungswachstum: 3,2 %; letzte Zählung 2002: 6 769 914 Einw. – rd. 60 Ethnien: 39,2 % Fon, 15,2 % Adja, 12,3 % Yoruba, 9,2 % Bariba, 6,9 % Peul (Fulbe), 6,1 % Otamari, 4,5 % Yoa Lokpa, 2,5 % Dendi u. a. ▪ **Sprachen**: Französisch; Sprachen der Ethnien ▪ **Religion** 2002: 42,8 % Christen (27,1 % Katholiken, 5 % Celestial Church of Christ, Pfingstler u. a. Protestanten), 24,4 % Muslime, 23,3 % Anhänger von indigenen Religionen (17,3 % Vodoun)

STAATS- UND REGIERUNGSFORM Verfassung von 1990 – Präsidialrepublik seit 1991 – Parlament (Assemblée Nationale) mit 83 Mitgl., Wahl alle 4 J. – Direktwahl des Staatsoberhauptes alle 5 J. (einmalige Wiederwahl, Kandidat darf nicht älter als 70 sein) – Wahlrecht ab 18 J. ▪ **Unabhängigkeit:** 1. 8. 1960 (ehem. französische Kolonie; bis 1975 Dahome) ▪ **Nationalfeiertag:** 1. 8.

REGIERUNG UND PARTEIEN **Staats- u. Regierungschef:** Yayi Boni, seit 6. 4. 2006 – **Außenministerin**: Mariam Aladji Boni Diallo, seit 6. 4. 2006 ▪ **Parlament**: Wahlen vom 30. 3. 2003: Mouvance Présidentielle / MP (Union pour le Bénin du Futur 31, Mouvement Africain pour le Développement et le Progrès 9, Force Clé 5, Sonstige 7) insgesamt 52 von 83 Sitzen, Opposition (Parti de la Renaissance du Bénin 15, Parti du Renouveau Démocratique 11, Alliance Étoile 3, Nouvelle Alliance 2) insgesamt 31

WIRTSCHAFT **BIP** 2004: 4,075 Mrd. $; realer Zuwachs: 2,7 %; Anteil (2004) Landwirtschaft 37 %, Industrie 15 %, Dienstleistungen 48 % ▪ **Erwerbstätigkeit** 2003: Landwirtsch. 51 % ▪ **Arbeitslosigkeit**: k. A. ▪ **Inflation** ⌀ 2003: 2,3 % ▪ **Außenhandel** 2001: **Import**: 602 Mio. $; *Güter*: 24 % Textilien und Garne, 19 % Nahrungsmittel und lebende Tiere, 17 % Erdöl und Brennstoffe, 16 % Maschinen und Transportausrüstungen; *Länder*: 23 % Frankreich, 8 % VR China, 5 % Elfenbeinküste, 5 % Ghana, 5 % Nigeria; **Export**: 182 Mio. $; *Güter*: 65 % Baumwolle, Nüsse, Gold; *Länder*: 31 % Indien, 6 % Ghana, 5 % Brasilien, 5 % Indonesien, 5 % Nigeria

CHRONIK

Die Durchführung der für März 2006 angesetzten Präsidentschaftswahlen stand Ende Dezember 2005 wegen angeblicher finanzieller Schwierigkeiten der Regierung vorübergehend in Frage. Um eine Verschiebung der Wahlen zu verhindern, spendeten Oppositionsparteien, regierungsunabhängige Organisationen und zahlreiche Privatpersonen Geld aus ihren Privatvermögen.

Bei den **Präsidentschaftswahlen** am 5. 3. 2006 erreichte zunächst keiner der insgesamt 26 Kandidaten die absolute Mehrheit. Daraufhin fand am 19. 3. eine Stichwahl statt, bei der der parteilose Wirtschaftswissenschaftler und bisherige Direktor der Westafrikanischen Entwicklungsbank, Yayi Boni, mit 74,6 % der Stimmen **zum neuen Präsidenten gewählt** wurde. Sein stärkster Konkurrent, der frühere Parlamentspräsident Adrien Houngbédji (Parti du Renouveau Démocratique), kam auf 25,4 %. Die Wahlbeteiligung lag bei 69,5 %. Boni, der am 6. 4. als neuer Präsident vereidigt wurde, erklärte die Bekämpfung von Korruption und Missmanagement zur obersten Priorität. Außerdem versprach er umfassende Wirtschaftsreformen, u. a. den Ausbau von Benins traditioneller Rolle als Küstenland, sowie eine Stärkung der Beziehungen zu Nigeria.

Das **nationale Vodoo-Festival** wurde am 10. 1. 2006 mit Gästen aus aller Welt eröffnet (→ Foto). Mehr als 30 Mio. Menschen in Benin, Togo und Ghana praktizieren diese Religion ihrer Vorfahren.

Vodoo-Priester

Bhutan Süd-Asien

Königreich Bhutan; Druk Gyal Khab, Kurzform: Druk-Yul – BT/BTN

Fläche (Weltrang: 128): 46 500 km²

Einwohner (152): F 2004 896 000 = 19,3 je km²

Hauptstadt: Thimphu

Amtssprache: Dzongkha

Bruttonationaleinkommen 2004 je Einw.: 760 $

Währung: 1 Ngultrum (NU) = 100 Chhetrum
Kurs: 1 US-$ = 46,22 NU; 1 € = 59,03 NU
1 NU = 1 ind. Rupie (ebenfalls gesetzl. Zahlungsmittel)

Honorarkonsul des Königreichs Bhutan
Fürstenbergstr. 20, 53117 Bonn
T und Fax 0228/33 47 25
E-Mail: m.kulessa@t-online.de

LANDESSTRUKTUR **Fläche**: 46 500 km²; → Karte ▪ **Verwaltung**: 20 Distrikte ▪ **Städte**: (F 1997) Thimphu 45 000 Einw., Phuentsholing 45 000, Gelephu 12 500, Samdrup Jongkhar 12 500

BEVÖLKERUNG Bhutaner – F 2004: 896 000 Einw.; Bevölkerungswachstum: 2,5 % – ca. 60 % Bhutija, Indoarier, v. a. Nepalesen (ca. 20 %) ▪ **Sprachen**: Tibetobirmanische Sprachen (Bumthangkha, Sarchopkha, Tsangla, Dzongkha u. a.); indoarische Sprachen (v. a. Nepalesisch) im S ▪ **Religion**: 72 % Buddhisten, etwa 20 % Hindus, Muslime

STAATS- UND REGIERUNGSFORM Verfassung in Ausarbeitung – Ansolute Monarchie seit 1969 – Souverän seit 1971, wird von Indien außenpolitisch beraten – Staatsreligion: Buddhismus – Parlament (Tshogdu Chenmo) mit 152 Mitgl., davon 99 alle 3 J. direkt gewählt, 10 Vertreter buddhistischer Klöster, 41 reserviert für Mitgl. des Königlichen Rats, Minister und Regierungsbeamte – Königlicher Rat (Lodoi Tsokde) mit 9 Mitgl. – Wahlrecht ab 21 J. ▪ **Unabhängigkeit**: altes Fürstentum; unabhängig 12. 2. 1971 ▪ **Nationalfeiertag**: 17. 12. (Thronbesteigung des Königs Ugyen Wangchuk 1907)

REGIERUNG UND PARTEIEN **Staatsoberhaupt**: König (Druk-Gyalpo = Drachenkönig) Jigme Singye Wangchuk, seit 1972 – **Regierungschef**: Lyonpo Sangay Ngedup, seit 5. 9. 2005 – **Äußeres**: Lyonpo Khandu Wangchuk, seit 10. 7. 2003 ▪ **Parlament**: keine Parteien

WIRTSCHAFT **BIP** 2004: 673 Mio. $; realer Zuwachs: 4,9 %; Anteil (2003) Landwirtschaft 33 %, Industrie 39 %, Dienstleistungen 27 % ▪ **Erwerbstätigkeit** 2000: Landwirtsch. 94 % ▪ **Arbeitslosigkeit**: k. A. ▪ **Inflation** ∅ 2003: 1,6 % (S) ▪ **Außenhandel** 1999/2000: **Import**: 8,075 Mrd. NU; *Güter*: Telekommunikationsausrüstungen, Reis, Maschinen, Dieselöl; *Länder*: v. a. Indien; **Export**: 4,988 Mrd. NU; *Güter*: Strom, Kalziumkarbid, Holz; *Länder*: v. a. Indien

CHRONIK

Während seiner landesweiten Kampagne zur Information der Bevölkerung über die künftige Verfassung (→ WA 2006, S. 81) gab König Jigme Singye Wangchuk am 17. 12. 2005 bekannt, er werde 2008 seinem Sohn, **Kronprinz Dasho Jigme Khesar Namgyel Wangchuk**, den Thron überlassen, zeitgleich mit der erstmals stattfindenden demokratischen Wahl eines Parlaments. Der 50 Jahre alte König hatte 1972 die absolute Macht in dem bis dahin noch hermetisch abgeschlossenen Himalaya-Staat übernommen und ihn seitdem behutsam der Außenwelt geöffnet. Im März 2005 präsentierte er seinem Volk den Verfassungsentwurf für eine konstitutionelle Monarchie.

Die Veröffentlichung von genauen statistischen **Angaben zur wirtschaftlichen Entwicklung** Mitte Februar in der bis April einzigen von der Regierung herausgegebenen Zeitung des Landes wurde als Signal interpretiert, das vom König propagierte Staatsziel der »Gross National Happiness« um das Ziel des wirtschaftlichen Wachstums zu ergänzen. Nach Angaben der königlichen Finanzverwaltung wuchs das BIP im Finanzjahr 2004/05 um 8,7 %; dabei verzeichnete die Bauindustrie aufgrund von Großprojekten eine überdurchschnittliche Steigerung des Wachstums von rd. 20 %. Die Einkünfte aus dem Tourismus stiegen innerhalb eines Jahres von 9 auf 15 Mio. US-$, aufgebracht von den 12 000 Besuchern des Landes. Die Inflationsrate lag bei 5 %; die Staatsverschuldung wurde mit 610 Mio. US-$ angegeben und entspricht damit 87 % des BIP.

Im April 2006 gingen zwei **private Zeitungen**, die »Bhutan Times« und der »Bhutan Observer«, an den Start. Der Minister für Information und Kommunikation begrüßte die Bereicherung der Presselandschaft als wichtigen Schritt im demokratischen Wandlungsprozess des Landes.

Birma → **Myanmar**

Bolivien Süd-Amerika

Republik Bolivien; República de Bolivia – BO / BOL

Fläche (Weltrang: 27): 1 098 581 km²

Einwohner (83): F 2004 9 009 000 = 8,2 je km²

Hauptstadt: Sucre

Regierungssitz: La Paz

Amtssprachen: Spanisch, Ketschua, Aimará

Bruttonationaleinkommen 2004 je Einw.: 960 $

Währung: 1 Boliviano (Bs) = 100 Centavos
Kurs: 1 US-$ = 8,06 Bs; 1 € = 10,37 Bs

Botschaft der Republik Bolivien
Wichmannstr. 6, 10787 Berlin
T 030 / 26 39 15 – 0, Fax 26 39 15 15
www.bolivia.de

Bolivien
Fläche, Bevölkerung und Armut

Departamento (Hauptort)	Fläche* in km²	Einwohner F 2005	davon in Armut*
Beni (Trinidad)	213 564	406 982	76
Chuquisaca (Sucre)	51 524	601 823	70
Cochabamba (Cochabamba)	55 631	1 671 860	55
La Paz (La Paz)	133 985	2 630 381	66
Oruro (Oruro)	53 588	433 481	68
Pando (Cobija)	63 827	66 689	72
Potosí (Potosí)	118 218	768 203	80
Santa Cruz (Santa Cruz de la Sierra)	370 621	2 388 799	38
Tarija (Tarija)	37 623	459 001	51
Bolivien	1 098 581	9 427 219	59

* nach nationalem Konzept in % der Bevölkerung
Quelle: Instituto Nacional de Estadística 2005

LANDESSTRUKTUR **Fläche:** 1 098 581 km²; → Karte ▪ **Verwaltung:** 9 Departamentos; → Tabelle ▪ **Städte:** (Z 2001) Santa Cruz de la Sierra 1 135 526 Einw., La Paz 793 293, El Alto 649 958, Cochabamba 517 024, Sucre 215 778, Oruro 215 660, Tarija 153 457, Potosí 145 057

BEVÖLKERUNG Bolivianer – F 2004: 9 009 000 Einw.; Bevölkerungswachstum: 1,9 %; letzte Zählung 2001: 8 274 325 Einw. – 30 % Ketschua 30 %, 30 % Mestizen, 25 % Aimará, 15 % Weiße ▪ **Sprachen:** Spanisch; Ketschua und Aimará, im Tiefland Guaraní ▪ **Religion** 2001: 81 % Katholiken; 50 000 Protestanten (u. a. 12 000 Mennoniten)

STAATS- UND REGIERUNGSFORM Verfassung von 1947, zuletzt geändert 2004 – Präsidialrepublik seit 1967 – Parlament: Abgeordnetenhaus (Cámara de Diputados) mit 130 Mitgl.; Senat (Senado) mit 27 Mitgl.; Wahl jeweils alle 5 J. – Direktwahl des Staatsoberhauptes alle 5 J. (keine Wiederwahl) – Wahlpflicht ab 21 J. (Verheiratete ab 18 J.) ▪ **Unabhängigkeit:** 6. 8. 1825 (ehem. spanische Kolonie) ▪ **Nationalfeiertag:** 6. 8.

REGIERUNG UND PARTEIEN **Staats- u. Regierungschef:** Evo Morales Ayma (MAS-Vorsitzender), seit 22. 1. 2006; Vizepräsident: Álvaro García Linera – **Äußeres:** David Choquehuanca (MAS), seit 22. 1. 2006 ▪ **Parlament:** Wahlen vom 18. 12. 2005: Abgeordnetenhaus: Movimiento al Socialismo / MAS 72 von 130 Sitzen (2002: 27), Poder Democrático y Social / PODEMOS 43 (–), Frente de Unidad Nacional / UN 8 (–), Movimiento Nacionalista Revolucionario / MNR 7 (37), Movimiento de la Izquierda Revolucionaria / MIR – (26), Nueva Fuerza Republicana / NFR – (25), Acción Democrática Nacionalista / ADN – (6), Unidad Civica Solidaridad / UCS – (5), Movimiento Indígena Pachacuti / MIP – (3), Partido Socialista – (1) – Senat: PODEMOS 13 von 27 Sitzen (2002: –), MAS 12 (8), MNR 1 (11), UN 1 (–), MIR – (5), NFR – (2), ADN – (1)

WIRTSCHAFT **BIP** 2004: 8,773 Mrd. $; realer Zuwachs: 3,6 %; Anteil (2004) Landwirtschaft 16 %, Industrie 31 %, Dienstleistungen 54 % ▪ **Erwerbstätigkeit** 2000: Landwirtsch. 5 %, Industrie 28 %, Dienstl. 67 % ▪ **Arbeitslosigkeit** ∅ 2003: 11,7 %; hohe Unterbeschäftigung ▪ **Inflation** ∅ 2005: 5,5 % ▪ **Außenhandel** 2004: **Import:** 1,743 Mrd. $; *Güter:* 51 % Halbfabrikate, 26 % Kapitalgüter, 22 % Konsumgüter; *Länder:* 32 % Brasilien, 18 % Argentinien, 17 % USA, 8 % Peru, 8 % Japan, 7 % Chile, 3 % Kolumbien; **Export:** 2,160 Mrd. $; *Güter:* 38 % Erdgas und sonstige Brennstoffe, 13 % Soja und Sojamehl, 7 % Zink, 6 % Sojaöl, 5 % Zinn, 4 % Silber, 3 % Goldschmuck; *Länder:* 36 % Brasilien, 21 % USA, 14 % Venezuela, 7 % Peru, 7 % Argentinien, 6 % Kolumbien, 3 % Chile

CHRONIK

Nach der schweren politischen und wirtschaftlichen Krise der Jahre 2004 / 05, in deren Zentrum vor allem die Frage um die Nutzung der Erdöl- und Erdgasreserven stand und die innerhalb von kurzer Zeit zum Rücktritt von zwei Staatspräsidenten geführt hatte (→ WA 2006, S. 82 f.), machte das Parlament in La Paz am 5. 7. 2005 den Weg für vorgezogene Kongress- und Präsidentschaftswahlen frei. Nach dem Amtsantritt des linksnationalistischen Präsidenten und Indios Evo Morales Ayma im Januar 2006 beruhigte sich die Situation im Land, das trotz der zweitgrößten Erdgasvorkommen des Subkontinents zu den ärmsten in Südamerika gehört. Außenpolitisch sorgte vor allem das von Morales im Mai 2006 erlassene Dekret zur Verstaatlichung der Erdöl- und Erdgasvorkommen für Unruhe.

▪ **Wahlen:** Aus den Präsidentschaftswahlen am 18. 12. 2005 ging Morales, der Kandidat des Movimiento al

Socialismo (MAS), ein Dachverband linksgerichteter Gruppierungen und Bürgerinitiativen, überraschend deutlich als Sieger hervor. Mit der absoluten Mehrheit von 53,7 % der Stimmen setzte er sich bereits im ersten Wahlgang gegen den Kandidaten der Konservativen, Ex-Präsident Jorge Quiroga Ramírez von der Gruppe PODEMOS (»Wir können es«) durch, der auf 28,6 % kam. Auf die Kandidaten des Frente de Unidad Nacional (UN) und des Movimiento Nacionalista Revolucionario (MNR) entfielen weniger als 10 %. Ausschlaggebend für den hohen Wahlsieg des Kokabauernführers Morales war vor allem dessen Versprechen, nach der Machtübernahme die Erdöl- und Erdgasindustrie zu verstaatlichen (→ unten) und die Armen an den Einnahmen zu beteiligen. Insbesondere die Indios, die rd. 65 % der Bevölkerung stellen, und ihre politischen Vertretungen hatten in der Vergangenheit wiederholt beklagt, dass die Profite aus der Erdgas- und Erdölförderung bislang insbesondere den ausländischen Energiekonzernen und der überwiegend weißen Oberschicht zugute kamen. In der 130-sitzigen Abgeordnetenkammer erreichte der MAS mit 72 Sitzen ebenfalls eine deutliche Mehrheit, der PODEMOS erhielt 43 Mandate, die UN stellt künftig acht und das MNR sieben Volksvertreter. Im Senat gingen 13 der 27 Sitze an den PODEMOS, 12 an den MAS und je einer an UN und MNR.

Mit dem Sieg von Morales und seinem MAS ordnete sich Bolivien in den in Südamerika derzeit zu beobachtenden Trend zu Linksregierungen ein, außerdem wurde erstmals in der Geschichte des Landes ein Indio in das höchste Staatsamt gewählt. Die im Wahlkampf angekündigte außenpolitische Kurswende machte Morales schon Ende Dezember 2005 deutlich bei Reisen u. a. nach Südafrika, China, Brasilien und Kuba, mit dessen Staatschef Fidel Castro er eine Intensivierung der bilateralen Zusammenarbeit vereinbarte. Anfang Januar 2006 stattete er dem venezolanischen Staatspräsidenten Hugo Chávez, dem er sich besonders verbunden fühlt, einen Besuch ab. Dabei erhielt Morales die Zusage über eine Soforthilfe in Höhe von 30 Mio. US-$ für Sozialvorhaben und die Lieferung von 150 000 Fass Diesel monatlich.

Am 22. 1. 2006 wurde Morales am Regierungssitz La Paz in sein Amt eingeführt. Am Tag zuvor war er in der heiligen Indio-Stadt Tiwanaku nahe dem Titicaca-See in einer festlichen Zeremonie zum Oberhaupt der Anden-Indianer bestimmt worden, als Symbol seiner Hinwendung zu den indigenen Wurzeln Boliviens (→ Foto).

Sein 16 Mitglieder umfassendes Kabinett besetzte Morales vor allem mit Mitgliedern sozialer Protestbewegungen und gewerkschaftlicher Organisationen. Das Außenministerium übernahm der Indio David Choquehuanca, Walker San Miguel wurde Verteidigungsminister, als erste Frau in der Geschichte des Landes erhielt Alicia Muñoz das Innenressort, Luis Alberto Arce steht künftig dem Finanzministerium vor.

Präsident Morales wird zum Oberhaupt der Andenindianer gekrönt

Als eine seiner ersten Amtshandlungen kürzte Morales am 27. 1. 2006 sein eigenes Gehalt und das seiner Kabinettsmitglieder um 50 %; künftig erhält er umgerechnet rd. 1600 € monatlich. Die eingesparte Summe soll für die Einstellung von Lehrern verwendet werden. Ebenfalls vereinbart wurde eine radikale Senkung der Besoldung der Beamten.

Am 4. 3. 2006 beschloss der neue Kongress – erstmals seit langem wieder konsensorientiert – die Einberufung einer Verfassunggebenden Versammlung und kam damit einer der zentralen Forderungen von Indioorganisationen und Linksgruppierungen während der anhaltenden Proteste der letzten Jahre nach. Zugleich einigten sich die Abgeordneten auf die Abhaltung eines Referendums über eine größere Autonomie der Regionen. Bei der am 2. 7. 2006 abgehaltenen Abstimmung stimmten 44 % der Wähler für eine stärkere Unabhängigkeit, 56 % dagegen. Die Verfassunggebende Versammlung wird voraussichtlich erstmals am 6. 8. 2006 in der Hauptstadt Sucre zusammentreten.

- **Umsetzung zentraler Wahlkampfversprechen:** Anfang Mai 2006 verstaatlichte Morales per Dekret mit sofortiger Wirkung die Erdöl/gasförderung (→ Karte). Militäreinheiten besetzten daraufhin landesweit die von ausländischen Unternehmen betriebenen Anlagen (zum Ende des Monats wieder abgezogen). Die insgesamt 26 im Land tätigen internationalen Erdöl- und Erdgaskonzerne wurden verpflichtet, innerhalb von sechs Monaten neue Verträge mit dem staatlichen bolivianischen Erdölkonzern Yacimientos Petroliferos Fiscales Bolivianos (YPFB) auszuhandeln, der künftig 50 % plus eine Stimme an den neuen Joint Ventures halten wird. Zudem wurde die Abgaben- und Steuerlast von derzeit 50 auf bis zu 82 % des Produktionswerts erhöht. Seit einem Privatisierungsdekret von 1996 hatten Verträge mit außergewöhnlich günstigen Bedingungen den Energiekonzernen hohe Einnahmen gesichert, Förderunternehmen mussten lediglich 18 % ihrer Erlöse an den Staat abführen. International löste das Vorgehen Morales' Kritik und Besorgnis aus. Verärgert zeigten sich insbesondere Brasilien und Argentinien, die Hauptabnehmerländer von bolivianischem

Erdgas sind und mit ihren Beteiligungen an den Unternehmen Petrobras und Repsol-YPF auch zu den größten Investoren in Bolivien zählen. Auf einem eilig einberufenen Krisengipfel im argentinischen Puerto Iguazú am 4. 5. 2006 sicherte Morales den Präsidenten Argentiniens und Brasiliens, Néstor Carlos Kirchner und Luiz Inácio da Silva, eine auch weiterhin ungestörte Versorgung zu im Gegenzug für deren Bereitschaft, über die bislang sehr günstigen Preise neu zu verhandeln. Bolivien will sich dafür entgegen früheren Bekundungen außerdem an den Planungen für eine Erdgasleitung beteiligen, die von Venezuela durch Brasilien bis nach Argentinien führen soll, mit möglichen Abzweigungen nach Bolivien, Paraguay und Uruguay. Der venezolanische Staatschef Hugo Chávez, der an dem Treffen ebenfalls teilnahm, verteidigte das Vorgehen von Morales. Sein Handeln rechtfertigte Morales auch auf dem vierten Lateinamerika-(und Karibik-)Gipfel in Wien vom 11.–13. 5. 2006.

Anfang Juni 2006 brachte die Regierung von Morales eine Landreform auf den Weg und verteilte in einem ersten Schritt über 60 Besitzurkunden über 3,1 Mio. Hektar staatseigene Ländereien im Osten des Landes an Bauernfamilien. Vorgesehen ist außerdem, private Ländereien zu enteignen, soweit sie von den Großgrundbesitzern nicht ausreichend bearbeitet werden. Bis 2011 sollen rd. 20 Mio. Hektar Land an Landlose, Kleinbauern und indigene Gemeinschaften verteilt werden.

▪ **Schuldenabbau:** Der Internationale Währungsfonds (IWF) gewährte Bolivien am 21. 12. 2005 einen vollständigen Schuldenerlass. Die Maßnahme war Teil der beim G8-Gipfel im schottischen Gleneagles im Sommer 2005 beschlossenen Vereinbarung, die vorsieht, den armen Entwicklungsländern ihre Schulden bei IWF, Weltbank und Afrikanischem Entwicklungsfonds ganz zu erlassen. Der größte Teil dieser Länder nimmt bereits seit geraumer Zeit an der 1996 ins Leben gerufenen Entschuldung im Rahmen der HIPC-Initiative (Heavily Indebted Poor Countries) teil. Boliviens Staatsschuld, die sich seit 2000 stark erhöht hatte, beläuft sich derzeit auf schätzungsweise 75 % des BIP; rund ein Fünftel davon wird im Inland gehalten, die Auslandsverbindlichkeiten betragen rund 5,2 Mrd. US-$. Das Pro-Kopf-Einkommen ist mit durchschnittlich 960 US-$ pro Jahr das niedrigste in Südamerika, 59 % der Bevölkerung leben unterhalb der Armutsgrenze.

▪ **Ermittlungsverfahren gegen frühere Präsidenten:** Mitte März 2006 leitete die Staatsanwaltschaft Ermittlungsverfahren gegen vier frühere Präsidenten ein. Jorge Quiroga Ramírez (2001–2002), Gonzalo Sánchez de Lozada (1993–97 und 2002–2003) sowie Carlos Mesa Gisbert (2003–2005) wurden beschuldigt, bei Verträgen mit internationalen Erdöl- und Erdgaskonzernen die Verfassung verletzt zu haben. Gegen Sánchez de Lozada, der sich seit seinem Sturz im Oktober 2003 in den USA aufhält, wurde zudem wegen des Todes von 33 Personen während der zu seinem Sturz führenden Unruhen im Februar 2003 ermittelt. Auch Interimspräsident Eduardo Rodríguez Veltzé muss mit einem Prozess rechnen. Ihm werden »Unterwerfung unter ausländische Mächte« und Spionage vorgeworfen, weil er auf Drängen Washingtons die Zerstörung von 41 Flugabwehrraketen der bolivianischen Streitkräfte in den USA genehmigt hatte. Die Klagen gegen die vier Ex-Präsidenten waren ursprünglich vom MAS eingereicht worden.

Bosnien und Herzegowina

Südost-Europa
Bosna i Hercegovina – BA/BIH

Fläche (Weltrang: 124): 51 129 km^2

Einwohner (124): F 2004 3 909 000 = 77 je km^2

Hauptstadt: Sarajevo

Amtssprachen: Bosnisch, Kroatisch, Serbisch

Bruttonationaleinkommen 2004 je Einw.: 2040 $

Währung: 1 Konvertible Mark (KM) = 100 Pfennig
Kurs: 1 US-$ = 1,53 KM; 1 € = 1,95583 KM

Botschaft von Bosnien und Herzegowina
Ibsenstr. 14, 10439 Berlin
T 030/814 71 210, Fax 814 71 211
www.botschaftbh.de

LANDESSTRUKTUR **Fläche**: 51 129 km^2; davon Bosnien 42 010 km^2 und Herzegowina 9119 km^2; → Karte ▪ **Verwaltung**: 2 Gebietseinheiten, Distrikt Brčko und gemeinsam verwaltete Hauptstadt ▪ **Städte**: (S 2003) Sarajevo 380 000 Einw., Banja Luka 170 000, Tuzla 87 000, Zenica 85 000, Mostar 64 000, Bihać 39 000

BEVÖLKERUNG F 2004: 3 909 000 Einw.; Bevölkerungswachstum: –0,2 %; letzte Zählung 2001: 4 377 033 Einw. – S 2000: 48 % Bosniaken, 37 % Serben, 14 % Kroaten ▪ **Sprachen**: Bosnisch, Kroatisch, Serbisch ▪ **Religion** 2000: 40 % Muslime, 31 % Serbisch-Orthodoxe, 15 % Katholiken

STAATS- UND REGIERUNGSFORM Verfassung von 1995, zuletzt geändert 2002 – Republik seit 1992 – Parlament: Abgeordnetenhaus mit 42 Mitgl. (28 aus der BKF, 14 aus der RS), Wahl alle 4 J.; Kammer der Völker mit 15 Mitgl. (je 5 Bosniaken, Kroaten, Serben), Wahl alle 4 J. – Direktwahl des 3-köpfigen Präsidiums (je 1 Bosniake, Kroate, Serbe; rotierender Vorsitz alle 8 Monate) alle 2 J. – Wahlrecht ab 18 J. ▪ **Unabhängigkeit**: Souveränitätserklärung 15. 10. 1991; Proklamation 5. 4. 1992 ▪ **Nationalfeiertag**: 1. 3. (Unabhängigkeitsreferendum 1992)

REGIERUNG UND PARTEIEN **Staatsoberhaupt**: Borislav Paravać (Serbe, SDS), seit 10. 4. 2003; Sulejman Tihić (Bosniake, SDA), seit 28. 10. 2002; Ivo Miro Jović (Kroate, HDZ), seit 9. 5. 2005 – **Regierungschef**: Adnan Terzić (SDA), seit 23. 12. 2002 – **Äußeres**: Ana Trisić-Babić, seit 9. 6. 2005 ▪ **Parlament**: Wahlen zum Abgeordnetenhaus vom 5. 10. 2002: Demokratische Aktionspartei/SDA (Bosniaken) 10 von 42 Sitzen (2000: 8), Partei für Bosnien und Herzegowina/SBiH 6 (5), Serbische Demokratische Partei/SDS 5 (6), Kroatische Demokratische Gemeinschaft/HDZ 5 (5), Sozialdemokratische Partei/SDP 4 (9), Sonstige 12 (9)

WIRTSCHAFT **BIP** 2004: 8,533 Mrd. $; realer Zuwachs: 6,2 %; Anteil (2004) Landwirtschaft 12 %, Industrie 28 %, Dienstleistungen 61 % ▪ **Erwerbstätigkeit** 2003: Landwirtsch. 4 % ▪ **Arbeitslosigkeit**: k. A. ▪ **Inflation** ∅ 2005: 1,0 % (S) ▪ **Außenhandel** 2004 (vorläufig): **Import**: 3,969 Mrd. $; *Güter*: 24 % Maschinen und Transportausrüstungen, 21 % bearbeitete Waren, 14 % Nahrungsmittel und lebende Tiere, 11 % chemische Erzeugnisse, 11 % Fertigwaren, 11 % mineralische Brennstoffe; *Länder*: 22 % Kroatien, 14 % Deutschland, 10 % Slowenien, 10 % Italien, 5 % Österreich; **Export**: 1,241 Mrd. $; *Güter*: 32 % bearbeitete Waren, 21 % Fertigwaren, 18 % Rohstoffe, 11 % Maschinen und Transportausrüstungen; *Länder*: 26 % Kroatien, 20 % Italien, 11 % Deutschland, 10 % Slowenien, 10 % Serbien und Montenegro, 6 % Österreich, 5 % Schweiz

GEBIETSEINHEITEN

Bosniakisch-kroatische Föderation

Federacija Bosne i Hercegovine – BKF

Fläche: 26 076 km^2 (nach dem Dayton-Abkommen 51 % des Gesamtstaates) ▪ **Bevölkerung** F 2001: 2 312 397 Einw. ▪ **Hauptstadt** (S 2003): Sarajevo (Reg.-Sitz) 380 000 Einw. ▪ **Status:** Teilstaat mit innerer Autonomie, 10 Kantone – Verfassung von 1994, zuletzt geändert 2002 – Gründung 1994 – Parlament: Abgeordnetenhaus mit 140 für 4 J. gewählten Mitgl. und Kammer der Völker mit 74 Mitgl. – Wahl von Präs. u. Vizepräs. durch beide Kammern (rotierende Mandate für jeweils 1 J., Min.-Präs. muss jeweils der and. Volksgruppe als der Präs. angehören) ▪ **Regierung:** Präsident: Niko Lozancić (HDZ); 1. Vizepräsident: Šahbaz Dzikanović (SBiH); 2. Vizepräsidentin: Desnica Radivojević (SDA), seit 27. 1. 2003 – Regierungschef: Ahmet Hadžipašić (SDA), seit 14. 2. 2003

Serbische Republik

Republika Srpska – RS

Fläche: 25 053 km^2 (nach dem Dayton-Abkommen 49 % des Gesamtstaates) ▪ **Hauptstadt** (S 2003): Banja Luka (Reg.-Sitz) 170 000 Einw. ▪ **Status:** Teilstaat mit innerer Autonomie – Verfassung von 1992, zuletzt geändert 2002 – Proklamation am 27. 3. 1992 – Parlament (Nationalversammlung) mit 83 für 4 J. gewählten Mitgl. und Kammer der Völker mit 28 Mitgl. (je 8 für Serben und Bosniaken reserviert) ▪ **Regierung:** Präsident: Dragan Cavić (SDS); 1. Vizepräsident: Adil Osmanović (SDA); 2. Vizepräsident: Ivan Tomljenović (SDP), seit 28. 11. 2002 – Regierungschef: Milorad Dodik (SNSD), seit 28. 2. 2006

Der Aufbau einer nationalen Struktur für das unter drei Volksgruppen aufgeteilte Land (→ auch Karte) kam weiterhin nur mühsam voran. Mehr als zehn Jahre nach Ende des Bosnien-Kriegs (1992–95) gilt der Balkanstaat inzwischen als befriedet, doch funktioniert die durch den Dayton-Vertrag von 1995 fixierte lockere Gesamtstaatlichkeit nur marginal. Im Vordergrund der politischen Auseinandersetzungen standen daher die nationale Vereinheitlichung der Sicherheitsstrukturen sowie die Stärkung der zentralen Institutionen. Das vorläufige Scheitern der Verfassungsreform im April 2006 bedeutete einen Rückschlag für die internationale Gemeinschaft, die das Regime des von ihr eingesetzten Hohen Repräsentanten (HR) alsbald beenden möchte, aber auch für die Bestrebungen von Bosnien und Herzegowina, Anschluss an den EU-Integrationsprozess zu gewinnen.

■ **Verfassungsreform gescheitert:** Bei der Abstimmung im gesamtstaatlichen Parlament am 26. 4. 2006 akzeptierten nur 26 der 42 Abgeordneten die geplante Änderung der mit dem Dayton-Vertrag von 1995 vorgegebenen Verfassung, für die jedoch eine Zweidrittelmehrheit von mindestens 28 Stimmen erforderlich gewesen wäre. Hauptziel der vorgeschlagenen Verfassungsänderung war eine Stärkung des noch immer schwachen Gesamtstaates durch erweiterte Befugnisse der Zentralregierung in Sarajevo. Das dreiköpfige Staatspräsidium, in dem die Vertreter der Volksgruppen sich in der Rolle des Staatsoberhaupts turnusmäßig ablösen, sollte durch einen Präsidenten mit zwei Stellvertretern ersetzt werden, die Arbeit des Parlaments effektiver gestaltet und das Gesetzgebungsverfahren vereinfacht werden. Auf dieses Reformpaket hatten sich die Führungen aller wichtigen Parteien am 18. 3. nach monatelangen Verhandlungen unter internationalem Druck geeinigt. Den Auftakt dazu hatte eine Konferenz in Washington D. C. anlässlich des zehnten Jahrestags der Unterzeichnung des Dayton-Abkommens gegeben, die am 22. 11. 2005 mit der Zustimmung der drei Mitglieder des Staatspräsidiums zu den Grundsätzen einer künftigen neuen Verfassung zu Ende gegangen war. Die Reformvorlage scheiterte an der **Ablehnung durch die Vertreter extremer Positionen beider Lager** – einerseits der Partei für Bosnien und Herzegowina (SBiH) des ehemaligen Außenministers Haris Silajdžić, der die Reform nicht weit genug ging, andererseits an den bosnischen Kroaten, die ihre Interessen gefährdet sahen.

■ **Armeereform:** Mit Inkrafttreten des Verteidigungsgesetzes und des Gesetzes über den Dienst in den Streitkräften – beide Gesetze hatten zwischen August und Oktober 2005 die parlamentarischen Gremien der Teilstaaten und des Gesamtstaats passiert – löste Anfang 2006 eine **nationale Verteidigungsstruktur** die bis dahin getrennten militärischen Sektoren der drei so genannten Entitäten der Volksgruppen ab. Schon 2004 war ein gemeinsames Oberkommando, 2005 ein Verteidigungsministerium eingerichtet worden (→WA 2006, S. 86). Mit dem Ziel, bis Ende 2007 eine moderne und mit der NATO kompatible Armee zu schaffen und damit Zugang in das Programm Partnership for Peace (PfP) zu erhalten, sollen u. a. die ethnischen Einzelstreitkräfte, die im Bürgerkrieg gegeneinander kämpften, in einer gemeinsamen Armee aufgehen. Die Zahl der Soldaten wird – bei **Abschaffung der Wehrpflicht** – um rd. die Hälfte auf 9000 bis 10 000 reduziert, die verschiedenen Einheiten sollen zu einem Drittel auf dem Gebiet der Serbischen Republik und zu zwei Dritteln in der Bosniakisch-kroatischen Föderation stationiert sein.

■ **Polizeireform:** Nachdem die Polizeireform Ende Mai 2004 im ersten Anlauf am Parlament der Serbischen Republik (RS) gescheitert war, das eine ausschließlich entitätsbezogene Organisation der Polizei nicht aufgeben wollte (→ WA 2006, S. 87), fügte sich die Mehrheit der Abgeordneten am 5. 10. 2005 dem internationalen Druck, unter anderem der EU. Diese hatte zuvor ultimativ eine Verabschiedung der Reform zur Vorbedingung für die Aufnahme von Verhandlungen über ein Stabilisierungs- und Assoziierungsabkommen gemacht. Grundprinzipien der Reform sind neben der Verlagerung der Zuständigkeit von den Entitäten auf den Gesamtstaat die Schaffung regionaler Behörden auf Grundlage professioneller (und nicht wie bisher ethnisch-politischer) Kriterien sowie die Entpolitisierung der Ordnungskräfte.

■ **Neuer Hoher Repräsentant (HR):** Am 31. 1. 2006 übernahm der ehemalige deutsche Bundespostminister **Christian Schwarz-Schilling** (CDU) das Amt des HR, für das er am 14. 12. 2005 vom Leitungsgremium des Friedensimplementationsrates (Peace Implementation Council, PIC), der die internationale Gemeinschaft ver-

Der scheidende und der neue Hohe Repräsentant für Bosnien, Ashdown und Schwarz-Schilling

tritt, ernannt worden war. Der 75-jährige CDU-Politiker setzte gegenüber der zeitweise rigiden Interventionspolitik seines Vorgängers Paddy Ashdown (→ Foto) neue Akzente. Als eine seiner ersten Maßnahmen mit Wirkung zum 3. 4. 2006 hob er die Betätigungsverbote für insgesamt 161 Politiker und Beamte – unter ihnen zwei ehemalige Mitglieder des Staatspräsidiums und ein früherer Präsident der RS – auf, die Ashdown wegen Verstößen gegen Vorschriften des Dayton-Vertrags gemaßregelt hatte. Von den EU-Außenministern Ende Januar 2006 zum EU-Sonderbeauftragten für Bosnien und Herzegowina ernannt, verbindet Schwarz-Schilling die Aufsichtsfunktion des HR mit der Aufgabe, den Balkanstaat an die EU heranzuführen.

■ **Vergangenheitsbewältigung:** Am 11. 7. 2005, dem **zehnten Jahrestag des Massakers von Srebrenica**, gedachten etwa 50 000 Menschen in der Gedenkstätte Potočari der nahezu 8000 Opfer des schwersten Kriegsverbrechens in Europa seit Ende des Zweiten Weltkriegs. Trotz Protesten serbischer Nationalisten und muslimischer Opferorganisationen nahm auch der serbische Präsident Boris Tadić an der Trauerfeier teil. Anfang Oktober 2005 übergab eine Regierungskommission der RS der Kriegsverbrecherkammer des Obersten Gerichtshofs in Sarajevo eine Liste mit den Namen von rd. 17 000 Serben, die am Massaker von Srebrenica direkt oder indirekt beteiligt gewesen sein sollen. Nach offiziellen Angaben haben ungefähr 900 der Mittäter derzeit in der RS eine offizielle Funktion oder sind staatlich angestellt. Die Namen wurden wegen Verdunkelungsgefahr vorläufig nicht veröffentlicht.

Nach Forschungsergebnissen, die das Research and Documentation Center in Sarajevo am 21. 11. 2005 publizierte, kamen im Bosnien-Krieg nahezu 100 000 Menschen ums Leben; die allgemein auf 250 000 geschätzte Zahl von Opfern sei zu hoch gegriffen.

Im März 2006 befanden sich noch **vier wegen Kriegsverbrechen Angeklagte** aus Bosnien und Herzegowina auf freiem Fuß: der Ex-Polizeichef von Banja Luka, Stojan Zupljanin, die beiden Hauptangeklagten Radovan Karadžić (ehemals Präsident der selbsternannten Serbischen Republik Bosnien-Herzegowina) und Ratko Mladić (Armeechef) sowie der Mladić-Stellvertreter Zdravko Tolimir. Dem härter werdenden internationalen Druck nachgebend, forderten seit Sommer 2005 politische und gesellschaftliche Autoritäten der Serben die Flüchtigen zunehmend dringlicher auf, sich zu stellen. Anfang Januar 2006 mussten dreißig Offiziere der RS, die im Verdacht standen, Mladić bei seiner Flucht aktiv geholfen zu haben, ihren Dienst quittieren. Anfang März 2006 blockierte das gesamtstaatliche Parlament per Gesetz das Vermögen von ICTY-Angeklagten und deren Helfern (Weiteres zur Kriegsverbrecher-Verfolgung → Serbien).

Am 8. 8. 2005 wurde der ehemalige bosnisch-serbische Freischärlerführer Milan Lukić in Buenos Aires gefasst und Mitte Februar 2006 an das UN-Tribunal überstellt. Er soll maßgeblich für die Ermordung einer »bedeutenden Zahl« muslimischer Zivilisten in der Region um Visegrad verantwortlich sein. Sein ebenfalls wegen Verbrechen gegen die Menschlichkeit im Bosnien-Krieg angeklagter Cousin, Sredoje Lukić, stellte sich Mitte September 2005 den bosnisch-serbischen Behörden und wurde ebenfalls nach Den Haag überführt.

Aufgrund einer bereits 1993 eingereichten **Klage von Bosnien und Herzegowina gegen** die damalige Sozialistische Republik **Jugoslawien** eröffnete der Internationale Gerichtshof (ICJ) am 27. 2. 2006 seinen ersten Prozess um Völkermord und Aggression. Der Nachfolgestaat Serbien und Montenegro wies die Forderung nach Kriegsentschädigung zurück und hielt das oberste Gericht der UN für unzuständig, weil das ehemalige Jugoslawien zum Zeitpunkt der Klageerhebung weder Mitglied der UN war noch die UN-Völkermordkonvention unterzeichnet hatte. In den Vorverhandlungen hatte der ICJ dieses Argument zurückgewiesen. Die Aufforderung der Regierung in Belgrad an Sarajevo, die Klage zurückzuziehen, wurde von den Institutionen der bosnischen Serben befürwortet; dagegen drängten die Vertreter der beiden anderen Volksgruppen, auch im Staatspräsidium, auf die Durchführung des Verfahrens. Nach Abschluss der Verhandlung am 9. 5. wurde ein Urteil des ICJ für Ende des Jahres 2006 erwartet.

■ **Bosnische CIA-Affäre:** Nach Auswertung der Antworten der Mitgliedstaaten des → Europarats auf Nachfragen zu mutmaßlich illegalen Gefangenentransporten und Verschleppungen von Terrorverdächtigten durch den Auslandsgeheimdienst der → USA in Europa kritisierte dessen Generalsekretär Terry Davis am 1. 3. 2006 die Weigerung der bosnischen Behörden, im »ausreichend bekannten« **Fall der so genannten Algerian Six** nähere Auskünfte zu geben. Die terrorverdächtigen Algerier, vier von ihnen mit bosnischer Staatsangehörigkeit, waren Anfang 2002 unter Missachtung eines Freispruchs wegen Mangels an Beweisen durch das Oberste Gericht in Sarajevo in US-Gewahrsam überstellt worden und sollen anschließend über den US-Stützpunkt Ramstein in Deutschland in das Internierungslager Guantánamo Bay auf Kuba gebracht worden sein, wo sie sich angeblich noch im Frühjahr 2006 ohne Anklageerhebung befunden haben. Aus den Ermittlungen eines Sonderausschusses des → Europäischen Parlaments zur CIA-Affäre wurde Ende April 2006 bekannt, dass in Bosnien und Herzegowina stationierte Angehörige der deutschen Bundeswehr im Rahmen einer – offenbar rechtswidrigen – Nachforschung schon 2003 Kenntnis von der illegalen Operation erlangt hatten.

▪ **Machtwechsel in der Serbischen Republik (RS):** Die Nationalversammlung des Teilstaates bestätigte am 28. 2. 2006 Milorad Dodik als Ministerpräsidenten und sein Koalitionskabinett, dem entsprechend der geltenden ethnischen Quotenregelung neben acht Serben auch fünf Bosnier und drei Kroaten angehören. Der Vorsitzende der gemäßigten serbisch-nationalistischen Unabhängigen Sozialdemokraten (SNSD) hatte schon während seiner ersten Amtszeit (1998–2001) die RS vorsichtig zum Westen hin zu öffnen versucht. Dodik löste den erst seit einem Jahr amtierenden Pero Bukejlović von der dominierenden Serbischen Demokratischen Partei (SDS) ab, der nach Konflikten über die Polizeireform und den Haushalt einen Monat zuvor durch ein Misstrauensvotum gestürzt worden war. Mit Blick auf die für Oktober 2006 anstehende Neuwahl des Parlaments leitete die reformorientierte neue Regierung in Banja Luka zügig Maßnahmen zur Bekämpfung der organisierten Kriminalität und Korruption und zur Förderung der wirtschaftlichen Entwicklung ein. U. a. kürzte sie die Gehälter für Minister und Beamte, wechselte das Spitzenpersonal der Ministerien und etlicher Behörden sowie staatlicher Unternehmen aus und veranlasste die Überprüfung der Privatisierung von Unternehmen und Banken.

▪ **Bekämpfung der organisierten Kriminalität:** Anfang Mai 2006 trat ein Gesetz zur Bekämpfung der organisierten Kriminalität und schwerer Formen der Wirtschaftskriminalität in Kraft. Auf seiner Grundlage wurde beim Bezirksgericht in Banja Luka eine Sonder-Strafkammer eingerichtet und ein Sonder-Chefankläger ernannt.

▪ **Unabhängigkeitsbestrebungen:** Die erfolgreiche Volksabstimmung in Montenegro zur Lösung des Teilstaats aus dem Staatsverband mit Serbien (→ Serbien) gab entsprechenden Bestrebungen in der RS Auftrieb. Eine Bürgerinitiative legte Ende Mai 2006 in Banja Luka eine Unterschriftenliste mit 50 000 Namen mit der Forderung nach einem Referendum vor. Auch Ministerpräsident Dodik befürwortete die Idee einer Abstimmung unter Bosniens Serben über den Wunsch nach voller Souveränität unter Berufung auf das von den UN verbriefte Recht auf Selbstbestimmung der Völker. Der HR Schwarz-Schilling wies dagegen in einer scharf ablehnend formulierten Erklärung daraufhin, dass eine Unabhängigkeitsabstimmung in der RS sowohl die bosnische Verfassung als auch das Friedensabkommen von Dayton verletze.

Botsuana Süd-Afrika

Republik Botsuana; auch: Botswana; Republic of Botswana – BW / BWA

Fläche (Weltrang: 45): 581 730 km²

Einwohner (143): F 2004 1 769 000 = 3,0 je km²

Hauptstadt: Gaborone

Amtssprache: Englisch

Bruttonationaleinkommen 2004 je Einw.: 4360 $

Währung: 1 Pula (P) = 100 Thebe
Kurs: 1 US-$ = 5,74 P; 1 € = 7,39 P

Honorarkonsul der Republik Botsuana
Kieselei 42, 40883 Ratingen
T 02 102 / 89 64 34
www.botswana-botschaft.de

LANDESSTRUKTUR **Fläche**: 581 730 km²; → Karte ▪ **Verwaltung**: 19 Distrikte und 4 Stadtbezirke ▪ **Städte**: (Z 2001) Gaborone 186 007 Einw., Francistown 83 023, Molepolole 54 561, Selebi Phikwe 49 849, Maun 43 776, Serowe 42 444, Kanye 40 628

BEVÖLKERUNG Botsuaner – F 2004: 1 769 000 Einw.; Bevölkerungswachstum: –0,1 %; letzte Zählung 2001: 1 680 863 Einw. – ca. 95 % Bantu: überwiegend Sotho-Tswana (u. a. Bamangwato, Bakwena) und Schona, 2,4 % San (Buschleute), 1,3 % Sonstige (Weiße, Inder und Mischlinge) ▪ **Sprachen**: Setswana u. a. Bantu-Sprachen; Englisch ▪ **Religion** 2002: v. a. Anhänger von indigenen Religionen, 30 % Christen (10 % Protestanten, 5 % Katholiken); Minderheiten von Muslimen und Hindus

STAATS- UND REGIERUNGSFORM Verfassung von 1966, zuletzt geändert 1997 – Präsidialrepublik (im Commonwealth) seit 1966 – Parlament (Nationalversammlung) mit 63 Mitgl. (57 gewählt, 4 ernannt, 2 ex officio), Wahl alle 5 J.; beratendes House of Chiefs mit 15 Mitgl. – Wahl des Staatsoberhauptes durch Parlament alle 5 J. (einmalige Wiederwahl) – Wahlrecht ab 18 J. ▪ **Unabhängigkeit**: 30. 9. 1966 (ehem. britisches Protektorat) ▪ **Nationalfeiertag**: 30. 9.

REGIERUNG UND PARTEIEN **Staats- u. Regierungschef**: Festus G. Mogae (BDP), seit 1998 – **Äußeres**: Mompati Merafhe, seit 1994 ▪ **Parlament**: Wahlen vom 30. 10. 2004: Botswana Democratic Party / BDP 44 von 57 Sitzen (1999: 33 von 40), Botswana National Front / BNF 12 (6), Botswana Congress Party / BCP 1 (1)

WIRTSCHAFT **BIP** 2004: 8,974 Mrd. $; realer Zuwachs: 4,9 %; Anteil (2004) Landwirtschaft 3 %, Industrie 51 %, Dienstleistungen 46 % ▪ **Erwerbstätigkeit** 2001: Landwirtsch. 12 %, Industrie 26 %, Dienstl. 61 % ▪ **Arbeitslosigkeit** ∅ 2005: 24,0 % (S) ▪ **Inflation**

∅ 2003: 9,2 % ▪ **Außenhandel** 2005: **Import**: 16,592 Mrd. P; *Güter*: 26 % Maschinen und elektr. Ausrüstungen, 14 % Nahrungsmittel, Getränke und Tabak, 12 % Fahrzeuge und Transportausrüstungen; *Länder*: 85 % SACU (v. a. Südafrika), 2 % Simbabwe, 1 % Großbritannien; **Export**: 22,397 Mrd. P; *Güter*: 75 % Diamanten, 10 % Kupfer-Nickel-Konzentrate; *Länder*: 76 % Großbritannien, 9 % SACU

CHRONIK

Botsuana gehört als größter Diamantenexporteur der Welt zu den politisch und wirtschaftlich stabilsten Ländern Afrikas. Ende Mai 2006 wurden die Lizenzen für die Förderung von Diamanten durch den weltweit größten Diamantenproduzenten De Beers um 25 Jahre verlängert. Dabei wurde gleichzeitig ein Abkommen unterzeichnet, wonach die im Land geförderten Diamanten ab 2009 nicht mehr in London vermarktet werden; außerdem ist in den nächsten Jahren vorgesehen, einen Teil der Rohdiamanten im Land selbst zu verarbeiten. Größtes Problem des Landes ist die starke Verbreitung von Aids, durch die die Lebenserwartung auf 35 Jahre zurückgegangen ist. 2002 wurde daher ein Programm zur kostenlosen Verteilung von Aids-Medikamenten eingeführt, dessen Kosten mittlerweile 1,5 % des Bruttoinlandsprodukts ausmachen.

▪ **Umsiedlung der Buschleute:** Die Regierung forderte Anfang September 2005 die verbliebenen ca. 200 Buschleute (San) der **Zentral-Kalahari** auf, das gleichnamige Reservat im Westen des Landes (→ Karte) zu verlassen. Kritiker vermuteten hingegen, dass durch die Umsiedlung neue Gebiete für den Diamantenabbau erschlossen werden sollen. Dies wurde nicht nur von der Regierung, sondern auch von der botsuanischen Menschenrechtskommssion entschieden bestritten. Von den 50 000 Buschleuten lebten 2005 nur noch 200 im Central Kalahari Game Reserve, 1997 waren es noch 2000, von denen die meisten bereits bis 2002 umgesiedelt worden waren. Die Umsiedlung war damals mit Umweltschutz und den hohen Kosten für die Aufrechterhaltung der sozialen und wirtschaftlichen Infrastruktur in dem Naturschutzgebiet begründet worden. Die Gana- und Gwi-Buschleute hatten sich damals der Umsiedlung entzogen und fechten seit 2004 mit Unterstützung der britischen Nichtregierungsorganisation Survival International die Ausweisung gerichtlich an.

Am 29. 9. 2005 wurde der Vorsitzende der Buschleute-Organisation First People of the Kalahari, Roy Sesana, für seinen Einsatz für die Rechte der Buschleute (Gana und Gwi) mit dem Alternativen Nobelpreis ausgezeichnet. Nur wenige Tage zuvor war er beim Versuch, zusammen mit 21 weiteren Personen das Central Kalahari Game Reserve zu betreten und die dort verbliebenen Buschleute mit Lebensmitteln zu versorgen, in eine gewaltsame Auseinandersetzung mit Ordnungskräften geraten und vorübergehend verhaftet worden. Ende November 2005 rief Präsident Festus Mogae Vertreter der Organisation First People World Wide (FPWW) zu Verhandlungen zwischen Regierung und Ureinwohnern über die Modalitäten ihrer Umsiedlung auf. Die Regierung bestritt dabei vehement einen Zusammenhang zwischen der Ausweisung und dem Diamantenabbau und wies darauf hin, dass die Buschleute ihren traditionellen Lebensstil bereits seit langem aufgegeben hätten.

▪ **Schulgebühren:** Die Entscheidung der Regierung, mit Beginn des Jahres 2006 Gebühren für den Besuch an weiterführenden Schulen und Universitäten zu erheben, stieß auf massiven Protest bei Opposition, Lehrergewerkschaften und Nichtregierungsorganisationen. Schulgebühren waren zu Beginn der 1980er Jahre mit Einsetzen des Diamantenabbaus und entsprechender Einnahmen in die Staatskasse abgeschafft worden.

Brasilien Süd-Amerika

Föderative Republik Brasilien; República Federativa do Brasil – BR / BRA

Fläche (Weltrang: 5): 8 547 404 km²

Einwohner (5): F 2004 183 913 000 = 22 je km²

Hauptstadt: Brasília (Brasilia)

Amtssprache: Portugiesisch

Bruttonationaleinkommen 2004 je Einw.: 3000 $

Währung: 1 Real (R$) = 100 Centavos
Kurs: 1 US-$ = 2,30 R$; 1 € = 2,95 R$

Botschaft der Föderativen Republik Brasilien
Wallstr. 57, 10179 Berlin
T 030 / 72 62 80, Fax 72 62 83 20 / 21
www.brasilianische-botschaft.de

LANDESSTRUKTUR **Fläche:** 8 547 404 km²; → Karte ▪ **Verwaltung:** 26 Bundesstaaten und Hauptstadt-Bundesdistrikt; → Tabelle ▪ **Städte:** (F 2005) São Paulo 10 927 985 Einw., Rio de Janeiro 6 094 183, Salvador 2 673 560, Belo Horizonte 2 375 329, Fortaleza 2 374 944, Brasília 2 333 108, Curitiba 1 757 904, Manaus 1 644 690, Recife 1 501 008, Pôrto Alegre 1 428 696, Belém 1 405 871, Guarulhos 1 251 179, Goiânia 1 201 006, Campinas 1 045 706, São Luís 978 824, São Gonçalo 960 841, Maceió 903 463, Duque de Caxias 842 890, Nova Iguaçu 830 902, Teresina 788 773, São Bernardo do Campo 788 560, Natal 778 040, Campo Grande 749 768, Osasco 705 450, Santo André 669 592

BEVÖLKERUNG Brasilianer – F 2004: 183 913 000 Einw.; Bevölkerungswachstum: 1,4 %; letzte Zählung 2000: 169 590 693 Einw. – 53,7 % Weiße, 38,5 % Mulatten und Mestizen, 6,2 % Schwarze, 1,2 % Sonstige, 734 131 Indianer (rd. 200 Ethnien) ▪ **Sprachen:** Portugiesisch; rd. 180 Indianersprachen (Tupi, Guarani, Gê, Arwak, Karib u. a.) ▪ **Religion** 2000: 73,6 % Katholiken, 15,4 % Protestanten; Minderheiten von Buddhisten, Bahai, Muslimen und Juden; indigene Religionen der Indianer und afrobrasilianische Religionen (Candomblé, Umbanda u. a.); 7,4 % religionslos

STAATS- UND REGIERUNGSFORM Verfassung von 1988, zuletzt geändert 2003 – Präsidiale Bundesrepublik seit 1988 – Parlament (Congresso Nacional): Abgeordnetenhaus (Câmara dos Deputados) mit 513 Mitgl., Wahl alle 4 J.; Senat (Senado Federal) mit 81 für 8 J. gewählte Mitgl., Teilwahlen alle 4 J. – Direktwahl des Staatsoberhauptes alle 4 J. (einmalige Wiederwahl) – Wahlrecht ab 16 J.; Wahlpflicht von 18–69 J. ▪ **Unabhängigkeit:** 7. 9. 1822 (ehem. portugiesische Kolonie) ▪ **Nationalfeiertag:** 7. 9.

REGIERUNG UND PARTEIEN **Staats- u. Regierungschef:** Luiz Inácio (Lula) da Silva (PT), seit 1. 1. 2003 – **Äußeres:** Celso Amorim, seit 1. 1. 2003 ▪ **Parlament:** Wahlen vom 6. 10. 2002: Abgeordnetenhaus: Partido dos Trabalhadores / PT 91 von 513 Sitzen (1998: 58), Partido da Frente Liberal / PFL 84 (106), Partido do Movimento Democrático Brasileiro / PMDB 74 (82), Partido da Social Democracia Brasileira / PSDB 71 (99), Partido Progressista Brasileiro / PPB 49 (60), Partido Liberal / PL 26 (12), Partido Trabalhista Brasileiro / PTB 26 (31), Partido Socialista Brasileiro / PSB 22 (19), Partido Democrático Trabalhista / PDT 21 (25), Partido Popular Socialista / PPS 15 (3), Partido Comunista do Brasil / PCdoB 12 (7), Sonstige 22 (11) – Senat (nach letzten Teilwahlen von 54 Mitgl. 2002): PMDB 19 von 81 Sitzen (1998: 27), PFL 19 (20), PT 14 (7), PSDB 11 (16), PDT 5 (2), PSB 4 (3), PTB 3 (–), PL 3 (–), PPB 1 (5), Sonstige 2 (1)

WIRTSCHAFT **BIP** 2004: 603,973 Mrd. $; realer Zuwachs: 4,9 %; Anteil (2004) Landwirtschaft 10 %, Industrie 40 %, Dienstleistungen 50 % ▪ **Erwerbstätigkeit** 2002: Landwirtsch. 20 %, Industrie 22 %, Dienstl. 58 % ▪ **Arbeitslosigkeit** ∅ 2005: 8,3 % ▪ **Inflation** ∅ 2005: 6,9 % ▪ **Außenhandel** 2005: **Import:** 73,545 Mrd. $; *Güter:* 20 % Chemikalien und chemische Produkte, 18 % Kraftstoffe, 14 % Maschinen, 12 % Elektronik, 6 % Kfz und -Teile, 5 % Elektrotechnik; *Länder:* 18 % USA, 9 % Argentinien, 8 % Deutschland, 7 % VR China, 5 % Japan, 4 % Algerien, 4 % Frankreich, 4 % Nigeria, 3 % Rep. Korea, 3 % Italien; **Export:** 118,309 Mrd. $; *Güter:* 16 % Transportausrüstungen, 11 % Metalle und Metallwaren, 8 % Soja, 8 % Erdöl und Produkte daraus, 7 % Fleisch, 7 % Eisenerz, 6 % Chemikalien und chemische Produkte, 6 % Maschinen, 4 % elektrische Ausrüstungen, 4 % Zucker; *Länder:* 20 % USA, 8 % Argentinien, 6 % VR China, 5 % Niederlande, 4 % Deutschland, 3 % Mexiko, 3 % Chile, 3 % Japan, 3 % Italien, 3 % Russland

CHRONIK

Das beherrschende Thema im Berichtszeitraum war eine Korruptionsaffäre, in die zahlreiche Politiker verstrickt waren und die auch das Ansehen von Präsident Luiz Inácio (Lula) da Silva deutlich schmälerte. Trotz eines 2005 wieder etwas abgeschwächten Wirtschaftswachstums konnte die Regierung ihre gesamten Schulden beim IWF und Pariser Club vorzeitig zurückzahlen. Die soziale Situation großer Bevölkerungsteile blieb dagegen weiterhin prekär, da auch die seit Jahren versprochene Landreform immer noch nicht umgesetzt wurde.

▪ **Korruptionsskandal und Regierungskrise:** Die Innenpolitik befand sich seit Mitte 2005 im Bann eines weit verzweigten Korruptionsskandals, der durch Medienberichte aufgedeckt worden war. Im Mittelpunkt stand zunächst der Partido dos Trabalhadores (PT) des

Brasilien
Fläche, Bevölkerung und Bevölkerungsdichte

Region, Bundesstaat (Hauptstadt) sowie Bundesdistrikt	Fläche in Tsd. km²	Einwohner in Tsd. F 2006	je km²
Norden			
Rondônia (Pôrto Velho)	238,5	1 546,6	6,5
Acre (Rio Branco)	153,1	667,1	4,4
Amazonas (Manaus)	1 577,8	3 276,1	2,1
Roraima (Boa Vista)	225,1	396,5	1,8
Pará (Belém)	1 253,2	7 030,7	5,6
Amapá (Macapá)	143,5	603,7	4,2
Tocantins (Palmas)	278,4	1 317,2	4,7
Nordosten			
Maranhão (São Luís)	333,4	6 138,2	18,4
Piauí (Teresina)	252,4	3 019,5	12,0
Ceará (Fortaleza)	146,3	8 148,8	55,7
Rio Grande do Norte (Natal)	53,3	3 020,6	56,7
Paraíba (João Pessoa)	56,6	3 607,6	63,7
Pernambuco (Recife)[1]	98,9	8 451,9	85,5
Alagoas (Maceió)	27,9	3 030,8	108,6
Sergipe (Aracaju)	22,1	1 982,0	89,7
Bahia (Salvador)	567,3	13 873,3	24,5
Südosten			
Minas Gerais (Belo Horizonte)	588,4	19 341,4	32,9
Espírito Santo (Vitória)	46,2	3 432,4	74,3
Rio de Janeiro (Rio de Janeiro)	43,9	15 460,1	352,2
São Paulo (São Paulo)	248,8	40 706,3	163,6
Süden			
Paraná (Curitiba)	199,7	10 315,8	51,7
Santa Catarina (Florianópolis)	95,4	5 906,0	61,9
Rio Grande do Sul (Pôrto Alegre)	282,1	10 895,9	38,6
Mittelwesten			
Mato Grosso do Sul (Campo Grande)	358,2	2 278,9	6,4
Mato Grosso (Cuiabá)	906,8	2 826,4	3,1
Goiás (Goiânia)	341,3	5 667,6	16,6
Bundesdistrikt Brasília	5,8	2 354,9	406,0
Brasilien	8547,4[2]	185 296,3	21,7

1 einschl. Insel Fernando de Noronha
2 einschl. ca. 3000 km² Fläche, die von den Bundesstaaten Piauí und Ceará beansprucht werden
Quelle: Fundacão Instituto Brasileiro de Geografia e Estatística, 2006

seit Januar 2003 amtierenden Präsidenten da Silva. So soll seine Partei den Wahlkampf 2002 über illegale Spendengelder finanziert und Abgeordnete im Parlament bestochen haben. Bald darauf zeigte sich, dass auch verschiedene kleine Parteien der Mitte-Links-Koalition involviert und Abgeordnete dazu bewogen worden waren, in den PT oder andere Parteien des Regierungsbündnisses überzuwechseln oder für Gesetzesvorhaben der Regierung zu stimmen. Dutzende Parlamentarier erhielten dafür eine regelmäßige monatliche Zahlung, den so genannten »Mensalão«, in Höhe von umgerechnet ca. 10 000 €, kleineren Parteien soll der Beitritt zur Regierungskoalition mit Millionenbeträgen vergütet worden sein. Im Zentrum des Korruptionsnetzes stand der im Juni 2005 zurückgetretene frühere Kabinettschef José Dirceu, ein enger Vertrauter da Silvas, der zudem ca. 40 000 Posten im Staatsapparat mit regierungstreuen PT-Parteigängern und Gewerkschaftern besetzt haben soll. Auch der Ex-PT-Vorsitzende José Genoíno, der bereits am 9. 7. 2005 seinen Rücktritt eingereicht hatte, der Schatzmeister der Partei, Delúbio Soares, und der Chef der Wahlkampagne von 2002, Duda Mondonça, wurden als wichtige Verdächtige genannt. Der Skandal führte zum **Rücktritt** einer großen Anzahl **von Ministern, Parlamentsabgeordneten und Parteifunktionären** sowohl bei den Regierungsparteien als auch bei der größten Oppositionspartei Partido da Social-Democracia Brasileira (PSDB) sowie zu einer umfassenden Kabinettsumbildung im Juli 2005. Auch der Ruf von Präsident da Silva, der ursprünglich mit dem Versprechen der Korruptionsbekämpfung angetreten war, litt deutlich; seine Zustimmungswerte sanken Ende 2005 auf 31 %, nachdem sie bei Amtsantritt bei 75 % gelegen hatten. In ihrem Ende März 2006 vorgelegten Abschlussbericht bestätigte die zur Aufklärung des Skandals eingesetzte parlamentarische Untersuchungskommission die Vorgänge. Insgesamt seien seit 1997 im Rahmen illegaler Wahlkampffinanzierung und des Kaufs von Abgeordnetenstimmen zur Mehrheitsbeschaffung im Parlament Geldbeträge in Höhe von fast einer Mrd. US-$ verschoben worden; die Gelder stammten von staatlichen und privaten Unternehmen, Pensionskassen und Banken. Ob Präsident da Silva selbst über die Vorgänge unterrichtet war, ließ der Bericht offen. Die Kommission forderte die Justiz auf, Ermittlungen gegen fast 200 Personen einzuleiten, unter ihnen zwei frühere Minister, 19 Abgeordnete und die gesamte einstige Führung des PT sowie Manager staatlicher und privater Unternehmen. Ende März 2006 geriet auch Finanzminister Antonio Palocci in den Strudel der Korruptionsaffäre und demissionierte. Schon zuvor war Palocci auch in den eigenen Reihen zunehmend in die Kritik geraten, weil er sich gegen die Aufweichung des bisher verfolgten Stabilitätskurses gesträubt hatte. Angesichts der im Oktober 2006 anstehenden Präsidentschaftswahlen befürwortete auch Präsident da Silva zunehmend eine Lockerung der strengen Spar- und Hochzinspolitik. Paloccis Nachfolger wurde der bisherige Chef der Wirtschaftsentwicklungsbank, Guido Mantega.

▪ **Wirtschaft und Finanzen:** Die politische Krise hatte zwar kaum direkten Einfluss auf die Wirtschaft, verhinderte jedoch weitere Reformen der zehntgrößten Volkswirtschaft der Welt. Im Vergleich zum Vorjahr schwächte sich das BIP-Wachstum 2005 ab und erreichte nur noch ein Plus von 2,3 % gegenüber dem Vorjahr (2004: +4,9 %). Mit ihrer investorenfreundlichen Geldpolitik gelang es der Regierung jedoch auch

2005 wieder, große Mengen ausländischen Kapitals anzuziehen. Aufgrund der gegenwärtigen Hausse an den Rohstoffmärkten stiegen zudem die Exporterlöse und die Devisenreserven stark an. Ohne Berücksichtigung des Zinsendienstes erwirtschaftete das südamerikanische Land 2005 sogar einen Zahlungsbilanzüberschuss von fast 6 % des BIP. Wie der Nachbar → Argentinien war deshalb auch Brasilien in der Lage, zum Ende des Jahres 2005 seine **gesamten Schulden beim Internationalen Währungsfonds** (IWF) in Höhe von umgerechnet 15,46 Mrd. US-$ **vorzeitig zurückzuzahlen**. Damit verlor der IWF seinen weltweit größten Kreditnehmer. Bis Ende Januar 2006 tilgte die Regierung auch ihre Schulden gegenüber dem Pariser Club in Höhe von 2,7 Mrd. US-$ vorzeitig. Die **Schere zwischen Arm und Reich** ist jedoch **nach wie vor groß**, über 35 % der Bevölkerung leben trotz zahlreicher Sozialprogramme unterhalb der Armutsgrenze.

▪ **Nuklearpolitik:** Im Januar 2006 nahm Brasilien seine **erste Anlage zur Urananreicherung in Betrieb.** Sie soll nach Regierungsangaben ausschließlich friedlichen Zwecken dienen und die beiden Atomkraftwerke des Landes von den bisher aus Europa importierten Brennstoffstäben unabhängiger machen. Das Nuklearprogramm hatte in den zurückliegenden Jahren wiederholt zu Konflikten mit der Internationalen Atomenergiebehörde (IAEA) geführt, weil deren Kontrolleuren stets die Besichtigung der Anlage mit dem Hinweis auf Industriespionage verwehrt worden war. 2004 hatten sich beide Seiten auf einen Modus für Inspektionen geeinigt (→ WA 2006, S. 92).

▪ **Energiewende:** Seit dem »Ölpreisschock« in den 1970er Jahren hatte der staatliche Erdölkonzern Petrobras verstärkt auf die damals noch wenig erprobte Offshore-Exploration gesetzt. Gleichzeitig wurde 1975 mit dem **»Proalcool-Programm«** eine Energiewende eingeleitet: Mit Subventionen, Steuerbefreiungen und weiteren Anreizen wurde die Umstellung des Kfz-Verkehrs von Benzin und Diesel auf den **aus Zucker gewonnenen Biotreibstoff Ethanol (Alkohol)** gefördert. Mitte der 1980er Jahre wurden so über 90 % der Autos mit Ethanol betrieben. Inzwischen wurde ein neues »Proalcool-Programm« aufgelegt; 2004 wurden 18 Mio. t Ethanol produziert, was zu einer Auswei-

Zuckerrohrernte

tung der Zuckerrohranbauflächen geführt hat (→ Foto). Als die Autoindustrie 2003 die Flex-Fuel-Motoren einführte, die wahlweise mit Benzin oder Ethanol oder einer beliebigen Mischung aus beiden betrieben werden können, und sich der Preis für Erdöl wieder verteuerte, stieg die Nachfrage stark an. Inzwischen sind über 70 der Neuzulassungen **Flex-Fuel-Modelle**, deren **Schadstoffausstoß beim Tanken von Ethanol weit geringer** ist; außerdem liegt der Preis für 1 l Alkohol um 30 % unter dem für Benzin.

▪ **Landlosenfrage:** Erneut besetzten tausende landloser Bauern Ende September 2005 in mehreren Städten Büros der Behörde für Agrarreform sowie Plantagen und Banken (→ WA 2006, S. 90 f.). Sie warfen der Regierung Versagen bei der Landverteilung an 130 000 mittellose Landarbeiter vor, da angeblich noch kein einziger Land erhalten hätte. Eine entsprechende Vereinbarung hatten Regierung und Vertreter der Landlosenbewegung im Mai 2005 unterzeichnet. Anfang Juni 2006 stürmten mehrere hundert Bauern das Parlament in der Hauptstadt Brasilia. Der Landlosen-Führer Bruno Maranhão sowie rd. 400 weitere Personen wurden dabei festgenommen. In Brasilien leben rd. 4,6 Mio. Landlosenfamilien, ca. 26 000 Landbesitzern gehören 46 % des landwirtschaftlich nutzbaren Landes. Seit Mitte der 1980er Jahre hat der Landkonflikt mehr als 1300 Menschenleben gefordert.

▪ **Waffenreferendum / Kriminalität:** Bei einem landesweiten Referendum am 23. 10. 2005 stimmten 64 % der Wahlberechtigten gegen ein Verbot des freien Verkaufs von Schusswaffen und Munition. Die Abstimmung war Teil einer breit angelegten Kampagne der Regierung zur Entwaffnung der Bevölkerung. Seit Mitte 2004 können die Bürger freiwillig Handfeuerwaffen auf den Polizeirevieren abgeben. Nach Schätzung der Behörden sind in Brasilien rd. 17 Mio. Handfeuerwaffen in Umlauf, von denen rd. 6,7 Mio. auf legalem Weg erworben und registriert wurden. Offiziellen Angaben zufolge starben 2005 über 36 000 Menschen durch Schusswaffengebrauch. Bei einer vier Tage dauernden **Welle der Gewalt in São Paulo** kamen Mitte Mai 2006 rd. 150 Menschen ums Leben, unter ihnen 39 Polizisten und Sicherheitskräfte. 49 Personen wurden verletzt, 91 festgenommen. Mit insgesamt 272 Anschlägen auf staatliche Einrichtungen, Banken und den öffentlichen Nahverkehr wurde das öffentliche Leben nahezu zum Erliegen gebracht; außerdem kam es in zahlreichen Gefängnissen der Stadt zu Aufständen. Als Drahtzieher der eskalierenden Gewalt machten die Behörden das »Erste Hauptstadtkommando« verantwortlich. Dabei handelt es sich um eine Gruppierung der Drogenmafia, die damit gegen die Verlegung von 750 Gefängnisinsassen, unter ihnen acht ranghohe Mafiabosse, in ein Hochsicherheitsgefängnis protestieren wollte. São Paulo, mit rd. 20 Mio. Einwohnern eine der größten Städte der Welt, kämpft seit langem mit Kriminalität und Gewalt und ist in den letzten Jahren zu einer Drehscheibe des internationalen Drogenhandels geworden. Die Sicherheitsbehörden stehen dieser Entwicklung – von der auch andere Großstädte des Landes betroffen sind – weitgehend hilflos gegenüber.

▪ **Außenpolitik:** Mit der Loslösung von internationalen Kreditgebern trat Brasilien sowohl regional als auch international zunehmend selbstbewusster auf. Im Rahmen regionaler Integrationsbemühungen traf sich Präsident da Silva am 19. 1. 2006 mit seinem argentinischen und venezolanischen Amtskollegen, Néstor Carlos Kirchner und Hugo Chávez, zu Verhandlungen über eine kontinentale Erdgas-Pipeline, die zunächst Argentinien und Brasilien mit dem erdgasreichen Venezuela verbinden und später auch Chile, Peru und Bolivien anschließen soll. Auf globaler Ebene bemühte sich Brasilien um einen festen Sitz im UN-Sicherheitsrat und brachte im Januar 2006 gemeinsam mit Deutschland und Indien einen entsprechenden Resolutionsentwurf zur Erweiterung des Rats ein (→ UN). Die durch die Verstaatlichung der Erdgas- und Erdölunternehmen in → Bolivien Anfang Mai 2006 ausgelöste Krise zwischen beiden Staaten konnte auf einem Gipfeltreffen im argentinischen Puerto Iguazú am 4. 5. 2006, an dem auch der argentinische und venezolanische Staatschef teilnahmen, rasch wieder beigelegt werden. Im Gegenzug für die vom bolivianischen Präsidenten Evo Morales zugesicherte Versorgungssicherheit erklärten sich Brasilien und Argentinien bereit, die bislang für sie sehr günstigen Erdgaspreise neu zu verhandeln. Brasilien ist der größte Abnehmer von bolivianischem Erdgas und durch seine Beteiligung an dem auch im Nachbarland tätigen Energieunternehmen Petróleo Brasileiro (Petrobras) direkt von der Verstaatlichung betroffen.

Brunei Darussalam

Südost-Asien

Negara Brunei Darussalam – BN / BRN

Fläche (Weltrang: 163): 5765 km^2

Einwohner (167): F 2004 366 000 = 64 je km^2

Hauptstadt: Bandar Seri Begawan

Amtssprache: Malaiisch

Bruttonationaleinkommen 2004 je Einw.: k. A.

Währung: 1 Brunei-Dollar (BR$) = 100 Cents
Kurs: 1 US-$ = 1,59 BR$; 1 € = 2,06 BR$
1 BR$ = 1 Singapur-$

Botschaft von Brunei Darussalam
Kronenstr. 55–58, 10117 Berlin
T 030/20 60 76–0, Fax 20 60 76 66
E-Mail: berlin@brunei-embassy.de

LANDESSTRUKTUR **Fläche**: 5765 km^2; → Karte ▪ **Verwaltung**: 4 Distrikte; Tabelle → WA 2006, S. 93 ▪ **Städte**: (Z 2001) Bandar Seri Begawan 27 285 Einw.; (Z 1991) Kuala Belait 21 163, Seria 21 082

BEVÖLKERUNG Bruneier – F 2004: 366 000 Einw.; Bevölkerungswachstum: 2,2 %; letzte Zählung 2001: 332 844 Einw. – 66,7 % Malaien, 11,1 % Chinesen, 3,5 % Kedayan, Tutong, Belait, Bisaya, Dusun, Murut, Iban, Dayak, Kelabit, 18,6 % Sonstige ▪ **Sprachen**: Malaiisch; Sprachen der Minderheiten; Englisch und Chinesisch ▪ **Religion**: 67 % Muslime (Sunniten; meist Malaien), 15 % Buddhisten, Daoisten und Konfuzianer, 10 % Christen; indigene Religionen

STAATS- UND REGIERUNGSFORM Verfassung von 1959, zuletzt geändert 2004 – Islamische Monarchie (im Commonwealth) seit 1984 – Staatsreligion: Islam – Religiöser Rat, Staatsrat, Ministerrat und Erbfolgerat mit beratender Funktion – Gesetzgebender Rat mit 15 gewählten und 30 vom Sultan ernannten Mitgl. ▪ **Unabhängigkeit**: 1. 1. 1984 (ehem. britisches Protektorat) ▪ **Nationalfeiertag**: 23. 2.

REGIERUNG UND PARTEIEN **Staats- u. Regierungschef**: Sultan Haji Hassan al-Bolkiah, seit 1967, gekrönt 1968 – **Äußeres**: Prinz Mohamed al-Bolkiah, seit 1984 ▪ **Parlament**: seit 1988 verboten

WIRTSCHAFT **BIP** 2003: 4,800 Mrd. $; realer Zuwachs: k. A.; Anteil (2001) Landwirtschaft 5 %, Industrie 45 %, Dienstleistungen 50 % ▪ **Erwerbstätigkeit** 2003: Landwirtsch. 0,6 % ▪ **Arbeitslosigkeit** ∅ 2004: 3,2 % ▪ **Inflation** ∅ 2005: 1,0 % ▪ **Außenhandel** 2004: **Import**: 1,205 Mrd. $; *Güter* 2005: 33 % Maschinen, Transportausrüstungen, 27 % Fertigwaren, 15 % Nahrungsmittel und lebende Tiere, 10 % Chemikalien, 3 % Tabak und Getränke; *Länder* 2004: 20 % Malaysia, 18 % Singapur, 6 % VR China, 5 % Hongkong, 5 % Thailand, 4 % Deutschland; **Export**: 4,560 Mrd. $; *Güter* 2005: 94 % mineralische Brennstoffe, 2 % Bekleidung; *Länder* 2004: 38 % Japan, 13 % Rep. Korea, 12 % Australien, 7 % USA, 7 % Thailand, 6 % Indonesien

CHRONIK

Laut einem Bericht der Financial Times hatte der Oberste Gerichtshof in Brunei mit Billigung von Sultan Hassan al-Bolkiah im März 2006 ein vom Brunei Investment Authority (BIA) angestrengtes **Verfahren** auf Rückerstattung veruntreuter Gelder **gegen den Bruder des Sultans**, Jefri Bolkiah, eingeleitet. Als ehemaliger Finanzminister und Vorsitzender der BIA hatte er Milliarden von US-$ für private Zwecke genutzt und war 1998 daraufhin vom Sultan entlassen worden.

Den 45. Jahrestag der Gründung der Royal Brunei Armed Forces nahm der Sultan zum Anlass, die Armeeführung am 28. 5. zu einem Dinner einzuladen (→ Foto).

Sultan Hassan al-Bolkiah und Sohn

Bulgarien Südost-Europa

Republik Bulgarien; Republika Bălgarija – BG / BGR

Fläche (Weltrang: 101): 110 994 km²

Einwohner (92): F 2004 7 761 000 = 70 je km²

Hauptstadt: Sofija (Sofia)

Amtssprache: Bulgarisch

Bruttonationaleinkommen 2004 je Einw.: 2750 $

Währung: 1 Lew (Lw) = 100 Stótinki
Kurs: 1 US-$ = 1,52 Lw; 1 € = 1,95583 Lw

Botschaft der Republik Bulgarien
Mauerstr. 11, 10117 Berlin
T 030 / 201 09 22, Fax 208 68 38
www.botschaft-bulgarien.de

LANDESSTRUKTUR **Fläche:** 110 994 km²; Karte → WA 2005, S. 87 ▪ **Verwaltung:** 8 Regionen und Hauptstadtgebiet; Tabelle → WA 2005, S. 86 ▪ **Städte:** (Z 2001) Sofija (Sofia) 1 096 289 Einw., Plovdiv 340 638, Varna 314 539, Burgas 193 316, Ruse 162 128, Stara Zagora 143 989, Pleven 122 149, Sliven 100 695, Dobrič 100 379

BEVÖLKERUNG Bulgaren – F 2004: 7 761 000 Einw.; Bevölkerungswachstum: –0,8 %; letzte Zählung 2001: 7 973 671 Einw. – 83,5 % Bulgaren, 9,5 % Türken, 4,6 % Roma (S 750 000), 1,5 % Sonstige (Russen, Armenier, Walachen, Griechen) ▪ **Sprachen:** Bulgarisch; Sprachen der Minderheiten, v. a. Türkisch ▪ **Religion:** 85,7 % bulgarisch-orthodoxe Christen, 13,1 % Muslime, Minderheiten von Katholiken, Protestanten und Juden

STAATS- UND REGIERUNGSFORM Verfassung von 1991, zuletzt geändert 2003 – Republik seit 1990 – Parlament: Volksversammlung (Narodno săbranje) mit 240 Mitgl., Wahl alle 4 J. – Direktwahl des Staatsoberhauptes alle 5 J. – Wahlpflicht ab 18 J. ▪ **Unabhängigkeit:** alte staatliche Tradition, 22. 9. 1908 (ehem. Teil des Osmanischen Reichs) ▪ **Nationalfeiertag:** 3. 3. (Friede von San Stefano 1878)

REGIERUNG UND PARTEIEN **Staatsoberhaupt:** Georgi Parwanow (BSP), seit 22. 1. 2002 – **Regierungschef:** Sergej Stanischew (BSP-Vors.), seit 16. 8. 2005 – **Äußeres:** Iwailo Kalfin (BSP), seit 16. 8. 2005 ▪ **Parlament:** Wahlen vom 25. 6. 2005: Koalition für Bulgarien (Bulgarische Sozialistische Partei / BSP und weitere Parteien) 82 von 240 Sitzen (2001: 48), Nationale Bewegung Simeon II. / NDS 53 (120), Bewegung für Rechte und Freiheiten / DPS 34 (21), Koalition Ataka 21 (–), Vereinigte Demokratische Kräfte / ODS 20 (51), Demokraten für ein starkes Bulgarien / DSB 17 (–), Bulgarische Volksunion / BNS 13 (–)

WIRTSCHAFT **BIP** 2004: 24,131 Mrd. $; realer Zuwachs: 5,6 %; Anteil (2004) Landwirtschaft 11 %, Industrie 31 %, Dienstleistungen 58 % ▪ **Erwerbstätigkeit** 2003: Landwirtsch. 10 %, Industrie 33 %, Dienstl. 57 % ▪ **Arbeitslosigkeit** ∅ 2005: 10,7 % ▪ **Inflation** ∅ 2005: 6,5 % ▪ **Außenhandel** 2005 (vorläufig): **Import:** 28,7 Mrd. Lw; *Güter:* 31 % Maschinen, Transportausrüstungen, 20 % Halbfabrikate, 20 % mineralische Brenn- und Schmierstoffe, 10 % chemische Erzeugnisse, 8 % verschiedene Fertigerzeugnisse, 6 % Rohstoffe, 4 % Nahrungsmittel und lebende Tiere; *Länder:* 16 % Russland, 14 % Deutschland, 9 % Italien, 6 % Türkei, 5 % Griechenland, 5 % Frankreich, 4 % VR China, 4 % Ukraine, 4 % Rumänien, 3 % USA (EU gesamt: 50 %); **Export:** 18,5 Mrd. Lw; *Güter:* 27 % Halbfabrikate, 22 % verschiedene Fertigerzeugnisse, 14 % Maschinen, Transportausrüstungen, 13 % mineralische Brenn- und Schmierstoffe, 8 % chemische Erzeugnisse, 7 % Nahrungsmittel und lebende Tiere, 6 % Rohstoffe, 2 % Getränke, Tabak; *Länder:* 12 % Italien, 11 % Türkei, 10 % Deutschland, 9 % Griechenland, 6 % Belgien, 5 % Frankreich, 4 % Rumänien, 3 % Spanien, 3 % USA, 3 % Serbien und Montenegro (EU gesamt: 57 %)

CHRONIK

▪ **Große Koalition:** Sieben Wochen nach den Parlamentswahlen vom 25. 6. 2005 (→ WA 2006, S. 94) **einigten sich die drei stärksten Parteien** am 15. 8. auf die Bildung einer großen Koalition. Die Kabinettsliste des neuen Ministerpräsidenten und Vorsitzenden der Sozialistischen Partei (BSP), Sergej Stanischew, umfasst acht Minister der BSP, fünf der Nationalen Bewegung des bisherigen Ministerpräsidenten Simeon Sakskoburggotski (NDS), drei der Bewegung für Rechte und Freiheiten (DPS) und einen Parteilosen als Finanzminister. Das Parlament bestätigte das Kabinett am 17. 8. mit 169 gegen 68 Stimmen. Die neue Regierung war erst nach mehreren gescheiterten Versuchen durch einen Kompromiss zustande gekommen: Die BSP hatte auf die im Wahlprogramm angekündigte erneute Verstaatlichung des restituierten Zareneigentums verzichtet, während Sakskoburggotski, ehemals Zar Simeon II. (1943–46), nicht mehr auf dem Amt des Regierungschefs bestanden und die DPS sich sowohl das Umweltschutz- als auch das Landwirtschaftsministerium – beide Schlüsselressorts für die Verteilung von EU-Fördermitteln – gesichert hatte. Neuer Außenminister wurde Iwailo Kalfin (BSP). Als wichtigste Aufgabe betrachtete die neue Regierung die Gewährleistung des für den 1. 1. 2007 geplanten EU-Beitritts.

▪ **Vor dem EU-Beitritt:** Wie im Falle → Rumäniens **vertagte die EU-Kommission am 16. 5. 2006 die Entscheidung** über einen Beitritt Bulgariens zum 1. 1. 2007 auf Oktober 2006. Der am gleichen Tag vorgelegte EU-Monitoring-Bericht des Erweiterungskommissars Olli Rehn bescheinigte dem Land erhebliche Fortschritte bei der Anpassung an die EU-Standards, hob jedoch **sechs Bereiche** hervor, **die »zu ernster Besorgnis Anlass«** geben: Dabei handelt es sich vor allem um schwere Mängel bei der Bekämpfung von organisierter Kriminalität, Betrug, Korruption sowie von Geldwäsche; darüber hinaus liege das Verwaltungs- und Kontrollsystem in der Landwirtschaft noch im Argen, sodass die Gelder aus dem EU-Strukturhilfefonds nicht kontrolliert verteilt und verwendet werden könnten. Von erkennbaren Fortschritten in diesen Bereichen, aber auch der Fortsetzung der Reformbemühungen in zahlreichen anderen wollte die EU-Kommission ihre Empfehlung im Oktober 2006 abhängig machen. Anderenfalls würde die mit dem EU-Beitrittsvertrag vereinbarte Schutzklausel greifen, nach der der Beginn der Mitgliedschaft um ein Jahr verschoben würde. Im Februar 2006 hatten zwei deutsche Gutachter im Auftrag der EU-Kommission Bulgariens Polizei- und Justizwesen ein katastrophales Zeugnis ausgestellt und u. a. auf Korruption im Sicherheitsapparat und seine Verflechtung mit dem organisierten Verbrechen hingewiesen. Von mindestens 150 Auftragsmorden im Jahr 2005 hatte keiner aufgeklärt werden können. Innenminister Rumen Petkow hatte den Bericht scharf zurückgewiesen.

Als eines der zentralen Reformprojekte, um EU-Niveau zu erreichen, hatte das Parlament im Oktober und Dezember 2005 mehrere Gesetzespakete zur lange angemahnten **Justizreform** verabschiedet. Von der Ernennung eines neuen Generalstaatsanwalts am 19. 1. 2006 versprach man sich über die neuen gesetzlichen und administrativen Regelungen hinaus ein energischeres Vorgehen gegen Korruption und organisierte Kriminalität.

■ **Beziehungen zu den USA:** Zum 31. 12. 2005 beendete Bulgarien den Abzug seines 400 Mann starken Truppenkontingents im Irak. Seit August 2003 waren dort 13 Soldaten und sechs Zivilisten ums Leben gekommen (→WA 2006, S. 95). Der bisherige Standort, die Stadt Diwanija im Süden des Irak, wurde an eine einheimische Einheit übergeben, die die Bulgaren ausgebildet hatten. Am 22. 2. 2006 billigte das Parlament ein Abkommen mit den USA, das den **neuerlichen Einsatz von 150 Soldaten im Irak** vorsieht, allerdings im Rahmen von »humanitären Aufgaben« beim Bewachen des Flüchtlingslagers Ashraf nahe Bagdad unter US-Kommando und begrenzt bis März 2007. Die Kosten für Transport, Logistik und medizinische Versorgung tragen die USA.

Angebliche Indizien für die **Existenz von geheimen CIA-Gefängnissen** in Bulgarien bestritten Ministerpräsident Stanischew und Außenminister Kalfin entschieden. Am 9. 1. 2006 hatte die Schweizer Boulevardzeitung SonntagsBlick aus einem vom Schweizer Geheimdienst abgefangenen Fax des ägyptischen Außenministeriums Verhörzentren der CIA zitiert und unter den angeführten Ländern auch Bulgarien genannt (→ Schweiz, → EU).

Am Rande des NATO-Außenministertreffens in Sofia am 28. 4. 2006 unterzeichneten Außenminister Kalfin und seine US-amerikanische Amtskollegin Condoleezza Rice ein **Abkommen über militärische Zusammenarbeit**. In diesem überließ Bulgarien, das seit 2004 zur NATO gehört, den US-Streitkräften für zunächst zehn Jahre die Nutzung von Militärflughäfen (Besmer und Graf Ignatiewo), einem Truppenübungsplatz und einem Trainingslager für bis zu 2500 Soldaten. In den zwei Jahre andauernden Verhandlungen hatte Bulgarien durchgesetzt, über alle Arten von Lieferungen, ihre Menge und den Einsatzzweck informiert zu werden, erhielt jedoch nicht das gewünschte Vetorecht bei Nutzung der Stützpunkte für Einsätze in Drittstaaten. Die USA erwarben die Basen im Zuge der Neuordnung ihres Stützpunktsystems im Ausland. Bei der Ratifizierung des Vertrags durch das Parlament am 26. 5. verknüpften die Abgeordneten ihr positives Votum mit dem Hinweis auf die Zusicherung der USA aus dem Jahr 1997, sie hätten »keine Absicht«, Atomwaffen in Bulgarien zu stationieren.

■ **Krankenschwester-Prozess in Libyen:** Nach monatelangem diplomatischen Tauziehen hob der Oberste Gerichtshof von Libyen am 25. 12. 2005 ein im Mai 2004 gefälltes **Todesurteil gegen fünf bulgarische Krankenschwestern** (und einen palästinensischen Arzt) auf. Diese hatten sich seit 1999 unter der Anschuldigung in Haft befunden, mehr als 400 libysche Kinder in einem Krankenhaus in Bengasi willentlich mit dem HI-Virus infiziert zu haben. Am 23. 12. 2005 hatte das Außenministerium in Sofia mitgeteilt, es habe sich nach Absprache mit der EU-Kommission, den USA und Großbritannien nun mit Libyen auf die Einrichtung eines Hilfsfonds für HIV-infizierte Kinder geeinigt (→ Libyen). Der Prozess wurde am 11. 5. 2006 in Tripolis neu aufgerollt, eine Freilassung der Angeklagten auf Kaution lehnte das Gericht ab.

■ **Weitere Ereignisse:** Entsprechend der Beitrittsvereinbarung mit der EU meldete die Regierung Ende Januar 2006 die Stilllegung von zwei weiteren veralteten Reaktoren im **Atomkraftwerk Kosloduj** an der Donau. Die beiden ältesten waren schon Ende 2002 abgeschaltet worden. Am 1. 3. 2006 ereignete sich im fünften Block der gleichen Anlage ein Störfall, der zunächst als unbedeutend dargestellt wurde. Erst Anfang Mai 2006 stufte ihn die bulgarische Atomaufsichtsbehörde als wesentlich gefährlicher ein. Der betroffene Reaktor soll mit einem zweiten auch nach dem EU-Beitritt weiter in Betrieb bleiben. Unterdessen warb Bulgarien um internationale Finanzhilfe für den Bau eines weiteren Atomkraftwerks.

Wie fast der gesamte Balkanraum wurde im März und April 2006 auch Bulgarien von großflächigen **Überschwemmungen** heimgesucht, die sich insbesondere durch das Zusammentreffen von schweren Unwettern, heftigen Regenfällen und einer beschleunigten Schneeschmelze dramatisch entwickelten.

Burkina Faso West-Afrika

République Démocratique du Burkina Faso – BF / BFA

Fläche (Weltrang: 72): 274 200 km²

Einwohner (68): F 2004 12 822 000 = 47 je km²

Hauptstadt: Ouagadougou

Amtssprache: Französisch

Bruttonationaleinkommen 2004 je Einw.: 350 $

Währung: CFA-Franc
Kurs: 1 € = 655,96 CFA-Francs

Botschaft von Burkina Faso
Karolingerplatz 10–11, 14052 Berlin
T 030 / 30 10 599–0, Fax 30 10 599–20
E-Mail: embassy_burkina_faso@t-online.de

LANDESSTRUKTUR **Fläche**: 274 200 km²; → Karte ▪ **Verwaltung**: 13 Regionen ▪ **Städte**: (Z 1996) Ouagadougou 709 736 Einw., Bobo-Dioulasso 309 771, Koudougou 72 490, Ouahigouya 52 193, Banfora 49 724, Kaya 33 958

BEVÖLKERUNG Burkiner – F 2004: 12 822 000 Einw.; Bevölkerungswachstum: 3,2 %; letzte Zählung 1996: 10 312 609 Einw. – rd. 60 Ethnien: überwiegend Volta-Völker (u. a. 48 % Mossi), Mande-Gruppen (17 % Bobo und Verwandte, Sanike, Diula), außerd. 10 % Fulbe, 7 % Dagara und Lobi, 5 % Gourmantché (Gur) ▪ **Sprachen**: Französisch; Moore (Gur-Sprache der Mossi), Mande-Sprachen und Ful; Arabisch ▪ **Religion**: über 50 % Anhänger von indigenen Religionen, 30 % Muslime, 12 % Katholiken

STAATS- UND REGIERUNGSFORM Verfassung von 1991, zuletzt geändert 1997 – Präsidialrepublik seit 1960 – Parlament (Assemblée des Députés Populaires) mit 111 Mitgl., Wahl alle 5 J. – Direktwahl des Staatsoberhauptes alle 7 J. – Wahlrecht ab 18 J. ▪ **Unabhängigkeit**: 5. 8. 1960 (ehem. französische Kolonie; bis 1984 Republik Obervolta bzw. Haute-Volta) ▪ **Nationalfeiertag**: 11. 12. (Ausrufung der Republik)

REGIERUNG UND PARTEIEN **Staatsoberhaupt**: Blaise Compaoré (CDP), seit 1987; zuletzt gewählt 2005 – **Regierungschef**: Paramanga Ernest Yonli, seit 7. 11. 2000 – **Äußeres**: Youssouf Ouédraogo, seit 15. 1. 1999 ▪ **Parlament**: Wahlen vom 5. 5. 2002: Congrès pour la Démocratie et le Progrès / CDP 57 von 111 Sitzen (1997: 101), Alliance pour la Démocratie et la Fédération-Rassemblement Démocratique Africain / ADF / RDA 17 (4), Parti pour la Démocratie et le Progrès / Parti Socialiste / PDP / PS 10 (6), Coalition des Forces Démocratiques / CFD 5 (–), Parti Africain de l'Indépendance / PAI 5 (–), Parti de la Renaissance Nationale / PAREN 4 (–), Convention Panafricaine Sankariste / CPS 3 (–), Union pour la Renaissance / Mouvement Sankariste / UNIR / MS 3 (–), Sonstige 7 (–)

WIRTSCHAFT **BIP** 2004: 4,824 Mrd. $; realer Zuwachs: 3,9 %; Anteil (2004) Landwirtschaft 31 %, Industrie 20 %, Dienstleistungen 49 % ▪ **Erwerbstätigkeit** 2003: Landwirtsch. 92 % ▪ **Arbeitslosigkeit**: k. A. ▪ **Inflation** ∅ 2003: 2,0 % ▪ **Außenhandel** 2003: **Import**: 405,2 Mrd. CFA-Francs; *Güter* 2002: 33 % Kapitalgüter, 19 % Erdöl, 13 % Nahrungsmittel; *Länder* 2002: 20 % Frankreich, 19 % Elfenbeinküste, 9 % Japan, 6 % Deutschland; **Export**: 187,7 Mrd. CFA-Francs; *Güter* 2002: 54 % Baumwolle, 21 % Tiere und tier. Nahrungsmittel, 2 % Gold; *Länder* 2002: 45 % Frankreich, 9 % Elfenbeinküste, 5 % Singapur

CHRONIK

Nach 18 Jahren einer Politik der eisernen Hand wurde **Staatschef Blaise Compaoré** bei den Präsidentschaftswahlen am 13. 11. 2005 mit 80,3 % der Stimmen für weitere fünf Jahre **im Amt bestätigt**. Der aussichtsreichste Herausforderer unter den elf Gegenkandidaten, der Führer der Oppositionspartei Union pour la Renaissance (UNIR / MS), Bénéwandé Stanislas Sankara, erhielt nur 4,9 %. Die Wahlbeteiligung wurde mit 57,7 % angegeben. Mehr als tausend internationale Beobachter bestätigten der Abstimmung einen friedlichen und fairen Verlauf. Compaoré war 1987 in einem blutigen Putsch an die Macht gekommen und 1991 und 1998 für eine weitere Amtsperiode gewählt worden. Ein Teil der Opposition stellte die Rechtmäßigkeit einer dritten Amtsperiode des Präsidenten in Frage, da laut einer Verfassungsänderung aus dem Jahr 2000 nur mehr zwei Amtsperioden erlaubt sind. Der Verfassungsrat hatte jedoch bereits im Oktober 2005 bestimmt, dass dies nicht rückwirkend gelte. Der am 6. 1. 2006 mit der Regierungsbildung beauftragte Premierminister Paramanga Ernest Yonli stellte am 7. 1. sein Kabinett vor; Außenminister blieb weiterhin Youssouf Ouédraogo.

Burma → **Myanmar**

Burundi Ost-Afrika

Republik Burundi; Republika y'Uburundi (kirundi); République du Burundi – BI / BDI

Fläche (Weltrang: 141): 27 834 km²

Einwohner (95): F 2004 7 282 000 = 262 je km²

Hauptstadt: Bujumbura

Amtssprachen: Kirundi, Französisch

Bruttonationaleinkommen 2004 je Einw.: 90 $

Währung: 1 Burundi-Franc (F.Bu.) = 100 Centimes
Kurs: 1 US-$ = 1043 F.Bu.; 1 € = 1342 F.Bu.

Botschaft der Republik Burundi
Berliner Str. 36, 10715 Berlin
T 030 / 234 56 70, Fax 234 56 720
www.burundi-embassy-berlin.com

LANDESSTRUKTUR **Fläche**: 27 834 km²; Karte → WA 2006, S. 97 ▪ **Verwaltung**: 15 Provinzen ▪ **Städte**: (F 1999) Bujumbura 319 098 Einw.; (S 1999) Gitega 23 500; (Z 1990) Muyinga 79 335, Ngozi 74 218, Kayanza 62 613, Kirundo 62 546, Bubanza 60 266

BEVÖLKERUNG Burundier – F 2004: 7 282 000 Einw.; Bevölkerungswachstum: 3,4 %; letzte Zählung 1990: 5 139 073 Einw. – ca. 80 % Hutu, 19 % Tutsi, 1 % Twa (Pygmäen) ▪ **Sprachen**: Kirundi (Bantu-Sprache), Swahili, Französisch ▪ **Religion** 2001: 62 % Katholiken), 23 % Anhänger von indigenen Religionen, 10 % Muslime, 5 % Protestanten

STAATS- UND REGIERUNGSFORM Verfassung von 2005 – Präsidialrepublik seit 1966 – Parlament: Nationalversammlung mit 118 Mitgl. (100 gewählt und 18 kopiert zur Erreichung der Quote: 60 % Hutu, 40 % Tutsi, 3 % Twa; 30 % Frauen); Senat mit 49 Mitgl. (34 indirekt gewählt, 3 von den Twa ernannt, 4 frühere Präsidenten und 8 kooptiert zur Erreichung der Quote) – Direktwahl des Staatsoberhauptes alle 5 J. (erster Präsident nach Annahme der neuen Verfassung wurde vom Parlament gewählt) – Wahlrecht ab 18 J. ▪ **Unabhängigkeit**: 1. 7. 1962 (ehem. belgisches Treuhandgebiet) ▪ **Nationalfeiertag**: 1. 7.

REGIERUNG UND PARTEIEN **Staats- u. Regierungschef**: Pierre Nkurunziza (CNDD-FDD), seit 26. 8. 2005 – **Äußeres**: Antoinette Batumubwira (CNDD-FDD), seit 30. 8. 2005 ▪ **Parlament**: Wahlen zur Nationalversammlung vom 4. 7. 2005: Conseil National pour la Défense de la Démocratie-Forces pour la Défense de la Démocratie / CNDD-FDD (Hutu) 59 von 100 Sitzen, Front pour la Démocratie au Burundi / FRODEBU (Hutu) 25, Unité pour le Progrès National / UPRONA (Tutsi) 10, Sonstige 6

WIRTSCHAFT **BIP** 2004: 657 Mio $; realer Zuwachs: 5,5 %; Anteil (2004) Landwirtschaft 51 %, Industrie 20 %, Dienstleistungen 29 % ▪ **Erwerbstätigkeit** 2003: Landwirtsch. 90 % ▪ **Arbeitslosigkeit**: k. A. ▪ **Inflation** ∅ 2003: 16,0 % ▪ **Außenhandel** 2001: **Import**: 139 Mio. $; *Güter*: 23 % Maschinen- und Transportausrüstungen, 21 % bearbeitete Waren, 18 % chemische Erzeugnisse, 12 % mineralische Brennstoffe, Schmiermittel, 12 % Nahrungsmittel; *Länder* 2000: 15 % Tansania, 13 % Frankreich, 12 % Belgien, 11 % Saudi-Arabien, 5 % Kenia; **Export**: 42 Mio. $; *Güter*: 50 % Kaffee, 17 % Tee, 17 % Gold; *Länder* 2000: 26 % Schweiz, 13 % Großbritannien, 13 % Belgien

CHRONIK

▪ **Politische Normalisierung:** Die im Friedensabkommen von Arusha festgelegte fünfjährige Übergangsperiode kam mit der Einsetzung der demokratisch gewählten Institutionen im Jahr 2005 zu ihrem Abschluss. Nach der Bestätigung einer neuen für fünf Jahre gültigen Verfassung (per Referendum) und der Wahl des Senats und der Nationalversammlung sowie neuer Kommunalparlamente in der ersten Jahreshälfte 2005 (→ WA 2006, S. 98) fand am 19. 8. 2005 die Wahl des Präsidenten statt. Dieser wurde nicht per Volkswahl bestimmt, sondern in einer gemeinsamen Sitzung der beiden neugewählten Parlamentskammern. Angesichts der Mehrheitsverhältnisse war nur der Kandidat der früheren Rebellenbewegung und Hutu-Partei Conseil National pour la Défense de la Démocratie (CNDD-FDD), Pierre Nkurunziza angetreten, der 151 von 162 möglichen Stimmen erhielt bei neun Gegenstimmen und zwei Enthaltungen. Nkurunziza wurde am 26. 8. vereidigt und löste damit den Hutu-Politiker Domitien Ndayizeye ab, der seit Mai 2003 der Übergangsregierung vorgestanden hatte. In dem am 30. 8. vorgestellten neuen Kabinett sind elf Hutu und neun Tutsi vertreten, im Einklang mit der verfassungsmäßigen Klausel, wonach öffentliche Ämter im Verhältnis 60 : 40 zwischen den beiden Volksgruppen aufzuteilen sind. Zwölf Minister gehören Nkurunzizas CNDD-FDD an, acht Minister repräsentieren fünf andere im Parlament vertretene Parteien. Tutsi-Minister erhielten dabei auch einige zentrale Ressorts, etwa das für die Integration der Rebellen verantwortliche Verteidigungsministerium. Gemäß der neuen Verfassung sind alle Parteien, die bei den Parlamentswahlen mehr als 5 % der Stimmen erreichen, an der Regierung beteiligt.

Auf Geheiß von Justizministerin Clotilde Niragira wurden zwischen dem 10. 1. und 14. 3. 2006 in drei Etappen 3299 politische Gefangene vorläufig freigelassen, die z. T. seit 1993 wegen ihrer Verwicklung in den Bürgerkrieg inhaftiert gewesen waren. Sie müssen sich vor einer Wahrheits- und Versöhnungskommission verantworten, die im Verlauf des Jahres 2006 eingerichtet werden sollte.

Am 26. 3. 2006 erklärte die Hutu-Partei Front pour la Démocratie au Burundi (FRODEBU), mit 25 Sitzen zweitstärkste Kraft im Parlament und große Verliererin des Wahlprozesses, ihren Austritt aus der Regierung, da Präsident Nkurunziza weder an der Förderung von Demokratie noch der konstitutionell vorgesehenen Machtteilung interessiert sei. Die drei FRODEBU-Minister im Kabinett weigerten sich allerdings zurückzutreten und wurden daraufhin aus der Partei ausgeschlossen.

▪ **Schulpolitik:** Die Verfügung von Präsident Nkurunziza, wonach die Grundschulausbildung zukünftig kostenlos ist (bisher umgerechnet rd. 5 € pro Halbjahr), löste zu Beginn des Schuljahres 2005/06 am 19. 9. 2005 einen Massenansturm auf die Grundschulen aus. Nach Schätzungen des Erziehungsministeriums versuchten bis zu 500 000 Kinder und Jugendliche statt der sonst üblichen 226 000 Erstklässler eingeschult zu werden: Neben den eigentlichen Schulkindern wollten auch zahlreiche Teenager, die während des Bürgerkriegs geboren worden waren, ihre Grundschulbildung nachholen. Das Kinderhilfswerk der Vereinten Nationen (UNICEF) erklärte sich bereit, zusätzliche internationale Mittel in Höhe von 3 Mio. US-$ für Schuluniformen, Bücher und andere Materialien zu mobilisieren. In der Hauptstadt sind Klassengrößen von bis 150 Kindern bislang nicht unüblich.

▪ **Rebellen:** Unter der Vermittlung Südafrikas begannen am 29. 5. 2006 in Dar es Salaam (Tansania) Friedensgespräche zwischen der Regierung und den Hutu-Rebellen der Forces Nationales de Libération (FNL), die das Arusha-Friedensabkommen im Jahr 2000 nicht unterzeichnet hatten. Im September 2005 hatten die Rebellen ein Angebot zu solchen Verhandlungen noch abgelehnt und ihre militärischen Attacken fortgesetzt. Am 18. 6. wurde nach dreiwöchigen Verhandlungen eine vorläufige Vereinbarung über die Beendigung der Feindseligkeiten vereinbart. Beide Seiten verpflichteten sich, über die noch ausstehenden Details eines definitiven Waffenstillstandsabkommens innerhalb weniger Wochen Einigkeit zu erzielen.

▪ **ONUB:** Das Mandat der seit Juni 2004 in Burundi stationierten UN-Friedenstruppe wurde am 30. 11. 2005 und erneut am 21. 12. mit den Resolutionen 1641 und 1650 bis zum 1. 7. 2006 verlängert. Anlass für die Verlängerung waren militärische Übergriffe der Hutu-Rebellen der FNL auf Ziele in der Hauptstadt Bujumbura.

▪ **Entschuldungsabkommen:** Am 8. 8. 2005 wurde Burundi von der Weltbank offiziell in die Liste der Heavily Indebted Poor Countries (HIPC) aufgenommen, wodurch das afrikanische Land seine Schuldendienstzahlungen um rd. 80 % verringern kann. Nach Angaben des Finanzministeriums sollen die eingesparten Gelder, wie von der Weltbank gefordert, in den Gesundheits- und Bildungssektor fließen.

Ceylon → **Sri Lanka**

Chile Süd-Amerika

Republik Chile; República de Chile – CL/CHL

Fläche (Weltrang: 37): 756 096 km²

Einwohner (59): F 2004 16 124 000 = 21 je km²

Hauptstadt: Santiago (Santiago de Chile)

Amtssprache: Spanisch

Bruttonationaleinkommen 2004 je Einw.: 5220 $

Währung: 1 Chilenischer Peso (chil$) = 100 Centavos
Kurs: 1 US-$ = 531,11 chil$; 1 € = 683,63 chil$

Botschaft der Republik Chile
Mohrenstr. 42, 10117 Berlin
T 030/726 20 35, Fax 726 20 36 03
www.embajadaconsuladoschile.de

LANDESSTRUKTUR **Fläche:** 756 096 km² einschließlich versch. Inseln im Pazifik; → Karte ▪ **Gebiete:** Rapa Nui (Osterinsel) 162,5 km²; Islas Juan Fernández (Más a Tierra, Alejandro Selkirk, Santa Clara) 185 km²; Islas de los Deventurados (San Félix, San Ambrosio, Gonzales) 3,33 km²; Isla Sala y Gómez 0,12 km² ▪ **Verwaltung:** 12 Regionen und Hauptstadtregion; → Tabelle ▪ **Städte:** (F 2004) Santiago 6 444 810 Einw., Puente Alto 494 318, Viña del Mar 331 151, Talcahuano 300 717, Valparaíso 296 013, Antofagasta 270 339, Temuco 264 254

BEVÖLKERUNG Chilenen – F 2004: 16 124 000 Einw.; Bevölkerungswachstum: 1,1 %; letzte Zählung 2002: 15 116 435 Einw.; Osterinsel: 2770 Einw., Islas Juan Fernández: 1000 Einw. – 95,4 % Mestizen und Weiße, 4,6 % Indianer, davon 93 % Mapuche, 5 % Aimará, 2 % Rapanui ▪ **Sprachen:** Spanisch; indianische Sprachen

Chile
Fläche, Bevölkerung und Bevölkerungsdichte

Region (Hauptort) und Hauptstadtregion	Fläche in km²	Einwohner insgesamt F 2006	Einwohner je km²
Tarapacá (Iquique)	59 099	475 797	8,1
Antofagasta (Antofagasta)	126 049	547 933	4,3
Atacama (Copiapó)	75 176	272 402	3,6
Coquimbo (La Serena)	40 580	677 300	16,7
Valparaíso (Valparaíso)	16 396	1 682 005	102,6
Libertador (Rancagua)	16 387	849 120	51,8
Maule (Talca)	30 296	975 244	32,2
Bío-Bío (Concepción)	37 063	1 982 649	53,5
Araucanía (Temuco)	31 842	937 259	29,4
Los Lagos (Puerto Montt)	67 013	1 168 241	17,4
Aisén (Coihaique)	108 495	100 417	0,9
Magallanes (Punta Arenas)	132 297	156 502	1,2
Santiago de Chile	15 403	6 607 805	429,0
Chile	756 096	16 432 674	21,7

Quelle: Instituto Nacional de Estadísticas 2006

Chile:
Wahlen zum Abgeordnetenhaus am 11.12.2005 (2001)

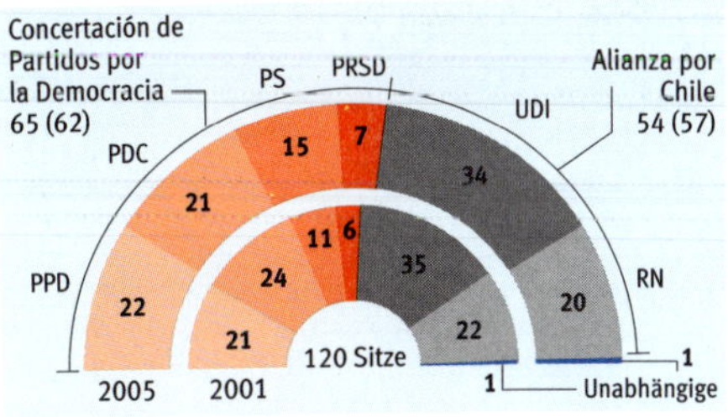

▪ **Religion** 2001: 72 % Katholiken, ca. 13 % Protestanten; Minderheiten von Bahai, Juden und Anhänger von indigenen Religionen

STAATS- UND REGIERUNGSFORM Verfassung von 1980, geändert 2005 – Präsidialrepublik seit 1925 – Parlament (Congreso Nacional): Abgeordnetenhaus mit 120 Mitgl., Wahl alle 4 J.; Senat mit 48 für 8 J. gewählte Mitgl., Teilwahlen alle 4 J. – Direktwahl des Staatsoberhauptes alle 4 J. (keine unmittelb. Wiederwahl) – Wahlpflicht ab 18 J. ▪ **Unabhängigkeit**: Proklamation 12. 2. 1818 (ehem. spanische Kolonie) ▪ **Nationalfeiertag**: 18. 9. (Unabhängigkeitstag)

REGIERUNG UND PARTEIEN **Staats- u. Regierungschef**: Michelle Bachelet Jeria (PS), seit 11. 3. 2006; Koalition aus PS, PDC, PPD, PRSD und Unabhängigen – **Äußeres**: Alejandro Foxley Rioseco (PDC), seit 11. 3. 2006 ▪ **Parlament**: Wahlen zum Abgeordnetenhaus vom 11. 12. 2005: Concertación de Partidos por la Democracia/CPPD: Partido por la Democracia/PPD 22 (21), Partido Demócrata Cristiano/PDC 21 (24), Partido Socialista/PS 15 (11), Partido Radical Socialdemócrata/PRSD 7 (6); insg. 65 von 120 Sitzen (2001: 62); Rechtsbündnis Alianza por Chile: Unión Demócrata Independiente/UDI 34 (35), Renovación Nacional/RN 20 (22); insg. 54 Sitze (57); Unabhängige 1 (1) – Senat (nach Wahl von 20 Senatoren am 11. 12. 2005): Concertación 20 von 38 gewählten Sitzen (2001: 20), Alianza 17 (18), Unabhängige 1 (–)

WIRTSCHAFT **BIP** 2004: 94,105 Mrd. $; realer Zuwachs: 6,1 %; Anteil (2004) Landwirtschaft 4 %, Industrie 45 %, Dienstleistungen 52 % ▪ **Erwerbstätigkeit** 2004: Landwirtsch. 13 %, Industrie 24 %, Dienstl. 63 % ▪ **Arbeitslosigkeit** ∅ 2005: 7,8 % ▪ **Inflation** ∅ 2005: 3,1 % ▪ **Außenhandel** 2005: **Import**: 32,637 Mrd. $; *Güter*: 56 % industrielle Zwischengüter, 22 % Kapitalgüter, 14 % Konsumgüter; *Länder*: 15 % Argentinien, 15 % USA, 12 % Brasilien, 8 % VR China, 4 % Deutschland, 3 % Peru, 3 % Rep. Korea, 3 % Japan; **Export**: 40,574 Mrd. $; *Güter*: 56 % Bergbauerzeugnisse (45 % Kupfer), 34 % Industriegüter, 6 % Forst- und Landwirtschaft, Fischfang; *Länder*: 17 % USA, 12 % Japan, 11 % VR China, 6 % Niederlande, 6 % Rep. Korea

CHRONIK

▪ **Verfassungsreform:** Der Kongress verabschiedete mit überwältigender Mehrheit am 16. 8. 2005 ein Gesetzespaket, mit dem die 1980 vom damaligen Diktator Augusto Pinochet Ugarte erlassene Verfassung in 58 Punkten geändert wurde. Damit wurden die letzten institutionell verankerten Hinterlassenschaften der Diktatur endgültig außer Kraft gesetzt und vor allem der Einfluss des Militärs auf die Politik eingeschränkt. U. a. sind die Streitkräfte künftig der Autorität des Präsidenten unterstellt, das Amt eines Senators auf Lebenszeit, das Pinochet in der Vergangenheit wegen der damit verbundenen Immunität wiederholt vor Strafverfolgung geschützt hatte, wurde abgeschafft. Zudem wurde die Amtszeit des Präsidenten von sechs auf vier Jahre verkürzt und auf eine Legislaturperiode begrenzt. Die Änderungen traten am Unabhängigkeitstag, dem 17. 9., in Kraft. Kritik an der Verfassungsreform kam u. a. von der außerparlamentarischen Linken, die bemängelte, dass das von Pinochet eingeführte Wahlsystem beibehalten wurde. Dadurch erhalte das aus dem Lager des Diktators hervorgegangene Oppositionsbündnis, die konservative Alianza por Chile, unverhältnismäßig große Vorteile bei der Sitzverteilung im Kongress, während kleinere Parteien stark benachteiligt würden. Das Wahlsystem hat, wie einst von den Militärmachthabern beabsichtigt, zur Verfestigung der Parteienlandschaft Chiles in zwei Blöcke geführt, mit der regierenden Mitte-links-Koalition Concertación de Partidos por la Democracia (CPPD) einerseits und der Alianza andererseits.
▪ **Präsidentschafts- und Parlamentswahlen:** In der ersten Runde der Präsidentschaftswahlen am 11. 12. 2005 erhielt die Kandidatin der seit 1990 herrschenden Concertación, die frühere Gesundheits- und Verteidigungsministerin Michelle Bachelet Jeria (PS) mit fast 46 % die meisten Stimmen. Ihr größter Rivale und einer der reichsten Männer Chiles, Sebastián Piñera Echeñique von der liberal-konservativen Alianza-Partei Renovación Nacional (RN) erreichte 25,5 %, Joaquín Lavín Infante von der rechten Oppositionspartei Unión Demócrata Independiente (UDI) kam mit 23,2 % der Stimmen auf Platz drei. In der Stichwahl am 15. 1. 2006 setzte sich Bachelet (→ Foto) mit 53,5 % klar gegen Piñera durch und löste am 11. 3. als erste Frau im Amt des Staatsoberhaupts des südamerikanischen Landes Präsident Ricardo Lagos Esobar (PS) ab. Bei den zeitgleich zur ersten Runde der Präsidentschaftswahl abgehaltenen Parlamentswahlen konnte die Concertación mit 51,8 % der Stimmen ihre Mehrheit im Abgeordnetenhaus behaupten und stellt künftig 65 der insgesamt 120 Sitze. Die Alianza erhielt 38,6 % der Stimmen und damit 54 Sitze. Die gleichzeitigen Teilwahlen zum Senat brachten der Concertación elf, der Alianza acht Senatorenposten. Damit verfügt das Regierungsbündnis mit 20 der 38 Sitze auch im Oberhaus des Parlaments weiterhin über die

Die neue Präsidentin Bachelet

absolute Mehrheit. Nach der Verfassungsreform vom August 2005 wurden die Senatoren zum ersten Mal direkt von der Bevölkerung gewählt.

Ihr Kabinett besetzte Staatpräsidentin Bachelet bewusst paritätisch mit je zehn weiblichen und zehn männlichen Ministern. Das Außenamt leitet der Christdemokrat Alejandro Foxley Rioseco, Verteidigungsministerin wurde Vivianne Blanlot Soza, das Wirtschaftsministerium übernahm Ingrid Antonijevic Hahn. Dem Finanzressort steht künftig der parteilose Andrés Velasco Brañes vor, dem Innenministerium der Christdemokrat Andrés Zaldívar Larraín.

▪ **Wirtschaft und Soziales:** Die Bestätigung der Concertación bei den Wahlen führten Beobachter vor allem auf die stabile wirtschaftliche Situation zurück. Nahezu unbeeinflusst von den ökonomischen und finanzpolitischen Krisen, die das restliche Lateinamerika um die Jahrtausendwende erlebte, befand sich Chile im Berichtszeitraum weiterhin auf einem **kontinuierlichen und über dem Durchschnitt des Subkontinents liegenden Wachstumskurs.** 2005 stieg das BIP wie schon im Vorjahr um rd. 6 %. Das in hohem Maße exportorientierte Land profitierte vor allem von den hohen Preisen auf den globalen Rohstoffmärkten. Insbesondere die starke Nachfrage nach Kupfer, dem wichtigsten Exportgut – nahezu 40 % der weltweiten Kupfererzvorkommen liegen in Chile –, vor allem aus der VR China führte in den vergangenen drei Jahren dazu, dass sich die Exporterlöse mehr als verdoppelten. Mitte November 2005 unterzeichneten beide Staaten ein Freihandelsabkommen. Die Kehrseite der makroökonomischen Erfolgsbilanz und des Wirtschaftsliberalismus sind allerdings große Defizite im Sozialbereich. Zwar sank die Zahl der Menschen unterhalb der Armutsgrenze seit dem Ende der Diktatur um mehr als die Hälfte auf rd. 19 % der Bevölkerung, doch gehört Chile zu den Ländern, in denen weltweit die größte Einkommensungleichheit herrscht. Unter den lateinamerikanischen Ländern rangiert Chile auf der Skala der sozialen Ungleichheit hinter Brasilien an zweiter Stelle.

Ende Mai 2006 forderten rd. **800 000 Schüler in landesweiten Streiks** eine Reform des 1990 unter Pino-

chet eingeführten Erziehungssystems. Sie verlangten u. a. die Verlagerung der Zuständigkeiten für das Schulsystem von den Kommunen auf die Bundesregierung, verbilligte Fahrkarten für den öffentlichen Nahverkehr sowie eine Abschaffung der Prüfungsgebühren für die Aufnahme an Universitäten. Am 1. 6. 2006 eskalierten die Demonstrationen in der Hauptstadt Santiago, als Vermummte Steine auf Polizisten warfen und Autos demolierten, woraufhin die Sicherheitskräfte Wasserwerfer einsetzten und mehr als 700 Personen festnahmen. Daraufhin entließ Präsidentin Bachelet den Kommandanten der Bereitschaftspolizei von Santiago, außerdem versprach sie u. a. für 2007 finanzielle Zusagen in Höhe von umgerechnet 150 Mio. € für das Bildungssystem sowie die Verlagerung der Verantwortung für die Schulen auf Bundesebene.

▪ **Aufarbeitung der Diktatur:** Im Berichtszeitraum wurde gegen Ex-Diktator Pinochet weiter ermittelt; zuletzt hatte dessen angeblich schlechter Gesundheitszustand Gerichtstermine wiederholt verhindert. Angesichts einer möglichen Anklage im Fall der Operation Colombo, bei der 1976 119 Menschen ums Leben kamen, belastete der inhaftierte ehemalige Chef des inzwischen aufgelösten Pinochet-Geheimdienstes DINA, Manuel Contreras Sepúlveda, Pinochet bei einer gerichtlichen Gegenüberstellung Mitte November 2005 erstmals schwer. So habe der Juntachef Befehle zur Verfolgung von Regimegegnern selbst erteilt, während dieser bisher stets behauptet hatte, die DINA hätte eigenmächtig die Entführung und Ermordung Oppositioneller angeordnet. Zuvor hatte der Oberste Gerichtshof am 19. 10. 2005 die Immunität Pinochets in diesem Fall aufgehoben und damit den Weg für ein weiteres Gerichtsverfahren gegen ihn frei gemacht. Ab dem 23. 11. wurde gegen den Ex-Diktator eine Untersuchung wegen Betrug und Steuerhinterziehung eingeleitet, nachdem im Ausland Dutzende auf seinen Namen laufende Konten mit einem Vermögen von fast 30 Mio. US-$ entdeckt worden waren; Pinochet wurde unter Hausarrest gestellt. In diesem Zusammenhang ermittelte die Justiz auch gegen Familienmitglieder Pinochets. Das neue Ermittlungsverfahren kostete den mittlerweile 90-Jährigen auch im eigenen Lager viele Sympathisanten, während sie die Menschenrechtsverletzungen in der Diktaturzeit stets als »notwendiges Übel eines ansonsten integeren Regimes im Kampf gegen die kommunistische Gefahr« gerechtfertigt hatten.

Am 9. 5. 2006 hob das Oberste Gericht eine Amnestie für den Geheimdienstchef Contreras und fünf weitere frühere Offiziere auf und revidierte damit die Entscheidung eines Berufungsgerichts vom Juni 2005 (→ WA 2006, S. 101). Gegen die sechs Militärs sowie einen Zivilisten ist ein Verfahren wegen Entführung von zwei Mitgliedern der Bewegung der Revolutionären Linken im Jahr 1974 anhängig. Die beiden Aktivisten, die als vermisst gelten, wurden vermutlich ermordet.

Bewohner der im Süden Chiles gelegenen Deutschen-Siedlung **Colonia Dignidad** bestätigten im April 2006 in einem Schreiben an Staatspräsidentin Bachelet erstmals öffentlich, dass dort schwere Menschenrechtsverletzungen vor allem an Frauen und Kindern begangen worden waren. Jüngsten Ermittlungen zufolge diente die Kolonie während der Diktatur Pinochets auch als Folterzentrum des Geheimdienstes und Zentrum für paramilitärische Operationen. Am 23. 5. 2006 **verurteilte ein Gericht** Paul Schäfer, **den Leiter der Kolonie**, wegen Vergewaltigung von fünf Minderjährigen und 20 weiterer Fälle von Kindesmissbrauch zu 20 Jahren Haft und zur Zahlung einer Entschädigungssumme von 1,4 Mio. US-$ an elf Opfer. Schäfer war im März 2005 in Argentinien verhaftet und umgehend an Chile ausgeliefert worden. Die Urteile gegen 13 weitere Kolonie-Mitglieder und vier Beamte der früheren Geheimpolizei stehen noch aus.

▪ **Außenpolitik:** Im Berichtszeitraum wurde das **Verhältnis** zum nördlichen **Nachbarn Peru schwer belastet.** Nachdem der peruanische Kongress Anfang November 2005 ein Gesetz verabschiedet hatte, das das maritime Hoheitsgebiet Perus zu Lasten Chiles um 38 000 km² nach Süden ausdehnte, entbrannte zwischen beiden Staaten ein Streit über die Abgrenzung der Zweihundert-Meilen-Zone im Pazifik. Verschärft wurde dieser Konflikt, weil zur gleichen Zeit der frühere peruanische Präsident Alberto Fujimori, gegen den in Lima über 20 Anklagen wegen schwerer Menschenrechtsverstöße und Korruption anhängig sind, überraschend aus dem japanischen Exil nach Chile reiste, angeblich, um am peruanischen Präsidentschaftswahlkampf teilzunehmen. Fujimori wurde kurz nach seiner Ankunft von den chilenischen Behörden aufgrund eines peruanischen Auslieferungsantrags festgenommen, jedoch nach einer Entscheidung des Obersten Gerichtshofs am 18. 5. 2006 gegen Kaution wieder freigelassen. Er darf allerdings das Land nicht verlassen, bis über den Auslieferungsantrag Perus entschieden ist.

China Republik (Taiwan)

Ost-Asien

Republik China; Chung-hua Min-kuo – TW / TWN

Fläche (Weltrang: 134): 36 006 km^2

Einwohner (47): F 2004 22 689 000 = 630 je km^2

Hauptstadt: T'aipei (Taipeh)

Amtssprache: Chinesisch

Bruttonationaleinkommen 2004 je Einw.: 14 770 $

Währung: 1 Neuer Taiwan-Dollar (NT$) = 100 Cents
Kurs: 1 US-$ = 32,09 NT$; 1 € = 41,10 NT$

Diplomatische Vertretung:
Taipeh Vertretung in der Bundesrepublik Deutschland
Markgrafenstr. 35, 10117 Berlin
T 030 / 20 36 10, Fax 20 36 11 01
www.roc-taiwan.de

LANDESSTRUKTUR **Fläche**: 36 006 km^2; Karte → WA 2006, S. 103 ▪ **Gebiete:** u. a. P'enghu Ch'üntao (Pescadores): 64 Inseln in der Formosastraße mit 127 km^2; mehrere Inselgruppen vor dem Festland der VR China, u. a. Chinmen Tao (Quemoy) mit 155 km^2 und Matsu Tao (Matsu) mit 26 km^2 ▪ **Verwaltung**: 5 Stadtkreise, 16 Landkreise und 2 Sonderstadtkreise Taipeh und Kaohsiung ▪ **Städte**: (F 2004) T'aipei (Taipeh) 2 622 472 Einw., Kaohsiung 1 512 677, T'aichung 1 021 292, T'ainan 754 917, Panchiao 541 512, Chungho 408 126, Chilung 392 337, Hsinchu 386 950, Hsinchuang 386 941, Sanchung 384 092, Taoyuan 368 765, Chungli 346 144 , Fangshan 333 474

BEVÖLKERUNG Taiwaner – F 2004: 22 689 000 Einw.; Bevölkerungswachstum: 0,4 %; letzte Zählung 2000: 22 226 879 Einw. – überwiegend Han-Chinesen (70 % Min-Nan oder Süd-Fujianaesen, 15 % Hakka, 13 % nach 1949 eingewanderte sog. Festlandchinesen), 2 % malaio-polynes. Ureinwohner (11 ethn. Gruppen: 38 % Ami, 23 % Atayal, 18 % Paiwan u. a.) ▪ **Sprachen**: Chinesisch (auf der Basis des Dialekts von Beijing), Min (Süd-Fujian-Dialekt), Hakka; Sprachen der Ureinwohner ▪ **Religion** 2002: 43 % Buddhisten, 20 % Daoisten, 3,8 % I-Kuan Tao-Anhänger; Minderheiten von Christen (1,3 % Katholiken) und Muslimen; Konfuzianismus weit verbreitet

STAATS- UND REGIERUNGSFORM Verfassung von 1947, zuletzt geändert 2005 – Republik – Parlament: Legislativ-Yüan (Li Fa Yüan) mit 113 Mitgl. ab 2007, Wahl alle 4 J.; Nationalversammlung (Guomin Dahui) mit 300 Mitgl. 2005 aufgelöst – Direktwahl des Staatsoberhauptes alle 4 J. – Wahlrecht ab 20 J. ▪ **Unabhängigkeit**: Fortführung der am 1. 1. 1912 in Peking proklamierten Republik; von der UN zugunsten der VR China 1971 ausgeschlossen; diplomatische Beziehungen mit 23 Staaten (Juni 2006), inoffizielle Beziehungen zu den meisten Staaten ▪ **Nationalfeiertag**: 10. 10. (Tag des Aufstands von Wuchang 1911)

REGIERUNG UND PARTEIEN **Staatsoberhaupt**: Chen Shui-bian (DPP), seit 20. 5. 2000; wieder gewählt 2004 – **Regierungschef**: Su Tseng-chang (DPP), seit 25. 1. 2006; Minderheitsregierung der DPP und TSU – **Äußeres**: James Huang, seit 25. 1. 2006 ▪ **Parlament**: Wahlen zum Legislativ-Yüan am 11. 12. 2004: Demokratische Fortschrittspartei / DPP 89 von 225 Sitzen (2001: 87), Nationale Volkspartei Guomindang / GMD 80 (68), Volkspartei / PFP 34 (46), Taiwan-Solidaritätsunion / TSU 12 (13), Sonstige 1 (2), Unabhängige 9 (9)

WIRTSCHAFT **BIP** 2004: 322,200 Mrd. $; realer Zuwachs: 6,7 %; Anteil (2004) Landwirtschaft 2 %, Industrie 26 %, Dienstleistungen 73 % ▪ **Erwerbstätigkeit** 2004: Landwirtsch. 6,6 %, Industrie 35,2 %, Dienstl. 58,2 % ▪ **Arbeitslosigkeit** ∅ 2005: 4,1 % ▪ **Inflation** ∅ 2005: 2,3 % ▪ **Außenhandel** 2005: **Import**: 182,6 Mrd. $; *Güter*: 18 % Elektronik, 16 % mineralische Stoffe, 11 % Chemikalien, 10 % Metalle und Metallprodukte, 10 % Maschinen, 6 % Präzisionsgeräte, Uhren, Musikinstrumente, 4 % Transportmittel und -ausrüstungen, 3 % Kunststoff und -erzeugnisse, 2 % verarbeitete Nahrungsmittel, Getränke und Tabak; *Länder*: 25 % Japan, 12 % USA, 11 % VR China, 7 % Rep. Korea, 4 % Saudi-Arabien, 3 % Deutschland, 3 % Malaysia, 3 % Singapur; **Export**: 198,4 Mrd. $; *Güter*: 50 % Maschinen und elektronische / elektrische Ausrüstungen, 10 % Metall und -erzeugnisse, 7 % Kunststoff und -erzeugnisse, 7 % Präzisionsgeräte, Uhren, Musikinstrumente, 6 % Textilprodukte, 5 % Chemikalien, 4 % Transportmittel und -ausrüstungen; *Länder*: 22 % VR China, 17 % Hongkong, 15 % USA, 8 % Japan, 4 % Singapur, 3 % Rep. Korea, 2 % Deutschland

CHRONIK

Für Präsident Chen Shui-bian stand die zweite Hälfte seiner zweiten Amtszeit, die im März 2004 begonnen hatte, unter ungünstigen Vorzeichen. Wichtige Reformvorhaben wie den Umbau des Justiz- und des Erziehungswesens hatte er gegen die Obstruktionspolitik der Opposition, die im Parlament über die Mehrheit verfügt, nicht durchsetzen können. Die öffentliche Empörung über einen Korruptionsskandal mit Beteiligten in der unmittelbaren Umgebung des Präsidenten hatte dessen Demokratischer Fortschrittspartei (DPP) bei den Kommunalwahlen im Herbst 2005 eine schwere Niederlage eingetragen. Mit ihrer Kampfansage gegen den jahrzehntelangen Filz der Guomindang (GMD) war sie im Jahr 2000 an die Macht gekommen. Die Niederlage führte zur personellen Erneuerung der Parteiführung und der Regierung. Seiner sinkenden Popularität versuchte Chen entgegenzuwirken, indem er die Konfrontation mit Festlandschina in der Statusfrage der von Beijing für »abtrünnig« erklärten Inselprovinz vorantrieb. Als sich die Rufe nach seinem Rücktritt verstärkten, übergab Chen Anfang Juni 2006 Premierminister Su Tseng-chang die Kontrolle über die Tagesgeschäfte und zog sich auf die Außen- und Verteidigungspolitik zurück.

- **Bestechungsskandal:** Gewaltsame Proteste gegen die schlechten Arbeits- und Lebensbedingungen von mehreren hundert thailändischen Arbeitern, die beim **U-Bahn-Bau** der im Süden der Insel gelegenen Hafenstadt **Kaohsiung** beschäftigt waren, führten im August 2005 zu Ermittlungen. Etwa zwei Dutzend teilweise hochrangige Behördenvertreter gerieten ins Visier der Justiz, unter ihnen der Bürgermeister von Kaohsiung und ein enger Berater des Präsidenten Chen, die daraufhin ihre Ämter verloren. Die mit dem Bauauftrag betraute Firma hatte die öffentlichen Entscheidungsträger mit Zuwendungen bedacht und sich dafür mit falschen Rechnungen und der Unterbezahlung ausländischer Arbeiter entschädigt.
- **Regierung und Parteien:** Die Korruptionsaffäre beschäftigte die Öffentlichkeit mehrere Monate und prägte das politische Klima bis zur landesweiten **Kommunalwahl** am 4. 12. 2005. Die GMD trat mit einer neuen Parteiführung unter Ma Ying-jeou an, dem Bürgermeister von Taipeh, der am 16. 7. in der ersten Urwahl der Parteigeschichte mit 72,4 % der Mitglieder zum neuen Parteichef gewählt worden war. Der klare Sieg der Oppositionsparteien unter Führung der GMD und das Desaster der DPP, die nur noch sechs von 23 Wahlkreisen gewann und auch den seit 16 Jahren kontrollierten Hauptstadtbezirk Taipeh abgeben musste, wurden als **vernichtendes Urteil der Wähler** über die Politik der Zentralregierung und des Präsidenten interpretiert. Als Konsequenz aus der Niederlage kam es zu zahlreichen **Ämterwechseln** an den Spitzen der Partei und der Regierung. In der DPP fiel das Amt des Parteivorsitzenden Anfang Januar an Yu Shyi-kun, der erst ein Jahr zuvor (nach der Parlamentswahl im Dezember 2004) das Amt des Ministerpräsidenten verloren hatte. Dafür rückte am 25. 1. der bisherige Parteichef **Su Tseng-chang auf den Posten des glücklosen Ministerpräsidenten Frank Hsieh**, dessen drittes Rücktrittsgesuch binnen zwei Monaten Chen am 17. 1. angenommen hatte. Su Tseng-chang ist bereits der fünfte Regierungschef im sechsten Amtsjahr des Präsidenten.
- **Spannungen mit der Volksrepublik:** Mit seiner Rede zum chinesischen Neujahr (29. 1.) schlug Präsident Chen, dessen Partei die staatsrechtliche Loslösung Taiwans von China anstrebt, eine verschärfte Gangart gegenüber der Volksrepublik ein. Mit Verweis auf die Notwendigkeit – angesichts des im März 2005 vom Nationalen Volkskongress in Beijing verabschiedeten Antisezessionsgesetzes und der zunehmenden militärischen Bedrohung – die eigene Position zu behaupten, bekräftigte er seine Absicht, **bis 2007 ein Referendum über eine neue Verfassung** für Taiwan durchzuführen, die faktisch auf eine Unabhängigkeitserklärung hinauslaufen könnte. Zugleich warnte er die heimische Geschäftswelt vor dem Risiko zu umfangreicher und enger wirtschaftlicher Beziehungen zur anderen Seite der Taiwan-Straße und kündigte eine stärkere Kontrolle taiwanesischer Investionen an. Mit seiner Erklärung rief Chen nicht nur den Protest der Unternehmer hervor, die hohe Investitionen in China tätigen und ein freundliches politisches Klima im Verhältnis zu Beijing fordern, sondern auch die **Kritik der Schutzmacht USA**. Der Sprecher des State Departement zeigte sich überrascht von Chens Vorstößen; sie lägen nicht mehr im Rahmen der von Chen zu seinem Amtsantritt 2000 gegebenen fünf Versprechen und seien geeignet, den Status quo in der Taiwan-Straße zu gefährden.

Ungeachtet dessen gab Chen am 27. 2. 2006 bekannt, der 1990 von der damaligen GMD-Führung beschlossene und vom Präsidenten installierte **Rat für die Nationale Sicherheit habe keine Funktion mehr**, und hob zugleich die von diesem 1991 erlassenen Richtlinien für die Wiedervereinigung auf. Diese Grundsätze verpflichteten die taiwanesische Chinapolitik auf das Ziel der Wiedervereinigung, wenn auch unter der Vorbedingung von Demokratie, Freiheit und Wohlstand. Chen, während dessen Amtszeit der Sicherheitsrat nie getagt hatte, begründete seinen Schritt mit der demokratischen Notwendigkeit, den 23 Mio. Taiwanesen ihr Recht zu gewähren, über ihre Zukunft selbst zu entscheiden. Der Präsident stritt ab, damit einseitig den Status quo verändert zu haben. Den hätte Beijing bereits durch das Taiwan bedrohende Antisezessionsgesetz (→ WA 2006, S. 111) und die Aufstellung von rd. 800 auf Taiwan gerichtete Raketen in Frage gestellt. Die GMD, die gegenüber Beijing einen moderaten Ton anschlägt und auf Entspannung durch Dialog setzt, warf Chen eine unnötige Provokation des großen Nachbarn vor. Chen versuche, künstlich Spannungen mit China zu entfachen, um von seiner innenpolitischen Schwäche abzulenken. Die Gefolgsleute des Präsidenten boten am 18. 3. unterschiedlichen Angaben zufolge 50 000–100 000 Menschen auf, um gegen die Bedrohung Taiwans durch die VR China zum ersten Jahrestag der Verabschiedung des Antisezessionsgesetzes zu demonstrieren. Am 19. 3. protestierten in Taipeh bis zu 40 000 Oppositionsanhänger gegen Chen.

- **Internationale Isolierung:** Die Regierung brach am 25. 10. die seit 1996 bestehenden diplomatischen Beziehungen mit **Senegal** ab, nachdem sich der afrikanische Staat der VR China zugewandt und diese als einzigen legitimen chinesischen Staat anerkannt hatte. Damit reduzierte sich die Zahl der Staaten auf 23, mit denen Taiwan diplomatische Beziehungen unterhält. Das abgekühlte Verhältnis zur Schutzmacht **USA** wurde deutlich, als Präsident Chen am 4. 5. 2006 auf seiner Reise nach Südamerika nicht wie üblich eine Zwischenlandeerlaubnis für eine amerikanische Großstadt erhielt. Bei diesen Gelegenheiten hatte Chen politische und wirtschaftliche Kontakte gepflegt.

China Volksrepublik Ost-Asien

Volksrepublik China; Zhonghuá Rénmín Gònghéguó, Kurzform: Zhongguo – CN / CHN

Fläche (Weltrang: 4): 9 572 419 km²

Einwohner (1): F 2004 1 303 497 000 = 136 je km²

Hauptstadt: Beijing (Peking)

Amtssprache: Chinesisch (Putonghua)

Bruttonationaleinkommen 2004 je Einw.: 1500 $

Währung: 1 Renminbi ¥uan (RMB.¥) = 10 Jiao
Kurs: 1 US-$ = 8,02 RMB.¥; 1 € = 10,38 RMB.¥

Botschaft der Volksrepublik China
Märkisches Ufer 54, 10179 Berlin
T 030 / 27 58 80, Fax 27 58 82 21
www.china-botschaft.de

LANDESSTRUKTUR **Fläche:** 9 572 419 km² einschließlich Tibet (1 228 000km²), Sonderverwaltungsregionen Hongkong (1095 km²) und Macau (23,80 km²) (→ unten) und verschiedener Inseln; → Karte ▪ **Verwaltung:** 23 Provinzen (einschließlich Taiwan, von der VR China als 23. Provinz angesehen), 5 autonome Regionen, 4 Stadtbezirke; außerdem 147 territoriale Einheiten mit regionaler Autonomie; → Tabelle ▪ **Städte:** (F 2003) Shanghai 13 417 700 Einw., Beijing (Peking) 11 488 200, Chengdu 10 443 100, Harbin 9 543 100, Tianjin (Tientsin) 9 260 000, Shijiazhuang 9 105 100, Wuhan 7 811 900, Chongqing 7 479 800, Guangzhou (Kanton) 7 251 900, Qingdao (Tsingtau) 7 206 800, Changchun 7 182 300, Xi'an (Sian) 7 165 800, Shenyang 6 891 000, Zhengzhou 6 610 700, Hangzhou 6 427 800, Nanning 6 146 700, Fuzhou 6 048 600, Changsha 6 017 600 (alle A)

BEVÖLKERUNG Chinesen – F 2004: 1 303 497 000 Einw.; Bevölkerungswachstum: 0,6 %; letzte Zählung 2000: 1 242 612 226 Einw. – 56 nationale Minderheiten (»Nationalitäten«): 91,6 % Han-Chinesen, 1,4 % Zhuang, 0,8 % Mandschu, 0,8 % Hui, 0,7 % Miao, 4,3 % Sonstige: Mongolen, Koreaner, Turkvölker (u. a. 7 000 000 Uiguren, 1 000 000 Kasachen), Tibeter ▪ **Sprachen:** Chinesisch (Putonghua), versch. chines. Dialekte; Sprachen der nationalen Minderheiten (u. a. Tibetisch, Uigurisch, Mongolisch); Englisch ▪ **Religion:** 100 Mio. Buddhisten, 30 Mio. Daoisten, 20 Mio. Muslime, 15 Mio. Protestanten, 4 (nach Schätzungen 13–14) Mio. Katholiken; Konfuzianismus weit verbreitet

STAATS- UND REGIERUNGSFORM Verfassung von 1982, zuletzt geändert 2004 – Volksrepublik – Oberstes Verfassungsorgan ist das jährlich tagende Parlament (Nationaler Volkskongress / NVK) mit 2972 alle 5 J. von den Parlamenten der Provinzen, autonomen Regionen und Stadtbezirken sowie von der Volksbefreiungsarmee (267 Delegierte) gewählten Mitgl. – Ständiger Ausschuss des Nationalen Volkskongresses mit 154 Mitgl. (134 Abgeordnete, der Präsident, 18 Vizepräsidenten und der Generalsekretär) leitet während der Tagungspausen die verschiedenen Ausschüsse, Vors. des Ständigen Ausschusses des NVK: Wu Bangguo, seit 15. 3. 2003 – Oberste Führung: Ständiger Ausschuss des Politbüros der KPCh mit Generalsekretär der Partei an der Spitze (Hu Jintao, seit 15. 11. 2002) und weiteren 8 Mitgl.: Wu Bangguo, Wen Jiabao, Jia Qinglin, Zeng Qinghong, Huang Ju, Wu Guanzheng, Li Changchun, Luo Gan; 24-köpfiges Politbüro (Ständiger Ausschuss + 13 Vollmitgl. und 2 Kandidaten) sowie Sekretariat mit 7 Mitgl.; Zentralkomitee (189 Vollmitgl. und 130 Kandidaten); Zentrale Militärkommission (9 Mitgl., Vors. Hu Jintao, seit 2005); Wahl des Staatsoberhauptes durch NVK – Wahlrecht ab 18 J. ▪ **Unabhängigkeit:** alte staatliche Tradition; Ausrufung der Volksrepublik durch Mao Zedong 1. 10. 1949 ▪ **Nationalfeiertag:** 1. 10.

REGIERUNG UND PARTEIEN **Staatsoberhaupt:** Hu Jintao, seit 15. 3. 2003; Vizepräsident: Zeng Qinghong – **Regierungschef:** Wen Jiabao, seit 16. 3. 2003 – **Äußeres:** Li Zhaoxing, seit 17. 3. 2003 ▪ **Parlament:** Wahlen von Oktober 2002–März 2003: Kommunistische Partei Chinas / KPCh alle Sitze

WIRTSCHAFT **BIP** 2004: 1931,710 Mrd. $; realer Zuwachs: 10,1 %; Anteil (2004) Landwirtschaft 13 %, Industrie 46 %, Dienstleistungen 41 % ▪ **Erwerbstätigkeit** 2002: Landwirtsch. 44 %, Industrie 18 %, Dienstl. 16 % ▪ **Arbeitslosigkeit** ∅ 2005: 4,2 %; in den Städten, ca. 150 Mio. Unterbeschäftigte; hohe Zahl von Arbeitslosen auf dem Land ▪ **Inflation** ∅ 2005: 1,8 % ▪ **Außenhandel** 2005: **Import:** 660,1 Mrd. $; *Güter:* 21 % Elektrotechnik / Elektronik, 12 % chemische Erzeugnisse, 11 % Rohstoffe, 10 % Maschinen, 10 % Brennstoffe und technische Öle, 6 % Mess- und Regeltechnik, 5 % Büromaschinen / EDV, 4 % Nachrichtentechnik / Radio / TV, 4 % Eisen und Stahl; *Länder:* 15 % Japan, 12 % Rep. Korea, 11 % Rep. China, 7 % USA, 5 % Deutschland, 3 % Malaysia, 3 % Singapur, 2 % Russland (EU gesamt: 11 %, ASEAN gesamt: 11 %); **Export:** 762,0 Mrd. $; *Güter:* 15 % Textilien und Bekleidung, 15 % Büromaschinen / EDV, 12 % Nachrichtentechnik / Radio / TV, 10 % Elektrotechnik / Elektronik, 6 % Maschinen, 5 % chemische Erzeugnisse, 4 % Metallerzeugnisse, 3 % Nahrungsmittel und lebende Tiere, 3 % Kfz und -Teile; *Länder:* 21 % USA, 16 % Hongkong, 11 % Japan, 5 % Rep. Korea, 4 % Deutschland, 3 % Niederlande, 3 % Großbritannien, 2 % Rep. China (EU gesamt: 19 %, ASEAN gesamt: 7 %) Weitere Informationen → Kap. Wirtschaft

SONDERVERWALTUNGSREGIONEN

Hongkong
Xianggang; Hong Kong

Fläche: 1095 km²; über 230 Inseln, New Territories 952,3 km² ▪ **Bevölkerung** F 2004: 6 845 000 Einw.; Bevölkerungswachstum: 0,4 %; letzte Zählung 2001: 6 708 389 Einw. – 94,9 % Chinesen, 2,1 % Philippiner, 0,8 % Indonesier, 0,3 % Briten, 0,3 % Inder, 1,7 % Sonstige (v. a. Thailänder, Japaner, Nepalesen, Pakistaner) ▪ **Sprachen** 2001: Chinesisch (89,2 % Kantonesisch, 0,9 % Putonghua, 5,5 % andere chinesische Sprachen), 3,2 % Englisch ▪ **Religion:** überwiegend Buddhisten, Konfuzianer, Daoisten, ca. 10 % Christen, Minderheiten von Muslimen, Hindus, Sikhs, Juden ▪ **Status:** Sonderverwaltungsregion seit 1997 (britische Kolonie von 1843 bis 1997) – Parlament: Legislativrat mit 60 Mitgl. (30 direkt, 30 indirekt gewählt) – 36 Abgeordnete im Volkskongress der VR China – Wahl alle 4 J. ▪ **Regierung:** Verwaltungschef: Donald Tsang, seit 14. 3. 2005

Macau
Aomen; Santo Nome de Deus de Macau

Fläche: 23,80 km²; mit Inseln Coloane 7,6 km² u. Taipa 6,2 km² ▪ **Bevölkerung** F 2004: 449 000 Einw.; Bevölkerungswachstum: 1,1 %; letzte Zählung 2001: 435 235 Einw. – 68,2 % Chinesen, 27,9 % Portugiesen, 1,8 % Briten, 2,1 % Sonstige ▪ **Sprachen:** Portugiesisch, Chinesisch, Englisch; Macaísta / Patuá (Kreolsprache) ▪ **Religion:** überwiegend Katholiken und Buddhisten ▪ **Status:** Verfassung von 1999 – Sonderverwaltungsregion seit 1999 (portugiesische Kolonie von 1557 bis 1999) – Parlament: Legislativrat mit 29 Mitgl. (12 direkt gewählt, 10 indirekt gewählt, 7 ernannt), Wahl alle 4 J. ▪ **Regierung:** Verwaltungschef: Edmund H. W. Ho, seit 20. 12. 1999

Volksrepublik China[1]
Fläche, Bevölkerung und Bevölkerungsdichte

Verwaltungseinheit (Hauptort)	Fläche in 1000 km²	Einwohner in Tsd. F 2005[2]	je km²
Provinz (sheng)			
Anhui (Hefei)	139	64 610	465
Fujian (Fuzhou)	121	35 110	290
Gansu (Lanzhou)	454	26 190	58
Guangdong / Kanton (Guangzhou)	178	83 040	467
Guizhou (Guiyang)	176	39 040	222
Hainan/Insel (Haikou)	34	8 180	241
Hebei (Shijiazhuang)	188	68 090	362
Heilongjiang (Harbin)	469	38 170	81
Henan (Zhengzhou)	167	97 170	582
Hubei (Wuhan)	186	60 160	323
Hunan (Changsha)	210	66 980	319
Jiangsu (Nanjing)	103	74 330	722
Jiangxi (Nanchang)	169	42 840	253
Jilin (Changchun)	187	27 090	145
Liaoning (Shenyang)	146	42 170	289
Qinghai (Xining)	721	5 390	7
Shaanxi (Xi'an)	206	37 050	180
Shandong (Jinan)	153	91 800	600
Shanxi (Taiyuan)	156	33 350	214
Sichuan (Chengdu)	485	87 250	180
Yunnan (Kunming)	394	44 150	112
Zhejiang (Hangzhou)	102	47 200	463
Regierungsunmittelbare Stadt			
Beijing	17	14 930	878
Shanghai	6	17 420	2903
Tianjin	11	102 410	9310
Chongqing	82	31 220	381
Autonome Region			
Guangxi Zhuangzu (Nanning)	236	48 890	207
Nei Monggol/Innere Mongolei (Hohhot)	1 183	23 840	20
Ningxia Huizu (Yinchuan)	66	5 880	89
Xinjiang Uygur (Ürümqi)	1 600	19 630	12
Xizang/Tibet (Lhasa)	1 228	2 740	2
Volksrepublik China	9 571	1 386 320	145

1 ohne Hongkong und Macau
2 ohne Armeeangehörige, insg. 2 500 000
Quelle: China Internet Information Center 2006

CHRONIK

Mit seinem seit Jahren anhaltenden stürmischen Wirtschaftswachstum platzierte sich China auf Rang vier der Wirtschaftsmächte vor Großbritannien und Frankreich. Zugleich offenbarten sich in einer Serie von Umweltkatastrophen und zunehmender Unruhe unter benachteiligten Bevölkerungsgruppen die enormen ökologischen und sozialen Kosten der ungezügelten Wachstumspolitik, die der 1997 verstorbene Partei- und Staatsführer Deng Xiaoping initiiert hatte. Aus Sorge vor wachsender sozialer Instabilität setzt die politische Führung ihre Prioritäten nun verstärkt auf die Förderung der bisher vernachlässigten Regionen und sozialen Schichten. Die politischen Strukturen, die der Kommunistischen Partei die exklusive Machtausübung sichern, blieben hingegen ebenso unangetastet, wie sich die Weltoffenheit des Landes weiterhin überwiegend auf die wirtschaftliche Dimension beschränkt. Die Zensur von als systemgefährdend eingestufter Kritik wurde verschärft und die freie Nutzung des Internet eingeschränkt. In der Außenpolitik verfolgte die Führung in Beijing stringent ihren Kurs, der von der Vorstellung einer multipolaren Weltordnung geprägt ist. Als Antwort auf die zunehmende Positionierung der USA im pazifisch-asiatischen Raum (im Zusammenspiel mit Japan) suchte die VR eine engere Partnerschaft zu Russland und die Bereinigung des historisch belasteten Verhältnisses zu Indien. Im UN-Sicherheitsrat blockierte sie – auch mit Blick auf die eigenen Erdölinteressen – gemeinsam mit Russland ein von den USA und den anderen Westmächten gewünschtes härteres Vorgehen gegenüber dem Sudan in der Darfur-Frage und die Beschlussfassung über einen Sanktionsmechanismus gegenüber dem → Iran im Streit um dessen Atomprogramm.

INNENPOLITIK

■ **Neuer Fünfjahresplan:** Leitthema des Nationalen Volkskongresses (NVK), des gesetzgebenden Organs der VR, auf seiner zehntägigen jährlichen Plenartagung in Beijing (5.–14. 3. 2006) war die **Modifizierung der Wachstumsstrategie**. Das schon vom Zentralkomitee (ZK) der Kommunistischen Partei (KPCh) Anfang Oktober 2005 vorgefertigte Ergebnis der Beratungen schlug sich im neuen Fünfjahresplan (2006–2010) nieder, den die knapp 3000 Delegierten des NVK bei 50 Gegenstimmen billigten. Dieser elfte »Plan für die wirtschaftliche und gesellschaftliche Entwicklung« – der erste, der unter der seit 2003/04 amtierenden politischen Führung aufgelegt wurde – unterscheidet sich von den früheren Fünfjahresplänen durch seinen makroökonomischen Richtliniencharakter statt der Vorgabe zentralwirtschaftlicher Feinplanung. Gemäß

Wen Jiabao und Hu Jintao

der von Staats- und Parteichef Hu Jintao (→ Foto) ausgegebenen Devise, eine »harmonische Gesellschaft« zu etablieren (→ WA 2006, S. 107), zielen die neuen Vorgaben zur wirtschaftlichen Entwicklung auf die **Herstellung von »fünf Gleichgewichten«**: den Ausgleich zwischen sozialem und wirtschaftlichem Sektor, externem und internem Sektor, Land und Stadt, zwischen den Regionen sowie zwischen menschlichem Fortschritt und Erhaltung der Umwelt.

Für die **Modernisierung des Agrarbereichs** und für den **Aufbau eines sozialen Netzes** auf dem Land wurden allein für 2006 339,7 Mrd. Yuan (35,1 Mrd. €) bereitgestellt, 14,2 % mehr als im Vorjahr. Die Mittel sind vorrangig vorgesehen für ländliche Infrastrukturvorhaben, Subventionen für den Getreideanbau und die Erleichterung der Kreditbedingungen für Bauern. Während der Laufzeit des Fünfjahresplans soll eine umfassende ländliche Krankenversicherung aufgebaut werden. Die Abschaffung des Schulgeldes soll die Umsetzung der neunjährigen Schulpflicht auf dem Land erleichtern. Mit der Änderung des Schulpflichtgesetzes beteiligt sich der Haushalt der Zentralregierung stärker an der bisher den Kommunen überlassenen Finanzierung der Schulbildung. Insgesamt sollen hierfür in den nächsten fünf Jahren 22 Mrd. € ausgegeben werden und der Aufwand für die Bildung schließlich 4 % des BIP erreichen. Die politische Führung erhofft sich bis 2010 die Schaffung von 45 Mio. Arbeitsplätzen im ländlichen Raum und die Qualifizierung einer gleich großen Anzahl von Bauern für Industriearbeit.

Zusammengefasst in der Kampagne **»Neue sozialistische Dörfer«** fügen sich die Maßnahmen des Fünfjahresplans zur Förderung des ländlichen Raums mit einer Bevölkerung von rd. 750 Mio. Menschen in ein auf 20 Jahre ausgelegtes Programm ein, durch das die Lebensbedingungen der Bauern und die Produktivität der Landwirtschaft grundlegend verbessert werden sollen. Die Umsetzung des Programms beansprucht ein Finanzvolumen von rd. 1 Billion €. Neben der Einschränkung der Landflucht gilt angesichts zunehmender sozialer Unruhen der **Besserung der Lage der Wanderarbeiter** erhöhte Aufmerksamkeit. Am 28. 3. 2006 veröffentlichte die Regierung Richtlinien zur Gleichstellung dieses bisher sozial und rechtlich diskriminierten Segments der Bevölkerung, der rd. 150 Mio. Menschen umfassen soll.

Der **Schonung von Umwelt und Ressourcen** räumt der Fünfjahresplan gleichermaßen Vorrang vor der Wachstumsdynamik ein. Gemessen an der Wirtschaftsleistung soll der Wasserverbrauch bis 2010 um 30 %, der Schadstoffausstoß um 10 %, der Energieverbrauch um 20 % verringert werden. Um die mit der Nutzung der Kohleenergie verbundenen Umweltprobleme und die Abhängigkeit vom Erdölimport zu mindern, sollen in den nächsten 15 Jahren etwa 30 neue Atomkraftwerke mit einer Leistung von jeweils 1 Mio. Kilowatt ans Netz gehen und dann 4 % des gesamten Energiebedarfs decken. 2006 waren neun in Betrieb mit einem Anteil von etwa 2,3 %.

Nach Zuwachsraten des BIP über 9 % in den letzten Jahren (2003: 10,0 %, 2004: 10,1 %, 2005: 9,9 %, → Wirtschaft, China) wird für 2006 eine leichte Abschwächung auf +8 %, für die nächsten fünf Jahre auf durchschnittlich 7,5 % angestrebt. Nach der ersten landesweiten Erhebung der Wirtschaftsleistung seit zehn Jahren korrigierte die nationale Statistikbehörde im Dezember 2005 das BIP um 16,8 % nach oben auf knapp 16 Billionen Yuan (1,65 Billionen €). Die Erträge vor allem im Dienstleistungssektor und aus dem privaten Unternehmertum sollen zuvor massiv unterbewertet worden sein. Die neuen Daten waren in Zusammenarbeit mit der Weltbank erhoben und ausgewertet worden. Gleichwohl soll ihre Aussagekraft nach Ansicht von Experten noch nicht mit dem Niveau in westlichen Industrieländern vergleichbar sein.

Auf **Auseinandersetzungen hinter den Kulissen** des NVK über die Tragweite des eingeschlagenen Reformkurses ließ der Verzicht auf die Verabschiedung eines Gesetzes zum Schutz des Privateigentums schließen. Es sollte das in der Verfassung 2004 festgeschriebene Recht auf privates Eigentum konkretisieren und ihm den gleichen Rang wie dem öffentlichen Eigentum zugestehen. Offenbar erreichten strukturkonservative Kräfte in der Partei eine Vertagung dieser Entscheidung.

▪ **Soziale Widersprüche und Spannungen:** Im Vorfeld der Beratungen des ZK der KPCh zum Fünfjahresplan initiierte die Regierung eine öffentliche Debatte über die Ziele der wirtschaftlichen und gesellschaftlichen Entwicklung. Nach den Ergebnissen einer groß angelegten empirischen Studie der Universität Beijing, die von der englischsprachigen Tageszeitung China Daily am 19. 6. 2005 publiziert wurden, verfügte 2004 das erste Zehntel der Bevölkerung über 45 % des gesellschaftlichen Reichtums, das letzte hingegen nur über 1,4 %. Die Akademie für Sozialwissenschaften, ein wichtiges Beratungsgremium der Regierung, legte am 22. 12. 2005 erstmals ein Jahresgutachten, das **»Blaubuch zur sozialen Entwicklung Chinas 2006«**, vor. Der Einkommensunterschied zwischen städtischer und ländlicher Bevölkerung habe sich auf 3,3 zu 1 weiter vergrößert, unter Berücksichtigung des Zugangs zu

VR China: Umweltfolgen des Wirtschaftsbooms

Chinas wirtschaftlicher Aufschwung ist ungebrochen. Das Wirtschaftswachstum lag laut Asian Development Bank 2005 bei 10,2 %, 2006 wird es bei voraussichtlich 9,5 % und 2007 bei 8,8 % liegen. Das Land belegt weltweit den zweiten Rang bei den ausländischen Direktinvestitionen und hat Japan als drittgrößte Handelsnation der Welt abgelöst. Der berühmte Spruch des langjährigen Parteichefs und Staatslenkers Deng Xiaoping »Reichwerden ist glorreich« scheint schrittweise umgesetzt zu werden. Tatsächlich sind durch die von Deng eingeleitete Phase der Öffnung und des Wachstums 400 Mio. Chinesen der Armut (Einkommen von weniger als 1 US-$ pro Tag) entkommen. Dieser Erfolgskurs wird zunehmend gefährdet – zum einen durch die wachsende Ungleichheit zwischen reicher Stadt- und armer Landbevölkerung, zum anderen durch die sich dramatisch verschlechternde Umweltsituation.

Eine wachsende Zahl von Untersuchungen durch chinesische Wissenschaftler, staatliche Behörden und UN-Organisationen dokumentiert die ernste Lage der Umwelt in der VR China:

- China besitzt 9 % der weltweiten landwirtschaftlich nutzbaren Flächen, 6 % der Süßwasservorkommen und nur 4 % der Wälder bei einem Anteil von 22 % der Weltbevölkerung – die Pro-Kopf-Ausstattung mit Umweltressourcen ist unterdurchschnittlich.
- Der zu saurem Regen führende Ausstoß von Schwefeldioxid (SO2) ist 70 mal so hoch wie im Nachbarland Japan.
- Ein Drittel der chinesischen Städte und sogar 60 % der 340 größeren Städte des Landes leiden unter starker Luftverschmutzung.
- 400 000 Chinesen sterben jährlich infolge der Luftverschmutzung.
- Ein Drittel der ländlichen Flüsse und 90 % aller Flüsse, die Städte durchqueren, sind stark verschmutzt.
- 700 Mio. Chinesen trinken Wasser, das den WHO-Mindestanforderungen nicht genügt, 30 000 Kinder sterben jährlich an Durchfall, der durch verseuchtes Wassers verursacht wird.
- Chinas Pro-Kopf-Vorrat an Süßwasser beträgt 2200 m^3 – weniger als ein Drittel des Weltdurchschnitts. Die Reserven gehen durch den wachsenden Wasserverbrauch von Industrie, Landwirtschaft und Haushalten weiter zurück. Allein 20 % des Frischwassers in den Städten gehen durch undichte Rohre verloren.
- Weil in den zurückliegenden Jahren immer tiefere Brunnen gebohrt wurden, ist der Grundwasserpegel an vielen Orten im Norden Chinas gefährlich tief abgesackt. Der Gelbe Fluss und andere große Ströme sind über Monate hinweg so ausgetrocknet, dass sie über weite Strecken nur noch einem Rinnsal gleichen.
- Auf einem Drittel der Landflächen wachsen die Wüsten.
- Weniger als die Hälfte des Abwassers in den Städten wird in Kläranlagen aufbereitet.
- Weniger als 20 % des Mülls werden adäquat entsorgt.
- Die jährlichen Umweltschäden summieren sich auf 8–13 % des Sozialprodukts, d. h. die Wohlstandsgewinne werden durch Verluste in der Umweltqualität mehr als aufgezehrt.
- Die großen Städte stehen am Rande des Verkehrskollaps: In Peking hat sich von 1993 bis 2005 die Zahl der PKW von 560 000 auf 2,35 Mio. mehr als vervierfacht; bis 2010 wird sie nochmals um 60 % auf 3,8 Mio. anwachsen.

Im Berichtszeitraum gerieten die Umweltprobleme der VR China durch mehrere **große Chemieunfälle** in das Licht der Weltöffentlichkeit:

13. 11. 2005: Explosion in einer der größten Chemiefabriken in der Stadt Jilin. Fünf Menschen wurden getötet, mehr als 10 000 Menschen mussten aus Wohnvierteln evakuiert werden, die durch die entstandene Giftwolke verseucht wurden. Etwa 100 t der hochgiftigen und krebserregenden Lösemittel Benzen (früher: Benzol) und Nitrobenzen ergossen sich in den Fluss Songhua (→ Chronik, Umweltprobleme).

24. 11. 2005: Explosion in einer Fabrik in Chongqing in der Provinz Sichuan. Das Gift floss in einen Bach; einige Schulen mussten geschlossen werden.

21. 12. 2005: Aus einer staatlichen Zinkschmelzerei waren kadmiumhaltige Giftstoffe in den Fluss Beiguang in der Provinz Guangdong gelangt – in Gewässerproben wurden die Kadmium-Grenzwerte um das 10-fache überschritten. Zehntausende Menschen in mehreren Städten waren über eine Woche lang von der Trinkwasserversorgung abgeschnitten.

8. 1. 2006: Kadmium-Verseuchung in der Provinz Hunan, als Abwässer aus einem Hüttenwerk in den Xiangjiang-Fluss, einen Nebenarm des Jangtse-Stromes eingeleitet wurden.

18. 2. 2006: Verseuchung eines Flusses in der Provinz

Verschmutzung des Jangtse

Sichuan mit Fluor, Stickstoff und Phenol. 20 000 Menschen wurden von der Trinkwasserversorgung abgeschnitten.

Über die o. g. Unfallserie ist in den Weltmedien ausführlich berichtet worden. Dadurch ist der Druck auf die chinesische Regierung gewachsen, **umweltpolitische Maßnahmen** zu ergreifen und ihre Umsetzung stärker als bisher zu überwachen. Gleichzeitig wächst der Unmut in der Bevölkerung. In der Provinz Zhejiang entluden im April 2005 Hunderttausende ihren Zorn über missgebildete Babys und unfruchtbare Äcker, verprügelten Polizisten und demolierten Autos. Immer mehr Menschen verlassen ihre Wohnorte aus Sorge um ihre Gesundheit. Die staatliche Umweltbehörde SEPA rechnet mit bis zu 150 Mio. Umweltflüchtlingen in den nächsten Jahren, wenn es nicht gelingen sollte, die Umweltsituation in besonders betroffenen Gebieten deutlich zu verbessern.

Zhu Guangyao, Vizechef der SEPA, stellte am 5. 6. 2006 das **Weißbuch zum Umweltschutz** vor. Danach werden die jährlichen Kosten der Umweltzerstörung auf 200 Mrd. US-$ (entspricht 10 % des BIP) beziffert; trotz enormer Investitionen in den Umweltschutz sei es aber bisher noch nicht gelungen, die zunehmende Umweltzerstörung völlig in den Griff zu bekommen. Als Hauptprobleme werden die Verschmutzung der Flüsse (→ Foto), Smog in den Städten, Ungeziefer und Sandstürme (→ Foto), auf Grund fortschreitender Wüstenbildung, aber auch die unzureichenden Fähigkeiten im Umweltschutz genannt.

Auf den ersten Blick hat die Umweltgesetzgebung in der VR China in den letzten Jahren erhebliche Fortschritte gemacht: So gibt es mittlerweile u. a. bei größeren Bauvorhaben eine obligatorische Umweltverträglichkeitsprüfung, ein Recycling-Gesetz nach Vorbild des deutschen Kreislaufwirtschaftsgesetzes und seit 1. 1. 2006 ein Gesetz zur Förderung erneuerbarer Energien, das dem deutschen Erneuerbare-Energien-Gesetz (EEG) ähnelt. Auf der 2. Internationalen Konferenz über erneuerbare Energien vom 7.–8. 11. 2005 in Beijing kündigte die chinesische Regierung an, den Anteil erneuerbarer Energien an der Stromerzeugung bis 2020 auf 30 % steigern zu wollen. Aktuell beträgt der Anteil bereits gut ein Viertel und wird fast ausschließlich von Wasserkraftwerken und mit Hilfe von landesweit 85 000 Staudämmen geliefert. Insbesondere die großen Staudammprojekte sind wegen der gravierenden Folgen für die lokale Bevölkerung und die Umwelt (Gewässerökologie, Lokalklima) jedoch hoch umstritten. Im Januar 2005 stoppte die SEPA den Bau von 30 Wasserkraftwerken, weil sie Umweltgesetze verletzten. Der Bau des Drei-Schluchten-Staudamms, dem nach Fertigstellung größten Wasserkraftwerk der Welt, geht jedoch unbehindert weiter – 1,3 Mio. Menschen mussten dafür umgesiedelt werden. Im Dezember 2005 wurde der Bau des Xiludou-Kraftwerks in Sichuan aufgenommen.

Sandsturm in Beijing

Das Hauptproblem der chinesischen Umweltpolitik sind mittlerweile nicht mehr die fehlenden Gesetze, sondern deren unzureichende Umsetzung und Kontrolle auf lokaler Ebene. Die Umweltbehörden verfügen weder über ausreichend Personal noch über ausreichende Sanktionsmöglichkeiten. So wird berichtet, dass aus Umweltgründen stillgelegte Fabriken nachts weiter betrieben werden oder dass Rußfilter nach der staatlichen Abnahme aus Kostengründen wieder ausgebaut werden. Ein zusätzliches Problem ist die Tatsache, dass die ökologisch problematischsten Betriebe sich oft in staatlichem Besitz befinden. Um diesen Problemen zu begegnen, hat der chinesische Staatsrat Mitte Februar 2006 ein umfangreiches Programm zur nachhaltigen Entwicklung verabschiedet, in dem alle staatlichen Ebenen darauf verpflichtet werden, die Belange des Umweltschutzes zu berücksichtigen.

Ein wachsender – v. a. über die Medien – vermittelter Einfluss geht von der chinesischen Umweltbewegung aus. Seit ihrer allgemeinen Zulassung im Jahr 1996 haben sich mittlerweile mehr als 100 Umweltorganisationen und 200 studentische Umweltorganisationen gebildet. Für die Zulassung gibt es jedoch Hürden.

In den nächsten Jahren und Jahrzehnten wird sich entscheiden, ob die VR China dem Entwicklungsmuster der westlichen Industriestaaten folgt und den Rückgang der Umweltqualität erst dann bekämpft, wenn die wirtschaftliche Entwicklung dadurch massiv gefährdet wird, oder ob China einen alternativen Entwicklungspfad des vorsorgenden Umweltschutzes einschlagen wird. Viel wird davon abhängen, ob Vordenker wie der Vize-Umweltminister Pan Yue und die aufkeimende Umweltbewegung ihren Einfluss vergrößern können. Der vom Wirtschaftsmagazin Business-Week wegen seines Umweltengagements als einer der »Stars of Asia« gekürte 45-Jährige ist gelernter Journalist und wird zum Reformflügel der kommunistischen Partei gerechnet. Schon wenige Monate noch seinem Amtsantritt ließ er 52 Papier- und Chemiefabriken schließen, die den Huaihe-Fluss verseucht hatten.

Bauern bei der Ernte

Bildung und zur Gesundheitsfürsorge seien die Städter sechs Mal besser gestellt als die Menschen auf dem Land, die rd. 60 % der Gesamtbevölkerung ausmachen (→ Foto). Die Unzufriedenheit in Teilen der Bevölkerung über die soziale Entwicklung, die sich mit der Empörung über Korruption und Umweltzerstörung (→ unten) verbinde, könne leicht in Massenproteste umschlagen. Für 2004 wurden 339 000 Fälle von Korruption innerhalb des Parteiapparats registriert. Die Studie warnte auch vor den **Folgen der rapiden Alterung** der Gesellschaft. Ein Sechstel der mehr als 140 Mio. Alten wird als arm eingestuft. Chinas Gesellschaft, resümiert das »Blaubuch«, trete in eine »Entwicklungsphase verschärfter Widersprüche« mit steigender Kriminalität, Interessenkonflikten und Massenprotesten ein. Gemessen am sog. Gini-Koeffizienten, einem internationalen Indikator, der in Werten zwischen 0 und 1 die soziale Ungleichheit einer Gesellschaft bemisst, zählt China mit einem Messwert von annähernd 0,5 zu den Nationen mit den größten sozialen Disparitäten und der höchsten Anfälligkeit für soziale Instabilität (europäische Staaten: zwischen 0,24 und 0,36, USA: rd. 0,4).

2004 kam es nach amtlichen Angaben zu 74 000 »ernsthaften« Zwischenfällen, Protestkundgebungen und Streiks, 16 000 mehr als im Vorjahr, 2005 stieg die Zahl um 6,6 % auf 87 000 an. Die Proteste, bei denen die Behörden im Zentrum von Konflikten standen, nahmen um 19 % zu. Zu den schwersten Zusammenstößen zählte eine monatelange Revolte von Bauern in dem Dorf Dongzhou in der südlichen Provinz Guangdong, die am 6. 12. 2005 von Spezialeinheiten der Polizei gewaltsam beendet wurde. Nach amtlichen Angaben wurden dabei drei Menschen, nach anderen mindestens 20, erschossen. Die Bauern hatten sich gegen eine zu geringe Entschädigung für die Konfiszierung von Agrarland gewehrt, das die örtliche Behörde für den Bau einer Windkraftanlage in Anspruch nehmen wollte.

- **Umweltprobleme:** Die Schädigungen der Umwelt als Folge der rasanten wirtschaftlichen Entwicklung entsprechen nach Schätzungen der Weltbank, in Geldwert berechnet, rd. 8 % des BIP. Der im März 2006 beschlossene Fünfjahresjahresplan stellt für Maßnahmen, die bis 2010 zum **Schutz der Umwelt** mit Schwerpunkt Luft und Wasser ergriffen werden sollen, rd. 160 Mrd. US-$ bereit. Rd. 150 Mrd. US-$ sollen aufgewandt werden, um das erste Gesetz zur Förderung der erneuerbaren Energien umzusetzen, das Anfang 2006 in Kraft trat. Bis 2020 sollen erneuerbare Energien – aus Wind-, Wasser- und Solarkraft – etwa 15 % des gesamten Primärenergieverbrauchs decken. Als Instrumente, dieses Ziel zu erreichen, sind Einspeisevergütungen und Abnahmegarantien vorgesehen, darüber hinaus steuerliche Anreize und Förderprogramme für innovative Projekte. Die Durchsetzung der von der politischen Zentrale vorgegebenen ehrgeizigen Zielsetzungen bleibt jedoch fraglich, da ihnen die Interessenlagen, Machtverhältnisse und Korruptionsanfälligkeit der Behörden in den Regionen häufig entgegenstehen. Nach einer im »Blaubuch 2006« wiedergegebenen Studie steigerte sich die Zahl der nicht selten gewaltsamen Massenproteste wegen Umweltverschmutzung und diesbezüglichen Versäumnissen der Verwaltung in den letzten zehn Jahren um das 11,6-fache.

Die spektakulärste Umweltkatastrophe im Jahr 2005 löste am 13. 11. 2005 ein **Unfall im Chemiewerk Jilin** der staatlichen China National Petroleum Corporation im Nordosten des Landes aus. Durch eine Explosion, angeblich verursacht durch menschliches Versagen, gelangten 100 Tonnen hochgiftiges Krebs erregendes Benzen und Nitrobenzen in den Fluss Songhua (→ Karte). Der 80 km lange Giftteppich unterbrach in den nachfolgenden Tagen und Wochen die Wasserversorgung der Ortschaften flussabwärts. So mussten die vier Mio. Einwohner der 380 km von Jilin entfernten Stadt Harbin durch Militär und Katastrophenschutz eine knappe Woche mit Trinkwasser versorgt werden. Rd. 1,5 Mio. Menschen, die auf russischer Seite des Grenzflusses Heilong (russisch: Amur) leben, in den der Songhua einmündet, einschließlich

der 650 000 Einwohner zählenden Stadt Chabarovsk, rd. 700 km stromabwärts von Harbin, entgingen knapp einer ähnlichen Katastrophe.

Umweltminister Xie Zenhua erklärte am 2. 12. 2005 seinen **Rücktritt** und übernahm damit die politische Verantwortung für viele Unzulänglichkeiten bei der Katastrophenschutzvorkehrung und -bewältigung. Unter anderem war es der Provinzregierung von Jilin gelungen, den dortigen Chemieunfall vier Tage lang gegenüber dem Umweltministerium zu vertuschen. Die staatlichen Medien verurteilten das Versagen der Behörden ungewöhnlich scharf. Die Regierung in Beijing setzte eine Untersuchungskommission zu dem Vorfall ein. Mitte Dezember kam es am Fluss Beijing in der Provinz Guangdong zu einem weiteren schweren Chemieunfall in einer Zinkhütte der Stadt Shaoguan, bei dem große Mengen Kadmium ins Wasser gelangten. Wegen zehnfacher Überschreitung des zulässigen Grenzwerts für Kadmium wurden mehrere Dörfer und Städte flussabwärts von der Wasserversorgung abgeschnitten. Nach Angaben des Umweltministeriums haben knapp 350 Mio., nach Daten der Weltbank 700 Mio. Menschen in China keinen Zugang zu sauberem Trinkwasser.

- **Medienkontrolle:** Während die Nutzung des Internet für die Wirtschaft und die Bildung gefördert wird, zeichnet sich im Bereich der Kommunikation und Meinungsbildung eine Intensivierung der obrigkeitsstaatlichen Steuerung und Kontrolle ab. Am 25. 9. 2005 erließ das Informationsministerium eine **Verordnung zur »Vereinheitlichung von Nachrichten und Informationen«** mit inhaltlichen Richtlinien für den Betrieb von Internetportalen und Websites. Danach sind nur »gesunde und zivilisierte Nachrichten und Informationen, die der Verbesserung der Qualität der Nation dienen« zugelassen. Dagegen ist die Verbreitung solcher Meldungen untersagt, »die der Staatssicherheit und dem öffentlichen Interesse zuwiderlaufen«. Personen und Gruppen, die über E-Mail-Listen Informationen versenden, müssen sich als Medienorganisationen registrieren lassen. Mit Hilfe von Filter-Software und Kontrolltechnik internationaler IT-Unternehmen wie Cisco Systems und Microsoft überwachen angeblich rd. 30 000 »Internet-Polizisten« die Web-Kommunikation ihrer Landsleute. Die Regierung begründete die Zensur mit der notwendigen, auch in anderen Staaten üblichen Verhinderung von ausländischen Websites mit Pornografie oder Terrorismus-Propaganda.

Im Gegenzug zur Erlaubnis, am 25. 1. 2006 eine chinesische Dependance zu eröffnen, verpflichtete sich der amerikanische Suchmaschinenbetreiber **Google**, auf seinem Portal »Google.cn« von der Regierung nicht erwünschte Suchergebnisse nicht auszuwerfen. Zuvor hatten sich auch schon **Microsoft** und **Yahoo** unter Anerkennung der chinesischen Gesetzgebung praktisch zur Selbstzensur verpflichtetet. In mehreren Fällen – bekannt wurden die des Journalisten Shu Tao und des Bürgerrechtlers Li Zhi, die zu jahrelangen Haftstrafen verurteilt worden waren – kooperierte Yahoo mit den Sicherheitsbehörden bei der Verfolgung von Dissidenten. Mitte März 2006 verurteilte ein Gericht in der Provinz Shandong den Lehrer Ren Ziyan wegen »Untergrabung der Staatsgewalt« zu zehn Jahren Gefängnis. Er war im Mai 2005 festgenommen worden, weil er im Internet einen Artikel mit dem Titel »Der Weg zur Demokratie« veröffentlicht und den gewaltsamen Widerstand gegen tyrannische Herrschaft gerechtfertigt hatte. Unter ähnlichem Vorwurf war am 28. 7. 2005 der Dissident Zhang Lin zu fünf Jahren Haft verurteilt worden. Nach Angaben von Reporter ohne Grenzen befanden sich Anfang 2006 mindestens 49 Bürgerrechtler wegen Meinungsäußerungen im Internet im Gefängnis.

Die Nachrichtenagentur Reuters und BBC verbreiteten Mitte Februar einen Offenen Brief, in dem unter dem Datum vom 2. 2. 2006 mehrere ehemalige hochrangige Funktionäre der KPCh, die dem reformorientierten Flügel angehört hatten, **Kritik an der verschärften Medienzensur** übten. Anlass für diesen ungewöhnlichen Schritt war offenbar eine Zensurkampagne seit Dezember 2005, die im Januar in der Schließung der populären Wochenbeilage Bing Dian (Gefrierpunkt) der Tageszeitung der kommunistischen Jugendliga, Zhongguo Qingnianbao (China Jugendzeitung) gipfelte. Die Redakteure der Beilage hatten über Korruption und Machtmissbrauch berichtet und mehrmals Verwarnungen der Zensurbehörde getrotzt. Nach Entlassung der leitenden Redakteure und Widerruf eines Artikels, der sich kritisch mit dem in Schulbüchern vermittelten nationalen Geschichtsbild befasst, durfte Gefrierpunkt wieder erscheinen.

- **Menschenrechte:** Nach Abschluss seiner zweiwöchigen Inspektionsreise durch China resümierte der **UN-Sonderermittler für Folter**, Manfred Nowak, am 2. 12. 2005 in Beijing, Misshandlungen Gefangener und Folter unter Anwendung einer breiten Palette von Methoden seien weit verbreitet. Missbräuche seien besonders häufig auf dem Land festzustellen, in sog. Umerziehungslagern käme es zu systematischen Misshandlungen. Insgesamt gesehen sei der Vorwurf systematischer Folter jedoch nicht gerechtfertigt. Ein solches Verfahren werde nicht von oberster Stelle angeordnet, sondern von Einzelnen unter dem Druck ausgeübt, den Gerichten Geständnisse abzuliefern. Die Regierung hatte der UN-Menschenrechtskommission erstmals gestattet, mit einer Delegation Haftlager in China zu inspizieren, Foltervorwürfen nachzugehen und mit Gefangenen und Folteropfern zu reden.

Am 1. 3. 2006 trat ein **Anti-Folter-Gesetz** in Kraft. Danach ist es der Polizei verboten, Gefangene zur Abpressung von Geständnissen zu foltern; vor Gericht dürfen solche nicht mehr verwendet werden. Nach amtlichen Informationen stellten die Aufsichtsbehörden 2005 12 000 Fälle von »unangemessener Behandlung« von Gefangenen fest.

Die Kritik im Anfang März 2006 veröffentlichten jährlichen Menschenrechtsbericht des Außenministeriums der USA zur mangelhaften Menschenrechtslage in China konterte die Regierung am 9. 3. mit einer Liste von Gegenvorwürfen und der Empfehlung an die Adresse der US-Regierung, sich den Menschenrechtsproblemen im eigenen Verantwortungsbereich zu widmen. Im Übrigen vertrete die Führung in Beijing im Unterschied zu den Vorstellungen des Westens eine Definition von Menschenrechten, in der die Versorgung von 1,3 Mrd. Menschen mit dem Existenznotwendigen mehr wiege als individuelle bürgerliche Freiheiten. Vor dem Hintergrund mehrerer bekannt gewordener Fehlurteile und anhaltender ausländischer **Kritik an der Todesstrafe** gab der Präsident des Obersten Gerichts, Xiao Yang, während der laufenden Plenartagung des NVK bekannt, durch Provinzgerichte ausgesprochene Todesurteile würden künftig nicht mehr nur nach Aktenlage geprüft, sondern mit allen Beteiligten von einem weiteren Gericht in zweiter Instanz.

▪ **Vogelgrippe:** Nach Auftreten der Vogelgrippe in elf Regionen meldete das Gesundheitsministerium in Beijing am 16. 11. 2005 erstmals das Überspringen des Vogelgrippe-Virus H5N1 auf Menschen in China, das damit als fünftes asiatisches Land seit dem ersten Auftreten 2003 von menschlichen Infektionen betroffen war. Die Behörden begannen mit Massenimpfungen des gesamten Geflügelbestandes des Landes; von den rd. 14 Mrd. Hühnern, Enten und Gänsen werden etwa 70 % in privaten Ställen und Höfen gehalten. Ende Dezember gab die Regierung die Massenherstellung eines neuen Impfstoffs frei, der die Bekämpfung der Seuche wirksamer, einfacher und billiger machen soll. Bis Ende März bestätigten die Behörden elf Todesfälle von Menschen durch eine Vogelgrippe-Infektion. Mitte Januar war Beijing Gastgeber einer Geberkonferenz von 90 Staaten und 20 Organisationen über mehr Kooperation und Hilfe insbesondere für Entwicklungsländer bei Maßnahmen zur Vorbeugung einer Pandemie durch mutierte, von Mensch zu Mensch übertragbare Viren.

▪ **Währungs- und Außenwirtschaftspolitik:** Nach langem Drängen der USA, Japans und der EU, den Währungskurs freizugeben, schlug die Zentralbank am 21. 7. 2005 einen Kurs der vorsichtig dosierten Liberalisierung und Flexibilisierung des Währungsregimes ein, den sie als **»managed floating«** bezeichnete. Sie wertete den Yuan um 2,05 % gegenüber dem Dollar auf und lockerte die feste Bindung der Landeswährung an den Dollar. Zudem trat an die Stelle der Dollarfixierung die Orientierung an einen Währungskorb, dessen Zusammensetzung der Struktur des chinesischen Außenhandels entsprechen soll. Gegenüber einer der Korbwährungen darf der Yuan innerhalb einer sehr engen Bandbreite von 0,3 % um den Schlusskurs vom Vortag schwanken. Seit 1995 hatte ein festes Austauschverhältnis von 8,276 Yuan je Dollar bestanden, mit einer Schwankungsbreite von 0,024 %. Nachdem der Yuan bis Mitte März 2006 um weitere rd. 1 % zugelegt hatte, ohne dass sich negative Auswirkungen für die Exportwirtschaft gezeigt hatten, kündigte Ministerpräsident Wen Jiabao an, China werde den Devisenmarkt ausweiten und mehr Bewegung beim Wechselkurs zulassen.

Mit ihrer massiven außenwirtschaftlichen Expansion forderte die VR China auf einigen Marktsektoren **Gegenmaßnahmen der großen Handelspartner** heraus. Das bilaterale Handelsvolumen mit der EU erhöhte sich nach Angaben der chinesischen Zollverwaltung 2005 um 22,6 % auf 217,3 Mrd. US-$, mit 211,3 Mrd. (+24,8 %) folgen die USA an zweiter Stelle und Japan mit 184,4 Mrd. (+9,9 %) an dritter. Der Wegfall von Obergrenzen für den Handel mit Textilien nach Auslaufen einer Übergangsregelung des WTO-Vertrags Anfang 2005 hatte zu einem sprunghaften Anstieg der Textilexporte in die EU und die USA um mehr als Doppelte geführt. Den **Textilexportkonflikt**, der auch die politischen Beziehungen insbesondere zu den USA belastete, legte die chinesische Regierung durch neue Textilabkommen bei. Nach Kompromissen mit der EU im Juni und September kam im November eine ähnliche Vereinbarung über nach Jahren gestaffelte, nach Textilkategorien differenzierte Exportquoten mit den USA zustande. Beijing kam damit der Verabschiedung eines US-Gesetzes zuvor, nach dem chinesische Waren flächendeckend mit einem Importzoll von 27,5 % belegt werden sollten.

Spannungen mit den USA produzierte auch der Versuch des drittgrößten staatlichen Erdölkonzerns CNOOC im Sommer 2005, den **kalifornischen Energiekonzern Unocal** für einen Kaufpreis von 18,5 Mrd. US-$ zu übernehmen. Nach massiven politischen Einwänden aus dem Kongress in Washington gegen das Geschäft zog sich CNOOC Anfang August aus dem Wettbewerb zurück, sodass der US-amerikanische Konzern Chevron-Texaco für 18 Mrd. US-$ bei Unocal zum Zuge kam. Zwei Wochen später schloss der chinesische Marktführer China National Petroleum Corporation (CNPC) eine Übernahmevereinbarung mit der kanadischen Erdölgesellschaft PetroKazakhstan Inc., die ihr Geschäft als drittgrößter Erdölförderer in dem erdölreichen zentralasiatischen Staat betreibt. Mitte Dezember nahmen Kasachstan und China eine 1000 km lange Erdöl-Pipeline in Betrieb, die in den westlichen Teil Chinas führt. Weitere Akquisitionen erfolgten 2005/06 in Ecuador, Mauretanien, in der Mongolei und mehreren afrikanischen Staaten. Bei seinem Besuch in Nigeria während seiner Afrikareise Ende April 2006 unterzeichnete Präsident Hu Jintao Abkommen über den Kauf von vier Erdölkonzessionen vor der Küste Nigerias und über den Aufbau einer Erdölraffinerie im Norden von Nigeria für rd. 4 Mrd. US-$. Auch in → Angola hatte sich China 2005 umfangreiche Erdölkonzessionen gesichert. China hat sich innerhalb eines Jahrzehnts auf dem Erdölsektor vom Selbstversorger zum Importeur gewandelt, der als zweitgrößter Konsu-

ment der Welt nach den USA einen großen Teil seines Erdölbedarfs durch Import decken muss (2005: 42,9 %) und dessen andauernder Wirtschaftsaufschwung als Hauptgrund für den drastischen Anstieg der Rohstoff- und Energiepreise gilt. Abkommen über die wirtschaftliche Zusammenarbeit in Bereichen des Bergbaus, speziell der Lieferung von Uran an China, vereinbarte Ministerpräsident Wen Jiabao am 3. 4. 2006 mit Australien und am 21. 6. mit Südafrika.

- **Autonome Region Tibet (Xizang):** Den 40. Jahrestag der Gründung der Autonomen Region Tibet am 1. 9. 2005 nahm die chinesische Führung zum Anlass, sich für die seitdem erfolgten wirtschaftlichen Fortschritte feiern zu lassen. Dazu gehören vor allem der Ausbau der Infrastruktur, wobei das ehrgeizigste Projekt – der **Bau der Eisenbahn** von Golmud (Provinz Qinghai) **nach Lhasa**, der Hauptstadt von Tibet (→ Karte) – im November 2005 fertiggestellt wurde und das auf 5068 m Höhe über den höchstgelegenen Bahnhof der Welt verfügt. Anlässlich der Feierlichkeiten beklagten Exil-Tibeter, dass es mit der Autonomie nicht weit her sei, auch wenn sich die langjährige chinesische Besatzungspolitik inzwischen zu einer Art Entwicklungspolitik gewandelt habe. Die Eisenbahnverbindung diene jedoch in erster Linie dem Transport von Rohstoffen und könne durch den Zuzug von Chinesen zu einer weiteren Verdrängung der Tibeter führen. Die chinesische Führung, die die Nutzung als Transportmittel für Rohstoffe nicht bestreitet, hat sich jedoch das weit ehrgeizigere Ziel gesetzt, die Eisenbahnlinie bis zur indischen Grenze voranzutreiben, um den Warenaustausch mit Indien zu verbessern.

- **Sonderverwaltungszone Hongkong:** Die ersten Monate der Amtszeit des neuen Verwaltungschefs (Chief Executive) Donald Tsang, der im März kommissarisch, im Juli formell Tung Chee-Hwa abgelöst hatte (→ WA 2006, S. 111), waren bestimmt von Versuchen, das **politische Klima zu entspannen**. Zum ersten Mal seit Niederschlagung der Demokratiebewegung in Beijing 1989 erlaubte die Zentralregierung den 25 Abgeordneten der Legislativversammlung (Legco), die dem demokratischen Lager angehören, die Einreise nach China. Sie beteiligten sich Ende September 2005 an einem zweitägigen Besuch, zu dem das gesamte Legco von der Führung der benachbarten Provinz Guangdong eingeladen war.

Mit der Vorstellung seines Regierungsprogramms am 12. 10. legte Tsang in Grundzügen auch seinen **Plan für eine Verfassungsreform** mit weiteren Schritten zur Demokratisierung dar. Im Zentrum stand der Vorschlag, für die nächste Wahl des Chief Exekutive im Jahr 2007 das Wahlkomitee von bisher 800 auf 1600 Mitglieder zu verdoppeln und bei den 2008 fälligen Wahlen zum Legco die Zahl der Mandate von 60 auf 70 zu erhöhen. Dabei sollte das Kontingent der von den Wählern direkt zu bestimmenden Abgeordneten leicht gestärkt werden. Bei der Abstimmung im Legco am 21. 12. über die entsprechenden Änderungen des Hongkonger Grundgesetzes verfehlte der Regierungsplan in beiden Fällen mit 40 Ja- und 24 Neinstimmen (bei 1 Enthaltung) die erforderliche Zweidrittelmehrheit. Das oppositionelle demokratische Lager hatte sich für die Ablehnung entschieden, nachdem sich die Regierung nicht verbindlich auf einen Zeitplan für die vollständige Demokratisierung festlegen lassen wollte. Im Vorfeld der Abstimmung gaben mehrere Großdemonstrationen mit bis zu 200 000 Teilnehmern der Forderung nach Direktwahl des Parlaments und des Chief Exekutive Rückhalt.

- **Sonderverwaltungszone Macau:** Bei der Wahl der zwölf direkt zu wählenden Abgeordneten des 29-köpfigen Legislativrats am 25. 9. 2005 entfielen jeweils zwei Mandate auf die vier dominierenden politischen Parteien, unter ihnen die prodemokratische New Democratic Macao Association. Zehn weitere Abgeordnete wurden von den Standesgruppen delegiert, sieben entsandte der Chief Executive Edmund Ho. Dank des Kasino-Booms verzeichnete die Sonderregion 2005 mit 28 % des BIP das weltweit stärkste Wirtschaftswachstum.

Die Finanzfahndungsbehörde der USA, FinCEN, beschuldigte Mitte September 2005 die **Macao's Banco Delta Asia (BDA)**, in großem Stil für Strohmänner → Nordkoreas Geld zu waschen, das aus Drogen- und Schmuggelgeschäften sowie Geldfälschung stamme. Das nachfolgende internationale Sanktionsmanagement gegen die Bank beeinträchtigte stark den internationalen Geldverkehr Nordkoreas. Chief Executive Edmund Ho stellte die Bank unter Aufsicht seiner Behörde und beauftragte externe Prüfer mit der Untersuchung des Falles. Am 16. 2. teilte die Bank mit, sie habe sämtliche Verbindungen mit Nordkorea abgebrochen.

AUSSENPOLITIK

- **Russland:** Nach der »historischen« Einigung über bis dahin strittige Fragen des Grenzverlaufs im Oktober 2004 (→ WA 2006, S. 387) bekräftigten Staats- und Parteichef Hu Jintao und der russische Präsident Wladimir Putin am 1. 7. 2005 in Moskau den Willen beider Staaten zur engen handels- und weltpolitischen Kooperation. Dazu vereinbarten sie eine **strategische Partnerschaft** und positionierten sich zugleich deutlich gegen den Weltordnungsanspruch der USA, indem sie in ihrer gemeinsamen Erklärung zur »Weltordnung des 21. Jahrhunderts« eine Stärkung der Führungsrolle der UN in internationalen Angelegenheiten forderten und sich gegen die Praxis verwahrten, unter dem Vorwand des Schutzes der Menschenrechte die Gleichberechtigung und Souveränität von Staaten zu missachten und in deren innere Angelegenheiten einzugreifen. Vom 18.–25. 8. führten beide Staaten erstmals Militärübungen durch. Die Manöver (»Friedensmission 2005«) in der ostchinesischen Küstenprovinz Shandong mit über 10 000 Soldaten sollten nach einer amtlichen Mitteilung die »gemeinsame Bekämpfung von Terrorismus, Extremismus und Separatismus« verbessern. Bei seinem Besuch in Beijing (21./22. 3. 2006) sicherte Präsident Putin seinen Gesprächspartnern den baldigen Baubeginn der geplanten **Erdöl-Pipeline von Ost-Sibirien** in den Nordosten Chinas zu, ohne dass es jedoch zu einer formellen Vereinbarung hierüber kam. Bisher stammen 40 % der von China importierten Erdölmenge aus dem Nahen Osten. Von Russland bezieht es bislang 9 % per Bahn.

▪ **USA:** Handelspolitische Konflikte (→ oben), grundlegende Differenzen in Menschenrechtsfragen (→ oben) und Uneinigkeit im Umgang mit dem Iran und Sudan auf der Ebene der UN (→ unten) prägten das **angespannte Verhältnis** zu den USA. Darüber hinaus sorgte brüskierende Kritik führender US-Repräsentanten an den innenpolitischen Verhältnissen und der militärischen Aufrüstung Chinas für Unmut (→ Vereinigte Staaten). Bei seinem Treffen mit dem US-amerikanischen Präsidenten George W. Bush am 14. 9. 2005 in Beijing, in dessen Vordergrund handelspolitische Fragen standen, bezeichnete Hu Jintao die Haltung der USA im Taiwan-Konflikt als Schlüsselfrage für die Zukunft des chinesisch-amerikanischen Verhältnisses. Zuvor hatte das Außenministerium die USA erneut davor gewarnt, moderne Waffensysteme an Taiwan zu verkaufen.

Den **Besuch von Präsident Hu Jintao in den USA** (18.–21. 4. 2006) – den ersten eines chinesischen Staatschefs in den USA seit neun Jahren – dominierten wirtschaftliche Themen (mit Unternehmensabschlüssen im Umfang von über 16 Mrd. US-$), während das Gespräch der beiden Präsidenten über die Fortentwicklung des beiderseitigen politischen Verhältnisses nach Ansicht von Kommentatoren für beide Seiten enttäuschend verlief.

▪ **Japan:** Die Ausladung des japanischen Außenministers, der im Oktober 2005 China einen Besuch abstatten wollte, und die Absage des jährlichen Gipfeltreffens mit Japan und Südkorea im Dezember gab den **anhaltend schlechten Beziehungen** zur zweiten pazifischen Großmacht Ausdruck (→ WA 2006. S. 112). Besonders verärgert zeigte sich Beijing über den erneuten Besuch von Ministerpräsident Junichirô Koizumi am umstrittenen Yasukuni-Schrein am 17. 10. 2005. Dort wird neben 2,5 Mio. Kriegstoten auch Kriegsverbrechern gedacht. China wirft Japan die Verdrängung seiner Kriegsschuld vor. Im Konflikt über Hoheitsrechte im Ostchinesischen Meer schlug die VR China vor, ein im umstrittenen Seegebiet liegendes Gasfeld gemeinsam auszubeuten, erhielt im März 2006 aber eine Absage Japans. Des Weiteren streiten sich beide Staaten seit Jahren um die Hoheitsrechte der Inselgruppe Diaoyo (japanisch Senkaku).

▪ **UN:** Im Streit über das **iranische Atomprogramm** (→ UN, → Iran) mahnte China als Mitglied des Sicherheitsrats gemeinsam mit Russland mehrfach zur Zurückhaltung und begrüßte den Vorschlag Russlands, das Uran für iranische Atomreaktoren anzureichern. Nach der schließlich von China und Russland mitgetragenen Entscheidung der Internationalen Atomenergiebehörde (IAEA) vom 4. 2. 2006, dem Sicherheitsrat über den Fall zu »berichten«, blockierten beide im März das Zustandekommen einer Erklärung dieses Gremiums und machten dafür geltend, Drohungen oder Sanktionen gegenüber dem Iran könnten zum völligen Abbruch der Zusammenarbeit zwischen der iranischen Führung und der IAEA führen. Als ein Motiv für die **Bremserrolle Chinas** führen politische Beobachter das Interesse des Landes an der Aufrechterhaltung der in den letzten Jahren kontinuierlich ausgebauten partnerschaftlichen Beziehungen zum Iran an. 2004 sicherte sich China Erdöl/gaslieferungen des Iran für 25 bzw. 30 Jahre im Gegenwert von rd. 100 Mrd. US-$. China bezieht rd. 15 % seiner Erdölimporte aus dem Iran. Ende 2005 verhängte die Regierung der USA Sanktionen gegen sechs staatliche chinesische Firmen, denen sie den Verkauf spezieller Waffentechnik an den Iran vorwarf.

Auch im **Sudan-Darfur-Konflikt** blockierte China, das 2004 erst einer entschärften Resolution des Sicherheitsrats zugestimmt hatte, ein entschiedeneres Vorgehen gegenüber dem Regime in Khartum. An der staatlichen sudanesischen Erdölgesellschaft GNPOC ist China seit 1996 größter Anteilseigner mit derzeit 40 % des Kapitalbesitzes. Von dem im Sudan geförderten Rohöl gehen knapp zwei Drittel nach China.

▪ **Deutschland:** Der Machtwechsel in Deutschland beraubte China mit dem ehemaligen Bundeskanzler Gerhard Schröder eines wichtigen und engagierten Fürsprechers auf dem internationalen Parkett, der sich z. B. bis zuletzt für die Aufhebung des EU-Waffenembargos engagiert hatte. Bei der auffällig knapp terminierten Antrittsvisite von Bundeskanzlerin Angela Merkel am 22. 5. 2006 sahen sich ihre Gesprächspartner mit einer von dieser Seite so klar bisher nicht demonstrierten Positionierung in Fragen der Menschenrechte und Religionsfreiheit sowie mit deutlichen Forderungen zur Eindämmung der Produktpiraterie konfrontiert (Weiteres → Deutschland).

Costa Rica Mittel-Amerika

Republik Costa Rica; República de Costa Rica – CR / CRI

Fläche (Weltrang: 125): 51 100 km²

Einwohner (117): F 2004 4 253 000 = 83 je km²

Hauptstadt: San José

Amtssprache: Spanisch

Bruttonationaleinkommen 2004 je Einw.: 4470 $

Währung: 1 Costa-Rica-Colón (₡) = 100 Céntimos
Kurs: 1 US-$ = 511,30 ₡; 1 € = 657,94 ₡

Botschaft der Republik Costa Rica
Dessauer Str. 28 / 29, 10963 Berlin
T 030 / 26 39 89 90, Fax 26 55 72 10
www.botschaft-costarica.de

LANDESSTRUKTUR **Fläche:** 51 100 km²; einschl. 100 km² Inseln, u. a. Isla de Chira 45 km², Isla del Coco 24 km² ▪ **Verwaltung:** 7 Provinzen ▪ **Städte:** (Z 2000) San José 309 672 Einw., Puerto Limón 56 719, Ipís 52 922, Desamparados 52 283, Alajuela 42 889, San Francisco 40 840, Cartago 38 363

BEVÖLKERUNG Costa-Ricaner – F 2004: 4 253 000 Einw.; Bevölkerungswachstum: 1,8 %; letzte Zählung 2000: 3 925 331 Einw. – ca. 87 % Weiße und Kreolen, 7 % Mestizen, 3 % Schwarze und Mulatten, 2 % Asiaten, 1 % Indios ▪ **Sprachen:** Spanisch, Englisch und Kreolisch ▪ **Religion** 2002: 88 % Katholiken, 8 % Protestanten

STAATS- UND REGIERUNGSFORM Verfassung von 1949 – Präsidialrepublik seit 1949 – Parlament: Gesetzgebende Versammlung (Asamblea Legislativa) mit 57 Mitgl., Wahl alle 4 J. – Direktwahl des Staatsoberhauptes alle 4 J.; keine Wiederwahl – Wahlpflicht ab 18 J. ▪ **Unabhängigkeit:** Proklamation 15. 9. 1821 (ehem. spanische Kolonie), endgültig 14. 11. 1838 (Austritt aus der Zentralamerikanischen Konföderation) ▪ **Nationalfeiertag:** 15. 9.

REGIERUNG UND PARTEIEN **Staats- u. Regierungschef:** Óscar Arias Sánchez (PLN), seit 8. 5. 2006 – **Äußeres:** Bruno Stagno Ugarde, seit 8. 5. 2006 ▪ **Parlament:** Wahlen zur Gesetzgebenden Versammlung vom 5. 2. 2006: Partido de Liberación Nacional / PLN 25 von 57 Sitzen (2002: 17), Partido Acción Ciudadana / PAC 18 (14), Movimiento Libertario / ML 6 (6), Partido Unidad Social Cristiana / PUSC 4 (19), Sonstige 4 (1)

WIRTSCHAFT **BIP** 2003: 17,427 Mrd. $; realer Zuwachs: 4,2 %; Anteil (2004) Landwirtschaft 9 %, Industrie 29 %, Dienstleistungen 63 % ▪ **Erwerbstätigkeit** 2003: Landwirtsch. 15 %, Industrie 22 %, Dienstl. 62 % ▪ **Arbeitslosigkeit** ⌀ 2005: 6,6 % ▪ **Inflation** ⌀ 2005: 13,6 % ▪ **Außenhandel** 2005: **Import:** 9,807 Mrd. $; *Güter:* 57 % Rohstoffe und Halbfertigwaren (darunter 54 % für Industrie und Bergbau), 17 % Konsumgüter, 15 % Kapitalgüter; *Länder:* 20 % USA, 17 % Südamerika, 5 % Mexiko, 4 % VR China, 4 % Zentralamerika, 2 % Japan, 1 % Deutschland; **Export:** 7,021 Mrd. $; *Güter:* 77 % Industriewaren (darunter 68 % verarbeitende Industrie, 9 % Nahrungsmittelindustrie), 21 % Agrarprodukte (darunter 7 % Bananen 3 % Kaffee); *Länder:* 13 % USA, 11 % Zentralamerika, 5 % Südamerika, 3 % Belgien und Luxemburg, 2 % Deutschland, 2 % Dänemark

CHRONIK

▪ **Wahlen:** Bei den Präsidentschaftswahlen am 5. 2. 2006 kam es zu einem Kopf-an-Kopf-Rennen zwischen dem früheren Staatspräsidenten und Friedensnobelpreisträger von 1987, Óscar Arias Sánchez vom Partido de Liberación Nacional (PLN), und dem Kandidaten des Mitte-links-orientierten Partido Acción Ciudadana (PAC), Ottón Solís. Wegen des äußerst knappen Resultats entschied sich die nationale Wahlbehörde für eine Neuauszählung per Hand. Gewonnen hatte schließlich Arias mit 40,92 % der Stimmen, sein Vorsprung gegenüber Solís betrug 18 165 Voten bzw. 1,12 %. Gemäß den Wahlgesetzen genügt bei einem Stimmenanteil von über 40 % die einfache Mehrheit, um ins Präsidentenamt zu gelangen. Für seine Regierungsarbeit ist Arias auf Bündnispartner angewiesen, da seine PLN bei den Parlamentswahlen nur 25 der 57 Mandate erreichte. Große Verliererin war die bisherige Regierungspartei Partido Unidad Social Cristiana (PUSC), die künftig nur noch vier Volksvertreter stellt. Ihr schlechtes Abschneiden und der Achtungserfolg des Außenseiters Solís besiegelten denn auch das Ende der Zweiparteienherrschaft von PLN und PUSC, die jahrzehntelang das Geschehen bestimmt hatten und für Korruption (→ WA 2006, S. 113) und Politikverdrossenheit verantwortlich gemacht worden waren. Die Wahlbeteiligung lag mit rd. 65 % auf dem bisher niedrigsten Stand.

▪ **Grenzkonflikt mit Nicaragua:** Am 4. 10. 2005 reichte Costa Rica beim Internationalen Gerichtshof in Den Haag Klage gegen das Nachbarland Nicaragua ein. Der Schritt war der vorläufige Höhepunkt des Konflikts, den beide Länder seit 1998 um die Nutzung des gemeinsamen Grenzflusses San Juan austragen. Nicaragua berief daraufhin seinen Botschafter ab und verstärkte seine Truppen entlang der Flussgrenze. Costa Rica fordert das Recht, auf dem Fluss Grenzpatrouillen durchführen und für die kommerzielle Schifffahrt nutzen zu dürfen, während Nicaragua erklärt, der Fluss gehöre vollständig zu seinem Staatsgebiet.

Côte d'Ivoire → **Elfenbeinküste**

Dänemark Nord-Europa

Königreich Dänemark; Kongeriget Danmark – DK/DNK

Fläche (Weltrang: 130): 43 096 km²

Einwohner (106): F 2004 5 404 000 = 125 je km²

Hauptstadt: København (Kopenhagen)

Amtssprache: Dänisch

Bruttonationaleinkommen 2004 je Einw.: 40 750 $

Währung: 1 Dänische Krone (dkr) = 100 Øre
Kurs: 1 US-$ = 5,08 dkr; 1 € = 7,46 dkr (1. 7. 2006)

Königlich Dänische Botschaft
Rauchstr. 1, 10787 Berlin
T 030/50 50 20 00, Fax 50 50 20 50
www.daenemark.org

LANDESSTRUKTUR **Fläche**: 43 096 km²; davon Halbinsel Jylland (Jütland) 29 766 km²; einschließlich 474 Inseln, u. a. Sjaelland (Seeland) 7026 km², Fyn (Fünen) 2976 km², Lolland 1241 km², Bornholm 588 km², Falster 514 km², Karte → WA 2006, S. 114 ▪ **Gebiete:** Färöer und Grönland → unten ▪ **Verwaltung**: 14 Bezirke und 2 Stadtbezirke; Tabelle → WA 2005, S. 102 ▪ **Städte**: (F 2004) København (Kopenhagen) 501 664 Einw., Århus 228 547, Odense 145 554, Ålborg 121 549, Frederiksberg 91 721, Esbjerg 72 550, Randers 55 739, Kolding 54 941, Vejle 49 917, Horsens 49 652

BEVÖLKERUNG Dänen – F 2004: 5 404 000 Einw.; Bevölkerungswachstum: 0,3 %; letzte Zählung 2001: 5 349 212 Einw. – F 2004: 95,0 % Dänen, 5,0 % Ausländer ▪ **Sprachen**: Dänisch; Deutsch teilweise Schulsprache in N-Schleswig ▪ **Religion** 2002: 84 % Lutheraner; 34 884 Katholiken, andere Protestanten, 14 672 Zeugen Jehovas, 3000 Juden

STAATS- UND REGIERUNGSFORM Verfassung von 1953 – Parlamentarische Monarchie seit 1953 – Parlament (Folketing) mit 179 Mitgl. (davon je 2 Vertreter Grönlands und der Färöer), Wahl alle 4 J. – Wahlrecht ab 18 J. ▪ **Unabhängigkeit**: rd. 1200-jährige staatl. Tradition ▪ **Nationalfeiertag**: 5. 6. (Verfassungstag)

REGIERUNG UND PARTEIEN **Staatsoberhaupt**: Königin Margrethe II., seit 1972 – **Regierungschef**: Anders Fogh Rasmussen (V), seit 27. 11. 2001; Minderheitsregierung aus V und KF – **Äußeres**: Per Stig Møller (KF), seit 27. 11. 2001 ▪ **Parlament**: Wahlen zum Parlament vom 8. 2. 2005: Venstre (Rechtsliberale)/V 52 von 175 Sitzen (2001: 56), Socialdemokratiet/SD 47 (52), Dansk Folkeparti/DF 24 (22), Det Konservative Folkeparti/KF 18 (16), Det Radikale Venstre (Sozialliberale)/RV 17 (9), Socialistisk Folkeparti/SF 11 (12), Enhedslisten–De Rød-Grønne (Rot-Grüne Einheitsliste)/E 6 (4), Kristen Demokraterne/KD – (4)

WIRTSCHAFT **BIP** 2004: 241,437 Mrd. $; realer Zuwachs: 2,4 %; Anteil (2004) Landwirtschaft 2 %, Industrie 25 %, Dienstleistungen 73 % ▪ **Erwerbstätigkeit** 2003: Landwirtsch. 3,1 %, Industrie 24,1 %, Dienstl. 72,5 % ▪ **Arbeitslosigkeit** ∅ 2005: 5,6 % ▪ **Inflation** ∅ 2005: 1,8 % ▪ **Außenhandel** 2005 (vorläufig): **Import**: 449,4 Mrd. dkr; *Güter*: 14 % Maschinen, 8 % Kfz, 6 % Nachrichtentechnik, 6 % Brennstoffe, 5 % Büromaschinen/EDV, 4 % Bekleidung und Accessoires, 4 % Eisen und Stahl, 3 % Metallerzeugnisse, 3 % Kunststoffe, 3 % Pharmazeutika, 2 % Papier und -waren, 2 % sonstige Transportausrüstungen, 2 % Fisch; *Länder*: 21 % Deutschland, 14 % Schweden, 7 % Niederlande, 6 % Großbritannien, 5 % VR China, 5 % Norwegen (EU gesamt: 70 %); **Export**: 503,6 Mrd. dkr; *Güter*: 17 % Maschinen, 9 % Brennstoffe, 8 % Pharmazeutika, 6 % Fleisch, 5 % Nachrichtentechnik, 4 % Bekleidung und Accessoires, 3 % Fisch, 3 % Mess-, Prüf- und Regeltechnik, 3 % Metallerzeugnisse, 3 % Kfz; *Länder*: 17 % Deutschland, 13 % Schweden, 9 % Großbritannien, 7 % USA, 5 % Norwegen (EU gesamt: 65 %)

AUSSENGEBIETE

Färöer

Føroyar; Færøerne

Fläche: 1398,9 km²; 18 Inseln, davon 17 bewohnt; Karte → WA 2005, S. 103 ▪ **Bevölkerung** F 2004: 48 353 Einw. ▪ **Sprachen**: Färöisch, Dänisch ▪ **Religion**: 95 % Lutheraner ▪ **Hauptstadt** (F 2002): Tórshavn 12 395 Einw. ▪ **Status:** Autonomie seit 1948 – Parlament: Logting mit 32 Mitgl., Wahl alle 4 J.; 2 Abgeordnete im dänischen Parlament ▪ **Regierung:** Hochkommissar: Søren Christensen, seit 1. 8. 2005 – Regierungschef: Jóannes Eidesgaard (Sozialdemokratische Partei), seit 31. 1. 2004

Grönland
Kalaalit Nunaat; Grønland

Fläche: 2 166 086 km²; davon ca. 410 449 km² eisfrei (18,9 %) ▪ **Bevölkerung** F 2004: 56 854 Einw. – v. a. Inuit (Eskimos) ▪ **Sprachen:** Inuit (Eskimoisch), Dänisch, Englisch ▪ **Religion:** 98 % Lutheraner ▪ **Hauptstadt** (F 2004): Nuuk (dän. Godthåb) 14 715 Einw. ▪ **Status:** Seit 1953 gleichberechtigter Teil Dänemarks, seit 1979 innere Autonomie – Parlament: Landsting mit 31 Mitgl., Wahl alle 4 J.; 2 Abgeordnete im dän. Parlament ▪ **Regierung:** Hochkommissar: Peter Lauritzen, seit 1. 4. 2002 – Regierungschef: Hans Enoksen (Siumut), seit 8. 12. 2002

CHRONIK

Der sog. Karikaturenstreit um die Veröffentlichung satirischer Zeichnungen des Religionsgründers und Propheten Mohammed (→ Kasten) stürzte das rechtsbürgerlich regierte Land zwischen Oktober 2005 und März 2006 in seine seit Jahrzehnten schwerste außenpolitische Krise. Der Konflikt, mit dem sich Dänemark zum Hassobjekt von Muslimen in aller Welt machte, spielte sich vor dem Hintergrund einer rigiden Ausgrenzungspolitik ab, die unter dem Einfluss der rechtspopulistischen Dänischen Volkspartei (DF) eines der strengsten Migrantengesetze in der EU hervorgebracht hat (→ WA 2005, S. 103 f.). Gleichzeitig herrschte ein gesellschaftliches Klima, das den Kulturminister Brian Mikkelsen von der Konservativen Volkspartei (KF) Ende September 2005 zu dem Aufruf veranlasste, eine Offensive an der »neuen Front des Kulturkampfes« zu starten, die durch die Entwicklung einer Parallelgesellschaft entstanden sei.

▪ **Ausländerpolitik:** Am 4. 11. 2005 veröffentlichte die Ministerin für Flüchtlinge, Einwanderer und Integration, Rikke Hvilshøj (V), eine 17 Punkte umfassende »Erklärung zu Integration und aktiver Mitbürgerschaft in der dänischen Gesellschaft«, die künftig von Flüchtlingen und anderen Zuwanderern vor Erteilung einer Aufenthaltsgenehmigung zu unterschreiben ist. Die sog. Treueerklärung verpflichtet die Migranten auf die Beachtung grundlegender Werte der dänischen Gesellschaft. Im Dezember 2005 traten weiter **verschärfte Bestimmungen für die Erlangung der Staatsbürgerschaft** in Kraft. Bewerber dürfen nun höchstens in einem der letzten fünf Jahre staatliche Sozialleistungen in Anspruch genommen haben. Sie müssen in Tests auf dem Niveau der neunten Hauptschulklasse ausreichende Kenntnisse in Dänisch sowie in den Fächern dänische Kultur und Geschichte unter Beweis stellen. Für fast die Hälfte der etwa 10 000 Migranten, die nach altem Recht eine dänische Staatsbürgerschaft beantragen konnten, bedeutet die Verschärfung nach Schätzungen dänischer Medien, kaum mehr Chancen auf eine Einbürgerung zu haben.

▪ **Terrorabwehr:** Unter dem Eindruck der Anschläge von London vom 7. 7. 2005 (→ WA 2006, S. 200 f.) verschärften die Sicherheitsbehörden ihre Antiterrormaßnahmen. Am 4. 8. nahm die Polizei in Kopenhagen Sprecher des dänischen Ablegers der islamistischen Gruppe Hisb-ut-Tahrir unter dem Verdacht terroristischer Bestrebungen fest. Ende Oktober wurden in Kopenhagen sechs Terrorverdächtige Muslime nahöstlicher Herkunft verhaftet, die den Indizien nach »in Europa und in naher Zukunft« einen Selbstmordanschlag planten. Die scheinbar wachsende Terrorbedrohung veranlasste die Regierung zur eiligen **Vorlage eines Gesetzespakets** im Parlament, das die bestehenden **Kompetenzen zur Terrorabwehr** aus dem Jahr 2002 erheblich ausweiten sollte. Zu den umstrittensten Punkten gehören umfassende Überwachungsrechte ohne richterliche Erlaubnis.

▪ **Grönland:** In der seit 1973 anhaltenden Kontroverse um die **Hoheitsrechte über die arktische Insel Hans** (→ Karte) verständigten sich Außenminister Per Stig Møller und sein kanadischer Amtskollege Pierre Pettigrew am 19. 9. 2005 darauf, auf diplomatischem Weg zu einer Klärung zu kommen. In den Monaten zuvor hatten beide Seiten mit diversen Aktivitäten ihren Anspruch auf das unbewohnte 1,3 km² große Eiland zu demonstrieren versucht. Am 23. 8. hatte die kanadische Marine dort mit zwei Kriegsschiffen Präsenz gezeigt, nachdem der kanadische Verteidigungsminister Bill Graham bei einem Besuch im Juli 2005 die Nationalflagge gehisst hatte. Der Gegend um die Insel Hans wird wachsende Bedeutung für den Schiffsverkehr und bei der Suche nach Rohstoffvorkommen beigemessen.

Bei der vorgezogenen **Neuwahl des Parlaments am 15. 11. 2005** behauptete sich die regierende sozialdemokratische Partei Siumut (Vorwärts) trotz eines Spe-

»Karikaturenstreit«

Provokation Die rechtskonservative regierungsnahe »Jyllands-Posten«, mit rd. 150 0000 Exemplaren auflagenstärkste Tageszeitung des Landes, veröffentlichte am 30. 9. 2005 zwölf Karikaturen verschiedener Zeichner unter dem Titel »Die Gesichter Mohammeds« – die Ausbeute eines Aufrufs an vierzig Karikaturisten, den Propheten, dessen Gesicht abzubilden in der islamischen Tradition verboten ist, so darzustellen, »wie sie ihn sehen«. Der Kulturchef des Blattes, Flemming Rose, begründete die Initiative mit der Absicht, die vermeintliche Selbstzensur der Medien bei islamischen Themen durchbrechen zu wollen. Eine der Zeichnungen zeigt den Kopf Mohammeds mit einem Turban in Form einer Bombe mit brennender Zündschnur.

Auf erboste Reaktionen stieß die Zeitung erst, nachdem sie islamische Organisationen zur Stellungnahme aufgefordert hatte. Diese vertreten die rd. 200 000 in Dänemark lebenden Muslime. Auf Proteste und die Demonstration von rd. 4000 Muslimen in Kopenhagen, die den vermeintlichen Missbrauch der Pressefreiheit anprangerten und eine Entschuldigung für die Verletzung eines religiösen Tabus forderten, reagierte die Zeitung nicht. Im arabischen Raum nahm sich die ägyptische Tageszeitung »Al-Fagr« erstmals am 17. 10. des Themas an. Ihr – weltweit erster – Nachdruck der Karikaturen stieß in der ägyptischen Öffentlichkeit zunächst nicht auf größere Entrüstung.

Proteste und diplomatische Krise Zwei Tage später protestierten elf Botschafter islamischer Staaten schriftlich bei Ministerpräsident Anders Fogh Rasmussen, baten um einen Gesprächstermin und forderten, die für die Karikaturen Verantwortlichen nach den rechtlichen Möglichkeiten zur Verantwortung zu ziehen. Dass Rasmussen am 24. 10. mit Hinweis auf die Pressefreiheit ein Gespräch schroff ablehnte, wurde später vielfach als Versäumnis des Regierungschefs gewertet, der Eskalation vorzubeugen.

Um Rückhalt in den arabischen Ländern für ihren Protest zu mobilisieren, reisten dänische Imame im November in arabische Staaten und in die Türkei. Zum Beleg für die blasphemischen Provokationen präsentierten sie neben den umstrittenen Karikaturen auch Schmähbriefe sowie Bildmaterial, das ursprünglich keinerlei Bezug zum Islam hatte. Ende Dezember erklärten sich die 22 Außenminister der Arabischen Liga über die Haltung der dänischen Regierung im Karikaturenstreit »überrascht und betrübt«. Verständnis fand ihre Enttäuschung bei den ehemaligen dänischen Botschaftern in den arabischen Staaten, die sich in einem offenen Brief von der Weigerung der Regierung distanzierten, in einen Dialog einzutreten.

Rasmussens Neujahrsansprache, in der er in allgemeiner Form Äußerungen verurteilte, in denen Menschen aufgrund ihres Glaubens oder ihrer ethnischen Zugehörigkeit dämonisiert würden, besänftigte die Empörung der Muslime im Lande, nicht aber außerhalb Dänemarks. Der neuerliche Abdruck der Zeichnungen in der norwegischen Zeitung »Magazinet« am 10. 1. 2006 (→ Norwegen) führte zur Eskalation des Streits. In mehreren arabischen Staaten wurden Boykottkampagnen gegen Produkte und Firmen aus Dänemark organisiert (später auch gegen solche aus anderen westlichen Ländern, in denen die umstrittenen Karikaturen nachgedruckt worden waren).

Vor dem Hintergrund der zunehmenden öffentlichen Proteste in ihren Ländern überreichten die Botschafter von Ägypten, Syrien, Pakistan, Indonesien, Bosnien und Herzegowina und Iran Ende Januar der dänischen Regierung Protestnoten, Saudi-Arabien, Libyen und Kuwait riefen ihre Botschafter zurück. Am 31. 1. verlangten die Außenminister der Arabischen Liga eine Entschuldigung Dänemarks und die Bestrafung der für die Zeichnungen Verantwortlichen.

Ministerpräsident Rasmussen distanzierte sich am 31. 1. erstmals persönlich von den zwölf im »Jyllands-Posten« veröffentlichten Karikaturen, verteidigte zugleich die in Dänemark herrschende Meinungsfreiheit und verwies auf die am Tag zuvor von der Zeitung veröffentlichte Erklärung, die er als Entschuldigung qualifizierte. In ihr bedauerte der Chefredakteur des Blattes, dass die Karikaturen unbeabsichtigt viele Muslime in ihrem Glauben verletzt hätten. Am 3. 2. bat Rasmussen das von ihm zusammengerufene diplomatische Korps, dabei behilflich zu sein, eine weitere Eskalation zu vermeiden, und wandte sich über den Fernsehsender Al-Arabiya direkt an die Bevölkerung muslimischer Länder, um ihnen zu versichern »dass die Dänen nicht die Absicht haben, Muslime zu beleidigen«.

Gewalt im muslimischen Ausland Während sich die Islamische Glaubensgemeinschaft in Dänemark um eine Deeskalation im Land bemühte, spitzten sich in mehreren muslimischen Staaten die Massenproteste zu (→ Foto), die von den Sicherheitsorganen meist halboffiziell gesteuert oder zumindest geduldet wurden.

Proteste in Karatschi (Pakistan)

Im Gazastreifen stürmten am 30. 1. bewaffnete Mitglieder der palästinensischen Al-Aksa-Brigaden ein EU-Büro, wenige Tage später griffen mehrere hundert Palästinenser in Gaza-Stadt die vom Personal schon verlassene deutsche Vertretung an. In der jemenitischen Hauptstadt Sanaa demonstrierten am 1. 2. rd. 80 000 Frauen. In der syrischen Hauptstadt Damaskus wurden am 4. 2. die dänische, die norwegische und die schwedische Botschaft in Brand gesetzt oder schwer beschädigt. In Teheran, wo die dänische Botschaft mehrmals Ziel von Attacken wurde, kündigte die Tageszeitung Hamschari am 7. 2. als Antwort auf die Mohammed-Karikaturen einen »internationalen Karikaturenwettbewerb zum Holocaust« an. In einigen Ländern schlugen die antiwestlichen Manifestationen schließlich in gewaltsame Auseinandersetzungen mit den Sicherheitskräften um und forderten z. T. Todesopfer (Afghanistan, → Pakistan, → Libyen, → Nigeria). Zwischen Mitte und Ende Februar 2006 ebbten die Demonstrationen ab.

Internationale Debatte Auch in mehreren westlichen Ländern schlossen sich Muslime zu Tausenden dem Protest der islamischen Welt gegen die vermeintliche Verhöhnung ihres Glaubens an, ohne dass es jedoch zu einer anhaltenden Massenbewegung mit größeren Ausschreitungen kam. Dagegen führte der Nachdruck einzelner der zwölf umstrittenen Zeichnungen zur öffentlichen Auseinandersetzung über die Verantwortung der freien Presse (→ Frankreich).

In Kopenhagen fand am 10. 3. eine Konferenz des kulturellen und religiösen Dialogs statt, mit dem Dänemark seine Beziehungen zur arabischen Welt zu verbessern versuchte. Geladen waren muslimische und christliche Wissenschaftler und Geistliche. Am 13. 3. übergaben die Initiatoren einer Kampagne »Versöhnung jetzt« Außenminister Per Stig Møller eine von 60 000 Dänen unterschriebene Petition mit der Aufforderung an alle Seiten, »zusammenzuarbeiten und den Konflikt zu lösen«. Kritiker warfen der Regierung weiterhin vor, sich nicht entschuldigt zu haben. Rasmussen dagegen warf seinen Kritikern unter den Intellektuellen und in der Wirtschaft Prinzipienlosigkeit und Verrat an der Meinungsfreiheit vor. Nach einer am 17. 2. veröffentlichten repräsentativen Meinungsumfrage eines demoskopischen Instituts, erklärten sich 41,4 % der befragten Dänen mit dem Krisenmanagement des Regierungschefs zufrieden, 40 % bezeichneten seine Leistung als mittelmäßig, mit ihr unzufrieden waren 16 %.

Folgen Eine Konferenz von rd. 300 muslimischen Gelehrten in Bahrain endete am 23. 3. mit einem Aufruf zum Boykott von Produkten aus Staaten, in denen die Karikaturen veröffentlicht worden sind (Iran hatte den offiziellen Abbruch der Handelsbeziehungen zu Dänemark am 6. 2. vollzogen). Er sollte aufrecht erhalten werden, bis sich die betreffende Regierung oder das jeweilige Unternehmen entschuldigt hätten. Der größte dänische Exporteur von Milchprodukten, Arla, erreichte die Aufhebung des Boykotts in der ersten Aprilwoche nach der Veröffentlichung von ganzseitigen Entschuldigungserklärungen in der arabischen Presse und Finanzzusagen an humanitäre Hilfsprojekte. Arla hatte nach eigenen Angaben durch den Boykott Verluste von rd. 60 Mio. US-$ erlitten.

Am 17. 3. gab der dänische Generalstaatsanwalt nach mehrmonatiger Prüfung seine Entscheidung bekannt, kein Strafverfahren gegen die Zeitung »Jyllands-Posten« einzuleiten. Die veröffentlichten Karikaturen seien weder als Blasphemie noch als Rassismus strafbar. Die Islamische Gemeinde kündigte daraufhin an, den Fall dem UN-Menschenrechtskommissariat in Genf vorzulegen. Von einigen politischen Beobachtern wurde der Karikaturenstreit als Vorstufe eines globalen »Kulturkampfs« zwischen der islamisch und der westlich geprägten Welt bezeichnet.

Als **Konsequenz** aus dem Ansehensverlust, den Dänemark im Zuge **des Karikaturenstreits** in der islamischen Welt erfuhr, forderten Politiker der Regierungskoalition und führende Vertreter der Wirtschaft, von der engen Zusammenarbeit mit der ausländerfeindlichen DF abzurücken, von deren Tolerierung im Parlament die Minderheitsregierung abhängig ist. Nach Medienberichten waren in 32 islamischen Länder dänische Produkte von Boykottmaßnahmen betroffen. Ende März 2006 kündigte Ministerpräsident Anders Fogh Rasmussen (V) **Image-Kampagnen im Ausland** an, um das »Zerrbild« des Landes zu berichtigen. Einen kritischen Bericht des Europaratskomitees gegen Rassismus und Intoleranz über fremdenfeindliche Tendenzen der dänischen Regierungspolitik wies Rasmussen Mitte Mai mit scharfer Polemik zurück.

senskandals sozialdemokratischer Minister mit zehn von 31 Mandaten erneut als stärkste politische Kraft. Ihr bisheriger Regierungspartner, die linksgerichtete Inuit Ataqatigiit (Inuit-Bruderschaft, IA) kam auf sieben Mandate. Die IA hatte im Streit über ein Finanzierungsgesetz für Kindergeld vorzeitige Wahlen erzwungen, um zusammen mit den Demokraten die Sozialdemokraten in die Opposition zu verweisen. Nach ihrem Scheitern beteiligte sie sich weiter an der von den Sozialdemokraten geführten Regierung, für die Ministerpräsident Hans Enoksen (Siumut) auch die Atassut gewann.

Deutschland Mittel-Europa

Bundesrepublik Deutschland – DE / DEU

Fläche (Weltrang: 61): 357 030 km²

Einwohner (12): F 2004 82 516 000 = 231 je km²

Hauptstadt: Berlin

Amtssprache: Deutsch

Bruttonationaleinkommen 2004 je Einw.: 30 690 $

Währung: 1 Euro (€) = 100 Cent
Kurs: 1 US-$ = 0,79 € (1. 7. 2006)

LANDESSTRUKTUR **Fläche**: 357 030 km² ▪ **Verwaltung**: 16 Bundesländer jeweils mit Verfassung, Parlament und Regierung ▪ Städte mit mehr als 100 000 Einw. → Tabelle

BEVÖLKERUNG Deutsche – F 2004: 82 516 000 Einw.; Bevölkerungswachstum: 0,0 %; letzte Zählung 1987: 61 077 000 Einw. – F 2004: 91,2 % Deutsche, 8,8 % Ausländer; Minderheiten mit Sonderrechten: Sorben (Wenden) in Brandenburg und Sachsen (60 000), Dänen in Südschleswig (50 000), Friesen in Nordfriesland und auf Helgoland (10 000), Friesen im Saterland (2000), Sinti und Roma (50 000) ▪ **Sprachen**: Deutsch; Sorbisch in der Lausitz (regionale Amtssprache), Dänisch teilweise Schulsprache in Schleswig-Holstein, Friesisch in Nordfriesland, auf Helgoland (offizielle Sprache) und im Saterland, Niederdeutsch in Norddeutschland, Romani ▪ **Religion** 2003: (Ang. in Tsd.) Römisch-Katholische Kirche 26 165, Evangelische Kirche 25 836, Islam 3300, Orthodoxe 890, Neuapostolische Kirche 380, Zeugen Jehovas 166, Juden 190

STAATS- UND REGIERUNGSFORM Demokratisch-parlamentarischer Bundesstaat seit 1949 – Grundgesetz von 1949, letzte Änderung 2000 – Parlament: Bundestag mit 598 Mitgl. (ohne Überhangmandate), Wahl alle 4 J.; Bundesrat als Ländervertretung mit 69 Mitgl. – Wahl des Staatsoberhauptes (Bundespräsident; hauptsächlich Repräsentativfunktion) alle 5 J. durch die Bundesversammlung (einmalige Wiederwahl) – Wahlrecht ab 18 J. ▪ **Unabhängigkeit**: Beginn der Staatsgeschichte unter Karl dem Großen bzw. 843 mit Vertrag von Verdun; Gründung des Deutschen Reiches 18. 1. 1871, der Bundesrepublik Deutschland 24. 5. 1949 (Grundgesetz-Verkündung 23. 5. 1949), Gründung der Deutschen Demokratischen Republik 7. 10. 1949; Beitritt der DDR zum Geltungsbereich des Grundgesetzes 3. 10. 1990 ▪ **Nationalfeiertag**: 3. 10. (Tag der Deutschen Einheit)

REGIERUNG UND PARTEIEN **Staatsoberhaupt**: Horst Köhler (CDU), seit 1. 7. 2004 – **Regierungschefin**: Angela Merkel (CDU), seit 22. 11. 2005; Koalition von CDU / CSU und SPD – **Äußeres**: Frank-Walter Steinmeier (SPD), seit 22. 11. 2005 ▪ **Parlament**: Wahlen zum Bundestag vom 18. 9. 2005: Christlich-Demokratische Union-Christlich Soziale Union / CDU-CSU 226 von 614 Sitzen (2002: 248 von 603), Sozialdemokratische Partei Deutschlands / SPD 222 (251), Freie Demokratische Partei / FDP 61 (47), Die Linke / PDS 54 (nur PDS: 2), Bündnis 90 / Die Grünen / B '90 / Grüne 51 (55)

WIRTSCHAFT **BIP** 2004: 2740,551 Mrd. $; realer Zuwachs: 1,6 %; Anteil (2004) Landwirtschaft 1 %, Industrie 29 %, Dienstleistungen 70 % ▪ **Erwerbstätigkeit** 2005: Landwirtsch. 2,2 %, Industrie 25,8 %, Dienstl. 71,9 % ▪ **Arbeitslosigkeit** ∅ 2005: 11,7 % ▪ **Inflation** ∅ 2005: 2,0 % ▪ **Außenhandel** 2005: **Import**: 625,6 Mrd. €; *Güter*: 10,9 % Elektronik, 10,2 % Kfz u. -Teile, 8,3 % Erdöl und Erdgas, 6,6 % chemische Enderzeugnisse, 6,2 % Nahrungsmittel, 5,8 % Maschinen, 4,8 % chemische Vorerzeugnisse, 4,7 % Elektrotechnik; *Länder*: 8,7 % Frankreich, 8,5 % Niederlande, 6,6 % USA, 6,4 % VR China, 6,3 % Großbritannien, 5,7 % Italien, 5,0 % Belgien, 4,0 % Österreich, 3,7 % Schweiz, 3,5 % Russland (EU gesamt: 64,2 %); **Export**: 786,2 Mrd. €; *Güter*: 19,0 % Kfz u. -Teile, 12,8 % Maschinen, 8,1 % chemische Enderzeugnisse, 7,5 % Elektronik, 6,0 % chemische Vorerzeugnisse, 5,9 % Elektrotechnik, 4,2 % Mechatronik, 3,5 % Nahrungsmittel, 2,6 % Eisen- und Stahlerzeugnisse; *Länder*: 10,2 % Frankreich, 8,8 % USA, 7,8 % Großbritannien, 6,9 % Italien, 6,1 % Niederlande, 5,6 % Belgien, 5,4 % Österreich, 5,1 % Spanien, 3,8 % Schweiz, 2,8 % Polen (EU gesamt: 63,4 %)
Weitere Informationen → Kap. Wirtschaft, → S. 147

Deutschland: Entstehung des BIP 2005

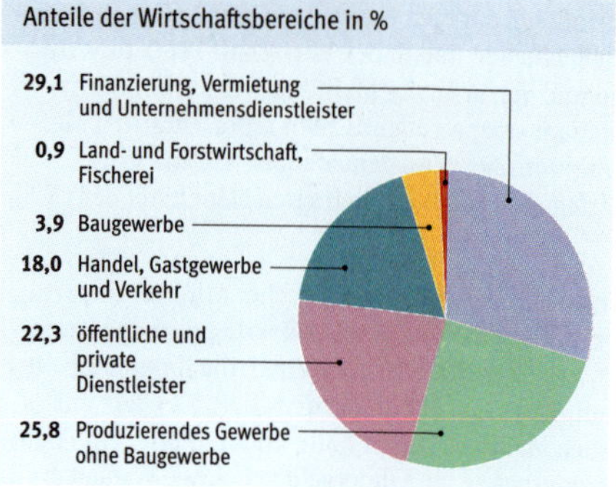

Quelle: Statistisches Bundesamt 2006

Deutschland
Großstädte

Stadt	Fläche* in km²	Einwohner* F 2005	Veränderung 1995–2005 in %	je km²	Rang	Oberbürgermeister
Aachen	160,83	257 821	↑4,03	1603	27	OB Dr. Jürgen Linden, SPD
Augsburg	146,78	260 407	↓0,65	1774	26	OB Dr. Paul Wengert, SPD
Bergisch Gladbach	83,12	105 896	↑0,74	1274	76	B Klaus Orth, SPD
Berlin	891,82	3 387 828	↓2,42	3799	1	Reg. B Klaus Wowereit, SPD
Bielefeld	257,83	328 012	↑1,22	1272	18	OB Eberhard David, CDU
Bochum	145,43	388 179	↓3,23	2669	16	OB Dr. Ottilie Scholz, SPD
Bonn	141,22	311 938	↑6,44	2209	19	OB Bärbel Dieckmann, SPD
Bottrop	100,61	119 910	↑0,20	1192	64	OB Peter Noetzel, SPD
Braunschweig	192,09	245 872	↓3,25	1280	29	OB Dr. Gert Hoffmann, CDU
Bremen	326,55	545 932	↓0,60	1672	10	Präs. d. Senats: B Jens Böhrnsen, SPD
Bremerhaven	77,68	117 281	↓10,37	1510	67	OB Jörg Schulz, SPD
Chemnitz	220,85	248 365	↓9,50	1125	28	OB Barbara Ludwig, SPD
Cottbus	164,28	106 415	↓15,30	648	75	Wahl Oktober 2006
Darmstadt	122,23	140 078	↑0,73	1146	55	OB Walter Hoffmann, SPD
Dortmund	280,37	588 680	↓2,04	2100	7	OB Dr. Gerhard Langemeyer, SPD
Dresden	328,30	487 421	↑2,74	1485	15	OB Ingolf Roßberg, FDP
Duisburg	232,81	504 403	↓5,91	2167	12	OB Adolf Sauerland, CDU
Düsseldorf	217,01	572 663	↓0,00	2639	9	OB Joachim Erwin, CDU
Erfurt	269,11	202 450	↓5,16	752	37	OB Andreas Bäusewein, SPD
Erlangen	76,85	102 578	↑1,11	1335	79	OB Dr. Siegfried Balleis, CSU
Essen	210,38	588 084	↓4,83	2795	8	OB Dr. Wolfgang Reiniger, CDU
Frankfurt a. M.	248,31	646 889	↓0,85	2605	5	OB Petra Roth, CDU
Freiburg	153,06	213 998	↑7,80	1398	35	OB Dr. Dieter Salomon, B '90/Grüne
Fürth	63,35	112 506	↑4,37	1776	69	OB Dr. Thomas Jung, SPD
Gelsenkirchen	104,86	270 107	↓7,18	2576	23	OB Frank Baranowski, SPD
Gera	151,93	105 153	↓16,57	692	77	OB Dr. Norbert Vornehm, parteilos
Göttingen	117,26	122 187	↓4,18	1042	59	OB Jürgen Danielowski, CDU
Hagen	160,36	198 780	↓7,00	1240	39	OB Peter Demnitz, SPD
Halle/Saale	135,01	238 497	↓17,77	1767	30	OB Ingrid Häußler, SPD
Hamburg	755,24	1 734 830	↑1,58	2297	2	Präs. d. Senats: 1. B Ole von Beust, CDU
Hamm	226,24	184 926	↑0,49	817	42	OB Thomas Hunsteger-Petermann, CDU
Hannover	204,01	515 841	↓1,89	2529	11	OB Herbert Schmalstieg, SPD
Heidelberg	108,83	143 123	↑2,99	1315	53	OB Beate Weber, SPD
Heilbronn	99,88	121 320	↓0,99	1215	61	OB Helmut Himmelsbach, parteilos
Herne	51,41	171 831	↓4,55	3342	44	OB Horst Schiereck, SPD
Hildesheim	92,57	102 937	↓2,98	1112	78	OB Kurt Machens, CDU
Ingolstadt	133,35	120 157	↑8,33	901	62	OB Dr. Alfred Lehmann, CSU
Jena	114,48	102 442	↑0,23	895	80	OB Dr. Albrecht Schröter, SPD
Karlsruhe	173,46	284 163	↑2,58	1638	21	OB Heinz Fenrich, CDU
Kassel	106,79	194 464	↓3,63	1821	40	OB Bertram Hilgen, SPD
Kiel	118,40	233 329	↓5,38	1971	32	OB Angelika Volquartz, CDU
Koblenz	105,02	107 039	↓2,29	1019	73	OB Dr. Eberhard Schulte-Wissermann, SPD
Köln	405,15	969 709	↑0,61	2393	4	OB Fritz Schramma, CDU
Krefeld	137,75	238 270	↓4,56	1730	31	OB Gregor Kathstede, CDU
Leipzig	297,60	498 491	↑3,61	1675	13	OB Burkhard Jung, SPD
Leverkusen	78,85	161 601	↓0,14	2049	49	OB Ernst Küchler, SPD
Lübeck	214,13	211 874	↓2,30	989	36	OB Bernd Saxe, SPD
Ludwigshafen	77,67	163 383	↓2,68	2104	48	OB Dr. Eva Lohse, CDU
Magdeburg	200,94	226 675	↓14,58	1128	33	OB Dr. Lutz Trümper, SPD
Mainz	97,75	186 061	↑0,78	1903	41	OB Jens Beutel, SPD
Mannheim	144,96	307 499	↓2,76	2121	20	OB Gerhard Widder, SPD

Deutschland
Großstädte

Stadt	Fläche* in km²	Einwohner* F 2005	Veränderung 1995–2005 in %	je km²	Rang	Oberbürgermeister
Moers	67,75	107 930	↑0,86	1593	72	B Norbert Ballhaus, SPD
Mönchengladbach	170,44	261 966	↓1,54	1537	25	OB Norbert Bude, SPD
Mülheim a. d. Ruhr	91,29	170 327	↓3,50	1866	45	OB Dagmar Mühlenfeld , SPD
München	310,46	1 249 179	↑0,36	4024	3	OB Christian Ude, SPD
Münster	302,91	270 038	↑1,94	891	24	OB Dr. Berthold Tillmann, CDU
Neuss	99,48	151 875	↑2,02	1527	51	B Herbert Napp, CDU
Nürnberg	186,37	495 302	↓0,11	2658	14	OB Dr. Ulrich Maly, SPD
Oberhausen	77,04	219 309	↓2,72	2847	34	OB Klaus Wehling, SPD
Offenbach a. M.	44,90	119 527	↑2,61	2662	65	OB Horst Schneider, SPD
Oldenburg	102,96	158 394	↑5,88	1538	50	OB Dietmar Schütz, SPD
Osnabrück	119,80	164 489	↓2,12	1373	46	OB Hans-Jürgen Fip, SPD
Paderborn	179,38	142 979	↑8,72	797	54	B Heinz Paus, CDU
Pforzheim	98,03	118 847	↑0,75	1212	66	OB Christel Augenstein, FDP
Potsdam	187,27	145 707	↑5,38	778	52	OB Jann Jakobs, SPD
Recklinghausen	66,42	122 627	↓3,59	1846	58	B Wolfgang Pantförder, CDU
Regensburg	80,76	128 917	↑2,63	1596	57	OB Hans Schaidinger, CSU
Remscheid	74,60	116 827	↓5,07	1566	68	OB Beate Wilding, SPD
Reutlingen	87,06	112 229	↑4,13	1289	70	OB Barbara Bosch, parteilos
Rostock	181,07	198 993	↓14,46	1099	38	OB Roland Methling, parteilos
Saarbrücken	167,07	180 269	↓4,63	1079	43	OB Charlotte Britz, SPD
Salzgitter	223,91	108 763	↓7,70	486	71	OB Helmut Knebel, SPD
Siegen	114,67	106 745	↓4,30	931	74	B Ulf Stötzel , CDU
Solingen	89,47	164 205	↓1,70	1835	47	OB Franz Haug, CDU
Stuttgart	207,36	590 657	↓0,37	2848	6	OB Dr. Wolfgang Schuster, CDU
Trier	117,14	100 163	k.A.	855	82	OB Helmut Schröer, CDU
Ulm	118,69	120 107	↑4,33	1012	63	OB Ivo Gönner, SPD
Wiesbaden	203,90	274 076	↑3,00	1344	22	OB Hildebrand Diehl, CDU
Witten	72,37	101 181	↓4,02	1398	81	B Sonja Leidemann, SPD
Wolfsburg	204,01	122 148	↓3,79	599	60	OB Rolf Schnellecke, CDU
Wuppertal	168,37	361 077	↓5,91	2145	17	OB Peter H. Jung, CDU
Würzburg	87,55	133 539	↑4,37	1525	56	OB Pia Beckmann, CSU

* Stand: 1. 1. 2005

Quelle: Deutscher Städtetag 2006 (www.staedtetag.de)

Deutschland: Öffentliche Verschuldung 2005
Insgesamt 1 440 306 Mio. €

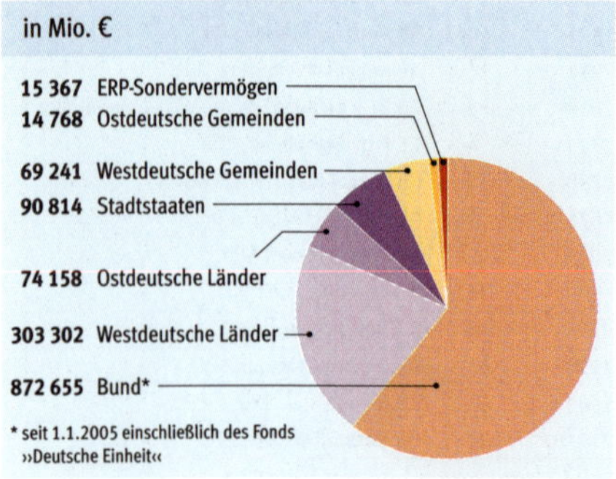

Quelle: Statistisches Bundesamt 2006

Großstädte mit den höchsten Schuldenständen
je Einwohner in € Stand: 31. 12. 2004

München	2719	Koblenz	1973
Köln	2648	Nürnberg	1895
Frankfurt a. M.	2571	Essen	1844
Münster	2438	Leipzig	1837
Trier	2318	Offenbach a. M.	1752
Lübeck	2255	Würzburg	1738
Moers	2228	Fürth	1725
Darmstadt	2186	Düsseldorf	1711
Bochum	2173	Recklinghausen	1703
Regensburg	2156	Aachen	1675
Ludwigshafen	2047	Oberhausen	1666
Bonn	2011	Dortmund	1634

Quelle: Deutscher Städtetag 2006

Der Bundespräsident

Prof. Dr. Horst Köhler, CDU
Amtsantritt 1. 7. 2004
Schloss Bellevue, Spreeweg 1, 10557 Berlin
www.bundespraesident.de, Tel. 030 / 2000–0
Chef des Bundespräsidialamtes:
Staatssekretär Dr. Gert Haller

Gemäß Art. 54 GG wurde Horst Köhler am 23. 5. 2004 von der Bundesversammlung zum Präsidenten der Bundesrepublik Deutschland gewählt. Für ihn stimmten im 1. Wahlgang 604 bzw. 50,17 % der 1204 anwesenden Delegierten; Frau Prof. Dr. Gesine Schwan (SPD) erhielt 589 Stimmen. Die Vereidigung erfolgte am 1. 7. 2004 – Amtsdauer 5 Jahre – Wiederwahl nach Art. 54 Abs. 2 GG einmal zulässig – Die Bundesversammlung besteht aus den Mitgliedern des Bundestages und einer gleichen Zahl von Vertretern, die von den Länderparlamenten gewählt werden. Ihre Zahl richtet sich nach der jeweiligen Bevölkerungsstärke (2004: insg. 1205 Mitglieder). Sie wird vom Präsidenten des Bundestages einberufen.

Der Deutsche Bundestag

Platz der Republik 1, 11011 Berlin
www.bundestag.de, Tel. 030 / 227–0

Der Deutsche Bundestag ist die Volksvertretung der Bundesrepublik Deutschland und Oberstes Bundesorgan (Art. 38–44 GG). Die gesetzliche Mitgliederzahl beträgt zurzeit 614 Abgeordnete. Die Abgeordneten werden aufgrund allgemeiner, unmittelbarer, freier, gleicher und geheimer Wahl für die Dauer einer Wahlperiode (4 Jahre) gewählt. Auf Vorschlag des Bundespräsidenten wählt der Bundestag den Bundeskanzler.

Präsidium
Präsident: Dr. Norbert Lammert, CDU
Vizepräs.: Susanne Kastner, SPD; Wolfgang Thierse, SPD; Gerda Hasselfeldt, CSU; Dr. Hermann Otto Solms, FDP; Petra Pau, Die Linke.; Katrin Göring-Eckardt, B '90 / Grüne. Der älteste Bundestagsabgeordnete, Otto Schily, SPD, übernimmt im Bedarfsfall das Präsidium (sog. Alterspräsident).

Ältestenrat
Gemeinsames Beratungsorgan des Bundestagspräsidenten und der Fraktionen zur Steuerung der Arbeit des Bundestages. Präsident, 6 Vizepräsidenten, 23 von den Fraktionen benannte Abgeordnete (CDU / CSU 9, SPD 8, FDP 2, Die Linke. 2, B '90 / Grüne 2,) sowie als Vertretung der Bundesregierung (ohne Stimmrecht) die Staatsministerin bei der Bundeskanzlerin Hildegard Müller, CDU.

Fraktionsvorsitzende
CDU / CSU: Volker Kauder – SPD: Dr. Peter Struck – FDP: Dr. Guido Westerwelle – Die Linke.: Gregor Gysi, Oskar Lafontaine– B '90 / Grüne: Renate Künast und Fritz Kuhn

Ständige Ausschüsse
www.bundestag.de / parlament / gremien15 /

Gemeinsame Ausschüsse von Bundestag / Bundesrat
Gemeinsamer Ausschuss gemäß Artikel 53a GG (Notparlament): 16 Mitgl. des Bundesrates (jede Landesregierung stellt 1 Mitglied) und 32 Mitgl. des Bundestages (CDU / CSU 12, SPD 11, FDP 3, Die Linke. 3, B '90 / Grüne 3).
Vermittlungsausschuss gemäß Artikel 77 GG: Bundesrat und Bundestag je 16 Mitgl. (CDU / CSU 6, SPD 6, FPD 2, Die Linke. 1, B '90 / Grüne 1). Von den 16 Mitgl. des Bundesrates stellt jede Landesregierung 1 Mitglied. Vorsitzende: im vierteljährlichen Wechsel je ein Mitglied des Bundestages und des Bundesrates.

Wehrbeauftragter des Deutschen Bundestages
Reinhold Robbe, SPD
Platz der Republik 1, 11011 Berlin

Deutschland
Diäten der Bundestagsabgeordneten 1977 – 2006

Zeitraum	Monatliche Entschädigung (steuerpflichtig)	Monatliche Kostenpauschale (steuerfrei)
1. 4. 1977 – 30. 6. 1983	7 500 DM	4 500 DM
1. 7. 1983 – 30. 6. 1984	7 820 DM	4 700 DM
1. 7. 1984 – 30. 6. 1985	8 000 DM	4 800 DM
1. 7. 1985 – 30. 6. 1986	8 224 DM	4 915 DM
1. 7. 1986 – 30. 6. 1987	8 454 DM	5 003 DM
1. 7. 1987 – 30. 6. 1988	8 729 DM	5 078 DM
1. 7. 1988 – 30. 6. 1989	9 013 DM	5 155 DM
1. 7. 1989 – 30. 6. 1990	9 221 DM	5 274 DM
1. 7. 1990 – 30. 6. 1991	9 664 DM	5 443 DM
1. 7. 1991 – 30. 6. 1992	10 128 DM	5 765 DM
1. 7. 1992 – 30. 9. 1995	10 366 DM	5 978 DM
1. 10. 1995 – 31. 12. 1995	11 300 DM	5 978 DM
1. 1. 1996 – 31. 12. 1996	11 300 DM	6 142 DM
1. 1. 1997 – 30. 6. 1997	11 300 DM	6 251 DM
1. 7. 1997 – 31. 12. 1997	11 825 DM	6 251 DM
1. 1. 1998 – 31. 3. 1998	11 825 DM	6 344 DM
1. 4. 1998 – 31. 12. 1998	12 350 DM	6 344 DM
1. 1. 1999 – 30. 6. 2000	12 875 DM	6 459 DM
1. 7. 2000 – 31. 12. 2000	12 953 DM	6 520 DM
1. 1. 2001 – 31. 12. 2001	13 200 DM	6 558 DM
1. 1. 2002 – 31. 12. 2002	6 878 €	3 417 €
1. 1. 2003 – 31. 12. 2004	7 009 €	3 503 €
1. 1. 2005 – 31. 12. 2005	7 009 €	3 589 €
seit 1. 1. 2006	7 009 €	3 647 €

Quelle: Deutscher Bundestag 2005 / 2006

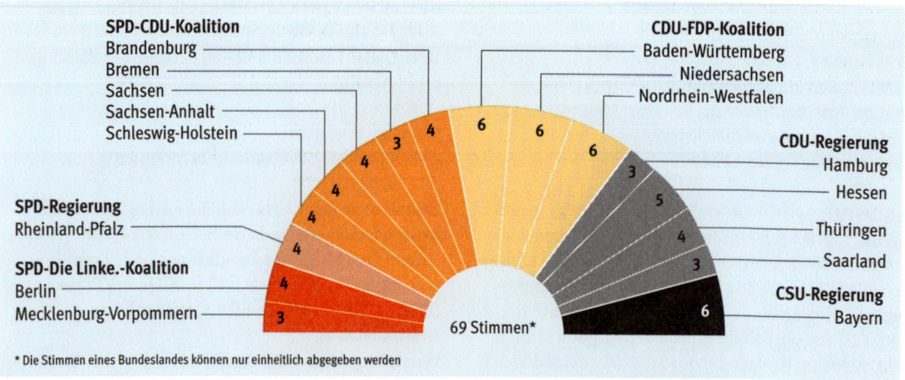

Quelle: Bundesrat; Stand Juli 2006

Der Bundesrat

Leipziger Str. 3–4, 10117 Berlin
www.bundesrat.de, Tel. 01 888/9100–0

Durch den Bundesrat wirken die Länder bei der Gesetzgebung und Verwaltung des Bundes und in Angelegenheiten der Europäischen Union mit (Art. 50 GG). Der Bundesrat besteht aus Mitgl. der Regierungen der Länder, die sie bestellen und abberufen.
Jedes Land hat mind. 3 Stimmen, Länder mit mehr als 2 Mio. Einwohnern haben 4, Länder mit mehr als 6 Mio. Einw. 5, mit mehr als 7 Mio. Einw. 6 Stimmen. Gesamtzahl der Mitglieder des Bundesrates z. Z. 69 (Stimmenverteilung → Abb.).

Präsidium
Präsident (und Vertreter des Bundespräsidenten): bis 31. 10. 2006 der Ministerpräsident von Schleswig-Holstein, Peter Harry Carstensen, CDU; ab 1. 11. 2006 bis 31. 10. 2007 der Ministerpräsident von Mecklenburg-Vorpommern, z. Z. Dr. Harald Ringstorff, SPD.
3 Vizepräsidenten
Direktor des Bundesrates: Dirk Brouër
Der Bundesrat wählt seinen Präsidenten jeweils auf 1 Jahr. Laut Vereinbarung der Regierungschefs der Länder wechselt das Amt unter ihnen in der Reihenfolge der Einwohnerzahl der Länder.

Ständige Konferenz der Kultusminister der Länder in der Bundesrepublik Deutschland
Präsident/in (jährl. wechselnd nach Bundesländern): bis 31. 12. 2006 Ute Erdsiek-Rave, Ministerin für Bildung und Frauen in Schleswig-Holstein; ab 1. 1. 2006 der Senator für Bildung, Jugend und Sport von Berlin, z. Z. Klaus Böger.
Generalsekretär: Prof. Dr. Erich Thies
Lennéstr. 6, 53113 Bonn
Berliner Büro: Markgrafenstr. 37, 10117 Berlin
www.kmk.org

Die Bundesregierung

Die Bundesregierung besteht aus Bundeskanzlerin und Bundesministern (Art. 62 GG). Die Bundeskanzlerin bestimmt nach Art. 65 GG die Richtlinien der Politik und trägt dafür die Verantwortung. Innerhalb dieser Richtlinien leitet jeder Bundesminister seinen Geschäftsbereich in eigener Verantwortung. Die Bundesminister werden auf Vorschlag der Bundeskanzlerin vom Bundespräsidenten ernannt und entlassen (Art. 64 GG).
www.bundesregierung.de
Kurzbiografien Regierungsmitglieder → Biografien

Bundeskanzlerin
Dr. Angela Merkel, CDU

Stellvertreter der Bundeskanzlerin und Bundesminister für Arbeit und Soziales
Franz Müntefering, SPD

Bundeskanzleramt
Willy-Brandt-Str. 1, 10557 Berlin
www.bundeskanzlerin.de, Tel. 030/40 00–0
Chef des Bundeskanzleramtes:
Dr. Thomas de Maizière, CDU
Staatsminister bei der Bundeskanzlerin:
Hildegard Müller, CDU, zuständig für die Bund-Länder-Koordination
Prof. Dr. Maria Böhmer, CDU, Beauftragte der Bundesregierung für Migration, Flüchtlinge u. Integration
Bernd Neumann, CDU, Beauftragter der Bundesregierung für Kultur und Medien

Presse- und Informationsamt der Bundesregierung
Chef des Presse- u. Informationsamtes und Regierungssprecher: Staatssekr. Ulrich Wilhelm
Dorotheenstr. 84, 10117 Berlin

Auswärtiges Amt
Bundesminister des Auswärtigen:
Dr. Frank-Walter Steinmeier, SPD
Beauftragter der Bundesregierung für
Menschenrechtspolitik und humanitäre Hilfe:
Günter Nooke, CDU
Dienstsitz: Werderscher Markt 1, 10117 Berlin
www.auswaertiges-amt.de

Bundesministerium des Innern
Bundesminister: Dr. Wolfgang Schäuble, CDU
1. Dienstsitz: Alt-Moabit 101 D, 10559 Berlin
2. Dienstsitz: Graurheindorfer Str. 198, 53117 Bonn
www.bmi.bund.de

Bundesministerium der Justiz
Bundesministerin: Brigitte Zypries, SPD
1. Dienstsitz: Mohrenstr. 37, 10117 Berlin
2. Dienstsitz: Adenauerallee 99–103, 53113 Bonn
www.bmj.bund.de

Bundesministerium der Finanzen
Bundesminister: Peer Steinbrück, SPD
1. Dienstsitz: Wilhelmstr. 97, 10117 Berlin
2. Dienstsitz: Graurheindorfer Str. 108, 53117 Bonn
www.bundesfinanzministerium.de

Bundesministerium für Wirtschaft und Technologie
Bundesminister: Michael Glos, CSU
1. Dienstsitz: Scharnhorststr. 34–37, 10115 Berlin
2. Dienstsitz: Villemombler Str. 76, 53123 Bonn
www.bmwi.bund.de

Bundesministerium für Arbeit und Soziales
Bundesminister: Franz Müntefering, SPD
1. Dienstsitz: Mohrenstr. 62, 10117 Berlin
2. Dienstsitz: Rochusstr. 1, 53123 Bonn
www.bmas.bund.de

Bundesministerium für Ernährung, Landwirtschaft und Verbraucherschutz
Bundesminister: Horst Seehofer, CSU
1. Dienstsitz: Rochusstr. 1, 53123 Bonn
2. Dienstsitz: Wilhelmstr. 54, 10117 Berlin
www.bmelv.de

Bundesministerium der Verteidigung
Bundesminister: Dr. Franz Josef Jung, CDU
Generalinspekteur der Bundeswehr:
General Wolfgang Schneiderhan
1. Dienstsitz: Hardthöhe, 53125 Bonn
2. Dienstsitz: Stauffenbergstr. 18, 10785 Berlin
www.bmvg.de

Bundesministerium für Gesundheit
Bundesministerin: Ulla Schmidt, SPD
Beauftragte der Bundesregierung für Drogenfragen:
Sabine Bätzing, SPD
Beauftragte der Bundesregierung
für die Belange der Patientinnen und Patienten:
Helga Kühn-Mengel, SPD
1. Dienstsitz: Am Probsthof 78 a, 53121 Bonn
2. Dienstsitz: Wilhelmstr. 49, 10117 Berlin
www.bmg.bund.de

Bundesministerium für Familie, Senioren, Frauen und Jugend
Bundesministerin: Dr. Ursula von der Leyen, CDU
Bundesbeauftragter für den Zivildienst:
Dieter Hackler, CDU
1. Dienstsitz: Alexanderplatz 6, 10178 Berlin
2. Dienstsitz: Rochusstr. 8–10, 53123 Bonn
www.bmfsfj.de

Bundesministerium für Verkehr, Bau und Stadtentwicklung
Bundesminister und Beauftragter
der Bundesregierung für die neuen Länder:
Wolfgang Tiefensee, SPD
1. Dienstsitz: Invalidenstr. 44, 10115 Berlin
2. Dienstsitz: Robert-Schuman-Platz 1, 53175 Bonn
www.bmvbs.de

Bundesministerium für Umwelt, Naturschutz und Reaktorsicherheit
Bundesminister: Sigmar Gabriel, SPD
1. Dienstsitz: Robert-Schuman-Platz 3, 53175 Bonn
2. Dienstsitz: Alexanderplatz 6, 10178 Berlin
www.bmu.de

Bundesministerium für Bildung und Forschung
Bundesministerin: Dr. Annette Schavan, CDU
1. Dienstsitz: Heinemannstr. 2, 53175 Bonn
2. Dienstsitz: Hannoversche Str. 28–30, 10115 Berlin
www.bmbf.de

Bundesministerium für wirtschaftliche Zusammenarbeit und Entwicklung
Bundesministerin: Heidemarie Wieczorek-Zeul, SPD
1. Dienstsitz: Adenauerallee 139–141, 53113 Bonn
2. Dienstsitz: Stresemannstr. 94, 10963 Berlin
www.bmz.de

Kabinettsausschüsse der Bundesregierung
Rechtsgrundlage sind mehrere Beschlüsse der Bundesregierung, zuletzt der Beschluss vom 14. 12. 2005. Vorsitzende der Kabinettsausschüsse ist die Bundeskanzlerin. Ständige Mitglieder eines Kabinettsausschusses sind jene Bundesminister, deren Geschäftsbereiche regelmäßig und nicht nur unwesentlich betroffen sind.
Nach dem Beschluss von 2005 bestehen die folgenden drei Ausschüsse: Bundessicherheitsrat – Kabinettsausschuss Neue Länder – Kabinettsausschuss für Wirtschaft

Oberste Organe der Rechtsprechung

Bundesverfassungsgericht
Schlossbezirk 3, 76131 Karlsruhe
Präsident: Prof. Dr. Hans-Jürgen Papier
Vizepräsident: Prof. Dr. Winfried Hassemer
www.bundesverfassungsgericht.de

Bundesgerichtshof
Herrenstr. 45a, 76133 Karlsruhe
Präsident: Prof. Dr. Günter Erhard Hirsch
www.bundesgerichtshof.de

Sitz des 5. Strafsenats
Karl-Heine-Str. 12, 04229 Leipzig
Leiter z. Z.: Richter am Bundesgerichtshof
Clemens Basdorf

Die Generalbundesanwältin beim Bundesgerichtshof
Brauerstr. 30, 76137 Karlsruhe
Leiterin: Generalbundesanwältin Monika Harms
www.generalbundesanwalt.de

Dienststelle Bundeszentralregister
Adenauerallee 99–103, 55113 Bonn
Leiter: Oberstaatsanwalt Peter Christensen
www.bundeszentralregister.de

Bundesverwaltungsgericht
Simsonplatz 1, 04107 Leipzig
Präsident: Eckart Hien
www.bverwg.de

Bundesarbeitsgericht
Hugo-Preuß-Platz 1, 99084 Erfurt
Präsidentin: Ingrid Schmidt
www.bundesarbeitsgericht.de

Bundesfinanzhof
Ismaninger Str. 109, 81675 München
Präsident: Dr. Wolfgang Spindler
www.bfh.bund.de

Bundespatentgericht
Cincinnatistr. 56, 81549 München
Präsident: Raimund Lutz
www.bpatg.de

Bundessozialgericht
Graf-Bernadotte-Platz 5, 34119 Kassel
Präsident: Prof. Dr. Karl Matthias von Wulffen
www.bundessozialgericht.de

Bundesbehörden (Auswahl)

Bundesagentur für Arbeit
Regensburger Str. 104, 90478 Nürnberg
Vorstandsvorsitzender: Frank-Jürgen Weise
www.arbeitsagentur.de

Bundesamt für Verfassungsschutz
Merianstr. 100, 50765 Köln
Präsident: Heinz Fromm
www.verfassungsschutz.de

Bundeskartellamt
Kaiser-Friedrich-Str. 16, 53113 Bonn
Präsident: Dr. Ulf Böge
www.bundeskartellamt.de

Bundeskriminalamt
Thaerstr. 11, 65193 Wiesbaden
Präsident: Jörg Ziercke
www.bka.de

Bundesnachrichtendienst
Heilmannstr. 30, 82049 Pullach
Präsident: Ernst Uhrlau
www.bnd.bund.de

Bundesnetzagentur
Tulpenfeld 4, 53113 Bonn
Präsident: Matthias Kurth
www.bundesnetzagentur.de

Bundesrechnungshof
Adenauerallee 81, 53113 Bonn
Präsident: Prof. Dr. Dieter Engels
www.bundesrechnungshof.de

Deutsche Bundesbank
Wilhelm-Epstein-Str. 14, 60431 Frankfurt am Main
Präsident: Prof. Dr. Axel Weber
www.bundesbank.de

Statistisches Bundesamt
Gustav-Stresemann-Ring 11, 65189 Wiesbaden
Präsident: Johann Hahlen
www.destatis.de

Umweltbundesamt
Wörlitzer Platz 1, 06844 Dessau
Präsident: Prof. Dr. Andreas Troge
www.umweltbundesamt.de

Die Bundesbeauftragte für die Unterlagen des Staatssicherheitsdienstes der ehemaligen DDR
Otto-Braun-Str. 70/72, 10178 Berlin
Bundesbeauftragte: Marianne Birthler
www.bstu.bund.de

(im Bundestag der 16. Wahlperiode vertreten)

Christlich Demokratische Union Deutschlands (CDU)
Konrad-Adenauer-Haus,
Klingelhöferstr. 8, 10785 Berlin
Vors.: Dr. Angela Merkel
Stellv. Vors.: Dr. Christoph Böhr, Dr. Jürgen Rüttgers, Dr. Annette Schavan, Christian Wulff
Generalsekretär: Ronald Pofalla
Bundesschatzmeister: Dr. Wolfgang Peiner
Mitgliederzahl (Stand 31. 12. 2005): 571 881
www.cdu.de

Sozialdemokratische Partei Deutschlands (SPD)
Willy-Brandt-Haus,
Wilhelmstr. 141, 10963 Berlin
Vors.: Kurt Beck
Stellv. Vors.: Jens Bullerjahn, Bärbel Diekmann, Elke Ferner, Peer Steinbrück, Ute Vogt
Generalsekretär: Hubertus Heil
Schatzmeisterin: Inge Wettig-Danielmeier
Mitgliederzahl (Stand 30. 4. 2006): 576 965
www.spd.de

Christlich-Soziale Union in Bayern (CSU)
Franz-Josef-Strauß-Haus,
Nymphenburger Str. 64, 80335 München
Vors.: Dr. Edmund Stoiber
Stellv. Vors.: Dr. Ingo Friedrich, Dr. Beate Merk, Horst Seehofer, Barbara Stamm
Generalsekretär: Dr. Markus Söder
Schatzmeister: Prof. Dr. Thomas Bauer, Alexander Radwan
Mitgliederzahl (Stand 31. 12. 2005): 171 732
www.csu.de

Bündnis 90 / Die Grünen
Platz vor dem Neuen Tor 1, 10115 Berlin
Bundesvorstand:
Vorsitzende: Claudia Roth, Reinhard Bütikofer
Politische Geschäftsführerin: Steffi Lemke
Bundesschatzmeister: Dietmar Strehl
Mitgliederzahl (Stand 31. 12. 2005): 45 105
www.gruene.de

Freie Demokratische Partei (FDP)
Thomas-Dehler-Haus,
Reinhardtstr. 14, 10117 Berlin
Vors.: Dr. Guido Westerwelle
Stellv. Vors.: Rainer Brüderle, Prof. Dr. Andreas Pinkwart, Cornelia Pieper
Generalsekretär: Dirk Niebel
Bundesschatzmeister: Dr. Hermann Otto Solms
Mitgliederzahl (Stand 31. 12. 2005): 65 022
www.liberale.de

Die Linke.PDS
Karl-Liebknecht-Haus,
Kleine Alexanderstr. 28, 10178 Berlin
Vors.: Prof. Dr. Lothar Bisky
Stellv. Vors.: Katja Kipping, Katina Schubert, Wolfgang Methling
Bundesschatzmeister: Karl Holluba
Mitgliederzahl (Stand 31. 12. 2005): 67 546
www.sozialisten.de

Einnahmen der im Bundestag vertretenen Parteien

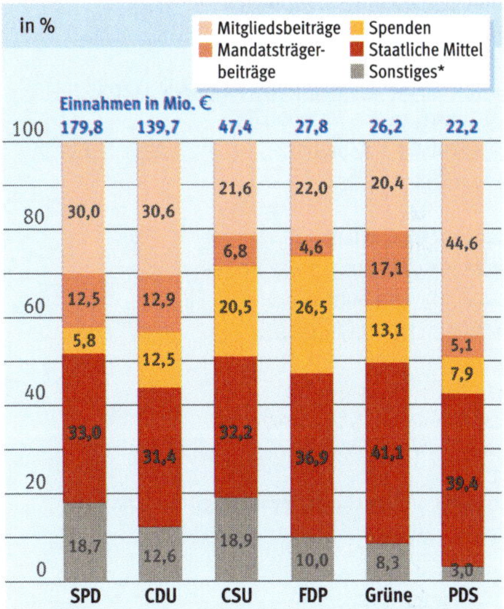

* Einnahmen aus Unternehmenstätigkeit, Beteiligungen, sonstigem Vermögen, Vertrieb von Druckschriften u.a.

Quelle: Bundestag 2005, Rechnungsjahr 2003

Arbeitgeberverbände

Bundesvereinigung der Deutschen Arbeitgeberverbände e. V. (BDA)
Breite Str. 29, 10178 Berlin
Präsident: Dr. Dieter Hundt
www.bda-online.de

Bundesverband der Deutschen Industrie e. V. (BDI)
Breite Str. 29, 10178 Berlin
Präsident: Jürgen R. Thumann
www.bdi-online.de

Deutscher Industrie- und Handelskammertag (DIHK)
Breite Str. 29, 10178 Berlin
Präsident: Ludwig Georg Braun
www.dihk.de

Zentralverband des Deutschen Handwerks (ZDH)
Mohrenstr. 20/21, 10117 Berlin
Präsident: Otto Kentzler
www.zdh.de

Deutscher Bauernverband
Claire-Waldoff-Str. 7, 10117 Berlin
Präsident: Gerd Sonnleitner
www.bauernverband.de

Handwerk: Unternehmen, Beschäftigte und Umsatz

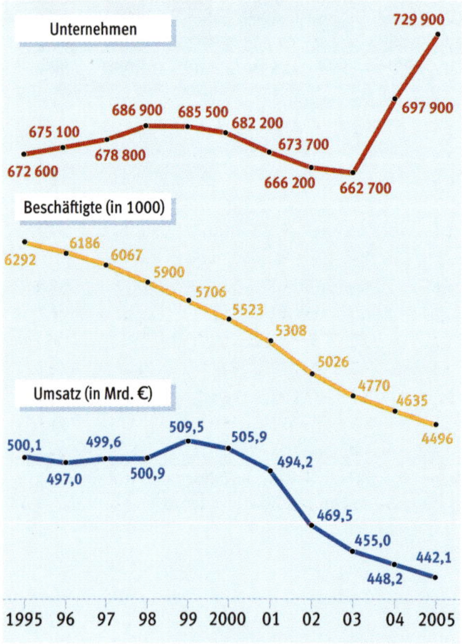

Quelle: Zentralverband des Deutschen Handwerks 2006 (Angaben zum Teil geschätzt)

Arbeitnehmerverbände

Deutscher Gewerkschaftsbund (DGB)
Bundesvorstand
Henriette-Herz-Platz 2, 10178 Berlin
Vorsitzender: Michael Sommer
Stellv. Vors.: Ingrid Sehrbrock
Mitgliederzahl (Stand 31. 12. 2005): 6 778 638
www.dgb.de

IG Metall
Wilhelm-Leuschner-Str. 79, 60329 Frankfurt a. M.
Vorsitzender: Jürgen Peters
2. Vors.: Berthold Huber
Mitgliederzahl (Stand: 31. 12. 2005): 2 376 225
www.igmetall.de

Vereinte Dienstleistungsgewerkschaft (ver.di)
Paula-Thiede-Ufer 10, 10179 Berlin
Vorsitzender: Frank Bsirske
Stellv. Vors.: Gerd Herzberg, Margret Mönig-Raane, Rolf Büttner, Frank Werneke
Mitgliederzahl (Stand 31. 12. 2005): 2 359 392
www.verdi.de

Deutscher Beamtenbund (DBB)
Friedrichstr. 169/170, 10117 Berlin
Vorsitzender: Peter Heesen
Stellv. Vors.: Klaus Dauderstädt, Dieter Ondracek, Heinz Ossenkamp, Ilse Schedl, Frank Stöhr
Mitgliederzahl (Stand 31. 12. 2005): 1 275 420
www.dbb.de

Deutschland: Deutscher Gewerkschaftsbund
Mitgliederentwicklung DGB und Anteil der Einzelgewerkschaften

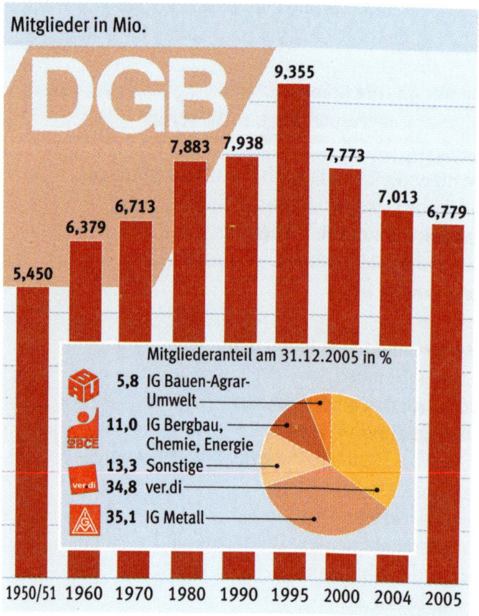

Quelle: Deutscher Gewerkschaftsbund 2006

Deutschland
Fläche und Bevölkerung nach Bundesländern

Bundesland	Fläche in km² 31.12.2004	Fläche in % 31.12.2004	Einw. insgesamt 30.11.2005	Einw. je km² 31.12.2004	Einw. in % 30.11.2005	Ausländer insgesamt 30.11.2005	Ausländeranteil in den Bundesländern in % 30.11.2005
Baden-Württemberg	35 751,64	10,01	10 739 285	300	13,02	1 281 963	11,9
Bayern	70 549,44	19,76	12 468 519	176	15,12	1 183 846	9,5
Berlin	891,82	0,25	3 396 990	3799	4,12	466 148	13,7
Brandenburg	29 478,14	8,26	2 558 622	87	3,10	67 079	2,6
Bremen	404,23	0,11	663 909	1641	0,81	86 712	13,1
Hamburg	755,24	0,21	1 744 215	2297	2,12	247 924	14,2
Hessen	21 114,79	5,91	6 095 262	289	7,39	699 889	11,5
Mecklenburg-Vorpommern	23 178,53	6,49	1 707 872	74	2,07	39 475	2,3
Niedersachsen	47 619,63	13,34	7 995 482	168	9,70	542 555	6,8
Nordrhein-Westfalen	34 084,08	9,55	18 060 193	530	21,90	1 934 930	10,7
Rheinland-Pfalz	19 853,48	5,56	4 059 910	205	4,92	318 393	7,8
Saarland	2 568,69	0,72	1 051 155	411	1,27	89 004	8,5
Sachsen	18 414,70	5,16	4 275 371	233	5,18	120 362	2,8
Sachsen-Anhalt	20 445,73	5,73	2 472 505	122	3,00	47 207	1,9
Schleswig-Holstein	15 763,42	4,41	2 833 023	179	3,44	153 083	5,4
Thüringen	16 172,08	4,53	2 336 865	146	2,83	48 099	2,1
Deutschland	357 045,64	100,00	82 459 178	231	100,00	7 326 669	8,9

Quelle: Statistisches Bundesamt 2006

Vergleich der Bundesländer nach Wirtschaftskraft und Arbeitslosigkeit 2004 – 2005

Bundesland	Bruttoinlandsprodukt in jeweiligen Preisen								Arbeitslosenquote (Jahresdurchschnitt)	
	insgesamt in Mrd. €		reale Veränderung in %		Anteil am Bundes-BIP in %		€ je Erwerbstätigen			
	2004	2005	2003/04	2004/05	2004	2005	2004	2005	2004	2005
Baden-Württemberg	323,7	330,7	+ 2,1	+ 2,2	14,6	14,7	60 054	61 236	6,2	7,0
Bayern	397,4	403,7	+ 3,4	+ 1,6	17,9	18,0	62 707	63 512	6,9	7,8
Berlin	79,5	79,6	+ 1,0	+ 0,2	3,6	3,5	51 678	51 736	17,7	19,0
Brandenburg	48,5	48,1	+ 2,7	− 1,0	2,2	2,1	47 809	47 772	18,7	18,2
Bremen	24,0	24,5	+ 1,9	+ 2,1	1,1	1,1	62 624	64 231	13,2	16,8
Hamburg	78,5	80,0	+ 1,9	+ 1,9	3,5	3,6	75 277	76 084	9,7	11,3
Hessen	196,0	197,8	+ 1,8	+ 0,9	8,8	8,8	64 556	65 270	8,2	9,7
Mecklenburg-Vorpommern	31,4	31,3	+ 1,8	− 0,5	1,4	1,4	44 249	44 520	20,4	20,3
Niedersachsen	185,8	188,4	+ 1,4	+ 1,4	8,4	8,4	52 428	53 464	9,6	11,6
Nordrhein-Westfalen	482,0	489,1	+ 2,6	+ 1,5	21,8	21,8	57 202	58 163	10,2	12,0
Rheinland-Pfalz	96,3	97,5	+ 2,5	+ 1,2	4,3	4,3	54 045	54 770	7,7	8,8
Saarland	26,6	27,5	+ 4,7	+ 3,3	1,2	1,2	52 529	54 230	9,2	10,7
Sachsen	85,8	85,8	+ 2,8	+ 0,0	3,9	3,8	44 873	45 521	17,8	18,3
Sachsen-Anhalt	47,3	48,1	+ 2,6	+ 1,7	2,1	2,1	47 031	48 701	20,3	20,2
Schleswig-Holstein	68,2	69,0	+ 1,8	+ 1,1	3,1	3,1	55 597	56 296	9,8	11,6
Thüringen	44,6	44,7	+ 3,0	+ 0,1	2,0	2,0	44 087	44 649	16,7	17,1
Deutschland	2 215,7	2 245,5	+ 2,4	+ 1,3	100,0	100	57 004	57 899	10,5	11,7

Quellen: Arbeitskreis Volkswirtschaftliche Gesamtrechnungen der Länder, Berechnungsstand Frühjahr 2006; Bundesagentur für Arbeit 2006

Die Länderparlamente werden in Bremen, Hamburg, Mecklenburg-Vorpommern und Sachsen-Anhalt alle 4 J., in den übrigen Bundesländern alle 5 J. neu gewählt. Bei der Sitzverteilung wird der Stand der letzten Wahl angegeben. Es werden die Wahlergebnisse der Parteien genannt, die mindestens 1 % der abgegebenen Stimmen erhalten haben.
Fläche: Stand 31. 12. 2004;
Einwohnerzahl: Stand 30. 11. 2005;
Bevölkerungsdichte: Stand 31. 12. 2004

Baden-Württemberg

Fläche: 35 751,64 km²
Einwohner: 10 739 285 (5 273 610 m / 5 465 675 w)
Bevölkerungsdichte: 300 Einw. je km²
Hauptstadt: Stuttgart

Landtag von Baden-Württemberg
Präsident: Peter Straub, CDU
Haus des Landtags, Konrad-Adenauer-Str. 3, 70173 Stuttgart
www.landtag-bw.de

Verteilung der 139 Sitze: 69 CDU, 38 SPD, 17 B'90 / Grüne, 15 FDP / DVP,
Letzte Landtagswahl am 26. 3. 2006: 44,2 % CDU, 25,2 % SPD, 11,7 % B'90 / Grüne, 10,7 % FDP / DVP, 3,1 % WASG, 2,5 % REP

Nächste Wahl voraussichtlich 2011

Regierung des Landes Baden-Württemberg
Ministerpräsident
Günther Oettinger, CDU
Richard-Wagner-Str. 15, 70184 Stuttgart
Tel. 07 11 / 21 53–0
Leiter der Staatskanzlei:
Staatssekretär Rudolf Böhmler
Minister des Staatsministeriums und für europäische Angelegenheiten:
Min. Willi Stächele, CDU
Bevollmächtigter des Landes beim Bund:
Min. Prof. Dr. Wolfgang Reinhart, CDU
Tiergartenstr. 15, 10785 Berlin
www.baden-wuerttemberg.de

Innenministerium
Min. Heribert Rech, CDU
Dorotheenstr. 6, 70173 Stuttgart

Ministerium für Kultus, Jugend und Sport
Min. Helmut Rau, CDU
Schlossplatz 4 (Neues Schloss), 70173 Stuttgart

Ministerium für Wissenschaft, Forschung und Kunst
Min. Prof. Dr. Peter Frankenberg, CDU
Königstr. 46 (Mittnachtbau), 70173 Stuttgart

Finanzministerium
Min. Gerhard Stratthaus, CDU
Schlossplatz 4 (Neues Schloss), 70173 Stuttgart

Justizministerium
Stellv. d. Min.-Präs. Min. und Ausländer- und Integrationsbeauftragter
Prof. Dr. Ulrich Goll, FDP
Schillerplatz 4, 70029 Stuttgart

Wirtschaftsministerium
Ernst Pfister, FDP
Theodor-Heuss-Str. 4, 70174 Stuttgart

Ministerium für Ernährung und Ländlichen Raum
Min. Peter Hauk, CDU
Kernerplatz 10, 70182 Stuttgart

Ministerium für Arbeit und Soziales
Min. Dr. Monika Stolz, CDU
Schellingstr. 15, 70174 Stuttgart

Umweltministerium
Min. Tanja Gönner, CDU
Kernerplatz 9, 70182 Stuttgart

Landtagswahl am 26. 3. 2006: Die von Ministerpräsident Günther Oettinger geführte **CDU** behauptete sich mit 44,2 % (–0,6 Prozentpunkte gegenüber 2001) der Stimmen als **stärkste Kraft** mit weitem Abstand vor der SPD, die unter der Spitzenkandidatin und Landesvorsitzenden Ute Vogt auf 25,2 % (–8,1) zurückfiel. Bündnis 90 / Die Grünen überholte mit 11,7 % (+4) die FDP (10,7 %, +2,6) als drittstärkste Kraft. Die WAsG verfehlt mit 3,1 % den Einzug in den Landtag. Die Wahlbeteiligung sank auf ein Rekordtief von 53,4 % (–9,2). **CDU und FDP setzten ihre Regierungskoalition fort;** Oettinger wurde am 4. 5. als Regierungschef bestätigt.

Baden-Württemberg:
Wahlen zum Landtag am 26.3.2006 (2001)

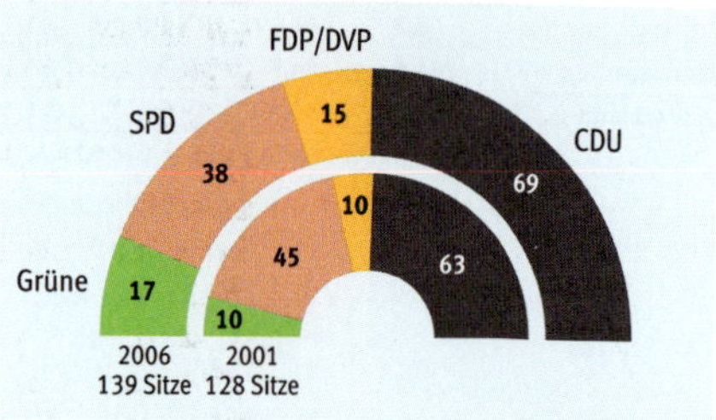

Freistaat Bayern

Fläche: 70 549,44 km²
Einwohner: 12 468 519 (6 103 515 m / 6 365 004 w)
Bevölkerungsdichte: 176 Einw. je km²
Hauptstadt: München

Bayerischer Landtag
Präsident: Alois Glück, CSU
Maximilianeum, 81627 München
www.bayern.landtag.de

Verteilung der 180 Sitze; 124 CSU, 41 SPD, 15 B'90/Grüne
Letzte Landtagswahl am 21. 9. 2003: 60,7 % CSU, 19,6 % SPD, 7,7 % B'90/Grüne, 4,0 % Freie Wähler, 2,6 % FDP, 2,2 % REP, 2,0 % ÖDP

Nächste Wahl: 2008

Die Bayerische Staatsregierung
Ministerpräsident
Dr. Edmund Stoiber, CSU
Franz-Josef-Strauß-Ring 1, 80539 München
Tel. 089/21 65–0
Leiter der Staatskanzlei:
Staatsmin. Eberhard Sinner, CSU
Staatsmin. für Bundes- und Europaangelegenheiten:
Staatsmin. Emilia Müller, CSU
Vertretung des Freistaats beim Bund:
Behrenstraße 21/22, 10117 Berlin
www.bayern.de

Staatsministerium des Innern
und Stellvertreter des Min.-Präs.
Staatsmin. Dr. Günther Beckstein, CSU
Odeonsplatz 3, 80539 München

Staatsministerium der Justiz
Staatsmin. Dr. Beate Merk, CSU
Justizpalast, 80335 München

Staatsministerium für Wissenschaft, Forschung und Kunst
Staatsmin. Dr. Thomas Goppel, CSU
Salvatorstraße 2, 80333 München

Staatsministerium für Unterricht und Kultus
Staatsmin. Siegfried Schneider, CSU
Salvatorstraße 2, 80333 München

Staatsministerium der Finanzen
Staatsmin. Prof. Dr. Kurt Faltlhauser, CSU
Odeonsplatz 4, 80539 München

Staatsministerium für Landwirtschaft und Forsten
Staatsmin. Josef Miller, CSU
Ludwigstr. 2, 80539 München

Staatsministerium für Wirtschaft, Infrastruktur, Verkehr und Technologie
Staatsmin. Erwin Huber, CSU
Prinzregentenstr. 28, 80538 München

Staatsministerium für Umwelt, Gesundheit und Verbraucherschutz
Staatsmin. Dr. Werner Schnappauf, CSU
Rosenkavalierplatz 2, 81925 München

Staatsministerium für Arbeit und Sozialordnung, Familie und Frauen
Staatsmin. Christa Stewens, CSU
Winzererstr. 9, 80797 München

Hochwasser: Schwerer Dauerregen verursachte Ende August 2005 an der Donau sowie an den Unterläufen von Isar, Inn und Iller ein verheerendes Hochwasser. In mehreren Landkreisen und kreisfreien Städten wurde Katastrophenalarm ausgelöst. Der entstandene Schaden wurde auf rd. 100 Mio. € geschätzt.

Stoiber-Krise: Harte Kritik aus der eigenen Partei nach seinem unvermittelten Verzicht auf einen Ministerposten in der Regierung der Großen Koalition veranlasste den CSU-Vorsitzenden und Ministerpräsidenten Edmund Stoiber, sich bei der Basis und den Gremien der Partei zu entschuldigen und einen Neuanfang zu versprechen. Die einstimmige Annahme des Koalitionsvertrags durch den kleinen Parteitag am 14. 11. 2005 wurde als einhelliger Vertrauensbeweis für den Parteivorsitzenden gewertet.

Berlin

Fläche: 891,82 km^2
Einwohner: 3 396 990 (1 660 382 m / 1 736 608 w)
Bevölkerungsdichte: 3799 Einw. je km^2

Abgeordnetenhaus von Berlin
Präsident Walter Momper, SPD
Niederkirchnerstr. 5, 10111 Berlin
www.parlament-berlin.de

Verteilung der 141 Sitze: 44 SPD, 35 CDU, 33 Die Linke., 15 FDP, 14 B'90/Grüne
Letzte Wahl zum Abgeordnetenhaus am 21. 10. 2001: 29,7 % SPD, 23,8 % CDU, 22,6 % Die Linke., 9,9 % FDP, 9,1 % B'90/Grüne, 1,4 % Graue, 1,3 % REP

Nächste Wahl: 17. 9. 2006

Senat von Berlin
Regierender Bürgermeister
Klaus Wowereit, SPD
Berliner Rathaus, 10178 Berlin
Tel. 030/90 26–0
Chef der Senatskanzlei: André Schmitz
Bevollmächtigte des Landes Berlin beim Bund und Europabeauftragte:
Staatssekretärin Monika Helbig, SPD
Rathausstr. 15, 10178 Berlin
www.berlin.de/rbmskzl/rbm/senat.html

Senatsverwaltung für Justiz
Bürgermeisterin und Senatorin Karin Schubert, SPD
Salzburger Str. 21–25, 10825 Berlin

Senatsverwaltung für Wirtschaft, Arbeit und Frauen
Bürgermeister und Senator Harald Wolf, Die Linke.
Martin-Luther-Str. 105, 10825 Berlin

Senatsverwaltung für Bildung, Jugend und Sport
Senator Klaus Böger, SPD
Beuthstr. 6–8, 10117 Berlin

Senatsverwaltung für Wissenschaft, Forschung und Kultur
Senator Dr. Thomas Flierl, Die Linke.
Brunnenstr. 188–190, 10119 Berlin

Senatsverwaltung für Gesundheit, Soziales und Verbraucherschutz
Senatorin Dr. Heidi Knake-Werner, Die Linke.
Oranienstraße 106, 10969 Berlin

Senatsverwaltung für Inneres
Senator Dr. Ehrhart Körting, SPD
Klosterstr. 47, 10179 Berlin

Senatsverwaltung für Finanzen
Senator Dr. Thilo Sarrazin, SPD
Klosterstr. 59, 10179 Berlin

Senatsverwaltung für Stadtentwicklung
Senatorin Ingeborg Junge-Reyer, SPD
Württembergische Straße 6, 10707 Berlin

Parteien: Über die Entscheidung des Landesverbandes der WAsG am 22. 4. 2006, in Konkurrenz zur Linkspartei zur Wahl des Abgeordnetenhauses im September anzutreten, führte zum Bruch mit der Führung der Bundespartei. Die Absetzung des Landesvorstands und die Stornierung der Beteiligung an der Wahl durch den Bundesvorstand erklärte das Landgericht am 31. 5. für ungültig.
Schulen: Das Abgeordnetenhaus beschloss am 23. 3. 2006 mit den Stimmen der SPD-PDS-Koalition die schrittweise Einführung des umstrittenen, religiös und weltanschaulich neutralen Fachs **Ethik als verpflichtendes Unterrichtsfach** von der 7. bis zur 10. Klasse ab Schuljahr 2006/07. Der Religionsunterricht bleibt ein freiwilliges Angebot.

Der Antrag des Lehrerkollegiums der **Rütli-Hauptschule** im Bezirk Neukölln, der Bildungssenator solle die Schule wegen des Klimas der Gewalt schließen, löste Ende März eine bundesweite Debatte über die Integrationspolitik und die Hauptschule als Schulform aus. Die Schule wird zu mehr als 80 % von Migrantenkindern besucht.
Verkehr: Bundeskanzlerin Merkel und Deutsche Bahn-Chef Hartmut Mehdorn weihten am 26. 5. 2006 den **neuen Hauptbahnhof** ein, mit dem Fahrplanwechsel am 28. 5. wurde er in Betrieb genommen. Schätzungen zufolge kostete der Bau rd. 700 Mio. €.

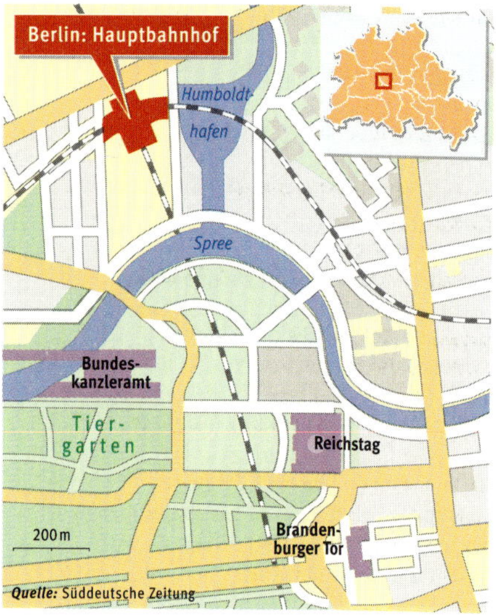

Brandenburg

Fläche: 29 478,14 km²
Einwohner: 2 558 622 (1 266 395 m / 1 292 227 w)
Bevölkerungsdichte: 87 Einw. je km²
Hauptstadt: Potsdam

Landtag von Brandenburg
Präsident: Gunter Fritsch, SPD
Am Havelblick 8, 14473 Potsdam
www.landtag.brandenburg.de

Verteilung der 88 Sitze: 33 SPD, 29 Die Linke., 20 CDU, 6 DVU
Letzte Landtagswahl am 19. 9. 2004: 31,9 % SPD, 28,0 % Die Linke, 19,4 % CDU, 6,1 % DVU, 3,6 % B '90 / Grüne, 3,3 % FDP

Nächste Wahl voraussichtlich 2009

Regierung des Landes Brandenburg
Ministerpräsident
Matthias Platzeck, SPD
Heinrich-Mann-Allee 107, 14473 Potsdam
Tel. 03 31 / 8 66–0
Chef der Staatskanzlei: Staatssekr. Clemens Appel, SPD
Bevollmächtigter des Landes beim Bund und für Europaangelegenheiten:
Staatssekr. Dr. Gerd Harms
In den Ministergärten 1, 10117 Berlin
www.brandenburg.de

Ministerium des Innern
Stellv. des Min.-Präs. Min. Jörg Schönbohm, CDU
Henning-von-Tresckow-Str. 9–13, 14467 Potsdam

Ministerium der Justiz
Min. Beate Blechinger, CDU
Heinrich-Mann-Allee 107, 14473 Potsdam

Ministerium der Finanzen
Min. Rainer Speer, SPD
Steinstr. 104–106, 14480 Potsdam

Ministerium für Arbeit, Soziales, Gesundheit und Frauen
Min. Dagmar Ziegler, SPD
Heinrich-Mann-Allee 103, 14473 Potsdam

Ministerium für Ländliche Entwicklung, Umwelt und Verbraucherschutz
Min. Dr. Dietmar Woidke, SPD
Heinrich-Mann-Allee 103, 14473 Potsdam

Ministerium für Wissenschaft, Forschung und Kultur
Min. Prof. Dr. Johanna Wanka, CDU
Dortustr. 36, 14467 Potsdam

Ministerium für Wirtschaft
Min. Ulrich Junghanns, CDU
Heinrich-Mann-Allee 107, 14473 Potsdam

Ministerium für Bildung, Jugend und Sport
Min. Holger Rupprecht
Steinstr. 104–106, 14480 Potsdam

Ministerium für Infrastruktur und Raumordnung
Min. Frank Szymanski, SPD
Henning-von-Tresckow-Str. 2–8, 14467 Potsdam

Flughafenausbau: Das Bundesverwaltungsgericht Berlin wies am 16. 3. 2006 vier Musterklagen von Anwohnern gegen die Ausbaupläne für den Flughafen Schönefeld zum Hauptstadt-Airport Berlin Brandenburg International (BBI) ab. Es machte zugleich Lärmschutz- und Nachtflugverbotsauflagen. BBI soll ab 2011 die Flughäfen Tegel, Tempelhof und Schönefeld ersetzen.
Rechtsextremistisch motivierte Gewalt: Die lebensbedrohliche Attacke auf einen Deutschen äthiopischer Abstammung am 16. 4. 2006 in Potsdam entfachte im Vorfeld der Fußballweltmeisterschaft eine Debatte über die Warnung von Ausländern vor »No-go-Areas«. Einer Mitte Mai veröffentlichten Erhebung zufolge liegt der Anteil der Opfer rechtsextremistischer Gewalt in Brandenburg besonders hoch: Seit 1990 seien durch sie 26 Menschen ums Leben gekommen – von 133 im gesamten Bundesgebiet.

Deutschland: Abgeordneten-Diäten

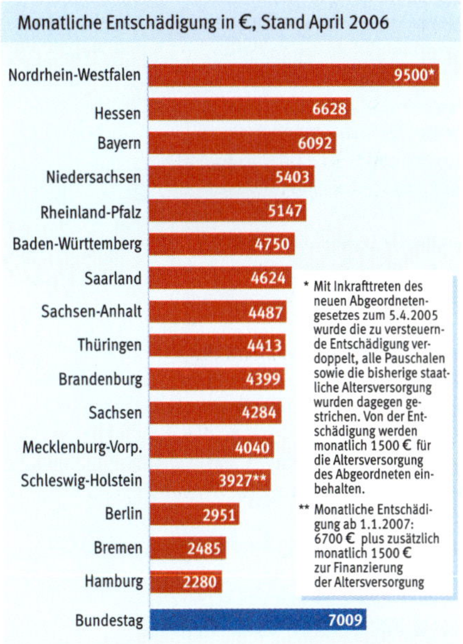

Quellen: Landtag Baden-Württemberg 2006, Landtag Schleswig-Holstein 2006, Landtag Nordrhein-Westfalen 2005

Freie Hansestadt Bremen

Fläche: 404,23 km²
Einwohner: 663 909 (321 610 m/342 299 w)
Bevölkerungsdichte: 1641 Einw. je km²

Bremische Bürgerschaft
Präsident: Christian Weber, SPD
Haus der Bürgerschaft, Am Markt 20, 28195 Bremen
www.bremische-buergerschaft.de

Verteilung der 83 Sitze: 40 SPD, 29 CDU, 12 B'90/Grüne, 1 FDP, 1 DVU
Letzte Bürgerschaftswahl am 25. 5. 2003: 42,3 % SPD, 29,8 % CDU, 12,8 % B'90/Grüne, 4,4 % Partei der Rechtsstaatlichen Offensive/PRO, 4,2 % FDP, 2,3 % DVU, 1,7 % Die Linke.

Nächste Wahl: 2007

Senat der Freien Hansestadt Bremen
Präsident des Senats und Senator für kirchliche Angelegenheiten sowie für Justiz und Verfassung
Bürgermeister Jens Böhrnsen, SPD
Rathaus, Am Markt 21, 28195 Bremen
Tel. 04 21/3 61–0
Chef der Senatskanzlei:
Staatsrat Hubert Schulte
Bevollmächtigte der Freien Hansestadt Bremen beim Bund, für Europa und Entwicklungszusammenarbeit:
Staatsrätin Dr. Kerstin Kießler
Hiroshimastr. 24, 10785 Berlin
www.rathaus-bremen.de

Senator für Justiz und Verfassung
Bürgermeister Jens Böhrnsen, SPD
Richtweg 16–22, 28195 Bremen

Senator für Inneres und Sport
Thomas Röwekamp, CDU
Contrescarpe 22–24, 28203 Bremen

Senator für Bildung und Wissenschaft
Willi Lemke, SPD
Rembertiring 8–12, 28195 Bremen

Senatorin für Arbeit, Frauen, Gesundheit, Jugend und Soziales
Karin Röpke, SPD
Contrescarpe 72, 28195 Bremen

Senator für Bau, Umwelt und Verkehr
Ronald-Mike Neumeyer, CDU
Ansgaritorstr. 2, 28195 Bremen

Senator für Wirtschaft und Häfen sowie Kultur
Bürgermeister Jörg Kastendiek, CDU
Zweite Schlachtpforte 3, 28195 Bremen

Senator für Finanzen
Dr. Ulrich Nußbaum
Rudolf-Hilferding-Platz 1, 28195 Bremen

Neuer Bürgermeister: Die Bürgerschaft wählte am 8. 11. 2005 den bisherigen Vorsitzenden der SPD-Fraktion, **Jens Böhrnsen**, mit 62 gegen 19 Stimmen zum neuen Bürgermeister an der Spitze der großen Koalition. Zuvor hatte sich Böhrnsen in einer SPD-internen Mitgliederbefragung mit 72 % der Stimmen gegen Bildungssenator Willi Lemke durchgesetzt.
Verfassungsklage: Am 7. 4. 2006 schloss sich der Stadtstaat dem → Saarland an und reichte beim Bundesverfassungsgericht einen Normenkontrollantrag ein, um das Finanzausgleichgesetz auf seine Verfassungsmäßigkeit hinsichtlich der Solidarpflicht des Bundes überprüfen zu lassen. Hintergrund ist die **extreme Haushaltsnotlage** des Landes, die es aus eigener Kraft nicht bewältigen kann und zu deren Überwindung es eine Teilentschuldung und Bundeshilfe einfordert. Eine solche hatte es erstmals 1992 eingeklagt und daraufhin zwischen 1994 und 2004 insgesamt 8,5 Mrd. € erhalten.

Deutschland: Schuldenstand und Nettokreditaufnahme der Länder 2005

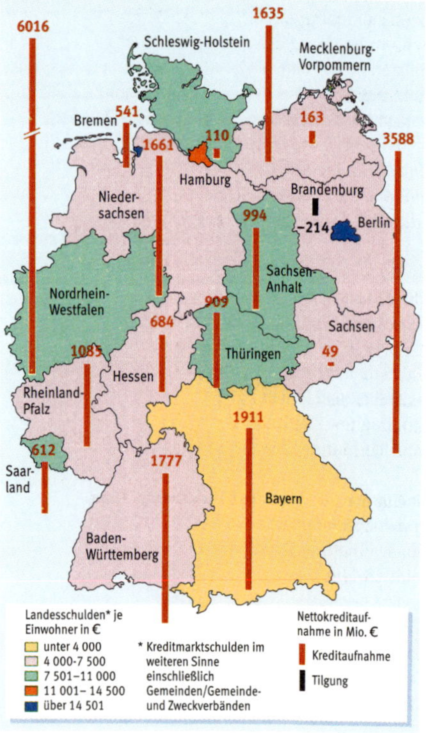

Quelle: Statistisches Bundesamt 2006

Freie und Hansestadt Hamburg

Fläche: 755,24 km²
Einwohner: 1744215 (849605 m/894610 w)
Bevölkerungsdichte: 2297 Einw. je km²

Bürgerschaft der Freien und Hansestadt Hamburg
Präsident: Berndt Röder, CDU
Rathausmarkt 1, 20095 Hamburg
www.hamburgische-buergerschaft.de

Verteilung der 121 Sitze: 63 CDU, 41 SPD, 17 GAL
Letzte Bürgerschaftswahl am 29. 2. 2004:
47,2 % CDU, 30,5 % SPD, 12,3 % GAL,
3,1 % PRO DM/Schill, 2,8 % FDP

Nächste Wahl: 2008

Senat der Freien und Hansestadt Hamburg
Präsident des Senats und Erster Bürgermeister
Ole von Beust, CDU
Rathausmarkt 1, 20095 Hamburg
Tel. 040/4 28 31–0
Zweite Bürgermeisterin Senatorin Birgit Schnieber-Jastram, CDU
Chef der Senatskanzlei:
Staatsrat Dr. Volkmar Schön
Bevollmächtigter beim Bund, bei der Europäischen Union und für Auswärtige Angelegenheiten:
Staatsrat Reinhard Stuth
Adresse s. o. u. Jägerstr. 1–3, 10117 Berlin
www.fhh.hamburg.de

Justizbehörde
Senator Carsten-Ludwig Lüdemann, CDU
Drehbahn 36, 20354 Hamburg

Behörde für Bildung und Sport
Senatorin Alexandra Dinges-Dierig, CDU
Hamburger Str. 31, 22083 Hamburg

Behörde für Wissenschaft und Forschung
Senator Jörg Dräger
Hamburger Str. 37, 22083 Hamburg

Kulturbehörde
Senatorin Prof. Dr. Karin von Welck
Hohe Bleichen 22, 20354 Hamburg

Behörde für Soziales, Familie, Gesundheit und Verbraucherschutz
Senatorin und 2. Bürgermeisterin
Birgit Schnieber-Jastram, CDU
Hamburger Str. 47, 22083 Hamburg

Behörde für Stadtentwicklung und Umwelt
Senator Dr. Michael Freytag, CDU
Stadthausbrücke 8, 20355 Hamburg

Behörde für Wirtschaft und Arbeit
Senator Gunnar Uldall, CDU
Alter Steinweg 4, 20459 Hamburg

Behörde für Inneres
Senator Udo Nagel
Johanniswall 4, 20095 Hamburg

Finanzbehörde
Senator Dr. Wolfgang Peiner, CDU
Gänsemarkt 36, 20354 Hamburg

Senat: Bürgermeister Ole **von Beust entließ** am 27. 3. 2006 seinen Studien- und Parteifreund **Roger Kusch aus dem Amt des Justizsenators.** Anlass für diesen Schritt gab Kuschs Verwicklung in den widerrechtlichen Umgang mit Zeugenprotokollen des Parlamentarischen Untersuchungsausschusses, der sich mit den Zuständen in einem geschlossenen Heim für schwer erziehbare Kinder und Jugendliche befasste. Schon zuvor war Kusch u. a. mit Aufsehen erregenden Vorstößen zur Verschärfung des Strafvollzugs, Abschaffung des Jugendstrafrechts und Legalisierung der Sterbehilfe zu einer Belastung der Justiz und des Senats geworden. Nach seiner Entlassung aus dem Senat trat Kusch aus der CDU aus.
Elbphilharmonie: Die Bürgerschaft beschloss am 26. 10. 2005 den Bau eines neuen Konzerthauses auf dem bestehenden Kaispeicher in der Hafencity. Das mächtige, weitgehend in Glas gehaltene Gebäude ist in seiner Form einer Welle nachempfunden und wurde von den Schweizer Architekten Jacques Herzog und Pierre de Meuron entworfen (Kostenvoranschlag: knapp 190 Mio. €).

Hamburg: Schiffsankünfte 1990–2005

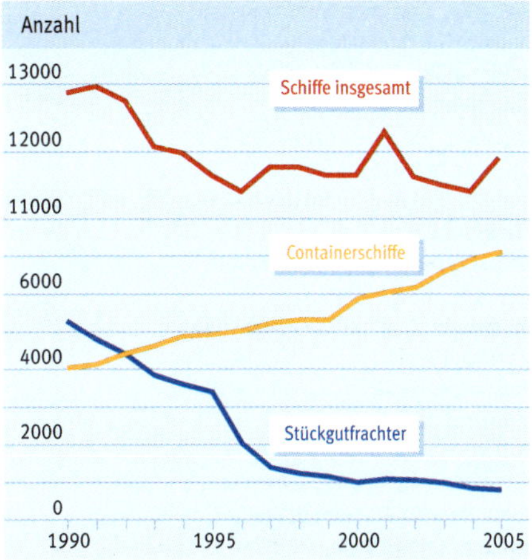

Quelle: Statistisches Amt für Hamburg und Schleswig-Holstein 2006

Deutschland

STAATEN

Hessen

Fläche: 21114,79 km²
Einwohner: 6095262 (2985136 m / 3110126 w)
Bevölkerungsdichte: 289 Einw. je km²
Hauptstadt: Wiesbaden

Hessischer Landtag
Präsident: Norbert Kartmann, CDU
Schlossplatz 1–3, 65183 Wiesbaden
www.hessischer-landtag.de

Verteilung der 110 Sitze: 56 CDU, 33 SPD, 12 B'90/Grüne, 9 FDP
Letzte Landtagswahl am 2. 2. 2003: 48,8 % CDU, 29,1 % SPD, 10,1 % B'90/Grüne, 7,9 % FDP, 1,3 % REP

Nächste Wahl: 2008

Hessische Landesregierung
Ministerpräsident
Roland Koch, CDU
Georg-August-Zinn Straße 1, 65183 Wiesbaden
Tel. 06 11/32–0
Chef der Hessischen Staatskanzlei:
Staatsmin. Stefan Grüttner, CDU
Minister für Bundes- und Europaangelegenheiten und Bevollmächtigter des Landes beim Bund:
Staatsmin. Volker Hoff, CDU
Adresse s. o. und
In den Ministergärten 5, 10117 Berlin
www.hessen.de

Ministerium des Innern und für Sport
Staatsmin. Volker Bouffier, CDU
Friedrich-Ebert-Allee 12, 65185 Wiesbaden

Ministerium der Finanzen
Staatsmin. Karlheinz Weimar, CDU
Friedrich-Ebert-Allee 8, 65185 Wiesbaden

Ministerium der Justiz
Staatsmin. Jürgen Banzer, CDU
Luisenstr. 13, 65185 Wiesbaden

Kultusministerium
Stellv. d. Ministerpräsidenten
Staatsmin. Karin Wolff, CDU
Luisenplatz 10, 65185 Wiesbaden

Ministerium für Wissenschaft und Kunst
Staatsmin. Udo Corts, CDU
Rheinstr. 23–25, 65185 Wiesbaden

Ministerium für Wirtschaft, Verkehr und Landesentwicklung
Staatsmin. Dr. Alois Rhiel, CDU
Kaiser-Friedrich-Ring 75, 65185 Wiesbaden

Ministerium für Umwelt, ländlichen Raum und Verbraucherschutz
Staatsmin. Wilhelm Dietzel, CDU
Mainzer Str. 80, 65189 Wiesbaden

Sozialministerium
Staatsmin. Silke Lautenschläger, CDU
Dostojewskistr. 4, 65187 Wiesbaden

Flughafen Frankfurt: Die US-Luftstreitkräfte überließen am 10. 10. 2005 ihren Stützpunkt Rhein-Main-Airbase der Fraport AG. Sie erfüllten damit einen 1999 zwischen den USA, Deutschland und der NATO geschlossenen Abzugsvertrag, nach dem sie ihre militärischen Aktivitäten in Deutschland auf die Basen Ramstein und Spangdahlem konzentrieren. Die US-Streitkräfte hatten den Militärflughafen Frankfurt am 26. 5. 1945 übernommen und zwischenzeitlich zu ihrer weltweit größten Luftwaffenbasis ausgebaut. Das Gelände will die Fraport AG zur Erweiterung des Flughafens u. a. um ein drittes Terminal nutzen.
Kabinett: An die Stelle des CDU-Fraktionschefs Franz Josef Jung, der als Verteidigungsminister in das Bundeskabinett berufen worden war, trat am 13. 11. 2005 der bisherige Justizminister Christean Wagner, der damit dem Landrat Jürgen Banzer Platz machte. Als Nachfolger des zurückgetretenen Ministers Jochen Riebel (Europa- und Bundesangelegenheiten) berief Ministerpräsident Roland Koch am 23. 2. 2006 den stellvertretenden CDU-Fraktionsvorsitzenden Volker Hoff.
Studiengebühren: Das Landeskabinett beschloss am 5. 5. die Einführung allgemeiner Studiengebühren ab Wintersemester 2007/08. Die vorgesehenen Sätze zwischen 500 € und 1500 € pro Semester sind die bisher höchsten bundesweit.

Hessen: Kommunalwahlen seit 1948

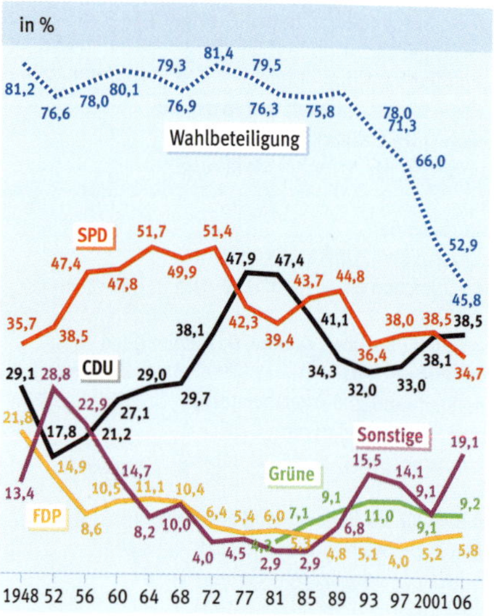

Quelle: Hessisches Statistisches Landesamt 2006

Mecklenburg-Vorpommern

Fläche: 23 178,53 km²
Einwohner: 1 707 872 (846 531 m / 861 341 w)
Bevölkerungsdichte: 74 Einw. je km²
Hauptstadt: Schwerin

Der Landtag von Mecklenburg-Vorpommern
Präsidentin: Sylvia Bretschneider, SPD
Schloss, Lennéstraße 1, 19053 Schwerin
www.landtag-mv.de

Verteilung der 71 Sitze: 33 SPD, 25 CDU, 12 Die Linke., 1 Fraktionsloser
Letzte Landtagswahl am 22. 9. 2002: 40,6 % SPD, 31,4 % CDU, 16,4 % Die Linke., 4,7 % FDP, 2,6 % B '90 / Grüne, 1,7 % Partei der Rechtsstaatlichen Offensive / PRO

Nächste Wahl: 17. 9. 2006

Landesregierung von Mecklenburg-Vorpommern
Ministerpräsident
Dr. Harald Ringstorff, SPD
Schlossstr. 2–4, 19053 Schwerin
Tel. 03 85 / 5 88–0
Chef der Staatskanzlei:
Staatssekretär Reinhard Meyer
Frauen- und Gleichstellungsbeauftragte der Landesregierung: Dr. Margret Seemann, SPD
Bevollmächtigter des Landes beim Bund:
Staatssekretär Dr. Thomas Freund
In den Ministergärten 3, 10117 Berlin
www.mv-regierung.de

Innenministerium
Min. Dr. Gottfried Timm, SPD
Alexandrinenstr. 1, 19055 Schwerin

Umweltministerium
Stellv. Ministerpräsident
Min. Prof. Dr. Wolfgang Methling, Die Linke.
Schlossstr. 6–8, 19053 Schwerin

Justizministerium
Min. Erwin Sellering, SPD
Demmlerplatz 14, 19053 Schwerin

Finanzministerium
Min. Sigrid Keler, SPD
Schlossstr. 9–11, 19053 Schwerin

Wirtschaftsministerium
Min. Dr. Otto Ebnet, SPD
Johannes-Stelling-Str. 14, 19053 Schwerin

Ministerium für Ernährung, Landwirtschaft, Forsten und Fischerei
Min. Dr. Till Backhaus, SPD
Paulshöher Weg 1, 19061 Schwerin

Ministerium für Bildung, Wissenschaft und Kultur
Min. Prof. Dr. Hans-Robert Metelmann
Werderstr. 124, 19055 Schwerin

Ministerium für Arbeit, Bau und Landesentwicklung
Min. Helmut Holter, Die Linke.
Schlossstr. 6–8, 19053 Schwerin

Sozialministerium
Min. Dr. Marianne Linke, Die Linke.
Werderstr. 124, 19055 Schwerin

Mecklenburg-Vorpommern: Verwaltungsreform 2006

Quelle: Innenministerium Mecklenburg-Vorpommern 2006

Niedersachsen

Fläche: 47 619,63 km²
Einwohner: 7 995 482 (3 918 643 m / 4 076 839 w)
Bevölkerungsdichte: 168 Einw. je km²
Hauptstadt: Hannover

Niedersächsischer Landtag
Präsident: Jürgen Gansäuer, CDU
Hinrich-Wilhelm-Kopf-Platz 1, 30159 Hannover
www.landtag-niedersachsen.de

Verteilung der 183 Sitze (davon 28 Überhangmandate): 91 CDU, 63 SPD, 15 FDP, 14 B'90/Grüne
Letzte Landtagswahl am 2. 2. 2003: 48,3 % CDU, 33,4 % SPD, 8,1 % FDP, 7,6 % B'90/Grüne

Nächste Wahl voraussichtlich 2008

Niedersächsische Landesregierung
Ministerpräsident
Christian Wulff, CDU
Planckstr. 2, 30169 Hannover
Tel. 05 11/1 20–0
Chef der Staatskanzlei:
Staatssekr. Dr. Lothar Hagebölling
Bevollmächtigter des Landes beim Bund:
Staatssekr. Wolfgang Gibowski
In den Ministergärten 10, 10117 Berlin
www.niedersachsen.de

Ministerium für Wirtschaft, Arbeit und Verkehr
Stellv. d. Min.-Präs. Min. Walter Hirche, FDP
Friedrichswall 1, 30159 Hannover

Finanzministerium
Min. Hartmut Möllring, CDU
Schiffgraben 10, 30159 Hannover

Ministerium für Inneres und Sport
Min. Uwe Schünemann, CDU
Lavesallee 6, 30169 Hannover

Ministerium für den ländlichen Raum, Ernährung, Landwirtschaft und Verbraucherschutz
Min. Hans-Heinrich Ehlen, CDU
Calenberger Str. 2, 30169 Hannover

Umweltministerium
Min. Hans-Heinrich Sander, FDP
Archivstr. 2, 30169 Hannover

Justizministerium
Min. Elisabeth Heister-Neumann, CDU
Am Waterlooplatz 1, 30169 Hannover

Kultusministerium
Min. Bernd Busemann, CDU
Schiffgraben 12, 30159 Hannover

Ministerium für Soziales, Frauen, Familie und Gesundheit
Min. Mechthild Ross-Luttmann, CDU
Hinrich-Wilhelm-Kopf-Platz 2, 30159 Hannover

Ministerium für Wissenschaft und Kultur
Min. Lutz Stratmann, CDU
Leibnizufer 9, 30169 Hannover

Schacht Konrad: Das Oberverwaltungsgericht in Lüneburg wies am 8. 3. 2006 Klagen gegen die Nutzung des ehemaligen Eisenerzbergwerks Schacht Konrad als **Endlager für Atommüll** zurück. Gegen die Nichtzulassung einer Revision gegen das Urteil legten die Kläger Beschwerde beim Bundesverwaltungsgericht in Leipzig ein. In dem ehemaligen Eisenerzbergwerk in Salzgitter sollen bis zu 303 000 Kubikmeter schwach- und mittelradioaktive Abfälle dauerhaft entsorgt werden, die aus dem Abriss von Atomkraftwerken sowie aus Industrie, Forschung und Medizin in ganz Deutschland erwartet werden. Solche Abfälle werden derzeit noch in Sammelstellen der Länder zwischengelagert. Schacht Konrad war 2002 nach langem politischem Tauziehen vom niedersächsischen Umweltministerium genehmigt worden. Die Entscheidung über den endgültigen Ausbau zum Endlager in einer Tiefe von 800 bis 1300 Metern liegt bei der Bundesregierung.

Niedersachsen: Schachtanlage Konrad
zur Entsorgung radioaktiver Abfälle

Quelle: Deutsche Gesellschaft zum Bau und Betrieb von Endlagern für Abfallstoffe 2006

Mediengesetz: Der Staatsgerichtshof erklärte am 6. 9. 2005 Teile des 2003 verabschiedeten Mediengesetzes für verfassungswidrig. Als unzulässige Einschränkung der Rundfunkfreiheit beanstandete er die Vorschrift, dass sich Parteien auch bei indirekten Beteiligungen auf allen Ebenen nur bis zu 10 % an privaten Rundfunksendern beteiligen dürfen. Diese Regelung betraf allein die SPD, deren Medienholding DDVD über die Verlagsgesellschaft Madsack an drei Radiosendern Anteile von rd. 20 % hielt.

Nordrhein-Westfalen

Fläche: 34 084,08 km²
Einwohner: 18 060 193 (8 798 511 m / 9 261 682 w)
Bevölkerungsdichte: 530 Einw. je km²
Hauptstadt: Düsseldorf

Landtag von Nordrhein-Westfalen
Präsidentin: Regina van Dinther, CDU
Platz des Landtags 1, 40221 Düsseldorf
www.landtag.nrw.de

Verteilung der 187 Sitze: 89 CDU, 74 SPD, 12 FDP, 12 B'90/Grüne
Letzte Wahl am 22. 5. 2005: 44,8 % CDU, 37,1 % SPD, 6,2 % FDP, 6,2 % B'90/Grüne, 2,2 % WASG

Nächste Wahl voraussichtlich 2010

Landesregierung Nordrhein-Westfalen
Ministerpräsident
Dr. Jürgen Rüttgers, CDU
Stadttor 1, 40219 Düsseldorf
Tel. 02 11/8 37–01
Chef der Staatskanzlei: Karsten Beneke
Regierungssprecher und Staatssekr. für Medien: Andreas Krautscheid, CDU (ab 1. 9. 2006)
Staatssekretär für Kultur: Hans-Heinrich Grosse-Brockhoff, CDU
Ministerium für Bundes- und Europaangelegenheiten: Min. Michael Mertes
Adresse s. o. und Hiroshimastr. 12–16, 10785 Berlin
www.nrw.de

Ministerium für Innovation, Wissenschaft, Forschung und Technologie
Stellvertreter des Ministerpräsidenten
Min. Prof. Dr. Andreas Pinkwart, FDP
Völklinger Str. 49, 40221 Düsseldorf

Finanzministerium
Min. Dr. Helmut Linssen, CDU
Jägerhofstr. 6, 40479 Düsseldorf

Ministerium für Wirtschaft, Mittelstand und Energie
Min. Christa Thoben, CDU
Haroldstr. 4, 40213 Düsseldorf

Innenministerium
Min. Dr. Ingo Wolf, FDP
Haroldstr. 5, 40213 Düsseldorf

Ministerium für Umwelt und Naturschutz, Landwirtschaft und Verbraucherschutz
Min. Eckhard Uhlenberg, CDU
Schwannstr. 3, 40476 Düsseldorf

Ministerium für Arbeit, Gesundheit und Soziales
Min. Karl-Josef Laumann, CDU
Fürstenwall 25, 40219 Düsseldorf

Ministerium für Schule und Weiterbildung
Min. Barbara Sommer, CDU
Völklinger Str. 49, 40221 Düsseldorf

Ministerium für Bauen und Verkehr
Min. Oliver Wittke, CDU
Elisabethstr. 5–11, 40217 Düsseldorf

Justizministerium
Min. Roswitha Müller-Piepenkötter, CDU
Martin-Luther-Platz 40, 40212 Düsseldorf

Ministerium für Generationen, Familie, Frauen und Integration
Min. Armin Laschet, CDU
Horionplatz 1, 40213 Düsseldorf

Studiengebühren: Der Landtag beschloss am 16. 3. das »Hochschulfinanzierungsgerechtigkeitsgesetz«, das die Einführung von Studiengebühren regelt. Im Unterschied zu den in Niedersachsen und Baden-Württemberg zuvor beschlossenen Gesetzen bleibt es den Hochschulen selbst überlassen, ob und in welcher Höhe – bis maximal 500 € – sie die Gebühren erheben.
Schulgesetz: Der Landtag verabschiedete am 22. 6. ein neues Schulgesetz, von dem sich die Landesregierung eine Steigerung des Leistungsniveaus, individuelle Förderung der Schüler, mehr Durchlässigkeit zwischen den Schulformen und mehr Eigenverantwortung der Schulen verspricht. U. a. sollen die Schulen über Stellenbesetzung, Sachmittel und Unterrichtsorganisation künftig weitgehend selbst entscheiden können.
Umwelt: Gegen Widerstände von Naturschützern wurde Mitte Juni 2006 bei Otzenrath der Braunkohletagebau Garzweiler II in Betrieb genommen. Bis Ende 2045 sollen jährlich 40 Mio. Tonnen Kohle gefördert werden. Für den Tagebau werden 7600 Menschen umgesiedelt; 2000 war er von der damaligen rot-grünen Landesregierung genehmigt worden.

Rheinland-Pfalz

Fläche: 19 853,48 km²
Einwohner: 4 059 910 (1 990 932 m/2 068 978 w)
Bevölkerungsdichte: 205 Einw. je km²
Hauptstadt: Mainz

Landtag von Rheinland-Pfalz
Präsident: Joachim Mertes, SPD
Deutschhausplatz 12, 55116 Mainz
www.landtag.rlp.de

Verteilung der 101 Sitze: 53 SPD, 38 CDU, 10 FDP
Letzte Landtagswahl am 26. 3. 2006: 45,6 % SPD, 32,8 % CDU, 8,0 % FDP, 4,6 % B '90/Grüne, 1,6 % Freie Wählergruppen, 1,7 % REP

Nächste Wahl voraussichtlich 2011

Landesregierung Rheinland-Pfalz
Ministerpräsident
Kurt Beck, SPD
Peter-Altmeier-Allee 1, 55116 Mainz
Tel. 0 61 31/16–0
Chef der Staatskanzlei: Staatssekr. Martin Stadelmaier
Bevollmächtigter des Landes beim Bund und für Europa:
Staatssekr. Dr. Karl-Heinz Klär, SPD
In den Ministergärten 6, 10117 Berlin
www.rlp.de

Ministerium für Wirtschaft, Verkehr, Landwirtschaft und Weinbau
Stellv. des Min.-Präs. Staatsmin.
Hendrik Hering, SPD
Stiftsstr. 9, 55116 Mainz

Ministerium des Innern und für Sport
Staatsmin. Karl Peter Bruch, SPD
(bis 24. 2. 2005 Walter Zuber, SPD)
Schillerstr. 3–5, 55116 Mainz

Ministerium der Finanzen
Staatsmin. Prof. Dr. Ingolf Deubel, SPD
Kaiser-Friedrich-Str. 5, 55116 Mainz

Ministerium der Justiz
Staatsmin. Dr. Heinz Georg Bamberger, SPD
Ernst-Ludwig-Str. 3, 55116 Mainz

Ministerium für Arbeit, Soziales, Familie und Gesundheit
Staatsmin. Malu Dreyer, SPD
Bauhofstr. 9, 55116 Mainz

Ministerium für Bildung, Frauen und Jugend
Staatsmin. Doris Ahnen, SPD
Wallstr. 3, 55122 Mainz

Ministerium für Wissenschaft, Weiterbildung Forschung und Kultur
Staatsmin. Prof. Dr. Jürgen Zöllner, SPD
Wallstr. 3, 55122 Mainz

Ministerium für Umwelt, Forsten und Verbraucherschutz
Staatsmin. Margit Conrad, SPD
Kaiser-Friedrich-Str. 1, 55116 Mainz

Landtagswahl am 26. 3. 2006: Die von Ministerpräsident Beck geführte SPD siegte mit einem Stimmenanteil von 45,6 % und verbesserte sich damit um 0,9 Prozentpunkte gegenüber der Wahl 2001. Die CDU mit dem Spitzenkandidaten Christoph Böhr erzielt mit 32,8 % (−2,5) ihr schlechtestes Ergebnis in der Geschichte des Bundeslandes. Die FDP (8 %, +0,2) hielt ihre Position, während Bündnis 90/Die Grünen mit 4,6 % (−0,6) den Einzug in den Landtag verfehlte ebenso wie die erstmals angetretene WAsG mit 2,5 %. Die Wahlbeteiligung lag bei 58,2 % (−3,9). Ausgestattet mit einer knappen absoluten Mehrheit der Mandate (53 von 101), **bildete Beck die erste Alleinregierung der SPD** in Rheinland-Pfalz und wurde am 18. 5. vom Landtag mit 54 Stimmen im Amt bestätigt. Als Konsequenz aus der Wahlniederlage erklärte Christoph Böhr seinen Rückzug von den Ämtern des CDU-Landes- und Fraktionschefs sowie des Vizevorsitzenden der Bundespartei. **Christian Baldauf** übernahm am 5. 4. die Führung der Landtagsfraktion und wurde auf dem Landesparteitag in Mülheim Kärlich am 8. 7. mit 93 % der Delegiertenstimmen **zum neuen Landesvorsitzenden der CDU gewählt.**

Rheinland-Pfalz:
Wahlen zum Landtag am 26.3.2006 (2001)

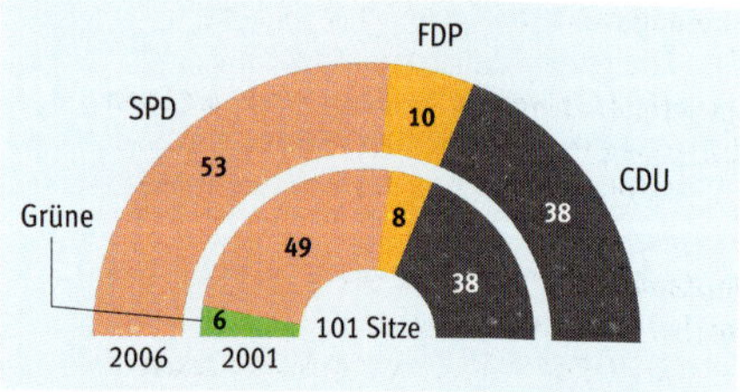

Kindertagesstätten: Mit einem am 1. 1. 2005 beschlossenen Gesetz zur frühkindlichen Förderung wird der Kindergarten für Zweijährige geöffnet, verbunden ab 2010 mit einem Rechtsanspruch auf einen Platz. Vorgesehen ist der Ausbau der vorschulischen Sprachförderung und eine engere Zusammenarbeit von Kindertagesstätten und Grundschulen. Für das letzte Kindergartenjahr vor der Einschulung besteht nun Beitragsfreiheit.

Saarland

Fläche: 2568,69 km²
Einwohner: 1 051 155 (510 853 m / 540 302 w)
Bevölkerungsdichte: 411 Einw. je km²
Hauptstadt: Saarbrücken

Landtag des Saarlandes
Präsident: Hans Ley, CDU
Franz-Josef-Röder-Str. 7, 66119 Saarbrücken
www.landtag-saar.de

Verteilung der 51 Sitze: 27 CDU, 18 SPD, 3 B'90/Grüne, 3 FDP
Letzte Landtagswahl am 5. 9. 2004: 47,5 % CDU, 30,8 % SPD, 5,6 % B'90/Grüne, 5,2 % FDP, 4,0 % NPD, 3,0 % Familienpartei, 2,3 % Die Linke., 1,4 % Graue

Nächste Wahl voraussichtlich 2009

Regierung des Saarlandes
Ministerpräsident
Peter Müller, CDU
Am Ludwigsplatz 14, 66117 Saarbrücken
Tel. 06 81/5 01–00
Minister für Bundes- und Europaangelegenheiten und Chef der Staatskanzlei:
Min. Karl Rauber, CDU
Bevollmächtigter des Saarlandes beim Bund:
Staatssekr. Jürgen Lennartz, CDU
In den Ministergärten 4, 10117 Berlin
www.saarland.de

Ministerium der Finanzen
Stellv. des Min.-Präs. Min. Peter Jacoby, CDU
Am Stadtgraben 6–8, 66111 Saarbrücken

Ministerium für Inneres, Familie, Frauen und Sport
Min. Annegret Kramp-Karrenbauer, CDU
Franz-Josef-Röder-Str. 21, 66119 Saarbrücken

Ministerium für Wirtschaft und Arbeit
Min. Dr. Hanspeter Georgi, CDU
Franz-Josef-Röder-Str. 21, 66119 Saarbrücken

Ministerium für Justiz, Gesundheit und Soziales
Min. Josef Hecken, CDU
Zähringer Str. 12, 66119 Saarbrücken

Ministerium für Bildung, Kultur und Wissenschaft
Min. Jürgen Schreier, CDU
Hohenzollernstr. 60, 66117 Saarbrücken

Ministerium für Umwelt
Min. Stefan Mörsdorf
Keplerstr. 18, 66117 Saarbrücken

Verfassungsklage: Nach Absprache mit dem Senat von → Bremen im August 2005 reichte die Landesregierung im September eine Klage beim Bundesverfassungsgericht auf weitere Finanzhilfe ein. Sie begründete den Anspruch auf Solidarpflicht des Bundes nach dem Finanzausgleichgesetz mit einer unverschuldeten **extremen Haushaltsnotlage** des Landes, die es trotz finanzwirtschaftlicher und wirtschaftspolitischer Erfolge bei einem Schuldenstand von rd. 8 Mrd. € aus eigener Kraft nicht bewältigen könne. Eine solche Klage war schon 1992 erfolgreich gewesen und hatte dem Land zwischen 1994 und 2004 Bundeshilfen von rd. 6,6 Mrd. € eingebracht. Einen weiteren Zuschuss ab 2005 hatte Bundesfinanzminister Hans Eichel abgelehnt.
Landtagsabgeordnete: Am 4. 10. 2005 beschloss der Landtag einstimmig eine Kürzung der **Abgeordnetenpensionen** – auf die nun erst ein Anspruch nach zehn Jahren Mandatsausübung besteht – sowie die Pflicht für alle Parlamentarier, alle Einkünfte aus **Nebentätigkeiten** über 250 € monatlich offenzulegen.
Wachstumsrekord: Mit einem BIP-Zuwachs von 2,7 % verzeichnete das Saarland 2005 zum zweiten Mal in Folge (2004: 3,6 %) das höchste Wirtschaftswachstum aller Bundesländer. Der Boom verdankt sich vor allem der international starken Stahlnachfrage und dem Absatzerfolg des Ford Focus, der in Saarlouis produziert wird. Metallindustrie und Fahrzeugbau tragen mit 16,4 % zum BIP bei (deutscher Durchschnitt: 6,4 %).

Deutschland: Länderfinanzausgleich 2004/2005

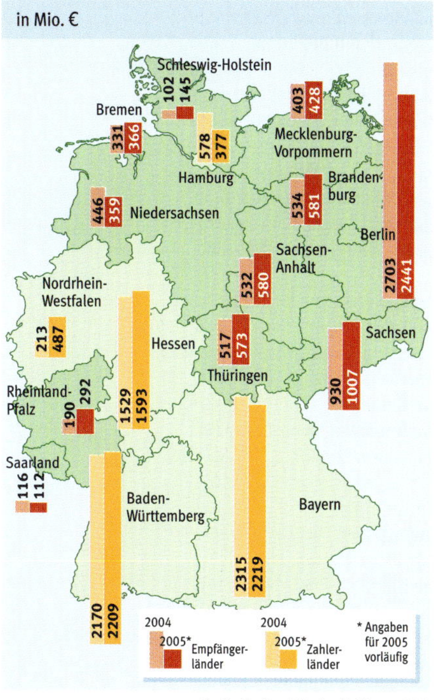

Quelle: Bundesministerium der Finanzen 2006

Freistaat Sachsen

Fläche: 18 414,70 km²
Einwohner: 4 275 371 (2 083 832 m / 2 191 539 w)
Bevölkerungsdichte: 233 Einw. je km²
Hauptstadt: Dresden

Sächsischer Landtag
Präsident: Erich Iltgen, CDU
Bernhard-von-Lindenau-Platz 1,
01067 Dresden
www.landtag.sachsen.de

Verteilung der 124 Sitze: 55 CDU, 31 Die Linke., 13 SPD, 12 NPD, 7 FDP, 6 B'90 / Grüne
Letzte Landtagswahl am 19. 9. 2004: 41,1 % CDU, 23,6 % Die Linke., 9,8 % SPD, 9,2 % NPD, 5,9 % FDP, 5,1 % B'90 / Grüne, 1,6 % Tierschutzpartei

Nächste Wahl voraussichtlich 2009

Staatsregierung des Freistaats Sachsen
Ministerpräsident
Prof. Dr. Georg Milbradt, CDU
Archivstr. 1, 01097 Dresden
Tel. 03 51 / 5 64–0
Chef der Staatskanzlei und zuständig für Bundes- und Europaangelegenheiten:
Staatsmin. Hermann Winkler, CDU
Bevollmächtigter des Freistaates beim Bund:
Dr. Michael Wilhelm
Brüderstr. 11 / 12, 10178 Berlin
www.sachsen.de / de / bf / staatsregierung

Staatsministerium des Innern
Staatsmin. Dr. Albrecht Buttolo, CDU
Wilhelm-Buck-Str. 2, 01097 Dresden

Staatsministerium der Justiz
Staatsmin. Geert Mackenroth, CDU
Hospitalstr. 7, 01097 Dresden

Staatsministerium für Wissenschaft und Kunst
Staatsmin. Eva-Maria Stange, SPD
Wigardstr. 17, 01097 Dresden

Staatsministerium der Finanzen
Staatsmin. Dr. Horst Metz, CDU
Carolaplatz 1, 01097 Dresden

Staatsministerium für Soziales
Staatsmin. Helma Orosz, CDU
Albertstr. 10, 01097 Dresden

Staatsministerium für Umwelt und Landwirtschaft
Staatsmin. Stanislaw Tillich, CDU
Archivstr. 1, 01097 Dresden

Staatsministerium für Wirtschaft und Arbeit
Staatsmin. Thomas Jurk, SPD
Wilhelm-Buck-Str. 2, 01097 Dresden

Staatsministerium für Kultus
Staatsmin. Steffen Flath, CDU
Carolaplatz 1, 01097 Dresden

Dresden: Am 30. 10. 2005 wurde die wieder aufgebaute Frauenkirche feierlich eingeweiht. Als erste Kommune verkaufte die Stadt per Beschluss des Stadtrats vom 9. 3. 2006 ihren kompletten Wohnungsbestand. Fortress Deutschland, Tochter eines US-amerikanischen Pensionsfonds, übernahm für 1,7 Mrd. € die städtische Wohnungsbaugesellschaft Woba mit 48 000 Wohnungen, 100 Gewerberäumen und 492 Mitarbeitern. Damit stellte sich die mit 741 Mio. € verschuldete Stadt als erste deutsche Großkommune schuldenfrei.
Kultur: Der Bund unterstützte 2005 im Rahmen des Leuchtturm-Programms 15 überregional bedeutsame Kultureinrichtungen in den ostdeutschen Bundesländern mit 75 Mio. €. Davon unabhängig erhielten weitere Einrichtungen wie das Grassi-Museum in Leipzig Projektförderungen des Bundes.

Deutschland: Leuchtturm-Programm

Quelle: Bundesministerium für Verkehr, Bau- und Wohnungswesen

Sachsen-Anhalt

Fläche: 20 445,73 km²
Einwohner: 2 472 505 (1 207 278 m / 1 265 227 w)
Bevölkerungsdichte: 122 Einw. je km²
Hauptstadt: Magdeburg

Landtag von Sachsen-Anhalt
Präsident: Dieter Steinecke, CDU
Domplatz 6–9, 39104 Magdeburg
www.landtag.sachsen-anhalt.de

Verteilung der 97 Sitze: 40 CDU, 26 Die Linke., 24 SPD, 7 FDP
Letzte Landtagswahl am 26. 3. 2006: 36,2 % CDU, 24,1 % Die Linke., 21,4 % SPD, 6,7 % FDP, 3,6 % B'90 / Grüne, 3,0 % DVU, 1,6 % Eltern

Nächste Wahl voraussichtlich 2011

Regierung von Sachsen-Anhalt
Ministerpräsident
Prof. Dr. Wolfgang Böhmer, CDU
Hegelstr. 42, 39104 Magdeburg
Tel. 03 91 / 5 67–01
Chef der Staatskanzlei: Staatsmin. Rainer Robra, CDU
Bevollmächtigter des Landes beim Bund:
Staatssekr. Dr. Michael Schneider, CDU
Luisenstr. 18, 10117 Berlin
www.sachsen-anhalt.de

Ministerium des Innern
Min. Holger Hövelmann, SPD
Halberstädter Str. 2, 39112 Magdeburg

Ministerium der Justiz
Min. Prof. Dr. Angela Kolb, SPD
Domplatz 2–4, 39104 Magdeburg

Ministerium der Finanzen
Stellv. des Min.-Präsidenten Min. Jens Bullerjahn, SPD
Editharing 40, 39108 Magdeburg

Ministerium für Gesundheit und Soziales
Min. Dr. Gerlinde Kuppe, SPD
Turmschanzenstr. 25, 39114 Magdeburg

Kultusministerium
Min. Prof. Dr. Jan-Hendrik Olbertz
Turmschanzenstr. 32, 39114 Magdeburg

Ministerium für Wirtschaft und Arbeit
Min. Dr. Reiner Haseloff, CDU
Hasselbachstr. 4, 39104 Magdeburg

Ministerium für Landwirtschaft und Umwelt
Min. Petra Wernicke, CDU
Olvenstedter Str. 4, 39108 Magdeburg

Ministerium für Landesentwicklung und Verkehr
Min. Dr. Karl-Heinz Daehre, CDU
Turmschanzenstr. 30, 39114 Magdeburg

Landtagswahl am 26. 3. 2006: Die CDU unter Ministerpräsident Wolfgang Böhmer behauptete sich mit 36,2 % der Stimmen bei leichter Einbuße (–1,1 Prozentpunkte gegenüber 2002) als stärkste politische Kraft. Die Linke / PDS verstärkte ihre Position als zweite deutlich (24,1 %, +3,7). Die SPD erzielte 21,4 % (+1,4). Die FDP halbierte ihren Stimmenteil (6,7 %, –6,6), die Grünen (3,6 %, +2) schafften erneut nicht den Einzug in den Landtag, ebenfalls nicht die DVU (3,0 %). Die Wahlbeteiligung sank auf 44,4 % (–12,1). CDU und SPD einigten sich am 18. 4. über die Bildung einer **schwarz-roten Koalition**, bei der beide Parteien jeweils vier Minister stellten. Der SPD-Vorsitzende Jens Bullerjahn wurde Vize-Regierungschef und Finanzminister. Am 24. 4. bestätigte der Landtag Ministerpräsident Böhmer für weitere fünf Jahre im Amt mit 60 von 96 Stimmen, vier weniger als die Koalition umfasst.

Sachsen-Anhalt:
Wahlen zum Landtag am 26.3.2006 (2002)

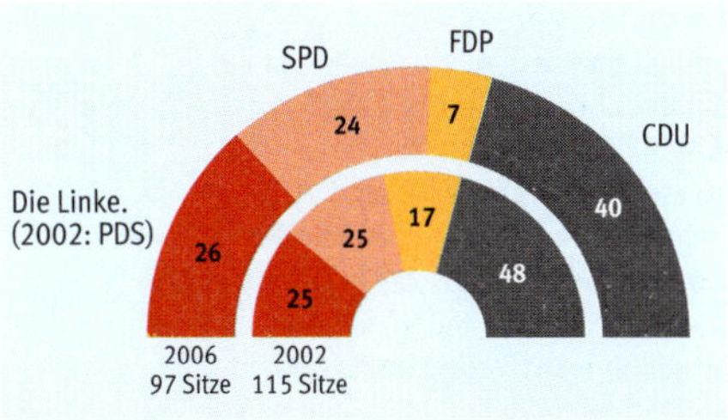

Kreisreform: Nach jahrelangen Kontroversen beschloss der Landtag am 6. 10. 2005, die Zahl der Landkreise von 21 auf 11 zu senken. Die Städte Magdeburg, Halle und Dessau bleiben kreisfrei. Angesichts der schrumpfenden Bevölkerungszahlen sollen die Verwaltung gestrafft und Kosten gespart werden. Die Reform soll Mitte 2007 in Kraft treten.
Naturpark: Ministerpräsident Böhmer und sein niedersächsischer Amtskollege Christian Wulff unterzeichneten am 10. 1. 2006 in Wernigerode den Staatsvertrag über die Fusion der Harz-Nationalparks beider Länder zum gemeinsamen Nationalpark Harz.

Schleswig-Holstein

Fläche: 15 763,42 km²
Einwohner: 2 833 023 (1 385 281 m / 1 447 742 w)
Bevölkerungsdichte: 179 Einw. je km²
Hauptstadt: Kiel

Schleswig-Holsteinischer Landtag
Präsident: Martin Kayenburg, CDU
Landeshaus, Düsternbrooker Weg 70,
24105 Kiel
www.sh-landtag.de

Verteilung der 69 Sitze: 30 CDU, 29 SPD, 4 FDP, 4 B '90 / Grüne, 2 SSW
Letzte Landtagswahl am 20. 2. 2005: 40,2 % CDU, 38,7 % SPD, 6,6 % FDP, 6,2 % B '90 / Grüne, 3,6 % SSW, 1,9 % NPD

Nächste Wahl voraussichtlich 2010

Landesregierung Schleswig-Holstein
Ministerpräsident
Peter Harry Carstensen, CDU
Landeshaus, Düsternbrooker Weg 70, 24105 Kiel
Tel. 04 31 / 9 88–0
Chef der Staatskanzlei:
Staatssekr. Heinz Maurus, CDU
Bevollmächtigter beim Bund:
Staatssekr. Dr. Klaus Schüler, CDU
In den Ministergärten 8, 10117 Berlin
www.landesregierung.schleswig-holstein.de

Minister für Justiz, Arbeit und Europa
Uwe Düring, SPD
Lorentzendamm 35, 24103 Kiel

Ministerin für Bildung und Frauen
Stellv. des Min.-Präsidenten Ute Erdsiek-Rave, SPD
Brunswiker Str. 16–22, 24105 Kiel

Innenminister
Dr. Ralf Stegner, SPD
Düsternbrooker Weg 92, 24105 Kiel

Minister für Wissenschaft, Wirtschaft und Verkehr
Dietrich Austermann
Düsternbrooker Weg 94, 24105 Kiel

Ministerin für Soziales, Gesundheit, Familie, Jugend und Senioren
Dr. Gitta Trauernicht, SPD
Adolf-Westphal-Str. 4, 24143 Kiel

Minister für Landwirtschaft, Umwelt, und ländliche Räume
Dr. Christian von Boetticher, CDU
Mercatorstr. 3, 24106 Kiel

Finanzminister
Rainer Wiegand, CDU
Düsternbrooker Weg 64, 24105 Kiel

Diätenreform: Nach einstimmigem Beschluss des Landtages vom 3. 5. 2006 wird in Schleswig-Holstein als zweitem Bundesland nach Nordrhein-Westfalen die Altersversorgung der Abgeordneten diesen selbst überlassen; dafür erhalten sie eine Entschädigung von 1500 € monatlich. Zugleich wurden zahlreiche Zulagen abgeschafft und die **Parlamentarier voll steuerpflichtig.** Im Gegenzug wurde die Grunddiät von monatlich 3900 auf 6700 € angehoben (→ Grafik bei Brandenburg).
Haushalt: Mit dem Ziel, bis 2010 einen verfassungskonformen Haushalt vorzulegen, billigten die Sonderparteitage von CDU und SPD im Juni 2006 ein **Sparprogramm** der schwarz-roten Koalition im Umfang von 600 Mio. € für die Haushaltsjahre 2007 und 2008. Durch Streichungen bei den Sonderzahlungen für die Landesbeamten sollen 200 Mio. € eingespart werden, 120 Mio. € sollen die Fachministerien weniger ausgeben, 240 Mio. € die Kommunen. Ende 2005 war das Land mit 21,3 Mrd. € verschuldet. Der Haushaltsplan für 2006 mit einem Ausgabenvolumen von 8,2 Mrd. € sieht eine Nettoneuverschuldung von 1,57 Mrd. € vor. Seit 2001 wurde kein verfassungskonformer Haushalt mehr vorgelegt.
Energie: Am 28. 10. 2005 wurde die unterirdisch verlegte Erdölpipeline von der Bohrinsel **Mittelplate** nach Dieksand in Betrieb genommen. Mit der 8 km langen und rd. 100 Mio. € teuren Pipeline entfallen die bisherigen Schiffstransporte zum Festland.

Schleswig-Holstein: Bohr- und Förderinsel Mittelplate

Quelle: Mittelplate Konsortium 2006

Freistaat Thüringen

Fläche: 16 172,08 km²
Einwohner: 2 336 865 (1 150 583 m / 1 186 282 w)
Bevölkerungsdichte: 146 Einw. je km²
Hauptstadt: Erfurt

Thüringer Landtag
Präsidentin: Prof. Dr. Dagmar Schipanski, CDU
Jürgen-Fuchs-Str. 1, 99096 Erfurt
www.landtag.thueringen.de

Verteilung der 88 Sitze: 45 CDU, 28 Die Linke., 15 SPD
Letzte Landtagswahl am 13. 6. 2004: 43,0 % CDU, 26,1 % Die Linke., 14,5 % SPD, 4,5 % Grüne, 3,6 % FDP

Nächste Wahl: 2009

Landesregierung Thüringen
Ministerpräsident
Dieter Althaus, CDU
Regierungsstr. 73, 99084 Erfurt
Tel. 03 61 / 3 79–00
Minister für Bundes- und Europaangelegenheiten und Chef der Staatskanzlei:
Gerold Wucherpfennig, CDU
Bevollmächtigte des Freistaates beim Bund:
Staatssekretärin Dr. Renate Meier, CDU
Adresse s. o. und Mohrenstr. 64, 10117 Berlin
www.thueringen.de

Innenministerium
Min. Dr. Karl Heinz Gasser, CDU
Steigerstr. 24, 99096 Erfurt

Finanzministerium
Stellv. Min.-Präsidentin Min. Birgit Diezel, CDU
Ludwig-Erhard-Ring 7, 99099 Erfurt

Ministerium für Wirtschaft, Technologie und Arbeit
Min. Jürgen Reinholz, CDU
Max-Reger-Str. 4–8, 99096 Erfurt

Ministerium für Soziales, Familie und Gesundheit
Min. Dr. Klaus Zeh, CDU
Werner-Seelenbinder-Str. 6, 99096 Erfurt

Kultusministerium
Min. Prof. Dr. Jens Goebel, CDU
Werner-Seelenbinder-Str. 7, 99096 Erfurt

Ministerium für Bau und Verkehr
Min. Andreas Trautvetter, CDU
Werner-Seelenbinder-Str. 8, 99096 Erfurt

Ministerium für Landwirtschaft, Naturschutz und Umwelt
Min. Dr. Volker Sklenar, CDU
Beethovenstr. 3, 99096 Erfurt

Justizministerium
Min. Harald Schliemann, CDU
Werner-Seelenbinder-Str. 5, 99096 Erfurt

Kommunalwahlen: Bei den Direktwahlen der Bürgermeister und Landräte am 7. und 21. 5. 2006 setzten sich in sieben der elf kreisfreien Städte die Oberbürgermeister-Kandidaten der SPD durch und gewannen dabei vier Städte hinzu. Im Landesdurchschnitt entfielen bei der Hauptwahl 42,4 % der Stimmen auf die Kandidaten der SPD, 40,5 % der CDU, 3,8 % der Linken, 13,2 % Sonstige (Wahlbeteiligung: 31,1 %).

Talsperre Leibis

Umwelt: Nach dreieinhalb Jahren Bauzeit wurde Mitte Juni 2006 die **Talsperre Leibis**, die den Fluss Lichte aufstaut, eingeweiht. Mit einer Länge von 400 m und einer Höhe von 102 m ist die im Kreis Saalfeld-Rudolstadt im Osten Thüringens gelegene Staumauer die zweithöchste Deutschlands. Ab 2008 soll das Trinkwasserreservoir rd. 400 000 Menschen in der Region versorgen. Wegen der dafür notwendigen Verlegung eines Dorfes war das rd. 500 Mio. € teure Projekt lange umstritten, Umweltschützer kritisierten die Zerstörung des unter Naturschutz stehenden Schwarzatals.

Bevölkerung

▪ **Bevölkerungsentwicklung** Nach Angaben des Statistischen Bundesamts lebten am 30. 11. 2005 in Deutschland 82 459 178 Personen (31. 12. 2004: 82 500 849). Davon waren 42 106 481 Frauen und 40 352 697 Männer. Im früheren Bundesgebiet ohne Berlin West lebten 65 710 953 (65 679 663), in den neuen Ländern ohne Berlin Ost 13 351 235 (13 433 358) Personen, Berlin hatte 3 396 990 (3 387 828) Einwohner. Der Rückgang der Bevölkerungszahl im Jahr 2005 ergab sich zum einen daraus, dass es mehr Sterbefälle als Geburten gab. Zum anderen wurde das Geburtendefizit nicht durch die zugewanderten Personen ausgeglichen. Dieser Trend wird sich in den nächsten Jahren verstärken.

▪ **Geburten** Die Zahl der Lebendgeburten sank 2004 (keine neueren Angaben erhältlich) auf einen neuen Tiefstand. Nach Angaben des Statistischen Bundesamtes wurden 705 622 (2003: 706 721) Kinder geboren. Darunter waren 362 017 (362 709) Jungen und 343 605 (344 012) Mädchen. Nichtehelich kamen 197 129 (190 641) Kinder auf die Welt, d. h. 27,9 (27,0) %.

▪ **Lebenserwartung** Für ein neugeborenes Mädchen beträgt die Lebenserwartung (nach der aktuellen Sterbetafel 2002/2004) 81,55 Jahre, während sie für Jungen bei 75,89 Jahren liegt.

▪ **Sterbefälle** Die Zahl der Gestorbenen sank 2004 gegenüber dem Vorjahr um 4,18 % auf 818 271 (2003: 853 946; 2002: 841 686). Damit ergab sich ein Sterbeüberschuss von 112 649 (2003: 147 225; 2002: 122 436; 1997: 48 216).

▪ **Familien** Im Jahr 2005 lebten in Deutschland nach Ergebnissen des Mikrozensus 12,576 (März 2004: 12,523) Mio. Familien. 8,901 Mio. dieser Familien hatten Kinder unter 18 Jahren. Allein erziehende Eltern – dazu gehören auch Unverheiratete, die mit einem Partner zusammenleben – gab es 2,572 (2,502) Mio.

▪ **Ehen** Die Zahl der Eheschließungen stieg 2004 wieder leicht an und belief sich auf 394 992, nachdem 2003 mit 382 911 so wenig Vermählungen stattgefunden hatten wie nie zuvor in der Geschichte der Bundesrepublik. 2003 heirateten Männer mit Durchschnitt im Alter von 32,0 Jahren, Frauen mit 29,0 Jahren. Die Zahl der Ehescheidungen ging 2004 gegenüber dem Vorjahr leicht zurück und belief sich auf 213 691 (2003: 213 975).

▪ **Wanderung** Zwischen den neuen Ländern inkl. Berlin-Ost und den alten Bundesländern hält die Wanderung weiterhin an, nahm aber dennoch 2004 gegenüber dem Vorjahr leicht ab. Die Zuzüge aus den neuen in die alten Bundesländer beliefen sich nach Angaben des Statistischen Bundesamtes auf 146 352 (2003: 155 387), die Fortzüge aus den alten in die neuen Bundesländer auf 94 677 (97 035), sodass sich 2004 ein Wanderungssaldo zu Ungunsten der neuen Länder von 51 675 (58 350) ergab (→ Grafik).

Deutschland: Ost-West-Binnenwanderung

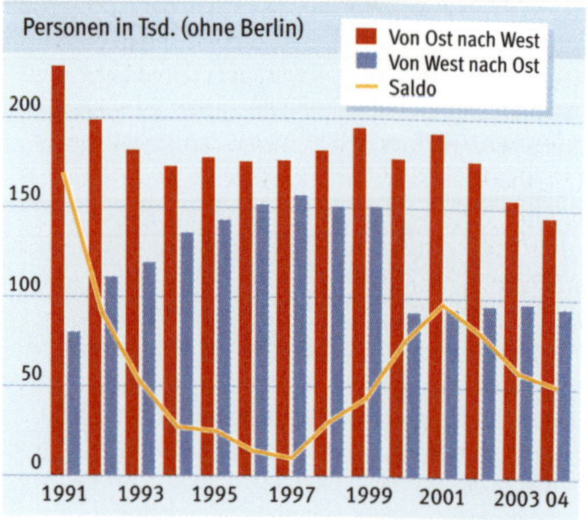

Quelle: Statistisches Bundesamt

▪ **Einbürgerungen** Die Zahl der eingebürgerten Ausländer war 2004 (keine neueren Angaben erhältlich) erneut rückläufig. 127 153 Personen erwarben die deutsche Staatsbürgerschaft (2003: 140 731), das waren 13 578 oder 9,6 % weniger als im Vorjahr. Von den 127 153 Einbürgerungen entfielen 2004 u. a. 44 465 (56 244) auf Türken, 7499 (2990) auf Polen, 6362 (9440) auf Iraner, 4381 (2764) auf Russen, 4077 (4948) auf Afghanen, 3844 (3889) auf Ukrainer, 3820 (4118) auf Marokkaner, 3564 (2999) auf Iraker.

▪ **Aussiedler** Der seit Jahren kontinuierlich anhaltende Rückgang des Zuzugs von Spätaussiedlern setzte sich 2005 weiter fort. So wurden 35 522 Spätaussiedler und deren Angehörige in Deutschland aufgenommen, während es im Jahr 2004 noch 72 885 Personen waren.

Deutschland: Einbürgerungen von Ausländern

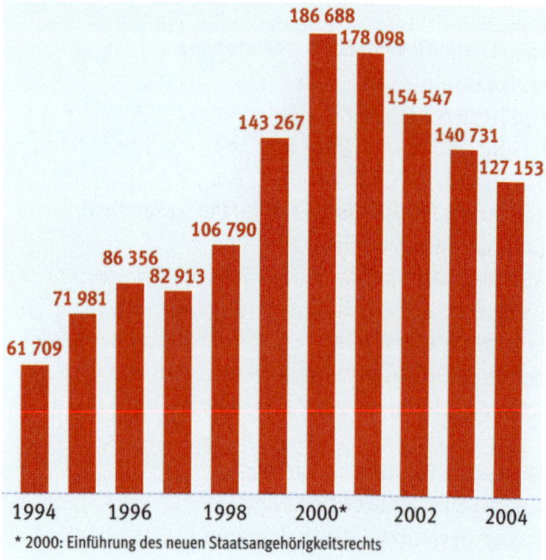

* 2000: Einführung des neuen Staatsangehörigkeitsrechts

Quellen: Statistisches Bundesamt 2006, Bundesamt für Migration und Flüchtlinge 2005

Gründe für den Rückgang sind nach Angaben des Aussiedlerbeauftragten der Bundesregierung eine inzwischen weitgehend abgeschlossene Familienzusammenführung, mangelnde sprachliche Voraussetzungen für eine Aufnahme bzw. verbesserte Zukunftsperspektiven in den Aussiedlungsgebieten. Hauptherkunftsland war 2005 die Russische Föderation mit 35 396 (2004: 58 728) Aussiedlern.

■ **Ausländer** Zum Jahresende 2005 lebten in Deutschland gemäß Ausländerzentralregister 6 755 811 Ausländer, 0,5 % mehr als zum gleichen Zeitpunkt des Vorjahres (2004: 6 717 115). Die durchschnittliche Aufenthaltsdauer lag bei 16,8 Jahren, ein Drittel wohnte Ende 2005 schon länger als 20 Jahre in Deutschland. Zwei Drittel lebten Ende 2005 bereits 8 Jahre oder länger in Deutschland und würden damit die für die Einbürgerung notwendige Aufenthaltsdauer erfüllen. Jedoch nehmen immer weniger Ausländer diese Möglichkeit wahr, bedingt u. a. durch die fortschreitende EU-Erweiterung. Die weitaus meisten Ausländer stammten mit 1,764 Mio. Personen aus der Türkei, deren Anteil an der Gesamtzahl damit bei 26,1 % lag. 540 810 oder 8,0 % der Ausländer kamen aus Italien, 297 004 oder 4,4 % aus Serbien und Montenegro.
Weitere Staaten: Polen 326 596 (4,8 %), Griechenland 309 794 (4,6 %), Kroatien 228 926 (3,4 %), Russische Föderation 185 931 (2,8 %), Österreich 174 812 (2,5 %), Bosnien und Herzegowina 156 872 (2,3 %), Ukraine 130 674 (1,9 %), Niederlande 118 556 (1,8 %), Portugal 115 606 (1,7 %), Spanien 107 778 (1,6 %).

■ **Asyl** Die Zahl der Asylanträge ging 2005 in Deutschland wie im EU-Durchschnitt weiter zurück und erreichte den niedrigsten Stand seit 1983. Insgesamt beantragten 28 914 Personen Asyl, 18,8 % weniger als im Vorjahr (2004: 35 607 Anträge). Bei insgesamt 48 102 (61 961) getroffenen Entscheidungen wurden 411 (960) Personen als Asylberechtigte nach Art. 16a GG anerkannt, damit verringerte sich die Anerkennungsquote 2005 weiter auf 0,9 % (2004: 1,5 %). 2053 (1107) Asylbewerber erhielten Abschiebeschutz gemäß der Genfer Flüchtlingskonvention.
Hauptherkunftsländer der Asylbewerber waren 2005 (2004): Serbien und Montenegro 5522 (3855), Türkei 2958 (4148), Irak 1983 (1293), Russische Föderation 1719 (2757), Vietnam 1222 (1668), Syrien 933 (768), Iran 929 (1369), Aserbaidschan 848 (1363), Afghanistan 711 (918), China 633 (1186).

■ **Flüchtlinge** 2004 hielten sich in der Bundesrepublik rund 1,0 Mio. Flüchtlinge (mit oder ohne Status nach der Genfer Konvention) auf. Davon waren 92 000 Asylberechtigte und im Ausland anerkannte Flüchtlinge, 120 000 Familienangehörige von Asylberechtigten, 70 000 Konventionsflüchtlinge, 5500 Kontingentflüchtlinge, 200 000 jüdische Emigranten aus der ehemaligen Sowjetunion, 7411 heimatlose Ausländer, 86 000 Asylbewerber und 387 000 De-facto-Flüchtlinge (Stand 31. 12. 2004, keine neueren Angaben erhältlich).

Kriminalität

■ **Straftaten** Nach der Polizeilichen Kriminalstatistik/PKS ging 2005 die Zahl der registrierten Straftaten gegenüber dem Vorjahr um 3,6 % auf insgesamt 6,392 (2004: 6,633) Mio. zurück. Der Diebstahl ging 2005 um 7,9 % auf 2,727 Mio. Fälle zurück. Darunter fielen 461 293 Ladendiebstahlsdelikte (– 9,4 %), 391 372 Diebstähle in oder aus Kraftfahrzeugen (–11,0 %) und 391 335 Fahrraddiebstähle (–5,0 %). Auch die Zahl der Wohnungseinbrüche ging 2005 um 11,6 % auf 109 736 Fälle zurück.
Eine Zunahme der registrierten Straftaten war u. a. bei den Rohheitsdelikten und Straftaten gegen die persönliche Freiheit zu verzeichnen (+2,4 %), unter die z. B. Raub, räuberische Erpressung, Körperverletzung oder Geiselnahmen fallen. Hier betrug die Gesamtzahl 735 632. Einen weiteren großen Anteil machten die Betrugsfälle aus; die Zahl stieg um 0,9 % leicht an auf 949 921 Fälle, wobei verstärkt das Internet als Tatmittel eingesetzt wurde. Deutlich zugenommen haben 2005 Körperverletzungsdelikte (+4,0 %) auf 517 377, insbesondere die Zahl der gefährlichen und schweren Körperverletzungen stieg um 5,3 % auf 147 122 Fälle. Rauschgiftdelikte wurden 2005 276 740 erfasst (–2,5 %). Im Bereich Straftaten gegen die sexuelle Selbstbestimmung wurden insgesamt 55 203 Fälle registriert (–3,7 %); darunter fielen 13 962 Fälle sexuellen Missbrauchs gegen Kinder (–8,5 %).

Deutschland: Straftatenanteile 2005

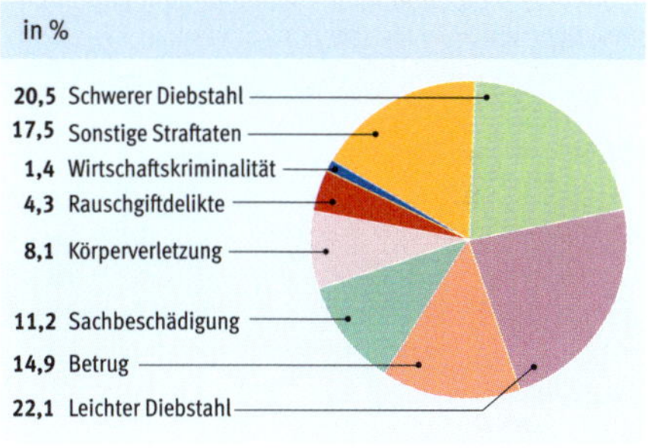

Quelle: Polizeiliche Kriminalstatistik 2005

■ **Aufklärungsquote** Aufgeklärt wurden 2005 3,519 Mio. Fälle. Die Aufklärungsquote insgesamt verbesserte sich erneut leicht auf 55,0 (2004: 54,2)%, die höchste Aufklärungsquote seit 1964. Bei den verschiedenen Straftaten war sie allerdings sehr unterschiedlich: Bei Mord und Totschlag lag sie bei 96,1 % und ähnlich hoch mit 94,3 % bei den Rauschgiftdelikten, wobei hier zu beachten ist, dass nur ein geringer Teil der begangenen Straftaten bekannt wurde. Demgegenüber betrug die Aufklärungsquote bei Wohnungseinbruchdiebstahl lediglich 19,6 %, bei schwerem Diebstahl 13,9 %.

- **Schule** Im Schuljahr 2004/2005 besuchten 9,625 Mio. Schülerinnen und Schüler allgemein bildende Schulen (2002/2003: 9,780 Mio.). Davon entfielen u. a. auf den Vorschulbereich 18,6 (19,3) Tsd. Schüler, auf die Grundschulen 3,150 (3,147) Mio., auf die Hauptschulen 1,084 (1,093) Mio., auf Schularten mit mehreren Bildungsgängen 380 (429) Tsd., auf die Realschulen 1,352 (1,297) Mio., auf die Gymnasien 2,404 (2,316) Mio., auf die Integrierten Gesamtschulen 538 (545) Tsd. und auf die Sonderschulen 424 (429) Tsd.

Neu eingeschult wurden zu Beginn des Schuljahres 2004/2005 838,3 Tsd. Kinder (2003/2004: 843,8 Tsd.). Die Anzahl der Abiturientinnen und Abiturienten mit Hochschul- oder Fachhochschulreife zum Ende des Schuljahres 2004/2005 nahm gegenüber dem Vorjahr um 3,2 % zu und belief sich auf 399,2 (2003/2004: 385,7) Tsd. Die Zahl der (voll- und teilzeit sowie stundenweise beschäftigten) Lehrerinnen und Lehrer betrug im Schuljahr 2004/2005 672 (744,2) Tsd. Davon waren an Grundschulen 189,0 (212,2) Tsd. tätig, an Hauptschulen 75,1 (83,1) Tsd., an Schulen mit mehreren Bildungsgängen 33,1 (36,8), an Realschulen 78,9 (82,3) Tsd., an Gymnasien 161,2 (173,9) Tsd., an integrierten Gesamtschulen 41,4 (43,3) Tsd. und an Sonderschulen 71,4 (76,9) Tsd.

Absolventen/Abgänger 2004
aus allgemeinbildenden Schulen

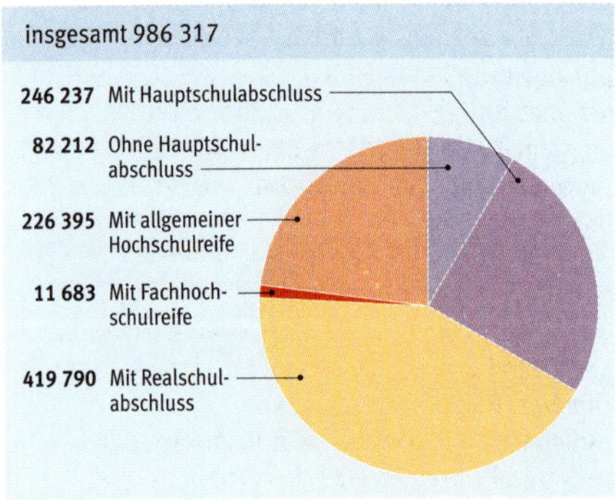

Quelle: Statistisches Bundesamt 2005

- **Studium** Im Wintersemester 2005/2006 waren nach vorläufigen Angaben 1 976 978 Studierende eingeschrieben, rund 0,7 % mehr als im Wintersemester 2004/2005. Im Vergleich zum Vorjahr stieg auch die Anzahl der ausländischen Studierenden an deutschen Hochschulen auf 247 487 (2004/2005: 246 334) an. Die Zahl der Studienanfänger zum Wintersemester 2005/2006 sank dagegen leicht um 0,6 % und lag gemäß vorläufigen Angaben bei 299 200 (2004/2005: 300 959) Neuimmatrikulierten. Die Studienanfängerquote, d. h. der Anteil der Studienanfänger an der gleichaltrigen Bevölkerung, betrug für das Studienjahr 2005 36,7 % (2004: 37,1 %). Sie ging damit zum zweiten Mal seit der Vereinigung Deutschlands zurück, liegt aber gleichwohl 11,2 Prozentpunkte über dem Wert von 1993.

Von der Gesamtzahl der Immatrikulierten studierten 1 377 616 an Universitäten einschließlich Pädagogischen und Theologischen Hochschulen (2004/2005: 1 372 531), 567 377 (559 617) an Fachhochschulen und Verwaltungsfachhochschulen 567 514 (560 107), 31 854 (30 960) an Kunsthochschulen. Zur Verteilung auf einzelne Fächergruppen → Grafik.

Deutschland: Studierende nach Fächergruppen

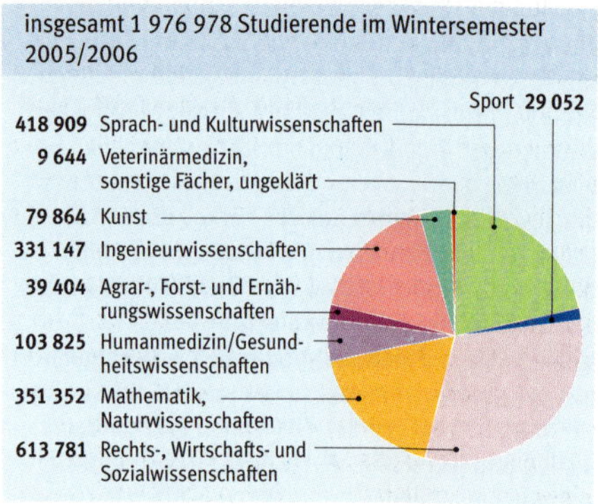

Quelle: Statistisches Bundesamt 2006, vorläufige Angaben

- **Bildungsausgaben** Die öffentlichen Ausgaben (Grundmittel) für Bildung, Wissenschaft und Kultur stiegen 2004 (Soll, keine neueren Angaben erhältlich) leicht an und betrugen 91,761 (2003: 90,1) Mrd. €. Der Bund trug davon 11,534 (2003: 10,547) Mrd. €, die Länder 65,379 (65,316) Mrd. €, Gemeinden und Zweckverbände 14,848 (14,848) Mrd. €. Für den Bildungsprozess gaben Bund, Länder und Gemeinden 2003 (keine neueren Angaben verfügbar) im Bereich vorschulische Erziehung 7,6 Mrd. € aus, für allgemeinbildende Schulen 47,4 Mrd. €, für berufliche Schulen 9,2 Mrd. €, für Hochschulen (ohne Ausgaben für Forschung und Entwicklung) 12,0 Mrd. €. Auf betriebliche Ausbildungen im Rahmen der Dualen Bildung entfielen 1,1 Mrd. €, auf sonstige Bildungseinrichtungen 11,2 Mrd. €.

▪ **Wirtschaftliche Entwicklung** Im Jahresdurchschnitt 2005 erholte sich die deutsche Wirtschaft weiter, allerdings schwächte sich im vierten Quartal das Wachstum wieder ab. Insgesamt lag das gesamtwirtschaftliche Wachstum jedoch trotz der deutlich positiven Grundtendenz mit einem Plus von 0,9 % unter dem von 2004 (+1,6 %). Das Wirtschaftsgeschehen war 2005 stark von außenwirtschaftlichen Einflüssen geprägt: Durch die boomende Weltkonjunktur stiegen die Exporte um 7,5 % an, blieben damit aber unter dem außergewöhnlich hohen Zuwachs des Vorjahres von 9,3 %. Der kräftige Anstieg der Rohölpreise dämpfte aufgrund des damit verbundenen Entzugs an Realeinkommen im Inland vor allem den privaten Verbrauch; dieser blieb auch wegen der nach wie vor gespannten Lage am Arbeitsmarkt und der Erhöhung der Beitragssätze zur Krankenversicherung zur Jahresmitte 2005 hin schwach. Zur zweiten Stütze der wirtschaftlichen Erholung entwickelten sich neben den Exporten die Ausrüstungsinvestitionen; dabei standen erneut Modernisierungsaspekte und der Ersatz veralteter Maschinen im Vordergrund. Wesentlicher Motor des Wirtschaftswachstums war 2005 das produzierende Gewerbe (+2,6 % gegenüber 2004). Die Sektoren Finanzierung, Vermietung und Unternehmensdienstleister sowie Handel, Gastgewerbe und Verkehr steigerten ihren Beitrag zum BIP gegenüber dem Vorjahr um 1,7 bzw. 1,4 %. Demgegenüber sank der Beitrag der öffentlichen und privaten Dienstleister 2005 um 0,6 %, beim Baugewerbe setzte sich der anhaltende Abwärtstrend 2005 verstärkt weiter fort (–3,8 %).

Zu Jahresbeginn 2006 zog das Wachstum wieder an. Neben weiteren Ausrüstungsinvestitionen trug dazu erstmals auch wieder der private Verbrauch bei, der in den vergangenen Jahren stagniert hatte.

▪ **Bruttoinlandsprodukt** Nach Angaben des Statistischen Bundesamtes betrug das BIP 2005 in jeweiligen Preisen 2245,50 Mrd. €, nachdem es im Jahr 2004 2215,65 Mrd. € betragen hatte. Im Vergleich zum Vorjahr stieg es damit preisbereinigt um 0,9 %.

▪ **Verwendung des BIP** Die Konsumausgaben der privaten Haushalte stiegen 2005 gegenüber dem Vorjahr um 1,4 % an und lagen bei 1261,89 (2004: 1244,08) Mrd. €. Die Konsumausgaben des Staates stiegen 2005 gegenüber dem Vorjahr um 1,1 % auf 417,18 (412,76) Mrd. €.

▪ **Bruttoanlageinvestitionen** Die Bruttoanlageinvestitionen blieben 2005 nahezu konstant gegenüber dem Vorjahr und beliefen sich auf 384,67,52 (2004: 384,94) Mrd. €. Die Ausrüstungsinvestitionen stiegen nominal gegenüber dem Vorjahr um 3,0 % an auf 153,90 (2004: 149,37) Mrd. €. Die Bauinvestitionen verringerten sich 2005 gegenüber dem Vorjahr um –2,4 % auf 205,55 (2004: 210,70) Mrd. €. Sonstige Anlagen stiegen nominal um 1,4 % auf 25,22 (2004: 24,87) Mrd. €.

Deutschland: Wirtschaftswachstum 1995–2005

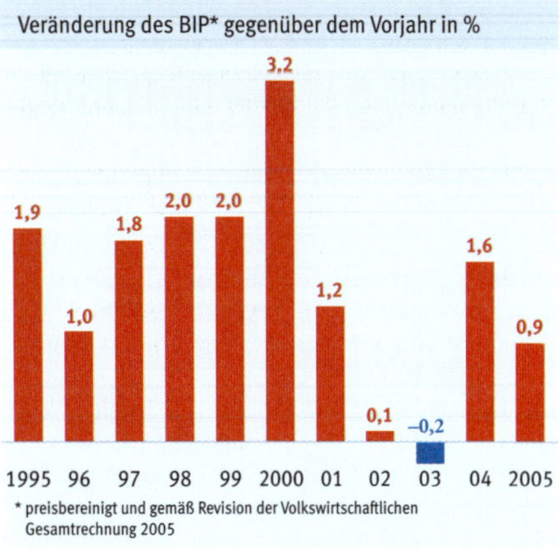

Quelle: Statistisches Bundesamt 2006

▪ **Inflation** Der Anstieg der Verbraucherpreise fiel 2005 mit 2,0 % stärker aus als in den Vorjahren (2004: 1,6 %, 2003: 1,1 %, 2002: 1,4 %, 2001: 2,0 %). Verantwortlich für die Beschleunigung der Preisentwicklung war neben der Erhöhung der Tabak- und der Kraftfahrzeugsteuer insbesondere der Anstieg der Energiepreise, in der ersten Jahreshälfte 2005 wirkten sich darüber hinaus noch ergänzende Maßnahmen der Gesundheitsreform aus. Mineralölprodukte verteuerten sich 2005 um 12,3 %, auch Haushaltsenergie verteuerte sich überdurchschnittlich um 11,8 %. Tabakwaren verteuerten sich im Vergleich zum Vorjahr um 6,1 %. Nahezu konstant blieben dagegen die Preise für Nahrungsmittel und alkoholfreie Getränke (+0,8 %), die Preise für Gemüse sowie Molkereiprodukte und Eier gingen dagegen sogar um 0,6 % zurück.

▪ **Volkseinkommen** Das Volkseinkommen nahm 2005 erneut zu und stieg um 1,5 % auf 1683,91 (2004: 1658,32) Mrd. €, davon entfielen auf Unternehmens- und Vermögenseinkommen 555,10 (2004: 523,83) Mrd. €, auf Arbeitnehmerentgelte (Einkommen aus unselbständiger Arbeit inkl. Sozialbeiträge der Arbeitgeber) 1128,81 (2004: 1134,49) Mrd. €.

▪ **Arbeitnehmerentgelt** in Mrd. € 2005 (2004):
Land- und Forstwirtschaft, Fischerei 8,63 (8,88)
Prod. Gewerbe (ohne Baugewerbe) 335,50 (337,78)
Baugewerbe 50,58 (53,82)
Handel, Gastgewerbe und Verkehr 224,020 (223,92)
Finanzierung, Vermietung und Unternehmensdienstleister 184,29 (181,72)
öffentliche und private Dienstleister 327,05 (329,13).

▪ **Geldvermögen** Das Geldvermögen der privaten Haushalte stieg 2005 weiter an und lag nach Angaben der Deutschen Bundesbank zum Jahresende 2005 bei 4260 (2004: 4078) Mrd. €. Davon waren bei Banken 1492 (1448) Mrd. € angelegt, bei Versicherungen 1103 (1052) Mrd. € und 1421 (1345) Mrd. € in Wertpapieren, davon 283 (246) Mrd. € in Aktien. Die Verbindlich-

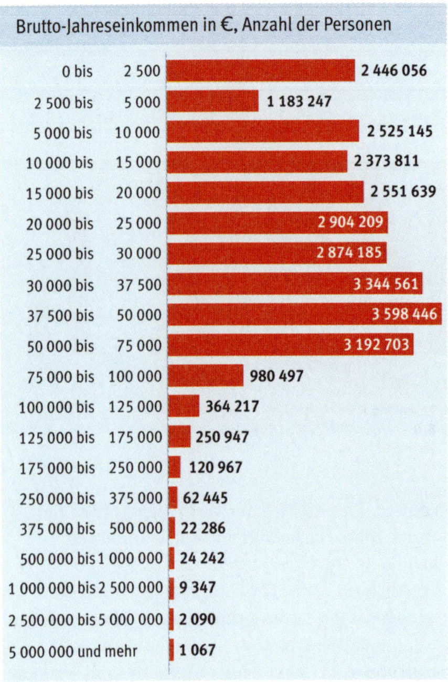

Quelle: Statistisches Bundesamt 2006, Angaben für 2001

keiten der privaten Haushalte lagen wie im Vorjahr bei 1569 Mrd. €, davon kurzfristige Kredite 86 (90) Mrd. € und längerfristige Kredite 1471 (1467) Mrd. €.

▪ **Sparquote** Die private Ersparnis erhöhte sich 2005 auf 158,72 (2004: 153,84) Mrd. €, die Sparquote betrug 10,7 % des verfügbaren Einkommens (2004: 10,6 %).

▪ **Außenhandel** Die traditionell exportorientierte deutsche Wirtschaft wurde auch 2005 wieder maßgeblich durch die Ausfuhren gestützt. Die Summe der Exporte stieg im Vergleich zum Vorjahr nach vorläufigen Ergebnissen erneut deutlich um 7,5 % an und betrug 786,2 Mrd. € (2004: 731,5 Mrd. €). Dem standen Importe in Höhe von 625,6 Mrd. € gegenüber, ein Plus von 8,7 % im Vergleich zu 2004 (575,4 Mrd. €). Trotz der deutlich gestiegenen Importe ergab sich damit ein neuer Rekordaußenhandelsüberschuss von 160,6 Mrd. € (2004: 156,1 Mrd. €, 2003: 129,9 Mrd. €). Die Leistungsbilanz schloss 2005 mit einem Überschuss von 90,4 (2004: 84,5) Mrd. € ab. Demgegenüber war der Saldo bei den Dienstleistungen auch 2005 negativ: –30,2 Mrd. € (2004: –32,0 Mrd. €). Grund dafür ist u. a. das anhaltend hohe Defizit im Reiseverkehr von 35,3 (2004: –34,8) Mrd. €.

Arbeit und Soziales

▪ **Entwicklung des Arbeitsmarkts** Der Arbeitsmarkt profitierte 2005 nicht vom Wirtschaftsaufschwung, die rückläufige Kurzarbeit sowie die steigende Zahl gemeldeter freier Stellen wiesen jedoch auf eine Aufhellung der Situation hin. Im Jahresdurchschnitt verringerte sich die Zahl der Erwerbstätigen leicht um 0,2 % auf 38,78 Mio. Personen und erreichte damit etwa das Niveau des Jahres 2003. Gestützt wurde die Erwerbstätigkeit wie in den letzten Jahren durch arbeitsmarktpolitische Reformprogramme, gefördert wurden insbesondere Arbeitsgelegenheiten (Ein-Euro-Jobs) im Rahmen von Hartz IV. Ausschlaggebend für den Rückgang der Erwerbstätigkeit war der fortgesetzte Abbau voll sozialversicherungspflichtiger Beschäftigungsverhältnisse, der im Jahresverlauf jedoch zum Stillstand kam. Umgekehrt hat die ausschließlich geringfügige Beschäftigung nicht weiter zugenommen, sondern war sogar leicht rückläufig; in diesem Bereich schien eine gewisse Sättigung erreicht. Die Zahl der Selbständigen verlangsamte sich im Vergleich zum Vorjahr, bedingt u. a. durch eine weniger großzügige Förderung Arbeitsloser auf dem Weg in die Selbständigkeit. Nach Wirtschaftssektoren untergliedert war vom Arbeitsplatzabbau 2005 vor allem das Baugewerbe betroffen (–5 %), im Dienstleistungsbereich, in dem mehr als zwei Drittel aller Erwerbstätigen ihren Arbeitsplatz haben, wurde nach einem Aufschwung in den letzten beiden Jahren nurmehr ein leichter Beschäftigungsanstieg von 0,5 % verzeichnet. Die Zahl der Arbeitslosen, die bedingt durch die zum 1. 1. 2005 in Kraft getretene Hartz IV-Reform (→ WA 2006, S. 155) sprunghaft angestiegen war, sank im Jahresverlauf wieder. Zum Jahresende 2005 lag die Zahl der registrierten Arbeitslosen saisonbereinigt bei 4,64 Mio. (+3,1 % gegenüber dem Jahresende 2004). Im Jahresdurchschnitt 2005 waren 4,86 Mio. Personen arbeitslos, dies war der höchste Stand registrierter Arbeitslosigkeit seit der Wiedervereinigung. Zur tendenziell rückläufigen Arbeitslosigkeit trug die Schaffung von Ein-Euro-Jobs bei, zudem wurde die Erwerbsfähigkeit von Leistungsbeziehern genauer überprüft. Gleichzeitig gab es 2005 im Vergleich zum Vorjahr deutlich weniger Arbeitslosmeldungen von zuvor Erwerbstätigen sowie von Arbeitslosengeld-Empfängern. Anfang 2006 stieg die Arbeitslosigkeit erneut an, bedingt u. a. durch den extrem kalten Winter und Vorzieheffekte wegen der Anfang Februar 2006 wirksam gewordenen verkürzten Bezugsdauer des Arbeitslosengelds I.

▪ **Erwerbstätigkeit** Die Zahl der Erwerbspersonen (Erwerbstätige und Erwerbslose) sank nach vorläufigen Angaben gemäß Inländerkonzept im Jahresdurchschnitt 2005 erneut leicht um –0,35 % gegenüber dem Vorjahr auf 42,565 Mio. (2004: 42,713 Mio., ebenfalls vorläufige Angaben). Die Zahl der Erwerbstätigen sank im Vergleich zum Vorjahr leicht um 110 000

(0,3 %) auf 38,672 Mio. Darunter waren 4,355 Mio. Selbständige, 3,2 % mehr als im Vorjahr.
Die Zahl der Handwerksbetriebe stieg 2005 erneut an nach einem leicht rückläufigen Trend zwischen 2000 und 2003. Zum 31. 12. 2005 gab es nach Angaben des Zentralverbands des Deutschen Handwerks / ZDH in Deutschland 923 046 (2004: 887 300) Gesamthandwerksbetriebe. In den zulassungspflichtigen Gewerken stieg die Zahl der Betriebe gegenüber dem Jahr 2004 um 0,8 % auf 600 287 (2004: 595 309) an. Erneute starke Zuwächse verzeichneten 2005 insbesondere die zulassungsfreien B1-Handwerke, die um 26,9 % auf 129 591 (2004: 102 568) Betriebe stiegen.
Erwerbstätige im Inland nach Wirtschaftsbereichen 2005 gemäß vorläufigen Ergebnissen (2004, vorl. Erg.) in Mio.:
Land- und Forstwirtschaft, Fischerei 0,854 (0,873)
Prod. Gewerbe ohne Baugewerbe 7,885 (8,018)
Baugewerbe 2,138 (2,251)
Handel, Gastgewerbe und Verkehr 9,738 (9789),
Finanzierung, Vermietung und Unternehmensdienstleister 6,411 (6,309),
öffentliche und private Dienstleister 11,753 (11,628).

■ **Öffentlicher Dienst** Die Beschäftigtenzahl ist zum 30. 6. 2005 nach Angaben des Statistischen Bundesamtes erneut zurückgegangen aufgrund von allgemeinem Personalabbau sowie Ausgliederungen und Privatisierungen von Einrichtungen. Insgesamt waren nach vorläufigen Ergebnissen 4,596 (2004: 4,670) Mio. Personen bei öffentlichen Arbeitgebern beschäftigt. Dies entsprach 13,3 (14,0)% aller abhängig Beschäftigten. Von der oben genannten Gesamtzahl entfielen auf den unmittelbaren öffentlichen Dienst 3 949 891 (4 056 056) Personen, davon auf den Bund 481 372 (492 685), die Länder 2 074 925 (2 116 067), die Gemeinden und Gemeindeverbände 1 282 179 (1 327 246), kommunale Zweckverbände 60 382 (65 020), das Bundeseisenbahnvermögen 51 033 (55 038), den mittelbaren öffentlichen Dienst 646 522 (613 816). Nach dem Dienstverhältnis entfielen auf Beamte, Richter und Soldaten 1 879 397 (1 884 394), Angestellte 2 174 370 (2 216 246), Arbeiter 542 646 (569 010).

■ **Arbeitslosigkeit** Die Zahl der Arbeitslosen erreichte 2005 den höchsten Stand seit der Wiedervereinigung. Im Jahresdurchschnitt 2005 waren 4 860 685 Personen arbeitslos gemeldet, 479 404 mehr als 2004, allerdings ist zu beachten, dass aufgrund der Einführung des SGB II ein Vergleich mit dem Vorjahr nur eingeschränkt möglich ist.
Im Mai 2006 waren nach Angaben der Bundesagentur für Arbeit 4 535 317 Personen arbeitslos, die Quote lag bei 10,8 %. Darunter waren 3 045 514 Arbeitslose in Westdeutschland (9,2 %) und 1 489 803 Arbeitslose in Ostdeutschland (17,4 %).

■ **Arbeitslosigkeit Westdeutschland** In den alten Bundesländern (ohne Berlin) stieg die durchschnittliche Zahl der Arbeitslosen 2005 auf 3,247 (2004: 2,783) Mio.

Arbeitslosenquoten in den Bundesländern im Mai 2006

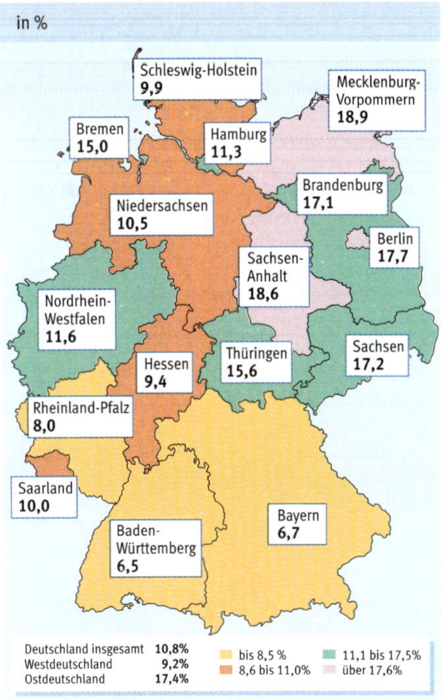

Quelle: Bundesagentur für Arbeit 2006

Personen an. Die Zahl arbeitsloser Jugendlicher unter 25 Jahren stieg auf 412 (323) Tsd., auch die Zahl der 55 Jahre und älteren Arbeitslosen stieg auf 398 (324) Tsd. Personen. Die Zahl der arbeitslosen Schwerbehinderten erhöhte sich auf 142 (130) Tsd., ebenso die der Langzeitarbeitslosen 942 (847) Tsd. Die Zahl der Ausländer ohne Arbeit lag bei 582 (469) Tsd. Personen. Im Jahresdurchschnitt 2005 stieg die **Arbeitslosenquote** an auf **9,9 %** (2004: 8,5 %). Die Zahl der Kurzarbeiter verringerte sich erneut deutlich auf 101 (122) Tsd. An Arbeitsbeschaffungsmaßnahmen nahmen 2005 21 (21) Tsd. Personen teil, 119 (121) Tsd. Personen wurden in Maßnahmen beruflicher Weiterbildung der Bundesagentur für Arbeit gefördert.

■ **Arbeitslosigkeit Ostdeutschland** In den neuen Bundesländern einschließlich Berlin stieg die durchschnittliche Arbeitslosenzahl 2005 an, und zwar auf 1,614 (2004: 1,600) Mio. Personen. Insgesamt waren 207 (182) Tsd. Jugendliche unter 25 Jahren ohne Arbeit, die Arbeitslosigkeit der 55-Jährigen und Älteren stieg ebenfalls, und zwar auf 183 (159) Tsd. Die Zahl der schwerbehinderten Arbeitslosen vergrößerte sich auf 48 (45) Tsd. Personen, die der Langzeitarbeitslosen sank dagegen leicht auf 693 (698) Tsd. 91 (78) Tsd. Ausländer waren 2005 arbeitslos gemeldet. Im Jahresdurchschnitt lag die **Arbeitslosenquote** bei **18,8 %** (18,4 %). Die Zahl der Kurzarbeiter lag 2005 bei 25 (29)

Tsd. Personen, in Arbeitsbeschaffungsmaßnahmen waren 65 (65) Tsd. Personen tätig. 62 (63) Tsd. Personen nahmen an beruflichen Weiterbildungsmaßnahmen der Bundesagentur für Arbeit teil.

▪ **Ausbildungsmarkt** Im Berichtsjahr 1. 10. 2004–30. 9. 2005 wurden insgesamt 550 180 (2003/2004: 572 980) Ausbildungsverträge neu abgeschlossen, ein Minus von 22 800 Verträgen oder 4,0 % bei einem Gesamtangebot von 562 816 (586 374) Stellen. Damit setzte sich der seit 2000 anhaltende Abwärtstrend fort; die Zunahme von 1,3 % im Jahr 2004 – vor allem in Folge des im Juni 2004 zwischen Wirtschaft und Bundesregierung geschlossenen »Nationalen Pakts für Ausbildung und Fachkräftenachwuchs« – erwies sich nicht als dauerhaft. Die Anzahl der unvermittelten Bewerber zum Ende des Vermittlungsjahres am 30. 9. 2005 sank im Vergleich zum Vorjahr, zum Stichtag 30. 9. 2005 suchten noch 40 918 (2004: 44 084) Jugendliche eine Ausbildungsmöglichkeit. Bis Mitte Dezember 2005 konnten 23 379 Bewerber nachvermittelt werden, sodass der Bestand Unvermittelter zum Jahresende 2005 auf 17 539 (14 949) Jugendliche oder um 55,5 % (66,5 %) sank. In Westdeutschland wurden 2005/2006 434 162 (448 876) Ausbildungsverträge neu abgeschlossen bei einem Gesamtangebot an 445 948 (461 425) Stellen. Nicht vermittelt wurden 29 746 (29 677) Bewerber. Auch in Ostdeutschland sank die Anzahl der neu abgeschlossenen Ausbildungsverträge, und zwar auf 116 018 (124 104) bei einem Gesamtangebot von 116 868 (124 949) Stellen. Nicht vermittelt wurden im Berichtsjahr 11 154 (14 899) Jugendliche. Zu den begehrtesten Ausbildungsbereichen gehörten 2004/2005 nach Angaben des Bundesinstituts für Berufsbildung Stellen bei Industrie und Handel mit 316 165 (320 220) neu abgeschlossenen Verträgen, sowie erneut leicht rückläufig handwerkliche Berufe mit 157 025 (171 423) Auszubildenden. Im Öffentlichen Dienst wurden 14 171 (15 446) Ausbildungsverträge unterzeichnet, im Bereich Landwirtschaft wurden neu 14 785 (15 586) Jugendliche ausgebildet. In den freien Berufen begannen 2004/2005 43 617 (45 202) Jugendliche eine Ausbildung, im Bereich Hauswirtschaft 4119 (4844), bei der Seeschifffahrt wurden 298 (213) neue Verträge unterzeichnet.

▪ **Gehälter** Nach Angaben des Statistischen Bundesamtes lagen die tariflichen Monatsgehälter in der gewerblichen Wirtschaft (Produzierendes Gewerbe, Handel-, Kredit- und Versicherungsgewerbe, Gebietskörperschaften) 2005 1,3 % über dem des Vorjahres. Dies war die geringste tarifliche Gehaltssteigerung seit der erstmaligen Berechnung des Indexes für Gesamtdeutschland 1995. Überdurchschnittlich stiegen die tariflichen Monatsgehälter der Angestellten in den Bereichen Eisenbahn (+3,1 %), Schienenfahrzeugbau (+2,2 %), Landverkehr und Transport von Rohrfernleitungen (+2,1 %), und im Stahl- und Leichtmetallbau sowie Maschinenbau (jeweils +1,9 %).
Mit 2539 € pro Monat verdienten Frauen in der gewerblichen Wirtschaft (ohne Gebietskörperschaften) 2005 rd. 20 % weniger als Männer, die auf 3185 € pro Monat kamen. Ein wesentlicher Grund für den Verdienstunterschied ist nach Angaben des Statistischen Bundesamtes, dass Frauen seltener in höheren Positionen vertreten sind. In den neuen Bundesländern war die Kluft mit 11,7 % deutlich geringer als in den alten mit 20,3 %.

Deutschland
Sozialleistungen (in Mrd. €)

	2003	2004
1. Direkte Leistungen		
a) Allgemeine Systeme		
Rentenversicherung der Arbeiter	114,9	114,5
Rentenversicherung der Angestellten	108,8	110,5
knappschaftliche Rentenversicherung	14,5	14,5
gesetzliche Pflegeversicherung	17,4	17,5
gesetzliche Krankenversicherung	143,3	138,1
gesetzliche Unfallversicherung	11,3	11,4
Arbeitsförderung	73,3	73,6
b) Sondersysteme		
Alterssicherung der Landwirte	3,3	3,2
Versorgungswerke	2,5	2,7
c) Leistungssysteme des öffentlichen Dienstes		
Pensionen	35,8	36,0
Familienzuschläge	6,9	7,0
Beihilfen	9,9	10,0
d) Leistungssysteme der Arbeitgeber		
Entgeltfortzahlung	25,0	22,7
betriebliche Altersversorgung	18,4	19,0
Zusatzversorgung	8,8	8,3
sonst. Arbeitgeberleistungen	2,7	2,6
e) Entschädigungssysteme		
soziale Entschädigung	4,5	4,1
Lastenausgleich	0,1	0,1
Wiedergutmachung	0,9	0,9
sonstige Entschädigungen	0,1	0,1
f) Förder- und Fürsorgesysteme		
Sozialhilfe	28,0	28,1
Jugendhilfe	17,9	17,7
Kindergeld	0,1	0,1
Erziehungsgeld	3,5	3,4
Ausbildungsförderung	1,5	1,5
Wohngeld	5,2	5,6
Förderung der Vermögensbildung	0,9	0,8
2. Indirekte Leistungen		
steuerliche Maßnahmen	39,5	38,6
Familienleistungsausgleich	36,1	36,0
Sozialbudget insgesamt	696,5	690,6

Quelle: Bundesministerium für Gesundheit und Soziale Sicherung 2005, Statistisches Bundesamt 2006

▪ **Sozialleistungen** 2004 sanken die Sozialleistungen auf 690,6 Mrd. €, nachdem sie 2003 den bisher höchsten Wert in der Geschichte der Bundesrepublik erreicht hatten (696,5 Mrd. €). Die Sozialleistungsquote, d. h. der Anteil aller Sozialleistungen am Bruttoinlandsprodukt, belief sich auf 31,3 % (2003: 32,6 %). Rein rechnerisch entfielen auf jeden Einwohner Sozialleistungen in Höhe von 8371 (8416) €. Finanziert wurden die Sozialleistungen 2004 u. a. aus Beiträgen der Arbeitgeber in Höhe von 238,8 (237,7) Mrd. €, öffentlichen Mitteln in Höhe von 272,3 (272,7) Mrd. € sowie Beiträgen der Versicherten in Höhe von 185,9 (183,1) Mrd. €.

▪ **Sozialhilfe** Zum 31. 12. 2004 lebten in Deutschland 2,926 Mio. Sozialhilfeempfänger, damit benötigten 3,3 % mehr Personen laufende Hilfe zum Lebensunterhalt als zum 31. 12. 2003. In Westdeutschland (ohne Berlin) nahm die Zahl der Empfänger um 3,0 % gegenüber dem Vorjahr auf 2,195 Mio. Personen zu, in Ostdeutschland (ohne Berlin) stieg sie an auf 445 Tsd. Personen (+4,4 %), in Berlin bezogen 271 Tsd. Personen (+3,9 %) Sozialhilfe. Ein besonderer Anstieg war bei der Zahl der Sozialhilfeempfänger im erwerbsfähigen Alter zwischen 15 und 64 Jahren zu verzeichnen: Sie erhöhte sich im Jahr 2004 im Vergleich zu 2003 um 4,7 % auf 1,87 Mio. Erneut stieg auch die Zahl der sozialhilfebedürftigen Kinder unter 15 Jahren um 3,2 % auf rd. 965 Tsd. an.

Daneben erhielten zum Jahresende 2004 526 034 Personen Leistungen aus der bedarfsorientierten Grundsicherung. Die bedarfsorientierte Grundsicherung war eine eigenständige Sozialleistung für dauerhaft voll erwerbsgeminderte 18- bis 64-Jährige und Bedürftige über 65 Jahren, die – wie die Sozialhilfe – den grundlegenden Lebensunterhalt sicherstellte und nach dem Grundsicherungsgesetz ab dem 1. 1. 2003 beantragt werden konnte (durch In-Kraft-Treten des Vierten Gesetzes über moderne Dienstleistungen am Arbeitsmarkt – »Hartz IV« am 1. 1. 2005 außer Kraft gesetzt). Dadurch verringerte sich die Zahl der älteren Sozialhilfeempfänger ab 65 Jahren zum Jahresende 2004 auf 78 Tsd. Personen (–20,1 % gegenüber 2003), die Sozialhilfequote älterer Menschen verringerte sich auf 0,5 % (2003: 0,7 %). Die Nettoausgaben für Sozialhilfe stiegen 2004 gegenüber dem Vorjahr um 1,7 % auf 22,975 (22,596) Mrd. € und erreichten damit einen neuen Höchststand. Damit wurden pro Einwohner 278 (274) € netto ausgegeben. Anteilmäßig entfielen 2004 von den Nettoausgaben 8,816 (8,747) Mrd. € auf Hilfe zum Lebensunterhalt, für Hilfen in besonderen Lebenslagen 14,159 (13,822) Mrd. €. Für Leistungen nach dem GSiG gab die öffentliche Hand 2004 netto 2,09 (1,36) Mrd. € aus.

▪ **Rente** Zum 1. 7. 2005 betrug die Zahl der Rentenberechtigten in Deutschland nach Angaben der Deutschen Rentenversicherung 20,012 Mio. Personen und stieg damit gegenüber 2004 (19,812 Mio.) um 1,0 % leicht an. Davon erhielten 8,145 (11,597) Mio. Rentnerinnen und 7,977 (8,065) Mio. Rentner Zahlungen aus der gesetzlichen Rentenversicherung. Mehrere Renten bezogen 3,534 (3,511) Mio. Frauen und 0,362 (3,452) Mio. Männer.

▪ **Krankenversicherung** Die Anzahl der Mitglieder in der gesetzlichen Krankenversicherung ging erneut leicht zurück und lag am 1. 7. 2005 bei 50,223 (1. 7. 2004: 50,652) Mio. Mitglieder. Davon waren 28,510 (28,748) Mio. Pflichtmitglieder, 16,904 (16,816) Mio. Rentner und 4,809 (5,061) Mio. freiwillig Versicherte. Die Zahl der mitversicherten Familienangehörigen lag bei 20,255 (19,646) Mio.

Deutschland: Einnahmen und Ausgaben der Gesetzlichen Krankenversicherung 1998–2005

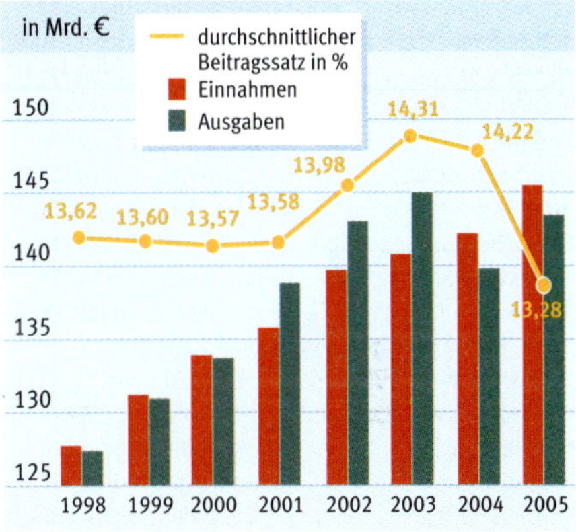

Quelle: Bundesministerium für Gesundheit 2006

Die Mitgliederzahl in den privaten Krankenversicherungen betrug am 30. 5. 2005 8,30 (2004: 8,26) Mio. Die Einkommensgrenze, ab der ein Arbeitnehmer in die private Krankenversicherung wechseln konnte, lag 2005 bei einem Jahreseinkommen von 46 800 €. Die Zahl der Verträge über private Zusatzversicherungen (sowohl von gesetzlich als auch privat Versicherten) nahm gegenüber dem Vorjahr leicht zu auf 17,11 (16,23) Mio.

Deutschland: Ausgabenanteile der Gesetzlichen Krankenversicherungen 2005

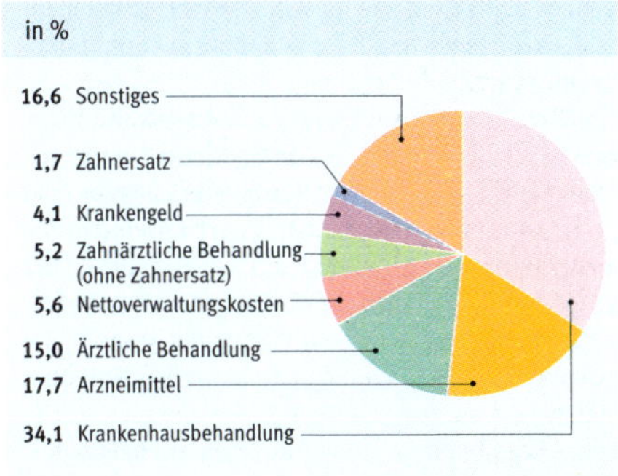

Quelle: Bundesministerium für Gesundheit 2006

Deutschland
Steuereinnahmen von Bund, Ländern und Gemeinden (in Mio. €)

Steuerart	2004	2005
Gemeinschaftliche Steuern		
Lohnsteuer[1]	123 896	118 919
Veranlagte Einkommensteuer[1]	5 394	9 766
Kapitalertragsteuer[2]	16 691	16 943
Körperschaftsteuer[2]	13 123	16 333
Mehrwertsteuer[3]	104 715	108 440
Einfuhrumsatzsteuer[3]	32 651	31 273
Reine Bundessteuern		
Mineralölsteuer	41 782	40 101
Tabaksteuer	13 630	14 273
Branntweinabgaben	2 195	2 142
Versicherungsteuer	8 750	8 750
übrige Verkehrssteuern		
Stromsteuer	6 597	6 462
Sonstige Bundessteuern[4]	11 601	11 779
EU-Zölle	3 059	3 378
Reine Ländersteuern		
Vermögensteuer	80	97
Kraftfahrzeugsteuer	7 740	8 673
Biersteuer	788	777
Erbschaftsteuer	4 284	4 097
Sonstige Ländersteuern	6 883	6 935
Gemeindesteuern		
Gewerbesteuer (Ertrag/Kapital)	28 373	32 129
Grundsteuern	9 939	10 247
Sonstige Gemeindesteuern u. steuerähnliche Einnahmen	669	643
Steuereinnahmen insgesamt	409 517	415 355

1 Bund 42,5%, Länder 42,5%, Gemeinden 15% 2 Bund 50%, Länder 50%
3 Bund 49,6%, Länder 50,4% 4 Übrige Verbrauchsteuern und Solidaritätszuschlag
Quelle: Deutsche Bundesbank, Mai 2006

Deutschland
Bundeshaushalt 2006/2007

Einzelplan / Ausgaben	Soll 2006 inkl. Nachtrag (in Mio €)	Verfügbares Soll 2007 (in Mio €)
01 Bundespräsidialamt	25,20	25,10
02 Bundestag	556,12	622,70
03 Bundesrat	20,46	21,09
04 Bundeskanzleramt	1 678,39	1 735,25
05 Auswärtiges Amt	2 390,52	2 533,29
06 Inneres	4 358,97	4 439,24
07 Justiz	441,11	453,22
08 Finanzen	4 874,81	4 715,65
09 Wirtschaft und Technologie	5 717,92	6 000,30
10 Ernährung, Landwirtschaft u. Verbraucherschutz	5 090,24	5 172,48
11 Arbeit und Soziales	119 551,45	122 165,83
12 Verkehr, Bau u. Stadtentwicklung	23 737,34	24 044,21
14 Verteidigung	27 872,5	28 397,89
15 Gesundheit	4 598,42	1 924,95
16 Umwelt, Naturschutz, Reaktorsicherheit	789,92	790,32
17 Familie, Senioren, Frauen und Jugend	4 519,20	5 245,07
19 Bundesverfassungsgericht	20,68	20,37
20 Bundesrechnungshof	109,08	109,27
23 Wirtschaftliche Zusammenarbeit und Entwicklung	4 175,84	4 500,00
30 Bildung und Forschung	8 025,77	8 521,79
32 Bundesschuld	39 114,39	40 458,33
60 Allgemeine Finanzverwaltung	3 891,68	5 703,65
Insgesamt	261 600,00	267 600,00

Differenzen durch Rundungen möglich
Quelle: Bundesministerium der Finanzen, 2006

Öffentliche Finanzen

▪ **Staatshaushalt** Endgültige Zahlen zum Staatshaushalt (öffentliche Haushalte insgesamt) lagen noch nicht vor. 2005 wies er nach Angaben der Deutschen Bundesbank einen Saldo der Einnahmen und Ausgaben von –74,5 Mrd. € auf, nachdem er 2004 bei –81,2 Mrd. € lag. Die Einnahmen betrugen 2005 (2004) 975,9 (958,7) Mrd. €, davon Steuern 497,6 (487,2) Mrd. €. Die Ausgaben beliefen sich 2005 (2004) auf 1050,4 (1039,9) Mrd. € und umfassten u. a. folgende Teilbereiche (in Mrd. €): Sozialversicherungen 598,1 (586,6), Arbeitnehmerentgelte 167,3 (168,7), Zinsausgaben 63,4 (62,9).
Das Staatsdefizit sank 2005 gegenüber dem Vorjahr leicht um 0,3 Prozentpunkte, lag aber mit 3,3 % zum vierten Mal in Folge über der im Maastrichter Vertrag festgelegten Grenze von 3 % des Bruttoinlandsprodukts. Auch das zweite wichtige Maastricht-Kriterium, nach dem der öffentliche Schuldenstand maximal 60 % des BIP erreichen darf, wurde deutlich verfehlt. Die Schuldenquote stieg um 2,2 Prozentpunkte auf 67,7 % und erreichte ein neues Rekordniveau. Das gesamtstaatliche Defizit lag 2005 nach vorläufigen Schätzungen ca. 6,7 Mrd. € unter dem Vorjahresstand bei rund 74,5 Mrd. €.

▪ **Bundeshaushalt** Der am 5. 7. 2006 dem Kabinett vorgelegte Bundeshaushalt 2007 hielt erstmals seit Jahren wieder die Schuldenregel des Grundgesetzes ein, derzufolge die Investitionsausgaben höher sein müssen als die geplante Neuverschuldung. Für 2007 sah Finanzminister Steinbrück eine Nettokreditaufnahme in Höhe von 22,0 Mio. € und Investitionen in Höhe von 23,5 Mio. € vor. Der Bundeshaushalt 2006 war wegen der vorgezogenen Bundestagswahl vom 16. Bundestag erst am 23. 6. 2006 verabschiedet worden.

▪ **Schulden** Schulden der öffentlichen Haushalte → Grafik S. 120

▪ **Länderfinanzausgleich** Länderfinanzausgleich → Grafik S. 139

Wähler

Bei der Wahl zum 16. Deutschen Bundestag vom 18. 9. 2005 und 2. 10. 2005 waren 61 870 711 (2002: 61 432 868) Deutsche wahlberechtigt, 32,2 (31,9) Mio. Frauen und 29,7 (29,3) Mio. Männer. 2,6 Mio. Wahlberechtigte der Jahrgänge 1983–87 konnten erstmals an einer Bundestagswahl teilnehmen.

Nach Altersgruppen ergab sich 2005 folgende Aufteilung:

- 2,6 Mio. Wahlberechtigte (4,2 %, 1,3 Mio. Männer, 1,3 Mio. Frauen) waren jünger als 21 Jahre;
- 17,7 Mio. Wahlberechtigte (28,6 %, 9,0 Mio. Männer, 8,7 Mio. Frauen) waren zwischen 21 und 40 Jahre alt;
- 21,9 Mio. Wahlberechtigte (35,3 %, 11,0 Mio. Männer, 10,9 Mio. Frauen) waren zwischen 41 und 60 Jahre alt;
- 19,7 Mio. Wahlberechtigte (31,8 %, 8,4 Mio. Männer, 11,3 Mio. Frauen) waren 61 Jahre alt und darüber.

An dem Urnengang beteiligten sich laut amtlichem Endergebnis vom 7. 10. 2005 48 044 134 (2002: 48 582 761) Personen, dies entspricht einer Wahlbeteiligung von 77,7 (79,1) %.

Wahlgebiet

Das Bundesgebiet ist in 299 Wahlkreise mit durchschnittlich 250 000 deutschen Einwohnern aufgeteilt. Gegenüber der Bundestagswahl von 2002 wurden die Wahlkreise neu abgegrenzt. Dabei erhielt Bayern einen zusätzlichen Wahlkreis, während Thüringen ein Wahlkreis weniger zustand. Nach Bundesländern ergibt sich folgende Verteilung der Wahlkreise: Nordrhein-Westfalen 64, Bayern 45, Baden-Württemberg 37, Niedersachsen 29, Hessen 21, Sachsen 17, Rheinland-Pfalz 15, Berlin 12, Schleswig-Holstein 11, Brandenburg 10, Sachsen-Anhalt 10, Thüringen 9, Mecklenburg-Vorpommern 7, Hamburg 6, Saarland 4 und Bremen 2.

Kandidaten

Um die 598 Abgeordnetensitze des 16. Deutschen Bundestages bewarben sich insgesamt 3648 Kandidaten. Von ihnen kandidierten 742 nur in einem Wahlkreis, 1586 nur auf einer Landesliste, 1320 sowohl in einem Wahlkreis als auch einer Landesliste. Auf den 177 Landeslisten der 25 zur Bundestagswahl zugelassenen Parteien standen insgesamt 2906 (2002: 2848) Bewerber, darunter 936 (932) Frauen.

Bewerber der SPD, der CDU bzw. CSU und der FDP kandidierten in allen 299 Wahlkreisen. Für B'90/Die Grünen standen in 297 Wahlkreisen Kandidaten zur Wahl, für Die Linke. in 290. Darüber hinaus kandidierten 60 (2002: 60) parteilose Wählergruppen mit einem Wahlbewerber oder Einzelbewerber in Wahlkreisen. Die Gesamtzahl der Wahlkreisbewerber belief sich auf 2062 (1944), darunter 442 (466) Frauen.

Die SPD stellte mit 479 Kandidaten die meisten Landeslistenbewerber (2002: 516), darunter 184 (209) Frauen (2005: 35,7 %; 2002: 40,5 %), gefolgt von der CDU mit 465 (449) Bewerbern, darunter 149 (153) Frauen (32,0 %; 2002: 33,9 %), der FDP mit 369 (368) Bewerbern, darunter 87 (84) Frauen (23,6 %; 2002: 21,2 %), der Linken mit 302 (182) Bewerbern, darunter 161 (96) Frauen (53,3 %, 2002: 45,6 %), den Grünen mit 238 (221) Bewerbern, darunter 131 (143) Frauen (55,0 %; 2002: 64,7 %) und der CSU mit 59 Bewerbern, darunter 22 (17) Frauen (37,3 %, 2002: 32,1 %).

Das Durchschnittsalter der Kandidatinnen und Kandidaten betrug 46,0 Jahre (2002: 45,9).

Wahlprognosen 2002–2005 (»Sonntagsfrage«)
»Wen würden Sie wählen, wenn am nächsten Sonntag Bundestagswahl wäre?«

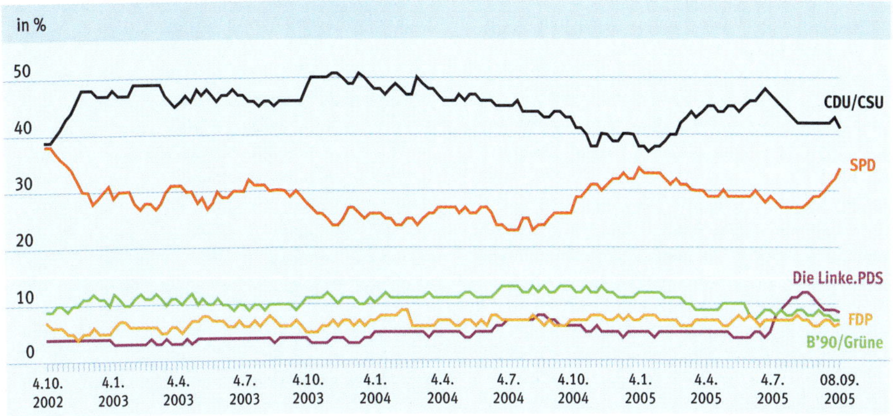

Quelle: Infratest dimap

Zur Wahl zugelassene Parteien

25 Parteien beteiligten sich mit Landeslisten an der Wahl zum 16. Deutschen Bundestag, davon

Im Bundestag vertretene Parteien
Christlich-Demokratische Union Deutschlands (CDU)
Sozialdemokratische Partei Deutschlands (SPD)
Christlich-Soziale Union in Bayern (CSU)
Bündnis 90/Die Grünen (Grüne)
Freie Demokratische Partei (FDP)
Die Linke.PDS

Nicht im Bundestag vertretene Parteien
Ab jetzt Bündnis für Deutschland Partei für Volksabstimmung und gegen Zuwanderung ins »Soziale Netz« – Deutschland
Allianz für Gesundheit, Frieden und soziale Gerechtigkeit – AGFG
Anarchistische Pogo-Partei Deutschlands – APPD
Bayernpartei – BP
Bürgerrechtsbewegung Solidarität – BüSo
Christliche Mitte Für ein Deutschland nach Gottes Geboten – CM
Deutsche Soziale Union – DSU
Deutsche Zentrumspartei – ZENTRUM
Die Grauen – Graue Panther – GRAUE
Die Republikaner – REP
Familien-Partei Deutschlands – FAMILIE
Feministische Partei Die Frauen – DIE FRAUEN
50Plus-Bürger- und Wählerinitiative für Brandenburg – 50Plus
Humanistische Partei – HP
Humanwirtschaftspartei – HUMANWIRTSCHAFTS-PARTEI
Marxistisch-Leninistische Partei Deutschlands – MLPD
Mensch Umwelt Tierschutz – Die Tierschutzpartei
Nationaldemokratische Partei Deutschlands – NPD
Partei Bibeltreuer Christen – PBC
Partei für Arbeit, Rechtsstaat, Tierschutz, Elitenförderung und basisdemokratische Initiative – Die PARTEI
Partei für Soziale Gleichheit, Sektion der Vierten Internationale – PSG
Partei Rechtsstaatlicher Offensive – Offensive D
Pro Deutsche Mitte–Initiative Pro D-Mark – Pro DM

Die SPD, B'90/GRÜNE, FDP, Die Linke., NPD und MLPD waren in allen 16 Bundesländern mit Landeslisten vertreten, die CDU in allen Ländern außer Bayern, die CSU nur in Bayern. Von den übrigen 25 Parteien stellten sich die DIE GRAUEN in elf Ländern und acht Parteien in einem oder zwei Ländern zur Wahl.

Ergebnis

Die Mehrheit der Wähler schien davon auszugehen, dass die CDU/CSU und die FDP die neue Regierung stellen würden, obwohl die SPD bei Umfragen zugelegt hatte und Bundeskanzler Schröder mit 53 % vor der CDU-Kanzlerkandidatin Angela Merkel mit 39 % in der Gunst der Wähler lag. Nach den ersten Hochrechnungen am 18. 9. 2005 zeichnete sich jedoch ab, dass weder Schwarz-Gelb, noch Rot-Grün über die notwendige Mehrheit für eine Regierungsbildung verfügen würden. Nach dem vorläufigen amtlichen Endergebnis (ohne Nachwahl in Dresden) verloren die Sozialdemokraten gegenüber 2002 4,3 Prozentpunkte und kamen auf 34,3 %. Die Grünen konnten mit 8,1 % (–0,4) knapp das Ergebnis von 2002 halten.

Die Unionsparteien mussten gegenüber dem Ergebnis der Wahl von 2002 Verluste von 3,3 Prozentpunkten einstecken, wobei vor allem die Verluste der CSU, die von 58,6 auf 49,3 % zurückfiel, zu Buche schlugen. Eigentliche Gewinner der Wahl waren die FDP mit 9,8 % (+2,4) und die Die Linke.PDS, die Kandidaten der WAsG in ihre offenen Wahllisten aufgenommen hatte, mit 8,7 % (+4,7).

Die rechtsextreme NPD konnte nur in einigen Bundesländern im Osten zulegen, während sie im Westen Stimmen einbüßte; sie blieb aber klar unter 5 %.

Zum amtlichen Endergebnis nach den Nachwahlen in Dresden und der Sitzverteilung im 16. Deutschen Bundestag → Grafiken.

Bundestagswahlen vom 18.9.2005 (22.9.2002)
Amtliches Endergebnis

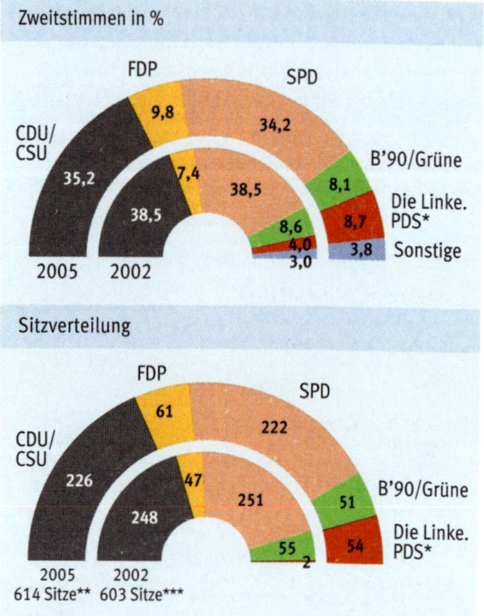

* 2002: PDS
** einschließlich 16 Überhangmandate: 9 für die SPD, 7 für die CDU
*** einschließlich 5 Überhangmandate: 4 für die SPD, 1 für die CDU

Bundestagswahl nach Ländern 2005 und 2002

Anteil der Zweitstimmen in %

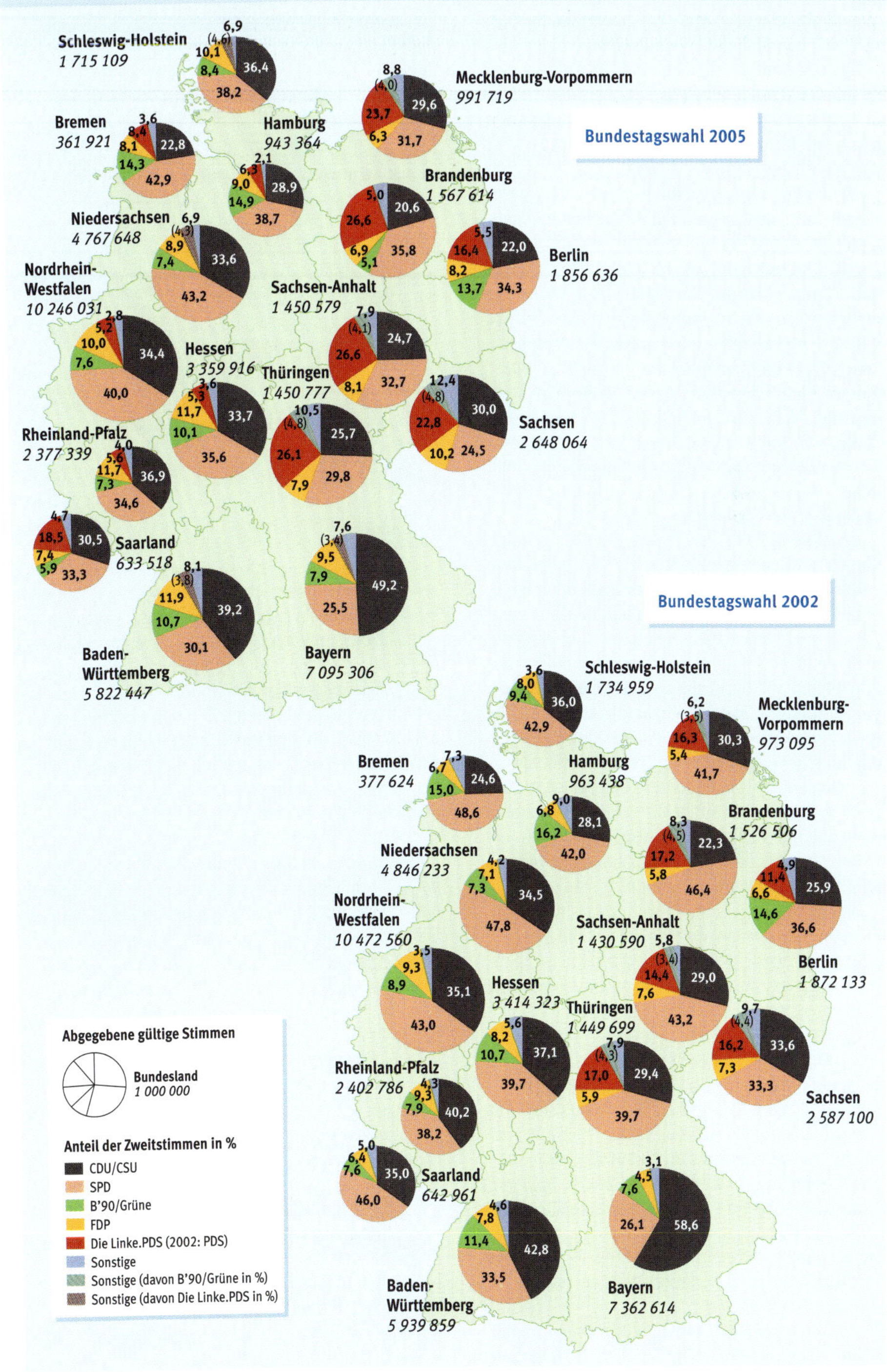

Analyse

Bundestagswahlen vom 18.9.2005 (22.9.2002)
Amtliches Endergebnis
Zweitstimmen in %

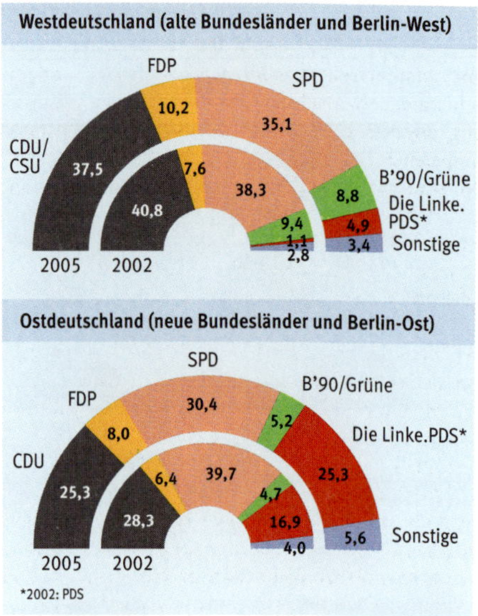

Bei der Untersuchung des Abstimmungsverhaltens stellte die Forschungsgruppe Wahlen erneut große Nord/Süd- wie auch Ost/West-Unterschiede (→ Grafik) fest. Zu Letzterem dürften auch die Äußerungen des CSU-Vorsitzenden Edmund Stoiber beigetragen haben, dass »Frustrierte« im Osten nicht bestimmen dürften, wer Kanzler werde.

- Die Wahlniederlage der **SPD** resultierte nach den Analysen der Forscher aus erheblicher Unzufriedenheit mit der Arbeit der Bundesregierung, die während der gesamten Legislaturperiode negativ bewertet wurde. Nur 21 % trauten den Sozialdemokraten zu, das Hauptproblem – die Arbeitslosigkeit – in den Griff zu bekommen, der Union dagegen 41 %. Auch hinsichtlich der Wirtschaftspolitik wurde die Union für kompetenter gehalten, während es keine Unterschiede in der Bewertung der Steuer-, Renten-, Gesundheits- und Familienpolitik gab. Jedoch fiel der Stimmenverlust der SPD (–4,4 Prozentpunkte) geringer aus als allgemein erwartet und sie konnte sich in 12 der 16 Bundesländer als stärkste Partei behaupten.

- Der **CDU / CSU** gelang es nicht, vom Vertrauensverlust der SPD zu profitieren und sich als überzeugende Alternative zu präsentieren. So sprachen sich kurz vor der Wahl nur noch 51 % der Befragten für einen Regierungswechsel aus. Negativ wirkten sich aus Sicht der Befragten u. a. die Berufung des parteilosen Professors Paul Kirchhof in das Kompetenzteam der CDU und die parteiinterne Diskussion über dessen Steuermodell aus. 31 % der Befragten erklärten, dass die Union mit einem anderen Kandidaten als Angela Merkel besser abgeschnitten hätte. Herbe Verluste musste die CDU in Nordrhein-Westfalen hinnehmen, wo sie gegenüber den Landstagwahlen vom Mai 2005 10,4 Prozentpunkte verlor.

- Der Stimmenzuwachs der **FDP** ging vor allem zu Lasten der CDU, da die Wähler des bürgerlichen Lagers mit der Wahl der FDP eine große Koalition verhindern wollten.

- Die Wahlalternative Arbeit und soziale Gerechtigkeit (WAsG) und die PDS erzielten mit ihrem gemeinsamen Auftritt und den beiden Spitzenkandidaten Oskar Lafontaine (WAsG) und Gregor Gysi (PDS) erhebliche Stimmengewinne, nicht nur im Osten, sondern auch im Westen. Um diesen Clou zu ermöglichen, hatte sich die PDS am 17. 7. umbenannt in Linkspartei.PDS und Kandidaten der WAsG in ihre offenen Wahllisten aufgenommen, die unter der Bezeichnung **Die Linke.PDS** bzw. Die Linke zur Wahl antraten.

- In den **alten Bundesländern** blieb die Union wieder stärkste Partei (–3,3 %), während sie im **Osten** erneut verlor und die Linkspartei zu ihr aufschloss. Die SPD blieb trotz erheblicher Stimmenverluste (–9,4 Prozentpunkte) zugunsten der Linkspartei im Osten stärkste Partei. Die Linkspartei erzielte hier 25,4 % (+7,5), während sie im Westen mit 18,5 % ihr bestes Ergebnis im Saarland erzielte. In den traditionell von CSU bzw. CDU beherrschten Ländern Bayern und Baden-Württemberg blieb sie unter 5 %, ebenso in Niedersachsen und Schleswig-Holstein, während sie im übrigen Westen auf knapp über 5 % kam.

- Der Stimmenanteil der **Frauen** veränderte sich bei der CDU im Vergleich zu 2002 kaum, die SPD verlor 6 Prozentpunkte; bei den **Männern** büßte die SPD 3, die Union 6 ein. Die CDU blieb stärkste Partei bei den über 60-Jährigen (43 %), musste dort aber wie in allen anderen **Altersgruppen** leichte Verluste hinnehmen. Die Sozialdemokraten waren in allen Altersgruppen mit 33–35 % vertreten und verzeichneten bei den 30–44-Jährigen (–6) die größten Verluste. Die Grünen blieben in allen Altersgruppen gegenüber 2002 gleichauf, während die FDP durchgängig leicht zulegte. Die Linkspartei war mit 11 % (+6) am stärksten in der Gruppe der 45–59-Jährigen vertreten.

- Bei den Arbeitern verloren SPD und CDU 6 bzw. 5 Prozentpunkte, während die Linkspartei einen Zugewinn von 7, bei den Arbeitslosen sogar von 15 erzielte. Auch bei den Angestellten und Beamten büßten SPD (–5) und CDU (–1) Stimmen ein, während die Linkspartei auch hier Zugewinne (+4) verbuchte.

Wahlprogramme der Parteien

CDU: »Mehr Wachstum, mehr Arbeit«

Angela Merkel, die bei ihrer Kür zur Kanzlerkandidatin am 30. 5. erklärt hatte: »Ich will Deutschland dienen«, versprach einen »ehrlichen« Wahlkampf, in dem auch unbequeme Wahrheiten (Mehrwertsteuererhöhung) angesprochen würden. Bei der Vorstellung ihres Kompetenzteams erklärte Merkel am 18. 8. 2005: »Wir sind eine starke Truppe und vom heutigen Tag an werden wir zeigen, dass wir es besser können.« Neben Peter Müller (CDU, Wirtschaft, Arbeit und Infrastruktur), Dieter Althaus (CDU, Aufbau Ost), Günther Beckstein (CSU, Innere Sicherheit und Justiz), Wolfgang Schäuble (CDU, Äußeres und Sicherheit), Ursula von der Leyen (CDU, Familie und Gesundheit), Annette Schavan (CDU, Innovation, Forschung und Bildung), Gerda Hasselfeldt (CSU, Landwirtschaft, Verbraucherschutz und Umwelt) sowie Norbert Lammert (CDU, Kultur) setzte Merkel vor allem auf den parteilosen Steuerexperten und ehemaligen Verfassungsrichter Kirchhof, der ihr als Experte für Haushalt und Finanzen dienen sollte. Kirchhof war durch sein radikales Modell für eine Steuerreform mit einem Einheitssatz von 25 % bekannt geworden, hatte sich aber gegen die von der CDU geplante Erhöhung der Mehrwertsteuer ausgesprochen. Als er im Wahlkampf seine Thesen stärker propagierte als das Programm der CDU, sah sich Merkel veranlasst, zu Kirchhof auf Distanz zu gehen.

FDP: »Steuern runter, Arbeit rauf«

Bei der Vorstellung ihres Wahlprogramms unter dem Titel »Arbeit hat Vorfahrt« erklärte Parteichef Guido Westerwelle, dass die Schaffung von Arbeitsplätzen am wichtigsten sei und dies eine wirtschaftsfreundliche Politik erfordere. Kernpunkt des Programms ist eine Steuerreform mit einem Stufentarif bei der Einkommensteuer und niedrigeren Sätzen bei der Unternehmensteuer. Zur Finanzierung sollen Subventionen abgebaut werden. Führende Vertreter der Wirtschaft bewerteten das Programm positiv. Die von der Union befürwortete Erhöhung der Mehrwertsteuer lehnte Westerwelle mit dem Hinweis ab, dass die Bürger nicht länger »Selbstbedienungsladen ratloser Politiker« sein dürften. Auf dem Wahlparteitag der FDP am 11. 9. sprach sich Westerwelle ausdrücklich gegen eine sog. Ampelkoalition mit der SPD und den Grünen aus. Außerdem kündigte die Partei eine Zweitstimmenkampagne an, was von der Union missbilligt wurde.

SPD: »Wer Gerechtigkeit will, muss das Soziale sichern«

Im Wahlkampf setzte die SPD innenpolitische wie auch außenpolitische Akzente. Die Partei stehe für »soziale Gerechtigkeit« und werde die begonnenen Reformen, die schwierig, aber notwendig gewesen seien, fortsetzen. Zur Außenpolitik hieß es: »Wir stehen für eine klare eigene und eigenständige Position gegen den Irak-Krieg und im Bemühen um Frieden in der Welt.« Koalitionsaussagen zugunsten der Grünen oder Aussagen zu anderen möglichen oder auszuschließenden Koalitionen wurden im Wahlaufruf vermieden, eine Koalition mit der Linkspartei aber explizit ausgeschlossen.

Trotz eines Umfragetiefs vier Wochen vor der Wahl (29 % gegenüber 43 % für die CDU) setzte die SPD weiter auf den Kanzlerbonus von Schröder. Bei seiner Rede auf dem Wahlkampfparteitag der SPD am 31. 8. rief er die Delegierten auf, sich nicht von einer »unheiligen Allianz« aus Meinungsforschen und -machern, Opposition und Wirtschaftsverbänden beeinflussen zu lassen, die behaupteten, die Bundestagswahl sei »schon gelaufen«. Seine Kritik an Merkel, Westerwelle und insbesondere Kirchhof gipfelte in der Aussage: »Sie wollen eine Gesellschaft, in der für Solidarität kein Platz ist«, eine Gesellschaft, die »kalt und damit auch unmenschlich« ist. Die SPD dagegen stehe für Gemeinsinn und Zusammenhalt.

Bündnis 90 / Die Grünen »Einer für Alle«

Die Grünen legten in der Endphase des Wahlkampfs, der stark auf das Zugpferd Joschka Fischer zugeschnitten war, ein Zehn-Punkte-Programm für mehr Beschäftigung vor. Durch höhere Investitionen in Bildung und Forschung sowie u. a. den Ausbau der erneuerbaren Energien könnten über 2 Mio. neue Arbeitsplätze geschaffen werden. Zur Finanzierung sollen Subventionen abgebaut werden. Angesichts sinkender Umfragewerte für Rot-Grün beschlossen die Grünen Ende August, die Kernpunkte ihres Wahlprogramms auf Plakaten und im Wahlkampf als bereits mehrheitsfähige Konzepte herauszustellen.

Die Linke.PDS – bundesweit wählbar

Das von der Linkspartei aufgelegte Wahlprogramm, das vor allem Geringverdienern und Arbeitslosen zugute kommen sollte sowie einen Mindestlohn von 1400 € vorsah, wurde von den anderen Parteien als nicht finanzierbar bezeichnet. Der Wahlkampf war vor allem auf die beiden Spitzenkandidaten Oskar Lafontaine (WAsG) und Gregor Gysi (PDS) ausgerichtet. Seinen Auftritt beim Parteitag der Linkspartei am 28. 8. bezeichnete Lafontaine als »historisches Datum« – als Handschlag zwischen wahren Sozialdemokraten und geläuterten Ex-Kommunisten. Kritik übte er an der Agenda 2010, die er als »neoliberalen Irrweg« bezeichnete. Zugleich setzte er sich gegen den Vorwurf einer »Medienkampagne« zur Wehr, er gehe im Lager der Rechtsextremisten auf Stimmenfang. Mitte Juni hatte Lafontaine auf einer Kundgebung von »Fremdarbeitern« gesprochen, die Familienvätern und Frauen »zu Billiglöhnen die Arbeitsplätze wegnehmen«.

Das Ergebnis der vorgezogenen Bundestagswahl im September 2005 besiegelte das Ende der von Bundeskanzler Gerhard Schröder (SPD) geprägten Ära rotgrüner Regierungspolitik und leitete eine Phase des politischen Patts in Form der Großen Koalition ein. Angela Merkel (CDU) startete als erste Bundeskanzlerin in der Geschichte der Bundesrepublik mit einem zunächst allgemein als erfrischend empfundenen offenen Regierungsstil, der sich insbesondere in ihren ersten Auftritten auf der internationalen Bühne

Merkel und Bush in Washington, 13. 1. 2006

(→ Foto) deutlich von der oftmals taktisch-pragmatischen Haltung der Vorgängerregierung abhob. Dagegen war sie in der Innenpolitik weitgehend mit dem Austarieren der gleichgewichtigen kontroversen Lager in der Großen Koalition beschäftigt und moderierte die Suche nach dem kleinsten gemeinsamen Nenner. Die gefundenen Kompromisse bei den von der rotgrünen Koalition nicht mehr erledigten Projekten (u. a. Gleichstellungsgesetz, Sparmaßnahmen einschließlich Einschnitten beim Arbeitslosengeld II) sowie bei den großen Strukturreformprojekten (Föderalismus, Gesundheitssystem, Unternehmensteuer) stellten die Spitzenpolitiker beider Seiten vor Legitimationsprobleme gegenüber ihren eigenen Parteien und ihres politischen Klientels; im Zuge der innerparteilichen Kontroversen kam es in der SPD zu einem zweifachen Führungswechsel. Insbesondere die Anhebung der Mehrwertsteuer und des Beitragssatzes zur Gesetzlichen Krankenversicherung, jeweils zu Anfang 2007, zogen als Bruch von Wahlversprechen massive Kritik von allen Seiten auf sich. Nach sieben Monaten erklärten sich nur noch ein Viertel der Bürger mit der Arbeit der Großen Koalition einverstanden. Zugleich waren die Sympathiewerte für die Unionsparteien auf den niedrigsten Wert seit fünf Jahren (35 %) und für die SPD mit 29 % in die Nähe des Tiefpunktes vom Juli 2005 (26 %) gesunken. Gab es auf dem Feld der Politik keinen Anlass zum Jubeln, bewirkte das Auftreten der deutschen Nationalmannschaft auf dem grünen Rasen während der Fußballweltmeisterschaft eine Welle der Begeisterung (→ Sport).

INNENPOLITISCHE EREIGNISSE

■ **Wahlkampf:** Nach den verlorenen Landtagswahlen in Nordrhein-Westfalen am 22. 5. 2005 hatten Bundeskanzler Gerhard Schröder und der SPD-Vorsitzende Franz Müntefering angekündigt, vorgezogene Neuwahlen anzustreben. Nach Schröders »unechter Vertrauensfrage« am 1. 7. wurde der Bundestag am 21. 7. aufgelöst. Der Zweite Senat des BVerfG befand am 25. 8. die **»unechte« Vertrauensfrage des Bundeskanzlers** und die nachfolgende Entscheidung des Bundespräsidenten, den Bundestag aufzulösen, für verfassungsgemäß und wies – bei einer Gegenstimme – die Klagen der Bundestagsabgeordneten Jelena Hoffmann (SPD) und Werner Schulz (Grüne) als unbegründet zurück. Bundeskanzler Schröder hatte am 1. 7. die Vertrauensfrage mit dem erklärten Ziel gestellt, eine Niederlage zu erleiden und dann eine Neuwahl des Bundestags zu erwirken. Das Gericht hielt die Begründung des Bundeskanzlers für seine Vertrauensfrage, er sei sich seiner parlamentarischen Mehrheit bei seiner Reformpolitik nicht mehr sicher, für plausibel und räumte darüber hinaus dem Bundeskanzler und dem Bundespräsidenten einen weiten Ermessensspielraum ein, im Rahmen ihrer verfassungsrechtlichen Kompetenzen über die Konsequenzen zu befinden. Mit der Entscheidung gab das BVerfG erwartungsgemäß endgültig den Weg zur Bundestagswahl am 18. 9. 2005 frei. Die Entscheidung löste eine Debatte über die Einführung des Selbstauflösungsrechts für den Bundestag aus.

In den Wochen vor den Wahlen zeigte sich, dass nach den **Umfragen der Forschungsgruppe Wahlen** ein Wahlsieg von Schwarz-Gelb keineswegs sicher war, da sich die SPD ab Ende Juli zunehmend verbessern konnte und Schröder bei den Umfragewerten vor der CDU-Kanzlerkandidatin Merkel lag. Auch das TV-Duell der Spitzenkandidaten bestätigte Schröders Führung in der Kanzlerpräferenz der Bundesbürger. Eine weit überwiegende Zahl der Befragten sah den amtierenden Bundeskanzler deutlich vor seiner Herausforderin, obwohl Merkels Auftritt besser bewertet wurde als erwartet.

Für die Union hatte vor allem die öffentlich und in allen Parteien geführte Diskussion um das radikale Steuermodell von Professor Kirchhof negative Auswirkungen. Darüber hinaus zeigte sich, dass das Bündnis der PDS mit der Wahlalternative Arbeit und soziale Gerechtigkeit (WAsG) mit Oskar Lafontaine als Galionsfigur zur Linkspartei nicht nur die SPD, sondern auch die Union Stimmen kosten könnte.

Der Wahlkampf war hauptsächlich von innenpolitischen Themen wie Steuern, Arbeitsmarkt, Marktwirtschaft und Mitbestimmung, Bildung und Energiepolitik (Kernkraft) bestimmt. Zu den Wahlprogrammen der Parteien → S. 157

■ **Koalitionspoker:** Am Wahlabend (18. 9. 2005) stellte sich heraus, dass weder CDU/CSU und FDP noch SPD und Grüne über die notwendige Mehrheit der Sitze im Bundestag für eine Regierungsbildung verfugen würden. Bereits vor der Nachwahl im Wahlkreis 160 (Dresden I) am 2. 10., die nichts an diesem Ergebnis ändern sollte, begannen die Parteien **mögliche Koalitionen** auszuloten. FDP-Chef Guido Westerwelle spielte mit dem Gedanken einer schwarz-gelben Minderheitsregierung, wobei er offen ließ, ob die Grünen diese Regierung tolerieren oder konkret in die Koalition eingebunden werden sollten. Eine **»Ampelkoalition«** mit der SPD und den Grünen schloss er hingegen aus. Die CDU konnte sich eine **»Jamaika-Koalition«** mit der FDP und den Grünen durchaus vorstellen, während sie sich gegen eine Minderheitsregierung aussprach. Auch die Grünen spielten zunächst mit dem Gedanken einer Regierungsbeteiligung, entschieden sich jedoch nach Sondierungsgesprächen mit der Union für den Gang in die Opposition. Eine Koalition mit der Linkspartei hatten alle Parteien bereits vor der Wahl ausgeschlossen.

Eine **große Koalition** zwischen CDU/CSU und SPD schien in den ersten Tagen nach der Wahl am Anspruch der SPD zu scheitern, die Führung selbst übernehmen und nicht Merkel überlassen zu wollen. Erst nach der Ankündigung Schröders am 10. 10., dass er der neuen Regierung »definitiv nicht« zur Verfügung stehen werde und lediglich dem Team für die Koalitionsverhandlungen angehören wolle, war der Weg frei

Koalitionsvertrag »Gemeinsam für Deutschland – mit Mut und Menschlichkeit« – Wichtigste Punkte

Arbeits- und Ausbildungsmarkt Lockerung des Kündigungsschutzes, Verlängerung der Probezeit von 6 auf 24 Monate, Förderung von »Ich-AGs« nur noch bis 30. 6. 2006, danach Schaffung neuer Instrumente zur Existenzgründung, Fortsetzung des Ausbildungspakts für Jugendliche, Anhebung des Arbeitslosengelds II Ost auf West-Niveau (345 € statt 331 € monatlich), Bekenntnis zur Zusammenlegung von Arbeitslosen- und Sozialhilfe (Hartz IV), allerdings Einsparungen in Höhe von 3,8 Mrd. €

Lohnzusatzkosten Senkung der Arbeitslosenversicherung von 6,5 auf 4,5 % ab 2007, Erhöhung des Beitragssatzes zur gesetzlichen Rentenversicherung von 19,5 auf 19,9 % ab 2007

Haushalt und Steuern Auflegung eines Investitionsprogramms über 25 Mrd. € für vier Jahre zur Belebung der Konjunktur, Einhaltung des europäischen Stabilitäts- und Wachstumspakts ab 2007, Mehrwertsteuererhöhung von 16 auf 19 % ab 2007, Erhöhung der Steuer auf private Einkommen über 250 000 / 500 000 € (Singles bzw. Verheiratete) von 42 auf 45 % ab 2007, grundlegende Unternehmensteuerreform ab 2008, verbesserte Abschreibungsbedingungen für Unternehmen, Reform der Erbschaftsteuer ab 2006, Streichung der Eigenheimzulage ab 2006, Pendlerpauschale erst ab dem 21. Kilometer ab 2006

Rente Schrittweise Erhöhung des Renteneintrittsalters von 65 auf 67 Jahre für die Jahrgänge ab 1970 zwischen 2012–35

Familie Einkommensabhängiges Elterngeld statt Erziehungsgeld ab 2008, weiterer Ausbau von Kinderbetreuungsplätzen

Gesundheit und Pflege Vertagung der Gesundheitsreform auf 2006, Vorlage eines Gesetzes bis Sommer 2006 zur Sicherung einer nachhaltigen und gerechten Finanzierung der Pflegeversicherung

Bildung und Forschung Fortsetzung des Programms zur Förderung der Ganztagsschulen, Erhalt der Grundstruktur des Bafögs, Bereitstellung von 3 % des BIP für Forschung und Entwicklung bis 2010

Verkehr, Umwelt und Energie Fortbestand der Regelungen des 2000 vereinbarten Atomausstiegs, weiterer Ausbau der erneuerbaren Energien, Garantie der Steinkohlesubventionen bis 2008

Deutschland: Mehrwertsteuersatz

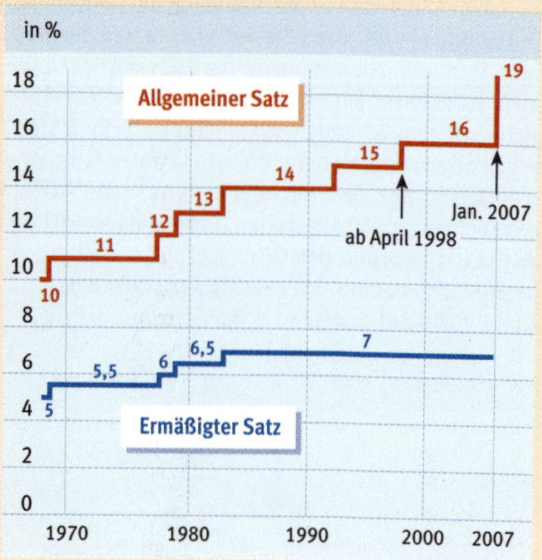

Quelle: Bundesministerium für Finanzen

Innere Sicherheit und Justiz Überprüfung der Antiterror-Gesetze, Aufbau einer Antiterror-Datei, Wiedereinführung der Kronzeugenregelung

Verteidigung Beibehaltung der Wehrpflicht

Aufbau Ost Fortführung der Investitionszulage, Einhaltung der Finanzzusagen im Rahmen des Solidarpakts II

Föderalismus Entzerrung der Kompetenzen von Bund und Ländern, Einschränkung der Blockade-Möglichkeiten des Bundesrates bei der Bundesgesetzgebung, Begrenzung der Kompetenzen des Bundes im Bereich Bildung

Europa EU-Beitrittsverhandlungen mit der Türkei als »Prozess mit offenem Ende«, rascher Abschluss der Verhandlungen zum EU-Haushalt, Beschränkung des deutschen EU-Beitrags auf 1 % des BNE

Gesamter Text: www.cdu.de oder www.spd.de.

für Merkel als erste Frau an der Spitze einer deutschen Regierung.

Bei den Verhandlungen standen zunächst **Personalentscheidungen** im Vordergrund: CDU / CSU und SPD einigten sich auf eine paritätische Verteilung der 16 Kabinettsposten. Die Sozialdemokraten präsentierten ihre Ministerriege am 13. 10. mit Franz Müntefering als Vizekanzler. Am 17. 10., dem Beginn der formalen Koalitionsverhandlungen, trat auch die Union mit der Liste ihrer Kabinettskandidaten an die Öffentlichkeit. Der CSU-Vorsitzende und bayerische Ministerpräsident Stoiber sollte das Wirtschaftsressort erhalten, forderte aber, dass der Bereich Forschung aus dem Ressort der zukünftigen Bildungsministerin Annette Schavan seinem Ministerium zugeschlagen werden solle. Außerdem reklamierte er Referate aus dem Finanzministerium und verlangte, bei den Finanzministertreffen der Europäischen Union mit teilzunehmen. Beides wurde vom designierten Finanzminister Peer Steinbrück zurückgewiesen.

Münteferings Entscheidung, den Parteivorsitz abzugeben (→ SPD), nahm Stoiber zum Anlass, seine Zusage, ins Bundeskabinett einzutreten, zurückzuziehen. Als neuen Wirtschaftsminister nominierte die Union

CSU-Landesgruppenchef Michael Glos. An den Koalitionsverhandlungen nahm Stoiber weiter teil.

Einen ersten Durchbruch in ihren **inhaltlichen Verhandlungen** erzielten beide Seiten mit der Einigung auf eine Föderalismusreform. In einem weiteren Schritt wurde beschlossen, die Mehrwertsteuer ab dem 1. 1. 2007 von 16 auf 19 % zu erhöhen und einen »Zukunftsfonds« über 25 Mrd. € aus bundeseigenen Mitteln einzurichten, der das geplante Investitionsprogramm mitfinanzieren soll.

Abgeschlossen wurden die Koalitionsverhandlungen am 11. 11., die Parteivorsitzenden unterzeichneten den **Koalitionsvertrag am 18. 11.** (→ Kasten). Obgleich die Parteitage der Koalitionsparteien das Verhandlungsergebnis am 14. 11. mit jeweils großer Mehrheit billigten (CSU einstimmig), meldeten sich auch in den eigenen Reihen kritische Stimmen. In den öffentlichen Reaktionen zeigten sich vor allem Anhänger des konservativ-liberalen Lagers in der Hoffnung auf durchgreifende gesellschaftspolitische Reformen enttäuscht und um die Früchte des Wahlsiegs von CDU/CSU gebracht.

▪ **Neue Bundesregierung:** Am 22. 11. 2005 wählte der Deutsche Bundestag im ersten Wahlgang mit 397 Ja-Stimmen bei 202 Gegenstimmen und 12 Enthaltungen die CDU-Vorsitzende **Angela Merkel zur Bundeskanzlerin**. Sie erhielt damit 51 Stimmen weniger, als die große Koalition an Stimmen besitzt. Am selben Tag erfolgte ihre Vereidigung und die der Bundesminister durch den Bundespräsidenten Horst Köhler. Das Kabinett umfasst neben der Bundeskanzlerin und dem Chef des Bundeskanzleramtes, Thomas de Maizière (CDU), fünf Minister der CDU und zwei der CSU, sowie acht der SPD, darunter als Vizekanzler Arbeits- und Sozialminister Müntefering (Ressortverteilung → Liste, S. 123). Von den fünf weiblichen Mitgliedern des Kabinetts konnten die drei der SPD – Ulla Schmidt (Gesundheit), Heidemarie Wieczorek-Zeul (Entwicklungshilfe) und Brigitte Zypries (Justiz) –, ihre Ämter aus der rot-grünen Regierung weiterführen (mit Abstrichen für Schmidt, die den Bereich Soziale Sicherung an Müntefering abtrat).

Bereits am 18. 10. 2005 hatte die konstituierende Sitzung des **neuen (16.) Bundestags** stattgefunden, und der bisherige Vizepräsident **Norbert Lammert (CDU)** war mit 92,9 % der Stimmen **zu seinem neuen Präsidenten** gewählt worden.

PARTEIEN

▪ **SPD:** Mit dem späten Rückzug von seinem zunächst behaupteten Anspruch auf die erneute Führung der Bundesregierung ebnete der noch amtierende Bundeskanzler Schröder schließlich den Weg zur Großen Koalition (10. 10.). Gegen die Überlassung der Kanzlerschaft an die CDU-Vorsitzende Merkel reservierte sich die SPD wesentliche Punkte im Regierungsprogramm und setzte eine **paritätische Besetzung des Kabinetts** durch (→ Koalitionspoker).

Unversehens in die Krise stürzte die SPD-Führung, als **Müntefering** am 31. 10. seinen **Rückzug vom Parteivorsitz** zum bevorstehenden Bundesparteitag ankündigte. Er reagierte damit auf eine Niederlage im Parteivorstand, der seinem Vorschlag nicht gefolgt war, seinen engen Vertrauten, den Bundesgeschäftsführer Kajo Wasserhövel für das Amt des Generalsekretärs in der Nachfolge von Peter Struck (der auf den Fraktionsvorsitz wechseln sollte) zu nominieren. Stattdessen hatte sich in einer geheimen Kampfabstimmung die Parteilinke Andrea Nahles mit 23 gegen 14 Stimmen überraschend deutlich durchgesetzt.

Schröder legte auf dem Parteitag in Karlsruhe (14.–16. 11.) seine Parteiämter und am 22. 11. sein Mandat als Bundestagsabgeordneter nieder. Seine Übernahme des Aufsichtsratsvorsitzes der russisch-deutschen Betreibergesellschaft North European Gas Pipeline (NEGP), die mit Baubeginn der **Erdgas-Pipeline** zwischen Deutschland und Russland am 9. 12. bekannt gegeben wurde und am 30. 3. 2006 erfolgte, löste in der Öffentlichkeit teilweise scharfe Kritik und innerhalb der eigenen Partei Befremden aus.

Der Parteitag in Karlsruhe (14.–16. 11.) wählte am 15. 11. den 52-jährigen brandenburgischen Ministerpräsidenten und Parteichef **Matthias Platzeck** als ersten Ostdeutschen mit 512 von 515 gültigen Delegiertenstimmen (99,4 %) **zum neuen Bundesvorsitzenden** und leitete zugleich einen Generationenwechsel in der Parteiführung ein. Nachdem Nahles ihre Kandidatur zurückgezogen hatte, wählte der Parteitag den 33-jährigen Hubertus Heil zum neuen Generalsekretär (61,7 %). Neben den schon bisher amtierenden Stellvertretenden Vorsitzenden, dem rheinland-pfälzischen Ministerpräsidenten Kurt Beck (92,2 %) und der als »Verschwörerin« gegen Müntefering geltenden baden-württembergischen Landesvorsitzenden Ute Vogt (67,3 %) rückten der designierte Bundesfinanzminister Peer Steinbrück (82,1 %), die Bonner Oberbürgermeisterin Bärbel Dieckmann (79,9 %) und die Bundesvorsitzende der Arbeitsgemeinschaft Sozialdemokratischer Frauen Elke Ferner (83,3 %) als weitere Stellvertreter in die engere Parteiführung ein.

Nach nur knapp fünf Monaten im Amt erklärte **Platzeck** am 10. 4. 2006 seinen **Rücktritt vom Parteivorsitz** aus gesundheitlichen Gründen. Zu seinem Nachfolger wählte ein Sonderparteitag in Berlin am 14. 5. **Kurt Beck** mit 95,1 % der Stimmen. Seinen bisherigen Platz in der Riege der Stellvertreter nahm der Finanzminister von Sachsen-Anhalt, Jens Bullerjahn, ein (84,8 %).

▪ **CDU:** Als Nachfolger von **Volker Kauder**, der von Merkel den **CDU/CSU-Fraktionsvorsitz** übernahm, berief der Bundesvorstand am 5. 12. 2005 einstimmig den Wirtschaftpolitiker und stellvertretenden Fraktionsvorsitzenden **Ronald Pofalla zum neuen Generalsekretär** (vom Bundesausschuss in dieser Funktion am 20. 2. 2006 bestätigt). Als Resultat der zu dieser Gelegenheit geführten Debatte über das schlechte Bundestagswahlergebnis der Union stellte die Parteivorsitzende Merkel in Aussicht, das Ende 2007 zu beschließende Grundsatzprogramm der Partei werde den Begriff des »Sozialen« neu klären. Auf dieser Linie forderte sie auf einer **»Wertekonferenz«** in Berlin am 20. 2. 2006 die Partei auf, angesichts der durch die Globalisierung aus dem Lot geratenen Balance zwischen Kapital und Arbeit ihr programmatisches Profil zu erneuern.

- **CSU:** Die einstimmige Billigung des Koalitionsvertrags durch den Kleinen Parteitag am 14. 11. 2005 galt zugleich als Vertrauensvotum für den Parteivorsitzenden Stoiber, der durch das schlechte Abschneiden der Partei bei der Bundestagswahl und sein Hin und Her in der Frage seines Eintritts in die Bundesregierung unter Druck geraten war. Am 12. 4. 2006 eröffnete eine 34-köpfige Kommission mit einer Klausurtagung die Beratungen über ein neues Grundsatzprogramm, über das ein Parteitag im Herbst 2007 entscheiden soll.
- **FDP:** Die Liberalen, die bei der Bundestagswahl mit 9,8 % (+2,4) der Zweitstimmen eines ihrer besten Ergebnisse erzielten, konnten sich gleichwohl als größter Verlierer betrachten, da sich ihre für fast sicher gehaltene Regierungsbeteiligung an der Seite von CDU / CSU nicht erfüllte. Mit 61 Abgeordneten etablierte sich die FDP als stärkste Oppositionsfraktion im Bundestag. Rivalitäten zwischen dem Parteivorsitzenden Guido Westerwelle und dem bisherigen Fraktionschef Wolfgang Gerhardt endeten mit der Vereinbarung, dass Gerhardt sein Amt Anfang Mai 2006 an den Parteivorsitzenden abtreten würde.
- **Bündnis 90 / Die Grünen:** Joschka Fischer, langjährige Galionsfigur und »heimlicher Vorsitzender« der Partei, erklärte am 20. 9. 2005, zwei Tage nach der Bundestagswahl, seinen Verzicht auf Spitzenämter in Partei und Fraktion. Anfang 2006 legte er mit seinem Sitz im Parteirat sein letztes Parteiamt, später auch sein Abgeordnetenmandat nieder.
- **Linkspartei und WAsG:** Die auf dem Parteitag in Berlin am 17. 7. 2005 in »Die Linkspartei« (Kurzbezeichnung »Die Linke.«) umbenannte postkommunistische Partei des Demokratischen Sozialismus (PDS) ließ die Bundestagskandidaten der in Westdeutschland verankerten jungen Partei Wahlalternative für soziale Gerechtigkeit (WAsG) auf ihren offenen Listen kandidieren. Um ihre formale Ebenbürtigkeit zu dokumentieren, wurden **alle Posten der Fraktion**, die nach Austritt eines Abgeordneten ab Februar 2006 53 Köpfe zählte, **paritätisch besetzt**. Der Bundesparteitag der Linkspartei in Dresden am 12. 12. 2005 billigte das eine Woche zuvor von beiden Parteiführungen unterzeichnete Kooperationsabkommen über das **Ziel, bis 1. 7. 2007 eine Fusion herbeizuführen**, und beschloss die Möglichkeit der Doppelmitgliedschaft, die sich die WAsG von vornherein offengehalten hatte. Ende Dezember erklärten die beiden Vorsitzenden der Bundestagsfraktion, Gregor Gysi (Linkspartei) und Oskar Lafontaine (WasG), ihre zusätzlichen Beitritt zur Partnerpartei.

Gleichwohl gab es auf beiden Seiten, **insbesondere innerhalb der WAsG, erhebliche Widerstände.** Den Beschluss zur Fusion konnte erst ein Sonderparteitag in Ludwigshafen am 29. 4. 2006 – mit 186 gegen 107 Stimmen – fassen, nachdem der Parteitag am 22. 1. im Konflikt über dieses Thema unter chaotischen Umständen beschlussunfähig geworden war.

REFORMEN

- **15 Jahre Aufbau Ost:** Die Feierlichkeiten zum Tag der Deutschen Einheit (3. 10. 2005) wurden in der Nachfolge der Bundestagswahl von der Auseinandersetzung über die Regierungsbildung überschattet. Der noch amtierende Beauftragte der Bundesregierung für die neuen Bundesländer, Bundesverkehrsminister Manfred Stolpe (SPD), legte am 29. 9. seinen Jahresbericht vor, in dem er – gemessen an der Ausgangslage – eine positive Bilanz des bisherigen Aufbaus Ost zog. In Medienkommentaren wurde dagegen verstärkt thematisiert, wie stark der Prozess der inneren Einheit Deutschlands durch die auseinanderklaffende Entwicklung der Lebensverhältnisse gefährdet ist.
- **Informationsfreiheitsgesetz:** Anfang Januar 2006 trat das noch von der rot-grünen Koalition mit Hilfe der FDP im Juli 2005 durchgesetzte Informationsfreiheitsgesetz in Kraft. Es gestattet nach dem Öffentlichkeitsprinzip dem Bürger grundsätzlich Zugang zu amtlichen Informationen, ohne dass er ein berechtigtes persönliches Interesse nachweisen muss. Ein weit gefasster Ausnahmekatalog, hohe Gebühren, unbestimmte Fristen und Unwilligkeit der Behörden, dem Gesetz Folge zu leisten, konterkarieren nach ersten Erfahrungen jedoch vielfach das Ziel, staatliches Handeln transparenter zu machen.
- **Arbeitsmarkt:** Nach den Zwischenergebnissen einer von der Bundesregierung bei unabhängigen Forschungsinstituten in Auftrag gegebenen **Evaluationsstudie zu den seit 2003 umgesetzten Gesetzen** für moderne Dienstleistungen (Hartz I–IV), die Arbeitsminister Müntefering am 1. 2. 2006 vorlegte, **verfehlten weite Teile der Neuerungen ihr Ziel**, zum Abbau der Arbeitslosigkeit beizutragen (die Arbeitsmarkteffekte von Hartz IV – Konditionen zum Bezug von Arbeitslosengeld II – wurden nicht untersucht). Allerdings machte die Bundesagentur für Arbeit (BA) Fortschritte, sich effizienter zu organisieren. Als eher kontraproduktiv und kostenintensiv erwies sich das Instrument der Personal-Service-Agenturen (PSA) zur Vermittlung von geförderter befristeter Arbeit. Gleichfalls wenig erfolgreich zeigten sich alle Maßnahmen, mehr ältere Arbeitslose wieder in Beschäftigung zu bringen. Durch die Begünstigung von sog. Mini-Jobs (bis 400 € / Monat) steigerte sich deren Zahl bis Mitte 2005 zwar um 1,8 Mio. auf 6,7 Mio., allerdings verfehlten sie das Ziel, Arbeitslose wieder in eine reguläre sozialversicherungspflichtige Beschäftigung zu bringen. Zu den erfolgreicheren Einrichtungen zählen die **Ich-AGs, deren Förderung** durch Existenzgründerzuschüsse **am 30. 6.**

2006 auslief. Im Juni 2006 wurden insgesamt 220 500 ehemals Arbeitslose durch die Ich-AG gefördert. 2005 gab die hierfür zuständige BA 3,2 Mrd. € aus, 850 Mio. € mehr als veranschlagt. Schlussfolgerungen aus der Studie wollte die Bundesregierung erst nach Vorliegen des Abschlussberichtes ziehen, der Ende 2006 mit aktualisierten Daten vorliegen soll.

Am 17. 2. 2006 beschloss der Bundestag zum 1. 7. die **Anhebung des ALG II in Ostdeutschland** (331 €) auf das westdeutsche Niveau (345 €). Vor dem Hintergrund einer hohen Finanzierungslücke beim ALG II aufgrund einer weit höheren Zahl von Anspruchsberechtigten als beim Reformstart erwartet (im April 2006 5,2 statt 3,4 Mio.; Finanzierungsdefizit 2005: 10,4 Mrd. €) verordnete der Gesetzgeber **weitere Leistungskürzungen**. Zu den einschneidendsten Maßnahmen zählen die Streichung des Anspruchs auf Wohngeld für die meisten Arbeitslosen unter 25 Jahren (ab 1. 4. 2006) und ein am 7. 7. vom Bundesrat abschließend gebilligter Katalog von mehr als 50 Änderungen, vornehmlich zum Zweck der Bekämpfung von Leistungsmissbrauch, wirksam zum 1. 8. Für 2006 sah der am 23. 6. beschlossene Bundeshaushalt (→ unten) Ausgaben für ALG II von 25,5 Mrd. € vor, 0,5 Mrd. € mehr als 2005; für 2007, nach Greifen der Sparmaßnahmen, wurden 21,4 Mrd. € veranschlagt.

▪ **Rentenreform:** Das Bundeskabinett stimmte am 1. 2. 2006 dem überraschend eingebrachten Vorschlag von Arbeitsminister Müntefering zu, den Zeitraum für die schrittweise Anhebung des gesetzlichen Rentenalters um sechs Jahre zu verkürzen, sodass **schon 2029 das neue Eintrittsalter von 67 Jahren zu erreichen** sein würde. Im Koalitionsvertrag war noch vorgesehen, diese Phase bis 2035 zu beenden. Eine Sonderklausel regelt, dass ins Rentenalter weiterhin mit 65 gehen kann, wer 45 Beitragsjahre vorweisen kann. Die Entscheidung des Kabinetts wurde vielfach als verdeckte Rentenkürzung kritisiert. Nach dem am 8. 3. vorgestellten Rentenbericht der Bundesregierung **steigt der Rentenbeitragssatz 2007 von 19,5 auf 19,9 %**. Um diesen Satz nicht zu überschreiten, wurden Unternehmen auferlegt, ab 1. 1. 2006 die Sozialbeiträge am Ende des laufenden Monats und nicht erst Mitte des Folgemonats zu überweisen, sodass es 2006 zu 13 statt 12 Einzahlungen kommen würde. Mit dem Haushaltsbegleitgesetz 2006 wurde eine Kürzung des Bundeszuschusses zur Rentenkasse beschlossen (2006: um 170 Mio. €; ab 2007: jährlich um 340 Mio. €).

▪ **Familienpolitik:** Bundesfamilienministerin Ursula von der Leyen (CDU) schloss am 20. 4. 2006 mit der katholischen und der evangelischen Kirche in Deutschland ein **»Bündnis für Erziehung«**. Ziel sei es, Kindern schon von klein auf Werte zu vermitteln und auch den Eltern Orientierung und Unterstützung zu bieten. Andere Religionsgemeinschaften und Wohlfahrtsverbände seien eingeladen, sich später anzuschließen. Die Fokussierung der Initiative auf den kirchlichen Wertekanon rief vielfache Kritik hervor.

Von der Leyen brachte am 22. 6. einen Gesetzentwurf zur **Einführung eines sog. Elterngeldes** ein. Danach sollen Eltern, die zur Betreuung eines nach 2006 geborenen Kindes im Beruf pausieren, 14 Monate lang 67 % ihres letzten Nettoeinkommens erhalten, und zwar bis zur Obergrenze von 1800 € / Monat, wenn sich der jeweils andere Partner mindestens zwei Monate als Auszeit für die Betreuung nimmt. Anderenfalls wird für die beiden letzten Monate nur ein Sockelbetrag von 300 € gezahlt. Für das Elterngeld wird der Bund rd. 3,8 Mrd. € aufbringen, rd. 1 Mrd. € mehr als bisher für das auslaufende Erziehungsgeld. Die Familienministerin bezeichnete die Entscheidung für das Elterngeld als **familienpolitische Wende** mit dem Ziel, Kinderwunsch und Berufstätigkeit besser in Einklang zu bringen. Opposition und Sozialverbände kritisierten u. a., das Elterngeld stelle arme und arbeitslose Familien schlechter, nach derzeitigen Zahlen rd. 250 000, und berücksichtige nicht den Bedarf der Förderung nach weiter gehender Betreuung.

▪ **Gleichbehandlungsgesetz:** Bundestag und Bundesrat beschlossen am 29. 6. / 7. 7. 2006 Regeln zum Schutz vor Benachteiligungen wegen des Geschlechts oder der Zugehörigkeit zu einer Minderheitengruppe. Mit dem Allgemeinen Gleichbehandlungsgesetz (AGG) erfüllte Deutschland die Vorgaben aus vier EU-Richtlinien, deren Umsetzung schon bis Ende 2003 fällig war. Es ersetzt das von der rot-grünen Koalition vorgelegte, 2005 aber im Bundesrat nicht mehr beschlossene Antidiskriminierungsgesetz. Dessen geplante Vorschriften wurden auf Druck von Teilen der Unionsfraktion und von Wirtschaftsverbänden in mehreren Punkten entschärft.

▪ **Föderalismusreform:** Mit der **Neuordnung des Bund-Länder-Verhältnisses** in 25 Punkten (→ Kasten) verabschiedete der Bundestag am 30. 6. 2006 die umfangreichste Änderung des Grundgesetzes seit 1949 (428 Ja-, 162 Neinstimmen, 3 Enthaltungen). Der Bundesrat folgte am 7. 7. mit der Zustimmung von 14 der 16 Bundesländer nach. Vorausgegangen waren mehrjährige Vorbereitungen einschließlich eines gescheiterten Anlaufs durch eine vom Bundestag und den Bundesländern beschickte Föderalismuskommission (2003/04). Im Kern wurden die Zuständigkeiten von Bund und Ländern entflochten, indem der Bund mehr Handlungsspielraum in etlichen Bereichen erhielt (Zustimmungspflicht des Bundesrates entfällt), während die Gestaltungsmöglichkeit der Länder in anderen erweitert wurde. Eine ebenfalls für notwendig erachtete Neuregelung der Finanzbeziehungen und die regionale Neugliederung mit Verminderung der Anzahl der Bundesländer standen bei den Beratungen nicht auf der Tagesordnung. Die Föderalismusreform soll Anfang 2007 in Kraft treten.

▪ **Gesundheitsreform:** Am 12. 7. 2006 beschloss das Kabinett die Eckpunkte einer seit mehreren Jahren kontrovers debattierten Gesundheitsreform, die gleichfalls Anfang 2007 in Kraft treten soll. Die **Krankenkassen-**

Hauptpunkte der Föderalismusreform

- Die Länder verfügen erstmals über ein **Abweichungsrecht**: In bestimmten Bereichen – vor allem bei Verfahrensregeln, aber u. a. auch in Teilen des Umweltrechts sowie im Presse-, Jagd- und Sportrecht – können sie die Gesetzgebung des Bundes durch eine eigene verdrängen. Wenn der Bund solche abweichend geregelten Gesetze seinerseits wieder revidiert, gilt sein Recht bundeseinheitlich – bis die Länder es durch ihr eigenes Recht wieder ersetzen (»Ping-Pong-Effekt«).
- Die **ausschließliche Gesetzgebungskompetenz beim Bund** besteht nun u. a. im Atomrecht, Waffen- und Sprengstoffrecht, Melde- und Ausweiswesen sowie im Notarrecht; erweitert wurden seine Zuständigkeiten bei der Terrorabwehr und in der EU-Politik. Dort bleiben den Ländern Mitbestimmungsrechte bei den Themen schulische Bildung, Kultur und Rundfunk.
- Im **Umweltrecht**, bei dem der **Bund** bislang nur für die Rahmengesetzgebung zuständig war, besitzt er nun **direkte Kompetenzen** für den Naturschutz und die Landschaftspflege sowie für den Wasserhaushalt. Ein Umweltgesetzbuch soll bis Ende 2010 erarbeitet werden.
- Im **Bildungsbereich**, in dem die Länder für die Schulen schon allein zuständig waren, erhielten sie – wenn auch stark umstritten – weitere Rechte. Von Vorgaben des Bundes zur Zulassung zum Studium und bei den Abschlüssen können sie abweichen. Für den Hochschulbau sind sie künftig allein zuständig. Forschungsvorhaben an Universitäten kann der Bund nur noch fördern, wenn er hierzu die einstimmige Billigung der Bundesländer erhält.
- Die Länder sind auch weitestgehend zuständig geworden für das Recht und die Besoldung der **Beamten auf Landes- und Kommunalebene**, das **Demonstrationsrecht**, den **Strafvollzug**, das **Ladenschluss- und Gaststättenrecht**.
- Bund und Ländern wird die **gemeinsame Verantwortung für die Haushaltsdisziplin** auferlegt. Sanktionszahlungen wegen Nichterfüllung von EU-Verpflichtungen müssen der Bund zu 65 und die Länder zu 35 % übernehmen.
- Über den Katalog der **Zustimmungspflichtigkeit** von Gesetzen im Bundesrat hinaus bedürfen Gesetzesvorhaben auch dann der Annahme durch die Länderkammer, wenn sie durch das Bundesgesetz zu finanziellen Leistungen aus ihrem Etat verpflichtet werden.

kosten für Kinder sollen von 2008 an in steigendem Umfang durch Steuern beglichen werden. Beiträge und Steuergelder sollen in einen sog. **Gesundheitsfonds** fließen, aus dem die Kassen einen einheitlichen Betrag für jeden Versicherten erhalten. Die vereinbarten Regelungen, mit denen nach Meinung von Experten die Finanzierungsprobleme des Gesundheitssystems kaum in Griff zu bekommen sein werden, stießen in der Öffentlichkeit und bei Parlamentariern der Großen Koalition selbst wie auch der Opposition auf teilweise lauten Widerspruch. Im Zentrum der Kritik stand die zuvor von beiden Koalitionspartnern strikt abgelehnte **Erhöhung des Beitrags zur Gesetzlichen Krankenversicherung** zum 1. 1. 2007 um 0,5 Prozentpunkte (auf durchschnittlich 13,7 %).

- **Unternehmensteuerreform:** Gleichfalls am 3. 7. 2006 von den Koalitionsspitzen in Grundzügen beschlossen, soll die Unternehmensteuerreform Anfang 2008 in Kraft treten. Die Körperschaftsteuer und die Gewerbesteuer – sie formieren künftig als »föderale« bzw. »kommunale« Unternehmensteuer – sollen eine einheitliche Bemessungsgrundlage erhalten. Die **Steuerlast der Kapitalgesellschaften soll** von derzeit insgesamt 38,6 **auf knapp unter 30 % sinken**. Auf Kapitalerträge wird eine Abgeltungsteuer eingeführt, die Spekulationsfrist für Kapitalgewinne wird abgeschafft.

MIGRANTEN

- **Integration und Einbürgerung:** Das baden-württembergische Innenministerium wies die Einbürgerungsbehörden des Landes am 13. 9. 2005 an, ab Anfang 2006 einbürgerungswillige Muslime anhand eines **100 Fragen umfassenden »Gesprächsleitfadens«** einem Test zu unterziehen, in dem ihre staatsbürgerliche Bildung, ihre persönliche Lebensführung und ihre Loyalität zur Verfassung überprüft werden sollten. Die Initiative löste Debatten und heftige Kritik aus, in deren Folge der Test künftig variabel und nicht nur bei Muslimen eingesetzt werden soll. Der hessische Innenminister stellte am 15. 3. 2006 einen 100 Fragen umfassenden »Wissens- und Wertetest« vor, den Einbürgerungsbewerber bestehen müssen.

Als Konsequenz aus der Debatte über die Tests einigte sich die Innenministerkonferenz von Bund und Ländern am 5. 5. auf **verschärfte Kriterien für die Einbürgerung**. Zentral ist die erfolgreiche Absolvierung von **Sprachtests und Einbürgerungskursen**. Das Konzept, bei dessen Umsetzung die Länder Spielraum haben, soll vom Bundesamt für Migration und Flüchtlinge erarbeitet werden. Sie können außerdem selbst entscheiden, ob sie einen **Eid auf die Verfassung** verlangen oder ein staatsbürgerliches Bekenntnis ablegen lassen. Die Schwelle bei **Vorstrafen** wurde deutlich herabgesetzt: Wer zu 90 Tagessätzen Geldstrafe verurteilt wurde – auch in der Summe von Bagatelldelikten – kann nicht mehr eingebürgert werden.

- **»Karikaturenstreit«:** Die Veröffentlichung despektierlicher Zeichnungen des Propheten Mohammed in einer dänischen Zeitung (→ Dänemark) traf auch in Deutschland auf scharfe **Kritik muslimischer Organisationen**. In einer bisher nicht da gewesenen Aktionseinheit versammelten sich am 8. 2. 2006 in Köln die Vertreter von 16 religiösen, politischen und wirtschaftlichen Organisationen der »türkeistämmigen und muslimischen« Menschen in Deutschland. In einer Erklärung protestierten sie gegen die »bewusste Verletzung religiöser Gefühle und die Verunglimpfung der

Religion«, warnten aber vor gewaltsamen Reaktionen. Zugleich wandten sie sich gegen Stigmatisierung und Ausgrenzung der in Deutschland lebenden Muslime, die »als integraler Bestandteil der Gesellschaft geachtet« werden sollten. Am 11./12. 2. kam es zu **Demonstrationen und Protestkundgebungen** von mehreren tausend Menschen in Berlin und anderen Städten. Der Deutsche Presserat wies am 2. 3. Beschwerden gegen die Abbildung einiger der umstrittenen Mohammed-Karikaturen in der Welt (1. 2.) zurück.

▪ **Ehrenmorde:** Wegen **Ermordung der 23-jährigen Kurdin Hatun Sürücü** (7. 2. 2005) verurteilte das Berliner Landgericht am 13. 4. 2006 den Hauptangeklagten, ihren zur Tatzeit 18-jährigen Bruder, zu einer **Haftstrafe von neun Jahren und drei Monaten**, womit es knapp unterhalb der im Jugendstrafrecht für Mord vorgesehenen Höchststrafe blieb. Der Angeklagte hatte die Tat gestanden und als Motiv die Wiederherstellung der von seiner Schwester durch ihren emanzipierten Lebensstil verletzten Familienehre genannt. Die beiden älteren Brüder, für die die Staatsanwaltschaft lebenslänglich gefordert hatte, wurden freigesprochen, weil das Gericht den Beweis für die gemeinschaftliche Planung der Bluttat nicht erbracht sah. Die Staatsanwaltschaft legte Revision gegen das Strafmaß für den Täter und den Freispruch der beiden Brüder beim Bundesgerichtshof ein. Das Urteil löste kontroverse Debatten aus, weil juristisch nicht fassbar war, dass das jüngste Familienmitglied allem Anschein nach als Vollstrecker eines in der Familie getroffenen Urteils gehandelt hatte.

INNERE SICHERHEIT

▪ **Islamismus:** Die vom Verfassungsschutz angenommene Zahl der Mitglieder und Anhänger in insgesamt **28 islamistischen Organisationen** hielt sich 2005 gegenüber dem Vorjahr mit 32 100 nahezu konstant. Die größte Organisation unter ihnen, die türkische Islamische Gemeinschaft Milli Görus (IGMG), zählt 26 500 Mitglieder, gefolgt von der gleichfalls legalistisch operierenden Muslimbruderschaft (1300), zu der als wichtigste Teilorganisation die Islamische Gesellschaft in Deutschland (IGD) zählt. Beide Organisationen verurteilen in ihren offiziellen Verlautbarungen terroristische Anschläge wie jene in London am 7. 7. 2005 in scharfer Form.

Aus dem Bereich der **politisch motivierten Ausländerkriminalität** erfasste der Verfassungsschutz 2005 644 Straftaten (2004: 461), darunter 47 (61) Gewalttaten.

▪ **Rechts- und Linksextremismus:** Nach den Angaben des **Verfassungsschutzberichts** für 2005, den Bundesinnenminister Wolfgang Schäuble (CDU) am 22. 5. 2006 vorlegte, verzeichneten die fünf neuen Bundesländer – bezogen auf 100 000 Einwohner 2,8 politisch rechts motivierte Gewalttaten mit extremistischem und fremdenfeindlichem Hintergrund (2004: 2,2), die elf alten (einschließlich Berlin) 1,8 (2004: 0,74) (→ Tabelle und Grafik).

Insgesamt stieg die Zahl der erfassten rechtsextremistisch motivierten Straftaten 2005 gegenüber dem Vorjahr um 27,5 % auf 15 361 an. Davon waren 958 (6,3 %) Gewalttaten, deren Zahl um 23,5 % anstieg. Über ein Drittel (37 %) davon waren fremdenfeindlich motiviert.

Dem Linksextremismus wurden für 2005 4898 Straftaten zugeordnet (+60,1 %), darunter 891 gewaltsame (+72 %). In dieser Kategorie nehmen die neuen Bundesländer, bezogen auf Gewalttaten pro 100 000 Einwohner, bis auf Sachsen-Anhalt (Rang 7) hintere Plätze ein. 30 600 Personen sollen Linksextremisten sein, 5500 gelten als gewaltbereit.

Deutschland: Gewalttaten mit rechtsextremem Hintergrund

	pro 100 000 Einwohner		Gesamtzahl der Fälle	
	2005	2004	2005	2004
Sachsen-Anhalt	4,29	2,81	107	71
Brandenburg	3,78	4,08	97	105
Thüringen	2,25	1,43	53	34
Sachsen	2,07	1,46	89	63
Schleswig-Holstein	1,94	1,45	55	41
Mecklenburg-Vorpommern	1,63	1,21	28	21
Niedersachsen	1,49	1,26	119	101
Saarland	1,42	0,66	15	7
Berlin	1,42	1,65	48	56
Bremen	1,36	0,15	9	1
Hamburg	1,15	0,52	20	9
Nordrhein-Westfalen	0,67	0,64	121	116
Baden-Württemberg	0,66	0,63	71	67
Bayern	0,62	0,34	77	42
Rheinland-Pfalz	0,59	0,42	24	17
Hessen	0,41	0,41	25	25

Quellen: Verfassungsschutzbericht 2005, Bundesamt für Verfassungsschutz 2006

Entwicklung rechtsextremistischer Gewalttaten*

BND-AFFÄREN

Der Festakt zum 50-jährigen Bestehen des für die Auslandsaufklärung zuständigen Bundesnachrichtendienstes (BND) am 8. 5. 2006 wurde überschattet von der bisher größten Skandalserie.

▪ **Journalisten-Bespitzelungsaffäre:** Der ehemalige Vorsitzende Richter am Bundesgerichtshof, Gerhard Schäfer, legte als Sonderermittler dem Parlamentarischen Kontrollgremium (PKG) des Bundestags am 10. 5. 2006 einen **Untersuchungsbericht** vor, den das PKG in seinen nicht geheimzuhaltenden Teilen am 26. 5. veröffentlichte. Daraus ergab sich, dass der nur für die Auslandsaufklärung zuständige Geheimdienst in einem zeitlich und projektmäßig weit größerem Ausmaß als bisher bekannt Journalisten bespitzelte und sie bei der Arbeit und bis ins Privatleben hinein beschattete. Schäfer qualifizierte die Praktiken zum überwiegenden Teil als **unverhältnismäßig, eindeutig rechtswidrig und als eklatanten Eingriff in die Pressefreiheit**. Neben der Bespitzelung durch eigenes Personal arbeitete der BND auch mit Journalisten zusammen, die ihrerseits Kollegen bespitzelten und sich dafür bezahlen ließen. Bei seinen Auskundschaftungsoperationen im Journalistenmilieu ging es dem BND im Wesentlichen um die **Enttarnung von undichten Stellen** im eigenen Apparat. Ausgangspunkt hierfür war u. a. Insiderwissen, auf das sich der Geheimdienstexperte und Publizist Erich Schmidt-Eenboom in einem 1993 veröffentlichten Buch und der »Spiegel« in Berichten über die sog. Plutonium-Affäre (1995) stützten.

Das PKG hatte Bundesrichter Schäfer am 30. 11. 2005 mit den Untersuchungen beauftragt, um die Einberufung eines öffentlich tagenden Untersuchungsausschusses zu vermeiden. Als erste Konsequenz aus seinem Bericht erteilte das Bundeskanzleramt am 15. 5. 2006 mit sofortiger Wirkung dem BND das **Verbot**, »zur Eigensicherung« **Journalisten als Quellen zu führen** oder abzuschöpfen. Am 26. 5. erklärte die Bundesregierung, sie teile die rechtliche Bewertung des Gutachters und werde aus ihr Konsequenzen hinsichtlich schärferer Dienstvorschriften und härterer Aufsicht beim BND ziehen.

- **BND-Untersuchungsausschuss:** Zur Aufklärung weiterer Vorwürfe gegen den BND, die seit Monaten die Öffentlichkeit beschäftigten, konstituierte sich am 7. 4. 2006 ein von den drei Oppositionsparteien durchgesetzter Untersuchungsausschuss des Bundestags unter Vorsitz des CDU-Abgeordneten Siegfried Kauder. Der Untersuchungsauftrag umfasste vier Themen:
  - **CIA-Geheimflüge und -gefängnisse**: Am 24. 12. 2005 griffen die deutschen Medien Meldungen aus den USA auf, nach denen US-Flugzeuge mit Terrorverdächtigen an Bord auch in Deutschland gelandet sein sollen. Die Gefangenen seien in CIA-Geheimgefängnisse geflogen und dort gefoltert worden (Weiteres → Europarat, Kapitel Internationale Organisationen). Die Affäre führte zu Irritationen im Verhältnis zu den USA (→ Außenpolitik). Medienberichten zufolge soll mindestens eine deutsche Sicherheitsbehörde Kenntnis von den Operationen der CIA auf deutschem Boden gehabt haben.
  - **Entführungsfall Masri:** Anfang Dezember 2005 war bekannt geworden, dass der damalige Innenminister Otto Schily und Kanzleramtschef Frank-Walter Steinmeier über die Entführung des Deutschen **Khaled el-Masri** in Mazedonien durch die CIA (31. 12. 2003) informiert waren, aber untätig blieben. Am 1. 6. 2006 räumte BND-Präsident Ernst Uhrlau ein, ein Mitarbeiter habe schon im Januar 2004 Kenntnis vom Verschwinden des Deutsch-Libanesen erhalten. Masri war nach Afghanistan verschleppt, nach eigenen Angaben misshandelt und im Mai 2004 freigelassen worden. Seine Klage gegen den Geheimdienst CIA wies ein US-Bundesgericht am 18. 5. aus Gründen des Geheimhaltungsinteresses der USA ab. Der BND-Untersuchungsausschuss will u. a. klären, ob und gegebenenfalls seit wann deutsche Agenten in den Fall verwickelt waren.
  - **Verhöre in Syrien und Guantánamo**: Dieser Komplex betrifft die Beteiligung deutscher Stellen an den Fällen des Deutsch-Syrers **Mohammed Haydar Zammar** und des aus Bremen stammenden Türken **Murat Kurnaz**.

BILDUNG

- **Rechtschreibreform:** Mit Inkrafttreten der erneut korrigierten Rechtschreibreform am 1. 8. 2005 endete vorläufig eine mehrjährige Auseinandersetzung über Änderungen der seit 1996 geltenden Regeln. Die Ministerpräsidentenkonferenz hatte am 30. 3. den letzten Änderungskatalog einstimmig genehmigt.
- **Exzellenzinitiative:** Die von Bund und Ländern am 23. 6. 2005 beschlossene Exzellenzinitiative umfasst ein Programm zur Förderung der universitären Spitzenforschung mit einem Volumen von 1,9 Mrd. € für den Zeitraum von 2006–2001. Insgesamt hatten sich 27 Hochschulen beworben, von denen zehn in die letzte Runde kamen (→ Karte), über deren Fördermittel im Oktober 2006 endgültig entschieden wird.
- **Schulsystem:** Zum Abschluss einer zehntägigen Informationsreise auf Einladung des Auswärtigen Amtes beanstandete der costa-ricanische **UN-Sonderberichterstatter Vernor Muñoz**, der weltweit die Umsetzung der Menschenrechte im Bildungsbereich überprüft, am 21. 2. 2006 in Berlin den Bildungsföderalismus in Deutschland, die Schulstrukturen, die eine zu frühe Auslese begünstigten und mangelhafte Chancen für Zuwandererkinder. Seine Befunde deckten sich teilweise mit den Ergebnissen einer **Sonderauswertung** aus den Daten des internationalen Schülertests **PISA 2003**, den die Organisation für wirtschaftliche Entwicklung und Zusammenarbeit (OECD) Mitte Mai 2006 veröffentlicht hatte.

Die im Juli und November 2005 veröffentlichten Ergebnisse der Ergänzungsfragen zum PISA-Test 2003 (»PISA-E«), die einen **Bundesländervergleich** der Lesefähigkeit, Problemlösungskompetenz und naturwissenschaftlichen Grundkenntnisse 15-jähriger Schüler erlauben, bestätigten die Spitzenstellung Bayerns, gefolgt von Sachsen und Baden-Württemberg. Zugleich zeigte sich, dass die Bildungschancen entscheidend von der sozialen Herkunft abhängen. Als besonders hoch erwiesen sich die sozialen Hürden in Bayern.

Deutschland: Exzellenzinitiative des Bundes und der Länder zur Förderung von Wissenschaft und Forschung an Hochschulen
Vorauswahl der Universitäten für die »Förderlinie Zukunftskonzepte«*

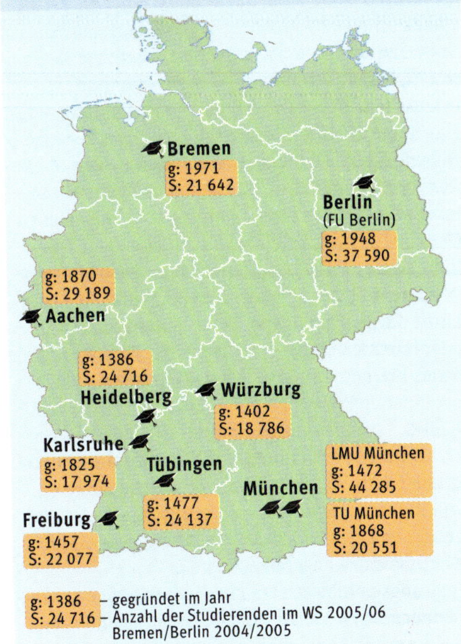

* Im Oktober 2006 fällt die endgültige Entscheidung, welche Universitäten ab November 2006 bis 2011 mit durchschnittlich 21 Mio. € pro Jahr gefördert werden.

■ **Studiengebühren:** Der niedersächsische Landtag beschloss am 9. 12. 2005 das bundesweit erste Gesetz zur Einführung von Studiengebühren an den 19 staatlichen Hochschulen des Landes. Ab Wintersemester 2006/07 (Erstsemester) bzw. Sommersemester 2007 werden 500 € pro Halbjahr fällig. Zur Finanzierung erhalten die Studierenden günstige Kreditbedingungen. Inklusive der Schulden aus dem Bafög-Darlehen soll sich kein Student mit mehr als 15 000 € verschulden. Besonders qualifizierte Studierende sollen die Gebühren über ein Stipendium zurückerhalten. Baden-Württemberg folgte am 15. 12. mit einem entsprechenden Gesetz (von 2007 an pro Semester 500 €; Finanzierung durch Studienkredite). In Nordrhein-Westfalen regelt das am 16. 3. 2006 beschlossene »Hochschulfinanzierungsgerechtigkeitsgesetz« die Einführung von Studiengebühren. Im Unterschied zu Niedersachsen und Baden-Württemberg bleibt es den Hochschulen selbst überlassen, ob und in welcher Höhe – bis maximal 500 € – sie die Gebühren erheben. In Hessen wurde am 5. 5. die Einführung allgemeiner Studiengebühren ab Wintersemester 2007/08 beschlossen. Die vorgesehenen Sätze zwischen 500 € und 1500 € pro Semester sind die bisher höchsten bundesweit (Finanzierung durch günstige Darlehen). Die SPD kündigte Verfassungsklage an, da nach Artikel 59 der Landesverfassung der Besuch von Schulen und Hochschulen kostenfrei sein muss. Nach dem bayerischen Hochschulgesetz vom 18. 5. werden Studiengebühren ab Sommersemester 2007 erhoben. Je nach Typ liegen die Studienbeiträge zwischen 100 € und 500 € (Finanzierung durch Darlehen). Die Hamburger Bürgerschaft beschloss am 28. 6. die Einführung von Studiengebühren in Höhe von 500 € ab Sommersemester 2007 (Finanzierung durch Darlehen).

Gegen die nach dem Urteil des Bundesverfassungsgerichts vom Februar 2005 in einigen Bundesländern beschlossene Einführung von Studiengebühren (→ oben) protestierten im ersten Halbjahr 2006 Studierende an fast allen betroffenen Hochschulen. Im Mai und Juni kam es nach **Demonstrationen jeweils mehrerer tausend Studenten** u. a. zu Autobahnblockaden und Besetzungen von Universitätsverwaltungen. Am 6. 7. 2006 protestierten in Frankfurt am Main knapp 4000 Studenten.

VERBRAUCHER- UND UMWELTSCHUTZ

■ **Verbraucherinformationsgesetz:** Vor dem Hintergrund mehrerer **»Gammelfleischskandale«** stellte Verbraucherschutzminister Horst Seehofer nach Einigung mit den Bundesländern ein **»Zehn-Punkte-Sofortprogramm«** zur Verbesserung der Lebensmittelkontrolle und der Zusammenarbeit von Bund, Ländern und Gemeinden vor, das der Bundestag am 29. 6. 2006 verabschiedete. Unter anderem müssen die Behörden den Bürgern auf Anfrage Auskunft über Verstöße von Unternehmen gegen das Lebensmittelrecht sowie über die Herkunft und Verwendung von Erzeugnissen und Überwachungsmaßnahmen geben. Verbraucherverbände kritisierten Lücken und Fristenregelungen in dem Gesetz.

■ **Vogelgrippe (→ auch Weltthemen):** Der Fund von zwei Schwänen und einem Habicht, die mit dem gefährlichen Erregertyp H5N1 infiziert waren, auf der **Insel Rügen** am 14./15. 2. 2006 zeigte das Vordringen der Tierseuche nach Deutschland an. Für Mecklenburg-Vorpommern und Bayern wurde sofort, für das übrige Bundesgebiet am 17. 2. erneut Stallpflicht angeordnet (diese Maßnahme war schon während der Vogelflugzeit vom 19. 10. bis 15. 12. 2005 ergriffen worden). Um die Bundeswehr beim Suchen nach verendeten Tieren und bei der Desinfektion einsetzen zu können, lösten die Landräte in drei Kreisen Mecklenburg-Vorpommerns am 20. 2. Katastrophenalarm aus. Zugleich begann die Keulung von Hausgeflügelbeständen in der Nähe aufgefundener infizierter Wildvögel. Am 28. 2. wurde auf Rügen eine H5N1-infizierte Katze als erstes in Deutschland befallenes Säugetier gefunden. In den folgenden Wochen sprang die Vogelgrippe auf insgesamt acht Bundesländer über, auch **Nutztierbestände** waren betroffen; die Fälle blieben jedoch durch sofortige Intervention (Keulung) isoliert. Ab 9. 5. wurde die Stallpflicht regionalen Bedingungen entsprechend sukzessive gelockert oder aufgehoben.

Atomare Entsorgung (Schacht Konrad) → Niedersachsen

▪ **Tarifkonflikte im öffentlichen Dienst:** Die Auseinandersetzung über die Neustrukturierung des Tarifrechts auf den Ebenen der Länder und der Kommunen mündete im Frühjahr 2006 in **einen der langwierigsten und unübersichtlichsten Arbeitskämpfe** in der Geschichte des öffentlichen Dienstes. Dabei standen sich auf Arbeitgeberseite die Tarifgemeinschaft deutscher Länder (TdL) sowie der Verband Kommunaler Arbeitgeber (VKA) und auf Arbeitnehmerseite die Dienstleistungsgewerkschaft ver.di gegenüber. Die Auseinandersetzung komplizierte sich durch Interessendifferenzen innerhalb der TdL, die 14 Länder vertrat (Berlin und Hessen hatten sich 1994 bzw. 2004 abgekoppelt), und die Existenz einer Vielzahl von Sonderkonditionen in Kommunen und Ländern. Vor dem Hintergrund scharfer Rivalitäten zwischen der Dienstleistungsgewerkschaft ver.di und dem Ärzteverband Marburger Bund kam es zugleich zu den bisher längsten und umfassendsten Arbeitskämpfen im Gesundheitswesen.

▪ **Tarifreform in Bund und Kommunen:** Den Ausgangspunkt für den Hauptkonflikt auf Länder- und kommunaler Ebene bildete der am 13. 9. 2005 in Potsdam unterzeichnete und am 1. 10. in Kraft getretene **neue Tarifvertrag öffentlicher Dienst (TvöD)**. Er betrifft rd. 2,3 Mio. Beschäftigte und löste den seit vier Jahrzehnten angewandten Bundesangestelltentarifvertrag (BAT) und die entsprechenden Arbeitertarifverträge für Bund und Kommunen ab. Zu den Eckpunkten des TvöD zählen die Aufhebung der Trennung in Arbeiter und Angestellte, die Einführung neuer Entgelttarifstrukturen (bei Besitzstandswahrung für bestehende Arbeitsverhältnisse) mit schrittweisem Ausstieg aus dem Senioritätsprinzip (ab 2007 wird die Vergütung stärker leistungsorientiert) und attraktivere Bedingungen für qualifizierte junge Berufseinsteiger. Als Arbeitszeit wurde für die Kommunen eine Wochenstundenzahl von 38,5 in Westdeutschland und (wie bisher) 40 in Ostdeutschland festgeschrieben, für den Bund in ganz Deutschland von 39 Stunden; die Verteilung der Arbeitszeit wurde flexibler gestaltet. Öffnungsklauseln für die Kommunen erlauben die Vereinbarung von Abweichungen vor Ort.

▪ **Kampf um Tarifreform in den Bundesländern:** Nachdem die TDL schon 2004 die Arbeitszeitbestimmungen sowie die Vereinbarungen über Weihnachts- und Urlaubsgeld gekündigt und die Länder begonnen hatten, in Einzelarbeitsverträgen die Ausweitung der Arbeitszeit bis zu 42 Stunden pro Woche und den Verzicht der Arbeitnehmer auf Sonderzahlungen durchzusetzen, forderte ver.di von ihnen die **Übernahme der** mit dem Bund abgeschlossenen **TvöD-Regelungen**. Zugleich war die Gewerkschaft in mehreren Bundesländern mit dem Vorstoß der kommunalen Arbeitgeber konfrontiert, mit Hinweis auf ihre Finanznot die Öffnungsklauseln im TvöD zu nutzen, um einzelne Tarifbestimmungen, insbesondere zur Arbeitszeit, zu kündigen.

Nach gescheiterten Verhandlungen, Warnstreiks und Urabstimmungen begann mit einem Streik von 10 000 Beschäftigten in Kommunen Baden-Württembergs am 6. 2. 2006 eine **Arbeitskampfserie**, die zeitweise nahezu flächendeckend bis zu acht Bundesländer erfasste. Für den kommunalen Bereich endete sie im März/April mit Tarifabschlüssen für Hamburg (1. 3.), Niedersachsen (15. 3.) und Baden-Württemberg (5. 4.) mit stark differenzierten Regelungen, die eine durchschnittliche Arbeitszeitverlängerung von ursprünglich 38,5 auf etwa 39 Stunden bringen. Am 19. 5. kam es in Potsdam zu einer **Einigung auf Länderebene**. Dieser Tarifvertrag sieht im Wesentlichen eine Übernahme der im TvöD getroffenen Vereinbarungen für den Bund mit länderspezifischen Elementen vor sowie mehrere Einmalzahlungen in 2006 und 2007 und eine Erhöhung der neu eingruppierten Entgelte um rd. 3 % zum 1. 1. bzw. 1. 5. 2008. Das **Arbeitszeitmodell** gibt einen Korridor zwischen 38,5 Stunden (Beschäftigte mit alten Verträgen) und 42 Stunden (Neueinstellungen) und einen Berechnungsschlüssel für die flexibler zu gestaltende Arbeitszeit vor, die nach ver.di-Berechnung (länderspezifisch zwischen 38,7 Schleswig-Holstein und 39,7 Baden-Württemberg) im Schnitt auf 39,2 Stunden angehoben wurde.

Zugleich vereinbarte ver.di besondere Entgelts- und Arbeitszeitregelungen für die **Ärztinnen und Ärzte der Universitätskliniken** (Wochenarbeitszeit 42, bei Bereitschaftsdienst bis zu 58 Stunden, Einkommensverbesserungen).

▪ **Ärztestreiks auf Landesebene:** Nach Demonstrationen und Warnstreiks gegen die Verlängerung der Arbeitszeiten und die Kürzung von Weihnachts- und Urlaubsgeld, an denen sich in den Monaten zuvor jeweils mehrere tausend Klinikärzte beteiligt hatten, entschied der **Ärzteverband Marburger Bund**, der inzwischen rd. 90 000 Mitglieder zählt, am 10. 9. 2005, den vor dem Abschluss befindlichen **TvöD** wegen unzureichender Konditionen **abzulehnen und die Kooperation mit ver.di zu beenden**. Am 15. 9. begannen die Verhandlungen über einen eigenen Tarifvertrag mit der TdL für die rd. 22 000 Mediziner in Landesdiensten. Neben einer Erhöhung der Einkommen um langfristig 30 % forderte die Ärzteverband die vollständige Vergütung von Bereitschaftsdiensten und Überstunden, die Anerkennung der Bereitschaftsdienste als Arbeitszeit, die Abschaffung von sehr kurz befristeten Arbeitsverträgen sowie die Rücknahme der Kürzungen bei Weihnachts- und Urlaubsgeld. Nach Angaben des Deutschen Instituts für Wirtschaftsforschung (DIW) lag das reale Monatsgehalt eines Arztes 2005 um 7,3 % niedriger als 1993. Der Verhandlungsführer der TdL, der niedersächsische Finanzminister Hartmut Möllring (CDU), wies die Forderungen als unfinanzierbar zurück. Nach Warnstreiks, Scheitern der Verhandlungen (9. 3. 2006) und Urabstimmung (13./14. 3.) begannen am 16. 3. die **Streikaktionen an Unikliniken**

Ärztestreik in Dresden am 31. 5. 2006

(→ Foto). Nach mehreren vergeblichen Einigungsversuchen fand der Arbeitskampf am 15. 5. mit dem Ausstand von knapp 13 000 Ärzten an etwa 40 Unikliniken seinen Höhepunkt. Die am 19. 5. zwischen ver.di und der TdL erzielte Tarifeinigung (→ oben) lehnte der Marburger Bund ab. Die Streikbewegung endete am 16. 6. mit dem **Abschluss eines Ärztetarifvertrags**, der in den wesentlichen Punkten kaum von den Regelungen abweicht, die ver.di durchsetzte. Die Anhebung der Gehälter um bis zu 25 % vergrößerte sogar die Einkommensschere zwischen West- und Ostgehältern, deren Abbau der Ärzteverband durchsetzen wollte. Als wichtigen Erfolg wertete der Vorsitzende des Marburger Bundes, Ulrich Montgomery, u. a. die Etablierung seines Verbandes als eigenständiger Tarifpartner.

▪ **Ärztestreiks auf kommunaler Ebene**: Auf der Grundlage des Tarifabschlusses für die Länder erklärte der Marburger Bund die seit Monaten ergebnislos verlaufenen Verhandlungen mit dem Verband Kommunaler Arbeitgeber (VKA) über einen eigenen Tarifvertrag für rd. 700 kommunale Krankenhäuser und rd. 70 000 Ärzte für gescheitert. Nach einer Urabstimmung begann am 26. 6. 2006 der Arbeitskampf mit dem Ausstand von 7500 Medizinern in vier Bundesländern.

▪ **Proteste niedergelassener Ärzte**: Parallel zu den Aktivitäten der abhängig beschäftigten Mediziner manifestierten ab Dezember 2005 die niedergelassenen Ärzte ihren **Widerstand gegen die schädlichen Folgen der Sparpolitik** im Gesundheitsbereich für ihre Einkommen und Arbeitsbedingungen. Mitte Januar 2006 schlossen Zehntausende tageweise ihre Praxen, 14 000 demonstrierten am 18. 1. 2006 in Berlin, 40 000 am 19. 5. in Berlin und anderen Städten.

▪ **Deutscher Gewerkschaftsbund (DGB)**: Personalquerelen belasteten die Beratungen des 18. Ordentlichen DGB-Kongresses von 22. bis 26. 5. 2006 in Berlin. Während der Vorsitzende Michael Sommer (SPD) ohne Gegenkandidat mit 78,4 % der Delegiertenstimmen im Amt bestätigt wurde, setzte sich in einer Kampfabstimmung um den Stellvertreterposten die bisher im Vorstand für Bildungsfragen zuständige Ingrid Sehrbrock (CDU) mit Unterstützung des Vorstands mit 56,8 % der Stimmen gegen die linke Gewerkschafterin Ursula Engelen-Kefer (SPD) durch (43,2 %), die dieses Amt seit 16 Jahren innegehabt hatte.

▪ **Werksschließungen und Arbeitsplatzabbau:** Auf zunehmend heftige Reaktionen bei den Belegschaften und in der Öffentlichkeit stießen die Pläne von Großunternehmen, trotz in vielen Fällen guter, teils exzellenter Gewinnlage Tausende von Arbeitsplätzen zu streichen, mit Hinweis auf den nötigen Strukturwandel im Zuge der Globalisierung.

Der Vorstand des Autokonzerns **DaimlerChrysler AG** beschloss Ende September 2005 für das Jahr 2006 den Abbau von 8500 Stellen bei Mercedes-Benz, davon rd. 5000 in den Werken Sindelfingen und Bremen.

Ein achttägiger Streik der Belegschaft im Stammwerk München des Halbleiterherstellers **Infineon** Ende Oktober 2005 gegen die beabsichtigte Schließung im Jahr 2007 führte zum Abschluss eines Sozialplans für die rd. 800 Beschäftigten. Das Werk galt als technologisch veraltet, das Unternehmen plante, die Kapazität der in Malaysia im Bau befindlichen Fabrik zur Chipherstellung zu verdoppeln.

Der Vorstand der **Deutschen Telekom AG** kündigte am 2. 11. 2005 die Streichung von 32 000 Stellen in den nächsten drei Jahren an, von der vor allem die schrumpfende Festnetzsparte T-Com betroffen sein soll (Konzerngewinn 2005: 5,6 Mrd. €, 2004: 4,9 Mrd. €).

Der Vorstandschef der **Volkswagen AG** gab am 10. 2. 2006 die Auflage eines neuen Sanierungsprogramms bekannt, das den Verzicht auf 20 000 Mitarbeiter, rd. ein Fünftel der Belegschaften in den westdeutschen Werken, einschließt.

Die Beschäftigten des **AEG-Hausgerätewerkes in Nürnberg** streikten Anfang 2006 fünf Wochen für die Erhaltung ihrer 1750 Arbeitsplätze. Am 28. 2. vereinbarte die IG Metall mit dem schwedischen Mutterkonzern Elektrolux einen Sozialtarifvertrag über Abfindungen (1,8 Monatsgehälter pro Mitarbeiter und Beschäftigungsjahr), die Übernahme der Mitarbeiter in eine Beschäftigungsgesellschaft (für 12 Monate) und Vorruhestandsregelungen. Das Werk soll Ende 2007 geschlossen und die Produktion nach Polen und Italien verlagert werden.

Nach Übernahme der Aktienmehrheit des Berliner Pharmaunternehmens **Schering** durch den **Bayer-Konzern** Ende März 2006 für 16,3 Mrd. € kündigte der neue Eigentümer den Abbau von 6000 Stellen weltweit an. Dies entspricht einem Zehntel des Personals in den Pharmasparten beider Unternehmen.

Der **Allianz-Versicherungskonzern** teilte am 22. 6. 2006 mit, die beschlossene Umstrukturierung werde die Schließung von elf Standorten und den Wegfall von 7500 Arbeitsplätzen, darunter 2500 bei der Konzern-Tochter **Dresdner Bank**, zur Folge haben. Für 2005 wies der Konzern einen Gewinn von 4,4 Mrd. € aus.

▪ **VW-Korruptionsaffäre:** Mit der fristlosen Entlassung und Strafanzeigen des VW-Konzerns gegen den Personalchef der tschechischen VW-Tochter Škoda, Helmuth Schuster, und den Personalmanager in der

Konzernzentrale Wolfsburg, Klaus-Joachim Gebauer, sowie dem Rücktritt des langjährigen Gesamtbetriebsratsvorsitzenden Klaus Volkert kam Ende Juni 2005 eine Affäre ins Rollen, die das Image des größten europäischen Autobauers schwer schädigte. Beide Manager galten als enge Mitarbeiter und Vertraute des Personalvorstands Peter Hartz, der eine unmittelbare Verwicklung in die Affäre, die von seiner Abteilung ausging, in Abrede stellte. Am 8. 7. 2005 reichte er seinen Rücktritt ein, den der Aufsichtsrat am 5. 8. annahm.

Bis Mitte 2006 hatte die Staatsanwaltschaft Braunschweig gegen 14 Beschuldigte Ermittlungen wegen Untreue und Betrugs oder Beihilfe dazu aufgenommen, neben Schuster, Gebauer, Volkert und Hartz auch gegen den Bundestagsabgeordneten Hans-Jürgen-Uhl (SPD) und den niedersächsischen Landtagsabgeordneten Günter Lenz (SPD), deren Immunität die Braunschweiger Staatsanwaltschaft aufzuheben beantragte.

Die mit einer unabhängigen Untersuchung beauftragte Wirtschaftsprüfungsfirma KPMG bezifferte in ihrem Anfang November 2005 vorgelegten Prüfbericht den unmittelbaren Schaden für das Unternehmen auf mindestens 5 Mio. €. Um weiterer Korruption und Betrug vorzubeugen, setzte der Vorstand am 23. 1. 2006 zwei externe Rechtsanwälte als Ombudsmänner ein. Sie nehmen weltweit strikt vertraulich und anonym Meldungen über Verdachtsfälle im Konzern entgegen.

URTEILE

- **EU-Haftbefehl:** Das Bundesverfassungsgericht (BVerfG) erklärte am 18. 7. 2005 das im August 2005 in Kraft getretene Europäische Haftbefehlsgesetz für verfassungswidrig. Der Gesetzgeber habe den EU-Rahmenbeschluss vom Juni 2002 zum Auslieferungsverfahren zwischen den EU-Mitgliedstaaten zu eng umgesetzt, sodass in das Grundrecht auf Auslieferungsfreiheit unverhältnismäßig eingegriffen werde. Mit dem Entscheid veranlasste das BVerfG die Freilassung von Mamoun Darkazanli, dessen Verfassungsbeschwerde es stattgab. Der deutsche (und syrische) Staatsbürger war auf Antrag Spaniens unter dem Verdacht in Auslieferungshaft genommen worden, eine Schlüsselfigur im europäischen Netzwerk von Al-Qaida gewesen zu sein. Das Bundeskabinett verabschiedete am 25. 1. 2006 den Entwurf eines EU-Haftbefehlsgesetzes, der die Möglichkeiten zur Auslieferung deutscher Staatsbürger eingrenzt.
- **Telefonüberwachung und Rasterfahndung:** Das BVerfG erkannte in der vorbeugenden Telefonüberwachung, wie sie im niedersächsischen Polizeirecht verankert war, einen Verstoß gegen das grundgesetzlich geschützte Fernmeldegeheimnis und eine Verletzung der Gesetzgebungsbefugnis des Bundes und erklärte es am 27. 7. 2005 für verfassungswidrig. Nach dem Beispiel Niedersachsens hatten auch andere Bundesländer geplant, der Polizei zur effektiveren Terrorismusabwehr und Kriminalitätsbekämpfung zu erlauben, ohne konkreten Tatverdacht Telefongespräche abzuhören und Verbindungsdaten auszuwerten.

  Die seit den Anschlägen in den USA vom 11. 9. 2001 betriebene vorbeugende polizeiliche Rasterfahndung nach islamistischen sog. Schläfern verstieß nach einem Urteil des BVerfG vom 4. 4. 2006 gegen die Verfassung. Eine solche massenhafte Datenermittlung sei nur bei einer »konkreten Gefahr« erlaubt, nicht aber bei einer allgemeinen Bedrohungslage für Deutschland, wie sie nach den Terroranschlägen durchgehend bestanden habe. Das Gericht gab einem früheren marokkanischen Studenten aus Nordrhein-Westfalen Recht, der gegen die Verletzung seines Grundrechts auf informationelle Selbstbestimmung Verfassungsbeschwerde erhoben hatte. Bundesinnenminister Wolfgang Schäuble und mehrere seiner Länderkollegen bemängelten, das Verfassungsgericht lege die Hürden für eine effektive Terrorabwehr zu hoch.
- **Luftsicherheitsgesetz:** Ein von Terroristen entführtes Passagierflugzeug darf von der Bundeswehr nicht abgeschossen werden, selbst wenn damit ein Anschlag verhindert werden soll. Eine entsprechende Erlaubnis im Luftsicherheitsgesetz erklärte das BVerfG am 15. 2. 2006 für verfassungswidrig. Der Abschuss eines von Attentätern als Waffe missbrauchten Flugzeugs sei unvereinbar mit dem Grundrecht der Passagiere auf Leben und Menschenwürde. Zudem dürfe die Bundeswehr ohne ausdrückliche Genehmigung durch die Verfassung im Inland nicht militärisch eingesetzt werden. Mit ihrem Entscheid folgten die Karlsruher Richter einer Verfassungsbeschwerde der FDP-Politiker Burkhard Hirsch und Gerhart Baum sowie weiterer vier Kläger gegen das Anfang 2005 in Kraft getretene Luftsicherheitsgesetz. Als Konsequenz aus dem Urteil schlug Bundesverteidigungsminister Josef Jung (CDU) vor, durch eine Grundgesetzänderung den Begriff der Landesverteidigung um den Aspekt der Terrorabwehr zu erweitern. Das Urteil entzog Bundesinnenminister Wolfgang Schäuble (CDU) auch die Grundlage für die von ihm geforderte Übertragung polizeilicher Aufgaben an die Bundeswehr während der Fußballweltmeisterschaft.

FINANZPOLITIK

- **Steuern:** Mit der Annahme des Haushaltsbegleitgesetzes beschlossen Bundestag und Bundesrat (19. 5./16. 6. 2006) die umstrittene, im Koalitionsvertrag vereinbarte größte Steuererhöhung in der Geschichte der Bundesrepublik. Der Regelsatz der **Mehrwertsteuer** wurde zum 1. 1. 2007 **von 16 auf 19 % angehoben**, der ermäßigte Satz von 7 % u. a. für Lebensmittel, kulturelle Leistungen usw. blieb unverändert. Mit den zu erwartenden Mehreinnahmen (2007 19,4 Mrd. €, 2008 22,8 Mrd. €) soll zu einem Drittel die gleichfalls beschlossene Senkung der Beiträge zur Arbeitslosenversicherung um zwei Prozentpunkte auf 4,5 %

mitfinanziert werden. Den Rest der bis zu 14,8 Mrd. € teuren Entlastung der Lohnnebenkosten soll die Bundesagentur für Arbeit (BA) erbringen.

Neben der Anhebung der Mehrwertsteuer wurden zahlreiche **weitere steuerliche Belastungen** bzw. Einsparungen festgeschrieben, darunter als wichtigste: Wegfall der Pauschale für 20 Entfernungskilometer Wohnung–Arbeitplatz; Kürzung des Sparerfreibetrags; Streichung der Absetzbarkeit für das häusliche Arbeitszimmer; Begrenzung der Steuerfreiheit von Sonn-, Feiertags- und Nachtzuschlägen; Anhebung des Pauschalbeitragssatzes bei Mini-Jobs; Kürzung der Zuschüsse für den öffentlichen Nahverkehr der Bundesländer; Kürzung des Weihnachtsgeldes für Beamte; Wegfall des bisherigen Zuschusses des Bundes an die Bundesagentur für Arbeit, die ihren Unterstützungsbedarf künftig durch Darlehen abdecken soll.

Deutschland: Einzelne Steuern des Bundes, der Länder und der Gemeinden (Auswahl)

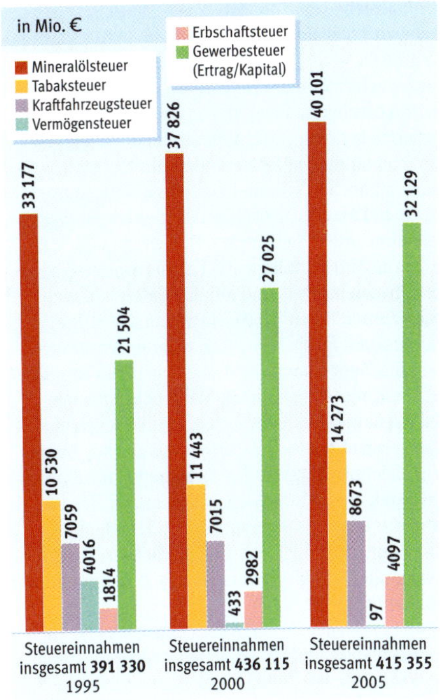

Quelle: Deutsche Bundesbank 2006

▪ **Bundeshaushalt:** Auf der Basis eines – durch die Mehrwertsteuer gedämpften – Wirtschaftswachstums von 1 % des BIP rechnete Finanzminister Peer Steinbrück für 2007 gegenüber dem Vorjahr mit Steuermehreinnahmen von 20,5 Mrd. €. Bei Einplanung erhöhter Privatisierungserlöse (9 Mrd. €) veranschlagte die Bundesregierung in dem am 5. 7. 2006 vorgelegten **Haushaltsentwurf für 2007** ein Ausgabenvolumen von 267,6 Mrd. € (+2,3 %). Die Nettoneuverschuldung von 22 Mrd. € (2,5 % des BIP) würde erstmals seit 2002 die vom Grundgesetz und dem EU-Stabilitätspakt gezogenen Verschuldungsgrenzen nicht überschreiten. Beide Kriterien wurden noch vom **Bundeshaushalt für 2006** verletzt, den der Bundestag – wegen der Bundestagswahl verspätet – am 23. 6. mit den Stimmen der Großen Koalition verabschiedete. Die Ausgaben in Höhe von 261,6 Mrd. € (+0,7 %) sind durch Aufnahme neuer Schulden in Rekordhöhe von 38,2 Mrd. € gedeckt. Die Summe übersteigt die der Investitionen um 15 Mrd. € und entspricht 3,3 % des BIP (→ Tabelle).

WEITERE MELDUNGEN

▪ **»Holocaust-Archiv«:** Am 15. 5. 2006 genehmigte die in Luxemburg tagende Kommission des **Suchdienstes des Internationalen Komitees vom Roten Kreuz** (IKRK) die Öffnung seines Archivs in Bad Arolsen für Forschungszwecke. Der Beschluss bedarf noch der nicht mehr strittigen Ratifizierung durch die elf Signatarstaaten des 1955 geschlossenen Vertrags zum Internationalen Suchdienst des IKRK. Erstmals können dann rd. 50 Mio. Akten mit Informationen über 17,5 Mio. Häftlinge, Zwangsarbeiter und Vertriebene des Nazi-Regimes systematisch gesichtet werden. Bisher hatten sich der Suchdienst selbst sowie Italien und Deutschland mit Hinweis auf Persönlichkeitsrechte und Datenschutz gegen die Freigabe der Akten gesperrt.

▪ **Katholische Kirche:** Am 20. katholischen Weltjugendtag in Köln vom 16.–21. 8. 2005 unter dem Motto »Wir sind gekommen, um IHN anzubeten« beteiligten sich über 400 000 registrierte junge Menschen aus 188 Staaten. Höhepunkt der zahlreichen Veranstaltungen war die von Papst Benedikt XVI. mit rd. 1 Mio. Gläubigen zelebrierte Abschlussmesse (→ Vatikan).

Die Herbst-Vollversammlung der Deutschen Bischofskonferenz (10.–22. 9. 2005) wählte Karl Kardinal Lehmann zum vierten Mal in Folge für sechs Jahre in das Amt des Vorsitzenden.

AUSSENPOLITIK

In den Grundlinien der Außenpolitik bewahrte die Regierung der Großen Koalition Kontinuität, zumal mit dem ehemaligen Kanzleramtsminister Steinmeier (SPD) ein Mitgestalter der rot-grünen Außenpolitik Nachfolger von Joschka Fischer (Grüne) wurde. Akzentverschiebungen zeigten sich jedoch schon bald im weniger spektakulären Auftreten der Bundeskanzlerin und ihres Außenministers bei internationalen Gipfelveranstaltungen und in einer stärkeren Gewichtung von Menschenrechtsfragen, auch im Verhältnis zur VR China, Russland und den USA. Auf EU-Ebene erwarb sich Bundeskanzlerin Merkel Anerkennung für ihre Vermittlerrolle auf dem Ratsgipfel am 16./17. 12. 2005 im Streit zwischen Frankreich und Großbritannien über die Finanzierung der Gemeinschaft 2007–2013.

■ **Entführungen:** Am 25. 11. 2005 wurde als erste Deutsche im → Irak die dort lebende Archäologin **Susanne Osthoff** entführt, als sie zusammen mit ihrem Fahrer auf dem Weg von Bagdad nach Erbil in der nördlichen Provinz Ninive war. Die Kidnapper forderten in einer einige Tage später übermittelten Videobotschaft die Bundesregierung auf, die Zusammenarbeit mit der irakischen Regierung einzustellen, sonst würde die Geisel getötet. Ein Ultimatum ließ die Bundesregierung verstreichen. Experten nahmen einen eher kriminellen als politischen Hintergrund für die Entführung an. Nach Appellen hochrangiger Persönlichkeiten in Deutschland und im Irak wurde Osthoff **am 18. 12. freigelassen**. Während einer Urlaubsreise wurde am 28. 12. der frühere Staatssekretär im Außenministerium **Jürgen Chrobog** zusammen mit seiner Familie **im Jemen** in der Provinz Schabwa entführt. Die Entführer wollten inhaftierte Angehörige ihres Stammes freipressen. Nach Vermittlung der jemenitischen Regierung wurden die Deutschen am 31. 12. freigelassen (→ Jemen). **Zwei Ingenieure** der sächsischen Firma Cyrotec, die eine Industrieanlage in Baidschi, rd. 200 km nordwestlich von Bagdad, montierten, wurden am 24. 1. 2006 auf dem Weg zur Arbeit verschleppt. In Videobotschaften gaben sich Entführer als Mitglieder der Gruppe Ansar Al-Tawhid wal-Sunna (Anhänger der göttlichen Einmaligkeit und der Sunna) aus und verbanden ihre politischen Forderungen mit zwei Ultimaten, die jeweils ausliefen. Am 2. 5. gab Außenminister Steinmeier bekannt, die Geiseln seien frei und in sicherer Obhut. In allen Fällen äußerte sich die Bundesregierung nicht zu Spekulationen über die **Zahlung von Lösegeld**. Nach einem Bericht der britischen Tageszeitung »Times« vom 22. 5. wurden für die Freilassung von Osthoff 3 Mio. US-$ gezahlt, für die der beiden Techniker im Mai 2006 ebenfalls 3 Mio. US-$.

■ **Auslandseinsätze der Bundeswehr:** Mit der Verlängerung des Mandats für die Bundeswehr zur Beteiligung an der **ISAF-Mission** in → Afghanistan um ein Jahr stockte der Bundestag am 28. 9. 2005 (noch in alter Besetzung) die erlaubte Kontingentstärke der Truppe von 2250 auf 3000 Soldaten auf und erweiterte den möglichen Operationsradius auf das ganze Land. Bisher auf die Städte Kabul, Kunduz und Feyzabad beschränkt, begann die Bundeswehr Ende 2005 ihren Schwerpunkt nach Mazar-i-Sharif zu verlegen. Dort übernahm sie am 1. 6. 2006 das **ISAF-Kommando in den neun Nordprovinzen**. Am 8. 11. 2005 verlängerte der Bundestag das Mandat für die Teilnahme an der seit 2001 von den USA geführten Antiterror-Operation **»Enduring Freedom«**, die sich für die Bundeswehr auf die Seeraumüberwachung am Horn von Afrika und das geheim gehaltene Engagement des Kommandos Spezialkräfte (KSK) an der Seite der US-Streitkräfte in Afghanistan beschränkt. Am 14. 11. kam bei einem Anschlag in Kabul der 18. Bundeswehrsoldat seit Beginn des ISAF-Einsatzes im Dezember 2001 ums Leben.

■ **Kongo:** Im Rahmen der Mission der → EU zur Absicherung der Wahlen in der Demokratischen Republik Kongo am 30. 7. 2006 entsandte die Bundeswehr gemäß Beschluss des Bundestags vom 1. 6. im Juli rd. 780 Soldaten in die Hauptstadt Kinshasa und in das benachbarte Gabun.

■ **Russland:** Der von den baltischen Staaten und Polen kritisierte Vertrag über den Bau einer **Ostsee-Erdgaspipeline** vom russischen Hafen Wyborg bei St. Petersburg nach Greifswald, den die deutschen Energiekonzerne E.on und BASF mit Gasprom am 8. 9. 2005 in Berlin im Beisein von Bundeskanzler Schröder und Präsident Wladimir Putin unterzeichneten, wurde auch von der neuen Bundesregierung befürwortet. Bei ihrem Antrittsbesuch in Moskau am 16. 1. 2006 verabredeten Bundeskanzlerin Merkel und Putin, die bilateralen Beziehungen weiter auszubauen und sich im Streit über das iranische Atomprogramm eng abzustimmen. International beachtet wurde Merkels **Treffen mit Oppositionellen**, nach dem sie die russische Regierung aufforderte, die Arbeit von Menschenrechtsorganisationen nicht einzuschränken.

■ **VR China:** Während der noch amtierende Bundeskanzler Schröder beim Besuch von Staatspräsident Hu Jintao in Berlin am 11. 11. 2005 noch die Notwendigkeit einer Aufhebung des **EU-Waffenembargos** gegen China bekräftigte, erklärte Außenminister Steinmeier am 21. 2. 2006 vor seinem Besuch in Beijing, dieses Thema besitze für Deutschland keinen vorrangigen Stellenwert mehr. Bei ihrem Kurzbesuch in der VR China (22./23. 5.) drängte die Kanzlerin auf schärfere Vorkehrungen gegen die Produktpiraterie chinesischer Unternehmen. Im Atomstreit mit dem Iran resümierte sie Einigkeit, »dass Iran nicht in den Besitz von Atomwaffen kommen darf«. Gegenüber Ministerpräsident Wen Jiabao sprach Merkel die **Differenzen zum Thema Menschenrechte** an, die nicht »unter den Teppich gekehrt« werden dürften. Als Zeichen für die Religionsfreiheit traf sie sich in Shanghai mit dem 91-jährigen katholischen Bischof Aloysius Jin, der 27 Jahre im Gefängnis verbracht hatte. Zu dem angestrebten Vertrag über die Verlängerung der bestehenden Transrapid-Strecke von Shanghai nach Hangzhou (170 km) kam es nicht.

■ **Polen:** Nach dem Wechsel der politischen Führungen in beiden Staaten blieb das sensible **Nachbarschaftsverhältnis belastet**, zumal die rechtskonservativen Brüder Jarosław und Lech Kaczyński ihre Wahlkämpfe auch mit antideutschen Parolen bestritten hatten. Die scharfe Kritik an der geplanten Ostsee-Gaspipeline zwischen Russland und Deutschland versuchte Kanzlerin Merkel bei ihrem Antrittsbesuch in Warschau am 2. 12. 2005 zu besänftigen, indem sie sich für eine Anbindung Polens an die Pipeline aussprach. **Misstöne und Differenzen**, u. a. über die von der polnischen Regierung abgelehnte weitere europäische Integration, den polnischen Vorschlag einer »Energie-NATO« und das deutsche Vorhaben eines »Zentrums gegen Vertreibungen«, dominierten den Besuch von Präsident Lech Kaczyński in Berlin am 8. 3. 2006. Eine Satire in der tageszeitung (taz) vom 8. 7. über den Präsidenten gab der polnischen Seite Anlass, beim Auswärtigen Amt vorstellig zu werden.

▪ **USA:** Bei ihrem ersten Treffen am 13. 1. 2006 demonstrierten die Bundeskanzlerin und US-Präsident George W. Bush (→ Foto S. 158) Einvernehmen und persönliche Sympathie, sodass Merkel im Anschluss von einem **»neuen Kapitel« in den Beziehungen** zwischen beiden Staaten sprach. Im Klima der Offenheit könne auch über »unterschiedliche Sichtweisen« gesprochen werden, etwa im Kampf gegen den Terrorismus. Wenige Tage zuvor (7. 1.) hatte Merkel erstmals gefordert, das Internierungslager **Guantánamo zu schließen**. Diese Forderung wies Bush zurück. Über die Problematik der Verschleppung von Terrorverdächtigten durch die **CIA und illegale geheime Gefangenenflüge** in Europa (→ Europarat) war es am 6. 12. 2005 zwischen Merkel und Außenministerin Condoleezza Rice im Fall des Deutschen Khaled el-Masri (→ oben) zu Differenzen gekommen. Merkel unterstrich zwar die Notwendigkeit eines gemeinsamen Vorgehens gegen Terroristen, betonte aber zugleich, demokratische Prinzipien müssten eingehalten werden.

▪ **Iran und Nahostkrise:** Im **Atomstreit mit dem Iran** achtete die Bundesregierung auf möglichste Geschlossenheit innerhalb der Sechsergruppe (die fünf Vetomächte des UN-Sicherheitsrats plus Deutschland) und betonte zugleich die Alternativlosigkeit einer diplomatischen Lösung. Angesichts drohender Töne aus den USA gegenüber dem Iran und der Aktualisierung der französischen Nukleardoktrin warnte Außenminister Steinmeier am 22. 1. 2006 vor einer »Militarisierung des Denkens«. Auf die wiederholte Leugnung des Holocaust und die Bestreitung des Existenzrechtes Israels durch den iranischen Präsidenten Mahmud Ahmadinedschad reagierte die Bundesregierung mit scharfen Entgegnungen, vermied mit Blick auf den Atomstreit und wirtschaftliche Interessen aber konkrete Maßnahmen, die einen Bruch der Beziehungen provozieren könnten.

Gegenüber Israel bekräftigte Merkel bei ihrem Antrittsbesuch am 30. 1. 2006 die Konstanz der deutschen Außenpolitik, die beiderseitigen Beziehungen als »besondere Beziehungen« zu pflegen. Nach dem Wahlsieg der Hamas in Israel kündigte Außenminister Steinmeier am 13. 2. in Jerusalem an, mit der Hamas werde es nur dann einen Dialog geben, wenn diese auf Gewalt verzichte und Israel sowie die bestehenden Verträge anerkenne.

Dominica

Mittel-Amerika; Karibik

Commonwealth Dominica;
Commonwealth of Dominica – DM / DMA

Fläche (Weltrang: 172): 751 km²

Einwohner (184): F 2004 71 000 = 95 je km²

Hauptstadt: Roseau

Amtssprache: Englisch

Bruttonationaleinkommen 2004 je Einw.: 3670 $

Währung: 1 Ostkarib. Dollar (EC$) = 100 Cents
Kurs: 1 US-$ = 2,72 EC$; 1 € = 3,50 EC$

High Commissioner for the Commonwealth of Dominica
1, Collingham Gardens, GB – London SW5 0HW
T 00 44 – 207 – 3 70 51 94, Fax 3 73 87 43

LANDESSTRUKTUR **Fläche:** 751 km²; Karte → WA 2006, S. 164 ▪ **Verwaltung:** 10 Bezirke ▪ **Städte:** (S 2003) Roseau 27 401 Einw.

BEVÖLKERUNG Dominicaner – F 2004: 71 000 Einw.; Bevölkerungswachstum: 0,3 %; letzte Zählung 2001: 69 625 Einw. – ca. 91 % Schwarze, 6 % Mulatten und Kreolen, 1,5 % Indianer; weiße Minderheit ▪ **Sprachen:** Englisch, Patois (franz. Kreol), Cocoy (Pidgin-Englisch) ▪ **Religion** 1999: 80 % Katholiken

STAATS- UND REGIERUNGSFORM Verfassung von 1978 – Republik (im Commonwealth) seit 1978 – Parlament (House of Assembly) mit 30 Mitgl. (21 gewählt, 5 durch Regierungschef und 4 durch Opposition ernannt), Wahl alle 5 J. – Wahl des Staatsoberhauptes durch Parlament alle 5 J. – Wahlrecht ab 18 J. ▪ **Unabhängigkeit:** 3. 11. 1978 (ehem. britische Kolonie) ▪ **Nationalfeiertag:** 3. 11.

REGIERUNG UND PARTEIEN **Staatsoberhaupt:** Nicholas Liverpool, seit 2. 10. 2003 – **Regierungschef:** Roosevelt Skerrit (DLP), seit 8. 1. 2004 – **Äußeres:** Charles Savarin, seit 12. 5. 2005 ▪ **Parlament:** Wahlen vom 5. 5. 2005: Dominica Labour Party / DLP 12 von 21 gewählten Sitzen (2000: 10), United Workers' Party / UWP 8 (9), Dominica Freedom Party / DFP – (2), Unabhängige 1 (–)

WIRTSCHAFT **BIP** 2004: 271 Mio. $; realer Zuwachs: 2,0 %; Anteil (2003) Landwirtschaft 18 %, Industrie 22 %, Dienstleistungen 60 % ▪ **Erwerbstätigkeit:** k. A. ▪ **Arbeitslosigkeit** ∅ 2004: 23 % (S) ▪ **Inflation** ∅ 2004: 2,3 % (S) ▪ **Außenhandel** 2002: **Import:** 115,7 Mio. $; *Güter:* 22 % Maschinen und Transportausrüstungen, 22 % Nahrungsmittel und lebende Tiere, Getränke, Tabak; *Länder:* 37 % USA, 18 % Trinidad und Tobago, 9 % Großbritannien; **Export:** 41,9 Mio. $; *Güter:* 29 % Früchte und Nüsse, 28 % Seife; *Länder:* 23 % Großbritannien, 22 % Jamaika, 9 % USA

Dominikanische Republik

Mittel-Amerika; Karibik

República Dominicana – DO / DOM

Fläche (Weltrang: 127): 48 422 km²

Einwohner (86): F 2004 8 768 000 = 181 je km²

Hauptstadt: Santo Domingo

Amtssprache: Spanisch

Bruttonationaleinkommen 2004 je Einw.: 2100 $

Währung: 1 Dom. Peso (dom$) = 100 Centavos
Kurs: 1 US-$ = 33,12 dom$; 1 € = 42,68 dom$

Botschaft der Dominikanischen Republik
Dessauer Str. 28–29, 10963 Berlin
T 030 / 257 57 76 – 0, Fax 257 57 76 – 1
E-Mail: embajadomal@t-online.de

LANDESSTRUKTUR **Fläche**: 48 422 km²; → Karte ▪ **Verwaltung**: 31 Provinzen und 1 Distrikt ▪ **Städte**: (Z 2002) Santo Domingo 1 887 586 Einw., Santiago de los Caballeros 507 418, San Pedro de Macorís 193 713, La Romana 191 303, Los Alcarrizos 166 930; (S 2002) San Cristóbal 137 422; (Z 2002) San Francisco de Macorís 122 036, Puerto Plata 112 036, Higüey 103 502

BEVÖLKERUNG Dominikaner – F 2004: 8 768 000 Einw.; Bevölkerungswachstum: 1,5 %; letzte Zählung 2002: 8 562 541 Einw. – 73 % Mulatten, 16 % Weiße, 11 % Schwarze ▪ **Sprachen**: Spanisch ▪ **Religion** 2001: 89 % Katholiken

STAATS- UND REGIERUNGSFORM Verfassung von 1966, zuletzt geändert 1994 – Präsidialrepublik seit 1966 – Parlament (Congreso Nacional): Abgeordnetenhaus (Cámara de Diputados) mit 150 Mitgl.; Senat mit 32 Mitgl.; Wahl jeweils alle 4 J. – Direktwahl des Staatsoberhauptes alle 4 J. – Wahlpflicht ab 18 J. ▪ **Unabhängigkeit**: erstmals 27. 2. 1844–1861, endgültig 14. 9. 1863 (ehem. spanische Kolonie) ▪ **Nationalfeiertag**: 27. 2.

REGIERUNG UND PARTEIEN **Staats- u. Regierungschef**: Leonel Fernández Reyna (PLD), seit 16. 8. 2004 – **Äußeres**: Carlos Morales Troncoso (PLD), seit 16. 8. 2004 ▪ **Parlament**: Wahlen vom 16. 5. 2002: Abgeordnetenhaus: Partido Revolucionario Dominicano / PRD 73 von 150 Sitzen (1998: 83 von 149 Sitzen), Partido de la Liberación Dominicana / PLD 41 (50), Partido Reformista Social Cristiano / PRSC 36 (16) – Senat: PRD 29 von 32 Sitzen (1998: 24 von 30 Sitzen), PRSC 2 (2), PLD 1 (4)

WIRTSCHAFT **BIP** 2004: 18,673 Mrd. $; realer Zuwachs: 2,0 %; Anteil (2004) Landwirtschaft 11 %, Industrie 26 %, Dienstleistungen 63 % ▪ **Erwerbstätigkeit** 2002: Landwirtsch. 16 %, Industrie 21 %, Dienstl. 63 % ▪ **Arbeitslosigkeit** ∅ 2005: 19 % (S) ▪ **Inflation** ∅ 2005: 3,7 % ▪ **Außenhandel** 2005: inkl. Freihandelszonen **Import**: 9,542 Mrd. $; *Güter* 2004: 48 % Konsumgüter, 36 % Rohstoffe und Zwischenprodukte (darunter 11 % Erdöl), 16 % Kapitalgüter; *Länder* 2005: 58 % USA, 5 % Zentralamerika, 3 % Spanien, 2 % Deutschland, 2 % Italien; **Export**: 5,988 Mrd. $; *Güter* 2004: 29 % Nickel, 7 % Rohzucker, 4 % Kakao, 3 % Tabak; *Länder* 2005: 86 % USA, 4 % Niederlande, 2 % Großbritannien, 2 % Rep. Korea, 1 % Deutschland

CHRONIK

Obwohl die Dominikanische Republik selbst zu den ärmeren Staaten des karibischen Raums zählt, versuchen jährlich tausende Haitianer über die gemeinsame Grenze in das Nachbarland zu gelangen, um der katastrophalen politischen und ökonomischen Situation in ihrer Heimat zu entkommen. Inzwischen leben zwischen einer halben und 1 Mio. Haitianer in der Dominikanischen Republik, viele von ihnen illegal. Aufgrund dieser massiven Migrationsbewegung kommt es immer häufiger zu **gewaltsamen Übergriffen auf die haitianischen Einwanderer**, was die Spannungen in der historisch ohnehin schon schwierigen Beziehung zwischen beiden Ländern noch erhöht. Um dem weiteren Zustrom haitianischer Flüchtlinge entgegenzuwirken, nimmt die Regierung in Santo Domingo Massenausweisungen vor, eine Praxis, die von Port-au-Prince scharf kritisiert wird. Die bilateralen Beziehungen verschlechterten sich noch weiter, nachdem im August 2005 drei Haitianer in Santo Domingo ermordet wurden. Haiti berief daraufhin am 26. 8. 2005 seinen Botschafter aus der Dominikanischen Republik zurück (→ Haiti).

Im Oktober 2005 forderte der in Costa Rica angesiedelte Interamerikanische Gerichtshof für Menschenrechte (Inter-American Court of Human Rights) die Regierung auf, den im Lande geborenen Haitianern die Staatsbürgerschaft nicht zu verweigern. Bisher werden diesem Personenkreis die Bürgerrechte nur dann zugestanden, wenn die Eltern eine reguläre Aufenthaltsgenehmigung besitzen.

Dschibuti Nordost-Afrika

Republik Dschibuti;
Ǧumhūriyya Ǧībūtī
République de Djibouti – DJ / DJI

Fläche (Weltrang: 146): 23 200 km²

Einwohner (154): F 2004 779 000 = 34 je km²

Hauptstadt: Ǧībūtī / Djibouti (Dschibuti)

Amtssprachen: Arabisch, Französisch

Bruttonationaleinkommen 2004 je Einw.: 950 $

Währung: 1 Dschibuti-Franc (FD) = 100 Centimes
Kurs: 1 US-$ = 179,50 FD; 1 € = 234,33 FD

Botschaft der Republik Dschibuti
26, Rue Emile Ménier, F-75116 Paris
T 00 33-1-47 27 49 22, Fax 45 53 50 53

LANDESSTRUKTUR **Fläche:** 23 200 km²; → Karte ▪ **Verwaltung:** 4 Distrikte ▪ **Städte:** (S 2003) Ǧībūtī/ Djibouti (Dschibuti) 547 100 Einw., Ali-Sabieh 8000, Tadjoura 7500, Dikhil 6500

BEVÖLKERUNG Dschibutier – F 2004: 779 000 Einw.; Bevölkerungswachstum: 1,8 % – ca. 50 % Issa (Nord-Somali), 40 % Afar, Europäer (meist Franzosen) sowie Araber ▪ **Sprachen:** Arabisch und Französisch; Afar, Somali ▪ **Religion:** fast 100 % Muslime (Sunniten)

STAATS- UND REGIERUNGSFORM Verfassung von 1992 – Präsidialrepublik seit 1977 – Parlament: Nationalversammlung (Assemblée nationale) mit 65 Mitgl., Wahl alle 5 J. – Direktwahl des Staatsoberhaupts alle 6 J. – Wahlrecht ab 18 J. ▪ **Unabhängigkeit:** 27. 6. 1977 (ehem. französische Kolonie) ▪ **Nationalfeiertag:** 27. 6.

REGIERUNG UND PARTEIEN **Staatsoberhaupt:** Ismaïl Omar Guelleh (RPP / FRUD), seit 8. 5. 1999; wieder gewählt 2005 – **Regierungschef:** Dileita Mohamed Dileita (RPP), seit 7. 3. 2001 – **Äußeres:** Mahamud Ali Jussuf, seit 22. 5. 2005 ▪ **Parlament:** Wahlen vom 10. 1. 2003: Union pour la Majorité Présidentielle / UMP alle 65 Sitze (1997: 65)

WIRTSCHAFT **BIP** 2004: 663 Mio. $; realer Zuwachs: 3,0 %; Anteil (2001) Landwirtschaft 4 %, Industrie 16 %, Dienstleistungen 81 % ▪ **Erwerbstätigkeit** 2001: Landwirtsch. 78 % ▪ **Arbeitslosigkeit** ∅ 2004: 45 % (S) ▪ **Inflation** ∅ 2003: 2,0 % ▪ **Außenhandel** 1999: **Import:** 27,131 Mrd. FD; *Güter:* v. a. Nahrungsmittel, Maschinen, Kleidung, Erdöl und -produkte; *Länder:* v. a. Frankreich, Thailand, Saudi-Arabien und Äthiopien; **Export:** 15,919 Mrd. FD; (1992) *Güter:* v. a. Häute, Felle und andere Viehzuchtprodukte; *Länder:* v. a. Somalia, Äthiopien und Jemen

CHRONIK

Die **Beziehungen zu Frankreich** wurden durch eine seit Jahren schwelende **Justizaffäre belastet.** Französische Untersuchungsrichter gehen bei den Ermittlungen im Fall des 1995 in Dschibuti zu Tode gekommenen französischen Richters Bernard Borrel davon aus, dass der Tod Borrels nicht – wie von Dschibutis Behörden ursprünglich bestätigt – auf Selbstmord, sondern auf Mord zurückzuführen sei. Bei den Untersuchungen wurden im September und Oktober 2005 von den französischen Ermittlern auch Personen aus dem Umfeld des dschibutischen Präsidenten als Zeugen vernommen. Der Generalstaatsanwalt Dschibutis kündigte daraufhin am 22. 10. 2005 wegen der Zurückhaltung von Beweismaterial und Nichtrespektierung der diplomatischen Immunität der Befragten ein Abkommen mit Frankreich von 1986 über die Zusammenarbeit der Justizbehörden auf. Am 10. 1. 2006 rief Dschibuti zudem den Internationalen Gerichtshof an, um im Justizstreit mit Frankreich einen Entscheid zu erwirken.

Am 30. 12. 2005 fanden erstmals in der Geschichte des Landes **Kommunal- und Regionalwahlen** statt. Die Wähler bestimmten die Mitglieder von fünf Regionalparlamenten sowie von drei Kommunalparlamenten in der Hauptstadtregion.

Die **anhaltende Dürre** am Horn von Afrika bedroht auch ca. 60 000 Personen in Dschibuti (d. h. ein Zehntel der Bevölkerung), wie das UN-Welternährungsprogramm am 13. 1. 2006 mitgeteilt hatte.

Bei einem **Manöver der US-Luftwaffe** kollidierten am 17. 2. 2006 in der Nähe der dschibutischen Küstenstadt Ras Siyyan zwei Transporthubschrauber ohne feindliche Fremdeinwirkung und stürzten ab. Zehn der zwölf Besatzungsmitglieder kamen dabei ums Leben. Dschibuti ist die einzige US-Militärbasis auf afrikanischem Boden; stationiert sind dort ca. 1500 Soldaten.

Ecuador Süd-Amerika

Republik Ecuador; República del Ecuador – EC / ECU

Fläche (Weltrang: 75): 256 370 km²

Einwohner (66): F 2004 13 040 000 = 51 je km²

Hauptstadt: Quito

Amtssprache: Spanisch

Bruttonationaleinkommen 2004 je Einw.: 2210 $

Währung: 1 US-Dollar (US-$) = 100 Cents
Kurs: 1 € = 1,27 US-$ (1. 7. 2006)

Botschaft der Republik Ecuador
Kaiser-Friedrich-Str. 90, 10585 Berlin
T 030 / 238 62 17, Fax 34 78 71 26
www.botschaft-ecuador.org

LANDESSTRUKTUR **Fläche**: 256 370 km²; → Karte ▪ **Gebiete:** Archipiélago de Colón (Galápagosinseln) 7844 km²; Karte → WA 2005, S. 154 ▪ **Verwaltung**: 22 Provinzen, außerdem sog. Zonas no delimitadas; → Tabelle ▪ **Städte**: (Z 2001) Guayaquil 1 952 029 Einw., Quito 1 399 814, Cuenca 276 964, Santo Domingo 200 421, Machala 198 123, Manta 183 166, Portoviejo 170 326, Eloy Alfaro 167 784, Ambato 154 369, Riobamba 124 478, Quevedo 119 436, Loja 117 796, Milagro 110 093, Ibarra 108 666, Esmeraldas 95 630

BEVÖLKERUNG Ecuadorianer – F 2004: 13 040 000 Einw.; Bevölkerungswachstum: 1,4 %; letzte Zählung 2001: 12 156 608 Einw.; davon Galápagosinseln: 18 640 Einw. – 45 % Mestizen, 35 % Indianer, 10 % Weiße, 10 % Afro-Ecuadorianer ▪ **Sprachen**: Spanisch; Quichua u. a. indianische Sprachen ▪ **Religion** 2001: 91,6 % Katholiken; indigene Religionen

STAATS- UND REGIERUNGSFORM Verfassung von 1979, zuletzt geändert 1998 – Präsidialrepublik seit 1978 – Parlament (Cámara de Representantes) mit 100 Mitgl., Wahl alle 5 J. – Direktwahl des Staatsoberhauptes alle 4 J. (keine Wiederwahl) – Wahlpflicht ab 18 J. ▪ **Unabhängigkeit**: Proklamation 10. 8. 1809 (ehem. spanische Kolonie), endgültig 13. 5. 1830 (Loslösung von Großkolumbien) ▪ **Nationalfeiertag**: 10. 8.

REGIERUNG UND PARTEIEN **Staats- u. Regierungschef**: Alfredo Palacio González, seit 20. 4. 2005 – **Äußeres**: Francisco Carrión Mena, seit 10. 10. 2005 ▪ **Parlament**: Wahlen vom 20. 10. 2002: Partido Social Cristiano / PSC 24 von 100 Sitzen (1998: 26 von 121), Izquierda Democrática / ID 15 (16), Partido Roldosista Ecuatoriano / PRE 14 (24), Partido Renovador Institucional de Acción Nacional / PRIAN 10 (–), Movimiento Unidad Plurinacional Pachakutik-Nuevo País / MUPP-NP 8 (6), Partido Sociedad Patriótica 21 de Enero / PSP 8 (–), Movimiento Popular Democrático / MPD 7 (–), Democracia Popular / DP 5 (36), Partido Socialista Ecuatoriano / PS 3 (–), Frente Radical Alfarista / FRA – (3), Sonstige 6 (10)

Ecuador
Fläche, Bevölkerung und Bevölkerungsdichte

Provinz (Hauptort)	Fläche in km²	Einwohner insgesamt Z 2001	Einwohner je km²
Azuay (Cuenca)	7 995	599 546	75
Bolívar (Guaranda)	3 926	169 370	43
Cañar (Azogues)	3 142	206 981	66
Carchi (Tulcán)	3 750	152 939	41
Cotopaxi (Latacunga)	5 985	349 540	58
Chimborazo (Riobamba)	6 470	403 632	62
El Oro (Machala)	5 817	525 763	90
Esmeraldas (Esmeraldas)	15 896	385 223	24
Guayas (Guayaquil)	20 566	3 309 034	161
Imbabura (Ibarra)	4 615	344 044	75
Loja (Loja)	10 995	404 835	37
Los Ríos (Babahoyo)	7 151	650 178	91
Manabí (Portoviejo)	18 894	1 186 025	63
Morona Santiago (Macas)	23 797	115 412	4,8
Napo (Tena)	12 484	79 139	6,3
Orellana (Puerto Francisco)	21 675	86 493	4,0
Pastaza (Puyo)	29 325	61 779	2,1
Pichincha (Quito)	13 270	2 388 817	180
Sucumbíos (Nueva Loja)	18 008	128 995	7,2
Tungurahua (Ambato)	3 369	441 034	131
Zamora Chinchipe (Zamora)	10 456	76 601	7,3
Archipiélago de Colón/ Galápagos (Puerto Baquerizo)	8 010	18 640	2,3
Zonas no delimitadas	774	72 588	94
Ecuador	256 370	12 156 608	47

Quelle: Instituto Nacional de Estadistica y Censos 2002

WIRTSCHAFT **BIP** 2004: 30,282 Mrd. $; realer Zuwachs: 6,9 %; Anteil (2004) Landwirtschaft 7 %, Industrie 31 %, Dienstleistungen 62 % ▪ **Erwerbstätigkeit** 2003: Landwirtsch. 9 %, Industrie 22 %, Dienstl. 69 % ▪ **Arbeitslosigkeit** ∅ 2005: 8,3 %; hohe Unterbeschäftigung ▪ **Inflation** ∅ 2005: 2,4 % ▪ **Außenhandel** 2005: **Import**: 8,899 Mrd. $; *Güter* 2004: 36 % Rohstoffe, 28 % Konsumgüter (darunter 16 % Verbrauchsgüter, 12 % langlebige Konsumgüter), 26 % Kapitalgüter (darunter 17 % industrielle Kapitalgüter); 10 % mineralische Brennstoffe / Schmiermittel; *Länder* 2005: 20 % USA, 15 % Kolumbien, 7 % Brasilien, 6 % VR China, 5 % Venezuela, 4 % Chile, 4 % Japan, 3 % Mexiko, 3 % Deutschland; **Export**: 9,869 Mrd. $; *Güter* 2004: 56 % Erdöl und -derivate, 17 % industrielle Erzeugnisse (darunter 5 % verarbeitete Fisch / Meeresfrüchte), 14 % Bananen, 4 % Blumen, 4 % Krabben; *Länder* 2005: 50 % USA, 9 % Peru, 5 % Kolumbien, 4 % Italien, 2 % Deutschland, 1 % Venezuela

Ecuador befindet sich auch nach der Absetzung und der Flucht des früheren Präsidenten Lucio Edwin Gutiérrez Borbúa (Partido Sociedad Patriótica 21 de Enero / PSP) ins Exil im April 2005 (→ WA 2006, S. 167 f.) unverändert in einer **tiefen innenpolitischen Krise.** Der seitdem interimistisch regierende Präsident Alfredo Palacio González konnte das Land nicht stabilisieren. Im Gegenteil, die Lage hat sich mit den massiven Streiks von Indigenengruppen und Erdölarbeitern seit Sommer 2005 noch verschärft.

▪ **Machtkampf zwischen Präsident und Parlament:** In mehreren Anläufen versuchte Präsident Palacio eine Änderung der Verfassung zu erreichen, worin er die Grundvoraussetzung für die Lösung der sozialen und wirtschaftlichen Probleme des Andenstaates sieht. Dass ihm dieses Vorhaben nicht gelang, ist vor allem darauf zurückzuführen, dass Palacio im Parlament über keine Mehrheit verfügt und die Abgeordneten daher im Oktober 2005 das Vorhaben des Präsidenten ablehnten, eine Verfassunggebende Versammlung einzuberufen. Sein Versuch, die Konstituierung einer Verfassunggebenden Versammlung direkt von der Bevölkerung legitimieren zu lassen und somit das Parlament zu umgehen, scheiterte am 5. 12. am Veto des Obersten Wahlgerichts: Ein Referendum sei nur möglich, so die Richter, wenn das Parlament bereits über einen neuen Verfassungsentwurf abgestimmt hätte. Kurz zuvor hatte das Parlament die Neubesetzung von drei der sieben Richterposten des Obersten Wahlgerichts angeordnet, wodurch die Referendumsgegner dort über eine Mehrheit verfügten. Palacios Alleingang, eine Volksbefragung per Dekret zu erzwingen, scheiterte wiederum im Parlament, das mit einer Amtsenthebung drohte, sollte der Präsident das Dekret nicht zurücknehmen. Auch innerhalb des Kabinetts war der Kurs Palacios umstritten und hatte bereits am 12. 10. zum Rücktritt von Innenminister Oswaldo Molestina geführt.

▪ **Justizverfahren gegen Ex-Präsidenten:** Der am 15. 10. 2005 aus dem Exil zurückgekehrte Ex-Präsident Gutiérrez war gleich bei seiner Ankunft verhaftet worden. Fünf Monate später, am 3. 3. 2006, erklärte der Oberste Gerichtshof nun aber die auf »Gefährdung der inneren Sicherheit« lautende **Anklage** der Regierung **gegen Gutiérrez** für **nichtig** und ordnete dessen Freilassung an. Das Oberste Gericht hatte im Vorfeld der Amtsenthebung von Gutiérrez eine unrühmliche Rolle gespielt: Mit Hilfe einer willfährigen Parlamentsmehrheit hatte Gutiérrez Anfang 2005 eine personelle Neubesetzung des Richtergremiums durchsetzen können; dieses hatte dann Gutiérrez' damaligem politischen Koalitionspartner, dem wegen Korruption verurteilten Ex-Präsidenten Abdalá Bucaram Ortiz (Partido Rodolsista Ecuatoriano / PRE) sowie dem ebenfalls wegen Korruption verurteilen Ex-Präsidenten Gustavo Noboa Bejarano (Partido Renovador Institucional de Acción Nacional / PRIAN) die straffreie Rückkehr aus dem Exil ermöglicht (→ WA 2006, S. 168). Am 30. 11. 2005 hatte eine unabhängige Kommission die 31 Richterposten des Obersten Gerichts wieder neu besetzt, das daraufhin die Strafverfahren gegen die seit Gutiérrez' Sturz erneut ins Ausland geflüchteten Ex-Präsidenten Bucaram und Noboa und gegen Gutiérrez selbst wieder aufnahm.

▪ **Protest- und Streikaktionen:** Ab dem 14. 8. 2005 besetzten **Erdölarbeiter** teilweise mit Unterstützung von Lokalpolitikern öffentliche Gebäude, zwei Regionalflughäfen sowie 200 Förderanlagen und Einrichtungen der Erdölindustrie, wodurch die Förderung vollständig zum Stillstand kam. Die Streikenden protestierten damit gegen die ihrer Ansicht nach ungerechte Verteilung der Gewinne aus der Erdölförderung, die vor allem den ausländischen Konzernen zugute kämen, und forderten die stärkere Besteuerung der Konzerne sowie die Verwendung der dadurch gewonnenen Staatseinnahmen für Investitionen in die lokale Infrastruktur und bessere Beschäftigungsprogramme. Präsident Palacio antwortete auf die Protestaktionen am 17. 8. mit der **Verhängung des Ausnahmezustands** über die Erdöl-Provinzen Napo, Orellana und Sucumbíos (→ Karte). Außerdem wurde die Armee eingesetzt, die die zahlreichen Straßenblockaden auflöste und Dutzende besetzte Förderanlagen wieder unter ihre Kontrolle brachte (→ Foto). Die Situation beruhigte sich jedoch erst, nachdem die im Land agierenden internationalen Erdölkonzerne am 26. 8. vertraglich zusicherten, von den 25 % der zu bezahlenden Einkommensteuer 16 % den betroffenen Regionen direkt zukommen zu lassen, um die regionale Infrastruktur zu verbessern und lokale Projekte in den Bereichen Gesundheit, Umwelt und Entwicklung zu finanzieren. Einen Tag zuvor hatte die Regierung den Ausnahmezustand wieder aufgehoben. Ecuador ist Südamerikas fünftgrößter Erdölproduzent, die Erdölindustrie erwirtschaftet ein Viertel des gesamten BIP und einen Großteil der Deviseneinnahmen des Landes. Mehr als die Hälfte der Exporte geht in die USA.

Erdölförderanlagen unter Kontrolle der Armee am 20. 8. 2005

Die **Auswirkungen der Erdölförderung auf die Umwelt** dokumentierte eine Untersuchung der ecuadorianischen Organisation Acción Ecologica. Danach ist die Sterberate in den Erdölfördergebieten zweieinhalb mal so hoch wie in der Hauptstadt, jeder Dritte stirbt an Krebs. Gegen den US-Konzern Texaco, der 1964–1972 Erdöl gefördert hatte und dessen inzwischen völlig veraltete Anlagen heute von der inländischen Gesellschaft Petroecuador betrieben werden, wurde Mitte 2004 eine Schadenersatzklage mit der Forderung von 3 Mrd. US-$ angestrengt – eine Summe, die für die Reinigung des ehemaligen Texaco-Geländes veranschlagt wurde.

Nach einer Serie von gewaltsamen Zusammenstößen zwischen Polizei und Studenten schloss die Regierung am 25. 1. 2006 die Hochschulen in der Hauptstadt Quito. Der **Protest der Studenten** richtete sich gegen die Erhöhung der Tarife bei den öffentlichen Verkehrsmitteln sowie **gegen** die Verhandlungen mit den USA über die **geplante gesamtamerikanische Freihandelszone FTAA (ALCA)**. Die Polizei verhaftete insg. 192 Demonstranten, mehrere Dutzend Personen wurden verletzt.

Der Abbruch der Gespräche mit den USA über ein Freihandelsabkommen und die Verstaatlichung der inländischen Erdölindustrie waren auch Forderungen, die bei den **Protestaktionen der Indio-Kleinbauern**, die ab dem 13. 3. 2006 große Teile des Landes lahm legten, laut wurden. Zu den Protesten aufgerufen hatte die Confederación de Nacionalidades Indígenas del Ecuador (Conaie). Die Demonstranten fürchten, ein Freihandelsvertrag würde ihre Lebensgrundlage zerstören, da Ecuador mit den hoch subventionierten Produkten der US-Agrarindustrie überschwemmt würde. Die Regierung Palacio reagierte auch hier – auf der Grundlage eines in vier Provinzen ausgerufenen Notstandes – mit **verschärftem Vorgehen der Sicherheitskräfte**. In Quito hinderte die Polizei am 23. 3. 2006 rund 500 Demonstranten unter Einsatz von Tränengas daran, zum Sitz der Regierung zu marschieren. Auch in der Provinz Imbabura kam es zu Zusammenstößen zwischen Soldaten und mehreren hundert Indios. Nach elf Tagen beendete die Conaie die Protestaktionen. Inmitten der neuen Krise trat am 15. 3. der erst seit Oktober im Amt befindliche Innenminister Alfredo Castillo zurück. Zu seinem Nachfolger wurde Felipe Vega de la Cuadra ernannt. Castillo war damit bereits der vierte Innenminister, der in den insgesamt elf Monaten Amtszeit der Regierung Palacio demissionierte. Am 17. 5. brachen die USA die Freihandels-Gespräche ab, nachdem Ecuador zwei Tage zuvor den Vertrag mit dem US-Erdölkonzern Occidental Petroleum aufgekündigt hatte.

Ein **neuerlicher Streik der Erdölarbeiter** für höhere Löhne und bessere Arbeitsbedingungen veranlasste die Regierung dazu, Anfang Mai 2006 nochmals den Ausnahmezustand über die Provinzen Napo, Orellana und Sucumbíos zu verhängen. Die Armee übernahm – vorerst für unbestimmte Zeit – die Kontrolle in diesen Provinzen, um einen erneuten Stillstand der Erdölförderung zu verhindern. Nach einer Woche endete der Streik mit der Zusage der staatlichen Erdölgesellschaft Petroecuador, den Arbeitern die ausstehenden Löhne aus den vergangenen drei Monaten auszuzahlen.

▪ **Massenauswanderung:** Die schwierige wirtschaftliche Lage im Land hat inzwischen ein Zehntel der Ecuadorianer veranlasst, ihr Glück im reichen Norden des Kontinents oder in Spanien zu suchen. Die Überweisungen der Auswanderer an ihre Familien beliefen sich 2005 auf rund 2 Mrd. US-$ und entsprachen damit dem Zehnfachen des Betrags von 1993.

▪ **Konflikt mit Kolumbien:** Da die kolumbianischen Guerillagruppen ecuadorianische Grenzgebiete verstärkt als Rückzugsraum nutzen und dies zu Grenzverletzungen von Seiten kolumbianischer Streitkräfte führte, kam es zu Spannungen mit dem Nachbarland. Nach der Verletzung des ecuadorianischen Luftraums durch ein kolumbianisches Militärflugzeug am 28. 1. 2006, das einen Einsatz gegen die Guerillaorganisation FARC geflogen hatte, sandte Ecuador eine formale Protestnote nach Bogota und drohte mit der Abberufung seines Botschafters. Mitte März beschuldigte Ecuador das Nachbarland erneut der Verletzung seines Luftraums.

Elfenbeinküste

West-Afrika

Republik Côte d'Ivoire; République de Côte d'Ivoire – CI / CIV

Fläche (Weltrang: 67): 322 462 km²

Einwohner (57): F 2004 17 872 000 = 55 je km²

Hauptstadt: Yamoussoukro

Regierungssitz: Abidjan

Amtssprache: Französisch

Bruttonationaleinkommen 2004 je Einw.: 760 $

Währung: CFA-Franc
Kurs: 1 € = 655,96 CFA-Francs

Botschaft der Republik Côte d'Ivoire
Lützowstraße 33–36, 10785 Berlin
T 030 / 590 02 30

LANDESSTRUKTUR **Fläche:** 322 462 km²; → Karte ▪ **Verwaltung:** 18 Regionen ▪ **Städte:** (Z 1998) Abidjan 2 877 948 Einw., Bouaké 461 618, Yamoussoukro 299 243, Daloa 173 107, Korhogo 142 093, San-Pédro 131 800, Man 116 657, Gagnoa 107 124

BEVÖLKERUNG Ivorer – F 2004: 17 872 000 Einw.; Bevölkerungswachstum: 1,5 %; letzte Zählung 1998: 15 366 672 Einw. – insg. über 60 Ethnien (überwiegend Gur- und Mande-Gruppen): ca. 23 % Baule, 18 % Bete, 15 % Senufo, 14 % Agni-Ashanti, 11 % Malinke, 10 % Kru sowie Mande, Dan Gouro, Koua, Fulbe; 74 % Ivorer, 15 % Burkiner, 5 % Malier, 6 % Guineer, Ghanaer, Liberianer u. a. ▪ **Sprachen:** Französisch; Baoulé, Bété, Diula und Senufo; außerdem Gur- und Mande-Sprachen ▪ **Religion** 1998: 27 % Muslime, 32 % Christen (21 % Katholiken), 15 % Anhänger von indigenen Religionen; ausländische Bevölkerung: 71 % Muslime, 15 % Christen

STAATS- UND REGIERUNGSFORM Verfassung von 2000 – Präsidialrepublik seit 1960 – Parlament (Assemblée Nationale) mit 225 Mitgl., Wahl alle 5 J. – Direktwahl des Staatsoberhauptes alle 5 J. – Wahlrecht ab 21 J. ▪ **Unabhängigkeit:** 7. 8. 1960 (ehem. französische Kolonie) ▪ **Nationalfeiertag:** 7. 8.

REGIERUNG UND PARTEIEN **Staatsoberhaupt:** Laurent Gbagbo (FPI), seit 26. 10. 2000 – **Regierungschef:** Charles Konan Banny, seit 7. 12. 2005; Übergangsregierungschef – **Äußeres:** Youssouf Bakayoko (PDCI), seit 3. 1. 2006 ▪ **Parlament:** Wahlen vom 10. 12. 2000 und 14. 1. 2001: Front Populaire Ivoirien / FPI 96 von 225 Sitzen (1995: 14 von 177), Parti Démocratique de Côte d'Ivoire / PDCI 94 (149), Rassemblement des Républicains / RDR 5 (14), Parti Ivorien des Travailleurs / PIT 4 (–), Sonstige 2 (–), Unabhängige 22 (–), 2 Sitze vakant

WIRTSCHAFT **BIP** 2004: 15,475 Mrd. $; realer Zuwachs: 1,6 %; Anteil (2004) Landwirtschaft 22 %, Industrie 20 %, Dienstleistungen 57 % ▪ **Erwerbstätigkeit** 2003: Landwirtsch. 50 % ▪ **Arbeitslosigkeit** ∅ 2003: 40 % (S) ▪ **Inflation** ∅ 2003: 3,3 % ▪ **Außenhandel** 2002: **Import**: 2,792 Mrd. $; *Güter* 2000: 34 % mineralische Brennstoffe, Schmiermittel, 16 % Maschinen und Transportmittel, 15 % Nahrungsmittel und lebende Tiere, 15 % chemische Erzeugnisse, 13 % bearbeitete Waren; *Länder* 2000: 27 % Nigeria, 20 % Frankreich, 4 % Belgien, 4 % Italien, 4 % USA; **Export**: 5,023 Mrd. $; *Güter* 2000: 28 % Kakao und Kakaoprodukte, 18 % Erdölprodukte, 7 % Fisch, 7 % Holzprodukte, 4 % Baumwolle; *Länder* 2000: 15 % Frankreich, 10 % Niederlande, 8 % USA, 6 % Mali, 5 % Italien, 4 % Senegal, 4 % Belgien

CHRONIK

Trotz der Einigung von Regierung und Rebellen in der südafrikanischen Hauptstadt Pretoria im April 2005, sofort mit der Entwaffnung der Milizen beider Seiten zu beginnen (Pretoria II-Abkommen), kam der Friedensprozess des seit 2002 gespaltenen Landes erneut völlig zum Erliegen. Aufgrund der verhärteten Fronten zwischen den Rebellen der Forces Nouvelles (FN), die den muslimischen Norden kontrollieren, und Staatspräsident Laurent Ggagbo wurden die **für den 30. 10. geplanten Präsidentschaftswahlen um ein Jahr verschoben**. Der Sicherheitsrat der Vereinten Nationen (UN) verabschiedete am 21. 10. mit Resolution 1633 die **Verlängerung der Amtszeit von Präsident Gbagbo**, dessen Mandat am 30. 10. auslief, um höchstens ein Jahr.

▪ **Bildung einer Übergangsregierung:** Die Amtszeitverlängerung Gbagbos sollte jedoch einhergehen mit der Ernennung eines von allen Konfliktparteien akzeptierten Premierministers. Am 5. 12. wurde der bisherige Chef der Zentralbank Westafrikanischer Staaten, **Charles Konan Banny, zum Regierungschef ernannt** und am 7. 12. vereidigt. Seine Hauptaufgabe sollte die Implementierung der drei wichtigsten Punkte des Friedensplanes sein: die Entwaffnung der Milizen, die Durchführung von Präsidentschaftswahlen innerhalb des nächsten Jahres und die Klärung der Bestimmungen zur Staatsangehörigkeit. Der 2002 eskalierte Konflikt gründet in der Unterdrückung des hauptsächlich von ehemaligen Einwanderern aus Burkina Faso bewohnten muslimischen Nordens. Den Einwanderern, die 15 % der Bevölkerung stellen, wird die in der Verfassung vorgeschriebene Ivorität als Vorbedingung für die Staatsbürgerschaft abgesprochen.

Bannys nach schwierigen Verhandlungen am 28. 12. vorgestelltes **Kabinett vereinte Vertreter der Parteien, der Rebellen sowie Parteilose**, die u. a. die wichtigen Ministerien Verteidigung und Inneres übernahmen. Die Partei von Staatschef Gbagbo, der Front Populaire Ivoirien (FPI), erhielt jedoch kein Schlüsselressort, das Finanz- und Wirtschaftsministerium führte Banny selbst. Rebellenchef Guillaume Soro erhielt das Ressort für Wiederaufbau und der Posten des Justizministers ging ebenfalls an die Rebellen. Unmittelbar nach Bekanntwerden der Kabinettsliste kam es in Abidjan zu schweren Krawallen von Anhängern des Präsidenten.

Nachdem die von der Afrikanischen Union (AU) eingesetzte Internationale Arbeitsgruppe zur Unterstützung des neuen Ministerpräsidenten erklärt hatte, das Mandat der Nationalversammlung, die als Gbagbos letzte Machtbasis galt, nicht zu verlängern, legten präsidentennahe Milizen, die »Jungen Patrioten«, am 16. 1. mit Protesten nahezu die gesamte Hauptstadt lahm und griffen auch mehrere UN-Stützpunkte an. Bei den Krawallen, die trotz der Appelle Gbagbos zur Beendigung der Gewalt bis zum 20. 1. andauerten, kamen fünf Personen ums Leben. Als Reaktion auf die gewalttätigen Ausschreitungen gegen UN-Soldaten verhängten die UN am 7. 2. Sanktionen gegen zwei Anführer der »Jungen Patrioten« und einen Rebellenkommandanten, die als Drahtzieher der Unruhen galten.

▪ **Erneute Friedensgespräche:** Hoffnung auf einen Fortgang des Friedensprozesses gaben Friedensgespräche am 28. 2. in der Hauptstadt Yamassoukro, bei denen alle Konfliktparteien ihren Willen zur vollständigen Umsetzung des Friedensplanes bekundeten. Nach einer weiteren Gesprächsrunde in Abidjan am 8./9. 4. begann am 18. 5. ein einwöchiges Pilotprogramm in sieben Städten zur Klärung der Identität tausender Personen, die über keine gültigen Papiere verfügten. Die ungelöste Staatsbürgerschaftsfrage ist Kernpunkt der Krise um die Präsidentschaftswahl. Der Beginn der endgültigen und vollständigen Entwaffnung aller Milizen wurde für den 8. 6. festgelegt. Angesichts der für Oktober 2006 geplanten Präsidentschaftswahlen beschloss der UN-Sicherheitsrat am 2. 6. die **Aufstockung der** 7500 Mann starken **Friedenstruppe** im Land um 1500 Soldaten.

El Salvador Mittel-Amerika

Republik El Salvador; República de El Salvador – SV / SLV

Fläche (Weltrang: 148): 21 041 km²

Einwohner (98): F 2004 6 762 000 = 321 je km²

Hauptstadt: San Salvador

Amtssprache: Spanisch

Bruttonationaleinkommen 2004 je Einw.: 2320 $

Währung: 1 El-Salvador-Colón (¢) = 100 Centavos
Kurs: 1 US-$ = 8,75 ¢; 1 € = 11,26 ¢

Botschaft der Republik El Salvador
Joachim-Karnatz-Allee 47, 10557 Berlin
T 030 / 206 46 60, Fax 22 48 82 44
www.botschaft-elsalvador.de

LANDESSTRUKTUR **Fläche:** 21 041 km²; Karte → WA 2006, S. 171 ▪ **Verwaltung:** 14 Departamentos ▪ **Städte:** (F 2001) San Salvador 485 847 Einw., Soyapango 287 034, Santa Ana 253 037, San Miguel 245 428, Mejicanos 193 400, Apopa 179 122, Nueva San Salvador (Santa Tecla) 163 794, Delgado 157 094

BEVÖLKERUNG Salvadorianer – F 2004: 6 762 000 Einw.; Bevölkerungswachstum: 1,8 %; letzte Zählung 1992: 5 047 925 Einw. – überwiegend Mestizen (Ladinos), 10 % Indianer (v. a. Pipil), 1 % Weiße; über 2 Mio. Salvadorianer leben im Ausland ▪ **Sprachen:** Spanisch; indianische Sprachen: Nahua, Maya; Englisch ▪ **Religion** 2001: 78 % Katholiken, Minderheit von Protestanten

STAATS- UND REGIERUNGSFORM Verfassung von 1983 – Präsidialrepublik seit 1983 – Parlament: Nationalversammlung (Asamblea Legislativa) mit 84 Mitgl., Wahl alle 3 J. – Direktwahl des Staatsoberhauptes alle 5 J. (keine Wiederwahl) – Wahlpflicht ab 18 J. ▪ **Unabhängigkeit:** Proklamation 15. 9. 1821 (ehem. spanische Kolonie), endgültig 13. 4. 1839 ▪ **Nationalfeiertag:** 15. 9.

REGIERUNG UND PARTEIEN **Staats- u. Regierungschef:** Tony (Elías Antonio) Saca González (ARENA), seit 1. 6. 2004 – **Äußeres:** Francisco Laínez Rivas, seit 1. 6. 2004 ▪ **Parlament:** Wahlen vom 12. 3. 2006: Alianza Republicana Nacionalista / ARENA 34 von 84 Sitzen (2003: 27), Frente Farabundo Martí para la Liberación Nacional / FMLN 32 (31), Partido de Conciliación Nacional / PCN 10 (16), Partido Demócrata Cristiano / PDC 6 (4), Cambio Democrático Centro 2 (–), Democrático Unido / CDU – (5), Partido Movimiento Renovador / PMR – (1)

WIRTSCHAFT **BIP** 2004: 15,824 Mrd. $; realer Zuwachs: 1,5 %; Anteil (2004) Landwirtschaft 10 %, Industrie 31 %, Dienstleistungen 60 % ▪ **Erwerbstätigkeit** 2003: Landwirtsch. 18 %, Industrie 25 %, Dienstl. 57 % ▪ **Arbeitslosigkeit** ∅ 2005: 6,2 %; rd. 30 % Unterbeschäftigung ▪ **Inflation** ∅ 2005: 4,0 % ▪ **Außenhandel** 2005: **Import:** 6,766 Mrd. $; *Güter:* 34 % industrielle Zwischengüter, 30 % Konsumgüter, 21 % Maquila, 15 % Kapitalgüter; *Länder:* 43 % USA, 8 % Guatemala, 3 % Costa Rica, 2 % Honduras, 2 % Nicaragua, 2 % Japan, 2 % Deutschland; **Export:** 3,390 Mrd. $; *Güter:* 54 % Maquila, 5 % Kaffee, 2 % Zucker; *Länder:* 61 % USA, 12 % Guatemala, 8 % Honduras, 4 % Nicaragua, 3 % Costa Rica, 1 % Deutschland

CHRONIK

▪ **Wahlen:** Die rechtskonservative Alianza Republicana Nacionalista (ARENA) von Staatspräsident Tony (Elías Antonio) Saca González ging aus den Parlamentswahlen vom 12. 3. 2006 mit äußerst knappem Vorsprung als Siegerin hervor. Obgleich die wichtigste Oppositionspartei, die linksgerichtete ehemalige Guerillabewegung Frente Farabundo Martí para la Liberación Nacional (FMLN) landesweit einen höheren Stimmenanteil aufwies, konnte die ARENA aufgrund von Überhangmandaten 34 der 84 Sitze im Parlament in San Salvador für sich verbuchen, während der FMLN künftig 32 Volksvertreter stellt. Damit löste die ARENA den FMLN als bisher stärkste Fraktion in der Volksvertretung ab, blieb aber für eine Regierungsmehrheit auf kleinere Parteien angewiesen. Drittplatzierter wurde der Partido de Conciliación Nacional (PCN), der 10 Mandate erzielte. Bei den gleichzeitig stattfindenden Kommunalwahlen setzte sich die ARENA in 147, der FMLN in 52 Gemeinden durch; in der Hauptstadt San Salvador wurde Bürgermeisterin Violeta Menjivar (FMLN) im Amt bestätigt. Zugleich wurden auch die 20 Abgeordneten für das Mittelamerika-Parlament in Guatemala-City neu bestimmt, künftig stellen ARENA und FMLN dort acht Parlamentarier.

▪ **Aufarbeitung des Bürgerkriegs:** Wegen Beteiligung an Mord und Folter während des Bürgerkriegs von 1981–92 verurteilte ein Gericht im US-Bundesstaat Tennessee am 18. 11. 2005 den früheren Verteidigungsminister Nicolas Carranza zu einer Geldstrafe von 6 Mio. US-$. Der äußerst blutige Konflikt zwischen der linksgerichteten Guerillaorganisation FMLN und der von den USA unterstützten Regierung bzw. rechten Todesschwadronen hatte über 75 000 Todesopfer gefordert.

▪ **Hurrikan Stan:** Der Anfang Oktober 2005 über Mittelamerika und die Golfküste Mexikos hinwegziehende tropische Wirbelsturm Stan kostete 72 Menschen das Leben und führte zu Überschwemmungen und Erdrutschen. Wegen der großen Schäden rief die Regierung den nationalen Notstand aus. Die Rettungsaktionen wurden durch ein Erdbeben der Stärke 4,8 auf der Richterskala und den Ausbruch des Vulkans Ilamatepec im Westen des Landes zusätzlich erschwert.

Eritrea Nordost-Afrika

Staat Eritrea; Eritrea (tigrinya); Iritriyya (arabisch) – ER / ERI

Fläche (Weltrang: 96): 121 144 km²

Einwohner (119): F 2004 4 232 000 = 35 je km²

Hauptstadt: Asmera (Asmara)

Amtssprachen: Tigrinya, Arabisch

Bruttonationaleinkommen 2004 je Einw.: 190 $

Währung: 1 Nakfa (Nfa) = 100 Cents
Kurs: 1 US-$ = 15,75 Nfa; 1 € = 19,97 Nfa
1 Birr (Br) = 1 Nfa

Botschaft des Staates Eritrea
Stavangerstr. 18, 10439 Berlin
T 030 / 4 46 74 60, Fax 44 67 46 21
www.africa.de / eritrea

LANDESSTRUKTUR **Fläche**: 121 144 km²; → Karte ▪ **Verwaltung**: 10 Provinzen ▪ **Städte**: (S 2003) Asmera (Asmara) 400 000 Einw., Aseb (Assab) 56 300, Keren 38 000, Mitsiwa (Massawa) 30 700

BEVÖLKERUNG Eritreer – F 2004: 4 232 000 Einw.; Bevölkerungswachstum: 4,3 %; letzte Zählung 1984: 2 748 304 Einw. – ca. 50 % Tigrinya, 30 % Tigre, 5 % Afar (Nomaden), 5 % Saho, 3 % Hedareb (Beja), 2 % Bilen, 2 % Kunama (Bara), 2 % Nara (Baria), 1 % Raschaida ▪ **Sprachen**: Tigrinya und Arabisch; Tigre, Afar, Sprachen der anderen Volksgruppen ▪ **Religion**: 50 % eritreisch-orthodoxe Christen, 50 % Muslime (Sunniten); indigene Religionen

STAATS- UND REGIERUNGSFORM Verfassung in Ausarbeitung – Republik seit 1993 – Provisorisches Parlament (Nationalversammlung) mit derzeit 104 Mitgl. (Zentralkomitee der PFDJ sowie 64 ernannte Mitgl.) ▪ **Unabhängigkeit**: 24. 5. 1993 (ehem. Provinz von Äthiopien) ▪ **Nationalfeiertag**: 24. 5.

REGIERUNG UND PARTEIEN **Staats- u. Regierungschef**: Isayas Afewerki (Generalsekr. der PFDJ), seit 1993 (Übergangsregierung) – **Äußeres**: Mohamed Omar (amtierend), seit 2005 ▪ **Parlament**: Einheitspartei: People's Front for Democracy and Justice / PFDJ

WIRTSCHAFT **BIP** 2004: 925 Mio. $; realer Zuwachs: 1,8 %; Anteil (2004) Landwirtschaft 15 %, Industrie 24 %, Dienstleistungen 61 % ▪ **Erwerbstätigkeit** 2003: Landwirtsch. 77 % ▪ **Arbeitslosigkeit** ⌀ 2003: 50 % (S) ▪ **Inflation** ⌀ 2002: 16,9 % ▪ **Außenhandel** 2002: **Import**: 5447 Mio. Nfa; (ohne Erdöl) *Güter*: 30 % Maschinen und Transportausrüstungen, 26 % Nahrungsmittel und lebende Tiere, 23 % bearbeitete Waren; *Länder* 2001: 19 % Italien, 17 % Saudi-Arabien, 15 % Vereinigte Arabische Emirate, 5 % USA; **Export**: 578 Mio. Nfa; *Güter*: 73 % Nahrungsmittel und lebende Tiere; *Länder* 2001: 49 % Sudan, 8 % Italien

CHRONIK

UN-Generalsekretär Kofi Annan warnte am 25. 10. 2005 vor einer drohenden **Verschlechterung der Beziehungen zwischen Eritrea und Äthiopien** und rief den UN-Sicherheitsrat zu einem entschlossenen Vorgehen auf. Nach dem jahrelangen erfolglosen Gezerre um die Umsetzung des Friedensabkommens von 2000 und der Grenzmarkierung (→ WA 2006, S. 66) war es seit Februar 2005 zu **neuen Truppenbewegungen** auf beiden Seiten des umstrittenen Grenzverlaufs gekommen. Um seine Position gegenüber den UN zu stärken, untersagte Eritrea am 5. 10. der UN-Friedenstruppe (UNMEE) Überwachungsflüge im eritreischen Grenzgebiet und der 25 km breiten entmilitarisierten Zone, wodurch nur noch ca. 45 % des 1000 km langen Grenzverlaufs überwacht werden konnten. Äthiopien weigert sich seit April 2002, dem Schiedsspruch der internationalen Kommission Folge zu leisten und die umstrittene Grenzstadt Badme an Eritrea zurückzugeben.

▪ **UNMEE:** Der UN-Sicherheitsrat drohte in der einstimmig beschlossenen Resolution 1640 am 23. 11. 2005 beiden Ländern mit **Wirtschaftssanktionen**, sollten diese nicht innerhalb eines Monats ihren Truppenbestand im Grenzgebiet auf das Niveau vom Dezember 2004 zurückfahren und die Bestimmungen des Friedensplans einhalten, Äthiopien also die Grenzmarkierungsarbeiten zulassen und Eritrea den Bewegungsspielraum der Friedenstruppen wiederherstellen. Die von der eritreischen Regierung veranlasste Ausweisung aller europäischen, US-amerikanischen, kanadischen und russischen Mitglieder der UNMEE im Dezember 2005 führte zu einer Verhärtung der Fronten.

Mangels eritreischer Unterstützung und sichtbarer Fortschritte der seit 2000 stationierten UNMEE schlug UN-Generalsekretär Annan dem Sicherheitsrat am 4. 1. 2006 vor, die UN-Mission mit ihren 3400 Friedenstruppen abzuziehen oder stark zu reduzieren. Deren Mandat wurde jedoch nach Erfolgen im äthiopisch-eritreischen Dialog mehrmals verlängert, zuletzt bis 30. 9. 2006 (→ unten). Um weiteren Druck auf die UN auszuüben, kündigte Präsident Isayas Afewerki sogar die Zusammenarbeit mit dem UN-Welternährungsprogramm auf, ein angesichts der Dürre im Land dramatischer Schritt.

■ **Äthiopisch-eritreischer Dialog:** Bei ersten direkten Gesprächen der beiden Konfliktparteien mit der Grenzkommission EEBC in London am 10. 3. 2006 erklärte Äthiopien, es werde die Entscheidung des Schiedsgerichts anerkennen und Badme an Eritrea zurückgeben. Im Gegenzug willigte Eritrea ein, internationale Experten bei den von Äthiopien beanstandeten Details der Demarkierung hinzuziehen. Bei weiteren Gesprächen am 17. 5. in London rückte Äthiopien von seiner bisherigen Forderung ab, mit der Demarkierung erst nach weiteren Verhandlungen zu beginnen; Eritrea erklärte sich bereit, seine Truppen wieder aus der demilitarisierten Zone zurückzuziehen. Zuvor hatte der UN-Sicherheitsrat erneut angedroht, das Mandat der UNMEE nicht mehr zu verlängern.

■ **Kompensationszahlungen:** Die mit dem Friedensabkommen von Algier im Dezember 2000 eingesetzte unabhängige Kommission zur Regelung von Wiedergutmachungen für Kriegsschäden (1998–2000) kam am 19. 12. 2005 in Den Haag zu dem Ergebnis, dass Eritrea mit der Besetzung der Stadt Badme und angrenzender Gebiete einen Angriffskrieg begonnen habe und damit für Kriegsschäden in Äthiopien hafte. Die Kommission erkannte im Gegenzug auch eine Haftung Äthiopiens für Schäden in Eritrea an, die durch rechtswidriges Verhalten entstanden waren.

■ **Wirtschaftslage:** Aufgrund der nach mehreren Dürrejahren prekären Ernährungs-, Handels- und Haushaltslage (→ WA 2006, S. 172) sah sich die Regierung zu immer drastischeren Maßnahmen veranlasst. Nachdem bereits in der ersten Jahreshälfte 2005 der Verkauf raffinierter Erdölprodukte prinzipiell verboten worden war, wurde Ende Juli 2005 die **Verwendung ausländischer Währungen** im Land (u. a. US-Dollar, britisches Pfund und Euro) **unter Gefängnisstrafe** gestellt. Eritrea gehörte weiterhin zu den – pro Kopf gesehen – größten Empfängern von Nahrungsmittelhilfe weltweit. Schätzungsweise zwei Drittel der Bevölkerung hängen nach UN-Angaben in unterschiedlich starkem Ausmaß von diesen Leistungen ab.

Estland Nordost-Europa

Republik Estland; Eesti Vabariik – EE / EST

Fläche (Weltrang: 129): 45 227 km²

Einwohner (147): F 2004 1 349 000 = 30 je km²

Hauptstadt: Tallinn (Reval)

Amtssprache: Estnisch

Bruttonationaleinkommen 2004 je Einw.: 7080 $

Währung: 1 Estnische Krone (ekr) = 100 Senti
Kurs: 1 US-$ = 12,16 ekr; 1 € = 15,65 ekr (1. 7. 2006)

Botschaft der Republik Estland
Hildebrandstr. 5, 10785 Berlin
T 030 / 25 46 06 00, Fax 25 46 06 01
www.estemb.de

LANDESSTRUKTUR **Fläche:** 45 227 km²; einschließlich 1520 Inseln mit insg. 4133 km²: Saaremaa (Ösel) 2673 km², Hiiumaa (Dagö) 989 km², Muhu (Moon) 200 km², Vormsi (Worms) 92,9 km²; ohne Binnengewässer ■ **Verwaltung:** 15 Regionen ■ **Städte:** (F 2005) Tallinn (Reval) 396 010 Einw., Tartu (Dorpat) 101 483, Narva 67 144, Kohtla-Järve 46 032, Pärnu (Pernau) 44 396

BEVÖLKERUNG Esten – F 2004: 1 349 000 Einw.; Bevölkerungswachstum: –0,3 %; letzte Zählung 2000: 1 370 052 Einw. – 65,3 % Esten, 28,1 % Russen, 2,5 % Ukrainer, 1,5 % Weißrussen, 0,9 % Finnen ■ **Sprachen** 2000: 67 % Estnisch, 30 % Russisch; Sprachen der Minderheiten ■ **Religion** 2000: 33 % ohne Religion oder Atheisten; 11 % Lutheraner, 10 % Estnisch-Orthodoxe; Minderheiten von Katholiken, Muslimen, Juden

STAATS- UND REGIERUNGSFORM Verfassung von 1992 – Republik seit 1991 – Parlament: Reichstag (Riigikogu) mit 101 Mitgl., Wahl alle 4 J. – Wahl des Staatsoberhauptes alle 5 J. durch Parlament – Wahlrecht ab 18 J. ■ **Unabhängigkeit:** 1918–1940, Proklamation 30. 3. 1990, endgültig 21. 8. 1991 ■ **Nationalfeiertag:** 24. 2. (Gründung der Republik Estland 1918)

REGIERUNG UND PARTEIEN **Staatsoberhaupt:** Arnold Rüütel (Agrarunion), seit 8. 10. 2001 – **Regierungschef:** Andrus Ansip (RE), seit 12. 4. 2005; Koalition aus RE, K und ERL – **Äußeres:** Urmas Paet (RE), seit 12. 4. 2005 ■ **Parlament:** Wahlen zum Reichstag vom 2. 3. 2003: Zentrum / K 28 von 101 Sitzen (1999: 28), Res Publica / RESP 28 (–), Reformpartei / RE 19 (18), Bürgerunion / ERL 13 (–), Vaterlandsunion / I 7 (18), Moderate / M 6 (17), Sonstige – (20)

WIRTSCHAFT **BIP** 2004: 11,239 Mrd. $; realer Zuwachs: 7,8 %; Anteil (2004) Landwirtschaft 4 %, Industrie 29 %, Dienstleistungen 67 % ■ **Erwerbstätigkeit** 2003:

Landwirtsch. 6,2 %, Industrie 32,5 %, Dienstl. 61,3 % ▪ **Arbeitslosigkeit** ∅ 2005: 7,9 % ▪ **Inflation** ∅ 2005: 4,1 % ▪ **Außenhandel** 2004: **Import**: 97,219 Mrd. ekr; *Güter*: 31 % Maschinen und Ausrüstungen, 10 % Transportmittel, 10 % Metalle / Metallwaren, 9 % mineralische Produkte, 9 % Agrarprodukte / Nahrungsmittel, 7 % Chemieprodukte, 6 % Textilien / Bekleidung, 5 % Gummi- und Kunststoffprodukte, 4 % Holz / Holzwaren; *Länder*: 20 % Finnland, 14 % Deutschland, 9 % Russland, 9 % Schweden, 6 % Litauen, 5 % Lettland, 5 % Polen, 3 % Niederlande, 3 % Italien, 2 % Dänemark (EU gesamt: 76 %); **Export**: 128,172 Mrd. ekr; *Güter*: 28 % Maschinen und Ausrüstungen (davon 23 % elektrische Erzeugnisse), 11 % Holz / Holzwaren, 9 % Metalle / Metallwaren, 8 % mineralische Produkte, 8 % Möbel, 7 % Agrarprodukte / Nahrungsmittel, 7 % Textilien / Bekleidung, 7 % Transportmittel, 4 % Chemieprodukte, 3 % Gummi- und Kunststoffprodukte; *Länder*: 27 % Finnland, 13 % Schweden, 9 % Lettland, 7 % Russland, 6 % Deutschland, 5 % Litauen, 3 % Dänemark, 3 % USA (EU gesamt: 78 %)

CHRONIK

▪ **Kommunalwahlen per Internet:** Erstmals weltweit erhielten die Wähler in Estland am 16. 10. 2005 die Möglichkeit, bei den Kommunalwahlen ihre Stimme über das Internet abzugeben. Zuvor hatte Präsident Arnold Rüütel das neue Verfahren heftig kritisiert und dem entsprechenden Wahlgesetz zweimal seine Unterschrift verweigert. Weil Internetwähler ihre Entscheidung bis kurz vor der Wahl revidieren können, sah Rüütel eine Ungleichbehandlung derjenigen Wähler, die ihr Votum auf Stimmzetteln abgeben. Das Verfassungsgericht erklärte am 1. 9. die Einwände von Präsident Rüütel für nichtig. 9300 Wahlberechtigte gaben ihre Stimme per E-Voting ab. Die Wahlbeteiligung wurde durch die Internetabstimmung jedoch nicht wie beabsichtigt angehoben, sie lag mit 47 % auf einem historischen Tiefststand. Anders als bei den Parlamentswahlen besitzt die russische Bevölkerung ohne estnische Staatsbürgerschaft bei den Kommunalwahlen ein Stimmrecht. Das Ergebnis der Kommunalwahlen bestätigte die Parteien der regierenden Mitte-Links-Koalition und entsprach in etwa den Ergebnissen der Parlamentswahl von 2003.

▪ **Spannungen mit Russland:** Der russische Präsident Wladimir Putin erließ am 1. 9. 2005 ein Dekret, mit dem Russland aus Protest gegen eine einseitig vom Parlament beschlossene Präambel zum **Grenzvertrag** seine Unterschrift unter das Abkommen zurückzog. In der Präambel bezeichnete sich Estland als Opfer sowjetischer Besatzung in den Jahren 1940 / 41 und 1945–1991. Der russische Außenminister Sergej Lawrow schlug am 18. 1. 2006 eine Neuverhandlung des Grenzverlaufes vor, was die estnische Regierung jedoch ablehnte. Die estnische Grenze ist die östliche Außengrenze von EU und NATO. Die fehlende Einigung in der Grenzfrage verhindert vereinfachte Visumsregelungen zwischen Russland und der EU.

▪ **EU:** Bei Gesprächen über die **EU-Budgetplanung 2007–2013** Anfang Dezember 2005 in Tallinn lehnten die Regierungschefs der baltischen Staaten die Forderung von Großbritanniens Premierminister Tony Blair nach einer Senkung der Entwicklungsgelder für die neuen EU-Staaten ab. Premierminister Ansip bezeichnete Blairs Vorschlag am 3. 12. 2005 als »inakzeptabel«.

EU-Treffen am 1. 12. 2005 in Tallinn: Aigars Kalvītis, Tony Blair, Andrus Ansip, Algirdas Brazauskas

▪ **Weitere Ereignisse:** Aus Protest gegen die anhaltende Korruption trat am 26. 9. 2005 der seit zehn Monaten amtierende Verteidigungsminister Jaak Jõerüüt (RE) von seinem Amt zurück. Er warf der Nationalbank mangelnde Kooperationsbereitschaft im Kampf gegen die Korruption vor. Ministerpräsident Andrus Ansip ernannte am 7. 10. Jürgen Ligi (RE) zum neuen Verteidigungsminister.

Israels Präsident Mosche Katzav legte am 19. 9. den **Grundstein für den Bau einer Synagoge** in Tallinn. Damit entsteht erstmals seit dem Zweiten Weltkrieg wieder ein jüdisches Gotteshaus in Estland. Während des Zweiten Weltkrieges waren alle jüdischen Bewohner Estlands von den deutschen Besatzern deportiert oder ermordet worden. Heute leben dort wieder rd. 3000 Juden.

AKW-Bau der drei baltischen Staaten → Litauen

Fidschi Ozeanien

Republik Fidschi-Inseln; Matanitu Tu-Vaka-i-koya Ko Viti (fidschianisch); Republic of the Fiji Islands – FJ / FJI

Fläche (Weltrang: 151): 18 376 km^2

Einwohner (153): F 2004 841 000 = 46 je km^2

Hauptstadt: Suva

Amtssprachen: Fidschianisch, Englisch

Bruttonationaleinkommen 2004 je Einw.: 2720 $

Währung: 1 Fidschi-Dollar ($F) = 100 Cents
Kurs: 1 US-$ = 1,75 $F; 1 € = 2,25 $F

Botschaft der Republik Fidschi-Inseln
34, Hyde Park Gate, GB-London SW7 5DN
T 00 44-20 / 75 84 36 61, Fax 75 84 28 38
www.fijihighcommission.org.uk

LANDESSTRUKTUR **Fläche:** 18 376 km^2; davon Viti Levu 10 429 km^2 und Vanua Levu 5556 km^2; Rotuma-Inseln insg. 332, davon 105 bewohnt; Karte → WA 2005, S. 160 ▪ **Verwaltung:** 4 Bezirke mit 14 Provinzen ▪ **Städte:** (Z 1996) Suva 77 366 Einw., Lautoka 36 083, Nadi 9170, Labasa 6491, Ba 6314

BEVÖLKERUNG Fidschianer – F 2004: 841 000 Einw.; Bevölkerungswachstum: 0,9 %; letzte Zählung 1996: 775 077 Einw. – F 2004: 54,3 % Fidschianer (Melanesier), 38,2 % Inder; Rotumas, Chinesen, Europäer u. a.; → Tabelle ▪ **Sprachen:** Fidschianisch (melanesische Sprache), Hindi, Englisch ▪ **Religion** 1996: 49 % Methodisten und andere protestantische Kirchen, 32 % Hindus, 9 % Katholiken, 7 % Muslime u. a.

STAATS- UND REGIERUNGSFORM Verfassung von 1997 – Republik seit 1987 (im Commonwealth) – Parlament: Repräsentantenhaus mit 71 Mitgl. (23 Fidschianer, 19 Inder, 1 Rotuma, 3 Europäer, Chinesen u. a.), Wahl alle 5 J.; Senat mit 32 Mitgl. (14 vom Großen Häuptlingsrat, 9 vom Präsidenten, 8 von der Opposition und 1 vom Rotuma-Inselrat ernannt) – Wahl des Staatsoberhauptes durch Großen Häuptlingsrat (Bose Levu Vakaturaga) alle 5 J.; Staatsoberh. muss ethnischer Fidschianer sein – Wahlrecht ab 21 J. ▪ **Unabhängigkeit:** 10. 10. 1970 (ehem. britische Kolonie) ▪ **Nationalfeiertag:** 10. 10.

REGIERUNG UND PARTEIEN **Staatsoberhaupt:** Josefa Iloilo, seit 13. 7. 2000; wieder gewählt 2006 – **Regierungschef:** Laisenia Qarase, seit 4. 7. 2000 – **Äußeres:** Kaliopate Tavola, seit 28. 7. 2000 ▪ **Parlament:** Wahlen vom 13. 5. 2006: United Fiji Party / SDL 36 von 71 Sitzen (2001: 32), Fiji Labour Party (Inder) / FLP 31 (27), United People's Party 2 (–), Unabhängige 2 (2), Sonstige – (10)

WIRTSCHAFT **BIP** 2004: 2,627 Mrd. $; realer Zuwachs: 4,1 %; Anteil (2002) Landwirtschaft 15 %, Industrie 26 %, Dienstleistungen 59 % ▪ **Erwerbstätigkeit** 2003: Landwirtsch. 38 % ▪ **Arbeitslosigkeit** ∅ 2002: 14,1 % ▪ **Inflation** ∅ 2005: 2,4 % ▪ **Außenhandel** 2005: **Import:** 2,723 Mrd. $F; *Güter* 2004: 23 % Maschinen und Transportausrüstungen, 15 % mineralische Produkte, 16 % Nahrungsmittel und lebende Tiere, 11 % Textilien, 7 % chemische Produkte; *Länder:* 30 % Singapur, 25 % Australien, 18 % Neuseeland; **Export:** 1,188 Mrd. $F; *Güter* 2004: 24 % Getränke und Tabak, 23 % Textilien und Schuhe, 14 % mineralische Produkte, 11 % Nahrungsmittel und lebende Tiere, 8 % Perlen und Edelmetalle; *Länder:* 20 % Singapur, 20 % Australien, 15 % USA, 15 % Großbritannien

CHRONIK

▪ **Präsidentschaftswahl:** Der Große Rat der Stammeshäuptlinge (Bose Levu Vakaturaga) bestätigte Staatschef Ratu Josefa Iloilo am 8. 3. 2006 für eine weitere Amtszeit. Ebenfalls wiedergewählt wurde seine Stellvertreterin Ratu Joni Madraiwiwi. Der Abstimmung waren längere ratsinterne Querelen um andere Bewerber vorausgegangen, nachdem der 85-jährige Iloilo zunächst eine erneute Kandidatur abgelehnt hatte.
▪ **Parlamentswahl:** Aus den Parlamentswahlen vom 6.–13. 5. 2006 ging die von den ethnischen Fidschianern bestimmte United Fiji Party (SDL) von Regierungschef Laisenia Qarase knapp mit 36 von 71 Sitzen als Siegerin hervor. Die oppositionelle Fiji Labour Party (FLP) des indischstämmigen ehemaligen Ministerpräsidenten Mahendra Chaudry kam auf 31 Sitze. Beide Parteien können sich im Parlament auf je zwei unabhängige Abgeordnete stützen. An dem u. a. von EU-Beobachtern kontrollierten Urnengang beteiligten sich rd. 65 % der Wahlberechtigten, der trotz einiger Unregelmäßigkeiten und organisatorischer Probleme ruhig verlief. Am 18. 5. wurde Qarase für eine zweite fünfjährige Amtszeit vereidigt. In dem 24 Mitglieder umfassenden Kabinett sind neun FLP-Anhänger vertreten, obwohl sich Qarase zunächst gegen eine Regierungsbeteiligung der FLP und dann auch die FLP selbst dagegen ausgesprochen hatte. Laut Verfassung stehen allen Parteien, die mehr als 8 % der Stimmen errungen haben, Posten in der Regierung zu.

Der vorangegangene Wahlkampf war vor allem von Spannungen zwischen den ethnischen Fidschianern und der indischstämmigen Bevölkerung geprägt gewesen. Auf erbitterten Widerstand der indischstämmigen Bevölkerung war vor allem Qarases Vorhaben gestoßen, nach Amtsantritt die im Mai 2005 von der Regierung vorgelegte Aussöhnungs- und Vereinigungsvorlage vom Parlament verabschieden zu lassen. Sollte sie Gesetz werden, würden zahlreiche Beteiligte des Putsches von 2000 umgehend amnestiert werden.

Finnland Nord-Europa

Republik Finnland; Suomen Tasavalta, Kurzform: Suomi (finnisch); Republiken Finland (schwedisch) – FI / FIN

Fläche (Weltrang: 63): 338 144 km²

Einwohner (110): F 2004 5 228 000 = 15,5 je km²

Hauptstadt: Helsinki / Helsingfors

Amtssprachen: Finnisch, Schwedisch

Bruttonationaleinkommen 2004 je Einw.: 32 880 $

Währung: 1 Euro (€) = 100 Cent
Kurs: 1 US-$ = 0,79 € (1. 7. 2006)

Botschaft der Republik Finnland
Rauchstr. 1, 10787 Berlin
T 030 / 50 50 30, Fax 50 50 33 33
www.finnland.de

LANDESSTRUKTUR **Fläche:** 338 144 km²; 6554 Inseln, rd. 60 bewohnt; → Karte ▪ **Gebiete:** Ahvenanmaa-Inseln (Åland) → unten ▪ **Verwaltung:** 6 Regierungsbezirke: Åland, Lappland, Oulu, Ostfinnland, Südfinnland, Westfinnland; 20 Regionen; Tabelle → WA 2005, S. 162 ▪ **Städte:** (F 2004) Helsinki (Helsingfors) 559 046 Einw., Espoo (Esbo) 227 472, Tampere (Tammerfors) 202 932, Vantaa (Vanda) 185 429, Turku (Åbo) 174 824, Oulu (Uleåborg) 127 226, Lahti 98 281, Kuopio 90 518, Jyväskylä 83 582, Pori (Björneborg) 76 152, Lappeenranta 58 982, Joensuu 57 558, Vaasa (Vasa) 57 030, Kotka 54 759

BEVÖLKERUNG Finnen – F 2004: 5 228 000 Einw.; Bevölkerungswachstum: 0,3 %; letzte Zählung 2000: 5 181 115 Einw. – 92,4 % Finnen, 5,6 % Finnland-Schweden, 2,0 % Sonstige u. a. ca. 17 000 Samit (Samen) ▪ **Sprachen** 2000: 92,40 % Finnisch, 5,63 % Schwedisch, 0,54 % Russisch, 0,03 % Samisch ▪ **Religion** 2000: 85,1 % Lutheraner, 1,1 % Finnisch-Orthodoxe, 11 weitere christliche Gemeinschaften sowie Minderheiten von Muslimen und Juden

STAATS- UND REGIERUNGSFORM Verfassung von 2000 – Republik seit 1919 – Parlament (Eduskunta / Riksdag) mit 200 Mitgl., Wahl alle 4 J. – Direktwahl des Staatsoberhauptes alle 6 J. – Wahlrecht ab 18 J. ▪ **Unabhängigkeit:** Proklamation 6. 12. 1917 (Loslösung von Russland) ▪ **Nationalfeiertag:** 6. 12.

REGIERUNG UND PARTEIEN **Staatsoberhaupt:** Tarja Halonen (SDP), seit 1. 3. 2000; wieder gewählt 2006 – **Regierungschef:** Matti Vanhanen (KESK-Vorsitzender), seit 24. 6. 2003; Koalition aus KESK, SDP und SFP – **Äußeres:** Erkki Tuomioja (SDP), seit 1. 3. 2000 ▪ **Parlament:** Parlamentswahlen vom 16. 3. 2003: Zentrum / KESK 55 von 200 Sitzen (1999: 48), Sozialdemokratische Partei / SDP 53 (51), Nationale Sammlungspartei / KOK 40 (46), Linksverband / VAS 19 (20), Grüne / VIHR 14 (11), Schwedische Volkspartei / SFP 8 (11), Christliche Union / SKL 7 (10), Wahre Finnen / PeruS 3 (1), Vertreter der Åland-Inseln 1 (1), Reformgruppe / REM – (1)

WIRTSCHAFT **BIP** 2004: 185,923 Mrd. $; realer Zuwachs: 3,7 %; Anteil (2004) Landwirtschaft 3 %, Industrie 31 %, Dienstleistungen 66 % ▪ **Erwerbstätigkeit** 2003: Landwirtsch. 5,1 %, Industrie 26,3 %, Dienstl. 68,2 % ▪ **Arbeitslosigkeit** ⌀ 2005: 8,4 % ▪ **Inflation** ⌀ 2005: 0,9 % ▪ **Außenhandel** 2005 (vorläufig): **Import:** 46,769 Mrd. €; *Güter:* 17 % Elektro- und Kommunikationstechnik, 11 % Chemikalien und chemische Produkte, 11 % Petroleum und -produkte, 9 % Maschinen, 9 % Kfz, 7 % Metalle und -produkte, 5 % Lebensmittel, Getränke, Tabak, 4 % metallurgische Erze; *Länder:* 15 % Deutschland, 14 % Russland, 11 % Schweden, 6 % China, 5 % Großbritannien, 4 % USA, 4 % Niederlande, 4 % Frankreich (EU gesamt: 59 %); **Export:** 52,395 Mrd. €; *Güter:* 24 % Elektro- und Kommunikationstechnik, 16 % Papier und -produkte, 14 % Maschinen, 12 % Metalle und -produkte, 8 % Chemikalien und chemische Produkte, 5 % Holz und -produkte, 4 % Petroleum und -produkte, 4 % Kfz; *Länder:* 11 % Russland, 11 % Schweden, 11 % Deutschland, 7 % Großbritannien, 6 % USA, 5 % Niederlande, 3 % Frankreich, 3 % Italien (EU gesamt: 57 %)

Åland
Ahvenanmaa

Fläche: 1527 km² ▪ **Bevölkerung** F 2004: 26 530 Einw. ▪ **Sprachen:** Schwedisch (Amtssprache) ▪ **Religion:** Lutheraner ▪ **Hauptstadt** (F 2003): Mariehamn 10 626 Einw. ▪ **Status:** Selbstverwaltung seit 1922 – Parlament (Lagting) mit 30 Mitgl., Wahl alle 4 J. ▪ **Regierung:** Gouverneur: Peter Lindbäck – Regierungschef: Roger Nordlund (Zentrumspartei), seit 1999

CHRONIK

▪ **Regierungsumbildung:** Dem Führungswechsel bei den Sozialdemokraten (SDP), dem wichtigsten Partner in der von der Zentrumspartei geführten Regierungskoalition, folgte zum 23. 9. 2005 eine umfassende Kabinettsumbildung. Der neue Vorsitzende der SDP, Eero Heinäluoma, der im Juni 2005 die Nachfolge von Paavo Lipponen übernommen hatte, trat als Finanzminister und stellvertretender Ministerpräsident neu in die Regierung ein. Für vier Ressorts ergaben sich weitere Ministerwechsel.

▪ **Präsidentschaftswahl:** In der zweiten Runde am 29. 1. 2006 setzte sich erwartungsgemäß die sozialdemokratische Amtsinhaberin Tarja Halonen **mit 51,8 % für**

eine zweite sechsjährige Amtszeit durch. Ihr konservativer Herausforderer Sauli Niinistö, Vizepräsident der Europäischen Investitionsbank in Luxemburg, erzielte jedoch mit 48,2 % ein wesentlich besseres Ergebnis als erwartet. Von den knapp 4,3 Mio. stimmberechtigten Finnen beteiligten sich 77,2 % an der Wahl (2000: 80,2 %). Zur Wahl des Oppositionskandidaten Niinistö in der Stichrunde hatte zur Verärgerung des sozialdemokratischen Koalitionspartners auch Ministerpräsident und Zentrumsvorsitzender Matti Vanhanen aufgerufen, nachdem er selbst im ersten Wahlgang am 15. 1. als Drittplatzierter mit 18,6 % der Stimmen zusammen mit fünf weiteren Mitbewerbern aus dem Rennen ausgeschieden war, während auf Halonen 46,3 % und Niinistö 24,1 % der Stimmen entfallen waren. Da sich die Kandidaten im Wahlkampf in inhaltlichen Fragen kaum voneinander abgegrenzt hatten, erklärten Wahlanalytiker den Erfolg der populären Feministin Halonen vorrangig mit ihrer hohen Sympathie bei Frauen. Das Präsidentenamt weist ihr eine vorwiegend repräsentative Rolle zu.

- **Atomkraftwerk Olkiluoto 3:** Am 12. 9. 2005 wurde auf der Halbinsel Olkiluoto an der Südwestküste der Grundstein für den **Bau des ersten Atomreaktors in der EU** seit der Tschernobyl-Katastrophe 1986 gelegt (→ Karte). Als erster einer neuen Generation des Europäischen Druckwasserreaktors (European Pressurized Water Reactor, EPR) soll er eine kostengünstigere Stromerzeugung ermöglichen und nach Angaben der Hersteller eine »neue Qualität der Reaktorsicherheit« aufweisen. Die mit 1600-Megawatt leistungsstärkste Anlage der Welt ist auf eine Laufzeit von 60 Jahren angelegt. Die Kosten für den Bau sollen 3 Mrd. € nicht übersteigen, mit der Erstellung hat der finnische Energieversorger TVO ein deutsch-französisches Konsortium aus Framatome (Atomreaktor) und Siemens (Turbine) betraut. Olkiluoto 3 soll 2009 als fünfter Reaktorblock in Finnland in Betrieb gehen. Die Regierung hatte das Projekt u. a. mit dem Argument durchgesetzt, nur so die Ziele des Kyoto-Protokolls zur Reduzierung der CO_2-Emissionen erreichen und die ausgeprägte Energieabhängigkeit von Russland vermindern zu können. Ans Netz gebracht, wird Olkiluoto 3 den Anteil der Kernenergie an der finnischen Stromversorgung von rd. 25 auf 35 % steigern, was etwa dem Durchschnitt der EU-Länder entspricht. Derzeit deckt das Land etwa drei Viertel seiner Energienachfrage durch Importe aus dem Ausland. Gleichzeitig mit dem neuen Reaktor wird in Olkiluoto ein **Endlager für radioaktive Abfälle** angelegt.

Anti-Atom-Organisationen verwiesen außer auf die ihrer Ansicht nach grundsätzliche Unbeherrschbarkeit der Atomtechnologie auf nicht eingehaltene Sicherheitsanforderungen. Die Baugenehmigung für Olkiluoto 3 sei übereilt erteilt und der »Discount-Festpreis« für den Bau von 3 Mrd. € unrealistisch niedrig gehalten worden, um mit dem ersten EPR auf dem wieder aufblühenden weltweiten AKW-Markt ein **Referenzobjekt** vorweisen zu können.

- **EU-Freizügigkeit und Wirtschaft:** Nach Ablauf einer zweijährigen Übergangsfrist öffnete die Regierung zum 1. 5. 2006 die Grenzen für Arbeitsuchende aus den acht neuen osteuropäischen EU-Mitgliedsländern und folgte (zusammen mit Spanien) dem Beispiel von Großbritannien, Irland und Schweden, die ihre Arbeitsmärkte schon 2004 geöffnet hatten (→ EU). Nach eigenen Angaben entschied sich die Regierung trotz der mit über 8 % höchsten Arbeitslosenquote in Skandinavien zu diesem Schritt, um die Transparenz des Arbeitsmarktes zu gewährleisten. Da die bisherigen Beschränkungen für Selbständige nicht galten, hätten viele Arbeitskräfte aus Mittel- und Osteuropa die Zugangsbarrieren als Scheinselbständige überwinden können; deren Zahl und Arbeitsbedingungen ließen sich indes kaum überprüfen.

Infolge des sechswöchigen Streiks in der Papierindustrie (→ WA 2006, S. 177) halbierte sich 2005 der Zuwachs des BIP gegenüber dem Vorjahr auf 1,8 %. Für das Jahr 2006 wurde wieder mit einem Plus von über 3 % gerechnet.

Frankreich West-Europa

Französische Republik; République française, Kurzform: France – FR / FRA

Fläche (Weltrang: 47): 543 965 km²

Einwohner (20): F 2004 60 380 000 = 111 je km²

Hauptstadt: Paris

Amtssprache: Französisch

Bruttonationaleinkommen 2004 je Einw.: 30 370 $

Währung: 1 Euro (€) = 100 Cent
Kurs: 1 US-$ = 0,79 € (1. 7. 2006)

Botschaft der Französischen Republik
Pariser Platz 5, 10117 Berlin
T 030 / 5 90 03 90 00, Fax 5 90 03 91 10
www.botschaft-frankreich.de

LANDESSTRUKTUR **Fläche:** 543 965 km² ▪ **Gebiete:** Französisch-Guayana, Französisch-Polynesien, Guadeloupe, Martinique, Mayotte, Neukaledonien, Réunion, Saint-Pierre und Miquelon, Wallis und Futuna, Französische Süd- und Antarktisgebiete → unten ▪ **Verwaltung:** 22 Regionen, 96 Départements; Tabelle → WA 2005, S. 163 ▪ **Städte:** (F 2004) Paris 2 142 800 Einw., Marseille 795 600, Lyon 468 300, Toulouse 426 700, Nice (Nizza) 339 000, Nantes 276 200, Strasbourg (Straßburg) 273 100, Montpellier 244 700, Bordeaux 229 500, Lille 222 400, Rennes 209 100; (Z 1999) Reims 187 149; (F 2004) Le Havre 186 700, Saint-Étienne 177 300, Toulon 168 200, Grenoble 157 900; (Z 1999) Angers 151 107; (F 2004) Dijon 149 900

BEVÖLKERUNG Franzosen – F 2004: 60 380 000 Einw.; Bevölkerungswachstum: 0,6 %; letzte Zählung 1999: 58 520 688 Einw. – 94,4 % Franzosen, 5,6 % Ausländer ▪ **Sprachen:** Französisch; regional Baskisch, Bretonisch, Elsässisch, Flämisch, (Mosel)Fränkisch, Katalanisch, Korsisch, Okzitanisch ▪ **Religion:** 78,8 % Katholiken (1999); 5 Mio. Muslime, 950 000 Protestanten (v. a. Calvinisten), 650 000 Juden, 200 000 Orthodoxe (2001) u. a.

STAATS- UND REGIERUNGSFORM Verfassung von 1958, zuletzt geändert 2000 – Republik seit 1875 – Parlament: Nationalversammlung (Assemblée Nationale) mit 577 Mitgl. (22 aus Überseegebieten), Wahl alle 5 J.; Senat mit 331 für 9 J. indirekt gewählten Mitgl. (14 aus Überseegebieten und 12 von Auslandsfranzosen gestellt), Teilwahl alle 3 J. – Direktwahl des Staatsoberhaupts alle 5 J. – Wahlrecht ab 18 J. ▪ **Unabhängigkeit:** Beginn der eigentlichen Staatsgeschichte: Vertrag von Verdun 843 ▪ **Nationalfeiertag:** 14. 7. (Sturm auf die Bastille 1789)

REGIERUNG UND PARTEIEN **Staatsoberhaupt:** Jacques Chirac (UMP-RPR), seit 1995; wieder gewählt 2002 – **Regierungschef:** Dominique de Villepin (UMP-RPR), seit 2. 6. 2005 – **Äußeres:** Philippe Douste-Blazy, (UMP) seit 2. 6. 2005 ▪ **Parlament:** Wahlen zur Nationalversammlung vom 9. 6. / 16. 6. 2002: Union pour la Majorité Présidentielle / UMP: Wahlbündnis aus Rassemblement pour la République / RPR und weiteren Parteien der Rechten 369 von 577 Sitzen (1997: RPR 134), Parti Socialiste / PS 141 (241), Union pour la Démocratie Française / UDF 22 (108), Parti Communiste Français / PC 21 (38), Parti Radical de Gauche / PRG 7 (12), Les Verts / V 3 (7), Démocratie Libérale / DL 2 (trat 1997 zusammen mit UDF an), Rassemblement pour la France / RPF 2 (–), Mouvement pour la France / MPF 1 (–), Mouvement des Citoyens / MDC – (7), Front National / FN – (1), verschiedene linke Parteien insg. 6 (14), verschiedene rechte Parteien insg. 3 (14), Unabhängige – (1) – Senat (Stand Juni 2006): UMP und Allierte 155 von 331 Sitzen (2001: 162 von 321), PS und Allierte 95 (83), Union Centriste / UC 33 (30), Groupe Communiste, Républicain et Citoyen / CRC 23 (23), Rassemblement Démocratique et Social Européen / RDSE 16 (17), Parteilose 9 (6)

WIRTSCHAFT **BIP** 2004: 2046,646 Mrd. $; realer Zuwachs: 2,3 %; Anteil (2004) Landwirtschaft 2 %, Industrie 22 %, Dienstleistungen 76 % ▪ **Erwerbstätigkeit** 2002: Landwirtsch. 4,1 %, Industrie 25,4 %, Dienstl. 70,5 % ▪ **Arbeitslosigkeit** ∅ 2005: 9,8 % ▪ **Inflation** ∅ 2005: 1,6 % ▪ **Außenhandel** 2005 (vorläufig): **Import:** 387,5 Mrd. €; *Güter:* 31 % Halbfertigwaren, 21 % Investitionsgüter, 17 % Konsumgüter, 11 % Kfz, 9 % Nahrungsmittel, Agrargüter; *Länder:* 17 % Deutschland, 9 % Italien, 8 % Belgien / Luxemburg, 7 % Spanien, 6 % Großbritannien, 6 % USA; **Export:** 351,4 Mrd. €; *Güter:* 23 % Investitionsgüter, 30 % Halbfertigwaren, 15 % Konsumgüter, 15 % Kfz, 11 % Nahrungsmittel, Agrargüter; *Länder:* 15 % Deutschland, 10 % Spanien, 9 % Italien, 9 % Großbritannien, 8 % Belgien / Luxemburg, 7 % USA
Weitere Informationen → Kap. Wirtschaft

Französisch-Guayana Guyane française

Fläche: 83 534 km² ▪ **Bevölkerung** F 2002: 173 000; letzte Zählung 1999: 157 213 Einw. – v. a. Kreolen, ferner Asiaten, Maroons, Indianer, 30 000 Ausländer ▪ **Sprachen**: Französisch; Créole ▪ **Religion** 2001: 75 % Katholiken ▪ **Hauptstadt** (Z 1999): Cayenne 66 149 Einw. ▪ **Status:** Département d'outre-mer seit 1947; französisch seit 1817 – Parlament: Conseil général mit 19 Mitgl.; Conseil régional mit 31 Mitgl., Wahl alle 6 J. – je 2 Vertr. in der Nationalvers. u. im Senat ▪ **Regierung:** Präfekt: Ange Mancini, seit 2. 9. 2002

Französisch-Polynesien
Polynésie française

Fläche: 4167 km²; 5 Archipele mit 120 Inseln: Archipel de la Société (Gesellschaftsinseln): Tahiti 1042 km², Moorea 132 km², Maiao 10 km², Mehetia 2,3 km², Tetiaroa (Iles du vent); Raiatea, Tahaa, Huahine, Bora Bora, Maupiti u. 4 kl. Atolle 452 km² (Iles sous le vent); Archipel des Tuamotu: 78 Atolle, 774 km²; Archipel des Marquises 1274 km²; Archipel des Gambiers 36 km²; Archipel des Australes 174 km²; Clipperton 7 km², unbew. (untersteht der Regierung F. P.s, ist nicht Teil des Territoriums); Karte → WA 2006, S. 179 ▪ **Bevölkerung** F 2004: 246 000 Einw.; Bevölkerungswachstum: 1,2 %; letzte Zählung 2002: 245 405 Einw. – 83 % Polynesier u. Mischlinge, 12 % Europäer, 5 % Asiaten ▪ **Sprachen**: Französisch und Tahitisch; polynesische Sprachen ▪ **Religion**: 54 % Protestanten, 30 % Katholiken u. a. ▪ **Hauptstadt** (Z 2002): Papeete (Tahiti) 26 181 Einw. ▪ **Status:** Pays d'outre-mer seit 2003 (erweiterte Autonomie seit 1996); Tahiti seit 1842 französisch – Parlament (Assemblée territoriale) mit 57 Mitgl., Wahl alle 5 J. – 2 Vertr. in d. Nationalvers. u. 1 im Senat ▪ **Regierung:** Hochkommissarin: Anne Bouquet, seit 10. 9. 2005 – Regierungspräsident: Oscar Temaru (Union pour la Démocratie), seit 3. 3. 2005

Guadeloupe

Fläche: 1705 km²; davon Basse-Terre 848 km², Grande-Terre 590 km², Iles des Saintes (Les Saintes) 13 km², La Désirade 22 km², Marie-Galante 158 km², St. Barthélemy 21 km², nördl. Teil von St. Martin 53 km² ▪ **Bevölkerung** F 2003: 435 000 Einw.; letzte Zählung 1999: 422 496 Einw. – 77 % Mulatten, 10 % Schwarze, 10 % Kreolen, 25 000 Inder ▪ **Sprachen**: Französisch, Créole ▪ **Religion** 2001: 84 % Katholiken ▪ **Hauptstadt** (Z 1999): Basse-Terre 36 126 Einw. ▪ **Status:** Département d'outre-mer seit 1946; französisch seit 1635 – Parlament: Conseil général mit 42 Mitgl.; Conseil régional mit 41 Mitgl., Wahl alle 6 J. – 4 Vertr. in der Nationalvers. u. 2 im Senat ▪ **Regierung:** Präfekt: Jean-Jacques Brot, seit 12. 6. 2006

Martinique

Fläche: 1106 km² ▪ **Bevölkerung** F 2003: 388 000 Einw.; letzte Zählung 1999: 381 427 Einw. – ca. 87 % Schwarze, Inder ▪ **Sprachen**: Französisch; Créole ▪ **Religion** 2001: 78 % Katholiken ▪ **Hauptstadt** (Z 1999): Fort-de-France 130 616 Einw. ▪ **Status:** Département d'outre-mer seit 1946; französisch seit 1635 – Parlament: Conseil général mit 45 Mitgl.; Conseil régional mit 41 Mitgl., Wahl alle 6 J. – 4 Vertr. in d. Nationalvers. u. 2 im Senat ▪ **Regierung:** Präfekt: Yves Dassonville, seit 8. 2. 2004

Mayotte

Fläche: 374 km²; Hauptinsel Mayotte u. kleinere Inseln ▪ **Bevölkerung** Z 2002: 160 265 Einw. – v. a. Mahorais, 15 000 Komorer ▪ **Sprachen**: Französisch; Komorisch (Swahili-Dialekt) ▪ **Religion**: 98 % Muslime ▪ **Hauptstadt** (Z 2002): Dzaoudzi 12 308 Einw. ▪ **Status:** Collectivité départmentale seit 2000; seit 1841 französisch – Parlament: Conseil général mit 19 Mitgl., Wahl alle 6 J. – je 1 Vertr. in d. Nationalvers. u. im Senat ▪ **Regierung:** Präfekt: Jean-Paul Kihl, seit 17. 1. 2005

Neukaledonien Nouvelle-Calédonie

Fläche: 19 103 km²; davon Hauptinsel Grande Terre 16 750 km²; Iles Loyauté 1981 km² (davon Lifou 1150 km², Maré 650 km², Ouvéa 130 km²); Karte → WA 2005, S. 165 ▪ **Bevölkerung** F 2004: 229 000 Einw. – 44 % Melanesier (Kanaken), 34 % meist französische Europäer (Caldoches), 9 % Wallisiens u. Futuniens ▪ **Sprachen**: Französisch; melanesische und polynesische Sprachen ▪ **Religion** 2001: 55 % Katholiken, 17 % Protestanten, 3 % Muslime ▪ **Hauptstadt** (F 2002): Nouméa 83 266 Einw. ▪ **Status:** Territoire d'outre-mer seit 1956; französisch seit 1853; Übergangsstatut seit 6. 7. 1998 – Parlament: Congrès territorial mit 54 Mitgl., Wahl alle 5 J. – 2 Vertr. in d. Nationalvers. u. 1 im Senat ▪ **Regierung:** Hochkommissar: Michel Mathieu, seit 9. 9. 2005 – Regierungspräsidentin: Marie-Noëlle Thémereau (L'Avenir Ensemble), seit 29. 6. 2004

Réunion

Fläche: 2512 km², mit den unbew. Inseln Tromelin, Les Glorieuses, Juan de Nova, Bassas da India, Europa, insg. 32 km² ▪ **Bevölkerung** F 2003: 753 600 Einw.; letztc Zählung 1999: 706 300 Einw.– ca. 40 % Mulatten, Schwarze u. Madegassen, ca. 25 % Weiße, Inder, Chinesen ▪ **Sprachen**: Französisch; Créole, Gujurati ▪ **Religion** 2001: 92 % Katholiken ▪ **Hauptstadt** (Z 1999): Saint-Denis 158 139 Einw. ▪ **Status:** Département d'outre-mer seit 1946; französisch seit 1642 – Parlament: Conseil général mit 49 Mitgl.; Conseil régional mit 45 Mitgl., Wahl alle 6 J. – 5 Vertr. in d. Nationalvers. u. 3 im Senat ▪ **Regierung:** Präfekt: Laurent Cayrel, seit 16. 7. 2005

Saint-Pierre und Miquelon
Saint-Pierre-et-Miquelon

Fläche: 242 km²; Saint-Pierre 26 km², Miquelon 110 km², Langlade 91 km² u. a. ▪ **Bevölkerung** Z 1999: 6316 Einw.; Saint-Pierre: 5681 Einw.; Miquelon und Langlade: 698 Einw. ▪ **Sprachen**: Französisch ▪ **Religion** 2001: 99,9 % Katholiken ▪ **Hauptstadt** (Z 1999): Saint-Pierre 5618 Einw. ▪ **Status:** Collectivité territoriale seit 1985; seit 1816 französisch – Parlament: Conseil général mit 19 Mitgl., Wahl alle 6 J. – je 1 Vertr. in d. Nationalvers. u. im Senat ▪ **Regierung:** Präfekt: Albert Dupuy, seit 10. 1. 2005

Wallis und Futuna
Wallis-et-Futuna

Fläche: 274 km²; davon Uvéa 60 km² u. sonst. Inseln der Wallisgruppe 99 km², Futuna 64 km², Alofi 51 km² ▪ **Bevölkerung** Z 2003: 14 944 Einw. ▪ **Sprachen**: Französisch; polynesische Sprachen ▪ **Religion** 2001: 97 % Katholiken ▪ **Hauptstadt** (Z 2003): Matâ-Utu 1191 Einw. ▪ **Status:** Territoire d'outre-mer / T. O. M. seit 1961; französisch seit 1842 – Parlament (Assemblée territoriale) mit 20 Mitgl. (13 aus Wallis, 7 aus Futuna), Wahl alle 5 J. – je 1 Vertr. in d. Nationalvers. u. im Senat ▪ **Regierung:** Administrateur Supérieur: Xavier de Furst, seit 18. 1. 2005

Französische Süd- und Antarktisgebiete
Terres australes et antarctiques

Amsterdam **Ile Amsterdam** 85 km², Dauersiedlung Martin-de-Viviés

St. Paul **Ile Saint-Paul** 7 km², unbewohnt

Crozetinseln **Iles Crozet** 515 km², Dauersiedlung Alfred-Faure

Kerguelen **Iles Kerguelen** 7215 km², wiss. Station in Port-aux-Français

Adélieland **Terre Adélie** → Antarktis

CHRONIK

Vor dem Hintergrund eines sozial- und wirtschaftspolitischen Reformstaus verschärfte sich die innenpolitische Krise, die mit dem negativen Ausgang des EU-Referendums Ende Mai 2005 einen ersten Höhepunkt gefunden hatte (→ WA 206, S. 180). Nach dem wochenlangen Aufruhr der vorwiegend aus dem Migrantenmilieu stammenden Jugendlichen in den gettoähnlichen Trabantensiedlungen der Großstädte (Banlieues) im Spätherbst 2005 versuchte der neue Ministerpräsident Dominique de Villepin Anfang 2006, die Öffentlichkeit mit einem umstrittenen Dekret zur Bekämpfung der Jugendarbeitslosigkeit vor vollendete Tatsachen zu stellen. Damit stürzte er das Land in eine zweite Welle von Massenprotesten, denen dieses Mal ein großer Teil der Bevölkerung Rückhalt gab. Die Rücknahme des Dekrets erschien als schwere politische Niederlage sowohl des Regierungschefs wie auch des Präsidenten Jacques Chirac selbst, als dessen favorisierter Nachfolgekandidat für die Präsidentenwahl 2007 Villepin galt.

Sarkozy und Villepin im Parlament am 2. 5. 2006

Die nachfolgende Clearstream-Affäre, in welcher der Ministerpräsident und Innenminister Nicolas Sarkozy als Kontrahenten (→ Foto) von den Medien die Hauptrollen zugewiesen erhielten und in der auch der Staatspräsident zu den Protagonisten zählte, stürzte die ohnehin gesunkene Popularität der politischen Führung auf einen in Frankreich in der V. Republik nicht gekannten Tiefpunkt.

INNENPOLITIK

▪ **Banlieue-Unruhen:** Der **Tod von zwei Jugendlichen** auf der Flucht vor der Polizei am 27. 10. 2005 im Pariser Vorort Clichy-sous-Bois – sie waren durch einen Stromschlag in einer als Versteck gewählten Transformatorenstation ums Leben gekommen – löste in ihrem Viertel schwere Krawalle aus, die bald auf andere Cités im Großraum Paris und schließlich landesweit im Umkreis vieler Großstädte übergriffen. Der Bereitschaftspolizei gelang es zunächst nicht, den **Aufruhr von Jugendlichen**, die vorwiegend in zweiter oder dritter Generation aus Nordafrika oder der Subsahara-Region

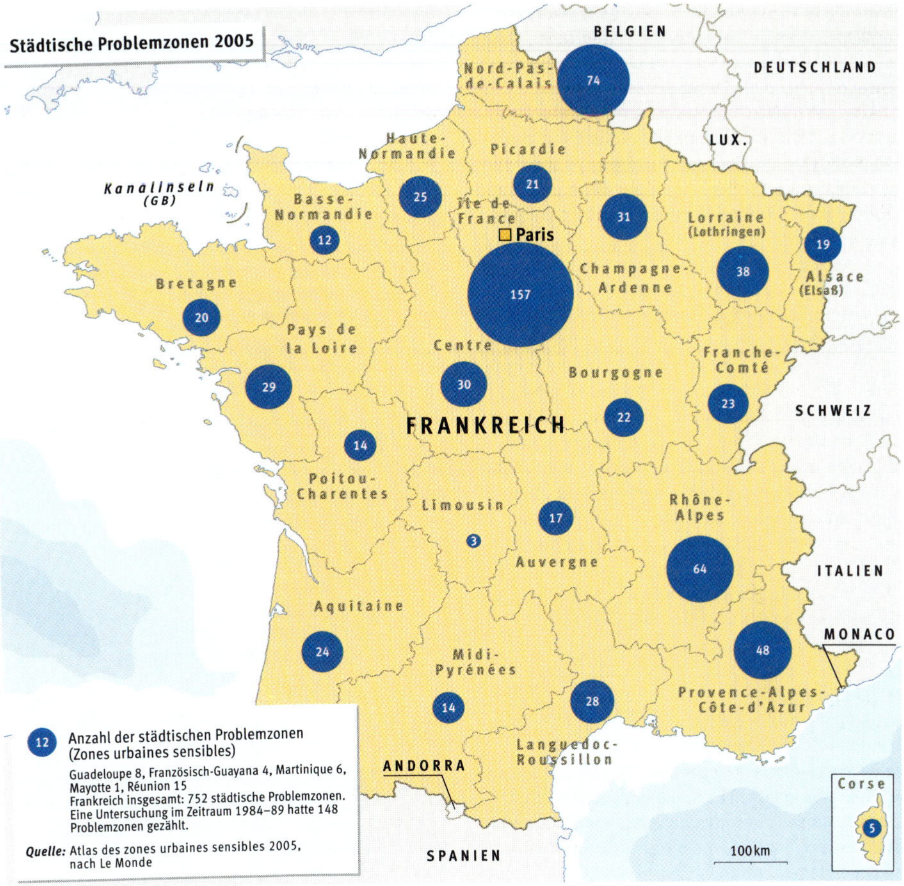

stammen, einzudämmen. Deren allnächtliche Zerstörungswut und Straßenkämpfe mit der Bereitschaftspolizei eskalierten, als am 31. 10. Tränengasgranaten gegen eine Moschee eingesetzt wurden und sich Innenminister Nicolas Sarkozy zu der provokanten Äußerung hinreißen ließ, er wolle die Cités mit einem »Hochdruckreiniger« von dem »lichtscheuen Gesindel« befreien. Unter erstmaliger Anwendung eines Gesetzes, das 1955 unter den Bedingungen des Algerienkrieges geschaffen worden war, erklärte die Regierung am 8. 11. den auf zwölf Tage beschränkten **partiellen Ausnahmezustand für 25 Départements.** Von ihm machten jedoch nur fünf Präfekten und die Kommunalbehörden von etwa 40 Städten Gebrauch, indem sie u. a. nächtliche Ausgangssperren für von ihren Eltern unbegleitete Jugendliche verhängten. Das scharfe Durchgreifen der Sicherheitskräfte und der Justiz, die in Schnellverfahren mehrere Hundert als Gewalttäter festgenommene Jugendliche aburteilte, sowie die zunehmende Isolierung der Randalierer in ihrem eigenen sozialen Umfeld und eine am 7. 11. von der Union der islamischen Organisationen Frankreichs erlassene **Fatwa gegen die Gewalttaten** ließen die Auseinandersetzungen Mitte November abflauen. Nachdem die Nationalversammlung noch am 14. 11. gegen die Stimmen der Opposition beschlossen hatte, den Notstand vom 21. 11. an um drei Monate zu verlängern, erklärte die Polizei von Paris am 17. 11. die Lage im ganzen Land für normal. Präsident Chirac hob den Ausnahmezustand mit Wirkung zum 4. 1. 2006 per Dekret vorzeitig auf.

Die von den Behörden aufgestellte **Schadensbilanz** der bislang schwersten Banlieue-Unruhen verzeichnete u. a. 217 teilweise schwer verletzte Polizisten und Gendarmen, mehr als 10 000 Autos gingen in Flammen auf, 255 Schulen, 233 weitere öffentliche Gebäude und 51 Postämter in insgesamt 300 Gemeinden wurden beschädigt. Die Polizei nahm 4770 Personen fest, von denen 763 in Haftanstalten überstellt wurden. Im Zusammenhang mit den Ausschreitungen kamen insgesamt vier Menschen ums Leben.

Der Inlandsgeheimdienst kennzeichnete die Banlieue-Unruhen am 23. 11. als eine **»Revolte in den Cités, ohne Anführer, ohne Forderungen und ohne Programm«,** geleitet allein von dem gemeinsamen Gefühl der Jugendlichen, durch »ihre Armut, ihre Hautfarbe und ihren Namen« gestraft zu sein. In den 752 offiziell als »sensible Stadtzonen« (zones urbaines sensibles/ZUS, → Karte) gekennzeichneten sozialen Brennpunkten leben rd. 4,7 Mio. Menschen, unter ihnen war die Arbeitslosenquote 2004 mit 20,7 % doppelt so hoch wie im nationalen Durchschnitt, von den unter 25-jährigen Männern waren 36 % ohne Arbeit, in manchen Quartieren jeder Zweite.

Die polizeilichen und juristischen Maßnahmen zur Eindämmung und Beendigung der Revolte ergänzte die Regierung mit der sukzessiven Vorstellung mehrerer **Kataloge von sozialen Maßnahmen** – zur Bekämpfung der Diskriminierung und Schaffung von Anreizen zur besseren Integration sowie zur Förderung von Erziehung und Ausbildung in den schon als pädagogische Sonderzonen (Zones d'education prioritaire, ZEP) ausgewiesenen Banlieues. Um Unternehmen in die weitgehend als reine Schlafstädte existierenden Problemquartiere zu locken und dort Firmengründungen zu erleichtern, versprach die Regierung Vorteile bei der Besteuerung und Kreditvergabe.

▪ **Arbeitsmarkreform:** Als eines der Maßnahmepakete zur Verbesserung der Lage der Jugendlichen in den Banlieues präsentierte die Regierung am 16. 1. 2006 ein Gesetz über »Chancengleichheit« zur Bekämpfung der Arbeitslosigkeit von über 600 000 Jugendlichen (rd. 23 %, → Grafik). Kern und zugleich umstrittenster Punkt war die Regelung zum **»Ersteinstellungsvertrag« (Contrat premiere embauche, CPE)**. Sie sollte den Unternehmen ermöglichen, neu eingestellte Beschäftigte bis zum Alter von 26 Jahren innerhalb von zwei Jahren jederzeit ohne Angabe von Gründen fristlos zu entlassen. Regierungschef Villepin erhoffte sich von der Einführung des Spezialvertrags eine erhöhte Bereitschaft der Unternehmer zu Neueinstellungen, vor denen sie bisher aus Angst vor Auftragsrückgängen und angesichts des höchst komplexen Arbeitsrechts zurückgeschreckt waren. Bereits im August 2005 war mit dem per Dekret eingeführten **»Neueinstellungsvertrag« (CNE)** der Kündigungsschutz für unbefristete Neueinstellungen in Betrieben mit weniger als 20 Beschäftigten aufgehoben worden.

Im **Widerstand gegen den geplanten CPE** gelang es Gewerkschaften, Schüler- und Studentenvereinigungen, eine gemeinsame Front herzustellen. Dieser manifestierte sich erstmals in einem landesweiten Massenprotest am 7. 2. 2006 und fand Meinungsumfragen zufolge wachsenden Rückhalt bei schließlich weit mehr als zwei Dritteln der Bevölkerung. Ungeachtet dessen setzte der Regierungschef am 10. 2. die Verabschiedung der Gesetzvorlage zum CPE im Schnellverfahren in der Nationalversammlung durch. Nach der Billigung durch den Senat und den Verfassungsrat unterzeichnete Präsident Chirac das Gesetz am 31. 3., ordnete jedoch zugleich an, das Gesetz erst nach Änderungen anzuwenden.

Jugendarbeitslosigkeit* in den EU-Staaten 2005

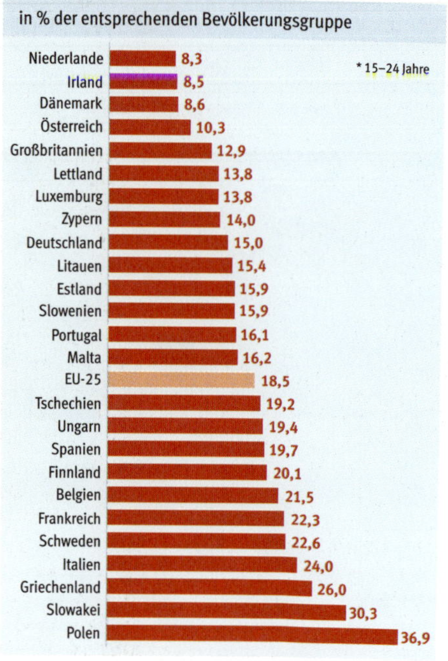

Quelle: Eurostat

Zuvor hatte der Protest den Betrieb an zahlreichen Schulen und 70 der 84 Universitäten seit teilweise mehreren Wochen lahm gelegt, dabei war es im Zuge von Blockaden und Besetzungen auch zu gewaltsamen Zusammenstößen mit der Polizei gekommen. Zwischen mehreren hunderttausend und 2 Mio. Menschen demonstrierten ihre Ablehnung des CPE während **nationaler Streik- und Protesttage** am 7.,19. und 23. 3. sowie dem offiziellen **Generalstreik** am 28. 3. (→ Foto). Mitte März erklärten die Gewerkschaften die vollständige Rücknahme des CPE-Gesetzes als Vorbedingung für Gespräche zur Lösung des Konflikts. An dieser Forderung hielten sie auch nach der Kompromissankündigung des Präsidenten fest und verbanden die Proteste von rd. 3 Mio. Demonstranten am 4. 4. mit einem **Ultimatum** an die Regierung, bis zum 17. 4. das Gesetz zurückzuziehen. Nach deutlichen Absetzbewegungen im Regierungslager vom Kurs Villepins und zunehmender Kritik aus der Wirtschaft, die im Konflikt um das Gesetz schon rd. 5 Mio. verlorene Arbeitstage zu verkraften hatte, gab Präsident Chirac am 10. 4. die **Annullierung** des umkämpften Teils der Arbeitsrechtsreform bekannt.

Mit dieser schweren Niederlage schien nach Ansicht politischer Beobachter auch die Aussicht Villepins, dessen Popularitätswerte einen vorläufigen Tiefpunkt erreicht hatten, auf die angesteuerte Präsidentschaftskandidatur 2007 geschwunden. Dagegen schien Innenminister **Sarkozy gestärkt** aus der Krise hervor-

Generalstreik am 28. 3. 2006

zugegangen zu sein. Als Nummer zwei der Regierung war er schrittweise in Opposition zum Regierungschef gegangen, hatte Kompromisse vorgeschlagen und schließlich im Auftrag des Präsidenten hinter den Kulissen den Rückzug des CPE vorbereitet.

- **Weitere soziale Konflikte, Korsika:** Der Streit um den **Verkauf der staatlichen korsischen Reederei** Société Nationale Corse-Méditerranée (SNCM), die den Fährverkehr zwischen Korsika und dem Festland betreibt, führte Ende September 2005 zu einer mehrtägigen **Blockade Korsikas und des Hafens von Marseille.** Ausgangspunkt des Konflikts war die Absicht des Transportministers, das am Rande des Bankrotts befindliche Unternehmen einer auf Sanierungsfälle spezialisierten Beteiligungsgesellschaft für 35 Mio. € zu überlassen, zugleich 82 Mio. € Schulden der SNCM zu übernehmen und sich an einer Kapitalerhöhung für das Unternehmen zu beteiligen. Dafür stellte der Finanzinvestor die Weiterführung des Betriebs mit einer um bis zu 20 % verkleinerten Belegschaft (rd. 2400 Beschäftigte) in Aussicht. Die korsische Gewerkschaft Syndicat des Travailleurs Corses (STC), die enge Verbindungen zur gewaltbereiten korsischen Autonomiebewegung pflegt, und die kommunistisch geprägte CGT, die neben Massenentlassungen ein Ende der regelmäßigen Fährverbindungen befürchteten, führten die Fähr- und Hafenarbeiter nach einem monatelangen Kampf der Seeleute in eine Machtprobe mit der Zentralregierung. Während die STC den Hafen von Bastia und die CGT u. a. die Häfen von Marseille und Toulon bestreikten, kaperten Mitglieder der STC am 27. 9. das SNCM-Fährschiff Pascal Paoli und entführten es aufs offene Meer. Antiterror-Einheiten der Polizei und der Marine beendeten die Aktion am nächsten Tag und nahmen die Anführer fest. Um ihre Freilassung zu erzwingen, blockierten korsische Nationalisten am 30. 9. die Häfen, Flughäfen und Treibstoffdepots der Insel. Die Auseinandersetzung endete Mitte Oktober mit Zugeständnissen der Regierung: Der Staat bleibt mit 25 % am Kapital der SNCM beteiligt, weitere 9 % werden der Belegschaft übertragen, sodass sich eine Sperrminorität ergibt; anstelle der vorgesehenen Entlassungen sollen Frühpensionierungen erfolgen.

- **Clearstream-Affäre:** Die Zeitung Le Monde veröffentlichte am 28. 4. 2005 Aussagen des ehemaligen Generals des Auslandsgeheimdienstes Philippe Rondot bei einer richterlichen Vernehmung, die Ministerpräsident Villepin schwer belasteten. Rondot ermittelte seit November 2003 im Auftrag von Verteidigungsministerin Michèle Alliot-Marie in einer **Schmiergeldaffäre um Rüstungsgeschäfte** mit Taiwan Anfang der 1990er Jahre, in der Bestechungsgelder über das in Luxemburg ansässige Finanzdienstleistungsunternehmen Clearstream, eine Tochter der Deutschen Börse AG, geflossen sein sollen. Am 9. 1. 2004 soll der damalige Außenminister Villepin den Geheimdienstler beauftragt haben, in dieser Sache auch einer möglichen Verwicklung des **damaligen Innenministers Sarkozy** nachzugehen. Für derartige Ermittlungen wäre eigentlich der dem Innenminister unterstellte Inlandsgeheimdienst zuständig gewesen. In der Folge erhielt Rondot anonym zugespielte und – wie sich schnell herausstellte – manipulierte **Clearstream-Kontenlisten**. Auf einer von ihnen waren auch die Namen mehrerer prominenter Politiker verzeichnet, die hinzugefügt worden waren, darunter auch der von Sarkozy. Am 17. und 18. 5. 2006 enthüllte der Industriemanager Jean-Louis Gergorin, ein enger Vertrauter Villepins, der beim Gespräch mit Rondot im Januar 2004 zugegen gewesen war, er habe selbst einige der Listen, darunter jene mit den Ministernamen, Rondot zugespielt. Gergorin wurde umgehend vom Posten des Vizepräsidenten des Luft- und Raumfahrtfahrtkonzerns EADS beurlaubt, und am 1. 6. erhob die Staatsanwaltschaft Anklage gegen ihn wegen Verleumdung und Urkundenfälschung.

Chirac dementierte von Beginn an entschieden jede Verwicklung in die Angelegenheit; Villepin räumte ein, das Gespräch mit Rondot geführt, Sarkozy aber nicht über den ihn betreffenden Vorgang unterrichtet zu haben. Er stritt aber ab, Rondot einen Auftrag erteilt zu haben, musste aber im Zuge dieser dubiosen Affäre mehrmals seine Äußerungen korrigieren. Den von der Opposition geforderten Rücktritt lehnte Villepin ab; für das **Misstrauensvotum** stimmten am 16. 5. nur 190 der 577 Abgeordneten.

- **Terrorabwehr:** Unter dem Eindruck der Terroranschläge in London vom 7. 7. 2005 (→ WA 2006, S. 200) erhöhte Innenminister Sarkozy den **Fahndungsdruck** gegen das islamistische Milieu und legte am 26. 10. den Entwurf eines **Gesetzes zur verschärften Terrorabwehr** vor. Beide Parlamentskammern stimmten der Vorlage am 22. 12. im Eilverfahren zu. Neben einer Erhöhung des Strafmaßes für terroristische Verbrechen und erweiterten Befugnissen der Ermittlungsbehörden, darunter der Verlängerung der Untersuchungshaft für Verdächtige, wurden insbesondere die Möglichkeiten zur Videoüberwachung öffentlicher Orte erheblich ausgebaut.

Am 27. 9. verhaftete die Polizei neun Terrorverdächtige algerischer Herkunft, weitere Festnahmen erfolgten am 4. 10. Die Extremisten sollen als Mitglieder der radikal-islamischen Groupe Salafiste pour la Prédication et le Combat (GPSG), die dem Umfeld des Al-Qaida-Netzwerks zugerechnet wird, Anschläge in Frankreich vorbereitet haben. Innenminister Sarkozy bewertete die Bedrohung durch Terroranschläge als sehr hoch und kündigte weitere harte Maßnahmen gegen so genannte **Hassprediger** an, von denen seit Oktober 2003 bereits 34 ausgewiesen worden waren. Mitte Dezember nahm die Polizei 25 Islamisten unter dem Verdacht terroristischer Verbindungen und der Planung von Attentaten auf »Ziele mit hohem Symbolwert« fest.

▪ **Rassismus, Antisemitimus:** Die **Ermordung des 23-jährigen Ilan Halimi**, der am 13. 2. 2006 mit tödlichen Verletzungen in Paris aufgefunden wurde, rief in der Öffentlichkeit Entsetzen hervor. Der Verkäufer von Mobilfunktelefonen, jüdischen Glaubens und maghrebinischer Herkunft, war drei Wochen zuvor von einer Bande »Zentrum der Barbarei« entführt worden, um von seiner Familie und ihrer jüdischen Gemeinde Lösegeld zu erpressen. Für besondere Erregung sorgten das **vermutlich ethnisch-religiöse Tatmotiv**, aber auch, dass die Bewohner des Hochhauses in der Vorstadt Bagneux, in dem das Opfer festgehalten und gequält worden war, die verdächtigen Vorgänge nicht meldeten. Die Polizei nahm 14 Bandenmitglieder mit unterschiedlicher ethnischer Zugehörigkeit in Untersuchungshaft, der in die Elfenbeinküste geflohene mutmaßliche Haupttäter wurde am 4. 3. an Frankreich ausgeliefert. Auf Kundgebungen und Demonstrationen in mehreren Städten protestierten zahlreiche Menschen gegen Rassismus und Antisemitismus.

Die Nationale Kommission für Menschenrechte zeigte sich am 21. 3. 2006 über die **zunehmende Fremdenfeindlichkeit** alarmiert. Nach einer demoskopischen Untersuchung teilten 56 % der Befragten rassistische Einstellungen, ein Jahr zuvor seien es noch 38 % gewesen. Die Zahl der registrierten rassistisch oder antisemitisch motivierten Gewalttaten sank dagegen von 1574 im Jahr 2004 auf 974.

▪ **Migrationspolitik:** Als Konsequenz aus den Banlieue-Unruhen im November, die er maßgeblich auf die schlechte Integration der Einwanderer zurückführte, brachte Innenminister Sarkozy am 30. 6. 2006 ein **neues Einwanderungsgesetz** über die parlamentarischen Hürden. Mit dem Ziel, die bislang »erlittene Immigration in eine erwünschte« umzuwandeln, wurde die **Zuwanderung erheblich erschwert**. Insbesondere wurden die Regeln für den Familienzuzug, das Haupttor der Einwanderung in den letzten Jahren, verschärft, u. a. durch Verlängerung der Wartefristen sowie den Nachweis finanzieller Ressourcen für den Unterhalt, ausreichender Kenntnisse des Französischen und der Bereitschaft, sich in die politische und soziale Ordnung Frankreichs einzufügen. Einwanderungswillige müssen darüber hinaus einen »Integrationsvertrag« unterzeichnen, mit dem sie sich u. a. zur Teilnahme an staatsbürgerlicher und gegebenenfalls sprachlicher Fortbildung verpflichten. **Spitzenkräften** wie hochqualifizierten Arbeitnehmern, Unternehmensgründern und Spitzensportlern soll dagegen mittels eines **vereinfachten Verfahrens** eine dreijährige Aufenthaltserlaubnis erteilt werden.

In seinem am 15. 2. vorgelegten Länderbericht rügte der **Menschenrechtskommissar des Europarats**, der Spanier Alvaro Gil-Robles, neben dem »konzentrierten Elend« des Gefängnismilieus in Frankreich insbesondere die verschärfte Einwanderungspolitik. Schockierend sei das Vorhaben von Innenminister Sarkozy, die Zahl der Ausweisungen 2005 gegenüber dem Vorjahr ohne Rücksicht auf Einzelfälle um 50 % erhöhen zu wollen.

▪ **»Karikaturenstreit«:** Heftige Proteste islamischer Organisatonen trug sich die Boulevardzeitung **France Soir** ein, nachdem sie als eines der ersten Medien in Europa am 1. 2. 2006 die zwölf umstrittenen Mohammed-Karikaturen aus der dänischen Zeitung Jyllands-Posten abgedruckt hatte (→ Dänemark). Der französisch-ägyptische Eigentümer der Firma Montaigne Press, die den France Soir herausgibt, entließ den Chefredakteur des Blattes noch am gleichen Tag und bat die »schockierten und beleidigten muslimischen Leser« um Entschuldigung. In der Debatte über die Grenzen der Pressefreiheit im demokratischen und laizistischen Staat, in der das Pariser Satireblatt **Charlie Hebdo** eine Woche später mit einem erneuten Nachdruck der Zeichnungen und ergänzenden Eigenbeiträgen sein Recht auf Polemik wahrnahm, verurteilte Präsident Chirac solche »offensichtlichen Provokationen«; Meinungsfreiheit müsse im Geiste der Verantwortung ausgeübt werden.

▪ **Justizskandal:** Im nordfranzösischen Outreau endete am 1. 2. 2006 das Berufungsverfahren in einem Pädophilieprozess mit dem **Freispruch aller sechs Angeklagten.** Sie waren im ersten Verfahren im Juli 2005 zusammen mit vier weiteren Angeklagten als angebliche Mitglieder eines internationalen pädophilen Netzwerks nach mehrjähriger Untersuchungshaft zu Haftstrafen bis zu vier Jahren verurteilt worden, während sechs Angeklagte freigesprochen wurden und einer sich in der Untersuchungshaft das Leben genommen hatte. Von einer der beiden Hauptfiguren der Affäre, rechtskräftig zu 20 bzw. 15 Jahren Gefängnis verurteilt, waren die sechs zu Unrecht Verurteilten der Mittäterschaft bezichtigt worden. Gutachter, Richter und Staatsanwaltschaft hatten deren gegenüber einem völlig überforderten Untersuchungsrichter gemachten Aussagen faktisch unbesehen für glaubwürdig gehalten. Nach Feststellung der erwiesenen Unschuld der sechs Angeklagten qualifizierte der Generalstaatsanwalt das **Versagen der Justiz als veritable Katastrophe.** Eine parlamentarische Untersuchungskommission befasste sich im Januar und Februar – erstmals im Fernsehen direkt übertragen – mit dem Skandal, der als einer der größten der französischen Justizgeschichte eingestuft wurde.

▪ **Korruption:** In einem der bisher größten Korruptionsprozesse verurteilte ein Gericht in Paris am 26. 10. 2006 Michel Roussin, einen der engsten ehemaligen Mitarbeiter des früheren Pariser Bürgermeisters und derzeitigen Staatspräsidenten Chirac, zu vier Jahren Haftstrafe auf Bewährung, einer Geldbuße von 50 000 € und Verlust des passiven Wahlrechts für fünf Jahre. Der Richter befand ihn für schuldig, als **damaliger Büroleiter Chiracs** zwischen 1989 und 1995 eine wichtige Rolle in einer **Affäre um Schmiergeld und illegale Parteienfinanzierung** gespielt zu haben. Dabei mussten u. a. Baufirmen für diverse öffentliche Aufträge im Großraum Paris 2 % der Auftragssumme an schwarze Kassen der Parteien abführen, ein erheblicher Teil des Geldes ging an Chiracs neogaullistische Sammlungsbewegung RPR. Insgesamt flossen nach Angaben der Staatsanwaltschaft Bestechungsgelder von rd. 50 Mio. €. Von den 46 weiteren angeklagten Geschäftsleuten und Funktionären der wichtigsten Parteien **verurteilte das Gericht 38 Angeklagte** zu teilweise mehrjährigen Haftstrafen auf Bewährung plus Geldbuße. Zu ihnen gehören neben weiteren Gefolgsleuten Chiracs auch die beiden früheren Minister Michel Giraud und Guy Drut. Chirac als früherer Bürgermeister von Paris und ehemaliger Parteichef kann für die Dauer seines Präsidentenamtes nicht unter Anklage gestellt werden.

▪ **Kolonialerbe-Gesetz:** Präsident Chirac veranlasste am 26. 1. 2005 die ersatzlose **Streichung einer erst im Februar 2005 verfügten gesetzlichen Bestimmung**, welche die »positive Rolle der französischen Präsenz in Übersee und insbesondere in Nordafrika« zum Pflichtthema im Geschichtsunterricht gemacht hatte. Chirac folgte damit der Empfehlung einer parlamentarischen Überprüfungskommission nach zunehmenden Protesten gegen die Bestimmung in den Überseegebieten und der Drohung des algerischen Staatspräsidenten, die Verhandlungen über einen Freundschaftsvertrag abzubrechen. In Frankreich selbst hatten neben den Linksparteien der am 26. 11. von rd. 60 Migrantenvereinigungen gegründete Dachverband Conseil représentatif des associations noires (CRAN) und zahlreiche Historiker für die Aufhebung der Bestimmung plädiert, die als geschichtsverfälschende Beschönigung der französischen Kolonialherrschaft interpretiert wurde. Am 30. 1. 2006 erklärte der Staatspräsident den **10. Mai zum staatlichen Gedenktag** »der Erinnerung an den Sklavenhandel, die Sklaverei und ihre Abschaffung«.

▪ **Protektionismus:** Vor dem Hintergrund der Zunahme von Übernahmen französischer Unternehmen durch ausländische Investoren versuchte die Regierung auf verschiedenen Ebenen, dem Trend entgegenzuwirken. Anfang 2006 stufte sie per Dekret elf hauptsächlich **sicherheitspolitisch relevante Branchen als sensibel für die nationalen Interessen** ein. Bei Übernahmen von Firmen aus diesen Schlüsselsektoren durch Unternehmen aus einem anderen EU-Land bedarf es besonderer staatlicher Genehmigungen. Die EU-Kommission machte Bedenken gegen die neuen Hürden geltend und kündigte ein Vertragsverletzungsverfahren an (› EU).

Mitte März verabschiedeten beide Kammern des Parlaments ein Anti-Übernahmegesetz, das einheimischen Aktiengesellschaften die Möglichkeit eröffnet, sich vor feindlichen Übernahmen aus dem Ausland besser zu schützen, indem sie zu günstigeren Konditionen zusätzliche Aktien an die Aktionäre ausgeben können – mit der Folge, dass die Übernahme für etwaige Interessenten teurer wird. Die Aktualität des Gesetzes ergab sich aus dem Übernahmeangebot des indischen Stahlkonzerns **Mittal Steel** für den in Luxemburg ansässigen Konzern **Arcelor** (mit 29 000 Beschäftigten in Frankreich) – Ende Juni stimmte Arcelor einem neuen Angebot von Mittal zu – und dem Versuch des führenden italienischen Stromversorgers **Enel**, den Konzern **Suez** zu übernehmen, den weltweit zweitgrößten Wasserversorger und einen der größten Strom- und Gaslieferanten Europas. Diese Initiative beantwortete Ministerpräsident Villepin am 25. 2. 2006 mit der Ankündigung, den Konzern **Gaz de France** (GdF), zu 80 % in Staatsbesitz, **mit Suez zu fusionieren**. Am 27. 2. billigten die beiden Konzernvorstände das Vorhaben, bei dem der kleinere Partner GdF (38 000 Beschäftigte) den größeren, Suez (160 000 Beschäftigte), für den angeblichen Kaufpreis von 47,5 Mrd. € übernahm und sich der Staat im neuen Gesamtkonzern eine Sperrminorität sicherte. Der neue Energieriese wird mit einer Marktkapitalisierung von 72 Mrd. € Nummer eins in Europa im Handel mit Strom, Gas und Wasser.

AUSSENGEBIETE

▪ **Französisch-Polynesien:** Vier Jahrzehnte nach den ersten Atomtests auf den polynesischen Atollen stellte die Präsidentin eines vom Parlament des Überseedepartments berufenen Untersuchungsausschusses am

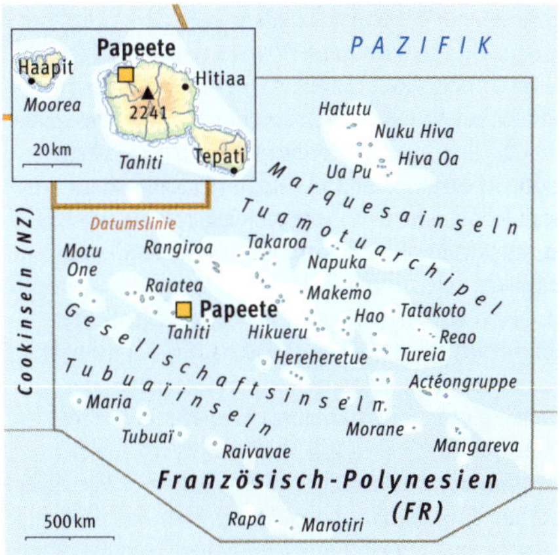

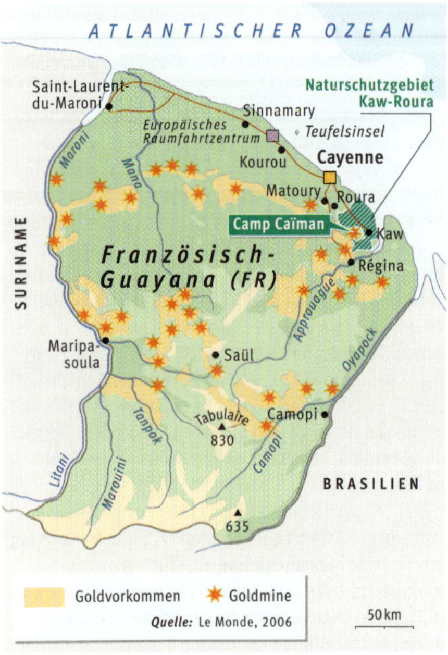

21. 2. 2006 in Paris den ersten umfassenden Bericht über die **Auswirkungen der Atomversuche** vor. Nicht zuletzt aufgrund des Zusammenhangs zwischen den Tests und der Häufigkeit von Krebserkrankungen sei die offizielle Beteuerung unwahr, die Atomversuche seien »sauber und gefahrlos« gewesen. Zwischen 1966 und 1995 waren auf den Atollen Fangataufa und Mururoa mehr als hundert Atomtests ausgeführt worden, darunter bis 1974 46 überirdische. Das seit 1996 teilautonome Département fordert von der Zentralregierung finanziellen Ausgleich für Umwelt- und Gesundheitsschäden.

▪ **Réunion:** Nach Medienberichten litten im Februar 2006 157 000 Inselbewohner, etwa ein Fünftel der Bevölkerung, an der **Tropenkrankheit Chikungunya** (»Krankheit des gebeugten Mannes«). Der Virus wird durch Moskitos, jedoch nicht von Mensch zu Mensch übertragen. Gegen die in manchen Fällen tödliche Infektion, die heftiges Fieber, Hautausschläge und Gliederschmerzen verursacht, gibt es keinen Impfstoff, auch Heilmittel sind unbekannt; allein im Januar starben an der Seuche 77 Menschen. Nach Vorwürfen aus der Bevölkerung, die Zentralregierung interessiere sich nur für die Bekämpfung der Vogelgrippe im Mutterland, besuchte Ministerpräsident Villepin am 26. 2. das Überseedepartement und versprach 76 Mio. € Soforthilfe zur Bekämpfung der Mückenplage, Versorgung mit Medikamenten und Förderung der Forschung.

▪ **Französisch-Guayana:** Der Abschluss eines Vertrages mit dem kanadischen Konzern Cambior, der diesem gestattet, im Camp Caïman (→ Karte) Gold zu fördern, war bei Umweltschützern auf heftige Kritik gestoßen. Die Goldmine liegt mitten in einem Naturschutzgebiet, und die **industrielle Ausbeutung des Goldes** ist nicht nur mit einer großflächigen Abholzung verbunden, sondern **bedroht** mit den dabei entstehenden giftigen Abwässern auch das angrenzende **Naturreservat** der Sümpfe von Kaw-Roura.

AUSSENPOLITIK

▪ **China:** Bei seinem Treffen mit dem chinesischen Ministerpräsidenten Wen Jiabao, der Frankreich einen viertägigen Besuch abstattete (4.–7. 12. 2005), sprach sich Präsident Chirac neben einer weiteren Verstärkung der Wirtschafts- und Handelsbeziehungen für eine enge **politische und strategische Partnerschaft** mit China aus. Zugleich erneuerte er seine Forderung gegenüber der EU, das nach dem Tiananmen-Massaker 1989 beschlossene Waffenembargo gegen China rasch aufzuheben. Das gesamte Finanzvolumen der während Wens Besuch abgeschlossenen Verträge, u. a. über die Lieferung von 150 Airbussen A320, erreichte rd. 9 Mrd. €. Der erhoffte Durchbruch für den Export von Atomreaktoren einer neuen Generation gelang der Regierung jedoch nicht. 2005 stieg das Handelsvolumen zwischen beiden Staaten um rd. 20 % auf 21,8 Mrd. €.

▪ **Indien:** Die gegenseitigen Besuche des indischen Premierministers Manmohan Singh (12. 9. 2005) und Präsident Chiracs (19.–21. 2. 2006) führten neben umfangreichen Geschäftsabschlüssen zu einer gemeinsamen Absichtserklärung über eine künftige weitreichende **Zusammenarbeit in der zivilen Nutzung der Atomtechnik**. Um den steigenden Energiebedarf zu stillen, plant Indien über die 15 bestehenden Atomkraftwerke hinaus den Bau von weiteren rd. 30 Meilern in den nächsten 15 Jahren. Auf diesem Gebiet konkurriert Frankreich insbesondere mit den USA, deren Präsident wenige Tage nach Chirac der Führung Indiens seine Aufwartung machte (→ Indien). Im Vorfeld des Chirac-Besuchs in Neu-Delhi hatte sich die indische Seite verärgert über das wirtschaftspatriotische Manöver der französischen Regierung gezeigt, die **Übernahme des europäischen Stahlproduzenten Arcelor**, der in Frankreich stark verankert ist, durch die indisch dominierte **Mittal Steel-Gruppe**, den weltgrößten Stahlkonzern, zu verhindern (→ Luxemburg). Um seinen Besuch nicht weiter zu belasten, beorderte Chirac am 15. 2. den zum Abwracken nach Alang an der indischen Westküste geschickten früheren **Flugzeugträger Clemenceau nach Frankreich zurück**. Im Streit um die Gefährlichkeit der im Rumpf befindlichen Asbestbestände hatten sich Querelen mit französischen und indischen Umweltschutzorganisationen ergeben, die am 13. 2. ihren Höhepunkt mit der Anordnung des obersten indischen Gerichtshofs gefunden hatten, dem Wrack fürs Erste die Einfahrt in die Territoralgewässer des Landes zu verwehren.

▪ **Dritte Welt:** Die Nationalversammlung beschloss am

8. 12. die **Erhebung einer Flugticketsteuer** ab 1. 7. 2006. Deren Erträge sollen Hilfsprogrammen für Entwicklungsländer zugute kommen. Die als Pilotversuch verstandene Abgabe verteuert innereuropaische Flüge zwischen 1 und 10 €, Langstreckenflüge zwischen 4 und 40 €. Mit den erwarteten Einnahmen soll vor allem die Bekämpfung von Aids, Tuberkulose und Malaria unterstützt werden. Auf einer internationalen Konferenz von rd. 100 Staaten in Paris am 28. 2. rief Präsident Chirac die reichen Länder auf, dem Beispiel Frankreichs zu folgen und im Kampf gegen die weltweite Armut neue Geldquellen und Finanzierungsinstrumente zu suchen. Neben Frankreich erklärten sich elf weitere Staaten bereit, eine Flugticketsteuer einzuführen.

▪ **Naher Osten:** Nach einer Phase angespannter Beziehungen (→ WA 2006, S. 183) bekundeten Präsident Chirac und **Israels Ministerpräsident Ariel Scharon** bei dessen **Besuch in Paris** (26.–28. 7. 2005) neues Einvernehmen und den Willen, ein »Kapitel gegenseitigen Vertrauens« aufzuschlagen. Chirac würdigte den Abzug Israels aus dem Gazastreifen als mutige historische Entscheidung, die eine positive Dynamik entfalten könnte. Differenzen über den Weg zur Lösung des Palästina-Konflikts blieben jedoch bestehen. Anfang März 2006 forderte Außenminister Philippe Douste-Blazy Israel auf, die gezielten Tötungen in den palästinensischen Gebieten zu beenden. Er reagierte damit auf die Drohung des israelischen Verteidigungsministers Schaul Mofas nach dem Wahlsieg der Hamas in den Palästinensischen Gebieten, bei Anschlägen von Palästinensern auch weiterhin Führer der radikal-islamischen Hamas ins Visier zu nehmen, gegebenenfalls auch den neuen palästinensischen Ministerpräsidenten Ismail Hanija.

Im **Atomstreit mit dem → Iran** machte sich Frankreich in der mit den Verhandlungen für die EU beauftragten Dreiergruppe (zusammen mit Großbritannien und Deutschland) zum Wortführer eines härteren Kurses und sagte nach der Wiederinbetriebnahme der stillgelegten Atomanlage in Isfahan die für den 31. 8. 2005 in Paris geplanten Gespräche mit dem Iran ab. Am 16. 2. 2006 warf Douste-Blazy dem Iran vor, im Geheimen ein militärisches Atomprogramm zu verfolgen. Deshalb sei nun der UN-Sicherheitsrat am Zug.

▪ **Nukleare Abschreckung:** Präsident Chirac erweiterte am 19. 1. 2006 die **Doktrin zum Einsatz von Atomwaffen** und erklärte in einer Grundsatzrede, angesichts der wachsenden terroristischen Bedrohung setze Frankreich auch auf die abschreckende Wirkung seines Nuklearpotenzials. Regime, die gegen Frankreich mit terroristischen Mitteln vorgingen, drohte er eine »entschlossene und angemessene Antwort« an, deren Natur nicht nur konventioneller Art sein müsse. Ohne Iran und Nordkorea beim Namen zu nennen, bezog sich Chirac auf die »Versuchung gewisser Staaten, sich unter Bruch der Verträge mit Atomwaffen auszustatten«.

Gabun Zentral-Afrika

Gabunische Republik; République gabonaise, Kurzform: Le Gabon – GA / GAB

Fläche (Weltrang: 74): 267 667 km²

Einwohner (146): F 2004 1 362 000 = 5,1 je km²

Hauptstadt: Libreville

Amtssprache: Französisch

Bruttonationaleinkommen 2004 je Einw.: 4080 $

Währung: CFA-Franc
Kurs: 1 € = 655,96 CFA-Francs

Botschaft der Gabunischen Republik
Hohensteiner Str. 16, 14197 Berlin
T 030 / 89 73 34 40, Fax 89 73 34 44
www.botschaft-gabun.de

LANDESSTRUKTUR **Fläche:** 267 667 km² ▪ **Verwaltung:** 9 Provinzen ▪ **Städte:** (F 2003) Libreville 611 033 Einw.; (Z 1993) Port Gentil 79 225, Franceville 31 183, Oyem 22 882, Moanda 21 882, Mouila 16 307, Lambaréné 15 033

BEVÖLKERUNG Gabuner – F 2004: 1 362 000 Einw.; Bevölkerungswachstum: 1,6 %; letzte Zählung 2003 (vorl.): 1 520 911 Einw. – rd. 40 Ethnien (überwiegend Bantu-Gruppen) ▪ **Sprachen:** Französisch; Fang, Bantu-Sprachen ▪ **Religion:** 60 % Christen (47 % Katholiken), 30 % Anhänger von indigenen Religionen, 5 % Muslime

STAATS- UND REGIERUNGSFORM Verfassung von 1991, zuletzt geändert 1995 – Präsidialrepublik seit 1961 – Nationalversammlung mit 120 Mitgl., Wahl alle 5 J.; Senat mit 91 indirekt gew. Mitgl., Wahl alle 6 J. – Direktwahl des Staatsoberhauptes alle 7 J. – Wahlrecht ab 21 J. ▪ **Unabhängigkeit:** 17. 8. 1960 (ehem. franz. Kolonie) ▪ **Nationalfeiertag:** 17. 8.

REGIERUNG UND PARTEIEN **Staatsoberhaupt:** Omar Bongo Ondimba (PDG), seit 1967; zuletzt gewählt 2005 – **Regierungschef:** Jean Eyeghe Ndong (PDG), seit 20. 1. 2006 – **Äußeres:** Jean Ping, seit 24. 1. 1999
▪ **Parlament:** Wahlen zur Nationalversammlung am 9./23. 12. 2001: Parti Démocratique Gabonais / PDG 88 von 120 Sitzen (1996: 85), Rassemblement pour le Gabon / RPG 8 (7), Parti Gabonais du Progrès / PGP 3 (10), Alliance des Démocrates Républicains / Adere 3 (–), Cercle des Libéraux Réformateurs / CLR 2 (–), Sonstige 4 (18), Unabhängige 12 (–) – Wahlen zum Senat am 9. 2. 2003

WIRTSCHAFT **BIP** 2004: 7,229 Mrd. $; realer Zuwachs: 1,4 %; Anteil (2004) Landwirtschaft 8 %, Industrie 61 %, Dienstleistungen 31 % ▪ **Erwerbstätigkeit** 2003:

Landwirtsch. 34 % ▪ **Arbeitslosigkeit**: k. A. ▪ **Inflation** ∅ 2002: 0,5 % ▪ **Außenhandel** 2003: **Import**: 1,1 Mrd. $; *Güter*: Maschinen und Transportausrüstungen, Lebensmittel, bearbeitete Waren; *Länder*: 41 % Frankreich, 10 % USA, 6 % Belgien, 5 % Japan, 5 % Niederlande, 3 % Italien, 2 % Deutschland (EU gesamt: 66 %); **Export**: 2,8 Mrd. $; *Güter* 2002: 79 % Erdöl, 12 % Holz, 5 % Mangan; *Länder*: 56 % USA, 7 % Frankreich, 7 % VR China, 5 % Japan (EU gesamt: 11 %)

CHRONIK

▪ **Präsidentschaftswahlen:** Aus den Wahlen am 27. 11. 2005 ging der seit 1967 regierende, 69-jährige Amtsinhaber Omar Bongo Ondimba mit offiziell 79,2 % der Stimmen erneut als Sieger hervor. Pierre Mamboundou, Spitzenkandidat eines Bündnisses der vier wichtigsten Oppositionsparteien, erhielt 13,6 % der Stimmen, der ehemalige Minister Zacharie Myboto, kam auf 6,6 %. Die Wahlbeteiligung lag nach offiziellen Angaben bei 63,3 %. Die Opposition sprach von massivem Wahlbetrug, während eine Wahlbeobachtergruppe der Organisation für Frankophonie den Urnengang als regelkonform einstufte. Nach der Verkündung des amtlichen Endergebnisses kam es am 2. 12. zu **Protestdemonstrationen** der Opposition, die jedoch von Sicherheitskräften gewaltsam beendet wurden. Am 5. 1. 2006 wies das Verfassungsgericht alle Einsprüche der unterlegenen Kandidaten endgültig ab.

▪ **Opposition:** Nach Protesten von Oppositionellen gegen die hohen Lebenshaltungskosten in Libreville **durchsuchten und besetzten Sicherheitskräfte** am 21. 3. 2006 **ihr Parteihauptquartier.** Der Vorsitzende Mamboundou floh daraufhin vorübergehend in die südafrikanische Botschaft.

▪ **Wirtschaft:** Hoffnungen auf eine Intensivierung des **Mangan-Abbaus** verstärkten sich im September 2005 nach der Vergabe von Explorationsrechten in den Ndjole-Minen an ein chinesisches Konsortium, das 2 Mio. € investieren will, um die Wirtschaftlichkeit des Abbaus zu prüfen. Gabun ist mit einer jährlichen Produktion von 3 Mio. t bereits zweitwichtigster Exporteur Afrikas. Neben Mangan exportiert Gabun v. a. Erdöl und Edelhölzer. Mit 20 Mio. ha bedecken die Wälder, in denen mehr als 10 000 Pflanzenarten heimisch sind, fast 80 % des Landes. Um dem Raubbau vorzubeugen, mussten lizenzierte Forstunternehmen nach einer 2001 angenommenen Richtlinie bis Ende 2005 Pläne zur **nachhaltigen Bewirtschaftung** vorlegen, um ihre Konzessionen zu behalten. Lediglich die Großunternehmen, deren Waldfläche rd. die Hälfte der Gesamtfläche ausmacht, konnten das kostspielige Verfahren ausführen.

▪ **Grenzkonflikt mit Äquatorialguinea** → Äquatorialguinea

Gambia West-Afrika

Republik Gambia; Republic of the Gambia, Kurzform: The Gambia – GM / GMB

Fläche (Weltrang: 159): 11 295 km²

Einwohner (145): F 2004 1 478 000 = 131 je km²

Hauptstadt: Banjul

Amtssprache: Englisch

Bruttonationaleinkommen 2004 je Einw.: 280 $

Währung: 1 Dalasi (D) = 100 Bututs
Kurs: 1 US-$ = 28,00 D; 1 € = 35,10 D

Honorarkonsul der Republik Gambia
Windscheidstr. 19, 10711 Berlin
T 030 / 8 92 31 21, Fax 89 68 98 11

LANDESSTRUKTUR **Fläche**: 11 295 km²; → Karte ▪ **Verwaltung**: 7 Bezirke und Hauptstadtbezirk ▪ **Städte**: (Z 2003) Serekunda 322 410 Einw.; (S 2003) Brikama 63 000 (A 270 540); (Z 2003) Banjul 34 828

BEVÖLKERUNG Gambier – F 2004: 1 478 000 Einw.; Bevölkerungswachstum: 2,7 %; letzte Zählung 2003: 1 364 507 Einw. – ca. 44 % Mandingo, 17,5 % Fulbe, 12,3 % Wolof, 7 % Djola, 7 % Sarakole u. a. ▪ **Sprachen**: Englisch; Manding, Wolof, Ful u. a. ▪ **Religion**: 85 % Muslime, 10 % Christen; indigene Religionen

STAATS- UND REGIERUNGSFORM Verfassung von 1997 – Präsidialrepublik (im Commonwealth) seit 1970 – Parlament (National Assembly) mit 53 Mitgl. (48 gewählt, 5 vom Staatsoberh. ernannt), Wahl alle 5 J. – Direktwahl des Staatsoberhauptes alle 5 J. – Wahlrecht ab 18 J. ▪ **Unabhängigkeit**: 18. 2. 1965 (ehem. britische Kolonie) ▪ **Nationalfeiertag**: 18. 2.

REGIERUNG UND PARTEIEN **Staats- u. Regierungschef**: Yahya Jammeh (APRC), seit 1994; zuletzt gewählt 2001 – **Äußeres**: Lamin Kaba Bajo, seit 24. 10. 2005 ▪ **Parlament**: Wahlen vom 17. 1. 2002: Alliance for Patriotic Reorientation and Construction / APRC 45 von 48 gewählten Sitzen (1997: 33 von 45), National Reconciliation Party / NRP und People's Democratic Organization for Independence and Socialism 3 (2 bzw. 1), Sonstige – (9)

WIRTSCHAFT **BIP** 2004: 415 Mio. $; realer Zuwachs: 8,3 %; Anteil (2004) Landwirtschaft 32 %, Industrie 14 %, Dienstleistungen 54 % ▪ **Erwerbstätigkeit** 2003: Landwirtsch. 78 % ▪ **Arbeitslosigkeit**: k. A. ▪ **Inflation** ∅ 2003: 17 % ▪ **Außenhandel** 2002: **Import**: 160 Mio. $; *Güter*: 23 % Nahrungsmittel und leb. Tiere, 17 % Maschinen und Transportausrüstungen, 11 % Brennstoffe; *Länder* 1999: Deutschland, Großbritan-

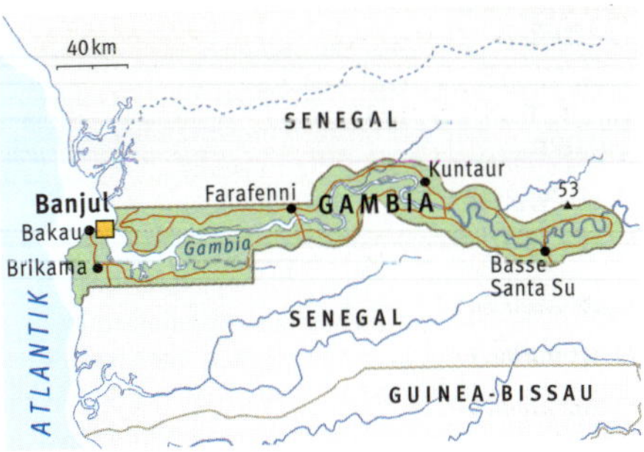

nien, Frankreich; **Export**: 33 Mio. $; (ohne Reexporte) *Güter*: 72 % Erdnüsse, 12 % Früchte, 8 % Fisch und Fischprodukte; *Länder* 1999: Belgien, Großbritannien, Frankreich

CHRONIK

- **Spannungen mit Senegal:** Die Verdopplung der Preise für die Fähre über den Fluss Gambia – die Nord- und Südsenegal auf kürzestem Weg miteinander verbindet – führte im August 2005 zu heftigen Spannungen mit dem Nachbarstaat. Zeitweilig legten aufgebrachte senegalesische Lastwagenfahrer den gesamten Grenzverkehr lahm und sorgten damit in beiden Ländern für Lebensmittelengpässe und steigende Preise für Grundnahrungsmittel. Die trotz der teilweisen Senkung der Fährpreise Anfang Oktober 2005 anhaltenden Spannungen lösten sich erst, als Gambia am 21. 10. 2005 in der senegalesischen Hauptstadt Dakar eine weitere Reduktion des Preises für die Fährpassage zusagte.
- **Regierungsumbildung:** Am 24. 10. 2005 bildete Präsident Yahya Jammeh sein Kabinett um und löste Außenminister Sidi Moro Sanneh durch Lamin Kaba Bajo ab, außerdem besetzte er die Ministerien für Handel, Industrie und Arbeit sowie Information, Kommunikation und Technologie neu.
- **Vorgehen gegen Opposition:** Angesichts der bevorstehenden Präsidentschaftswahlen im Jahr 2006 ließ die Regierung Mitte November 2005 drei Oppositionsführer wegen »subversiver Aktivitäten« verhaften. Diese hatten 2004 ihre Parteien zu einem Bündnis zusammengeschlossen, das bei Nachwahlen zum Parlament im Oktober 2005 drei von vier neu zu besetzenden Mandaten errang. Oppositionsanhänger bewerteten dies als Hoffnungsschimmer auf dem Weg zur Ablösung des seit 1994 amtierenden Präsidenten Jammeh.
- **Putschversuch:** Während sich Präsident Jammeh in Mauretanien aufhielt, gab die Regierung am 23. 3. 2006 die Vereitelung eines Putsches der Armee bekannt. 27 Verdächtige wurden festgenommen, von denen sechs im staatlichen Fernsehen ihre Ambitionen, den Präsidenten zu stürzen, zugaben.

Georgien Vorder-Asien

Sakartvelos Respublikis, Kurzform: Sakartvelo – GE / GEO

Fläche (Weltrang: 118): 69 700 km²

Einwohner (114): F 2004 4 518 000 = 65 je km²

Hauptstadt: Tbilisi (Tiflis)

Amtssprache: Georgisch

Bruttonationaleinkommen 2004 je Einw.: 1060 $

Währung: 1 Lari (GEL) = 100 Tetri
Kurs: 1 US-$ = 1,80 GEL; 1 € = 2,31 GEL

Botschaft von Georgien
Heinrich-Mann-Str. 32, 13156 Berlin
T 030 / 48 49 07 – 0, Fax 48 49 07 20
www.botschaftvongeorgien.de

LANDESSTRUKTUR **Fläche**: 69 700 km² einschließlich Abchasien, Adscharien und Süd-Ossetien → unten; → Karte ▪ **Verwaltung**: 2 autonome Republiken (Abchasien und Adscharien → unten), 9 Distrikte und Süd-Ossetien; Tabelle → WA 2006, S. 189 ▪ **Städte**: (Z 2002) Tbilisi (Tiflis) 1 071 345 Einw., Kutaisi 185 965, Batumi 121 806, Rustavi 116 384; (S 2005) Suchumi 81 546; (Z 2002) Zugdidi 68 894, Gori 49 516, Poti 47 149

BEVÖLKERUNG Georgier – F 2004: 4 518 000 Einw.; Bevölkerungswachstum: –1,0 %; letzte Zählung 2002: 4 602 000 Einw. – Georgier, Aserbaidschaner, Armenier, Russen u. a. ▪ **Sprachen** 1989: 71,7 % Georgisch, 41,8 % Russisch; Sprachen der Minderheiten ▪ **Religion**: mehrheitlich Georgisch-Orthodoxe; armenisch-apostolische Kirche, Muslime; Minderheit von Juden

STAATS- UND REGIERUNGSFORM Verfassung von 1995, zuletzt geändert 2005 – Präsidialrepublik seit 1995 – Parlament (Oberster Rat) mit 150 Mitgl., Wahl alle 4 J. – Direktwahl des Staatsoberhauptes alle 5 J. (zweifache Wiederwahl) – Wahlrecht ab 18 J. ▪ **Unabhängigkeit**: 1918–1920; Proklamation am 9. 4. 1991 ▪ **Nationalfeiertag**: 26. 5. (Unabhängigkeitserklärung 1918)

REGIERUNG UND PARTEIEN **Staats- u. Regierungschef**: Micheil Saakaschwili (Nationale Union), seit 25. 1. 2004 – **Regierungschef**: Surab Nogaideli, seit 17. 2. 2005 – **Äußeres**: Gela Beschuaschwili, seit 19. 10. 2005 ▪ **Parlament**: Wahlen vom 28. 3. 2004: Parteienbündnis aus Nationaler Union und Demokratischer Partei 135, Opposition 15; 85 direkt gewählte Abgeordnete

WIRTSCHAFT **BIP** 2004: 5,202 Mrd. $; realer Zuwachs: 6,2 %; Anteil (2004) Landwirtschaft 18 %, Industrie 25 %, Dienstleistungen 57 % ▪ **Erwerbstätigkeit** 2003: Landwirtsch. 55 %, Industrie 8 %, Dienstl. 37 %

■ **Arbeitslosigkeit** ∅ 2005: 13,8 % ■ **Inflation** ∅ 2005: 6,2 % ■ **Außenhandel** 2005 (vorläufig): **Import:** 2,491 Mrd. $; *Güter:* 17 % Erdöl, Erdgas und Produkte daraus, 7 % Fahrzeuge, 4 % Arzneimittel, 3 % Zucker, 2 % Flugzeugturbinen, 2 % sonstiges Fluggerät, 2 % Mehl, 2 % Weizen, 2 % Elektroenergie; *Länder* 2004: 14 % Russland, 11 % Türkei, 9 % Großbritannien, 9 % Aserbaidschan, 8 % Deutschland, 8 % Ukraine, 6 % USA, 4 % Italien; **Export:** 0,867 Mrd. $; *Güter:* 10 % Eisenabfälle, 9 % Wein, 9 % Eisenlegierungen, 8 % Nüsse, 8 % Fluggerät, 4 % Kupfererze und -konzentrate, 4 % Stickstoffdünger, 4 % Gold, roh oder vorverarbeitet, 4 % Mineralwasser, 3 % Zucker; *Länder* 2004: 18 % Turkmenistan, 18 % Türkei, 16 % Russland, 5 % Großbritannien, 4 % Aserbaidschan

AUTONOME GEBIETE

Abchasien
Apsny; Abhazija

Fläche: 8660 km² ■ **Bevölkerung** Z 2002: 232 421 Einw. ■ **Sprachen:** Abchasisch, Georgisch, Russisch ■ **Religion:** Georgisch-Orthodoxe, Sunniten, armenische Gregorianer ■ **Hauptstadt** (S 2005): Suchumi 81 546 Einw. ■ **Status:** Autonome Republik – Verfassung von 1999 – Unabhängigkeitserklärung 21. 7. 1992 – Volksversammlung mit 65 Mitgl. (1994 durch Georgien für aufgelöst erklärt) ■ **Regierung:** Präsident: Sergej Bagapsch, seit 12. 2. 2005 – Regierungschef: Aleksandr Ankwab, seit 14. 2. 2005

Adscharien
Adzharia

Fläche: 2900 km² ■ **Bevölkerung** Z 2002: 376 016 Einw. ■ **Sprachen:** Georgisch, Russisch ■ **Religion:** Muslime (v. a. Sunniten), Georgisch-Orthodoxe, armenische Gregorianer ■ **Hauptstadt** (Z 2002): Batumi 121 806 Einw. ■ **Status:** Autonome Republik – Verfassung u. Parlament ■ **Regierung:** Regierungschef: Lewan Warschalomidze, seit 7. 5. 2004

Süd-Ossetien
Jugo Osetija

Fläche: 3900 km² ■ **Bevölkerung** S 2003: 70 000 Einw. ■ **Sprachen:** Ossetisch, Georgisch, Russisch ■ **Religion:** Georgisch-Orthodoxe ■ **Hauptstadt** (S 2005): Cchinvali (Zchinvali) 40 529 Einw. ■ **Status:** Autonomes Gebiet – Unabhängigkeitserklärung 21. 12. 1991 – Parlament mit 30 Mitgl. ■ **Regierung:** Präsident: Eduard Kokoity, seit 18. 12. 2001 – Regierungschef: Jury Morozow, seit 5. 7. 2005

CHRONIK

■ **Kritik an der Regierung:** Während die Regierung von Präsident Micheil Saakaschwili im November 2005 mit Tausenden Anhängern die »Rosenrevolution«, den historischen Machtwechsel im Jahr 2003 (→ WA 2005, S. 174f.) feierte, machte sich bei der Bevölkerung mehr und mehr Enttäuschung breit: Angesichts weitgehend ausgebliebener wirtschaftlicher Reformen hat sich die ökonomische Lage vieler Menschen bislang kaum verbessert. Kritik wurde auch an demokratischen Defiziten und dem zunehmend autoritären Führungsstil Saakaschwilis laut. Als gefährdet galt auch die Unabhängigkeit der Justiz: Bis Dezember 2005 wurden 19 der 35 Richter des Obersten Gerichtes entlassen, da sie nicht der Regierung nahe standen.

Micheil Saakaschwili

Anfang März 2006 kam es zu **landesweiten Protesten gegen die Regierung**, auf denen mehrere tausend Demonstranten auch den Rücktritt Saakaschwilis forderten. Angeheizt worden war die Situation durch die kurz zuvor verfügte Einführung von Registrierkassen für Kleinhändler, um Steuerhinterziehungen zu erschweren. Die Händler befürchteten hingegen, dass sich ihre ohnehin nur kleinen Einkünfte dadurch weiter schmälern würden.

■ **Entlassung der Außenministerin:** Auf Drängen von Parlamentspräsidentin Nino Burdschadnadse entließ Ministerpräsident Surab Nogaideli am 19. 10. 2005 Außenministerin Salomé Surabischwili. Mit der von Surabischwili vorangetriebenen Stärkung des Außenministeriums und dem Austausch von Botschaftern war sie mehrmals mit dem Parlament in Konflikt geraten, das laut Verfassung neben dem Staatschef ebenfalls für die Außenpolitik zuständig ist. Nach ihrer Demission gab die frühere französische Botschafterin in Tiblissi, die kurz nach der Rosenrevolution auf Betreiben von Saakaschwili eingebürgert worden war, die Gründung einer Bürgerbewegung bekannt. Surabischwilis Nachfolger im Außenamt wurde der bisherige Sekretär des Nationalen Sicherheitsrates, Gela Beschuaschwili.

■ **Verhältnis zu Russland:** Nachdem sich Georgien und Russland Ende Mai 2005 über den Abzug des russischen Militärs aus den beiden in Georgien verbliebenen Militärbasen Batumi und Akhalkalaki verständigt hatten (→ WA 2006, S. 190), begann im Juli 2005 zunächst der Abtransport von Armeegerät aus Batumi, ab Mitte Mai 2006 auch aus Akhalkalaki. Am 31. 3. 2006 unterzeichneten beide Seiten ein weiteres Abkommen, das die Details des Rückzugs regelte. Bis Ende 2008 sollen beide Basen geräumt sein (→ Karte).

Dessen ungeachtet wurde das Verhältnis zu Moskau, seit der Regierungsübernahme von Präsident Saakaschwili ohnehin angespannt, wiederholt auf die Probe

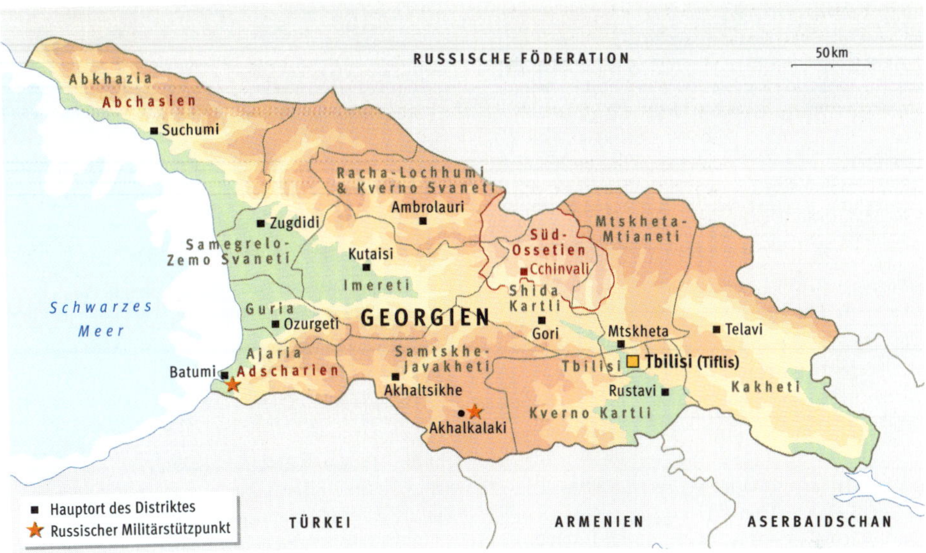

gestellt. Anschläge auf eine Erdgaspipeline und eine Hochspannungsleitung von Russland nach Georgien am 22. 1. 2006 führten zu einem zeitweiligen Energienotstand, der durch den kalten Winter noch verschärft wurde. Saakaschwili sprach von einem russischen Sabotageakt und warf Moskau vor, es auf das georgische Pipeline-Netz abgesehen zu haben und wie im Fall der Ukraine erpresserische Methoden anzuwenden, um dieses Ziel zu erreichen; der russische Konzern Gasprom versucht bereits seit längerem, das georgische Gasleitungsnetz zu übernehmen. Noch im Januar schloss die Regierung ein Erdgaslieferabkommen mit Iran, um sich aus der energiepolitischen Abhängigkeit von Russland zumindest teilweise zu lösen; nicht zuletzt ebenfalls wegen der von Moskau zu Jahresbeginn 2006 verfügten deutlichen Erhöhung der Preise für Erdgas.

Auch über die abtrünnigen, international nicht anerkannten Republiken Abchasien und Süd-Ossetien (→ unten) kam es wiederholt zu Spannungen mit Russland. So beschuldigte die Regierung in Tiflis wiederholt Russland, die separatistischen Führungen in den Republiken zu unterstützen, um die Gebiete annektieren zu können. Die Mehrheit der Abchasier und Süd-Osseten besitzt bereits die russische Staatsbürgerschaft. Am 15. 2. 2006 nahm das Parlament eine Resolution an, in der die russische Führung zum Abzug ihrer Friedenstruppe in Süd-Ossetien aufgefordert wurde, um anschließend internationale Kräfte stationieren zu können. Moskau stoppte daraufhin vorübergehend die Vergabe von Visa an georgische Staatsbürger.

Für eine weitere Belastung des Verhältnisses sorgte am 27. 3. 2006 die von Russland mit unmittelbarer Wirkung verhängte Einfuhrsperre für georgischen Wein und Weinbrand wegen angeblich gesundheitsschädlicher Belastungen. Am 5. 5. wurde auch der Import von georgischem Wasser verboten. Von georgischer Seite wurde das russische Vorgehen als Strafe für die Hinwendung zur NATO gewertet. Anfang Mai hatte die georgische Führung die Pläne zum Erreichen der NATO-Standards vorgestellt. Für die Wirtschaft Georgiens bedeutete der Wein-Ausfuhrstopp einen schweren Schlag; Wein trägt rd. 10 % zu den Exporteinnahmen Georgiens bei und wird hauptsächlich von Russland abgenommen.

▪ **GUAM:** Zusammen mit Aserbaidschan, Moldau und der Ukraine unterzeichnete Georgien am 23. 5. 2006 in der ukrainischen Hauptstadt Kiew das Statut der Organisation für Demokratie und wirtschaftliche Entwicklung (GUAM), mit der u. a. der russische Einfluss in den ehemaligen Sowjetrepubliken begrenzt werden soll. Damit gilt die 1997 in Frankreich während eines Gipfeltreffens des Europarats gegründete informelle Vereinigung zwischen den vier Staaten als vollwertige internationale Organisation (→ Ukraine).

▪ **Süd-Ossetien:** Der Beschuss von Cchinvali, der Hauptstadt der abtrünnigen Republik Süd-Ossetien, im Anschluss an eine Militärparade anlässlich des 15. Jahrestags der »Unabhängigkeit« von Georgien führte Mitte September 2005 zu Spannungen mit Tiflis. Durch die angeblich von georgischer Seite aus abgefeuerten Granaten waren zehn Personen verletzt worden. Anfang Februar 2006 kam es nach einem von Russen verursachten Verkehrsunfall zu handgreiflichen Auseinandersetzungen zwischen georgischen Militärpolizisten und russischen Soldaten. Zuletzt hatte es Mitte August 2004 schwere Kämpfe zwischen Georgiern und Süd-Osseten gegeben (→ WA 2006, S. 189).

Ghana West-Afrika

Republik Ghana; Republic of Ghana – GH / GHA

Fläche (Weltrang: 79): 238 537 km^2

Einwohner (49): F 2004 21 664 000 = 91 je km^2

Hauptstadt: Accra

Amtssprache: Englisch

Bruttonationaleinkommen 2004 je Einw.: 380 $

Währung: 1 Cedi (¢) = 100 Pesewas
Kurs: 1 US-$ = 9177 ¢; 1 € = 11 809 ¢

Botschaft der Republik Ghana
Stavangerstr. 17+19, 10439 Berlin
T 030 / 547 14 90, Fax 44 67 40 63
www.ghanaemberlin.de

LANDESSTRUKTUR **Fläche**: 238 537 km^2 ▪ **Verwaltung**: 10 Regionen ▪ **Städte**: (Z 2000) Accra 1 658 937 Einw., Kumasi 1 170 270, Tamale 202 317, Takoradi 175 438

BEVÖLKERUNG Ghanaer – F 2004: 21 664 000 Einw.; Bevölkerungswachstum: 2,1 %; letzte Zählung 2000: 18 845 265 Einw. – v. a. Kwa- und Gur-Gruppen ▪ **Sprachen**: Englisch; Kwa-Sprachen; Gur-Sprachen ▪ **Religion** 2000: 69 % Christen, 15,6 % Muslime u. a.

STAATS- UND REGIERUNGSFORM Verfassung von 1993 – Präsidialrepublik (im Commonwealth) seit 1979 – Parlament mit 230 Mitgl., Wahl alle 4 J. – Direktwahl des Staatsoberhauptes alle 4 J. (einmalige Wiederwahl) – Wahlrecht ab 18 J. ▪ **Unabhängigkeit**: 6. 3. 1957 (ehem. britische Kolonie) ▪ **Nationalfeiertag**: 6. 3.

REGIERUNG UND PARTEIEN **Staats- u. Regierungschef**: John Agyekum Kufuor (NPP-Vors.), seit 7. 1. 2001 – **Äußeres**: Nana Addo Dankwa Akufo-Addo, seit 1. 4. 2003 ▪ **Parlament**: Wahlen vom 7. 12. 2004: New Patriotic Party / NPP 128 von 230 Sitzen (2000: 100 von 200), National Democratic Congress / NDC 94 (92), People's National Convention / PNC 4 (3), Convention People's Party / CPP 3 (1), Unabhängige 1 (4)

WIRTSCHAFT **BIP** 2004: 8,869 Mrd. $; realer Zuwachs: 5,8 %; Anteil (2004) Landwirtschaft 38 %, Industrie 25 %, Dienstleistungen 37 % ▪ **Erwerbstätigkeit** 2001: Landwirtsch. 55 %, Industrie 14 %, Dienstl. 31 % ▪ **Arbeitslosigkeit** ∅ 2003: 30 % ▪ **Inflation** ∅ 2004: 12,6 % ▪ **Außenhandel** 2004: **Import**: 5,21 Mrd. $; *Güter* 2004: 40 % Investitionsgüter, 19 % Brennstoffe, 15 % Nahrungsmittel; *Länder* 2004: 13 % Nigeria, 10 % VR China, 6 % USA, 5 % Indien, 4 % Südafrika, EU gesamt: 31 %; **Export**: 2,33 Mrd. $; *Güter* 2003: 32 % Gold, 26 % Kakao, 8 % Holz; *Länder* 2004: 6 % USA, 4 % Japan, EU gesamt: 49 %

Grenada

Mittel-Amerika; Karibik
State of Grenada – GD / GRD

Fläche (Weltrang: 184): 344,5 km^2

Einwohner (179): F 2004 106 000 = 308 je km^2

Hauptstadt: St. George's

Amtssprache: Englisch

Bruttonationaleinkommen 2004 je Einw.: 3750 $

Währung: 1 Ostkarib. Dollar (EC$) = 100 Cents
Kurs: 1 US-$ = 2,72 EC$; 1 € = 3,50 EC$

Honorarkonsul von Grenada
Stierstr. 10, 12159 Berlin
T 030 / 8 52 22 02, Fax 8 53 23 54

LANDESSTRUKTUR **Fläche**: 344,5 km^2; davon Grenada 311 km^2 und Südliche Grenadinen 33,5 km^2 ▪ **Verwaltung**: 6 Gemeinden und 1 Dependency ▪ **Städte**: (Z 2001) St. George's 3908 Einw.; (S 1987) Gouyave 3000, Grenville 2000, Victoria 2000

BEVÖLKERUNG Grenader – F 2004: 106 000 Einw.; Bevölkerungswachstum: 1,1 %; letzte Zählung 2001: 100 895 Einw. – 1991: 82 % Schwarze, 13 % Mulatten, 3 % indischer Abstammung, unter 1 % Weiße ▪ **Sprachen**: Englisch; kreolisches Englisch und Französisch ▪ **Religion** 2001: 55 % Katholiken, 30 % Protestanten

STAATS- UND REGIERUNGSFORM Verfassung von 1974 – Parlamentarische Monarchie (im Commonwealth) seit 1974 – Parlament: Repräsentantenhaus mit 15 Mitgl., Wahl alle 5 J.; Senat mit 13 vom Generalgouverneur ernannten Mitgl. – Wahlrecht ab 18 J. ▪ **Unabhängigkeit**: 7. 2. 1974 (ehem. britische Kolonie) ▪ **Nationalfeiertag**: 7. 2.

REGIERUNG UND PARTEIEN **Staatsoberhaupt**: Königin Elizabeth II., vertreten durch Generalgouverneur Sir Daniel Williams, seit 8. 8. 1996 – **Regierungschef**: Keith Mitchell (NNP), seit 22. 6. 1995 – **Äußeres**: Elvin Nimrod, seit 1 / 2001 ▪ **Parlament**: Wahlen vom 27. 11. 2003: New National Party / NNP 8 von 15 Sitzen (1999: 15), National Democratic Congress / NDC 7 (–)

WIRTSCHAFT **BIP** 2004: 437 Mio. $; realer Zuwachs: –2,8 %; Anteil (2004) Landwirtschaft 8 %, Industrie 23 %, Dienstleistungen 68 % ▪ **Erwerbstätigkeit**: k. A. ▪ **Arbeitslosigkeit** ∅ 2005: 25 % (S) ▪ **Inflation** ∅ 2005: 2,5 % ▪ **Außenhandel** 2002: **Import**: 233,2 Mio. $; *Güter*: 27 % Maschinen und Transportausrüstungen, 17 % bearbeitete Waren, 17 % Nahrungsmittel und lebende Tiere; *Länder* 2001: 47 % USA, 19 % Trinidad und Tobago, 7 % Großbritannien; **Export**: 64,4 Mio. $; *Güter*: 36 % elektronische Komponenten, 20 % Muskatnüsse; *Länder* 2001: 39 % USA, 12 % Irland, 7 % Deutschland

Griechenland

Südost-Europa

Hellenische Republik; Ellinikí Dimokratía, Kurzform: Elláda – GR / GRC

Fläche (Weltrang: 94): 131 957 km²

Einwohner (74): F 2004 11 057 000 = 84 je km²

Hauptstadt: Athína (Athen)

Amtssprache: Griechisch

Bruttonationaleinkommen 2004 je Einw.: 16 730 $

Währung: 1 Euro (€) = 100 Cent
Kurs: 1 US-$ = 0,79 € (1. 7. 2006)

Botschaft der Griechischen Republik
Jägerstr. 54/55, 10117 Berlin
T 030/20 62 60, Fax 20 62 64 44
www.griechenland-botschaft.de

LANDESSTRUKTUR **Fläche**: 131 957 km²; Festland 106 915 km² (davon Ágio Óros [Mönchsrepublik Athos] 336 km²) und 3054 Inseln (davon 167 bewohnt) insg. 25 042 km²: u. a. Kríti (Kreta) 8261 km², Lésvos (Lesbos) 1630 km², Ródhos (Rhodos) 1398 km², Chíos (Chios) 842 km², Kefallinía (Kephallenia) 781 km², Sámos (Samos) 476 km², Náxos (Naxos) 428 km²; → Karte ▪ **Verwaltung**: 13 Regionen; Mönchsrepublik Athos mit autonomem Status ▪ **Städte**: (Z 2001 A 3 187 734) (Z 2001) Athína (Athen) 745 514 Einw., Thessaloníki (Saloniki) 363 987, Peiraiás (Piräus) 175 697, Pátra (Patras) 161 114, Peristérion 137 918, Irákleio (Heraklion) 133 012, Lárisa (Larissa) 124 786, Kallithéa 109 609, Níkaia 93 086, Kalamariá 87 255, Vólos 82 439, Néa Liósia 80 859, Glifádha 80 409

BEVÖLKERUNG Griechen – F 2004: 11 057 000 Einw.; Bevölkerungswachstum: 0,2 %; letzte Zählung 2001: 10 964 020 Einw.; Mönchsrepublik Athos: 1536 Einw. (Z 1991) – offiz. 100 % Griechen; Minderheiten von Mazedoniern, Türken, Bulgaren (Pomaken), Roma, Armeniern ▪ **Sprachen**: Griechisch (Neugriechisch), griechische Dialekte (Pontisch, Tsakonisch); ▪ **Religion**: 97 % Griechisch-Orthodoxe, Minderheiten von Muslimen, Protestanten, Katholiken, Juden

STAATS- UND REGIERUNGSFORM Verfassung von 1975, zuletzt geändert 2001 – Parlamentarische Republik seit 1973 – Parlament (Nationalversammlung) mit 300 Mitgl., Wahl alle 4 J. – Wahl des Staatsoberhauptes durch Parlament alle 5 J. – Wahlpflicht ab 18 J. ▪ **Unabhängigkeit**: Proklamation 13. 1. 1822, nominell 3. 2. 1830 (Londoner Protokoll) ▪ **Nationalfeiertag**: 25. 3. (Beginn des Befreiungskampfes gegen das Osmanische Reich 1821)

REGIERUNG UND PARTEIEN **Staatsoberhaupt**: Karolos Papoulias, seit 12. 3. 2005 – **Regierungschef**: Kostas Karamanlis (ND), seit 9. 3. 2004 – **Äußeres**: Dora Bakojannis (ND), seit 14. 2. 2006 ▪ **Parlament**: Wahlen vom 7. 3. 2004: Nea Dimokratia (Neue Demokratie)/ND 165 von 300 Sitzen (2000: 125), Panellino Socialistiko Kinima (Panhellenische Sozialistische Bewegung)/PASOK 117 (158), Kommounistiko Komma Ellados (Kommunistische Partei)/KKE 12 (11), Koalition der Linken und des Fortschritts/SYN 6 (6)

WIRTSCHAFT **BIP** 2004: 205,215 Mrd. $; realer Zuwachs: 4,2 %; Anteil (2004) Landwirtschaft 7 %, Industrie 23 %, Dienstleistungen 70 % ▪ **Erwerbstätigkeit** 2002: Landwirtsch. 15,8 %, Industrie 22,5 %, Dienstl. 61,7 % ▪ **Arbeitslosigkeit** ∅ 2005: 10,4 % ▪ **Inflation** ∅ 2005: 3,6 % ▪ **Außenhandel** 2005 (vorläufig): **Import**: 43,9 Mrd. €; *Güter*: 29 % Maschinen und Fahrzeuge, 18 % Brennstoffe und technische Öle, 15 % chemische Erzeugnisse, 13 % sonstige Vorerzeugnisse, 12 % sonstige Fertigerzeugnisse, 9 % Nahrungsmittel und lebende Tiere, 3 % Rohstoffe, 2 % Getränke, Tabak; *Länder*: 13 % Deutschland, 12 % Italien, 6 % Frankreich, 6 % Niederlande, 4 % Saudi-Arabien, 4 % Spanien, 4 % VR China, 4 % Großbritannien (EU gesamt: 55 %, GUS gesamt: 8 %); **Export**: 14,0 Mrd. €; *Güter*: 21 % sonstige Vorerzeugnisse, 15 % Nahrungsmittel und lebende Tiere, 15 % chemische Enderzeugnisse, 14 % sonstige Fertigerzeugnisse, 13 % Maschinen und Fahrzeuge, 10 % Brennstoffe, technische Öle, 5 % Rohstoffe, 4 % Getränke, Tabak, 3 % tierische und pflanzliche Öle; *Länder*: 12 % Deutschland, 11 % Italien, 7 % Großbritannien, 5 % Türkei, 5 % USA, 4 % Frankreich, 4 % Spanien, 2 % Niederlande (EU gesamt: 52 %)

CHRONIK

Zwei Jahre nach Regierungsübernahme durch die konservative Partei Nea Dimokratia (ND) unter Ministerpräsident Kostas Karamanlis zeigten die z. T. einschneidenden Reformen zur Sanierung der Staatsfinanzen und zur Liberalisierung des Arbeitsmarktes Wirkung, in deren Folge das sozialpolitische Klima rauer geworden war. Nach Streikwellen und Geheimdienstaffären befand sich die Regierung im Frühjahr 2006 im Popularitätstief.

▪ **Kabinettsumbildung:** Mit Blick auf die als Testwahlen betrachteten Kommunalwahlen im Herbst erneuerte Ministerpräsident Karamanlis am 14. 2. 2006 sein Kabinett. Zur **neuen Außenministerin** ernannte er die populäre Athener Bürgermeisterin und »Nummer zwei« der ND, Dora Bakojannis. Die ehemalige Kulturministerin und Tochter des Ex-Ministerpräsidenten Konstantinos Mitsotakis hatte sich als erfolgreiche Gastgeberin der Olympischen Spiele an die Spitze der Beliebtheitsskala gesetzt. Der bisherige Minister für öffentliche Ordnung, Georgios Voulgarakis, wurde als politisch Verantwortlicher für das Krisenmanagement in der Abhöraffäre (→ unten) ins Kulturressort versetzt. Das Verteidigungsministerium übernahm

der bisherige Generalsekretär der ND, Evangelos Meimarakis. Nach den sozialen Unruhen im Gefolge der Stabilitätspolitik (→ unten) wechselte Karamanlis auch den Ressortchef für Arbeit und Soziales aus.

- **Durchsetzung EU-konformer Stabilitätspolitik:** Nach einem Haushaltsdefizit von 6,9 % in 2004, mit dem sich Griechenland ein EU-Defizitverfahren zugezogen hatte (→ WA 2006, S. 194), konstatierte die EU-Kommission im Frühjahr 2006 für das Vorjahr ein Defizit von 4,5 % des BIP und erwartete für das laufende Jahr dank eines konsequenten Sparkurses der Regierung eine Rückführung auf 3,2 %. Für 2007 versprach Wirtschafts- und Finanzminister Georgios Alogoskoufis Anfang 2006 die **Rückkehr in den zulässigen Verschuldungsrahmen** von maximal 3 % des BIP und forderte von der EU-Kommission eine Verlängerung der hierfür bis Ende 2006 gesetzten Frist um ein Jahr.

In der Folge der zum Teil schon vor dem zweiten Halbjahr 2005 ergriffenen Maßnahmen – darunter strikte Sparvorgaben für die öffentliche Hand, eine Mehrwertsteueranhebung um einen Prozentpunkt, der Umbau der defizitären Sozialversicherung und eine Flexibilisierung der Arbeitszeitregelungen– zeichnete sich eine **rapide Verschlechterung des sozialen Klimas** ab, zumal bei einem Wirtschaftswachstum von 3,7 % des BIP (2005) die Arbeitslosenquote bei 10 % etwa konstant geblieben war und die Verbraucherpreise durchschnittlich um 3,5 % angezogen hatten. Die Gewerkschaften reagierten hierauf wiederholt mit Generalstreiks (→ Foto) bzw. landesweiten Arbeitsniederlegungen (der größte Generalstreik seit vielen Jahren fand am 15. 3. 2006 statt). Auch mehrere große branchenspezifische Arbeitskämpfe bezogen sich auf die sozialen Folgen der Reformpolitik, so die Streiks der Beschäftigten im öffentlichen Dienst im November, der Seeleute im Februar und der Arbeiter der Müllabfuhr von Athen im April. Einer Meinungsumfrage im März zufolge beurteilten 65 % der Bevölkerung die Regierungspolitik als ungerecht und hart. Im April einigten sich die Tarifpartner auf eine schrittweise Lohnerhöhung von 10,9 %.

- **Abhörskandal:** Regierungssprecher Theodoros Roussopoulos bestätigte am 2. 2. 2006 Berichte der Athener Tageszeitung Ta Nea, dass die Handys des Ministerpräsidenten, mehrerer Minister sowie führender Militärs ungefähr neun Monate lang abgehört worden waren. Der **Fall von »nationaler Bedeutung«** sei bis zur Enthüllung in den Medien geheim gehalten worden, um die Ermittlungen der Staatsanwaltschaft nicht zu gefährden. Nach Recherchen der Presse hatten unbekannte Täter kurz vor Beginn der Olympiade 2004 begonnen, rd. 100 Vodafone-Anschlüsse auf andere Handys umzuleiten und abzuhören. Der Lauschangriff konnte erst im März 2005 abgeblockt werden, nachdem ihn Vodafone-Sicherheitsexperten angeblich zufällig entdeckt hatten. Zwei Tage nach Entdeckung der Abhörschaltung wurde ein Vodafone-Sicherheitsexperte erhängt in seiner Wohnung aufgefunden. Die griechische **Presse verdächtigte US-amerikanische Sicherheitsbehörden**, hinter dem Abhörskandal zu stecken. Als wichtiges Indiz wurde gewertet, dass sich die US-Botschaft im Zentrum der Region befindet, in der sich aufgrund der rekonstruierten Verbindungsdaten die Abhörzentrale befunden haben muss.

▪ **Verschleppungsaffäre:** Nach Erkenntnissen der Athener Staatsanwaltschaft, die darüber am 11. 5. 2006 berichtete, wurden im Juli 2005 mindestens zehn **pakistanische Einwanderer verschleppt** und mehrere Tage lang illegal festgehalten. Insgesamt hatten 28 in Griechenland lebende Pakistaner diesen Vorwurf erhoben und als Täter griechische und britische Geheimdienste bezeichnet. Nach ersten Medienberichten, die einen Zusammenhang mit der Fahndung nach Hintermännern der Londoner Bombenattentate vom 7. 7. hergestellt hatten und nach denen die Entführten auch gefoltert worden sein sollen, hatte die Regierung Ende Dezember einen solchen Vorfall unter Beteiligung griechischer Agenten zunächst vehement in Abrede gestellt. Der britische Außenminister Jack Straw hatte die Vorwürfe als »kompletten Unsinn« zurückgewiesen. Gleichwohl musste sich die Justiz der Sache annehmen, als der Präsident der pakistanischen Gemeinde in Griechenland und einer der Betroffenen Anklage gegen zwei angeblich beteiligte Geheimdienstbeamte erhoben, deren Identität bekannt geworden war. Das britische Außenministerium räumte Anfang Januar indirekt eine passive Beteiligung von britischen Agenten an den Verhören ein.

▪ **Beziehungen zur Türkei:** Die Verschiebung des für Ende November 2005 geplanten ersten offiziellen Besuchs eines griechischen Regierungschefs in der Türkei seit 1959 auf unbestimmte Zeit signalisierte eine erneute **Abkühlung der beiderseitigen Beziehungen**. Neben dem andauernden Streit um die Gewässerhoheit in der Ägäis wurde das bilaterale Verhältnis belastet durch den Streit über den nach wie vor ungeklärten Status der nicht anerkannten türkischen Republik Nordzypern in seinem Verhältnis zur EU (→ Zypern) und durch Differenzen über die Rechte der griechisch-orthodoxen Kirche in der Türkei sowie umgekehrt der muslimischen Minderheit in Griechenland. Nach der Kollision eines griechischen und eines türkischen Kampfflugzeugs am 23. 5. über der Ägäisinsel Karpathos verzichteten beide Seiten auf eine Dramatisierung des Vorfalls. Am 1. 6. genehmigte die Regierung nach jahrzehntelangem Tauziehen den **Bau einer Moschee** in der Hauptstadt Athen.

▪ **Weitere Ereignisse:** Mitte Oktober registrierten die Behörden den Ausbruch der durch den H5N1-Virus verursachten **Vogelgrippe** auf der Ostägäisinsel Oinousses, die wenige Kilometer vor der türkischen Küste liegt. Damit erreichte die für den Menschen gefährliche Tierseuche erstmals ein Land der EU (→ Themen der Welt).

Das deutsche Bundesverfassungsgericht (BVerfG) wies am 3. 3. 2006 eine Verfassungsbeschwerde im sog. **Distomo-Fall** zurück. Angehörige von Opfern eines SS-Massakers im griechischen Ort Distomo am 10. 6. 1944 hatten vergeblich auf Schadensersatz geklagt. Das BVerfG bestätigte den Vorinstanzen, dass sich die Kläger weder auf völkerrechtliche noch auf amtshaftungsrechtliche Ansprüche berufen konnten.

US-Außenministerin Rice und ihre Amtskollegin Bakojannis am 25. 4. 2006

Antiamerikanische Proteste: Anlässlich des Besuchs von US-Außenministerin Condoleezza Rice in Athen am 25. 4. 2006 (→ Foto) protestierten Tausende von Demonstranten gegen die amerikanische Politik. Diese stand auch mit im Zentrum der Abschlussdemonstration des vierten europäischen Sozialforums (4.–7. 5.) in Athen, an der nach Angaben der Veranstalter rd. 70 000 Menschen teilnahmen.

Großbritannien und Nordirland West-Europa

Vereinigtes Königreich Großbritannien und Nordirland; United Kingdom of Great Britain and Northern Ireland, Kurzform: Vereinigtes Königreich – GB / GBR

Fläche (Weltrang: 77): 242 910 km²

Einwohner (21): F 2004 59 867 000 = 247 je km²

Hauptstadt: London

Amtssprache: Englisch

Bruttonationaleinkommen 2004 je Einw.: 33 630 $

Währung: 1 Pfund Sterling (£) = 100 Pence
Kurs: 1 US-$ = 0,53 £; 1 € = 0,69 £ (1. 7. 2006)

Botschaft des Vereinigten Königreichs
Großbritannien und Nordirland
Wilhelmstr. 70, 10117 Berlin
T 030 / 20 45 70, Fax 20 45 75 79
www.britischebotschaft.de

LANDESSTRUKTUR **Fläche**: 242 910 km²; davon England 130 422 km², Nordirland, Schottland und Wales → unten; Kanalinseln → unten und Isle of Man → unten ▪ **Gebiete:** Crown Dependencies und Abhängige Gebiete: Anguilla, Bermuda, Britische Jungferninseln, Britisches Territorium im Indischen Ozean, Britisches Territorium in der Antarktis, Falklandinseln, Gibraltar, Kaimaninseln, Montserrat, Pitcairninseln, St. Helena, Süd-Georgien und Südliche Sandwichinseln, Turks- und Caicosinseln → unten ▪ **Verwaltung**: 34 Grafschaften (Counties), 46 Unitary Authorities, 6 Metropolitan Counties und Greater London in England, 22 Unitary Authorities in Wales, 26 Districts in Nordirland, 32 Unitary Authorities in Schottland ▪ **Städte**: (F 2001) London (Greater London) 7 188 000 Einw., Birmingham 976 400, Leeds 715 500, Glasgow 578 700, Sheffield 513 100, Bradford 467 900, Edinburgh 449 000, Liverpool 439 200, Manchester 392 900, Kirklees 388 900, Bristol 380 800, Fife 349 800, North Lanarkshire 321 200, Wakefield 315 400, East Riding of Yorkshire 314 800, Wirral 312 200, Cardiff 305 200, Dudley 305 100, South Lanarkshire 302 300, Wigan 301 500, Coventry 300 700, Doncaster 286 900, Stockport 284 600, Sefton 282 900, Sandwell 282 800, Sunderland 280 800, Leicester 279 800, Belfast 277 200, Nottingham 267 000, Bolton 261 300, Newcastle upon Tyne 259 600, Walsall 253 300

BEVÖLKERUNG Briten – F 2004: 59 867 000 Einw.; Bevölkerungswachstum: 0,5 %; letzte Zählung 2001: 58 789 194 Einw. – 80 % Engländer, 10 % Schotten, 4 % Nordiren, 2 % Waliser ▪ **Sprachen**: Englisch; außerdem regional: Irisch-Gälisch und Scots in Nordirland, Schottisch-Gälisch (Highlands) und Scots (Lowlands) in Schottland, Kymrisch (auch Walisisch oder Welsh) in Wales ▪ **Religion** 2001: 71,8 % Christen: Anglikaner (Anglikanische Kirche in England ist Staatskirche), sonstige Protestanten u. a. Presbyterianer (Presbyterianische Kirche in Schottland ist Staatskirche), Methodisten, Freikirchen, Baptisten, Katholiken; 2,8 % Muslime, 1,0 % Hindus, 0,6 % Sikhs, 0,5 % Juden, 0,3 % Buddhisten, 0,3 % Sonstige; 15,1 % religionslos; 7,8 % keine Angaben

STAATS- UND REGIERUNGSFORM Keine geschriebene Verfassung, aber Gesetze mit Verfassungscharakter – Parlamentarische Monarchie (im Commonwealth) seit 1921 – Parlament: Unterhaus (House of Commons) mit 646 Mitgl. (17 aus Nordirland), Wahl spät. alle 5 J.; Oberhaus (House of Lords) mit 715 Mitgl.: 26 Bischöfe, 597 Lords auf Lebenszeit, inklusive Law Lords (Mitglieder des obersten Appellationsgerichts), 92 Erblords (Stand Mai 2003); Peers haben kein passives Wahlrecht – Wahlrecht ab 18 J. ▪ **Unabhängigkeit**: alte staatliche Tradition ▪ **Nationalfeiertag**: 2. Samstag im Juni (Queen's Birthday)

REGIERUNG UND PARTEIEN **Staatsoberhaupt**: Königin Elizabeth II., seit 1952, gekrönt 1953 – **Regierungschef**: Tony (Anthony Charles Lynton) Blair (Vors. der Labour Party), seit 1997 – **Äußeres**: Margaret Beckett (Labour Party), seit 5. 5. 2006 ▪ **Parlament**: Unterhaus-Wahlen vom 5. 5. 2005: Labour Party / LAB 356 von 646 Sitzen (2001: 413 von 659), Conservative Party / CON 198 (166), Liberal Democrats / LD 62 (52), Democratic Unionist Party / DUP 9 (5), Scottish National Party / SNP 6 (5), Sinn Féin 5 (4), Plaid Cymru / PC 3 (4), Social Democratic and Labour Party / SDLP 3 (3), Ulster Unionist Party / UUP 1 (6), RESPECT-The Unity Coalition / RES 1 (–), Unabhängige 2 (1)

WIRTSCHAFT **BIP** 2004: 2124,385 Mrd. $; realer Zuwachs: 3,1 %; Anteil (2004) Landwirtschaft 1 %, Industrie 26 %, Dienstleistungen 73 % ▪ **Erwerbstätigkeit** 2003: Landwirtsch. 1,2 %, Industrie 23,5 %, Dienstl. 75,0 % (ohne Nordirland) ▪ **Arbeitslosigkeit** ∅ 2005: 4,7 % ▪ **Inflation** ∅ 2005: 1,9 % ▪ **Außenhandel** 2005 (vorläufig): **Import**: 274,8 Mrd. £; *Güter*: 42 % Maschinen und Transportausrüstungen, 30 % Waren des verarbeitenden Gewerbes, 11 % chemische Erzeugnisse, 9 % Nahrungsmittel und lebende Tiere, 5 % mineralische Brennstoffe und Schmiermittel; *Länder*: 14 % Deutschland, 8 % USA, 8 % Frankreich, 7 % Niederlande, 5 % Belgien / Luxemburg, 5 % Italien; **Export**: 209,3 Mrd. £; *Güter*: 42 % Maschinen und Transportausrüstungen, 24 % Waren des verarbeitenden Gewerbes, 16 % chemische Erzeugnisse, 9 % mineralische Brennstoffe und Schmiermittel, 3 % Nahrungsmittel und lebende Tiere; *Länder*: 15 % USA, 11 % Deutschland, 9 % Frankreich, 7 % Irland, 6 % Niederlande, 5 % Spanien
Weitere Informationen → Kap. Wirtschaft

Nordirland Northern Ireland

Fläche: 13 576 km^2; → Karte S. 214 ▪ **Bevölkerung** Z 2001: 1 685 267 Einw. ▪ **Sprachen**: Englisch, Irisch-Gälisch und Scots ▪ **Religion** 2001: 53,1 % Protestanten, 43,8 % Katholiken u. a. ▪ **Hauptstadt** (F 2001): Belfast 277 200 Einw. ▪ **Status:** Teilautonomie – Regionalversammlung mit 108 Mitgl., Wahl alle 5 Jahre ▪ **Regierung:** First Minister: David Trimble (UUP), suspendiert – Stellvertreter: Seamus Mallon (SDLP), suspendiert

Schottland Scotland

Fläche: 78 133 km^2 ▪ **Bevölkerung** Z 2001: 5 062 011 Einw. ▪ **Sprachen**: Englisch, Schottisch-Gälisch (Highlands) und Scots (Lowlands) ▪ **Religion**: Presbyterianer (Presbyterianische Kirche ist Staatskirche) ▪ **Hauptstadt** (F 2001): Edinburgh 449 000 Einw. ▪ **Status:** Teilautonomie – Parlament mit 129 Mitgl., Wahl alle 4 Jahre ▪ **Regierung:** First Minister: Jack McConnell (LP), seit 22. 11. 2001

Wales

Fläche: 20 779 km^2 ▪ **Bevölkerung** Z 2001: 2 903 085 Einw. ▪ **Sprachen**: Englisch, Kymrisch (auch Walisisch oder Welsh) ▪ **Religion**: Anglikaner ▪ **Hauptstadt** (F 2001): Cardiff 305 200 Einw. ▪ **Status:** Teilautonomie – Nationalversammlung mit 60 Mitgl., Wahl alle 4 Jahre ▪ **Regierung:** First Secretary: Rhodri Morgan (Labour Party), seit 9. 2. 2000

AUSSENGEBIETE

Crown Dependencies

unmittelbar mit der Krone verbundene Gebiete, keine Teile des Vereinigten Königreichs, keine EU-Mitglieder

Kanalinseln Channel Islands (Iles (Anglo-) Normandes)

Fläche: 194 km^2; Jersey (GBJ) 116,2 km^2, Guernsey (GBG) 63,4 km^2, Alderney 7,9 km^2, Sark 5,5 km^2, Herm und Jethou 14,4 km^2; Karte → WA 2006, S. 196 ▪ **Bevölkerung** Z 2001: 149 934 Einw.; Jersey 87 186 Einw., Guernsey 59 807, Alderney 2294, Sark 550, Herm u. Jethou 97 ▪ **Sprachen**: Englisch; auf Guernsey z. T. normannischer Dialekt ▪ **Religion**: Anglikaner, Katholiken ▪ **Städte** (Z 2001): St. Peter Port (Hptst. von Guernsey) 16 488 Einw., St. Helier (Hptst. von Jersey) 28 310 ▪ **Status:** Selbstverwaltung durch Ständeparlamente (States) ▪ **Regierung:** Lieutenant-Governor: Andrew Ridgway (Jersey), seit 14. 6. 2006 u. Sir Fabian Malbon (Guernsey), seit 18. 10. 2005

Insel Man Isle of Man

Fläche: 572 km^2 ▪ **Bevölkerung** F 2004: 77 000; letzte Zählung 2001: 76 315 Einw. ▪ **Sprachen**: Englisch ▪ **Religion**: Anglikaner, Katholiken, sonstige protestantische Kirchen ▪ **Hauptstadt** (Z 2001): Douglas 25 347 Einw. ▪ **Status:** Selbstverwaltung – Parlament (Tynwald): Versammlung (House of Keys) mit 24 Mitgl., Wahl alle 5 J.; Gesetzgebender Rat mit 11 ernannten Mitgl. ▪ **Regierung:** Lieutenant-Governor: Sir Paul Haddacks, seit 17. 10. 2005 – Regierungschef: Donald Gelling, seit 14. 12. 2004

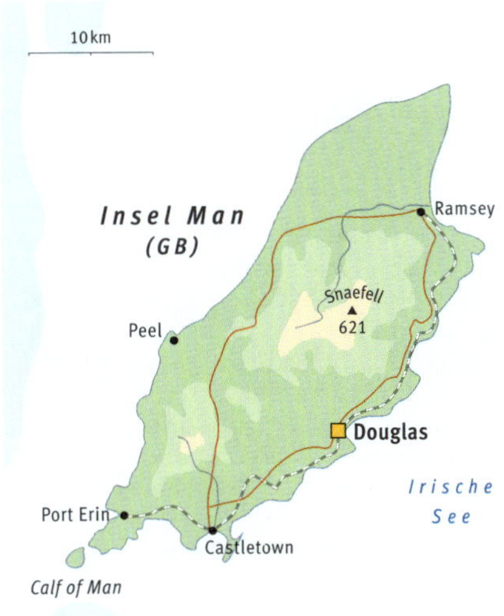

United Kingdom Overseas Territories

Verschiedene Grade von Selbstverwaltung; die autonomen und assoziierten Staaten haben innere Selbstverwaltung; London ist für Verteidigung und Außenpolitik, z. T. auch für Verfassungsfragen zuständig

Anguilla

Fläche: 96 km^2; davon Anguilla 91 km^2, Sombrero 5 km^2 ▪ **Bevölkerung** letzte Zählung 2001: 11 430 Einw. – 90 % Schwarze, 4 % Weiße ▪ **Sprachen**: Englisch ▪ **Religion**: 29 % Anglikaner, 24 % Methodisten ▪ **Hauptstadt** (Z 2001): The Valley (Reg.-Sitz) 1169 Einw. ▪ **Status:** United Kingdom Overseas Territory – Innere Autonomie seit 1980; britische Kolonie seit 1650 – Verfassung von 1982, zuletzt geändert 1990 – House of Assembly mit 11 Mitgl. (7 gewählt, 2 ernannt, 2 ex officio), Wahl alle 5 J. ▪ **Regierung:** Gouverneur: Andrew George, seit 15. 7. 2006 – Regierungschef: Osbourne Fleming (Anguilla National Alliance), seit 6. 3. 2000

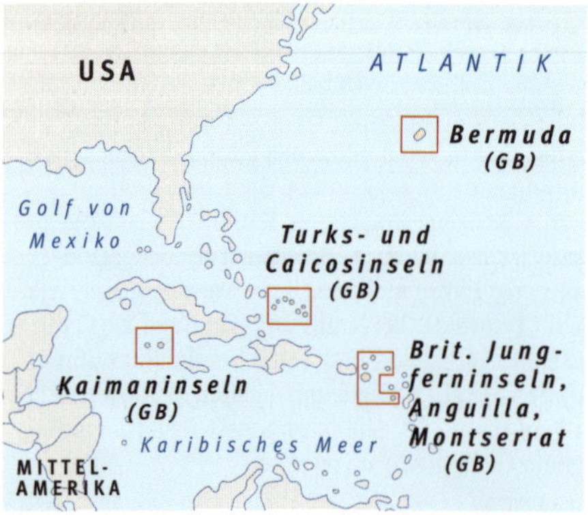
USA
ATLANTIK
Bermuda (GB)
Golf von Mexiko
Turks- und Caicosinseln (GB)
Kaimaninseln (GB)
Brit. Jungferninseln, Anguilla, Montserrat (GB)
Karibisches Meer
MITTEL-AMERIKA

5 km
Saint George
St. George's
Paget
Saint David's
Bermuda (GB)
Nonsuch
Ireland North
Flatts
Tucker's Town
79
Somerset
Ireland South
Somerset
Hamilton
Darell
43
ATLANTISCHER OZEAN
Bermuda
73

Caicospassage
North Caicos
ATLANTIK
Middle Caicos
Kew
East Caicos
49
Providenciales
Turks
West Caicos
Caicos
South Caicos
Grand Turk
Grand Turk
Turkspassage
Ambergris Cays
Salt Cay
Turks- und Caicosinseln (GB)
25 km

Karibisches Meer
Kaimaninseln (GB)
Little Cayman
Cayman Brac
Blossom Village
Grand Cayman
George Town
Boddentown
50 km

ATLANTISCHER OZEAN
Anegada
The Settlement
Britische Jungferninseln (GB)
Guana
414
Great Tobago
Jost van Dyke
Tortola
Virgin Gorda
Little Tobago
Road Town
521
Spanish Town
Salt
Ginger
Cooper
Peter
Norman
Karibisches Meer
Amerikanische Jungferninseln (US)
10 km

Sombrero
ATLANTISCHER OZEAN
Anguilla (GB)
Scrub
Dog
Seal
Prickley Pear Cays
63
Crocus Hill
Karibisches Meer
Sandy Ground Village
The Valley
Blowing Point
Anguillita
10 km
St. Maarten (FR und NL)

ATLANTISCHER OZEAN
Montserrat (GB)
Karibisches Meer
Silver Hill
403
Brades
St. John's
St. Peter's
Sperrgebiet seit den Vulkanausbrüchen 1995-1997
741
Salem
Bethel
Harris
Soufrière Hills Vulkan
Chances Peak
915
Plymouth
1997 durch Vulkanausbruch zerstört
Soufrière Hills
Kinsale
St. Patrick's
5 km

Bermuda

Fläche: 53 km²; rd. 360 Inseln, über 20 bewohnt ▪ **Bevölkerung** Z 2001: 65 545 Einw. – ca. 61 % Schwarze, 39 % Weiße ▪ **Sprachen:** Englisch ▪ **Religion:** 23 000 Anglikaner, 9300 Katholiken ▪ **Hauptstadt** (Z 2000): Hamilton 969 Einw. ▪ **Status:** United Kingdom Overseas Territory – Innere Autonomie seit 1968; britische Kolonie seit 1684 – Verfassung von 1968, zuletzt geändert 1979 – Repräsentantenhaus (House of Assembly) mit 36 Mitgl., Wahl alle 5 J.; Senat mit 11 ernannten Mitgl. ▪ **Regierung:** Gouverneur: John Vereker, seit 11. 4. 2002 – Regierungschef: Alex Scott (Progressive Labour Party), seit 28. 7. 2003

Britische Jungferninseln
British Virgin Islands

Fläche: 153 km²; 40 Inseln: u. a. Tortola 54,4 km², Anegada 38,8 km², Virgin Gorda 21,4 km², Jost van Dyke 9,1 km² ▪ **Bevölkerung** F 2002: 21 000 Einw. – überwiegend Schwarze und Mulatten ▪ **Sprachen:** Englisch ▪ **Religion:** Anglikaner, Methodisten, Adventisten ▪ **Hauptstadt** (F 2001): Road Town (Tortola) 11 000 Einw. ▪ **Status:** United Kingdom Overseas Territory – Britisch seit 1672; Kolonie seit 1872 (bis 1956 Teil von Leeward Islands) – Verfassung von 1977 – Parlament: Legislativrat mit 15 Mitgl. (13 gewählt, 1 ex officio, 1 ernannt), Wahl alle 5 J. ▪ **Regierung:** Gouverneur: David Pearey, seit 18. 4. 2006 – Regierungschef: Orlando Smith (National Democratic Party), seit 17. 6. 2003

Britisches Territorium im Indischen Ozean
British Indian Ocean Territory / BIOT

Fläche: 54 400 km²: Chagos Archipelago (Tschagos-Inseln); davon rd. 60 km² Landfläche

Britisches Territorium in der Antarktis British Antarctic Territory / BAT → Antarktis

Falklandinseln
Falkland Islands – Islas Malvinas

Fläche: 12 173 km²; East u. West Falkland sowie rd. 200 kleinere Inseln, ohne Süd-Georgien (→ unten) ▪ **Bevölkerung** Z 2001: 2913 Einw.; außerdem britisches Truppenkontingent (1500) ▪ **Sprachen:** Englisch ▪ **Religion:** überwiegend Protestanten ▪ **Hauptstadt** (Z 2001): Stanley 1981 Einw. ▪ **Status:** United Kingdom Overseas Territory – Britisch seit 1833; Kolonie seit 1837 – Verfassung von 1985 – Parlament: Legislativrat mit 10 Mitgl. (8 gewählt, 2 ex officio), Wahl alle 4 J. ▪ **Regierung:** Gouverneur: Alan Huckle, seit 1. 9. 2006; gleichzeitig Commissioner von Süd-Georgien und den Südlichen Sandwichinseln – Chief Executive: Michael Blanch

Gibraltar

Fläche: 6,5 km²; Karte → WA 2005, S. 184 ▪ **Bevölkerung** Z 2001: 27 025 Einw. – 20 921 Einheimische (meist spanischer, maltesischer oder portugiesischer Herkunft), 3825 Briten, 2279 Nichtbriten (überwiegend Marokkaner) ▪ **Sprachen:** Englisch, Spanisch ▪ **Religion** 2002: 85 % Katholiken; Muslime, Anglikaner, Juden ▪ **Hauptstadt:** City of Gibraltar ▪ **Status:** United Kingdom Overseas Territory – Britisch seit 1713; Kolonie seit 1830 – Verfassung von 1969 – Parlament (House of Assembly) mit 17 Mitgl. (15 gewählt, 2 ex officio), Wahl alle 4 J. ▪ **Regierung:** Gouverneur: Francis Richards, seit 27. 5. 2003 – Regierungschef: Peter Caruana (Gibraltar Social Democrats), seit 17. 5. 1996

Kaimaninseln
Cayman Islands

Fläche: 259 km²; davon Grand Cayman 197 km², Cayman Brac, Little Cayman ▪ **Bevölkerung** F 2004: 44 000, letzte Zählung 1999: 39 410 Einw.; Grand Cayman 37 473 Einw., Cayman Brac 1822, Little Cayman 115 – überwiegend Mulatten und Schwarze, ca. 1600 Weiße ▪ **Sprachen:** Englisch ▪ **Religion:** Protestanten ▪ **Hauptstadt** (Z 1999): George Town (Grand Cayman) 20 626 Einw. ▪ **Status:** United Kingdom Overseas Territory – Innere Autonomie seit 1962; britisch seit 1670 – Verfassung von 1959, zuletzt geändert 1994 – Parlament: Legislativrat mit 18 Mitgl. (15 gewählt, 3 vom Gouv. ernannt), Wahl alle 4 J. ▪ **Regierung:** Gouverneur: Stuart Jack, seit 23. 11. 2005 – Regierungschef: Kurt Tibbetts, seit 18. 5. 2005

Montserrat

Fläche: 102 km² ▪ **Bevölkerung** Z 2001: 4482 Einw. – 93 % Schwarze, 3 % Weiße; Evakuierung der Hälfte der Bevölkerung nach Vulkanausbruch im Juni 1997; Zerstörung der Hauptstadt Plymouth und $^2/_3$ der Infrastruktur des Südens) ▪ **Sprachen:** Englisch ▪ **Religion:** v. a. Protestanten ▪ **Hauptstadt:** Brades ▪ **Status:** United Kingdom Overseas Territory – Innere Autonomie seit 1960; britisch seit 1632 – Verfassung von 1989 – Parlament: Legislativrat mit 11 Mitgl. (9 gewählt, 2 ex officio), Wahl alle 5 J. ▪ **Regierung:** Gouverneurin: Deborah Barnes Jones, seit 10. 5. 2004 – Regierungschef: Lowell Lewis (Montserrat Democratic Party), seit 2. 6. 2006

Pitcairninseln
Pitcairn Islands Group

Fläche: 35,5 km²; davon Pitcairn 4,35 km² und die unbewohnten Inseln Henderson, Ducie u. Oeno zus. 31,15 km² ▪ **Bevölkerung** F 2003: 45 Einw. ▪ **Sprachen:** Pitcairn-Englisch ▪ **Religion:** Adventisten ▪ **Hauptstadt:** Adamstown ▪ **Status:** United Kingdom Overseas Territory – Britische Siedlung seit 1790; Kolonie seit 1838 – Verfassung von 1940 – Parlament: Inselrat mit 10 Mitgl. (davon 5 jährl. gewählt) ▪ **Regierung:** Gouverneur: George Fergusson, seit 2. 5. 2006 – Mayor: Jay Warren, seit 25. 12. 2004

St. Helena
Saint Helena

Fläche: 122 km²; ohne Ascension (88 km²), Tristan da Cunha (98 km²) u. a. Inseln (201 km²) ▪ **Bevölkerung** F 2000: 4647 Einw. (Ascension: ca. 1100; Tristan da Cunha: ca. 300) ▪ **Sprachen:** Englisch ▪ **Religion:** v. a. Protestanten ▪ **Hauptstadt** (Z 1998): Jamestown 850 Einw. ▪ **Status:** United Kingdom Overseas Territory – Britisch seit 1673; Kolonie seit 1834 – Verfassung von 1989 – Parlament: Legislativrat mit 14 Mitgl. (12 gewählt, 2 ex officio), Wahl alle 4 J. ▪ **Regierung:** Gouverneur: Michael Clancy, seit 15. 10. 2004

Südgeorgien und Süd-Sandwich-Inseln
South Georgia and the South Sandwich Islands

Fläche: 3903 km²; davon South Georgia 3592 km² und South Sandwich Islands 311 km²; unbewohnt

Turks- und Caicosinseln
Turks and Caicos Islands

Fläche: 430 km²; über 30 Inseln, davon bewohnt: Grand Turk, Salt Cay, South Caicos, Grand Caicos, North Caicos, Providenciales, Pine Cay, Parrot Cay ▪ **Bevölkerung** Z 2001: 20 014 Einw. – 63 % Mulatten, 33 % Schwarze ▪ **Sprachen:** Englisch ▪ **Religion:** v. a. Protestanten ▪ **Hauptstadt** (S 1987): Cockburn Town (Grand Turk) 2500 Einw. ▪ **Status:** United Kingdom Overseas Territory – Britisch seit 1670; innere Autonomie seit 1962 – Verfassung von 1976, zuletzt geändert 1988 – Legislativrat mit 19 Mitgl. (13 gewählt, 3 vom Gouv. ernannt, 3 ex officio), Wahl alle 4 J. ▪ **Regierung:** Gouverneur: Richard Tauwhare, seit 11. 7. 2005 – Regierungschef: Michael Misick (Progressive National Party), seit 15. 8. 2003

CHRONIK

Im neunten Jahr seiner Amtszeit sank die Popularität von Premierminister Tony Blair auf ihren Tiefpunkt. Sie litt unter den Folgewirkungen der Londoner Anschläge vom 7. 7. 2005 und des Irak-Kriegs, einem Finanzskandal seiner Partei, in den Blair persönlich verwickelt war, sowie innerparteilichen Revolten, parlamentarischen Niederlagen und Wahldebakeln. Auf Widerstand in den eigenen Reihen stieß Blair vor allem mit Vorschlägen zur Einschränkung von Bürgerrechten im Zuge einer weiteren Verschärfung der Antiterrorgesetze sowie Reformprojekten, die Rebellen in der Labour Party (LAB) als Verrat am Kernbestand traditioneller sozialdemokratischer Positionen betrachteten. Gleichwohl gab Blair Forderungen nicht nach, die Führung von Regierung und Partei wie 2004 verkündet abzugeben oder einen Terminplan für eine geordnete Übergabe der Ämter an seinen faktisch designierten Nachfolger, Schatzkanzler Gordon Brown, bekannt zu geben. Dieser profilierte sich unterdessen innen- und außenpolitisch als »Nebenpremier«, während sich die Konservativen als größte Oppositionspartei mit David Cameron als ihrem fünften Parteiführer für die Nach-Blair-Ära neu aufzustellen versuchten.

INNENPOLITIK

▪ **Regierungsumbildungen:** Am 3. 11. 2005 rückte **John Hutton**, bisher Minister des Kabinettbüros, auf den Posten von Arbeits- und Sozialminister **David Blunkett**. Dieser hatte seinen Rücktritt einreichen müssen, nachdem er wegen einer Regelwidrigkeit bei privaten Finanzgeschäften in die Kritik geraten war. Blair hatte Blunkett als einen seiner engsten Vertrauten erst im Mai wieder ins Kabinett geholt, nachdem er ein halbes Jahr zuvor als Innenminister wegen einer Begünstigungsaffäre gestürzt worden war (→ WA 2006, S. 198).

Einen Tag nach dem Debakel von Labour bei den Kommunalwahlen nahm Blair am 5. 5. 2006 die umfangreichste Kabinettsumbildung seiner Amtszeit vor. Die **Kommunalwahlen in England**, die als Stimmungstest galten, hatte Labour zugunsten der Konservativen, der Grünen und der rechtsextremen British National Party (BNP) das mit landesweit rd. 26 % der Stimmen schlechteste Ergebnis seit 1968 eingetragen. Unter anderem wurde Innenminister Charles Clarke, der für die Affäre um nicht ausgewiesene ausländische Kriminelle verantwortlich gemacht wurde (→ unten), nach einem Dienstjahr von Verteidigungsminister John Reid abgelöst. Dessen Posten übernahm der bisherige Staatssekretär im Finanzministerium, Des Browne. Außenminister Jack Straw, weithin vor allem wegen des Irak-Kriegs desavouiert, trat sein Amt an die bisherige Umweltministerin Margaret Beckett ab. Als neuer Fraktionschef im Unterhaus blieb er jedoch Mitglied des Kabinetts. Der durch Sexaffären belastete

Vizepremierminister und enge Vertraute Blairs, John Prescott, behielt das Amt des Planungs- und Bauministers, verlor aber zahlreiche Kompetenzen.

- **Parteien:** Aus der Urwahl des neuen Parteivorsitzenden der **Konservativen**, die nach dem Amtsverzicht von Michael Howard notwendig geworden war, ging **David Cameron** am 6. 12. 2005 als Sieger hervor. Der mit 38 Jahren bisher jüngste Bewerber um den Parteivorsitz setzte sich als »Politiker der neuen Generation« mit rd. 134 500 Stimmen (67,6 %) gegen den favorisierten Schatteninnenminister David Davis durch (64 400 Stimmen). Die Wahlbeteiligung betrug 77,7 %. Beide Kandidaten waren am 20. 10. von der Unterhausfraktion aus einer Liste von vier Bewerbern ausgewählt worden, die der Parteikongress in Blackpool nominiert hatte. Cameron legte am 28. 2. ein Acht-Punkte-Programm vor, in dem er sich u. a. als konsequenter Vollstrecker der guten Vorsätze des Labour-Regierungschefs Blair empfahl, die dieser mit seiner Partei nicht habe umsetzen können.

Die Unterhausfraktion der **Liberaldemokraten** erzwang am 7. 1. den Rücktritt des Parteichefs Charles Kennedy, der »Alkoholprobleme« hatte eingestehen müssen. Zwei Monate später bestätigten die Parteimitglieder per Urwahl den Interimsvorsitzenden Sir **Walter Menzies Campbell** als Parteiführer.

- **Parteifinanzierungsaffäre:** Anlässlich der bevorstehenden Ernennung von Mitgliedern des Oberhauses (→ Foto) kam Anfang März ein Parteifinanzierungsskandal ans Licht, der Premier Blair den Vorwurf eintrug, er habe im Labour-Wahlkampf 2004 **Sitze im Oberhaus gegen finanzielle Zuwendungen** verkauft. Danach hatte Blair, ohne Wissen des Schatzmeisters der Partei, von zwölf zunächst geheim gehaltenen Geldgebern insgesamt 14 Mio. £ (rd. 20 Mio. €) erhalten. Die als Spenden eingeplanten Gelder wurden als Kredite deklariert, damit Sponsoren und Beträge nicht, wie es das Parteifinanzierungsgesetz verlangt, gemeldet werden müssten. Vier der spendablen Labour-Anhänger schlug Blair der Königin für die turnusmä-

Mitglieder des britischen Oberhauses

ßig im ersten Halbjahr fällige Erhebung in den Adelsstand vor. Das unabhängige Ernennungskomitee strich sie jedoch Anfang März von der Liste. Die Betroffenen wie auch Blair stritten jede illegale Handlung und eine Verbindung ihrer Finanzgeschäfte mit der Reservierung von Sitzen im Oberhaus ab. Wenigstens zwei von ihnen sollen nach der Parlamentswahl lukrative Regierungsaufträge oder die Genehmigung umstrittener Bauprojekte erhalten haben. Blair räumte am 16. 3. die Notwendigkeit ein, das Parteienfinanzierungsgesetz zu reformieren, und kündigte an, auf das Privileg zwar nicht verzichten zu wollen, sog. Working Peers – ehrenhalber in den Adelsstand erhobene Bürgerinnen und Bürger – vorzuschlagen, rangniedrigere Nominierungen, z. B. für die Ritterwürde, jedoch nicht mehr vornehmen zu wollen. Die Labour-Führung geriet durch die Affäre außer in politische auch in finanzielle Nöte, als einige der spendablen Geschäftsleute im Zuge der Affäre ihr Geld zurückverlangten. Das Ansehen Blairs sank im März auf 36 %, den tiefsten Punkt seiner bisherigen Amtszeit. Die Konservative Partei nannte am 21. 3. die Namen von 13 privaten Förderern, von denen sie insgesamt 16 Mio. £ als Darlehen erhalten habe.

▪ **Ausländer und Migranten:** Bei einer Razzia gegen **einen der größten Ringe von Menschenschmugglern** in Europa (»Operation Bluesky«) nahm die Polizei in London und im nordenglischen Boston am 11. 10. 2005 19 Kurden fest. Laut Medienberichten hatte die Bande im Laufe mehrerer Jahre bis zu 200 000 Einwanderer, vor allem Kurden aus der Türkei, über den Balkan nach Großbritannien geschleust. Diese zahlten dafür nach Angaben der Polizei zwischen 3000 und 5000 £.

Im Zuge der internationalen Auseinandersetzung über die Veröffentlichung von **Mohammed-Karikaturen** in → Dänemark kam es Mitte Februar 2006 auch in Großbritannien zu Protesten muslimischer Migranten in mehreren Städten, am 18. 2. demonstrierten rd. 15 000 Menschen. Die Reaktionen fielen jedoch vergleichsweise maßvoll aus, zumal die Karikaturen von britischen Medien nicht nachgedruckt wurden. Am 15. 3. verhaftete die Polizei fünf Islamisten, die bei einer Demonstration am 3. 2. zu Mord aufgerufen und Rassenhass gepredigt haben sollen.

Innenminister Clarke erließ am 1. 11. 2005 die Regelungen für einen **Einbürgerungstest**. Anwärter auf die britische Staatsbürgerschaft müssen Englischkenntnisse nachweisen und eine »Life in the UK«-Prüfung bestehen. Dabei sind von 24 Fragen über Gesellschaft, Religion und Politik in 45 Minuten wenigstens 16 richtig zu beantworten. Der Test kostet 34 £ und kann bei Nichtbestehen beliebig oft wiederholt werden. Einbürgerungswillige können sich mit einem Handbuch des Innenministeriums auf die Prüfung vorbereiten.

Das Unterhaus verabschiedete am 29. 3. 2006 ein neues **Einwanderungsgesetz**, das ab 2007 – ähnlich den Verfahren in Australien, Kanada und Neuseeland – den Zuzug Arbeitsuchender von außerhalb der EU über ein Punktesystem neu regelt. Während hoch qualifizierte Bewerber, differenziert nach Alter, Ausbildung und Beruf, privilegiert eine Niederlassungsbewilligung erhalten, haben weniger qualifizierte Bewerber nur wenig Chancen, eine befristete Arbeitserlaubnis zu erhalten. Diese Sparte bleibt gemäß der EU-internen Freizügigkeit faktisch Arbeitskräften aus den neuen EU-Staaten vorbehalten, die sich nur noch registrieren lassen müssen.

Einen Tag vor den Lokalwahlen, am 3. 5. 2006, räumte Innenminister Clarke ein, dass es sein Ministerium jahrelang versäumt hatte, für eine konsequente **Abschiebung ausländischer Krimineller** nach ihrer Haftentlassung zu sorgen. Dabei soll es sich seit 1999 um insgesamt 1023 Personen gehandelt haben, von denen einige zwischenzeitlich wieder straffällig geworden waren. Die Affäre schlug hohe Wellen, nachdem im November 2005 ein mehrfach rückfällig gewordener Somalier eine Polizistin erschossen hatte.

▪ **Schulreform:** Das Unterhaus beschloss am 24. 5. 2006 in dritter Lesung eine Reform der Sekundarschulen, mit der die Zuständigkeit der Schulbehörden zugunsten einer **Selbstverwaltung der öffentlichen Schulen** weitgehend aufgehoben wurde. Sie können nun von privaten Gruppen unterschiedlichster Art – wie Unternehmen, Elterngruppen, religiösen Gemeinschaften, Universitäten oder Nichtregierungsorganisationen – geführt werden. Während die Schulen in der Hauptsache weiterhin vom Staat finanziert werden, entscheiden die Schulen selbst über die Verteilung des Budgets, die Anstellung von Lehrern und die Zulassung von Schülern. Premierminister Blair brachte das Gesetz nach Modifikationen nur mit Hilfe der Opposition mit 422 gegen 98 Stimmen zur Verabschiedung. Das Ausmaß des Widerstands innerhalb der Labour-Fraktion gegen eine Vorlage des eigenen Premiers stellte einen historischen Rekord dar und bestärkte die Forderung nach Blairs Rücktritt.

▪ **Ausweispflicht:** Widerstand in den eigenen Reihen gegen die erstmalige **Einführung von Identitätskarten**, deren biometrische Angaben in eine Datenbank eingepflegt werden sollen, zwang die Regierung auch bei diesem Projekt zu einem Kompromiss, den das Oberhaus nach wochenlangen Auseinandersetzungen abschließend am 29. 3. 2006 billigte. Ab 2008 wird ein solches Dokument auf Wunsch für 30 ausgegeben, ab 2010 erhält es jeder Bürger automatisch und kostenpflichtig zusätzlich, wenn er einen neuen Reisepass beantragt. Premierminister Blair hatte ursprünglich auch unter dem Gesichtspunkt der Terrorismusabwehr (→ unten) eindringlich für eine möglichst frühe allgemeine Ausweispflicht plädiert.

▪ **Weitere Ereignisse:** In England und Wales trat, wie zuvor schon in Schottland, am 24. 11. 2005 ein **liberales Ausschankgesetz** in Kraft. Die seit fast 100 Jahren um 23 Uhr beginnende Polizeistunde wurde aufgehoben. – Das Unterhaus beschloss am 14. 2. 2006 für England ein **totales Rauchverbot** in allen geschlossenen öffentlichen Räumen einschließlich der Arbeitsplätze ab Sommer 2007. Für Schottland trat eine entsprechende Vorschrift Ende März in Kraft, in Nordirland wird ein Verbotsbeschluss im April 2007 wirksam, in Wales steht er noch aus.

TERRORISMUS

▪ **Terroranschläge, Fahndung:** Der Serie von **vier Selbstmordattentaten am 7. 7. 2005** in der Londoner Innenstadt, bei der 56 Personen einschließlich der Täter ums Leben kamen und mehr als 700 Personen zum Teil schwer verletzt wurden (→ WA 2006, S. 200), folgte am **21. 7. der Versuch von Nachahmungsanschlägen**. Die Hauptsprengsätze der Rucksackbomben, mit denen sich vier junge Briten nord- bzw. ostafrikanischer Herkunft in Zentren des Londoner Verkehrssystems in die Luft sprengen wollten, zündeten aufgrund mangelhaften Materials jedoch nicht. Eine fünfte, nicht aktivierte Rucksackbombe wurde zwei Tage später aufgefunden. Bis Ende des Monats wurden die fünf Hauptverdächtigen festgenommen, einer von ihnen wurde am 29. 7. in Rom gefasst und an die britische Justiz ausgeliefert. Der Erfolg der schnellen Festnahmen, zu denen zahlreiche weitere aus dem Umfeld der Täter beider Anschlagsserien kamen, wurde überschattet vom **Tod des Brasilianers Jean Charles de Menezes**, den Terrorfahnder am 22. 7. irrtümlich in der Londoner U-Bahn erschossen.

Die parlamentarische Geheimdienstkommission legte am 11. 5. 2006 ihren Untersuchungsbericht über die Umstände und Hintergründe der Juli-Anschläge vor. Dabei stellte sie fest, dass beide Geheimdienste MI5 (Inland) und MI6 (Ausland) zeitweise **mehrere der Attentäter beider Anschlagsserien observiert**, die weitere Beobachtung wegen des Vorrangs anderer Aufgaben jedoch eingestellt hatten. Nachrichtendienstliche Lücken habe es u. a. in der Zusammenarbeit zwischen Großbritannien und Pakistan gegeben, das zwei der Attentäter vom 7. 7. besucht hatten, um Kontakt mit Extremistengruppen aufzunehmen. Der Parlamentsausschuss und das Innenministerium, die am selben Tag ihre Untersuchungsergebnisse bekanntgaben, fanden keinen Nachweis für Verbindungen zum **Netzwerk der Al-Qaida**, von deren Ideologie die Attentäter jedoch beeinflusst gewesen seien.

Ein am 6. 7. 2006 vom arabischen Fernsehsender Al Dschasira ausgestrahltes Virdeo, in dem einer der vier Selbstmordattentäter am Vorabend der Anschläge die Attentate begründete, bestätigte jedoch den Verdacht einer Verantwortlichkeit der Al-Qaida.

Bei einem **Antiterror-Großeinsatz** am 2. 6. 2006 in London, bei dem einer der beiden Verhafteten schwer verletzt wurde, wollte die Polizei einem angeblich drohenden Chemiebombenanschlag zuvorkommen. Im Nachhinein erwies sich der Verdacht einer geplanten »schmutzigen Bombe« als unzutreffend.

▪ **Reaktionen britischer Muslime:** Mit den Ereignissen vom Juli 2005 rückte schockartig die Bedrohung durch einen **»hausgemachten« islamistisch inspirierten Terrorismus** ins Bewusstsein. Muslimische Organisationen bekundeten ihre Loyalität zu demokratischen Prinzipien, warnten aber auch vor Überreaktionen und diskriminierenden Pauschalverdächtigungen, die den Extremisten in die Hände spielten. Am 18. 7. 2005 verurteilten mehr als 500 muslimische Religionsführer in einer Fatwa-ähnlichen Erklärung mit dem Titel »Nicht in unserem Namen« die Bombenanschläge von London und erteilten dem religiösen Extremismus eine scharfe Absage. Zwei Tage später konferierten Vertreter muslimischer Organisationen mit Innenminister Clarke über Möglichkeiten, extremistische Umtriebe in den muslimischen Gemeinden zu unterbinden. Ein vom Innenministerium nach den Anschlägen vom Juli 2005 einberufenes Gremium muslimischer Politiker, Theologen und Sozialwissenschaftler, das die Integrationsprobleme muslimischer Migranten untersuchen und Empfehlungen zu ihrer Behebung ausarbeiten sollte, schlug Ende November 60 Maßnahmen vor, u. a. zur stärkeren Kontrolle des religiös-politischen Umfelds in Moscheen und Vereinigungen. Die Kritik an der Irak- und Afghanistanpolitik der Regierung, von Experten als ein Auslöser für die Radikalisierung unter Muslimen bezeichnet, wies Premierminister Blair zurück.

▪ **Antiterror-Gesetzgebung:** Als Konsequenz aus den Anschlägen kündigte Premierminister Blair am 5. 8. 2005 ein Paket von zwölf Maßnahmen zur Stärkung und Ausweitung der Bekämpfung terroristischer Umtriebe an. Die meisten dieser Gesetzesinitiativen brachte Blair, z. T. gegen erheblichen Widerstand aus den Reihen der eigenen Labour-Fraktion und z. T. mit Zugeständnissen an die Kritiker, **innerhalb der folgenden sechs Monate über die parlamentarischen Hürden**. Am 14. 10. billigten beide Häuser des Parlaments die Erweiterung der Liste von terrorverdächtigen Organisationen um 15 ausländische Gruppen, die sich, sofern in Großbritannien ansässig, unter Strafandrohung umgehend aufzulösen hatten. Die im Jahr 2000 erstmals aufgestellte und in den folgenden Jahren ergänzte Liste umfasst somit insgesamt 40 Organisationen, ausgenommen 14 nordirische, die unter eine frühere

Gesetzgebung fallen. Am 13. und 15. 2. 2006 überstimmte das Unterhaus die Einsprüche des Oberhauses gegen die umstrittenen Gesetzesvorlagen, die sich gegen sog. Hassprediger wenden und die Verherrlichung von Terrorismus als neuen Tatbestand unter Strafe stellen.

Bei der Verlängerung der erlaubten Untersuchungshaftdauer für Terrorismusverdächtige erlitt Blair am 9. 11. 2005 die erste parlamentarische Niederlage seiner Regierungszeit. Das Unterhaus lehnte seinen 90-Tage-Vorschlag mit 322 gegen 291 Stimmen ab und akzeptierte schließlich eine Haftdauer von 28 Tagen.

- **Weitere Maßnahmen zur Terrorabwehr:** Am 11. 8. 2005 nahm die Polizei neun Algerier und einen Jordanier fest, um sie als **»Hassprediger«** abzuschieben. Premierminister Blair wies den Einwand, die Betroffenen würden in ihren Heimatländern möglicherweise gefoltert, mit dem Hinweis zurück, »the rules of the games are changing«.

Der High Court in London verurteilte am 7. 2. den radikal-islamischen Geistlichen **Abu Hamza al-Masri** wegen Anstiftung zum Mord an Andersgläubigen und Rassenhass zu sieben Jahren Haft. Der aus Ägypten stammende, 1981 eingebürgerte Brite galt als prominentester militanter Islamist des Landes. Nach Verbüßen der Strafe erwartet ihn ein Auslieferungsverfahren an die USA, wo er u. a. versucht haben soll, ein terroristisches Ausbildungslager aufzubauen.

- **Umstrittenes Folterverbot:** Im November 2005 befanden sich nach Angaben von amnesty international 29 terrorverdächtige Ausländer in Abschiebehaft. Um die Rückführung in ihre Heimatländer zu ermöglichen, auch wenn in diesen die Standards des internationalen Menschenrechts nicht eingehalten werden, bemühte sich die Regierung um **Zusicherungen, dass die Abgeschobenen nicht gefoltert werden**. Im August und Oktober wurden entsprechende Absichtserklärungen mit Libyen und Jordanien unterzeichnet.

Die Lordrichter (Law Lords) des Oberhauses, die als höchstes Gericht fungieren, entschieden am 8. 12., dass **unter Folter erhaltene Beweismittel** von britischen Gerichten **nicht anerkannt** werden dürfen.

NORDIRLAND

- **IRA auf Friedenskurs:** Nach über 30 Jahren des Terrors erklärte die Irish Republican Army (IRA) am 28. 7. 2005 **den bewaffneten Kampf für beendet**.

In der von dem IRA-Mitglied Séanna Walsh im Fernsehen verlesenen Verlautbarung heißt es, alle IRA-Einheiten sollten ihre Waffen vernichten und die Freiwilligen sich »an der Entwicklung rein politischer und demokratischer Programme mit ausschließlich friedlichen Mitteln« beteiligen. Mindestens 1800 Menschen sind durch die Attentate der IRA getötet worden. Die Untergrundorganisation, die eine Vereinigung Nordirlands mit der Republik Irland und ein Ende der britischen Herrschaft anstrebt, hatte erstmals im August 1994 einen Waffenstillstand erklärt

Belfast nach der IRA-Entwaffnung am 25. 9. 2005

und diesen, von einigen Unterbrechungen abgesehen, auch eingehalten. In den langwierigen politischen Verhandlungen hatte die Androhung von Waffengewalt jedoch immer noch eine Rolle gespielt und den Friedensprozess nach dem Karfreitagsabkommen vom 10. 4. 1998 gelähmt. Premierminister Tony Blair begrüßte die »Klarheit« der Erklärung, die ohne Parallele sei. Das Ende paramilitärischer und krimineller Aktivitäten öffne den Weg für die Wiederbelebung der vereinbarten politischen Institutionen der Selbstverwaltung in Nordirland. Schon am nächsten Tag begannen die britischen Streitkräfte mit dem **Abbau von Armeestützpunkten in der Provinz Ulster.** Nordirlandminister Peter Hain kündigte an, die britische Truppenstärke in der Provinz bis 2007 von 10 500 auf 5000 Soldaten zu verringern und 26 von 40 Stützpunkten zu schließen. Halte die IRA ihr Versprechen ein, würden zudem die besonderen Antiterrorgesetze der Provinz abgeschafft.

Der Vorsitzende der Internationalen Entwaffnungskommission für Nordirland, der kanadische ehemalige General John de Castelain, gab am 26. 9. bekannt, die **IRA habe ihre Selbstentwaffnung abgeschlossen,** das Waffenarsenal der Organisation sei jetzt nachweislich zerstört. Jetzt sei es an den paramilitärischen

Gruppen der protestantischen Seite gleichzuziehen. Auch radikale politische Gruppen dieses Lagers, wie die Führung der Demokratischen Unionisten (DUP), der größten protestantischen Partei, schlossen sich dieser Forderung an, obgleich sie den Kurswechsel der IRA als taktisches Manöver bezeichneten und Zweifel an ihrer Demilitarisierung anmeldeten. Am 30. 10. erklärte die **Loyalist Volunteer Force** (LVF), eine der rücksichtslosesten protestantischen Untergrundorganisationen, **ihren Kampf für beendet**.

- **Selbstverwaltung weiter blockiert:** Premierminister Blair und sein irischer Amtskollege Bertie Ahern sahen diese Entwicklung als tragfähige Grundlage, den Friedensprozess wieder aufzunehmen. Bei ihrem Treffen am 6. 4. 2006 in der irischen Stadt Armagh beriefen sie das im Oktober 2002 suspendierte Selbstverwaltungsparlament der Ulster-Provinz zum 15. 5. zu einer Sondersitzung ein. Aufgabe der Abgeordneten sei es, sich bis spätestens zum 24. 11. auf eine neue Allparteienregierung zu einigen. Andernfalls sei die Auflösung des Regionalparlaments und die direkte Verwaltung der Provinz von London aus, mit starker Beteiligung Dublins, unausweichlich. Am 15. 5. **konstituierte sich das Parlament**, dessen Mitglieder im November 2003 gewählt worden waren.

Der Vorsitzende der DUP, Ian Paisley, lehnte die Nominierung für das Amt des Ersten Ministers am 22. 5. mit der Begründung ab, seine Partei werde mit der Sinn Féin so lange nicht zusammenarbeiten, bis die ihr nahestehende IRA sich auflöse und allen Straftaten abschwöre.

- **Spionage- und Mordaffäre:** Der Fall des mutmaßlichen Doppelagenten und ehemaligen hochrangigen Funktionärs der Sinn Féin, **Denis Donaldson**, der am 4. 4. 2006 in seinem Versteck in der Grafschaft Donegal erschossen aufgefunden worden war, belastete zusätzlich die von Blair und Ahern zwei Tage später eingeleitete Parlamentsinitiative. Donaldson war Mitte Dezember 2005 von der Sinn-Féin-Führung aus der Partei ausgeschlossen worden, weil er, wie er öffentlich am 16. 12. eingestand, 20 Jahre als **Agent für den britischen Geheimdienst** tätig gewesen war. Er gehörte zum engsten Funktionärskreis um den Sinn-Féin-Vorsitzenden Gerry Adams. 2002 leitete er das Parlamentsbüro der Sinn-Féin-Fraktion im Belfaster Regierungssitz Schloss Stormont, in dem die Polizei bei einer Razzia angeblich Beweise für die Existenz eines Spionagerings der Sinn Féin fand. Der Stormont-Skandal gab seinerzeit Anlass für die anhaltende Blockade der Selbstverwaltung der Provinz. Möglicherweise im Hinblick auf die bevorstehende Enttarnung Donaldsons als britischer Spitzel war die Anklage gegen ihn wegen **Spionage für die Sinn Féin bzw. die IRA** nach drei Jahren Ermittlungsarbeit der Staatsanwaltschaft am 8. 12. 2005 fallen gelassen worden. Die IRA wies die Verantwortung für die Ermordung Donaldsons zurück.

AUSSENPOLITIK

- **EU:** Der negative Ausgang der Volksabstimmungen über den auch in Großbritannien nicht populären EU-Verfassungsvertrag sowie die Auseinandersetzungen über den EU-Finanzrahmen 2007–13 durchkreuzten die Absicht von Premierminister Blair, während seiner EU-Präsidentschaft im zweiten Halbjahr 2005 seine **Agenda zur Reform der EU** voranzutreiben. Die am 17. 12. gefundene Übereinkunft im Finanzstreit, bei der Blair die schrittweise **Kürzung des Briten-Rabatts** hinnehmen musste (→ EU), kritisierten Medien und Opposition als spektakuläre Niederlage.

- **Irak-Engagement:** Die britischen Truppen im Südsektor des Irak gerieten zunehmend in Konflikte mit der vornehmlich schiitischen Bevölkerung, zu der sie bisher ein besseres Verhältnis hatten aufbauen können als die US-amerikanischen Streitkräfte im Mittel- und Nordsektor. Eine Militäraktion am 19. 9. 2005 zur **Befreiung zweier britischer Soldaten aus einem Polizeigefängnis in Basra**, bei der mehrere Iraker getötet wurden, löste gewaltsame Proteste mehrerer hundert Demonstranten aus. In Großbritannien entfachte der Vorgang eine erneute Debatte über das inzwischen von der Mehrheit der Bevölkerung abgelehnte Irak-Engagement. amnesty international kritisierte in seinem Jahresbericht 2006, die **Behandlung irakischer Gefangener** in britischem Gewahrsam entspräche nicht internationalen Standards. Empörung in der britischen Öffentlichkeit über die Brutalität in der Truppe rief am 12. 2. ein von Fernsehsendern ausgestrahltes Video hervor, das die **Misshandlung von vier jungen Irakern** durch prügelnde Soldaten im März 2004 dokumentierte. Einer der Beteiligten wurde umgehend verhaftet. Im Februar 2005 waren drei Soldaten wegen brutaler Übergriffe auf Iraker von einem Militärgericht zu Haftstrafen zwischen fünf und 24 Monaten verurteilt worden (→ Irak).

Bei einem Anschlag in der Provinz Basra kam am 31. 1. 2006 **der 100. britische Soldat** seit Beginn des Angriffs auf den Irak 2003 ums Leben. 77 Soldaten starben nach Angaben des Verteidigungsministeriums bei Kampfhandlungen. Am 13. 3. kündigte Verteidigungsminister John Reid den Abzug von rd. 800 der etwa 8000 im Irak stationierten Soldaten an. Die Maßnahme folge dem Plan, **mehr Sicherheitskompetenzen an die wieder aufgebauten irakischen Streitkräfte** zu übergeben.

- **Afghanistan-Engagement:** Großbritannien übernahm am 4. 5. 2006 das erweiterte NATO-Oberkommando über die International Security Assistance Force (ISAF) von Italien. Mit Blick auf die Ausweitung des Einsatzes im Süden des Landes und die insbesondere dort erhöhte Kampfaktivität der Taliban hatte das Kabinett am 26. 1. eine Verstärkung des Truppenkontingents in Afghanistan um 4550 auf 5700 Soldaten beschlossen (→ Afghanistan).

Guatemala Mittel-Amerika

Republik Guatemala; República de Guatemala – GT / GTM

Fläche (Weltrang: 103): 108 889 km^2

Einwohner (70): F 2004 12 295 000 = 113 je km^2

Hauptstadt: Guatemala (Guatemala-Stadt)

Amtssprache: Spanisch

Bruttonationaleinkommen 2004 je Einw.: 2190 $

Währung: 1 Quetzal (Q) = 100 Centavos
Kurs: 1 US-$ = 7,61 Q; 1 € = 9,79 Q

Botschaft der Republik Guatemala
Joachim-Karnatz-Allee 45–47, 10557 Berlin
T 030 / 206 43 63, Fax 206 43 659
E-Mail: embaguate.alemania@t-online.de

LANDESSTRUKTUR **Fläche:** 108 889 km^2; → Karte ▪ **Verwaltung:** 22 Departamentos; Tabelle → WA 2005, S. 186 ▪ **Städte:** (Z 2002) Guatemala 942 348 Einw., Mixco 403 689, Villa Nueva 355 901, San Juan Sacatepéquez 152 583, San Pedro Carchá 148 344, Cobán 144 461, Quezaltenango 127 569, Escuintla 119 897, Jalapa 105 796, Totonicapán 96 392

BEVÖLKERUNG Guatemalteken – F 2004: 12 295 000 Einw.; Bevölkerungswachstum: 2,4 %; letzte Zählung 2002: 11 237 196 Einw. – ca. 60 % Indianer (Indígenas, u. a. Maya-Quiché, Mames, Cakchiqueles, Kekchi; 30 % Mestizen (Ladinos); Schwarze, Mulatten, Zambos und Weiße ▪ **Sprachen:** Spanisch; Maya-Quiché-Sprachen ▪ **Religion** 2001: 60 % Katholiken, Protestanten

STAATS- UND REGIERUNGSFORM Verfassung von 1986, zuletzt geändert 1994 – Präsidialrepublik seit 1986 – Parlament (Congreso Nacional) mit 158 Mitgl., Wahl alle 4 J. – Direktwahl des Staatsoberhauptes alle 4 J. – Wahlrecht ab 18 J. ▪ **Unabhängigkeit:** Proklamation 15. 9. 1821 (ehem. spanische Kolonie), endgültig 13. 4. 1839 (Austritt aus der Zentralamerik. Konföderation) ▪ **Nationalfeiertag:** 15. 9.

REGIERUNG UND PARTEIEN **Staats- u. Regierungschef:** Óscar Rafael Berger Perdomo (GANA), seit 14. 1. 2004 – **Äußeres:** Gert Rosenthal, seit 1. 8. 2006 ▪ **Parlament:** Wahlen vom 9. 11. 2003: Gran Alianza Nacional/ GANA: Bündnis aus Partido Patriota/PP, Movimiento Reformador/MR, Partido de la Solidaridad Nacional/PSN) 49 von 158 Sitzen, Frente Republicano/ FRG 41 (1999: 63 von 113), Unidad Nacional de la Esperanza/UNE 30 (–), Partido de Avanzada Nacional/PAN 17 (37), Alianza Nueva Nacion/ANN 7 (–), Partido Unionista/PU 7 (–), Sonstige 7 (13)

WIRTSCHAFT **BIP** 2004: 27,451 Mrd. $; realer Zuwachs: 2,7 %; Anteil (2004) Landwirtschaft 22 %, Industrie 19 %, Dienstleistungen 58 % ▪ **Erwerbstätigkeit** 2002: Landwirtsch. 39 %, Industrie 20 %, Dienstl. 38 % ▪ **Arbeitslosigkeit** ⌀ 2004: 7,5 %; hohe Unterbeschäftigung ▪ **Inflation** ⌀ 2005: 7,6 % ▪ **Außenhandel** 2005: (inkl. Zollfreizonen) **Import:** 10,493 Mrd. $; *Güter:* 16 % Mineralien, 15 % Maschinen, 14 % Textilien, 12 % chemische Erzeugnisse, 8 % Transportmittel, 7 % Metalle und Metallverarbeitungen, 7 % Plastik- und Kautschukprodukte; *Länder:* 38 % USA, 8 % Mexiko, 5 % El Salvador, 5 % Rep. Korea, 4 % Panama, 3 % Costa Rica, 3 % Japan, 2 % Deutschland; **Export:** 5,381 Mrd. $; *Güter:* 28 % Kleidung, 9 % Kaffee, 4 % Zucker, 4 % Bananen, 4 % Erdöl, 3 % chemische Erzeugnisse, 3 % Früchte und Fruchtzubereitungen, 1 % Kardamon; *Länder:* 50 % USA, 12 % El Salvador, 7 % Honduras, 4 % Mexiko, 4 % Nicaragua, 4 % Costa Rica, 2 % Panama, 1 % Deutschland

CHRONIK

▪ **Aufarbeitung des Bürgerkriegs:** Mitarbeiter des guatemaltekischen Menschenrechtsbeauftragten entdeckten am 14. 12. 2005 in Archiven der ehemaligen Nationalpolizei in Guatemala-Stadt mehrere Mio. Seiten umfassende Dokumente über Menschenrechtsverletzungen während des Bürgerkriegs. Von dem Fund erhofften sich Menschenrechtsaktivisten detaillierte Erkenntnisse über die damals verübten Massaker und verstärkten Druck auf die Regierung von Präsident Óscar Berger Perdomo (Gran Alianza Nacional/GANA), die Bürgerkriegsvergangenheit des Landes intensiver aufzuarbeiten. Während der äußerst blutigen Auseinandersetzungen zwischen 1960–96 waren rd. 200 000 Menschen ums Leben gekommen, vor allem Angehörige der indigenen Bevölkerung. Die wesentlich an den Massakern beteiligte Nationalpolizei war im Rahmen des Friedensabkommens von 1996 aufgelöst worden. Angehörige des Militärs und der Sicherheitskräfte hatten in der Vergangenheit immer wieder die Existenz dokumentarischer Beweise über die Verbrechen geleugnet.

▪ **Verfahren gegen Ex-Staatschef:** Wegen des Verdachts, 15,7 Mio. US-$ unterschlagen und auf einem Privatkonto in Panama deponiert zu haben, ließ die Justiz am 18. 7. 2005 einen Haftbefehl gegen den früheren Präsidenten Alfonso Antonio Portillo Cabrera (2000–04) ausstellen. Portillo Cabrera hatte sich im Februar 2004 nach Aufhebung seiner Immunität nach Mexiko abgesetzt, um einer Strafverfolgung in seinem Heimatland zu entgehen.

▪ **Kriminalität:** Kriminalität und Gewalt sind auch zehn Jahre nach Ende des Bürgerkriegs noch immer an der Tagesordnung. Die Strafverfolgungsbehörden und Sicherheitsorgane stehen ihr, nicht zuletzt wegen Ineffektivität und Korruption in den eigenen Reihen,

nahezu machtlos gegenüber. Medienberichten zufolge wurden 2004 von 50 000 verhafteten Personen nur 48 rechtskräftig verurteilt. Zu einem immer drängenderen Problem entwickelten sich die marodierenden Jugendbanden, den Maras, deren Auseinandersetzungen sich sogar bis in die Gefängnisse erstreckten. So wurden bei rivalisierenden Bandenkämpfen im August und September 2005 in mehreren Haftanstalten 45 Gefangene getötet und über 80 verletzt. Am 28. 2. 2006 schloss Guatemala mit Mexiko und Belize ein Sicherheitsabkommen, um den Kampf gegen die Maras grenzüberschreitend besser koordinieren zu können; zugleich soll der Vertrag auch den Drogenschmuggel und den internationalen Terrorismus eindämmen.

- **Drogenkriminalität:** Zusammen mit zwei engen Mitarbeitern wurde der oberste Rauschgiftfahnder des Landes, Adan Castillo, am 16. 11. 2005 in den USA wegen Drogenschmuggels verhaftet und vor ein Bundesgericht in Washington gestellt. Nach Schätzungen der US-Behörde zur Rauschgiftbekämpfung (Drug Enforcement Administration, DEA) kommen rd. 75 % des in die USA geschmuggelten Kokains über Guatemala ins Land. Der DEA-Vertreter in Guatemala zeigte sich unterdessen besorgt darüber, dass Drogenbanden zunehmend Einfluss auf Regierung und Öffentlichkeit zu nehmen versuchten.
- **Hurrikan:** Anfang Oktober 2006 richtete der tropische Wirbelsturm Stan schwere Schäden an, bei Erdrutschen und Überschwemmungen kamen über 2000 Menschen ums Leben. Die Regierung rief den Notstand aus und ordnete eine dreitägige Staatstrauer für die Toten an. Der Hurrikan, der auch über Mittelamerika und Mexiko wütete, forderte in der Region insgesamt rd. 9000 Todesopfer und machte Hunderttausende obdachlos.

Guinea West-Afrika

Republik Guinea; République de Guinée – GN / GIN

Fläche (Weltrang: 76): 245 857 km^2

Einwohner (82): F 2004 9 202 000 = 37 je km^2

Hauptstadt: Conakry

Amtssprache: Französisch

Bruttonationaleinkommen 2004 je Einw.: 410 $

Währung: Guinea-Franc (F. G.)
Kurs: 1 US-$ = 4895 F. G.; 1 € = 6292 F. G.

Botschaft der Republik Guinea
Jägerstr. 67–69, 10117 Berlin
T 030 / 2 00 74 33 – 0, Fax 2 00 74 33 – 33
www.ambaguinee.de

LANDESSTRUKTUR **Fläche**: 245 857 km^2; Karte → WA 2006, S. 206 ▪ **Verwaltung**: 4 Supraregionen, 30 Regionen und Hauptstadtdistrikt ▪ **Städte**: (S 2003) Conakry 1 365 778 Einw.; (Z 1996) Kindia 287 607, N'Zérékoré 282 772, Kankan 261 341, Labé 249 515

BEVÖLKERUNG Guineer – F 2004: 9 202 000 Einw.; Bevölkerungswachstum: 2,2 %; letzte Zählung 1996: 7 156 406 Einw. – 39 % Fulbe (Peul, Tukulör), Manding (24 % Malinké, 11 % Susu, Kuranko, Dialonke), 7 % Kissi, 5 % Kpelle u. a. ▪ **Sprachen**: Französisch; 8 nationale Sprachen: Manding-Sprachen (Mande), Ful u. a. ▪ **Religion**: 85 % Muslime, 8 % Christen, 7 % Anhänger von indigenen Religionen

STAATS- UND REGIERUNGSFORM Verfassung von 1991, zuletzt geändert 2001 – Präsidialrepublik seit 1991 – Parlament mit 114 Mitgl., Wahl alle 5 J. – Direktwahl des Staatsoberhauptes alle 7 J. – Wahlrecht ab 18 J. ▪ **Unabhängigkeit**: 2. 10. 1958 (ehem. französische Kolonie) ▪ **Nationalfeiertag**: 2. 10. (Tag der Republik)

REGIERUNG UND PARTEIEN **Staats- u. Regierungschef**: Lansana Conté (PUP), seit 1984; zuletzt gewählt 2003 – **Äußeres**: Mamady Condé, seit 29. 5. 2006 ▪ **Parlament**: Wahlen vom 30. 6. 2002: Parti de l'Unité et du Progrès / PUP 85 von 114 Sitzen (1995: 71), Union pour le Progrès et le Renouveau (Zusammenschluss aus PRG und UNR) / UPR 20 (18), Sonstige 9 (25)

WIRTSCHAFT **BIP** 2004: 3,870 Mrd. $; realer Zuwachs: 2,6 %; Anteil (2004) Landwirtschaft 25 %, Industrie 37 %, Dienstleistungen 38 % ▪ **Erwerbstätigkeit** 2003: Landwirtsch. 83 % ▪ **Arbeitslosigkeit**: k. A. ▪ **Inflation** ∅ 2003: 12,9 % ▪ **Außenhandel** 2001: **Import**: 601 Mio. $; *Güter*: 25 % Maschinen und Transportausrüstungen, 22 % Nahrungsmittel, Getränke und Tabak, 19 % mineralische Brennstoffe und Schmiermittel; *Länder*: 17 % Frankreich, 13 % Belgien, 13 % Elfenbeinküste, 7 % USA; **Export**: 575 Mio. $; *Güter*: 70 % Aluminium und -produkte, 21 % Gold; *Länder*: 26 % Frankreich, 17 % USA, 11 % Irland, 9 % Spanien

CHRONIK

Die ungeregelte politische Nachfolge des schwerkranken Präsidenten Lansana Conté veranlasste die International Crisis Group im Juni 2005 zur Warnung vor einem politischen Vakuum oder der Gefahr eines Militärputsches. Das zersplitterte Oppositionsbündnis FRAD (Republikanische Front für Demokratischen Wandel), dem auch die Parteien des ehemaligen Premierministers Sidya Touré und des prominenten Oppositionsführers Alpha Condé angehören, demonstrierte am 12. 9. erstmals Geschlossenheit und forderte Conté zum Rücktritt zu Gunsten einer Übergangsregierung unter Beteiligung aller Parteien auf. Bei den **Kommunalwahlen** am 18. 12. konnte der regierende Parti de l'Unité et du Progrès die meisten Sitze erringen. Die einzige im Parlament vertretene Oppositionspartei, die Union pour le Progrès et le Renouveau, beklagte massive Wahlfälschungen und zog sich am 6. 1. 2006 aus der Nationalversammlung zurück.

▪ **Machtkampf:** In einer Kabinettsumbildung Ende März erweiterte Premierminister Cellou Dalein Diallo, der als Reformer galt, seinen Handlungsspielraum, indem er Verbündete des Präsidenten durch eigene Gefolgsleute ersetzte. Er nutzte dazu die Abwesenheit von Präsident Conté, der sich zu einer medizinischen Behandlung in der Schweiz befand. Nach seiner Rückkehr **entließ Conté den Regierungschef** am 5. 4. unter dem Vorwurf schwerer Fehlleistungen. Der Präsident machte die Kabinettsumbildung rückgängig und verkündete am 29. 5. die Schaffung von sechs neuen Superministerien. Statt eines neuen Premierministers setzte er mit Fodé Bangoura einen engen Vertrauten an die Spitze eines Ministeriums für präsidiale Angelegenheiten, das zugleich für die Ressorts Verteidigung, Wirtschaft und Finanzen zuständig ist.

▪ **Wirtschaftliche Lage:** Neben der Unsicherheit über die politische Zukunft befindet sich das Land in einer desolaten wirtschaftlichen Lage. Gehälter wurden seit Monaten nicht mehr ausbezahlt; eine galoppierende Inflation und drastische Preiserhöhungen für Benzin und Grundnahrungsmittel riefen den Unmut der Bevölkerung hervor. Die Handels- und die Arbeitergewerkschaft legten wie bereits im November am 27. 2. in einem fünftägigen Generalstreik das gesamte Land lahm. Nachdem die Gewerkschaften gedroht hatten, den Streik auszuweiten, sagte die Regierung am 7. 3. eine Erhöhung der Löhne von Angestellten im öffentlichen Dienst um 30 % zu. Während eines unbefristeten Generalstreiks ab dem 8. 6. wurden zehn Schüler von Sicherheitskräften erschossen. Sie hatten dagegen protestiert, dass aufgrund der Teilnahme der Lehrer am Streik ihre Abschlussprüfungen ausgesetzt worden waren.

Guinea-Bissau West-Afrika

Republik Guinea-Bissau; Republica da Guiné-Bissau – GW / GNB

Fläche (Weltrang: 133): 36 125 km²

Einwohner (144): F 2004 1 540 000 = 43 je km²

Hauptstadt: Bissau

Amtssprache: Portugiesisch

Bruttonationaleinkommen 2004 je Einw.: 160 $

Währung: CFA-Franc
Kurs: 1 € = 655,96 CFA-Francs

Botschaft der Republik Guinea-Bissau
70, Avenue Franklin Roosevelt, B-1050 Brüssel
T und Fax 00 32 – 2 / 647 13 51

LANDESSTRUKTUR **Fläche**: 36 125 km²; → Karte ▪ **Verwaltung**: 8 Regionen und Hauptstadtdistrikt ▪ **Städte**: (S 2003) Bissau 335 876 Einw.; (S 1990) Bafatá 18 000, Gabú 9500, Catió 6000, Canchungo 5500, Mansôa 5200, Farim 4700

BEVÖLKERUNG Guinea-Bissauer – F 2004: 1 540 000 Einw.; Bevölkerungswachstum: 3,0 %; letzte Zählung 1991: 983 367 Einw. – ca. 30 % Balante, 25 % Fulbe, 12 % Mandingo, 9 % Manjaco, 10 % Papéis u. a.; weiße Minderheit ▪ **Sprachen**: Portugiesisch, Crioulo (kreolisches Portugiesisch); Ful u. a. Sprachen ▪ **Religion**: 50 % Muslime, 40 % Anhänger von indigenen Religionen, 10 % Christen (v. a. Katholiken)

STAATS- UND REGIERUNGSFORM Verfassung von 1999 – Präsidialrepublik seit 1984 – Parlament: Nationalversammlung mit 100 Mitgl., Wahl alle 5 J. – Direktwahl des Staatsoberhauptes alle 5 J. (einmalige Wiederwahl) – Wahlrecht ab 18 J. ▪ **Unabhängigkeit**: Proklamation 24. 9. 1973 (ehem. portugiesische Kolonie), endgültig 10. 9. 1974 ▪ **Nationalfeiertag**: 24. 9.

REGIERUNG UND PARTEIEN **Staatsoberhaupt**: João Bernardo Vieira, seit 1. 10. 2005 – **Regierungschef**: Aristides Gomes, seit 2. 11. 2005 – **Äußeres**: António Isaac Monteiro, seit 9. 11. 2005 ▪ **Parlament**: Wahlen vom 28./30. 3. 2004: Partido Africano da Independência da Guiné e Cabo Verde / PAIGC 45 von 100 Sitzen (1999: 24 von 102), Partido da Renovação Social / PRS 35 (38), Partido Unido Social Democrático / PUSD 17 (–), Resistência da Guiné-Bissau / RGB – (29), Sonstige 3 (11)

WIRTSCHAFT **BIP** 2004: 280 Mio. $; realer Zuwachs: 4,3 %; Anteil (2004) Landwirtschaft 63 %, Industrie 12 %, Dienstleistungen 25 % ▪ **Erwerbstätigkeit** 2003: Landwirtsch. 82 % ▪ **Arbeitslosigkeit**: k. A. ▪ **Inflation** ∅ 2003: –3,5 % ▪ **Außenhandel** 2001: **Import**: 96,7 Mio. $; *Güter*: 24 % Nahrungsmittel, Tabak und Getränke, 13 % Transportausrüstungen, 6 % Erdöl und -produkte; *Länder*: 30 % Portugal, 27 % Senegal, 11 % VR China; **Export**: 47,2 Mio. $; *Güter*: 96 % Cashewnüsse; *Länder*: 86 % Indien

CHRONIK

▪ **Präsidentschaftswahlen und neue Regierung:** Bei der zweiten Runde der Präsidentschaftswahlen am 24. 7. 2005 **setzte sich** der frühere Staatschef **João Bernardo »Nino« Vieira** mit 52,3 % der Stimmen bei einer Wahlbeteiligung von rd. 80 % **durch**. Der mit 47,6 % der Stimmen unterlegene Kandidat des regierenden Partido Africano da Independência da Guiné e Cabo Verde (PAIGC), Malam Bacai Sanhá, sprach von Wahlbetrug und kündigte an, das Ergebnis anzufechten. Internationale Beobachter bezeichneten den Urnengang jedoch als »frei, fair und transparent«, und am 10. 8. bestätigte die Nationale Wahlkommission das Ergebnis. Der PAIGC räumte in einer am 27. 9. veröffentlichten Erklärung schließlich offiziell seine Niederlage ein.

Der sich bereits kurz nach Bekanntgabe des Wahlergebnisses abzeichnende **Machtkampf** zwischen Präsident Vieira und dem amtierenden Ministerpräsidenten Carlos Gomes Júnior kulminierte am 28. 10. in der **Entlassung des Regierungschefs und des Kabinetts.** Zur Begründung erklärte Präsident Vieira, Gomes Júnior habe bei der Umsetzung dringend notwendiger Wirtschaftsreformen sowie bei der Bekämpfung der Armut versagt. Am 2. 11. ernannte er Aristides Gomes **zum neuen Ministerpräsidenten.** Entgegen seiner Ankündigung, eine Regierung der nationalen Einheit zu bilden, war die PAIGC in dem am 10. 11. vorgestellten 27-köpfigen Kabinett nicht vertreten.

▪ **Choleraepedemie:** Eine im Juni 2005 ausgebrochene Choleraepedemie forderte bis Ende Dezember 399 Todesopfer. Aufgrund drastischer Maßnahmen wie u. a. der Schließung sämtlicher Straßenimbisse gelang es der Regierung, die rasche Ausbreitung der Krankheit einzudämmen.

Guyana Süd-Amerika

Kooperative Republik Guyana;
Co-operative Republic of Guyana –
GY / GUY

Fläche (Weltrang: 82): 214 969 km^2

Einwohner (156): F 2004 750 000 = 3,5 je km^2

Hauptstadt: Georgetown

Amtssprache: Englisch

Bruttonationaleinkommen 2004 je Einw.: 1020 $

Währung: 1 Guyana-Dollar (G$) = 100 Cents
Kurs: 1 US-$ = 201,88 G$; 1 € = 260,10 G$

Botschaft der Kooperativen Republik Guyana
12, Av. du Brésil, B-1050 Brüssel
T 00 32 – 2 / 6 75 62 16, Fax 6 72 55 98
E-Mail: embassy.guyana@skynet.be

LANDESSTRUKTUR **Fläche**: 214 969 km^2; → Karte ▪ **Verwaltung**: 10 Regionen ▪ **Städte**: (Z 2002) Georgetown 137 330 Einw., Linden 29 572

BEVÖLKERUNG Guyaner – F 2004: 750 000 Einw.; Bevölkerungswachstum: 0,2 %; letzte Zählung 2002: 749 190 Einw. – F 1999: 51 % Inder, 41 % Schwarze, Mulatten und Mestizen, 6 % Indianer, 2 % Portugiesen und Chinesen u. a. ▪ **Sprachen**: Englisch; Hindi, Urdu und indianische Sprachen ▪ **Religion**: 34 % Protestanten (u. a. 16 % Anglikaner), 33 % Hindus, 20 % Katholiken, 8 % Muslime

STAATS- UND REGIERUNGSFORM Verfassung von 1980, zuletzt geändert 2001 – Präsidialrepublik (im Commonwealth) seit 1980 – Parlament (National Assembly) mit 65 Mitgl., Wahl alle 5 J. – Staatsoberh. wird der Kandidat der siegreichen Partei der Parlamentswahlen – Wahlrecht ab 18 J. ▪ **Unabhängigkeit**: 26. 5. 1966 (ehem. britische Kolonie) ▪ **Nationalfeiertag**: 23. 2. (Tag der Republik von 1970)

REGIERUNG UND PARTEIEN **Staatsoberhaupt**: Bharrat Jagdeo (PPP / CIVIC), seit 11. 8. 1999 – **Regierungschef**: Samuel Archibald Anthony Hinds (PPP / CIVIC), seit 1997 – **Äußeres**: Samuel R. Insanally, seit 21. 5. 2001 ▪ **Parlament**: Wahlen vom 19. 3. 2001: People's Progressive Party / PPP und CIVIC 34 von 65 Sitzen (1997: 36), People's National Congress / PNC 27 (26), Guyana Action Party / GAP und Working People's Alliance / WPA 2 (WPA und Guyana Labour Party 1), Rise Organise and Rebuild Guyana 1 (–), The United Force / TUF 1 (1), Guyana Democratic Party / GDP – (1)

WIRTSCHAFT **BIP** 2004: 786 Mio. $; realer Zuwachs: 1,5 %; Anteil (2004) Landwirtschaft 31 %, Industrie 27 %, Dienstleistungen 42 % ▪ **Erwerbstätigkeit** 2002: Landwirtsch. 17 % ▪ **Arbeitslosigkeit**: k. A. ▪ **Inflation** ∅ 2003: 4,9 % ▪ **Außenhandel** 2003: **Import**: 571,7 Mio. $; *Güter*: 26 % Konsumgüter, 26 % Benzin und Schmierstoffe, 20 % Kapitalgüter; *Länder* 2001: 38 % USA, 8 % Trinidad und Tobago, 6 % Großbritannien, 5 % Japan; **Export**: 505,6 Mio. $; *Güter*: 26 % Gold, 25 % Zucker, 11 % Shrimps, 9 % Bauxit, 9 % Reis, 5 % Holz; *Länder* 2001: 43 % Kanada, 25 % USA, 9 % Großbritannien, 3 % Jamaika

CHRONIK

Guyana war neben Bolivien und Honduras das dritte lateinamerikanische Land, dem am 21. 12. 2005 durch den Internationalen Währungsfonds (IWF) ein **kompletter Erlass seiner finanziellen Verbindlichkeiten** gewährt wurde. Die Maßnahme ist Teil des umfassenden Entschuldungspakets, das auf dem G8-Gipfel im schottischen Gleneagles im Sommer 2005 beschlossen worden war und bei dem den 19 ärmsten Ländern der Welt ihre gesamten Außenstände bei IWF und Weltbank erlassen wurden. Guyanas Auslandsverschuldung hatte Ende 2004 rd. 1,1 Mrd. US-$ betragen, davon 947 Mio. US-$ bei internationalen Finanzinstitutionen.

Am 22. 4. 2006 wurde **Landwirtschaftsminister Satyadeow Sawh** vor seinem Haus in der Nähe der Hauptstadt Georgetown von Unbekannten **erschossen**, mit ihm seine beiden Geschwister und ein Sicherheitsbeamter. Der Mord zählt zu einer Serie von Gewaltverbrechen, denen prominente Persönlichkeiten in letzter Zeit zum Opfer fielen.

Haiti Mittel-Amerika; Karibik

Republik Haiti; République d'Haïti; Repiblik Dayti (kreolisch) – HT / HTI

Fläche (Weltrang: 142): 27 750 km^2

Einwohner (87): F 2004 8 407 000 = 303 je km^2

Hauptstadt: Port-au-Prince

Amtssprachen: Französisch, Kreolisch

Bruttonationaleinkommen 2003 je Einw.: 400 $

Währung: 1 Gourde (Gde.) = 100 Centimes
Kurs: 1 US-$ = 38,95 Gde.; 1 € = 50,01 Gde.

Botschaft der Republik Haiti
Meinekestr. 5, 10719 Berlin
T 030 / 88 55 41 34, Fax 88 55 41 35
E-Mail: ambahait@aol.com

LANDESSTRUKTUR **Fläche**: 27 750 km^2; davon Ile de la Gonâve 658 km^2, Ile de la Tortue 180 km^2, Ile à Vache 52 km^2, Grande Cayemite 45 km^2 ▪ **Verwaltung**: 9 Départements ▪ **Städte**: (F 1999) Port-au-Prince 990 558 Einw. (A 1 977 036), Carrefour 336 222, Delmas 284 079, Cap-Haïtien 113 555

BEVÖLKERUNG Haitianer – F 2004: 8 407 000 Einw.; Bevölkerungswachstum: 1,4 %; letzte Zählung 2003 (vorl.): 7 929 048 Einw. – ca. 60 % Schwarze, 35 % Mulatten, Weiße ▪ **Sprachen**: Französisch und Créole (Kreolisch) ▪ **Religion** 2001: 66 % Katholiken, Protestanten; Voodoo-Kulte bei rd. 70 % der Bevölkerung verbreitet

STAATS- UND REGIERUNGSFORM Verfassung von 1987 – Präsidialrepublik seit 1987 – Parlament: Abgeordnetenhaus mit 99 Mitgl., Wahl alle 4 J.; Senat mit 30 für 6 J. gewählten Mitgl., Teilwahlen alle 2 Jahre – Direktwahl des Staatsoberhauptes alle 5 J. (keine unmittelb. Wiederwahl) – Wahlrecht ab 18 J. ▪ **Unabhängigkeit**: 1. 1. 1804 (ehem. französische Kolonie) ▪ **Nationalfeiertag**: 1. 1.

REGIERUNG UND PARTEIEN **Staatsoberhaupt**: René Préval (Lespwa), seit 14. 5. 2006 – **Regierungschef**: Jacques-Édouard Alexis, seit 19. 6. 2006 – **Äußeres**: Rénald Clérismé, seit 6. 6. 2006 ▪ **Parlament**: Wahlen vom 7. 2. / 21. 4. 2006: Abgeordnetenhaus: Fwon Lespwa / Lespwa 19 von 99 Sitzen (2000: – von 82), Fusion des Sociaux-Démocrates Haïtienne / Fusion 15 (–), Alliance Démocratique / Alyans 10 (–), Organisation du Peuple en Lutte / OPL 8 (1), Fanmi Lavalas / FL 6 (72), Union Nationale Chrétienne pour la Reconstruction d›Haïti / UNCHR 6 (–), Sonstige und Unabhängige 22 (9); 13 werden in Nachwahlen besetzt – Senat: Fwon Lespwa 11 von 30 Sitzen (2000: – von 27), OPL 4 (–), FL 3 (18), Fusion 3 (–), Sonstige und Unabhängige 6 (9); 3 werden in Nachwahlen besetzt

WIRTSCHAFT **BIP** 2004: 3,530 Mrd. $; realer Zuwachs 2002 / 2003: 0,4 %; Anteil (2004) Landwirtschaft 27 %, Industrie 17 %, Dienstleistungen 55 % ▪ **Erwerbstätigkeit** 2003: Landwirtsch. 61 % ▪ **Arbeitslosigkeit** ∅ 2001: 60 % ▪ **Inflation** ∅ 2003: 39,3 % ▪ **Außenhandel** 1999 / 2000: **Import**: 1090 Mio. $; *Güter*: 23 % Nahrungsmittel und leb. Tiere, Fertigwaren, Ölprodukte; *Länder* 1997 / 98: 60 % USA; Japan, Frankreich, Kanada, Dom. Republik; **Export**: 327 Mio. $; *Güter*: 31 % Fertigwaren, 4 % Kaffee

CHRONIK

Trotz der Anwesenheit einer UN-Stabilisierungstruppe befand sich Haiti auch unter der Übergangsregierung Gérard Latortue, welche nach dem Sturz von Präsident Jean-Bertrand Aristide im März 2004 gebildet worden war, weiterhin am Rande der Unregierbarkeit. Sowohl in der Hauptstadt Port-au-Prince als auch in mehreren Provinzen hatten illegale Banden, u. a. von Aristide-Anhängern und ehemaligen Militärs, die Staatsgewalt in Teilen verdrängt. Die notwendige Entwaffnung der Banden und Straßengangs blieb weitgehend aus, Entführungen, Lynchjustiz, Drogenhandel, Korruption bei Staats- und Sicherheitsbehörden, Gewalt und Chaos waren weiterhin an der Tagesordnung. Allein in der Hauptstadt wurden im Zeitraum zwischen September 2004 und August 2005 mind. 600 Personen Opfer von Gewaltverbrechen.

▪ **Präsidentschafts- und Parlamentswahlen:** Nach insgesamt fünfmaliger Verschiebung aufgrund der prekären Sicherheitslage wurden schließlich am 7. 2. 2006 die geplanten Präsidentschafts- und Parlamentswahlen abgehalten. Bei Zwischenfällen am Wahltag wurden vier Personen getötet und etwa zwei Dutzend verletzt, ansonsten verlief die Abstimmung zwar chaotisch, aber weitgehend friedlich; Beobachter von UN und OAS bezeichneten den Urnengang als »frei und fair«. Nach Auszählung von 96 % der Stimmen zeichnete sich ab, dass der während der ersten Regierungszeit Aristides amtierende Premierminister und Ex-Präsident René Préval (1996–2001) (→ Foto) von der Partei Fwon Lespwa (Front Hoffnung) die absolute Mehrheit knapp verfehlt hatte, aber dennoch deutlich vor dem Zweitplatzierten Leslie Manigat vom Rassemblement des Démocrats Nationaux Progressistes (RDNP) lag, der 11,8 % erreichte. Nach Bekanntgabe dieses Auszählungsstands kam es zu teilweise gewalttätigen Ausschreitungen in Port-au-Prince und anderen Städten des Landes, als tausende Anhänger Prévals gegen das Wahlergebnis protestierten und ihren Kandidaten zum Sieger erklärten. Auf Drängen der UN-Mission und um den Ausbruch großflächiger Unruhen zu vermeiden, entschied die Wahlbehörde, den Berechnungsmodus für die Auszählung der Stimmen zu ändern und 85 000 zuvor als Enthaltungen gewertete leere Stimmzettel auf alle Kandidaten zu verteilen, darunter auch tausende, die man auf einer Mülldeponie gefunden hatte. Damit erreichte Préval 51,2 % und Manigat 12,4 %, womit eine Stichwahl entfiel und Préval am 16. 2. 2006 zum Wahlsieger erklärt wurde. Am 14. 5. wurde er als neuer Präsident vereidigt.

Präsident Préval

Am 21. 4. fand bei äußerst niedriger Wahlbeteiligung die zweite Runde der **Parlamentswahlen** statt. Beim ersten Urnengang am 7. 2. waren keine eindeutigen Ergebnisse zustande gekommen: Außer dem künftigen Präsidenten Préval (→ Foto) waren nur zwei weitere Kandidaten mit der erforderlichen absoluten Stimmenmehrheit in den 30 Sitze umfassenden Senat und die aus 99 Abgeordneten bestehende Deputiertenkammer gewählt worden. Prévals Fwon Lespwa erhielt 11 Sitze im Senat und 19 in der Deputiertenkammer. 16 Sitze beider Kammern konnten wegen anhaltender Gewalt und Organisationsschwierigkeiten vorläufig nicht vergeben werden. Fwon Lespwa erreichte zwar keine absolute Mehrheit, kleinere Parteien erklärten sich jedoch umgehend zur Kooperation bereit. Das Kabinett unter Premierminister Jacques-Édouard Alexis, in dem auch fünf kleine Parteien, u. a. Aristides Fanmi Lavalas, je einen Minister stellen, wurde am 9. 6. vereidigt und beendete damit die Arbeit der Interimsregierung.

- **MINUSTAH:** Aufgrund der politischen Instabilität und in Anbetracht der zunächst für November 2005 anberaumten Präsidentschafts- und Parlamentswahlen sah sich der UN-Sicherheitsrat Ende Juni 2005 gezwungen, das Mandat der seit Mitte 2004 im Land befindlichen UN-Stabilisierungstruppe (MINUSTAH) zu verlängern und die Truppenstärke um 750 Blauhelmsoldaten aufzustocken. Damit zählte das UN-Kontingent 7500 Militärs und rund 1900 Zivilpolizisten. Am 7. 1. 2006 wurde der Kommandeur der MINUSTAH, der brasilianische General Urano Teixeira da Matta Bacellar, tot in seinem Hotelzimmer in Port-au-Prince aufgefunden. Den Ermittlungsbehörden zufolge handelte es sich um Selbstmord. Seine Aufgabe übernahm der brasilianische General José Elito Carvalho Siqueira. Brasilien stellt mit 1200 Mann das stärkste Kontingent der Truppe. Die Leitung der gesamten UN-Mission einschließlich des zivilen Teils übernahm Mitte Mai 2006 der Guatemalteke Edmond Mulet.

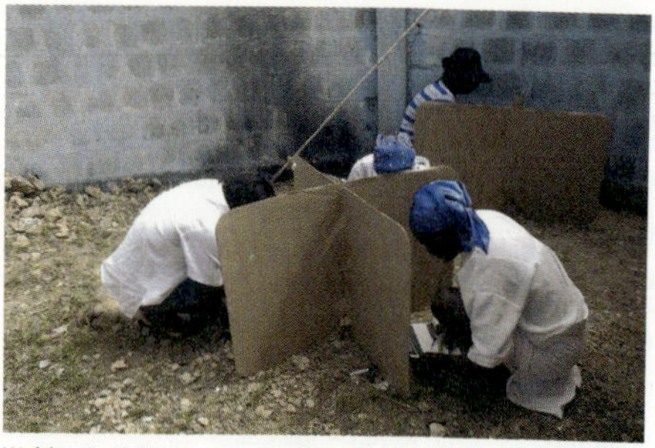

Wahlen in Haiti am 7. 2. 2006

- **Flüchtlinge:** Neben der Stabilisierung des Landes sah sich die Regierung Préval vor allem vor die Aufgabe gestellt, die **katastrophale wirtschaftliche und soziale Situation** zu verbessern. Etwa 80 % der Bevölkerung lebten 2005 unterhalb der Armutsgrenze, die Arbeitslosenquote lag bei über 70 %, die Lebenserwartung bei nur 52 Jahren. Die Kindersterblichkeit war so hoch wie in keinem anderen Land der westlichen Hemisphäre, die Infrastruktur des Landes weitgehend zerstört. Die desolate wirtschaftliche Situation veranlasste weiterhin Tausende, in die benachbarte Dominikanische Republik zu flüchten; die meisten wurden wieder abgeschoben, was von der haitianischen Regierung scharf verurteilt wurde (→ Dominikanische Republik). Während des Besuchs des Präsidenten der Dominikanischen Republik, Leonel Fernández Reyna, am 12./13. 12. 2005 kam es vor diesem Hintergrund zu teilweise gewalttätigen Demonstrationen.
- **Anklage gegen Ex-Präsident Aristide:** Anfang November 2005 verklagte die Übergangsregierung Latortue Ex-Präsident Jean-Bertrand Aristide und acht weitere Personen aus seinem Umfeld vor einem US-Bundesgericht in Miami wegen Unterschlagung von staatlichen Geldern. Aristide, der Haiti 1990/91 und von 2000–2004 regiert hatte, befindet sich seit seinem Sturz im Februar 2004 im Exil in Südafrika.

Honduras Mittel-Amerika

Republik Honduras; República de Honduras – HN / HND

Fläche (Weltrang: 100): 112 492 km²

Einwohner (96): F 2004 7 048 000 = 63 je km²

Hauptstadt: Tegucigalpa

Amtssprache: Spanisch

Bruttonationaleinkommen 2004 je Einw.: 1040 $

Währung: 1 Lempira (L) = 100 Centavos
Kurs: 1 US-$ = 19,03 L; 1 € = 24,49 L

Botschaft der Republik Honduras
Cuxhavener Str. 14, 10555 Berlin
T 030 / 39 74 97 11, Fax 39 74 97 12
www.embahonduras.de

LANDESSTRUKTUR **Fläche**: 112 492 km²; Karte → WA 2006, S. 211 ▪ **Verwaltung**: 18 Departamentos ▪ **Städte**: (Z 2001) Tegucigalpa 769 061 Einw., San Pedro Sula 439 086, La Ceiba 114 584, Choloma 108 260, El Progreso 90 475, Choluteca 75 600; (S 2001) Comayagua 55 368, Puerto Cortés 44 696; (Z 2001) La Lima 42 391, Danlí 41 392

BEVÖLKERUNG Honduraner – F 2004: 7 048 000 Einw.; Bevölkerungswachstum: 2,2 %; letzte Zählung 2001: 6 535 344 Einw. – ca. 90 % Mestizen, 7 % Indianer (v. a. Maya), 2 % Schwarze (auch Mulatten und Zambos), 1,3 % Weiße ▪ **Sprachen**: Spanisch; indianische Sprachen; Englisch ▪ **Religion** 2001: 80 % Katholiken; Minderheiten von Anglikanern, Baptisten und Bahai

STAATS- UND REGIERUNGSFORM Verfassung von 1982, zuletzt geändert 1999 – Präsidialrepublik seit 1982 – Parlament (Congreso Nacional) mit 128 Mitgl., Wahl alle 4 J. – Direktwahl des Staatsoberhauptes alle 4 J. (keine Wiederwahl) – Wahlrecht ab 18 J. ▪ **Unabhängigkeit**: Proklamation 15. 9. 1821 (ehem. spanische Kolonie), endgültig 26. 10. 1838 (Austritt aus der Zentralamerik. Konföderation) ▪ **Nationalfeiertag**: 15. 9.

REGIERUNG UND PARTEIEN **Staats- u. Regierungschef**: José Manuel Zelaya Rosales (PL), seit 27. 1. 2006 – **Äußeres**: Milton Jiménez Puerto (PL), seit 27. 1. 2006 ▪ **Parlament**: Wahlen zum Parlament vom 27. 11. 2005: Partido Liberal / PL 62 von 128 Sitzen (2001: 55), Partido Nacional / PN 55 (61), Partido de Unificación Democrática / PUD 5 (5), Partido Demócrata Cristiano de Honduras / PDCH 4 (3), Partido Innovación y Unidad-Social Democracia / PINU 2 (4)

WIRTSCHAFT **BIP** 2004: 7,371 Mrd. $; realer Zuwachs: 4,6 %; Anteil (2003) Landwirtschaft 14 %, Industrie 31 %, Dienstleistungen 55 % ▪ **Erwerbstätigkeit** 2002: Landwirtsch. 37 %, Industrie 21 %, Dienstl. 41 % ▪ **Arbeitslosigkeit** ∅ 2002: 3,8 %; hohe Unterbeschäftigung ▪ **Inflation** ∅ 2003: 7,7 % ▪ **Außenhandel** 2003 (vorläufig): **Import**: 3,276 Mrd. $; *Güter*: 17 % Maschinen und elektrische Ausrüstungen, 16 % mineralische Brennstoffe und Schmiermittel, 14 % chemische Produkte; *Länder*: 36 % USA, 8 % Guatemala, 6 % El Salvador, 5 % Costa Rica, 5 % Mexiko; **Export**: 1,332 Mrd. $; *Güter*: 14 % Fisch, 14 % Kaffee, 10 % Bananen; *Länder*: 45 % USA, 11 % El Salvador, 6 % Guatemala, 5 % Deutschland

CHRONIK

▪ **Präsidentschafts- und Parlamentswahlen:** Aus dem Kopf-an-Kopf-Rennen der am 27. 11. 2005 abgehaltenen Präsidentschaftswahlen ging nach tagelang verzögerter Auszählung José Manuel »Mel« Zelaya Rosales vom Partido Liberal (PL) mit 49,9 % der Stimmen als Sieger hervor, sein Gegner Porfirio Lobo Sosa vom regierenden Partido National (PN) erhielt 46,2 %. Nach dem Urnengang hatten sich beide Kandidaten zum Wahlsieger erklärt, Demonstrationen der Anhänger polarisierten das ganze Land. Bei den gleichzeitig abgehaltenen **Parlamentswahlen** erhielt der PL 62 Sitze im 128 Abgeordnete umfassenden Nationalparlament, der PN 55. Damit verfügt die Regierung Zelaya über keine eigene Mehrheit im Parlament. Vereidigt wurden am 27. 1. 2006 neben Präsident Zelaya Milton Jiménez Puerto als Außenminister, Arístides Mejía als Verteidigungs- und Jorge Arturo Reina als Innenminister.

▪ **Schnelle Eingreiftruppe:** Neben El Salvador und Guatemala gehört Honduras aufgrund endemischer Armut – 80 % der Bewohner leben unterhalb der Armutsgrenze – und sozialer Perspektivlosigkeit sowie seiner Funktion als Transitland des Drogenhandels in die USA seit Jahren zu den Staaten mit der höchsten Gewaltkriminalitätsrate in Lateinamerika. Allein in der ersten Jahreshälfte 2005 wurden in dem knapp 7 Mio. Einwohner zählenden Land 1664 Personen ermordet. Das wie in El Salvador und Guatemala auch hier grassierende organisierte Bandenwesen krimineller Jugendlicher (Maras), ist inzwischen stark mit dem illegalen Waffen- und Drogenhandel verknüpft. Bei einem Gipfeltreffen in der Hauptstadt Tegucigalpa am 30. 6. 2005 beschlossen Honduras, Guatemala, El Salvador und Panama daher den Aufbau einer gemeinsamen schnellen Eingreiftruppe von 1000 Soldaten, die im Kampf gegen den Drogenhandel, den Terrorismus und die exponenziell zunehmende Gewaltkriminalität eingesetzt werden soll.

▪ **Schuldenerlass:** Honduras war eines der Länder, die am 21. 12. 2005 in den Genuss des vollständigen Schuldenerlasses bei IWF und Weltbank kamen, den die Staats- und Regierungschefs der G8-Staaten bei ihrem Treffen im schottischen Gleneagles im Sommer 2005 beschlossen hatten.

Indien Süd-Asien

Republik Indien; Bhāratīya Gaṇarājya, Kurzform: Bhārat (hindi); Republic of India – IN/IND

Fläche (Weltrang: 7): 3 287 263 km²

Einwohner (2): F 2004 1 079 721 000 = 329 je km²

Hauptstadt: New Delhi (Neu-Delhi)

Amtssprachen: Hindi, Englisch, 17 gleichberechtigte Regionalsprachen

Bruttonationaleinkommen 2004 je Einw.: 620 $

Währung: 1 Indische Rupie (iR) = 100 Paise
Kurs: 1 US-$ = 46,79 iR; 1 € = 60,36 iR

Botschaft der Republik Indien
Tiergartenstr. 17, 10785 Berlin
T 030/25 79 50, Fax 25 79 51 02
www.indianembassy.de

LANDESSTRUKTUR **Fläche**: 3 287 263 km² einschließlich des von Pakistan besetzten Gebietes von Azad Kashmir (78 114 km²; → Karte), der Andamanen und Nikobaren (8249 km²); → Karte ▪ **Verwaltung**: 28 States (Bundesstaaten) und 7 Union Territories; → Tabelle ▪ **Städte**: (Z 2001) Mumbai (Bombay) 11 914 398 Einw., Delhi 9 817 439, Kolkata (Kalkutta) 4 580 544, Bangalore 4 292 223, Chennai (Madras) 4 216 268, Ahmadābād 3 515 361, Hyderābād (Haidarabad) 3 449 878, Pune (Poona) 2 540 069, Kānpur 2 532 138, Sūrat 2 433 787, Jaipur 2 324 319, Lucknow 2 207 340, Nāgpur 2 051 320, Indore 1 597 441, Bhopāl 1 433 875, Ludhiāna 1 395 053, Patna 1 376 950, Vadodara 1 306 035, Thane 1 261 517, Agra 1 259 979, Kalyān-Dombivli 1 193 266, Varanasi (Benares) 1 100 748, Nashik 1 076 967, Meerut 1 074 229, Faridabad 1 054 981, Hāora 1 008 704, Pimprichinchwad 1 006 417, New Delhi (Neu-Delhi) 294 783

BEVÖLKERUNG Inder – F 2004: 1 079 721 000 Einw.; Bevölkerungswachstum: 1,4 %; letzte Zählung 2001: 1 027 015 247 Einw. – fast ausschließlich Inder; Minderheiten von Tibetanern, Chinesen, Europäern ▪ **Sprachen** 1994: Hindi (350,3 Mio. Sprecher), Englisch sowie 17 weitere Sprachen als Amtssprachen: Assamesisch (14,8 Mio.), Bengali (68,3 Mio.), Gujarati (44 Mio.), Kannada (35,7 Mio.), Kashmiri, Konkani, Malayalam (34,4 Mio.), Manipuri, Marathi (65,8 Mio.), Nepali, Oriya (30,3 Mio.), Pandschabi (24,7 Mio.), Sanskrit, Sindhi, Tamil (59,3 Mio.), Telugu (71,9 Mio.), Urdu (46,8 Mio.); zahlreiche weitere Sprachen ▪ **Religion** 2001: 80,5 % Hindus, 13,4 % Muslime, 2,3 % Christen, 1,9 % Sikhs, 0,8 % Buddhisten, 0,4 % Dschainas; 89 000 Parsen

STAATS- UND REGIERUNGSFORM Verfassung von 1950 – Bundesrepublik (im Commonwealth) seit 1950 – Bundesparlament: Haus des Volkes (Lok Sabha) mit 545 Mitgl. (543 gewählt, 2 vom Staatsoberh. ernannte Mitgl. der anglo-indischen Gemeinschaft), Wahl alle 5 J.; Rat der Staaten (Rajya Sabha) mit 245 Mitgl. (237 für 6 J. indirekt gewählt, 8 vom Staatsoberh. ernannt) Teilwahlen alle 2 J. – Wahl des Staatsoberhauptes durch Wahlmännerkollegium alle 5 J. – Wahlrecht ab 18 J. ▪ **Unabhängigkeit**: 15. 8. 1947 (ehem. Britisch-Indien) ▪ **Nationalfeiertag**: 26. 1. (Tag der Republik) und 15. 8. (Unabhängigkeitstag)

REGIERUNG UND PARTEIEN **Staatsoberhaupt**: A. P. J. Abdul Kalam, seit 25. 7. 2002 – **Regierungschef u. Äußeres**: Manmohan Singh, seit 22. 5. 2004 ▪ **Parlament**: Wahlen vom 20. 4./26.4/5. 5./10. 5. 2004: Unterhaus: Congress und Alliierte 217 von 543 Sitzen (1999: 141): India National Congress (Kongresspartei)/INC 145 (112), Rashtriya Janata Dal/RJD 21 (7), Dravida Munnetra Kazhagam/DMK 16 (10), National Congress Party/NCP 9 (7), Sonstige 26 (5); National Democratic Alliance 185 (299): Bharatiya Janata Party (Hindu-Partei)/BJP 138 (183), Shiv Sena/SHS 12 (15), Biju Janata Dal/BJD 11 (10), Shiromani Akali Dal/SAD 8 (2), Janata Dal United/JDU 8 (22), Telugu Desam Party/TDP 5 (29), Sonstige 3 (38); Sonstige und regionale Parteien: Communist Party of India-Marxist/CPI-M 43 (33), Samajwadi Party/SP 36 (26), Bahujan Samaj Party/BSP 19 (14), Communist Party of India/CPI 10 (4), Sonstige 29 (20), Unabhängige 4 (6) – Sitzverteilung im Oberhaus (Stand 7/2006): Kongresspartei 72 von 237 Sitzen, BJP 49, CPI-M 14, All India Anna Dravida Munnetra Kazagham 12, Sonstige 81, Unabhängige 9

WIRTSCHAFT **BIP** 2004: 691,163 Mrd. $; realer Zuwachs: 6,9 %; Anteil (2004) Landwirtschaft 21 %, Industrie 27 %, Dienstleistungen 52 % ▪ **Erwerbstätigkeit** 2001: Landwirtsch. 59 % ▪ **Arbeitslosigkeit** ∅ 2003: 6,0 % ▪ **Inflation** ∅ 2005/06: 4,8 % ▪ **Außenhandel** 2004: **Import**: 108,26 Mrd. $; *Güter*: 27 % Erdöl und -produkte, 10 % chemische Erzeugnisse, 9 % Perlen und Edelsteine, 8 % elektrotechnische Erzeugnisse, 7 % Maschinen, 4 % Gold und Silber, 4 % Speiseöle, 2 % Elektrotechnik, 1 % Mess- und Prüfinstrumente; *Länder*: 7 % USA, 6 % Belgien, 5 % Großbritannien, 5 % China, 4 % Singapur, 4 % Deutschland, 3 % Japan, 2 % Saudi-Arabien; **Export**: 79,85 Mrd. $; *Güter*: 13 % Edelsteine und Schmuck, 11 % chemische Erzeugnisse, 10 % Textilien, 10 % Bekleidung, 10 % Nahrungsmittel, 6 % Erdöl, Erdölerzeugnisse, 5 % Rohstoffe, 5 % Eisen und Stahl, 4 % Maschinen; *Länder*: 21 % USA, 6 % China, 5 % Großbritannien, 5 % Hongkong, 4 % Deutschland, 4 % Vereinigte Arabische Emirate, 3 % Japan
Weitere Informationen → Kap. Wirtschaft

Indien
Fläche, Bevölkerung und Bevölkerungsdichte

Verwaltungseinheit (Hauptort)	Fläche in km²	Einwohner insgesamt Z 2001	je km²
Bundesstaat (State)			
Andhra Pradesh (Hyderabad)	275 045	75 727 541	275
Arunāchal Pradesh (Itanagar)	83 743	1 091 117	13
Assam (Dispur)	78 438	26 638 407	340
Bihār (Patna)	99 200	82 878 796	835
Chhattisgarh (Raipur)	135 000	20 795 956	154
Goa (Panaji)	3 702	1 343 998	363
Gujarāt (Gandhinagar)	196 024	50 596 992	258
Haryāna (Chandīgarh)	44 212	21 082 989	477
Himāchal Pradesh (Simla)	55 673	6 077 248	109
Jammu & Kashmir (Srinagar)[1]	222 236	10 069 917	45
Jharkand (Ranchi)	74 677	26 909 428	338
Karnātaka (Bangalore)	191 791	52 733 958	275
Kerala (Trivandrum)	38 863	31 838 619	819
Madhya Pradesh (Bhopal)	308 446	60 385 118	196
Mahārāshtra (Mumbai)	307 713	96 752 247	314
Manipur (Imphal)	22 327	2 388 634	107
Meghālaya (Shillong)	22 429	2 306 069	103
Mizoram (Aizawl)	21 081	891 058	42
Nāgāland (Kohima)	16 579	1 988 636	120
Orissa (Bhubaneswar)	155 707	36 706 920	236
Punjab (Chandīgarh)[2]	50 362	24 289 296	482
Rājasthān (Jaipur)	342 239	56 473 122	165
Sikkim (Gangtok)	7 096	540 493	76
Tamil Nādu (Chennai)	130 058	62 110 839	478
Tripura (Agartala)	10 486	3 191 168	304
Uttar Pradesh (Lucknow)	243 286	166 052 859	683
Uttaranchal (Dehradun)	51 125	8 479 562	159
West Bengal (Kolkata)	88 752	80 221 171	904
Bundesterritorium (Territory)			
Andamanen & Nikobaren (Port Blair)	8 249	356 265	43
Chandīgarh (Chandīgarh)	114	900 914	7903
Dādra & Nagar Haveli (Silvassa)	491	220 451	449
Damān & Diu (Damān)	112	158 059	1411
Delhi (Neu-Delhi)	1 483	13 782 976	9294
Lakshadweep (Kavaratti)	32	60 595	1894
Pondicherry (Pondicherry)	492	973 829	1979
Indien	3 287 263	1 027 015 247	324

1 Fläche einschl. des von Pakistan kontrollierten Gebietes von Azad Kashmir und Northern Areas (zus. 78 114 km²) und des von der VR China kontrollierten Gebietes; die Daten zur Bevölkerung beruhen auf einer Schätzung und schließen die von Pakistan und der VR China kontrollierten Gebiete aus

2 Chandīgarh bildet ein eigenes Bundesterritorium

Quelle: Census of India 2004; Ministry of Statistics and Programme 2004

Indien gehört neben der VR China zu den aufstrebenden neuen Wirtschaftsmächten und zog daher das Interesse der führenden Industrienationen auf sich, wie insbesondere der Besuch von US-Präsident George W. Bush deutlich machte. Im Kashmir-Konflikt setzte Premierminister Manmohan Singh die von seinem Vorgänger in Gang gesetzten Gespräche mit den gemäßigten Separatisten fort; die Hoffnung auf eine einvernehmliche Lösung mit Pakistan erfüllten sich jedoch nicht. Im Innern sah sich das Land erneut mit Terroranschlägen islamistischer, zunehmend aber auch maoistischer Gruppierungen konfrontiert.

AUSSENPOLITIK

- **USA:** Größter diplomatischer Erfolg der Regierung war das am 2. 3. 2006 von US-Präsident George W. Bush und Premierminister Manmohan Singh in Neu-Delhi (→ Foto) unterzeichnete **Abkommen über die zivile nukleartechnische Zusammenarbeit** zwischen beiden Ländern. Darin erklärt sich Indien bereit, für 14 seiner 22 Atomreaktoren Inspektionen durch die Internationale Atomenergiebehörde (IAEA) zuzulassen; Indien erhält dafür – sofern der US-Kongress zustimmt – den Zugang zu amerikanischer Nukleartechnologie, der nach dem Atomwaffentest im Jahre 1998 durch ein Embargo versperrt war. Die US-Regierung sagte außerdem zu, innerhalb der internationalen Nuclear Suppliers Group (NSG) für eine Aufhebung der bestehenden Sanktionen gegen Indien einzutreten. Diese Sanktionen sind eine Behinderung für den Ausbau der zivilen Nutzung der Atomkraft, der angesichts des raschen Wachstums der indischen Wirtschaft eine zunehmende Bedeutung zukommt (→ Karte).

US-Präsident Bush, Ministerpräsident Singh am 2. 3. 2006

Das Abkommen mit Indien stellt eine Abkehr von der bislang verfolgten Linie der USA dar, nach der die nukleartechnische Zusammenarbeit mit Staaten außer Frage stand, die den Atomwaffensperrvertrag (Non-Proliferation Treaty/NPT) von 1968 nicht unterzeichnet hatten, für Indien bedeutete dies die **faktische Anerkennung als Nuklearmacht** durch die USA. US-Außenministerin Condoleezza Rice begründete den Kurs-

wechsel Washingtons am 5. 4. mit der Aussicht auf eine Dämpfung der weltweiten Erdölnachfrage durch einen Ausbau der indischen Atomwirtschaft und mit geostrategischen Überlegungen. Für die USA ist Indien als Wachstumsmarkt, vor allem aber als Verbündeter im Kampf gegen den islamischen Terrorismus und als Gegengewicht zu China von strategischem Interesse.

Die Hinwendung der Bush-Administration zu Indien kam auch im Juli 2005 beim **Besuch Singhs in Washington** zum Ausdruck, der am 19. 7. vor beiden Kammern des Kongresses sprach und für grundlegend veränderte Beziehungen zwischen beiden Großmächten warb. Bush und Rice bekräftigten, dass sie Indien als künftige Weltmacht und als natürlichen Partner der USA ansehen. Meinungsverschiedenheiten blieben hinsichtlich der geplanten Erdgaspipeline zwischen Iran und Indien bestehen, die Washington weiterhin ablehnt.

In der Frage des **iranischen Atomprogramms** schwenkte Indien auf die Linie Washingtons und der EU ein und stimmte am 24. 9. für eine Resolution der Internationalen Atomenergiebehörde (IAEA), die Teheran androhte, den UN-Sicherheitsrat einzuschalten (→ Iran). Auch personell verloren die Befürworter einer distanzierten Politik gegenüber den USA an Einfluss: Außenminister Natwar Singh, der der Annäherung an Washington mit Skepsis gegenüber stand, wurde am 6. 12. nach Korruptionsvorwürfen – die UN-Untersuchungskommission unter dem früheren US-Notenbankchef Paul Volcker behauptete, der Außenminister sei an illegalen Geschäften im Rahmen des irakischen Programms Oil-for-Food beteiligt gewesen – von Premierminister Singh seines Amtes enthoben. Auf der politischen Linken wurde vor einer unterwürfigen Politik gegenüber den USA gewarnt. Der Besuch Bushs im März war von Protestkundgebungen linker und muslimischer Gruppierungen begleitet, sodass er auf die ursprünglich geplante Rede vor dem Parlament in Neu-Delhi verzichtete.

▪ **Weitere außenpolitische Ereignisse:** Nach der nuklearpolitischen Kehrtwende Washingtons signalisierten auch andere Staaten ihre Bereitschaft, mit Indien auf diesem Feld ins Geschäft zu kommen: Vom 6. bis 8. 9. 2005 besuchte der **britische Premierminister** Tony Blair Indien, wo er sich mit Singh auf eine Kooperation bei der zivilen Nutzung der Kernenergie verständigte. Am 12. 9. vereinbarten der **französische Präsident** Jacques Chirac und Singh in Paris eine Kooperation im nuklearen Bereich, am 20. 2. 2006 unterzeichneten sie in Neu-Delhi ein entsprechendes Abkommen. Der **russische Ministerpräsident** Michail Fradkow sagte am 17. 3. in Neu-Delhi trotz des noch geltenden Embargos der Nuclear Suppliers Group die Lieferung von 60 t Uran an indische Atomkraftwerke zu, was die US-Regierung verstimmte. Starkes Interesse zeigte Indien auch an Uranlieferungen aus **Australien**, wo entsprechende Erwägungen von Premierminister John Howard während seines Besuchs in Neu-Delhi am 6. 3. auf starke öffentliche Kritik stießen.

Am 28. und 29. 8. 2005 besuchte Premierminister Singh Kabul. Es war der **erste Besuch eines indischen Regierungschefs in Afghanistan** seit 1976. Dort wohnte er der Grundsteinlegung des Parlaments bei, dessen Bau von Indien finanziert wird. Singh stellte eine Erhöhung der Finanzhilfe (bislang etwa 500 Mio. US-$) für den Aufbau von Schulen, Krankenhäusern und Wasserwerken in Aussicht. Indien unterstützt trotz der Einkreisungsängste Pakistans den Aufbau Afghanistans im Wesentlichen aus zwei Gründen: um den islamischen Terrorismus zu schwächen und um den Zugang zu Erdgas aus dem Iran und Turkmenistan zu erleichtern.

Ungeachtet der noch immer nicht gelösten Grenzstreitigkeiten kam die **Entspannung der Beziehungen zur Volksrepublik China** weiter voran: Am 1. 6. 2006 wurde bei einem Treffen von Verteidigungsminister Pranab Mukherjee mit dem chinesischen Ministerpräsidenten Wen Jiabao in Beijing ein Memorandum über die militärische Kooperation beider Länder unterzeichnet. Am 6. 7. öffneten China und Indien die seit 1962 geschlossene Grenze am Nathu-La-Pass, um den bilateralen Handel zu intensivieren. Damit erkannte China stillschweigend die 1975 vollzogene Annexion des Staates Sikkim durch Indien an.

KASHMIR-KONFLIKT

Im Berichtszeitraum gingen die Kämpfe mit radikalen Separatisten im indischen Teil Kashmirs (→ Karte) nahezu unvermindert weiter: 2005 starben dabei etwa 1700 Menschen. Den blutigsten Gewaltakt in Kashmir seit 2002 verübten muslimische Separatisten am 30. 4. 2006: Sie umstellten zwei Dörfer in den Distrikten Doda und Udhampur und ermordeten 35 Hindus. Der Erziehungsminister der Provinz Jammu-Kashmir wurde am 18. 10. zusammen mit zwei Leibwächtern von einer muslimischen Rebellengruppe ermordet.

Trotz der andauernden Gewalt setzte Premierminister Singh den **Dialog mit gemäßigten Separatisten** fort, den die Regierung Vajpayee im Januar 2004 aufgenommen hatte (→ WA 2005, S. 198). Am 5. 9. 2005 kam Singh in Neu-Delhi mit Vertretern des separatistischen Parteienbündnisses All-Parties-Hurriyat-Conference (APHC) zusammen – es war das erste Mal, dass ein indischer Regierungschef direkt mit Vertretern der Separatisten verhandelte. Beide Seiten sprachen sich für eine friedliche Lösung des Konflikts aus. Die APHC distanzierte sich von terroristischen Methoden und trat für den pakistanischen Vorschlag einer Entmilitarisierung und Selbstverwaltung Kashmirs ein, lehnte aber eine Autonomie innerhalb des indischen Staates und die von Indien geforderte Anerkennung der bestehenden Grenzen ab. Singh knüpfte die Zusage, das Militär in Kashmir zu reduzieren, an einen Rückgang der separatistischen Infiltration, sagte aber zu, die willkürliche Anwendung der Antiterror-Gesetze in Kashmir zu unterbinden.

Sprecher der APHC maßen den Zusagen Singhs historische Bedeutung zu. Auch **Pakistan**, das eine Einbeziehung der Separatisten in die 2003 aufgenommenen Friedensverhandlungen fordert, begrüßte die Vereinbarung Singhs mit der APHC. Das bilaterale Verhältnis blieb jedoch weiterhin von gegenseitigem Misstrauen geprägt. In seiner Rede zum Unabhängigkeitstag am 16. 8. forderte Singh Pakistan dazu auf, die Unterstützung für Terroristen in Kashmir einzustellen, und bezeichnete die Distanzierung Islamabads von radikalen Organisationen als halbherzig. Der pakistanische Präsident Pervez Musharraf schlug am 7. 1. 2006 einen Rückzug des indischen Militärs aus Srinagar, Kupwara und Baramula vor und bot im Gegenzug »totalen Frieden und Ruhe« in diesen Städten an. Die indische Regierung ging darauf ebenso wenig ein wie auf Musharrafs Vorschlag einer gemeinsamen

Verwaltung Kashmirs. Die am 19. 1. auf Staatssekretärsebene fortgeführten **bilateralen Friedensverhandlungen** beschränkten sich auf vertrauensbildende Maßnahmen: Man verständigte sich auf die Einrichtung einer weiteren Busverbindung zwischen Rawalakot und Poonch und einer LKW-Route zwischen Muzzfarabad und Srinagar, nachdem man sich bereits im Oktober auf die Öffnung der Line of Control an fünf Punkten geeinigt hatte, um die Hilfsmaßnahmen nach dem Erdbeben in der Kashmir-Region zu erleichtern (→ Pakistan).

Die **Nachwahlen** in vier Wahlkreisen der Provinz Jammu und Kashmir am 24. 4. 2006 stärkten den indischen Anspruch auf diese Provinz. Trotz der Boykottaufrufe radikaler und gemäßigter Separatisten und eines Bombenanschlags auf ein Wahllokal lag die Wahlbeteiligung bei 59 %. Bei einem Treffen mit dem indischen Premierminister lehnte die Hurriyat-Delegation am 3. 5. das Angebot ab, an einem runden Tisch mit allen politischen Parteien Kashmirs teilzunehmen.

INNENPOLITIK

- **Terroranschläge gegen religiöse Einrichtungen:** Wenige Tage vor dem Diwali-Fest der Hindus kamen am 29. 10. 2005 bei drei Bombenexplosionen in Neu-Delhi mehr als 60 Menschen ums Leben. Zu den Anschlägen bekannte sich die Gruppe Islami Inqalabi Mahaz (Islamische Revolutionsfront), die mit der vom pakistanischen Teil Kashmirs aus operierenden Lashkar-i-Toiba (Soldaten der Armen) verbunden ist, die 2001 einen Anschlag auf das Parlament in Neu-Delhi verübt hatte. Einer der damaligen Attentäter wurde am 31. 10. 2005 von einem Gericht in Neu-Delhi zum Tode verurteilt. Ein mutmaßlicher Drahtzieher der Anschläge vom 29. 10. wurde am 16. 1. 2006 im Norden Kashmirs von der Armee in einem Gefecht getötet.

Ein Schwerpunkt terroristischer Aktionen war der Bundesstaat Uttar Pradesh. Dort war am 5. 7. ein Anschlag von Lashkar-i-Toiba auf den Tempelkomplex in der heiligen Stadt Ayodhya, wo hinduistische Fanatiker im Dezember 1992 eine Moschee zerstört hatten, gescheitert.

- **Maoistische Gewalt:** Im Süden und Osten des Landes gingen die Auseinandersetzungen mit maoistischen Gruppierungen weiter. 2005 starben dabei über 1800 Menschen. Allein im Bundesstaat **Andhra Pradesh**, einer Hochburg der Maoisten, sind seit 1980 etwa 6000 Menschen Opfer des Konflikts geworden, der die Autorität des Staates in Frage stellt. In **Bihar** befreiten die Maoisten im November etwa 350 Gefängnisinsassen, am 9. 4. 2006 sprengten sie dort die Gleise der wichtigsten Eisenbahnlinien. In **Chhattisgarh** verübten sie einen Anschlag auf Teilnehmer an einer anti-maoistischen Kundgebung, bei dem 26 Menschen starben; im April töteten sie dort 15 Geiseln. Auch die Wirtschaft wird zunehmend durch die Terroranschläge beeinträchtigt: Mehrere Unternehmen kündigten an, ihre Investitionen in gefährdeten Gebieten zu überdenken.

Nach Erkenntnissen der Bundesregierung sind die Maoisten in 76 der 602 Distrikte aktiv, während das Asian Centre for Human Rights die Zahl der betroffenen Distrikte sogar mit 165 angibt. Der militante Teil der maoistischen Organisation wird auf etwa 10 000 Mann geschätzt. Zulauf erhalten sie in rückständigen Gebieten, vor allem dort, wo Infrastrukturprojekte mit Enteignungen von Land einhergehen. Anlässlich eines Treffens der Ministerpräsidenten von 13 betroffenen Bundesstaaten, die am 13. 4. 2006 über Gegenmaßnahmen berieten, bezeichnete Premierminister Manmohan Singh die Maoisten als die größte Herausforderung der inneren Sicherheit Indiens. Er rief die Gliedstaaten auf, das Anwachsen der Guerilla durch eine effektive Sozialpolitik zu bekämpfen.

- **Separatismus im Nordosten:** Die bedeutendste separatistische Gruppierung in **Assam**, die United Liberation Front of Assam (ULFA) erklärte am 8. 9. 2005 ihre Bereitschaft zu Friedensverhandlungen mit der Bundesregierung, forderte aber das Ende der Armeeoffensive im Norden des Bundesstaates. Die Armee unterbrach daraufhin am 27. 9. ihre Operationen gegen die Aufständischen. Als weitere vertrauensbildende Maßnahmen bot die Regierung am 7. 2. 2006 die Untersuchung von Menschenrechtsverletzungen der Sicherheitskräfte und die Entlassung einiger inhaftierter Separatisten an. Im September 2005 hatte die ULFA zu einem Generalstreik aufgerufen, nachdem ihr Gründer Robin Handique in der Haft gestorben war. Proteste gegen den Tod eines ihrer Mitglieder in der Untersuchungshaft führten am 10. 2. in Kakopathar zu schweren Auseinandersetzungen mit der Polizei, bei denen zehn Demonstranten und zwei Polizisten starben. Auch in den Staaten Manipur, West Bengal, Meghalaya und Tripura kam es zu blutigen Auseinandersetzungen zwischen Separatisten und Sicherheitskräften.
- **Wahlen:** Im April fanden **in fünf Gliedstaaten** Regionalwahlen statt, bei denen etwa 130 Mio. Inder wahlberechtigt waren. Die beiden großen Parteien mussten empfindliche Verluste hinnehmen: Die regierende Kongresspartei verlor in Assam ihre Mehrheit, in Kerala die Hälfte ihrer Sitze. In West Bengal und Tamil Nadu blieb sie auf dem Stand einer Splitterpartei, allein im weniger bedeutenden Pondicherry konnte sie ihre Vormachtstellung halten. Die oppositionelle nationalistische Hindupartei Bharatiya Janata Party (BJP) verlor noch stärker. Gewinner der Wahlen waren die Kommunisten. In ihrer Hochburg Westbengalen, wo sie seit 29 Jahren die Regierung stellen, erhielten sie 235 der 294 Mandate.
- **Parteien:** Der Parteitag der **Hindupartei Bharatiya Janata Party (BJP)** stand im Zeichen eines Generationenwechsels: Der 2004 abgewählte Ex-Premier Atal Bihari Vajpayee kündigte an, nicht wieder für ein hohes Regierungsamt zu kandidieren. Der Parteivorsitzende L. K. Advani trat zurück, neuer Parteichef wurde der frühere Landwirtschaftsminister Rajnath Singh. Die Partei rückte von der pragmatischen Linie ihrer frü-

heren Führung ab und kritisierte in einer Resolution die Friedensverhandlungen mit Pakistan. Der als Hoffnungsträger der Partei geltende frühere Minister für Telekommunikation, Pramod Mahajan, ein Vertreter des wirtschaftliberalen Flügels der Partei, wurde am 3. 5. von seinem Bruder erschossen.

- **Sozialgesetzgebung:** Mit dem am 25. 8. 2005 verabschiedeten National Rural Employment Guarantee Bill wurde erstmals eine **nationale Arbeitslosenversicherung für die Landbevölkerung** geschaffen. Das Gesetz sieht für 100 Tage im Jahr eine Beschäftigungsgarantie für jeweils einen Erwachsenen pro Familienhaushalt zum Mindestlohn von 60 Rupien (umgerechnet 2 US-$) am Tag vor. Ein Drittel der Begünstigten sollen Frauen sein. Sollten die Gemeinden diese Beschäftigungsgarantie nicht erfüllen können, wird der Mindestlohn als Arbeitslosengeld gezahlt. Von Premierminister Singh als das wichtigste Gesetz in der Geschichte des unabhängigen Indien bezeichnet, soll mit seiner Hilfe die Armut der Landbevölkerung, die bislang vom Wirtschaftsboom nicht profitieren konnte, bekämpft werden. Das Gesetz gilt zunächst in 200 Distrikten, soll aber bis 2010 auf alle 600 unterentwickelten Distrikte ausgedehnt werden. Die Kosten des Gesetzes werden auf anfänglich etwa 1 % des Bruttoinlandsprodukts geschätzt.
- **Studentenproteste:** Landesweite Proteste der Studenten am 2. 5. 2006 löste der Beschluss der Regierung aus, 27 % der Studienplätze zugunsten von Angehörigen der unteren Kasten (Other Backward Classes / OBC = ca. 52 % der Bevölkerung) zu reservieren. Zusammen mit der bereits bestehenden exklusiven Vergabe von 22,5 % der Studienplätze für Kastenlose und Ureinwohner sind damit rund die Hälfte der begehrten Plätze an Universitäten, Management-Schulen und Kliniken nicht frei verfügbar. Bereits 1990 hatte dasselbe Vorhaben zu heftigen Protesten in der Studentenschaft geführt. Der Oberste Gerichtshof hatte damals die Einführung der Quoten untersagt. Die traditionell im Bildungswesen privilegierten Angehörigen der höheren Kasten sorgen sich um ihre Ausbildungschancen. Das eigentliche Problem ist aber, dass die Bildungsinfrastruktur weiterhin deutlich unterentwickelt ist: So stehen z. B. für die jährlich etwa 250 000 Bewerber für das Medizinstudium lediglich 1600 Plätze zur Verfügung.
- **Naturkatastrophen:** Nach einer Hitzewelle, die etwa 2800 Menschen das Leben kostete, brachte der sommerliche Monsun die heftigsten Niederschläge seit Beginn der Wetteraufzeichnungen. Allein im Bundesstaat Maharashtra starben im Juli 2005 etwa 800 Menschen durch Ertrinken oder durch Erdrutsche. Weite Teile Mumbais waren überschwemmt (→ Foto). In Gujarat und Madhya Pradesh kamen ebenfalls Hunderte um, die Zahl der Obdachlosen ging in die Hunderttausende. Bei einem Erdbeben, dessen Zentrum im pakistanischen Teil Kashmirs lag, kamen am 8. 10. in der Provinz Jammu und Kashmir etwa 1300 Menschen ums Leben (→ Pakistan). Eine extreme Kältewelle traf im Januar 2006 die Menschen im Norden Indiens. In Neu-Delhi wurden am 9. 1. die niedrigsten Temperaturen seit 71 Jahren gemessen. Mehr als 180 Menschen, zumeist Obdachlose, starben.

Mumbai nach dem Monsun am 27. 7. 2005

WIRTSCHAFT

Zwischen 2003 und 2005 wies die Wirtschaft ein durchschnittliches Wachstum von jährlich rund 8 % auf. Bei der Vorstellung des Budgets für das Haushaltsjahr 2006 / 07 am 28. 2. 2006 verkündete Finanzminister Palaniappan Chidambaram das Ziel, das **Wirtschaftswachstum auf 10 % zu erhöhen**. Das Haushaltsdefizit des Bundes soll von 4,1 auf 3,8 % des BIP weiter abgebaut werden. Zur Enttäuschung liberaler Ökonomen wurden keine weiteren Privatisierungen angekündigt. Die staatlichen Investitionen in Bildung und Gesundheit sollen um 32 bzw. 22 % gesteigert werden. Die Mittel für die Entwicklung der ländlichen Infrastruktur wurden erhöht, um das Wachstum des Agrarsektors zu steigern, das 2005 nur 2,3 % betrug. Das rasante Wachstum der anderen Sektoren der Volkswirtschaft trieb den indischen Aktienmarkt auf Rekordhöhen und zog ausländische Direktinvestitionen an: Zahlreiche europäische und US-amerikanische Unternehmen kündigten Großinvestitionen in Indien an, um auf diesem Wachstumsmarkt präsent zu sein. Das Handelsministerium schätzte die **ausländischen Direktinvestitionen** im Haushaltsjahr 2006 / 07 auf 7 Mrd. US-$, fast doppelt so viel wie zwei Jahre zuvor. Die Regierung strebt Kapitalzuflüsse an, um die Infrastruktur ausbauen zu können. Am 31. 1. 2006 beschloss die Regierung, einem internationalen Konsortium den Zuschlag bei der Privatisierung der Flughäfen in Neu-Delhi und Mumbai zu erteilen. Daraufhin kam es zu Streiks der Angestellten der staatlichen Flughafengesellschaft. Die Privatisierungsvorhaben der Regierung werden von den Kommunisten abgelehnt und sind in der Bevölkerung umstritten.

Indonesien

Südost-Asien / Ozeanien

Republik Indonesien; Republik Indonesia – ID / IDN

Fläche (Weltrang: 15): 1 912 988 km²

Einwohner (4): F 2004 217 588 000 = 114 je km²

Hauptstadt: Jakarta

Amtssprache: Indonesisch (Bahasa Indonesia)

Bruttonationaleinkommen 2004 je Einw.: 1140 $

Währung: 1 Rupiah (Rp.) = 100 Sen
Kurs: 1 US-$ = 9266 Rp.; 1 € = 11 920 Rp.

Botschaft der Republik Indonesien
Lehrter Str. 16–17, 10557 Berlin
T 030 / 47 80 70, Fax 44 73 71 42
www.indonesian-embassy.de

LANDESSTRUKTUR **Fläche**: 1 912 988 km²; insg. 13 677 Inseln; → Karte ▪ **Verwaltung**: 33 Provinzen, davon 2 Sonderbezirke (Yogyakarta und Aceh) und 1 Hauptstadtbezirk (Jakarta); → Tabelle ▪ **Städte**: (Z 2000) Jakarta 8 347 083 Einw., Surabaya 2 599 796, Bandung 2 136 260, Medan 1 904 273, Bekasi 1 663 802, Palembang 1 451 419, Semarang 1 348 803, Tangerang 1 325 854, Depok 1 143 403, Ujungpandang (Makasar) 1 100 019, Malang 756 982, Bogor 750 819, Tanjungkarang 742 749

BEVÖLKERUNG Indonesier – F 2004: 217 588 000 Einw.; Bevölkerungswachstum: 1,3 %; letzte Zählung 2000: 206 264 595 Einw. – Z 1995: v. a. Malaien (malaiisch-polynesisch bzw. austronesisch); 40 % Javaner, 15 % Sundanesen, 5 % Maduresen; Atjeher, Bataker, Minangkabau, Balinesen, Menadonesen, Dayak, Ambonesen (Maluken), Papuas; Chinesen, Araber, Inder, Pakistaner ▪ **Sprachen**: malayo-polynesische Sprachen, u. a. Bahasa Indonesia, Javanisch (mehr als 70 Mio.), ca. 170 weitere malayo-polynesische sowie zahlreiche Papua-Sprachen; z. T. Chinesisch; Englisch, auch Niederländisch und Arabisch ▪ **Religion**: 88 % Muslime, 5 % Protestanten, 3 % Katholiken, 2 % Hindus (v. a. auf Bali), 1 % Buddhisten; indigene Religionen

STAATS- UND REGIERUNGSFORM Verfassung von 1945, zuletzt geändert 2003 – Präsidialrepublik seit 1945 – Parlament: Abgeordnetenhaus (Dewan Perwakilan Rakyat / DPR) mit 550 Mitgl., Wahl alle 5 J.; Abgeordnetenhaus der Regionen (Dewan Perwakilan Daerah) mit der gleichen Anzahl direkt gewählter Mitgl. aus allen Provinzen (max. 1/3 der Mitgl. des DPR), Wahl alle 5 J. – Direktwahl des Staatsoberhauptes alle 5 J. – Wahlrecht ab 17 J. (für Verheiratete auch darunter) ▪ **Unabhängigkeit**: Proklamation 17. 8. 1945 (ehem. niederländische Kolonie), endgültig 27. 12. 1949 ▪ **Nationalfeiertag**: 17. 8.

REGIERUNG UND PARTEIEN **Staats- u. Regierungschef**: Susilo Bambang Yudhoyono (DP), seit 20. 10. 2004; Vizepräsident Jusuf Kalla (GOLKAR), seit 20. 10. 2004 – **Äußeres**: Hassan Wirajuda, seit 9. 8. 2001 ▪ **Parlament**: Wahlen vom 5. 4. 2004 zum DPR: Golkar 128 von 550 Sitzen (1999: 120 von 462), Demokratische Partei des Kampfes / PDI-P 109 (154), Vereinigte Entwicklungspartei / PPP 58 (58), Demokratische Partei / DP 57 (–), Nationale Erweckungspartei / PKB 52 (51), Nationale Mandatspartei / PAN 52 (35), Wohlstands- und Gerechtigkeitspartei / PKS 45 (6), Reformpartei / PBR 13 (–), Wohlstands- und Friedenspartei / PDS 12 (–), Partei des Halbmondes und Sterns / PBB 11 (14), Sonstige 13 (24)

WIRTSCHAFT **BIP** 2004: 257,641 Mrd. $; realer Zuwachs: 5,1 %; Anteil (2004) Landwirtschaft 15 %, Industrie 44 %, Dienstleistungen 41 % ▪ **Erwerbstätigkeit** 2004: Landwirtsch. 43,3 %, Industrie 13,2 %, Dienstl. 43,5 % ▪ **Arbeitslosigkeit** ∅ 2005: 9,9 % ▪ **Inflation** ∅ 2005: 10,5 % ▪ **Außenhandel** 2005: **Import**: 68,2 Mrd. $; *Güter* 2004: 26 % Brennstoffe und technische Öle, 18 % Vorerzeugnisse, 16 % Maschinen und Fahrzeuge, 13 % Fertigerzeugnisse, 9 % Rohstoffe, 6 % tierische und pflanzliche Öle, 6 % Nahrungsmittel und lebende Tiere, 6 % chemische Erzeugnisse; *Länder* 2004: 13 % Japan, 13 % Singapur, 9 % VR China, 7 % USA, 6 % Thailand, 5 % Australien, 4 % Rep. Korea, 4 % Deutschland, 4 % Malaysia, 3 % Rep. China; **Export**: 81,1 Mrd. $; *Güter* 2004: 26 % Maschinen und Fahrzeuge, 25 % Brennstoffe und technische Öle, 16 % chemische Erzeugnisse, 13 % Vorerzeugnisse, 8 % Nahrungsmittel und lebende Tiere, 8 % Rohstoffe, 3 % Fertigerzeugnisse; *Länder* 2004: 23 % Japan, 13 % USA, 9 % Singapur, 7 % Rep. Korea, 7 % VR China, 4 % Malaysia, 4 % Rep. China, 3 % Indien, 3 % Thailand, 3 % Australien, 2 % Deutschland

CHRONIK

Befürchtungen, der ehemalige General Susilo Bambang Yudhoyono könnte sich im Krisenmanagement nach der verheerenden Tsunami-Katastrophe schrittweise an die jahrzehntelange Tradition autoritärer Herrschaft annähern, erfüllten sich im zweiten Jahr seiner Präsidentschaft nicht. Vielmehr erschien das demokratische System des multireligiösen Vielvölkerstaates mit der größten muslimischen Gemeinschaft der Welt trotz noch großer Mängel in der Rechtsstaatlichkeit und der Bekämpfung der Korruption gefestigt, wenn auch nicht spannungsfrei. Unterstützt durch die enormen Katastrophen- und Wiederaufbauhilfen aus dem Ausland ließ sich der Tsunami-Schock ohne eine gesellschaftliche Krise bewältigen, die Regierung nutzte ihn in der Konfliktprovinz Aceh darüber hinaus zum friedlichen Ausgleich mit den Separatisten. Den Herausforderungen durch die Ölpreisentwicklung und den islamistischen Terrorismus begegnete die Regie-

Indonesien
Fläche, Bevölkerung und Bevölkerungsdichte

Region/Provinz	Fläche in km²	Einwohner insgesamt Z 2000	je km²
Sumatera (Sumatra)			
Aceh[1]	55 392	3 930 905	71
Sumatera Utara	70 787	11 649 655	165
Sumatera Barat	49 778	4 248 931	85
Riau	94 561	4 957 627	52
Jambi	44 800	2 413 846	54
Sumatera Selatan	98 888	6 899 675	70
Bangka Belitung	4 800	900 197	188
Bengkulu	21 168	1 567 432	74
Lampung	33 307	6 741 439	202
Java und Madura			
Jakarta[1]	661	8 389 443	12692
Java Barat	37 994	35 729 537	940
Banten[2]	8 235	8 098 780	983
Java Tengah	34 206	31 228 940	913
Yogyakarta[1]	3 169	3 122 268	985
Java Timur	47 921	34 783 640	726
Nusa Tenggara (Kleine Sundainseln)			
Bali	5 561	3 151 162	567
Nusa Tenggara Barat	20 177	4 009 261	199
Nusa Tenggara Timur	47 876	3 952 279	83
Kalimantan (Borneo)			
Kalimantan Barat	146 760	4 034 198	27
Kalimantan Tengah	152 600	1 857 000	12
Kalimantan Selatan	37 660	2 985 240	79
Kalimantan Timur	210 985	2 455 120	12
Sulawesi (Celébes)			
Sulawesi Utara	6 808	2 012 098	296
Gorontalo[3]	12 215	835 044	68
Sulawesi Tengah	69 726	2 218 435	32
Sulawesi Selatan	72 781	8 059 627	111
Sulawesi Tenggara	27 686	1 821 284	66
Maluku (Molukken) und Papua			
Maluku	43 610	1 205 539	28
Maluku Utara[4]	30 895	785 059	25
Papua[5]	421 981	2 220 934	5
Indonesien	1 912 988	206 264 595	108

1 Sonderbezirke 2 Provinz seit 2000, vorher Teil von Java Barat
3 Provinz seit 2000, vorher Teil von Sulawesi Utara
4 Provinz seit 2000, vorher Teil von Maluku
5 früher Irian Jaya (Westirian), 2002 umbenannt
Quelle: Biro Pusat Statistik (Central Bureau of Statistics Indonesia) 2002

rung mit entschiedenen und unpopulären Maßnahmen, ohne gewalttätigen Unmut in der Bevölkerung zu provozieren. Ende Mai 2006 wurde ein Teil des Landes erneut von einer Naturkatastrophe heimgesucht, einem Erdbeben auf der Insel Java.

■ **Regierungsumbildung:** Gemäß seinem Versprechen, nach seinem ersten Amtsjahr die Regierung einer Revision zu unterziehen, nahm Yudhoyono am 7. 12. 2005 eine Kabinettsumbildung vor. Mit der Neubesetzung vor allem der wirtschaftspolitischen Schlüsselpositionen reagierte er auf die Kritik, das Kabinett sei angesichts der relativen Wachstumsschwäche der Wirtschaft (rd. 5 % BIP-Wachstum 2005) und vor allem der Inflationsrate von über 18 % (November 2005) den Herausforderungen nicht gewachsen. Durch die Aufnahme von weiteren Mitgliedern der Golkar-Partei stabilisierte der Präsident, dessen Demokratische Partei (DP) im Parlament nur mit einem Zehntel der Abgeordneten vertreten ist, zugleich die parlamentarische Basis seiner Regierung. Die früher mit dem autokratischen Präsidenten Suharto allein regierende Golkar-Partei ist mit 128 der 550 Sitze stärkste Kraft im Parlament und stellt mit Jusuf Kalla den Vizepräsidenten.

■ **Wiederaufbau nach dem Tsunami:** Nach Angaben der zentralen Wiederaufbaubehörde (Badan Rehabilitasi dan Rekonstruksi, BRR) starben durch die Katastrophe am 26. 12. 2004 **129 774 Menschen, weitere 36 786 galten ein Jahr später noch als vermisst**; andere Institutionen verzeichnen höhere Opferzahlen. Für den Wiederaufbau wurden vom Staat, von ausländischen Regierungen, internationalen Organisationen wie UN und Weltbank sowie privaten Hilfsorganisationen insgesamt 6,5 Mrd. US-$ zugesichert, von denen nach UN-Angaben bis Ende 2005 zwei Drittel zugewiesen waren (→ WA 2006, S. 210 f.). **In der am schwersten betroffenen Provinz Aceh** im Norden der Insel Sumatra, deren Erdöl- und Erdgassektor jedoch unbeschädigt geblieben war, brach das BIP (2004 rd. 4,5 Mrd. US-$, 2,3 % des nationalen BIP) nach Berechnungen der Weltbank um rd. 20 % ein. Zum Jahresende lebten noch etwa 50 000 der ursprünglich rd. 570 000 obdachlos gewordenen Personen in Zelten, die meisten anderen, großenteils noch arbeitslos und auf Überlebenshilfe angewiesen, in provisorischen Unterkünften.

Die BRR koordiniert und überwacht die rd. 1000 Hilfsprojekte, deren Umsetzung der in weiten Teilen bisher zurückgebliebenen Nordprovinz mit ihrer Hauptstadt Banda Aceh auf wichtigen Gebieten – vor allem in der Versorgung mit Einrichtungen im Verkehrs-, Bildungs- und Gesundheitswesen, bei der Wasserversorgung und im Telekommunikationsbereich – eine nationale Vorreiterrolle zuweisen soll. Nach Einschätzung internationaler Beobachter gelang es der BRR weitgehend, bei der Auftragsvergabe für Transparenz zu sorgen und Korruption zu unterbinden.

Nach den Schätzungen der BRR **müssen 100 000 Häuser neu aufgebaut werden** (→ Foto). Der zügige Fortgang der auf einen Zeitraum von fünf Jahren angelegten Arbeiten wurde behindert durch ungeklärte Landrechtsfragen, Mangel an Baumaterial, der zu einer Preissteigerung von 30 % innerhalb eines halben Jahres führte, und Engpässen bei qualifizierten Arbeitskräften – trotz der Anwesenheit von noch etwa 260 in den Katastrophengebieten verbliebenen Hilfsorganisationen. Bis Ende 2005 konnte nur gut die Hälfte der geplanten 30 000 neuen Häuser fertiggestellt werden. Nach Abschluss der Planungs- und Beginn der eigentlichen Investitionsphase wurde für 2006 mit einem

starken Wachstumsschub gerechnet. Voraussetzungen waren der erfolgreiche Abschluss der Friedensverhandlungen und die beiderseitige Einhaltung der getroffenen Vereinbarungen.

▪ **Aceh-Friedensprozess:** Nach fünf Verhandlungsrunden seit Januar 2005 unter Moderation des ehemaligen finnischen Staatspräsidenten Martti Ahtisaari unterzeichneten Vertreter der Regierung und der Bewegung für ein freies Aceh (Geraka Aceh Merdeka, GAM) am 15. 8. in Helsinki eine **Friedenserklärung zur Beendigung des seit 1976 anhaltenden Bürgerkriegs** um den Status der Provinz, in dem bis zu 15 000 Menschen getötet worden sein sollen. Die GAM verpflichtete sich, bis Jahresende schrittweise ihre etwa 3500 Kämpfer zu entwaffnen, die im Gegenzug von der Regierung eine bedingungslose Amnestie, Land und Hilfen für den Beginn eines zivilen Lebens erhalten sollen. Gleichfalls sollte die Regierung mehr als die Hälfte der 53 000 Sicherheitskräfte abziehen, sodass ab Anfang 2006 noch rd. 14 000 Soldaten und 9000 Polizisten stationiert sein würden. Die bisher umkämpfte Provinz bleibt Teil des indonesischen Bundesstaats, erhält aber eine **weitgehende Autonomie**. Diese kommt u. a. in der Zulassung lokaler politischer Parteien und der Institutionalisierung einer moralischen Autorität

Wiederaufbau nach dem Tsunami

zum Ausdruck, dem Wali Nanggroe, der für die traditionelle Einhaltung der islamischen Regeln im religiösen und kulturellen Leben sorgt und keine politische Macht besitzt, die der für die Verwaltung zuständige Gouverneur innehat. Die Regierung verpflichtete sich auch zur Umsetzung der seit der Dezentralisierung von 2001 geltenden Regel, wonach der Provinzverwaltung in Aceh 70 % der Staatseinkünfte aus den Erdöl- und Erdgasexporten zustehen. In der Vergangenheit betrug dieser Anteil nur etwa 5 %.

Der Friedensprozess wurde von einer **Aceh Monitoring Mission** überwacht, zu der die EU-Staaten sowie Norwegen und die Schweiz 231 und fünf Staaten des Verbands Südostasiatischer Staaten (ASEAN) 93 zivile Beobachter entsandt hatten. Erste Regionalwahlen, auf deren Grundlage die neuen Spitzen der Verwaltung bestimmt werden, sollten Mitte 2006 stattfinden.

▪ **Bekämpfung von Korruption und organisierter Kriminalität:** Mit der Schaffung einer **Antikorruptionsbehörde** und eines **Korruptionsgerichtshofs** dokumentierte Präsident Yudhoyono seinen Willen, die vor seiner Wahl versprochene Bekämpfung der Korruption zu einer der wichtigsten Aufgaben seiner Regierung zu machen. Laut dem Korruptionsindex der Organisation Transparency International lag Indonesien 2005 auf Platz 137 von insgesamt 159 Staaten. Aufsehen erregte ein Gerichtsurteil Mitte Dezember gegen Mitglieder der nationalen Wahlkommission. Sie erhielten mehrjährige Haftstrafen (der Leiter sieben Jahre), weil sie gegen Bestechungsgelder einem Versicherungsunternehmen ermöglicht hatten, alle Mitglieder und Mitarbeiter der Kommission zu versichern. Ende des Jahres machte eine Schmiergeldaffäre am Obersten Gerichtshof Schlagzeilen.

Das schärfere Vorgehen gegen organisierte Kriminalität auch im Umfeld des Drogenhandels sorgte für Misstöne im ohnehin labilen Verhältnis zu Australien (→ unten), als ein Gericht in Denpasar auf der Ferieninsel Bali Mitte Februar zwei **Anführer einer australi-**

schen Drogenbande zum Tode durch Erschießen und vier weitere zu lebenslangen Freiheitsstrafen verurteilte. Vor dem Hintergrund der Hinrichtung eines Australiers in → Singapur im Dezember kündigte der australische Außenminister an, er werde sich für Strafmilderungen einsetzen und ein Gnadengesuch einreichen. Im Mai 2005 war eine Australierin, die in ihrer Heimat für unschuldig gehalten wurde, in Indonesien wegen Drogenschmuggels zu 20 Jahren Haft verurteilt worden; die Strafe wurde im Berufungsverfahren im Oktober auf 15 Jahre reduziert.

- **Terrorismus und Terrorabwehr:** Auf der Grundlage der 2002 in Kraft getretenen Antiterrorgesetze verhängte ein Gericht in Jakarta am 13./14. 9. die **Todesstrafe** gegen zwei Mittäter bei einem Selbstmordanschlag am 9. 9. 2004 vor der australischen Botschaft, bei dem elf Personen ums Leben gekommen und 100 weitere verletzt worden waren. Gegen vier weitere ergingen Ende September Gefängnisstrafen von bis zu zehn Jahren. Die Gruppe soll, weitgehend eigenständig operierend, mit der militant-islamistischen Organisation Jamaa Islamiya (JI) verbunden gewesen sein, die für mehrere weitere schwere Terrorattacken mitverantwortlich gemacht wurde. Ihrem mutmaßlichen geistlichen Führer **Abubakar Bashir**, der im März wegen Verwicklung in den Bali-Anschlag 2002 (202 Tote) zu zweieinhalb Jahren Haft verurteilt worden war (→ WA 2006, S 221), sollte die Strafe Mitte August im Zuge einer Generalamnestie anlässlich des Unabhängigkeitstages zunächst auf viereinhalb Monate verkürzt werden, nach Intervention Australiens blieb sie jedoch unverändert. Nach Verbüßung seiner Haftstrafe wurd Bashir am 14. 6. 2006 entlassen.

Bali wurde am 1. 10. 2005, drei Jahre nach dem ersten Anschlag, **erneut Ziel von Terrorattacken**. Bei drei Selbstmordattentaten in Kuta und Jimbaran, beide nahe der Inselhauptstadt Denpasar, starben 22 Menschen, rd. 100 wurden verletzt. Terrorexperten vermuteten hinter der Tat eine Gruppe, die als aktivistischer Zweig aus der JI hervorgegangen sein soll. Als deren Führer wurden die beiden aus Malaysia stammenden Sprengstoffexperten Azahari bin Husin und Nurdin Mohammed Top ausgemacht. Sie galten als Schlüsselfiguren im regionalen Terrornetzwerk mit Verbindung zu Al-Qaida und den philippinischen Abu Sayyaf-Rebellen und sollen maßgeblich an mehreren großen Anschlägen der letzten Jahre beteiligt gewesen sein. Zusammen mit zwei anderen Männern sprengte sich Azahari am 10. 11. in die Luft, um sich nach einem Gefecht mit der Polizei in Batu auf Java der Festnahme zu entziehen. Im Haus des »Meisterbombers« fanden sich 47 Sprengkörper. Ein Polizeisprecher teilte auf einer internationalen Terrorismuskonferenz Ende Februar 2006 mit, dass angeblich alle Selbstmordanschläge der letzten vier Jahre in Indonesien vom Terrornetzwerk Al-Qaida finanziell unterstützt worden seien. Das Geld sei über Kuriere an die JI übergeben worden.

Auf **anhaltende religiöse Spannungen** zwischen Muslimen und Christen **auf der Insel Sulawesi** wurde ein Bombenanschlag in der Stadt Palu zurückgeführt, der am 31. 12. acht Todesopfer und 47 Verletzte unter dem christlichen Bevölkerungsteil forderte. Schon im Mai 2005 war es in der hauptsächlich von Christen bewohnten Stadt Tentena zu einem Anschlag mit 22 Toten gekommen. Am 29. 10. waren drei christliche Schulmädchen enthauptet aufgefunden worden. 2000/01 war es in der zentralsulawesischen Provinz zu bürgerkriegsähnlichen Auseinandersetzungen gekommen, in deren Verlauf etwa 1000 Menschen getötet worden waren.

- **Energiepreise:** Die Regierung verfügte am 1. 10. eine Erhöhung der Benzin-, Diesel- und Kerosinpreise um den unerwartet hohen Satz von **durchschnittlich über 120 %**. Benzin verteuerte sich von 2450 auf 4500 Rupiah, umgerechnet rd. 0,35 € je Liter. Das vor allem zum Kochen in den Haushalten verwendete Kerosin verteuerte sich etwa um das Dreifache. Im März war ein erster Preisschub von rd. 30 % vorausgegangen. Die aufgrund des Erdölpreises auf dem Weltmarkt rasant steigende Subvention der Energiepreise hatte zuletzt etwa ein Drittel der Staatsausgaben in Anspruch genommen. Statt bisher 15 Mrd. US-$ soll sie künftig auf 8,7 Mrd. € beschränkt werden. Um die wirtschaftlichen Folgen der Preiserhöhung für bedürftige Haushalte zu mildern, kamen etwa 15 Mio. von ihnen in den Genuss von Direktzahlungen, 100 000 Rupiah in jedem der ersten drei Monate, über die weiteren Zuschüsse sollte jeweils vierteljährlich entschieden werden. Diese Zusicherung bremste die Straßenproteste gegen die Preispolitik. Als Folge der Preissteigerung zeichnete sich im vierten Quartal ein massiver Einbruch des privaten Konsums ab.
- **Papua-Konflikt und Beziehungen zu Australien:** Der Konflikt der Zentralregierung mit der **separatistischen Oppositionsbewegung** in der östlichsten Provinz Papua wirkte sich im Frühjahr 2006 auf das Verhältnis zu Australien aus. Nachdem im Januar rd. 40 Flüchtlinge aus Papua das australische Festland erreicht und von den Behörden Aufenthaltsvisa erhalten hatten, statt wie von Jakarta erwartet zurückgeführt zu werden, protestierte die indonesische Regierung scharf und warf Australien eine indirekte Unterstützung der separatistischen Bewegung vor. Ende März **zog sie ihren Botschafter aus Canberra ab** und wollte mit dessen Rückkehr nach Australien so lange warten, bis sich die Regierung für ihr Vorgehen entschuldigt habe. Die Unabhängigkeitsbewegung auf Papua hatte mit der Selbständigkeit der Provinz Osttimors als → Timor-Leste (2002) und insbesondere der Autonomieregelung für Aceh Auftrieb gewonnen, die Zentralregierung hatte darauf mit zunehmender Militärpräsenz und Repression reagiert.

Eine wochenlange Blockade der Zufahrtswege zum größten Kupfer- und Goldbergwerk Timika, das der US-Konzern Freeport-McMoRan seit 1967 betreibt, eskalierte Mitte März zu **schweren Zusammenstößen in der Hauptstadt Jayapura**. Unter den fünf Personen, die dabei ums Leben kamen, befanden sich auch Angehörige der von Freeport mitfinanzierten Sicherheitskräfte, die von der Bevölkerung als Besatzungsmacht empfunden werden. Die Demonstranten hatten die Schließung von Timika verlangt, weil der Konzern die Umwelt zerstöre und die Rohstoffe ausbeute, ohne dass die Provinz angemessen davon profitiere. Die Einkünfte aus den Steuern und dem Zehnprozentanteil des Staates an der Mine, 2005 rd. 1 Mrd. US-$, fließen nach Jakarta. Umwelt- und Verteilungskonflikte der lokalen Bevölkerung mit US-Minen- und Erdölgesellschaften ergaben sich auch in anderen Teilen des Inselarchipels, so auf Sulawesi, Java und Sumbawa.

- **Beziehungen zu den USA:** Die **Aufhebung des** vor sechs Jahren verhängten **Waffenembargos durch die USA** am 22. 11. 2005 markierte die Verbesserung der offiziellen Beziehungen beider Staaten. Die US-Regierung honorierte damit nach eigenen Angaben die Rückkehr zur Demokratie und die gute Zusammenarbeit mit dem bevölkerungsreichsten muslimischen Staat bei der Terrorismusbekämpfung. Das Embargo war 1999 wegen Menschenrechtsverletzungen der indonesischen Streitkräfte in Osttimor verhängt worden. Internationale Menschenrechtsorganisationen kritisierten die Entscheidung. Bei ihrem Besuch in Jakarta am 14. 3. 2006 kündigte US-Außenministerin Condoleezza Rice eine **engere Militärkooperation** innerhalb einer strategischen Partnerschaft beider Staaten an und ermunterte Indonesien, eine Führungsrolle in Südostasien zu übernehmen.

- **Weitere Ereignisse:** Zwischen 20. 7. 2005, als drei Mitglieder einer Familie in der Nähe von Jakarta als erste Indonesier an einer **Vogelgrippeinfektion** verstarben, und Anfang Juni 2006 fielen nach Angaben der WHO mindestens 37 Menschen dem von infiziertem Geflügel übertragenen aggressiven Virus Typ H5N1 zum Opfer. Ende Juni meldete die WHO, dass Laboruntersuchungen ergeben hatten, dass das Virus Typ H5N1 im Fall einer Familie von Mensch zu Mensch übertragen wurde (→ Weltthemen, Vogelgrippe).

Acht Jahre nach dem Sturz des früheren Machthabers **Suharto** teilte die Staatsanwaltschaft in Jakarta am 12. 5. 2006 die **Einstellung der Ermittlungen** gegen ihn mit. Der 84-Jährige, gegen den im Jahr 2000 Anklage wegen Korruption erhoben worden war, sei aus Gesundheitsgründen nicht mehr verhandlungsfähig. Nach Angaben der Organisation Transparency International ist das durch Korruption erworbene Vermögen des früheren Militärdiktators, der zwischen 1965 und 1998 regierte, auf zwischen 15 und 30 Mrd. US-$ zu veranschlagen. Darüber hinaus wird er für den Tod von rd. 500 000 Menschen verantwortlich gemacht.

Bei einem **Erdbeben auf der Insel Java** mit Epizentrum in der Nähe der Stadt Yogyakarta und der Bantu-Region (→ Karte) am 27. 5. (Stärke 6,2 auf der Richterskala) kamen über 5000 Menschen ums Leben, knapp 40 000 Menschen wurden verletzt und schätzungsweise 130 000 Häuser zerstört oder beschädigt. Hilfsmaßnahmen liefen verhältnismäßig schnell an, da etliche Hilfsorganisationen noch im Rahmen der Tsunami-Katastrophenhilfe im Land aktiv waren. Angesichts des Ausmaßes der Zerstörung fehlte es jedoch an medizinischer Versorgung, Zelten, Lebensmitteln und Trinkwasser. Die Regierung verhängte für drei Monate den Notstand. Zudem bereitete man sich auf einen heftigen Ausbruch des bedrohlich aktiv gewordenen Vulkans Merapi unweit des Katastrophengebiets vor.

Vulkan Merapi

Irak Vorder-Asien

Republik Irak; al-Ǧumhūriyya al-ʿIrāqiyya, Kurzform: ʿIrāq – IQ/IRQ

Fläche (Weltrang: 57): 438 317 km²

Einwohner (45): F 2003 24 700 000 = 56 je km²

Hauptstadt: Bagdād (Bagdad)

Amtssprachen: Arabisch, Kurdisch

Bruttonationaleinkommen 2004 je Einw.: k. A.

Währung: 1 Irak-Dinar (ID) = 1000 Fils
Kurs: 1 US-$ = 1476 ID; 1 € = 1899 ID

Botschaft der Republik Irak
Riemeisterstraße 20, 14169 Berlin
T 030 – 81 48 80, Fax 81 48 82 22
www.iraqiembassy-berlin.de

LANDESSTRUKTUR **Fläche**: 438 317 km²; → Karte ▪ **Verwaltung**: 18 Provinzen, davon 3 Provinzen als Autonome Region Kurdistan; außerdem Neutrale Zone mit Saudi-Arabien (→ dort) ▪ **Städte**: (S 2003) Baghdād (Bagdad) 5 772 000 Einw., Al-Mawṣil (Mosul) 1 739 800, Al-Baṣrāh (Basra) 1 300 000, Kirkuk 800 000; (S 1997) Irbīl (Erbil) 700 000, As-Sulaymānīyah 525 000, An-Najaf 410 000, Karbalā' (Kerbala) 380 000; (Z 1987) Al-Ḥillah 268 937

BEVÖLKERUNG Iraker – F 2003: 24 700 000 Einw.; Bevölkerungswachstum: 2,2 %; letzte Zählung 1997: 22 017 983 Einw. – 80 % Araber, über 15 % Kurden, Minderheiten von Turkmenen, Aramäern u. a. ▪ **Sprachen**: 80 % Arabisch (Irakisch, im SW Beduinendialekte), 15 % Kurdisch; Aserbaidschanisch, Aramäisch u. a. ▪ **Religion**: 95 % Muslime (davon ⅔ Schiiten und ⅓ Sunniten, v. a. Kurden, Aserbaidschaner und Araber), weniger als 5 % Christen (v. a. Chaldäer und Assyrer)

STAATS- UND REGIERUNGSFORM Neue Verfassung von 15. 10. 2005 – Föderative Republik – Staatsreligion: Islam – Parlament: Nationalversammlung mit 275 gew. Mitgl. (25 % für Frauen reserviert); Wahl alle 4 J. – Wahl des dreiköpfigen Präsidentschaftsrats aus Präsident und 2 Vizepräsidenten durch Parlament – Wahlrecht ab 18 J. ▪ **Unabhängigkeit**: 3. 10. 1932 (Aufhebung des Völkerbundmandats) ▪ **Nationalfeiertag**: 9. 4. (Fall des Baath-Regimes 2003)

REGIERUNG UND PARTEIEN **Staatsoberhaupt**: Dschalal Talabani (Patriotische Union Kurdistans), seit 7. 4. 2005; wieder gewählt; Vizepräsidenten Tariq al-Haschimi (Sunnit), seit 22. 4. 2006, Adel Abdul Mahdi (Schiit), seit 7. 4. 2005; wieder gewählt 2006 – **Regierungschef**: Nuri al-Maliki, seit 20. 5. 2006 – **Äußeres**: Hoschjar Zibari ▪ **Parlament**: Wahlen vom 15. 12. 2005: Vereinigte Irakische Allianz (Schiiten) 128 von 275 Sitzen (31. 1. 2005: 140), Kurdistan-Allianz 53 (75), Irakische Front der nationalen Eintracht (Sunniten) 44 (–), Nationale Irakische Liste (Iyad Allawi) 25 (40), Irakische Front für den nationalen Dialog (Sunniten) 11 (–), Islamische Union Kurdistans 5 (–), Partei für Versöhnung und Freiheit (Sunniten) 3 (1), Sonstige 6 (19)

WIRTSCHAFT **BIP** 2004: (S) 33,7 Mrd. $; realer Zuwachs: 70 %; Anteil (2003) Landwirtschaft 9 %, Industrie 70 %, Dienstleistungen 21 % ▪ **Erwerbstätigkeit**: k. A. ▪ **Arbeitslosigkeit** ∅ 2005: 28 %; inoffiziell ca. 50 % ▪ **Inflation** ∅ 2003: 27,5 % ▪ **Außenhandel** 2004: **Import**: 21,3 Mrd. $; *Güter*: 43 % Maschinen und Fahrzeuge, 16 % Fertigerzeugnisse, 8 % Vorerzeugnisse, 7 % chemische Erzeugnisse, 6 % tierische und pflanzliche Öle; **Export**: 17,8 Mrd. $; *Güter*: 99 % Erdöl

CHRONIK

GEWALTSAME KONFLIKTE

▪ **Prekäre Sicherheitslage:** Gemäß einer offiziellen amerikanischen Studie, die die Situation Anfang 2006 widerspiegelt, konnten von den 18 irakischen Provinzen lediglich die von den **Kurden kontrollierten Gebiete im Norden des Landes als sicher betrachtet** werden. Diese verfügten über eine funktionierende Verwaltung, und die örtlichen Sicherheitskräfte waren imstande, Ruhe und Ordnung zu gewährleisten. Die **überwiegend schiitischen Provinzen** im Süden mit Ausnahme Basras wurden **als »mäßig sicher« eingestuft**. Hier wurden Verwaltung und Sicherheitskräfte ihren Aufgaben weitgehend gerecht; allerdings ließen sich Elemente der Instabilität ausmachen. Die **vorwiegend sunnitischen Provinzen** in der Mitte des Landes galten dagegen als **instabil und unsicher**, ebenso die schiitische Provinz Basra.

Dieser Einschätzung entsprachen auch die Zahl und die Verteilung der **zivilen Todesopfer**, die die regierungsunabhängige Organisation Iraq Body Count anhand von Medienberichten zu eruieren versucht. Für Anfang Mai 2006 kam man auf rund 37 000 getötete Zivilisten seit Beginn des Konflikts im März 2003. Die tatsächliche Zahl dürfte noch höher liegen, da die Medien keineswegs alle Opferzahlen wiedergeben. Weit über die Hälfte der getöteten irakischen Zivilisten waren in Bagdad zu beklagen. Über 1000 zivile Tote zählten auch die Provinzen Basra, Kerbela, Diyala, Salahedin, Anbar und Niniveh. Als ruhigste Provinz gilt Dahuk in Kurdistan, hier wurden nur vier Tote gezählt. Die Verluste der **irakischen Polizei** sollen bei knapp 2100 Mann gelegen haben. Die Verluste der US-Streitkräfte lagen bis dahin bei 2404 Personen, die der britischen Truppen bei 104, während die übrigen Koalitionstruppen 110 Tote zu beklagen hatten. Allerdings sind ein Fünftel bis ein Viertel dieser militärischen Verluste nicht auf Kampfhandlungen oder Anschläge zurückzuführen.

■ **Konfrontation zwischen Sunniten und Schiiten:** Der Schwerpunkt des Konflikts hatte sich immer deutlicher vom Kampf gegen die amerikanischen Truppen und ihre Verbündeten zu einer Konfrontation zwischen dem sunnitischen und dem schiitischen Teil der Bevölkerung verschoben. Darin spiegelte sich die **Strategie** wider, die **Abu Mussab as-Sarkawi, der jordanische Führer der Al-Qaida zugehörigen Organisation für den heiligen Kampf im Irak** im Februar 2004 in einem – den Amerikanern in die Hände gefallenen – Schreiben an den Al-Qaida-Führer Osama bin Laden entworfen hatte. Die Schiiten sollten durch gegen sie gerichtete Anschläge in einen Wahn der Racheakte gegen die Sunniten getrieben werden, da einzig ein Bürgerkrieg im Irak den landfremden islamistischen Kämpfern einen sicheren Unterschlupf ermögliche, von dem aus sie den Kampf gegen die Amerikaner und deren arabische Kollaborateure bis zum Sieg einer islamischen Ordnung fortführen könnten. Aiman Sawahiri, der zweite Mann nach bin Laden in der Führung von Al-Qaida, hatte sich im Juli 2005 von dieser Strategie vorsichtig distanziert. Man dürfe nicht die Sympathien der irakischen Bevölkerung aufs Spiel setzen und dadurch das Endziel, die Errichtung eines islamischen Emirats im Irak oder zumindest in dessen sunnitischen Gebieten, gefährden, erläuterte er Sarkawi in einem Brief, der ebenfalls von den Amerikanern abgefangen worden war. Von diesem Sprungbrett aus könne später der ganze Irak erobert und die Regierungen der benachbarten Staaten gestürzt werden, bis in der ganzen Region eine Herrschaft nach dem Vorbild des muslimischen Urstaats, ein Kalifat einzig nach Vorgabe von Koran und Sunna, aufgebaut sei, als letzter Schritt vor der großen Konfrontation mit Israel.

Fast jeden Tag ereigneten sich schwere **Selbstmordanschläge mit** zumeist Dutzenden von **vorwiegend zivilen Todesopfern**. Ein Suizidangriff auf das Regierungsviertel in der Grünen (Sicherheits-)Zone von Bagdad am 14. 7. 2005 konnte von den irakischen Sicherheitskräften noch rechtzeitig verhindert werden. In Musayyib südlich von Bagdad wurden bei einem Anschlag am 16. 7. vor einer schiitischen Moschee fast 100 Menschen getötet, ein Anschlag in einer Busstation in einem schiitischen Viertel Bagdads am 17. 8. forderte mindestens 43 Opfer. In dieser Atmosphäre der Angst kam es am 31. 8. während der Wallfahrt zu einem schiitischen Heiligtum **auf einer Tigrisbrücke in Bagdad** zu einer **verheerenden Massenpanik**, als Gerüchte über einen bevorstehenden Anschlag kursierten. Fast 1000 Menschen, vor allem Frauen und Kinder, wurden zu Tode getrampelt oder stürzten in den Tigris, wo sie ertranken.

Im September nahmen die Angriffe auf die schiitische Zivilbevölkerung an Intensität noch zu, je näher der Termin für das Verfassungsreferendum am 15. 10. heranrückte. So wurden am 14. 9. **bei mehreren Anschlägen in Bagdad rund 160 Menschen getötet und 500 verletzt.** Sarkawi erklärte den Schiiten überall im Irak den Krieg und forderte die sunnitischen Araber auf, sich dem Kampf anzuschließen. Die Gewaltwelle flaute nur während des Referendums wegen der außerordentlichen Sicherheitsmaßnahmen ab, um danach wieder anzuschwellen. Durch einen Selbstmordanschlag am 18. 11. beim Freitagsgebet in zwei schiitischen Moscheen in Chanakin an der Grenze zu Iran starben mindestens 80 Menschen, am 19. 11. forderte ein Anschlag auf eine Trauergesellschaft in Abu Saida bei Bakuba 50 Tote, am 6. 12. wurden 43 irakische Polizisten in Bagdad getötet, der schwerste Anschlag auf irakische Sicherheitskräfte seit Februar 2005. Anschläge in Kerbela und Ramadi forderten am 5. 1. 2006 insgesamt 120 Tote.

Stattdessen heizte der **Anschlag auf die Goldene Moschee in Samarra** (→ Foto), eines der wichtigsten schiitischen Heiligtümer im Irak, am 22. 2. 2006 den Konflikt zwischen Sunniten und Schiiten weiter an. Die Moschee, in der sich die Gräber des zehnten und elften Imam befinden und der zwölfte Imam in die Verborgenheit entschwunden sein soll, wurde teilweise zerstört. Das von Großajatollah Sistani erlassene Verbot, sunnitische Moscheen anzugreifen, konnte nicht verhindern, dass es bei landesweiten Protesten Zehntausender von Schiiten zu Attacken auf diese kam, begleitet von Massakern, die die Sunniten mit Vergeltungsaktionen beantworteten. Durch die am 24. 2. verhängte Ausgangssperre beruhigte sich die Lage etwas, um nach deren Aufhebung wieder zu eskalieren.

Die nicht zum ersten Mal erfolgten **Aufrufe von Geistlichen** beider Seiten, **das gegenseitige Blutvergießen zu beenden**, fanden wenig Resonanz. Immer häufiger ließen sich Stimmen vernehmen, die bereits von einem Bürgerkrieg sprachen, so unter anderem der frühere Ministerpräsident Ijad Allawi.

- **Todesschwadronen und Milizen:** Bereits 2005 war es zu Massenmorden durch schiitische und sunnitische Todesschwadronen an Angehörigen der jeweils anderen Volksgruppe gekommen, die in unglaublichem Ausmaß zunahmen. In Bagdad registrierte das städtische Leichenschauhaus **in den ersten fünf Monaten 2006 6000 Mordopfer.** Die meist gefesselt und mit verbundenen Augen aufgefundenen Opfer wiesen fast

Goldene Moschee in Samarra

immer Spuren von Folterungen auf. **Vorwürfe**, dass in den dem **Innenministerium** unterstehenden und von Schiiten dominierten Sicherheitskräften Todesschwadronen aktiv seien, erhielten neue Nahrung, als US-amerikanische Soldaten am 13. 11. 2005 in einem geheimen Gefängnis des Innenministeriums 174 Männer entdeckten, die unterernährt und körperlich misshandelt worden waren. Ministerpräsident Ibrahim al-Dschaafari versprach daraufhin, den Anschuldigungen gegen Beamte des Innenministeriums nachzugehen, sie hätten die Gefangenen wegen des Verdachts der Zugehörigkeit zu sunnitischen Rebellengruppen gefoltert. Nicht nur führende sunnitische Politiker, sondern auch die UN-Hochkommissarin für Menschenrechte, Louise Arbour, forderten eine internationale Untersuchung.

Nach Ansicht von Innenminister Bayan Dschabr waren für die meisten Übergriffe die im Dienst einzelner Ministerien stehenden privaten Sicherheitskräfte, die Ministerien, Öl- und Elektrizitätsanlagen bewachten, verantwortlich. Diese 150 000 Mann starke Facility Protection Force trägt die gleichen Uniformen wie die Polizei und untersteht weder dem Innen- noch dem Verteidigungsministerium. Die Regierung beschloss, künftig alle Sicherheitskräfte einem gemeinsamen Oberkommando zu unterstellen.

Nicht zu übersehen ist auch die **Existenz zahlreicher Milizen**, allen voran die Mahdi-Miliz des extremistischen schiitischen Predigers Muktada as-Sadr und die Badr-Brigaden des Hohen Rats für die Islamische Revolution im Irak (Sciri) mit jeweils ca. 200 000 Angehörigen. Die Milizen sollen auch die Sicherheitskräfte unterwandert haben. In etlichen sunnitischen Vierteln der Hauptstadt haben sich Bürgerwehren gebildet, um sich vor den offiziellen Sicherheitskräften zu schützen.

Anschlag in Bagdad

Bei zahlreichen gegen Schiiten gerichteten Bombenanschlägen in Bagdad (→ Foto) kamen allein von März bis Juni 2006 über 200 Menschen ums Leben. Die weit verbreitete Angst und direkte Drohungen veranlassten Tausende von schiitischen, aber auch sunnitischen Familien, ihren bisherigen Wohnort zu verlassen, an dem sie sich in der Minderheit befanden, um sich dort niederzulassen, wo sie die Mehrheit stellten.

- **Eskalation in Basra:** Auch im bislang weitgehend ruhigen Südirak, wo **hauptsächlich britische Truppen** stationiert sind, verschlechterte sich die Sicherheitslage zusehends, vor allem in der Provinz Basra. Am 5. 9. 2005 wurden dort zwei britische Soldaten von einer Straßenbombe getötet, am 7. 9. kamen 16 Menschen bei einem Anschlag auf einem Markt ums Leben. Die gewaltsame Befreiung zweier Undercover-Agenten des Special Air Service (SAS), die auf einer irakischen Polizeistation in Basra festgehalten worden waren, durch britische Truppen am 19. 9. löste **mehrtägige Proteste und Unruhen** aus. Am 21. 9. demonstrierten Hunderte von irakischen Polizisten und Zivilisten in Basra, wobei sie gegen die »britische Aggression« protestierten und »Nein zur Besatzung« skandierten. Nachdem das britische Generalkonsulat und der Provinzrat von Basra in einer gemeinsamen Stellungnahme am 11. 10. ihr Bedauern über die Ereignisse vom 19. 9. ausgedrückt hatten und die britische Regierung sich auch bereit erklärt hatte, für eingetretene Schäden aufkommen zu wollen, beruhigte sich die Lage wieder etwas.

Im Februar 2006 brach der Provinzrat von Basra seine Beziehungen zu den britischen Truppen ab, nachdem ein Video aufgetaucht war, das zeigte, wie britische Soldaten am 10. 1. 2004 Teilnehmer einer Demonstration in Amara brutal zusammenschlugen; die britische Militärpolizei nahm die Ermittlungen auf. Nach dem Absturz eines britischen Militärhubschraubers am 6. 5. in Basra, bei dem alle fünf Insassen starben, kam es erneut zu Unruhen. Neun Angehörige der britischen Streitkräfte kamen im Mai ums Leben, fast die Hälfte aller Verluste seit Mitte 2005.

Der neu ernannte Ministerpräsident Nuri al-Maliki verhängte am 31. 5. 2006 einen einmonatigen **Ausnahmezustand** über Basra, um die vor allem durch die andauernden bewaffneten Auseinandersetzungen zwischen den beiden schiitischen Milizen – der Mahdi-Miliz und den Badr-Brigaden des Sciri – angespannte Lage wieder unter Kontrolle zu bringen. Der Provinzgouverneur stand im Verdacht, seine Gefolgsleute in den Reihen der Polizei für Morde an unliebsamen Gegnern anzuheuern. Zusätzlich wurde die Provinz von Kämpfen zwischen verfeindeten schiitischen Stämmen heimgesucht. Allein im April 2006 sollen 200 Menschen in Basra Mordanschlägen zum Opfer gefallen sein.

- **Militärische Operationen:** Auch das Vorgehen der US-Streitkräfte gegen den bewaffneten Widerstand und islamistischen Untergrund trugen bestenfalls dazu bei, dass sich die Sicherheitslage nicht noch mehr verschlechterte. In zunehmendem Maße nahmen Einheiten der irakischen Armee an diesen Operationen teil, deren Kampfkraft sich langsam zu verbessern schien. Der nationale Sicherheitsberater Muwaffak al-Rubaie hielt Ende 2005 sogar den Abzug von bis zu 60 000 US-Soldaten bis Ende 2006 für möglich – eine Einschätzung, die Generalstabschef Babakir Sebari nicht teilte, da die Lücken in der Ausbildung und Ausrüstung der irakischen Armee noch zu groß seien. Am 2. 11. 2005 forderte das Verteidigungsministerium Offiziere unterer Ränge der alten, von den Amerikanern 2003 aufgelösten irakischen Armee auf, sich der neuen Armee anzuschließen.

Anfang August 2005 unternahmen rund 1000 US-Marines und irakische Truppen mehrtägige **Operationen gegen Aufständische im Euphrattal** entlang der Verbindung nach Syrien bei Haditha. Die Stadt gilt als wichtiger Teil der Route, auf der Waffen und Geld für die Aufständischen in den Irak geschmuggelt werden. Bei amerikanischen Luftangriffen kamen in Al-Kaim nahe der syrischen Grenze nach Angaben von Ärzten über 50 Zivilisten ums Leben. Am 10. und 11. 9. lancierte die irakische Armee mit amerikanischer Unterstützung eine Offensive gegen Aufständische in der Stadt Tel Afar nördlich von Bagdad. Bei US-Luftangriffen auf zwei Dörfer in der Nähe von Ramadi, der Aufständischen gegolten haben soll, kamen rund 70 Personen ums Leben; Augenzeugen berichteten jedoch, dass auch Zivilisten unter den Toten gewesen seien.

Mehr als 3500 irakische und US-Soldaten waren Anfang November 2005 an der **Operation »Steel Curtain« in und um die Grenzstadt Husaibah** beteiligt, deren Ziel es war, die Verbindung der Aufständischen nach Syrien zu unterbrechen. Während eines Treffens von Vertretern der US-Armee mit sunnitischen Stammesführern am 1. 12. in Ramadi drangen Hunderte von maskierten Aufständischen in die Stadt ein und hielten diese mehrere Stunden unter ihrer Kontrolle. Ende April 2006 kam es dort erneut zu heftigen Kämpfen. Am 30. 5. wurden 1500 US-Soldaten aus Kuwait in den Irak verlegt, um die Truppen in der Unruheprovinz Anbar zu verstärken. Im Mai 2006 wurden **Vorwürfe** bekannt, **wonach US-Marines** am 19. 11. 2005 **in Haditha** nach einem Bombenanschlag auf eines ihrer Patrouillenfahrzeuge regelrecht Amok gelaufen seien und **wahllos** in den umliegenden Häusern insgesamt 24 **Zivilisten erschossen** hätten, darunter sechs Kinder und mehrere Frauen.

Bei einem amerikanischen Luftangriff am 7. 6. 2006 wurde **Sarkawi** in seinem Schlupfwinkel in der Nähe von Bakuba **getötet**. Offensichtlich war man nicht zuletzt dank Informationen aus seinem eigenen Umfeld auf seine Spur gekommen. Schon zuvor war es den Amerikanern und irakischen Sicherheitskräften gelungen, mehrere von Sarkawis Unterführern gefangen zu nehmen oder zu töten. Im Februar 2006 hatte er sich mit mehreren sunnitischen Stammesführern im Westirak überworfen und deren Gebiet räumen müssen. Als **Nachfolger Sarkawis als Führer von Al-Qaida im Irak** wurde am 12. 6. der bislang unbekannte **Abu Hamsa al-Muhadschir** benannt.

- **Gespräche mit dem Widerstand:** Die Versuche, die Aufständischen zu schwächen, beschränkten sich nicht allein auf militärische Mittel. So versuchten die Amerikaner, lokale sunnitische Stammesführer, von denen viele hohe Posten in Saddams Armee und Sicherheitsapparat innegehabt hatten, durch Gespräche für sich zu gewinnen und damit auch die Unterstützung der Bevölkerung für die Aufständischen zu untergraben. Präsident Dschalal Talabani ließ am 1. 5. 2006 verlauten, dass er mit Vertretern von insgesamt sieben Widerstandsgruppen Gespräche über ein Ende der Gewalt geführt habe; auch Vertreter der US-Regierung hätten daran teilgenommen. Ministerpräsident Maliki kündigte am 6. 6. die Einrichtung einer Wahrheits- und Versöhnungskommission nach südafrikanischem Vorbild an. Ziel sei es, die zahlreichen Mitglieder der früheren Baath-Partei, die ihre Vergangenheit hinter sich lassen wollten, wieder in die Gesellschaft zu integrieren. Als Teil dieser Versöhnungskampagne sagte er auch die Freilassung von 2500 Gefangenen zu, mit der bereits am Tag darauf begonnen wurde. Nach einem von Ministerpräsident Maliki am 25. 6. vorgestellten **Plan zur Versöhnung zwischen Regierung und den Widerstandsgruppen**, »die kein irakisches Blut vergossen haben«, signalisierten sieben Gruppen ihre Bereitschaft zu Gesprächen.

- **Abzug von Koalitionstruppen:** Im März 2006 kündigte Großbritanniens Verteidigungsminister John Reid eine Verringerung der britischen Truppenstärke im Irak um 1000 auf nur noch 7000 Mann an (→ Großbritannien). Der Abzug der italienischen Einheiten soll nach dem Willen des neuen Regierungschefs Romano Prodi schon bis zum Herbst 2006 erfolgen (→ Italien). Die 370 bulgarischen Soldaten wurden gemäß einem Beschluss des Parlaments vom Mai 2005 bis zum 31. 12. 2005 abgezogen. Die neue polnische Regierung verschob den von ihrer Vorgängerin beschlossenen Abzug ihres Kontingents von Ende 2005 auf Ende 2006 (→ Polen). Das südkoreanische Parlament beschloss am 30. 12., die Truppenpräsenz in der Region bis Ende 2006 zu verlängern, dabei aber den Bestand von 3200 auf 2300 Mann zu reduzieren.

- **Entführungen:** Ein weiteres Indiz für die anhaltend schlechte Sicherheitslage sind die zahlreichen Entführungen. Ende 2005 sollen sich nach Medienberichten 75 Menschen im Irak in der Gewalt von Entführern befunden haben, darunter fünf Europäer. Die **meisten Entführungsopfer waren und sind Iraker**, die Motive für ihre Verschleppung fast immer krimineller Natur. Auch bei den die beiden Deutschen betreffenden Entführungen ging es den Tätern ganz offensichtlich ausschließlich um die **Erpressung von Lösegeld**. In beiden Fällen traten bislang unbekannte Gruppen auf, die zwar eine Verbindung zum islamistischen Untergrund suggerierten, ihre Opfer aber schließlich ohne die Erfüllung politischer Forderungen wieder freiließen. Die am 25. 11. 2005 auf dem Weg von Bagdad nach Erbil entführte **Archäologin Susanne Osthoff** wurde von ihren Entführern am 18. 12. wieder freigelassen. Sie hatte sich in den letzten Jahren mehrfach im Irak aufgehalten, seit 2004 setzte sie sich für die Restaurierung einer historischen Karawanserei in Mosul ein, wofür sie nach eigenen Angaben Mittel der deutschen Regierung erhielt. Am 24. 1. 2006 kam es in Beidschi, ca. 200 km nördlich von Bagdad, zur Geiselnahme der beiden Ingenieure René Bräunlich und Thomas Nitzschke, die dort als Mitarbeiter eines deutschen Anlagenbauunternehmens tätig waren. Am 2. 5. 2006 wurden sie wieder freigelassen.

Daneben ereigneten sich weiterhin Fälle von **politisch motivierten Entführungen**, die nicht selten mit der Ermordung des Opfers endeten. Am 31. 7. 2005 wurde der amerikanische Journalist Steven Vincent zusammen mit seiner Übersetzerin im Zentrum von Basra entführt; er wurde am Tag darauf ermordet aufgefunden, seine Übersetzerin überlebte schwer verletzt. Vincent war der erste amerikanische Journalist, der seit dem Beginn des Konflikts im Irak ums Leben kam. Auch der am 19. 9. entführte irakische Journalist und Fotograf Fakher Haidar, ein Mitarbeiter der New York Times, wurde getötet. Am 26. 11. 2005 wurden in Bagdad vier Mitarbeiter des Christian Peacemaker Teams, ein Brite, zwei Kanadier und ein US-Bürger, entführt. Die Leiche des Amerikaners Tom Fox wurde am 9. 3. 2006 in Bagdad entdeckt, die anderen drei konnten am 23. 3. von Soldaten der Koalitionstruppen befreit werden.

Auch **Diplomaten, vor allem solche aus arabischen Ländern**, gerieten häufig ins Visier des islamistischen Untergrunds. So wurde am 2. 7. 2005 der ägyptische Geschäftsträger in Bagdad, Ihab Scherif, entführt und ermordet. **Sarkawis Organisation übernahm hierfür die Verantwortung**: Scharif sei vom Islam abgefallen, weil Ägypten sich mit den Juden und Christen verbündet habe. Der bahrainische Botschafter al-Ansari und sein pakistanischer Kollege Muhammad Yunis Khan entgingen am 5. 7. nur knapp einem Entführungsversuch, al-Ansari wurde dabei leicht verletzt. Ägypten verlegte Teile seines diplomatischen Personals darauf nach Jordanien, auch Pakistan zog einen Großteil seines Botschaftspersonals ab. Auch zur Entführung und Ermordung zweier algerischer Diplomaten am 21. 7. bekannte sich Sarkawis Gruppe. Unbekannte ermordeten am 3. 6. in Bagdad einen russischen Diplomaten und entführten vier seiner Kollegen.

POLITISCHE ENTWICKLUNG

▪ **Verfassungsdiskussion:** Die Ausarbeitung der neuen Verfassung erwies sich als ausgesprochen schwieriges Unterfangen. Die sunnitischen Vertreter opponierten hartnäckig gegen den von Kurden und Schiiten gewünschten föderalen Charakter des Landes und die Möglichkeit, autonome Regionen zu errichten. Sie befürchteten nicht zuletzt, dadurch werde ihnen jede Zugriffsmöglichkeit auf die Erdölvorkommen, die allesamt in kurdischen oder schiitischen Gebieten liegen, entzogen. Zwei sunnitische Mitglieder der Verfassungskommission wurden am 19. 7. 2005 in Bagdad erschossen, worauf die übrigen sunnitischen Mitglieder für einige Tage in den Ausstand traten, um ihrer Forderung nach einem besseren Schutz Nachdruck zu verleihen. Von kurdischer Seite gab es Vorbehalte dagegen, dass die Verfassung dem Islam – wie von den Sunniten und Schiiten gewünscht – eine allzu herausgehobene Rolle zuschreiben könnte. Trotz Drängens von US-amerikanischer Seite, bis zum vorgesehenen Termin am 15. 8. die Verfassung abzuschließen und den Sunniten mehr entgegenzukommen, wurde der **Verfassungsentwurf** erst am 28. 8. der Nationalversammlung **vorgelegt**.

Nachdem dem Entwurf ein Artikel hinzugefügt worden war, der dem im Dezember zu wählenden **Parlament** die Möglichkeit gab, die **Verfassung innerhalb von vier Monaten nochmals zu revidieren**, gab eine große sunnitische Gruppierung, die Irakische Islamische Partei, ihren Widerstand gegen die Verfassung auf. Der Ulema-Rat, die Vereinigung der sunnitischen Geistlichen und Sprachrohr der Radikalen, lehnte die Verfassung weiterhin ab und sprach sich für den Boykott des Referendums aus. Der Rat für den nationalen Dialog, eine andere sunnitische Gruppierung, rief seine Anhänger dagegen auf, teilzunehmen, aber mit Nein zu stimmen.

Das **Referendum über die Verfassung** am 15. 10. 2005 war von außerordentlichen Sicherheitsmaßnahmen begleitet, im ganzen Land galt ein Fahrverbot. So kam es nur zu wenigen Anschlägen, und die Abstimmung verlief weitgehend ruhig. **Landesweit hatten 78,6 % der Wahlberechtigten für die Verfassung gestimmt**. Die Wahlbeteiligung lag bei 63 % und damit etwas höher als bei der Wahl zur Nationalversammlung im Januar 2005. Die Wahlbeteiligung auch in den sunnitischen Gebieten zeigte, dass die Extremisten die Bevölkerung dort nicht mehr nach Belieben einschüchtern konnten. So lag z. B. in Falludscha die Wahlbeteiligung bei 90 %, wobei die Verfassung mit großer Mehrheit abgelehnt wurde. In Ramadi, Hauptstadt der Provinz Anbar, war die Wahlbeteiligung dagegen genauso niedrig wie bei der Wahl im Januar. Nur in den Provinzen Anbar und Salahedin betrug der Anteil der Neinstimmen mehr als zwei Drittel; um den Verfassungsentwurf scheitern zu lassen, hätten jedoch drei Provinzen ihn mit Zweidrittel-Mehrheit ablehnen müssen. In der Provinz Niniveh, wo 55,1 % mit Nein stimmten, hatte vor allem die hohe Wahlbeteiligung des kurdischen Bevölkerungsteils einen höheren Anteil von Nein-Stimmen verhindert. In fast allen übrigen Provinzen außer Bagdad, Diyala und Kirkuk lag der Anteil von Ja-Stimmen über 90 %.

▪ **Parlamentswahlen und Regierungsbildung:** Mit der Annahme der Verfassung war der Weg frei für die Abhaltung der Parlamentswahlen am 15. 12. 2005. Die **Wahlen** fanden wie das Referendum im Oktober **unter drakonischen Sicherheitsmaßnahmen** statt. Die Grenzen wurden geschlossen, in vielen Städten galt ein Fahrverbot. Für Reisen in andere Provinzen bedurfte es

Neue Verfassung

Der Irak wird in der Verfassung als eine **demokratische, föderale und repräsentative Republik** und als multinationales, multikonfessionelles und multikulturelles Land definiert, wobei die arabischen Iraker als Teil der arabischen Nation verstanden werden. Artikel 114 hält fest, dass die Regionen mindestens eine Provinz umfassen müssen und zwei Regionen oder mehr sich zu einer Region zusammenzuschließen können. Der Autonomiestatus der kurdischen Region wird festgeschrieben, Kurdisch gilt neben Arabisch als offizielle Sprache des Landes. Der **Islam ist Staatsreligion und eine Hauptquelle des Rechts**. Die Erdöleinnahmen sollen gleichmäßig im Land, entsprechend der Bevölkerungszahl der Regionen, verteilt werden. Die Legislaturperiode des Parlaments beträgt vier Jahre, 25 % der Sitze sind für Frauen reserviert. Organisationen, die Rassismus, Terrorismus und religiösen Hass propagieren, sind verboten, insbesondere die Baath-Partei und ihre Symbole.

Einige Modifizierungen, die am 13. 9. 2005 beschlossen wurden, betrafen eher nebensächliche Dinge wie die Mitgliedschaft des Iraks in der Arabischen Liga und die Zuständigkeit der Zentralregierung für die Wasserreserven.

Am 12. 10. erfolgten einige weitere **Ergänzungen**, die den sunnitischen Anliegen entgegenkamen. In Artikel 1 wurde der Satz hinzugefügt, die Verfassung garantiere die Einheit des Landes. Außerdem wurde Arabisch explizit als offizielle Sprache auch im kurdischen Landesteil erwähnt. Der die Entbaathifizierung betreffende Artikel 131 wurde ergänzt, sodass die Mitgliedschaft in der früheren Staatspartei allein nicht ausreicht, um eine Person vor Gericht zu bringen.

Irak: Wahlen zum Parlament am 15.12.2005

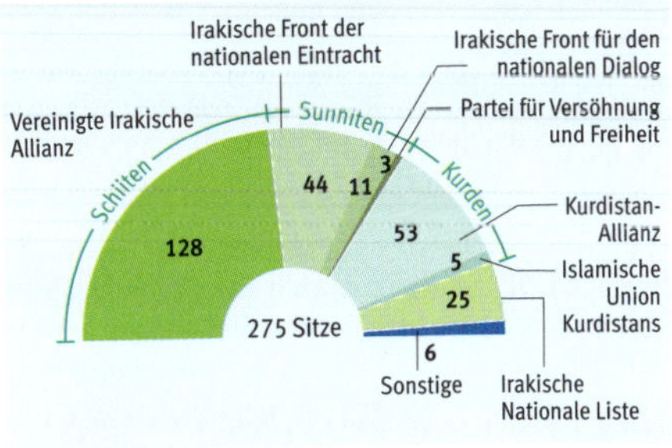

einer Sondergenehmigung. Diesmal ließ sich die Bevölkerung noch weniger durch die Drohungen Sarkawis – drei Tage vor den Wahlen hatte er diese als »satanisches Projekt« bezeichnet – abschrecken, wie die **Wahlbeteiligung von 79,6 %** zeigte. Dank der Sicherheitsvorkehrungen blieb der Wahltag, abgesehen von einigen wenigen Anschlägen, ruhig.

Das **Endergebnis** (→ Grafik) gab die Unabhängige Wahlkommission am 20. 1. 2006 bekannt. Die Vereinigte Irakische Allianz, der Zusammenschluss der religiösen schiitischen Parteien (Sciri, Da'wa sowie einige kleinere Gruppierungen wie die Fadila-Partei und die Anhänger Muktada as-Sadrs) errang 128 Sitze und damit deutlich weniger als bei den Wahlen im Januar 2005. Die Kurdistan-Allianz der beiden großen Parteien KDP (Kurdische Demokratische Partei) und PUK (Patriotische Union Kurdistans) schnitt mit 53 Sitzen gleichfalls schlechter ab. Dagegen kamen die verschiedenen sunnitischen Gruppierungen insgesamt auf 58 Sitze, während sie aufgrund des Boykotts der ersten Parlamentswahlen bisher deutlich unterrepräsentiert waren. Die beiden stärksten sunnitischen Verbindungen, die islamisch geprägte Front der nationalen Eintracht und die Irakische Front für den nationalen Dialog des Alt-Baathisten Saleh al-Mutlak errangen 44 bzw. 11 Sitze. Die säkulare Irakische Nationale Liste des schiitischen Politikers und früheren Ministerpräsidenten Ijad Allawi errang 25 Sitze und verlor fast die Hälfte ihrer bisherigen Sitze. Ahmed Dschalabis Gruppierung verpasste den Einzug ins Parlament ganz.

Eine von den UN und der Arabischen Liga unterstützte internationale Expertenkommission stellte zwar zahlreiche Mängel fest, empfahl aber keine Wahlwiederholung. Als besonders schwerwiegenden Mangel erwähnte sie die fehlerhafte Registrierung von Wählern.

Die **Regierungsbildung zog sich mehrere Monate hin.** Die Vereinigte Irakische Allianz nominierte am 12. 2. 2006 den amtierenden Ministerpräsidenten Dschaafari erneut für dieses Amt. Seine Amtsführung war jedoch heftig kritisiert worden, weil es ihm weder gelungen war, die wirtschaftliche Lage zu verbessern, noch der zunehmenden Gewalt zwischen den religiösen und ethnischen Gruppen Herr zu werden. Seine Nominierung war daher nur mit einer einzigen Stimme Mehrheit erfolgt, wobei die Unterstützung durch Sadr den Ausschlag gegeben hatte. Auch die **Konstituierung des Parlaments** erwies sich als schwierig. Dessen erste Sitzung am 16. 3. war bereits nach einer halben Stunde beendet, weil man keine Einigung über die Person des Parlamentspräsidenten erzielen konnte. Am 20. 4. gab Dschaafari schließlich seinen Verzicht auf die Nominierung zum Regierungschef bekannt, nachdem nachhaltiger Druck nicht nur von seiten irakischer Politiker, sondern auch der USA und anderer Länder auf ihn ausgeübt worden war. An Dschaafaris Stelle wurde am 21. 4. Nuri al-Maliki nominiert, wie dieser ein Mitglied der Da'wa-Partei. Am 22. 4. konnte man sich schließlich auf die **Besetzung der wichtigsten Positionen an der Staatsspitze und im Parlament** einigen. Der Sunnit Mahmud Davud Maschhadani wurde zum Parlamentspräsidenten gewählt, der Schiit Khaled al-Atiya und der Kurde Asef Tayfur zu seinen Stellvertretern. Der Kurde Dschalal Talabani wurde erneut zum Staatspräsidenten gewählt, der Schiit Adel Abdul Mahdi und Tariq al-Haschimi, der Führer des größten sunnitischen Blocks im Parlament, zu Vizepräsidenten.

Regierung von Maliki (1. Reihe Mitte)

Malikis Regierung (→ Foto), der das Repräsentantenhaus am 20. 5. das Vertrauen aussprach, war aus Vertretern der politischen Bündnisse der Schiiten, Sunniten und Kurden sowie des säkularen Blocks des früheren Ministerpräsidenten Allawi zusammengesetzt; außerdem gehörten ihr Vertreter der christlichen und turkmenischen Minderheit an. Das seit Monaten heftig umstrittene Erdölministerium wurde schließlich dem parteilosen Atomphysiker Hussein Schahristani, einem Vertrauten von Großayatollah Sistani, anvertraut. Das Kabinett umfasst 40 Minister, vier davon Frauen. Maliki kündigte in seiner Regierungserklärung ein entschiedenes Vorgehen gegen Milizen und Untergrundkämpfer an. Über die Besetzung der für die Sicherheitskräfte zuständigen Ministerien konnte erst am 8. 6. eine Einigung erzielt werden. Das Innenministerium übernahm der Schiit Dschawad al-Bolani, das Verteidigungsministerium der Sunnit Abdelkader Mohamed Dschasim und das Ministerium für Nationale Sicherheit der Schiit Schiruwan al-Waili.

▪ **Kurdistan:** In den kurdischen Provinzen konnten sich die Parteien erst 15 Monate nach den Wahlen zum Regionalparlament auf eine **Koalitionsregierung** verständigen, die am 7. 5. 2006 in Erbil vereidigt wurde. Ministerpräsident wurde Nechirvan Barzani von der KDP, sein Stellvertreter Omar Fatah gehört der PUK an. Das Kabinett umfasst 42 Minister, darunter drei Frauen; außer den beiden großen Parteien sind auch kleinere Parteien und die christliche, jesidische und turkmenische Minderheit vertreten. Die Einigung soll ein Ende der bislang getrennten Verwaltungen zwischen dem von der KDP beherrschten Nordwesten und dem von der PUK dominierten Südosten Irakisch-Kurdistans herbeiführen. Für die zentralen Ressorts wurden aber lange Übergangsfristen vorgesehen. So sollen die Sicherheitskräfte (Peschmerga-Einheiten), der Staatsschutz und die Polizei frühestens in zwei Jahren einer gemeinsamen Kontrolle unterstellt werden.

▪ **Prozess gegen Saddam und andere Spitzenfunktionäre des Baath-Regimes:** Am 19. 10. 2005 begann in Bagdad vor einem irakischen Sondertribunal der erste Prozess gegen Saddam Hussein und sieben weitere Mitangeklagte, unter ihnen der Chef des einstigen Revolutionsgerichtshofs Awad Hamid al-Bandar, Barzan Ibrahim al-Takriti, Saddams Halbbruder und früherer Geheimdienstchef, sowie der ehemalige Vizepräsident Taha Yasin Ramadan. Den Angeklagten wurde die widerrechtliche Inhaftierung, Deportierung, Folterung und Tötung von Einwohnern des schiitischen Dorfes Dudschail nördlich von Bagdad im Jahre 1982 vorgeworfen. Als Vergeltung für einen dort unternommenen Attentatsversuch auf Saddam waren 148 Personen getötet worden. Dass dieser Vorfall als erster der zahlreichen Saddam und seinem Regime vorgeworfenen Verbrechen vor Gericht zur Sprache kam, lag daran, dass er gut dokumentiert war und die Anklage relativ rasch vorbereitet werden konnte. Die Angeklagten erklärten sich erwartungsgemäß für nicht schuldig. Ihrem umfangreichen Team von Verteidigern, von denen zwei am 20. 10. und 8. 11. ermordet wurden, gesellte sich am 28. 11. auch der frühere US-Justizminister Ramsey Clark hinzu.

Saddam erklärte gleich zu Beginn des Prozesses, dass er sich weiterhin als Präsident des Irak betrachte und die Legitimität des Gerichts nicht anerkenne. Die Führung des Verfahrens durch den **Vorsitzenden Richter Rizgar Mohammed Amin** stieß bei einigen Mitgliedern der irakischen Regierung und US-Politikern auf Kritik. Da sich Amin **darum bemühte, einen fairen Prozess zu gewährleisten**, um keine Zweifel an der Rechtsstaatlichkeit des Verfahrens aufkommen zu lassen, wurde ihm vorgeworfen, zu nachsichtig mit Saddam umzugehen. Amin trat als Reaktion auf die Kritik am 15. 1. 2006 zurück und ließ sich nicht bewegen, seine Entscheidung zu revidieren. An seiner Stelle übernahm am 23. 1. 2006 Rauf Abd al-Rahman, wie Amin Kurde, die Führung des Prozesses. Der neue Vorsitzende Richter zeigte gegenüber den Angeklagten demonstrative Strenge. Im Februar protestierten die Angeklagten mit einem allerdings nur einige Tage währenden Hungerstreik gegen die ihrer Meinung nach schlechte Behandlung durch das Gericht. Am 1. 3. 2006 legte die Anklage ein Dokument vor, auf dem Saddam durch seine Unterschrift die Hinrichtung von 148 Schiiten aus Dudschail angeordnet hatte. Zahlreiche Zeugen berichteten von schwerer Folter auch an Frauen und Minderjährigen. In seinem Schlußplädoyer am 19.6. forderte der Staatsanwalt für Saddam, seinen Halbbruder Barzan Ibrahim al-Takriti und Taha Yasin Ramadan die Todesstrafe. Gegen einen Mitangeklagten ließ der Staatsanwalt die Anklage vollständig fallen, gegen drei weitere in den meisten Anklagepunkten.

▪ **Außenpolitik:** Die **Beziehungen zum Iran** haben sich seit dem Amtsantritt der schiitisch dominierten Regierung Dschaafari im April 2005 deutlich verbessert, was durch einen Besuch Dschaafaris vom 16. bis 18. 7. im Nachbarland unterstrichen wurde. Verteidigungsminister Duleimi hatte bereits am 7. 7. mit seinem iranischen Amtskollegen Schamchani eine militärische Zusammenarbeit vereinbart. Erstmals seit über 25 Jahren entsandte Iran auch wieder einen Botschafter nach Bagdad, der am 9. 5. 2006 Präsident Talabani sein Beglaubigungsschreiben überreichte. Sein Vorgänger war noch vor dem Ausbruch des irakisch-iranischen Krieges 1980 abberufen worden; seitdem hatte es diplomatische Beziehungen nur auf unterer Ebene gegeben. Am 26. 5. 2006 stattete Teherans Außenminister Manuchehr Mottaki der neuen Regierung in Bagdad einen Besuch ab. Die Verbesserung der irakisch-iranischen Beziehungen steht in einem deutlichen Gegensatz zu den anhaltenden Vorwürfen von amerikanischer und britischer Seite gegen Teheran, irakische Rebellen und Milizen mit Waffen zu beliefern.

Präsident Talabani führte bei seinem Besuch in den **USA** am 13. 9. 2005 Gespräche mit Präsident George W. Bush. Beide forderten dabei Syrien auf, den Zustrom islamistischer Kämpfer in den Irak entschiedener zu unterbinden. Am 6. 10. 2005 weilte Talabani zu einer Visite in **Großbritannien**. Nach seinem Treffen mit Premierminister Tony Blair sprach er sich gegen einen voreiligen Rückzug der Koalitionstruppen aus; dies käme einem Sieg der Terroristen gleich.

Iran Vorder-Asien

Islamische Republik Iran; Jomhûrî-ye Eslâmî-ye Îrân, Kurzform: Îrân – IR / IRN

Fläche (Weltrang: 17): 1 648 000 km²

Einwohner (18): F 2004 67 006 000 = 41 je km²

Hauptstadt: Tehrān (Teheran)

Amtssprache: Persisch (Farsi)

Bruttonationaleinkommen 2004 je Einw.: 2320 $

Währung: 1 Rial (Rl.) = 100 Dinars
für 10 Rls. ist auch die Bezeichnung »Toman« gebräuchlich
Kurs: 1 US-$ = 9159 Rls.; 1 € = 11 782 Rls.

Botschaft der Islamischen Republik Iran
Podbielskiallee 65–67, 14195 Berlin
T 030 / 84 35 30, Fax 84 35 35 35
www.iranbotschaft.de

LANDESSTRUKTUR **Fläche**: 1 648 000 km²; → Karte ▪ **Verwaltung**: 28 Provinzen; Tabelle → WA 2005, S. 212 ▪ **Städte**: (Z 1996) Tehrān (Teheran) 6 758 845 Einw., Mashhad 1 887 405, Eṣfahān (Isfahan) 1 266 072, Tabrīz (Täbriz) 1 191 043, Shīrāz 1 053 025, Karaj 940 968, Ahvāz 804 980, Qom 777 677, Bākhtarān (Kermānshāh) 692 986, Orūmīyeh 435 200, Zāhedān 419 518, Rasht 417 748, Mehrshāhr 413 299, Hamadān 401 281, Kermān 384 991, Arāk 380 755, Ardabīl 340 386, Yazd 326 776

BEVÖLKERUNG Iraner – F 2004: 67 006 000 Einw.; Bevölkerungswachstum: 0,9 %; letzte Zählung 1996: 60 055 488 Einw. – 51 % Perser, 24 % Aserbaidschaner, 8 % Gilaki und Mazandarani, 7 % Kurden, 3 % Araber, 2 % Turkmenen, 2 % Luren, 2 % Balutschen, Armenier u. a. ▪ **Sprachen**: 50 % Persisch; weitere Sprachen: Luri (mit Bachtiari), Kurdisch, Balutschi; Turksprachen: Aserbaidschanisch, Turkmenisch; Arabisch, Armenisch ▪ **Religion** 1996: 99,6 % Muslime (90 % Schiiten: v. a. Perser, Aserbaidschaner, Luren, z. T. Kurden, Araber; 8 % Sunniten: z. T. Kurden, Turkmenen, Balutschen); Minderheiten von Christen, Juden, Parsen, Mandäern; Bahai-Religion verboten; → Karte

STAATS- UND REGIERUNGSFORM Verfassung von 1979, zuletzt geändert 1989 – Islamische Republik seit 1979 – Staatsreligion: Islam – 12-köpfiger Verfassungsrat (Wächterrat) seit 1989 als Kontrollorgan für die Konformität von Gesetzen mit dem islamischen Recht (Scharia) – Parlament: Islamische Konsultative Versammlung (Majlis-e-Shura) mit 290 Mitgl. (5 für religiöse Minderh. reserviert), Wahl alle 4 J. – Direktwahl des Staatsoberhauptes alle 4 J. (einmalige Wiederwahl) – Wahlrecht ab 16 J. ▪ **Unabhängigkeit**: über 2500 J. alte Staatsgeschichte ▪ **Nationalfeiertag**: 11. 2. (Tag der Revolution von 1979)

REGIERUNG UND PARTEIEN **Staatsoberhaupt**: Religionsführer: Ajatollah Sayed Ali Khamenei, seit 1989 **Staats- u. Regierungschef**: Mahmud Ahmadinedschad, seit 6. 8. 2005 – **Äußeres**: Manuchehr Mottaki, seit 6. 8. 2005 ▪ **Parlament**: Wahlen vom 20. 2. und 7. 5. 2004: genaue Sitzverteilung unbekannt; Konservative 196 von 290 Sitzen, Reformanhänger (Khatami) 48, Unabhängige 39; 2000: Reformanhänger 189 von 290 Sitzen, Radikale 54, Unabhängige 42, Angehörige religiöser Minoritäten 5

WIRTSCHAFT **BIP** 2004: 163,445 Mrd. $; Zuwachs: 5,6 %; Anteil (2004) Landwirtschaft 11 %, Industrie 42 %, Dienstleistungen 48 % ▪ **Erwerbstätigkeit** 1996: Landwirtsch. 23,5 %, Industrie 31,2 %, Dienstl. 45,3 % ▪ **Arbeitslosigkeit** ∅ 2005 / 06: 10,3 %; inoffiziell über 50 % einschließlich verdeckter Arbeitslosigkeit und Unterbeschäftigung ▪ **Inflation** ∅ 2005 / 06: 14,6 % ▪ **Außenhandel** 2004 / 05: **Import**: 36,7 Mrd. $; *Güter*: 47 % Fahrzeuge, Maschinen und Apparate (22 % nichtelektrische Maschinen, 18 % Fahrzeuge, 8 % elektrische Maschinen), 12 % chem. Erzeugnisse, 9 % Nahrungs- und Genussmittel, 8 % Eisen und Stahl, 8 % mineralische Erzeugnisse, Benzin, Öl; *Länder*: 12 % Deutschland, 9 % Frankreich, 8 % Italien, 8 % VR China, 7 % Vereinigte Arabische Emirate, 7 % Rep. Korea, 5 % Russland, 3 % Japan, 3 % Brasilien, 3 Australien, 3 % Indien, 2 % Großbritannien (EU gesamt: 42 %); **Export**: 44,4 Mrd. $; *Güter*: 80 % Erdölbereich (69 % Rohöl, 11 % Erdölprodukte und Erdgas), 20 % Nichtölbereich (8 % Industrieerzeugnisse); *Länder*: 19 % Japan, 10 % VR China, 6 % Italien, 6 % Südafrika, 6 % Rep. Korea, 4 % Türkei, 4 % Niederlande, 4 % Frankreich, 3 % Griechenland, 2 % Spanien, 1 % Deutschland (EU gesamt: 24 %)

CHRONIK

INNENPOLITIK

▪ **Amtsantritt des neuen Präsidenten:** Am 3. 8. 2005 endete die Amtszeit von Sayed Mohammed Khatami, der zweimal zum Präsidenten Irans gewählt worden war. Auf Khatami, der einst als Hoffnungsträger all derer begonnen hatte, die eine reformerische Umgestaltung Irans wünschten, folgte mit dem am 24. 6. 2005 gewählten Mahmud Ahmadinedschad (→ Foto) ein Mann, der als **Exponent des streng religiösen konservativen Flügels** der iranischen Politik gilt. Er war bereits kurz nach seiner Wahl mit dem Vorwurf konfrontiert worden, 1979 als einer der Studentenführer eine Rolle bei der Erstürmung der US-amerikanischen Botschaft und der anschließenden Gefangenhaltung des Botschaftspersonals gespielt zu haben. Der österreichische Parlamentsabgeordnete Peter Pilz sprach davon, über Beweise zu verfügen, die eine Verwicklung Ahmadinedschads in die Ermordung des führenden kurdisch-iranischen Exilpolitikers Gha-

Präsident Mahmud Ahmadinedschad

semlu 1989 in Wien belegten. Beide Vorwürfe wurden von offizieller iranischer Seite zurückgewiesen.

Das **Kabinett**, das Ahmadinedschad am 14. 8. 2005 dem Parlament vorstellte, **spiegelte die konservative Linie** des neuen Präsidenten **wider**. Lediglich der Verkehrsminister wurde aus dem vorigen Kabinett übernommen. Neuer Außenminister wurde Manucheh Mottaki, der unter Präsident Ali Akbar Haschemi Rafsandschani bereits stellvertretender Außenminister gewesen war und Präsident Khatami als außenpolitischer Berater gedient hatte. Zum Sekretär des Obersten Nationalen Sicherheitsrats ernannte Ahmadinedschad am 15. 8. den konservativen Politiker Ali Laridschani, früherer Chef des Staatsfernsehens und einer der Kandidaten bei den Präsidentschaftswahlen. Hassan Rohani, der bisher diese Stelle eingenommen und als Gemäßigter und Verbündeter von Rafsandschani, der Ahmadinedschad in der Stichwahl unterlegen war, gegolten hatte, war am 2. 7. zurückgetreten. Als Sekretär des Nationalen Sicherheitsrats ist Laridschani auch für die Verhandlungen über das Atomprogramm Irans zuständig.

Die **staatlichen Institutionen** wurden nach dem Amtsantritt des neuen Präsidenten einer **Säuberungswelle nach ideologischen Kriterien** unterzogen. Dutzende stellvertretender Minister wurden entlassen, ebenso die Leiter der Staatlichen Versicherung und der Privatisierungsagenturen sowie die Direktoren von sieben Banken. Im diplomatischen Dienst wurden insgesamt 40 Botschafter und andere Spitzendiplomaten, die als zu liberal galten, abberufen oder versetzt, darunter die Botschafter in Großbritannien, Frankreich und Deutschland sowie bei den UN in Genf, die alle in die bisherigen Verhandlungen zwischen Iran und der EU über das Atomprogramm involviert waren.

Ahmadinedschads Säuberungsaktionen, die von ihm auch als Kampf gegen die Korruption dargestellt wurden, fanden in Rafsandschani einen deutlichen Kritiker. Der frühere Präsident, als Vorsitzender des Vermittlungsrats weiterhin eine einflussreiche Persönlichkeit und dem Lager der Pragmatiker zugerechnet, warf ihm am 11. 11. 2005 vor, mit seinen Aktionen das Land zu polarisieren. Zudem würde er erfahrenes und fähiges Führungspersonal aus den Ämtern entfernen. Auch im konservativ dominierten Parlament stieß der Präsident auf Widerstand: so wurden am 24. 8. vier der 21 nominierten **Kabinettsmitglieder abgelehnt**. Drei der vakanten Ministerposten konnten schließlich am 2. 11. besetzt werden. Dagegen dauerte es bis zum 11. 12., bis der vierte der von Ahmadinedschad für das Amt des Ölministers vorgeschlagenen Kandidaten, Kazem Vaziri-Hamaneh, bestätigt wurde.

Ahmadinedschad griff verstärkt auf die **aggressive antizionistische Rhetorik** zurück, die seit Ajatollah Khomeini zum ideologischen Grundbestand der Islamischen Republik gehört, von seinen beiden Vorgängern indessen zumindest bei öffentlichen Auftritten kaum mehr verwendet wurde. Am 26. 10. 2005 erklärte der Präsident in einer Rede vor Studenten in Teheran, der Staat Israel müsse von der Landkarte getilgt werden. Bei seinem Auftritt auf der Teheraner Konferenz »Die Welt ohne Zionismus« drohte er all jenen, die Israel anerkennen würden – gemeint waren in erster Linie islamische Staaten – mit dem Zorn der islamischen Nation. Die empörten Reaktionen in Israel – dessen Außenminister Silvan Schalom forderte den Ausschluss Irans aus den UN – und in der westlichen Welt bestärkten Ahmadinedschad darin, mit seinen Tiraden fortzufahren. Auf dem Gipfeltreffen der Organisation der Islamischen Konferenz (OIC) in Mekka (Saudi-Arabien) bezweifelte er am 8. 12., dass der Holocaust tatsächlich stattgefunden habe. Zudem schlug er vor, den Juden anstelle Israels eine Heimstätte in Europa oder Nordamerika zuzuweisen. Am 14. 12. nannte er in einer vom Fernsehen übertragenen Rede den Holocaust einen Mythos, den die Europäer benutzt hätten, um einen jüdischen Staat im Herzen der islamischen Welt zu schaffen.

In diesen Zusammenhang ordnete sich auch die **Solidaritätskonferenz für die Palästinenser** ein, die die Regierung vom 14. bis 16. 4. 2006 in Teheran veranstaltete. 600 Politiker, Geistliche, Akademiker und Kulturschaffende aus aller Welt, vor allem aus der islamischen, nahmen daran teil, darunter 31 Parlamentspräsidenten arabischer und muslimischer Länder sowie 500 Journalisten. Aus Palästina selbst war nur der Vizepräsident des Legislativrats Ahmad Bahar angereist, aus Damaskus kam der Exilführer der Hamas, Khaled Mashal. Auch diese Gelegenheit nutzte Ahmadinedschad wieder als Tribüne für seine antizionistischen Tiraden. Außenminister Mottaki kündigte an, Iran werde die Palästinenser mit 50 Mio. US-$ unterstützen.

Während Ahmadinedschads antizionistische Rhetorik weniger auf ein iranisches als ein arabisches bzw. muslimisches Publikum zielte, ging es ihm bei seiner bewussten **Forcierung der Auseinandersetzung über das iranische Atomprogramm** darum, in Iran Zustimmung zu erlangen. Dem gleichen Ziel diente auch der **Populismus des Präsidenten**, der Woche für Woche die Provinzen des Landes bereiste und dort großzügige Geschenke an die Bevölkerung verteilen ließ. Wie schon im Wahlkampf betonte er immer wieder, es ginge ihm darum, den aus dem Reichtum des Landes an Bodenschätzen erwachsenden Wohlstand allen Bürgern des Landes zugänglich zu machen. Dies spiegelte sich auch in dem am 15. 1. 2006 dem Parlament vorgelegten Haushaltsplan für 2006 / 07 wider, der eine Steigerung der staatlichen Ausgaben um 27 % gegenüber dem vorausgegangenen Jahr vorsah. Die Finanzkraft Irans ist durch die deutlich gestiegenen Einnahmen aus der Erdölproduktion erheblich gestärkt worden.

Auch die von ihm am 25. 4. 2006 erteilte Erlaubnis, dass Frauen künftig Fußballspiele besuchen dürfen, ist ein Aspekt dieser populistischen Politik. Seit der Islamischen Revolution von 1979 war dies verboten gewesen, weil nach Ansicht der Geistlichen dadurch islamische Gesetze verletzt werden. Ahmadinedschad musste jedoch seine Erlaubnis nach der scharfen Kritik durch führende Geistliche alsbald wieder zurücknehmen.

▪ **Menschenrechte:** Der **Journalist Akbar Gandschi** trat nach seiner erneuten Inhaftierung im Juli 2005 in einen Hungerstreik. Gandschi hatte über die vom Geheimdienst durchgeführten Morde an fünf iranischen Dissidenten berichtet, weswegen er 2001 zu sechs Jahren Haft verurteilt worden war. Nachdem er im Juni 2005 aus gesundheitlichen Gründen freigelassen worden war, wurde er nach zwei Wochen wieder verhaftet. Nach dem Beginn des Hungerstreiks wurde er in ein Krankenhaus verlegt, wo er nach Zusage seiner Freilassung im August den Hungerstreik einstellte. Trotzdem wurde er im September ins Gefängnis zurückverlegt und erst im März 2006 freigelassen. Im Juni erhielt er eine Ausreiseerlaubnis, um in Moskau den Golden Pen for Freedom des Weltverbandes der Zeitungen entgegennehmen zu können. Der Richter Masud Moghadas, der Gandschi verurteilt hatte, war am 2. 8. 2005 in Teheran von einem Motorradfahrer erschossen worden.

▪ **Regionale Unruhen:** In Ahvaz, der Hauptstadt der vorwiegend von Arabern bewohnten Provinz **Khuzestan**, kam es am 15. 10. 2005 und erneut am 24. 1. 2006 zu Bombenanschlägen, bei denen insgesamt 15 Menschen getötet wurden. Iran beschuldigte Großbritannien, hinter den Anschlägen zu stehen. Kurz zuvor hatte Großbritannien Iran vorgeworfen, schiitische Milizen im Süden des Irak mit Waffen zu beliefern. Der Oberste Richter in Khuzestan sprach am 19. 10. 2005 davon, ein Plan »britischer Spione«, Irans größte Erdölraffinerie in Abadan zu sprengen, sei aufgedeckt worden. Zu den Anschlägen bekannte sich jedoch die weitgehend unbekannte Bewegung für den arabischen Kampf für die Befreiung von Ahvaz.

Iranisches Militär (nach Angaben kurdischer Quellen bis zu 100 000 Mann) wurde in die **Kurdengebiete** des Landes entsandt, um die Unruhen zu unterdrücken, die Mitte Juli 2005 nach der Tötung eines kurdischen Aktivisten in Mahabad ausgebrochen waren. Sicherheitskräfte sollen in der Stadt Sakiz mindestens zwölf kurdische Demonstranten getötet haben und mehr als 70 verletzt haben. Im Südosten des Landes wurden neun iranische Soldaten von einer Gruppe sunnitischer Islamisten namens Jundullah (Soldaten Gottes) gefangengenommen. Diese forderten die Freilassung von 19 inhaftierten Gesinnungsgenossen, andernfalls würden sie die Soldaten töten. Am 20. 1. 2006 gab die Gruppe bekannt, einen der Soldaten getötet zu haben.

In der an der Grenze zu Pakistan gelegenen Region **Sistan-Balutschistan** gerieten am 17. 3. 2006 21 Vertreter staatlicher Behörden in einen Hinterhalt und wurden getötet. Die Polizei machte Täter aus Afghanistan verantwortlich. In der Region leben vorwiegend sunnitische Balutschen, die sich seit langem über religiöse Diskriminierung von seiten der schiitischen Mehrheit beklagen.

Am 28. 5. 2006 kam es in der Stadt Nagadeh in **Iranisch-Aserbaidschan** im Nordwesten des Landes zu Demonstrationen und Auseinandersetzungen mit Sicherheitskräften. Dabei kamen vier Menschen ums Leben. Auslöser war eine Karikatur in einer iranischen Zeitung, die von Seiten der Aserbaidschaner als beleidigend empfunden worden war. Auch in Teheran fand eine von der Polizei aufgelöste Demonstration aserbaidschanischer Studenten gegen die Karikatur statt, sie forderten darüber hinaus Unterricht in aserbaidschanischer Sprache.

▪ **Karikaturenstreit:** Im Zusammenhang mit den im September 2005 in der dänischen Jyllands-Posten publizierten **Mohammed-Karikaturen** kam es am 6. 2. 2006 in Teheran zu antiwestlichen Protestkundgebungen. Die Demonstranten gerieten in Konflikt mit der Polizei, als sie mit Ölbomben und Steinen die dänische und österreichische Botschaft angriffen; Dänemark zog am 11. / 12. 2. seine Botschaftsangehörigen ab (→ Dänemark). Die iranische Regierung rief umgekehrt zu einem internationalen Wettbewerb für Karikaturen über den Holocaust auf. Eine Karikatur im Berliner Tagesspiegel, in der die Mitlieder der iranischen Fußball-Nationalmannschaft als Selbstmordattentäter dargestellt wurden, führte kurzzeitig auch zu Spannungen im deutsch-iranischen Verhältnis.

▪ **Militär:** An einem ab dem 1. 4. 2006 beginnenden **Großmanöver der Armee** am Persischen Golf nahmen rund 17 000 Mann der Streitkräfte, der Revolutionswächter und der Basidsch-Freiwilligen teil. Dabei wurden einige neu entwickelte Raketen und andere Waffen vorgeführt, so eine Rakete, die mehrere Ziele gleichzeitig angreifen und vom Radar nicht erfasst werden kann, und ein besonders schneller Torpedo, der dem üblichen Unterwasser-Ortungssystem entgehen soll. Westliche Experten vermuteten hinter den »neuen« Waffen ältere russische und nordkoreanische Vorbilder. Diese militärische Demonstration diente einer Strategie der abschreckenden Vergeltungsdrohung vor etwaigen israelischen oder amerikanischen Angriffen auf iranische Nuklearanlagen.

Beim **Absturz eines Militärtransportflugzeugs** in Teheran am 6. 12. 2005 kamen alle 94 Insassen ums Leben, ebenso 25 Personen in dem Wohnhaus, auf das die Maschine gestürzt war. An Bord des Flugzeugs befanden sich vor allem iranische Journalisten, die über ein Manöver im Süden des Landes berichten sollten. Am 9. 1. 2006 kam es bei Orumiyeh im Nordosten des Landes erneut zum Absturz einer Militärmaschine. Alle elf Insassen, darunter acht ranghohe Offiziere der Revolutionsgarden, wurden dabei getötet. Unter ihnen befand sich auch General Ahmad Kazemi, der von Präsident Ahmadinedschad ernannte neue Kommandeur der Landstreitkräfte der Revolutionsgarde. Die beiden Abstürze verdeutlichten den prekären Zustand, in dem sich viele Flugzeuge der Armee aufgrund des Mangels an Ersatzteilen befinden.

- **Beziehungen zum Irak:** Der irakische Ministerpräsident Ibrahim al-Dschaafari weilte vom 16. bis 18. 7. 2005, begleitet von zehn Ministern und einer großen Delegation, zu einer offiziellen Visite in Iran. Neben Gesprächen mit Revolutionsführer Khamenei, dem noch amtierenden Staatspräsidenten Khatami und Ahmadinedschad wurden Abkommen über militärische Ausbildung und Sicherheitskoordination, den Bau einer grenzüberschreitenden Erdölleitung von Basra nach Abadan und Elektrizitätslieferungen sowie die Errichtung einer gemeinsamen Autofabrik im Irak – ein Joint Venture mit der Iran Khodro – unterzeichnet. Iran erklärte außerdem, dem Nachbarland Hilfe in Höhe von 1 Mrd. US-$ zukommen zu lassen. Iraks Verteidigungsminister Dulaimi hatte bereits am 7. 7. mit seinem iranischen Amtskollegen Schamchani **militärische Zusammenarbeit** vereinbart. Gemäß Schamchani fördert Iran den Wiederaufbau und die Ausbildung der irakischen Streitkräfte. Außerdem suche man gemeinsam nach den letzten Vermissten des irakisch-iranischen Krieges und Minenfeldern entlang der Grenze. Dulaimi entschuldigte sich bei dieser Gelegenheit offiziell für den Angriff Saddams auf Iran 1980. **Erstmals seit über 25 Jahren** entsandte Iran auch **wieder einen Botschafter nach Bagdad.** Am 26. 5. 2006 stattete Teherans Außenminister Mottaki der neuen Regierung in Bagdad einen Besuch ab. Im Januar 2006 kam es an der irakisch-iranischen Grenze am Schatt al-Arab dennoch zu einem Zwischenfall zwischen Grenzwächtern beider Seiten.

ATOMPROGRAMM

Die internationale Auseinandersetzung um das iranische Atomprogramm (→ Karte) nahm erheblich an Brisanz zu, nicht zuletzt forciert durch Präsident Ahmadinedschad. Die nach einer Übereinkunft mit der EU-Dreiergruppe (Deutschland, Frankreich, Großbritannien) im November 2004 suspendierte **Urananreicherung** wurde **wieder aufgenommen**, nachdem am 10. 8. 2005 die von der Internationalen Atomenergiebehörde (IAEA) angebrachten Siegel entfernt worden waren. **Ahmadinedschad beharrte** in seiner Rede vor

der UN-Generalversammlung am 17. 9. in New York auf dem **»unveräußerlichen Recht« Irans zur Entwicklung eines eigenen nuklearen Brennstoffkreislaufs.** In einem Bericht des Londoner Institute for Strategic Studies (IISS) vom 6. 9. hieß es, dass Iran möglicherweise noch fünf Jahre benötige, um Material für eine Atombombe zu produzieren. Er wies auch darauf hin, dass Iran über bis zu 72 Kurz- und Mittelstreckenraketen sowie möglicherweise 12 Raketen mit größerer Reichweite verfüge, die Ziele in Israel, der Türkei und Südrussland treffen könnten.

Der **Gouverneursrat der IAEA** stellte am 24. 9. fest, dass die iranische **»Politik der Verheimlichung«** über 18 Jahre hinweg zum mehrfachen Bruch der Verpflichtungen aus dem Sicherheitsabkommens der IAEA geführt habe. IAEA-Direktor Mohamed el-Baradei hatte in seinem jüngsten Bericht darauf hingewiesen, dass selbst nach zweieinhalb Jahren intensiver Untersuchungen und Inspektionen noch nicht alle iranischen Angaben verifiziert werden konnten. Ali Laridschani, der Sekretär des Nationalen Sicherheitsrats, erörterte am 12. 11. mit seinem russischen Amtskollegen Igor Iwanow den **russischen Kompromissvorschlag**, die Urananreicherung unter russischer Aufsicht in Russland durchzuführen. Die EU und die USA hatten diesen Vorschlag begrüßt, während Iran zurückhaltend darauf reagiert hatte. Das Parlament verpflichtete überdies die Regierung am 20. 11. durch ein Gesetz, Inspektionen der iranischen Atomanlagen zu unterbinden, falls das Land vor den UN-Sicherheitsrat zitiert werden sollte. Der Gouverneursrat der IAEA entschied jedoch am 24. 11. erneut, mit der Einbeziehung des Sicherheitsrats abzuwarten, um Zeit für eine Kompromisslösung zu ermöglichen.

Die fünf ständigen Mitglieder des UN-Sicherheitsrats einigten sich am 30. 1. 2006 in Anwesenheit des deutschen Außenministers Frank-Walter Steinmeier und des EU-Beauftragten für Außenpolitik Javier Solana auf einen Kompromiss für das gemeinsame weitere Vorgehen. China und Russland wollten die iranische Führung davon überzeugen, auf die Urananreicherung zu verzichten. Im Gegenzug wäre Russland bei einem Einlenken Teherans bereit, bereits angereichertes Uran für zivile Zwecke zu liefern. Der Sicherheitsrat sollte zunächst durch einen Bericht der IAEA informiert werden. Den Beschluss des Gouverneursrats der IAEA vom 4. 2., dem UN-Sicherheitsrat über die iranischen Nuklearaktivitäten zu berichten, beantwortete Iran mit einem **Verbot von Überraschungsinspektionen der IAEA**. Präsident Ahmadinedschad wies die Atomenergiebehörde seines Landes an, alle Arbeiten für einen eigenen atomaren Brennstoffzyklus wieder aufzunehmen, was am 14. 2. erfolgte.

Gespräche zwischen Außenminister Mottaki und Javier Solana am 21. 2. 2006 in Brüssel sowie zwischen Laridschani und der EU-3 in Wien am 3. 3. führten zu keiner Annäherung. Der **UN-Sicherheitsrat zeigte** sich am 29. 3. **»höchst besorgt«** über das iranische Nuklearprogramm und forderte Iran dazu auf, sich an alle Abmachungen mit der IAEA zu halten. Baradei wurde beauftragt, dem UN-Sicherheitsrat innerhalb von 30 Tagen wieder zu berichten; bis dahin solle Iran die Urananreicherung eingestellt haben. Beim Treffen der Außenminister der fünf ständigen Sicherheitsratsmitglieder, Deutschlands und Solanas am 30. 3. in Berlin zeigten sich Russland und China erneut zurückhaltend gegenüber Strafmaßnahmen. Während man Iran mit der Isolierung für den Fall drohte, dass die Urananreicherung nicht gestoppt werde, verlautete von iranischer Seite am gleichen Tag, dass es in der Frage der Anreicherung kein Zurück mehr gebe.

Bei einer Veranstaltung in Maschhad am 11. 4. erklärte Präsident Ahmadinedschad, iranische Wissenschaftler hätten erstmals erfolgreich Uran für die Herstellung von Kernbrennstoff angereichert; Iran gehöre damit dem Klub der Nuklearstaaten an. Wie der Leiter der iranischen Atombehörde Aghazadeh mitteilte, sei es gelungen, im Labor von Natanz Uran auf einen Gehalt von 3,5 % an Uran-235 anzureichern, was auch die IAEA weitgehend bestätigte. Dies reicht zwar für die Energiegewinnung aus, nicht jedoch für Kernwaffen, wofür es ungefähr 25 kg Urans bedarf, das auf 95 % Uran-235 angereichert werden muss. Der Versuch von Baradei, bei seinem Besuch in Teheran am 13. 4. die iranische Führung zu einem Stopp der Urananreicherung zu bewegen, blieb erfolglos. Auf einer Pressekonferenz am 24. 4. machte Ahmadinedschad deutlich, dass die Verfügung über einen eigenen Brennstoffkreislauf eine Frage der Souveränität seines Landes sei, über die nicht verhandelt werden könnte. Iran wolle eine Kapazität von 20 000 MW für nukleare Stromerzeugung aufbauen.

Die IAEA konstatierte in ihrem Bericht vom 28. 4. an den UN-Sicherheitsrat, dass man sich kein genaues Bild vom Zentrifugen-Bauprogramm Irans machen konnte. Unklar sei auch die Rolle, die die Armee im Atomprogramm spiele. **Erneut forderte die IAEA vorbehaltlose Transparenz und Kooperation** von seiten Irans, um die zurückliegenden 20 Jahre undeklarierter iranischer Nuklearaktivitäten in vollem Umfang evaluieren zu können. Unter den gegebenen Umständen ließe sich jedenfalls nicht feststellen, ob die Uranreicherung auch militärischen Zwecken diene.

Ein Brief Präsident Ahmadinedschads an seinen amerikanischen Amtskollegen George W. Bush vom 8. 5. ging nur am Rande auf den Atomstreit ein, weshalb er nur kühle Reaktionen von seiten Washingtons hervorrief. Dennoch wurden immer mehr Stimmen laut, darunter nicht nur die EU und die UN, sondern auch aus den USA selbst, die für direkte Verhandlungen zwischen den USA und Iran plädierten. Auch der Iran hatte Interesse an solchen Gesprächen erkennen lassen. Bei einem Treffen in Wien verständigten sich die Außenminister der **fünf UN-Vetomächte** und Deutschlands am 1. 6. 2006 schließlich auf ein **weitreichendes Angebot an Iran**, das auch etliche neue Anreize enthielt. Für den Fall der vollständigen Kooperation wurde Teheran nicht nur Unterstützung für den angestrebten Beitritt zur Welthandelsorganisation (WTO) in Aussicht gestellt, sondern ebenso die Aufhebung des Embargos, was die Einfuhr von dringend gebrauchten Ersatzteilen für Boeing- und Airbus-Flugzeuge sowie für landwirtschaftliche Technologie ermöglichen würde. Selbst die Lieferung von Leichtwasserreaktoren und dem dafür erforderlichen Brennstoff wurde angeboten; auch die Weiterführung der Urananreicherung wäre möglich, falls alle Zweifel an der Verfolgung militärischer Ziele glaubhaft beseitigt werden könnten.

Im Falle einer Ablehnung des Verhandlungsangebots von seiten Teherans wurden weitere Schritte des UN-Sicherheitsrats angedroht, wobei die Drohung erheblich mehr Gewicht hatte als die ständigen Sanktionsforderungen der USA, da die bislang zurückhaltenden Vetomächte Russland und China hinter der Initiative standen. US-Außenministerin Condoleezza Rice gab Teheran am 2. 6. mehrere Wochen Bedenkzeit, über das Angebot zu entscheiden. Nach ersten eher ablehnenden Signalen aus Iran und einer Drohung Ajatollah Khameneis, im Falle eines Angriffs auf Iran die Erdölversorgung im Persischen Golf zu unterbrechen, ließ Außenminister Mottaki beim Gespräch mit Solana in Teheran am 6. 6. ein deutliches Interesse erkennen. Auch Präsident **Ahmadinedschad erklärte** am 16. 6. während des Gipfels der Shanghaier Organisation für Zusammenarbeit, an dem er als Beobachter teilnahm, das **Angebot als Schritt nach vorne**, auf das Iran rechtzeitig antworten werde.

Irland West-Europa

Poblacht Na h'Éireann, Kurzform: Éire
Republic of Ireland, Kurzform: Ireland – IE / IRL

Fläche (Weltrang: 117): 70 273 km²

Einwohner (121): F 2004 4 068 000 = 58 je km²

Hauptstadt: Baile Atha Cliath / Dublin

Amtssprachen: Irisch, Englisch

Bruttonationaleinkommen 2004 je Einw.: 34 310 $

Währung: 1 Euro (€) = 100 Cent
Kurs: 1 US-$ = 0,79 € (1. 7. 2006)

Botschaft von Irland
Friedrichstr. 200, 10117 Berlin
T 030 / 22 07 20, Fax 22 07 22 99
www.botschaft-irland.de

LANDESSTRUKTUR **Fläche**: 70 273 km²; → Karte ▪ **Verwaltung**: 4 Provinzen (Leinster, Munster, Connaught und Ulster) mit 26 Grafschaften (Counties) und 4 County-Boroughs ▪ **Städte**: (Z 2002) Baile Atha Cliath / Dublin 495 781 Einw., Corcaigh / Cork 123 062, An Ghaillimh / Galway 65 832, Luimneach / Limerick 54 023, Waterford 44 594

BEVÖLKERUNG Iren – F 2004: 4 068 000 Einw.; Bevölkerungswachstum: 1,8 %; letzte Zählung 2002: 3 917 203 Einw. ▪ **Sprachen**: Irisch (Gälisch) und Englisch sowie regional Scots ▪ **Religion** 2002: 88,4 % Katholiken, 3,0 % Church of Ireland (Anglikaner), 0,5 % Presbyterianer, 0,3 % Methodisten; 5,5 % religionslos oder ohne Angaben

STAATS- UND REGIERUNGSFORM Verfassung von 1937, zuletzt geändert 2004 – Republik seit 1937 – Parlament (Oireachtas): Repräsentantenhaus (Dáil Éireann) mit 166 Mitgl., Senat (Seanad Éireann) mit 60 Mitgl. (49 indirekt gewählt und 11 vom Premierminister ernannt); Wahl jeweils alle 5 J. – Direktwahl des Staatsoberhauptes alle 7 J. – Wahlrecht ab 18 J. ▪ **Unabhängigkeit**: Proklamation 1919, seit 6. 12. 1921 selbständiges Dominion im Commonwealth; Proklamation der Irischen Republik 18. 4. 1949 ▪ **Nationalfeiertag**: 17. 3. (St. Patrick's Day)

REGIERUNG UND PARTEIEN **Staatsoberhaupt**: Mary McAleese (FF), seit 11. 11. 1997; wieder gewählt 2004 – **Regierungschef**: Bertie Ahern (FF-Vors.), seit 1997; Koalitionsregierung aus FF und PD – **Äußeres**: Dermot Ahern (FF), seit 29. 9. 2004 ▪ **Parlament**: Wahlen zum Repräsentantenhaus vom 17. 5. 2002: Fianna Fáil (Soldaten des Schicksals) / FF 81 von 166 Sitzen (1997: 77), Fine Gael (Familie der Iren) / FG 31 (54), Labour Party 21 (17), Progressive Democrats / PD 8 (4), Green Party / GP 6 (2), Sinn Féin / SF 5 (1), Socialist Party / SP 1 (1), Democratic Left / DL – (4), Independant Fianna Fáil / IFF – (1), Unabhängige 13 (5) – Senatswahlen vom August 1997 (inkl. ernannte Mitgl.): FF 29 von 60 Sitzen (1993: 25), FG 16 (17), Labour 4 (9), PD 4 (2), Sonstige 7 (7)

WIRTSCHAFT **BIP** 2004: 181,623 Mrd. $; realer Zuwachs: 4,9 %; Anteil (2003) Landwirtschaft 3 %, Industrie 41 %, Dienstleistungen 56 % ▪ **Erwerbstätigkeit** 2003: Landwirtsch. 6,4 %, Industrie 27,8 %, Dienstl. 65,4 % ▪ **Arbeitslosigkeit** ∅ 2005: 4,4 % ▪ **Inflation** ∅ 2005: 2,5 % ▪ **Außenhandel** 2005 (vorläufig): **Import**: 56,719 Mrd. €; *Güter*: 45 % Maschinen und Transportausrüstungen, 18 % Erzeugnisse der verarbeitenden Industrie, 13 % chemische Erzeugnisse, 6 % Nahrungsmittel und lebende Tiere, 6 % mineralische Brennstoffe und Schmiermittel; *Länder*: 29 % Großbritannien, 14 % USA, 8 % Deutschland, 8 % VR China, 5 % Japan, 4 % Frankreich, 4 % Niederlande; **Export**: 88,605 Mrd. €; *Güter*: 44 % chemische Erzeugnisse, 26 % Maschinen und Transportausrüstungen, 12 % Erzeugnisse der verarbeitenden Industrie, 7 % Nahrungsmittel und lebende Tiere; *Länder*: 20 % USA, 16 % Großbritannien, 13 % Belgien / Luxemburg, 7 % Deutschland, 6 % Frankreich, 5 % Niederlande, 5 % Italien

CHRONIK

▪ **Nordirland-Konflikt:** In Reaktion auf die **Gewaltverzichtserklärung** der in Nordirland im Untergrund aktiven Irish Republican Army (IRA) erklärte Premierminister Bertie Ahern am 1. 8. 2005, er könne sich eine Legalisierung der IRA grundsätzlich vorstellen. Dazu müsse diese ihr »Rule Book« ändern, jedoch nicht zwangsläufig ihren Namen ablegen. Gemeinsam mit seinem britischen Amtskollegen Tony Blair verstärkte Ahern den Druck auf die nordirischen Konfliktparteien, das Karfreitagsabkommen von 1998 wieder

Demonstration in Dublin 25. 2. 2006

mit Leben zu füllen und eine gemeinsame Provinzregierung für Nordirland zu bilden.

Den Versuch von Mitgliedern des protestantischen nordirischen Oranier-Ordens, am 25. 2. 2006 eine **Gedenkparade für die Opfer der IRA in Dublin** zu veranstalten, verhinderten militante IRA-Sympathisanten. Bei den schwersten Ausschreitungen in Dublin seit Jahrzehnten wurden zahlreiche Menschen verletzt und schwere Schäden in der Stadt angerichtet (→ Foto).

Am 4. 4. 2006 wurde **Denis Donaldson**, ein ehemaliger Politiker der Sinn Féin, in der Grafschaft Donegal **ermordet** aufgefunden. Die IRA erklärte, sie habe mit dem Tod Donaldsons, der als Doppelagent enttarnt worden war, nichts zu tun (→ Großbritannien).

▪ **Pädophilieaffäre der katholischen Kirche:** Nach Erkenntnissen einer von der Regierung eingesetzten Untersuchungskommission, die am 25. 10. 2005 veröffentlicht wurden, haben frühere Bischöfe durch Untätigkeit und Verschweigen die Aufklärung von sexuellem Kindesmissbrauch durch Priester in der Diözese Ferns behindert und dadurch weitere Missbrauchsfälle begünstigt. Die Kommission hatte sich mit **mehr als 100 Missbrauchsvorwürfen zwischen 1962 und 2002** befasst, die sich gegen 21 Priester richten. Als Konsequenz aus dem Bericht stellte Staatsminister Brian Lenihan eine Regelung in Aussicht, mit der Bischöfe, die in Fällen von Kindesmissbrauch schweigen und nicht mit der Polizei zusammenarbeiten, künftig strafrechtlich verfolgt werden können. Im Zuge der Affäre, die 2002 öffentlich geworden war, hatten Bischof Brendan Comiskey und der Erzbischof von Dublin, Kardinal Desmond Connell, ihre Ämter niedergelegt, mehrere Priester waren wegen Kindesmissbrauchs verurteilt worden. 2003 hatten sich die Diözesen verpflichtet, einer Treuhandgesellschaft 26,5 Mio. € zur Entschädigung der Missbrauchsopfer zu zahlen. Dafür wurde die Kirche für alle bis 1987 zurückreichenden Missbrauchsfälle von ihrer Haftung entbunden. Der Irish Independant berichtete am 29. 10., insgesamt hätten mindestens 241 Priester unter dem Verdacht pädophiler Übergriffe gestanden.

▪ **Fährenstreik um Mindestlohn:** Nach monatelangen Auseinandersetzungen einigte sich die private **Reederei Irish Ferries** am 14. 12. 2005 mit den beiden Gewerkschaften der Seeleute auf den ersten Tarifvertrag, der den **Arbeitskräften aus den neuen EU-Staaten** einen Mindestlohn von 7,65 € pro Stunde – den zweithöchsten EU-weit – garantiert. Im Gegenzug zur erkämpften Gleichbehandlung von fremden und einheimischen Arbeitskräften akzeptierten die Gewerkschaften, dass die Gesellschaft ihre Schiffe ausflaggen und im Ausland neu registrieren lässt.

Irland hatte, zusammen mit Großbritannien und Schweden, den neuen Ländern mit ihrer EU-Aufnahme am 1. 5. 2004 seinen Arbeitsmarkt geöffnet. Ende September 2005 hatte das Unternehmen, das mit seinen vier Fähren knapp 40 % des Passagieraufkommens über die Irische See und ein Viertel des Gütertransports abwickelt, mitgeteilt, es plane seine Schiffe unter zypriotischer Flagge neu zu registrieren, womit die irischen Arbeitsgesetze ihre Gültigkeit verlören. Zugleich hatte es die 543 Besatzungsmitglieder vor die Alternative gestellt, ein geringeres Gehalt und ungünstigere Arbeitsbedingungen zu akzeptieren oder komplett durch Arbeitnehmer aus osteuropäischen Niedriglohnländern ersetzt zu werden. Den Versuch, schon vorab Seeleute aus Osteuropa anzuheuern, beantworteten irische Besatzungsmitglieder mit Streik und Besetzung. Am 29. 11. verurteilte auch das Parlament das Vorgehen der Fährgesellschaft. Auf der **größten Demonstration seit 1979** bekundeten am 9. 12. rd. 150 000 Demonstranten in Dublin und acht anderen Städten der Besatzung der Fähren ihre Unterstützung im Arbeitskampf.

▪ **Wirtschaftliche Entwicklung:** Die OECD bescheinigte Irland in ihrem am 2. 3. 2006 veröffentlichten Länderbericht für 2005 einen »exemplarischen« Wirtschaftsverlauf und der Ökonomie eine robuste Verfassung. Die stabile Wachstumsrate von 5,1 % des BIP (2004: 4,9 %) war die höchste unter den alten EU-Ländern, die Arbeitslosenquote mit 4,4 % die niedrigste. Im ersten Jahr der Freizügigkeit fanden rd. 90 000 Menschen aus den zehn neuen EU-Staaten in Irland eine Beschäftigung, etwa die Hälfte davon aus Polen. Arbeitnehmer aus Osteuropa machen rd. 8 % der Beschäftigten aus. Die Inflationsrate war mit 2,5 % etwa stabil geblieben.

Island Nord-Europa

Republik Island; Lýðveldið Ísland – IS / ISL

Fläche (Weltrang: 104): 103 000 km²

Einwohner (170): F 2004 292 000 = 2,8 je km²

Hauptstadt: Reykjavík (Reykjavik)

Amtssprache: Isländisch

Bruttonationaleinkommen 2004 je Einw.: 37 920 $

Währung: 1 Isländische Krone (ikr) = 100 Aurar
Kurs: 1 US-$ = 71,89 ikr; 1 € = 92,60 ikr

Botschaft der Republik Island
Rauchstr. 1, 10787 Berlin
T 030 / 50 50 40 00, Fax 50 50 43 00
www.botschaft-island.de

LANDESSTRUKTUR **Fläche**: 103 000 km²; Karte → WA 2006, S. 236 ▪ **Verwaltung**: 8 Regionen ▪ **Städte**: (F 2005) Reykjavík 114 800 Einw., Kópavogur 26 468, Hafnarfjörður 22 451, Akureyri 16 736; (F 2006) Reykjanesbær 11 346

BEVÖLKERUNG Isländer – F 2004: 292 000 Einw.; Bevölkerungswachstum: 0,9 %; letzte Zählung 2004: 293 577 Einw. ▪ **Sprachen**: Isländisch ▪ **Religion** 2004: 86,2 % Lutheraner, 2,0 % Katholiken, sonstige protestantische Gemeinschaften

STAATS- UND REGIERUNGSFORM Verfassung von 1944 – Republik seit 1944 – Parlament (Althing) mit 63 Mitgl., Wahl alle 4 J. – Direktwahl des Staatsoberhauptes alle 4 J. – Wahlrecht ab 18 J. ▪ **Unabhängigkeit**: Souveränität 1. 1. 1918, in Personalunion mit der dän. Krone verbunden, 17. 6. 1944 Aufkündigung der Union und Ausrufung der Republik ▪ **Nationalfeiertag**: 17. 6. (Tag der Republik)

REGIERUNG UND PARTEIEN **Staatsoberhaupt**: Ólafur Ragnar Grímsson, seit 1996; zuletzt gewählt 2004 – **Regierungschef**: Geir H. Haarde (SSF), seit 15. 6. 2006; Koalition zwischen SSF und FSF – **Außenministerin**: Valgerdur Sverrisdóttir, seit 15. 6. 2006 ▪ **Parlament**: Wahlen vom 10. 5. 2003: Unabhängigkeitspartei / SSF 22 von 63 Sitzen (1999: 26), Allianz aus Sozialistischer Volksallianz / AL, Sozialdemokraten / SF und Frauenallianz 20 (17), Fortschrittspartei / FSF 12 (12), Linksgrüne Partei / VG 5 (6), Liberale / FF 4 (2)

WIRTSCHAFT **BIP** 2004: 12,237 Mrd. $; realer Zuwachs: 5,2 %; Anteil (2002) Landwirtschaft 10 %, Industrie 25 %, Dienstleistungen 65 % ▪ **Erwerbstätigkeit** 2002: Landwirtsch. 7,2 %, Industrie 22,9 %, Dienstl. 69,0 % ▪ **Arbeitslosigkeit** ∅ 2005: 2,1 % ▪ **Inflation** ∅ 2005: 4,0 % ▪ **Außenhandel** 2005: **Import**: 314 Mrd. ikr; *Güter*: 42 % Maschinen und Transportausrüstungen, 9 % Brennstoffe und Schmiermittel, 8 % chemische Produkte, 7 % Nahrungsmittel und Getränke; *Länder* 2004: 13 % Deutschland, 10 % USA, 10 % Norwegen, 8 % Dänemark, 7 % Großbritannien, 6 % Schweden, 6 % Niederlande (EU gesamt: 61 %); **Export**: 194 Mrd. ikr; *Güter*: 57 % Fisch und Fischerzeugnisse, 19 % Aluminium, 6 % Arzneimittel und medizinische Produkte; *Länder* 2004: 19 % Großbritannien, 18 % Deutschland, 11 % Niederlande, 9 % USA, 7 % Spanien, 5 % Dänemark, 4 % Frankreich, 3 % Portugal, 3 % Norwegen (EU gesamt: 75 %)

CHRONIK

▪ **Neues Kabinett: Außenminister Davíð Oddson**, der als Regierungschef zwischen 1991 und 2004 die isländische Politik maßgeblich prägte, zog sich Ende September 2005 aus der Politik zurück und übernahm die Führung der Notenbank. Sein Nachfolger als Außenminister und Vorsitzender der Unabhängigkeitspartei wurde Geir H. Haarde. Niedrige Umfragewerte für seine Fortschrittspartei (FSF) und anhaltende Kritik am Gesundheitssystem veranlassten Premierminister Halldór Ássgrímsson Anfang März 2006 zu einer **weiteren Kabinettsumbildung**, von der vor allem das Sozial- und das Gesundheitsministerium betroffen waren. Nach der Wahlschlappe der FSF bei den Kommunalwahlen vom 27. 5. **trat Ássgrímsson zurück** und übergab sein Amt Außenminister Haarde. Neue Außenministerin wurde Valgerdur Sverrisdóttir.

▪ **Beziehungen zu den USA:** Mitte November 2005 berichteten isländische Medien, ihren Recherchen zufolge seien in den vergangenen vier Jahren zwei **CIA-Flugzeuge**, die für den Transport von Gefangenen verwendet würden, 67-mal auf den Flughäfen Keflavik und Reykjavik auf dem Flug nach Osteuropa oder Asien zwischengelandet. Die Regierung erklärte, hierüber keine Kenntnis zu haben und eine solche Vorgehensweise, sofern sie stattgefunden habe, zu verurteilen.

Verärgerung in Rejkjavik löste Mitte März die Entscheidung der **US-Regierung** aus, noch im gleichen Jahr die seit 65 Jahren bestehende **Militärpräsenz aufzugeben**. Den 650 einheimischen Beschäftigten auf der Luftwaffenbasis Keflavik wurde zum 1. 10. gekündigt. Das NATO-Mitglied Island verfügt über keine eigenen Streitkräfte. Das 1951 geschlossene und seitdem mehrmals erneuerte Verteidigungsabkommen wollen die USA mit einer symbolischen Präsenz weiter erfüllen.

▪ **Wirtschaftliche Entwicklung:** Nach einem Zuwachs des BIP um 5,2 % im Jahr 2005 prognostizierte das Statistische Zentralbüro Mitte März für 2006 eine weitere **Abschwächung der überhitzten Konjunktur** auf 4,3 %. Angesichts eines stetig gestiegenen Leistungsbilanzdefizits (2005: 15 % des BIP), hoher Auslandsverschuldung (rd. 180 % des BIP) und hohen Lohnsteigerungsraten bei einer Arbeitslosenrate von nur 2,1 % warnten Experten vor Turbulenzen.

Israel Vorder-Asien

Staat Israel; Medinat Yisra'el (hebräisch); Dawlat Isrā'īl (arabisch) – IL/ISR

Fläche (Weltrang: 149): 20 991 km²

Einwohner (97): F 2004 6 798 000 = 324 je km²

Hauptstadt: Yeruschalayim / Al-Quds (Jerusalem)

Amtssprachen: Hebräisch, Arabisch

Bruttonationaleinkommen 2004 je Einw.: 17 360 $

Währung: 1 Neuer Schekel (NIS) = 100 Agorot
Kurs: 1 US-$ = 4,52 NIS; 1 € = 5,81 NIS

Botschaft des Staates Israel
Auguste-Viktoria-Str. 74–76, 14193 Berlin
T 030 / 89 04 55 00, Fax 89 04 55 55
www.israel.de

LANDESSTRUKTUR **Fläche**: 20 991 km²; ohne Ost-Jerusalem (seit 1980 annektiert) und Golan-Höhen mit 1176 km² (seit 1981 annektiert); → Karte ▪ **Verwaltung**: 6 Distrikte; Tabelle → WA 2006, S. 237; Gebiete mit palästinensischer Teilautonomie → unten ▪ **Städte**: (F 2004) Yeruschalayim / Al-Quds (Jerusalem) 701 500 Einw., Tel-Aviv-Yafo (Jaffa) 368 600, Hefa (Haifa) 269 400, Rischon LeZiyyon 217 500, Aschdod 195 500, Be'ér Scheva' (Beerscheba) 184 200, Petah-Tikwa 175 500, Netanya 168 800, Holon 165 900, Bene Berak 141 400, Bat Yam 131 100, Ramat Gan 127 000, Aschkelon 105 200

BEVÖLKERUNG Israeli – F 2004: 6 798 000 Einw.; Bevölkerungswachstum: 1,6 %; letzte Zählung 1995: 5 548 523 Einw. – F 2004: 80,6 % Juden u. a., 19,4 % Araber (mit israelischer Staatsangehörigkeit) ▪ **Sprachen**: 60 % Hebräisch (Iwrith), mind. 20 % Arabisch (Palästinenser und Einwanderer aus arab. Staaten; ohne besetzte Gebiete); Jiddisch und zahlreiche weitere, v. a. europäische Sprachen; Englisch ▪ **Religion** 2004: 80,6 % Juden, 16,0 % Muslime, 2,1 % Christen, 1,6 % Drusen

STAATS- UND REGIERUNGSFORM Keine schriftliche Verfassung, einzelne Gesetze – Republik seit 1948 – Parlament (Knesset) mit 120 Mitgl., Wahl alle 4 J. – Wahl des Staatsoberhauptes durch Parlament alle 5 J. – Wahlrecht ab 18 J. ▪ **Unabhängigkeit**: 14. 5. 1948 Proklamation ▪ **Nationalfeiertag**: nach hebräischem Kalender jährlich wechselnd: 23. 4. 2007 (Jom Haazmaut – Unabhängigkeitstag)

REGIERUNG UND PARTEIEN **Staatsoberhaupt**: Mosche Katzav (Likud), seit 1. 8. 2000 – **Regierungschef**: Ehud Olmert (Kadima), seit 4. 5. 2006; Koalition aus Kadima, Arbeitspartei, Rentnerpartei und Schas – **Außenministerin**: Tsipi Livni (Kadima), seit 16. 1. 2006

Israel: Wahlen zum Parlament am 28.3.2006 (2003)

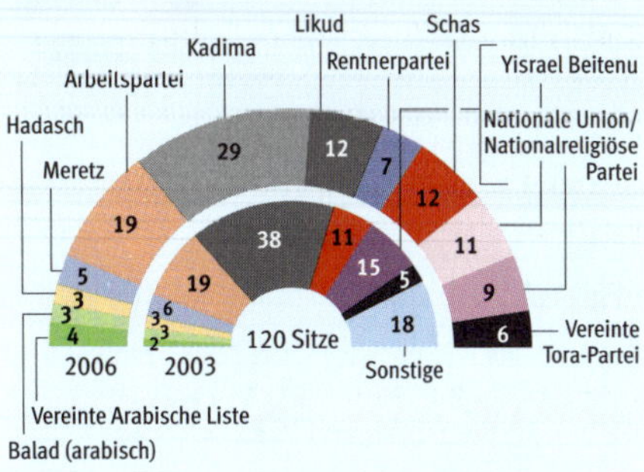

▪ **Parlament**: Wahlen vom 28. 3. 2006: Kadima / Vorwärts 29 von 120 Sitzen (2003: –), Ha-Avoda / Arbeitspartei 19 (19), Schas 12 (11), Likud 12 (38), Yisrael Beitenu 11 (Bündnis mit Nationaler Union und Nationalreligiöser Partei 15), Nationale Union / Nationalreligiöse Partei 9 (Bündnis mit Yisrael Beitenu 15), Rentnerpartei / GIL 7 (–), Vereinte Tora-Partei 6 (5), Meretz 5 (6), Vereinte Arabische Liste / Ra'am 4 (2), Hadasch 3 (3), arabische Nationale Demokratische Allianz / Balad 3 (3), Sonstige – (18)

WIRTSCHAFT **BIP** 2004: 116,879 Mrd. $; realer Zuwachs: 4,4 %; Anteil (2003) Landwirtschaft 3 %, Industrie 38 %, Dienstleistungen 59 % ▪ **Erwerbstätigkeit** 2003: Landwirtsch. 1,8 %, Industrie 22,6 %, Dienstl. 74,8 % ▪ **Arbeitslosigkeit** ∅ 2005: 9,0 % ▪ **Inflation** ∅ 2005: 1,5 % ▪ **Außenhandel** 2005: **Import**: 44,9 Mrd. $; *Güter*: 22 % Perlen, Edelsteine und -metalle, 20 % Maschinen, elektrische Ausrüstungen sowie Teile davon (11 % elektrische Maschinen und Ausrüstungen), 14 % Mineralprodukte, 12 % chemische Erzeugnisse, 7 % Transportmittel, 6 % Nahrungs- und Genussmittel; *Länder*: 13 % USA, 10 % Belgien, 6 % Deutschland, 6 % Großbritannien, 6 % Schweiz, 4 % VR China, 3 % Niederlande, 3 % Hongkong, 3 % Indien, 3 % Türkei (EU gesamt: 39 %); **Export**: 42,6 Mrd. $; *Güter*: 39 % Perlen, Edelsteine und -metalle, 21 % chemische Erzeugnisse, 20 % Maschinen, elektrische Ausrüstungen sowie Teile davon (13 % elektrische Maschinen und Ausrüstungen), 6 % optische, medizinische und Musik-Instrumente, Uhren, 4 % Nahrungs- und Genussmittel, 4 % unedle Metalle; *Länder*: 36 % USA, 9 % Belgien, 6 % Hongkong, 4 % Großbritannien, 3 % Deutschland, 3 % Niederlande, 3 % Indien, 2 % Türkei, 2 % Schweiz, 2 % Frankreich (EU gesamt: 29 %)

Palästinensische Gebiete Vorder-Asien

Westjordanland und Gaza

Fläche: 6020 km²

Einwohner: F 2004 3 508 000 = 583 je km²

Hauptstadt: Ram Allah (Ramallah)

Amtssprache: Arabisch

Bruttonationaleinkommen 2003 je Einw.: 1120 $

Währung: Israelischer Schekel, Jordan-Dinar
Kurs: 1 US-$ = 4,52 NIS; 1 € = 5,81 NIS

Vertretung der Palästinensischen Autonomiebehörde:
Palästinensische Generaldelegation
Wöhlertstr. 1 / Chausseestr. 55, 10115 Berlin
T 030 / 20 61 770, Fax 27 59 63 57
Interet: www.palaestina.org

LANDESSTRUKTUR **Fläche**: 6020 km²; davon Westjordanland 5655 km², Gaza 365 km²; → Karte ▪ **Verwaltung**: Westjordanland 11 Governorate, Gaza 5 Governorate; Tabelle → WA 2006, S. 238 ▪ **Städte**: (F 2006) Ghazzah (hebr.: Gaza) 409 680 Einw., Al-Quds (Ost-Jerusalem) 253 394, Al-Khalīl (Hebron / hebr.: Hevron) 166 003, Nābulus (Nablus / hebr.: Schechem) 134 116, Khan Yunus (hebr.: Khan Yunis) 130 607, Rafah 71 003, Tūlkarem 45 463, Kalkiliya 44 709, Yattah 42 853, Al-Birah 39 538, Janīn (Jenin) 35 760; (F 2004) Bayt Lahm (Bethlehem) 28 111; (F 2006) Rām Allāh (Ramallah) 25 476

BEVÖLKERUNG Palästinenser – F 2004: 3 508 000 Einw.; Bevölkerungswachstum: 4,1 %; letzte Zählung 1997: 2 895 683 Einw. – F 2006: Westjordanland 2 444 478 Einw., Gaza 1 443 814; israelische Siedlungen mit ca. 200 000 Einw. ▪ **Sprachen**: Arabisch, Hebräisch; Englisch ▪ **Religion** 2002: überwiegend Muslime (Sunniten); 3 % Christen

STAATS- UND REGIERUNGSFORM Verfassung von 2002 – Teilautonomie seit 1994 – von 92 Staaten diplomatisch anerkannt – Parlament: Legislativrat mit 88 Mitgl., Wahl alle 4 J. – Direktwahl des Präsidenten – Wahlrecht ab 18 J. ▪ **Nationalfeiertag**: 15. 11.

REGIERUNG UND PARTEIEN **Staatsoberhaupt**: Präsident der Autonomiebehörde: Mahmud Abbas (Fatah), seit 15. 1. 2005 – **Regierungschef**: Ismail Hanija (Hamas), seit 29. 3. 2006 – **Äußeres**: Faruk Kaddumi (Fatah), seit 29. 3. 2006 ▪ **Parlament**: Wahlen zum Parlament vom 25. 1. 2006: Hamas 74 von 132 Sitzen (1996: – von 88), Fatah 45 (50), Sonstige 13 (–), Unabhängige – (38)

WIRTSCHAFT **BIP** 2003: 3,454 Mrd. $; realer Zuwachs: –1,7 %; Anteil (2003) Landwirtschaft 6 %, Industrie 12 %, Dienstleistungen 82 % ▪ **Erwerbstätigkeit** 2003: Landwirtsch. 16 %, Industrie 26 %, Dienstl. 57 % ▪ **Arbeitslosigkeit** ∅ 2004: 32,4 % ▪ **Inflation** ∅ 2004: 5,7 % ▪ **Außenhandel** 2002: **Import**: 1117 Mio. $; *Länder*: v. a. Israel; **Export**: 241 Mio. $; *Länder*: v. a. Israel

Nach der von Ministerpräsident Ariel Scharon durchgesetzten Räumung der jüdischen Siedlungen im Gazastreifen, die auf weniger Widerstand als erwartet getroffen war, hatte sich die Lage zeitweise etwas beruhigt. Der Sieg der militanten Organisation Hamas, die das Existenzrecht von Israel bestreitet, bei den Wahlen in den Palästinensischen Gebieten rief in Israel wie auch international negative Reaktionen hervor. Ein palästinensischer Anschlag auf einen israelischen Grenzposten und die Entführung eines Soldaten, der von Israel mit dem Einmarsch in den Gazastreifen beantwortet wurde, ließen den Konflikt erneut eskalieren.

ISRAEL

▪ **Innerparteiliche Opposition gegen Scharon:** Scharons innerparteilicher Rivale, Finanzminister Benjamin Netanjahu, trat am 7. 8. 2005 zurück, nachdem das Kabinett sich mehrheitlich für die von ihm abgelehnte Räumung des Gazastreifens entschieden hatte. Zum Nachfolger von Netanjahu ernannte Scharon den bisherigen Industrieminister Ehud Olmert. Netanjahu, der Scharon die Führung der Likud-Partei streitig machte, konnte sich mit seiner Forderung, die für April 2006 vorgesehenen Wahlen zur Parteiführung auf November 2005 vorzuziehen, nicht durchsetzen. Das Zentralkomitee des Likud lehnte diesen Vorschlag am 29. 9. 2005 ab. Dennoch führte die innerparteiliche Opposition zu zunehmenden Schwierigkeiten für Scharon, als am 7. 11. 2005 acht Mitglieder der Likud-Fraktion in der Knesset gemeinsam mit der Opposition vier von Scharon vorgeschlagene neue Minister ablehnten. Zwei der Kandidaten hatten die Räumung des Gazastreifens unterstützt; Scharon konnte daraufhin nur die beiden anderen Kandidaten in einer separaten Abstimmung durchsetzen.

In der Arbeitspartei, die seit Anfang 2005 der Regierungskoalition angehörte, unterlag Schimon Peres bei der Wahl zum Parteichef am 9. 11. 2005 knapp dem Vorsitzenden des Gewerkschaftsbundes Histadrut, Amir Peretz. Der 1923 geborene Peres ist seit den 1950er Jahren auf der politischen Bühne Israels präsent und hat die Partei mehrfach, zuletzt seit Mai 2003 geführt. Peretz kündigte nach seiner Wahl an, die Koalition mit dem Likud verlassen zu wollen. Scharon verständigte sich mit ihm am 17. 11. über **vorgezogene Neuwahlen** und ließ die Knesset auflösen. Danach erklärte er am 21. 11. seinen Austritt aus dem Likud, dessen Mitbegründer er 1973 gewesen war. Die Partei sei in ihrer gegenwärtigen Form nicht dazu fähig, Israels nationale Ziele zu verwirklichen. Am 24. 11. wurde die **von Scharon neu ins Leben gerufene Partei Kadima (Vorwärts)** registriert, der sich nicht nur ein erheblicher Teil der Likud-Politiker in der Knesset und im Kabinett anschlossen, sondern auch prominente Vertreter der Arbeitspartei wie Schimon Peres und Haim Ramon, ein früherer Führer des Gewerkschaftsbundes und wie Peres Minister in Scharons Kabinett. Der Likud wählte am 19. 12. Netanjahu zu seinem neuen Vorsitzenden.

Der **schwere Schlaganfall Scharons** am 4. 1. 2006 veränderte die politische Situation trotz aller Dramatik nicht nachhaltig. Scharon hatte bereits am 18. 12. 2005 einen leichteren Schlaganfall erlitten. Nach dem zweiten Gehirnschlag rettete ihn nur eine achtstündige Operation im Jerusalemer Hadassah-Krankenhaus, nach der die Ärzte ihn in ein künstliches Koma versetzten, aus dem er auch Ende Juni noch nicht erwacht war. An Scharons Stelle übernahm Finanzminister Olmert die Amtsgeschäfte des Ministerpräsidenten sowie die Führung von Kadima. Die vier im Kabinett verbliebenen Likud-Minister, unter ihnen Außenminister Silvan Schalom, traten auf Druck von Likud-Chef Netanjahu am 11. 1. bzw. 13. 1. 2006 zurück. Dies ermöglichte Olmert, die freigewordenen Posten am 18. 1. mit loyalen Personen zu besetzen. Das Außenministerium übernahm die bisherige Justizministerin Tsipi Livni (Kadima).

▪ **Parlamentswahlen:** Bei Wahlen zur Knesset am 28. 3. 2006 ging es diesmal ausschließlich um die Wahl der Abgeordneten. Die Wahl des Ministerpräsidenten durch das Volk, die zwischen 1996 und 2001 praktiziert worden war, war inzwischen wieder abgeschafft worden. Bei einer Wahlbeteiligung von 63,6 % wurde **Kadima mit 22 %** und 29 Sitzen **stärkste Partei**, gefolgt von der Arbeitspartei mit 15,1 %. Die Schas-Partei, die vor allem die religiösen orientalischen Juden vertritt, erhielt 9,5 %, während der Likud auf knapp 9 % kam. Es folgten die rechtsnationalistische Yisrael Beitenu mit ebenfalls knapp 9 %, die Nationalreligiöse Partei mit 7,1 %, die Rentnerpartei unter der Führung des (pensionierten) Mosad-Agenten Rafael Eitan mit 5,9 %, die Vereinte Tora-Partei mit 4,7 %, die linksliberale Meretz mit 3,8, sowie die drei arabischen Parteien Vereinte Arabische Liste (3 %), Hadasch (2,7 %) und Balad mit 2,3 % (→ Grafik S. 251).

Olmert hatte im Wahlkampf die Wahlen als Referendum über seinen **Plan** bezeichnet, **bis 2010 Israels endgültige Grenzen festzulegen**, gegebenenfalls auch ohne Mitwirkung der Palästinenser. In einem Fernsehinterview am 7. 2. 2006 äußerte er sich ausführlicher zu seinen Plänen. Er wolle die drei großen Siedlungsblöcke Maale Adumim (östlich von Jerusalem), Gusch Etzion (südlich von Bethlehem) und Ariel (östlich von Tel Aviv) annektieren. Außerdem sollten strategische Siedlungen entlang der Grenzen im Jordantal in israelischer Hand bleiben (→ Karte S. 254). Ziel sei es, in den Gebieten, in denen das israelische Volk lebe, eine jüdische Bevölkerungsmehrheit zu sichern, was bei einer anhaltenden Besetzung des gesamten Westjordanlands nicht möglich sei.

Die neugewählte Knesset konstituierte sich am 17. 4. 2006 unter ihrem Alterspräsidenten Schimon Peres. Erstmals wurde eine Frau an die Spitze der Knesset gewählt, die Kadima-Abgeordnete Dalia Itzik. Am 4. 5.

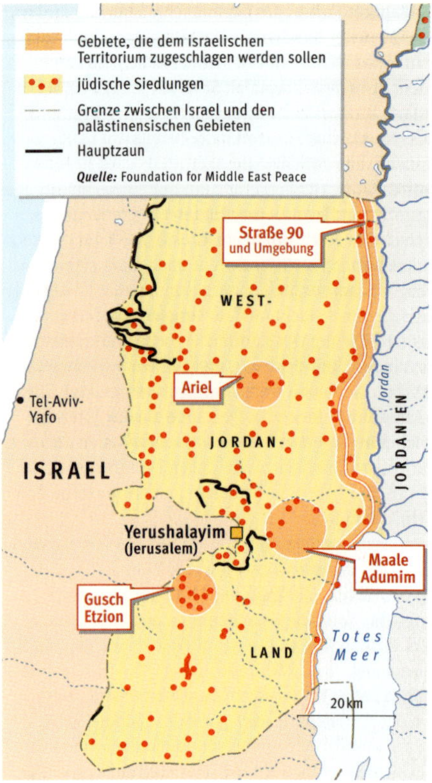

konnte das neue Kabinett unter Führung Ehud Olmerts vereidigt werden. Der **Regierungskoalition** gehören neben Kadima die Arbeitspartei, Schas und die Rentnerpartei an, womit sie in der Knesset über 67 der 120 Sitze verfügt. Von den 25 Mitgliedern des Kabinetts wurden elf von Kadima, acht von der Arbeitspartei, vier von Schas und zwei von der als die ständigen Sanktionsforderungen der USARentnerpartei gestellt. Auch Schimon Peres gehörte wieder der Regierung an; als stellvertretender Ministerpräsident ist er zugleich für die Entwicklung der vernachlässigten Regionen Galiläa und Negev zuständig. Die Zahl der weiblichen Minister ging von vier auf zwei zurück: Außenministerin Tsipi Livni (Kadima) und Bildungsministerin Yuli Tamir (Arbeitspartei). Amir Peretz übernahm das Verteidigungsministerium. Ein im Amt des Ministerpräsidenten angesiedelter Minister wird für religiöse Dienste zuständig sein. Damit wurden die Forderungen von Schas erfüllt, womit das 2003 abgeschaffte Religionsministerium zu neuem Leben erweckt wurde. Olmert will laut Regierungsprogramm innerhalb von zwei Jahren Teile des Westjordanlands räumen und einige Siedlungen aufgeben. Von den Koalitionspartnern hat einzig Schas dem noch nicht zugestimmt.

Am 14. 2. 2006 wurde **Omri Scharon**, der älteste Sohn Ariel Scharons, zu einer Haftstrafe von 18 Monaten, die Hälfte davon auf Bewährung, und einer Geldstrafe von umgerechnet 54 000 € verurteilt. Er hatte 1999, als sein Vater nach der Führung des Likud gestrebt hatte, für dessen innerparteilichen Wahlkampf über Scheinfirmen Spenden weit über den gesetzlich erlaubten Rahmen hinaus gesammelt. Omri Scharon hatte sich im November 2005 mit der Staatsanwaltschaft verständigt und für schuldig bekannt. Der Vollzug der Strafe wurde wegen des Gesundheitszustands Ariel Scharons um ein halbes Jahr aufgeschoben.

■ **Anschläge in Israel:** Am 12. 7. 2005 kam es erstmals seit dem 25. 2. wieder zu einem Selbstmordanschlag in Israel, der in Netanya vier Menschenleben forderte. In einer Busstation in Beerscheba sprengte sich am 28. 8. ein palästinensischer Selbstmordattentäter in die Luft und verletzte dabei zwei Personen. Ein palästinensischer Selbstmordattentäter riss am 26. 10. 2005 in Hadera mindestens fünf Menschen mit sich in den Tod; am 5. 12. kam es in einem Einkaufszentrum in Netanya zu einem weiteren Selbstmordanschlag, der ebenfalls fünf Menschenleben neben dem des Attentäters forderte. Neun Menschen fanden den Tod, als sich ein palästinensischer Selbstmordattentäter am 18. 4. 2006 in Tel Aviv vor einem Restaurant in die Luft sprengte. Alle **Selbstmordanschläge**, die seit dem Februar 2005 in Israel verübt worden waren, **gingen auf den Islamischen Dschihad zurück**, der im Unterschied zu Hamas keine Waffenruhe akzeptiert hatte.

In dem überwiegend von israelischen Arabern bewohnten Ort Schfaram erschoss am 4. 8. 2005 ein 19-jähriger **israelischer Soldat** mit seiner Armeewaffe in einem Bus vier Personen, unter ihnen zwei Frauen, und verletzte neun weitere. Der Attentäter wurde von der aufgebrachten Menge, die den Bus stürmte, als er seine Waffe nachlud, getötet. Er war zwei Monate zuvor aus der Armee desertiert, weil er nicht an der »Vertreibung von Juden durch Juden« aus dem Gazastreifen teilnehmen wollte. Die Mutter des Attentäters berichtete, sie habe die zuständigen Armeestellen darauf hingewiesen, dass ihr Sohn der Extremistenszene angehöre und seine Armeewaffe mit sich führe, sei aber bei diesen auf wenig Interesse gestoßen. Verteidigungsminister Schaul Mofaz ordnete an, dass der Tote nicht auf einem Militärfriedhof beigesetzt werden dürfe.

■ **Israelischer Sperrwall:** Mit dem von der Regierung am 10. 7. 2005 beschlossenen Bau des **Sperrwalls in Jerusalem** werden **ca. 55 000 Palästinenser** – ein knappes Viertel aller arabischen Einwohner – aus ihrer Stadt **ausgesperrt**. Die Mauer verläuft mitten durch palästinensische Siedlungen in Ost-Jerusalem, an einer anderen Stelle ragt sie weit ins Westjordanland hinein, um die jüdische Siedlung Maale Adumim mit ihren 30 000 Einwohnern miteinzubeziehen. Nicht nur von palästinensischer Seite wurde heftige Kritik an diesem Vorhaben geübt. Auch israelische Politiker wie der Bürgermeister von Jerusalem kritisierten den Plan. Von palästinensischer Seite wurde darauf hingewiesen, die israelische Regierung wolle durch die Abtrennung palästinensischer Wohnviertel im Osten der Stadt den Anteil der jüdischen Einwohner Jerusalems erhöhen und damit die eigene Position für spätere Verhandlungen über den Status Jerusalems verbessern. Der Minister ohne Geschäftsbereich, Haim Ramon, bestätigte dies indirekt, als er davon sprach, der Wall mache Jerusalem nicht nur sicherer, sondern auch jüdischer.

Gemäß einer **Entscheidung des Obersten Gerichts** vom 15. 9. 2005 muss der Verlauf der Sperranlage zwischen Israel und dem Westjordanland verändert werden. Dabei geht es um fünf palästinensische Dörfer bei Kalkiliya, die durch den Sicherheitswall vom palästinensischen Gebiet abgeschnitten worden waren. Die Regierung modifizierte am 1. 5. den Verlauf der Sperranlage um die Siedlung Ariel, sodass mehrere palästinensische Orte mit rund 30 000 Einwohnern nun nicht auf der israelischen Seite des Walls liegen. In einem weiteren Urteil vom 15. 6. 2006 stellte das Oberste Gericht fest, daß der Verlauf der Mauer bei der in der Nähe Kalkiliyas gelegenen Siedlung Tsofin geändert werden müsse, weil er nicht nach Sicherheitserwägungen, sondern nach stadtplanerischen Gesichtspunkten festgelegt worden war. Offenbar wollten die Armee und die dortigen Siedler zusätzliches Land einzäunen, um später ein Industriegebiet errichten zu können. In Reaktion auf das Urteil ließ Verteidigungsminister Peretz den geplanten Verlauf der Sperrmauer neu überprüfen.

▪ **Weitere Gerichtsurteile:** Mit knapper Mehrheit billigte am 14. 5. 2006 das Oberste Gericht ein Gesetz, wodurch die **Familienzusammenführung** bei Ehen zwischen israelischen und palästinensischen Partnern **eingeschränkt** wurde. Mit dem Verweis auf mögliche Sicherheitsrisiken durch die Bildung einer »Fünften Kolonne« erhalten Palästinenser, die israelische Staatsbürger heiraten, nicht automatisch das Recht auf Niederlassung in Israel. Das Gesetz war vor vier Jahren von der Knesset verabschiedet worden. Menschenrechtsorganisationen sowie Abgeordnete hatten dagegen geklagt.

Ein israelisches Militärgericht verurteilte am 11. 8. 2005 einen Unteroffizier der Armee zu acht Jahren Haft wegen Totschlags an dem jungen britischen Friedensaktivisten Tom Hurndall. Hurndall war im Januar 2004 seinen Schussverletzungen erlegen, die er im April 2003 erlitten hatte, als er versuchte, palästinensische Kinder im Gazastreifen zu schützen.

Das Oberste Gericht entschied am 6. 10. 2005, dass die seit vielen Jahren von der israelischen Armee bei ihren Aktionen in den besetzten Gebieten geübte **Praxis der »menschlichen Schutzschilde« gegen das Völkerrecht verstößt**. 2002 hatten israelische und palästinensische Menschenrechtsorganisation die Klage eingebracht. Bereits damals hatte das Gericht die Praxis vorläufig verboten, worauf die Armee das System etwas modifizierte und palästinensische »Freiwillige« als Vermittler benutzte. Auch dies wurde verboten.

▪ **Außenpolitik:** Bei dem Besuch von Ministerpräsident Scharon am 27. 7. 2005 in **Frankreich** ging es vor allem darum, das in der Vergangenheit häufig gespannte israelisch-französische Verhältnis zu verbessern (→ Frankreich). In Istanbul trafen am 1. 9. 2005 erstmals ein israelischer und ein pakistanischer Außenminister zu Gesprächen zusammen. **Pakistans Außenminister** Mian Khurshid Kasuri erklärte, mit dieser Begegnung solle der israelische Abzug aus dem Gazastreifen gewürdigt werden. Israels Außenminister Schalom äußerte bei der gemeinsamen Pressekonferenz, er erwarte die baldige Aufnahme voller diplomatischer Beziehungen. Pakistans Präsident Pervez Musharraf wies jedoch noch gleichentags darauf hin, dass ein solcher Schritt erst nach der Etablierung eines palästinensischen Staates zu erwarten sei.

Am 29. und 30. 1. 2006 hielt sich die **deutsche Bundeskanzlerin** Angela Merkel zu einem Besuch in Israel auf (→ Foto). Sie führte dort Gespräche mit Staatspräsident Mosche Katzav, dem amtierenden Ministerpräsidenten Olmert sowie führenden Vertretern der Oppositionsparteien. In Ramallah traf sie mit dem palästinensischen Präsidenten Mahmud Abbas zusammen. Merkel wies darauf hin, dass der Besuch für sie, die in der DDR, die keine Beziehungen zu Israel unterhalten hatte, aufgewachsen war, von besonderer Bedeutung sei. Sowohl in Israel wie auch gegenüber Abbas betonte sie, die palästinensische Behörde müsse auch unter Führung der Hamas Israel anerkennen, der Gewalt abschwören und die bisherigen Schritte im Friedensprozess anerkennen.

Regierungschef Ehud Olmert und Bundeskanzlerin Angela Merkel am 29. 1. 2006

Nach dem Abschluss der Regierungsbildung unternahm Ministerpräsident Olmert mehrere Auslandsreisen, um für seinen Plan zu werben, innerhalb der nächsten Jahre gegebenenfalls auch ohne palästinensische Partner die Grenzen Israels – und damit auch des palästinensischen Staates – festzulegen. Bei seiner Visite in Washington vom 23.–25. 5. 2006 erhielt Olmert zwar keine bedingungslose, aber doch ausreichende Unterstützung, um seinen Plan vorantreiben zu können. Präsident George W. Bush wies Olmert darauf hin, vor einer unilateralen Umsetzung zumindest den Versuch von Verhandlungen mit der anderen Seite zu machen.

Bei einem Treffen mit **Ägyptens Staatspräsident** Hosni Mubarak in Scharm el-Scheich am 5. 6. kam es bei der anschließenden gemeinsamen Pressekonferenz zu keinen kontroversen Stellungnahmen; allerdings hatte Mubarak das angekündigte unilaterale Vorgehen Israels zuvor mehrfach kritisiert. Beim Besuch Olmerts am 8. 6. in **Jordanien** wies König Abdullah II. die israelische Seite indessen deutlich darauf hin, von einseitigen Schritten und Grenzziehungen im Westjordanland ohne Mitwirkung der palästinensischen Seite Abstand zu nehmen. Auch bei Olmerts Besuch in London am 12. 6. und in Paris am 14. 6. wurde der israelische Ministerpräsident von seinen Gesprächspartnern, Premierminister Tony Blair und Präsident Jacques Chirac ermahnt, eine Verhandlungslösung anzustreben, in Paris um einiges deutlicher als in London.

VERHÄLTNIS ISRAEL–PALÄSTINA

- **Räumung des Gazastreifens:** Die von Ministerpräsident Scharon seit 2004 angestrebte Räumung der israelischen Siedlungen im Gazastreifen und der Abzug der Armee wurden im Sommer 2005 zügig vollzogen. Ein Marsch von ca. 40 000 rechtsgerichteten Sympathisanten der Siedlungsbewegung zum Grenzübergang Kissufim wurde am 19. 7. noch 15 km zuvor durch einen Großeinsatz der israelischen Polizei gestoppt. Auch die ca. 25 000 Anhänger der Siedlerbewegung, die sich am 2. und 3. 8. in Sderot versammelten, wurden von Polizei und Militär daran gehindert, in den Gazastreifen einzudringen. Am 15. 8. 2005 begann die **Räumung der 21 zwischen 1970 und 2001 errichteten Siedlungen** im Gazastreifen sowie weiterer vier im Westjordanland. Im Gazastreifen wurden 8518 Siedler evakuiert, im Westjordanland 674. Dabei kam es zu gewaltsamen Auseinandersetzungen zwischen Siedlern und ihren Unterstützern und den israelischen Sicherheitskräften. Die Räumung wurde bis zum 23. 8. abgeschlossen. Insgesamt hatte sich der Widerstand von seiten der extremistischen Siedler und ihrer Sympathisanten als weitaus schwächer erwiesen als befürchtet. Die **letzten israelischen Soldaten verließen** am 11. 9. **nach 38 Jahren Besatzung den Gazastreifen**. Die ursprünglich geplante Übergabezeremonie wurde abgesagt, nachdem die palästinensische Seite angekündigt hatte, sie boykottieren zu wollen. Ein Abkommen mit Ägypten, das von der Knesset am 31. 8. gebilligt worden war, regelte die Sicherung des sog. Philadelphi-Korridors an der Grenze zwischen dem Gazastreifen und Ägypten nach dem israelischen Abzug. Damit wurde erstmals wieder die Präsenz ägyptischen Militärs auf der Sinaihalbinsel erlaubt, was durch die Bestimmungen des Friedensvertrags von Camp David 1979 verboten worden war.

- **Grenzverkehr zum Gazastreifen:** Der von Israel nach dem Abzug aus dem Gazastreifen geschlossene Grenzübergang Rafah nach Ägypten konnte am 21. 11. 2005 von Präsident Abbas wiedereröffnet werden. Vorausgegangen waren zähe Verhandlungen der US-amerikanischen Außenministerin Condoleezza Rice mit der israelischen Regierung. Das Abkommen vom 15. 11., das die Bedingungen für den Grenzübergang von und zum Gazastreifen regelt, sieht vor, dass die israelische Seite Zugriff auf die Videoüberwachung des Personenverkehrs sowie auf die Computerdaten erhalten soll. Über die Festnahme eines Verdächtigen sollen indes die dort stationierten **EU-Beobachter** entscheiden. Zu diesem Zweck soll ein trilateraler Kommandoraum mit Israelis, Palästinensern und Europäern im israelischen Grenzübergang Kerem Schalom eingerichtet werden. Über Kerem Schalom soll auch der Warenverkehr fließen. Rafah ist einzig dem Grenzverkehr von Inhabern palästinensischer Ausweise vorbehalten.

Der Personen- und Warenverkehr zwischen dem Gazastreifen und dem Westjordanland soll in Form von Wagenkonvois über israelisches Territorium abgewickelt werden. Die Kapazität des für den Güterverkehr reservierten Grenzübergangs von Karni nordöstlich des Gazastreifens soll auf täglich 150 Lastwagen ausgebaut werden. Außerdem soll ein Seehafen für Gaza errichtet werden. Der Flughafen bleibt weiterhin gesperrt. Der **Gazastreifen** ist also trotz Abzug der Israelis unter deren Sicherheitsaufsicht verblieben und somit **nicht souverän**. Die Gespräche über den Transitverkehr durch Israel zwischen Gaza und Westjordanland wurden am 9. 12. von den Israelis abgebrochen. Am 15. 12. hätten die im Abkommen vereinbarten, von der israelischen Armee eskortierten Buskonvois zwischen Gaza- und Westjordanland beginnen sollen.

▪ **Bewaffnete Auseinandersetzungen:** Am 14. 7. 2005 begann die israelische Armee eine Reihe von Luftangriffen gegen Ziele im Gazastreifen als Reaktion auf palästinensische Raketenangriffe, durch die eine israelische Siedlerin ums Leben gekommen war. Der palästinensische Innenminister Nasser Yusef verhängte darauf den Ausnahmezustand über den Gazastreifen und wies die ihm unterstehenden Sicherheitskräfte an, Angriffe auf israelische Gebiete von dort zu unterbinden. Während Israel seine Luftschläge fortsetzte, bei denen mehrere Hamas-Aktivisten in Gaza und im Westjordanland getötet wurden, kam es in Gaza zu heftigen Kämpfen zwischen palästinensischen Sicherheitskräften und Kämpfern der Hamas. Das IKRK schloss am 10. 8. sein Hauptbüro in Gaza und begründete dies mit der Verschlechterung der Sicherheitslage. Zwei Tage zuvor waren drei Mitarbeiter der UNRWA in Khan Yunis verschleppt worden, die kurz danach von palästinensischen Sicherheitskräften befreit werden konnten. Die Entführungen wurden Anhängern von Faruk Kadumi zugeschrieben, dem Vorsitzenden des PLO-Zentralrats, einem Rivalen von Präsident Abbas. Am 7. 9. 2005 stürmten rund 100 maskierte Männer der Volkswiderstandskomitees das schwer bewachte Haus von Musa Arafat im Gazastreifen, des im April von Präsident Abbas entlassenen früheren dortigen Geheimdienstchefs. Arafat wurde regelrecht exekutiert, sein Sohn Manhal entführt und später nach ägyptischer Vermittlung wieder freigelassen, angeblich gegen das Versprechen von Straffreiheit für die Mörder seines Vaters. Ein Sprecher der Volkswiderstandskomitees erklärte, die Tötung von Arafat sei ein Signal an die Autonomiebehörden, dass jeder, der korrupt sei, bestraft werde.

Bei einer »Siegesparade« der Hamas im Flüchtlingslager Dschabaliya am 23. 9. 2005 explodierte ein mit Raketen beladener Lastwagen, wodurch 21 Menschen getötet und 80 verletzt wurden, die meisten von ihnen Zivilisten. Laut Hamas war der Wagen von einer israelischen Lenkrakete getroffen worden, was sowohl von Israel als auch der PNA entschieden zurückgewiesen wurde. Hamas beschoss nach diesem Vorfall die in der Nähe des Gazastreifens gelegene Stadt Sderot, wobei mehrere Einwohner verletzt wurden. Die israelische Armee reagierte darauf mit **Massenverhaftungen von Aktivisten von Hamas und des Islamischen Dschihad** im Westjordanland – insbesondere um Ramallah – und nahm seine Strategie der gezielten Tötungen wieder auf. Am 2. 10. kam es zu einem Feuergefecht zwischen palästinensischer Polizei und Hamas-Kämpfern in Gaza, nachdem letztere eine Polizeistation gestürmt hatten. Die Schießereien weiteten sich rasch in das nahe gelegene Flüchtlingslager von Shati aus. Einen Tag zuvor hatte Abbas das Tragen von Waffen in der Öffentlichkeit verboten. Wie eine am 13. 10. veröffentlichte Statistik der PNA zeigte, waren 2005 bisher bei **innerpalästinensischen Auseinandersetzungen** ungefähr genauso viele Menschen getötet worden wie durch die israelische Armee. Dutzende von palästinensischen Polizisten demonstrierten am 3. 10. für bessere Ausrüstung und Unterstützung durch die Behörden. In Gaza stürmten sie das Gebäude des Legislativrats und unterbrachen dessen Sitzung. Die Abgeordneten des Legislativrats forderten gleichentags in Ramallah den Rücktritt der Regierung, die zu wenig unternommen hätte, um die Ordnung wiederherzustellen.

Nachdem am 16. 10. drei israelische Siedler im Westjordanland von Palästinensern erschossen und mehrere verletzt worden waren, wofür die Al-Aksa-Brigaden die Verantwortung übernahmen, verhängte **Israel** neue Reisebeschränkungen über die Palästinenser im Westjordanland und **unterbrach den Kontakt zur PNA**. Am 24. 10. töteten israelische Soldaten in Tulkarem Luay Saadi, einen der meistgesuchten militärischen Führer des Islamischen Dschihad. Bei einem Luftangriff auf ein Auto zweier Führer des Islamischen Dschihad am 27. 10. im Gazastreifen kamen acht Palästinenser, die meisten von ihnen unbeteiligte Zivilisten, ums Leben.

Nach relativer Ruhe während des palästinensischen Wahlkampfs eskalierten ab Februar 2006 erneut die Auseinandersetzungen. Auf **palästinensischen Raketenbeschuss** reagierte die israelische Armee mit gezielten Tötungen, **Luftangriffen und Artilleriefeuer** auf den Gazastreifen sowie Razzien im Westjordanland, die oft zu Straßenschlachten mit palästinensischen Kämpfern führten. Zugleich kam es immer wieder zu Schießereien zwischen Kämpfern der Hamas auf der einen, Angehörigen der palästinensischen Sicherheitskräfte und Fatah-Aktivisten auf der anderen Seite. Dabei zeigte sich deutlich, dass Hamas im Gazastreifen die Oberhand hatte, die Fatah dagegen in den meisten Gebieten des Westjordanlands. Am 13. 6. 2006 stürmten Fatah-Aktivisten den Regierungssitz in Ramallah, um damit gegenüber Hamas ihre Macht zu demonstrieren.

In Jericho stürmte die israelische Armee am 14. 3. das Gefängnis und brachte sechs palästinensische Häftlinge in ihre Gewalt, unter ihnen Ahmad Saadat, den Chef der Volksfront für die Befreiung Palästinas (PFLP). Ihnen wurde vorgeworfen, in die Ermordung des israelischen Tourismusministers Ze'evi 2001 verwickelt gewesen zu sein; sie waren seit 2002 in Jericho unter der Präsenz amerikanischer und britischer Beobachter, die kurz vor der Erstürmung abgezogen worden waren, inhaftiert gewesen. Auf palästinensischer Seite wurde dahinter ein abgekartetes Spiel vermutet, sodass es in Gaza und Ramallah zu Ausschreitungen gegen Büros des British Council und der Mission der EU kam. Mehrere Ausländer wurden kurzzeitig entführt. Am 21. 5. wurde vor einem israelischen Militärgericht Klage gegen Saadat erhoben, allerdings nicht wegen des Mordes an Ze'evi, da Saadats Mittäterschaft nach Meinung des Rechtsberaters der israelischen Regierung nicht ausreichend bewiesen werden könne.

Das am 30. 3. verübte Selbstmordattentat, dem mehrere israelische Siedler im Westjordanland zum Opfer fielen, war das erste, das von den **Al-Aksa-Brigaden** der Fatah seit dem informellen Waffenstillstand vor über einem Jahr verübt wurde. Bei israelischen Angriffen auf den Gazastreifen am 7. und 9. 4. wurden insgesamt 16 Menschen getötet. Am 9. 6. wurden acht palästinensische Zivilisten beim Picknick am Strand im Gazastreifen getötet, wofür Israel – gestützt auf die Ergebnisse einer internen Untersuchung der Armee – jede Verantwortung ablehnte. Diese Untersuchung wurde jedoch von einem Team der amerikanischen Menschenrechtsorganisation Human Rights Watch, das den Ort der Explosion in Augenschein genommen hatte, angezweifelt. Dieser Vorfall und die Tötung von Dschamal Abu Samhadana, dem Sicherheitschef der Hamas-Regierung, in Rafah bei einem israelischen Luftangriff am 15. 6. führten dazu, dass **Hamas die Waffenruhe gegenüber Israel aufkündigte**.

Nach dem **Angriff palästinensischer Freischärler** auf einen israelischen Armeeposten im Grenzgebiet des Gazstreifens am 24. 6., bei dem zwei Soldaten getötet wurden und einer entführt wurde, marschierte die **israelische Armee**, unterstützt von der Luftwaffe, am 28. 6. **in den Gazstreifen** ein. Ziel der Operation »Sommerregen« wäre es, so Ministerpräsident Olmert, den entführten Soldaten zu befreien, nicht die erneute Besetzung. Einen Tag später brachte die Armee über **60 Hamas-Mitglieder in ihren Gewahrsam**, darunter **acht Minister und 20 Abgeordnete**. In der Nacht auf den 2. 7. wurde das Büro des palästinensischen Regierungschefs Hanija beschossen (→ Foto). Inzwischen hatte der ägyptische Präsident Hosni Mubarak seine Vermittlung angeboten. Die ständigen Mitglieder des UN-Sicherheitsrats, Frankreich und Großbritannien, riefen Israel zur Mäßigung auf, während die USA die Hamas-Regierung, Syrien und den Iran für die neue Krise verantwortlich machten.

PALÄSTINENSISCHE GEBIETE

- **Kommunalwahlen:** Bei weiteren Runden der Kommunalwahlen am 29. 9. und 15. 12. 2005, die in mehreren Etappen seit Dezember 2004 durchgeführt wurden, gewann die Fatah die Mehrheit in 61 von insgesamt 104 Gemeinderäten, Hamas in 28, weitere Gruppierungen in 15. Die Wahlbeteiligung lag bei 81 %. Diese Runde betraf vor allem die ländlichen Gegenden des Westjordanlands, wo die Fatah nach wie vor stark ist, während Hamas am 15. 12. in Nablus und Jenin die Mehrheit eroberte und nur in Ramallah in der Minderheit blieb. Nur in Hebron stehen die Kommunalwahlen noch aus. Insgesamt konnte die Fatah 35 % der bislang vergebenen Gemeinderatssitze für sich sichern, Hamas 23 %. Drittstärkste Kraft wurde die Volksfront für die Befreiung Palästinas (PFLP). Allerdings dominierte Hamas in den Städten wie auch in den bevölkerungsreicheren Gebieten auf dem Land.
- **Wahlen zum Legislativrat:** Erstmals seit 1996 wurden am 25. 1. 2006 Wahlen zum Palästinensischen Legislativrat durchgeführt, die seit dem Ausbruch der zweiten Intifada 2000 immer wieder verschoben worden waren. In der Fatah begehrte die jüngere Generation gegen das Establishment auf und stellte am 14. 12. 2005 ihre eigene Liste Al-Mustakbal (Die Zukunft) auf, mit prominenten Politikern wie dem derzeit in Israel inhaftierten Marwan Barghuti und dem früheren Sicherheitschef Mohamed Dahlan und Jibril Rajub. Ende Dezember einigte man sich schließlich auf eine gemeinsame Fatah-Liste mit Barghuti auf dem ersten Platz. Insgesamt traten elf Parteilisten an, der Islamische Dschihad boykottierte die Wahlen. In Jerusalem erlaubte Israel nur eine begrenzte Stimmabgabe in sechs Postämtern im Osten der Stadt für insgesamt 6300 Wähler. Zehntausende mussten sich zur Stimmabgabe in die palästinensischen Vororte begeben.

Die Wahlen fanden, so auch das Urteil der rund 900 internationalen Wahlbeobachter, unter weitgehend ruhigen Umständen statt. Die Wahlbeteiligung lag bei 74,6 %. Stärkste Partei wurde die Hamas mit 44,5, gefolgt von der Fatah mit 41,4 %. Aufgrund des Wahlrechts verfügt **Hamas** mit 74 Sitzen über eine **absolute Mehrheit** in dem 132 Sitze zählenden Legislativrat, wäh-

Ismail Hanija und Mahmud Abbas am 2. 7. 2006

Militante Organisationen in Palästina

Fatah (Bewegung für die nationale Befreiung Palästinas, der Name bedeutet zugleich »Sieg«). Stärkste Partei innerhalb der PLO (Palästinensische Befreiungsorganisation) mit konservativ-nationalistischer Ideologie, die sich sowohl von der marxistischen Doktrin der PFLP und den islamistischen Gruppierungen abgrenzt. 1959 gegründet, war **Jassir Arafat bis zu seinem Tod ihre dominierende Führerfigur.** Lange Jahre sah sie im bewaffneten Kampf gegen Israel, den sie mit allen Mitteln führte, die einzige Möglichkeit zur Errichtung eines palästinensischen Staates. Seit dem Abkommen von Oslo 1993 war die Fatah die beherrschende Kraft in den palästinensischen Gebieten. Nach dem Beginn der zweiten Intifada 2000 wurden als militärischer Arm der Fatah die **Al-Aksa-Märtyrer-Brigaden** gegründet.

Hamas (Islamische Widerstandsbewegung, der Name bedeutet zugleich »Eifer«), die größte islamistische Organisation in Palästina, wurde 1987 zu Beginn der ersten Intifada gegründet. In seiner 1988 formulierten »Charta«, einer Synthese von Islamismus und palästinensischem Nationalismus, wird Palästina – in den Grenzen des alten britischen Mandatsgebiets – als islamische religiöse Stiftung (waqf) definiert, die nicht von Politikern an andere abgetreten werden könne. Hamas opponierte von Anfang an gegen das Oslo-Abkommen von 1993 zwischen Israel und der PLO und boykottierte 1996 die Wahlen zum Legislativrat. Hamas unterhält wie andere islamistische Organisationen auch ein soziales Netzwerk mit Schulen, Krankenhäusern und religiösen Institutionen. Als militärischer Arm fungieren die 1991 gegründeten **Izzedin-al-Kassam-Brigaden.**

Islamischer Dschihad (der Name bedeutet »Streben«, »Bemühen«), gegründet Ende der 1970er Jahre im Gazastreifen von drei in Ägypten studierenden Palästinensern als Ableger des militanten ägyptischen Islamischen Dschihad. Anfang der 1980er Jahre machte die Gruppierung erstmals mit Anschlägen in den besetzten Gebieten von sich reden. Wie Hamas lehnt der Islamische Dschihad das Abkommen von Oslo ab, ist aber weitaus kleiner und ohne deren umfangreiches soziales Netzwerk. Er strebt die Befreiung von ganz Palästina, die Zerstörung Israels und die Errichtung eines palästinensischen islamischen Staates an.

Volksfront zur Befreiung Palästinas (PFLP), gegründet 1967, ideologisch dem Marxismus-Leninismus verpflichtet. Bis 2000 war Georges Habbash die führende Figur der PFLP, derzeit ist Ahmad Saadat ihr Generalsekretär. Die PFLP machte in den 1960er und 1970er Jahren durch mehrere spektakuläre Flugzeugentführungen von sich reden; so war sie auch an der Entführung der Lufthansamaschine Landshut 1977 beteiligt. Auch sie gehört zu den palästinensischen Organisationen, die das Abkommen von Oslo ablehnen.

Volkswiderstandskomitees, gegründet 2000 von Dschamal Abu Samhadana, der ursprünglich der Fatah angehörte, zuletzt aber Hamas nahe stand. Es handelt sich dabei um eine Splittergruppe früherer Fatah-Aktivisten und Angehöriger der palästinensischen Sicherheitskräfte, die gegen einen Waffenstillstand mit Israel opponieren und sich in jüngerer Zeit den islamistischen Kräften (Hamas, Islamischer Dschihad) angenähert haben. Die Komitees versuchen Milizen aller Bewegungen zu integrieren, führen Ausbildungskurse durch, geben Anleitung zum Bau von Bomben und planen Angriffe auf Israel.

rend die Fatah trotz des relativ geringen prozentualen Abstands nur auf 45 Sitze kam. Im alten Legislativrat hatte sie noch eine überwältigende Mehrheit besessen. Ebenfalls im Legislativrat vertreten sind die Volksfront für die Befreiung Palästinas (PFLP) mit 4,3 %, Die Alternative, eine Listenverbindung kleinerer Gruppierungen mit 2,9 %, Unabhängiges Palästina, angeführt von Mustafa Barghuti, der in den Präsidentschaftswahlen Anfang 2005 nach Mahmud Abbas an zweiter Stelle gelegen hatte, mit 2,7 %, der Dritte Weg, angeführt vom bisherigen Finanzminister Salam Fayad und der früheren Wissenschaftsministerin Hanan Ashrawi, mit 2,4 %. Vier Sitze gingen an unabhängige Kandidaten (→ Grafik S. 260). Der **Wahlsieg von Hamas** ist in erster Linie eine Folge der **Unzufriedenheit der Bevölkerung über die grassierende Korruption und Misswirtschaft in den Reihen der Fatah**, die die Palästinensische Autonomiebehörde (PNA) seit 1993 dominiert. Hinzu kam die Frustration über die Erfolglosigkeit bei der Durchsetzung und dem erwünschten Ausbau der Autonomie gegenüber Israel.

Nach dem Rücktritt der Regierung unter Ministerpräsident Ahmed Kurei am 26. 1. 2006 beauftragte Präsident Abbas bei der konstituierenden Sitzung des neugewählten Legislativrats am 19. 2. Hamas mit der Regierungsbildung. Die **neue Regierung** unter Ministerpräsident Ismail Hanija (→ Foto) konnte am 29. 3. vereidigt werden. Hanija, der die Hamas-Liste angeführt hatte und als gemäßigt gilt, zählt neben Außenminister Mahmud al-Sahar und Innenminister Said Siyam zur kollektiven Führung der Hamas, die sich nach der Tötung ihres Gründers Scheich Ahmed Jassin 2004 gebildet hatte. Die meisten Minister gehören neben einigen Unabhängigen Hamas an.

Der **Wahlsieg von Hamas sorgte** bereits vor dem Amtsantritt der neuen palästinensischen Regierung **in Israel und international für negative Reaktionen.** Schon am 20. 2. 2006 beschloss die israelische Regierung Sanktionen. So sollten die Einnahmen aus der Zoll- und Mehrwertsteuer auf Produkte, die über Israel in die palästinensischen Gebiete eingeführt werden und die Israel für die PNA einzieht, zurückgehalten wer-

Palästina: Wahlen zum Parlament am 25.1.2006 (1996)

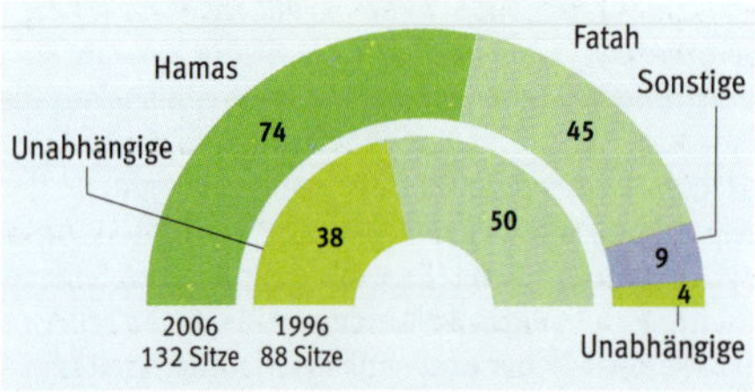

den. Diese monatlich ca. 42 Mio. € Einnahmen machen fast ein Drittel des Budgets der Autonomiebehörde aus. Am 10. 4. beschloss das israelische Sicherheitskabinett den Abbruch der Kontakte zur palästinensischen Regierung. Die EU stellte am 7. 4. ihre Zahlungen an die PNA ein, hatte sich aber am 27. 2. auf einen Vorschlag der EU-Kommission geeinigt, humanitäre Hilfe weiterhin mit ca. 120 Mio. € zu unterstützen. Am 9. 4. stellten die USA ihre Zahlungen an die PNA ein, am 19. 4. Japan. Das State Department wies seine Vertreter an, alle Kontakte mit von der Hamas abhängigen Behörden einzustellen. Auch die UN brachen am 12. 4. ihre Kontakte zur Hamas-Regierung ab.

Das Internationale Komitee vom Roten Kreuz (IKRK) warnte am 10. 4. vor **zunehmender Not der Palästinenser infolge der Zahlungseinstellungen** und stockte sein eigenes Palästina-Budget am 12. 6. um ein Viertel auf. Israels Außenministerin Livni erklärte schließlich am 11. 5., Israel wolle für Hilfsprojekte in den Palästinensergebieten Gelder freigeben, und sagte wenig später zu, dass rund 11 Mio. US-$ für das palästinensische Gesundheitswesen zur Verfügung gestellt würden. Am 5. 6. konnten erstmals nach drei Monaten wieder Lohnzahlungen an Angestellte der Autonomiebehörde erfolgen. Dafür wurden ausschließlich Gelder interner Steuereinnahmen verwendet, die indes nur für ungefähr ein Viertel der 160 000 Angestellten reichten. Auf dem EU-Gipfeltreffen in Brüssel beschlossen die europäischen Regierungschefs am 16. 6., im Rahmen eines internationalen Mechanismus finanzielle Hilfe an die Palästinenser unter Umgehung der Hamas-Regierung zu leisten, die vorwiegend in die Bereiche Gesundheit und soziale Dienste fließen soll.

Auf der politischen Bühne Palästinas setzte relativ bald ein **Tauziehen zwischen Präsident Abbas und der Hamas-Regierung** ein. Abbas übernahm am 6. 4. 2006 die Zuständigkeit für die Grenzübergänge zum Gazastreifen, um damit die Macht der Hamas-Regierung zu begrenzen. Diese ernannte am 20. 4. ihren eigenen Sicherheitschef, den Anführer der Volkswiderstandskomitees Dschamal Abu Samhadana, und beanspruchte damit Kompetenzen der dem Präsidenten unterstehenden Kommandeure der Sicherheitskräfte. Der ehemalige Fatah-Sicherheitsoffizier Samhadana sollte eine neue Polizeitruppe aus der »Elite der Widerstandskämpfer« rekrutieren. Abbas ließ am Tag darauf die Ernennung annullieren. Bereits im März hatte Abbas den Fatah-Offizier Raschid Abu Schbak zum Sicherheitsdirektor mit Aufsichtsgewalt über die drei Apparate des Innenministeriums ernannt.

Mit der **Ankündigung eines Referendums über** ein politisches Programm zur **Schaffung eines palästinensischen Staates in den Grenzen von 1967** ergriff Abbas am 25. 5. die Initiative und forderte die Hamas auf, diesem Konzept innerhalb von zehn Tagen freiwillig zuzustimmen. In Israel inhaftierte palästinensische Gefangene aus allen politischen Lagern hatten sich zuvor auf ein 18-Punkte-Programm geeinigt, das den Widerstand mit der Beschränkung auf einen palästinensischen Staat in den 1967 besetzten Gebieten verbindet. Außerdem schlugen sie vor, dass Hamas und Islamischer Dschihad der PLO beitreten sollten, die grundlegend zu reformieren sei. Abbas und Hamas kamen sich in der Frage des Referendums nicht näher, auch wenn Abbas das Ultimatum verlängerte. Schließlich setzte der Präsident den 26. 7. als Termin für das Referendum fest. Bei einem Treffen am 14. 6. vereinbarten Abbas und Ministerpräsident Hanija die Integration der Hamas-Sonderpolizei in die allgemeinen Sicherheitskräfte. Am 27.6. einigten sich schließlich alle Gruppen mit Ausnahme des Islamischen Dschihad auf das 18-Punkte-Programm. Mit der darin enthaltenen Beschränkung der palästinensischen Ansprüche auf die 1967 besetzten Gebiete hatte erstmals auch Hamas – zumindest indirekt – Israel anerkannt.

Bei mehreren Auslandsreisen suchte Abbas, sich internationaler Unterstützung zu versichern. Ende März 2006 hielt sich Abbas zu einem offiziellen Besuch in Südafrika auf; dabei betonte Präsident Thabo Mbeki, dass für sein Land kein Zweifel an der Legitimität der Hamas-Regierung bestünde, forderte diese aber auf, Israel anzuerkennen. Am 23. 4. traf Abbas zu einem Besuch in der Türkei ein, deren Ministerpräsident Recep Tayyip Erdoğan den Stopp der Finanzhilfe an Palästina kritisiert hatte. Bei seinen Besuchen in Norwegen, Finnland und Frankreich warnte Präsident Abbas vor den schweren sozialen Folgen, die bei weiterhin ausbleibender finanzieller Unterstützung zu erwarten seien. In Oslo schlug er am 26. 4. die Abhaltung einer internationalen Nahostkonferenz vor, an der eine Gruppe wie das Nahost-Quartett (USA, EU, Russland, UNO) als Vermittler und Schlichter eingesetzt werden sollte. Am 15. 5. traf sich Abbas im russischen Kurort Sotschi an der Schwarzmeerküste mit Russlands Präsident Wladimir Putin.

Italien Süd-Europa

Italienische Republik; Repubblica Italiana, Kurzform: Italia – IT / ITA

Fläche (Weltrang: 70): 301 336 km²

Einwohner (22): F 2004 57 573 000 = 191 je km²

Hauptstadt: Roma (Rom)

Amtssprachen: Italienisch, Deutsch (regional), Französisch (regional), Slowenisch (regional)

Bruttonationaleinkommen 2004 je Einw.: 26 290 $

Währung: 1 Euro (€) = 100 Cent
Kurs: 1 US-$ = 0,79 € (1. 7. 2006)

Botschaft der Italienischen Republik
Hiroshimastr. 1, 10785 Berlin
T 030 / 25 44 00, Fax 25 44 01 20
www.botschaft-italien.de

LANDESSTRUKTUR **Fläche**: 301 336 km²; davon Sizilien 25 426 km², Sardinien 23 813 km², Elba 224 km² ▪ **Verwaltung**: 20 Regionen; Sonderstatus für die 5 Regionen Aostatal, Friaul-Julisch-Venetien, Sardinien, Sizilien, Trentino-Südtirol ▪ **Städte**: (F 2005) Roma (Rom) 2 553 873 Einw., Milano (Mailand) 1 299 439, Napoli (Neapel) 995 171, Torino (Turin) 902 255, Palermo 675 277, Genova (Genua) 605 084, Bologna 374 425, Firenze (Florenz) 368 059, Bari 328 458, Catania 305 773, Venezia (Venedig) 271 251, Verona 259 068, Messina 247 592, Padova (Padua) 210 821, Trieste (Triest) 207 069, Taranto (Tarent) 199 012, Brescia 192 164, Reggio di Calabria 183 041, Prato 180 674, Modena 180 110, Parma 174 471, Cagliari 161 465, Perugia 157 842, Foggia 154 780, Livorno 155 986

BEVÖLKERUNG Italiener – F 2004: 57 573 000 Einw.; Bevölkerungswachstum: –0,1 %; letzte Zählung 2001: 56 995 744 Einw. – 1 660 000 Sarden, 750 000 Rätoromanen (Friauler und 30 000 Ladiner), 300 000 Deutschsprachige (Trentino-Südtirol), 200 000 Franco-Provenzalen (Aostatal und Piemont), 90 000 Albaner (Kalabrien), 53 000 Slowenen (Friaul-Julisch Venetien), 15 000 Griechen (Apulien) ▪ **Sprachen**: Italienisch; regional Sardisch, Deutsch (Trentino-Südtirol), Französisch-Provenzalisch (Aostatal), Ladinisch (Trentino-Südtirol), Slowenisch (in Triest und Gorizia), Friaulisch (Friaul); außerdem Albanisch, Griechisch und Katalanisch ▪ **Religion** 2002: über 90 % Katholiken; 50 000 Protestanten, 30 000 Juden (1997)

STAATS- UND REGIERUNGSFORM Verfassung von 1948 – Republik seit 1946 – Parlament: Abgeordnetenhaus (Camera dei Deputati) mit 630 Mitgl.; Senat (Senato della Repubblica) mit 325 Mitgl. (10 Senatoren auf Lebenszeit); Wahl jeweils alle 5 J. – Wahl des Staatsoberhauptes durch Wahlmännerkollegium alle 7 J. – Wahlpflicht ab 18 J. ▪ **Unabhängigkeit**: alte staatl. Tradition; nationale Einheit in der Neuzeit seit 1861, Ausrufung der Republik 2. 6. 1946 ▪ **Nationalfeiertag**: 25. 4. (Tag der Befreiung)

REGIERUNG UND PARTEIEN **Staatsoberhaupt**: Giorgio Napolitano (Democratici di Sinistra), seit 15. 5. 2006 – **Regierungschef**: Romano Prodi, seit 17. 5. 2006 – **Äußeres**: Massimo D'Alema (Democratici di Sinistra), seit 17. 5. 2006 ▪ **Parlament**: Wahlen vom 9. / 10. 4. 2006: Abgeordnetenhaus: Mitte-links-Bündnis L'Unione (darunter L'Ulivo 220, Rifondazione Comunista / RC 41, Rosa nel Pugno 18, Italia dei Valori 17, Communisti Italiani / PdCI 16, Verdi 15, Populari-UDEUR 10, Südtiroler Volkspartei 4) insg. 348 von 630 Sitzen (2001: L'Ulivo 242, RC 11); Mitte-rechts-Bündnis Casa delle Libertà (darunter Forza Italia 140, Alleanza Nazionale 71, Unione dei Democratici Cristiani e dei Democratici di Centro 39, Lega Nord 26, Democrazia Cristiana und Nuovo Partito Socialista 4) insg. 281 (2001: 368); Sonstige 1 (9) – Senat: L'Unione 158 von 315 Sitzen (2001: L'Ulivo 125, RC 3); Casa delle Libertà 156 (177); Sonstige 1 (10)

Italien:
Wahlen zum Abgeordnetenhaus am 9./10.4.2006 (2001)

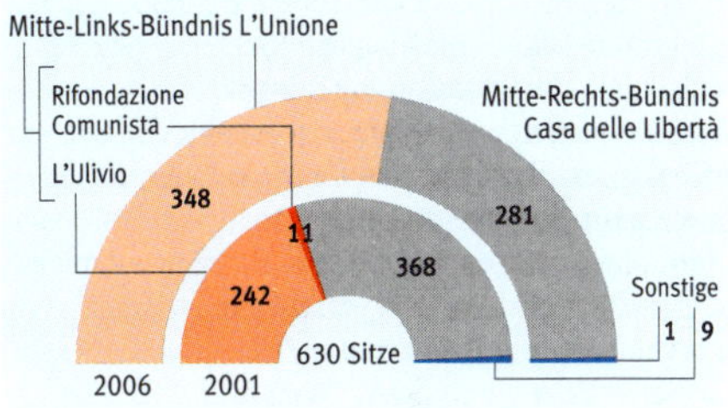

WIRTSCHAFT **BIP** 2004: 1677,834 Mrd. $; realer Zuwachs: 1,2 %; Anteil (2004) Landwirtschaft 3 %, Industrie 28 %, Dienstleistungen 70 % ▪ **Erwerbstätigkeit** 2003: Landwirtsch. 4,9 %, Industrie 32,2 %, Dienstl. 62,8 % ▪ **Arbeitslosigkeit** ∅ 2005: 7,8 % ▪ **Inflation** ∅ 2005: 1,8 % ▪ **Außenhandel** 2005 (vorläufig): **Import**: 305,69 Mrd. €; *Güter*: 13 % Transportmittel, 13 % chemische Erzeugnisse, 12 % elektrotechnische Ausrüstungen, 10 % Metalle und -erzeugnisse, 7 % Maschinen und Anlagen, 7 % Nahrungsmittel, 5 % Textilien und Bekleidung, 3 % Agrarerzeugnisse; *Länder* 2004: 18 % Deutschland, 11 % Frankreich, 6 % Niederlande, 5 % Großbritannien, 5 % USA; **Export**: 295,73 Mrd. €; *Güter*: 20 % Maschinen und Anlagen, 11 % Transportmittel, 10 % chemische Erzeugnisse, 10 % Metallerzeugnisse, 10 % Textilien und Bekleidung, 9 % elektrotechnische Ausrüstungen, 6 % Nahrungsmittel, 1 % Agrarerzeugnisse; *Länder* 2004: 14 % Deutschland, 12 % Frankreich, 10 % USA, 7 % Großbritannien, 7 % Spanien, 2 % Niederlande
Weitere Informationen → Kap. Wirtschaft

Vor dem Hintergrund einer stagnierenden wirtschaftlichen Entwicklung und einer schwachen Bilanz des Regierungsbündnisses Casa delle Libertà verstärkte sich zur Parlamentswahl im April 2006 die politische Polarisierung, verschärft nicht zuletzt durch propagandistische Manöver des Regierungschefs und Medienmagnaten Silvio Berlusconi. Der äußerst knappe Sieg des Mitte-links-Lagers besiegelte zwar das Ende der rechtsorientierten Regierung, der trotz ihrer zahlreichen Affären langlebigsten der Nachkriegszeit. Doch der Machtwechsel nahe dem politischen Patt bot jedoch wenig Aussicht auf eine stabile und tatkräftige neue Regierung unter dem früheren EU-Kommissionspräsidenten Romano Prodi.

- **Justiz:** Staatspräsident Carlo Ciampi unterzeichnete am 26. 7. 2005 pflichtgemäß das umstrittene Gesetz zur **Reform des Justizapparats** (→ WA 2006, S. 247). Zuvor hatten beide Häuser des Parlaments sein wegen Bedenken zur Verfassungsmäßigkeit im Dezember ausgesprochenes **Veto durch erneute Annahme** der leicht veränderten Vorlage **außer Kraft gesetzt**. Die Abstimmung im Abgeordnetenhaus am 20. 7. hatte Berlusconi durch ihre Verbindung mit der Vertrauensfrage für sich entschieden. Die Reform ermöglicht u. a. eine stärkere Disziplinierung von Richtern, denen Berlusconi vorgeworfen hatte, von der politischen Linken unterwandert zu sein. Gegen das neue Dienstrecht hatten die Justizbediensteten insgesamt viermal landesweit gestreikt und demonstriert.

Eine am 29. 11. vom Parlament abschließend angenommene **Strafrechtsreform** verschärfte die Strafen für organisiertes Verbrechen und Wiederholungstäter und verkürzte zugleich die Verjährungsfristen für andere Delikte mit einem Strafmaß bis zu zehn Jahren. Die neue Vorschrift bezieht sich auch auf schon laufende Verfahren, wenn der Prozess noch nicht eröffnet ist, und bot so ein mögliches Schlupfloch für Berlusconi in seinen jüngsten Auseinandersetzungen mit der Justiz. Am 10. 3. 2006, wenige Wochen vor der Parlamentswahl, stellte die Mailänder Staatsanwaltschaft **Antrag auf die Eröffnung eines Prozesses gegen Berlusconi** wegen Verdacht auf Zeugenbeeinflussung und Bestechung. Berlusconi soll seinem früheren Finanzberater David Mills für Falschaussagen in zwei Prozessen 1997/98 ein Schweigegeld in Höhe von 600 000 US-$ gezahlt haben. Der Prozess ist Teil eines umfangreichen Verfahrens wegen Steuerbetrug, Geldwäsche und illegaler Parteienfinanzierung im Zusammenhang mit dem Erwerb von Fernsehrechten durch Berlusconis Mediaset-Konzern in der 1990er Jahren.

Das Parlament setzte sich am 14. 2. 2006 zum sechsten Mal über das Veto des Präsidenten gegen ein Berlusconi-Gesetz hinweg. Die endgültig angenommene Novelle zur **Neuregelung von Berufungsverfahren** erspart Berlusconi eine Fortsetzung des Prozesses wegen Richterbestechung.

- **Verfassungsreform:** Das Parlament verabschiedete am 16. 11. 2005 die erste umfassende Verfassungsreform seit Inkrafttreten 1948. Die Regionen sollten mehr Autonomie erhalten, der Regierungschef sollte direkt gewählt werden, die Minister bestimmen, die Auflösung des Parlaments verlangen und Neuwahlen ansetzen können. Die Opposition lehnte die Reform entschieden ab, u. a. weil sie die nationale Einheit gefährde. Das Gesetz, das der Annahme **durch eine Volksabstimmung** bedurfte, wurde am 25/26. 6. 2006 von 61,7 % der Wähler **abgelehnt**.
- **Wahlrechtsreform:** Im Eilverfahren setzte die Mitte-rechts-Koalition im Abgeordnetenhaus Ende 2005 ein neues Wahlgesetz durch, wonach **Italien zum Verhältniswahlrecht zurückkehrte**, das 1993 abgeschafft worden war. Den Einzug von kleinen Parteien sollen Sperrklauseln erschweren. Die bestplatzierte Parteienkoalition erhält einen **Mandatsbonus**, der ihr in jedem Fall 340 der 630 Sitze sichert. Nach ähnlichem Muster erfolgt auf regionaler Ebene die Wahl von 315 Mitgliedern des Senats.

Die Oppositionsparteien protestierten scharf gegen das »Gesetz der Schande«, das – schon im Vorwahlkampf – die Ausgangslage für die Regierungskoalition deutlich zu verbessern schien. Präsident Ciampi, unter dessen Regierung 1993 das seitdem geltende Wahlrecht eingeführt worden war, setzte das neue Wahlgesetz weniger als drei Monate vor seiner ersten Anwendung am 23. 12. 2005 in Kraft. Die **Einführung einer Frauenquote**, durch die der Anteil der kandidierenden Frauen auf 25 % steigen sollte, **scheiterte im Senat**. In der ablaufenden Legislaturperiode nahmen Frauen im Abgeordnetenhaus nur 11,5 % der Sitze ein, im Senat 8,1 %.

- **Wahlkampf:** Bei den ersten offenen Vorwahlen der Opposition zur Kür des Spitzenkandidaten am 16. 10. 2005 vereinigte **Romano Prodi** unter sieben Bewerbern drei Viertel der rd. 4,3 Mio. Wählerstimmen auf sich. Hinter dem parteilosen ehemaligen EU-Kommissionspräsidenten sammelte sich erneut das L'Ulivo-Bündnis, mit dem er 1996 erstmals in der italienischen Nachkriegsgeschichte eine gemäßigte Linksregierung an die Macht gebracht hatte. Erweitert um kleinere Gruppen, darunter als stärkste die Partei Rifondazione Comunista, bildete das gesamte Mitte-links-Lager die Formation **L'Unione**. Zu den Schwerpunkten des **Wahlprogramms »Zum Wohl Italiens«** gehörten die Stärkung der sozialen Gerechtigkeit, die Förderung von Familien, Erziehung und Bildung sowie die Entlastung der Lohneinkommen von Sozialbeiträgen, nicht zuletzt um Wachstum und Beschäftigung anzukurbeln. Angekündigt wurde zudem die Rücknahme einer Reihe speziell auf die Interessen Berlusconis zugeschnittener Gesetze. Die Absicht, den juristischen Status gleichgeschlechtlicher Paare zu verbessern und ein Gesetz zur Religionsfreiheit aufzulegen, rief den Protest der katholischen Kirche auf den Plan, die im Wahlkampf deutlich ihre Sympathien für das Berlusconi-Lager erkennen ließ.

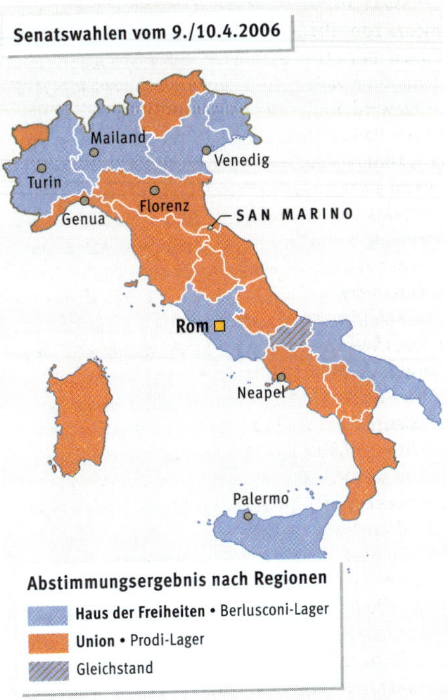

Die Wahlbezirke sind nicht identisch mit den Regionen

In Berlusconis **Parteienbündnis Casa delle Libertà** sammelten sich erneut die vier Parteien der bisherigen Regierung, erweitert um sechs kleine Gruppierungen, darunter zwei rechtsextreme bzw. neofaschistische. Programmatische Inhalte gingen im **turbulenten Wahlkampf** weitgehend unter. Während Berlusconi ohne Rücksicht auf Fairnessregeln alle Register seiner medialen Macht zog, um sich eine permanente Präsenz auf allen TV-Kanälen zu sichern, versuchte sich Prodi als Vertreter einer seriösen Politik zu präsentieren. Zugute kamen ihm dabei eine Reihe von Skandalen und Affären von gegnerischen Politikern, nicht zuletzt von Berlusconi selbst.

▪ **Parlamentswahl und neuer Präsident:** Die von Präsident Ciampi wegen des bevorstehenden Endes seiner Amtszeit auf den 9./10. 4. 2006 leicht vorgezogenen Neuwahlen zu beiden Häusern des Parlaments ergaben ein äußerst knappes Ergebnis. Den Sieg der L'Unione erkannte Berlusconi formell erst nach der konstituierenden Sitzung des Parlaments am 29. 4. an. Prodis Parteienbündnis profitierte von dem neuen Wahlrecht, da es trotz des sehr knappen Stimmenvorsprungs (49,805 % **für L'Unione** gegenüber 49,739 % für Casa delle Libertà) **im Abgeordnetenhaus eine klare Mehrheit** von 348 der insgesamt 630 Abgeordneten stellen kann (2001: 242), das Berlusconi-Lager entsendet 281 (2001: 368) (→ Grafik). Dabei ging der Stimmen- und Mandatsverlust vornehmlich auf das Konto von Berlusconis Forza Italia, die bei der Wahl zum Abgeordnetenhaus um 5,8 Prozentpunkte auf 23,6 % absackte. **Im Senat erzielte L'Unione eine knappe Mehrheit**, sie gewann 158 Mandate (2001: 128), die Casa delle Libertà 156 (2001: 177) (→ Karte). Bei den Abstimmungen über die Präsidenten beider Kammern am 28./29. 4. setzten sich die Kandidaten der Wahlsieger, Franco Marini (Senat) und Fausto Bertinotti (Abgeordnetenhaus), jeweils erst im vierten Wahlgang durch.

Die Elektorenversammlung (Abgeordnete, Senatoren und Vertreter der Regionen) wählte am 10. 5. im vierten Wahlgang, bei dem statt einer Zweidrittelmehrheit die absolute Mehrheit ausreicht, den Kandidaten des Regierungsbündnisses, den 81-jährigen Linksdemokraten und ehemaligen Kommunisten Giorgio Napolitano **zum neuen Staatspräsidenten**; er erhielt 543 der 1009 Stimmen. **Napolitano beauftragte Prodi mit der Bildung der Regierung, die er am 17. 5. vereidigte.** Von den 25 Ministerposten gingen 9 an die Linksdemokraten, 7 an die zentristische Margherita; dem Kabinett gehören sechs Frauen (von 27) an. In seiner Regierungserklärung räumte Prodi der Wiederbelebung der Wirtschaft – das BIP-Wachstum ist 2005 auf 0,1 % gesunken – und der Sanierung des zerrütteten Staatshaushalts oberste Priorität ein. Die EU hat inzwischen ein Defizitverfahren gegen Italien eingeleitet, da das Haushaltsdefizit in den vergangenen vier Jahren stetig gewachsen ist und die vorgeschriebene Obergrenze überschritten hat (→ Grafik).

▪ **Terrorabwehr:** Am 3. 8. 2005 trat eine **Verschärfung der Antiterror-Gesetzgebung** in Kraft. Die neuen Regelungen erleichtern u. a. die Festnahme und Abschiebung verdächtiger Ausländer und intensivere Telefon- und Internetüberwachung. Wer sein Gesicht in der Öffent-

Italien: Wirtschaft und Haushalt

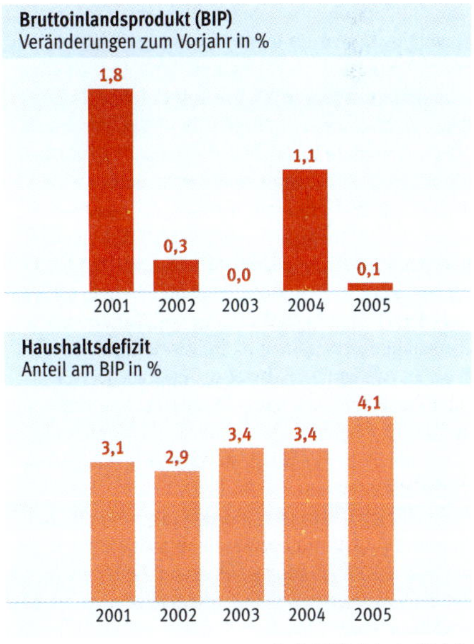

Quelle: Istituto Nazionale di Statistica

Regierungschef Romano Prodi, Staatspräsident Giorgio Napolitano

lichkeit verhüllt – und sei es aus religiösen Gründen mit der muslimischen Burka –, kann mit bis zu zwei Jahren Gefängnis bestraft werden. Die Verabschiedung des Gesetzes im Schnellverfahren durch eine breite Mehrheit des Parlaments erfolgte in **Reaktion auf die Anschläge in London** im Juli 2005.

▪ **Politische Skandale:** Eine seit dem Sommer 2005 schwelende **Bankenaffäre** um Insiderhandel und Amtsmissbrauch führte am 19. 12. zum Rücktritt des auf Lebenszeit ernannten Chefs der Zentralbank Banca d'Italia, Antonio Fazio. Die Mailänder Staatsanwaltschaft hatte Ermittlungen gegen ihn aufgenommen, weil er die Banca Popolare Italiana (BPI) im Übernahmekampf um die Banca Antonveneta mit vertraulichen Informationen versorgt haben soll, um die niederländische Bank ABN Amro nicht zum Zuge kommen zu lassen. Mitte Dezember eröffnete die EU-Kommission in dieser Sache ein Vertragsverletzungsverfahren gegen Italien, und die Staatsanwaltschaft Mailand ließ den früheren Chef der BPI, Gianpiero Fiorani, verhaften. Schon am 22. 9. hatte **Wirtschafts- und Finanzminister Domenico Siniscalco** mit seinem **Rücktritt** gegen die Beharrlichkeit des Regierungschefs protestiert, Fazio im Amt zu belassen. Zum **neuen Notenbankpräsidenten** berief Staatspräsident Ciampi am 29. 12. den bisherigen stellvertrenden Aufsichtsratsvorsitzenden der Bank Goldman Sachs, Mario Draghi.

Auf dem Höhepunkt des international eskalierten sog. **Karikaturenstreits** (→ Dänemark) betätigte sich Reformminister Roberto Calderoli (Lega Nord) als Agent Provocateur und präsentierte sich am 15. 2. 2006 in einer TV-Sendung mit einem T-Shirt, das mit einer der umstrittenen Mohammed-Karikaturen bedruckt war. Nach gewalttätigen Protesten vor dem italienischen Konsulat im libyschen Benghasi, die elf Menschen das Leben kosteten, **musste Calderoli am 18. 2. zurücktreten.**

Gesundheitsminister Francesco Storace (AN) trat am 10. 3. wegen Verwicklung in eine **Bespitzelungsaffäre** zurück. Nach Erkenntnissen der Staatsanwaltschaft soll er als Präsident der Region Latium während des Regionalwahlkampfs im Frühjahr 2005 die systematische Ausforschung seiner politischen Gegner veranlasst haben. Anfang März wurden 16 Privatdetektive festgenommen.

▪ **Mafia-Bekämpfung:** Spezialfahndern der Polizei gelang am 16. 9. 2005 in Neapel die Festnahme von **Paolo Di Lauro**, dem seit Jahren flüchtigen »Paten« des nach ihm benannten Clans der Camorra. Er soll die Zentralfigur in einem monatelangen Bandenkrieg gewesen sein, dem mehr als 100 Personen zum Opfer fielen (→ WA 2006, S. 248).

In der Nähe von Corleone auf Sizilien nahm die Polizeispezialeinheit Squadra Mobile am 11. 4. 2006 den **als »Boss der Bosse« titulierten Bernardo Provenzano** fest. Der seit 1963 zur Fahndung ausgeschriebene 73-Jährige gilt seit der Verhaftung von Salvatore »Toto« Riina als Nummer eins der sizilianischen Cosa Nostra. Um einen Machtkampf innerhalb der Cosa Nostra zu vereiteln, verhaftete die Polizei bei einer Razzia am 20. 6. u. a. 13 Mafiabosse.

▪ **Flüchtlinge:** Der Flüchtlingsstrom aus Afrika auf die vor Tunesien liegende Insel Lampedusa, wo das Aufnahmelager im Mai 2006 bereits fünf Mal mehr Flüchtlinge beherbergte als vorgesehen und die hygienischen Zustände ungenügend waren, veranlasste amnesty international, die Alarmstufe Rot zu verhängen. Gleichzeitig wies die Organisation auf die kriminellen Machenschaft der Schlepperbanden hin. Der Ansturm afrikanischer Flüchtlinge zwang die EU, Maßnahmen gegen die illegale Einwanderung einzuleiten (→ EU-Chronik).

▪ **CIA-Entführungsaffäre:** Die Mailänder Staatsanwaltschaft erließ am 23. 12. 2005 europäische Haftbefehle gegen 22 Agenten des US-Geheimdienstes CIA, denen sie vorwarf, im Februar 2003 den ägyptischen Imam Hassan Mustafa Osama Nasr, bekannt als Abu Omar, in Mailand gekidnappt und nach Ägypten verschleppt zu haben. Laut Medienberichten war der terrorverdächtige Imam, dessen Verhaftung auch die italienische Justiz vorbereitete, in ein Gefängnis eingeliefert und dort gefoltert worden.

▪ **Irak- / Afghanistan-Engagement:** Zu den ersten außenpolitischen Entscheidungen der neuen Regierung gehörte der Abzug der italienischen Truppen aus dem Irak. Danach wurde noch im Juni 2006 die Rückkehr von 1100 der 2700 im Irak stationierten Soldaten eingeleitet. Am 30. 6. kündigte die Regierung die Verkleinerung des ISAF-Truppenkontigents in Afghanistan (rd. 1850 Soldaten) an.

Jamaika

Mittel-Amerika; Karibik

Jamaica – JM / JAM

Fläche (Weltrang: 160): 10 991 km²

Einwohner (134): F 2004 2 645 000 = 241 je km²

Hauptstadt: Kingston

Amtssprache: Englisch

Bruttonationaleinkommen 2004 je Einw.: 3300 $

Währung: 1 Jamaika-Dollar (J$) = 100 Cents
Kurs: 1 US-$ = 65,73 J$; 1 € = 84,35 J$

Botschaft von Jamaika
Schmargendorfer Str. 32, 12159 Berlin
T 030 / 85 99 45 – 0, Fax 85 99 45 – 40
www.jamaican-embassy-berlin.de

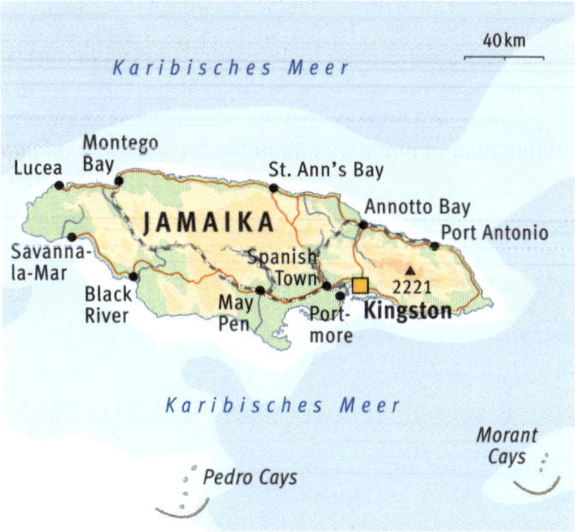

LANDESSTRUKTUR **Fläche**: 10 991 km²; → Karte ▪ **Verwaltung**: 14 Bezirke ▪ **Städte**: (Z 2001) Kingston 579 137 Einw., Spanish Town 131 515; (F 1995) Portmore 93 800, Montego Bay 82 000, May Pen 45 900

BEVÖLKERUNG Jamaikaner – F 2004: 2 645 000 Einw.; Bevölkerungswachstum: 0,5 %; letzte Zählung 2001: 2 607 632 Einw. – 1991: 76 % Schwarze, 15 % Mulatten, 1,3 % Inder, 0,2 % Weiße, 0,2 % Chinesen ▪ **Sprachen**: Englisch; jamaikanisches Creole ▪ **Religion**: ca. 50 % Anglikaner, 5 % Katholiken, 5 % Rastafari; Pfingstler, Baptisten u. a.

STAATS- UND REGIERUNGSFORM Verfassung von 1962 – Parlamentarische Monarchie (im Commonwealth) seit 1962 – Parlament: Repräsentantenhaus mit 60 Mitgl., Wahl alle 5 J.; Senat mit 21 ernannten Mitgl. (13 durch den Generalgouv., 8 durch Opposition) – Wahlrecht ab 18 J. ▪ **Unabhängigkeit**: 6. 8. 1962 (ehem. britische Kolonie) ▪ **Nationalfeiertag**: 1. Montag im August (Unabhängigkeitstag)

REGIERUNG UND PARTEIEN **Staatsoberhaupt**: Königin Elizabeth II., vertreten durch Generalgouverneur Sir Kenneth Octavius Hall, seit 15. 2. 2006 – **Regierungschefin**: Portia Simpson Miller (PNP-Vors.), seit 31. 3. 2006 – **Äußeres**: Anthony Hylton (PNP), seit 31. 3. 2006 ▪ **Parlament**: Wahlen zum Repräsentantenhaus vom 16. 10. 2002: People's National Party / PNP 34 von 60 Sitzen (1997: 50), Jamaica Labour Party / JLP 26 (10)

WIRTSCHAFT **BIP** 2004: 8,865 Mrd. $; realer Zuwachs: 0,9 %; Anteil (2004) Landwirtschaft 5 %, Industrie 33 %, Dienstleistungen 62 % ▪ **Erwerbstätigkeit** 2003: Landwirtsch. 19,6 %, Industrie 17,5 %, Dienstl. 62,4 % ▪ **Arbeitslosigkeit** ∅ 2005: 11,0 % ▪ **Inflation** ∅ 2005: 12,5 % ▪ **Außenhandel** 2005: **Import**: 4,246 Mrd. $; *Güter*: 29 % mineralische Brennstoffe, 18 % Maschinen, Transportgüter, 13 % Fertigerzeugnisse, 13 % Nahrungsmittel, 12 % chemische Erzeugnisse; *Länder* 2003: 44 % USA, 13 % Caricom, 11 % Lateinamerika, 6 % EU, 4 % Großbritannien, 3 % Kanada; **Export**: 1657 Mrd. $; *Güter*: 68 % Rohstoffe, 13 % Nahrungsmittel, 7 % mineralische Brennstoffe, 5 % Getränke und Tabak, 4 % chemische Erzeugnisse; *Länder* 2003: 29 % USA, 17 % EU, 16 % Kanada, 13 % Großbritannien, 4 % Caricom, 4 % Norwegen

CHRONIK

Nachdem Premierminister Percival J. Patterson bereits im September 2005 angekündigt hatte, im Frühjahr 2006 von seinem Amt zurückzutreten, übernahm am 31. 3. 2006 Portia Simpson Miller als erste Frau in der Geschichte Jamaikas den Posten an der Spitze des Staates. Die **neue Regierungschefin** leitet auch das Verteidigungsressort; Außenminister wurde Anthony Hylton.

Bei einem Treffen im jamaikanischen Ferienort Montego Bay am 7. 9. 2005 schlossen die Vertreter von 14 karibischen Staaten eine **Vereinbarung über die von Venezuela angebotene Lieferung verbilligten Erdöls in die Karibik**. Venezuela, der größte Erdölproduzent Lateinamerikas, hatte seinen karibischen Handelspartnern im Rahmen des Ende Juni 2005 gegründeten Energie-Integrationsbündnisses Petrocaribe insgesamt 185 000 Barrel Erdöl pro Tag zu Vorzugsbedingungen zur Verfügung gestellt; der Löwenanteil davon, rund 90 000 Barrel, fließt wie bisher nach Kuba. Venezuelas Staatschef Hugo Chávez Frías nutzt die verbilligten Erdöllieferungen vor allem auch dazu, seinen politischen Einfluss in der Region auszuweiten.

Japan Ost-Asien

Nihon-Koku – JP/JPN

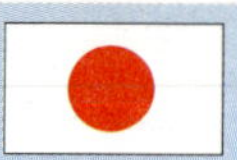

Fläche (Weltrang: 60): 377 837 km^2

Einwohner (10): F 2004 127 764 000 = 338 je km^2

Hauptstadt: Tōkyō (Tokyo, Tokio)

Amtssprache: Japanisch

Bruttonationaleinkommen 2004 je Einw.: 37 050 $

Währung: 1 Yen (¥) = 100 Sen
Kurs: 1 US-$ = 113,26 ¥; 1 € = 145,78 ¥

Botschaft von Japan
Hiroshimastr. 6, 10785 Berlin
T 030/21 09 40, Fax 21 09 42 22
www.botschaft-japan.de

LANDESSTRUKTUR **Fläche:** 377 837 km^2; 4 Hauptinseln (Hokkaidō, Honshū, Shikoku und Kyūshū) und über 3000 kleinere Inseln; → Karte ▪ **Verwaltung:** 47 Präfekturen, darunter 3 Stadtpräfekturen Tōkyō, Ōsaka und Kyōto; Tabelle → WA 2005, S. 234 ▪ **Städte:** (Z 2005) Tōkyō (Tokyo, Tokio) 8 483 050 Einw., Yokohama 3 579 133, Ōsaka 2 628 776, Nagoya 2 215 031, Sapporo 1 880 875, Kōbe 1 525 389, Kyōto 1 474 764, Fukuoka 1 400 621, Kawasaki 1 327 009, Saitama 1 176 269, Hiroshima 1 154 595, Sendai 1 024 947

BEVÖLKERUNG Japaner – F 2004: 127 764 000 Einw.; Bevölkerungswachstum: 0,1 %; letzte Zählung 2005: 127 756 815 Einw. – über 99 % Japaner, ca. 50 000 Ainu (Ureinwohner) auf Hokkaidō; 1 310 545 Ausländer: 40 % Südkoreaner, 19 % Chinesen, 14 % Brasilianer, 7 % Philippiner, 3 % US-Amerikaner ▪ **Sprachen:** Japanisch; Englisch ▪ **Religion** 2000: 108 Mio. Schintoisten, 95 Mio. Buddhisten (u. a. Soka Gakkai), 11,4 Mio. Angehörige von Mischreligionen; 1,8 Mio. Christen; Japaner gehören meist mehreren Religionsgemeinschaften an

STAATS- UND REGIERUNGSFORM Verfassung von 1947 – Parlamentarische Monarchie seit 1947 – Parlament (Kokkai): Unterhaus (Shugi-in) mit 480 Mitgl., Wahl alle 4 J.; Oberhaus (Sangi-in) mit 242 für 6 J. gewählten Mitgl.; Teilwahlen alle 3 J. – Wahlrecht ab 20 J.
▪ **Unabhängigkeit:** seit mind. 660 v. Chr. (Kaiserreich)
▪ **Nationalfeiertag:** 23. 12. (Geburtstag des Kaisers)

REGIERUNG UND PARTEIEN **Staatsoberhaupt:** Kaiser Akihito, seit 1989, Symbol der Einheit des Staates und der Einheit des Volkes, kein Staatsoberh. im eigentlichen Sinn – **Regierungschef:** Junichirô Koizumi (LDP), seit 26. 4. 2001 – **Äußeres:** Taro Aso, seit 1. 11. 2005 ▪ **Parlament:** Wahlen zum Unterhaus vom 11. 9. 2005: Liberaldemokratische Partei/LDP 296 von 480 Sitzen (2003: 237), Demokratische Partei/DPJ 113 (177), Komei-to 31 (34), Kommunistische Partei/KP 9 (9), Sozialdemokratische Partei/SDP 7 (6), Unabhängige und Sonstige 24 (17) – Oberhaus (Teilwahlen vom 11. 7. 2004): LDP 114 von 242 Sitzen (2001: 111 von 247), DPJ 83 (59), Komei-to 24 (23), KP 9 (20), SDP 5 (8), Sonstige 7 (26)

WIRTSCHAFT **BIP** 2004: 4622,71 Mrd. $; realer Zuwachs: 2,7 %; Anteil (2004) Landwirtschaft 1,3 %, Industrie 24,7 %, Dienstleistungen 74,1 % ▪ **Erwerbstätigkeit** 2003: Landwirtsch. 4,6 %, Industrie 28,8 %, Dienstl. 65,6 % ▪ **Arbeitslosigkeit** ⌀ 2005: 4,4 % ▪ **Inflation** ⌀ 2005: –0,3 % ▪ **Außenhandel** 2005: **Import:** 518,6 Mrd. $; *Güter:* 26 % mineralische Brennstoffe, 10 % Nahrungs- und Genussmittel, 8 % chemische Erzeugnisse, 6 % Rohstoffe, 6 % sonstige Elektrotechnik/Elektronik, 5 % Computer und -teile, 5 % Metalle und -erzeugnisse, 5 % Maschinen, 4 % Textilien und Bekleidung, 4 % elektronische Bauelemente, 3 % Audio-, Videogeräte, 3 % wissenschaftliche und optische Instrumente, 2 % Kfz, Kfz-Teile; *Länder:* 21 % VR China, 12 % USA, 6 % Saudi-Arabien, 5 % Vereinigte Arabische Emirate, 5 % Australien, 4 % Rep. Korea, 4 % Indonesien, 4 % Rep. China, 4 % Deutschland (EU gesamt: 11 %); **Export:** 598,2 Mrd. $; *Güter:* 19 % Kfz, Kfz-Teile, 16 % Maschinen, 11 % sonstige Elektrotechnik/Elektronik, 9 % chemische Erzeugnisse, 7 % Metalle und Metallerzeugnisse, 7 % elektronische Bauelemente, 5 % Audio-, Videogeräte, 4 % Computer, Computerteile, 4 % wissenschaftliche und optische Instrumente; *Länder:* 23 % USA, 14 % VR China, 8 % Rep. Korea, 7 % Rep. China, 6 % Hongkong, 4 % Thailand, 3 % Deutschland, 3 % Singapur, 3 % Großbritannien (EU gesamt: 15 %)
Weitere Informationen → Kap. Wirtschaft

CHRONIK

Nach seinem Triumph bei der vorgezogenen Unterhauswahl auf dem Höhepunkt seiner politischen Karriere, setzte Ministerpräsident Junichirô Koizumi im zweiten Anlauf, gegen einen Teil seiner Parteifreunde, sein wichtigstes wirtschaftspolitisches Reformwerk durch, die umstrittene Privatisierung des Postwesens. Der Sanierung der wirtschaftlichen Strukturen, deren Erfolg sich 2005 erneut in einem Anstieg des BIP um 2,8 % und einem weiteren Abbau der Staatsverschuldung zeigte, folgten Vorbereitungen zur Revision der Nachkriegsverfassung. Der Verzicht auf das Pazifismusdogma soll es Japan angesichts des Aufstiegs der VR China erlauben, seine Sicherheitsinteressen geltend zu machen und auf dem internationalen Parkett weiter eine bedeutende Rolle zur spielen. Während die Handelsbeziehungen zu den asiatischen Nachbarn, insbesondere zur VR China und zu Südkorea, besser florierten denn je, blieben die politischen Beziehungen zu ihnen angespannt. Koizumi pflegte weiterhin seine rechtsnationale Geschichts-

und Symbolpolitik, die von den früheren Objekten der japanischen Eroberungspolitik in Ostasien als Provokation empfunden wird.

INNENPOLITIK

- **Durchsetzung der Postreform:** Nachdem Koizumi die (sehr knappe) Annahme des Pakets von sechs Gesetzen zur Postreform im Unterhaus am 5. 7. 2005 durch die Verknüpfung mit der Vertrauensfrage noch hatte erzwingen können (→ WA 2006, S. 251), **verfehlte die Vorlage am 8. 8. die Mehrheit im Oberhaus** mit 108 gegen 137 Stimmen. In seiner eigenen Liberaldemokratischen Partei (LDP) hatten in beiden Häusern insgesamt 37 Parlamentarier dem Regierungs- und Parteichef die Gefolgschaft versagt. Ohne Aussicht, bei den gegebenen Stimmverhältnissen im Unterhaus eine Zweidrittelmehrheit zu erlangen, um den Einspruch der zweiten Kammer zu überwinden, verkündete Koizumi noch am gleichen Tag die Auflösung des Unterhauses und beraumte dessen Neuwahl kurzfristig zum 11. 9. 2005 an. Unter dem Druck des eindeutigen Wählervotums für Koizumis Reformpolitik (→ unten) **billigte am 14. 10. die Mehrheit des Oberhauses das Gesetzespaket** (mit 134 gegen 100 Stimmen). Die Japan Post Corp. mit derzeit 280 000 Beschäftigten und landesweit fast 25 000 Zweigstellen soll in vier voneinander unabhängige Aktiengesellschaften aufgespalten werden, die sukzessive bis 2017 über die Börse privatisiert werden. Aus der bisherigen Finanzsparte, die als größter Finanzdienstleister des Landes derzeit Vermögenswerte von umgerechnet rd. 2,5 Billionen € verwaltet, soll die größte Privatbank der Welt geschaffen werden. Der Staat erhofft sich Verkaufserlöse von mindestens 50 Mrd. €. Die staatliche Japan Post galt bisher als Zentrum des verkrusteten staatlichen Wirtschaftssektors.
- **Vorgezogene Unterhauswahl am 11. 9. 2005:** Bei der Wahl, durch die 300 der 480 Abgeordneten nach dem Prinzip der Mehrheitswahl in Wahlkreisen und 180 nach dem Verhältniswahlrecht in 11 Wahlbezirken bestimmt wurden, erzielte die **regierende LDP einen Erdrutschsieg**. Sie gewann 296 Sitze, 59 mehr als bei der Wahl 2003. Dies bedeutete zugleich die größte Zahl von Abgeordneten für eine einzelne Partei seit dem Ende des Zweiten Weltkriegs 1945 und für die LDP nach 15 Jahren die Rückeroberung der absoluten Mehrheit. Zusammen mit der buddhistischen Neuen Komei-to, die auf 31 Mandate kam (–3), verfügt das Regierungslager nun über eine komfortable Zweidrittelmehrheit, mit der es sich über Einsprüche des Oberhauses gegen Gesetzesvorlagen hinwegsetzen und Verfassungsänderungen vornehmen kann. Der Sieg der LDP ging **vollständig auf Kosten der Demokratischen Partei (DPJ)**, der als größter oppositioneller Kraft nur noch 113 Mandate von bisher 177 (aus der Wahl 2003) verblieben. Die Kräfteverteilung unter den anderen Parteien verblieb etwa in ihrer bisherigen Größenordnung. Die Wahlbeteiligung betrug 67,5 %. Das sensationelle Wahlergebnis wurde allgemein als Plebiszit für Koizumis Reformvorhaben, insbesondere die Postreform, aufgenommen. Es entledigte den Regierungs- und Parteichef zugleich des Gros seiner innerparteilichen Reformgegner, denn diese waren nicht mehr in die Wahllisten der LDP aufgenommen worden und hatten sich als Unabhängige oder Kandidaten einer neuen Partei aufstellen lassen müssen.
- **Neue Regierung Koizumi:** Am 21. 9. 2005 bestätigten beide Parlamentskammern Koizumi für eine weitere Amtszeit. Im Unterhaus erhielt er 340 Stimmen und damit auch die Stimmen eines Teils der Unabhängigen, die aus der LDP gedrängt worden waren. Das Oberhaus wählte ihn mit 134 Stimmen. Koizumis Gegenkandidat Seiji Maehara, der nach dem Rücktritt von Katsuya Okada am 17. 9. zum neuen Parteivorsitzenden der DPJ und Oppositionsführer gewählt worden war, gaben in der ersten Kammer 114, in der zweiten 84 Parlamentarier ihre Stimme.

Nachdem er zunächst sein bisheriges Kabinett unverändert ließ, präsentierte Koizumi am 31. 10. seine **neue Regierungsmannschaft**. Dabei betraute er drei Favoriten für seine Nachfolge als Partei- und Regierungschef mit einflussreichen Ministerposten. Gemäß der Statuten der LDP endet im September 2006 Koizumis Amtszeit als Parteivorsitzender und damit als Regierungschef. Der bisherige stellvertretende LDP-Generalsekretär **Shinzo Abe**, der sich populistisch als patriotischer Hardliner in Szene gesetzt hatte, stieg zu dem mit erheblichen Kompetenzen ausgestatteten Kabinettssekretär und Regierungssprecher auf. Gleichfalls zum rechtsnationalen Parteiflügel der LDP zählt der bisherige Innenminister **Taro Aso**, der neuer Außenminister wurde. Als dritter Favorit galt **Sadakazu Tanigaki**, der sein Amt als Finanzminister weiterführte. Heizo Takenaka, der als Staatsminister für Wirtschafts- und Fiskalpolitik die wirtschaftlichen Strukturreformen umsetzte, übernahm das Innenressort, blieb aber weiter zuständig für die Durchführung der Postprivatisierung. Als Minister für Wirtschaftspolitik wurde er abgelöst durch Kaoru Yosano, der zugleich als Chef der Finanzaufsichtsbehörde zu einem der wichtigsten Kabinettsmitglieder aufstieg. In seine 17-köpfige Ministerriege nahm Koizumi nur zwei Frauen auf. Yoriko Koike behielt das Umweltministerium, die Universitätsprofessorin Kuniko Inoguchi wurde zur Ministerin für Gleichstellung und soziale Probleme berufen.
- **Verfassungsdebatte:** Auf der Basis der Empfehlung eines Ausschusses vom April 2005 (→ WA 2006, S. 252) begann das Unterhaus am 6. 10. 2005 mit Beratungen über eine **Änderung des Artikels 9 der Verfassung von 1947**. Dieser legt das Land mit dem Verbot der Androhung oder Anwendung jeglicher Gewalt in internationalen Konflikten sowie der Teilnahme an kollektiven Verteidigungsmaßnahmen auf eine pazifistische Haltung fest, die nach Ansicht der Regierung, aber auch von Teilen der oppositionellen DPJ den außen-

und sicherheitspolitischen Interessen Japans und seinen internationalen Verpflichtungen nicht mehr gerecht wird. Die so genannten Selbstverteidigungsstreitkräfte konnten bisher im Ausland, so im Irak, nur unter strengen Beschränkungen im nichtkämpfenden Einsatz aktiv werden. Zunehmend an Aktualität gewann das Thema durch die potenzielle nukleare Bedrohung durch Nordkorea und die Spannungen mit der VR China, deren zügige militärische Aufrüstung in Tokio Besorgnis hervorruft. Mit der Aussicht, durch ihre Zweidrittelmehrheit zusammen mit der Neuen Komei-to eine Verfassungsreform durchsetzen zu können, verabschiedete ein Parteikongress der LDP am 22. 11., dem 50. Jahrestag ihres Bestehens, den Entwurf eines neuen Verfassungstextes. Danach soll dem Staat erlaubt sein, »Militärkräfte für die Selbstverteidigung« zu unterhalten, sich an Maßnahmen kollektiver Verteidigung zu beteiligen und ein Verteidigungsministerium zu schaffen. Die Verfassungsänderung muss nach der Annahme durch das Parlament von der Bevölkerung durch ein Referendum bestätigt werden. Im Januar 2006 kündigte die LDP eine Initiative an, das aus dem Jahre 1969 stammende Verbot einer militärischen Nutzung des Weltraums aufzuheben. Dieses blockiert bislang die Entsendung eigener Aufklärungssatelliten zur Unterstützung des zusammen mit den USA geplanten Raketenabwehrsystems.

Die Nachricht über die Schwangerschaft von Prinzessin Kiko am 8. 2. 2006, vermählt mit Akishino, dem jüngeren Sohn von Kaiser Akihito, verzögerte die Beratung eines gleichermaßen umstrittenen Gesetzes zur **Ermöglichung der weiblichen Thronfolge** (→ WA 2006, S. 252). Einen solchen Vorschlag hatte am 25. 10. 2005 eine Beraterkommission der Regierung unterbreitet. Das neue Thronfolgegesetz soll eine mögliche Nachfolgekrise beheben, da die vierjährige Aiko das einzige Kind des Kronprinzenpaares Naruhito und Masako ist und in die Familie des Tenno seit 1965 kein Sohn geboren wurde. Ein Sohn von Prinz Akishino und Prinzessin Kiko wäre nach geltendem Recht jedoch Anwärter auf den Chrysanthementhron.

Die japanische Kaiserfamilie

- **Vergangenheitspolitik:** Anlässlich des 60. Jahrestags des japanischen Kapitulation im Zweiten Weltkrieg erneuerte Ministerpräsident Koizumi am 15. 8. 2005 die schon mehrmals bekundete **Entschuldigung Japans** bei den asiatischen Nachbarn für das ihnen zugefügte Unrecht und die Beteuerung, dass Japan niemals wieder den Weg des Krieges beschreiten werde. Im angesprochenen Ausland erschien die verbale Reue als unglaubwürdig, zumal zwei Mitglieder des Kabinetts von Koizumi und 47 Parlamentarier zum symbolträchtigen Datum dem umstrittenen Tokioter **Yasukuni-Schrein** ihren Besuch abstatteten. In der Gedenkstätte wird neben Japans rd. 2,5 Mio. Kriegsgefallenen auch 14 von den Alliierten hingerichteter Kriegsverbrecher gedacht. Für Spannungen mit mehreren asiatischen Ländern hatte in den Wochen zuvor schon die Ausgabe von Schulbüchern durch das Erziehungsministerium gesorgt, in denen nach Ansicht der früheren Kriegsgegner die militaristische Vergangenheit Japans beschönigend dargestellt und die Expansions- und Kolonialpolitik gerechtfertigt wird. Am 29. 9. 2005 bestätigte das Gericht der Stadtpräfektur Tokio das Recht Koizumis, als Privatmann, wie von ihm reklamiert, den Yasukuni-Schrein zu besuchen. Dagegen maß das Gericht der Stadtpräfektur Osaka am 3. 10. den bisherigen Besuchen des Ministerpräsidenten offiziellen Charakter bei und erklärte sie für verfassungswidrig, da die gebotene Trennung von Religion und Staat verletzt werde. Ungeachtet dessen und der absehbaren scharfen Proteste machte der Regierungschef dem Shinto-Heiligtum am 17. 10. erneut seine Aufwartung. China sagte das für den 23. 10. geplante jährliche Außenministertreffen mit Japan und Südkorea ab und der für Dezember 2005 geplante Besuch des südkoreanischen Präsidenten Roh Moo-hyun geriet ins Wanken. Außenminister Aso empfahl am 28. 1. 2006, auch Kaiser Akihito möge der im Namen seines Vaters, Kaiser Hirohito, Gefallenen am Yasukuni-Schrein gedenken.
- **Skandal um Internetunternehmen:** Die Staatsanwaltschaft ließ am 23. 1. 2006 die Führungscrew von **Livedoor** unter dem Vorwurf der Bilanzfälschung, der Kursmanipulation und des Aktionärsbetrugs festnehmen. Die Aktiengesellschaft hatte sich seit ihrer Gründung 2001 durch eine aggressive und undurchsichtige Übernahmepolitik zu einem der größten Anbieter von Online-Diensten und zum Star der Tokioter Börse (TSE) entwickelt. Massive Aktienverkäufe nach Gerüchten über bevorstehende Schwierigkeiten für die Internetfirma hatten am 18. 1. zum **Zusammenbruch des Handels an der TSE** geführt, da deren Computerkapazitäten nicht mehr ausreichten. Die Verkaufswelle erfasste daraufhin die gesamte Elektronikbranche. Mitte März 2006, nachdem der Kurswert der Livedoor-Aktien um rd. 90 % eingebrochen war, kündigte die TSE die Entlistung des Titels an. Im Zusammenhang mit den Ermittlungen zum Livedoor-Skandal nahm die Polizei am 5. 6. den prominentesten Fondsmanager

des Landes, Yashaiaki Murakami, fest. Er gestand ein, im großen Stil Insiderhandel betrieben zu haben.

Mit ihrem Versuch, aus der Livedoor-Affäre politischen Profit zu schlagen, produzierte die Demokratische Partei ihren eigenen Skandal, als sie der LDP unterstellte, in die Livedoor-Machenschaften mittelbar verwickelt zu sein. Ein als Beweis herangezogenes E-Mail des Vorstandschefs der in Misskredit geratenen Firma stellte sich jedoch als Fälschung heraus. Als Konsequenz erklärten der Parteivorsitzende Seiji Maehara und weitere Mitglieder der DPJ-Führung ihren Rücktritt. Am 7. 4. 2006 wurde **Ichiro Ozawa zum neuen Parteichef bestellt**.

AUSSENPOLITIK

- **Irak:** Gemäß dem Beschluss des Pariser Clubs der 19 wichtigsten Kreditgeberstaaten vom November 2004, Iraks Schulden zu reduzieren, entschied die Regierung Mitte November 2006, **dem Irak 80 % seiner 7,6 Mrd. US-$ Schulden zu erlassen**. Der Rest soll über einen Zeitraum von 23 Jahren zurückgezahlt werden. Am 20. 6. 2006 gab Ministerpräsident Koizumi den Abzug des japanischen Truppenkontigents aus dem Irak bekannt, mit dem kurz danach begonnen wurde. Die rd. 550 unbewaffneten Soldaten sollen bis Herbst 2006 abgezogen sein. In der Nähe der südirakischen Stadt Samawah stationiert, leisteten sie unter dem Schutz britischer und australischer Einheiten Wiederaufbauarbeiten und unterstützen die medizinische Versorgung der Bevölkerung. Verlängert wurde im April 2006 die »Enduring Freedom«-Mission der Marine. Die Schiffe versorgen logistisch US-Verbände, die im Indischen Ozean im Rahmen der Antiterror-Operation operieren.
- **UN:** Die gemeinsame Ankündigung der UN-Botschafter der Vetomächte China und USA am 4. 8. 2005, dem Plan der so genannten G4-Staaten (Brasilien, Deutschland, Indien, Japan) zur Erweiterung des UN-Sicherheitsrats eine Absage zu erteilen, entfachte in Japan eine **Debatte über den Umfang der Zahlungen an die UN**, wenn Japan keine angemessene Verantwortung bei wichtigen politischen Entscheidungen in internationalen Angelegenheiten erhalte (→ UN). Im Vorfeld der Entscheidung Chinas und der USA hatte Außenminister Nobutaka Machimura indirekt mit einer Kürzung der Beiträge gedroht. Japan ist mit 19,5 % der zweitgrößte Beitragszahler hinter den USA (22 %) und vor Deutschland (knapp 10 %). Ende August 2005 zog sich Japan aus der G4-Gruppe zurück. Am 31. 1. 2006 **legte UN-Botschafter Kenzo Oshima einen eigenen Vorschlag vor**, der den Vorstellungen der USA entgegenkam, aber nicht auf breite Unterstützung stieß. Auf dem japanisch-pazifischen Forum Ende Mai 2006 sagte die japanische Regierung zwölf Pazifikstaaten Finanzhilfen von umgerechnet 330 Mio. € zu, verteilt über drei Jahre als Lohn für die Unterstützung der japanischen Bewerbung um einen Sitz im UN-Sicherheitsrat.
- **USA:** Im Zuge des Ausbaus ihrer militärischen Zusammenarbeit einigte sich Japan mit den USA Ende Oktober 2005 auf die Errichtung eines Hubschrauber-Stützpunkts auf Okinawa (→ Karte) und auf die dauerhafte **Stationierung eines atomgetriebenen Flugzeugträgers** im US-Marinestützpunkt Yokosuka ab 2008. Beide Entscheidungen stießen auf Proteste in der Bevölkerung. Nach Zwischenfällen bei militärischen Übungen und gewalttätigen Übergriffen von Soldaten auf Okinawa forderten Anfang März 2006 mehrere zehntausend Menschen den Abzug der Amerikaner, insbesondere die Schließung des Stützpunktes Futenma. Auf der stark bevölkerten Insel sind über die Hälfte der rd. 45 000 US-Soldaten in Japan stationiert. Ende Mai 2006 billigte die Regierung ein zwischen den Außen- und Verteidigungsministern beider Staaten ausgehandeltes Abkommen zur **Neuordnung der US-Truppen in Japan**. Der Vertrag ist Teil der weltweiten Umgruppierung der US-Streitkräfte. Danach werden u. a. 8000 Marineinfanteristen und 9000 Familienangehörige bis 2014 von Okinawa auf die amerikanische Pazifikinsel Guam verlegt. Mit umgerechnet 4,9 Mrd. € wird Japan rd. 60 % der Kosten für den Umzug tragen. Zu der umfangreichen Sicherheitsvereinbarung mit den USA zählt auch ein Abkommen über die Einrichtung eines gemeinsamen militärischen Hauptquartiers zur Terrorbekämpfung in Japan.

  Am 24. 12. 2005 billigte das Kabinett das gemeinsame **Raketenabwehrprogramm** (Missile Defence System, MDS) mit den USA. Von den auf 2,7 Mrd. US-$ veranschlagten Kosten wird Japan 40 % übernehmen. Die Bekanntgabe der Entscheidung folgte auf den Austausch von Verbalattacken mit der VR China. Außenminister Aso hatte der chinesischen Führung am 22. 12. vorgeworfen, ihre zunehmende, aber undurchsichtige militärische Aufrüstung wachse sich zu einer erheblichen Bedrohung für die Region aus.
- **Russland:** Beim Besuch von Präsident Wladimir Putin in Tokio (20.–22. 11. 2005), dem ersten seit fünf Jahren, kam es zu keiner Einigung über die von Japan seit langem geforderte Rückgabe der vier **südlichen Kurilen-Inseln im Pazifik** (in Japan als »Nordterritorien« bezeichnet). Die Inseln waren kurz vor der japanischen Kapitulation im Zweiten Weltkrieg von Russland annektiert worden. Die Lösung dieser Frage macht Premier Koizumi, wie schon seine Vorgänger, zur Bedingung für den Abschluss eines Friedensvertrags und für engere wirtschaftliche Beziehungen. In den Verhandlungen über die Zusammenarbeit beim ambitionierten russischen Pipelineprojekt, über das die asiatisch-pazifische Region mit Erdöl aus Ostsibirien beliefert werden soll, warb die japanische Regierung für eine Trassenführung, die neben der VR China auch Japan in eine künftige Versorgung einschließt, und erklärte sich bereit, sich an der Finanzierung maßgeblich zu beteiligen. Japan ist knapp zur Hälfte seines Energiebedarfs auf importiertes Erdöl angewiesen und sucht seine Abhängigkeit von Lieferungen

aus dem Nahen Osten, die drei Viertel der Importe ausmachen, abzubauen.

- **VR China:** Eine Affäre um den **Selbstmord eines japanischen Diplomaten in China** im Mai 2004, deren Einzelheiten Ende 2005 bruchstückhaft bekannt wurden, verschlechterte die Beziehungen zwischen beiden Ländern weiter. Außenminister Aso teilte am 18. 3. 2006 mit, der Konsularbeamte sei von chinesischen Agenten in eine Sexaffäre verstrickt und dann zum Geheimnisverrat erpresst worden. Schon zuvor hatte sich die chinesische Regierung gegen entsprechende Andeutungen verwahrt. Der **Streit um die Erdgas-Bohrrechte** in einem von beiden Staaten beanspruchten Grenzgebiet des Japanischen/Ostchinesischen Meeres blieb ungelöst (→ WA 2006, S. 253). Nachdem sich beide Seiten im Vorjahr mehrmals gegenseitig beschuldigt hatten, die Souveränitätsrechte des jeweils anderen Staates durch Probebohrungen oder schon begonnene Ausbeutung zu verletzen, scheiterten die Schlichtungsgespräche nach zwei Runden Anfang März 2006. Die Regierung in Tokio wies das Angebot Chinas zurück, das Gasfeld gemeinsam auszubeuten.
- **Südkorea:** Im Grenzstreit um die unbewohnte Inselgruppe Takeshima bzw. Dokdo erzielten beide Seiten am 22. 4. 2006 einen Kompromiss, der die Gefahr einer gewaltsamen Konfrontation vorläufig bannte (→ Korea, Republik).
- **Nordkorea:** Auf die als Provokation empfundenen mehrfachen Raketentests → Nordkoreas am 5. 7. 2006 versetzte die Regierung Koizumi die Armee in erhöhte Alarmbereitschaft. Im UN-Sicherheitsrat brachte sie einen Resolutionsentwurf ein, in dem wirtschaftliche Sanktionen angedroht wurden. Auf Betreiben Chinas, das einen solchen Schritt ebenso ablehnte wie Russland, wurde eine Abstimmung über den Antrag vertagt.

Jemen Vorder-Asien

Republik Jemen; al-Ǧumhūriyya al-Yamaniyya, Kurzform: al-Yaman – YE / YEM

Fläche (Weltrang: 48): 536 869 km²

Einwohner (51): F 2004 20 329 000 = 38 je km²

Hauptstadt: San'ā' (Sana, Sanaa)

Amtssprache: Arabisch

Bruttonationaleinkommen 2004 je Einw.: 550 $

Währung: 1 Jemen-Rial (Y. Rl) = 100 Fils
Kurs: 1 US-$ = 196,97 Y. Rl; 1 € = 253,05 Y. Rl

Botschaft der Republik Jemen
Budapester Str. 37, 10787 Berlin
T 030 / 89 73 05 – 0, Fax 89 73 05 – 62
www.botschaft-jemen.de

LANDESSTRUKTUR **Fläche:** 536 869 km² einschließlich der Inseln Barīm (Perim) 13 km², Kamaran 57 km² und Suquṭrā (Sokotra) ▪ **Verwaltung**: 17 Provinzen ▪ **Städte**: (Z 2004) San'ā' (Sanaa) 1 747 627 Einw.; (F 1995) 'Adan (Aden) 562 000; (Z 1994) Ta'izz 317 600, Al-Ḥudaydah (Hodeida) 298 500

BEVÖLKERUNG Jemeniten – F 2004: 20 329 000 Einw.; Bevölkerungswachstum: 3,1 %; letzte Zählung 2004: 19 721 643 Einw. ▪ **Sprachen**: Arabisch (Jemenitisch, z. T. Beduinendialekte); südarabische Sprachen ▪ **Religion**: 99 % Muslime (meist Sunniten und Zaiditen)

STAATS- UND REGIERUNGSFORM Verfassung von 1994, zuletzt geändert 2000 – Islamische Präsidialrepublik seit 1991 – Staatsreligion: Islam – Islamisches Recht (Scharia) – Parlament (Majlis al-Nuwaab) mit 301 Mitgl., Wahl alle 6 J. – Direktwahl des Staatsoberhauptes alle 7 J. (einmalige Wiederwahl) – Wahlrecht ab 18 J. ▪ **Unabhängigkeit**: alte staatl. Tradition (um 550 v. Chr.); 30. 10. 1918 Nord-Jemen (Teil des Osmanischen Reichs); 30. 11. 1967 Süd-Jemen (ehem. britisches Protektorat); 22. 5. 1990 Vereinigung der Jemenitischen Arabischen Republik und der Demokratischen Volksrepublik Jemen zur Republik Jemen ▪ **Nationalfeiertag**: 22. 5. (Tag der Republik von 1990)

REGIERUNG UND PARTEIEN **Staatsoberhaupt**: Generalleutnant Ali Abdallah Saleh (MSA-Vorsitzender), seit 1990; wieder gewählt 1999 – **Regierungschef**: Abdel Kader Bajamal (MSA), seit 4. 4. 2001 – **Äußeres**: Abubakr al-Kirbi (MSA), seit 4. 4. 2001 ▪ **Parlament**: Wahlen vom 27. 4. 2003: Allgemeiner Volkskongress / MSA 238 von 301 Sitzen (1997: 187), Vereinigung für Reform / Islah 46 (53), Sozialistische Partei Jemens / YSP 8 (–), Nasseristische Unionistische Volkspartei / TWSN und Arabische Sozialistische Baath-Partei / Baath 5 (7), Unabhängige 4 (54)

WIRTSCHAFT **BIP** 2004: 12,834 Mrd. $; realer Zuwachs: 2,7 %; Anteil (2004) Landwirtschaft 14 %, Industrie 38 %, Dienstleistungen 49 % ▪ **Erwerbstätigkeit** 1999: Landwirtsch. 48,5 %, Industrie 15,1 %, Dienstl. 36,4 % ▪ **Arbeitslosigkeit** ∅ 2003: 25 % ▪ **Inflation** ∅ 2003: 17,7 % ▪ **Außenhandel** 2003: **Import**: 674 Mrd. Y. Rl; *Güter*: 26 % Maschinen und Transportausrüstungen, 24 % Nahrungsmittel und lebende Tiere, 16 % bearbeitete Waren; *Länder*: 14 % Vereinigte Arabische Emirate, 11 % Saudi-Arabien, 8 % Kuwait, 6 % USA, 5 % Indien; **Export**: 685 Mrd. Y. Rl; *Güter*: 90 % Erdöl und -produkte; *Länder*: 32 % VR China, 10 % Indien, 5 % Rep. Korea, 4 % Singapur

CHRONIK

Nach einer von der Regierung beschlossenen **Erhöhung der Treibstoffpreise** auf fast das Doppelte brachen am 20. 7. 2005 **in sechs Provinzen Unruhen** aus, bei denen mindestens 39 Personen, darunter zwölf Angehörige der Sicherheitskräfte, ums Leben kamen (→ Foto). In Aden kam es trotz starker Militärpräsenz zu Plünderungen. Die Treibstoffpreise waren mittels staatlicher Subventionierung bisher niedrig gehalten worden. Durch die zuvor stark gestiegene Nachfrage – sie war von der Regierung auf ein florierendes Schmuggelgeschäft mit den Nachbarländern zurückgeführt worden, da dort die Preise deutlich höher liegen –, war der im Budget veranschlagte Rahmen für Subventionen bereits in den ersten Monaten des Jahres über-

Proteste in Sanaa am 21. 7. 2005

schritten worden. Die Reduzierung der Subventionen war auch Teil eines mit dem Internationalen Währungsfonds (IWF) ausgehandelten Reformprogramms. Ein Teil der eingesparten Gelder sollte für die Erhöhung der Löhne der Staatsbediensteten und die Anpassung der Renten verwendet werden. Nachdem Präsident Ali Abdallah Saleh eine teilweise Rücknahme der Preiserhöhung zugesagt hatte, beruhigte sich die Lage wieder.

Präsident Saleh gewährte am 25. 9. allen inhaftierten Anhängern (über 600 Personen) des schiitischen Predigers Husein Badredin al-Huthi Amnestie. Al-Huthi war im September 2004 nach einer dreimonatigen Rebellion getötet worden (→ WA 2006, S. 255). Ab 6. 2. 2006 kam es im Norden des Landes erneut zu **Kämpfen zwischen dem jemenitischen Militär und Anhängern al-Huthis**, die nun von dessen Vater geführt werden.

Mittels einer spektakulären **Flucht** gelang es am 3. 2. 2006 einer Gruppe von 23 Gefangenen aus einem Hochsicherheitsgefängnis in Sanaa zu entkommen. Darunter waren auch 13 **Angehörige von Al-Qaida**, die u. a. wegen des Anschlags auf das US-Kriegsschiff Cole im Oktober 2000 sowie den französischen Tanker Limburg inhaftiert worden waren. Neun der Ausbrecher konnten bis zum Mai wieder gefasst werden. Am 27. 2. 2006 wurde in Sanaa die Todesstrafe gegen den Mörder dreier US-amerikanischer Mitarbeiter eines Missionskrankenhauses in Dschibla im Dezember 2002 vollstreckt.

Wie in den Jahren zuvor kam es im Jemen erneut zu **Entführungen ausländischer Touristen**. Den Entführern ging es dabei meist darum, die Geiseln als Druckmittel gegenüber der Regierung zu benutzen, so etwa für die Freilassung von inhaftierten Stammesangehörigen oder den Bau von Schulen oder Straßen in ihrer Region. Am 28. 12. 2005 wurde der auf einer privaten Reise im Jemen weilende frühere **Staatssekretär im deutschen Außenministerium, Jürgen Chrobog**, zusammen mit seiner Familie entführt, aber bereits am 31. 12. wieder freigelassen. Dabei handelte es sich bereits um die dritte Entführung von Ausländern innerhalb weniger Wochen. Am Weihnachtswochenende waren zwei Österreicher nach mehrtägiger Entführung freigelassen worden, die Geiselnahme von fünf Italienern am 1. 1. 2006 endete fünf Tage später mit deren Freilassung.

Nach Angaben des Hochkommissars für Flüchtlinge (UNHCR) waren im Jemen rund 80 000 **Flüchtlinge aus Afrika, davon über 68 000 aus Somalia**, registriert. Allein 2005 wurden über 10 000 weitere afrikanische Flüchtlinge aufgenommen. Bei der von Schmugglerbanden organisierten Flucht übers Meer ertranken am 5. 9. 2005 vor der Küste des Jemen mindestens 58 Flüchtlinge aus Somalia, weitere 155 wurden vermisst, nachdem man sie mehrere Kilometer vor der Küste gezwungen hatte, an Land zu schwimmen. Weitere Unglücksfälle ereigneten sich laut UNHCR auch in den folgenden Monaten.

Jordanien Vorder-Asien

Haschemitisches Königreich Jordanien; al-Mamlaka al-Urdunniyya al-Hāšimiyya, Kurzform: al-Urdunn – JO / JOR

Fläche (Weltrang: 109): 89 342 km²

Einwohner (105): F 2004 5 440 000 = 61 je km²

Hauptstadt: 'Ammān (Amman)

Amtssprache: Arabisch

Bruttonationaleinkommen 2004 je Einw.: 2190 $

Währung: 1 Jordan-Dinar (JD.) = 1000 Fils
Kurs: 1 US-$ = 0,71 JD.; 1 € = 0,92 JD.

Botschaft des Haschemitischen Königreichs Jordanien
Heerstr. 201, 13595 Berlin
T 030/36 99 60 51, Fax 36 99 60 11
www.jordanembassy.de

LANDESSTRUKTUR **Fläche:** 89 342 km²; → Karte ▪ **Verwaltung:** 12 Governorate ▪ **Städte:** (F 2003) 'Ammān (Amman) 1 864 809 Einw., Az-Zarqā' 472 830, Irbid 272 681, Ar-Rusayfah 240 630

BEVÖLKERUNG Jordanier – F 2004: 5 440 000 Einw.; Bevölkerungswachstum: 2,5 %; letzte Zählung 2004: 5 100 981 Einw. – ca. 98 % Araber; Minderheiten von Tscherkessen, Tschetschenen, Dagestanern, Kurden, Armeniern und so genannten Turkmenen ▪ **Sprachen**: Arabisch, Beduinendialekte; Sprachen der Minderheiten; Englisch ▪ **Religion**: 80 % Sunniten sowie kleine Gruppen anderer Muslime; Minderheit von Christen

STAATS- UND REGIERUNGSFORM Verfassung von 1952, zuletzt geändert 1992 – Konstitutionelle Monarchie seit 1952 – Parlament: Abgeordnetenhaus mit 110 Mitgl. (9 für Christen, 3 für Tscherkessen, 6 für Frauen reserviert), Wahl alle 4 J.; Senat (Haus der Notabeln) mit 40 vom König ernannten Mitgl. – Wahlrecht ab 18 J. ▪ **Unabhängigkeit**: 22. 3. 1946 (ehem. britisches Mandatsgebiet) ▪ **Nationalfeiertag**: 25. 5. (Unabhängigkeitstag)

REGIERUNG UND PARTEIEN **Staatsoberhaupt**: König Abdullah II., seit 7. 2. 1999 – **Regierungschef**: Maruf al-Bakhit, seit 27. 11. 2005 – **Äußeres**: Abdul Ilah al-Khatib, seit 27. 11. 2005 ▪ **Parlament**: Wahlen vom 17. 6. 2003: königstreue Stammesführer 62 von 110 Sitzen, Islamische Aktionsfront 17, Demokratische Partei 2, Unabhängige 5; genaue Sitzverteilung nicht bekannt

WIRTSCHAFT **BIP** 2004: 11,515 Mrd. $; realer Zuwachs: 7,7 %; Anteil (2004) Landwirtschaft 3 %, Industrie 29 %, Dienstleistungen 68 % ▪ **Erwerbstätigkeit** 2002: Landwirtsch. 3,9 %, Industrie 21,5 %, Dienstl. 74,7 % ▪ **Arbeitslosigkeit** ∅ 2003: 14,5 %; inoffiziell bis zu 40 %

■ **Inflation** ∅ 2004: 3,4 % ■ **Außenhandel** 2003: **Import**: 5,74 Mrd. $; *Güter*: 23 % Maschinen und Transportausrüstungen, 20 % Industrieprodukte (8 % Garne und Gewebe), 14 % Nahrungsmittel und lebende Tiere, 12 % Erdöl und -produkte, 11 % chemische Erzeugnisse; *Länder*: 11 % Saudi-Arabien, 8 % Deutschland, 8 % VR China, 7 % USA, 7 % Irak, 4 % Italien, 4 % Japan, 3 % Großbritannien, 3 % Frankreich (EU gesamt: 31 %); **Export**: 3,08 Mrd. $; *Güter*: 34 % Fertigwaren (29 % Bekleidung), 23 % chemische Erzeugnisse (8 % pharmazeutische Produkte, 4 % Düngemittel), 15 % Rohstoffe (9 % Pottasche, 5 % Phosphate), 9 % Nahrungsmittel und lebende Tiere (6 % Gemüse), 8 % Industrieprodukte, 5 % Maschinen und Fahrzeuge, 3 % tierische und pflanzliche Öle; *Länder*: 22 % USA, 18 % Irak, 7 % Indien, 7 % Schweiz, 5 % Saudi-Arabien, 4 % Vereinigte Arabische Emirate (EU gesamt: 6 %)

CHRONIK

Das haschemitische Königreich hatte bislang als relativ friedliches Land im Nahen Osten gegolten. **Raketenangriffe** am 19. 8. 2005, deren **Ziel** im Hafen von Akaba liegende **US-Kriegsschiffe** waren, ohne indes getroffen zu werden, machten deutlich, dass es damit vorbei war. Die **Urheberschaft beanspruchte** einige Tage später die von dem Jordanier **Abu Mussab as-Sarkawi geführte Organisation für den Heiligen Krieg im Irak**. Untersuchungen der Sicherheitskräfte bestätigten die in den Irak führenden Spuren.

Nach dem Selbstmordanschlag am 9. 11. 2005 sichert die Polizei das getroffene Hotel

Weitaus folgenreicher waren am 9. 11. mehrere **Selbstmordanschläge** von vier Irakern **auf drei Luxushotels in Amman**, denen mindestens 60 Menschen zum Opfer fielen (→ Foto). Auch in diesem Fall übernahm Sarkawis Organisation die Verantwortung. Die Hotels waren beliebte Treffpunkte für amerikanische und andere westliche Geschäftsleute und Reisende und wurden auch häufig von im Irak tätigen Sicherheits- und Hilfsagenturen als Basis genutzt. Die meisten Opfer der Anschläge waren indes Jordanier, darunter zahlreiche Gäste einer Hochzeitsfeier. König Abdullah II. rief eine dreitägige Staatstrauer aus. In Amman kam es zu zahlreichen Protestkundgebungen gegen die Anschläge und deren Urheber. Angehörige der Familie und des Clans von Sarkawi distanzierten sich in Zeitungsanzeigen von ihm und erklärten ihre Loyalität zu König Abdullah.

Sarkawi wurde am 18. 12. 2005 vom Staatssicherheitsgericht **in Abwesenheit** wegen eines (gescheiterten) Selbstmordanschlags im Dezember 2004 auf einen jordanischen Posten an der Grenze zum Irak **zum Tode verurteilt**. Ein weiteres Todesurteil gegen ihn erging am 15. 2. 2006 wegen mehrerer 2004 geplanter Anschläge mit chemischen Waffen, die aber von den Sicherheitskräften vereitelt werden konnten. Bereits im April 2004 war Sarkawi wegen des Mordes an dem amerikanischen Diplomaten Lawrence Foley im Oktober 2002 erstmals zum Tode verurteilt worden; die damals ebenfalls zum Tode verurteilten Mitangeklagten wurden am 11. 3. 2006 hingerichtet. Am 1. 3. 2006 gaben die Sicherheitskräfte die Zerschlagung einer Terrorzelle bekannt, die einen ähnlichen Anschlag wie im November 2005 auf die Hotels geplant haben soll.

Wohl auch als Reaktion auf die verheerenden Bombenanschläge entließ König Abdullah die erst seit April 2005 im Amt befindliche Regierung unter Adnan Badran und ernannte am 24. 11. 2005 Maruf al-Bakhit zum **neuen Ministerpräsidenten**. Badran war zunehmend dafür kritisiert worden, daß es ihm nicht gelungen war, die politischen und wirtschaftlichen Reformen voranzutreiben. Bakhit, ein Offizier des militärischen Geheimdienstes, der sein Land auch als Botschafter in der Türkei und zuletzt in Israel vertreten hatte, war erst am 16. 11. zum Nationalen Sicherheitschef ernannt worden. Im am 27. 11. vereidigten neuen Kabinett, von dessen 23 Mitgliedern 15 neu im Amt waren, übernahm Bakhit selbst das Verteidigungsressort. Neuer Außenminister wurde Abdul Ilah al-Khatib, Aid al-Fayez neuer Innenminister. Wie die Herkunft des neuen Ministerpräsidenten aus dem Geheimdienst erwarten ließ, standen Sicherheitsfragen an erster Stelle vor den Bemühungen um soziale, wirtschaftliche und politische Reformen. Bereits am 16. 11. 2005 hatte der König den Senat aufgelöst und am Tag darauf die neuen Mitglieder ernannt.

Nach dem Abdruck der **Mohammed-Karikaturen**, die im September 2005 in der dänischen Zeitung Jyllands-Posten erschienen waren (→ Dänemark), wurde am 2. 2. 2006 der Chefredakteur der Wochenzeitung Schihan, Dschihad al-Momani, entlassen, Der Generalstaatsanwalt kündigte am 4. 2. 2006 an, gegen Momani und den Chefredakteur der Zeitung al-Mihwar, Hisham al-Chalidi, die ebenfalls die Karikaturen abgedruckt hatten, Anklage zu erheben.

Ein bereits für den 19. 4. 2006 vereinbarter **Besuch des neuen palästinensischen Außenministers** Mahmud al-Sahar wurde von der Regierung wenige Stunden zuvor mit der Begründung abgesagt, Hamas-Mitglieder hätten Waffen nach Jordanien geschmuggelt und Ziele für Terroranschläge ausgekundschaftet. Im Fernsehen am 11. 5. 2006 präsentierte Geständnisse von drei Hamas-Aktivisten bestätigten diese Version, während ein Hamas-Sprecher in Gaza diese Vorwürfe bereits am 19. 4. zurückgewiesen hatte.

Bei einer **Visite des israelischen Ministerpräsidenten** Ehud Olmert am 8. 6. 2006 in Amman wies König Abdullah die israelische Seite deutlich darauf hin, von einseitigen Schritten und Grenzziehungen im Westjordanland Abstand zu nehmen, und betonte die Notwendigkeit direkter israelisch-palästinensischer Verhandlungen. Ebenso deutlich hatte er zuvor gegen die in rechtsnationalen Kreisen Israels vorherrschende Vorstellung von Jordanien als zukünftigem Palästinenserstaat Stellung bezogen: Die Palästinafrage könne nicht auf Kosten Jordaniens gelöst werden.

Kambodscha Südost-Asien

Königreich Kambodscha; Preăh Réachéanachâkr Kâmpŭchéa – KH / KHM

Fläche (Weltrang: 87): 181 035 km²

Einwohner (63): F 2004 13 798 000 = 76 je km²

Hauptstadt: Phnum Pénh (Phnom Penh)

Amtssprache: Khmer

Bruttonationaleinkommen 2004 je Einw.: 350 $

Währung: 1 Riel (CR) = 100 Sen
Kurs: 1 US-$ = 4110 CR; 1 € = 5325 CR

Botschaft des Königreichs Kambodscha
Benjamin-Vogelsdorff-Str. 2, 13187 Berlin
T 030/48 63 79 01, Fax 48 63 79 72
www.kambodscha-botschaft.de

LANDESSTRUKTUR **Fläche**: 181 035 km²; Karte → WA 2006, S. 258 ▪ **Verwaltung**: 24 Provinzen ▪ **Städte**: (Z 1998) Phnum Pénh (Phnom Penh) 999 804 Einw., Kâmpóng Saôm / Preah Si hanouk (Sihanoukville) 155 690, Bătdâmbâng 139 964, Siĕmréab 119 528

BEVÖLKERUNG Kambodschaner – F 2004: 13 798 000 Einw.; Bevölkerungswachstum: 2,0 %; letzte Zählung 1998: 11 437 656 Einw. – ca. 85 % Khmer, 4 % Vietnamesen, 3 % Cham (malaiischer Herkunft), Chinesen, Thailänder, Moi und Khmer Loeu (Hochland-Khmer) und Lao ▪ **Sprachen**: Khmer; Französisch; Vietnamesisch, Chinesisch u. a. ▪ **Religion**: 90 % Buddhisten; etwa 200 000 schafiitische Sunniten (Cham, Malaien), christliche Minderheit

STAATS- UND REGIERUNGSFORM Verfassung von 1993 – Parlamentarische Monarchie seit 1993 – Staatsreligion: Buddhismus – Parlament (Nationalversammlung) mit 123 Mitgl.; Senat mit 61 Mitgl., Wahl alle 5 J. – Wahlrecht ab 18 J. ▪ **Unabhängigkeit**: alte staatl. Tradition; Proklamation 12. 3. 1945; endgültig 9. 11. 1953 (bestätigt auf der Genfer Indochina-Konferenz 1954) ▪ **Nationalfeiertag**: 9. 11. (Unabhängigkeitstag 1953)

REGIERUNG UND PARTEIEN **Staatsoberhaupt**: König Norodom Sihamoni, seit 29. 10. 2004 – **Regierungschef**: Hun Sen (CPP), seit 30. 11. 1998; Koalition von CPP und FUNCINPEC – **Äußeres**: Hor Namhong (CPP), seit 30. 11. 1998 ▪ **Parlament**: Wahlen zur Nationalversammlung vom 27. 7. 2003: Volkspartei / CPP 73 von 123 Sitzen (1998: 64 von 122), Front Uni National pour un Cambodge Indépendant, Neutre, Pacifique et Coopératif / FUNCINPEC 26 (43), Pak Sam Rainsy Party / PSR 24 (15)

WIRTSCHAFT **BIP** 2004: 4,884 Mrd. $; realer Zuwachs: 7,7 %; Anteil (2004) Landwirtschaft 33 %, Industrie

29 %, Dienstleistungen 38 % ▪ **Erwerbstätigkeit** 2002: Landwirtsch. 70 %, Industrie 11 %, Dienstl. 19 % ▪ **Arbeitslosigkeit** ∅ 2004: 3,1 % (offizielle Angaben) ▪ **Inflation** ∅ 2005: 5,8 % (S) ▪ **Außenhandel** 2004: **Import**: 3,193 Mrd. $; *Güter* 2003: 24 % Erdöl, 9 % Zigaretten, 5 % Bekleidung, 5 % Zement, 5 % Fahrzeuge, 4 % Motorräder; *Länder*: 37 % VR China, 12 % Rep. China, 11 % Thailand, 8 % Vietnam, 7 % Singapur, 5 % Rep. Korea, 4 % Japan, 4 % Indonesien, 4 % Malaysia; **Export**: 2,475 Mrd. $; *Güter* 2003: 79 % Textilien und Bekleidung, 3 % Kautschuk, 1 % Rund- und Schnittholz; *Länder*: 47 % USA, 23 % VR China, 9 % Deutschland, 6 % Großbritannien, 3 % Kanada

CHRONIK

▪ **Opposition unter Druck:** Menschenrechtsorganisationen und Medien wiesen seit Mitte 2005 auf **zunehmende Repressionsmaßnahmen** der Regierung hin. Gegen politische Gegner, missliebige Journalisten und Menschenrechtsaktivisten setzte Ministerpräsident Hun Sen vor allem das Instrument der Staatsbeleidigungsklage ein, um ihnen z. T. langjährige Haftstrafen auferlegen zu lassen. Das Europäische Parlament forderte am 30. 11. in einer Entschließung die Verantwortlichen in Phnom Penh auf, alle politischen Gefangenen wie Journalisten, Gewerkschaftsführer und Politiker, freizulassen. Besorgt über das harte Vorgehen der Regierung äußerte sich auch der UN-Sondergesandte für Menschenrechte in Kambodscha, der kenianische Völkerrechtler Yash Ghai, am 5. 12. Eine neu gegründete Alliance for Freedom of Expression in Cambodia (AFEC), in der sich mehr als 20 lokale Menschenrechtsgruppen, Gewerkschaften und andere Nichtregierungsorganisationen zusammenfanden, protestieren am 10. 12. in einer landesweiten Kampagne gegen die Einschränkung der Meinungsfreiheit und eine schrittweise Beseitigung der in der Verfassung festgeschriebenen demokratischen und rechtsstaatlichen Grundsätze.

Ein Gericht in Phnom Penh verurteilte am 22. 12. 2005 den Oppositionsführer Sam Rainsy in Abwesenheit wegen Verleumdung des Regierungschefs zu 18 Monaten Gefängnis (→ WA 2006, S. 258). Rainsy hatte den Premierminister für einen Terroranschlag auf eine Kundgebung 1997 mitverantwortlich gemacht und den Parlamentspräsidenten Norodom Ranariddh der Korruption beschuldigt.

Weitere Protesten im In- und Ausland und eine Warnung des US-Außenministeriums vor dem Hintergrund bevorstehender Verhandlungen der Geberländer mit Kambodscha über die internationale Finanzhilfe veranlassten Hun Sen Ende Januar 2006 zu einem **partiellen Kurswechsel**. Gegen einige der prominenten Kritiker wurden die Anklagen fallen gelassen, andere schon Inhaftierte wurden von König Norodom Sihamoni begnadigt, unter ihnen am 5. 2. Sam Rainsy., der sich zuvor für sein »unangebrachtes Verhalten gegenüber dem Premierminister« entschuldigt hatte. Wenige Tage später kehrte der Führer der nach ihm benannten Pak Sam Rainsy Party (PSR) aus seinem Exil in Frankreich nach Phnom Penh zurück. Die Anfang März in Phnom Penh tagende Konferenz der Geberländer bewilligte Kambodscha 601 Mio. US-$. Eine erneute Kritik des UN-Sonderbeauftragten Ghai an der weiterhin schlechten Menschenrechtslage in Kambodscha wies Hun Sen am 31. 3. scharf zurück.

▪ **Umstrittenes Grenzabkommen:** Die Kritik von Oppositionellen war nicht zuletzt im Zusammenhang mit einem Grenzabkommen lauter geworden, das Hun Sen Anfang Oktober bei seinem **Besuch in Hanoi** mit seinem vietnamesischen Amtskollegen geschlossen hatte und das zunächst geheim gehalten worden war. Die Vereinbarung ergänzt den Grenzvertrag von 1985, den die damals – nach dem Sturz der Roten Khmer – von Vietnam abhängige Regierung mit Zugeständnissen unterzeichnet hatte, die nach Ansicht kambodschanischer Patrioten für rechtswidrig gehalten werden. Dem als provietnamesisch geltenden Hun Sen wurde vorgeworfen, mit der neuerlichen Abtretung von mehreren tausend Quadratkilometern Territorium an Vietnam den »Ausverkauf« Kambodschas zu betreiben. Angesichts einer möglichen Weigerung von König Norodom Sihamoni, den strittigen Vertrag zu ratifizieren, drohte Hun Sen mit der Möglichkeit, die Monarchie abzuschaffen.

▪ **Senatswahl:** Die erste indirekte Wahl zur zweiten Kammer am 22. 1. 2006 stellte sich als Fortschritt im institutionellen Demokratisierungsprozess dar. Sie beförderte jedoch die Entwicklung der regierenden Volkspartei (CPP) des Premierministers Hun Sen zur überwältigenden politischen Kraft. Zur Wahl von 57 der 61 Senatoren (zwei werden vom König, zwei von der Nationalversammlung bestimmt) waren rd. 11 300 Gemeindevertreter aus 1621 Gemeinden aufgerufen. Auf die CPP entfielen 69,2 % der Stimmen und 45 Mandate, die mit ihr koalierende FUNCINPEC brachte es auf 20,4 % (10 Mandate), die Oppositionspartei PSR auf nur 10,3 % (2 Mandate). Das öffentliche Interesse an der Wahl war gering, zumal der Sieger von vornherein feststand. Die Senatoren der ersten Legislaturperiode (seit 1998) waren von den Parteien nach den Mehrheitsverhältnissen in der Nationalversammlung berufen worden (CPP 31, FUNCINPEC 21, PSR 7, König 2).

▪ **Völkermord-Tribunal:** Die schleppende Einrichtung eines von den UN mitgetragenenen internationalen Sondergerichts zur Aburteilung ehemaliger Führer der Roten Khmer für die Verbrechen unter ihrer Gewaltherrschaft in den 1970er Jahren (→ WA 2006, S. 258) nahm mit der Ernennung aller 30 Richter am 4. 5. 2006 eine weitere Hürde. Neben 17 Kambodschanern gehören dem Kollegium 13 Richter aus den USA, den Niederlanden, Polen, Frankreich, Australien und Sri Lanka an. Die Prozesse, in denen nur noch wenige Verantwortliche des Pol-Pot-Regimes zur Rechenschaft gezogen werden können, sollen 2007 beginnen.

Kamerun Zentral-Afrika

Republik Kamerun; République du Cameroun; Republic of Cameroon – CM / CMR

Fläche (Weltrang: 52): 475 442 km²

Einwohner (60): F 2004 16 038 000 = 34 je km²

Hauptstadt: Yaoundé (Jaunde)

Amtssprachen: Französisch, Englisch

Bruttonationaleinkommen 2004 je Einw.: 810 $

Währung: CFA-Franc
Kurs: 1 € = 655,96 CFA-Francs

Botschaft der Republik Kamerun
Rheinallee 76, 53173 Bonn
T 02 28 / 35 60 38, Fax 35 90 58

LANDESSTRUKTUR **Fläche**: 475 442 km²; Karte → WA 2005, S. 243 ▪ **Verwaltung**: 10 Provinzen ▪ **Städte**: (F 2001) Douala 1 494 700 Einw., Yaoundé (Jaunde) 1 248 200, Garoua 356 900, Bamenda 316 100, Maroua 271 700, Bafoussam 242 000

BEVÖLKERUNG Kameruner – F 2004: 16 038 000 Einw.; Bevölkerungswachstum: 1,8 %; letzte Zählung 1987: 10 493 655 Einw. – über 200 Ethnien: ca. 40 % Bantu im S und O (u. a. Bafia, Bakoko, Bakweri, Balong, Banen, Basaa, Batanga, Bulu, Duala, Ewondo, Eton, Maka, Mbo, Yambasa); 20 % Semibantu und Adamawa im W (u. a. Bafut, Bali, Bamileke, Bamun, Banso, Kom, Tikar, Widikum); sudansprachige Ethnien (u. a. Bana, Bata, Baya, Daba, Fali, Guider, Matakam, Mora, Musgum, Nduru, Tupuri); Pygmäen, Fulbe und Hausa (im N und Zentrum); ca. 20 000 Europäer (Franzosen) ▪ **Sprachen**: 80 % Französisch, 20 % Englisch; Bantu-Sprachen, Semibantu-Sprachen, Fang, Bamileke, Duala und Ful; Gbaya (Adamawa-Usangi-Sprachen), Weskos (englisch basierte Kreolsprache) u. a. ▪ **Religion**: 53 % Christen (26 % Katholiken), 40 % Anhänger von indigenen Religionen, 22 % Muslime

STAATS- UND REGIERUNGSFORM Verfassung von 1972 – Präsidialrepublik (im Commonwealth) seit 1972 – Parlament mit 180 Mitgl., Wahl alle 5 J. – Direktwahl des Staatsoberhauptes alle 7 J. – Wahlrecht ab 21 J. ▪ **Unabhängigkeit**: 1. 1. 1960 Ost-Kamerun (ehem. französisches Mandatsgebiet); 1. 10. 1961 West-Kamerun (ehem. britisches Mandatsgebiet) ▪ **Nationalfeiertag**: 20. 5. (Tag der Verfassung)

REGIERUNG UND PARTEIEN **Staatsoberhaupt**: Paul Biya (RDPC), seit 1982; zuletzt gewählt 2004 – **Regierungschef**: Ephraïm Inoni (RDPC), seit 8. 12. 2004 – **Äußeres**: Laurent Esso (RDPC), seit 8. 12. 2004 ▪ **Parlament**: Wahlen vom 30. 6. 2002 (Nachwahlen vom 15. 9. 2002): Rassemblement Démocratique du Peuple Camérounais / RDPC 149 von 180 Sitzen (1997: 116), Social Democratic Front / SDF 22 (43), Union Démocratique Camérounais / UDC 5 (5), Union des Populations du Cameroun / UPC 3 (–), Union Nationale pour la Démocratie et le Progrès / UNDP 1 (13), Sonstige – (3)

WIRTSCHAFT **BIP** 2004: 14,391 Mrd. $; realer Zuwachs: 4,3 %; Anteil (2004) Landwirtschaft 44 %, Industrie 16 %, Dienstleistungen 40 % ▪ **Erwerbstätigkeit** 2001: Landwirtsch. 58 % ▪ **Arbeitslosigkeit**: k. A. ▪ **Inflation** ∅ 2003: 0,6 % ▪ **Außenhandel** 2001: **Import**: 1,852 Mrd. $; *Güter*: 26 % Maschinen, 21 % bearbeitete Waren, 18 % mineralische Brennstoffe, 15 % Nahrungsmittel, 11 % chemische Erzeugnisse; *Länder*: 24 % Frankreich, 14 % Nigeria, 8 % USA, 7 % Deutschland, 5 % Japan, 4 % Guinea; **Export**: 1,749 Mrd. $; *Güter*: 46 % Erdöl, 11 % Baumwolle und Textilfasern, 8 % Kakao und Kakaoprodukte, 5 % Aluminium, 4 % Kaffee; *Länder*: 27 % Italien, 15 % Spanien, 11 % Frankreich, 9 % Niederlande, 6 % VR China

CHRONIK

Der **Internationale Währungsfonds** billigte am 24. 10. 2005 einen dreijährigen Kredit zur Unterstützung des nationalen Programms zur Armutsbekämpfung in Höhe von 12,85 Mio. US-$. Zuvor war die gute makroökonomische Bilanz des Landes gelobt, aber die fortdauernde Korruption kritisiert worden. Im Rahmen der Initiative für die am stärksten verschuldeten Staaten erreichte Kamerun am 2. 5. 2006 als 19. Staat den Completion Point und damit die Tilgung von 27 % seiner Auslandsschulden (insges. 4,9 Mrd. US-$).

Nach Gesprächen mit UN-Generalsekretär Kofi Annan und Kameruns Staatspräsident Paul Biya gab der nigerianische Präsident Olusegun Obasanjo am 16. 6. 2006 bekannt, er werde den Schiedsspruch des Internationalen Gerichtshofs von 2002 akzeptieren und die **umstrittene Halbinsel Bakassi** (→ Karte) bis zum Jahresende an Kamerun zurückgeben (→ Nigeria).

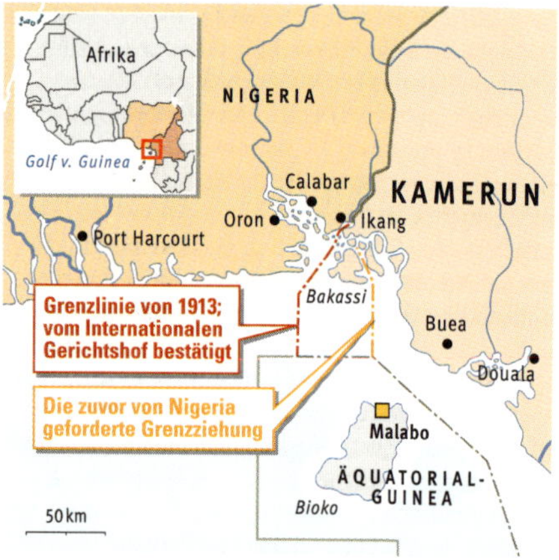

Kanada

Nord-Amerika
Canada – CA/CAN

Fläche (Weltrang: 2): 9 984 670 km²

Einwohner (36): F 2004 31 974 000 = 3,2 je km²

Hauptstadt: Ottawa

Amtssprachen: Englisch, Französisch

Bruttonationaleinkommen 2004 je Einw.: 28 310 $

Währung: 1 Kanad. Dollar (kan$) = 100 Cents
Kurs: 1 US-$ = 1,10 kan$; 1 € = 1,42 kan$

Botschaft von Kanada
Leipziger Platz 17, 10117 Berlin
T 030/20 31 20, Fax 20 31 25 90
www.kanada.de

LANDESSTRUKTUR **Fläche:** 9 984 670 km² ▪ **Verwaltung:** 10 Provinzen und 3 Territorien unter Bundesverwaltung; Tabelle → WA 2006, S. 260 ▪ **Städte:** (Z 2001) Toronto 4 682 897 Einw., Montréal 3 426 350, Vancouver 1 986 965, Ottawa 1 063 664, Calgary 951 395, Edmonton 937 845, Québec 682 757, Winnipeg 671 274, Hamilton 662 401, London 432 451, Kitchener 414 284, St. Catharines-Niagara 377 009, Halifax 359 183, Victoria 311 902, Windsor 307 877

BEVÖLKERUNG Kanadier – F 2004: 32 000 000 Einw.; Bevölkerungswachstum: 1,1 %; letzte Zählung 2001: 30 007 094 Einw. – ca. 800 000 Indianer, Inuit und Métis ▪ **Sprachen** 2001: (als Muttersprachen): 58,5 % Englisch, 22,6 % Französisch; 2,9 % Chinesisch, 1,6 % Italienisch, 1,5 % Deutsch, 0,9 % Pandschabi, 0,8 % Spanisch, 0,7 % Polnisch, 0,7 % Portugiesisch u. a.; 0,3 % indianische Sprachen ▪ **Religion** 2001: 43,6 % Katholiken, 29,2 % Protestanten, 2,6 % andere christliche Gemeinschaften, 2,0 % Muslime, 1,5 % Orthodoxe, 1,1 % Juden, 1,0 % Buddhisten, 1,0 % Hindus, 0,9 % Sikhs; 16,5 % religionslos

STAATS- UND REGIERUNGSFORM Verfassung von 1982 – Föderale parlamentarische Monarchie (im Commonwealth) seit 1931 – Parlament: Unterhaus (House of Commons) mit 308 Mitgl. (75 aus Québec), Wahl alle 5 J.; Senat (Senate) mit max. 112 Mitgl. (Ernennung durch Generalgouverneur auf Vorschlag des Regierungschefs) – Wahlrecht ab 18 J. ▪ **Unabhängigkeit:** 1. 7. 1867 de facto (Autonomes Dominion), 11. 12. 1931 nominell (Westminsterstatut) ▪ **Nationalfeiertag:** 1. 7.

REGIERUNG UND PARTEIEN **Staatsoberhaupt:** Königin Elizabeth II., vertreten durch Generalgouverneurin Michaëlle Jean, seit 27. 9. 2005 – **Regierungschef:** Stephen Harper (CP-Vorsitzender), seit 6. 2. 2006 – **Äußeres:** Peter MacKay (CP), seit 6. 2. 2006 ▪ **Parlament:** Wahlen vom 23. 1. 2006: Unterhaus: Conservative Party/CP 124 von 308 Sitzen (2004: 99), Liberal Party/LP 103 (135), Bloc Québécois/BQ (Separatisten) 51 (54), New Democratic Party/NDP 29 (19), Sonstige 1 (1) – Senat (Stand Juli 2004): LP 64, C 24, Unabhängige 4, PCP 3

WIRTSCHAFT **BIP** 2004: 977,968 Mrd. $; realer Zuwachs: 2,9 %; Anteil (2004) Landwirtschaft 2,3 %, Industrie 26,4 %, Dienstleistungen 71,3 % ▪ **Erwerbstätigkeit** 2003: Landwirtsch. 2,8 %, Industrie 22,5 %, Dienstl. 74,7 % ▪ **Arbeitslosigkeit** ∅ 2005: 6,8 % ▪ **Inflation** ∅ 2005: 2,2 % ▪ **Außenhandel** 2005: **Import:** 387 Mrd. kan$; *Güter:* 24 % Maschinen und Ausrüstungen, 20 % Kfz und -teile, 13 % Konsumgüter, 7 % chemische Erzeugnisse, 6 % Metalle, 6 % agrarische Produkte, 6 % Rohöl, 4 % Büromaschinen und -ausrüstungen; *Länder:* 57 % USA, 8 % VR China, 4 % Mexico, 4 % Japan, 3 % Deutschland; **Export:** 454 Mrd. kan$; *Güter:* 21 % Maschinen und Ausrüstungen, 20 % Kfz und -teile, 8 % Erdgas, 8 % forstwirtschaftliche Produkte, 7 % chemische Erzeugnisse, 7 % agrarische Produkte, 7 % Rohöl, 6 % Metall und -legierungen; *Länder:* 84 % USA, 2 % Japan, 2 % Großbritannien, 2 % VR China
Weitere Informationen → Kap. Wirtschaft

CHRONIK

Ein Korruptionsskandal noch aus Zeiten der Vorgängerregierung und fortlaufende Regierungskrisen veranlassten die Oppositionsparteien im November 2005 zum Sturz der liberalen Minderheitsregierung des erst seit Ende 2003 amtierenden Premierministers Paul Martin. Mit dem Sieg der Konservativen unter Stephen Harper endete eine 12-jährige Ära liberaler Regierungspolitik. Während Harper, dessen konservative Minderheitsregierung auf die Duldung und Zusammenarbeit mit anderen Parteien im Parlament angewiesen ist, innen- und wirtschaftspolitisch zunächst keinen grundsätzlichen Kurswechsel vornahm, verbesserte sich das Verhältnis zum großen Nachbarn USA schnell.

▪ **Neue Generalgouverneurin:** Die gebürtige Haitianerin Michaëlle Jean, die als Flüchtlingskind ins Land gekommen war, löste am 27. 9. 2005 Generalgouverneurin Adrienne Clarkson ab, die ihr Amt turnusgemäß nach sechs Jahren abgab. Die frühere, prominente Fernsehjournalistin aus der frankophonen Provinz Québéc ist die erste farbige Frau, die das Staatsoberhaupt, die britische Königin, in Ottawa vertritt. Bei ihrer Amtseinführung sprach sie sich für einen von Klischees freien Patriotismus aus, der die multikulturellen Scheidewände im Land durch eine pankanadische Solidarität überwinden könne.

▪ **Korruptionsaffäre:** Untersuchungsrichter John Gomery legte am 1. 11. 2005 seinen vorläufigen Bericht zu den seit Anfang 2004 kursierenden Vorwürfen über den Missbrauch von Steuergeldern unter der Regierung des früheren Premierministers Jean Chrétien vor. Gomery bestätigte, dass bei einer langjährigen Kampagne zur Bekämpfung der Separatismusbewegung des Bundesstaates Québéc erhebliche Geldsummen abgezweigt worden waren (von 332 insgesamt 147 Mio. kan$ bzw. 44 %), die zum erheblichen Teil u. a. über Geldwäsche und Scheinverträge in **illegale Wahlkampfkassen der Liberal Party (LP)** gelangten. Premierminister Martin, der während des fraglichen Zeitraums Finanzminister war und die Untersuchung des Skandals selbst vorangetrieben hatte, wurde kein Fehlverhalten nachgewiesen; die politische Verantwortung lag nach Auffassung des Untersuchungsrichters vielmehr bei dem früheren Regierungschef Chrétien. Durch die öffentlichen Anhörungen litt jedoch das Ansehen der Liberalen erheblich. Martin, der den Forderungen der konservativen Opposition nach Rücktritt und Neuwahlen bis Februar und damit vor Veröffentlichung des Abschlussberichts nicht nachkam, musste sich am 28. 11. einem **Misstrauensvotum** stellen. Unterstützt wurde der Antrag der Conservative Party (CP), der mit 171 gegen 133 Stimmen angenommen wurde, von Abgeordneten der sozialdemokratischen New Democratic Party (NDP), die Martin wegen gesundheitspolitischen Entscheidungen bereits am 8. 11. die Zusammenarbeit aufgekündigt hatten, und dem separatistischen Bloc Québécois (BQ).

▪ **Machtwechsel:** Generalgouverneurin Jean löste am 29. 11. 2005 das Unterhaus auf und setzte **vorgezogene Neuwahlen** für den 23. 1. 2006 fest. Mit einer Wahlbeteiligung von 64,9 % kam es zum erwarteten Machtwechsel, wenngleich die CP die absolute Mehrheit verfehlte: Konservative (36,3 % der Stimmen) und Liberale (30,2 %) tauschten die Plätze, wobei im Vergleich zur Wahl 2003 der Gewinn der einen (+6,7 Prozentpunkte) fast ganz dem Verlust der anderen (–6,5) entsprach. Die CP erzielte 124 der insgesamt 308 Parlamentsmandate (+25), die LP 103 (–32). Die NDP erhöhte ihren Stimmenanteil um 1,8 auf 17,5 % und steigerte die Zahl ihrer Abgeordneten um zehn auf 29. Auf den nur in der Provinz Québéc antretenden BQ entfielen landesweit 10,5 % der Stimmen und damit 51 Mandate (–3). Ein Abgeordneter wurde als Unabhängiger direkt gewählt.

Als Konsequenz aus der Wahlniederlage trat Martin als Parteivorsitzender der Liberalen zurück. Neuer

Kanada: Wahlen zum Unterhaus am 23.1.2006 (2004)

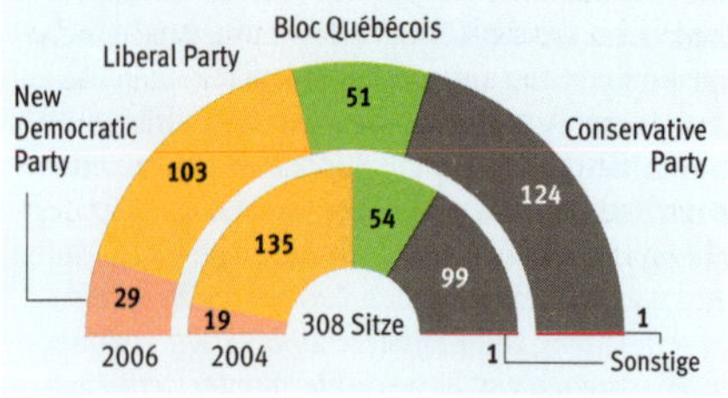

Oppositionsführer wurde der ehemalige Außen- und Verteidigungsminister Bill Graham. Am 6. 2. legte der bisherige Oppositionsführer **Stephen Harper** seinen Amtseid als **Regierungschef** ab. Er führt eine Minderheitsregierung, die sich im Parlament fallweise der Unterstützung anderer Fraktionen versichern will. Die Ministerliste umfasst statt bisher 38 nur noch 27 Personen, darunter sechs Frauen. Außenminister wurde der stellvertretende Vorsitzende der LP, Peter MacKay. Das Handelsressort ging überraschend an den bisherigen Industrieminister David Emerson. Der angesehene Unternehmer war nach den Wahlen von den Liberalen zu den Konservativen übergewechselt und stärkte die CP-Fraktion damit um einen weiteren Sitz im Parlament.

In seiner **Regierungserklärung** stellte der Premierminister einen Aktionsplan mit fünf vorrangigen Projekten vor: Vermeidung von Korruption durch Stärkung von Transparenz und klare Verantwortlichkeiten; Senkung der Mehrwertsteuer auf Waren- und Dienstleistungen von 7 auf 6 %; Verbesserung der inneren Sicherheit durch Gewaltprävention, eine Strafrechtsreform, mehr Polizeipräsenz und eine bessere Absicherung der Landesgrenzen; Familienförderung durch Tagesheim-Gelder für Kinder unter sechs Jahren; Verbesserung der ärztlichen und klinischen Versorgung zur Verkürzung der Wartezeiten.

▪ **Ureinwohner:** Die Regierung Harper bestätigte am 10. 5. 2006 eine Grundsatzvereinbarung, die von der Vorgängerregierung am 25. 11. 2005 mit den Organisationen der Indianer und Inuit zur **Entschädigung der Opfer staatlicher Zwangsassimilation** ausgehandelt worden war. Bis in die 1960er Jahre hinein waren Ureinwohnerkinder ihren Familien entrissen und in sog. Residential Schools interniert worden, wo sie körperlicher und seelischer Gewalt, oft auch sexuellem Missbrauch ausgesetzt waren. Die rd. 80 000 Überlebenden sollen mit insgesamt 1,9 Mrd. kan$ (rd. 1,4 Mrd. €) entschädigt werden. Für ein gleichfalls vereinbartes **Zehnjahresprogramm** zur Verbesserung der Lebensbedingungen in den Ureinwohnergemeinden will die Regierung 5 Mrd. kan$ aufbringen. Zu den drängendsten Problemen zählen Mangel an Wohnraum, unzureichende Wasser- und Abwasserversorgung, Defizite im Gesundheitswesen, Arbeitslosigkeit und Bandenkriminalität.

Die Regierung, die bereits 1990 wegen der Nichtbeachtung der **Rechte der Lubicon-Indianer** vom UN-Menschenrechtskomitee gerügt worden war, musste sich am 31. 10. 2005 erneut einer Klage der Indianer wegen andauernder Nichtbeachtung ihrer Rechte stellen. Im Gegensatz zu den Inuit, die sich erst in den letzten Jahren das Recht auf Landnutzung in ihren Siedlungsgebieten wieder erkämpft hatten (→ Karte), verfügen die in der Provinz Alberta ansässigen Lubicon-Indianer über die Landnutzungsrechte in ihrem angestammten Territorium, das aber zunehmend durch rücksichtslose Holz-, Erdöl- und Erdgasausbeutung zerstört wurde.

- **Antiterror-Aktion:** Bei einer Großrazzia nahmen Sicherheitskräfte am 2. 6. 2006 im Großraum Toronto **17 islamistische Terrorverdächtige** fest, die bereits seit 2004 überwacht wurden. Zugleich wurden drei Tonnen Ammoniumnitrat sichergestellt, das zur Herstellung von Bomben dient. Der Inlandsgeheimdienst CSIS beschrieb die muslimischen Männer, die Mehrzahl von ihnen kanadische Staatsbürger, als Anhänger »einer vom Terrornetz Al-Qaida inspirierten gewalttätigen Ideologie«, die eine Serie von Anschlägen im Süden der Provinz Ontario geplant hätten. Die Tageszeitung »Toronto Star« berichtete, die Polizei habe das von den Verdächtigen bestellte Ammoniumnitrat geliefert und unmittelbar darauf zugeschlagen. Nach den Festnahmen warfen Unbekannte in Toronto in einer der größten Moscheen Nordamerikas die Fenster ein. In Kanada leben etwa 600 000 Muslime.
- **Klimaschutz und Ölsand-Boom:** Als Gastgeber der

Abbau von Ölsanden in der Provinz Alberta

zweiwöchigen Weltklimakonferenz in Montréal (28. 11.–10. 12. 2005) kritisierte Premierminister Martin mit deutlichen Worten die Weigerung der USA, das Kyoto-Protokoll zu unterschreiben. Zugleich musste er sich vorhalten lassen, Kanada erfülle seine eigenen Verpflichtungen aus dem von ihm ratifizierten Vertrag nicht. Während Kanada nach dem **Kyoto-Protokoll** den Ausstoß an Treibhausgasen bis 2012 auf 6 % unter das Niveau von 1990 verringern soll, lag er 2005 24 % über dem Ausgangswert (USA: 13 %).

Diese Entwicklung wird in erster Linie auf den in den letzten Jahren forcierten **großflächigen Abbau von Ölsand** vor allem in der Provinz Alberta zurückgeführt (→ Foto). Die Trennung von Sand und Öl (Bitumen) und die Gewinnung von synthetischem Rohöl aus dem teerähnlichen Bitumen ist zwar sehr energie- und kostenaufwendig, doch wird sie im Zuge der Kostenexplosion bei Erdöl immer lukrativer. Die Ölsandgebiete in den Bezirken von Athabasca, Peace River und Cold Lake im dünnbesiedelten Norden der Provinz Alberta gelten als die größten Vorkommen der Welt; sie sollen bis zu 1,7 Billionen Barrel Erdöl enthalten. Damit besitzt Kanada nach Saudi-Arabien die weltweit zweitgrößten erschließbaren Erdölreserven. Für die Förderung investierten Mineralölkonzerne 1996–2003 18 Mrd. €, bis 2013 sind weitere 40 Mrd. eingeplant. Am 2. 3. 2006 gab der US-amerikanische Konzern Chevron Corp. den Erwerb von fünf Ölsandlizenzen im Norden Albertas bekannt. Das Gebiet umfasst 33 000 Hektar und birgt ein geschätztes Ölvorkommen von 7,5 Mrd. Barrel.

- **Afghanistan-Engagement:** Ende Februar 2006 übernahm Kanada bis zum Jahresende 2006 das Kommando über die in Kandahar stationierten multinationalen Truppen mit über 9000 Soldaten, von denen Kanada rd. 2300 stellt. Das Parlament verlängerte das ursprünglich 2007 auslaufende Mandat des Militäreinsatzes am 17. 5. mit 149 gegen 145 Stimmen um weitere zwei Jahre. Seit Beginn des Einsatzes 2002 wurden bis Ende Mai 2006 in Afghanistan durch Feindeinwirkung 17 Soldaten getötet und rd. 50 weitere verletzt.

Kap Verde West-Afrika

Republik Kap Verde; auch: Kapverden;
República de Cabo Verde – CV / CPV

Fläche (Weltrang: 165): 4036 km²

Einwohner (161): F 2004 495 000 = 123 je km²

Hauptstadt: Cidade de Praia

Amtssprache: Portugiesisch

Bruttonationaleinkommen 2004 je Einw.: 1720 $

Währung: 1 Kap-Verde-Escudo (KEsc) = 100 Centavos
Kurs: 1 US-$ = 85,98 KEsc; 1 € = 110,27 KEsc

Botschaft der Republik Kap Verde
Dorotheenstr. 43, 10117 Berlin
T 030 / 20 45 09 55, Fax 20 45 09 66
www.embassy-capeverde.de

LANDESSTRUKTUR **Fläche**: 4036 km²; 15 Inseln (u. a. São Tiago mit 991 km², Santo Antão 779 km², Boa Vista 620 km², Fogo 476 km², São Nicolau 388 km², São Vicente 227 km²), davon 9 bewohnt; → Karte ▪ **Verwaltung**: 15 Bezirke; Tabelle → WA 2005, S. 247 ▪ **Städte**: (Z 2000) Cidade de Praia (São Tiago) 94 757 Einw., Mindelo (São Vicente) 62 970 ▪ **Inseln:** (Z 2000) São Tiago 236 627 Einw., São Vicente 67 163, Santo Antão 47 170, Fogo 37 421, Sal 14 816, São Nicolau 13 661, Brava 6804, Maio 6754, Boa Vista 4209

BEVÖLKERUNG Kap-Verdier – F 2004: 495 000 Einw.; Bevölkerungswachstum: 2,3 %; letzte Zählung 2000: 434 625 Einw. – F 1986: 71 % Mestiços (Mulatten), 28 % Schwarze, 1 % Weiße; ca. 700 000 Kapverdier leben im Ausland, insb. in den USA, Niederlande, Portugal, Italien und Angola ▪ **Sprachen**: Portugiesisch, Crioulo ▪ **Religion** 2001: 92,8 % Katholiken, 1 % Protestanten; indigene Religionen

STAATS- UND REGIERUNGSFORM Verfassung von 1992 – Republik seit 1975 – Parlament (Assembléia Nacional) mit 72 Mitgl., Wahl alle 5 J. – Direktwahl des Staatsoberhauptes alle 5 J. – Wahlrecht ab 18 J. ▪ **Unabhängigkeit**: 5. 7. 1975 (ehem. portugiesische Kolonie) ▪ **Nationalfeiertag**: 5. 7.

REGIERUNG UND PARTEIEN **Staatsoberhaupt**: Pedro Verona Rodrigues Pires (PAICV), seit 2001; wieder gewählt 2006 – **Regierungschef**: José Maria Pereira Neves (PAICV-Vorsitzender), seit 1. 2. 2001 – **Äußeres**: Víctor Manuel Barbosa Borges (PAICV), seit 3. 4. 2004 ▪ **Parlament**: Wahlen vom 22. 1. 2006: Partido Africano da Independência de Cabo Verde / PAICV 41 von 72 Sitzen (2001: 40), Movimento para a Democracia / MPD 29 (30), União Caboverdiana Independente e Democrática 2 (–), Alliança Democrática para a Mudança / ADM – (2)

WIRTSCHAFT **BIP** 2004: 948 Mio. $; realer Zuwachs: 5,5 %; Anteil (2004) Landwirtschaft 7 %, Industrie 20 %, Dienstleistungen 73 % ▪ **Erwerbstätigkeit** 2001: Landwirtsch. 22 % ▪ **Arbeitslosigkeit** ∅ 2003: 21 % ▪ **Inflation** ∅ 2003: 1,2 % ▪ **Außenhandel** 2001: **Import**: 247,5 Mio. $; *Güter*: 28 % Maschinen und Transportausrüstungen, 25 % Nahrungsmittel und lebende Tiere, 17 % Fertigwaren; *Länder* 2003: 48 % Portugal, 15 % Niederlande, 6 % Belgien, 3 % USA; **Export**: 9,8 Mio. $; *Güter*: 49 % Kleidung, 40 % Schuhe; *Länder* 2003: 71 % Portugal, 23 % USA

CHRONIK

Anfang 2006 stand der in Afrika als demokratisches Musterland geltende Inselstaat ganz im Zeichen der Vorbereitung und Durchführung von Parlaments- und Präsidentschaftswahlen. Bei den **Parlamentswahlen** am 22. 1. 2006 errang der regierende Partido Africano da Independência de Cabo Verde (PAIVC) mit 52,3 % der Stimmen und 41 (+1) der 72 Sitze eine klare Mehrheit. Auf den Movimento para a Democracia (MPD) entfielen 44 % und 29 (–1) Sitze. An der Wahl beteiligten sich 54 % der Stimmberechtigten.

Drei Wochen später wurde bei der **Präsidentschaftswahl** am 12. 2. Amtsinhaber Pedro Verona Rodrigues Pires (PAIVC) mit einer knappen Mehrheit von 50,8 % der Stimmen wiedergewählt. Auf den einzigen Gegenkandidaten, den früheren Ministerpräsidenten Carlos Veiga vom MPD entfielen 49,2 %. Die Wahlbeteiligung lag bei 53,1 Prozent. Der 71-jährige Pires, ein Veteran des Unabhängigkeitskampfes gegen die ehemalige Kolonialmacht Portugal und Premierminister 1975–1991, versprach in einer Rede an die Nation verstärkte Maßnahmen gegen Armut und Arbeitslosigkeit.

Am 8. 3. berief Pires ein neues Kabinett. Premierminister José Maria Pereira Neves behielt sein Amt, einige Schlüsselressorts, wie das Justiz-, das Finanz- und das Landwirtschaftsministerium, wurden neu besetzt.

Kasachstan

Ost-Europa / Zentral-Asien
Republik Kasachstan; Qazaqstan Respublïkasy – KZ / KAZ

Fläche (Weltrang: 9): 2 717 300 km²

Einwohner (62): F 2004 14 994 000 = 5,5 je km²

Hauptstadt: Astana

Amtssprache: Kasachisch

Bruttonationaleinkommen 2004 je Einw.: 2250 $

Währung: 1 Tenge (T) = 100 Tiin
Kurs: 1 US-$ = 121,48 T; 1 € = 156,07 T

Botschaft der Republik Kasachstan
Nordendstr. 14 / 17, 13156 Berlin
T 030 / 47 00 7 – 113, Fax 47 00 7 – 125
www.botschaft-kasachstan.de

LANDESSTRUKTUR **Fläche:** 2 717 300 km²; → Karte ▪ **Verwaltung:** 14 Regionen und Hauptstadtbezirk ▪ **Städte:** (Z 1999) Almaty (Alma-Ata) 1 129 400 Einw., Qarağandı (Qaraghandy) 436 900, Şimkent (Schymkent) 360 100, Taraz (Taras) 330 100, Astana 313 000, Öskemen 311 000, Pavlodar (Pawlodar) 300 500, Semey (Semei) 269 600, Aqtöbe 253 100, Qostanay (Qostanai) 221 400, Petropavl (Petropawl) 203 500

BEVÖLKERUNG Kasachen – F 2004: 14 994 000 Einw.; Bevölkerungswachstum: 0,6 %; letzte Zählung 1999: 14 953 126 Einw. – 53,4 % Kasachen, 30,0 % Russen, 3,7 % Ukrainer, 2,5 % Usbeken, 2,4 % Deutsche, 1,7 % Tataren, 1,4 % Uiguren, 4,9 % Sonstige ▪ **Sprachen:** Kasachisch, Russisch, Sprachen der Minderheiten ▪ **Religion** 1999: 65 % Muslime (v. a. Sunniten), 35 % Christen (v. a. Russisch-Orthodoxe)

STAATS- UND REGIERUNGSFORM Verfassung von 1995, zuletzt geändert 1998 – Präsidialrepublik seit 1991 – Parlament: Unterhaus (Madschlis) mit 77 Mitgl., Wahl alle 5 J.; Senat mit 39 für 6 Jahre gewählten Mitgl. (7 vom Staatspräsidenten ernannt), Teilwahlen alle 3 J. – Direktwahl des Staatsoberhauptes alle 7 J. – Wahlrecht ab 18 J. ▪ **Unabhängigkeit:** Souveränitätserklärung 25. 10. 1990, Proklamation 16. 12. 1991 ▪ **Nationalfeiertag:** 25. 10. (Tag der Republik)

REGIERUNG UND PARTEIEN **Staatsoberhaupt:** Nursultan Ä. Nasarbajew (Union der Volkseinheit), seit 1990; wieder gewählt 2005 – **Regierungschef:** Danijal Achmetow, seit 13. 6. 2003 – **Äußeres:** Kasimchomart K. Tokajew, seit 28. 1. 2002 ▪ **Parlament:** Wahlen zum Unterhaus vom 19. 9. / 3. 10. 2004: den Präsidenten unterstützende Parteien: Republikanische Vaterland-Partei / Otan 42 von 77 Sitzen (1999: 24), Bürgerpartei und Agrarpartei 11 (14), Asar 4 (1); Heller Pfad / Ak Schol 1 (–), Demokratische Wahl Kasachstans / DWK 1 (1), Kommunistische Partei – (3); Unabhängige 18 (34) – Letze Teilwahlen zum Senat vom 19. 8. 2005: Sitzverteilung nicht bekannt

WIRTSCHAFT **BIP** 2004: 40,743 Mrd. $; realer Zuwachs: 9,4 %; Anteil (2004) Landwirtschaft 8 %, Industrie 40 %, Dienstleistungen 52 % ▪ **Erwerbstätigkeit** 2003: Landwirtsch. 35,3 %, Industrie 17,0 %, Dienstl. 47,8 % ▪ **Arbeitslosigkeit** ∅ 2005: 8,1 % ▪ **Inflation** ∅ 2005: 7,6 % ▪ **Außenhandel** 2005: **Import:** 17,353 Mrd. $; *Güter:* 44 % Maschinen, Ausrüstungen und Transportmittel, 15 % Nichtedelmetalle und Erzeugnisse daraus, 13 % chemische Erzeugnisse, Kunststoffe und Kautschuk, 7 % Nahrungsmittel; *Länder:* 38 % Russland, 8 % Deutschland, 7 % VR China, 7 % USA, 5 % Ukraine, 4 % Italien, 4 % Japan, 2 % Großbritannien, 2 % Türkei (GUS gesamt: 47 %); **Export:** 27,843 Mrd. $; *Güter:* 74 % mineralische Produkte, 16 % Nichtedelmetalle und Erzeugnisse daraus, 3 % chemische Erzeugnisse, Kunststoffe und Kautschuk, 2 % Nahrungsmittel, 1 % Maschinen, Ausrüstungen und Transportmittel; *Länder:* 20 % Schweiz, 15 % Italien, 11 % Russland, 10 % Frankreich, 9 % VR China, 3 % Iran, 3 % Niederlande, 2 % USA, 2 % Deutschland (GUS gesamt: 15 %)

CHRONIK

Nach 16-jähriger Amtszeit konnte der autoritär regierende Präsident Nursultan Nasarbajew die Präsidentschaftswahlen im Dezember 2005 erneut für sich entscheiden. Damit wurde Nasarbajew für weitere 7 Jahre im Amt bestätigt. Der Erfolg seiner Regierung basiert auf den hohen Einnahmen aus dem Erdölexport und einer marktorientierten Wirtschaftspolitik. Von dem Wirtschaftswachstum, das 2005 im fünften Jahr in Folge über 9 % lag, profitiert vor allem eine wachsende städtische Mittelschicht.

▪ **Präsidentschaftswahlen:** Bei den Präsidentschaftswahlen am 4. 12. 2005 setzte sich **Präsident Nasarbajew** im ersten Wahlgang nach offiziellen Angaben mit 91,1 % der Stimmen gegen vier Konkurrenten durch. Wählerbefragungen unabhängiger Institute ermittelten allerdings nur einen Anteil von 77 bis 86,9 % für Nasarbajew. Der Kandidat des Oppositionsbündnisses Für ein gerechtes Kasachstan, Scharmachan Tujakbaj, kam offiziell nur auf 6,6 %. Die Opposition beschuldigte die Regierung der Wahlfälschung. Die amtliche Wahlbeteiligung lag bei 82 %.

Die OSZE kritisierte, dass bei den Wahlen zahlreiche demokratische Standards verletzt wurden. So verhinderte die Regierung während des Wahlkampfes das Erscheinen oppositioneller Zeitungen, Mitarbeiter von Wahlkampfteams seien bedroht und eingeschüchtert worden, ein Viertel der von OSZE-Wahlbeobachtern begutachteten Auszählungen seien schlecht oder sehr schlecht gewesen, zudem sei es zu mehrfachen Stimmabgaben gekommen.

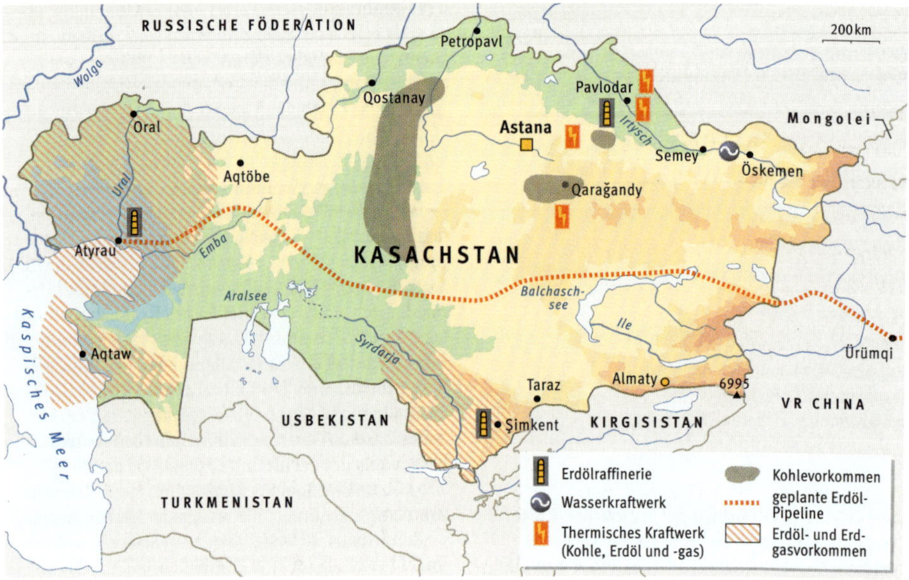

Am 18. 1. 2006 bestätigte Präsident Nasarbajew Ministerpräsident Danijal Achmetow im Amt.

- **Wahlen zum Senat:** Bei den Teilwahlen zur zweiten Parlamentskammer, dem Senat, errang die Partei Otan (Vaterland) von Präsident Nasarbajew am 19. 8. 2005 zehn der zu vergebenden 16 Sitze. Alle anderen Mandate gingen an regierungsnahe Parteien oder Kandidaten.
- **Ermordung des Oppositionsführers:** Der Politiker **Altynbek Sarsenbajew** wurde am 13. 2. 2006 zusammen mit seinem Leibwächter und Fahrer bei Almaty erschossen. Das Führungsmitglied des Oppositionsbündnisses Für ein gerechtes Kasachstan hatte erst 2003 in das Lager der Opposition gewechselt. Sarsenbajew hatte zuletzt der Tochter des Präsidenten, der Parlamentsabgeordneten und Vorsitzenden der Partei Asar (Gemeinsam) Dariga Nasarbajewa, Korruption vorgeworfen. Bereits am 12. 11. 2005 war der Oppositionspolitiker und einstige Bürgermeister von Almaty, Samanbek Nurkadilow, ermordet worden. Wegen der Verstrickung von fünf Mitgliedern des Geheimdienstes Komitee für Nationale Sicherheit (KNB) in die Ermordung Sarsenbajews musste KNB-Chef Nartaj Dutbajew am 22. 2. 2006 zurücktreten. Die Staatsanwaltschaft ließ am 23. 2. den leitenden Senatsbeamten Jerschan Utembajew wegen des Mordes verhaften. Utembajew gestand noch Ende Februar, er habe Sarsenbajew aus Rache für einen Zeitungsartikel über ihn ermorden lassen. Der Prozess gegen Utembajew und neun Sicherheitsbeamte begann am 14. 6. in Taldykorgan unter faktischem Ausschluss der Öffentlichkeit. Die Opposition hegt Zweifel an der Richtigkeit der staatsanwaltlichen Version der Ermordung Sarsenbajews und bezeichnete Utembajew als Bauernopfer.
- **Energiepolitische Kooperation mit China:** Der chinesische staatliche Ölkonzern China National Petroleum Corporation (CNPC) erwarb mit Zustimmung der kasachischen Regierung am 26. 10. 2005 das Unternehmen PetroKazakhstan für 4,18 Mrd. US-$. Der russische Ölkonzern Lukoil hatte vergeblich versucht, die Übernahme zu verhindern. PetroKazakhstan kontrolliert 12 % der kasachischen Ölförderung. Kasachstan verfügt über 3 % der weltweiten Ölreserven.

Präsident Nasarbajew eröffnete am 15. 12. 2005 in Astana eine neue Erdölleitung nach China. Die **Atasu-Alaschankou-Pipeline** wurde innerhalb zweier Jahre gebaut, ist 988 km lang und kostete 800 Mio. US-$. Neben kasachischem Erdöl wird über die Pipeline auch Öl aus Russland nach China transportiert. China und Kasachstan planen einen Ausbau dieser Pipeline in Kasachstan um weitere 2000 km bis 2011. Mit der Pipeline befreit sich Kasachstan ein weiteres Stück von seiner Abhängigkeit vom russischen Pipelinenetz für den Erdölexport. Bereits im Mai 2005 war durch die Eröffnung der Ölpipeline Baku-Tiblisi-Ceyhan (→ WA 2006, S. 65) eine erste Alternative zum russischen Pipelinenetz entstanden. Nach Baku (Aserbaidschan) transportiert Kasachstan sein Erdöl mit Tankern über das Kaspische Meer.

- **Erster kasachischer Satellit im All:** In Anwesenheit der Präsidenten Kasachstans und Russlands, Nursultan Nasarbajew und Wladimir Putin, wurde am 18. 6. 2006 vom Weltraumzentrum Baikonur der erste kasachische Kommunikationssatellit ins All entsandt. Der Satellit wurde in Russland für 65 Mio. US-$ gebaut und von einer russischen Trägerrakete transportiert. Der ursprüngliche Start im Dezember 2005 war wegen technischer Schwierigkeiten verschoben worden.

Katar

Vorder-Asien

Staat Katar; Dawlat Qaṭar – QA/QAT

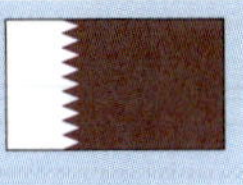

Fläche (Weltrang: 158): 11 437 km²

Einwohner (155): F 2004 777 000 = 68 je km²

Hauptstadt: Ad-Dawhah (Doha)

Amtssprache: Arabisch

Bruttonationaleinkommen 2004 je Einw.: k. A.

Währung: 1 Katar-Riyal (QR) = 100 Dirham
Kurs: 1 US-$ = 3,65 QR; 1 € = 4,73 QR

Botschaft des Staates Katar
Hagenstraße 56, 14193 Berlin
T 030/86 20 60, Fax 86 20 61 50
www.e.gov.qa

LANDESSTRUKTUR **Fläche:** 11 437 km²; Karte → WA 2006, S. 266 ▪ **Verwaltung:** 10 Stadtbezirke ▪ **Städte:** (Z 2004) Ad-Dawhah (Doha) 339 847 Einw., Ar-Rayyān 272 860, Umm Salal 31 605, Al-Khawr 31 547

BEVÖLKERUNG Katarer – F 2004: 777 000 Einw.; Bevölkerungswachstum: 5,8 %; letzte Zählung. 2004: 744 029 – 45 % Araber (davon 20 % Katarer), 34 % Inder und Pakistaner, 16 % Iraner, 5 % Sonstige ▪ **Sprachen:** Arabisch; Urdu u. a. indoarische Sprachen, Persisch, Englisch ▪ **Religion** 2004: 77 % sunnitische Muslime (z. T. Wahabiten), 8 % Christen u. a.

STAATS- UND REGIERUNGSFORM Verfassung von 2005 – Emirat (absolute Monarchie) seit 1971 – Staatsreligion: Islam – Beratende Versammlung (Madschlis as-Schura) mit 35 ernannten Mitgl. ▪ **Unabhängigkeit:** 1. 9. 1971 (ehem. britisches Protektorat) ▪ **Nationalfeiertag:** 3. 9. (Nationaltag)

REGIERUNG UND PARTEIEN **Staatsoberhaupt:** Scheich Hamad bin Khalifa al-Thani, seit 1995 – **Regierungschef:** Scheich Abdullah bin Khalifa al-Thani, seit 1996 – **Äußeres:** Scheich Hamad bin Jassim bin Jaber al-Thani, seit 1992

WIRTSCHAFT **BIP** 2004: 103,563 Mrd. QR; realer Zuwachs: 20 %; Anteil (2004) Landwirtschaft 0,2 %, Industrie 62,2 %, Dienstleistungen 37,6 % ▪ **Erwerbstätigkeit** 2001: Landwirtsch. 2 %, Industrie 38 %, Dienstl. 59 % ▪ **Arbeitslosigkeit:** k. A. ▪ **Inflation** ∅ 2005: 4,5 % ▪ **Außenhandel** 2005: **Import:** 7,3 Mrd. $; *Güter* 2004: 28 % Luftfahrzeuge und -teile, 21 % Maschinen und Ausrüstungen, 12 % Grundstoffe, 6 % Transportmittel und -ausrüstungen, 5 % chemische Produkte, 3 % Messtechnik und Optik, 3 % Textilien, 2 % Zement, Eisen und Baustoffe; *Länder* 2004: 30 % Frankreich, 11 % USA, 11 % Saudi-Arabien, 7 % Vereinigte Arabische Emirate, 6 % Deutschland, 6 % Japan, 6 % Großbritannien, 3 % VR China; **Export:** 26,7 Mrd. $; *Güter* 2004: 52 % Erdöl, 35 % Erdgas, 10 % chemische Produkte, 2 % Eisen und Stahl; *Länder* 2004: 42 % Japan, 16 % Rep. Korea, 9 % Singapur, 5 % Indien, 3 % Vereinigte Arabische Emirate

CHRONIK

Zwischen dem Nationalen Olympischen Komitee Katars und einer israelischen Delegation unter der Leitung des Knesset-Abgeordneten Ahmed Tibi wurde am 10. 10. 2005 in Doha eine **Vereinbarung** unterzeichnet, mit der sich das Komitee zur **Finanzierung einer Sportanlage** in der israelischen Stadt Sachnin verpflichtete. Damit wurde erstmals eine arabische Stadt in Israel durch einen der Golfstaaten unterstützt, die ihre finanzielle Hilfe bislang nur den palästinensischen Gebieten zukommen ließen. Die aus Juden und Arabern bestehende Fußballmannschaft von Sachnin hatte 2004 überraschend den israelischen Staatspokal gewonnen.

Rund 5000 Personen, vorwiegend Angehörige des im Süden lebenden Murra-Stammes, erhielten ab Februar 2006 wieder die katarische **Staatsangehörigkeit**. Sie war ihnen aberkannt worden, da sie zugleich die saudische Staatsangehörigkeit besessen hatten und Katar keine doppelte Staatsangehörigkeit erlaubt hatte.

Die Regierung kündigte am 17. 4. 2006 an, die neue von der Hamas geführte **palästinensische Regierung** mit 50 Mio. US-$ zu **unterstützen**. Ein Kongress, der am 10. und 11. 5. in Doha stattfand, sollte gleichfalls die Solidarität mit der palästinensischen Regierung stärken und die arabischen Staaten und Banken an ihre Beistandspflicht erinnern. Treibende Kraft des Kongresses, an dem Geistliche, Rechtsgelehrte und Palästinenserführer teilnahmen, war der durch seine Auftritte im Fernsehsender Al-Dschasira in der arabischen Welt bekannt gewordene islamistische Geistliche Yusuf al-Karadawi.

Katar
Bevölkerung

Stadtbezirk	Einwohner Z 2004
Ad-Dawhah (Doha)	339 847
Al-Ghuwayrīyah	2 159
Al-Jumaylīyah	10 303
Al-Khawr	31 547
Al-Wakrah	31 441
Ar-Rayyān	272 860
Ash-Shamāl	4 915
Jarayān al-Bātinah	6 678
Musay'īd	12 674
Umm Salāl	31 605
Katar	744 029

Quelle: Planning Council, State of Qatar 2005

Kenia Ost-Afrika

Republik Kenia; Jamhuri ya Kenya – KE / KEN

Fläche (Weltrang: 46): 580 367 km²

Einwohner (34): F 2004 33 467 000 = 58 je km²

Hauptstadt: Nairobi

Amtssprache: Swahili

Bruttonationaleinkommen 2004 je Einw.: 480 $

Währung: 1 Kenia-Schilling (K.Sh.) = 100 Cents
Kurs: 1 US-$ = 72,35 K.Sh.; 1 € = 93,17 K.Sh.

Botschaft der Republik Kenia
Markgrafenstr. 63, 10969 Berlin
T 030 / 25 92 66 – 0, Fax 25 92 66 – 50
www.africa.de / kenia

LANDESSTRUKTUR **Fläche**: 580 367 km² ▪ **Verwaltung**: 7 Provinzen und Hauptstadtdistrikt ▪ **Städte**: (Z 1999) Nairobi 2 143 020 Einw., Mombasa 660 800, Nakuru 219 366, Kisumu 194 390, Eldoret 167 016, Thika 82 665, Meru 78 100, Kitale 63 245, Malindi 53 805, Nyeri 46 969

BEVÖLKERUNG Kenianer – F 2004: 33 467 000 Einw.; Bevölkerungswachstum: 2,2 %; letzte Zählung 1999: 28 686 607 Einw. – rd. 40 Ethnien: (S 1989) über 60 % Bantu (u. a. 20,8 % Kikuyu, 14,4 % Luhya, 11,4 % Kamba), 12,4 % Luo (West-Niloten), 11,5 % Kalenjin (Ost-Niloten), 1,6 % Maasai u. a.; 89 185 Asiaten (v. a. Inder), 41 595 Araber und 34 560 Europäer ▪ **Sprachen**: Swahili; Kikuyu, Luhya, Luo, Kalenjin, Maa und über 30 weitere Sprachen; Englisch ▪ **Religion** 2004: 38 % Protestanten, 28 % Katholiken, 26 % Anhänger von indigenen Religionen, 7 % Muslime

STAATS- UND REGIERUNGSFORM Verfassung von 1963, zuletzt geändert 1997 – Präsidialrepublik (im Commonwealth) seit 1963 – Parlament (National Assembly) mit 224 Mitgl. (210 gewählt, 12 vom Staatsoberh. ernannt, 2 ex officio), Wahl alle 5 J. – Direktwahl des Staatsoberhauptes alle 5 J. (in 5 von 8 Provinzen mit mind. 25 % der Stimmen) – Wahlrecht ab 18 J. ▪ **Unabhängigkeit**: 12. 12. 1963 (ehem. britische Kolonie) ▪ **Nationalfeiertag**: 12. 12.

REGIERUNG UND PARTEIEN **Staats- u. Regierungschef**: Mwai Kibaki (NARC-Vors.), seit 2002 – **Äußeres**: Raphael Tuju (NARC), seit 9. 12. 2005 ▪ **Parlament**: Wahlen am 27. 12. 2002: National Rainbow Coalition / NARC 125 von 210 Sitzen (1997: –), Kenya African National Union / KANU 64 (107), Forum for the Restoration of Democracy-People / FORD-P 14 (3), Safina 2 (5), Forum for the Restoration of Democracy-Asili / FORD-A 2 (1), Sisi Kwa Sisi 2 (–), Shirikisho Party of Kenya / SPK 1 (1), Sonstige – (93)

WIRTSCHAFT **BIP** 2004: 16,088 Mrd. $; realer Zuwachs: 4,3 %; Anteil (2004) Landwirtschaft 27 %, Industrie 17 %, Dienstleistungen 56 % ▪ **Erwerbstätigkeit** 2002: Landwirtsch. 75 % ▪ **Arbeitslosigkeit** ∅ 2003: 28 %; regional über 50 % ▪ **Inflation** ∅ 2004: 11,6 % ▪ **Außenhandel** 2004: **Import**: 5,56 Mrd. $; *Güter* 2003: 14 % Mineralölprodukte, 12 % Industriemaschinen, 9 % Rohöl, 6 % Straßenfahrzeuge, 5 % Öle und Fette, 4 % Eisen und Stahl, 4 % Kunststoffe und -produkte, 2 % chemische Düngemittel, 2 % Weizen, 2 % Papier und Pappe; *Länder* 2003: 13 % Vereinigte Arabische Emirate, 9 % Saudi-Arabien, 9 % Südafrika, 7 % Großbritannien, 7 % Japan, 6 % VR China, 5 % USA, 5 % Indien, 4 % Deutschland (EU gesamt: 23 %); **Export**: 3,26 Mrd. $; *Güter* 2003: 17 % Mineralölerzeugnisse, 15 % Tee, 13 % Rohstoffe, 9 % Fertigwaren, 5 % Gartenbauerzeugnisse, 3 % Kaffee; *Länder* 2003: 19 % Uganda, 12 % Großbritannien, 9 % USA, 8 % Niederlande, 5 % Pakistan, 4 % Ägypten, 4 % Tansania, 3 % Deutschland (EU gesamt: 30 %)

CHRONIK

▪ **Verfassungsreferendum:** Mit einer **deutlichen Mehrheit** von 58,1 % der Stimmen votierten die Wähler am 21. 11. 2005 **gegen** einen von Präsident Mwai Kibaki und seinen Anhängern vorgelegten **Verfassungsentwurf.** Dieser sah jedoch nicht – wie ursprünglich vorgesehen – eine Einschränkung der Machtbefugnisse des Präsidenten vor, sondern beinhaltete sogar eine Erweiterung seiner Kompetenzen. Die Ablehnung wurde als deutliches Zeichen der Unzufriedenheit der Bevölkerung mit der Politik des 74-jährigen Staatschefs gewertet. Der Verfassungsentwurf war auch innerhalb des Kabinetts umstritten. So hatte sich u. a. Infrastrukturminister und Chef der Liberal Democratic Party, Raila Odinga, klar dagegen ausgesprochen. Bei seinem Amtsantritt Ende Dezember 2002 hatte Kibaki zugesagt, 100 Tage nach seiner Wahl eine neue Verfassung vorzulegen; Odinga sollte das im ursprünglichen Entwurf vorgesehene Amt des Premierministers erhalten.

Als Reaktion auf die Niederlage bei dem Referendum **entließ Kibaki** am 23. 11. 2005 mit sofortiger Wirkung **die gesamte Regierung**. In seinem neuen Kabinett, das er am 7. 12. vorstellte, waren sämtliche Gegner des Verfassungsentwurfs, darunter auch Odinga, nicht mehr vertreten. Drei Minister sowie 16 stellvertretende Minister lehnten ihre Ernennung zunächst mit der Begründung ab, dass Kibaki ihre Parteien vor seiner Entscheidung nicht angemessen konsultiert hätte. Zwei der drei neu ernannten Minister nahmen am 10. 12. ihre Ämter schließlich doch an; zum neuen Außenminister wurde Raphael Tuju ernannt.

▪ **Kampf gegen Korruption:** Nach Korruptionsvorwürfen demissionierte am 1. 2. 2006 Finanzminister David Mwiraria, am 14. 2. trat Energieminister Kiraitu Murungi zurück. Lokale Medien und der frühere Präsidentenberater John Githongo hatten ihnen nachgewiesen, in dubiose Scheingeschäfte verwickelt zu sein. Mit Staatsaufträgen an die **Strohfirma Anglo-Leasing & Finance** hatten sie zusammen mit anderen versucht, umgerechnet mehrere 100 Mio. € aus der Staatskasse abzuzweigen. Nachdem der Vorfall bekannt geworden war, wurde ein Teil des Geldes von einem Konto bei einer Schweizer Bank nach Kenia zurücküberwiesen.

Am 3. 2. übergab die Untersuchungskommission des **Goldenberg-Skandals** Präsident Kibaki einen Zwischenbericht und empfahl dabei zugleich der Generalstaatsanwaltschaft die strafrechtliche Verfolgung von Bildungsminister George Saitoti. Daraufhin entzogen die Behörden am 14. 2. 20 prominenten Persönlichkeiten, darunter Saitoti sowie den beiden Söhnen des früheren Präsidenten Daniel arap Moi, die Reisepässe. Saitoti legte noch am gleichen Tag seinen Ministerposten nieder. Am 15. 3. erhob der Generalstaatsanwalt Anklage wegen Unterschlagung von 600 Mio. US-$ gegen fünf Verdächtige des Goldenberg-Skandals, darunter Kamlesh Pattni, den Gründer der Firma Goldenberg, sowie gegen den früheren Zentralbankgouverneur. Der frühere Staatschef arap Moi blieb – entgegen der Empfehlung der Untersuchungsbehörden – von einer Anklage verschont. Im Goldenberg-Skandal hatte Anfang der 1990er Jahre Kamlesh Pattni staatliche Subventionen in mehrstelliger Millionenhöhe für die vorgetäuschte Ausfuhr von Gold und Diamanten erhalten (→ WA 2005, S. 252).

Im Zusammenhang mit dem Bekanntwerden des Anglo-Leasing & Finance-Skandals sowie weiterem Missbrauch von Steuergeldern auf höchster Staatsebene **fror** die **Weltbank** am 31. 1. 2006 **Kreditzahlungen** in Höhe von rd. 265 Mio. US-$ **ein**, nachdem sie am 24. 1. noch Gelder über 145 Mio. US-$ bewilligt hatte, darunter 25 Mio. US-$ zur Korruptionsbekämpfung.

- **Vorgehen gegen Medien:** Auf Anweisung des Ministers für Innere Sicherheit **stürmten Sicherheitskräfte** am 1. 3. 2006 in Nairobi **die Büros der Tageszeitung East African Standard** sowie eine private Fernsehstation. Beobachtern zufolge hing das Vorgehen gegen das Blatt mit dessen besonders **kritischen Berichten über die Korruptionsfälle** in der Regierung zusammen; nur wenige Tage zuvor waren drei Journalisten der Zeitung verhaftet und wegen Veröffentlichung »beunruhigender Berichte« angeklagt worden, da sie über ein (angeblich erfundenes) Geheimtreffen Kibakis mit einem Oppositionsführer berichtet hatten. Am 7. 3. demonstrierten Tausende in Nairobi und anderen Städten friedlich für Presse- und Meinungsfreiheit.
- **Gesetz gegen sexuelle Gewalt:** Nach monatelangen Debatten verabschiedeten die Abgeordneten am 1. 6. 2006 ein umstrittenes Gesetz, das sexuelle Diskriminierung und Vergewaltigung unter Strafe stellt und den Tatbestand der Vergewaltigung um Vergehen an Jungen und Männern erweiterte. Zuvor waren u. a. Passagen zur Bestrafung von Vergewaltigung in der Ehe und sexueller Verstümmelung von Frauen – gegen den Protest von Frauenrechtsorganisationen – aus dem Gesetzestext gestrichen worden.
- **Ethnische Konflikte:** Bei Auseinandersetzungen zwischen den Klans der Borana und der Gabra im Norden wurden Mitte Juli 2005 **mindestens 75 Personen**, darunter 20 Kinder, **getötet**. Aus Angst vor weiteren Auseinandersetzungen verließen daraufhin mindestens 6000 Menschen die Region. Vordergründige Ursache des Massakers war ein Streit um Wasserstellen in der semiariden Region. Beobachter führten als weitere Ursache des Konflikts Auseinandersetzungen um territoriale Grenzen an, die einzelne Politiker aus Eigeninteresse schürten.
- **Hungersnot:** Durch eine anhaltende Dürre (→ Karte) waren zu Jahresbeginn 2006 nach Schätzungen des World Food Programme (WFP) **3,5 Mio. Menschen** im Norden des Landes **von einer Hungersnot bedroht**. Bis Juni verschärfte sich die Situation weiter, Schätzungen der FAO zufolge waren zu diesem Zeitpunkt bis zu 15 Mio. Hirten und Bauern auf Nahrungshilfe angewiesen. Zur Entschärfung der Krise fehlten dem WFP nach eigenen Angaben jedoch mindestens 245 Mio. US-$. Neben den **dramatischen Wetterveränderungen** am Horn von Afrika, die Wissenschaftler mit dem Klimaphänomen El Niño in Verbindung bringen, machte die FAO vor allem **politische Versäumnisse** für die zugespitzte Situation verantwortlich. So vernachlässige die Regierung zahlreiche von der Dürre betroffenen Gebiete völlig und kümmere sich nicht um den Bau von Straßen oder Wasserleitungen in diese Regionen.

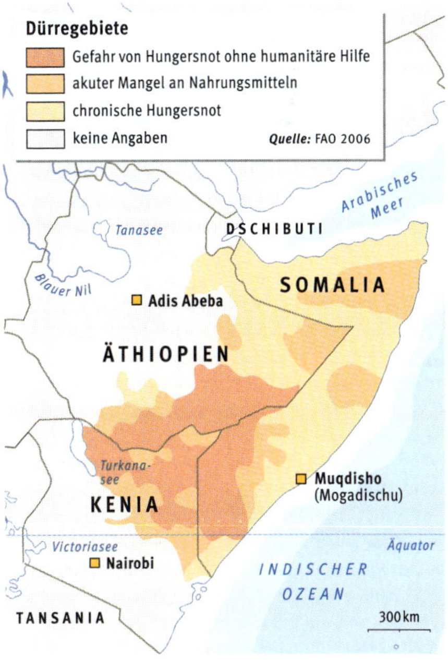

Kirgisistan Zentral-Asien

Kirgisische Republik; Kyrgyz Respublikasy, Kurzform: Kyrgyzstan – KG / KGZ

Fläche (Weltrang: 84): 199 900 km²

Einwohner (111): F 2004 5 093 000 = 26 je km²

Hauptstadt: Biškek (Bischkek)

Amtssprachen: Kirgisisch, Russisch

Bruttonationaleinkommen 2004 je Einw.: 400 $

Währung: 1 Kirgisistan-Som (K. S.) = 100 Tyin
Kurs: 1 US-$ = 40,54 K. S.; 1 € = 51,95 K. S.

Botschaft der Kirgisischen Republik
Otto-Suhr-Allee 146, 10585 Berlin
T 030 / 34 78 13 38, Fax 34 78 13 62
www.botschaft-kirgisien.de

LANDESSTRUKTUR **Fläche**: 199 900 km²; → Karte ▪ **Verwaltung**: 7 Regionen und Hauptstadtbezirk ▪ **Städte**: (F 2001) Biškek (Bischkek) 736 000 Einw.; (Z 1999) Oš (Osch) 208 520, Džalal-Abad (Dschalal-Abad) 70 401, Karakol 64 322, Tokmok 59 409, Kara-Balta 53 887

BEVÖLKERUNG Kirgisen – F 2004: 5 093 000 Einw.; Bevölkerungswachstum: 1,1 %; letzte Zählung 1999: 4 822 938 Einw. – 64,9 % Kirgisen, 13,8 % Usbeken, 12,5 % Russen, 1,1 % Dunganen, 1,0 % Ukrainer, 1,0 % Uiguren, 0,9 % Tataren, 0,9 % Kasachen, 0,9 % Tadschiken, 0,4 % Deutsche u. a. ▪ **Sprachen** 1999: 70 % Kirgisisch, Russisch; Sprachen der Minderheiten ▪ **Religion**: 75 % Muslime (Sunniten); 20 % Russisch-Orthodoxe, Buddhisten u. a.

STAATS- UND REGIERUNGSFORM Verfassung von 2003 – Präsidialrepublik seit 1991 – Parlament mit 75 Mitgl., Wahl alle 5 J. – Direktwahl des Staatsoberhauptes alle 5 J. – Wahlrecht ab 18 J. ▪ **Unabhängigkeit**: Souveränitätserklärung 15. 12. 1990, Proklamation 31. 8. 1991 ▪ **Nationalfeiertag**: 31. 8. (Unabhängigkeitstag)

REGIERUNG UND PARTEIEN **Staatsoberhaupt**: Kurmanbek Bakijew (Volksbewegung Kirgisistans), seit 25. 3. 2005 – **Regierungschef**: Felix Kulow, seit 1. 9. 2005 – **Äußeres**: Alikbek Jekschenkulow, seit 30. 9. 2005 ▪ **Parlament**: Wahlen vom 27. 2. / 13. 3. 2005: Sitzverteilung nicht bekannt

WIRTSCHAFT **BIP** 2004: 2,205 Mrd. $; realer Zuwachs: 7,1 %; Anteil (2004) Landwirtschaft 37 %, Industrie 21 %, Dienstleistungen 42 % ▪ **Erwerbstätigkeit** 2003: Landwirtsch. 43 %, Industrie 15 %, Dienstl. 42 % ▪ **Arbeitslosigkeit** ∅ 2005: 3,3 %; inoffiziell 20 % ▪ **Inflation** ∅ 2005: 4,9 % ▪ **Außenhandel** 2005: **Import**: 1,108 Mrd. $; *Güter*: 31 % mineralische Produkte und Energieträger, 14 % Maschinen, 12 % Chemieprodukte, 9 % Lebensmittel, 6 % Nicht-Edelmetalle und Produkte daraus, 6 % Plastik- und Gummierzeugnisse, 4 % pflanzliche Erzeugnisse, 4 % Land-, Luft- und Seefahrzeuge; *Länder*: 34 % Russland, 16 % Kasachstan, 10 % VR China, 6 % USA, 5 % Usbekistan, 4 % Ukraine, 3 % Deutschland, 3 % Türkei (GUS gesamt: 62 %); **Export**: 0,672 Mrd. $; *Güter*: 35 % Edel- und Halbedelsteine, Edelmetalle, Perlen, 14 % mineralische Produkte, 12 % Textilien und Textilerzeugnisse, 7 % Stein-, Zement-, Asbest- und Gipsprodukte, 6 % Lebensmittel, 5 % Maschinen, 4 % Plastik- und Gummiwaren, 4 % Nicht-Edelmetalle und Produkte daraus; *Länder*: 26 % Vereinigte Arabische Emirate, 20 % Russland, 17 % Kasachstan, 10 % Schweiz, 4 % VR China, 3 % Tadschikistan, 3 % Kanada

CHRONIK

Nach der »Tulpenrevolution« vom März 2005, dem Sturz von Präsident Askar Akajew und der Machtübernahme durch Kurmanbek Bakijew (→ WA 2006, S. 268 f.) wurde das zentralasiatische Land von **zahlreichen Krisen** geschüttelt. In der Folge seiner Vereidigung als Staatschef am 14. 8. 2005 trennte sich Bakijew von den meisten seiner Mitstreiter. Ende September 2005 entließ er Staatsanwalt Asimbek Beknasarow, eine Symbolfigur der Opposition im Kampf gegen Akajew. Kurz darauf verweigerten die Abgeordneten der amtierenden Außenministerin Rosa Otenbajewa die parlamentarische Bestätigung; nach Aussagen von Parlamentariern war die Abstimmung von Bakijew hintertrieben worden. Ende Februar 2006 trat Parlamentspräsident Omurbek Tekebajew zurück, der zuletzt in offenem Konflikt mit Staatschef Bakijew gestanden hatte. Zugleich begann Bakijew, wichtige Funktionen mit seinen Brüdern zu besetzen. Das Bündnis mit Felix Kulow, dem seit 1. 9. amtierenden Regierungschef, zeigte trotz wiederholter Treueschwüre Bakijews kaum zu überdeckende Risse.

▪ **Wachsender Einfluss der organisierten Kriminalität:** Mit einem massiven Militäreinsatz beendete die Regierung am 1. 11. 2005 einen zwei Wochen dauernden Aufstand in einem Gefängnis in der Nähe der Hauptstadt Bischkek; der Anführer der Revolte, ein tschetschenischer Mafiapate, wurde in ein Hochsicherheitsgefängnis verlegt. Die Situation war am 20. 10. vorübergehend außer Kontrolle geraten, als der Parlamentsabgeordnete und Vorsitzende des Rechtsausschusses, Tinitschbek Akmatbajew, bei einem angeblichen Vermittlungsversuch in der Haftanstalt getötet wurde. Daraufhin hatten mehrere 100 Menschen unter Anführung von Rispek Akmatbajew, dem Bruder des Ermordeten, eine Woche lang das Parlament in Bischkek belagert und den Rücktritt von Regierungschef Kulow gefordert, der ihrer Überzeugung nach mitschuldig am Tod des Abgeordneten sei. Rispek Akmatbajew gilt als einflussreiche kriminelle Autorität und soll sich über Jahre mit dem im Gefängnis einsitzenden Tschetschenen eine blutige Fehde über die Vorherrschaft in der Unterwelt Kirgisistans geliefert haben.

Zu Jahresbeginn 2006 wurde überraschend eine Anklage wegen mehrfachen Mordes gegen Akmatbajew fallen gelassen, Anfang April 2006 eroberte er bei einer Nachwahl zum Parlament den Sitz seines verstorbenen Bruders. Den Versuch der Wahlkommission, die Registrierung Akmatbajews als Kandidat zu verhindern, hatten mehrere Gerichte vereitelt.

▪ **Innenpolitische Krise:** Aus Protest gegen die seiner Ansicht nach verfehlte Reformpolitik der Regierung trat Industrieminister Almasbek Atambajew am 21. 4. 2006 zurück. Am 28. 4. kritisierte das Parlament die Regierungsarbeit als ungenügend und warf 14 der 17 Minister Fehlverhalten vor; am darauffolgenden Tag **protestierten rd. 8000 Personen für demokratische Reformen und Maßnahmen gegen Korruption**. Die Rücktrittsgesuche der Minister lehnte Präsident Bakijew am 2. 5. ab.

▪ **Verhältnis zu den USA:** Über den US-Militärstützpunkt Manas kam es wiederholt zum Streit mit Washington. Nachdem die Shanghaier Organisation für Zusammenarbeit, der auch Kirgisistan angehört, im Juni 2005 Washington aufgefordert hatte, einen genauen Zeitpunkt für den Abzug ihres Militärs aus Zentralasien zu nennen, nahm Verteidigungsminister Ismail Isakow beim Besuch seines US-Amtskollegen Donald Rumsfeld Ende Juli 2005 in Bischkek diese Forderung wieder zurück. Zugleich versicherte Isakow, dass ein Abzug von der Lage in Afghanistan abhänge, die noch instabil sei. Am 19. 4. 2006 drohte Präsident Bakijew an, den Pachtvertrag aufzukündigen, es sei denn, die USA akzeptierten eine Erhöhung der jährlichen Pacht von 2 Mio. auf 200 Mio. US-$. Mitte Juli 2006 einigten sich beide Seiten auf die weitere Nutzung; unbestätigte Medienberichte gingen von jährlichen Pachtzahlungen in Höhe von rd. 150 Mio. US-$ aus. Die Nutzung des Stützpunkts, der Washington als logistische Basis für militärische und humanitäre Operationen in Afghanistan dient, war im Dezember 2001 vertraglich geregelt worden. Zurzeit sind dort rd. 1000 US-Soldaten stationiert. **Russland** kündigte am 15. 2. 2006 an, die Zahl seiner Soldaten auf dem Stützpunkt Kant nahe Bischkek von derzeit 500 zu verdoppeln (→ Karte).

Kiribati Ozeanien

Republik Kiribati; Ribaberikin Kiribati (gilbertesisch); Republic of Kiribati – KI / KIR

Fläche (Weltrang: 171): 810,5 km²

Einwohner (181): F 2004 98 000 = 121 je km²

Hauptstadt: Bairiki

Amtssprachen: Gilbertesisch, Englisch

Bruttonationaleinkommen 2004 je Einw.: 970 $

Währung: 1 Austral. Dollar / Kiribati ($A / K)
Kurs: 1 US-$ = 1,35 $A / K; 1 € = 1,69 $A / K

Honorarkonsul der Republik Kiribati
Neumühlen 13, 22763 Hamburg
T 040 / 36 14 61 12, Fax 36 14 61 23
E-Mail: consul.kiribati@leonhardt-blumberg.com

LANDESSTRUKTUR **Fläche**: 810,5 km²; 3 Inselgruppen mit 33 Atollen: Line Islands 496 km², Gilbert Islands 285,5 km² und Phoenix Islands 29 km²; Karte → WA 2006, S. 270 ▪ **Verwaltung**: 6 Distrikte ▪ **Städte**: (Z 1990) Bairiki 2226 Einw.

BEVÖLKERUNG Kiribatier – F 2004: 98 000 Einw.; Bevölkerungswachstum: 1,5 %; letzte Zählung 2000: 84 494 Einw. – 98,8 % Mikronesier, 0,8 % Polynesier, 0,2 % Europäer u. a. ▪ **Sprachen**: Gilbertesisch (I-Kiribati, austronesische Sprache), Englisch ▪ **Religion** 1990: 53,4 % Katholiken, 39,2 % Protestanten

STAATS- UND REGIERUNGSFORM Verfassung von 1979 – Präsidialrepublik (im Commonwealth) seit 1979 – Parlament (Maneaba ni Maungatabu) mit 41 Mitgl. (40 gewählt, 1 ex officio), Wahl alle 4 J. – Direktwahl des Staatsoberhauptes alle 4 J. – Wahlrecht ab 18 J. ▪ **Unabhängigkeit**: 12. 7. 1979 (ehem. britische Kolonie) ▪ **Nationalfeiertag**: 12. 7.

REGIERUNG UND PARTEIEN – **Staatsoberhaupt, Regierungschef und Äußeres**: Anote Tong (BK), seit 4. 7. 2003 ▪ **Parlament**: Wahlen vom 9./16. 5. 2003: Maneaban Te Mauri / MTM 18 (2002: 16 von 40 Sitzen), Boutokanto Koaava / BK 13 (17), Unabhängige 9 (7)

WIRTSCHAFT **BIP** 2004: 62 Mio. $; realer Zuwachs: 1,8 %; Anteil (2002) Landwirtschaft 14 %, Industrie 11 %, Dienstleistungen 75 % ▪ **Erwerbstätigkeit** 2003: Landwirtsch. 26 % ▪ **Arbeitslosigkeit**: k. A. ▪ **Inflation** ∅ 2004: 2,5 % ▪ **Außenhandel** 2003: **Import**: 79,5 Mio. $A / K; *Güter*: 40 % Nahrungsmittel, Getränke, Tabak, 16 % Maschinen, 14 % bearbeitete Waren, 13 % mineralische Brennstoffe; *Länder*: 40 % Australien, 23 % Fidschi, 9 % Japan; **Export**: 4,5 Mio. $A / K; *Güter*: 47 % Kopra, 32 % Fischereiprodukte; *Länder*: 60 % Japan, 20 % Rep. Korea, 5 % Australien

Kolumbien Süd-Amerika

Republik Kolumbien; República de Colombia – CO/COL

Fläche (Weltrang: 25): 1 141 748 km²

Einwohner (28): F 2004 44 915 000 = 39 je km²

Hauptstadt: Santa Fe de Bogotá (Bogotá)

Amtssprache: Spanisch

Bruttonationaleinkommen 2004 je Einw.: 2020 $

Währung: 1 Kolumb. Peso (kol$) = 100 Centavos
Kurs: 1 US-$ = 2483 kol$; 1 € = 3195 kol$

Botschaft der Republik Kolumbien
Kurfürstenstr. 84, 10787 Berlin
T 030/26 39 610, Fax 26 39 61 25
www.botschaft-kolumbien.de

LANDESSTRUKTUR **Fläche:** 1 141 748 km²; → Karte ▪ **Verwaltung:** 32 Departamentos und Hauptstadtdistrikt ▪ **Städte:** (F 2003) Santa Fe de Bogotá 6 850 205 Einw., Calí 2 287 819, Medellín 1 955 753, Barranquilla 1 329 579, Cartagena 902 688, Cúcuta 682 671, Bucaramanga 553 046, Pereira 420 415, Ibagué 412 820, Santa Marta 406 231, Bello 372 857, Pasto 365 121, Manizales 351 878, Neiva 335 248

BEVÖLKERUNG Kolumbianer – F 2004: 44 915 000 Einw.; Bevölkerungswachstum: 1,6 %; letzte Zählung 1993: 37 422 791 Einw. – 58 % Mestizen, 20 % Weiße, 14 % Mulatten, 4 % Schwarze, 3 % Zambos (Nachkommen von Schwarzen und Indianern); 1992: ca. 20 000 Ureinwohner (Indios, Chibcha) ▪ **Sprachen:** Spanisch; indianische Sprachen (u. a. Chibcha und Ketschua) ▪ **Religion** 2001: 92,4 % Katholiken; Minderheiten von Protestanten und Juden

STAATS- UND REGIERUNGSFORM Verfassung von 1991, zuletzt geändert 2004 – Präsidialrepublik seit 1886 – Parlament (Congreso): Repräsentantenhaus (Cámara de Representantes) mit 165 Mitgl. (2 für Indios reserviert); Senat (Senado) mit 102 Mitgl. (2 Sitze für Indios reserviert); Wahl jeweils alle 4 J. – Direktwahl des Staatsoberhauptes alle 4 J. – Wahlrecht ab 18 J. ▪ **Unabhängigkeit:** Proklamation 20. 7. 1810 (ehem. spanische Kolonie), endgültig 7. 8. 1819 ▪ **Nationalfeiertag:** 20. 7.

REGIERUNG UND PARTEIEN **Staats- u. Regierungschef:** Alvaro Uribe Vélez (U), seit 7. 8. 2002; wieder gewählt am 28. 5. 2006 – **Äußeres:** María Consuelo Araújo, seit 11. 7. 2006 ▪ **Parlament:** Wahlen vom 12. 3. 2006: Repräsentantenhaus: Partido Liberal/PL 36 von 165 Sitzen (2002: 54), Partido Conservador Colombiano/PCC 30 (21), Partido Social de Unidad Nacional/U 29 (–), Cambio Radical/CR 20 (–), Coalición/C – (17), Sonstige 50 (73) – Senat: U 20 von 102 Sitzen (2002: –), PCC 18 (13), PL 17 (28), CR 15 (–), Sonstige 32 (61)

WIRTSCHAFT **BIP** 2004: 97,718 Mrd. $; realer Zuwachs: 4,1 %; Anteil (2004) Landwirtschaft 11 %, Industrie 31 %, Dienstleistungen 58 % ▪ **Erwerbstätigkeit** 2003: Landwirtsch. 22 %, Industrie 19 %, Dienstl. 59 % ▪ **Arbeitslosigkeit** ∅ 2005: 12,4 % ▪ **Inflation** ∅ 2005: 5,0 % ▪ **Außenhandel** 2005: **Import:** 21,204 Mrd. $; *Güter* 2004: 42 % Rohstoffe und Halbfabrikate (darunter 18 % chemische, pharmazeutische Erzeugnisse, 11 % Bergbauprodukte), 20 % Maschinen und industrielle Ausrüstung, 11 % Transportausrüstungen, 10 % langlebige Konsumgüter, 9 % kurzlebige Konsumgüter; *Länder* 2004: 29 % USA, 7 % Venezuela, 6 % VR China, 6 % Mexiko, 6 % Brasilien, 4 % Deutschland, 4 % Japan; **Export:** 21,178 Mrd. $; *Güter* 2004: 25 % Erdöl und -derivate, 14 % sonstige industrielle Erzeugnisse, 11 % Steinkohle, 10 % landwirtschaftliche Erzeugnisse, 9 % chemische Erzeugnisse, 6 % Lebensmittel (industriell), 6 % Kaffee, 6 % Textilien und Bekleidung, 5 % Bergbauprodukte; *Länder* 2004: 40 % USA, 14 % EU, 10 % Venezuela, 6 % Ecuador, 3 % Peru, 3 % Mexiko

CHRONIK

▪ **Präsidentschafts- und Parlamentswahlen:** Bei den Präsidentschaftswahlen am 28. 5. 2006 setzte sich erwartungsgemäß mit 62,2 % der Stimmen der bisherige Amtsinhaber, der parteilose Alvaro Uribe Vélez durch. Seine Wiederwahl war erst durch eine im November 2004 verabschiedete Verfassungsänderung möglich geworden, die dem Präsidenten erstmals eine zweite Kandidatur erlaubt. Carlos Gaviria Díaz vom Polo Democrático Alternativo (PDA) erreichte bei dem Urnengang 22 %, der Kandidat des Partido Liberal (PL), Horacio Serpa Uribe, kam auf nur 12 %. Die Wahl verlief aufgrund umfangreicher Sicherheitsvorkehrungen – 220 000 Polizisten und Soldaten sowie 100 000 weitere Sicherheitskräfte waren im Einsatz – weitgehend störungsfrei.

Bereits am 12. 3. 2006 war auch der Kongress neu gewählt worden. Auch hier gewann die Uribe nahe stehende Allianz aus Konservativer Partei (PCC) und vier anderen Parteien in beiden Kammern die absolute Mehrheit, nämlich 61 der 102 Senatssitze und 93 der 165 Mandate im Repräsentantenhaus. Innerhalb dieser Regierungskoalition wird Uribes neu gegründete Partei, der Partido Social de la Unidad Nacional, im Oberhaus mit 20 Senatoren künftig die stärkste Fraktion stellen, im Repräsentantenhaus kommt sie auf 30 Abgeordnete. Die oppositionellen Liberalen (PL) mussten hohe Verluste hinnehmen, während die Partei Cambio Radical um den liberalen Dissidenten German Vargas Lleras einen Überraschungserfolg erzielte. Die Wahlbeteiligung lag unter 50 %.

Der **Wahlerfolg von Präsident Uribe** war nicht zuletzt darauf zurückzuführen, dass es ihm in den letzten Jahren gelungen war, das Land wirtschaftlich zu stabilisieren. 2005 wuchs das BIP wie im Jahr zuvor um

ca. 4 %, die Arbeitslosenquote war von 20 % auf unter 13 % gesunken. Die Kluft zwischen Reich und Arm ist aufgrund der neoliberalen Spar- und Konsolidierungspolitik der Administration Uribe eher noch größer geworden; 52 % der Bevölkerung leben nach wie vor unterhalb der Armutsgrenze. Nach außen hin verfolgt Präsident Uribe weiterhin eine konsequente liberale Wirtschaftspolitk: Ende Februar 2006 verständigte sich Kolumbien nach zweijährigen Verhandlungen auf ein bilaterales **Freihandelsabkommen mit den USA**.

■ **Bürgerkrieg:** Auch im nunmehr seit über 40 Jahren währenden Bürgerkrieg verzeichnete die Regierung Erfolge: Mit einer von Uribe als »Politik der demokratischen Sicherheit« bezeichneten Doppelstrategie – rigoroses militärisch-polizeiliches Vorgehen auf der einen Seite und Verhandlungsangebote bzw. Anreize zum Ausstieg aus den bewaffneten Gruppierungen auf der anderen Seite – war es gelungen, die Zahl der Morde und Entführungen in den vergangenen vier Jahren erheblich zu vermindern. Als größten Erfolg konnte die Regierung die nahezu abgeschlossene **Entwaffnung** der rd. 32 000 Kämpfer **der rechtsgerichteten Paramilitärs** (AUC) verbuchen. Unter dem Vorsitz von Vizepräsident Francisco Santos Calderón wurde am 7. 10. 2005 entsprechend dem am 21. 6. 2005 verabschiedeten »Gesetz über Gerechtigkeit und Frieden« eine **nationale Kommission zur Versöhnung und Entschädigung der Opfer des Bürgerkriegs** eingesetzt. Das Gesetz vom Juni 2005, das die Demobilisierung und Wiedereingliederung der ehemaligen Rebellen in das Zivilleben vorsieht, wird von Menschenrechtsorganisationen kritisiert, da es auch eine Amnestie für Mitglieder der Paramilitärs vorsieht, denen zahlreiche

Massaker an der Zivilbevölkerung und Drogenhandel zur Last gelegt werden. Zudem scheinen enge Verbindungen zwischen den Paramilitärs und dem Militär bzw. Polizeikräften zu bestehen. Entsprechende Berichte von amnesty international (ai) wurden z. B. dadurch bestätigt, dass Ende Oktober 2005 der Leiter des Geheimdienstes, Jorge Noguera, sowie sein Stellvertreter entlassen wurden. Ihnen wird vorgeworfen, Mitglieder der Behörde hätten Geheimdienstinformationen an die AUC verkaufen wollen. Außerdem seien die ehemaligen Paramilitärs laut ai auch nach ihrer Demobilisierung weiterhin in den Drogenhandel und die organisierte Kriminalität verstrickt.

Das Verfassungsgericht trug der Kritik am »Gesetz für Gerechtigkeit und Frieden« insofern Rechnung, als es das Gesetz am 19. 5. 2006 zwar als insgesamt verfassungsgemäß einstufte, aber einige Artikel für unzulässig erklärte. Demnach wird nun die Bildung einer paramilitärischen Vereinigung als kriminelles und nicht mehr als politisches Delikt aufgefasst, was eine Auslieferung der in den Drogenhandel verstrickten Paramilitärs an die USA erlaubt. Dass die Regierung entsprechende Maßnahmen vorzubereiten schien, war auch der Grund dafür, dass die für eigentlich Ende 2005 vereinbarte vollständige Demobilisierung im Oktober desselben Jahres von den Paramilitärs auf unbestimmte Zeit ausgesetzt wurde.

Der **Friedensprozess mit** den beiden größten Organisationen der Linksguerilla, den **Fuerzas Armadas Revolucionarias de Colombia (FARC) und dem Ejercito de Liberación Nacional (ELN)**, kam kaum voran, auch wenn zwischen Regierung und ELN im Dezember 2005 vorbereitende Gespräche zu Friedensverhandlungen in Kuba stattfanden. Völlig ohne Erfolg blieben dagegen – trotz internationaler Vermittlungsangebote – die Bemühungen der Regierung, sich mit den FARC auf einen »humanitären Austausch« von inhaftierten Guerilleros gegen Geiseln zu einigen, obwohl Uribe sich im Dezember 2005 sogar grundsätzlich dazu bereit erklärt hatte, für entsprechende Verhandlungen ein kleineres demilitarisiertes Gebiet einzurichten. Im März 2006 stimmte die FARC der Entwaffnung zu und kündigte ihre Bereitschaft zu weiteren Verhandlungen an.

Entwaffnung von FARC-Rebellen am 7. 2. 2006

Quelle: UNODC (UN Office on Drugs and Crime), Jahresbericht 2003

Die **USA** waren nach wie vor **an der direkten Bekämpfung von Drogenanbau und -handel** im Rahmen des seit 2000 laufenden Plan Colombia **beteiligt**. So teilte US-Präsident George W. Bush seinem kolumbianischen Amtskollegen Uribe während dessen Besuch in Texas am 4. 8. 2005 mit, dass die US-Regierung weitere 70 Mio. US-$ für diesen Plan zur Verfügung stellen wird. Kolumbien gilt als einer der wenigen noch verbliebenen Verbündeten der USA in Lateinamerika und wird von der Bush-Administration stark unterstützt. Allein seit 2000 wendeten die USA im Rahmen des **Plan Colombia** über 3 Mrd. US-$ auf. Die Erfolge im Kampf gegen die Drogenkriminalität, so etwa die Festnahme von Carlos Alberto Ojeda, einem der wichtigsten kolumbianischen Drogenbosse, im venezolanischen Caracas Anfang Februar 2006, blieben jedoch begrenzt.

Laut Angaben der UN-Behörde für Drogen und Kriminalität (UNODC) vom 26. 6. 2006 war die Anbaufläche für Kokapflanzen in den drei Andenstaaten Kolumbien, Peru und Bolivien 2005 um 1 % auf 159 600 ha ausgeweitet worden (→ Themen der Welt).

■ **Beziehungen zu Ecuador:** Der **Bürgerkrieg belastet** zunehmend auch die **Beziehungen zum Nachbarn Ecuador**. Dies zum einen deshalb, weil die Zahl der Kolumbianer dramatisch zunimmt, die sich vor den Kampfhandlungen über die Grenze nach Ecuador flüchten. Nach Schätzungen der Vereinten Nationen (UN) halten sich mittlerweile bereits über 250 000 kolumbianische Flüchtlinge in Ecuador auf, allein im November 2005 kamen 2000 Personen über die grüne Grenze. Zum anderen kommt es immer öfter zu Grenzverletzungen durch kolumbianische Streitkräfte, die bei der Verfolgung von FARC-Rebellen, welche das Grenzgebiet als Rückzugsraum nutzen, auf ecuadorianisches Gebiet geraten (→ Ecuador).

Komoren Ost-Afrika

Union der Komoren; Udzima wa komori (komorisch); Union des Comores – KM / COM

Fläche (Weltrang: 169): 1862 km²

Einwohner (160): F 2004 588 000 = 316 je km²

Hauptstadt: Moroni

Amtssprachen: Komorisch, Französisch

Bruttonationaleinkommen 2004 je Einw.: 560 $

Währung: Komoren-Franc (FC)
Kurs: 1 € = 491,97 FC

Botschaft der Union der Komoren
20 Rue Marbeau, F-75 116 Paris
T 0033–1–40 67 90 54, Fax 40 67 72 96

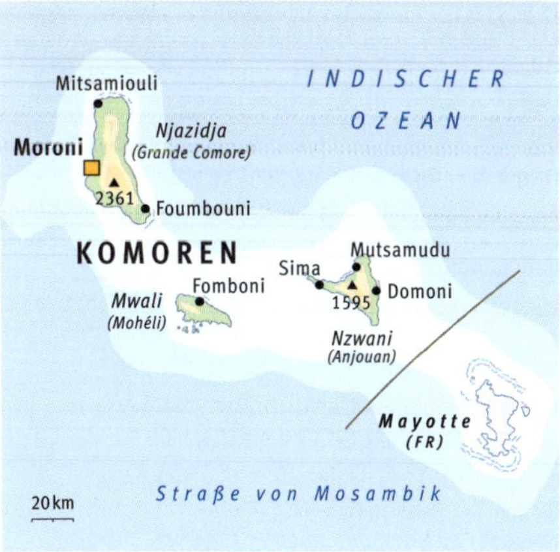

LANDESSTRUKTUR **Fläche**: 1862 km²; davon Njazidja (Grande Comore) 1146 km², Nzwani (Anjouan) 424 km², Mwali (Mohéli) 290 km²; → Karte ▪ **Verwaltung**: 3 Inseldistrikte: Njazidja, Nzwani und Mwali ▪ **Städte**: (F 2003) Moroni (Njazidja) 60 200 Einw., Mutsamudu (Nzwani) 30 900, Mitsamiouli (Njazidja) 21 400, Domoni (Nzwani) 19 100

BEVÖLKERUNG Komorer – F 2004: 588 000 Einw.; Bevölkerungswachstum: 2,1 %; letzte Zählung 2003: 590 151 Einw.; Njazidja: 295 655 Einw., Nzwani: 259 099 Einw., Mwali: 35 378 Einw. – 97 % Komorer (Mischvolk aus Arabern, Madagassen und Bantu) ▪ **Sprachen**: Komorisch (mit Swahili verwandt); Arabisch und Französisch ▪ **Religion** 2002: 99 % Muslime

STAATS- UND REGIERUNGSFORM Verfassung von 2001 – Bundesrepublik – Staatsreligion: Islam – Parlament: Unionsversammlung (Assemblée de l'Union) mit 33 Mitgl. (18 gewählt.und 15 Mitgl. der regionalen Parlamente), Wahl alle 5 J. – Direktwahl des Staatsoberhauptes alle 4 Jahre (Rotation zwischen den Präsidenten der drei Inseln) – Wahlrecht ab 18 J. ▪ **Unabhängigkeit**: Proklamation 6. 7. 1975 (ehem. französische Kolonie) ▪ **Nationalfeiertag**: 6. 7.

REGIERUNG UND PARTEIEN **Staats- u. Regierungschef**: Ahmed Abdallah Sambi, seit 26. 5. 2006 – **Äußeres**: Ahmed Said Jaffar, seit 28. 5. 2006 ▪ **Parlament**: Wahlen vom 18. und 25. 4. 2004: Camp of the Autonomous Islands / CdIA 12 von 18 Sitzen, Convention for the Renewal of the Comoros / CRC 6

WIRTSCHAFT **BIP** 2004: 367 Mio. $; realer Zuwachs: 1,9 %; Anteil (2004) Landwirtschaft 41 %, Industrie 12 %, Dienstleistungen 47 % ▪ **Erwerbstätigkeit** 2001: Landwirtsch. 73 % ▪ **Arbeitslosigkeit** ∅ 2002: ca. 19,7 % ▪ **Inflation** ∅ 2003: 4,5 % ▪ **Außenhandel** 2003: **Import**: 30,3 Mrd. FC; *Güter*: 20 % Erdölprodukte, 18 % Nahungsmittel, 13 % Fahrzeuge, 5 % Zement; *Länder* 2000: 37 % Frankreich, 14 % Pakistan, 11 % Kenia, 9 % Südafrika; **Export**: 11,7 Mrd. FC; *Güter*: 78 % Vanille, 13 % Nelken, 6 % Ylang-Ylang; *Länder* 2000: 39 % Frankreich, 20 % USA, 7 % Deutschland

CHRONIK

▪ **Präsidentschaftswahlen:** Bei den Präsidentschaftswahlen 2006 durften verfassungsgemäß nur Kandidaten von der Insel Anjouan antreten, nachdem 2002 die Insel Grande Comore den Staatspräsident gestellt hatte. Aus den Unionswahlen am 14. 5. ging der gemäßigte Islamist Ahmed Abdallah Sambi als Sieger hervor. Der auf den Komoren wegen seiner theologischen Studien in Iran auch »Ajatollah« genannte sunnitische Unternehmer Sambi setzte sich mit 58 % der Stimmen gegen den vom bisherigen Staatschef unterstützten Ibrahim Halidi (28 %) durch. Nach seiner Wahl bestritt Sambi vehement, die Komoren in einen islamischen Staat verwandeln zu wollen.

▪ **Urteil im Prozess gegen Bob Denard:** Der französische Söldnerführer Bob Denard wurde am 20. 6. 2006 von der 14. Kammer des Pariser Strafgerichts wegen seiner Beteiligung am Putschversuch im Jahr 1995 gegen den 1990–96 amtierenden Präsidenten der Komoren, Said Mohamed Djohar, zu fünf Jahren Gefängnis mit Bewährung verurteilt. Gegen den an Alzheimer leidenden 76-jährigen Denard wurde im Wesentlichen in Abwesenheit verhandelt. Ex-Präsident Djohar starb vier Tage nach Prozesseröffnung am 24. 2. 2006.

▪ **Weitere Ereignisse:** Bei **Demonstrationen** gegen eine 40 %-Erhöhung der Benzinpreise in der Hauptstadt Moroni wurde am 24. 9. 2005 ein Demonstrant getötet und zahlreiche andere verletzt. Die Polizei ging mit scharfer Munition gegen die außer Kontrolle geratenen Proteste vor, bei denen u. a. Regierungsfahrzeuge verbrannt wurden. Am 26. 11. kam es zu neuen Protesten, bei denen 15 Menschen verletzt wurden.

Kongo Demokratische Republik Zentral-Afrika

Demokratische Republik Kongo;
République démocratique du Congo – CD / COD

Fläche (Weltrang: 12): 2 344 885 km²

Einwohner (23): F 2004 55 853 000 = 24 je km²

Hauptstadt: Kinshasa

Amtssprache: Französisch

Bruttonationaleinkommen 2004 je Einw.: 110 $

Währung: Kongo-Franc (FC)
Kurs: 1 US-$ = 444,42 FC; 1 € = 572,55 FC

Botschaft der Demokratischen Republik Kongo
Im Meisengarten 133, 53179 Bonn
T und Fax 02 28 / 9 34 92 37

LANDESSTRUKTUR **Fläche**: 2 344 885 km²; → Karte ▪ **Verwaltung**: 25 Provinzen und Hauptstadtdistrikt ▪ **Städte**: (F 1994) Kinshasa 4 655 000 Einw., Lubumbashi 851 381, Mbuji-Mayi 806 475, Kolwezi 417 810, Kisangani 417 517, Kananga 393 030, Likasi 299 118, Bukavu 201 569, Kikwit 182 142, Tshikapa 180 860

BEVÖLKERUNG Kongolesen – F 2004: 55 853 000 Einw.; Bevölkerungswachstum: 2,9 %; letzte Zählung 1984: 29 671 407 Einw. – insg. rd. 300 Ethnien: etwa 80 % Bantu-Gruppen (18 % Luba, 16 % Kongo, 13 % Mongo, 10 % Rwanda), 18 % Sudan-Gruppen (Ubangi u. a.), 2 % Niloten, 20 000–50 000 Pygmäen; ca. 20 000 Europäer (meist Belgier) ▪ **Sprachen**: Französisch; Swahili, Lingala, (Chi)Luba, Kituba, Kikongo, Bangala; außerdem u. a. Songe, Nandi, Tetela, Gbaya, Zande, Lendu, Chokwe ▪ **Religion**: 51 % Katholiken, ca. 25 % Protestanten und 15 % andere christliche Glaubensgemeinschaften (u. a. 5 Mio. Kimbangisten), 2 % Muslime; indigene Religionen

STAATS- UND REGIERUNGSFORM Neue Verfassung am 18. 2. 2006 angenommen – Präsidialrepublik seit 1978 – Parlament: Nationalversammlung mit 500 Mitgl., Wahl alle 5 J.; Senat mit 120 ernannten Mitgl. – Direktwahl des Staatsoberhauptes alle 7 J. – Wahlrecht ab 18 J. ▪ **Unabhängigkeit**: 30. 6. 1960 (ehem. belgische Kolonie); 1971–1997 Republik Zaire ▪ **Nationalfeiertag**: 30. 6.

REGIERUNG UND PARTEIEN **Staats- u. Regierungschef**: Joseph Kabila (AFDL), seit 26. 1. 2001 – **Äußeres**: Raymond Ramazani Baya, seit 22. 7. 2004 ▪ **Parlament**: seit 21. 8. 2000 Übergangsparlament mit 300 ernannten Mitgl.

WIRTSCHAFT **BIP** 2004: 6,628 Mrd. $; realer Zuwachs: 3,6 %; Anteil (2002) Landwirtschaft 58 %, Industrie 19 %, Dienstleistungen 22 % ▪ **Erwerbstätigkeit** 2003: Landwirtsch. 62 % ▪ **Arbeitslosigkeit**: k. A. ▪ **Inflation**: k. A. ▪ **Außenhandel** 2004: **Import**: 1,305 Mrd. $; *Güter* 2003: 47 % bearbeitete Waren, 18 % Agrarerzeugnisse; *Länder* 2004: 17 % Südafrika, 15 % Belgien, 10 % Frankreich, 6 % Kenia, 6 % USA, 6 % Deutschland (EU gesamt: 40 %); **Export**: 1,260 Mrd. $; *Güter* 2003: 71 % Diamanten, 18 % Erdöl, 3 % Kupfer und Kobalt; *Länder*: EU gesamt: 68 %

CHRONIK

Das immer wieder verschobene und nun auf den 30. 7. 2006 angesetzte Ende der Übergangsregierung bestimmte die politische und militärische Entwicklung im Land. Während die Vereinten Nationen (UN) mit beträchtlichem Aufwand den Prozess der Verfassunggebung und Wahlvorbereitung auf Kurs hielten, kam es vor allem im Osten des Landes weiterhin zu militärischem Widerstand von den Gruppen, die als voraussichtliche Verlierer des Wahlprozesses gelten: die Minderheit der Tutsi und Hutu, die mit militärischer Unterstützung Ruandas seit 1998 einen überproportionalen Einfluss auf Politik und Wirtschaft des Landes hatte nehmen können.

ENDE DER ÜBERGANGSPERIODE

Per Referendum wurde am 18. 12. 2005 die **neue Verfassung** mit 84,3 % der Stimmen bestätigt. Die Wahlbeteiligung lag bei offiziell 62 %. Die meisten politischen Gruppierungen des Landes hatten im Vorfeld ihre Zustimmung erklärt; lediglich die radikale Opposition hatte einen Boykott empfohlen. In allen elf Regionen des Landes und der Hauptstadt Kinshasa (wenn auch nur mit 50,3 %) stimmte die Mehrheit der Wähler für die neue Verfassung, die am 18. 2. 2006 in Kraft trat. Am 21. 2. 2006 verabschiedete das Übergangsparlament ein neues Wahlgesetz. Die von den UN finanzierten Präsidentschafts-, Parlaments- und Kommunalwahlen bilden den Endpunkt eines langwierigen Übergangsprozesses, der mit dem Friedensabkommen vom Juli 2002 eingeleitet worden war, und werden zur **größten Wahlhilfeoperation in der Geschichte der UN**. Mit einem Personal von 18 895 Personen, darunter

UN-Blauhelmsoldat in Kinshasa am 14. 7. 2006

15 558 Soldaten und 324 Zivilpolizisten war MONUC 2006 die größte laufende UN-Mission weltweit (→ Karte, → Foto).

Die größte zivile Oppositionspartei des Landes, die Union pour la Démocratie et le Progrès (UDPS) von Etienne Tshisekedi, erklärte am 4. 4. 2006, an den Präsidentschafts- und Parlamentswahlen nicht teilzunehmen, da die Bedingungen für einen fairen Wahlkampf nicht gegeben seien. Bis zum Ende der Registrierungsperiode am 31. 3. hatten sich 72 Kandidaten für die Präsidentschaftswahlen beworben (und eine nicht-rückzahlbare Kaution von 50 000 US-$ bezahlt), darunter Präsident Joseph Kabila und die beiden Vizepräsidenten und früheren Rebellenführer Jean-Pierre Bemba und Azarias Ruberwa. Die Wahlkommission ließ letztlich 33 Kandidaten zu den Präsidentschaftswahlen zu. Um die 500 Parlamentssitze bewerben sich 8650 Kandidaten aus 267 zugelassenen Parteien.

Aufgrund logistischer Probleme und der anhaltenden Kämpfe im Osten des Landes wurden am 30. 4. die Parlaments- sowie die erste Runde der **Präsidentschaftswahlen auf den 30. 7. 2006 verschoben**. Die Europäische Union (EU) billigte am 26. 4. eine 1500 Mann starke schnelle Eingreiftruppe, die direkt vor, während, und nach den Wahlen Sicherheit und Ordnung garantieren soll; allerdings sollen nur 400 Militärs direkt in der DR Kongo stationiert werden.

Das Übergangsparlament verabschiedete am 1. 12. 2005 ein **Amnestiegesetz** für politische Vergehen. Darin waren auch politische Morde eingeschlossen, nicht aber Kriegsverbrechen. Die Amnestie betrifft Verbrechen aus dem Zeitraum 1996 bis 2004, zwischen dem Beginn der Rebellion gegen den früheren Diktator Mobutu Sese Seko und der Einsetzung der Übergangsregierung im Juni 2003. Die Partei von Übergangspräsident Kabila boykottierte die Abstimmung, da sie fürchtet, auch die Mörder von Präsident Laurent Kabila und deren Hintermänner könnten von der Amnestie profitieren.

REBELLIONEN

Im Osten des Landes tauchten immer neue kongolesische Rebellengruppen auf. Zum einen war dies eine Reaktion auf die gescheiterte Bildung einer schlagkräftigen Nationalarmee, in die viele Rebellen nur nominell integriert worden waren. Zum anderen sahen die ursprünglich von Ruanda unterstützten ehemaligen Kämpfer der Rassemblement Congolais pour la Démocratie (RCD) im international abgestützten Demokratisierungsprozess eine Schwächung ihres Einflusses und suchten ihr Heil in militärischem Widerstand. Trotz verschiedener Offensiven konnten diese Tutsi- und Hutu-Rebellen nicht vollständig besiegt werden.

In **Nord-Kivu** operierte seit Ende 2005 eine Rebellenarmee unter Führung von Laurent Nkunda, der bis 2004 im von Ruanda unterstützten RCD gekämpft hatte, sich aber nach dem ruandischen Rückzug abgespalten und binnen kurzer Zeit an die 1000 Regierungssoldaten auf seine Seite ziehen konnte. Bis Mitte Januar 2006 war es Nkundas Rebellen gelungen, Teile der Provinz um die Stadt Rutshuru, 70 km nördlich von Goma, militärisch zu besetzen. 600 MONUC-Truppen und 3500 Armeeangehörige begannen daraufhin mit einer Offensive, die Tausende Kongolesen vor den Kämpfen flüchten ließ.

Auch in **Süd-Kivu** kam es ab Februar 2006 zu einer erneuten Verschlechterung der Sicherheitslage, nachdem die ruandischen Hutu-Rebellen der Forces Démocratiques de Libération du Rwanda (FDLR) Überfälle verübten. Nach UN-Schätzungen waren trotz diverser Militäraktionen durch MONUC und Regierungsarmee Ende 2005 noch ca. 8000–10 000 Hutu-Rebellen aktiv. Nachdem MONUC seit 2004 den militärischen Druck auf die verbliebenen FDLR-Rebellen erhöht hatte, kündigte ihr Anführer Ignace Murwamashyaka im März 2005 die Einstellung aller Angriffe an. Die FDLR-Truppen machten aber weiterhin Teile Kivus unsicher, wo sie illegale Steuern erhoben und Massaker an Zivilisten ausübten. Am 13. 4. 2006 starteten UN-Truppen und kongolesische Einheiten eine weitere Offensive gegen die verbliebenen FDLR-Stellungen.

In der Region **Ituri** operierte seit Dezember 2005 der Mouvement Révolutionaire du Congo (MRC), der sich offensichtlich aus mehreren offiziell aufgelösten Rebellenbewegungen neu formiert hatte und Rückzugsbasen auf ugandischem Territorium unterhielt. Der MRC operierte nach UN-Angaben vom Mai 2006 mit einer Mannschaftsstärke von 1500. UN-Truppen suspendierten eine gemeinsame Militäraktion mit der kongolesischen Armee im März 2006, nachdem die Regierungstruppen sich an Plünderungen beteiligt und die Friedenstruppen angegriffen hatten. Bei Gefechten zwischen MONUC-Truppen und Verbänden der ugandischen Rebellengruppe Lord Resistance Army (LRA) wurden am 23. 1. 2006 im Garamba-Nationalpark acht UN-Soldaten und 15 Rebellen getötet. Am 17. 5. konnte der MRC-Anführer Innocent Kaina von UN-Truppen gefangen genommen werden.

In der südöstlichen Provinz **Katanga** mussten im November 2005 mehrere tausend Regierungssoldaten die staatliche Autorität in der Provinz wiederherstellen, die von den Mayi Mayi-Kämpfern, einer ethnischen Miliz, untergraben worden war. Ursprünglich von Kabila in den späten 90er Jahren gegründet, um ruandischen Einfluss in dieser wirtschaftlich wichtigen Region zurückzudrängen, war die Miliz nach 2002 aber nicht in die neue Nationalarmee integriert worden. Nachdem UN-Generalsekretär Kofi Annan eine Ausweitung des MONUC-Mandats auf Katanga gefordert hatte, bewilligte der Sicherheitsrat im November die Entsendung eines 800 Mann starken Bataillons in die mineralreiche Südprovinz.

Am 31. 7. 2005 wurde der **Menschenrechtsaktivist** Pascal Kabungulu Kibembi in der ostkongolesischen Stadt Bukavu **ermordet**. Er war Generalsekretär der Nichtregierungsorganisation Héritiers de la Justice, die Menschenrechtsverletzungen von Rebellengruppen und Lokalbehörden aufgedeckt hatte.

FOLGEN DES KRIEGES

Eine wissenschaftliche Studie des International Rescue Committee über die **Opfer des Kongokriegs**, die Anfang Januar 2006 publiziert wurde, nannte den Krieg die schlimmste humanitäre Katastrophe seit dem Zweiten Weltkrieg. Seit 1998 seien 3,9 Mio. Menschen an den Folgen des Kriegs gestorben, zumeist an Krankheiten und nicht als Folge direkter Gewalteinwirkung. Auch nach dem Ende des Bürgerkriegs 2002 würden 38 000 Menschen monatlich an den Folgen von Krankheiten und Waffengewalt sterben.

Der **Internationale Gerichtshof** in Den Haag entschied am 19. 12. 2005, dass Uganda der DR Kongo **Reparationen** für die während der militärischen Besetzung 1998–2003 entstandenen Kosten zahlen müsse. Nach Ansicht des Gerichts handelte es sich beim Vorgehen Ugandas um eine militärische Aggression, die vom Völkerrecht nicht gedeckt gewesen sei. Ein kongolesischer Regierungssprecher bezifferte die angestrebte Kompensation auf 6–10 Mrd. US-$.

Thomas Lubanga, Gründer und Führer einer ethnischen Miliz aus der Ituri-Provinz, dem verschiedene Kriegsverbrechen vorgeworfen werden, wurde am 17. 3. 2006 an den **Internationalen Strafgerichtshof** (ICC) in Den Haag überstellt. Lubanga war im März 2005 in Kinshasa verhaftet worden.

Die **Wirtschafts- und Sozialpolitik** der Regierung geriet im September 2005 **unter heftigen Beschuss von Gewerkschaften und internationalen Finanzinstitutionen**. Nach mehreren Skandalen über private Bereicherung von Politikern, u. a. dem Verschwinden von Millionenbeträgen, begannen am 15. 9. **Streiks von verschiedenen Berufsgruppen im öffentlichen Dienst**, die seit 2004 auf die Auszahlung versprochener Lohnerhöhungen warteten. Ende Oktober konnte der Streik beendet werden, nachdem die Regierung geringfügige Gehaltsverbesserungen zugestanden hatte.

Kongo Republik

Zentral-Afrika

Republik Kongo; République du Congo – CG / COG

Fläche (Weltrang: 62): 342 000 km^2

Einwohner (125): F 2004 3 883 000 = 11,4 je km^2

Hauptstadt: Brazzaville

Amtssprache: Französisch

Bruttonationaleinkommen 2004 je Einw.: 760 $

Währung: CFA-Franc
Kurs: 1 € = 655,96 CFA-Francs

Botschaft der Republik Kongo
Grabbeallee 47, 13156 Berlin
T 030/49 40 07 83, Fax 49 40 07 78
E-Mail: botschaft.kongobrz@t-online.de

LANDESSTRUKTUR **Fläche**: 342 000 km^2; Karte → WA 2006, S. 278 ▪ **Verwaltung**: 9 Regionen und 1 Hauptstadtbezirk ▪ **Städte**: (F 2005) Brazzaville 1 174 005 Einw., Pointe-Noire 663 359, Loubomo (Dolisie) 106 262, Nkaya 56 686, Ouesso 56 686

BEVÖLKERUNG Kongolesen – F 2004: 3 883 000 Einw.; Bevölkerungswachstum: 3,0 %; letzte Zählung 1996: 2 591 271 Einw. – v. a. Bantu-Gruppen: ca. 52 % Ba-kongo und Vili-Kongo, 24 % Bateke und Bavili, 12 % Mbochi u. a.; Minderheit von Pygmäen, Ubangi-Gruppen, Europäern ▪ **Sprachen**: Französisch; ca. 50 % Lingala, Monokutuba, Kikongo, Téké, Sanga, Ubangi-Sprachen u. a. ▪ **Religion** 2002: 50 % Christen (48 % Katholiken), 2 % Muslime; 50 % Anhänger von indigenen Religionen

STAATS- UND REGIERUNGSFORM Verfassung von 2002 – Präsidialrepublik seit 2002 – Parlament: Nationalversammlung (Assemblée Nationale) mit 137 Mitgl., Wahl alle 5 J.; Senat mit 66 Mitgl., Wahl alle 6 J. – Direktwahl des Staatsoberhauptes alle 7 J., einmalige Wiederwahl – Wahlrecht ab 18 J. ▪ **Unabhängigkeit**: 15. 8. 1960 (ehem. französische Kolonie) ▪ **Nationalfeiertag**: 15. 8.

REGIERUNG UND PARTEIEN **Staats- u. Regierungschef**: Denis Sassou-Nguesso, seit 1997; wieder gewählt 2002 – **Äußeres**: Rodolphe Adada, seit 1997 ▪ **Parlament**: Wahlen zur Nationalversammlung vom 26. 5. und 23. 6. 2002: Parti Congolais du Travail / PCT 53 von 137 Sitzen, Forces Démocratiques Unies / FDU 30, Union pour la Renouveau Démocratique / Mwinda / URD 6, Union Panafricaine pour la Démocratie Sociale / UDAPS 4, Unabhängige 19, Sonstige 17, vakant 8 – Senatswahlen vom 7. 7. 2002: PCT 44 von 66 Sitzen, FDU 12, Sonstige 9, Unabhängige 1

WIRTSCHAFT **BIP** 2004: 4,343 Mrd. $; realer Zuwachs: 6,3 %; Anteil (2004) Landwirtschaft 6 %, Industrie 57 %, Dienstleistungen 37 % ▪ **Erwerbstätigkeit** 2003: Landwirtsch. 38 % ▪ **Arbeitslosigkeit**: k. A. ▪ **Inflation** ∅ 2003: –0,6 % ▪ **Außenhandel** 2004: (S) **Import**: 0,7 Mrd. €; *Güter*: v. a. Maschinen, chemische Produkte, Eisen, Stahl, Transportausrüstungen; **Export**: 2,0 Mrd. €; *Güter*: 88 % Rohöl, 8 % Holz; *Länder*: v. a. VR China, Rep. Korea, USA

CHRONIK

Der frühere Premierminister **Bernard Kolélas** kehrte am 14. 10. 2005 aus seinem achtjährigen Exil in Mali nach Brazzaville zurück, um seine Ende September in Paris gestorbene Frau in der Heimat zu beerdigen. Präsident Denis Sassou-Nguesso hatte dem im Mai 2000 in Abwesenheit zum Tode verurteilten Kolélas eine kurzfristige Amnestie gewährt. Nach seiner Ankunft in Brazzaville brachen in den südlichen Vororten der Hauptstadt **Kämpfe zwischen Sicherheitskräften und** Mitgliedern der von Kolélas in den 1990er Jahren gegründeten **Ninja-Milizen** aus, bei denen insgesamt sieben Personen ums Leben kamen. Der politische Flügel der Ninja-Milizen hatte 2003 ein Friedensabkommen mit der Regierung unterzeichnet, das die Demobilisierung der Kämpfer vorgesehen hatte. Ihnen war aber erlaubt worden, die Residenz ihres derzeitigen Anführers Frédéric Bitsangou militärisch zu bewachen, was die Regierungstruppen nun gewaltsam beendeten. Kolélas wurde nach der Beerdigung am 15. 10. von der Regierung unter Hausarrest gestellt, am 9. 12. wurde das Todesurteil gegen Kolélas von der Nationalversammlung aufgehoben.

Am 9. 3. 2006 erreichte Kongo nach Angaben des Internationalen Währungsfonds den »Entscheidungspunkt«, mit dem eine temporäre **Aussetzung des Schuldendienstes** im Rahmen der G8-Initiative für hoch verschuldete Staaten (HIPC) ausgelöst wird. Ende 2004 hatte Kongo Auslandsschulden in Höhe von 9,2 Mrd. US-$. Kongo war 2006 Afrikas sechstgrößter Erdölproduzent nach Nigeria, Angola, Sudan, Äquatorialguinea und Gabun (→ Karte bei Äquatorialguinea). Trotz der hohen Einnahmen aus dem Erdöl war nach Angaben der Vereinten Nationen keine effektive Strategie der Armutsbekämpfung zu erkennen.

Beim Gipfeltreffen der → Afrikanischen Union in Khartum wurde Kongos Präsident Sassou-Nguesso am 24. 1. 2006 für ein Jahr zum Ratsvorsitzenden der AU gewählt.

Korea Demokratische Volksrepublik Ost-Asien

Demokratische Volksrepublik Korea; auch: Nordkorea; Choson Minchuchuui Inmin Konghuaguk – KP / PRK

Fläche (Weltrang: 95): 122 762 km²

Einwohner (48): F 2004 22 384 000 = 182 je km²

Hauptstadt: P'yŏngyang (Pjöngjang)

Amtssprache: Koreanisch

Bruttonationaleinkommen 2004 je Einw.: k. A.

Währung: 1 Won = 100 Chon
Kurs: 1 US-$ = 140,60 Won; 1 € = 179,90 Won

Botschaft der Demokratischen Volksrepublik Korea
Glinkastraße 5–7, 10117 Berlin
T 030 / 229 31 89, Fax 229 31 91

LANDESSTRUKTUR **Fläche**: 122 762 km²; ohne entmilitarisierte Zone mit Südkorea 1262 km²; → Karte S. 299 ▪ **Verwaltung**: 9 Provinzen und 2 Stadtbezirke ▪ **Städte**: (Z 1993) P'yŏngyang (Pjöngjang) 2 741 260 Einw., Namp'o 731 448, Hamhŭng 709 730, Ch'ŏngjin 582 480, Kaesŏng 334 433, Sinŭiju 326 011, Wŏnsan 300 148

BEVÖLKERUNG Koreaner – F 2004: 22 384 000 Einw.; Bevölkerungswachstum: 0,5 %; letzte Zählung 1993: 21 213 378 Einw. – 99 % Koreaner; chinesische Minderheit ▪ **Sprachen**: Koreanisch; Russisch und Chinesisch ▪ **Religion**: Buddhismus und Konfuzianismus verbreitet; Schamanismus, Christentum, Chondogyo; etwa 68 % konfessionslos

STAATS- UND REGIERUNGSFORM Verfassung von 1972, zuletzt geändert 1992 – Volksrepublik seit 1948 – Parlament: Oberste Volksversammlung (Choe Ko In Min Hoe Ui) mit 687 Mitgl. – Wahl des Staatsoberhauptes und des Zentralen Volkskomitees durch Parlament alle 5 J. – Wahlrecht ab 17 J. ▪ **Unabhängigkeit**: alte staatl. Tradition; 9. 9. 1948 Ausrufung der Volksrepublik ▪ **Nationalfeiertag**: 9. 9.

REGIERUNG UND PARTEIEN **Staatsoberhaupt**: Vorsitzender der Obersten Volksversammlung und protokollarisches Staatsoberhaupt: Kim Yong-nam; Generalsekretär des ZK der PdAK, Vorsitzender der Verteidigungskommission und faktisches Staatsoberhaupt: Kim Jong-il – **Regierungschef**: Pak Pong-ju, seit 3. 9. 2003 – **Äußeres**: Paek Nam-sun, seit 5. 9. 1998 ▪ **Parlament**: Wahl vom 3. 8. 2003: Nationaler Block der Kommunistischen Partei der Arbeit Koreas / PdAK alle Sitze

WIRTSCHAFT **BIP** 2004: (S) 20,8 Mrd. $; realer Zuwachs: k. A.; Anteil (2002) Landwirtschaft 30 %, Industrie 34 %, Dienstleistungen 36 % ▪ **Erwerbstätigkeit** 2003: Landwirtsch. 28 % ▪ **Arbeitslosigkeit**: k. A. ▪ **Inflation**: k. A. ▪ **Außenhandel** 2002: **Import**: 1,896 Mrd. $; *Güter*: (ohne Handel mit Rep. Korea): 19 % Nahrungsmittel, lebende Tiere, Tierprodukte und Getränke, 15 % mineralische Brennstoffe, Schmiermittel, 15 % Maschinen und Transportausrüstungen, 10 % Textilien; *Länder*: 25 % VR China, 20 % Rep. Korea, 7 % Thailand, 7 % Deutschland; **Export**: 1,007 Mio. $; *Güter*: (ohne Handel mit Rep. Korea): 39 % Nahrungsmittel und lebende Tiere, 17 % Textilien, 12 % Maschinen; *Länder*: 27 % Rep. Korea, 27 % VR China, 23 % Japan, 4 % Hongkong

CHRONIK

Die Hoffnung auf ein Einlenken Nordkoreas im Streit um sein Atomprogramm zerschlug sich. Uneinigkeit über die Reihenfolge vertrauensbildender Maßnahmen und der Versuch der USA, Nordkorea finanzpolitisch zu isolieren, führten zum Abbruch der so genannten Sechsergespräche in Beijing, an denen neben den beiden koreanischen Staaten die USA, China, Russland und Japan beteiligt sind (→ WA 2006, S. 279). Unterdessen suchte das Regime seine Beziehungen zur VR China, dem einzigen freundschaftlich verbundenen Partner, zu stärken.

▪ **Kein Ende im Atomprogramm-Streit:** In den seit zwei Jahren dauernden Verhandlungen schien in der vierten Runde in Beijing am 19. 9. 2005 der Durchbruch erzielt worden zu sein, als sich Nordkorea in einer von China ausgearbeiteten gemeinsamen Absichtserklärung grundsätzlich **bereit erklärte, auf Atomwaffen** und alle laufenden Nuklearprogramme **zu verzichten** und zum Atomwaffensperrvertrag sowie zu den Sicherheitsvorkehrungen der Internationalen Atomenergieagentur (IAEO) zurückzukehren. Ein Zeitpunkt hierfür wurde jedoch nicht festgelegt. Im Gegenzug wurde von den anderen Verhandlungspartnern »respektiert«, dass sich Nordkorea die friedliche Nutzung der Atomenergie vorbehält. Zudem sollte die koreanische Halbinsel zur atomwaffenfreien Zone erklärt werden; Nordkorea und die USA – die zugleich eine Nichtangriffsgarantie abgeben wollten – sowie Nordkorea und Japan wollten normale bilaterale Beziehungen anstreben. Als **Kompensation** für die abzuschaltenden Nuklearanlagen wurden Nordkorea Energielieferungen zugesagt, u. a. wollte Südkorea 2000 Megawatt Strom kostenlos in den Norden liefern. Darüber hinaus wurde Nordkorea in Aussicht gestellt, »zum angemessenen Zeitpunkt« über die Bereitstellung eines Leichtwasserreaktors – der sich nicht zur Herstellung von atomwaffenfähigem Material eignet – zu sprechen.

Die befriedigende Klärung dieses Punktes erhob Nordkorea schon am nächsten Tag zur **Vorbedingung** für den Verzicht auf sein Atomprogramm: Erst die vorherige Fertigstellung des Leichtwasserreaktors bedeute eine »Garantie für die Vertrauensbildung«. Die

Forderung stieß bei den anderen Verhandlungspartnern **umgehend auf Ablehnung**. Die US-Regierung erklärte, sie habe schon während der Gespräche ausgeschlossen, den von Nordkorea geforderten Reaktor vorab zur Verfügung zu stellen. Vielmehr sei die reale Überprüfbarkeit des vollständigen Atomwaffenverzichts durch Nordkorea maßgeblich für den Zeitpunkt, zu dem über Leichtwasserreaktoren gesprochen werden könne. Bei der nächsten Sechser-Verhandlungsrunde (9.–11. 11.), die der Konkretisierung der Vereinbarung vom 19. 9. gewidmet sein sollte, schlug Nordkorea einen Fünfstufenplan zum Atomwaffenverzicht vor, forderte aber als Voraussetzung für weitere Gespräche die Aufhebung der Finanzrestriktionen und die Rücknahme des Vorwurfs, Nordkorea bringe falsche Dollarnoten in Umlauf (→ unten). Die USA lehnten ab und verlangten ihrerseits die überprüfbare Beendigung des Reaktorbetriebs in Yongbyön.

Am 31. 5. 2006 **gab Kedo**, das internationale Konsortium zum Bau zweier Leichtwasserreaktoren in Nordkorea, **seine Auflösung bekannt**. Die EU, Japan, Südkorea und die USA hatten es 1994 nach einem Abkommen mit Nordkorea gegründet, um dessen Energiebedarf nach der versprochenen Abschaltung seiner Nuklearanlagen zu decken. Als Nordkorea 2002 bekannte, sein Programm zur Anreicherung von Uran wieder aufgenommen zu haben, wurde das Kedo-Programm auf Eis gelegt.

Bewegung in den Atomstreit brachte Nordkorea wieder am 5. 7. mit dem – weitgehend fehlgeschlagenen – **Test von sieben Raketen**, darunter erstmals seit acht Jahren **einer Langstreckenrakete** (Taepodong-2), die unter ein 1999 vereinbartes Moratorium fiel. Dessen Nichtbeachtung begründete Pjöngjang mit dem Hinweis, die USA hätten mit ihrer Verweigerung eines direkten Dialogs dem Moratorium die Grundlage entzogen. Die VR China und Russland verurteilten zwar die allgemein als Provokation aufgefasste Aktion, widersetzten sich aber dem Drängen Japans, im UN-Sicherheitsrat Sanktionen zu beschließen.

Der pakistanische Präsident Pervez Musharraf gestand in einem Interview mit einer japanischen Nachrichtenagentur am 23. 8. ein, dass der als »Vater« der pakistanischen Atombombe geltende Atomphysiker **Abdul Qadeer Khan** Nordkorea mit Zentrifugen für die Produktion von atomwaffenfähigem Uran beliefert habe, nicht aber mit Blaupausen für den Bau einer Waffe. Khan hatte im Januar 2004 zugegeben, die Technologie für Nuklearwaffen an den Iran, Nordkorea und Libyen weitergegeben zu haben, sich über Details jedoch ausgeschwiegen.

▪ **Finanzrestriktionen der USA:** Unter dem Vorwurf illegaler Finanzgeschäfte ließ die US-Regierung im September und Oktober 2005 die Konten von acht nordkoreanischen Firmen einfrieren, über die angeblich Massenvernichtungsmittel ins Ausland gelangt waren, und verbot amerikanischen Finanzinstituten, Geschäfte mit der **Banco Delta Asia (BDA)** in der chinesischen Sonderverwaltungszone Macao zu tätigen. Die BDA, die auch das private Vermögen des Staats- und Parteichefs Kim Jong-il verwaltet, wurde verdächtigt, zu Gunsten Nordkoreas als Drehscheibe für umfangreiche **illegale Transaktionen und Geldwäsche**, vor allem von Einkünften aus gefälschten Dollar-Noten und Drogenhandel, zu fungieren. Nach Erkenntnissen, die das US-Justizministerium am 13. 10. veröffentlichte, brachte Nordkorea über die BDA seit über zehn Jahren hochwertig gefälschte 100-Dollarnoten in Millionenhöhe in Umlauf. Zugleich trat die US-Regierung dem Eindruck entgegen, sie wolle durch Verschärfung des wirtschaftlichen Drucks und die erneute Thematisierung von Staatskriminalität und Menschenrechtsverletzungen in Nordkorea das Regime provozieren, den möglichen Konsens im Atomstreit auszuschlagen. **Pjöngjang** bestritt die Vorwürfe der USA und **setzte seine Teilnahme an den Sechsergesprächen aus.** In der Folge schlossen sich weitere, auch chinesische Finanzinstitute, den von den USA verhängten Strafmaßnahmen gegen die BDA an, um ihre eigenen Kontakte in die USA nicht zu gefährden. Scharfe verbale Attacken hoher Repräsentanten der USA, so des neuen Menschenrechtsbeauftragten der USA für Nordkorea, Jay Lefkowitz, und des US-Botschafters in Seoul auf einer von amerikanischen Institutionen organisierten Konferenz in Seoul über Menschenrechtsverletzungen in Nordkorea Anfang Dezember, konterte Pjöngjang mit der Erklärung, man verstehe die Bemerkungen als eine »Art provokativer Kriegserklärung«.

▪ **Einstellung der Hungerhilfe:** Mit Verweis auf eine Entspannung der Lebensmittelsituation dank guter Ernten forderte Nordkorea Mitte September 2005 die UN auf, **alle humanitären Hilfen für das Land zum Jahresende einzustellen**, zeigte sich aber daran interessiert, von der internationalen Gemeinschaft wieder Entwicklungshilfe zu erhalten (diese Programme waren 2002 im Zuge der Krise um das nordkoreanische Atomprogramm eingestellt worden). Zugleich stellte das Regime die Versorgung der Bevölkerung mit Grundnahrungsmitteln wieder vollständig unter staatliche Kontrolle; ihr freier Verkauf auf den seit zwei Jahren zugelassenen rd. 300 Bauernmärkten wurde untersagt. Das Welternährungsprogramm (WFP) und etwa ein Dutzend weitere internationale Hilfsorganisationen zogen ihre insgesamt rd. 120 in Nordkorea eingesetzten Mitarbeiter termingerecht zurück. Sie hatten – mit häufig unzulänglichen Mitteln – zu gewährleisten versucht, dass die Hilfe die Bedürftigen erreichte. Das WFP leistete nach eigenen Angaben seit Mitte der 1990er Jahre Lebensmittelhilfe im Umfang von insgesamt rd. 1,7 Mrd. US-$, von der zeitweilig bis zu sieben Mio. Nordkoreaner abhängig waren. In der Folge von Naturkatastrophen und dem Zusammenbruch der staatlich organisierten Landwirtschaft sollen bis Ende der 1990er Jahre nach Schätzungen westlicher Experten mehr als zwei Millionen Menschen ums Leben gekommen sein. Noch heute gilt ein Drittel bis die Hälfte aller Kinder als nicht ausreichend ernährt. Die Regierung konnte sich weiter auf die umfangreiche Nahrungsmittelhilfe aus Südkorea (das 2005 rd. 350 000 Tonnen Reis unentgeltlich lieferte) und China verlassen, deren Verteilung kaum an Bedingungen oder Kontrollen geknüpft ist. Westliche Beobachter interpretierten die Ausweisung der ausländischen Helfer auch als **Versuch, das Land** angesichts der anhaltenden internationalen Kritik an der desaströsen Menschenrechtslage **weiter nach außen abzuschotten**.

Im Februar vereinbarte das WFP mit Nordkorea ein **neues Abkommen über ein Zweijahresprogramm** zur Versorgung von knapp 2 Mio. Kindern und Frauen mit vitamin- und mineralhaltigem Essen. Die Zahl der ausländischen WFP-Fachkräfte im Land wurde von 28 auf zehn reduziert. Auch mit anderen zunächst ausgewiesenen Nichtregierungsorganisationen wurden wieder Gespräche aufgenommen.

- **Beziehungen zur VR China:** Vor dem Hintergrund der Auseinandersetzung über das nordkoreanische Atomprogramm, in der China durch seine Vermittlungsbemühungen eine Schlüsselrolle spielt, stattete

Kim Jong-il (l.) und der chinesische Präsident Hu Jintao am 30. 10. 2005

der chinesische Staats- und Parteichef Hu Jintao dem Nachbarland vom 28.–30. 10. 2005 seine erste Visite ab (→ Foto). Angeblich stellte Hu seinem Amtskollegen langfristige Hilfen im Umfang von 2 Mrd. US-$ in Aussicht. Zur weiteren Intensivierung der Wirtschaftsbeziehungen soll das nordkoreanische Eisenbahnnetz für den chinesischen Güterverkehr kompatibel gemacht werden. Die Abmachungen dienen auch der Förderung der Nordkorea benachbarten Nordostprovinzen, die wirtschaftlich schwach entwickelt sind. Der zunächst geheim gehaltene Besuch von Kim Jong-il in China (10.–18. 1. 2006) galt vor allem dem Studium der chinesischen Wirtschaftspolitik, insbesondere dem Modell der Sonderwirtschaftszonen.

ZWISCHENSTAATLICHE BEZIEHUNGEN

Der Dialog auf politischer Ebene stagnierte. Anfang Februar 2006 scheiterten die ersten hochrangigen **Militärgespräche** zwischen Nord- und Südkorea seit zwei Jahren wegen Differenzen über die umstrittene Seegrenze im Gelben Meer.

Hohe symbolische Bedeutung wurde der **ersten gemeinsamen Gedenkfeier Nord- und Südkoreas** zum 60. Jahrestag der Befreiung von der japanischen Besetzung 1945 beigemessen. Unter anderem besuchte die nordkoreanische Delegation einen Soldatenfriedhof für gefallene südkoreanische Soldaten im Koreakrieg in Seoul. Südkoreanische Kommentatoren werteten diese Geste als indirektes Eingeständnis der Kriegsschuld Nordkoreas.

Im humanitären Bereich kam es zu mehreren besuchsweisen **Familienzusammenführungen**, bei denen sich jeweils mehrere hundert Koreaner der hermetisch voneinander getrennten, offiziell noch im Kriegszustand befindlichen Bruderstaaten im Mt. Kumgang Resort an der nordkoreanischen Ostküste wiedersehen konnten. Am 1. 11. 2005 vereinbarten beide Seite, mit einer **gesamtkoreanischen Sportmannschaft** zu den Asienspielen 2006 in Doha (Katar) und den Olympischen Spielen 2008 (Beijing) anzutreten. Über die Modalitäten konnte man sich zunächst jedoch nicht verständigen.

Im September wurde eine Busverbindung für 300 Beschäftigte aus dem Süden in die von beiden Staaten gemeinsam betriebene **Sonderwirtschaftszone Kaesong** in Nordkorea aufgenommen. Im Oktober eröffneten beide Seiten dort ein gemeinsames Büro, Ende Dezember folgte die Schaltung der ersten direkten Telefonverbindung zwischen dem Süden und Norden, die gleichfalls in den Industriepark führt. Die erste Phase des Pilotprojekts, das auf die Beschäftigung von bis zu 730 000 Nordkoreanern angelegt ist, soll Ende 2007 mit der Ansiedlung von 39 Firmen und rd. 15 000 Arbeitskräften abgeschlossen sein. Für sie wurde ein Monatslohn von 50 US-$ pro Monat plus 15 % Sozialversicherung vereinbart, ein Siebtel des im Süden gezahlten Mindestlohns.

Der **innerkoreanische Handel** überstieg 2005 erstmals die Marke von 1 Mrd. US-$. Der im November von der Nationalversammlung verabschiedete südkoreanische Haushaltsplan 2006 sieht eine **Verdoppelung der wirtschaftlichen und humanitären Hilfe** an Nordkorea auf einen Umfang von 2,6 Mrd. US-$ vor. Ein erheblicher Teil davon ist reserviert für Stromlieferungen und den Bau des geplanten Leichtwasserreaktors, wenn Pjöngjang auf sein Atomprogramm verzichtet.

Korea

STAATEN

Korea Republik Ost-Asien

Republik Korea; auch: Südkorea; Taehan Min'guk – KR / KOR

Fläche (Weltrang: 105): 99 313 km^2

Einwohner (25): F 2004 48 082 000 = 484 je km^2

Hauptstadt: Sŏul (Seoul)

Amtssprache: Koreanisch

Bruttonationaleinkommen 2004 je Einw.: 14 000 $

Währung: 1 Won (₩) = 100 Chon
Kurs: 1 US-$ = 954,80 ₩; 1 € = 1229 ₩

Botschaft der Republik Korea
Schöneberger Ufer 89 / 91, 10785 Berlin
T 030 / 26 06 5 – 0, Fax 26 06 551
www.koreaemb.de

LANDESSTRUKTUR **Fläche**: 99 313 km^2; ohne entmilitarisierte Zone mit Nordkorea 1262 km^2; → Karte S. 299 ▪ **Verwaltung**: 16 Provinzen, darunter 7 Städte ▪ **Städte**: (F 2002) Sŏul (Seoul) 10 280 523 Einw., Pusan 3 747 369, Inch'ŏn, 2 596 102, Taegu 2 540 647, Taejŏn 1 424 844, Kwangju 1 401 525, Ulsan 1 070 277, Suwŏn 1 023 875, Sŏngnam 946 445, Koyang 840 345

BEVÖLKERUNG Koreaner – F 2004: 48 082 000 Einw.; Bevölkerungswachstum: 0,5 %; letzte Zählung 2000: 45 985 289 Einw. ▪ **Sprachen**: Koreanisch; Englisch und Japanisch ▪ **Religion** 1995: 10 Mio. Buddhisten, 9 Mio. Protestanten, 3 Mio. Katholiken; Won-Buddhisten, Chondo-gyo, Taejong-gyo, Schamanismus verbreitet

STAATS- UND REGIERUNGSFORM Verfassung von 1988 – Präsidialrepublik seit 1948 – Parlament: Nationalversammlung (Kuk Hoe) mit 299 Mitgl., Wahl alle 4 J. – Direktwahl des Staatsoberhauptes alle 5 J. (keine Wiederwahl) – Wahlrecht ab 20 J. ▪ **Unabhängigkeit**: alte staatl. Tradition; 15. 8. 1948 Ausrufung der Republik ▪ **Nationalfeiertag**: 15. 8.

REGIERUNG UND PARTEIEN **Staatsoberhaupt**: Roh Moo-hyun (Uri), seit 25. 2. 2003 – **Regierungschefin**: Han Myung-sook (Uri), seit 19. 4. 2006 – **Äußeres**: Ban Ki-moon, seit 16. 1. 2004 ▪ **Parlament**: Wahlen vom 15. 4. 2004: Uri 152 von 299 Sitzen (2000: – von 273), Grand National Party / GNP 121 (133), Democratic Labour Party / DLP 10 (–), Millennium Democratic Party / MDP 9 (115), United Liberal Democrats / ULD 4 (17), Sonstige 1 (3), Unabhängige 2 (5)

WIRTSCHAFT **BIP** 2004: 679,674 Mrd. $; realer Zuwachs: 4,6 %; Anteil (2004) Landwirtschaft 4 %, Industrie 41 %, Dienstleistungen 55 % ▪ **Erwerbstätigkeit** 2003: Landwirtsch. 8,8 %, Industrie 27,6 %, Dienstl. 63,5 % ▪ **Arbeitslosigkeit** ⌀ 2005: 3,7 % ▪ **Inflation** ⌀ 2005: 2,7 % ▪ **Außenhandel** 2005: **Import**: 261,2 Mrd. $; *Güter*: 26 % mineralische Brennstoffe, 6 % sonstige Rohstoffe, 9 % chemische Erzeugnisse, 9 % elektronische Bauelemente, 9 % Maschinen (ohne Büromaschinen), 6 % Elektrotechnik, 6 % Eisen und Stahl, 3 % Mess- und Regeltechnik, 3 % Büromaschinen, EDV, 4 % Nachrichtentechnik, Radio, TV; *Länder*: 18 % Japan, 15 % VR China, 12 % USA, 6 % Saudi-Arabien, 4 % Vereinigte Arabische Emirate, 4 % Australien, 4 % Deutschland, 3 % Indonesien, 3 % Rep. China, 2 % Malaysia, 2 % Kuwait; **Export**: 284,4 Mrd. $; *Güter*: 13 % Nachrichtentechnik, Radio, TV, 13 % Straßenfahrzeuge, 10 % chemische Erzeugnisse, 10 % elektronische Bauelemente, 7 % Maschinen (ohne Büromaschinen), 6 % Büromaschinen, EDV, 6 % Wasserfahrzeuge, 5 % Elektrotechnik, 5 % Eisen und Stahl, 4 % Textilien; *Länder*: 22 % VR China, 15 % USA, 8 % Japan, 6 % Hongkong, 4 % Rep. China, 4 % Deutschland, 3 % Singapur, 2 % Großbritannien

CHRONIK

Zur Hälfte seiner Amtszeit versuchte der mit angeschlagener Popularität kämpfende Präsident Roh Moo-hyun mit Umgruppierungen in der Parteiführung und der Regierung seiner bisher glücklosen Amtsführung eine Wende zu geben und die Aussichten für die Präsidentschaftswahl im Frühjahr 2008 zu verbessern. Mehrere Korruptionsskandale, insbesondere um die Konzerne Hyundai und Daewoo, deren politische Folgen noch nicht absehbar waren, und Erdrutschniederlagen bei den Kommunalwahlen Ende Mai 2006 durchkreuzten jedoch die Pläne des Präsidenten. Innen- und Außenpolitik waren weiterhin dominiert von der Auseinandersetzung um das Atomprogramm des kommunistischen Bruderstaates Nordkorea (→ Korea, DVR). Mit ihrem konzilianten Kurs gegenüber dem diktatorisch-kommunistischen Bruderstaat setzte sich die südkoreanische Führung in Widerspruch zur Haltung der USA. Das prekäre Verhältnis zu Japan, ohnehin belastet durch eine unsensible Geschichtsauffassung des japanischen Ministerpräsidenten Junichirô Koizumi (→ Japan), erreichte über die anhaltenden Streitigkeiten um eine Inselgruppe in der Straße von Korea einen Tiefpunkt.

INNENPOLITIK

▪ **Regierungsumbildung:** Nach dem **Rücktritt von Ministerpräsident Lee Hae-chan** am 14. 3. 2006, dem ein Medienspektakel um seine Beteiligung an einem Golfturnier mit befreundeten Geschäftsleuten während eines landesweiten Eisenbahnerstreiks Anfang März zum Verhängnis geworden war, nominierte Präsident Roh Moo-hyun die populäre Frauenrechtlerin **Han Myung-sook zur Nachfolgerin**. Das Führungsmitglied der Uri-Partei und Ministerin für Umweltpolitik wurde am 19. 4. von der Nationalversammlung auch mit zahlreichen Stimmen aus der Opposition als erste Ministerpräsidentin in der Geschichte des Landes bestätigt. Ihrem Amt obliegen unter der politischen Regie des Präsidenten vorwiegend repräsentative und administrative Aufgaben.

Schon Anfang des Jahres hatte Roh eine umfangreiche Regierungsumbildung vorgenommen. Dabei trat das bisherige Mitglied des Nationalen Sicherheitsrats (NSC), Lee Jong-seok, als neuer Vereinigungsminister an die Stelle von Chung Doung-young, der zugunsten des avisierten Postens als Parteiführer auf die Mitgliedschaft im Kabinett verzichten musste.

▪ **Entwicklung in den Parteien:** Der populäre ehemalige Fernsehreporter und bisherige Vereinigungsminister Chung Dong-young übernahm am 18. 2. 2006 den **Vorsitz der regierenden Uri-Partei**, womit er zugleich faktisch zum Spitzenkandidaten für die Präsidentschaftswahl avancierte. Die Wahl einer neuen Parteiführung war notwendig geworden, nachdem der komplette Vorstand der Uri-Partei als Konsequenz aus der verheerenden Niederlage bei Nachwahlen zum Parlament am 26. 10. 2005 zurückgetreten war. **Schon am 1. 6. 2006 erklärte Chung seinen Rücktritt.** Er übernahm damit die Verantwortung für eine katastrophale **Niederlage seiner Partei bei den Kommunalwahlen**, nach denen der Uri-Partei von den 16 einflussreichsten Schlüsselposten der Regional- und Kommunalpolitik nur noch ein einziger verblieben war und die auf nationaler Ebene oppositionelle Grand National Party (GNP) die fast unumschränkte Vorherrschaft gewonnen hatte. Der Wahl war nationale Bedeutung beigemessen worden, zumal die GNP-Vorsitzende bei einer Wahlkampfveranstaltung bei einem Messerattentat am 20. 5. stark verletzt worden war. Um angesichts des Verlustes der Mehrheit im Parlament für die Uri die Handlungsfähigkeit der Regierung zu sichern, hatte Präsident Roh schon 2005 mehrmals die Bildung einer großen Koalition vorgeschlagen, war aber von der konservativen GNP abgewiesen worden.

▪ **Korruptionsskandale:** Im Oktober 2005 standen **die beiden größten Gewerkschaften**, die Korean Confederation of Trade Unions (KCTU) und die Federation of Korean Trade Unions (FKTU) im Zentrum von Bestechungsskandalen: Bei der KCTU trat nach der Verhaftung eines Vizepräsidenten der gesamte Vorstand zurück, bei der FKTU wurde der frühere Gewerkschaftschef zu 18 Monaten Gefängnishaft verurteilt.

Um Vorwürfe zu entkräften, sie unterhalte schwarze Kassen und sei in Erbschafts- und Steuerbetrug verwickelt, leistete die Gründerfamilie des **Samsung-Konglomerats** im Februar 2006 eine gemeinnützige Spende von 830 Mio. €. Das gleiche Verfahren – mit einem Betrag von 100 Mio. € – schlug im April der amerikanische **Kapitalfonds Lone Star** ein, der sich den Erlös aus dem Verkauf der Korea Exchange (4 Mrd. €) angeblich steuerfrei zugute kommen lassen wollte.

Die Staatsanwaltschaft in Seoul erhob am 16. 5. **Anklage gegen den Konzernchef von Hyundai Motor** wegen des Verdachts der Korruption und Veruntreuung. Chung Mong-koo, der 68jährige Sohn des Gründers des größten Automobilkonzern des Landes, war schon am 28. 4. in Untersuchungshaft genommen worden, wovor ihn auch die Bekanntgabe einer gemeinnützigen Spende von umgerechnet 850 Mio. € aus seinem Privatvermögen nicht bewahrt hatte. Chung wurde unter anderem vorgeworfen, Firmengelder im Umfang von rd. 85 Mio. € für schwarze Kassen abgezweigt zu haben, aus denen hohe Beträge an Politiker und Beamte geflossen sein sollen. In gleicher Sache waren zwei Wochen zuvor schon zwei hochrangige Manager des Konzerns in Untersuchungshaft genommen worden. **Auch gegen den Sohn des Hyundai-Patriarchen**, Chung Eui-sun, der die Hyundai-Motor-Tochtergesellschaft Kia leitet, wurden Ermittlungen wegen Korruptionsverdacht eingeleitet. Wirtschaftsexperten warnten vor den Folgen der Führungslosigkeit des siebtgrößten Autoproduzenten der Welt im internationalen Wettbewerb. Der Hyundai-Konzern stellt 11 % der Arbeitsplätze in Südkorea und erwirtschaftet ein Zehntel des BIP und des Exports.

Der neue Hyundai-Skandal war durch die Ermittlungen der Justiz gegen den Lobbyisten Kim Jae-rok ins Rollen gekommen, der am 24. 3. verhaftet wurde. Der **Berater des früheren Präsidenten Kim Dae-jung** soll jahrelang systematisch Politiker bestochen haben, wofür er aus den Hyundai-Geheimfonds schöpfen konnte.

Ein Bezirksgericht in Seoul verurteilte am 30. 5. den **Gründer der Daewoo-Unternehmensgruppe**, Kim Woochoong, **zu zehn Jahren Haft**. Darüber hinaus muss er 17,6 Mrd. € Geldstrafe zahlen. Diese Summe hatte er vor dem von ihm mitverursachten spektakulären Zusammenbruch des damals zweitgrößten Firmenkonglomerats Südkoreas illegal außer Landes geschafft. Kim hatte sich 1999 ins Ausland abgesetzt, im Juni 2005 stellte er sich der Justiz.

▪ **Klonforschungsskandal:** Der als Nationalheld gefeierte Klonforscher **Hwang Woo-suk**, der im Mai 2005 mit der Behauptung weltweites Aufsehen erregt hatte, ihm sei es zusammen mit seinem Team an der Seoul National University (SNU) erstmals gelungen, embryonale menschliche Stammzellen für die Therapie schwer kranker Patienten zu klonen, gestand am 10. 11. unethisches Verhalten ein, indem er für die Forschungen – angeblich freiwillige – Eizellspenden von Mitarbeiterinnen benutzt habe. Am 23. und 29. 12. teilte eine Kommission der SNU als Zwischenergebnis ihrer Untersuchungen mit, dass die **angeblich erfolgreichen Klonversuche komplett gefälscht** worden seien und sich die gesamte im Mai von der Zeitschrift Science publizierte Arbeit als Betrug entpuppt habe. Nach der Veröffentlichung des Abschlussberichts der Untersuchungskommission am 10. 1. 2006 übernahm Hwang die Verantwortung für die von Science zurückgezogenen Publikationen, machte für die Fälschungen aber Forschungskollegen verantwortlich, deren Resultate er unbesehen übernommen habe. Am 5. 2. verbrannte sich ein Bewunderer von Hwang öffentlich in Seoul, um gegen ein drohendes Ermittlungsverfahren der Staatsanwaltschaft zu protestieren.

AUSSENPOLITIK

- **Japan:** Im Gleichklang mit empörten Reaktionen in der Öffentlichkeit verurteilte die Regierung den **Besuch des japanischen Ministerpräsidenten Koizumi am Yasukuni-Gedenkschrein** am 17. 10. 2005 (→ Japan) als »taktlosen Akt«, der die militaristische Vergangenheit der früheren Besatzungsmacht glorifiziere. Außenminister Ban Ki-moon sagte am 19. 10. seinen geplanten Besuch in Tokio ab. Auch zu dem ursprünglich für Ende des Jahres in Aussicht genommenen Gegenbesuch des Präsidenten Roh bei Koizumi, der am 20. 6. zu einer Kurzvisite nach Seoul gekommen war, kam es vorerst nicht.

Während Japan und Südkorea eigentlich im April 2006 über die Grenzlinie zwischen ihren Hoheitsgebieten im Bereich der zwischen beiden Staaten **umstrittenen Inselgruppe im Japanischen Meer** (→ Karte)

– Dokdo (koreanisch) bzw. Takeshima (japanisch) – verhandeln wollten, entfachte die Entsendung von zwei japanischen Vermessungsschiffen in die Region Mitte des Monats nationale Emotionen. Präsident Roh warf Tokio neokoloniales Gehabe vor und **entsandte einen Verband von 20 Kriegsschiffen in die Region.** Nach Verhandlungen der beiden stellvertretenden Außenminister in Seoul zog Japan am 23. 4. die beiden Forschungsschiffe zurück. Im Gegenzug verzichtete Südkorea auf einen Antrag bei der Internationalen Hydrographischen Organisation, die koreanische Bezeichnung für die Inselgruppe (Dokdo) für verbindlich zu erklären.

Einen ähnlichen Streit tragen beide Länder um den Namen für das **Ostmeer** (koreanisch) bzw. **Japanisches Meer** aus. Der beiderseitige Anspruch auf die unbewohnten Eilande begründen beide Staaten historisch; durch vermutete Bodenschätze, insbesondere Gasvorkommen, gewann die Auseinandersetzung an Brisanz. Zudem ist Japan daran interessiert, keinen Präzedenzfall für die Lösung der territorial ungleich wichtigeren Kurilenfrage mit Russland zu schaffen.

- **USA:** Beim **Besuch des US-amerikanischen Präsidenten** George W. Bush am 17. 11. 2005 in Südkorea demonstrierte Präsident Roh mit ihm Einigkeit darin, keine Atomwaffen in → Nordkorea zu dulden, und in dem »Prinzip, dass der Atomstreit mit Nordkorea durch friedliche und diplomatische Mittel gelöst werden muss«. **Strategische Differenzen** machte Roh jedoch deutlich, als er sich angesichts des zunehmenden finanzpolitischen und wirtschaftlichen Drucks der USA auf Nordkorea am 25. 1. 2006 von »Meinungen in den USA« distanzierte, die auf Zwang gegen Nordkorea und dessen Zusammenbruch hinausliefen. Parallel zu den – unterbrochenen – Verhandlungen über den Atomkonflikt müsste auch mit Gesprächen über einen endgültigen Friedensvertrag begonnen werden. In diesem Zusammenhang müsse Südkorea von den USA auch die volle Kontrolle über seine Streitkräfte zurückerhalten, die einem US-Oberkommando unterstehen. Von US-amerikanischer Seite wird hingegen kritisiert, dass die südkoreanische Regierung in ihrem konzilianten Verhalten gegenüber dem kommunistsichen Nachbarn die **Menschenrechtsfrage** ausspart. So enthielt sich Südkorea bei der Abstimmung über eine Resolution der UN-Generalversammlung zur Verurteilung der Menschenrechtsverletzungen im November 2005 der Stimme.

Die Nationalversammlung billigte am 12. 12. 2005 die Verlängerung der unpopulären **Militärmission im Irak** bis Ende 2006, reduzierte jedoch das Kontingent von 3200 auf 2300 Soldaten. Die US-Regierung zeigte sich überrascht, als Verteidigungsminister Yoon Kwangung den Plan Mitte November bekannt machte.

Ein südkoreanisches Gericht verurteilte am 26. 1. 2006 die amerikanischen Chemieunternehmen Dow Chemical und Monsanto zu **Schmerzensgeldzahlungen an 6800 südkoreanische Kriegsveteranen**, die durch den Einsatz der Chemiewaffe Agent Orange verletzt wurden. Sie gehörten zu den 320 000 Soldaten des Landes, die sich auf amerikanischer und südvietnamesischer Seite am Vietnamkrieg (1965–73) beteiligten. Sie sollen mit umgerechnet 51,1 Mio. € entschädigt werden.

Die geplante **Verlegung des US-Truppenhauptquartiers** aus der Hauptstadt Seoul aufs Land traf auf zunehmenden Widerstand der in der Umgebung von Pyeongtaek betroffenen bäuerlichen Bevölkerung. Unterstützt von mehr als 100 Organisationen wehren sie sich gegen ihre Zwangsumsiedlung. Anfang Mai eskalierte die Auseinandersetzung um eine geplante Baustelle zu einer Schlacht von jeweils mehreren tausend Demonstranten und Polizisten.

Kroatien Südost-Europa

Republik Kroatien; Republika Hrvatska – HR / HRV

Fläche (Weltrang: 123): 56 542 km²

Einwohner (115): F 2004 4 442 000 = 79 je km²

Hauptstadt: Zagreb

Amtssprache: Kroatisch

Bruttonationaleinkommen 2004 je Einw.: 6820 $

Währung: 1 Kuna (K) = 100 Lipa
Kurs: 1 US-$ = 5,69 K; 1 € = 7,32 K

Botschaft der Republik Kroatien
Ahornstr. 4, 10787 Berlin
T 030 / 21 91 55 14, Fax 23 62 89 65
www.kroatische-botschaft.de

LANDESSTRUKTUR **Fläche:** 56 542 km²; Karte → WA 2006, S. 284 ▪ **Verwaltung:** 20 Regionen und Hauptstadtbezirk ▪ **Städte:** (Z 2001) Zagreb (Agram) 779 145 Einw., Split 188 694, Rijeka 144 043, Osijek (Esseg) 114 616, Zadar 72 718, Karlovac (Karlstadt) 59 395, Pula 58 594

BEVÖLKERUNG Kroaten – F 2004: 4 442 000 Einw.; Bevölkerungswachstum: 0,0 %; letzte Zählung 2001: 4 437 460 Einw. – 89,6 % Kroaten (1991: 78,1), 4,5 % Serben (1991: 12,2 %), 5,9 % Minderheiten von Bosniern u. a. ▪ **Sprachen** 2001: 96,1 % Kroatisch; 1,0 % Serbisch, 0,5 % Italienisch, 0,3 % Albanisch, 0,3 % Ungarisch, 0,3 % Slowenisch, sonstige Sprachen der Minderheiten ▪ **Religion** 2001: 87,8 % Katholiken, 4,4 % Orthodoxe, 1,3 % Muslime, 0,3 % Protestanten

STAATS- UND REGIERUNGSFORM Verfassung von 1990, zuletzt geändert 2000 – Republik seit 1991 – Parlament: Repräsentantenhaus (Zastupnički dom) mit mind. 100, max. 160 Mitgl. (8 für Minderh. reserviert), Wahl alle 4 J. – Direktwahl des Staatsoberhaupts alle 5 J. – Wahlrecht ab 18 J. ▪ **Unabhängigkeit:** Proklamation 25. 6. 1991, formell 8. 10. 1991 ▪ **Nationalfeiertag:** 25. 6. (Unabhängigkeitstag)

REGIERUNG UND PARTEIEN **Staatsoberhaupt:** Stipe (Stjepan) Mesić (HNS), seit 2000; wieder gewählt 2005 – **Regierungschef:** Ivo Sanader (HDZ-Vorsitzender), seit 23. 12. 2003; Koalition aus HDZ und HSLS-DC – **Außenministerin:** Kolinda Grabar-Kitarović (HDZ), seit 17. 2. 2005 ▪ **Parlament:** Wahlen zum Repräsentantenhaus vom 23. 11. 2003: Kroatische Demokratische Gemeinschaft / HDZ 66 von 152 Sitzen (2000: 46 von 151), Bündnis aus Sozialdemokratischer Partei / SDP und 3 kleineren Parteien 43 (52), Kroatische Volkspartei / HNS 11 (3), Kroatische Bauernpartei / HSS 9 (16), Kroatische Partei des Rechts / HSP 8 (4), Kroatische Sozialliberale Partei und Demokratisches Zentrum / HSLS-DC 3 (nur HSLS 24), Kroatische Partei der Rentner / HSU 3 (–), Sonstige 1 (2), Unabhängige und Minderheiten 8 (4)

WIRTSCHAFT **BIP** 2004: 34,311 Mrd. $; realer Zuwachs: 3,8 %; Anteil (2004) Landwirtschaft 8 %, Industrie 30 %, Dienstleistungen 62 % ▪ **Erwerbstätigkeit** 2003: Landwirtsch. 17 %, Industrie 30 %, Dienstl. 53 % ▪ **Arbeitslosigkeit** ∅ 2005: 13,6 % ▪ **Inflation** ∅ 2005: 3,2 % ▪ **Außenhandel** 2005: **Import:** 18,547 Mrd. $; *Güter:* 16 % Maschinen und Anlagen, 15 % mineralische Brenn- u. Schmierstoffe, 12 % Transportausrüstungen, 11 % chemische Präparate, 8 % Nahrungs- und Genussmittel, 6 % Metalle, 5 % Elektrotechnik, 3 % Telekommunikationstechnik, 3 % Bekleidung und Schuhe; *Länder:* 16 % Italien, 15 % Deutschland, 9 % Russland, 7 % Slowenien, 6 % Österreich, 4 % Frankreich, 3 % Ungarn, 2 % Tschechische Rep., 2 % USA (EU gesamt: 66 %); **Export:** 8,809 Mrd. $; *Güter:* 14 % mineralische Brenn- u. Schmierstoffe, 13 % Transportausrüstungen, 10 % chemische Präparate, 10 % Nahrungs- und Genussmittel, 9 % Maschinen und Anlagen, 8 % Bekleidung und Schuhe, 7 % Elektrotechnik, 4 % nichtmetallische mineralische Erzeugnisse, 3 % Metalle; *Länder:* 21 % Italien, 14 % Bosnien und Herzegowina, 11 % Deutschland, 8 % Slowenien, 7 % Österreich, 5 % Serbien und Montenegro, 4 % USA , 2 % Frankreich (EU gesamt: 62 %)

CHRONIK

▪ **Beitrittsverhandlungen mit der EU:** Am 3. 10. 2005 beschloss der Außenministerrat der → EU in Luxemburg die Aufnahme von Beitrittsverhandlungen mit Kroatien, die formell noch in der gleichen Nacht begannen. Den Weg hierfür hatte die Chefanklägerin des UN-Kriegsverbrechertribunals (ICTY) in Den Haag, Carla Del Ponte, frei gemacht, indem sie am Vortag überraschend und entgegen ihren bis dahin vorgebrachten Statements Kroatien bescheinigte, uneingeschränkt mit dem ICTY zusammenzuarbeiten. Die Nichterfüllung dieser Vorbedingung, die von den EU-Außenministern am 18. 7. noch einmal bekräftigt worden war, hatte die Aufnahme von Beitrittsverhandlungen im März blockiert (→ WA 2006, S. 285). Zudem hatten die USA eine Annäherung an die NATO oder gar die Mitgliedschaft für Kroatien ebenso ausgeschlossen wie für Serbien, solange nicht die mutmaßlichen Kriegsverbrecher ausgeliefert worden seien. Vermutungen, die in der Öffentlichkeit zunächst nicht nachvollziehbare Neubewertung der Lage durch die ICTY-Anklägerin sei durch politischen Druck zustande gekommen, nachdem Österreich seinen Widerstand gegen Beitrittsverhandlungen mit der Türkei erst aufgab, als auch Kroatien der gleiche Status eingeräumt wurde, erwiesen sich im Nachhinein als unbegründet (→ unten).

Noch im Oktober begann das **Screening**, d. h. ein Abgleich der nationalen Gesetzgebung mit dem Regel- und Normenwerk der EU (Acquis communautaire) für die konkreten Verhandlungen. Kroatischer Chefunterhändler ist der Vorsitzende der führenden Oppositionspartei, Vladimir Drobnjak (SDP). Im Bereich Justiz und Menschenrechte wurden die Verhandlungen Ende Februar 2006 um sechs Monate aufgeschoben. Die EU-Kommission hatte zuvor das Verschleppen von Gerichtsverfahren (rund 1,5 Mio. Fälle) moniert und gefordert, die Anzahl der Gerichte zu reduzieren, neue Richter und Justizangestellte nach transparenten Regeln einzustellen, Urteile konsequenter umzusetzen sowie einen ernsthafteren Kampf gegen die Korruption zu führen.

▪ **Festnahme Gotovinas:** Am 8.12.2005 gab ICTY-Chefanklägerin Del Ponte die Festnahme des neben den bosnischen Serben Radovan Karadžić und Ratko Mladić meistgesuchten mutmaßlichen Kriegsverbrechers, Ante Gotovina, bekannt. Seit 2001 offiziell angeklagt und auf der Flucht, war Gotovina auf Antrag des ICTY von der spanischen Polizei auf der kanarischen Insel Teneriffa verhaftet worden. Laut Del Ponte kam der entscheidende Hinweis zu seiner Ergreifung bereits im September 2005 von der kroatischen Regierung. Ministerpräsident Ivo Sanader sah durch die Verhaftung auch die **Reputation der kroatischen Regierung wieder hergestellt**, deren frühere Erklärungen für unglaubwürdig gehalten worden waren, sie habe keinen Zugriff auf Gotovina. Stempel in dessen gefälschten Pässen belegten, dass er sich im Ausland aufgehalten hatte. In den Tagen nach der Festnahme des in nationalen und konservativen Kreisen als Kriegsheld gefeierten früheren Generals Gotovina kam es in mehreren Städten zu überwiegend friedlichen, von Veteranen- und Soldatenverbänden organisierten Protestkundgebungen gegen die Auslieferung Gotovinas an das ICTY, in Split demonstrierten mehrere zehntausend Personen. Gotovina, der wegen Mord, gewaltsamer Vertreibung, Plünderung und anderen Verbrechen gegen die Menschlichkeit während der Operation »Sturm« zur Rückeroberung der von Serben besetzten Krajina angeklagt wurde, erklärte sich in seiner ersten Anhörung vor dem ICTY am 12.12. in allen Anklagepunkten für nicht schuldig.

▪ **Selbsttötung von Babić:** Der im Juni 2004 vom ICTY zu einer 13-jährigen Freiheitsstrafe verurteilte kroatische Serbe Milan Babić wurde am 5.3.2006 tot in seiner Zelle in der Haftanstalt Scheveningen (Niederlande) aufgefunden. Babić war als Präsident der kurzlebigen, 1991 ausgerufenen Serbischen Republik Krajina für Gewalttaten gegenüber der nicht-serbischen Bevölkerung und ihre Vertreibung aus diesem Gebiet maßgeblich mitverantwortlich gemacht worden. Vor Prozessende hatte sich Babić schuldig bekannt, bei der kroatischen Nation entschuldigt und seine Mitarbeit bei der Aufklärung der Verbrechen angeboten. Im Juni 2005 war seine Berufung gegen das als zu hart empfundene Urteil abgelehnt worden.

▪ **Kabinettsumbildung:** Mit dem Vorwurf, vertrauliche Informationen über die heimliche Unterstützung flüchtiger mutmaßlicher Kriegsverbrecher durch staatliche Stellen an die Presse weitergegeben zu haben, **entließ Ministerpräsident Sanader** am 10.2.2006 **die Justizministerin** und Vorsitzende des Koalitionspartners Demokratisches Zentrum (DC), Vesna Škare-Ožbolt, und ersetzte sie durch Ana Lovrin von seiner Kroatischen Demokratischen Gemeinschaft (HDZ). Durch die damit verbundene Aufkündigung der Regierungskoalition mit der DC besitzt die HDZ nur noch eine knappe Regierungsmehrheit im Parlament.

▪ **Staatsbürgerschaft:** Mit einem Abkommen über **doppelte Staatsbürgerschaft** schrieben Kroatien und Bosnien und Herzegowina Anfang August 2005 den faktisch herrschenden Zustand fest. Danach haben bosnische Kroaten auch Anrecht auf die kroatische Staatsbürgerschaft, gleichermaßen können Serben, die aus Kroatien vertrieben wurden und in Bosnien-Herzegowina leben, sowie Bosniaken, die sich in Kroatien angesiedelt haben, zwei Pässe besitzen. Sie sind auch in beiden Staaten wahlberechtigt. Am 22.2.2006 kündigte Parlamentspräsident Vladimir Šeks die Ausarbeitung neuer Gesetze an, nach denen künftig keine neuen doppelten Staatsbürgerschaften mehr akzeptiert werden sollen. Außerdem wolle man die kroatische Staatsbürgerschaft nur noch bei grundsätzlich ständigem Wohnsitz und nicht auch bei vorübergehendem Aufenthalt in Kroatien erteilen.

▪ **Tourismus:** Anfang November 2005 kündigte Ministerpräsident Sanader den Baubeginn der seit Jahren geplanten 2374 m langen Brücke vom kroatischen Festland auf die Halbinsel Peljesac an, durch die der Süden des Landes erstmals auf einer innerkroatischen Straße erreichbar wäre. Bislang führt die Verbindung nach Dubrovnik durch den rd. 20 km langen sog. Korridor von Nehm über das Gebiet von Bosnien und Herzegowina. Die Infrastrukturmaßnahme kommt vor allem der wachsenden Tourismusindustrie (→ Grafik) in Südkroatien zugute.

Kroatien: Tourismus

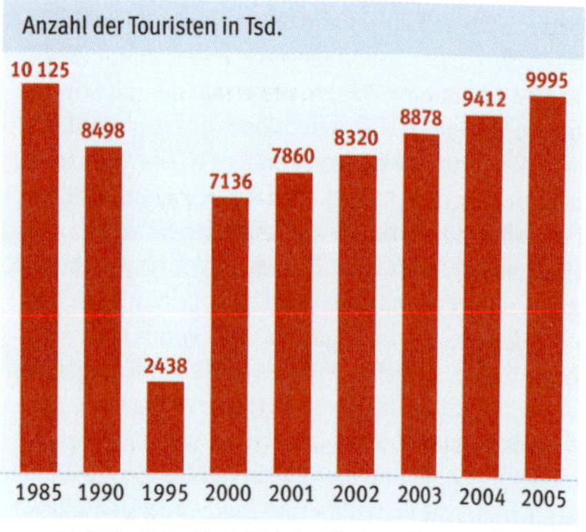

Quelle: Kroatisches Ministerium für Meer, Tourismus, Transport und Entwicklung

Kuba Mittel-Amerika; Karibik
Republik Kuba; República de Cuba – CU/CUB

Fläche (Weltrang: 102): 110 860 km^2

Einwohner (73): F 2004 11 245 000 = 101 je km^2

Hauptstadt: La Habana (Havanna)

Amtssprache: Spanisch

Bruttonationaleinkommen 2004 je Einw.: k. A.

Währung: 1 Kuban. Peso (kub$) = 100 Centavos
Kurs: 1 US-$ = 0,95 kub$; 1 € = 1,23 kub$

Botschaft der Republik Kuba
Stavangerstr. 20, 10439 Berlin
T 030/44 71 73 19, Fax 9 16 45 53
www.botschaft-kuba.de

LANDESSTRUKTUR **Fläche**: 110 860 km^2 einschließlich US-Marinestützpunkt Guantánamo mit 111,9 km^2 (→ USA); → Karte ▪ **Verwaltung**: 14 Provinzen und Sonderverwaltungsgebiet Isla de la Juventud; Tabelle → WA 2006, S. 286 ▪ **Städte**: (Z 2002) La Habana (Havanna) 2 201 610 Einw., Santiago de Cuba 423 392, Camagüey 301 574, Holguín 269 618, Santa Clara 210 220, Guantánamo 208 145, Bayamo 144 664, Las Tunas 143 582, Cienfuegos 140 734, Pinar del Río 139 336, Matanzas 127 287

BEVÖLKERUNG Kubaner – F 2004: 11 245 000 Einw.; Bevölkerungswachstum: 0,2 %; letzte Zählung 2002: 11 177 743 Einw. – ca. 51 % Mulatten, 37 % Weiße, 11 % Schwarze; zahlreiche Exilkubaner in den USA ▪ **Sprachen**: Spanisch ▪ **Religion** 2001: 54,5 % Katholiken, protestantische Kirchen, afrokubanische Religionen

STAATS- UND REGIERUNGSFORM Verfassung von 1976, zuletzt geändert 1992 – Sozialistische Republik seit 1959 – Oberstes Staatsorgan: Volkskongress (Asamblea Nacional del Poder Popular) mit 609 Mitgl., Wahl alle 5 J.; Staatsrat (Consejo de Estado) mit 31 Mitgl.; dessen Vors. ist zugleich Staatsoberh. – Wahlrecht ab 16 J. ▪ **Unabhängigkeit**: 20. 5. 1902 (ehem. spanische Kolonie) ▪ **Nationalfeiertag**: 1. 1. (Tag der Befreiung 1959)

REGIERUNG UND PARTEIEN **Staats- u. Regierungschef**: Staatsratsvorsitzender und Generalsekretär des Zentralkomitees der PCC: Fidel Castro Ruz, seit 1959 – **Äußeres**: Felipe Pérez Roque, seit 28. 5. 1999 ▪ **Parlament**: Wahlen vom 19. 1. 2003: Partido Comunista de Cuba/PCC alle von 609 Sitzen

WIRTSCHAFT **BIP** 2004: 32,84 Mrd. $; realer Zuwachs: k. A.; Anteil (2004) Landwirtschaft 7 %, Industrie 26 %, Dienstleistungen 68 % ▪ **Erwerbstätigkeit** 2002:

Landwirtsch. 27 %, Industrie 20 %, Dienstl. 53 % ▪ **Arbeitslosigkeit**: k. A. ▪ **Inflation** ∅ 2004: 6,5 % (offiziell: 3 %) ▪ **Außenhandel** 2004: (S) **Import**: 5,3 Mrd. $; *Güter*: v. a. Rohöl und Ölprodukte, Maschinen, Fahrzeuge, Nahrungsmittel; *Länder*: v. a. Venezuela, Spanien, VR China, Kanada, Niederlande, Italien, USA, Mexiko, Frankreich, Russland; **Export**: 2,2 Mrd. $; *Güter*: v. a. Zucker und -produkte, Nickelerze und -konzentrate, Meeresfrüchte, Tabak; *Länder*: v. a. Venezuela, Spanien, VR China, Kanada, Niederlande, Italien, USA, Mexiko, Frankreich, Russland

CHRONIK

Der neue Kampf des 79-jährigen Staats- und Regierungschefs Fidel Castro gilt der Korruption und dem Machtmissbrauch, die nach Castros Aussage das Erbe der Revolution bedrohen. Im Oktober 2005 besetzten auf Anregung Castros, der den Tankwarten der Staatsgesellschaft Schwarzhandel vorwarf, Jugendliche und Studenten die Tankstellen in der Hauptstadt. In den folgenden Monaten gehörten Maßnahmen gegen Diebstahl von Staatseigentum und Schwarzhandel zum kubanischen Alltag. Mitte Juni 2006 wurde mit Juan Carlos Robinson erstmals seit Gründung der Kommunistischen Partei Kubas (PCC) ein Mitglied des Politbüros wegen Machtmissbrauchs und persönlicher Vorteilnahme zu zwölf Jahren Haft verurteilt.

▪ **Menschenrechte:** Im Vorfeld des Jahrestags des Beginns der kubanischen Revolution wurden anlässlich von zwei kleinen Protestaktionen am 13. und 22. 7. 2005 in Havanna insgesamt 57 Regimekritiker festgenommen, unter ihnen auch der erst im November aus dem Gefängnis entlassene Vizepräsident der kubanischen Kommission für Menschenrechte und Nationale Versöhnung, Marcelo López Bañobre, sowie Oppositionsführerin Martha Beatriz Roque. Die Mehrzahl der Inhaftierten kam in den folgenden Tagen wieder frei.

Am dritten Jahrestag der Verhaftungswelle vom März 2003 (→ WA 2004, Sp. 522), bei der rd. 100 Dissidenten festgenommen worden waren, demonstrierten Ehefrauen, Mütter und Töchter der inzwischen noch 60 Gefangenen am 20. 3. 2006 in Havanna für deren Freilassung. Insgesamt befinden sich nach Angaben der Kommission für Menschenrechte und Nationale Versöhnung in Kuba derzeit mehr als 333 Menschen aus politischen Gründen in Haft.

- **Verhältnis zu den USA:** Am 24. 1. 2006 protestierten nach einem Aufruf von Castro mehrere Hunderttausend Menschen in Havanna gegen die Kuba-Politik der USA. Sie verurteilten u. a. die Ende September 2005 getroffene Entscheidung der US-Justizbehörden, den unter Terrorverdacht stehenden Exilkubaner Luis Posada Carriles nicht an Venezuela auszuliefern. Der wegen eines geplanten Attentats auf Castro im November 2000 zu einer achtjährigen Haftstrafe verurteilte und später nach Panama geflohene Posada war im Mai 2005 von US-Behörden in Miami wegen illegaler Einreise in die Vereinigten Staaten festgenommen worden. Kuba und Venezuela werfen dem ehemaligen CIA-Agenten und militanten Gegner des Castro-Regimes die Beteiligung an mehreren Bombenanschlägen und die Urheberschaft der Entführung eines kubanischen Flugzeugs vor, bei der 73 Personen ums Leben kamen. Auslöser für die Massenkundgebung war eine Mitte Januar an der Fassade der US-Vertretung in Havanna aus Protest gegen die Pressezensur in Betrieb genommene elektronische Anzeigentafel, auf der Kurznachrichten aus aller Welt und Zitate aus der UN-Menschenrechtserklärung gezeigt wurden. Castro, der die Nachrichten als »Müll« abtat, ließ noch im Januar einen Fahnenwald als Sichtschutz errichten.
- **Außenpolitik:** Anlässlich eines Besuchs des Präsidenten von **Panama**, Martín Torrijos, in Havanna wurden am 20. 8. 2005 nach einjähriger Unterbrechung die diplomatischen Beziehungen formell wieder aufgenommen. Havanna hatte im August 2004 die Beziehungen zu dem zentralamerikanischen Staat abgebrochen, nachdem die damalige panamaische Präsidentin Mireya Moscoso den zu dieser Zeit in Panama inhaftierten Posada begnadigt hatte.

Weiterhin problematisch blieb dagegen das Verhältnis zwischen Kuba und der **Tschechischen Republik**. Mitte April 2006 wies Havanna den tschechischen Botschafter in Havanna, Stanislav Kázecký, ohne Angabe von Gründen aus. Das tschechische Außenministerium wertete dies als Reaktion darauf, dass Prag im Gegensatz zu anderen europäischen Staaten, die im vergangenen Jahr nach der Freilassung einiger Regimekritiker etliche Sanktionen gegen das Castro-Regime wieder aufgehoben hatten (→ WA 2006, S. 287), seine Kritik an der Menschenrechtspolitik Castros unverändert aufrechterhält.

Die in den letzten Jahren zu beobachtende Intensivierung der Beziehungen zwischen Kuba und **Venezuela** wurde fortgesetzt. Mit der »Achse Caracas–Havanna« wollen Castro und Venezuelas Staatschef Hugo Chávez nicht zuletzt ein linksgerichtetes strategisches Gegengewicht zu dem ökonomischen und politischen Einfluss der USA in Lateinamerika schaffen. Kristallisationskern der anti-US-amerikanischen Politik soll dabei das von Chávez anvisierte und gemeinsam mit Castro ausgerufene Wirtschaftsbündnis ALBA (Alternativa Bolivariana para las Américas) sein; es dient als Gegenentwurf zu der von den USA favorisierten gesamtamerikanischen Freihandelszone FTAA (Free Trade Area of the Americas), in der nicht nur Kuba und Venezuela, sondern auch viele andere Staaten Lateinamerikas ein Werkzeug zur Errichtung einer politischen und wirtschaftlichen Dominanz Washingtons in der Region sehen. Bei dem vierten Besuch des venezolanischen Staatschefs in Havanna im Jahr 2005 betonten Chávez und Castro am 21. 8. erneut die engen Beziehungen zwischen beiden Ländern und äußerten scharfe Kritik an der Politik der USA in Lateinamerika (→ Foto). Kern der Kooperation ist bislang die Lieferung von täglich rd. 90 000 Barrel verbilligten venezolanischen Erdöls an Kuba. Im Gegenzug entsandte Havanna rd. 20 000 Ärzte und medizinische Fachkräfte nach Venezuela.

Hugo Chávez (l.) zu Besuch bei Fidel Castro am 21. 8. 2005

- **Wirtschaft:** Anfang November 2005 verurteilte die UN-Vollversammlung in New York zum 14. Mal in Folge das seit 1962 bestehende US-amerikanische **Wirtschaftsembargo** gegen Kuba, das zusammen mit US-Sanktionen gegen Drittstaaten, die in Kuba Geschäfte machen, den Inselstaat weitgehend vom freien Welthandel abschneidet.

Die schweren Stürme der **Hurrikansaison 2005**, die vor allem in Zentral- und Westkuba große Schäden anrichteten, versetzten der einst das Rückgrat der Wirtschaft bildenden, aber aufgrund geringer Produktivität und technischer Überalterung nicht mehr wettbewerbsfähigen **Zuckerindustrie** einen weiteren Schlag. Nach Regierungsplänen soll die Zuckerbranche im Rahmen der makroökonomischen Umstrukturierung mit drastischen Maßnahmen international wieder konkurrenzfähiger werden: Rund ein Drittel der gegenwärtig 900 000 ha Anbaufläche soll aufgegeben, 40 der 85 Zuckermühlen geschlossen werden, was den Wegfall von 75 000 Arbeitsplätzen zur Folge hätte.

Kuwait Vorder-Asien

Staat Kuwait; Dawlat al-Kuwayt – KW / KWT

Fläche (Weltrang: 152): 17 818 km²

Einwohner (137): F 2004 2 460 000 = 138 je km²

Hauptstadt: Al-Kuwayt (Kuwait)

Amtssprache: Arabisch

Bruttonationaleinkommen 2003 je Einw.: 22 470 $

Währung: 1 Kuwait-Dinar (KD.) = 1000 Fils
Kurs: 1 US-$ = 0,29 KD.; 1 € = 0,37 KD.

Botschaft des Staates Kuwait
Griegstr. 5–7, 14193 Berlin
T 030 / 897 300 – 0, Fax 897 300 – 10
www.kuwait-botschaft.de

LANDESSTRUKTUR **Fläche**: 17 818 km² einschließlich 900 km² Inseln (Būbiyān, Faylakah u. a.); → Karte ▪ **Verwaltung**: 5 Governorate; außerdem Neutrale Zone mit Saudi-Arabien ▪ **Städte**: (Z 1995) As-Sālimīyah 129 775 Einw., Qalīb aš-Šhuyūkh 102 169, Hawallī 82 154, Al-Kuwayt (Kuwait) 28 747

BEVÖLKERUNG Kuwaiter – F 2004: 2 460 000 Einw.; Bevölkerungswachstum: 2,6 %; letzte Zählung 1995: 1 575 570 Einw. – ca. 40 % Kuwaiter (davon 150 000–180 000 Beduinen); 60 % Ausländer ▪ **Sprachen**: Arabisch; Englisch ▪ **Religion**: überwiegend Muslime (ca. 65 % Sunniten, 35 % Schiiten), Minderheit von Christen, Hindus

STAATS- UND REGIERUNGSFORM Verfassung von 1962, zuletzt geändert 1997 – Erbmonarchie (Emirat) seit 1962 – Staatsreligion: Islam – Islamisches Recht (Scharia) – Parlament (Nationalversammlung) mit 50 gewählten Mitgl., Wahl alle 4 J. – Wahlrecht ab 21 J. (außer für Mitgl. des Militärs und der Sicherheitskräfte) ▪ **Unabhängigkeit**: 19. 7. 1961 (ehem. britisches Protektorat) ▪ **Nationalfeiertag**: 25. 2. (Nationaltag)

REGIERUNG UND PARTEIEN **Staatsoberhaupt**: Scheich Sabah al-Ahmed al-Jaber as-Sabah (15. Emir von Kuwait), seit 29. 1. 2006 – **Regierungschef**: Scheich Nasser Muhammad al-Ahmed as-Sabah, seit 7. 2. 2006 – **Äußeres**: Scheich Muhammad as-Sabah as-Salim as-Sabah, seit 13. 7. 2003 ▪ **Parlament**: Wahlen vom 29. 6. 2006: islamisch orientierte Gruppen 15 von 50 Sitzen (2003: 21), Liberale 7 (3), Loyalisten 17 (14), Unabhängige 11 (12)

WIRTSCHAFT **BIP** 2004: 55,718 Mrd. $; realer Zuwachs: 7,2 %; Anteil (2004) Landwirtschaft 0,4 %, Industrie 60,5 %, Dienstleistungen 39,1 % ▪ **Erwerbstätigkeit** 2003: Landwirtsch. 1 % ▪ **Arbeitslosigkeit**: k. A. ▪ **Inflation** ∅ 2005: 1,8 % ▪ **Außenhandel** 2004: **Import**: 13,3 Mrd. $; *Güter* 2003: 42 % Maschinen und Transportausrüstungen, 18 % Vorerzeugnisse, 14 % Fertigerzeugnisse, 13 % Nahrungsmittel und lebende Tiere; *Länder* 2003: USA, Deutschland, Japan, Saudi-Arabien, VR China, Italien; **Export**: 28,9 Mrd. $; *Güter*: über 90 % Erdöl und -produkte; *Länder*: 21 % Japan, 15 % Rep. Korea, 13 % USA, 12 % Singapur

CHRONIK

▪ **Neuer Emir ernannt:** Im Alter von 77 Jahren verstarb am 15. 1. 2006 der **Emir** von Kuwait, Scheich Jaber al-Ahmad al-Jaber as-Sabah, der schon seit einigen Jahren nach einem Schlaganfall seinen Amtspflichten nicht mehr nachkommen konnte. In Übereinstimmung mit der Verfassung wurde zuerst der 76-jährige Kronprinz Scheich Sa'ad al-Abdullah as-Salim as-Sabah, ein Cousin des Verstorbenen, von der Regierung zum neuen Emir proklamiert. Da dessen Gesundheit ebenfalls stark angeschlagen war, hatte die Mehrheit der herrschenden Familie as-Sabah vorgeschlagen, dass der Ministerpräsident Scheich Sabah al-Ahmad al-Jaber as-Sabah (→ Foto), ein Halbbruder des verstorbenen Emirs, die Herrschaft übernehmen sollte. Sa'ad war sogar zu schwach, um seinen Amtseid im Parlament abzulegen. Auf Antrag der Regierung trat

Scheich Sabah (r.) nach seiner Vereidigung mit Parlamentspräsident Jassem al-Kharafi am 29. 1. 2006

das Parlament am 24. 1. 2006 zusammen und beschloss im Konsens, Scheich Saad seines Amtes zu entheben. Am 29. 1. wurde Scheich Sabah vom Parlament als Emir bestätigt und legte seinen Amtseid ab.

Dieser Vorgang war ein **Bruch mit der bisherigen Tradition**, dass das Amt des Emirs zwischen den beiden Zweigen der herrschenden Familien as-Sabah – den al-Jaber und den as-Salim – wechseln sollte. Der neue Emir gehört wie sein verstorbener Vorgänger dem Zweig der Jaber an, ebenso der von ihm ernannte neue Kronprinz Scheich Nawaf al-Ahmad al-Jaber as-Sabah. Darüber hinaus war die Absetzung eines amtsunfähigen Herrschers durch das Parlament ein Novum nicht nur in der Geschichte Kuwaits, sondern in der ganzen Golfregion. Am 7. 2. ernannte der neue Emir Scheich Nasser Muhammad al-Ahmed as-Sabah zum Ministerpräsidenten; Außenminister wurde Scheich Muhammad as-Sabah as-Salim as-Sabah. Masouma al-Mubarak, die im Juni 2005 als erste Frau in die Regierung berufen worden war, behielt ihr Ressort Planung und Verwaltungsreform. Das Parlament bestätigte das Kabinett am 20. 2.

▪ **Parlamentswahlen:** Emir Scheich Sabah löste am 21. 5. 2006 das Parlament auf und setzte **Neuwahlen** für den 29. 6. an. Diesem Schritt war ein heftiger Streit zwischen der Regierung und dem Parlament um die Neueinteilung der Wahlkreise vorausgegangen. Eine Gruppe oppositioneller Abgeordneter hatte sich der von der Regierung vorgeschlagenen Reduzierung der Wahlkreise von 25 auf 10 widersetzt und stattdessen eine Reduzierung auf nur noch fünf vorgeschlagen. Dadurch sollte die Bevorzugung bestimmter Bevölkerungsteile, die aus dem Missverhältnis zwischen der Zahl der Einwohner und der Abgeordneten je Wahlkreis erwachsen war, etwas vermindert werden. Doch weder die Vorlage der Regierung noch jene der oppositionellen Abgeordneten fand im Parlament die notwendige Mehrheit. Als drei oppositionelle Parlamentarier den Ministerpräsidenten dazu aufforderten, vor dem Parlament zu erscheinen, bat die Regierung den Emir darum, dieses aufzulösen. Einen solchen Präzedenzfall, der den Vorrang des Herrscherhauses gegenüber den Parlamentariern erheblich geschmälert hätte, wollte man in jedem Fall vermeiden. An den **Wahlen nahmen erstmals Frauen teil**, denen das Parlament im Mai 2005 das aktive und passive Stimmrecht zuerkannt hatte.

Bei den Wahlen gelang es den **oppositionellen Kräften**, die **Zahl ihrer Mandate** von bisher 26 auf 33 in der 50 Sitze zählenden Kammer **zu erhöhen.** Von diesen werden rund 15 den Islamisten zugerechnet, sieben gelten als Liberale, zehn als Reformisten. 17 Abgeordnete gelten als der Regierung gegenüber loyal gesinnt. Da die Kabinettsmitglieder im Parlament stimmberechtigt sind, ist das Kräfteverhältnis dort günstiger für die Regierung als es auf den ersten Blick scheinen will. Obwohl Frauen 57 % der Wählerschaft ausmachen, gelang es keiner der 28 Kandidatinnen, ins Parlament gewählt zu werden.

▪ **Weitere Ereignisse:** In einem **Gerichtsverfahren** gegen 37 Personen, die beschuldigt wurden, Mitglieder einer zum Netz von **Al-Qaida** gehörenden islamistischen Terroristengruppe namens Brigaden der Löwen der (arabischen) Halbinsel zu sein, wurden am 27. 12. 2005 sechs von ihnen, drei Kuwaiter und drei staatenlose Araber, zum Tode verurteilt, ein weiterer Angeklagter zu lebenslanger Haft, 22 andere zu Haftstrafen zwischen vier Monaten und 15 Jahren, sieben wurden freigesprochen. Die Gruppe war im Januar 2005 in Kämpfe mit den Sicherheitskräften verwickelt gewesen und soll einen Anschlag auf US-Truppen in Kuwait geplant haben.

Energieminister Scheich Ahmad al-Fahd al-Ahmad as-Sabah gab am 6. 3. 2006 bekannt, dass im Norden des Landes **neue bedeutende Erdöl- und Erdgasvorkommen entdeckt** worden seien. In zwei Lagerstätten werden insgesamt eine Billion Kubikmeter Gas vermutet; außerdem wurden neue Erdölfelder mit Ressourcen zwischen 10 und 13 Mrd. Barrel erkundet. Damit würde Kuwait erstmals zu einem bedeutenden Erdgasproduzenten werden und könnte zudem seine Erdölreserven um 10 % steigern.

Kuwait: Erdölproduktion und -verbrauch 1980–2004

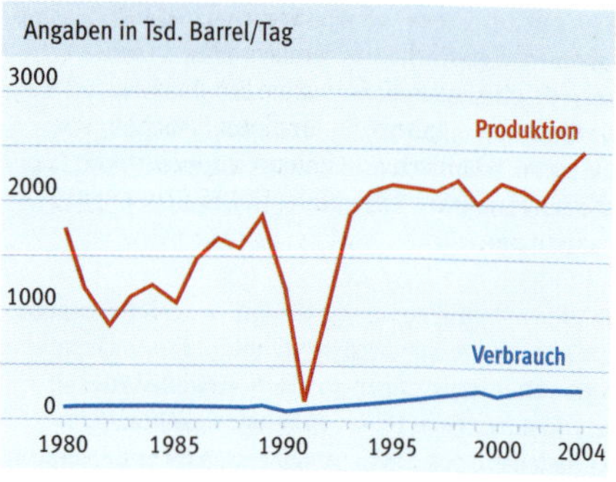

Quelle: EIA

Laos Südost-Asien

Demokratische Volksrepublik Laos;
Sathalanalat Paxathipatai Paxaxôn
Lao – LA/LAO

Fläche (Weltrang: 81): 236 800 km²

Einwohner (102): F 2004 5 792 000 = 25 je km²

Hauptstadt: Viangchan (Vientiane)

Amtssprache: Laotisch

Bruttonationaleinkommen 2004 je Einw.: 390 $

Währung: Kip
Kurs: 1 US-$ = 10 145 Kip; 1 € = 13 301 Kip

Botschaft der Demokratischen Volksrepublik Laos
Bismarckallee 2 a, 14193 Berlin
T 030/89 06 06 47, Fax 89 06 06 48

LANDESSTRUKTUR **Fläche**: 236 800 km²; → Karte ▪ **Verwaltung**: 16 Provinzen, Sonderregion Xaysomboun und Hauptstadtpräfektur ▪ **Städte**: (Z 2005) Viangchan (Vientiane) 695 473 Einw.; (F 1995) Savannakhét 58 500, Pakxé 47 000, Xam Nua 33 500, Louangphrabang 25 500

BEVÖLKERUNG Laoten – F 2004: 5 792 000 Einw.; Bevölkerungswachstum: 2,3 %; letzte Zählung 2005: 5 609 997 Einw. – insg. 70 Volksgruppen und Stämme: ca. 55 % Lao-Lum (Tal-Lao), 27 % Lao-Theung (Berg-Lao), 15 % Lao-Soung (Hmong, Meo); Minderheiten von Chinesen u. Thai ▪ **Sprachen**: 65 % Lao, Sprachen der Minderheiten; Französisch, Chinesisch, Vietnamesisch ▪ **Religion** 1992: 58 % Buddhisten, 34 % Anhänger von indigenen Religionen, 2 % Christen, 1 % Muslime; Konfuzianismus und Daoismus verbreitet

STAATS- UND REGIERUNGSFORM Verfassung von 1991 – Volksrepublik seit 1975 – Parlament (Nationalversammlung) mit 115 Mitgl., Wahl alle 5 J. – Wahl des Staatsoberhauptes durch Parlament alle 5 J. – Wahlpflicht ab 18 J. ▪ **Unabhängigkeit**: formell 22. 10. 1953, bestätigt 21. 7. 1954 (Indochina-Konferenz) ▪ **Nationalfeiertag**: 2. 12. (Ausrufung der VR 1975)

REGIERUNG UND PARTEIEN **Staatsoberhaupt**: Choummaly Sayasone (LPRP-Generalsekretär), seit 8. 6. 2006 – **Regierungschef**: Bouasone Bouphavanh (LPRP), seit 8. 6. 2006 – **Äußeres**: Thongloun Sisoulith, seit 8. 6. 2006 ▪ **Parlament**: Wahlen vom 30. 4. 2006: Laotische Revolutionäre Volkspartei/LPRP 113 von 115 Sitzen (2002: 108 von 109), Unabhängige 2 (1)

WIRTSCHAFT **BIP** 2004: 2,452 Mrd. $; realer Zuwachs: 6,3 %; Anteil (2004) Landwirtschaft 47 %, Industrie 28 %, Dienstleistungen 26 % ▪ **Erwerbstätigkeit** 2003: Landwirtsch. 76 % ▪ **Arbeitslosigkeit** ∅ 2003: 6 % (S) ▪ **Inflation** ∅ 2005: 7,2 % ▪ **Außenhandel** 2005: **Import**: 882,3 Mio. $; *Güter*: 35 % Konsumgüter, 32 % Maschinen und Ausrüstungen, 14 % Erdöl; *Länder* 2004: 60 % Thailand, 9 % VR China, 9 % Vietnam, 4 % Singapur, 3 % Deutschland, 2 % Australien, 2 % Japan; **Export**: 539,9 Mio. $; *Güter*: 23 % Bekleidung, 18 % Holz, 17 % Gold, 15 % Elektrizität, 15 % Kupfer, 4 % landwirtschaftliche Erzeugnisse, 2 % Kaffee; *Länder* 2004: 20 % Thailand, 16 % Vietnam, 8 % Frankreich, 6 % Deutschland, 5 % Großbritannien, 2 % Belgien, 2 % VR China, 2 % Italien, 2 % Niederlande, 1 % Japan

CHRONIK

Auf dem **8. Parteikongress der** seit 30 Jahren herrschenden **Laotischen Revolutionären Volkspartei (LPRP)**, der einzigen Partei des kommunistisch regierten Landes, am 18.–21. 3. 2006 wurde von den 498 Delegierten der **6. Fünfjahresplan** (2006–2010) beschlossen. Er soll unter der Devise der »beschleunigten Entwicklung« entscheidende Fortschritte auf dem Weg aus der Unterentwicklung durch verstärkte staatliche Initiativen und den Ausbau des privaten Sektors bringen.

Der Wechsel an der Parteispitze – der bisherige Verteidigungsminister und Vizepräsident **Choummaly Sayasone** (69) übernahm nach dem Rücktritt des 82-jährigen Parteichefs und amtierenden Staatspräsidenten Khamtay Siphandone den **Parteivorsitz** – wurde durch vorgezogene **Wahlen zur Nationalversammlung** am 30. 4. legitimiert. 113 der 115 Mandate erhielten Kandidaten der LPRP.

Die Nationalversammlung bestätigte am 8. 6. 2006 offiziell den zum Präsidenten nominierten Choummaly Sayasone als Staatsoberhaupt und Bouasone Bouphavanh als Premierminister.

Lesotho Süd-Afrika

Königreich Lesotho; Mmuso wa Lesotho (sesotho); Kingdom of Lesotho – LS / LSO

Fläche (Weltrang: 137): 30 355 km²

Einwohner (142): F 2004 1 798 000 = 59 je km²

Hauptstadt: Maseru

Amtssprachen: Sesotho, Englisch

Bruttonationaleinkommen 2004 je Einw.: 730 $

Währung: 1 Loti (M) = 100 Lisente
Kurs: 1 US-$ = 6,75 M; 1 € = 8,74 M

Botschaft des Königreichs Lesotho
Kurfürstenstr. 84, 10787 Berlin
T 030 / 25 75 72 – 0, Fax 25 75 72 – 22
www.lesotho-botschaft.de

LANDESSTRUKTUR **Fläche:** 30 355 km²; → Karte ▪ **Verwaltung:** 10 Distrikte; Tabelle → WA 2006, S. 290 ▪ **Städte:** (S 2003) Maseru 169 554 Einw.; (Z 1996) Teyateyaneng 48 869, Maputsoe 27 951, Hlotse 23 122, Mafeteng 20 804

BEVÖLKERUNG Lesother – F 2004: 1 798 000 Einw.; Bevölkerungswachstum: –0,1 %; letzte Zählung. 2001: 2 157 580 Einw. – ca. 99,7 % Sotho der Südbantu-Gruppe (Basotho); ca. 2000 Weiße und Inder ▪ **Sprachen:** Sesotho (Bantusprache), Englisch ▪ **Religion** 2002: 90 % Christen (44 % Katholiken), Minderheit von Muslimen; indigene Religionen

STAATS- UND REGIERUNGSFORM Verfassung von 1993 – Parlamentarische Monarchie (im Commonwealth) seit 1993 – Parlament (National Assembly) mit 120 Mitgl., Wahl alle 5 J.; Senat mit 33 Mitgl. (22 trad. Führer und 11 vom König ernannt) – Wahlrecht ab 21 J. ▪ **Unabhängigkeit:** 4. 10. 1966 (ehem. britische Kolonie) ▪ **Nationalfeiertag:** 4. 10.

REGIERUNG UND PARTEIEN **Staatsoberhaupt:** König Letsie III. (David Mohato Letsie Bereng Seeiso), seit 1996, gekrönt 1997 – **Regierungschef:** Bethuel Pakalitha Mosisili (LCD-Vorsitzender), seit 28. 5. 1998 – **Äußeres:** Monyane Moleleki (LCD), seit 19. 11. 2004 ▪ **Parlament:** Wahlen vom 26. 5. 2002: Lesotho Congress for Democracy / LCD 77 von 120 Sitzen (1998: 78 von 80), Basotho National Party / BNP 21 (1), Lesotho People's Congress / LPC 5 (–), National Independent Party / NIP 5 (–), Basutoland African Congress / BAC 3 (–), Basutoland Congress Party / BCP 3 (–), Sonstige 4 (–), vakant 2 (1)

WIRTSCHAFT **BIP** 2004: 1,312 Mrd. $; realer Zuwachs: 2,3 %; Anteil (2004) Landwirtschaft 18 %, Industrie 41 %, Dienstleistungen 42 % ▪ **Erwerbstätigkeit** 2003: Landwirtsch. 39 % ▪ **Arbeitslosigkeit** ∅ 2001: 43 % ▪ **Inflation** ∅ 2004: 5,3 % ▪ **Außenhandel** 2005: (S) **Import**: 980 Mio. $; *Länder*: v. a. SACU; **Export**: 750 Mio. $; *Güter*: v. a. Textilien und Bekleidung, Diamanten; *Länder*: v. a. USA, SACU

CHRONIK

Im Kampf gegen die rasche Ausbreitung des HI-Virus griff die Regierung zu einer ungewöhnlichen Maßnahme. Am 29. 11. 2005 bewilligte sie ein Programm, der gesamten Bevölkerung **kostenlose Aids-Tests** anzubieten. Dafür sollen 7500 Personen eingestellt werden, die die Tests vor Ort durchführen. Nach UN-Schätzungen sind 30 % der Bevölkerung HIV-positiv, aber nur eine kleine Minderheit hat sich bisher testen lassen.

Ein Anschlag, bei dem **Außenminister Monyane Moleleki** am 29. 1. 2006 in der Hauptstadt Maseru **schwer verletzt** wurde, deutete auf einen Zusammenhang mit dem andauernden Machtkampf in der Regierungspartei Lesotho Congress for Democracy (LCD) hin. Auf dem LCD-Parteitag am Tag zuvor war es zu schweren Konflikten zwischen konkurrierenden Parteiflügeln gekommen; Moleleki gilt als möglicher Konkurrent des Parteivorsitzenden Pakalitha Mosisili um das Amt des Regierungschefs bei den Wahlen 2007.

Lettland Nordost-Europa

Republik Lettland; Latvijas Republika, Kurzform: Latvija – LV / LVA

Fläche (Weltrang: 121): 64 589 km²

Einwohner (138): F 2004 2 313 000 = 36 je km²

Hauptstadt: Rīga (Riga)

Amtssprache: Lettisch

Bruttonationaleinkommen 2004 je Einw.: 5580 $

Währung: 1 Lats (Ls) = 100 Santims
Kurs: 1 US-$ = 0,55 Ls; 1 € = 0,70 Ls (1. 7. 2006)

Botschaft der Republik Lettland
Reinerzstr. 40 / 41, 14193 Berlin
T 030 / 82 60 02 22, Fax 82 60 02 33
www.mfa.gov.lv / de / berlin

LANDESSTRUKTUR **Fläche**: 64 589 km²; Karte → WA 2006, S. 291 ▪ **Verwaltung**: 26 Distrikte und 7 Stadtverwaltungen ▪ **Städte**: (F 2004) Rīga (Riga) 735 241 Einw., Daugavpils (Dünaburg) 111 231, Liepāja (Libau) 86 496, Jelgava (Mitau) 66 088, Jūrmala 55 452, Ventspils (Windau) 44 130, Rēzekne (Rositten) 37 223

BEVÖLKERUNG Letten – F 2004: 2 313 000 Einw.; Bevölkerungswachstum: –0,5 %; letzte Zählung 2000: 2 377 383 Einw. – 57,6 % Letten, 29,6 % Russen, 4,1 % Weißrussen, 2,7 % Ukrainer, 2,5 % Polen, 1,4 % Litauer, 2,1 % Sonstige ▪ **Sprachen** 2000: 62,0 % Lettisch, 36,1 % Russisch u. a. ▪ **Religion**: 55 % Lutheraner, 24 % Katholiken, 9 % Russisch-Orthodoxe

STAATS- UND REGIERUNGSFORM Verfassung von 1922 seit 1993 wieder in Kraft, zuletzt geändert 2005 – Republik seit 1991 – Parlament (Saeima) mit 100 Mitgl., Wahl alle 4 J. – Wahl des Staatsoberhauptes alle 4 J. durch Parlament (einmalige Wiederwahl) – Wahlrecht ab 18 J. ▪ **Unabhängigkeit**: 1918–1940; Souveränitätserklärung 28. 7. 1989; Proklamation 4. 5. 1990, in Kraft 21. 8. 1991 ▪ **Nationalfeiertag**: 18. 11. (Ausrufung der Republik 1918)

REGIERUNG UND PARTEIEN **Staatsoberhaupt**: Vaira Vīķe-Freiberga (parteilos), seit 1999; wieder gewählt 2003 – **Regierungschef**: Aigars Kalvītis (TP-Vors.), seit 2. 12. 2004; Koalition TP, ZZS und LPP – **Äußeres**: Artis Pabriks, (TP) seit 21. 7. 2004 ▪ **Parlament**: Wahlen vom 5. 10. 2002: Neue Zeit / JL 26 von 100 Sitzen (1998: –), Partei für Menschenrechte in einem geeinten Lettland / PCTVL 24 (–), Volkspartei / TP 21 (24), Union der Grünen und Bauern / ZZS 12 (–), Lettische Erste Partei / LPP 10 (–), Union für Vaterland und Freiheit / TB-LNNK 7 (17), Sonstige – (59)

WIRTSCHAFT **BIP** 2004: 13,571 Mrd. $; realer Zuwachs: 8,3 %; Anteil (2004) Landwirtschaft 4 %, Industrie 22 %, Dienstleistungen 73 % ▪ **Erwerbstätigkeit** 2003: Landwirtsch. 13,8 %, Industrie 27,0 %, Dienstl. 59,2 % ▪ **Arbeitslosigkeit** ∅ 2005: 8,7 % ▪ **Inflation** ∅ 2005: 6,5 % ▪ **Außenhandel** 2005 (vorläufig): **Import**: 4,835 Mrd. Ls; *Güter*: 20 % Maschinen und elektrische Ausrüstungen, 16 % mineralische Erzeugnisse, 12 % Ernährungswirtschaft, 11 % Transportmittel, 9 % Basismetalle und Waren daraus, 8 % Chemieprodukte, 5 % Leder, Häute und Erzeugnisse daraus, 5 % Textilien, Textilerzeugnisse; *Länder*: 14 % Deutschland, 14 % Litauen, 9 % Russland, 8 % Estland, 6 % Polen, 6 % Finnland, 6 % Weißrussland, 5 % Schweden (EU gesamt: 76 %); **Export**: 2,871 Mrd. Ls; *Güter*: 25 % Holz und -produkte, 12 % Ernährungswirtschaft, 13 % Basismetalle und Waren daraus, 9 % mineralische Erzeugnisse, 9 % Maschinen und elektrische Ausrüstungen, 9 % Textilien, Textilerzeugnisse, 6 % Chemieprodukte; *Länder*: 11 % Litauen, 11 % Estland, 10 % Deutschland, 10 % Großbritannien, 8 % Russland, 8 % Schweden, 5 % Dänemark, 5 % Polen (EU gesamt: 76 %)

CHRONIK

▪ **Neue Regierung:** Der Verteidigungsminister und Vorsitzende der Koalitionspartei Neue Zeit (JL), Einars Repse, hatte von Ministerpräsident Aigars Kalvītis (Volkspartei, TP) verlangt, alle Minister der von einer Korruptionsaffäre betroffenen Lettischen Ersten Partei (LPP) zu entlassen. Nachdem Kalvītis dies abgelehnt hatte, zog er am 7. 4. 2006 alle seine sechs Minister aus der Regierung zurück. Damit verlor Ministerpräsident Kalvītis die Parlamentsmehrheit, bildete aber mit TP, LPP und der Union der Grünen und Bauern (ZZS) ein Minderheitskabinett, das sich auf 45 der 100 Parlamentarier stützen kann.

▪ **Homosexuellenrechte:** Bei der ersten Straßendemonstration Homosexueller in Riga am 24. 7. 2005 musste die Polizei die Teilnehmer vor gewalttätigen Gegendemonstranten schützen: Hohe Würdenträger der evangelisch-lutherischen und der katholischen Kirche hatten die Akzeptanz homosexueller Partnerschaften scharf verurteilt. Das Parlament änderte am 15. 12. mit Zwei-Drittel-Mehrheit den Verfassungsartikel 110, um die Ehe gleichgeschlechtlicher Partner ausdrücklich zu verbieten.

▪ **Regierungskommission zur sowjetischen Vergangenheit:** Die Regierung setzte am 2. 8. 2005 eine Kommission ein, die die Anzahl der in die Sowjetunion deportierten Letten und den finanziellen Schaden bestimmen sollte, den die sowjetische Besatzung 1940 / 41 und 1944–91 verursacht hat. Der Rechtsausschuss des Parlaments beschloss am 11. 5. 2006, die Namen von etwa 4000 früheren Agenten des sowjetischen Geheimdienstes KGB am 1. 11. im Amtsblatt mit Decknamen, Geburtsdatum und -ort sowie der KGB-Funktion zu veröffentlichen. Das Dokumentationszentrum für die Folgen des Totalitarismus schätzt die Gesamtzahl der KGB-Agenten in Lettland auf 24 000.

Libanon Vorder-Asien

Libanesische Republik; al-Ǧumhūriyya al-Lubnāniyya, Kurzform: Lubnān – LB/LBN

Fläche (Weltrang: 161): 10 452 km²

Einwohner (126): F 2004 3 540 000 = 339 je km²

Hauptstadt: Bayrūt (Beirut)

Amtssprache: Arabisch

Bruttonationaleinkommen 2004 je Einw.: 6010 $

Währung: 1 Libanes. Pfund (L£) = 100 Piaster
Kurs: 1 US-$ = 1508 L£; 1 € = 1941 L£

Botschaft der Libanesischen Republik
Berliner Str. 127, 13187 Berlin
T 030/474 98 60, Fax 47 48 78 58
E-Mail: lubnan@t-online.de

LANDESSTRUKTUR **Fläche**: 10 452 km²; → Karte ▪ **Verwaltung**: 5 Provinzen ▪ **Städte**: (F 2003) Bayrūt (Beirut) 1 171 000 Einw., Ṭarābulus (Tripoli) 212 900, Ṣaydā (Sidon) 149 000, Ṣūr Tyre (Tyrus) 117 100

BEVÖLKERUNG Libanesen – F 2004: 3 540 000 Einw.; Bevölkerungswachstum: 1,0 %; letzte Zählung 1970: 2 126 325 Einw. ▪ **Sprachen**: Arabisch (libanesisch-syrische und palästinensische Dialekte); Armenisch, Kurdisch u. a.; Französisch und Englisch ▪ **Religion**: 60 % Muslime (32 % Schiiten, 21 % Sunniten, 7 % Drusen); 40 % Christen (25 % Maroniten, 7 % Griech.-Orthodoxe, 5 % Griech.-Katholische, 4 % Armenier u. a.)

STAATS- UND REGIERUNGSFORM Verfassung von 1926, zuletzt geändert 1999 – Republik seit 1926 – Parlament (Nationalversammlung) mit 128 Mitgl. (64 Christen, 64 Muslime), Wahl alle 4 J. – Staatsoberh. muss maronitischer Christ, Regierungschef sunnitischer, Parlamentspräsident schiitischer Muslim sein – Wahl des Staatsoberhauptes alle 6 J. durch Parlament (keine unmittelb. Wiederwahl) – Wahlrecht ab 21 J. ▪ **Unabhängigkeit**: 26. 11. 1941 (ehem. französisches Mandatsgebiet), 22. 11. 1943 Wiedereinsetzung libanesischer Amtsträger ▪ **Nationalfeiertag**: 22. 11.

REGIERUNG UND PARTEIEN **Staatsoberhaupt**: Émile Lahoud, seit 1998; wieder gewählt 2004 – **Regierungschef**: Fuad Siniora, seit 19. 7. 2005 – **Äußeres**: Fausi Sallukh, seit 19. 7. 2005 ▪ **Parlament**: Wahl am 29. 5./5. 6./12. 6./19. 6. 2005: Zukunftsbewegung von Sa'ad Hariri, Walid Dschumblat und Verbündeten 72 von 128 Sitzen, Liste Michel Aoun und Verbündete 21, Hisbollah/Amal und Verbündete 35

WIRTSCHAFT **BIP** 2004: 21,768 Mrd. $; realer Zuwachs: 6,3 %; Anteil (2004) Landwirtschaft 7 %, Industrie 21 %, Dienstleistungen 72 % ▪ **Erwerbstätigkeit** 2003: Landwirtsch. 3 % ▪ **Arbeitslosigkeit** ∅ 2002: 20–25 % (S) ▪ **Inflation** ∅ 2005: 2,0 % ▪ **Außenhandel** 2003: **Import**: 7,72 Mrd. $; *Güter*: 18 % Ernährungsgüter, 17 % Brennstoffe, Mineralöle, 10 % chem. Erzeugnisse (6 % Pharma), 8 % Straßenfahrzeuge, 5 % elektr. Maschinen und Apparate, 4 % Edelmetalle, 4 % Textilien (Bekleidung), 3 % Eisen, Stahl, 3 % Kunststoffe; *Länder*: 13 % Frankreich, 11 % Italien, 10 % Deutschland, 5 % Syrien, 5 % VR China, 5 % Großbritannien, 5 % USA, 3 % Belgien, 3 % Saudi-Arabien, 3 % Spanien (EU gesamt: 52 %); **Export**: 1,16 Mrd. $; *Güter*: 31 % Schmuckwaren, 15 % Ernährungsgüter, 14 % Maschinen und Ausrüstungen, 12 % Metalle und -erzeugnisse, 8 % chemische und pharmazeutische Erzeugnisse, 6 % Papier und -erzeugnisse, 5 % Textilien; *Länder*: 10 % Vereinigte Arabische Emirate, 9 % Schweiz, 8 % Saudi-Arabien, 8 % USA, 5 % Türkei, 5 % Jordanien, 3 % Syrien, 3 % Italien, 3 % Indonesien, 2 % Frankreich, 2 % Deutschland (EU gesamt: 16 %)

CHRONIK

▪ **Neue Regierung:** Das Parlament sprach der neuen Regierung unter Ministerpräsident Fuad Siniora am 30. 7. 2005 mit überwältigender Mehrheit sein Vertrauen aus. Das neue Kabinett setzt sich aus allen im Parlament vertretenen politischen Strömungen zusammen; lediglich die Freie Patriotische Bewegung des früheren Generals Michel Aoun ging leer aus. Zwei Drittel der Minister gehören dem heterogenen antisyrischen Lager an, das die Parlamentswahlen im Mai/Juni gewonnen hatte, vier der Minister stehen dem prosyrischen Präsidenten Émile Lahoud nahe; Außenminister Fausi Sallukh, ein schiitischer Karrierediplomat, gilt als neutral. Erstmals stellt auch die radikalschiitische Hisbollah einen Minister. Mit der Sozialministerin Nailah Mouawad, der Witwe des 1989 ermordeten Staatspräsidenten René Mouawad, übernahm erstmals eine Frau ein Regierungsamt.

▪ **Attentate:** Die Serie der Bombenanschläge ging 2005 auch in der zweiten Jahreshälfte weiter und richteten sich fast ausschließlich gegen Persönlichkeiten aus dem antisyrischen Lager, ausgenommen Verteidigungsminister Elias Murr, der bei einem Anschlag am 12. 7. 2005 nur verletzt wurde. Am 17. 9. überlebte die Fernsehjournalistin May Chidiac schwer verletzt einen Anschlag. Stunden zuvor war in der von ihr moderierten Talkshow über die mögliche Verwicklung Syriens in das Hariri-Attentat diskutiert worden. Jibran Tuéni, Herausgeber der liberalen Zeitung Al-Nahar und Parlamentsabgeordneter, fiel am 12. 12. einem Bombenanschlag gleichen Musters zum Opfer. Die Beisetzung Tuénis, seit Jahren ein entschiedener Kämpfer für die Demokratie und einen von syrischer Bevormundung freien Libanon, am 14. 12. geriet zur größten Massendemonstration in Beirut seit der Kundgebung für den Abzug Syriens am 14. 3. 2005.

■ **Untersuchung des Hariri-Attentats:** Auf Betreiben der UN-Kommission unter Leitung des deutschen Staatsanwalts Detlev Mehlis, die den Anschlag auf den früheren Ministerpräsidenten Rafik al-Hariri vom 14. 2. 2005 untersucht, wurden am 30. 8. die ehemaligen Geheimdienstgeneräle Jamil Sayyed, Ali al-Haj und Raymond Azar in Untersuchungshaft genommen; die drei waren bereits im April von ihren Posten zurückgetreten. Mehlis befragte im September auch die beiden früheren Chefs des syrischen Geheimdienstes im Libanon, Ghazi Kanaan und Rustem Ghazali.

In seinem vorläufigen Bericht, den Mehlis am 20. 10. Generalsekretär Kofi Annan vorlegte, kritisierte er die mangelnde Kooperationsbereitschaft der syrischen Regierung und äußerte den Verdacht, hohe syrische Funktionäre seien in den Anschlag auf Hariri involviert gewesen. Diesen Verdacht untermauerte er in seinem letzten Bericht am 12. 12. durch neue Beweise.

Der UN-Sicherheitsrat verlängerte am 15. 12. 2005 das Mandat der Untersuchungskommission um ein halbes Jahr und entsprach dem Antrag der libanesischen Regierung, die Untersuchung auf alle terroristischen Anschläge seit dem ersten dieser Art am 1. 10. 2004 auszudehnen. Mehlis' Nachfolger, der belgische Staatsanwalt Serge Brammertz, berichtete am 14. 6. 2006 von bedeutenden Fortschritten in den Ermittlungen. Die Rekonstruktion des Verbrechens und die Identifizierung der Leichen widerlegte die Täterschaft des per Videobotschaft als Attentäter aufgetretenen Abu Adas. Die flüchtige ehemalige Direktionsassistentin Rana Koleilat von der Beiruter Madina-Bank, in der Gelder zur Finanzierung des Attentats weitergeleitet worden sein sollen, konnte am 12. 3. 2006 in São Paulo (Brasilien) verhaftet werden. Die Kooperationsbereitschaft mit Syrien hatte sich laut Brammertz verbessert. So konnte er am 25. 4. den syrischen Präsidenten Baschar al-Assad und dessen Stellvertreter Faruk Charea befragen. Der UN-Sicherheitsrat kam am 15. 6. dem Verlangen Brammertz' nach, das Mandat der Untersuchungskommission um ein Jahr zu verlängern.

■ **Beziehungen zu Syrien:** Im Zusammenhang mit den Untersuchungen im Fall Hariri und dem Verdacht auf eine syrische Mitschuld **verschlechterten sich** die libanesisch-syrischen Beziehungen **erheblich**. Syriens Präsident Assad griff in einer Fernsehansprache am 10. 11. 2005 Ministerpräsident Siniora direkt an und warf ihm vor, den Libanon zum Instrument antisyrischer Komplotte gemacht zu haben. Die prosyrischen Kräfte, Hisbollah und Amal, zogen sich im Dezember 2005 aus der Regierung zurück, nachdem die Mehrheit der Minister nach dem Mordanschlag auf den Journalisten Tuéni für eine Erweiterung der Kompetenzen der UN-Untersuchungskommission zur Klärung aller seit 1. 10. 2004 verübten Anschläge gestimmt hatte (→ oben). Erst Ende Februar 2006 kehrten sie ins Kabinett zurück.

Am **Jahrestag der Ermordung Hariris**, dem 14. 2. 2006, kam es in Beirut zu einer **Großdemonstration** mit rd. 800 000 Teilnehmern, auf der auch der Rücktritt von Präsident Lahoud gefordert wurde. Höhepunkte waren die Ansprachen von führenden Politikern des antisyrischen Lagers, an ihrer Spitze Hariris Sohn und politischer Erbe, Sa'ad Hariri, Drusenführer Walid Dschumblat und Samir Geagea. Unterstützung erhielten sie am 23. 2. von US-Außenministerin Condoleezza Rice, die bei ihrem Überraschungsbesuch ein Zusammentreffen mit Präsident Lahoud vermied und ihn indirekt zum Rücktritt aufforderte.

In einem am 19. 4. 2006 dem **UN-Sicherheitsrat** vorgelegten Bericht forderte der UN-Beauftragte für den Libanon, Terje Roed Larsen, die Entwaffnung aller Milizen einschließlich der Hisbollah. Libanon und Syrien forderte er auf, die gemeinsame Grenze festzulegen und diplomatische Beziehungen aufzunehmen. Für Ministerpräsident Siniora sind die Forderungen der UN derzeit nicht umsetzbar, da er befürchtete, dass dies zum Zusammenbruch seiner Regierung und zum Ausbruch einer neuen Krise im Libanon führen könnte. Bei seinem Auftritt vor der UN am 21. 4. wiederholte er daher seinen Standpunkt, dass eine Auflösung der Hisbollah erst möglich sei, nachdem die Grenze zu Syrien demarkiert und die letzten von Israel besetzten Gebiete befreit worden seien. Damit bezog er sich auf die **Chebaa-Farmen** (→ Karte), die laut UN auf – israelisch besetztem – syrischem Territorium liegen, nach dem israelischen Abzug aber Libanon zugeschlagen werden sollten.

■ **Beziehungen zu Israel:** Erstmals seit fünf Monaten kam es am 21. 11. 2005 im Süden des Libanon wieder zu Kämpfen zwischen der Hisbollah-Miliz und der israelischen Armee bei den umstrittenen Chebaa-Far-

Hisbollah

Gegründet wurde die schiitische »Partei Gottes« 1982 vom damaligen iranischen Verteidigungsminister als Reaktion auf die zweite Besetzung des Südlibanon durch die israelische Armee. Seitdem hat sich die Hisbollah zur größten libanesischen Partei entwickelt, die auch in der Regierung vertreten ist; Generalsekretär ist seit 1992 Scheich Hassan Nasrallah (→ Foto).

Scheich Nasrallah am 12. 7. 2006

Ihre Anhänger sind vor allem die Schiiten, die größte der 18 anerkannten Religionsgemeinschaften, im Süden des Libanon, wo die Hisbollah Schulen und Krankenhäuser unterhält, aber auch ihre Kämpfer rekrutiert. Unterstützt wird die Hisbollah von Syrien und dem Iran. Das politische Ziel ist die Auslöschung des Staates Israel. Dazu dient ihr eine Armee von etwa 5000 Kämpfern und – nach ihren Angaben – 10 000 Reservisten. Als größten militärischen Erfolg verbuchte die Hisbollah den Rückzug Israels aus dem Südlibanon im Mai 2000. Aufgrund zahlreicher Anschläge ist die schiitische Miliz 2001 von den USA als terroristische Gruppierung eingestuft worden. Ab Ende Januar 2002 unternahm die Hisbollah nach Verletzungen des libanesischen Luftraums durch Israel wieder regelmäßig Raketenangriffe auf den Norden Israels.

men. Bei einem Bombenanschlag in der südlibanesischen Stadt Sidon wurde am 26. 5. 2006 ein führendes Mitglied des palästinensischen Islamischen Dschihad getötet. Am 28. 5. kam es darauf zum Beschuss Nordisraels, worauf die israelische Luftwaffe Angriffe auf Lager der Volksfront zur Befreiung Palästinas (PFLP) im Südlibanon flog.

Nach einem **Überraschungsschlag der Hisbollah** am 12. 7., bei dem sie **zwei israelische Soldaten entführt** und im Austausch die Freilassung in Israel inhaftierter Libanesen verlangt hatte, reagierte Israel mit Luftangriffen auf Stellungen der Hisbollah und zerstörte dabei u. a. den einzigen internationalen Flughafen (→ Foto) und Zufahrtsstraßen zur Hauptstadt; zahlreiche Zivilisten wurden getötet. Auch die Seeblockade diente vor allem dazu, den Druck auf die Regierung zu erhöhen und sie zu zwingen, gegen die Aktionen der Hisbollah vorzugehen. Die libanesische Regierung hatte zuvor jede Verantwortung für des Vorgehen der Hisbollah abgelehnt; die Hisbollah bestätigte, dass sie die Regierung nicht über ihr Vorgehen informiert habe, aber erwarte, dass die Regierung und alle Libanesen ihren Widerstand unterstützen.

Zerstörter Flughafen von Beirut am 14. 7. 2006

- **Amnestie:** Der Führer der maronitischen Miliz Forces Libanaises während des Bürgerkriegs, **Samir Geagea**, wurde am 18. 7. 2005 vom Parlament amnestiert und am 26. 7. aus dem Gefängnis entlassen. Geagea war 1994 als mutmaßlicher Attentäter von der Generalamnestie für während des Bürgerkriegs verübte Verbrechen ausgenommen worden und hatte, obwohl von der ursprünglichen Anklage freigesprochen, für jene die dreifache, später in eine Haftstrafe umgewandelte Todesstrafe erhalten. Gleichzeitig wurde eine Amnestie für fast 40 militante Islamisten erlassen.
- **Karikaturenstreit:** Am 5. 2. 2006 kam es in Beirut während Demonstrationen gegen die in der dänischen Zeitung Jyllands-Posten erschienenen umstrittenen Karikaturen des Propheten Mohammed zu heftigen Ausschreitungen. Das Gebäude der dänischen Botschaft wurde in Brand gesetzt; Geschäfte, Kirchen und andere Häuser in christlichen Vierteln Beiruts wurden beschädigt. Die Proteste hatten die oberste sunnitische Instanz des Landes und eine islamistische Gruppe organisiert. Innenminister Hassan Saba trat nach den Ausschreitungen zurück, die Regierung entschuldigte sich für die Attacken. In friedlichen Demonstrationen während der Aschura-Feiern am 9. 2. protestierten auch die Schiiten gegen die Karikaturen (→ Dänemark).

Liberia West-Afrika

Republik Liberia; Republic of Liberia – LR/LBR

Fläche (Weltrang: 106): 97 754 km²

Einwohner (129): F 2004 3 241 000 = 33 je km²

Hauptstadt: Monrovia

Amtssprache: Englisch

Bruttonationaleinkommen 2004 je Einw.: 120 $

Währung: 1 Liberian. Dollar (Lib$) = 100 Cents
Kurs: 1 US-$ = 58,00 Lib$; 1 € = 74,63 Lib$

Botschaft der Republik Liberia
Mainzer Str. 259, 53179 Bonn
T und Fax 02 28/9 23 91 73

LANDESSTRUKTUR **Fläche**: 97 754 km²; → Karte ▪ **Verwaltung**: 14 Bezirke ▪ **Städte**: (S 2003) Monrovia 550 200 Einw., Zwedru 35 300, Buchanan 27 300

BEVÖLKERUNG Liberianer – F 2004: 3 241 000 Einw.; Bevölkerungswachstum: 0,6 %; letzte Zählung 1984: 2 101 628 Einw. – insg. 16 Ethnien: ca. 20 % Kpelle, 14 % Bassa, 9 % Grebo, 8 % Kru, 8 % Gio, 7 % Mandingo, 6 % Loma, 5 % Krahn ▪ **Sprachen**: Englisch; Gola, Kpelle, Mande, Kru u. a. ▪ **Religion**: 70 % Anhänger von indigenen Religionen, 21 % Muslime, 10 % Christen (5,8 % Katholiken)

STAATS- UND REGIERUNGSFORM Verfassung von 1986 – Präsidialrepublik seit 1847 – Parlament: Repräsentantenhaus mit 64 Mitgl., Wahl alle 6 J.; Senat mit 30 Mitgl., Wahl alle 6 bzw. 9 J. – Direktwahl des Staatsoberhauptes alle 6 J. – Wahlrecht ab 19 J. ▪ **Unabhängigkeit**: 26. 7. 1847 (Gründung durch repatriierte schwarze Sklaven aus den USA) ▪ **Nationalfeiertag**: 26. 7.

REGIERUNG UND PARTEIEN **Staats- u. Regierungschef**: Ellen Johnson-Sirleaf (UP), seit 16. 1. 2006 – **Äußeres**: George Wallace, seit 24. 1. 2006 ▪ **Parlament**: Wahlen vom 11. 10. 2005: Repräsentantenhaus: Congress for Democratic Change/CDC 15 von 64 Sitzen (1997: –), Liberty Party/LP 9 (–), Coalition for the Transformation of Liberia/COTOL 8 (–), Unity Party/UP 8 (7), Alliance for Peace and Democracy/APD 5 (–), National Patriotic Party/NPP 4 (49), Sonstige 8 (8), Unabhängige 7 (–) – Senat: COTOL 7 von 30 Sitzen (1997: – von 26), NPP 4 (21), CDC 3 (–), LP 3 (–), UP 3 (3), APD 3 (–), Sonstige 4 (2), Unabhängige 3 (–)

WIRTSCHAFT **BIP** 2004: 492 Mio. $; realer Zuwachs: 2,4 %; Anteil (2002) Landwirtschaft 43 %, Industrie 6 %, Dienstleistungen 51 % ▪ **Erwerbstätigkeit** 2003: Landwirtsch. 66 % ▪ **Arbeitslosigkeit** ∅ 2004: 75 % (S) ▪ **Inflation** ∅ 2003: 15 % (S) ▪ **Außenhandel** 2003: (S) **Import**: 145,2 Mio. $; *Güter*: v. a. Erdöl, Nahrungsmittel; **Export**: 94,8 Mio. $; *Güter*: v. a. Holz, Naturkautschuk

CHRONIK

Der Friedens- und Wiederaufbauprozess des noch immer unter den Folgen des 14-jährigen Bürgerkrieges leidenden Landes machte große Fortschritte. Die öffentliche Sicherheit wurde jedoch weiterhin vor allem durch die Präsenz der UN-Friedensmission für Liberia (UNMIL) garantiert, deren Mandat der UN-Sicherheitsrat Ende September 2005 zunächst bis zum 31. 3. 2006 (und erneut im März 2006) bis zum 30. 9. verlängerte. Aus Sorge vor einem möglichen Wiederaufflammen des Bürgerkrieges erneuerte der UN-Sicherheitsrat Mitte Dezember 2005 auch das Waffenembargo, das Handelsverbot für Diamanten und Bauholz sowie das Reiseverbot für zahlreiche Parlamentsabgeordnete und Mitglieder der Übergangsregierung um weitere zwölf Monate. Angesichts der grassierenden Korruption in der Übergangsregierung von Präsident Gyude Bryant, die sich aus Repräsentanten des Taylor-Regimes sowie Vertretern der beiden Rebellengruppen Liberians United for Reconciliation and Democracy (LURD) und Movement for Democracy in Liberia (MODEL) zusammensetzte, wurden große Hoffnungen in die ersten freien Präsidentschafts- und Parlamentswahlen seit dem Kriegsende 2003 gesetzt.

▪ **Wahlen und neue Regierung:** Mit **Ellen Johnson-Sirleaf** wurde am 8. 11. 2005 zum ersten Mal in der Geschichte Afrikas eine Frau **zur Präsidentin gewählt**. Nachdem in der ersten Runde keiner der 22 Kandidaten die Mehrheit errungen hatte, setzte sich die promovierte Wirtschaftsexpertin und Weltbankmitarbeiterin mit 59,4 % der Stimmen in der Stichwahl gegen den zunächst führenden ehemaligen Fußballstar George

Weah durch, der auf 40,6 % kam. Die Wahlbeteiligung lag bei 61,0 %. Bei der zeitgleich zur ersten Runde der Präsidentschaftswahlen am 11. 10. 2005 abgehaltenen Abstimmung zum Zweikammerparlament errang Weahs Partei, der kurz zuvor gegründete Congress for Democratic Change (CDC), 15 der 64 Sitze im Repräsentantenhaus und drei Sitze im Senat. Zweitstärkste Fraktion wurde die Liberty Party (LP) mit neun bzw. drei Abgeordneten, die Unity Party (UP) von Johnson-Sirleaf errang acht Mandate im Unterhaus und drei im Oberhaus. Sowohl die nationale Wahlkommission als auch die Wahlbeobachter der UNMIL bezeichneten die Urnengänge als frei und fair. Dennoch versuchte Weah, das Wahlergebnis anzufechten, ließ seine Klage aber wieder fallen.

Nach ihrer Wahl kündigte Johnson-Sirleaf umgehend an, die **Korruption zu bekämpfen** sowie alle von der Übergangsregierung abgeschlossenen Verträge zu überprüfen. Zudem versprach sie weitreichende Maßnahmen zum Wiederaufbau der zerstörten Infrastruktur des Landes, vor allem die rasche Wiederherstellung der Strom- und Wasserversorgung, die selbst in der Hauptstadt Monrovia seit langem unterbrochen ist. Herausgefordert wurde das neue Staatsoberhaupt wiederholt von Expräsident Charles Taylor, der von seinem nigerianischen Exil aus versuchte, Einfluss auf die liberianische Politik zu nehmen.

Nach ihrer Vereidigung am 16. 1. 2006 berief die neue Präsidentin ihr Kabinett, neuer Außenminister wurde am 24. 1. 2006 der frühere Diplomat George Wallace. Als **eine ihrer ersten Amtshandlungen entließ Johnson-Sirleaf** Anfang Februar 2006 **fristlos alle 300 Mitarbeiter des Finanzministeriums** und forderte sämtliche Ministerien und Behörden auf, mit korrupten Mitarbeitern ebenso zu verfahren. Zudem lancierte sie ein umfassendes Programm zur Rückführung zehntausender Kriegsvertriebener. Am 3. 3. nahm das Economic Governance Steering Committee (EGSC) seine Arbeit auf. Das Gremium aus ausländischen Experten soll in den kommenden drei Jahren das im September 2005 von internationalen Geberländern entworfene Programm zum Schutz von Schlüsselpositionen in der Regierung vor Amtsmissbrauch und Korruption überwachen.

▪ **Prozess gegen Ex-Präsident Taylor:** Kurz vor ihrem Antrittsbesuch in den USA richtete Johnson-Sirleaf am 5. 3. 2006 ein Gesuch an den nigerianischen Präsidenten Olusegun Obasanjo, den von ihm beherbergten früheren liberianischen Staatschef Taylor auszuliefern. Dieser Aufforderung folgte Obasanjo am 25. 3. und machte damit den Weg frei für die vom UN-Sicherheitsrat geforderte **Überstellung Taylors an den UN-gestützten Sondergerichtshof in Sierra Leone.** Nachdem Taylor kurzzeitig untergetaucht war, wurde er am 29. 3. von UN-Soldaten in die sierra-leonische Hauptstadt Freetown gebracht und dem Gericht übergeben. Am 3. 4. wurde der **Prozess gegen Taylor eröffnet**, der in elf Punkten wegen Terrorismus, Mordes, Vergewaltigung, Sklaverei, Körperverletzung und des Einsatzes von Kindersoldaten angeklagt ist. Ihm wird vorgeworfen, im Bürgerkrieg in Sierra Leone die Rebellen der Revolutionary United Front (RUF) mit dem Handel von Blutdiamanten und Waffen tatkräftig unterstützt zu haben. In Übereinstimmung mit Johnson-Sirleaf ersuchte der Sondergerichtshof Ende März 2006 die Verlegung des Prozesses in die Gebäude des Internationalen Strafgerichtshofs in Den Haag (→ Foto), da befürchtete wurde, Taylor könne von seiner Zelle in Freetown aus die Region weiter destabilisieren. Mitte Juni 2006 erfolgte die Überstellung Taylors nach Den Haag.

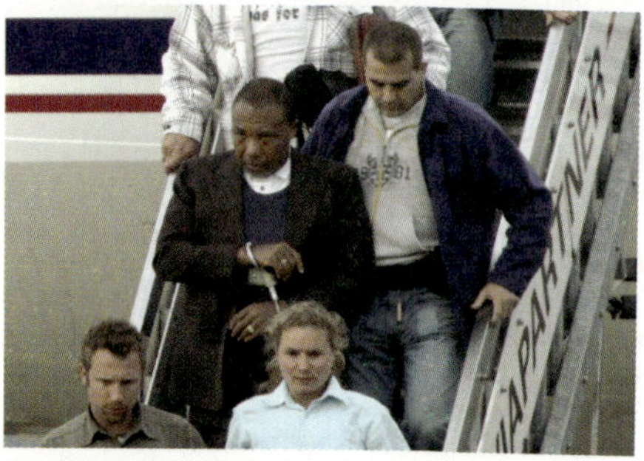

Expräsident Charles Taylor bei seiner Ankunft in den Niederlanden am 20. 6. 2006

▪ **Sonstige Ereignisse:** Die **Wiedereingliederung** und Ausbezahlung **von ehemaligen Regierungssoldaten und Rebellenkämpfern** gestaltete sich unterdessen weiterhin **schwierig**. Protestierende Exsoldaten, die nach ihrer Entwaffnung ihr Belohnungsgeld nicht bekommen hatten, legten am 25. 4. 2006 mit Straßenblockaden das Zentrum der Hauptstadt Monrovia zum zweiten Mal innerhalb kurzer Zeit vorübergehend lahm. Am 26. 5. bat Präsidentin Johnson-Sirleaf die UN-Friedenstruppen um Hilfe bei der Räumung zweier Kautschukplantagen, die ehemalige LURD-Rebellen illegal besetzt hielten.

Ein weiterer Meilenstein im Friedensprozess war die Gründung einer **Wahrheits- und Versöhnungskommission**, die am 5. 6. begann, Informationen und Beweise über Kriegsverbrechen zu sammeln. Neben den Taten von Liberianern soll sie auch die Rolle von internationalen Akteuren während des Bürgerkriegs untersuchen und neben Verbrechen wie Mord, Raub, Vergewaltigung und Brandstiftung auch Wirtschaftsvergehen und Korruptionsfälle verhandeln. Aufgrund der sichtbaren Bemühungen der neuen Präsidentin und der Regierung um Stabilität und Demokratisierung nahm die **EU** nach vierjähriger Pause am 2. 6. ihre **Entwicklungshilfe** wieder auf.

Libyen Nord-Afrika

Sozialistische Libysch-Arabische Volks-Dschamahirija; al-Ǧamāhīriyya al-ʿArabiyya al-Lībiyya aš-Šaʿbiyya al-Ištirākiyya – LY/LBY

Fläche (Weltrang: 16): 1 775 500 km^2

Einwohner (104): F 2004 5 740 000 = 3,2 je km^2

Hauptstadt: Tarābulus (Tripolis)

Amtssprache: Arabisch

Bruttonationaleinkommen 2004 je Einw.: 4400 $

Währung: 1 Lib. Dinar (LD.) = 1000 Dirham
Kurs: 1 US-$ = 1,30 LD.; 1 € = 1,67 LD.

Volksbüro der Sozialistischen Libysch-Arabischen Volks-Dschamahirija
Podbielskiallee 42, 14195 Berlin
T 030/20 05 96–0, Fax 20 05 96–99
E-Mail: info@libysche-botschaft.de

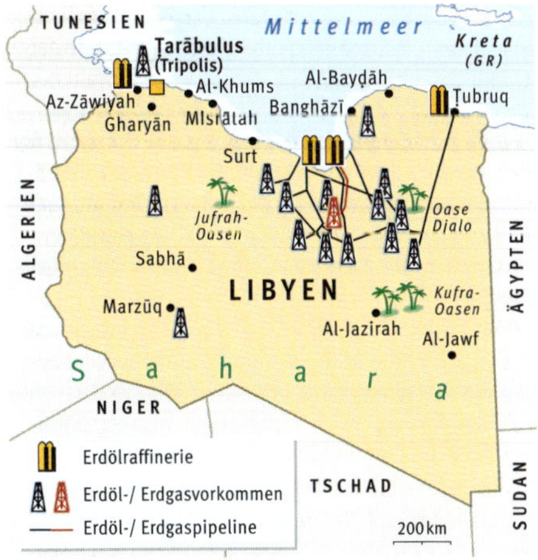

LANDESSTRUKTUR **Fläche**: 1 775 500 km^2; → Karte ▪ **Verwaltung**: 13 Regionen ▪ **Städte**: (Z 2003) Tarābulus (Tripolis) 1 149 957 Einw., Banghāzī (Bengasi) 636 992, Misrātah (Misurata) 360 521, Almirqeb 328 292, Turhona & Misllatah 296 092, Al-Jfara 289 340, An-Niikar al-Ghames 208 954, Az-Zāwiyah 197 177

BEVÖLKERUNG Libyer – F 2004: 5 740 000 Einw.; Bevölkerungswachstum: 2,0 %; letzte Zählung 2003 (vorl.): 5 678 484 Einw. – Araber; Minderheiten von Berbern (Tuareg, Nilosaharaner u. a.), Ägyptern, Schwarzafrikanern ▪ **Sprachen**: Arabisch (maghrebin. Dialekte); Berber- und nilosaharanische Sprachen; Englisch und Italienisch ▪ **Religion** 2002: 97 % Muslime (u. a. sunnitische Senussi, Ibaditen); 74 000 Katholiken; Kopten u. a. Minderheiten

STAATS- UND REGIERUNGSFORM Verfassung von 1977, zuletzt geändert 1994 – Islamisch-Sozialistische Volksrepublik seit 1976 – Staatsreligion: Islam – Islamisches Recht (Scharia) – Oberstes Staatsorgan: Allgemeiner Volkskongress mit etwa 2700 Mitgl.; 7-köpfiges Generalsekretariat – Wahlpflicht ab 18 J. ▪ **Unabhängigkeit**: 24. 12. 1951 (ehem. italienische Kolonie) ▪ **Nationalfeiertag**: 1. 9. (Tag der Revolution von 1969)

REGIERUNG UND PARTEIEN **Staatsoberhaupt**: Generalsekretär des Allgemeinen Volkskongresses: Zentani Muhammed Zentani, seit 1994; de facto Staatsoberhaupt: Oberst Muammar al-Gaddafi, seit 1969 – **Regierungschef**: Bagdadi al-Mahmudi, seit 5. 2. 2006 – **Äußeres**: Abdurrahman Muhammad Shalgham, seit 1. 3. 2000 ▪ **Parlament**: seit 1977 lokale und regionale Volkskomitees (rd. 15 000)

WIRTSCHAFT **BIP** 2004: 29,119 Mrd. $; realer Zuwachs: 4,5 %; Anteil (2004) Landwirtschaft 9 %, Industrie 46 %, Dienstleistungen 46 % ▪ **Erwerbstätigkeit**: k. A. ▪ **Arbeitslosigkeit** ∅ 2004: 30 % ▪ **Inflation** ∅ 2005: 0,3 % ▪ **Außenhandel** 2005: **Import**: 10,9 Mrd. $; *Güter* 2004: 48 % Maschinen und Fahrzeuge, 20 % Fertigerzeugnisse, 14 % Nahrungsmittel, 11 % Eisen und Stahl; *Länder* 2004: 27 % Italien, 11 % Deutschland, 7 % Tunesien, 6 % Großbritannien, 5 % Türkei, 4 % Frankreich, 3 % VR China (EU gesamt: 63 %); **Export**: 30,1 Mrd. $; *Güter* 2005: 97 % Erdöl und Erdgas; *Länder* 2004: 37 % Italien, 16 % Deutschland, 12 % Spanien, 7 % Türkei, 6 % Frankreich, 4 % Schweiz, 2 % Portugal (EU gesamt: 80 %)

CHRONIK

Staatschef Muammar al-Gaddafi setzte seinen 2003 eingeschlagenen Kurs, das Image Libyens als Schurkenstaat abzulegen und die internationale Reputation des Landes zu verbessern, fort und stieß bei den westlichen Führungsmächten auf positive Resonanz: Gaddafis Sohn, Saif al-Islam Gaddafi, der den neuen Weg Libyens nach außen verkörpert, kündigte in seiner Eigenschaft als Präsident der Internationalen Gaddafi-Stiftung eine umfassende Untersuchung von Menschenrechtsverletzungen in der Vergangenheit an. Zudem rief er im Exil lebende Dissidenten zur Rückkehr auf. Anfang März 2006 ließ die Regierung 131 **politische Gefangene**, darunter 85 Angehörige der Muslim-Bruderschaft, im Rahmen einer **Amnestie** frei.

Der allgemeine Reformprozess fand jedoch im Volkskongress nicht uneingeschränkt Zustimmung. Bei einer Kabinettsumbildung am 5. 3. wurde der als treibende Kraft bei der Öffnung des Landes und der Beendigung der jahrelangen internationalen Isolation angesehene **Premierminister Shokri Ganem entlassen**. Seine von Investoren und Wirtschaftsvertretern begrüßten Bemühungen um die Einführung der freien

Marktwirtschaft, die schrittweise Privatisierung von staatseigenen Firmen sowie die Reduzierung der staatlichen Zuschüsse bei Strom und Benzin waren immer wieder auf heftige Kritik der lokalen Volkskomitees gestoßen; sie sind nach wie vor von Anhängern der sozialistischen Revolution Gaddafis dominiert. Zu Ganems **Nachfolger** wurde sein Stellvertreter, **Bagdadi al-Mahmudi**, ernannt. Ganem selbst übernahm die Leitung des wichtigsten staatlichen Unternehmens, der Nationalen Ölgesellschaft (NOC).

- **Außenpolitik:** Die **Vereinigten Staaten** setzten auf eine Politik der Entspannung und stellten eine uneingeschränkte **Wiederaufnahme der diplomatischen Beziehungen** in Aussicht. Nach dem Besuch des amerikanischen Senators Richard Lugar in Tripolis am 20./21. 8. 2005 lud Staatschef Gaddafi US-Präsident George W. Bush persönlich zu einem Besuch ein. Die amerikanische Außenministerin Condoleezza Rice verkündete am 15. 5. 2006 die Streichung Libyens von der Liste der Staaten, die den internationalen Terrorismus unterstützen. Konkret bedeutete dies die Lockerung von Restriktionen bei der internationalen Finanzhilfe sowie beim Waffenhandel. Rice kündigte außerdem den Ausbau des 2004 errichteten Verbindungsbüros zu einer offiziellen Botschaft an.

Nachdem bei der ersten öffentlichen Auktion für die Vergabe von **Erdölförderlizenzen** seit 40 Jahren Anfang 2005 hauptsächlich US-Konzerne den Zuschlag erhalten hatten, kehrten einige von ihnen im Dezember 2005 nach Libyen zurück. Sie hatten in den 1980er Jahren ihre Erdölförderung einstellen müssen, weil die US-Regierung Sanktionen gegen das Land verhängt hatte. Bei der zweiten Auktion am 3. 10. erhielten auch asiatische und europäische Unternehmen Förderlizenzen.

Das **Verhältnis zu Italien** blieb aufgrund der nach wie vor unerfüllten Reparationsforderungen Libyens für die einstige Besetzung **weiterhin schwierig**. Vor Parteifunktionären in Sirte drohte Gaddafi am 2. 3. 2006 mit neuen Aggressionen gegenüber italienischen Einrichtungen, sollten die Forderungen nicht erfüllt werden (→ Foto).

Muammar al-Gaddafi in Sirte am 2. 3. 2006

Eine Vertiefung der Beziehungen zu **Frankreich** dokumentierte die Unterzeichnung eines **Kooperationsvertrags über die friedliche Nutzung von Atomenergie** anlässlich des Besuchs des Direktors der französischen Atomenergiekommission am 16. 3. Das unter extremer Wasserknappheit leidende Land will Atomenergie vor allem bei der Entsalzung von Wasser einsetzen.

Bei einem Treffen Gaddafis mit dem Präsidenten von **Venezuela**, Hugo Chávez Frías, am 18. 5. beschlossen beide Staatschefs den **Ausbau der bilateralen Beziehungen** sowie gemeinsame Bemühungen zur Stabilisierung des Ölpreises; beide sind Mitglieder der OPEC. Vor dem Hintergrund der Annäherung Libyens und der USA hatte der Besuch diplomatische Brisanz, da zwei Tage zuvor die Bush-Administration ein Waffenembargo gegen Venezuela verhängt hatte und Chavez seinen Besuch in Libyen nutzte, um zum Bündnis gegen die USA aufzurufen.

Bei einer Stipvisite auf dem Rückflug von einer Südamerikareise am 11. 5. besprach der **taiwanesische Präsident Chen Shui-bian** mit Mitgliedern der Gaddafifamilie die Einrichtung einer diplomatischen Repräsentanz sowie den Ausbau der Handelsbeziehungen. Der Besuch wurde von der Regierung der Volksrepublik China mit Missfallen aufgenommen.

- **Prozess gegen bulgarische Krankenschwestern:** Im Fall der fünf bulgarischen Krankenschwestern und des palästinensischen Arztes, die beschuldigt wurden, vorsätzlich Patienten in einem Krankenhaus in Bengasi mit dem HI-Virus infiziert zu haben, wurde nach internationalen Appellen am 25. 12. 2005 das 2004 gefällte **Todesurteil aufgehoben**. Das Gericht kündigte zudem eine Wiederaufnahme des Verfahrens an. Die Entscheidung wurde vor allem in Bulgarien mit Erleichterung aufgenommen. Zuvor hatten die Regierungen beider Länder nach mühsamen Verhandlungen Mitte Dezember 2005 die Einrichtung eines Fonds für die 426 HIV-Infizierten beschlossen, aus dem die Behandlungskosten finanziert werden sollen. Kompensationszahlungen in der von Libyen geforderten Höhe von 10 Mio. US-$ pro Opfer lehnte Bulgarien nach wie vor ab.
- **Karikaturen-Streit:** Im weltweiten Streit um die in der dänischen Tageszeitung Jyllands-Posten veröffentlichten Mohammed-Karikaturen kündigte die Regierung am 29. 1. 2006 aus Protest gegen die den »Propheten verunglimpfenden Zeichnungen« die **Schließung der dänischen Botschaft** an. In Tripolis kam es am 18. 2. zu gewaltsamen Demonstrationen vor der italienischen Botschaft in Bengasi, nachdem sich Italiens Reformminister Roberto Calderoli im italienischen Fernsehen mit einem T-Shirt gezeigt hatte, auf dem eine der umstrittenen Karikaturen abgebildet war; zehn Menschen kamen ums Leben. Der Volkskongress entließ daraufhin Innenminister Nasr al-Mabrouk sowie mehrere verantwortliche Sicherheitskräfte, die für das unverhältnismäßige Vorgehen der Polizei verantwortlich gemacht wurden.

Liechtenstein

Mittel-Europa

Fürstentum Liechtenstein – LI / LIE

Fläche (Weltrang: 189): 160 km²

Einwohner (188): F 2004 34 000 = 213 je km²

Hauptstadt: Vaduz

Amtssprache: Deutsch

Bruttonationaleinkommen 2003 je Einw.: 77 000 $

Währung: 1 Schweizer Franken (sfr) = 100 Rappen
Kurs: 1 US-$ = 1,23 sfr; 1 € = 1,57 sfr (1. 7. 2006)

Botschaft des Fürstentums Liechtenstein
Mohrenstraße 42, 10117 Berlin
T 030 / 52 00 06 30, Fax 52 00 06 31
www.liechtenstein.li / fl-aussenstelle-berlin

LANDESSTRUKTUR **Fläche:** 160 km²; Karte → WA 2005, S. 279 ▪ **Verwaltung:** 11 Gemeinden ▪ **Städte:** (F 2005) Schaan 5752 Einw.; (F 2004) Vaduz 5053, Triesen 4578, Balzers 4423, Eschen 3996, Mauren 3634, Triesenberg 2564

BEVÖLKERUNG Liechtensteiner – F 2004: 34 000 Einw.; Bevölkerungswachstum: 0,0 %; letzte Zählung 2002: 33 863 Einw. – F 2004: 65,7 % Liechtensteiner; 34,3 % Ausländer: 30,5 % Schweizer, 17,3 % Österreicher, 10,2 % Italiener, 9,9 % Deutsche ▪ **Sprachen:** Deutsch; alemannischer Dialekt ▪ **Religion** 2002: 76,5 % Römisch-Katholisch, 7,3 % Protestanten, 4,1 % Muslime

STAATS- UND REGIERUNGSFORM Verfassung von 1921, zuletzt geändert 2003 – Parlamentarische Monarchie seit 1921 – Wirtschafts- und Währungsgemeinschaft mit der Schweiz seit 1923 – Parlament (Landtag) mit 25 Mitgl., Wahl alle 4 J. (schlägt Regierung vor) – Wahlpflicht ab 18 J. ▪ **Unabhängigkeit:** Proklamation 12. 7. 1806, nominell 6. 8. 1806 ▪ **Nationalfeiertag:** 15. 8.

REGIERUNG UND PARTEIEN **Staatsoberhaupt:** Fürst Hans-Adam II., seit 1989; die Amtsgeschäfte nimmt sein Stellvertreter Erbprinz Alois wahr – **Regierungschef:** Otmar Hasler (FBPL), seit 5. 4. 2001; Koalitionsregierung aus FBPL und VU – **Äußeres:** Rita Kieber-Beck (FBPL), seit 21. 4. 2005 ▪ **Parlament:** Wahlen vom 13. 3. 2005: Fortschrittliche Bürgerpartei / FBPL 12 von 25 Sitzen (2001: 13), Vaterländische Union / VU 10 (11), grün-alternative Freie Liste / FL 3 (1)

WIRTSCHAFT **BIP** 2003: 4,135 Mrd. sfr; realer Zuwachs: –1,3 %; Anteil (2003) Landwirtschaft 6 %, Industrie 42 %, Dienstleistungen 51 % ▪ **Erwerbstätigkeit** 2004: Landwirtsch. 1,3 %, Industrie 47,0 %, Dienstl. 51,7 %; fast die Hälfte der Beschäftigten sind Ausländer ▪ **Arbeitslosigkeit** ∅ 2005: 2,4 % ▪ **Inflation** ∅ 2005: 1,2 % ▪ **Außenhandel** 2005: (ohne den Handel mit der Schweiz) **Import:** 1,909 Mrd. sfr; *Güter:* 38 % Metallwaren, Halb- und Fertigwaren, 31 % Maschinen, elektronische Erzeugnisse, 15 % Erd- und Mineralöl, Metalle, Baustoffe, chemische Erzeugnisse, 9 % Glaswaren, Keramik, Textilien, 4 % Fahrzeuge und Beförderungsmittel, 3 % landwirtschaftliche Erzeugnisse, Nahrungsmittel; *Länder:* 42 % Deutschland, 33 % Österreich, 5 % Italien, 4 % USA, 3 % Frankreich; **Export:** 3,227 Mrd. sfr; *Güter:* 32 % Metallwaren, Halb- und Fertigwaren, 31 % Maschinen, elektronische Erzeugnisse, 10 % Erd- und Mineralöl, Metalle, Baustoffe, chemische Erzeugnisse, 10 % Fahrzeuge und Beförderungsmittel, 9 % Glaswaren, Keramik, Textilien, 8 % landwirtschaftliche Erzeugnisse, Nahrungsmittel; *Länder:* 21 % Deutschland, 16 % USA, 12 % Frankreich, 10 % Österreich, 7 % Italien

CHRONIK

Mit zahlreichen Veranstaltungen beging das Fürstentum am 12. 7. 2006 den **»Tag der Souveränität«**. Vor genau 200 Jahren hatte sich das Fürstentum mit Unterzeichnung der Rheinbund-Akte vom Deutschen Reich losgesagt und formell die staatliche Souveränität erlangt. Als einziges der insgesamt 16 Rheinbund-Fürstentümer hatte Liechtenstein seine Eigenständigkeit bewahren können. 1923 ging es eine Zollunion mit der Schweiz ein, 1978 trat es dem Europarat bei, 1990 den UN.

Der Kleinstaat ist einer **der wichtigen Finanzplätze und eine weltweit attraktive Steueroase** mit einem der strengsten Bankkundengeheimnisse. Liechtenstein, dass im Jahr 2000 von der OECD auf die Schwarze Liste jener Staaten gesetzt wurde, die sich beim Informationsaustausch in Steuerfragen wenig kooperativ zeigen, beteiligt sich unter dem Druck der internationalen Gemeinschaft inzwischen mit verschiedenen Maßnahmen an der Bekämpfung der Geldwäsche und wurde mittlerweile von der Schwarzen Liste gestrichen. Im März 2006 erklärte Erbprinz Alois, der 2004 von seinem Vater, Fürst Hans-Adam II., als Stellvertreter die Amtsgeschäfte übernommen hat (→ Foto), Liechtenstein werde auch in Zukunft am Bankgeheimnis festhalten.

Fürst Hans-Adam II. und Erbprinz Alois

Litauen Nordost-Europa

Republik Litauen; Lietuvos Respublika, Kurzform: Lietuva – LT / LTU

Fläche (Weltrang: 120): 65 301 km²

Einwohner (128): F 2004 3 436 000 = 53 je km²

Hauptstadt: Vilnius (Wilna)

Amtssprache: Litauisch

Bruttonationaleinkommen 2004 je Einw.: 5740 $

Währung: 1 Litas (LTL) = 100 Centas
Kurs: 1 US-$ = 2,69 LTL; 1 € = 3,45 LTL (1. 7. 2006)

Botschaft der Republik Litauen
Charitéstr. 9, 10117 Berlin
T 030/89 06 81 10, Fax 89 00 95 93
www.botschaft-litauen.de

LANDESSTRUKTUR **Fläche**: 65 301 km²; → Karte ▪ **Verwaltung**: 10 Bezirke ▪ **Städte**: (F 2005) Vilnius (Wilna) 553 061 Einw., Kaunas (Kauen) 364 059, Klaipėda (Memel) 188 767, Šiauliai (Schaulen) 130 020, Panevėžys (Ponewiesch) 116 247

BEVÖLKERUNG Litauer – F 2004: 3 436 000 Einw.; Bevölkerungswachstum: –0,5 %; letzte Zählung 2001: 3 483 972 Einw. – 83,45 % Litauer, 6,74 % Polen, 6,31 % Russen, 1,23 % Weißrussen, 0,65 % Ukrainer u. a. ▪ **Sprachen**: Litauisch; Russisch, Polnisch, Belorussisch u. a. ▪ **Religion** 2001: 79 % Katholiken, 4 % Orthodoxe, Minderheiten von Protestanten und Muslimen, 9 % religionslos

STAATS- UND REGIERUNGSFORM Verfassung von 1992 – Republik seit 1991 – Parlament (Seimas) mit 141 Mitgl., Wahl alle 4 J. – Direktwahl des Staatsoberhauptes alle 5 J. (einmalige Wiederwahl) – Wahlrecht ab 18 J. ▪ **Unabhängigkeit**: 1918–1940; Proklamation 11. 3. 1990, in Kraft 29. 7. 1991 ▪ **Nationalfeiertag**: 16. 2. (Wiederherstellung des Staates 1918)

REGIERUNG UND PARTEIEN **Staatsoberhaupt**: Valdas Adamkus, seit 12. 7. 2004 – **Regierungschef**: Gediminas Kirkilas (LSDP), seit 4. 7. 2006; Koalition aus LSDP, LDP und VNDS – **Äußeres**: Petras Vaitiekunas, seit 25. 7. 2006 ▪ **Parlament**: Wahlen vom 10. 10./ 24. 10. 2004: Arbeitspartei/DP 39 von 141 Sitzen (2000: –), Vaterlandsunion/TS 25 (9), Sozialdemokratische Partei/LSDP 20 (48), Zentrumsunion/LCS 18 (38), Neue Union/NS 11 (29), Liberaldemokratische Partei/LDP 10 (–), Bauernpartei und Neue Demokratie/VNDS 10 (7), Polnische Wahlaktion/LLRA (von 5 %-Klausel befreit) 2 (2), Unabhängige 6 (3), Sonstige – (5)

WIRTSCHAFT **BIP** 2004: 22,263 Mrd. $; realer Zuwachs: 6,7 %; Anteil (2004) Landwirtschaft 6 %, Industrie 34 %, Dienstleistungen 60 % ▪ **Erwerbstätigkeit** 2003: Landwirtsch. 17,9 %, Industrie 28,1 %, Dienstl. 54,0 % ▪ **Arbeitslosigkeit** ∅ 2005: 8,3 % ▪ **Inflation** ∅ 2005: 2,7 % ▪ **Außenhandel** 2005: **Import**: 32,807 Mrd. LTL; *Güter*: 26 % Mineralprodukte, 18 % Maschinen, Geräte,

Litauen: BIP

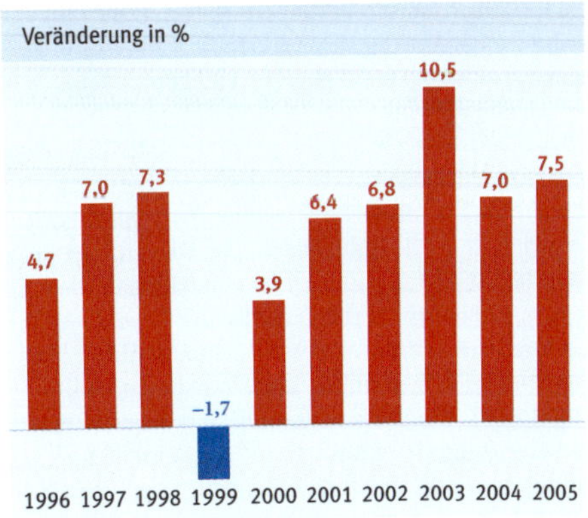

Quelle: Eurostat 2006

Güter: 26 % Mineralprodukte, 18 % Maschinen, Geräte, elektrische Anlagen und Kommunikationstechnik, 12 % Fahrzeuge und Transportausrüstungen, 9 % Ernährungswirtschaft, 8 % Chemieprodukte, 7 % Basismetalle und Metallprodukte, 6 % Textilerzeugnisse, 6 % Kunststoffe, Gummi und Erzeugnisse daraus; *Länder*: 28 % Russland, 15 % Deutschland, 8 % Polen, 4 % Lettland, 4 % Niederlande, 3 % Schweden, 3 % Italien, 3 % Dänemark, 3 % Finnland, 3 % Estland, 3 % Frankreich (EU gesamt: 59 %); **Export**: 42,975 Mrd. LTL; *Güter*: 28 % Mineralprodukte, 13 % Ernährungswirtschaft, 12 % Maschinen, Geräte, elektrische Anlagen und Kommunikationstechnik, 9 % Textilerzeugnisse, 8 % Fahrzeuge und Transportausrüstungen, 7 % Chemieprodukte, 5 % Holz und Holzprodukte, 4 % Basismetalle und Metallprodukte, 4 % Kunststoffe, Gummi und Erzeugnisse daraus; *Länder*: 10 % Russland, 10 % Lettland, 9 % Deutschland, 7 % Frankreich, 6 % Estland, 6 % Polen, 5 % Schweden, 5 % USA, 5 % Großbritannien, 4 % Dänemark, 3 % Weißrussland, 3 % Niederlande (EU gesamt: 65 %)

CHRONIK

Litauen hatte in den vergangenen Jahren ein beachtliches Wirtschaftswachstum (→ Grafik) aufzuweisen und galt als wirtschaftlicher Musterschüler der Europäischen Union. Das Bild wurde jedoch durch zahlreiche Korruptionsaffären und Skandale der politischen Klasse getrübt, die den Ausschlag für häufige Regierungswechsel gaben. Die zunehmende Kluft zwischen Arm und Reich und die Auswanderung zahlreicher junger Fachkräfte bereiten dem Land zusätzliche Probleme.

- **Neue Regierung:** Die Regierungskoalition von Ministerpräsident Algirdas Brazauskas (Sozialdemokratische Partei, LSDP) reichte am 31. 5. 2006 ihren Rücktritt ein, nachdem die von anhaltenden Korruptionsvorwürfen belastete Arbeitspartei (DP) – Präsident Valdas Adamkus hatte zuvor zwei Ministern der DP das Misstrauen ausgesprochen – am Tag zuvor das Minderheitskabinett verlassen hatte. Bereits am 12. 4. hatte Brazauskas ohne die sozialliberale Neue Union (NS) regieren müssen, als deren Parteivorsitzender, Arturas Paulauskas, aus dem Amt des Parlamentspräsidenten abgewählt worden war. Zum neuen Regierungschef hatte Präsident Adamkus zunächst den bisherigen Finanzminister Zigmantas Balcytis (LSDP) ernannt, der die Regierungsgeschäfte nach dem Rücktritt von Brazauskas kommissarisch geführt hatte. Nach dessen Scheitern bei der Abstimmung im Parlament wurde am 4. 7. der bisherige Verteidigungsminister **Gediminas Kirkilas** (LSDP) zum Ministerpräsidenten gewählt. Seine Regierung ist die 14. innerhalb von 15 Jahren.
- **Energiepolitik:** Ministerpräsident Brazauskas beschloss am 27. 2. 2006 mit seinen baltischen Amtskollegen Aigars Kalvītis (Lettland) und Andrus Ansip (Estland) den gemeinsamen Bau eines Atomkraftwerks in Litauen. Es soll 2–3 Mrd. € kosten und am Standort des 2009 auslaufenden AKW Ignalina (sowjetischer Reaktortyp Tschernobyl) gebaut werden. Die Fertigstellung des neuen AKW wird frühestens für 2015 erwartet. Mit dem AKW-Projekt wollen die drei Balten ihre Abhängigkeit von russischem Erdgas bei der Energieversorgung reduzieren.

Präsident Adamkus übte anlässlich seines Deutschlandbesuchs am 25. 10. 2005 (→ Foto) deutliche **Kritik an der deutsch-russischen Ostseepipeline.** Da die Pipeline die baltischen Staaten umgehen wird, verletze das Projekt deren energiepolitische Interessen. Adamkus warf Deutschland und Russland vor, mit ihrem Vorgehen die Konsolidierung der jungen osteuropäischen Demokratien zu gefährden. Gleichzeitig warnte er vor schweren ökologischen Folgen für die litauische Ostseeküste. Das ohnehin angespannte Verhältnis zu Russland wurde zusätzlich durch **Absturz eines russischen Militärflugzeugs** in Litauen am 15. 9. 2005 belastet.

Präsident Valdas Adamkus (2. v. l.) zu Besuch bei seinem deutschen Amtskollegen Horst Köhler (2. v. r.) in Berlin am 25. 10. 2005

Luxemburg West-Europa

Großherzogtum Luxemburg; Groussherzogtum Lëtzebuerg (lëtzebuergesch); Grand-Duché de Luxembourg (franz.) – LU / LUX

Fläche (Weltrang: 167): 2586 km²

Einwohner (164): F 2004 453 000 = 175 je km²

Hauptstadt: Lëtzebuerg / Luxemburg / Luxembourg

Amtssprachen: Lëtzebuergesch, Deutsch, Französisch

Bruttonationaleinkommen 2004 je Einw.: 56 380 $

Währung: 1 Euro (€) = 100 Cent
Kurs: 1 US-$ = 0,79 € (1. 7. 2006)

Botschaft des Großherzogtums Luxemburg
Klingelhöferstr. 7, 10785 Berlin
T 030 / 26 39 57 – 0, Fax 26 39 57 27
http: / /www.mae.lu / MAE.taf?IdNav=422

LANDESSTRUKTUR **Fläche**: 2586 km² ▪ **Verwaltung**: 3 Distrikte mit 12 Kantonen ▪ **Städte**: (F 2004) Lëtzebuerg / Luxemburg / Luxembourg 77 325 Einw., Esch-Uelzecht / Esch an der Uelzecht / Esch-sur-Alzette 27 891, Deifferdeng / Differdingen / Differdange 18 891, Diddeleng / Düdelingen / Dudelange 17 514, Péiténg / Petingen / Pétange 14 382, Suessem / Sassenheim / Sanem 13 674, Hesper / Hesperingen / Hesperange 11 177

BEVÖLKERUNG Luxemburger – F 2004: 453 000 Einw.; Bevölkerungswachstum: 0,7 %; letzte Zählung 2001: 439 764 Einw. – F 2005: 61 % Luxemburger, 39 % Ausländer (davon 37 % Portugiesen, 13 % Franzosen, 11 % Italiener, 9 % Belgier, 6 % Deutsche u. a.) ▪ **Sprachen**: Lëtzebuergesch (moselfränkischer Dialekt), Deutsch, Französisch (auch Gesetzessprache) ▪ **Religion** 2002: 86 % Katholiken

STAATS- UND REGIERUNGSFORM Verfassung von 1868, zuletzt geändert 1999 – Parlamentarische Monarchie (Großherzogtum) seit 1866 – Parlament (Chambre des Députés) mit 60 Mitgl., Wahl alle 5 J.; Staatsrat mit 21 vom Großherzog ernannten Mitgl. – Wahlpflicht ab 18 J. ▪ **Unabhängigkeit**: 9. 6. 1815, bestätigt 11. 5. 1867 (Londoner Vertrag); Ende der Personalunion mit dem niederländischen Königshaus 13. 11. 1890 ▪ **Nationalfeiertag**: 23. 6. (Feier des Geburtstags von Großherzog Jean)

REGIERUNG UND PARTEIEN **Staatsoberhaupt**: Großherzog Henri, seit 7. 10. 2000 – **Regierungschef**: Jean-Claude Juncker (CSV), seit 1995; Koalition aus CSV und LSAP – **Äußeres**: Jean Asselborn (LSAP), seit 31. 7. 2004 ▪ **Parlament**: Wahlen vom 13. 6. 2004: Chrëstlich-Sozial Vollekspartei / CSV 24 von 60 Sitzen (1999: 19), Lëtzebuergesch Sozialistesch Arbechterpartei / LSAP 14 (13), Demokratesch Partei / DP 10 (15), Déi Gréng (Grüne) 7 (5), Aktiounskommittee fir Demokratie an Rentengerechtegkeet / ADR 5 (7), Déi Lénk – (1)

WIRTSCHAFT **BIP** 2004: 31,864 Mrd. $; realer Zuwachs: 4,5 %; Anteil (2004) Landwirtschaft 1 %, Industrie 19 %, Dienstleistungen 80 % ▪ **Erwerbstätigkeit** 2003: Landwirtsch. 1,3 %, Industrie 21,4 %, Dienstl. 77,2 % ▪ **Arbeitslosigkeit** ∅ 2005: 4,7 % ▪ **Inflation** ∅ 2005: 2,5 % ▪ **Außenhandel** 2005 (vorläufig): **Import**: 14,0 Mrd. €; *Güter* 2004: 17 % Maschinen und Geräte, 16 % Mineralölerzeugnisse, 14 % Transportmittel, 12 % Eisen und Stahl, Metallwaren, 11 % lebende Tiere, Nahrungs- und Genussmittel, 10 % chemische Erzeugnisse; *Länder* 2004: 36 % Belgien, 27 % Deutschland, 14 % Frankreich, 5 % Niederlande, 4 % USA; **Export**: 10,1 Mrd. €; *Güter* 2004: 31 % Eisen- und Stahlwaren, 18 % Maschinen und Geräte, 7 % chemische Erzeugnisse, 6 % lebende Tiere, Nahrungs- und Genussmittel, 6 % Transportmittel; *Länder* 2004: 26 % Deutschland, 20 % Frankreich, 12 % Belgien, 5 % Großbritannien, 3 % USA

CHRONIK

▪ **Übernahmekampf:** Die Fusion der beiden weltgrößten Stahlkonzerne Arcelor und Mittal Steel N. V. zu **Arcelor-Mittal**, die am 25. 6. 2006 nach monatelangem Übernahmekampf vom in Luxemburg ansässigen Arcelor bestätigt wurde, brachte der Regierung den Vorwurf ein, zugunsten des Unternehmens, an dem der Staat mit 5,6 % größter bekannter Anteilseigner ist, in die Auseinandersetzung eingegriffen zu haben. Am 4. 5. hatte das Parlament den Entwurf für ein **Übernahmegesetz** verabschiedet, das die strittige Übernahme durch Mittal erschwert hatte. Ministerpräsident Jean-Claude Juncker verwies auf die Pflicht, die Vorgaben der EU-Übernahmerichtlinie gesetzlich zu regeln. Arcelor-Mittal hat zusammen einen Weltmarktanteil von 10 % und produziert jährlich, bei einem Umsatz von 70 Mrd. €, 120 Mio. t Stahl. Arcelor erhält 59,6 % der Aktien, sein Hauptsitz wird auch neue Konzernzentrale.

▪ **Steuerprivilegien:** Nach dreijährigen Ermittlungen eröffnete die **EU-Kommission** am 8. 2. 2006 ein förmliches **Beihilfe-Prüfverfahren** gegen das Großherzogtum, um die Abschaffung von Steuerprivilegien für internationale Holding- und Finanzgesellschaften zu erreichen. Nach Auffassung der EU-Wettbewerbskommissarin Neelie Kroes erfüllt die Freistellung im Land ansässiger internationaler Gesellschaften von der Körperschaftsteuer aufgrund eines Gesetzes von 1929 die Bedingungen illegaler Beihilfe. Die Regierung beeinträchtige damit die Funktionsweise und Wettbewerbsfähigkeit der europäischen Finanzwirtschaft, deren bedeutendstes Zentrum Luxemburg ist.

Madagaskar Südost-Afrika

Republik Madagaskar; Repoblikan'i Madagasikara (madagassisch); République de Madagascar – MG / MDG

Fläche (Weltrang: 44): 587 041 km²

Einwohner (56): F 2004 18 113 000 = 31 je km²

Hauptstadt: Antananarivo

Amtssprachen: Madagassisch, Französisch

Bruttonationaleinkommen 2004 je Einw.: 290 $

Währung: 1 Ariary (Ar) = 5 Iraimbilanja
Kurs: 1 US-$ = 2168 Ar; 1 € = 2785 Ar

Botschaft der Republik Madagaskar
Seepromenade 92, 14612 Falkensee
T 03 322 / 23 14 0, Fax 23 14 29
E-Mail: info@botschaft-madagaskar.de

LANDESSTRUKTUR **Fläche**: 587 041 km²; davon Nosy Be 293 km², Nosy Boraha 165 km²; → Karte ▪ **Verwaltung**: 6 Provinzen ▪ **Städte**: (F 2001) Antananarivo 1 403 449 Einw., Toamasina (Tamatave) 179 045, Antsirabe 160 356, Fianarantsoa 144 225, Mahajanga 135 660, Toliara 101 661, Antsiranana 73 491

BEVÖLKERUNG Madagassen – F 2004: 18 113 000 Einw.; Bevölkerungswachstum: 2,7 %; letzte Zählung 1993: 12 092 157 Einw. – 99 % Madagassen (Malagasy): Mischvolk aus malaiischen (Merina, Betsileo) und negritischen Gruppen (u. a. Sakalaven, Betsimisaraka); Komorer, Franzosen, Inder ▪ **Sprachen**: Madagassisch (Malagasy), Französisch; einheimische Sprachen ▪ **Religion**: 50 % Anhänger von indigenen Religionen, 41 % Christen, 7 % Muslime

STAATS- UND REGIERUNGSFORM Verfassung von 1992, zuletzt geändert 1998 – Präsidialrepublik seit 1992 – Parlament: Nationalversammlung mit 160 Mitgl., Wahl alle 4 J.; Senat mit 90 Mitgl., (60 indirekt gewählt und 30 vom Staatsoberh. ernannt), Wahl alle 4 J. – Direktwahl des Staatsoberhauptes alle 5 J. – Wahlrecht ab 18 J. ▪ **Unabhängigkeit**: 26. 6. 1960 (ehem. franz. Kolonie) ▪ **Nationalfeiertag**: 26. 6.

REGIERUNG UND PARTEIEN **Staatsoberhaupt**: Marc Ravalomanana (TIM), seit 6. 5. 2002 – **Regierungschef**: Jacques Sylla, seit 26. 2. 2002 – **Äußeres**: Marcel Ranjeva, seit 18. 6. 2002 ▪ **Parlament**: Wahlen zur Nationalversammlung vom 15. 12. 2002: Tiako-i-Madagasikara / TIM 103 von 160 Sitzen (1998: – von 150), Firaisankinam-Pirenena / FP 22 (–), Rassemblement pour le Socialisme et la Démocratie / RPSD 5 (11), Association pour la Renaissance de Madagascar / AREMA 3 (63), Leader Fanilo 2 (16), People are judged by the work they do / AVI – (14), Sonstige 3 (14), Unabhängige 22 (32) – Wahlen zum Senat vom 18. 3. 2001: AREMA 49 von 60 gewählten Sitzen, Leader Fanilo 5, AVI 2, Sonstige 1, Unabhängige 3

WIRTSCHAFT **BIP** 2004: 4,364 Mrd. $; realer Zuwachs: 5,2 %; Anteil (2004) Landwirtschaft 29 %, Industrie 16 %, Dienstleistungen 55 % ▪ **Erwerbstätigkeit** 2002: Landwirtsch. 78 %, Industrie 7 %, Dienstl. 15 % ▪ **Arbeitslosigkeit** ∅ 2002: 4,5 % ▪ **Inflation** ∅ 2004: 13,8 % (S) ▪ **Außenhandel** 2002: **Import**: 547,6 Mio. $; *Güter*: 30 % Erdöl, 13 % Konsumgüter, 8 % Nahrungsmittel; *Länder* 2001: 22 % Frankreich, 9 % VR China 6 % Südafrika, 4 % Japan, 4 % USA; **Export**: 375 Mio. $; *Güter*: 24 % Vanille, 18 % Krustentiere; *Länder* 2001: 30 % Frankreich, 14 % USA, 3 % Mauritius

CHRONIK

Die wirtschaftliche Entwicklung des Landes wurde sowohl durch den gesunkenen Weltmarktpreis für das Hauptexportprodukt Vanille von 180 (2004) auf 50 US-$ pro kg im Jahr 2005, als auch durch die Abschaffung des Textilabkommens (Multifaserabkommen) belastet, das dem Land Exportquoten für Textilprodukte garantiert hatte. Dank neuer Investitionen in Tourismus und Infrastruktur konnte 2005 ein Wachstum von 4,6 % erreicht werden. Gleichzeitig erhöhten die weiter ansteigende Inflationsrate (2005: 18,4 %) und eine Verdreifachung des Reispreises seit 2003 die Unzufriedenheit im Land, die sich in zahllosen Streiks und Demonstrationen manifestierte (→ WA 2006, S. 302).
▪ **Weitere Ereignisse:** Am 18. 8. 2005 wurde Madagaskar beim Gipfeltreffen der Southern African Development Community (SADC) als 14. Vollmitglied aufgenommen.

Malawi Südost-Afrika

Republik Malawi; Mfuko la Malawŵi (chichewa); Republic of Malawi – MW / MWI

Fläche (Weltrang: 98): 118 484 km²

Einwohner (69): F 2004 12 608 000 = 106 je km²

Hauptstadt: Lilongwe

Amtssprachen: Chichewa, Englisch

Bruttonationaleinkommen 2004 je Einw.: 160 $

Währung: 1 Malawi-Kwacha (MK) = 100 Tambala
Kurs: 1 US-$ = 139,84 MK; 1 € = 180,20 MK

Botschaft der Republik Malawi
Westfälische Str. 86, 10709 Berlin
T 030 / 84 31 54 0, Fax 84 31 54 30
www.malawi-botschaft.de

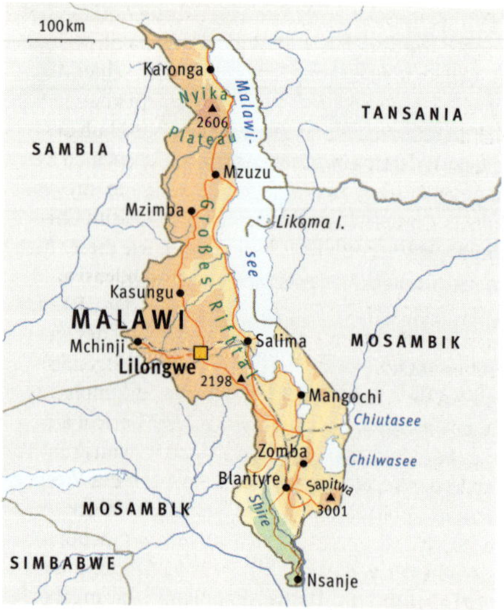

LANDESSTRUKTUR **Fläche**: 118 484 km²; → Karte ▪ **Verwaltung**: 3 Regionen ▪ **Städte**: (F 2004) Blantyre 678 381 Einw., Lilongwe 632 867, Mzuzu 126 885, Zomba 95 797

BEVÖLKERUNG Malawier – F 2004: 12 608 000 Einw.; Bevölkerungswachstum: 2,2 %; letzte Zählung 1998: 9 933 868 Einw. – Bantu: Chichewa / Nyanja, Yao, Sena, Lomwe, Tonga u. a. ▪ **Sprachen** 1998: 57 % Chichewa, 13 % Chinyanja, 10 % Chiyao, 10 % Chitumbuka, 3 % Chisena, 2 % Chilomwe 2 % Chitonga u. a.; Englisch ▪ **Religion** 2003: 70 % Christen (27 % Katholiken), 20 % Muslime, 10 % Anhänger von indigenen Religionen

STAATS- UND REGIERUNGSFORM Verfassung von 1995 – Präsidialrepublik (im Commonwealth) seit 1966 – Parlament (National Assembly) mit 193 Mitgl., Wahl alle 5 J. – Direktwahl des Staatsoberhauptes alle 5 J. – Wahlrecht ab 18 J. ▪ **Unabhängigkeit**: 6. 7. 1964 (ehem. britisches Protektorat) ▪ **Nationalfeiertag**: 6. 7. (Tag der Republik)

REGIERUNG UND PARTEIEN **Staats- u. Regierungschef**: Bingu wa Mutharika (DPP), seit 24. 5. 2004 – **Außenministerin**: Joyce Banda, seit 1. 6. 2006 ▪ **Parlament**: Wahlen vom 20. 5. 2004: Malawi Congress Party / MCP 59 von 193 Sitzen (1999: 66 von 192), United Democratic Front / UDF 49 (93), Wahlbündnis Mgwirizano Coalition 27 (–), National Democratic Alliance 8 (–), Alliance for Democracy / AFORD 6 (29), Sonstige und Unabhängige 38 (4); 6 Sitze werden in Nachwahl vergeben

WIRTSCHAFT **BIP** 2004: 1,879 Mrd. $; realer Zuwachs: 6,7 %; Anteil (2004) Landwirtschaft 39 %, Industrie 17 %, Dienstleistungen 44 % ▪ **Erwerbstätigkeit** 2003: Landwirtsch. 82 % ▪ **Arbeitslosigkeit**: k. A. ▪ **Inflation** ∅ 2005: 16 % (S) ▪ **Außenhandel** 2003: **Import**: 617,8 Mio. $; *Güter* 2001: 28 % Maschinen und Transportausrüstungen, 20 % bearbeitete Waren, 17 % mineralische Brennstoffe und Schmiermittel, 13 % chemische Produkte, 9 % Nahrungsmittel, lebende Tiere, Getränke und Tabak; *Länder* 2001: 40 % Südafrika, 16 % Simbabwe, 11 % Sambia; **Export**: 558,8 Mio. $; *Güter* 2002: 57 % Tabak, 9 % Tee, 9 % Zucker; *Länder* 2001: 19 % Südafrika, 15 % USA, 11 % Deutschland, 8 % Japan, 5 % Niederlande

CHRONIK

▪ **Machtkampf und Korruptionsvorwürfe:** Das gegen Staatspräsident Bingu wa Mutharika im Juni 2004 (→ WA 2006, S.303) von seiner ehemaligen Partei United Democratic Front (UDF), angestrengte **Amtsenthebungsverfahren** wegen Verfassungsverstoßes und Missbrauchs von Regierungsgeldern wurde im Oktober 2005 wieder aufgenommen. Das Parlament entschied am 21. 10., Präsident Mutharika vorzuladen, doch stoppte das Verfassungsgericht am 26. 10. aus formal juristischen Gründen das Verfahren. Am 10. 1. 2006 zog die Opposition den Antrag auf Amtsenthebung zurück, da das Vorhaben weder bei der Bevölkerung noch bei den internationalen Geberstaaten Zustimmung gefunden hätte.

Am 7. 9. 2005 entließ Präsident Mutharika den Minister für Entwicklung des Wassersektors und früheren Vorsitzenden der Republikanischen Partei (RP), Gwanda Chakuamba, der sich im März 2005 der vom Präsidenten neugegründeten Demokratischen Fortschrittspartei (DPP) angeschlossen hatte. Chakuamba, der nach seiner Entlassung Mutharika als ungehobelte Person und Trinker bezeichnet hatte, wurde am 14. 9. wegen Rufschädigung des Präsidenten verhaftet und am darauf folgenden Tag auf Kaution freigelassen.

Am 18. 10. 2005 forderte das staatliche Antikorruptionsbüro von dem früheren Präsidenten Bakili Muluzi eine offizielle Erklärung, wie er während seiner Amtszeit Millionen von US-$ habe ansammeln können. Nachdem Muluzi einen gerichtlichen Aufschub des Verfahrens hatte erwirken können, durchsuchten Beamte der Antikorruptionsbehörde am 27. 10. drei von Muluzis Anwesen. Auch Vizepräsident Cassim Chilumpha, ein Verbündeter Muluzis und wie dieser Muslim, wurde am 15. 11. aufgrund von **Korruptionsvorwürfen** verhaftet; drei weitere Mitglieder der UDF, darunter zwei Parlamentarier, wurden im Lauf des November unter verschiedenen Vorwürfen festgenommen. Am 9. 2. 2006 entließ Mutharika Chilumpha als Vizepräsidenten, doch hob das Oberste Gericht am 10. 2. diese Entscheidung als verfassungswidrig auf. Gemäß der Verfassung kann die Amtszeit des Vizepräsidenten – ebenso wie die des Staatspräsidenten – nur durch Tod, Amtsverzicht oder Amtsenthebung durch das Parlament beendet werden. Am 28. 4. wurde Chilumpha erneut festgenommen; nach Angaben von Justizminister Henry Phoya soll er einen Mordanschlag auf den Präsidenten in Auftrag gegeben haben.

▪ **Hungerkatastrophe:** Angesichts der schlimmsten Hungersnot seit 1993, von der bis zu 4,6 Mio. der über 12 Mio. Einwohner betroffen waren, erklärte die Regierung am 15. 10. 2005 das gesamte nationale Territorium zum Katastrophengebiet. Der UN-Koordinator für Nothilfe, Jan Egeland, hatte bereits Ende August vor der drohenden Krise in Malawi gewarnt; internationale Geber reagierten jedoch nur zögerlich auf den Hilfsaufruf des UN-Welternährungsprogramms (WFP) vom 1. 9. 2005.

Auslöser für die Hungersnot war eine anhaltende Dürreperiode und Saatgutmangel. Nach lokalen Einschätzungen wurde die Notsituation nicht nur durch die verspätete Auslieferung von Dünger und Saatgut verschärft, sondern auch durch die massive Prävalenz von Aids, die durch Arbeitsausfall von Familienmitgliedern die Bauernfamilien zusätzlich schwächt.

▪ **Wirtschaft:** Die wirtschaftliche Entwicklung des Landes wurde neben der Hungersnot und den hohen Erdölpreisen auch durch die stark abgesunkenen Weltmarktpreise für Tabak (–22,5 % zwischen 2004 und 2005), das wichtigste Exportgut Malawis und für 34 % des nationalen Einkommens verantwortlich, negativ beeinflusst.

Am 5. 8. 2005 billigte der Internationale Währungsfonds (IWF) einen dreijährigen Kredit zur Finanzierung des nationalen Programms der Armutsbekämpfung in Höhe von 55,9 Mio. US-$.

Malaysia Südost-Asien

Persekutuan Tanah Malaysia – MY / MYS

Fläche (Weltrang: 65): 329 733 km²

Einwohner (44): F 2004 24 894 000 = 76 je km²

Hauptstadt: Kuala Lumpur

Amtssprache: Malaiisch (Bahasa Malaysia)

Bruttonationaleinkommen 2004 je Einw.: 4520 $

Währung: 1 Malaysischer Ringgit (RM) = 100 Sen
Kurs: 1 US-$ = 3,66 RM; 1 € = 4,72 RM

Botschaft von Malaysia
Klingelhöferstr. 6, 10785 Berlin
T 030 / 88 57 490, Fax 88 57 49 50
E-Mail: mwberlin@malemb.de

LANDESSTRUKTUR **Fläche**: 329 733 km²; davon Westmalaysia 131 573 km²; Ost-Malaysia (Kalimantan, Nordborneo) mit Bundesstaaten Sarawak 124 449 km² und Sabah (mit Insel Labuan) 73 711 km²; → Karte ▪ **Verwaltung**: 13 Bundesstaaten (darunter 9 Sultanate) und 2 Bundesterritorien ▪ **Städte**: (Z 2000) Kuala Lumpur 1 297 526 Einw., Ipoh 566 211, Kelang 563 173, Petaling Jaya 438 084, Selayang 426 951, Subang Jaya 423 338, Johor Baharu 384 613, Melaka 369 222, Kota Kinabalu 354 153, Shah Alam 319 612, Kuantan 283 041, Kuala Terengganu 250 528, Seremban 246 441, Kota Baharu 233 673, Taiping 183 320, George Town (Pinang) 180 573

BEVÖLKERUNG Malaysier – F 2004: 24 894 000 Einw.; Bevölkerungswachstum: 1,9 %; letzte Zählung 2000: 23 274 690 Einw. – 65,1 % Bumiputera (Malaien), 26,0 % Chinesen, 7,7 % Inder u. a. austronesisch- und Mon-Khmer-sprachige Minderheiten ▪ **Sprachen**: Malaiisch; zahlreiche andere austronesische und Mon-Khmer-Sprachen; Chinesisch, Tamil u. a. ▪ **Religion** 2000: 60,5 % Muslime (v. a. Sunniten), 19,2 % Buddhisten, 9,1 % Christen, 6,3 % Hindus, 2,6 % chinesische Religionen

STAATS- UND REGIERUNGSFORM Verfassung von 1957, zuletzt geändert 1994 – Parlamentarische Wahlmonarchie (im Commonwealth) seit 1963 – Staatsreligion: Islam – Parlament: Volksversammlung (Dewan Rakyat) mit 219 Mitgl. (165 aus West-Malaysia, 28 aus Sarawak, 15 aus Sabah, 1 aus Labuan), Wahl alle 5 J.; Länderversammlung (Dewan Negara) mit 70 Mitgl. (40 durch Staatsoberh. und 30 durch Parlamente der Bundesstaaten ernannt) – Wahl des Staatsoberhauptes alle 5 J. durch die 9 Sultane – Wahlrecht ab 21 J. ▪ **Unabhängigkeit**: 31. 8. 1957 (ehem. britisches Protektorat) ▪ **Nationalfeiertag**: 31. 8.

REGIERUNG UND PARTEIEN **Staatsoberhaupt**: König Tuanku Syed Sirajuddin Syed Putra Jamalullail (Raja von Perlis), seit 13. 12. 2001 – **Regierungschef**: Abdullah Ahmad Badawi (UMNO), seit 31. 10. 2003 – **Äußeres**: Syed Hamid Albar, seit 8. 1. 1999 ▪ **Parlament**: Wahlen vom 21. 3. 2004: Nationale Front (14 Parteien) insg. 198 von 219 Sitzen (1999: 148 von 193): United Malays National Organization / UMNO 109 (71), Malaysian Chinese Association / MCA 31 (29), Parti Pesaka Bumiputera Bersatu / PPBB 11 (10), Parti Gerakan Rakyat Malaysia / Gerakan 10 (7), Malaysian Indian Congress / MIC 6 (7), Sonstige 31 (24); Democratic Action Party / DAP 12 (10), Parti Islam Sa-Malaysia (Islamische Partei) / PAS 7 (27), Parti Keadilan Nasional (Nat. Gerechtigkeitsp.) 1 (5), Sonstige – (3), Unabhängige 1 (–)

WIRTSCHAFT **BIP** 2004: 118,318 Mrd. $; realer Zuwachs: 7,1 %; Anteil (2004) Landwirtschaft 9 %, Industrie 50 %, Dienstleistungen 40 % ▪ **Erwerbstätigkeit** 2004: Landwirtsch. 15 %, Industrie 30 %, Dienstl. 55 % ▪ **Arbeitslosigkeit** ∅ 2005: 3,5 % ▪ **Inflation** ∅ 2005: 3,0 % ▪ **Außenhandel** 2005: **Import**: 114,6 Mrd. $; *Güter*: 24 % elektronische Bauelemente, 6 % Teile für Büromaschinen, 4 % Erdölerzeugnisse, 4 % Schalttechnik, 3 % Nachrichtentechnik, 3 % Erdöl, 3 % elektrische Maschinen, 3 % EDV-Technik, 2 % Mess- und Regeltechnik; *Länder*: 15 % Japan, 13 % USA, 12 % Singapur, 12 % VR China, 6 % Rep. China, 5 % Thailand, 5 % Rep. Korea, 4 % Deutschland, 4 % Indonesien, 3 % Philippinen, 3 % Hongkong (EU gesamt: 12 %); **Export**: 140,0 Mrd. $; *Güter*: 17 % elektronische Bauelemente, 10 % EDV-Technik, 6 % Teile für Büromaschinen, 6 % Erdöl, 5 % Nachrichtentechnik, 4 % Schalttechnik, 4 % Gas, 3 % pflanzliche Öle u. Fette, 3 % Erdölerzeugnisse, 2 % Rundfunktechnik; *Länder*: 20 % USA, 16 % Singapur, 9 % Japan, 7 % VR China, 6 % Hongkong, 5 % Thailand, 3 % Rep. Korea, 3 % Australien, 3 % Niederlande, 2 % Deutschland (EU gesamt: 12 %)

CHRONIK

Anwar Ibrahim, ehemaliger Vizepremier und Finanzminister unter Ministerpräsident Mahathir bin Mohamad, reichte am 27. 1. 2006 Klage gegen den früheren Regierungschef ein und verlangte eine Zahlung von 100 Mio. Ringgit (rd. 22 Mio. €) als **Entschädigung für das ihm zugefügte Unrecht**. Anwar war in einem Machtkampf 1998 von Mahathir unter dem Vorwurf homosexueller Handlungen (in Malaysia strafbar) aus der Regierung entlassen und in zwei Prozessen wegen Sodomie und Korruption verurteilt worden. Von einer neunjährigen Gefängnisstrafe hatte er bis zu seiner Rehabilitierung 2004 sechs Jahre abgesessen. Bereits im August 2005 hatte Anwar eine Entschädigung in Höhe von 4,5 Mio.Ringgit von dem Publizisten erstritten, der 1998 in einem Pamphlet Anwar homosexuelle Handlungen unterstellt und damit eine wichtige Rolle in dem Komplott gespielt hatte, und sich mit dem damaligen Polizeichef außergerichtlich geeinigt. Die Verleumdungsentschädigungen wollte Anwar, der anscheinend seine Rückkehr in die Politik vorbereitet, Opfern gesellschaftlicher Diskriminierung spenden.

Mit Bezug auf den von → Dänemark ausgehenden sog. **Karikaturenstreit** über die Veröffentlichung von Karikaturen des Propheten Mohammed rief Ministerpräsident Abdullah Ahmad Badawi am 10. 2. 2006 die westliche und die islamische Welt zur Versöhnung auf. Als derzeitiger Präsident der Organization of the Islamic Conference (OIC) war er in Kuala Lumpur Gastgeber einer zweitägigen Konferenz von geistlichen und politischen Repräsentanten und Wissenschaftlern der muslimischen Welt. Anlässlich der Konferenz hatte der dänische Regierungschef Anders Fogh Rasmussen Anwar gebeten, im Karikaturenstreit zu vermitteln.

Malediven Süd-Asien

Republik Malediven; Divehi Rājjē ge Jumhūrīyyā, Kurzform: Divehi Rājjē – MV / MDV

Fläche (Weltrang: 186): 298 km²

Einwohner (168): F 2004 321 000 = 1077 je km²

Hauptstadt: Male' (Male)

Amtssprache: Maldivisch (Dhivehi)

Bruttonationaleinkommen 2004 je Einw.: 2410 $

Währung: 1 Rufiyaa (Rf) = 100 Laari
Kurs: 1 US-$ = 12,85 Rf; 1 € = 16,54 Rf

Honorargeneralkonsul der Malediven
Immanuel-Kant-Str. 16, 61350 Bad Homburg
T 06 172 / 86 78 33, Fax 8 58 33

LANDESSTRUKTUR **Fläche**: 298 km²; 20 Atolle mit 1087 Inseln, davon 220 bewohnt; → Karte ▪ **Verwaltung**: 20 Distrikte (Atolle) und Hauptstadtdistrikt ▪ **Städte**: (Z 2000) Male' (North Male' Atoll) 74 069 Einw.

BEVÖLKERUNG Malediver – F 2004: 321 000 Einw.; Bevölkerungswachstum: 2,5 %; letzte Zählung 2006 (vorl.): 298 842 Einw. – Mischvolk arabischer, singhalesischer und malaiischer Abstammung ▪ **Sprachen**: Maldivisch (Dhivehi), Sonderform des Singhalesischen; Englisch ▪ **Religion**: 99,9 % Muslime (Sunniten)

STAATS- UND REGIERUNGSFORM Verfassung von 1968, zuletzt geändert 1998 – Präsidialrepublik (im Commonwealth) seit 1968 – Staatsreligion: Islam – Islamisches Recht (Scharia) – Parlament (Madschlis) mit 50 Mitgl. (42 gewählt, 8 vom Staatsoberh. ernannt), Wahl alle 5 J. – Direktwahl des Staatsoberhauptes alle 5 J. – Wahlrecht ab 21 J. ▪ **Unabhängigkeit**: 26. 7. 1965 (ehem. britisches Protektorat) ▪ **Nationalfeiertag**: 26. 7.

REGIERUNG UND PARTEIEN **Staats- u. Regierungschef**: Maumoon Abdul Gayoom, seit 1978; zuletzt gewählt 2003 – **Äußeres**: Ahmed Shaheed, seit 14. 7. 2005 ▪ **Parlament**: Letzte Wahlen am 22. 1. 2005; keine Parteien (von den 42 gewählten Abgeordneten werden 18 der oppositionellen Demokratischen Partei zugerechnet)

WIRTSCHAFT **BIP** 2004: 753 Mio. $; realer Zuwachs: 10,8 %; Anteil (2003) Landwirtschaft 9 %, Industrie 16 %, Dienstleistungen 75 % ▪ **Erwerbstätigkeit** 2000: Landwirtsch. 14 %, Industrie 19 %, Dienstl. 50 % ▪ **Arbeitslosigkeit** ∅ 2001: 2 % (S) ▪ **Inflation** ∅ 2004: 6,4 % ▪ **Außenhandel** 2004: **Import**: 8,215 Mrd. Rf; *Güter*: bearbeitete Waren, Erdölprodukte, Nahrungsmittel; *Länder*: 25 % Singapur, 11 % Sri Lanka, 10 %

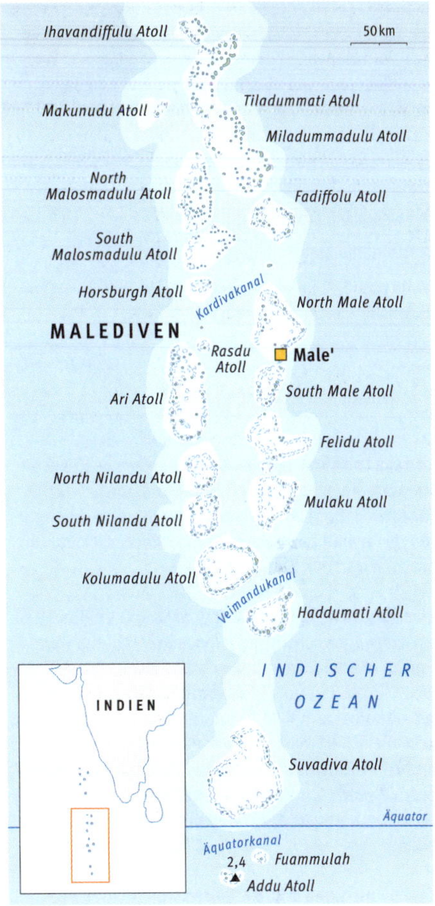

Indien, 10 % Vereinigte Arabische Emirate, 8 % Malaysia; **Export**: 1,572 Mrd. Rf; *Güter*: 73 % Fisch und Fischprodukte, 26 % Kleidung; *Länder*: 27 % USA, 24 % Thailand, 12 % Sri Lanka, 12 % Japan, 10 % Großbritannien

Mali West-Afrika

Republik Mali; République du Mali – ML / MLI

Fläche (Weltrang: 23): 1 240 192 km^2

Einwohner (65): F 2004 13 124 000 = 10,6 je km^2

Hauptstadt: Bamako

Amtssprache: Französisch

Bruttonationaleinkommen 2004 je Einw.: 330 $

Währung: CFA-Franc
Kurs: 1 € = 655,96 CFA-Francs

Botschaft der Republik Mali
Kurfürstendamm 72, 10709 Berlin
T 030 / 31 99 88–3, Fax 31 99 88 48

LANDESSTRUKTUR **Fläche**: 1 240 192 km^2; → Karte ▪ **Verwaltung**: 8 Regionen und Hauptstadtdistrikt ▪ **Städte**: (F 2002) Bamako 1 178 977 Einw., Sikasso 156 736, Ségou 87 560, Kayes 83 122, Mopti 82 202, Kati 55 100, Gao 52 199, San 47 180

BEVÖLKERUNG Malier – F 2004: 13 124 000 Einw.; Bevölkerungswachstum: 3,0 %; letzte Zählung 1998: 9 790 492 Einw. – F 1995: 36,5 % Bambara, 13,9 % Fulbe (Peul), 9,0 % Senufo, 8,8 % Soninké, 8,0 % Dogon, 7,2 % Songhai, 6,6 % Malinké, 2,9 % Diola, 2,4 % Bobo und Oulé, 1,7 % Tuareg u. a. ▪ **Sprachen**: 40 % Bambara, 10 % Französisch; Songhai-Djerma, Manding, Soninké, Arabisch und Ful ▪ **Religion**: 80 % Muslime, 18 % Anhänger von indigenen Religionen, 1,2 % Christen

STAATS- UND REGIERUNGSFORM Verfassung von 1992, zuletzt geändert 1997 – Präsidialrepublik seit 1960 – Parlament (Assemblée Nationale) mit 160 Mitgl. (147 gewählt und 13 für Auslandsmalier reserviert), Wahl alle 5 J. – Direktwahl des Staatsoberhauptes alle 5 J. (einmalige Wiederwahl) – Wahlrecht ab 21 J. ▪ **Unabhängigkeit**: 22. 9. 1960 (ehem. französische Kolonie) ▪ **Nationalfeiertag**: 22. 9. (Tag der Republik)

REGIERUNG UND PARTEIEN **Staatsoberhaupt**: Amadou Toumani Touré, seit 8. 6. 2002 – **Regierungschef**: Ousmane Issoufi Maïga, seit 29. 4. 2004 – **Äußeres**: Moktar Ouane, seit 2. 5. 2004 ▪ **Parlament**: Wahlen vom 14. 7. / 28. 7. 2002: Espoir 2002: (Rassemblement pour le Mali / RPM 46, Congrès National d'Initiative Démocratique / CNID 13, Mouvement Patriotique pour le Renouveau / MPR 5 und Rassemblement pour la Démocratie du Travail / RDT 1) insgesamt 66 von 147 gewählten Sitzen (1997: –), Alliance pour la Démocratie au Mali / ADEMA und Sonstige 51 (128), Sonstige 16 (19), Unabhängige 6 (–), annulliert 8 (–)

WIRTSCHAFT **BIP** 2004: 4,863 Mrd. $; realer Zuwachs: 2,2 %; Anteil (2004) Landwirtschaft 36 %, Industrie 26 %, Dienstleistungen 39 % ▪ **Erwerbstätigkeit** 2003: Landwirtsch. 79 % ▪ **Arbeitslosigkeit**: k. A. ▪ **Inflation** ∅ 2004: –4,2 % ▪ **Außenhandel** 2004: **Import**: 1,084 Mrd. €; *Güter*: Maschinen und Fahrzeuge, Erdölprodukte, chemische Produkte, Nahrungsmittel; *Länder*: v. a. Elfenbeinküste, Frankreich; **Export**: 0,940 Mrd. €; *Güter*: v. a. Gold, Baumwolle; *Länder*: v. a. Italien, Deutschland, Spanien

CHRONIK

Die größte Gewerkschaft des Landes, die National Union of Malian Workers (UNTM), rief am 19. 9. 2005 zu einem eintägigen **Streik** auf aus Protest gegen eine von der Regierung abgelehnte Lohnerhöhung.

Die **Angriffe ehemaliger Tuareg-Rebellen** auf Militärgarnisonen in der nordöstlichen Wüstenregion Kidal am 23. 5. 2006, bei denen ein Soldat getötet und weitere als Geiseln genommen worden waren, weckten Befürchtungen über einen erneuten Ausbruch des Bürgerkriegs, der 1998 hatte beendet werden können. Die Wüstenregion im Norden des Landes war 1990 Schauplatz eines Tuareg-Aufstands gewesen, bei dem mehrere hundert Menschen ums Leben gekommen waren. Trotz eines Friedensvertrages im Jahr 1991 war es bis Mitte der neunziger Jahre immer wieder zu bewaffneten Auseinandersetzungen in der besonders unterentwickelten Region gekommen. Die Rebellen waren damals zwar mehrheitlich in die Armee integriert worden, z. T. aber desertiert. Ende Juni 2006 verkündete die Regierung eine Einigung mit den Rebellen, die ihre Forderungen nach größerer Autonomie des Nordens fallen gelassen hatten, nachdem die Regierung verstärkte Armutsbekämpfungsmaßnahmen zugesagt hatte.

Malta Süd-Europa

Republik Malta; Repubblika ta' Malta
Republic of Malta – MT / MLT

Fläche (Weltrang: 185): 315,6 km²

Einwohner (166): F 2004 401 000 = 1269 je km²

Hauptstadt: Valletta

Amtssprachen: Maltesisch, Englisch

Bruttonationaleinkommen 2004 je Einw.: 12 050 $

Währung: 1 Maltesische Lira (Lm) = 100 Cents
Kurs: 1 US-$ = 0,33 Lm; 1 € = 0,43 Lm (1. 7. 2006)

Botschaft der Republik Malta
Klingelhöferstr. 7, 10785 Berlin
T 030 / 26 39 11 – 0, Fax 26 39 11 – 23
E-Mail: maltaembassy.berlin@gov.mt

LANDESSTRUKTUR **Fläche**: 315,6 km²; davon Malta 245,7 km², Ghawdex (Gozo) 67,1 km² und Kemmuna (Comino) 2,8 km²; → Karte ▪ **Verwaltung**: 6 Bezirke mit 60 Gemeinden ▪ **Städte**: (F 2002) Birkirkara 22 334 Einw., Qormi 18 553, Mosta 17 936, Zabbar 15 057, San Gwann 12 723, Sliema 12 575, Valletta 7173

BEVÖLKERUNG Malteser – F 2004: 401 000 Einw.; Bevölkerungswachstum: 0,6 %; letzte Zählung 1997: 376 513 Einw. ▪ **Sprachen**: Maltesisch (arabisches Kreol), Englisch; Italienisch als Umgangssprache ▪ **Religion** 2002: 93 % Katholiken; protestantische Minderheit

STAATS- UND REGIERUNGSFORM Verfassung von 1974, zuletzt geändert 1987 – Republik (im Commonwealth) seit 1974 – Parlament (Il-Kamra tad-Deputati) mit 65, max. 69 Mitgl. (Bonus-Regel), Wahl alle 5 J. – Wahl des Staatsoberhauptes durch Parlament alle 5 J. – Wahlrecht ab 18 J. ▪ **Unabhängigkeit**: 21. 9. 1964 (ehem. britische Kolonie) ▪ **Nationalfeiertag**: 21. 9.

REGIERUNG UND PARTEIEN **Staatsoberhaupt**: Edward Fenech Adami (PN), seit 4. 4. 2004 – **Regierungschef**: Lawrence Gonzi (PN), seit 23. 3. 2004 – **Äußeres**: Michael Frendo (PN), seit 3. 7. 2004 ▪ **Parlament**: Wahlen vom 12. 4. 2003: Partit Nazzjonalista / PN 35 von 65 Sitzen (1998: 35), Partit tal-Haddiema / Malta Labour Party) / MLP 30 (30)

WIRTSCHAFT **BIP** 2004: 5,320 Mrd. $; realer Zuwachs: 0,4 %; Anteil (2003) Landwirtschaft 3 %, Industrie 23 %, Dienstleistungen 74 % ▪ **Erwerbstätigkeit** 2003: Landwirtsch. 1,7 %, Industrie 29,5 %, Dienstl. 67,3 % ▪ **Arbeitslosigkeit** ∅ 2005: 7,2 % ▪ **Inflation** ∅ 2005: 2,8 % ▪ **Außenhandel** 2005: **Import**: 1,305 Mrd. Lm; *Güter*: 44 % Maschinen und Transportmittel, 10 % Nahrungsmittel, 11 % Brennstoffe und Schmiermittel, 9 % chemische Erzeugnisse; *Länder*: 31 % Italien, 11 % Großbritannien, 9 % Frankreich, 8 % Deutschland, 5 % USA, 4 % Singapur (EU gesamt: 72 %); **Export**: 0,802 Mrd. Lm; *Güter*: 64 % Maschinen und Transportmittel, 6 % Textilien und Kleidung, 4 % Spielwaren, 4 % chemische Erzeugnisse, 3 % Nahrungsmittel; *Länder*: 15 % Frankreich, 14 % USA, 12 % Singapur, 11 % Deutschland, 11 % Großbritannien, 5 % Italien, 5 % Libyen (EU gesamt: 51 %)

CHRONIK

▪ **EU-Verfassung:** Ungeachtet der negativ ausgegangenen Volksabstimmungen in Frankreich und den Niederlanden ratifizierte das Parlament am 6. 7. 2005 die EU-Verfassung – als bisher einziges EU-Mitglied – einstimmig.

▪ **Steuervorteile unter EU-Kritik:** Im März 2006 forderte die EU-Kommission Malta auf, das Steuervergünstigungssystem bis spätestens Ende 2010 abzuschaffen, da es Wettbewerb und Handel im EU-Binnenmarkt verfälsche. Um seine geographische Lage zwischen Europa und Afrika zu nutzen, hatte das Land unter anderem sog. Offshore-Regelungen geschaffen, nach denen Einkünfte aus ausländischen Quellen gar nicht oder nur gering (bis zu 15 %) besteuert werden.

▪ **Flüchtlingsproblematik:** Nachdem am 25. 9. 2005 mehr als 200 Flüchtlinge aus überladenen Fischerbooten an Land geholt worden waren und sich im Aufnahmezentrum nach Polizeiangaben bereits 1500 Menschen aufhielten, sprach Innenminister Tonio Borg von einer **echten Krise für die Inselrepublik**. Am 6. 4. 2006 forderte das EU-Parlament, die sog. Dublin-II-Verordnung zu ändern, nach der Asylanträge im ersten Ankunftsland bearbeitet und entschieden werden müssen. Dies sei für Malta eine untragbare Belastung. Die EU solle einen Mechanismus für eine »gerechtere Verteilung der Asylbewerber auf die Mitgliedsländer« festlegen.

Marokko Nordwest-Afrika

Königreich Marokko; al-Mamlaka al-Maġribiyya, Kurzform: al-Maġrib – MA / MAR

Fläche (Weltrang: 54): 458 730 km²

Einwohner (37): F 2004 29 824 000 = 65 je km²

Hauptstadt: Ar-Rabāt (Rabat)

Amtssprache: Arabisch

Bruttonationaleinkommen 2004 je Einw.: 1570 $

Währung: 1 Dirham (DH) = 100 Centimes
Kurs: 1 US-$ = 8,65 DH; 1 € = 11,12 DH

Botschaft des Königreichs Marokko
Niederwallstr. 39, 10117 Berlin
T 030 / 206 12 40, Fax 206 12 420
www.botschaft-marokko.de

LANDESSTRUKTUR **Fläche**: 458 730 km²; → Karte ▪ **Verwaltung**: 16 Regionen; Tabelle → WA 2006, S. 305; Westsahara → unten ▪ **Städte**: (Z 2004) Ad-Dar-el-Beida (Casablanca) 2 933 684 Einw., Ar-Rabāt (Rabat mit Salé) 1 622 860, Fès 946 815, Marrākiš (Marrakech) 823 154, Agādīr 678 596, Ṭanǧah (Tanger) 669 685, Meknès 536 232, Oujda 400 738, Kenitra 359 142, Tétouan 320 539, Safi 284 750, Mohammedia 188 619, Khouribga 166 397, Beni-Mellal (Binī Malāl) 163 286

BEVÖLKERUNG Marokkaner – F 2004: 29 824 000 Einw.; Bevölkerungswachstum: 1,1 %; letzte Zählung 2004: 29 891 708 Einw. – ca. 60 % arabischsprachige Marokkaner, 30–40 % Berber; ca. 60 000 Ausländer (Franzosen, Spanier, Italiener, Tunesier und Algerier) ▪ **Sprachen**: 60 % Arabisch (verschiedene Dialekte); Berbersprachen (Tachelhit, Tamazight, Tarifit u. a.); Französisch, z. T. auch Spanisch ▪ **Religion**: 99 % Muslime (90 % Sunniten), Minderheiten von Christen und Juden

STAATS- UND REGIERUNGSFORM Verfassung von 1992, zuletzt geändert 1996 – Parlamentarische Monarchie seit 1972 – Staatsreligion: Islam – Nationalversammlung mit 325 Mitgl. (30 für Frauen reserviert), Wahl alle 5 J.; Senat mit 270 indirekt gewählten Mitgl., Wahl alle 9 J. – Wahlrecht ab 20 J. ▪ **Unabhängigkeit**: 2. 3. 1956 (ehem. französisches und spanisches Protektorat) ▪ **Nationalfeiertag**: 30. 7. (Thronbesteigung von König Mohammed VI. 1999)

REGIERUNG UND PARTEIEN **Staatsoberhaupt**: König Mohammed VI., seit 24. 7. 1999 – **Regierungschef**: Driss Jettou, seit 7. 11. 2002; Koalitionsregierung von USFP und PI und weiteren 4 Parteien – **Äußeres**: Mohamed Benaïssa (RNI), seit 8. 4. 1999 ▪ **Parlament**: Wahlen zur Nationalversammlung vom 27. 9. 2002: Union Socialiste des Forces Populaires / USFP 50 von 325 Sitzen (1997: 57), Istiqlal / PI 48 (32), Parti de la Justice et du Développement / PJD 42 (14), Rassemblement National des Indépendants / RNI 41 (46), Mouvement Populaire / MP 27 (40), Mouvement National Populaire / MNP 18 (19), Union Constitutionnelle / UC 16 (50), Parti National Démocratique / PND 12 (10), Front des Forces Démocratiques / FFD 12 (9), Parti du Progrès et du Socialisme / PPS 11 (9), Union Démocratique / UD 10 (–), Mouvement Démocratique et Social / MDS 7 (32), Parti Socialiste Démocratique / PSD 6 (5), Sonstige 25 (2) – Wahlen zum Senat vom 5. 12. 1997: RNI 42 von 270 Sitzen, MDS 33, UC 28, MP 27, PND 21, PI 21, USFP 16, MNP 15, Sonstige 40, Gewerkschaften 27

WIRTSCHAFT **BIP** 2004: 50,031 Mrd. $; realer Zuwachs: 4,2 %; Anteil (2004) Landwirtschaft 16 %, Industrie 30 %, Dienstleistungen 54 % ▪ **Erwerbstätigkeit** 2003: Landwirtsch. 44 %, Industrie 20 %, Dienstl. 36 % ▪ **Arbeitslosigkeit** ∅ 2005: 11,0 % ▪ **Inflation** ∅ 2005: 1,0 % ▪ **Außenhandel** 2005: **Import**: 20,1 Mrd. $; *Güter*: 22 % Halbwaren, 20 % Konsumgüter, 20 % Investitionsgüter, 13 % Rohöl, 9 % Nahrungs- und Genussmittel, 3 % chemische Erzeugnisse, 3 % Pkw; *Länder*: 18 % Frankreich, 12 % Spanien, 7 % Italien, 6 % Deutschland, 6 % Russland, 5 % Saudi-Arabien, 4 % VR China; **Export**: 10,5 Mrd. $; *Güter*: 32 % Konsumgüter (19 % Konfektionskleidung, 7 % Trikotagen), 28 % Halbwaren (8 % Phosphorsäure, 6 % Transistoren, 4 % Düngemittel), 20 % Nahrungs- und Genussmittel, 8 % Rohstoffe, 6 % Investitionsgüter, 4 % tierische und pflanzliche Rohstoffe; *Länder*: 33 % Frankreich, 17 % Spanien, 8 % Großbritannien, 5 % Italien, 4 % USA, 4 % Indien, 3 % Deutschland, 3 % Brasilien

Sahara Demokratische Arabische Republik

Nordwest-Afrika

Arabische Saharauische Demokratische Republik; al-Ǧumhūriyya as-Ṣahrāwiyya ad-Dīmuqrāṭiyya al-ʿArabiyya; UN-Bezeichnung: Westsahara – EH/ESH

Fläche: 252 120 km²

Einwohner: Z 1994 252 146 = 1,0 je km²

Hauptstadt: El-Aaiún

Amtssprache: Arabisch

Bruttonationaleinkommen 2004 je Einw.: k. A.

Währung: Saharaui-Pesete
faktisches Zahlungsmittel: marokkanischer Dirham
Kurs: k. A.

Diplomatische Vertretung: derzeit keine

LANDESSTRUKTUR **Fläche:** 252 120 km²; → Karte ▪ **Verwaltung:** 4 Provinzen (Boujdour, El Aaiún, Oued edh Dheheb, Smara)

BEVÖLKERUNG Saharauís (Sahraouis) – Letzte Zählung 1994: 252 146 Einw. – Araber, z. T. nomadisch lebend ▪ **Sprachen:** Arabisch, Spanisch, Hassani ▪ **Religion:** 100 % Muslime (Sunniten)

STAATS- UND REGIERUNGSFORM Republik seit 1976 – anerkannt von 60 Staaten weltweit – 7-köpfiges Exekutivkomitee sowie Nationalrat mit 45 Mitgl. – Sitz der Exilregierung in Algier/Algerien ▪ **Unabhängigkeit:** Proklamation 27. 2. 1976, von Marokko nicht anerkannt und 1979 annektiert; Referendum über Unabhängigkeit auf unbestimmte Zeit verschoben ▪ **Nationalfeiertag:** 27. 2.

REGIERUNG UND PARTEIEN **Staatsoberhaupt:** Mohammed Abdel Asis (Generalsekretär des Frente POLISARIO/RASD), seit 1982 – **Regierungschef:** Abdelkader Taleb Oumar, seit 29. 10. 2003 – **Äußeres:** Mohamed Salem Ould Salek, seit 10. 2. 1999

WIRTSCHAFT keine Angaben erhältlich

CHRONIK

MAROKKO

König Mohammed VI. setzte seinen innenpolitischen Reformkurs fort; eine Lösung im Fall der annektierten Westsahara scheiterte erneut, obwohl sich zunächst eine gewisse Entspannung abgezeichnet hatte. Nachdem im Herbst 2005 der Ansturm afrikanischer Flüchtlinge auf die in Marokko gelegenen spanischen Enklaven Ceuta und Melilla dramatisch angestiegen war, intensivierte Marokko seine Kooperation mit Spanien bei der Abwehr und Rückführung der Migranten.

▪ **Kommission für Gerechtigkeit und Versöhnung:** Ende November legte diese 2004 eingesetzte unabhängige nationale Kommission ihren **Schlussbericht über die schweren Menschenrechtsverletzungen** unter König Hassan II. vor. Demnach waren von 1956–1999 bei Unruhen bzw. in Gefängnissen nachweislich 592 Personen ums Leben gekommen. Die unabhängige marokkanische Menschenrechtsorganisation Association Marocaine des Droits Humains sprach dagegen von bis zu 3000 Opfern. Der Bericht enthielt auch Vorschläge für Reformen im Polizei- und Justizwesen, um Angeklagten zukünftig mehr Rechte zu garantieren. In die Kritik war die Kommission immer wieder geraten, da sie nicht auf die Nennung und Bestrafung der Täter hinarbeitete, sondern ausschließlich auf die Versöhnung der Opfer. Mohammed VI. reagierte auf den Bericht mit der Zusage von Entschädigungszahlungen sowie dem Versprechen, die meisten Reformempfehlungen der Kommission umzusetzen.

▪ **Wirtschaft:** Um das ehrgeizige Ziel der Steigerung des Wirtschaftswachstums auf 7 % pro Jahr zu erreichen, kündigte die Regierung am 12. 4. 2006 an, die ausländischen Investitionen auf 5 Mrd. € pro Jahr verdoppeln zu wollen. Zudem sollen Schlüsselzweige der Wirtschaft Investoren gegenüber geöffnet werden. Analysten zufolge können nur so die hohe Arbeitslosigkeit abgebaut sowie der dringend notwendige Ausbau von Straßen und Häfen gewährleistet werden.

Ein bereits Ende Juli 2005 in Brüssel mit der EU abgeschlossenes **Fischereiabkommen** für die marokkanischen Atlantikgewässer konnte erst am 22. 5. 2006 in Kraft treten, da Schweden, das die Westsahara als nicht zu Marokko gehörig anerkennt, den Abschluss des Vertrages blockiert hatte, weil er die Küstengewässer der Westsahara mit einschloss. Hauptprofiteure des Abkommens sind kleine Fischfangunternehmen aus Spanien, Portugal und Frankreich.

Am 25. 4. empfing Ministerpräsident Driss Jettou seinen **chinesischen Amtskollegen Hu Jintao** in Rabat. Die beiden Regierungschefs besprachen einen Ausbau der bilateralen Handels- und Wirtschaftskooperation. Dabei stellte Hu eine Erhöhung der Importe marokkanischer Güter in Aussicht und plädierte auch für eine stärkere Zusammenarbeit im Agrarbereich, bei der Erschließung von Erdöl und Erdgas sowie im Tourismusbereich.

▪ **Cannabis-Produktion:** Nach Angaben der UN-Behörde für Drogen und Kriminalität (UNODC) kamen 2004 80 % des weltweiten Verbrauchs von Cannabis (Basis für Haschisch und Marihuana) aus Marokko; die Produktion belief sich auf 2760 t, die Einnahmen wurden auf 10,8 Mrd. € geschätzt. 2005 war die Produktion auf 1070 t zurückgegangen (→ Themen der Welt, Illegale Drogen). Der Anbau von Cannabis hat in Marokko, insbesondere im Rif-Gebirge, eine lange Tradition; erst durch die verstärkte Nachfrage aus Eu-

ropa ab den 1970er Jahren wurden die wenigen Anbaugebiete bis 2003 auf 134 000 ha ausgeweitet und gingen 2004 erstmals zurück (→ Karte).

- **Predigerinnen:** Im Zuge der Bestrebungen der Regierung, einen toleranten Islam zu propagieren und die Rechte der **Frauen** zu stärken, hatten am 4. 5. 2006 fünfzig Frauen nach zwölfmonatiger Ausbildung das Diplom als staatliche Predigerin erhalten. Sie werden künftig u. a. in Moscheen, Schulen und Krankenhäusern sowie Gefängnissen und Betrieben arbeiten. Das Freitagsgebet bleibt jedoch nach wie vor männlichen Predigern vorbehalten.
- **Islamisten:** Im Zuge einer groß angelegten Razzia nahmen am 21. 11. 2005 Sicherheitskräfte in Casablanca und Rabat insgesamt 17 Islamisten unter dem Verdacht fest, in Marokko eine neue Zelle der Al-Qaida aufbauen zu wollen. Ihnen wurde vorgeworfen, Extremisten für den Kampf gegen die US-amerikanischen Truppen im Irak angeworben und Anschläge auf US-amerikanische und jüdische Einrichtungen geplant zu haben.
- **Migrantensturm auf spanische Enklaven (→ auch Spanien):** In der Nacht zum 27. 9. 2005 versuchten rund 800 afrikanische Migranten den Absperrzaun um die spanische Enklave **Melilla** an der Küste zu überwinden, um auf spanischem Boden Asyl zu beantragen. Dabei wurden zahlreiche Personen verletzt, rund 100 Menschen gelang es, den Zaun zu überwinden. Am Abend desselben Tages kam es zu einem erneuten Ansturm von rund 200 Migranten. Seit Jahresbeginn hatten rund 12 000 Personen versucht, auf diesem Wege auf spanisches Gebiet zu gelangen. Zwei Tage später versuchten zahlreiche Migranten aus Schwarzafrika die Sperrzäune von **Ceuta**, der zweiten spanischen Enklave, zu überwinden. Rund 80 Menschen gelang es, auf spanischen Boden zu gelangen, fünf kamen ums Leben. Trotz des Einsatzes der Armee und einer massiven Verstärkung der Sperrzäune hielten die verzweifelten Versuche der Migranten bis zum 6. 10. an. Nachdem die Sicherheitskräfte von ihren Schusswaffen Gebrauch gemacht hatten und weitere sechs Menschen getötet wurden, ebbte der Ansturm vorerst ab.

Unter Anwendung eines 1992 geschlossenen Abkommens mit Marokko zur **Rückführung** illegal nach Spanien eingewanderter Personen brachte die spanische Regierung bis zum 8. 10. rund 170 Menschen – ungeachtet ihrer Nationalität –, denen der Grenzübertritt gelungen war, nach Marokko zurück. Unterdessen hatten die marokkanischen Behörden **rd. 1000 Migranten**, die beim Sturm auf die Sperranlagen festgenommen worden waren, an der algerisch-marokkanischen Südostgrenze **in einem Wüstengebiet ausgesetzt** und dort ohne jegliche Hilfsgüter ihrem Schicksal überlassen. Nachdem das Vorgehen international auf harsche Kritik gestoßen war, ordnete die Regierung die Rückholung der Menschen an (→ Foto). Bis zum 13. 10. wurden mehr als 1300 Flüchtlinge aus Mali und Senegal, Länder mit denen Marokko Repatriierungsabkommen hat, zum Flughafen im nördlichen Oujda gebracht und von dort aus in ihre Heimatländer geflogen. Rund tausend weitere Migranten wurden in Buskonvois in die für internationale Helfer schwer zugängliche Westsahara gebracht, mit dem Ziel, sie von dort aus nach Mauretanien abzuschieben. Nachdem die mauretanischen Behörden die Einreise verweigert hatten, wurden die Zuwanderer nach Goulimine im Süden des Landes gebracht. Bis zum 18. 10. war die Abschiebung der insgesamt etwa 2500 Einwanderer abgeschlossen. Eine am selben Tag veröffentlichte Studie bezifferte die Zahl der beim Versuch, illegal von Marokko aus nach Spanien zu gelangen, umgekommenen oder verschwundenen Zuwanderer für den Zeitraum zwischen 1989 und 2003 auf 8000 bis 10 000.

Flüchtlinge in einem marokkanischen Abschiebelager am 9.10.2005

Bei einem Treffen zwischen Außenminister Mohamed Benaïssa und seinem spanischen Amtskollegen Miguel Ángel Moratinos am 11.10. in der Hauptstadt Rabat wurde ein **Memorandum unterzeichnet**, das u.a. eine Regionalkonferenz vorsah, an der sowohl die Ursprungsländer der Zuwanderer als auch Transitländer wie Marokko und Algerien und die Einwanderungsländer sowie weitere EU-Staaten teilnehmen sollten. Ein gemeinsamer Vorschlag von Frankreich und Spanien zur Lösung des Migrantenproblems sah eine verstärkte Unterstützung der wirtschaftlichen Entwicklung der afrikanischen Ursprungsländer vor. Bei seinem zweitägigen Besuch in Ceuta und Melilla am 1.2. 2006 sagte der spanische Ministerpräsident José Luis Rodríguez Zapatero weitere Hilfen für Wirtschaft, Infrastruktur und bei der Kontrolle der illegalen Einwanderung zu. Es war der erste offizielle Besuch eines spanischen Regierungschefs seit 1980 in den Enklaven, die von Marokko offiziell als von Spanien besetztes marokkanisches Territorium angesehen werden. Der Besuch, von Spanien als Zeichen der Unterstützung gedacht, wurde von der marokkanischen Presse als Provokation bezeichnet.

SAHARA

Nachdem der UN-Sonderbeauftragte für die Westsahara, der peruanische Diplomat Alvaro de Soto, nach nur mehr einem Jahr im Juni 2005 seine Vermittlungsmission wegen der Zementierung der Standpunkte aufgegeben hatte, nahmen die **Spannungen** in dem seit 1975 von Marokko besetzten und nach Autonomie strebenden Gebiet weiter zu. Es kam vermehrt zu Zwischenfällen, und der Führer des Frente POLISARIO, Mohammed Abdel Asis, drohte indirekt mit der Rückkehr zur bewaffneten Gewalt.

Bei Gesprächen zwischen dem marokkanischen Ministerpräsidenten Jettou und seinem spanischen Amtskollegen am 1.7.2005 in der spanischen Hauptstadt Madrid mahnte der spanische Regierungschef eine politische Lösung durch Vermittlung der Vereinten Nationen an.

Um eine neue Dynamik in die festgefahrene Situation zu bringen, ernannte der Generalsekretär der Vereinten Nationen (UN), Kofi Annan, am 29.7.2005 den ehemaligen niederländischen UN-Botschafter, **Peter van Walsum**, zum **neuen UN-Sonderbeauftragten für Westsahara**. Ihm zur Seite steht der Italiener Francesco Bastagli, der Anfang August zum neuen Leiter der UN-Friedensmission mit ihren rund 500 Soldaten ernannt wurde. Der Frente POLISARIO entschloss sich daraufhin zur **Freilassung seiner letzten 404 marokkanischen Gefangenen**. Die unter der Aufsicht von US-Senator Richard Lugar am 18.8. stattfindende und als Friedensgeste gewertete Aktion zielte auf eine politische Entspannung ab und fand breite internationale Zustimmung.

Bei seiner Rede zum **30. Jahrestag des »Grünen Marschs«, bei dem am 6.11.1975 rund 300 000 unbewaffnete Marokkaner** den rohstoffreichen Teil der **Westsahara besetzt** hatten, stellte König Mohammed VI. eine Teilautonomie unter marokkanischer Souveränität in Aussicht, was von der Frente POLISARIO jedoch umgehend abgelehnt wurde. Ein Sprecher der Unabhängigkeitsbewegung bekräftigte das Festhalten an dem im Baker-Plan vorgeschlagenen Referendum. Nachdem damit die Friedensbemühungen erneut zum Stillstand gekommen waren, forderte Annan die Konfliktparteien am 21.4.2006 zu direkten Verhandlungen auf, um »eine faire und beiderseitige, tragende Lösung zu finden«. Gleichzeitig wurde das **Mandat der UN-Friedenstruppe (MINURSO)** um weitere sechs Monate **verlängert**. Als Zeichen seiner Verhandlungsbereitschaft ordnete Mohammed VI. am 22.4. die Freilassung der letzten 48 Saharaui-Aktivisten in marokkanischem Gewahrsam an; bereits im März hatte er die Freilassung von 216 Gefangenen veranlasst.

Marshallinseln Ozeanien

Republik Marshallinseln; Republic of the Marshall Islands – MH / MHL

Fläche (Weltrang: 188): 181,3 km²

Einwohner (186): F 2004 61 000 = 337 je km²

Hauptstadt: Dalap-Uliga-Darrit

Amtssprache: Englisch

Bruttonationaleinkommen 2004 je Einw.: 2320 $

Währung: 1 US-Dollar (US-$) = 100 Cents
Kurs: 1 € = 1,27 US-$ (1. 7. 2006)

Botschaft der Marshallinseln
2433 Massachusetts Avenue N. W.
Washington D. C. 20 008
T 001 – 202 – 234 54 14, Fax 23 23 236

LANDESSTRUKTUR **Fläche**: 181,3 km²; 2 Inselgruppen: Ratak (88,1 km²) mit 14 Atollen und 2 Inseln, Ralik (93,2 km²) mit 15 Atollen und 3 Inseln; Karte → WA 2005, S. 291 ▪ **Verwaltung**: 34 Bezirke ▪ **Städte**: (Z 1999) Ebeye 9345 Einw., Darrit 7103, Dalap 6339, Rairok 3846, Uliga 2044

BEVÖLKERUNG Marshaller – F 2004: 61 000 Einw.; Bevölkerungswachstum: 3,7 %; letzte Zählung 1999: 50 848 Einw. – 97 % Mikronesier; Amerikaner ▪ **Sprachen**: Englisch; mikronesische Sprachen ▪ **Religion**: v. a. Christen (Protestanten)

STAATS- UND REGIERUNGSFORM Verfassung von 1979, zuletzt geändert 1990 – Republik seit 1990 – Freier Assoziierungsvertrag mit den USA (für Verteidigung zuständig) seit 1983 – Parlament (Nitijela) mit 33 Mitgl., Wahl alle 4 J.; Rat der Stammesführer (Council of Iroij) mit 12 Mitgl. – Wahl des Staatsoberhauptes durch Parlament alle 4 J. – Wahlrecht ab 18 J. ▪ **Unabhängigkeit**: Proklamation 3. 11. 1986, endgültig 22. 12. 1990 ▪ **Nationalfeiertag**: 1. 5. (Tag der Verfassung)

REGIERUNG UND PARTEIEN **Staats- u. Regierungschef**: Kessai H. Note (United Democratic Party), seit 10. 1. 2000 – **Äußeres**: Alvin Jacklick, seit 10. 1. 2000 ▪ **Parlament**: Wahlen vom 17. 11. 2003: Einzelkandidaten

WIRTSCHAFT **BIP** 2004: 108 Mio. $; realer Zuwachs: 1,5 %; Anteil (2001) Landwirtschaft 14 %, Industrie 16 %, Dienstleistungen 70 % ▪ **Erwerbstätigkeit**: k. A. ▪ **Arbeitslosigkeit** ∅ 2000: 30 % ▪ **Inflation** ∅ 2004: 2,4 % ▪ **Außenhandel** 2000: **Import**: 54,7 Mio. $; *Güter*: 36 % mineralische Brennstoffe, 20 % Nahrungs- und Genussmittel, 15 % Maschinen und Transportausrüstungen, 11 % Nahrungsmittel und leb. Tiere; *Länder* 2003: 68 % USA, 14 % Australien; **Export**: 9,1 Mio. $; *Güter*: v. a. Fisch; *Länder*: 56 % USA

Mauretanien

Nordwest-Afrika

Islamische Republik Mauretanien; al-Ǧumhūriyya al-Islāmiyya al-Mawrītāniyya, Kurzform: Mawrītāniyya – MR / MRT

Fläche (Weltrang: 28): 1 030 700 km²

Einwohner (133): F 2004 2 980 000 = 2,9 je km²

Hauptstadt: Nuwahšūt (Nouakchott)

Amtssprache: Arabisch

Bruttonationaleinkommen 2004 je Einw.: 530 $

Währung: 1 Ouguiya (UM) = 5 Khoums
Kurs: 1 US-$ = 270,61 UM; 1 € = 347,89 UM

Botschaft der Islamischen Republik Mauretanien
Kommandantenstr. 80, 10117 Berlin
T 030 / 206 58 83, Fax 206 74 750
E-Mail: ambarim.berlin@gmx.de

LANDESSTRUKTUR **Fläche**: 1 030 700 km²; → Karte ▪ **Verwaltung**: 13 Regionen ▪ **Städte**: (F 2001) Nuwahšūt (Nouakchott) 760 500 Einw., Nouâdhibou 113 400; (Z 2000) Rosso 48 922, Boghé 37 531, Adel Bagrou 36 007, Kaédi 34 227

BEVÖLKERUNG Mauretanier – F 2004: 2 980 000 Einw.; Bevölkerungswachstum: 3,0 %; letzte Zählung 2000: 2 548 157 Einw. – F 1995: 81 % arabisch-berberische Mauren; Schwarzafrikaner (7 % Wolof, 5 % Toucouleur, 3 % Sarakolé, 1 % Fulbe, Bambara, Soninke u. a.); ca. 5000 Europäer (meist Franzosen) ▪ **Sprachen**: Arabisch (Hassaniya); verschiedene Niger- und Kongosprachen (Pular, Wolof und Solinke als Nationalsprache); Französisch ▪ **Religion**: 99 % Muslime (Sunniten); christliche Minderheit

STAATS- UND REGIERUNGSFORM Neue Verfassung von 2006 – Islamische Präsidialrepublik seit 1960 – Staatsreligion: Islam – Islamisches Recht (Scharia) – Parlament suspendiert seit 3. 8. 2005: Nationalversammlung mit 81 Mitgl., Wahl alle 5 J.; Senat mit 56 indirekt gew. Mitgl. (3 Vertreter von Auslandsmauretaniern), Wahl alle 6 J. – Direktwahl des Staatsoberhauptes alle 5 J., einmalige Wiederwahl – Wahlrecht ab 18 J. ▪ **Unabhängigkeit**: 28. 11. 1960 (ehem. französische Kolonie) ▪ **Nationalfeiertag**: 28. 11.

REGIERUNG UND PARTEIEN **Staatsoberhaupt**: Ely Ould Mohammed Vall, seit 3. 8. 2005 – **Regierungschef**: Sidi Mohammed Ould Boubacar, seit 7. 8. 2005 – **Äußeres**: Ahmed Ould Sid'Ahmed, seit 10. 8. 2005 ▪ **Parlament**: Wahlen vom 19. / 26. 10. 2001: Parti Républicain, Démocrate et Social / PRDS 64 von 81 Sitzen (1996: 72 von 79), Action pour Changement / AC 4 (–), Rassemblement pour la Démocratie et l'Unité (regierungsnah) / RDU 3 (–), Union pour la Démocratie et le Pro-

grès (regierungsnah)/UDP 3 (–), Regroupement des Forces Démocratiques/RFD 3 (–), Union des Forces du Progrès/UFP 3 (–), Sonstige 1 (7) – Senat (Teilwahlen vom 7./14. 4. 2000): PRDS 51 von 53 Sitzen (49), Unabhängige 2 (4)

WIRTSCHAFT **BIP** 2004: 1,534 Mrd. $; realer Zuwachs: 6,9 %; Anteil (2004) Landwirtschaft 18 %, Industrie 34 %, Dienstleistungen 48 % ▪ **Erwerbstätigkeit** 2003: Landwirtsch. 52 % ▪ **Arbeitslosigkeit** ∅ 2000: 29 % ▪ **Inflation** ∅ 2003: 5,2 % ▪ **Außenhandel** 2002: **Import**: 418 Mio. $; *Güter*: 26 % Erdölprodukte; *Länder*: 21 % Frankreich, 9 % Belgien/Luxemburg, 7 % Spanien, 6 % Deutschland; **Export**: 330 Mio. $; *Güter*: 56 % Eisenerz, 44 % Fisch und -produkte; *Länder*: 15 % Italien, 15 % Frankreich, 12 % Spanien, 12 % Deutschland

CHRONIK

▪ **Machtwechsel:** In einem unblutigen Putsch wurde Staatspräsident Maaouiya Ould Sid'Ahmed Taya, der sich anlässlich der Beisetzung von König Fahd in Saudi-Arabien aufgehalten hatte, am 3. 8. 2005 von einer Gruppe Militärs abgesetzt. Taya war selbst 1984 durch einen Militärputsch an die Macht gekommen; im Juni 2003 (→ WA 2004, Sp. 570) und August 2004 (→ WA 2006, S. 313) waren Putschversuche gegen sein Regime gescheitert. Die neuen Machthaber, ein 17-köpfiger »Militärrat für Gerechtigkeit und Demokratie«, ernannten den bisherigen Polizeichef Mauretaniens, Oberst **Ely Ould Mohammed Vall**, zum **neuen Staatschef**, der bisherige Botschafter in Frankreich, Sidi Mohammed Ould Boubacar, wurde am 7. 8. zum neuen Premierminister berufen. Boubacar war bereits unter Taya zwischen 1982 und 1993 Premierminister gewesen.

Die **Afrikanische Union (AU) suspendierte** am 4. 8. 2005 die **Mitgliedschaft** Mauretaniens und forderte genau wie UN, EU und die USA die Rückkehr zur verfassungsmäßigen Ordnung. Die wenig demokratischen Verhältnisse unter Tayas Herrschaft und die offenkundige Zustimmung der Bevölkerung verschafften den neuen Machthabern eine gewisse Akzeptanz im Ausland.

Der neue Außenminister Ahmed Ould Sid'Ahmed wiederholte am 27. 8. das Bekenntnis Mauretaniens zu einer engen Zusammenarbeit mit Israel. Die proisraelische und pro-amerikanische Haltung des bisherigen Regimes war seit Jahren innenpolitisch heftig umstritten gewesen.

Eine am 2. 9. erlassene **Generalamnestie** für alle aufgrund politischer Vergehen verurteilten Mauretanier betraf Mitglieder linker Gruppierungen, die sich im Senegal zu einer Oppositionsallianz formiert hatten, sowie die in der Gruppe Chevaliers du Changement zusammengeschlossenen Führer der gescheiterten Putsche von 2003 und 2004. Der im Februar 2005 zu einer lebenslangen Haftstrafe verurteilte Rädelsführer Salah Ould Henena (→ WA 2006, S. 313) wurde nach seiner Freilassung in Nouakchott wie ein Volksheld gefeiert. Die Chevaliers du Changement bildeten am 7. 2. 2006 die Partei Einheit und Veränderung (Umat).

▪ **Neue Verfassung:** In einem Referendum am 25. 6. 2006 stimmten rd. 85 % der Wahlberechtigten für eine neue Verfassung, die eine Verkürzung der Amtszeit des Präsidenten auf fünf Jahre mit einmaliger Wiederwahl festlegt; das Höchstalter der Kandidaten wird auf 75 Jahre herabgesetzt. Außerdem sieht die Verfassung eine Frauenquote von 25 % im Parlament und auf kommunaler Ebene vor. Die Wahlbeteiligung lag bei 73 %.

▪ **Migranten:** Anlässlich eines gekenterten Flüchtlingsboots vor der mauretanischen Küste bat Regierungschef Boubacar am 16. 3. 2006 die EU um Unterstützung bei der Bewältigung des Flüchtlingsstroms aus Senegal, der über Mauretanien auf dem Seeweg die Kanarischen Inseln zu erreichen sucht (→ Spanien).

Mauritius Südost-Afrika

Republik Mauritius; Republic of Mauritius – MU / MUS

Fläche (Weltrang: 168): 2040 km²

Einwohner (149): F 2004 1 234 000 = 605 je km²

Hauptstadt: Port Louis

Amtssprache: Englisch

Bruttonationaleinkommen 2004 je Einw.: 4640 $

Währung: 1 Mauritius-Rupie (MR) = 100 Cents
Kurs: 1 US-$ = 30,98 MR; 1 € = 40,05 MR

Botschaft der Republik Mauritius
Kurfürstenstr. 84, 10787 Berlin
T 030 / 2 63 93 60, Fax 26 55 83 23
www.mauritius-embassy.de

LANDESSTRUKTUR **Fläche**: 2040 km²; davon Rodrigues 104 km², Agalega, Cargados Carajos Shoals (St. Brandon) u. a. Inseln insg. 71 km²; Karte → WA 2006, S. 314 ▪ **Verwaltung**: 9 Distrikte und 3 Dependenzen ▪ **Städte**: (Z 2000) Port Louis 144 303 Einw., Beau Bassin-Rose Hill 103 872, Vacoas-Phoenix 100 066, Curepipe 78 920, Quatre Bornes 75 884

BEVÖLKERUNG Mauritier – F 2004: 1 234 000 Einw.; Bevölkerungswachstum: 1,0 %; letzte Zählung 2000: 1 178 848 Einw. – ca. 53 % Inder, 43 % Kreolen, 2 % Chinesen, 2 % Europäer ▪ **Sprachen** 2000: 38,6 % Mauritianisch (französisches Kreol), 30,6 % Bhojpuri, 3,8 % Tamil, 3,0 % Hindi, 2,9 % Urdu, 1,6 % Telugu, 1,9 % Chinesisch ▪ **Religion** 2000: 50 % Hindus, 30 % Christen (26 % Katholiken), 17 % Muslime; Minderheit von Buddhisten

STAATS- UND REGIERUNGSFORM Verfassung von 1968, zuletzt geändert 1992 – Republik (im Commonwealth) seit 1968 – Parlament (National Assembly) mit 70 Mitgl. (62 gewählt, 8 für Minderh. reserviert), Wahl alle 5 J. – Wahl des Staatsoberhauptes durch Parlament alle 5 J. – Wahlrecht ab 18 J. ▪ **Unabhängigkeit**: 12. 3. 1968 (ehem. britische Kolonie) ▪ **Nationalfeiertag**: 12. 3.

REGIERUNG UND PARTEIEN **Staatsoberhaupt**: Anerood Jugnauth (MSM), seit 7. 10. 2003 – **Regierungschef**: Navin Chandra Ramgoolam (PTM), seit 7. 7. 2005 – **Äußeres**: Madun Dulloo, seit 5. 7. 2005 ▪ **Parlament**: Wahlen vom 3. 7. 2005: Wahlbündnis Alliance Sociale: Parti Travailliste Mauricien / PTM und Verbündete 42 von 70 Sitzen (2000: 6), Wahlbündnis Mouvement Socialiste Mauricien / MSM und Mouvement Militant Mauricien / MMM 24 (54), Organisation du Peuple Rodriguais 4 (2)

WIRTSCHAFT **BIP** 2004: 6,034 Mrd. $; realer Zuwachs: 4,2 %; Anteil (2004) Landwirtschaft 6 %, Industrie 30 %, Dienstleistungen 64 % ▪ **Erwerbstätigkeit** 2003: Landwirtsch. 9 %, Industrie 37 %, Dienstl. 54 % ▪ **Arbeitslosigkeit** ⌀ 2003: 10,2 % ▪ **Inflation** ⌀ 2004: 4,4 % ▪ **Außenhandel** 2004: **Import**: 2,89 Mrd. $; *Güter*: 26 % Vorerzeugnisse (12 % Textilprodukte), 24 % Maschinen, Transportausrüstungen (5 % Kfz), 17 % Ernährungsgüter, 13 % mineralische Brennstoffe, 9 % Fertigerzeugnisse, 8 % chemische Erzeugnisse; *Länder* 2003: 13 % Südafrika, 12 % Frankreich, 9 % VR China, 9 % Indien, 4 % Bahrain, 4 % Japan, 3 % Großbritannien, 3 % Deutschland, 3 % Australien (EU gesamt: 41 %); **Export**: 1,90 Mrd. $; *Güter*: 53 % Bekleidung, 31 % Ernährungsgüter (22 % Rohzucker), 3 % Textilgarne (EPZ-Anteil 73,5); *Länder* 2003: 31 % Großbritannien, 19 % Frankreich, 17 % USA, 6 % Madagaskar, 4 % Italien, 3 % Deutschland (EU gesamt: 71 %)

CHRONIK

Wenig beachtet von der Weltpresse und der afrikanischen Öffentlichkeit hat die kleine Inselrepublik Anfang Juli 2005 ihren Ruf als demokratisches Vorzeigeland Afrikas erneut bestätigt. Bei den achten Parlamentswahlen seit der Unabhängigkeit 1968 konnte die oppositionelle Alliance Sociale (AS) des früheren Premierministers **Navin Chandra Ramgoolam** am 3. 7. bei einer Wahlbeteiligung von 81,5 % überraschend die Mehrheit der Sitze erringen. Das Wahlergebnis war von der wirtschaftlichen Entwicklung sichtbar beeinflusst (→ unten). Ramgoolams neue Regierung setzte zunächst eine Reihe sozialer Vergünstigungen wieder in Kraft: u. a. die allgemeine Rente für über 60-Jährige und kostenlosen öffentlichen Nahverkehr für Schüler, Studenten und Rentner.

▪ **Wirtschaft:** Trotz Bemühungen der Regierung Paul Bérenger, die Abhängigkeit des Landes von Zucker und Textilien zu reduzieren und den Dienstleistungssektor zu stärken, traf die auf Druck der WTO erfolgte Aufkündigung des 1975 im Rahmen des AKP-Abkommens mit der EU (damals noch EG) geschlossenen Zuckerprotokolls die Volkswirtschaft hart. Der privilegierte Marktzugang für die traditionellen Hauptexportgüter Zucker und Textilien hatte noch zu Beginn des neuen Jahrtausends zu jährlichen Wachstumsraten von 5 % und einem BNE pro Kopf von 11 955 PPP-$ (2004) geführt. Mauritius liefert 38 % der EU-Einfuhrquote von 1,3 Mio t. Aufgrund der drastischen Senkung des Garantiepreises legte die von einigen französischstämmigen Familien kontrollierte Zuckerindustrie ineffizientere Zuckermühlen still, wodurch sich die hauptsächlich indischstämmigen Kleinbauern in ihrer Existenz bedroht sahen. Gleichzeitig litt die Textilindustrie nach dem Ende des weltweiten Importquotensystems zum 1. 1. 2005 unter der neuen chinesischen Konkurrenz; lediglich die stark vertretene Produktion von Designerlabels war davon nicht betroffen.

Mazedonien Südost-Europa

Ehemalige jugoslawische Republik Mazedonien (provisorischer Name durch UN seit 8. 4. 1993); auch: Makedonien; Republika Makedonija (mazedonisch); Republika e Maqedonisë (albanisch) – MK / MKD

Fläche (Weltrang: 145): 25 713 km²

Einwohner (139): F 2004 2 030 000 = 79 je km²

Hauptstadt: Skopje

Amtssprachen: Mazedonisch, Albanisch

Bruttonationaleinkommen 2004 je Einw.: 2420 $

Währung: 1 Denar (Den) = 100 Deni
Kurs: 1 US-$ = 47,89 Den; 1 € = 61,49 Den

Botschaft von Mazedonien
Königsallee 2–4, 14193 Berlin
T 030 / 89 06 95 22, Fax 89 54 11 94

LANDESSTRUKTUR **Fläche**: 25 713 km²; → Karte ▪ **Verwaltung**: 123 Gemeinden ▪ **Städte**: (Z 2002) Skopje 467 257 Einw., Kumanovo 103 205, Bitola 86 408, Prilep 73 351, Tetovo 70 841

BEVÖLKERUNG Mazedonier – F 2004: 2 030 000 Einw.; Bevölkerungswachstum: 0,2 %; letzte Zählung 2002: 2 022 547 Einw. – 64,18 % Mazedonier, 25,17 % Albaner, 3,85 % Türken, 2,66 % Roma, 1,78 % Serben, 0,84 % Bosniaken, 0,48 % Walachen (Aromunen) und Sonstige ▪ **Sprachen**: Mazedonisch, Albanisch, Türkisch, Romani, Serbisch, Walachisch ▪ **Religion**: 70 % Mazedonisch-Orthodoxe, 25 % Muslime (v. a. Albaner); Katholiken

STAATS- UND REGIERUNGSFORM Verfassung von 1991, zuletzt geändert 2001 – Republik seit 1991 – Parlament (Sobranie) mit 120 Mitgl., Wahl alle 4 J. – Direktwahl des Staatsoberhauptes alle 5 J. – Wahlrecht ab 18 J. ▪ **Unabhängigkeit**: Proklamation 25. 1. 1991, Referendum 8. 9. 1991 ▪ **Nationalfeiertag**: 2. 8. (Tag des Aufstands 1903)

REGIERUNG UND PARTEIEN **Staatsoberhaupt**: Branko Crvenkovski (SDSM), seit 12. 5. 2004 – **Regierungschef**: Nikola Gruevski (VMDRO-DPMNE-Vorsitzender), designiert – **Äußeres**: N. N. ▪ **Parlament**: Wahlen vom 5. 7. 2006: »Für ein besseres Mazedonien«: Bündnis aus Demokratischer Partei für die Nationale Einheit Mazedoniens / VMRO-DPMNE, Liberaler Partei / LPM und Sozialistischer Partei / SPM 44 von 120 Sitzen (2002: 28+5+1), »Gemeinsam für Mazedonien«: Bündnis aus Sozialdemokratischem Bund / SDSM und Liberaldemokratischer Partei / LDP 32 (2002: 49+11), Demokratische Union für Integration (Albaner) / BDI 16 (16), Demokratische Partei der Albaner / PDSH 11 (7), Neue Sozialdemokratische

Partei / NSDP 7 (–), Volkspartei / VMRO-NP 6 (–), ParteiderDemokratischenProsperität(Albaner) / PPD 2 (2), Sonstige 2 (1)

WIRTSCHAFT **BIP** 2004: 5,355 Mrd. $; realer Zuwachs: 2,9 %; Anteil (2004) Landwirtschaft 13 %, Industrie 28 %, Dienstleistungen 59 % ▪ **Erwerbstätigkeit** 2003: Landwirtsch. 22 %, Industrie 34 %, Dienstl. 44 % ▪ **Arbeitslosigkeit** ∅ 2004: 36,0 % ▪ **Inflation** ∅ 2005: 1,2 % ▪ **Außenhandel** 2005 (vorläufig): **Import**: 3,228 Mrd. $; *Güter*: 29 % Fertigerzeugnisse, 19 % mineralische Brennstroffe, 17 % Maschinen und Transportmittel, 11 % Nahrungsmittel und lebende Tiere, 10 % chemische Erzeugnisse, 8 % diverse Fertigerzeugnisse, 3 % Rohstoffe ohne Brennstoffe, 1 % Getränke und Tabak; *Länder*: 13 % Russland, 10 % Deutschland, 9 % Griechenland, 8 % Serbien und Montenegro, 7 % Bulgarien, 6 % Italien, 4 % Slowenien, 4 % VR China, 4 % Türkei, 3 % Polen, 2 % Kroatien (EU gesamt: 46 %); **Export**: 2,041 Mrd. $; *Güter*: 33 % Fertigerzeugnisse, 29 % diverse Fertigerzeugnisse, 8 % Nahrungsmittel und lebende Tiere, 8 % Getränke und Tabakwaren, 8 % Brennstoffe, 5 % Maschinen und Transportmittel, 4 % chemische Erzeugnisse, 3 % Rohstoffe ohne Brennstoffe; *Länder*: 23 % Serbien und Montenegro, 18 % Deutschland, 15 % Griechenland, 8 % Italien, 4 % Britische Jungferninseln, 4 % Kroatien, 4 % Bulgarien, 3 % Bosnien und Herzegowina, 2 % Türkei, 2 % Niederlande, 2 % USA (EU gesamt: 53 %)

CHRONIK

Nach Beendigung des Bürgerkriegs durch das Rahmenabkommen von Ohrid 2001 galt die Lage als weitgehend normalisiert, sodass Mazedonien – als ein positives Beispiel der EU-Interventionspolitik auf dem Balkan – mit dem Kandidatenstatus für die EU-Mitgliedschaft ausgezeichnet werden konnte. Die als

Mazedonien: Wahlen zum Parlament am 5.7.2006 (2002)

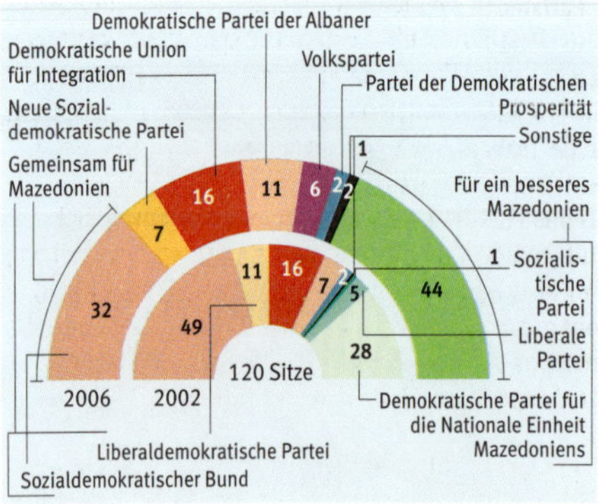

Bewährungsprobe verstandene Parlamentswahl im Juli bestätigte in ihrem relativ friedlichen Verlauf die potenzielle EU- und NATO-Tauglichkeit des Landes.

- **Parlamentswahl am 5. 7. 2006:** Deutlicher als erwartet ging aus den Wahlen, zu denen 33 Parteien im Wettbewerb um 120 Mandate angetreten waren, das oppositionelle Parteienbündnis um die national-konservative Demokratische Partei für die Nationale Einheit (VMRO-DPMNE) hervor (→ Grafik). Mit ihrem Vorsitzenden Nikola Gruevski als Spitzenkandidat gewann sie 8,2 Prozentpunkte gegenüber der Wahl 2002 hinzu und erzielte 32,5 % der Stimmen. Dagegen fielen die bisher regierenden postkommunistischen Sozialdemokraten (SDSM) unter Ministerpräsident Vlado Bučkovski, die zusammen mit den Liberaldemokraten 2002 auf einen Stimmenanteil von 40,5 % gekommen waren, auf 23,3 % zurück. Unter den Albaner-Parteien wurde die Demokratische Union für Integration (BDI) von Ali Ahmeti, die in der bisherigen Regierungskoalition Partner des SDSM war, von der Demokratischen Partei der Albaner (PDSH) von Arben Xhaferi überholt. Die Wahlbeteiligung betrug rd. 60 %.
- **Minderheitenrechte:** Am 15. 7. 2005 verabschiedete das Parlament in Skopje ein Gesetz, das den ethnischen Minderheiten (25 % Albaner sowie kleine Volksgruppen von Serben, Türken und Roma) das Hissen ihrer Symbole neben der Staatsflagge an öffentlichen Gebäuden erlaubt, falls sie in einer Gemeinde mehr als die Hälfte der Bevölkerung ausmachen. Damit galten vier Jahre nach Beendigung des Bürgerkriegs durch das Rahmenabkommen von Ohrid und mittlerweile mehr als 70 Gesetzesänderungen zur Stärkung der Minderheitenrechte alle Vorgaben des Abkommens als erfüllt.
- **Reduzierung der internationalen Präsenz:** Im November 2005 wurden die Funktionen des bisherigen Vertreters der EU-Kommission sowie des EU-Sonderbeauftragten für Mazedonien gebündelt. Den Posten des nun einzigen EU-Vertreters in Skopje erhielt der Ire Erwan Fouéré. Die EU-Polizeimission PROXIMA wurde am 15. 12. durch rd. 30 Polizeiexperten der EU (EUPAT) ersetzt (→ EU).
- **EU-Kandidatenstatus:** Nachdem sich die 25 Mitgliedstaaten der EU am 17/18. 12. auf das mittelfristige Gemeinschaftsbudget (2007–2013) geeinigt hatten, war auch der Weg frei für einen positiven Entscheid zum Kandidatenstatus Mazedoniens (→ Foto), der von der EU-Kommission am 9. 11. empfohlen worden war. Mit der Gewährung des Kandidatenstatus wurde allerdings kein Datum für die Aufnahme von Beitrittsverhandlungen verbunden (→ EU).

Jubel über Status als EU-Beitrittskandidat am 17. 12. 2005

- **Namensstreit:** Im September 2005 schlug der seit zehn Jahren mit der »Namensfrage« befasste UN-Sonderbeauftragte, Matthew Nimitz, vor, Mazedonien solle vor UN, NATO und EU bis 2008 den Namen **Republika Makedonija** erhalten und international die englische oder französische Übersetzung verwenden dürfen; im Verkehr mit Griechenland solle sich der Staat auf Dauer **Republika Makedonija – Skopje** nennen. Die mazedonische Regierung akzeptierte den Vorschlag, der griechische Ministerpräsident Kostas Karamanlis bestand hingegen auf der Beibehaltung der provisorischen internationalen Bezeichnung **Former Yugoslav Republic of Macedonia (FYROM)** und drohte am 31. 10. indirekt mit einem Veto Griechenlands gegen den EU-Beitritt seines Nachbarn, falls sich keine einvernehmliche Lösung finden lasse. Der seit der Unabhängigkeit der früheren jugoslawischen Teilrepublik Mazedonien (1991) virulente Namensstreit ist nationalgeschichtlich begründet und macht sich u. a. daran fest, dass die dem Staat Mazedonien benachbarte griechische Provinz denselben Namen trägt.

Mexiko Nord-Amerika

Vereinigte Mexikanische Staaten; Estados Unidos Mexicanos, Kurzform: México – MX / MEX

Fläche (Weltrang: 14): 1 953 162 km²

Einwohner (11): F 2004 103 795 000 = 53 je km²

Hauptstadt: Ciudad de México (Mexiko-Stadt)

Amtssprache: Spanisch

Bruttonationaleinkommen 2004 je Einw.: 6790 $

Währung: 1 Mexikan. Peso (mex$) = 100 Centavos
Kurs: 1 US-$ = 11,38 mex$; 1 € = 14,59 mex$

Botschaft von Mexiko
Klingelhöferstr. 3, 10785 Berlin
T 030 / 26 93 23-0, Fax 26 93 23-700
www.embamex.de

LANDESSTRUKTUR **Fläche**: 1 953 162 km² einschließlich 5363 km² unbewohnte Inseln; → Karte ▪ **Verwaltung**: 31 Bundesstaaten und Hauptstadt-Bundesdistrikt ▪ **Städte**: (Z 2000) Ciudad de México (Mexiko-Stadt) 8 605 239 Einw., Guadalajara 1 646 183, Escatepec de Morelos 1 621 827, Puebla 1 271 673, Nezahualcóyotl 1 225 083, Ciudad Juárez 1 187 275, Tijuana 1 148 681, Monterrey 1 110 909, León 1 020 818, Zapopan 910 690, Nauculpan 835 053, Tlalnepantla de Baz 714 735, Guadelupe 669 842, Mérida 662 530, Chihuahua 657 876, San Luis Potosí 629 208, Acapulco de Juárez 620 656, Aguascalientes 594 092, Saltillo 562 587, Morelia 549 996, Mexicali 549 873

BEVÖLKERUNG Mexikaner – F 2004: 103 795 000 Einw.; Bevölkerungswachstum: 1,5 %; letzte Zählung 2000: 97 483 412 Einw. – Z 1995: 75 % Mestizen, 14 % Indianer, 10 % Weiße; über 150 000 Ausländer ▪ **Sprachen** 2000: 98,8 % Spanisch, 7,1 % indianische Sprachen, davon u. a. 24,0 % Náhuatl (Aztekisch), 13,2 % Maya, 7,2 % Mixteco, 7,0 % Zapoteco und weitere 83 Sprachen; 1,2 % sprechen nur indianische Sprachen ▪ **Religion** 2000: 90,4 % Katholiken, 5,2 % Protestanten, 3,5 % religionslos; Minderheiten von Bahai, Juden u. a.

STAATS- UND REGIERUNGSFORM Verfassung von 1917, zuletzt geändert 1994 – Präsidiale Bundesrepublik seit 1917 – Parlament (Congreso de la Unión): Abgeordnetenhaus (Cámara Federal de Diputados) mit 500 Mitgl., Wahl alle 3 J.; Senat (Senado) mit 128 Mitgl., Wahl alle 6 J. – Direktwahl des Staatsoberhauptes alle 6 J. (keine Wiederwahl) – Wahlrecht ab 18 J., Verheiratete ab 16 J. ▪ **Unabhängigkeit**: Proklamation 16. 9. 1810 (ehem. spanische Kolonie) ▪ **Nationalfeiertag**: 16. 9.

REGIERUNG UND PARTEIEN **Staats- u. Regierungschef**: Vicente Fox Quesada (PAN), seit 1. 12. 2000 – **Äußeres**: Luis Ernesto Derbez Bautista, seit 10. 1. 2003 ▪ **Parlament**: Wahlen vom 2. 7. 2006: Abgeordnetenhaus: Partido Acción Nacional / PAN 206 von 500 Sitzen (2003: 153), Alianza por el Bien de Todos: Bündnis aus Partido de la Revolución Democrática / PRD, Partido de Trabajo / PT und Convergencia zus. 160 (PRD 95, PT 6, Convergencia 2), Alianza por México: Bündnis aus Partido Revolucionario Institucional / PRI und Partido Verde Ecologista / PVEM zus. 121 (PRI 224, PVEM 17), Sonstige 13 (3) – Senat (nach Teilwahlen vom 2. 7. 2006): PAN 52 von 128 Sitzen (2000: 46), Alianza por el Bien de Todos 36 (PRD 15), Alianza por México 38 (PRI 60, PVEM 5), Sonstige 2 (2)

WIRTSCHAFT **BIP** 2004: 676,497 Mrd. $; realer Zuwachs: 4,4 %; Anteil (2004) Landwirtschaft 4 %, Industrie 26 %, Dienstleistungen 69 % ▪ **Erwerbstätigkeit** 2003: Landwirtsch. 16 %, Industrie 25 %, Dienstl. 58 % ▪ **Arbeitslosigkeit** ∅ 2005: 3,6 %; hohe Unterbeschäftigung ▪ **Inflation** ∅ 2005: 4,0 % ▪ **Außenhandel** 2005: **Import**: 221,3 Mrd. $; *Güter*: 21 % Elektronik, 15 % Maschinen, 13 % Kfz und -Teile, 7 % Kunststofferzeugnisse, 7 % chemische Erzeugnisse, 5 % Textilien, 5 % Eisen und Stahl; *Länder*: 53 % USA, 8 % VR China, 6 % Japan, 4 % Deutschland, 3 % Rep. Korea, 3 % Kanada; **Export**: 213,7 Mrd. $; *Güter*: 82 % Industrieprodukte (davon 21 % Kfz und -Teile, 21 % elektrische und elektronische Geräte, 12 % Maschinen und Ausrüstungen), 14 % Erdöl und -derivate, 5 % Textilien und Leder, 3 % chemische Erzeugnisse, 3 % Tabak, 3 % Basismetalle, 3 % Kunststoffprodukte, 2 % Agrarprodukte; *Länder*: 86 % USA, 2 % Kanada, 1 % Spanien, 1 % Antillen, 1 % Deutschland

CHRONIK

In der Wirtschafts- und Finanzpolitik konnte die seit Dezember 2000 regierende konservative Regierung von Präsident Vicente Fox Quesada (Partido Acción Nacional, PAN) Erfolge verbuchen: Mexiko als größte lateinamerikanische Volkswirtschaft hat sich von der schweren Finanzkrise Mitte der 1990er Jahre erholt; aufgrund des von der Regierung verfolgten Stabilitätskurses war das Haushaltsdefizit in den letzten fünf Jahren von 1,1 auf 0,2 % des BIP zurückgegangen und die Inflationsrate im Oktober 2005 bis auf 3 % gesunken. Dass gleichwohl zahlreiche wichtige Reformen vor allem im Sozialbereich bisher nicht umgesetzt werden konnten, lag vor allem daran, dass sich die Regierung im Kongress nur auf eine Minderheitsfraktion stützen konnte und der oppositionelle Partido Revolucionario Institucional (PRI), der Mexiko bis zu Fox' Amtsantritt 71 Jahre lang ununterbrochen regiert hatte, daher oft eine Blockadepolitik gegen die Gesetzesvorhaben der Regierung betrieb. Die Zusammensetzung des Kongresses verschob sich bei den Wahlen Mitte 2006 zugunsten des PAN. Die Entscheidung über den Wechsel an der Staatsspitze blieb wegen des überaus knappen Sieges von PAN-Kandidat Felipe Calderón Hinojosa umstritten.

▪ **Präsidentschafts- und Kongresswahlen:** Bei den Präsidentschaftswahlen vom 2. 7. 2006 entspann sich ein Wahlkrimi, als der Kandidat des regierenden PAN, Felipe Calderón Hinojosa (→ Foto), mit einem Vorsprung von lediglich 244 000 Stimmen (35,88 %) zum Sieger erklärt wurde. Der mit 35,31 % der Stimmen unterlegene Gegner Andrés Manuel López Obrador (Partido de la Revolución Democrática, PRD; → Foto), der eine Allianz linker Parteien anführte, reichte beim Bundeswahlgericht eine Anfechtungsklage ein, um eine manuelle Nachzählung der 41 Mio. Stimmzettel zu erwirken; eine vollständige Neuauszählung lehnte das Gericht ab, Teilresultate würden jedoch überprüft. Am 6. 9. 2006 muss das Gericht den Sieger bekanntgeben. Dem Aufruf von López Obrador zu einer Protestkundgebung in Mexiko-Stadt am 8. 7. leisteten über 100 000 Demonstranten Folge. Keine weitere Partei schlosssich dem Vorwurf des Wahlbetrugs an, auch Beobachter der EU lobten den Ablauf des Urnengangs.

Felipe Calderón Hinojosa

Andrés Manuel López Obrador

In beiden Kammern des Kongresses konnte sich der regierende PAN als stärkste Kraft etablieren: Im Abgeordnetenhaus konnte er seine Vertretung von 153 (bei den Wahlen 2003) auf 206 der 500 Sitze, im Senat um 6 auf 52 der 128 Posten erweitern. Das Wahlbündnis »Alianza por el Bien de Todos« unter Führung des PDR erhielt 160 bzw. 36 Mandate. Die bisher stärkste Partei, PRI, die in einem Bündnis mit den Grünen angetreten war, musste in beiden Kammern eine Halbierung ihrer Mandate hinnehmen.

▪ **Außenpolitik:** Im **Verhältnis zu den USA** kam es zu Spannungen angesichts der verschärften Immigrationsgesetze des nördlichen Nachbarn und verstärkter Bekämpfung der illegalen Einreise (→ USA). Nach einem Dreiergipfel mit US-Präsident George W. Bush und dem kanadischen Premierminister Stephen Harper in der mexikanischen Stadt Cancún am 30. 3. 2006, wo über Einwanderungs- und Handelsfragen gesprochen wurde, warnte Präsident Fox Mitte Mai vor einer »Militarisierung der Grenze«. Die Rücksendungen von in den USA arbeitenden Mexikanern sind mit rd. 20 Mrd. US-$ jährlich ein bedeutender Wirtschaftsfaktor.

Neben der Immigrationsproblematik verschärfte auch die **zunehmende Gewaltkriminalität** beiderseits der Grenze die Lage. Die US-Administration und die mexikanische Regierung machen vor allem Rauschgiftbanden, die um Schmuggelrouten in die USA

kämpfen, für die Rechtlosigkeit verantwortlich: 90 % des in den USA konsumierten Kokains und Heroins gelangen über Mexiko ins Land. Bei Auseinandersetzungen zwischen rivalisierenden Drogenkartellen im Norden Mexikos kamen bis August 2005 fast 900 Menschen ums Leben. Die Regierung setzte zur Bekämpfung der Gewalt auch Armee und Bundespolizei ein.

Präsident Fox' Eintreten für den Freihandel auf dem amerikanischen Kontinent führte zu einer ernsthaften diplomatischen **Krise mit Venezuela**; beide Staaten riefen am 14. 11. 2005 ihre Botschafter zurück. Präsident Fox hatte sich auf dem Panamerika-Gipfel am 4./5. 11. 2005 im argentinischen Mar del Plata für die Errichtung der in Lateinamerika äußerst umstrittenen Freihandelszone FTAA (ALCA) ausgesprochen, woraufhin ihn der venezolanische Präsident Hugo Chávez Frías als »Lakaien des Imperiums« (d. h. der USA) bezeichnet hatte.

▪ **Bundesstaaten:** Im **Chiapas-Konflikt** ist eine weitere Normalisierung zu verzeichnen: Am 25. 11. 2005 teilte der Anführer der Zapatistischen Befreiungsarmee (Ejército Zapatista de Liberación Nacional/EZLN), Subcomandante Marcos, mit, dass der politische Arm des EZLN aufgelöst und durch eine politische Organisation ersetzt werde. Der Aufstand linksgerichteter zapatistischer Rebellen im südmexikanischen Bundesstaat Chiapas hatte 1994 begonnen und richtete sich vor allem gegen die Unterdrückung der Bevölkerungsmehrheit der Indios.

▪ **Weitere Meldungen:** Überschwemmungen und Erdrutsche nach tagelangen sintflutartigen Regenfällen im Gefolge des **Hurrikans Stan** forderten Anfang Oktober 2005 42 Menschenleben. Sechs Bundesstaaten waren betroffen, darunter vor allem Chiapas. Der Sachschaden wurde auf mind. 2 Mrd. US-$ geschätzt. Der vom 22.–24. 10. 2005 wütende **Hurrikan Wilma** zerstörte auf der Halbinsel Yukatán tausende Häuser und Hotels, sieben Menschen starben. In der wichtigsten Touristenregion Mexikos entstand ein so großer Sachschaden, dass das Wirtschaftswachstum im letzten Quartal 2005 um 0,25 % sank.

Mexiko: BIP-Wachstum

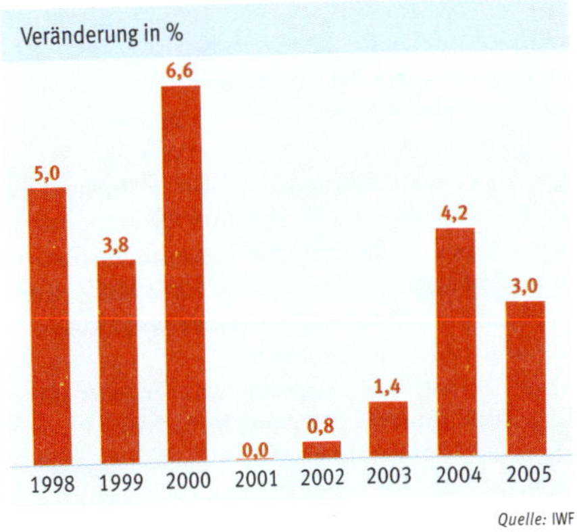

Quelle: IWF

Mikronesien Ozeanien

Föderierte Staaten von Mikronesien; Federated States of Micronesia – FM/FSM

Fläche (Weltrang: 175): 700 km²

Einwohner (178): F 2004 110 000 = 157 je km²

Hauptstadt: Kolonia

Regierungssitz: Palikir

Amtssprache: Englisch

Bruttonationaleinkommen 2004 je Einw.: 2300 $

Währung: 1 US-Dollar (US-$) = 100 Cents
Kurs: 1 € = 1,27 US-$ (1. 7. 2006)

Botschaft der Föderierten Staaten von Mikronesien
1725 North Street N. W., Washington D. C. 20 036
T 001-202-223 43 83, Fax 223 43 91

LANDESSTRUKTUR **Fläche**: 700 km²; davon Pohnpei (163 Inseln) 344 km², Chuuk (294 Inseln) 127 km², Yap (145 Inseln) 119 km², Kosrae (5 Inseln) 110 km²; Karte → WA 2005, S. 298 ▪ **Verwaltung**: 4 Teilstaaten ▪ **Städte**: (Z 1994) Weno (Chuuk) 16 121 Einw., Kolonia (Pohnpei) 6660, Colonia (Yap) 3161

BEVÖLKERUNG Mikronesier – F 2004: 110 000 Einw.; Bevölkerungswachstum: 0,8 %; letzte Zählung 2000: 107 008 Einw. (Chuuk 53 595, Pohnpei 34 486, Yap 11 241, Kosrae 7686) ▪ **Sprachen**: Englisch, 9 mikronesische und polynesische Sprachen ▪ **Religion** 2002: 73 % Katholiken, protestantische Minderheit

STAATS- UND REGIERUNGSFORM Verfassung von 1979 – Bundesrepublik seit 1980 – Freier Assoziierungsvertrag mit den USA (für Verteidigung zuständig) seit 1986 – Parlament (Congress) mit 14 Mitgl., Wahl von 4 Mitgl. alle 4 J., von 10 Mitgl. alle 2 J. – Ernennung des Staatsoberh. durch Parlament alle 4 J. – Wahlrecht ab 18 J. ▪ **Unabhängigkeit**: Proklamation 3. 11. 1986, endgültig 22. 12. 1990 ▪ **Nationalfeiertag**: 3. 11.

REGIERUNG UND PARTEIEN **Staats- u. Regierungschef**: Joseph J. Urusemal, seit 11. 5. 2003 – **Äußeres**: Sebastian Anefal, seit 5. 9. 2003 ▪ **Parlament**: Wahlen zum Parlament vom 8. 3. 2005: keine Parteien

WIRTSCHAFT **BIP** 2004: 226 Mio. $; realer Zuwachs: –3,8 %; Anteil (2000) Landwirtschaft 50 %, Industrie 4 %, Dienstleistungen 46 % ▪ **Erwerbstätigkeit** 2000: Landwirtsch. 55 % ▪ **Arbeitslosigkeit** ∅ 2000: 2,6 % ▪ **Inflation**: k. A. ▪ **Außenhandel** 1999: **Import**: 12,3 Mio. $; *Güter*: 25 % Nahrungsmittel, 20 % mineralische Brennstoffe, 20 % Maschinen; *Länder*: 44 % USA, 20 % Australien; **Export**: 2,1 Mio. $; *Güter*: 92 % Fisch; *Länder*: 84 % Japan

Moldau Südost-Europa

Republik Moldau; auch: Moldawien; Republica Moldova – MD / MDA

Fläche (Weltrang: 135): 33 800 km²

Einwohner (120): F 2004 4 218 000 = 125 je km²

Hauptstadt: Chişinău (Chisinau, Kischinjow)

Amtssprache: Moldauisch

Bruttonationaleinkommen 2004 je Einw.: 720 $

Währung: 1 Moldau-Leu (MDL) = 100 Bani
Kurs: 1 US $ = 13,22 MDL; 1 € = 17,00 MDL

Botschaft der Republik Moldau
Gotlandstr. 16, 10439 Berlin
T 030 / 44 65 29 70, Fax 44 65 29 72
www.botschaft-moldau.de

LANDESSTRUKTUR **Fläche**: 33 800 km²; Karte → WA 2005, S. 300 ▪ **Verwaltung**: 31 Distrikte, 2 autonome Gebiete: Gagausien und die Dnjestr-Republik (Transnistrien → unten), 3 Stadtbezirke: Chişinău, Bălţi und Tighina ▪ **Städte**: (Z 2004) Chişinău (Kischinjow) 716 530 Einw.; (F 1996) Tiraspol 187 000; (Z 2004) Bălţi 127 673; (F 1996) Tighina (Bendery) 128 000

BEVÖLKERUNG Moldauer – F 2004: 4 218 000 Einw.; Bevölkerungswachstum: –0,3 %; letzte Zählung 2004 (vorl.): 3 388 071 Einw. – Z 1989: 64,5 % Moldauer, 13,8 % Ukrainer, 13,0 % Russen, 3,5 % Gagausen, 2,0 % Bulgaren, 3,1 % Sonstige ▪ **Sprachen** 1989: 67 % Moldauisch, Russisch; Ukrainisch, Gagausisch (Turksprache mit kyrillischer Schrift) u. a. ▪ **Religion** 2002: v. a. Russisch-Orthodoxe; 20 000 Katholiken

STAATS- UND REGIERUNGSFORM Verfassung von 1994 – Republik seit 1991 – Parlament mit 101 Mitgl., Wahl alle 4 J. – Wahl des Staatsoberhauptes durch Parlament alle 5 J. – Wahlrecht ab 18 J. ▪ **Unabhängigkeit**: Souveränitätserklärung 23. 6. 1990, Proklamation 27. 8. 1991 ▪ **Nationalfeiertag**: 27. 8.

REGIERUNG UND PARTEIEN **Staatsoberhaupt**: Vladimir Voronin (PCRM), seit 2001; wieder gewählt 2005 – **Regierungschef**: Vasile Tarlev, seit 19. 4. 2001 – **Äußeres**: Andrei Strătan, seit 4. 2. 2004 ▪ **Parlament**: Wahlen vom 6. 3. 2005: Kommunistische Partei / PCRM 56 von 101 Sitzen (2001: 71), Demokratischer Wahlblock (Allianz Unsere Moldau 23, Demokratische Partei 8, Sozialliberale Partei 3) zus. 34 (19), Christlich-Demokratische Volkspartei / PPCD 11 (11)

WIRTSCHAFT **BIP** 2004: 2,595 Mrd. $; realer Zuwachs: 7,3 %; Anteil (2004) Landwirtschaft 21 %, Industrie 24 %, Dienstleistungen 55 % ▪ **Erwerbstätigkeit** 2003: Landwirtsch. 43 %, Industrie 16 %, Dienstl. 41 % ▪ **Arbeitslosigkeit** ∅ 2004: 6,8 % ▪ **Inflation** ∅ 2004: 10,7 % ▪ **Außenhandel** 2004: **Import**: 1,754 Mrd. $; *Güter* 2003: 25 % Maschinen, elektrische und elektronische Geräte, 25 % Textilien und Bekleidung, 16 % Kfz-Teile, 7 % chemische Produkte, 6 % Plastik- und Gummiwaren; *Länder* 2003: 22 % Ukraine, 15 % Russland, 12 % Rumänien, 10 % Deutschland, 7 % Italien, 4 % Weißrussland, 4 % Frankreich, 3 % Bulgarien; **Export**: 0,995 Mrd. $; *Güter* 2003: 54 % Textilwaren, 18 % Lederwaren, 15 % Nahrungsmittel, Getränke und Tabak; *Länder* 2003: 33 % Russland, 10 % Italien, 9 % Rumänien, 6 % Ukraine, 6 % Deutschland, 4 % Weißrussland, 3 % USA

Gagausien

Fläche: 1832 km² ▪ **Bevölkerung** Z 2004: 158 600 Einw. ▪ **Sprachen**: Gagausisch ▪ **Hauptstadt** (Z 1989): Comrat 27 500 Einw. ▪ **Status:** Autonomie-Statut seit 23. 12. 1994 – Volksversammlung mit 35 Mitgl. ▪ **Regierung:** Gouverneur: Gheorghe Tabunschik, seit 2002

Dnjestr-Republik

Fläche: 2500 km²; 5 Bezirke, meist östlich des Flusses Dnjestr gelegen ▪ **Bevölkerung** F 2003: 629 800 Einw. ▪ **Sprachen**: Russisch, Ukrainisch ▪ **Hauptstadt** (F 1996): Tiraspol 187 000 Einw. ▪ **Status:** Parlament mit 54 Mitgl. ▪ **Regierung:** Präsident: Igor Smirnow, seit 1. 12. 1991

CHRONIK

▪ **Spannungen mit Russland:** Der staatlich kontrollierte russische Konzern Gasprom stellte seine Gaslieferungen zum 1. 1. 2006 ein, um eine Verdopplung des Preises durchzusetzen; am 16. 1. einigten sich Moldau und Russland auf einen Kompromiss von 110 US-$ pro 1000 m³ (statt 160 US-$). Kurz darauf wurde wegen angeblicher Verstöße gegen russisches Lebensmittelrecht der Import zahlreicher Produkte verboten.

▪ **Urteil gegen ehemaligen Verteidigungsminister:** Ein Gericht verurteilte am 17. 1. 2006 den ehemaligen Verteidigungsminister Vasile Pasat wegen Betrugs bei einem Rüstungsgeschäft mit den USA zu 10 Jahren Haft. Pasat soll 1997 den USA 21 Kampfflugzeuge vom sowjetischen Typ MiG-29 verbilligt verkauft haben. Das Gericht bezifferte den Schaden auf 54 Mio. US-$. Der Prozess **belastete das Verhältnis Moldaus zu den USA**, die den Vorwurf zurückwiesen.

▪ **Dnjestr-Republik:** Der selbst ernannte Präsident der Region, Igor Smirnow, ließ am 11. 12. 2005 eine **Parlamentswahl** abhalten; alle gewählten Abgeordneten gehörten den Parteien aus Smirnows Umfeld an.

Monaco West-Europa

Fürstentum Monaco; Principauté de Monaco MC/MCO

Fläche (Weltrang: 193): 1,95 km²

Einwohner (189): F 2004 33 000 = 16 923 je km²

Hauptstadt: Monaco-Ville (Monaco)

Amtssprache: Französisch

Bruttonationaleinkommen 2004 je Einw.: k. A.

Währung: 1 Euro (€) = 100 Cent
Kurs: 1 US-$ = 0,79 € (1. 7. 2006)

Botschaft des Fürstentums Monaco
Klingelhöferstr. 7, 10785 Berlin
T 030/26 39 03 3, Fax 26 39 03 44
E-Mail: ambassademonaco@aol.com

LANDESSTRUKTUR **Fläche**: 1,95 km²; → Karte ▪ **Verwaltung**: 4 Quartiers ▪ **Städte**: (Z 2000) Monte Carlo 15 507 Einw., La Condamine (Hafen) 12 187, Fontvieille 3292, Monaco-Ville 1034

BEVÖLKERUNG Monegassen – F 2004: 33 000 Einw.; Bevölkerungswachstum: 0,0 %; letzte Zählung 2000: 32 020 Einw. – 19 % Monegassen, 32 % Franzosen, 20 % Italiener u. a. ▪ **Sprachen**: Französisch und Monegassisch, z. T. Italienisch und Englisch als Umgangssprache ▪ **Religion** 2002: 91 % Katholiken, Minderheiten von Protestanten, Orthodoxen und Juden

STAATS- UND REGIERUNGSFORM Verfassung von 1962 – Parlamentarische Monarchie (Fürstentum) mit eingeschränkter Souveränität – Wirtschafts- und Währungsunion mit Frankreich – Parlament: Nationalrat (Conseil National) mit 24 Mitgl.; Gemeinderat (Conseil Communal) mit 15 Mitgl.; Wahl jeweils alle 5 J. – Wahlrecht ab 18 J. ▪ **Unabhängigkeit**: 25. 2. 1489; fällt bei Erlöschen der Dynastie Grimaldi an Frankreich ▪ **Nationalfeiertag**: 19. 11. (Fête du Prince)

REGIERUNG UND PARTEIEN **Staatsoberhaupt**: Fürst Albert II., seit 1. 4. 2005 (offizielle Amtseinführung 19. 11. 2005) – **Regierungschef u. Äußeres**: Jean-Paul Proust, seit 1. 6. 2005 ▪ **Parlament**: Wahlen zum Nationalrat am 9. 2. 2003: Union pour Monaco/UNAM 21 von 24 Sitzen (1998: – von 18), Union Nationale et Démocratique/UND 3 (18)

WIRTSCHAFT **BIP** 2004: (S) 2,5 Mrd. €; realer Zuwachs: k. A. ▪ **Erwerbstätigkeit**: k. A. ▪ **Arbeitslosigkeit**: k. A. ▪ **Inflation**: k. A. ▪ **Außenhandel** 2004: k. A.; statistisch unter Frankreich erfasst

CHRONIK

Fürst Albert II. unterzeichnete am 9. 11. 2005 im Elysée-Palast in Paris einen **neuen Staatsvertrag mit Frankreich**, der die Autonomie des Fürstentums erweiterte. Nach der Konvention von 1930 waren bisher die Schlüsselpositionen des Fürstentums, darunter auch das Amt des Ministre d'Etat (des Regierungschefs), französischen Beamten vorbehalten, die auf Vorschlag Frankreichs ernannt wurden. Diese Posten können künftig in eigener Regie und auch mit Monegassen besetzt werden. Während mit Jean-Paul Proust weiterhin ein Franzose Regierungschef blieb – Fürst Rainier III. hatte noch vor seinem Tod den Getreuen des französischen Präsidenten Jacques Chirac auf den Posten gehoben –, besetzte Albert das Finanzressort, die zweitwichtigste Position in der Regierungshierarchie, mit seinem Landsmann Franck Biancheri.

Als 34. Regent von Monaco wurde Albert II. am 19. 11., dem Nationalfeiertag, **feierlich in sein Amt eingeführt**; seine Vereidigung war bereits am 12. 7. erfolgt.

Mongolei

Zentral-Asien

Mongġol Ulus – MN/MNG

Fläche (Weltrang: 18): 1 564 100 km²

Einwohner (136): F 2004 2 515 000 = 1,6 je km²

Hauptstadt: Ulaanbaatar (Ulan-Bator)

Amtssprache: Mongolisch

Bruttonationaleinkommen 2004 je Einw.: 600 $

Währung: 1 Tögrög = 100 Möngö
Kurs: 1 US-$ = 1175 Tögrög; 1 € = 1510 Tögrög

Botschaft der Mongolei
Dietzgenstr. 31, 13156 Berlin
T 030/47 48 06 – 0, Fax 47 48 06 26
www.botschaft-mongolei.de

LANDESSTRUKTUR **Fläche**: 1 564 100 km²; Karte → WA 2006, S. 322 ▪ **Verwaltung**: 21 Provinzen, 1 Stadtbezirk: Ulaanbaatar ▪ **Städte**: (Z 2000) Ulaanbaatar (Ulan-Bator) 760 077 Einw., Erdenet 68 310, Darchan 65 791, Čojbalsan 41 714

BEVÖLKERUNG Mongolen – F 2004: 2 515 000 Einw.; Bevölkerungswachstum: 1,4 %; letzte Zählung 2000: 2 373 493 Einw. – 94 % Mongolen (v. a. 81,5 % Chalcha, 1,7 % Burjaten, 1,3 % Daringanga u. a.), 4,3 % Kasachen; Minderheiten von Chinesen und Russen ▪ **Sprachen**: Mongolisch (Chalcha, seit 1993 mit mongolischem Alphabet); Russisch, Kasachisch; Sprachen der Minderheiten ▪ **Religion**: 90 % Buddhisten; indigene Religionen (Schamanismus); Muslime

STAATS- UND REGIERUNGSFORM Verfassung von 1992 – Republik seit 1992 – Parlament (Großer Volkshural) mit 76 Mitgl., Wahl alle 4 J. – Direktwahl des Staatsoberhauptes alle 4 J. – Wahlpflicht ab 18 J. ▪ **Unabhängigkeit**: 11. 7. 1921, 5. 1. 1946 durch China völkerrechtlich anerkannt ▪ **Nationalfeiertag**: 11. 7.

REGIERUNG UND PARTEIEN **Staatsoberhaupt**: Nambaryn Enchbajar (MRVP), seit 24. 6. 2005 – **Regierungschef**: Miyeegombo Enchbold (MRVP), seit 25. 1. 2006 – **Äußeres**: Nyamaa Enchbold, seit 28. 1. 2006 ▪ **Parlament**: Wahl vom 27. 6. 2004: Revolutionäre Volkspartei/MRVP 36 von 76 Sitzen (2000: 72), Demokratische Allianz/MDC: Nationale Demokratische Partei/NDP, Bürgermutpartei und Mutterland-Demokratische Neue Sozialisten 36 (–), Sonstige 1 (3), Unabhängige 3 (1)

WIRTSCHAFT **BIP** 2004: 1,612 Mrd. $; realer Zuwachs: 10,7 %; Anteil (2004) Landwirtschaft 21 %, Industrie 30 %, Dienstleistungen 49 % ▪ **Erwerbstätigkeit** 2003: Landwirtsch. 42 %, Industrie 16 %, Dienstl. 43 % ▪ **Arbeitslosigkeit** ∅ 2002: 17 % ▪ **Inflation** ∅ 2004: 11,0 % ▪ **Außenhandel** 2004: **Import**: 1,012 Mrd. $; *Güter*: 21 % mineralische Produkte, 13 % Maschinen, mechanische und elektrische Geräte, 9 % Transportmittel, 8 % Nahrungsmittel; *Länder*: 33 % Russland, 25 % VR China, 7 % Japan, 6 % Rep. Korea; **Export**: 0,853 Mrd. $; *Güter*: 33 % Kupfer, 28 % Gold, 16 % Textilien und Strickwaren, 6 % Wolle; *Länder*: 48 % VR China, 18 % USA, 16 % Großbritannien

CHRONIK

Das 800-jährige Staatsjubiläum und die Feierlichkeiten zu Ehren des Gründervaters Dschingis Khan im Jahr 2006 waren von einer politischen Krise überschattet: Am 11. 1. 2006 stürzte die Revolutionäre Volkspartei (MRVP), die in der großen Koalition mit der Demokratischen Allianz (MDC) über genau die Hälfte der Parlamentsmandate verfügt, durch den Rücktritt aller ihrer zehn Minister die Regierung von Ministerpräsident Tsachiagiin Elbegdordsch (MDC). Zur Begründung verwies sie auf die gescheiterte Wirtschaftspolitik des demokratischen Regierungschefs. Kritiker argumentierten, die ehemaligen Kommunisten der MRVP wollten sich aus der Schusslinie der Korruption bekämpfenden Maßnahmen Elbegdorjs bringen und allein die Regierungsmacht übernehmen. Am 25. 1. wählte der Große Volkshural, das Parlament, mit 55 von 66 Stimmen den langjährigen Bürgermeister der Hauptstadt Ulan-Bator, **Miyeegombo Enchbold, zum neuen Ministerpräsidenten.**

Die vorläufige Beilegung der Regierungskrise verstärkte den Unmut in der Bevölkerung, da die Macht der MRVP weiter gestärkt wurde. Bei einer Großdemonstration am 18. 4. 2006 forderten rd. 12 000 Menschen die Auflösung des Parlaments und den Rücktritt von Präsident und Regierung. Trotz explodierender Gewinne internationaler Bergbaugesellschaften profitiert die Bevölkerung kaum von der Ausbeutung der Rohstoffe. Nachdem die Regierung Ende April eine Reihe von Maßnahmen verkündete, um die wirtschaftliche Not besonders stark betroffener Bevölkerungsgruppen zu lindern, ebbten die Proteste ab.

▪ **Staatsvisite aus den USA:** Nach dem Besuch von US-Verteidigungsminister Donald Rumsfeld am 22. 10. 2005 stattete **George W. Bush als erster Präsident der USA** der Mongolei am 21. 11. im Rahmen seiner Asienreise einen Besuch ab. Damit erwies er dem ehemals kommunistisch regierten Staat seinen Respekt vor der erfolgreichen Transformation zur Demokratie seit 1990 und dankte dem Partner in der »Koalition der Willigen« für die Entsendung von rd. 120 Soldaten in den Irak und 50 Soldaten zur Unterstützung der Antiterror-Operation »Enduring Freedom« nach Afghanistan. Bush stellte der Mongolei weitere Wirtschaftshilfe in Aussicht; die Regierung in Ulan-Bator hatte um 300 Mio. US-$ gebeten.

Montenegro Südost-Europa

Republik Montenegro; Republika Crna Gora – CG

Fläche (Weltrang: 156): 13 812 km²

Einwohner (159): F 2004 621 000 = 45 je km²

Hauptstadt: Podgorica

Amtssprache: Montenegrinisch

Bruttonationaleinkommen 2004 je Einw.: 2200 $ (S)

Währung: 1 Euro (€) = 100 Cent
Kurs: 1 US-$ = 0,79 € (1. 7. 2006)

Botschaft von Montenegro
Taubertstr. 18, 14193 Berlin
T 030/8 95 77 00, Fax 8 25 22 06
E-Mail: info@botschaft-smg.de

LANDESSTRUKTUR **Fläche:** 13 812 km² ▪ **Verwaltung:** 21 Gemeinden ▪ **Städte:** (Z 2003) Podgorica 136 473 Einw., Nikšić 58 212, Pljevlja 21 377, Bijelo Polje 15 883, Cetinje 15 137

BEVÖLKERUNG Montenegriner – F 2004: 621 000 Einw.; letzte Zählung 2003: 620 145 Einw. – 43 % Montenegriner, 32 % Serben, 15 % Bosniaken, 7 % Albaner ▪ **Sprachen:** Montenegrinisch; Serbisch, Albanisch, Magyarisch (Ungarisch) u. a. Sprachen der Minderheiten ▪ **Religion:** mehrheitlich Serbisch-Orthodoxe; Katholiken, Muslime

STAATS- UND REGIERUNGSFORM Verfassung von 1992 – Parlament mit 77 Mitgl.; Wahl alle 4 Jahre – Direktwahl des Staatsoberhauptes alle 5 J. – Wahlrecht ab 18 J. ▪ **Unabhängigkeit:** 3. 6. 2006 (Montenegro tritt aus dem Staatenbund Serbien und Montenegro aus) ▪ **Nationalfeiertag:** 13. 7. (Unabhängigkeit 1878 und Aufstand gegen die deutsche Okkupation 1941)

REGIERUNG UND PARTEIEN **Staatsoberhaupt:** Filip Vujanović, seit 11. 5. 2003 – **Regierungschef:** Milo Djukanović (DPS), seit 8. 1. 2003 – **Äußeres:** Miodrag Vlahović, seit 29. 7. 2004 ▪ **Parlament:** Wahlen zum Parlament vom 20. 10. 2002: Bündnis »Demokratische Liste für ein europäisches Montenegro« (DPS, SDP) 39 von 77 Sitzen (2001: 36 von 75), Bündnis »Gemeinsam für einen Wechsel« (Sozialistische Volkspartei/SNP u. a.) 30 (33), Liberale Allianz/LS 4 (6), Sonstige 2 (2)

WIRTSCHAFT **BIP** 2004: 23,997 Mrd. $; realer Zuwachs: 8,2 %; Anteil (2004) Landwirtschaft 19 %, Industrie 36 %, Dienstleistungen 45 % ▪ **Erwerbstätigkeit** 2003: Landwirtsch. 7,3 %, Industrie 34,2 %, Dienstl. 58,4 % ▪ **Arbeitslosigkeit** ∅ 2005: 32,5 % ▪ **Inflation** ∅ 2005: 15,2 % ▪ **Außenhandel** 2005 → Serbien

CHRONIK

Als letzte Teilrepublik der ehemaligen Sozialistischen Föderativen Republik Jugoslawien (1945–92) vollzog Montenegro im Mai/Juni 2006 den Schritt in die Unabhängigkeit, indem es sich entsprechend den vereinbarten Regularien aus dem Ende 2003 geschaffenen Staatenbund Serbien und Montenegro löste.

▪ **Referendum:** Für die **Volksabstimmung in Montenegro** am 21. 5. 2006 sah das montenegrinische Wahlgesetz eine Mindestbeteiligung von mehr als 50 % der Stimmbürger sowie eine Mehrheit der Abstimmenden vor. Stimmberechtigt waren nur diejenigen Staatsbürger, die seit mindestens zwei Jahren eine dauerhaften Wohnsitz in Montenegro haben. Eine vom Europarat eingesetzte Kommission (Venedig-Kommission) befand in einem Rechtsgutachten vom Dezember 2005, dass diese Bestimmungen nicht im Widerspruch zu europäischen bzw. internationalen Standards stehen – auch nicht der Ausschluss von in Serbien lebenden Montenegrinern, nach Angaben der serbischen Regierung rund 250 000, von der Teilnahme am Referendum. Um dem Unabhängigkeitsreferendum eine größere Legitimität zu geben, forderte die EU im Februar 2006 ein höheres **Quorum von 55 % der Abstimmenden**, im März wurde das Wahlgesetz entsprechend geändert.

Am 21. 5. votierten nach dem am 23. 5. vorliegenden amtlichen Endergebnis **484 718 Montenegriner (55,5 %) für die staatliche Souveränität, 184 954 (44,5 %) dagegen** (Wahlbeteiligung 86,5 %).

▪ **Unabhängigkeit:** Das Parlament Montenegros erklärte am 4. 6. einstimmig – die Opposition boykottierte die Sitzung – die Unabhängigkeit des Staates. In der Deklaration bezeichnet sich Montenegro als multiethnische und multireligiöse Gemeinschaft. Am 12. 6. wurde Montenegros Unabhängigkeit von der EU anerkannt; am 15. 6. folgte die serbische Regierung.

Mosambik Südost-Afrika

Republik Mosambik; República de Moçambique – MZ / MOZ

Fläche (Weltrang: 34): 799 380 km²

Einwohner (53): F 2004 19 424 000 = 24 je km²

Hauptstadt: Maputo

Amtssprache: Portugiesisch

Bruttonationaleinkommen 2004 je Einw.: 270 $

Währung: 1 Neuer Metical (MT) = 100 Centavos
Kurs: 1 US-$ = 25,275 MT; 1 € = 32,516 MT

Botschaft der Republik Mosambik
Stromstr. 47, 10551 Berlin
T 030 / 39 87 65 00, Fax 39 87 65 03
www.mosambik-botschaft.de

LANDESSTRUKTUR **Fläche**: 799 380 km²; Karte → WA 2006, S. 323 ▪ **Verwaltung**: 10 Provinzen und Hauptstadt ▪ **Städte**: (F 2003) Maputo 1 220 632 Einw.; (Z 1997) Matola 440 927, Beira 412 588, Nampula 314 965, Chimoio 177 608, Nacala 164 309, Quelimane 153 187, Tete 104 832, Xai-Xai 103 251, Gurue 101 367

BEVÖLKERUNG Mosambikaner – F 2004: 19 424 000 Einw.; Bevölkerungswachstum: 1,9 %; letzte Zählung 1997: 16 099 246 Einw. – 98 % Bantu: 47 % Makua, 23 % Tsonga, 12 % Malawi, 11 % Schona, 4 % Yao; 1,7 % Chinesen, Weiße, Mischlinge ▪ **Sprachen**: Portugiesisch; Swahili, Makua, Chinyanja u. a. Bantu-Sprachen ▪ **Religion** 2003: 42 % Christen (24 % Katholiken, 18 % Anhänger der Zion Church), 23 % keine Religion, 18 % Muslime; Anhänger indigener Religionen

STAATS- UND REGIERUNGSFORM Verfassung von 2004 – Präsidialrepublik (im Commonwealth) seit 1990 – Parlament (Assembleia da República) mit 250 Mitgl., Wahl alle 5 J. – Direktwahl des Staatsoberhauptes alle 5 J., einmalige Wiederwahl – Wahlrecht ab 18 J. ▪ **Unabhängigkeit**: 25. 6. 1975 (ehem. portugiesische Kolonie) ▪ **Nationalfeiertag**: 25. 6.

REGIERUNG UND PARTEIEN **Staatsoberhaupt**: Armando Emilio Guebuza (Generalsekretär der FRELIMO), seit 2. 2. 2005 – **Regierungschef**: Luisa Dias Diogo (FRELIMO), seit 17. 2. 2004 – **Außenministerin**: Alcinda Abreu (FRELIMO), seit 3. 2. 2005 ▪ **Parlament**: Wahlen vom 1./2. 12. 2004: Frente de Libertação de Moçambique/FRELIMO 160 von 250 Sitzen (1999: 133), Resistência Nacional Moçambicana/RENAMO-União Eleitoral 90 (112)

WIRTSCHAFT **BIP** 2004: 6,086 Mrd. $; realer Zuwachs: 7,2 %; Anteil (2004) Landwirtschaft 22 %, Industrie 31 %, Dienstleistungen 47 % ▪ **Erwerbstätigkeit** 2002: Landwirtsch. 81 % ▪ **Arbeitslosigkeit**: k. A. ▪ **Inflation** ∅ 2003: 13,4 % ▪ **Außenhandel** 2003: **Import**: 1,753 Mrd. $; *Güter*: 27 % Maschinen und Transportausrüstungen, 16 % mineralische Brennstoffe und Schmiermittel, 12 % Nahrungsmittel und lebende Tiere; *Länder*: 37 % Südafrika, 12 % Australien, 6 % USA, 4 % Indien; **Export**: 1,044 Mrd. $; *Güter*: 54 % Aluminium, 9 % Fischprodukte, 3 % Baumwolle; *Länder*: 44 % Belgien, 16 % Südafrika, 7 % Spanien

CHRONIK

▪ **Unruhen:** In der nördlichen Provinzstadt Mocimboa da Praia kam es infolge der Kommunalwahl vom Mai 2005 wiederholt zu Unruhen zwischen Vertretern der beiden wichtigsten Parteien und früheren Bürgerkriegsgegnern FRELIMO und RENAMO. Bei gewaltsamen Auseinandersetzungen am 5. 9. 2005 starben acht Menschen, zahlreiche Häuser wurden niedergebrannt. Nach den Unruhen wurden 12 Personen verhaftet, gegen 590 weitere wurden Haftbefehle ausgestellt.

▪ **Wirtschaft:** Anlässlich eines Besuchs von Staatschef Armando Emilio Guebuza in Portugal wurde am 2. 11. 2005 ein Abkommen zur Übernahme des Cabora-Bassa-Staudamms durch Mosambik mit Wirkung zum 1. 1. 2006 unterzeichnet. Portugal behält einen Kapitalanteil von 15 %, im Gegenzug verpflichtet sich die Trägergesellschaft, ausstehende Schulden zu begleichen und portugiesische Bauunternehmen bei Projekten im Energiesektor vorrangig zu behandeln.

Trotz einer Steigerung des Wirtschaftswachstums 2005 um 0,2 auf 7,7 % lebte die Mehrheit der Bevölkerung weiterhin unterhalb der Armutsgrenze und war in stark wachsendem Maße von der Ausbreitung von Aids/HIV betroffen. Im neuesten Human Development Report fiel das Land auf den 168. von 177 Plätzen zurück.

Am 16. 11. 2005 billigte das Parlament eine **Währungsumstellung**. Danach wurde der Metical zum 1. 7. 2006 durch den Neuen Metical im Verhältnis 1000 : 1 ersetzt.

Mosambik: BIP-Wachstum

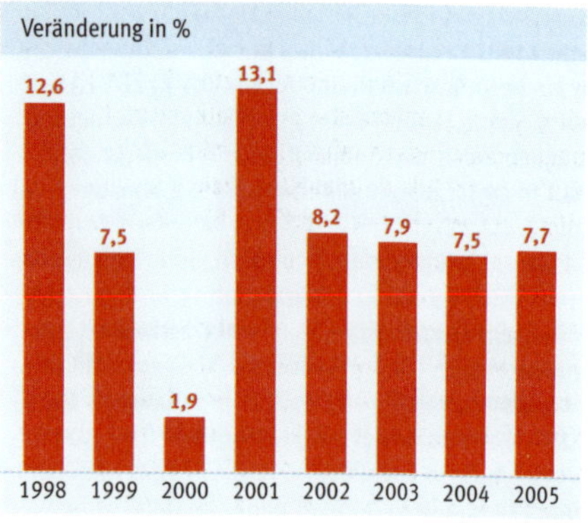

Quelle: IWF

Myanmar Südost-Asien

Union Myanmar; auch: Birma, Burma; Pye Tawngsu Myanma Naingngan, Kurzform: Myanma Pye – MM / MMR

Fläche (Weltrang: 39): 676 552 km²

Einwohner (24): F 2004 50 004 000 = 74 je km²

Hauptstadt: Yangon (Rangun)

Regierungssitz: Pyinmana

Amtssprache: Birmanisch

Bruttonationaleinkommen 2004 je Einw.: k. A.

Währung: 1 Kyat (K) = 100 Pyas
Kurs: 1 US-$ = 5,81 K; 1 € = 7,46 K

Botschaft der Union Myanmar
Thielallee 19, 14195 Berlin
T 030 / 20 61 57 10, Fax 20 64 97 57
E-Mail: emb.my.berlin@t-online.de

LANDESSTRUKTUR **Fläche**: 676 552 km²; Karte → WA 2005, S. 304 ▪ **Verwaltung**: 7 Staaten und 7 Verwaltungsbezirke ▪ **Städte**: (S 2003) Yangon (Rangun) 3 873 739 Einw.; (F 1990) Mandalay 532 895; (Z 1983) Mawlamyine (Moulmein) 219 961, Bago (Pegu) 150 528, Pathein (Bassein) 144 096, Taunggyi 108 231, Sittwe (Akyab) 107 621, Monywa 106 843

BEVÖLKERUNG Myanmaren – F 2004: 50 004 000 Einw.; Bevölkerungswachstum: 1,1 %; letzte Zählung 1983: 35 306 189 Einw. – 69 % Birmanen, 8,5 % Shan, 6,2 % Karen (Christen), 4,5 % Rohingya (Muslime), 2,4 % Mon, 2,2 % Tschin, 1,4 % Kachin u. a. ethnische Minderheiten; 1 % Inder, 1–2 % Chinesen ▪ **Sprachen**: 70 % Birmanisch; Sprachen der Minderheiten; Englisch ▪ **Religion** 1992: 87,2 % Buddhisten, 5,6 % Christen, 3,6 % Muslime, 2,6 % Anhänger von indigenen Religionen

STAATS- UND REGIERUNGSFORM Verfassung von 1974; neue Verfassung in Ausarbeitung – Sozialistische Republik seit 1974 – 1988 Putsch; State Peace and Development Council / SPDC mit 19 Mitgl. als Exekutive – Parlament (Volksversammlung: Pyithu Hluttaw) mit 485 Mitgl.; aufgelöst – Nationalkonvent (Verfassunggebende Versammlung) mit 700 Delegierten – Wahlrecht ab 18 J. ▪ **Unabhängigkeit**: 4. 1. 1948 (ehem. Teil von Britisch-Indien); bis 1989 Birma bzw. Burma ▪ **Nationalfeiertag**: 4. 1.

REGIERUNG UND PARTEIEN **Staatsoberhaupt**: General Than Shwe (SPDC-Vorsitzender), seit 1992 – **Regierungschef**: Soe Win, seit 19. 10. 2004 – **Äußeres**: Nyan Win, seit 18. 9. 2004 ▪ **Parlament**: Erste freie Wahlen vom 27. 5. 1990: National League for Democracy / NLD 392 von 485 Sitzen, Shan Nationalities League for Democracy 23, Rakhine Democratic League 11, National Unity Party (ehem. Einheitspartei) / NUP 10, Sonstige 43, Unabhängige 6; nicht konstituiert

WIRTSCHAFT **BIP** 2004: (S) 14 Mrd. $; realer Zuwachs: k. A.; Anteil (2004) Landwirtschaft 57 %, Industrie 9 %, Dienstleistungen 34 % ▪ **Erwerbstätigkeit** 2003: Landwirtsch. 69 % ▪ **Arbeitslosigkeit** ∅ 2003/04: 4,2 % ▪ **Inflation** ∅ 2004/05: 17,7 % ▪ **Außenhandel** 2004: **Import**: 3,488 Mrd. $; *Güter*: 37 % Konsumgüter, 33 % Halbfertigwaren, 29 % Kapitalgüter (davon 21 % Transportausrüstungen, Maschinen und Anlagen); *Länder*: 30 % Singapur, 21 % VR China, 11 % Japan, 9 % Thailand, 7 % Malaysia, 5 % Rep. Korea, 1 % Deutschland; **Export**: 3,180 Mrd. $; *Güter*: 25 % Erdgas, 16 % landwirtschaftl. Erzeugnisse, 15 % forstwirtschaftliche Erzeugnisse, 14 % Textilien, 7 % Fischereiprodukte; *Länder*: 34 % Thailand, 15 % Indien, 9 % VR China, 6 % Singapur, 5 % Japan, 4 % USA, 3 % Hongkong, 3 % Malaysia

CHRONIK

▪ **Verlegung des Regierungssitzes:** Überraschend leitete die Militärregierung am 7. 11. 2005 den Umzug der Ministerien aus der Hauptstadt Rangun in die Nähe des rd. 400 km nördlich im Landesinneren gelegenen Provinzortes **Pyinmana** ein. Offizielles Motiv für die Wahl des von der Außenwelt abgeschnittenen neuen Regierungssitzes **Yan Lon (»Frei von Streit«)**, dessen Bau vor zwei Jahren begonnen worden war, war die für die Umwandlung Myanmars in einen modernen Staat erforderliche zentrale Lage des Standorts. Politische Beobachter hielten militärstrategische Überlegungen für ausschlaggebend. Ein Ortswechsel der ausländischen Vertretungen war bislang nicht vorgesehen.

▪ **Verfassungskonvent:** Eine weitere Runde der verfassunggebenden Nationalversammlung, an der mehr als 1000 Delegierte, darunter Mitglieder von Widerstandsgruppen, teilnahmen (→ WA 2006, S. 324), fand Anfang Dezember 2005 statt, wurde jedoch nach knapp zwei Monaten ohne Ergebnisse **erneut vertagt**. Die größten oppositionellen Parteien, die National League for Democracy (NLD) und die Shan Nationalities League for Democracy (SNLD), waren nicht eingeladen worden; ihre Führer sind inhaftiert.

Zum 59. Jubiläum des Unionstages am 12. 2. 2006 **erklärte sich die NLD bereit, die Militärjunta** unter gewissen Bedingungen als rechtmäßige Übergangsregierung **anzuerkennen**. Sie forderte u. a. die Einrichtung eines Parlaments auf der Grundlage der Ergebnisse der Parlamentswahlen von 1990 und die Aufhebung des Hausarrests der seit über zehn Jahren quasi inhaftierten Oppositionsführerin Aung San Suu Kyi. Laut Medienberichten verkündete die Militärregierung den Vorrang wirtschaftlicher Entwicklung und Stabilität vor der Demokratisierung und forderte zunächst von der NLD, ihre Boykottaufrufe einzustellen.

■ **Internationaler Druck:** Die Freilassung von 249 politischen Gefangenen im Juli 2005 konnte die massive Kritik seitens der internationalen Staatengemeinschaft an anhaltenden Menschenrechtsverletzungen, Zwangsarbeit, Vertreibungen, Vergewaltigungen und Enteignungen unter den Augen oder der maßgeblichen Mitwirkung der Sicherheitskräfte und der Behörden nicht dämpfen. Am 3. 1. 2006 verzichtete der malaysische **UN-Sondergesandte für Myanmar,** Razali Ismail, auf eine Verlängerung seines ausgelaufenen Vertrags, da die Regierung in Rangun ihm – ebenso wie dem UN-Sonderbeauftragten für Menschenrechte, Paulo Sergio Pinheiro – seit knapp zwei Jahren die Einreise verweigert hatte.

Beim 38. Außenministertreffen der **ASEAN-Staaten** am 26. 7. 2005 in der laotischen Hauptstadt Vientiane sah sich Außenmister Nyan Win gezwungen, auf den im Jahr 2006 turnusmäßig Myanmar zustehenden Vorsitz der Staatengemeinschaft zu verzichten. Die EU und die USA, deren Außenministerin ihre Teilnahme an dem Treffen abgesagt hatte, hatten angekündigt, die ASEAN-Veranstaltungen unter Vorsitz Myanmars zu boykottieren. Auf dem ASEAN-Gipfel am 12./13. 12. in Kuala Lumpur (Malaysia) wurde laut Medienberichten entgegen dem Prinzip, sich nicht in innere Angelegenheiten der Mitgliedstaaten einzumischen, Ministerpräsident Soe Win erstmals ungewöhnlich deutlich wegen der schlechten Menschenrechtslage kritisiert und aufgefordert, die Zusagen für die Wiederherstellung der Demokratie einzulösen und die politischen Gefangenen freizulassen.

■ **Ethnische Minderheiten:** Die Zahl der Binnenflüchtlinge im östlichen Myanmar, deren Dörfer und Ernten zerstört wurden, wird auf über 550 000 Menschen geschätzt. Etwa 200 000 der mehrheitlich christlichen **Karen** sollen innerhalb des Landes zwangsumgesiedelt und 100 000 auf thailändisches Gebiet vertrieben worden sein. Dort leben rd. 160 000 Flüchtlinge in Lagern, die nur notdürftig von internationalen Hilfsorganisationen versorgt werden können. Im November 2005 startete die Armee eine mehrmonatige Militäroffensive gegen die separatistische Widerstandsorganisation Karen National Union (KNU), die sich dem Abschluss eines Friedensvertrages mit den Machthabern in Rangun verweigert. Nach Angaben der Hilfsorganisation Free Burma Rangers flüchteten Ende April 2006 11 000 Karen, nachdem ihre Dörfer und Ernten zerstört worden waren.

Acht führende Politiker der Volksgruppe der **Shan** im nordöstlichen Myanmar wurden am 4. 11. 2005 von einem Gericht in Rangun u. a. wegen Rebellion und Hochverrats zu Haftstrafen zwischen 70 und 106 Jahren verurteilt. Die Shan-Führer waren wenige Tage vor Wiedereinberufung des Nationalkonvents im Februar 2005 verhaftet worden.

Namibia Südwest-Afrika

Republik Namibia; Republic of Namibia – NA/NAM

Fläche (Weltrang: 33): 824 292 km²

Einwohner (140): F 2004 2 009 000 = 2,4 je km²

Hauptstadt: Windhoek (Windhuk)

Amtssprache: Englisch

Bruttonationaleinkommen 2004 je Einw.: 2380 $

Währung: 1 Namibia-Dollar (N$) = 100 Cents
Kurs: 1 US-$ = 6,75 N$; 1 € = 8,74 N$

Botschaft der Republik Namibia
Wichmannstr. 5, 10787 Berlin
T 030/25 40 95–0, Fax 25 40 95 55
www.namibia-botschaft.de

LANDESSTRUKTUR **Fläche**: 824 292 km² einschließlich Walvis Bay (Walfischbucht) mit 1124 km² und vorgelagerten Inseln; Karte → WA 2006, S. 326 ■ **Verwaltung**: 13 Regionen; Tabelle → WA 2006, S. 325 ■ **Städte**: (Z 2001) Windhoek (Windhuk) 223 529 Einw., Rundu 44 413, Walvis Bay (Walfischbucht) 42 015, Oshakati 28 255, Katima Mulilo 22 694, Rehoboth 21 300, Otjiwarongo 19 614, Keetmanshoop 15 543

BEVÖLKERUNG Namibier – F 2004: 2 009 000 Einw.; Bevölkerungswachstum: 1,2 %; letzte Zählung 2001: 1 830 330 Einw. – Z 1991: v. a. Bantu-Völker: 47 % Ovambo, 9 % Kavango, 7 % Herero, 7 % Damara, 5 % Nama, 3,6 % Caprivianer; 6 % Weiße; Mischlinge (sog. Kleurlinge), rd. 35 000 San (Buschleute); rd. 32 000 Rehoboth Basters; rd. 20 000 deutscher Abstammung ■ **Sprachen** 2001: Englisch; 48 % Ovambo, 11 % Nama/Damara, 11 % Afrikaans, 10 % Kavango, 8 % Otiherero u. a. Sprachen (Khoekhoe); Deutsch ■ **Religion** 2003: 90 % Christen (62 % Protestanten, 17 % Katholiken); indigene Religionen

STAATS- UND REGIERUNGSFORM Verfassung von 1990, zuletzt geändert 1998 – Republik (im Commonwealth) seit 1990 – Parlament: Nationalversammlung (National Assembly) mit 72 Mitgl., Wahl alle 5 J.; Nationalrat (National Council) mit 26 Mitgl., Wahl alle 6 J. – Direktwahl des Staatsoberhauptes alle 5 J. – Wahlrecht ab 18 J. ■ **Unabhängigkeit**: 21. 3. 1990 (1884–1915 deutsche Kolonie Südwestafrika, ab 1920 Treuhandgebiet unter südafrikanischer Verwaltung) ■ **Nationalfeiertag**: 21. 3.

REGIERUNG UND PARTEIEN **Staatsoberhaupt**: Hifikepunye Lucas Pohamba (SWAPO), seit 21. 3. 2005 – **Regierungschef**: Nahas Angula (SWAPO), seit 21. 3. 2005 – **Äußeres**: Marco Hausiku (SWAPO), seit 27. 5. 2004 ■ **Parlament**: Wahlen zur Nationalversammlung vom 15./16. 11. 2004: South West Africa People's Organisation/SWAPO 55 von 72 Sitzen (1999: 55), Congress of Democrats (COD) 5 (7), Democratic Turnhalle Alliance/DTA 4 (7), United Democratic Front/UDF 3 (2), National Unity Democratic Organisation/NUDO 3 (–), Sonstige 2 (1) – Wahlen zum Nationalrat vom 29./30. 11. 2004: SWAPO 24 von 26 Sitzen (1998: 21), DTA 1 (4), UDF 1 (1)

WIRTSCHAFT **BIP** 2004: 5,712 Mrd. $; realer Zuwachs: 6,0 %; Anteil (2004) Landwirtschaft 10 %, Industrie 32 %, Dienstleistungen 58 % ▪ **Erwerbstätigkeit** 2000: Landwirtsch. 31 %, Industrie 12 %, Dienstl. 56 % ▪ **Arbeitslosigkeit** ∅ 2001: 31 % ▪ **Inflation** ∅ 2004: 3,9 % ▪ **Außenhandel** 2002: **Import**: 1,26 Mrd. €; *Güter*: v. a. Kfz, chemische Erzeugnisse, Erdöl-Produkte, Gummiwaren, Textilien, Nahrungsmittel; *Länder*: 84 % Südafrika; **Export**: 1,24 Mrd. €; *Güter*: 50 % Diamanten, 19 % mineralische Produkte, 15 % Nahrungsmittel und lebende Tiere, 15 % bearbeitete Waren; *Länder*: v. a. Südafrika, Großbritannien, Spanien, Deutschland, Japan

CHRONIK

▪ **Landreform:** In der seit Jahren umstrittenen Landreform (→ WA 2006, S. 326) kam es Anfang September 2005 zur ersten von 18 geplanten Zwangsenteignungen von Farmen. Der deutschstämmigen Eigentümerin wurde eine Entschädigung von 470 000 € ausgezahlt, ca. ein Drittel des von ihr angebotenen Kaufpreises. Die Regierung ist bestrebt, bis zum Jahr 2020 rd. 15 Mio. ha zu erwerben und schwarzen Namibiern zur Bewirtschaftung zu überlassen. Rund die Hälfte der 4500 kommerziellen Farmer Namibias sind Weiße. Seit 1990 übernahm die Regierung insgesamt 146 Farmen; 240 000 Personen haben sich als Anwärter registrieren lassen. Grundsätzlich muss der Farmer dem Verkauf zustimmen, ansonsten bedarf es eines offiziellen Enteignungsvorgangs. Diesen macht die Regierung für die schleppende Umsetzung der Reform verantwortlich.

▪ **Korruptionsbekämpfung:** Premierminister Nahas Angula gab am 16. 11. 2005 die Einrichtung einer ministeriellen Kommission bekannt, die 52 in Staatsbesitz befindliche Unternehmen restrukturieren, ihr Personal einstellen und kontrollieren soll. Mit den Maßnahmen soll dem wachsenden Problem des **Missmanagements** und der **Korruption** begegnet werden. Der neue Staatschef Hifikepunye Pohamba hatte nach seinem Amtsantritt im März 2005 den Kampf gegen die Korruption zur Hauptaufgabe seiner Amtszeit erklärt. Am 26. 10. hatte Paulus Kapia, Vizeminister für Transport und Kommunikation, von seinem Amt zurücktreten müssen, nachdem sein Unternehmen durch ein Urteil des Obersten Gerichtshofs in einer Korruptionsaffäre schwer belastet worden war.

Nauru Ozeanien

Republik Nauru; Naoero (nauruisch); Republic of Nauru – NR/NRU

Fläche (Weltrang: 192): 21,3 km²

Einwohner (192): F 2004 13 000 = 610 je km²

Hauptstadt: Yaren

Amtssprachen: Nauruisch, Englisch

Bruttonationaleinkommen 2004 je Einw.: k. A.

Währung: 1 Australischer Dollar ($A) = 100 Cents
Kurs: 1 US-$ = 1,31 $A; 1 € = 1,69 $A

Honorarkonsul der Republik Nauru
3 Chesham Street, GB-London SW1 5ND
T 0044 – 207 – 235 69 11, Fax 235 74 23

LANDESSTRUKTUR **Fläche**: 21,3 km²; Karte → WA 2006, S. 327 ▪ **Verwaltung**: 14 Distrikte ▪ **Städte**: (Z 1992) Yaren 672 Einw.

BEVÖLKERUNG Nauruer – F 2004: 13 000 Einw.; letzte Zählung 2002: 10 065 Einw. – ca. 58 % Nauruer, 42 % Kiribatier, Tuvaluer, Chinesen, Vietnamesen u. a. ▪ **Sprachen**: Englisch, Nauruisch; Sprachen der Minderheiten ▪ **Religion**: 60 % Protestanten, 30 % Katholiken

STAATS- UND REGIERUNGSFORM Verfassung von 1968 – Republik (im Commonwealth) seit 1968 – Parlament mit 18 Mitgl., Wahl alle 3 J. – Ernennung des Staatsoberhaupts durch Parlament alle 3 J. – Wahlpflicht ab 20 J. ▪ **Unabhängigkeit**: 31. 1. 1968 (ehem. UN-Treuhandgebiet seit 1947) ▪ **Nationalfeiertag**: 31. 1.

REGIERUNG UND PARTEIEN **Staats- u. Regierungschef**: Ludwig Derangadage Scotty, seit 22. 6. 2004 – **Äußeres**: David Adeang, seit 22. 6. 2004 ▪ **Parlament**: Wahlen vom 23. 10. 2004: keine Parteien

WIRTSCHAFT **BIP** 2003: 42 Mio. € ▪ **Erwerbstätigkeit**: k. A. ▪ **Arbeitslosigkeit**: k. A. ▪ **Inflation**: k. A. ▪ **Außenhandel** 2001: (S) **Import**: 27 Mio. $; *Länder*: v. a. Australien; **Export**: 9 Mio. $; *Länder*: v. a. Australien

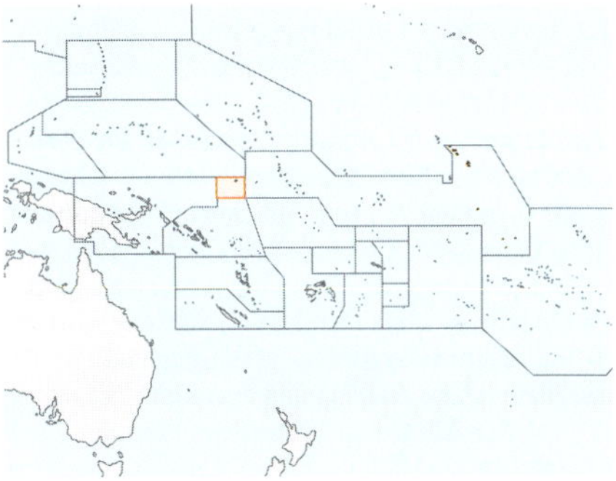

Nepal

Süd-Asien

Königreich Nepal; Nepāl Adhirājya – NP / NPL

Fläche (Weltrang: 92): 147 181 km²

Einwohner (41): F 2004 26 591 000 = 181 je km²

Hauptstadt: Kāthmāndau (Kathmandu)

Amtssprache: Nepalesisch

Bruttonationaleinkommen 2004 je Einw.: 250 $

Währung: 1 Nepales. Rupie (NR) = 100 Paisa
Kurs: 1 US-$ = 74,44 NR; 1 € = 95,54 NR

Botschaft des Königreichs Nepal
Guerickestr. 27, 10587 Berlin
T 030 / 343 59 920, Fax 343 59 906
www.nepalembassy-germany.de

LANDESSTRUKTUR **Fläche**: 147 181 km²; → Karte ▪ **Verwaltung**: 5 Regionen; Tabelle → WA 2006, S. 328 ▪ **Städte**: (Z 2001) Kāthmāndau (Kathmandu) 671 846 Einw., Birāṭnagar 166 674, Lalitpur 162 991, Pokharā 156 312, Birgañj 112 484, Dharān 95 332, Bharatpur 89 323, Mahendranagar 80 839

BEVÖLKERUNG Nepalesen – F 2004: 26 591 000 Einw.; Bevölkerungswachstum: 2,0 %; letzte Zählung 2001: 23 151 423 Einw. – ca. 75 indoarische und tibetoburmanische Gruppen: 13 % Chhetri, 13 % Bahun, 7 % Magar, 7 % Tharu, 6 % Tamang, 6 % Newar; Gurung, Sherpa, Limbu, Rai u. a. ▪ **Sprachen** 2001: indoarische Sprachen: 43,3 % Nepalesisch, 9,5 % Maithili, 6,0 % Bhojpuri (Bihari); tibetoburmanische Sprachen: 3,0 % Newari, 2,6 % Tamang u. a. ▪ **Religion** 2001: 80,6 % Hindus, 10,7 % Buddhisten, 4,2 % Muslime; 102 000 Christen

STAATS- UND REGIERUNGSFORM Verfassung von 1990 – Parlamentarische Monarchie seit 1990 – Staatsreligion: Hinduismus – Parlament: Repräsentantenhaus (Pratinidhi Sabha) mit 205 Mitgl., Wahl alle 5 J.; Nationalrat (Rashtriya Sabha) mit 60 für 6 J. ernannten Mitgl. (seit 2002 aufgelöst) – Wahlrecht ab 18 J. ▪ **Unabhängigkeit**: alte staatl. Tradition ▪ **Nationalfeiertag**: 7. 7. (Geburtstag des Königs)

REGIERUNG UND PARTEIEN **Staatsoberhaupt**: König Gyanendra, seit 4. 6. 2001 – **Regierungschef**: Girija Prasad Koirala (NCP), seit 30. 4. 2006 – **Äußeres**: Khadga Prasad Oli, seit 2. 5. 2006 ▪ **Parlament**: Wahlen vom 3., 17. 5. und 23., 26. 6. 1999: Nepali Congress Party / NCP 111 von 205 Sitzen (1994: 83), Kommunistische Partei-Vereinigte Marxisten-Leninisten / NKP-EML 71 (88), Nationaldemokratische Partei (monarchistisch) / RPP 11 (20), Sadbhavana-Partei (proindisch) / NSP 5 (3), Nepal Mazdoor Kizan-Party (kommunistisch) / NMKP 1 (4), Sonstige 6 (–), Unabhängige – (7)

WIRTSCHAFT **BIP** 2004: 6,707 Mrd. $; realer Zuwachs: 3,5 %; Anteil (2004) Landwirtschaft 40 %, Industrie 23 %, Dienstleistungen 37 % ▪ **Erwerbstätigkeit** 2003: Landwirtsch. 93 % ▪ **Arbeitslosigkeit** ∅ 1999 / 2000: 7 % in Städten; hohe Unterbeschäftigung ▪ **Inflation** ∅ 2003: 5,7 % ▪ **Außenhandel** 2003: **Import**: 955 Mio. $; *Güter*: 28 % bearbeitete Waren, 17 % Maschinen und Transportausrüstungen, 16 % mineralische Brennstoffe und Schmiermittel; *Länder*: 23 % Indien, 14 % VR China, 12 % Vereinigte Arabische Emirate; **Export**: 618 Mio. $; *Güter*: v. a. Teppiche, Textilien und Bekleidung, Felle, Häute, außerdem Jute und Juteprodukte, kunsthandwerkliche Waren, Agrarprodukte; *Länder*: 48 % Indien, 27 % USA

CHRONIK

Ein Volksaufstand und das Zusammengehen der demokratischen Opposition mit den maoistischen Rebellen führten im Frühjahr 2006 zur Entmachtung des absolutistisch regierenden Königs Gyanendra sowie zur Beendigung des seit zehn Jahren anhaltenden Bürgerkriegs und ebneten den Weg zur Wiederherstellung der nationalen Einheit.

▪ **Repression und Widerstand:** Nach der Inhaftierung von rd. 100 Journalisten Mitte Juni wurde am 17. 10. 2005 ein Dekret zur Verschärfung der Pressezensur ausgegeben, nach dem Kritik am Monarchen nun mit Gefängnisstrafe geahndet wurde. Bei einer nicht genehmigten Kundgebung waren am 4. 9. über 150 Menschen, darunter führende Politiker, inhaftiert worden. Die zunehmenden Repressionen verstärkten ab Juni 2005 die Proteste gegen das autoritäre Regime des Königs, der am 1. 2. den Ausnahmezustand verhängt und die Macht übernommen hatte; bereits 2002 hatte er das Parlament aufgelöst (→ WA 2006, S. 328 f.). Vor allem in der Hauptstadt Kathmandu manifestierte sich zunehmender Widerstand in der Bevölkerung, der von einer **»Allianz für die Wiederherstellung der Demokratie«**, zu der sich sieben Parteien zusammengeschlossen hatten, und der **»Bürgerbewegung für Frieden und Demokratie«** organisiert wurde. Ein Generalstreik gegen die Einschränkung der Pressefreiheit legte am 28. 10. 2005 die ganze Hauptstadt lahm; weitere folgten im Januar und Februar 2006. Anlässlich eines Massenprotestes am 12. 1. 2006, bei dem 150 000 Menschen in Kathmandu gegen die Alleinherrschaft des Königs demonstrierten, verhängte dieser am 20. 1. eine ganztägige Ausgangssperre, um weitere Protestveranstaltungen zu verhindern; über 15 000 Soldaten patrouillierten in Kathmandu.

Die **maoistischen Rebellen**, die seit 1996 gegen die Regierung kämpfen und inzwischen große Teile des Landes kontrollieren, hatten am 3. 9. 2005 einen **einseitigen Waffenstillstand** für drei Monate verkündet und im November mit dem Sieben-Parteien-Bündnis ein Zwölf-Punkte-Programm zur Beendigung des Bürgerkriegs und für den gemeinsamen Kampf um Demokratie und die Einberufung einer verfassunggebenden Versammlung vereinbart. Mit der Begründung, der König habe ihr Friedensangebot ignoriert, nahmen sie Anfang Januar 2006 ihre Guerillaangriffe gegen Militärstationen und Regierungsgebäude wieder auf. Damit banden sie nicht zuletzt die Sicherheitskräfte in ihrem Druck auf die Protestbewegung, die nun immer selbstbewusster agierte.

▪ **Machtverlust:** Mitten in der Protestwelle, am 8. 2. 2006, veranstaltete der König **Kommunalwahlen**. Aufgrund des Boykottaufrufs der Sieben-Parteien-Allianz standen für die 4100 Sitze jedoch nur halb so viele Kandidaten zur Verfügung; lediglich der königstreue Teil der Nationaldemokratischen Partei und einige Unabhängige traten an. Die Wahlbeteiligung von 22 % entlarvte den Urnengang als Farce. Auch die Justiz fügte dem Machtanspruch des Königs Schaden zu, als der Oberste Gerichtshof am 13. 2. das vom König eingesetzte Sondergericht zur Korruptionsbekämpfung für verfassungswidrig erklärte. Am 26. 7. 2005 hatte es den früheren Premierminister Sher Bahadur Deuba in einem Schauprozess zu zwei Jahren Gefängnis verurteilt. Deuba wurde nach dem Urteil des Obersten Gerichtshofs freigelassen.

▪ **Machtkampf auf der Straße:** Einhellig vom Sieben-Parteien-Bündnis, den Gewerkschaften, den maoistischen Rebellen sowie den Journalisten- und Studentenverbänden ausgerufen hatten, begann am 6. 4. 2006 ein viertägiger Generalstreik. Die Demonstrationen eskalierten zu Straßenkämpfen in Kathmandu, bei denen Hunderte Menschen verhaftet wurden. Der König verhängte eine Ausgangssperre, die jedoch von Tausenden Demonstranten missachtet wurde. Als Polizei und Militär von der Schusswaffe Gebrauch machten und die ersten beiden Todesopfer zu beklagen waren, rief das Sieben-Parteien-Bündnis zur **unbefristeten Fortsetzung des Generalstreiks** auf. Zugleich organisierten die maoistischen Rebellen vom Land her die **Blockade der Hauptstadt**, in der binnen weniger Tage die Lebensmittel knapp wurden. Am 17. 4. erklärten sich die ersten Städte und Gemeinden nach dem Überlaufen von Polizei- und Armeeeinheiten für »befreit«. Das Sieben-Parteien-Bündnis rief zum Steuer- und Abgabenboykott auf, Bank- und Staatsangestellte unterbrachen den Zahlungsverkehr mit dem Ausland. Der Autoritätsverlust des Königs manifestierte sich, als am 20. und 21. 4. in Kathmandu bis zu 250 000 Menschen mit Massendemonstrationen die Ausgangssperre ignorierten, obwohl die Polizei zu ihrer Durchsetzung den Schießbefehl erhalten hatte; drei Demonstranten wurden erschossen.

▪ **Neue Regierung:** Nach Gesprächen mit dem Sondergesandten der indischen Regierung, Karan Singh, lenkte König Gyanendra am 21. 4. 2006 ein und erklärte die **Rückkehr zur konstitutionellen Monarchie**. Das Angebot des Königs, einen Premierminister vorzuschlagen, lehnten die Sieben-Parteien-Allianz und die maoistischen Rebellen ab, bis der König am 24. 4. das Parlament wieder einsetzte. Am 25. 4. nominierte die Allianz den 84-jährigen Vorsitzenden der Kongresspartei, **Girija Prasad Koirala**, der am 27. 4. vom König **zum Premierminister ernannt** wurde; der Anführer der Rebellen, Prachanda, war zuvor mit ihm zusammengetroffen. Daraufhin hoben die Rebellen die Blockade Kathmandus auf und verkündeten eine Waffenruhe. Auf der ersten Sitzung des Parlaments am Folgetag stellte die neue Regierung einen Plan zur Einberufung einer verfassunggebenden Versammlung vor, mit den Rebellen schloss sie am 3. 5. einen formellen Waffenstillstand. Am 7. 5. erklärte die Regierung **sämtliche Entscheidungen des Königs** seit der Übernahme der Alleinherrschaft **für ungültig**; dies galt auch für personelle Entscheidungen in Ministerien und Botschaften.
Drei Wochen später entzog das Parlament dem Monarchen einstimmig das ihm noch verbliebene Vetorecht gegen Parlamentsbeschlüsse und beschränkte seine Kompetenzen damit auf die Wahrnehmung rein symbolischer Funktionen.

▪ **Neue Staatsordnung:** In einer **Proklamation** erklärte sich das Parlament am 18. 5. 2006 zum höchsten Staatsorgan für die Übergangszeit bis zum Zusammentreten der verfassunggebenden Versammlung. Zugleich entzog es dem König die Kontrolle über Armee und Regierung, hob die Immunität und Steuerfreiheit der Königsfamilie auf, zog die Kompetenz zur Bestimmung des Nachfolgers des Staatsoberhaupts an sich und strich alle Rechtsvorschriften, die dem König Notstandsvollmachten eingeräumt hatten. Am nächsten Tag feierten Hunderttausende auf Massenkundgebungen im ganzen Land die Proklamation als **Wendepunkt in der Geschichte Nepals**.
Am 16. 6. einigten sich die Regierung, Vertreter der Sieben-Parteien-Koalition und die Maoisten darauf, eine **Interimsregierung** zu bilden, eine **Verfassung** auszuarbeiten, das Parlament aufzulösen und **Neuwahlen** anzusetzen. Der nach Jahren im Untergrund erstmals in der Öffentlichkeit wieder auftretende Rebellenchef Prachanda kündigte die Auflösung der Regionalregierungen in den von seiner Bewegung kontrollierten Gebieten an.

Neuseeland Ozeanien

New Zealand; Aotearoa (maori) – NZ / NZL

Fläche (Weltrang: 73): 270 534 km^2

Einwohner (122): F 2004 4 061 000 = 15,0 je km^2

Hauptstadt: Wellington

Amtssprachen: Englisch, Maori

Bruttonationaleinkommen 2004 je Einw.: 19 990 $

Währung: 1 Neuseeland-Dollar (NZ$) = 100 Cents
Kurs: 1 US-$ = 1,58 NZ$; 1 € = 2,02 NZ$

Botschaft von Neuseeland
Friedrichstr. 60, 10117 Berlin
T 030 / 20 62 10, Fax 20 62 11 14
www.nzembassy.com / germany

LANDESSTRUKTUR **Fläche**: 270 534 km^2; davon North Island 114 597 km^2, South Island 151 757 km^2, Stewart Island 1746 km^2, Chatham Islands 963 km^2, Kermadec Islands 33,5 km^2 u. a. meist unbewohnte Inselgruppen mit insg. 839 km^2; Karte → WA 2005, S. 310 ▪ **Gebiete:** Cookinseln, Niue, Tokelau → unten ▪ **Verwaltung**: 16 Regionen; außerdem Außengebiete; Tabelle → WA 2005, S. 309 ▪ **Städte**: (F 2005) Auckland 416 900 Einw. (A 1 241 600), Manukau 374 000, Christchurch 367 700, North Shore 254 000, Waitakere 197 700 (F 2005 A 370 000), Wellington 183 900, Hamilton 155 800, Dunedin 114 700

BEVÖLKERUNG Neuseeländer – F 2004: 4 061 000 Einw.; Bevölkerungswachstum: 1,3 %; letzte Zählung 2001: 3 737 277 Einw. – 80,0 % europäischer, 14,7 % Maori, 6,6 % asiatischer, 6,5 % pazifischer Abstammung u. a. ▪ **Sprachen**: Englisch, Maori, Sprachen der Einwanderer ▪ **Religion** 2001: 15,6 % Anglikaner, 13,0 % Katholiken, 11,2 % Presbyterianer, 3,1 % Methodisten, 1,7 % Maori-Kirchen (Ratana, Ringatu u. a.), 1,4 % Baptisten; 27,5 % religionslos

STAATS- UND REGIERUNGSFORM Keine geschriebene Verfassung – Parlamentarische Monarchie (im Commonwealth) seit 1907 – Parlament (House of Representatives) mit 122 Mitgl., Wahl alle 3 J. – Wahlrecht ab 18 J. ▪ **Unabhängigkeit**: 26. 9. 1907 de facto, 11. 12. 1931 nominell (Westminster-Statut) ▪ **Nationalfeiertag**: 6. 2. (Waitangi-Vertrag von 1840)

REGIERUNG UND PARTEIEN **Staatsoberhaupt**: Königin Elizabeth II., vertreten durch Generalgouverneur Anand Satyanand, seit 4. 8. 2006 – **Regierungschef**: Helen Clark (LP), seit 10. 12. 1999; Minderheitsregierung der LP – **Äußeres**: Winston Peters (NZFP), seit 19. 10. 2005 ▪ **Parlament**: Wahlen vom 17. 9. 2005: Labour Party / LP 50 von 121 Sitzen (2002: 52 von 120), National Party / NP 48 (27), New Zealand First Party / NZFP 7 (13), Green Party of Aotearoa / GPA 6 (9), Uthe Maori Party 4 (–), United Future / UF 3 (8), ACT New Zealand / ACT 2 (9), Progressive Coalition / PC 1 (2)

WIRTSCHAFT **BIP** 2004: 98,944 Mrd. $; realer Zuwachs: 4,4 %; Anteil (2004) Landwirtschaft 5 %, Industrie 27 %, Dienstleistungen 68 % ▪ **Erwerbstätigkeit** 2003: Landwirtsch. 8 %, Industrie 22 %, Dienstl. 69 % ▪ **Arbeitslosigkeit** ∅ 2004 / 05: 3,7 % ▪ **Inflation** ∅ 2004 / 05: 3,0 % ▪ **Außenhandel** 2004 / 05: **Import**: 23,720 Mrd. $; *Güter*: 25 % mineralische Brennstoffe und chemische Erzeugnisse, 22 % Maschinen und mechanische Geräte, 17 % Kfz und -Teile, 7 % Nahrungs- und Genussmittel, 6 % elektrische Maschinen und elektrotechnische Geräte, 6 % Metall und -erzeugnisse, 4 % Textilien und Textilprodukte; *Länder*: 23 % Australien, 11 % Japan, 10 % USA, 10 % VR China, 5 % Deutschland, 3 % Großbritannien, 3 % Singapur, 3 % Rep. Korea, 2 % Rep. China (EU gesamt: 20 %); **Export**: 20,290 Mrd. $; *Güter*: 22 % Fisch, Meeresfrüchte, Molkerei- und andere tierische Produkte, 18 % Holz, Holzprodukte, Papier, Wolle, 17 % Fleisch, 15 % Maschinen, Möbel, 14 % Obst und Gemüse, 8 % Mineralien, chemische Erzeugnisse und Kunststoffe, 7 % Metalle und -erzeugnisse; *Länder*: 21 % Australien, 14 % USA, 11 % Japan, 5 % VR China, 5 % Großbritannien, 4 % Rep. Korea, 3 % Deutschland, 2 % Rep. China (EU gesamt: 16 %)

Neuseeland: Entstehung des BIP 2005

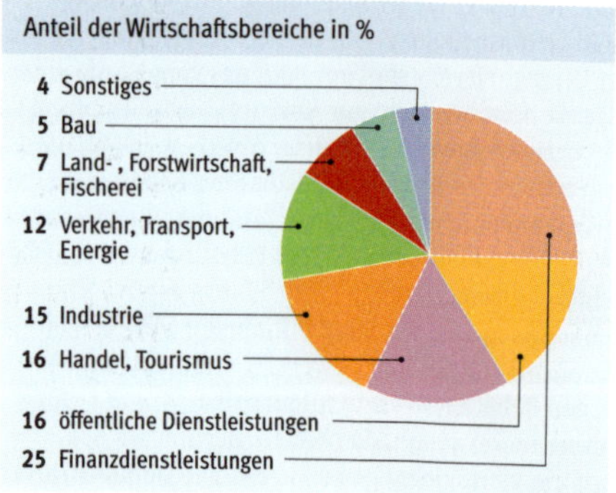

Quelle: IWF

Cookinseln
Cook Islands

Fläche: 240,1 km^2; Südliche Cookinseln (Rarotonga, Aitutaki, Atiu, Mangaia, Manuae, Mauke, Mitiaro, Palmerston, Takutea) mit 212,1 km^2 u. Nördliche Cookinseln mit 28 km^2; Karte → WA 2006, S. 331 ▪ **Bevölkerung** Z 2001: 18 027 Einw. (Rarotonga: 12 188 Einw.) – v. a. Maori ▪ **Sprachen**: Englisch, Maori ▪ **Religion** 2001: v. a. Protestanten, 17 % Katholiken ▪ **Hauptstadt** (F 1986): Avarua (Rarotonga) 9300 Einw. ▪ **Status:** Assoziiertes Territorium seit 1965 – Verfassung von 1965, zuletzt geändert 1991 – Parlament: 25 Mitgl.,

Wahl alle 5 J.; Häuptlingsrat (House of Ariki) mit max. 15 Mitgl. ▪ **Regierung:** Vertreter der britischen Königin: Fred Goodwin, seit 2001 – Vertreter Neuseelands: High Commissioner Kurt Meyer, seit 2001 – Premierminister: Jim Marurai (Demo Tumu Party), seit 14. 12. 2004 – Wilkie Rasmussen, seit 15. 9. 2005

Niue
Niue Island

Fläche: 262,7 km²; Karte → WA 2006, S. 331 ▪ **Bevölkerung** F 2001: 1857 Einw.; 20 148 Niuaner in Neuseeland ▪ **Sprachen:** Niueanisch (polynesische Sprache), Englisch ▪ **Religion:** v. a. Protestanten ▪ **Hauptstadt** (Z 2001): Alofi 615 Einw. ▪ **Status:** Assoziiertes Territorium seit 1974 – Verfassung von 1974 – Parlament: Versammlung: Fono Ekepule mit 20 Mitgl. (6 gewählt, 14 Dorfrepräsentanten), Wahl alle 3 J. ▪ **Regierung:** Vertreterin Neuseelands: High Commissioner Anton Ojala, seit 1. 2. 2006 – Premierminister u. Äußeres: Young Vivian (Niue People's Party), seit 1. 5. 2002

Tokelau

Fläche: 10,12 km²; 3 Atolle: Atafu 2,03 km², Fakaofo 2,63 km², Nukunonu 5,46 km²; Karte → WA 2006, S. 331 ▪ **Bevölkerung** Z 2001: 1420 Einw.; über 2000 Tokelauer in Neuseeland ▪ **Sprachen:** Tokelanisch (polynesische Sprache), Englisch ▪ **Religion:** 70 % Protestanten, 30 % Katholiken ▪ **Status:** Islands Council aus 3 unabh. Atoll-Gemeinschaften ▪ **Regierung:** Administrator: Lindsay Watt, seit 1993

CHRONIK

▪ **Parlamentswahl:** Nach einem ungewohnt harten Wahlkampf ging die **Labour Party** (LP) der amtierenden Premierministerin Helen Clark aus den Parlamentswahlen am 17. 9. 2005 knapp **als Siegerin** hervor: Das Kopf-an-Kopf-Rennen mit der National Party (NP) unter Herausforderer Don Brash endete mit einem Vorsprung von zwei Mandaten. Während die LP mit einem Stimmenanteil von 41,1 % gegenüber der letzten Wahl ihr Ergebnis knapp halten konnte (–0,4 %) und 50 Mandate in dem 121 Sitze umfassenden Repräsentantenhaus eroberte, legte die NP, die im Juli 2002 einen dramatischen Absturz erlebt hatte, um 18 Prozentpunkte auf 39,1 % und um 21 Sitze zu (48). Alle übrigen Parteien verbuchten nur einstellige Resultate. Die erstmals angetretene Maori Partei, die sich 2004 von Labour abgespalten hatte, kam auf 2,1 % und erhielt vier Mandate, wobei ihnen zwei davon ungeachtet ihres Wahlerfolges zustehen.

▪ **Dritte Regierung Clark:** Als erste Regierungschefin, seit 1945 zum dritten Mal in Folge gewählt, stellte Premierministerin Clark am 17. 10. 2005 ihr neues Kabinett vor. Wie in den beiden vorausgegangenen Legislaturperioden eine **Minderheitsregierung**, formell eine Koalition der LP mit dem einen Abgeordneten der Progressive Coalition (PC), sicherte sich Clark die kleinstmögliche Mehrheit im Parlament durch Vereinbarungen mit der nationalistisch-populistischen New Zealand First (NZF) und der United Future (UF); von Fall zu Fall kann sie sich auch auf die Maori Party und die Grünen stützen.

Aufsehen erregte die Berufung des umstrittenen Führers der NZF, **Winston Peters, zum neuen Außenminister.** Peters, der sich vor der Wahl als einer der schärfsten Kontrahenten der Premierministerin profiliert hatte, wird u. a. eine migrantenfeindliche und rassistische Haltung vorgeworfen. Seine Ernennung löste im Inland Besorgnis um den Ruf des Landes im Ausland und die nachbarschaftlichen Beziehungen zu den Staaten in der asiatischen Region aus. Da die NZF formell der Koalition nicht beitrat, gehört ihr Vorsitzender Peters dem Kabinett nicht an; dort werden die außenpolitischen Angelegenheiten von der Regierungschefin vorgetragen.

▪ **Rückkehrer-Kampagne:** Um den starken Verlust qualifizierter Arbeitkräfte zu kompensieren, startete die Regierung Anfang November eine internationale Anzeigenkampagne mit dem Ziel, ausgewanderte Neuseeländer zur Rückkehr zu bewegen. Wöchentlich verließen in den letzten Jahren durchschnittlich 630 meist junge Staatsbürger das vier Millionen Einwohner zählende Land, 2004 waren es über 20 000. Etwa 500 000 leben im Ausland, davon 415 000 in Australien, wo sie im Schnitt 30 % mehr verdienen als zu Hause.

▪ **Tokelau:** Bei einem von den UN durchgeführten Referendum über die Unabhängigkeit der südpazifischen Inselgruppe im Februar 2006 wurde die erforderliche Zweidrittelmehrheit unter den rd. 650 stimmberechtigten Polynesiern verfehlt.

▪ **Weitere Ereignisse:** Anlässlich des 20. Jahrestags des von französischen Agenten ausgeführten **Rainbow Warrior-Anschlags** im Hafen von Auckland eröffnete der frühere französische Geheimdienstchef Pierre Lacoste, dass der ehemalige Präsident François Mitterand die Aktion autorisiert hatte. Die durch das Attentat am 10. 7. 1985 zerstörte Rainbow Warrior war das Flaggschiff der Umweltschutzorganisation Greenpeace in der Kampagne gegen Atomtests in Französisch-Polynesien. Der Vorfall hatte über mehrere Jahre die Beziehungen Neuseelands zu Frankreich stark belastet.

Königin Elizabeth II., Staatsoberhaupt des Commonwealth-Mitglieds, ernannte Anfang April den Richter **Anand Satyanand** zum Nachfolger von Dame Silvia Cartwright als **Generalgouverneur.**

Nicaragua Mittel-Amerika

Republik Nicaragua; República de Nicaragua – NI/NIC

Fläche (Weltrang: 97): 120 254 km²

Einwohner (108): F 2004 5 376 000 = 45 je km²

Hauptstadt: Managua

Amtssprache: Spanisch

Bruttonationaleinkommen 2004 je Einw.: 830 $

Währung: 1 Córdoba (C$) = 100 Centavos
Kurs: 1 US-$ = 17,67 C$; 1 € = 22,74 C$

Botschaft der Republik Nicaragua
Joachim-Karnatz-Allee 45, 10557 Berlin
T 030/206 43 80, Fax 22 48 78 91
E-Mail: embajada.berlin@embanic.de

LANDESSTRUKTUR **Fläche:** 120 254 km²; Karte → WA 2006, S. 332 ▪ **Verwaltung:** 17 Departamentos; Tabelle → WA 2006, S. 332 ▪ **Städte:** (F 2005) Managua 973 087 Einw., León 144 538, Chinandega 126 387, Masaya 130 113, Tipitapa 127 153, Matagalpa 109 089, Estelí 96 422, Granada 89 409

BEVÖLKERUNG Nicaraguaner – F 2004: 5 376 000 Einw.; Bevölkerungswachstum: 2,0 %; letzte Zählung 1995: 4 357 099 Einw. – 69 % Mestizen, 14 % Weiße, 9 % Schwarze, 4 % Indianer; Mulatten, Zambos ▪ **Sprachen:** 97,5 % Spanisch; indianische Sprachen (u. a. Miskito, Chibcha, Sumo), Englisch ▪ **Religion** 2001: 73 % Katholiken, 17 % Protestanten, 8 % religionslos; indigene Religionen

STAATS- UND REGIERUNGSFORM Verfassung von 1987, zuletzt geändert 2000 – Präsidialrepublik seit 1987 – Nationalversammlung (Asamblea Nacional) mit 93 Mitgl., Wahl alle 5 J. – Direktwahl des Staatsoberhauptes alle 5 J. (keine unmittelb. Wiederwahl) – Wahlrecht ab 16 J. ▪ **Unabhängigkeit:** Proklamation 15. 9. 1821 (ehem. spanische Kolonie), endgültig 30. 4. 1838 (Austritt aus der Zentralamerikanischen Konföderation) ▪ **Nationalfeiertag:** 15. 9.

REGIERUNG UND PARTEIEN **Staats- u. Regierungschef:** Enrique Bolaños Geyer (PLC), seit 10. 1. 2002 – **Äußeres:** Norman José Caldera Cardenal, seit 10. 1. 2002 ▪ **Parlament:** Wahlen vom 4. 11. 2001: Alianza Liberal: u. a. Partido Liberal Constitucionalista/PLC 47 (1996: 42), Frente Sandinista de Liberación Nacional/FSLN 43 (37), Sonstige 3 (14)

WIRTSCHAFT **BIP** 2004: 4,555 Mrd. $; realer Zuwachs: 5,1 %; Anteil (2004) Landwirtschaft 19 %, Industrie 31 %, Dienstleistungen 55 % ▪ **Erwerbstätigkeit** 2003: Landwirtsch. 41 %, Industrie 18 %, Dienstl. 40 % ▪ **Arbeitslosigkeit** ∅ 2002: 12,2 %; hohe Unterbeschäftigung ▪ **Inflation** ∅ 2003: 5,1 % ▪ **Außenhandel** 2004: **Import:** 2,212 Mrd. $; *Güter:* 33 % Konsumgüter, 29 % Zwischengüter, 19 % mineralische Brennstoffe, 18 % Kapitalgüter; *Länder:* 22 % USA, 14 % Venezuela, 9 % Costa Rica, 7 % Mexiko, 7 % Guatemala, 5 % El Salvador; **Export:** 0,756 Mrd. $; *Güter:* 17 % Kaffee, 15 % Fleisch, 11 % Meeresfrüchte, 6 % Gold, 5 % Zucker; *Länder:* 35 % USA, 14 % El Salvador, 8 % Honduras, 7 % Costa Rica, 5 % Mexiko

CHRONIK

Der in Nicaragua seit 2002 schwelende **Machtkampf** (→ WA 2006, S. 333) zwischen dem liberalkonservativen Präsidenten Enrique Bolaños Geyer (Partido Liberal Constitucionalista/PLC) einerseits und den beiden früheren Staatschefs Arnoldo Alemán Lacayo (ebenfalls PLC) und Daniel Ortega (Frente Sandinista de Liberación Nacional/FSLN) andererseits prägte auch die zweite Jahreshälfte 2005. Während Bolaños im PLC über keine ausreichende Hausmacht verfügte, hatten sich seine beiden Gegner trotz jahrzehntelanger ideologischer und politischer Feindschaft mit dem Ziel zusammengeschlossen, den seit 2002 amtierenden Präsidenten zu entmachten. Die Parteigänger Alemáns und Ortegas beschuldigten Bolaños, Wahlkampfspenden aus dem Ausland unrechtmäßig für seine Präsidentschaftskampagne eingesetzt zu haben und strebten seine Amtsenthebung durch das Parlament sowie ein Gerichtsverfahren gegen ihn und eine Reihe von Ministern an. Gemeinsam dominieren die Alemán-Fraktion innerhalb der PLC und der sandinistische FSLN den Obersten Gerichtshof, das Wahlgericht und vor allem das Parlament in Managua, wo sie ein Amtsenthebungsverfahren gegen Bolaños beantragten. Bereits im Januar 2005 war es den Gegnern von Bolaños zudem gelungen, dem Präsidenten im Rahmen einer umstrittenen Verfassungsreform wichtige Kompetenzen abzuerkennen. Hintergrund des Konflikts war ein von Präsident Bolaños gegen Alemán angestrengtes Korruptionsverfahren. Alemán, der wegen Korruption und Geldwäscherei 2003 zu 20 Jahren Haft, später umgewandelt in Hausarrest, verurteilt worden war, kam auf Anordnung des Obersten Gerichts am 30. 8. 2005 aus dem Hausarrest frei.
▪ **Beilegung der Staatskrise:** Anfang September 2005 sprach die Organisation Amerikanischer Staaten (OAS) auf einer Sondersitzung dem amtierenden Staatschef ihre Unterstützung aus. Damit bahnte sich eine – zumindest vorläufige – Lösung der innenpolitischen Krise an: Nachdem der zentralamerikanische Gerichtshof Mitte Oktober 2005 einen entsprechenden Spruch erlassen hatte, suspendierte das Parlament in Managua die gegen den Präsidenten gerichteten Verfassungsänderungen bis zum Jahr 2007. Vor der Abstimmung im Parlament hatten sich die bisherigen Rivalen Bolaños und Ortega am 11. 10. 2005 auf ein entsprechendes Vorgehen geeinigt.

Niederlande West-Europa

Königreich der Niederlande;
Koninkrijk der Nederlanden,
Kurzform: Nederland – NL / NLD

Fläche (Weltrang: 131): 41 526 km²

Einwohner (58): F 2004 16 282 000 = 392 je km²

Hauptstadt: Amsterdam

Regierungssitz: Den Haag

Amtssprachen: Niederländisch, Friesisch (regional)

Bruttonationaleinkommen 2004 je Einw.: 32 130 $

Währung: 1 Euro (€) = 100 Cent
Kurs: 1 US-$ = 0,79 € (1. 7. 2006)

Botschaft des Königreichs der Niederlande
Klosterstr. 50, 10179 Berlin
T 030 / 20 95 60, Fax 20 95 64 41
www.niederlandeweb.de

Niederlande
Fläche, Bevölkerung, Bevölkerungsdichte und BIP pro Kopf

Provinz	Fläche* in km²	Einwohner insgesamt F 2005	Einwohner je km² F 2005	BIP je Einw. in Tsd. € F 2003
Groningen	2 340	575 072	246	35
Friesland	3 356	642 977	192	24
Drenthe	2 649	483 369	182	23
Overijssel	3 337	1 109 432	332	25
Flevoland	1 421	365 859	257	21
Gelderland	4 983	1 972 010	396	25
Utrecht	1 363	1 171 291	859	36
Noord-Holland	2 657	2 599 103	978	35
Zuid-Holland	2 867	3 458 381	1206	30
Zeeland	1 805	379 978	211	27
Noord-Brabant	4 929	2 411 359	489	29
Limburg	2 164	1 136 695	525	26
Niederlande	33 871	16 305 526	481	29

* nur Landfläche — *Quelle:* Centraal Bureau voor de Statistiek 2006

LANDESSTRUKTUR **Fläche:** 41 526 km²; → Karte ▪ **Gebiete:** Aruba und Niederländische Antillen → unten ▪ **Verwaltung:** 12 Provinzen; → Tabelle ▪ **Städte:** (F 2005) Amsterdam 739 295 Einw., Rotterdam 596 068, Den Haag 468 421, Utrecht 275 797, Eindhoven 208 573, Tilburg 198 772, Groningen 180 848, Almere 174 822, Breda 167 908, Nijmegen (Nimwegen) 157 905, Apeldoorn 155 945, Enschede 153 640, Haarlem 147 022, Arnhem (Arnheim) 141 320, Zaanstad 139 683, Amersfoort 134 768, 's-Hertogenbosch (Herzogenbusch) 134 009, Haarlemmermeer 131 882, Maastricht 121 573, Dordrecht 119 183, Leiden 118 423, Zoetermeer 115 608, Zwolle 111 806, Emmen 108 592, Ede 106 504

BEVÖLKERUNG Niederländer – F 2004: 16 282 000 Einw.; Bevölkerungswachstum: 0,3 %; letzte Zählung 2004: 16 258 032 – 95,7 % Niederländer (darunter etwa 360 000 Friesen); 0,7 % Marokkaner, 0,6 % Türken, 0,4 % Deutsche u. a. ▪ **Sprachen:** Niederländisch, Friesisch ▪ **Religion** 2004: 30 % Katholiken, 20 % Protestanten (überw. Calvinisten, mehrheitlich Protestantische Kirche in den Niederlanden / PKN), 9 % andere Religionen (5,7 % Muslime, 0,2 % Juden); 42 % konfessionslos

STAATS- UND REGIERUNGSFORM Verfassung von 1983 – Parlamentarische Monarchie seit 1848 – Parlament (Staten-General): Erste Kammer mit 75 Mitgl. (indirekt gewählt durch Provinzparlamente), Wahl alle 4 J.; Zweite Kammer mit 150 Mitgl.; Wahl jeweils alle 4 J. – Königin ernennt Regierungschef – Wahlrecht ab 18 J. ▪ **Unabhängigkeit:** Proklamation 2. 7. 1581, anerkannt 24. 10. 1648 (Westfälischer Friede) ▪ **Nationalfeiertag:** 30. 4. (Königinnentag)

REGIERUNG UND PARTEIEN **Staatsoberhaupt:** Königin Beatrix Wilhelmina Armgard, seit 1980 – **Regierungschef:** Jan Peter Balkenende (CDA), seit 22. 7. 2002; Minderheitsregierung aus CDA und VVD – **Äußeres:** Bernard Rudolf Bot (CDA), seit 3. 12. 2003 ▪ **Parlament:** Wahlen zur Zweiten Kammer vom 22. 1. 2003: Christen Democratisch Appèl / CDA 44 von 150 Sitzen (2002: 43), Partij van de Arbeid / PvdA 42 (23), Volkspartij voor Vrijheid en Democratie / VVD 28 (24), Socialistische Partij / SP 9 (9), GroenLinks 8 (10), Lijst Pim Fortuyn / LPF 8 (26), Democraten 66 / D66 6 (7), Christen Unie / CU: Reformatorische Politieke Federatie / RPF und Gereformeerd Politiek Verbond / GPV 3 (4), Staatkundig Gereformeerde Partij / SGP 2 (3), Leefbar Nederland / LN – (2) – Wahlen der Ersten Kammer vom 25. 5. 2003: CDA 23 von 75 Sitzen (1999: 20), PvdA 19 (15), VVD 15 (19), GroenLinks 5 (8), SP 4 (2), D66 3 (4), CU 2 (4), SGP 2 (2), LPF 1 (–), Unabhängige 1 (1)

WIRTSCHAFT **BIP** 2004: 578,979 Mrd. $; realer Zuwachs: 1,4 %; Anteil (2004) Landwirtschaft 2,4 %, Industrie 24,5 %, Dienstleistungen 73,1 % ▪ **Erwerbstätigkeit** 2002: Landwirtsch. 3,0 %, Industrie 20,3 %, Dienstl. 74,1 % ▪ **Arbeitslosigkeit** ∅ 2005: 6,5 % ▪ **Inflation** ∅ 2005: 1,7 % ▪ **Außenhandel** 2005 (vorläufig): **Import:** 238,9 Mrd. €; *Güter:* 36 % Maschinen und Transportmittel, 15 % Mineralöl und -produkte, 13 % chemische Produkte, 9 % lebende Tiere, Nahrungs- und Genussmittel; *Länder:* 19 % Deutschland, 11 % Belgien, 8 % USA, 8 % VR China, 6 % Großbritannien, 5 % Frankreich, 3 % Japan, 3 % Italien; **Export:** 274,4 Mrd. €; *Güter:* 32 % Maschinen und Transportmittel, 17 % chemische Produkte, 14 % lebende Tiere, Nahrungs- und Genussmittel, 11 % Mineralöl und -produkte; *Länder:* 24 % Deutschland, 12 % Belgien, 9 % Großbritannien, 9 % Frankreich, 5 % USA, 4 % Italien

Aruba

Fläche: 193 km² ▪ **Bevölkerung** F 2004: 99 000 Einw. ▪ **Sprachen**: Niederländisch, Papiamento (Mischsprache aus Spanisch, Niederländisch u. a.), Spanisch, Englisch ▪ **Religion**: 80 % Katholiken, 6500 Protestanten ▪ **Hauptstadt** (F 2002): Oranjestad 20 070 Einw. ▪ **Status:** Verfassung von 1986 – Niederländisch seit 1636; Sonderstatus (Status Aparte) seit 1986 – Parlament: Staten mit 21 Mitgl., Wahl alle 4 J. ▪ **Regierung:** Gouverneur: Fredis Refunjol, seit 11. 5. 2004 – Regierungschef: Nelson O. Oduber (Movimentu Electoral di Pueblo), seit 30. 10. 2001

Niederländische Antillen
Nederlandse Antillen

Fläche: 800 km²; 5 Inseln: Curaçao 444 km², Bonaire 288 km², Sint Maarten (nur S-Teil; Nordteil St. Martin französisch) 34 km², Sint Eustatius 21 km², Saba 13 km² ▪ **Bevölkerung** F 2004: 180 592 Einw. (Curaçao 133 644, Bonaire 10 185, Sint Maarten 33 119, Sint Eustatius 2498, Saba 1146); Bevölkerungswachstum: 0,5 %; letzte Zählung 2001: 175 653 Einw. – ca. 90 % Schwarze und Mulatten, Arawak-Indianer, Inder ▪ **Sprachen:** Niederländisch, Papiamento; Englisch, Spanisch ▪ **Religion:** 80 % Katholiken, 8 % Protestanten, Minderheiten von Hindus, Juden und Muslimen ▪ **Hauptstadt** (F 1990): Willemstad (Curaçao) 43 550 Einw. ▪ **Status:** Verfassung von 1954 – Niederländisch seit 1630; autonom seit 1954 – Parlament: Staten mit 22 Mitgl., Wahl alle 4 J. ▪ **Regierung:** Gouverneur: Frits Goedgedrag, seit 1. 7. 2002 – Regierungschef: Emily de Jongh-Elhage (Partido Antía Restrukturá), seit 26. 1. 2006

CHRONIK

Der in dem negativen Votum bei der Volksabstimmung über den EU-Verfassungsvertrag am 1. 6. 2005 sichtbar gewordene Popularitätsverfall der rechtsbürgerlichen Koalitionsregierung von Ministerpräsident Jan Peter Balkenende (→ WA 2006, S. 336) setzte sich fort. Diese zerbrach schließlich an der Kontroverse über den von der Innenministerin eingeschlagenen Kurs einer rigiden Migrationspolitik anlässlich des Falles der bekannten eingebürgerten Abgeordneten Ayaan Hirsi Ali.

▪ **Linksruck bei Kommunalwahlen:** Nach der schweren Niederlage der rechtsbürgerlichen Regierung durch das negative Votum bei der Volksabstimmung über den EU-Verfassungsvertrag am 1. 6. 2005 galten die Kommunalwahlen am 7. 3. 2006 als nationaler Stimmungstest vor der Parlamentswahl 2007. Dabei ergaben sich **für die Parteien der Regierungskoalition erhebliche Verluste** gegenüber den letzten Wahlen 2002: Bei einem landesweiten Stimmenanteil von 16,9 % (–3,4 %) musste sich der Christdemokratischer Appell (CDA) von Ministerpräsident Balkenende erstmals in der Geschichte der Partei mit dem zweiten Platz auf kommunaler Ebene begnügen. Dagegen feierte die sozialdemokratische Partei der Arbeit (PvdA) mit 23,4 % und einem Plus von 7,6 % ein Comeback. Zu den markanten Ergebnissen zählte auch, dass die lokalen Listen der rechtspopulistischen Protestparteien, die vor vier Jahren im Gefolge des ermordeten Starpolitikers Pim Fortuyn in vielen Städten mit ausländerfeindlichen Parolen Überraschungssiege errangen, häufig zweistellige Stimmenverluste erlitten. Als Grund führten Wahlanalytiker u. a. an, dass etablierte Parteien die politischen Inhalte der Rechtspopulisten, vor allem im Hinblick auf die Migrantenprobleme und die Kriminalitätsbekämpfung, inzwischen weitgehend abgedeckt haben. Als Reaktion auf das Wahlergebnis erklärte der Fraktionsvorsitzende der rechtsliberalen **Volkspartei für Freiheit und Demokratie** (VVD), Jozias van Aartsen, am 8. 3. seinen **Rücktritt von der Spitzenkandidatur** der Partei für die Parlamentswahl 2007. Bei der ersten Urwahl unter den rd. 40 000 VVD-Mitgliedern Ende Mai setzte sich der Staatssekretär im Bildungsministerium **Mark Rutte** knapp gegen die Integrations- und Ausländerministerin Rita Verdonk als neuer Spitzenkandidat durch. Seine Gegenkandidatin war durch die Affäre um die Aberkennung der Staatsbürgerschaft für Ayaan Hirsi Ali unter Druck geraten.

▪ **Neue Regierung Balkenende:** Der Regierungsaustritt des kleinen Koalitionspartners D66 im Protest gegen die Integrationsministerin Rita Verdonk von der VVD führte am 29. 6. 2006 zum **Rücktritt der kompletten Regierung** unter Ministerpräsident Jan Peter Balkenende (→ Foto). Verdonk hatte am 15. 5. überraschend die Einbürgerung der aus Somalia stammenden Parlamentsabgeordneten der VVD, Ayaan Hirsi Ali, für nichtig erklärt. Sie hatte die Entscheidung mit – schon

Jan Peter Balkenende (r.) sowie die D66-Minister Laurens Brinkhorst (l.) und Alexander Pechthold (m.) vor dem Rücktritt

seit längerem bekannten – unkorrekten Angaben Hirsi Alis bei ihrem Asylverfahren 1992 begründet. Hirsi Ali hatte daraufhin ihr Abgeordnetenmandat niedergelegt und ihre Übersiedlung in die USA angekündigt. Seit dem Mord an van Gogh war die prominente streitbare Islamkritikerin und Frauenrechtlerin auf Polizeischutz angewiesen. Auf politischen Druck, nicht zuletzt von der D66, hatte Verdonk ihre Entscheidung am 27. 6. rückgängig gemacht; einen Rücktritt hatte die Politikerin abgelehnt.

Bis zu den für den 22. 11. angesetzten Neuwahlen übernahm **Balkenende am 7. 7. erneut die Führung einer Minderheitsregierung aus VDA und VVD.** Der bisherige Staatssekretär im Finanzministerium, Joop Wijn (CDA), ersetzte den zurückgetretenen Wirtschaftsminister Laurens Jan Brinkhorst (D66), Atzo Nicolaï, bisher Staatssekretär im Außenministerium, wurde zum Minister für Verwaltungsreform ernannt; das übrige Kabinett blieb unverändert.

▪ **Reform des Gesundheitssystems:** Nachdem die Zweite Kammer, das Abgeordnetenhaus, im November 2004 schon seine Zustimmung erteilt hatte (→ WA 2006, S. 336), passierte die Vorlage zur tiefgreifenden Umstellung des Krankenversicherungssystems am 4. 10. 2005 auch den Senat. Seit Anfang 2006 besitzt jeder Bürger einen Anspruch auf medizinische Grundversorgung; im Gegenzug ist er verpflichtet, sich mit einer **Einheitsprämie** von 82,50 € im Monat bei einer privaten Krankenkasse seiner Wahl abzusichern. Zusätzlich muss er einen **einkommensabhängigen Beitrag** entrichten. Mehrausgaben der Versicherungen für Risikogruppen wie Alte und chronisch Kranke werden durch einen **Ausgleichsfonds** abgefedert, der sich aus Steuermitteln und Arbeitgeberbeiträgen finanziert.

▪ **Urteile:** Im Verfahren um den Mord an dem Filmregisseur **Theo van Gogh** am 2. 11. 2004 (→ WA 2006, S. 335) verurteilte ein Gericht in Amsterdam am 26. 7. 2005 den 27 Jahre alten Mohammed Bouyeri zu lebenslanger Haftstrafe ohne Möglichkeit auf vorzeitige Entlassung. Begründet wurde der Schuldspruch damit, dass der niederländisch-marokkanische Doppelstaatsbürger die Tat nicht allein aus religiöser Überzeugung, sondern auch in terroristischer Absicht begangen habe.

Bouyeri gehörte auch zu den mehrheitlich aus Marokko stammenden Angeklagten in dem Prozess, der am 5. 12. 2005 gegen 14 Mitglieder der sog. **Hofstad-Gruppe** eröffnet wurde. Sie waren im November, wenige Tage nach der Ermordung van Goghs, verhaftet worden. In dieser Gruppe, die nach der erstmals angewandten Antiterrorgesetzgebung als terroristische Organisation eingestuft wurde, soll Bouyeri nach Erkenntnis des Amsterdamer Gerichts, das am 10. 3. 2006 die Urteile verkündete, eine führende Rolle gespielt haben. Da bereits verurteilt, wurde gegen ihn keine weitere Strafe verhängt. Die beiden Hauptangeklagten erhielten u. a. wegen Mordversuchs bei ihrer Festnahme eine **Haftstrafe von 15 und 13 Jahren.** Die Strafmaße blieben insgesamt unter dem Antrag der Staatsanwaltschaft, weil das Gericht nicht davon überzeugt war, dass die Gruppe tatsächlich Anschläge geplant hatte.

▪ **Migrationspolitik:** Auf Antrag des fraktionslosen islam- und europakritischen Abgeordneten Geert Wilders beschloss das Abgeordnetenhaus am 21. 12. 2005 mit 80 gegen 70 Stimmen ein **Verbot des Tragens der Burka**, des Ganzkörperschleiers, in der Öffentlichkeit. Die Regierung beschloss am 22. 2. 2006 erstmals, drei **Imame** des Landes zu verweisen, da sie in ihren Predigten die Gläubigen gegen die Gesellschaft aufgewiegelt und es zugelassen hätten, dass in ihrer Moschee in Eindhoven Jugendliche für den Dschihad angeworben wurden.

Mitte März trat eine weitere Ergänzung der in den letzten Jahren sukzessive verschärften Zuwanderungsregeln in Kraft, nach der sich jeder Einwanderungswillige zwischen 16 und 65 Jahren noch vor seiner Ausreise aus dem Heimatland einem **Einbürgerungstest** unterziehen muss. Er verlangt den Nachweis ausreichender Kenntnisse des Niederländischen in Sprache, Normen und Kultur und wird in den niederländischen Botschaften und Generalkonsulaten abgelegt. Kritiker des neuen Gesetzes sprachen von einer **»Strategie der Abschreckung«**: Die Prüfung kostet – auch bei mehrmaliger Wiederholung – jeweils 350 €, hinzu kommen rd. 64 € für das Material zu einem Vorbereitungskurs, den der Prüfling absolvieren muss. Dieser kann je nach Vorkenntnissen bis zu einem Jahr dauern und vermittelt neben Sprach- und Landeskenntnissen auch ein Basispensum klassischer Schulfächer. Für **bereits niedergelassene Immigranten** wurde eine weitere Gesetzesverschärfung vorbereitet, nach der Eltern von Schulkindern, Empfänger von Sozialleistungen sowie Imame einen ähnlichen **Integrationskurs** absolvieren müssen.

■ **Beteiligung an ISAF-Mission:** Die Zweite Kammer billigte am 3. 2. 2006 mit 127 von 150 Stimmen die **Entsendung weiterer 1200 Soldaten** für die NATO-Mission ISAF in Afghanistan. Während sich die linksliberale D66 gegen den Einsatz aussprach, wurde er von der oppositionellen Arbeitspartei befürwortet. Als Konsequenz aus dem Konflikt mit den eigenen Ministern erklärte der D66-Fraktionsvorsitzende seinen Rücktritt. Aufgrund der unsicheren Lage in der südafghanischen Provinz Uruzgan, in der die niederländischen ISAF-Einheiten operieren, entschied die Regierung am 20. 4., die Zahl der Soldaten von 500 auf 1400 aufzustocken.

■ **Weitere wichtige Ereignisse:** Bei einem **Brand in einem Gefängnis** auf dem Amsterdamer Flughafen Schiphol, der vermutlich durch Brandstiftung eines Häftlings ausgelöst worden war, kamen am 27. 10. 2005 elf Häftlinge ums Leben, 15 weitere wurden z. T. schwer verletzt. Die Haftanstalt diente vornehmlich der Internierung von Abschiebehäftlingen. Nach Vorwürfen gegen das Wachpersonal und Kritik an den Sicherheitseinrichtungen ordnete der Bürgermeister von Amsterdam am 1. 12. – gegen den Willen des Justizministers – die Schließung des Gefängnisses an.

Die niederländische Staatsanwaltschaft schloss am 6. 4., nach Beendigung ihrer **Ermittlungen zum Tod des früheren jugoslawischen Präsidenten Slobodan Milošević** im Gefängnis von Scheveningen am 11. 3. 2006 ein Verbrechen aus (→ Serbien). In Serbien und Russland war der Verdacht geäußert worden, Milosević wie auch der frühere kroatische Serbenführer **Milan Babić** (→ Kroatien) seien ermordet worden. Der vom Kriegsverbrechertribunal in Den Haag (ICTY) verurteilte Babić war am 6. 3. in seiner Zelle tot aufgefunden worden.

Die Niederlande sind **globale Marktführer im Tulpenexport**. 90 % der weltweiten Exporte stammen aus den Niederlanden, rd. 10 Mrd. Tulpenzwiebeln sind für den Export bestimmt, 75 % der Jahresproduktion (→ Grafik). Wegen des Preisverfalls ist der Produktionswert in den letzten fünf Jahren um 20 % auf 540 Mio. € gesunken.

Niederlande: Gewächshauserzeugnisse 2004

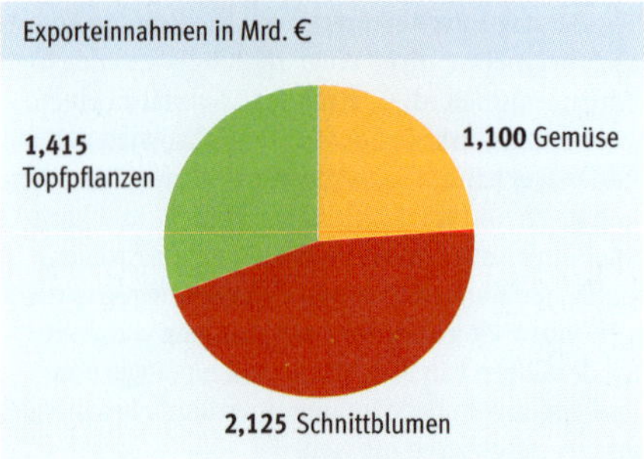

Quelle: Agricultural Economics Research Institute 2005

Niger West-Afrika

Republik Niger; République du Niger – NE / NER

Fläche (Weltrang: 21): 1 267 000 km²

Einwohner (64): F 2004 13 499 000 = 10,7 je km²

Hauptstadt: Niamey

Amtssprache: Französisch

Bruttonationaleinkommen 2004 je Einw.: 210 $

Währung: CFA-Franc
Kurs: 1 € = 655,96 CFA-Francs

Botschaft der Republik Niger
Dürenstr. 9, 53173 Bonn
T 0228 / 3 50 27 82, Fax 3 50 27 68
E-Mail: ambaniger@t-online.de

LANDESSTRUKTUR **Fläche:** 1 267 000 km²; → Karte ■ **Verwaltung:** 8 Départements ■ **Städte:** (Z 2001) Niamey 674 950 Einw., Zinder 170 574, Maradi 147 038, Agadez 76 957, Tahoua 72 446

BEVÖLKERUNG Nigrer – F 2004: 13 499 000 Einw.; Bevölkerungswachstum: 3,4 %; letzte Zählung 2001: 11 060 201 Einw. – 55,4 % Hausa, 21,0 % nilo-saharanische Gruppen (Djerma und Songhai), 9,3 % Tuareg, 8,5 % Fulbe (Peul), 4,7 % Kanuri, außerdem Tubu, Araber und Europäer (meist Franzosen) ■ **Sprachen:** Hausa, Songhai-Djerma, Fulbe, Tamasheq (Tuareg), Kanuri u. a.; Französisch ■ **Religion:** 95 % Muslime (u. a. Quadriya-, Senussi- und Tidjaniya-Schulen; Sunniten), 10–15 % Anhänger von indigenen Religionen, christliche Minderheit

STAATS- UND REGIERUNGSFORM Verfassung von 1999 – Präsidialrepublik seit 1960 – Parlament (Assemblée Nationale) mit 113 Mitgl., Wahl alle 5 J. – Direktwahl des Staatsoberhauptes alle 5 J. (einmalige Wiederwahl) – Wahlrecht ab 18 J. ■ **Unabhängigkeit:** 3. 8. 1960 (ehem. französische Kolonie) ■ **Nationalfeiertag:** 18. 12. (Tag der Republik)

REGIERUNG UND PARTEIEN **Staatsoberhaupt:** Mamadou Tandja (MNSD), seit 22. 12. 1999; wieder gewählt 2004 – **Regierungschef:** Hama Amadou, seit 3. 1. 2000; Koalition aus MNSD und CDS – **Außenministerin:** Aïchatou Mindaoudou, seit 17. 9. 2001 ■ **Parlament:** Wahlen vom 4. 12. 2004: Mouvement National de la Société de Développement / MNSD 47 von 113 Sitzen (1999: 38 von 83), Convention Démocratique et Sociale / CDS 22 (17), Parti Nigerien pour la Démocratie et le Socialisme / PNDS 17 (16), Rassemblement Social et Démocrate / RSD 7 (–), Rassemblement pour la Démocratie et le Progrès / RDP 6 (8), Alliance Nigérienne pour la Démocratie et le Progrès / ANDP 5 (4), Sonstige 9 (–)

Niger Bevölkerung	
Département (Hauptort)	Einwohner Z 2001
Agadez (Agadez)	321 639
Diffa (Diffa)	346 595
Dosso (Dosso)	1 505 864
Maradi (Maradi)	2 235 748
Tahoua (Tahoua)	1 972 729
Tillabéry (Tillabéry)	1 889 515
Zinder (Zinder)	2 080 250
Hauptstadtbezirk	
Niamey	707 951
Niger	11 060 291

Quelle: Institut National de la Statistique

WIRTSCHAFT **BIP** 2004: 3,081 Mrd. $; realer Zuwachs: 0,9 %; Anteil (2003) Landwirtschaft 40 %, Industrie 17 %, Dienstleistungen 43 % ■ **Erwerbstätigkeit** 2003: Landwirtsch. 87 % ■ **Arbeitslosigkeit**: k. A. ■ **Inflation** ∅ 2003: –1,6 % ■ **Außenhandel** 2001: **Import**: 325 Mio. $; *Güter*: 37 % Nahrungsmittel, 15 % Maschinen, 13 % mineralische Brennstoffe und Schmiermittel; *Länder*: 19 % Frankreich, 14 % Elfenbeinküste, 10 % Nigeria; **Export**: 154 Mio. $; *Güter*: 57 % Erze und Uran, 38 % Nahrungsmittel; *Länder*: 37 % Nigeria, 36 % Frankreich, 8 % Japan

CHRONIK

Nachdem die Regierung auf die Dürreperiode und die Heuschreckenplage im Vorjahr viel zu spät reagiert hatte, nahm die **Nahrungsmittelkrise** immer dramatischere Züge an. Laut Angaben des Leiters des UN-Koordinationsbüros für humanitäre Hilfe (OCHA), Jan Egeland, waren bis Ende Juli 2005 allein im Süden des Landes 1,2 Mio. Menschen auf Nahrungsmittellieferungen angewiesen; bis Oktober stieg die Zahl weiter an. Nach Angaben der Hilfsorganisation Ärzte ohne Grenzen von Mitte September waren vor allem Kinder von extremer Unterernährung bedroht, deren Zahl auf über 150 000 geschätzt wurde. Die Regierung, allen voran Präsident Mamadou Tandja, waren bemüht, das Ausmaß der Krise herunterzuspielen. Tandja wies in einem Interview mit dem britischen Sender BBC die Gefahr einer Hungersnot zurück und betonte, die Bevölkerung sei gut ernährt. Den UN und anderen Organisationen warf er falsche Propaganda und die Verfolgung politischer und wirtschaftlicher Ziele vor.

Die Mitte August mit üppigen Niederschlägen einsetzende Regenzeit brachte für die Bevölkerung, die sich seit drei Monaten hauptsächlich von Gras, Blättern und Trockenfrüchten ernährt hatte, **kaum Erleichterung**, da viele Felder zu spät oder gar nicht bestellt worden waren. Dennoch bezeichnete Premierminister Hama Amadou am 18. 9. die internationalen Hilfsaktionen als entwürdigend. Zu der Ernährungskrise hatte auch der starke Preisanstieg für Lebensmittel im Frühjahr 2005 beigetragen; hinzu kam eine Erhöhung der Mehrwertsteuer, die die Regierung mit der Notwendigkeit begründet hatte, den Steuersatz dem Niveau der übrigen Mitglieder der Westafrikanischen Wirtschafts- und Währungsgemeinschaft (UEMOA) anzugleichen. Auf zunehmenden Druck der Bevölkerung entschloss sich die Regierung, die staatlichen Notreserven an Hirse zu stark subventionierten Preisen zu verkaufen.

Nachdem mehrere von der Bürgerbewegung Coalition against Costly Living lancierte **Streiks** wegen der nach wie vor hohen Lebensmittelpreise wiederholt das öffentliche Leben lahm gelegt hatten, stimmte die Regierung am 18. 4. 2006 einem Kompromissvorschlag zu, der die Ausnahme von Grundnahrungsmitteln wie Mehl und Milch von einer erst kürzlich erhobenen Mehrwertsteuer (19 %) vorsah.

■ **Studentenproteste:** Im Mai 2006 geriet die Regierung weiter unter Druck, als Studentenführer zum unbefristeten **Protest gegen die schlechten Arbeits- und Lebensbedingungen an der Universität von Niamey** aufriefen. Dem Aufruf folgten fast alle 7000 Studenten der Hochschule. Nachdem es im Juni zu gewalttätigen Auseinandersetzungen zwischen protestierenden Studenten und Sicherheitskräften gekommen war, bei denen mehr als 40 Personen verletzt und 300 festgenommen wurden, wurde die Universität vorübergehend geschlossen.

■ **Grenzstreit:** Im Streit mit dem Nachbarland Benin um die territoriale Zugehörigkeit der Inseln in den Flüssen Niger und Mekrou entlang der gemeinsamen Grenze sprach der Internationale Gerichtshof in Den Haag am 12. 7. die größte Insel Lete sowie 15 kleinere Inseln Niger zu, Benin erhielt neun Inseln. Die rd. 60 km² große Insel Lete wird hauptsächlich von Nomaden zum Weiden ihres Viehs benutzt, die dafür Steuern an Niger zahlen müssen. Nach der Unabhängigkeit im Jahr 1960 war es wiederholt zu gewaltsamen Auseinandersetzungen um die Inseln gekommen.

Nigeria West-Afrika

Bundesrepublik Nigeria; Federal Republic of Nigeria – NG / NGA

Fläche (Weltrang: 31): 923 768 km²

Einwohner (9): F 2004 128 709 000 = 139 je km²

Hauptstadt: Abuja

Amtssprache: Englisch

Bruttonationaleinkommen 2004 je Einw.: 430 $

Währung: 1 Naira (N) = 100 Kobo
Kurs: 1 US-$ = 127,19 N; 1 € = 163,66 N

Botschaft der Bundesrepublik Nigeria
Neue Jakobstr. 4, 10179 Berlin
T 030 / 21 23 00, Fax 21 23 02 12
www.nigeriaembassygermany.org

LANDESSTRUKTUR **Fläche**: 923 768 km²; Karte → WA 2006, S. 339 ▪ **Verwaltung**: 36 Bundesstaaten und Hauptstadt-Territorium ▪ **Städte**: (F 2000) Lagos 13 427 000 Einw., Ibadan 1 731 000; (F 1994) Ogbomosho 694 400, Kano 641 200, Oshogbo 453 600, Ilorin 452 700, Abeokuta 406 500; (F 1999) Abuja 403 000; (F 1994) Port Harcourt 389 900, Zaria 360 800, Ilesha 359 900, Onitsha 353 800, Iwo 344 300, Kaduna 325 500, Mushin 317 000, Maiduguri 304 500, Enugu 300 700

BEVÖLKERUNG Nigerianer – F 2004: 128 709 000 Einw.; Bevölkerungswachstum: 2,2 %; letzte Zählung 1991: 88 992 220 Einw. – insg. 434 Ethnien: 21 % Hausa u. a. hamitische und tschadohamitische Ethnien (Kanuri, Tuareg) im N, 18 % I(g)bo, 6 % Ibibio u. a. im SO, 21 % Yoruba im SW, 2 % Tiv im SO sowie Nomaden (Fulbe); ca. 16 000 Europäer (meist Briten) ▪ **Sprachen**: Englisch; v. a. Kwa-Sprachen (u. a. Yoruba, Igbo), Ful, Hausa als Umgangssprache; Edo, Ibibio, Kanuri, Efik, Ijaw, Nupe, Tiv, Urhobo u. a.; Französisch ▪ **Religion**: 50 % Muslime (v. a. im N), 40 % Christen; indigene Religionen

STAATS- UND REGIERUNGSFORM Verfassung von 1999 – Präsidiale Bundesrepublik (im Commonwealth) seit 1979 – Nationalversammlung: Repräsentantenhaus mit 360 Mitgl.; Senat mit 109 Mitgl., Wahl alle 4 J. – Direktwahl des Staatsoberhaupts alle 4 J. – Wahlrecht ab 21 J. ▪ **Unabhängigkeit**: 1. 10. 1960 (ehem. britische Kolonie) ▪ **Nationalfeiertag**: 1. 10.

REGIERUNG UND PARTEIEN **Staats- u. Regierungschef**: Olusegun Obasanjo (PDP), seit 29. 5. 1999; wieder gewählt 2003 – **Äußeres**: Ngozi Okonjo-Iweala, seit 21. 6. 2006 ▪ **Parlament**: Wahlen vom 12. 4. 2003: Repräsentantenhaus: People's Democratic Party / PDP 223 von 360 Sitzen (1999: 208), All Nigeria Peoples' Party / ANPP 96 (69), Alliance for Democracy / AD 34 (76), All Progressive Grand Alliance / APGA 2 (–), United Nigeria People's Party 2 (–), National Democratic Party / NDP 1 (–), People's Redemption Party / PRP 1 (–), vakant 1 (7) – Senat: PDP 76 von 109 Sitzen (1999: 60), ANPP 27 (24), AD 6 (20), vakant – (5)

WIRTSCHAFT **BIP** 2004: 72,053 Mrd. $; realer Zuwachs: 6,0 %; Anteil (2004) Landwirtschaft 17 %, Industrie 57 %, Dienstleistungen 26 % ▪ **Erwerbstätigkeit** 2003: Landwirtsch. 31 % ▪ **Arbeitslosigkeit** ∅ 2001: 45–50 % (S) ▪ **Inflation** ∅ 2004: 16,5 % ▪ **Außenhandel** 2004: **Import**: 14,2 Mrd. $; *Güter* 2003: 29 % Vorerzeugnisse, 24 % Maschinen und Fahrzeuge, 21 % chemische Erzeugnisse, 12 % Ernährungsgüter, 5 % Rohstoffe, 5 % Fertigerzeugnisse, 2 % tierische und pflanzliche Öle, 2 % technische Öle; *Länder* 2003: 14 % VR China, 10 % Großbritannien, 8 % Frankreich, 8 % USA, 7 % Niederlande, 6 % Deutschland, 6 % Rep. Korea, 6 % Italien (EU gesamt: 43 %); **Export**: 33,7 Mrd. $; *Güter* 2004: 90 % Erdöl, 8 % Erdgas; *Länder* 2003: 40 % USA, 8 % Spanien, 5 % Brasilien, 5 % Frankreich, 5 % Indonesien, 4 % Japan, 4 % Indien, 3 % Ghana, 3 % Niederlande, 3 % Portugal, 3 % Deutschland (EU gesamt: 25 %)

CHRONIK

Die Lage im bevölkerungsreichen Nigeria war unvermindert konfliktgeladen. In der ersten Jahreshälfte 2006 kam es zu einer Serie gewalttätiger Anschläge gegen die dort tätigen Erdölkonzerne, in deren Folge die Produktion gedrosselt werden musste und der Erdölpreis auf Rekordhöhe stieg. Angeheizt durch die Mohammed-Karikaturen, brachen wieder gewaltsame Auseinandersetzungen zwischen Christen und Muslimen aus. Ein monatelanger Streit um eine Verfassungsänderung, mit der sich Präsident Olusegun Obasanjo eine dritte Amtszeit sichern wollte, führten zu einer innenpolitischen Krise.

▪ **Kampf um Öl:** Nachdem die Regierung im vergangenen Jahr die Streichung der Subventionen für Treibstoff nach mehrtägigen Streiks zunächst zurückgenommen hatte, setzte sie das Vorhaben Anfang September 2005 mit einer drastischen Kürzung der Staatszuschüsse teilweise durch. Auf die daraus resultierende 20 %ige Erhöhung der Benzinpreise protestierten am 14. 9. 2005 Tausende Menschen in Lagos. Die Demonstration bildete den Auftakt zu einer mehrwöchigen Protestkampagne der Gewerkschaften.

Unterdessen drohten im **Nigerdelta** (→ Karte) die Rebellen der Niger Delta People's Volunteer Force (NDPVF) mit neuen Angriffen auf die Erdölanlagen. Sie verlangten die Freilassung ihres inzwischen inhaftierten und wegen Hochverrats angeklagten Anführers Alhaji Mujahid Dokubo Asari und setzten der Regierung ein Ultimatum bis zum 27. 9. Dokubo Asari, der mit einer Armee von rund 5000 Mann für die Unabhängigkeit des Volkes der Ijaw und eine stärkere lokale Kontrolle über die Erdölressourcen im Nigerdelta kämpft, wobei die Angriffe gegen die internationalen Erdölkonzerne nur Mittel zum Zweck sind, hatte zuletzt die Auflösung des Staates Nigeria und die Einberufung einer Nationalkonferenz mit anschließendem Referendum gefordert. Mitte Dezember starteten die Rebellen mit gezielten Entführungen, Anschlägen und Sabotageakten eine **Großoffensive gegen die Regierung und die internationalen Erdölkonzerne.** Am 20. 12. sprengten sie zunächst eine Pipeline des britisch-niederländischen Konzerns Royal Dutch Shell in die Luft, wobei mindestens acht Personen getötet wurden. Als Folge des Sabotageaktes musste die Erdölproduktion um etwa 170 000 Barrel pro Tag gedrosselt werden. Am 11. 1. 2006 enterten bewaffnete Männer ein Transportschiff des Shell-Konzerns vor der Küste und entführten vier ausländische Arbeiter. Am darauffolgenden Tag wurde eine weitere Pipeline gesprengt, und vier Tage später eröffneten Bewaffnete das Feuer auf Soldaten, die die Shell-Bohrinsel Benisede bewachten. Dabei wurden mindestens 13 Soldaten und eine unbekannte Zahl von Angreifern und Arbeitern getötet. Royal Dutch Shell evakuierte daraufhin 330 Mitarbeiter von insgesamt vier Erdölplattformen. Zu den Anschlägen bekannte sich eine bisher unbekannte Rebellengruppe, das Movement for the Emancipation of the Niger Delta (MEND), das alle internationalen Erdölkonzerne zum Verlassen des Nigerdeltas aufforderte, um jeglichen Erdölexport der Regierung zu unterbinden. Zudem forderte sie von Shell 1,5 Mio.

Rebellen im Nigerdelta am 24. 2. 2006

US-$ als Kompensationszahlung für die durch die Erdölförderanlagen verursachten Umweltschäden. Zwar wurden die vier entführten Shell-Mitarbeiter am 30. 1. wieder freigelassen, am 17. 2. drohte die MEND jedoch den Erdölkonzernen mit einem »totalen Krieg«, sollten ihre Mitarbeiter nicht bis Mitternacht das Land verlassen haben.

Nachdem das Ultimatum ohne Reaktion der Konzerne verstrichen war, eskalierte die Situation. Unter der Bezeichnung **»Schwarzer Februar« führten die Rebellen eine Serie von äußerst gezielten Anschlägen durch** (→ Foto), die sich vor allem gegen den Shell-Konzern richteten. Unter anderem musste Shell nach einem Brandanschlag seinen größten Exportterminal Forcados schließen, was zu einem Rückgang der weltweiten Erdölproduktion um 20 % führte. Zudem wurden neun Mitarbeiter entführt. In der Folge der anhaltenden Gewalt stieg der Erdölpreis bis April 2006 auf über 70 US-$/Barrel.

Ein Gericht in Port Harcourt verurteilte am 24. 2. den Shell-Konzern zur Zahlung der von den Rebellen geforderten 1,5 Mrd. US-$ als Entschädigung für die Umweltschäden, angesichts derer mittlerweile große Teile der verarmten Bevölkerung mit den Aufständischen sympathisierten. Eine vom Gericht gesetzte Frist bis zum 22. 5. ignorierte der Konzern mit Hinweis auf das laufende Berufungsverfahren. Zuvor hatte Präsident Obasanjo bei einem Treffen mit Gouverneuren, Bürgermeistern und Rebellenführern der südlichen Provinzen am 18. 4. die Einführung strengerer Umweltstandards sowie den Ausbau der Infrastruktur im Nigerdelta versprochen.

Beim Versuch, eine Erdölpipeline anzuzapfen, ereignete sich am 12. 4. nahe des Fischerdorfes Ilado in der Nähe von Lagos eine verheerende Explosion, bei der fast 200 Menschen ihr Leben verloren. Die Regierung kündigte daraufhin eine Verstärkung der Sicherheitsmaßnahmen an den Pipelines an. Der Raub von Erdöl dient u. a. Rebellenbewegungen dazu, sich mit Waffen einzudecken.

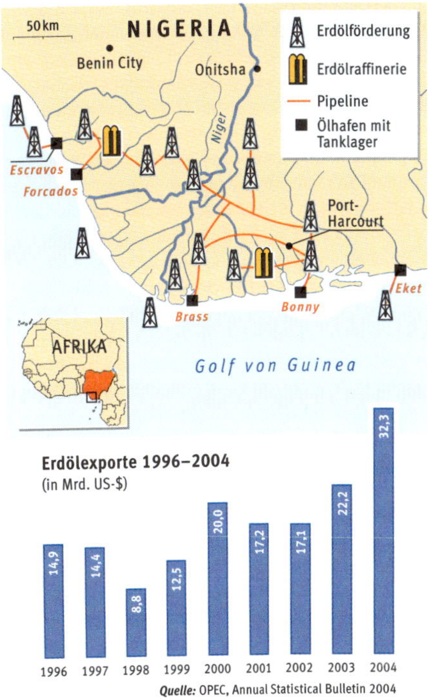

Quelle: OPEC, Annual Statistical Bulletin 2004

■ **Blutige Unruhen zwischen Christen und Muslimen:** Infolge von blutigen Ausschreitungen bei Protesten gegen die Mohammed-Karikaturen (→ Dänemark) am 18./19. 2. 2006 im überwiegend muslimischen Nor-

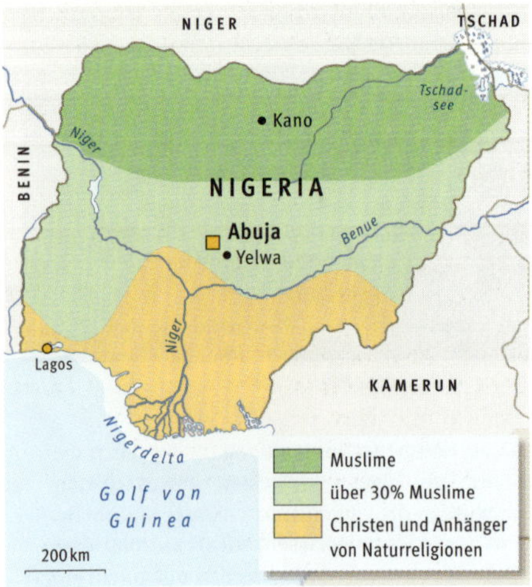

den kam es im ganzen Land zu einer Welle von Gewalt zwischen Muslimen und Christen. Bei den Auseinandersetzungen wurden Kirchen und Moscheen niedergebrannt, Geschäfte geplündert, Schulen zerstört und Menschen zu Tode geprügelt oder verstümmelt. Insgesamt verloren bis zum 24. 2. 146 Personen ihr Leben. Beobachtern zufolge war der Karikaturenstreit nur vordergründig Auslöser für die Gewalt.

- **Innenpolitische Krise:** Der im Hinblick auf die für 2007 angesetzten Präsidentschaftswahlen von Präsident Obasanjo bereits im Februar 2005 gestellte Antrag auf eine Verfassungsänderung führte im September zu gravierenden Spannungen in der regierenden People's Democratic Party (PDP). Als ein enger Vertrauter des Präsidenten eine Überprüfung der Parteimitgliedschaft anordnete, verloren etliche gegenüber Obasanjo kritisch eingestellte Politiker ihre Mitgliedschaft, darunter auch Vizepräsident Atiku Abubakar, dem Obasanjo in der Vergangenheit wiederholt mangelnde Loyalität vorgeworfen hatte. Die Maßnahme verstärkte Befürchtungen, Obasanjo wolle Gegner aus dem Weg räumen und sich mit der angestrebten Verfassungsänderung eine dritte Amtszeit ermöglichen. Prominente Politiker gründeten daraufhin unter dem Namen **»Anti-Third-Term-Movement«** eine Protestbewegung. Die Gegner sahen in der Verfassungsänderung einen Angriff auf die Demokratie und befürchteten, dass die ethnischen, religiösen und politischen Spannungen dadurch verstärkt würden. Befürworter argumentierten, dass der Erfolg und die Fortsetzung der umfangreichen und international anerkannten Reformen des Präsidenten, wie z. B. der Kampf gegen die Korruption, nur durch eine dritte Amtszeit Obasanjos garantiert seien. In der Abstimmung am 16. 5. 2006 sprach sich die Mehrheit der Abgeordneten gegen eine Verfassungsänderung aus, was von Obasanjo am 18. 5. akzeptiert wurde. Am 10. 6. entließ der Präsident ohne nähere Angabe von Gründen die Chefs der Luftwaffe und der Armee sowie seinen Sicherheitsberater, General Aliyu Mohammed Gusau. Gusau war in jüngster Vergangenheit mehrfach als möglicher Nachfolger Obasanjos bezeichnet worden.
- **Rückgabe von Abacha-Geldern:** Nachdem das Schweizer Bundesgericht im Februar 2006 die letzten Beschwerden der Nachkommen des Ex-Diktators Sani Abacha gegen die 2004 gefällte Entscheidung zur Rückgabe von dessen Vermögen an den nigerianischen Staat endgültig abgewiesen hatte, wurden bis April die noch verbliebenen 458 Mio. US-$ zurücküberwiesen. Präsident Obasanjo und Finanzministerin Ngozi Okonjo-Iweala hatten zuvor schriftlich zugesichert, die **rückerstatteten Gelder ausschließlich für Entwicklungsprojekte zu verwenden**, was von der Weltbank überwacht wird.
- **Erlass von Auslandsschulden:** Nachdem der Weltwährungsfonds (IWF) Nigeria signifikante Fortschritte bei den Wirtschaftsreformen und bei der Bekämpfung der Korruption bescheinigt hatte, genehmigte der Pariser Club am 20. 10. 2005 dem Land einen Schuldenerlass in Höhe von 18 Mrd. US-$. Zuvor hatte sich die Regierung mit dem IWF auf ein sogenanntes »Policy Support Instrument« (PSI) geeinigt, das dem IWF die Möglichkeit gab, die Fortschritte des von Obasanjo eingeleiteten Reformprozesses zu überwachen. Die Gesamtauslandsverschuldung Nigerias belief sich zu diesem Zeitpunkt auf 36,2 Mrd. US-$, davon 30 Mrd. bei den 19 Mitgliedstaaten des Pariser Clubs.
- **Grenzstreit:** Im jahrelangen Grenzstreit mit Kamerun um die Bakassi-Halbinsel kam es unter Vermittlung von UN-Generalsekretär Kofi Annan am 12. 6. 2006 zu einer endgültigen Einigung. Präsident Obasanjo und sein Kameruner Amtskollege Paul Biya unterzeichneten ein Abkommen, in dem sich Nigeria verpflichtete, seine auf Bakassi stationierten Truppen innerhalb von 60 Tagen abzuziehen (→ Kamerun).
- **Vogelgrippe:** Als erstes Land auf dem afrikanischen Kontinent sah sich Nigeria mit der Vogelgrippe konfrontiert. Am 8. 2. 2006 meldete die Weltorganisation für Tiergesundheit (OIE), dass in einem Geflügelgroßbetrieb im Norden des Landes bei Tausenden verendeter Tiere der auch für den Menschen gefährliche Erreger H5N1 nachgewiesen worden war. Die Regierung ordnete die Keulung der befallenen Hühner und eine Quarantäne für die betroffenen Höfe an. Anfang März begann die Regierung mit Kompensationszahlungen für die betroffenen Geflügelbesitzer.

Norwegen Nord-Europa

Königreich Norwegen; Kongeriket Norge – NO/NOR

Fläche (Weltrang: 66): 323 759 km²

Einwohner (113): F 2004 4 591 000 = 14,2 je km²

Hauptstadt: Oslo

Amtssprache: Norwegisch

Bruttonationaleinkommen 2004 je Einw.: 51 810 $

Währung: 1 Norwegische Krone (nkr) = 100 Øre
Kurs: 1 US-$ = 6,07 nkr; 1 € = 7,93 nkr (1. 7. 2006)

Königlich Norwegische Botschaft
Rauchstr. 1, 10787 Berlin
T 030/50 50 50, Fax 50 50 55
www.norwegen.no

LANDESSTRUKTUR **Fläche:** 323 759 km²; Karte → WA 2006, S. 342 ▪ **Gebiete:** Svalbard 61 020 km², Jan Mayen 377 km² und Bilandet (Nebenländer): Bouvetøya (Bouvetinsel) 49 km² und Peter I Øy (Peter-I.-Insel) 156 km²; Dronning Maud Land (Königin-Maud-Land) → Antarktis ▪ **Verwaltung:** 19 Provinzen; Tabelle → WA 2006, S. 341 ▪ **Städte:** (F 2005) Oslo 529 846 Einw., Bergen 239 209, Trondheim 156 161, Stavanger 113 991, Bærum 104 690, Kristiansand 76 066, Fredrikstad 70 418, Tromsø 62 558, Sandnes 57 618, Drammen 57 148

BEVÖLKERUNG Norweger – F 2004: 4 591 000 Einw.; Bevölkerungswachstum: 0,3 %; letzte Zählung 2001: 4 520 947 Einw. – 95,9 % Norweger, davon ca. 40 000 Samit (Samen) und 12 000 Finnen (Kvener); 4,1 % Ausländer: 0,6 % Schweden, 0,4 % Dänen, 0,3 % Bosnier, 0,2 % Briten u. a. ▪ **Sprachen:** Norwegisch (mit zwei Schriftsprachen: Bokmål und Nynorsk); Samisch ▪ **Religion** 2004: (Evangelisch-Lutherische Kirche ist Staatskirche) 85,7 % Evangelisch-Lutherische; 78 000 Muslime, 46 000 Pfingstler, 46 000 Katholiken u. a.

STAATS- UND REGIERUNGSFORM Verfassung von 1814 – Parlamentarische Monarchie seit 1905 – Parlament (Storting) mit 169 Mitgl. (teilt sich für legislative Aufgaben in 2 Kammern: Lagting mit $^1/_4$ und Odelsting mit $^3/_4$ der Mitgl.), Wahl alle 4 J. – Wahlrecht ab 18 J. ▪ **Unabhängigkeit:** alte staatl. Tradition; 27. 10. 1905 Austritt aus der Union mit Schweden ▪ **Nationalfeiertag:** 17. 5. (Verfassungstag)

REGIERUNG UND PARTEIEN **Staatsoberhaupt:** König Harald V., seit 1991 – **Regierungschef:** Jens Stoltenberg (DnA), seit 17. 10. 2005; Koalitionsregierung aus DnA, SVP und SP – **Äußeres:** Jonas Gahr Støre (DnA), seit 17. 10. 2005 ▪ **Parlament:** Wahlen zum Storting vom 12. 9. 2005: Det Norske Arbeiderparti/DnA 61 von 169 Sitzen (2001: 43 von 165), Fremskrittspartiet (Fortschrittspartei)/FP 38 (26), Høyre/H 23 (38), Sosialistisk Venstreparti (Sozialistische Linkspartei)/SVP 15 (23), Kristelig Folkeparti (Christliche Volkspartei)/KFP 11 (22), Senterpartiet (Zentrumspartei)/SP 11 (10), Venstre-Partei/V 10 (2), Kystpartiet (Küstenpartei)/KYST – (1)

WIRTSCHAFT **BIP** 2004: 250,052 Mrd. $; realer Zuwachs: 2,9 %; Anteil (2004) Landwirtschaft 2 %, Industrie 39 %, Dienstleistungen 59 % ▪ **Erwerbstätigkeit** 2003: Landwirtsch. 3,8 %, Industrie 22,1 %, Dienstl. 74,0 % ▪ **Arbeitslosigkeit** ∅ 2005: 4,3 % ▪ **Inflation** ∅ 2005: 1,5 % ▪ **Außenhandel** 2005 (vorläufig): **Import:** 354,0 Mrd. nkr; *Güter:* 17 % Maschinen, 11 % Kfz, 5 % Nahrungsmittel und Tiere, 5 % metallurgische Erze und Metallabfälle, 5 % Büromaschinen, 4 % Eisen und Stahl, 4 % Brennstoffe, 4 % Nachrichtentechnik, 4 % Metallerzeugnisse, 4 % Bekleidung und Accessoires, 3 % Pharmazeutika, 3 % Möbel, 2 % NE-Metalle, 2 % Papier und -produkte, 2 % Kunststoffe; *Länder:* 15 % Schweden, 14 % Deutschland, 7 % Dänemark, 7 % Großbritannien, 6 % VR China, 5 % USA, 4 % Frankreich, 4 % Niederlande (EU gesamt: 69 %); **Export:** 665,4 Mrd. nkr; *Güter:* 45 % Erdöl, 15 % Erdgas, 6 % NE-Metalle, 5 % Fisch, 5 % Maschinen, 2 % Kondensate, 2 % Eisen und Stahl, 1 % Papier und -produkte, 1 % organische Chemikalien; *Länder:* 13 % Schweden, 11 % Großbritannien, 10 % Deutschland, 8 % USA, 7 % Niederlande, 6 % Dänemark, 5 % Frankreich, 3 % Belgien (EU gesamt: 71 %)

AUSSENGEBIET

Svalbard und Jan Mayen

Fläche: 62 924 km², davon Spitsbergen (Spitzbergen) 39 368 km², Nordaustlandet (Nordostland) 14 530 km², Edgeøya (Edgeinsel) 5030 km², Barentsøya (Barentsinsel) 1330 km², Prins Karlsforland (Prinz-Karl-Vorland) 640 km², Kong Karlsland (König-Karl-Land) 330 km², Kvitøya 250 km², Bjørnøya (Bäreninsel) 176 km², Hopen 46 km²; Karte → WA 2006, S. 342 ▪ **Bevölkerung** F 2005: 2400 Einw.: 1645 Norweger, 747 Russen, 8 Polen ▪ **Sprachen:** Norwegisch ▪ **Hauptstadt** (S 1998): Longyearbyen 1000 Einw. ▪ **Status:** norwegisch seit 1920 ▪ **Regierung:** Gouverneur: Odd Olsen Ingerø

■ **Machtwechsel:** Aus der Parlamentswahl am 12. 9. 2005 ging das **Parteienlager aus Linken und Grünen** unter Führung des Sozialdemokraten Jens Stoltenberg **als Sieger** hervor und konnte 87 der insgesamt 169 Sitze im Storting besetzen. Die Arbeiterpartei (DnA), die – mit dem damaligen Regierungschef Stoltenberg als Spitzenkandidat – bei der letzten Wahl 2001 ihr Rekordtief erreicht und die Regierung hatte abgeben müssen, legte um 8,4 Prozentpunkte zu und kam auf 32,7 % der Stimmen. Ihre koalitionswilligen Partner, die links-grüne Sozialistische Linkspartei (SVP) und die grüne Zentrumspartei (SP), erzielten 8,8 % (–3,9) bzw. 6,5 % (+0,9). Die Christliche Volkspartei (KFP) des als Chef einer Minderheitsregierung amtierenden Ministerpräsidenten Kjell Magne Bondeviks rutschte um 5,6 Prozentpunkte auf einen Stimmenanteil von 6,8 % ab. Einen noch höheren Stimmenverlust musste ihr bisheriger Koalitionspartner, die konservative Partei Høyre (»Rechts«) einstecken: Sie stürzte von 21,3 auf 14,1 % ab. Zulegen konnte dagegen die rechtspopulistische Fortschrittspartei (FP) von Carl I. Hagen, die mit einem Plus von 7,5 Prozentpunkten 22,1 % der Stimmen auf sich vereinte (Wahlbeteiligung: 77,4 %) (→ Grafik).

Norwegen: Wahlen zum Parlament am 12.9.2005 (2001)

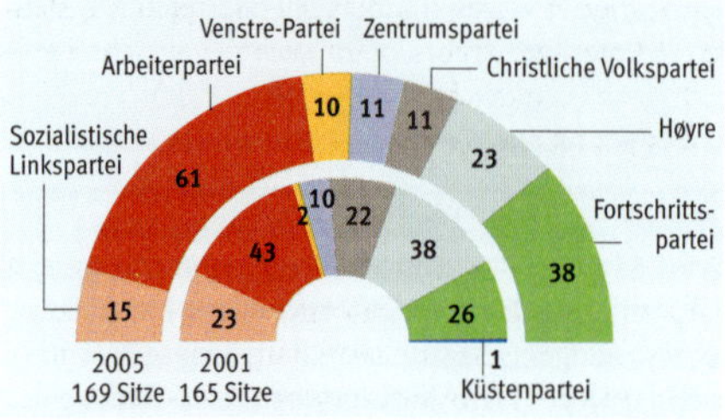

König Harald V. vereidigte am 17. 10. **die neue, von Stoltenberg geführte rot-grüne Regierung** aus sozialdemokratischer DnA, SVP und SP. Sie stützt sich zum ersten Mal seit zwei Jahrzehnten auf eine parlamentarische Mehrheit. Die Hälfte der 18 Ministerposten ging an Frauen. Neuer Außenminister wurde Jonas Gahr Støre (DnA).

Im **Wahlkampf** war vor allem um die Frage gestritten worden, wie der Staat den Reichtum aus den Erdöleinnahmen (→ Grafik) verteilen soll. Norwegen ist der weltweit drittgrößte Erdölexporteur. Bislang flossen fast die gesamten Einnahmen aus den Erdöl- und Erdgasexporten in einen Fonds, der nach dem Versiegen der Erdölquellen auch für künftige Generationen staatlich finanzierte Sozialleistungen sicherstellen soll. Nach einer Wertsteigerung um 29 % innerhalb eines Jahres belief sich sein Vermögen Ende 2005 auf 1312 Mrd. norwegische Kronen, umgerechnet knapp 170 Mrd. €. Stoltenberg hatte in Aussicht gestellt,

Norwegen: Staatseinnahmen aus Erdölaktivitäten

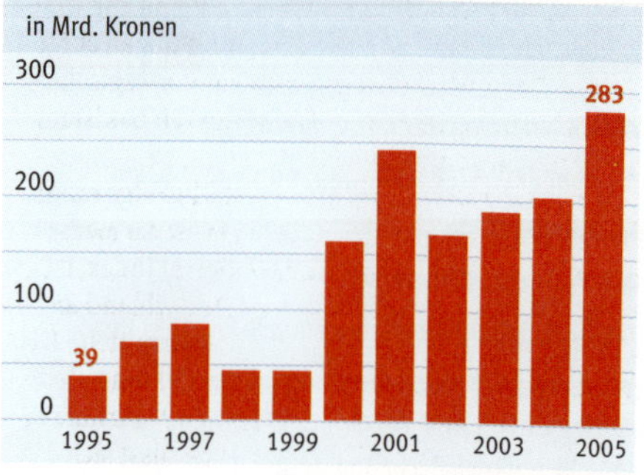

Quelle: Norwegische Regierung

künftig mehr Geld aus den Einnahmen des Erdölsektors für die Behebung sozialer und struktureller Defizite abzuzweigen, so vor allem für den Arbeitsmarkt, das Gesundheitswesen, die Altenbetreuung und das Bildungswesen.

Das **Koalitionsprogramm** konzentrierte sich neben sozialpolitischen Aufgaben auf den Schutz der Umwelt, jedoch konnte die Arbeiterpartei ihre wirtschaftsfreundliche Linie mit dem Kompromiss durchsetzen, die Suche nach Erdöl und Erdgas in der Barentssee nach weiteren Untersuchungen auf die Umweltverträglichkeit mit einem Jahr Verzögerung doch zu ermöglichen. In der Außenpolitik will die Regierung die bisher betriebene aktive Friedenspolitik weiter stärken. Die Teilnahme an der NATO-Mission ISAF in Afghanistan (rd. 500 Soldaten) soll reduziert und die 20 noch im Irak stationierten norwegischen Offiziere sollen abgezogen werden.

Der erste, am 10. 11. 2005 vorgelegte **Haushalt** sah entgegen den Erwartungen keine größeren Entnahmen aus der Erdölkasse, sondern eine Erhöhung der Einkommen-, Vermögen- und Erbschaftsteuern vor. Damit wurden Teile der von der abgelösten bürgerlichen Regierung durchgeführten Reform- und Sparmaßnahmen wieder rückgängig gemacht. Die zusätzlichen Einkünfte sollen zur Finanzierung sozialpolitischer Projekte und zur Verbesserung der Gemeindefinanzen eingesetzt werden.

■ **Karikaturenstreit:** Mit dem Nachdruck der in → Dänemark zuerst publizierten umstrittenen **Mohammed-Karikaturen** durch die in Oslo erscheinende christliche Wochenzeitung Magazinet am 10. 1. 2006 zog auch Norwegen die Empörung der muslimischen Weltöffentlichkeit auf sich. Eine Erklärung des Chefredakteurs der Zeitung am 31. 1., man bedaure, durch die Veröffentlichung Muslime in ihren Gefühlen verletzt zu haben, und habe eine Provokation nicht beabsichtigt, besänftigte die Proteste ebenso wenig wie die Geste der Regierung in Oslo, sich bei den muslimischen Ländern für die Aufregung zu entschuldigen, die der Abdruck nach sich gezogen habe. Am 4. 2. **stürmten Demonstranten in Damaskus** außer der dänischen auch die **norwegische Botschaft**. Die Regierung forderte ihre Bürger in Syrien und einigen anderen muslimischen Staaten zur Ausreise auf und zog ihre Diplomaten zurück. Schwere Ausschreitungen aufgebrachter Demonstranten gegen Büros norwegischer Unternehmen wurden auch aus mehreren pakistanischen Städten gemeldet.

▪ **Weitere Ereignisse:** Zum fünften Mal in Folge rangiert Norwegen an erster Stelle auf dem **»Index der menschlichen Entwicklung«** (Human Development Index, HDI), gefolgt von Island und Australien (Deutschland an zwanzigster Stelle). Der für 177 Staaten ermittelte HDI ist Teil des Jahresberichts zur Weltentwicklung, den das UN-Entwicklungsprogramm (UNDP) turnusmäßig am 7. 9. 2005 vorstellte. Der HDI bemisst sich nach den Indikatoren Kaufkraft der Einwohner, Lebenserwartung, Gesundheitsversorgung, Bildungsstand sowie Freiheit und Achtung der Menschenwürde (→ Glossar).

Ein Streit um **Fischfanggründe in der Barentssee** belastete im Oktober 2005 die Beziehungen zu Russland, als ein russischer Trawler vor Spitzbergen zwei zur Überprüfung der Raubfischerei an Bord gekommene norwegische Fischereiinspektoren in russische Hoheitsgewässer entführte und erst nach vier Tagen freigab. Russland bestreitet den norwegischen Anspruch auf eine 200-Meilen-Zone vor Spitzbergen.

Ende 2005 erklärte die Regierung **die von der EU aufgestellte umstrittene Terrorliste als für sie nicht mehr verbindlich.** Sie reagierte damit auf Bestrebungen in der EU, als terroristisch auch Bürgerkriegsparteien einzustufen, mit denen Norwegen als international anerkannter Vermittler Friedensmöglichkeiten aushandelt, wie z. B. in → Sri Lanka und → Kolumbien. Die Terrorliste der UN erkennt Norwegen weiterhin an.

Anfang 2006 trat ein **Gleichstellungsquotengesetz für börsennotierte Unternehmen** in Kraft. Danach müssen – mit einer Übergangsfrist von zwei Jahren – die Aufsichtsräte zu mindestens 40 % mit Frauen besetzt sein; im Falle der Nichterfüllung kann den Konzernen die Zwangsauflösung drohen. Bei den 500 großen Aktiengesellschaften betrug der Frauenanteil in den Aufsichtsräten 2005 durchschnittlich 16 %, die Hälfte war rein männlich besetzt.

Der international renommierte Krebsforscher Jon Sudbø vom Osloer Radiumhospital räumte Mitte Januar 2006 ein, **Aufsehen erregende Forschungsergebnisse mit manipuliertem Datenmaterial** zum Mundhöhlenkrebs produziert zu haben. 13 weitere Forscher hatten an der Studie mitgewirkt, ohne Verdacht zu schöpfen. Vom National Cancer Institut der USA hatte Sudbø für die Arbeit eine Prämie von 10 Mio. US-$ erhalten. Eine norwegische Untersuchungskommission erklärte Ende Juni einen Großteil der Forschungsergebnisse Sudbøs für falsch.

Oman Vorder-Asien

Sultanat Oman; Salṭanat ʻUmān – OM / OMN

Fläche (Weltrang: 69): 309 500 km²

Einwohner (135): F 2004 2 534 000 = 8,2 je km²

Hauptstadt: Masqaṭ (Maskat)

Amtssprache: Arabisch

Bruttonationaleinkommen 2004 je Einw.: 9070 $

Währung: 1 Rial Omani (R. O.) = 1000 Baizas
Kurs: 1 US-$ = 0,39 R. O.; 1 € = 0,49 R. O.

Botschaft des Sultanats Oman
Clayallee 82, 14195 Berlin
T 030 / 84 41 69 70, Fax 81 00 51 99
E-Mail: botschaft-oman@t-online.de

LANDESSTRUKTUR **Fläche:** 309 500 km² einschließlich der Inseln Masīrah mit 658 km² und Kuria-Muria mit 78 km²; Karte → WA 2005, S. 320 ▪ **Verwaltung:** 5 Regionen und 3 Governorate ▪ **Städte:** (S 2003) Masqaṭ (Maskat) (A) 638 115 Einw.; (F 1990) Ṣuḥār 91 521, Rustaq 66 205, Nizwā 62 880, Ṣūr 59 963

BEVÖLKERUNG Omaner – F 2004: 2 534 000 Einw.; Bevölkerungswachstum: 0,9 %; letzte Zählung 2003: 2 340 815 Einw. – 1 781 558 Omaner und 559 257 Ausländer ▪ **Sprachen:** Arabisch; iranische (Balutschi, Persisch) und indoarische Sprachen (u. a. Urdu); Englisch ▪ **Religion** 1994: 53,5 % Muslime, 28,0 % Hindus, 14,7 % Christen

STAATS- UND REGIERUNGSFORM Verfassung von 1996 – Monarchie (Sultanat) – Staatsreligion: Islam – Islamisches Recht (Scharia) – Konsultativrat (Madschlis as-Schura) mit 82 Mitgl. (alle 3 J. vom Sultan aus 164 gewählten Kandidaten ernannt) und Staatsrat (Madschlis al-Dawlah) mit 41 vom Sultan ernannten Mitgl. – Wahlrecht ab 21 J. ▪ **Unabhängigkeit:** 1744; bis 1970 Sultanat Maskat und Oman ▪ **Nationalfeiertag:** 18. 11. (Geburtstag des Sultans)

REGIERUNG UND PARTEIEN **Staatsoberhaupt, Regierungschef und Äußeres:** Sultan Qabus Bin Said, seit 1970 ▪ **Parlament:** letzte Wahlen zum Konsultativrat am 4. 10. 2003; keine Parteien

WIRTSCHAFT **BIP** 2004: 24,284 Mrd. $; realer Zuwachs: 3,1 %; Anteil (2004) Landwirtschaft 2 %, Industrie 56 %, Dienstleistungen 42 % ▪ **Erwerbstätigkeit** 2000: Landwirtsch. 6 %, Industrie 11 %, Dienstl. 82 % ▪ **Arbeitslosigkeit** ∅ 2005: 12–15 % (nur Omaner) ▪ **Inflation** ∅ 2003: –0,4 % ▪ **Außenhandel** 2004: **Import:** 3,409 Mrd. R. O.; *Länder:* 32 % Vereinigte Arabische Emirate; **Export:** 5,145 Mrd. R. O.; *Güter:* 81 % Erdöl und Erdgas; *Länder:* v. a. Vereinigte Arabische Emirate

Österreich Mittel-Europa

Republik Österreich; – AT / AUT

Fläche (Weltrang: 112): 83 871 km²

Einwohner (90): F 2004 8 115 000 = 97 je km²

Hauptstadt: Wien

Amtssprachen: Deutsch, Slowenisch (regional), Kroatisch (regional), Ungarisch (regional)

Bruttonationaleinkommen 2004 je Einw.: 32 300 $

Währung: 1 Euro (€) = 100 Cent
Kurs: 1 US-$ = 0,79 € (1. 7. 2006)

Botschaft der Republik Österreich
Stauffenbergstr. 1, 10785 Berlin
T 030 / 20 28 70, Fax 2 29 05 69
www.oesterreichische-botschaft.de

LANDESSTRUKTUR **Fläche**: 83 871 km²; Karte → WA 2006, S. 352 f. ▪ **Verwaltung**: 9 Bundesländer → Tabelle ▪ **Städte**: (F 2004) Wien 1 598 626 Einw., Graz 235 477, Linz 185 530, Salzburg 145 680, Innsbruck 114 561, Klagenfurt 91 044, Wels 57 838, Villach 57 607, St. Pölten 49 869, Dornbirn 43 192, Steyr 39 206, Wiener Neustadt 38 846, Feldkirch 29 339, Bregenz 26 903, Leoben 25 535, Wolfsberg 25 335, Baden 24 842, Klosterneuburg 24 629, Traun 23 866, Krems an der Donau 23 559, Amstetten 22 757, Leonding 22 773, Kapfenberg 21 896, Mödling 20 518, Lustenau 20 275, Hallein 18 750, Braunau am Inn 16 239, Spittal an der Drau 16 043, Kufstein 15 822, Schwechat 15 591, Ansfelden 15 209, Ternitz 15 158, Stockerau 14 664, Feldkirchen 14 110

BEVÖLKERUNG Österreicher – F 2004: 8 115 000 Einw.; Bevölkerungswachstum: 0,3 %; letzte Zählung 2001: 8 065 466 Einw. – F 2003: 90,6 % Österreicher; 9,4 % Ausländer ▪ **Sprachen** 2001: 88,6 % Deutsch, 1,6 % Kroatisch, 0,5 % Ungarisch, 0,3 % Slowenisch, 0,2 % Burgenlandkroatisch, 0,2 % Tschechisch, 0,1 % Slowakisch, 0,1 % Romani ▪ **Religion** 2001: 73,6 % Katholiken, 4,7 % Protestanten, 4,2 % Muslime, 0,1 % Juden, 12,0 % religionslos

STAATS- UND REGIERUNGSFORM Verfassung von 1920 in der Fassung von 1929 mit Änderungen – Parlamentarisch-demokratische Bundesrepublik seit 1918 – Parlament: Nationalrat mit 183 Mitgl., Wahl alle 4 Jahre; Bundesrat als Länderparlament mit 62 Mitgl. – Direktwahl des Bundespräsidenten alle 6 J. (einmalige Wiederwahl) – Wahlrecht ab 18 J. ▪ **Unabhängigkeit**: alte staatl. Tradition; unter den Habsburgern ab 1282, 1804 Kaisertum, 1806 Auflösung des Heiligen Römischen Reiches Deutscher Nation, 1866 Ausscheiden aus dem Deutschen Bund, seit 1918 Republik, Wiederherstellung der Unabhängigkeit der demokratischen Republik 27. 4. 1945; Souveränität und Unabhängigkeit 15. 5. 1955 (Staatsvertrag mit den 4 Alliierten) ▪ **Nationalfeiertag**: 26. 10. (Verabschiedung des Neutralitätsgesetzes 1955)

REGIERUNG UND PARTEIEN **Staatsoberhaupt**: Heinz Fischer (SPÖ), seit 8. 7. 2004 – **Regierungschef**: Wolfgang Schüssel (ÖVP-Vorsitzender), seit 4. 2. 2000; Koalition aus ÖVP und FPÖ – **Äußeres**: Ursula Plassnik (ÖVP), seit 20. 10. 2004 ▪ **Parlament**: Wahlen zum Nationalrat vom 24. 11. 2002: Österreichische Volkspartei / ÖVP 79 von 183 Sitzen (1999: 52), Sozialdemokratische Partei Österreichs / SPÖ 69 (65), Freiheitliche Partei Österreichs–Die Freiheitlichen / FPÖ 18 (52), Die Grünen 17 (14) – Bundesrat (Stand Juni 2006): SPÖ 29 von 62 Sitzen, ÖVP 26, FPÖ 3, Die Grünen 4

WIRTSCHAFT **BIP** 2004: 292,328 Mrd. $; realer Zuwachs: 2,2 %; Anteil (2004) Landwirtschaft 2,3 %, Industrie 30,8 %, Dienstleistungen 66,9 % ▪ **Erwerbstätigkeit** 2005: Landwirtsch. 0,8 %, Industrie 26,3 %, Dienstl. 69,1 % ▪ **Arbeitslosigkeit** ∅ 2005: 5,2 % ▪ **Inflation** ∅ 2005: 2,3 % ▪ **Außenhandel** 2005: **Import**: 95,493 Mrd. €; *Güter*: 64,9 % Fertigwaren (davon 17,6 % Maschinen, 8,5 % Kfz), 12,9 % Halbwaren, 16,5 % Rohstoffe, 5,6 % Nahrungsmittel; *Länder*: Deutschland 42,4 %, Italien 6,7 %, Frankreich 4,0 %, USA 3,3 %, Tschechische Republik 3,3 %, China 3,0 %, Niederlande 3,8 %, Schweiz 2,7 %, Ungarn 2,5 %, Russische Föderation 2,4 % (EU gesamt: 73,4 %); **Export**: 93,996 Mrd. €; *Güter*: 72,1 % Fertigwaren (davon 23,9 % Maschinen, 9,2 % Kfz), 14,2 % Halbwaren, 7,8 % Rohstoffe, 5,9 % Nahrungsmittel; *Länder*: Deutschland 31,9 %, Italien 8,7 %, USA 5,7 %, Schweiz 4,6 %, Frankreich 4,3 %, Großbritannien 4,1 %, Ungarn 3,4 % (EU gesamt: 71,1 %)

Österreich: Entstehung des BIP 2005

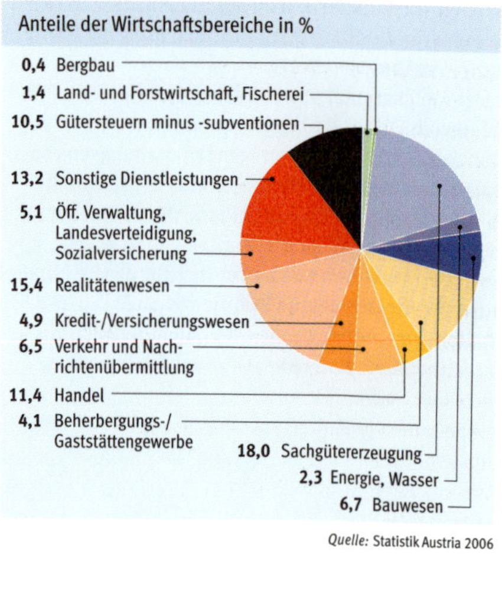

Quelle: Statistik Austria 2006

Bundespräsident

Dr. Heinz Fischer (SPÖ) – Amtsantritt 8. 7. 2004
Österreichische Präsidentschaftskanzlei
Hofburg, Leopoldinischer Trakt, 1014 Wien
www.hofburg.at

Parlament

Dr. Karl-Renner-Ring 1–3, 1017 Wien
www.parlament.gv.at
Nationalrat
Präsident: Dr. Andreas Khol, ÖVP
2. Präs.: Mag. Barbara Prammer, SPÖ
3. Präs.: Dipl.-Ing. Thomas Prinzhorn, FPÖ
Bundesrat
Präsidentin: Sissy Roth-Halvax, ÖVP
Vizepräsidenten: Anna Elisabeth Haselbach, SPÖ, Jürgen Weiss, ÖVP

Bundesregierung

Bundeskanzleramt
Bundeskanzler Dr. Wolfgang Schüssel, ÖVP
Bundeskanzleramt: Ballhausplatz 2, 1014 Wien
www.austria.gv.at
Bundesministerium für Verkehr, Innovation und Technologie
Vizekanzler und Bundesminister Hubert Gorbach, BZÖ
Radetzkystraße 2, 1030 Wien
www.bmvit.gv.at
Bundesministerium für auswärtige Angelegenheiten
Bundesministerin Dr. Ursula Plassnik, ÖVP
Minoritenplatz 8, 1014 Wien
www.bmaa.gv.at
Bundesministerium für Bildung, Wissenschaft und Kultur
Bundesministerin Elisabeth Gehrer, ÖVP
Minoritenplatz 5, 1014 Wien
www.bmbwk.gv.at
Bundesministerium für Finanzen
Bundesminister Mag. Karl-Heinz Grasser
Himmelpfortgasse 8, 1015 Wien
www.bmf.gv.at
Bundesministerium für Inneres
Bundesministerin Liese Prokop, ÖVP
Herrengasse 7, 1010 Wien
www.bmi.gv.at
Bundesministerium für Justiz
Bundesministerin Mag. Karin Gastinger, BZÖ
Museumstraße 7, 1070 Wien
www.bmj.gv.at
Bundesministerium für Landesverteidigung
Bundesminister Günther Platter, ÖVP
Roßauer Lände 1, 1090 Wien
www.bmlv.gv.at
Bundesministerium für Land- und Forstwirtschaft, Umwelt und Wasserwirtschaft
Bundesminister Dipl. Ing. Josef Pröll, ÖVP
Stubenring 1, 1010 Wien
www.lebensministerium.at
Bundesministerium für Soziale Sicherheit, Generationen und Konsumentenschutz
Bundesministerin Ursula Haubner, BZÖ
Stubenring 1, 1010 Wien
www.bmsg.gv.at
Bundesministerium für Wirtschaft und Arbeit
Bundesminister Dr. Martin Bartenstein, ÖVP
Stubenring 1, 1010 Wien
www.bmwa.gv.at
Bundesministerium für Gesundheit und Frauen
Bundesministerin Maria Rauch-Kallat, ÖVP
Radetzkystraße 2, 1030 Wien
www.bmgf.gv.at

Parteien
(im Nationalrat vertreten)

Österreichische Volkspartei (ÖVP)
Lichtenfelsgasse 7, 1010 Wien
Bundesparteiobmann: Dr. Wolfgang Schüssel
Generalsekretär: Dr. Reinhold Lopatka
www.oevp.at

Sozialdemokratische Partei Österreichs (SPÖ)
Löwelstraße 18, 1014 Wien
Vorsitzender: Dr. Alfred Gusenbauer
Bundesgeschäftsführer: Doris Bures und Mag. Norbert Darabos
www.spoe.at

Freiheitliche Partei Österreichs – Die Freiheitlichen (FPÖ)
Theobaldgasse 19/4, 1060 Wien
Bundesparteiobmann: Heinz-Christian Strache
Generalsekretäre: Herbert Kickl,Karlheinz Klement,Harald Vilimsky
www.fpoe.at

Bündnis Zukunft Österreich (BZÖ)
Kärntner Ring 11–13, 1010 Wien
Bündnisobmann: Dr. Jörg Haider
Geschäftsführender Obmann: Hubert Gorbach
www.bzoe.at

Die Grünen – Die Grüne Alternative
Lindengasse 40, 1071 Wien
Bundessprecher: Prof. Dr. Alexander van der Bellen
Bundesgeschäftsführerin: Michaela Sburny
www.gruene.at

Landesregierungen
(Stand Juni 2006)

Burgenland

Landeshauptstadt Eisenstadt
Amtsperiode 2006–2011

Landeshauptmann Hans Niessl, SPÖ
Stellvertreter
Mag. Franz Steindl, ÖVP
Landesräte Nikolaus Berlakovich, ÖVP; Helmut Bieler, SPÖ; Verena Dunst, SPÖ; Mag. Michaela Resetar, ÖVP; Dr. Peter Rezar, SPÖ
www.burgenland.at

Burgenland: Wahlen zum Landtag am 9.10.2005 (2000)

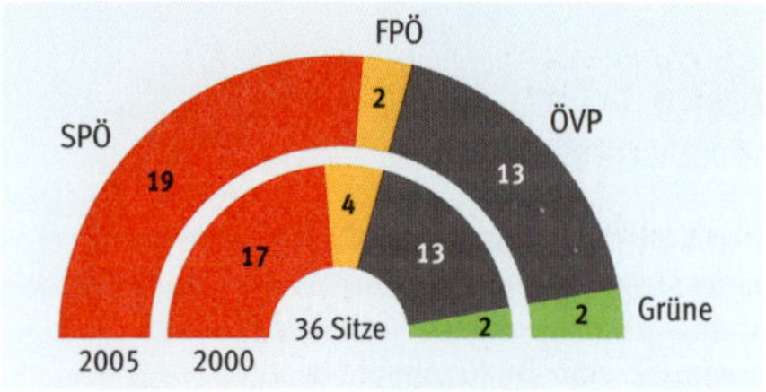

Kärnten

Landeshauptstadt Klagenfurt
Amtsperiode 2004–2009

Landeshauptmann Dr. Jörg Haider, BZÖ
Stellvertreter Dr. Martin Strutz, BZÖ; Dr. Gabriele Schaunig-Kandut, SPÖ
Landesräte Gerhard Dörfler, BZÖ; Reinhart Rohr, SPÖ; Dr. Wolfgang Schantl, SPÖ; Dr. Josef Martinz, ÖVP
www.ktn.gv.at

Niederösterreich

Landeshauptstadt St. Pölten
Amtsperiode 2003–2008

Landeshauptmann Dr. Erwin Pröll, ÖVP
Stellvertreter Ernest Gabmann, ÖVP; Heidemaria Onodi, SPÖ
Landesräte Dr. Petra Bohuslav, ÖVP; Christa Kranzl, SPÖ; Mag. Johanna Mikl-Leitner, ÖVP; Dipl.-Ing. Josef Plank, ÖVP; Emil Schabl, SPÖ; Mag. Wolfgang Sobotka, ÖVP
www.noel.gv.at

Oberösterreich

Landeshauptstadt Linz
Amtsperiode 2003–2009

Landeshauptmann Dr. Josef Pühringer, ÖVP
Stellvertreter Dipl.-Ing.Erich Haider, SPÖ; Franz Hiesl, ÖVP
Landesräte Josef Ackerl, SPÖ; Rudolf Anschober, Grüne; Dr. Hermann Kepplinger, SPÖ; Viktor Sigl, ÖVP; Dr. Josef Stockinger, ÖVP; Dr. Silvia Stöger, SPÖ
www.land-oberoesterreich.gv.at

Salzburg

Landeshauptstadt Salzburg
Amtsperiode 2004–2009

Landeshauptfrau Mag. Gabi Burgstaller, SPÖ
Stellvertreter Dr. Wilfried Haslauer, ÖVP; Dr. Othmar Raus, SPÖ
Landesräte Walter Blachfellner, SPÖ; Dr. Erwin Buchinger, SPÖ; Doraja Eberle, ÖVP; Josef Eisl, ÖVP
www.salzburg.gv.at

Steiermark

Landeshauptstadt Graz
Amtsperiode 2005–2010

Landeshauptmann Mag. Franz Voves, SPÖ
Stellvertreter Hermann Schützenhöfer, ÖVP; Dr. Kurt Flecker, SPÖ
Landesräte Dr. Christian Buchmann, ÖVP; Mag. Kristina Edlinger-Ploder, ÖVP; Mag. Helmut Hirt, SPÖ; Johann Seitinger, ÖVP; Dr. Bettina Vollath, SPÖ; Ing. Manfred Wegscheider, SPÖ
www.verwaltung.steiermark.at

Steiermark: Wahlen zum Landtag am 2.10.2005 (2000)

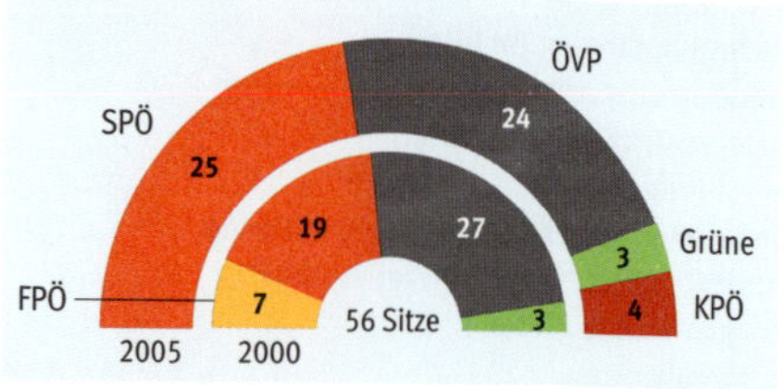

Tirol

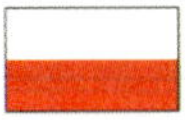

Landeshauptstadt Innsbruck
Amtsperiode 2003–2008

Landeshauptmann DDr. Herwig van Staa, ÖVP
Stellvertreter Dr. Elisabeth Zanon, ÖVP; Hannes Gschwentner, SPÖ
Landesräte Mag. Johannes Bodner, ÖVP; Dr. Anna Hosp, ÖVP; Dr. Erwin Koler, ÖVP; Dipl.-Ing. Hans Lindenberger, SPÖ; Anton Steixner, ÖVP
www.tirol.gv.at

Vorarlberg

Landeshauptstadt Bregenz
Amtsperiode 2004–2009

Landeshauptmann Dr. Herbert Sausgruber, ÖVP
Landesstatthalter Dr. Hans-Peter Bischof, ÖVP
Landesräte Dieter Egger, FPÖ; Manfred Rein, ÖVP; Dr. Greti Schmid, ÖVP; Ing. Erich Schwärzler, ÖVP; Mag. Siegmund Stemer, ÖVP
www.vorarlberg.at

Wien

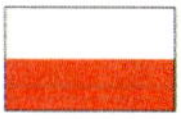

Amtsperiode 2006–2011

Landeshauptmann und Bürgermeister
Dr. Michael Häupl, SPÖ
Stadträte mit Ressort Vizebürgermeisterin Grete Laska, SPÖ; Vizebürgermeister Dr. Sepp Rieder, SPÖ; Mag. Renate Brauner, SPÖ; Werner Faymann, SPÖ; Dr. Andreas Mailath-Pokorny, SPÖ; Dipl.-Ing. Rudolf Schicker, SPÖ; Mag. Ulli Sima, SPÖ; Mag. Sonja Wehsely, SPÖ

Stadträte ohne Ressort Mag. Katharina Cortolezis, ÖVP; David Ellensohn, Grüne; Dr. Johannes Hahn, ÖVP; Dr. Eduard Schock, FPÖ; Dr. Monika Vana, Grüne
www.magwien.gv.at

Wien: Wahlen zum Gemeinderat und Landtag am 23.10.2005 (2001)

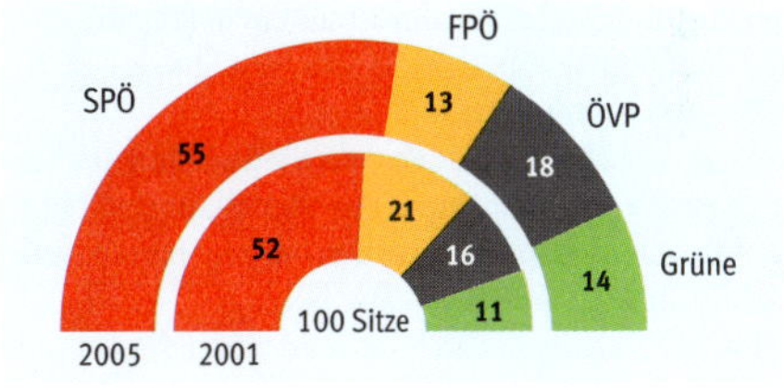

Österreich
Fläche, Bevölkerung, Ausländeranteil

Bundesland	Fläche in km²	Einwohner* pro km²	gesamt	Ausländer*	davon EU-Bürger	Ausländer-anteil in %
Burgenland	3 966	70,2	278 215	12 522	5 045	4,5
Kärnten	9 536	58,7	559 891	34 348	11 510	6,1
Niederösterreich	19 178	81,8	1 569 596	99 145	27 450	6,3
Oberösterreich	11 982	116,5	1 396 228	102 823	21 135	7,4
Salzburg	7 154	73,5	526 017	64 840	17 914	12,3
Steiermark	16 392	73,1	1 197 527	65 761	17 641	5,5
Tirol	12 648	54,7	691 783	69 310	27 794	10
Vorarlberg	2 601	138,7	360 827	46 504	11 938	12,9
Wien	415	3 919,1	1 626 440	293 356	66 288	18
Österreich	83 871	97,8	8 206 524	788 609	206 715	9,6

* Zum 1. 1. 2005, nach POPREG

Quelle: Statistik Austria 2006

Bevölkerung

■ **Einwohner** 2005 lebten 8 233 306 Personen in Österreich, davon 4 231 445 Frauen und 4 001 861 Männer. Damit stieg die Bevölkerungszahl gegenüber dem Vorjahr um 58 573 (+0,7 %).

■ **Geburten und Sterbefälle** 2005 wurden 78 190 Kinder lebend geboren, 778 weniger als 2004. Nur in Salzburg stieg die Geburtenzahl um 0,8 % gegenüber dem Vorjahr; der stärkste Rückgang wurde in Oberösterreich (–2,2 %) verzeichnet, gefolgt von Vorarlberg und Tirol (je –1,5 %). Unter dem durchschnittlichen Rückgang von 0,9 % blieben Wien (–0,8 %), die Steiermark (–0,3 %) und Kärnten (–0,1 %). 28 569 Kinder wurden unehelich geboren, 203 mehr als im Vorjahr, was einer Quote von 36,5 % aller Geburten entsprach. Trotz des Geburtenrückgangs und der gleichzeitigen Zunahme der Sterbefälle um 897 auf 75 189 ergab sich 2005 ein Geburtenüberschuss von 3001 (2004: Geburtenüberschuss von 4676).

Die durchschnittliche **Lebenserwartung** stieg im Vergleich zum Vorjahr um rund ein Vierteljahr und lag für einen 2005 geborenen Jungen bei 76,7 Jahren, während sie für Mädchen 82,4 Jahre betrug.

■ **Ehen** Wie schon in den Vorjahren nahm die Zahl der Eheschließungen 2005 zu; sie stieg um 1,6 % auf 39 153 (2004: 38 528). Die höchsten Zunahmen an Trauungen verzeichneten die Standesämter in den Bundesländern Burgenland (+9,4 %), Kärnten (+7,6 %) und Steiermark (+7,3 %), weniger Eheschließungen als im Vorjahr wurden nur in Wien (–6,9 %) registriert.

Österreich: Gesamtscheidungsrate 1990–2004

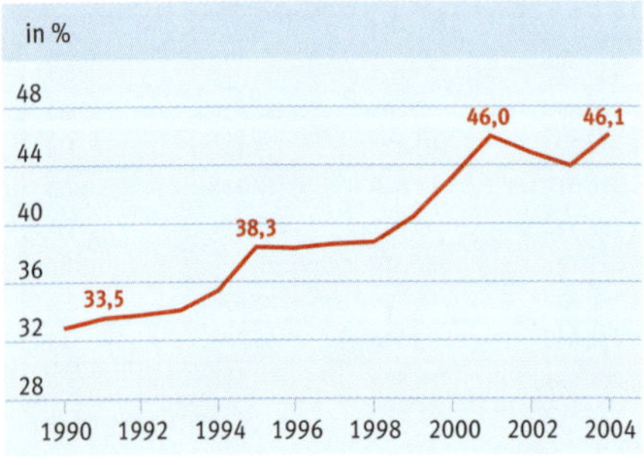

Quelle: Statistik Austria 2006

■ **Ausländer** Der Anteil der ausländischen Bevölkerung stieg im Vergleich zum Vorjahr um 0,2 % und lag am Jahresanfang 2005 bei 9,6 %; die Gesamtzahl erhöhte sich um 23 306 auf 788 609. Die weitaus meisten Ausländer, nämlich 137 662, stammten aus Serbien und Montenegro, gefolgt von der Türkei mit 116 882 und Deutschland mit 94 672.

■ **Einbürgerungen** Im Jahr 2005 erhielten 35 417 Personen die österreichische Staatsbürgerschaft. Damit fiel die Zahl der Einbürgerungen im Vergleich zum Vorjahr (42 174) um 16 %, bezogen auf den Rekordwert 2003 (45 112) um 21,5 %. Der Zuwanderungsboom Anfang der 1990er Jahre hatte 2000–03 die Einbürgerung nach zehnjährigem Wohnsitz bedingt. 28,5 % aller im Jahr 2005 Eingebürgerten wurden bereits in Österreich geboren. Von den Eingebürgerten aus insgesamt 138 Herkunftsländern kamen 9562 (2004: 13 024) aus der Türkei, 7033 (8664) aus Bosnien und Herzegowina und 6694 (7260) aus Serbien und Montenegro.

Österreich: Hauptherkunftsländer der Asylantragsteller 2005

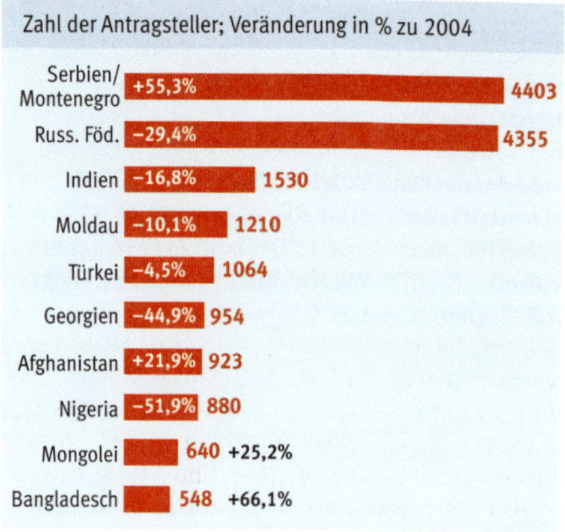

Quelle: Bundesministerium für Inneres 2006

■ **Asyl** Die Zahl der Asylanträge sank 2005 erneut und setzte damit den seit 2003 bestehenden Trend fort. 2005 wurden 22 461 (2004: 24 634) Asylanträge gestellt, im Vergleich zum Vorjahr ging die Zahl der Antragsteller um 8,8 % zurück. Dies ist unter anderem auf die gesunkene Zahl der Antragsteller aus der Russischen Föderation (–1817) und Nigeria (–948) zurückzuführen (→ Grafik).

2005 wurden insgesamt 18 585 (2004: 20 101) Asylanträge rechtskräftig abgeschlossen, dabei gab es 4528 (2004: 4785) positive und 5624 (2004: 3959) negative Erledigungen.

Kriminalität

Nach dem Anstieg in den vergangenen Jahren nahm die Zahl der polizeilich bekannt gewordenen Fälle 2005 um 6,0 % auf 605 272 (2004: 643 648) ab. Besonders stark ging die Zahl der Delikte in Niederösterreich (–8,1 %) und Wien (–8,0 %) zurück; während in Kärnten die Anzahl der angezeigten Fälle um 1,7 % auf 31 788 anstieg. Insgesamt wurden u. a. 431 959 strafbare Handlungen gegen fremdes Vermögen registriert (2004: 466 397), 86 091 strafbare Handlungen gegen Leib und Leben (86 647). Der deutlichste Rückgang wurde bei strafbaren Handlungen gegen die Sittlichkeit mit 3632 (2004: 3960) Fällen verzeichnet. Die Gesamtaufklärungsquote betrug 39,6 (38,1)%, am höchsten lag sie im Burgenland (53,4 %), am niedrigsten in Wien (27,9 %).

Bildung

■ **Schule** Im Schuljahr 2004/05 ging die Zahl der Schülerinnen und Schüler gegenüber dem Vorjahr geringfügig um 0,2 % bzw. 2330 auf 1 205 300 zurück. An den 5960 Schulen unterrichteten 121 129 Lehrkräfte, hier lag der Frauenanteil bei 68,7 %.

■ **Studium** Nachdem die Zahl der ordentlichen Studierenden an den Universitäten mit der Einführung von Studiengebühren 2001 um 22,2 % gesunken war, stieg sie in den darauf folgenden Jahren kontinuierlich leicht an und betrug im Wintersemester 2005/06 (vorläufige Zahlen) 203 715 (109 231 w/94 484 m), 29 735 Studenten nahmen erstmals ein Studium auf.
An den 15 Universitäten der Wissenschaften studierten neben 162 441 (+0,02 %) Österreichern 34 381 (+3,3 %) Ausländer (Anteil 17,5 %).

Die sechs österreichischen Universitäten der Künste verzeichneten im Wintersemester 8042 (+0,7 %) ordentliche Studierende, davon 4756 Österreicher und 3286 Ausländer (40,9 %).

Einen erneuten Anstieg der Studierendenzahlen verzeichneten die Fachhochschulen, an denen 25 727 Hörer/innen im Wintersemester 2005/06 eingeschrieben waren, 2333 oder 10,0 % mehr als im Jahr zuvor. Davon waren 23 939 Österreicher und 1788 Ausländer (6,9 %). Der Frauenanteil in den Fachhochschulen stieg im Vergleich zum Vorjahr um 1,6 auf 41,7 %. Fast 90 % aller FH-Studenten wählten eine wirtschaftswissenschaftliche oder technische Ausbildung.

Wirtschaft

■ **Wirtschaftliche Entwicklung** Nach einer deutlichen Erholung im Vorjahr ließ die Konjunktur 2005 merklich nach. Das Wirtschaftswachstum (BIP) lag mit 1,9 % unter dem von 2004 (2,4 %), aber knapp über dem EU-Durchschnitt (1,6 %). Die Exportsteigerung vom Vorjahr (+13 %) konnte nicht wiederholt werden, sie lag 2005 bei 4,6 % (vorläufige Angabe). Der Bereich Rohstoffe trug mit einem Plus von 25,5 % maßgeblich zur Exportsteigerung bei. Die Investitionsgüternachfrage erhöhte sich real um 1,1 %; bei Ausrüstungsinvestitionen konnte nur ein Zuwachs von 0,9 % verzeichnet werden, was vor allem aus rückläufigen Fahrzeuginvestitionen resultierte (−3,2 %). Die Bauinvestitionen stiegen 2005 mit 1,5 % leicht stärker an als im Vorjahr (2004: 0,5 %) bedingt durch den Nichtwohnbau, während sich nach der kurzen Erholung 2004 der rückläufige Trend im Wohnungsbau 2005 mit einem realen Minus von 0,6 % fortsetzte. Eine Zuwachsrate von 2,3 % wurde im Dientleistungssektor erreicht; höchste Umsatzsteigerungen erfuhr der Flugverkehr (+6,8 %). Der Konsum entwickelte sich etwas stärker als im Vorjahr, konnte aber keine Wachstumsimpulse geben: Die Ausgaben der privaten Haushalte stiegen mit 1,4 % zwar an, eine deutliche Kauffreudigkeit blieb aber trotz positiver Auswirkungen der Einkommenssteuerreform aus. Die öffentlichen Haushalte erhöhten ihren Konsum mäßig, real um 1,3 % (2004: 0,9 %). Im ersten Halbjahr 2006 blieb trotz anhaltenden Wirtschaftswachstums ein deutlicher Aufschwung aus.

■ **Bruttoinlandsprodukt** Das BIP zu laufenden Preisen nahm 2005 nominal um 4,0 % auf 246,5 Mrd. € zu. Real betrug die Erhöhung gegenüber dem Vorjahr

Österreich: Universitäten

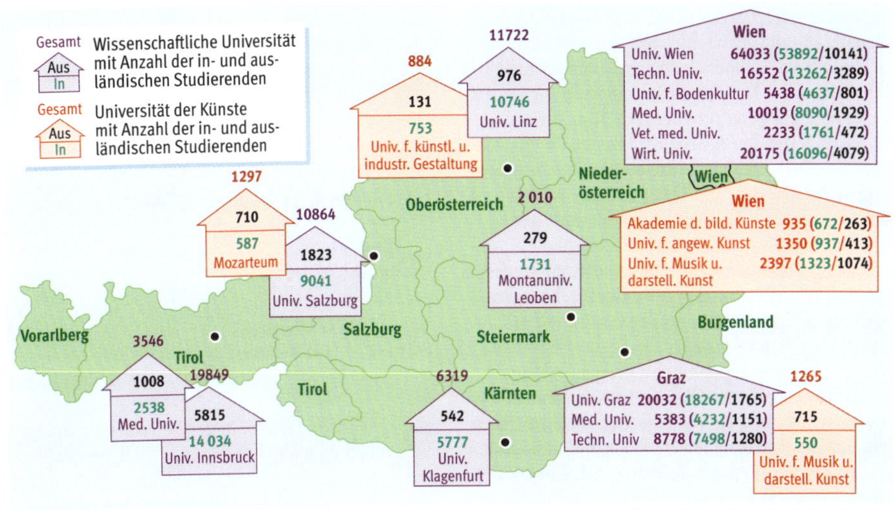

Quelle: Bundesministerium für Bildung, Wissenschaft und Kultur 2006; Stand WS 2005

1,9 %. Das BIP pro Einwohner belief sich auf 29 964 € (+3,3 %). Das verfügbare Netto-Nationaleinkommen stieg um 3,9 % auf 205,8 Mrd. €.

▪ **Außenhandel** Nach dem deutlichen Anstieg der Wachstumszahlen 2004 (+13,9 %) erhöhten sich die Exporte 2005 nur um 4,6 % von 89,848 auf 93,996 Mrd. €. Auch die Importe nahmen mit 4,8 % auf 95,493 (2004: 91,094) Mrd. € deutlich schwächer zu als im Vorjahr. Daraus ergab sich erneut ein Handelsbilanzdefizit von 1,497 (2004: 1,247) Mrd. €. Über zwei Drittel des Außenhandels entfielen auf die Mitgliedstaaten der EU; Deutschland blieb auch 2005 wichtigster Handelspartner.

▪ **Leistungsbilanz** Nach der Zahlungsbilanzstatistik für 2005 wies die Leistungsbilanz einen positiven Saldo von 272 (2004: +750) Mio. € auf. Einnahmen in Höhe von 159 460 Mio. € standen Ausgaben von 159 188 Mio. € gegenüber.

▪ **Inflation** Die Jahresinflationsrate stieg zum zweiten Mal in Folge an und lag 2005 bei 2,3 (2004: 2,1)%, was hauptsächlich auf die hohen Preise für Heizöl (+26 %) und gestiegene Dienstleistungspreise für Wohnen, u. a. Betriebskosten, Müllabfuhr etc. (+10,1 %) zurückzuführen war. Die für die Inflationsberechnung wichtigsten Ausgabenbereiche Wohnen, Wasser, Energie und Verkehr lagen mit 5,3 bzw. 3,2 % weit über dem Durchschnitt. Hohe Preissteigerungen gegenüber dem Vorjahr wurden auch im Bereich Gesundheitspflege (+6,2 %) verzeichnet, darunter Zahnmedizinische Dienstleistungen (+21 %), Brillengläser (+11 %) und Pflegeheime (+7 %). Durchschnittliche Teuerungsraten wiesen mit 2,1 % der Bereich Erziehung und Unterricht und mit 2,3 % der Bereich Restaurants und Hotels auf. Einen deutlichen Preisrückgang gab es erneut in der Nachrichtenübermittlung (–8,4 %).

▪ **Tourismus** Die Tourismuswirtschaft verzeichnete 2005 nach der vorjährigen Unterbrechung des positiven Trends der letzten Jahre einen Zuwachs gegenüber dem Vorjahr von 1,7 % (2004: –0,6 %). Die Ankunftszahlen der in- und ausländischen Gäste lagen mit 29,3 Mio. um 3,0 % höher als 2004 und stellten einem neuen Rekord dar. Die Anzahl der Übernachtungen im Kalenderjahr stieg von 117,2 auf 119,2 Mio.; die Aufenthaltsdauer der Touristen stagnierte im Durchschnitt bei 4,1 Tagen. Zur positiven Jahresbilanz trug vor allem die Wintersaison 2004/05 (+1,9 % Übernachtungen, +2,1 % Ankünfte), insbesondere der Dezember 2005 (+5,2 % Übernachtungen, +9,8 % Ankünfte) bei. Außerdem boomte der Städtetourismus, an erster Stelle Wien mit 8,76 Mio. Übernachtungen. Insgesamt verstärkte sich 2005 der Trend zu Kurzurlauben.

Die Reiseverkehrseinnahmen betrugen im Jahr 2005 einschließlich der internationalen Personentransporte rd. 15,5 Mrd. €, während die Ausgaben der Österreicher im Ausland um 5 % auf 10,3 Mrd. € sanken. Somit konnte ein Überschuss von 5,1 Mrd. € (+29,5 %) bilanziert werden.

Arbeit und Soziales

▪ **Erwerbstätige** Die Zahl der Erwerbstätigen stieg 2005 um 49 617 auf 3 872 979; die Zahl der unselbständig Beschäftigten erhöhte sich leicht auf 3 488 997 (2004: 3 444 380), die Anzahl der selbständigen Erwerbspersonen stieg von 378 982 auf 383 982. Während in der gewerblichen Wirtschaft 8751 mehr Selbständige als noch 2004 arbeiteten, verzeichnete die Landwirtschaft 2005 ein Minus von 3751. 229 746 Personen waren geringfügig beschäftigt. Der Frauenanteil der Erwerbstätigen betrug 41,3 %, die meisten Frauen arbeiteten als unselbständig Beschäftigte (1 489 261), die wenigsten als Selbständige (142 951).

Unselbständig Beschäftigte nach Wirtschaftsklassen 2005 (2004): Land-, Forstwirtschaft und Fischerei 26 824 (26 600); Bergbau, Industrie und Gewerbe 848 479 (861 400); Dienstleistungen 2 235 105 (2 189 300).

Die Zahl der ausländischen Arbeitskräfte stieg 2005 von 362 299 (2004) auf 374 187; dies entspricht 9,7 % der Gesamtbeschäftigten. Die meisten stammen aus dem ehemaligen Jugoslawien (156 798), gefolgt von der Türkei (53 479), und Deutschland (47 033).

▪ **Arbeitslosigkeit** Die Zahl der Arbeitslosen nahm 2005 um 8774 auf 252 654 zu, davon waren 108 416 Frauen (2004: 103 618) und 44 302 (40 393) Ausländer. Die meisten Arbeitslosen wurden wie schon im Vorjahr im Bauwesen (42 652) gezählt, gefolgt von der Sachgütererzeugung (42 507) und dem Handel (42 370). Insgesamt stieg die Arbeitslosenquote 2005 im Jahresdurchschnitt von 7,1 % (2004) auf 7,3 % (Quote nach nationalem Berechnungskonzept).

▪ **Einkommen** Der Tariflohnindex stieg 2005 gegenüber dem Vorjahr um 2,2 (2004: 2,1) %. Das Brutto-Jahreseinkommen je Arbeitnehmer betrug 2004 durchschnittlich 21 977 € (+1,2 %), das Netto-Jahreseinkommen belief sich auf 16 131 € (Frauen 12 648 €, Männer 19 076 €).

Österreich: Arbeitsmarktentwicklung 1955–2005

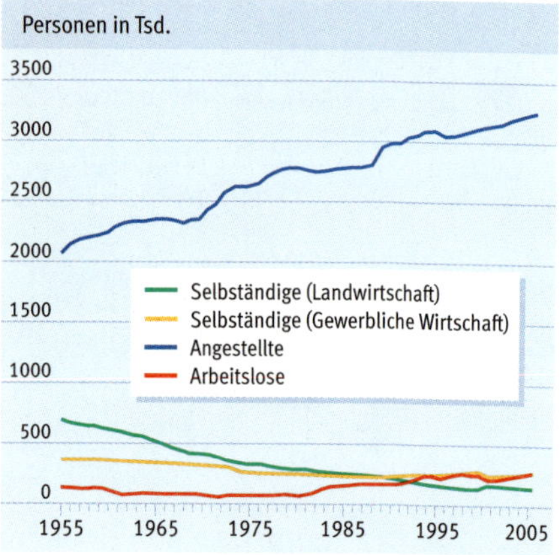

Quelle: Bundesministerium für Wirtschaft und Arbeit; WIFO (bis 1999); DWH (ab2000)

Österreich
Bundeshaushalt[1] 2005/2006

Einnahmen in Mio. €	2005	2006[2]
Steuern	39 055	40 577
Steuerähnliche Einnahmen	7811	8 042
Sonstige	12 103	11 732
Gesamteinnahmen	58 969	60 351

Ausgaben in Mio. €	2005	2006
Erziehung u. Unterricht	5 779	5 832
Forschung u. Wissenschaft	3 545	3 530
Kunst/Kultus	501	501
Gesundheit	836	835
Soziale Wohlfahrt	19 760	20 286
Wohnungsbau	1 810	1 810
Straßen	577	577
Sonstiger Verkehr	6 126	6 166
Land- u. Forstwirtschaft	1 874	1 936
Energiewirtschaft	0	0
Industrie u. Gewerbe	1 117	1 096
Öffentliche Dienstleistungen	473	513
Private Dienstleistungen	223	224
Landesverteidigung	1 769	1 769
Staats- u. Rechtssicherheit	2 492	2487
Übrige Hoheitsverwaltung	17 538	18 599
Gesamtausgaben	64 420	66 161

1 Allgemeiner Haushalt ohne Ausgleichshaushalt; Rundungen können Rechnungsdifferenzen ergeben
2 Bundesvoranschlag
Quelle: Bundesministerium für Finanzen 2006

Österreich: Bundeshaushalt 2006 (Voranschlag)
Ausgaben nach ökonomischer Gliederung

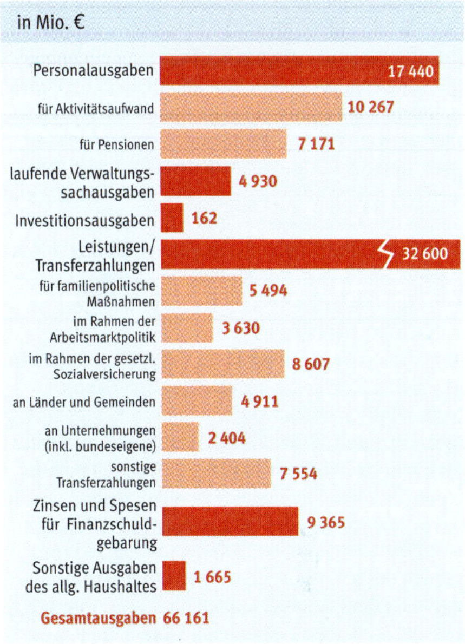

Quelle: Bundesministerium für Finanzen 2006

Öffentliche Finanzen

Auch 2005 lagen die Staatsausgaben über den Staatseinnahmen (122,2 gegenüber 118,2 Mrd. €), sodass sich ein Finanzierungsdefizit von 4 Mrd. € oder 1,6 % des Bruttoinlandsprodukts ergab. Gegenüber 2004 stieg das Defizit um 0,9 Mrd. €, die Relation des Finanzierungssaldos zum BIP stieg im Vergleich zu 2004 um 0,4 %. Gemäß den im Maastrichter Vertrag festgelegten fiskalischen Konvergenzkriterien, nach denen die Netto-Zinseinnahmen aus Swapvereinbarungen mit in die Berechnung fließen und defizitsenkend wirken, ergibt sich für 2005 noch ein öffentliches Defizit von 1,5 % des BIP (2004: 1,1 %). Die Staatsausgabenquote betrug 2005 49,6 % des BIP, der 2002 begonnene Rückgang der Staatseinnahmequote erreichte mit 48,0 % des BIP den niedrigsten Wert seit 1983. Die Abgaben, also Einkommens- und Vermögenssteuern, Produktionsabgaben, Vermögenswirksame Steuern und Tatsächliche Sozialbeiträge, stiegen 2005 von 100,6 auf 102,6 Mrd. € und machten damit 87 % der Staatseinnahmen aus. Nahezu die Hälfte der gesamten Staatsausgaben wiederum entfiel auf die Sozialausgaben (58,8 Mrd. €), gefolgt vom Arbeitnehmerentgelt für öffentliche Bedienstete (22,7 Mrd. €). Die Zinsen für die Staatsschulden lagen 2005 bei 7,1 Mrd. € und damit auf Vorjahresniveau.

■ **Öffentliche Verschuldung** Die Schulden der öffentlichen Haushalte beliefen sich 2005 (nach ESVG 1995) auf 155,1 Mrd. €. Damit stieg die Verschuldung absolut zwar leicht an (2004: 150,6 Mrd. €), der Anteil am BIP aber ging von 63,6 % im Jahr 2004 auf 62,9 % zurück. Der Großteil der Verschuldung entfiel mit 151,3 (2004: 144,9) Mrd. € auf den Bundessektor.

Mit Blick auf eine dritte Amtszeit übte sich Bundeskanzler Wolfgang Schüssel (ÖVP) im Vorwahljahr mit seiner schwarz-orangen Koalition in politischer Zurückhaltung. Die politischen Konkurrenten waren schon durch ihre eigenen Probleme deutlich ins Hintertreffen geraten: Die Rechtkonservativen litten an den Folgen ihrer Spaltung, die Sozialdemokraten gerieten in den Sog des größten Banken- und Gewerkschaftsskandals der Nachkriegszeit. Nach der Krise um den EU-Verfassungsvertrag und die Finanzplanung der EU zog es Bundeskanzler Schüssel während seiner EU-Präsidentschaft im ersten Halbjahr 2006 vor, einer Denkpause Raum zu geben.

- **Migrationspolitik:** Die Affäre in Deutschland um die massenhafte Erschleichung von Einreiseerlaubnissen aus Ländern Osteuropas (→ WA 2006, S. 159) zog verschärfte Kontrollen der Visa-Vergabepraxis in den österreichischen diplomatischen Vertretungen nach sich und förderte eine eigene **Visa-Affäre** zu Tage. Wegen des Verdachts, 2002 und 2003 illegal mit Visa gehandelt zu haben, wurden Ende September 2005 fünf Personen festgenommen, darunter zwei ehemalige Mitarbeiter der Botschaft in Budapest. Im Dezember wurde bekannt, dass **in Osteuropa insgesamt mehr als 40 000 Visa an Schlepper verkauft** worden sein sollen, 28 000 davon in Kiew. Etwa 20 Reisebüros sollen dort Konsularbeamte mit 300 bis 1500 € pro Visum bestochen haben. Diese Praxis soll in großem Stil angelaufen sein, nachdem Deutschland aufgrund erster Kenntnisse von Missbrauchsfällen im Oktober 2004 von seiner liberalen Vergabepraxis abgerückt war. Die von der Opposition geforderte Einrichtung eines parlamentarischen Untersuchungsausschusses wurde von der ÖVP-BZÖ-Regierungsmehrheit abgelehnt.

Ergänzend zur Verschärfung des Asylrechts, die zum 1. 1. 2006 in Kraft trat (→WA 2006, S. 354), erschwert das **neue Staatsbürgerschaftsgesetz** die Einbürgerung von Ausländern. Der Nationalrat verabschiedete die Novelle mit der schwarz-orangen Mehrheit am 6. 12. 2005, am 1. 4. 2006 trat sie in Kraft. Danach können selbst »privilegierte« Ausländer, die bisher nach drei bzw. vier Jahren eingebürgert werden konnten – wie anerkannte Asylbewerber, Bürger des Europäischen Wirtschaftsraums (EU-Mitgliedstaaten sowie Island, Norwegen und Liechtenstein) und ausländische Ehepartner von Österreichern – nun frühestens nach sechs Jahren den österreichischen Pass erhalten. Anderen Ausländern wird die österreichische **Staatsbürgerschaft frühestens nach zehn Jahren** verliehen. Voraussetzung hierfür ist neben einer Aufenthaltsgenehmigung und dem Nachweis eines gesicherten Lebensunterhaltes (ohne Inanspruchnahme staatlicher Sozialhilfe) ein mündlicher Deutsch- und Landeskundetest. Rechtsanspruch auf die Staatsbürgerschaft kann geltend machen, wer seit 15 Jahren legal in Österreich lebt und persönlich sowie beruflich integriert ist. Bei 30-jährigem legalem Aufenthalt entfällt der Integrationsnachweis. Bei schwerwiegenden Verstößen gegen österreichische Gesetze oder Verbindungen zu extremistischen oder terroristischen Gruppen kann die Einbürgerung versagt werden. Sozialdemokraten und Grüne kritisierten das Gesetz als »Verabschiedung vom Integrationsgedanken«. Kontroversen löste die Anfang April vom Bundesinnenministerium erlassene **Staatsbürgerschaftsprüfungs-Verordnung** aus. Danach müssen die Einbürgerungswilligen aus einem Katalog von 18 Fragen zu drei Prüfungsgebieten – demokratische Ordnung, Geschichte Österreichs, Geschichte des jeweiligen Bundeslandes – entweder mehr als die Hälfte der Fragen in jedem Bereich oder in der Summe mindestens zwei Drittel richtig beantworten (Multiple-Choice-Verfahren). Die Prüfungen können beliebig wiederholt werden. Eine Umfrage des Meinungsforschungsinstituts OGM zu 18 vom Ministerium aufgestellten Beispielfragen zur Landeskunde ergab, dass etwa ein Drittel der Österreicher den Test nicht bestehen würde.

- **Kritik an Polizeibrutalität:** Das Antifolterkomitee des

Europarats in Straßburg warf in einem am 21. 7. 2005 veröffentlichten Bericht der Polizei und dem Strafvollzug in Österreich die häufige **Misshandlung von Häftlingen** in Polizei- oder Justizgewahrsam vor. Eine Delegation des Komitees hatte 2004 die Lage vor Ort geprüft und eine beträchtliche Zahl von Häftlingsbeschwerden entgegengenommen. Innenministerin Liese Prokop, deren Ministerium der Bericht schon Ende 2004 übergeben worden war, wies die Vorwürfe als nicht haltbar zurück.

Die Menschenrechtsorganisation amnesty international übte am 16. 11. 2005 scharfe Kritik an Polizei und Justiz im Umgang mit ausländischen, insbesondere afrikanischen Verdächtigen bzw. Straftätern. Anlass hierzu gab ein für zu milde gehaltenes Urteil des Wiener Straflandesgerichts, das eine Woche zuvor einen Polizisten und einen Notarzt zu je sieben Monaten Haft auf Bewährung verurteilt und acht weitere angeklagte Polizisten und Sanitäter freigesprochen hatte. In dem Fall ging es um den gewaltsamen Tod eines Mauretaniers nach seiner Festnahme im Juli 2003. Unaufgeklärt blieb die Todesursache eines 18-jährigen Abschiebehäftlings aus Ghana, der nach sechs Tagen Hungerstreik in seiner Zelle tot aufgefunden worden war. Mitte April 2006 wurden zwei Polizisten suspendiert, weil sie einen wegen Drogenkriminalität verurteilten Gambier nach misslungenem Abschiebungsversuch zusammengeschlagen und mit dem Tode bedroht hatten.

- **Bawag-Affäre:** Zur Rettung der in die Krise geratenen gewerkschaftseigenen Bank Bawag billigte der Nationalrat auf einer Sondersitzung am 8. 5. 2006 einstimmig eine bis Juli 2007 befristete Bundesgarantie in Höhe von bis zu 900 Mio. € für die viertgrößte Bank des Landes. Als Gegenleistung akzeptierte er die Bereitschaft des Österreichischen Gewerkschaftsbundes (ÖGB), sein Vermögen inklusive Streikfonds offen zu legen und als Sicherheit zu hinterlegen sowie den 20-prozentigen Anteil an der Notenbank der Republik Österreich (Nominalwert 12 Mio. €) an den Bund zu verkaufen. Der Nationalrat folgte damit einem entsprechenden Beschluss des Ministerrats vom 4. 5., nachdem es Bundeskanzler Wolfgang Schüssel gelungen war, die anderen Großbanken und Versicherungen mit einer Kapitalzusage in Höhe von 450 Mio. € für

das laufende Geschäft der Bawag zur Sicherung ihrer Liquidität in die Pflicht zu nehmen.

Ausgangspunkt für die aktuelle Krise der Bawag waren riskante **Spekulationsgeschäfte in den Steueroasen der Karibik** in den 1990er Jahren, die zu einem geheim gehaltenen Verlust von über 1 Mrd. € geführt hatten, sowie die Beteiligung an dem amerikanischen Brokerhaus Refco mit 10 % des eigenen Kapitals, die im Herbst 2000 der Bawag einen gleichfalls in der Bilanz nicht ausgewiesenen Spekulationsverlust von 1 Mrd. € eintrug. Nach der **Milliardenpleite von Refco** im Oktober 2005 musste die Bawag Kredite an Refco in Höhe von über 400 Mio. € abschreiben. Darüber hinaus drohte eine Sammelklage von Refco-Gläubigern in den USA, die eine Entschädigung von 1,3 Mrd. US-$ forderten. Am 5. 6. 2006 schloss die Bawag mit ihnen in New York einen außergerichtlichen Vergleich über die Zahlung von 675 Mio. US-$.

Zuvor hatte der Aufsichtsrat der Bawag am 27. 3. vier der acht Vorstandsmitglieder entlassen und gegen drei von ihnen Schadenersatzklagen angekündigt. Am 7. 4. wurde der Aufsichtsrat von 14 auf neun Personen verkleinert und dessen Präsidentschaft neu besetzt. Um die **Fluchtbewegung von Sparern** aus der Bawag zu stoppen – die täglichen Einlagenabflüsse hatten eine Größenordnung von 50 Mio. € pro Tag erreicht –, starteten die führenden Politiker der Mitte-rechts-Koalition nach dem »nationalen Kraftakt« zur Rettung des Geldinstituts aus dem gegnerischen politischen Lager mit der Eröffnung eigener Sparkonten bei der Bawag eine Vertrauenskampagne.

▪ **ÖGB-Krise:** Der Bankenskandal zog die **schwerste Krise** ihres Eigentümers, **des ÖGB**, nach sich. Am 27. 3. 2006 legten der seit 1987 amtierende ÖGB-Vorsitzende Fritz Verzetnitsch und der Finanzvorstand Günter Weninger ihre Ämter nieder, Verzetnitschs Nachfolger wurde der bisherige stellvertretende ÖGB-Chef Rudolf Hundstorfer. Sie hatten einräumen müssen, im Jahr 2000 für den ÖGB die Haftung für die hohen Verluste der Bawag aus den »Karibikgeschäften« übernommen und hierfür auf den Streikfonds der Gewerkschaften zurückgegriffen zu haben. Als Konsequenz aus der ernstesten Krise der Gewerkschaftsbewegung wurde aus mehreren Teilgewerkschaften der Ruf nach einer Totalreform des ÖGB laut, z. T. im Umfang einer Neugründung.

Im Zuge der Affäre ging die Führung der politisch und personell eng mit den Gewerkschaften verbundene **SPÖ zunehmend auf Distanz zum ÖGB**. Der SPÖ-Vorsitzende Alfred Gusenbauer forcierte schließlich den Rücktritt von Verzetnitsch sowie die Entscheidung über den Verkauf der Bawag. Anfang Juli kündigte Gusenbauer in einem offenen Brief an, die Partei werde alle gewerkschaftlichen Spitzenfunktionäre von ihren Kandidatenlisten für die Nationalratswahl streichen.

▪ **Studienbeschränkung:** Der Europäische Gerichtshof (EuGH) erklärte am 7. 7. 2005 die **Zulassungsbeschränkungen** an den Hochschulen für Studenten aus anderen EU-Staaten für **rechtswidrig**, weil sie gegen das Diskriminierungsverbot innerhalb der EU verstießen. Um angesichts der erschöpften Kapazitäten an Studienplätzen den vom EuGH entriegelten Zustrom von Studienbewerbern aus Deutschland – vor allem in den Fächern Medizin und Zahnmedizin – zu begrenzen, erließen die Universitäten in einer Reihe von Fächern Zugangsbeschränkungen. Ab Wintersemester 2006 soll für die Fächer Medizin und Zahnmedizin eine Neuregelung gelten. Danach sind 75 % aller für Anfänger vorgesehenen Studienplätze Österreichern reserviert, 20 % für Studienbewerber aus EU-Staaten, 5 % aus Nicht-EU-Staaten. Darüber hinaus sollten die geltenden Zugangsbeschränkungen in anderen als überlaufen geltenden Fächern vorerst bestehen bleiben.

▪ **Erbe der NS-Geschichte:** Das bisher größte **Restitutionsverfahren** endete nach mehr als sechs Jahren Mitte Januar 2006 zu Ungunsten der Republik Österreich. Nach dem Spruch eines unabhängigen Schiedsgerichts muss sie fünf der berühmtesten **Gemälde von Gustav Klimt**, die unter dem nationalsozialistischen Regime enteignet worden waren, den in den USA lebenden Erben des Industriellen Ferdinand Bloch-Bauer zurückgeben (→ Kultur).

Ende 2005 stellte der Fonds zur **Entschädigung ehemaliger Zwangsarbeiter** unter dem NS-Regime auf dem Gebiet der Republik Österreich seine Arbeit ein. Er hatte rd. 352 Mio. € an mehr als 131 000 Betroffene ausgezahlt. Ein Teil der Mittel in Höhe von 439 € konnte nicht verteilt werden, weil viele der potenziellen Antragsteller verstorben waren. Der Fonds war im Jahr 2000 von Staat und Wirtschaft unter dem Druck drohender Sammelklagen gegen österreichische Unternehmen in den USA ausgestattet worden. Das verbliebene Geld soll für humanitäre Projekte verwendet werden. Unter anderem wurden davon 18,2 Mio. € abgezweigt, um die Israelitische Kultusgemeinde Wien für den Raub an jüdischem Gemeindeeigentum unter dem Nationalsozialismus zu entschädigen. Sie hatte sich geweigert, hierfür den Entschädigungsfonds zur individuellen Entschädigung von sog. Arisierungsopfern in Anspruch zu nehmen. Mit der Einigung auf ein solches Verfahren am 25. 5. 2006 endeten jahrelange Auseinandersetzungen zwischen der Wiener jüdischen Gemeinde und der Republik Österreich.

Erst Ende 2005, nachdem das letzte Schadenersatzverfahren gegen österreichische Unternehmen in den USA eingestellt und somit die von Österreich geforderte Rechtssicherheit eingetreten war, konnte mit der Einzahlung und Auszahlung von Geldern aus dem **Arisierungs-Entschädigungsfonds** begonnen werden. Er wurde 2001 mit einer von Staat und Wirtschaft aufzubringenden Verfügungssumme von 210 Mio. € eingerichtet und soll die Ansprüche von rd. 19 100 vermögensgeschädigten Antragstellern befriedigen.

Das Wiener Straflandesgericht verurteilte am 20. 2. 2006 den britischen Historiker **David Irving** wegen wiederholter Leugnung des Holocausts zu einer **dreijährigen Haftstrafe ohne Bewährung**. Staatsanwaltschaft und Verteidigung legten Berufung ein. Der 67-jährige Irving war aufgrund eines Haftbefehls von 1989 am 11. 11. 2005 festgenommen worden, als er zu einem Vortrag nach Österreich eingereist war. Der Strafrahmen für die vom Gericht geahndete »nationalsozialistische Wiederbetätigung« liegt zwischen einem und zehn Jahren Haft.

▪ **Europapolitik:** Vor dem Hintergrund weit verbreiteter Vorbehalte gegen einen **Türkeibeitritt**, zu deren Lautsprechern sich die Rechtspopulisten der FPÖ und der an der Regierung beteiligten BZÖ gemacht hatten, forderte Außenministerin Ursula Plassnik (ÖVP) auf einer Krisensitzung der EU-Außenminister in Luxemburg am 30. 9. 2005 ultimativ, drei Tage vor dem vereinbarten Beginn der Beitrittsverhandlungen, im Text für den Verhandlungsrahmen mit der Türkei den Satz »Das gemeinsame Ziel der Verhandlungen ist der Beitritt zur Gemeinschaft« zu streichen. **Plassnik zog das Veto zurück**, als das Problem der Aufnahmefähigkeit der EU für neue Mitglieder stärker betont und Kroatiens Wunsch nach gleichzeitiger Aufnahme von Beitrittsverhandlungen entsprochen wurde.

Im ersten Halbjahr 2006 nahm Österreich die **EU-Ratspräsidentschaft** wahr. In dieser Rolle zeigte die Regierung angesichts der stark EU-skeptischen Stimmung in der Bevölkerung, die laut Meinungsumfragen im März 2006 nur zu einem Drittel die EU-Mitgliedschaft Österreichs für eine gute Sache hielt, wenige Monate vor der Nationalratswahl wenig Ambition, drängende EU-politische Probleme einer Lösung näher zu bringen.

EREIGNISSE IN DEN BUNDESLÄNDERN

▪ **Landtagswahlen:** Die Wahlen in drei Bundesländern im Oktober 2005 – **Steiermark** am 2. 10., **Burgenland** am 9. 10., **Wien** am 23. 10. – galten als Stimmungstest für die Nationalratswahl im Herbst 2006. Danach konnte sich die **SPÖ** als führende Oppositionspartei **Hoffnungen auf einen Machtwechsel** machen. In der Steiermark löste sie mit einem Stimmenanteil von 41,7 %, bei einem Zuwachs von 9,3 Prozentpunkten die ÖVP (38,7 %, –8,6 %) erstmals als stärkste Kraft ab. Am 25. 10. wählte der neue Landtag Franz Voves (SPÖ) zum Landeshauptmann. Mit dem Wechsel in der Steiermark verlor die nationale Regierungskoalition auch die Mehrheit in der Landeshauptleutekonferenz und im Bundesrat.

Im Burgenland sicherte sich die SPÖ mit Landeshauptmann Hans Niessl mit 52,2 % (+5,6 %) die absolute Mehrheit, ohne der ÖVP (36,4 %, +1,1 %) Verluste zuzufügen. In Wien steigerte sich die von Bürgermeister Michael Häupl geführte SPÖ auf 49,1 % (+2,2 %), in weitem Abstand gefolgt von der ÖVP (18,8 %, +2,4 %).

Die Hoffnung des rechtspopulistischen Kärntner Landeshauptmanns und Vorsitzenden des **Bündnisses Zukunft Österreich** (BZÖ), Jörg Haider, mit der Spaltung der Freiheitlichen (FPÖ) und der Gründung der BZÖ im Frühjahr (→ WA 2006, S. 352 f.) bei den Wählern neu reüssieren zu können, erwies sich als Fehlkalkulation. In der Steiermark und in Wien rutschte die Partei mit 1,7 bzw. 1,2 % in die Bedeutungslosigkeit ab, im Burgenland kandidierte sie nicht. Dort kam die konkurrierende nationalistische Rest-FPÖ des neuen Vorsitzenden Heinz-Christian Strache nur noch auf 5,8 %, in der Steiermark auf 4,6 %, in Wien nach einem deziddiert ausländerfeindlichen Wahlkampf auf 14,8 %. Dort hatte die »alte« FPÖ 2001 noch 20,2 % erzielt.

Die Grünen stabilisierten ihre Position; in Wien verbesserten sie sich auf 14,6 % (+2,2 %).

▪ **Kärnten:** Zwei Jahre nach Bildung der umstrittenen »Chianti-Koalition« **beendete die Landes-SPÖ** am 28. 2. 2006 das **Regierungsbündnis mit der BZÖ** von Landeshauptmann Haider, der nach der Kärntner Verfassung zunächst ohne neuen Partner weiter regieren konnte. Im so genannten Ortstafelstreit mit der slowenischen Minderheit trieb Haider die Auseinandersetzung zur Eskalation, indem er im Februar selbst Hand anlegte, um die in der Verfassung verankerte und vom Verfassungsgerichtshof 2001 nachdrücklich angeordnete zweisprachige Beschilderung von zahlreichen weiteren Orten mit starker slowenischer Minderheit zu hintertreiben. Von Gemeinden in Eigenregie angebrachte Schilder ließ er von der Polizei entfernen. Der Verfassungsgerichtshof erklärte am 26. 6. seine Ortstafelaktion für rechtswidrig. Zugleich fand Haider im Resultat einer von ihm veranstalteten Volksbefragung in 18 Südkärntner Gemeinden starken Rückhalt. Ein Kompromiss, auf den sich am 29. 6. die Koalitionspartner ÖVP und BZÖ geeinigt hatten, der aber einer verfassungsrechtlichen Absicherung bedurfte, scheiterte am 11. 7. am Widerstand der SPÖ.

▪ **Weitere Ereignisse:** In der zweiten Augusthälfte 2005 verursachten **Unwetter und Regenfälle** mit den höchsten jemals in Österreich gemessenen Werten – wie auch in Süddeutschland, der Schweiz und in Rumänien – in mehreren Regionen eine katastrophale Lage und Schäden in einer Größenordnung von mehreren hundert Mio. €. Vier Menschen kamen ums Leben.

Nach der Festnahme des Täters in einer der spektakulärsten Kunstraubfälle am 21. 1. 2006 kehrte die drei Jahre zuvor gestohlene **»Saliera«** wieder in das Kunsthistorische Museum zurück. Die von Benvenuto Cellini geschaffene Kleinskulptur im Wert von 50 Mio. € zählt zu den bedeutendsten Kunstwerken der Renaissance.

Pakistan Süd-Asien

Islamische Republik Pakistan; Islāmī Ǧamhūriyah Pākistān – PK / PAK

Fläche (Weltrang: 35): 796 095 km^2

Einwohner (6): F 2004 152 061 000 = 191 je km^2

Hauptstadt: Islāmābād (Islamabad)

Amtssprache: Urdu

Bruttonationaleinkommen 2004 je Einw.: 600 $

Währung: 1 Pakist. Rupie (pR) = 100 Paisa
Kurs: 1 US-$ = 60,30 pR; 1 € = 77,63 pR

Botschaft der Islamischen Republik Pakistan
Schaperstr. 29, 10719 Berlin
T 030 / 21 24 40, Fax 21 24 42 10
E-Mail: pakemb.berlin@t-online.de

LANDESSTRUKTUR **Fläche**: 796 095 km^2; ohne Northern Areas mit 72 520 km^2 und das von Pakistan besetzte Azad Kashmir 78 114 km^2; Karte → WA 2006, S. 356 ▪ **Verwaltung**: 4 Provinzen und Hauptstadtdistrikt; außerdem Bundesverwaltungsgebiete Tribal Areas mit 27 220 km^2 ▪ **Städte**: (Z 1998) Karāchi (Karatschi) 9 269 265 Einw., Lahore 5 063 499, Faisalabad (Lyallpur) 1 977 246, Rāwalpindi 1 406 214, Multān 1 182 441, Hyderābād 1 151 274, Gujrānwāla 1 124 749, Peshāwar 988 005, Islāmābād (Islamabad) 799 000, Quetta 560 307

BEVÖLKERUNG Pakistaner (Pakistani) – F 2004: 152 061 000 Einw.; Bevölkerungswachstum: 2,4 %; letzte Zählung 1998: 132 352 279 Einw. – ca. 50 % Pandschabi, 15 % Sindhi, 15 % Paschtunen, 8 % Mohajiren, 5 % Balutschen, 7 % Sonstige ▪ **Sprachen**: 7,6 % Urdu; 50,6 % Pandschabi, 21,6 % Sindhi, 15,0 % Paschtu, 3 % Balutschi, 1,5 % Brahui, sonstige Sprachen; Englisch verbreitet ▪ **Religion**: ca. 95 % Muslime (ca. 90 % Sunniten, 5–10 % Schiiten; Ahmadiyya-Muslime [vom Staat nicht anerkannt]); 3 % Christen, 1,8 % Hindus; Buddhisten

STAATS- UND REGIERUNGSFORM Verfassung von 1973, zuletzt geändert 2003 – Islamische Präsidialrepublik (im Commonwealth) seit 1973 – Staatsreligion: Islam – Parlament: Nationalversammlung (Majlis-e-Shura) mit 342 Mitgl. (60 für Frauen und 10 für Minderh. reserviert), Wahl alle 4 J.; Senat mit 100 Mitgl. (indirekt gewählt für 6 J.), Teilwahlen alle 2 J. – Wahl des Staatsoberhauptes durch Wahlmännerkollegium alle 5 J. – Wahlrecht ab 18 J. ▪ **Unabhängigkeit**: nominell 15. 8. 1947 (ehem. Britisch-Indien); nach Unabhängigkeitserklärung von Bangladesch am 17. 12. 1971 Staatsgebiet auf ehem. Westpakistan reduziert ▪ **Nationalfeiertag**: 23. 3. (Beschluss zur Gründung eines Staates 1940) und 14. 8. (Unabhängigkeitstag)

REGIERUNG UND PARTEIEN **Staatsoberhaupt**: Pervez Musharraf, seit 1999; gewählt am 20. 6. 2001 – **Regierungschef**: Shaukat Asis (PML-Q), seit 28. 8. 2004 – **Äußeres**: Mian Khurshid Mahmud Kasuri (PML-Q), seit 23. 11. 2002 ▪ **Parlament**: Wahlen zur Nationalversammlung vom 10. 10. 2002: Pakistan Muslim League-Quaid-e-Azam / PML-Q 78 von 272 gewählten Sitzen (1997: PML 134 von 207 gewählten Sitzen), Pakistan People's Party / PPP-P 62 (18), Muttahhida Majlis-e-Amal Pakistan / MMA 45 (–), Pakistan Muslim League-Nawaz / PML-N 15 (PML: 134), Mohajir Qaumi Movement / MQM 13 (12), Awami National Party / ANP – (9), Unabhängige 21 (22), Sonstige 26 (12), weitere Sitzverteilung nicht bekannt – Wahlen zum Senat vom 25. 2. 2003: PMLQ 31 von 100 Sitzen, MMA 17, PPP 11, MQM 6, PMLN 4, Sonstige 15, Unabhängige 4; weitere Sitzverteilung nicht bekannt

WIRTSCHAFT **BIP** 2004: 96,115 Mrd. $; realer Zuwachs: 6,4 %; Anteil (2004) Landwirtschaft 22 %, Industrie 25 %, Dienstleistungen 53 % ▪ **Erwerbstätigkeit** 2002: Landwirtsch. 42 %, Industrie 21 %, Dienstl. 37 % ▪ **Arbeitslosigkeit** ∅ 2004: 7,7 %; hohe Unterbeschäftigung ▪ **Inflation** ∅ 2004 / 05: 9,9 % ▪ **Außenhandel** 2004 / 05: **Import**: 20,620 Mrd. $; *Güter* 2003 / 04: 20 % Erdöl und Erdölerzeugnisse, 27 % Maschinen (4 % Textilmaschinen), 18 % chemische Erzeugnisse, 7 % Ernährungsgüter (4 % Speiseöl), 4 % Metallerzeugnisse; *Länder* 2003 / 04: 11 % Saudi-Arabien, 9 % USA, 8 % Dubai, 7 % VR China, 6 % Kuwait, 6 % Japan, 4 % Malaysia, 4 % Deutschland, 3 % Singapur (EU gesamt: 15 %); **Export**: 14,410 Mrd. $; *Güter* 2003 / 04: 66 % Textilerzeugnisse (14 % Baumwollgewebe, 12 % Strickwaren, 11 % Bettwäsche, 8 % Kleider), 10 % Agrarerzeugnisse (5 % Reis), 3 % Sportartikel, 2 % Lederwaren; *Länder* 2003 / 04: 24 % USA, 8 % Großbritannien, 7 % Dubai, 5 % Deutschland, 5 % Hongkong, 4 % Afghanistan, 4 % Italien, 3 % Saudi Arabien (EU gesamt: 30 %)

CHRONIK

Die autoritäre Regierung unter Präsident Pervez Musharraf geriet international zunehmend unter Druck, da Pakistan weiterhin als ein **Nährboden des islamistischen Terrorismus** angesehen wird. Ermittlungsergebnisse nach den verheerenden Bombenanschlägen in London am 7. 7. 2005 (→ WA 2006, S. 201 f.), die auf Verbindungen der Attentäter zu Koranschulen in Pakistan hindeuteten, nahm die Regierung zum Anlass, gegen die religiösen Schulen vorzugehen: Bei einer landesweiten Razzia in der zweiten Julihälfte 2005 wurden etwa 600 Prediger und Dozenten sowie Mitglieder verbotener islamistischer Organisationen festgenommen. Ein verheerendes Erdbeben am 8. 10. 2005 forderte über 73 000 Opfer.

Das Erdbeben in Kashmir

Ein Erdbeben der Stärke 7,6 auf der Richterskala erschütterte am 8. 10. 2005 weite Teile der Nordwestprovinz und von Azad Kashmir (→ Karte). Die Folgen des Bebens waren verheerend: Laut einem Bericht der Federal Relief Commission vom 13. 11. wurden fast **73 000 Tote (nach anderen Quellen 88 000) und über 128 000 Schwerverletzte** in den beiden Provinzen gezählt, etwa 15 000 Dörfer und mehrere Städte in der Region wurden zerstört, über drei Mio. Menschen wurden obdachlos (→ auch Umwelt). Die Provinzhauptstadt Muzaffarabad, die etwa 10 km südwestlich vom Epizentrum des Bebens liegt, wurde nahezu völlig zerstört; dort starben mehr als 11 000 Menschen.

Die Hilfe für die Opfer war dadurch erschwert, dass viele Bergdörfer von der Außenwelt abgeschnitten waren und unwetterartige Regenfälle die Rettungsmaßnahmen zeitweise verhinderten. Zudem verfügte der pakistanische Staat weder über genügend Helikopter noch über geeignetes Räumgerät. Da die lokalen Verwaltungen durch die Zerstörungen nicht handlungsfähig waren, übernahm die Armee die Leitung der Hilfsaktionen (→ Foto). Internationale Hilfsorganisationen waren schon zwei Tage nach dem Beben im Katastrophengebiet präsent; etwa 7000 Katastrophenhelfer aus 80 Ländern waren im Einsatz und die **NATO richtete eine Luftbrücke für den Transport von Hilfsgütern ein**. Die befürchtete »zweite Katastrophe«, der Tod der vielen Obdachlosen im Winter, konnte dadurch verhindert werden, dass ausreichend Zelte, Decken und Öfen bereitgestellt wurden.

Präsident Musharraf spricht am 9. 10. 2005 zu Erdbebenopfern

Auf einer internationalen **Geberkonferenz** in Islamabad am 19. 11. erhielt Pakistan Hilfs- und Kreditzusagen in Höhe von 5,8 Mrd. US-$, womit das Antragsvolumen Pakistans deutlich übertroffen wurde. Die größten nationalen Geldgeber sind Saudi-Arabien, die USA, China und der Iran. Im April 2006 revidierte die Regierung den Finanzbedarf für den Wiederaufbau der Region auf 6 Mrd. US-$.

Die im November festgelegten Entschädigungen an die Besitzer zerstörter Häuser wurden nur teilweise ausgezahlt, sodass es im April in Muzaffarabad, wo im Frühjahr noch etwa 60 000 Menschen in Zeltlagern lebten, zu einem **Generalstreik** kam. Nach Schätzungen werden dort etwa 50 000 Menschen einen zweiten Winter in Notunterkünften verbringen müssen.

AUSSENPOLITIK

▪ **Afghanistan:** Die zunehmende Aktivität der Taliban in → Afghanistan bewirkte eine **Verschärfung der Spannungen** zwischen den Nachbarstaaten. Im August 2005 warf der afghanische Präsident Hamid Karzai der pakistanischen Regierung vor, die Versorgung der Taliban mit Waffen und Geldmitteln aus Pakistan zu dulden; außerdem fänden sie dort Unterschlupf. Auf Beschluss der trilateralen Militärkommission Pakistans, Afghanistans und der USA entsandte Pakistan Anfang September weitere 9500 Soldaten an seine Westgrenze, wo seither etwa 80 000 Mann stationiert sind. Ein weiterer Versuch der Regierung, ihre Zuverlässigkeit im Antiterror-Kampf unter Beweis zu stellen, war die Auslieferung des Pressesprechers der Taliban, Abdul Latif Hakimi, und dreizehn weiterer Taliban an Afghanistan am 26. 10.

Vor seinem Besuch in Islamabad am 15. 2. 2006 warnte Karzai das Nachbarland davor, eine ethnische Spaltung Afghanistans zu betreiben. Seine Forderung nach Auslieferung weiterer Taliban wurde von Musharraf scharf zurückgewiesen. Dennoch einigten sich die beiden Staatschefs am 16. 2. auf eine bessere Kooperation im Kampf gegen die Taliban und Al-Qaida; Musharraf versicherte, ein friedliches und stabiles Afghanistan liege im nationalen Interesse Pakistans. Zu einer weiteren Belastung der bilateralen Beziehungen führte der gescheiterte Anschlag auf den afghanischen Senatspräsidenten Sibghatullah Mudschaddedi am 12. 3.: Obwohl sich die Taliban zu dem Attentat bekannten, bezeichnete Mudschaddedi den pakistanischen Geheimdienst als Urheber des Anschlags.

- **USA:** Die zunehmende Aktivität der Taliban in Afghanistan führte zu einer merklichen **Abkühlung der Beziehungen** zwischen Pakistan und den USA. War Musharraf bei seinem Besuch in Washington im September 2005 von US-Außenministerin Condoleezza Rice noch als »außerordentlicher Staatsmann« gelobt worden, so stand der Besuch von Präsident George W. Bush am 3. 3. 2006 in Islamabad im Zeichen des gestiegenen Misstrauens in die Fähigkeit und den Willen der pakistanischen Regierung, den Terrorismus wirksam zu bekämpfen. Einer Anerkennung Pakistans als Atommacht, wie sie wenige Tage zuvor Indien mit dem Abschluss eines Abkommens über nukleare Zusammenarbeit erlangt hatte (→ Indien), erteilte Bush eine klare Absage.

Militärische Operationen der US-Streitkräfte auf pakistanischem Gebiet verstimmten die Regierung in Islamabad und gaben den islamistischen Kräften Auftrieb. Nach einem Raketenangriff auf das Dorf Damadola am 13. 1. 2006, der dem Al-Qaida-Führungsmitglied Ayman as-Sawahiri gegolten und bei dem 18 Menschen starben, wurde der US-Botschafter einbestellt, um gegen die Verletzung der nationalen Souveränität förmlich zu protestieren. Beide Kammern des Parlaments verurteilten den Raketenangriff, es kam zu Massendemonstrationen gegen die USA. US-Außenministerin Rice lehnte eine Entschuldigung ihrer Regierung ab und schloss weitere Aktionen der US-Streitkräfte auf pakistanischem Boden nicht aus.

- **Indien:** Während es trotz der Kooperation bei der Bewältigung des Erdbebens (→ Sonderbeitrag) in der Kashmir-Frage zu keiner substanziellen Annäherung zwischen Neu-Delhi und Islamabad kam, einigten sich die beiden Regierungen auf anderen Feldern auf einige **vertrauensbildende Maßnahmen**: Beim Besuch des indischen Außenministers Natwar Singh in Islamabad und Karachi vom 2.-5. 10. 2005 wurde vereinbart, sich in Zukunft gegenseitig über Tests ballistischer Raketen zu informieren.

Im Zuge der Erdbebenhilfe wurde die Grenze im geteilten Kashmir an einigen Punkten für Hilfslieferungen geöffnet. Dem Vorschlag Musharrafs, die Gelegenheit für eine weitergehende Öffnung der Line of Control zu nutzen, begegnete die indische Regierung mit Zurückhaltung. Am 19. 1. 2006 verständigte man sich immerhin auf die Einrichtung einer Busverbindung zwischen Rawalakot und Poonch und einer LKW-Route zwischen Muzaffarabad und Srinagar. Im Süden wurde der 1965 stillgelegte Eisenbahnverkehr zwischen Krohkrapar (Sindh) und Munabao im indischen Rajasthan am 17. 2. wieder aufgenommen, auch im Punjab wurde die Grenze etwas durchlässiger.

Die bei dieser Gelegenheit vom indischen Premier Manmohan Singh geäußerte Hoffnung auf einen Freundschaftsvertrag zwischen beiden Ländern wurde in Pakistan zurückhaltend aufgenommen. Der pakistanische Vorschlag eines Nichtangriffspakts und einer Truppenreduzierung in Kashmir wurde von der indischen Regierung im Rahmen der Verhandlungen über vertrauensbildende Maßnahmen im Bereich der konventionellen Rüstung am 27. 4. abgelehnt.

- **Israel:** Am 1. 9. 2005 kam es in Istanbul erstmals zu einer Begegnung der Außenminister Pakistans und Israels. Nach dem Treffen mit seinem Amtskollegen Khursid Mahmud Kasuri sprach der israelische Außenminister Silvan Schalom von einem historischen Treffen. Die pakistanische Diplomatie betonte anschließend, dass an eine Anerkennung Israels noch nicht zu denken sei, bestätigte aber, dass es in der Vergangenheit bereits einige geheime Kontakte zu Israel gegeben habe und Pakistan in Zukunft einen aktiven Beitrag zur Lösung der Palästinafrage leisten wolle. Bei seiner Rede vor dem American Jewish Congress am 17. 9. in New York bekräftigte Präsident Musharraf die mäßigende Haltung Pakistans im Nahostkonflikt. Er stellte eine Garantie der israelischen Sicherheit durch die islamischen Staaten in Aussicht, sofern Israel den Mut zu einer endgültigen Lösung des Palästinakonflikts aufbringe.

- **China:** Bei seinem Besuch vom 19.–23. 2. 2006 in China wurde die enge Freundschaft beider Staaten und die Zusammenarbeit im Kampf gegen »Terrorismus, Separatismus und religiösen Fanatismus« bekräftigt. Außerdem wurden Kooperationsabkommen in den Bereichen Wirtschaft und Infrastruktur sowie über eine engere militärische Zusammenarbeit unterzeichnet. Die chinesische Regierung forderte größere Sicherheitsvorkehrungen für die zahlreichen chinesischen Bürger in Pakistan, nachdem am 15,2 2006 drei chinesische Ingenieure von Aufständischen in Balutschistan ermordet worden waren. Außerdem gab die Staatsführung in Peking ihre Sorge über den wachsenden militärischen Einfluss der USA in Pakistan zu erkennen.

INNENPOLITIK

- **Kommunalwahlen:** Bei landesweiten Kommunalwahlen am 18. 8. und 25. 8. 2005 kam es zu **massiven Behinderungen der Opposition**. Fast ein Zehntel der Sitze in den Union Councils wurde aus Mangel an Gegenkandidaten mit regierungsfreundlichen Abgeordneten besetzt. Die Wahlbeteiligung lag unter 50 %. Insgesamt brachten die Wahlen eine Stärkung der Regierungspartei Pakistan Muslim League (PML), die 74 der 108 am 6. 10. von den Union Councils gewählten Distrikt-Vorsteher (Nazims) stellt. Die Parteien des Oppositionsbündnisses Alliance for the Restoration of Democracy (ARD) gingen fast leer aus; die islamistischen Parteien mussten in ihren Hochburgen – Balutschistan und Nordwestprovinz – erhebliche Stimmenverluste hinnehmen, u. a. deshalb, weil sie in vielen Distrikten gegeneinander angetreten waren. Einigkeit demonstrierten die Oppositionsparteien hingegen in ihrer Frontstellung gegen die Militärdiktatur Musharrafs:

Am 4. 9. 2005 forderten sie auf einer »National Leaders Conference« in Islamabad den Rücktritt des Präsidenten und Armeechefs von seinen Ämtern und die Wiederherstellung der demokratischen Verfassung. Ein am 9. 9. gegen die Regierung ausgerufener **Generalstreik**, den die früheren Regierungschefs Benazir Bhutto (PPP) und Nawaz Sharif (PML-N) aus dem Exil befürworteten, fand vor allem in den Provinzen Sindh und Balutschistan Unterstützung.

▪ **Balutschistan:** In Balutschistan und der unter zentraler Verwaltung stehenden Teilregion **Waziristan** kam es wiederholt zu Offensiven des Frontier Corps und der Armee gegen rebellische Stämme. Auch die Anschläge der Aufständischen gegen Gaspipelines, Bahngleise und Stromleitungen sowie auf Soldaten und chinesische Arbeiter kosteten zahlreiche Menschenleben. Das Verbot der Balutschistan Liberation Army am 9. 4. 2006 blieb ohne erkennbare Wirkung.

▪ **Umstrittene Staudamm-Projekte:** Im Dezember 2005 geriet die Regierung durch die Ankündigung in Bedrängnis, den umstrittenen **Kalabagh-Staudamm** in Mianwali (Provinz Punjab) südwestlich von Islamabad zu verwirklichen. Die Forcierung dieses bereits vom früheren Diktator Zia-ul-Haq gehegten Plans löste in Sindh und in der Nordwestprovinz eine Protestwelle aus. **Umweltschützer warnten zudem vor den die Existenz bedrohenden Folgen** der Aufstauung des Indus für die Fischer in den Mangrovenwäldern Sindhs und die Landwirte in der Nordwestprovinz. In einer Fernsehansprache am 17. 1. 2006 verteidigte Präsident Musharraf zwar das Kalabagh-Projekt im Rahmen des nationalen Staudamm-Programms, das bis 2016 den Bau fünf neuer Dämme vorsieht, räumte aber zwei Staudammprojekten in der Nordwestprovinz Priorität ein, was die Opposition beruhigte. Zudem sicherte er zu, dass keine Staudämme ohne den Konsens der Provinzen gebaut würden.

▪ **Proteste gegen Mohammed-Karikaturen:** Gegen den Wiederabdruck von Karikaturen des Propheten Mohammed der dänischen Zeitung Jyllands-Posten in verschiedenen europäischen Blättern (→ Dänemark) organisierte die islamistische Parteienallianz am 2. und 3. 2. 2006 Demonstrationen in verschiedenen Städten. Die zunächst friedlichen und wenig besuchten Kundgebungen gingen Mitte Februar in eine **Welle gewalttätiger Ausschreitungen** über. In Lahore kam es am 14. 2. zu schweren Unruhen, die von Plünderungen und Gewalt gekennzeichnet waren. Bei Auseinandersetzungen mit der Polizei starben dort zwei Demonstranten, 3700 wurden vorübergehend in Haft genommen. In der Hauptstadt wurden vorübergehend die Schulen geschlossen, um die Gewalt einzudämmen. Die Opposition und die islamistischen Parteien riefen am 3. 3. zu einem landesweiten Generalstreik gegen die Regierung auf, deren Reaktion auf die »Beleidigung« des Propheten als lasch verurteilt wurde.

Palau Oceanien

Republik Palau; Belu'u era Belau
Republic of Palau – PW / PLW

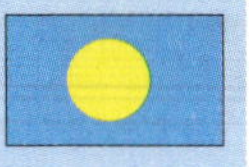

Fläche (Weltrang: 178): 508 km^2

Einwohner (191): F 2004 20 000 = 39 je km^2

Hauptstadt: Koror

Amtssprachen: Palauisch, Englisch

Bruttonationaleinkommen 2004 je Einw.: 6870 $

Währung: 1 US-Dollar (US-$) = 100 Cents
Kurs: 1 € = 1,27 US-$ (1. 7. 2006)

Diplomatische Vertretung:
Botschaft der Republik Palau
1800 K Street N. W., Suite 714, Washington D. C.
20 006 T 001-202-4 52 68 14, Fax 4 52 62 81

LANDESSTRUKTUR **Fläche:** 508 km^2; insg. 241 Inseln, davon 11 bewohnt: u. a. Babelthuap mit 409 km^2, Koror, Ngeruktabel, Eil Malk, Angaur; Karte → WA 2006, S. 359 ▪ **Verwaltung:** 16 States ▪ **Städte:** (Z 2000) Koror (Koror) 13 000 Einw., Melekeok (Babelthuap)

BEVÖLKERUNG Palauer – F 2004: 20 000 Einw.; Bevölkerungswachstum: 1,5 %; letzte Zählung 2005: 19 907 Einw. – Z 1995: 83,2 % Palauer, 9,8 % Filipinos, 2,0 % sonstige Mikronesier, 1,2 % Chinesen ▪ **Sprachen:** Palauisch, Englisch; Angaur, Japanisch, Tobi, Sonsorolesisch ▪ **Religion** 1990: 41 % Katholiken, 25 % Protestanten, 25 % Anhänger traditioneller Religionen

STAATS- UND REGIERUNGSFORM Verfassung von 1981, zuletzt geändert 1993 – Präsidialrepublik seit 1947 – Freier Assoziierungsvertrag mit den USA vom 1. 10. 1994 – Parlament (National Congress / Olbiil era Kelulau): Abgeordnetenhaus (House of Delegates) mit 16 Mitgl.; Senat mit 14 Mitgl.; Wahl jeweils alle 4 J. – 16-köpfige Häuptlingsversammlung (Council of Chiefs) – Direktwahl des Staatsoberhauptes alle 4 J. – Wahlrecht ab 18 J. ▪ **Unabhängigkeit:** 1. 10. 1994 (1947–1994 US-Treuhandgebiet) ▪ **Nationalfeiertag:** 1. 10.

REGIERUNG UND PARTEIEN – **Staatsoberhaupt, Regierungschef und Äußeres:** Thomas Remengesau, seit 2001 ▪ **Parlament:** letzte Wahlen am 2. 11. 2004

WIRTSCHAFT **BIP** 2004: 127 Mio. $; realer Zuwachs: 2,0 %; Anteil (2002) Landwirtschaft 1 %, Industrie 16 %, Dienstleistungen 79 % ▪ **Erwerbstätigkeit** 2003: Landwirtsch. 2,0 %, Industrie 24,2 %, Dienstl. 73,8 % ▪ **Arbeitslosigkeit** ∅ 2000: 2,3 % ▪ **Inflation** ∅ 2004: 0,2 % ▪ **Außenhandel** 2002: **Import:** 95,8 Mio. $; *Güter:* 24 % Maschinen, 23 % Lebensmittel, lebende Tiere, Getränke und Tabak; *Länder:* 42 % USA, 12 % Guam, 10 % Japan, 8 % Singapur; **Export:** 11,9 Mio. $; *Güter:* Fisch, Muscheln, Kokosnüsse, Kopra

Panama Mittel-Amerika

Republik Panama; República de Panamá – PA / PAN

Fläche (Weltrang: 115): 75 517 km²

Einwohner (130): F 2004 3 175 000 = 42 je km²

Hauptstadt: Panamá (Panama)

Amtssprache: Spanisch

Bruttonationaleinkommen 2004 je Einw.: 4210 $

Währung: 1 Balboa (B/.) = 100 Centésimos (gesetzliches Zahlungsmittel: US-$)
Kurs: 1 US-$ = 1 B/.; 1 € = 1,27 US-$ (1. 7. 2006)

Botschaft der Republik Panama
Joachim-Karnatz-Allee 3, 10557 Berlin
T 030/226 05 811, Fax 226 05 812

LANDESSTRUKTUR **Fläche**: 75 517 km²; davon Panamakanal-Zone 1432 km² ▪ **Verwaltung**: 9 Provinzen und 3 autonome Indianerreservate ▪ **Städte**: (Z 2000) Panamá 708 438 Einw., Tocumen 81 250, David 76 481, Nuevo Arraiján 63 753, Puerto Armuelles 60 102, Pacora 57 232

BEVÖLKERUNG Panamaer – F 2004: 3 175 000 Einw.; Bevölkerungswachstum: 1,8 %; letzte Zählung 2000: 2 839 177 Einw. – Z 1990: 65 % Mestizen, 13 % Schwarze und Mulatten, 10 % Weiße (Kreolen), 8,3 % Indianer (5,3 % Guaymi, 2 % Kuna, 0,6 % Emberá), 2 % Asiaten ▪ **Sprachen**: 87 % Spanisch; z. T. indianische Sprachen (u. a. Guaymi, Chibcha); Englisch ▪ **Religion** 2000: 85 % Katholiken; Minderheit von Protestanten

STAATS- UND REGIERUNGSFORM Verfassung von 1983, zuletzt geändert 1994 – Präsidialrepublik seit 1972 – Parlament (Asamblea Legislativa) mit 78 Mitgl., Wahl alle 5 J. – Direktwahl des Staatsoberhauptes alle 5 J. (keine Wiederwahl) – Wahlrecht ab 18 J. ▪ **Unabhängigkeit**: 28. 11. 1821 (Unabhängigkeit von Spanien und Beitritt zur Republik Großkolumbien); 3. 11. 1903 (Loslösung von Großkolumbien) ▪ **Nationalfeiertag**: 3. 11.

REGIERUNG UND PARTEIEN **Staats- u. Regierungschef**: Martín Torrijos Espino (PRD), seit 1. 9. 2004 – **Äußeres**: Samuel Lewis Navarro (PRD), seit 1. 9. 2004 ▪ **Parlament**: Wahlen vom 2. 5. 2004: Bündnis Patria Nueva 42 von 78 Sitzen: Partido Revolucionario Democrático/PRD 41 (1999: 34 von 71), Partido Popular/PP 1 (–); Bündnis Visión de País 24: Partido Arnulfista/PA 17 (18), Movimiento Liberal Republicano Nacionalista/MOLIRENA 4 (3), Partido Liberal Nacional/PLN 3 (3); Partido Solidaridad/PS 9 (4), Cambio Democrático 3 (2), Sonstige – (7)

WIRTSCHAFT **BIP** 2004: 13,733 Mrd. $; realer Zuwachs: 6,2 %; Anteil (2004) Landwirtschaft 8 %, Industrie 18 %, Dienstleistungen 74 % ▪ **Erwerbstätigkeit** 2003: Landwirtsch. 18 %, Industrie 17 %, Dienstl. 65 % ▪ **Arbeitslosigkeit** ∅ 2005: 9,6 % ▪ **Inflation** ∅ 2005: 2,9 % ▪ **Außenhandel** 2005: **Import**: 8,546 Mrd. $; *Güter*: 45 % Konsumgüter (darunter 18 % Brennstoff), 29 % Zwischengüter (darunter 19 % Rohstoffe für die Industrie), 26 % Kapitalgüter (darunter 14 % Telekommunikationsgüter und Transportausrüstung); *Länder*: 27 % USA, 11 % Curaçao, 5 % Costa Rica, 5 % Japan, 4 % Mexiko, 4 % Kolumbien; **Export**: 7,188 Mrd. $; *Güter*: 74 % landwirtschaftliche Erzeugnisse (darunter 41 % Fisch, 9 % Bananen, 8 % Melonen); *Länder*: 44 % USA, 9 % Spanien, 8 % Benelux, 6 % Schweden, 4 % Costa Rica, 2 % Guatemala

CHRONIK

▪ **Innenpolitik:** Die von der Regierung verabschiedete **Rentenreform** hatte seit Mai 2005 zu einer Welle von Protesten und Streiks geführt. Nachdem Präsident Martín Torrijos Espino Dialogbereitschaft signalisierte, nahmen die Streikenden ihre Arbeit wieder auf.
▪ **Panamakanal:** Am 24. 4. 2006 kündigte Präsident Torrijos die größte Erweiterung des Panamakanals seit seiner Inbetriebnahme im Jahr 1914 an.

Der 82 km lange Kanal ist derzeit aufgrund von Schleusenbreiten und Fahrrinnentiefen für über die Hälfte aller Containerschiffe nicht passierbar. Mit seinem Ausbau soll die jährliche Durchfahrtskapazität von 165 auf 330 Mio. t erhöht werden. 2005 brachte der Kanal Panama Einnahmen in Höhe von umgerechnet 970 Mio. €.

Papua-Neuguinea

Ozeanien

Unabhängiger Staat Papua-Neuguinea; Independent State of Papua New Guinea; Papua Niugini (Tok Pisin) – PG / PNG

Fläche (Weltrang: 53): 462 840 km^2

Einwohner (103): F 2004 5 772 000 = 12,5 je km^2

Hauptstadt: Port Moresby

Amtssprachen: Englisch, Tok Pisin (Pidgin-Englisch), Hiri Motu

Bruttonationaleinkommen 2004 je Einw.: 560 $

Währung: 1 Kina (K) = 100 Toea
Kurs: 1 US-$ = 3,19 K; 1 € = 4,12 K

Diplomatische Vertretung:
Honorarkonsul des Unabh. Staates Papua-Neuguinea
Mattentwiete 5, 20457 Hamburg
T 040/30 38 02 43, Fax 30 38 02 45
E-Mail: hoertelmann@t-online.de

LANDESSTRUKTUR **Fläche**: 462 840 km^2; Ostteil der Insel Neuguinea, Bismarck-Archipel (New Britain, New Ireland, New Hanover u. a.), North Solomons (Bougainville und Buka), Admiralty Islands, Louisiade Archipelago, D'Entrecasteaux Islands, Trobriand Islands und 600 kleinere Inseln; → Karte ▪ **Verwaltung**: 19 Provinzen und Hauptstadtdistrikt; Tabelle → WA 2005, S. 337 ▪ **Städte**: (Z 2000) Port Moresby 254 158 Einw., Lae 78 038, Arawa 36 443, Mount Hagen 27 782, Madang 27 394, Kokopo 20 262

BEVÖLKERUNG Papua-Neuguineer – F 2004: 5 772 000 Einw.; Bevölkerungswachstum: 2,0 %; letzte Zählung 2000: 5 130 365 Einw. – rd. 750 Ethnien: hauptsächlich Papua, an S- und NW-Küste malaiische (indonesische) Gruppen, im N melanesische, im O polynesische Gruppen; chinesische Minderheit ▪ **Sprachen**: Englisch, Tok Pisin (Pidgin-Englisch), Hiri Motu; insgesamt 742 Papua-Sprachen ▪ **Religion** 1992: 58 % Protestanten, 33 % Katholiken; indigene Religionen

STAATS- UND REGIERUNGSFORM Verfassung von 1975 – Parlamentarische Monarchie (im Commonwealth) seit 1975 – Parlament (National Parliament) mit 109 Mitgl., Wahl alle 5 Jahre – Wahlrecht ab 19 J. ▪ **Unabhängigkeit**: 16. 9. 1975 (1949–1975 UN-Treuhandgebiet unter australischer Verwaltung) ▪ **Nationalfeiertag**: 16. 9.

REGIERUNG UND PARTEIEN **Staatsoberhaupt**: Königin Elizabeth II., vertreten durch Generalgouverneur Sir Paulias Matane, seit 29. 6. 2004 – **Regierungschef und Äußeres**: Sir Michael Somare (NAP-Vorsitzender), seit 5. 8. 2002; seit 7. 7. 2006 auch Außenminister; Koalitionsregierung aus NAP, PPP, MA, PAP u. a. ▪ **Parlament**: Wahlen vom 15. 6.–30. 7. 2002: National Alliance Party/NAP 19 von 109 Sitzen (1997: 6), People's Democratic Movement/PDM 12 (10), People's Progress Party/PPP 8 (16), Pangu New Guinea Union Party/PANGU 6 (13), People's Action Party/PAP 5 (6), Unabhängige 17 (41), Sonstige 36 (17); 6 Sitze vakant

WIRTSCHAFT **BIP** 2004: 3,909 Mrd. $; realer Zuwachs: 2,5 %; Anteil (2003) Landwirtschaft 29 %, Industrie 42 %, Dienstleistungen 29 % ▪ **Erwerbstätigkeit** 2000: Landwirtsch. 72 %, Industrie 4 %, Dienstl. 23 % ▪ **Arbeitslosigkeit** ∅ 2003: 50 %; in den Städten 70 % ▪ **Inflation** ∅ 2003: 14,7 % ▪ **Außenhandel** 2003: **Import**: 1,351 Mrd. $; *Güter*: Maschinen und Transportausrüstungen, Industriegüter, Nahrungsmittel, Brennstoffe; *Länder*: 45 % Australien, 21 % Singapur, 7 % Neuseeland; **Export**: 3,434 Mrd. $; *Güter*: Gold, Erdöl, Kupfer, Palmöl; *Länder*: (ohne Gold) 29 % Australien, 7 % Japan, 6 % VR China

CHRONIK

Eine Überprüfung der Wählerverzeichnisse durch die Wahlbehörde ergab Anfang Februar 2006, dass von 4,9 Mio. eingetragenen Wählern nur 2,7 Mio. real existierenden Personen zuzuordnen waren. Zahlreiche Namen seien frei erfunden, Verstorbene nicht gelöscht und Verzogene nicht abgemeldet worden. Für die 2007 für anstehende Parlamentswahl sollen die Verzeichnisse neu erstellt werden.

Paraguay Süd-Amerika

Republik Paraguay; República del Paraguay (spanisch); Tetâ Paraguay (guaraní) – PY / PRY

Fläche (Weltrang: 58): 406 752 km²

Einwohner (100): F 2004 6 017 000 = 14,8 je km²

Hauptstadt: Asunción

Amtssprachen: Spanisch, Guaraní

Bruttonationaleinkommen 2004 je Einw.: 1140 $

Währung: 1 Guaraní (₲) = 100 Céntimos
Kurs: 1 US-$ = 5800 ₲; 1 € = 7463 ₲

Botschaft der Republik Paraguay
Hardenbergstr. 12, 10623 Berlin
T 030 / 31 99 86 12, Fax 31 99 86 17
E-Mail: embapyde@t-online.de

LANDESSTRUKTUR **Fläche:** 406 752 km² ▪ **Verwaltung:** 17 Departamentos und Hauptstadt ▪ **Städte:** (Z 2002) Asunción 513 399 Einw., Ciudad del Este 223 350, San Lorenzo 202 745, Luque 186 988, Capiatá 154 469, Lambaré 119 984, Fernando de la Mora 114 332, Encarnación 98 134, Pedro Juan Caballero 88 020

BEVÖLKERUNG Paraguayer – F 2004: 6 017 000 Einw.; Bevölkerungswachstum: 2,3 %; letzte Zählung 2002: 5 206 101 Einw. – ca. 90 % Mestizen, 3 % Indianer (Guaraní), 2 % Weiße, Kreolen ▪ **Sprachen**: Spanisch, Guaraní ▪ **Religion** 2002: 89,5 % Katholiken, 6,0 % Prostestanten

STAATS- UND REGIERUNGSFORM Verfassung von 1992 – Präsidialrepublik seit 1967 – Parlament (Congreso Nacional): Abgeordnetenhaus (Cámara de Diputados) mit 80 Mitgl.; Senat (Senado) mit 45 Mitgl.; Wahl jeweils alle 5 J. – Direktwahl des Staatsoberhauptes alle 5 J. (keine Wiederwahl) – Wahlpflicht ab 18 J. ▪ **Unabhängigkeit**: 14. 5. 1811 (ehem. spanische Kolonie) ▪ **Nationalfeiertag**: 15. 5. (Unabhängigkeitstag)

REGIERUNG UND PARTEIEN **Staats- u. Regierungschef**: Óscar Nicanor Duarte Frutos (ANR), seit 15. 8. 2003; Vizepräsident Luis Alberto Castiglioni (ANR) – **Äußeres**: Leila Rachid de Cowles, seit 15. 8. 2003 ▪ **Parlament**: Wahlen vom 27. 4. 2003: Abgeordnetenhaus: Asociación Nacional Republicana (Partido Colorado) / ANR 37 von 80 Sitzen (1998: 45), Partido Liberal Radical Auténtico (Partido Blanco) / PLRA 21 (26), Partido Encuentro Nacional / PEN – (7), Movimiento Patria Querida / MPQ 10 (–), Unión Nacional de Ciudadanos Éticos / UNACE 10 (–), Partido País Solidario / PPS 2 (–), País Solidario / PS – (2) – Senat: ANR 16 von 45 Sitzen (1998: 25), PLRA 12 (13), MPQ 8 (–), UNACE 7 (–), PPS 2 (–), PEN – (7)

WIRTSCHAFT **BIP** 2004: 7,343 Mrd. $; realer Zuwachs: 4,0 %; Anteil (2004) Landwirtschaft 27 %, Industrie 24 %, Dienstleistungen 49 % ▪ **Erwerbstätigkeit** 2003: Landwirtsch. 32 %, Industrie 16 %, Dienstl. 53 % ▪ **Arbeitslosigkeit** ⌀ 2004: 10,0 % ▪ **Inflation** ⌀ 2005: 6,8 % ▪ **Außenhandel** 2005: **Import**: 3,251 Mrd. $; *Güter*: 22 % Maschinen, Apparate und Motoren, 15 % Treibstoffe und Schmiermittel, 9 % Chemikalien, 7 % Transportausrüstung, 5 % Nahrungsmittel, 3 % Getränke und Tabak, 3 % elektrische Ausrüstung, 3 % Kfz; *Länder*: 27 % Brasilien, 21 % VR China, 20 % Argentinien, 5 % USA, 4 % Schweiz, 3 % Japan, 2 % Uruguay, 2 % Deutschland; **Export**: 1,688 Mrd. $; *Güter*: 34 % Soja, 15 % Fleisch, 8 % Sojamehl, 6 % pflanzliche Öle, 5 % Baumwolle, 3 % Holz, 3 % Leder; *Länder*: 28 % Uruguay, 19 % Brasilien, 6 % Argentinien, 4 % VR China, 4 % Chile, 3 % USA, 3 % Niederlande

CHRONIK

Die Entscheidung von Staatspräsident Óscar Nicanor Duarte Frutos, nach seiner Wahl zum Parteivorsitzenden des Partido Colorado (ANR) am 19. 2. 2006 dieses Amt anzutreten, löste eine innenpolitische Krise aus. Oppositionspolitiker sahen, bestätigt durch die Oberste Wahlbehörde (TSJE), in dieser Ämterkombination einen Verstoß gegen die Verfassung. Der Oberste Gerichtshof entschied jedoch am 8. 3. 2006, dass dies zulässig ist. Auch innerhalb der Partei ist Duartes Manöver umstritten. Der seit fast 60 Jahren regierenden ANR findet seit dem Sturz des Diktators Alfredo Stroessner 1989 ein **parteiinterner Machtkampf** zwischen Fraktion von Präsident Duarte und dem Lager um den wohlhabenden Unternehmer Osvaldo Domínguez Dibb und den Enkel Stroessners, Alfredo Domínguez Stroessner, statt.

Der frühere Präsident **Luis González Macchi** (1999–2003) wurde am 5. 6. 2006 wegen der Verwicklung in einen **illegalen Transfer öffentlicher Gelder** – 16 Mio. US-$ aus dem Bestand der Notenbank – in die USA im Jahr 2000 zu sechs Jahren Haft verurteilt.

Gemeinsame **Militärmanöver mit den Vereinigten Staaten** und die Zustimmung zur Stationierung von 400 US-Marines für einen auf 18 Monaten begrenzten Zeitraum **löste** bei den Nachbarn **Befürchtungen über eine dauerhafte US-Militärpräsenz** aus, die Washington als »Sprungbrett« für Interventionen auf dem von einem politischen Linkstrend gekennzeichneten südamerikanischen Subkontinent nutzen könnte. Das Außenministerium und die US-Vertretung widersprachen einem solchen Vorhaben.

Auf der weltweit **ersten Konferenz** der sog. **»landlocked nations«**, Staaten ohne Meereszugang, im August 2005 mit Vertretern aus mehr als 30 Ländern forderten die Teilnehmer eine bevorzugte Behandlung bei internationalen Handelsvereinbarungen, um ihre geografische Benachteiligung wettzumachen.

Peru Süd-Amerika

Republik Peru; República del Perú (spanisch); Piruw (ketschua) – PE / PER

Fläche (Weltrang: 19): 1 285 216 km²

Einwohner (40): F 2004 27 562 000 = 21 je km²

Hauptstadt: Lima

Amtssprachen: Spanisch, Ketschua, Aimará

Bruttonationaleinkommen 2004 je Einw.: 2360 $

Währung: 1 Neuer Sol (S/.) = 100 Céntimos
Kurs: 1 US-$ = 3,30 S/.; 1 € = 4,28 S/.

Botschaft der Republik Peru
Mohrenstr. 42, 10117 Berlin
T 030/20 64 10 42, Fax 20 64 10 77
www.botschaft-peru.de

LANDESSTRUKTUR **Fläche**: 1 285 216 km²; Karte → WA 2006, S. 363 ▪ **Verwaltung**: 25 Departamentos ▪ **Städte**: (F 2003) Lima (mit Callao) 7 912 274 Einw.; (F 1998) Arequipa 710 103, Trujillo 603 657, Callao 512 200, Chiclayo 469 200, Iquitos 334 013, Piura 308 155, Huancayo 305 039, Chimbote 298 800, Cusco 278 590, Pucallpa 220 866, Tacna 215 683

BEVÖLKERUNG Peruaner – F 2004: 27 562 000 Einw.; Bevölkerungswachstum: 1,5 %; letzte Zählung 1993: 22 048 356 Einw. – Z 1981: 47 % Indianer, 32 % Mestizen, 12 % Weiße; Minderheiten von Schwarzen und Mulatten, Japanern und Chinesen ▪ **Sprachen**: Spanisch, 40 % Ketschua, 3–5 % Aimará ▪ **Religion** 2002: 87,8 % Katholiken, 3 % Protestanten; indigene Religionen

STAATS- UND REGIERUNGSFORM Verfassung von 1993 – Präsidialrepublik seit 1980 – Parlament (Congreso) mit 120 Mitgl., Wahl alle 5 J. – Direktwahl des Staatsoberhauptes alle 5 J. – Wahlpflicht ab 18 J. ▪ **Unabhängigkeit**: Proklamation 28. 7. 1821 (ehem. spanische Kolonie) ▪ **Nationalfeiertag**: 28. 7.

REGIERUNG UND PARTEIEN **Staatsoberhaupt**: Alán García Pérez (Apra), seit 28. 7. 2006 – **Äußeres**: José Antonio García Belaunde, seit 28. 7. 2006 ▪ **Parlament**: Wahlen vom 9. 4. 2006: Unión por el Perú / UPP (Bündnis aus Partido Nacionalista Peruano / PNP u. a.) 45 von 120 Sitzen (2001: 6), Alianza Popular Revolucionaria Americana / Apra 36 (29), Unidad Nacional / UN (Bündnis aus Partido Popular Cristiano / PPC u. a.) 17 (15), Alianza por el Futuro (Bündnis aus Cambio 90 und Nueva Mayoría 13 (4), Frente del Centro (Bündnis aus Acción Popular / AP, Somos Perú u. a. 5 (7), Perú Posible / PP 2 (41), Frente Independiente Moralizador / FIM – (12), Sonstige 2 (6)

WIRTSCHAFT **BIP** 2004: 68,637 Mrd. $; realer Zuwachs: 4,8 %; Anteil (2004) Landwirtschaft 10 %, Industrie 30 %, Dienstleistungen 60 % ▪ **Erwerbstätigkeit** 2003: Landwirtsch. 1 %, Industrie 21 %, Dienstl. 79 % ▪ **Arbeitslosigkeit** ∅ 2005: 7,8 % ▪ **Inflation** ∅ 2005: 1,6 % ▪ **Außenhandel** 2005: **Import**: 12,063 Mrd. $; *Güter*: 55 % Rohstoffe und Halbfabrikate, 25 % Kapitalgüter, 19 % Konsumgüter; *Länder* 2004: 20 % USA, 8 % Kolumbien, 8 % VR China, 7 % Brasilien, 7 % Venezuela, 7 % Ecuador, 6 % Argentinien, 5 % Chile, 4 % Japan, 3 % Deutschland; **Export**: 16,553 Mrd. $; *Güter* 2004: 55 % Bergbauprodukte, 8 % Erdöl, 8 % Fisch und -zubereitungen, 2 % Agrarerzeugnisse; *Länder* 2005: 32 % USA, 11 % VR China, 7 % Chile, 6 % Kanada, 5 % Schweiz, 4 % Japan, 3 % Spanien, 3 % Niederlande, 3 % Deutschland

CHRONIK

▪ **Innenpolitik:** Mit dem Rücktritt von Premierminister Carlos Ferrero Costa am 11. 8. 2005 erlebte die chronisch instabile Regierung des seit 2001 amtierenden Präsidenten Alejandro Toledo Manrique (Perú Posible / PP) ihre bisher schwerste Krise, da der **Amtsverzicht des Regierungschefs** gemäß Verfassung den **Rücktritt des gesamten Kabinetts** nach sich zieht. Mit seiner Entscheidung protestierte Ferrero Costa gegen die Ernennung von Fernando Olivera Vega zum Außenminister durch Toledo. Olivera war umstritten, weil er die Regionalregierung des Departamentos Cuzco im Süden des Landes unterstützt hatte, als diese den Kokaanbau zum privaten Gebrauch in indianischen Gemeinden genehmigen wollte. Dieser Schritt lief internationalen Verpflichtungen zuwider, die eine Vernichtung der Kokapflanzen vorschreiben. Am 16. 8. vereidigte Staatspräsident Toledo die Nachfolgeregierung, sechs der insgesamt 15 Ressorts wurden neu besetzt. **Neuer Ministerpräsident** – und damit bereits fünfter Inhaber dieses Postens seit Amtsantritt Toledos im Juli 2001 – wurde der bisherige Wirtschafts- und Finanzminister **Pedro-Pablo Kuczynski Godard**, der als Architekt des seit fünf Jahren anhaltenden ökonomischen Aufschwungs gilt. Sein Nachfolger im Wirtschafts- und Finanzressort wurde Fernando Zavala, das Außenamt übernahm Óscar Maúrtua de Romaña. Olivera gehörte der neuen Regierung nicht mehr an.

▪ **Präsidentschafts- und Kongresswahlen:** Die verbreitete Ablehnung der Politik der Regierung kam im Wahlkampf vor allem dem bislang völlig unbekannten **Linkspopulisten und Militäroffizier Ollanta Humala** zugute. Mit seinem nationalistisch geprägten Wahlprogramm nach dem Vorbild des venezolanischen Staatschefs Hugo Chávez Frías stieg er im Präsidentschaftswahlkampf zum Favoriten auf und erhielt in der ersten Runde am 9. 4. 2006 30,6 % der Stimmen. Da Humala die Registrierung seines erst vor einem Jahr gegründeten Partido Nacionalista Peruano (PNP) nicht rechtzeitig eingereicht hatte, war er für die vom früheren

UN-Generalsekretär Javier Pérez de Cuéllar gegründete UPP angetreten. Zweiter wurde der **sozialdemokratisch orientierte Alán García Pérez** (APRA, 24,3 %) vor der Herausforderin Lourdes Flores Nano des Mitte-rechts-Bündnisses Unidad Nacional (UN, 23,8 %). In der Stichwahl am 4. 6. setzte sich jedoch García mit 52,6 % gegen Humala durch, der auf 47,4 % kam. Nach Angaben von Beobachtern verdankte García seinen Sieg zum einen der Einmischung des venezolanischen Staatschefs Chávez, der ihn beschimpft und im Falle seines Sieges mit dem Abbruch der diplomatischen Beziehungen gedroht hatte, was Humala Stimmen kostete; zum anderen hatte das radikale Wahlkampfprogramm Humalas große Teile der Mittelschicht abgeschreckt. Unumstritten war Garcías Wahl jedoch nicht: Seine erste Präsidentschaft (1985–90) war von wirtschaftlichem Chaos mit 7600 %-iger Hyperinflation, Korruption und Gewalt geprägt gewesen. Seine zweite Präsidentschaft trat er am 28. 7. an.

Die zeitgleich zur ersten Runde der Präsidentschaftswahlen abgehaltene **Abstimmung zum Ein-Kammer-Parlament** brachte keine eindeutigen Mehrheitsverhältnisse: Mit 45 der 120 Sitze stellt die Unión por el Perú (UPP) künftig die stärkste Fraktion im Kongress. Garcías› APRA erreichte 36 Sitze, Flores› Bündnis UN 17 Mandate. Die dem früheren Präsidenten Alberto Fujimori nahestehende Partei Alianza por el Futuro erhielt überraschend 13 Mandate.

- **Wirtschaft:** Trotz der politischen Instabilität wuchs die Wirtschaft 2005 um 6,7 % und setzte damit den seit 2002 **anhaltenden Aufwärtstrend** weiter fort. Konjunkturmotor war vor allem die weltweit hohe Nachfrage nach Rohstoffen; Peru profitierte insbesondere von den stark gestiegenen Weltmarktpreisen für seine wichtigsten Exportprodukte Kupfer, Gold, Silber, Blei, Kupfer und Zink. Durch die Exporteinnahmen stiegen auch die Devisenreserven des Andenstaats stark an. Die Inflationsrate war mit 1,5 % im Jahr 2005 die niedrigste in ganz Lateinamerika, der Anteil der Staatsschulden am BIP sank von 2003 bis 2005 von 48 % auf rd. 40 % oder 31 Mrd. US-$. Auf dieser Grundlage zahlte die Regierung in Lima im dritten Quartal 2005 ihre Schulden gegenüber dem Pariser Club in Höhe von 1,56 Mrd. US-$ vorzeitig zurück. Der konjunkturelle Aufschwung kam bislang jedoch nur einer Minderheit zugute. Über die **Hälfte der Bevölkerung** (54,7 %) **lebt nach wie vor unterhalb der Armutsgrenze**, vor allem auf dem Land. Die Arbeitslosigkeit stieg 2005 weiter an, Löhne und Gehälter stagnierten.
- **Spannungen mit Chile:** Die Entscheidung des Parlaments am 3. 11. 2005, gemäß einer Regierungsvorlage das **maritime Hoheitsgebiet** auf Kosten des Nachbarn Chile um 38 000 km² nach Süden **auszudehnen** (→ Karte), löste schwere diplomatische Verstimmungen aus.

Quelle: Neue Zürcher Zeitung

Zu einer weiteren Belastung führte am 7. 11. die **Einreise des früheren Präsidenten Fujimori** aus dem japanischen Exil **nach Chile**, um sich von dort aus in den peruanischen Präsidentschaftswahlkampf einzumischen. Aufgrund eines Auslieferungsantrags aus Lima wurde Fujimori zwar sofort nach seiner Ankunft von den chilenischen Behörden festgenommen, Verärgerung löste aber insbesondere die Entscheidung des chilenischen Obersten Gerichtshofs am 18. 5. 2006 aus, nach der Fujimori gegen Kaution aus der Auslieferungshaft frei kam; Fujimori darf Chile jedoch nicht verlassen, bis über den Auslieferungsantrag endgültig entschieden ist.

- **Ausschaltung von Rebellen:** Am 21. 3. 2006 wurde der Gründer und Anführer der 1997 aufgelösten Rebellenorganisation **Movimiento Revolucionario Túpac Amaru** (MRTA), Víctor Polay Campos, zu 32 Jahren Haft verurteilt. Elf weitere Führungsmitglieder des MRTA erhielten Haftstrafen zwischen 15 und 32 Jahren. Polay war bereits 1993 von einem Militärgericht zu einer lebenslangen Freiheitsstrafe verurteilt worden. Der Prozess hatte jedoch vor einem Zivilgericht wiederholt werden müssen, weil das erste Verfahren nicht internationalen Mindestanforderungen entsprochen hatte. Bereits im Februar 2006 hatte die Polizei den militärischen Anführer der maoistischen Terrorgruppe **Sendero Luminoso** (Leuchtender Pfad), Víctor Aponte Sinalagua, gestellt und getötet. Den Aktionen der Linksguerilla waren 2005 50 Polizisten und Militärs sowie 42 Zivilisten zum Opfer gefallen. Vor allem in den 1980er Jahren hatte der Sendero Luminoso weite Teile des Landes terrorisiert, bis Gründer und Anführer Abimael Guzmán 1992 festgenommen worden war.

Philippinen Südost-Asien

Republik der Philippinen; Republika ng Pilipinas – PH/PHL

Fläche (Weltrang: 71): 300 000 km²

Einwohner (14): F 2004 81 617 000 = 272 je km²

Hauptstadt: Manila

Amtssprache: Pilipino (Tagalog)

Bruttonationaleinkommen 2004 je Einw.: 1170 $

Währung: 1 Philippin. Peso (₱) = 100 Centavos
Kurs: 1 US-$ = 53,27 ₱; 1 € = 68,86 ₱

Botschaft der Republik der Philippinen
Uhlandstr. 97, 10715 Berlin
T 030/8 64 95 00, Fax 8 73 25 51
www.philippinischebotschaft.de

LANDESSTRUKTUR **Fläche:** 300 000 km²; insg. 7107 Inseln, davon etwa 860 bewohnt; davon Luzon 104 688 km², Mindanao 94 630 km² (Karte → WA 2006, S. 366), Samar 13 080 km², Negros 12 710 km², Palawan 11 785 km², Panay 11 515 km²; Karte → WA 2005, S. 343 ▪ **Verwaltung:** 15 Regionen, 1 autonome Region Muslim Mindanao; Karte → WA 2006, S. 366 ▪ **Städte:** (Z 2000) Quezon City 2 173 831 Einw., Manila 1 581 082, Caloocan 1 177 604, Davao 1 147 116, Cebu 718 821, Zamboanga 601 794, Pasig 505 058, Valenzuela 485 433, Las Piñas 472 780, Cagayan de Oro 461 877, Parañaque 449 811, Makati 444 867, Bacolod 429 076, General Santos 411 822, Marikina 391 170, Muntinlupa 379 310, Iloilo 365 820, Pasay City 354 908

BEVÖLKERUNG Philippiner – F 2004: 81 600 000 Einw.; Bevölkerungswachstum: 1,8 %; letzte Zählung 2000: 76 504 077 Einw. – 1990: 40 % jungmalaiische Philippiner (Bisayas, Tagalen, Bicol, Ilokano), 30 % Indonesier und Polynesier, 10 % Altmalaien (Igoroten u. a.) und Negritos (Aëta), 10 % Chinesen, 5 % Inder ▪ **Sprachen** 1990: 55 % Pilipino (von Tagalog abgeleitet), 27,9 % Tagalog, 24,3 % Cebuano, 9,8 % Ilocano, 9,3 % Panay-Hiligaynon, 5,8 % Bicol u. a. (insg. 988 Sprachen registriert); ca. 3 % Spanisch und Chinesisch, Englisch ▪ **Religion** 2000: 82,9 % Katholiken, 5,4 % Protestanten, 4,6 % Muslime, 2,6 % Anhänger der Unabhängigen Philippinischen Kirche (Aglipayan), 2,3 % Iglesia ni Cristo; indigene Religionen, Buddhisten

STAATS- UND REGIERUNGSFORM Verfassung von 1987 – Präsidialrepublik seit 1987 – Parlament (Kongress): Repräsentantenhaus mit max. 261 Mitgl. (206 gewählt und bis zu 55 über Parteilisten, die Minderheiten berücksichtigen), Wahl alle 3 J.; Senat mit 24 Mitgl., Teilwahlen alle 3 J. – Direktwahl des Staatsoberhauptes alle 6 J. (keine Wiederwahl) – Wahlrecht ab 18 J. ▪ **Unabhängigkeit:** 4. 7. 1946 (ehem. amerikanisches Dominion; bis 1898 spanische Kolonie) ▪ **Nationalfeiertag:** 12. 6. (Unabhängigkeitsproklamation 1898)

REGIERUNG UND PARTEIEN **Staats- u. Regierungschef:** Gloria Macapagal Arroyo (Lakas-NUCD), seit 20. 1. 2001 – **Äußeres:** Alberto Romulo, seit 18. 8. 2004 ▪ **Parlament:** Wahlen vom 10. 5. 2004: Repräsentantenhaus: Bündnis aus Nationaler Union of Christian Democrats und United Muslim Democratic Party/LAKAS–NUCD–UMDP 82 von 206 gewählten Sitzen (2001: 87 von 214), National People's Coalition/NPC 53 (62), Liberal Party/LP 21 (20), Democratic Filipino Struggle/LDP 21 (18), Sonstige 19 (19), Unabhängige 10 (8) – Senat (nach Teilwahlen vom 10. 5. 2004): Regierungskoalition 14 von 24 Sitzen Opposition 9, Unabhängige 1

WIRTSCHAFT **BIP** 2004: 84,567 Mrd. $; realer Zuwachs: 6,1 %; Anteil (2004) Landwirtschaft 14 %, Industrie 32 %, Dienstleistungen 54 % ▪ **Erwerbstätigkeit** 2004: Landwirtsch. 35 %, Industrie 16 %, Dienstl. 49 % ▪ **Arbeitslosigkeit** ∅ 2005: 11,3 %; Unterbeschäftigung 17,8 % ▪ **Inflation** ∅ 2005: 7,6 % ▪ **Außenhandel** 2005: **Import:** 44,910 Mrd. $; *Güter:* 20 % Elektronische Bauelemente, 20 % Telekommunikationsausrüstung und Elektrotechnik, 14$ mineralische Brennstoffe, 7 % Büromaschinen/EDV, 7 % chemische Erzeugnisse, 5 % Maschinen ohne Büromaschinen, 4 % Nahrungsmittel, 4 % Transportausrüstungen, 3 % Eisen und Stahl; *Länder:* 18 % USA, 17 % Japan, 8 % Singapur, 8 % Rep. China, 6 % VR China, 5 % Rep. Korea, 5 % Saudi-Arabien, 4 % Hongkong, 4 % Malaysia, 3 % Thailand, 2 % Deutschland; **Export:** 41,220 Mrd. $; *Güter:* 69 % Elektronik/Elektrotechnik, 6 % Kleidung, 5 % Agrarprodukte, 4 % Maschinen und Fahrzeuge; *Länder:* 18 % USA, 18 % Japan, 10 % VR China, 10 % Niederlande, 8 % Hongkong, 7 % Singapur, 6 % Malaysia, 5 % Rep. China, 3 % Rep. Korea, 3 % Deutschland, 3 % Thailand

CHRONIK

Skandale um Wahlmanipulation, Korruption und Machtmissbrauch erschütterten das ohnehin geminderte Vertrauen der Bevölkerung in die Amtsführung von Präsidentin Gloria Macapagal Arroyo, die im Frühjahr 2001, als Retterin des Landes gefeiert, durch einen Volksaufstand gegen den der Korruption bezichtigten Präsidenten Joseph Estrada an die Macht gekommen war. Da Massenproteste ähnlicher Größenordnung ausblieben – zumal die Opposition keine glaubhafte Alternative präsentieren konnte – überstand Arroyo mit Unterstützung der katholischen Kirche und des Militärs die bislang schwerste Krise ihrer Amtszeit.

▪ **Präsidentschaftskrise:** Am 25. 7. 2005 beantragte die Opposition im Repräsentantenhaus ein **Amtsenthe-**

bungsverfahren gegen Präsidentin Arroyo wegen Wahlmanipulation und Korruption. Arroyo stand seit Anfang Juni 2005 unter verschärfter öffentlicher Kritik, nachdem am Tag der umstrittenen Präsidentschaftswahl von 2004 mitgeschnittene Telefongespräche (→ WA 2006, S. 365) bekannt geworden waren. Darin soll Arroyo gegenüber einem Leiter der staatlichen Wahlkommission ihrer Erwartung Ausdruck verliehen haben, einen deutlichen Sieg und einen Vorsprung von einer Million Stimmen ausweisen zu können. Die Opposition interpretierte dies als **Aufforderung zum Wahlbetrug**. Schon unmittelbar nach der Wahl hatte es Manipulationsvorwürfe gegeben, eine Wahlanfechtungsklage war eingereicht worden. Arroyo sprach Ende Juni von einer » Fehleinschätzung« ihrerseits bei dem Versuch, sich der korrekten Stimmenauszählung zu vergewissern. Außerdem wurde ihr vorgeworfen, mit Geldern aus illegalem Glücksspiel Wahlleiter bestochen zu haben. Eine Vielzahl gesellschaftlicher Gruppen, darunter einflussreiche Wirtschaftsverbände und Persönlichkeiten wie die frühere Präsidentin und Arroyo-Verbündete Corazón Aquino, forderte den Rücktritt der Staats- und Regierungschefin. Arroyo, die noch Polizei und Militär hinter sich wusste, hielt jedoch trotz des Drucks an ihrem Amt fest. Der frühere Präsident Fidel Ramos, der nach wie vor großen Einfluss besitzt, distanzierte sich zwar nicht von Arroyo, setzte aber die zügige Umsetzung einer Verfassungsreform durch, um eine demokratischere Kräfteverteilung auf die politischen Institutionen voranzutreiben. Der **Antrag auf Amtsenthebung verfehlte** im Repräsentantenhaus am 6. 9. 2005 **das erforderliche Quorum** von einem Drittel der Abgeordnetenstimmen.

▪ **Wahlen in der Autonomieregion Mindanao:** Zum zweiten Mal seit dem Friedensvertrag vom 2. 9. 1996 fanden in der Autonomen Region des Muslimischen Mindanao (ARMM) am 8. 8. 2005 Regionalwahlen statt, bei denen der Kandidat der Regierungspartei Lakas, Datu Zaldy Amputan, zum neuen Gouverneur bestimmt wurde (→ Karte).

▪ **Ausnahmezustand:** Mit der Begründung, einen **Putschversuch »totalitärer Kräfte** der Rechts- und Linksextremen« verhindern zu wollen, verhängte Präsidentin Arroyo am 24. 2. 2006 den Ausnahmezustand. Sie verbot damit zugleich die Feierlichkeiten zum zwanzigsten Jahrestag des Sturzes von Diktator Ferdinand Marcos durch die »People's Power«-Revolution am 25. 2. 1986. Schon einige Tage zuvor hatte die Armee erklärt, einen Putschversuch gegen die Präsidentin verhindert zu haben. Bis zum 3. 3., als der Ausnahmezustand aufgehoben wurde, nahmen die Sicherheitskräfte rd. 50 Personen fest, gegen die die Staatsanwaltschaft Anklage wegen umstürzlerischer Aktivitäten erhob; fünf linksgerichtete Abgeordnete hatten sich der Festnahme entzogen, indem sie sich ins Parlamentsgebäude geflüchtet hatten. Die Betroffenen wurden zumeist verdächtigt, mit der **New People's Army (NPA)**, dem bewaffneten Arm der verbotenen

Kommunistischen Partei der Philippinen, in Verbindung zu stehen. Diese soll rd. 8200 bewaffnete Kämpfer zählen und schwerpunktmäßig auf Luzon operieren. Bei **Gefechten mit den NPA-Rebellen** wurden 2005 nach Angaben der Armee 3000 Menschen getötet, achtmal mehr als im Vorjahr.

▪ **Todesstrafe:** Der Kongress verabschiedete am 7. 6. 2006 abschließend ein Gesetz zur Abschaffung der Todesstrafe und setzte sich damit über massive Proteste der Angehörigen von Gewaltopfern hinweg. Die Todesstrafe war erstmals nach dem Sturz der Marcos-Diktatur abgeschafft, aber 1993 als Reaktion auf zunehmende Terroranschläge wieder eingeführt worden. Seit 1999 galt ein Moratorium. Präsidentin Arroyo hatte im April 2006 die Umwandlung aller rd. 1200 noch ausstehenden Todesurteile in lebenslange Haftstrafen angekündigt.

▪ **Wirtschaftliche Entwicklung:** Zu den unpopulären und auch vor dem Verfassungsgerichtshof bekämpften Maßnahmen der Regierung gehörte die **Erhöhung der Mehrwertsteuer** von 10 auf 12 %, die am 1. 2. 2006 in Kraft trat. Die Regierung erhofft sich davon eine weitere Senkung des Haushaltsdefizits (2005: 2,8 % des BIP): Bis 2010 – dem Ende ihrer regulären Amtszeit – will Präsidentin Arroyo dem Land einen ausgeglichenen Haushalt präsentieren. Das Wirtschaftswachstum von 6,1 % des BIP profitierte vor allem vom privaten Verbrauch, den die höheren Überweisungen der rd. 8 Mio. im Ausland arbeitenden Filipinos ermöglichen. Die Summe dieser Überweisungen stieg 2005 um 23 % auf 10,9 Mrd. US-$ und machte rd. 11 % des BIP aus.

Polen Mittel-Europa

Republik Polen; Rzeczpospolita Polska – PL/POL

Fläche (Weltrang: 68): 312 685 km²

Einwohner (31): F 2004 38 182 000 = 122 je km²

Hauptstadt: Warszawa (Warschau)

Amtssprache: Polnisch

Bruttonationaleinkommen 2004 je Einw.: 6100 $

Währung: 1 Złoty (Zł) = 100 Groszy
Kurs: 1 US-$ = 3,07 Zł; 1 € = 4,07 Zł (1. 7. 2006)

Botschaft der Republik Polen
Lassenstr. 19–21, 14193 Berlin
T 030/22 31 30, Fax 22 31 32 12
www.botschaft-polen.de

Polen
Fläche, Bevölkerung und Bevölkerungsdichte

Bezirk/Wolwodschaft (Hauptort)	Fläche in km²	Einwohner insgesamt F 2005	je km²
Dolnośląskie (Wrocław)	19 947	2 888 707	145
Kujawsko-Pomorskie (Bydgoszcz)	17 970	2 066 433	115
Łódzkie (Łódź)	18 219	2 577 633	141
Lubelskie (Lublin)	25 115	2 178 695	87
Lubuskie (Gorzów Wielkopolski)	13 984	1 007 756	72
Małopolskie (Kraków)	15 144	3 265 190	216
Mazowieckie (Warszawa)	35 597	5 144 553	145
Opolskie (Opole)	9 412	1 045 273	111
Podkarpackie (Rzeszów)	17 926	2 096 526	117
Podlaskie (Białystok)	20 180	1 201 039	60
Pomorskie (Gdańsk)	18 293	2 196 202	120
Śląskie (Katowice)	12 294	4 680 704	381
Świętokrzyskie (Kielce)	11 672	1 283 061	110
Warmińsko-Mazurskie (Olsztyn)	24 203	1 426 840	59
Wielkopolskie (Poznań)	29 826	3 368 458	113
Zachodniopomorskie (Szczecin)	22 902	1 696 259	74
Polen	312 685	38 123 329	122

Quelle: Polska Statystyka Publiczna 2005

LANDESSTRUKTUR **Fläche:** 312 685 km²; → Karte ▪ **Verwaltung:** 16 Bezirke ▪ **Städte:** (F 2005) Warszawa (Warschau) 1 692 854 Einw., Łódź (Lodz) 774 004, Kraków (Krakau) 757 430, Wrocław (Breslau) 636 268, Poznań (Posen) 570 828, Gdańsk (Danzig) 459 072, Szczecin (Stettin) 411 900, Bydgoszcz (Bromberg) 368 235, Lublin 355 998, Katowice (Kattowitz) 319 904, Białystok 292 150, Gdynia (Gdingen) 253 324, Częstochowa (Tschenstochau) 248 032, Radom 228 192, Sosnowiec (Sosnowitz) 227 613, Kielce 209 455, Toruń (Thorn) 208 278, Gliwice (Gleiwitz) 200 361, Zabrze (Hindenburg) 192 546, Bytom (Beuthen) 189 535

BEVÖLKERUNG Polen – F 2004: 38 182 000 Einw.; Bevölkerungswachstum: 0,0 %; letzte Zählung 2002: 38 230 100 Einw. – ca. 98,7 % Polen; nationale Minderheiten: u. a. 300 000–500 000 Deutsche, 300 000 Ukrainer, 200 000 Weißrussen; Minderheiten von Roma, Litauern, Slowaken, Armeniern, Kaschuben, Tataren, Tschechen ▪ **Sprachen:** Polnisch; Sprachen der Minderheiten (u. a. Deutsch, Ukrainisch, Weißrussisch) ▪ **Religion** 2002: 95,8 % Römisch-Katholische; Minderheiten von Polnisch-Orthodoxen, Protestanten, Altkatholiken, Muslimen und Juden

STAATS- UND REGIERUNGSFORM Verfassung von 1997 – Republik seit 1918 – Parlament: Sejm mit 460 Mitgl.; Senat mit 100 Mitgl.; Wahl jeweils alle 4 J. – Direktwahl des Staatsoberhauptes alle 5 J. (einmalige Wiederwahl) – Wahlrecht ab 18 J. ▪ **Unabhängigkeit:** alte staatl. Tradition; Proklamation 7. 10. 1918 (11. 11. 1918: Piłsudski übernimmt Funktion des Regentschaftsrats; wird als eigentliche Gründung des unabhängigen Polen betrachtet) ▪ **Nationalfeiertag:** 3. 5. (Tag der Verfassung von 1791)

REGIERUNG UND PARTEIEN **Staatsoberhaupt:** Lech Kaczyński (PiS), seit 23. 12. 2005 – **Regierungschef:** Jarosław Kaczyński (PiS), seit 14. 7. 2006; Koalitionsregierung von PiS, PSL und LPR – **Äußeres:** Anna Fotyga (PiS), seit 9. 5. 2006 ▪ **Parlament:** Wahlen vom 25. 9. 2005: Sejm: Recht und Gerechtigkeit/PiS 155 von 460 Sitzen (2001: 44), Bürgerplattform/PO 133 (65), Partei der Selbstverteidigung Samoobrona/S 56 (53), Bündnis der Demokratischen Linken/SLD 55 (200), Liga polnischer Familien/LPR 34 (38), Bauernpartei/PSL 25 (42), Vertreter der Deutschen Minderh. (von Sperrklausel befreit) 2 (2), Union der Arbeit/UP – (16) – Senat: PiS 49 von 100 Sitzen, PO 34, LPR 7, S 3, PSL 2, Sonstige 5

WIRTSCHAFT **BIP** 2004: 242,293 Mrd. $; realer Zuwachs: 5,4 %; Anteil (2004) Landwirtschaft 3 %, Industrie 33 %, Dienstleistungen 64 % ▪ **Erwerbstätigkeit** 2003: Landwirtsch. 18,4 %, Industrie 28,6 %, Dienstl. 53,0 % ▪ **Arbeitslosigkeit** ∅ 2005: 17,8 % ▪ **Inflation** ∅ 2005: 2,2 % ▪ **Außenhandel** 2005: **Import:** 95,767 Mrd. $; *Güter:* (1. Hj. 2005) 24 % Maschinen und elektrische Geräte, 18 % Chemie- und Kunststofferzeugnisse, 13 % Transportausrüstungen, 11 % Metalle und metallische Erzeugnisse, 11 % mineralische Produkte, 6 % Leder- und Textilerzeugnisse, 4 % Holz, Zellulose und Papier, 3 % verarbeitete Nahrungsmittel; *Länder:* 25 % Deutschland, 8 % Russland, 7 % Italien, 7 % Frankreich, 5 % VR China, 4 % Tschechische Republik, 4 % Niederlande, 3 % Großbritannien, 3 % Belgien, 2 % Rep. Korea (EU gesamt: 67 %); **Export:** 84,784 Mrd. $; *Güter:* (1. Hj. 2005) 22 % Maschinen und elektrische Geräte, 18 % Transportausrüstungen, 12 % Metalle und metallische Erzeugnisse, 11 % Chemie- und Kunststofferzeugnisse, 6 % Holz, Zellulose und Papier, 5 % mineralische Produkte, 5 % Leder- und Textilerzeugnisse, 3 % verarbeitete Nahrungsmittel; *Länder*: 29 % Deutschland, 6 % Italien, 6 % Frankreich, 6 % Großbritannien, 4 % Niederlande, 4 % Tschechische Republik, 4 % Russland, 3 % Belgien, 3 % Schweden, 3 % Ungarn (EU gesamt: 79 %)

CHRONIK

Nach der Dauerkrise der linken Minderheitsregierung (→ WA 2006, S. 368 f.) brachten die Parlaments- und Präsidentschaftswahlen im September und Oktober 2005 den erwarteten Machtwechsel, aber auch einen massiven Rechtsruck, der sich mit der Regierungsbeteiligung extremistischer und populistischer Parteien im April und Mai 2006 noch verstärkte. Ziel der Kräfte um die Partei Recht und Gerechtigkeit (PiS) war eine durchgreifende moralische Erneuerung der Nation (»IV. Republik«) auf der Basis eines Programms, das auf einen starken, aber sozialen Staat zielt und sich mit seinen antiliberalen, nationalistisch-klerikalen Elementen deutlich von den Verfassungsbestrebungen in der EU absetzt.

INNENPOLITIK

- **Parlamentswahlen am** 25. 9. 2005: Die Wahlen zum Unterhaus (Sejm) und Oberhaus (Senat) brachten eine **klare Mehrheit für die nationalkonservative PiS und die rechtsliberale Bürgerplattform (PO)**. Sie gewannen bei der Sejm-Wahl 27,0 bzw. 24,1 % der abgegebenen Stimmen und konnten damit die Zahl ihrer Sitze verdreifachen bzw. verdoppeln (→ Grafik). Die radikale nationalistisch-katholische Liga der Polnischen Familien (LPR, 8,0 %), die aus der EU-feindlichen Bauernbewegung hervorgegangene Partei der Selbstverteidigung (Samoobrona, 11,4 %) sowie die Bauernpartei (PSL, 7,0 %) stabilisierten ihre Stimmenanteile. Die seit vier Jahren regierende Linke, repräsentiert vor allem vom Bündnis der Demokratischen Linken (SLD), wurde abgewählt – eine Quittung für zahlreiche Affären, innere Zerstrittenheit und eine in sozialer Hinsicht erfolglose Wirtschaftspolitik. **Für die SLD entschieden sich nur noch 11,3 % der Wähler** gegenüber 41,0 % im Jahr 2001; die Sozialdemokraten (SLP), eine Abspaltung der SLD, scheiterten ebenso an der Fünf-Prozent-Hürde wie die im Mai 2005 gegründete europafreundliche Demokratische Partei (PD).

Polen: Wahlen zum Sejm am 25.9.2005 (2001)

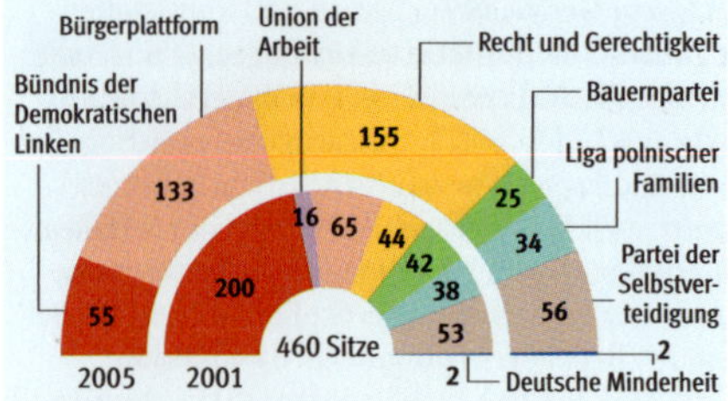

- **Regierungsbildung:** Kurz nach den Wahlen verzichtete der PiS-Vorsitzende Jarosław Kaczyński auf die Kandidatur als Regierungschef, um die Aussichten seines Zwillingsbruders Lech bei den Präsidentschaftswahlen am 9. 10. 2005 nicht zu gefährden. Nominiert wurde stattdessen der weithin unbekannte PiS-Politiker und Abgeordnete **Kazimierz Marcinkiewicz**, den Präsident Aleksander Kwaśniewski (SLD) am 19. 10. mit der Regierungsbildung beauftragte. Die vor den Wahlen verabredete Koalition zwischen nationalistisch-konservativer PiS und liberal-konservativer PO kam nicht zustande. Nachdem die PiS am 26. 10. entgegen vorheriger Absprachen mit Unterstützung von LPR und Samoobrona einen eigenen Kandidaten für das prestigeträchtige Amt des Parlamentspräsidenten (Sejmmarschall) durchgesetzt hatte (Marek Jurek), brach die Bürgerplattform unter ihrem Vorsitzenden Donald Tusk die Koalitionsverhandlungen ab. Ursache des Zerwürfnisses waren jedoch in erster Linie Meinungsverschiedenheiten über den wirtschafts- und finanzpolitischen Kurs. So bildete Marcinkiewicz eine **Minderheitsregierung**, für die er sich im Sejm außer von der eigenen Partei die fallweise Unterstützung von Samoobrona, LPR und PSL sichern konnte. Das Kabinett aus 17 Ministern, von denen mehrere parteilich nicht gebunden waren, wurde am 31. 10. vereidigt und erhielt am 10. 11. vom Sejm mit 272 gegen 187 Stimmen das Vertrauen ausgesprochen. In seiner **Regierungserklärung** bezeichnete Marcinkiewicz den Kampf gegen die Korruption und den Aufbau einer bürgerfreundlichen Verwaltung als Schwerpunkte seiner Arbeit.
- **Präsidentschaftswahlen:** In der ersten Runde der Präsidentschaftswahlen mit zwölf Kandidaten am 9. 10. 2005 errang der PO-Vorsitzende Tusk mit 36,3 % die meisten Stimmen. Ihm folgte auf dem zweiten Platz mit 33,1 % der seit 2002 amtierende Oberbürgermeister (Stadtpräsident) von Warschau, **Lech Kaczyński**. Aus der Stichwahl am 23. 10. ging Kaczyński mit **54,0 % der Stimmen als Sieger** hervor. Anlässlich seiner Amtseinführung am 23. 12. sprach sich Kaczyński für eine grundsätzliche Neuausrichtung der Regierungsarbeit unter den Vorzeichen Solidarität, Anstand und Gerechtigkeit aus.
- **Regierungskrise:** Mit Personalwechseln an der Spitze von Schatz- und Finanzministerium im Januar und Februar 2006 zeigte die Minderheitsregierung schon bald Unsicherheit. Die erste Bewährungsprobe bestand in der Notwendigkeit, innerhalb der verfassungsrechtlich vorgeschriebenen Frist von vier Monaten eine parlamentarische Mehrheit für den Staatshaushalt 2006 zu erreichen; den ersten Entwurf hatte noch Marcinkiewicz' Vorgänger Marek Belka am 30. 9. 2005 vorgelegt. Im Fall einer Überschreitung der Frist, die

am 31. 1. 2006 auslief, ist der Präsident berechtigt, innerhalb von 14 Tagen Neuwahlen auszuschreiben. Da Samoobrona und LPR sich diesem Risiko nicht aussetzen wollten, ließen sie sich von PiS-Chef Jarosław Kaczyński am 2. 2. in einen **»Stabilisierungspakt«** einbinden. Auf zwölf Monate begrenzt, verpflichteten sich die Kleinparteien zur Unterstützung von etwa 150 Gesetzesvorhaben, darunter die Einrichtung von zentralen Behörden zur Korruptionsbekämpfung, Finanzkontrolle und Medienaufsicht; auch sollte die Zentralbank neben der Preisstabilität auf Konjunkturaufgaben verpflichtet werden.

▪ **Rechte Koalition:** Innerhalb weniger Wochen gelang es den Brüdern Kaczyński, aus dem instabilen Tolerierungsbündnis eine feste Regierungskoalition zu formen – zuerst mit der Samoobrona des radikalen und in den 1990er Jahren wegen Gewalttätigkeiten vorbestraften Bauernführers **Andrzej Lepper**, dann mit der nationalistisch-katholischen LPR von **Roman Giertych**. Die Vorsitzenden beider Parteien wurden stellvertretende Ministerpräsidenten, Lepper übernahm zudem das Landwirtschafts- und Giertych das Erziehungsressort; zusätzlich gingen an die Samoobrona das Arbeits-, an die LPR das Bauministerium. Die neue, am 5. 5. 2006 vereidigte Regierung mit insgesamt 19 Ministern konnte sich im Sejm auf eine Mehrheit von 248 Mandaten stützen. Als Reaktion auf die Regierungsbeteiligung von Samoobrona und LPR traten am 5. 5. der parteilose Außenminister Stefan Meller und die Deutschland-Beauftragte der Regierung, Irena Lipowicz, zurück. Nachfolgerin Mellers als erste Außenministerin in der Geschichte des Landes wurde am 9. 5. die bisherige stellvertretende Außenamtschefin Anna Fotyga (PiS). Nach Spannungen mit seiner Partei trat Marcinkiewicz am 10. 7. zurück; als seinen Nachfolger vereidigte Präsident Kaczyński am 14. 7. seinen Bruder Jarosław als **neuen Regierungschef**.

▪ **Medienpolitik:** PiS und insbesondere die LPR pflegten gute Verbindungen zu den einflussreichen katholischen Privatsendern **Radio Maryja** (rd. 1 Mio. Hörer, Sitz: Thorn) und **TRWAM** (Abkürzung für deutsch »Ich bin beständig«, TV-Sender), die wiederum die Regierung demonstrativ unterstützten. Allerdings wurde Radio Maryja aufgrund von fundamentalistischen, antieuropäischen und vor allem antisemitischen Beiträgen Ende 2005 sowohl von Teilen des polnischen Episkopats als auch vom Vatikan kritisiert. **Papst Benedikt XVI.** wandte sich anlässlich seines Besuchs in Polen (25.–28. 5. 2006) gegen eine zu große Staatsnähe von Geistlichen. Priester müssten keine Experten in Wirtschaft oder Politik sein, sondern sollten sich auf die Seelsorge konzentrieren.

Das Verfassungsgericht rügte im April 2006 eine Änderung des **Rundfunkgesetzes**, die das Ziel verfolgte, die Berichterstattung des öffentlich-rechtlichen Rundfunks einer stärkeren Regierungskontrolle zu unterwerfen.

AUSSENPOLITIK

▪ **Energiepolitik:** Der im Dezember 2005 begonnene Bau einer **Erdgaspipeline** durch die Ostsee zwischen Wyborg (Russland) und Greifswald (Deutschland) durch ein russisch-deutsches Gemeinschaftsunternehmen führte zu Spannungen mit Berlin und Moskau, da Polen seine Sicherheitsinteressen verletzt und sich darüber hinaus ökonomisch übervorteilt sah. Ein großer Teil des in Russland geförderten und für Mittel- und Westeuropa bestimmten Erdgases wurde bislang – gegen entsprechende Transitgebühren – über polnisches Territorium geleitet. Im März 2006 brachte Warschau den Vorschlag einer »Energie-NATO« ins Spiel, die die Energieversorgung auf Basis eines völkerrechtlichen Vertrags in Anlehnung an den Nordatlantikpakt sichern soll. Anlass der Initiative Warschaus waren Befürchtungen, aufgrund von russischen Energielieferstopps ähnlichen politischen Erpressungsversuchen ausgesetzt zu sein wie die → Ukraine im Dezember 2005.

▪ **EU:** Einer vor allem von Deutschland gewünschten Weiterführung des Prozesses zur Annahme des Europäischen Verfassungsvertrags stellte sich Polen entgegen. Anlässlich seiner Besuche in Frankreich (24. 2. 2006) und Deutschland (8. / 9. 3.) äußerte Präsident Kaczyński Vorbehalte gegen eine »Quasi-Staatlichkeit« der EU; zum gegenwärtigen Zeitpunkt seien die Unterschiede zwischen den Mitgliedstaaten hinsichtlich des wirtschaftlichen Entwicklungsstandes und staatlicher Traditionen noch zu groß.

▪ **CIA-Affäre:** Die Verdächtigung des Europarats-Sonderermittlers Dick Marty in seinem Abschlussbericht zur CIA-Affäre (→ Europarat), in Polen habe es nach der Indizienlage mit hoher Wahrscheinlichkeit ein vom US-Geheimdienst betriebenes geheimes Haftlager gegeben, wies die Regierung am 9. 6. 2006 vehement zurück.

Portugal Südwest-Europa

Portugiesische Republik; República Portuguesa – PT/PRT

Fläche (Weltrang: 108): 92 345 km²

Einwohner (75): F 2004 10 502 000 = 114 je km²

Hauptstadt: Lisboa (Lissabon)

Amtssprache: Portugiesisch

Bruttonationaleinkommen 2004 je Einw.: 14 220 $

Währung: 1 Euro (€) = 100 Cent
Kurs: 1 US-$ = 0,79 € (1. 7. 2006)

Botschaft der Portugiesischen Republik
Zimmerstr. 56, 10117 Berlin
T 030/59 00 63 500, Fax 59 00 63 600
Internet www.botschaftportugal.de

LANDESSTRUKTUR **Fläche:** 92 345 km² ▪ **Gebiete:** Azoren (Arquipélago dos Açores) 2352 km², Madeira (Arquipélago da Madeira) 795 km² ▪ **Verwaltung:** 18 Distrikte, 2 autonome Regionen: Azoren und Madeira; Tabelle → WA 2006, S. 370 ▪ **Städte:** (Z 2001) Lisboa (Lissabon) 556 797 Einw. (A 1 878 006), Vila Nova de Gaia 287 597 (A 1 256 633), Porto 262 928, Amadora 174 788, Cascais 168 827, Matosinhos 166 275, Braga 163 981, Almada 159 550, Seixal 150 095, Coimbra 148 122, Setúbal 113 480, Funchal (Madeira) 102 521

BEVÖLKERUNG Portugiesen – F 2004: 10 502 000 Einw.; Bevölkerungswachstum: 0,6 %; letzte Zählung 2001: 10 356 117 Einw.; Azoren: 241 763 Einw.; Madeira: 245 011 Einw.; 226 715 Ausländer (2,2 %) → Grafik ▪ **Sprachen:** Portugiesisch ▪ **Religion** 2002: 88 % Katholiken; Minderheiten von Protestanten, Muslimen und Juden

STAATS- UND REGIERUNGSFORM Verfassung von 1976, zuletzt geändert 2001 – Republik seit 1910 – Parlament (Assembléia da República) mit 230 Mitgl., Wahl alle 4 J. – Direktwahl des Staatsoberhauptes alle 5 J. (einmalige Wiederwahl) – Wahlrecht ab 18 J. ▪ **Unabhängigkeit:** alte staatliche Tradition; Königreich seit 1143, 1580–1640 Personalunion mit Spanien ▪ **Nationalfeiertag:** 10. 6. (Todestag des Nationaldichters Luiz de Camões 1580)

REGIERUNG UND PARTEIEN **Staatsoberhaupt:** Aníbal Cavaco Silva (PSD), seit 9. 3. 2006 – **Regierungschef:** José Sócrates Carvalho Pinto de Sousa (PS), seit 12. 3. 2005 – **Äußeres:** Luís Amado, seit 3. 7. 2006 ▪ **Parlament:** Wahlen vom 20. 2. 2005: Partido Socialista/PS 121 von 230 Sitzen (2002: 96), Partido Social Democrata/PSD 75 (105), Coligação Democrática Unitária/CDU: Bündnis aus Partido Comunista Português/PCP und Partido Ecologista Os Verdes/PEV 12 + 2 (10 + 2), Partido Popular/CDS-PP 12 (14), Bloco do Esquerda/BE 8 (3)

WIRTSCHAFT **BIP** 2004: 167,716 Mrd. $; realer Zuwachs: 1,0 %; Anteil (2004) Landwirtschaft 4 %, Industrie 27 %, Dienstleistungen 70 % ▪ **Erwerbstätigkeit** 2003: Landwirtsch. 12,7 %, Industrie 32,6 %, Dienstl. 54,7 % ▪ **Arbeitslosigkeit** ∅ 2005: 7,6 % ▪ **Inflation** ∅ 2005: 2,3 % ▪ **Außenhandel** 2005 (vorläufig): **Import:** 49,146 Mrd. €; *Güter:* 19 % Maschinen und Ausrüstungen, 14 % Fahrzeuge und Transportmittel, 11 % chemische Erzeugnisse, 9 % Basismetalle, 8 % Agrarerzeugnisse, 6 % Kunststoffe und Kautschuk, 4 % Textilien; *Länder:* 29 % Spanien, 14 % Deutschland, 9 % Frankreich, 6 % Italien, 5 % Großbritannien, 5 % Niederlande, 2 % USA; **Export:** 30,652 Mrd. €; *Güter:* 21 % Textilien, Bekleidung und Schuhe, 17 % Fahrzeuge und Transportmittel, 17 % Maschinen und Ausrüstungen, 8 % Basismetalle, 4 % Papier und Zellstoff, 3 % Agrarerzeugnisse; *Länder:* 25 % Spanien, 14 % Deutschland, 14 % Frankreich, 10 % Großbritannien, 6 % USA, 5 % Italien, 4 % Niederlande

CHRONIK

▪ **Präsidentschaftswahl am** 22. 1. 2006: Der Kandidat der oppositionellen rechten Mitte, **Aníbal Cavaco Silva,** unterstützt vom rechtsliberalen Partido Social Democrata (PSD) und konservativen Partido Popular (PP), erzielte dank der Zersplitterung des linken Lagers schon **im ersten Wahlgang 50,6 % der Stimmen.** Unter seinen fünf linken Gegenkandidaten kam Manuel Alegre Duarte, der als links-rebellischer Abgeordneter der regierenden Sozialdemokraten (Partido Socialista, PS) und bekanntester zeitgenössischer Dichter des Landes als Unabhängiger ins Rennen gegangen war, auf 20,7 % der Stimmen, während der offizielle PS-Kandidat, der 81-jährige ehemalige Staatspräsident Mário Soares (1986–96) nur 14,3 % verbuchen konnte. Die Wahlbeteiligung betrug 62,5 %.

Mit seinem Amtsantritt am 9. 3. 2006 löste Cavaco Silva als erstes Staatsoberhaupt aus dem bürgerlichen Lager seit der sog. Nelkenrevolution 1974 den Sozialisten Jorge Sampaio (PS) ab, der nach zwei Amtszeiten nicht mehr kandidieren durfte. Angesichts der notwendigen Kooperation mit der von den Sozialisten geführten Regierung kündigte er eine loyale Amtsführung im Dienste aller Portugiesen an. Als Ministerpräsident von 1985 bis 1995 hatte er selbst mehrere Regierungen in Kohabitation mit dem damaligen Präsidenten Soares geführt.

Eine empfindliche Abstrafung durch den Wähler für ihre unpopulären wirtschafts- und finanzpolitischen Reformmaßnahmen hatte die im März 2005 mit absoluter Mehrheit im Parlament angetretene Regierung von Ministerpräsident José Sócrates schon bei den landesweiten **Kommunalwahlen** am 9. 10. 2005 hinnehmen müssen. Die Bürgermeisterposten in den wichtigsten Städten und Kommunen des Landes gingen an Vertreter des bürgerlichen PSD.

■ **Haushalt und Finanzen:** Nach den Vorgaben der EU-Kommission, die im ersten Schritt des **EU-Defizitverfahren** am 20. 7. 2005 Portugal darauf verpflichtete, sein überhöhtes Staatsdefizit (2005 6,2 % des BIP, Staatsverschuldung 66,5 % des BIP) bis 2008 in die erlaubten Größenordungen (3 % bzw. 60 %) zu führen, sah sich die Regierung weiterem Druck ausgesetzt, die bereits im Stabilitätsprogramm vom Juni beschlossenen Maßnahmen konsequent umzusetzen und weitere **wirtschaftliche Reformen und finanzielle Sparprojekte** aufzulegen. Zu den neben den Steuererhöhungen umstrittensten Plänen zur Haushaltsentlastung gehörten die beabsichtigte Streichung von 75 000 Arbeitsplätzen im öffentlichen Dienst bis 2009, die schrittweise Anhebung des Pensionsalters der Staatsbediensteten von 60 auf 65 Jahre sowie der Stopp automatischer Beförderungen und die Kürzung von Sondervergünstigungen. Die Betroffenen beantworteten diese Pläne mit Demonstrationen, am 15. 7. kam es zu einem Generalstreik der Staatsbediensteten.

Am 21. 7. erklärte **Finanzminister Luís Campos e Cunha**, der sich als Exponent des Sparkurses gegen das Investitionsprogramm ausgesprochen hatte, unter Angabe von privaten Gründen überraschend seinen **Rücktritt**. An seine Stelle trat der bisherige Präsident der Börsenaufsicht, Fernando Teixeira dos Santos. Mit seinem Haushaltsentwurf für 2006, den er am 18. 10. präsentierte, versuchte er, das Haushaltsdefizit um 1,8 auf knapp 7 Mrd. € zu senken und damit die mit der EU vereinbarte Nettoschuldenquote zu erreichen.

■ **Trockenheit und Waldbrände:** Nach der regenärmsten Herbst- und Winterperiode seit 1945 auf der Iberischen Halbinsel litt neben Spanien auch Portugal im Sommer 2005 unter der **schlimmsten Dürre seit Jahrzehnten**. Serien von unkontrollierbaren Waldbränden (→ Karte), die meisten von ihnen von Menschen durch Mutwilligkeit oder Unachtsamkeit verursacht, zerstörten etwa 150 000 Hektar Wald und forderten 16 Menschenleben. Lösch-Flugzeuge und -Hubschrauber aus Deutschland, Frankreich und Spanien halfen bei der Brandbekämpfung. Die Ernteeinbrüche betrugen bis zu 80 %. Da die Schäden nach Angaben der Regierung über 0,6 % des BIP hinausgingen, sprang die EU für einen Teil mit dem EU-Solidaritätsfond ein. Am 16. 3. 2006 stellte die Regierung einen **nationalen Plan zum Schutz vor Waldbränden** vor. Neben der Verbesserung der Brandbekämpfung aus der Luft soll die Waldwirtschaft auf Brandvermeidung eingestellt werden. Dazu gehört auch die schrittweise Umwandlung der Monokulturen in Mischwald.

■ **Weitere wichtige Ereignisse:** Das Parlament verabschiedete am 16. 2. 2006 mit großer Mehrheit eine Novelle zum Staatsbürgerschaftsrecht, die vor allem den Nachkommen von **Einwanderern die Einbürgerung erleichtert**. Die im Land geborenen Angehörigen der »dritten Generation« – wenn mindestens ein Elternteil in Portugal geboren wurde – gelten automatisch als Staatsangehörige. Kinder von Ausländern, die mindestens fünf Jahre legal in Lande leben, können auf Antrag den portugiesischen Pass erhalten, ebenso Immigranten mit mindestens sechsjährigem legalem Aufenthalt. Wer sich einbürgern lassen will, muss die Landessprache beherrschen und darf zu keiner gravierenden Straftat verurteilt worden sein.

Im **Pädophilieskandal**, der seit 2004 in einem Strafprozess in Lissabon vor Gericht verhandelt wird (→ WA 2005, S. 348), verurteilte die Schiedskommission am 29. 3. 2006 den Staat, den meisten Opfern des sexuellen Missbrauchs von Heimzöglingen des staatlichen Kinderhilfswerks Casa Pia eine Entschädigung zu zahlen. 39 von ihnen erhielten den Höchstbetrag von 50 000 € zugesprochen. Von den sieben Angeklagten hatte bis dahin nur der Hauptangeklagte, ein früherer Aufseher und Fahrer der Casa Pia, die ihm angelasteten Delikte im Wesentlichen gestanden.

Portugal: Waldbrandgebiete

Quelle: FAZ

Ruanda Ost-Afrika

Republik Ruanda; Republika y'u Rwanda (kinyarwanda); République du Rwanda; Republic of Rwanda – RW/RWA

Fläche (Weltrang: 144): 26 338 km²

Einwohner (85): F 2004 8 882 000 = 337 je km²

Hauptstadt: Kigali

Amtssprachen: Kinyarwanda, Französisch, Englisch

Bruttonationaleinkommen 2004 je Einw.: 210 $

Währung: 1 Ruanda-Franc (F.Rw) = 100 Centimes
Kurs: 1 US-$ = 554,45 F.Rw; 1 € = 711,36 F.Rw

Botschaft der Republik Ruanda
Jägerstr. 67–69, 10117 Berlin
T 030/20 91 65 90, Fax 20 91 65 959
www.rwanda-botschaft.de

LANDESSTRUKTUR **Fläche**: 26 338 km²; Karte → WA 2005, S. 349 ▪ **Verwaltung**: 12 Präfekturen ▪ **Städte**: (Z 2002) Kigali 608 141 Einw., Gitarama 84 669, Butare 77 449, Ruhengeri 70 525, Gisenyi 67 192

BEVÖLKERUNG Ruander – F 2004: 8 882 000 Einw.; Bevölkerungswachstum: 1,4 %; letzte Zählung 2002: 8 128 553 Einw. – ca. 85 % Hutu, 14 % Tutsi, 1 % Twa (Pygmäen) ▪ **Sprachen**: Kinyarwanda, Englisch, Französisch; Swahili ▪ **Religion** 2003: 92 % Christen (48 % Katholiken, 44 % Protestanten), 5 % Muslime; Anhänger von indigenen Religionen

STAATS- UND REGIERUNGSFORM Verfassung von 2003 – Präsidialrepublik seit 1962 – Parlament: Abgeordnetenhaus (Umutwe w'Abadepite) mit 80 Mitgl. (53 gew. und 27 indirekt gew., darunter 24 Frauen), Wahl alle 5 J.; Senat (Umutwe wa Sena) mit 26 Mitgl. (14 indirekt gew., 8 vom Präsidenten, 4 vom Forum der politischen Parteien ernannt), Wahl alle 8 J. – Direktwahl des Staatsoberhauptes alle 7 J. – Wahlrecht ab 18 J. ▪ **Unabhängigkeit**: 1. 7. 1962 (ehem. belgisches Treuhandgebiet) ▪ **Nationalfeiertag**: 1. 7.

REGIERUNG UND PARTEIEN **Staatsoberhaupt**: Paul Kagame (Tutsi; FPR-Vorsitzender), seit 17. 4. 2000; gewählt 2003 – **Regierungschef**: Bernard Makuza (Hutu, MDR), seit 9. 3. 2000; Koalition der nationalen Einheit von MDR, FPR, PSD, PL und PDI – **Äußeres**: Charles Murigande, seit 15. 11. 2002 ▪ **Parlament**: Wahlen zum Abgeordnetenhaus vom 29./30. 9. 2003: Coalition Front Patriotique Rwandais 40 von 53 gewählten Sitzen: Front Patriotique Rwandais (Tutsi)/FPR 33, Parti Démocratique Chrêtien/PDC 3, Parti Démocratique Islamique/PDI 2, Parti Socialiste Rwandais /PSR 1 und Union Démocratique du People Rwandais/UDPR 1; Parti Social Démocrate (Hutu)/PSD 7, Parti Libéral (Hutu)/PL 6

WIRTSCHAFT **BIP** 2004: 1,845 Mrd. $; realer Zuwachs: 4,0 %; Anteil (2004) Landwirtschaft 40 %, Industrie 21 %, Dienstleistungen 38 % ▪ **Erwerbstätigkeit** 2002: Landwirtsch. 88 % ▪ **Arbeitslosigkeit**: k. A. ▪ **Inflation** ∅ 2003: 6,9 % ▪ **Außenhandel** 2002: **Import**: 117 Mrd. F.Rw; *Güter*: 51 % Konsumgüter, 34 % Kapital- und Zwischengüter, 15 % Brennstoffe; *Länder* 1999: 13 % Japan, 13 % Belgien, 12 % Kenia, 8 % Saudi-Arabien, 5 % Deutschland; **Export**: 28 Mrd. F.Rw; *Güter*: 38 % Tee, 25 % Kaffee, 24 % Coltan; *Länder* 1999: 62 % Kenia, 14 % Tansania, 6 % Belgien

CHRONIK

▪ **Aufarbeitung der Kriegsverbrechen:** Ruandische Sicherheitskräfte verhafteten am 8. 9. 2005 in Kigali den belgischen **Priester Guy Theunis**, der 1970–94 als Missionar in Ruanda gewirkt hatte. Ihm wird vorgeworfen, als Chefredakteur der Zeitschrift Dialogue 1994 zum Völkermord in Ruanda aufgewiegelt zu haben. Neben der Missionsgesellschaft Weiße Väter, der Theunis angehört, erklärten auch Reporter ohne Grenzen und andere Menschenrechtsorganisationen die Vorwürfe für ungerechtfertigt. Nach **Intervention der belgischen Regierung** willigte die Ruanda ein, den Fall Theunis an die belgische Justiz zu übergeben. Der Priester kehrte am 19. 11. nach Belgien zurück und wurde nach einem Verhör ohne Anklageerhebung auf freiem Fuß gesetzt.

Am 16. 9. wurde Joseph Serugendo, führender **Mitarbeiter des früheren Hassradios RTLM**, in Gabun verhaftet und an das Internationale Kriegsverbrechertribunal für Ruanda in Arusha (Tansania) überstellt; am 8. 11. stellte sich Callixte Kalimanzira, ehem. ruandischer Innenminister zwischen April und Mai 1994 und eine weitere Schlüsselfigur des Völkermords, den tansanischen Behörden. Seit September 2005 müssen sich u. a. weitere Minister der letzten Hutu-Regierung 1994, ein Bruder des 1994 verunglückten letzten Hutu-Präsidenten Juvénal Habyarimana sowie der vermutliche »Architekt« des Genozids, der damalige Kabinettsleiter von Verteidigungsminister Théoneste Bagosora, der alle Vorwürfe bestritt, vor Gericht verantworten.

Die Regierung kündigte am 28. 7. 2006 die vorläufige **Freilassung von 36 000** im Zusammenhang mit dem Völkermord 1994 inhaftierten **Gefangenen** an, die z. T. seit Jahren in den überfüllten Gefängnissen auf ihre Prozesse warten. Neben 120 000 Inhaftierten werden weitere 640 000 Personen der Beteiligung am Völkermord verdächtigt. Freigelassen werden Kranke, Personen über 70 Jahre und solche, die zum Zeitpunkt ihrer Inhaftierung noch Jugendliche waren, außerdem jene, die bereits die Höchststrafe für die ihm oder ihr zu Last gelegten Taten im Gefängnis verbracht hatten, ohne dass ein Prozess eröffnet oder abgeschlossen worden war. Es handelte sich um die dritte Maßnahme dieser Art seit 2003.

Rumänien

Südost-Europa

România – RO / ROU

Fläche (Weltrang: 80): 238 391 km²

Einwohner (49): F 2004 21 685 000 = 91 je km²

Hauptstadt: Bucureşti (Bukarest)

Amtssprache: Rumänisch

Bruttonationaleinkommen 2004 je Einw.: 2960 $

Währung: 1 Neuer Leu (l) = 100 Bani
Kurs: 1 US-$ = 2,75 l; 1 € = 3,59 l (1. 7. 2006)

Botschaft von Rumänien
Dorotheenstr. 62–66, 10117 Berlin
T 030 / 21 23 92 02, Fax 21 23 93 99
http: / / berlin.mae.ro

LANDESSTRUKTUR **Fläche**: 238 391 km²; → Karte ▪ **Verwaltung**: 41 Bezirke und Hauptstadtbezirk; Tabelle → WA 2005, S. 351 ▪ **Städte**: (Z 2002) Bucureşti (Bukarest) 1 926 334 Einw., Iaşi (Jassy) 320 888, Cluj-Napoca (Klausenburg) 317 953, Timişoara (Temeschburg) 317 660, Constanţa (Konstanza) 310 471, Craiova 302 601, Galaţi (Galatz) 298 861, Braşov (Kronstadt) 284 596, Ploieşti 232 527, Brăila 216 292, Oradea (Großwardein) 206 614, Bacău 175 500, Arad 172 827, Piteşti 168 458, Sibiu (Hermannstadt) 154 892, Târgu Mureş (Neumarkt) 150 041, Baia Mare 137 921

BEVÖLKERUNG Rumänen – F 2004: 21 685 000 Einw.; Bevölkerungswachstum: –0,3 %; letzte Zählung 2002: 21 680 974 Einw. – 89,5 % Rumänen, 6,6 % Magyaren (Ungarn), 2,5 % Roma (S 1,2–2,5 Mio.), 0,3 % Deutsche, 0,3 % Ukrainer, 0,2 % Russen, 0,2 % Türken, außerdem Tataren, Serben, Slowaken u. a. (18 nationale Minderheiten anerkannt) ▪ **Sprachen**: Rumänisch; Sprachen der Minderheiten ▪ **Religion** 2002: 86,7 % Rumänisch-Orthodoxe, 4,7 % Katholiken, 3,2 % Anhänger der Reformierten Kirche, 1,5 % Pfingstler, 0,9 % Griechisch-Orthodoxe, 0,6 % Baptisten, 0,3 % Muslime, (F 1999) 14 000 Juden

STAATS- UND REGIERUNGSFORM Verfassung von 1991, zuletzt geändert 2003 – Republik seit 1991 – Parlament (Parlamentul): Abgeordnetenhaus (Camera Deputaţilor) mit 332 Mitgl.; Senat mit 137 Mitgl.; Wahl jeweils alle 4 J. – Direktwahl des Staatsoberhauptes alle 5 J. (einmalige Wiederwahl) – Wahlrecht ab 18 J. ▪ **Unabhängigkeit**: alte staatl. Tradition; Anerkennung der Unabhängigkeit 13. 7. 1878 (Berliner Kongress) durch das Osmanische Reich ▪ **Nationalfeiertag**: 1. 12.

REGIERUNG UND PARTEIEN **Staatsoberhaupt**: Traian Băsescu (PD), seit 20. 12. 2004 – **Regierungschef**: Călin Popescu-Tăriceanu (PNL-Vorsitzender), seit 29. 12. 2004; Koalitionsregierung aus PD, PNL, UDMR, PUR und Vertretern der nationalen Minderheiten – **Äußeres**: Mihai-Răzvan Ungureanu (PD), seit 29. 12. 2004 ▪ **Parlament**: Wahlen vom 28. 11. 2004: Abgeordnetenhaus: Demokratische Allianz Gerechtigkeit und Wahrheit: Nationalliberale Partei / PNL 64 von 332 Sitzen (2000: 30 von 346) und Demokratische Partei / PD 48 (31); Sozialdemokratische Partei / PSD 113 (149), Großrumänien-Partei / PRM 48 (84), Humanistische Partei / PUR 19 (6), Verband der Ungarn / UDMR 22 (27), Vertreter nationaler Minderheiten 18 (19) – Senat: PSD 46 von 137 (2000: 65 von 140), PNL 28 (13), PRM 21 (37), PD 21 (13), PUR 11 (–), UDMR 10 (12)

WIRTSCHAFT **BIP** 2004: 73,167 Mrd. $; realer Zuwachs: 8,3 %; Anteil (2004) Landwirtschaft 14 %, Industrie 37 %, Dienstleistungen 49 % ▪ **Erwerbstätigkeit** 2003: Landwirtsch. 35,7 %, Industrie 29,8 %, Dienstl. 34,5 % ▪ **Arbeitslosigkeit** ∅ 2005: 5,9 % ▪ **Inflation** ∅ 2005: 8,6 % ▪ **Außenhandel** 2005 (vorläufig): **Import**: 32,568 Mrd. €; *Güter*: 36 % Zulieferprodukte für die Industrie, 21 % Kapitalgüter ohne Verkehrsmittel, 14 % Brenn- und Treibstoffe, Mineralöle, 13 % Konsumgüter, 11 % Verkehrsmittel und -teile, 5 % Nahrungsgüter und Getränke; *Länder*: 16 % Italien, 14 % Deutschland, 9 % Frankreich, 6 % Russland, 5 % Türkei, 4 % Österreich, 3 % Ungarn, 3 % Großbritannien, 3 % Polen (EU gesamt: 73 %); **Export**: 22,255 Mrd. €; *Güter*: 35 % Zulieferprodukte für die Industrie, 31 % Konsumgüter, 11 % Brenn- und Treibstoffe, Mineralöle, 11 % Verkehrsmittel und -teile, 2 % Nahrungsgüter und Getränke; *Länder*: 19 % Italien, 14 % Deutschland, 8 % Türkei, 8 % Frankreich, 6 % Großbritannien, 3 % Österreich, 3 % Niederlande (EU gesamt: 58 %)

CHRONIK

▪ **Vorbereitung auf den EU-Beitritt:** Durch den Fortschrittsbericht der EU-Kommission vom 16. 5. 2006 in ihrem Reformkurs bestätigt (→ EU), zeigte sich die von Ministerpräsident Călin Popescu-Tăriceanu geführte Regierung zuversichtlich, die noch nicht eingelösten Verpflichtungen bis zum Herbst erfüllen zu können und wie vorgesehen zum 1. 1. 2007 den Mitgliedsstatus zu erhalten. Die **EU-Kommission bescheinigte Rumänien signifikante Fortschritte** gegenüber dem Zustand im Herbst 2005, als es noch in 14 Bereichen die Kriterien für eine Mitgliedschaft nicht erfüllte. Allerdings verblieben immer noch vier Bereiche – drei davon auf dem Agrar- und Veterinärsektor, einer in der Finanz- und Steuerverwaltung –, die der EU-Kommission zu »ernster Besorgnis« Anlass gaben. Die Korruptionsbekämpfung ordnete die EU-Kommission dieser Kategorie nicht mehr zu, EU-Kommissionspräsident José Barroso forderte jedoch von der Regierung, ihr wie auch der Justizreform weiterhin die »Prio-

ritát aller Prioritäten« einzuräumen. Eine **Schutzklausel im EU-Beitrittsvertrag** ermöglicht – wie im Falle Bulgarien – eine Verschiebung des Beitritts um ein Jahr.

- **Justizreform:** Nach dem **Einspruch des Verfassungsgerichts** gegen einen Teil der im Juni 2005 gegen heftigen Widerstand der Opposition durchgesetzten Justizreform kündigte Ministerpräsident Popescu-Tăriceanu am 7. 7. überraschend seinen Rücktritt an, um Neuwahlen im Herbst zu erzwingen. Er wolle damit dem Volk Gelegenheit geben, die Tür zur EU wieder zu öffnen, die das Verfassungsgericht mit der Verweigerung der nötigen Justizreform zugeschlagen habe. Einer drohenden Verfassungskrise kam Staatspräsident Traian Băsescu zuvor, indem er am 12. 7. die beteiligten Parteien zur Annahme seines Vorschlages bewegte, die beanstandeten Teile des Gesetzespakets zu modifizieren und sie im Parlament erneut zu beschließen. Am 19. 7. **zog Popescu-Tăriceanu seine Rücktrittsankündigung zurück**, begründete diesen Schritt aber mit der durch die Überschwemmungen gegebenen Notlage (→ unten). Den neuen Anlauf seiner Regierung verband er mit der Neubesetzung mehrerer Ressorts, u. a. für Europäische Integration, Finanzen und Wirtschaft. Letzteres kam in den Verantwortungsbereich des neuen stellvertretenden Ministerpräsidenten Gheorghe Pogea.
- **Korruptionsbekämpfung:** Nach Verabschiedung einer »Nationalen Strategie für den Kampf gegen Betrug und für die Wahrung der Finanzinteressen der EU in Rumänien« setzte die parteilose Justizministerin Monica Macovei im August 2005 gegen große Widerstände auf des Parlaments die Erneuerung der **Nationalen Antikorruptionsdirektion (DNA)** durch, die sich – der Generalstaatsanwaltschaft unterstellt – auf die »großen Fische« in Politik und Wirtschaft konzentrieren soll. Der Behörde unterstehen 130 Staatsanwälte, 170 Ermittlungsbeamte und 45 Spezialisten aus den Bereichen Bankwesen, Zoll und Informatik. In den ersten fünf Monaten unter der neuen Führung des Staatsanwalts Daniel Morar erhob das Direktorium Anklage in über 30 Fällen; gegen insgesamt 90 Personen wurden Ermittlungen eingeleitet. Am 7. 2. 2006 erhob die Behörde Anklage gegen den **ehemaligen Ministerpräsidenten Adrian Năstase** (2000–2004), der nach dem Verlust seines Amtes als Geschäftsführer der Sozialdemokratischen Partei (PSD) Mitte Januar am 15. 3. auch als Parlamentspräsident und stellvertretender Parteivorsitzender zurücktreten musste. Der frühere Regierungschef bezeichnete die Vorwürfe wegen mehrfacher Korruption als politisch motiviertes Komplott gegen ihn. **Vize-Regierungschef George Copos**, einer der reichsten Männer des Landes, gab im Januar sein

Parteiamt im Vorstand der Konservativen Partei (PC) auf, nachdem die DNA ihn des Steuerbetrugs und Amtsmissbrauchs beschuldigt hatte, Anfang Juni reichte er seinen Rücktritt ein. Des Weiteren ermittelte die DNA im Frühjahr 2006 wegen Korruption bzw. Geldwäsche, Steuerhinterziehung und Betrug u. a. gegen den Chef des zweitgrößten Mineralölkonzerns ROMPETROL und prominenten Politiker der Regierungspartei PNL, **Dinu Patriciu**, den Generalsekretär der PSD und den ehemaligen Transportminister **Miron Mitrea** sowie den ehemaligen Finanzminister **Ion Popescu**, dessen Vermögen der Oberste Gerichtshof Mitte Januar teilweise beschlagnahmen ließ. Unter dem Eindruck der verbesserten Effektivität in der Korruptionsbekämpfung ließ der Senat im Februar zunächst einen Gesetzentwurf scheitern, der die DNA mit erweiterten Kompetenzen ausstatten sollte. Durch Wiedervorlage der Novelle ließ sich der Widerstand auch von Teilen des Regierungslagers überwinden.

▪ **US-Militärstützpunkte und CIA-Operationen:** Im Rahmen der strategischen Partnerschaft beider Staaten unterzeichneten Außenminister Mihai-Răzvan Ungureanu und US-Außenministerin Condoleezza Rice am 6. 12. 2005 in Bukarest ein bilaterales **Abkommen über eine permanente US-Militärpräsenz** in Rumänien. Den Amerikanern wurde der Aufbau und Unterhalt von vier eigenen Stützpunkten gestattet. Präsident Băsescu verwies auf die sicherheitspolitische Bedeutung der Schwarzmeerregion für Europa und bezeichnete die engen transatlantischen Beziehungen als Eckpfeiler der rumänischen Politik. Die Präsenz eines etwa 1000 Mann starken Truppenkontingents im Irak und in Afghanistan werde beibehalten.

Anfang November präzisierte die Menschenrechtsorganisation Human Rights Watch Vorwürfe zu angeblichen **geheimen Gefängnissen des US-Auslandsgeheimdienstes CIA** in Osteuropa. In Verdacht geraten war die in der Nähe von Konstanza liegende Luftwaffenbasis Mihail Kogalniceanu, die 2003 den Amerikanern als Zwischenstation für den Irak-Krieg gedient hatte und danach von ihnen ausgebaut wurde. Ende November räumte der ehemalige Verteidigungsminister Mircea Pascu ein, die Basis sei möglicherweise bei Transporten von Afghanistan nach Guantánamo auf Kuba für Zwischenlandungen benutzt worden. Am 8. 1. 2006 machte die Schweizer Zeitung SonntagsBlick ein vom Geheimdienst der → Schweiz abgefangenes Fax der ägyptischen Botschaft in London über angebliche Verhöre von 23 Irakern und Afghanen durch die CIA in Rumänien bekannt. Im Rahmen einer vom Generalsekretär des → Europarats, Terry Davis, bei 46 europäischen Staaten bis zum 21. 2. 2006 durchgeführten Befragung erklärte Rumänien, dass es im Zusammenhang der Kooperation zwischen dem rumänischen und dem US-Geheimdienst **Flugzeuglandungen** gegeben habe, bestritt aber erneut die Existenz von Geheimgefängnissen.

Donauhochwasser bei Borcea am 15.4.2006

▪ **Hochwasser:** Im Berichtszeitraums wurde Rumänien **dreimal** von **Flutkatastrophen** heimgesucht. Im Juli 2005 wurden nach heftigem Dauerregen – besonders im Osten des Landes – rund 17 000 Bauernhöfe überflutet, wobei mindestens 20 Menschen ums Leben kamen. Ende August kostete eine weitere Unwetterkatastrophe im selben Landesteil 28 Menschen das Leben. Als eine der Ursachen solcher Überflutungen gilt neben dem Klimawandel das massive Abholzen der Karpatenwälder, in dessen Folge Regenwasser schneller in die Täler gelangt. Das verheerende Donau-Hochwasser im April 2006, das von Österreich abwärts alle Anrainerländer (→ auch Karte; → Foto) betraf und nach Aussage eines UN-Experten zuletzt vor 100 Jahren solche Ausmaße gehabt hatte, richtete in Rumänien besonders große Schäden an. Es kam zu Deichbrüchen, und die Flut erreichte 148 Ortschaften. 21 000 Hektar Ackerland wurden überschwemmt, mehr als 15 000 Menschen mussten in Sicherheit gebracht werden.

Die Regierung schätzte den **Sachschaden**, darunter auch eingestürzte Brücken und zerstörte Bahnlinien, auf **1,5 Mrd. €**. Dass die Überschwemmungen solche verheerenden Ausmaße angenommen hatten, war nach Ansicht von Regierungschef Popescu-Tăriceanu auch darauf zurückzuführen, dass die gesetzlichen Auflagen zum Schutz vor Flutkatastrophen nicht überprüft worden waren; zahlreiche Dämme wären sogar geschleift und als Weideland oder für den Bau von Wohnhäusern genutzt worden.

▪ **Vogelgrippe:** Anfang Oktober traten im rumänischen Donaudelta die ersten Fälle von Vogelgrippe auf (→ Themen der Welt). Am 22. 5. grassierte das Virus der gefährlichen Variante H5N1 nach Angaben der Behörden noch in 34 Orten, Verdachtsfälle gab es zu dem Zeitpunkt in weiteren 24 Orten. Ursache war der unkontrollierte landesweite Verkauf lebenden verseuchten Geflügels aus Großbetrieben im siebenbürgischen Codlea.

Russische Föderation

Ost-Europa / Asien
Kurzform: Russland;
Rossijskaja Federacija – RU / RUS

Fläche (Weltrang: 1): 17 075 400 km²

Einwohner (7): F 2004 143 850 000 = 8,4 je km²

Hauptstadt: Moskva (Moskau)

Amtssprache: Russisch

Bruttonationaleinkommen 2004 je Einw.: 3400 $

Währung: 1 Rubel (Rbl) = 100 Kopeken
Kurs: 1 US-$ = 26,98 Rbl; 1 € = 34,65 Rbl

Botschaft der Russischen Föderation
Unter den Linden 63–65, 10117 Berlin
T 030 / 2 29 11 10 29, Fax 2 29 93 97
www.rusbotschaft.de

LANDESSTRUKTUR **Fläche**: 17 075 400 km²; → Karte ▪ **Verwaltung**: 7 Föderationsbezirke mit 88 Territorialeinheiten (Subjekte der Föderation): 21 Republiken, 6 Regionen, 48 Gebiete, 1 Autonomes Gebiet, 10 Autonome Bezirke und 2 Städte mit Subjektstatus: Moskau und St. Petersburg (ab 1. 12. 2005 Zusammenschluss des früheren Gebietes Perm und des Autonomen Bezirks der Komi-Permjaken zur Region Perm) ▪ **Städte**: (Z 2002) Moskva (Moskau) 10 126 424 Einw., Sankt-Peterburg (St. Petersburg) 4 661 219, Novosibirsk (Nowosibirsk) 1 425 508, Nižnij Novgorod (Nischni Nowgorod) 1 311 252, Ekaterinburg (Jekaterinburg) 1 293 537, Samara 1 157 880, Omsk 1 134 016, Kazan' (Kasan) 1 105 289, Čeljabinsk (Tscheljabinsk) 1 077 174, Rostov-na-Donu (Rostow am Don) 1 068 267, Ufa 1 042 437, Volgograd (Wolgograd) 1 011 417, Perm' 1 001 653, Krasnojarsk 909 341, Saratov (Saratow) 873 055, Voronež (Woronesch) 848 752, Tol'jatti 702 879, Krasnodar 646 175, Simbirsk (früher Ul'janovsk) 635 947, Iževsk (Ischewsk) 632 140, Jaroslavl' (Jaroslawl) 613 088, Barnaul 600 749, Vladivostok (Wladiwostok) 594 701, Irkutsk 593 604, Chabarovsk (Chabarowsk) 583 072, Novokuzneck (Nowokusnezk) 549 870, Orenburg 549 361, Rjazan' (Rjasan) 521 560, Penza (Pensa) 518 025, Tjumen' 510 719, Naberežnye Čelny (Nabereschnyje Tschelny) 509 870, Lipeck (Lipezk) 506 114, Astrachan 504 501

BEVÖLKERUNG Russen – F 2004: 143 850 000 Einw.; Bevölkerungswachstum: –0,5 %; letzte Zählung 2002: 145 924 900 Einw. – 79,82 % Russen, 3,83 % Tataren, 2,03 % Ukrainer, 1,15 % Baschkiren, 1,13 % Tschuwaschen, 0,94 % Tschetschenen, 0,78 % Armenier, 0,58 % Mordwinen, 0,56 % Weißrussen, 0,41 % Deutsche, 8,77 % Sonstige ▪ **Sprachen**: Russisch; Sprachen der übrigen Nationalitäten ▪ **Religion** 2002: etwa 75 Mio. Russisch-Orthodoxe, 19–22 Mio. Muslime, ca. 800 000 Katholiken, 230 000 Juden; Minderheiten von Buddhisten, Protestanten; ca. 50 Mio. Konfessionslose; starke Verbreitung von neuen Religionen (Moon, Aoum)

STAATS- UND REGIERUNGSFORM Verfassung von 1993 – Präsidialrepublik seit 1991 – Parlament (Bundesversammlung): Staatsduma mit 450 Mitgl.; Föderationsrat mit 178 Mitgl. (je 2 Vertreter aus den 89 Subjekten der Föderation); Wahl jeweils alle 4 J. – Direktwahl des Staatsoberhauptes alle 4 J. (einmalige Wiederwahl) – Wahlrecht ab 18 J. ▪ **Unabhängigkeit**: alte staatl. Tradition; 1918 Proklamation der Russischen Sozialistischen Föderativen Sowjetrepublik (RSFSR); 30. 12. 1922 Zusammenschluss der RSFSR mit den anderen Sowjet-Republiken zur UdSSR; 12. 6. 1990 Souveränitätserklärung ▪ **Nationalfeiertag**: 12. 6. (Unabhängigkeitstag)

REGIERUNG UND PARTEIEN **Staatsoberhaupt**: Wladimir Putin, seit 1. 1. 2000; wieder gewählt 2004 – **Regierungschef**: Michail Fradkow, seit 5. 3. 2004 – **Äußeres**: Sergej Lawrow, seit 9. 3. 2004 ▪ **Parlament**: Wahlen vom 7. 12. 2003: Einiges Russland 226 von 450 Sitzen, Kommunistische Partei / KPRF 53, Liberaldemokratische Partei / LDPR 38, Heimat 37, Volkspartei 19, Reformblock Jabloko 4, Partei der Erneuerung Russlands-Russische Partei des Lebens 3, Union Rechter Kräfte / SPS 3, Sonstige 7, Unabhängige 57; 3 Sitze vakant

WIRTSCHAFT **BIP** 2004: 581,447 Mrd. $; realer Zuwachs: 7,1 %; Anteil (2004) Landwirtschaft 5 %, Industrie 35 %, Dienstleistungen 60 % ▪ **Erwerbstätigkeit** 2003: Landwirtsch. 10 %, Industrie 31 %, Dienstl. 59 % ▪ **Arbeitslosigkeit** ∅ 2005: 7,4 % ▪ **Inflation** ∅ 2005: 10,9 % ▪ **Außenhandel** 2005 (vorläufig): **Import**: 98,6 Mrd. $; *Güter*: 42 % Maschinen und Ausrüstungen, 8 % leichte Automobile, 8 % Nahrungsmittel, 6 % chemische Produkte und Kautschuk, 4 % Medikamente, 3 % Schwarzmetalle, 2 % Stahlrohre; *Länder*: 13 % Deutschland, 8 % Ukraine, 7 % VR China, 7 % Japan, 6 % Weißrussland, 5 % USA, 4 % Rep. Korea, 4 % Frankreich, 3 % Kasachstan, 3 % Finnland (EU gesamt: 51 %); **Export**: 241,2 Mrd. $; *Güter*: 61 % Energieträger (u. a. 33 % Erdöl, 14 % Erdölprodukte, 13 % Erdgas, 7 % Dieselkraftstoff, 4 % Masut, 11 % Metalle und Metallprodukte, 5 % Maschinen und Ausrüstungen, 2 % Chemieprodukte und Kautschuk, 2 % Holz- und Holzprodukte; *Länder*: 10 % Niederlande, 8 % Deutschland, 8 % Italien, 5 % VR China, 5 % Ukraine, 5 % Türkei, 4 % Schweiz, 4 % Weißrussland, 4 % Polen, 3 % Großbritannien (EU gesamt: 69 %)
Weitere Informationen → Kap. Wirtschaft

AUTONOME REPUBLIKEN

Eigene Verfassung und Gesetzgebung – Bis auf die Republiken Tatarstan und Tschetschenien haben die übrigen 19 Republiken den Föderationsvertrag vom 31. 3. 1992 mit Russland unterzeichnet.

Republik Adygien (Adygeja)
Südlicher Bezirk

Fläche: 7600 km² ▪ **Bevölkerung** F 2004: 445 200 Einw.; letzte Zählung 2002: 447 109 Einw. – 24,2 % Adygier, 64,5 % Russen, 3,4 % Armenier, 2,0 % Ukrainer u. a. ▪ **Sprachen:** Adyge-Tscherkessisch, Russisch ▪ **Religion:** Sunniten (Adygier), orthodoxe Christen ▪ **Hauptstadt** (Z 2002): Majkop 156 931 Einw. ▪ **Regierung:** Präsident: Chasrat Sowmen, seit 8. 2. 2002 – Regierungschef: Asfar Chagur, seit 30. 12. 2004

Republik Altai (Altaj)
Sibirien

Fläche: 92 600 km² ▪ **Bevölkerung** F 2004: 203 200 Einw.; letzte Zählung 2002: 202 947 Einw. – 30,6 % Altaier, 57,4 % Russen, 6,0 % Kasachen ▪ **Sprachen:** Altaisch, Russisch ▪ **Religion:** Sunniten, orthodoxe Christen, Buddhisten ▪ **Hauptstadt** (F 2002): Gorno-Altajsk 53 500 Einw. ▪ **Regierung:** Oberhaupt der Republik und Regierungschef: Aleksandr Berdnikow, seit 20. 1. 2006

Republik Baschkortostan
(Baškortostan) Wolga

Fläche: 143 600 km² ▪ **Bevölkerung** F 2004: 4 092 300 Einw.; letzte Zählung 2002: 4 104 336 Einw. – 29,8 % Baschkiren, 36,3 % Russen, 24,1 % Tataren, 2,9 % Tschuwaschen, 2,6 % Mari, 1,4 % Ukrainer u. a. ▪ **Sprachen:** Baschkirisch, Russisch, Tatarisch u. a. ▪ **Religion:** Muslime (Baschkiren u. Tataren), orthodoxe Christen ▪ **Hauptstadt** (Z 2002): Ufa 1 042 437 Einw. ▪ **Regierung:** Präsident: Murtasa Rachimow, seit 1993 – Regierungschef: Rafael Baidawletow, seit 12. 1. 1999

Republik Burjatien (Burjatija)
Sibirien

Fläche: 351 300 km² ▪ **Bevölkerung** F 2004: 974 300 Einw.; letzte Zählung 2002: 981 238 Einw. – 27,8 % Burjaten, 67,8 % Russen, 1,0 % Ukrainer u. a. ▪ **Sprachen:** Burjatisch, Russisch ▪ **Religion:** Buddhismus, Schamanismus (Burjaten) ▪ **Hauptstadt** (Z 2002): Ulan-Ude 359 391 Einw. ▪ **Regierung:** Präsident: Leonid Potapow, seit 1991

Republik Chakassien (Hakasija)
Sibirien

Fläche: 61 900 km² ▪ **Bevölkerung** F 2004: 542 700 Einw.; letzte Zählung 2002: 546 072 Einw. – 12,0 % Chakassen, 80,3 % Russen, 1,7 % Deutsche, 1,5 % Ukrainer u. a. ▪ **Sprachen:** Chakassisch, Russisch ▪ **Religion:** orthodoxe Christen, Muslime, Anhänger von indigenen Religionen ▪ **Hauptstadt** (Z 2002): Abakan 165 197 Einw. ▪ **Regierung:** Regierungschef: Alexej Lebed, seit 1997

Republik Dagestan
Südlicher Bezirk

Fläche: 50 300 km² ▪ **Bevölkerung** F 2004: 2 602 000 Einw.; letzte Zählung 2002: 2 576 531 Einw. – 29,4 % Awaren, 16,5 % Darginer, 14,2 % Kumücken, 13,1 % Lesgier, 5,4 % Laken, 4,7 % Russen, 4,3 % Aserbaidschaner, 3,4 % Tschetschenen, 1,5 % Nogaier u. a. ▪ **Sprachen:** Russisch, Awarisch, Darginisch, Lesginisch, Kumykisch und ca. 35 weitere Regionalsprachen ▪ **Religion:** v. a. Sunniten ▪ **Hauptstadt** (Z 2002): Machačkala (Machatschkala) 462 412 Einw. ▪ **Regierung:** Präsident: Mucha Alijew, seit 20. 2. 2006 – Regierungschef: Schamil Saynalow, seit 6. 3. 2006

Republik Inguschetien (Ingušetija)
Südlicher Bezirk

Fläche: 3600 km² ▪ **Bevölkerung** F 2004: 475 600 Einw.; letzte Zählung 2002: 467 294 Einw. – 77,3 % Inguschen, 20,4 % Tschetschenen u. a. ▪ **Sprachen:** Inguschisch, Russisch ▪ **Religion:** v. a. Sunniten ▪ **Hauptstadt** ▪ **Regierung:** Präsident: Murat Sjasikow, seit 23. 5. 2002 – Regierungschef: Ibrahim Malsagow, seit 30. 6. 2005

Republik Kabardinien-Balkarien
(Kabardino-Balkarija) Südlicher Bezirk

Fläche: 12 500 km² ▪ **Bevölkerung** F 2004: 898 900 Einw.; letzte Zählung 2002: 901 494 Einw. – 55,3 % Kabardiner, 25,1 % Russen, 11,6 % Balkaren, 1,1 % Osseten, 1,0 % Türken u. a. ▪ **Sprachen:** Kabardinisch, Balkarisch, Russisch ▪ **Religion:** v. a. Sunniten ▪ **Hauptstadt** (Z 2002): Nal'čik (Naltschik) 274 974 Einw. ▪ **Regierung:** Präsident: Arsen Kanokow, seit 28. 9. 2005 – Regierungschef: Andrej Jarin, seit 22. 6. 2006

Republik Kalmückien (Kalmykija)
Südlicher Bezirk

Fläche: 76 100 km² ▪ **Bevölkerung** F 2004: 290 600 Einw.; letzte Zählung 2002: 292 410 Einw. – 53,3 % Kalmücken, 33,7 % Russen, 2,5 % Darginer, 2,0 % Tschetschenen, 1,1 % Türkenu. a. ▪ **Sprachen**: Kalmückisch, Russisch ▪ **Religion**: v. a. lamaistische Buddhisten (Kalmücken) ▪ **Hauptstadt** (Z 2002): Elista 104 254 Einw. ▪ **Regierung:** Präsident: Kirsan Iljumschinow, seit 1993 – Regierungschef: Anatoli Kosachko, seit 19. 12. 2003

Republik Karatschai-Tscherkessien
(Karačajevo-Čerkesija) Südlicher Bezirk

Fläche: 14 100 km² ▪ **Bevölkerung** F 2004: 436 600 Einw.; letzte Zählung 2002: 439 470 Einw. – 38,5 % Karatschaier, 33,7 % Russen, 11,3 % Tscherkessen, 7,4 % Abasiner, 3,4 % Nogaier u. a. ▪ **Sprachen**: Karatschaiisch, Tscherkessisch, Abasinisch, Russisch ▪ **Religion**: v. a. Sunniten ▪ **Hauptstadt** (Z 2002): Čerkessk (Tscherkessk) 116 244 Einw. ▪ **Regierung:** Präsident: Mustafa Batdjew, seit 4. 9. 2003 – Regierungschef: Alik Kardanow, seit 19. 1. 2005

Republik Karelien (Karelija)
Nordwestlicher Bezirk

Fläche: 172 400 km² ▪ **Bevölkerung** F 2004: 708 700 Einw.; letzte Zählung 2002: 716 281 Einw. – 9,2 % Karelier, 76,6 % Russen, 5,3 % Weißrussen, 2,7 % Ukrainer, 2,0 % Finnen u. a. ▪ **Sprachen**: Karelisch, Russisch ▪ **Religion**: v. a. orthodoxe Christen ▪ **Hauptstadt** (Z 2002): Petrosavodsk 266 160 Einw. ▪ **Regierung:** Präsident: Sergej Katanandow, seit 12. 5. 2002; wieder gewählt am 3. 3. 2006 – Regierungschef: Pawel Tschernow, seit 1. 1. 2003

Republik Komi
Nordwestlicher Bezirk

Fläche: 415 900 km² ▪ **Bevölkerung** F 2004: 1 005 700 Einw.; letzte Zählung 2002: 1 018 674 Einw. – 25,2 % Komi, 59,6 % Russen, 6,1 % Ukrainer, 1,5 % Tataren, 1,5 % Weißrussen, 0,9 % Deutsche ▪ **Sprachen**: Komi, Russisch ▪ **Religion**: v. a. orthodoxe Christen, Anhänger von indigenen Religionen ▪ **Hauptstadt** (Z 2002): Syktyvkar 230 011 Einw. ▪ **Regierung:** Präsident: Wladimir Torlopow, seit 15. 1. 2002

Republik Mari El (Marij Èl)
Wolga

Fläche: 23 200 km² ▪ **Bevölkerung** F 2004: 721 900 Einw.; letzte Zählung 2002: 727 979 Einw. – 42,9 % Mari, 47,5 % Russen, 6,0 % Tataren, 1,0 % Tschuwaschen ▪ **Sprachen**: Mari, Russisch ▪ **Religion**: v. a. orthodoxe Christen, Schamanisten ▪ **Hauptstadt** (Z 2002): Joškar-Ola (Joschkar-Ola) 256 719 Einw. ▪ **Regierung:** Präsident: Leonid Markelow, seit 14. 1. 2001

Republik Mordwinien (Mordovija)
Wolga

Fläche: 26 200 km² ▪ **Bevölkerung** F 2004: 876 100 Einw.; letzte Zählung 2002: 888 766 Einw. – 31,9 % Mordwinen, 60,8 % Russen, 5,2 % Tataren u. a. ▪ **Sprachen**: Mordwinisch, Russisch ▪ **Religion**: v. a. orthodoxe Christen ▪ **Hauptstadt** (Z 2002): Saransk 304 866 Einw. ▪ **Regierung:** Präsident: Nikolaj Merkuschkin, seit 1995; wieder gewählt am 16. 2. 2003 – Regierungschef: Wladimir Wolkow, seit 1995

Republik Nord-Ossetien (Severnaja Osetija – Alanuja) Südlicher Bezirk

Fläche: 8000 km² ▪ **Bevölkerung** F 2004: 707 000 Einw.; letzte Zählung 2002: 710 275 Einw. – 62,7 % Osseten, 23,2 % Russen, 3,0 % Inguschen, 2,4 % Armenier, 1,8 % Kumücken u. a. ▪ **Sprachen**: Ossetisch / Alanisch, Russisch ▪ **Religion**: orthodoxe Christen (Osseten, Russen), sunnit. Muslime (Inguschen) ▪ **Hauptstadt** (Z 2002): Vladikavkas 315 608 Einw. ▪ **Regierung:** Präsident: Taimuras Mamsurow, seit 7. 6. 2005 – Regierungschef: Alan Boradsow, seit 10. 9. 2004

Republik Sacha (Jakutien)
Fernost

Fläche: 3 103 200 km² ▪ **Bevölkerung** F 2004: 949 000 Einw.; letzte Zählung 2002: 949 280 Einw. – 45,5 % Jakuten, 41,2 % Russen, 3,7 % Ukrainer, 1,9 % Ewenken, 1,2 % Ewenen, 1,1 % Tataren u. a. ▪ **Sprachen**: Jakutisch, Russisch ▪ **Religion**: orthodoxe Christen, Schamanisten ▪ **Hauptstadt** (Z 2002): Jakutsk 210 642 Einw. ▪ **Regierung:** Präsident: Wjatscheslaw Schtyrow, seit 27. 1. 2002 – Regierungschef: Jegor Borisow, seit 6. 2. 2003

Republik Tatarstan (Tatarija)
Wolga

Fläche: 67 836 km² ▪ **Bevölkerung** F 2004: 3 772 900 Einw.; letzte Zählung 2002: 3 779 265 Einw. – 52,9 % Tataren, 39,5 % Russen, 3,3 % Tschuwaschen u. a. ▪ **Sprachen**: Tatarisch, Russisch ▪ **Religion**: sunnitische Muslime, orthodoxe Christen ▪ **Hauptstadt** (Z 2002): Kazan' (Kasan) 1 105 289 Einw. ▪ **Regierung:** Präsident: Mintimer Schaimijew, seit 1991 – Regierungschef: Rustam Minnichanow, seit 1998

Republik Tschetschenien (Čečnja)
Südlicher Bezirk

Fläche: 15 700 km² ▪ **Bevölkerung** F 2004: 1 121 400 Einw.; letzte Zählung 2002: 1 103 686 Einw. – 93,5 % Tschetschenen, 3,7 % Russen u. a. ▪ **Sprachen:** Tschetschenisch, Russisch ▪ **Religion:** sunnitische Muslime (Tschetschenen) ▪ **Hauptstadt** (Z 2002): Grosnyj 210 720 Einw. ▪ **Regierung:** Präsident: Alu Alchanow, seit 29. 8. 2004 – Regierungschef: Ramsan Kadyrow, seit 4. 3. 2006

Republik Tschuwaschien (Čuvašija)
Wolga

Fläche: 18 300 km² ▪ **Bevölkerung** F 2004: 1 305 000 Einw.; letzte Zählung 2002: 1 313 754 Einw. – 67,7 % Tschuwaschen, 26,5 % Russen, 2,8 % Tataren, 1,2 % Mordwinen u. a. ▪ **Sprachen:** Tschuwaschisch, Russisch ▪ **Religion:** orthodoxe Christen ▪ **Hauptstadt** (Z 2002): Čeboksary (Tscheboksary) 440 621 Einw. ▪ **Regierung:** Präsident: Nikolai Fjodorow, seit 1994 – Regierungschef: Sergej Gaplikow, seit 23. 4. 2004

Republik Tuwa (Tyva)
Sibirien

Fläche: 170 500 km² ▪ **Bevölkerung** F 2004: 306 500 Einw.; letzte Zählung 2002: 305 510 Einw. – 77,0 % Tuwiner, 20,1 % Russen u. a. ▪ **Sprachen:** Tuwinisch, Russisch ▪ **Religion:** Buddhisten (Tuwiner) ▪ **Hauptstadt** (Z 2002): Kyzyl (Kysyl) 104 105 Einw. ▪ **Regierung:** Präsident u. Regierungschef: Scherig-ool Orschak, seit 1992

Republik Udmurtien (Udmurtija)
Wolga

Fläche: 42 100 km² ▪ **Bevölkerung** F 2004: 1 560 200 Einw.; letzte Zählung 2002: 1 570 316 Einw. – 29,3 % Udmurten, 60,1 % Russen, 7,0 % Tataren u. a. ▪ **Sprachen:** Udmurtisch, Russisch ▪ **Religion:** orthodoxe Christen, Schamanismus ▪ **Hauptstadt** (Z 2002): Iževsk (Ischewsk) 632 140 Einw. ▪ **Status:** Verfassung von 1992 – Unabhängigkeitserklärung im Nov. 1991 ▪ **Regierung:** Präsident: Alexander Wolkow, seit 15. 4. 1995 – Regierungschef: Jury Pitkewitsch, seit 10 / 2000

Russland hat sich durch gestiegene Exporteinnahmen aus dem Energiesektor ökonomisch konsolidiert und die staatliche Kontrolle über die Erdöl- und Erdgaskonzerne weiter ausgebaut. Die Innenpolitik war 2005 / 2006 von einem autoritären Interventionismus der Regierung Präsident Wladimir Putins gekennzeichnet, der von vielen Seiten für die undemokratische Entwicklung des Landes kritisiert wurde. Putin hat eine Verfassungsänderung, die ihm bei den Präsidentschaftswahlen 2008 eine dritte Kandidatur ermöglichen würde, bislang ausgeschlossen.

INNENPOLITIK

▪ **Personalpolitik der Regierung:** Am 14. 11. 2005 ernannte Präsident Wladimir Putin Verteidigungsminister Sergej Iwanow und den Chef der Präsidialverwaltung, Dmitri Medwedew, zu stellvertretenden Ministerpräsidenten. Iwanow und Medwedew gelten als aussichtsreichste Kandidaten der Regierung für die Putin-Nachfolge bei den Präsidentschaftswahlen 2008. Iwanow amtiert auch weiterhin als Verteidigungsminister. Zum neuen Chef der Präsidialverwaltung ernannte Putin den bisherigen Gouverneur des Gebiets Tjumen, Sergej Sobjanin. Zugleich bestimmte der Präsident zwei neue Präsidialbeauftragte für die Föderationsbezirke Wolga und Fernost.

Aus Protest gegen die politische Entwicklung Russlands trat der **Präsidentenberater** für Wirtschaft, Andrej Illarjonow, am 27. 12. 2005 zurück. Er kritisierte, dass viele in den 1990er Jahren privatisierte Unternehmen heute wieder unter staatlicher Kontrolle stehen. Illarjonow, der nach eigenen Angaben keine Möglichkeiten mehr sah, auf die Regierung Einfluss zu nehmen, wollte die undemokratische Entwicklung Russlands nicht weiter mittragen.

Am 23. 6. 2006 ordnete Putin einen **Ämtertausch** von Justizminister Jurij Tschaika und Generalstaatsanwalt Wladimir Ustinow an. Ustinow stand im Verdacht, als Generalstaatsanwalt unbegründet ein Ermittlungsverfahren wegen Zollbetrugs gegen eine russische Firma eingestellt zu haben. Die Generalstaatsanwaltschaft gilt, insbesondere nach dem Verfahren gegen den ehemaligen Vorstandsvorsitzenden des Erdölkonzerns Jukos, Michail Chodorkowskij (→ WA 2006, S. 382), als politisches Instrument der Regierung.

▪ **Dritte Parlamentskammer:** Die von Präsident Putin ins Leben gerufene Bürgerkammer als drittes, beratendes parlamentarisches Gremium trat am 22. 1. 2006 zu ihrer ersten Sitzung zusammen. Sie soll die Zivilgesellschaft stärken, staatliche Institutionen überwachen und kann sich zu aktuellen Themen in nicht bindenden Resolutionen äußern. Die 126 Mitglieder, von denen 42 von Putin ernannt wurden, umfassen bekannte Personen des öffentlichen Lebens wie Sportler oder Musiker sowie Vertreter nationaler und regionaler NGO.

■ **Wahlen:** In **acht Regionen** der russischen Föderation fanden am 12. 3. 2006 Wahlen zu den regionalen Parlamenten statt. In weiteren 68 der 88 russischen Regionen wurden die Organe zu den lokalen Selbstverwaltungen gewählt. Bei allen Wahlen errang die Regierungspartei Einiges Russland die Mehrheit der Stimmen. Weit abgeschlagen folgte die Kommunistische Partei der Russischen Föderation (KPRF). Die Partei Heimat war in sieben der acht Regionen von der Wahl zu den Regionalparlamenten ausgeschlossen worden. Bei den Wahlen zum **Moskauer Stadtparlament** am 4. 12. 2005 sicherte sich die Partei Einiges Russland mit 47,3 % 28 von 35 Sitzen. Die KPRF errang 16,7 % (4 Sitze), der liberale Wahlblock Jabloko 11,1 % (3). Alle anderen Parteien scheiterten an der 10 %-Hürde. Die Wahlbeteiligung war mit 34,8 % sehr niedrig. Die Partei Heimat blieb wegen eines rassistischen Wahlwerbespotts von den Wahlen ausgeschlossen.

Roman Abramowitsch, dem mit 18,2 Mrd. US-$ das größte Privatvermögen in Russland zugeschrieben wird, wurde am 21. 10. 2005 **als Gouverneur des Autonomen Bezirks der Tschuktschen im Fernen Osten bestätigt.** Abramowitsch, der von Putin für eine zweite Amtszeit vorgeschlagen worden war, hat in dem Bezirk seit 2000 1,3 Mrd. US-$ in soziale Projekte investiert. In seiner ersten Amtszeit hat sich das Durchschnittseinkommen der Bevölkerung verdreifacht.

■ **Amtierender Gouverneur verhaftet:** Der Gouverneur des Autonomen Bezirks der Nenzen, Alexej Barinow, wurde am 23. 5. 2006 wegen des Verdachts auf Betrug und Untreue – er soll 1999/2000 als Leiter einer Bohrfirma Gelder veruntreut haben – in Archangelsk verhaftet. Damit wurde erstmals seit der Unabhängigkeit 1991 in Russland ein amtierender Gouverneur verhaftet.

■ **Neuer Führer der liberalen Opposition:** Im September 2005 kündigte der ehemalige Ministerpräsident (2000–2004) Michail Kasjanow an, das er sich der liberalen Opposition anschließen und 2008 als Präsidentschaftskandidat kandidieren werde. Nachdem seine Wahl zum Vorsitzenden der Demokratischen Partei am 17. 12. 2005 gescheitert war, gab Kasjanow am 8. 4. 2006 in Moskau die Gründung einer neuen liberalen Oppositionspartei, der Demokratischen Volksunion (NDS), bekannt, deren Vorsitz er übernahm. Kasjanow appellierte an die liberalen Parteien Union der Rechten Kräfte und den Wahlblock Jabloko, die bei den letzten Parlamentswahlen an der 5 %-Hürde gescheitert waren, sich für die Parlamentswahlen 2007 mit der NDS zu vereinigen.

■ **Haftstrafe für Chodorkowskij in Kraft:** Der im Mai 2005 verurteilte Erdöl-Milliardär Michail Chodorkowskij (→ WA 2006, S. 382) kündigte am 31. 8. 2005 an, er werde am 4. 12. bei einer Nachwahl zum Parlament in Moskau für ein Abgeordnetenmandat kandidieren. Aufgrund der Ablehnung der Berufung Chodorkowskijs gegen seine Haftstrafe durch ein Moskauer Gericht am 22. 9. wurde das Urteil gegen ihn jedoch rechtskräftig und Chodorkowskij verlor das passive Wahlrecht. Das Gericht reduziert zugleich die Strafe Chodorkowskij wie auch die seines Geschäftspartners Platon Lebedjew von neun auf acht Jahre Strafkolonie. Chodorkowskij wurde Mitte Oktober von Moskau in das sibirische Straflager Krasnokamensk verlegt.

■ **Einbürgerungsgesetz:** Am 5. 1. 2006 unterzeichnete Präsident Putin ein Gesetz, das die Einbürgerung von Bewohnern früherer Sowjetrepubliken erleichtert. Ein fünfjähriger Aufenthalt, Kenntnisse des Russischen und ein reguläres Einkommen sind künftig keine Voraussetzung mehr für den Erwerb der russischen Staatsbürgerschaft. Die Frist für einen Einbürgerungsantrag wurde bis 2008 verlängert.

■ **Anti-Terror-Gesetz:** Präsident Putin unterzeichnete am 6. 3. 2006 ein neues Anti-Terror-Gesetz. Es erlaubt die Überwachung von Telefongesprächen und E-Mails sowie Personenkontrollen ohne Verdacht. Es gestattet auch den Abschuss von Flugzeugen und Schiffen, die von Terroristen gekidnappt wurden und die gegen strategische Ziele oder Wohngebiete gerichtet werden. Das Gesetz räumt den Sicherheitsbehörden zudem das Recht auf Präventivschläge gegen Terroristen außerhalb Russlands ein.

■ **Restriktives NGO-Gesetz:** Am 17. 4. 2006 trat ein umstrittenes Gesetz in Kraft, das die Tätigkeit gemeinnütziger Nichtregierungsorganisationen (NGO) in Russland neu regelt. Es sieht eine strenge Kontrolle der Tätigkeiten und Finanzen der NGO durch die Behörden vor, insbesondere wenn sie durch Spenden aus dem Ausland finanziert werden. Präsident Putin hatte die neue Gesetzgebung damit begründet, dass Niederlassungen ausländischer Organisationen in Russland politische Aktivitäten und Terrorgruppen im Land finanzieren würden. Der erste Entwurf für das Gesetz hatte Ende 2005 internationale Proteste ausgelöst, da nach seinen Vorschriften ausländische Stiftungen ihre Filialen in Russland hätten schließen müssen. Diese Paragraphen wurden gestrichen. Kritiker werfen der Regierung vor, sie wolle aus Angst vor einem Regierungswechsel nach dem Vorbild der »Revolution in Orange« in der → Ukraine durch das NGO-Gesetz regierungskritische Menschen- und Bürgerrechtsorganisationen ausschalten.

■ **Spionagevorwurf gegen Großbritannien:** Der Inlandsgeheimdienst FSB beschuldigte am 23. 1. 2006 vier britischen Diplomaten der Spionage und illegalen Finanzierung russischer NGO. Als Beweise veröffentlichte der FSB Filmaufnahmen, die die Diplomaten bei der Leerung eines elektronischen toten Briefkastens zeigten. Noch im Januar wurden zwei mutmaßliche russische Kontaktleute der britischen Diplomaten verhaftet.

■ **Medienpolitik:** Auf dem 59. Kongress des Weltzeitungsverbandes in Moskau kritisierte dessen Vorsitzender Gavin O'Reilly am 5. 6. 2006 im Beisein von Präsident Putin die Medienpolitik der russischen Regierung. O'Reilly hob die staatlichen Einflussnahmen auf

Redaktionen und Verlage, das Fehlen eines unabhängigen Fernsehens und die Korruption unter Journalisten hervor. Putin wies die Kritik zurück. Er gab an, in Russland gäbe es 53 000 Medien, die niemand überwachen könne, selbst wenn er dies wollte. Die Regierung kontrolliert neben dem staatlichen Rundfunk u. a. über die Medientochter des Staatskonzerns Gasprom, Gasprom-Media, fast alle großen privaten Medien, darunter die wichtigsten Fernsehkanäle und Radiostationen sowie mehrere landesweite Zeitungen.

▪ **Fremdenfeindlichkeit:** Russland wurde von einer Welle fremdenfeindlicher Übergriffe erschüttert, die Proteste hervorrief (→ Foto).

Proteste gegen die fremdenfeindlichen Ausschreitungen in St. Petersburg

Laut amtlichen Angaben kamen 2005 bei rassistischen Überfällen 26 Menschen ums Leben. Auch in der ersten Jahreshälfte 2006 riss die Serie rassistisch bzw. antisemitisch motivierter Übergriffe nicht ab: In **Moskau** griff am 11. 1. 2006 ein 20-Jähriger in einer Synagoge die Besucher des Gottesdienstes mit einem Messer an und verletzte neun Personen. Er wurde dafür am 27. 3. zu 13 Jahren Haft mit psychiatrischer Behandlung verurteilt. Am 1. 4. griffen Skinheads in der russischen Hauptstadt den Kulturminister der Republik Kabardinien-Balkarien Saur Tutow an und verletzten ihn schwer. Am 23. 4. wurde ein Armenier in einer belebten Moskauer U-Bahn von Skinheads erstochen, am darauf folgenden Tag wurden zwei Tadschiken in Moskau auf offener Straße mit Messer angegriffen, einer der beiden starb noch am Tatort.

Wegen einer Serie von Überfällen und Morden an Ausländern und Angehörigen ethnischer Minderheiten in **St. Petersburg** verhaftete die Polizei am 25. 5. 2006 acht Verdächtige, die laut Staatsanwaltschaft einer extremistischen Gruppierung angehörten. Die Gruppe war im Besitz von Waffen und plante die Ermordung weiterer Menschen.

Der Menschenrechtsbeauftragte der Regierung Wladimir Lukin kritisierte Anfang Juni die russischen Strafverfolgungsbehörden wegen ihrer Inaktivität bei der Verfolgung von Rassismus und Extremismus. Die Behörden spielten Straftaten häufig als »Hooliganismus« herunter. Die Zahl rechtsextremer Skinheads in Russland wird auf 50 000 geschätzt.

▪ **Rechte von Homosexuellen:** Trotz eines behördlichen Verbots versammelten sich am 28. 5. 2006 in Moskau rd. 200 Homosexuelle, um für ihre Rechte zu demonstrieren. Sie wurden von rechtsextremen und nationalistischen Gewalttätern angegriffen und teilweise schwer verletzt. Der deutsche Bundestagsabgeordnete Volker Beck, der während der Demonstration verletzt wurde, warf der Polizei vor, die Demonstranten nicht geschützt und ihnen Fluchtwege abgeschnitten zu haben. Zuvor hatten 1700 Polizisten verhindert, dass die Demonstranten Blumen am Grabmal des Unbekannten Soldaten an der Kreml-Mauer niederlegten.

▪ **Misshandlungen in der Armee:** Anfang Januar 2006 machte die NGO Komitee der Soldatenmütter auf den Fall des 19-jährigen Rekruten Andrej Sytschow aufmerksam, der in der Neujahrsnacht 2005/06 von Kameraden in einer Militärschule in Tscheljabinsk so schwer misshandelt wurde, dass ihm beide Beine, die Genitalien und ein Finger amputiert werden mussten. Die Vorgesetzten hatten eine medizinische Versorgung zu spät gestattet. Verteidigungsminister Iwanow, der den Fall Sytschkow zunächst bagatellisiert hatte, entließ nach öffentlichen Protesten am 27. 1. den zuständigen Leiter der Militärakademie, Generalmajor Wiktor Sidorow, der sich nun wegen Amtsmissbrauchs verantworten muss. Am 6. 2. gab die Militärstaatsanwaltschaft bekannt, dass 2005 insgesamt 139 000 Straftaten in der Armee registriert wurden. 6000 Soldaten wurden durch Kameradenmisshandlungen verletzt, 2600 Soldaten sind wegen Kameradenmisshandlungen verurteilt worden. Das Komitee der Soldatenmütter bezeichnete diese Zahlen als untertrieben. Das Komitee erreichen jährlich ca. 50 000 Beschwerden wegen Brutalitäten in der Armee. Aus Anlass des Einberufungsbefehls im Frühjahr 2006 demonstrierten am 2. 4. Menschen in 30 Regionen der Russischen Föderation gegen die Missstände in der Armee und für eine Reform der Streitkräfte.

▪ **Entlassung der Marine-Führung:** Präsident Putin entließ am 4. 9. 2005 den kommandierenden Admiral der Flotte Wladimir Kurojedow. Anlass der Entlassung war die Krise um ein russisches U-Boot im August, das nur mit Hilfe britischer Fachleute und britischer Technik gerettet werden konnte. Kurojedow stand seit dem Untergang des Atom-U-Boots Kursk, bei dem 2000 die gesamte Besatzung ums Leben kam, in der Kritik. Zu seinem Nachfolger ernannte Putin den bisherigen Chef des Hauptstabes der Flotte Admiral Wladimir Masorin.

▪ **Chemiewaffenvernichtung:** In der Republik Udmurtien (→ Karte S. 406) wurde am 1. 4. 2006 die zweite russische Anlage zur Vernichtung von Chemiewaffen in Betrieb genommen. In der Anlage, die mit deutscher Hilfe finanziert wurde, sollen bis 2008 rd. 3000 t chemische Kampfstoffe beseitigt werden. Die Kosten der Vernichtung in Höhe von 270 Mio. € tragen Russland zu zwei und Deutschland zu einem Drittel. Russland, das 1997 die internationale Chemiewaffenkonvention

Föderationssubjekt	Fläche in Tsd. km²	Einwohner in Tsd.	je km²
Nordwestlicher Bezirk	1 678	13 832	8,2
Zentraler Bezirk	651	37 734	58,0
Südlicher Bezirk	589	22 850	38,8
Wolga	1 038	30 902	29,8
Ural	1 789	12 316	6,9
Sibirien	5 115	19 901	3,9
Fernost	6 216	6 634	1,1
Russische Föderation	**17 075**	**144 168**	**8,4**

Quelle: Goskomstat

NORDWESTLICHER BEZIRK

1 Rep. Karelien
2 Rep. Komi
3 Gebiet Archangelsk
4 Gebiet Wologda
5 Gebiet Kaliningrad
6 Gebiet Leningrad
7 Gebiet Murmansk
8 Gebiet Nowgorod
9 Gebiet Pskow
10 St. Petersburg
11 AB der Nenzen

ZENTRALER BEZIRK

12 Gebiet Belgorod
13 Gebiet Brjansk
14 Gebiet Wladimir
15 Gebiet Woronesch
16 Gebiet Iwanowo
17 Gebiet Kaluga
18 Gebiet Kostroma
19 Gebiet Kursk
20 Gebiet Lipezk
21 Gebiet Moskau
22 Gebiet Orjol
23 Gebiet Rjasan
24 Gebiet Smolensk
25 Gebiet Tambow
26 Gebiet Twer
27 Gebiet Tula
28 Gebiet Jaroslawl
29 Moskau

SÜDLICHER BEZIRK

30 Rep. Adygien
31 Rep. Dagestan
32 Rep. Inguschetien
33 Rep. Kabardinien-Balkarien
34 Rep. Kalmückien
35 Rep. Karatschai-Tscherkessien
36 Rep. Nord-Ossetien
37 Rep. Tschetschenien
38 Region Krasnodar
39 Region Stawropol
40 Gebiet Astrachan
41 Gebiet Wolgograd
42 Gebiet Rostow

WOLGA

43 Rep. Baschkortostan
44 Rep. Mari El
45 Rep. Mordwinien
46 Rep. Tatarstan
47 Rep. Udmurtien
48 Rep. Tschuwaschien

49 Region Perm
50 Gebiet Kirow
51 Gebiet Nischni Nowgorod
52 Gebiet Orenburg
53 Gebiet Pensa
54 Gebiet Samara
55 Gebiet Saratow
56 Gebiet Uljanowsk

URAL

57 Gebiet Kurgan
58 Gebiet Swerdlowsk
59 Gebiet Tjumen
60 Gebiet Tscheljabinsk
61 AB der Chanten u. Mansen
62 AB der Jamal-Nenzen

SIBIRIEN

63 Rep. Altai
64 Rep. Burjatien
65 Rep. Tuwa
66 Rep. Chakassien
67 Region Altai
68 Region Krasnojarsk
69 Gebiet Irkutsk
70 Gebiet Kemerowo
71 Gebiet Nowosibirsk
72 Gebiet Omsk
73 Gebiet Tomsk
74 Gebiet Tschita
75 AB Aginskoje der Burjaten
76 AB Taimyr (Dolganen und Nenzen)
77 AB Ust-Ordynsk der Burjaten
78 AB der Ewenken

FERNOST

79 Rep. Sacha (Jakutien)
80 Region Primorje
81 Region Chabarowsk
82 Gebiet Amur
83 Gebiet Kamtschatka
84 Gebiet Magadan
85 Gebiet Sachalin
86 Jüdisches Autonomes Gebiet
87 AB der Korjaken
88 AB der Tschuktschen

AB Autonomer Bezirk

Föderationsbezirke
Stadt mit Sonderstatus
Hauptstadt des Föderationsbezirks

(→ Themen der Welt) ratifiziert hat, übernahm von der ehemaligen Sowjetunion mit 40 000 t das weltweit größte Chemiewaffenarsenal und will die noch verbliebenen Bestände bis zum Jahr 2012 vernichten.

- **Korruptionsbekämpfung:** Aufgrund der Kritik an Korruption und Ineffizienz der Zollbehörden, unterstellte Präsident Putin den Föderalen Zolldienst am 11. 5. 2006 Ministerpräsident Michail Fradkow. Bislang unterstand die Behörde Wirtschafts- und Handelsminister German Gref. Zum neuen Leiter wurde am 12. 5. Andrej Beljaninow ernannt, der seit 1978 dem KGB angehörte und zuletzt an der Spitze des Föderalen Dienstes für Rüstungsaufträge stand. 40 % aller Einnahmen des russischen Staatshaushaltes sind Zolleinnahmen. Wegen Korruption entließ Präsident Putin am 12. 5. drei Abteilungsleiter des Inlandsgeheimdienstes FSB sowie ranghohe Beamte des Innenministeriums und der Staatsanwaltschaft.
- **Proteste gegen Pipelinebau:** In Irkutsk demonstrierten am 18. 3. 2006 mehrere Tausend Menschen gegen den geplanten Bau einer Erdölpipeline in nur 800 m Entfernung des Baikalsees, des größten Süßwasserreservoirs der Erde, der auf der UNESCO-Welterbeliste steht. Umweltschützer und Vertreter der lokalen Bevölkerung kritisierten, dass damit das Potenzial für einen umweltverträglichen und nachhaltigen Tourismus in der naturbelassenen Region zerstört würde. Präsident Putin revidierte am 26. 4. den Verlauf der Erdölpipeline. Bei der neuen Route wird der Abstand zum Baikalsee 40 km betragen. Die 4100 km lange Pipeline von Irkutsk nach Wladiwostok soll über eine Abzweigung ab 2008 jährlich 80 Mio. t Erdöl nach China transportieren.
- **Wirtschaft:** Russland vereinbarte mit den 19 Gläubigerstaaten des Pariser Clubs die **vorzeitige Rückzahlung seiner** Schulden. Gemäß der am 29. 6. 2006 in Moskau unterzeichneten Vereinbarung, wird Russland bis zum 21. 8. 2006 **Auslandsschulden** in Höhe von 17,7 Mrd. € begleichen. Der größte Teil geht mit rd. 7,7 Mrd. € an Deutschland. Zudem erhält Deutschland 700 Mio. € für entgangene Zinszahlungen. Nach Angaben von Finanzminister Alexej Kudrin spart Russland durch die frühzeitige Rückzahlung ca. 6,1 Mrd. €.

Seit dem 1. 7. 2006 ist der Rubel frei konvertierbar. Finanzminister Kudrin erhofft sich von der Währungsliberalisierung einen Zustrom internationalen Kapitals und weiteres Wirtschaftswachstum. Die Regierung kämpft mit einer hohen Inflation, die sich 2005 auf 10,9 % belief. Das Wirtschaftswachstum betrug nach Regierungsangaben 2005 6,4 %.

Der russische Unternehmer- und Industriellenverband kritisierte auf seiner Jahrestagung am 18. 4. 2006 den **wachsenden Anteil staatlich kontrollierter Unternehmen**. In den vergangenen Monaten hatte u. a. der Milliardär Roman Abramowitsch Ende September 2005 auf Druck des Kremls seinen Mehrheitsanteil von 72,6 % am Erdölkonzern Sibneft für 11 Mrd. € an den Staatskonzern Gasprom verkauft. Mit der Übernahme kontrolliert Gasprom nun ein Drittel der russischen Erdölvorkommen. Auch Russlands zweitwichtigster Maschinenbaukonzern, United Heavy Metal, kam im November 2005 durch Übernahme der Aktienmehrheit durch die Gasprombank, eine Tochter der Gasprom, unter staatliche Kontrolle.

- **Jukos-Zerschlagung:** Der Erdölkonzern Jukos kündigte am 18. 1. 2006 an, er werde die Ende Dezember 2005 erhobene Forderung des Finanzamtes an Steuern und Strafzahlungen in Höhe von 3,7 Mrd. US-$ gerichtlich anfechten. Insgesamt betragen die Forderung der Steuerbehörden rd. 10 Mrd. US-$. Am 28. 3. 2006 nahm ein Moskauer Wirtschaftsgericht einen Konkursantrag ausländischer Banken gegen Jukos an, darunter die Deutsche Bank und die Commerzbank. Ihre Forderungen gegenüber Jukos verkauften die Banken anschließend für 480 Mio. US-$ an den staatlichen Erdölkonzern Rosneft, die Liquidation von Jukos anstrebt.

NORDKAUKASUS

Die Republiken Tschetschenien, Dagestan, Nord-Ossetien, Inguschetien und Kabardinien-Balkarien wurden durch Terroranschläge der tschetschenischen islamistischen Widerstandsbewegung destabilisiert. Gefechte der Rebellen mit russischen Sicherheitstruppen forderten Dutzende Tote. Am 17. 6. 2006 tötete russisches Militär in Argun den Führer des tschetschenischen Widerstandes Abdul-Chalim Saidulajew. Sein Nachfolger, Feldkommandeur Doku Umarow, kündigte am 25. 6. weitere Terroranschläge in ganz Russland an. Am 10. 7. gab der FSB den Tod des Rebellenführers Schamil Bassajew bekannt, der u. a. 2004 die Geiselnahme in Beslan geplant hatte und für weitere Terrorakte (→ unten) verantwortlich war.

- **Anschläge:** Ein Großangriff der tschetschenischen Rebellen richtete sich am 13. 10. 2005 gegen Naltschik, die Hauptstadt von Kabardinien-Balkarien. Mehr als 200 Kämpfer griffen Polizeiwachen, ein Gefängnis, den Sitz des FSB und den Flughafen an. Die Gefechte forderten ca. 100 Opfer unter den Rebellen, den Si-

Präsident Wladimir Putin und Tschetschiens neuer Ministerpräsident Ramsan Kadyrow am 5. 5. 2006 in Moskau

cherheitskräften und der Zivilbevölkerung. Die Verantwortung übernahm der radikalislamische Führer des militärischen Widerstandes Schamil Bassajew. Durch eine Autobombe wurden am 17. 5. 2006 in Nasran (Inguschetien) sieben Menschen getötet, darunter der stellvertretende Innenminister Inguschetiens Dschabrail Kostojew. Bombenanschläge auf eine Ölpipeline und ein Hochspannungsnetz in Nord-Ossetien unterbrachen am 22. 1. 2006 für mehrere Tage die Energieversorgung → Georgiens. Auch Armenien war von der russischen Ölversorgung abgeschnitten.

▪ **Parlamentswahlen in Tschetschenien:** 24 000 Sicherheitskräfte schützten am 27. 11. 2005 die Wahlen zu beiden Kammern des tschetschenischen Parlaments. Laut offiziellen Angaben errang die Partei von Präsident Putin Einiges Russland mehr als 61 % der Stimmen. Einiges Russland verfügt im Unterhaus (Volkskongress) über 24 von 40 Sitzen, im Oberhaus (Republikrat) über 9 von 18. Die Kommunistische Partei (KPRF) kam auf 11 %, die liberale Union der Rechten Kräfte (SPS) ebenfalls auf 11 %. Alle anderen Parteien scheiterten an der 5 %-Hürde. Zudem kamen 14 unabhängige Kandidaten in die beiden Parlamente. Nach Angaben der Zentralen Wahlkommission beteiligten sich 69 % der 600 000 Stimmberechtigten an den Wahlen. Menschenrechtler kritisierten die Parlamentswahl als Farce. Am 28. 2. 2006 trat Ministerpräsidenten Sergej Abramow, aus gesundheitlichen Gründen zurück. Zu seinem Nachfolger ernannte Präsident Alu Alchanow am 2. 3. 2006 den bisherigen Stellvertreter Abramows, Ramsan Kadyrow, Sohn des 2004 ermordeten Präsidenten Achmed Kadyrow, der am 4,3 vom Parlament bestätigte wurde.

Die berüchtigten, unter Kadyrows Befehl stehenden Spezialeinheiten wurden Anfang Mai dem russischen Innenministerium unterstellt. Menschenrechtler werfen den Kadyrow-Truppen Morde, Folterungen, Vergewaltigungen und Entführungen vor.

▪ **Offizielle Totenzahlen in den Tschetschenien-Kriegen:** Der Vorsitzende des tschetschenischen Staatsrates Taus Dschabrailow beziffert am 15. 8. 2005 die Zahl aller Toten der beiden Tschetschenienkriege (1994–1996 und seit 1999) auf 160 000 Menschen, darunter ca. 30 000 bis 40 000 Tschetschenen. Die Zahl der gegenwärtigen tschetschenischen Kämpfer schätzte Dschabrailow auf 1000 Mann, davon 100 bis 150 Ausländer.

▪ **Aufarbeitung des Beslan-Anschlags:** Anlässlich des ersten Jahrestags des Terroranschlags von Beslan fanden am 3. 9. 2005 in Russland zahlreiche Gedenkveranstaltungen statt. Am 1. 9. 2004 hatten laut offizieller Version 32 tschetschenische Terroristen über 1100 Geiseln in einer Grundschule in Beslan genommen. 331 Menschen kamen bei der Erstürmung des Gebäudes durch Sicherheitskräfte am 3. 9. 2004 ums Leben, darunter 183 Kinder (→ WA 2006, S. 385). Das Parlament der Republik Nord-Ossetien kritisierte in seinem am 29. 11. 2005 vorgelegten Bericht über die Geiselnahme u. a. die Arbeit des damaligen Krisenstabs als unkoordiniert. Dem Urteil schloss sich der Bericht der Parlamentskommission vom 28. 12. an, in dem der Präsident des Föderationsrats, Alexander Torschin, weitere Fehler der Sicherheitsorgane aufzählte. Der Bericht der Generalstaatsanwaltschaft vom 26. 12. schrieb die Verantwortung für die Eskalation des Anschlags hingegen allein den tschetschenischen Terroristen zu.

Am 26. 5. 2006 verurteilte der Oberste Gerichtshof Nord-Ossetiens in Wladikawkas den **einzigen überlebenden Geiselnehmer** des Terroranschlags, Nurpaschi Kulajew, wegen mehrfachen Mordes, Mordversuchs und des Terrorismus zu **lebenslanger Haft.** Hinterbliebene der Opfer legten Berufung gegen das Urteil ein, da sie die offizielle Version des Anschlags bezweifeln. Sie kritisieren zudem, dass bislang mit Ausnahme von Polizisten mit niedrigen Rängen keine staatlichen Funktionäre wegen Versagens vor und während des Beslan-Anschlages angeklagt wurden.

AUSSENPOLITIK

▪ **EU:** Präsident Putin ernannte am 26. 7. 2005 den stellvertretenden Außenminister Wladimir Tschischow zum neuen Repräsentanten Russlands bei der EU. Der Posten war seit der Ernennung des Amtsvorgängers Michail Fradkow zum Ministerpräsidenten im März 2004 unbesetzt geblieben.

Der Vorstandsvorsitzende des staatlich kontrollierten Gaskonzerns Gasprom, Alexej Miller, kündigte am 18. 4. 2006 gegenüber den Botschaftern der EU-Staaten in Russland an, dass eine Behinderung der wirtschaftlichen Aktivitäten Gasproms in der EU den Konzern veranlassen wird, neue Märkte in Asien und Nordamerika zu erschließen. Miller betonte zwar, geschlossene Verträge würden eingehalten, dennoch wurde sein Statement als Drohung aufgefasst und löste in der EU Befürchtungen aus, künftig von Russland bei den Preisen für Erdöl und Gas ähnlich unter Druck gesetzt zu werden wie die → Ukraine zum Jahresende 2005. Eine Ratifizierung der EU-Energiecharta zur Versorgungssicherheit lehnte Russland wiederholt ab.

Am 25. 5. 2006 unterzeichneten Russland und die EU (ohne Großbritannien, Irland und Dänemark) auf dem 17. EU-Russland-Gipfel in Sotschi ein seit Jahren verhandeltes **Abkommen über vereinfachte Visa-Rege-**

lungen. Die Vereinbarung erleichtert insbesondere für Geschäftsleute, Fahrer, Forscher, Künstler, Sportler und Journalisten den Reiseverkehr zwischen Russland und der EU. Russland verpflichtete sich, seine Bürger und Personen, die von russischem Territorium aus illegal die Grenze zur EU überschritten haben, ohne Vorbehalte zurückzunehmen. Die ersten drei Jahre nach In-Kraft-Treten des Abkommens gilt die Zurücknahme nur für Bürger aus Staaten, mit denen Russland selbst ein Auslieferungsabkommen hat.

▪ **Europarat:** Russland übernahm am 19. 5. 2006 turnusgemäß für ein halbes Jahr den Vorsitz des Europarates, dessen Mitglied es seit 1996 ist. Die Übernahme des Vorsitzes war wegen der demokratischen Defizite Russlands unter den Mitgliedstaaten umstritten.

▪ **USA:** Das Verhältnis zu den USA wurde durch die Kontroversen um das Atomprogramm des → Iran, die Präsidentschaftswahlen in → Weißrussland und die Tschetschenien-Politik des Kreml belastet. Aus Protest gegen eine Tagung zu Tschetschenien am 14. 4. 2006 in den USA bestellte die russische Regierung den US-Botschafter ins Außenministerium ein.

Das US-Verteidigungsministerium gab im März 2006 bekannt, Russland habe dem Regime von Saddam Hussein zu Beginn des Irak-Krieges 2003 geheime Informationen über US-Truppenbewegungen und Angriffspläne zur Verfügung gestellt. Das Pentagon stützte sich bei seinen Erkenntnissen auf irakische Dokumente. Der russische Außenminister Lawrow wies die Vorwürfe als unbegründet zurück.

▪ **GUS:** Russland konnte 2006 seinen Einfluss in der Gemeinschaft Unabhängiger Staaten (GUS) nur teilweise behaupten. Die Moskau kritischen, prowestlichen GUAM-Staaten Georgien, die Ukraine, Aserbaidschan und Moldau wandelten auf einem Gipfeltreffen am 23. 5. 2006 in Kiew ihre 1997 begründete informelle Vereinigung in eine internationale »Organisation für Demokratie und wirtschaftliche Entwicklung – GUAM« (→ Ukraine) um und denken über einen Austritt aus der GUS nach. Zu neuen Spannungen führte ab Dezember 2005 die Energiepolitik des Kremls. Moskau stellte die verbilligte Abgabe von Erdöl und -gas an die GUS-Staaten ein bzw. kündigte dies an und setzte die Zahlung von Weltmarktpreisen durch (→ Ukraine).

▪ **Deutschland:** In Anwesenheit von Präsident Putin und dem deutschen Bundeskanzler Gerhard Schröder unterzeichneten am 8. 9. 2005 in Berlin Vertreter des russischen Konzerns Gasprom und der deutschen Energiekonzerne E.ON und BASF einen Vertrag über den Bau einer 4 Mrd. € teuren Erdgaspipeline durch die Ostsee vom Hafen von Wyborg in der Nähe von St. Petersburg nach Greifswald. Am Tag des Baubeginns (9. 12. 2005) wurde die Übernahme des Aufsichtsratsvorsitzes der neuen Pipeline-Betreibergesellschaft Northern European Gas Pipeline Company (51 % Gasprom, je 24,5 % E.ON Ruhrgas und BASF) durch den als Bundeskanzler abgewählten Gerhard Schröder bekannt gegeben (→ Deutschland).

Anlässlich der **750-Jahr-Feier der russischen Stadt Kaliningrad (ehemals Königsberg,** → Karte) am 3. 7. 2005 traf sich Präsident Putin mit dem französischen Präsidenten Jacques Chirac und Bundeskanzler Schröder; dabei wurden Themen wie die UN-Reform, der Klimaschutz und die Armutsbekämpfung in Afrika angesprochen.

▪ **Iran:** Im internationalen Streit um das iranische Atomprogramm unterstützte Russland den Iran bei seinem Beharren auf einer zivilen Nutzung der Atomkraft. Die Befürchtungen der USA und der EU, dass der Iran sich in den Besitz von Atomwaffen bringen will, teilte Russland nicht. Allerdings kritisierte Außenminister Lawrow am 13. 1. 2006 die Wiederaufnahme der Urananreicherung durch den Iran. Ein russischer Kompromissvorschlag, der vorsah das iranische Uran künftig in russischen Anlagen anzureichern, wurde von der Regierung in Teheran jedoch nicht akzeptiert. Am 7. 6. erklärte Lawrow, dass Russland Sanktionen gegen den Iran mittragen werde, sollte das Land den Atomwaffensperrvertrag verletzten.

Moskau kooperiert seit Jahren mit dem Iran bei der Errichtung des AKW Bushehr im Iran. Im Dezember 2005 unterzeichneten Russland und Iran einen Vertrag über die Lieferung von 29 Luftabwehrsystemen des Typs TOR-M1, mit denen Iran nach offiziellen Angaben das neue Atomkraftwerk schützen will.

▪ **Israel / Palästinensische Gebiete:** Nach dem Sieg der radikalislamischen Hamas in den palästinensischen Gebieten im Januar 2006 lud Putin ungeachtet der internationalen Kritik Anfang Februar die Führung der Hamas nach Moskau ein und wich damit von der Position des so genannten Nahost-Quartetts, zu dem auch Russland gehört, ab, die palästinensische Regierung unter Führung der Hamas politisch und finanziell zu isolieren. Am 25. 4. 2006 transportierte Russland mit einer Topol-Trägerrakete einen israelischen Spionagesatelliten ins All. Der Satellit soll das iranische Atomprogramm überwachen.

Salomonen

Ozeanien
Solomon Islands – SB / SLB

Fläche (Weltrang: 143): 27 556 km²

Einwohner (163): F 2004 466 000 = 16,9 je km²

Hauptstadt: Honiara

Amtssprache: Englisch

Bruttonationaleinkommen 2004 je Einw.: 560 $

Währung: 1 Salomonen-Dollar (SI$) = 100 Cents
Kurs: 1 US-$ = 7,73 SI$; 1 € = 10,01 SI$

Botschaft der Salomonen
28, Boulevard Saint Michel, B-1040 Brüssel
T 00 32 – 2 / 7 32 70 85, Fax 7 32 68 85

LANDESSTRUKTUR **Fläche**: 27 556 km²; Solomon Islands ohne North Solomons (→ Papua-Neuguinea); → Karte ▪ **Verwaltung**: 9 Provinzen und Hauptstadt; Tabelle → WA 2006, S. 388 ▪ **Städte**: (F 2000) Honiara (Guadalcanal) 50 100 Einw., Gizo 7000, Auki 5000

BEVÖLKERUNG Salomoner – F 2004: 466 000 Einw.; Bevölkerungswachstum: 2,6 %; letzte Zählung 1999: 409 042 Einw. – 94,2 % Melanesier, 3,7 % Polynesier, 1,4 % Mikronesier; außerdem Europäer und Chinesen ▪ **Sprachen**: Englisch, Pidgin-Englisch (Neo-Solomonian); etwa 80 melanesische und polynesische Sprachen ▪ **Religion**: über 95 % Christen (34 % Anglikaner, 19 % Katholiken, 17 % South Sea Evangelical Church, 21 % andere Protestanten); autochthone Kulte (u. a. Cargo)

STAATS- UND REGIERUNGSFORM Verfassung von 1978, zuletzt geändert 1997 – Parlamentarische Monarchie (im Commonwealth) seit 1978 – Parlament (National Parliament) mit 50 Mitgl., Wahl alle 4 J. – Wahlrecht ab 21 J. ▪ **Unabhängigkeit**: 7. 7. 1978 (ehem. britisches Protektorat) ▪ **Nationalfeiertag**: 7. 7.

REGIERUNG UND PARTEIEN **Staatsoberhaupt**: Königin Elizabeth II., vertreten durch Generalgouverneur Nathaniel Waena, seit 7. 7. 2004 – **Regierungschef**: Manasseh Sogavare (PPP), seit 4. 5. 2006 – **Äußeres**: Patteson Oti, seit 5. 5. 2006 ▪ **Parlament**: Wahlen vom 5. 4. 2006: Sitzverteilung nicht bekannt; Wahlen vom 5. 12. 2001: People's Alliance Party / PAP 20 von 50 Sitzen (1997: –), Association of Independent Members / AIM 13 (–), Solomon Islands Alliance for Change / SIAC: Koalition aus Liberal Party und Sonstigen 12 (26), People's Progressive Party / PPP 4 (–), Labour Party 1 (–), Group for National Unity and Reconciliation / GNUR – (24)

WIRTSCHAFT **BIP** 2004: 258 Mio. $; realer Zuwachs: 5,5 %; Anteil (2000) Landwirtschaft 42 %, Industrie 11 %, Dienstleistungen 47 % ▪ **Erwerbstätigkeit** 2003: Landwirtsch. 72 % ▪ **Arbeitslosigkeit**: k. A. ▪ **Inflation** ∅ 2003: 10,0 % ▪ **Außenhandel** 2003: **Import**: 557 Mio. SI$; *Güter*: Nahrungsmittel, Tiere, Getränke und Tabak, Maschinen und Transportausrüstungen; *Länder*: 28 % Australien, 23 % Singapur, 5 % Neuseeland; **Export**: 507 Mio. SI$; *Güter*: Bau- und Nutzholz, Fisch, Palmöl; *Länder*: 25 % VR China, 18 % Japan, 14 % Rep. Korea, 9 % Philippinen

CHRONIK

Bei der **Parlamentswahl** am 5. 4. 2006 errangen 30 unabhängige Kandidaten und 20 Vertreter von sieben der 13 angetretenen Parteien ein Mandat in dem 50 Sitze umfassenden Parlament. Markantestes Ergebnis war der massive Stimmenverlust für die People's Alliance Party (PAP) des scheidenden Premierministers Sir Allan Kemakeza. Unter dem Vorwurf, ein korruptes Regime ausgeübt zu haben, verlor sie zwei Drittel ihrer 2001 gewonnenen Sitze. Als das Parlament am 18. 4. den bisherigen stellvertretendenden Premierminister **Snyder Rini**, einen Gefolgsmann Kemakazes, **zum neuen Regierungschef** wählte, brachen in der Hauptstadt Honiara gewalttätige Proteste aus. Nachdem mehrere Abgeordnete aus dem Lager des Regierungschefs zur Opposition gewechselt waren, kam **Rini** am 26. 4. einem Misstrauensvotum durch das Parlament zuvor und **erklärte seinen Rücktritt**.

Unterdessen hatte die internationale Friedenstruppe Regional Assistance Mission to the Solomon Islands (RAMSI) die Lage in der Stadt wieder unter Kontrolle gebracht. Sie sicherte auch die Sitzung des Parlaments am 4. 5. 2006, das in geheimer Abstimmung mit 28 gegen 22 Stimmen Manasseh Sogavare zum **neuen Premierminister** wählte. Sogavare, der bereits von 2000 bis 2001 Regierungschef war, hatte dem Kabinett von Snyder Rini angehört, war angesichts der Massenproteste gegen Rini in der Öffentlichkeit aber zur Opposition übergetreten.

Sambia Süd-Afrika

Republik Sambia; Republic of Zambia – ZM / ZMB

Fläche (Weltrang: 38): 752 614 km²

Einwohner (71): F 2004 11 479 000 = 15,3 je km²

Hauptstadt: Lusaka

Amtssprache: Englisch

Bruttonationaleinkommen 2004 je Einw.: 400 $

Währung: 1 Kwacha (K) = 100 Ngwee
Kurs: 1 US-$ = 3413 K; 1 € = 4382 K

Botschaft der Republik Sambia
Axel-Springer-Str. 54 a, 10117 Berlin
T 030 / 206 29 40, Fax 20 62 94 19
www.sambia-botschaft.de

LANDESSTRUKTUR **Fläche**: 752 614 km²; Karte → WA 2006, S. 389 ▪ **Verwaltung**: 9 Provinzen ▪ **Städte**: (Z 2000) Lusaka 1 084 703 Einw., Ndola 374 757, Kitwe 363 734, Kabwe 176 758, Chingola 147 448, Mufulira 122 336, Luanshya 115 579, Livingstone 97 488

BEVÖLKERUNG Sambier – F 2004: 11 479 000 Einw.; Bevölkerungswachstum: 1,6 %; letzte Zählung 2000: 10 285 631 Einw. – Z 1980: insg. 73 ethnische Gruppen (v. a. Bantu): 36 % Bemba, 18 % Nyanja (einschließlich Chichewa, Nsenga, Ngoni), 15 % Tonga (einschließlich Lenje, Soli, Ila), 10 % Nordwest-Gruppe (Luvale, Lunda, Kaonde), 8 % Barotse (einschließlich Lozi, Nkoya) sowie kleine Buschmanngruppen; Minderheiten von Europäern, Asiaten u. a. ▪ **Sprachen**: Englisch; Bantu-Sprachen (Bemba, Tonga, Lozi, Luanda, Chinyanja, Kaonde u. a.) ▪ **Religion**: 87 % Christen (28 % Katholiken, Protestanten, v. a. Pfingstler); indigene Religionen; Minderheiten von Muslimen und Hindus

STAATS- UND REGIERUNGSFORM Verfassung von 1991, zuletzt geändert 1996 – Präsidialrepublik (im Commonwealth) seit 1964 – Parlament (National Assembly) mit 160 Mitgl. (150 gewählt, 8 vom Präsidenten ernannt, 2 ex officio), Wahl alle 5 J.; House of Chiefs mit 27 Vertretern ethnischer Gruppen – Direktwahl des Staatsoberhauptes alle 5 J. (einmalige Wiederwahl) – Wahlrecht ab 18 J. ▪ **Unabhängigkeit**: 24. 10. 1964 (ehem. britisches Protektorat Nordrhodesien) ▪ **Nationalfeiertag**: 24. 10.

REGIERUNG UND PARTEIEN **Staats- u. Regierungschef**: Levy Patrick Mwanawasa (MMD-Vorsitzender), seit 2. 1. 2002 – **Äußeres**: Ronnie Shikapwasha, seit 10. 1. 2005 ▪ **Parlament**: Wahlen am 27. 12. 2001: Movement for Multi-Party Democracy / MMD 69 von 150 gewählten Sitzen (1996: 131), United Party for National Development / UPND 49 (–), United National Independence Party / UNIP 13 (–), Forum for Democracy and Development 12 (–), Sonstige und Unabhängige 7 (19)

WIRTSCHAFT **BIP** 2004: 5,402 Mrd. $; realer Zuwachs: 4,6 %; Anteil (2004) Landwirtschaft 21 %, Industrie 27 %, Dienstleistungen 52 % ▪ **Erwerbstätigkeit** 2002: Landwirtsch. 68 % ▪ **Arbeitslosigkeit**: k. A. ▪ **Inflation** ∅ 2005: 15,9 % ▪ **Außenhandel** 2005: **Import**: 2,068 Mrd. $; *Güter*: v. a. Maschinen und Transportausrüstungen, mineralische Brennstoffe, chemische Produkte, Nahrungsmittel und lebende Tiere; *Länder*: 72 % Südafrika, außerdem VR China, Großbritannien, Tansania; **Export**: 2,127 Mrd. $; *Güter*: v. a. Kupfer, Kobalt; *Länder*: Südafrika, Malawi, Japan, Großbritannien

CHRONIK

Die Durchführung einer **Verfassungsreform** dominierte seit Mitte 2005 die Innenpolitik. Im Mittelpunkt stand die Forderung der Opposition, dass der Präsident nur mit der absoluten Mehrheit von über 50 % der stimmberechtigten Bevölkerung als gewählt gelten kann. Bei den letzten Wahlen hatte sich Präsident Levy Patrick Mwanawasa mit lediglich 29 % gegen den Vorsitzenden der größten Oppositionspartei United Party for National Development (UPND), Anderson Mazoka, mit 27 % durchgesetzt. Präsident Mwanawasa hatte sich zunächst vehement gegen die Reformen ausgesprochen. Mit einer Demonstration verliehen Zehntausende am 1. 11. 2005 den Forderungen der Opposition Nachdruck.

Am 18. 1. 2006 erklärte sich der Präsident bereit, noch vor den Wahlen eine verfassunggebende Versammlung einzuberufen und einen Verfassungsentwurf vorzulegen.

▪ **Wirtschaft:** Der steigende Preis für **Kupfer** führte zu einer deutlichen Ausweitung der jährlichen Produktion von 421 000 auf 550 000 t in 2005 (+38 %). Zwei schwere Grubenunglücke, bei denen mehr als 50 Bergleute starben, machten zugleich auf die nach wie vor problematischen Sicherheitsstandards in den Bergwerken aufmerksam.

▪ **Weitere Ereignisse:** Am 16. 2. 2006 musste sich der frühere Staatschef **Frederick Chiluba** (1991–2001) vor Gericht zu Vorwürfen äußern, 507 000 US-$ an **Staatsgeldern veruntreut** zu haben. Bisherige Verfahren waren wiederholt wegen Verfahrensfehlern eingestellt worden (→ WA 2006, S. 389).

Aufgrund einer drohenden Hungersnot wurde am 17. 11. 2005 der **nationale Notstand** ausgerufen. Rd. 1,2 Mio. Menschen (oder 10 % der Bevölkerung) galten als unmittelbar von der Katastrophe betroffen.

Samoa Ozeanien

Unabhängiger Staat Samoa; Mālō Tuto'atasi o Sāmoa-i-Sisifo (samoanisch); Independent State of Samoa – WS / WSM

Fläche (Weltrang: 166): 2831 km²

Einwohner (174): F 2004 184 000 = 65 je km²

Hauptstadt: Apia

Amtssprachen: Samoanisch, Englisch

Bruttonationaleinkommen 2004 je Einw.: 1840 $

Währung: 1 Tala (WS$) = 100 Sene
Kurs: 1 US-$ = 2,85 WS$; 1 € = 3,70 WS$

Botschaft des Unabhängigen Staates Samoa
20, Avenue de l'Orée, B-1000 Brüssel
T 0032 – 2 / 6 60 84 54, Fax 6 75 03 36
E-Mail: samoaembassy@skynet.be

LANDESSTRUKTUR **Fläche**: 2831 km²; davon Savai'i 1708 km², Upolu 1123 km² ▪ **Verwaltung**: 4 Regionen ▪ **Städte**: (Z 2001) Apia (Upolu) 38 836 Einw.

BEVÖLKERUNG Samoaner – F 2004: 184 000 Einw.; Bevölkerungswachstum: 0,8 %; letzte Zählung 2001: 176 710 Einw. – 1991: ca. 90 % Samoaner (Polynesier), 9 % Euronesier; chin. Minderheit ▪ **Sprachen**: Samoanisch, Englisch ▪ **Religion** 2002: v. a. Protestanten, 24 % Katholiken

STAATS- UND REGIERUNGSFORM Verfassung von 1962 – Parlamentarische Demokratie (im Commonwealth) seit 1962 – Gesetzgebende Versammlung (Fono) mit 49 Mitgl., Wahl alle 5 J. – Derzeitiges Staatsoberh. auf Lebenszeit, danach Wahl durch Fono alle 5 J. – Wahlrecht ab 21 J. ▪ **Unabhängigkeit**: 1. 1. 1962 (ehem. Treuhandgebiet unter neuseeländischer Verwaltung) ▪ **Nationalfeiertag**: 1. 6. (Verfassungstag)

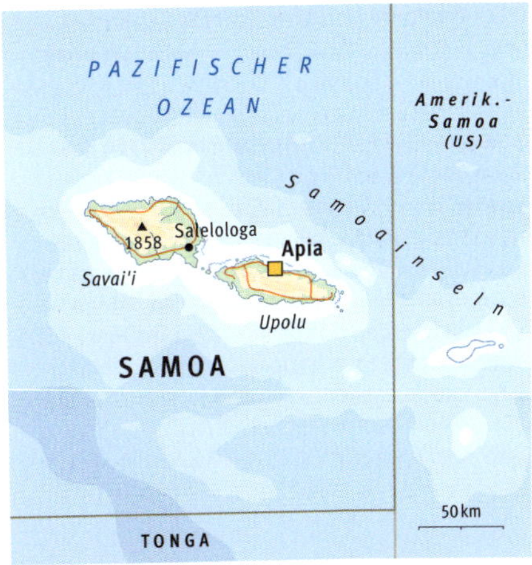

REGIERUNG UND PARTEIEN **Staatsoberhaupt**: Häuptling Malietoa Tanumafili II., seit 1962 – **Regierungschef u. Äußeres**: Tuila'epa Sailele Malielegaoi (HRPP-Vors.), seit 23. 11. 1998 ▪ **Parlament**: Wahlen vom 31. 3. 2006: Human Rights Protection Party / HRPP 29 von 49 Sitzen (2001: 23), Samoan Democratic United Party / SDUP 12 (–), Samoa National Development Party / SNDP – (13), Samoa United People's Party / SUPP – (1), Unabhängige 8 (12)

WIRTSCHAFT **BIP** 2004: 375 Mio. $; realer Zuwachs: 3,1 %; Anteil (2004) Landwirtschaft 14 %, Industrie 27 %, Dienstleistungen 60 % ▪ **Erwerbstätigkeit** 2001: Landwirtsch. 35 % ▪ **Arbeitslosigkeit**: k. A. ▪ **Inflation** ∅ 2003: 0,1 % ▪ **Außenhandel** 2003 / 04: **Import**: 149,5 Mio. $; *Güter*: 55 % Konsumgüter, 23 % Zwischenprodukte, 22 % Kapitalgüter; *Länder*: 21 % Neuseeland, 19 % Fidschi, 18 % Australien, 11 % Japan; **Export**: 14,1 Mio. $; *Güter*: 35 % Fisch, 30 % Textilien, 10 % Bier, 9 % Kokosprodukte; *Länder*: 76 % Australien, 6 % USA

CHRONIK

Bei den **Parlamentswahlen** (→ auch Foto) am 31. 3. 2006 wurde Ministerpräsident Tuila'epa Sailele Malielegaoi im Amt bestätigt. Auf seine Human Rights Protection Party (HRPP) entfielen 29 der 49 Parlamentssitze. Die größte Oppositionspartei, die Samoa Democratic United Party (SDUP), kam auf zwölf Abgeordnete, unabhängige Kandidaten errangen acht Sitze. Die HRPP regiert seit 24 Jahren und war zuletzt durch Korruptionsfälle und zwei Ministerrücktritte in Verruf geraten. Mit einem BIP-Wachstum von 5,6 % im Jahr 2005 und Wirtschaftsreformen hatte Ministerpräsident und HRPP-Vorsitzenden Sailele seine Popularität jedoch sichern können.

Der südpazifische Inselstaat mit seinen rund 180 000 Bewohnern gilt als **Stabilitätsanker in der Region**, in der zuletzt mehrere Staaten wie → Fidschi, → Nauru und die → Salomonen von Krisen geschüttelt wurden. Das politische System Samoas orientiert sich an dem Großbritanniens, enthält aber auch zahlreiche Elemente der eigenen Kultur. So dürfen für das Parlament nur Familienoberhäupter kandidieren, zur Wahl standen diesmal 210 Kandidaten, darunter 18 Frauen.

Parlamentsgebäude Fale Fono in Apia

San Marino Süd-Europa

Republik San Marino; Repubblica di San Marino – SM / SMR

Fläche (Weltrang: 190): 61,2 km²

Einwohner (190): F 2004 28 000 = 458 je km²

Hauptstadt: San Marino

Amtssprache: Italienisch

Bruttonationaleinkommen 2004 je Einw.: k. A.

Währung: 1 Euro (€) = 100 Cent
Kurs: 1 US-$ = 0,79 € (1. 7. 2006)

Honorarkonsul von San Marino
Arndtstr. 12, 60325 Frankfurt am Main
T und Fax 069 / 7 41 04 40

LANDESSTRUKTUR **Fläche**: 61,2 km² ▪ **Verwaltung**: 9 Distrikte (Castelli = Kirchengemeinden) ▪ **Städte**: (Z 2002) Serravalle 9265 Einw., Borgo Maggiore 5916, San Marino – Città 4483

BEVÖLKERUNG San-Marinesen – F 2004: 28 000 Einw.; Bevölkerungswachstum: 0,0 %; letzte Zählung 2002: 28 753 Einw. – 85,7 % San-Marinesen, 13,0 % Italiener, 1,3 % Sonstige ▪ **Sprachen**: Italienisch, romagnolischer Dialekt ▪ **Religion**: 93 % Katholiken

STAATS- UND REGIERUNGSFORM Verfassung von 1599 mit Ergänzungen – Republik seit 1599 – Freundschaftsvertrag und Zollunion mit Italien – Staatsreligion: Katholizismus – Parlament (Consiglio Grande e Generale) mit 60 Mitgl., Wahl alle 5 J. (wählt zwei Regierende Kapitäne [Capitani Reggenti] als Staatsoberh. für eine Amtszeit von je 6 Mon.) – Wahlrecht ab 18 J. (auch für im Ausland leb. Bürger) ▪ **Unabhängigkeit**: erste urkundl. Erwähnung 20. 2. 885; seither selbständig ▪ **Nationalfeiertag**: 3. 9. (legendäre Gründung im Jahr 301 durch Eremiten Marino)

REGIERUNG UND PARTEIEN **Staatsoberhaupt**: (Capitani Reggenti) Gian Franco Terenzi (PDCS) / Loris Francini (PDCS), seit 1. 4. 2006 – **Regierungschef und Äußeres**: Fiorenzo Stolfi (PSS), seit 17. 12. 2002 ▪ **Parlament**: Wahlen vom 4. 6. 2006: Partito Democratico Cristiano Sammarinese / PDCS 21 von 60 Sitzen (2001: 25), Partito dei Socialisti e dei Democratici / PSD 20 (27), Alleanza Popolare dei Democratici S. / APDS 7 (5), Sinistra Unita 5 (2), Sonstige 7 (3)

WIRTSCHAFT **BIP** 2002: 880 Mio. $; realer Zuwachs: 2,3 %; ▪ **Erwerbstätigkeit**: k. A. ▪ **Arbeitslosigkeit**: k. A. ▪ **Inflation**: k. A. ▪ **Außenhandel**: k. A.; statistisch unter Italien erfasst

São Tomé und Príncipe

Zentral-Afrika
Demokratische Republik São Tomé und Príncipe; República Democrática de São Tomé e Príncipe – ST / STP

Fläche (Weltrang: 170): 1001 km²

Einwohner (176): F 2004 153 000 = 153 je km²

Hauptstadt: São Tomé

Amtssprache: Portugiesisch

Bruttonationaleinkommen 2004 je Einw.: 390 $

Währung: 1 Dobra (Db) = 100 Cêntimos
Kurs: 1 US-$ = 12 564 Db; 1 € = 16 131 Db

Botschaft der Demokratischen Republik São Tomé und Príncipe
175, Av. de Tervuren, B-1150 Brüssel
T 00 32 – 2 / 7 34 89 66, Fax 7 34 88 15

LANDESSTRUKTUR **Fläche**: 1001 km²; davon São Tomé 836 km² und Príncipe 128 km²; Karte → WA 2006, S. 391 ▪ **Verwaltung**: 7 Distrikte ▪ **Städte**: (Z 2001) São Tomé 49 957 Einw., Neves (São Tomé) 6635, Santana (São Tomé) 6228, Trindade (São Tomé) 6049, Santo António (Príncipe) 1010

BEVÖLKERUNG São-Toméer – F 2004: 153 000 Einw.; Bevölkerungswachstum: 2,3 %; letzte Zählung 2001: 137 599 Einw. – 1997: 88 % Schwarze (Forros, Angolares u. a.), 10 % Mulatten, 2 % Europäer (überwiegend Portugiesen) ▪ **Sprachen**: Portugiesisch, Crioulo (portugiesisches Kreol) ▪ **Religion** 2003: 95 % Christen (88 % Katholiken), 3 % Muslime; indigene Religionen

STAATS- UND REGIERUNGSFORM Verfassung von 1990 – Präsidialrepublik seit 1975 – Parlament (Assembléia Nacional) mit 55 Mitgl., Wahl alle 5 J. – Direktwahl des Staatsoberhauptes alle 5 J. (einmalige Wiederwahl) – Wahlrecht ab 18 J. ▪ **Unabhängigkeit**: 12. 7. 1975 (ehem. portugiesische Kolonie) ▪ **Nationalfeiertag**: 12. 7.

REGIERUNG UND PARTEIEN **Staatsoberhaupt**: Fradique de Menezes (MDFM / PCD), seit 3. 9. 2001 – **Regierungschef**: Tomé Vera Cruz (MDFM / PCD-Vorsitzender), seit 21. 4. 2006 – **Äußeres**: Carlos Gustavo dos Anjos, seit 21. 4. 2006 ▪ **Parlament**: Wahlen vom 26. 3. 2006: Movimento Democrático Força da Mudança / Partido da Convergência Democrática (MDFM / PCD) 23 von 55 Sitzen (2002: 23), Movimento de Libertação-Partido Social Democrata / MLSTP-PSD 20 (24), Acção Democrática Independente / ADI 11 (–), Movimento Novo Rumo / MNR 1 (–), Uê Kédadji – (8)

WIRTSCHAFT **BIP** 2004: 62 Mio. $; realer Zuwachs: 4,5 %; Anteil (2003) Landwirtschaft 17 %, Industrie 16 %, Dienstleistungen 67 % ▪ **Erwerbstätigkeit** 2001: Landwirtsch. 31,5 %, Industrie 17,0 %, Dienstl. 51,5 % ▪ **Arbeitslosigkeit**: k. A. ▪ **Inflation**: k. A. ▪ **Außenhandel** 2003: **Import**: 27,5 Mio. $; *Länder*: v. a. Angola, Portugal; **Export**: 6,4 Mio. $; *Güter*: 80 % Kakao; *Länder*: v. a.Niederlande

CHRONIK

Im Zusammenhang mit der Vergabe von Erölförderrechten in der Joint Development Zone vor der gemeinsamen Küste mit Nigeria legte das Justizministerium am 9. 12. 2005 einen **Untersuchungsbericht** vor, in dem **gravierende Fehler bei Vertragsabschlüssen mit internationalen Erdölkonzernen** bemängelt wurden. Das Ministerium kritisierte, dass mehrere Firmen, die einen Zuschlag erhalten hatten, weder über ausreichendes technisches Know-how noch über genügend finanzielle Mittel zur Erdölförderung verfügten. Besonders hervorgehoben wurde das in Texas (USA) ansässige und von dem nigerianischen Geschäftsmann Sir Emeka Offor kontrollierte Unternehmen ERHC, bei dem es sich nach Ansicht von Experten um eine Briefkastenfirma handelt. Trotzdem waren dem Unternehmen bereits 2003 vertragliche Privilegien eingeräumt worden, wie etwa ein Vorkaufsrecht für Förderlizenzen und eine Befreiung von diversen Vorauszahlungen. Offor werden enge Verbindungen zur Elite des Landes und zu wichtigen Mitgliedern der Nationalen Erdölkommission nachgesagt. Nach Vorwürfen, er habe **Entwicklungsgelder** aus Marokko in Höhe von 500 000 US-$ ohne Genehmigung des Parlaments für Anschaffungen im Staatspräsidium **zweckentfremdet, trat** der seit September 2004 amtierende **Außenminister** Olvídio Manuel Barbosa Pequeno am 16. 1. 2006 **zurück**. Mit der Übernahme der laufenden Amtsgeschäfte bis zur Parlamentswahl im März 2006 wurde Verteidigungsminister Oscar Barbosa betraut.

Bei den **Wahlen zur Nationalversammlung** am 26. 3. 2006 kam es zu einem **Machtwechsel**. Der Präsident Fradique de Menezes nahestehende Parteienzusammenschluss Movimento Democrático Força da Mundança / Partido da Convergência Democrática (MDFM / PCD) errang 37,0 % der Stimmen. Die bislang regierende frühere Einheitspartei Movimento de Libertação de São Tomé e Príncipe-Partido Social Democrata (MLSTP / PSD) kam nur noch auf 29,5 %. Drittgrößte Fraktion im Parlament wurde die Acção Democrática Independente / ADI mit 20,0 %, das Movimento Novo Rumo erhielt 4,7 %. Die Wahlbeteiligung lag bei 64 %.

Bei seiner Amtseinführung am 21. 4. versprach der **neue Premierminister Tomé Vera Cruz** die Konsolidierung der Demokratie, eine Reform des öffentlichen Dienstes, die Stärkung der Wirtschaft und die Bekämpfung der Armut.

Saudi-Arabien Vorder-Asien

Königreich Saudi-Arabien; al-Mamlaka al-ʻArabiyya as-Saʻūdiyya – SA / SAU

Fläche (Weltrang: 13): 2 240 000 km²

Einwohner (46): F 2004 23 950 000 = 10,7 je km²

Hauptstadt: Ar-Riyad (Riad)

Amtssprache: Arabisch

Bruttonationaleinkommen 2004 je Einw.: 10 140 $

Währung: 1 Saudi Riyal (S.Rl.) = 100 Hallalas
Kurs: 1 US-$ = 3,75 S.Rl.; 1 € = 4,89 S.Rl.

Botschaft des Königreichs Saudi-Arabien
Kurfürstendamm 63, 10707 Berlin
T 030 / 88 92 50, Fax 88 92 51 79

LANDESSTRUKTUR **Fläche**: 2 240 000 km²; Karte → WA 2006, S. 392 ▪ **Verwaltung**: 13 Regionen mit 103 Governoraten Tabelle → WA 2006, S. 392; außerdem Neutrale Zonen: 5770 km² zum angrenzenden Kuwait, seit 1966 administrative Teilung, gemeinsame Nutzung der Erdölvorkommen; 7044 km² zum angrenzenden Irak, entmilitarisiert und unbesiedelt ▪ **Städte**: (Z 2004) Ar-Riyād (Riad) 4 087 152 Einw., Jiddah 2 801 481, Makkah (Mekka) 1 294 168, Al-Madīnah (Medina) 918 889, Ad-Dammām 744 321, Aṭ-Ṭā'if (Taif) 521 273

BEVÖLKERUNG Saudi-Araber – F 2004: 23 950 000 Einw.; Bevölkerungswachstum: 2,6 %; letzte Zählung 2004 (vorl.): 22 673 538 Einw. – F 2000: 74,8 % Saudiaraber (über 30 % Nomaden und Halbnomaden); 25,1 % Ausländer (Arbeitskräfte aus den Philippinen, aus Bahrain, Ägypten, Jemen, Jordanien, Pakistan, Syrien, Indien, Kuwait) ▪ **Sprachen**: Arabisch (verschiedene Dialekte); Englisch ▪ **Religion**: 98 % Muslime, v. a. Sunniten (Herrscherhaus folgt wahhabitischer Richtung), im O Schiiten; Christen und Hindus (ausländische Arbeitskräfte)

STAATS- UND REGIERUNGSFORM Verfassung von 1993 – Islamische absolute Monarchie seit 1932 – Staatsreligion: Islam – Islamisches Recht (Scharia) – König nominell auch geistliches Oberhaupt (Hüter der Heiligen Stätten) – Parlament: Nationaler Konsultativrat (Madschlis as-Schura) mit 150 Mitgl. (4 für schiit. Minderh. reserviert) alle 4 J. durch König ernannt – Wahlrecht ab 21 J. (nur Männer) ▪ **Unabhängigkeit**: Staatsgründung 23. 9. 1932 ▪ **Nationalfeiertag**: 23. 9. (Tag der Vereinigung)

REGIERUNG UND PARTEIEN **Staats- u. Regierungschef**: König Abdullah Ibn Abdelasis al-Sa'ud, seit 1. 8. 2005 – **Äußeres**: Prinz Sa'ud al-Faisal, seit 1975 ▪ **Parlament**: Nationaler Konsultationsrat mit ernannten Mitgliedern

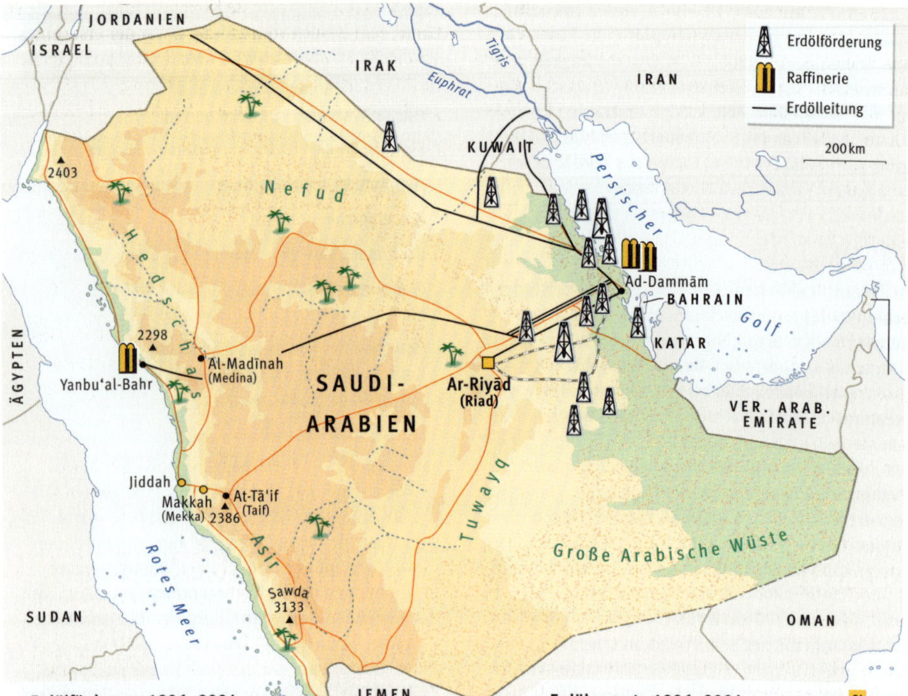

Erdölförderung 1996–2004
(in 1000 Barrel pro Tag)

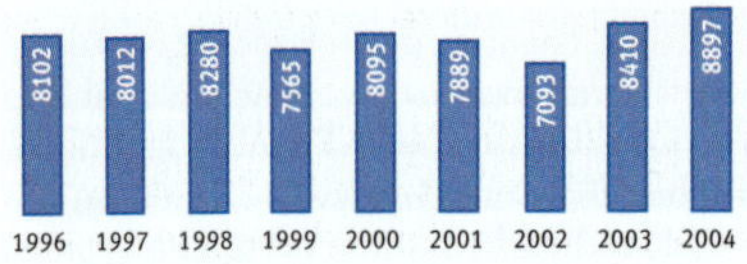

Erdölexporte 1996–2004
(in Mrd. US-$)

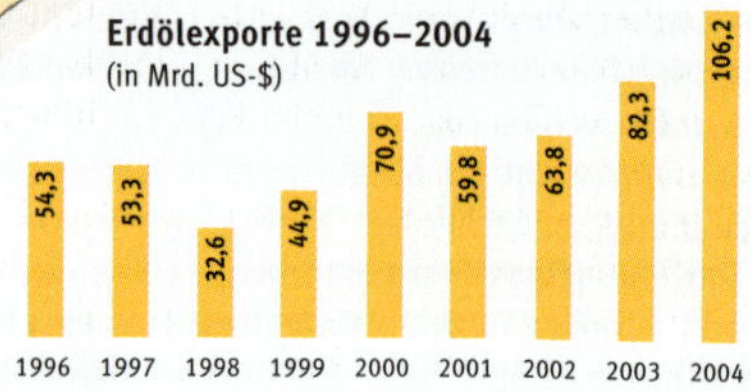

Quelle: OPEC, Annual Statistical Bulletin 2004

WIRTSCHAFT **BIP** 2004: 250,557 Mrd. $; realer Zuwachs: 5,2 %; Anteil (200) Landwirtschaft 4 %, Industrie 59 %, Dienstleistungen 37 % ▪ **Erwerbstätigkeit** 2002: Landwirtsch. 5 %, Industrie 21 %, Dienstl. 74 % ▪ **Arbeitslosigkeit** ∅ 2005: 13 % der einheimischen Bevölkerung ▪ **Inflation** ∅ 2005: 0,4 % ▪ **Außenhandel** 2005: **Import**: 47,0 Mrd. $; *Güter* 2004: 22 % Maschinen und elektrische Erzeugnisse, 22 % Transportausrüstungen, 15 % Ernährungsgüter, 10 % Metalle und Metallwaren, 9 % chemische Erzeugnisse, 5 % Textilien und Bekleidung; *Länder* 2004: 9 % USA, 7 % Deutschland, 7 % Japan, 5 % Großbritannien, 5 % VR China, 3 % Frankreich, 3 % Italien, 3 % Rep. Korea, 3 % Australien, 3 % Indien (EU gesamt: 28 %); **Export**: 185,3 Mrd. $; *Güter* 2004: 90 % Erdöl und Erdölerzeugnisse, 8 % petrochemische Erzeugnisse; *Länder* 2004: 19 % USA, 15 % Japan, 10 % Rep. Korea, 6 % VR China, 4 % Singapur, 3 % Niederlande, 3 % Frankreich, 3 % Italien, 1 % Deutschland (EU gesamt: 17 %)

CHRONIK

▪ **Tod von König Fahd:** Am 1. 8. 2005 verstarb König Fahd Ibn Abdelasis, der seit 1982 an der Macht war. Kronprinz Abdullah Ibn Abdelasis al-Sa'ud, der 82-jährige Halbbruder des Verstorbenen, der bereits seit dem Schlaganfall Fahds 1995 die Regierungsgeschäfte geführt hatte, trat die Nachfolge an. Zum neuen Kronprinzen wurde Verteidigungsminister Prinz Sultan Ibn Abdelasis, ein Vollbruder des Verstorbenen, ernannt. König Abdullah führte am 16. 10. 2005 als neue staatliche Institution den Nationalen Sicherheitsrat ein, der mit umfangreichen Befugnissen ausgestattet wurde. So kann er den Ausnahmezustand verhängen, außerdem soll er Korruption und Amtsmissbrauch bekämpfen. Zum Generalsekretär des Sicherheitsrats ernannte der König Prinz Bandar Ibn Sultan, den früheren Botschafter in Washington.

Matruk al-Falih, Abdullah al-Hamid und Ali al-Demini, **Befürworter liberaler Reformen**, die im Mai 2005 wegen »Verbreitung abweichender Meinungen und Missachtung des Staatsoberhaupts« zu Haftstrafen zwischen sechs und neun Jahren verurteilt worden waren, wurden am 8. 8. 2005 von König Abdullah **begnadigt**. Bei den Wahlen zur Handelskammer in Dschiddah am 26. / 27. 11. 2005 konnten **Frauen erstmals** in Saudi-Arabien das aktive und passive **Wahlrecht** ausüben. Zwei Frauen wurden in das 18-köpfige Gremium gewählt. Ansonsten bleibt ihnen das Wahlrecht weiterhin verwehrt.

- **Vorgehen der Sicherheitskräfte gegen Al-Qaida:** Am 3. 7. 2005 wurde der Marokkaner Yunis Mohammed Ibrahim al-Hayari, die Nr. 1 auf der 36 Personen umfassenden Fahndungsliste des Innenministeriums, in Riad bei einer Schießerei mit der Polizei getötet. Bei Razzien der Sicherheitskräfte in Riad und Medina kamen am 18. 8. sechs Al-Qaida-Aktivisten ums Leben, darunter auch der Führer von Al-Qaida in Saudi-Arabien, Saleh al-Aufi. Weitere Mitglieder der Terrororganisation wurden in Dammam aufgespürt. Seit Beginn der Terroraktionen von Al-Qaida im Mai 2003, die sich insbesondere gegen westliche Ausländer richteten, sollen nach offiziellen Angaben bis Ende 2005 mindestens 90 Zivilisten, 49 Angehörige der Sicherheitskräfte und mindestens 120 Angehörige von Al-Qaida getötet worden sein. Ein geplanter Anschlag auf die größte Erdölraffinerieanlage in Abkaik im Osten des Landes konnte von den Sicherheitskräften am 24. 2. 2006 vereitelt werden. Bis Mai wurden über 80 weitere Terrorverdächtige, darunter vier Ausländer, festgenommen.
- **Organisation der Islamischen Konferenz (OIC):** Auf einem Sondergipfel der OIC in Mekka am 7. / 8. 12. 2005 wurde die **Erklärung von Mekka** verabschiedet, die gegen die Ideologie des Heiligen Krieges von Al-Qaida Position bezieht und die Praxis des Takfir (einen anderen Muslim für ungläubig erklären) verurteilt. König Abdullah hatte bei seiner Eröffnungsansprache für Mäßigung, die Verständigung zwischen Sunniten und Schiiten sowie den Dialog der Kulturen geworben. In der Abschlusserklärung wurde der Terrorismus und dessen religiöse Rechtfertigung verurteilt, außerdem wurde ein Ende der israelischen Besetzung Palästinas und die Unterstützung des politischen Wiederaufbaus im Irak gefordert.
- **Außenpolitik:** Nach fünfmonatigen Verhandlungen wurde am 9. 9. 2005 ein **Handelsabkommen mit den USA** unterzeichnet. Damit konnte eines der letzten Hindernisse für den Beitritt zur WTO beseitigt werden. Bei ihrem Aufenthalt in Saudi-Arabien am 12. / 13. 11. forderte US-Außenministerin Condoleezza Rice ihren Amtskollegen Sa'ud al-Faisal auf, mehr Mittel für den Irak zur Verfügung zu stellen und seinen Einfluss auf die irakischen Sunniten geltend zu machen. Die saudische Seite versuchte ihrerseits, bei den Spannungen zwischen den USA und Syrien zu vermitteln, und verlangte mehr Engagement für eine israelisch-palästinensische Friedenslösung.

Im Januar 2006 besuchte König Abdullah u. a. die **VR China**; sein Besuch vom 22.–24. 1. war der erste eines saudischen Monarchen, seitdem Riad 1990 diplomatische Beziehungen aufgenommen hatte. Im Mittelpunkt der Gespräche standen die chinesischen Energieinteressen; ein Abkommen über Kooperation im Erdöl- und Erdgassektor wurde am 23. 1. unterzeichnet. 2005 hatte China 17 % seiner Erdölimporte aus Saudi-Arabien bezogen. In Zusammenarbeit mit dem staatlichen Erdölkonzern Saudi Aramco investiert der staatliche chinesische Erdölkonzern Sinopec in die Erdgasförderung im sog. »Leeren Viertel« in der Wüste Saudi-Arabiens (→ auch Karte); gemeinsam mit Exxon Mobil bauen die beiden Staatskonzerne eine große Raffinerie in der chinesischen Provinz Fujian, deren Kosten auf 3,6 Mrd. US-$ veranschlagt wurden.

Jacques Chirac (l.) zu Besuch bei König Abdullah am 4. 3. 2006

Vom 4.–6. 3. 2006 stattete der **französische Präsident** Jacques Chirac Saudi-Arabien einen Staatsbesuch ab. Bei den Gesprächen mit König Abdullah (→ Foto) standen u. a. der Konflikt zwischen Libanon und Syrien, die Lage im Irak und das iranische Atomprogramm auf der Tagesordnung. Chirac warb für eine Nahostpolitik der Verständigung und zugleich für Lieferungen der französischen Rüstungsindustrie. Als erster nicht-arabischer Gast genoss Chirac das Privileg, eine Rede in der Madschlis as-Schura, der beratenden Versammlung, halten zu dürfen.

Schweden Nord-Europa

Königreich Schweden; Konungariket Sverige – SE / SWE

Fläche (Weltrang: 55): 449 964 km²

Einwohner (84): F 2004 8 992 000 = 20,0 je km²

Hauptstadt: Stockholm

Amtssprache: Schwedisch

Bruttonationaleinkommen 2004 je Einw.: 35 840 $

Währung: 1 Schwedische Krone (skr) = 100 Öre
Kurs: 1 US-$ = 7,23 skr; 1 € = 9,23 skr (1. 7. 2006)

Botschaft des Königreichs Schweden
Rauchstr. 1, 10787 Berlin
T 030 / 50 50 60, Fax 50 50 67 89
www.schweden.org

LANDESSTRUKTUR **Fläche:** 449 964 km²; Karte → WA 2006, S. 395 ▪ **Gebiete:** Gotland 3001 km², Öland 1344 km² ▪ **Verwaltung:** 21 Bezirke ▪ **Städte:** (F 2005) Stockholm 771 038 Einw., Göteborg 484 942, Malmö 271 271, Uppsala 183 308, Linköping 137 636, Västerås 131 934, Örebro 127 733, Norrköping 124 642, Helsingborg 122 062, Jönköping 120 965, Umeå 110 758, Lund 102 257

BEVÖLKERUNG Schweden – F 2004: 8 992 000 Einw.; Bevölkerungswachstum: 0,4 %; letzte Zählung 1990: 8 585 907 Einw. – 92,2 % Schweden, 2,5 % sog. einheimische Finnen; außerdem ca. 20 000 Samit (Samen); 5,3 % Ausländer (93 474 Finnen, 41 516 Iraker, 35 486 Norweger, 27 704 Dänen, 19 071 Deutsche) ▪ **Sprachen:** Schwedisch; Sprachen der Minderh.: u. a. Finnisch und Samisch; Englisch und Deutsch ▪ **Religion** 1999: 85 % Evangelisch-Lutherische Schwedische Kirche; 91 000 Pfingstler, 152 000 sonstige Protestanten; 166 000 Katholiken, 98 500 Orthodoxe, 90 000 Muslime, 23 400 Zeugen Jehovas, 18 000 Juden, 3000–4000 Buddhisten

STAATS- UND REGIERUNGSFORM Verfassung von 1975 – Parlamentarische Monarchie seit 1809 – Parlament (Riksdag / Reichstag) mit 349 Mitgl., Wahl alle 4 J. – Wahlrecht ab 18 J. ▪ **Unabhängigkeit:** als Königreich seit 1523, davor mit Dänemark und Norwegen vereint (Kalmarer Union) ▪ **Nationalfeiertag:** 6. 6. (Flaggentag: Regierungsantritt der Dynastie Wasa 1523)

REGIERUNG UND PARTEIEN **Staatsoberhaupt:** König Carl XVI. Gustaf, seit 1973 – **Regierungschef:** Göran Persson (SAP-Vors.), seit 1996; Minderheitsregierung der SAP – **Äußeres:** Jan Kenneth Eliasson (SAP), seit 24. 4. 2006 ▪ **Parlament:** Wahlen vom 15. 9. 2002: Sveriges Socialdemokratiska Arbetarepartiet / SAP 144 von 349 Sitzen (1998: 131), Moderata Samlingspartiet / MS 55 (82), Folkpartiet Liberalerna / FP 48 (17), Kristdemokratiska Samhällspartiet / KdS 33 (42), Vänsterpartiet / VP 30 (43), Centerpartiets Riksorganisation / CP 22 (18), Miljöpartiet de Gröna / MpG 17 (16)

WIRTSCHAFT **BIP** 2004: 346,412 Mrd. $; realer Zuwachs: 3,6 %; Anteil (2004) Landwirtschaft 2 %, Industrie 29 %, Dienstleistungen 69 % ▪ **Erwerbstätigkeit** 2003: Landwirtsch. 2,1 %, Industrie 22,6 %, Dienstl. 75,1 % ▪ **Arbeitslosigkeit** ∅ 2005: 5,9 % ▪ **Inflation** ∅ 2005: 0,5 % ▪ **Außenhandel** 2005 (vorläufig): **Import:** 831,1 Mrd. skr; *Güter:* 17 % Maschinen, 11 % Kfz, 10 % Mineralöl, 7 % Nahrungsmittel, Getränke und Tabak, 6 % Kommunikationstechnik, 5 % Eisen und Stahl, 4 % Büromaschinen, EDV, 3 % Bekleidung und Schuhe, 3 % Metallprodukte, 3 % Kunststoffe, 3 % Pharmazeutika; *Länder:* 19 % Deutschland, 9 % Dänemark, 8 % Norwegen, 7 % Großbritannien, 7 % Niederlande, 6 % Finnland, 5 % Frankreich, 4 % Belgien (EU gesamt: 71 %); **Export:** 971,9 Mrd. skr; *Güter:* 20 % Maschinen, 14 % Kfz, 10 % Kommunikationstechnologie, 7 % Papier und -waren, 6 % Eisen und Stahl, 6 % Pharmazeutika, 5 % Mineralöl. 3 % Nahrungsmittel, Getränke und Tabak, 3 % Metallerzeugnisse; *Länder:* 11 % USA, 10 % Deutschland, 9 % Norwegen, 7 % Großbritannien, 7 % Dänemark, 6 % Finnland, 5 % Frankreich, 5 % Niederlande (EU gesamt: 58 %)

CHRONIK

Im letzten Jahr der Legislaturperiode verschlechterten sich die Aussichten der mit einem Minderheitskabinett regierenden Sozialdemokraten auf eine Wiederwahl am 17. 9. 2006. Interne Probleme der von Ministerpräsident Göran Persson geführten Partei und nachhaltige Kritik am mangelhaften Krisenmanagement nach der Tsunami-Katastrophe führten die Regierung in ein Popularitätstief. Zugleich erwuchs den Sozialdemokraten aus dem linken Lager mit der neuen Partei Feministische Initiative eine weitere Konkurrenz.

▪ **Rücktritt der Außenministerin:** Außenministerin Laila Freivalds trat wegen heftiger Kritik an ihrem Verhalten im sog. Karikaturen-Streit (→ Dänemark) am 21. 3. 2006 zurück und beugte damit einer Regierungskrise vor. Ein Mitarbeiter ihres Ministeriums hatte die Sperrung einer Website der rechtsgerichteten Splitterpartei Sverigedemokraterna, die die Mohammed-Karikaturen aus der dänischen Zeitung Jyllands Posten zeigte, veranlasst. Freivalds hatte nach anfänglicher Leugnung eingestanden, dass sie über diese Vorgänge informiert gewesen sei.

Ministerpräsident Persson berief am 27. 3. den Diplomaten Jan Kenneth Eliasson zum **neuen Außenminister** (→ Foto). Dieser trat sein neues Amt Ende April an, nach Abschluss der Sitzungsperiode der UN-Generalversammlung, deren Vorsitz er führte.

▪ **Bericht zur Tsunami-Katastrophe:** Eine unabhängige Kommission zur Untersuchung des Krisenmanagements nach der Tsunami-Katastrophe am 26. 12. 2004

Jan Eliasson (l.) und Ministerpräsident Göran Persson

in Südostasien (→ WA 2006, S. 24, 395) warf in ihrem Bericht, den sie am 1. 12. 2005 vorstellte, der Regierung **vielfaches und schweres Versagen** vor. Durch Fehleinschätzungen, Entscheidungsunfähigkeit und ein beispielloses Chaos im Staatsapparat hätten zahlreiche Überlebende und Angehörige der Todesopfer unnötig leiden müssen, wodurch das Vertrauen der Bevölkerung in den Staat als Garanten von Schutz und Sicherheit erschüttert worden sei. Als Hauptverantwortlichen bezeichnete die Kommission Ministerpräsident Persson, der es in den acht Jahren seiner Amtszeit versäumt habe, eine zentrale Koordinierungsstelle zur Krisenbewältigung einzurichten. Besondere Kritik für die Summe der Fehlleistungen in ihren Verantwortungsbereichen erfuhren Außenministerin Laila Freivalds und Sozialministerin Ylva Johansson, deren Amt die medizinische Versorgung der Betroffenen vor Ort unzulänglich organisiert habe. Zur Zeit der Tsunami-Katastrophe hielten sich 20 000–30 000 schwedische Staatsbürger in den betroffenen Ferienregionen auf, vermutlich 543 von ihnen kamen ums Leben. **Ministerpräsident Persson übernahm die Verantwortung** für die eigenen Versäumnisse und die Fehler seiner Regierung, entschuldigte sich in aller Form, schloss jedoch die von der Opposition geforderten personellen Konsequenzen aus.

▪ **Migrationspolitik:** Das Parlament verabschiedete am 9. 11. 2005 ein **temporäres Asylgesetz**, nach dem Asylgesuche von bereits abgelehnten und von Abschiebung bedrohten Flüchtlingen noch einmal wohlwollend im Hinblick auf die »humanitäre Dringlichkeit« ihres Verbleibs in Schweden geprüft werden sollten. Betroffen waren rd. 14 000 Personen mit rechtskräftigen, aber nicht umgesetzten Abschiebebescheiden, darunter 7000–10 000 aus Angst vor Abschiebung versteckt lebende Flüchtlinge. Das Gesetz galt vom 15. 11. 2005 bis zum **In-Kraft-Treten eines neuen Gesetzes** am 1. 4. 2006. Durch dieses wurde das bisherige Asylverfahren durch einen juristischen Prozess mit zwei Klageinstanzen ersetzt.

▪ **Energiepolitik:** Nach der frühzeitigen **Abschaltung des Atomreaktors Barsebäck** am Öresund im Sommer 2005 (→ WA 2006, S. 395) einigten sich die Regierung und die Energiekonzerne Vattenfall und E.ON Schweden im November 2005 auf eine Entschädigungssumme an die Betreiber des Atomkraftwerks in Höhe von 5,4 Mrd. skr (rd. 570 Mio. €). Zuvor wurde vereinbart, mit Investitionen von 1,4 Mrd. € die Leistung des Atomkraftwerks in Ringhals zu steigern und später den Ausbau von zwei weiteren Atomkraftwerken folgen zu lassen.

Am 7. 2. 2006 stellte die Ministerin für nachhaltige Entwicklung, Mona Sahlin, einen Plan vor, dessen Umsetzung Schweden **bis 2020 zur ersten »ölfreien Wirtschaft der Welt«** machen soll. Zu den Prioritäten der künftigen Energiepolitik gehört der Ausbau regenerativer Energieträger, insbesondere die Ausnutzung von Bioenergie durch Holzverarbeitung, Windkraft, Wellenkraft und Biogas. Einen weiteren Schwerpunkt bildet die Entwicklung effektiver Techniken zur Senkung des Energieverbrauchs sein. Derzeit deckt Schweden rd. ein Drittel seines Energiebedarfs mit fossilen Energieträgern; vor allem der Verkehrssektor ist stark vom Erdöl abhängig. Elektrizität wird je zur Hälfte in Atom- und Wasserkraftwerken produziert. Der Energiekonzern Vattenfall kündigte Mitte Mai massive Investitionen in den Ausbau der Windenergie an, um die Leistung eigener Windenergieanlagen bis 2016 von derzeit sieben auf 17 Terawattstunden (TWh) zu steigern.

▪ **Weitere Ereignisse:** Am 10. / 11. 9. 2005 transformierte sich in Örebro die im Frühjahr 2005 (→ WA 2006, S. 394 f.) ins Leben gerufene Bewegung **Feministische Initiative** (Fi) zu einer politischen Partei und bekundete, bei den Parlamentswahlen im Herbst 2006 anzutreten. Zu einer der beiden Sprecherinnen wurde Gudrun Schyman gewählt, eine frühere Vorsitzende der sozialistischen Linkspartei (Vänsterpartiet).

Anfang 2006 führte die Hauptstadt Stockholm versuchsweise für sieben Monate eine **City-Maut** ein. Je nach Tageszeit werden Gebühren, die formell als Steuer erhoben werden, von 10–20 skr (1–2 €) fällig. Die Abrechnung erfolgt nach Erfassung der Autonummern durch 162 Mautkameras an 18 Stationen mittels Banküberweisung oder automatische Abbuchung. Ausländische und umweltfreundlich betriebene Fahrzeuge sowie Taxis und Busse sind von der Maut befreit. Eine erste Zwischenbilanz im März 2006 zeigte, dass der Verkehr in der erweiterten Innenstadt um 25 % sank und rd. 40 000 Menschen auf den öffentlichen Personennahverkehr umgestiegen waren. Die Entscheidung über die Weiterführung der City-Maut treffen die Einwohner Stockholms am 17. 9. in einer Volksabstimmung, die gleichzeitig mit den Parlamentswahlen stattfindet.

Anfang Juni 2006 kündigte die Regierung an, voraussichtlich ab 1. 8. eine **Abgabe auf Flugtickets** zu erheben, um Aidsmedikamente und Impfstoffe für die Entwicklungsländer zu finanzieren. Die sog. Flugticketsteuer soll für Flüge im innereuropäischen Raum 10 €, für Reisen zu außereuropäischen Zielen 20 € betragen.

Schweiz Mittel-Europa

Schweizerische Eidgenossenschaft; Confédération suisse; Confederazione svizzera (italienisch); Confederaziun Svizra (rätoromanisch) – CH / CHE

Fläche (Weltrang: 132): 41 285 km²

Einwohner (93): F 2004 7 382 000 = 179 je km²

Hauptstadt: Bern

Amtssprachen: Deutsch, Französisch, Italienisch, teilweise Rätoromanisch (Rumantsch)

Bruttonationaleinkommen 2004 je Einw.: 48 230 $

Währung: 1 Schweizer Franken (sfr) = 100 Rappen (Rp) / Centimes (c)
Kurs: 1 US-$ = 1,23 sfr; 1 € = 1,57 sfr (1. 7. 2006)

Schweizerische Botschaft
Otto-von-Bismarck-Allee 4 A, 10557 Berlin
T 030 / 3 90 40 00, Fax 3 91 10 30
www.botschaft-schweiz.de

LANDESSTRUKTUR **Fläche:** 41 285 km² ▪ **Verwaltung:** 20 Vollkantone und 6 Halbkantone ▪ **Städte:** (F 2004) Zürich 345 236 Einw., Genève (Genf) 178 487, Basel 164 964, Bern 122 304, Lausanne 117 389, Winterthur 92 818, St. Gallen 70 533, Luzern 57 501, Lugano 48 865, Biel (Bienne) 48 642, Thun 41 000, Köniz 37 067, La Chaux-de-Fonds 36 888, Schaffhausen 33 611, Freiburg (Fribourg) 32 988, Chur 32 434, Neuchâtel (Neuenburg) 31 968, Vernier 29 930, Uster 29 463, Sitten (Sion) 28 046, Emmen 26 910, Lancy 26 763, Kriens 25 193, Yverdon-les-Bains 24 016, Zug 23 717, Montreux 22 851, Dübendorf 22 492, Frauenfeld 22 058, Dietikon 21 886, Riehen 20 583, Baar 20 534

BEVÖLKERUNG Schweizer – F 2004: 7 382 000 Einw.; Bevölkerungswachstum: 0,8 %; letzte Zählung 2000: 7 288 010 Einw. – F 2004: 79,5 % Schweizer, 20,5 % Ausländer ▪ **Sprachen** 2000: (Erstsprache) 63,7 % Deutsch, 20,4 % Französisch, 6,5 % Italienisch, 0,5 % Rätoromanisch (im Kanton Graubünden 17,1 %), 9,5 % andere Sprachen ▪ **Religion** 2000: 41,8 % Katholiken, 35,3 % Protestanten, 4,3 % Muslime, 1,8 % Orthodoxe, 0,2 % (17 914) Juden; 11,1 % konfessionslos

STAATS- UND REGIERUNGSFORM Verfassung von 2000 – Parlamentarischer Bundesstaat seit 1848 – Parlament (Bundesversammlung / Assemblée fédérale / Assemblea federale): Nationalrat (Conseil national / Consiglio nazionale) mit 200 Mitgl. (Präsident: Claude Janiak, SP, bis 12 / 2006); Ständerat (Conseil des Etats / Consiglio degli Stati) mit 46 Mitgl. (Präsident: Rolf Büttiker, FDP, bis 12 / 2006); Wahl jeweils alle 4 J. – Wahl des Bundesrats von der Bundesversammlung alle 4 Jahre, Wahl des Bundespräsidenten jährl. im Dezember von der Bundesversammlung aus den Mitgl. des Bundesrats – Wahlrecht ab 18 J. ▪ **Unabhängigkeit:** 1291 Ewiger Bund der drei Urkantone; de facto 22. 9. 1499 (Basler Friede), anerkannt 24. 10. 1648 (Westfälischer Friede) ▪ **Nationalfeiertag:** 1. 8. (Rütlischwur im Jahr 1291)

REGIERUNG UND PARTEIEN **Bundespräsident für 2006:** Moritz Leuenberger (SP) – **Äußeres:** Micheline Calmy-Rey (SP), seit 1. 1. 2003 ▪ **Parlament:** Wahlen vom 19. 10. 2003: Nationalrat: Schweizerische Volkspartei / SVP 55 von 200 Sitzen (1999: 44), Sozialdemokratische Partei / SP 52 (51), Freisinnig-Demokratische Partei / FDP 36 (43), Christlichdemokratische Volkspartei / CVP 28 (35), Grüne Partei / GP 13 (9), Liberale Partei / LP 4 (6), Evangelische Volkspartei / EVP 3 (3), Eidgenössische Demokratische Union / EDU 2 (1), Partei der Arbeit / PdA 2 (2), Lega dei Ticinesi / Lega 1 (2), Schweizer Demokraten / SD 1 (1), Christlich-Soziale Partei / CSP 1 (1), Solidarités / Sol 1 (1), Alternative Liste / AL 1 (–), Landesring der Unabhängigen / LdU – (1); Ständerat: CVP 15 von 46 Sitzen (1999: 15), FDP 14 (18), SP 9 (6), SVP 8 (7)

WIRTSCHAFT **BIP** 2004: 357,542 Mrd. $; realer Zuwachs: 2,1 %; Anteil (2003) Landwirtschaft 1,5 %, Industrie 34,0 %, Dienstleistungen 64,5 % ▪ **Erwerbstätigkeit** 2004: Landwirtsch. 3,9 %, Industrie 26,1 %, Dienstl. 69,9 % ▪ **Arbeitslosigkeit** ⌀ 2005: 3,8 % ▪ **Inflation** ⌀ 2005: 1,2 % ▪ **Außenhandel** 2005: **Import**: 143,160 Mrd. sfr; *Güter*: 22,8 % Chemikalien, 20,6 % Maschinen, Elektronik, 9,3 % Fahrzeuge, 6,1 % Textilien, Bekleidung, Schuhe, 6,2 % Instrumente, Uhren; *Länder*: 33,3 % Deutschland, 11,2 % Italien, 9,4 % Frankreich, 5,2 % Niederlande, 4,6 % Österreich, 4,6 % USA (EU gesamt: 82,8 %); **Export**: 151,456 Mrd. sfr; *Güter*: 30,1 % Chemikalien, 22,9 % Maschinen, Elektronik, 15,7 % Instrumente, Uhren, 7,6 % Metalle, 2,0 % Textilien, Bekleidung, Schuhe; *Länder*: 20,0 % Deutschland, 10,7 % USA, 8,5 % Frankreich, 8,1 % Italien, 5,1 % Großbritannien, 4,3 % Spanien (EU gesamt: 62,1 %)

Schweiz: Wirtschaftswachstum 1996–2005

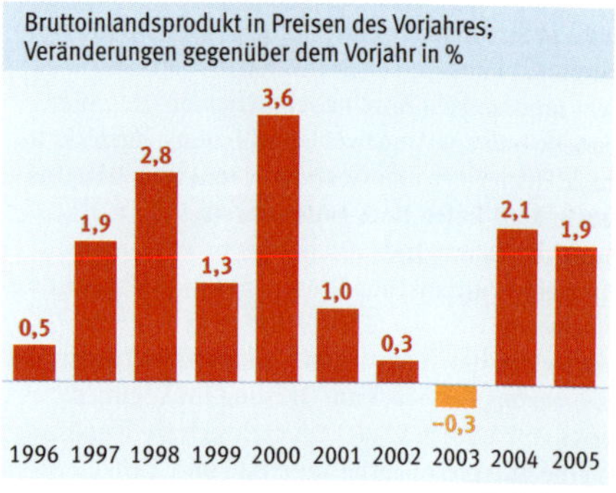

Quelle: SNB 2006

Bundesregierung
www.admin.ch

Bundesrat (Conseil fédéral / Consiglio federale):
Bundespräsident für 2006
Moritz Leuenberger, SP
Vizepräsidentin für 2006
Micheline Calmy-Rey, SP

Departement für Auswärtige Angelegenheiten
Bundesrätin und Vizepräsidentin:
Micheline Calmy-Rey, SP
Bundeshaus West, 3003 Bern
www.eda.admin.ch

Departement des Innern
Bundesrat: Pascal Couchepin, FDP
Inselgasse 1, 3003 Bern
www.edi.admin.ch

Justiz- und Polizeidepartement
Bundesrat: Christoph Blocher, SVP
Bundeshaus West, 3003 Bern
www.ejpd.admin.ch

Departement für Verteidigung, Bevölkerungsschutz und Sport
Bundesrat: Samuel Schmid, SVP
Bundeshaus Ost, 3003 Bern
www.vbs.admin.ch

Finanzdepartement
Bundesrat: Hans-Rudolf Merz, FDP
Bundesgasse 3, 3003 Bern
www.efd.admin.ch

Volkswirtschaftsdepartement
Bundesrätin: Doris Leuthard, CVP
Bundeshaus Ost, 3003 Bern
www.evd.admin.ch

Departement für Umwelt, Verkehr, Energie und Kommunikation
Bundesrat und Bundespräsident:
Moritz Leuenberger, SP
Bundeshaus Nord, 3003 Bern
www.uvek.admin.ch

Bundeskanzlei
Bundeskanzlerin: Annemarie Huber-Hotz, FDP
Bundeshaus West, 3003 Bern
www.admin.ch/ch/d/bk

Parteien

Sozialdemokratische Partei (SP)
Spitalgasse 34, 3001 Bern
Präsident: Hans-Jürg Fehr
www.sp-ps.ch

Freisinnig-Demokratische Partei (FDP)
Neuengasse 20, 3001 Bern
Präsident: Fulvio Pelli
www.fdp.ch

Christlichdemokratische Volkspartei (CVP)
Klaraweg 6, 3001 Bern
Präsidenten (kommissarisch):
Dominique de Buman, Bruno Frick
www.cvp.ch

Schweizerische Volkspartei (SVP)
Brückfeldstr. 18, 3001 Bern
Präsident: Ueli Maurer
www.svp.ch

Grüne Partei der Schweiz (GP)
Waisenhausplatz 21, 3011 Bern
Präsidentin: Ruth Genner
www.gruene.ch

Liberale Partei der Schweiz (LP)
Spitalgasse 32, 3001 Bern
Präsident: Claude Ruey
www.liberal.ch

Schweizer Demokraten (SD)
Postfach 8116, 3001 Bern
Präsident: Bernhard Hess
www.schweizer-demokraten.ch

Partei der Arbeit der Schweiz (PdA)
25, Vieux-Billard, 1211 Genève 8
Präsident: Alain Bringolf
www.pda.ch

Evangelische Volkspartei (EVP)
Josefstr. 32, 8023 Zürich
Präsident: Dr. Ruedi Aeschbacher
www.evppev.ch

Lega dei Ticinesi (Lega)
Via Monte Boglia 3, 6900 Lugano
Präsident: Giuliano Bignasca
www.legaticinesi.ch

Die Kantonsregierungen werden mit der im Kanton üblichen Bezeichnung aufgeführt, die Auflistung erfolgt in alphabetischer Reihenfolge. Regierungsratsmitglieder – auch hier gibt es unterschiedliche Bezeichnungen – sind von der Bevölkerung eines Kantons für eine Amtsperiode von 4 Jahren gewählt (Ausnahmen: Freiburg, Appenzell ARh und IRh). Der Vorsitz wechselt jährlich wie beim Bundesrat (Ausnahme: Appenzell ARh, Glarus, Zug). In einigen kleinen Kantonen arbeiten die Regierungsräte nebenamtlich.

Kanton Aargau

Sitz des Regierungsrats: Aarau
Amtsperiode 1. 4. 2005–31. 3. 2009

Landammann 2006 / 2007
Kurt Wernli, parteilos
Landstatthalter 2006 / 2007
Rainer Huber, CVP
Regierungsräte Peter C. Beyeler, FDP; Roland Brogli, CVP; Ernst Hasler, SVP
www.ag.ch

Kanton Appenzell Ausserrhoden

Sitz des Regierungsrats: Herisau
Amtsperiode 1. 6. 2003–31. 5. 2007

Landammann 2003–2007
Jakob Brunnschweiler, FDP
Vizepräsident 2003–2007
Hans Diem, SVP
Regierungsräte Rolf Degen, FDP; Jakob Frei, SVP; Marianne Koller-Bohl, FDP; Matthias Weishaup, FDP; Jürg Wernli, FDP
www.ar.ch

Kanton Appenzell Innerrhoden

Sitz der Standeskommission: Appenzell
Amtsperiode 30. 4. 2006–29. 4. 2007

Regierender Landammann 2006 / 2007
Bruno Koster, parteilos
Stillstehender Landammann 2006 / 2007
Carlo Schmid-Sutter, CVP
Regierungsräte Werner Ebneter, CVP; Lorenz Koller, CVP; Melchior Looser, parteilos; Stefan Sutter, CVP; Paul Wyser, parteilos
www.ai.ch

Kanton Basel-Landschaft

Sitz des Regierungsrats: Liestal
Amtsperiode 1. 7. 2003–30. 6. 2007

Präsident 2006 / 2007
Urs Wüthrich-Pelloli, SP
Vizepräsidentin 2006 / 2007
Sabine Pegoraro, FDP
Regierungsräte Adrian Ballmer, FDP; Elsbeth Schneider-Kenel, CVP; Erich Straumann, SVP
www.baselland.ch

Kanton Basel-Stadt

Sitz des Regierungsrats: Basel
Amtsperiode 2. 2. 2005–3. 2. 2009

Präsidentin 2006 / 2007
Barbara Schneider, SP
Vizepräsidentin 2006 / 2007
Dr. Eva Herzog, SP
Regierungsräte Dr. Carlo Conti, CVP; Dr. Christoph Eymann, Liberal-demokratische Partei Basel-Stadt; Hanspeter Gass, FDP; Dr. Ralph Lewin, SP; Dr. Guy Morin, GP
www.bs.ch

Kanton Bern

Sitz des Regierungsrats: Bern
Amtsperiode 1. 6. 2006–31. 5. 2010

Präsident 2006 / 2007
Werner Luginbühl, SVP
Vizepräsident 2006 / 2007
Urs Gasche, SVP
Regierungsräte Barbara Egger-Jenzer, SP; Hans-Jürg Käser, FDP; Philippe Perrenoud, SP; Bernhard Pulver, GFL; Andreas Rickenbacher, SP
www.be.ch

Bern: Wahlen zum Grossen Rat am 9.4.2006 (2002)

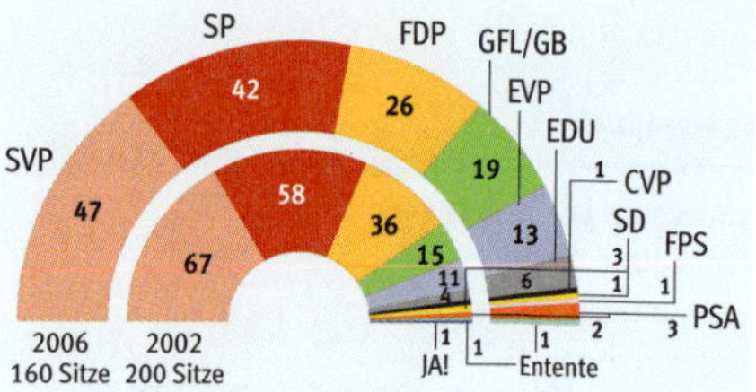

GFL/GB: Grüne Freie Liste Bern/Grünes Bündnis
EDU: Eidgenössisch-Demokratische Union
FPS: Freiheitspartei der Schweiz
PSA: Parti Socialiste Autonome

Kanton Freiburg / Canton de Fribourg

Sitz des Staatsrats / Conseil d'Etat: Freiburg / Fribourg
Amtsperiode 1. 1. 2002–31. 12. 2006

Präsident 2006
Claude Grandjean, SP
Vizepräsidentin 2006
Isabelle Chassot, CVP
Regierungsräte Pascal Corminboeuf, parteilos; Claude Lässer, FDP; Ruth Lüthi-Affolter, SP; Michel Pittet, CVP; Dr. Beat Vonlanthen, CVP
www.fr.ch

Kanton Genf / Canton de Genève

Sitz des Staatsrats / Conseil d'Etat: Genf / Genève
Amtsperiode 7. 11. 2005–November 2009

Président 2005 / 2006
Pierre-François Unger, CVP
Vice-président 2005 / 2006
Charles Beer, SP
Regierungsräte Robert Cramer, GP; David Hiller, GP; François Longchamp, FDP; Laurent Moutinot, SP; Mark Muller, LP
www.ge.ch

Genf/Genève: Wahlen zum Grossen Rat/Grand Conseil am 9.10.2005 (2001)

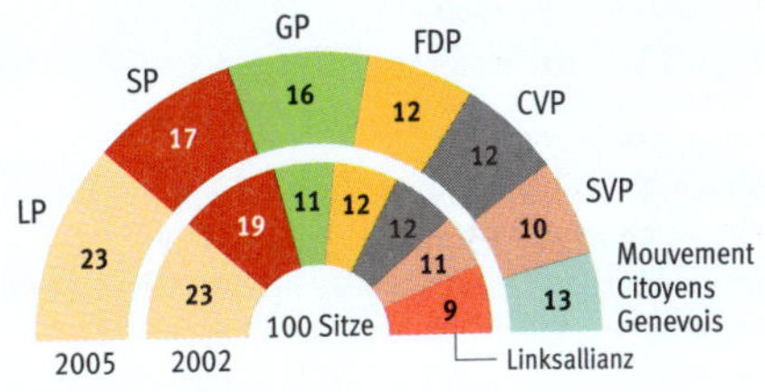

Kanton Glarus

Sitz des Regierungsrats: Glarus
Amtsperiode 9. 5. 2006–Mai 2010

Landammann 2006–2010
Robert Marti, SVP
Landesstatthalter 2006–2010
Pankraz Freitag, FDP
Regierungsräte Marianne Dürst-Kundert, FDP; Jakob Kamm, SP; Dr. Rolf Widmer, CVP
www.gl.ch

Glarus: Wahlen zum Landrat am 21.5.2006 (2002)

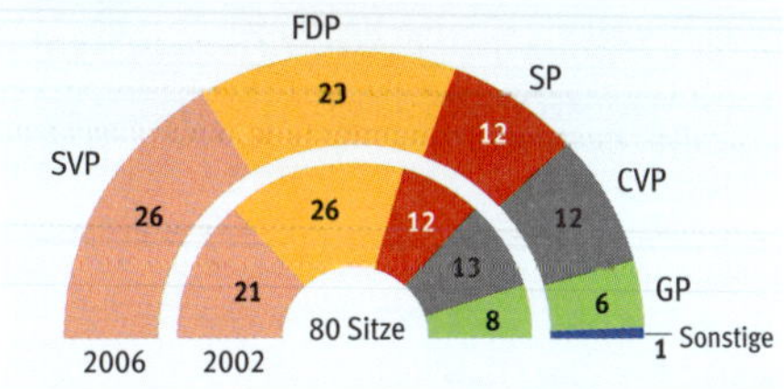

Kanton Graubünden / Chantun Grischun

Sitz der Regierung / Regenza: Chur
Amtsperiode 1. 1. 2003–31. 12. 2006

Präsident 2006
Claudio Lardi, SP
Vizepräsident 2006
Dr. Martin Schmid, FDP
Regierungsräte Stefan Engler, CVP; Hansjörg Trachsel, SVP; Dr. Eveline Widmer-Schlumpf, SVP
www.gr.ch

Kanton Jura / Canton du Jura

Sitz der Regierung / Gouvernement: Delsberg / Delémont
Amtsperiode 1. 1. 2003–31. 12. 2006

Présidente 2006
Elisabeth Baume-Schneider, SP
Vice-président 2006
Laurent Schaffter, PCSI
Regierungsräte Claude Hêche, SP; Jean-François Roth, CVP; Gérald Schaller, CVP
www.jura.ch

Kanton Luzern

Sitz des Regierungsrats: Luzern
Amtsperiode 1. 7. 2003–30. 6. 2007

Schultheiss 2006
Dr. Anton Schwingruber, CVP
Statthalter 2006
Yvonne Schärli, SP
Regierungsräte Daniel Bühlmann, SVP; Dr. Markus Dürr, CVP; Max Pfister, FDP
www.lu.ch

Kanton Neuenburg / Canton Neuchâtel

Sitz des Staatsrats / Conseil d'Etat: Neuenburg / Neuchâtel
Amtsperiode 31. 5. 2005–25. 5. 2009

Présidente 2006 / 2007
Sylvie Perrinjaquet, LP
Vice-président 2006 / 2007
Fernand Cuche, GP
Regierungsräte
Roland Debély, FDP; Bernard Soguel, SP; Jean Studer, SP
www.ne.ch

Kanton Nidwalden

Sitz des Regierungsrats: Stans
Amtsperiode 1. 7. 2006–30. 6. 2009

Landammann 2006 / 2007
Beatrice Jann-Odermatt, FDP
Landesstatthalter 2006 / 2007
Hugo Kayser, CVP
Regierungsräte Beat Fuchs, FDP; Lisbeth Gabriel-Blätter, CVP; Paul Niederberger, CVP; Gerhard Odermatt, FDP; Dr. Leo Odermatt, Demokratisches Nidwalden
www.nw.ch

Nidwalden: Wahlen zum Landrat am 26.3.2006 (2002)

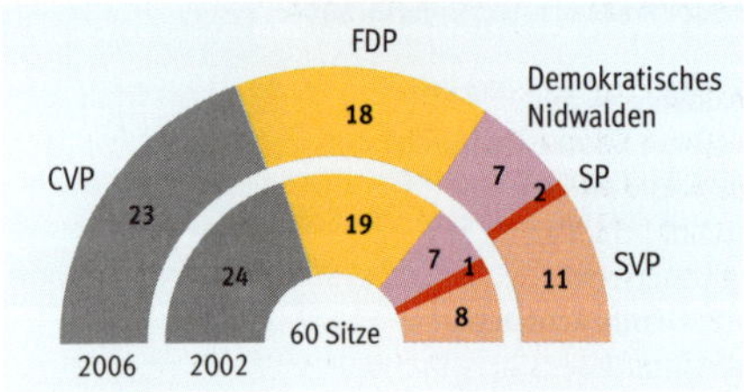

Kanton Obwalden

Sitz des Regierungsrats: Sarnen
Amtsperiode 1. 7. 2006–30. 6. 2010

Landammann 2006 / 2007
Hans Wallimann, CVP
Landesstatthalter 2006 / 2007
Hans Hofer, CSP
Regierungsräte Niklaus Bleiker, CVP; Esther Gasser Pfulg, FDP; Hans Matter, CSP
www.ow.ch

Obwalden: Wahlen zum Kantonsrat am 12.3.2006 (2002)

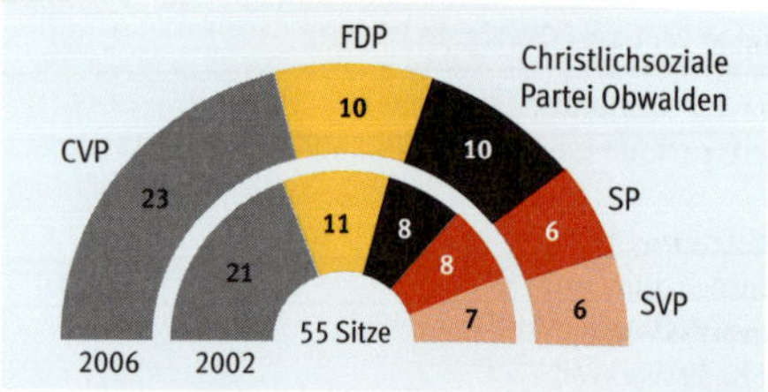

Kanton Schaffhausen

Sitz des Regierungsrats: Schaffhausen
Amtsperiode 1. 1. 2005–31. 12. 2008

Präsident 2006
Dr. Hans-Peter Lenherr, FDP
Vizepräsident 2006
Dr. Erhard Meister, SVP
Regierungsräte Heinz Albicker, FDP; Ursula Hafner-Wipf, SP; Rosmarie Widmer Gysel, SVP
www.sh.ch

Kanton Schwyz

Sitz des Regierungsrats: Schwyz
Amtsperiode 1. 7. 2004–30. 6. 2008

Landammann 2006–2008
Alois Christen, FDP
Landesstatthalter 2006–2008
Dr. Georg Hess, CVP
Regierungsräte Lorenz Bösch, CVP; Armin Hüppin, SP; Peter Reuteler, FDP; Walter Stählin, SVP; Kurt Zibung, CVP
www.sz.ch

Kanton Solothurn

Sitz des Regierungsrats: Solothurn
Amtsperiode 1. 8. 2005–31. 7. 2009

Landammann 2006
Christian Wanner, FDP
Vize-Landammann 2006
Peter Gomm, SP
Regierungsräte Klaus Fischer, CVP; Esther Gassler-Leuenberger, FDP; Walter Straumann, CVP
www.so.ch

Kanton St. Gallen

Sitz der Regierung: St. Gallen
Amtsperiode 1. 6. 2004–31. 5. 2008

Präsidentin 2006 / 2007
Karin Keller-Sutter, FDP
Vize-Präsident 2006 / 2007
Willi Haag, FDP
Regierungsräte Heidi Hanselmann, SP; Kathrin Hilber, SP; Dr. Josef Keller, CVP; Peter Schönenberger, CVP; Hans Ulrich Stöckling, FDP
www.sg.ch

Kanton Tessin / Cantone Ticino

Sitz des Staatsrats / Consiglio di Stato: Bellinzona
Amtsperiode April 2003–April 2007

Presidente 2006 / 2007
Luigi Pedrazzini, CVP
Vicepresidente 2006 / 2007
Patrizia Pesenti, SP
Regierungsräte Marco Borradori, Lega dei Ticinesi; Gabriele Gendotti, FDP; Marina Masoni, FDP
www.ti.ch

Kanton Thurgau

Sitz des Regierungsrats: Frauenfeld
Amtsperiode 1. 6. 2004–31. 5. 2008

Präsident 2006 / 2007
Dr. Kaspar Schläpfer, FDP
Vizepräsident 2006 / 2007
Hans Peter Ruprecht, SVP
Regierungsräte Dr. Claudius Graf-Schelling, SP; Bernhard Koch, CVP; Dr. Jakob Stark, SVP
www.tg.ch

Kanton Uri

Sitz des Regierungsrats: Altdorf
Amtsperiode 1. 6. 2004–31. 5. 2008

Landammann 2006–2008
Dr. Markus Stadler, parteilos
Landesstatthalter 2006–2008
Isidor Baumann, CVP
Regierungsräte Josef Arnold, CVP; Josef Dittli, FDP; Stefan Fryberg, FDP; Heidi Z'graggen, CVP; Markus Züst, SP
www.ur.ch

Kanton Waadt / Canton de Vaud

Sitz des Staatsrats / Conseil d'Etat: Lausanne
Amtsperiode April 2002–Juni 2007

Président 2006
Pascal Broulis, FDP
Vice-président 2006
Charles-Louis Rochat, LP
Regierungsräte Anne-Catherine Lyon, SP; Pierre-Yves Maillard, SP; François Marthaler, GP; Jacqueline Maurer-Mayor, FDP; Jean-Claude Mermoud, SVP
www.vd.ch

Kanton Wallis / Canton du Valais

Sitz des Staatsrats / Conseil d'Etat: Sitten / Sion
Amtsperiode 1. 5. 2005–30. 4. 2009

Président 2006 / 2007
Thomas Burgener, SP
Vice-président 2006 / 2007
Jean-Jacques Rey-Bellet, CVP
Regierungsräte Jean-Michel Cina, CVP; Jean-René Fournier, CVP; Claude Roch, FDP
www.vs.ch

Kanton Zug

Sitz des Regierungsrats: Zug
Amtsperiode 1. 1. 2003–31. 12. 2006

Landammann 2005–2006
Brigitte Profos-Meier, SP
Statthalter 2005–2006
Hans-Beat Uttinger, SVP
Regierungsräte Joachim Eder, FDP; Peter Hegglin, CVP; Matthias Michel, FDP; Walter Suter, CVP; Hanspeter Uster, Sozialistisch-Grüne Alternative
www.zug.ch

Kanton Zürich

Sitz des Regierungsrats: Zürich
Amtsperiode 19. 5. 2003–20. 5. 2007

Präsidentin 2006 / 2007
Verena Diener, Grün-Liberale Zürich
Vizepräsidentin 2006 / 2007
Rita Fuhrer, SVP
Regierungsräte Regine Aeppli, SP; Dr. Ursula Gut, FDP; Dr. Hans Hollenstein, CVP; Dr. Ruedi Jeker, FDP; Dr. Markus Notter, SP
www.zh.ch

Bevölkerung, Wirtschaft, Soziales

Bevölkerung

▪ **Einwohner** Die Bevölkerungszahl der ständigen Wohnbevölkerung nahm 2005 um 46 000 zu und betrug am Jahresende 7 461 100 (2004: 7 415 100), davon waren 3 807 400 (3 786 400) Frauen und 3 653 700 (3 628 700) Männer. Die Zuwachsrate verringerte sich im Vergleich zum Vorjahr um 0,1 auf 0,6 %. Der Bevölkerungsanstieg resultierte aus dem wiederholt angestiegenen Geburtenüberschuss von 12 100 (12 000) Personen und einem Einwanderungsüberschuss von 33 900 Personen (41 700), der sich im Vergleich zum Vorjahr deutlich (– 16 %) verringerte.

Die Alterung der Bevölkerung setzte sich durch den Rückgang der Geburtenhäufigkeit und den Anstieg der Lebenserwartung 2005 weiter fort: der Anteil der über 64-Jährigen stieg auf 855 400 Personen (2004: 846 200) und damit auf 16 % (2000: 15,4 %) der Gesamtbevölkerung, während gleichzeitig ein Rückgang der unter 20-Jährigen auf 21,9 (2000: 23,1)% und der 20–39-Jährigen auf 27,3 (2000: 31,2)% der Gesamtbevölkerung zu verzeichnen war.

▪ **Geburten und Sterbefälle** Die Zahl der Lebendgeborenen sank 2005 um 0,2 % auf 72 900 (2004: 73 100). Die Zahl der Gestorbenen hingegen stieg 2005 um 1,6 % auf 61 100, während im Vorjahr 60 300 Todesfälle zu verzeichnen waren.

▪ **Ehen** Im Jahr 2005 wurden 40 100 Ehen und damit 600 mehr als im Vorjahr geschlossen. Zugleich stieg die Anzahl der Ehescheidungen 2005 gegenüber dem Vorjahr um 18,8 % von 17 900 auf 21 300 und lag damit über den Scheidungsrekordzahlen von 1999 (20 800).

▪ **Ausländer** Der Anteil der ausländischen Bevölkerung (ohne internationale Funktionäre und deren Familienangehörige) nahm nach Angaben des Bundes-

Schweiz
Fläche, Bevölkerung und Wirtschaftskraft

Kanton – Amtl. Kürzel (Kantonshauptort)	Fläche in km²	Einwohner F 2005[1] insgesamt	Ausländeranteil in %	Wirtschaftskraft* 2003 insgesamt in Mio. sfr	Veränderung zum Vorjahr in %	pro Einwohner in sfr
Aargau – AG (Aarau)	1 404	569 300	20,1	26 908	0,5	48 145
Appenzell Ausserrhoden[2] – AR (Herisau)	243	52 800	12,6	2 226	–4,3	42 232
Appenzell Innerrhoden[2] – AI (Appenzell)	173	15 100	9,6	626	1,9	42 633
Basel-Landschaft[2] – BL (Liestal)	517	266 200	17,7	13 632	2,0	51 849
Basel-Stadt[2] – BS (Basel)	37	186 100	29,2	19 046	42,4	99 865
Bern – BE (Bern)	5 961	957 600	12,1	41 285	1,9	43 066
Fribourg (Freiburg) – FR (Fribourg)	1 671	254 000	15,6	9 528	0,8	38 342
Genève (Genf) – GE (Genève)	282	430 800	34,6	25 300	15,3	59 123
Glarus – GL (Glarus)	685	38 000	19,9	2 462	24,4	64 318
Graubünden – GR (Chur)	7 105	188 000	14,2	8 712	5,9	45 565
Jura – JU (Delémont/Delsberg)	837	69 200	11,7	2 506	3,0	36 901
Luzern – LU (Luzern)	1 493	356 100	15,4	14 538	–1,4	41 219
Neuchâtel (Neuenburg) – NE (Neuchâtel)	803	169 000	22,9	7 647	7,9	45 474
Nidwalden[2] – NW (Stans)	276	39 900	9,4	2 377	9,6	61 934
Obwalden[2] – OW (Sarnen)	491	33 100	14,4	1 167	–3,0	35 359
Schaffhausen – SH (Schaffhausen)	299	73 700	21,0	3 915	5,0	52 781
Schwyz – SZ (Schwyz)	909	137 500	16,5	6 242	–7,7	46 696
Solothurn – SO (Solothurn)	791	248 100	17,9	10 786	–0,4	43 902
St. Gallen – SG (St. Gallen)	2 026	459 900	20,4	19 866	0,0	43 388
Thurgau – TG (Frauenfeld)	991	234 100	19,5	9 981	0,5	43 121
Ticino (Tessin) – TI (Bellinzona)	2 812	322 600	25,0	12 264	4,6	38 745
Uri – UR (Altdorf)	1 077	35 000	8,5	1 585	2,3	45 630
Valais (Wallis) – VS (Sion/Sitten)	5 225	291 500	18,1	10 597	3,1	37 367
Vaud (Waadt) – VD (Lausanne)	3 212	653 800	28,2	33 290	7,3	51 332
Zug – ZG (Zug)	239	106 800	20,5	8 923	12,4	86 499
Zürich – ZH (Zürich)	1 729	1 273 000	24,4	83 950	9,4	66 050
Schweiz	41 285	7 461 100	20,3	379 360	6,4	51 230

Abweichungen zwischen Werten und Summen resultieren aus Rundungen   Quellen: Bundesamt für Statistik, Bundesamt für Migration, Eidgenössisches Finanzdepartement 2006
1 ständige Wohnbevölkerung am Jahresende   2 Halbkanton   * gemessen am Volkseinkommen, provisorische Werte

amtes für Migration auch 2005 zu und belief sich am Jahresende auf 1 511 937 (2004: 1 495 008) Personen; das entspricht einer Zuwachsrate von 1,1 %. Daraus ergibt sich ein Anteil an der Gesamtbevölkerung von 20,3 (2004: 20,2)%.

Hauptherkunftsländer der ständigen ausländischen Wohnbevölkerung waren nach Auskunft des Bundesamtes für Migration Ende 2005 (2004): Italien 296 392 (300 214), Serbien und Montenegro 196 179 (199 150), Portugal 167 269 (159 737), Deutschland 157 580 (144 864) und die Türkei 75 448 (76 631).

- **Auslandschweizer** Die Zahl der im Ausland lebenden Schweizer stieg 2005 gegenüber dem Vorjahr erneut um 11 159 oder 1,8 % auf 634 216 Personen an. Von ihnen besaßen 451 534 (2004: 422 643) die doppelte Staatsbürgerschaft. 105 212 (+10 %) Auslandschweizer und -schweizerinnen waren 2005 im Stimmregister einer Schweizer Gemeinde eingetragen, um ihr Stimm- und Wahlrecht ausüben zu können. 60,5 % der Auslandschweizer leben in der Europäischen Union, davon die meisten in Frankreich und Deutschland, 11,3 % in den USA, 5,7 % in Kanada und 3,3 % in Australien.
- **Einbürgerungen** Die Zahl der Einbürgerungen erreichte 2005 eine bislang nie da gewesene Rekordhöhe: 39 753 (2004: 36 957) Menschen und damit 7,6 % mehr als im Vorjahr erhielten das Schweizer Bürgerrecht. Hauptherkunftsländer waren 2005 (2004): Serbien und Montenegro 9482 (7840), Italien 4162 (4408), Türkei 3467 (3568), Bosnien und Herzegowina 2787 (2369) sowie Mazedonien 2170 (1976).
- **Asyl** Die Anzahl der Asylgesuche in der Schweiz ging 2005 um 29,4 % (2004: 32,3 %) auf 10 061 zurück und erreichte den niedrigsten Stand seit 1987. Von den Asylsuchenden stammten 2005 u. a. 1506 (1777) aus Serbien und Montenegro, 723 (1154) aus der Türkei, 485 (592) aus Somalia und 468 (631) aus dem Irak.

2005 wurden insgesamt 12 695 Asylgesuche erstinstanzlich erledigt, 6462 bzw. 33,7 % weniger als im Vorjahr. 1497 (2004: 1555) Personen wurde Asyl gewährt, 6965 (10 080) Gesuche wurden abgelehnt. Nichteintretensentscheide (Nichtannahme aus formalen oder inhaltlichen Gründen) erhielten 2530 (5193) Personen. Die **Anerkennungsquote** stieg im Vergleich zum Vorjahr um 4,4 auf 13,6 %. Insgesamt lebten Ende 2005 23 678 (2004: 24 271) anerkannte Flüchtlinge nach der Genfer Konvention in der Schweiz.

Kriminalität

Laut Polizeilicher Kriminalstatistik sank die Zahl angezeigter Straftaten 2005 um 10,5 % auf 30 300 und erreichte damit den Stand von 1995. Starke Rückgänge wurden bei Diebstahl-, Raub- und Tötungsdelikten verzeichnet. Zugenommen haben u. a. Anzeigen wegen Vergewaltigung (+12,7 %, 646 Fälle), was nach Angaben von FEDPOL darauf zurückzuführen sein könnte, dass häusliche Gewalt seit 2004 als Offizialdelikt gilt und daher 2005 erstmals in die Statistik aufgenommen wurde. Zur Geldwäsche → Chronik.

Bildung

- **Schule** Die Zahl der Schülerinnen und Schüler stieg zum Schuljahr 2004/05 um 0,4 % auf 1 489 794 (2003/04: 1 483 988) an; davon waren 302 428 (332 158) bzw. 20,3 % ausländische Kinder.
- **Studium** Die Zahl der Studierenden an Schweizer Hochschulen stieg zum Wintersemester 2005/06 um 6284 auf 166 449. Davon studierten 112 309 (2004/05: 111 100) an universitären Hochschulen und 54 140 (49 065) an Fachhochschulen. An den Universitäten hat sich die Anzahl der Studierenden in den 2001/02 eingerichteten Bachelor- und Master-Studiengängen im Vergleich zum Vorjahr erhöht auf 42 812 (2004/05: 25 971). Im Wintersemester 2005/06 entschieden sich 61,7 % (2004/05: 47,6 %) der Studienanfänger an Universitären Hochschulen für einen Bachelor- bzw. Masterstudiengang, nur noch 13,9 % (2004/05: 41,3 %) begannen ein Lizentiats- oder Diplomstudium. Die Universität Zürich hat weiterhin mit Abstand die meisten Studenten (23 832), die größte Fachhochschule ist mit 11 659 (2004/05: 10 894) Studierenden die Haute Ecole Spécialisée de Suisse occidentale.

An den Universitäten entfielen die meisten Hörer/-innen auf die Fachbereichsgruppen Geistes- und Sozialwissenschaften (41 685) sowie Exakte und Naturwissenschaften (18 714). An den Fachhochschulen waren die beliebtesten Studienfächer Wirtschaft und Dienstleistungen (15 300) sowie Technik und IT (10 088).

Mit Blick auf die gesamtschweizerische Steuerung des Hochschulsystems durch die neue Bildungsverfassung, legte die Schweizerische Universitätskonferenz 2006 erstmals Kostenberechnungen für die Studienrichtungen (ohne Medizin) vor. In den Geistes- und Sozialwissenschaften betrugen die Gesamtkosten 2004 bei 69 624 Studierenden 1503 Mio. sfr, in den Exakten, Natur- und technischen Wissenschaften bei 28 411 Studierenden 2576 Mio. sfr. Insgesamt belief sich der Aufwand für Universitäten im Jahr 2004 auf 4,9 Mrd. sfr, von denen der Bund 46 % und die Kantone 39 % trugen.

Schweiz: Gesamtkosten der Universitäten und Eidgenössischen Hochschulen 2004

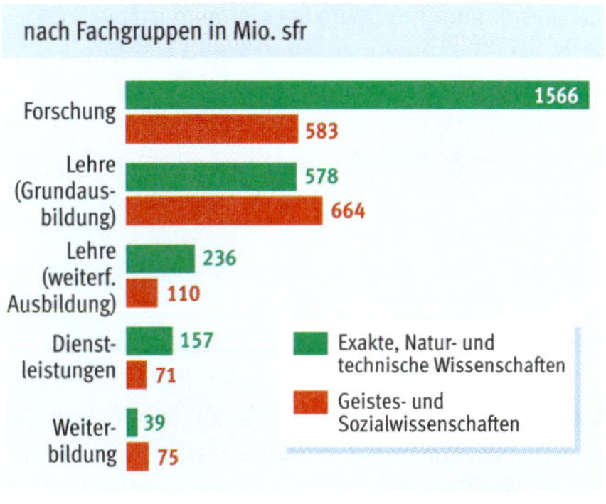

Quelle: SUK 2006

▪ **Wirtschaftliche Entwicklung** Die Wirtschaft musste 2005 aufgrund schwacher Resultate in der ersten Jahreshälfte eine Verlangsamung ihres Wachstums verzeichnen, doch lag ihr Ergebnis über dem europäischen Durchschnitt. In der zweiten Jahreshälfte nahm das Wirtschaftswachstum, gestützt auf Industrie und binnenmarktorientierte Dienstleistungen, mit 2,5 % wieder deutlich zu. Der private Konsum erhöhte sich im Jahresdurchschnitt um 1,5 %. Zu den wachstumsstärksten Branchen gehörten 2005 die chemisch-pharmazeutische Industrie, die Uhren- und Bauindustrie sowie Finanzdienstleistungen. Steigende Exportzahlen und die anziehende Binnennachfrage (Importgüter) sorgten auch 2005 für gute Ergebnisse im Außenhandel; ein Rekordjahr konnte die Schweizer Uhrenindustrie verbuchen, die erstmals Uhren im Wert von über 12 Mrd. sfr exportierte. Dank der Konjunkturentwicklung im In- und Ausland setzte sich das Wachstum des Außenhandels trotz erhöhter Erdölpreise im ersten Quartal 2006 fort.

Die Zahl der Konkurse von Firmen nahm im Vergleich zum Vorjahr um 3 % zu. 2005 wurden 10 800 (2004: 10 524) Konkursverfahren eröffnet und 10 500 Konkurse abgeschlossen; der Anstieg der Konkursverfahren führte jedoch nicht zu einem Anstieg der Verluste, vielmehr gingen die Verluste im Vergleich zum Vorjahr um 5,2 % auf 4,5 Mrd. sfr zurück.

▪ **Bruttoinlandsprodukt** Nach vorläufigen Berechnungen betrug das BIP 2005 nominal 456,928 (2004: 430,461) Mrd. sfr und nahm damit im Vergleich zum Vorjahr um 2,5 % zu. Real stieg es um 1,9 (2004: + 2,1)% auf 436,652 Mrd. sfr.

▪ **Außenhandel** Nach dem positiven Resultat 2004 konnte der Schweizer Außenhandel 2005 aufgrund der Konjunkturentwicklung im In- und Ausland erneut deutlich zulegen. Die Schweiz importierte 2005 Waren im Wert von 143,160 Mrd. sfr (+10,737 Mrd. sfr gegenüber 2004). Daraus ergibt sich ein nominaler Anstieg von 8,2 (2004: 7,0)% und ein realer von 2 (4,6)%. Die Steigerung der Exporte um 9,721 auf 151,456 Mrd. sfr fiel geringer aus als 2004; sie lag nominal bei 6,9 (8,5)%, real bei 3,3 (6,4)%. An der Spitze der Exportgüter standen Chemikalien (55,669 Mrd. sfr; +5,1 %), gefolgt von Maschinen, Apparaten und Elektronik (34,815 Mrd. sfr).

Die **Handelsbilanz** schloss 2005 mit einem Überschuss von 8,296 (2004: +9,312) Mrd. sfr ab und lag damit um 1,016 Mrd. sfr unter dem Rekordergebnis von 2004. Wichtigster Außenhandelspartner war wiederum Deutschland, aus dem ein Drittel der schweizerischen Importe stammte und in das 20 % der Exporte gingen. Weitere wichtige Handelspartner → Grafik.

▪ **Leistungsbilanz** Die Ertragsbilanz weist nach vorläufigen Schätzungen für 2005 einen Überschuss von 62,5 Mrd. sfr auf, der damit gleich hoch ist wie 2004. Entscheidend für das Ergebnis war die Zunahme der

Schweiz: Wichtigste Exportpartner 2005

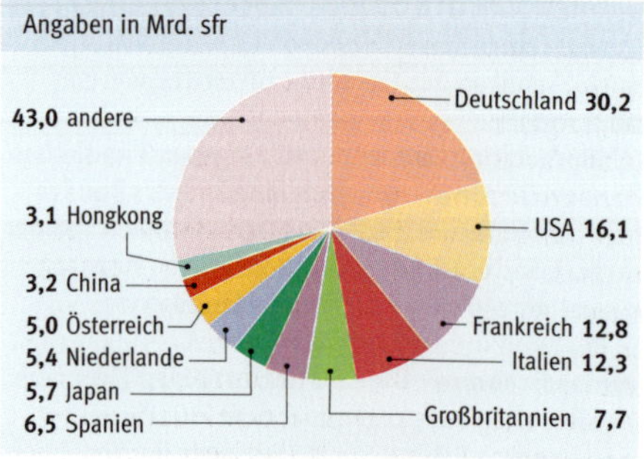

Quelle: SNB 2006

Kapitalerträge und das konjukturell bedingte Absinken des Überschusses aus dem Handel mit Waren und Dienstleistungen. Der Warenhandel entwickelte sich aufgrund der Konjunktur positiv; der Überschuss verringerte sich um 3,5 auf 3,2 Mrd. sfr, da der Anstieg der Importe wegen der Verteuerung der Energieträger mit 9 % besonders hoch ausfiel. Im Dienstleistungshandel nahmen die Ex- und Importe um rd. 6 % zu, die Banken steigerten ihre Kommissionserträge um 11 %; insgesamt erhöhte sich im Dienstleistungssektor der Überschuss um rd. 2 Mrd. auf 29 Mrd. sfr. Die Direktinvestitionen im Ausland nahmen 2005 auf 53,4 (2004: 33,4) Mrd. sfr zu, ausländische Direktinvestionen in der Schweiz erhöhten sich um rd. 6 auf insgesamt 7 Mrd. sfr.

▪ **Inflation** Die Teuerungsrate (Index der Konsumentenpreise) belief sich im Jahresdurchschnitt 2005 auf 1,2 (2004: 0,8)%. Dabei stieg das Preisniveau für Inlandsgüter im Jahresdurchschnitt um 0,6 %, für ausländische Güter nahm es vor allem wegen starker Preiserhöhungen bei Erdöl und Erdgas sowie Metallprodukten um 2,7 (2004: 0,6)% zu.

▪ **Tourismus** Die nach einjähriger Pause vom Bundesamt für Statistik wieder aufgenommene Beherbergungsstatistik verzeichnete für das Jahr 2005 mit 32,9 Mio. Übernachtungen in Hotels und Kurbetrieben bei 13,8 Mio. Ankünften ein Plus von 2,7 % im Vergleich zum Jahr 2003. Damit konnten erstmals seit dem Jahr 2000 wieder steigende Logierzahlen verbucht werden. Während die Übernachtungszahlen der Inlandtouristen, die mit 47,6 % knapp die Hälfte aller Touristen ausmachen, im Vergleich zu 2003 um 2,1 % sanken, stieg die der ausländischen Gäste um 6,8 % an. Die Hauptherkunftsländer der Touristen waren 2005 Deutschland (14,5 %), Großbritannien (5,1 %), USA (4,7 %) und Frankreich (3,9 %). Die positive Entwicklung setzte sich auch im ersten Quartal 2006 fort.

Die Einnahmen aus dem Fremdenverkehr stiegen 2005 auf 13,7 (2004: 12,8) Mrd. sfr, die Ausgaben ins Ausland reisender Schweizer um 5,9 % auf 11,6 Mrd. sfr; damit wies die Fremdenverkehrsbilanz einen Überschuss von 2,2 Mrd. sfr auf.

Arbeit und Soziales

▪ **Erwerbstätige** Nach der Schweizerischen Arbeitskräfteerhebung (SAKE) gab es im zweiten Quartal 2005 insgesamt 3,974 Mio. Erwerbstätige, darunter 388 000 Teilzeiterwerbstätige. Im Vergleich zum Vorjahreszeitraum bedeutete dies eine Steigerung von 0,4 %. Während die Zahl der erwerbstätigen Frauen um 0,9 % auf 1,801 Mio. zunahm, ging die Anzahl der erwerbstätigen Männer erneut geringfügig um 0,1 (2004: −0,2) % auf 2,172 Mio. zurück. Dabei blieb der Anteil der schweizerischen Erwerbstätigen 2005 stabil (+0,1 %), jedoch erhöhte sich die Zahl der ausländischen Arbeitskräfte um 1,5 % und lag bei 20,9 % (829 000 Personen). Die Mehrheit der ausländischen Erwerbstätigen kam aus Europa (62,9 %), die meisten aus Italien (167 000). Wie schon im Vorjahr wurde auch 2005 eine Zunahme der deutschen (+10,6 %, insgesamt 93 000) und portugisischen (+9,2 %, insgesamt 96 000) Erwerbstätigen verzeichnet. Die Anzahl der erwerbstätigen Grenzgänger erhöhte sich nach Auskunft des Bundesamtes für Statistik um 1,9 % auf rd. 178 000 Personen.

Die Anzahl der Erwerbslosen stieg 2005 im Vergleich zum Vorjahr um 3,9 % auf 185 000 an, die Erwerbslosenquote lag aber mit 4,4 (2004: 4,3)% im europäischen Vergleich noch relativ niedrig. Die Erwerbslosenquote der Ausländer und Ausländerinnen war mit 8,9 % deutlich höher als die der Schweizer (3,2 %), was zum Teil daraus resultierte, dass ein hoher Teil ausländischer Erwerbstätiger in besonders konjunkturabhängigen Branchen arbeitete.

▪ **Arbeitslosigkeit** Die Zahl der Arbeitslosen nahm im Jahresdurchschnitt 2005 leicht ab: 148 537 Personen und damit 4554 weniger als 2004 waren arbeitslos registriert. Dies entspricht einer Arbeitslosenquote von 3,8 (2004: 3,9) % (Quote nach nationalem Berechnungskonzept). Damit konnte der seit 2001 anhaltende Anstieg der Arbeitslosenquote unterbrochen werden. Der Anteil der Langzeitarbeitslosen (über 12 Monate) erhöhte sich auf 19,9 %. Die seit Jahren überdurchschnittlich hohe Jugendarbeitslosenquote veränderte sich auch im Jahr 2005 nur geringfügig: Sie betrug bei den 15–19-Jährigen 3,4 (+0,1) %, bei den 20–24-Jährigen 6,1 (−0,1) %; insgesamt waren 28 043 15–24-Jährige als arbeitslos registriert. Die höchste Arbeitslosenquote wurde mit 6,8 (2004: 7,1) % bei den ausländischen Arbeitnehmern verzeichnet. Zur Arbeitslosigkeit in den Kantonen → Grafik.

▪ **Ausbildungsmarkt** Die Gesamtzahl der Lehrstellen stieg 2005 um 4,3 % an und lag bei 199 668 (2004: 191 370). Neu abgeschlossen wurden 73 773 Lehrverträge (+0,4 %; 2004: 70 761), die meisten in den Bereichen Wirtschaft und Verwaltung (14 561), gefolgt von Verkauf und Handel (9472) und Baugewerbe (7984). Der beliebteste Lehrberuf bei Frauen und Männern war Kaufmann/-frau, an zweiter Stelle folgte bei den Männern der Elektromonteur, bei den Frauen die Detailhandelsfachfrau. Rund 1200 zusätzliche Ausbildungsplätze entstanden 2005 im Bau- und Gastgewerbe, in den Pflegeberufen und den Branchen Elektrizi-

Schweiz: Arbeitslosigkeit und Sozialhilfequote in den Kantonen

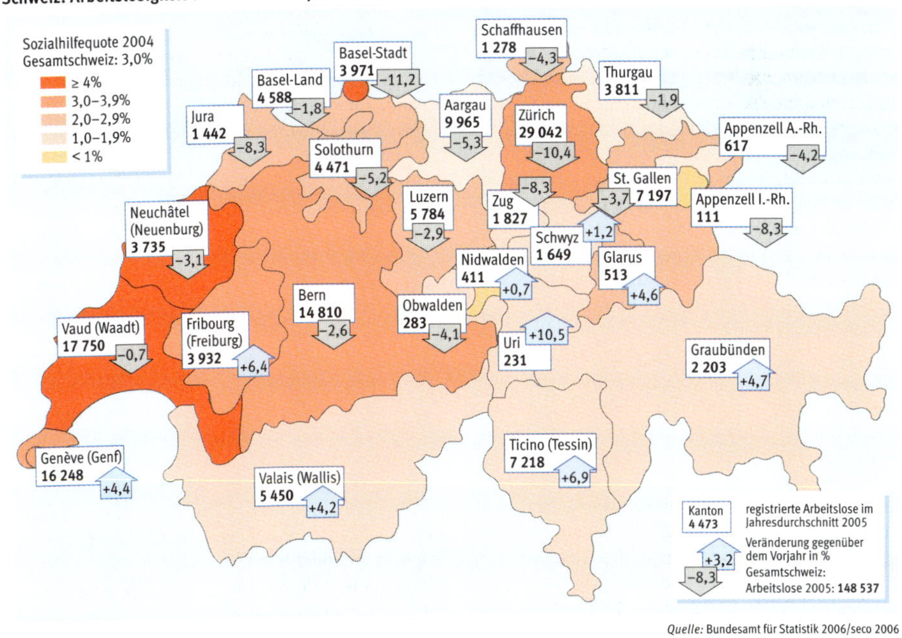

Quelle: Bundesamt für Statistik 2006/seco 2006

tät/Energie, dagegen wurden im Vergleich zum Vorjahr rd. 800 Lehrstellen weniger in den kaufmännischen Berufen angeboten. Insgesamt wurden 2005 58 742 (2004: 57 319) Fähigkeitszeugnisse (abgeschlossene Lehre) ausgestellt; jeder Fünfte erwarb ein Berufsmaturitätszeugnis und damit die Eintrittsberechtigung in eine Fachhochschule.

- **Löhne** Der Index der realen Löhne sank 2005 um 0,2 % gegenüber dem Vorjahr (2004: +0,1 %). Damit wurde die seit 1993 stattgefundene Zunahme der Reallöhne beendet, obwohl die Nominallöhne zum zweiten Mal in Folge ein Wachstum von rd. 1 % verzeichneten. Diese Steigerung konnte jedoch die durchschnittliche Jahresteuerung von 1,2 % nicht ausgleichen. Der Reallohnindex wies innerhalb der Sektoren große Unterschiede auf: Während im sekundären Sektor (Gewerbe und Industrie) noch ein Plus von 0,1 % im Vergleich zum Vorjahr erreicht wurde, musste im tertiären Sektor (Dienstleistungen) ein Minus von 0,3 % verzeichnet werden, von dem vor allem Beschäftigte in den Bereichen Verkehr und Nachrichtenübermittlung (–0,8 %) sowie Kreditvermittlung (–0,7 %) betroffen waren.
- **Sozialhilfe** Nach mehrjähriger Aufbauphase legte das Bundesamt für Statistik im Mai 2006 erstmals eine gesamtschweizerische Statistik der Sozialhilfeempfänger im engeren Sinne vor. Da verschiedene Kantone (u. a. Basel-Stadt, Fribourg, Genève, Ticino, Vaud, Zug) über ein ausgebautes System von bedarfsabhängigen Leistungen, die der Sozialhilfe im engeren Sinne vorgelagert sind, verfügen, sind die Sozialhilfequoten in den einzelnen Kantonen (→ Grafik) derzeit nur bedingt vergleichbar.

Insgesamt gab es 2004 in der Schweiz 218 147 Sozialhilfeempfänger, davon waren 56,3 % Schweizer und 43,7 % Ausländer. Bei der Sozialhilfequote, die für die Gesamtschweiz 3,0 % betrug, zeigte sich ein starkes Stadt-Land-Gefälle: Während die Quote 2004 in ländlichen Gemeinden 1,6 % betrug, lag sie in den städtischen Zentren mit bis zu 5 % weit über dem Durchschnitt. Jeder vierte Sozialhilfeempfänger lebte in Zürich, Genf, Basel, Bern oder Lausanne. Besonders hoch war der Anteil der Sozialhilfeempfänger unter Kindern und Jugendlichen unter 17 Jahren (31,6 % aller Sozialhilfeempfänger). Sie stammten mehrheitlich aus alleinerziehenden Haushalten oder kinderreichen Familien. Renterinnen und Rentner waren aufgrund der Alterssicherung kaum auf Sozialhilfe angewiesen (1,5 %). Mehr als die Hälfte der Leistungsempfänger wurden seit mehr als einem Jahr unterstützt, 15 % länger als vier Jahre.

Öffentliche Finanzen

Der Bundeshaushalt schloss 2005 erneut mit einem Defizit ab. Es belief sich ohne außerordentliche Einnahmen auf 121 Mio. sfr bzw. 0,02 % des BIP. Damit wurde das im Voranschlag budgetierte Minus von 1,8 Mrd. sfr deutlich unterschritten, was aus den im Vergleich zum Voranschlag um 1,1 Mrd. sfr niedrigeren Ausgaben und den um 0,5 Mrd. sfr höher als erwartet ausgefallenen Einnahmen resultierte.

Die **Bruttoschulden** des Bundes erhöhten sich 2005 um 3,6 auf 130,3 Mrd. sfr, das Finanzvermögen nahm – vor allem aufgrund der außerordentlichen Mittel aus den Goldverkäufen der Schweizer Nationalbank (7 Mrd. sfr) und dem Verkauf von Swisscom Aktien (1,4 Mrd. sfr) – um 12,2 auf 33,8 Mrd. sfr zu. Damit wurde erstmals seit zehn Jahren eine markante Abnahme der Nettoverschuldung auf 96,5 (2004: 105,1) Mrd. sfr erreicht.

Schweiz
Bundeshaushalt 2005–2006

Bundesausgaben (in Mio. sfr)	Rechnung 2005	Voranschlag 2006
Soziale Wohlfahrt	14 143	14 664
Verkehr	7 806	7 698
Landesverteidigung	4 576	4 558
Finanzen und Steuern	10 216	10 806
Landwirtschaft und Ernährung	3 771	3 755
Bildung und Grundlagenforschung	3 925	4 062
Beziehungen zum Ausland	2 466	2 466
Übrige Ausgaben[1]	4 500	4 845
Gesamtausgaben	51 403	52 854

Bundeseinnahmen (in Mio. sfr)	Rechnung 2005[2]	Voranschlag 2006
Direkte Steuern		
– Direkte Bundessteuer	12 213	13 765
– Verrechnungssteuer	4 000	3 014
Indirekte Steuern		
– Stempelabgaben	2 703	2 800
– Mehrwertsteuer	18 119	18 485
– Tabaksteuer	2 051	2 119
– Verkehrsabgaben	1 537	1 500
– Einfuhrzölle[3]	974	980
– Mineralölsteuer (inkl. Zuschläge)	4 955	4 980
– Sonstige Fiskaleinnahmen	968	952
Sonstige Einnahmen		
– Regalien/Konzessionen	1 307	1 245
– Vermögenserträge	959	1 063
– Entgelte	1 216	1 065
– Investitionseinnahmen	280	189
Gesamteinnahmen	51 282	52 157
Ergebnis	–121	–697

1 Allgemeine Verwaltung, Justiz u. Polizei, Kultur u. Freizeit, Gesundheit, Umwelt u. Raumordnung sowie übrige Volkswirtschaft
2 ohne außerordentliche Einnahmen aus Gold- und Aktienverkäufen
3 einschließlich zweckgebundener Zolleinnahmen
Quelle: Eidgenössisches Finanzdepartement 2006

▪ **Personalien:** Die Vereinigte Bundesversammlung wählte am 7. 12. 2005 turnusmäßig den bisherigen Vizepräsidenten Moritz Leuenberger zum **Bundespräsidenten für das Jahr 2006**.

Auf den Sozialdemokraten, der dem Department für Umwelt, Verkehr, Energie und Kommunikation vorsteht, entfielen wegen des mehrheitlichen Widerstandes von Vertretern der rechtskonservativen Schweizerischen Volkspartei (SVP) nur 159 von 225 gültigen Stimmen. Leuenberger übernimmt das vorwiegend repräsentative Amt nach 2001 zum zweiten Mal. Neue Vizepräsidentin wurde Außenministerin Micheline Calmy-Rey, gleichfalls von der SP.
Am 27. 4. 2006 kündigte Bundesrat Joseph Deiss (CVP), Vorsteher des Wirtschaftsressorts, nach siebenjähriger Amtszeit überraschend seinen Rücktritt aus der Landesregierung für Ende Juli an. Zu seiner Nachfolgerin wählte die Vereinigte Bundesversammlung am 14. 6. die bisherige CVP-Präsidentin und Aargauer Nationalrätin Doris Leuthard.

INNENPOLITIK

▪ **Migrationspolitik:** Nach mehr als drei Jahren parlamentarischen Beratungen, in denen unter Einfluss der SVP fortlaufend Verschärfungen eingebracht wurden (→WA 2006, 407 f.; WA 2005, S. 395), erneuerte der Gesetzgeber mit Schlussabstimmungen des Nationalrats am 16. 12. 2005 das Asyl- und Ausländerrecht. Das mit 108 gegen 69 Stimmen angenommene **Asylgesetz** sieht u. a. ein verkürztes Antragsprüfungsverfahren vor und verlagert dieses aus der Zuständigkeit der Kantone in die des Bundes; Druck und Zwangsmittel gegenüber Asylsuchenden im Prüf- oder Abschiebeverfahren wurden verstärkt. Flüchtlinge ohne Papiere werden in aller Regel nicht mehr angenommen; wer nicht mit den Behörden kooperiert, kann bis zu zwei Jahren inhaftiert werden; die Abschiebungshaft wurde von neun auf 18 Monate verlängert; darüber hinaus kann für 18 Monate in »Durchsetzungshaft« genommen werden, wer seiner rechtskräftigen Ausreisepflicht nicht nachkommen will (beide Haftformen dürfen zusammen für maximal 24 Monate verhängt werden). Abgelehnte Asylbewerber, einschließlich besonders Hilfsbedürftige wie Kranke, Familien mit Kindern usw., werden von sozialen Leistungen, von einem Minimum an Nothilfe abgesehen, ausgeschlossen.
Die ursprünglich vorgesehene Möglichkeit der humanitären Aufnahme von Flüchtlingen, die kein politisches Asyl erhalten, denen aber aus anderen Gründen eine Rückkehr in ihre Heimat nicht zuzumuten ist, wurde durch eine restriktiv formulierte Härteklausel ersetzt. Flüchtlingshilfe- und Menschenrechtsorganisationen übten **heftige Kritik** an dem Gesetz, das hinsichtlich der Restriktionen die Standards der EU übertrifft. Der UN-Hochkommissar für Flüchtlinge machte am 27. 9. 2005 auf Widersprüche zur Genfer Flüchtlingskonvention von 1951 aufmerksam. Über die Geltung der Asylgesetzesrevision soll eine Eidgenössische Abstimmung am 24. 9. 2006 entscheiden.

▪ **Biometrischer Pass und Bürgernummer:** Der Bundesrat beschloss am 17. 3. 2006 die Einführung eines neuen Ausweises mit elektronisch gespeicherten biometrischen Daten. Er wird ab September zum Preis von 250 Franken ausgegeben und fünf Jahre gültig sein. Ausschlaggebend für die Entscheidung war der Beschluss der USA, künftig nur noch Inhaber eines biometrischen Passes visumfrei einreisen zu lassen. Vorläufig bleibt dies auch mit dem maschinenlesbaren »Pass 03« weiterhin möglich, der parallel gültig bleibt.

Am 23. 11. 2005 brachte der Nationalrat einen Gesetzentwurf zur Einführung einer administrativen **Personenidentifikationsnummer** ein. Als »Bürgernummer« bezeichnet, soll sie auf allen Ebenen staatlicher Verwaltung zum Einsatz kommen und zugleich den Bedürfnissen der Bevölkerungsstatistik Rechnung tragen. Entsprechend gab der Bundesrat gleichzeitig einen Gesetzentwurf über die »Harmonisierung amtlicher Personenregister« in die parlamentarische Beratung.

▪ **»Bildungsraum Schweiz«:** Mit einer der höchsten Zustimmungsraten (85,6 %) und zugleich der zweitniedrigsten Stimmbeteiligung (27,3 %) in der Geschichte des Bundesstaates billigten die Bürger in einem eidgenössischen Referendum am 21. 5. 2006 einen **neuen Verfassungsartikel**. Er gibt dem bislang kantonal zersplitterten Bildungssystem einen einheitlichen Rahmen und überträgt dem Bund die Kompetenz, den »Bildungsraum Schweiz« zu gestalten. Übergeordnetes Ziel ist es, die Qualität der Bildung zu sichern, die Mobilität der Bevölkerung durch einheitliche Eckwerte des Schul- und Ausbildungswesens zu erreichen und der Schweiz einen Spitzenplatz im globalen Wettbewerb zu erhalten. Ein ähnlicher Anlauf war im Jahr 1973 bei einer Volksabstimmung gescheitert.

▪ **Gentechnik:** Die Schweizer Stimmbürger beschlossen per Volksabstimmung am 27. 11. 2005 ein auf fünf Jahre befristetes **Gentechnikverbot für die Landwirtschaft**. Danach dürfen gentechnisch veränderte Pflanzen, Saatgut und Tiere weder importiert noch gezüchtet und keine Agrarprodukte aus ihnen hergestellt und vertrieben werden. Nicht verboten ist der Import von gentechnisch veränderten Lebens- oder Futtermitteln. Die »Volksinitiative für Lebensmittel aus gentechnikfreier Landwirtschaft«, die von der SP, den Grünen und Umweltverbänden getragen wurde, erzielte mit 55,7 % Zustimmung einen überraschend deutlichen Erfolg (Stimmbeteiligung: 41,8 %) – Bundesrat und Parlament hatten eine Ablehnung empfohlen. Das Moratorium trat sofort in Kraft.

▪ **Ärzteproteste:** Erstmals in der Schweiz demonstrierten am 1. 4. 2006 über 10 000 Hausärzte und ihre Sprechstundenhilfen **in Bern** und übergaben dem Bundesrat eine Petition mit über 300 000 Unterschriften. Sie wandten sich insbesondere gegen eine neue Honorartarifstruktur (Tarmed) und die Verlagerung spezieller Leistungen zu Fachärzten, und forderten eine Reduzierung des bürokratischen Aufwands im Praxisalltag, mehr Mitsprache bei gesundheitspolitischen Entscheidungen sowie praxisnahe Aus- und Weiterbildung. 2004 waren nach der Statistik der Vereinigung der Schweizer Ärzte (FMH) in der Schweiz rd. 28 000 Ärzte tätig, davon 15 200 in freier Praxis, unter ihnen 8000 Hausärzte.

▪ **Vogelgrippe:** Zwischen Ende Februar und Ende März 2006 wurden in der Schweiz 29 Vogelgrippe-Fälle registriert, einige der gefundenen toten Tiere waren mit der hochansteckenden Virusvariante H5N1 infiziert (→ Themen der Welt). Die Behörden verordneten zwischen Ende Oktober und Ende April Stallpflicht für Geflügel. Das Basler Pharma-Unternehmen Roche, das den Neuraminidasehemmer Tamiflu herstellt (mit Lizenzvergaben nach Indien und China), der bei Vogelgrippe virostatisch wirkt, erhielt zur Pandemie-Vorsorge Regierungsaufträge aus 65 Ländern. Mit einem Umsatz von 1,6 Mrd. sfr trug Tamiflu 2005 wesentlich zu dem besten Ergebnis in der Geschichte von Roche/Pharma bei. Bis Ende 2006 ist eine Produktionsausweitung auf 300 Mio. Behandlungseinheiten geplant, um der weltweiten Nachfrage gerecht zu werden.

▪ **Atompolitik:** Die **Standortsuche für ein atomares Endlager** erreichte Mitte September 2005 ein wichtiges Etappenziel. Die mit der Sicherheit von nukleartechnischen Anlagen befassten Aufsichtsorgane des Bundes – die Hauptabteilung für die Sicherheit der Kernanlagen (HSK), die Kommission Nukleare Entsorgung (KNE) und die Eidgenössische Kommission für die Sicherheit der Kernanlagen (KSA) – akzeptierten den Vorschlag der Nationalen Genossenschaft für die Lagerung radioaktiver Abfälle (Nagra) als realistische Option. Ein 650 m unter der Erde liegender Tonflöz rd. 20 km südlich von Schaffhausen **bei Benken in der Nähe zur deutschen Grenze** verfüge über die verlangten Eigenschaften für den Einbau eines atomaren Endlagers. Das Bundesamt für Energie legte im März 2006 einen Sachplanentwurf vor; bis zu einer abschließenden Standortentscheidung bedarf es noch einer Reihe weiterer Schritte. Der deutsche Bundesinnenminister Jürgen Trittin richtete noch vor seinem Ausscheiden aus dem Amt eine »Begleitkommission« ein, welche die deutschen Interessen in das Verfahren einbringen soll.

▪ **Umwelt- und Verkehrspolitik: Extreme Niederschläge,** mit z. T. den größten jemals gemessenen Regenmengen, verursachten in der dritten Augustwoche 2005 im Einzugsbereich von Flüssen und Seen die schwersten Überschwemmungen und Erdrutsche seit Jahrzehnten und übertrafen die »Jahrhundertflut« von 1999. Besonders betroffen waren die Kantone Luzern und Bern. Mehrere Menschen kamen ums Leben. Versicherungen schätzen die Hochwasserschäden an Privateigentum auf über 1,3 Mrd. sfr (rd. 860 Mio. €), an kantonalen Gebäuden auf rd. 500 Mio. sfr .

Zur **Reduzierung der Feinstaubbelastung** verhängten elf Deutschschweizer Kantone am 3. 2. 2006 eine befristete Höchstgeschwindigkeit im Straßenverkehr von 80 km/h. Zugleich forderten sie vom Bund, einen Aktionsplan des Bundes umzusetzen und zu erweitern, u. a. um die Einführung einer Partikelfilter-Pflicht für dieselbetriebene Fahrzeuge. In einigen Regionen der Nordalpenseite waren die höchsten jemals gemessenen Feinstaubbelastungen der Luft verzeichnet worden, in Lausanne lagen die Werte zeitweise um das Vierfache über dem Grenzwert, der nach der Luftreinhalteverordnung nur einmal im Jahr überschritten werden darf. In Bern lag er um das Doppelte höher. Die Kantone einigten sich am 20. 4. auf ein Konzept regional abgestimmter und stufenweise umzusetzender Maßnahmen.

Ein **Felssturz auf die Gotthardautobahn** im Kanton Uri forderte am 31. 5. 2006 zwei Todesopfer. Nach weite-

ren Abbrüchen wurde ein verwitterter überhängender Fels bei Gurtnellen am 23. 6. gesprengt. Die wichtige Alpentransversale, über die täglich rd. 4000 LKW und 17 000 PKW rollen, blieb einen Monat gesperrt.

- **Geldwäsche:** Die Financial Action Task Force (FATF) legte am 14. 10. 2005 ihren **Bericht über die Vermeidung von Geldwäscherei und Terrorfinanzierung** in der Schweiz vor. Sie kam zu dem Ergebnis, dass von den 40 Anti-Geldwäsche- und neuen ergänzenden Empfehlungen zur Vermeidung von Terrorfinanzierung in der Schweiz nur elf vollständig eingehalten und weitere 21 weitgehend berücksichtigt werden. Mängel verzeichnete die FATF bei der Kundenidentifikation, dem Meldesystem der Banken und den Vorschriften für Geldkuriere, letztere entsprechen nicht den Empfehlungen gegen die Terrorfinanzierung. Auch Transparency International attestierte der Schweiz in ihrem am 1. 2. 2006 vorgelegten »Globalen Korruptionsbericht« hinsichtlich der Geldwäsche eine besondere Gefährdung, da rd. 30 % der weltweiten Privatvermögen vom Finanzplatz Schweiz aus verwaltet würden, und kritisierte Lücken in der Gesetzgebung.

Die Kriminalstatistik des Bundesamts für Polizei (FEDOPOL) registrierte für das Jahr 2005 bei **Geldwäschereidelikten** eine Zunahme von 64,6 %.

AUSSENPOLITIK

- **EU:** Knapp vier Monate nach der Annahme des Schengen-Dublin-Abkommens zum freien Personenverkehr (→WA 2006, S. 410) billigten die Schweizer in einem **Referendum** am 25. 9. 2005 die Ausdehnung der Personenfreizügigkeit und damit die **Öffnung des Arbeitsmarktes** für Bürger aus den zehn neuen EU-Staaten. 56,0 % stimmten für die von SP, CV und FDP sowie Wirtschaftsverbänden und Gewerkschaften gleichermaßen unterstützte Vorlage. Von den Rechtskonservativen unter Führung der SVP war die erweiterte Personenfreizügigkeit hingegen scharf abgelehnt worden.

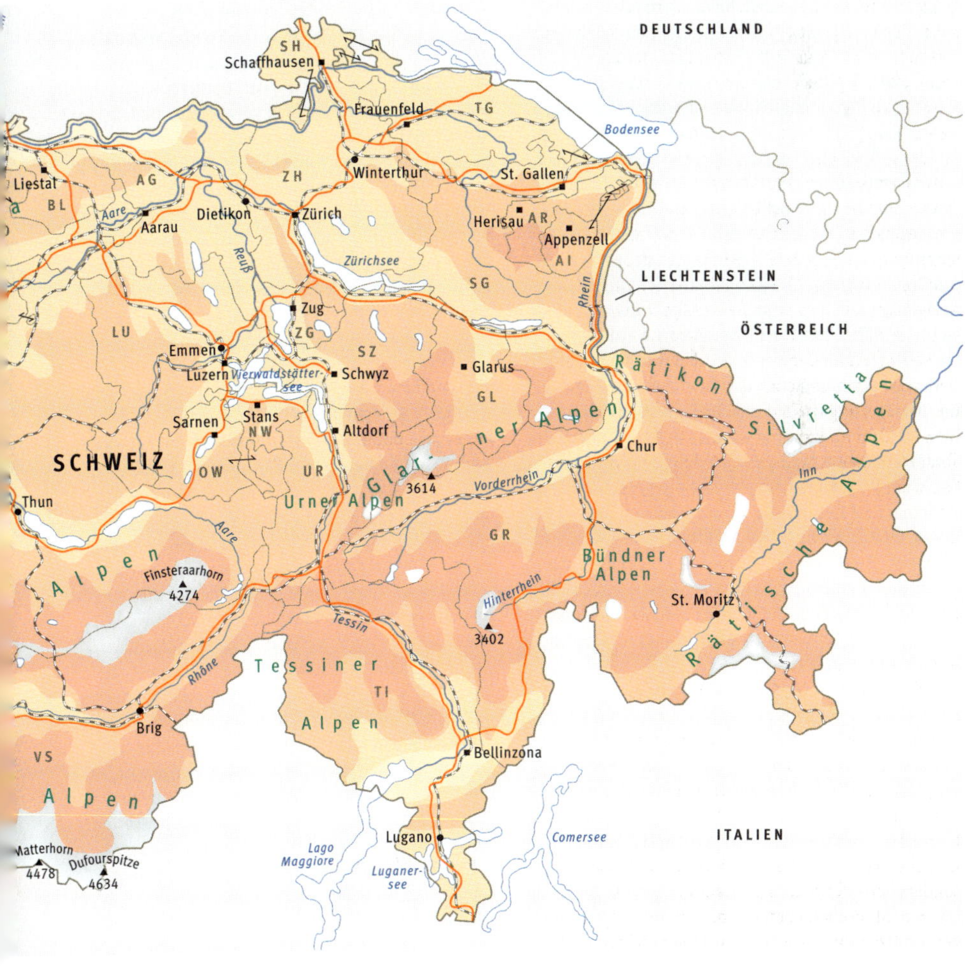

Der Bundesrat beschloss am 26. 10., das 1992 bei der EU eingereichte, 1993 jedoch eingefrorene Beitrittsgesuch nicht zurückzuziehen. Allerdings wurde der Beitritt zur EU vom »strategischen Ziel« zur »längerfristigen Option« neben anderen Möglichkeiten herabgestuft. Justizminister Christoph Blocher (SVP) hatte ein zehnjähriges Moratorium vorgeschlagen.

- **USA und Russland:** Gegen den Willen der USA lieferte das Bundesamt für Justiz am 30. 12. 2005 **den früheren russischen Atomminister Jewgeni Adamow an Russland** aus, wo er wegen Betrugs und Amtsmissbrauchs umgehend angeklagt und in Untersuchungshaft genommen wurde. Adamow war am 2. 5. 2006 aufgrund eines Ersuchens der USA, die ihm Geldwäsche und Unterschlagung von etwa 17 Mio. US-$ vorwarfen, die für die Nuklearsicherheit in Russland bestimmt gewesen seien, in Bern festgenommen worden. Die Entscheidung des Bundesamtes für Justiz Ende September, Adamow an die USA auszuliefern, stieß auf den heftigen Protest Russlands, das im Mai ebenfalls einen Auslieferungsantrag gestellt hatte. Nach juristischem Tauziehen entschied das Bundesgericht in Lausanne am 29. 12. 2005, dem Antrag Moskaus stattzugeben.
- **CIA- und FAX-Affäre:** Internationales Aufsehen rief am 8. 1. 2006 die Veröffentlichung eines geheimen Dokuments (FAX) vom November 2005 durch die Zeitung »SonntagsBlick« hervor, aus dem auf die **Existenz von Geheimgefängnissen der USA in Europa** geschlossen werden konnte. Darin berichtete das ägyptische Außenministerium an die Londoner Botschaft seines Landes, die ägyptische Botschaft in Rumänien habe aus eigenen Quellen erfahren, dass 23 irakische und afghanische Bürger auf dem Stützpunkt Mihail Kogalniceanu in der Nähe von Constanza verhört wurden. Ähnliche Verhörzentren gebe es in der Ukraine, im Kosovo, in Mazedonien und Bulgarien. Die Schweizer Behörden bestätigten die Authentizität des Schreibens, das vom Schweizer Nachrichtendienst abgefangen und der Boulevardzeitung zugespielt worden war. Die Militärjustiz leitete ein Ermittlungsverfahren gegen den Chefredakteur und zwei Journalisten des »SonntagsBlick« wegen Veröffentlichung von militärischen Geheimnissen ein. Außenministerin Calmy-Rey relativierte die Bedeutung des veröffentlichten Papiers, das keine Beweise, sondern allenfalls Indizien enthalte, sah allerdings durch die Indiskretionen die Glaubwürdigkeit der Schweiz gefährdet.

Am 31. 1. 2006 resümierte die Geschäftsprüfungsdelegation des Parlaments, die die Oberaufsicht über den Staatsschutz und die Nachrichtendienste ausübt, die vorliegenden Erkenntnisse in der sog. CIA-Affäre. Danach lagen den Schweizer Behörden bis zu dem Zeitpunkt weder Beweise für die Existenz geheimer CIA-Gefängnisse oder die Anwendung von Folterpraktiken des US-Geheimdienstes in Europa vor, noch für die Benutzung des Luftraums oder von Flugplätzen der Schweiz für illegale Operationen der CIA im Rahmen der Terrorbekämpfung. Nur in einem Fall – der mutmaßlichen Entführung des ägyptischen Imams Abu Omar aus Mailand nach Ägypten im Februar 2003 – gäbe es Indizien für eine **unrechtmäßige Nutzung des Schweizer Luftraums**. Im Juni 2005 hatte Bundesrätin Calmy-Rey gegenüber dem State Department in Washington die Besorgnis der Schweiz über die Praxis der so genannten außerordentlichen Überstellungen angemeldet und darüber hinaus bis Dezember 2005 viermal Auskunft über Landungen verdächtiger Flugzeuge in Genf verlangt, ohne bis Ende Januar eine Antwort zu erhalten. Nach Angaben des Bundesamtes für Zivilluftfahrt (BAZL) überflogen zwischen 2001 und 2005 insgesamt 74 verdächtige Flugzeuge die Schweiz, vier landeten in Genf. Am 5. 4. 2006 bestätigte das BAZL Angaben von amnesty international, dass 2001 mindestens zwei weitere verdächtige Maschinen, eine davon mehrmals, in Genf und Zürich zwischengelandet waren; Ende Juni 2006 bestätigte BAZL-Sprecher Anton Kohler die Landung von insgesamt 58 mutmaßlichen CIA-Flugzeugen in der Schweiz.

- **Nigeria:** Anlässlich des Staatsbesuchs von Präsident Olesugun Obasanjo am 13. 4. 2006 einigten sich beide Seiten auf die endgültige Beilegung der jahrelangen Auseinandersetzungen um den **Nachlass** von 700 Mio. US-$, die der 1998 verstorbene **Diktator Sani Abacha** in der Schweiz deponiert hatte. 99 % des Geldes sind inzwischen nach Nigeria zurückgeflossen. Den Weg für die Überweisung des größten Teils des Geldes hatte das Bundesgericht im Februar 2005 freigemacht, als es die Beschwerden der Abacha-Familie abschließend abwies. Die nach Nigeria retransferierten Gelder sollen, von der Weltbank überwacht, für Entwicklungsprojekte eingesetzt werden. Nigeria ist nach Südafrika und Libyen der drittgrößte afrikanische Handelspartner der Schweiz.
- **Visa-Affäre:** Das Eidgenössische Department für auswärtige Angelegenheiten (EDA) gab am 18. 5. 2006 die **Auswechselung des gesamten Personals der Botschaft in Islamabad** und des Generalkonsulats in Karachi bekannt. Gegen den derzeitigen und den vormaligen Botschafter in Pakistan sowie den Kanzleichef der Mission wurden Disziplinarverfahren eingeleitet. Die Vorsteherin des EDA reagierte damit auf Berichte, nach denen es zu massiven Unregelmäßigkeiten bei der Visavergabe gekommen war. Sowohl von individuellem Fehlverhalten bestechlicher pakistanischer Mitarbeiter in der Konsularabteilung war die Rede, wie auch von der Möglichkeit, dass ein Ring pakistanischer Menschenschmuggler sich in der Botschaft habe festsetzen können. Die Botschaft hatte die Ausgabe der Visa pakistanischen Beschäftigten überlassen. Einige wurden in Untersuchungshaft genommen; einer von ihnen soll rd. 1000 Migrationswilligen geholfen haben, in Europa unterzutauchen, ein anderer soll Visa gegen Sex verkauft haben. Eine strafbare Verwicklung schweizerischer Diplomaten in die Machenschaften wurde vom EDA zunächst nicht festgestellt, offenbar jedoch eine schwere Vernachlässigung von Aufsichts- und Kontrollpflichten.

Senegal West-Afrika

Republik Senegal; Sounougal (wolof); République du Sénégal – SN/SEN

Fläche (Weltrang: 85): 196 722 km²

Einwohner (72): F 2004 11 386 000 = 58 je km²

Hauptstadt: Dakar

Amtssprache: Französisch

Bruttonationaleinkommen 2004 je Einw.: 630 $

Währung: CFA-Franc
Kurs: 1 € = 655,96 CFA-Francs

Botschaft der Republik Senegal
Dessauer Str. 28/29, 10927 Berlin
T 030/8 56 21 90, Fax 85 62 19 21
www.botschaft-senegal.de

LANDESSTRUKTUR **Fläche:** 196 722 km²; Karte → WA 2006, S. 411 ▪ **Verwaltung:** 10 Regionen und Hauptstadtregion ▪ **Städte:** (Z 2002) Dakar 1 983 093 Einw., Thiès 237 849, Rufisque 179 797, Kaolack 172 305, Saint-Louis 154 555, Mbour 153 503, Ziguinchor 153 269

BEVÖLKERUNG Senegalesen – F 2004: 11 386 000 Einw.; Bevölkerungswachstum: 2,4 %; letzte Zählung 2002: 9 956 202 Einw. – 1997: 36 % Wolof, 23 % Peul und Tukulör, 15 % Serer, 6 % Diola, 4 % Mandingo, 2 % Lébous, Sarakolé, Malinké u. a. (über 20 westatlantische Gruppen); außerdem 12 % Fulbe, Mauren u. a. Minderheiten von Libanesen, Syrern und Franzosen ▪ **Sprachen:** Wolof, Französisch, Mande-Sprachen: Bambara, Sarakolé u. a.; Serer, Diola; westatlantische Sprachen: Malinké, Peul; Ful ▪ **Religion:** 94,5 % Muslime (Sunniten), 5 % Christen; indigene Religionen

STAATS- UND REGIERUNGSFORM Verfassung von 2001 – Präsidialrepublik seit 1963 – Parlament (Assemblée Nationale) mit 120 Mitgl., Wahl alle 5 J. – Direktwahl des Staatsoberhauptes alle 7 J. (zukünftig alle 5 J.,einmalige Wiederwahl) – Wahlrecht ab 18 J. ▪ **Unabhängigkeit:** 4. 4. 1960 (ehem. französische Kolonie), endgültig 20. 8. 1960 ▪ **Nationalfeiertag:** 4. 4.

REGIERUNG UND PARTEIEN **Staatsoberhaupt:** Abdoulaye Wade (PDS), seit 1. 4. 2000 – **Regierungschef:** Macky Sall, seit 21. 4. 2004 – **Äußeres:** Tidiane Gadio, seit 3. 4. 2000 ▪ **Parlament:** Wahlen vom 29. 4. 2001: Coalition Sopi: Parti Démocratique Sénégalais/PDS und 40 weitere Parteien/SOPI 89 von 120 Sitzen (1998: PDS 23 von 140), Alliance des Forces du Progrès/AFP 11 (–), Parti Socialiste/PS 10 (93), Renouveau Démocratique Sénégalais/RD 3 (11), And Jëf-Parti Africain pour la Démocratie/AJ 2 (4), Sonstige 5 (9)

WIRTSCHAFT **BIP** 2004: 7,775 Mrd. $; realer Zuwachs: 6,2 %; Anteil (2004) Landwirtschaft 17 %, Industrie 20 %, Dienstleistungen 63 % ▪ **Erwerbstätigkeit** 2003: Landwirtsch. 73 % ▪ **Arbeitslosigkeit:** k. A. ▪ **Inflation** ∅ 2003: 0,0 % ▪ **Außenhandel** 2001: **Import:** 1730,2 Mio. $; *Güter:* 23 % Maschinen und Transportausrüstungen, 22 % Nahrungsmittel, 17 % mineralische Brennstoffe, Schmiermittel, 15 % bearbeitete Waren; *Länder:* 28 % Frankreich, 10 % Nigeria, 8 % Thailand, 5 % Deutschland, 4 % Spanien; **Export:** 785,1 Mio. $; *Güter:* 37 % Nahrungsmittel, 18 % mineralische Brennstoffe, Schmiermittel, 18 % chemische Produkte; *Länder:* 17 % Frankreich, 12 % Indien, 7 % Griechenland, 7 % Mali, 6 % Italien

Senegal
Fläche, Bevölkerung und Bevölkerungsdichte

Region (Hauptort)	Fläche in km²	Einwohner insgesamt Z 2002	Einwohner je km²
Dakar (Dakar)	550	2 267 356	4122
Diourbel (Diourbel)	4 359	1 049 954	241
Fatick (Fatick)	7 935	613 000	77
Kaolack (Kaolack)	16 010	1 066 375	67
Kolda (Kolda)	21 011	836 230	40
Louga (Louga)	29 188	677533	23
Matam (Matam)	25 083	423041	17
Saint-Louis (Saint-Louis)	19 044	688 767	36
Tambacounda (Tambacounda)	59 602	605 695	10
Thiès (Thiès)	6 601	1 290 265	195
Ziguinchor (Ziguinchor)	7 339	437 986	60
Senegal	196 722	9 956 202	51

Quelle: Ministère de l' Economie et des Finances 2005

CHRONIK

In der zweiten Jahreshälfte 2005 nahmen die innenpolitischen Spannungen weiter zu. Der populäre ehemalige Premierminister Idrissa Seck, der wegen Gefährdung der nationalen Sicherheit angeklagt worden war, wurde am 7. 2. 2006 freigesprochen und kündigte seine Kandidatur für die Präsidentschaftswahlen 2007 an. Seine Anhänger hatten Präsident Abdoulaye Wade beschuldigt, seinen Rivalen aus dem Weg räumen zu wollen.

▪ **Casamance:** Nach der offiziellen Beendigung des seit 1982 andauernden Sezessionskrieges und der Unterzeichnung eines Friedensvertrages im Dezember 2004 (→ WA 2006, S. 411) blieb die Situation in der südlichen Provinz gespannt, da Hardliner der Rebellenbewegung Mouvement des Forces Démocratiques de la Casamance (MFDC) das Abkommen nicht akzeptiert hatten.

▪ **Flüchtlingsproblem:** Infolge des immer größer werdenden Zustroms afrikanischer Flüchtlinge auf die Kanarischen Inseln im Mai 2006 (→ Spanien), darunter auch Senegalesen, verständigte sich die Regierung mit den spanischen Behörden über die Repatriierung von Flüchtlingen.

Serbien Südost-Europa

Republik Serbien; Republika Srbija – SR

Fläche (Weltrang: 110): 88 361 km^2

Einwohner (93): F 2004 7 526 000 = 85 je km^2

Hauptstadt: Beograd (Belgrad)

Amtssprache: Serbisch

Bruttonationaleinkommen 2004 je Einw.: 3000 $ (S)

Währung: 1 Neuer Dinar (N.Din) = 100 Para
Kurs: 1 US-$ = 68,22 N.Din; 1 € = 87,81 N.Din

Botschaft von Serbien
Taubertstr. 18, 14193 Berlin
T 030/8 95 77 00, Fax 8 25 22 06
E-Mail: info@botschaft-smg.de

LANDESSTRUKTUR **Fläche:** 88 361 km^2 einschließlich Kosovo und Vojvodina; → Karte ▪ **Verwaltung:** 29 Kreise, davon 17 in Serbien, 7 in der Vojvodina und 5 im Kosovo; Vojvodina und Kosovo → unten) ▪ **Städte:** (Z 2002) Beograd (Belgrad) 1 280 639 Einw., Novi Sad (Neusatz) 234 151, Niš (Nisch) 177 823; (S 2003) Priština 165 844; (Z 2002) Kragujevac 145 890, Subotica (Maria-Theresiopel) 107 139

BEVÖLKERUNG Serben – F 2004: 7 526 000 Einw.; letzte Zählung 2002: 7 479 437 Einw. – 82,7 % Serben, 3,9 % Ungarn, 1,8 % Bosniaken ▪ **Sprachen:** Serbisch; Albanisch, Montenegrinisch, Magyarisch (Ungarisch) u. a. Sprachen der Minderheiten ▪ **Religion:** mehrheitlich Serbisch-Orthodoxe; Katholiken, Muslime; Minderheiten von Protestanten und Juden

STAATS- UND REGIERUNGSFORM Verfassung von 1992 – Parlament mit 250 Mitgl.; Wahl alle 4 J. – Direktwahl des Staatsoberhauptes alle 5 Jahre – Wahlrecht ab 18 J. ▪ **Unabhängigkeit:** 5. 6. 2006 (Serbien tritt die Rechtsnachfolge des Staatenbunds Serbien und Montenegro an) ▪ **Nationalfeiertag:** 15. 2. (Aufstand gegen die Osmanen 1804)

REGIERUNG UND PARTEIEN **Staatsoberhaupt:** Boris Tadić (DS), seit 11. 7. 2004 – **Regierungschef:** Vojislav Koštunica (DSS), seit 3. 3. 2004 – **Äußeres:** Vuk Drašković (SPO-NS), seit 3. 6. 2006 ▪ **Parlament:** Wahlen zum Parlament vom 28. 12. 2003: Serbische Radikale Partei/SRS 81 von 250 Sitzen (2000: 23), Demokratische Partei Serbiens/DSS 53 (im Bündnis DOS 176), Demokratische Partei /DS 37 (im Bündnis DOS 176), G17 Plus 34 (–), SPS 22 (im Linksbündnis 37), Serbische Erneuerungsbewegung/SPO-NS 23 (–), Sonstige – (14)

WIRTSCHAFT **BIP** 2004: 23,997 Mrd. $; realer Zuwachs: 8,2 %; Anteil (2004) Landwirtschaft 19 %, Industrie 36 %, Dienstleistungen 45 % ▪ **Erwerbstätigkeit** 2003: Landwirtsch. 7,3 %, Industrie 34,2 %, Dienstl. 58,4 % ▪ **Arbeitslosigkeit** ∅ 2005: 32,5 % ▪ **Inflation** ∅ 2005: 15,2 % ▪ **Außenhandel** 2005: (vorläufig; Angaben betreffen nur Serbien) **Import:** 10,576 Mrd. $; *Güter:* 26 % Maschinen, Apparate und Transportausrüstungen, 19 % Brenn- und Schmierstoffe, 8 % Fertigerzeugnisse, 14 % chem. Produkte, 6 % Nahrungsmittel; *Länder:* 16 % Russland, 10 % Deutschland, 9 % Italien, 5 % China, 4 % USA, 3 % Frankreich, 3 % Slowenien, 3 % Ukraine; **Export:** 4,553 Mrd. $; *Güter:* 17 % Nahrungsgüter, 16 % Fertigerzeugnisse, 11 % Maschinen, Apparate und Transportausrüstungen, 11 % chem. Erzeugnisse, 2 % Getränke und Tabak; *Länder:* 18 % Bosnien und Herzegowina, 13 % Italien, 10 % Deutschland, 7 % Mazedonien, 4 % Russland, 4 % Kroatien, 4 % Slowenien, 4 % Frankreich

Zu Serbien gehören

Kosovo Kosovo und Metohija

Fläche: 10 887 km^2 ▪ **Bevölkerung** F 2001: 2 325 000 Einw.; letzte Zählung 1991: 1 956 196 Einw. – S 2002: 88 % Albaner, 7 % Serben ▪ **Sprachen:** Albanisch, Serbisch ▪ **Religion:** sunnitische Muslime, Serbisch-Orthodoxe ▪ **Hauptstadt** (S 2003): Priština 165 844 Einw. ▪ **Status:** Seit 10. 6. 1999 unter UN-Übergangsverwaltung – Parlament mit 120 Mitgl. (100 gewählt, 10 für die serbische Minderheit, 10 für andere ethnische Minderheiten reserviert); Wahl alle 4 J.– Wahl des Präsidenten durch Parlament ▪ **Regierung:** Präsident: Fatmir Sejdiu (LDK), seit 10. 2. 2006 – Regierungschef: Agim Çeku (AAK), seit 10. 3. 2006; Regierung aus LDK und AAK – Wahlen vom 23. 10. 2004: Demokratische Liga/LDK 47 von 120 Sitzen (2001: 47), Demokratische Partei/PDK 30 (26), albanische Allianz für die Zukunft des Kosovo/AAK 9 (8), ORA 7 (–), Sonstige 27 (17), serbische Einheitsliste »Rückkehr«/KP – (22); Wahlboykott der Serben

Vojvodina Wojwodina

Fläche: 21 506 km^2 ▪ **Bevölkerung** Z 2002: 2 024 487 Einw. ▪ **Sprachen:** Serbisch, Kroatisch; Ungarisch, Slowakisch, Rumänisch, Ruthenisch ▪ **Hauptstadt** (Z 2002): Novi Sad 234 151 Einw. ▪ **Status:** Autonome serbische Provinz ▪ **Regierung:** Regierungschef: Bojan Pajtić, seit 30. 10. 2004

CHRONIK

Mit einer Zustimmung von 55,5 % der abgegebenen Stimmen für die staatliche Unabhängigkeit besiegelte die Bevölkerung → Montenegros am 21. 5. 2006 das Ende des 2003 nur unter dem Druck der Europäischen Union (EU) zustande gekommenen lockeren

Staatenbundes mit Serbien. Nach dem Tod des in Den Haag als Kriegsverbrecher angeklagten ehemaligen Präsidenten Slobodan Milošević am 11. 3. 2006 bestimmten die Schatten der Vergangenheit das politische Geschehen und verhinderten vorerst eine weitere Annäherung an die EU. Auf der positiven Seite verbuchte Serbien ein kräftiges Wirtschaftswachstum (2005: 6,7 %) und einen Überschuss im Staatshaushalt.

STAATENUNION

▪ **Auflösung der Föderation:** Nach der Verfassung der Föderation, zu der auch die »autonomen Provinzen« Kosovo und Vojvodina gehören, hat jeder Teilstaat das Recht, in einem Referendum über eine vollständige staatliche Unabhängigkeit abstimmen zu lassen. Montenegro wollte dieses Recht, wie bereits 2003 von Ministerpräsident Milo Djukanović angekündigt, zum frühestmöglichen Zeitpunkt wahrnehmen. Alle serbischen Regierungen, zuletzt Präsident Boris Tadić und Ministerpräsident Vojislav Koštunica, hatten sich dagegen stets für den Fortbestand des Staatenbundes ausgesprochen, dessen Spaltung sich jedoch zunehmend weiter vertieft hatte. Beide Republiken betrieben eine eigene Außenpolitik, die unterschiedlichen Währungs- und Wirtschaftsgebiete blieben genauso bestehen wie das unterschiedliche Bildungs-, Gesundheits- und Justizsystem. Auch die 2005 fällige Direktwahl zum gemeinsamen Parlament kam nicht zustande.

Nach dem Votum der **Montenegriner** für den Austritt aus dem Staatenbund erklärte der serbische Präsident Tadić am 23. 5. 2006, dass er das Ergebnis der Abstimmung akzeptiere, Ende Mai legte der Präsident des Staatenbundes, der Montenegriner Svetozar Marović, seine Funktion als Staatsoberhaupt nieder. Im Gegensatz zu Präsident Tadić verzichtete der serbische Ministerpräsident Koštunica auf eine Gratulationsadresse zur **montenegrinischen Unabhängigkeitserklärung am 4. 6. 2006.**

SERBIEN

▪ **Tod von Milošević:** Der frühere serbische und jugoslawische Präsident Slobodan Milošević, der sich seit 2001 in Untersuchungshaft des Internationalen Kriegsverbrechertribunals für das ehemalige Jugoslawien (ICTY) in Den Haag (→ Niederlande) befand, wurde am 11. 3. 2006 tot in seiner Gefängniszelle aufgefunden. Nach dem abschließenden, am 5. 4. vorgelegten Bericht der Staatsanwaltschaft Den Haag starb er **an den Folgen eines Herzinfarkts.** Der schlechte Gesundheitszustand des Angeklagten hatte den im Februar 2002 aufgenommenen Prozess immer wieder verzögert (→ WA 2006, S. 414). Milošević waren in 66 Anklagepunkten Verbrechen gegen die Menschlichkeit, Verstöße gegen das Kriegsrecht und Völkermord in Kroatien, dem Kosovo bzw. in Bosnien und Herzegowina vorgeworfen worden, die Beweisaufnahme war im Januar 2005 abgeschlossen worden.

Die **Frage der Beisetzung von Milošević in Serbien** wurde für die Minderheitsregierung zur Belastungsprobe. Die sie stützende Sozialistische Partei (SPS), deren Ehrenvorsitzender Milošević war, sowie die ultranationalistische Serbische Radikale Partei (SRS) forderten ein Staatsbegräbnis, das Präsident Tadić und die Regierung ablehnten. Die **Trauerfeier mit rd. 60 000 Menschen** für den am 18. 3. 2006 in Belgrad aufgebahrten Verstorbenen nutzten SPS und SRS zu einer **nationalistischen Demonstration.** Am selben Tag wurde Milošević in seinem Heimatort Požarevac beigesetzt.

▪ **Mladić-Affäre:** In Bedrängnis kam die Regierung auch durch die **Entscheidung der EU** vom 3. 5. 2006, die am 10. 10. 2005 aufgenommenen **Verhandlungen über ein Stabilisierungs- und Assoziierungsabkommen zu suspendieren,** da Serbien nicht ausreichend mit dem ICTY zusammenarbeite. Damit wollte die EU eine Auslieferung des seit einem Jahrzehnt als Kriegsverbrecher gesuchten ehemaligen bosnisch-serbischen Armeechefs Ratko Mladić erzwingen; er wird für das Massaker von Srebrenica an etwa 8000 bosnischen Muslimen im Juli 1995 verantwortlich gemacht. Eine von der EU gesetzte und Ende März 2006 noch einmal verlängerte Frist bis 30. 4. konnte die Regierung nicht einhalten. Als Reaktion auf die Suspendierung der EU-Gespräche stellten der Außenminister der Föderation, Vuk Drašković (SPO-NS), und der stellvertretende serbische Ministerpräsident Miroljub Labus (G-17 Plus) die Regierungsbeteiligung ihrer Parteien in Frage; Labus trat im selben Monat von seinem Amt zurück.

▪ **Verfahren wegen Kriegsverbrechen:** Mit bis zu 20 Jahren Haft bestraft wurden am 12. 12. 2005 14 ehemalige serbische Freischärler wegen Folterung und **Ermordung von mindestens 200 nichtserbischen Kriegsgefangenen** im November 1991 in Vukovar unmittelbar nach der serbischen Eroberung der Stadt. Es war das erste Urteil des serbischen Sondergerichts für Kriegsverbrechen; der Prozess hatte am 9. 3. 2004 begonnen und galt als Test für die Fähigkeit der nationalen Justiz, solche Straftaten zu ahnden. Kurz zuvor (28. 11.) hatte in Belgrad das erste Verfahren begonnen, das vom ICTY an ein serbisches Gericht überwiesen worden war: Gegenstand war die **Vertreibung und Ermordung von bosnischen Muslimen** aus der Stadt Zvornik durch serbische Milizionäre 1992.

Mit der direkten **Verantwortung Serbiens für ethnische Säuberungen** und den damit zusammenhängenden Verbrechen im Bosnienkrieg (1992–95) beschäftigte sich ab dem 27. 2. 2006 erstmals der für Streitigkeiten zwischen Staaten zuständige Internationale Gerichtshof (Den Haag / Niederlande), hier wegen Verletzung der UN-Konvention von 1948 zur Ächtung des Völkermords. Klage hatte → Bosnien und Herzegowina bereits 1993 eingereicht.

KOSOVO

▪ **Statusverhandlungen:** In seinem am 4.10.2005 dem UN-Generalsekretär vorgelegten **Fortschrittsbericht über die Lage im Kosovo** empfahl der UN-Sondergesandte Kai Eide die zügige Aufnahme von Verhandlungen über die staatsrechtliche Zukunft der seit 1999 unter UN-Verwaltung (United Nations Interim Administration Mission in Kosovo, UNMIK) stehenden Provinz, auch wenn die von der internationalen Gemeinschaft geforderten demokratischen und rechtsstaatlichen Standards vielfach nicht erfüllt seien. Damit rückten die UN von ihrem seit 2002 verfochtenen Grundsatz »(demokratische) Standards vor Status« ab. Der Eide-Bericht kritisierte den Boykott der gewählten Verfassungsorgane durch die serbische Minderheit im Kosovo (→ WA 2006, S. 415) und plädierte für ein weiteres internationales Engagement, insbesondere der EU. Ein gemeinschaftliches Zusammenleben von Albanern und Serben, ebenso eine Rückkehr der seit 1999 geflohenen oder vertriebenen Serben (schätzungsweise 100 000), hielt Eide für unwahrscheinlich. Der Empfehlung von UN-Generalsekretär Kofi Annan folgend sprach sich der UN-Sicherheitsrat am 24.10. einstimmig für die **Aufnahme eines »politischen Prozesses zur Festlegung des künftigen Status des Kosovo«** aus. Zum UN-Vermittler für die anstehenden Verhandlungen ernannte Annan den ehemaligen finnischen Staatspräsidenten Martti Ahtisaari.

Im November 2005 formulierten die kosovoalbanische und die serbische Seite jeweils ihre **Ausgangspositionen**: Das **kosovarische Parlament** bekräftigte in einer Resolution den **»Willen des Volkes« nach staatlicher Unabhängigkeit mit garantierten Rechten für die Minderheiten**. Der von der **serbischen Regierung** gebilligte Plan von Präsident Tadić beharrte dagegen auf der **Souveränität Serbiens über die Provinz** und verwies auf die völkerrechtlich geschützte Integrität des eigenen Staates. Den Kosovoalbanern wurde weitgehende Autonomie zugestanden, gleichzeitig aber wurden für die serbische Minderheit umfangreiche politische, soziale und rechtliche Kompetenzen in einer nach ethnischen Gesichtspunkten organisierten Verwaltung gefordert. Die Siedlungsgebiete der Serben sollten – ähnlich wie in Bosnien und Herzegowina – zu einer funktionalen Einheit (»Entität«) zusammengefasst werden. Die Kosovoalbaner lehnten eine Teilung wie auch eine »Zerstückelung« des Kosovo ab, gestanden den Serben aber eine territorial begrenzte Selbstverwaltung unter der Regie zentraler Staatsorgane zu.

Am 20.2.2005 begannen in Wien unter der Vermittlung Rohans die **direkten Verhandlungen** zwischen den Delegationen Serbiens und des Kosovo. Verhandlungsgegenstand der ersten Runden waren u.a. eine lokale Selbstverwaltung und Flüchtlingsfragen, über den staatsrechtlichen Status sollte in der zweiten Jahreshälfte 2006 entschieden werden.

▪ **Innenpolitik:** Per Dekret übertrug der Chef der UNMIK, Jessen-Petersen, am 21.12.2005 die **Zuständigkeit für Inneres und Justiz an die** von der Demokratischen Liga (LDK) und der Allianz für die Zukunft des Kosovo (AAK) gebildete **Übergangsregierung**. Der Eide-Bericht hatte vor einer solchen Kompetenzübertragung gewarnt, weil mit der Bildung der entsprechenden Ministerien der Eindruck hervorgerufen werden könnte, dass diese unter die Kontrolle einer politischen Partei oder einer ethnischen Gruppe gefallen seien.

Der **Tod von Präsident Ibrahim Rugova** am 21.1.2006 führte zu einem Machtkampf innerhalb der Regierungskoalition. Rugova wurde von den Albanern als Symbolfigur für einen friedlichen Weg zur staatlichen Unabhängigkeit des Kosovo verehrt und war auch international geachtet. Vier Tage nach der Beisetzung Rugovas in Priština – unter großer Anteilnahme der Bevölkerung – nominierte die LDK den Rechtsprofessor und Rugova-Vertrauten **Fatmir Sejdiu zum Nachfolger** (30.1.). Am 10.2. wählte ihn das Parlament zum neuen Präsidenten, allerdings erhielt er erst im dritten Wahlgang die erforderliche Mehrheit. Um ein Auseinanderbrechen der Koalition zu verhindern und mit Rückendeckung der UNMIK wurde u.a. der erst ein Jahr amtierende Ministerpräsident **Bajram Kosumi (AAK) zum Rücktritt gezwungen** (1.3.). Sein Nachfolger wurde der ehemalige UÇK-Kommandeur und Führer des paramilitärischen Kosovo-Schutzkorps Agim Çeku; er steht dem AAK-Politiker Haradinaj nahe.

Seychellen Ost-Afrika

Republik Seychellen; Repiblik Sesel
Republic of Seychelles; République des Seychelles – SC / SYC

Fläche (Weltrang: 180): 454 km²

Einwohner (182): F 2004 84 000 – 185 je km²

Hauptstadt: Victoria

Amtssprachen: Kreolisch (Seselwa), Englisch, Französisch

Bruttonationaleinkommen 2004 je Einw.: 8190 $

Währung: 1 Seychellen-Rupie (SR) = 100 Cents
Kurs: 1 US-$ = 5,57 SR; 1 € = 7,17 SR

Honorarkonsul der Republik Seychellen
Alter Wall 40, 20457 Hamburg
T 040 / 34 66 06, Fax 36 95 0 – 2900
E-Mail: hjWorms@aol.com

LANDESSTRUKTUR **Fläche**: 454 km²; 115 Inseln: Mahé 154,7 km², Praslin 37,6 km², Silhouette 19,9 km², La Digue 10,1 km²; Aldabra-Atoll 145 km², Amiranten 10,3 km², Cosmoledo-Atoll und Farquhar-Atoll; → Karte ▪ **Verwaltung**: 23 Distrikte ▪ **Städte**: (Z 2002) Victoria (Mahé) 24 970 Einw.

BEVÖLKERUNG Seycheller – F 2004: 84 000 Einw.; Bevölkerungswachstum: 1,0 %; letzte Zählung 2002 (vorl.): 80 800 Einw. – 89,1 % Kreolen, 4,7 % Inder, 3,1 % Madagassen, 1,6 % Chinesen, 1,5 % Briten u. a. malaiische und europäische Minderheiten ▪ **Sprachen**: 95 % Seselwa (französisch basierte Kreolsprache); Englisch und Französisch ▪ **Religion**: 94 % Christen (87 % Katholiken, 7 % Protestanten)

STAATS- UND REGIERUNGSFORM Verfassung von 1993 – Präsidialrepublik (im Commonwealth) seit 1976 – Parlament (National Assembly) mit 34 Mitgl., Wahl alle 5 J. – Direktwahl des Staatsoberhauptes alle 5 J. (max. 3 Amtszeiten) – Wahlrecht ab 17 J. ▪ **Unabhängigkeit**: 28. 6. 1976 (ehem. britische Kolonie) ▪ **Nationalfeiertag**: 5. 6. (Tag der Befreiung 1977)

REGIERUNG UND PARTEIEN **Staats- u. Regierungschef**: James Alix Michel (SPPF), seit 14. 4. 2004 – **Äußeres**: Jérémy Bonnelame, seit 1997 ▪ **Parlament**: Wahlen vom 4.–6. 12. 2002: Seychelles People's Progressive Front / SPPF 23 von 34 Sitzen (1998: 30), Seychelles National Party / SNP 11 (3), Democratic Party / DP – (1)

WIRTSCHAFT **BIP** 2004: 704 Mio. $; realer Zuwachs: –2,0 %; Anteil (2004) Landwirtschaft 3 %, Industrie 28 %, Dienstleistungen 70 % ▪ **Erwerbstätigkeit** 2002: Landwirtsch. 6,2 %, Industrie 22,0 %, Dienstl. 71,8 % ▪ **Arbeitslosigkeit**: k. A. ▪ **Inflation** ∅ 2003: 3,3 % ▪ **Außenhandel** 2002: **Import**: 2295 Mio. SR; **Export**: 958 Mio. SR; *Güter*: v. a. Fisch und -produkte; *Länder*: 42 % Großbritannien, 30 % Frankreich, 10 % Italien

CHRONIK

Die seit mehreren Jahren andauernde Wirtschaftskrise in dem relativ wohlhabenden Inselstaat führte im März 2006 zu Änderungen im Arbeitsrecht, um die Attraktivität als Investitionsstandort zu erhöhen (u. a. Verlängerung der bisher auf 48 Stunden beschränkten wöchentlichen Arbeitszeit, eingeschränkte Arbeitsmöglichkeiten auch für Jugendliche zwischen 15 und 18 Jahren). Aus ähnlichen Gründen entschloss sich die Regierung, 2006 wieder der Regionalorganisation des südlichen Afrika (SADC) beizutreten. Die Seychellen waren im Juni 2003 ausgetreten.

Sierra Leone West-Afrika

Republik Sierra Leone; Republic of Sierra Leone – SL / SLE

Fläche (Weltrang: 116): 71 740 km²

Einwohner (109): F 2004 5 336 000 = 74 je km²

Hauptstadt: Freetown

Amtssprache: Englisch

Bruttonationaleinkommen 2004 je Einw.: 210 $

Währung: 1 Leone (Le) = 100 Cents
Kurs: 1 US-$ = 2985 Le; 1 € = 3841 Le

Botschaft der Republik Sierra Leone
Rheinallee 20, 53173 Bonn
T 02 28 / 35 20 01, Fax 36 42 69

LANDESSTRUKTUR **Fläche**: 71 740 km²; Karte → WA 2006, S. 417 ▪ **Verwaltung**: 4 Provinzen ▪ **Städte**: (Z 2004) Freetown 786 900 Einw., Bo 167 144, Kenema 137 696, Koidu 87 789, Makeni 85 017

BEVÖLKERUNG Sierra-Leoner – F 2004: 5 336 000 Einw.; Bevölkerungswachstum: 4,2 %; letzte Zählung 2004: 4 963 298 Einw. – F 1983: v. a. Mande-Gruppen: 31,7 % Temne, 8,4 % Limba, 3,5 % Kuranko im N, 34,6 % Mende im S; Minderheiten von Europäern, Asiaten und Libanesen ▪ **Sprachen**: Englisch; Mande-Sprachen (u. a. Malinké, Mende), Temne, Limba und Krio (Kreolisch) ▪ **Religion** 2003: 60 % Muslime, 30 % Christen; indigene Religionen

STAATS- UND REGIERUNGSFORM Verfassung von 1991 – Präsidialrepublik (im Commonwealth) seit 1978 – Parlament (House of Representatives) mit 124 Mitgl. (112 gewählt, 12 Paramount Chiefs), Wahl alle 5 J. – Direktwahl des Staatsoberhauptes alle 5 J. – Wahlrecht ab 18 J. ▪ **Unabhängigkeit**: 27. 4. 1961 (ehem. brit. Kolonie) ▪ **Nationalfeiertag**: 27. 4. (Tag der Republik)

REGIERUNG UND PARTEIEN **Staats- u. Regierungschef**: Ahmad Tejan Kabbah (SLPP-Vorsitzender), seit 29. 3. 1996, wieder gewählt 2002 – **Äußeres**: Momodu Koroma, seit 22. 5. 2002 ▪ **Parlament**: Wahlen am 14. 5. 2002: Sierra Leone People's Party / SLPP 83 von gewählten 112 Sitzen (1996: 27 von 68), All-People's Congress / APC 27 (5), Peace and Liberation Party / PLP 2 (–), United National People's Party / UNPP – (17), People's Democratic Party / PDP – (12), National United Party / NUP – (4), Democratic Centre Party / DCP – (3)

WIRTSCHAFT **BIP** 2004: 1,075 Mrd. $; realer Zuwachs: 7,4 %; Anteil (2003) Landwirtschaft 53 %, Industrie 31 %, Dienstleistungen 16 % ▪ **Erwerbstätigkeit** 2003: Landwirtsch. 61 % ▪ **Arbeitslosigkeit**: k. A. ▪ **Inflation** ∅ 2004: 12,0 % ▪ **Außenhandel** 2003: **Import**: 307 Mio. $; ; *Güter*: 25 % mineralische Brenn- und Schmierstoffe, 24 % Nahrungsmittel und lebende Tiere, 19 % Maschinen und Transportausrüstungen; *Länder* 2000: 22 % Elfenbeinküste, 10 % USA, 8 % VR China, 6 % Großbritannien; **Export**: 84 Mio. $; ; *Güter*: 92 % Diamanten, 4 % Kakao und Kaffee

Sierra Leone
Fläche, Bevölkerung und Bevölkerungsdichte

Provinz (Hauptort)	Fläche in km²	Einwohner insgesamt Z 2004	Einwohner je km²
Eastern Province (Kenema)	15 553	1 187 532	76
Northern Province (Makeni)	35 936	1 718 240	48
Southern Province (Bo)	19 694	1 106 602	56
Western Province (Freetown)	557	950 924	1707
Sierra Leone	71 740	4 963 298	69

Quelle: Statistics Sierra Leone 2005

CHRONIK

Drei Jahre nach dem Ende des Bürgerkriegs erwies sich die **Situation im Land** trotz der immer noch spürbaren Kriegsfolgen als **weitgehend stabil**. Neben der hohen Arbeitslosigkeit und der nach wie vor maroden Infrastruktur entwickelte sich jedoch vor allem die grassierende Korruption zu einem zunehmenden Problem. Dennoch sagten die Geberländer Anfang Dezember 2005 Wiederaufbauhilfen in Höhe von 800 Mio. US-$ zu.

Eine große Herausforderung stellten auch die Entschädigung und Versorgung tausender während des Krieges von RUF-Rebellen grausam Verstümmelter dar. Ein von der nationalen Wahrheits- und Versöhnungskommission vorgeschlagener Versorgungsfonds war bis dato nicht eingerichtet worden, und bis September 2005 hatten nur rd. 400 Opfer Einmalzahlungen vom Staat erhalten. Der **Amputierten- und Kriegsversehrtenverband** forderte eine monatliche Opferrente von 3000 US-$ pro Person, was von der Regierung als unrealistisch zurückgewiesen wurde; versprochen wurden jedoch Vergünstigungen wie kostenlose medizinische Versorgung sowie eine Verbesserung der Umschulungsprogramme.

Nach sechsjährigem Einsatz wurde am 31. 12. 2005 die **Friedensmission der Vereinten Nationen**, UNAMSIL, **beendet**. Sie wurde am 1. 1. 2006 durch das Integrierte UN-Büro für Sierra Leone (UNIOSIL) ersetzt, das u. a. den Aufbau staatlicher Strukturen unterstützen soll.

Die Verfahren vor dem UN-gestützten Sondergerichtshof für Sierra Leone wurden fortgeführt. Am 3. 4. 2006 wurde der Prozess gegen den liberianischen Ex-Präsidenten Charles Taylor, der nach diplomatischem Tauziehen mit Nigeria am 29. 3. nach Sierra Leone ausgeliefert worden war, eröffnet (→ Liberia).

Simbabwe Süd-Afrika

Republik Simbabwe; Republic of Zimbabwe – ZW / ZWE

Fläche (Weltrang: 59): 390 757 km²

Einwohner (67): F 2004 12 936 000 = 33 je km²

Hauptstadt: Harare

Amtssprache: Englisch

Bruttonationaleinkommen 2004 je Einw.: 620 $

Währung: 1 Simbabwe-Dollar (Z.$) = 100 Cents
Kurs: 1 US-$ = 101 196 Z.$; 1 € = 130 274 Z.$

Botschaft der Republik Simbabwe
Kommandantenstr. 80, 10117 Berlin
T 030 / 206 22 63, Fax 204 55 062
www.simbabwe-botschaft.de

LANDESSTRUKTUR **Fläche:** 390 757 km² ▪ **Verwaltung:** 8 Provinzen und 2 Städte; Tabelle → WA 2006, S. 418 ▪ **Städte:** (Z 2002) Harare 1 444 534 Einw., Bulawayo 676 787, Chitungwiza 321 782; (S 2002) Mutare 153 000, Gweru 137 000; (Z 2002) Epworth 113 884; (S 2002) Kwekwe 88 000, Kadoma 72 000, Masvingo 58 000

BEVÖLKERUNG Simbabwer – F 2004: 12 936 000 Einw.; Bevölkerungswachstum: 0,6 %; letzte Zählung 2002 (vorl.): 11 634 663 Einw. – Bantu, davon ca. 77 % Schona: 22 % Karanga, 12 % Korekore, 18 % Zezeru, 13 % Manyiku; 17 % Ndebele, 1,4 % Weiße, 23 000 Mischlinge und 10 000 Asiaten (meist Inder) ▪ **Sprachen:** Englisch; Schona u. a. Bantu-Sprachen ▪ **Religion:** 60–70 % Christen (9 % Katholiken); Minderheiten von Muslimen, Orthodoxen und Juden; Anhänger von indigenen Religionen

STAATS- UND REGIERUNGSFORM Verfassung von 1980, zuletzt geändert 2005 – Präsidialrepublik seit 1980 – Parlament (House of Assembly) mit 150 Mitgl. (120 gewählt, 20 durch Staatsoberh. ernannt, 10 traditionelle Führer); Senat mit 66 Mitgl. (50 gewählt, 10 traditionelle Führer, 6 durch Staatsoberhaupt ernannt), Wahl jeweils alle 5 J. – Direktwahl des Staatsoberhauptes alle 6 J. – Wahlrecht ab 18 J. ▪ **Unabhängigkeit:** 18. 4. 1980 (ehem. britische Kolonie Rhodesien) ▪ **Nationalfeiertag:** 18. 4.

REGIERUNG UND PARTEIEN **Staats- u. Regierungschef:** Robert Gabriel Mugabe (ZANU-PF-Vors.), 1980–87 Regierungschef, seit 1987 Staatsoberhaupt; zuletzt gewählt 2002 – **Äußeres:** Simbarashe Mumbengegwi, seit 15. 4. 2005 ▪ **Parlament:** Wahlen zum Abgeordnetenhaus vom 31. 3. 2005: Zimbabwe African National Union-Patriotic Front / ZANU-PF 78 von 120 Sitzen (2000: 62), Movement for Democratic Change / MDC 41 (57), ZANU-Ndonga – (1), Unabhängige 1 (–) – Wahlen zum Senat vom 26. 11. 2005: ZANU-PF 43 von 50 Sitzen, MDC 7

WIRTSCHAFT **BIP** 2004: 4,696 Mrd. $; realer Zuwachs: –4,2 %; Anteil (2004) Landwirtschaft 18 %, Industrie 23 %, Dienstleistungen 59 % ▪ **Erwerbstätigkeit** 2003: Landwirtsch. 61 % ▪ **Arbeitslosigkeit** ∅ 2005: 70–80 % ▪ **Inflation** ∅ 2004: 285 % ▪ **Außenhandel** 2004: **Import:** 2,12 Mrd. $; *Güter* 2003: 21 % Maschinen und Transportausrüstungen, 17 % Nahrungsmittel, 20 % Chemikalien, 14 % Fertigwaren, 14 % Brennstoffe u. Elektrizität; *Länder* 2003: 41 % Südafrika, 6 % Dem. Rep. Kongo, 3 % Deutschland (EU gesamt: 10 %); **Export:** 3,69 Mrd. $; *Güter* 2004: 37 % Industriewaren (10 % Ferrolegierungen, 7 % Baumwollstoffe), 36 % Mineralien (16 % Gold, 10 % Platin, 6 % Nickel), 23 % Agrarerzeugnisse (14 % Tabak, 5 % Blumen, 3 % Zucker); *Länder* 2003: 6 % Südafrika, 6 % VR China, 5 % Deutschland, 5 % Japan, 4 % Niederlande (EU gesamt: 19 %)

CHRONIK

Während sich die internationale Isolation des Regimes und der wirtschaftliche Niedergang weiter zuspitzten, gab es aus der politischen Führung um Präsident Robert Mugabe weiterhin keine Anzeichen für eine mögliche Kurskorrektur. Es kam zu einer Massenflucht ins Ausland, während die Opposition durch jahrelange Repression und interne Machtkämpfe geschwächt war.

▪ **Verfassungsänderung:** Am 30. 8. 2005 billigte das Abgeordnetenhaus eine Reihe von Verfassungsreformen, darunter die Wiedereinführung des 1989 abgeschafften Senats. Von 66 Senatoren werden 50 direkt gewählt (fünf aus jeder der zehn Provinzen), während die restlichen Sitze vom Präsidenten ernannt werden. Die Wiedereinführung des Senats diente vor allem dazu, das Überleben der regierenden Zimbabwe African National Union-Patriotic Front (ZANU-PF) zu sichern, da Parteimitglieder, die bei den Parlamentswahlen 2005 kein Mandat erhalten hatten, drohten, zur Opposition überzulaufen.

Die **ersten Wahlen für den neu geschaffenen Senat** am 26. 11. 2005 endeten mit der niedrigsten Wahlbeteiligung seit der Unabhängigkeit (19,5 %) und einem überwältigenden Sieg der ZANU-PF. Sie errang mit 73,7 % der Stimmen 43 der 50 Sitze, darunter 24 kampflos, da keine Oppositionskandidaten angetreten waren. Die größte Oppositionspartei Movement for Democratic Change (MDC), die sich im Vorfeld der Wahlen in zwei konkurrierende Flügel gespalten hatte, kam auf 20,3 % der Stimmen und 7 Sitze.

Zu den Verfassungsänderungen gehörte auch die **Abschaffung** einer Reihe von Eigentumsrechten und **rechtlicher Einspruchsgarantien bei Enteignungen**, die bisher die Übergabe von Farmen an neue Besitzer verzögert hatten. Dadurch konnten ca. 4000 laufende

Verfahren beendet und die Farmen zu Staatseigentum erklärt werden. Außerdem wurden der Regierung weitreichende Kompetenzen für die Einschränkung der Reisefreiheit von Regimekritikern eingeräumt. Von der Opposition, aber auch von Menschenrechtsgruppen und der Law Society of Zimbabwe wurden die Verfassungsänderungen scharf kritisiert.

- **Oppositionskrise:** Der monatelange Streit innerhalb der MDC um eine ablehnende oder konziliante Strategie gegenüber der Regierung kulminierte in der Frage um den Boykott der Senatswahlen, für den sich der langjährige Parteiführer Morgan Tsvangirai ausgesprochen hatte. Eine Gruppe von Dissidenten unter Generalsekretär Welshman Ncube, die Tsvangirai einen diktatorischen Führungsstil vorwarf, sicherte sich am 12. 10. 2005 eine knappe Mehrheit im MDC-Vorstand und trat trotz Tsvangirais Entscheidung zur Wahl an. Die Parteikrise verstärkte sich, als ein von Ncube eingesetzter parteiinterner Disziplinarausschuss **Tsvangirai** am 24. 12. **seines Postens als Parteivorsitzender enthob.** Die konkurrierenden Flügel hielten daraufhin getrennte Parteitage ab. Der Tsvangirai-Flügel bestätigte dessen Führungsrolle; der Ncube-Flügel wählte Arthur Mutambara zum neuen Parteivorsitzenden, Ncube blieb Generalsekretär. Von den 41 Parlamentariern des MDC gelten 22 als Tsvangirai-treu, 18 als Ncube-loyal, einer ist neutral.

Der bei der städtischen Bevölkerung weiterhin populäre Tsvangirai, der auch von den Gewerkschaften unterstützt wird, plädierte nun offen für eine Konfrontation sstrategie in Form von Massenprotesten, um die Diktatur zu Fall zu bringen. Demonstrationen wurden jedoch von den Sicherheitskräften in der Regel im Keim erstickt. Nach der Organisation von Massenprotesten im Juni 2003 war Tavangirai wegen Hochverrats angeklagt worden, die Staatsanwaltschaft hatte aber am 2. 8. 2005 alle Anklagepunkte fallen gelassen.

- **Humanitäre Krise:** Trotz massiver internationaler Kritik setzte die Regierung ihre Politik der Vertreibung und Verhaftung von Slumbewohnern und Straßenhändlern – wenn auch in deutlich reduziertem Maße – fort, bei der im Mai und Juni 2005 nach Schätzungen der Vereinten Nationen (UN) 700 000 Menschen vertrieben worden waren (→ WA 2006, S. 419). Anfang Oktober wurden erneut 14 000 Kleinhändler und Straßenkinder in Harare festgenommen. Da die Regierung das Angebot der UN zur kostenlosen Bereitstellung von Zelten zurückwies, verschlechterte sich die humanitäre Lage der Vertriebenen dramatisch.
- **Landreform:** Das Programm zur Umverteilung von Land wurde fortgesetzt. Der Minister für Sicherheit und Landreform, Didymus Mutasa, nahm die Verfassungsänderungen vom August zum Anlass, die noch verbliebenen weißen Farmer zum Verlassen ihrer Farmen aufzufordern. Anfang 2006 gab es noch etwa 600 weiße Farmer, die ihre Farmen bewirtschafteten (auf 3 % des Territoriums).

Eine unerwartete **Kehrtwende in der Landpolitik** deutete sich am 24. 4. 2006 an, als die Regierung sich bereit erklärte, Land an weiße Farmer zu verpachten, um die Krise bei der landwirtschaftlichen Produktion zu überwinden. Innerhalb weniger Tage reichten 200 weiße Farmer ein entsprechendes Gesuch ein.

- **Wirtschaftskrise:** Die finanzielle Situation der Regierung **verschlechterte sich dramatisch.** Es kam zu Stromausfällen, massiven Engpässen bei der Benzinversorgung und Unterversorgung bei vielen Gütern des täglichen Bedarfs. Laut offiziellen Daten schrumpfte das Pro-Kopf-Einkommen im Zeitraum 2000–2005 um 30 %; 2005 wurde ein negatives Wirtschaftswachstum von fast 7 % verzeichnet. Im April 2006 überstieg die Inflationsrate erstmals 1000 %. 90 % der Bevölkerung leben unterhalb der Armutsgrenze, 70–80 % sind arbeitslos. Die Zwangsräumung der Armutsviertel hat insbesondere den informellen Sektor, aus dem viele Arme ihr Existenzminimum beziehen, nachhaltig geschwächt. Die katastrophale humanitäre Situation mit bis zu 5,5 Mio. unterernährten Menschen führte zu immer neuen Massenfluchten nach Südafrika, bei denen zahlreiche Flüchtlinge ums Leben kamen. Bis Ende 2005 war schätzungsweise ein Viertel der rd. 13 Mio. Simbabwer ins Ausland geflohen.
- **Angeblicher Putschversuch:** Am 7. 3. 2006 wurde nach Angaben der Sicherheitsbehörden ein Putschversuch gegen die Regierung aufgedeckt, in den Mitglieder des Zimbabwe Freedom Movement und zwei MDC-Abgeordnete verwickelt sein sollten. Nach ihrer Festnahme, der sich einer der Abgeordneten durch Flucht nach Südafrika hatte entziehen können, erging Anklage wegen Planung eines Attentats auf Präsident Mugabe und bewaffneten Umsturzes der Regierung. Am 15. 3. wurden die Beschuldigten aus Mangel an Beweisen wieder freigelassen.

Singapur Südost-Asien

Republik Singapur; Republik Singapura (malaiisch); Xinjiapo Gongheguo (chinesisch); Singapur Kuṭiyaraśu (tamilisch); Republic of Singapore – SG/SGP

Fläche (Weltrang: 176): 682,7 km²

Einwohner (118): F 2004 4 240 000 = 6211 je km²

Hauptstadt: Singapore (Singapur)

Amtssprachen: Malaiisch, Chinesisch, Tamil, Englisch

Bruttonationaleinkommen 2004 je Einw.: 24 760 $

Währung: 1 Singapur-Dollar (S$) = 100 Cents
Kurs: 1 US-$ = 1,59 S$; 1 € = 2,05 S$

Botschaft der Republik Singapur
Friedrichstr. 200, 10117 Berlin
T 030/22 63 43-0, Fax 22 63 43 55
www.singapore-embassy.de

LANDESSTRUKTUR **Fläche**: 682,7 km²; Karte → WA 2006, S. 420 ▪ **Verwaltung**: 5 Bezirke

BEVÖLKERUNG Singapurer – F 2004: 4 240 000 Einw.; Bevölkerungswachstum: 1,3 %; letzte Zählung 2000: 4 017 733 Einw. – 76,8 % Chinesen, 13,9 % Malaien, 7,9 % Inder, 1,4 % Pakistaner, Sri Lanker u. a. ▪ **Sprachen** 2000: 35,0 % Chinesisch (Mandarin), 23,8 % chinesische Dialekte, 23,0 % Englisch, 15,5 % Malaiisch, 3,2 % Tamil, 0,9 % andere Sprachen ▪ **Religion** 2000: 42,5 % Buddhisten, 14,9 % Muslime, 14,6 % Christen, 8,5 % Daoisten, 4,0 % Hindus

STAATS- UND REGIERUNGSFORM Verfassung von 1959, zuletzt geändert 1996 – Republik (im Commonwealth) seit 1959 – Parlament mit 84 Mitgl., Wahl alle 5 J. – Direktwahl des Staatsoberhauptes alle 6 J. – Wahlpflicht ab 20 J. ▪ **Unabhängigkeit**: 9. 8. 1965 (ehem. britische Kronkolonie; 1963–1965 Teil der Föderation von Malaysia) ▪ **Nationalfeiertag**: 9. 8.

REGIERUNG UND PARTEIEN **Staatsoberhaupt**: Sellapan Rama Nathan, seit 1999; wieder gewählt 2005 – **Regierungschef**: Lee Hsien Loong (PAP), seit 12. 8. 2004 – **Äußeres**: George Yeo (PAP), seit 12. 8. 2004 ▪ **Parlament**: Wahlen vom 6. 5. 2006: People's Action Party/PAP 82 von 84 Sitzen (2001: 82 von 84), Workers' Party/WP 1 (1), Singapore Democratic Alliance 1 (1)

WIRTSCHAFT **BIP** 2004: 106,818 Mrd. $; realer Zuwachs: 8,4 %; Anteil (2004) Landwirtschaft 0,1 %, Industrie 35 %, Dienstleistungen 65 % ▪ **Erwerbstätigkeit** 2003: Landwirtsch. 0,2 %, Industrie 24,1 %, Dienstl. 75,6 % ▪ **Arbeitslosigkeit** ∅ 2005: 3,0 % ▪ **Inflation** ∅ 2005: 0,5 % ▪ **Außenhandel** 2005: **Import**: 200 Mrd. $; *Güter*: 21 % elektronische Komponenten, 18 % mineralische Brennstoffe, 8 % verarbeitete Industrieerzeugnisse, 6 % chemische Produkte, 4 % elektrische Generatoren, 3 % Nahrungsmittel, Getränke und Tabak, 3 % Flugzeuge und Schiffe, 2 % Industriemaschinen; *Länder*: 14 % Malaysia, 12 % USA, 10 % VR China, 10 % Japan, 6 % Rep. China, 5 % Indonesien, 5 % Saudi-Arabien, 4 % Rep. Korea, 4 % Thailand, 3 % Deutschland (EU gesamt: 12 %); **Export**: 230 Mrd. $; *Güter*: 26 % mineralische Brennstoffe, 17 % Büromaschinen, 17 % chemische Produkte, 14 % elektronische Komponenten, 7 % verarbeitete Industrieerzeugnisse; *Länder*: 13 % Malaysia, 10 % USA, 10 % Indonesien, 9 % Hongkong, 9 % VR China, 6 % Japan, 4 % Thailand, 4 % Rep. China, 4 % Australien, 4 % Rep. Korea, 3 % Großbritannien, 3 % Deutschland (EU gesamt: 12 %)

CHRONIK

Die **Hinrichtung eines jungen Australiers** am 2. 12. 2005 löste internationale Proteste, insbesondere in Australien, aus. Der Delinquent, ein gebürtiger Vietnamese, war 2002 auf dem Flughafen auf der Durchreise von Kambodscha nach Australien mit 400 Gramm Heroin festgenommen und 2004 zum Tode verurteilt worden. Ungeachtet besonderer Umstände wird in Singapur für den Besitz von mehr als 15 Gramm Heroin oder 30 Gramm Kokain bzw. 500 Gramm Cannabis automatisch die Todesstrafe verhängt. Mit rd. 430 vollstreckten Todesurteilen seit 1991 verzeichnet der Stadtstaat bezogen auf die Zahl der Einwohner **weltweit die höchste Exekutionsquote.**

Die Parlamentswahl am 6. 5. 2006 bestätigte erwartungsgemäß das Machtmonopol der seit 41 Jahren regierenden People's Action Party (PAP) unter Premierminister Lee Hsien Loong, der sich nach seiner Ernennung im August 2004 erstmals einer Wahl stellte. Bei Wahlpflicht von rd. 1,2 Mio. Bürgern entfielen auf die PAP 66,6 % der Stimmen, womit sie dank des Mehrheitswahlsystems erneut 82 von 84 Sitzen eroberte. Gleichwohl signalisierte das Ergebnis eine **nachlassende Zustimmung zum autoritären Wohlfahrtskurs der PAP**, denn die Opposition konnte ihren Stimmenanteil trotz massiv ungleicher Ausgangsbedingungen von 25 auf 33 % ausbauen. Unter anderem wurde der Generalsekretär der Democratic Party (SDP), Chee Soon Juan, im Wahlkampf wegen Verleumdung der beiden Vorgänger des derzeitigen Regierungschefs zu einer Geldstrafe von umgerechnet 233 000 € verurteilt, die ihn in den Bankrott zwang – mit der Folge, dass Chee zur Wahl nicht antretren durfte.

Mit dem Haushalt 2006/07 gab Premierminister Lee am 17. 2. 2006 die Ausschüttung einer »Wachstumsdividende« bekannt, die wenige Tage vor der Wahl an mehr als die Hälfte der Bevölkerung mit Beträgen zwischen 200 und 2600 S$ ausgezahlt wurde. Lee rechtfertigte dies mit den wirtschaftlichen Erfolgen des vorausgegangenen Wirtschaftsjahres, für das der Stadtstaat ein BIP-Wachstum von 5,7 % aufweist.

Slowakei Mittel-Europa

Slowakische Republik; Slovenská Republika, Kurzform: Slovensko – SK/SVK

Fläche (Weltrang: 126): 49 034 km²

Einwohner (107): F 2004 5 382 000 = 110 je km²

Hauptstadt: Bratislava (Pressburg)

Amtssprache: Slowakisch

Bruttonationaleinkommen 2004 je Einw.: 6480 $

Währung: 1 Slowakische Krone (Sk) = 100 Heller
Kurs: 1 US-$ = 29,36 Sk; 1 € = 38,37 Sk (1. 7. 2006)

Botschaft der Slowakischen Republik
Friedrichstr. 60, 10117 Berlin
T 030/88 92 6-20, Fax 88 92 6-222
www.botschaft-slowakei.de

LANDESSTRUKTUR **Fläche:** 49 034 km²; Karte → WA 2006, S. 421 ▪ **Verwaltung:** 8 Bezirke ▪ **Städte:** (Z 2001) Bratislava (Pressburg) 428 672 Einw., Košice (Kaschau) 236 093, Prešov (Eperies) 92 786, Nitra (Neutra) 87 285, Žilina (Sillein) 85 400, Banská Bystrica (Neusohl) 83 056, Trnava (Tyrnau) 70 286, Martin 60 133, Trenčín (Trentschin) 57 854, Poprad (Deutschendorf) 56 157, Priedvidza (Priwitz) 53 097

BEVÖLKERUNG Slowaken – F 2004: 5 382 000 Einw.; Bevölkerungswachstum: 0,1 %; letzte Zählung 2001: 5 379 455 Einw. – 85,8 % Slowaken, 9,7 % Magyaren (Ungarn), 1,7 % Roma (S 350 000–520 000), 0,8 % Tschechen, 0,4 % Ruthenen; Minderheiten von Ukrainern, Deutschen, Polen u. a. ▪ **Sprachen:** Slowakisch; Ungarisch, Tschechisch u. a. Sprachen der Minderheiten ▪ **Religion** 2001: 68,9 % römisch-katholisch, 4,1 % griechisch-katholisch, 0,9 % orthodox; 7,9 % Protestanten, 6,9 % Evangelische Augsburger Kirche, 2,0 % Reformierte Christliche Kirche; 0,6 % Sonstige

STAATS- UND REGIERUNGSFORM Verfassung von 1993, zuletzt geändert 2001 – Republik seit 1993 – Parlament (Nationalrat) mit 150 Mitgl., Wahl alle 4 J. – Direktwahl des Staatsoberhaupts alle 5 J. (einmalige Wiederwahl) – Wahlrecht ab 18 J. ▪ **Unabhängigkeit:** Souveränitätserklärung 17. 7. 1992; 1. 1. 1993 Gründung der Slowakei ▪ **Nationalfeiertag:** 1. 1.

REGIERUNG UND PARTEIEN **Staatsoberhaupt:** Ivan Gasparović (Bewegung für Demokratie), seit 15. 6. 2004 – **Regierungschef:** Robert Fico (Smer-Vorsitzender), seit 4. 7. 2006; Koalition aus Smer, SNS und HZDS – **Äußeres:** Ján Kubiš (Smer), seit 4. 7. 2006 ▪ **Parlament:** Wahlen vom 17. 6. 2006: Sozialdemokratische Partei Richtung/Smer 50 von 150 Sitzen (2002: 25), Demokratische und christliche Union/SDKÚ 31 (28), Partei der ungarischen Koalition/SMK 20 (20), Nationalpartei/SNS 20 (–), Bewegung für eine Demokratische Slowakei/HZDS 15 (36), Christlich-Demokratische Bewegung/KDH 14 (15), Neue Allianz der Bürger/ANO – (15), Kommunistische Partei/KSS – (11)

WIRTSCHAFT **BIP** 2004: 41,094 Mrd. $; realer Zuwachs: 5,5 %; Anteil (2004) Landwirtschaft 4 %, Industrie 30 %, Dienstleistungen 67 % ▪ **Erwerbstätigkeit** 2003: Landwirtsch. 5,8 %, Industrie 38,3 %, Dienstl. 55,8 % ▪ **Arbeitslosigkeit** ∅ 2005: 16,2 % ▪ **Inflation** ∅ 2005: 2,7 % ▪ **Außenhandel** 2005: **Import:** 1069 Mrd. Sk; *Güter:* 26 % Maschinen und elektrische Ausrüstungen, 15 % mineralische Erzeugnisse, 12 % Transportmittel, 10 % unedle Metalle und Produkte daraus, 8 % chemische Erzeugnisse, 6 % Kunststoff, Kautschuk und Erzeugnisse daraus, 4 % optische Mess- und medizinische Apparate; *Länder:* 21 % Deutschland, 13 % Tschechische Rep., 11 % Russland, 5 % Italien, 4 % Polen, 4 % Österreich, 4 % Ungarn, 3 % Frankreich (EU gesamt: 71 %); **Export:** 993 Mrd. Sk; *Güter:* 26 % Maschinen und elektrische Ausrüstungen, 20 % Transportmittel, 15 % unedle Metalle und Produkte daraus, 8 % mineralische Erzeugnisse, 6 % Kunststoff, Kautschuk und Erzeugnisse daraus, 4 % Textilien, 4 % Papier, Pappe und Erzeugnisse daraus, 4 % chemische Erzeugnisse; *Länder:* 26 % Deutschland, 14 % Tschechische Rep., 7 % Österreich, 7 % Italien, 6 % Polen, 6 % Ungarn, 4 % Frankreich, 4 % Niederlande (EU gesamt: 85 %)

CHRONIK

Die umfassende neoliberale Erneuerung des Wirtschafts-, Finanz- und Sozialsystems, durch welche die Slowakei binnen weniger Jahre zu einem der wirtschaftlich dynamischsten neuen Mitgliedstaaten der EU avancierte, blieb innerhalb des Landes umstritten. Wohlstandsgewinne kamen bislang nur einem Teil der Bevölkerung zugute, während sich das Potenzial der sozial Unzufriedenen vergrößerte. Die Parlamentswahl am 17. 6. 2006 gab dem populistisch agierenden Vorsitzenden der siegreichen Partei Smer (»Richtung Sozialdemokratie«) Robert Fico Gelegenheit, als neuer Regierungschef einen Teil der als sozial ungerecht empfundenen Reformen rückgängig zu machen. Fraglich blieb, ob die Koalition der EU-skeptischen und linksgerichteten Smer mit der Partei des früheren autoritär regierenden Ministerpräsidenten Vladimír Mečiar und einer rechtsextremistischen Partei eine produktive Regierungsarbeit zustande bringen würde.

▪ **Regierungskrisen:** Am 24. 8. 2005 **entließ Ministerpräsident Mikuláš Dzurinda** den in einen Finanzskandal verwickelten Medienmagnaten und **Wirtschaftsminister Pavol Rusko.** Eine Woche später kündigte er auch den Koalitionsvertrag mit der von Rusko geführten liberalen Partei Neue Allianz der Bürger (ANO). Hatte die bisherige Vier-Parteien-Koalition schon seit 2003 keine eigene Mehrheit im Nationalrat mehr aufbringen können, so war die verbliebene Restkoalition von Dzurindas SDKÚ mit den beiden anderen Parteien – der konservativ-katholischen Christlich-Demokratischen Bewegung (KDH) und der Partei der ungarischen Koalition (SMK) – umso abhängiger von der Unterstützung durch unabhängige Abgeordnete. Rückhalt fand er unter anderem bei einer Gruppe ANO-abtrünniger Abgeordneter, die sich hinter die beiden im Kabinett verbliebenen Minister geschart hatten und mit ihnen Ende Januar die Partei Nádej (»Hoffnung«) gründeten.

Am 7. 2. 2006 **zerbrach die Restkoalition**. Anlass hierfür gab ein Streit über einen Vertragsentwurf, den der zur KDH gehörende Justizminister Daniel Lipšic mit dem Vatikan ausgehandelt hatte. Eine Zusatzklausel, die katholischen Angehörigen bestimmter Berufsgruppen wie Richtern, Ärzten, Lehrern das Recht auf weit reichende Gewissensvorbehalte im Berufsleben einräumen sollte, wurden von Dzurinda und seiner SDKÚ nicht akzeptiert. Der Regierungschef besetzte noch am gleichen Tag die von den drei KDH-Ministern geräumten Posten neu (Inneres, Bildung und Justiz). Am 9. 2. beschloss der Nationalrat einstimmig die Vorverlegung des turnusmäßig für September fälligen Termins der Parlamentswahl auf den 17. 6. Um einem vorzeitigen Sturz durch ein Misstrauensvotum zu entgehen, verzichtete Dzurinda auf die Verabschiedung weiterer Reformgesetze und die Umsetzung des schon beschlossenen umfassenden Privatisierungsprogramms.

■ **Parlamentswahl am** 17. 6. 2006: Die **Smer erzielte** mit einer Verdoppelung ihres Stimmenanteils gegenüber der Wahl 2002 auf 29,1 % (+15,7 Prozentpunkte) **einen klaren Sieg** und gewann 50 der 150 Mandate. Zugleich verbesserte sich überraschend Dzurindas SDKÚ, der eine Erdrutschniederlage vorausgesagt worden war, um 3,3 Prozentpunkte auf 18,4 %, womit sie im Parteienspektrum vom fünften (2002) auf den zweiten Rang vorrückte. Der bisherige Koalitionspartner, die KDH kam mit 8,2 % der Stimmen und 14 Mandaten auf ein ähnliches Ergebnis wie 2002. Zu den weiteren wichtigen Merkmalen der Wahl gehörte der **Aufstieg der rechtsextremen Partei SNS** (Slovenská Národná Strana, Wahre Slowakische Nationalpartei), die 11,7 % und 20 Mandate erzielte, nachdem sie 2002 mit 3,3 % der Stimmen noch den Einzug ins Parlament verfehlt hatte, und damit zur drittstärksten Kraft im Parlament wurde; dagegen rutschte die nationalpopulistische Bewegung für eine Demokratische Slowakei (HZDS) des ehemaligen autokratisch regierenden Ministerpräsidenten Vladimír Mečiar mit 8,8 % (–10,7 Prozentpunkte) vom ersten auf den vorletzten Platz unter den sechs noch im Parlament vertretenen Parteien ab.

■ **Regierungsbildung:** Staatspräsident Ivan Gasparović erteilte am 19. 6. dem Smer-Vorsitzenden **Robert Fico den Auftrag zur Regierungsbildung**. Auf der Basis einer »links-rechtspopulistischen« Koalition der Smer mit der SNS und der HZDS, die über 85 der 150 Parlamentssitze verfügt, stellte Fico sein Kabinett am 4. 7. vor. Die umstrittenen Vorsitzenden der SNS und der HZDS, der rassistisch agitierende Ján Slota und der frühere Premier Mečiar, gehören seiner Regierungsmannschaft nicht an. Für Aufsehen sorgte jedoch, dass **den extremen Rechten**, denen **drei Ministerien** zugesprochen wurden, die Verwaltung der Gelder aus den EU-Finanzhilfen und die für das Verhältnis zwischen den ethnischen Gruppen bedeutsame Bildungspolitik anvertraut wurde. Elf der 16 Ressorts erhielt die Smer, darunter das Außenministerium unter dem Diplomaten Ján Kubiš, der 1999–2005 Generalsekretär der OSZE war. Zwei Minister stellt die HZDS. Als Konsequenz aus dem Regierungsbündnis drohte Smer der Ausschluss aus der Partei der Europäischen Sozialisten (SPE). Kreise der nationalen und europäischen Wirtschaft und der EU-Diplomatie äußerten sich besorgt über die weitere politische Entwicklung.

■ **Weitere wichtige Ereignisse:** Am 27. 11. 2005 wurde die **Slowakische Krone in den Wechselkursmechanismus (WKM II) aufgenommen** und mit den Mittelwert von 38,455 Sk an den Euro gebunden, mit einer maximalen Schwankungsbreite von 15 % nach oben oder unten. Eine mindestens zweijährige Mitgliedschaft im WKM II ist Voraussetzung für den Beitritt zur Europäischen Währungsunion (Euro-Zone).

Bei seinem Besuch im Weißen Haus am 13. 3. 2006 sicherte Ministerpräsident Dzurinda dem US-amerikanischen Präsidenten George W. Bush den weiteren Verbleib des slowakischen Truppenkontingents im Irak zu. Dort sind die 104 slowakischen Soldaten vornehmlich mit der Entschärfung von Minen beschäftigt. Die **Slowakei** gilt als einer der **loyalsten Partner der USA** in Europa.

Beim **Absturz eines slowakischen Militärflugzeugs** am 19. 1. 2006 in Ungarn nahe der Grenze zur Slowakei kamen 42 der 43 Insassen ums Leben. Die Soldaten befanden sich auf dem Rückflug von ihrem Einsatz in Kosovo im Rahmen der KFOR-Mission. Am 27. 1. erklärte Verteidigungsminister Juraj Liška (SDKÚ) seinen Rücktritt. An seine Stelle trat am 1. 2. der bisherige Staatssekretär im Verteidigungsministerium, Martin Fedor (SDKÚ).

Mit der **Abschaffung der Wehrpflicht** zu Beginn des Jahres 2006 stellten sich die Streitkräfte auf eine Berufsarmee um. Die Truppenstärke von ursprünglich 33 000 Soldaten wird auf 24 000 in Heer, Luftwaffe und Streitkräftebasis reduziert. Die umfassende Militärreform mit dem Ziel, die Slowakei optimal in die NATO-Strukturen zu integrieren, soll 2015 abgeschlossen sein. Anfang 2006 war die Slowakei militärisch im Irak und in Afghanistan (Operation »Enduring Freedom«) engagiert und stellte im Rahmen von Friedensmissionen der UN Blauhelm-Soldaten in Zypern, Äthiopien / Eritrea sowie Israel / Syrien (Golanhöhen).

Slowenien Mittel-Europa

Republik Slowenien; Republika Slovenija – SI / SVN

Fläche (Weltrang: 150): 20 253 km²

Einwohner (141): F 2004 1 997 000 = 99 je km²

Hauptstadt: Ljubljana (Laibach)

Amtssprache: Slowenisch

Bruttonationaleinkommen 2004 je Einw.: 14 770 $

Währung: 1 Tolar (SIT) = 100 Stotin
(ab 1. 1. 2007: 1 Euro (€) = 100 Cent)
Kurs: 1 US-$ = 186,76 SIT; 1 € = 239,30 SIT (1. 7. 2006)

Botschaft der Republik Slowenien
Hausvogteiplatz 3–4, 10117 Berlin
T 030 / 20 61 45 – 0, Fax 20 61 45 70
E-Mail: vbn@mzz-dkp.gov.si

LANDESSTRUKTUR **Fläche**: 20 253 km²; → Karte ▪ **Verwaltung**: 193 Gemeinden, davon 11 Stadtgemeinden; Tabelle → WA 2005, S. 400 ▪ **Städte**: (Z 2002) Ljubljana (Laibach) 264 269 Einw., Maribor (Marburg) 108 944, Kranj (Krainburg) 50 825, Celje (Cilli) 47 660, Koper 46 757, Novo Mesto (Rudolfswerth) 40 735

BEVÖLKERUNG Slowenen – F 2004: 1 997 000 Einw.; Bevölkerungswachstum: 0,1 %; letzte Zählung 2002: 1 964 036 Einw. – 83,1 % Slowenen, 2,0 % Serben, 1,8 % Kroaten, 1,1 % Bosniaken, 0,3 % Ungarn, 0,3 % Albaner u. a. ▪ **Sprachen**: 87,7 % Slowenisch; Kroatisch, Serbisch, Bosnisch u. a. Sprachen der Minderheiten ▪ **Religion** 2002: 57,8 % Katholiken, 4,2 % Orthodoxe, 2,7 % Muslime u. a.; 7,1 % religionslos

STAATS- UND REGIERUNGSFORM Verfassung von 1991, zuletzt geändert 2000 – Republik seit 1991 – Parlament: Staatsversammlung (Državni Zbor) mit 90 Mitgl. (88 gewählt, je 1 Vertreter der ungarischen und italienischen Minderheit), Wahl alle 4 J.; Staatsrat (Državni Svet) mit 40 Mitgl. (22 gewählt), Wahl alle 5 J. – Direktwahl des Staatsoberhauptes alle 5 J. (einmalige Wiederwahl) – Wahlrecht ab 18 J. ▪ **Unabhängigkeit**: Proklamation 25. 6. 1991; formell 8. 10. 1991 ▪ **Nationalfeiertag**: 25. 6.

REGIERUNG UND PARTEIEN **Staatsoberhaupt**: Janez Drnovšek (LDS-Vorsitzender), seit 22. 12. 2002 – **Regierungschef**: Janez Janša (SDS), seit 9. 11. 2004 – **Äußeres**: Dimitrij Rupel (SDS), seit 3. 12. 2004 ▪ **Parlament**: Wahlen zur Staatsversammlung vom 3. 10. 2004: Demokratische Partei / SDS 29 von 88 Sitzen (2000: 14), Liberaldemokraten / LDS 23 (34), Vereinigte Liste der Sozialdemokraten / ZLSD 10 (11), Neues Slowenien / NSi 9 (8), Slowenische Volkspartei / SLS 7 (9), Slowenische Nationalpartei / SNS 6 (4), Demokratische Partei der Pensionäre / DeSUS 4 (4), Partei der Jugend / SMS – (4)

WIRTSCHAFT **BIP** 2004: 32,182 Mrd. $; realer Zuwachs: 4,6 %; Anteil (2003) Landwirtschaft 3 %, Industrie 37 %, Dienstleistungen 61 % ▪ **Erwerbstätigkeit** 2003: Landwirtsch. 8,4 %, Industrie 36,9 %, Dienstl. 54,0 % ▪ **Arbeitslosigkeit** ∅ 2005: 6,1 % ▪ **Inflation** ∅ 2005: 2,5 % ▪ **Außenhandel** 2005 (vorläufig): **Import**: 15,551 Mrd. €; *Güter*: 14 % Metalle u. Metallerzeugnisse, 13 % chemische Erzeugnisse, 12 % Straßenfahrzeuge, 11 % mineralische Brenn- und Schmierstoffe, 6 % elektrische Maschinen und Anlagen, 6 % Eisen und Stahl, 5 % Rohstoffe ohne Brennstoffe, 5 % Nahrungsmittel

und lebende Tiere, 3 % Spezialmaschinen; *Länder*: 20 % Deutschland, 19 % Italien, 13 % Österreich, 9 % Frankreich, 4 % Kroatien, 3 % Ungarn (EU gesamt: 82 %); **Export**: 14,517 Mrd. €; *Güter*: 15 % Straßenfahrzeuge, 13 % chemische Erzeugnisse, 10 % elektrische Maschinen, Apparate und Ausrüstungen, 4 % Eisen und Stahl, 3 % Spezialmaschinen, 2 % Rohstoffe ohne Brennstoffe; *Länder*: 20 % Deutschland, 13 % Italien, 9 % Kroatien, 8 % Frankreich, 8 % Österreich, 4 % Serbien und Montenegro (EU gesamt: 67 %)

CHRONIK

■ **Umstrittenes Reformprogramm:** Anfang November 2005 beschloss die Mitte-rechts-Koalition von Ministerpräsident Janez Janša die **Grundzüge eines Reformpakets** mit insgesamt 70 Maßnahmen, um Anforderungen der EU nachzukommen und die internationale Wettbewerbsfähigkeit zu erhöhen. Ziel war die forcierte Privatisierung (das staatliche Produktivvermögen beläuft sich auf gut 30 % des gesamtgesellschaftlichen Anlagekapitals), die Flexibilisierung des Arbeitsmarktes, der Umbau des Renten- und Gesundheitssystems sowie die Einführung einer Flat-Tax anstelle der bisherigen Einkommens- und Körperschaftsteuer ab 2007. Die Umsetzung des Plans übertrug die Regierung einem eigens eingerichteten Reformbüro unter Führung des liberalen Ökonomen **Joze Damijan als Reformminister**. Auf der größten Kundgebung seit der Unabhängigkeit seit Bestehen des Landes demonstrierten am 26. 11. 2005 rd. 40 000 Menschen gegen den befürchteten Sozialabbau. Die Zustimmung zur Regierung war auf den niedrigsten Stand seit Amtsantritt gesunken. Im Streit über das Reformtempo und den Umfang der Privatisierung, speziell der größten slowenischen Bank, Nova Ljubljanska, erklärte Damijan am 21. 3. 2006 seinen **Rücktritt**. Der Ministerpräsident betraute daraufhin einen Staatssekretär mit der Leitung des Reformbüros.

■ **Beitritt zur Euro-Zone:** Entsprechend einer Empfehlung der EU-Kommission vom 16. 5. 2006 beschloss der EU-Gipfel am 16. 6. die **Aufnahme Sloweniens** als ersten der zehn neuen EU-Staaten **in die Europäische Währungsunion (Euro-Zone) zum 1. 1. 2007**. In der letzten Bewertung des slowenischen Konvergenzprogramms hatten die EU-Kommission und die Europäische Zentralbank (EZB) alle Kriterien für die Einführung der Einheitswährung als erfüllt angesehen. Die Inflationsrate lag 2005 mit 2,3 % deutlich unter dem Grenzwert (2,6 %), die Quote der öffentlichen Gesamtverschuldung bei 29 % des BIP, das Haushaltsdefizit belief sich auf 1,8 % des BIP. Mit langfristigen Zinsen von etwa 3,8 % pro Jahr erfüllte das Land auch das entsprechende Konvergenzkriterium der Europäischen Zentralbank (5,4 %). Bereits ab dem 1. 3. 2006 mussten alle Waren in Slowenien nicht nur mit der Landeswährung Tolar, sondern nach vorgeschriebenem Wechselkurs auch mit Euro ausgepreist werden. Die

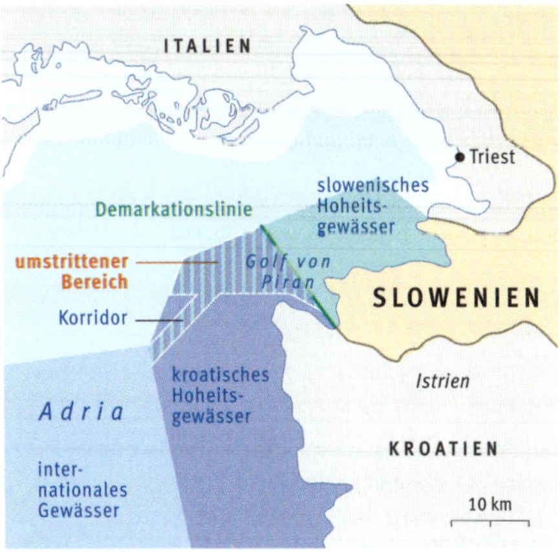

Regierung versprach sich davon die Verhinderung ungerechtfertigter Preiserhöhungen zum Jahreswechsel, wie sie bei Einführung des Euro in anderen Ländern der EU beobachtet wurden.

■ **Weitere wichtige Ereignisse:** Der seit Jahren anhaltende Konflikt mit Kroatien wegen des rechtlich nicht geklärten **Zugangs zu den internationalen Gewässern der Adria** (→ WA 2006, S. 423; → Karte) ging Anfang Oktober 2005 in eine neue Runde. Nachdem das Parlament in Ljubljana am 4. 10. ein Gesetz erlassen hatte, in dem für Slowenien eine so genannte ökologische Schutzzone in der Adria vorgesehen ist, reagierte das kroatische Parlament ohne Gegenstimme am 6. 10. mit einer Protestresolution. In dem Streit geht es um die Frage, ob Slowenien als einer der Nachfolgestaaten Jugoslawiens vom Rechtsvorgänger die Garantie auf freien Meerzugang übernommen hat.

Am 13. 1. 2006 beschloss die Regierung die Entsendung von vier **Ausbildungsoffizieren in den Irak** und kam damit nach eigenen Angaben einem Ersuchen der NATO nach. Die Offiziere sollten nicht an Kampfeinsätzen teilnehmen, ihre Dienstzeit wurde auf sechs Monate begrenzt. Die Vorgängerregierung hatte jeglichen militärischen Einsatz im Irak strikt abgelehnt.

Bei ihrem Treffen am 5. 7. 2006 in Washington dankte US-Präsident George W. Bush Ministerpräsident Janez Janša für dessen Unterstützung in Afghanistan und im Irak (→ Foto).

Ministerpräsident Janša und US-Präsident Bush am 5. 7. 2006

Somalia Nordost-Afrika

Republik Somalia; Jamhuuriyadda Dimoqraadiya Soomaaliya – SO/SOM

Fläche (Weltrang: 41): 637 657 km²

Einwohner (91): F 2004 7 964 000 = 12,5 je km²

Hauptstadt: Muqdisho (Mogadischu)

Amtssprache: Somali

Bruttonationaleinkommen 2004 je Einw.: k. A.

Währung: 1 Somalia-Shilling (So.Sh.) = 100 Centesimi
Kurs: k. A.

Diplomatische Vertretung:
Botschaft der Republik Somalia
26, Rue Dumont d'Urville, F-75 116 Paris
T 0033 – 1 – 45 00 76 51

LANDESSTRUKTUR **Fläche:** 637 657 km²; Karte → WA 2006, S. 425 ▪ **Verwaltung:** 18 Provinzen ▪ **Städte:** (S 2003) Muqdisho (Mogadischu) 1 174 881 Einw.; (S 2005) Hargeysa 450 000; (S 1984) Kismaayo 70 000, Berbera 65 000, Marka 60 000

BEVÖLKERUNG Somalier – F 2004: 7 964 000 Einw.; Bevölkerungswachstum: 3,3 %; letzte Zählung 1987: 7 114 431 Einw. – ca. 95 % Angehörige der Somal-Stämme (Isaaq, Absami, Habargidir, Abgal, Darod, Digil, Issa, Hawiya u. a.), daneben etwa 100 000 Bantu und 30 000 Araber ▪ **Sprachen:** Somali sowie Sprachen der verschiedenen Ethnien; Arabisch und Italienisch ▪ **Religion:** 99,8 % Muslime (Sunniten schafiitischer Richtung); christl. Minderheiten

STAATS- UND REGIERUNGSFORM Übergangsverfassung von 2004 – Republik seit 1979 (Regierungssitz Nairobi) – Staatsreligion: Islam – Bürgerkrieg seit 1991 – Übergangsparlament mit 275 ernannten Mitgliedern ▪ **Unabhängigkeit:** 26. 6. 1960 (Britisch-Somaliland), 1. 7. 1960 (Italienisch-Somaliland); Vereinigung 1. 7. 1960 ▪ **Nationalfeiertag:** 1. 7.

REGIERUNG UND PARTEIEN **Staatsoberhaupt:** Abdullahi Jusuf Ahmed, seit 14. 10. 2004 – **Regierungschef:** Ali Muhammad Ghedi, seit 1. 12. 2004 – **Äußeres:** Abdullahi Sheikh Ismail, seit 7. 1. 2005 ▪ **Parlament:** Letzte Wahlen 1984

WIRTSCHAFT **BIP** 2004: k. A.; ▪ **Erwerbstätigkeit** 2002: Landwirtsch. 67 % ▪ **Arbeitslosigkeit:** k. A. ▪ **Inflation:** k. A. ▪ **Außenhandel** 2005: k. A.

Somaliland Republik Somaliland; Jamhuuriyadda Soomaaliland

Fläche: 137 600 km² ▪ **Bevölkerung** S 2005: 3 500 000 Einw. ▪ **Hauptstadt** (S 2005): Hargeysa 450 000 Einw. ▪ **Status:** Einseitige Unabhängigkeitserklärung am 18. 5. 1991, international nicht anerkannt – Verfassung von 2001 – Parlament: Abgeordnetenhaus mit 82 Mitgl., Wahl alle 5 J.; Ältestenrat mit 82 Mitgl. – Direktwahl des Staatsoberhaupts alle 5 J. – Wahlrecht ab 18 J. ▪ **Regierung:** Präsident: Dahir Riyale Kahin (UDUB), seit 3. 5. 2002 – Äußeres: Edna Adan Ismail, seit 2003

CHRONIK

Die Arbeit der 2004 in Kenia eingesetzten **Übergangsregierung** blieb von **zahllosen Konflikten**, insbesondere über den Regierungssitz, **geprägt** (→ WA 2006, S. 424 f.). In der Regierung sind Rebellenführer vertreten, die unterschiedliche Teile des Landes kontrollieren und sich gegenseitig zutiefst misstrauen. Darüber hinaus verfügt sie außer internationalen Hilfsleistungen über keine eigenen Einnahmen. Während Präsident Abdullahi Jusuf Ahmed und Premierminister Ali Muhammad Ghedi ihre Amtsgeschäfte in das 90 km nördlich von Mogadischu gelegene Jowhar verlegten, kehrte der Präsident des Übergangsparlaments Sharif Hasan Scheich Adan zusammen mit ca. 100 der 275 Abgeordneten und einigen Ministern nach Mogadischu zurück. Präsident Ahmed und Regierungschef Ghedi hatten ursprünglich beabsichtigt, die Regierungsgeschäfte von Baidoa aus zu führen (220 km nordwestlich von Mogadischu); dort hatte jedoch im März 2005 ein ihnen feindlich gesonnener Milizenführer die Macht übernommen.

Die Demobilisierung der zahlreichen in Mogadischu aktiven Milizen kam zunächst kaum voran. Zusammen mit der Entsendung einer von afrikanischen Staaten bestückten UN-Friedenstruppe wäre die Demobilisierung jedoch Voraussetzung für die Installierung der Übergangsregierung und des Übergangsparlaments in der früheren Hauptstadt Somalias gewesen.

Zwei gescheiterte Mordanschläge auf Premierminister Ghedi im Mai 2005 und am 6. 11. 2005 in Mogadischu hatten jedoch gezeigt, dass der aus Puntland stammende Präsident und sein Premier dort um ihre Sicherheit fürchten mussten. Ihre Regierung galt als pro-äthiopisch und anti-islamisch, weswegen sie von zahlreichen islamischen Gruppen in Mogadischu abgelehnt wurde. Ab dem 13. 11. kam es in Mogadischu zu schweren **Gefechten zwischen islamischen und anderen Milizen**, bei denen mindestens 12 Personen getötet wurden. Ursache war die beabsichtigte Schließung aller Kinos und Videoläden im Yaqshid-Viertel. Hassan Dahir Aweis, der Vorsitzende der Scharia-Gerichte in Mogadischu wies alle Vorwürfe, islamische Milizen würden mit Al-Qaida zusammenarbeiten, vehement zurück.

Dank der Vermittlungsbemühungen des jemenitischen Staatschefs Ali Abdallah Saleh konnte am 5. 1. 2006 in Aden ein Abkommen zwischen Präsident Ahmed und dem Parlamentspräsidenten Scheich Hassan Adan getroffen werden. Die Vereinbarung sah vor, den Amtssitz der Regierung zunächst nach Baidoa und später nach Mogadischu zu verlegen. Daraufhin kam es am 26. 2. in Baidoa zur ersten formellen Sitzung des Übergangsparlaments, an dem mehr als 200 der 275 Mitglieder teilnahmen. Einige Kriegsherren aus Mogadischu waren jedoch nicht vertreten, nachdem es in der Hauptstadt ab dem 20. 2. zu Gefechten zwischen islamistischen Gruppen und der Miliz des nationalen Sicherheitsministers Afrah gekommen war. Neue Kämpfe forderten zwischen dem 22. 3. und 25. 3. mindestens 93 Tote. Verschiedene säkulare Milizen hatten sich zwischenzeitlich unter der Führung Afrahs gegen die Islamisten zu einer Allianz (Antiterror-Koalition) zusammengeschlossen.

Am 6. 5. begann eine weitere Welle der Gewalt in den nördlichen Distrikten der Hauptstadt. Nach wochenlangen Kämpfen, die 330 Todesopfer forderten, konnten die **islamischen Milizionäre** am 5. 6. **Mogadischu** vollständig **unter ihre Kontrolle bringen** und die Kämpfer der säkularen Allianz aus der Stadt vertreiben. Zum ersten Mal seit 1991 wurde Mogadischu (→ auch Foto) damit von einer einzigen militärischen Gruppe kontrolliert. Premierminister Ghedi entließ daraufhin die vier zur Allianz gehörenden Minister und kündigte Gespräche mit den Islamisten an. Der Führer der Union of Islamic Courts (UIC), Scheich Sharif Ahmed, distanzierte sich am 7. 6. in einem offenen Brief an westlichen Diplomaten von Terrorismus und antiwestlicher Gewalt, wies aber am 12. 6. die Stationierung von ausländischen, auch afrikanischen Friedenstruppen strikt zurück. Auf dem weiteren Vormarsch der UIC-Milizen nahmen sie am 14. 6. kampflos Johwar ein, nachdem sich die Milizen der Allianz zurückgezogen hatten, um offensichtlich auf militärische Unterstützung durch äthiopische Truppen zu warten. Bei Gesprächen zwischen der Übergangsregierung und den islamischen Milizen im sudanesischen Khartum wurde am 22. 6. eine Waffenruhe vereinbart. Dabei erkannte die UIC-Delegation auch die Rechtmäßigkeit der Übergangsregierung an. Nach dem Scheitern der hauptsächlich von den USA unterstützten Allianz wurde am 15. 6. in New York eine Internationale Kontaktgruppe Somalia gebildet, der neben den USA Großbritannien, Norwegen, Schweden, Italien, Tansania und die EU angehören.

Schülerdemonstration am 1.6. 2006 nach dem Sieg der islamischen Miliz

- **Piraterie:** Am 5. 11. 2005 scheiterte der Versuch somalischer Piraten, das US-amerikanische Luxuskreuzschiff Seabourn Spirit mit 151 Touristen an Bord 160 km vor der Küste Somalias zu kapern. Die Piraterie an und vor der Küste Somalias hatte seit März 2005 dramatisch zugenommen. Binnen eines halben Jahres wurden 23 Schiffe gekapert, darunter drei Frachter, die Hilfsgüter des Welternährungsprogramms (WFP) für 1,4 Mio. von einer Hungersnot bedrohten Menschen nach Somalia transportieren sollten. Am 11. 10. wurden innerhalb von 24 Stunden zwei UN-Schiffe im Hafen von Merca, 60 km südlich von Mogadishu, überfallen. Premierminister Ghedi bat am 13. 10. die internationale Gemeinschaft um Hilfe bei der Überwachung der somalischen Gewässer. Die US-Marine ging daraufhin aktiver gegen die Piraten vor.
- **Somaliland:** Die ersten Mehrparteienwahlen zum Parlament der international nicht anerkannten Republik Somaliland fanden am 29. 9. 2005 statt. Bei den Wahlen erhielt die Nationale Demokratische Allianz des 2003 gewählten Präsidenten Dahir Riyale Kahin 33 der 82 zu vergebenden Sitze. Die beiden Oppositionsparteien Kulmiye (Solidarität) und UCID (Gerechtigkeit und Wohlstand) gewannen zusammen die restlichen 49 Sitze und beschlossen Ende Oktober, eine Koalition zu bilden.

Spanien Südwest-Europa

Königreich Spanien; Reino de España, Kurzform: España – ES/ESP

Fläche (Weltrang: 50): 504 782 km²

Einwohner (29): F 2004 42 690 000 = 85 je km²

Hauptstadt: Madrid

Amtssprachen: Spanisch, Katalanisch (regional), Valencianisch (regional), Galicisch (regional), Baskisch (regional)

Bruttonationaleinkommen 2004 je Einw.: 21 530 $

Währung: 1 Euro (€) = 100 Cent
Kurs: 1 US-$ = 0,79 € (1. 7. 2006)

Botschaft des Königreichs Spanien
Lichtensteinallee 1, 10787 Berlin
T 030/25 40 070, Fax 25 79 95 57
www.spanischebotschaft.de

LANDESSTRUKTUR **Fläche**: 504 782 km² ▪ **Gebiete**: Exklaven in Marokko: Ceuta 19,7 km² und Melilla 12,5 km² ▪ **Verwaltung**: 17 Autonome Regionen/Comunidades Autónomas, 52 Provinzen einschließlich der Exklaven ▪ **Städte**: (F 2005) Madrid 3 155 359 Einw., Barcelona 1 593 075, Valencia 796 549, Sevilla 704 154, Zaragoza (Saragossa) 647 373, Málaga 558 287, Murcia 409 810, Las Palmas de Gran Canaria 378 628, Palma de Mallorca 375 773, Bilbao 353 173, Córdoba 321 164, Valladolid 321 001, Alacant (Alicante) 319 380, Vigo 293 725, Xixón (Gijón) 273 931, L'Hospitalet de Llobregat 252 884, A Coruña (La Coruña) 243 349, Granada 236 982, Vitoria (Gasteiz) 226 490, Santa Cruz de Tenerife 221 567, Badalona 218 553, Oviedo 212 174, Elche (Elx) 215 137, Móstoles 204 463

BEVÖLKERUNG Spanier – F 2004: 42 690 000 Einw.; Bevölkerungswachstum: 1,6 %; letzte Zählung 2001: 40 847 371 Einw.; Ceuta: 71 505 Einw.; Melilla: 66 411 Einw. – 2004: 3,0 Mio. Ausländer: u. a. 476 000 Ecuadorianer, 421 000 Marokkaner, 249 000 Kolumbianer, 208 000 Rumänen, 175 000 Briten, 131 000 Argentinier, 117 000 Deutsche, 77 000 Italiener, 70 000 Bulgaren, 69 000 Peruaner, 67 000 Franzosen, 63 000 Chinesen, 56 000 Portugiesen ▪ **Sprachen**: Spanisch (Castellano), Katalanisch, Galicisch, Baskisch und Caló (Gitanos) ▪ **Religion** 2002: 94 % Katholiken; ca. 300 000 Muslime, 15 000 Juden

STAATS- UND REGIERUNGSFORM Verfassung von 1978, zuletzt geändert 1992 – Parlamentarische Monarchie seit 1978 – Parlament (Cortes Generales): Abgeordnetenhaus (Congreso de los Diputados) mit 350 Mitgl.; Senat (Senado) mit 259 Mitgl. (208 gewählt, 51 ernannt); Wahl jeweils alle 4 J. – Staatsrat (Consejo de Estado) mit 23 Mitgl. als Konsultativorgan – Wahlrecht ab 18 J. ▪ **Unabhängigkeit**: alte staatl. Tradition; 1479 Gründung des spanischen Reiches durch Zusammenschluss von Kastilien und Aragonien ▪ **Nationalfeiertag**: 12. 10. (Entdeckung Amerikas durch Kolumbus 1492)

REGIERUNG UND PARTEIEN **Staatsoberhaupt**: König Juan Carlos I. de Borbón y Borbón, seit 1975 – **Regierungschef**: José Luis Rodríguez Zapatero (PSOE-Vorsitzender), seit 17. 4. 2004 – **Äußeres**: Miguel Ángel Moratinos Cuyaube (PSOE), seit 18. 4. 2004 ▪ **Parlament**: Wahlen vom 14. 3. 2004: Abgeordnetenhaus: Partido Socialista Obrero Español/PSOE 164 von 350 Sitzen (2000: 125), Partido Popular/PP 148 (183), Convergència i Unió/CiU 10 (15), Esquerra Republicana de Catalunya/ERC 8 (1), Partido Nacionalista Vasco/PNV 7 (7), Izquierda Unida/IU 5 (8), Coalición Canaria/CC 3 (4), Bloque Nacionalista Galego/BNG 2 (3), Chunta Aragonesista/CHA 1 (1), Eusko Alkartasuna/EA 1 (1), Nafarroa Bai 1 (–), Partido Andalucista/PA – (1), Iniciativa per Catalunya-Verds/IC-V – (1) – Senat: PP 102 von 208 gewählten Sitzen (2000: 126), PSOE 81 (62), Entesa Catalana de Progrés 12 (–), PNV 6 (6), CiU 4 (8), CC 3 (5), Sonstige – (1)

WIRTSCHAFT **BIP** 2004: 1039,927 Mrd. $; realer Zuwachs: 3,1 %; Anteil (2004) Landwirtschaft 3 %, Industrie 29 %, Dienstleistungen 67 % ▪ **Erwerbstätigkeit** 2003: Landwirtsch. 5,7 %, Industrie 30,8 %, Dienstl. 63,6 % ▪ **Arbeitslosigkeit** ∅ 2005: 9,2 % ▪ **Inflation** ∅ 2005: 3,0 % ▪ **Außenhandel** 2005 (vorläufig): **Import**: 231,4 Mrd. €; *Güter*: 59 % Halbfabrikate, 8 % Kfz, 7 % Maschinen, 6 % Nahrungs- und Genussmittel; *Länder*: 15 % Deutschland, 14 % Frankreich, 9 % Italien, 6 % Großbritannien, 5 % VR China, 3 % USA; **Export**: 153,6 Mrd. €; *Güter*: 52 % Halbfabrikate, 13 % Kfz, 12 % Nahrungs- und Genussmittel, 4 % Maschinen; *Länder*: 19 % Frankreich, 11 % Deutschland, 10 % Portugal, 8 % Großbritannien, 8 % Italien, 4 % USA
Weitere Informationen → Kap. Wirtschaft

CHRONIK

Die gute Wirtschaftslage, eine rückläufige Arbeitslosigkeit sowie Überschüsse im Staatshaushalt und bei den Sozialkassen verschafften der sozialistischen Minderheitsregierung Spielraum für Finanz-, Arbeitsmarkt- und Sozialreformen. Hierbei konnte Ministerpräsident José Luis Rodríguez Zapatero (PSOE) auf die Unterstützung linker bzw. regionaler Parteien zählen. Eine auch der Parteitaktik geschuldete offene Haltung der Sozialisten gegenüber regionalen Autonomiebestrebungen führte zum Abschluss neuer Statuten mit Katalonien und Valencia, thematisierte aber auch verstärkt den nationalen Zusammenhalt. Als Erfolg verbuchte die Regierung die Ankündigung einer »dauerhaften Waffenruhe« seitens der baskischen Untergrundorganisation ETA. Größte außenpolitische Herausforderung blieb die Eindämmung des anhaltenden Migrantenstroms aus Afrika, der nicht mehr über Marokko, sondern von Westafrika über die Kanarischen Inseln einen Weg aufs spanische Festland suchte.

INNENPOLITIK

▪ **Reformpolitik:** Gleichzeitig mit der Einführung der Zivilehe für Homosexuelle (→ WA 2006, S. 427) im Juli 2005 wurde auch das seit 1981 geltende **Scheidungsrecht** liberalisiert: Das Scheidungsverfahren wird u. a. dadurch beschleunigt werden, dass auf den Nachweis der vorher obligatorischen Trennung vom Ehepartner und einer Schuld für das Scheitern der Ehe verzichtet wird. Das Sorgerecht für die Kinder üben beide Elternteile künftig gemeinsam aus.

Am 15. 12. 2005 beschloss das Parlament gegen die Stimmen der Volkspartei ein heftig umstrittenes **neues Schulgesetz**, das vor allem die Chancengleichheit im zehnjährigen Gesamtschulsystem (sechsjährige Grund-, vierjährige Sekundarschule) verbessern und die hohe Schulabbrecherquote von rund 25 % senken soll. Angeführt von der katholischen Kirche und der Volkspartei (Partido Popular, PP) hatten am 12. 11. in Madrid rd. 400 000 Demonstranten gegen die Absicht der sozialistischen Regierung demonstriert (→ Foto), den Religionsunterricht aus den Abschlussprüfungen zu verbannen und den Einfluss des Staates, insbesondere bei der Auswahl der Schüler, auf die Privatschulen zu stärken. Diese haben zwar meist kirchliche Träger, werden aber zum größten Teil vom Staat finanziert.

Demonstration gegen Schulgesetz am 12. 11. 2005

Zum 1. 1. 2006 trat landesweit ein **Rauchverbot** in der Öffentlichkeit und am Arbeitsplatz in Kraft. Bars und Restaurants mit mehr als 100 m² Grundfläche müssen spezielle Raucherzonen einrichten, ein Verkauf von Tabakwaren ist nur noch in lizenzierten Läden erlaubt. Außerdem wurde im September 2005 die Tabaksteuer erhöht.

Am 9. 5. 2006 schlossen die Regierung und die Sozialpartner ein Abkommen über eine **Arbeitsmarktreform**. Angesichts eines Anteils von über einem Drittel (bei jüngeren Beschäftigten schon über der Hälfte) befristeter Arbeitsverträge stellt der zum 1. 7. in Kraft gesetzte »Pakt für Arbeit« diverse Regularien bereit, um Arbeitgeber zu motivieren, unbefristete Anstellungsverhältnisse einzugehen. Zugleich wurden der Kündigungsschutz gelockert und die Abfindungssummen bei Aufhebung unbefristeter Arbeitsverhältnisse gesenkt. Die Schaffung neuer, gesicherter Arbeitsplätze für junge Arbeitnehmer, der größten Arbeitslosen- und Zeitarbeitsgruppe, wird mit bis zu 3200 € pro Job und Jahr subventioniert.

Anfang Juni 2006 einigte sich die Regierung mit den Sozialpartnern auf ein **neues Rentenmodell**, das eine um drei Jahre verlängerte Lebensarbeitszeit vorsieht.

Anfang 2006 legte die Regierung Gesetzentwürfe zu **Änderungen des Steuerrechts** vor, darunter Entlastungen für mittelständische Unternehmen bei der Körperschaftsteuer (25 statt 30 %) – Großunternehmen sollen hingegen 35 statt 30 % zahlen – und von Privathaushalten mit niedrigem Einkommen bei der Einkommensteuer.

▪ **Föderalismus** (→ dazu auch Karte): Die von der Regierung Zapatero angestoßene **Reform der Autonomiestatute** für die 17 spanischen Regionen (Communidades Autónomas), mit dem Ziel einer besseren Angleichung der Lebensverhältnisse zwischen den Landesteilen und einer Umwandlung des Senats in eine Vertretung der Regionen, führte in **Katalonien**, der wirtschaftlich wichtigsten und wohlhabendsten Region, zu heftigen Kontroversen. Nach langen Verhandlungen zwischen der seit 2003 in Katalonien regierenden Drei-Parteien-Koalition aus Sozialisten (PSC), Linksgrünen (ICV) und separatistischen Linksrepublikanern (ERC) mit der oppositionellen bürgerlich-nationalistischen Convergència i Unió (CiU) hatte das Regionalparlament mit der notwendigen Zweidrittelmehrheit am 30. 9. 2005 einen Entwurf verabschiedet, der beiden Häusern des spanischen Parlaments zur Annahme übergeben wurde. Dort wurde der katalanische Vorschlag nicht nur von der Volkspartei, sondern auch von Teilen der PSOE als verfassungswidrig angesehen: Ähnlich wie der 2004/05 gescheiterte Plan eines baskischen »Freistaates« bezeichnete er Katalonien als eigenständige, **dem gesamtspanischen Staat gleichwertige »Nation«** und beanspruchte ein hohes Maß an hoheitlichen Kompetenzen, u. a. im Steuerrecht, der Finanzverwaltung und Justiz. Die notwendige absolute Mehrheit im Abgeordnetenhaus (30. 3. 2006) und im Senat (10. 5.) wurde erst erreicht, nachdem im Januar 2006 zwischen Ministerpräsident Zapatero und dem CiU-Vorsitzenden Artur Mas ein **Kompromiss** erzielt worden war: Der symbolträchtige Begriff der Nation steht nur noch in der Präambel des Autonomiestatuts, eine juristische Gleichstellung mit dem spanischen Staat wird vermieden; Katalonien erhält einen höheren Anteil am Steueraufkommen und größere Mitsprache bei der Steuerverwaltung; alle Bürger Kataloniens müssen bis zu einem gewissen Grad die katalanische Sprache beherrschen. Neben der oppositionellen PP, der es zu weit ging, lehnte – aus gegenteili-

gem Grund – auch die ERC das revidierte Statut ab. Am 18. 6. nahm die Bevölkerung Kataloniens in einem **Referendum** das geänderte Autonomiestatut mit 73,9 % der Stimmen an. Aufgrund der niedrigen Wahlbeteiligung von 49,4 % der 5,3 Mio. Stimmberechtigten bestritt die konservative Opposition die Legitimität der Entscheidung.

Die ebenfalls im September 2005 vorgelegte, einvernehmlich zwischen Sozialisten und Volkspartei ausgehandelte Statutreform für die PP-regierte Region **Valencia** nahm das spanische Parlament im Februar 2006 mit großer Mehrheit an.

▪ **ETA:** Die baskische Untergrundorganisation verkündete am 22. 3. 2006 im Rahmen eines dem baskischen Regionalfernsehen zugespielten Videos einen **»permanenten Waffenstillstand«** mit dem Ziel, einen »demokratischen Prozess im Baskenland in Gang zu setzen«. Dieser seit Monaten erwartete Gewaltverzicht war von der Regierung und einer von dieser initiierten Resolution des Parlaments im Mai 2005 als Bedingung für die Aufnahme von Verhandlungen mit der ETA erklärt worden. Der »Waffenstillstand«, d. h. der Verzicht auf Attentate, Anschläge, Überfälle, Straßengewalt und Erpressungen, war der sechste nach 1988; der fünfte und bis dahin längste war 1998 nach 14 Monaten, in denen auch Geheimgespräche zwischen ETA und Vertretern der damaligen konservativen Regierung stattgefunden hatten, gescheitert. Im Mai 2006 versicherte sich die Regierung Zapatero der Unterstützung aller politischen Parteien bei der Überprüfung des Gewaltverzichts. Als erster Punkt künftiger Verhandlungen gilt nach allgemeiner Einschätzung die Verlegung der auf spanische und französische Gefängnisse verteilten ETA-Häftlinge (Mai 2006: rd. 660, davon zwei Drittel verurteilt) in baskische Haftanstalten.

Eine wichtige Rolle bei der Vorbereitung des »Waffenstillstands« spielte **Arnaldo Otegi**, Sprecher der 2003 verbotenen Partei **Batasuna**, des politischen Arms der ETA. Er hatte 2004/05 erstmals auch auf gesamtstaatlicher Ebene Gespräche über Wege geführt, dem Ziel eines unabhängigen Baskenlandes näher zu kommen. Im November 2005 wurde er wegen Beleidigung des Königs vom Nationalen Strafgerichtshof (Audiencia National) zu einem Jahr und im April 2006 wegen Verherrlichung des Terrorismus zu weiteren 15 Monaten Gefängnis verurteilt. Er befand sich Mitte 2006 gegen Kaution jedoch auf freiem Fuß.

Am 21. 11. 2005 begann vor dem Strafgerichtshof im bis dahin größten Prozess in der Geschichte der spanischen Demokratie ein **Verfahren gegen 56 Personen aus dem Unterstützerkreis und Sympathisantenumfeld der ETA.** Von dem Prozess wird vor allem Aufschluss über die Reichweite und den Umfang der Strafbarkeit von »Terrorismus« erwartet. Eine andere Kammer des Gerichtshofes hatte im Juni 2005 24 Mitglieder einer ETA-nahen Jugendorganisation zwar wegen ihrer Teilnahme am »Straßenkampf« zu Haftstrafen verurteilt, sie aber von der Zugehörigkeit zu einer terroristischen Vereinigung freigesprochen.

Die Bereitschaft der baskischen Sozialisten, mit der verbotenen Batasuna über deren Rückkehr in die politische Legalität zu sprechen, veranlasste den PP-Parteichef Mariano Rajoy am 7. 6. 2006, die traditionelle Loyalität der Opposition mit der Regierung im Kampf gegen den baskischen Terrorismus aufzukündigen. Trotz verbreiteter Kritik an der Aufnahme von Verhandlungen mit der ETA – am 10. 6. demonstrierten in Madrid 200 000 Menschen dagegen – kündigte Zapatero am 30. 6. den Beginn offizieller Friedensgespräche an.

- **Islamistischer Terrorismus:** Als **Mitverschwörer der Anschläge vom 11. 9. 2001** verurteilte eine Strafkammer des Nationalen Strafgerichtshofs am 26. 9. 2005 17 von 24 Angeklagten zu Haftstrafen zwischen sechs und elf Jahren. Sie wurden außerdem für schuldig befunden, 1995–2001 einer Zelle des islamistischen Terrornetzwerks Al-Qaida angehört bzw. mit ihr zusammengearbeitet zu haben. Ihr aus Syrien stammender Anführer Imad Eddin Barakat Yarkas alias Abu Dadah wurde zu 27 Jahren Gefängnis verurteilt; er soll von den Anschlagsplänen gewusst haben (diesen Punkt befand der Oberste Gerichtshof in der Berufung für nicht erwiesen und reduzierte die Strafe am 2. 6. 2006 auf 12 Jahre Haft).

Nach 25-monatigen Ermittlungen eröffnete der Nationale Strafgerichtshof am 11. 4. 2006 den Prozess gegen 29 Angeklagte, die einer Beteiligung an den **Terroranschlägen am 11. 3. 2004 in Madrid** (191 Tote, 1755 Verletzte) beschuldigt werden: Vier Marokkanern, einem Ägypter und einem Spanier wurde vorgeworfen, den Sprengstoff besorgt zu haben; sie sollen Mitglieder einer lokalen islamistischen Terrorzelle gewesen sein. Die mutmaßlichen Anführer hatten sich bei einer Polizeiaktion drei Wochen nach dem Terrorakt mit fünf weiteren Attentätern in die Luft gesprengt. Eine von der damaligen konservativen Regierung behauptete Beteiligung der ETA konnten die Ermittlungen nicht belegen.

AUSSENPOLITIK

- **Migranten** (→ Karte): Von September bis Oktober 2005 versuchten tausende Emigranten, vorwiegend aus Schwarzafrika, vom marokkanischem Staatsgebiet aus in mehreren Wellen die Grenzanlagen der spanischen **Exklaven Melilla und Ceuta** zu überwinden, um von dort aus aufs spanische Festland zu gelangen; die ersten solcher Versuche hatte es im August 2004 gegeben. Bis Oktober 2006 kamen 14 Migranten beim Versuch, über die seit 1996 immer weiter verstärkten Sperrzäune zu klettern, ums Leben, u. a. durch Schusswaffeneinsatz spanischer Sicherheitskräfte. Die Regierung reagierte auf den Massenansturm mit einer personellen Verstärkung des Grenzschutzes, der **Entsendung von 500 Soldaten** (bis Dezember 2005) sowie dem Versuch, Marokko auf die Umsetzung eines

Abkommens von 1992 zu verpflichten. Darin hatte sich das nordafrikanische Land bereit erklärt, illegale Emigranten wieder aufzunehmen bzw. solche aus Drittländern abzuschieben. Außerdem vereinbarten beide Länder im Dezember 2005, in Marokko zunächst zwei – von Spanien finanzierte – Aufnahme- und Ausbildungslager für minderjährige Flüchtlinge zu errichten.

Der Ansturm auf die Exklaven Melilla und Ceuta wurde mit der seit 2002 verbesserten technischen Überwachung der andalusischen Küste erklärt. Die Zahl der dort aufgegriffenen Flüchtlinge war 2005 um ein Viertel auf 11 800 in 567 Booten zurückgegangen; mindestens 368 Menschen waren bei dem Versuch ertrunken, illegal nach Spanien zu gelangen. Beim ersten Besuch eines spanischen Regierungschefs in den nordafrikanischen Exklaven (1./2. 2. 2006) seit 1980 sicherte Zapatero Melilla und Ceuta weitere Hilfen für Wirtschaft und Infrastruktur sowie Unterstützung bei der Kontrolle der illegalen Einwanderung zu.

Ab Ende 2005 verstärkte die Regierung ihre Bemühungen, mit den Herkunftsländern der Flüchtlinge, meist westafrikanische Staaten, **Rückführungsabkommen für illegale Migranten** zu schließen bzw. vorhandene Abkommen wiederzubeleben und durchzusetzen. Dies erschien umso dringlicher, als sich die Schleuserwege erneut verlagert hatten: Von Januar bis Mai 2006 wurden rd. 8000 Menschen gezählt, die in Booten aus Mauretanien und dem Senegal auf die Kanarischen Inseln gelangten; schätzungsweise mehr als 1000 kamen bei Schiffbrüchen oder infolge von Erschöpfung bei der Überfahrt ums Leben.

Außer wegen ihrer vergleichsweise geringen Entfernung zum afrikanischen Kontinent sind die **Kanarischen Inseln für Bootsflüchtlinge attraktiv** (→ Foto), weil sie ohne Identitätsnachweis nach maximal 40 Tagen aus dem Aufnahmelager aufs spanische Festland transportiert werden und dort einen Ausweisungsbescheid erhalten, der aber nur in den seltensten Fällen vollstreckt wird. So tauchen die meisten in die Schattenwirtschaft ab – mit der begründeten Aussicht, ihren Aufenthalt später legalisieren zu können (→ WA 2006, S. 427).

Spanien versuchte, die **illegale Migration über den Atlantik** mit einem verstärkten Einsatz der eigenen Küstenwache rund um die Kanaren, der Entsendung von Patrouillenbooten und Aufklärungsflugzeugen zur Überwachung der mauretanischen Küste sowie mit »temporären Aufnahmezentren« in Mauretanien und dem Senegal **einzudämmen**. Am 29. 5. 2006 einigte sich die EU-Kommission mit Experten der Mitgliedstaaten auf eine gemeinsame Überwachung der Westküste Afrikas. Eine Woche später akzeptierten die Regierungsvertreter der afrikanischen Herkunftsländer von illegalen Migranten in der senegalesischen Hauptstadt Dakar einen von Spanien und Marokko vorgeschlagenen und von der EU mitgetragenen

Afrikanische Flüchtlinge erreichen Fuerteventura am 11. 3. 2006

»Afrikaplan«, der die Verstärkung der Grenzkontrollen und der Verfolgung von Schlepperbanden vorsieht. Im Gegenzug sicherten die EU-Staaten zu, den Handel und die Entwicklungshilfe auszuweiten (→ EU).

- **Internationale Militäreinsätze:** Aus Anlass des Todes von 17 spanischen Soldaten bei einem Hubschrauberabsturz am 16. 8. 2005 bei Herat in **Afghanistan** verteidigte Ministerpräsident Zapatero das Militärengagement seines Landes im Rahmen der von der NATO geführten Schutztruppe in Afghanistan (ISAF) als »humanitäre Friedensmission«. Im Mai 2006 wurden zusätzlich 150 Soldaten dorthin entsandt. Anfang 2007 wird Spanien das Kommando der ISAF übernehmen.

Am 15. 9. 2005 beschloss das Abgeordnetenhaus gegen die Stimmen der PP neue **Regeln für Auslandseinsätze** der Streitkräfte: Soldaten dürfen nur noch mit Zustimmung des Parlaments und auf ausdrücklichen Wunsch des Zielstaates, auf Anforderung der UN oder im Auftrag von NATO und EU entsandt werden. Damit erfüllte die PSOE ein Wahlversprechen.

Ende Mai 2006 beschloss die Regierung mit Zustimmung des Verteidigungsausschusses des Parlaments die Entsendung von **130 Soldaten in die → DR Kongo** im Rahmen der EU-geführten Mission zur Unterstützung und Absicherung der Wahlen am 30. 7. 2006.

Sri Lanka Süd-Asien

Demokratische Sozialistische Republik Sri Lanka; Ṣrī Laṅkā Prajātāntrika Samājavādī Janarajaya (singhalesisch); Ilaṅkaiś Śaṅa-nāyaka Ṣōśališak Kuṭiyaraśa (tamil) – LK/LKA

Fläche (Weltrang: 119): 65 610 km²

Einwohner (53): F 2004 19 419 000 = 296 je km²

Hauptstadt: Colombo

Regierungssitz: Sri Jayawardenepura

Amtssprachen: Singhalesisch, Tamil

Bruttonationaleinkommen 2004 je Einw.: 1010 $

Währung: 1 Sri-Lanka-Rupie (S. L.Re.)
= 100 Sri Lanka Cents
Kurs: 1 US-$ = 103,48 S. L.Re.; 1 € = 133,59 S. L.Re.

Botschaft der Demokratischen Sozialistischen Republik Sri Lanka
Niklasstr. 19, 14163 Berlin
T 030/80 90 97 43, Fax 80 90 97 57
www.srilanka-botschaft.de

LANDESSTRUKTUR **Fläche**: 65 610 km²; Karte → WA 2006, S. 431 ▪ **Verwaltung**: 9 Provinzen ▪ **Städte**: (Z 2001) Colombo 642 163 Einw., Dehiwala-Mount Lavinia 209 787, Moratuwa 177 190, Jaffna 145 600, Negombo 121 933, Sri Jayawardenepura 115 826, Kandy 110 049, Galle 90 934

BEVÖLKERUNG Sri-Lanker – F 2004: 19 419 000 Einw.; Bevölkerungswachstum: 0,9 %; letzte Zählung. 2001 (vorl.): 18 732 255 Einw. – 81,9 % Singhalesen, 8,0 % Moors (Muslime), 5,1 % Indien- oder Kandy-Tamilen, 4,4 % Ceylon- oder Jaffna-Tamilen, 0,3 % Malaien, 0,2 % Burghers (Nachkommen der Portugiesen und Niederländer) ▪ **Sprachen**: Singhalesisch (Sinhala), Tamil, Malaiisch; Englisch ▪ **Religion** 2001: 76,7 % Buddhisten (v. a. Singhalesen), 8,5 % Muslime, 7,9 % Hindus (v. a. Tamilen), 6,1 % Katholiken

STAATS- UND REGIERUNGSFORM Verfassung von 1978, zuletzt geändert 1987 – Präsidialrepublik (im Commonwealth) seit 1978 – Ausnahmezustand seit August 1998 – Parlament (Nationalversammlung) mit 225 Mitgl. (196 gewählt, 29 nach Parteienproporz verteilt), Wahl alle 6 J. – Direktwahl des Staatsoberhauptes alle 6 J. – Wahlrecht ab 18 J. ▪ **Unabhängigkeit**: 4. 2. 1948 (ehem. britische Kolonie; bis 1972 Ceylon) ▪ **Nationalfeiertag**: 4. 2.

REGIERUNG UND PARTEIEN **Staatsoberhaupt**: Mahinda Rajapakse (SLFP), seit 19. 11. 2005 – **Regierungschef**: Ratnasiri Wickramanayake (SLFP), seit 21. 11. 2005 – **Äußeres**: Mangala Samaraweera (SLFP), seit 23. 11. 2005 ▪ **Parlament**: Wahlen vom 2. 4. 2004: United People's Freedom Alliance (Bündnis von Sri Lanka Freedom Party/SLFP, People's United Liberation Front/JVP und weiteren Linksparteien) 105 von 225 Sitzen (2001: 93), United National Party/UNP 82 (109), Tamil National Alliance/TNA 22 (15), National Heritage Party/JHU 9 (–), Sri Lanka Muslim Congress/SLMC 5 (5), Up-Country People's Front 1 (–), Eelam People's Democratic Party/EPDP 1 (2), Sonstige – (1)

WIRTSCHAFT **BIP** 2004: 20,055 Mrd. $; realer Zuwachs: 5,4 %; Anteil (2004) Landwirtschaft 18 %, Industrie 27 %, Dienstleistungen 55 % ▪ **Erwerbstätigkeit** 2003: Landwirtsch. 34 %, Industrie 23 %, Dienstl. 39 % ▪ **Arbeitslosigkeit** ∅ 2004: 8,5 % ▪ **Inflation** ∅ 2005: 10,6 % ▪ **Außenhandel** 2005: **Import**: 8,896 Mrd. $; *Güter*: 19 % Maschinen und Transportausrüstungen, 19 % Erdöl und -produkte, 17 % Textilerzeugnisse, 8 % Metalle, 6 % chemische Erzeugnisse, 4 % Agrarprodukte, 4 % verarbeitete Lebensmittel, 3 % Papier und -produkte; *Länder*: 21 % Indien, 8 % Singapur, 7 % VR China, 7 % Hongkong, 6 % Iran, 4 % Malaysia, 4 % Japan, 3 % Rep. China, 3 % Großbritannien (EU gesamt: 14 %); **Export**: 6,370 Mrd. $; *Güter*: 46 % Bekleidung und Textilien, 31 % Agrarprodukte (darunter 13 % Tee), 6 % Edelsteine, 2 % Erdölprodukte; *Länder*: 31 % USA, 12 % Großbritannien, 9 % Indien, 6 % Belgien/Luxemburg, 4 % Deutschland, 3 % Italien, 3 % Vereinigte Arabische Emirate, 3 % Russland, 2 % Japan (EU gesamt: 31 %)

CHRONIK

Die Hoffnung, die verheerenden Auswirkungen der Tsunami-Katatstrophe von 26. 12. 2004 (→ WA 2006, S. 24, 430 f.) könnten, ähnlich wie in → Indonesien in der Provinz Aceh den Friedensprozess zwischen der Zentralregierung und den separatistischen Rebellen der Liberation Tigers of Tamil Eelam (LTTE) befördern, zerschlug sich vollends. Die Fronten verhärteten sich, als die LTTE von der Verteilung der internationalen Finanz- und Wiederaufbaumittel ausgeschlossen wurde und im Dezember 2005 in Colombo eine neue, von singhalesischen Nationalisten getragene politische Führung das Zepter übernahm. Im ersten Halbjahr 2006 erlebte der Inselstaat die heftigste Gewaltwelle seit dem Waffenstillstandsabkommen von 2002.

▪ **Tsunami-Folgen:** Zum Jahrestag der Flutkatastrophe vom 26. 12. 2005 wurde die **Zahl der getöteten oder immer noch vermissten Menschen offiziell mit 35 066 angegeben**, etwa eine halbe Mio. Menschen hatte die Flutwelle obdachlos gemacht. Die Kosten des Wiederaufbaus wurden auf rd. 2,2 Mrd. US-$ beziffert, in etwa gleicher Höhe hatte das Land internationale Hilfszusagen erhalten. Nach Medienberichten erreichte bislang jedoch nur ein Bruchteil der Spenden die betroffene Bevölkerung, während große Summen versickert sein sollen. Beobachter berichteten daneben auch von organisatorischen Mängeln sowie Koordinationsproblemen zwischen Regierung und Hilfsorganisationen beim Wiederaufbau. Die **Einrichtung einer 100–200 m breiten Sicherheitszone entlang des Küstenstreifens** brachte faktisch die Enteignung bzw. Zwangsumsiedlung zahlreicher Menschen mit sich. Von den von der Regierung kontrollierten Hilfsgeldern und -mitteln nahezu **ausgeschlossen blieb der von den LTTE beherrschte Nordosten** des Landes, der am schwersten von der Tsunami-Katastrophe getroffen worden war; am 15. 7. 2005 war das Abkommen zur Verteilung der Hilfsgelder für ungültig erklärt worden.

▪ **Attentat:** Am 12. 8. 2005 wurde **Außenminister** Lakshman Kadirgamar, ein Tamile und scharfer Gegner der LTTE-Separatisten, in der Hauptstadt Colombo **erschossen**. Die Regierung legte das Verbrechen den LTTE zur Last, die jedoch jede Verwicklung in den Mord abstritt. Bei Razzien in Colombo wurden zwölf Tamilen unter dem Verdacht festgenommen, Hintermänner des Attentats gewesen zu sein. Zum Nachfolger Kadirgamars im Außenamt ernannte Präsidentin Chandrika Bandaranaike Kumaratunga am 22. 8. ihren Bruder Anura Bandaranaike.

▪ **Ende der Ära Kumaratunga:** Das Oberste Gericht sprach Staatschefin Kumaratunga am 26. 8. 2005 das Recht ab, ihre Amtszeit über den 22. 12. hinaus zu verlängern. Kumaratunga, die 1994 erstmals zur Präsidentin gewählt worden war, hatte 1999 ein Jahr vor dem regulären Ende ihrer Legislaturperiode vorgezogene Präsidentschaftswahlen anberaumt und nun argumentiert, das damals »übrig gebliebene« Amtsjahr jetzt nachholen zu wollen. Eine dritte Amtszeit war ihr laut Verfassung untersagt. Zum Kandidaten für die Nachfolge Kumaratungas kürte ihre sozialistische Sri Lanka Freedom Party (SLFP) Ministerpräsident Mahinda Rajapakse. Wegen seiner harten Haltung gegenüber den LTTE war er allerdings selbst parteiintern umstritten; auf Ablehnung auch bei Präsidentin Kumaratunga stieß u. a. ein von ihm im September 2005 geschlossenes Abkommen mit der singhalesisch-nationalistischen People's United Liberation Front (JVP). Im Gegenzug für ihre Unterstützung hatte Rajapakse der Partei im Fall seiner Wahl zugesagt, vom bisher mit den LTTE verhandelten Föderalismuskonzept der scheidenden Präsidentin abzurücken und den Rebellen keine Zugeständnisse zu machen, die den Zusammenhalt des Einheitsstaats gefährden könnten.

▪ **Präsidentschaftswahl:** Bei dem Urnengang am 17. 11. 2005 setzte sich **Rajapakse mit 50,3 % der Stimmen** durch. Auf seinen Hauptkonkurrenten, den ehemaligen Regierungschef Ranil Wickremasinghe (2000/01) von der United National Party (UNP), entfielen 48,4 %. Ausschlaggebend für die Niederlage Wickremasinghes, der sich im Wahlkampf klar für eine Wiederaufnahme der Friedensgespräche mit den Rebellen eingesetzt hatte, war nach Ansicht von Beobachtern der Wahlboykott in den von den LTTE kontrollierten Gebieten im Norden und Osten des Inselstaates. Die Wahlbeteiligung lag landesweit bei 73,7 %. Am 21. 11. 2005

Präsident Mahinda Rajapakse (l.) und Premierminister Ratnasiri Wickramanayake (r.) am 21. 11. 2005

ernannte Präsident Rajapakse den bisherigen Minister für Recht und Ordnung, **Ratnasiri Wickramanayake, zum Ministerpräsidenten** (→ Foto); neuer Außenminister wurde Mangala Samaraweera.

▪ **Konflikt zwischen Regierung und LTTE:** Nach der Wahl Rajapakses zum Staatschef spitzte sich die Situation zwischen Regierung und LTTE mehr und mehr zu. Im Dezember 2005 töteten LTTE-Kämpfer bei Überfällen auf die Armee Dutzende von Regierungssoldaten und provozierten damit Gegenschläge; über 80 Personen wurden dabei getötet. Zum Jahreswechsel 2005/06 ordnete die Regierung eine Großrazzia in Colombo an und ließ über 900 Personen in Wohngegenden der Tamilen verhaften. Weitere schwere Vorfälle ereigneten sich ab April 2006: So wurde bei einem Selbstmordanschlag am 25. 4. 2006 Armeechef Sarath Sonseka schwer verletzt. Am 11. 5. kamen bei einem Seegefecht zwischen Marine und Rebellen vor der Küste bei der Stadt Jaffna rd. 70 Personen ums Leben.

Angesichts der zunehmenden Gewalt kam es **unter Vermittlung Norwegens** am 22./23. 2. 2006 in Genf (Schweiz) **erstmals seit drei Jahren** wieder zu einem **Treffen zwischen Regierung und LTTE**. Bei den Gesprächen einigten sich beide Seiten auf die Einhaltung der im September 2002 geschlossenen Waffenruhe, zugleich wurde eine Fortsetzung der Gespräche Mitte April 2006 beschlossen. Mit der Begründung, sie hätte ihre militärischen Kommandanten aus dem Osten nicht in ihr Hauptquartier im Norden einberufen können, sagten die LTTE das geplante Treffen jedoch kurzfristig ab. Eine weitere Verhandlungsrunde am 8. 6. 2006 in Oslo (Norwegen) scheiterte kurz nach ihrem Beginn an der Weigerung der Rebellen, sich direkt mit Vertretern der sri-lankischen Regierung zu treffen.

Wie bereits zuvor Japan, die USA und Kanada **erklärte die EU-Kommission die LTTE** am 31. 5. 2006 **zu einer terroristischen Vereinigung**. Den von der Tsunami-Katastrophe besonders betroffenen Tamilen in den von den LTTE kontrollierten Gebieten kommen Spendengelder aus der EU daher in Zukunft nicht mehr zugute.

St. Kitts und Nevis

Mittel-Amerika; Karibik

Föderation St. Kitts und Nevis;
Federation of Saint Kitts and Nevis – KN / KNA

Fläche (Weltrang: 187): 269 km²

Einwohner (187): F 2004 47 000 = 175 je km²

Hauptstadt: Basseterre

Amtssprache: Englisch

Bruttonationaleinkommen 2003 je Einw.: 6980 $

Währung: 1 Ostkarib. Dollar (EC$) = 100 Cents
Kurs: 1 US-$ = 2,72 EC$; 1 € = 3,50 EC$

High Commissioner for Eastern Caribbean States
10, Kensington Court, GB-London W8 5DL
T 00 44–20/79 37 95 22, Fax 79 37 55 14

LANDESSTRUKTUR **Fläche**: 269 km²; davon St. Kitts (Christopher) 176 km², Nevis 93 km²; → Karte ▪ **Verwaltung**: 14 Bezirke ▪ **Städte**: (Z 2001) Basseterre (St. Kitts) 13 220 Einw., Charlestown (Nevis) 1820

BEVÖLKERUNG F 2004: 47 000 Einw.; Bevölkerungswachstum: 0,6 %; letzte Zählung 2001: 46 111 Einw. – Z 1980: 86 % Schwarze, 11 % Mulatten, 2 % Weiße ▪ **Sprachen**: Englisch; kreol. Englisch ▪ **Religion**: 36 % Anglikaner, 32 % Methodisten, 11 % Katholiken, etwa 9 % Moravier; insg. rd. 40 versch. Religionsgruppen

STAATS- UND REGIERUNGSFORM Verfassung von 1983 – Parlamentarische Monarchie (im Commonwealth) seit 1983 – Nationalversammlung mit 11 Mitgl. (8 von St. Kitts, 3 von Nevis, 3 vom Generalgouv. ernannt), Wahl alle 5 J. – Nevis mit eigenem Parlament (5 gewählte, 3 ernannte Mitgl.) und Premierminister (Vance Amory, seit 2. 6. 1992) – Wahlrecht ab 18 J. ▪ **Unabhängigkeit**: 19. 9. 1983 (ehem. britische Kolonie); bis 1987 St. Christopher and Nevis ▪ **Nationalfeiertag**: 19. 9.

REGIERUNG UND PARTEIEN **Staatsoberhaupt**: Königin Elizabeth II., vertreten durch Generalgouverneur Sir Cuthbert Montraville Sebastian, seit 1. 1. 1996 – **Regierungschef**: Sir Denzil Douglas (Labour Party), seit 7. 7. 1995 – **Äußeres**: Timothy Harris (Labour Party), seit 10. 8. 2001 ▪ **Parlament**: Wahlen vom 25. 10. 2004: Labour Party (Worker's League) 7 von 11 Sitzen (2000: 8), Concerned Citizens' Movement / CCM 2 (2), Nevis Reformation Party / NRP 1 (1), People's Action Movement / PAM 1 (–); Wahlen auf Nevis vom 7. 9. 2001: CCM 4 von 5 Sitzen (1997: 3), NRP 1 (2)

WIRTSCHAFT **BIP** 2004: 397 Mio. $; realer Zuwachs: 0,0 %; Anteil (2003) Landwirtschaft 3 %, Industrie 28 %, Dienstleistungen 69 % ▪ **Erwerbstätigkeit**: k. A. ▪ **Arbeitslosigkeit** ∅ 2003: 10 % ▪ **Inflation** ∅ 2003: 2,2 % ▪ **Außenhandel** 2001: **Import**: 189,2 Mio. $; *Güter*: 28 % Maschinen und Transportausrüstungen, 23 % bearbeitete Waren, 14 % Nahrungsmittel, lebende Tiere, Getränke und Tabak; *Länder*: 51 % USA, 12 % Trinidad und Tobago, 12 % Kanada, 8 % Großbritannien; **Export**: 31,0 Mio. $; *Güter*: 65 % Maschinen und Transportausrüstungen, 23 % Nahrungsmittel (hauptsächlich Zucker und -produkte); *Länder*: 71 % USA, 23 % Großbritannien

CHRONIK

Auf der **Jahreskonferenz der Internationalen Walfangkommission (IWC)**, die vom 16.–20. 6. 2006 in Frigate Bay auf St. Kitts stattfand, konnten die Walfangbefürworter, allen voran Japan und Norwegen, erstmals seit 20 Jahren einen Abstimmungserfolg erzielen. Mit 33 zu 32 Stimmen verabschiedete das Gremium die »St. Kitts Deklaration«, in der für ein Ende des Verbots für kommerziellen Walfang plädiert wird. Das seit 1986 bestehende Fangverbot bleibt jedoch vorerst bestehen, da für dessen Aufhebung eine Dreiviertelmehrheit in der IWC nötig gewesen wäre. Die Resolution wurde dennoch besonders von japanischen Vertretern als historischer Wendepunkt gefeiert (→ IWC, Kapitel Internationale Organisationen und Kapitel Umwelt).

Den Auftritt von Aktivisten der Umweltschutzgruppe Greenpeace, die ein symbolisches Walgrab neben dem Tagungshotel errichten wollten, unterbanden die Sicherheitskräfte binnen Minuten. Nicht zuletzt wegen der veranschlagten Sicherheitskosten von 250 000 US-$ beantragte der Gastgeber entgegen der üblichen Gepflogenheiten beim IWC eine Unterstützung in Höhe von 742 000 US-$ für seine Rolle als Gastgeber der Konferenz, was jedoch abgelehnt wurde.

St. Lucia

Mittel-Amerika; Karibik

Saint Lucia – LC/LCA

Fläche (Weltrang: 177): 616,3 km^2

Einwohner (175): F 2004 164 000 = 266 je km^2

Hauptstadt: Castries

Amtssprache: Englisch

Bruttonationaleinkommen 2004 je Einw.: 4180 $

Währung: 1 Ostkarib. Dollar (EC$) = 100 Cents
Kurs: 1 US-$ = 2,72 EC$; 1 € = 3,50 EC$

Honorarkonsul von St. Lucia
Weidebornweg 21, 61348 Bad Homburg
T 0 61 72/30 23 24, Fax 30 53 14

LANDESSTRUKTUR **Fläche**: 616,3 km^2 ▪ **Verwaltung**: 10 Distrikte ▪ **Städte**: (Z 2001) Castries 37 963 Einw., Bexon 7119, Babonneau 5138, Ciceron 3577

BEVÖLKERUNG Lucianer – F 2004: 164 000 Einw.; Bevölkerungswachstum: 1,9 %; letzte Zählung 2001: 157 491 Einw. – 1991: 90,3 % Schwarze, 5,5 % Mulatten, 3,2 % Asiaten (Inder), 0,8 % Weiße ▪ **Sprachen**: Englisch; kreolisches Französisch (Patois) ▪ **Religion** 2002: 67,5 % Katholiken; Protestanten

STAATS- UND REGIERUNGSFORM Verfassung von 1979 – Parlamentarische Monarchie (im Commonwealth) seit 1979 – Parlament: Unterhaus (House of Assembly) mit 17 Mitgl., Wahl alle 5 J.; Senat mit 9 vom Generalgouv. ernannten Mitgl. – Wahlpflicht ab 21 J. ▪ **Unabhängigkeit**: 22. 2. 1979 (ehem. britische Kolonie) ▪ **Nationalfeiertag**: 13. 12. (St. Lucia-Tag)

REGIERUNG UND PARTEIEN **Staatsoberhaupt**: Königin Elizabeth II., vertreten durch Generalgouverneurin Dame Pearlette Louisy, seit 17. 9. 1997 – **Regierungschef**: Kenny Anthony (SLP), seit 24. 5. 1997 – **Äußeres**: Petrus Compton (SLP), seit 26. 10. 2004 ▪ **Parlament**: Wahlen vom 3. 12. 2001: St. Lucia Labour Party/SLP 14 von 17 Sitzen (1997: 16), United Worker's Party/UWP 3 (1)

WIRTSCHAFT **BIP** 2004: 763 Mio. $; realer Zuwachs: 3,5 %; Anteil (2003) Landwirtschaft 5 %, Industrie 18 %, Dienstleistungen 77 % ▪ **Erwerbstätigkeit** 2003: Landwirtsch. 11 %, Industrie 18 %, Dienstl. 56 % ▪ **Arbeitslosigkeit** ∅ 2002: 16,2 % ▪ **Inflation** ∅ 2003: 0,9 % ▪ **Außenhandel** 2003: **Import**: 401 Mio. $; *Güter*: 31 % Maschinen, 21 % Nahrungsmittel, 15 % bearbeitete Waren, 11 % Brennstoffe; *Länder* 2002: 43 % USA, 15 % Trinidad und Tobago, 9 % Großbritannien; **Export**: 62 Mio. $; (2002) *Güter*: 35 % Bananen, 19 % Maschinen, 11 % Bier, 5 % Kleidung; *Länder*: 37 % Großbritannien, 21 % USA, 11 % Trinidad und Tobago, 10 % Barbados

St. Vincent und die Grenadinen

Mittel-Amerika; Karibik

Saint Vincent and the Grenadines – VC/VCT

Fläche (Weltrang: 183): 389,3 km^2

Einwohner (177): F 2004 118 000 = 303 je km^2

Hauptstadt: Kingstown

Amtssprache: Englisch

Bruttonationaleinkommen 2004 je Einw.: 3400 $

Währung: 1 Ostkarib. Dollar (EC$) = 100 Cents
Kurs: 1 US-$ = 2,72 EC$; 1 € = 3,50 EC$

Honorarkonsul von St. Vincent und den Grenadinen
Fluggenstr. 5, 80639 München
T 089/17 80 35 20, Fax 17 64 81

LANDESSTRUKTUR **Fläche**: 389,3 km^2; davon St. Vincent 344 km^2, Grenadines 45,3 km^2 ▪ **Verwaltung**: 6 Bezirke ▪ **Städte**: (Z 2001) Kingstown 13 526 Einw.

BEVÖLKERUNG Vincenter – F 2004: 118 000 Einw.; Bevölkerungswachstum: 0,5 %; letzte Zählung 2001: 109 022 Einw. – 66 % Schwarze, 19 % Mulatten, 5,5 % Inder, 3,5 % Weiße, 2 % Kariben ▪ **Sprachen**: Englisch; kreolisches Englisch, französisches Patois ▪ **Religion** 2003: 75 % Protestanten, 8 % Katholiken

STAATS- UND REGIERUNGSFORM Verfassung von 1979 – Parlamentarische Monarchie (im Commonwealth) seit 1979 – Parlament (House of Assembly) mit 21 Mitgl. (15 gewählt, 6 ernannt), Wahl alle 5 J. – Wahlrecht ab 18 J. ▪ **Unabhängigkeit**: 27. 10. 1979 (ehem. britische Kolonie) ▪ **Nationalfeiertag**: 27. 10.

REGIERUNG UND PARTEIEN **Staatsoberhaupt**: Königin Elizabeth II., vertreten durch Generalgouverneur Sir Frederick Ballantyne, seit 2. 9. 2002 – **Regierungschef**: Ralph Gonsalves (ULP), seit 29. 3. 2001 – **Äußeres**: Louis Straker (ULP), seit 8. 12. 2005 ▪ **Parlament**: Wahlen vom 7. 12. 2005: United Labour Party/ULP 12 von 15 Sitzen (2001: 12), New Democratic Party/NDP 3 (3)

WIRTSCHAFT **BIP** 2004: 404 Mio. $; realer Zuwachs: 6,0 %; Anteil (2004) Landwirtschaft 9 %, Industrie 24 %, Dienstleistungen 67 % ▪ **Erwerbstätigkeit** 2001: Landwirtsch. 15 %, Industrie 20 %, Dienstl. 61 % ▪ **Arbeitslosigkeit**: k. A. ▪ **Inflation** ∅ 2003: 0,3 % ▪ **Außenhandel** 2002: **Import**: 181,9 Mio. $; *Güter*: 24 % Nahrungsmittel, 19 % Maschinen, 19 % bearbeitete Waren; *Länder*: 38 % USA, 21 % Trinidad und Tobago, 9 % Großbritannien; **Export**: 42,2 Mio. $; *Güter*: 31 % Bananen, 16 % Mehl, 11 % Reis; *Länder*: 40 % Großbritannien, 10 % Trinidad und Tobago, 9 % St. Lucia, 9 % Barbados

Südafrika Süd-Afrika

Republik Südafrika; Republic of South Africa; Republiek van Suid-Afrika (afrikaans); IRiphabliki yaseMzantsi Afrika (xhosa); IRiphabliki yaseNingizimu Afrika (zulu) – ZA/ZAF

Fläche (Weltrang: 24): 1 219 090 km²

Einwohner (27): F 2004 45 509 000 = 37 je km²

Hauptstadt: Tshwane (Pretoria)

Parlamentssitz: Cape Town (Kapstadt)

Amtssprachen: Englisch, Afrikaans, Ndebele, Nordsotho, Südsotho, Setswana, Swati, Tsonga, Venda, Xhosa, Zulu

Bruttonationaleinkommen 2004 je Einw.: 3630 $

Währung: 1 Rand (R) = 100 Cents
Kurs: 1 US-$ = 6,75 R; 1 € = 8,74 R

Botschaft der Republik Südafrika
Tiergartenstr. 18, 10785 Berlin
T 030/22 07 30, Fax 22 07 31 90
www.suedafrika.org

LANDESSTRUKTUR **Fläche:** 1 219 090 km²; davon Inseln Marion 255 km² und Prince Edward 55 km² im Indischen Ozean; Karte → WA 2005, S. 413 ▪ **Verwaltung:** 9 Provinzen; Tabelle → WA 2005, S. 411 ▪ **Städte:** (Z 2001) Johannesburg 3 225 812 Einw., Durban 3 090 122, Cape Town (Kapstadt) 2 893 247, Tshwane (Pretoria) 1 985 983, Port Elizabeth 1 005 779, Soweto 858 649, Tembisa 348 687, Pietermaritzburg 223 518, Botshabelo 175 820, Mdantsane 175 783, Boksburg 158 650, East London 135 560, Bloemfontein 111 698

BEVÖLKERUNG Südafrikaner – F 2004: 45 509 000 Einw.; Bevölkerungswachstum: –0,7 %; letzte Zählung 2001: 44 819 778 Einw. – 79,0 % Schwarze (u. a. Zulu, Xhosa, Nordsotho, Südsotho, Tswana, Tsonga [Shangaan], Swasi, Ndebele, Venda), 9,6 % Weiße, 8,9 % Mischlinge, 2,5 % Asiaten ▪ **Sprachen** 2001: 23,8 % Zulu (isiZulu), 17,6 % Xhosa (isiXhosa), 13,3 % Afrikaans, 9,4 % Sepedi, 8,2 % Setswana, 8,2 % Englisch, 7,9 % Nordsotho (Sesotho) und Südsotho (Sesotho a sa Leboa), 4,4 % Tsonga (Xitsonga, Shangaan), 2,7 % Swati (Siswati), 2,3 % Venda (Tshivenda), 1,6 % Ndebele (isiNdebele) sowie indische Sprachen; → Karte ▪ **Religion** 2001: 79,8 % Christen (31,8 % unabhängige afrikanische Kirchen, 7,6 % Pfingstler, 7,4 % Methodisten, 7,1 % Katholiken, 3,8 % Anglikaner, 2,5 % Lutheraner, 1,9 % Presbyterianer u. a.), 1,5 % Muslime, 1,2 % Hindus, 0,2 % Juden; 16,5 % religionslos oder ohne Angaben; indigene Religionen

STAATS- UND REGIERUNGSFORM Verfassung von 1997 – Präsidialrepublik (im Commonwealth) seit 1961 – Parlament: Nationalversammlung mit 400 Mitgl.; Nationalrat der Provinzen mit 90 Mitgl.; Wahl jeweils alle 5 J. – Wahl des Staatsoberhauptes alle 5 J. durch die Nationalversammlung – Wahlrecht ab 18 J. ▪ **Unabhängigkeit:** 31. 5. 1910 de facto, 11. 12. 1931 nominell (Westminster-Statut) ▪ **Nationalfeiertag:** 27. 4. (Freiheitstag)

REGIERUNG UND PARTEIEN **Staats- u. Regierungschef:** Thabo Mvuyelwa Mbeki (ANC-Vors.), seit 1999; wieder gewählt 2004 – **Äußeres:** Nkosazana Dlamini-Zuma (ANC), seit 17. 6. 1999 ▪ **Parlament:** Wahlen zur Nationalversammlung vom 14. 4. 2004: African National Congress/ANC 279 von 400 Sitzen (1999: 266), Democratic Alliance/DA 50 (38), Inkatha Freedom Party/IFP 28 (34), United Democratic Movement/UDM 9 (14), Independent Democrats/ID 7 (–), New National Party/NNP 7 (28), African Christian Democratic Party/ACDP 6 (6), Vryheidsfront-Freedom Front/VF-FF 4 (3), United Christian Democratic Party/UCDP 3 (3), Pan Africanist Congress of Azania/PAC 3 (3), Minority Front/MF 2 (1), Azanian People's Organization/Azapo 2 (1), Federal Alliance/FA – (2), Afrikaner Eenheidsbeweging/AEB – (1)

WIRTSCHAFT **BIP** 2004: 212,777 Mrd. $; realer Zuwachs: 3,7 %; Anteil (2004) Landwirtschaft 3 %, Industrie 32 %, Dienstleistungen 65 % ▪ **Erwerbstätigkeit** 2003: Landwirtsch. 10 %, Industrie 25 %, Dienstl. 65 % ▪ **Arbeitslosigkeit** ⌀ 2005: 26,5 % (S) ▪ **Inflation** ⌀ 2005: 4,0 % ▪ **Außenhandel** 2005: **Import:** 56,4 Mrd. $; *Güter:* 26 % Maschinen und Apparate, 15 % mineralische Stoffe, 13 % Beförderungsmittel, 9 % chemische Erzeugnisse, 4 % unedle Metalle, 4 % Kunststoffe, Gummi, 3 % optische Geräte, Mess- und Musikinstrumente, Uhren, 3 % Textilien; *Länder:* 14 % Deutschland, 9 % VR China, 8 % USA, 7 % Japan, 6 % Saudi-Arabien, 6 % Großbritannien, 4 % Frankreich, 4 % Iran, 3 % Italien (EU gesamt: 40 %); **Export:** 52,9 Mrd. $; *Güter:* 25 % Perlen, Edelsteine und Münzen, 18 % unedle Metalle, 14 % mineralische Stoffe, 9 % Beförderungsmittel, 9 % Maschinen, Apparate und Geräte, 7 % chemische Erzeugnisse, 4 % landwirtschaftliche Produkte, 4 % Nahrungsmittel, Getränke und Tabak; *Länder:* 10 % Japan, 10 % Großbritannien, 10 % USA, 7 % Deutschland, 5 % Niederlande, 3 % Spanien, 3 % VR China, 3 % Belgien, 3 % Australien, 2 % Italien, 2 % Rep. Korea (EU gesamt: 36 %)

CHRONIK

Nachdem Präsident Thabo Mbeki bekräftigt hatte, bei den nächsten Wahlen 2009 nicht mehr antreten zu wollen, verschärfte sich die Krise innerhalb des African National Congress (ANC). Im Mittelpunkt der Kontroversen stand Mbekis ehemaliger Stellvertreter und jetziger Rivale, Jacob Zuma, der in den vergangenen Jahren als aussichtsreichster Nachfolger gegolten hatte und nun von der Justiz verfolgt wurde. Innenpolitisch blieb die Regierung trotz verschiedener Korruptions-

affären ungefährdet, was ihr Sieg bei den Kommunalwahlen demonstrierte. Bei der Landreform konnten jedoch keine wesentlichen Fortschritte erzielt werden.

▪ **Krise im ANC:** Nach der **Entlassung des Vizepräsidenten Jacob Zuma** (→ WA 2006, S. 436) spaltete sich der ANC in Befürworter des unter Druck zurückgetretenen Stellvertreters, die Zuma als Opfer von Mbekis Machenschaften betrachteten – u. a. der Gewerkschaftsdachverband COSATU und die Jugendliga –, und loyale Anhänger des Präsidenten. Die Durchsuchung mehrerer Häuser von Zuma und dessen Anwältin bezeichnete der COSATU als Verletzung demokratischer Rechte. Um das Auseinanderbrechen seiner Regierungsallianz zu verhindern, bildete Mbeki im August 2005 eine Kommission zur Untersuchung der Korruptionsaffäre, aufgrund der Zuma seinen Posten hatte aufgeben müssen.

Nach einer **Anklage wegen Vergewaltigung** am 6. 12. ließ Zuma alle Parteiämter ruhen. Trotz schwerer Vorwürfe gegen die nationale Ermittlungsbehörde (NPA), sich von Mbeki gegen Zuma instrumentalisieren zu lassen, sank unter seinen Gefolgsleuten die Unterstützung für den ehemaligen Vizepräsidenten. Auf seinen **Freispruch** am 8. 5. 2006 reagierten Zumas Anhänger mit Freudenkundgebungen und Zuma übernahm wieder seine Parteifunktionen.

▪ **Kommunalwahlen:** Der ANC konnte seine politische Dominanz bei den Kommunalwahlen am 1. 3. 2006 behaupten. Er kam landesweit auf 65,8 % der Stimmen und stellt u. a. in fünf der sechs Großstädte die Räte. Im Vorfeld der Wahlen hatte Präsident Mbeki am 8. 1. in deutlicher Abkehr von der bisherigen Sparpolitik ein öffentliches Investitionsprogramm über umgerechnet rd. 53 Mrd. € bekannt gegeben, durch das in den nächsten fünf Jahren der Zugang der Bevölkerung zu sauberem Wasser, Strom und Kanalisation verbessert werden soll. Gleichzeitig versprach er eine konsequente Verfolgung von Korruption.

▪ **Landreform:** Die Regierung bemühte sich um eine Beschleunigung der **Umverteilung von Farmland der weißen an schwarze Farmer** mit der auch während der Apartheid Enteignete entschädigt werden sollen. 80 % des landwirtschaftlich genutzten Bodens gehören Weißen. In den elf Jahren seit Beginn des Programms haben lediglich 3,1 von 82 Mio. ha den Besitzer gewechselt. Die Forderung von Vizepräsidentin Phumzile Mlambo-Ngcuka, vom derzeit geltenden Prinzip der Freiwilligkeit abzurücken, nach dem die Farmer der Regierung ihren Grund und Boden zu Marktpreisen verkaufen, sorgte Anfang August 2005 für Unruhe unter den rd. 50 000 Betroffenen. Mlambo-Ngcuka warf den Farmern vor, auf Staatskosten hohe Profite erzielen zu wollen und deshalb die Preise in die Höhe zu treiben. Die erste von der Land Claims Commission (LCC) am 22. 9. 2005 angekündigte Enteignung konnte schließlich vermieden werden, als der Farmer einen deutlich unter seinem Angebot liegenden Kaufpreis akzeptierte. In seiner jährlichen Parlamentsansprache kündigte Präsident Mbeki am 3. 2. 2006 eine **Überarbeitung der Landgesetzgebung** an, insbesondere des Prinzips der Freiwilligkeit.

▪ **Streiks:** Die Gewerkschaften konnten mit dem ersten großen Streik der Bergleute in Goldminen seit 18 Jahren eine leichte Lohnerhöhung durchsetzen. 110 000 Kumpel hatten am 8. 8. 2005 die Arbeit für vier Tage niedergelegt. Zeitgleich konnte eine Einigung für die Beschäftigten in den Platinminen ohne Arbeitskampf erzielt werden.

Der Aufruf des COSATU zum **Generalstreik** am 18. 5. 2006 zeigte nur wenig Wirkung; lediglich in Johannesburg und Durban kam das öffentliche Leben zum Erliegen.

▪ **Wirtschaft:** Der weltgrößte Diamantenproduzent De Beers verkündete am 8. 11. 2005 den Verkauf eines Anteils von 26 % seiner südafrikanischen Gesellschaft an die Ponahalo Holdings, um die Auflagen des **Broad Based Black Economic Empowerment Act** zu erfüllen, die das aus Kolonialzeiten stammende wirtschaftliche Ungleichgewicht zwischen den Rassen beseitigen soll.

Mit dem chinesischen Regierungschef Wen Jiabao unterzeichnete Mbeki am 21. 6. 2006 Verträge über die **Zusammenarbeit im Bereich der Nukleartechnik und des Bergbaus**. Die wirtschaftlichen Beziehungen zwischen beiden Staaten waren in der jüngeren Vergangenheit durch das wachsende Handelsdefizit Südafrikas belastet worden, das durch die massive Einfuhr chinesischer Billigtextilien verursacht worden war.

▪ **Kriminalität:** Der im September 2005 veröffentlichte jährliche Polizeibericht zur Verbrechensstatistik verzeichnete einen **deutlichen Rückgang von Kapitalverbrechen**. Mordfälle waren danach seit 1995 um 40 % und innerhalb des letzten Jahres um rd. 6 % zurückgegangen. Dennoch ist das Niveau hoch: Zwischen Anfang März 2004 und Ende Februar 2005 wurden 18 793 Personen ermordet und 55 114 Menschen vergewaltigt, darunter auch Kinder. Überfälle auf Banken und Geldtransporte hatten im Vergleich zum Vorjahreszeitraum um 7,5 bzw. 14,6 % zugenommen. Den größten Anstieg verzeichneten jedoch mit Gewalt verbundene Drogendelikte (33,5 %).

Sudan Nordost-Afrika

Republik Sudan; Ǧumhūriyya as-Sūdān – SD / SDN

Fläche (Weltrang: 10): 2 505 813 km²

Einwohner (33): F 2004 35 523 000 = 14,2 je km²

Hauptstadt: Al-Kharṭūm (Khartum)

Amtssprache: Arabisch

Bruttonationaleinkommen 2004 je Einw.: 530 $

Währung: 1 Sudan. Dinar (sD) = 100 Piaster
Kurs: 1 US-$ = 221,00 sD; 1 € = 283,70 sD

Botschaft der Republik Sudan
Kurfürstendamm 151, 10709 Berlin
T 030 / 890 69 89, Fax 894 09 693
www.sudan-embassy.de

LANDESSTRUKTUR **Fläche:** 2 505 813 km²; Karte → WA 2006, S. 439 ▪ **Verwaltung:** 16 Provinzen und Autonome Region Südsudan mit 10 Provinzen ▪ **Städte:** (F 2003) Al-Kharṭūm (Khartum) 4 285 542 Einw.; (Z 1993) Umm Durmān (Omdurman) 1 271 403, Al-Kharṭūm Bahrī 700 887, Būr Sūdān (Port Sudan) 308 195, Kassalā 234 622, Al-Ubayyid (Al-Obeid) 229 425, Nyala 227 183, Al-Jazīrah (Al-Gezira) 211 362, Al-Qadārif (Gedaref) 191 164, Kūstī 173 599, Al-Fashīr 141 884, Juba 114 980

BEVÖLKERUNG Sudanesen – F 2004: 35 523 000 Einw.; Bevölkerungswachstum: 1,9 %; letzte Zählung 1993: 24 940 683 Einw. – ca. 40–50 % Araber und arabisierte Ethnien im N, 30 % Afrikaner (572 Ethnien, v. a. nilotische Völker) im S ▪ **Sprachen:** 50 % Arabisch; 50 % afrikanische Sprachen (über 100, v. a. nilosaharanische Sprachen); kuschitische Sprachen und kordofanische Sprachen; Englisch ▪ **Religion** 2002: 70 % Muslime (Sunniten; im N), 10 % Katholiken (im S); Minderheit von Kopten, Protestanten; 20 % Anhänger von indigenen Religionen

STAATS- UND REGIERUNGSFORM Verfassung von 1998 – Islamische Republik seit 1986; seit 1989 Militärregierung – Staatsreligion: Islam – Islamisches Recht (Scharia) im muslimischen Landesteil – Nationalversammlung mit 360 Mitgl. (270 gewählt, 90 ernannt), Wahl alle 4 J. – Direktwahl des Staatsoberhauptes alle 5 J. – Wahlrecht ab 18. J. ▪ **Unabhängigkeit:** 1. 1. 1956 (ehem. britisch-ägypt. Kondominium) ▪ **Nationalfeiertag:** 1. 1.

REGIERUNG UND PARTEIEN **Staats- u. Regierungschef:** Omar Hassan Ahmad al-Bashir (NCP), seit 1989, wieder gewählt 2000; Vizepräsident Salva Kiir Mayerdit (SPLA), seit 11. 8. 2005 (gleichzeitig Regierungschef der Autonomen Region Südsudan) – **Äußeres:** Lam Akol (SPLA), seit 22. 9. 2005 ▪ **Parlament:** Wahlen vom 13.–22. 12. 2000: absolute Mehrheit der Sitze für die National Congress Party/NCP; genaue Sitzverteilung unbekannt; Boykott der Oppositionsparteien

WIRTSCHAFT **BIP** 2004: 21,098 Mrd. $; realer Zuwachs: 6,0 %; Anteil (2004) Landwirtschaft 39 %, Industrie 25 %, Dienstleistungen 36 % ▪ **Erwerbstätigkeit** 2003: Landwirtsch. 58 % ▪ **Arbeitslosigkeit:** k. A. ▪ **Inflation** ∅ 2004: 8–9 % ▪ **Außenhandel** 2003: **Import:** 2,882 Mrd. $; *Güter*: Maschinen und Transportausrüstungen, Nahrungsmittel, bearbeitete Waren, Rohstoffe; *Länder*: 25 % Saudi-Arabien, 8 % VR China, 6 % Vereinigte Arabische Emirate, 5 % Deutschland; **Export:** 2,542 Mrd. $; *Güter* 2002: 78 % Erdöl, 7 % Fleisch und lebende Tiere, 4 % Sesam, 3 % Baumwolle; *Länder*: 70 % VR China, außerdem Saudi-Arabien, Japan, Vereinigte Arabische Emirate, Großbritannien

CHRONIK

Der langjährige Führer der Sudan People's Liberation Army/Movement (SPLA/M), **John Garang**, kam am 30. 7. 2005 **bei einem Hubschrauberabsturz ums Leben**. Die Nachricht des erst am 9. 7. vereidigten Vizepräsidenten der Zentralregierung löste zunächst **Befürchtungen über einen erneuten Ausbruch des Bürgerkrieges im Südsudan** aus, als nach Bekanntwerden der Nachricht bei gewaltsamen Ausschreitungen in Khartum, Malakal und Juba 130 Personen getötet und mehr als 400 verletzt wurden. Am 5. 8. wurde Garangs langjähriger Stellvertreter Salva Kiir Mayerdit zum neuen Chef der (SPLA/M) bestimmt und am 11. 8. auch als neuer Vizepräsident des Sudan vereidigt.

In der am 20. 9. vorgestellten **Regierung der nationalen Einheit**, die 29 Minister und 45 Staatsminister umfasst, behielt die Nationale Kongresspartei (NCP) von Staatschef Omar Hassan al-Bashir die Schlüsselministerien Inneres, Verteidigung, Energie und Finanzen. Lediglich das Außenministerium wurde dem SPLM-Politiker Lam Akol anvertraut. Die SPLM hatte auch das Energie- und Erdölministerium beansprucht, um die Erdöleinnahmen (und den verfassungsrechtlich zugesicherten Anteil des Südens) kontrollieren zu können. Vizepräsident Kiir gab schließlich nach, um die Einsetzung der Regierung nicht weiter zu verzögern. Dafür erntete er heftige Kritik aus der SPLM, da die Regierung in dieser Form der vertraglich zugesicherten Machtteilung kaum mehr entspreche. Auch die gesamte Verwaltung und alle anderen politischen Institutionen blieben vollständig in der Hand der NCP. Die NDA-Opposition im Norden des Landes zog ihre Minister aus der Regierung zurück, da sie sich in der Anzahl und Verteilung von Ressorts nicht angemessen berücksichtigt sah.

Vizepräsident Kiir stellte am 21. 10. 2005 die erste **Regierung der autonomen Region Südsudan** vor, der er als Regierungschef vorsteht. Garangs Witwe Rebecca de Mabior gehört ebenfalls dem Kabinett als Ministerin für Transport und Straßen an. Bereits am 19. 8. hatte Kiir seinen wichtigsten Rivalen Riek Machar zu seinem Vizepräsidenten ernannt. Die früheren regierungsfreundlichen Milizen der South Sudan Defence Forces wurden am 8. 1. 2006 in die neuen südsudanesischen Streitkräfte übernommen – ein wesentlicher Schritt zur Versöhnung und Friedenskonsolidierung im Süden.

Kinder in einem Flüchtlingslager in Darfur, 7. 5. 2006

BÜRGERKRIEG IN DARFUR

▪ **Anhaltende Kämpfe:** Nach Monaten relativer Ruhe, auch aufgrund der Präsenz von tausenden AU-Militärbeobachtern in der Region, kam es ab September 2005 zu **neuen Kämpfen** in der Region. Hintergrund waren die am 15. 9. 2005 wieder aufgenommenen Friedensgespräche in Abuja. Eine Splittergruppe der Rebellenbewegung Sudan Liberation Movement (SLM) boykottierte die Verhandlungen und überfiel Hilfslieferungen und Regierungsgebäude. Am 29. 9. starben 30 Personen nach Attacken von Djandjawid-Milizen auf ein Flüchtlingslager in Nord-Darfur, am 9. 10. entführte eine Fraktion der Rebellen des Justice and Equality Movement (JEM) 38 AU-Soldaten, die später wieder freigelassen wurden. SLM-Rebellen töteten am 7. 10. vier Soldaten der AU-Friedenstruppe, die nur über einen Beobachterstatus verfügen und nicht einmal bei Vergewaltigungen einschreiten dürfen.

Ein von der Menschenrechtsorganisation Human Rights Watch am 12. 12. veröffentlichter Bericht erneuerte die bereits seit 2004 erhobenen Vorwürfe gegen die sudanesische Regierung, bis in die höchsten Ebenen in Planung und Durchführung der Kriegsverbrechen in Darfur verwickelt zu sein, was von der Regierung zurückgewiesen wurde. Seit März 2005 ermittelt der Internationale Strafgerichtshof (ICC) gegen Kriegsverbrecher im Darfur-Konflikt.

Anfang Februar 2006 intensivierten sich die bewaffneten Auseinandersetzungen erneut. Der Befehlshaber der AU-Mission machte die Rebellenbewegungen hierfür verantwortlich. Sie hätten durch Angriffe auf die beiden in Regierungshand befindlichen Städte Shearia und Golo Gegenangriffe der Djandjawid-Milizen auf Flüchtlingslager ausgelöst. Als Reaktion auf

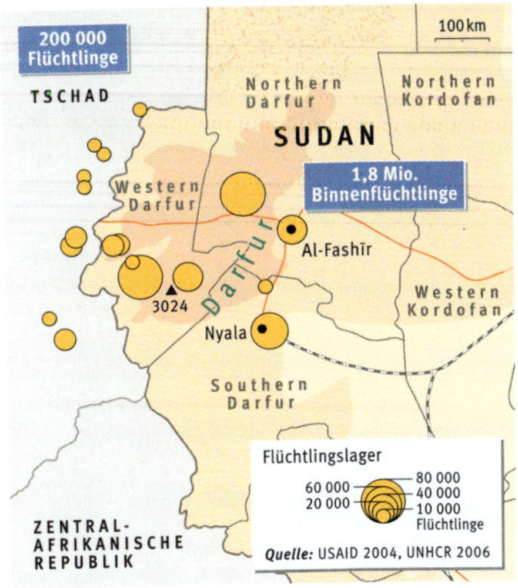

diese Gegenangriffe hatten bis zu 70 000 Personen die Flüchtlingslager verlassen. Nach unabhängigen Angaben waren es jedoch weiterhin hauptsächlich die mit der sudanesischen Regierung verbündeten Milizionäre, die gegen Flüchtlinge und die ausländischen Hilfsorganisationen vorgingen. Neue Kämpfe in Darfur zwangen Mitte Juni 2006 das Welternährungsprogramm, seine Arbeit einzustellen, wodurch 400 000 Menschen von einer Hungersnot bedroht waren. Die Djandjawid hatten bereits in der Woche nach der Unterzeichnung des Abuja-Abkommens ihre Überfälle wieder aufgenommen.

▪ **Vereinte Nationen / Afrikanische Union (AU):** Mit Resolution 1651 forderte der UN-Sicherheitsrat am 21. 12. 2005 die Kriegsparteien auf, ihre Verhandlungen in Abuja zu beschleunigen, um eine tragfähige Friedenslösung nicht länger hinauszuzögern. Der UN-Sondergesandte Jan Pronk legte am 14. 1. 2006 dem Sicherheitsrat einen Bericht vor, in dem die bisherigen **Friedensbemühungen der AU für gescheitert erklärt** wurden. Danach müsste eine 12 000–20 000 Mann starke UN-Blauhelmtruppe mit robustem Mandat eingreifen, da der AU-Beobachtermission eine direkte Intervention in den Konflikt untersagt ist. Die sudanesische Regierung wies die Vorschläge von UN-Generalsekretär Kofi Annan, US-amerikanische und europäische Truppen zur Verstärkung der AU-Mission nach Darfur zu entsenden und das Mandat entsprechend zu erweitern, entschieden zurück.

Am 10. 3. verlängerte der Friedens- und Sicherheitsrat der AU die Mission AMIS in Darfur um weitere sechs Monate bis zum 30. 9., mit dem impliziten Hinweis, dass dann eine UN-Friedensmission deren Rolle übernimmt. Am 10. 4. bat Annan die NATO, die AU-Friedenstruppe auch logistisch und kommunikationstechnisch zu unterstützen, bislang hatte sie lediglich Lufttransportkapazitäten zur Verfügung gestellt.

Der UN-Sicherheitsrat beauftragte am 9. 5. den UN-Generalsekretär, die Aufstellung einer UN-Truppe für Darfur, die hauptsächlich aus afrikanischen Truppen zusammengesetzt sein soll, konkret vorzubereiten. Nach hinhaltendem Widerstand Sudans konnte eine Vorbereitungsmission schließlich zwischen dem 7. 6. und 13. 6. Sudan und Darfur besuchen. **Staatschef al-Bashir lehnte** jedoch am 20. 6. erneut die **Stationierung internationaler Truppen** in seinem Land **ab.** Der AU-Sicherheitsrat bekräftigte am 28. 6. seine Entscheidung, die AU-Mission aus Geldmangel in jedem Fall zum 30. 9. aufzulösen.

▪ **Friedensverhandlungen:** Im Rahmen der unter Vermittlung der AU im nigerianischen Abuja geführten Friedensverhandlungen zwischen der Regierung und den beiden Rebellenbewegungen Darfurs, dem Justice and Equality Movement (JEM) sowie dem Sudan Liberation Movement (SLM, → WA 2006, S. 440) wurde am 6. 7. 2005 eine erste prinzipielle Übereinkunft zwischen den Parteien erzielt. Nach mehreren Verhandlungsrunden präsentierten die AU-Vermittler Ende April 2006 ein Friedensabkommen, das die Rebellen jedoch zunächst nicht unterschreiben wollten, ehe nicht weitere Forderungen, u. a. die Zusammenlegung der bisherigen drei Darfur-Teilstaaten zu einer einzigen Region, einen Posten als Vizepräsident in der Regierung der nationalen Einheit sowie umfangreichere Entschädigungen für die Opfer der Massaker, erfüllt seien. Nach Interventionen des stellvertretenden US-Außenministers Robert Zoellick und dem britischen Entwicklungshilfeminister Hilary Benn erklärte sich die militärisch wichtigste Rebellengruppe, der Minnawi-Flügel der SLA, am 5. 5. **mit den Eckpunkten des Friedensabkommens einverstanden.** Danach muss die Regierung die Djandjawid-Milizen entwaffnen; die Rebellen sollen in die nationale Armee integriert werden. Zugesagt wurde das Amt eines Präsidentenberaters in der Zentralregierung, der zugleich Präsident der Darfur Transitional Regional Authority werden soll. In einem Referendum soll 2010 über den endgültigen Status Darfurs (drei Staaten oder eine Region) entschieden werden. Außerdem soll ein Fonds für Entschädigungszahlungen eingerichtet werden. Offen blieb allerdings, wie die seit 2004 mehrmals versprochene, aber immer noch nicht erfolgte Entwaffnung der Djandjawid-Milizen durch die Regierung bis Mitte Oktober durchgesetzt werden soll, ohne die die ca. 2 Mio. Vertriebenen nicht in ihre Dörfer zurückkehren können.

In den Flüchtlingslagern in Darfur (→ auch Karte) kam es zu teils gewaltsamen Protesten gegen das Abkommen, das allgemein kaum als Fortschritt gewertet wurde. Die zweite SLA-Fraktion unter Wahid, der es von Anfang an mehr um politische Rechte als um militärische Fragen gegangen war, sowie die JEM ließen die vom AU-Sicherheitsrat bis zum 31. 5. 2006 gesetzte Frist verstreichen und weigerten sich weiterhin, das Abkommen zu unterzeichnen.

Suriname Süd-Amerika

Republik Suriname; Republiek van Suriname – SR/SUR

Fläche (Weltrang: 90): 163 265 km²

Einwohner (165): F 2004 446 000 = 2,7 je km²

Hauptstadt: Paramaribo

Amtssprache: Niederländisch

Bruttonationaleinkommen 2004 je Einw.: 2230 $

Währung: 1 Suriname-Dollar (SRD) = 100 Cents
Kurs: 1 US-$ = 2,78 SRD; 1 € = 3,57 SRD

Honorargeneralkonsul der Republik Suriname
Adolf-Kolping-Str. 16, 80336 München
T 089/55 33 63, Fax 59 70 64

LANDESSTRUKTUR **Fläche:** 163 265 km²; → Karte ▪ **Verwaltung:** 9 Distrikte und Hauptstadtdistrikt; Tabelle → WA 2006, S. 441 ▪ **Städte:** (F 1996) Paramaribo 205 000 Einw., Lelydorp 15 600, Nieuw Nickerie 11 100

BEVÖLKERUNG Surinamer – F 2004: 446 000 Einw.; Bevölkerungswachstum: 0,6 %; letzte Zählung 2004: 492 829 Einw. – F 1990: 34,2 % Indischstämmige, 33,5 % Kreolen, 17,8 % Javaner, 8,5 % Schwarze (Moroons), 1,8 % Indianer; 17 640 Chinesen, Europäer und Libanesen ▪ **Sprachen:** 40 % Niederländisch, 32 % Hindi, 15 % Javanisch u. a. sowie die Mischsprachen Sranang Tongo (Taki-Taki), Saramaccan; Englisch ▪ **Religion** 2004: 41 % Christen, 20 % Hindus, 13 % Muslime; indigene Religionen

STAATS- UND REGIERUNGSFORM Verfassung von 1987 – Präsidialrepublik seit 1987 – Parlament: Nationalversammlung mit 51 Mitgl., Wahl alle 5 J. – Wahl des Staatsoberhaupts alle 5 J. durch Parlament – 14-köpfiger Staatsrat (Supreme Council; Topberaad) – Wahlrecht ab 18 J. ▪ **Unabhängigkeit:** 25. 11. 1975 (ehem. Niederländisch-Guayana) ▪ **Nationalfeiertag:** 25. 11.

REGIERUNG UND PARTEIEN **Staats- u. Regierungschef:** Ronald Venetiaan (NF), seit 2000; wieder gewählt 2005; Vizepräsident Ram Sardjoe (VHP), seit 12. 8. 2005 – **Äußeres:** Lygia Kraag-Keteldijk, seit 1. 9. 2005 ▪ **Parlament:** Wahlen vom 25. 5. 2005: Nieuwe Front voor Democratie/NF: Nationale Partei/NPS, Fortschrittliche Reformpartei (indisch)/VHP, Javanische Partei/PL, Arbeiterpartei Surinames/SPA insg. 23 von 51 Sitzen (2000: 32), Nationale Demokratische Partei/NDP 15 (im Wahlbündnis mit 2 weiteren Parteien 10), Volksalliantie Voor Vooruitgang/VVV: Democratisch Nationaal Platform 2000/DNP 2000 und 2 weitere Parteien 5 (nur DNP 2000: 3), Sonstige 8 (6)

WIRTSCHAFT **BIP** 2004: 1,109 Mrd. $; realer Zuwachs: 4,6 %; Anteil (2003) Landwirtschaft 9 %, Industrie 22 %, Dienstleistungen 69 % ▪ **Erwerbstätigkeit** 1999: Landwirtsch. 6,4 %, Industrie 15,1 %, Dienstl. 78,6 % ▪ **Arbeitslosigkeit** ∅ 2001: ca. 20 % ▪ **Inflation** ∅ 2003: 23,0 % ▪ **Außenhandel** 2001: **Import:** 456,5 Mio. $; *Güter:* 31 % Maschinen und Transportausrüstungen, 16 % mineralische Brennstoffe, Schmiermittel, 15 % bearbeitete Waren, 13 % Nahrungsmittel; *Länder:* 27 % USA, 24 % Niederlande, 18 % Trinidad und Tobago; **Export:** 449,0 Mio. $; *Güter:* 73 % Aluminia, 9 % Fisch und Meerestiere; *Länder:* 24 % USA, 20 % Norwegen, 9 % Frankreich

CHRONIK

Nachdem die Parlamentswahlen vom 25. 5. 2005 keine klaren Mehrheitsverhältnisse gebracht hatten, gestaltete sich die **Wahl des neuen Staatspräsidenten** äußerst schwierig. Weil der bisherige Amtsinhaber, Ronald Venetiaan, mit seinem Parteienbündnis Nieuwe Front voor Democratie (NF) in der Nationalversammlung nur noch über 23 der insgesamt 51 Sitze verfügt, scheiterte seine Wiederwahl zum Präsidenten am 19. 7. 2005 an der Zweidrittelmehrheit. Venetiaan erhielt nur 27 Stimmen, für Rabin Parmessar, den gemeinsamen Kandidaten der Opposition stimmten 20 Parlamentarier. Da eine weitere Abstimmung am 26. 7. das gleiche Ergebnis brachte, wurde die Vereinigte Volksversammlung einberufen. Sie wählte Venetiaan schließlich am 3. 8. mit 560 ihrer insgesamt 879 Mitglieder zum Staatsoberhaupt. Am 2. 9. wurde das neue Kabinett vereidigt: Vizepräsident wurde Ram Sardjoe, Lygia Kraag-Keteldijk übernahm das Außenressort.

Die Wiederwahl Venetiaans ist eine deutliche Niederlage für den früheren Diktator Désiré »Desi« Bouterse, der Parmessar unterstützte hatte. Bouterse hatte zweimal, 1980 und 1990, in Militärcoups die Macht im Land übernommen, seine Regierungszeit war von Menschenrechtsverletzungen und Korruption geprägt.

Swasiland Südost-Afrika

Königreich Swasiland; Umbuso wakaNgwane, Kurzform: kaNgwane – SZ / SWZ

Fläche (Weltrang: 153): 17 363 km²

Einwohner (150): F 2004 1 120 000 = 65 je km²

Hauptstadt: Mbabane

Regierungssitz: Lobamba

Amtssprache: Siswati (IsiZulu)

Bruttonationaleinkommen 2004 je Einw.: 1660 $

Währung: 1 Lilangeni (E) = 100 Cents
Kurs: 1 US-$ = 6,72 E; 1 € = 8,66 E

Honorargeneralkonsul des
Königreichs Swasiland
Neue Promenade 8, 10178 Berlin
T 030/28 09 62 50, Fax 28 09 62 51
www.swasiland.de

LANDESSTRUKTUR **Fläche**: 17 363 km²; Karte → WA 2006, S. 442 ▪ **Verwaltung**: 4 Distrikte: Hhohho, Lubombo, Manzini, Shiselweni ▪ **Städte**: (S 2001) Mbabane 80 000 Einw., Manzini 78 000, Lobamba 5800, Nhlangano 7000, Siteki 4000

BEVÖLKERUNG Swasi – F 2004: 1 120 000 Einw.; Bevölkerungswachstum: 1,3 %; letzte Zählung 1997: 980 722 Einw. – Z 1986: 97 % Swasi (zur Ñguni-Gruppe der Bantu gehörend, mit den Zulu verwandt) sowie Zulu, Tsonga, Shangaan ▪ **Sprachen**: Siswati (IsiZulu); Sprachen der Minderheiten; Englisch ▪ **Religion**: 40 % Anhänger der Zion Church, 20 % Katholiken

STAATS- UND REGIERUNGSFORM Neue Verfassung von 2005, seit 26. 1. 2006 in Kraft – Absolute Monarchie (im Commonwealth) seit 1973 – Parlament (Libandla): Nationalversammlung (National Assembly) mit 65 Mitgl. (55 gewählt, 10 vom König ernannt), Wahl alle 5 J.; Senat mit 30 Mitgl. (10 durch Nationalversammlung gewählt, 20 vom König ernannt) – Wahlrecht ab 18 J. ▪ **Unabhängigkeit**: 6. 9. 1968 (ehem. britisches Protektorat) ▪ **Nationalfeiertag**: 6. 9.

REGIERUNG UND PARTEIEN **Staatsoberhaupt**: König Mswati III., seit 1986 – **Regierungschef**: Absalom Themba Dlamini, seit 17. 11. 2003 – **Äußeres**: Moses Mathendele Dlamini, seit 23. 2. 2006 ▪ **Parlament**: Wahlen vom 18./19. 10. 2003; keine Parteien

WIRTSCHAFT **BIP** 2004: 2,396 Mrd. $; realer Zuwachs: 2,1 %; Anteil (2004) Landwirtschaft 13 %, Industrie 47 %, Dienstleistungen 40 % ▪ **Erwerbstätigkeit** 2003: Landwirtsch. 32 % ▪ **Arbeitslosigkeit**: k. A. ▪ **Inflation** ∅ 2003: 7,3 % ▪ **Außenhandel** 2001: **Import**: 849 Mio. $; *Güter*: 23 % Maschinen und Transportausrüstungen, 18 % Nahrungsmittel und Getränke, 17 % Fertigwaren; *Länder*: Südafrika, Großbritannien, Niederlande, Schweiz; **Export**: 813 Mio. $; *Güter*: 37 % Früchte und Fruchtkonzentrate, 10 % Holz und -produkte, 9 % Zucker; *Länder*: Südafrika, Großbritannien

CHRONIK

Die im Juni 2005 vom Parlament verabschiedete **Verfassung** (→ WA 2006, S. 442) wurde nach anfänglichem Widerstand von König Mswati III. am 26. 7. 2005 in einer feierlichen Zeremonie unterschrieben und **trat am 26. 1. 2006 in Kraft**. Sie bestätigt und formalisiert die autoritären Grundlagen des bisherigen politischen Systems, in dem der König auf Grundlage von Verordnungen regiert hatte. Politische Parteien dürfen sich auch weiterhin nicht an Wahlen beteiligen.

Im Oktober 2005 gewann bei Nachwahlen erstmals in der Geschichte des Landes ein Mitglied einer verbotenen Partei einen Parlamentssitz. Jimmy Hlophe vom Ngwane National Liberatory Congress war allerdings als Unabhängiger angetreten.

Nach einer Reihe von **Brandanschlägen** seit Oktober 2005, bei denen Sachschaden entstand, kam es im Januar 2006 zur Festnahme von mehreren Mitgliedern **der Oppositionspartei People's United Democratic Movement (PUDEMO)** wegen »Destabilisierung des Regimes«. Einer der Angeklagten wurde zu einer Haftstrafe von zwei Jahren verurteilt, die übrigen gegen Zahlung einer Kaution aus der Haft entlassen. Mit der Blockierung mehrerer Grenzübergänge nach Südafrika protestierten Anhänger der PUDEMO am 11. 4. 2006 erneut für politische Reformen.

Am 24. 2. 2006 bildete König Mswati III. sein Kabinett um. Absalom Themba Dlamini blieb Premierminister. Zum neuen Außenminister wurde Moses Mathendele Dlamini ernannt.

Die ungünstige wirtschaftliche Entwicklung des kleinen Binnenstaates setzte sich weiter fort. Aufgrund rückgängiger landwirtschaftlicher Produktion, einem Niedergang der Textilindustrie und fehlenden Auslandsinvestitionen verharrte das Wirtschaftswachstum 2004 bei 2,1 %.

Swasiland blieb nach Angaben von UNAIDS (Report 2006) das Land mit der **weltweit höchsten Rate an HIV-Infektionen**. Rd. 34 % der erwachsenen Bevölkerung sind HIV-positiv oder an Aids erkrankt. Obwohl anti-retrovirale Medikamente verfügbar sind, bleiben die staatlichen Gesundheitseinrichtungen völlig unzureichend.

Syrien Vorder-Asien

Arabische Republik Syrien; al-Ǧumhūriyya al-ʻArabiyya as-Sūriyya – SY / SYR

Fläche (Weltrang: 86): 185 180 km²

Einwohner (55): F 2004 18 582 000 = 100 je km²

Hauptstadt: Dimašq (Damaskus)

Amtssprache: Arabisch

Bruttonationaleinkommen 2004 je Einw.: 1230 $

Währung: 1 Syrisches Pfund (syr£) = 100 Piaster
Kurs: 1 US-$ = 50,85 syr£; 1 € = 65,56 syr£

Botschaft der Arabischen Republik Syrien
Rauchstr. 25, 10787 Berlin
T 030 / 50 17 70, Fax 50 17 73 11
www.syrianembassy.de

LANDESSTRUKTUR **Fläche:** 185 180 km² einschließlich der seit 1967 von Israel besetzten Golan-Höhen mit 1176 km²; Karte → WA 2006, S. 443 ▪ **Verwaltung:** 13 Provinzen und Hauptstadtdistrikt ▪ **Städte:** (F 2000) Ḥalab (Aleppo) 2 229 000 Einw.; (F 2003) Dimashq (Damaskus) 2 228 000; (F 2000) Ḥims 811 000; (Z 1994) Al-Lādhiqīyah (Latakia) 311 784, Hamāh 264 348, Ar-Raqqah 165 195, Al-Qāmishlī 144 286, Dayr az-Zawr 140 459

BEVÖLKERUNG Syrer – F 2004: 18 582 000 Einw.; Bevölkerungswachstum: 2,5 %; letzte Zählung 1994: 13 812 284 Einw. – ca. 89 % syrische Araber, über 6 % Kurden (z. T. staatenlos), 2 % Armenier sowie Tscherkessen, Turkmenen, Türken u. a. ▪ **Sprachen:** Arabisch (syrischer Dialekt); Kurdisch (Kurmandschi), Armenisch u. a. Sprachen der Minderheiten ▪ **Religion** 1992: 90 % Muslime: 80 % Sunniten, 7 % Alawiten (herrschende Elite), 2 % Drusen, 1 % Ismailiten; 9 % Christen

STAATS- UND REGIERUNGSFORM Verfassung von 1973 – Präsidialrepublik seit 1973 – Parlament (Volksversammlung) mit 250 Mitgl., Wahl alle 4 J. – Direktwahl des Staatsoberhauptes alle 7 J. – Wahlrecht ab 18 J. ▪ **Unabhängigkeit:** 28. 9. 1941 nominell, 17. 4. 1946 de facto ▪ **Nationalfeiertag:** 17. 4.

REGIERUNG UND PARTEIEN **Staatsoberhaupt:** Baschar al-Assad (Baath-Partei), seit 17. 7. 2000 – **Regierungschef:** Muhammad Nadschi al-Otari, seit 10. 9. 2003 – **Äußeres:** Walid al-Muallim, seit 11. 2. 2006 ▪ **Parlament:** Wahlen vom 2. 3. 2003: Arabische Sozialistische Baath-Partei und Verbündete 167 von 250 Sitzen (1998: 135), Unabhängige 83 (83), Sonstige – (32)

WIRTSCHAFT **BIP** 2004: 24,022 Mrd. $; realer Zuwachs: 2,0 %; Anteil (2004) Landwirtschaft 23 %, Industrie 27 %, Dienstleistungen 50 % ▪ **Erwerbstätigkeit** 2002: Landwirtsch. 30 %, Industrie 27 %, Dienstl. 43 % ▪ **Arbeitslosigkeit** ∅ 2003: 11,7 % ▪ **Inflation** ∅ 2004: 3,5 % ▪ **Außenhandel** 2003: **Import:** 8,36 Mrd. $; *Güter:* 27 % Fertigwaren, 24 % Maschinen und elektrotechnische Erzeugnisse und Fahrzeuge, 15 % Nahrungsmittel und lebende Tiere, 14 % chemische Erzeugnisse, 6 % Rohstoffe, 3 % mineralische Brennstoffe; *Länder:* 7 % Deutschland, 7 % Italien, 6 % VR China, 6 % Frankreich, 5 % Rep. Korea, 5 % Türkei, 4 % Ukraine (EU gesamt: 31 %); **Export:** 6,26 Mrd. $; *Güter:* 71 % mineralische Brennstoffe, 13 % Nahrungsmittel und lebende Tiere, 6 % bearbeitete Waren, vorwiegend nach Beschaffenheit gegliedert, 4 % Rohstoffe, 4 % verschiedene Fertigwaren; *Länder:* 19 % Deutschland, 12 % Italien, 9 % Türkei, 7 % Vereinigte Arabische Emirate, 6 % Libanon, 5 % Frankreich, 5 % Kroatien, 4 % USA, 3 % Saudi-Arabien (EU gesamt: 43 %)

CHRONIK

▪ **Regime in Bedrängnis:** Die Untersuchung des Attentats auf den früheren libanesischen Ministerpräsidenten Rafik al-Hariri am 14. 2. 2005 durch eine Kommission der Vereinten Nationen (UN) unter Leitung des deutschen Staatsanwalts Detlev Mehlis brachte das syrische Regime zunehmend in Bedrängnis. Am 12. 10. 2005 wurde **Innenminister Ghazi Kanaan tot** in seinem Büro in Damaskus **aufgefunden**. Nach offizieller Darstellung hatte er sich das Leben genommen. Kanaan war von 1982–2002 als Chef des syrischen Geheimdienstes im Libanon gewissermaßen der Statthalter Syriens gewesen. Sein Name war häufig im Zusammenhang mit dem Attentat auf Hariri genannt worden. Im September waren er und sein Nachfolger Rustem Ghazali von Mehlis befragt worden. Der frühere Direktor der mittlerweile geschlossenen libanesischen Madina-Bank hatte Kanaan und drei von dessen Brüdern bezichtigt, sie hätten mit Hilfe einer Direktionsassistentin die Bank um 70 Mio. US-$ betrogen. Falls Kanaans Tod mit dieser Affäre zusammenhängen sollte, dann würde er gut ins Muster der vom syrischen Regime verordneten Bestrafung korrupter Politiker passen. Auf gleiche Weise war im Mai 2000 der frühere Ministerpräsident Mahmud az-Zu'bi aus dem Leben geschieden, nachdem seine Verwicklung in einen Korruptionsskandal bekannt geworden war.

Am 20. 10. legte Mehlis UN-Generalsekretär Kofi Annan seinen vorläufigen Bericht vor, in dem er harte Kritik an der syrischen Regierung wegen ihrer mangelnden Kooperationsbereitschaft übte und den Verdacht äußerte, dass hohe syrische Funktionäre in den Anschlag auf Hariri involviert gewesen seien. **Unter den 19** von Mehlis genannten **Verdächtigen befanden sich sechs Syrer.** Da die Beweislage indessen noch relativ schwach war, machte Mehlis die Namen dieser sechs Verdächtigen im Bericht unkenntlich. In Damaskus

Demonstration in Damaskus am 20.10.2005

kam es nach Bekanntwerden des Berichts zu Massenprotesten; auf den Transparenten der Demonstranten war Staatsanwalt Mehlis als Marionette von US-Präsident George W. Bush dargestellt (→ Foto).

Präsident Baschar al-Assad stellte am 10. 11. Syrien als Opfer eines Komplotts dar. Die Untersuchung des Attentats stehe im Dienst einer Strategie des Westens, durch die Syrien erpresst werden solle.

Trotz starker Worte beugte sich Assad dem Druck der UN und ordnete eine eigene Untersuchung des Anschlags an. Hussam Taher Hussam, ein früherer syrischer Geheimagent im Libanon, erklärte am 27. 11., er sei von Anhängern Sa'ad Hariris festgehalten und dazu gezwungen worden, Asef Chaukat und Maher al-Assad, den Bruder des syrischen Präsidenten, mit einer Falschaussage zu belasten. Nach längerem Tauziehen konnten fünf der sechs syrischen Verdächtigen von Mehlis im Dezember 2005 in Wien befragt werden. In seinem letzten Bericht vom 12. 12. verwies Mehlis auf neue Beweise, die den Verdacht auf syrische Mitwirkung stützten. Mehlis' Nachfolger, der belgische Staatsanwalt Serge Brammertz, berichtete am 14. 6. 2006, dass sich die Kooperationsbereitschaft Syriens verbessert habe. So konnte er am 25. 4. Präsident Assad und Vizepräsident Faruk al-Charea befragen (→ Libanon).

Syriens **früherer Vizepräsident Abdelhalim Khaddam**, der im Juni 2005 zurückgetreten war und sich nach Paris abgesetzt hatte, **vollzog** in einem Interview mit dem arabischen Fernsehsender al-Arabiya am 30. 12. 2005 den **Bruch mit dem Regime**. Khaddam erklärte, dass Assad Hariri wenige Monate vor seiner Ermordung persönlich bedroht hätte. Am 31. 12. beschloss die syrische Nationalversammlung, Khaddam wegen Hochverrats anzuklagen. Außerdem wurde er aus der Baath-Partei ausgeschlossen. Unter dem Vorwurf der Korruption wurde die Beschlagnahme des gesamten Vermögens von Khaddam und seiner Familie in Syrien angeordnet. Dieser forderte am 5. 1. 2006 im französischen Fernsehen die Syrer zum Sturz des Assad-Regimes auf. Khaddam, 1984–2005 Vizepräsident, zählte zu den dienstältesten Baath-Politikern und war ein enger Vertrauter von Assads Vater Hafez.

Zum neuen Vizepräsidenten mit der Zuständigkeit für die Außen- und Medienpolitik ernannte Assad am 11. 2. 2006 den langjährigen Außenminister Faruk al-Charea. Nachfolger Chareas als Außenminister wurde dessen bisheriger Stellvertreter Walid al-Muallim. Zum Innenminister ernannte Assad den bisherigen Chef der Militärpolizei, General Bassam Abdelmadschid. Am 23. 3. wurde Nadschah al-Attar zur Vizepräsidentin mit der Zuständigkeit für Kultur ernannt. Attar, die erste Frau in diesem Amt, war 1976–2000 Kulturministerin gewesen.

Präsident Assad gewährte am 2. 11. 2005 190 politischen Gefangenen zum Ende des Ramadan **Amnestie**. Zu den Freigelassen zählte auch Abdelaziz al-Khayr, ein Arzt, der wegen Mitgliedschaft in der Kommunistischen Aktionspartei seit 1992 ununterbrochen in Haft saß. Am 18. 1. 2006 wurden die beiden inhaftierten Abgeordneten Mamun al-Homsi und Riad Saif freigelassen. Sie waren im September 2001 verhaftet worden, nachdem die syrischen Behörden gegen politische Foren vorgegangen waren, die in dem kurzen »Damaszener Frühling« gegründet worden waren und sich für liberale Reformen eingesetzt hatten. Mitte Mai 2006 wurden **sieben syrische Menschenrechtsaktivisten festgenommen**, unter ihnen der Publizist Michel Kilo und Regimekritiker, die bereits zu Zeiten von Baschar al-Assads Vater Hafez im Gefängnis saßen. Sie gehörten zu den rund 500 syrischen und libanesischen Intellektuellen, die in der Woche zuvor in einer Petition zur Klärung und Verbesserung der beiderseitigen Beziehungen aufgerufen hatten.

- **Zusammenstöße mit islamistischen Kämpfern:** Am 3. 7. 2005 wurden bei Feuergefechten an der syrisch-irakischen Grenze zwei syrische Soldaten und ein arabischer Extremist getötet. Bei einer anschließenden Razzia wurden 34 Extremisten aus verschiedenen arabischen Staaten festgenommen. Nach einer Schießerei am Berg Kassiun unweit von Damaskus nahmen tags darauf syrische Sicherheitskräfte zwei Iraker fest. In der Nähe von Aleppo kam es am 4. 12. zu Zusammenstößen zwischen Sicherheitskräften und militanten Islamisten. Bei den Kämpfern handelte es sich um Angehörige der Gruppe Jund al-Scham (Soldaten Syriens), die sich in Afghanistan aus Syrern, Palästinensern und Jordaniern gebildet und Verbindungen zu Abu Mussab as-Sarkawi unterhalten hatte. Syrische Sicherheitskräfte hatten schon früher Zellen dieser Gruppe ausgehoben. Auch in den folgenden Monaten nahmen die Sicherheitskräfte mehrere Personen fest, die verdächtigt wurden, einer terroristischen Gruppe anzugehören.

Im Zusammenhang mit den Protesten gegen die im September 2005 in der dänischen Zeitung Jyllands-Posten erschienenen **Mohammed-Karikaturen** kam es am 4. 2. 2006 in Damaskus zu Ausschreitungen gegen die dänische und die norwegische Botschaft. Der Großmufti von Syrien, Scheich Ahmad Hassun, drückte noch am gleichen Tag sein Bedauern über die Ausschreitungen aus.

Tadschikistan

Zentral-Asien

Republik Tadschikistan; Çumḫurii Toçikiston – TJ / TJK

Fläche (Weltrang: 93): 143 100 km²

Einwohner (99): F 2004 6 430 000 = 45 je km²

Hauptstadt: Dušanbe (Duschanbe)

Amtssprache: Tadschikisch

Bruttonationaleinkommen 2004 je Einw.: 280 $

Währung: 1 Somoni (TJS) = 100 Diram
Kurs: 1 US-$ = 3,22 TJS; 1 € = 4,11 TJS

Botschaft der Republik Tadschikistan
Otto-Suhr-Allee 84, 10585 Berlin
T 030 / 34 79 300, Fax 34 79 30 29
www.botschaft-tadschikistan.de

LANDESSTRUKTUR **Fläche**: 143 100 km²; → Karte ▪ **Verwaltung**: 2 Provinzen und Hauptstadtdistrikt sowie die Autonome Provinz Kuhistoni-Badachšon (Berg-Badachschan) mit 63 700 km² und ein der Zentralregierung unterstellter Distrikt ▪ **Städte**: (F 2002) Dušanbe (Duschanbe) 575 900 Einw., Chudžand (ehem. Leninabad) 147 400, Kul'ab 79 500, Kurgan-T'ube 61 200, Ura-T'ube 51 700

BEVÖLKERUNG Tadschiken – F 2004: 6 430 000 Einw.; Bevölkerungswachstum: 1,1 %; letzte Zählung 2000: 6 127 493 Einw. – 80 % Tadschiken, 15,3 % Usbeken, 1,1 % Russen, 0,3 % Tataren; Kirgisen, Ukrainer, Deutsche u. a. ▪ **Sprachen**: Tadschikisch; Russisch, Sprachen der Minderheiten ▪ **Religion**: 80 % Sunniten, 5 % Schiiten und Ismailiten, Russisch-Orthodoxe

STAATS- UND REGIERUNGSFORM Verfassung von 1994; zuletzt geändert 2003 – Präsidialrepublik seit 1994 – Parlament: Unterhaus (Madschlisi-Namojandagon) mit 63 Mitgl.; Oberhaus (Madschlisi-Millij) mit 33 Mitgl. (25 gewählt, 8 vom Präsidenten ernannt); Wahl jeweils alle 5 J. – Direktwahl des Staatsoberhaupts alle 5 J. (zweimalige Wiederwahl) – Wahlrecht ab 18 J. ▪ **Unabhängigkeit**: Souveränitätserklärung 24. 8. 1990; Proklamation 9. 9. 1991 ▪ **Nationalfeiertag**: 9. 9.

REGIERUNG UND PARTEIEN **Staatsoberhaupt**: Emomali Rachmonow (HDKT), seit 1992; wieder gewählt 1999 – **Regierungschef**: Akil Alilow (HDKT), seit 20. 12. 1999 – **Äußeres**: Talbak Nazarow, seit 1994 ▪ **Parlament**: Wahlen vom 27. 2. / 13. 3. 2005: Volksdemokratische Partei / HDKT 52 von 63 Sitzen (2000: 30), Kommunistische Partei 4 (13), Islamische Partei der Wiedergeburt / IRP 2 (2), Unabhängige 5 (15), vakant – (3)

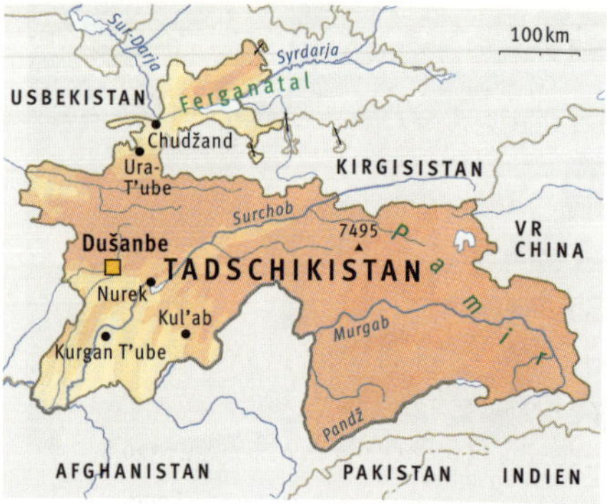

WIRTSCHAFT **BIP** 2004: 2,073 Mrd. $; realer Zuwachs: 10,6 %; Anteil (2004) Landwirtschaft 24 %, Industrie 31 %, Dienstleistungen 45 % ▪ **Erwerbstätigkeit** 2001: Landwirtsch. 66,0 %, Industrie 9,2 %, Dienstl. 24,8 % ▪ **Arbeitslosigkeit** ∅ 2001: ca. 30 % ▪ **Inflation** ∅ 2004: 7,5 % ▪ **Außenhandel** 2004: **Import**: 1,375 Mrd. $; *Güter*: Aluminia, Elektrizität, Erdölprodukte; *Länder*: Russland, GUS-Staaten; **Export**: 915 Mio. $; *Güter*: Aluminium, Baumwolle, Metallprodukte, landwirtschaftliche Güter, Strom, Tabak; *Länder*: EU-Staaten (v. a. Niederlande), Russland, GUS-Staaten

CHRONIK

Angesichts der für November 2006 anstehenden Präsidentschaftswahlen ging Staatschef Emomali Rachmonow verstärkt gegen die Opposition vor. So verurteilte der Oberste Gerichtshof am 5. 10. 2005 den Vorsitzenden der oppositionellen Demokratischen Partei, Machmadrusi Iskandarow, zu 23 Jahren Haft wegen Terrorismus und Unterschlagung von Staatseigentum (→ WA 2006, S. 445). Die Bevölkerung unterstützte zunehmend die von der Regierung verbotene islamistische Hizb-ut-Tahrir-Bewegung und die Salafisten.

Anfang 2006 **verteuerte Usbekistan seine Erdgaslieferungen** an Tadschikistan von 42 auf 55 US-$ pro 1000 m³. Tadschikistan importiert 95 % seines Erdgasbedarfes aus dem nördlichen Nachbarland. **Russland** beendete am 20. 10. 2005 seine Mission zur Überwachung der tadschikisch-afghanischen Grenze, die nach dem Ende der Sowjetunion 1991 eingerichtet worden war. Bei der Verabschiedung der Grenztruppen hob Präsident Rachmonow die strategische Bedeutung Russlands für Tadschikistan hervor.

Anfang November 2005 zog Frankreich seine sechs **Kampfflugzeuge** aus Dušanbe ab, mit denen es den Antiterror-Kampf in Afghanistan unterstützt hatte. 150 französische Soldaten blieben jedoch weiterhin im Land stationiert.

Taiwan → **China, Republik**

Tansania Ost-Afrika

Vereinigte Republik Tansania; Jamhuri ya Muungano wa Tanzania (swahili); United Republic of Tanzania – TZ / TZA

Fläche (Weltrang: 30): 945 087 km^2

Einwohner (32): F 2004 37 627 000 = 40 je km^2

Hauptstadt: Dodoma

Regierungssitz: Dar es Salaam (Daressalam)

Amtssprachen: Swahili, Englisch

Bruttonationaleinkommen 2004 je Einw.: 320 $

Währung: 1 Tans.-Schilling (T.Sh.) = 100 Cents
Kurs: 1 US-$ = 1270 T.Sh.; 1 € = 1635 T.Sh.

Botschaft der Vereinigten Republik Tansania
Eschenallee 11, 14050 Berlin
T 030 / 30 30 800, Fax 30 30 8020
www.tanzania-gov.de

LANDESSTRUKTUR **Fläche**: 945 087 km^2; davon Tanganjika 942 626 km^2, Sansibar und Pemba 2461 km^2; Karte → WA 2006, S. 446 ▪ **Verwaltung**: Festland: 21 Regionen; Sansibar und Pemba: 5 Regionen; Tabelle → WA 2005, S. 421 ▪ **Städte**: (Z 2002) Dar es Salaam (Daressalam) 2 336 055 Einw., Arusha 270 485, Mbeya 230 318, Mwanza 209 806, Morogoro 206 868, Sansibar 205 870, Tanga 179 400, Dodoma 149 180

BEVÖLKERUNG Tansanier – F 2004: 37 627 000 Einw.; Bevölkerungswachstum: 1,9 %; letzte Zählung 2002: 34 569 233 Einw.; Tanganjika: 33 584 607 Einw., Sansibar und Pemba: 984 626 Einw. – insg. 120 Ethnien: ca. 60 % Bantu-Gruppen (Haya, Makonde, Njamwesi, Sukuma, Chagga u. v. a.), außerdem ostnilotische Maasai, arabisch-afrikanische Swahili; Minderheiten von Asiaten, Arabern und Europäern ▪ **Sprachen**: Swahili, Englisch; weitere Bantu-Sprachen und nilotische Sprachen ▪ **Religion** 2003: 30–40 % Muslime (98 % auf Sansibar), 30–40 % Christen (27 % Katholiken); indigene Religionen; Minderheit von Hindus

STAATS- UND REGIERUNGSFORM Verfassung von 1977, zuletzt geändert 2000 – Föderative Präsidialrepublik (im Commonwealth) seit 1964 – Bundesparlament (National Assembly) mit 324 Mitgl. (232 gewählt, 75 Frauen von den Parteien ernannt, 5 von Sansibar / Pemba indirekt gewählt, 10 vom Präsidenten ernannt, 2 ex officio), Wahl alle 5 J. – Direktwahl des Staatsoberhauptes alle 5 J. (einmalige Wiederwahl) – Regionalverfassung von 1985 für Sansibar und Pemba (Parlament mit 75 Mitgl.) – Wahlrecht ab 18 J. ▪ **Unabhängigkeit**: Tanganjika 9. 12. 1961 (1884–1918 deutsche Kolonie, ab 1918 britisches Treuhandgebiet); Sansibar 10. 12. 1963 (ab 1890 britisches Protektorat); 26. 4. 1964 Inkrafttreten der Union ▪ **Nationalfeiertag**: 26. 4. (Tag der Union)

REGIERUNG UND PARTEIEN **Staatsoberhaupt**: Jakaya Mrisho Kikwete (CCM), seit 21. 12. 2005 – **Regierungschef**: Edward Lowassa (CCM), seit 30. 12. 2005 – **Äußeres**: Asha-Rose Migiro (CCM), seit 4. 1. 2006 ▪ **Parlament**: Wahlen vom 14. 12. 2005: Chama Cha Mapinduzi-Partei der Revolution / CCM 206 von 232 gewählten Sitzen (2000: 202); Opposition: Civic United Front / CUF 19 (17), Party for Democracy and Progress / Chadema 5 (4), Sonstige 2 (9)

WIRTSCHAFT **BIP** 2004: 10,851 Mrd. $ (ohne Sansibar); realer Zuwachs: 6,3 %; Anteil (2004) Landwirtschaft 45 %, Industrie 17 %, Dienstleistungen 39 % ▪ **Erwerbstätigkeit** 2001: Landwirtsch. 82 %, Industrie 3 %, Dienstl. 15 % ▪ **Arbeitslosigkeit**: k. A. ▪ **Inflation** ∅ 2003: 3,5 % ▪ **Außenhandel** 2003: **Import**: 1,934 Mrd. $; **Export**: 1,137 Mio. $; *Güter*: Gold, Cashewnüsse, Kaffee, Mineralien, Tabak, Baumwolle

Sansibar

Unguja (Swahili), Zanzibar

Fläche: 2461 km^2; davon Sansibar 1658 km^2 und Pemba 803 km^2 ▪ **Bevölkerung** Z 2002: 983 626 Einw. ▪ **Sprachen**: Swahili, Englisch ▪ **Religion**: 98 % Muslime ▪ **Hauptstadt** (Z 2002): Sansibar 205 870 Einw. ▪ **Status**: Autonomer Teil des Unionsstaates Tansania – Parlament mit 50 Mitgl.; Wahl alle 5 J. ▪ **Regierung**: Präsident: Amani Abaid Karume (CCM), seit 2000

CHRONIK

Bei den **Parlamentswahlen** am 14. 12. 2005, die auf Sansibar am 30. 10. unter chaotischen Bedingungen und begleitet von gewalttätigen Zwischenfällen abgehalten wurden, verteidigte die regierende Chama Cha Mapinduzi (CCM) ihre Macht. Auf Sansibar erhielt sie 30 der 49 Mandate, mit den Festlandsmandaten, wo 75 für Frauen reservierte Mandate nachträglich auf die Parteien verteilt wurden, kam sie bei einem Wähleranteil von 89 % auf 264 der 307 Sitze. Die größte Oppositionspartei Civic United Front (CUF) stellt 30 Abgeordnete. Obwohl CUF-Spitzenkandidat Seif Sharif Hamad wie bei der letzten Wahl im Jahr 2000 auf **Sansibar** Wahlbetrug beklagte, beteiligte sich die CUF auf internationalen Druck am Kabinett des mit 53,2 % wiedergewählten Präsidenten der Region, Amani Abeid Karume, das am 15. 11. ernannt wurde.

Der Kandidat der CCM und vormalige Außenminister, **Jakaya Kikwete**, wurde bei einer Wahlbeteiligung von 72,4 % mit 80,3 % der Stimmen ebenfalls am 14. 12. 2005 zum **neuen Präsidenten** gewählt, der Kandidat der CUF, Ibrahim Lipumba, unterlag mit 11,7 %. Kikwete, am 21. 12. vereidigt, ernannte am 29. 12. den bisherigen Minister für Wasserfragen, **Edward Lowassa**, zum neuen **Ministerpräsidenten**. Zur neuen Außenministerin wurde Asha-Rose Migiro ernannt.

Thailand Südost-Asien

Königreich Thailand; Ratcha Anachak Thai, Kurzform: Prathet Thai oder Muang Thai – TH / THA

Fläche (Weltrang: 49): 513 115 km²

Einwohner (19): F 2004 63 694 000 = 124 je km²

Hauptstadt: Krung Thep (Bangkok)

Amtssprache: Thailändisch

Bruttonationaleinkommen 2004 je Einw.: 2490 $

Währung: 1 Baht (B|) = 100 Stangs
Kurs: 1 US-$ = 38,23 B|; 1 € = 49,35 B|

Königlich Thailändische Botschaft
Lepsiusstr. 64–66, 12163 Berlin
T 030 / 79 48 10, Fax 79 48 15 11
E-Mail: thaiber@snafu.de

LANDESSTRUKTUR **Fläche:** 513 115 km²; → Karte ▪ **Verwaltung:** 5 Regionen, 75 Provinzen ▪ **Städte:** (Z 2000) Krung Thep (Bangkok) 6 320 174 Einw., Samut Prakan 378 694, Nonthaburi 291 307, Udon Thani 220 493, Nakhon Ratchasima 204 391, Hat Yai 185 557, Chon Buri 182 641, Chiang Mai 167 776, Phra Padaeng 166 828, Lampang 147 812, Pak Kret 141 788, Si Racha 141 334, Khon Kaen 141 034, Nakhon Pathom 120 657, Nakhon Si Thammarat 118 764, Thanya Buri 113 818, Surat Thani 111 276, Rayong 106 585, Ubon Ratchathani 106 552, Khlong Luang 103 282

BEVÖLKERUNG Thailänder – F 2004: 63 694 000 Einw.; Bevölkerungswachstum: 0,9 %; letzte Zählung 2000: 60 606 947 Einw. – ca. 80 % Thaivölker, v. a. Siamesen, außerdem Shan im N und Lao im NO; 12 % Chinesischstämmige, 4 % Malaien, 3 % Khmer u.v. a. Minderheiten ▪ **Sprachen:** Thailändisch (Siamesisch); Chinesisch, Malaiisch u. a.; Englisch ▪ **Religion** 2000: 94,6 % Buddhisten, 4,6 % Muslime (Malaien); 0,7 % Christen

STAATS- UND REGIERUNGSFORM Verfassung von 1997 – Parlamentarische Monarchie seit 1932 – Parlament: Repräsentantenhaus mit 500 Mitgl., Wahl alle 4 J.; Senat mit 200 Mitgl., Wahl alle 6 J. – Wahlpflicht ab 18 J. ▪ **Unabhängigkeit:** alte staatliche Tradition, Königreich seit 1782 ▪ **Nationalfeiertag:** 5. 12. (Geburtstag des Königs)

REGIERUNG UND PARTEIEN **Staatsoberhaupt:** König Rama IX. (Bhumibol Adulyadej), seit 1946, gekrönt 1950 – **Regierungschef:** Thaksin Shinawatra (amtierend) (TRT), seit 9. 2. 2001; Koalition aus TRT, PCT und PCP – **Äußeres:** Kantathi Suphamongkhon (TRT), seit 11. 3. 2005 ▪ **Parlament:** Wahlen zum Repräsentantenhaus vom 6. 2. 2006: Thais lieben Thais-Partei / TRT 377 von 500 Sitzen (2001: 248), Demokratische Partei / PP 96 (128), Nationalpartei / PCT 25 (41), Volkspartei 2 (–), New Aspiration Party / PKWM – (36), Partei für Nationale Entwicklung / PCP – (29), Sonstige – (18); letzte Wahlen zum Senat 2006: keine Parteien zugelassen

WIRTSCHAFT **BIP** 2004: 161,688 Mrd. $; realer Zuwachs: 6,2 %; Anteil (2004) Landwirtschaft 10 %, Industrie 43 %, Dienstleistungen 46 % ▪ **Erwerbstätigkeit** 2003: Landwirtsch. 45 %, Industrie 20 %, Dienstl. 35 % ▪ **Arbeitslosigkeit** ∅ 2005: 2,0 % ▪ **Inflation** ∅ 2005: 4,5 % ▪ **Außenhandel** 2005: **Import:** 118,2 Mrd. $; *Güter:* 40 % Maschinen und Fahrzeuge, 19 % verarbeitete Waren, 18 % mineralische Brenn- und Schmierstoffe, 10 % chemische Erzeugnisse, 4 % Rohstoffe, 3 % Nahrungsmittel; *Länder:* 22 % Japan, 9 % VR China, 7 % USA, 7 % Malaysia, 5 % Singapur, 4 % Rep. China, 3 % Rep. Korea. 3 % Saudi-Arabien (EU gesamt: 10 %); **Export:** 110,9 Mrd. $; *Güter:* 45 % Maschinen und Fahrzeuge, 17 % verarbeitete Waren, 11 % Nahrungsmittel, 8 % chemische Erzeugnisse, 5 % Rohstoffe, 4 % mineralische Brenn- und Schmierstoffe; *Länder:* 15 % USA, 14 % Japan, 8 % VR China, 7 % Singapur, 6 % Hongkong, 5 % Malaysia, 4 % Indonesien, 3 % Großbritannien, 3 % Niederlande (EU gesamt: 15 %)

Ein Jahr nach seinem Erdrutschsieg bei den Wahlen vom Februar 2005 (→ WA 2006, S. 448), der ihm eine Dreiviertelmehrheit im Parlament gesichert hatte, hatte Premierminister Thaksin Shinawatra bei großen Teilen der Bevölkerung das Vertrauen eingebüßt. Der vor allem in der städtischen Bevölkerung verbreitete Unmut über die so harte wie erfolglose Repressionspolitik gegenüber den unruhigen muslimischen Provinzen im Süden des Landes sowie über die Vetternwirtschaft und die Vermischung politischer und geschäftlicher Interessen schlug im Februar 2006 nach einem drastischen Fall von unverhohlener Vorteilsnahme des Thaksin-Familienclans in allgemeine Empörung um. Der Regierungschef suchte sich neue Legitimation zu verschaffen, doch endete die Neuwahl des Parlaments im April in Chaos. Der zuvor zurückgetretene Premier meldete sich im Amt zurück – geschäftsführend bis zur Wiederholung der Wahl im Herbst 2006.

Vor dem Hintergrund der Staatskrise gerieten die Feierlichkeiten zum **60. Thronjubiläum von König Bhumipol Adulyadej**, dem dienstältesten Monarchen der Welt, zu einem landesweiten Spektakel (→ Foto).

▪ **Ethnisch-religiöser Konflikt im Süden:** Bei den seit Anfang 2004 anhaltenden Unruhen in den Südprovinzen **Pattani, Yala und Nahrathiwat**, in denen die rd. 1,5 Mio. ethnisch malaiischen Muslime die Mehrheit bilden, wurden bis Ende 2005 etwa 1200 Menschen getötet. Der Überfall mehrerer Dutzend muslimischer Rebellen auf die Stadt Yala am 14. 7., bei dem mehrere Menschen getötet und u. a. die Stromversorgung lahm gelegt wurde, gab der Regierung Anlass, über die Provinzen den **Ausnahmezustand** zu verhängen. Das damit verbundene Notstandsrecht wird von Bürgerrechtlern als »Lizenz zum Töten« kritisiert, da es die Sicherheitskräfte von Disziplinarmaßnahmen im Falle von Übergriffen freistellt.

Im **Fall** des prominenten muslimischen **Menschenrechtsanwalts Somchai Neelaphaijit**, der die Folterpraxis in Polizeigefängnissen der Südprovinzen angeprangert hatte und seit März 2004 vermisst wird, verurteilte ein Gericht in Bangkok am 12. 1. 2006 einen Polizeimajor wegen Freiheitsberaubung im Amt zu drei Jahren Gefängnis; Zeugen hatten beobachtet, wie er den Anwalt in ein Auto gezerrt hatte.

▪ **Thaksins Konzernverkauf:** Am 23. 1. 2006 bestätigten sich Gerüchte, dass die Familie des Premierministers ihren Anteil von 49,6 % an **Shin Corp.**, dem von Thaksin gegründeten größten Telekommunikationskonzern des Landes, **an Singapurs Staatsholding Temasek verkauft** hatte. Die Grundlage bereitete ein erst wenige Tage zuvor vom Parlament verabschiedetes Gesetz, das den Verkauf von Aktien einer thailändischen Firma im Umfang von über 25 % an Ausländer erlaubt. Der Erlös von rd. 1,9 Mrd. US-$ aus dem Verkauf des Konzerns musste nach thailändischem Recht nicht versteuert werden.

▪ **Protestbewegung:** Entrüstung über diese Machenschaften verstärkte den öffentlichen Druck auf Thaksin, dessen Popularität schon in den letzten Monaten gelitten hatte. Prominente Gefolgsleute hatten sich von ihm abgewandt, vom als moralische Autorität überaus beliebten König hatte er am 6. 12. 2005 eine indirekte Rüge kassiert. Zwei Minister legten Anfang Februar 2006 aus Protest gegen das unethische Verhalten des Regierungschefs ihre Ämter nieder. In den nachfolgenden Wochen forderte eine Bürgerbewegung, die sich als **»Volksallianz für Demokratie«** formierte, auf Großkundgebungen mit zwischen 50 000 und 100 000 Demonstranten Thaksins Rücktritt.

▪ **Wahlfarce und Verfassungskrise:** Am 24. 2. 2006 löste Thaksin das Parlament auf und **setzte Neuwahlen für den 2. 4. an**. Die Oppositionsbewegung forderte dagegen weiterhin seinen Rücktritt und rief zum **Boykott der Parlamentswahl** auf. Ihre regelmäßigen Großkundgebungen gingen Mitte März in eine Belagerung des Regierungssitzes über.

Da außer der Regierungspartei Thai-Rak-Thai (TRT) nur Unabhängige und Splitterparteien zur Wahl des Repräsentantenhauses am 2. 4. angetreten waren, **gewann die TRT fast alle Sitze**, in 278 von 400 Wahlkreisen waren ihre Vertreter ohne Gegenkandidaten geblieben. In vielen dieser Wahlkreise hatten die Wähler von der Besonderheit des thailändischen Wahl-

60. Thronjubiläum von König Bhumipol, 12. 6. 2006

rechts Gebrauch gemacht, **»Stimmenthaltungen«** abzugeben, deren Zahl häufig höher war als die Stimmenzahl des gewählten TRT-Kandidaten. In einigen Fällen verfehlte der ohne Konkurrenz angetretene TRT-Kandidat das im Wahlgesetz vorgesehene Quorum von 20 % der Stimmen. Nach einer Audienz bei König Bhumibol **verkündete Thaksin am 4. 4. 2006 seinen Rücktritt** und übergab Justizminister Chidchai Vanasathidya übergangsweise die Amtsgeschäfte.

In der **zweiten Runde für die Wahl des Repräsentantenhauses** am 23. 4., gelang es wiederum nicht, alle noch fehlenden Parlamentsabgeordneten zu wählen, weil erneut in 14 Wahlkreisen die ohne Konkurrenz auftretenden TRT-Kandidaten unterhalb der 20 %-Marke blieben. Da sich das Parlament erst konstituieren darf, wenn alle 500 Mandate vergeben sind, andererseits das neu gewählte Parlament nach Gesetzesvorschrift spätestens am 2. 5. hätte zusammentreten müssen, wurde schon für den 29. 4. ein dritter Wahlgang angesetzt.

In dieser Situation meldete sich am 25. 4. **König Bhumibol** öffentlich in bisher nicht gekannter Deutlichkeit zu Wort. Wahlen ohne Gegenkandidaten mit einem Einparteienparlament als Folge seien absurd und undemokratisch. Die Verfassungsrichter sollten ihrer Aufgabe gerecht werden, die Krise zu lösen, oder abdanken. Dieser Schelte folgend sagte das oberste **Verwaltungsgericht** am 28. 4. den neuerlichen Wahlgang ab, verbot am 1. 5. die Konstituierung des neuen Parlaments und **erklärte** am 8. 5. **die Wahl des Repräsentantenhauses für ungültig**, weil die Frist zwischen Parlamentsauflösung und Neuwahl zu kurz und eine geheime Stimmabgabe nicht gewährleistet gewesen sei. Unterdessen kehrte der zurückgetretene Premierminister Thaksin bis zu einer Neuwahl geschäftsführend wieder an die Spitze der Regierung zurück.

▪ **Tsunami-Folgen:** Ein Jahr nach der Flutwelle vom 26. 12. 2004 (→ WA 2006, S. 24, 447) gab die Regierung die Zahl der Toten mit 5395 an, darunter 2248 Ausländer. Nach wie vor gelten rd. 3000 Personen als vermisst; 2000 Menschen leben noch in Notunterkünften. Etwa zwei Drittel der zerstörten Häuser wurden innerhalb eines Jahres wieder aufgebaut. Der zeitweilig zusammengebrochene Tourismus machte 120 000 Thailänder arbeitslos. Der Fremdenverkehr normalisierte sich auf der Insel Phuket fast vollständig; dagegen stockte der Wiederaufbau in Khao Lak.

▪ **Wirtschaftliche Entwicklung:** Im Zusammenwirken mehrerer negativer Effekte schwächte sich das Wirtschaftswachstum von 6,2 % im Vorjahr auf 3,5 % in 2005 ab. Verantwortlich hierfür waren vor allem eine Tsunami-bedingte Umsatzminderung in der Tourismusbranche, die Gewalteskalation im Süden des Landes, die Umsatzeinbußen in der Geflügelwirtschaft infolge der Vogelgrippe und der gestiegene Energiepreis.

Timor-Leste Südost-Asien

Demokratische Republik Timor-Leste; auch: Osttimor; Repúblika Demokrátika Timor Loro Sa'e (tetum); República Democrática de Timor-Leste (portugiesisch) – TL / TLS

Fläche (Weltrang: 154): 14 604 km²

Einwohner (151): F 2004 925 000 = 63 je km²

Hauptstadt: Dili

Amtssprachen: Tetum, Portugiesisch

Bruttonationaleinkommen 2004 je Einw.: 550 $

Währung: 1 US-Dollar (US-$) = 100 Cents
Kurs: 1 € = 1,27 US-$ (1. 7. 2006)
indonesische Rupiah ebenfalls gesetzliches Zahlungsmittel

Diplomatische Vertretung: derzeit keine

LANDESSTRUKTUR **Fläche:** 14 604 km²; einschließlich der Exklave Oecussi-Ambeno und der Inseln Ataúro und Jaco; Karte → WA 2006, S. 449 ▪ **Verwaltung:** 13 Distrikte ▪ **Städte:** (S 2003) Dili 48 731 Einw.; (F 2000) Dare 17 100, Baucau 14 200, Maliana 12 300, Ermera 12 000

BEVÖLKERUNG F 2004: 925 000 Einw.; Bevölkerungswachstum: 5,4 %; letzte Zählung 2004: 924 642 Einw. – ca. 78 % Timorer, 20 % Indonesier, 2 % Chinesen ▪ **Sprachen:** Tetum, Portugiesisch, Bahasa Indonesia; ca. 30 weitere Sprachen ▪ **Religion** 2002: 93,1 % Katholiken, 3 % Protestanten, 2 % Muslime, Anhänger von indigenen Religionen

STAATS- UND REGIERUNGSFORM Verfassung von 2002 – Präsidialrepublik – Parlament mit 88 Mitgl., ab der zweiten Legislaturperiode mit mind. 52, max. 65 Mitgl., Wahl alle 5 J. – Direktwahl des Staatsoberhauptes alle 5 J. (einmalige Wiederwahl) – Wahlrecht ab 18 J. ▪ **Unabhängigkeit:** 20. 5. 2002 ▪ **Nationalfeiertag:** 28. 11. (Unabhängigkeitserklärung 1975)

REGIERUNG UND PARTEIEN **Staatsoberhaupt:** José Alexandre »Xanana« Gusmão (Fretilin), seit 20. 5. 2002 – **Regierungschef:** José Ramos-Horta, seit 10. 7. 2006 – **Äußeres:** José Luís Guterres, seit 8. 7. 2006 ▪ **Parlament:** Wahlen zur Verfassunggebenden Versammlung vom 30. 8. 2001: Frente Revolucionária do Timor Leste Independente / Fretilin 55 von 88 Sitzen, Partido Democrático / PD 7, Partido Social Democrata / PSD 6, Associação Social-Democrata Timorense / ASDT 6, Sonstige 13, Unabhängige 1

WIRTSCHAFT **BIP** 2004: 339 Mio. $; realer Zuwachs: 1,8 %; Anteil (2004) Landwirtschaft 32 %, Industrie 15 %, Dienstleistungen 54 % ▪ **Erwerbstätigkeit** 2003: Landwirtsch. 80 % ▪ **Arbeitslosigkeit:** k. A. ▪ **Infla-**

Timor-Leste
Fläche, Bevölkerung und Bevölkerungsdichte

Distrikt (Hauptort)	Fläche in km²	Einwohner insgesamt Z 2004	je km²
Aileu (Aileu)	729	36 889	51
Ainaro (Ainaro)	797	53 629	67
Baucau (Baucau)	1 494	104 571	70
Bobonaro (Maliana)	1 368	82 385	60
Covalima (Suai)	1 226	55 941	46
Dili (Dili)	372	167 777	451
Ermera (Ermera)	746	103 169	138
Lautem (Los Palos)	1 702	57 453	34
Liquiça (Liquiça)	543	55 058	101
Manatuto (Manatuto)	1 706	38 580	23
Manufahi Same)	1 325	44 235	33
Oecussi (Pante Macassar)	815	58 521	72
Viqueque (Viqueque)	1 781	66 434	37
Timor-Leste	14 604	924 642	63

Quelle: Direcção Nacional de Estatística 2005

tion ∅ 2004: 2,0 % ▪ **Außenhandel** 2004: **Import:** 143 Mio. $; *Güter*: Nahrungsmittel, Baumaterialien, Ölprodukte; *Länder*: v. a. Indonesien; **Export:** 7 Mio. $; *Güter*: v. a. Kaffee; *Länder*: v. a. Indonesien

CHRONIK

Vier Jahre nach der Entlassung in die Unabhängigkeit trieben Misswirtschaft, ethnisch motivierte Spannungen und Querelen der Regierung den Staat in bürgerkriegsähnliche Zustände. Während die politische Führung die Autorität über die eigenen Sicherheitskräfte verlor und sich in einen internen Machtkampf verstrickte, versuchten von Australien geführte ausländische Truppen seit Ende Mai 2006 die Ordnung wieder herzustellen. Im Juli übernahm Nobelpreisträger José Ramos-Horta die Regierungsverantwortung, um das Land aus der Krise zu führen.

▪ **Spaltung der Armee, Gewalteskalation:** Eine **Demonstration von rd. 600 Soldaten und Offizieren**, die etwa 40 % der gesamten Streitkräfte des Landes ausmachen, am 8. 2. 2006 vor dem Präsidentensitz in der Hauptstadt Dili mündete nach ergebnislosen Verhandlungen mit der Regierung in eine Meuterei. Die aufbegehrenden Soldaten beschwerten sich über schlechte Behandlung in der Truppe, fehlende Aufstiegschancen und Korruption. Sie gehörten vorwiegend einer im Westen des Landes beheimateten Ethnie an, die sich in den Machtstrukturen des neuen Staates unterrepräsentiert fühlt. Von den anderen Volksgruppen wird ihr vorgeworfen, sich im Widerstand gegen die indonesischen Besatzer (1975–99) und im Unabhängigkeitsprozess weitgehend passiv verhalten zu haben.

Die Auseinandersetzung eskalierte, nachdem die Armeeführung am 17. 3. die Entlassung von 593 streikenden Militärangehörigen verfügt hatte. Der anfänglich friedliche Protest der Betroffenen weitete sich zur **Rebellion gegen die sozialen Missstände** aus und griff auf andere Ortschaften und Regionen über. Untereinander rivalisierende bewaffnete Gangs beteiligten sich an Schießereien, Plünderungen, Brandschatzungen und Gebäudebesetzungen. Unkontrollierbar wurde nach Mitte Mai die Lage, als ein Teil der Polizeikräfte die Seite wechselte. Während der Unruhen kamen mehrere Dutzend Menschen ums Leben. Um der Gewalt zu entgehen, flüchteten ab Anfang Mai zwischen 50 000 und 100 000 Einwohner aus Dili in die umliegenden Berge.

▪ **Intervention des Auslands:** Am 24. 5. richtete Präsident José Alexandre »Xanana« Gusmão an die frühere Kolonialmacht Portugal sowie Australien, Neuseeland und Malaysia die **Bitte, Polizei und Militär nach Osttimor zu entsenden**, um einen Bürgerkrieg zu verhindern. Am nächsten Tag traf eine australische Voraustruppe auf dem Flughafen von Dili für Sicherungsmaßnahmen ein, während die australische Kriegsmarine schon ab Mitte Mai mit vier Schiffen vor Osttimor auf einen möglichen Einsatz wartete. In den nachfolgenden Tagen erreichte die ausländische Truppen- und Polizeipräsenz rd. 2250 Sicherheitskräfte, darunter 1800 australische Soldaten. In der zweiten Juniwoche waren die kämpfenden Parteien voneinander getrennt, weitgehend entwaffnet und die Lage unter Kontrolle gebracht.

Das **UN-Welternährungsprogramm** (WFP) kündigte Mitte Mai humanitäre Hilfe im Wert von rd. 500 000 € für die Versorgung von mehr als 130 000 Obdachlosen und Flüchtlingen an, von denen der größte Teil in Auffanglagern untergekommen war. Der **UN-Sicherheitsrat**, der am 12. 5. das eine Woche später auslaufende Mandat für die faktisch nur noch symbolisch existente UN-Polizeitruppe auf Osttimor um 30 Tage verlängert hatte, beschloss am 20. 6. die **Entsendung einer neuen Friedenstruppe**. Sie sollte bis zum 20. 8. die von der Regierung in Dili ins Land gerufenen Interventionskräfte ablösen.

▪ **Machtkampf in der Regierung:** Die aufständischen Soldaten und andere protestierende Gruppen machten für die Eskalation in erster Linie den unpopulären **Ministerpräsidenten Mari Alkatiri verantwortlich**, der

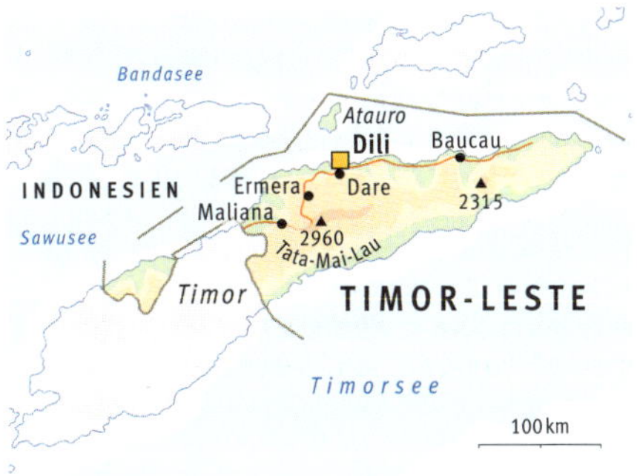

Präsident José Alexandre Gusmão in Dili am 1. 6. 2006

auf ihre Anliegen nicht eingegangen sei und schließlich auf sie habe schießen lassen. Alkatiri wies die auch von anderen Gruppen der Bevölkerung geteilte Forderung nach Rücktritt zurück und ließ sich am 19. 5. als Parteivorsitzender der regierenden Partei Fretilin bestätigen. Am 25. 5. entzog Präsident Gusmão, der in seinem Amt eigentlich auf repräsentative Aufgaben beschränkt ist, Alkatiri die Kontrolle über die verbliebenen Militär- und Polizeikräfte und entließ die in der Regierung zuständigen Minister. Der Regierungschef akzeptierte die Entscheidung erst nach einer Krisensitzung des Staatsrats am 29./30. 5. Als deren Ergebnis verhängte Präsident Gusmão (→ Foto) den **Notstand für 30 Tage** und übertrug Außenminister José Ramos Horta zusätzlich die Verantwortung für das Verteidigungs- und das Innenressort. Mitte Juni folgten die ersten Gruppen von Aufständischen dem Aufruf des Präsidenten und übergaben den Friedenstruppen ihre Waffen. Am 26. 6. gab Alkatiri der Aufforderung des Präsidenten und dem Druck der Demonstranten nach und trat zurück. **Ramos-Horta**, der zwischenzeitlich das Kabinett verlassen hatte, um Alkatiri zu isolieren, wurde am 10. 7. als **neuer Regierungschef** vereidigt. Gegen den früheren Inneminister Rogerio Lobato wurde Haftbefehl wegen des Vorwurfs erlassen, durch Verteilung von Waffen an Zivilisten die Unruhen angefacht zu haben.

▪ **»Greater Sunrise«-Vertrag:** Nach vierjährigen Verhandlungen unterzeichneten im Beisein der beiden Ministerpräsidenten Alkatiri und John Winston Howard Außenminister Ramos Horta und sein australischer Amtskollege Alexander Downer am 12. 1. 2006 eine neue Vereinbarung über die **Aufteilung der Erlöse** aus der Ausbeutung des von beiden Staaten hoheitsrechtlich beanspruchten **Erdöl- und Erdgasfeldes »Greater Sunrise«** (→ Karte bei Australien). Beide Seiten einigten sich, den Seegrenzkonflikt für 50 Jahre zu vertagen und von den erwarteten Einnahmen von bis zu 20 Mrd. US-$, verteilt über eine Zeitspanne von 20 Jahren, jeweils die Hälfte zu erhalten. Die strittige Entscheidung über den Standort der Raffinerien und Verladeanlagen wurde vertagt. Der Vertrag muss noch von beiden Staaten ratifiziert werden. Eine erste Vereinbarung, die wesentlich ungünstiger für Osttimor ausgefallen war, hatte das osttimorische Parlament nicht akzeptiert. Die Aufnahme der Förderung durch das Sunrise-Konsortium, in dem vier internationale Konzerne vertreten sind, wird für frühestens 2011 erwartet.

▪ **Aufarbeitung der indonesischen Besatzungsherrschaft:** Nach mehrmonatiger Verzögerung übergab Präsident Gusmão am 20. 1. 2006 UN-Generalsekretär Kofi Annan einen Untersuchungsbericht zur indonesischen Unterdrückungspolitik in Osttimor während der Besetzung 1975–99. Das 2500 Seiten starke Dokument war von einer 2002 einberufenen unabhängigen **»Kommission für Aufarbeitung, Wahrheit und Versöhnung«** erarbeitet worden, die nach südafrikanischem Vorbild über 7000 Zeugen befragt hatte. Zu den zentralen Ergebnissen der Nachforschungen zählt, dass der indonesischen Besatzungsmacht direkt oder indirekt der **Tod von zwischen 84 000 und 183 000 Osttimorern** zuzurechnen ist, dass von ihr zahlreiche Verbrechen gegen die Menschlichkeit begangen wurden und dass die Verantwortlichkeit hierfür, speziell bei den Ereignissen im Jahr 1999, bis in die politische Führung Indonesiens zurückverfolgt werden kann. Laut Bericht sind etwa 10 % der Menschenrechtsverletzungen von den Unabhängigkeitskämpfern verübt worden. Deren ehemaliger Anführer und derzeitiger Präsident Gusmão betonte bei Übergabe des Berichts an die UN, er solle **nicht als Anklageschrift** verstanden werden, sondern helfen, aus der Geschichte zu lernen. Gemeinsam mit dem indonesischen Präsidenten Susilo Bambang Yudhoyono verwies er am 17. 2. bei einem gemeinsamen Treffen auf der Insel Bali auf die Arbeit der bilateralen **»Wahrheits- und Freundschaftskommission«**, die beiden Staatsführern bedeutsamer erschien. Dieses 2005 eingesetzte Gremium befasst sich aber nur mit den Ereignissen im Jahr 1999.

▪ **Armutsprobleme:** Trotz massiver internationaler Hilfe, die dem **ärmsten asiatischen Land** im Zuge des Unabhängigkeitsprozesses und nach Erlangung der vollen Souveränität (2002) zuteil wurde, verbesserten sich die Lebensbedingungen nicht. Das UN-Entwicklungsprogramm (UNDP) veröffentlichte am 9. 3. einen Bericht, nach dem sich die knapp 1 Mio. Einwohner mit einem durchschnittlichen Pro-Kopf-Jahreseinkommen von 550 US-$ begnügen müssen. Die Hälfte der Bevölkerung hat keinen Zugang zu sauberem Trinkwasser, 6 % der Neugeborenen sterben im ersten Lebensjahr, die durchschnittliche Lebenserwartung liegt bei 55 Jahren, 15 Jahre unter dem asiatischen Durchschnitt. Etwa die Hälfte der erwachsenen Bevölkerung sind Analphabeten, 30 % arbeitslos.

Togo West-Afrika

Republik Togo; République togolaise – TG / TGO

Fläche (Weltrang: 122): 56 785 km²

Einwohner (101): F 2004 5 988 000 = 106 je km²

Hauptstadt: Lomé

Amtssprachen: Französisch, Kabyé, Ewe

Bruttonationaleinkommen 2004 je Einw.: 310 $

Währung: CFA-Franc
Kurs: 1 € = 655,96 CFA-Francs

Botschaft der Republik Togo
Grabbeallee 43, 13156 Berlin
T 030 / 48 47 64 71, Fax 49 90 89 68
www.botschaft-togo.de

LANDESSTRUKTUR **Fläche**: 56 785 km²; Karte → WA 2006, S. 450 ▪ **Verwaltung**: 5 Regionen ▪ **Städte**: (F 2003) Lomé 839 000 Einw. (A 1 194 000), Sokodé 101 000; (S 2003) Kara 95 000; (F 2003) Kpalimé 68 000, Atakpamé 68 000, Tsévié 44 000

BEVÖLKERUNG Togoer – F 2004: 5 988 000 Einw.; Bevölkerungswachstum: 2,6 %; letzte Zählung 1981: 2 703 250 Einw. – v. a. Kwa-Völker (22 % Ewe, 10 % Watchi) und Gur-Völker (13 % Kabyé) (Temba, Mopa, Gurma, und Losso); daneben Hausa, Fulbe ca. 4000 Europäer (meist Franzosen) ▪ **Sprachen**: Französisch; Ewe, Kabyé, Gur-Sprachen (Moba und Gurma), Fulbe, Yoruba und Hausa ▪ **Religion** 2000: 48 % Christen (28 % Katholiken, 10 % Protestanten), 33 % Anhänger von indigenen Religionen, , 14 % Muslime (Sunniten)

STAATS- UND REGIERUNGSFORM Verfassung von 1993, zuletzt geändert 2003 – Präsidialrepublik seit 1967 – Parlament (Assemblée Nationale) mit 81 Mitgl., Wahl alle 5 J. – Direktwahl des Staatsoberhauptes alle 5 J. – Wahlrecht ab 18 J. ▪ **Unabhängigkeit**: 27. 4. 1960 (ehem. französisches Treuhandgebiet) ▪ **Nationalfeiertag**: 27. 4.

REGIERUNG UND PARTEIEN **Staatsoberhaupt**: Faure Gnassingbé (RPT), seit 4. 5. 2005 – **Regierungschef**: Edem Kodjo (RPT), seit 8. 6. 2005 – **Äußeres**: Zarifou Ayéva, seit 20. 6. 2005 ▪ **Parlament**: Wahlen vom 27. 10. 2002: Rassemblement du Peuple Togolais / RPT 72 von 81 Sitzen (1999: 79), Sonstige 9 (2); Boykott der Oppositionsparteien

WIRTSCHAFT **BIP** 2004: 2,061 Mrd. $; realer Zuwachs: 3,0 %; Anteil (2004) Landwirtschaft 41 %, Industrie 23 %, Dienstleistungen 36 % ▪ **Erwerbstätigkeit** 2003: Landwirtsch. 58 % ▪ **Arbeitslosigkeit**: k. A. ▪ **Inflation** ∅ 2003: –1,0 % ▪ **Außenhandel** 2003: **Import**: 914 Mio. $; *Güter* 2002: 25 % bearbeitete Waren, 19 % Maschinen und Transportausrüstungen, 16 % Nahrungsmittel und lebende Tiere, 15 % mineralische Brennstoffe und Schmiermittel, 10 % chemische Erzeugnisse; *Länder* 2002: 20 % Frankreich, 6 % Elfenbeinküste, 6 % Kanada, 5 % Belgien, 5 % Deutschland; **Export**: 568 Mio. $; *Güter* 2003: 26 % Zement, 19 % Baumwolle, 7 % Phosphat; *Länder* 2002: 22 % Ghana, 13 % Benin, 13 % Burkina Faso, 5 % Niger

CHRONIK

Nach den politischen Unruhen des vergangenen Jahres, die durch den Tod des langjährigen Diktators Gnassingbé Eyadema und die fragwürdige Machtübernahme seines Sohnes Faure Gnassingbé ausgelöst worden waren (→ WA 2006, S. 450 f.), **beruhigte sich die Situation** in der zweiten Jahreshälfte 2005 wieder.

Am 20./21. 7. 2005 kamen Staatspräsident Gnassingbé und der prominente Oppositionsführer Gilchrist Olympio, Sohn des von Eyadema 1963 entmachteten früheren Staatschefs Sylvanus Olympio, zu Gesprächen in Rom zusammen. Olympios Union des Forces du Changement (UFC) hatte es nach den umstrittenen Präsidentschaftswahlen im April 2005 abgelehnt, als Juniorpartner mit Gnassingbés Rassemblement du Peuple Togolais (RPT) eine Regierung der nationalen Einheit zu bilden. Beide Politiker kamen überein, ihre Fehde zu beenden und alle politischen Gefangenen freizulassen. Zudem riefen sie die rd. 38 000 Menschen, die vor den gewaltsamen Unruhen geflohen waren, zur Rückkehr auf.

Einem Ende September von der Menschenrechtskommissarin der Vereinten Nationen (UN), Louise Arbour, veröffentlichten Bericht zufolge waren bei den Ausschreitungen im Zusammenhang mit Gnassingbés Regierungsübernahme bis zu 500 Menschen getötet und mehrere Tausend verletzt worden. Die UN-Menschenrechtskommission machte vor allem die staatlichen Sicherheitskräfte für die Eskalation der Gewalt verantwortlich und forderte die Regierung auf, eine Wahrheitskommission zur Aufklärung der Vorfälle einzusetzen.

Im Zusammenhang mit einem Bombenanschlag auf das Polizeihauptquartier in Lomé im Februar 2006, bei dem niemand verletzt wurde, schrieben die Behörden Mitte März den Cousin von Gilchrist Olympio und früheren Minister unter Eyadema, Harry Olympio, zur Fahndung aus. Harry Olympio war als Vorsitzender des Rassemblement pour le Soutien de la Démocratie et du Développement (RSDD) bei den Präsidentschaftswahlen im April 2005 gegen Gnassingbé angetreten und hatte seinem Gegner Wahlmanipulation vorgeworfen.

Tonga Ozeanien

Königreich Tonga; Pule'anga Fakatu'i 'o Tonga – TO / TON

Fläche (Weltrang: 173): 748 km²

Einwohner (180): F 2004 102 000 = 136 je km²

Hauptstadt: Nuku'alofa

Amtssprache: Tongaisch

Bruttonationaleinkommen 2004 je Einw.: 1860 $

Währung: 1 Pa'anga (T$) = 100 Seniti
Kurs: 1 US-$ = 2,06 T$; 1 € = 2,71 T$

Honorargeneralkonsul des Königreichs Tonga
Kalkumer Schlossallee 47, 40489 Düsseldorf
T 02 11 / 2 00 66 92, Fax 2 00 66 93

LANDESSTRUKTUR **Fläche**: 748 km²; 169 Inseln, davon Tongatapu 261 km², Vava'u 119 km², Ha'apai 110 km², Eua 87 km², Niuas 72 km²; Karte → WA 2006, S. 452 ▪ **Verwaltung**: 5 Verwaltungseinheiten ▪ **Städte**: (S 2003) Nuku'alofa (Tongatapu) 34 654 Einw. ▪ **Inseln:** (Z 1996) Tongatapu 66 979 Einw., Vava'u 15 715, Ha'apai 8138, Eua 4934, Niuas 2018

BEVÖLKERUNG Tongaer – F 2004: 102 000 Einw.; Bevölkerungswachstum: 0,4 %; letzte Zählung 1996: 97 446 Einw. – ca. 99 % polynesische Tongaer; 300 Europäer ▪ **Sprachen**: Tongaisch (polynesische Sprache); Englisch ▪ **Religion**: 36 % Methodisten, 15 % Katholiken, 15 % Mormonen, 5 % Adventisten, 1 % Anglikaner

STAATS- UND REGIERUNGSFORM Verfassung von 1875 mit Änderungen – Konstitutionelle Monarchie (im Commonwealth) seit 1875 – Parlament mit 30 Mitgliedern (9 gewählt, 9 von 33 Adelsfamilien bestimmte Häuptlinge, 10 vom König auf Lebenszeit nominierte Minister, 2 Gouverneure), Wahl alle 3 J. – Wahlrecht ab 21 J. ▪ **Unabhängigkeit**: 4. 6. 1970 (ehem. britisches Protektorat) ▪ **Nationalfeiertag**: 4. 6.

REGIERUNG UND PARTEIEN **Staatsoberhaupt**: König Taufa'ahau Tupou IV., seit 1965, gekrönt 1967 – **Regierungschef**: Feleti Sevele, seit 11. 2. 2006 – **Äußeres**: Sonatone Tu'a Taumoepeau Tupou, seit 24. 8. 2004 ▪ **Parlament**: Wahlen vom 16. 3. 2005: Human Rights and Democracy Movement 7 von 9 Sitzen (2002: 7), Unabhängige 2 (2)

WIRTSCHAFT **BIP** 2004: 213 Mio. $; realer Zuwachs: 4,3 %; Anteil (2004) Landwirtschaft 29 %, Industrie 15 %, Dienstleistungen 56 % ▪ **Erwerbstätigkeit** 2003: Landwirtsch. 32 % ▪ **Arbeitslosigkeit** ∅ 2003: 5,2 % ▪ **Inflation** ∅ 2003: 11,6 % ▪ **Außenhandel** 2004: **Import**: 206 Mio. T$; *Güter*: 20 % mineralische Brenn- und Schmierstoffe, 14 % Nahrungsmittel, 12 % Maschinen und Apparate, 11 % lebende Tiere und Tierprodukte; *Länder*: 37 % Neuseeland, 21 % Australien, 17 % Fidschi, 8 % USA, 6 % VR China; **Export**: 31 Mio. T$; *Güter*: v. a. Nahrungsmittel; *Länder*: 44 % Japan, 19 % Neuseeland, 13 % USA, 7 % Rep. Korea

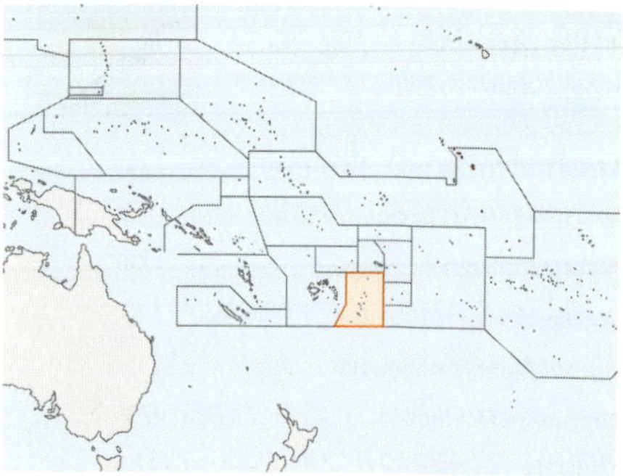

CHRONIK

Eine massive Erhöhung der Bezüge für die Minister provozierte im Juli 2005 Unruhen und am 22. 7. 2005 den **ersten nationalen Streik** in der Geschichte der pazifischen Inselmonarchie. Während ein Kabinettsmitglied nun auf ein Jahresgehalt von mehr als 100 000 Pa'anga (rd. 42 000 €) kam, musste ein Polizeibeamter seinen Dienst für 1336 Pa'anga versehen. Der Ausstand von rd. 3000 Staatsangestellten legte für sechs Wochen den öffentlichen Dienst lahm und endete am 5. 9. mit stufenweisen Entgeltserhöhungen zwischen 60 und 80 %. Der Streik gab zugleich der **Demokratiebewegung** Auftrieb, der sich auch ein Neffe des 87jährigen Monarchen, der reformorientierte Prinz Tu'ipelehake, angeschlossen hatte. An einer Massenkundgebung am 6. 9. in der Hauptstadt Nuku'alofa beteiligten sich etwa 10 000 Demonstranten, etwa ein Zehntel der auf Dutzende Inseln verteilten Bevölkerung. Sie **verlangten den Rücktritt des Premierministers** (eines Sohnes von König Taufa'ahau Tupou IV.) und eine **Verfassungsreform** zur Einführung einer echten parlamentarischen Demokratie. Nach der bisher geltenden Verfassung stellen der König und 33 Adelsfamilien zwei Drittel der 20 Mitglieder des Parlaments, nur neun werden in freier Wahl bestimmt. Am 18. 10. stimmte König Taufa'ahau Tupou IV. der Berufung einer Verfassungskommission zu. Am 11. 2. 2006 **erklärte Premierminister Prinz Lavaka'ata Ulukalala seinen Rücktritt** und wurde durch den bisherigen Arbeits- und Wirtschaftsminister Feleti Sevele ersetzt. Er ist der erste Regierungschef, der nicht dem Adel angehört und von der Bevölkerung ins Parlament gewählt wurde.

Ein schweres **Erdbeben** mit einer Stärke von 8,1 Punkten auf der Richterskala erschütterte am 3. 5. 2006 den Tonga-Archipel, zu dem zunächst befürchteten Tsunami kam es jedoch nicht. Menschen kamen nicht zu Schaden, auch Gebäude wurden nicht zerstört.

Trinidad und Tobago

Mittel-Amerika; Karibik

Republik Trinidad und Tobago
Republic of Trinidad and Tobago – TT/TTO

Fläche (Weltrang: 164): 5128 km²

Einwohner (148): F 2004 1301000 = 254 je km²

Hauptstadt: Port of Spain

Amtssprache: Englisch

Bruttonationaleinkommen 2004 je Einw.: 8730 $

Währung: 1 Trinidad-und-Tobago-Dollar (TT$) = 100 Cents
Kurs: 1 US-$ = 6,31 TT$; 1 € = 8,21 TT$

Honorarkonsul der Republik Trinidad und Tobago
Raboisen 3, 20097 Hamburg
T 040/2 20 03 96, Fax 2 20 67 56

LANDESSTRUKTUR **Fläche**: 5128 km²; davon Trinidad 4828 km², Tobago 300 km²; Karte → WA 2006, S. 453 ▪ **Verwaltung**: 11 Regionen, 3 Bezirke und 2 Städte ▪ **Städte**: (Z 2000) Chaguanas 67433 Einw., San Fernando 55419, Port of Spain 49031, Arima 32278

BEVÖLKERUNG F 2004: 1301000 Einw.; Bevölkerungswachstum: 0,3 %; letzte Zählung 2000: 1262366 Einw. – 1990: 40,3 % Inder, 39,6 % Schwarze, 18,5 % Mulatten ▪ **Sprachen**: Englisch; Französisch, Spanisch, Hindi, Chinesisch und Kreolisch (Patois) ▪ **Religion** 1990: 40,3 % Christen (29,4 % Katholiken, 10,9 % Anglikaner), 23,8 % Hindus, 5,8 % Muslime

STAATS- UND REGIERUNGSFORM Verfassung von 1976 – Präsidialrepublik (im Commonwealth) seit 1976 – Parlament: Repräsentantenhaus mit 36 Mitgl., Wahl alle 5 J.; Senat mit 31 vom Staatsoberh. ernannten Mitgl. (16 auf Vorschlag des Premiers, 6 auf Vorschlag des Oppositionsführers, 9 Unabhängige) – Parlament von Tobago mit 15 Mitgl. (12 gewählt) – Wahl des Staatsoberhauptes durch Wahlkollegium alle 5 J. – Wahlrecht ab 18 J. ▪ **Unabhängigkeit**: 31. 8. 1962 (ehem. britische Kolonie) ▪ **Nationalfeiertag**: 31. 8.

REGIERUNG UND PARTEIEN **Staatsoberhaupt**: George Maxwell Richards, seit 17. 3. 2003 – **Regierungschef**: Patrick Manning (PNM-Vors.), seit 24. 12. 2001 – **Äußeres**: Knowlson Gift, seit 26. 12. 2001 ▪ **Parlament**: Wahlen zum Repräsentantenhaus vom 7. 10. 2002: People's National Movement/PNM 20 von 36 Sitzen (2001: 18), United National Congress/UNC 16 (18) – Senat (Sitzverteilung): PNM 16, UNC 6, Unabhängige 9; Wahlen zum Parlament von Tobago vom 17. 1. 2005: PNM 11 von 12 Sitzen (2001: 8), Democratic Action Congress/DAC 1 (–), National Alliance for Reconstruction/NAR – (4)

WIRTSCHAFT **BIP** 2004: 12,544 Mrd. $; realer Zuwachs: 6,2 %; Anteil (2004) Landwirtschaft 1 %, Industrie 47 %, Dienstleistungen 52 % ▪ **Erwerbstätigkeit** 2002: Landwirtsch. 7 %, Industrie 28 %, Dienstl. 64 % ▪ **Arbeitslosigkeit** ∅ 2005: 8,4 % ▪ **Inflation** ∅ 2005: 5,3 % ▪ **Außenhandel** 2005 (vorläufig): **Import**: 4,308 Mrd. $; *Güter* 2004: 37 % Maschinen und Transportausrüstungen, 24 % mineralische Brennstoffe, Schmiermittel, 17 % verschiedene Fertigerzeugnisse, 7 % chemische Erzeugnisse, 7 % Nahrungsmittel; *Länder* 2004: 34 % USA, 15 % EU außer Großbritannien, 5 % Großbritannien, 3 % Venezuela, 2 % Kanada, 2 % Caricom; **Export**: 6,765 Mrd. $; *Güter* 2004: 60 % mineralische Brennstoffe, Schmiermittel, 24 % chemische Erzeugnisse, 9 % verschiedene Fertigerzeugnisse, 2 % Nahrungsmittel; *Länder* 2004: 69 % USA, 13 % Caricom, 3 % EU

CHRONIK

Vier seit Juli 2005 verübte Bombenattentate wurden der radikalislamischen Gruppierung Jamaat al Muslimeen angelastet. Sie hatte 1990 versucht, in einem Putsch die Regierung zu übernehmen. Ihr Anführer **Yasin Abu Bakr** sowie vier seiner Anhänger wurden zwar im Zusammenhang mit den Anschlägen vom Juli 2005 verhaftet, jedoch nach zwei Tagen wieder freigelassen. Auch der Versuch, Abu Bakr am 7. 11. auf der Grundlage des gerade vom Parlament verabschiedeten Antiterrorismus-Gesetzes zu inhaftieren, scheiterte. Die Anklage, in radikalislamischen Predigten zu Gewalttaten aufgerufen zu haben, musste Ende Januar 2006 fallen gelassen werden, lediglich der Anklagepunkt des illegalen Waffenbesitzes wurde aufrechterhalten.

Wegen der **starken Zunahme krimineller Gewalt** – allein in den ersten neun Monaten des Jahres 2005 verzeichnete die Polizei mehr als 300 Morde und 160 Entführungen – protestierten am 23. 10. über 10 000 Menschen in der Hauptstadt Port of Spain gegen die Unfähigkeit der Regierung, der Kriminalität Herr zu werden. Am 16. 3. 2006 gab Premierminister Patrick Manning bekannt, zur Unterstützung der Polizeibehörden Sicherheitsbeamte des britischen Scotland Yard anfordern zu wollen.

Energieminister Eric Williams trat am 9. 1. 2006 nach einem **Korruptionsskandal** zurück. Ihm war vorgeworfen worden, für die Vergabe von Regierungsaufträgen Bestechungsgelder angenommen zu haben. Im April wurde der Vorsitzende des oppositionellen United National Congress (UNC) und ehemalige Premierminister Basdeo Panday wegen **Steuerhinterziehung** während seiner Amtszeit (1995–2001) zu zwei Jahren Haft verurteilt.

Tschad Zentral-Afrika

Republik Tschad; République du Tchad; Ǧumhūrīyya Tashād (arabisch) – TD / TCD

Fläche (Weltrang: 20): 1 284 000 km²

Einwohner (81): F 2004 9 448 000 = 7,4 je km²

Hauptstadt: N'Djamena

Amtssprachen: Französisch, Arabisch

Bruttonationaleinkommen 2004 je Einw.: 250 $

Währung: CFA-Franc
Kurs: 1 € = 655,96 CFA-Francs

Botschaft der Republik Tschad
52, boulevard Lambermont, B-1030 Brüssel
T 0032-2-2 15 19 75, Fax 2 16 35 26

LANDESSTRUKTUR **Fläche**: 1 284 000 km²; Karte → WA 2006, S. 454 ▪ **Verwaltung**: 28 Départements ▪ **Städte**: (S 2003) N'Djamena 796 853 Einw.; (Z 1993) Moundou 281 477, Sarh 198 113, Bongor 194 992, Abéché 187 757

BEVÖLKERUNG Tschader – F 2004: 9 448 000 Einw.; Bevölkerungswachstum: 3,4 %; letzte Zählung 1993: 6 279 931 Einw. – insg. rd. 200 Ethnien: ca. 15 % Araber, im Sahelgebiet arabisierte Völker (Kanembou, Boulala, Hadjerai, Dadjo u. a.), 30 % Sara (im S), 20 % tschadische Gruppen, 2 % Tibbu-Daza-Gruppen im Tebesti, Hausa, Fulbe ▪ **Sprachen**: Französisch, Arabisch; Sara, Baguirmi, Boulala, Tibbu-Gorane u. a. ▪ **Religion**: 54 % Muslime, 30 % Christen (v. a. Katholiken); indigene Religionen

STAATS- UND REGIERUNGSFORM Verfassung von 1996, zuletzt geändert 2005 – Präsidialrepublik seit 1960 – Parlament: Nationalversammlung (Assemblée Nationale) mit 155 Mitgl., Wahl alle 4 J. – Direktwahl des Staatsoberhauptes alle 5 J. – Wahlrecht ab 18 J. ▪ **Unabhängigkeit**: 11. 8. 1960 (ehem. französische Kolonie) ▪ **Nationalfeiertag**: 11. 8.

REGIERUNG UND PARTEIEN **Staatsoberhaupt**: Idriss Déby (MPS-Vors.), seit 1990; wieder gewählt 2001 – **Regierungschef**: Pascal Yoadimnadji, seit 3. 2. 2005 – **Äußeres**: Ahmad Allammi, seit 7. 8. 2005 ▪ **Parlament**: Wahlen vom 21. 4. 2002: Mouvement Patriotique pour le Salut/MPS 108 von 155 Sitzen (1997: 55 von 125), Rassemblement pour la Démocratie et le Progrès/RDP 14 (–), Fédération Action pour la République/FAR 10 (–), Union pour le Renouveau et la Démocratie/URD 6 (31), Union Nationale pour le Développement et le Renouveau/UNDR 3 (15), Sonstige 11 (24), vakant 3

WIRTSCHAFT **BIP** 2004: 4,221 Mrd. $; realer Zuwachs: 29,8 %; Anteil (2003) Landwirtschaft 46 %, Industrie 13 %, Dienstleistungen 41 % ▪ **Erwerbstätigkeit** 2003: Landwirtsch. 72 % ▪ **Arbeitslosigkeit**: k. A. ▪ **Inflation** ∅ 2003: –1,9 % ▪ **Außenhandel** 2004: **Import**: 1,400 Mrd. €; *Güter*: v. a. Fahrzeuge, Nahrungsmittel; **Export**: 0,630 Mrd. €; *Güter*: v. a. Baumwolle, Viehzuchtprodukte, Erdöl

CHRONIK

Das Regime von Präsident Idriss Déby geriet unter verstärkten militärischen Druck einer neu formierten Rebellenbewegung und konnte seinen Sturz im April 2006 nur mit Hilfe des französischen Militärs verhindern. Die steigenden Einnahmen aus dem Erdölexport förderten nicht die Konsolidierung einer legitimen politischen Ordnung, da die Opposition an der Präsidentschaftswahl im Mai 2006, bei der Déby im Amt bestätigt wurde, nicht teilgenommen hatte.

▪ **Rebellion:** Mit der Auflösung der sog. Republikanischen Garde, einer Eliteeinheit zum Schutz des Staatsoberhaupts, am 29. 10. 2005 und der Umstrukturierung von Teilen der Armeeführung am 15. 11. reagierte Präsident Idriss Déby auf eine Armeemeuterei unter Führung der neu gebildeten Rebellenbewegung Socle pour le Changement, l'Unité et la Démocratie, später in Front Uni pour le Changement Démocratique (FUCD) umbenannt. Die **Rebellion** von desertierten Nationalgardisten hatte am **16. 10. 2005 zunächst im Nordosten begonnen**. Die Meuterer von der Ethnie der Zaghawa, der auch Präsident Déby sowie ein Teil der in Darfur kämpfenden Rebellenbewegungen (→ Sudan) angehört, erklärten zum Ziel ihrer Revolte, die Regierung Déby zu stürzen. Auch Mitglieder der Republikanischen Garde sollen sich ihr angeschlossen haben.

Die Meuterei führte zu **Spannungen mit dem Sudan**, dem die Regierung vorwarf, die FUCD-Rebellen mit Waffen und Geld zu versorgen und ihnen Rückzugsbasen zur Verfügung zu stellen. Nach einem Angriff am 18. 12. auf eine Armeekaserne im Grenzort Adré erklärte die Regierung am 23. 12., sich im Kriegszustand mit dem Sudan zu befinden. Der Präsident des Sudan, Omar Hassan Ahmad al-Bashir, wies alle Anschuldigungen zurück und unterstellte Präsident Déby, mit der Schuldzuweisung von der Meuterei ablenken zu wollen. Nach Vermittlungsbemühungen der Afrikanischen Union (AU) unterzeichneten Déby und der sudanesische Staatspräsident Bashir am 7. 2. 2006 in Tripolis ein **Abkommen zur Normalisierung der diplomatischen Beziehungen**. Gleichzeitig verpflichteten sich beide Seiten, keine der Rebellenbewegungen, die im jeweils anderen Staat operieren, zu unterstützen. Der Vorschlag Libyens, zum Schutz der Grenze eine Friedenstruppe mit bis zu 100 000 Soldaten aufstellen, wurde verworfen.

Bei einer verlustreichen Offensive der Armee gegen FUCD-Stellungen entlang der Grenze zum Sudan flohen am 20. 3. zahlreiche Rebellen in das Nachbarland.

Die Regierung hatte am 15. 3. bekannt gegeben, einen Putschversuch von Armeeoffizieren vereitelt zu haben. Beim **Vormarsch der Rebellen ins Zentrum des Landes** – am 13. 4. gelang es einigen Einheiten, Teile der Hauptstadt N'Djamena zu besetzen – kam es zu schweren Artilleriegefechten; 370 Rebellen und 30 Regierungssoldaten kamen dabei nach offiziellen Angaben ums Leben. Mit der logistischen Unterstützung von 1200 im Land stationierten französischen Soldaten, z. T. auch unter **Einsatz französischer Kampfflugzeuge**, konnten die Rebellenmilizen zurückgeschlagen werden.

Mitte April versuchten die verschiedenen Rebellengruppen des FUCD sich mit den noch verbliebenen Einheiten des im Norden des Tschad operierenden Mouvement pour la Démocratie et la Justice au Tschad (MDJT) zu verbünden. Das MDJT hatte zwar am 18. 8. 2005 ein Friedensabkommen mit der Regierung geschlossen, das einen Waffenstillstand, die Reintegration der Kämpfer in die Nationalarmee sowie die Räumung der von der MDJT besetzt gehaltenen Minen vorsah. Zwischen MDJT und Regierung waren allerdings seit 2001 drei entsprechende Verträge abgeschlossen worden, ohne dass sich der Status Quo geändert hatte. Militärische Offensiven der Rebellen hielten im Verlauf des Jahres 2006 weiter an.

Präsident Idriss Déby im Wahlkampf

- **Präsidentschaftswahlen:** Bei dem Urnengang am 3. 5. 2006 platzierte sich Präsident Déby (→ Foto) im ersten Durchgang bei einer Wahlbeteiligung von 53,1 % mit offiziell 64,7 % der Stimmen weit vor vier Gegenkandidaten aus den Regierungsparteien, die alle unter 8 % blieben. Die Opposition hatte einen Boykott der Wahlen beschlossen, weil sich Präsident Déby durch eine Verfassungsänderung im Juni 2005 die Möglichkeit einer dritten Amtszeit gesichert hatte.
- **Habré-Prozess:** Beim Gipfeltreffen am 23./24. 1. 2006 beschlossen die Staats- und Regierungschefs der AU, den früheren Präsidenten Hissène Habré (1982–90) nicht an Belgien auszuliefern, und beriefen eine Kommission ein, die den Fall weiter untersuchen soll. Die senegalesische Polizei hatte Habré, der im Exil in Senegal lebt, nach Erlass eines internationalen Haftbefehls wegen Verbrechen gegen die Menschlichkeit

und Folter am 15. 11. 2005 verhaftet und am 26. 11. unter Hausarrest gestellt. Für seine Auslieferung an den Tschad hatten sie sich für nicht zuständig erklärt und die Entscheidung an die AU übertragen. Habré war bereits 2000 in Senegal angeklagt worden, nachdem eine tschadischen Wahrheitskommission ihm 40 000 politische Morde und 200 000 Fälle von Folter vorgeworfen hatte. Die Richter hatten damals jedoch entschieden, dass Habré nicht nach senegalesischem Recht der Prozess gemacht werden könnte.
- **Erdöleinnahmen:** Präsident Déby unterzeichnete am 11. 1. 2006 ein umstrittenes Gesetz über die Verteilung der Erdöleinnahmen, durch das 30 % der Einnahmen (statt der ursprünglich vorgesehenen 13,5 %) als Haushaltszuschuss verwendet werden können. Die Weltbank hatte nach der Ankündigung des Gesetzes im Oktober 2005 die Auszahlung ihrer Kredite eingestellt. Die Bestimmung über die zweckgebundene Verwendung der Erdöleinnahmen zur Armutsbekämpfung war Vorbedingung dafür gewesen, dass die Weltbank ein Projekt mit einem Umfang von 3,7 Mrd. US-$ mitfinanziert hatte, das den Export von Erdöl überhaupt erst ermöglicht hatte.

Anfang April 2006 drohte Präsident Déby mit der Einstellung der Erdölproduktion, von der auch internationale Unternehmen betroffen worden wären. Er verteidigte seine erhöhten Militärausgaben mit Hinweis auf den eskalierenden Konflikt mit den Rebellen und leitete daraus die Notwendigkeit eines Haushaltszuschusses aus Exportprofiten ab. Daraufhin stimmte die Weltbank Ende April Verhandlungen über eine Änderung des Verteilungsschlüssels für Erdöleinnahmen zu.

Tschechische Republik

Mittel-Europa

auch: Tschechien; Česká republika, Kurzform: Česko – CZ / CZE

Fläche (Weltrang: 113): 78 866 km²

Einwohner (77): F 2004 10 216 000 = 130 je km²

Hauptstadt: Praha (Prag)

Amtssprache: Tschechisch

Bruttonationaleinkommen 2004 je Einw.: 9130 $

Währung: 1 Tschechische Krone (Kč) = 100 Heller
Kurs: 1 US-$ = 21,91 Kč; 1 € = 28,50 Kč (1. 7. 2006)

Botschaft der Tschechischen Republik
Wilhelmstr. 44, 10117 Berlin
T 030 / 22 63 80, Fax 2 29 40 33
www.mzv.cz / berlin

LANDESSTRUKTUR **Fläche**: 78 866 km²; → Karte ▪ **Verwaltung**: 14 Regionen ▪ **Städte**: (F 2004) Praha (Prag) 1 165 581 Einw., Brno (Brünn) 369 559, Ostrava (Ostrau) 313 088; (F 2003) Plzeň (Pilsen) 164 180; (F 2004) Olomouc (Olmütz) 101 268, Liberec (Reichenberg) 97 770, České Budějovice (Budweis) 95 245, Hradec Králové (Königgrätz) 95 195, Ústí nad Labem (Aussig) 94 105, Pardubice (Pardubitz) 88 741, Havířov (Freistadt) 84 914, Zlín 79 177, Kladno 70 003

BEVÖLKERUNG Tschechen – F 2004: 10 216 000 Einw.; Bevölkerungswachstum: 0,1 %; letzte Zählung 2001: 10 292 933 Einw. – 90,3 % Tschechen, 3,7 % Mährer, 1,9 % Slowaken, 0,5 % Polen, 0,4 % Deutsche, 0,2 % Ukrainer, 0,1 % Roma (S 150 000–300 000) u. a. ▪ **Sprachen**: Tschechisch, Sprachen der Minderheiten ▪ **Religion** 2001: 26,7 % Katholiken, Minderheiten von Protestanten; 59 % konfessionslos

STAATS- UND REGIERUNGSFORM Verfassung von 1993, zuletzt geändert 2000 – Republik seit 1993 – Parlament: Repräsentantenhaus (Poslanecká sněmovna) mit 200 Mitgl., Wahl alle 4 J.; Senat mit 81 für 6 J. gewählten Mitgl., Teilwahlen alle 2 J. – Wahl des Staatsoberhauptes durch Parlament alle 5 J. (einmalige Wiederwahl) – Wahlrecht ab 18 J. ▪ **Unabhängigkeit**: Proklamation 28. 10. 1918; 1. 1. 1993 Trennung von der Slowakei ▪ **Nationalfeiertag**: 28. 10.

REGIERUNG UND PARTEIEN **Staatsoberhaupt**: Václav Klaus, (ODS), seit 7. 3. 2003 – **Regierungschef**: Mirek Topolánek (ODS-Vorsitzender), designiert – **Äußeres**: N. N. ▪ **Parlament**: Wahlen vom 2. / 3. 6. 2006: Demokratische Bürgerpartei / ODS 81 von 200 (2002: 58), Sozialdemokratische Partei / ČSSD 74 (70), Kommunistische Partei / KSČM 26 (41), Koalition aus Christlich-Demokratischer Union-Tschechoslowakische Volkspartei / KDU-ČSL 13 (zusammen mit Freiheitsunion / US 31), Grüne Partei 6 (–) Senat (nach Teilwahlen vom 5. / 6. / 12. / 13. 11. 2004: ODS 36 von 81 Sitzen (2002: 26), KDU-ČSL 13 (zusammen mit US 31), US 8 (zusammen mit KDU-ČSL 31), ČSSD 7 (11), KSČM 2 (3), Unabhängige 3 (5), Sonstige – 12 (5)

WIRTSCHAFT **BIP** 2004: 107,015 Mrd. $; realer Zuwachs: 4,4 %; Anteil (2004) Landwirtschaft 3 %, Industrie 38 %, Dienstleistungen 59 % ▪ **Erwerbstätigkeit** 2003: Landwirtsch. 4,5 %, Industrie 39,7 %, Dienstl. 55,8 % ▪ **Arbeitslosigkeit** ∅ 2005: 7,9 % ▪ **Inflation** ∅ 2005: 1,9 % ▪ **Außenhandel** 2005: **Import**: 61,662 Mrd. €; *Güter*: 16 % chemische Erzeugnisse, 10 % Maschinen und Ausrüstungen, 10 % Kfz und -teile, 8 % Metalle, 7 % sonstige Elektronik, Kommunikations- und Unterhaltungselektronik, 7 % Elektrotechnik, 7 % mineralische Brennstoffe, 5 % Büromaschinen und EDV, 4 % Produkte aus Metall, 4 % Nahrungsmittel; *Länder*: 30 % Deutschland, 6 % Russland, 5 % Polen, 5 % Slowakei, 5 % VR China, 5 % Italien, 5 % Frankreich (EU gesamt: 71 %); **Export**: 63,003 Mrd. €; *Güter*: 17 % Kfz und -teile, 13 % Maschinen und Ausrüstung, 11 % chemische Erzeugnisse, 8 % Elektrotechnik, 7 % Büromaschinen und EDV, 7 % Halbwaren aus Metallen, 6 % Metalle, 6 % sonstige Elektronik, Kommunikations- und Unterhaltungselektronik, 4 % Möbel, 3 % Halbwaren aus nichtmetallischen Mineralien, 3 % Nahrungsmittel, 3 % Textilien; *Länder*: 33 % Deutschland, 9 % Slowakei, 6 % Österreich, 6 % Polen, 5 % Frankreich, 5 % Großbritannien (EU gesamt: 84 %)

CHRONIK

Mit seinem anhaltenden Wirtschaftsboom hielt sich Tschechien in der Spitzengruppe der wirtschaftlich erfolgreichen neuen EU-Mitgliedstaaten und erfüllte 2005 erstmals die Unterschreitung aller EU-Stabilitätskriterien (→ unten). Diesen Erfolg bei der Parlamentswahl Anfang Juni 2006 in ein ausreichendes Mandat für eine weitere Legislaturperiode umzumünzen gelang den seit acht Jahren regierenden Sozialdemokraten von der ČSSD, verstrickt in Korruptionsaffären und Personalquerelen, jedoch nicht. Im Patt der beiden politischen Lager gelang bis Mitte Juli weder die Bildung einer neuen Regierung, noch die Wahl des Präsidiums des Abgeordnetenhauses.

▪ **Parlamentswahl am** 2. / 3. 6. 2006: Die beiden großen Parteien, die ČSSD und die oppositionelle Demokratische Bürgerpartei (ODS), erzielten mit ihren Stimmengewinnen jeweils historische Höchstwerte: Die Sozialdemokraten von Ministerpräsident Jiří Paroubek legten gegenüber der Wahl von 2002 um 2,1 Prozentpunkte auf 32,3 % der Stimmen zu und erzielten 74 der 200 Parlamentsmandate. Sie wurden jedoch **überholt von den Konservativen unter ihrem Parteivorsitzenden und Spitzenkandidaten Mirek Topolánek**, auf die 35,4 % der

Stimmen (+10,9) und 81 Mandate entfielen. Eigentliche Verlierer der Wahl waren die Kommunisten (KSČM), die mit 12,8 % und 26 Abgeordneten zwar drittstärkste Kraft blieben, aber ein Drittel ihres bisherigen Stimmenanteils (–5,7) und 15 Mandate einbüßten. Während unter den kleineren Parteien die christdemokratische KDU-ČSL noch auf 7,2 % der Stimmen kam (–4), gelang es den von Klientelismus und Korruption unbelasteten Grünen (SZ) erstmals, mit 6,3 % (+4,3) überraschend deutlich die Fünfprozenthürde zu überwinden. Die Wahlbeteiligung betrug 65 % (2002: 58 %).

Der **Wahlkampf, mit großer Schärfe geführt**, stand vor allem in seiner letzten Phase im Zeichen von gegenseitigen persönlichen Attacken und Vorwürfen mafiöser Verstrickungen der ČSSD. In einem TV-Duell beschuldigte Topolánek seinen Kontrahenten Paroubek, das organisierte Verbrechen gedeckt zu haben (→ unten). Inhaltlich propagierte die euroskeptische ODS eine liberale Wirtschaftspolitik und versprach die Einführung eines einheitlichen Steuersatzes von 15 % bei Einkommens- und Mehrwertsteuer. Die ČSSD hatte dagegen den Erhalt des Sozialstaates zum Kern ihres Programms gemacht, befürwortete eine stärkere EU-Integration und wollte bis 2010 den Euro einführen.

Der ODS-Vorsitzende **Topolánek, von Präsident Klaus mit der Regierungsbildung beauftragt** (→ Foto), gewann die KDU-ČSL und die Grünen zwar für ein Regierungsbündnis, das sie am 26. 5. vertraglich fixierten. Jedoch langte es nicht für die Regierungsmehrheit, da die Dreierkoalition mit 100 Abgeordneten nur genau die Hälfte der Parlamentsabgeordneten stellte. Der scheidende sozialdemokratische Ministerpräsident Paroubek lehnte eine Tolerierung grundsätzlich ab. Eine große Koalition hatten er und Topolánek schon im Wahlkampf ausgeschlossen. Gleichermaßen hatte sich Paroubek von vornherein festgelegt, nicht mit den Kommunisten zusammen zu regieren oder eine sozialdemokratisch geführte Regierung von ihnen tolerieren zu lassen. Unterdessen scheiterte mehrmals der Versuch im Abgeordnetenhaus, einen neuen Vorsitzenden zu wählen.

▪ **Parteien:** Nach seinem Rücktritt als Regierungschef infolge eines privaten Finanz- und Immobilienskandals im April 2005 (→ WA 2006, S. 456) legte Stanislav Gross am 24. 9. auch den Vorsitz der Regierungspartei **ČSSD** nieder, den er erst im März übernommen hatte, und kündigte seinen vollständigen Rückzug aus der Politik an. Er reagierte damit auf – von ihm zurückgewiesene – Korruptionsvorwürfe im Zusammenhang mit der Privatisierung des Petrochemie-Konzerns Unipetrol. Am 13. 5. 2006 wählte ein außerordentlicher Parteitag **Ministerpräsident Paroubek zum neuen Parteichef**, nachdem dieses Amt bis dahin übergangsweise vom stellvertretenden Vorsitzenden und Finanzminister Bohuslav Sobotka wahrgenommen worden war.

Präsident Václav Klaus und der designierte Regierungschef Mirek Topolánek am 5. 6. 2006

Weitere Korruptionsskandale beeinträchtigten während des Vorwahlkampfs die Chancen der Regierungspartei. Im August 2005 musste Ministerpräsident Paroubek seinen Büroleiter Zdenek Doležel entlassen, der ebenfalls im Zusammenhang mit dem Verkauf von Unipetrol in Korruptionsverdacht geraten war, im November seinen Landwirtschaftsminister Petr Zgarba wegen dubioser Privatgeschäfte. Mitte Januar legte der Fraktionsvorsitzende Michal Kraus, der in einer Betrugs- und Geldwäscheaffäre im Zusammenhang mit Investitionen in Ghana unter Druck geraten war. sein Amt nieder. Wegen weiterer Betrugs- und Korruptionsvorwürfe wurden Mitte April Parteiausschlussverfahren und staatsanwaltliche Ermittlungen gegen mehrere hochrangige ČSSD-Politiker und Ministerialbeamte eingeleitet. Ministerpräsident Paroubek kündigte im Wahlkampf die Bildung einer Regierungskommission zur Korruptionsbekämpfung unter seinem Vorsitz an.

Im Mai lieferte der Chef einer Eliteabteilung des Innenministeriums für die Bekämpfung der organisierten Kriminalität der ODS mit seiner Aussage vor dem Parlament eine Wahlkampfvorlage: **Das organisierte Verbrechen habe sich in der oberen Staatsverwaltung festgesetzt**, und auch Paroubek sei indirekt darin verwickelt. Der Spitzenbeamte bezog sich dabei auf die Aufklärung des Mordes an einem Unternehmer, die von führenden Sozialdemokraten behindert worden sei.

Mit Blick auf die bevorstehende Parlamentswahl nahm die **Kommunistische Partei** am 1. 10. 2005 einen **Führungswechsel** vor. Zum neuen Vorsitzenden wählte das Zentralkomitee der KČSM mit Zweidrittelmehrheit Vojtech Filip. Der bisherige stellvertretende Parteipräsident löste Miroslav Grebenicek ab, der sich in den 13 Jahren seiner Amtszeit einer programmatischen Wende und Modernisierung der letzten traditionalistisch ausgerichteten kommunistischen Partei der früheren Ostblockländer widersetzt hatte.

■ **Weitere innenpolitische Ereignisse:** Fünf Jahre nach Beginn des Testlaufs erhielt das umstrittene **Atomkraft Temelín** am 16. 12. 2005 die Genehmigung für den regulären Betrieb. Kritiker, vor allem aus Bayern und Österreich, halten die grenznahe Anlage in Südböhmen für nicht ausreichend sicher. Sie verzeichneten bis Mitte Juli 2006 89 Störfälle.

Das Abgeordnetenhaus billigte am 1. 2. einen Gesetzesentwurf zur **embryonalen Stammzellforschung**. Danach ist die Verwendung überzähliger Embryonen, auch importierter, aus künstlichen Befruchtungen erlaubt, wenn der Zweck von einem Expertengremium als besonders wichtig eingestuft wurde. Das Klonen bleibt untersagt und wird mit bis zu acht Jahren Haft bestraft.

Am 15. 3. überstimmte das Abgeordnetenhaus das Veto von Präsident Klaus und setzte damit im fünften Anlauf ein Gesetz zur Einführung der **registrierten Partnerschaft für gleichgeschlechtliche Paare** (»Homo-Ehe«) in Kraft. Die Regelung folgt mit der Gleichstellung zur Ehe in wirtschaftlichen und rechtlichen Fragen weitgehend dem Vorbild in elf anderen europäischen Ländern. Homosexuelle Paare haben auch das Recht Kinder großzuziehen, nicht jedoch zu adoptieren. Damit ist Tschechien der erste ehemals kommunistische Staat mit einer solchen gesetzlichen Regelung.

Die **illegale Ablagerung** von rd. 20 000 Tonnen **deutschem Hausmüll** in der nordböhmischen Gemeinde Libčeves seit Ende 2005 sorgte im Frühjahr für Verstimmung zwischen tschechischen und deutschen Behörden, die sich auf Bundesebene für unzuständig erklärten. Ende April 2006 zeichnete sich eine Einigung zwischen den Umweltministerien in Prag und Magdeburg über den Rücktransport eines Teils des Mülls nach Sachsen-Anhalt ab. Ein tschechisches Entsorgungsunternehmen wurde wegen illegaler Abfallentsorgung mit 350 000 € Geldstrafe belegt.

■ **Außenpolitische Ereignisse:** Das Abgeordnetenhaus beschloss am 3. 2. 2006 die Entsendung einer 120 Mann starken **Anti-Terror-Sondereinheit nach Afghanistan** zur Unterstützung der US-Truppen im Rahmen der Operation »Enduring Freedom«.

Gegenüber seinem neuen **polnischen Amtskollegen** Lech Kaczyński demonstrierte Präsident Klaus – im Unterschied zu Ministerpräsident Paroubek – Einigkeit in außen- und gesellschaftspolitischen Themen. So sprachen sich beide in Prag am 17. 2. 2006 in der Diskussion über eine EU-Verfassung für einen völlig neuen Textentwurf aus. Kaczyński beglückwünschte Klaus für dessen – schließlich vom Parlament überwundenes – Veto gegen das Gesetz zur Anerkennung der »Homo-Ehe« (→ oben).

Während seines Staatsbesuchs in Prag am 1./2. 3. 2006, dem ersten eines russischen Staatsoberhaupts seit Boris Jelzins Aufwartung 1993, gestand Präsident Wladimir Putin ein, Russland fühle sich für die für den Einmarsch der Warschauer-Pakt-Staaten 1968 in die damalige Tschechoslowakei »moralisch verantwortlich«. Daraus eine »rechtliche Verantwortung« für Folgen, die Niederschlagung der Demokratiebewegung (»Prager Frühling«) abzuleiten lehnte er jedoch ab.

■ **Wirtschaftliche Entwicklung:** Die OECD stellte in ihrer am 8. 6. veröffentlichten Länderstudie der tschechischen Wirtschaftspolitik ein vergleichsweise **exzellentes Zeugnis** aus. Danach hat das Wirtschaftswachstum im Jahr 2005 mit 6,0 % des BIP den Durchschnitt der anderen Transformationsstaaten deutlich übertroffen (2004: 4,7 %), die ausländischen Direktinvestitionen sind die höchsten, die Ausfuhren stiegen erneut zweistellig (2005: 11,2 %). Das Haushaltsdefizit wurde von 2,9 % des BIP im Jahr 2004 auf 2,6 % heruntergefahren, die Arbeitslosenquote sank auf 8 % (8,3 %), die Inflationsrate auf 1,9 % (2,8 %). Gemessen an seiner Kaufkraft entspricht das BIP pro Einwohner bereits 75 % des EU-Durchschnitts.

Tunesien Nord-Afrika

Tunesische Republik; al-Ǧumhūriyya at-Tūnisiyya, Kurzform: Tūnis – TN / TUN

Fläche (Weltrang: 89): 163 610 km²

Einwohner (79): F 2004 9 932 000 = 61 je km²

Hauptstadt: Tūnis (Tunis)

Amtssprache: Arabisch

Bruttonationaleinkommen 2004 je Einw.: 2650 $

Währung: 1 Tunes. Dinar (tD) = 1000 Millimes
Kurs: 1 US-$ = 1,31 tD; 1 € = 1,69 tD

Botschaft der Tunesischen Republik
Lindenallee 16, 14050 Berlin
T 030 / 36 41 07 – 0, Fax 30 82 20 83

LANDESSTRUKTUR **Fläche**: 163 610 km²; Karte → WA 2006, S. 458 ▪ **Verwaltung**: 24 Governorate; Tabelle → WA 2006, S. 457 ▪ **Städte**: (Z 2004) Tūnis (Tunis) 728 453 Einw. (A 1 996 117), Ṣafāqs (Sfax) 265 131, Al-Ariānah (Ariana) 240 749, Sūsa (Sousse) 173 047, Al-Qayrawān (Kairouan) 117 903; (F 2004) Qābis (Gabès) 116 323, Banzart (Biserta) 114 371; (Z 2004) Qafṣa (Gafsa) 84 676

BEVÖLKERUNG Tunesier – F 2004: 9 932 000 Einw.; Bevölkerungswachstum: 0,9 %; letzte Zählung 2004 (vorl.): 9 910 872 Einw. – ca. 98 % Araber und arabisierte Berber, 1,2 % Berber; Minderheiten von Franzosen, Italienern und Maltesern ▪ **Sprachen**: Arabisch (tunesischer Dialekt); Berber-Sprachen; Französisch ▪ **Religion** 2000: 99 % Muslime (meist Sunniten); 18 000 Katholiken, ca. 2000 Juden und protestantische Minderheit

STAATS- UND REGIERUNGSFORM Verfassung von 1959, zuletzt geändert 2002 – Präsidialrepublik seit 1959 – Staatsreligion: Islam – Parlament: Assemblée Nationale mit 189 Mitgl., Wahl alle 5 J.; Ratsversammlung – Direktwahl des Staatsoberhauptes alle 5 J. – Wahlrecht ab 20 J. ▪ **Unabhängigkeit**: 20. 3. 1956 (ehem. französisches Protektorat) ▪ **Nationalfeiertag**: 20. 3.

REGIERUNG UND PARTEIEN **Staatsoberhaupt**: Zine el-Abidine Ben Ali (RCD), seit 1987; zuletzt gewählt 2004 – **Regierungschef**: Mohamed Ghannouchi (RCD), seit 17. 11. 1999 – **Äußeres**: Abdelwahab Abdallah (RCD), seit 17. 8. 2005 ▪ **Parlament**: Wahlen vom 24. 10. 2004: Rassemblement Constitutionnel Démocratique / RCD 152 von 189 Sitzen (1999: 148 von 182), Opposition: Mouvement des Démocrates Socialistes / MDS 14 (13), Parti de l'Unité Populaire / PUP 11 (7), Union Démocratique Unioniste / UDU 7 (7), Mouvement de la Rénovation-Ettajdid / MR 3 (5), Parti Social-Libéral / PSL 2 (2)

WIRTSCHAFT **BIP** 2004: 28,185 Mrd. $; realer Zuwachs: 5,8 %; Anteil (2004) Landwirtschaft 13 %, Industrie 28 %, Dienstleistungen 60 % ▪ **Erwerbstätigkeit** 2005: Landwirtsch. 19 %, Industrie 32 %, Dienstl. 49 % ▪ **Arbeitslosigkeit** ∅ 2005: 14,2 % ▪ **Inflation** ∅ 2005: 2,0 % ▪ **Außenhandel** 2005: **Import**: 13,1 Mrd. $; *Güter*: 30 % Roh- und Halbwaren, 30 % Konsumgüter, 21 % Investitionsgüter, 13 % Energie, 6 % Lebensmittel; *Länder*: 24 % Frankreich, 21 % Italien, 8 % Deutschland, 5 % Spanien, 4 % Libyen, 3 % Belgien, 3 % USA, 2 % Großbritannien; **Export**: 10,5 Mrd. $; *Güter*: 37 % Bekleidung, Textilien und Schuhe, 13 % Rohöl und Produkte, 6 % Phosphate und Phosphatdünger, 6 % elektrische Leitungen und Kabel, 6 % agrarische Lebensmittel (v. a. Olivenöl); *Länder*: 33 % Frankreich, 24 % Italien, 8 % Deutschland, 6 % Spanien, 5 % Libyen, 3 % Großbritannien, 3 % Belgien, 2 % Niederlande

CHRONIK

Von den Vereinten Nationen (UN) als **Gastgeber des zweiten UN-Weltinformationsgipfels** vom 16.–18. 11. 2005 ausgewählt, geriet Tunesien u. a. wegen seiner massiven Behinderungen der Pressefreiheit in die internationale Kritik. Im Vorfeld des Gipfels kam es im November zu Übergriffen auf Journalisten, ein Korrespondent der französischen Tageszeitung Libération, der wiederholt kritisch über die Menschenrechtssituation im Land berichtet hatte, wurde zusammengeschlagen; Filmmaterial eines belgischen Fernsehteams wurde konfisziert.

Im Mittelpunkt der Konferenz stand die Kontrolle über das Internet, dessen Verwaltung bis dato ausschließlich in Händen der USA liegt. Die EU-Staaten sowie die Schwellen- und Entwicklungsländer scheiterten mit ihrer Forderung nach einer Neuordnung der Zuständigkeiten an Argumenten der USA, eine Dezentralisierung der Kontrolle würde Ländern mit negativer Menschenrechtsagenda, z. B. China, dem Iran oder Kuba, ein weiteres Instrument zur Beschneidung der Informationsfreiheit an die Hand geben.

amnesty international beschuldigte die tunesischen Behörden, vor allem das Internet systematisch zu zensieren, um der Bevölkerung den Zugang zu Informationen zu verwehren. Außerdem beklagte die Organisation, dass Dutzende des Terrorismus Angeklagte nach unfairen Prozessen zu langen Gefängnisstrafen verurteilt wurden. Auch politische Gefangene säßen zum Teil seit Jahren in Haft; trotz Versprechen der Regierung sei die Isolationshaft nicht abgeschafft, es wird von Folter und Misshandlungen berichtet.

Aufgrund eines **Amnestiebeschlusses** von Präsident Zine el-Abidine Ben Ali wurden im Februar 2006 1600 Häftlinge freigelassen, unter ihnen auch Mitglieder der verbotenen islamistischen Partei An-Nadha, die in den 1990er Jahren zu langjährigen Haftstrafen verurteilt worden waren.

Türkei

Südost-Europa / Vorder-Asien

Republik Türkei; Türkiye Cumhuriyeti – TR / TUR

Fläche (Weltrang: 36): 779 452 km²

Einwohner (16): F 2004 71 727 000 = 92 je km²

Hauptstadt: Ankara

Amtssprache: Türkisch

Bruttonationaleinkommen 2004 je Einw.: 3750 $

Währung: 1 Neue Türk. Lira (YTL.) = 100 Kuruş
Kurs: 1 US-$ = 1,54 TL.; 1 € = 1,98 TL.

Botschaft der Republik Türkei
Rungestr. 9, 10179 Berlin
T 030 / 27 58 50, Fax 27 59 09 15
www.tuerkischebotschaft.de

LANDESSTRUKTUR **Fläche**: 779 452 km²; davon 23 764 km² in Europa (Ostthrakien), 755 688 km² in Vorderasien (Anatolien); Karte → WA 2005, S. 435 ▪ **Verwaltung**: 81 Provinzen ▪ **Städte**: (Z 2000) İstanbul 8 803 468 Einw. (A 9,4 Mio.), Ankara 3 203 362, İzmir 2 232 265, Bursa 1 194 687, Adana 1 130 710, Gaziantep 853 513, Konya 742 690, Antalya 603 190, Diyarbakır 545 983, İçel (Mersin) 537 842, Kayseri 536 392, Eskişehir 482 793, Şanlıurfa 385 588

BEVÖLKERUNG Türken – F 2004: 717 270 000 Einw.; Bevölkerungswachstum: 1,4 %; letzte Zählung 2000: 67 803 927 Einw. – Z 1990: 70 % Türken, 20 % Kurden, 2 % Araber, 0,5 % Tscherkessen, 0,5 % muslim. Georgier u. a. ▪ **Sprachen** 1990: 90 % Türkisch, 15 % kurdische Sprachen, 2 % Arabisch; Sprachen der sonstigen Minderheiten ▪ **Religion**: 99 % Muslime, davon 70 % Sunniten, 15–25 % Aleviten; christliche und jüdische Minderheit

STAATS- UND REGIERUNGSFORM Verfassung von 1982, zuletzt geändert 2002 – Republik seit 1923 – Parlament (Große Nationalversammlung) mit 550 Mitgl., Wahl alle 5 J. – Wahl des Staatsoberhauptes alle 7 J. durch Parlament (keine Wiederwahl) – Wahlrecht ab 18 J. ▪ **Unabhängigkeit**: alte staatliche Tradition; Ausrufung der Republik Türkei 29. 10. 1923 ▪ **Nationalfeiertag**: 29. 10.

REGIERUNG UND PARTEIEN **Staatsoberhaupt**: Ahmet Necdet Sezer, seit 16. 5. 2000 – **Regierungschef**: Recep Tayyip Erdoğan (AKP-Vorsitzender), seit 14. 3. 2003 – **Äußeres**: Abdullah Gül (AKP), seit 14. 3. 2003 ▪ **Parlament**: Wahlen vom 3. 11. 2002: Partei für Gerechtigkeit und Entwicklung / AKP 363 von 550 Sitzen (1999: –), Republikanische Volkspartei / CHP 178 (–), Demokratische Partei der Linken / DSP – (136), Partei der nationalen Bewegung / MHP – (129), Tugendpartei / FP – (111), Mutterlandspartei / ANAP – (86), Partei des Rechten Weges / DYP – (85), Unabhängige 9 (3)

WIRTSCHAFT **BIP** 2004: 302,786 Mrd. $; realer Zuwachs: 8,9 %; Anteil (2004) Landwirtschaft 13 %, Industrie 22 %, Dienstleistungen 65 % ▪ **Erwerbstätigkeit** 2003: Landwirtsch. 34 %, Industrie 23 %, Dienstl. 43 % ▪ **Arbeitslosigkeit** ∅ 2005: 10,3 % ▪ **Inflation** ∅ 2005: 8,0 % ▪ **Außenhandel** 2005 (vorläufig): **Import**: 116,4 Mrd. $; *Güter*: 18 % Maschinen, 11 % Erdöl und -erzeugnisse, 9 % Kfz, 6 % Erdgas, 6 % Eisen und Stahl, 4 % Kunststoffe, 4 % Textilien, 3 % Erze und Metallabfälle, 3 % organische Chemieprodukte, 3 % Arzneimittel, 3 % Nachrichtentechnik, 2 % Büromaschinen und EDV; *Länder*: 12 % Deutschland, 11 % Russland, 7 % Italien, 6 % VR China, 5 % Frankreich, 5 % USA, 4 % Großbritannien (EU gesamt: 427 %); **Export**: 73,3 Mrd. $; *Güter*: 16 % Bekleidung, 13 % Kfz, 10 % Maschinen, 10 % Textilien, 8 % Eisen und Stahl, 6 % Gemüse und Früchte, 4 % Nachrichtentechnik; *Länder*: 13 % Deutschland, 8 % Großbritannien, 8 % Italien, 7 % USA, 5 % Frankreich, 4 % Spanien, 4 % Irak (EU gesamt: 52 %)

CHRONIK

▪ **Presse- und Meinungsfreiheit unter Druck:** Der Paragraph 301 des neuen Strafgesetzbuches, der die Herabwürdigung des Türkentums, der türkischen Republik und der staatlichen Institutionen unter Strafe stellt, wurde von den Justizbehörden verstärkt eingesetzt, um die Meinungsfreiheit einzuschränken. So wurde der Redakteur der armenischsprachigen Zeitung Agos, Hrant Dink, am 7. 10. 2005 zu einer sechsmonatigen Haftstrafe auf Bewährung verurteilt. Dink hatte in mehreren 2004 erschienenen Artikeln die Auswirkungen des Völkermords an der armenischen Bevölkerung des Osmanischen Reichs im Ersten Weltkrieg auf die Armenier von heute beschrieben, zugleich aber dazu aufgerufen, dass diese ihre antitürkische Einstellung überwinden sollten. Dink wurde wegen seiner Zeitungskommentare über das Urteil am 26. 12. 2005 erneut angeklagt.

Der Oberste Appellationsgerichtshof bestätigte am 16. 11. die Haftstrafe von 20 Monaten auf Bewährung für den Journalisten Burak Bekdil. Bekdil hatte geschrieben, einfache Menschen hätten in der Türkei nur wenig Hoffnung auf einen fairen Prozess. Fünf prominente Zeitungskolumnisten wurden am 2. 12. wegen Beleidigung der Justiz angeklagt, weil sie die Entscheidung eines Gerichts, die Konferenz zur Armenierfrage in Istanbul im September 2005 zu verbieten, kritisiert hatten. Insgesamt standen mehr als 60 Journalisten wegen auf Paragraph 301 basierender Anklagen vor Gericht.

Großes internationales Echo fand der **Prozess gegen den Schriftsteller Orhan Pamuk**, dem am 18. 10. 2005 der Friedenspreis des deutschen Buchhandels verliehen worden war. Pamuk hatte in einem Interview mit einer Schweizer Zeitschrift im Februar 2005 an das Tabu des Völkermords an den Armeniern und der Gewaltpolitik des Staates gegenüber der kurdischen Minderheit gerührt. Der am 16. 12. eröffnete Prozess wurde noch am ersten Verhandlungstag vertagt, um dem Justizministerium die Möglichkeit zu geben, zu prüfen, ob der Prozess nach dem alten oder dem neuen Strafgesetzbuch durchzuführen sei. Der für die Erweiterung zuständige EU-Kommissar Olli Rehn nannte den Prozess einen Lackmustest für die Haltung des Landes zur Meinungsfreiheit. Während Ministerpräsident Recep Tayyip Erdoğan der EU am 17. 12. vorwarf, die Justiz des Landes beeinflussen zu wollen, gestand Außenminister Abdullah Gül am 28. 12. ein, dass der Prozess das Ansehen der Türkei schädige und Gesetze, die die Meinungsfreiheit beschränkten, geändert werden müssten. Am 23. 1. 2006 wurde das Verfahren schließlich eingestellt, nachdem das Justizministerium offiziell festgestellt hatte, dass gemäß dem neuen Strafgesetzbuch eine Anklage nicht zulässig sei.

- **Islamistischer Terrorismus:** Der Syrer Luay Sakra wurde am 11. 8. 2005 in Istanbul wegen der Zugehörigkeit zu Al-Qaida angeklagt. Sakra soll in die Planung von Anschlägen auf israelische Kreuzfahrtschiffe verwickelt gewesen sein, ebenso in die Anschläge auf jüdische und britische Ziele im November 2003 in Istanbul. Ein mutmaßlicher Komplize von ihm, der in Antalya festgenommen worden war, war am 10. 8. wegen der Mitgliedschaft in einer terroristischen Organisation angeklagt worden. In Konya wurden am 3. 3. 2006 nach einer Aktion der Sicherheitskräfte 50 mutmaßliche militante Islamisten in Haft genommen, in Ankara drei Tage später 13 weitere Personen, denen ebenfalls die Zugehörigkeit zu einer islamistischen Terrororganisation vorgeworfen wurde. Am 20. 3. begann in Istanbul der Prozess gegen 73 mutmaßliche Al-Qaida-Mitglieder, die in die Anschläge vom November 2003 in Istanbul verwickelt gewesen sein sollen.
- **Kurden: Kurdische Politiker gründeten** am 24./25. 10. 2005 die **Partei für eine demokratische Gesellschaft** (DTP), die am 12. 11. offiziell registriert wurde. In der DTP ging die sich am 19. 11. formell auflösende DEHAP (Demokratische Volkspartei) auf, die bisher die kurdischen Anliegen vertreten hatte. Vorläuferorganisation der DTP war die im Oktober 2004 von den früheren Parlamentsabgeordneten der alten prokurdischen DEP (Demokratische Partei), Leyla Zana, Hatip Dicle, Orhan Doğan und Selim Sadak, gegründete Bewegung für eine demokratische Gesellschaft (DTH). Die vier waren 2004 nach zehnjähriger Haft freigelassen worden.

Die **Lage in den Kurdengebieten blieb gespannt**, in Ost- und Südostanatolien kam es weiterhin zu **Kämpfen zwischen Sicherheitskräften und Anhängern der Kurdischen Arbeiterpartei (PKK)**, auch während der von der PKK einseitig ausgerufenen Waffenruhe zwischen dem 19. 8. und 6. 10. 2005. Parallel dazu wurden in den westlichen Landesteilen **zahlreiche Anschläge** verübt, die meist auf das Konto der »Freiheitsfalken Kurdistans«, einer Abspaltung der PKK, gingen. Am 16. 7. 2005 wurden fünf Personen, darunter zwei westeuropäische Touristen, im Touristenort Kuşadası durch einen Bombenanschlag auf einen Kleinbus getötet, bei einem weiteren Anschlag in Çeşme wurden 22 Personen verletzt. In Istanbul explodierte am 4. 8. eine Bombe, die zwei Menschenleben forderte; weitere Bombenanschläge in den folgenden Monaten forderten erneut Tote und Verletzte.

Nachdem die Polizei am 4. 9. eine Kundgebung gegen die Isolationshaft von Abdullah Öcalan verhindert hatte, kam es zu Unruhen in Istanbul; 88 Personen wurden verhaftet. In der westtürkischen Stadt Bozüyük stoppten türkische Nationalisten am gleichen Tag einen Konvoi von 40 Bussen, die PKK-Sympathisanten zu der Kundgebung nach Istanbul transportieren wollten. Insgesamt gab es im September bei zahlreichen solcher Zusammenstöße Hunderte von Verletzten.

Nach dem **Anschlag** auf die Buchhandlung in der Stadt **Şemdinli** am 9. 11. 2005, bei dem eine Person getötet und zwölf verletzt wurden, **eskalierte die Lage** in den Kurdengebieten. Die Täter, die von der Bevölkerung gestellt wurden, gehörten dem Geheimdienst der Gendarmerie an. In ihrem Fahrzeug wurden Pläne für weitere Anschläge gefunden. Bei den anschließenden Zusammenstößen der Bevölkerung mit der Polizei kamen mindestens fünf Menschen ums Leben.

Das Vertrauen der kurdischen Bevölkerung in die staatlichen Behörden war nach diesem Vorfall nachhaltig erschüttert. Ministerpräsident Erdoğan, der die Region am 21. 11. besuchte, versprach eine lückenlose Untersuchung. Staatsanwalt Ferhat Sarıkaya, der die Ermittlungen leitete, stellte in seiner **Anklageschrift** eine **Verbindung zwischen den Attentätern** von Şemdinli **und dem paramilitärischen Apparat der Geheimdienste** fest, der bereits während des »schmutzigen Krieges« in den 1990er Jahren in ähnlicher Weise aktiv gewesen war. Sarıkaya beschuldigte den Befehlshaber des Heeres, General Büyükanıt, der einen der Attentäter von Şemdinli als »guten Soldaten« in Schutz genommen hatte, die Justiz beeinflussen zu wollen. Außerdem habe Büyükanıt Banden gebildet, die mit illegalen Aktionen in den kurdischen Gebieten darauf abzielten, die Lage zu destabilisieren, um die Gewährung von mehr Rechten für die kurdische Minderheit zu verhindern.

Der Staatsanwalt forderte die Militärjustiz auf, gegen Büyükanıt, der in Kürze General Özkök im Amt des Generalstabschefs nachfolgen soll, Ermittlungen einzuleiten. Der Generalstab bezeichnete am 20. 3. 2006 die Beschuldigungen des Staatsanwalts dagegen als »unmoralischen Angriff« auf die Streitkräfte und forderte die Regierung auf, Sarıkaya zu bestrafen. Diese

stellte sich daraufhin demonstrativ hinter das Militär. Das Justizministerium leitete eine Untersuchung gegen den Staatsanwalt ein, der am 20. 4. 2006 seines Amtes enthoben wurde. Eine parlamentarische Untersuchungskommission bezeichnete die Anschuldigungen Sarıkayas als »Phantasien«. Beim Prozess gegen die Attentäter von Şemdinli wurde nur eine Zusammenfassung der Anklageschrift verlesen. Die beiden Unteroffiziere des Gendarmerie-Geheimdienstes wurden am 20. 6. zu jeweils 39 Jahren und 5 Monaten Haft verurteilt.

Ende März 2006 kam es **in Diyarbakır** zu den **schwersten Unruhen seit über einem Jahrzehnt**, als vier PKK-Guerilleros, die wenige Tage zuvor bei einem Gefecht mit den Sicherheitskräften getötet worden waren, am 28. 3. in der Stadt beigesetzt wurden. Mehrere tausend Demonstranten lieferten sich Straßenschlachten mit der Polizei. Auch in Van, Siirt, Batman, Adana, Istanbul, Kızıltepe und Silopi kam es zu Unruhen, in denen die Wut der kurdischen Bevölkerung darüber zum Ausdruck kam, dass eine politische Lösung trotz aller Versprechungen ferner als zuvor scheint. Ein Sprecher von EU-Erweiterungskommissar Olli Rehn forderte die Türkei am 31. 3. auf, dringend die kulturellen Rechte und wirtschaftlichen Bedingungen für die kurdische Bevölkerung zu verbessern. Die Eskalation der Gewalt wurde von kurdischen Rebellen und türkischen Rechtsnationalisten geschürt, die beide an keinerlei Kompromissen interessiert sind.

Hatte Ministerpräsident Erdoğan bei seinem Besuch in Diyarbakır am 12. 8. 2005 noch Fehler der Regierung bei der Behandlung der Kurden eingestanden und versprochen, seine Regierung werde die Defizite der Vergangenheit mit »mehr Demokratie, mehr Freiheiten und Wohlstand, mehr Rechten und Gerechtigkeit« kompensieren, kündigte er jetzt ein hartes Durchgreifen an. Die **Antiterror-Gesetze** wurden vom Parlament am 29. 6. 2006 **verschärft**, was die Rücknahme zahlreicher Liberalisierungsschritte der letzten Jahre bedeutete. Unter anderem werden nun mehr Taten als bisher als terroristisch eingestuft; Festgenommene erhalten später als bisher Zugang zu einem Anwalt.

Gegen den Bürgermeister von Diyarbakır, Osman Baydemir (DTP), der während der Unruhen mäßigend gewirkt hatte, wurden Ermittlungen wegen angeblich PKK-freundlicher Äußerungen eingeleitet. Am 8. 5. mussten sich in Diyarbakır über 200 Personen vor Gericht verantworten, denen die Teilnahme an den Kundgebungen Ende März vorgeworfen wurde, unter ihnen mehrere Dutzend Kinder und Jugendliche.

- **Armenierfrage:** Die bereits im Mai 2005 gerichtlich untersagte **wissenschaftliche Konferenz** über die Armenierfrage, die von der Bosporus- und der Sabancı-Universität veranstaltet werden sollte, wurde kurz zuvor am 23. 9. 2005 von einem Gericht erneut verboten. Das Urteil wurde auch von Ministerpräsident Erdogan und Außenminister Gül kritisiert. Schließlich fand die Konferenz, begleitet von heftigen Protesten ultranationalistischer Gruppen, am 24. 9. an der Bilgi-Universität statt, die sich von dem Verbot nicht betroffen fühlte.

Die Armenierfrage hatte auch **Auswirkungen auf die Außenpolitik**. Der US-Botschafter in Ankara, John Marshall Evans, wurde am 26. 5. 2006 nach nur zwei Jahren im Amt abberufen. Evans hatte in einer Rede vor armenischstämmigen US-Amerikanern den Tod von Hunderttausenden von Armeniern im Osmanischen Reich zwischen 1915 und 1923 expressis verbis als Genozid bezeichnet. Zu erheblichen Spannungen im türkisch-französischen Verhältnis sorgte der in der französischen Nationalversammlung von der sozialistischen Fraktion eingebrachte Gesetzesentwurf, mit dem die Leugnung des Völkermords an den Armeniern unter Strafe gestellt werden sollte. Zwischen der Türkei und Armenien kam es seit 2005 zu vertraulichen Sondierungsgesprächen zwischen hochrangigen Diplomaten beider Länder, um die Grundlage für weiterführende bilaterale Gespräche auszuloten.

■ **Weitere Ereignisse:** Der frühere Befehlshaber der türkischen Marine, **Admiral** İlhami Erdil, wurde am 7. 2. 2006 von einem Militärgericht **wegen Korruption** und Amtsmissbrauch zu einer zweieinhalbjährigen Haftstrafe **verurteilt**. Zwei Luxuswohnungen im Wert von über einer Mio. US-$, deren Finanzierung der Admiral nicht glaubwürdig belegen konnte, wurden eingezogen. Erstmals in der Geschichte der Türkischen Republik wurde damit ein Armeeoffizier im Generalsrang zu einer Gefängnisstrafe verurteilt.

Der **Papstattentäter** Mehmed Ali Ağca wurde am 12. 1. 2006 in Istanbul aus dem Gefängnis entlassen, bereits am 20. 1. indessen wieder inhaftiert. Der Oberste Gerichtshof hatte die Entscheidung einer unteren Instanz, ihn vorzeitig aus der Haft zu entlassen, rückgängig gemacht, da Ağca noch bis mindestens 2010 wegen anderer Verbrechen Strafen zu verbüßen habe.

Auch in der Türkei gab es Protestkundgebungen gegen die im September 2005 in der dänischen Zeitung Jyllands-Posten publizierten **Mohammed-Karikaturen**, allerdings ohne dass es zu ähnlichen Ausschreitungen wie in anderen Ländern der islamischen Welt kam. In Diyarbakır demonstrierten am 12. 2. 2006 rund 50 000 Personen, die anti-dänische Parolen skandierten. In Istanbul gingen 4000 auf die Straße, wobei einige das französische Konsulat mit Eiern bewarfen. Ministerpräsident Erdoğan hatte zuvor mit seinem spanischen Amtskollegen José Luis Rodríguez Zapatero am 6. 2. in einer gemeinsamen Erklärung zur Mäßigung aufgerufen und darauf hingewiesen, dass Meinungsfreiheit mit der Verantwortung verbunden sei, unterschiedliche Empfindlichkeiten zu respektieren.

Am 1. 10. 2005 wurden erste Symptome der **Vogelgrippe** in einer Truthahnfarm in der Nordwesttürkei festgestellt, am 13. 10. wurde auch von Seiten der EU bestätigt, dass es sich dabei um das H5N1-Virus handelte. Die EU verhängte am 10. 10. ein Importverbot für lebendes Geflügel und Federn. Nachdem es Anfang Januar 2006 in Doğubayazıt im Osten des Landes zu ersten Todesfällen aufgrund der Infektion mit dem Virus gekommen war, stieg die Zahl der Infizierten bis Ende Januar auf mindestens 21. Insgesamt 1,8 Mio. Geflügel wurden getötet, um die Weiterverbreitung des Virus einzudämmen.

■ **Wirtschaft:** Das Wirtschaftswachstum in der Türkei blieb weiterhin hoch, 2005 erreichte es 7,6 %. Dies spiegelte sich indessen nicht in einem Rückgang der Arbeitslosigkeit wider, die sogar leicht anstieg. Vor allem in der Landwirtschaft gingen zahlreiche Arbeitsplätze verloren, ohne dass in den anderen Sektoren in ausreichendem Maße neue entstanden wären.

Die Amtszeit des – bei der Bekämpfung der Inflation ausgesprochen erfolgreichen – Zentralbankpräsidenten Süreyya Serdengeçti lief im Frühjahr 2006 ab. Statt ihn für eine weitere Amtsperiode vorzuschlagen, präsentierte die Regierung Adnan Büyükdeniz als Nachfolger, was zu einem Konflikt mit Staatspräsident **Ahmet Necdet Sezer** führte. Sezer hielt ihn für ungeeignet, da Büyükdeniz bisher ausschließlich im islamischen Banksektor tätig gewesen war, in dem Zinsen verboten sind. Zum **neuen Präsidenten der Zentralbank** wurde am 18. 4. daher Durmuş Yılmaz ernannt, der dort seit 1980 auf verschiedenen Posten tätig gewesen war. Der rasche Wertverlust der türkischen Lira seit April 2006 und ein deutliches Anziehen der Inflation zwangen Yılmaz dazu, im Juni innerhalb von 20 Tagen die Zinsen mehrfach deutlich zu erhöhen.

■ **EU-Beitrittsverhandlungen:** Die Unterzeichnung des Protokolls über die **Ausdehnung der Zollunion** zwischen der Türkei und der EU am 29. 7. 2005 erfüllte eine weitere Bedingung im Vorfeld der Beitrittsverhandlungen. Die Ausdehnung der Zollunion auf die 2004 beigetretenen Mitgliedsländer der EU einschließlich Zyperns bedeutete jedoch für die Türkei, wie sie in einer Zusatzerklärung betonte, nicht automatisch eine Anerkennung Zyperns (Weiteres → EU).

■ **Beziehungen zu Griechenland:** Die Annäherung zwischen der Türkei und Griechenland, die in den letzten Jahren deutliche Fortschritte gemacht hatte, kam kaum noch voran, nicht zuletzt auch deshalb, weil eine Einigung über die Differenzen in der Ägäis und in der Zypernfrage weiterhin nicht in Sicht ist. Aufgrund der unterschiedlichen Positionen bezüglich der Ausdehnung des griechischen Luftraums über den Ägäisinseln kam es wie in der Vergangenheit häufig zu gefährlichen Begegnungen griechischer und türkischer Kampfflugzeuge. Am 23. 5. 2006 stürzten zwei Flugzeuge nach einer Kollision ab, wobei der griechische Pilot ums Leben kam. Die Außenminister beider Länder, Abdullah Gül und Dora Bakojannis, bemühten sich jedoch, diesen Zwischenfall nicht zu einer bilateralen Krise ausarten zu lassen. Bei einem Zusammentreffen in Istanbul am 10. 6. vereinbarten sie die Einrichtung einer direkten **Kommunikationsverbindung zwischen den beiden zentralen Luftwaffenkommandos** in Eskişehir und Larisa ab dem 1. 7. 2006.

Im wirtschaftlichen Bereich kam es dagegen zu größeren Fortschritten. So wurde am 3. 7. 2005 im Beisein der beiden Ministerpräsidenten Erdoğan und Kostas Karamanlis der Bau der **türkisch-griechischen Erdgasleitung** begonnen, die über 300 km von der türkischen Ortschaft Karacabey zum nordgriechischen Komotini führen soll. Am 5. 4. 2006 übernahm die Nationalbank von Griechenland 46 % der Aktien der türkischen Finans Bankası. Allerdings soll die Führung der Bank bei dem türkischen Unternehmer Hüsnü Özyegin verbleiben, von dem die griechische Bank das Aktienpaket gekauft hatte. Auch Name und Firmenlogo blieben unverändert.

Turkmenistan

Zentral-Asien

Türkmenistan Jumhuriyäti – TM/TKM

Fläche (Weltrang: 51): 488 100 km²

Einwohner (112): F 2004 4 766 000 = 9,8 je km²

Hauptstadt: Aşgabat

Amtssprache: Turkmenisch

Bruttonationaleinkommen 2001 je Einw.: 730 $

Währung: 1 Turkmen.-Manat (TMM) = 100 Tenge
Kurs: 1 US-$ = 5200 TMM; 1 € = 6666 TMM

Botschaft der Republik Turkmenistan
Langobardenallee 14, 14052 Berlin
T 030/30 10 24 52, Fax 30 10 24 53
E-Mail: botschaft-turkmenistan@t-online.de

LANDESSTRUKTUR **Fläche**: 488 100 km²; Karte → WA 2006, S. 463 ▪ **Verwaltung**: 5 Regionen ▪ **Städte**: (F 2002) Aşgabat 743 000 Einw.; (F 1999) Türkmenabat 203 000, Daşhowuz 165 000, Mary 123 000, Balkanabat 119 000, Türkmenbaşy (früher Krasnovodsk) 70 000

BEVÖLKERUNG Turkmenen – F 2004: 4 766 000 Einw.; Bevölkerungswachstum: 1,4 %; letzte Zählung 1995: 4 483 251 Einw. – F 1993: 73,3 % Turkmenen, 9,8 % Russen, 9,0 % Usbeken, 2,0 % Kasachen, 0,9 % Tataren, 0,8 % Ukrainer sowie Aserbaidschaner, Armenier, Belarussen u. a. ▪ **Sprachen** 1989: 74,7 % Turkmenisch; Sprachen der Minderheiten, v. a. Russisch ▪ **Religion**: 90 % Muslime (Sunniten), 10 % Russisch-Orthodoxe

STAATS- UND REGIERUNGSFORM Verfassung von 1992, zuletzt geändert 1999 – Präsidialrepublik seit 1991 – Parlament (Madschlis) mit 50 Mitgl., Wahl alle 5 J.; Volksrat (Khalk Maslakhaty) mit 65 Mitgl. (Vertreter der Regionen, Bezirke, Regierung und der Abgeordneten) – Direktwahl des Staatsoberhauptes alle 5 J. (einmalige Wiederwahl) – Wahlrecht ab 18 J. ▪ **Unabhängigkeit**: Souveränitätserklärung 22. 8. 1990, Proklamation 27. 10. 1991 ▪ **Nationalfeiertag**: 27./28. 10.

REGIERUNG UND PARTEIEN **Staats- u. Regierungschef**: General Saparmyrat A. Nyýazow (DPT-Vorsitzender, Staatspräsident auf Lebenszeit), seit 1990 – **Äußeres**: Rasit Meredow (DPT), seit 7. 7. 2001 ▪ **Parlament**: Wahlen vom 19. 12. 2004/9. 1. 2005: Demokratische Partei Turkmenistans/DPT 50 von 50 Sitzen (1999: 50)

WIRTSCHAFT **BIP** 2004: 6,167 Mrd. $; realer Zuwachs: k. A.; Anteil (2003) Landwirtschaft 21 %, Industrie 45 %, Dienstleistungen 34 % ▪ **Erwerbstätigkeit** 2002: Landwirtsch. 49 %, Industrie 14 %, Dienstl. 37 % ▪ **Arbeitslosigkeit** ∅ 2003: 2,5 % ▪ **Inflation** ∅ 2004: 40 % (offiziell: 23,4 %) ▪ **Außenhandel** 2003: (S) **Import**: 2,450 Mrd. $; *Güter*: 46 % Maschinen, 20 % bearbeitete Waren, 11 % chemische Erzeugnisse, 8 % Nahrungs- und Genussmittel; *Länder*: 15 % Russland, 13 % Ukraine, 11 % Türkei, 11 % Vereinigte Arabische Emirate, 9 % Deutschland; **Export**: 3,320 Mrd. $; *Güter*: 88 % mineralische Brennstoffe; *Länder*: 56 % Ukraine, 15 % Iran, 7 % Türkei, 4 % Zypern, 4 % Italien

CHRONIK

▪ **Rentenstreichung:** Mit Hinweis auf leere Staatskassen strich der diktatorisch regierende Präsident Saparmyrat A. Nyýazow mit einem neuen Rentengesetz zum 1. 1. 2006 rd. 100 000 Rentnern alle Ansprüche. Bezugsberechtigt sind nach Angaben russischer Medien und internationaler Organisationen nur noch Menschen, die den Nachweis erbringen können, nach Abzug aller Urlaubs- und Krankheitstage, mindestens 20 (Frauen) bzw. 25 (Männer) Jahre in Turkmenistan gearbeitet zu haben. Rentner mit erwachsenen Kindern, Bauern und Schwerbehinderte erhalten künftig keine staatliche Rente. Sie unterliegen nach Aussage des Präsidenten der traditionellen familiären Fürsorge. Nyýazow bezeichnete die bisherigen Rentenzahlungen als zu hoch und kündigte an, dass der Staat in der Vergangenheit zuviel gezahltes Geld von den Rentnern zurückverlangen werde.

▪ **Personenkult um Nyýazow:** Eine russische Weltraum-Trägerrakete setzte am 26. 8. 2005 einen Container in einer erdnahen Umlaufbahn im Weltall aus, der das zweibändige, zur Pflichtlektüre in Turkmenistan erhobene Buch »Ruhname« von Präsident Nyýazow enthält.

▪ **Wirtschaft:** Präsident Nyýazow und der chinesische Partei- und Staatsführer Hu Jintao vereinbarten am 3. 4. 2006 in Peking den Bau einer **Gaspipeline zwischen Turkmenistan und China**. China gewährte Turkmenistan im Gegenzug günstige Kredite. Nyýazow hatte allerdings 2003 schon Russland zugesagt, ab 2007 seine gesamte **Gasproduktion** an Moskau zu verkaufen. Zudem hat Turkmenistan am 30. 12. 2005 auch mit der Ukraine ein Gaslieferungsabkommen geschlossen, das allerdings nur für 2006 gilt. Die in den verschiedenen Abkommen vereinbarten Liefermengen übersteigen die jährliche Erdgasproduktion Turkmenistans erheblich. Experten bezweifeln deshalb, dass Turkmenistan seine Lieferverpflichtungen künftig einhalten wird. Trotz des Rohstoffreichtums lebt jeder zweite Einwohner unterhalb der Armutsgrenze. Nach Angaben exilierter Oppositionspolitiker fließen 90 % der Einnahmen aus den Rohstoffexporten in einen Sonderfonds, über den allein Nyýazow verfügt

▪ **Austritt aus der GUS:** Da Nyýazow Maßnahmen zur wirtschaftlichen und politischen Integration ablehnte, trat Turkmenistan am 28. 8. 2005 aus der Gemeinschaft Unabhängiger Staaten (GUS) aus und besitzt nur noch den Status eines assoziierten Mitglieds.

Tuvalu
Ozeanien
The Tuvalu Islands – TV / TUV

Fläche (Weltrang: 191): 26 km^2

Einwohner (193): F 2004 12 000 = 462 je km^2

Hauptstadt: Funafuti

Amtssprachen: Tuvaluisch, Englisch

Bruttonationaleinkommen 2004 je Einw.: k. A.

Währung: 1 Australischer Dollar ($A) = 100 Cents
Kurs: 1 US-$ = 1,31 $A; 1 € = 1,69 $A

Honorargeneralkonsul von Tuvalu
An der Alster 45, 20099 Hamburg
T 040 / 24 83 83 66, Fax 24 83 83 75
E-Mail: tuvaluconsulate@ahrenkiel.net

LANDESSTRUKTUR **Fläche**: 26 km^2; 9 Atolle ▪ **Verwaltung**: 9 Atolle ▪ **Städte**: (Z 2002) Funafuti 4492 Einw. ▪ **Inseln**: (Z 2002) Funafuti 4492 Einw., Vaitupu 1591, Nanumea 664, Niutao 663, Nanumanga 589, Nukufetau 586, Nui 548, Nukulaelae 393, Niulakita 35

BEVÖLKERUNG Tuvaluer – F 2004: 12 000 Einw.; letzte Zählung 2002: 9561 Einw. – ca. 96 % Polynesier sowie Melanesier; rd. 1500 Tuvaluer im Ausland ▪ **Sprachen**: Tuvaluisch (polynesische Sprache) und Englisch ▪ **Religion**: 98 % Protestanten (Church of Tuvalu)

STAATS- UND REGIERUNGSFORM Verfassung von 1978 – Parlamentarische Monarchie (im Commonwealth) seit 1978 – Parlament (House of Assembly) mit 15 Mitgl., Wahl alle 4 J. – Wahlrecht ab 18 J. ▪ **Unabhängigkeit**: 1. 10. 1978 (ehem. britisches Protektorat) ▪ **Nationalfeiertag**: 1. 10.

REGIERUNG UND PARTEIEN **Staatsoberhaupt**: Königin Elizabeth II., vertreten durch Generalgouverneur Filoimea Telito, seit 15. 4. 2005 – **Regierungschef u. Äußeres**: Maatia Toafa, seit 27. 8. 2004 ▪ **Parlament**: letzte Wahlen am 25. 7. 2002; keine Parteien

WIRTSCHAFT **BIP** 2002: (S) 15,8 Mio. €; realer Zuwachs: k. A. ▪ **Erwerbstätigkeit**: k. A. ▪ **Arbeitslosigkeit**: k. A. ▪ **Inflation** ∅ 2002: 2,6 % ▪ **Außenhandel** 2003: **Import**: 22,2 Mio. $; *Güter*: v. a. Nahrungsmittel, Halbfertigprodukte, Maschinen und Transportausrüstungen, Brennstoffe; *Länder* 2002: v. a. Fidschi, Australien, Japan; **Export**: 1,5 Mio. $; *Güter*: v. a. Kopra und Fisch; *Länder* 2002: v. a. Großbritannien

Uganda Ost-Afrika
Republik Uganda; Jamhuri ya Uganda (kisuaheli); Republic of Uganda – UG / UGA

Fläche (Weltrang: 78): 241 548 km^2

Einwohner (39): F 2004 27 821 000 = 115 je km^2

Hauptstadt: Kampala

Amtssprachen: Swahili, Englisch

Bruttonationaleinkommen 2004 je Einw.: 250 $

Währung: Uganda-Schilling (U.Sh.)
Kurs: 1 US-$ = 1852 U.Sh.; 1 € = 2387 U.Sh.

Botschaft der Republik Uganda
Axel-Springer-Str. 54a, 10117 Berlin
T 030 / 24 04 75 56, Fax 24 02 75 57
www.uganda-botschaft.de

LANDESSTRUKTUR **Fläche**: 241 548 km^2 ▪ **Verwaltung**: 4 Regionen mit 78 Distrikten; Tabelle → WA 2006, S. 464 ▪ **Städte**: (Z 2002) Kampala 1 208 544 Einw., Gulu 113 144, Lira 89 871, Jinja 86 520, Mbale 70 437, Mbarara 69 208, Masaka 61 300

BEVÖLKERUNG Ugander – F 2004: 27 821 000 Einw.; Bevölkerungswachstum: 3,5 %; letzte Zählung. 2002: 24 442 084 Einw. – über 50 ethn. Gruppen: 50 % Bantu-Gruppen (17 % Baganda, 10 % Banyankore, 9 % Basoga, 7 % Bakiga, 5 % Bagisu u. a.), 26 % west- und ostnilotische Gruppen (7 % Iteso, 6 % Langi, 5 % Acholi u. a.), 5 % sudanesische Gruppen (4 % Lugbara u. a.); indische, europäische und arabische Minderheiten ▪ **Sprachen**: Swahili, Englisch; 70 % Bantu-Sprachen: u. a. 20 % Buganda, 15 % Banyoro, westnilotische Sprachen: 6,5 % Lango, 4 % Acholi, ostnilotische Sprachen: 8 % Turkana und 3 % Karamojong ▪ **Religion** 2002: 84 % Christen (42 % Katholiken, 42 % Protestanten, 12 % Muslime; indigene Religionen

STAATS- UND REGIERUNGSFORM Verfassung von 1995, zuletzt geändert 2005 – Präsidialrepublik (im Commonwealth) seit 1967 – Parlament mit 284 Mitgl., Wahl alle 5 J. – Direktwahl des Staatsoberhauptes alle 5 J. – Wahlrecht ab 18 J. ▪ **Unabhängigkeit**: 9. 10. 1962 (ehem. britisches Protektorat) ▪ **Nationalfeiertag**: 9. 10.

REGIERUNG UND PARTEIEN **Staatsoberhaupt**: Generalleutnant Yoweri Kaguta Museveni (NRM-Vorsitzender), seit 1986; zuletzt gewählt 2006 – **Regierungschef**: Apolo Nsimbambi, seit 7. 4. 1999 – **Äußeres**: Sam Kutesa, seit 13. 1. 2005 ▪ **Parlament**: Parlamentswahlen vom 23. 2. 2006: National Resistance Movement / NRM 191 von 284 Sitzen, Forum for Democratic Change / FDC 37, Uganda People's Congress / UPC 9, Democratic Party / DP 8, Conservative Party / CP 1, Justice Forum / JEEMA 1, Unabhängige 36, vakant 1

WIRTSCHAFT **BIP** 2004: 6,822 Mrd. $; realer Zuwachs: 5,7 %; Anteil (2004) Landwirtschaft 32 %, Industrie 21 %, Dienstleistungen 47 % ▪ **Erwerbstätigkeit** 2003: Landwirtsch. 69 %, Industrie 7 %, Dienstl. 23 % ▪ **Arbeitslosigkeit**: k. A. ▪ **Inflation** ∅ 2003: 7,8 % ▪ **Außenhandel** 2003: **Import**: 1,375 Mrd. $; *Länder*: 28 % Asien, 18 % EU, 6 % USA; **Export**: 534 Mio. $; *Länder*: 26 % EU, 15 % übriges Europa, 8 % Asien, 3 % Afrika, 2 % USA

CHRONIK

▪ **Einführung eines Mehrparteiensystems:** Die vom Parlament bereits im Mai 2005 beschlossene Einführung eines Mehrparteiensystems wurde am 28. 7. 2005 bei einem **Verfassungsreferendum** mit 92,4 % der Stimmen bestätigt. Die Opposition hatte zuvor die von Präsident Yoweri Kaguta Museveni initiierte Abstimmung als Augenwischerei, hinter der der Staatschef seine Ambitionen auf lebenslange Herrschaft verstecken wolle, kritisiert und zum Boykott aufgerufen; die Stimmbeteiligung lag entsprechend niedrig bei 47,3 %. Politische Parteien hatten nach der Machtübernahme Musevenis 1986 zwar weiterbestehen, sich aber nicht zur Wahl stellen dürfen. Über die vom Parlament am 12. 7. beschlossene Verfassungsänderung, mit der die Begrenzung von zwei Amtszeiten des Präsidenten aufgehoben worden war, wurde in dem Referendum hingegen nicht abgestimmt.

▪ **Wahlen:** Aus den **Präsidentschaftswahlen** am 23. 2. 2006 ging Amtsinhaber Museveni mit 59,3 % der Stimmen als Sieger hervor. Sein stärkster Herausforderer, Kizza Besigye vom oppositionellen Forum for Democratic Change (FDC), kam auf 37,4 %. An dem Urnengang beteiligten sich 69,2 % der 10,5 Mio. Stimmberechtigten. Während EU-Wahlbeobachter den weitgehend friedlichen Verlauf des Urnengangs lobten, kritisierten sie jedoch die massive Behinderung der Opposition im Wahlkampf. So hatte Museveni Besigye, der bereits 2001 gegen ihn kandidiert hatte, kurz nach dessen Rückkehr aus dem Exil einsperren und wegen Hochverrats, Terrorismus und Vergewaltigung anklagen lassen. Am 2. 1. 2006 hatte der Oberste Gerichtshof jedoch die Freilassung Besigyes gegen Kaution angeordnet, damit dieser am Präsidentschaftswahlkampf teilnehmen konnte; zwei Wochen nach der Wahl wurde er von einigen Anklagepunkten freigesprochen.

Bei den zeitgleichen **Parlamentswahlen**, bei denen erstmals seit 26 Jahren 33 Parteien zugelassen waren, ging Musevenis National Resistance Movement (NRM) mit 191 von 284 Mandaten als stärkste Kraft hervor, das FDC errang 37 Sitze, der Uganda People's Congress (UPC) 9 und die Democratic Party (DP) 8 Sitze. Unabhängige Kandidaten gewannen in 36 Wahlkreisen, auf die Conservative Party (CP) und das Justice Forum entfiel je ein Mandat.

▪ **Kampf gegen LRA-Rebellen:** Der **Bürgerkrieg** im Norden dauerte nach wie vor an, obwohl es der Armee seit Juli 2004 mehrfach gelungen war, wichtige Stellungen der Lord's Resistance Army (LRA) einzunehmen. Ein weiterer Schlag gelang dem Militär am 11. 7. 2005 mit der Tötung von LRA-Stabschef Owor Lakati, wodurch die Befehlsstruktur der LRA zerschlagen worden sein soll.

Der **Internationale Strafgerichtshof** (ICC) in Den Haag (Niederlande) stellte am 13. 10. 2005 internationale **Haftbefehle gegen fünf LRA-Mitglieder**, darunter LRA-Führer Joseph Kony, aus. Ihnen wurden u. a. Kriegsverbrechen und Verbrechen gegen die Menschlichkeit vorgeworfen. Der Terror der Ende der 1980er Jahre aus dem Holy Spirit Movement hervorgegangenen LRA hatte vor allem im Norden Ugandas und im Südsudan zur Entvölkerung ganzer Landstriche geführt; große Teile der Zivilbevölkerung hatten in von der Armee eingerichteten Wehrdörfern Zuflucht gesucht. Zur Schwächung der LRA trugen nach Angaben von Beobachtern auch eine von der Regierung in Kampala erklärte Amnestie bei sowie das brutale Vorgehen der LRA-Verbände, das die Bewegung viele Sympathien kostete. Als Reaktion auf die Haftbefehle attackierte die LRA Entwicklungshelfer, dabei kam am 5. 11. 2005 ein Brite im Grenzgebiet zwischen Sudan und Uganda ums Leben.

Das von Präsident Museveni am 17. 5. 2006 unterbreitete Amnestieangebot für Kony nahm dessen Stellvertreter Vincent Otti am 9. 7. an; außerdem kündigte Museveni an, das bestehende Amnestiegesetz für LRA-Rebellen vom Parlament ändern zu lassen, sodass Kony und Otti nach Uganda zurückkehren können. Das Angebot steht allerdings in Widerspruch zu den vom ICC ausgestellten Haftbefehlen.

▪ **Weitere Ereignisse:** Mehrere **Geberländer**, u. a. Schweden, Großbritannien und die Niederlande, **froren** Ende 2005 wegen anhaltender Menschenrechtsverletzungen und mangelnder Fortschritte bei der Demokratisierung **einen Teil ihrer Hilfszahlungen ein**. 46 % des Staatshaushalts von Uganda wurden 2004/05 durch die internationale Gemeinschaft finanziert. Bereits Anfang November 2005 hatte die Weltbank Kredite zur Armutsbekämpfung reduziert, nachdem die Regierung in Kampala große Teile des Geldes in die Verwaltung gesteckt hatte. Im Alter von 80 Jahren starb der frühere Staatschef **Milton Obote** am 10. 10. 2005 in Südafrika. Er galt neben Idi Amin als einer der brutalsten Diktatoren des Landes. Mehrere 100 000 Menschen sollen während Obotes beiden Amtszeiten als Präsident (1966–71 und 1980–85) ums Leben gekommen sein. Seit 1986 hatte Obote im Exil in Sambia gelebt.

Ukraine

Ost-Europa
Ukraïna – UA / UKR

Fläche (Weltrang: 43): 603 700 km²

Einwohner (26): F 2004 47 451 000 = 79 je km²

Hauptstadt: Kyïv (Kiew)

Amtssprache: Ukrainisch

Bruttonationaleinkommen 2004 je Einw.: 1270 $

Währung: 1 Hrywnja (UAH) = 100 Kopeken
Kurs: 1 US-$ = 5,05 UAH; 1 € = 6,48 UAH

Botschaft der Ukraine
Albrechtstr. 26, 10117 Berlin
T 030 / 28 88 72 20, Fax 28 88 71 63
www.botschaft-ukraine.de

LANDESSTRUKTUR **Fläche:** 603 700 km²; Karte → WA 2006, S. 468 ▪ **Verwaltung:** 23 Regionen, 2 Stadtbezirke sowie die Republik Krim ▪ **Städte:** (Z 2001) Kyïv (Kiew) 2 611 327 Einw., Charkiv (Charkiw) 1 470 902, Dnipropetrovs'k (Dnipropetrowsk) 1 065 008, Odesa (Odessa) 1 029 049, Donec'k (Donezk) 1 016 194, Zaporižžja (Saporischja) 815 256, L'viv (Lemberg) 732 818, Kryvyj Rih (Krywyj Rih) 668 980, Mykolaïv (Mykolajiw) 514 136, Mariupol' 492 176, Luhans'k 463 097, Makiïvka 389 589, Vinnycja (Winnyzja) 356 665, Simferopol' (Krim) 343 644, Sevastopol' (Krim) 342 451, Cherson 328 360, Poltava (Poltawa) 317 998, Černihiv (Tschernihiw) 304 994

BEVÖLKERUNG Ukrainer – F 2004: 47 451 000 Einw.; Bevölkerungswachstum: –0,8 %; letzte Zählung 2001: 48 457 102 Einw. – 77,8 % Ukrainer (1989: 72,7 %), 17,3 % Russen (22,1 %), 1989: 0,9 % Belarussen, 0,6 % Moldauer, 0,5 % Bulgaren, 0,4 % Polen sowie Ungarn, Rumänen, Griechen, Tataren u. a. ▪ **Sprachen** 1989: 78 % Ukrainisch; 78,4 % Russisch; Sprachen der Minderheiten ▪ **Religion** 2001: Orthodoxe (z. Z. drei konkurrierende Patriarchate); 4,4 Mio. Katholiken (unierte und römisch-katholische Kirche); 103 600 Juden; Muslime, Protestanten u. a.

STAATS- UND REGIERUNGSFORM Verfassung von 1996, zuletzt geändert 2005 – Präsidialrepublik seit 1991 – Parlament (Werchowna Rada) mit 450 Mitgl., Wahl alle 4 J. – Direktwahl des Staatsoberhauptes alle 5 J. – Wahlrecht ab 18 J. ▪ **Unabhängigkeit:** Souveränitätserklärung 16. 7. 1990, Proklamation 24. 8. 1991 ▪ **Nationalfeiertag:** 24. 8.

REGIERUNG UND PARTEIEN **Staatsoberhaupt:** Wiktor Juschtschenko (NU), seit 23. 1. 2005 – **Regierungschef:** Wiktor Janukowitsch (PR), seit 4. 8. 2006 – **Äußeres:** Borys Tarasjuk (Ruch / NU), seit 4. 2. 2005 ▪ **Parlament:** Wahlen vom 26. 3. 2006: Partei der Regionen / PR 186 von 250 Sitzen (2002: im Wahlbündnis »Für eine vereinte Ukraine« mit Volkspartei, Demokratischer Volkspartei und Partei der Industriellen und Unternehmer 102), Block Julija Tymoschenko / BJUT 129 (21), Wahlbündnis »Unsere Ukraine« / NU 81 (112), Sozialistische Partei / SPU 33 (24), Kommunistische Partei / KPU 21 (66), Sozialdemokratische Partei – (23), Sonstige – (8), Unabhängige – (94)

WIRTSCHAFT **BIP** 2004: 64,828 Mrd. $; realer Zuwachs: 12,1 %; Anteil (2004) Landwirtschaft 12 %, Industrie 37 %, Dienstleistungen 51 % ▪ **Erwerbstätigkeit** 2003: Landwirtsch. 19 %, Industrie 30 %, Dienstl. 51 % ▪ **Arbeitslosigkeit** ∅ 2005: 7,5 % ▪ **Inflation** ∅ 2005: 13,5 % ▪ **Außenhandel** 2005: **Import:** 36,1 Mrd. $; *Güter:* 32 % Primärenergieträger und mineralische Produkte, 18 % Maschinen und elektrotechnische Erzeugnisse, 14 % chemische Erzeugnisse, 9 % Fahrzeuge, 5 % Nahrungs- und Genussmittel, 4 % Textilien und Bekleidung, 3 % Holz, Holzerzeugnisse, Zellstoff und Papier; *Länder:* 36 % Russland, 9 % Deutschland, 7 % Turkmenistan, 6 % VR China, 4 % Polen, 3 % Italien, 3 % Weißrussland (EU gesamt: 35 %, GUS gesamt: 47 %); **Export:** 34,3 Mrd. $; *Güter:* 41 % Metalle, 14 % Primärenergieträger und mineralische Produkte, 10 % Chemieerzeugnisse, 8 % Maschinen und elektronische Erzeugnisse, 5 % Fahrzeuge, 4 % Nahrungs- und Genussmittel, 3 % Holz, Holzerzeugnisse, Zellstoff und Papier, 3 % Textilien und Bekleidung; *Länder:* 18 % Russland, 6 % Deutschland, 6 % Türkei, 5 % Italien, 5 % USA, 3 % Polen, 3 % Ungarn, 3 % VR China, 2 % Rumänien (EU gesamt: 30 %, GUS gesamt: 26 %)

Krim-Republik

Respublika Krym

Fläche: 26 100 km² ▪ **Bevölkerung** F 2005: 1 994 250 Einw. – 59 % Russen, 24 % Ukrainer, 12 % Krimtataren ▪ **Sprachen:** 77 % Russisch, 10 % Ukrainisch, 11 % Krimtatarisch ▪ **Hauptstadt** (Z 2001): Simferopol' 343 644 Einw. ▪ **Status:** Verfassung von 1999 – Parlament mit 100 Mitgl., Wahl alle 4 J. ▪ **Regierung:** Regierungschef: Wiktor Tarasowitsch Plakida, seit 2. 6. 2006

CHRONIK

Präsident Wiktor Juschtschenko, der Ende 2004 durch die prowestliche »Revolution in Orange« an die Macht gelangt war (→ WA 2006, S. 466 f.), konnte sein angekündigtes demokratisches und marktwirtschaftliches Reformprogramm bislang kaum umsetzen. Bereits nach knapp acht Monaten entließ er die Regierung unter der charismatischen Ministerpräsidentin Julija Tymoschenko.

▪ **Zerwürfnis mit Tymoschenko:** Der Rücktritt des Stabschefs von Präsident Juschtschenko, Olexandr Sintschenko, am 3. 9. 2005 stürzte die Regierung in eine

schwere Krise. Sintschenko bezichtigte mehrere Regierungsbeamte aus der Umgebung von Präsident Juschtschenko der Korruption, darunter den Sekretär des Nationalen Sicherheits- und Verteidigungsrates Petro Poroschenko. Poroschenko, der stellvertretende Ministerpräsident Mykola Tomenko, der Chef des Geheimdienstes SBU Olexandr Turtschinow und weitere ranghohe Beamte traten am 8. 9. zurück.

Präsident Juschtschenko nahm die Korruptionsaffäre zum Anlass, am gleichen Tag die **gesamte Regierung unter Ministerpräsidentin Julija Tymoschenko** (Block Julija Tymoschenko, BJUT) **zu entlassen** – zwischen Juschtschenko und Tymoschenko war es in den sieben Monaten der gemeinsamen Regierung zu großen Meinungsdifferenzen über den Reformkurs gekommen – und nominierte den Gouverneur der Region Dnipropetrowsk **Jurij Jechanurow** (Unsere Ukraine, NU) als **neuen Ministerpräsidenten**. Der BJUT trat daraufhin aus der Regierungskoalition aus und ging in die Opposition. Nachdem Jenachurows Bestätigung durch das Parlament im ersten Anlauf am 20. 9. gescheitert war, machte Juschtschenko politische Zugeständnisse und unterzeichnete zusammen mit Jechanurow und dem Vorsitzenden der Partei der Regionen Wiktor Janukowitsch ein 10-Punkte-Memorandum. Darin verpflichtete sich die Regierung u. a. die Verfassungsreform vom 8. 12. 2004 umzusetzen. Am 22. 9. bestätigte das Parlament Jechanurow mit 289 von 450 Stimmen als Ministerpräsident.

Die Verfassungsänderungen traten am 1. 1. 2006 in Kraft und sind mit der Konstituierung des am 26. 3. gewählten Parlaments voll wirksam geworden. Sie beschneiden die Vollmachten des Präsidenten zugunsten von Regierung und Parlament. Das Parlament besitzt nun das Recht, den Ministerpräsidenten und die meisten Minister zu nominieren. Der Präsident bestimmt weiterhin den Außenminister und den Verteidigungsminister, den Generalstaatsanwalt und den Chef des Geheimdienstes SBU.

- **Parlamentswahlen:** Mit den Parlamentswahlen am 26. 3. 2006 trat auch eine Wahlrechtsreform in Kraft. Das Parlament wird nun durch ein reines Verhältniswahlrecht bestimmt. Es gilt eine 3 %-Hürde. Die prorussische **Partei der Regionen** (PR) wurde mit 32,14 % der Stimmen und 186 von 450 Sitzen **stärkste Partei**.

Ukraine: Wahlen zum Parlament am 26.3.2006 (2002)

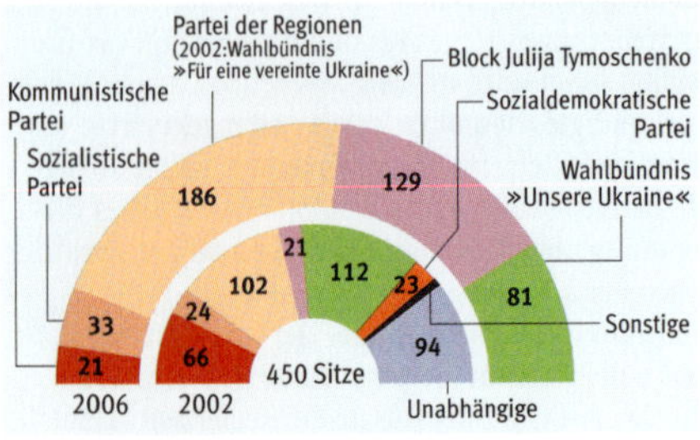

Zusammen mit ihrem einzigen Verbündeten, der Kommunistischen Partei (KPU) mit 3,66 % (21 Sitze) konnte sie jedoch keine Regierungsmehrheit bilden. Die **Parteien der »orangenen Revolution« errangen zusammen eine knappe Mehrheit**. Der Wahlblock Julija Tymoschenko (BJUT) erhielt 22,29 % (129), das Bündnis Unsere Ukraine (NU) 13,95 % (81) und die Sozialistische Partei (SPU) 5,69 % (33). 35 weitere Parteien scheiterten an der 3 %-Hürde. Die Wahlbeteiligung lag bei 67,7 %. Internationale Wahlbeobachter werteten die Parlamentswahl als die **fairste Wahl in der Ukraine seit der Unabhängigkeit** 1991.

- **Koalitionsverhandlungen:** Nach monatelangen Verhandlungen zwischen BJUT, NU und SPU einigten sich die Parteien am 22. 6., wenige Tage vor Ablauf der verfassungsgemäßen Frist, auf die Bildung einer Koalition unter Führung von Tymoschenko. Entgegen den Koalitionsvereinbarungen kandidierte am 6. 7. der Parteivorsitzende der Sozialistischen Partei, Oleksandr Moros, für das Amt des Parlamentspräsidenten und wurde mit den Stimmen der Opposition gewählt. Am folgenden Tag unterzeichnete er eine Koalitionsvereinbarung mit der Partei der Regionen und den Kommunisten. Die **»Anti-Krisen-Koalition« nominierte** den ehemaligen Ministerpräsidenten **Wiktor Janukowitsch** (PR) für das Amt des Ministerpräsidenten.
- **Status des Russischen:** Bis zum 18. 5. 2006 **führten die Regionen Krim, Charkiw, Luhansk und Donezk das Russische als zweite Amtsprache** ein. Das Justizministerium bezeichnete die Einführung als illegal. Laut Verfassung ist Ukrainisch die einzige Amtssprache.
- **Gasstreit mit Russland:** Russland forderte Ende 2005 eine Anpassung des bislang verbilligten Gasbezuges der Ukraine an internationale Marktpreise und wollte eine Erhöhung von 50 auf 230 US-$ je 1000 m^3 Gas durchsetzen. Einen russischen Kredit von 3,6 Mrd. US-$ zur Finanzierung der höheren Preise lehnte die Ukraine ab. Nachdem die Verhandlungen gescheitert waren, **unterbrach** der russische, staatlich kontrollierte Konzern Gasprom **am 1. 1. 2006 die Lieferungen in die Ukraine**. Russland weigerte sich auch, Gas aus Turkmenistan in die Ukraine zu transportieren. Die Ukraine und Turkmenistan hatten am 30. 12. 2005 einen Vertrag über die Lieferung von Gas für 50 US-$ je 1000 m^3 geschlossen. Am 4. 1. 2006 schlossen die Ukraine und Russland einen **Kompromiss** für das erste Halbjahr 2006 ab. Demnach verkauft Russland sein Gas für 230 US-$ an die Firma RosUkrEnergo in der Schweiz, die es für 95 US-$ an die Ukraine weiterverkauft. Der geringere Kaufpreis wird angeblich durch eine Mischung mit billigem turkmenischem Gas (50 US-$) erreicht.
- **GUAM:** Auf dem Gipfeltreffen der GUAM-Staaten Ukraine, Georgien, Aserbaidschan und Moldau in Kiew am 23. 5. 2006 wurde die 1997 gegründete informelle Vereinigung in eine internationale Organisation umgewandelt. Diese »Organisation für Demokratie und wirtschaftliche Entwicklung« wählte Präsident Juschtschenko zum Generalsekretär.

20 Jahre Tschernobyl

In der Ukraine, Weißrussland und Russland fanden am 26. 4. 2006 zahlreiche Gedenkveranstaltungen statt, die an den 20. Jahrestag der Explosion des Reaktorblocks 4 im AKW Tschernobyl (Ukraine) erinnerten. Der ukrainische Präsident Wiktor Juschtschenko forderte den Europarat und die UN auf, weitere Gelder für die Bewältigung der Folgen des Unglücks zur Verfügung zu stellen. Er kündigt den Bau eines neuen undurchlässigen Beton-Sarkophags um den havarierten Reaktorblock an, der den Austritt von Radioaktivität verhindern soll. Die Opposition in → Weißrussland verwandelte in Minsk den traditionellen Marsch zum Gedenken an die Tschernobyl-Katastrophe in eine Demonstration gegen den weißrussischen Präsidenten Aljaksandr Lukaschenka mit 6000 Teilnehmern. Die internationale Staatengemeinschaft hat bislang 829 Mio. € für die Bewältigung der sozialen und ökologischen Folgen Tschernobyls aufgebracht. Der Unglücksort ist bis heute in einem Umkreis von 30 km gesperrt. Der letzte Reaktorblock des AKW Tschernobyl war im Dezember 2000 abgeschaltet worden. Die Zahl der Toten und die gesundheitlichen Folgen für die Bevölkerung sind umstritten. Eine Studie der Internationalen Atomenergieorganisation IAEA, die in Zusammenarbeit mit anderen Unterorganisationen der UN, darunter auch der WHOerarbeitet und im September 2005 veröffentlicht wurde, bezifferte die Zahl der durch den Unfall umgekommen Menschen auf 58, die der noch zu erwartenden Opfer auf höchstens 4000. Der Anstieg der Zahl von Anomalien, Fehlgeburten, Krebs- und anderen Erkrankungen in den verstrahlten Gebieten könne nicht auf den Nuklearunfall zurückgeführt werden. Unabhängige Studien dagegen nennen wesentlich höhere Opferzahlen. Die Umweltorganisation Greenpeace geht in ihrem im April 2006 vorgelegten Gesundheitsreport von insgesamt 93 000 Toten aus. Laut Angaben des ukrainischen Gesundheitsministeriums leiden bis heute 2,34 Mio. Ukrainer unter den Folgen der Katastrophe. In Weißrussland wurden 2 Mio. Menschen als Tschernobyl-Opfer anerkannt. Laut dem Strahlenzentrum Almaty sind von den 36 000 in Tschernobyl eingesetzten Katastrophenhelfern aus der ehemaligen Sowjetrepublik Kasachstan heute nur noch 7000 am Leben.

Ungarn Mittel-Europa

Republik Ungarn; Magyar Köztársaság,
Kurzform: Magyarország – HU / HUN

Fläche (Weltrang: 107): 93 030 km^2

Einwohner (78): F 2004 10 107 000 = 109 je km^2

Hauptstadt: Budapest

Amtssprache: Ungarisch

Bruttonationaleinkommen 2004 je Einw.: 8370 $

Währung: 1 Forint (Ft) = 100 Filler
Kurs: 1 US-$ = 204,16 Ft; 1 € = 283,95 Ft (1. 7. 2006)

Botschaft der Republik Ungarn
Unter den Linden 74–76, 10117 Berlin
T 030 / 20 31 00, Fax 229 13 14
www.ungarische-botschaft.de

LANDESSTRUKTUR **Fläche**: 93 030 km^2; Karte → WA 2006, S. 470 ▪ **Verwaltung**: 19 Komitate und Hauptstadt ▪ **Städte**: (F 2003) Budapest 1 719 342 Einw., Debrecen (Debrezin) 205 881, Miskolc 180 282, Szeged (Szegedin) 162 860, Pécs (Fünfkirchen) 158 942, Györ (Raab) 128 913, Nyíregyháza 116 899, Kecskemét 107 604, Székesfehérvár (Stuhlweißenburg) 102 670

BEVÖLKERUNG Ungarn – F 2004: 10 107 000 Einw.; Bevölkerungswachstum: –0,2 %; letzte Zählung 2001: 10 197 119 Einw. – Z 1990: 96,6 % Ungarn (Magyaren); Minderheiten von Roma (S 600 000–800 000), Deutschen, Kroaten, Rumänen u. a. ▪ **Sprachen** 2001: 98,6 % Ungarisch, 0,5 % Romani, 0,3 % Deutsch, 0,1 % Kroatisch, 0,1 % Slowakisch, 0,1 % Ukrainisch u. a. ▪ **Religion** 2001: 52 % Katholiken, 16 % Calvinisten, 3 % Lutheraner, 0,1 % Juden; 14,5 % konfessionslos, 10 % ohne Angaben

STAATS- UND REGIERUNGSFORM Verfassung von 1949, zuletzt geändert 1989 – Republik – Parlament: Nationalversammlung (Országgyülés) mit 386 Mitgl., Wahl alle 4 J. – Wahl des Staatsoberhaupts alle 5 J. durch Parlament (einmalige Wiederwahl) – Wahlrecht ab 18 J. ▪ **Unabhängigkeit**: Krönung Stefan I. im Jahr 1000 (Staatsgründung); seit 1867 gleichberechtigte Reichshälfte in Österreich-Ungarn; 16. 11. 1918 Gründung der Republik ▪ **Nationalfeiertag**: 20. 8. (St. Stefanstag)

REGIERUNG UND PARTEIEN **Staatsoberhaupt**: László Sólyom (MDF), seit 3. 8. 2005 – **Regierungschef**: Ferenc Gyurcsány (MSZP), seit 29. 9. 2004; Koalition aus MSZP und SzDSz – **Äußeres**: Kinga Göncz, seit 2. 6. 2006 ▪ **Parlament**: Wahlen vom 9. 4. / 23. 4. 2006: Sozialistische Partei / MSZP 186 von 386 Sitzen (2002: 178), Bürgerallianz / FIDESz-MPSZ 164 (zusammen mit MDF 188), Bund Freier Demokraten / SzDSz 18 (20), Demokratisches Forum / MDF 11 (zusammen mit FIDESz-MPSZ 188), Sozialistisches Parteienbündnis Freier Demokraten 6 (–), Unabhängige 1 (–)

WIRTSCHAFT **BIP** 2004: 100,685 Mrd. $; realer Zuwachs: 4,6 %; Anteil (2004) Landwirtschaft 3 %, Industrie 31 %, Dienstleistungen 66 % ▪ **Erwerbstätigkeit** 2003: Landwirtsch. 5,5 %, Industrie 33,7 %, Dienstl. 60,7 % ▪ **Arbeitslosigkeit** ∅ 2005: 7,2 % ▪ **Inflation** ∅ 2005: 3,6 % ▪ **Außenhandel** 2005: **Import**: 52,559 Mrd. €; *Güter*: 16 % elektrische Geräte und Ausrüstungen, 10 % Energieträger, 10 % chemische Vor- und Enderzeugnisse, 8 % Telekommunikations- und Audiogeräte, 8 % Maschinen und Ausrüstungen, 8 % Kfz, 7 % Maschinen und Ausrüstungen für Energieerzeugung, 5 % Nahrungsmittel, Getränke und Tabak, 4 % Büro- und Datenverarbeitungsmaschinen, 4 % Textilien, Bekleidung und Schuhe; *Länder*: 27 % Deutschland, 7 % Russland, 7 % Österreich, 5 % VR China, 5 % Italien, 5 % Frankreich, 4 % Niederlande (EU gesamt: 68 %); **Export**: 49,721 Mrd. €; *Güter*: 18 % Telekommunikations- und Audiogeräte, 11 % Maschinen, Ausrüstungen für Energieerzeugung, 11 % elektrische Geräte und Ausrüstungen, 8 % Kfz, 8 % chemische Vor- und Enderzeugnisse, 7 % Büro-, Datenverarbeitungsmaschinen, 6 % Nahrungsmittel, Getränke und Tabak, 5 % Metalle, 4 % Textilien, Bekleidung und Schuhe, 2 % Rohstoffe; *Länder*: 29 % Deutschland, 6 % Österreich, 5 % Italien, 4 % Frankreich, 5 % Großbritannien, 4 % Rumänien, 4 % Niederlande, 3 % Polen, 3 % USA (EU gesamt: 76 %)

CHRONIK

▪ **Parlamentswahlen:** Erstmals seit der politischen Systemwende vor 16 Jahren **bestätigten die Wähler** am 9. und 23. 4. 2006 eine Regierung im Amt und statteten sie zudem mit einer komfortablen Mehrheit aus (→ Grafik). Die **von Ministerpräsident Ferenc Gyurcsány geführte Koalition** aus Sozialisten (MSZP) und liberalem Bund Freier Demokraten (SzDSz) baute ihren bisherigen Anteil um zwölf auf 210 Mandate (von insgesamt 386) aus. Die MSZP erzielte 48,2 % und die SzDSz 4,7 % der Stimmen – nur die Sozialisten konnten ihr Ergebnis gegenüber 2002 verbessern (+6,1 %), die SzDSz verlor einen Anteil von 0,8 Prozentpunkten.

Ungarn: Wahlen zur Nationalversammlung am 9./23.4.2006 (2002)

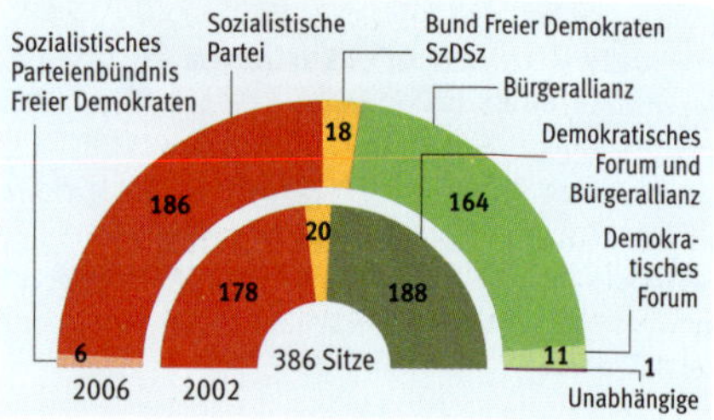

In der Opposition dominiert die Fraktion der 164 nationalkonservativen Jungdemokraten (FIDESz) des ehemaligen Ministerpräsidenten Viktor Orbán (1998–2002). Die Spaltung der Opposition – 2002 waren die FIDESz mit dem rechtsliberalen Demokratischen Forum (MDF) noch zusammen angetreten – hatte die Chancen auf einen Wahlsieg maßgeblich verringert; das MDF entsendet nun 11 Vertreter ins Parlament. Die Wahlbeteiligung lag in der ersten Runde bei 68 %, in der zweiten bei 64 %.

▪ **Neue Regierung Gyurcsány:** Das am 9. 6. vereidigte, von 17 auf 12 Minister reduzierte **Kabinett** besteht aus neun MSZP- und drei SzDSz-Abgeordneten; vier Posten sind neu besetzt. Außenministerin wurde die bisherige Jugend- und Familienministerin Kinga Göncz (MSZP), Tochter des ersten Staatspräsidenten nach der politischen Wende, Árpád Göncz (1990–2000).

Bereits am 20./21. 5. hatte Gyurcsány sich auf einem außerordentlichen Parteitag der MSZP in Budapest die Unterstützung sämtlicher 600 Delegierten für durchgreifende Reformvorhaben unter dem Zwang drastischer Sparmaßnahmen gesichert. Gleichwohl musste Gyurcsány bei der **Vorstellung des Regierungsprogramms** am 11. 6. einräumen, der Regierung werde es im laufenden Jahr nicht gelingen, den weiteren **Anstieg des Haushaltsdefizits auf 8 % des BIP** zu verhindern.

▪ **Geheimdienstakten:** Nach einer monatelangen Kontroverse über die geplante Öffnung der Geheimdienstakten aus dem Zeitraum 1944–90 (→ WA 2006, S. 470) erklärte das Verfassungsgericht im Oktober 2005 den umstrittenen Gesetzentwurf der MSZP-Fraktion für unvereinbar mit der Verfassung, da die Persönlichkeitsrechte Einzelner nicht ausreichend geschützt würden.

Anfang Februar 2006 wurde bekannt, dass etliche **Prominente zeitweise Spitzeldienste geleistet hatten**, unter ihnen auch der langjährige Primas der katholischen Kirche, Kardinal-Erzbischof László Paskai, der Zeithistoriker Krisztián Ungváry, mehrere Journalisten und der Regisseur István Szabó. Das allgemeine Interesse an der Einsicht in die rd. 4000 Regalmeter Akten der seit 1997 bestehenden Aktenöffnungsbehörde war bislang jedoch mäßig: In acht Jahren gab es 14 000 Anträge.

▪ **Beziehungen zu Russland:** Im Winter 2005/06 wurden die bilateralen Beziehungen durch den zeitweiligen Stopp russischer Gaslieferungen an die Ukraine vorübergehend belastet, da das ungarische Energieunternehmen MOL feststellte, dass auch die Versorgung Ungarns wegen der durch die Ukraine laufenden Pipelines um ca. 25 % zurückgegangen war.

Bei seinem Staatsbesuch Ende Februar 2006 erklärte der russische Präsident Wladimir Putin, dass Russland **»eine gewisse moralische Verantwortung«** Russlands **für die Niederschlagung des Ungarn-Aufstands** 1956 durch die Rote Armee trage.

Uruguay Süd-Amerika

Republik Östlich des Uruguay;
República Oriental del Uruguay – UY/URY

Fläche (Weltrang: 88): 176 215 km²

Einwohner (127): F 2004 3 439 000 = 19,5 je km²

Hauptstadt: Montevideo

Amtssprache: Spanisch

Bruttonationaleinkommen 2004 je Einw.: 3900 $

Währung: 1 Urug. Peso (urug$) = 100 Centésimos
Kurs: 1 US-$ = 23,75 urug$; 1 € = 30,43 urug$

Botschaft der Republik Östlich des Uruguay
Budapester Str. 39, 10787 Berlin
T 030/263 90 16, Fax 263 90 170
E-Mail: urubrande@t-online.de

LANDESSTRUKTUR **Fläche**: 176 215 km²; Karte → WA 2005, S. 443 ▪ **Verwaltung**: 19 Departamentos ▪ **Städte**: (Z 2004) Montevideo 1 269 648 Einw., Salto 99 072, Ciudad de la Costa 83 399, Paysandú 73 272, Las Piedras 69 222, Rivera 64 426, Maldonado 54 603, Tacuarembó 51 224, Melo 50 578, Mercedes 42 032

BEVÖLKERUNG Uruguayer – F 2004: 3 439 000 Einw.; Bevölkerungswachstum: 0,7 %; letzte Zählung 2004: 3 241 003 Einw. – 1985: ca. 85 % Weiße, 5 % Mestizen, 3 % Mulatten ▪ **Sprachen**: Spanisch ▪ **Religion** 2003: 61 % Katholiken, 2 % Protestanten, 1 % Juden

STAATS- UND REGIERUNGSFORM Verfassung von 1966, zuletzt geändert 1997 – Präsidialrepublik seit 1967 – Parlament (Asamblea General): Abgeordnetenhaus (Cámara de Diputados) mit 99 Mitgl.; Senat mit 30 Mitgl.; Wahl jeweils alle 5 J. – Direktwahl des Staatsoberhauptes alle 5 J. (Staatsoberh. wird der Kandidat der Siegerpartei bei den Parlamentswahlen; keine unmittelb. Wiederwahl) – Wahlpflicht ab 18 J. ▪ **Unabhängigkeit**: 4. 10. 1828 (ehem. spanische Kolonie) ▪ **Nationalfeiertag**: 25. 8. (Unabhängigkeitsproklamation gegenüber Brasilien 1825)

REGIERUNG UND PARTEIEN **Staats- u. Regierungschef**: Tabaré Ramón Vázquez Rosas (EP-FA), seit 1. 3. 2005 – **Äußeres**: Reinaldo Gargano Ostuni (EP-FA), seit 1. 3. 2005 ▪ **Parlament**: Wahlen vom 31. 10. 2004: Abgeordnetenhaus: Encuentro Progresista-Frente Amplio/EP-FA 53 von 99 Sitzen (1999: 40), Partido Nacional (Blanco)/PN 34 (23), Partido Colorado/PC 10 (32), Sonstige 2 (4) – Senat: EP 17 von 30 Sitzen (1999: 12), PN 10 (7), PC 3 (10), Sonstige – (1)

WIRTSCHAFT **BIP** 2004: 13,215 Mrd. $; realer Zuwachs: 11,9 %; Anteil (2004) Landwirtschaft 11 %, Industrie

29 %, Dienstleistungen 60 % ▪ **Erwerbstätigkeit** 2003: Landwirtsch. 5 %, Industrie 22 %, Dienstl. 74 % ▪ **Arbeitslosigkeit** ∅ 2005: 12,1 % ▪ **Inflation** ∅ 2005: 5,9 % ▪ **Außenhandel** 2005: **Import**: 3,879 Mrd. $; *Güter*: 22 % Rohöl und Derivate, 18 % Konsumgüter, 11 % Maschinen, 2 % Nahrungsmittel; *Länder*: 21 % Brasilien, 20 % Argentinien, 7 % USA, 6 % VR China, 6 % Venezuela, 2 % Deutschland, 2 % Italien, 2 % Chile; **Export**: 3,405 Mrd. $; *Güter*: 27 % Tiefkühlprodukte, 8 % Lederwaren, 7 % Milchprodukte, 6 % Textilien, 6 % Reis, 6 % chemische Erzeugnisse, 4 % Fisch und Meeresfrüchte; *Länder*: 22 % USA, 14 % Brasilien, 8 % Argentinien, 4 % Deutschland, 4 % Mexiko, 4 % Spanien, 4 % VR China, 3 % Italien, 3 % Großbritannien, 2 % Iran

CHRONIK

Der positive wirtschaftliche Trend setzte sich unter der Linksregierung des seit März 2005 amtierenden Präsidenten Tabaré Vázquez Rosas fort, die soziale Lage hat sich allerdings nicht verbessert.

▪ **MERCOSUR:** Beim **29. Gipfeltreffen** in der Hauptstadt Montevideo Anfang Dezember 2005 verkündeten die Präsidenten der MERCOSUR-Staaten die Aufnahme von Venezuela (am 5. 7. 2006 erfolgt) als fünftem Land im Wirtschaftsbündnis; der frühere argentinische Vizepräsident Carlos Álvarez wurde zum neuen Generalsekretär gewählt. Die 1991 gegründete Organisation steckt in einer ernsten Krise: Uruguay und Paraguay, die ihren Handel mit den USA weiter ausbauen wollen, klagen über die Dominanz von Argentinien und Brasilien, die als Exporteure von Agrarprodukten die überlegene Konkurrenz des hoch subventionierten US-Agrarsektors fürchten und daher auch der von Washington propagierten Freihandelszone FTAA skeptisch gegenüberstehen.

▪ **Konflikt mit Argentinien:** Neben Meinungsverschiedenheiten innerhalb des MERCOSUR belastete der geplante **Bau zweier Zellulosefabriken am Ufer des Grenzflusses Río Uruguay** die Beziehungen zu Argentinien. Vázquez warf der argentinischen Regierung vor, nichts gegen die wochenlange Blockade des wichtigsten Grenzflusses durch Umweltaktivisten zu unternehmen. Für Uruguay ist der Bau der Zellstofffabriken das größte Industrieprojekt aller Zeiten, die vorgesehene Investitionssumme beläuft sich auf mehr als ein Zehntel des BIP (→ Argentinien).

▪ **Aufarbeitung der Diktatur:** Aufarbeitung der Diktatur Bezüglich der juristischen und politischen Aufarbeitung der zwölfjährigen Militärdiktatur (1973–1985) deutete sich unter der Regierung Vázquez ein **Kurswechsel** an. Bislang schützt ein 1986 vom Parlament verabschiedetes und per Volksabstimmung 1989 bestätigtes »Schlusspunkt«-Gesetz die ehemaligen Militärs vor Strafverfolgung. Sechs ehemalige Militärs und Polizisten wurden am 5./6. 5. 2006 verhaftet. Zudem wurde eine parlamentarische Debatte über ein Gesetz angestoßen, das eine effektivere Strafverfolgung erlaubt.

▪ **Rauchverbot:** Präsident Vázquez, ein Krebsspezialist, hat mit Wirkung zum 1. 3. 2006 ein **Rauchverbot** in öffentlichen Räumen erlassen. Bürogebäude, Restaurants und Kneipen, in denen Raucher entdeckt werden, können bis zu drei Tage geschlossen oder mit einer Geldbuße von umgerechnet 1100 US-$ belegt werden. Damit ist Uruguay das erste südamerikanische Land, dass eine solche Maßnahme durchsetzt.

Uruguay
Fläche, Bevölkerung und Bevölkerungsdichte

Departamento (Hauptort)	Fläche in km²	Einwohner insgesamt Z 2004	je km²
Montevideo (Montevideo)	530	1 325 968	2502
Artigas (Artigas)	11 928	78 019	6,5
Canelones (Canelones)	4 536	485 240	107
Cerro Largo (Melo)	13 648	86 564	6,3
Colonia (Colonia del Sacramento)	6 106	119 266	19,5
Durazno (Durazno)	11 643	58 859	5,1
Flores (Trinidad)	5 144	25 104	4,9
Florida (Florida)	10 417	68 181	6,5
Lavalleja (Minas)	10 016	60 925	6,1
Maldonado (Maldonado)	4 793	140 192	29,2
Paysandú (Paysandú)	13 922	113 244	8,1
Río Negro (Fray Bentos)	9 282	53 989	5,8
Rivera (Rivera)	9 370	104 921	11,2
Rocha (Rocha)	10 551	69 937	6,6
Salto (Salto)	14 163	123 120	8,7
San José (San José de Mayo)	4 992	103 104	20,7
Soriano (Mercedes)	9 008	84 563	9,4
Tacuarembó (Tacuarembó)	15 438	90 489	5,9
Treinta y Tres (Treinta y Tres)	9 529	49 318	5,2
Uruguay	175 016	3 241 003	18,5

Quelle: Instituto Nacional de Estadística Uruguay 2005

USA → **Vereinigte Staaten von Amerika**

Usbekistan Zentral-Asien

Republik Usbekistan; O'zbekiston Republikasi – UZ / UZB

Fläche (Weltrang: 56): 447 400 km²

Einwohner (42): F 2004 26 209 000 = 59 je km²

Hauptstadt: Toshkent (Taschkent)

Amtssprache: Usbekisch

Bruttonationaleinkommen 2004 je Einw.: 450 $

Währung: 1 Usbekistan-So'm (U. S.) = 100 Tiyin
Kurs: 1 US-$ = 1222 U. S.; 1 € = 1557 U. S.

Botschaft der Republik Usbekistan
Perleberger Str. 62, 10559 Berlin
T 030 / 39 40 98 – 0, Fax 39 40 98 62
www.uzbekistan.de

LANDESSTRUKTUR **Fläche**: 447 400 km² einschließlich der Autonomen Republik Karakalpakistan mit 164 900 km²; Karte → WA 2006, S. 472 ▪ **Verwaltung**: 12 Regionen, Autonome Republik Karakalpakistan (Qoraqalpog'iston Respublikasi) ▪ **Städte**: (S 2003) Toshkent (Taschkent) 2 154 649 Einw.; (F 2000) Namangan 388 300, Samarqand (Samarkand) 361 100, Andijon (Andischan) 336 500, Buxoro (Buchara) 238 800, Nukus 208 600, Qarshi 202 400, Qo'qon (Kokand) 198 000, Farg'ona (Fergana) 184 800

BEVÖLKERUNG Usbeken – F 2004: 26 209 000 Einw.; Bevölkerungswachstum: 1,5 %; letzte Zählung 1989: 19 810 077 Einw. – F 1993: 73,7 % Usbeken, 5,5 % Russen, 5,1 % Tadschiken, 4,2 % Kasachen, 2 % Krimtataren, 2 % Karakalpaken, 1,1 % Koreaner u. a. ▪ **Sprachen** 1989: 75 % Usbekisch; 33,4 % Russisch; Sprachen der Minderheiten ▪ **Religion**: 90 % Muslime (Sunniten), Minderheiten von Orthodoxen und Juden

STAATS- UND REGIERUNGSFORM Verfassung von 1992, zuletzt geändert 2002 – Präsidialrepublik seit 1992 – Parlament (Oliy Majlis): Abgeordnetenhaus mit 120 Mitgl., Wahl alle 5 J.; Senat mit 100 Mitgl. (84 von den Regionalparlamenten entsandt, 16 vom Präsidenten ernannt) – Direktwahl des Staatsoberhauptes alle 7 J. (einmalige Wiederwahl) – Wahlrecht ab 18 J. ▪ **Unabhängigkeit**: Souveränitätserklärung 20. 6. 1990, Proklamation 31. 8. 1991 ▪ **Nationalfeiertag**: 1. 9. (Unabhängigkeitstag)

REGIERUNG UND PARTEIEN **Staatsoberhaupt**: Islom Karimov (NDPU), seit 1990; zuletzt gewählt 2000 – **Regierungschef**: Shavkat Mirziyoyev, seit 11. 12. 2003 – **Äußeres**: Vladimir Imomovich Norov, seit 12. 7. 2006 ▪ **Parlament**: Wahlen vom 26. 12. 2004 / 9. 1. 2005: Liberaldemokratische Partei 41 von 120 Sitzen (1999: – von 250 Sitzen), Volksdemokratische Partei (ehem. Kommunistische Partei) / NDPU 36 (48), Fidokorlar 19 (34), Nationale Wiedergeburt 11 (10), Partei der Gerechtigkeit 10 (11), Unabhängige 3 (110), Sonstige – (37)

WIRTSCHAFT **BIP** 2004: 11,960 Mrd. $; realer Zuwachs: 7,7 %; Anteil (2004) Landwirtschaft 31 %, Industrie 25 %, Dienstleistungen 44 % ▪ **Erwerbstätigkeit** 2002: Landwirtsch. 33 %, Industrie 13 %, Dienstl. 55 % ▪ **Arbeitslosigkeit** ∅ 2005: 0,4 %; inoffiziell: 12–14 % ▪ **Inflation** ∅ 2005: 7,8 % inoffiziell: 15–18 % ▪ **Außenhandel** 2005: **Import**: 4,140 Mrd. $; *Güter* 2004: 46 % Maschinen und Ausrüstungen, 13 % chemische Erzeugnisse, Kunststoffe und Erzeugnisse daraus, 10 % Eisen- und Buntmetalle, 7 % Nahrungsmittel, 2 % Energieträger; *Länder* 2004: 24 % Russland, 10 % USA, 9 % Rep. Korea, 7 % Deutschland, 7 % VR China, 6 % Kasachstan, 5 % Ukraine, 5 % Türkei, 2 % Italien (GUS gesamt: 39 %); **Export**: 5,360 Mrd. $; *Güter* 2004: 18 % Baumwollfasern, 12 % Energieträger, 9 % Eisen- und Buntmetalle, 7 % Maschinen und Ausrüstungen, 5 % chemische Erzeugnisse, Kunststoffe und Erzeugnisse daraus, 4 % Nahrungsmittel; *Länder* 2004: 15 % Russland, 8 % Großbritannien, 5 % Türkei, 4 % Kasachstan, 3 % Schweiz, 3 % USA, 2 % Ukraine (GUS gesamt: 28 %)

CHRONIK

▪ **Prozesse gegen Aufständische von Andischan:** In mehreren Prozessen wurden zahlreiche Beteiligte des Massakers von Andischan (→ WA 2006, S. 473) **zu teilweise hohen Gefängnisstrafen verurteilt.** Im ersten Prozess verhängte das Oberste Gericht in Taschkent am 14. 11. 2005 Haftstrafen gegen 15 Angeklagte, darunter drei kirgisische Staatsbürger zwischen 14 und 20 Jahren. Die UN-Menschenrechtskommissarin Louise Arbour zog am 15. 11. 2005 die Rechtmäßigkeit der Prozesse in Zweifel. Menschenrechtsorganisationen bezeichneten das Verfahren als Schauprozess, die Geständnisse der Angeklagten seien durch Drohungen und Folter erzwungen worden. Ende Dezember 2005 wurden der ehemalige Polizeichef von Andischan und zehn weitere Sicherheitsbeamte zu Haftstrafen zwischen zwei und elf Jahren verurteilt, weil sie über ein bevorstehendes Komplott informiert gewesen seien, aber die Gewalttat nicht verhindert hätten. Ebenfalls im Dezember 2005 berichtete Human Rights Watch von weiteren Gerichtsverfahren im Zusammenhang mit dem Massaker gegen 114 Personen; nach Informationen der Menschenrechtsorganisation befanden sich zugleich noch mehrere hundert Menschen in Haft. Im Januar 2006 wurde ein Augenzeuge des Massakers, der Menschenrechtsaktivist Saidschachon Sainabitdinov, in einem Geheimprozess zu sieben Jahren Haft verurteilt.

Ausgelöst worden war der Aufstand von Andischan durch die Inhaftierung mehrerer Geschäftsleute, die angeblich einer islamistischen Gruppierung angehörten. Die Gefangenen waren zwar befreit worden, in der Folge hatte sich die Revolte zu Protesten gegen die Regierung von Präsident Islom Karimov ausgeweitet; bei der blutigen Niederschlagung waren mehrere 100 Menschen getötet worden.

- **Weitere Prozesse:** Am 20. 7. 2005 wurden in Taschkent sechs Frauen wegen der Mitgliedschaft in der verbotenen islamistischen Hisb-ut-Tahrir (Partei der Befreiung) zu Haftstrafen zwischen fünf und acht Jahren verurteilt. Die Organisation strebt die Errichtung eines Kalifats aus allen fünf ehemaligen zentralasiatischen Sowjetrepubliken an, lehnt aber im Gegensatz zur Islamischen Bewegung Usbekistans (IBU) Gewalt zur Durchsetzung dieses Ziels ab. Im März 2006 ließ die Regierung weitere 20 Personen verhaften, die verdächtigt wurden, Islamisten zu sein.
- **Vorgehen gegen Opposition:** Die Regierung von Präsident Karimov ging auch gegen die letzten Oppositionsführer vor, die sich noch in Usbekistan aufhielten. Im März 2006 wurden die Vorsitzenden der oppositionellen Bewegung Sonnenschein, Nadira Hidojatova und Sandschar Umarov, wegen Steuerhinterziehung, Untreue und weiteren Vergehen zu jeweils zehn Jahren Haft verurteilt; im gleichen Monat wurde die Leiterin der Bewegung Ardent (Brennendes Herz), Mutabar Todschibajeva, zu einer achtjährigen Gefängnisstrafe verurteilt.
- **Vorgehen gegen Medien und UNHCR:** Im Oktober 2005 entschied der britische Sender **BBC**, sein Korrespondentenbüro in Taschkent für ein halbes Jahr zu schließen und die Mitarbeiter außer Landes zu bringen, da für deren Sicherheit nicht mehr garantiert werden könne. Eine BBC-Mitarbeiterin war bereits einige Monate zuvor des Landes verwiesen worden. Nachdem das Außenministerium **Radio Free Europe / Radio Liberty** die Akkreditierung verweigert hatte, schloss Mitte Dezember 2005 auch der von der US-Regierung finanzierte Sender sein Büro. Im März 2006 wurde vier lokalen Korrespondenten der **Deutschen Welle** die Akkreditierung versagt. Seit dem Massaker in Andischan sind zahlreiche einheimische Journalisten außer Landes geflohen, während andere überfallen oder verhaftet wurden.

Am 20. 3. 2006 forderte die Regierung den **UNHCR** (United Nations High Commissioner for Refugees) auf, das Land binnen eines Monats zu verlassen, da er nicht mehr gebraucht werde. Zwischen Regierung und dem UNHCR bestanden starke Spannungen, da sich die Organisation für rd. 400 Flüchtlinge aus Usbekistan eingesetzt hatte, die das Land nach dem Massaker von Andischan verlassen hatten. Die Regierung hatte dagegen die Auslieferung der Flüchtlinge gefordert. Daneben wurde bis Dezember 2005 auch 200 in- und ausländischen Nichtregierungsorganisationen untersagt, weiter in Usbekistan tätig zu sein.

- **EU-Sanktionen:** Die Europäische Union (EU) verhängte am 3. 10. 2005 ein Waffenembargo und setzte ihr Kooperationsabkommen mit Usbekistan außer Kraft, nachdem die Regierung sich geweigert hatte, eine unabhängige Untersuchung der Ereignisse von Andischan zuzulassen. Zudem wurde ein Einreiseverbot gegen zwölf Mitglieder der Regierung, darunter Innenminister Sakir Almatov, verhängt.
- **Kooperation mit Westen beendet:** Wegen ihrer Kritik am Massaker von Andischan **forderte Usbekistan** Ende Juli 2005 **die USA auf, ihre Truppen** innerhalb von sechs Monaten von der Militärbasis Karschi-Chanabad **abzuziehen.** Am 21. 11. 2005 wurden die letzten 90 Soldaten ausgeflogen. Bereits Anfang Juli 2005 hatten sich die Mitgliedstaaten der Shanghai-Kooperations-Organisation (Russland, China, Kasachstan, Kirgisistan, Tadschikistan und Usbekistan) bei ihrem Treffen im kasachischen Astana für den baldigen Abzug aller US-Truppen aus Zentralasien ausgesprochen. Die Basis Karschi-Chanabad war 2001 zur Unterstützung des Antiterror-Kampfes in Afghanistan eingerichtet worden, zeitweise hatte Washington bis zu 1500 Soldaten stationiert.

Nach Angaben der **NATO** vom 23. 11. 2005 untersagte Usbekistan der Allianz die Nutzung seines Luftraums zum Jahresende 2005. Betroffen davon war insbesondere die NATO-geführte ISAF-Mission in Afghanistan. Die deutsche **Bundeswehr** erhielt dagegen am 11. 12. 2005 eine **Ausnahmegenehmigung** für den Betrieb ihres Stützpunkts Termes im Süden des Landes. Beobachter gingen davon aus, dass die Genehmigung im Zusammenhang mit der Behandlung des erkrankten Innenministers in Deutschland stand (→ unten).

- **Russland:** Mit seinem russischen Amtskollegen Wladimir Putin unterzeichnete der bislang auf Distanz zu Moskau bedachte Präsident Karimov am 14. 11. 2005 einen **Vertrag über bündnisartige Beziehungen**. Das Abkommen sieht u. a. vor, Russland bei Bedarf militärische Einrichtungen zur Verfügung zu stellen; im Gegenzug verpflichtete sich Moskau dazu, Usbekistan im Fall einer Aggression oder systemgefährdender Ereignisse gegebenenfalls auch militärisch zu unterstützen. Seine Mitarbeit in der russlandkritischen Staatengruppe Georgien, Ukraine, Aserbaidschan und Moldau (GUAM; → Ukraine) stellte Usbekistan endgültig ein.
- **Innenminister Almatov in Deutschland:** Trotz des von der EU verhängten Einreiseverbots ließ die deutsche Bundesregierung Innenminister Almatov im Oktober 2005 aus humanitären Gründen zur Behandlung seiner Krebserkrankung einreisen. Nachdem Menschenrechtsaktivisten in Deutschland Anzeige gegen Almatov erstattet und Generalbundesanwalt Kai Nehm aufgefordert hatten, gegen Almatov zu ermitteln, verließ dieser Deutschland im Dezember 2005 wieder; im gleichen Monat trat er von seinem Amt zurück. Sein Nachfolger wurde der bisherige Leiter der Zollbehörde, Bahodir Ahmedovich Matlubov.

Vanuatu Ozeanien

Republik Vanuatu; Ripablik blong Vanuatu (bislama); Republic of Vanuatu; République de Vanuatu – VU / VUT

Fläche (Weltrang: 157): 12 190 km²

Einwohner (173): F 2004 207 000 = 17,0 je km²

Hauptstadt: Port Vila

Amtssprachen: Bislama, Englisch, Französisch

Bruttonationaleinkommen 2004 je Einw.: 1390 $

Währung: Vatu (VT)
Kurs: 1 US-$ = 115,02 VT; 1 € = 143,63 VT

Diplomatische Vertretung: derzeit keine

LANDESSTRUKTUR **Fläche:** 12 190 km²; 12 Haupt- und 70 Nebeninseln: darunter Espiritu Santo 3626 km², Malekula 1994 km²; Karte → WA 2005, S. 446 ▪ **Verwaltung:** 6 Provinzen ▪ **Städte:** (Z 1999) Port Vila (Éfaté) 29 356 Einw., Luganville 10 738 ▪ **Inseln:** (F 1999) Éfaté 43 295 Einw., Espiritu Santo 31 811

BEVÖLKERUNG Vanuatuer – F 2004: 207 000 Einw.; Bevölkerungswachstum: 2,0 %; letzte Zählung 1999: 186 678 Einw. – ca. 91 % Ni-Vanuatu (Melanesier), 3 % Polynesier bzw. Mikronesier ▪ **Sprachen:** Bislama (ni-Vanuatu-Pidgin), Englisch, Französisch ▪ **Religion:** v. a. Christen; indigene Religionen (Cargo-Kulte)

STAATS- UND REGIERUNGSFORM Verfassung von 1980, zuletzt geändert 1987 – Republik (im Commonwealth) seit 1980 – Parlament mit 52 Mitgl., Wahl alle 4 J.; Häuptlingsrat – Wahl des Staatsoberhauptes alle 5 J. durch Parlament – Wahlrecht ab 18 J. ▪ **Unabhängigkeit:** 30. 7. 1980 (ehem. brit.-franz. Kondominium) ▪ **Nationalfeiertag:** 30. 7.

REGIERUNG UND PARTEIEN **Staatsoberhaupt:** Kalkot Matas Kelekele, seit 16. 8. 2004 – **Regierungschef:** Ham Lini (NUP), seit 11. 12. 2004 – **Äußeres:** Sato Kilman (PPP), seit 11. 12. 2004 ▪ **Parlament:** Wahlen vom 6. 7. 2004: National United Party / NUP 10 von 52 Sitzen (2002: 8), Union of Moderate Parties / UMP 8 (15), Vanua'aku Pati / VP 8 (14), Vanuatu Republikan Pati / VRP 4 (3), People's Progressive Party / PPP 4 (–), Melanesian Progressive Pati / MPP 3 (2), Sonstige 15 (10)

WIRTSCHAFT **BIP** 2004: 316 Mio. $; realer Zuwachs: 3,0 %; Anteil (2001) Landwirtschaft 14 %, Industrie 9 %, Dienstleistungen 77 % ▪ **Erwerbstätigkeit:** k. A. ▪ **Arbeitslosigkeit:** k. A. ▪ **Inflation** ∅ 2004: 2,8 % ▪ **Außenhandel** 2002: **Import:** 124,4 Mio. $; *Güter:* 24 % Maschinen, 21 % Nahrungsmittel; *Länder:* 23 % Australien, 21 % Japan, 10 % Neuseeland; **Export:** 83,5 Mio. $; *Güter:* Holz, Rindfleisch, Kopra; *Länder:* 31 % Belgien, 21 % Chile, 21 % Deutschland

Vatikanstadt Süd-Europa

Staat Vatikanstadt; Status Civitatis Vaticanae (lateinisch); Stato della Città del Vaticano (italienisch) – VA / VAT

Fläche (Weltrang: 193): 0,44 km²

Einwohner: F 2004 532

Währung: 1 Euro (€) = 100 Cent
Kurs: 1 US-$ = 0,79 € (1. 7. 2006)

Apostolische Nuntiatur
Lilienthalstr. 3 A, 10 965 Berlin
T 030 / 61 62 40, Fax 61 62 43 00
www.nuntiatur.de

LANDESSTRUKTUR **Fläche:** 0,44 km²; zur Vatikanstadt gehören das Gebiet um die Basilika St. Peter sowie einige Kirchen u. Paläste in Rom, ferner der päpstliche Sommersitz Castel Gandolfo

BEVÖLKERUNG 532 Personen haben vatikanische Staatsbürgerschaft (62 Kardinäle, 350 Geistliche, 101 Mitglieder der Schweizer Garde, 48 Laien) ▪ **Sprachen:** Latein, Italienisch ▪ **Religion:** Katholizismus ist offizielle Religion

STAATS- UND REGIERUNGSFORM Apostolische Verfassung von 1968 – Souveränes Bistum seit 1929 – Kardinalskollegium (Konsistorium) als höchstes leitendes Gremium (Beratung u. Wahl des Papstes): April 2005: 183 Mitglieder (aus 67 Staaten), davon haben 117 Wahlrecht (Wahlalter bis 80 J.) ▪ **Unabhängigkeit:** alte staatl. Tradition; wieder souverän 7. 6. 1929 (In-Kraft-Treten der mit Italien am 11. 2. 1929 geschlossenen Lateranverträge) ▪ **Nationalfeiertag:** 19. 4. (Wahl von Benedikt XVI. 2005)

REGIERUNG UND PARTEIEN **Staatsoberhaupt:** Benedikt XVI., seit 19. 4. 2005 (265. Papst u. gleichz. Bischof von Rom) – **Römische Kurie:** Eigentliche Regierung der Gesamtkirche, lt. Reform 1968 (Regimini Ecclesiae Universae) gegliedert in: 1. Staatssekretariat als Ausführungsorgan des Papstes und zur Koordination der Kurie: Staatssekretär Kardinal Tarcisio Bertone, seit 15. 9. 2006 (alle Vollmachten in Angelegenheiten weltlicher Souveränität, vergleichbar Min.-Präs.); Sektion für Allgemeine Angelegenheiten (Inneres): Sekretär Titularerzbischof Leonardo Sandri, seit 16. 9. 2000; für Beziehungen mit den Staaten (Äußeres): Sekretär Titularerzbischof Giovanni Lajolo, seit 24. 11. 2003 – 2. Neun Kongregationen: für Glaubenslehre: Präfekt Kardinal William Joseph Levada; für Orientalische Kirchen: Präfekt Kardinal Ignace Moussa Daoud; für Gottesdienst und Sakramentenordnung: Präfekt Kardinal Francis A. Arinze; für Selig- und Heiligsprechungsprozesse: Präfekt Kardinal José Saraiva Martins; für Evangelisierung der Völker: Präfekt Kardinal Crescenzio Sepe; für den Klerus: Präfekt Kardinal Darío Castrillón Hoyos; für Institute geweihten Lebens und Gesellschaften apostolischen Lebens: Präfekt Erzbischof Franc Rodé; für Katholisches Bildungswesen: Präfekt Kardinal Zenon Grocholewski; für Bischöfe: Präfekt Kardinal Giovanni Battista Re) – 3. Drei Gerichtshöfe, Oberste Appellationsinstanz (u. a. Ehe-Annullierung) – 4. Elf Päpstliche Räte – 5. Büros – 6. Institutionen (u. a. Vatikanische Apostolische Bibliothek) – **Diplomatische Beziehungen:** In 174 Staaten durch einen Nuntius vertreten (Januar 2005) – **Allgemeine Ertragsrechnung** 2004: Einnahmen: 205,7 Mio. €, Ausgaben: 202,6 Mio. € – **Haushalt:** k. A.

CHRONIK

Im ersten Jahr seines Pontifikats wahrte Papst Benedikt XVI. Kontinuität zur Amtsführung seines Vorgängers Johannes Paul II. Dabei prägte er dennoch einen gegenüber der Öffentlichkeit zurückhaltenderen Stil und setzte eigene Akzente. Der früher strenge Chefdogmatiker des Katholizismus (als Präfekt der Glaubenskongregation des Heiligen Stuhls) zeigte sich zur Überraschung mancher Kritiker offen für Dialog und ökumenische Zusammenarbeit. Gleichwohl bekräftigte er in seinen ersten Verlautbarungen zu Glaubens- und Kirchenfragen seine konservative Haltung.

▪ **Auslandsreisen:** Mit dem viertägigen Besuch des **20. Weltjugendtags in Köln** (18.–21. 8. 2005) löste Benedikt XVI. ein Versprechen seines Vorgängers ein: Als erster Papst besuchte er eine deutsche Synagoge. Beim Treffen mit orthodoxen und evangelischen Kirchenvertretern erklärte er die Einheit der Christen zu einer vordringlichen Aufgabe seines Pontifikats.

Seine Reise nach **Polen** vom 24.–28. 5. 2006 widmete der Papst vorrangig dem Andenken des in Polen überaus verehrten Johannes Paul II., dessen Seligsprechung er zu beschleunigen versprach.

Besondere Bedeutung wurde dem ersten Besuch eines Papstes, zumal eines deutschen, im früheren **Vernichtungslager Auschwitz-Birkenau** beigemessen. Eine Passage seiner Rede, in der er beklagte, sein eigenes Volk sei unter nationalsozialistischer Herrschaft von einer »Schar von Verbrechern ... missbraucht worden«, stieß in der internationalen Öffentlichkeit auf teilweise heftige Kritik.

▪ **Erste Instruktionen und Enzyklika:** Die vom 2.–23. 10. 2005 in Rom tagende **XI. Weltbischofssynode** befasste sich mit dem Thema der Eucharistie und verfasste 50 Leitsätze, in denen die rd. 250 Synodalen mehr Verständnis für Gläubige äußerten, die nicht in voller Übereinstimmung mit der kirchlichen Morallehre leben. Kirchliche Ehegerichte wurden aufgefordert, bei gescheiterten katholischen Ehen nicht zu streng und bezüglich neuer Bindungen nachsichtig zu sein. Die Weihe verheirateter Männer, die sich durch ein gläubiges Leben ausgezeichnet haben, zur Behebung des Priestermangels wurde erneut verworfen und das Zölibat bekräftigt. Die Kongregation für das katholische Bildungswesen veröffentlichte am 29. 11. einen von Papst Benedikt XVI. gebilligten Erlass, nach dem **Homosexuelle** nicht zur Ausbildung in Priesterseminaren und zur Priesterweihe zugelassen werden dürfen.

Seine **erste Enzyklika** veröffentlichte Benedikt XVI. am 25. 1. 2006. Das Lehrschreiben **»Deus Caritas est«** (»Gott ist die Liebe«) widmete sich der Gottes- und Nächstenliebe als wesentlicher Kraft im Ringen um eine bessere Welt.

▪ **Neue Kardinäle:** Um weiterhin die Tradition zu wahren, dass mindestens 120 Kardinäle jünger sind als 80 Jahre und damit zur Papstwahl berechtigt, berief Benedikt XVI. am 24. 3. 2006 15 neue Kardinäle ins Amt. Bis Ende März wäre die Zahl der unter 80-Jährigen auf 108 gesunken.

▪ **Beziehungen zur VR China:** Der Vatikan **kritisierte** am 4. 5. 2006 die **Einsetzung zweier Bischöfe ohne päpstliche Autorisierung** durch die regierungsnahe »Patriotische Vereinigung chinesischer Katholiken« (PACC) und die zwei Bischöfe, die die Zeremonie geleitet hatten. Er reagierte damit auf den Verzicht der chinesischen Behörden, die in den letzten Jahren praktizierte informelle Abstimmung über die Ernennung von Bischöfen fortzuführen. Der Hongkonger Kardinal Zen forderte deshalb den Abbruch des Dialogs mit der Volksrepublik.

▪ **Weitere Ereignisse:** Papst Benedikt XVI. empfing am 24. 9. 2005 überraschend den prominenten **Kirchenkritiker Hans Küng** zu einer vierstündigen Audienz. Der Vatikan hatte dem katholischen Theologen 1979 wegen dessen Kritik am Dogma der päpstlichen Unfehlbarkeit die Lehrerlaubnis entzogen.

Anlässlich des **500-jährigen Bestehens der Schweizergarde** würdigte Papst Benedikt XVI. am 22. 1. 2006 die Einsatzbereitschaft der Schweizergardisten in den vergangenen fünf Jahrhunderten.

Venezuela Süd-Amerika

Bolivarische Republik Venezuela; República Bolivariana de Venezuela – VE/VEN

Fläche (Weltrang: 32): 912 050 km^2

Einwohner (43): F 2004 26 127 000 = 29 je km^2

Hauptstadt: Caracas

Amtssprache: Spanisch

Bruttonationaleinkommen 2004 je Einw.: 4030 $

Währung: 1 Bolívar (Bs.) = 100 Céntimos
Kurs: 1 US-$ = 2150 Bs.; 1 € = 2755 Bs.

Botschaft der Bolivarischen Republik Venezuela
Schillstr. 9–10, 10785 Berlin
T 030/83 22 40 0, Fax 83 22 40 20
www.botschaft-venezuela.de

LANDESSTRUKTUR **Fläche:** 912 050 km^2; Karte → WA 2005, S. 450 ▪ **Verwaltung:** 23 Bundesstaaten und Bundesdistrikt der Hauptstadt; Tabelle → WA 2005, S. 449 ▪ **Städte:** (Z 2001) Caracas 1 836 000 Einw., Maracaibo 1 609 000, Valencia 1 196 000, Barquisimeto 811 000, Ciudad Guayana 629 000, Maracay 394 000, Petare 369 000, Barcelona 328 000, Maturín 325 000, Turmero 306 000, Ciudad Bolívar 287 000, Cumaná 263 000, San Cristóbal 234 000, Barinas 229 000, Cabimas 210 000, Puerto la Cruz 199 000, Mérida 196 000, Baruta 192 000

BEVÖLKERUNG Venezolaner – F 2004: 26 127 000 Einw.; Bevölkerungswachstum: 1,7 %; letzte Zählung 2001: 23 054 210 Einw. – 75–80 % Mestizen und Mulatten, 15–20 % Weiße, 3–5 % Schwarze, 1,5 % Indianer ▪ **Sprachen:** Spanisch; indianische Sprachen (Goajiro, Guaraúno, Cariña, Pemón u. a.) ▪ **Religion** 2002: 86 % Katholiken, ca. 5 % Protestanten; Minderheiten von Orthodoxen, Muslimen und Juden

STAATS- UND REGIERUNGSFORM Verfassung von 2000 – Präsidiale Bundesrepublik seit 1961 – Parlament: Nationalversammlung mit 165 Mitgl., Wahl alle 5 J. – Direktwahl des Staatsoberhauptes alle 6 J. – Wahlpflicht ab 18 J. ▪ **Unabhängigkeit:** Proklamation 5. 7. 1811 (ehem. spanische Kolonie), endgültig 24. 6. 1821 (Schlacht von Carabobo); 6. 5. 1830 (Loslösung von Großkolumbien) ▪ **Nationalfeiertag:** 5. 7.

REGIERUNG UND PARTEIEN **Staats- u. Regierungschef:** Hugo Chávez Frías (MVR), seit 1999; wieder gewählt 2000 – **Äußeres:** Alí Rodríguez Araque, seit 22. 11. 2004 ▪ **Parlament:** Wahlen vom 4. 12. 2005: Movimento Quinta República/MVR 114 von 167 Sitzen (2000: 92 von 165), Acción Democrática/AD – (33), Partido Social-Cristiano/COPEI – (6), Proyecto Venezuela/PV – (6), Movimiento al Socialismo/MAS – (6), Causa Radical/CR – (3), Patria Para Todos/PPT – (1), Convergencia Nacional/CN – (1), Sonstige 53 (17); Wahlboykott der Opposition

WIRTSCHAFT **BIP** 2004: 110,104 Mrd. $; realer Zuwachs: 17,9 %; Anteil (2003) Landwirtschaft 5 %, Industrie 52 %, Dienstleistungen 44 % ▪ **Erwerbstätigkeit** 2003: Landwirtsch. 11 %, Industrie 20 %, Dienstl. 69 % ▪ **Arbeitslosigkeit** ∅ 2005: 12,2 % ▪ **Inflation** ∅ 2005: 15,9 % ▪ **Außenhandel** 2005: **Import:** 25,7 Mrd. $; *Güter* 2004: 23 % elektrische Ausrüstungen, 15 % chemische Produkte, 14 % Transportausrüstungen, 11 % Nahrungsmittel, Getränke und Tabak, 10 % landwirtschaftliche Erzeugnisse, 6 % Metalle, 6 % Kunststoff und -erzeugnisse, 5 % Papier; *Länder* 2004: 30 % USA, 8 % Brasilien, 8 % Kolumbien, 6 % Mexiko, 4 % Japan, 4 % Deutschland, 4 % Argentinien, 4 % Italien; **Export:** 55,5 Mrd. $; *Güter* 2004: 36 % Bergbauprodukte, 32 % Metallerzeugnisse, 16 % chemische Produkte, 4 % Transportausrüstungen, 3 % Kunststoffwaren; *Länder* 2004: 41 % USA, 11 % Kolumbien, 5 % Niederlande, 4 % Ecuador, 4 % Mexiko, 4 % Peru, 3 % Italien, 3 % Brasilien

CHRONIK

Nachdem in den letzten Jahren alle Versuche der Opposition, den seit Februar 1999 regierenden Präsidenten Hugo Chávez Frías mittels Generalstreiks, Volksabstimmung und Putsch zu stürzen, gescheitert waren, konnte dieser seine autoritäre, linkspopulistische Herrschaft weiter ausbauen.

▪ **Wahlen:** Bei den **Parlamentswahlen** am 4. 12. 2005 gewannen Chávez' Movimento Quinta República (MVR) und mit ihm verbündete politische Gruppierungen und Einzelkandidaten alle 167 Sitze im Einkammerparlament. Der MVR erhielt 114 Sitze und verfügt damit über eine verfassungsändernde Zweidrittelmehrheit. Die größten Oppositionsparteien, darunter die sozialdemokratische Acción Democrática (AD), die christdemokratische COPEI sowie die konservative Partei Proyecto Venezuela (PV), hatten die Abstimmung wegen mangelnder Transparenz boykottiert. Die Wahlbeteiligung lag bei 25 %.

▪ **Oppositionsführer verurteilt:** Am 15. 12. 2005 wurde **Carlos Ortega** wegen seiner Führungsrolle bei dem zweimonatigen Generalstreik 2002/03 zu einer **Haftstrafe** von 15 Jahren und elf Monaten verurteilt. Der ehemalige Vorsitzende des regierungskritischen Gewerkschaftsdachverbandes Confederación de Trabajadores de Venezuela (CTV), war nach zweijährigem Exil Anfang 2005 nach Venezuela zurückgekehrt und verhaftet worden.

▪ **Landeigentum für Indianer:** Am 9./10. 8. 2005 erkannte die venezolanische Regierung der im Land lebenden indianischen Urbevölkerung erstmals offiziell Landeigentumsrechte zu. Sechs Indigenengemeinschaften mit rund 4000 Angehörigen erhielten eine

Fläche von insgesamt 127 000 ha in zwei Bundesstaaten als kollektives Eigentum.

▪ **Wirtschaft:** Aufgrund gestiegener Weltmarktpreise für Rohöl erzielte Venezuela 2005 ein Wirtschaftswachstum von 10 % (Schätzung); die Handelsbilanz wies einen Überschuss von 30 Mrd. US-$ aus. 37,7 % aller Staatseinnahmen waren Gebühren und Steuern aus dem Erdölsektor. Venezuela ist der weltweit fünftgrößte Ölexporteur und verfügt über die größten Erdgasreserven des Subkontinents.

2006 wurde die **Verstaatlichung der Erdöl- und Erdgasindustrie** weiter vorangetrieben. Gemäß einem 2001 verabschiedeten Gesetz muss der Staat bei allen Erdöl- und Erdgasprojekten eine Kapitalmehrheit von mindestens 60 % erhalten. Gleichzeitig wurde der Förderzins auf 33,3 % und die Gewinnsteuer von 34 auf 50 % erhöht. Die rd. zwei Dutzend ansässigen internationalen Erdölkonzerne hatten bis Ende März 2006 Zeit, ihre Konzessionsverträge den neuen Vorgaben anzupassen. Der französische Konzern Total und die italienische Eni akzeptierten die neuen Bedingungen nicht und wurden Anfang April 2006 enteignet, ihre Erdölfelder übernahm der staatliche Konzern PdVSA.

Am 25. 9. 2005 kündigte Chávez auf der Grundlage des 2001 erlassenen **Bodenreformgesetzes** die Enteignung von Großgrundbesitz an. Privater Grundbesitz, der nach Einschätzung der Regierung brach liegt oder nicht optimal genutzt wird, kann künftig vom Staat eingezogen und der kollektiven Bewirtschaftung zugeführt werden.

▪ **Export der bolivarischen Revolution:** Nach der weitgehenden Konsolidierung seiner Macht im Inneren wandte sich Chávez verstärkt dem Export seiner politischen Konzepte, gestützt auf den Erdölreichtum des Landes, zu. Anfang August 2005 besuchte Chávez **Argentinien**, **Brasilien** und Uruguay. Schwerpunkt der Gespräche waren Energieprojekte und Infrastrukturinvestitionen. Argentiniens Präsident Néstor Kirchner und Chávez unterzeichneten eine Reihe von bilateralen Abkommen. Im März 2006 zeichnete Venezuela argentinische Staatsanleihen im Umfang von 500 Mio. US-$ und unterstützte damit Argentiniens Bemühungen, sich mit der Rückzahlung seiner Schulden aus der Abhängigkeit vom Internationalen Währungsfonds (IWF) zu befreien (→ Argentinien). Der Bau eines Pipelinenetzes, mit dem venezolanisches Erdgas zu Vorzugspreisen in fast alle Länder Südamerikas exportiert werden soll, war Hauptthema der Beratungen, die Chávez Ende April 2006 in São Paulo mit dem brasilianischen Präsidenten Luiz Inácio (Lula) da Silva und seinem argentinischen Amtskollegen Kirchner führte; bereits im Dezember 2005 hatten sich Chávez und da Silva (→ Foto) über den Bau einer Raffinerie verständigt.

Nach dem Linksrutsch in La Paz knüpfte Chávez auch engere Beziehungen zu **Bolivien** unter seinem neuen Präsidenten Evo Morales (→ Bolivien). Dieser traf am 3. 1. 2006, noch vor seiner offiziellen Vereidigung, zu Gesprächen in Caracas ein, wo ihm Chávez eine Soforthilfe von 30 Mio. US-$ für Sozialvorhaben sowie die Lieferung von 150 000 Fass Diesel monatlich zusagte. Im Mai 2006 vereinbarten Venezuela, Kuba und Bolivien in Havanna ein Abkommen zur politischen und wirtschaftlichen Zusammenarbeit.

Präsident Hugo Chávez (Venezuela) und Luiz Inácio da Silva (Brasilien) am 16. 12. 2005

Eine Ausdehnung der Linksallianz auf **Peru** scheiterte, nachdem sich Chávez zugunsten des – schließlich unterlegenen – linkspopulistischen Kandidaten Ollanta Humala in den peruanischen Präsidentschaftswahlkampf eingemischt hatte. Am 5. 1. 2006 rief Peru seinen Botschafter aus Caracas zurück, Anfang Mai zog Venezuela seinen Geschäftsträger aus Lima ab.

Auf Initiative Venezuelas kamen im Juli 2005 die Staats- und Regierungschefs von dreizehn **karibischen Staaten** in Puerto La Cruz zusammen und beschlossen die Gründung der multinationalen Gesellschaft Petrocaribe; die Unterzeichnung des Vertragswerks fand am 7. 9. in Montego Bay auf → Jamaika statt. Im Rahmen der Petrocaribe liefert Venezuela den karibischen Staaten insgesamt 185 000 Fass Erdöl pro Tag zu Vorzugsbedingungen.

▪ **USA:** Die Beziehungen zwischen Venezuela und den Vereinigten Staaten – mit rund 15 % der gesamten US-Einfuhren der größte Abnehmer venezolanischen Erdöls – gestalteten sich zunehmend dissonant. Während US-Verteidigungsminister Donald Rumsfeld Chávez explizit mit Adolf Hitler verglich, bezeichnete dieser US-Präsident George W. Bush als »Terrorist« und »Verrückten« und beschuldigte die USA, eine Invasion in Venezuela zu planen. Mit Sorge beobachtete die US-amerikanische Regierung die Aufrüstungspolitik Venezuelas, das u. a. am 28. 11. 2005 einen Vertrag mit Spanien über die Lieferung von acht Fregatten und zwölf Kampfflugzeugen im Wert von rund 2 Mrd. € abschloss. Mitte Mai 2006 erließen die USA ein Embargo, das US-amerikanischen Rüstungsbetrieben und ausländischen Firmen, die US-Rüstungsgüter in Lizenz produzieren, die Lieferung von Militärtechnik an Venezuela verbietet.

Vereinigte Arabische Emirate Vorder-Asien

Dawlat al-Imārāt al-'Arabiyya al-Muttaḥida – AE / ARE

Fläche (Weltrang: 114): 77 700 km²

Einwohner (116): F 2004 4 320 000 = 56 je km²

Hauptstadt: Abū Ẓabī (Abu Dhabi)

Amtssprache: Arabisch

Bruttonationaleinkommen 2004 je Einw.: 23 770 $

Währung: 1 Dirham (Dh.) = 100 Fils
Kurs: 1 US-$ = 3,68 Dh.; 1 € = 4,77 Dh.

Botschaft der Vereinigten Arabischen Emirate
Hiroshimastr. 18–20, 10785 Berlin
T 030/51 65 16, Fax 51 65 19 00
www.uae-embassy.de

LANDESSTRUKTUR **Fläche:** 77 700 km²; 7 Emirate: Abū Ẓabī (Abu Dhabi) 67 350 km², Dubayy (Dubai) 3900 km², Aš-Šāriqah (Schardscha) 2600 km², Ra's al-Khaymah (Ras al Chaima) 1700 km², Al-Fujayrah (Fudschaira) 1150 km², Umm-al-Qaywayn (Umm al Kaiwan) 750 km², 'Ujmān (Adschman) 250 km²; Karte → WA 2005, S. 452 ▪ **Verwaltung:** 7 Emirate ▪ **Städte:** (F 2003) Dubayy (Dubai) 1 171 000 Einw., Abū Ẓabī (Abu Dhabi) 558 000, Aš-Šāriqah 519 000

BEVÖLKERUNG F 2004: 4 320 000 Einw.; Bevölkerungswachstum: 6,7 %; letzte Zählung 1995: 2 411 041 Einw.; F 2003: Abū Ẓabī (Abu Dhabi) 1 591 000 Einw., Dubayy (Dubai) 1 204 000, Aš-Šāriqah 636 000, Ra's al-Khaymah 195 000, Al-Fujayrah 118 000, Umm-al-Qaywayn 62 000, 'Ujmān 235 000 – über 70 % Araber, bis zu 10 % Nomaden; Iraner, Inder, Bangladescher, Pakistaner u. Philippiner; 75 % Ausländer; ▪ **Sprachen:** Arabisch; außerdem Hindi, Urdu u. Farsi; Englisch ▪ **Religion:** 96 % Muslime (hauptsächlich Sunniten, 16 % Schiiten), 3 % Christen

STAATS- UND REGIERUNGSFORM Provisorische Verfassung von 1971 mit Änderung 1976 – Föderation (Ittihad) von 7 autonomen Emiraten seit 1971 – Staatsreligion: Islam – Islamisches Recht (Scharia) – Oberstes Staatsorgan: 7-köpfiger Oberster Rat der Scheichs (Vetorecht für Abu Dhabi u. Dubai); ernennt Staatsoberh. – Nationalversammlung mit 40 für 2 J. von den Emiraten ernannten Mitgl., ausschließlich beratende Funktion ▪ **Unabhängigkeit:** Proklamation der Föderation durch 6 Emirate 2. 12. 1971, 1972 Beitritt des Emirats Ra's al-Khaymah ▪ **Nationalfeiertag:** 2. 12.

REGIERUNG UND PARTEIEN **Staatsoberhaupt:** Scheich Khalifa Bin Zâyid al-Nahayân (Emir von Abu Dhabi), seit 3. 11. 2004 – **Regierungschef:** Scheich Muhammad Bin Raschid al-Maktoum (Emir von Dubai seit 2006), seit 5. 1. 2006 – **Äußeres:** Scheich Abdullah Bin Zâyid al-Nahayân, seit 9. 2. 2006 ▪ **Parlament:** keine

WIRTSCHAFT **BIP** 2004: 104,204 Mrd. $; realer Zuwachs: 8,5 %; Anteil (2004) Landwirtschaft 3 %, Industrie 55 %, Dienstleistungen 42 % ▪ **Erwerbstätigkeit** 2000: Landwirtsch. 8 %, Industrie 33 %, Dienstl. 59 % ▪ **Arbeitslosigkeit:** k. A.; offiziell Vollbeschäftigung; ansteigende Arbeitslosigkeit unter einheimischer Bevölkerung ▪ **Inflation** ∅ 2005: 6,0 % ▪ **Außenhandel** 2005: (S) **Import:** 61,9 Mrd. $; *Güter* 2004: 26 % Edelsteine, Schmuck, 21 % Maschinen, elektrische Ausrüstungen, 9 % unedle Metalle und Waren daraus, 8 % Fahrzeuge und Ausrüstung, 8 % Textilien, 5 % chemische Erzeugnisse; *Länder* 2004: 10 % VR China, 9 % Indien, 7 % Japan, 6 % Deutschland, 6 % Frankreich, 6 % USA, 4 % Rep. Korea, 4 % Italien (EU gesamt: 33 %); **Export:** 107,9 Mrd. $; *Güter* 2004: 36 % Rohöl, Gas, Derivate, 30 % Reexporte, 15 % lokal hergestellte Güter (hauptsächlich Freizonen); *Länder* 2004: 26 % Japan, 11 % Rep. Korea, 5 % Thailand, 4 % Iran, 3 % Indien, 3 % Pakistan, 3 % Singapur (EU gesamt: 9 %)

CHRONIK

Der **Emir des Teilstaats Dubai**, Scheich Maktoum Bin Raschid al-Maktoum, **Ministerpräsident** und Vizepräsident der Vereinigten Arabischen Emirate, starb am 3. 1. 2006 im Alter von 62 Jahren. Seine Ämter übernahm sein jüngerer Bruder, Kronprinz Muhammad Bin Raschid al-Maktoum, bisheriger Verteidigungsminister, der damit auch in die Konferenz der sieben Emire, den Hohen Rat, einzieht. Da er bereits seit vielen Jahren für den wirtschaftlichen Aufbau verantwortlich zeichnet, werden keine außerordentlichen politischen Änderungen erwartet.

▪ **Unternehmen:** Das Emirat Dubai verkündete im Februar 2006 den **Einstieg in das Fluggeschäft** mit einem Investitionsvolumen im Umfang von 15 Mrd. US-$ in den nächsten fünf Jahren. Das neue Unternehmen soll Flughäfen bauen, Flugzeuge leasen und Flugzeugkomponenten produzieren lassen.

Der Hafenbetreiber **Dubai Ports World** verzichtete wegen Sicherheitsbedenken US-amerikanischer Politiker am 24. 2. 2006 darauf, die Kontrolle über die US-amerikanischen Hafenanlagen zu übernehmen (→ USA).

Eine **Reform der Arbeitsgesetzgebung**, die der Arbeitsminister am 30. 3. 2006 bekannt gab, soll den rechtlichen Status der Gastarbeiter verbessern, deren Lebensbedingungen scharfe Kritik von Menschenrechtsgruppen hervorgerufen hatten. 80 % der rd. 4,3 Mio. Einwohner sind Ausländer.

Vereinigte Staaten von Amerika Nord-Amerika

auch: Vereinigte Staaten, Amerika; United States of America, Kurzform: America – US / USA

Fläche (Weltrang: 3): 9 809 155 km²

Einwohner (3): F 2004 293 655 000 = 30 je km²

Hauptstadt: Washington

Amtssprachen: Englisch, Spanisch (regional)

Bruttonationaleinkommen 2004 je Einw.: 41 440 $

Währung: 1 US-Dollar (US-$) = 100 Cents
Kurs: 1 € = 1,27 US-$ (1. 7. 2006)

Botschaft der Vereinigten Staaten von Amerika
Neustädtische Kirchstr. 4–5, 10117 Berlin
T 030 / 8 30 50, Fax 2 38 62 90
www.usembassy.de

LANDESSTRUKTUR **Fläche:** 9 809 155 km²; Karte → WA 2005, S. 462 f. ▪ **Gebiete:** 2 US-Commonwealth Territories: Nördliche Marianen, Puerto Rico; Außen- und Pachtgebiete: Amerikanische Jungferninseln, Amerikanisch-Samoa, Guam, Inseln im Pazifik und der Karibik, Guantánamo → unten ▪ **Verwaltung:** 50 Bundesstaaten und der District of Columbia / DC mit Bundeshauptstadt Washington; Bundesstaaten jeweils mit Verfassung und Parlament aus 2 Kammern (nur Nebraska 1 Kammer) sowie einem gewählten Gouverneur; → Tabelle ▪ **Städte:** (F 2004) New York 8 104 079 Einw. (A 22,3 Mio.), Los Angeles 3 845 541 (A 17,5 Mio.), Chicago 2 862 244 (A 9,4 Mio.), Houston 2 012 626, Philadelphia 1 470 151, Phoenix 1 418 041, San Diego 1 263 756, San Antonio 1 236 249, Dallas 1 210 393, San José 904 522, Detroit 900 198, Indianapolis 784 242, Jacksonville 777 704, San Francisco 744 230, Columbus 730 008, Austin 681 804, Memphis 671 929, Baltimore 636 251, Fort Worth 603 337, Charlotte 594 359, El Paso 592 099, Milwaukee 583 624, Seattle 571 480, Boston 569 165, Denver 556 835, Louisville 556 332, Washington 553 523, Nashville-Davidson 546 719, Las Vegas 534 847, Portland 533 492, Oklahoma City 528 042, Tucson 512 023, Albuquerque 484 246, Long Beach 476 564, New Orleans 462 269, Cleveland 458 684, Fresno 457 719, Sacramento 454 330, Kansas City 444 387, Virginia Beach 440 098, Mesa City 437 454, San Juan 433 733, Atlanta 419 122, Omaha 409 416

BEVÖLKERUNG Amerikaner – F 2004: 293 655 000 Einw.; Bevölkerungswachstum: 1,0 %; letzte Zählung 2000: 281 421 906 Einw. – 75,1 % Weiße, 12,3 % Schwarze, 3,6 % Asiaten, 0,9 % Indianer / Eskimos / Aleuten, andere 8,0 %; 12,5 % Hispanics ▪ **Sprachen:** Englisch (Amerikanisch), Spanisch; Sprachen der Minderheiten ▪ **Religion** 2001: 50,9 Mio. Katholiken, 33,8 Mio. Baptisten, 14,1 Mio. Methodisten, 9,6 Mio. Lutheraner, 5,6 Mio. Presbyterianer, 4,4 Mio. Anhänger der Pfingstkirchen, 3,5 Mio. Episkopale und Anglikaner, 2,8 Mio. Mormonen, 2,8 Mio. Juden, 2,6 Mio. Anhänger der Churches of Christ, 1,3 Mio. Zeugen Jehovas, 1,1 Mio. Muslime, 1,1 Mio. Buddhisten, 0,8 Mio. Hindus, 29,5 Mio. religionslos

STAATS- UND REGIERUNGSFORM Verfassung von 1787, zuletzt geändert 1992 – Präsidiale Bundesrepublik seit 1789 – Parlament (Congress): Repräsentantenhaus (House of Representatives) mit 435 Mitgl., Wahl alle 2 J.; Senat (Senate) mit 100 für 6 J. gewählte Mitgl., Teilwahlen alle 2 J. – Wahl des Staatsoberhauptes durch 538 Wahlmänner (Electoral College) alle 4 J. (einmalige Wiederwahl) – Wahlrecht ab 18 J. ▪ **Unabhängigkeit:** 4. 7. 1776 Inkraftsetzung der Unabhängigkeitserklärung durch den 2. Kontinentalkongress ▪ **Nationalfeiertag:** 4. 7.

REGIERUNG UND PARTEIEN **Staats- u. Regierungschef:** George W. Bush (Rep.), seit 20. 1. 2001 (43. Präsident der USA); wieder gewählt 2004; Vizepräsident Richard Cheney (Rep.) – **Äußeres:** Condoleezza Rice (Rep.), seit 26. 1. 2005 ▪ **Parlament:** Wahlen vom 2. 11. 2004 zum 109. Kongress: Repräsentantenhaus: Republican Party 233 von 435 Sitzen (2002: 229), Democratic Party 201 (205), Unabhängige 1 (1); Senat (Neuwahl von 34 Sitzen am 2. 11. 2004): Republican Party 55 (2000: 51), Democratic Party 44 (48), Unabhängige 1 (1) – Gouverneure (Neuwahl von 11 Gouverneuren am 2. 11. 2004): Republican Party 28 (28), Democratic Party 22 (22); → Tabelle

WIRTSCHAFT **BIP** 2004: 11 711,834 Mrd. $; realer Zuwachs: 4,2 %; Anteil (2004) Landwirtschaft 0,9 %, Industrie 19,7 %, Dienstleistungen 79,4 % ▪ **Erwerbstätigkeit** 2002: Landwirtsch. 2,5 %, Industrie 21,6 %, Dienstl. 75,9 % ▪ **Arbeitslosigkeit** ∅ 2005: 5,1 % ▪ **Inflation** ∅ 2005: 3,4 % ▪ **Außenhandel** 2005: **Import:** 1733 Mrd. $; *Güter:* 15 % Erdöl und -derivate, 13 % Kfz u. -Teile, 7 % Computer und Halbleiter, 7 % Bekleidung, Schuhe und Haushaltswaren, 6 % Maschinen, 5 % sonstige Konsumgüter, 3 % Telekommunikation, 3 % chemische Erzeugnisse, 3 % Unterhaltungselektronik; *Länder:* 17 % Kanada, 15 % VR China, 10 % Mexiko, 8 % Japan, 5 % Deutschland, 3 % Großbritannien, 3 % Rep. Korea; **Export:** 904 Mrd. $; *Güter:* 10 % Computer und Halbleiter, 10 % Maschinen, 9 % Kfz u. -Teile, 8 % chemische Erzeugnisse, 7 % zivile Luftfahrzeuge, 5 % sonstige Konsumgüter, 4 % elektrische Ausrüstungen, 3 % Telekommunikation; *Länder:* 23 % Kanada, 13 % Mexiko, 6 % Japan, 5 % VR China, 4 % Großbritannien, 4 % Deutschland, 3 % Rep. Korea;
Weitere Informationen → Kap. Wirtschaft

Vereinigte Staaten von Amerika
Bundesstaaten

Staat, postalische Abkürzung (Hauptstadt)	Fläche* in km²	Fläche* Rangstelle	Einwohner F 2005**	Einwohner Rangstelle	Gouverneur	Amtsantritt
Alabama, AL (Montgomery)	135 775	29	4 557 808	23	Bob Riley (Rep.)	20.1.2003
Alaska, AK (Juneau)	1 700 138	1	663 661	47	Frank Murkowski (Rep.)	2.12.2002
Arizona, AZ (Phoenix)	295 276	6	5 939 292	17	Janet Napolitano (Dem.)	6.1.2003
Arkansas, AR (Little Rock)	137 742	27	2 779 154	32	Mike D. Huckabee (Rep.)	15.7.1996
California, CA (Sacramento)	424 002	3	36 132 147	1	Arnold Schwarzenegger (Rep.)	17.11.2003
Colorado, CO (Denver)	269 618	8	4 665 177	22	Bill Owens (Rep.)	12.1.1999
Connecticut, CT (Hartford)	14 358	48	3 510 297	29	M. Jodi Rell (Rep.)	1.7.2004
Delaware, DE (Dover)	6 448	49	843 524	45	Ruth Ann Minner (Dem.)	3.1.2001
District of Columbia, D.C. (Washington)	177	51	550 521	50	Anthony Williams[1] (Dem.)	2.1.1999
Florida, FL (Tallahassee)	170 314	22	17 789 864	4	Jeb Bush (Rep.)	5.1.1999
Georgia, GA (Atlanta)	153 952	21	9 072 576	9	Sonny Perdue (Rep.)	13.1.2003
Hawaii, HI (Honolulu)	28 313	47	1 275 194	42	Linda Lingle (Rep.)	2.12.2002
Idaho, ID (Boise)	216 456	13	1 429 096	39	James E. Risch (Rep.)	26.5.2006
Illinois, IL (Springfield)	150 007	24	12 763 371	5	Rod Blagojevich (Dem.)	13.1.2003
Indiana, IN (Indianapolis)	94 328	38	6 271 973	15	Mitchell Daniels (Rep.)	10.1.2005
Iowa, IA (Des Moines)	145 754	25	2 966 334	30	Tom Vilsack (Dem.)	15.1.1999
Kansas, KS (Topeka)	213 111	14	2 744 687	33	Kathleen Sebelius (Dem.)	13.1.2003
Kentucky, KY (Frankfort)	104 665	37	4 173 405	26	Ernie Fletcher (Rep.)	9.12.2003
Louisiana, LA (Baton Rouge)	134 275	31	4 523 628	24	Kathleen Blanco (Dem.)	12.1.2004
Maine, ME (Augusta)	91 653	39	1 321 505	40	John Baldacci (Dem.)	8.1.2003
Maryland, MD (Annapolis)	32 134	42	5 600 388	19	Robert L. Ehrlich (Rep.)	15.1.2003
Massachusetts, MA (Boston)	27 337	45	6 398 743	13	Mitt Romney (Rep.)	2.1.2003
Michigan, MI (Lansing)	250 465	23	10 120 860	8	Jennifer Granholm (Dem.)	1.1.2003
Minnesota, MN (St. Paul)	225 182	12	5 132 799	21	Tim Pawlenty (Rep.)	6.1.2003
Mississippi, MS (Jackson)	125 443	32	2 921 088	31	Haley Barbour (Rep.)	13.1.2004
Missouri, MO (Jefferson City)	180 546	19	5 800 310	18	Matt Blunt (Rep.)	10.1.2005
Montana, MT (Helena)	380 850	4	935 670	44	Brian Schweitzer (Dem.)	3.1.2005
Nebraska, NE (Lincoln)	200 358	15	1 758 787	38	Dave Heineman (Rep.)	21.1.2005
Nevada, NV (Carson City)	286 367	7	2 414 807	35	Kenny Guinn (Rep.)	4.1.1999
New Hampshire, NH (Concord)	24 219	44	1 309 940	41	John Lynch (Dem.)	6.1.2005
New Jersey, NJ (Trenton)	22 590	46	8 717 925	10	Jon Corzine (Dem.)	17.1.2006
New Mexico, NM (Santa Fé)	314 939	5	1 928 384	36	Bill Richardson (Dem.)	1.1.2003
New York, NY (Albany)	141 080	30	19 254 630	3	George E. Pataki (Rep.)	1.1.1995
North Carolina, NC (Raleigh)	139 397	28	8 683 242	11	Mike Easley (Dem.)	6.1.2001
North Dakota, ND (Bismarck)	183 123	17	636 677	48	John Hoeven (Rep.)	15.12.2000
Ohio, OH (Columbus)	116 103	35	11 464 042	7	Bob Taft (Rep.)	11.1.1999
Oklahoma, OK (Oklahoma City)	181 048	18	3 547 884	28	Brad Henry (Dem.)	13.1.2003
Oregon, OR (Salem)	254 819	10	3 641 056	27	Ted Kulongoski (Dem.)	13.1.2003
Pennsylvania, PA (Harrisburg)	119 291	33	12 429 616	6	Ed Rendell (Dem.)	21.1.2003
Rhode Island, RI (Providence)	4 002	50	1 076 189	43	Donald Carcieri (Rep.)	7.1.2003
South Carolina, SC (Columbia)	82 902	40	4 255 083	25	Mark Sanford (Rep.)	15.1.2003
South Dakota, SD (Pierre)	199 744	16	775 933	46	Mike Rounds (Rep.)	7.1.2003
Tennessee, TN (Nashville)	109 158	34	5 962 959	16	Phil Bredesen (Dem.)	18.1.2003
Texas, TX (Austin)	695 676	2	22 859 968	2	Rick Perry (Rep.)	21.12.2000
Utah, UT (Salt Lake City)	219 902	11	2 469 585	34	Jon Huntsman (Rep.)	3.1.2005
Vermont, VT (Montpelier)	24 903	43	623 050	49	Jim Douglas (Rep.)	8.1.2003
Virginia, VA (Richmond)	110 792	36	7 567 465	12	Tim Kaine (Dem.)	14.1.2006
Washington, WA (Olympia)	184 672	20	6 287 759	14	Christine Gregoire (Dem.)	12.1.2005
West Virginia, WV (Charleston)	62 759	41	1 816 856	37	Joe Manchin (Dem.)	17.1.2005
Wisconsin, WI (Madison)	169 643	26	5 536 201	20	Jim Doyle (Dem.)	6.1.2003
Wyoming, WY (Cheyenne)	253 349	9	509 294	51	Dave Freudenthal (Dem.)	6.1.2003
Vereinigte Staaten von Amerika	9 809 155		296 410 404			

* Flächenangaben einschl. Binnengewässer ** per 1.7. 1 Mayor

Quelle: U.S. Census Bureau 2006

Nördliche Marianen
Bund der Nördlichen Marianen
Northern Mariana Islands

Fläche: 457 km²; 16 Inseln, davon 6 bewohnt: Saipan 120 km², Tinian 102 km², Rota 85 km², Pagan 48 km², Anatahan 32 km², Agrihan 30 km²; Karte → WA 2005, S. 455 ▪ **Bevölkerung** F 2004: 77 000 Einw.; letzte Zählung 2000: 69 221 Einw. – 26,2 % Filipinos, 22,1 % Chinesen, 21,3 % Chamorros, Caroliner u. a. ▪ **Sprachen**: Englisch, Chamorro, Carolinisch (polynesische Sprache) ▪ **Religion**: Christen (v. a. Katholiken) ▪ **Hauptstadt** (Z 2000): Garapan (Saipan) 3588 Einw. ▪ **Status:** Self-governing Incorporated Territory – Innere Autonomie seit 1986 (Proklamation am 3. 11. 1986, Aufhebung der UN-Treuhandschaft am 22. 12. 1990) – Verfassung von 1978 – Bewohner sind Bürger der USA, bei US-Wahlen aber ohne Stimmrecht – Parlament: Repräsentantenhaus mit 18 Mitgl.; Senat mit 9 Mitgl.; Wahl jeweils alle 2 J. – Direktwahl des Gouverneurs alle 5 J. ▪ **Regierung:** Gouverneur: Benigno R. Fitial (Covenant Party), seit 9. 1. 2006

Puerto Rico

Fläche: 8959 km² einschl. der Inseln Vieques 133,9 km², Mona 50,5 km², Culebra 28,5 km² u. a.; Karte → WA 2006, S. 483 ▪ **Bevölkerung** F 2005: 3 912 054 Einw.; Bevölkerungswachstum: 0,7 %; letzte Zählung 2000: 3 808 610 Einw. ▪ **Sprachen**: 84 % Spanisch, Englisch ▪ **Religion** 2001: 72 % Katholiken, 5 % Protestanten ▪ **Hauptstadt** (Z 2000): San Juan 421 958 Einw. ▪ **Status:** Self-governing Incorporated Territory – Innere Autonomie seit 1951 – Verfassung von 1952 – Bewohner sind Bürger der USA, bei US-Wahlen aber ohne Stimmrecht – Parlament: Abgeordnetenhaus mit 51 Mitgl.; Senat mit 27 Mitgl.; Wahl jeweils alle 4 J. – Direktwahl des Gouverneurs alle 4 J. ▪ **Regierung:** Gouverneur: Aníbal Acevedo Vilá (Partido Popular Democrático), seit 2. 1. 2005

AUSSENGEBIETE

Amerikanische Jungferninseln
Virgin Islands of the United States

Fläche: 347,1 km²; St. Croix 215 km², St. Thomas 80,3 km², St. John 51,8 km²; Karte → WA 2005, S. 455 ▪ **Bevölkerung** F 2004: 113 200 Einw.; Bevölkerungswachstum: 1,8 %; letzte Zählung 2000: 108 612 Einw. (einschl. US-Streitkräfte) – 80 % Schwarze u. Mulatten, 15 % Weiße ▪ **Sprachen**: Englisch, Spanisch, Kreolisch ▪ **Religion**: v. a. Christen ▪ **Hauptstadt** (Z 2000): Charlotte Amalie (auf St. Thomas) 11 004 Einw. ▪ **Status:** Unincorporated Territory mit innerer Autonomie – Verfassung: Organic Act von 1936, zuletzt geändert 1973 – Parlament: Senat mit 15 Mitgl., Wahl alle 4 J. ▪ **Regierung:** Gouverneur: Charles Turnbull (Dem.), seit 4. 1. 1999

Amerikanisch-Samoa
American Samoa

Fläche: 194,8 km²; östl. Teil der Samoa-Gruppe: Tutuila, Aunn'u, Ta'u, Otu, Olosega, Swain's Islands; Karte → WA 2005, S. 456 ▪ **Bevölkerung** F 2004: 57 000 Einw.; letzte Zählung 2000: 57 291 Einw. – 90 % Polynesier ▪ **Sprachen**: Samoanisch, Englisch ▪ **Religion**: über 50 % Mitgl. der Christian Congregational Church, 20 % Katholiken ▪ **Hauptstadt** (Z 2000): Pago Pago (Tutuila) 4278 Einw. ▪ **Status:** Unincorporated Territory mit innerer Autonomie – Verfassung von 1967 – Parlament (Fono): Repräsentantenhaus mit 20 Mitgl., Wahl alle 2 J.; Senat mit 18 durch lokale Häuptlinge (Matai) gewählte Mitgl., Wahl alle 4 J. ▪ **Regierung:** Gouverneur: Togiola Tulafono, seit 7. 4. 2003

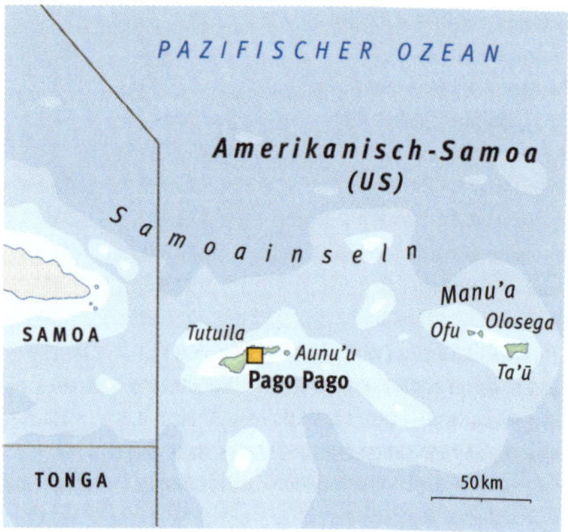

Guam

Fläche: 549 km²; Karte → WA 2005, S. 456 ▪ **Bevölkerung** F 2004: 164 000 Einw.; Bevölkerungswachstum: 1,9 %; letzte Zählung 2000: 154 805 Einw. – 37,0 % Chamorro, 26,3 % Philippiner, ▪ **Sprachen**: Englisch, Chamorro ▪ **Religion**: 90 % Katholiken ▪ **Hauptstadt** (Z 2000): Hagåtña (Agana) 1122 Einw. ▪ **Status:** Unincorporated Territory mit innerer Autonomie seit 1982 – Verfassung: Organic Act von 1950 – Parlament: 15 Mitgl., Wahl alle 2 J.; Direktwahl des Gouverneurs alle 4 J. ▪ **Regierung:** Gouverneur: Felix Camacho (Rep.), seit 6. 1. 2003

SONSTIGE INSELN

Pazifik

Bakerinsel **Baker Island**
Fläche: 2,3 km²; unbewohnt

Howlandinsel **Howland Island**
Fläche: 2,3 km²; unbewohnt

Jarvisinsel **Jarvis Island**
Fläche: 7,7 km²; unbewohnt

Johnstonatoll **Johnston Atoll**
Fläche: 2,6 km²

Kingmanriff **Kingman Reef**
Fläche: 8 km²; unbewohnt

Midwayinseln **Midway Islands**
Fläche: 5 km²; ca. 450 Einw.

Palmyra
Fläche: 6 km²; unbewohnt

Wake **Wake Island**
Fläche: 7,8 km²; ca. 200 Einw.

Karibik

Navassa **Navassa Island**
Fläche: 5 km²; unbewohnt

Guantánamo **Guantánamo Bay Naval Station**
Fläche: 111,9 km²; 4000 militärische und zivile Angestellte; seit 1903 von Kuba an die USA verpachtet

CHRONIK

Politische Rückschläge prägten das erste Drittel der zweiten Amtsperiode von Präsident George W. Bush. Zu rein innenpolitischen Pannen – wie u. a. dem Missmanagement der Hurrikan-Katastrophe im Herbst 2005 und einem Korruptionsskandal in der Republikanischen Partei – gesellten sich Enthüllungen über gezielte Indiskretionen der Regierung in der Irakpolitik (»Plamegate«) und fragwürdige Praktiken der Datenabschöpfung durch die Geheimdienste. Ein entscheidender Faktor blieb weiterhin das Engagement im Nahen Osten. Im Frühjahr 2006 hielten 57 % der befragten US-Bürger den Irak-Krieg für einen Fehler.

Nachrichten von Folterpraktiken der CIA, vor allem die Verschleppung von Gefangenen zum Verhör in Drittländer führten zu diplomatischen Verstimmungen mit der Europäischen Union (EU), deren Flughäfen für geheime Flüge mit Gefangenen genutzt worden waren. Auch der Fortbestand des Gefangenenlagers Guantánamo Bay auf Kuba (in dem es zu Hungerstreiks und Selbstmorden kam) stieß auf verschärfte internationale Kritik. Nachdem sich im Konflikt um das Atomprogramm des Iran abgezeichnet hatte, dass der Iran starken Drohgebärden widerstehen würde und sich UN-Sanktionen nicht durchsetzen lassen würden, signalisierte die Regierung Bush im Mai 2006 die grundsätzliche Bereitschaft zu direkten Verhandlungen mit dem Iran. Auch gegenüber Nordkorea zeichnete sich eine diplomatische Wende ab. Zu diesem Zeitpunkt, ein halbes Jahr vor den Kongresswahlen am 7. 11. 2006, war die Zustimmungsquote bei Meinungsumfragen für die Amtsführung von Präsident Bush mit 31 % auf ein fast historisches Tief gesunken.

INNENPOLITIK

- **Politische Personalien:** Am 1. 8. 2005 ernannte Präsident Bush den früheren Staatsekretär für Sicherheitsfragen im Außenministerium **John Bolton zum Botschafter bei den UN**. Dabei machte der Präsident nach einer mehr als fünf Monate dauernden Kontroverse um den Kandidaten im Senat (→ WA 2006, S. 486) von seinem Recht Gebrauch, während der Parlamentsferien Ernennungen **per Dekret** vorzunehmen. Die Demokraten im Oberhaus hatten dem als UN-Kritiker bekannten Bolton die Eignung für das Amt bestritten, Aufklärung über seine Rolle in der Durchsetzung des Irak-Kriegs verlangt und die Entscheidung im Senat durch Dauerreden (»Filibuster«) blockiert. Weil der Senat übergangen wurde, muss der Fall nach dessen Neuwahl im Januar 2007 erneut behandelt werden.

Nach über achtzehn Jahren an der **Spitze der Notenbank (Federal Reserve Board)** übergab Alan Greenspan am 31. 1. 2006 aus Altersgründen sein Amt an den Ökonomen **Ben S. Bernanke**. Die Nominierung von Präsident Bushs Wirtschaftsberater war im Senat ohne Widerstand gebilligt worden.

Die 2005 begonnene Kontroverse um die politische Gewichtung im **Supreme Court** (→ WA 2006, S. 486) fand im Streit um die Nachfolge der aus Altersgründen ausscheidenden Richterin Sandra Day O'Connor ihre Fortsetzung. Das Amt des im September 2005 gestorbenen Vorsitzenden William Rehnquist hatte am 3. 10. 2005 der konservative Katholik **John G. Roberts** übernommen, der Wunschkandidat von Präsident Bush. Richterin O'Connor galt als eher liberale Stimme in der höchsten Instanz der Gerichtsbarkeit, deren Mitglieder auf Lebenszeit ernannt werden. Als ihre Nachfolgerin nominierte Bush Anfang Oktober eine langjährige Vertraute, die Rechtsberaterin des Weißen Hauses, Harriet Myers, die dem rechten Flügel der Republikaner jedoch zu liberal erschien: Nachdem ihre politische Einstellung und ihre fachliche Qualifikation Gegenstand von Debatten im Kongress wurden, zog sie am 27. 10. ihre Bewerbung zurück. Präsident Bush schlug nun den als sehr konservativ bekannten Bundesrichter **Samuel Alito** vor, der vom Parlament bestätigt und am 31. 1. 2006 ernannt wurde – gegen den Widerstand der Demokraten, die dies als Rechtsruck im politisch einflussreichen Supreme Court bewerteten.

Nicht zuletzt die schlechten Umfragewerte (im April fand die Regierungspolitik nach einer Umfrage des Fernsehsenders CNN nur noch bei 32 % der Befragten Zustimmung) bewogen Präsident Bush, auch mit

Hurrikan Katrina und die Folgen

Am 29. 8. 2005 verwüstete der Wirbelsturm Katrina die Küstenregionen der Südstaaten. Obwohl er von Stärke 5 (d. h. über 250 km/h) auf 4 (210 bis 249 km/h) abgefallen war, entwickelte sich die Lage in New Orleans besonders dramatisch.

Etwa 10 % der 480 000 Einwohner hatten die Stadt nach den Sturmwarnungen nicht verlassen, vielen fehlten die Transportmittel. Nach Plünderungen und Gewalttaten wurde am 28. 8. das **Kriegsrecht** verhängt und eine Zwangsevakuierung begonnen. Am 30. 8. **brachen zahlreiche Deiche**, vor allem am benachbarten See Pontchartrain, 80 % der unter dem Meeresspiegel gelegenen Stadt wurden bis zu sieben Meter hoch überflutet. Die Menschen retteten sich in höher gelegene Gebiete, im Sportstadion Superdome warteten über 20 000 ohne ausreichende Versorgung tagelang auf ihre Evakuierung.

Die USA begannen die **größte Hilfsaktion ihrer Geschichte**: sie mussten dabei technische und humanitäre Hilfe aus dem Ausland in Anspruch nehmen, weil fast 70 000 Angehörige des Militärs und der staatlichen Hilfsdienste die Lage zunächst nicht in den Griff bekamen. Eine Woche nach der Katastrophe begann die systematische Suche nach Todesopfern.

Die Hurrikan-Saison 2005 erwies sich als die **folgenreichste und teuerste Naturkatastrophe** der US-amerikanischen Geschichte. Nach **Katrina** traf am 25. 9. der ebenso starke Sturm **Rita** Texas und Louisiana; am 24. 10. zog **Wilma** über Florida. Millionen von Menschen flohen vor den Stürmen, die Zahl der Toten und Vermissten war nur zu schätzen – Louisiana bestätigte 1079 Tote, Mississippi 231. Die Versicherungsgesellschaften rechneten mit Schäden vom mehr als 30 Mrd. US-$, die gesamtwirtschaftlichen Kosten bezifferten Experten auf bis zu 200 Mrd. US-$. Durch Schäden an Bohrinseln und Raffinerien war die Treibstoffversorgung im Süden der USA zeitweise nicht mehr gesichert, an den Börsen erreichte der Erdölpreis die Rekordmarke von 70 US-$ pro Barrel. Nachdem der US-Kongress 10,5 Mrd. US-$ Soforthilfe bewilligt hatte, brachte Präsident Bush einen Nothaushalt von weiteren 40 Mrd. ein.

Politische Folgen: Im Februar 2006 attestierte ein Untersuchungsbericht des Repräsentantenhauses vor allem den beteiligten Bundesbehörden **»nationales Versagen« beim Krisenmanagement** auf allen Ebenen. Katastrophenwarnungen von Experten seien ignoriert, die Evakuierung und Versorgung der Bevölkerung zu spät eingeleitet worden. Michael Brown, Direktor der Katastrophenschutzbehörde FEMA, war bereits am 12. 9. 2005 zurückgetreten; in Politik und Öffentlichkeit wurden die Fehler jedoch nicht nur seinem Vorgesetzten, dem Minister für Inlandssicherheit Michael Chertoff, angelastet, der seine Pflichten »entweder spät, ineffektiv oder gar nicht« erfüllt habe. Auch

Rettungsteams auf der Suche nach Opfern des Hurrikan Katrina am 5. 9. 2005

Präsident Bush wurde vorgeworfen, zu spät im Krisengebiet erschienen zu sein und **mangelnde Initiative gezeigt zu haben**, was ihm im September 2005 die bis dahin schlechtesten Umfragewerte (38 % Zustimmung) seiner Amtszeit eintrug.

Der von Bush Mitte September 2005 vorgestellte **Wiederaufbauplan für New Orleans** und die geschädigte Region (dotiert mit 200 Mrd. US-$) kam nur schleppend in Gang. Zehntausende aus den ärmsten Bevölkerungsschichten leben weiterhin in Notunterkünften in Mississippi und Louisiana. Knapp die Hälfte der afroamerikanischen Bevölkerung, die etwa zwei Drittel der Bürger von New Orleans stellten, kehrten nicht in ihre Stadt zurück.

Bürgermeisterwahl: Vor dem Hintergrund latenter Rassenspannungen in der Stadt wurde Ray Nagin, afroamerikanischer Bürgermeister von New Orleans seit 2002, am 20. 5. 2006 knapp im Amt bestätigt. In der Stichwahl gegen seinen weißen Parteikollegen aus der Democratic Party, Mitch Landrieu, erhielt er 52 % der Stimmen. Nagin hatte während der Katrina-Katastrophe Anfang September 2005 scharfe Angriffe gegen das Krisenmanagement der Bundesbehörden gerichtet, war aber selbst wegen Verzögerung von Evakuierungsplänen in die Kritik geraten. Zum Zeitpunkt der Wahl waren weniger als die Hälfte der knapp 500 000 Einwohner zurückgekehrt.

Blick auf die Kongresswahlen am 7. 11. 2006, zu einer **Reihe von Neubesetzungen in der Administration**: Am 28. 3. 2006 löste **Haushaltsdirektor** Joshua Bolten den Stabschef des Weißen Hauses, Andrew Card, ab, am 26. 4. ersetzte Bush seinen **Sprecher** Scott McClellan durch den populären Fox-TV-Moderator Tony Snow. Nach dem Rücktritt von Gale Ann Norton nominierte Bush Mitte März als neuen **Innenminister** den bisherigen Gouverneur von Idaho, Dirk Kempthorne, den der Senat am 26. 5. bestätigte. **Finanzminister** John Snow, dessen Amt unter Bush wenig Einfluss nehmen konnte, wurde am 30. 5. durch Henry Paulson abgelöst, den Chef von Goldman-Sachs, einer der weltweit größten Investment-Banken.

Nach nur anderthalb Jahren an der Spitze des CIA trat Porter Goss am 5. 5. 2006 überraschend von seinem Amt zurück. Beobachter nannten als Grund die Schwächung seiner Position durch den seit dem 22. 4. 2005 amtierenden Nationalen Geheimdienstdirektor John Negroponte. Dessen Stellvertreter **Michael Hayden** wurde am 30. 5. von Präsident Bush **als neuer CIA-Chef** vereidigt. Hayden war als früherer Leiter der National Security Agency (NSA) kurz zuvor wegen einer Abhöraffäre in die Kritik geraten (→ unten).

▪ **Korruptionsskandale:** Ein Gericht in Florida verurteilte am 29. 3. 2006 den einflussreichen Lobbyisten **Jack Abramoff** (der 2000 für den Wahlkampf von Bush 100 000 US-$ gesammelt hatte) wegen Betrugs mit Kasino-Geschäften in Indianerreservaten zu einer Haftstrafe von fünf Jahren. Abramoff, auf den ein weiteres Verfahren wegen Steuerhinterziehung wartet, ist die Schlüsselfigur in einer **Spendenaffäre**, die mehr als zwanzig Kongressabgeordnete und ihre Mitarbeiter betrifft und bei der er sich im Rahmen einer Kronzeugenregelung zur Kooperation bei den Ermittlungen bereit erklärt hatte. Aufgrund von Gefälligkeiten, die ihm Abramoff im Auftrag der Republikanischen Partei zukommen ließ, erklärte im September 2005 **Tom de-Lay seinen Rücktritt vom Amt des Mehrheitsführers im Repräsentantenhaus**; auch der Abgeordnete Robert Ney legte am 15. 1. 2006 seine Ausschussämter nieder.

Am 3. 2. 2006 bekannte sich Robert Stein, ein früherer Mitarbeiter der bis 2004 von den USA geführten Übergangsverwaltung im Irak (CPA), vor einem Bundesgericht in Washington schuldig, zwei Mio. US-$ der **Wiederaufbauhilfe für den Irak veruntreut** zu haben, und nannte zahlreiche Offiziere der US-Truppen als Empfänger von Bestechungsgeldern.

▪ **CIA-Enttarnungsaffäre:** Eine drei Jahre zurückliegende Affäre fügte der Regierung Anfang 2006 einen schweren Ansehensverlust zu. Präsident Bush räumte am 10. 4. 2006 ein, im März 2003 die **Freigabe von Geheimdienstinformationen** genehmigt zu haben, was den Diplomaten Joseph Wilson diskreditieren sollte: Wilson hatte nach einer Mission für die CIA in den Niger (2002) im Juli 2003 öffentlich erklärt, es habe keine Anzeichen für den Versuch Saddam Husseins gegeben, sich dort waffenfähiges Uran zu beschaffen – und damit einen der Gründe für den Irak-Krieg entkräftet. Kurz darauf wurde Wilsons Ehefrau **Valerie Plame** in der New York Times als **CIA-Agentin** enttarnt. Da die Aufdeckung der Identität von Agenten strafbar ist, begann Bundesstaatsanwalt Patrick Fitzgerald Ermittlungen, die zur Anklage gegen einen der Architekten des Irak-Kriegs, führten (28. 10. 2005): **Lewis Libby**, den Stabschef von Vizepräsident Richard Cheney. Libby wurde als der Informant der Presse identifiziert und beschuldigt, die Ermittlungen durch Meineid und Falschaussagen behindert zu haben. Er erklärte daraufhin seinen **Rücktritt**. In dem Verfahren, das Anfang 2007 beginnen soll, werden auch Cheney und Karl Rove, der einflussreiche Berater von Präsident Bush, über ihre Rolle in der Affäre befragt. Die Empfängerin der Geheimdienstinformationen, die **New-York-Times-Starreporterin Judith Miller**, im Juli 2005 in **Beugehaft** genommen, hatte Libby erst Ende September als ihren Informanten genannt, nachdem sie von diesem dazu ermächtigt worden war.

▪ **Konflikt um Einwanderungsgesetz:** Der vom Repräsentantenhaus am 16. 12. 2005 angenommene Entwurf eines Einwanderungsgesetzes löste eine politische Kontroverse um die Migrationspolitik und Massenproteste von Einwanderern aus. In den USA leben etwa 11,5 Mio. illegale Immigranten, jährlich gelingt etwa einer Million die Einreise aus Mexiko (→ Karte), ebenso viele werden jährlich zurückgeschickt. Als billige Arbeitskräfte stellen sie einen bedeutenden Wirtschaftsfaktor dar. Die **Gesetzesnovelle** des Repräsentantenhauses sieht deutliche Verschärfungen vor: Abschaffung der 1990 eingeführten »greencard lottery« zur legalen Einwanderung, Umwandlung der illegalen Einreise von einer Ordnungswidrigkeit zum Strafdelikt, Strafbarkeit der Beihilfe. Die Kontrolle der Grenzen soll dem Heimatschutzministerium überantwortet, bestehende befestigte Grenzanlagen an der 3200 km langen Grenze zu Mexiko sollen auf über 1100 km ausgedehnt werden.

Widerstand gegen diese Pläne gab es im Senat nicht nur von Seiten der Demokraten, sondern auch von prominenten Republikanern wie Senator John McCain. Ein von ihm gemeinsam mit dem Demokraten Edward Kennedy eingebrachter **Kompromissvorschlag** sah vor, durch ein »Gastarbeiterprogramm« einer halben Million Illegaler eine auf drei Jahre befristete Arbeitserlaubnis zu gewähren und überdies die Möglichkeit zur nachträglichen Beantragung der Staatsbürgerschaft zu schaffen. Eine solche Regelung würde bis zu acht Mio. illegalen Einwanderern den Weg zur Staatsbürgerschaft ebnen. Für die liberalere Variante bei der Neuordnung des Einwanderungsrechts hatte sich auch Präsident Bush stark gemacht, sich aber gegen die Mehrheit seiner eigenen Republikanischen Partei im Repräsentantenhaus nicht durchsetzen können. Im Rechtsausschuss des Senats am 28. 3. 2006 angenommen, fand der McCain / Kennedy-Kompromissvorschlag am 17. 5. auch im Plenum eine Mehrheit von

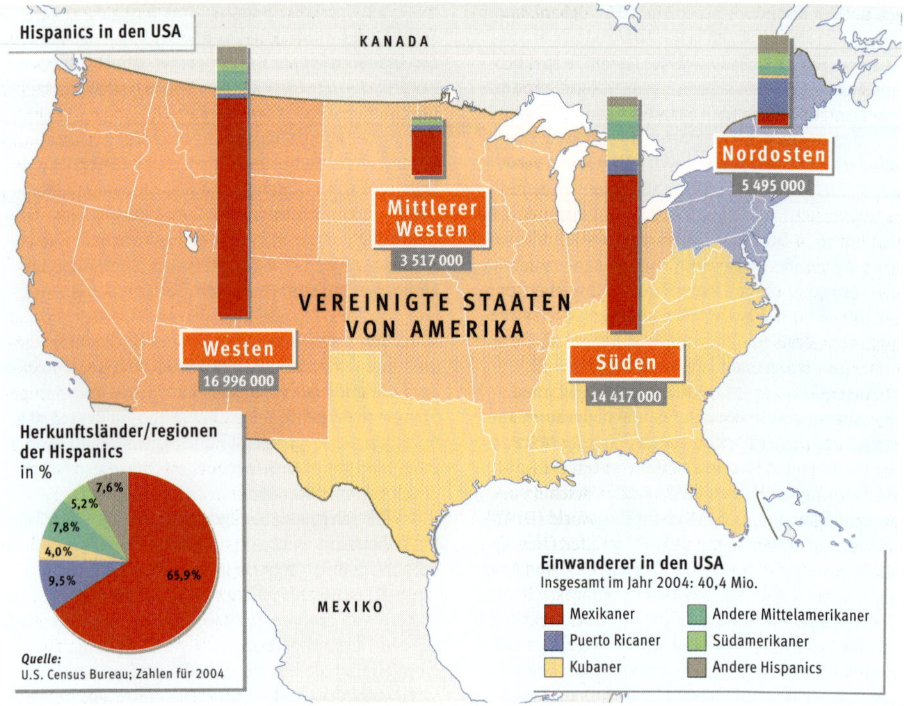

62 gegen 36 Stimmen: zugleich wurde der **Bau von 600 km befestigten Grenzzauns** zu Mexiko beschlossen. Präsident Bush hatte am Tag zuvor in einer Rede an die Nation die Erhöhung der Zahl der an der Südgrenze der USA eingesetzten Nationalgardisten von 10 000 auf 16 000 angekündigt.

Gegen die Verschärfung der Einwanderungsregeln, insbesondere nach den Vorgaben des Repräsentantenhauses **protestierten** seit Ende 2005 immer wieder **Hunderttausende** in vielen Städten. Den 2. 5. 2006 begingen die Migranten, vor allem Latinos, als »Tag ohne Immigranten«, an dem sie sich in einer landesweiten Boykottaktion aller gewohnten Arbeits-, Konsum- und Freizeitaktivitäten verweigerten. Einwandererorganisationen wie das »Latino Movement USA« sehen die Proteste als den Beginn einer neuen Bürgerrechtsbewegung. Gegen die »Militarisierung« der Grenze zu den USA erhob auch Mexikos Staatspräsident Vicente Fox offiziell Einspruch. Zum **Wahlkampfthema** der Kongress-Zwischenwahlen am 7. 11. avanciert, war Anfang Juli ein Kompromiss zwischen den gegensätzlichen Vorlagen der beiden Häuser des Parlaments nicht mehr zu erwarten.

- **Reformprojekte, Haushaltspolitik:** Wegen Richtungsstreitigkeiten in der Republikanischen Partei gelang es der Regierung Bush trotz Mehrheit in beiden Kammern des Kongresses nicht, sich die **Umsetzung ihrer Reformpläne** ohne Einschnitte genehmigen zu lassen. Im November 2005 musste Präsident Bush wichtige Teile seiner Wirtschaftsreform – Steuersenkung für Kapitalerträge; Privatisierung der Rentenversicherung (→ WA 2006, S. 486) – angesichts des Haushaltsdefizits aus Kostengründen verschieben. Das Haushaltsjahr 2005 endete am 30. 10. 2005 mit einem Minus von 319 Mrd. US-$ (2,6 % des BIP). Andererseits erhielt Bushs Gesetzesvorlage für Einsparungen von 40 Mrd. US-$ in den nächsten fünf Jahren – vor allem im Bereich der staatlichen Gesundheitsversorgung (medicare) und der Armenhilfe (medicaid) – am 21. 12. im Senat, bei einem Patt von 50 zu 50 Stimmen, nur durch das Votum des Senatspräsidenten, Vizepräsident Cheney, die abschließende Zustimmung.

Der **Haushaltsentwurf für 2006 / 2007**, der dem Parlament am 6. 2. 2006 zuging, war – mit Blick auf die Kongresswahlen im Herbst – nicht von Sparwillen geprägt: Er sieht Einsparungen im Sozialbereich vor, zugleich aber die Erhöhung des Verteidigungsetats um 6,9 % und der Mittel für die innere Sicherheit (Homeland Security) um 3,3 % – insgesamt soll das Defizit auf 423 Mrd. US-$ steigen. Erste Zustimmung signalisierte der Beschluss des Senats vom 16. 3., die Verschuldungsgrenze der USA um 781 Mrd. auf 8,96 Billionen US-$ heraufzusetzen. An der republikanischen Basis erhob sich dagegen lauter Protest. Am 15. 6. verabschiedete der Kongress durch Senatsbeschluss einen **Nachtragshaushalt** von 94,5 Mrd. US-$, der nicht nur knapp 20 Mrd. für die von der Hurrikan-Katastrophe geschädigten Gebiete enthielt, sondern auch

65,8 Mrd. für den militärischen Einsatz in Afghanistan und im Irak.

- **Enron-Prozess:** Im letzten Prozess um die spektakulären Pleiten von US Unternehmen Anfang der 2000er Jahre sprach ein Bundesgericht in Houston (Texas) am 25. 5. 2006 die ehemaligen Chefs des Energiekonzerns Enron **in den Hauptanklagepunkten Betrug und Verschwörung schuldig.** Jeffrey Skilling und Kenneth Lay müssen mit Haftstrafen bis ans Lebensende rechnen. Das Strafmaß sollte am 11. 9. verkündet werden. Als der siebtgrößte US-Konzern im Dezember 2001 nach Bilanzfälschungen in Konkurs ging, verloren über 5000 Beschäftigte ihren Arbeitsplatz und ihre Alterssicherung, Anlegervermögen in Höhe von 60 Mrd. US-$ an Marktwert wurde vernichtet.
- **Hafenstreit:** In einer Auseinandersetzung um die Übernahme der **Verwaltung wichtiger Häfen durch eine arabische Firma** erlitt die Regierung Anfang März 2006 eine Niederlage. Im Januar hatte sie, nach Prüfung durch die Bundesbehörden (FBI, Heimatschutz und Pentagon) genehmigt, der Dubai Ports World (DPW) das Recht zu überlassen, in sechs US-Häfen (New York, New Jersey, Baltimore, Philadelphia, Miami und New Orleans) für 30 Jahre das gesamte Frachtgeschäft abzuwickeln. Dieses Recht hatte die DPW, eine mehrheitlich staatliche Gesellschaft aus den → Vereinigten Arabischen Emiraten, mit dem Kauf der britischen P&O Steam Navigation erworben, der sie zum drittgrößten Hafenbetreiber der Welt gemacht hatte. Mit Blick auf die bevorstehenden Kongresswahlen im Herbst bot sich das Thema für die Demokraten als Chance, sich in Fragen der nationalen Sicherheit zu profilieren. Auch republikanische Abgeordnete machten **Sicherheitsbedenken** geltend: Zwei der Attentäter des 11. September 2001 seien aus den Emiraten gekommen, die Hafenverwaltung durch ein arabisches Unternehmen bedeute das Risiko einer Einschleusung von Terroristen. Der Haushaltsausschuss des Parlaments lehnte am 8. 3. 2006 die laut Meinungsumfragen in der Bevölkerung äußerst unpopuläre Transaktion ab. Einen Tag später gab die DPW bekannt, die Rechte an der Hafenverwaltung binnen sechs Monaten an ein US-Unternehmen verkaufen zu wollen.

ANTITERROR-KAMPF

- **Patriot Act auf Dauer:** Um die Forderung von Präsident Bush nach unbefristeter Geltung des direkt nach den Anschlägen des 11. September für vier Jahre beschlossenen Antiterror-Gesetzespakets »Patriot Act« entwickelte sich eine mehrmonatige Kontroverse zwischen Regierung und Parlament. Die Demokraten, aber auch einige republikanische Abgeordnete meldeten **Bedenken gegen die dauerhafte Gültigkeit** von 16 Bestimmungen an, die den Regierungsbehörden weitgehende Vollmachten bei der Terrorismusabwehr zuweisen und Bürgerrechte außer Kraft setzen. Nachdem der Kongress im Dezember 2005 nur eine Verlängerung bis zum 2. 3. 2006 bewilligt hatte, kam es Ende Februar zu einem **Kompromiss:** Die Überprüfung von Bibliotheks- und Sozialdaten soll künftig nur mit richterlichem Beschluss möglich sein; verdeckte Hausdurchsuchungen müssen den Betroffenen nachträglich mitgeteilt werden, Institutionen können gegen den Zugriff auf ihre Daten klagen. Am 7. 3. passierte das novellierte Gesetzeswerk das Repräsentantenhaus, zwei Bestimmungen (über das Abhören von Telefonen und die Einsicht in Firmendaten) gelten nur für weitere vier Jahre. Präsident Bush unterzeichnete den neuen Patriot Act am 9. 3. Bürgerrechtsorganisationen kritisierten die unbefristete Gültigkeit der Bestimmungen.
- **Moussaoui-Prozess:** Im bislang einzigen Prozess gegen einen mutmaßlichen **Mitverschwörer der Anschläge vom 11. September** verurteilte ein Geschworenengericht in Alexandria (Virginia) am 3. 5. 2006 den 37-jährigen französischen Staatsbürger marokkanischer Herkunft, Zacarias Moussaoui, zu einer **lebenslangen Haftstrafe** ohne Bewährung, die er im modernsten Hochsicherheitsgefängnis der USA verbüßen soll. Der öffentliche Prozess hatte nach langen juristischen Auseinandersetzungen erst am 6. 2. 2006 begonnen. Richterin Leonie Brinkema hatte im März die Verhandlung zeitweise ausgesetzt und zahlreiche Zeugen der Anklage nicht zugelassen, weil die Staatsanwaltschaft versucht hatte, sie zu beeinflussen.

  Zum Zeitpunkt der Anschläge saß Moussaoui bereits in Untersuchungshaft – er war am 16. 8. 2001 in Minnesota vom FBI verhaftet worden, weil er während einer Flugausbildung Verdacht erregt hatte. Die Anklage unterstellte ihm Kenntnisse über die Terrorpläne und forderte die Todesstrafe für den »20. Flugzeugentführer«. Während der Ermittlungen hatte Moussaoui, der als überzeugter Anhänger der Al-Qaida auftrat, sich bereits in sechs Anklagepunkten schuldig bekannt, darunter vier, auf die die Todesstrafe steht. Er widerrief dieses Geständnis, erneuerte es zu Beginn der öffentlichen Verhandlung und widerrief es erneut nach dem Urteil. Seine Verteidiger plädierten auf Unzurechnungsfähigkeit. Wenige Tage nach seiner Verurteilung legte Moussaoui **Berufung gegen den Richterspruch** ein. Die Entscheidung der Jury gegen die Todesstrafe wurde in der amerikanischen Öffentlichkeit als Niederlage der Regierung Bush gewertet.
- **Kritik am Lager Guantánamo:** Nach Informationen des Verteidigungsministeriums, die im Februar 2006 publik wurden, stehen weniger als die Hälfte der noch etwa 450 Insassen des 2002 eingerichteten Internierungslagers für gefangene »feindliche Kombattanten« auf dem US-Militärstützpunkt Guantánamo auf Kuba im **Verdacht, an »feindlichen Handlungen« gegen die USA beteiligt** gewesen zu sein. Nur gegen zehn wurde bislang ein Verfahren vor einem Militärtribunal eröffnet. Nach einer erfolgreichen Klage der Nachrichtenagentur American Press musste das Verteidigungsministerium am 3. 3. 2006 Vernehmungsprotokolle und erstmals die Namen von 317 Gefangenen öf-

fentlich machen. Am 15. 5. veröffentlichte das Pentagon eine Liste, wonach **insgesamt 759 Männer**, darunter Jugendliche und über 70-Jährige, aus mehr als 40 Staaten **in dem Lager festgehalten** wurden. Das Schicksal mancher angeblich freigelassener oder verlegter Insassen, wie auch das der als »Topterroristen« gefangenen Verdächtigen (wie etwa Ramzi Binalshibh oder Khalid Shaikh Mohammed), die nicht in der Liste aufgeführt sind, ist ungeklärt und verweist auf die Existenz von Geheimgefängnissen.

Von August bis Dezember 2005 protestierten zahlreiche Gefangene mit einem **Hungerstreik** gegen Dauer und Bedingungen ihrer Haft, Ende Dezember wurden 32 von ihnen zwangsernährt. Seit 2002 soll es in dem Lager 41 **Selbstmordversuche** gegeben haben. Am 19. 5. 2006 kam es nach Selbstmordversuchen von zwei Gefangenen zu einer Häftlingsrevolte, bei der fünf Männer verletzt wurden. Am 10. 6. meldete das Pentagon den **Selbstmord von drei Internierten**, zwei Saudi-Arabern und einem Jemeniten.

Seit Ende 2005 erhöhte sich der **internationale Druck** auf die Bush-Administration, **das Lager zu schließen**, erheblich. Eine Expertengruppe der UN-Menschenrechtskommission (OHCHR), die wie auch das Internationale Komitee vom Roten Kreuz (IKRK) seit Jahren erfolglos ungehinderten Zugang zum Lager fordert, warf in einem Bericht vom 16. 2. 2006 den USA Rechtsverletzungen und Foltermethoden vor und forderte die Schließung des Lagers. Diese Positionen bekräftigten UN-Generalsekretär Kofi Annan und – in einer Entschließung vom gleichen Tag sowie erneut am 13. 6. – das EU-Parlament. Aufsehen in der amerikanischen Öffentlichen erregte das gemeinsame Interview der Botschafter Frankreichs, Deutschlands und Großbritanniens am 19. 2. 2006 im US-Fernsehsender CNN, in dem sie ebenfalls die Schließung von Guantánamo forderten. Mit diesem Thema sah sich auch Präsident Bush auf dem **USA-EU-Gipfeltreffen** am 21. 6. konfrontiert. Wie schon bei mehreren Gelegenheiten zuvor **sicherte Bush zu, die Schließung zu verfügen**, sobald die juristischen Streitfragen geklärt seien.

Am 29. 6. traf der Oberste Gerichtshof hierzu eine **richtungweisende Entscheidung**. Im Fall des Jemeniten Salim Ahmed Hamdan, eines früheren Leibwächters von Osama Bin Laden, der seinen Anspruch auf ein ziviles Verfahren bereits in mehreren Instanzen durchgesetzt hatte, entschied der Supreme Court mit fünf zu drei Stimmen, eine **Anklage wegen »Verschwörung«** vor einem der durch Präsidialdekret geschaffenen Militärtribunale **verstoße gegen amerikanisches Recht** und verletze die Genfer Konventionen über den Status von Gefangenen. Während das Verteidigungsministerium in einer Verlautbarung vom 7. 7. den Gefangenen in Guantánamo die Rechte aus den Genfer Konventionen zuerkannte, reagierte Präsident Bush auf das Urteil mit der Ankündigung, die Regierung werde **neue, verfassungsgemäße Formen der Sondergerichtsbarkeit** finden.

▪ **CIA-Praktiken im Antiterror-Kampf:** Enthüllungen der Washington Post lösten Anfang November 2005 eine internationale Kontroverse über die **systematische Folterung von Terrorverdächtigen** durch die US-Geheimdienste aus. Unter Berufung auf eine Quelle im CIA-Hauptquartier berichtete die Zeitung, die CIA unterhalte ein **weltweites System geheimer Lager** (black sites), um dort Terrorverdächtige mit Methoden zu verhören, die der Genfer Anti-Folter-Konvention widersprechen und in den USA nicht erlaubt sind. Aussagen ehemaliger CIA-Mitarbeiter und Berichte der Menschenrechtsorganisationen Human Rights Watch und Amnesty International bekräftigten die Vorwürfe. Demnach wurde das seit 1995 bestehende System nach den Terroranschlägen vom 11. September stark erweitert, Verhörzentren sollen sich u. a. in Thailand, Afghanistan, Marokko, Ägypten, Jordanien und Syrien, aber auch in → Polen, → Rumänien und weiteren osteuropäischen Staaten befinden. Dass die geheimen Flüge, in denen Gefangene dorthin verbracht wurden – so genannte **Sonderüberstellungen (extraordinary renditions)** –, auch über Flughäfen in Drittländern führten, stieß vor allem in der → EU auf Kritik. Untersuchungskommissionen des → Europarats und des Europäischen Parlaments kamen zu dem Schluss, dass seit 2001 über 1000 solcher Flüge innerhalb der EU stattgefunden haben und US-Geheimdienste auch für die Verschleppung von Verdächtigen aus EU-Ländern verantwortlich sind. Die US-Regierung gab die Praxis von Überstellungen »in wenigen Einzelfällen« zu und beharrte zunächst darauf, die Anti-Folter-Konvention gelte nur für Geheimdienstverhöre im Inland. Die CIA räumte jedoch die Möglichkeit »irrtümlicher« Auslieferung ein; Außenministerin Condoleezza Rice erklärte Anfang Dezember 2005, die **Genfer Konvention solle künftig auch bei Vernehmungen im Ausland** gelten. Zugleich zog Präsident Bush sein Veto gegen ein **Gesetz gegen Folter** und Misshandlung zurück, dass nach langer Debatte am 14. 12. 2005 vom Kongress gebilligt wurde.

▪ **Datenüberwachung:** Der Bericht der größten US-amerikanischen Zeitung USA Today vom 11. 5. 2006 über die geheime **flächendeckende Speicherung der elektronischen Kommunikationsdaten** von Millionen Bürgern löste eine Abhöraffäre aus. Die für die technische Überwachung zuständige Geheimdienstbehörde **National Security Agency** (NSA) ließ sich von den großen US-Telefongesellschaften mit den Gesprächsdaten von über 200 Mio. Anschlussinhabern versorgen – darunter auch mit den Daten von Inlandsgesprächen. Die Praxis, Nummern und Gesprächsdauer von Telefonaten sowie von E-Mails ins Ausland zu registrieren, geht auf eine Anweisung von Präsident Bush nach den Anschlägen vom 11. September zurück. Leiter der NSA war seit 1999 Luftwaffengeneral Michael Hayden, den Bush kurz zuvor als neuen Direktor der CIA nominiert hatte. Der Justizausschuss des Senats richtete einen Untersuchungsausschuss zur Abhöraffäre ein.

Zwei Bürgerrechtsorganisationen, die American Civil Liberties Union (ACLU) und das Center for Constitutional Rights (CCR) hatten schon Ende 2005, als das Abhörprogramm, wenn auch noch nicht in seinen Dimensionen, bekannt wurde, **Klage gegen die Regierung** eingereicht. Nach dem Foreign Intelligence Surveillance Act (FISA) bedarf das Abhören von Inlandstelefongesprächen der richterlichen Genehmigung.

Die New York Times berichtete am 23. 6., das Finanzministerium und die CIA hätten seit 2001 **Zugang zu** den bis dahin geheimen **Daten des internationalen Zahlungsverkehrs**, in denen sie nach Transaktionen zur Terrorismusfinanzierung forschen. Danach gibt die Bankenkommunikationszentrale **SWIFT** (Society for Worldwide Interbank Financial Communications) im belgischen La Hulpe bei Brüssel, die als Knotenpunkt des weltweiten Finanzverkehrs zwischen etwa 7800 Geldinstituten fungiert, die erwünschten Daten weiter. Die rechtliche Basis für dieses Vorgehen, über das zumindest einige National- und Großbanken informiert waren, blieb zunächst unklar.

AUSSENPOLITIK

▪ **Irak:** Die andauernde politische und militärische Intervention im Irak stellte für die Regierung Bush weiterhin die **schwerste außen- wie innenpolitische Belastung** dar. Im US-Kongress mehrten sich die kritischen Stimmen, auch wenn das Parlament am 15. 6. 2006 erneut ein Sonderbudget für den Irak-Krieg bewilligte, dessen Gesamtkosten damit – nach Kongress-Schätzung – auf 320 Mrd. US-$ stiegen. Obwohl der Irak-Krieg (→ Foto) großen Anteil an der geringen Zustimmung der Amerikaner zu Bushs Amtsführung (36 % nach Umfragen im November 2005 und 31 % im Mai 2006) hatte, setzte der Präsident mit Blick auf die Kongresswahlen im November auf Vorwärtsverteidigung und warb erneut für die Fortsetzung des Engagements im Irak. Seine am 30. 11. 2005 vorgestellte **»Nationale Strategie für den Sieg im Irak«** betonte die Fortschritte beim Aufbau eines demokratischen Irak, gab jedoch keinen Ausblick auf ein Datum für den Rückzug der US-Truppen. Anfang März 2006 warnten der nationale Geheimdienstkoordinator John Negroponte wie auch der Botschafter in Bagdad, Zalmay Khalilzad, der Irak stehe am Beginn eines Bürgerkriegs, der ohne die US-amerikanische Präsenz den gesamten Nahen Osten ins Chaos stürzen könne. Diese Position bekräftigte Bush bei mehreren Auftritten im März mit der Erklärung, **bis zum Ende seiner Amtszeit** im Januar 2009 werde es **keinen Rückzug** geben. Über die Hälfte der Bevölkerung hielt den Irak-Krieg jedoch inzwischen für einen Fehler und machte ihre Ablehnung in einem Protestmarsch am 3. Jahrestag der Invasion in den Irak mit US-beflaggten Kisten deutlich.

Die Truppenstärke der US-Streitkräfte erreichte vor den irakischen Wahlen 2005 mit 161 000 ihren Höchststand, im Januar 2006 wurde sie auf 136 000 reduziert, Anfang Juni wegen neuer Offensiven gegen die Aufständischen wieder erhöht. Am 15. 6. nannte das Verteidigungsministerium **2500 getötete Soldaten** als die offizielle Zahl der Verluste seit Beginn des Krieges. Das Verhalten der US-Soldaten im Irak, vor allem **Übergriffe bei Kampfeinsätzen**, führte wiederholt zu internationaler Kritik und zu Konflikten mit Bevölkerung und Regierung des Irak. Am 5. 12. 2005 warf der UN-Menschenrechtsbeauftragte für den Irak, John Pace, den USA vor, durch **Massenverhaftungen** (etwa 14 000 Gefangene) gegen das UN-Mandat (Resolution 1546) zu verstoßen. In einem Report vom 6. 3. 2006 kritisierte Amnesty International die **Beteiligung des US-Militärs an Menschenrechtsverletzungen** und Folterpraktiken in irakischen Gefängnissen. Nach einer Enthüllungsstory des italienischen Fernsehens musste das Pentagon am 15. 11. 2005 einräumen, bei ihrer Offensive gegen Aufständische in Falludscha im November 2004 **Phosporbomben eingesetzt** zu haben, die zu schweren Verletzungen bei Zivilpersonen führten. Ende März 2006 beschuldigte der irakische Innenminister Bajan Dschabr die US-Armee, bei einer Razzia in der Mustafa-Moschee in Bagdad **22 unbewaffnete Gläubige erschossen** zu haben.

Demonstration gegen den Irak-Krieg in Los Angeles am 18. 3. 2006

Am 7. 6. 2006 erzielten die USA mit der **Tötung** des lange verfolgten Führers der Al-Qaida im Irak, **Abu Mussab as-Sarkawi**, einen wichtigen symbolischen Erfolg. Die US-Luftwaffe hatte sein Versteck in Bakuba nördlich von Bagdad bombardiert. Während eines überraschenden Besuchs in Bagdad am 13. 6. bekräftigte Präsident Bush in Gesprächen mit dem neuen irakischen Regierungschef Nuri al-Maliki seinen Kurs, mit militärischen Mitteln eine »dauerhafte Demokratie im Herzen des Nahen Ostens« zu schaffen. Am 14. 6. begannen irakische und amerikanische Truppen eine neue Großoffensive »Gemeinsam vorwärts« gegen sunnitische Untergrundkämpfer. Vor dem Hintergrund zunehmend schärfer geführter Debatten über den Irak-Krieg sprach sich die republikanische Mehrheit am 16. 6. 2006 in einer Resolution gegen jede Befristung des US-Engagements im Irak aus.

▪ **Iran:** Nachdem sich die USA im Streit um das Atomprogramm des → Iran zunächst auf die Verhandlungsstrategie der EU-3-Gruppe (Großbritannien, Frankreich, Deutschland, → WA 2006, S. 490) eingelassen hatten, verschärfte sich der Konflikt nach der Wahl des konservativen Populisten Ahmadinedschad (im Juni 2005) zum iranischen Staatspräsidenten. In einer Grundsatzerklärung zur nationalen Sicherheitsstrategie bezeichnete Bush am 16. 3. den Iran als die **größte Bedrohung für die USA** und das Haupthindernis einer Befriedung des Nahen Ostens. Drei Tage zuvor hatte die Regierung die seit 1995 geltenden US-Sanktionen gegen den Iran verlängert. Obwohl Iran mit einer ungewöhnlichen diplomatischen Offensive reagierte – dem ersten Angebot nach 27 Jahren, direkte Gespräche mit den USA aufzunehmen, bekräftigt durch einen Brief von Präsident Ahmadinedschad an Präsident Bush am 8. 5. 2006 –, verhärtete sich zunächst die Situation. Außenministerin Condoleezza Rice drohte am 19. 4. mit einer neuen militärischen »Koalition der Willigen«, falls der UN-Sicherheitsrat keine Sanktionen gegen den Iran beschließe. Im UN-Sicherheitsrat, der am 15. 3. erstmals mit dem Iran-Atomstreit befasst war, kam es jedoch zu keiner Einigung über Sanktionen.

Zugleich deutete sich ein **Kurswechsel** an: Auf den Brief von Ahmadinedschad reagierte die Regierung am 31. 5. mit der Erklärung, **direkte Verhandlungen** aufnehmen zu wollen – allerdings unter der Bedingung, dass Teheran die Urananreicherung einstellt und mit der Internationalen Atomenergiebehörde (IAEA) wieder uneingeschränkt zusammenarbeitet.

▪ **China:** In den Beziehungen zwischen der VR China und den USA ging es neben Differenzen in Schwerpunktfragen der internationalen Politik – wie Irak-Krieg und Atomprogramme Irans und Nordkoreas – 2005/06 vor allem um die **Beilegung wirtschaftlicher Interessenkonflikte.** Die USA sind Chinas größter Exportmarkt, während China wiederum für die USA den drittgrößten Handelspartner darstellt; 2005 erreichte das Handelsdefizit gegenüber China mit 202 Mrd. US-$ eine neue Rekordmarke. Bei seinem Besuch in Beijing am 20. 11. 2005 mahnte Präsident Bush nicht nur politische Reformen an, sondern auch die Öffnung der Märkte, zu der sich China mit dem Beitritt zur Welthandelsorganisation verpflichtet hatte.

Beim Besuch des chinesischen Staats- und Parteichefs Hu Jintao in Washington (18. – 21. 4. 2006) erfüllten sich die amerikanischen Hoffnungen auf neue Vereinbarungen nicht, weder in der Handelspolitik noch im lang währenden Streit um Chinas militärische Aufrüstung und die Taiwan-Frage.

▪ **Indien:** Der erste **Besuch von Präsident Bush** in Indien vom 1.–3. 3. 2006 diente einem der wichtigsten strategischen und außenpolitischen Ziele seiner Administration: der **Stärkung Indiens** als Regionalmacht und wirtschaftliches Gegengewicht zu China. Am 2. 3. unterzeichneten Bush und der indische Premier Manmohan Singh ein **Abkommen über die Zusammenarbeit im Bereich der Nukleartechnologie** (→ Indien).

Vietnam Südost-Asien

Sozialistische Republik Vietnam;
Công-hòa xã-hôi chú-nghĩa Viêt-Nam – VN/VNM

Fläche (Weltrang: 64): 331 114 km²

Einwohner (13): F 2004 82 162 000 = 248 je km²

Hauptstadt: Ha Noi (Hanoi)

Amtssprache: Vietnamesisch

Bruttonationaleinkommen 2004 je Einw.: 540 $

Währung: 1 Dong (D) = 100 Xu
Kurs: 1 US-$ = 15 960 D; 1 € = 20 640 D

Botschaft der Sozialistischen Republik Vietnam
Elsenstr. 3, 12435 Berlin
T 030/53 63 01 08, Fax 53 63 02 00
www.vietnambotschaft.org

LANDESSTRUKTUR **Fläche:** 331 114 km²; → Karte ▪ **Verwaltung:** 8 Regionen mit 61 Provinzen und 4 Stadtbezirken: Ha Noi, Ho Chi Minh-Stadt, Hai Phong und Da Nang ▪ **Städte:** (S 2003) Thanh Pho Ho Chi Minh (ehem. Saigon) 4 850 717 Einw., Ha Noi 3 977 202, Hai Phong 1 754 537; (F 1992) Da Nang 382 674, Buon Ma Thuot 282 095, Nha Trang 221 331, Hué 219 149

BEVÖLKERUNG Vietnamesen – F 2004: 82 162 000 Einw.; Bevölkerungswachstum: 1,0 %; letzte Zählung 1999: 76 323 173 Einw. – insg. über 60 Nationalitäten: ca. 87 % Vietnamesen (Kinh), daneben siamo-chines. u. a. Minderheiten ▪ **Sprachen:** 80 % Vietnamesisch; Sprachen der Minderheiten; vereinzelt Chinesisch; Französisch und Englisch ▪ **Religion** 1992: 55 % Buddhisten, 5 % Katholiken; etwa 180 000 Protestanten, daneben Daoismus, Konfuzianismus

STAATS- UND REGIERUNGSFORM Verfassung von 1992 – Sozialistische Republik seit 1980 – Parlament (Nationalversammlung) mit 498 Mitgl., Wahl alle 5 Jahre; Staatsrat ständig amtierendes Gremium; Zentralkomitee (160 Mitgl.), Politbüro als entscheidendes Organ (14 Mitgl.) – Staatsoberh. ist der alle 5 J. durch die Nationalversammlung gewählte Vorsitzende – Wahlrecht ab 18 J. ▪ **Unabhängigkeit:** alte staatl. Tradition; Ausrufung der Unabhängigkeit durch Ho Chi Minh 2. 9. 1945, französischer Unabhängigkeits-Vertrag mit Gegenregierung (Bao Dai) 4. 6. 1954; Wiedervereinigung 2. 7. 1976 ▪ **Nationalfeiertag:** 2. 9.

REGIERUNG UND PARTEIEN **Staatsoberhaupt:** Nguyen Minh Triet, seit 27. 6. 2006 – **Regierungschef:** Nguyen Tan Dung, seit 27. 6. 2006 – **Äußeres:** Pham Gia Khiem, seit 28. 6. 2006 ▪ **Parlament:** Wahlen zur Nationalversammlung vom 19. 5. 2002: Kommunistische Partei 447 von 498 Sitzen (1997: 384 von 450), Nichtparteimitglieder und Unabhängige 51 (66)

WIRTSCHAFT **BIP** 2004: 45,210 Mrd. $; realer Zuwachs: 7,7 %; Anteil (2004) Landwirtschaft 22 %, Industrie 40 %, Dienstleistungen 38 % ▪ **Erwerbstätigkeit** 2003: Landwirtsch. 60 %, Industrie 16 %, Dienstl. 24 % ▪ **Arbeitslosigkeit** ∅ 2004: 5,6 % ▪ **Inflation** ∅ 2004: 7,7 % ▪ **Außenhandel** 2004: **Import**: 32,0 Mrd. $; *Güter*: 16 % Maschinen und Ausrüstungen, 11 % Kraftstoffe, 8 % Eisen und Stahl, 7 % Leder und Bekleidungsmaterial, 5 % Textilien und Baumwolle, 3 % Kfz-Komponenten, 3 % Düngemittel und Insektizide; *Länder*: 14 % VR China, 12 % Rep. China, 11 % Singapur, 11 % Japan, 10 % Rep. Korea, 6 % Thailand, 4 % USA, 3 % Hongkong, 2 % Deutschland; **Export**: 26,5 Mrd. $; *Güter*: 22 % Rohöl, 17 % Textilien und Bekleidung, 10 % Schuhe, 9 % Fisch und Meeresfrüchte, 4 % Reis, 3 % Holz und Holzerzeugnisse, 2 % Kaffee; *Länder*: 19 % USA, 13 % Japan, 10 % VR China, 7 % Australien, 5 % Singapur, 4 % Deutschland, 4 % Großbritannien, 3 % Rep. China, 3 % Rep. Korea, 2 % Frankreich

CHRONIK

▪ **Parteitag:** Der in Hanoi tagende 10. Parteitag der alleinregierenden Kommunistischen Partei (KPV) vom 18.–25. 4. 2006 leitete einen **Wechsel in der politischen Führung** des Landes ein. Die 1176 Delegierten erneuerten das 160 Mitglieder zählende Zentralkomitee (ZK) knapp zur Hälfte, unter ihnen befinden sich nur zwölf Frauen. In das 14-köpfige Politbüro zogen neun Funktionäre neu ein, Frauen sind in ihm nicht vertreten. Der als reformorientiert geltende Generalsekretär Nong Duc Manh wurde im Amt bestätigt. Als Nachfolger für Staatspräsident Trần Duc Luong und Ministerpräsident Phan Van Khai, die beide seit 1997 amtierten, wurden der 64-jährige Parteichef und Bürgermeister in Ho-Chi-Minh-Stadt (ehemals Saigon), Nguyen Minh Triet, als **neues Staatsoberhaupt** und der 57-jährige Vizepremier Nguyen Tan Dung als **neuer Ministerpräsident** nominiert. Ihre Wahl durch die Nationalversammlung am 27. 6. mit jeweils mehr als 90 % der Delegiertenstimmen war eine Formsache.

Bei der Beratung und Beschlussfassung über den neuen **Fünfjahresplan** (2006–2010) setzte der Parteitag auf die Fortsetzung des hohen Wirtschaftswachstums. In der vergangenen Fünfjahresperiode hatte sich Vietnam mit einem durchschnittlichen jährlichen Anstieg des BIP um 7,5 % (2005: 8,4 %) neben der VR China als wachstumsstärkstes Land der Region präsentiert. Bis zum Jahr 2010 soll sich das BIP im Vergleich zu 2001 verdoppeln, bis 2020 will das Entwicklungsland in den Kreis der Industriestaaten aufgerückt sein. Gemäß der seit 1986 verfolgten »Doi Moi«-Strategie (Strategie der Erneuerung), die zentralistische Planwirtschaft des kommunistischen Systems sukzessive in die Marktwirtschaft zu transformieren, erweiterte der Parteitag den Spielraum für privatwirtschaftliche, demokratische und rechtsstaatliche Reformen. Erstmals wurde den Parteimitgliedern erlaubt, als Unternehmer tätig zu sein; Nichtmitglieder sollen auch Schlüsselpositionen in Regierung und Behörden einnehmen können, diese selbst sollen transparenter arbeiten.

▪ **Bekämpfung der Korruption:** In seinem Geschäftsbericht bemängelte Parteichef Nong Duc Manh, dass die Korruption den Funktionärskader der KPV erfasst habe und den Fortbestand des kommunistischen Systems bedrohe. In den letzten fünf Jahren waren in der 3,1 Mio. Mitglieder zählenden Partei rd. 40 000 Disziplinarverfahren wegen Korruption durchgeführt worden. Ein besonders krasser Fall war unmittelbar vor dem Parteitag enthüllt worden: In einer dem Verkehrsministerium zugeordneten Projektverwaltungsbehörde waren ausländische Hilfsgelder für Infrastrukturprojekte in Höhe von mehreren Millio-

Vietnams Machthaber: Staatspräsident Nguyen Minh Triet, KP-Generalsekretär Nong Duc Manh und Ministerpräsident Nguyen Tan Dung (v. l. n. r.)

nen US-$ veruntreut worden. Der Minister wurde entlassen, sein direkt verantwortlicher Stellvertreter verhaftet. Ende November 2005 hatte die Nationalversammlung ein Gesetz beschlossen, das Parteifunktionäre und ihre Familienangehörigen verpflichtet, ihre Vermögensverhältnisse offen zu legen. Nach dem globalen Korruptionsindex von Transparency International gehörte Vietnam 2005 (Platz 107 von 156) zu den Staaten mit hoher Korruptionsanfälligkeit.

▪ **Vogelgrippe:** Obwohl Vietnam das bis dahin vom Vogelgrippe-Virus H5NI am stärksten betroffene Land war, meldeten die Behörden **seit November 2005 keine weiteren Infektionen** von Menschen (→ Themen der Welt). Der Länderdirektor der WHO für Vietnam, Hans Troedsson, führte den Bekämpfungserfolg auf ein aggressives Keulungs- und Impfprogramm der Regierung zurück – rd. 100 Mio. Tiere wurden getötet, 241 Mio. geimpft. Im Oktober 2005 erhielten drei pharmazeutische Unternehmen vom Schweizer Roche-Konzern die Lizenz, das gegen den H5N1-Virus wirksame Grippemittel Tamiflu zu produzieren.

▪ **Beziehungen zu den USA:** Regierungsvertreter der USA und Vietnams unterzeichneten am 31. 5. 2006 in Ho-Chi-Minh-Stadt ein **bilaterales Handelsabkommen**, das Vietnam den ursprünglich schon für Ende 2005 geplanten Weg in die WTO ebnete. Zu den wichtigsten Zugeständnissen Vietnams zählen die Verpflichtung, mit Beginn der WTO-Mitgliedschaft ihre Subventionen der Textilindustrie in Höhe von rd. 5 Mrd. US-$ einzustellen und die Senkung der Importzölle auf amerikanische Erzeugnisse. Die USA waren das letzte Land, dessen Zustimmung zum WTO-Beitritt Vietnams noch fehlte.

Am 5. 6. berieten die Verteidigungsminister in Hanoi über den **Ausbau der militärischen Beziehungen** zwischen beiden Staaten. Als ersten Schritt unterzeichneten sie ein Abkommen über den Austausch medizinischen Personals und Sprachschulungen. Donald Rumsfeld, der als erster US-Verteidigungsminister den früheren Kriegsgegner besuchte, dementierte das Interesse der USA, in Vietnam eine Militärbasis für die US-Streitkräfte zu errichten.

▪ **Weitere wichtige Ereignisse:** Anlässlich des 60. Jahrestags der Unabhängigkeitserklärung erließ die Regierung Anfang September 2005 eine **Amnestie** für 10 400 Häftlinge, unter ihnen auch politische Dissidenten und Menschenrechtsaktivisten sowie vier US-Amerikaner. Im Rahmen einer weiteren Amnestie Ende Januar 2006 kam nach dreijähriger Haftverbüßung auch der als **»Cyber-Dissident«** bekannte Journalist Nguyen Khac Toan frei. Er war als Spion zu zwölf Jahren verurteilt worden, weil er über Internet ausländische Gesinnungsgenossen über Protestbewegungen in Vietnam informiert hatte.

Weißrussland Ost-Europa

Republik Weißrussland; auch: Belarus; Respublika Belarus', Kurzform: Belarus' – BY / BLR

Fläche (Weltrang: 83): 207 595 km²

Einwohner (80): F 2004 9 824 000 = 47 je km²

Hauptstadt: Minsk

Amtssprachen: Weißrussisch, Russisch

Bruttonationaleinkommen 2004 je Einw.: 2140 $

Währung: 1 Belarus-Rubel (BYR) = 100 Kopeken
Kurs: 1 US-$ = 2143 BYR; 1 € = 2753 BYR

Botschaft der Republik Belarus
Am Treptower Park 32 / 33, 12435 Berlin
T 030 / 53 63 59 – 0, Fax 53 63 59 23
www.belarus-botschaft.de

LANDESSTRUKTUR **Fläche:** 207 595 km² ▪ **Verwaltung:** 6 Regionen und Hauptstadtbezirk ▪ **Städte:** (F 2004) Minsk 1 741 372 Einw., Homel' 481 197, Mahilëŭ (Mahiljou) 365 102, Vicebsk (Wizebsk) 342 381, Hrodna 314 833, Brèst 298 329, Babrujsk (Babruisk) 220 823, Baranavičy (Baranawitschi) 168 553, Barysaŭ (Barysau) 150 375, Pinsk 130 517, Vorša (Worscha) 125 276, Mazyr (Masyr) 111 770, Salihorsk 101 394, Navapolack (Nawapolazk) 101 304

BEVÖLKERUNG Weißrussen (Belarussen) – F 2004: 9 824 000 Einw.; Bevölkerungswachstum: –0,5 %; letzte Zählung 1999: 10 045 237 Einw. – 81 % Weißrussen (Belarussen), 11 % Russen, 4 % Polen, 2 % Ukrainer sowie Tataren u. a. ▪ **Sprachen** 1999: 37 % Weiß(Belo)russisch, 63 % Russisch; Sprachen der Minderheiten ▪ **Religion:** 60 % Russisch-Orthodoxe, 8 % Römisch-Katholische; Minderheiten von Muslimen, Juden, Protestanten

STAATS- UND REGIERUNGSFORM Verfassung von 1994, zuletzt geändert 1996 – Präsidialrepublik seit 1994 – Parlament: Repräsentantenhaus mit 110 Mitgl.; Republikrat mit 72 Mitgl. (64 Vertreter der Regionen, 8 vom Staatsoberh. ernannt); Wahl jeweils alle 4 J. – Direktwahl des Staatsoberhauptes alle 7 J. (einmalige Wiederwahl) – Wahlrecht ab 18 J. ▪ **Unabhängigkeit:** Souveränitätserklärung 27. 7. 1990, Proklamation 25. 8. 1991 ▪ **Nationalfeiertag:** 27. 7.

REGIERUNG UND PARTEIEN **Staatsoberhaupt:** Aljaksandr R. Lukaschenka, seit 1994; zuletzt gewählt 2006 – **Regierungschef:** Sjarhej Sidorski, seit 10. 7. 2003 – **Äußeres:** Sjarhej Martynow, seit 21. 3. 2003 ▪ **Parlament:** Wahlen vom 17. 10. 2004: Kommunistische Partei 8 von 110 Abgeordneten, Agrarpartei 3, Liberaldemokratische Partei 1, Unabhängige 96; 3 Sitze werden in Nachwahlen bestimmt

WIRTSCHAFT **BIP** 2004: 22,889 Mrd. $; realer Zuwachs: 11,0 %; Anteil (2004) Landwirtschaft 11 %, Industrie 39 %, Dienstleistungen 49 % ▪ **Erwerbstätigkeit** 2003: Landwirtsch. 11,3 %, Industrie 34,1 %, Dienstl. 54,6 % ▪ **Arbeitslosigkeit** ∅ 2005: 1,5 % ▪ **Inflation** ∅ 2005: 10,3 % ▪ **Außenhandel** 2005: **Import**: 17,860 Mrd. $; *Güter* 2004: 28 % mineralische Rohstoffe und Primärenergieträger, 25 % Maschinen, Ausrüstungen und Fahrzeuge, 14 % Metallerzeugnisse, 13 % Chemie- und Kunststofferzeugnisse, 11 % Metalle, Ernährungsgüter (inkl. Rohstoffe), 4 % Textilien, 3 % Holz-, Zellstoff-, Papiererzeugnisse, Möbel; *Länder* 2004: 69 % Russland, 7 % Deutschland, 3 % Ukraine, 3 % Polen, 2 % Italien (GUS gesamt: 72 %, EU gesamt: rd. 20 %); **Export**: 18,156 Mrd. $; *Güter* 2004: 28 % mineralische Rohstoffe und Primärenergieträger, 23 % Maschinen, Ausrüstungen und Fahrzeuge, 15 % Chemie- und Kunststofferzeugnisse, 9 % Metalle und Erzeugnisse daraus, 9 % Ernährungsgüter (inkl. Rohstoffe), 7 % Holz-, Zellstoff-, Papiererzeugnisse, Möbel, 7 % Textilien; *Länder* 2004: 47 % Russland, 8 % Großbritannien, 7 % Niederlande, 5 % Polen, 4 % Ukraine, 4 % Deutschland, 3 % Litauen, 2 % Lettland, 2 % VR China (GUS gesamt: 53 %, EU gesamt: rd. 37 %)

CHRONIK

Der weißrussischen Opposition gelang es bei der Präsidentschaftswahl im März 2006 nicht, den diktatorisch regierenden Präsidenten Aljaksandr Lukaschenka aus dem Amt zu verdrängen. Seine Popularität, besonders auf dem Land und in Kleinstädten, basiert u. a. auf steigenden Reallöhnen, die ein seit mehreren Jahren anhaltendes Wirtschaftswachstum (rd. 9 % in 2005) ermöglicht. Den langsam und unter geringen Verlusten vollzogenen wirtschaftlichen Systemwechsel nach dem Ende der Sowjetunion verbucht Lukaschenka ebenfalls als Erfolg für sich.

▪ **Präsidentschaftswahl:** Der Urnengang am 19. 3. 2006 endete bereits in der ersten Runde mit einem Stimmenanteil von offiziell 83 % für Präsident Lukaschenka. Der prominente Oppositionskandidat Aljaksandr Milinkewitsch kam auf 6,1 %. Die Wahlbeteiligung wurde mit 92,6 % angegeben. Die Vorverlegung der Präsidentschaftswahl um vier Monate hatte die Opposition als Versuch kritisiert, ihre Wahlkampagne zu torpedieren. Sie warf der Regierung Wahlbetrug vor und forderte eine Wahlwiederholung. Im Oktober 2004 hatte Präsident Lukaschenka mit einem manipulierten Referendum die Verfassung geändert, um ein drittes Mal kandidieren zu können (→ WA 2006, S. 493).

Der Präsident bestätigte am 17. 4. den amtierenden Ministerpräsidenten Sjarhej Sidorski im Amt, nahm aber am 5. 5. eine umfangreiche Regierungsumbildung vor. Die **EU** und die **USA** verhängten wegen der Wahlmanipulation **Einreisesperren für 30 ranghohe Regierungsvertreter, darunter auch Präsident Lukaschenka**, und froren deren ausländische Konten ein. Im Gegenzug verhängte Weißrussland am 8. 6. ein Einreiseverbot für westliche Politiker.

An der größten Demonstration des sich zögerlich formierenden **Protests wegen Wahlbetrugs** auf dem Oktoberplatz in Minsk nahmen am 25. 3. rd. 7000 Oppositionsanhänger teil. Die Polizei löste die Demonstration gewaltsam auf und verhaftete zahlreiche Teilnehmer. In den folgenden Tagen wurden rd. 500 Oppositionelle und ihre Anhänger wegen »Vandalismus« oder Teilnahme an einer nicht genehmigten Demonstration zu Ordnungsstrafen verurteilt. Schließlich wurde am 27. 4. auch Präsidentschaftskandidat Milinkewitsch zu einer Haftstrafe von 15 Tagen verurteilt.

Der Oppositionspolitiker und regionale Wahlkampfleiter von Milinkewitsch, Sjarhej Ljaschkewitsch, der am 29. 5. 2006 zu fünf Monaten Gefängnis verurteilt wurde, war beschuldigt worden, Demonstranten ausgebildet und bezahlt zu haben. Es war das erste Urteil auf der Grundlage eines Gesetzes, das kurz vor der Präsidentschaftswahl in Kraft getreten war. Es sieht bis zu zwei Jahre Haft für das Anwerben von Demonstranten vor. Am 13. 7. wurde ein weiterer Bewerber um das Präsidentenamt, **Aljaksandr Kasulin**, der nach der umstrittenen Wahl im März zu Protesten aufgerufen hatte, wegen Randalierens und der Anstiftung von Massenunruhen zu einer **Gefängnisstrafe von fünfeinhalb Jahren verurteilt**.

▪ **Polnische Minderheit:** Die Polizeirazzia auf das Büro der Minderheitenorganisation Union der Polen in Weißrussland (ZPB) am 27. 7. 2005 führte zu Spannungen in den ohnehin belasteten Beziehungen zu Polen. Der westliche Nachbar berief daraufhin seinen Botschafter ab. Weißrussland hatte seit Mai drei polnische Diplomaten wegen ihres Engagements für die SPB ausgewiesen, was Polen mit der Ausweisung dreier weißrussischer Diplomaten beantwortet hatte. Mit der **Verhaftung führender Vertreter** der rd. 400 000 Mitglieder zählenden polnischen Minderheit setzte Lukaschenka am 27. 8. die Wahl eines regierungstreuen Vorsitzenden, Jozef Lucznik, durch. Polen, das die neue ZPB-Führung nicht anerkannte, stellte die Finanzierung der Organisation ein. Die ZPB war die letzte große Organisation, die einer Kontrolle durch die Regierung bisher entgangen war.

▪ **Verhältnis zu Russland:** Die Forderung des russischen Staatskonzerns Gasprom Anfang April 2006, die Preise von derzeit 47 US-$ / m^3 für Importgas an das Weltmarktniveau anzugleichen, führte zu gespannten Beziehungen zwischen den offiziellen Partnern einer Staatenunion. Gasprom, das das weißrussische Pipelinenetz bisher nur gepachtet hat, will mit den sukzessive auf über 200 US-$ erhöhten Preisforderungen Druck ausüben, um das Netz in Besitz nehmen zu können.

Zentralafrikanische Republik Zentral-Afrika

Ködrö tî Bê-Afrîka (sangho); République centrafricaine – CF / CAF

Fläche (Weltrang: 42): 622 436 km²

Einwohner (123): F 2004 3 986 000 = 6,4 je km²

Hauptstadt: Bangui

Amtssprachen: Sango, Französisch

Bruttonationaleinkommen 2004 je Einw.: 310 $

Währung: CFA-Franc
Kurs: 1 € = 655,96 CFA-Francs

Botschaft der Zentralafrikanischen Republik
Johanniterstr. 19, 53113 Bonn
T und Fax 0228 / 23 35 64

LANDESSTRUKTUR **Fläche**: 622 436 km²; → Karte ▪ **Verwaltung**: 16 Präfekturen und Hptst. mit Sonderstatus ▪ **Städte**: (Z 2003) Bangui 622 771 Einw., Bimbo 124 176, Berbérati 76 918, Carnot 45 421, Bambari 41 356; (Z 19 942 003) Bouar 40 353

BEVÖLKERUNG Zentralafrikaner – F 2004: 3 986 000 Einw.; Bevölkerungswachstum: 1,2 %; letzte Zählung 2003: 3 895 139 Einw. – hauptsächlich Ubangi-Gruppen: 34 % Banda, 27 % Gbaya, 11 % Ngbandi, 10 % Azande, Yakoma u. a., außerdem Bantu; Minderheit von Europäern (meist Franzosen) ▪ **Sprachen**: Sango (Ngbandi-basierte Kreolsprache), Französisch; verschiedene Ubangi-Sprachen und Ful ▪ **Religion**: 50 % Christen (25 % Katholiken, 25 % Protestanten), 15 % Muslime; 24 % Anhänger von indigenen Religionen

STAATS- UND REGIERUNGSFORM Verfassung von 2004 – Präsidialrepublik seit 1986 – Parlament: Nationalversammlung mit 105 Mitgl., Wahl alle 5 Jahre – Direktwahl des Staatsoberhauptes alle 5 J. (einmalige Wiederwahl) – Wahlrecht ab 21 J. ▪ **Unabhängigkeit**: 13. 8. 1960 (ehem. französische Kolonie) ▪ **Nationalfeiertag**: 1. 12.

REGIERUNG UND PARTEIEN **Staatsoberhaupt**: François Bozizé (KNK), seit 15. 3. 2003; gewählt am 8. 5. 2005 – **Regierungschef**: Elie Doté, seit 13. 6. 2005 – **Äußeres**: Jean-Paul Ngoupandé, seit 19. 6. 2005 ▪ **Parlament**: Wahlen vom 13. 3. / 8. 5. 2005: Kwa na Kwa-Koalition / KNK 42 von 105 (1998: – von 109), Mouvement pour la Libération du Peuple Centrafricain / MLPC 11 (47), Rassemblement Démocratique Centrafricain / RDC 8 (20), Sonstige 10 (35), Unabhängige 34 (7)

WIRTSCHAFT **BIP** 2004: 1,307 Mrd. $; realer Zuwachs: 1,3 %; Anteil (2004) Landwirtschaft 56 %, Industrie 22 %, Dienstleistungen 23 % ▪ **Erwerbstätigkeit** 2002: Landwirtsch. 72 % ▪ **Arbeitslosigkeit**: k. A. ▪ **Inflation** ∅ 2003: 3,1 % ▪ **Außenhandel** 2004: (S) **Import**: 121 Mio. €; *Güter*: Industriegüter, Maschinen, Nahrungsmittel, Brennstoffe; *Länder* 2001: v. a. Frankreich, Kamerun, Spanien; **Export**: 101 Mio. €; *Güter*: Diamanten, Kaffee, Holz, Baumwolle; *Länder* 2001: v. a. Belgien, Kasachstan, Spanien

CHRONIK

Bei einer **Kabinettsumbildung** am 31. 1. 2006 wurden fünf Minister ersetzt, von denen drei bereits im Oktober wegen Verdachts auf Korruption und Betrug suspendiert worden waren.

Die **gewaltsamen Auseinandersetzungen** zwischen Regierungssoldaten, Rebellen und Banditen **im Norden** flammten Mitte 2005 wieder auf. Bis März 2006 waren über 20 000 Menschen vor den Kämpfen und anarchischen Verhältnissen in den Tschad geflohen; bereits nach den Kämpfen 2002 waren 30 000 zentralafrikanische Flüchtlinge in das Nachbarland geflohen.

Bei **Überschwemmungen** im Gebiet der Hauptstadt Bangui waren im August 2005 obendrein 20 000 Menschen obdachlos geworden.

Die **wirtschaftliche Lage** im Land blieb **katastrophal**. Die politische Instabilität in praktisch allen Nachbarländern verhinderte weiterhin einen Aufschwung durch fehlende Transportwege für den Handel mit Kaffee, Baumwolle oder Diamanten. Seit dem Putsch 2003 ist die internationale Hilfe mit Ausnahme humanitärer Leistungen suspendiert. Wiederholt kam es zu Streiks im öffentlichen Dienst, da die Regierung nur sehr unregelmäßig Gehälter ausgezahlt hatte.

Zypern Vorder-Asien

Republik Zypern; Kypriaki Dimokratía, Kurzform: Kýpros (griechisch); Kıbrıs Cumhuriyeti (türkisch) – CY / CYP

Fläche (Weltrang: 162): 9251 km²

Einwohner (157): F 2004 749 000 = 81 je km²

Hauptstadt: Lefkosía / Lefkoşa (Nikosia)

Amtssprachen: Griechisch, Türkisch

Bruttonationaleinkommen 2004 je Einw.: 16 510 $

Währung: 1 Zypern-Pfund (Z£) = 100 Cents
Kurs: 1 US-$ = 0,45 Z£; 1 € = 0,58 Z£ (1. 7. 2006)

Botschaft der Republik Zypern
Wallstr. 27, 10179 Berlin
T 030 / 30 86 830, Fax 27 59 14 54
E-Mail: info@botschaft-zypern.de

LANDESSTRUKTUR **Fläche:** 9251 km²; davon griechisch-zypriotisches Gebiet 5896 km² (einschließlich 256 km² britische Militärstützpunkte), Türkische Republik Nordzypern / TRNC 3355 km² → unten ▪ **Verwaltung:** 6 Distrikte ▪ **Städte:** (F 2004) Lefkosía / Lefkoşa (Nikosia; seit 1974 geteilt) 219 200 Einw., Lemesós (Limassol) 172 500, Lárnaka 77 000, Néa Páfos (Paphos) 51 300

BEVÖLKERUNG Zyprer – F 2004: 749 000 Einw.; Bevölkerungswachstum: 1,2 %; letzte Zählung 2001: 703 529 Einw. (ohne TRNC) – 80,6 % griechische Zyprer, 11,1 % türkische Zyprer, 8,3 % Sonstige: Maroniten, Armenier, Latiner u. a. ▪ **Sprachen:** 80 % Griechisch, 20 % Türkisch; Englisch ▪ **Religion** 2001: (ohne TRNC) 94,8 % orthodoxe Christen, 1,5 % Katholiken; Minderheiten von Anglikanern, Maroniten, Muslimen und armenischen Christen

STAATS- UND REGIERUNGSFORM Verfassung von 1960 – Präsidialrepublik (im Commonwealth) seit 1960 – Parlament mit 80 Mitgl. (56 für griechische Zyprer, 24 für türkische Zyprer [vakant]), Wahl alle 5 J. – Direktwahl des Staatsoberhauptes alle 5 J. – Wahlpflicht ab 18 J. ▪ **Unabhängigkeit:** 16. 8. 1960 (ehem. britische Kolonie); 1974 Teilung Zyperns in einen griechischen und einen international nicht anerkannten türkischen Teil (»TRNC«) ▪ **Nationalfeiertag:** 1. 10. (Unabhängigkeitstag)

REGIERUNG UND PARTEIEN **Staats- u. Regierungschef:** Tassos Papadopoulos (DIKO), seit 1. 3. 2003 – **Äußeres:** George Lillikas (DIKO), seit 13. 6. 2006; Regierungskoalition aus DIKO, AKEL and KISOS ▪ **Parlament:** Wahlen vom 21. 5. 2006: Fortschrittspartei des werktätigen Volkes / AKEL 18 von 56 Sitzen (2001: 20), Demokratische Sammlungsbewegung / DISY 18 (19), Demokratische Partei / DIKO 10 (9), Demokratische Sozialisten / KISOS 5 (4), Europäische Partei / EK 4 (2), Ökologische Umweltbewegung 1 (1), Vereinigte Demokraten / EDI – (1)

WIRTSCHAFT **BIP** 2004: 15,418 Mrd. $; realer Zuwachs: 3,7 %; Anteil (2004) Landwirtschaft 4 %, Industrie 20 %, Dienstleistungen 76 % ▪ **Erwerbstätigkeit** 2003: Landwirtsch. 5,2 %, Industrie 22,9 %, Dienstl. 71,1 % ▪ **Arbeitslosigkeit** ∅ 2005: 4,9 % ▪ **Inflation** ∅ 2005: 2,1 % ▪ **Außenhandel** 2005: **Import:** 2,967 Mrd. Z£; *Güter:* 31 % Zwischenprodukte, 30 % Konsumgüter, 16 % Brenn- und Schmierstoffe, 12 % Transportausrüstungen, 10 % Kapitalgüter; *Länder:* 17 % Griechenland, 10 % Italien, 9 % Großbritannien, 8 % Deutschland, 7 % Israel, 4 % VR China, 4 % Frankreich (EU gesamt: 66 %); **Export:** 0,719 Mrd. Z£; *Güter:* 57 % Industrieerzeugnisse, 23 % unbearbeitete landwirtschaftliche Erzeugnisse, 18 % industriell verarbeitete landwirtschaftliche Produkte; *Länder:* 17 % Frankreich, 17 % Großbritannien, 11 % Griechenland, 5 % Deutschland, 3 % Vereinigte Arabische Emirate, 2 % Niederlande (EU gesamt: 58 %)

Nordzypern

Türkische Republik Nordzypern / TRNC
Kuzey Kıbrıs Türk Cumhuriyeti

Fläche: 3355 km²; 36 % von Gesamtzypern ▪ **Bevölkerung** F 2001: 211 191 Einw. (inkl. Soldaten und Siedler) ▪ **Sprachen:** Türkisch ▪ **Religion:** mehrheitl. sunnit. Muslime ▪ **Hauptstadt** (F 1996): Lefkoşa 42 767 Einw. ▪ **Städte** (F 1996): Gazimağusa / Ammóchostos (Famagusta) 22 216 Einw., Girne / Kyrenia 7893 ▪ **Status:** Verfassung von 1985 – Einseitige Unabhängigkeitsproklamation 1983, nur von der Türkei anerkannt – Parlament mit 50 Mitgl., Wahl alle 5 J. – Direktwahl des Staatsoberhauptes alle 5 J. ▪ **Regierung:** Staatsoberhaupt: Mehmet Ali Talat (CTP-Vors.), seit 24. 4. 2005 – Regierungschef: Ferdi Sabit Soyer (CTP), seit 26. 4. 2005 – Äußeres: Serdar Denktaş (DP-Vors.), seit 13. 1. 2004

Seit dem Beitritt der Republik Zypern zur EU im Jahr 2004 erwies sich die politische Teilung der Mittelmeerinsel als zunehmende Belastung für das Verhältnis der EU zur Türkei. Der umstrittene Status der – außer von der Türkei – international nicht anerkannten Türkischen Republik Nordzypern (TRNC) sowie die Weigerung der Türkei, das EU-Mitglied Republik Zypern völkerrechtlich anzuerkennen, drohten erneut die Annäherung der Türkei an die → EU zu blockieren. Der Wahlsieg der Regierungskoalition im griechischsprachigen Süden der Insel ließ für die nächste Zeit keine Entspannung in der Zypernfrage erwarten.

■ **EU-Türkei-Verhandlungen als Instrument im Zypernstreit:** Nachdem sich Staatspräsident Tassos Papadopoulos in der EU nicht mit seiner Forderung hatte durchsetzen können, die formelle völkerrechtliche Anerkennung Zyperns zur Voraussetzung von Beitrittsverhandlungen zu machen (→ WA 2006, S. 496), erzielte er dennoch einen Teilerfolg: Der Erklärung der türkischen Regierung, die Ausdehnung der Zollunion mit der EU auf die zehn neuen EU-Staaten schließe nicht die Anerkennung der souveränen Staatlichkeit des griechisch-zyprischen Inselteils ein, setzte die EU am 21. 9. 2005 entgegen, die **Anerkennung aller Mitgliedstaaten sei ein »notwendiger Bestandteil des Beitrittsprozesses«**. Auch vor den ersten konkreten Beitrittsverhandlungen am 12. 6. 2006 lenkte die durch die Parlamentswahl (→ unten) gestärkte griechisch-zyprische Regierung erst im letzten Moment ein und gab sich mit der Ermahnung der EU an die Adresse der Türkei zufrieden, die Erklärung vom 21. 9. 2005 zu beachten, wolle sie nicht den gesamten Verhandlungsprozess gefährden. Der türkische Ministerpräsident Recep Tayyip Erdoğan forderte am 16. 6. 2006 ein Ende der Isolation des türkisch-sprachigen Nordens der Mittelmeerinsel, bevor die Türkei die Republik Zypern anerkennen werde.

■ **Parlamentswahl:** Vor dem Hintergrund der Kontroverse um die Beitrittsverhandlungen mit der Türkei und dem noch nicht geklärten Fortgang in der Wiedervereinigungsfrage, die an der Ablehnung des UN-Vermittlungsplans 2004 vorerst gescheitert war, maßen die Parteien der Parlamentswahl die **Qualität einer zweiten Volksabstimmung** über die harte Haltung von Präsident Papadopoulos im Inselstreit bei. Papadopoulos' Demokratische Partei (DIKO) erhöhte ihren Stimmenanteil am 21. 5. 2006 von 14,8 % bei der Wahl 2001 auf 17,9 %. Zulegen konnten auch die Koalitionspartner Sozialistische Partei/EDEK (8,9 %, +2,4), Europäische Partei (5,8 %) und Grüne (2 %, +1). Dagegen blieben die gleichfalls mitregierenden Kommunisten (AKEL) mit 31,1 % der Stimmen zwar stärkste Fraktion, mussten allerdings einen Verlust von 3,5 Prozentpunkten hinnehmen, vermutlich eine Quittung für die stärkere Kompromissbereitschaft in der Wiedervereinigungsfrage. Die führende Oppositionspartei, die konservative Demokratische Sammlungsbewegung (DISY), bezahlte ihre Befürwortung des UN-Wiedervereinigungsplans mit einem Verlust von 3,7 Prozentpunkten (30,3 %). Die Wahlbeteiligung betrug 89 %. Erstmals waren rd. 270 türkischsprachige Zyprer wahlberechtigt. Einzige türkische Kandidatin – auf der Liste der kleinen Partei Vereinte Demokraten ohne Chance auf ein Mandat – war die Dichterin Neshe Yashin.

In der **neuen Regierung Papadopoulos** wurde bei einer Regierungsumbildung am 7. 6. 2006 der bisherige Sprecher George Lillikas (DIKO) neuer Außenminister. Seine neue Amtszeit begann der Präsident mit einer Wiederaufnahme der Gespräche mit dem Präsidenten der Türkischen Republik Nordzypern Mehmet Ali Talat, die der stellvertretende UN-Generalsekretär Ibrahim Gambari als »historische Gelegenheit« bezeichnete, eine Wiedervereinigung zu erwirken (→ Foto).

■ **Nordzypern:** Nach langen Auseinandersetzungen mit dem neuen EU-Mitglied Republik Zypern bewilligten die EU-Außenminister am 27. 2. 2006 der Regierung Nordzyperns **139 Mio. € Finanzhilfe**. Ursprünglich hatte die EU im April 2004 259 Mio. für die türkische Bevölkerungsgruppe zugesagt, nachdem der UN-Wiedervereinigungsplan am negativen Votum der griechischen Zyprer gescheitert war. Griechenland und die Republik Zypern hatten ihren Widerstand gegen die Zahlung von Handelserleichterungen in Höhe von 120 Mio. € durchgesetzt.
Nach mehrjährigen Wirren in der **orthodoxen Kirche** auf Zypern beschloss eine in Genf tagende »Erweiterte Synode« unter Führung des Ökumenischen Patriarchen von Konstantinopel, Bartholomaios I., Mitte Mai 2006, den seit 1977 in Nikosia amtierenden zypriotischen **Erzbischof Chrysostomos abzusetzen**. Er war seit 2002 faktisch amtsunfähig. Bei der Volksabstimmung über den UN-Plan zur Wiedervereinigung 2004 hatte sich die Instrumentalisierung seiner Autorität durch türkenfeindliche Gruppen verhängnisvoll ausgewirkt.

Präsident Tassos Papadopoulos (l.), der stellvertretende UN-Generalsekretär Ibrahim Gambari und der Präsident von Nordzypern, Mehmet Ali Talat, am 8. 7. 2006

Arktis

Die Arktis (von griech. Árktos = Bär; Land unter dem Sternbild Großer Bär; »Land im Norden«) ist ein um den geografischen Nordpol liegendes Land- und Meeresgebiet (Nordpolargebiet) mit einer **Fläche** von ca. 26 Mio. km² Eis. In ihrem Zentrum liegt das größtenteils ständig eisbedeckte Nordpolarmeer.

▪ **Die territoriale Zugehörigkeit** der Landgebiete der Arktis erstreckt sich auf Grönland (→ Dänemark), den Kanadisch-Arktischen Archipel, die sibirischen Inseln (→ Russland), einen Alaska-Sektor der USA sowie die norwegischen Inseln Spitzbergen, Jan Mayen und Bäreninsel. ▪ **Bevölkerung:** In der Arktis und ihrer Randzone leben rd. 4 Mio. Menschen, verteilt auf etwa 30 eingeborene Völker mit unterschiedlichen Traditionen und Kulturen: die Inuit (Eskimos) in den nördlichsten Gebieten Nordamerikas, Asiens und Grönlands; in der polaren Randzone der Arktis die subarktischen Völker, darunter die nördlichen Indianer aus Kanada und Alaska, die Samit (Lappen) aus Skandinavien und dem europäischen Teil Russlands sowie mehrere nordsibirische Völker wie die Tschuktschen, Samojeden, Jakuten, Nenzen u. a.

▪ **Wirtschaft:** Pelztierjagd und -zucht (Kanada, Russland); Fischerei (Gewässer um Dänemark, Kanada, Russland, USA); Rohstoffe: Erdöl (USA und Russland), Erdgas (Russland), Silber und Gold (Kanada), Zink (Dänemark), Kohle (Norwegen und Russland), Eisen (Norwegen), Apatit, Nickel, Buntmetalle, Gold und Diamanten (Russland).

ARKTISCHER RAT Zum Schutz und der Entwicklung der Polarregion durch eine Koordinierung der Umweltschutzinitiative, der Forschungs- und Verkehrsprojekte und der Ureinwohnerprogramme sowie einer

Abstimmung aller Erschließungsvorhaben (wobei der hohen Störanfälligkeit nordpolarer Ökosysteme besondere Aufmerksamkeit gewidmet werden soll) wurde 1996 der Arktische Rat durch acht Arktis-Anrainerstaaten (Dänemark, Finnland, Island, Kanada, Norwegen, Russland, Schweden und die USA) gegründet.

▪ **Ständige Teilnehmer** im Rat (mit Mitspracherecht) sind die Vertreter von sechs Ureinwohnerorganisationen, darunter die Konferenz der Inuit der Polarregion (Inuit Circumpolar Conference, ICC) aus Vertretern Grönlands, Kanadas, Alaskas und Russlands, der Lappische Rat mit Sektionen in Finnland, Norwegen, Schweden und Russland sowie der Verband der eingeborenen Völker Nordrusslands. Oberstes Organ ist der Ministerrat, dessen Beschlüsse nur Empfehlungscharakter haben und für die Mitgliedstaaten nicht bindend sind (Vorsitz 2004–2006: Russland).

▪ **Aktivitäten:** Die Mitgliedstaaten initiierten zahlreiche zwischenstaatliche Initiativen, u. a. zur Überwachung der Arktis (Arctic Monitoring and Assessment Programme/AMAP), zum Schutz der Flora und Fauna (Programme for the Conservation of Arctic Flora and Fauna/CAFF) und der Meeresumwelt (Protection of the Arctic Marine Environment/PAME), zur Beseitigung von Verschmutzung (Arctic Council Action Plan to Eliminate Pollution of the Arctic/ACAP), für Dringlichkeitsmaßnahmen (Emergency Prevention, Preparedness and Response/EPPR) und zur nachhaltigen Entwicklung (Sustainable Development Working Group/SDWG). Die 4. Ministerkonferenz fand am 24. 11. 2004 in Reykjavík (Island) statt.

FORSCHUNGSMISSION CRYOSAT Seit Jahren beobachten Forscher mit Besorgnis die fortschreitende Eisschmelze an beiden Polkappen, wo 80 % der Süßwasservorräte der Erde gefroren liegen. Würden die Eisdecken über Grönland und der Antarktis schmelzen, stiege der Wasserspiegel um 65 m an. Die Europäische Weltraumagentur (ESA) entwickelte zur Kontrolle der Polschmelze, die bisher aufgrund technischer Einschränkungen nur ungenau beobachtet werden konnte, den Satelliten CryoSat. Mit Hilfe des Radarhöhenmessers SIRAL soll die Eisoberfläche, d. h. die Höhe und Dicke der Polarkappen sowie des Treibeises, erstmals präzise erfasst werden. Dazu werden Radarstrahlen zur Erde gesandt und deren Reflektion empfangen. Anhand der Positionsbestimmung des Satelliten kann aus der Laufzeit des Signals die Höhe der Oberfläche ermittelt werden, was auch Daten über die unregelmäßig geformten Landeisflächen und Meereismassen ermöglicht. Der erste Versuch, den rd. 140 Mio. € teuren Satelliten auf seine Umlaufbahn zu katapultieren, scheiterte am 8. 10. 2005, als die Software zur Zündung der dritten Stufe versagte und der 711 kg schwere CryoSat ins Meer stürzte. Die Wiederholung der Mission, am 23./24. 2. 2006 vom ESA-Programmrat für Erdbeobachtung beschlossen, soll 2009 erfolgen.

Forschungssatellit CryoSat vor dem Start

Antarktis

Die Antarktis (Südpolargebiet; »Gegen-Arktis«, »Land im Süden«) hat eine Fläche von ca. 12,5 Mio. km^2; 98 % der Fläche sind immer mit Eis bedeckt. 90 % der gesamten Eismassen der Erde liegen in der Antarktis, 10 % in der Arktis.

▪ **Ansprüche** auf rd. 80 % der Gesamtfläche des Gebiets südlich des 60. Breitengrads haben sieben Staaten geltend gemacht: Argentinien, Australien, Chile, Frankreich, Neuseeland, Norwegen und Großbritannien. Diese zum Teil sich überlappenden »historischen« Ansprüche sind völkerrechtlich nicht anerkannt. Sie wurden durch den 1961 in Kraft getretenen Arktisvertrag (→ unten) »auf Eis gelegt«.

▪ **Bevölkerung:** Im Gegensatz zur Arktis gibt es in der Antarktis keine Ureinwohner. Das Südpolargebiet wurde erst mit der Entwicklung hochseetüchtiger Schiffe von Menschen betreten. In den 1950er Jahren wurden einige feste Siedlungen errichtet. Die meisten »Einwohner« sind Wissenschaftler und technisches Personal, die dort nur für einen begrenzten Zeitraum in den rd. 80 Forschungsstationen leben.

▪ **Wirtschaft:** Große Rohstoffvorkommen (Erdöl und -gas, Eisen, Titan, Chrom, Kupfer, und Kohle sowie Uran, Platin und Gold). Die Fischerei ist durch den Antarktisvertrag stark eingeschränkt.

ANTARKTISVERTRAG Der 1961 in Kraft getretene Vertrag, der alle Landgebiete südlich des 60. Breitengrads einschließlich des Schelfeises umfasst, ist zeitlich unbegrenzt und regelt die friedliche Nutzung der Antarktis. Er war das erste internationale Abkommen nach dem Zweiten Weltkrieg, das für eine bestimmte Region alle militärischen Maßnahmen untersagt, und auch die erste Vereinbarung über eine kernwaffenfreie Zone in der Welt.

Dem Arktisvertrag sind bisher 45 Staaten beigetreten:

- die 12 Gründungsmitglieder (= Vollmitglieder) Argentinien, Australien, Belgien, Chile, Frankreich, Großbritannien, Japan, Neuseeland, Norwegen, Russland (damals UdSSR), Südafrika und die USA
- 18 Staaten mit Konsultativstatus (Voraussetzung ist die Errichtung einer wissenschaftlichen Station), darunter Deutschland
- 15 Staaten ohne Konsultativstatus (= assoziierte Mitglieder ohne Stimmrecht), darunter Österreich und die Schweiz.

Den Antarktisvertrag begleitende **Maßnahmen und Übereinkommen** betreffen u. a. die Erhaltung der antarktischen Flora und Fauna durch Schutzzonen und Artenschutz (seit 1964 in Kraft), die Erhaltung der antarktischen Robbe (1978) und der lebenden Meeresschätze der Antarktis, z. B. Krill (Kleinkrebse, die Teil des Planktons sind) und Fische (1982), sowie die Nutzung der antarktischen mineralischen Ressourcen (1988 unterzeichnet, noch nicht in Kraft). Ein Protokoll zum Arktisvertrag über Umweltschutz (seit 1998 in Kraft) deklariert die Antarktis für mindestens fünfzig Jahre als »ein dem Frieden und der Wissenschaft gewidmetes Naturreservat«; jeder Abbau der Bodenschätze außer zu wissenschaftlichen Forschungszwecken ist verboten. Das Protokoll enthält Regeln für die Umweltverträglichkeitsprüfung wissenschaftlicher Projekte und Auflagen für die Abfallbeseitigung. Mittlerweile besuchen jährlich rd. 30 000 Touristen den Kontinent.

Definitionen, Quellen und Weltregionen → S. 811 ff.

	Einwohner F 2004	Bevölkerungs-dichte je km² 2004	Städtische Bevölkerung in % 2004	Lebens-erwartung 2004	Bevölkerung unter 15 J. in % 2004	Bevölkerung über 65 J. in % 2004	Flüchtlinge (> 10 000) 2004
Afghanistan	28 574 000	44	24	–	–	–	2 085 522
Ägypten	72 642 000	72	42	70	33,9	4,7	
Albanien	3 112 000	108	44	74	27,6	8,1	10 470
Algerien	32 358 000	14	59	71	30,4	4,5	10 691
Andorra	66 000	141	92	–	–	–	
Angola	15 490 000	12	36	41	46,6	2,5	228 838
Antigua und Barbuda	80 000	181	38	75*	–	–	
Äquatorialguinea	492 000	18	49	43	44,3	3,9	
Argentinien	38 372 000	14	90	75	26,7	10,1	
Armenien	3 026 000	102	64	71	21,7	11,9	13 422
Aserbaidschan	8 306 000	96	50	72	26,8	6,9	250 581
Äthiopien	69 961 000	62	16	42	44,8	2,9	63 147
Australien	20 111 000	3	92	80	20,0	12,6	
Bahamas	319 000	23	90	70	28,6	6,1	
Bahrain	716 000	1 000	90	75	27,5	3,0	
Bangladesch	139 215 000	942	25	63	35,9	3,6	
Barbados	269 000	626	52	75	19,3	10,1	
Belgien	10 421 000	320	97	79	16,9	17,5	
Belize	283 000	12	49	72	37,3	4,3	
Benin	8 177 000	73	45	55	44,5	2,7	
Bhutan	896 000	19	9	64	38,9	4,5	105 255
Bolivien	9 009 000	8	64	65	38,5	4,5	
Bosnien und Herzegowina	3 909 000	76	45	74	16,9	13,5	229 339
Botsuana	1 769 000	3	52	35	37,9	3,2	
Brasilien	183 913 000	22	84	71	28,1	6,0	
Brunei Darussalam	366 000	63	77	77	30,0	3,1	
Bulgarien	7 761 000	70	70	72	14,1	16,8	
Burkina Faso	12 822 000	47	18	48	47,4	2,8	
Burundi	7 282 000	262	10	44	45,5	2,8	485 773
Chile	16 124 000	21	87	78	25,5	7,9	
China, Rep. (Taiwan)	22 689 000	630	–	76	–	–	
China, Volksrepublik	1 303 497 000	137	40	71	22,0	7,5	134 724
Costa Rica	4 253 000	83	61	79	29,0	5,7	
Dänemark	5 404 000	125	85	77	18,8	14,9	
Deutschland	82 516 000	231	88	78	14,6	18,3	
Dominica	71 000	95	72	77*	–	–	
Dominikanische Republik	8 768 000	181	60	68	33,1	4,1	
Dschibuti	779 000	34	84	53	41,8	2,8	
Ecuador	13 040 000	51	62	75	32,8	5,7	
Elfenbeinküste	17 872 000	56	45	46	42,1	3,2	23 655
El Salvador	6 762 000	321	60	71	34,3	5,3	
Eritrea	4 232 000	35	20	54	44,8	2,3	131 131
Estland	1 349 000	30	70	72	15,6	16,3	
Fidschi	841 000	46	52	68	32,0	3,8	
Finnland	5 228 000	15	61	79	17,5	15,7	
Frankreich	60 380 000	111	76	80	18,2	16,6	
Gabun	1 362 000	5	84	54	40,5	4,4	
Gambia	1 478 000	131	26	56	40,3	3,7	
Georgien	4 518 000	65	52	71	19,5	14,1	
Ghana	21 664 000	91	46	57	39,5	3,6	14 767
Grenada	106 000	308	41	73*	–		

	Einwohner F 2004	Bevölkerungsdichte je km² 2004	Städtische Bevölkerung in % 2004	Lebenserwartung 2004	Bevölkerung unter 15 J. in % 2004	Bevölkerung über 65 J. in % 2004	Flüchtlinge (> 10 000) 2004
Griechenland	11 057 000	84	61	79	14,4	18,0	
Großbritannien	59 867 000	247	89	79	18,2	15,9	
Guatemala	12 295 000	113	47	68	43,5	4,3	
Guinea	9 202 000	37	36	54	43,8	3,5	
Guinea-Bissau	1 540 000	43	35	45	47,4	3,1	
Guyana	750 000	3	38	64	29,6	5,1	
Haiti	8 407 000	303	38	52	38,0	4,0	
Honduras	7 048 000	63	46	68	39,7	3,8	
Indien	1 079 721 000	329	29	63	32,5	5,2	13 345
Indonesien	217 588 000	114	47	67	28,6	5,4	27 919
Irak	24 700 000	56	67	–	–	–	311 878
Iran	67 006 000	41	67	71	29,8	4,5	115 149
Irland	4 068 000	58	60	78	20,3	10,9	
Island	292 000	3	93	80	22,3	11,7	
Israel	6 798 000	324	92	79	27,9	10,1	
Italien	57 573 000	191	67	80	14,1	19,7	
Jamaika	2 645 000	241	52	71	31,7	7,6	
Japan	127 764 000	339	66	82	14,1	19,2	
Jemen	20 329 000	38	26	61	46,7	2,3	
Jordanien	5 440 000	61	79	72	37,6	3,1	
Kambodscha	13 798 000	76	19	57	37,7	3,4	18 121
Kamerun	16 038 000	34	52	46	41,6	3,7	
Kanada	31 974 000	3	81	80	17,9	13,0	
Kap Verde	495 000	123	57	70	40,1	4,3	
Kasachstan	14 994 000	6	56	65	23,9	8,3	
Katar	777 000	68	92	74	22,3	1,3	
Kenia	33 467 000	58	40	48	42,9	2,8	
Kirgisistan	5 093 000	25	34	68	32,1	6,1	
Kiribati	98 000	121	49	63*	–	–	
Kolumbien	44 915 000	39	77	73	31,4	5,0	47 357
Komoren	588 000	316	36	63	42,2	2,7	
Kongo, Dem. Republik	55 853 000	24	32	44	47,2	2,7	462 208
Kongo, Republik	3 883 000	11	54	52	47,0	2,9	28 152
Korea, Dem. VR	22 384 000	182	61	64	25,4	6,5	
Korea, Republik	48 082 000	484	81	77	19,1	9,0	
Kroatien	4 442 000	79	59	75	15,8	17,0	215 475
Kuba	11 245 000	101	76	77	19,5	10,5	15 657
Kuwait	2 460 000	138	96	77	24,5	1,7	
Laos	5 792 000	24	21	55	41,2	3,6	16 114
Lesotho	1 798 000	59	18	36	39,0	5,2	
Lettland	2 313 000	36	66	71	15,2	16,6	
Libanon	3 540 000	339	88	72	29,1	7,3	19 866
Liberia	3 241 000	33	47	42	47,0	2,2	335 467
Libyen	5 740 000	3	87	74	30,4	4,0	
Liechtenstein	34 000	213	22	–	–	–	
Litauen	3 436 000	53	67	72	17,4	15,2	
Luxemburg	453 000	175	92	78	19,0	13,8	
Madagaskar	18 113 000	31	27	56	44,2	3,1	
Malawi	12 608 000	106	17	40	47,3	3,0	
Malaysia	24 894 000	76	64	73	32,8	4,5	
Malediven	321 000	1 077	29	67	41,3	3,5	

	Einwohner F 2004	Bevölkerungsdichte je km² 2004	Städtische Bevölkerung in % 2004	Lebenserwartung 2004	Bevölkerung in % 2004 unter 15 J.	über 65 J.	Flüchtlinge (>10 000) 2004
Mali	13 124 000	11	33	48	48,3	2,7	
Malta	401 000	1 269	92	79	18,0	13,3	
Marokko	29 824 000	65	58	70	31,5	4,8	
Marshallinseln	61 000	336	67	65*	–	–	
Mauretanien	2 980 000	3	63	53	43,1	3,4	31 131
Mauritius	1 234 000	605	44	73	24,9	6,5	
Mazedonien	2 030 000	79	60	74	20,1	10,9	
Mexiko	103 795 000	53	76	75	31,6	5,2	
Mikronesien	110 000	157	30	68	39,1	3,5	
Moldau	4 218 000	125	46	68	19,1	10,0	11 937
Monaco	33 000	16 923	100	–	–	–	
Mongolei	2 515 000	2	57	65	31,3	3,8	
Mosambik	19 424 000	24	37	42	44,1	3,3	
Myanmar	50 004 000	74	30	61	30,1	4,9	161 013
Namibia	2 009 000	2	33	47	42,1	3,4	
Nauru	13 000	610	–	–	–	–	
Nepal	26 591 000	181	15	62	39,5	3,6	
Neuseeland	4 061 000	15	86	79	21,7	12,2	
Nicaragua	5 376 000	45	58	70	39,5	3,3	
Niederlande	16 282 000	393	66	79	18,3	14,0	
Niger	13 499 000	11	23	45	49,0	2,0	
Nigeria	128 709 000	140	47	44	44,5	3,0	23 890
Norwegen	4 591 000	14	80	80	19,7	15,0	
Oman	2 534 000	8	78	75	34,9	2,5	
Österreich	8 173 000	97	66	79	15,8	16,4	
Pakistan	152 061 000	191	34	65	38,9	3,8	25 949
Palästinensische Gebiete	3 508 000	583	–	73	45,7	3,1	350 617
Palau	20 000	39	68	–	–	–	
Panama	3 175 000	42	57	75	30,6	5,9	
Papua-Neuguinea	5 772 000	12	13	56	40,7	2,4	
Paraguay	6 017 000	15	58	71	38,0	3,7	
Peru	27 562 000	21	74	70	32,7	5,2	
Philippinen	81 617 000	272	62	71	35,7	3,8	
Polen	38 182 000	122	62	74	16,8	12,8	10 677
Portugal	10 502 000	114	55	77	15,9	16,9	
Ruanda	8 882 000	337	20	44	44,1	2,4	63 812
Rumänien	21 685 000	91	55	71	15,9	14,6	
Russische Föderation	143 850 000	8	73	65	15,7	13,6	107 967
Salomonen	466 000	17	17	63	41,0	2,4	
Sambia	11 479 000	15	36	38	46,0	3,0	
Samoa	184 000	65	22	70	40,9	4,5	
San Marino	28 000	458	89	–	–	–	
São Tomé und Príncipe	153 000	153	38	63	39,8	4,3	
Saudi-Arabien	23 950 000	11	88	72	37,8	2,9	
Schweden	8 992 000	20	83	80	17,7	17,1	
Schweiz	7 390 000	179	68	81	16,8	15,7	
Senegal	11 386 000	58	50	56	43,0	3,1	
Serbien und Montenegro	8 147 000	85	52	73	18,6	14,0	236 999
Seychellen	84 000	185	50	73*	–	–	
Sierra Leone	5 336 000	74	40	41	42,8	3,3	41 801
Simbabwe	12 936 000	33	35	37	40,5	3,6	

Basisdaten Bevölkerung 1

	Einwohner F 2004	Bevölkerungsdichte je km² 2004	Städtische Bevölkerung in % 2004	Lebenserwartung 2004	Bevölkerung unter 15 J. in % 2004	Bevölkerung über 65 J. in % 2004	Flüchtlinge (> 10 000) 2004
Singapur	4 240 000	6 211	100	79	20,2	8,2	
Slowakei	5 382 000	110	58	74	17,2	11,7	
Slowenien	1 997 000	99	51	77	14,2	15,4	
Somalia	7 964 000	12	35	47	44,1	2,6	389 314
Spanien	42 690 000	85	77	80	14,3	16,5	
Sri Lanka	19 419 000	296	21	74	24,5	7,1	114 050
St. Kitts und Nevis	47 000	175	32	71*	–	–	
St. Lucia	164 000	266	31	73	29,4	7,2	
St. Vincent u. Grenadinen	118 000	303	59	71	29,8	6,5	
Südafrika	45 509 000	37	57	45	32,8	4,1	
Sudan	35 523 000	14	40	57	39,5	3,6	730 650
Suriname	446 000	3	77	69	30,4	6,3	
Swasiland	1 120 000	65	24	42	41,6	3,4	
Syrien	18 582 000	100	50	74	37,4	3,1	21 439
Tadschikistan	6 430 000	45	25	64	39,7	3,8	56 780
Tansania	37 627 000	40	36	46	42,9	3,2	
Thailand	63 694 000	124	32	71	24,1	6,9	
Timor-Leste	925 000	63	8	–	41,6	2,9	
Togo	5 988 000	105	36	55	43,7	3,1	10 819
Tonga	102 000	136	34	72	36,3	5,9	
Trinidad und Tobago	1 301 000	254	76	70	22,0	7,2	
Tschad	9 448 000	7	25	44	47,2	3,1	52 663
Tschechische Republik	10 216 000	129	74	76	15,0	14,1	
Tunesien	9 932 000	61	64	73	26,7	6,2	
Türkei	71 727 000	92	67	70	29,5	5,4	174 574
Turkmenistan	4 766 000	10	46	63	32,7	4,7	
Tuvalu	12 000	462	–	–	–	–	
Uganda	27 821 000	115	12	49	50,4	2,5	31 963
Ukraine	47 451 000	79	67	68	15,4	15,8	89 579
Ungarn	10 107 000	109	66	73	16,0	15,1	
Uruguay	3 439 000	20	93	75	24,4	13,2	
Usbekistan	26 209 000	59	37	67	34,0	4,7	
Vanuatu	207 000	17	23	69	40,4	3,3	
Vatikanstadt		–	–	–	–	–	
Venezuela	26 127 000	29	88	74	31,7	4,9	
Ver. Arabische Emirate	4 320 000	56	85	79	22,4	1,1	
Ver. Staaten von Amerika	293 655 000	30	80	77	20,9	12,3	
Vietnam	82 162 000	248	26	70	30,3	5,5	349 780
Weißrussland	9 824 000	47	71	68	15,8	14,6	
Zentralafrikanische Rep.	3 986 000	6	43	39	43,1	4,0	31 069
Zypern	749 000	89	69	79	20,4	11,9	
WELTREGIONEN							
Afrika südl. d. Sahara	725 820 000	–	36	46	43,7	3,1	3 211 919
Naher Osten u. Nordafrika	300 272 000	–	56	69	34,0	4,2	835 510
Südasien	1 446 799 000	–	28	63	33,8	4,8	2 349 852
Ostasien u. Pazifik	1 869 523 000	–	41	70	24,5	6,8	708 326
Lateinamerika u. Karibik	545 924 000	–	77	72	30,4	5,9	88 880
Europa und Zentralasien	472 484 000	–	64	69	20,2	11,6	1 454 941
Am wenigsten entw. Länder	734 577 000	–	27	52	42,0	3,2	5 502 093
Welt	6 364 981 000	–	49	67	28,5	7,3	8 650 011

– keine Angaben * Zahlen beziehen sich auf anderes Jahr oder anderen Zeitraum als im Kopf angegeben

Definitionen, Quellen und Weltregionen → S. 811 ff.

	Bevölkerungswachstum in % 1994–2004	Geburtenrate 2004	Sterberate 2004	Fruchtbarkeitsrate 2004	Kindersterblichkeit pro 1000 Geb. 2004	Säuglingssterblichkeit pro 1000 Geb. 2004
Afghanistan	3,9	–	–	–	–	–
Ägypten	1,9	26	6	3,2	36	26
Albanien	−0,2	17	6	2,2	19	17
Algerien	1,6	21	5	2,5	40	35
Andorra	0,7	–	–	–	7	6
Angola	2,6	48	22	6,6	260	154
Antigua und Barbuda	1,7	18*	5*	1,7*	12	11
Äquatorialguinea	2,4	43	20	5,9	204	122
Argentinien	1,1	18	8	2,3	18	16
Armenien	−0,8	12	9	1,3	32	29
Aserbaidschan	0,8	16	6	2,0	90	75
Äthiopien	2,6	40	19	5,4	166	110
Australien	1,2	13	7	1,8	6	5
Bahamas	1,5	18	7	2,3	13	10
Bahrain	2,4	18	3	2,4	11	9
Bangladesch	2,0	27	8	3,0	77	56
Barbados	0,3	13	8	1,7	12	10
Belgien	0,3	11	10	1,6	5	4
Belize	2,4	26	5	3,0	39	32
Benin	3,2	41	12	5,7	152	90
Bhutan	2,2	30	8	4,2	80	67
Bolivien	2,1	29	8	3,7	69	54
Bosnien und Herzegowina	1,0	9	9	1,3	15	13
Botsuana	1,1	26	26	3,1	116	84
Brasilien	1,5	20	7	2,3	34	32
Brunei Darussalam	2,4	22	3	2,4	9	8
Bulgarien	−0,7	9	14	1,3	15	12
Burkina Faso	3,0	47	17	6,5	192	97
Burundi	1,8	45	18	6,8	190	114
Chile	1,3	16	5	2,0	8	8
China, Rep. (Taiwan)	–	10	6	–	–	–
China, Volksrepublik	0,8	12	6	1,8	31	26
Costa Rica	2,3	17	4	2,0	13	11
Dänemark	0,4	12	10	1,8	5	4
Deutschland	0,2	9	10	1,4	5	4
Dominica	0,5	18*	6*	1,9*	14	13
Dominikanische Republik	1,5	24	6	2,8	32	27
Dschibuti	2,7	35	12	4,9	126	101
Ecuador	1,5	23	5	2,7	26	23
Elfenbeinküste	2,2	37	17	4,8	194	117
El Salvador	2,0	24	6	2,8	28	24
Eritrea	3,3	39	11	5,3	82	52
Estland	−1,0	10	13	1,4	8	6
Fidschi	1,0	23	6	2,8	20	16
Finnland	0,3	11	9	1,8	4	3
Frankreich	0,4	13	8	1,9	5	4
Gabun	2,3	30	13	3,8	91	60
Gambia	3,2	35	12	4,5	122	89
Georgien	−1,3	11	11	1,4	45	41
Ghana	2,3	31	11	4,2	112	68
Grenada	0,3	25*	7*	3,0*	21	18

	Bevölkerungswachstum in % 1994–2004	Geburtenrate 2004	Sterberate 2004	Fruchtbarkeitsrate 2004	Kindersterblichkeit pro 1000 Geb. 2004	Säuglingssterblichkeit pro 1000 Geb. 2004
Griechenland	0,5	9	9	1,3	5	4
Großbritannien	0,3	12	10	1,7	6	5
Guatemala	2,3	35	6	4,4	45	33
Guinea	2,4	41	13	5,8	155	101
Guinea-Bissau	2,9	50	20	7,1	203	126
Guyana	0,3	21	9	2,2	64	48
Haiti	1,4	30	13	3,8	117	74
Honduras	2,6	29	6	3,6	41	31
Indien	1,7	24	8	2,9	85	62
Indonesien	1,3	20	7	2,3	38	30
Irak	3,0	–	–	–	–	–
Iran	1,2	19	5	2,1	38	32
Irland	1,3	16	7	2,0	6	5
Island	1,0	15	6	2,0	3	2
Israel	2,4	21	6	2,9	6	5
Italien	0,1	10	9	1,3	5	4
Jamaika	0,7	18	6	2,4	20	17
Japan	0,2	9	9	1,3	4	3
Jemen	3,4	40	8	5,9	111	82
Jordanien	3,1	27	4	3,4	27	23
Kambodscha	2,2	30	11	4,0	141	97
Kamerun	2,1	35	17	4,8	149	87
Kanada	1,0	10	7	1,5	6	5
Kap Verde	2,4	30	5	3,6	36	27
Kasachstan	–0,8	15	10	1,8	73	63
Katar	4,2	18	3	2,9	21	18
Kenia	2,4	39	15	5,0	120	79
Kirgisistan	1,4	22	7	2,5	68	58
Kiribati	2,2	28*	7*	3,6*	65	49
Kolumbien	1,7	21	5	2,4	21	18
Komoren	2,8	35	7	4,1	70	52
Kongo, Dem. Republik	2,5	50	20	6,7	205	129
Kongo, Republik	3,2	44	13	6,3	108	81
Korea, Dem. VR	0,8	16	11	2,0	55	42
Korea, Republik	0,7	9	5	1,2	6	5
Kroatien	–0,3	9	11	1,4	7	6
Kuba	0,4	11	7	1,5	7	6
Kuwait	4,1	19	2	2,5	12	10
Laos	2,4	35	12	4,6	83	65
Lesotho	0,7	28	25	3,5	112	80
Lettland	–0,9	9	14	1,2	12	10
Libanon	1,4	19	7	2,3	31	27
Liberia	4,6	50	21	6,8	235	157
Libyen	2,0	23	4	2,9	20	18
Liechtenstein	–	–	–	–	5	4
Litauen	–0,6	9	12	1,3	8	8
Luxemburg	1,4	12	8	1,7	6	5
Madagaskar	3,0	39	12	5,1	123	76
Malawi	2,4	43	21	5,9	175	110
Malaysia	2,3	22	5	2,8	12	10
Malediven	2,8	31	6	4,1	46	35

	Bevölkerungs-wachstum in % 1994–2004	Geburtenrate 2004	Sterberate 2004	Fruchtbar-keitsrate 2004	Kinder-sterblichkeit pro 1000 Geb. 2004	Säuglings-sterblichkeit pro 1000 Geb. 2004
Mali	2,9	49	17	6,8	219	121
Malta	0,7	10	8	1,4	6	5
Marokko	1,6	23	6	2,5	43	38
Marshallinseln	1,7	–	–	–	59	52
Mauretanien	2,9	41	14	5,7	125	78
Mauritius	1,1	16	7	2,0	15	14
Mazedonien	0,4	12	9	1,7	14	13
Mexiko	1,5	19	5	2,2	28	23
Mikronesien	0,4	31	6	3,9	23	19
Moldau	-0,3	10	12	1,4	28	23
Monaco	1,1	–	–	–	5	4
Mongolei	1,0	22	6	2,4	52	41
Mosambik	2,4	39	20	5,4	152	104
Myanmar	1,3	20	10	2,3	106	76
Namibia	2,3	23	6	3,8	63	47
Nauru	2,5	–	–	–	–	–
Nepal	2,3	29	8	3,5	76	59
Neuseeland	1,0	14	7	2,0	7	5
Nicaragua	2,1	28	5	3,2	38	31
Niederlande	0,5	12	8	1,7	6	5
Niger	3,5	54	21	7,7	259	152
Nigeria	2,4	41	19	5,6	197	101
Norwegen	0,6	12	9	1,8	4	4
Oman	1,8	25	3	3,6	13	10
Österreich	0,2	10	9	1,4	5	5
Pakistan	2,3	27	7	4,3	101	80
Palästinensische Gebiete	–	35	4	4,9	–	–
Palau	1,6	–	–	–	27	22
Panama	2,0	22	5	2,6	24	19
Papua-Neuguinea	2,4	30	10	3,9	93	68
Paraguay	2,5	29	5	3,7	24	21
Peru	1,6	23	6	2,8	29	24
Philippinen	2,0	25	5	3,1	34	26
Polen	0,0	9	10	1,2	8	7
Portugal	0,4	10	10	1,4	5	4
Ruanda	4,9	41	18	5,5	203	118
Rumänien	-0,5	10	12	1,3	20	17
Russische Föderation	-0,3	11	16	1,3	21	17
Salomonen	2,8	32	7	4,1	56	34
Sambia	2,1	41	22	5,5	182	102
Samoa	1,0	27	6	4,0	30	25
San Marino	0,9	–	–	–	4	3
São Tomé und Príncipe	2,0	33	8	3,9	118	75
Saudi-Arabien	2,8	27	4	4,0	27	21
Schweden	0,2	11	10	1,8	4	3
Schweiz	0,4	10	8	1,4	5	5
Senegal	2,5	36	11	4,8	137	78
Serbien und Montenegro	0,0	11	14	1,7	15	13
Seychellen	0,7	18*	8*	2,1*	14	12
Sierra Leone	2,6	46	23	6,5	283	165
Simbabwe	1,1	30	23	3,4	129	79

	Bevölkerungs-wachstum in % 1994–2004	Geburtenrate 2004	Sterberate 2004	Fruchtbar-keitsrate 2004	Kinder-sterblichkeit pro 1000 Geb. 2004	Säuglings-sterblichkeit pro 1000 Geb. 2004
Singapur	2,4	10	4	1,2	3	3
Slowakei	0,1	10	10	1,3	9	6
Slowenien	0,0	9	9	1,2	4	4
Somalia	2,3	45	17	6,3	225	133
Spanien	0,7	11	9	1,3	5	3
Sri Lanka	1,0	19	6	1,9	14	12
St. Kitts und Nevis	0,5	17*	11*	2,1*	–	–
St. Lucia	0,9	18	6	2,1	14	13
St. Vincent u. Grenadinen	0,5	20	7	2,1	22	18
Südafrika	1,4	24	22	2,7	67	54
Sudan	2,2	32	11	4,2	91	63
Suriname	0,8	21	7	2,5	39	30
Swasiland	1,0	34	20	4,0	156	108
Syrien	2,6	28	3	3,3	16	15
Tadschikistan	1,2	29	7	3,6	93	75
Tansania	2,3	37	17	4,8	126	78
Thailand	1,0	16	7	1,9	21	18
Timor-Leste	0,5	52*	18*	7,8*	80	64
Togo	3,2	38	12	5,1	140	78
Tonga	0,6	24	6	3,4	25	20
Trinidad und Tobago	0,4	14	8	1,6	20	18
Tschad	3,3	48	20	6,4	200	117
Tschechische Republik	–0,1	10	11	1,2	4	4
Tunesien	1,2	17	6	2,0	25	21
Türkei	1,6	19	6	2,2	32	28
Turkmenistan	1,5	22	8	2,7	103	80
Tuvalu	0,6	–	–	–	–	–
Uganda	3,2	50	15	7,1	138	80
Ukraine	–1,0	9	16	1,2	18	14
Ungarn	–0,2	9	13	1,3	8	7
Uruguay	0,7	15	9	2,1	17	15
Usbekistan	1,5	21	7	2,4	69	57
Vanuatu	2,1	30	5	4,0	40	32
Vatikanstadt	–	–	–	–	–	–
Venezuela	2,0	22	5	2,7	19	16
Ver. Arabische Emirate	6,4	16	1	2,2	8	7
Ver. Staaten von Amerika	1,0	14	8	2,0	8	7
Vietnam	1,5	18	6	1,8	23	17
Weißrussland	–0,5	9	15	1,2	11	9
Zentralafrikanische Rep.	1,8	37	22	4,8	193	115
Zypern	1,4	11	7	1,5	5	5
WELTREGIONEN						
Afrika südl. d. Sahara	–	40	18	5,3	168	100
Naher Osten u. Nordafrika	–	25	6	3,0	55	44
Südasien	–	25	8	3,1	92	66
Ostasien u. Pazifik	–	15	7	2,0	37	29
Lateinamerika u. Karibik	–	21	6	2,5	31	27
Europa und Zentralasien	–	13	12	1,6	34	28
Am wenigsten entw. Länder	–	37	14	4,8	155	98
Welt	–	20	9	2,6	79	54

– keine Angaben * Zahlen beziehen sich auf anderes Jahr oder anderen Zeitraum als im Kopf angegeben

Definitionen, Quellen und Weltregionen → S. 811 ff.

	Alphabetisierungsrate 2004		Einschulungsrate in % Grundschulen 2004		Einschulungsrate in % weiterführende Schulen 2004		Schul-/Universitätsbesuch in J. 2004	Bildungsausgaben in % des BIP 2004	Ärzte pro 1000 Einw. 2004	Gesundheitsausgaben in % d. BIP 2003
	m	w	m	w	m	w				
Afghanistan	43	13	–	–	–	–	7	–	0,19*	6,5
Ägypten	–	–	96*	93*	81*	77*	12	–	0,54*	5,8
Albanien	99	98	96*	95*	75*	73*	11*	2,8*	1,31*	6,5
Algerien	80	60	98	96	65	68	13	–	1,13*	4,1
Andorra	–	–	90	87	71	72	11	–	3,70*	7,1
Angola	83	54	–	–	–	–	4*	3,0*	0,08*	2,8
Antigua und Barbuda	–	–	–	–	–	–	–	–	0,17*	4,6
Äquatorialguinea	93	80	61	58	–	–	9*	0,6*	0,30	1,5
Argentinien	97	97	–	–	78*	83*	15*	4,0*	3,01*	8,9
Armenien	100	99	95	99	88	90	11	3,2*	3,59*	6,0
Aserbaidschan	99	98	85	83	77*	76*	11	3,3	3,55*	3,6
Äthiopien	–	–	49	44	31	19	6	6,1	0,03*	5,9
Australien	–	–	95*	95*	85*	86*	20	4,9*	2,47*	9,5
Bahamas	–	–	83	85	70	78	11	3,7*	1,05*	6,4
Bahrain	89	84	96	97	87	93	14	–	1,09	4,1
Bangladesch	–	–	–	–	45*	51*	9*	2,2	0,26	3,4
Barbados	–	–	100	99	93	98	14*	7,3	1,21*	6,9
Belgien	–	–	100	100	96*	97*	16	6,3*	4,49*	9,4
Belize	–	–	99	100	70	73	13	5,1	1,05*	4,5
Benin	48	23	93	72	23*	11*	7*	3,3*	0,04	4,4
Bhutan	–	–	–	–	–	–	–	5,2*	0,05	3,1
Bolivien	93	81	95	96	74	73	14	6,4	1,22*	6,7
Bosnien und Herzegowina	99	94	–	–	–	–	–	–	1,34*	9,5
Botsuana	80	82	80*	84*	56*	63*	12	2,2*	0,40	5,6
Brasilien	88	89	98*	91*	71*	78*	14*	4,2*	1,15*	7,6
Brunei Darussalam	95	90	–	–	–	–	14	–	1,01*	3,5
Bulgarien	99	98	95*	94*	89*	87*	13	3,6*	3,56*	7,5
Burkina Faso	29	15	46	35	11	8	4	–	0,06	5,6
Burundi	67	52	60	54	9	7	6	5,2	0,03	3,1
Chile	96	96	86*	85*	77*	78*	14	4,1*	1,09*	6,1
China, Rep. (Taiwan)	–	–	–	–	–	–	–	–	–	–
China, Volksrepublik	95	87	–	–	–	–	11	–	1,06*	5,6
Costa Rica	95	95	91	92	48	52	12	4,9	1,32*	7,3
Dänemark	–	–	100	100	93*	96*	17	8,5*	2,93*	9,0
Deutschland	–	–	–	–	–	–	16*	4,8*	3,37*	11,1
Dominica	–	–	87	88	89	92	13	–	0,50*	6,3
Dominikanische Republik	87	87	85	87	45	54	13	1,1	1,88*	7,0
Dschibuti	–	–	36	29	22	15	4	6,1	0,18	5,7
Ecuador	92	90	99	100	52	53	–	1,0*	1,48	5,1
Elfenbeinküste	61	39	62*	50*	26*	15*	6*	4,6*	0,12	3,6
El Salvador	–	–	91	91	47*	49*	12	2,8	1,24*	8,1
Eritrea	–	–	52	44	23	16	6	3,8	0,05	4,4
Estland	–	–	95*	94*	86*	90*	16	5,7*	4,48*	5,3
Fidschi	94	91	97	96	75*	81*	13	6,4	0,34*	3,7
Finnland	–	–	100	100	94*	94*	17	6,4*	3,16*	7,4
Frankreich	–	–	100	100	94*	96*	16	5,6*	3,37	10,1
Gabun	–	–	77*	77*	–	–	12*	3,9*	0,29	4,4
Gambia	–	–	76*	70*	39*	27*	8	1,9	0,11*	8,1
Georgien	–	–	93	92	70	69	12	2,9	4,09*	4,0
Ghana	66	50	62*	62*	39	33	8	–	0,15	4,5
Grenada	–	–	–	–	–	–	12	5,2*	0,50*	6,7

	Alphabetisierungsrate 2004		Einschulungsrate in % Grundschulen 2004		weiterführende Schulen 2004		Schul-/Universitätsbesuch in J. 2004	Bildungsausgaben in % des BIP 2004	Ärzte pro 1000 Einw. 2004	Gesundheitsausgaben in % d. BIP 2003
	m	w	m	w	m	w				
Griechenland	–	–	98*	98*	83*	87*	16	4,0*	4,38*	9,9
Großbritannien	–	–	100	100	94*	97*	17	5,3*	2,30*	8,0
Guatemala	75	63	95	91	35	32	9*	–	0,90*	5,4
Guinea	43	18	69	58	28	14	7	1,8*	0,11	5,4
Guinea-Bissau	–	–	53*	37*	11*	6*	5*	–	0,12	5,6
Guyana	–	–	100	99	–	–	12*	5,5	0,48*	4,8
Haiti	–	–	–	–	–		–	–	0,25*	7,5
Honduras	80	80	90	92	–	–	11	–	0,57*	7,1
Indien	73	48	90*	84*	–	–	10	4,1*	0,60*	4,8
Indonesien	94	87	97*	95*	55*	55*	12	1,1*	0,13*	3,1
Irak	84	64	94	81	44	31	10	–	0,66	2,7
Iran	84	70	89	88	80	76	12	4,8	0,45	6,5
Irland	–	–	96*	96*	82*	88*	18	4,3*	2,79	7,3
Island	–	–	100	98*	85*	88*	18	7,6*	3,67	10,5
Israel	98	96	99*	99*	89*	88*	15	7,5*	3,82*	8,9
Italien	99	98	100	99*	91*	92*	16	4,7*	4,20	8,4
Jamaika	74	86	88*	89*	74*	77*	11*	5,3*	0,85*	5,3
Japan	–	–	100	100	99*	100	15	3,6*	1,98*	7,9
Jemen	–	–	87	63	46*	21*	9	9,6*	0,33	5,5
Jordanien	95	85	92*	93*	81*	83*	13	–	2,03	9,4
Kambodscha	85	64	100	96	30*	19*	10	2,0	0,16*	10,9
Kamerun	77	60	–	–	–	–	11	3,8	0,19	4,2
Kanada	–	–	99*	100	–	–	16*	5,2*	2,14*	9,9
Kap Verde	–	–	92	91	52	58	11	7,3	0,49	4,6
Kasachstan	100	99	99	98	93	92	15	2,4	3,54*	3,5
Katar	89	89	90	90	88	86	13	–	2,22*	2,7
Kenia	78	70	76	77	–	–	10	7	0,14	4,3
Kirgisistan	99	98	90	90	–	–	12	4,6	2,51*	5,3
Kiribati	–	–	92*	92*	–	–	13	16,0*	0,30*	13,1
Kolumbien	93	93	83	84	52	58	12	4,9	1,35*	7,6
Komoren	–	–	60*	50*	–	–	8	3,9*	0,15	2,7
Kongo, Dem. Republik	81	54	–	–	–	–	4*	–	0,11	4,0
Kongo, Republik	–	–	–	–	–	–	8*	3,2*	0,20	2,0
Korea, Dem. VR	–	–	–	–	–	–	–	–	3,29*	5,8
Korea, Republik	–	–	100	99	88	88	16	4,2*	1,57*	5,6
Kroatien	99	97	88*	87*	84*	86*	13*	4,5*	2,44*	7,8
Kuba	100	100	97	95	86	87	14	9,0*	5,91*	7,3
Kuwait	94	91	85	87	76*	80*	12	8,2	1,53*	3,5
Laos	77	61	87	82	40	34	9	2,3	0,59*	3,2
Lesotho	74	90	83	88	18	28	11*	9,0*	0,05*	5,2
Lettland	100	100	87*	86*	87*	88*	15	5,8*	3,01*	6,4
Libanon	–	–	94	93	–	–	14	2,6	3,25*	10,2
Liberia	–	–	74*	58*	22*	12*	10*	–	0,03	4,7
Libyen	–	–	–	–	–	–	16*	–	1,29*	4,1
Liechtenstein	–	–	–	–	–	–	12	–	–	–
Litauen	100	100	92*	92*	94*	94*	16	5,9*	3,97*	6,6
Luxemburg	–	–	90*	91*	77*	83*	14	–	2,66*	6,8
Madagaskar	77	65	89	89	–	–	6*	3,3	0,29	2,7
Malawi	75	54	93	98	27	23	10	6,0*	0,02	9,3
Malaysia	92	85	93*	93*	66*	74*	13*	8,1*	0,70*	3,8
Malediven	96	96	89*	90*	48*	55*	11	8,1	0,92	6,2

	Alphabetisierungsrate 2004		Einschulungsrate in % Grundschulen 2004		weiterführende Schulen 2004		Schul-/Universitätsbesuch in J. 2004	Bildungsausgaben in % des BIP 2004	Ärzte pro 1000 Einw. 2004	Gesundheitsausgaben in % d. BIP 2003
	m	w	m	w	m	w				
Mali	27	12	50	43	–	–	5	–	0,08	4,8
Malta	86	89	95*	94*	85*	87*	15	4,6*	3,18*	9,3
Marokko	66	40	89*	84*	38*	32*	10	6,3	0,51	5,1
Marshallinseln	–	–	85*	84*	64*	66*	13*	14,8	0,47*	13,1
Mauretanien	60	43	75	74	16	13	7	3,4	0,11	4,2
Mauritius	88	81	94	96	72	78	13	4,7	1,06	3,7
Mazedonien	–	–	92*	92*	82*	80*	12	3,5*	2,19*	7,1
Mexiko	92	90	100	100	62*	63*	13	5,3*	1,98*	6,2
Mikronesien	–	–	–	–	–	–	–	7,3*	0,60*	6,4
Moldau	99	98	78	77	67	70	12	4,9*	2,64*	7,2
Monaco	–	–	–	–	–	–	–	–	5,81*	9,7
Mongolei	98	98	84	84	77	88	12	7,5	2,63*	6,7
Mosambik	–	–	75	67	5	4	8	–	0,03	4,7
Myanmar	94	86	85*	86*	35*	33*	7*	1,3*	0,36	2,8
Namibia	87	83	71*	76*	32*	43*	11*	7,2*	0,30	6,4
Nauru	–	–	–	–	–	–	8*	–	1,45*	12,3
Nepal	63	35	72*	59*	–	–	9*	3,4*	0,21	5,3
Neuseeland	–	–	100	100	91*	94*	18	6,7*	2,37*	8,1
Nicaragua	77	77	89	87	38	43	11*	3,1*	0,37*	7,7
Niederlande	–	–	100	99*	88*	89*	17	5,1*	3,15*	9,8
Niger	43	15	46	32	8	5	3	2,3	0,03	4,7
Nigeria	–	–	95	81	31*	25*	9	–	0,28*	5,0
Norwegen	–	–	100	99*	95*	96*	18	7,6*	3,13*	10,3
Oman	87	74	77	79	74	75	11	4,6*	1,32	3,2
Österreich	–	–	–	–	90*	89*	15	5,7*	3,38*	7,5
Pakistan	63	36	76	56	–	–	6	2,0	0,74	2,4
Palästinensische Gebiete	97	88	86	86	87	92	13	–	–	–
Palau	–	–	98*	94*	–	–	15*	10,1*	1,11*	9,7
Panama	93	91	100	100	61	67	13	3,9	1,50*	7,6
Papua-Neuguinea	63	51	–	–	–	–	6*	–	0,05*	3,4
Paraguay	–	–	89*	89*	50*	53*	11*	4,4*	1,11*	7,3
Peru	93	82	100	100	70*	68*	14	3,0*	1,17*	4,4
Philippinen	93	93	93*	95*	54*	65*	12	3,2*	0,58*	3,2
Polen	–	–	98*	98*	90*	93*	15	5,6*	2,47*	6,5
Portugal	–	–	–	–	78*	87*	15	5,8*	3,42*	9,6
Ruanda	71	60	72	75	–	–	8	2,8*	0,05	3,7
Rumänien	–	–	90*	90*	80*	82*	13	3,5*	1,90*	6,1
Russische Föderation	100	99	–	–	–	–	13	3,8*	4,25*	5,6
Salomonen	–	–	80	79	29*	24*	8*	–	0,13*	4,8
Sambia	76	60	80	80	27	21	7*	2,8	0,12	5,4
Samoa	–	–	94*	94*	62*	70*	12*	4,3*	0,70*	5,4
San Marino	–	–	–	–	–	–	–	–	–	7,5
São Tomé und Príncipe	–	–	–	–	31*	26*	10	–	0,49	8,6
Saudi-Arabien	87	69	54	53	54	51	10	–	1,37	4,0
Schweden	–	–	100	99*	98*	99*	16	7,7*	3,28*	9,4
Schweiz	86	86	94*	94*	86*	79*	15	5,8*	3,61*	11,5
Senegal	51	29	68	64	18	13	6	4,0	0,06	5,1
Serbien und Montenegro	99	94	96*	96*	–	–	13*	3,3*	2,06*	9,6
Seychellen	91	92	100	99*	100	97*	13	5,4	1,51	5,9
Sierra Leone	47	24	–	–	–	–	7*	3,7*	0,03	3,5
Simbabwe	–	–	81*	82*	35*	33*	9*	4,7*	0,16	7,9

Basisdaten Bildung und Gesundheit

	Alphabetisierungsrate 2004		Einschulungsrate in % Grundschulen 2004		weiterführende Schulen 2004		Schul-/Universitätsbesuch in J. 2004	Bildungsausgaben in % des BIP 2004	Ärzte pro 1000 Einw. 2004	Gesundheitsausgaben in % d. BIP 2003
	m	w	m	w	m	w				
Singapur	97	89	–	–	–	–	–	3,7*	1,40*	4,5
Slowakei	100	100	85*	85*	88*	88*	14	4,3*	3,18*	5,9
Slowenien	–	–	97*	96*	95*	96*	17	6,0*	2,25*	8,8
Somalia	–	–	–	–	–	–	–	–	0,04*	2,6*
Spanien	–	–	100	99*	93*	97*	16	4,5*	3,30*	7,7
Sri Lanka	92	89	99*	98*	–	–	–	–	0,55	3,5
St. Kitts und Nevis	–	–	–	–	–	–	13	4,4	1,97*	5,3
St. Lucia	–	–	99	96	63	62	13	5,0	5,17*	5,0
St. Vincent u. Grenadinen	–	–	95	92	62	63	12	11,1	0,87*	6,1
Südafrika	84	81	88*	89*	58*	65*	13*	5,4	0,77	8,4
Sudan	71	52	47*	39*	–	–	5*	–	0,22	4,3
Suriname	92	87	90*	96*	53*	74*	12*	–	0,45*	7,9
Swasiland	81	78	76*	77*	26*	32*	9*	6,2	0,16	5,8
Syrien	86	74	100	96	60	56	–	–	1,40*	5,1
Tadschikistan	100	99	100	96	86	73	11	2,8	2,03*	4,4
Tansania	78	62	87	85	–	–	5*	–	0,02*	4,3
Thailand	95	91	88	86	–	–	13	4,2	0,37*	3,3
Timor-Leste	–	–	–	–	–	–	11*	–	0,10	9,6
Togo	69	38	85	72	30*	14*	9*	2,6*	0,04	5,6
Tonga	99	99	100	96	68*	75*	13	4,8	0,34*	6,5
Trinidad und Tobago	–	–	92	92	70	74	12	4,3*	0,79*	3,9
Tschad	41	13	68*	46*	16*	5*	5*	–	0,04	6,5
Tschechische Republik	–	–	87*	87*	89*	92*	15	4,4*	3,51*	7,5
Tunesien	83	65	97*	97*	61*	67*	14	6,4*	1,34	5,4
Türkei	98	98	92*	87*	–	–	11	3,6*	1,35*	7,6
Turkmenistan	99	98	–	–	–	–	–	–	4,18*	3,9
Tuvalu	–	–	–	–	–	–	–	–	0,55*	6,1
Uganda	77	58	97	99	16	14	10	5,2	0,08	7,3
Ukraine	100	99	86	86	83	84	14	4,6	2,95*	5,7
Ungarn	–	–	90*	88*	92*	92*	15	5,5*	3,33*	8,4
Uruguay	–	–	90*	91*	70*	77*	15*	2,6*	3,65*	9,8
Usbekistan	–	–	–	–	–	–	11	–	2,74*	5,5
Vanuatu	–	–	95	93	42	36	11	9,6*	0,11*	3,9
Vatikanstadt	–	–	–	–	–	–	–	–	–	–
Venezuela	93	93	92	92	57	65	12*	–	1,94*	4,5
Ver. Arabische Emirate	–	–	72	70	61	64	10*	1,6*	2,02	3,3
Ver. Staaten von Amerika	–	–	93*	94*	88*	89*	16	5,7*	2,56*	15,2
Vietnam	94	87	97*	91*	–	–	11	4,4*	0,53*	5,4
Weißrussland	100	99	97	94	87	88	14	5,8	4,55*	5,5
Zentralafrikanische Rep.	65	33	–	–	–	–	–	–	0,08	4,0
Zypern	99	95	96*	96*	91*	94*	14	6,1*	2,34*	6,4
WELTREGIONEN										
Afrika südl. d. Sahara	–	–	68*	60*	–	–	–	–	–	–
Naher Osten u. Nordafrika	–	–	92*	87*	–	–	–	–	–	–
Südasien	72	46	90*	85*	–	–	–	–	–	–
Ostasien u. Pazifik	95	87	–	–	–	–	–	–	–	–
Lateinamerika u. Karibik	91	90	95*	63*	63*	67*	–	–	–	–
Europa und Zentralasien	99	99	–	–	–	–	–	–	–	–
Am wenigsten entw. Länder	–	–	–	–	–	–	–	–	–	–
Welt	–	–	–	–	–	–	–	–	–	–

– keine Angaben   * Zahlen beziehen sich auf anderes Jahr oder anderen Zeitraum als im Kopf angegeben

Definitionen, Quellen und Weltregionen → S. 811 ff.

	BNE pro Kopf in US-$ 2004	BNE pro Kopf in PPP-$ 2004	Auslands-verschuld. in Mio. US-$ 2004	Schulden-dienstquo-te in % des BNE 2004	Ausländ. Direktinv. in % des BIP 2004	Anzahl der Soldaten 2003	Militär Soldaten in % der Be-völkerung	Militäraus-gaben in % des BIP 2003
Afghanistan	–					40 000	0,14	–
Ägypten	1 250	4 200	30 292	2,9	1,6	423 000	0,63	2,6
Albanien	2 120	5 072	1 549	1	5,6	12 000	0,38	1,2
Algerien	2 270	6 322	21 987	7,1	1,0	128 000	0,40	3,3
Andorra	–	–	–	–	–		keine Armee	
Angola	930	1 930	9 521	11,9	7,4	130 000	0,96	4,7
Antigua und Barbuda	9 480	11 098	–	–	–	170	0,22	–
Äquatorialguinea	–	7 579	291	1,0*	51,4	1 000	0,20	–
Argentinien	3 580	12 526	169 247	8,6	2,7	71 000	0,19	1,2
Armenien	1 060	4 156	1 224	3,4	7,1	33 000	1,08	2,7
Aserbaidschan	940	3 811	1 986	3	41,7	56 000	0,68	1,9
Äthiopien	110	750	6 574	1,2	6,8	163 000	0,24	4,3
Australien	27 070	29 339	–	–	6,7	54 000	0,27	1,9
Bahamas	15 100*	16 352*	–		3,6*	1 000	0,32	–
Bahrain	14 370	19 673	–	–	–	11 000	1,54	5,1
Bangladesch	440	1 969	20 344	1,1	0,8	126 000	0,09	1,2
Barbados	–	–	702	3,3	1,8	1 000	0,37	1,3*
Belgien	31 280	31 535	–	–	11,4	42 000	0,40	1,3
Belize	3 940	6 554	959	31,3	11,7	1 000	0,36	–
Benin	450	1 085	1 916	1,6	1,5	5 000	0,07	–
Bhutan	760	–	593	1,8	0,1	5 000	0,57	4,1*
Bolivien	960	2 600	6 096	6,1	1,3	32 000	0,36	1,7
Bosnien und Herzegowina	2 040	7 226	3 202	2	7,2	20 000	0,48	2,9
Botsuana	4 360	9 581	524	0,6	0,5	9 000	0,52	4,1
Brasilien	3 000	7 935	222 026	9,2	3,0	288 000	0,16	1,6
Brunei Darussalam	–	–	–	–	–	7 000	1,97	6,6*
Bulgarien	2 750	7 936	15 661	10,4	8,3	43 000	0,55	2,6
Burkina Faso	350	1 168	1 967	1,2	0,7	11 000	0,09	1,3
Burundi	90	662	1 385	13,7	0,5	45 000	0,62	5,9
Chile	5 220	10 608	44 058	10,4	8,1	77 000	0,49	3,5
China, Rep. (Taiwan)	–	–	–	–	–	290 000	1,28	2,5
China, Volksrepublik	1 500	5 885	248 934	1,2	2,8	2 241 000	0,17	2,3
Costa Rica	4 470	9 216	5 700	3,8	3,4		keine Armee	
Dänemark	40 750	31 768	–	–	–3,6	22 000	0,41	1,5
Deutschland	30 690	28 168	–	–	–1,3	285 000	0,35	1,4
Dominica	3 670	5 291	226	7,3	6,8		keine Armee	
Dominikanische Republik	2 100	6 863	6 965	4,4	3,5	25 000	0,29	0,7
Dschibuti	950	2 152	429	2,5	5,0	10 000	1,42	4,3*
Ecuador	2 210	3 768	16 868	13	3,8	60 000	0,46	2,4
Elfenbeinküste	760	1 474	11 739	3,7	1,1	17 000	0,10	1,5
El Salvador	2 320	4 894	7 250	4	2,9	16 000	0,24	0,7
Eritrea	190	962	681	2,1	3,2	200 000	4,56	19,4
Estland	7 080	13 631	10 008	13,8	9,3	4 000	0,30	1,9
Fidschi	2 720	5 747	202	0,6	–0,4	4 000	0,48	1,6
Finnland	32 880	29 804	–	–	1,7	30 000	0,58	1,2
Frankreich	30 370	29 456	–	–	1,2	356 000	0,60	2,6
Gabun	4 080	5 699	4 150	3,6	4,5	5 000	0,37	–
Gambia	280	1 885	674	8,6	14,5	1 000	0,07	0,5
Georgien	1 060	2 895	2 082	4,1	9,6	14 000	0,27	1,1
Ghana	380	2 221	7 035	2,7	1,6	7 000	0,03	0,7
Grenada	3 750	7 047	433	7,6	9,7		keine Armee	

Basisdaten Wirtschaft und Militär

	BNE pro Kopf in US-$ 2004	BNE pro Kopf in PPP-$ 2004	Auslands-verschuld. in Mio. US-$ 2004	Schulden-dienstquote in % des BNE 2004	Ausländ. Direktinv. in % des BIP 2004	Anzahl der Soldaten 2003	Militär Soldaten in % der Bevölkerung	Militäraus-gaben in % des BIP 2003
Griechenland	16 730	22 229	–	–	0,7	229 000	2,08	4,1
Großbritannien	33 630	31 431	–	–	3,4	214 000	0,36	2,8
Guatemala	2 190	4 263	5 532	2	0,6	31 000	0,25	0,5
Guinea	410	2 158	3 538	4,5	2,6	10 000	0,13	2,9*
Guinea-Bissau	160	694	765	16,7	1,8	9 000	0,60	3,1*
Guyana	1 020	4 244	1 331	6,5	3,8	2 000	0,26	–
Haiti	400*	1 812*	1 225	3,7	0,2		keine Armee	
Honduras	1 040	2 760	6 332	4,7	4,0	12 000	0,17	0,4
Indien	620	3 116	122 723	2,8	0,8	1 205 000	0,11	2,1
Indonesien	1 140	3 485	140 649	8,2	0,4	302 000	0,14	1,5
Irak	–	–	–	–	–	50 000	0,20	–
Iran	2 320	7 533	13 622	1,2	0,3	440 000	0,66	3,8
Irland	34 310	32 926	–	–	6,1	11 000	0,28	0,7
Island	37 920	32 370	–	–	2,5		keine Armee	
Israel	17 360	23 775	–	–	1,4	183 000	2,74	9,1
Italien	26 280	28 019	–	–	1,0	325 000	0,56	1,9
Jamaika	3 300	3 950	6 399	9,9	6,8	3 000	0,11	–
Japan	37 050	29 814	–	–	0,2	236 000	0,18	1,0
Jemen	550	809	5 488	1,9	1,1	67 000	0,35	7,1
Jordanien	2 190	4 765	8 175	6	5,4	101 000	1,90	8,9
Kambodscha	350	2 311	3 377	0,6	2,7	90 000	0,67	2,5
Kamerun	810	2 117	9 496	4,6	0,0	23 000	0,14	1,5
Kanada	28 310	30 757	–	–	0,6	62 000	0,20	1,2
Kap Verde	1 720	5 662	517	2,7	2,2	1 000	0,21	0,7
Kasachstan	2 250	6 933	32 310	23,1	10,1	49 000	0,33	1,1
Katar	–	–	–	–	–	12 000	1,92	–
Kenia	480	1 130	6 826	2,3	0,3	24 000	0,08	1,7
Kirgisistan	400	1 856	2 100	7,6	3,5	11 000	0,22	2,9
Kiribati	970	–	–	–	–		keine Armee	
Kolumbien	2 020	6 945	37 732	8,2	3,1	200 000	0,45	4,4
Komoren	560	1 932	306	0,9	0,5	800	0,13	–
Kongo, Dem. Republik	110	675	11 841	1,9	0,0	40 000	0,08	–
Kongo, Republik	760	739	5 829	10,7	0,0	10 000	0,27	1,4
Korea, Dem. VR	–	–	–	–	–	1 122 000	4,96	–
Korea, Rep.	14 000	20 526	–	–	1,2	587 000	1,23	2,5
Kroatien	6 820	11 917	31 548	15,8	3,6	29 000	0,65	2,1
Kuba	–	–	–	–	–	46 000	0,41	–
Kuwait	22 470	21 610	–	–	0,0	16 000	0,67	9,0
Laos	390	1 878	2 056	2,2	0,7	29 000	0,51	2,1*
Lesotho	730	3 254	764	3,2	9,4	2 000	0,11	2,6
Lettland	5 580	11 816	12 661	10	5,1	4 000	0,17	1,7
Libanon	6 010	5 547	22 177	21	1,3	72 000	1,60	4,3
Liberia	120	–	2 706	0,2	4,1	12 000	0,36	7,5*
Libyen	4 400	–	–	–	–	72 000	1,30	2,0
Liechtenstein	–	–	–	–	–		keine Armee	
Litauen	5 740	12 693	9 475	8,2	3,5	7 000	0,20	1,6
Luxemburg	56 380	61 610	–	–	246,9	1 000	0,22	0,9
Madagaskar	290	843	3 462	1,9	1,0	14 000	0,08	1,4*
Malawi	160	631	3 418	3,3	0,9	5 000	0,05	0,8*
Malaysia	4 520	9 715	52 145	8,2	3,9	104 000	0,42	2,8
Malediven	2 410	–	345	4,5	2,0		keine Armee	

	BNE pro Kopf in US-$ 2004	BNE pro Kopf in PPP-$ 2004	Auslands-verschuld. in Mio. US-$ 2004	Schulden-dienstquo-te in % des BNE 2004	Ausländ. Direktinv. in % des BIP 2004	Anzahl der Soldaten 2003	Militär Soldaten in % der Be-völkerung	Militäraus-gaben in % des BIP 2003
Mali	330	953	3 316	2,2	3,7	7 000	0,06	1,9
Malta	12 050	18 589	–	–	–	2 000	0,50	0,8
Marokko	1 570	4 253	17 672	6,1	1,5	196 000	0,65	4,2
Marshallinseln	2 320	–	–	–	–		keine Armee	
Mauretanien	530	2 048	2 297	3,5	19,6	16 000	0,56	1,6
Mauritius	4 640	11 955	2 294	4,3	0,2	1 000	0,08	0,2
Mazedonien	2 420	6 562	2 044	4,6	2,9	7 000	0,34	2,5
Mexiko	6 790	9 645	138 689	7,7	2,6	193 000	0,19	0,5
Mikronesien	2 300	–	–	–	–		keine Armee	
Moldau	720	1 953	1 868	8,5	3,1	7 000	0,17	0,4
Monaco	–	–	–	–	–		keine Armee	
Mongolei	600	2 042	1 517	2,6	5,8	9 000	0,36	2,2*
Mosambik	270	1 168	4 651	1,4	4,0	6 000	0,03	1,3
Myanmar	–	–	7 239	–	–	439 000	0,89	1,2*
Namibia	2 380	7 515	–	–	–	9 000	0,45	2,8
Nauru	–	–	–	–	–		keine Armee	
Nepal	250	1 485	3 354	1,7	0,0	63 000	0,26	1,6
Neuseeland	19 990	22 257	–	–	2,3	9 000	0,22	1,1
Nicaragua	830	3 481	5 145	2,9	5,5	14 000	0,26	0,9
Niederlande	32 130	31 362	–	–	0,1	53 000	0,33	1,6
Niger	210	776	1 950	1,7	0,0	5 000	0,04	1,1*
Nigeria	430	966	35 890	4	2,6	79 000	0,06	1,2
Norwegen	51 810	38 680	–	–	0,2	22 000	0,48	2,0
Oman	9 070	14 678	3 872	4,2	–0,1	42 000	1,62	12,2
Österreich	32 280	31 803	–	–	1,4	41 000	0,51	0,8
Pakistan	600	2 174	35 687	4,6	1,2	610 000	0,41	4,4
Palästinensische Gebiete	1 120*	–	–	–	–	35 000	1,00	–
Palau	6 870	–	–	–	–		keine Armee	
Panama	4 210	6 726	9 469	11	7,4		keine Armee	
Papua-Neuguinea	560	2 277	2 149	13,6	0,7	3 000	0,05	0,6
Paraguay	1 140	4 817	3 433	6,8	1,3	19 000	0,34	0,9
Peru	2 360	5 395	31 296	4,2	2,7	100 000	0,37	1,3
Philippinen	1 170	4 946	60 550	12,8	0,6	106 000	0,13	0,9
Polen	6 100	12 730	99 190	14,5	5,2	150 000	0,39	2,0
Portugal	14 220	19 241	–	–	0,5	68 000	0,65	2,1
Ruanda	210	1 241	1 656	1,3	0,4	60 000	0,71	2,8
Rumänien	2 960	8 329	30 034	6,6	7,4	92 000	0,42	2,4
Russische Föderation	3 400	9 684	197 335	3,7	2,1	863 000	0,60	4,3
Salomonen	560	1 798	176	6,5	–1,9		keine Armee	
Sambia	400	890	7 279	8,3	6,2	17 000	0,16	0,6*
Samoa	1 840	5 605	562	5,6	0,1		keine Armee	
San Marino	–	–	–	–	–		keine Armee	
São Tomé und Príncipe	390	–	362	16,2	86,7	1 000	0,64	–
Saudi-Arabien	10 140	13 811	–	–	–	106 000	0,47	8,7
Schweden	35 840	29 881	–	–	–0,2	30 000	0,33	1,8
Schweiz	49 600	35 661	–	–	–0,2	44 000	0,60	1,0
Senegal	630	1 662	3 938	4,4	0,9	14 000	0,14	1,5
Serbien und Montenegro	2 680	–	15 882	4,1	4,0	65 000	0,80	4,8*
Seychellen	8 190	15 883	615	7,7	5,3	800	0,95	1,7
Sierra Leone	210	547	1 723	2,5	2,4	12 000	0,22	1,7
Simbabwe	620	2 041	4 798	2	1,3	29 000	0,22	2,1

1 Paramilitär

	BNF pro Kopf in US-$ 2004	BNE pro Kopf in PPP-$ 2004	Auslands-verschuld. in Mio. US-$ 2004	Schulden-dienstquo-te in % des BNE 2004	Ausländ. Direktinv. in % des BIP 2004	Anzahl der Soldaten 2003	Militär Soldaten in % der Be-völkerung	Militäraus-gaben in % des BIP 2003
Singapur	24 760	27 372	–	–	15,0	73 000	1,72	5,2
Slowakei	6 480	14 477	22 068	12,4	2,7	19 000	0,35	1,9
Slowenien	14 770	20 828	–	–	2,6	5 000	0,25	1,5
Somalia	–	–	2 849	–	–	–	–	–
Spanien	21 530	24 750	–	–	1,6	135 000	0,33	1,2
Sri Lanka	1 010	4 208	10 887	4	1,2	152 000	0,79	2,7
St. Kitts und Nevis	6 980*	10 909*	316	13,4	15,5		keine Armee	
St. Lucia	4 180	5 595	413	3,9	14,6		keine Armee	
St. Vincent u. Grenadinen	3 400	6 026	257	5,5	13,8		keine Armee	
Südafrika	3 630	10 964	28 500	1,8	0,3	56 000	0,12	1,6
Sudan	530	1 811	19 332	1,6	7,2	105 000	0,31	2,4
Suriname	2 230	–	–	–	–	2 000	0,46	–
Swasiland	1 660	5 650	470	1,8	2,9	3 000	0,27	1,7*
Syrien	1 230	3 496	21 521	1,4	1,1	303 000	1,74	7,1
Tadschikistan	280	1 155	896	5,1	13,1	10 000	0,16	2,2
Tansania	320	671	7 800	1,1	2,3	27 000	0,08	2,1
Thailand	2 490	7 933	51 307	7,8	0,9	314 000	0,51	1,3
Timor-Leste	550	–	–	–	–	1 280	0,15	–
Togo	310	1 508	1 812	1	2,9	9 000	0,19	1,6
Tonga	1 860	7 855	81	1,4	0,0		keine Armee	
Trinidad und Tobago	8 730	11 431	2 926	3,4	8,0	3 000	0,23	–
Tschad	250	1 337	1 701	1,7	11,3	30 000	0,35	1,5
Tschechische Republik	9 130	18 423	45 561	8,2	4,2	51 000	0,50	2,2
Tunesien	2 650	7 427	18 700	7,5	2,1	35 000	0,35	1,6
Türkei	3 750	7 724	161 595	11,3	0,9	823 000	1,16	4,9
Turkmenistan	730*	4 183*	–	–	–	21 000	0,43	–
Tuvalu	–	–	–	–	–		keine Armee	
Uganda	250	1 448	4 822	1,5	3,3	55 000	0,22	2,3
Ukraine	1 270	6 330	21 652	6,7	2,6	253 000	0,52	2,9
Ungarn	8 370	15 801	63 159	18,1	4,6	45 000	0,44	1,8
Uruguay	3 900	9 026	12 376	12,2	2,4	24 000	0,71	1,6
Usbekistan	450	1 862	5 007	7,1	1,2	51 000	0,20	0,5
Vanuatu	1 390	2 945	118	1,1	6,9		keine Armee	
Vatikanstadt	–	–	–	–	–		keine Armee	
Venezuela	4 030	5 829	35 570	6,2	1,4	82 000	0,32	1,3
Ver. Arabische Emirate	23 770	24 092	–	–	–	51 000	1,26	3,1
Ver. Staaten von Amerika	41 440	39 824	–	–	0,9	1 496 000	0,51	3,8
Vietnam	540	2 702	17 825	1,8	3,6	484 000	0,60	–
Weißrussland	2 140	6 966	3 717	1,4	0,7	59 000	0,60	1,3
Zentralafrikanische Rep.	310	1 103	1 078	1,4	–1,0	3 000	0,08	1,3
Zypern	16 510	22 234	–	–	7,2	10 000	1,30	1,5
WELTREGIONEN								
Afrika südl. d. Sahara	601	1 842	235 056	2,9	2,2	–	–	–
Naher Osten u. Nordafrika	1 972	5 734	163 935	4,4	1,1	–	–	–
Südasien	594	2 854	193 933	2,9	0,8	–	–	–
Ostasien u. Pazifik	1 416	5 332	5 888	3,0	2,5	–	–	–
Lateinamerika u. Karibik	3 576	7 661	778 970	8,1	3,0	–	–	–
Europa und Zentralasien	3 295	8 350	794 943	8,9	3,5	–	–	–
Am wenigsten entw. Länder	333	1 296	–	2,7	3,8	–	–	–
Welt	6 329	8 843	–	–	1,6	–	–	–

– keine Angaben * Zahlen beziehen sich auf anderes Jahr oder anderen Zeitraum als im Kopf angegeben

Definitionen, Quellen und Weltregionen → S. 811 ff.

	HDI-Rang 2005 (2004)	Entwicklungshilfe in % des BNE des Empfängerlandes 2004	Entwicklungshilfe pro Kopf in US-$ 2004	Zugang zu Sanitäreinrichtungen in % 2002	Zugang zu Trinkwasser in % 2002	Energieverbrauch pro Kopf in kg ÖE 2003	CO_2-Emissionen pro Kopf in t 2002
Afghanistan	–	38,0	–	8	13	–	0,0
Ägypten	119 (120)	1,9	20	68	98	735	2,1
Albanien	72 (65)	4,7	116	89	97	674	0,8
Algerien	103 (108)	0,4	10	92	87	1 036	2,9
Andorra	–	–	–	100	100	–	–
Angola	160 (166)	6,6	74	30	50	606	0,5
Antigua und Barbuda	60 (55)	0,2	21	95	91	–	4,7
Äquatorialguinea	121 (109)	2,8*	60	53	44	–	0,4
Argentinien	34 (34)	0,1	2	–	–	1 575	3,5
Armenien	83 (82)	8,1	84	84	92	660	1,0
Aserbaidschan	101 (91)	2,2	21	55	77	1 493	3,4
Äthiopien	170 (170)	23,0	26	6	22	299	0,1
Australien	3 (3)	–	–	100	100	5 668	18,1
Bahamas	50 (51)	0,1*	15	100	97		6,7
Bahrain	43 (40)	1,0	145	–	–	10 253	30,6
Bangladesch	139 (138)	2,4	10	48	75	159	0,3
Barbados	30 (29)	1,1	108	99	100	–	4,6
Belgien	9 (6)	–	–	–	–	5 701	8,9
Belize	91 (99)	0,7	26	47	91	–	3,0
Benin	162 (161)	9,3	46	32	68	292	0,3
Bhutan	134 (134)	11,9	87	70	62	–	0,5
Bolivien	113 (114)	9,1	85	45	85	504	1,2
Bosnien und Herzegowina	68 (66)	7,7	172	93	98	1 136	4,7
Botsuana	131 (128)	0,5	22	41	95	–	2,3
Brasilien	63 (72)	0,0	2	75	89	1 065	1,8
Brunei Darussalam	33 (33)	–	2	–	–	7 495	17,7
Bulgarien	55 (56)	2,6	80	100	100	2 494	5,3
Burkina Faso	175 (175)	12,7	48	12	51	–	0,1
Burundi	169 (173)	54,6	48	36	79	–	0,0
Chile	37 (43)	0,1	3	92	95	1 647	3,6
China, Rep. (Taiwan)	–	–	–	–	–	–	–
China, Volksrepublik	85 (94)	0,1	1	44	77	1 094	2,7
Costa Rica	47 (45)	0,1	3	92	97	880	1,4
Dänemark	14 (17)	–	–	–	100	3 853	8,8
Deutschland	20 (19)	–	–	–	100	4 205	10,3
Dominica	70 (95)	11,5	409	83	97	–	1,7
Dominikanische Republik	95 (98)	0,5	10	57	93	923	2,5
Dschibuti	150 (154)	9,0	82	50	80	–	0,5
Ecuador	82 (100)	0,6	12	72	86	708	2,0
Elfenbeinküste	163 (163)	1,0	9	40	84	374	0,4
El Salvador	104 (103)	1,4	31	63	82	675	1,0
Eritrea	161 (156)	28,5	61	9	57	3 631	0,2
Estland	38 (36)	1,3	101	–	–	–	11,7
Fidschi	92 (81)	2,6	76	98		–	1,6
Finnland	13 (13)	–	–	100	100	7 204	12,0
Frankreich	16 (16)	–	–	–	–	4 519	6,2
Gabun	123 (122)	0,6	28	36	87	1 256	2,6
Gambia	155 (155)	16,0	43	53	82	–	0,2
Georgien	100 (97)	6,0	70	83	76	597	0,7
Ghana	138 (131)	15,4	63	58	79	400	0,4
Grenada	66 (93)	4,0	145	97	95	–	2,2

	HDI-Rang 2005 (2004)	Entwicklungs-hilfe in % des BNE des Empfän-gerlandes 2004	Entwick-lungshilfe pro Kopf in US-$ 2004	Zugang zu Sanitärein-richtungen in % 2002	Zugang zu Trinkwas-ser in % 2002	Energiever-brauch pro Kopf in kg ÖE 2003	CO_2-Emis-sionen pro Kopf in t 2002
Griechenland	24 (24)	–	–	–	–	2 709	8,5
Großbritannien	15 (12)	–	–	–	–	3 893	9,2
Guatemala	117 (121)	0,8	18	61	95	608	0,9
Guinea	156 (160)	7,3	30	13	51	–	0,1
Guinea-Bissau	172 (172)	28,3	50	34	59	–	0,2
Guyana	107 (104)	19,2	193	70	83	–	2,2
Haiti	153 (153)	6,7	29	34	71	270	0,2
Honduras	116 (115)	9,1	91	68	90	522	0,9
Indien	127 (127)	0,1	1	30	86	520	1,2
Indonesien	110 (111)	0,0	0	52	78	753	1,4
Irak	–	–	–	80	81	943	3,0
Iran	99 (101)	0,1	3	84	93	2 055	5,5
Irland	8 (10)	–	–	–	–	3 777	11,0
Island	2 (7)	–	–	–	100	11 694	7,7
Israel	23 (22)	0,4	70	–	100	3 086	10,6
Italien	18 (21)	–	–	–	–	3 140	7,5
Jamaika	98 (79)	0,9	29	80	93	1 543	4,1
Japan	11 (9)	–	–	100	100	4 053	9,4
Jemen	151 (149)	2,1	12	30	69	289	0,7
Jordanien	90 (90)	5,0	107	93	91	1 027	3,2
Kambodscha	130 (130)	10,3	35	16	34	–	0,0
Kamerun	148 (141)	5,4	47	48	63	429	0,2
Kanada	5 (4)	–	–	100	100	8 240	16,5
Kap Verde	105 (105)	14,9	282	42	80	–	0,3
Kasachstan	80 (78)	0,7	18	72	86	3 342	9,9
Katar	40 (47)	–	3	100	100	20 726	53,0
Kenia	154 (148)	4,0	19	48	62	494	0,2
Kirgisistan	109 (110)	12,2	51	60	76	528	1,0
Kiribati	–	17,8	171	39	64	–	0,3
Kolumbien	69 (73)	0,5	11	86	92	642	1,3
Komoren	132 (136)	6,7	42	23	94	–	0,1
Kongo, Dem. Republik	167 (168)	28,6	32	29	46	293	0,0
Kongo, Republik	142 (144)	3,5	30	9	46	273	0,6
Korea, Dem. VR	–		9	59	100	896	6,5
Korea, Republik	28 (28)	0,0	– 1	–	92	4 291	9,4
Kroatien	45 (48)	0,4	27	–	–	1 976	4,7
Kuba	52 (52)	–	8	98	91	1 000	2,1
Kuwait	44 (44)	0,0	1	–	–	9 566	25,6
Laos	133 (135)	11,4	47	24	43	–	0,2
Lesotho	149 (145)	6,3	57	37	76	–	–
Lettland	48 (50)	1,2	71	–	–	1 881	2,7
Libanon	81 (80)	1,3	75	98	100	1 700	4,7
Liberia	–	53,4	65	26	62	–	0,1
Libyen	58 (58)	0,1	3	97	72	3 191	9,1
Liechtenstein	–	–	–	–	–	–	–
Litauen	39 (41)	1,2	73	–	–	2 585	3,6
Luxemburg	4 (15)	–	–	–	100	9 472	21,3
Madagaskar	146 (150)	28,8	68	33	45	–	0,1
Malawi	165 (165)	25,9	38	46	67	–	0,1
Malaysia	61 (59)	0,3	12	–	95	2 318	6,3
Malediven	96 (84)	3,9	87	58	84	–	3,4

	HDI-Rang 2005 (2004)	Entwicklungs-hilfe in % des BNE des Empfän-gerlandes 2004	Entwick-lungshilfe pro Kopf in US-$ 2004	Zugang zu Sanitärein-richtungen in % 2002	Zugang zu Trinkwas-ser in % 2002	Energiever-brauch pro Kopf in kg ÖE 2003	CO_2-Emis-sionen pro Kopf in t 2002
Mali	174 (174)	12,2	43	45	48	–	0,0
Malta	32 (31)	0,1	15	–	100	2 236	7,4
Marokko	124 (125)	1,4	24	61	80	378	1,5
Marshallinseln	–	37,9	835	82	85	–	–
Mauretanien	152 (152)	11,1	60	42	56	–	1,1
Mauritius	65 (64)	0,6	31	99	100	–	2,6
Mazedonien	59 (60)	4,7	122		–	–	5,1
Mexiko	53 (53)	0,0	1	77	91	1 564	3,8
Mikronesien	–	36,0	787	28	94	–	–
Moldau	115 (113)	4,0	28	68	92	772	1,6
Monaco	–	–	–	–	–	–	–
Mongolei	114 (117)	16,4	104	59	62	–	3,4
Mosambik	168 (171)	21,4	63	27	42	430	0,1
Myanmar	129 (132)	–	2	73	80	276	0,2
Namibia	125 (126)	3,1	89	30	80	635	1,1
Nauru	–	–	–	–	–	–	–
Nepal	136 (140)	6,4	16	27	84	336	0,2
Neuseeland	19 (18)	–	–	–	–	4 333	8,6
Nicaragua	112 (118)	28,3	229	66	81	588	0,7
Niederlande	12 (5)	–	–	100	100	4 982	9,3
Niger	177 (176)	17,5	40	12	46	–	0,1
Nigeria	158 (151)	1,0	4	38	60	777	0,4
Norwegen	1 (1)	–	–	–	100	5 100	13,9
Oman	71 (74)	0,2	22	89	79	4 975	12,1
Österreich	17 (14)	–	–	100	100	4 086	7,9
Pakistan	135 (142)	1,5	9	54	90	467	0,7
Palästinensische Gebiete	102 (102)	25,3*	324	76	94	–	–
Palau	–	15,0	978	83	84	–	–
Panama	56 (61)	0,3	12	72	91	836	2,0
Papua-Neuguinea	137 (133)	7,6	46	45	39	–	0,4
Paraguay	88 (89)	0,0	0	78	83	679	0,7
Peru	79 (85)	0,7	18	62	81	442	1,0
Philippinen	84 (83)	0,5	6	73	85	525	0,9
Polen	36 (37)	0,6	40	–	–	2 452	7,7
Portugal	27 (26)	–	–	–	–	2 469	6,0
Ruanda	159 (159)	25,8	53	41	73	–	0,1
Rumänien	64 (69)	1,3	42	51	57	1 794	4,0
Russische Föderation	62 (57)	0,2	9	87	96	4 424	9,8
Salomonen	128 (124)	47,8	262	31	70	–	0,4
Sambia	166 (164)	21,2	94	45	55	592	0,2
Samoa	74 (75)	8,2	167	100	88		0,8
San Marino	–	–	–	–	–	–	–
São Tomé und Príncipe	126 (123)	56,5	218	24	79	–	0,6
Saudi-Arabien	77 (77)	0,0	1	–	–	5 607	15,0
Schweden	6 (2)	–	–	100	100	5 754	5,8
Schweiz	7 (11)	–	–	100	100	3 689	5,6
Senegal	157 (157)	13,9	92	52	72	287	0,4
Serbien und Montenegro	–	4,9	144	87	93	1 991	–
Seychellen	51 (35)	1,5	124	–	87		6,4
Sierra Leone	176 (177)	34,3	67	39	57	–	0,1
Simbabwe	145 (147)	4,0	14	57	83	752	1,0

	HDI-Rang 2005 (2004)	Entwicklungs-hilfe in % des BNE des Empfängerlandes 2004	Entwicklungshilfe pro Kopf in US-$ 2004	Zugang zu Sanitäreinrichtungen in % 2002	Zugang zu Trinkwasser in % 2002	Energieverbrauch pro Kopf in kg ÖE 2003	CO_2-Emissionen pro Kopf in t 2002
Singapur	25 (25)	0,0	2	–	–	5 359	13,7
Slowakei	42 (42)	0,6	44	100	100	3 443	6,8
Slowenien	26 (27)	0,2	31	–	–	3 518	7,7
Somalia	–	–	24	25	29	–	–
Spanien	21 (20)	–	–	–	–	3 240	7,4
Sri Lanka	93 (96)	2,7	27	91	78	421	0,5
St. Kitts und Nevis	49 (39)	0,0	– 2	96	99	–	2,4
St. Lucia	76 (71)	– 3,2	– 131	89	98	–	2,4
St. Vincent u. Grenadinen	87 (87)	2,7	88	–	–	–	1,6
Südafrika	120 (119)	0,3	14	67	87	2 587	7,6
Sudan	141 (139)	4,5	25	34	69	477	0,3
Suriname	86 (67)	2,5	54	93	92	–	5,1
Swasiland	147 (137)	4,9	104	52	52	–	0,9
Syrien	106 (106)	0,5	6	77	79	986	2,8
Tadschikistan	122 (116)	12,1	37	53	58	501	0,7
Tansania	164 (162)	16,2	46	46	73	465	0,1
Thailand	73 (76)	0,0	0	99	85	1 406	3,7
Timor-Leste	140 (158)	31,7	165	33	52	–	–
Togo	143 (143)	3,0	10	34	51	445	0,3
Tonga	54 (63)	9,1	189	97	100	–	1,0
Trinidad und Tobago	57 (54)	0,0	– 1	100	91	8 553	31,8
Tschad	173 (167)	11,8	34	8	34	–	0,0
Tschechische Republik	31 (32)	0,3	27	–	–	4 324	11,2
Tunesien	89 (92)	1,2	33	80	82	837	2,3
Türkei	94 (88)	0,1	4	83	93	1 117	3,0
Turkmenistan	97 (86)	0,6	8	62	71	3 662	9,1
Tuvalu	–	–	–	–	–	–	–
Uganda	144 (146)	17,3	42	41	56	–	0,1
Ukraine	78 (70)	0,6	8	99	98	2 772	6,4
Ungarn	35 (38)	0,3	30	95	99	2 600	5,6
Uruguay	46 (46)	0,2	6	94	98	738	1,2
Usbekistan	111 (107)	2,1	9	57	89	2 023	4,8
Vanuatu	118 (129)	12,4	182	50	60	–	0,4
Vatikanstadt	–	–	–	–	–	–	–
Venezuela	75 (68)	0,0	2	68	83	2 112	4,3
Ver. Arabische Emirate	41 (49)	0,0	1	100	–	9 707	25,0
Ver. Staaten von Amerika	10 (8)	–	–	100	100	7 843	20,2
Vietnam	108 (112)	4,1	22	41	73	544	0,8
Weißrussland	67 (62)	0,2	5	–	100	2 613	6,0
Zentralafrikanische Rep.	171 (169)	7,9	26	27	75	–	0,1
Zypern	29 (30)	0,4	73	100	100	3 279	8,3
WELTREGIONEN							
Afrika südl. d. Sahara	–	5,3	36	36	58	681	0,7
Naher Osten u. Nordafrika	–	1,7	35	75	88	1 144	3,2
Südasien	–	0,8	5	35	84	474	1,0
Ostasien u. Pazifik	–	0,3	4	49	78	1 007	2,4
Lateinamerika u. Karibik	–	0,4	13	75	89	1 148	2,4
Europa und Zentralasien	–	0,7	25	82	91	2 794	6,7
Am wenigsten entw. Länder	–	–	–	35	58	306	0,2
Welt	–	0,2	14	54	82	1 734	3,9

– keine Angaben * Zahlen beziehen sich auf anderes Jahr oder anderen Zeitraum als im Kopf angegeben

Afghanistan · Ägypten · Albanien · Algerien · Andorra · Angola · Antigua u. Barbuda

Äquatorialguinea · Argentinien · Armenien · Aserbaidschan · Äthiopien · Australien · Bahamas

Bahrain · Bangladesch · Barbados · Belgien · Belize · Benin · Bhutan

Bolivien · Bosnien u. Herzegowina · Botsuana · Brasilien · Brunei · Bulgarien · Burkina Faso

Burundi · Chile · China, Republik · China, Volksrepublik · Costa Rica · Dänemark · Deutschland

Dominica · Dominikanische Rep. · Dschibuti · Ecuador · Elfenbeinküste · El Salvador · Eritrea

Estland · Fidschi · Finnland · Frankreich · Gabun · Gambia · Georgien

Ghana · Grenada · Griechenland · Großbritannien · Guatemala · Guinea · Guinea-Bissau

Guyana · Haiti · Honduras · Indien · Indonesien · Irak · Iran

Irland · Island · Israel · Italien · Jamaika · Japan · Jemen

Jordanien · Kambodscha · Kamerun · Kanada · Kap Verde · Kasachstan · Katar

Kenia · Kirgisistan · Kiribati · Kolumbien · Komoren · Kongo, Dem. Rep. · Kongo, Republik

Korea, DVR · Korea, Rep. · Kroatien · Kuba · Kuwait · Laos · Lesotho

Lettland · Libanon · Liberia · Libyen · Liechtenstein · Litauen · Luxemburg

Madagaskar · Malawi · Malaysia · Malediven · Mali · Malta · Marokko

Marshallinseln
Mauretanien
Mauritius
Mazedonien
Mexiko
Mikronesien
Moldau
Monaco
Mongolei
Montenegro
Mosambik
Myanmar
Namibia
Nauru
Nepal
Neuseeland
Nicaragua
Niederlande
Niger
Nigeria
Norwegen
Oman
Österreich
Pakistan
Palau
Panama
Papua-Neuguinea
Paraguay (Vorders.)
Paraguay (Rücks.)
Peru
Philippinen
Polen
Portugal
Ruanda
Rumänien
Russische Föderation
Salomonen
Sambia
Samoa
San Marino
São Tomé u. Príncipe
Saudi-Arabien
Schweden
Schweiz
Senegal
Serbien
Seychellen
Sierra Leone
Simbabwe
Singapur
Slowakei
Slowenien
Somalia
Spanien
Sri Lanka
St. Kitts und Nevis
St. Lucia
St. Vincent u. Gren.
Südafrika
Sudan
Suriname
Swasiland
Syrien
Tadschikistan
Tansania
Thailand
Timor-Leste
Togo
Tonga
Trinidad und Tobago
Tschad
Tschechische Rep.
Tunesien
Türkei
Turkmenistan
Tuvalu
Uganda
Ukraine
Ungarn
Uruguay
Usbekistan
Vanuatu
Vatikanstadt
Venezuela
Ver. Arab. Emirate
Ver. St. v. Amerika
Vietnam
Weißrussland
Zentralafrikan. Rep.
Zypern

Beringstraße
Beaufortsee
Queen-Elizabeth-Inseln
Baffinbai
Grönland
Spitzbergen
Nord
Europäisches Nordmeer
Alaskakette
McKinley 6193
Nördlicher Polarkreis
Golf von Alaska
Hudsonbai
Island
Stockholm
Labradorsee
Britische Inseln
London
Berlin
Rocky Mountains
Neufundland
Paris
Montblanc 4807
Alpen
Missouri
New York
Washington D.C.
Appalachen
Los Angeles
Mississippi
Madrid
Rom
Azoren
Madeira
Algier
Golf von Mexiko
Kanarische Inseln
Nördlicher Wendekreis
Mexiko-Stadt
Sahara
Große Antillen
Kleine Antillen
Karibisches Meer
Kapverden
Dakar
Niger
ATLANTISCHER
Lagos
Äquator
São Paulo
Golf von Guinea
Amazonas
Galápagos
Fernando de Noronha
PAZIFISCHER
Ascension
Lima
Anden
Brasília
St. Helena
Südlicher Wendekreis
Rio de Janeiro
Desventuradosinseln
Sala y Gómez
Osterinsel
OZEAN
Aconcagua 6962
Juan-Fernández
Santiago
Buenos Aires
Kapstadt
Tristan da Cunha
Gough
OZEAN
Patagonien
Falklandinseln
Südgeorgien
Magellanstraße
Feuerland
Bouvetinseln
Kap Hoorn
Süd-Shetland-Inseln
Süd-Sandwich-Inseln
Süd-Orkney-Inseln
Südlicher Polarkreis
Alexander
Ellesworthland
Berkner
Königin-Maud-Land
ANTARK

Sewernaja Semlja
Neusibirische Inseln
Ostsibirische See
Bering-Straße
Alaska
Franz-Josef-Land
Nowaja Semlja
Barentssee
Jenissei
Lena
West-sibirisches Tiefland
Ob
Ural
St. Petersburg
Wolga
Moskau
Kamtschatka
Alëuten
Sachalin
Amur
Altai
Aralsee
Almaty
Tianschan
Gobi
Peking
Hokkaido
Honshu
Tokio
Korea
Schwarzes Meer
Kaukasus
5642 Elbrus
Kaspisches Meer
Ankara
Hindukusch
Tibet
Himalaya
Jangtsekiang
PAZIFISCHER
Jerusalem
Bagdad
Bonin-inseln
Nansei-inseln
Kairo
Neu-Delhi
Everest 8850
Hongkong
Taiwan
Nil
Rotes Meer
Hainan
Marianen
Philippinen
Arabisches Meer
Golf von Bengalen
Bangkok
Südchines. Meer
Sokotra
Andamanen
Karolinen
Ceylon
Malediven
OZEAN
Sumatra
Borneo
Celébes
Bismarck-archipel
Nairobi
Victoriasee
Kilimandscharo 5895
Seychellen
Tschagosinseln
Große Sundainseln
Jakarta
Java
Neuguinea
5029 Puncak Jaya
INDISCHER
Komoren
Maskarenen
Kokos-inseln
Weihnachts-insel
Kleine Sundainseln
Korallen-see
Str. v. Mosambik
Madagaskar
OZEAN
Große Victoriawüste
Hoffnung
Amsterdam
St. Paul
Sydney
Canberra
Tasman-see
Neuseeland
Wellington
Crozetinseln
Kerguelen
Prinz-Eduard-Inseln
Tasmanien
Heard
Macquarie
Ballenyinseln
Wilkesland
über 5000 m
2000 – 5000 m
1000 – 2000 m
500 – 1000 m
200 – 500 m
0 – 200 m
unter 0 m
0 – 200 m
200 – 2000 m
2000 – 4000 m
4000 – 6000 m
6000 – 8000 m
unter 8000 m
60°
80°
100°
120°
140°
160°
180°
160°
140°
120°
100°
80°
60°
40°
20°
0°
20°
40°
60°

Wenn es in Mitteleuropa 12.00 Uhr (MEZ) ist, ist es in ...

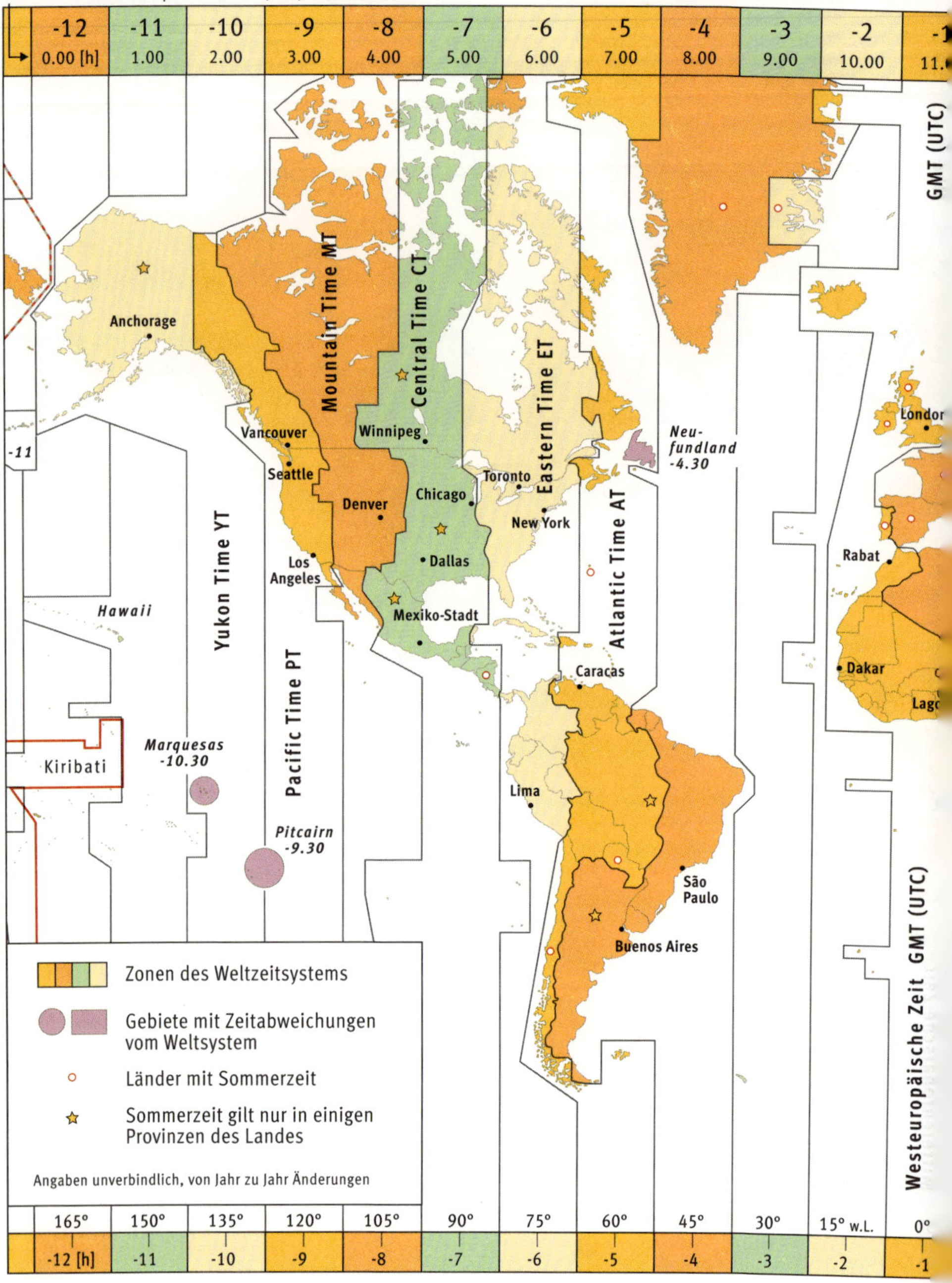

Das System der Standardzeitzonen wurde durch internationale Abkommen und nationale Gesetze festgelegt. Nach diesem System ist die Erde in 24 Zonen mit einer geographischen Länge von 15° aufgeteilt.

Der Mittelmeridian jeder Zone bestimmt die Zonenzeit.

Die 0-Zeitzone erstreckt sich von 7,5° westlich bis 7,5° östlich des Nullmeridians von Greenwich. In den

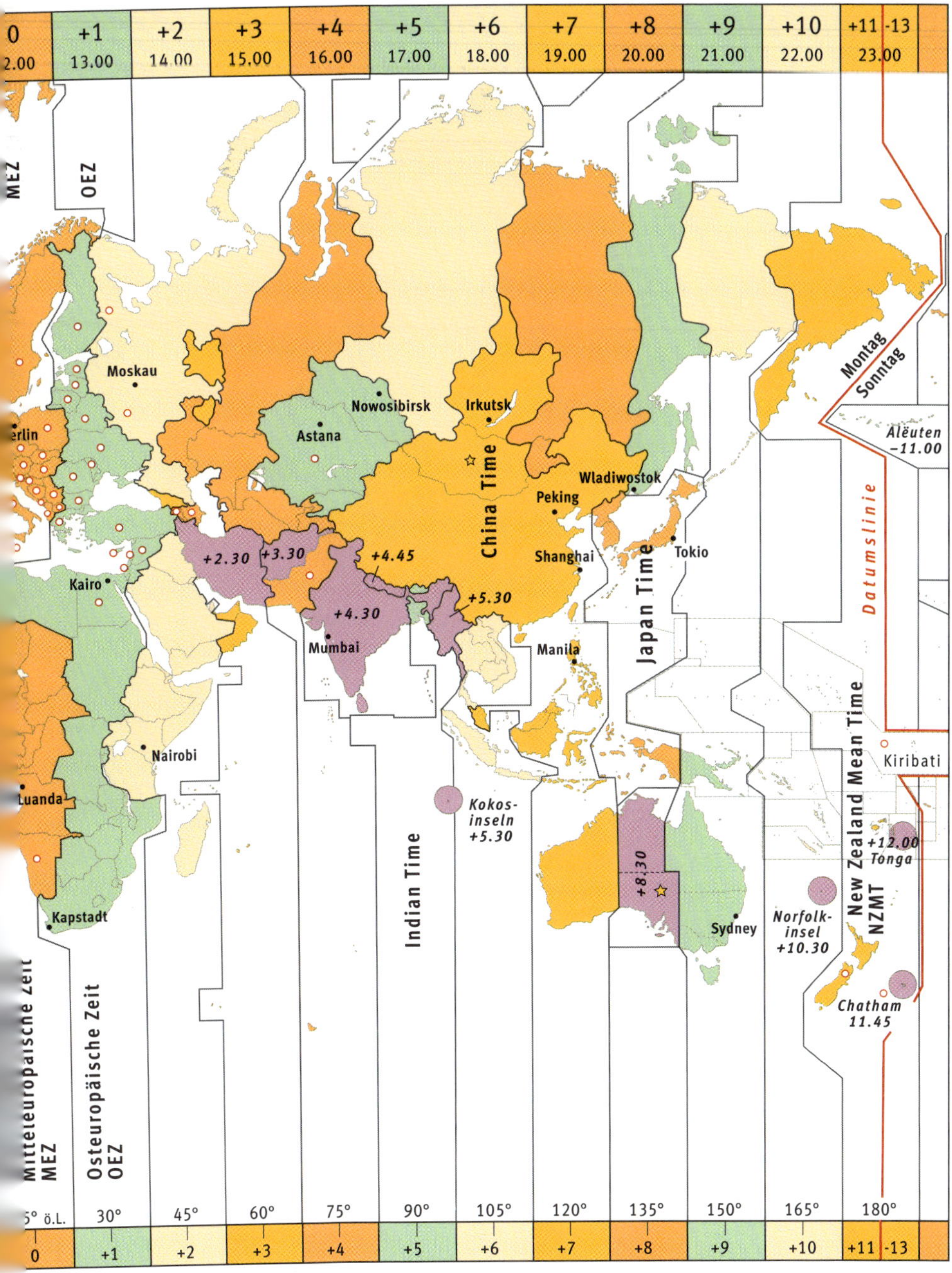

Zeitzonen westlich von Greenwich ist es früher als dort, in den Zeitzonen östlich von Greenwich ist es später, da sich die Erde nach Osten dreht. Als Datumslinie hat man den 180. Längengrad (mit Abweichungen) festgelegt. Die Staaten, die sich an dieses Zeitzonensystem halten, übernehmen die für ihren Bereich gültige Zonenzeit. Andere legen die Zeitzonen nach politischen Grenzen fest.

USA (Alaska)
KANADA
Beaufort-see
Nordpolar-meer
Wrangel-insel
Ostsibir. See
Neusibirische Inseln
RUSSISCHE FÖDERATION
Arktischer Magnetpol
1831
1960
1975
1980
2004
Geogr. Nordpol
Geomagnet. Nordpol
Sewernaja Semlja
Franz-Josef-Land
Spitzbergen
Nowaja Semlja
Barentssee
Baffinbai
Grönland (DK)
Grönlandsee
ISLAND
FINNLAND
SCHWEDEN
NORWEGEN
Victoria
Ellesmere
Baffin
Bering-straße
Nördl. Polarkreis
über 1 000 000 Einw.
500 000 - 1 000 000 Einw.
100 000 - 500 000 Einw.
Madrid Hauptstadt eines Staates
Staatsgrenze
200 km
Reykjavík
ISLAND
Nördlicher Polarkreis
Europäisches Nordmeer
Färöer (DK)
Shetland
Orkney
Trondheim
NORWEGEN
Bergen
Oslo
Göteborg
DÄNEMARK
København (Kopenhagen)
Nord-see
Glasgow
GROSSBRITANNIEN UND NORDIRLAND
Dublin
IRLAND
Birmingham
London
NIEDERLANDE
Amsterdam
Hamburg
Bremen
Berlin
Elbe
BELGIEN
Bruxelles
DEUTSCHLAND
Kanalinseln (GB)
Der Kanal
LUXEMBURG
Luxembourg
Frankfurt/M.
Paris
Seine
Loire
Stras-bourg
Rhein
Stuttgart
TSCHECH
Donau
München
FRANKREICH
Bern
LIE.
ÖSTERREICH
SCHWEIZ
Genève
Golf von Biscaya
Bordeaux
Lyon
Rhône
Torino
Milano
Ljubljana
SLOWEN.
Po
Genova
Bilbao
Ebro
ATLANTISCHER OZEAN
Porto
PORTUGAL
Lisboa (Lissabon)
Tajo
Zaragoza
Madrid
SPANIEN
ANDORRA
And. la Vella
Marseille
MONACO
San Marino
SAN MARINO
Adriat.
Barcelona
Valencia
Korsika
Roma
VATIKANSTADT
Menorca
Mallorca
Ibiza
Formentera
Sardinien
Tyrrhenisches Meer
Napoli
Sevilla
Málaga
Str. v. Gibraltar
Gibraltar (GB)
Ceuta (ES)
Melilla (ES)
Madeira (PT)
Dar-el-Beida (Casablanca)
Rabat
Fès
Wahrān
El Djazaïr (Algier)
Qusanṭīna
Mittel
Palermo
Sizilien
Tunis
Valletta
MALTA
Kanarische Inseln (ES)
Marrakech
MAROKKO
ALGERIEN
TUNESIEN
Tarābulus (Tripolis)
SAHARA
LIBYEN

Nordkap
Barentssee
Murmansk
Halbinsel Kola
Weißes Meer
Archangel'sk
RUSSISCHE FÖDERATION
Uralgebirge
Ob
Kama
Perm'
Ekaterinburg
Čeljabinsk
Ufa
Kazan'
Wolga
Nižnij Novgorod
Samara
Orenburg
Penza
Saratov
Ural'sk
KASACHSTAN
Ural
Voronež
Volgograd
Astrachan'
Kaspisches Meer
Don
Rostov-na-Donu
Krasnodar
Groznyj
Baki (Baku)
SCHWEDEN
Bottnischer Meerbusen
FINNLAND
Tampere
Helsinki
Onegasee
Petrozavodsk
Ladogasee
Sankt-Peterburg
Vologda
Stockholm
Tallinn
ESTLAND
Riga
LETTLAND
Daugavpils
Ostsee
Moskva (Moskau)
Tula
Smolensk
LITAUEN
Vilnius (Wilna)
Kaliningrad (Königsberg) (RUSS.)
Gdańsk (Danzig)
Minsk
POLEN
Warszawa (Warschau)
WEISSRUSSLAND
Brest
Wisła
Odra
Łódź
Wrocław (Breslau)
Bug
Kraków (Krakau)
Kyïv (Kiew)
Charkiv
Luhans'k
Dnjepr
Dnipropetrovs'k
Donec'k
L'viv (Lemberg)
UKRAINE
SLOWAKEI
Bratislava (Preßburg)
MOLDAU
Chişinău
Asowsches Meer
Krim
Odesa
Iaşi
Budapest
UNGARN
RUMÄNIEN
Bucureşti (Bukarest)
Dunarea
Zagreb
KROATIEN
BOSNIEN U. HERZEG.
Beograd
SERBIEN
Sarajevo
MONTENEGRO
Podgorica
BULGARIEN
Sofija
Skopje
MAZEDON.
Tiranë
ALBANIEN
Bari
ITALIEN
Thessaloniki
Schwarzes Meer
Bosporus
İstanbul
Suchumi
GEORGIEN
Tbilisi (Tiflis)
Batumi
ARMENIEN
Jerevan
ASERBAIDSCHAN
Tabrīz
IRAN
Bursa
Ankara
Eskişehir
TÜRKEI
Diyarbakır
Ägäisches Meer
İzmir
GRIECHENLAND
Athínai (Athen)
Gaziantep
Adana
Antalya
Al-Mawsil
Kirkūk
Tigris
Euphrat
Halab
SYRIEN
Kreta
Rhodos
Lefkosía
ZYPERN
Bayrūt (Beirut)
Dimashq (Damaskus)
LIBANON
ISRAEL
Baghdād (Bagdad)
IRAK
Al-Basrāh
KUWAIT
Al-Kuwayt
JORDANIEN
'Ammān
Yerushalayim (Jerusalem)
SAUDI-ARABIEN
ÄGYPTEN
Al-Iskandarīyah (Alexandria)
Mittelmeer
20°
30°
40°
50°
60°
70°

EUROPA
NORDATLANTISCHER OZEAN
Azoren (PT)
Madeira (PT)
Kanaren (ES)
Mittelmeer
Schwarzes Meer
Kasp. Meer
KASACHSTAN
Aralsee
USBEKISTAN
GEORGIEN
ARMENIEN
TURKMEN.
Aşgabad
Ankara
TÜRKEI
ASERBAID-SCHAN
Tehrān
ZYPERN
SYRIEN
LIBANON
ISRAEL
IRAK
IRAN
JORDANIEN
BAHRAIN
Al-Manāmah
KUWAIT
KATAR
Ad-Dawhah
Ar-Riyād
VAE
Abu-Zaby (Abu Dhabi)
Masqat
SAUDI-ARABIEN
OMAN
JEMEN
Sanʻāʼ
Arabisches Meer
Sokotra (YE)
Rotes Meer
Dar-el-Beida (Casablanca)
Rabat
El Djazaïr (Algier)
Tunis
TUNESIEN
MAROKKO
Tarābulus (Tripolis)
Al-Qāhirah (Kairo)
ÄGYPTEN
ALGERIEN
LIBYEN
El Aaiún
SAHARA
Nördlicher Wendekreis
MAURE-TANIEN
KAP VERDE
Praia
Nouakchott
MALI
NIGER
TSCHAD
SUDAN
Al-Khartūm
Asmera
ERITREA
SENEGAL
Dakar
GAMBIA
Banjul
Bissau
GUINEA-BISSAU
GUINEA
Conakry
Freetown
SIERRA LEONE
LIBERIA
Monrovia
Bamako
BURKINA FASO
Ouagadougou
Niamey
N'Djamena
ELFENBEIN-KÜSTE
Yamous-soukro
GHANA
TOGO
BENIN
Porto-Novo
Lomé
Accra
NIGERIA
Abuja
DSCHIBUTI
Djibouti
Adis Abeba
ÄTHIOPIEN
SOMALIA
KAMERUN
ZENTRAL-AFRIK.REP.
Bangui
Malabo
SÃO TOMÉ U. PRÍNCIPE
São Tomé
Yaoundé
REP. KONGO
ÄQUATORIAL-GUINEA
Libreville
GABUN
UGANDA
Kampala
KENIA
Muqdisho (Mogadischu)
Nairobi
Äquator
RUANDA
Kigali
BURUNDI
Bujumbura
Brazzaville
Kinshasa
DEM.REP. KONGO
TANSANIA
Dodoma
Victoria
SEYCHELLEN
Ascension (GB)
Luanda
ANGOLA
KOMOREN
Moroni
Mayotte (FR)
SAMBIA
Lusaka
Lilongwe
MALAWI
St. Helena (GB)
Harare
MOSAMBIK
Antananarivo
MAURITIUS
Port Louis
NAMIBIA
SIMBABWE
MADAGASKAR
Südlicher Wendekreis
Windhoek
BOTSUANA
Gaborone
Tshwane (Pretoria)
Maputo
Réunion (FR)
Johannesburg
Mbabane
SWASILAND
SÜDATLANTISCHER OZEAN
Maseru
LESOTHO
SÜDAFRIKA
INDISCHER OZEAN
Cape Town (Kapstadt)
Kap der Guten Hoffnung
Tristan da Cunha (GB)
Prinz-Eduard-Inseln (SA)
Crozetinseln (FR)

Nordpolarmeer
Ostsibirische See
Beringmeer
Barentssee
Karasee
Laptewsee
Nördlicher Polarkreis
Murmansk
Kaliningrad (Königsberg)
Sankt-Peterburg
Moskva (Moskau)
Perm'
Samara
Wolga
Don
Ekaterinburg
Čeljabinsk
Omsk
Ob
Jenissej
Lena
Kolyma
Kamtschatka
Jakutsk
Ochotskisches Meer
Sachalin
Kurilen
RUSSISCHE FÖDERATION
Novosibirsk
Irkutsk
Baikalsee
Amur
Chabarovsk
Vladivostok
Sapporo
Japanisches Meer/ Ostmeer
JAPAN
Tokio
Yokohama
Ōsaka
Hiroshima
Nanseiinseln
Ural
Irtysch
Astana
KASACHSTAN
Kaspisches Meer
Aralsee
Balchaschsee
GEORGIEN
ARMENIEN
ASERBAID-SCHAN
IRAK
USBEKISTAN
TURKMENISTAN
Biškek
Toshkent
KIRGISISTAN
Ašgabad
TADSCHIKISTAN
Dušanbe
Tehrān
IRAN
AFGHANISTAN
Kābol
KUWAIT
BAHRAIN
KATAR
VAE
OMAN
Islāmābād
PAKISTAN
Indus
Karāchi
Ulaanbaatar
MONGOLEI
Ürümqi
Shenyang
DVR KOREA
P'yŏngyang
Sŏul
REP. KOREA
Beijing (Peking)
Tianjin
VOLKSREPUBLIK CHINA
Xi'an
Shanghai
Wuhan
Tibet
Changsha
Jangtsekiang
T'aipei
REP. CHINA
Guangzhou (Kanton)
Xianggang (Hongkong)
PAZIFISCHER OZEAN
New Delhi
NEPAL
Kāthmāndau
BHUTAN
Thimphu
Ganges
Dhaka
Nördlicher Wendekreis
Kolkata (Kalkutta)
INDIEN
Mumbai (Bombay)
BANGLA-DESCH
MYAN-MAR
LAOS
Viangchan
Ha Noi
Hainan
VIETNAM
Mekong
Yangon
THAILAND
Krung Thep (Bangkok)
KAMBODSCHA
Phnum Pénh
Ho Chi Minh (Saigon)
Luzon
Manila
PHILIPPINEN
Süd-chinesisches Meer
Sokotra (YE)
Arabisches Meer
Lakkadiven (IN)
Godavari
Chennai (Madras)
Golf von Bengalen
Andamanen (IN)
Nikobaren (IN)
Male'
MALEDIVEN
Colombo
SRI LANKA
Bandar Seri Begawan
BRUNEI
MALAYSIA
Kuala Lumpur
SINGAPUR
Äquator
Borneo
Celebes
Sumatra
INDONESIEN
Dili
Jakarta
Java
Bali
TIMOR-LESTE
INDISCHER OZEAN
Tschagosinseln (GB)
Diego Garcia (GB)
Weihnachts-insel (AU)
Kokosinseln (AU)
Rodrigues (MU)
Südlicher Wendekreis
AUSTRALIEN
Perth
500 km
Amsterdam (FR)
St. Paul (FR)
60°
0°
20°
40°
60°
80°
100°
120°
140°
160°
80°
60°
40°
20°
0°
20°

Nordpolarmeer
Beringstraße
Beringmeer
Beaufortsee
Magnetischer Nordpol
Grönlandsee
Grönland (DK)
Alaska (US)
Yukon
Anchorage
Aleuten
Golf von Alaska
Juneau
Ellesmere
Victoria
Baffinbai
Baffin
Mackenzie
Großer Bärensee
Yellowknife
Großer Sklavensee
Nördlicher Polarkreis
Nuuk (Godthåb)
KANADA
Edmonton
Victoria
Vancouver
Seattle
Calgary
Hudsonbai
Labradorsee
Labrador
Winnipegsee
Winnipeg
Snake
Missouri
Oberer See
VEREINIGTE STAATEN VON AMERIKA
Salt Lake City
San Francisco
Los Angeles
San Diego
Tijuana
Colorado
Denver
Québec
Montréal
Ottawa
Toronto
Detroit
Chicago
Columbus
Indianapolis
Boston
New York
Philadelphia
Washington D.C.
Phoenix
Santa Fe
Arkansas
Mississippi
Ciudad Juárez
Rio Grande
Golf von Kalifornien
Dallas
Houston
San Antonio
New Orleans
Jacksonville
ATLANTISCHER OZEAN
Bermuda (GB)
Sargassosee
PAZIFISCHER OZEAN
MEXIKO
Monterrey
Golf von Mexiko
Miami
BAHAMAS
Nassau
Guadalajara
Léon
Ciudad de México
Puebla
Acapulco
Mérida
La Habana (Havanna)
KUBA
Nördlicher Wendekreis
BELIZE
Belmopan
Guatemala
GUATEMALA
San Salvador
EL SALVADOR
HONDURAS
Tegucigalpa
NICARAGUA
Managua
San José
COSTA RICA
Panamakanal
Panamá
PANAMA
Kingston
JAMAIKA
HAITI
Port-au-Prince
DOMINIK. REP.
Santo Domingo
Puerto Rico (US)
San Juan
Karibisches Meer
KOLUMBIEN
VENEZUELA
Hawaii (US)
Honolulu

400 km
Karibisches Meer
Kleine Antillen
Barranquilla
Maracaibo
Caracas
Port-of-Spain
TRINIDAD u. TOBAGO
Cumaná
Orinoco
PANAMA
Medellín
Georgetown
Paramaribo
VENEZUELA
GUYANA
SURI-NAME
Cayenne
Franz.-Guayana (FR)
Santa Fe de Bogotá
Cali
KOLUMBIEN
Rio Negro
Äquator
Quito
ECUADOR
Guayaquil
Manaus
Amazonas
Belém
Iquitos
Tocantins
Fortaleza
Juruá
Madeira
Tapajós
Xingu
Ucayali
Natal
PERU
BRASILIEN
Recife
São Francisco
Callao
Lima
Huancayo
BOLIVIEN
Salvador
Arequipa
La Paz
Brasília
Sucre
Belo Horizonte
PARAGUAY
Paraguay
Nova Iguaçu
São Paulo
Rio de Janeiro
Südlicher Wendekreis
Antofagasta
Asunción
Curitiba
PAZIFISCHER OZEAN
CHILE
ATLANTISCHER OZEAN
Uruguay
Paraná
Pôrto Alegre
Córdoba
Mendoza
Rosario
URUGUAY
Santiago de Chile
Buenos Aires
Montevideo
ARGENTINIEN
Bahía Blanca
Falkland-inseln (GB)
Magellan-Straße
Punta Arenas
Kap Hoorn
GROSSBRITANNIEN
ATLANTISCHER OZEAN
NORWEGEN
Südlicher Polarkreis
ARGENTINIEN
INDISCHER OZEAN
Weddell-meer
CHILE
Bellings-hausensee
5140
Geogr. Südpol
AUSTRALIEN
Amundsensee
Rossmeer
PAZIFISCHER OZEAN
FR
NEUSEELAND

KUBA
Windwardpassage
HAITI
DOMINIKANISCHE REPUBLIK
Port-au-Prince
Santo Domingo
Monapassage
ATLANTISCHER OZEAN
200 km
San Juan
Puerto Rico (US)
Jungferninseln (US/GB)
Anguilla (GB)
zu FR
zu NL
ANTIGUA UND BARBUDA
Basseterre
Saint John's
ST. KITTS UND NEVIS
Montserrat (GB)
Guadeloupe (FR)
Avesinsel (VE)
Roseau
DOMINICA
Martinique (FR)
Castries
ST. LUCIA
Kingstown
BARBADOS
ST. VINCENT UND DIE GRENADINEN
Bridgetown
Karibisches Meer
Niederländische Antillen (NL)
Aruba
Curaçao
Bonaire
Saint George's
GRENADA
TRINIDAD UND TOBAGO
Port of Spain
KOLUMBIEN
VENEZUELA
75°
70°
65°
60°
20°
15°
10°

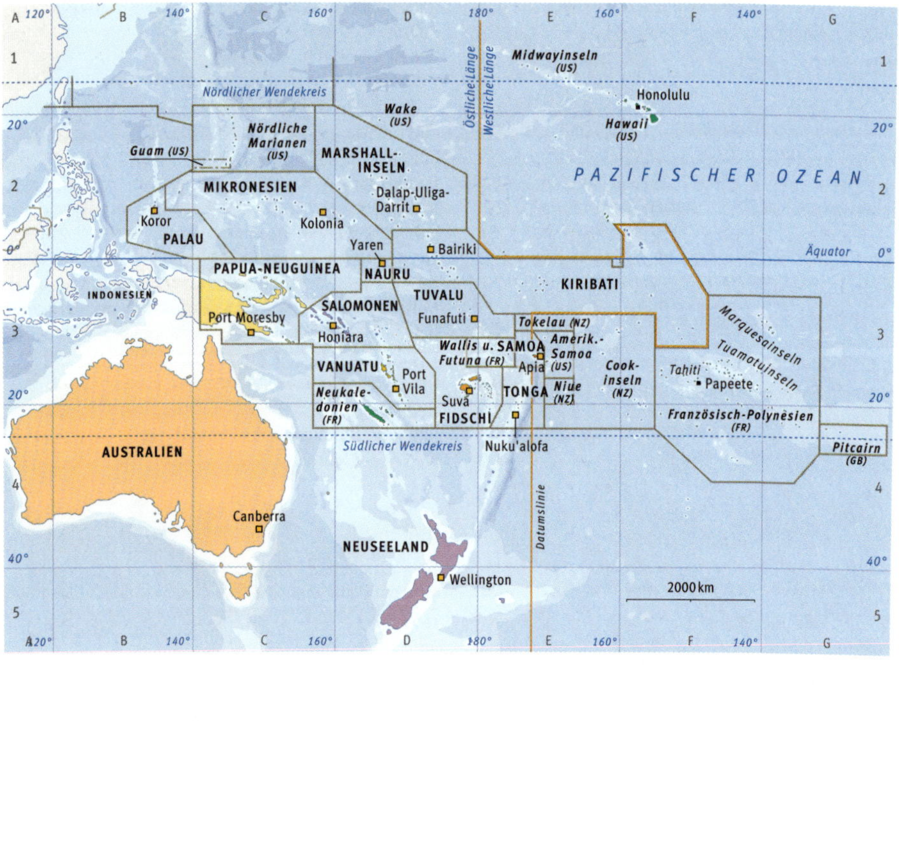
Midwayinseln (US)
Östliche Länge
Westliche Länge
Nördlicher Wendekreis
Honolulu
Hawaii (US)
Wake (US)
Nördliche Marianen (US)
Guam (US)
MARSHALL-INSELN
PAZIFISCHER OZEAN
MIKRONESIEN
Dalap-Uliga-Darrit
Koror
Kolonia
PALAU
Yaren
Bairiki
Äquator
PAPUA-NEUGUINEA
NAURU
KIRIBATI
INDONESIEN
TUVALU
SALOMONEN
Funafuti
Port Moresby
Honiara
Tokelau (NZ)
Wallis u. Futuna (FR)
SAMOA
Amerik.-Samoa (US)
Apia
Marquesainseln
Tuamotuinseln
VANUATU
Port Vila
Cook-inseln (NZ)
Tahiti
Papeete
Neukaledonien (FR)
Suva
TONGA
Niue (NZ)
FIDSCHI
Französisch-Polynesien (FR)
Südlicher Wendekreis
Nuku'alofa
Pitcairn (GB)
AUSTRALIEN
Datumslinie
Canberra
NEUSEELAND
Wellington
2000 km
A B C D E F G
1 2 3 4 5
120° 140° 160° 180° 160° 140°
20° 0° 20° 40°

Entstehung und Entwicklung der EU

Am Anfang des europäischen Integrationsprozesses stand der

- Vertrag über die **Gründung der Europäischen Gemeinschaft für Kohle und Stahl (EGKS / Montanunion)**, der am 18. 4. 1951 in Paris durch Belgien, die BR Deutschland, Frankreich, Italien, Luxemburg sowie die Niederlande unterzeichnet wurde und am 27. 7. 1952 in Kraft trat. Ziel war ein gemeinsamer Markt für Kohle und Stahl. Nach Ablauf des auf 50 Jahre befristeten Vertrags am 23. 7. 2002 wurden diese beiden Bereiche dem Recht der Europäischen Gemeinschaft unterstellt.

Nach dem Beschluss der Außenminister der EGKS-Staaten vom 1./2. 6. 1955 in Messina (Italien), die Integration auf alle Wirtschaftsbereiche auszudehnen, unterzeichneten diese sechs Staaten am 25. 3. 1957 in Rom die **Römischen Verträge**, (1. 1. 1958 in Kraft):

- Vertrag zur **Gründung der Europäischen Wirtschaftsgemeinschaft (EWG)**: Ziel ist die Errichtung eines Gemeinsamen Marktes und die schrittweise Annäherung der nationalen Wirtschaftspolitiken.
- Vertrag zur **Gründung der Europäischen Atomgemeinschaft (Euratom / EAG)**: Ziel ist die Förderung der friedlichen Nutzung der Kernenergie.

EGKS (bis 2002), EWG und Euratom bilden zusammen die **Europäischen Gemeinschaften**. Sie haben seit dem so genannten **Fusionsvertrag** (in Kraft 1. 7. 1967) einen gemeinsamen Rat (Ministerrat) und eine gemeinsame Kommission; deren Befugnisse waren jedoch bei der EGKS anders geregelt als bei der EWG und Euratom. Die Parlamentarische Versammlung (heute: Europäisches Parlament) und der Gerichtshof waren für alle drei Gemeinschaften zuständig.

Die erste grundlegende Änderung und Ergänzung der Gründungsverträge, die v. a. die EWG betraf, erfolgte durch die **Einheitliche Europäische Akte** (EEA, in Kraft 1. 7. 1987). Durch sie wurden die Organe der Gemeinschaft gestärkt, die Kompetenzen der Gemeinschaft und die Ziele der Integration erweitert sowie die **Schaffung des europäischen Binnenmarkts** bis Ende 1992 festgeschrieben.

Die zweite und bisher grundlegendste Änderung und Ergänzung ist der am 1. 11. 1993 in Kraft getretene **Vertrag über die Europäische Union (EU-Vertrag)**. Er bildet die Grundlage für die Vollendung der Europäischen Wirtschafts- und Währungsunion (EWWU) sowie für weitere politische Integrationsschritte, insbesondere eine Gemeinsame Außen- und Sicherheitspolitik (GASP) und eine Zusammenarbeit in den Bereichen Justiz und Inneres. Mit der **Einführung des Euro** als neue gemeinsame eigenständige Währung in elf EU-Staaten (seit 2001: zwölf; ab 2007: 13) begann am 1. 1. 1999 termingerecht die dritte Stufe der EWWU; zum 1. 1. 2002 wurde in diesen zwölf EU-Staaten das Euro-Bargeld eingeführt.

Durch den am 1. 5. 1999 in Kraft getretenen **Vertrag von Amsterdam** wurden die Stellung der Gemeinschaftsorgane gestärkt, die Kompetenzen der Gemeinschaft erweitert, Diskriminierung verboten, Kohärenz, Effizienz und Transparenz der GASP verbessert sowie als neues Ziel der Union die **Schaffung eines Raums der Freiheit, der Sicherheit und des Rechts** festgeschrieben.

Vor dem Hintergrund der Krisen auf dem Balkan beschloss der Europäische Rat (ER) 1999, die **Europäische Sicherheits- und Verteidigungspolitik** (ESVP) zu entwickeln. Zivile bzw. militärische Krisenmanagementeinsätze im Rahmen der ESVP werden seit 2003 durchgeführt. Seit den Terroranschlägen gegen die USA am 11. 9. 2001 ist die **Bekämpfung des Terrorismus** ein vorrangiges Ziel der EU.

Der umstrittene **Vertrag von Nizza** (in Kraft 1. 2. 2003) beinhaltet die institutionellen Reformen, die notwendig sind, damit die EU auch nach der Erweiterung handlungs- und entscheidungsfähig bleibt. Die meisten institutionellen Änderungen wurden erst im Zuge der **fünften und bisher größten Erweiterung der EU** um zehn Staaten am 1. 5. 2004 wirksam.

Die Zukunft des von den Staats- und Regierungschefs sowie den Außenministern der 25 EU-Staaten am 29. 10. 2004 unterzeichneten **Vertrags über eine Verfassung für Europa**, der die erweiterte EU handlungsfähiger, demokratischer und transparenter machen soll, ist weiterhin ungewiss. Er kann nur nach Ratifizierung durch alle Mitgliedstaaten (bisher 15) in Kraft treten. Franzosen und Niederländer haben sich in Volksabstimmungen am 29. 5. bzw. 1. 6. 2005 mehrheitlich gegen den Verfassungsvertrag ausgesprochen. Die daraufhin vom ER am 16. 6. 2006 beschlossene Phase des Nachdenkens wurde von den Staats- und Regierungschefs (→ Foto) bis 2008 verlängert. Noch gibt es keinen Konsens über die weitere Vorgehensweise (→ Chronik).

Gipfeltreffen am 15. 6. 2006

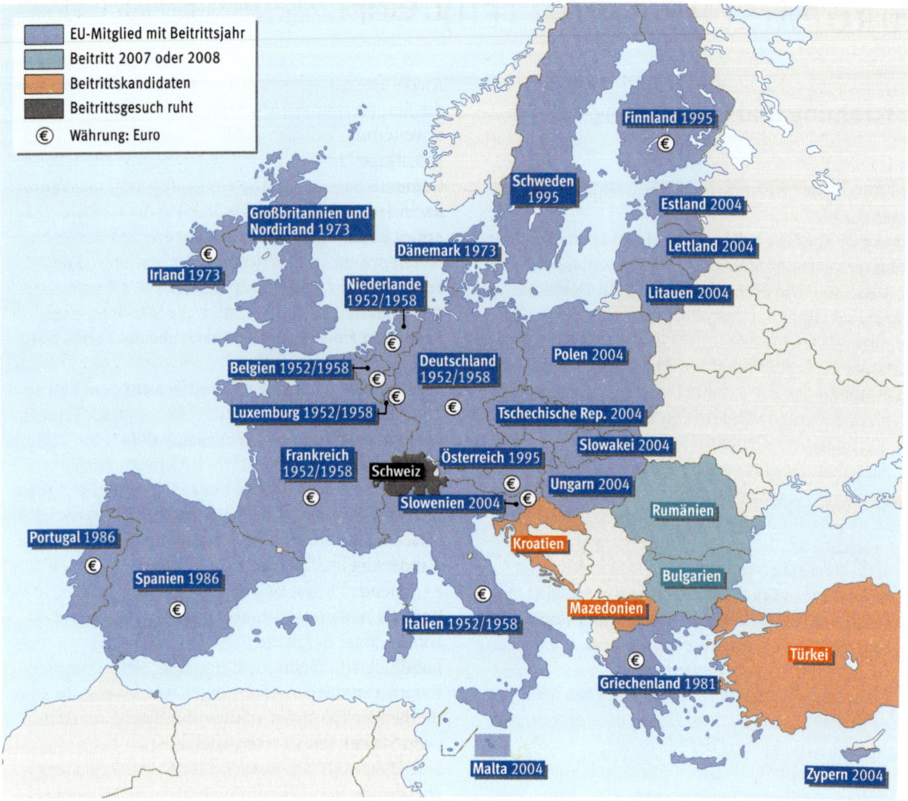

Mitgliedstaaten (25)

Seit der fünften und bisher größten Erweiterung der EU am 1. 5. 2004 um zehn Staaten – Estland, Lettland, Litauen, Malta, Polen, Slowakische Republik, Slowenien, Tschechische Republik, Ungarn und Zypern – hat die EU 25 Mitgliedstaaten mit zusammen rund 457 Mio. Einwohnern und einer Gesamtfläche von 4,0 Mio. km². Die meisten außereuropäischen Hoheitsgebiete von EU-Staaten gehören entweder zur EU oder sind dieser assoziiert.

Amtssprachen (21)

Dänisch, Deutsch, Englisch, Estnisch, Finnisch, Französisch, Griechisch, Irisch (ab 2007; bisher nur Vertragssprache), Italienisch, Lettisch, Litauisch, Maltesisch, Niederländisch, Polnisch, Portugiesisch, Schwedisch, Slowakisch, Slowenisch, Spanisch, Tschechisch und Ungarisch. In begrenztem Umfang können zusätzlich von den Mitgliedstaaten auf nationaler oder regionaler Ebene anerkannte Sprachen auf Antrag und auf eigene Kosten verwendet werden; bisher für die Regionalsprachen Spaniens (Baskisch, Galicisch, Katalanisch).

Beitrittsländer

Bulgarien (Beitrittsgesuch 16. 12. 1995) und **Rumänien** (22. 6. 1995) werden der EU am 1. 1. 2007 oder 1. 1. 2008 beitreten, sofern der am 25. 4. 2005 unterzeichnete Beitrittsvertrag bis dahin auch von allen 25 EU-Staaten ratifiziert ist (→ Chronik).

Beitrittsgesuche

Kroatien (21. 2. 2003; seit 18. 6. 2004 * Status eines Beitrittskandidaten; Beitrittsverhandlungen am 4. 10. 2005 eröffnet), **Mazedonien** (22. 3. 2004; seit 16. 12. 2005*), **Schweiz** (26. 5. 1992; Gesuch ruht) und **Türkei** (12. 4. 1987; seit 10. 12. 1999* ; Beitrittsverhandlungen am 4. 10. 2005 eröffnet).

Die EU verfügt über einen einheitlichen institutionellen Rahmen. Sie besteht seit 2002 aus den zwei Gemeinschaften EG (erster Pfeiler der EU) und Euratom, die jeweils eine eigene Rechtspersönlichkeit besitzen und durch ihre Organe im Rahmen ihrer Befugnisse vertreten werden (Gemeinschaftsmethode), sowie aus den Bereichen Gemeinsame Außen- und Sicherheitspolitik (zweiter Pfeiler) und polizeiliche und justizielle Zusammenarbeit in Strafsachen (dritter Pfeiler), in denen die Beschlussfassung im Rahmen der Regierungszusammenarbeit erfolgt und den Gemeinschaftsorganen nur eine begrenzte Rolle eingeräumt wird.

Gemeinschaftlicher Besitzstand (aquis communautaire)

Der sich ständig weiter entwickelnde Gemeinschaftliche Besitzstand beinhaltet die Rechte und Pflichten, die für alle EU-Mitgliedstaaten verbindlich sind. Er umfasst die von den Parlamenten der Mitgliedstaaten ratifizierten Gründungsverträge der drei Gemeinschaften EGKS, EWG und Euratom sowie die v. a. durch die EEA (1987), den EU-Vertrag (1993, 1999, 2003) und die verschiedenen Beitrittsverträge erfolgten Änderungen und Ergänzungen dieser Verträge (Primärrecht), die in Anwendung der Verträge von den Gemeinschaftsorganen erlassenen Rechtsvorschriften (abgeleitetes Recht), die Rechtsprechung des EuGH, die im Rahmen der Union angenommenen Erklärungen und Entschließungen, die Rechtsakte in den Bereichen GASP sowie Justiz und Inneres, die Abkommen der EG mit Drittstaaten und internationalen Organisationen sowie die Übereinkünfte zwischen EU-Staaten in Bereichen, die unter die Tätigkeit der Union fallen.

Das Primärrecht, das Ziele, Tätigkeitsgebiete, Organisation und Funktionsweise beinhaltet, und das abgeleitete Recht bilden zusammen das Gemeinschaftsrecht im engeren Sinne. Die von EP und Rat gemeinsam, Rat oder Kommission im Rahmen der EG erlassenen Rechtsvorschriften haben einen unterschiedlichen Grad an Verbindlichkeit: Verordnungen sind in allen Teilen verbindlich, gelten unmittelbar in jedem Mitgliedstaat und müssen nicht erst in nationales Recht umgesetzt werden. Richtlinien geben den Mitgliedstaaten Ziele verbindlich vor, überlassen ihnen jedoch Form und Mittel der Umsetzung in nationales Recht. Entscheidungen betreffen einzelne Adressaten und sind in allen Teilen für diejenigen verbindlich, an die sie gerichtet sind (Mitgliedstaat oder natürliche/juristische Person). Empfehlungen und Stellungnahmen sind nicht rechtsverbindlich. Die Rechtsakte können vom → EuGH überprüft werden.

1. Europäische Gemeinschaft (EG)

An die Stelle der EWG trat durch den EU-Vertrag (1993) die Europäische Gemeinschaft (EG) mit neuen bzw. erweiterten Kompetenzen.

Aufgabe (Art. 2 EG-Vertrag) ist es, »in der ganzen Gemeinschaft eine harmonische, ausgewogene und nachhaltige Entwicklung des Wirtschaftslebens, ein hohes Beschäftigungsniveau und ein hohes Maß an sozialem Schutz, die Gleichstellung von Männern und Frauen, ein beständiges, nichtinflationäres Wachstum, einen hohen Grad von Wettbewerbsfähigkeit und Konvergenz der Wirtschaftsleistungen, ein hohes Maß an Umweltschutz und Verbesserung der Umweltqualität, die Hebung der Lebenshaltung und der Lebensqualität, den wirtschaftlichen und sozialen Zusammenhalt und die Solidarität zwischen den Mitgliedstaaten zu fördern«.

Die **Politiken der Gemeinschaft** umfassen freien Verkehr von Waren, Personen, Dienstleistungen und Kapital (Binnenmarkt), Landwirtschaft, Visa, Asyl, Einwanderung und andere den freien Personenverkehr betreffende Politiken, Verkehr, gemeinsame Regeln betreffend Wettbewerb, Steuerfragen und Angleichung von Rechtsvorschriften, Wirtschafts- und Währungspolitik, Beschäftigung, gemeinsame Handelspolitik, Zusammenarbeit im Zollwesen, Sozialpolitik, allgemeine und berufliche Bildung und Jugend, Kultur, Gesundheitswesen, Verbraucherschutz, Transeuropäische Netze (TEN), Industrie, wirtschaftlicher und sozialer Zusammenhalt (Kohäsion), Forschung und technologische Entwicklung, Umwelt und Entwicklungszusammenarbeit.

Kompetenzen: Die EG besitzt Rechtspersönlichkeit. Sie kann im Rahmen der ihr von den Mitgliedstaaten im EG-Vertrag zugewiesenen Befugnisse und gesetzten Ziele durch ihre supranationalen Organe mit exekutiven Befugnissen Recht setzen, das nicht nur für die Gemeinschaft und ihre Organe, sondern auch für die Mitgliedstaaten und deren natürliche und juristische Personen unmittelbar gilt. Die Erfordernisse des Umwelt-, Gesundheits- und Verbraucherschutzes sowie das Ziel eines hohen Beschäftigungsniveaus sind bei Festlegung und Durchführung aller Gemeinschaftspolitiken zu berücksichtigen. Nach dem **Subsidiaritätsprinzip** (Art. 5 EG-Vertrag) wird die Gemeinschaft in den Bereichen, die nicht in ihre ausschließliche Zuständigkeit fallen, nur tätig, sofern und soweit die Ziele der Maßnahmen auf Ebene der Mitgliedstaaten nicht ausreichend und daher wegen ihres Umfangs oder ihrer Wirkungen besser auf Gemeinschaftsebene erreicht werden können. Ein Protokoll zum Vertrag von Amsterdam präzisiert Bedingungen und Kriterien für die Anwendung der Grundsätze der Subsidiarität und der Verhältnismäßigkeit.

Das Ausmaß, in dem die Mitgliedstaaten ihre einzelstaatliche Souveränität den Gemeinschaftsorganen übertragen haben, hängt vom Tätigkeitsgebiet ab: eine einheitliche Geld- und Wechselkurspolitik in den EU-Staaten, die den Euro als gemeinsame Währung eingeführt haben, eine gemeinsame Politik (z. B. Landwirtschaft, Fischerei, Verkehr, Handel), eine enge Koordinierung (z. B. Wirtschaftspolitik), eine Politik (z. B. Umwelt- und Sozialpolitik, Entwicklungszusammenarbeit), ein Beitrag (z. B. Bildung, Kultur und Gesundheitswesen, bei denen »jegliche Harmonisierung der Rechts- und Verwaltungsvorschriften der Mitgliedstaaten« ausgeschlossen ist, sowie Verbraucherschutz), Maßnahmen (z. B. freier Personenverkehr, Energie, Katastrophenschutz, Fremdenverkehr) oder Förderung (z. B. Koordinierung der Beschäftigungspolitik, Forschung).

Unionsbürgerschaft: Durch die mit dem EU-Vertrag (1993) eingeführte, die nationale Staatsbürgerschaft ergänzende Unionsbürgerschaft erhielten die Staatsangehörigen der Mitgliedstaaten bestimmte Rechte: u. a. sich in der EU frei zu bewegen und aufzuhalten, aktives und passives Wahlrecht am Wohnsitz bei Kommunalwahlen und EP-Wahlen, diplomatischen Schutz in Drittstaaten, Petitionsrecht beim EP und Recht auf Anhörung durch den Bürgerbeauftragten.

Raum der Freiheit, der Sicherheit und des Rechts

Im Vertrag von Amsterdam (1999) wurde als neues Ziel der Union die Schaffung eines Raums der Freiheit, der Sicherheit und des Rechts festgelegt, »in dem in Verbindung mit geeigneten Maßnahmen in Bezug auf die Kontrollen an den Außengrenzen, das Asyl, die Einwanderung sowie die Verhütung und Bekämpfung der Kriminalität der freie Personenverkehr gewährleistet ist«. Dänemark (ausgenommen Visapolitik), Großbritannien und Irland haben einen Sonderstatus.

Der Schengen-Besitzstand – v. a. Abschaffung der Personenkontrollen an den Binnengrenzen und Schengener Informationssystem (SIS), eine zentrale Datenbank für gesuchte Personen, Gegenstände und Fahrzeuge – wurde von fünf Mitgliedstaaten, die die Freizügigkeit schneller verwirklichen wollten, außerhalb des rechtlichen Rahmens der EU geschaffen. Seit er 1999 mit einem Protokoll zum Vertrag in den EU-Rahmen einbezogen wurde, fällt die Zusammenarbeit der Mitgliedstaaten, die die Schengen-Übereinkommen (1985 und 1990, in Kraft 1995) unterzeichnet haben, unter den rechtlichen und institutionellen Rahmen der EU. Seit 25. 3. 2001 sind 13 der nun 25 EU-Staaten, ohne Großbritannien, Irland und die zehn neuen Mitgliedstaaten, sowie Island und Norwegen Anwenderstaaten (Schweiz voraussichtlich ab 2008); Irland (seit 1. 4. 2002) und Großbritannien (seit 22. 12. 2004) wenden einzelne Bestimmungen des Schengen-Besitzstands an.

Das vom ER am 4./5. 11. 2004 angenommene zweite Rahmenprogramm für 2005–2009 zur Stärkung von Freiheit, Sicherheit und Recht in der EU (Haager Programm; 1999–2004: Tampere Programm) behandelt alle Aspekte von Politikbereichen, die einen Bezug zum Raum der Freiheit, der Sicherheit und des Rechts haben, einschl. ihrer außenpolitischen Dimension; dies sind v. a. Grundrechte und Unionsbürgerschaft, Asyl und Einwanderung, Integration, Kontrollen der EU-Außengrenzen, Verhütung und Bekämpfung von Terrorismus und organisierter Kriminalität, justizielle Zusammenarbeit in Straf- und Zivilsachen sowie polizeiliche Zusammenarbeit. Der Rat billigte am 2./3. 6. 2005 einen Aktionsplan mit konkreten Maßnahmen zur Umsetzung dieses Programms.

In den Bereichen Asyl, Einwanderung, Kontrolle der EU-Außengrenzen und justizielle Zusammenarbeit in Zivilsachen, die 1999 vom dritten Pfeiler der EU (zwischenstaatliche Zusammenarbeit) in den Gemeinschaftsrahmen (erster Pfeiler der EU) überführt worden waren, ist nach Ablauf der fünfjährigen Übergangsfrist zum 1. 5. 2004 durch einstimmigen Beschluss des Rats der Übergang von der Einstimmigkeit im Rat zur Beschlussfassung mit qualifizierter Mehrheit und Mitentscheidung des EP möglich; in der gemeinsamen Visapolitik erfolgte der Übergang bereits 1999. Bei der polizeilichen und justiziellen Zusammenarbeit in Strafsachen besteht weiterhin Zwang zur Einstimmigkeit.

Europäische Wirtschafts- und Währungsunion (EWWU)

Grundlage für die EWWU, die seit 1. 7. 1990 in drei Stufen verwirklicht wurde, bildet der EU-Vertrag (1993). Am 1. 1. 1999 traten elf EU-Staaten in die **Endstufe der EWWU** ein: In Belgien, Deutschland, Finnland, Frankreich, Irland, Italien, Luxemburg, Niederlande, Österreich, Portugal und Spanien wurde der Euro als neue **gemeinsame eigenständige Währung** eingeführt. Griechenland trat der Euro-Zone am 1. 1. 2001 bei. Die Verantwortlichkeit für die Geldpolitik in der Europäischen Währungsunion wurde von den nationalen Zentralbanken der teilnehmenden EU-Staaten auf die unabhängige EZB übertragen. Eine einheitliche Geld- und Währungspolitik verfolgen beide, vorrangig das Ziel der Preisstabilität (von der EZB definiert durch einen anhaltenden Anstieg des Harmonisierten Verbraucherpreisindexes für das Euro-Währungsgebiet von unter, aber nahe 2 % gegenüber dem Vorjahr). Wirtschafts- und Finanzpolitik bleiben grundsätzlich in nationaler Verantwortung, sind aber als Angelegenheit von gemeinsamem Interesse zu betrachten. Der Euro (EUR, €), der seit 1. 1. 1999 nur im bargeldlosen Zahlungsverkehr an die Stelle der nationalen Währungen getreten war, ist seit 1. 1. 2002 gesetzliches Zahlungsmittel in den zwölf Staaten des Euro-Währungsgebiets. Gegenüber den Währungen von Drittstaaten und den 13 EU-Staaten, die den Euro noch nicht eingeführt haben, ist der Euro flexibel.

Der **Stabilitäts- und Wachstumspakt** (SWP), der am 1. 1. 1999 in Kraft trat, hat zum Ziel, eine dauerhafte Stabilitätsorientierung der auch nach Einführung des Euro in nationaler Kompetenz verbleibenden Finanzpolitik zu erreichen. Der Rat prüft, ob die von allen EU-Staaten jährlich vorzulegenden aktualisierten Stabilitäts- (Euroländer) bzw. Konvergenzprogramme mit den vom Rat angenommenen »Grundzügen der Wirtschaftspolitik der Mitgliedstaaten und der Gemeinschaft«, dem zentralen Element der wirtschaftspolitischen Koordinierung, und den Zielen des SWP in Einklang stehen. Gegen einen Mitgliedstaat des Euro-Währungsgebiets, dessen Neuverschuldung 3 % des BIP übersteigt und der die notwendigen Maßnahmen zur Haushaltskonsolidierung innerhalb bestimmter Fristen nicht ergreift, kann der Rat (nur die Euro-Staaten ohne Stimmrecht des betroffenen Staats) mit Zweidrittelmehrheit Sanktionen verhängen. Die vor dem Hintergrund der schwierigen Finanzlage in mehreren Staaten des Euro-Währungsgebiets am 22./23. 3. 2005 vom ER beschlossene Lockerung des SWP (→ WA 2005, S. 554f.) sieht im Wesentlichen eine stärkere Berücksichtigung der länderspezifischen Gegebenheiten vor. Die bisherige Verpflichtung der Mitgliedstaaten, mittelfristig einen nahezu ausgeglichenen oder einen Überschuss aufweisenden Haushalt anzustreben, wurde durch länderspezifische mittelfristige Haushaltsziele mit einem konjunkturabhängigen Konsolidierungspfad ersetzt. EZB und Kommission wiesen im Berichtszeitraum 2005/2006 erneut darauf hin, dass in vielen EU-Staaten weitere umfassende Strukturreformen v. a. bei Arbeits- und Gütermärkten sowie Sozialversicherungssystemen erforderlich sind, um solide öffentliche Finanzen und kräftiges Wirtschaftswachstum zu erreichen und um die wirtschaftlichen und haushaltspolitischen Auswirkungen einer alternden Bevölkerung aufzufangen.

Dänemark, Großbritannien, Schweden und die zehn neuen EU-Staaten nehmen zwar an der EWWU teil, jedoch als »Mitgliedstaaten, für die eine Ausnahmeregelung gilt«: Sie gehören zunächst nicht dem Euro-Währungsgebiet an; Geld- und Währungspolitik verbleiben also in nationaler Verantwortung. **Dänemark** und **Großbritannien** machen von der nur diesen beiden Staaten im EU-Vertrag eingeräumten »Opting-out«-Klausel Gebrauch und verzichten vorerst auf eine Teilnahme. **Schweden**, das dem Wechselkursmechanismus WKM II noch nicht beigetreten ist, und die **zehn neuen EU-Staaten** sind zur Einführung des Euro verpflichtet, haben sich hierfür aber noch nicht qualifiziert. Sie können den Euro einführen, sobald nach dem im EG-Vertrag vorgesehenen Verfahren auf Grundlage der Konvergenzkriterien (→ unten) ein ausreichendes Maß an dauerhafter Konvergenz festgestellt wird und die nationale Zentralbank die rechtlichen Anforderungen erfüllt, um integraler Bestandteil des ESZB zu werden. Die Kommission empfahl am 16. 5. 2006 auf der Grundlage der von ihr und von der EZB am selben Tag vorgelegten Konvergenzberichte, dass **Slowenien** als Erster der neuen EU-Staaten zum 1. 1. 2007 den Euro einführen kann; die endgültige Entscheidung trafen die EU-Finanzminister am 11. 7. 2006. Der Antrag Litauens wurde von der Kommission abgelehnt, da eine notwendige Voraussetzung für die Einführung des Euro nicht erfüllt ist: Die durchschnittliche Inflationsrate in den vergangenen zwölf Monaten lag mit 2,7 % knapp über dem Referenzwert (derzeit 2,6 %); v. a. aber bestehen Zweifel an der Dauerhaftigkeit der Preisstabilität und damit an einer dauerhaften Konvergenz.

Konvergenzkriterien (Maastricht-Kriterien):

- Der Anstieg der Verbraucherpreise darf nicht mehr als 1,5 Prozentpunkte über der Teuerungsrate der drei preisstabilsten Mitgliedstaaten liegen.
- Staatsverschuldung und Haushaltsdefizit dürfen 60 % bzw. 3 % des BIP nicht überschreiten.
- Teilnahme am WKM II seit mind. zwei Jahren ohne starke Spannungen, insb. ohne Abwertung gegenüber dem Euro.
- Die langfristigen Zinssätze dürfen nicht höher liegen als zwei Prozentpunkte über dem Durchschnitt der drei preisstabilsten Mitgliedstaaten.

WKM II: Der Wechselkursmechanismus in der dritten Stufe der EWWU (WKM II, *1. 1. 1999), der die Währungen von EU-Staaten, die den Euro noch nicht eingeführt haben, an diesen bindet, schafft Anreize zur stabilitätsorientierten Ausrichtung der Wirtschafts- und Währungspolitik und wirkt spekulativ verursachten, nicht durch die volkswirtschaftlichen Fundamentaldaten gerechtfertigten Wechselkursschwankungen entgegen. Die Wechselkurse der am WKM II teilnehmenden Währungen dürfen von den festgelegten bilateralen Leitkursen gegenüber dem Euro um max. 15 % nach oben oder unten abweichen. Bei Erreichen der oberen bzw. unteren Grenzkurse sind die EZB und die Zentralbank des betroffenen, nicht zum Euro-Währungsgebiet gehörenden Staats zur Intervention in unbegrenzter Höhe verpflichtet. Leitkursänderungen sind im Einvernehmen möglich. Die Teilnahme am WKM II ist grundsätzlich freiwillig. Sie ist jedoch eine der Vorbedingungen für die spätere Einführung des Euro (→ Konvergenzkriterien).

Teilnehmer am WKM II: Dänische Krone (Schwankungsbreite von ±2,25 % um ihren bilateralen Leitkurs gegenüber dem Euro) sowie die Währungen von Estland, Lettland, Litauen, Malta, Slowakische Republik, Slowenien (bis 31. 12. 2006) und Zypern.

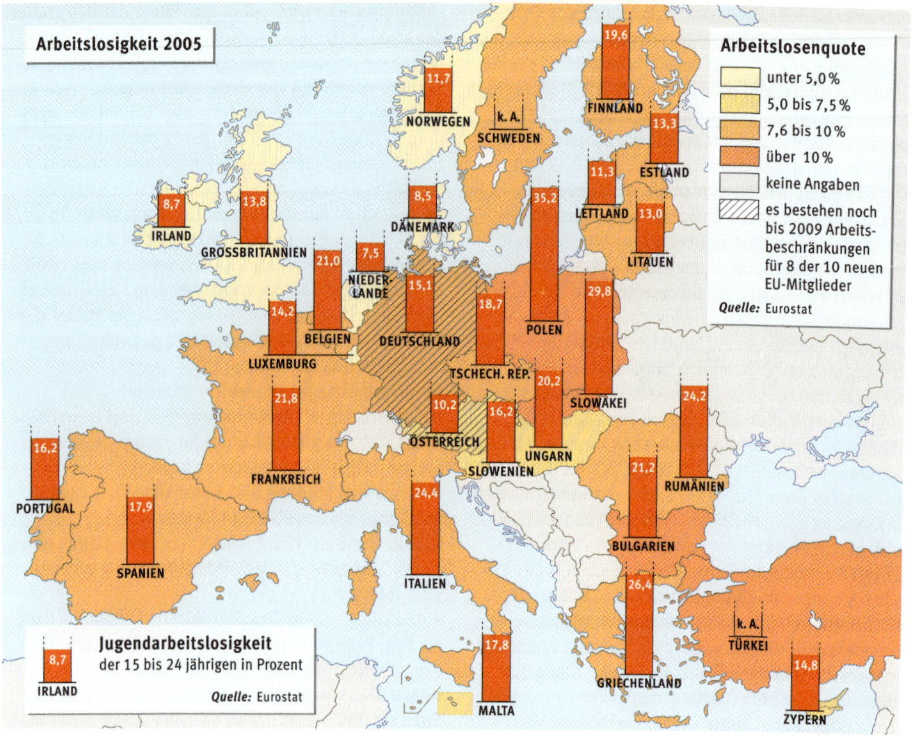

Regionalpolitik

Zwischen und in den EU-Staaten besteht ein großes Einkommens- und Wohlstandsgefälle. Mit der EU-Erweiterung 2004 haben die Disparitäten deutlich zugenommen. Ziel der Struktur- und des Kohäsionsfonds ist es, durch an Kofinanzierung aus den nationalen Haushalten gebundene Finanzhilfen für Programme und Projekte zur Verringerung der Ungleichgewichte zwischen Regionen und sozialen Gruppen sowie zur Stärkung des wirtschaftlichen, sozialen und territorialen Zusammenhalts in der EU beizutragen. Die zehn Staaten, die der EU 2004 beitraten, werden in die strukturpolitischen Maßnahmen nur schrittweise einbezogen.

- **Strukturfonds**: Wichtigstes Finanzinstrument zum Abbau der regionalen Disparitäten sind die vier Strukturfonds. Im Gegensatz zum Kohäsionsfonds können die Regionen aller EU-Staaten bei Erfüllung bestimmter Kriterien diese Strukturfonds in Anspruch nehmen. Für 2000–2006 sind insgesamt 209 Mrd. € in Preisen von 1999 vorgesehen (2006: 38,5 Mrd. €). Hauptempfänger sind Spanien, Italien, Deutschland, Griechenland, Portugal, Großbritannien, Frankreich und Polen.

Ziel 1: Förderung der Entwicklung und strukturellen Anpassung der Regionen mit Entwicklungsrückstand, d. h. Regionen mit einem Pro-Kopf-BIP von weniger als 75 % des EU-Durchschnitts, sowie Regionen in äußerster Randlage (französische Überseedepartements, Azoren, Madeira und Kanarische Inseln) und Gebiete mit sehr geringer Bevölkerungsdichte in Finnland und Schweden. Finanzierung durch die vier Strukturfonds sowie durch das Programm zur Unterstützung des Friedensprozesses in Nordirland (PEACE; 2000–2004: 500 Mio. €) und das Sonderprogramm für die schwedischen Küstengebiete (2000–2006: 350 Mio. €). 2005: 28 472 Mio. €; Hauptempfänger: Spanien, Griechenland, Italien, Deutschland, Portugal und Polen.

Ziel 2: Unterstützung der wirtschaftlichen und sozialen Umstellung der Regionen mit Strukturproblemen außerhalb der Ziel-1-Regionen. Der auf diese Gebiete entfallende Bevölkerungsanteil darf 18 % der EU-Gesamtbevölkerung nicht übersteigen. 2005: 3405 Mio. €, v. a. Frankreich, Großbritannien, Deutschland, Italien und Spanien.

Ziel 3: Anpassung und Modernisierung der Bildungs-, Ausbildungs- und Beschäftigungspolitiken und -sys-

teme. Finanzhilfen für Gebiete, die nicht unter Ziel 1 fallen. Das allein aus dem ESF finanzierte Ziel 3 dient zudem als Bezugsrahmen, um die Kohärenz mit allen in einem Mitgliedstaat zur Entwicklung der Humanressourcen durchgeführten Aktionen zu gewährleisten. 2005: 3989 Mio. €, v. a. Deutschland, Großbritannien, Frankreich und Italien.
Die vier Gemeinschaftsinitiativen beinhalten Förderung der grenzübergreifenden, transnationalen und interregionalen Zusammenarbeit (Interreg), wirtschaftliche und soziale Wiederbelebung von krisenbetroffenen Städten und Vorstädten (URBAN), Entwicklung des ländlichen Raums (Leader) und transnationale Zusammenarbeit zur Förderung neuer Methoden zur Bekämpfung von Diskriminierung und Ungleichheiten jeglicher Art beim Zugang zum Arbeitsmarkt (EQUAL). 2005 insg. 2372 Mio. €.

- **Europäischer Ausrichtungs- und Garantiefonds für die Landwirtschaft (EAGFL), Abteilung Ausrichtung:** *1962, Neuordnung 1999. Die Abteilung Ausrichtung finanziert in den Ziel-1-Regionen Maßnahmen zur Verbesserung der Effizienz der Erzeugungs-, Verarbeitungs- und Vermarktungsstrukturen für land- und forstwirtschaftliche Erzeugnisse sowie zur Entwicklung des endogenen Potenzials der ländlichen Gebiete (z. B. Maßnahmen zur Modernisierung und Diversifizierung der Betriebe, Niederlassungsbeihilfen für Junglandwirte). Die Abteilung Garantie (2005: 42,9 Mrd. €) übernimmt die Ausgaben im Zusammenhang mit der Gemeinsamen Agrarpolitik (Direktbeihilfen für Landwirte, die die neuen EU-Staaten nur schrittweise erhalten, und Kosten für garantierte Agrarpreise), flankierende Maßnahmen (z. B. Agrarumweltmaßnahmen, Vorruhestandsregelung) und Maßnahmen zur ländlichen Entwicklung außerhalb der Ziel-1-Regionen.
- **Europäischer Fonds für regionale Entwicklung (EFRE):** *1975, 1985 reorganisiert, Neuordnung 1999, zum Abbau regionaler Ungleichgewichte in der EU durch Finanzhilfen für Regionen mit Entwicklungsrückstand sowie zur wirtschaftlichen und sozialen Umstellung der Gebiete mit Strukturproblemen; wird im Rahmen der Ziele 1 und 2 tätig.
- **Europäischer Sozialfonds (ESF):** *1960, Neuordnung 1999. Finanzhilfen für Maßnahmen zur Vermeidung und Bekämpfung von Arbeitslosigkeit, zur Entwicklung der Humanressourcen und der sozialen Integration in den Arbeitsmarkt; wird in der gesamten EU im Rahmen aller drei Ziele, v. a. im Rahmen der Europäischen Beschäftigungsstrategie, tätig.
- **Finanzinstrument für die Ausrichtung der Fischerei (FIAF):** *1994, Neuordnung 1999, zur Verbesserung der Wettbewerbsfähigkeit und Entwicklung existenzfähiger Unternehmen in der Fischereiindustrie unter Berücksichtigung eines Gleichgewichts zwischen Fangkapazitäten und Fischbeständen; Finanzierung von Strukturmaßnahmen innerhalb und außerhalb der Ziel-1-Gebiete.
- **Kohäsionsfonds:** *1994, geändert 1999, zur finanziellen Unterstützung von Investitionsprojekten in den Bereichen Umweltschutz und Verkehrsinfrastruktur von gemeinsamem Interesse in Mitgliedstaaten mit einem Pro-Kopf-BNE von weniger als 90 % des EU-Durchschnitts. Fördermittel 2000–2006: 25,6 Mrd. € in Preisen von 1999; 2005: 6,0 Mrd. €. Förderfähig sind Griechenland, Portugal, Spanien und die zehn neuen EU-Staaten; Irland ist seit 2004 nicht mehr förderfähig.
- Der **EU-Solidaritätsfonds** (*2002), der Finanzhilfen bei Katastrophen größeren Ausmaßes in der EU oder den EU-Beitrittskandidaten leistet (max. 1 Mrd. € im Jahr), gewährte 2005 Estland, Lettland, Litauen, der Slowakischen Republik und Schweden wegen erheblicher Schäden durch Stürme insg. 99 Mio. €.

2. Gemeinsame Außen- und Sicherheitspolitik (GASP)

Entstehung: Die Information und Konsultation der Mitgliedstaaten in außenpolitischen Fragen im Rahmen der Europäischen Politischen Zusammenarbeit/EPZ (*1970, seit 1987 durch die EEA vertraglich geregelt) wurde durch den EU-Vertrag (1993) zu einer Gemeinsamen Außen- und Sicherheitspolitik (GASP) fortentwickelt (zweiter Pfeiler der EU); deren Kohärenz, Effizienz und Transparenz wurden durch den Vertrag von Amsterdam (1999) verbessert. Die GASP umfasst alle Bereiche der Außen- und Sicherheitspolitik, wozu auch die schrittweise Festlegung einer gemeinsamen Verteidigungspolitik gehört, die zu einer gemeinsamen Verteidigung führen könnte, falls der ER dies beschließt. Dänemark muss sich nicht an Beschlüssen mit verteidigungspolitischem Bezug beteiligen. Bisher ist die GASP nur in ersten Ansätzen vorhanden; sie ersetzt keinesfalls die nationalen Außenpolitiken.
Ziele (Art. 11 EU-Vertrag): Wahrung der gemeinsamen Werte, grundlegenden Interessen und Unabhängigkeit der Union; Stärkung der Sicherheit der Union; Wahrung des Friedens und Stärkung der internationalen Sicherheit entsprechend den Grundsätzen der Charta der Vereinten Nationen sowie den Prinzipien der KSZE-Schlussakte und den Zielen der Charta von Paris (→ OSZE); Förderung der internationalen Zusammenarbeit; Entwicklung und Stärkung von Demokratie und Rechtsstaatlichkeit sowie Achtung der Menschenrechte und Grundfreiheiten.

Instrumente der GASP sind gemeinsame Strategie (bisher für die Beziehungen zur Russischen Föderation, zur Ukraine und zum Mittelmeerraum), gemeinsame Aktion (spezifische Situationen, in denen die Union operativ tätig werden will, z. B. Entsendung von Wahlbeobachtern und Ernennung von Sonderbeauftragten) und gemeinsamer Standpunkt (ein für die Mitgliedstaaten verbindliches Konzept für eine be-

Laufende ESVP-Operationen

Bosnien und Herzegowina: militärische Operation (EUFOR Althea, seit 2. 12. 2004) und Polizeimission (EUPM, seit 1. 1. 2003);
Mazedonien: Polizeiberater (EUPAT, seit 15. 12. 2005);
Palästinensische Gebiete: Mission zur Unterstützung des Grenzschutzes am Grenzübergang Rafah (EU BAM Rafah, seit 30. 11. 2005) und Polizeimission (EUPOL COPPS, seit 1. 1. 2006);
Irak: Integrierte Rechtsstaatlichkeitsmission (Eujust Lex, seit 1. 7. 2005);
Demokratische Republik Kongo: Polizeimission Kinshasa (EUPOL Kinshasa, seit 30. 4. 2005), Beratungs- und Unterstützungsmission für die Reform des Sicherheitssektors (EUSEC DR Congo, seit 8. 6. 2005) und Militäroperation zur Unterstützung der UN-Mission (MONUC) während der Wahlen (EUFOR RD Congo, am 27. 4. 2006 beschlossen);
Sudan / Darfur: zivil-militärische Unterstützungsaktion für die Mission der Afrikanischen Union (Amis II, am 18. 7. 2005 beschlossen);
Indonesien / Aceh: Beobachtermission (AMM, seit 15. 9. 2005);
Moldau / Ukraine: Mission zur Unterstützung des Grenzschutzes (seit 1. 12. 2005);
Serbien / Kosovo: Planungsteam (EUPT Kosovo) zur Planung eines möglichen EU-Krisenmanagementeinsatzes (am 10. 4. 2006 beschlossen).

stimmte Frage geografischer oder thematischer Art). Zudem gibt die Union zu aktuellen politischen Ereignissen wertende, die Mitgliedstaaten bindende Erklärungen ab.

Zu jeder außen- und sicherheitspolitischen Frage von allgemeiner Bedeutung findet im Rat eine gegenseitige Unterrichtung und Abstimmung zwischen den Mitgliedstaaten statt. Beschlüsse zur GASP erfolgen im Rahmen der Regierungszusammenarbeit und werden grundsätzlich einstimmig gefasst. Ein Beschluss kann aber auch bei Stimmenthaltung von Ratsmitgliedern zustande kommen, sofern die Enthaltungen nicht mehr als einem Drittel der gewogenen Stimmen im Rat entsprechen (konstruktive Stimmenthaltung). Ein Mitgliedstaat, der sich der Stimme enthält, ist zur Durchführung des Beschlusses nicht verpflichtet, akzeptiert jedoch, dass dieser für die Union bindend ist. Bei Beschlüssen, die auf einer gemeinsamen Strategie basieren, v. a. Annahme einer gemeinsamen Aktion oder eines gemeinsamen Standpunkts sowie Beschlüsse zu deren Durchführung, beschließt der Rat mit qualifizierter Mehrheit; ausgenommen hiervon sind Beschlüsse mit militärischen oder verteidigungspolitischen Bezügen. Falls ein Ratsmitglied aus wichtigen Gründen der nationalen Politik einen mit qualifizierter Mehrheit zu fassenden Beschluss abzulehnen beabsichtigt, erfolgt keine Abstimmung, und die Angelegenheit kann zur einstimmigen Beschlussfassung an den ER verwiesen werden.

Der Vorsitz im Rat vertritt die Union in Angelegenheiten der GASP, ist für die Durchführung der gefassten Beschlüsse verantwortlich und legt in bzw. auf internationalen Organisationen und Konferenzen den Standpunkt der Union dar. Er wird dabei unterstützt vom Generalsekretär des Rats und Hohen Vertreters für die GASP, dem eine Strategieplanungs- und Frühwarneinheit untersteht. Für besondere politische Fragen kann der Rat Sonderbeauftragte ernennen, derzeit für Afghanistan, Bosnien und Herzegowina, die ehem. jugoslawische Republik Mazedonien, die Moldau, für den Nahost-Friedensprozess, den Sudan, den Südkaukasus und die afrikanische Region der Großen Seen, sowie Sonderkoordinator für den Stabilitätspakt für Südosteuropa und Beauftragter der EU für den Prozess zur Festlegung des künftigen Status des Kosovo. Die Kompetenzen von Kommission (Initiativrecht zusammen mit den Mitgliedstaaten), EP (Konsultation und Unterrichtung) und EuGH sind im Rahmen der GASP eingeschränkt; diese Organe haben in der GASP eine relativ unbedeutende Rolle.

ESVP: Einem Beschluss des ER vom 3. / 4. 6. 1999 folgend, wurden Ende 2000 die im EU-Vertrag (1999) als GASP-Angelegenheiten festgeschriebenen so genannten Petersberger Aufgaben (humanitäre Aufgaben und Rettungseinsätze, friedenserhaltende Aufgaben sowie Kampfeinsätze bei der Krisenbewältigung einschl. friedensschaffender Maßnahmen) von der Westeuropäischen Union (WEU) auf die EU übertragen. Seit 2003 ist die EU in der Lage, Operationen im ganzen Spektrum der Aufgaben Krisenverhütung und Krisenbewältigung durchzuführen. Es wurden die zum Krisenmanagement erforderlichen politischen und militärischen Gremien im Rat eingesetzt und über den Zugang der EU zu Planungskapazitäten, Mitteln und Fähigkeiten der NATO Dauervereinbarungen geschlossen. Die militärischen und zivilen operativen Fähigkeiten werden weiter ausgebaut, um noch bestehende Defizite abzubauen (Streitkräfte-Planziel 2010 und Ziviles Planziel 2008 vom ER 2004 beschlossen). Die EU wird nur dann als Reaktion auf eine internationale Krise eine EU-geführte militärische Operation einleiten und durchführen, wenn die NATO als Ganzes nicht beteiligt ist. Die ESVP wird unter keinen Umständen, auch nicht im Krisenfall, gegen einen NATO-Partner eingesetzt. Das vom ER am 10. / 11. 12. 1999 im Bereich der **militärischen Fähigkeiten** gesetzte Ziel, dass die EU-Staaten im Rahmen der freiwilligen Zusammenarbeit bis 2003 in der Lage sind, für eine Operation binnen 60 Tagen bis zu 60 000 Mann an Bodentruppen sowie zusätzlich die ggf. erforderlichen See- und Luftstreitkräfte bereitzustellen und diese für mind. ein Jahr im Einsatz zu halten, wurde in quantitativer Hinsicht erreicht. Dies impliziert nicht die Schaffung einer europäischen Armee.

Die bestehenden **zivilen Instrumente zum Krisen-**

management (u. a. Entwicklungszusammenarbeit, Handelspolitik und politischer Dialog) sollen besser koordiniert werden. Im Bereich der zivilen Fähigkeiten übertreffen die von den Mitgliedstaaten zugesagten freiwilligen Beiträge für die vier Schwerpunktbereiche – Polizei, Rechtsstaatlichkeit, Zivilverwaltung und Katastrophenschutz – die vom ER festgelegten quantitativen Zielvorgaben (u. a. Entsendung von bis zu 5000 Polizisten für internationale Einsätze, darunter 1000 binnen 30 Tagen).

Die vom ER 2003 angenommene **Europäische Sicherheitsstrategie** nennt als Hauptbedrohungen Europas Terrorismus, Verbreitung von Massenvernichtungswaffen, regionale Konflikte, gescheiterte Staaten und organisierte Kriminalität. Strategische Ziele für die EU sind Stabilität und verantwortungsvolle Staatsführung in der unmittelbaren Nachbarschaft, Stärkung einer auf wirksamem Multilateralismus basierenden Weltordnung mit der Charta der UN als grundlegendem Rahmen für die internationalen Beziehungen und präventives Vorgehen gegen die neuen, dynamischen Bedrohungen unter Einsatz des gesamten Instrumentariums an politischen, wirtschaftlichen, handels- und entwicklungspolitischen, militärischen und sonstigen Mitteln. Die EU muss aktiver, kohärenter und handlungsfähiger werden und die Zusammenarbeit mit Partnern ausbauen.

3. Polizeiliche und justizielle Zusammenarbeit in Strafsachen

Entstehung: Durch den EU-Vertrag (1993) wurde die Zusammenarbeit in den Bereichen Justiz und Inneres erstmals institutionalisiert, um den bereits im EWG-Vertrag (1958) vorgesehenen freien Personenverkehr zu verwirklichen. Da durch den Vertrag von Amsterdam (1999) Teilbereiche des dritten Pfeilers der EU (zwischenstaatliche Zusammenarbeit) in den ersten Pfeiler der EU (Gemeinschaftsmethode) überführt wurden, verbleiben im Bereich des dritten Pfeilers nur die polizeiliche und justizielle Zusammenarbeit in Strafsachen.
Ziele: Verhütung und Bekämpfung von Rassismus und Fremdenfeindlichkeit sowie Kriminalität, v. a. Terrorismus, Menschenhandel und Straftaten an Kindern, Drogen- und Waffenhandel sowie Korruption und Betrug, durch eine engere Zusammenarbeit der Polizei-, Zoll- und Justizbehörden der Mitgliedstaaten, sowohl unmittelbar als auch unter Einschaltung des Europäischen Polizeiamts (Europol) und der Europäischen Stelle für justizielle Zusammenarbeit (Eurojust), und – soweit erforderlich – durch Annäherung der strafrechtlichen Vorschriften der Mitgliedstaaten.
Instrumente und Verfahrensweisen: Die Mitgliedstaaten unterrichten und konsultieren einander im Rat, um ihr Vorgehen zu koordinieren (zwischenstaatliche Zusammenarbeit) und begründen eine Zusammenarbeit zwischen ihren zuständigen Verwaltungsstellen. Der Rat kann auf Initiative eines Mitgliedstaats oder der Kommission einstimmig gemeinsame Standpunkte, durch die das Vorgehen der Union in einer gegebenen Frage bestimmt wird, Rahmenbeschlüsse zur Angleichung der Rechts- und Verwaltungsvorschriften der Mitgliedstaaten oder Beschlüsse für jeden anderen Zweck annehmen und Übereinkommen ausarbeiten, die er den Mitgliedstaaten zur Annahme empfiehlt.

Außenbeziehungen

Bei den Außenbeziehungen der EU ist zu unterscheiden zwischen der Gemeinsamen Außen- und Sicherheitspolitik (GASP), bei der die Regierungen der Mitgliedstaaten ihr Handeln in allen wichtigen Fragen abstimmen, und den vergemeinschafteten Bereichen, die unter die ausschließliche Zuständigkeit der Gemeinschaft fallen; die Grenzen sind allerdings fließend. Die Gemeinschaftsorgane sind v. a. zuständig für die gemeinsame Handelspolitik (wichtigste Instrumente: gemeinsamer Außenzoll auf die Einfuhren aus Drittstaaten, handelspolitische Schutzmaßnahmen, Präferenzabkommen und multilaterale Verhandlungen), Entwicklungszusammenarbeit und humanitäre Hilfe.

Die Kommission nimmt an den meisten bilateralen, regionalen und globalen Verhandlungen im Namen und im Auftrag der EU-Staaten teil. Sie ist bei über 120 Regierungen und internationalen Organisationen akkreditiert; rund 120 Drittstaaten haben diplomatische Vertretungen bei den Europäischen Gemeinschaften.

Die EU verfügt über eine Vielzahl von bilateralen und multilateralen Abkommen mit den meisten Drittstaaten und Regionen der Welt. In deren Mittelpunkt stehen die Handelsbeziehungen, jedoch wurden mit zahlreichen Staaten auch regelmäßige politische Kontakte auf hoher Ebene und eine Zusammenarbeit v. a. in Wirtschaft und Kultur vereinbart. Als wesentlicher Bestandteil aller Abkommen mit Drittstaaten wurden schrittweise die Achtung von Demokratie, Menschenrechten und Rechtsstaatlichkeit, Klauseln über Migration und Rückübernahme sowie Bestimmungen über die Bekämpfung des Terrorismus (seit 11. 9. 2001) und der Verbreitung von Massenvernichtungswaffen (seit 2004) aufgenommen. Die in den neueren Abkommen enthaltene Klausel, wonach Verstöße gegen wesentliche Bestandteile der Verträge die Aussetzung von vertraglichen Beziehungen zur Folge haben können, wurde bisher nur gegen wenig einflussreiche Staaten angewandt.

Die am wenigsten entwickelten Staaten der Welt können seit 5. 3. 2001 alle Waren ausgenommen Waffen zollfrei und ohne Mengenbeschränkungen in die EU exportieren; nur für die drei besonders sensiblen Agrarprodukte erfolgt die vollständige Liberalisierung schrittweise (Bananen bis 2006, Zucker und Reis bis 2009). Gewerbliche Waren sind bereits seit 1.1.1998 zollfrei.

2005 stellte die EU über ECHO (→ Kommission) 652 Mio. € für humanitäre Hilfe bereit.

Beitrittskandidaten: Diese Staaten werden von der EU unterstützt durch Assoziierungsabkommen, Beitrittspartnerschaften, in denen die Prioritäten des Reformprozesses festgelegt sind, und finanzielle Heranführungsinstrumente. Die Abkommen mit **Bulgarien** (in Kraft 1.2.1995 Europa-Abkommen), **Kroatien** (1.2.2005 Stabilisierungs- und Assoziierungsabkommen/SAA), die ehem. jugoslawische Republik **Mazedonien** (1.4.2004 SAA), **Rumänien** (1.2.1995 Europa-Abkommen) und der **Türkei** (1.12.1964 Assoziierungsabkommen; Zusatzprotokoll 1.1.1973; seit 31.12.1995 Zollunion) sehen u.a. einen regelmäßigen politischen Dialog, die schrittweise Errichtung einer Freihandelszone, Zusammenarbeit in Wirtschaft und Kultur sowie EU-Finanzhilfen vor und umfassen auch eine beschränkte Liberalisierung des Agrarhandels.

Heranführungshilfen erhalten 2006 Bulgarien und Rumänien (1,61 Mrd. €), die Türkei (478 Mio. €) und Kroatien (140 Mio. €). Zur Förderung der wirtschaftlichen Entwicklung des nördlichen Teils von Zypern, für den die Anwendung des gemeinschaftlichen Besitzstands vorerst ausgesetzt ist, sind 2006 EU-Finanzhilfen von 139 Mio. € vorgesehen.

Notwendige Voraussetzung für einen EU-Beitritt ist die Erfüllung aller vom ER in Kopenhagen im Juni 1993 festgelegten **Beitrittskriterien** (Kopenhagen-Kriterien): Institutionelle Stabilität als Garantie für demokratische und rechtsstaatliche Ordnung, Wahrung der Menschenrechte sowie Achtung und Schutz von Minderheiten (politisches Kriterium; eine Voraussetzung für die Aufnahme von Beitrittsverhandlungen); funktionsfähige Marktwirtschaft und Fähigkeit, dem Wettbewerbsdruck und den Marktkräften innerhalb der EU standzuhalten (wirtschaftliches Kriterium); Übernahme der aus einer Mitgliedschaft erwachsenden Verpflichtungen und zu Eigen machen der Ziele der Politischen Union sowie der Wirtschafts- und Währungsunion (Kriterium der Übernahme des gemeinschaftlichen Besitzstands an Verträgen und Rechtsakten, des acquis communautaire). Die Aufnahmefähigkeit der EU als weiteres Beitrittskriterium, auf die in jüngster Zeit verstärkt hingewiesen wird, wurde vom ER bereits am 21./22.6.1993 genannt: »Die Fähigkeit der Union, neue Mitglieder aufzunehmen, dabei jedoch die Stoßkraft der europäischen Integration zu erhalten, stellt ebenfalls einen sowohl für die Union als auch für die Beitrittskandidaten wichtigen Gesichtspunkt dar.«

Südosteuropa: Die EU unterstützt die EU-Beitrittskandidaten Kroatien und ehem. jugoslawische Republik Mazedonien sowie die vier »potenziellen EU-Beitrittskandidaten« Albanien, Bosnien und Herzegowina, Montenegro und Serbien bei ihren Bemühungen um Frieden, Demokratie, Rechtsstaatlichkeit, Achtung der Menschenrechte, wirtschaftliche Entwicklung, Aufbau von Verwaltungsstrukturen und regionale Zusammenarbeit vor allem durch den 1999 eingeleiteten **Stabilisierungs- und Assoziierungsprozess**, der den jeweiligen Verhältnissen in den sechs Staaten Rechnung trägt und eine mit Fortschritten bei der regionalen Zusammenarbeit untrennbar verbundene Perspektive für ihre Integration in EU-Strukturen bietet. Im Rahmen des für diese sechs Staaten bestimmten CARDS-Programms (* 2000) stellt die EU insb. in den Bereichen politische, wirtschaftliche und

ECHO - Humanitäre Hilfe (Zusagen bis Mai 2006)

Land/Region	Unterstützung in Mio.
Afghanistan/Pakistan/Irak (Global Plan)	20,000
Algerien	0,900
Angola	3,000
Bolivien	1,000
Burundi (Global Plan)	17,000
Dom. Rep.	0,250
Ecuador	1,000
Elfenbeinküste	5,200
El Salvador	2,000
Guinea	1,500
Guinea-Bissau/Senegal	1,000
Horn von Afrika	5,000
Indien	2,000
Indonesien	0,367
Kenia	5,050
Kolumbien (Global Plan)	12,000
Kongo, DR (Global Plan)	38,000
Liberia (Global Plan)	16,400
Mosambik	2,000
Nepal (Global Plan)	5,000
Niger	2,000
Russland/Kaukasus	22,000
Sambia	2,200
Simbabwe	12,000
Sudan (Global Plan	40,000
Tadschikistan	5,000
Tansania (Global Plan)	11,500
Timor-Leste	3,000
Tschad (Global Plan)	13,500
Tschad	1,000
Uganda (Global Plan)	15,000
Westafrika	1,250
Westafrika (Sierra Leone, Guinea, Liberia, Elfenbeinküste)	0,900
Sonstige Ausgaben	
ECHO Budget	4,650
ECHO Hilfsflüge	7,000
UNHCR	4,000
UNICEF	6,000
UN OCHA	3,000

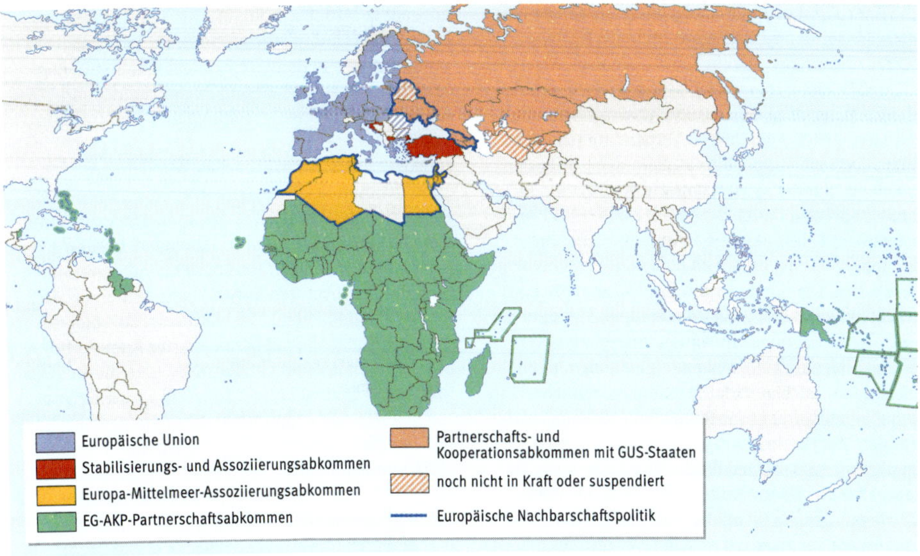

institutionelle Reformen sowie für die Förderung der regionalen Zusammenarbeit 4,65 Mrd. € (2000–2006; 2005: 531 Mio. €) bereit.

Die **Stabilisierungs- und Assoziierungsabkommen** (SAA) mit Mazedonien (in Kraft 1. 4. 2004) und Kroatien (1. 2. 2005) sehen u. a. einen politischen Dialog auf bilateraler und regionaler Ebene, die Achtung von Menschenrechten, Demokratie und Rechtsstaatlichkeit, Verbesserung der regionalen Kooperation, Zusammenarbeit in den Bereichen Justiz und Inneres, Errichtung einer Freihandelszone und Finanzhilfen vor; sie enthalten jedoch auch Bestimmungen, die auf die besonderen Gegebenheiten jedes Staats zugeschnitten sind. Über Interimsabkommen wurden die Handelsbestimmungen der Abkommen vor deren Ratifizierung zum 1. 6. 2001 bzw. 1. 1. 2002 in Kraft gesetzt.

Mit Albanien wurde am 12. 6. 2006 ein SAA unterzeichnet; ein Abkommen über Zusammenarbeit in Handel und Wirtschaft ist seit 1. 12. 1992 in Kraft. Die Kommission setzte die am 10. 10. 2005 aufgenommenen Verhandlungen über ein SAA mit dem Staatenbund und den beiden Teilstaaten Serbien und Montenegro am 3. 5. 2006 aus, weil der seit 2001 untergetauchte mutmaßliche Kriegsverbrecher Ratko Mladić entgegen den Zusagen der serbischen Regierung noch nicht verhaftet und an den Internationalen Gerichtshof für das ehem. Jugoslawien überstellt wurde; der frühere militärische Führer der bosnischen Serben gilt als einer der Hauptverantwortlichen für Kriegsverbrechen und Völkermord im Bosnien-Krieg. Auch die Verhandlungen mit Bosnien und Herzegowina über ein SAA, die am 25. 11. 2005 begannen, sind von der uneingeschränkten Zusammenarbeit mit dem UN-Tribunal abhängig.

Seit 2003 werden in Bosnien und Herzegowina sowie in Mazedonien zivile und militärische Krisenmanagementeinsätze der EU im Rahmen der ESVP durchgeführt. Die Überwachungsmission der EU (EUMM) ist seit 1991 in den westlichen Balkanstaaten tätig.

Europa-Mittelmeer-Partnerschaft: Die in Barcelona 1995 begründete Europa-Mittelmeer-Partnerschaft, die durch die vom ER 2000 beschlossene und von ihm 2004 bestätigte gemeinsame Strategie für den Mittelmeerraum gestärkt wurde, umfasst zehn Partner aus dem östlichen und südlichen Mittelmeerraum: Ägypten, Algerien, Israel, Jordanien, Libanon, Marokko, Syrien, Tunesien und Türkei sowie die Palästinensische Autonomiebehörde; Libyen und Mauretanien sind Beobachter. Die Partnerschaft beinhaltet eine Zusammenarbeit in den Bereichen Politik, Sicherheitspolitik, Wirtschaft (u. a. Errichtung einer Freihandelszone bis 2010), Finanzen, Soziales und Kultur einschl. Migration, für die im Rahmen des MEDA II-Programms EU-Finanzhilfen von 5,35 Mrd. € (2000–2006; 2004: 684 Mio. €) bereitgestellt werden. Bei einem Gipfeltreffen am 27./28. 11. 2005 in Barcelona aus Anlass des zehnjährigen Bestehens dieser Partnerschaft, bei dem die meisten Partnerländer nicht durch ihre Staats- bzw. Regierungschefs vertreten waren, wurden ein Arbeitsprogramm für die nächsten fünf Jahre, das auf eine Intensivierung der Zusammenarbeit in allen Bereichen der Partnerschaft abzielt, und ein Verhaltenskodex zur Bekämpfung des Terrorismus angenommen; eine Definition von Terrorismus scheiterte, weil arabische Teilnehmer den Widerstand gegen ausländische Besatzer davon ausnehmen wollten.

Die multilaterale Zusammenarbeit im Rahmen des Barcelona-Prozesses wird ergänzt durch die Europäische Nachbarschaftspolitik und bilaterale **Europa-Mittelmeer-Assoziierungsabkommen** mit allen Mittelmeerpartnern: Ägypten (in Kraft 1. 6. 2004), Algerien (1. 9. 2005), Israel (1. 6. 2000), Jordanien (1. 5. 2002), Libanon (1. 4. 2006), Marokko (1. 3. 2000), Syrien (am 19. 10. 2004 nach achtjährigen Verhandlungen paraphiert; seit 1978 Kooperationsabkommen), Tunesien (1. 3. 1998) und Interims-Assoziierungsabkommen über Handel und Zusammenarbeit mit der PLO zugunsten der Palästinensischen Autonomiebehörde (1. 7. 1997).

GUS-Staaten: Die mit den zwölf GUS-Staaten geschlossenen Partnerschafts- und Kooperationsabkommen regeln die Beziehungen in Politik, Wirtschaft und Handel und bilden die Grundlage für eine Zusammenarbeit in den Bereichen Soziales, Finanzen, Wissenschaft, Technologie, Kultur sowie Reformen von Staat, Institutionen und Gesetzgebung. Interimsabkommen (IA), die wegen ihres kommerziellen Charakters in die Zuständigkeit der Kommission fallen, erlauben die zeitlich vorgezogene Anwendung der Handelsbestimmungen der Partnerschafts- und Kooperationsabkommen vor deren Ratifizierung (* Abkommen unterzeichnet, aber noch nicht in Kraft): Armenien (1. 7. 1999), Aserbaidschan (1. 7. 1999), Georgien (1. 7. 1999), Kasachstan (1. 7. 1999), Kirgisistan (1. 7. 1999), Moldau (1. 7. 1998), Russische Föderation (1. 12. 1997), Tadschikistan (11. 10. 2004*, IA 1. 5. 2005), Turkmenistan (25. 5. 1998*, IA 10. 11. 1999*), Ukraine (1. 3. 1998), Usbekistan (1. 7. 1999; seit 3. 10. 2005 ausgesetzt → Chronik Usbekistan) und Weißrussland (6. 3. 1995*, IA 25. 3. 1996*; Ratifizierung durch EU seit 15. 9. 1997 suspendiert).

Die EU unterstützt den wirtschaftlichen und politischen Transformationsprozess in den GUS-Staaten und der Mongolei v. a. im Rahmen ihres TACIS-Programms. Seit 1991 wurden Zuschüsse von über 4 Mrd. € bewilligt; 2000–2006: 3,1 Mrd. €, 2004: 509 Mio. €.

Europäische Nachbarschaftspolitik (ENP): Ziel der ENP, die mit der EU-Erweiterung 2004 entwickelt wurde, ist es, die Nachbarstaaten der erweiterten EU im Osten und Süden an Stabilität, Sicherheit und Wohlstand teilhaben zu lassen. Die ENP bietet keine Beitrittsperspektive, sondern den Aufbau engerer, über die bestehenden Verträge hinausgehende Beziehungen an. Sie richtet sich an die neun Teilnehmer der Europa-Mittelmeer-Partnerschaft (ohne Türkei) und Libyen, an die Moldau, die Ukraine, Weißrussland und die Staaten im Südkaukasus (Armenien, Aserbaidschan und Georgien). Länderspezifische ENP-Aktionspläne definieren für beide Seiten u. a. die Prioritäten bei den politischen und wirtschaftlichen Reformen. Da die ENP auf bestehenden Verträgen aufbaut, ist sie für Libyen, Syrien und Weißrussland noch nicht aktiv. Die finanzielle Unterstützung der Partnerländer durch die EU (2004–2006: 255 Mio. € sowie 700 Mio. € für die entsprechenden Grenzgebiete in der EU) wird 2007–2013 auf 12 Mrd. € erhöht. Mit Russland, das einen Sonderstatus hat, wurde am 10. 5. 2005 eine engere Zusammenarbeit in den vier Bereichen äußere Sicherheit, Freiheit, Sicherheit und Recht, Handel und Wirtschaft sowie Forschung, Bildung und Kultur vereinbart.

EG-AKP-Partnerschaftsabkommen: Mit dem am 23. 6. 2000 in Cotonou (Benin) unterzeichneten neuen Partnerschaftsabkommen, das am 1. 4. 2003 in Kraft trat und eine Laufzeit von 20 Jahren hat, begann eine neue Etappe in der seit 1963 bestehenden Zusammenarbeit mit bestimmten Entwicklungsländern in Afrika, Karibik und Pazifik (inzwischen 78 **AKP-Staaten**, darunter Südafrika mit Sonderstatus; Kuba ist Beobachter). **Ziele** der neuen Partnerschaft, die auf einem politischen Dialog, Entwicklungszusammenarbeit sowie Wirtschafts- und Handelsbeziehungen beruht und der ein integriertes, die politischen, wirtschaftlichen, sozialen, kulturellen und Umweltaspekte Rechnung tragendes Konzept zugrunde liegt, sind **Armutsbekämpfung**, **nachhaltige Entwicklung** der AKP-Staaten und deren **schrittweise Integration in die Weltwirtschaft**. Vorgesehen ist auch eine Beteiligung nichtstaatlicher Akteure an der Partnerschaft. Die erste Revision des Abkommens (Unterzeichnung am 25. 6. 2005) führte u. a. zur Aufnahme weiterer politischer Zielsetzungen, v. a. Bekämpfung des Terrorismus und Nichtverbreitung von Massenvernichtungswaffen, und zur Erweiterung der Entwicklungsstrategien.

Wesentliche Bestandteile des Abkommens sind die Achtung der Menschenrechte, der Grundsätze der Demokratie und der Rechtsstaatlichkeit sowie eine Verpflichtung zur verantwortungsvollen Staatsführung; Verstöße gegen diese wesentlichen Elemente und schwere Fälle von Korruption können zur Aussetzung der Zusammenarbeit mit dem betreffenden AKP-Staat führen.

Grundlegend neu geregelt wurde die **wirtschafts- und handelspolitische Zusammenarbeit**. Sie baut auf einer regionalen Integration und Kooperation der AKP-Staaten auf, berücksichtigt den unterschiedlichen Entwicklungsstand der einzelnen AKP-Staaten und führt schrittweise eine neue, mit den Regeln der WTO konforme Handelsregelung ein. Spätestens am 1. 1. 2008 sollen mit Gruppen von AKP-Staaten regionale Wirtschaftspartnerschaftsabkommen in Kraft treten, die nach einer Übergangszeit bis 2020 eine vollständige gegenseitige Handelsliberalisierung vorsehen.

Für 2000–2005 sind aus den Mitteln des 9. Europäischen Entwicklungsfonds (EEF) EU-Zuschüsse von 13,5 Mrd. € sowie EIB-Darlehen von 1,7 Mrd. € vorgesehen; weitere 9,9 Mrd. € stehen aus früheren EEF zur Verfügung.

Weitere Abkommen wurden mit fast allen Staaten **Lateinamerikas**, mit zahlreichen Staaten **Asiens** und mit **Industriestaaten** (v. a. den Mitgliedern der EFTA, der Schweiz, den USA und Kanada) geschlossen.

Adressen der Gemeinschaftsorgane und ausgewählter Einrichtungen der EU

Europe Direct T (00 800) 6–789 10 11 (grundsätzlich gebührenfrei aus den 25 EU-Staaten)
Internet: europa.eu

Europäisches Parlament:
Allée du Printemps, F-67 070 **Straßburg** Cedex,
T (0033)3–88 17 40 01, Fax -88 17 51 84
(zwölf monatliche Plenartagungen einschl. Haushaltstagung)
Plateau du Kirchberg, L-2929 **Luxemburg**,
T (00 352)43 00 1, Fax -43 00 294 94
(Generalsekretariat und dessen Dienststellen)
Rue Wiertz, B-1047 **Brüssel**,
T (0032)2–284 21 11, Fax -284 69 74
(zusätzliche Plenartagungen und Ausschüsse)
Informationsbüros in allen Mitgliedstaaten
Deutschland: Unter den Linden 78, 10 117 Berlin,
T (030)2280 1000, Fax -2280 1111
Erhardtstr. 27, 80 331 München,
T (089)202 0879 0, Fax -202 0879 73
Österreich: Kärntner Ring 5–7, 1010 Wien,
T (0043)1–516 170, Fax -513 2515
Internet: www.europarl.europa.eu
Rat:
Rue de la Loi 175, B-1048 Brüssel,
T (0032)2–281 61 11, Fax -281 73 97
Im April, Juni und Oktober finden die Ratstagungen in Luxemburg statt.
Internet: www.consilium.europa.eu

Kommission:
Rue de la Loi 200, B-1049 Brüssel,
T (0032)2–299 11 11
Vertretungen in allen EU-Staaten.
Deutschland: Unter den Linden 78, 10 117 Berlin,
T (030)2280 2000, Fax -2280 2222
Erhardtstr. 27, 80 331 München,
T (089)242 448 0, Fax -242 448 15
Bertha-von-Suttner-Platz 2–4, 53 111 Bonn,
T (0228)53 009 0, Fax -53 009 50
Österreich: Kärntner Ring 5–7, 1010 Wien,
T (0043)1–516 18 0, Fax -513 42 25
Internet: ec.europa.eu

EuGH:
Boulevard Konrad Adenauer, L-2925 Luxemburg,
T (00 352)43 03 1, Fax -43 03 2600
Internet: www.curia.europa.eu

EuRH:
12, Rue Alcide De Gasperi, L-1615 Luxemburg,
T (00 352)4398 1, Fax -4398 46 430
Internet: www.eca.europa.eu

Europäischer Bürgerbeauftragter (*1993),
seit 1. 4. 2003 Nikiforos Diamandouros (GR)
1, Avenue du Président Robert Schuman,
F-67 001 Straßburg Cedex,
T (0033)3–88 17 23 13, Fax -88 17 90 62
Internet: www.ombudsman.europa.eu

Europäischer Datenschutzbeauftragter (*2001),
seit 17. 1. 2004 Peter Johan Hustinx (NL)
Rue Wiertz 60, B-1047 Brüssel,
T (0032)2–28 31 900, Fax -28 31 950
Internet: www.edps.europa.eu

EWSA: Rue Belliard 99, B-1040 Brüssel,
T (0032)2–546 90 11, Fax -513 48 93
Internet: www.eesc.europa.eu

AdR: Rue Belliard 101, B-1040 Brüssel,
T (0032)2–282 2211, Fax -282 2325
Internet: www.cor.europa.eu

EIB:
100, Boulevard Konrad Adenauer, L-2950 Luxemburg,
T (00 352)43 79 1, Fax -43 77 04
Büros in Brüssel, Paris, Rom, Athen, Berlin, Wien, Warschau, Lissabon, London, Madrid; Kairo, Nairobi, Rabat, Dakar, Pretoria, Tunis.
Internet: www.eib.europa.eu

EIF: 43, Avenue J. F. Kennedy, L-2968 Luxemburg,
T (00 352)42 66 88 1, Fax -42 66 88 200
Internet: www.eif.europa.eu

EZB: Kaiserstraße 29, D-60 311 Frankfurt am Main,
T (069)1344 0; Fax -1344 6000.
Internet: www.ecb.eu

Personalbestand der Gemeinschaftsorgane

	2000	2004
Europäisches Parlament	4 199	5 399
Europäischer Bürgerbeauftragter		38
Europäischer Datenschutzbeauftragter		15
Rat	2 659	3 184
Kommission	23 076	25 393
davon: Verwaltungshaushalt	17 087	17 412
Forschungshaushalt	3 704	3 672
Amt für Veröffentlichungen	522	536
OLAF	224	329
Sonstige	1 539	3 444
Gerichtshof	1 010	1 641
Rechnungshof	552	736
EWSA und AdR	751	1 026
Insgesamt	**32 247**	**37 432**

Quelle: EU-Kommission

Organe und ausgewählte Einrichtungen der EU

Europäisches Parlament (EP)

Aufgaben: Die Befugnisse des EP (*1952) bei der gemeinschaftlichen **Gesetzgebung** wurden im Laufe der Zeit erweitert und gestärkt. Am Prozess zur Annahme von Gemeinschaftsakten ist das EP je nach Angelegenheit durch Stellungnahme, Zusammenarbeit, Mitentscheidung oder Erteilung seiner Zustimmung beteiligt (→ Kasten). Das EP ist zusammen mit dem Rat **Haushaltsbehörde**; es stellt den EU-Haushaltsplan endgültig fest, überwacht die zweckmäßige Verwendung der Mittel und erteilt der Kommission die Entlastung für die Ausführung des Haushaltsplans. Von seinem Recht, den Haushaltsentwurf global abzulehnen, hat das EP keinen Gebrauch mehr gemacht, seit die jährlichen Ausgaben Bestandteil der gemeinsam mit dem Rat angenommenen mehrjährigen Finanzplanung, der so genannten »Finanziellen Vorausschau« (*1988), sind. Die **demokratische Kontrolle** durch das EP wurde schrittweise ausgeweitet und umfasst nun alle Tätigkeiten der EU. Das EP muss der Nominierung des Kommissionspräsidenten (eingeführt 1999) und der Ernennung der Kommission als Kollegialorgan (eingeführt 1993) zustimmen. Sein Recht, die Kommission als Kollegium durch ein Misstrauensvotum zum Rücktritt zu zwingen (mit der Mehrheit von zwei Dritteln der abgegebenen Stimmen und der Mehrheit der EP-Abgeordneten), hat das EP bisher nicht genutzt. In den Bereichen GASP sowie Justiz und Inneres hat das EP kaum Befugnisse.

Zusammensetzung: Alle fünf Jahre Direktwahlen (erstmals 1979), zuletzt 10.–13. 6. 2004 (→ WA 2005, S. 527). Im Zuge der EU-Erweiterung 2004 wurde die Zahl der EP-Abgeordneten von 626 auf 732 erhöht und die Zahl der in jedem Mitgliedstaat zu wählenden Abgeordneten neu festgesetzt (→ Tabelle). In der 6. Wahlperiode (2004–2009) umfasst das EP sieben Fraktionen mit Parlamentariern aus über 150 nationalen Parteien und einige fraktionslose Mitglieder (→ Grafik).

Die aus den nationalen Haushalten finanzierten Diäten, Besteuerung und Immunitätsregeln richten sich nach den jeweiligen nationalen Vorschriften. Die EP-Abgeordneten erhalten im Monat brutto zwischen 800 € (Litauen) und 10 975 € (Italien), jeweils zuzüglich Tagegelder und Reisekosten. Das vom EP am 28. 9. 2005 nach Zustimmung des Rats angenommene Abgeordnetenstatut, das 2009 mit Beginn der 7. Wahlperiode in Kraft treten wird, sieht u. a. aus dem EU-Haushalt zu finanzierende einheitliche Abgeordnetendiäten von 38,5 % der Grundbezüge eines Richters am EuGH vor, die der Gemeinschaftsteuer und ggf. zusätzlich dem nationalen Steuerrecht unterliegen. Wiedergewählte EP-Abgeordnete können sich für die gesamte Dauer ihrer Tätigkeit für die Beibehaltung des bisherigen nationalen Systems entscheiden. Die Mitgliedstaaten haben für eine Übergangszeit von bis zu zwei Wahlperioden die Möglichkeit, ihre EP-Abgeordneten den Abgeordneten ihres nationalen Parlaments zumindest gleichzustellen; die Zahlungen werden aus dem nationalen Haushalt geleistet. Reisekosten werden ab 2009 nicht mehr über großzügige Pauschalen, sondern den tatsächlichen Kosten entsprechend erstattet.

Präsidium: Das EP wählt aus seiner Mitte einen Präsidenten: Josep Borrell Fontelles (E), seit 20. 7. 2004, 14 Vizepräsidenten und fünf Quästoren für eine Amtszeit von jeweils zweieinhalb Jahren. Generalsekretär: Julian Priestley (UK).

Ausschüsse (20): Auswärtige Angelegenheiten; Entwicklung; internationaler Handel; Haushalt; Haushaltskontrolle; Wirtschaft und Währung; Beschäftigung und soziale Angelegenheiten; Umwelt, Volksgesundheit und Lebensmittelsicherheit; Industrie, Forschung und Energie; Binnenmarkt und Verbraucherschutz; Verkehr und Fremdenverkehr; regionale Entwicklung; Landwirtschaft; Fischerei; Kultur und Bildung; Recht; bürgerliche Freiheiten, Justiz und Inneres; konstitutionelle Fragen; Rechte der Frau und Gleichstellung der Geschlechter; Petitionen.

Daneben Unterausschüsse und nichtständige (Untersuchungs-)Ausschüsse.

Europäisches Parlament: Sitzverteilung 2004–2009 (Stand: 31.12.2005)

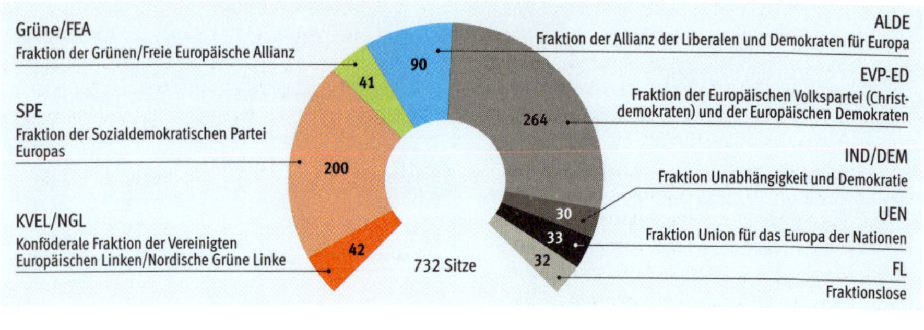

Europäischer Rat (ER)

Gründung: Die Staats- bzw. Regierungschefs der Mitgliedstaaten treten seit 1975 regelmäßig zusammen. Durch die EEA (1987) wurde der ER zu einer vertraglichen Gemeinschaftsinstitution und dem Rat faktisch übergeordnet (Weisungsbefugnis). Der ER, dem auch der Kommissionspräsident angehört, tagt grundsätzlich vier Mal im Jahr unter dem Vorsitz des Staats- oder Regierungschefs des Mitgliedstaats, der im Rat den Vorsitz führt. Seit der EU-Erweiterung 2004 finden in der Regel alle Tagungen des ER in Brüssel statt.
Aufgabe: Der ER gibt Impulse für die Entwicklung der Union und legt die allgemeinen politischen Zielvorstellungen in allen EU-Tätigkeitsbereichen fest; er befasst sich auch mit strittigen Fragen, die auf Ministerebene ungeklärt blieben.

Rat der Europäischen Union

Aufgaben: Der Rat, in dem die Regierungen der Mitgliedstaaten ihre Interessen vertreten, ist das wichtigste Entscheidungsorgan der EU mit legislativen und exekutiven Befugnissen. Der Rat hat gesetzgebende Gewalt, in vielen Bereichen der Gemeinschaftspolitik gemeinsam mit dem EP, gewährleistet die Koordinierung der allgemeinen Wirtschaftspolitik der Mitgliedstaaten, schließt internationale Abkommen zwischen EG bzw. EU und Drittstaaten oder internationalen Organisationen, ist zusammen mit dem EP Haushaltsbehörde und ist für die Regierungszusammenarbeit in den Bereichen GASP (zweiter Pfeiler der EU) sowie polizeiliche und justizielle Zusammenarbeit in Strafsachen (dritter Pfeiler der EU) zuständig.
Beschlussfassung: Der Rat beschließt je nach Angelegenheit mit der einfachen Mehrheit seiner Mitglieder, mit qualifizierter Mehrheit oder einstimmig. Seit 1. 11. 2004 erfordert ein mit **qualifizierter Mehrheit** zu fassender Beschluss mindestens 232 der 321 Stimmen (nach dem Beitritt von Bulgarien und Rumänien 255 der 345 Stimmen) und die Zustimmung der Mehrheit der Mitglieder (bei Beschlüssen, die auf Vorschlag der Kommission zu fassen sind) bzw. die Zustimmung von mindestens zwei Dritteln der Mitglieder (in den anderen Fällen, d. h. Teile des ersten Pfeilers der EU sowie zweiter und dritter Pfeiler). Ein Mitglied des Rats kann beantragen, dass geprüft wird, ob die Mitgliedstaaten, die diese qualifizierte Mehrheit bilden, mindestens 62 % der EU-Bevölkerung repräsentieren; sollte dies nicht der Fall sein, kommt der Beschluss nicht zustande.
Zusammensetzung: Im Rat ist jeder Mitgliedstaat durch einen Vertreter auf Ministerebene vertreten, in der Regel der für die zu beratende Frage zuständige Minister, der für seine Regierung verbindlich handelt. Seit 2002 gibt es nur noch neun Ratsformationen: Allgemeine Angelegenheiten und Außenbeziehungen einschl. ESVP und Entwicklungszusammenarbeit; Wirtschaft und Finanzen einschl. Haushalt; Justiz und Inneres einschl. Katastrophenschutz; Beschäftigung, Sozialpolitik, Gesundheit und Verbraucherschutz; Wettbewerbsfähigkeit (Binnenmarkt, Industrie und Forschung) einschl. Tourismus; Verkehr, Telekommunikation und Energie; Landwirtschaft und Fischerei; Umwelt; Bildung, Jugend und Kultur.
Den **Vorsitz im Rat** führen die Mitgliedstaaten in einer vom Rat einstimmig beschlossenen Reihenfolge nacheinander für je sechs Monate: Großbritannien (2. Halbjahr 2005), Österreich (1. Halbjahr 2006), Finnland (2. Halbjahr 2006), Deutschland (1. Halbjahr 2007), Portugal (2. Halbjahr 2007), Slowenien (1. Halbjahr 2008).
Der Rat wird unterstützt von einem Generalsekretariat, das einem vom Rat mit qualifizierter Mehrheit (seit 2003) ernannten **Generalsekretär und Hohen Vertreter für die GASP**: Javier Solana Madariaga (E), seit 18. 10. 1999 (am 29. 6. 2004 im Amt bestätigt), Amtszeit fünf Jahre, untersteht; für die organisatorische Leitung ist ein stellv. Generalsekretär: Pierre de Boissieu (F) zuständig. Dem Hohen Vertreter für die GASP stehen zur Seite der Koordinator für die Terrorismusbekämpfung: Gijs de Vries (NL), seit 25. 3. 2004, sowie persönliche Beauftragte für die Nichtverbreitung von Massenvernichtungswaffen: Annalisa Giannella (I), seit 10. 10. 2003, und für die Menschenrechte: Michael Matthiessen (DK), seit 17. 1. 2005.
Jeder Mitgliedstaat unterhält in Brüssel eine Ständige Vertretung bei der EU; der **Ausschuss der Ständigen Vertreter** (AStV; i. d. R. Diplomaten im Botschafterrang) tritt wöchentlich zur Vorbereitung der Ratstagungen zusammen.
Beratende Gremien u. a. Sonderausschuss Landwirtschaft, Beschäftigungsausschuss (* 2000 zur Förderung der Koordinierung der Beschäftigungs- und Arbeitsmarktpolitik der Mitgliedstaaten, vormals Ausschuss für Beschäftigung und Arbeitsmarkt) sowie die informelle, aber einflussreiche Euro-Gruppe (vormals Euro-11-Gruppe, * 1998), ein Forum der Wirtschafts- oder Finanzminister der zwölf Staaten des Euro-Währungsgebiets zu Themen im Zusammenhang mit ihrer Verantwortung für die gemeinsame Währung (Vorsitz: Jean-Claude Juncker/L, seit 1. 1. 2005, Amtszeit zwei Jahre).
Militärische Strukturen der EU: Ständig tagendes **Politisches und Sicherheitspolitisches Komitee** (PSK); **Militärausschuss** der EU (EUMC): Vorsitzender: General Rolando Mosca Moschini (I), seit 9. 4. 2004, Amtszeit drei Jahre; **Militärstab** der EU (EUMS): Generaldirektor Generalleutnant Jean-Paul Perruche (F), seit 1. 3. 2004.

Europäische Kommission (EU-Kommission)

Aufgaben: In den Bereichen, die den ersten Pfeiler der EU bilden, ist die Kommission wegen ihres alleinigen Initiativrechts zuständig für die Ausarbeitung von **Vorschlägen für neue gemeinschaftliche Rechtsakte.** Die wichtigsten Entscheidungen über Maßnahmen und Prioritäten der EG treffen jedoch der Rat oder Rat und EP gemeinsam. Diese beiden Organe können die Kommission zur Vorlage von Vorschlägen zur Verwirklichung der gemeinsamen Ziele auffordern. Gemeinsam mit dem EuGH achtet die Kommission als **Hüterin der Verträge** auf die Einhaltung der gemeinschaftlichen Rechtsvorschriften. Als **ausführendes Organ** ist die Kommission u. a. zuständig für die Erstellung des EU-Haushaltsentwurfs, den Vollzug des Haushaltsplans sowie die Verwaltung der Struktur- und des Kohäsionsfonds sowie der Forschungs- und anderer Programme. In einigen Bereichen verfügt sie über erhebliche Entscheidungs- und Durchführungsbefugnisse, die ihr durch den EG-Vertrag oder vom Rat übertragen wurden. Die Kommission vertritt die EU auf internationaler Ebene und handelt im Namen der EG u. a. Abkommen mit (Gruppen von) Drittstaaten aus. Die Kommission ist dem EP gegenüber politisch rechenschaftspflichtig, das sie durch Misstrauensvotum zum Rücktritt zwingen kann.
Beschlussfassung mit der Mehrheit der Mitglieder.
Zusammensetzung: Die Kommission (Amtszeit am 22. 11. 2004–31. 10. 2009) hat 25 Mitglieder – eines je Mitgliedstaat. Die Kommissionsmitglieder sind im Gegensatz zum Rat den Interessen der Gemeinschaft verpflichtet; sie dürfen bei der Erfüllung ihrer Pflichten Anweisungen von einer Regierung oder einer anderen Stelle weder anfordern noch entgegennehmen. Der von den Mitgliedstaaten mit qualifizierter Mehrheit (seit 2003) benannte Präsident der Kommission bedarf seit 1999 der Zustimmung des EP; der designierte Präsident und die übrigen Mitglieder der Kommission, die von den Mitgliedstaaten seit 1999 im Einvernehmen mit diesem nominiert werden, müssen als Kollegium vom EP bestätigt werden (seit 1993), bevor sie von den Mitgliedstaaten mit qualifizierter Mehrheit (seit 2003) für fünf Jahre ernannt werden. Die Kommission übt seit 1999 ihre Tätigkeit unter der politischen Führung ihres Präsidenten aus. Dieser erhielt durch den Vertrag von Nizza (2003) größere Befugnisse: Er weist den Kommissionsmitgliedern ihre Zuständigkeiten zu. Die Kommissare üben die ihnen vom Kommissionspräsidenten übertragenen Aufgaben unter dessen Leitung aus. Ein Mitglied der Kommission erklärt seinen Rücktritt, wenn der Kommissionspräsident es nach Billigung durch das Kollegium dazu auffordert.
Verwaltung mit Generalsekretärin: Catherine Day (IRL), seit 1 / 2000; 26 Generaldirektionen; elf Dienste, u. a. Amt für amtliche Veröffentlichungen der Europäischen Gemeinschaften (EUR-OP, *1969), Statistisches Amt der Europäischen Gemeinschaften (Eurostat, *1959), Amt für Zusammenarbeit EuropeAid (*2001) zur Umsetzung der EG-Außenhilfe und Europäisches Amt für Betrugsbekämpfung (Office européen de lutte antifraude / OLAF; *1999)

Die Mitglieder der Kommission

José Manuel Durão Barroso (P): Präsident
Margot Wallström (S): Vizepräsidentin; institutionelle Beziehungen und Kommunikation
Jacques Barrot (F): Vizepräsident; Verkehr
Franco Frattini (I): Vizepräsident; Justiz, Freiheit und Sicherheit
Siim Kallas (EE): Vizepräsident; Verwaltung, Audit und Betrugsbekämpfung
Günter Verheugen (D): Vizepräsident; Unternehmen und Industrie
Joaquín Almunia Amann (E): Wirtschaft und Währung; Statistisches Amt der Europäischen Gemeinschaften (Eurostat)
Joe Borg (MT): Fischerei und maritime Angelegenheiten
Stavros Dimas (GR): Umwelt
Benita Ferrero-Waldner (A): Außenbeziehungen und europäische Nachbarschaftspolitik; EuropeAid – Amt für Zusammenarbeit
Ján Figel' (SK): Bildung, Kultur und Mehrsprachigkeit; Amt für amtliche Veröffentlichungen
Mariann Fischer Boel (DK): Landwirtschaft und ländliche Entwicklung
Dalia Grybauskaite (LT): Finanzplanung und Haushalt
Danuta Hübner (PL): Regionalpolitik
László Kovács (HU): Steuern und Zollunion
Nellie Kroes (NL): Wettbewerb
Markos Kyprianou (CY): Gesundheit und Verbraucherschutz
Peter Mandelson (UK): Handel
Charlie McCreevy (IRL): Binnenmarkt und Dienstleistungen
Louis Michel (B): Entwicklung und humanitäre Hilfe; Amt für humanitäre Hilfe – ECHO
Andris Piebalgs (LV): Energie
Janez Potočnik (SI): Wissenschaft und Forschung
Viviane Reding (L): Informationsgesellschaft und Medien
Olli Rehn (FIN): Erweiterung
Vladimír Špidla (CZ): Beschäftigung, soziale Angelegenheiten und Chancengleichheit

Gerichtshof der Europäischen Gemeinschaften (EuGH)

Dem EuGH (* 1952) ist seit 1989 zu dessen Entlastung das **Gericht Erster Instanz** (GEI) beigeordnet, das für bestimmte Arten von Rechtsstreitigkeiten zuständig ist. Gegen die Entscheidungen des GEI kann beim EuGH ein auf Rechtsfragen beschränktes Rechtsmittel eingelegt werden. Dem GEI wurde am 10. 11. 2004 das **Gericht für den öffentlichen Dienst der EU** beigeordnet, das Entscheidungen über dienstrechtliche Streitsachen im ersten Rechtszug übernimmt.
Aufgabe des EuGH ist es, die Wahrung des Rechts bei der Auslegung und Anwendung der Gründungsverträge der Europäischen Gemeinschaften sowie der von den zuständigen Gemeinschaftsorganen erlassenen Durchführungsvorschriften zu sichern. Durch den Vertrag von Amsterdam (1999) wurden dem EuGH auch die Zuständigkeit für die Wahrung der Grundrechte, wie sie in der Europäischen Konvention zum Schutz der Menschenrechte und Grundfreiheiten gewährleistet sind, übertragen und beschränkte Befugnisse in den Bereichen freier Personenverkehr sowie polizeiliche und justizielle Zusammenarbeit in Strafsachen eingeräumt. Beim EuGH können direkte Klagen, die von der Kommission, anderen Gemeinschaftsorganen, einem Mitgliedstaat sowie natürlichen und juristischen Personen erhoben werden, sowie von Gerichten der Mitgliedstaaten Anträge auf Vorabentscheidung eingereicht werden (→ Klagearten). Die Entscheidungen sind unmittelbar verbindlich für Mitgliedstaaten, Gemeinschaftsorgane, nationale Gerichte sowie natürliche und juristische Personen (letzte Instanz).
Klagearten: Vertragsverletzungsklage der Kommission gegen einen Mitgliedstaat oder eines Mitgliedstaats gegen einen anderen, Nichtigkeitsklage (Überprüfung der Rechtmäßigkeit gemeinschaftlicher Rechtsakte), Untätigkeitsklage gegen EP, Rat, Kommission oder EZB, Schadensersatzklage gegen die Organe der Gemeinschaft oder deren Bedienstete, Beamtenklage (Rechtsstreitigkeiten zwischen den Organen der Gemeinschaft und deren Bediensteten), Vorlagen zur Vorabentscheidung über Auslegung oder Gültigkeit von Gemeinschaftsrecht (auf Vorlage nationaler Gerichte) und Rechtsmittel gegen Urteile des GEI.
Aktivitäten: Von der Gründung bis Ende 2005 wurden beim EuGH 13 960 Rechtsachen anhängig gemacht und von diesem 6827 Urteile erlassen. 2005 wurden 574 (2004: 665) Rechtssachen abgeschlossen; 474 (531) Rechtssachen gingen neu ein; die Zahl der anhängigen Rechtssachen lag Ende 2005 bei 740 (840). Beim GEI wurden 1989–2005 5824 Rechtssachen anhängig gemacht; 4791 wurden erledigt. 2005 gingen beim GEI 469 (2004: 536) neue Rechtssachen ein, 610 (361) Rechtssachen wurden abgeschlossen; die Zahl der Ende 2005 anhängigen Rechtssachen sank auf 1033 (1174). Dem Gericht für den öffentlichen Dienst wurden am 12. 12. 2005 alle 117 den öffentlichen Dienst betreffenden anhängigen Rechtssachen übertragen.
Zusammensetzung: Die 25 (seit 11. 5. 2004) Richter, einer je Mitgliedstaat, und acht Generalanwälte sind unabhängig und werden von den Mitgliedstaaten einvernehmlich für sechs Jahre ernannt; alle drei Jahre findet eine teilweise Neubesetzung statt. Die Richter wählen aus ihrer Mitte den **Präsidenten:** Vassilios Skouris (GR), seit 7. 10. 2003, Amtszeit drei Jahre. Das GEI besteht derzeit aus einem Richter je Mitgliedstaat, die von den Mitgliedstaaten einvernehmlich für sechs Jahre ernannt werden; alle drei Jahre wird das GEI teilweise neu besetzt. Das Gericht für den öffentlichen Dienst der EU besteht aus sieben Richtern; Amtszeit sechs Jahre.

Europäischer Rechnungshof (EuRH)

Aufgaben: Der EuRH (* 1975), der durch den EU-Vertrag (1993) den Status eines Gemeinschaftsorgans erhielt, prüft die Recht- und Ordnungsmäßigkeit aller Einnahmen und Ausgaben der Gemeinschaft einschließlich der von dieser geschaffenen Einrichtungen (die Kontrolle geht also über den EU-Gesamthaushaltsplan hinaus) und kontrolliert die Wirtschaftlichkeit der Haushaltsführung; Zusammenarbeit auch mit den nationalen Rechnungsprüfungsbehörden der EU-Staaten; jährlicher Rechnungsprüfungsbericht. Der EuRH unterstützt Rat und EP bei der Kontrolle des Haushaltsplans und deckt Missbrauch auf.

Von Betrug und Unregelmäßigkeiten, für die sowohl die Kommission als auch die Mitgliedstaaten (diese verwalten rd. 80 % der EU-Haushaltsmittel) verantwortlich sind, insbesondere betroffen sind die EU-Einnahmen, die auf dem Mehrwertsteueraufkommen und dem BNE der Mitgliedstaaten basieren (v. a. wegen Schattenwirtschaft, Mehrwertsteuerbetrug, Zigaretten- und Alkoholschmuggel), sowie die Ausgaben für Agrar- und Strukturpolitik.
Zusammensetzung: Die 25 (seit 7. 5. 2004) Mitglieder, einer je Mitgliedstaat, sind an keine Weisungen gebunden und werden vom Rat nach Anhörung des EP seit 2003 mit qualifizierter Mehrheit auf sechs Jahre ernannt. **Präsident:** Hubert Weber (A), seit 17. 1. 2005, Amtszeit drei Jahre.

Europäischer Wirtschafts- und Sozialausschuss (EWSA)

Aufgaben: Der EWSA (* 1958), ein beratendes Organ zur Beteiligung der verschiedenen Interessengruppen des wirtschaftlichen und sozialen Lebens an der Verwirklichung des Gemeinsamen Markts, muss von Kommission oder Rat gehört werden u. a. bei Beschlüssen in den Bereichen Verkehr, indirekte Steuern, Beschäftigung, Sozialpolitik, Bildung, Kultur, Gesundheitswesen, Verbraucherschutz, TEN, Industrie, wirtschaftlicher und sozialer Zusammenhalt, Forschung und technologische Entwicklung sowie Umwelt. **Zusammensetzung**: Die an keine Weisungen gebundenen, vom Rat seit 2003 mit qualifizierter Mehrheit auf Vorschlag der Mitgliedstaaten auf vier Jahre ernannten Mitglieder (seit 1. 5. 2004: 317 → Tabelle) vertreten die verschiedenen wirtschaftlichen und sozialen Bereiche der organisierten Zivilgesellschaft. Sie sind in drei Gruppen organisiert: Arbeitgeber, Arbeitnehmer und Verschiedene Interessen (z. B. Landwirte, Kaufleute, Handwerker, freie Berufe, Verbraucher, Umweltbewegungen, Wissenschaft). **Präsidentin**: Anne-Marie Sigmund (A), seit 10/2004, Amtszeit zwei Jahre.

Ausschuss der Regionen (AdR)

Aufgabe: Der AdR (*1993), ein beratender Ausschuss aus Vertretern der regionalen und lokalen Gebietskörperschaften, muss von Kommission oder Rat gehört werden bei Beschlüssen, die die Verantwortlichkeit lokaler und regionaler Behörden unmittelbar betreffen, u. a. Verkehr, Beschäftigung, Sozialpolitik, Bildung, Kultur, Gesundheitswesen, TEN, wirtschaftlicher und sozialer Zusammenhalt sowie Umwelt. **Zusammensetzung**: Die an keine Weisungen gebundenen, vom Rat seit 2003 mit qualifizierter Mehrheit auf Vorschlag der Mitgliedstaaten auf vier Jahre ernannten Mitglieder (seit 1. 5. 2004: 317 → Tabelle) sowie eine gleiche Anzahl von Stellvertretern müssen entweder ein auf Wahlen beruhendes Mandat in einer regionalen oder lokalen Gebietskörperschaft innehaben oder gegenüber einer gewählten Versammlung politisch verantwortlich sein. **Präsident**: Michel Delebarre (F), seit 2/2006, Amtszeit 2 Jahre.

Wirtschafts- und Finanzausschuss

Das mit Beginn der dritten Stufe der EWWU (1. 1. 1999) gegründete beratende Gremium, dem je zwei Vertreter der EU-Staaten (Regierung und ggf. nationale Zentralbank), der Kommission und der Europäischen Zentralbank angehören, hat folgende Aufgaben: Beobachtung der Wirtschafts- und Finanzlage der Mitgliedstaaten und der Gemeinschaft; Beobachtung der Währungs- und Finanzlage sowie des allgemeinen Zahlungsverkehrs der EU-Staaten, die den Euro noch nicht eingeführt haben; mindestens jährliche Prüfung der Lage in Bezug auf Kapital- und Zahlungsverkehr; Berichterstattung an Rat und Kommission. **Präsident**: Xavier Musca (F), seit 12/2005, Amtszeit zwei Jahre.

EIB-Gruppe

Die EIB-Gruppe (*2000): Europäische Investitionsbank (EIB; *1958; autonome öffentlich-rechtliche Finanzierungsinstitution der EU); Europäischen Investitionsfonds (EIF; *1994).
Aufgabe der EIB: Ziele der EU durch langfristige Darlehen für tragfähige Investitionen zu fördern, v. a. im Hinblick auf wirtschaftliche Integration und sozialen Zusammenhalt; seit 1963 auch Vergabe von Darlehen im Rahmen der Entwicklungszusammenarbeit.
Anteilseigner der EIB: die 25 EU-Staaten.
Organe der EIB: Rat der Gouverneure, in dem alle EU-Staaten durch einen Minister (in der Regel der Finanzminister) vertreten sind; Verwaltungsrat aus 26 Personen (je eine von den 25 EU-Staaten und der Kommission benannt); Direktorium aus **EIB-Präsident**: Philippe Maystadt (B), seit 1. 1. 2000, und acht Vizepräsidenten. Prüfungsausschuss.
Personal der EIB (31. 12. 2005): 1325 Mitarbeiter.
Eigene Finanzierungsmittel der EIB (seit 1. 5. 2004): Gezeichnetes Kapital 163,7 Mrd. €, davon 5 % eingezahlt bzw. noch einzuzahlen. Größte Kapitalzeichner: Deutschland, Frankreich, Großbritannien und Italien je 16,3 %. Rücklagen (31. 12. 2005): 18,4 Mrd. €. Wichtigste Finanzierungsquelle sind die Kreditaufnahmen an den internationalen Kapitalmärkten: 52,7 Mrd. € (2005); ausstehende Anleiheverbindlichkeiten (31. 12. 2005): 248,3 Mrd. €.
Mittelvergabe der EIB : EIB-Mittel können öffentliche und private Darlehensnehmer in allen Wirtschaftsbereichen erhalten; vergeben werden Einzeldarlehen sowie an Finanzierungsinstitute Globaldarlehen, die daraus in Einklang mit den Kriterien der EIB Teildarlehen für kleinere und mittlere Investitionsvorhaben (bis zu 25 Mio. €) bereitstellen.

Bis Ende 2005 wurden Darlehen und Garantien von insg. 545,6 (2004: 47,4) Mrd. € zugesagt, davon 532,8 (47,0) Mrd. € aus eigenen Mitteln; 480,8 (42,3) Mrd. € wurden für Projekte innerhalb der EU bereitgestellt – darunter Deutschland 70,5 (7,0) Mrd. € – und 64,8 (5,1) Mrd. € für Investitionsvorhaben außerhalb der EU: Staaten der Europa-Mittelmeer-Partnerschaft (2005: 2,2 Mrd. €), AKP-Staaten, überseeische Länder und Gebiete der EU-Staaten, Südafrika sowie die Staaten in Südosteuropa (1,4 Mrd. €), Lateinamerika und Asien. Ausgezahlt wurden 2005 insg. 38,9 Mrd. €, davon 38,7 Mrd. € aus eigenen Mitteln. Die Ende 2005 ausstehenden Darlehen aus eigenen Mitteln betrugen 294,4 Mrd. €, davon 245,9 Mrd. € ausgezahlt.
Tätigkeit des EIF: Ende 2005 verwaltete der EIF ein Risikokapitalportfolio von 3,1 Mrd. €, das 217 Fonds umfasste; das Garantieportfolio belief sich auf 9,3 Mrd. € für 164 Projekte. 2005 wurden 24 Risikokapitalfinanzierungen von 468 Mio. € durchgeführt und 35 Garantien von 1,7 Mrd. € eingeräumt.

Das **Europäische System der Zentralbanken (ESZB)** besteht aus der Europäischen Zentralbank (EZB) und den nationalen Zentralbanken aller EU-Staaten. Als Eurosystem bezeichnet man den Verbund aus der EZB und den nationalen Zentralbanken der zwölf EU-Staaten, die den Euro bereits eingeführt haben. Die EZB besitzt Rechtspersönlichkeit. Sie stellt sicher, dass alle dem Eurosystem und dem ESZB übertragenen Aufgaben entweder von ihr selbst oder von den nationalen Zentralbanken erfüllt werden.

Gründung durch EU-Vertrag 1993; Arbeitsbeginn der EZB 1998 und des ESZB 1999.

Ziele / Aufgaben: Vorrangiges Ziel des ESZB ist die Gewährleistung der Preisstabilität. Seine grundlegenden Aufgaben sind Festlegung und Ausführung der Geldpolitik in den Staaten der Europäischen Währungsunion, Durchführung von Devisengeschäften, Halten und Verwalten der offiziellen Währungsreserven der teilnehmenden Mitgliedstaaten und Förderung des reibungslosen Funktionierens der Zahlungssysteme in der Europäischen Währungsunion. Die EZB hat das ausschließliche Recht zur Genehmigung der Ausgabe von Banknoten innerhalb der Europäischen Währungsunion.

Beschlussorgane der EZB: Dem **Rat**, dem höchsten Entscheidungsgremium, gehören die Mitglieder des EZB-Direktoriums und die Zentralbankpräsidenten der Mitgliedstaaten, die den Euro eingeführt haben, an; jedes Mitglied hat eine Stimme. Das **Direktorium**, das die Geldpolitik gemäß den Leitlinien und **Beschlüssen** des Rats ausführt, besteht aus dem **Präsidenten** der EZB: Jean-Claude Trichet (F, seit 1. 11. 2003), dem Vizepräsidenten Lucas Papademos (GR, seit 1. 6. 2002) und vier weiteren Mitgliedern: José Manuel González-Páramo (E), Gertrude Tumpel-Gugerell (A), Jürgen Stark (D, seit 1. 6. 2006) und Lorenzo Bini Smaghi (I); Amtszeit acht Jahre, Wiederernennung unzulässig.

Solange nicht alle EU-Staaten den Euro eingeführt haben, gibt es ergänzend einen **Erweiterten Rat**, dem der Präsident und der Vizepräsident der EZB sowie die Präsidenten der Zentralbanken aller EU-Staaten angehören. Er hat vor allem beratende Funktionen.

Personal (31. 12. 2005): 1360 Mitarbeiter.

Kapital (seit 1. 5. 2004): 5,6 Mrd. €, die von den Zentralbanken der 25 EU-Staaten gezeichnet wurden; größte Kapitalzeichner: Deutschland 21,1 %, Frankreich 14,9 %, Großbritannien 14,4 %, Italien 13,1 %. Zudem übertrugen die nationalen Zentralbanken ihrer Kapitalzeichnung entsprechend der EZB 50 Mrd. € Währungsreserven, davon von den zwölf Staaten des Eurogebiets 39,8 Mrd. € eingezahlt. Währungsreserven des Eurosystems 147,5 Mrd. €, darunter EZB 29,4 Mrd. € (Ende März 2006).

- **Einrichtungen zur Erleichterung der Funktionsweise des Binnenmarkts**: Europäische Agentur für die Beurteilung von Arzneimitteln (* 1993) in London(GB), Harmonisierungsamt für den Binnenmarkt (Marken, Muster und Modelle) (* 1993) in Alicante (E), Gemeinschaftliches Sortenamt (* 1994) in Angers (F), Europ. Behörde für Lebensmittelsicherheit (* 2002) in Parma (I), Europ. Agentur für die Sicherheit des Seeverkehrs (* 2002) in Lissabon (P), Europ. Agentur für Flugsicherheit (* 2002) in Köln, Europ. Agentur für Netz- und Informationssicherheit (* 2004) in Heraklion (GR), Europ. Eisenbahnagentur (* 2004) in Lille-Valenciennes (F) und Europ. Agentur für die operative Zusammenarbeit an den EU-Außengrenzen (* 2004) in Warschau (PL).
- **Beobachtungsstellen**: Europ. Umweltagentur (* 1990) in Kopenhagen (DK), Europ. Beobachtungsstelle für Drogen und Drogensucht (* 1993) in Lissabon (P), Europ. Stelle zur Beobachtung von Rassismus und Fremdenfeindlichkeit (* 1997) in Wien (A) sowie Europ. Zentrum für die Prävention und die Kontrolle von Krankheiten (* 2005) in Stockholm (S).
- **Einrichtungen zur Förderung des sozialen Dialogs**: Europ. Zentrum für die Förderung der Berufsbildung (Cedefop, * 1975) in Thessaloniki (GR), Europ. Stiftung zur Verbesserung der Lebens- und Arbeitsbedingungen (* 1975) in Dublin (IR) und Europ. Agentur für Sicherheit und Gesundheitsschutz am Arbeitsplatz (* 1994) in Bilbao (E).
- **Einrichtungen mit spezifischen Aufgaben**: Europ. Stiftung für Berufsbildung (* 1990) in Turin (I), Übersetzungszentrum für die Einrichtungen der EU (* 1994) in Luxemburg und Europ. Agentur für den Wiederaufbau (* 1999) in Thessaloniki (GR).

In Vorbereitung bzw. geplant: Europ. Fischereiaufsichtsbehörde (* 2005), Europ. Amt für chemische Stoffe in Helsinki (FI), Europ. Agentur für Grundrechte und Europ. Institut für Fragen der Gleichstellung von Männern und Frauen.

- Einrichtungen im Rahmen der **GASP**: Institut der EU für Sicherheitsstudien in Paris und Satellitenzentrum der EU in Torrejón de Ardoz (E), beide * 2001. Zudem Europ. Verteidigungsagentur (* 2004) in Brüssel und Europ. Sicherheits- und Verteidigungskolleg (* 2005).
- Zur Verbesserung der **polizeilichen und justiziellen Zusammenarbeit in Strafsachen**, v. a. bei der Bekämpfung der internationalen organisierten Kriminalität, wurden zwei Einrichtungen mit Sitz in Den Haag (NL) gegründet: Europ. Polizeiamt (Europol, * 1992; Direktor: Max-Peter Ratzel / D, seit 18. 4. 2005) und Eurojust (* 2002). Zudem Europ. Polizeiakademie (EPA, * 2000) in Bramshill (GB).

Der vom EP am 15. 12. 2005 festgestellte Haushaltsplan für 2006 beläuft sich auf 121 191 Mio. € (+4,5 % gegenüber 2005) bei den Mitteln für Verpflichtungen (ausgabewirksame Beschlüsse, → Tabelle) und auf 111 970 Mio. € (+5,9 %) bei den Mitteln für Zahlungen (tatsächliche Ausgaben; entspricht 1,01 % des zu erwartenden BNE). 37,9 % der Mittel für Verpflichtungen entfallen auf obligatorische Ausgaben, d. h. sich aus den Verträgen, abgeleitetem Recht, Abkommen bzw. Übereinkommen ergebenden Verpflichtungen, v. a. Agrarausgaben und Ausgaben im Zusammenhang mit internationalen Abkommen mit Drittstaaten.

EU-Haushaltseinnahmen 2006 gemäß Haushaltsplan

in Mio. €; insgesamt 111 970 Mio. €

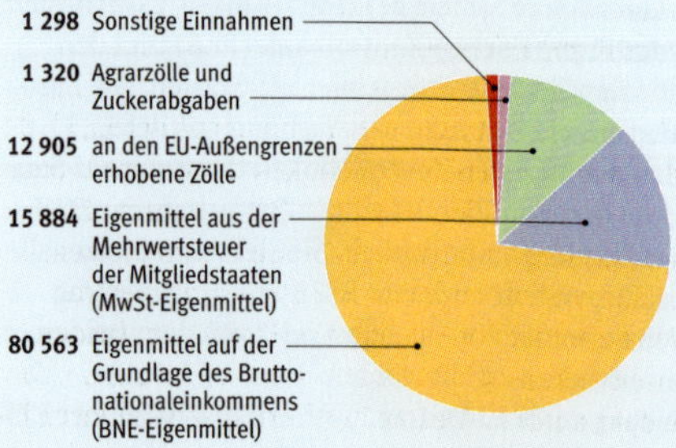

Quelle: EU-Kommission

EU-Haushaltsplan 2006

Ausgaben (Mittel für Verpflichtungen)	Ausgaben 2006 in Mio €	Veränderung gegenüber 2005 in %	Anteil am Gesamthaushalt in %
Landwirtschaft	51 051	4,1	42,1
Agrarausgaben	43 280	2,6	35,7
Ländliche Entwicklung	7 771	13,6	6,4
Strukturpolitische Maßnahmen	44 555	5,0	36,8
Strukturfonds	38 523	3,3	31,8
Kohäsionsfonds	6 032	17,5	5,0
Interne Politikbereiche (u. a. Forschung, Energie und Bildung)	9 373	2,4	7,7
Externe Politikbereiche (v. a. Zusammenarbeit mit Drittstaaten)	5 544	5,9	4,6
Verwaltungsausgaben	6 656	5,8	5,5
Reserven	458	2,7	0,4
Hilfen zur Vorbereitung auf den Beitritt	2 481	19,2	2,0
Ausgleichszahlungen an die zehn neuen EU-Staaten*	1 074	−17,7	0,9
Insgesamt	**121 191**	**4,5**	**100,0**

* Die neuen EU-Staaten dürfen zu Beginn ihrer Zugehörigkeit zur EU nicht zu Nettozahlern werden.

Quelle: EU-Kommission

Nettozahler und Nettoempfänger in der EU 2004

	in % des Bruttonationaleinkommens	in Mio.
Nettozahler		
Niederlande	−0,44	−2 035
Luxemburg	−0,41	−93
Schweden	−0,38	−1 060
Deutschland	−0,33	−7 141
Italien	−0,22	−2 947
Frankreich	−0,19	−3 051
Belgien	−0,19	−536
Großbritannien*	−0,16	−2 865
Österreich	−0,16	−365
Dänemark	−0,12	−225
Finnland	−0,05	−70
Nettoempfänger		
Ungarn	0,25	193
Tschechien	0,33	272
Slowenien	0,43	110
Slowakei	0,51	169
Zypern	0,53	64
Polen	0,75	1 438
Malta	1,02	45
Spanien	1,08	8 502
Irland	1,30	1 594
Estland	1,79	145
Lettland	1,82	198
Litauen	2,13	369
Portugal	2,37	3 124
Griechenland	2,52	4 163

* Großbritannien erhält seit 1985 einen Beitragsrabatt (2004: 5272 Mio. €)

Quelle: EU-Kommission

Gemessen an der Wirtschaftsleistung sind die Niederlande der mit Abstand größte Nettozahler in der EU (→ Grafik). In absoluten Zahlen ist Deutschland der größte Nettozahler und zugleich nach Spanien und Frankreich der drittgrößte Empfänger von EU-Mitteln. Alle zehn neuen EU-Staaten sind vorerst Netto-Empfänger.

Außerhalb des Gemeinschaftshaushalts verwaltet und abgewickelt werden u. a. die Anleihen und Darlehen der Gemeinschaft, der von der Kommission verwaltete und von den Mitgliedstaaten finanzierte Europäische Entwicklungsfonds (neunter EEF: 13,5 Mrd. € für 2000–2005) sowie Europäische Investitionsbank und Europäischer Investitionsfonds (→ EIB-Gruppe).

EU-Erweiterung

Ende Juni 2006 stand noch nicht endgültig fest, ob **Bulgarien und Rumänien** 2007 oder erst 2008 der EU beitreten werden. Beide Staaten haben vor ihrem EU-Beitritt noch zahlreiche Verpflichtungen umzusetzen. Der am 25. 4. 2005 unterzeichnete Beitrittsvertrag (→ WA 2006, S. 550) sieht einen Beitritt der beiden ehemals kommunistischen Staaten zur EU am 1. 1. 2007 vor, sofern alle 27 Staaten den Vertrag gemäß ihren jeweiligen verfassungsrechtlichen Vorschriften ratifiziert haben (bisher die beiden Beitrittsländer und 11 der 25 EU-Staaten). Sollte es eindeutige Anhaltspunkte dafür geben, dass Bulgarien oder Rumänien in einigen wichtigen Bereichen offenbar nicht in der Lage sein werden, die mit der EU-Mitgliedschaft verbundenen Anforderungen bis zum 1. 1. 2007 zu erfüllen, kann der Rat einstimmig (bei Rumänien unter bestimmten Umständen mit qualifizierter Mehrheit) auf Empfehlung der Kommission beschließen, den Beitritt dieses Staats um ein Jahr auf den 1. 1. 2008 zu verschieben.

Die Kommission, die die Vorbereitungen von Bulgarien und Rumänien auf Übernahme und Umsetzung des gemeinschaftlichen Besitzstands überwacht, verschob am 16. 5. 2006 ihre endgültige Empfehlung zum Beitrittstermin auf Oktober, v. a. um den Druck zu Reformen aufrechtzuerhalten. Die zugleich vorgelegten Monitoring-Berichte würdigten die weiteren Fortschritte beider Staaten. In zahlreichen Bereichen besteht jedoch weiterhin verstärkter Handlungsbedarf. Die Zahl der Bereiche, in denen die Vorbereitungen Anlass zu ernster Besorgnis geben, gingen gegenüber den am 25. 10. 2005 von der Kommission vorgelegten kritischen Berichten in Bulgarien von 16 auf sechs zurück und in Rumänien, das lange Zeit langsamere Fortschritte bei der Erfüllung der EU-Anforderungen gemacht hat, inzwischen Bulgarien aber überholt hat, von 14 auf vier: Verwaltungs- und Kontrollsysteme in der Landwirtschaft; Errichtung von Tierkörpersammelstellen und -beseitigungsanlagen; zudem in Bulgarien Bekämpfung von organisierter Kriminalität, Korruption und Geldwäsche sowie Verwaltung der Struktur- und des Kohäsionsfonds bzw. in Rumänien Erhebung der Mehrwertsteuer im Binnenmarkt.

Gegenüber beiden Staaten können bis zu drei Jahre nach dem EU-Beitritt bei Schwierigkeiten eine allgemeine und zwei spezifische Schutzklauseln (für die Bereiche Binnenmarkt sowie Justiz und Inneres) angewendet werden, die u. a. die Aussetzung von Teilen des gemeinschaftlichen Besitzstands oder die Zurückhaltung von EU-Mitteln ermöglichen.

Mit der Erweiterung der EU um diese beiden Staaten wird die Bevölkerung der Gemeinschaft um fast 30 Mio. auf rund 490 Mio. Einwohner steigen. Das BIP dagegen wird um weniger als 1 % zunehmen: Das BIP pro Kopf entspricht rund 12 % (Bulgarien) bzw. 16 % (Rumänien) des EU 25-Durchschnitts oder 32 % bzw. 35 % zu Kaufkraftparitäten.

Mit dem Tag des EU-Beitritts müssen Bulgarien und Rumänien den gesamten gemeinschaftlichen Besitzstand vollständig übernehmen und umsetzen; die zeitlich befristeten Übergangsbestimmungen betreffen v. a. die Bereiche Landwirtschaft, Arbeitnehmerfreizügigkeit, Kapitalverkehr und Umwelt (Übergangsfristen bis 2018 für Rumänien); sie entsprechen denen der EU-Erweiterung von 2004. Die Beitrittsländer werden nur schrittweise in das System der Direktzahlungen an die Landwirte einbezogen: 2007 erhalten sie 25 % der in der EU 15 gewährten Direktzahlungen; dieser Anteil steigt stufenweise bis 2016 auf 100 %.

In den frühen Morgenstunden des 4. 10. 2005 wurden in Luxemburg in getrennten Regierungskonferenzen die **Beitrittsverhandlungen mit der Türkei** und unmittelbar darauf mit **Kroatien** eröffnet. Die Beitrittsverhandlungen basieren erstmals auf einem vom Rat jeweils einstimmig angenommenen länderspezifischen Verhandlungsrahmen (→ Kasten). Die Kommission begann noch im Oktober, getrennt mit der Türkei und mit Kroatien, mit der Bestandsaufnahme (Screening) aller 35 Verhandlungskapitel des gemeinschaftlichen Besitzstands, die jeweils einen bestimmten Politikbereich abdecken.

Einer Forderung der EU für die Aufnahme von Beitrittsverhandlungen entsprechend hat die türkische Regierung am 29. 7. 2005 das Protokoll von Ankara unterzeichnet, mit dem der Assoziierungsvertrag (1964) zwischen EU und Türkei sowie die auf dessen Grundlage begründete Zollunion (1995) auf die zehn neuen EU-Staaten – und damit auf die seit 1974 geteilte Mittelmeerinsel **Zypern**, deren Nordteil vom EU-Beitrittskandidaten Türkei militärisch besetzt ist – ausgedehnt wird. In einer gleichzeitig veröffentlichten Erklärung stellte die türkische Regierung fest, dass die Unterzeichnung, Ratifizierung und Umsetzung des Protokolls von Ankara nicht die Anerkennung der Republik Zypern in irgendeiner Form bedeute. Die türkische Regierung hat wiederholt erklärt, sie strebe eine umfassende Lösung der Zypernfrage im Einklang mit dem Plan des UN-Generalsekretärs an (→ WA 2005, S. 469). In einer wegen ihres Wortlauts wochenlang umstrittenen, von den EU-Staaten am 21. 9. angenommenen Gegenerklärung, der zuletzt auch Zypern zustimmte, stellte die EU fest, die Anerkennung aller Mitgliedstaaten sei notwendiger Bestandteil des Beitrittsprozesses. Die Erklärung der Türkei sei einseitig und habe keine rechtlichen Auswirkungen auf die sich aus dem Protokoll von Ankara ergebenden Verpflichtungen der Türkei. Die EU erwartet, dass die Zollunion bis spätestens Ende 2006 auch auf Zypern angewendet wird, d. h. die Türkei Häfen und Luftraum auch für in Zypern registrierte Schiffe und Flugzeuge öffnet.

Grundsätze für die Beitrittsverhandlungen mit der Türkei und Kroatien

Den Beitrittsverhandlungen liegen erstmals länderspezifische Verhandlungsrahmen zugrunde. Dieses neue Konzept, das den Erfahrungen der EU-Erweiterung von 2004 Rechnung trägt, beinhaltet u. a.:

- Gemeinsames Ziel der Verhandlungen ist der Beitritt. Sie sind ein Prozess mit offenem Ende, dessen Ausgang sich nicht garantieren lässt. In Bezug auf die Türkei ist zudem festgehalten: Sollte sie nicht in der Lage sein, alle mit der Mitgliedschaft verbundenen Verpflichtungen einzuhalten, müsse sicher gestellt sein, dass die Türkei vollständig in den europäischen Strukturen verankert wird.
- Um zu gewährleisten, dass neue Mitgliedstaaten ihre vertraglichen Verpflichtungen unmittelbar mit dem Beitritt bzw. nach Ablauf von Übergangsfristen auch tatsächlich erfüllen, erfolgt künftig eine verstärkte und frühere Kontrolle: Für den vorläufigen Abschluss und ggf. für die Eröffnung der insg. 35 Verhandlungskapitel werden auf Vorschlag der Kommission einstimmig vom Rat Maßstäbe festgelegt, die sich auf Rechtsangleichung, eine zufrieden stellende Bilanz bei der Umsetzung des gemeinschaftlichen Besitzstands und Erfüllung bestehender vertraglicher Verpflichtungen gegenüber der EU beziehen. Damit haben die Mitgliedstaaten bei jedem Zwischenschritt in den Beitrittsverhandlungen die Möglichkeit, ein Veto einzulegen. Der Fortgang der Verhandlungen hängt ab von den Fortschritten bei der Erfüllung der Kopenhagener Kriterien; genannt werden zudem für die Türkei Fortschritte bei der Lösung des Grenzkonflikts mit Griechenland und des Zypern-Konflikts sowie die Erfüllung der Verpflichtungen aus dem Assoziierungsabkommen bzw. für Kroatien die vollständige Zusammenarbeit mit dem ICTY und Fortschritte beim Stabilisierungs- und Assoziierungsprozess.
- Lange Übergangsfristen, Ausnahmeregelungen oder dauerhafte Schutzklauseln sind bei Freizügigkeit, Strukturpolitik und Landwirtschaft möglich.
- Die Verhandlungen mit der Türkei können erst nach einer Einigung auf den EU-Finanzrahmen für die Zeit ab 2014 abgeschlossen werden. Dabei sollte eine faire Verteilung der finanziellen Lasten auf alle Mitgliedstaaten gewährleistet sein.
- Bei schwerwiegender und anhaltender Verletzung der gemeinsamen Werte – Freiheit, Demokratie, Wahrung der Menschenrechte und der Grundfreiheiten sowie Rechtsstaatlichkeit – können auf Antrag von Kommission oder einem Drittel der EU-Mitgliedstaaten und Beschluss des Rats mit qualifizierter Mehrheit die Beitrittsverhandlungen ausgesetzt werden.
- Parallel zu den Beitrittsverhandlungen wird die EU einen intensiven politischen und kulturellen Dialog führen, der in Bezug auf die Türkei v. a. darauf abzielen soll, die Unterstützung der europäischen Bürger zum Erweiterungsprozess zu sichern.

Nachdem die österreichische Regierung ihren hartnäckigen Widerstand aufgegeben hatte, konnten sich die EU-Außenminister am 3. 10. 2005 auf einen Rahmen für die Beitrittsverhandlungen mit der Türkei einigen, dem auch die türkische Regierung zustimmte. Die österreichische Regierung hatte bis zuletzt vergeblich gefordert, aus dem Text für das Verhandlungsmandat, das vom Rat einstimmig gebilligt werden muss, den Satz »gemeinsames Ziel der Verhandlungen ist der Beitritt« zu streichen, Alternativen zur Vollmitgliedschaft der Türkei aufzunehmen und die Aufnahmefähigkeit der EU für neue Mitglieder als Beitrittskriterium stärker hervorzuheben. Sie erreichte jedoch, dass im Verhandlungsrahmen eine faire Verteilung der finanziellen Belastungen durch ein EU-Mitglied Türkei auf alle Mitgliedstaaten festgeschrieben wurde. Aufgenommen wurde zudem, dass der angestrebte politische Dialog zwischen den Zivilgesellschaften der EU und der Türkei v. a. für eine positive Einstellung der europäischen Bürger zur EU-Erweiterung sorgen soll.

In dem am 9. 11. 2005 vorgelegten Fortschrittsbericht zur Türkei kritisierte die Kommission, das Tempo der politischen Reformen habe sich 2005 verlangsamt und deren Umsetzung sei weiterhin uneinheitlich. Bereits geltende Gesetze müssten auch tatsächlich angewandt werden. Erheblicher weiterer Handlungsbedarf bestehe bei Grundfreiheiten und Menschenrechten, v. a. in Bezug auf Meinungs- und Religionsfreiheit, Frauen-, Gewerkschafts- sowie kulturelle Rechte und die noch schärfere Bekämpfung von Folter und Misshandlungen. Die vom Rat am 12. 12. angenommene überarbeitete Beitrittspartnerschaft mit der Türkei nennt unter den kurzfristigen politischen Prioritäten auch eine stärkere zivile Kontrolle über das Militär und die Normalisierung der Beziehungen zu den EU-Staaten Griechenland und Zypern.

Ein EU-Beitritt der Türkei, die in wenigen Jahren der bevölkerungsreichste Staat in Europa sein wird, ist aus kulturellen, politischen und wirtschaftlichen Gründen in vielen EU-Staaten umstritten. Die Beitrittsverhandlungen werden mind. zehn Jahre dauern.

Die Beitrittsverhandlungen mit **Kroatien**, die am 17. 3. 2005 hätten eröffnet werden sollen, deren Beginn aber wegen Zweifel an der uneingeschränkten Zusammenarbeit Kroatiens mit dem Internationalen Gerichtshof für das ehem. Jugoslawien (ICTY) in Den Haag verschoben worden war, wurden am 4. 10. aufgenommen. Die Chefanklägerin des UN-Tribunals, Carla Del Ponte, hatte am Vortag überraschend mitgeteilt, die kroatische Regierung kooperiere seit einigen Wochen vollständig mit dem ICTY. Am 9. 12. wurde der 2001 angeklagte mutmaßliche Kriegsverbrecher Ante Gotovina auf Teneriffa (Kanarische Inseln) verhaftet. Dem in Teilen der Bevölkerung als Volksheld verehrten ehem. General wird vorgeworfen, für die Ermordung und Vertreibung von Serben bei der Rückeroberung der Krajina 1995 mitverantwortlich zu sein.

EU-Finanzrahmen 2007–2013 in Mio. € zu Preisen von 2004

Mittel für Verpflichtungen	2007	2008	2009	2010	2011	2012	2013	insgesamt 2007–2013
Nachhaltiges Wachstum	51267	52415	53616	54294	55368	56876	58303	382139
Wettbewerbsfähigkeit für Wachstum und Beschäftigung	8404	9097	9754	10434	11295	12153	12961	74098
Kohäsion für Wachstum und Beschäftigung	42863	43318	43862	43860	44073	44723	45342	308041
Nachhaltige Bewirtschaftung und Schutz der natürlichen Ressourcen	54985	54322	53666	53035	52400	51775	51161	371344
darunter: Landwirtschaft (marktbezogene Ausgaben und Direktzahlungen)	43120	42697	42279	41864	41453	41047	40645	293105
Unionsbürgerschaft, Freiheit, Sicherheit und Recht	1199	1258	1380	1503	1645	1797	1988	10770
Freiheit, Sicherheit und Recht	600	690	790	910	1050	1200	1390	6630
Unionsbürgerschaft	599	568	590	593	595	597	598	4140
Die EU als globaler Partner	6199	6469	6739	7009	7339	7679	8029	49463
Verwaltung	6633	6818	6973	7111	7255	7400	7610	49800
Ausgleichszahlungen an die neuen EU-Staaten	419	191	190					800
Mittel für Verpflichtungen insgesamt	**120702**	**121473**	**122564**	**122952**	**124007**	**125527**	**127091**	**864316**
in % des BNE	1,10	1,08	1,07	1,04	1,03	1,02	1,01	1,048
Mittel für Zahlungen insgesamt	**116650**	**119620**	**111990**	**118280**	**115860**	**119410**	**118970**	**820780**
in % des BNE	1,06	1,06	0,97	1,00	0,96	0,97	0,94	1,00
Eigenmittelobergrenze in % des BNE	1,24	1,24	1,24	1,24	1,24	1,24	1,24	1,24

Quelle: EU-Kommission

Wie von der Kommission am 9. 11. 2005 empfohlen, verlieh der ER am 16. 12. der ehem. jugoslawischen Republik **Mazedonien** insb. wegen der Fortschritte bei der Umsetzung des Friedensabkommens von Ohrid (2001) sowie des Stabilisierungs- und Assoziierungsabkommens (2004) den Status eines EU-Beitrittskandidaten; ein Datum für den Beginn von Beitrittsverhandlungen wurde nicht in Aussicht gestellt. Alle weiteren Schritte seien von einer Grundsatzdiskussion über die künftige EU-Erweiterungsstrategie, auf die sich der Rat am 12. 12. v. a. auf Drängen Frankreichs verständigt hatte, und dem Reformprozess in Mazedonien abhängig; dabei müsse auch die Aufnahmekapazität der EU berücksichtigt werden.

Wie vom EP am 16. 3. 2006 gefordert, beauftragte der ER am 15./16. 6. die Kommission, die Aufnahmefähigkeit der EU, die bereits 1993 bei der Formulierung der Kopenhagener Beitrittskriterien (→ oben) genannt, aber bisher noch nicht angewandt wurde, bis Herbst 2006 zu definieren; dazu gehöre auch der Aspekt, wie die EU-Erweiterung derzeit und in Zukunft von den Bürgern wahrgenommen wird.

EU-Finanzrahmen 2007–2013

Die Finanzielle Vorausschau für 2007–2013, die am 17. 5. 2006 in einer interinstitutionellen Vereinbarung zwischen EP (am 17. 5. mit 440 gegen 190 Stimmen bei 14 Enthaltungen gebilligt), Rat (am 15. 5. einstimmig angenommen) und Kommission festgeschrieben wurde, spiegelt im Wesentlichen den Kompromiss wider, den der ER am 17. 12. 2005 nach monatelangen, äußerst schwierigen Verhandlungen erzielt hatte. Das EP, das diesen Kompromiss am 18. 1. 2006 vorerst zurückgewiesen hatte, setzte jedoch durch, dass die Ausgaben um insg. 4 Mrd. € erhöht wurden; betroffen sind v. a. die Posten »Wettbewerbsfähigkeit für Wirtschaft und Beschäftigung« (insb. Lebenslanges Lernen, TEN, Wettbewerbsfähigkeit und Innovation sowie Forschung), Strukturfonds, Kultur, Gesundheit und Verbraucherschutz sowie GASP. Zugleich wurden die Verwaltungsausgaben um 500 Mio. € gekürzt und die sog. Notreserve (1,5 Mrd. €) z. B. für Katastrophenhilfe außerhalb des Finanzrahmens gestellt.

Die Finanzielle Vorausschau 2007–2013 sieht vor, die **Ausgaben einer EU mit 27 Mitgliedstaaten** auf insg. 864,3 Mrd. € (alle Angaben: Verpflichtungsermächtigungen zu Preisen von 2004; → Tabelle) oder 1,05 % des erwarteten BNE der EU zu begrenzen. EP und Kommission hatten wegen EU-Erweiterung und Umsetzung politischer Ziele der EU im Juni bzw. Juli 2005 eine Ausgabenobergrenze von 975 bzw. 1025 Mrd. € vorgeschlagen.

Trotz neuer Titel für die Ausgabenposten, die die politischen Prioritäten der EU widerspiegeln, ist die neue Finanzielle Vorausschau im Wesentlichen eine Fortschreibung traditioneller Ausgabenstrukturen, auch wenn zukunftsgerichteten Ausgaben etwas mehr Gewicht beigemessen wird. Die mit Abstand größten Ausgabeposten bleiben Landwirtschaft und Kohäsionspolitik. Diese wird sich künftig auf drei Ziele konzentrieren: Konvergenz (82 % der Mittel), regionale Wettbewerbsfähigkeit und Beschäftigung (16 %) so-

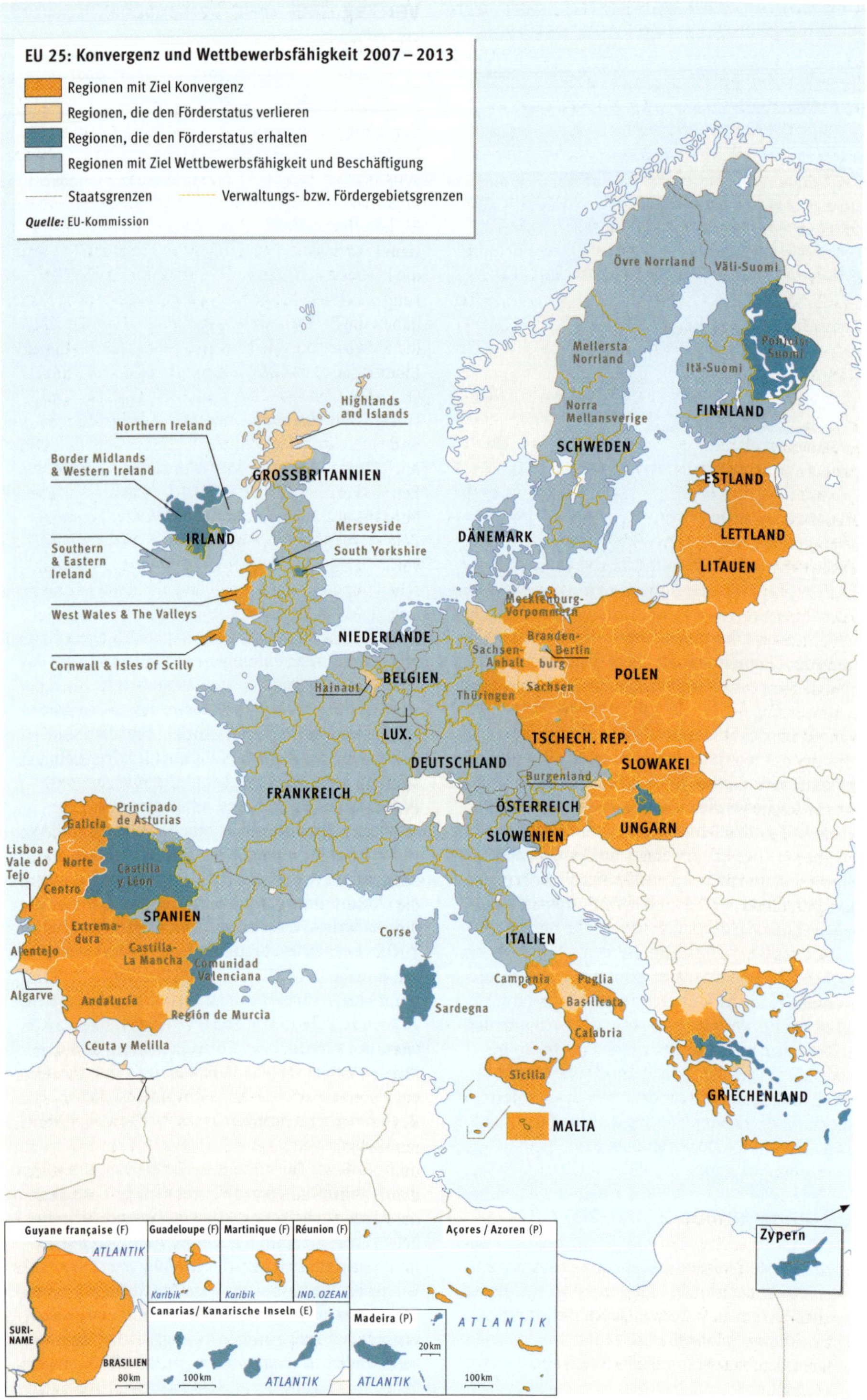
EU 25: Konvergenz und Wettbewerbsfähigkeit 2007 – 2013
Regionen mit Ziel Konvergenz
Regionen, die den Förderstatus verlieren
Regionen, die den Förderstatus erhalten
Regionen mit Ziel Wettbewerbsfähigkeit und Beschäftigung
Staatsgrenzen
Verwaltungs- bzw. Fördergebietsgrenzen
Quelle: EU-Kommission
Övre Norrland
Väli-Suomi
Pohjois-Suomi
Mellersta Norrland
Itä-Suomi
Norra Mellansverige
FINNLAND
SCHWEDEN
ESTLAND
LETTLAND
LITAUEN
Highlands and Islands
Northern Ireland
Border Midlands & Western Ireland
GROSSBRITANNIEN
IRLAND
Southern & Eastern Ireland
Merseyside
South Yorkshire
DÄNEMARK
West Wales & The Valleys
Cornwall & Isles of Scilly
NIEDERLANDE
Mecklenburg-Vorpommern
Branden-burg
Berlin
Sachsen-Anhalt
Sachsen
Thüringen
POLEN
Hainaut
BELGIEN
LUX.
TSCHECH. REP.
SLOWAKEI
DEUTSCHLAND
Burgenland
FRANKREICH
ÖSTERREICH
UNGARN
SLOWENIEN
Principado de Asturias
Galicia
Lisboa e Vale do Tejo
Norte
Castilla y León
Centro
SPANIEN
Extrema-dura
Alentejo
Castilla-La Mancha
Comunidad Valenciana
Algarve
Andalucía
Región de Murcia
Ceuta y Melilla
Corse
Sardegna
ITALIEN
Campania
Puglia
Basilicata
Calabria
Sicilia
GRIECHENLAND
MALTA
Zypern
Guyane française (F)
ATLANTIK
SURI-NAME
BRASILIEN
80 km
Guadeloupe (F)
Karibik
Martinique (F)
Karibik
Réunion (F)
IND. OZEAN
Açores / Azoren (P)
Canarias / Kanarische Inseln (E)
100 km
ATLANTIK
Madeira (P)
20 km
ATLANTIK
ATLANTIK
100 km

wie territoriale Zusammenarbeit (2 %). Trotz des deutlich gestiegenen Wohlstandsgefälles in der EU werden die 15 alten EU-Staaten etwa die Hälfte dieser Mittel erhalten. Großzügige Übergangsregelungen sind vorgesehen für die Regionen in den EU-Staaten, die als sog. Ziel 1-Gebiete (BIP pro Kopf zu Kaufkraftparitäten weniger als 75 % des EU-Durchschnitts) bis Ende 2006 Anspruch auf Mittel aus den Strukturfonds haben, diesen Status aber aufgrund des statistischen Effekts (deutlicher Rückgang des durchschnittlichen Pro-Kopf-Einkommens in der EU infolge der Erweiterung von 2004) verlieren werden, ohne dass sich die wirtschaftliche Lage verbessert hat (→ Karte). Künftig können Projekte teilweise auch privat finanziert werden. Die Förderung von Standortverlagerungen in der EU wird unterbunden.

Der 1984 beschlossene, nur dem Nettozahler **Großbritannien** gewährte **Rabatt**, der dessen Beiträge an den EU-Haushalt reduziert und vor den Kosten der EU-Erweiterung schützt, wird 2007–2013 um insg. 10,5 Mrd. € gekürzt. Ohne Korrektur wäre der britische Beitragsrabatt (2000–2004: durchschnittliche Entlastung von 5,2 Mrd. € im Jahr) in der nächsten Finanzperiode auf über 7 Mrd. € im Jahr gestiegen. Spätestens ab 2013 wird sich Großbritannien uneingeschränkt an den Kosten für die Staaten, die der EU ab 1. 5. 2004 beigetreten sind, beteiligen, allerdings ohne die Ausgaben für die Gemeinsame Agrarpolitik (GAP).

Im Gegenzug hatte Frankreichs Präsident Jacques Chirac der sog. **Revisionsklausel** zugestimmt: Der ER kann auf Basis eines für 2008/2009 vorgesehenen Berichts der Kommission zu allen Aspekten der EU-Ausgaben, einschl. der GAP, und der Eigenmittel, einschl. der Ausgleichszahlungen an Großbritannien, einstimmig Beschlüsse fassen.
Zu weiteren Zugeständnissen beim Beitragsrabatt war der britische Premierminister Tony Blair nur bei einer grundlegenden Reform der EU-Ausgabenstruktur bereit; die **Agrarsubventionen** müssten deutlich gesenkt werden zugunsten zukunftsgerichteter Ausgaben. Dem steht der am 25. 10. 2002 im Vorfeld der EU-Erweiterung um zehn Staaten von den damals 15 EU-Staaten einstimmig gefasste Beschluss entgegen, der die jährlichen Agrarausgaben (ohne ländliche Entwicklung) für 2007–2013 auf dem Niveau von 2006 zuzüglich Inflationsausgleich von 1 % im Jahr festschreibt. V. a. Frankreich, der mit Abstand größte Nutznießer der GAP, ist nicht bereit, von diesem Agrarkompromiss abzuweichen. Die Nettozahler Deutschland, Niederlande, Österreich und Schweden erhalten finanzielle Erleichterungen.

Nicht im Finanzrahmen 2007–2013 enthalten, aber von den Mitgliedstaaten zu finanzieren sind Europäischer Entwicklungsfonds (insg. 22,7 Mrd. €), Flexibilisierungsinstrument (1,4 Mrd. €), Solidaritätsfonds (7 Mrd. €), sog. Soforthilfereserve (1,5 Mrd. €) und der neu einzurichtende Globalisierungsfonds (3,5 Mrd. €).

Vertrag über eine Verfassung für Europa

Die Zukunft des am 29. 10. 2004 von den Staats- und Regierungschefs sowie den Außenministern der 25 EU-Staaten unterzeichneten Vertrags über eine Verfassung für Europa (→ WA 2006, S. 551 ff.) ist weiterhin ungewiss. Der Verfassungsvertrag, der die erweiterte EU handlungsfähiger, demokratischer und transparenter machen und an die Stelle der Verträge, auf denen die EU beruht, treten soll, kann nur nach Ratifizierung durch alle Mitgliedstaaten in Kraft treten. Bisher haben die Parlamente von 15 der 25 EU-Staaten für die Ratifizierung des Verfassungsvertrags gestimmt: Litauen (11. 11. 2004), Ungarn (20. 12.), Slowenien (1. 2. 2005), Italien (25. 1. und 6. 4.), Griechenland (19. 4.), Slowakische Republik (11. 5.), Spanien (28. 4. und 18. 5.; konsultatives Referendum am 20. 2.), Österreich (11. 5. und 25. 5.), Deutschland (12. 5. und 27. 5.), Lettland (2. 6.), Zypern (30. 6.), Malta (6. 7.), Luxemburg (25. 10.; konsultatives Referendum am 10. 7.), Belgien (28. 4.-8. 2. 2006) und Estland (9. 5. 2006); nur von Belgien, Deutschland, Estland und der Slowakischen Republik wurden die Urkunden noch nicht hinterlegt. Als 16. EU-Staat hat Finnland das Ratifizierungsverfahren eingeleitet. Sieben EU-Staaten – Dänemark, Großbritannien, Irland, Polen, Portugal, Schweden und Tschechische Republik – haben den Ratifizierungsprozess verschoben bzw. ausgesetzt.

Bei einer Volksabstimmung in Frankreich und einem konsultativen Referendum in den Niederlanden am 29. 5. 2005 bzw. 1. 6. hatten sich die Teilnehmer mehrheitlich gegen eine Ratifizierung des Verfassungsvertrags ausgesprochen. Als Gründe für die Ablehnung in den beiden Gründerstaaten der EWG wurden genannt v. a. innenpolitische Motive, Sorgen um die eigene wirtschaftliche und soziale Zukunft sowie die seit Jahren schwelende Unzufriedenheit mit dem Zustand der EU und dem Tempo ihrer Veränderungen im allgemeinen, insb. aber mit vergangenen und künftigen EU-Erweiterungen.

Die daraufhin vom ER am 16. 6. 2005 beschlossene **Phase des Nachdenkens**, die in allen Mitgliedstaaten für ausführliche Diskussionen über die Zukunft Europas genutzt werden sollte, wurde von den Staats- und Regierungschefs am 15./16. 6. 2006 verlängert: Im ersten Halbjahr 2007 – nach den Wahlen in Frankreich und den Niederlanden – wird der Vorsitz im Rat, den dann Deutschland innehat, einen Bericht zum Stand der Beratungen über den Verfassungsvertrag und mögliche künftige Entwicklungen vorlegen. Spätestens im zweiten Halbjahr 2008 – dann hat Frankreich den Vorsitz im Rat inne – soll über den weiteren Reformprozess entschieden werden. Die vielfältigen Initiativen, um den Dialog mit den europäischen Bürgern zu verbessern und auszuweiten, darunter die einzelstaatlichen Diskussionen sowie »Plan D für Demokratie,

Dialog und Diskussion« und Weißbuch für eine europäische Kommunikationspolitik, die von der Kommission am 13. 10. 2005 bzw. 1. 2. 2006 vorgelegt wurden, und der laufende Ratifizierungsprozess sollen fortgesetzt werden.

Das Vertrauen der Bürger in die EU und ihre Institutionen soll auch gestärkt werden durch konkrete Ergebnisse in verschiedenen Politikbereichen und die vom ER am 15./16. 6. beschlossene allgemeine Politik der Transparenz. Künftig sollen u. a. alle Beratungen und Abstimmungen des Rats über Rechtsakte, bei denen das EP mitentscheidet, und Beratungen des Rats über längerfristige Programme grundsätzlich öffentlich sein; die Sitzungen werden per Video-Streaming in allen Amtsprachen im Internet übertragen.

Stabilitäts- und Wachstumspakt (SWP)

Bei der Konsolidierung der **öffentlichen Finanzen im Euro-Währungsgebiet** gab es 2005 kaum Fortschritte (→ Tabelle): Die durchschnittliche gesamtstaatliche Neuverschuldung ging auf 2,4 % des BIP (2004: 2,8 %) zurück; die durchschnittliche öffentliche Schuldenquote stieg auf 70,8 % des BIP (2004: 69,8 %). Deutschland (Haushaltsdefizit 2005: – 3,3 % des BIP) überschritt 2005 zum vierten Mal in Folge den Referenzwert für die gesamtstaatliche Neuverschuldung von 3 % des BIP. Auch Griechenland (nach umfangreichen statistischen Korrekturen (→ WA 2006, S. 555), Italien und Portugal sowie drei der 13 Staaten, die den Euro noch nicht eingeführt haben, wiesen 2005 Haushaltsdefizite von über – 3 % des BIP auf (Großbritannien, Malta und Ungarn). Die für die Staatsverschuldung zulässige Obergrenze von 60 % des BIP überschritten 2005 Belgien, Deutschland, Frankreich, Griechenland, Italien, Malta, Österreich, Portugal und Zypern. Die Angaben zu den öffentlichen Finanzen werden in einigen Staaten bis Ende 2006 wegen einer Übergangsregelung für die Verbuchung von Pensionssystemen nach unten gedrückt.

Öffentliche Finanzen im Euroraum

	Finanzierungssaldo des Staats in % des BIP		Staatsverschuldung in % des BIP	
	2004	2005	2004	2005
Belgien	0,0	0,1	94,7	93,3
Deutschland	– 3,7	– 3,3	65,5	67,7
Finnland	2,3	2,6	44,3	41,1
Frankreich	– 3,7	– 2,9	64,4	66,8
Griechenland	– 6,9	– 4,5	108,5	107,5
Irland	1,5	1,0	29,4	27,6
Italien	– 3,4	– 4,1	103,8	106,4
Luxemburg	– 1,1	– 1,9	6,6	6,2
Niederlande	– 1,9	– 0,3	52,6	52,9
Österreich	– 1,1	– 1,5	63,6	62,9
Portugal	– 3,2	– 6,0	58,7	63,9
Spanien	– 0,1	1,1	46,4	43,2
Euroraum	**– 2,8**	**– 2,4**	**69,8**	**70,8**
EU 15	**– 2,6**	**– 2,3**	**63,4**	**64,6**
EU 25	**– 2,6**	**– 2,3**	**62,4**	**63,4**

Quelle: Eurostat

Auf Empfehlung der Kommission leitete der Rat am 28. 7. 2005 gegen Italien und am 19. 9. gegen Portugal **Verfahren wegen übermäßiger öffentlicher Defizite** ein. **Italien**, das den Referenzwert für die gesamtstaatliche Neuverschuldung seit 2003 überschreitet (2005: – 4,1 % des BIP), muss sein Haushaltsdefizit bis Ende 2007 auf unter – 3 % des BIP zurückführen. **Portugal**, dessen Haushaltsdefizit sich 2005 nach dem Auslaufen umfangreicher temporärer Maßnahmen mit – 6,0 % des BIP fast verdoppelte, erhält aufgrund besonderer Umstände (v. a. schlechte Wirtschaftslage und Ausmaß der erforderlichen Korrektur) bis Ende 2008 Zeit, um sein übermäßiges Defizit zu beseitigen. Das am 21. 3. 2003 gegen **Deutschland** eingeleitete, seit 25. 11. 2003 ausgesetzte Verfahren bei einem übermäßigen Defizit wurde verschärft: Auf Empfehlung der Kommission setzte der Rat am 14. 3. 2006 Deutschland mit der Maßgabe in Verzug, das Haushaltsdefizit (2005: – 3,3 % des BIP) bis spätestens 2007 auf unter – 3 % des BIP zu senken. Entgegen den im März 2005 gelockerten Bestimmungen des SWP (→ WA 2006, S. 554 f.), der solide öffentliche Finanzen gewährleisten soll, wurde Deutschland verpflichtet, das strukturelle, d. h. um Konjunktureinflüsse sowie einmalige und befristete Maßnahmen bereinigte Haushaltsdefizit nicht jedes Jahr um mind. 0,5 Prozentpunkte in Relation zum BIP, sondern bis Ende 2007 um insgesamt mind. einen Prozentpunkt zu reduzieren. Im Gegensatz zu 2003 akzeptierte die Bundesregierung die Verschärfung des Defizitverfahrens, um die Glaubwürdigkeit des reformierten SWP zu unterstützen. Damit hat Deutschland dieselbe Verfahrensstufe wie **Griechenland** erreicht. Sie ist mit einer verstärkten Überwachung der nationalen Haushaltspolitik und bei erneuter Nichterfüllung der Auflagen der Möglichkeit von Geldbussen von bis zu 0,5 % des BIP verbunden.

Das am 3. 6. 2003 eingeleitete und seit 25. 11. 2003 ausgesetzte Defizitverfahren gegen **Frankreich** wurde wegen Zweifel an der Dauerhaftigkeit der Haushaltskonsolidierung noch nicht eingestellt; mit einem Haushaltsdefizit von – 2,9 % des BIP (2005) wurde der Referenzwert von – 3 % erstmals seit 2001 eingehalten.

Das vom Rat auf Empfehlung der Kommission am 24. 1. 2006 gegen **Großbritannien** (Haushaltsdefizit seit 2003 jeweils über – 3 % des BIP, 2005: – 3,6 %) eingeleitete Defizitverfahren gegen einen EU-Staat, der den Euro noch nicht eingeführt hat, kann nicht zu verstärkter Überwachung und Sanktionen führen.

Von den gegen sechs der zehn neuen EU-Staaten eingeleiteten Defizitverfahren wurde im Berichtszeitraum 2005/2006 nur das gegen **Ungarn** fortgesetzt. Der Rat stellte am 8. 11. 2005 erneut und in vergleichsweise scharfer Form fest, dass Ungarn keine ausreichenden Maßnahmen zur Korrektur des übermäßigen Defizits bis 2008 ergriffen habe. Das Defizitziel für 2005 wurde deutlich verfehlt; das für 2006 sei aufgegeben worden und selbst das erheblich flexiblere neue Ziel wird nicht erreicht werden. Auf Empfehlung der Kommission forderte der Rat Ungarn am 24. 1. 2006 auf, bis 1. 9. ein korrigiertes Konvergenzprogramm vorzulegen; aus der bisherigen Fassung gehe nicht klar hervor, wie Ungarn das Haushaltsdefizit von -6,1 % des BIP (2005) auf unter -3 % (2008) senken will.

Wirtschafts- und Sozialfragen

Der **Handelsstreit mit China** um die Freigabe von fast 90 Mio. chinesischer Kleidungsstücke, die wegen Überschreitung der mit China vereinbarten EU-Importquoten von den EU-Zollbehörden blockiert worden waren, wurde am 5. 9. 2005 beigelegt. Nach dem Kompromiss, dem die Mitgliedstaaten am 7. 9. zustimmten, konnten alle diese Textilien in die EU eingeführt werden: Die Hälfte der Waren wurde ungeachtet von Höchstmengen importiert, die andere Hälfte wurde auf die Quoten für 2006 oder auf 2005 nicht ausgenutzte Quoten für weniger gefragte Textilkategorien angerechnet. Die Abschaffung des langjährigen weltweiten Einfuhrquotensystems für Textilien und Bekleidung zum 1. 1. 2005 führte zu einem starken Anstieg der chinesischen Exporte. Auf Druck von süd- und osteuropäischen EU-Staaten mit bedeutender eigener Textilindustrie wurde im Rahmen eines bilateralen Abkommens zwischen EU und China vom 10. 6. für zehn Textilkategorien bis 2007 die jährliche Steigerungsrate der EU-Einfuhren aus China auf je 8 – 12,5 % begrenzt.

Die in **Deutschland** mit der Hartz-I-Reform Ende 2002 geschaffene Möglichkeit, mit Arbeitnehmern, die das 52. Lebensjahr vollendet haben, auch ohne sachlichen Grund uneingeschränkt befristete Arbeitsverträge zu schließen, stellt nach einem Urteil des EuGH vom 22. 11. 2005 eine unzulässige Diskriminierung wegen des Alters dar. Ziel der Regelung, die vom Bundesarbeitsgericht am 26. 4. 2006 verworfen wurde, war es, die berufliche Eingliederung arbeitsloser älterer Arbeitnehmer zu fördern.

Nach tagelangen EU-weiten Streiks und Protesten von Hafenarbeitern lehnte das EP am 18. 1. 2006 mit

Dienstleistungsrichtlinie

Ziel der Dienstleistungsrichtlinie ist es, die rechtlichen und administrativen Hindernisse für die Niederlassungsfreiheit von Dienstleistungsunternehmen und für den freien Dienstleistungsverkehr zu beseitigen, damit ein Binnenmarkt für Dienstleistungen entstehen und so zu mehr Wachstum und Beschäftigung in der EU beitragen kann.

Nachdem die acht neuen EU-Staaten aus Mittel- und Osteuropa sowie Luxemburg und die Niederlande ihren Widerstand gegen die Abschwächung der ursprünglich geplanten Marktöffnung aufgegeben hatten, erzielte der Rat am 29. 5. 2006 eine politische Einigung über die seit mehr als zwei Jahren heftig umstrittene Dienstleistungsrichtlinie. Bestätigt wurde im wesentlichen der von der Kommission am 4. 4. vorgelegte überarbeitete Entwurf, der die meisten Änderungsanträge des EP berücksichtigt. Dieses hatte nach **Massenprotesten gegen ein befürchtetes Lohn- und Sozialdumping** (→ Foto) am 16. 2. in erster Lesung eine deutlich abgeschwächte Version der Richtlinie verabschiedet.

Gestrichen wurde das **Herkunftslandprinzip**, das zentrale Element des ursprünglichen Vorschlags, nach dem Anbieter von Dienstleistungen, die vorübergehend in einem anderen EU-Staat tätig werden, abgesehen von Ausnahmen nur die Rechtsvorschriften ihres Heimatlandes hätten beachten müssen. Nun heißt es, für Dienstleister müsse die uneingeschränkte Aufnahme und Ausübung ihrer Tätigkeiten in allen EU-Staaten gewährleistet sein. Auflagen aus Gründen der öffentlichen Ordnung, Sicherheit und Gesundheit

Demonstration gegen Sozialabbau in Brüssel am 19. 3. 2005

sowie des Umweltschutzes sind zulässig, wenn sie verhältnismäßig und nicht diskriminierend sind. Der **Anwendungsbereich** der Richtlinie wurde weiter **eingeschränkt**: Ausgenommen sind Gesundheits- und bestimmte Sozialdienste, Dienstleistungen in den Bereichen Finanzen, Telekommunikation, Verkehr und Häfen, audiovisuelle Dienste, Zeitarbeitsvermittlungen, Gewinnspiele, Sicherheitsdienste und mit der Ausübung öffentlicher Gewalt verbundene Tätigkeiten. Für Sozialdienste und Dienstleistungen von allgemeinem Interesse wird die Kommission noch Vorschläge vorlegen. Die Formalitäten zur Gründung einer Niederlassung sollen künftig über eine einzige Anlaufstelle abgewickelt werden können; Überprüfungen des »wirtschaftlichen Bedarfs« sind verboten. Die Anwendung der Richtlinie wird keine Auswirkungen auf Arbeits- und Sozialgesetze haben.

Lissabon-Strategie

Die Lissabon-Strategie ist das weit reichende wirtschafts-, sozial- und umweltpolitische Reformprogramm der EU und ihrer Mitgliedstaaten. Der ER hatte am 23./24. 3. 2000 in Lissabon das strategische Ziel gesetzt, die EU bis 2010 zum wettbewerbsfähigsten und dynamischsten wissensbasierten Wirtschaftsraum der Welt zu machen, der in der Lage ist, ein dauerhaftes Wirtschaftswachstum mit mehr und besseren Arbeitsplätzen und einem größeren sozialen Zusammenhalt zu erzielen. Diese Zielsetzung war mit der vom ER am 15./16. 6. 2001 in Göteborg vereinbarten Strategie für nachhaltige Entwicklung um die Umweltdimension ergänzt worden. Trotz einiger Fortschritte einzelner EU-Staaten in bestimmten Bereichen sind die festgelegten Zielsetzungen (insgesamt über 100 quantitative Zielvorgaben und Indikatoren) nicht mehr erreichbar, weil die EU und v. a. ihre Mitgliedstaaten es in vielen Bereichen versäumt haben, die Reformen mit dem erforderlichen Nachdruck voranzutreiben. Vor dem Hintergrund der Herausforderungen durch Globalisierung, technologischem Wandel, Alterung der Bevölkerung und hoher Arbeitslosigkeit beschloss der ER am 22./23. 3. 2005 deshalb im Rahmen der Halbzeitüberprüfung der Lissabon-Strategie, ihr unverzüglich neue Impulse zu geben und die **Prioritäten auf Wachstum und Beschäftigung** auszurichten; zugleich bestätigte er deren **Umweltdimension**.

Zur Erhöhung von Wettbewerbsfähigkeit, Wachstumspotenzial und Produktivität sowie zur Stärkung des sozialen Zusammenhalts sind Maßnahmen insb. in folgenden Bereichen erforderlich: stärkere Förderung von Wissen und Innovation, Vollendung des Binnenmarkts, Schaffung eines günstigen Umfelds für Unternehmen, v. a. für KMU, Reform der nationalen Arbeitsmärkte und Sozialsysteme sowie bessere Rechtsetzung (Überprüfung und Vereinfachung bestehender Rechtsvorschriften, Folgenabschätzung, Subsidiarität, Verringerung des Verwaltungsaufwands).

Um die Verwirklichung von Strukturreformen zu beschleunigen, wurde 2005 ein neues Umsetzungskonzept beschlossen. Die Mitgliedstaaten werden stärker in die Pflicht genommen: Sie müssen auf der Grundlage integrierter Leitlinien für Wachstum und Beschäftigung (für 2005–2008 vom Rat am 12. 7. 2005 angenommen) nationale Reformprogramme erstellen, in denen sie die entsprechenden Vorhaben für drei Jahre darlegen (erstmals im Oktober vorgelegt) und jährlich über die erzielten Fortschritte berichten. Ergänzend legte die Kommission am 20. 7. ein Lissabon-Programm der Gemeinschaft vor, das alle bis 2008 auf Gemeinschaftsebene zu ergreifenden wachstums- und beschäftigungspolitischen Maßnahmen umfasst.

Der ER vereinbarte am 23./24. 3. 2006 neue quantitative Ziele. Bekräftigt wurde das Ziel, die öffentlichen und privaten Forschungsausgaben, die 2004 zwischen 0,3 % des BIP (Malta) und 3,7 % (Schweden) betrugen, bis 2010 auf durchschnittlich 3 % zu erhöhen. Durch eine zentrale Anlaufstelle in jedem EU-Staat soll es bis Ende 2007 möglich sein, überall in der EU binnen einer Woche ein Unternehmen zu gründen. Bis 2010 sollen in der EU jährlich mind. zwei Mio. neue Arbeitsplätze geschaffen, der Anteil der Schulabbrecher auf 10 % gesenkt und der Anteil der 22jährigen mit einer Ausbildung im Sekundarbereich II auf mind. 85 % erhöht werden. Bis Ende 2007 soll jedem arbeitslosen Schulabgänger binnen sechs Monaten eine Stelle oder eine Weiterbildung angeboten werden.

532 gegen 120 Stimmen bei 25 Enthaltungen die auch bei Hafenbetreibern umstrittene **Hafenrichtlinie** ab; der Vorschlag der Kommission sah eine Liberalisierung des Marktzugangs bei den Hafendienstleistungen (z. B. Schlepp- und Lotsendienste, Ladearbeiten) und Regelungen für einen fairen Wettbewerb zwischen den Seehäfen vor. Einen ähnliche Vorlage hatte das EP bereits im November 2003 abgelehnt.

Vor dem Hintergrund von **Erdgasversorgungsengpässen in EU-Staaten** Anfang 2006 infolge des Streits zwischen Russland und der Ukraine um den Erdgaspreis, zunehmender Abhängigkeit der EU-Staaten von importierter Energie und zahlreicher anderer Herausforderungen im Energiebereich verständigte sich der ER am 23./24. 3. 2006 darauf, die Zusammenarbeit der Mitgliedstaaten bei den internen und externen Aspekten der Energiepolitik zu verbessern. Im Grundsatz gebilligt wurden einige mögliche Maßnahmen, die den drei Hauptzielen Versorgungssicherheit, Wettbewerbsfähigkeit und Umweltverträglichkeit gerecht werden. Abgelehnt wurde die Übertragung von Kompetenzen in der Energiepolitik von der nationalen auf die Gemeinschaftsebene.

Die Kommission versuchte im Berichtszeitraum 2005/2006, mit Hilfe von Binnenmarkt- und Wettbewerbsrecht die **Liberalisierung der Energiemärkte** voranzutreiben: Sie leitete am 4. 4. 2006 gegen 17 der 25 EU-Staaten Vertragsverletzungsverfahren ein, darunter Deutschland und Österreich, weil sie die beiden EG-Richtlinien von 2003 zur Schaffung eines Strom- und Erdgasbinnenmarkts, der am 1. 7. 2007 vollendet sein soll, nicht ordnungsgemäß in nationales Recht umgesetzt haben. Bemängelt wurden u. a. reglementierte Preise, insb. zugunsten von zugelassenen Kunden, die den Markteintritt neuer Anbieter blockierten, fehlende juristische Entflechtung und unzureichende Trennung der Übertragungs- von den Verteilernetzen, Diskriminierungen beim Netzzugang, unzureichende Tariftransparenz, Versorgerwahl, Zuständigkeiten der Regulierer und vorrangiger Zugang für bestimmte seit langem bestehende Verträge im Strom- oder Erdgassektor. Wegen des Verdachts auf Verstoß gegen das Kartellrecht oder Missbrauch einer marktbeherrschenden Stellung durchsuchten Beamte der Kommission und der nationalen Wettbewerbsbehörden am 16./17. 5. 2006 und 29./30. 5. Erdgas- und Elektrizitätsunternehmen in sechs EU-Staaten, darunter Deutschland und Österreich. Zudem eröffnete die Kommission gegen mehrere Mitgliedstaaten **Vertragsverletzungsverfahren**, da nach ihrer Ansicht deren **protektionistischen Maßnahmen**, die heimische Unternehmen vor Übernahmen durch ausländische Investoren schützen sollen, gegen die Grundsätze des freien Kapitalverkehrs und der Niederlassungsfreiheit verstoßen. Betroffen ist u. a. → Frankreich (4. 4. 2006), das per Dekret Ende 2005 zum Schutz der inneren und äußeren Sicherheit eine Genehmigungspflicht für ausländische Investitionen in elf Wirtschaftszweigen eingeführt hat. In Spanien (3. 5. 2006), das ebenso wie Frankreich eine geplante Übernahme eines großen nationalen Energieversorgungsunternehmens verhindern will, verstoßen die am 24. 2. beschlossene Ausweitung der Kompetenzen der Nationalen Energiekommission nicht nur gegen das Binnenmarktrecht, sondern verletzen auch die ausschließliche Zuständigkeit der Kommission für die wettbewerbsrechtliche Prüfung größerer grenzüberschreitender Unternehmenszusammenschlüsse.

Seit 1. 5. 2006 machen nur noch acht der 15 alten EU-Staaten von ihrem Recht Gebrauch, die **Freizügigkeit der Arbeitnehmer** aus den am 1. 5. 2004 der EU beigetretenen Staaten in Mittel- und Osteuropa (ausgenommen also Malta und Zypern) bis zu sieben Jahre nach dem Beitritt einzuschränken. Nach Großbritannien, Irland und Schweden, die von Anfang an auf Zugangsbeschränkungen zu ihren Arbeitsmärkten verzichtet hatten, haben Finnland, Griechenland, Portugal und Spanien ihre bisherigen Beschränkungen für den Zugang zum Arbeitsmarkt aufgehoben. Belgien, Dänemark, Frankreich, Italien und Luxemburg erwägen, die bisherigen Einschränkungen zumindest für bestimmte Branchen zu lockern; in den Niederlanden wird die Aufhebung der Beschränkungen zum 1. 1. 2007 diskutiert. Nur Deutschland und Österreich werden die bestehenden Zugangsbeschränkungen vorerst bis 2009 unverändert beibehalten. Nach einem von der Kommission am 8. 2. 2006 vorgelegten Bericht waren für die EU insgesamt die Migrationsströme seit der EU-Erweiterung 2004 sehr begrenzt; der Zustrom von Arbeitskräften aus den neuen EU-Staaten Mittel- und Osteuropas in die alten EU-Staaten hatte überwiegend positive Aufwirkungen auf diese Volkswirtschaften und war in den meisten Staaten geringer als erwartet. Relativ gesehen verzeichnete Irland den größten Zustrom an Arbeitskräften.

Justiz und Inneres

Nach einer Verordnung von EP und Rat vom 26. 10. 2005, die **Geldwäsche** verhindern soll, müssen ab 15. 7. 2007 natürliche Personen, die bei Einreise in die EU oder bei Ausreise aus der EU Barmittel von mind. 10 000 € mit sich führen, dies den zuständigen Behörden melden. Bei Verletzung der Anmeldepflicht werden Sanktionen verhängt.

Die vom ER am 15./16. 12. 2005 angenommene überarbeitete **Strategie zur Terrorismusbekämpfung** baut auf vier Schwerpunkten auf: Prävention, Schutz, Verfolgung und Reaktion. Sie enthält Rahmenvorgaben für Maßnahmen, die darauf abzielen, Radikalisierung und Anwerbung von Menschen für den Terrorismus zu verhindern, Bürger und Infrastrukturen vor Terroranschlägen zu schützen, innerhalb und außerhalb der EU Terroristen zu verfolgen und gegen sie zu ermitteln sowie die Reaktion auf die Folgen von Terroranschlägen zu verbessern. Der Aktionsplan der EU zur Terrorismusbekämpfung wird an die Vorgaben der neuen Strategie angepasst.

Eine vom Rat am 21. 2. 2006 nach Zustimmung des EP (14. 12. 2005) angenommene Richtlinie verpflichtet die Telekommunikationsunternehmen in der EU, bestimmte **Daten von Telefon- und Internetverbindungen** je nach nationaler Regelung für sechs bis 24 Monate auf Vorrat zu **speichern**, um sie bei Ermittlung und Verfolgung schwerer Straftaten, darunter Terrorismus, den nationalen Strafverfolgungsbehörden zur Verfügung zu stellen. Die Richtlinie gilt nicht für den Inhalt von Gesprächen, E-Mails und SMSs.

Das **Abkommen mit den USA über die Weitergabe von 34 personenbezogenen Fluggastdaten** an die US-Behörden, das am 28. 5. 2004 in Kraft trat (→ WA 2005, S. 546), ist nach einem Urteil des EuGH vom 30. 5. 2006 wegen fehlender Rechtsgrundlagen **nichtig**; die anderen Klagegründe des EP – u. a. der Datenschutz – wurden nicht geprüft. Aus Gründen der Rechtssicherheit soll das umstrittene Abkommen noch bis 30. 9. gelten. Die Daten werden ausschließlich zur Verhütung und Bekämpfung des Terrorismus und anderer schwerer Straftaten, einschl. internationaler organisierter Kriminalität, verwendet. Die Entscheidung der Kommission vom 14. 5. 2004, dass für die an die US-Sicherheitsbehörden übermittelten Fluggastdaten ein angemessener Schutz gewährleistet sei, stützte sich auf die EG-Datenschutzrichtlinie; diese gilt jedoch explizit nicht für eine Verarbeitung personenbezogener Daten zum Schutz der öffentlichen Sicherheit. Ein nach den Terroranschlägen vom 11. 9. 2001 verabschiedetes US-Gesetz verpflichtet unter Androhung von Sanktionen alle Fluggesellschaften, die in oder über die USA fliegen, den US-Behörden elektronischen Zugriff auf die Passagierdaten ihrer Reservierungs- und Abfertigungssysteme zu gewähren.

Maßnahmen zur Bekämpfung der illegalen Einwanderung

Der unvermindert anhaltende Migrationsdruck auf die EU wurde der Öffentlichkeit im Berichtszeitraum 2005/2006 immer wieder deutlich gemacht: **Massenansturm auf die spanischen Exklaven Ceuta und Melilla** in Nordafrika im Oktober 2005 (→ Chronik Spanien), menschenunwürdige Abschiebung afrikanischer Flüchtlinge aus Melilla in das Herkunfts- und Transitland → Marokko, immer neue Flüchtlingsdramen vor der südlich von Sizilien gelegenen Insel Lampedusa (→ Italien) sowie vor der Küste Westafrikas (→ Mauretanien und → Senegal) und sprunghafter Anstieg illegalerer Einwanderer, die 2006 die Kanarischen Inseln (→ Spanien) erreichten. Jedes Jahr versuchen Hunderttausende von Menschen, mit Hilfe von Schleppern illegal EU-Territorium zu erreichen – trotz streng bewachter Grenzen. Sie fliehen vor Bürgerkrieg, Menschenrechtsverletzungen, Armut und wirtschaftlicher Perspektivlosigkeit. Viele riskieren dabei ihr Leben. Illegale Migration aus Afrika macht bisher nur einen kleinen Teil der Zuwanderung nach Europa aus. Migrationsdruck geht auch aus von Osteuropa, Asien, Lateinamerika und Karibik; illegale Einwanderer aus Asien benutzen Afrika oder die östlichen Nachbarstaaten der neuen EU-Staaten als Transitländer (→ Karte).

Flüchtlinge aus Afrika vor Teneriffa, 21. 3. 2006

Seit zur Eindämmung der illegalen Einwanderung Marokko und Algerien auf Druck der EU ihre Grenzen besser überwachen und die Sperranlagen um die spanischen Exklaven Ceuta und Melilla im Herbst 2005 verstärkt wurden, haben sich die Flüchtlingsströme von Afrika nach Spanien verlagert: Statt über das Mittelmeer, v. a. die Meerenge von Gibraltar, auf EU-Territorium zu gelangen, wagen immer mehr Flüchtlinge aus Afrika und Asien in meist seeuntüchtigen Booten die viel längere und gefährlichere Fahrt über den Atlantik von der Küste Westafrikas auf die **Kana-**

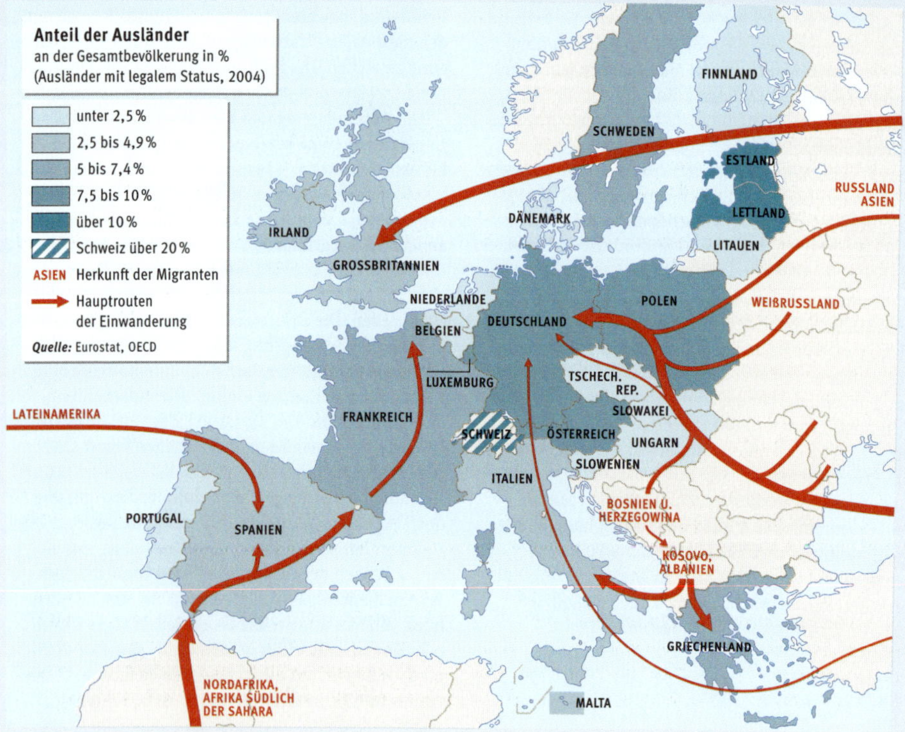

rischen Inseln. Allein im ersten Halbjahr 2006 erreichten über 11 000 illegale Einwanderer, meist ohne Papiere, die spanische Inselgruppe (→ Foto). Seit Mauretanien mit Spaniens Unterstützung seine Küste strenger kontrolliert, beginnt für immer mehr Menschen die Überfahrt im Senegal. Spanien wird bei dem Versuch, die Seewege zwischen der Küste Westafrikas und den Kanarischen Inseln mit Flugzeugen und Patrouillenbooten zu überwachen und dadurch die zunehmende Flüchtlingswelle einzudämmen, seit Juni 2006 von acht anderen EU-Staaten unterstützt.

Libyen hat nach eigenen Angaben von Januar bis September 2005 über 40 000 Flüchtlinge aufgegriffen, die aus Afrika in die EU gelangen wollten.

Kurzfristige Maßnahmen zur Abwehr illegaler Einwanderer – wie ein verbesserter Schutz der EU-Außengrenzen, u. a. durch Unterstützung der Herkunfts- und Transitländer bei der Überwachung ihrer Grenzen, Abschiebung und Finanzhilfen für den Bau von Flüchtlingslagern in den Transitländern –, aber auch die geplanten bzw. bestehenden Abkommen der EU mit zahlreichen Drittstaaten zur Rückübernahme von Personen, die sich illegal in der EU aufhalten (zuletzt mit Russland am 25. 5. 2006), gehen nur die Symptome des Problems an. Langfristig kann dieses nur bewältigt werden, wenn auch die **Ursachen der illegalen Einwanderung** – Armut, fehlende Beschäftigungsaussichten, unzureichende politische Rahmenbedingungen für die wirtschaftliche und soziale Entwicklung der Volkswirtschaft sowie Verletzung der Menschenrechte – u. a. durch eine bessere Entwicklungs- und Handelspolitik, Krisenprävention und Konfliktlösung wirksam bekämpft werden und die Möglichkeiten der legalen Einwanderung, die beiden Seiten zugute kommt, verbessert werden. Migrationsfragen sind ein wesentlicher Bestandteil des Dialogs zwischen EU und vielen Drittstaaten.

Eine **gemeinsame Einwanderungspolitik**, über die die EU-Staaten einstimmig beschließen müssten, **besteht noch nicht** einmal in Ansätzen. In der gemeinsamen Asylpolitik wurden bisher einheitliche Mindeststandards festgelegt; bis 2010 sollen in der EU ein einheitliches Asylverfahren und ein einheitlicher Status für diejenigen, denen Asyl gewährt wird, eingeführt werden. Keine Einigung erzielte der Rat am 24. 5. 2006 auf eine gemeinsame Minimalliste sog. sicherer Herkunftsstaaten im Sinne der Richtlinie des Rats vom 1. 12. 2005 über Mindestnormen für Verfahren in den Mitgliedstaaten zur Zuerkennung und Aberkennung der Flüchtlingseigenschaft.

Der vom ER am 15./16. 12. 2005 angenommene »Gesamtansatz zur Migrationsfrage: Vorrangige Maßnahmen mit Schwerpunkt Afrika und Mittelmeerraum« ist Teil eines **geplanten Gesamtkonzepts für die Migrationsproblematik**. Er umfasst drei Kategorien von Maßnahmen, die 2006 umgesetzt werden sollen. Die EU-Staaten sollen ihre operative Zusammenarbeit verstärken. Vorgesehen ist u. a. die Schaffung eines Überwachungssystems und eines Küstenpatrouillennetzes für das gesamte Mittelmeer ggf. unter Beteiligung von Mittelmeer-Drittstaaten, damit illegale Einwanderer aufgedeckt und im Notfall Menschenleben auf See gerettet werden können; rasch einsetzbare Expertenteams sollen technische und operationelle Hilfe leisten können, wenn ein Mitgliedstaat einem Massenansturm von Flüchtlingen ausgesetzt ist. Der Dialog und die Zusammenarbeit mit den wichtigsten Herkunfts- und Transitländern in Afrika (→ Karte) sowie mit regionalen Organisationen sollen ausgebaut werden; dabei geht es u. a. um Fragen wie Aufbau der Fähigkeiten zur Migrationssteuerung, billigere und leichtere Wege für Geldüberweisungen in die Heimat von in das Ausland abgewanderten Landsleuten, Aufklärung über legale Wege der Migration, Aushandlung von Rückübernahmeabkommen und Umsetzung bestehender Rückübernahmeverpflichtungen. Für die Nachbarstaaten der EU im Mittelmeerraum, v. a. Algerien, Libyen und Marokko, sind darüber hinaus gehende Initiativen vorgesehen, um illegale Einwanderung und Menschenhandel zu verhindern und zu bekämpfen sowie die Steuerung von Migrationsströmen zu verbessern. Bei einem Gipfeltreffen der **Europa-Mittelmeer-Partnerschaft** (→ oben) am 27./28. 11. 2005 haben sich die südlichen Anrainerstaaten des Mittelmeers grundsätzlich bereit erklärt, gegen EU-Finanzhilfen illegale Einwanderer, die von ihrem Territorium aus die EU erreichten, zurückzunehmen.

Die vom ER am 15./16. 12. 2005 angenommene Strategie **»Die EU und Afrika: Auf dem Weg zu einer strategischen Partnerschaft«** ist v. a. ausgerichtet auf die Erreichung der UN-Millenniums-Entwicklungsziele (Beseitigung von Armut und Abbau von Ungleichheit in der Welt) bis 2015, bei der Afrika deutlich zurück liegt. Die langfristige globale Strategie der EU und ihrer Mitgliedstaaten erstreckt sich auf alle Staaten Afrikas, berücksichtigt aber länderspezifische Bedürfnisse. Sie stützt sich auf die Grundsätze Gleichheit, Partnerschaft, Eigenverantwortlichkeit und gegenseitige Rechenschaftspflicht. Die in enger Kooperation mit den Afrikanern ausgearbeitete Strategie, die noch in konkrete Initiativen bzw. Projekte umgesetzt werden muss, umfasst Frieden und Sicherheit, Menschenrechte und verantwortungsvolle Staatsführung als grundlegende Voraussetzungen für eine dauerhafte Entwicklung, nachhaltiges Wirtschaftswachstum, regionale Integration und Handel sowie Bildung und Gesundheit. Bekräftigt wurde die vom ER am 16./17. 6. 2005 beschlossene Erhöhung der öffentlichen Entwicklungshilfe (EU und ihre Mitgliedstaaten) bis 2010 auf 0,56 % des BNE und bis 2015 auf 0,7 % des BNE; von den 20 Mrd. €, die ab 2010 pro Jahr zusätzlich zur Verfügung stehen werden, soll die Hälfte den Ländern Afrikas zugute kommen.

Neue ESVP-Operationen

Die EU setzte im Berichtszeitraum 2005/2006 ihr Engagement für internationalen Frieden und Sicherheit im Rahmen der GASP und der ESVP fort. U. a. wurden sieben neue ESVP-Operationen eingeleitet. Die vom Rat am 18. 7. 2005 beschlossene umfassende Unterstützungsaktion der EU für die Mission der Afrikanischen Union in der Region Darfur (→ Chronik Sudan) hat eine militärische und eine zivile Komponente (Amis II); sie wird in enger Zusammenarbeit mit UN und NATO durchgeführt. Die EU-Beobachtermission in der Provinz Aceh (→ Chronik Indonesien, → Foto)

Der Gouverneur von Aceh bei einem Treffen mit Javier Solana

ist der erste Krisenmanagementeinsatz im Rahmen der ESVP in Asien; seit 15. 9. überwachen über 200 Beobachter aus den EU-Staaten, der Schweiz, Norwegen und fünf ASEAN-Staaten die Umsetzung des von der indonesischen Regierung und der Bewegung für ein freies Aceh (GAM) am 15. 8. unterzeichneten Friedensabkommens. Auf Ersuchen der Präsidenten der Moldau und der Ukraine unterstützen seit 1. 12. Grenzschutz- und Zollexperten der EU für zunächst zwei Jahre den Aufbau besserer Grenz- und Zollkontrollen an der moldauisch-ukrainischen Grenze einschl. des Grenzabschnitts in Transnistrien. Das Mandat der Polizeimission der EU in der ehem. jugoslawischen Republik Mazedonien (EUPOL Proxima) endete nach zwei Jahren am 14. 12.; seit 15. 12. beraten rund 30 Polizeiexperten der EU (EUPAT) beim Aufbau einer effizienten und professionellen Polizei. In den Palästinensischen Gebieten (→ Chronik Israel) begannen zwei ESVP-Operationen: Seit 30. 11. beobachtet eine Mission der EU die Abläufe am Grenzübergang Rafah zwischen dem Gazastreifen und Ägypten (EU BAM Rafah); das seit April bestehende Koordinierungsbüro für die Unterstützung der palästinensischen Polizei wurde zum 1. 1. 2006 auf insg. 30 Experten vergrößert und für zunächst drei Jahre zu einer Polizeimission der EU (EUPOL COPPS) aufgewertet. Der Rat beschloss am 10. 4. die Einsetzung eines EU-Planungsteams (EUPT Kosovo) zur Planung eines möglichen Krisenmanagementeinsatzes der EU im Kosovo im Bereich der Rechtsstaatlichkeit und ggf. in anderen Bereichen (→ Chronik Serbien).

Auf Bitte der UN vom 27. 12. 2005 und nach einem vom UN-Sicherheitsrat am 25. 4. 2006 einstimmig erteilten robusten Mandat beschloss der Rat am 27. 4. eine **autonome EU-geführte militärische Operation zur Unterstützung der UN-Friedenstruppe in der Demokratischen Republik Kongo** (MONUC) während der dort für den 30. 7. geplanten ersten freien Präsidentschafts- und Parlamentswahlen seit Jahrzehnten (→ Chronik DR Kongo). Aufgaben dieses EU-Militäreinsatzes (EUFOR RD Congo; Einsatzbefehl des Rats am 12. 6.) sind Unterstützung der rund 17 000 UN-Soldaten der MONUC, die v. a. im Osten des Landes eingesetzt sind, Schutz der Zivilbevölkerung vor gewalttätigen Aktionen, Sicherung des Flughafens der Hauptstadt Kinshasa und Evakuierung von Personen in Gefahrensituationen. Befehlshaber des zunächst auf vier Monate befristeten EU-Militäreinsatzes mit Hauptquartier in Potsdam ist Generalleutnant Karlheinz Viereck (D); Befehlshaber des EU-Einsatzkontingents im Kongo ist Generalmajor Christian Damay (F). An der Mission beteiligen sich fast 2000 Soldaten aus 18 EU-Staaten und der Türkei, darunter Deutschland 500 Einsatz- und 280 Unterstützungskräfte sowie Frankreich 800 Mann; zunächst werden nur etwa 800 Soldaten in Kinshasa stationiert, die anderen stehen v. a. im Nachbarland Gabun in Bereitschaft. Einsatzgebiet der EU-Mission ist das ganze Land mit Ausnahme der besonders unruhigen Provinzen im Osten; der Einsatz deutscher Soldaten ist auf den Raum Kinshasa begrenzt.

INTERNATIONALE ORGANISATIONEN

UN Vereinte Nationen

Hauptorgane / Nebenorgane (Auswahl)

Programme und Fonds (Auswahl)

Sonderorganisationen (Auswahl)

Autonome Organisation

Internationale Organisationen

Mitgliedschaft in den UN und der WTO (mit Beitrittsjahr) und Vertragsstaaten des ICC (Rom-Statut)

	UN	WTO	ICC
Afghanistan	1946	*	■
Ägypten	1945	1995	
Albanien	1955	2000	■
Algerien	1962	*	
Andorra	1993	*	■
Angola	1976	1996	
Antigua u. Barbuda	1981	1995	■
Äquatorialguinea	1968	*	
Argentinien	1945	1995	■
Armenien	1992	2003	
Aserbaidschan	1992	*	
Äthiopien	1945	*	
Australien	1945	1995	■
Bahamas	1973	*	
Bahrain	1971	1995	
Bangladesch	1974	1995	
Barbados	1966	1995	■
Belgien	1945	1995	■
Belize	1981	1995	■
Benin	1960	1996	■
Bhutan	1971	*	
Bolivien	1945	1995	■
Bosnien u. Herzeg.	1992	*	■
Botsuana	1966	1995	■
Brasilien	1945	1995	■
Brunei	1984	1995	
Bulgarien	1955	1996	■
Burkina Faso	1960	1995	■
Burundi	1962	1995	■
Chile	1945	1995	
China (Rep.)	1945 – 71	2002	
China (VR)	1971	2001	
Costa Rica	1945	1995	■
Dänemark	1945	1995	■
Deutschland	1973	1995	■
Dominica	1978	1995	■
Dominikan. Rep.	1945	1995	■
Dschibuti	1977	1995	■
Ecuador	1945	1996	■
Elfenbeinküste	1960	1995	
El Salvador	1945	1995	
Eritrea	1993		
Estland	1991	1999	■
Fidschi	1970	1996	■
Finnland	1955	1995	■
Frankreich	1945	1995	■
Gabun	1960	1995	■
Gambia	1965	1996	■
Georgien	1992	2000	■
Ghana	1957	1995	■
Grenada	1974	1996	
Griechenland	1945	1995	■
Großbritannien	1945	1995	■
Guatemala	1945	1995	
Guinea	1958	1995	■
Guinea-Bissau	1974	1995	
Guyana	1966	1995	■
Haiti	1945	1996	
Honduras	1945	1995	■
Indien	1945	1995	
Indonesien	1950	1995	
Irak	1945	*	
Iran	1945	*	
Irland	1955	1995	■
Island	1946	1995	■
Israel	1949	1995	
Italien	1955	1995	■
Jamaika	1962	1995	
Japan	1956	1995	
Jemen	1947	*	
Jordanien	1955	2000	■
Kambodscha	1955	2004	■
Kamerun	1960	1995	
Kanada	1945	1995	■
Kap Verde	1975	*	
Kasachstan	1992	*	
Katar	1971	1996	
Kenia	1963	1995	■
Kirgisistan	1992	1998	
Kiribati	1999		
Kolumbien	1945	1995	■
Komoren	1975		
Kongo, DR	1960	1997	■
Kongo, Rep.	1960	1997	■
Korea, DVR	1991		
Korea, Rep.	1991	1995	■
Kroatien	1992	2000	■
Kuba	1945	1995	
Kuwait	1963	1995	
Laos	1955	*	
Lesotho	1966	1995	■
Lettland	1991	1999	■
Libanon	1945	*	
Liberia	1945		■
Libyen	1955	*	
Liechtenstein	1990	1995	■
Litauen	1991	2001	■
Luxemburg	1945	1995	■
Madagaskar	1960	1995	
Malawi	1964	1995	■
Malaysia	1957	1995	
Malediven	1965	1995	
Mali	1960	1995	■
Malta	1964	1995	■
Marokko	1956	1995	
Marshallinseln	1991		■
Mauretanien	1961	1995	
Mauritius	1968	1995	■
Mazedonien	1993	2003	■
Mexiko	1945	1995	■
Mikronesien	1991		
Moldau	1992	2001	
Monaco	1993		
Mongolei	1961	1997	■
Montenegro	2006	*	
Mosambik	1975	1995	
Myanmar	1948	1995	
Namibia	1990	1995	■
Nauru	1999		■
Nepal	1955	2004	
Neuseeland	1945	1995	■
Nicaragua	1945	1995	
Niederlande	1945	1995	■
Niger	1960	1996	■
Nigeria	1960	1995	■
Norwegen	1945	1995	■
Oman	1971	2000	
Österreich	1955	1995	■
Pakistan	1947	1995	
Palau	1994		
Panama	1945	1997	■
Papua-Neuguinea	1975	1996	
Paraguay	1945	1995	■
Peru	1945	1995	■
Philippinen	1945	1995	
Polen	1945	1995	■
Portugal	1955	1995	■
Ruanda	1962	1996	
Rumänien	1955	1995	■
Russland	1945	*	
Salomonen	1978	1996	
Sambia	1964	1995	■
Samoa	1976	*	■
San Marino	1992		■
Sao Tomé u. Prín.	1975	*	
Saudi-Arabien	1945	2005	■
Schweden	1946	1995	■
Schweiz	2002	1995	■
Senegal	1960	1995	■
Serbien	2000	*	■
Seychellen	1976	*	
Sierra Leone	1961	1995	■
Simbabwe	1980	1995	
Singapur	1965	1995	
Slowakei	1993	1995	■
Slowenien	1992	1995	■
Somalia	1960		
Spanien	1955	1995	■
Sri Lanka	1955	1995	
St. Kitts und Nevis	1983	1996	
St. Lucia	1979	1995	
St. Vincent u. d. G.	1980	1995	■
Südafrika	1945	1995	■
Sudan	1956	*	
Suriname	1975	1995	
Swasiland	1968	1995	
Syrien	1945		
Tadschikistan	1992	*	■
Tansania	1961	1995	■
Thailand	1946	1995	
Timor-Leste	2002		■
Togo	1960	1995	
Tonga	1999	*	
Trinidad u. Tobago	1962	1995	■
Tschad	1960	1996	
Tschechische Rep.	1993	1995	
Tunesien	1956	1995	
Türkei	1945	1995	
Turkmenistan	1992		
Tuvalu	2000		
Uganda	1962	1995	■
Ukraine	1945	*	
Ungarn	1955	1995	■
Uruguay	1945	1995	■
Usbekistan	1992	*	
Vanuatu	1981	*	
Vatikanstadt		*	
Venezuela	1945	1995	■
Ver. Arab. Emirate	1971	1996	
USA	1945	1995	
Vietnam	1977	*	
Weißrussland	1945	*	
Zentralafrikan. Rep.	1960	1995	■
Zypern	1960	1995	■

* Beobachterstatus

UN

Vereinte Nationen

United Nations (UN); Nations Unies (NU); Naciones Unidas (NU); Vereinte Nationen (VN); inoffiziell auch UNO gebräuchlich

U. N. Plaza, New York, NY 10 017, USA
T 001/212/963 12 34, Fax 963 48 79
www.un.org

UN-Büro Genf: www.unog.ch

UN-Büro Wien: www.unvienna.org

UN-Büro Bonn: www.unric.org

▪ **Gründung**: Am 26. 6. 1945 wurde in San Francisco die Charta der Vereinten Nationen beschlossen. Sie trat am 24. 10. 1945 in Kraft. ▪ **Mitglieder**: 191, alle Staaten der Welt mit Ausnahme der Demokratischen Arabischen Republik Sahara (DARS), der Republik China (Taiwan) und Vatikanstadt ▪ **Amts- und Arbeitssprachen**: Arabisch, Chinesisch, Englisch, Französisch, Russisch und Spanisch ▪ **Generalsekretär**: Kofi Annan (Ghana) ▪ **Personal**: Generalsekretariat: 29 125, davon 10 340 in New York, 2500 in Regionalkommissionen, 16 280 »im Feld«; Gesamtzahl aller UN-Mitarbeiter rd. 52 000 ▪ **Haushalt** → Tabelle

Ziele und Grundsätze

Die Vereinten Nationen gingen aus der gegen Deutschland, Italien und Japan gerichteten Kriegskoalition des Zweiten Weltkriegs hervor; der Name »Vereinte Nationen« wurde erstmals in der »Erklärung der Vereinten Nationen« vom 1. 1. 1942 verwendet, in der Großbritannien und die USA ihre Kriegsziele darlegten. Grundsätze und Ziele der UN sind in der am 26. 6. 1945 in San Francisco unterzeichneten und am 24. 10. 1945 in Kraft getretenen **Charta der Vereinten Nationen** niedergelegt. Als primäres Ziel weist sie die Wahrung des Weltfriedens und der internationalen Sicherheit aus. Weitere Ziele nach Art. 1 der Charta sind: die Achtung der Menschenrechte; die internationale Zusammenarbeit auf wirtschaftlichem, kulturellem, sozialem und humanitärem Gebiet (hinzu trat das Anliegen des Umweltschutzes); und die Entwicklung freundschaftlicher Beziehungen zwischen den Mitgliedstaaten. Die Organisation selbst soll der Charta zufolge ein Mittelpunkt sein, »in dem die Bemühungen der Nationen zur Verwirklichung dieser gemeinsamen Ziele aufeinander abgestimmt werden«.
Bei der Verwirklichung dieser Ziele haben die Mitgliedstaaten wie die Vereinten Nationen die in Art. 2 der Charta niedergelegten Grundsätze zu beachten: ein allgemeines Gewaltverbot und die Verpflichtung zur friedlichen Beilegung von Streitigkeiten (ausgenommen hiervon sind das Recht auf Selbstverteidigung sowie vom → Sicherheitsrat beschlossene legitime Zwangsmaßnahmen nach Kapitel VII der Charta); den Grundsatz der souveränen Gleichheit aller Mitgliedstaaten; das Verbot des Eingreifens der Organisation in die inneren Angelegenheiten der Mitglieder. Der den Staaten zugestandene Umfang ihrer »inneren Angelegenheiten« wurde jedoch zunehmend eingeschränkt; so gilt insbesondere der Schutz der Menschenrechte immer weniger als ausschließlich innere Angelegenheit eines Staates.

UN-Haushalt 2006 in Mio. US-$

Ordentlicher Haushalt	1 925
Friedenssicherung (Juli 2005 bis Juni 2006)	5 030
Sonderorganisationen	2 015
davon:	
FAO	377
ILO	265
UNESCO	306
UNIDO	89
WHO	429
ICAO	51
IMO	36
ITU	98
UPU	27
WIPO	13
WMO	48
IAEA	276

Quellen: UN, Global Policy Forum

Das System der Vereinten Nationen

Die Charta der Vereinten Nationen etabliert sechs Hauptorgane mit unterschiedlichen Kompetenzen und Aufgaben, die bei Bedarf Neben- und Hilfsorgane – mit Unterorganen oder Arbeitsgruppen – einsetzen können (→ Grafik). Im Laufe der Zeit entstand ein vielschichtiges System der Vereinten Nationen, zu dem – neben der Organisation der UN selbst und den von ihr etablierten Spezialorganen – 14 weitere, organisatorisch wie finanziell autonome Sonderorganisationen gehören. Sie sind mit der Kernorganisation vertraglich verbunden; ihre Arbeit soll vom → Wirtschafts- und Sozialrat (ECOSOC) koordiniert werden. Hinzu kommen weitere internationale Einrichtungen, die zwar zur »UN-Familie« gehören, aber im Vergleich zu den Sonderorganisationen noch größere Unabhängigkeit genießen und nicht über den Wirtschafts- und Sozialrat an die Kernorganisation angebunden sind.

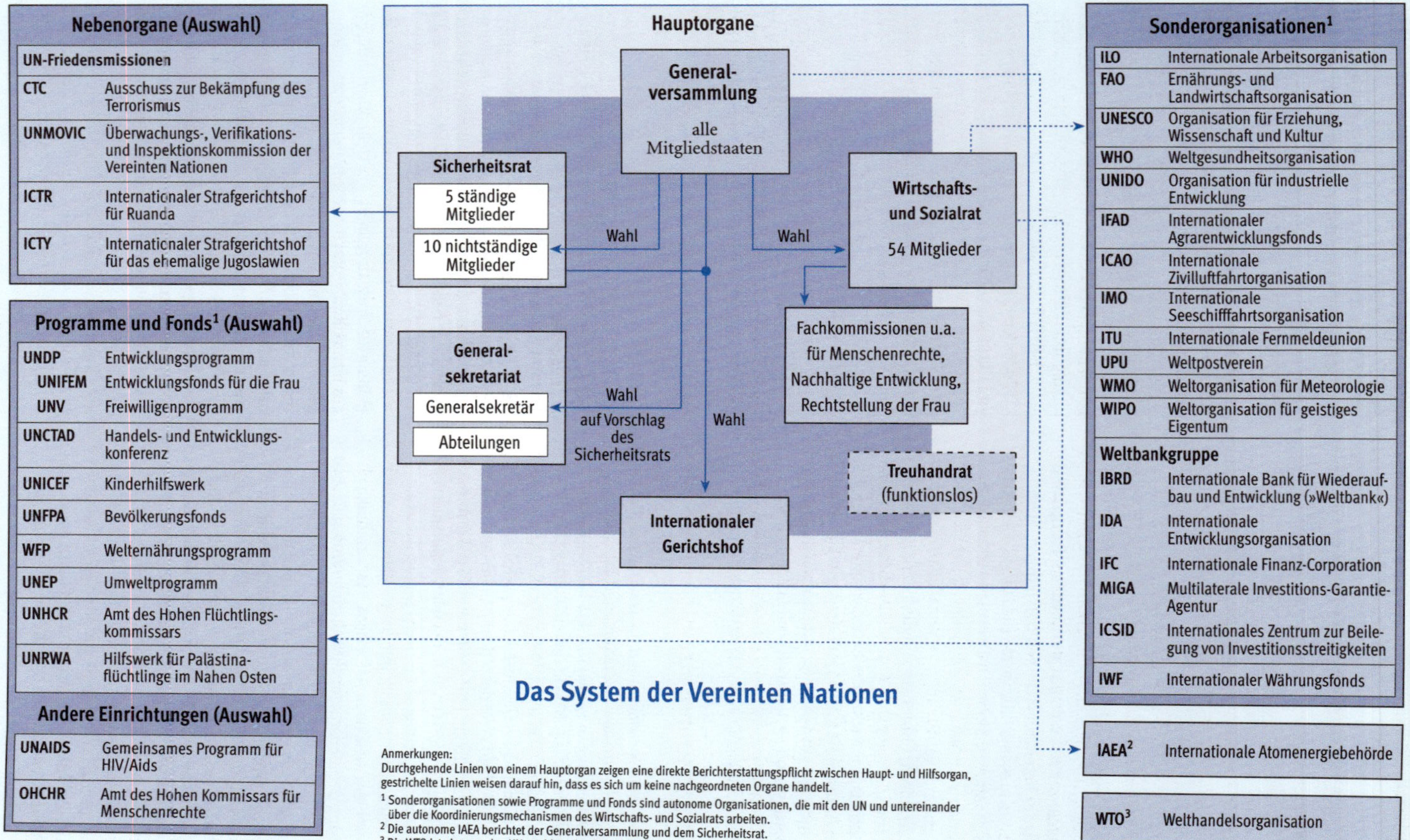

Das System der Vereinten Nationen

Anmerkungen:
Durchgehende Linien von einem Hauptorgan zeigen eine direkte Berichterstattungspflicht zwischen Haupt- und Hilfsorgan, gestrichelte Linien weisen darauf hin, dass es sich um keine nachgeordneten Organe handelt.

[1] Sonderorganisationen sowie Programme und Fonds sind autonome Organisationen, die mit den UN und untereinander über die Koordinierungsmechanismen des Wirtschafts- und Sozialrats arbeiten.
[2] Die autonome IAEA berichtet der Generalversammlung und dem Sicherheitsrat.
[3] Die WTO ist eine von den UN unabhängige Organisation.

Hauptorgane

Generalversammlung
General Assembly

www.un.org/ga

▪ **Aufgaben**: Die Generalversammlung ist das zentrale Beratungsorgan aller 191 Mitgliedstaaten der Vereinten Nationen. Sie besteht aus den Vertretern ihrer Regierungen, prüft und genehmigt den Haushalt, setzt die Beitragsquoten fest, bestimmt die Zusammensetzung der Organe, entscheidet mit dem Sicherheitsrat über Aufnahme, Suspendierung oder Ausschluss eines Mitglieds, wählt die nichtständigen Mitglieder des → Sicherheitsrats und alle Mitglieder des → Wirtschafts- und Sozialrats, ernennt auf Empfehlung des Sicherheitsrats den Generalsekretär (→ Sekretariat) und die Richter des → Internationalen Gerichtshofs. Die Generalversammlung erörtert alle Themen, die in den Rahmen der Charta fallen, und äußert sich in Form von (völkerrechtlich nicht verbindlichen) Resolutionen. Jeder Mitgliedstaat hat eine Stimme.

Die Generalversammlung tritt einmal jährlich von September bis Dezember zu ihrer ordentlichen Jahrestagung zusammen, zu anderen Zeiten bei Bedarf. Sie hat zahlreiche Neben- und Hilfsorgane bzw. Ausschüsse. **Präsident** der 60. Jahrestagung war Jan Eliasson (Schweden); zur Präsidentin der 61. Generalversammlung wurde Haya Rashed Al-Khalifa gewählt.

Sicherheitsrat
Security Council

www.un.org/sc

Ziele: Das bedeutendste Organ der UN ist der mit weit reichenden Kompetenzen in der Konfliktverhütung und -lösung ausgestattete Sicherheitsrat, der als einziges Gremium für alle UN-Mitglieder verbindliche Beschlüsse treffen kann. ▪ **Mitglieder**: fünf **ständige Mitglieder**: VR China, Frankreich, Großbritannien, Russland (seit 1991 in Nachfolge der UdSSR) und die USA; zehn **nichtständige Mitglieder** (jeweils für zwei Jahre berufen): Argentinien, Dänemark, Griechenland, Japan und Tansania (bis Ende 2006), Ghana, Katar, Republik Kongo, Peru und die Slowakei (bis Ende 2007). ▪ Die **Präsidentschaft** im Sicherheitsrat wechselt monatlich. **Abstimmungsmodus**: Beschlüsse über Verfahrensfragen bedürfen der Zustimmung von mindestens neun Mitgliedern; Beschlüsse, die über Verfahrensfragen hinausgehen, bedürfen der Zustimmung von neun Mitgliedern einschl. sämtlicher ständigen Mitglieder (**Vetorecht** der ständigen Mitglieder).

ECOSOC Wirtschafts- und Sozialrat
Econonomic and Social Council

Department of Economic and Social Affairs,
1 UN Plaza, Room DC1–1428, New York, NY 10 017
www.un.org/esa/coordination/ecosoc

▪ **Aufgaben**: Das Hauptorgan für wirtschaftliche und soziale Fragen untersteht der Generalversammlung, besitzt keine Exekutivbefugnisse und fungiert als Lenkungs- und Koordinierungsstelle; Durchführung oder Anregung von Untersuchungen zu wirtschaftlichen, sozialen, kulturellen und humanitären Fragen; Empfehlungen an UN-Mitglieder und -Organe; Einberufung internationaler Konferenzen; Koordination der Arbeit mit den autonomen Sonderorganisationen. ▪ **Mitglieder**: 54 (Afrika 14, Asien 11, Lateinamerika und Karibik 10, Osteuropa 6, Westeuropa, Nordamerika und andere 13), von denen jährlich 18 Mitglieder für eine Amtszeit von drei Jahren gewählt werden. Der ECOSOC tagt halbjährlich, jeder Mitgliedstaat hat eine Stimme. ▪ **Präsident** 2006: Ali Hachani (Tunesien)

Der ECOSOC verfügt über eine Vielzahl von Nebenorganen sowie über fünf **regionale Wirtschaftskommissionen**: ECA (Economic Commission for Africa), ECE (Economic Commission for Europe), ECLAC (Economic Commission for Latin America and the Caribbean), ESCAP (Economic and Social Commission for Asia and the Pacific) und ESCWA (Economic and Social Commission for Western Asia).

ICJ Internationaler Gerichtshof
International Court of Justice

Peace Palace, Carnegieplein 2, NL-2517 KJ Den Haag
T 00 31/70/302 23 23, Fax 364 99 28
www.icj-cij.org

Gründung: 1945 (Arbeitsaufnahme 1946, ersetzte den seit 1922 bestehenden Ständigen Internationalen Gerichtshof der Völkerbundszeit) ▪ **Aufgaben** Der ICJ ist das Haupt-Rechtsprechungsorgan der UN. ▪ **Mitglieder**: 15 unabhängige Richter (gewählt für 9 Jahre) aus 15 verschiedenen Staaten: Raymond Ranjeva (Madagaskar), Shi Jiuyong (China), Abdul G. Koroma (Sierra Leone), Gonalo Parra-Aranguren (Venezuela), Thomas Buergenthal (USA), Hisashi Owada (Japan), Bruno Simma (Deutschland), Peter Tomka (Slowakei), Ronny Abraham (Frankreich), Kenneth Keith (Neuseeland), Bernardo Sepúlveda Amor (Mexiko), Mohamed Bennouna (Marokko), Leonid Skotnikov (Russland). ▪ **Präsidentin**: Rosalyn Higgins (Großbritannien), Vizepräsident: Awn Shawkat Al-Khasawneh (Jordanien) ▪ **Personal**: 98 (ohne Richter) ▪ **Haushalt**: 35,4 Mio. US-$ (2006/07, aus dem regulären UN-Haushalt)

▪ **Aufgaben**: Der ICJ entscheidet internationale Streitigkeiten auf Basis des Völkerrechts. Als Parteien können nur Staaten auftreten. Der ICJ kann nur tätig werden, wenn beide Parteien mit der Behandlung des Streitfalls vor dem Gerichtshof einverstanden sind oder die Gerichtsbarkeit generell vorab anerkannt haben. Seine Entscheidungen sind verbindlich; er hat jedoch nicht die Möglichkeit, diese auch durchzusetzen.

Sekretariat

Secretariat

New York (Zentrale), Genf, Nairobi und Wien
Generalsekretär: Kofi Annan (Ghana)

▪ **Aufgaben**: Das Sekretariat ist das Verwaltungsorgan der UN mit einer starken Stellung im Organisationsgefüge. Die Leitung liegt beim Generalsekretär, dem höchsten Verwaltungsbeamten der UN mit unabhängigem Status. Die Aufgaben des Generalsekretärs umfassen Verwaltungs- und politische Funktionen. Letztere gliedern sich in übertragene und originäre Aufgaben: Einerseits kann der Sicherheitsrat den Generalsekretär mit der Vorbereitung oder Durchführung seiner Beschlüsse (etwa bei der Einsetzung von Friedenstruppen) oder mit der Erarbeitung von Strategiedokumenten beauftragen. Andererseits kann der Generalsekretär gemäß Art. 99 der UN-Charta »die Aufmerksamkeit des Sicherheitsrats auf jede Angelegenheit lenken, die nach seinem Dafürhalten geeignet ist, die Wahrung des Weltfriedens und der internationalen Sicherheit zu gefährden«. Aufgrund dieser Mitverantwortung für den Weltfrieden haben die bisherigen Generalsekretäre eigenständige diplomatische Initiativen ergriffen und Vorschläge u. a. zur Konfliktprävention erarbeitet.

Nebenorgane (Auswahl)

ICTR Internationaler Strafgerichtshof für Ruanda

International Criminal Tribunal for Rwanda

Arusha International Conference Centre,
P. O. Box 6016, Arusha, Tansania
T 00 255/27/250 42 07, Fax 250 4000/4373 (Arusha)
T 001/212/963 28 50, Fax 963 28 48 (New York)
www.ictr.org

▪ **Gründung**: Am 8. 11. 1994 durch den Sicherheitsrat als dessen unabhängiges Hilfsorgan ▪ **Mitglieder**: 16 Richter in drei Spruchkammern sowie einer Berufungskammer; hinzu kommt ein Reservepool von 18 Ad-Litem-Richtern zur Verstärkung des Tribunals, von denen jeweils maximal 9 (seit Resolution 1512 vom 27. 10. 2003) zur selben Zeit tätig sind. ▪ **Präsident**: Erik Møse (Norwegen), **Chefankläger**: Hassan Bubacar Jallow (Gambia) ▪ **Personal**: 1042 Mitarbeiter ▪ **Haushalt**: 269 Mio. US-$ (2006/07)
▪ **Aufgaben**: Das Tribunal ist zuständig für die strafrechtliche Verfolgung von Völkermord und anderen schweren Menschenrechtsverletzungen, die im Laufe des Jahres 1994 von ruandischen Staatsangehörigen in Ruanda oder Nachbarstaaten und von nichtruandischen Staatsangehörigen in Ruanda begangen wurden.

ICTY Internationaler Strafgerichtshof für das ehemalige Jugoslawien

International Criminal Tribunal for the Former Yugoslavia

Churchillplein 1, NL-2517 JW Den Haag
T 00 31/70/512 52 43, Fax 511 53 55
www.un.org/icty

▪ **Gründung**: Am 25. 2. 1993 durch den Sicherheitsrat als dessen unabhängiges Hilfsorgan ▪ **Mitglieder**: 16 ständige Richter; hinzu kommt ein Reservepool von 27 Ad-Litem-Richtern zur Verstärkung des Tribunals. Die Verhandlungen finden in drei Spruchkammern und einer Berufungskammer statt; jede Spruchkammer besteht aus drei ständigen Richtern und maximal sechs Ad-Litem-Richtern, die zur selben Zeit tätig sind. ▪ **Präsident**: Fausto Pocar (Italien), **Chefanklägerin**: Carla Del Ponte (Schweiz) ▪ **Personal**: 1135 Mitarbeiter aus 79 Ländern ▪ **Haushalt**: 276 Mio. US-$ (2006/07)
▪ **Aufgaben**: Das Tribunal ist zuständig für die strafrechtliche Verfolgung von Personen, die seit 1. 1. 1991 auf dem Gebiet des ehemaligen Jugoslawien gegen das Genfer Abkommen von 1949 zum Schutz der Zivilpersonen in Kriegszeiten und die Haager Landkriegsordnung von 1907 verstoßen oder Verbrechen gegen die Menschlichkeit und Völkermord begangen oder angeordnet haben (→ Chronik UN, → Bosnien und Herzegowina, → Serbien).

HRC Rat für Menschenrechte

Human Rights Council

www.ohchr.org/english/bodies/hrcouncil

▪ **Gründung**: 15. 3. 2006 durch Mehrheitsentschluss der Generalversammlung (→ Chronik) mit **Sitz** in Genf (Schweiz). ▪ **Mitglieder**: 47 Mitglieder, die einzeln in geheimer Abstimmung mit absoluter Mehrheit von der Generalversammlung auf drei Jahre gewählt werden (bei der ersten Wahl teilweise verkürzte Amtszeit, um in Zukunft als »ewiges« Gremium Kontinuität zu wahren), Zusammensetzung nach einem Regionalschlüssel: **Afrika** 13 Vertreter: Algerien, Dschibuti, Gabun, Ghana, Kamerun, Mali, Marokko, Mauritius, Nigeria, Sambia, Senegal, Südafrika und Tunesien, **Asien** 13 Vertreter: Bahrain, Bangladesch, China, Indien, Indonesien, Japan, Jordanien, Republik Korea, Malaysia, Pakistan, Philippinen, Saudi-Arabien und Sri Lanka, **Osteuropa** 6 Vertreter: Aserbaidschan, Polen, Rumänien, Russland, Tschechische Republik und Ukraine, **Lateinamerika und Karibik** 8 Vertreter: Argentinien, Brasilien, Ecuador, Guatemala, Kuba, Mexiko, Peru und Uruguay, **Europa und übrige Staaten** 7 Vertreter: Deutschland, Finnland, Frankreich, Großbritannien, Kanada, Niederlande und Schweiz. Die Generalversammlung kann ein Mitglied mit Zweidrittelmehrheit wieder abberufen. Der Rat tagt jährlich mindestens drei Mal, erstmals trat er am 19. 6. 2006 zusammen.

▪ **Aufgaben:** Der Rat ersetzt die Menschenrechtskommission (UN Commission on Human Rights), die am 13. 3. 2006 letztmals in Genf tagte. Er soll als Hauptforum der UN für den Dialog und die Zusammenarbeit auf dem Gebiet der Menschenrechte dienen und die UN-Mitgliedsstaaten dabei unterstützen, ihre Menschenrechtsverpflichtungen einzuhalten. Der Generalversammlung gibt er Empfehlungen zur Weiterentwicklung des Völkerrechts auf dem Gebiet der Menschenrechte. Der Rat arbeitet mit dem UN-Hochkommissar für Menschenrechte (OHCHR) sowie nichtstaatlichen Organisationen zusammen. Innerhalb des ersten Jahres soll der Rat prüfen, inwiefern die UN-Verfahren und Mechanismen zum Schutz der Menschenrechte gestrafft und gestärkt werden können.

Kommission für Friedenskonsolidierung

Peacebuilding Commission

www.un.org/peace/peacebuilding

▪ **Gründung**: 20. 12. 2005 durch gemeinsame Resolution von Generalversammlung und Sicherheitsrat. ▪ **Generalsekretärin**: Carolyn McAskie (Kanada). ▪ **Organe**: Organisationskomitee mit 31, auf zwei Jahre bestellten Mitgliedern: 7 Vertreter des Sicherheitsrats, wobei die 5 Veto-Mächte permanente Mitglieder sind (China, Frankreich, Großbritannien, Russland, Vereinigte Staaten von Amerika sowie Dänemark und Tansania), 7 Vertreter des ECOSOC (Angola, Belgien, Brasilien, Guinea-Bissau Indonesien, Polen, Sri Lanka), 5 Vertreter der 10 größten Beitragszahler zum ordentlichen Haushalt und zu den Fonds und Sonderprogrammen einschließlich der Friedenssicherung

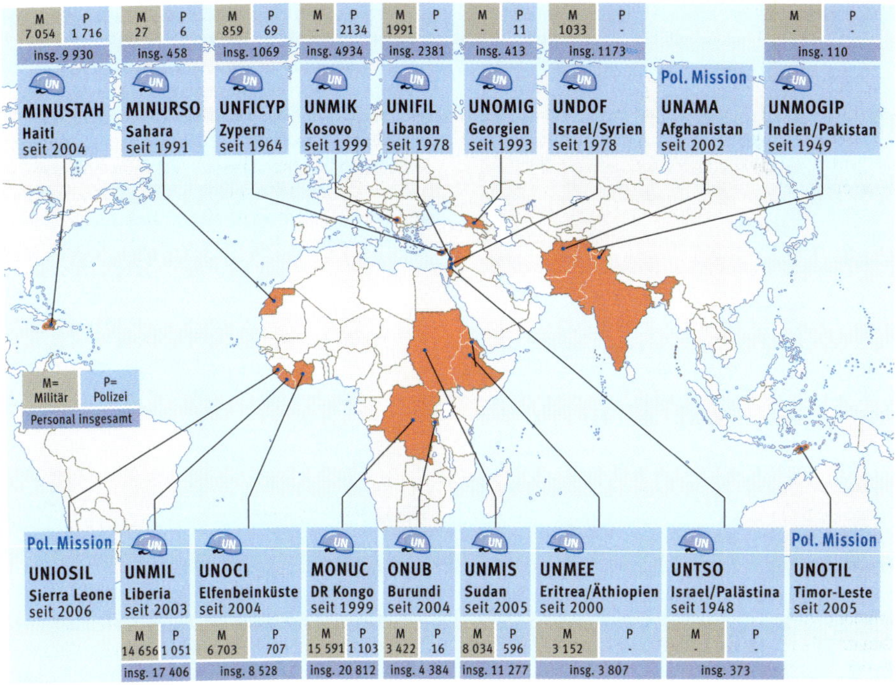

(Deutschland, Italien, Japan, Niederlande, Norwegen), 5 Vertreter der 10 größten Truppensteller zu UN-Einsätzen (Bangladesch, Ghana, Indien, Nigeria, Pakistan) und 7 weitere Vertreter aus der Generalversammlung (Ägypten, Burundi, Chile, El Salvador, Fidschi, Kroatien, Jamaika). ▪ **Haushalt:** 7 Mio. US-$ aus dem regulären UN-Haushalt (2006/07).

▪ **Aufgaben:** Die Kommission unterstützt kriegsgeschüttelte Staaten beim Übergang zum Frieden, um ihnen eine nachhaltige Entwicklung und Konsolidierung zu ermöglichen. Außerdem gibt sie allen am Wiederaufbau beteiligten Akteuren Erfahrungen aus Friedenseinsätzen weiter und koordiniert deren Arbeit.

UN-Friedenstruppen (»Blauhelme«)

UN-Peacekeeping Operations

www.un.org/Depts/dpko

▪ **Haushalt:** 2005/06 5,03 Mrd. US-$

▪ **Aufgaben:** Die in der UN-Charta nicht vorgesehenen »Blauhelme« haben sich zum wichtigsten Instrument des Sicherheitsrats in Wahrnehmung seiner Verantwortung für den Weltfrieden entwickelt. Nachdem Blauhelme zu Beginn der 1990er Jahre oft auch mit dem Mandat ausgestattet worden waren, Frieden zu schaffen, tendiert der Sicherheitsrat heute wieder zum klassischen Mandat der Friedenserhaltung mit Einverständnis der Konfliktparteien, während er für friedensschaffende Maßnahmen zumeist nur bereitwilligen Mitgliedstaaten oder Organisationen (z. B. → NATO) ein Mandat erteilt. Neben diese Missionen mit vorwiegend militärischen Aufgaben treten aber auch zunehmend kombinierte Einsätze mit zahlreichen nichtmilitärischen Funktionen und zivile UN-Missionen zur Friedenssicherung. Das Mandat der Friedenstruppen wird durch den Sicherheitsrat in der Regel halbjährlich verlängert. Seit 1948 wurden 60 »friedenserhaltende oder friedensstiftende« Maßnahmen beschlossen. Derzeit bestehen 15 Peacekeeping-Missionen, in denen 69 931 Soldaten und Zivilpolizisten im Einsatz sind (→ auch Tabelle). Hinzu kommen von den UN mandatierte Missionen wie ISAF in Afghanistan oder KFOR im Kosovo (→ Karte).

Die größten Truppensteller für UN-Friedensmissionen

	Anzahl Personen
Bangladesch	10 255
Pakistan	9 638
Indien	9 061
Jordanien	3 723
Nepal	3 498
Äthiopien	2 772
Ghana	2 584
Uruguay	2 567
Nigeria	2 456
Südafrika	2 046
Senegal	1 884
Marokko	1 578
Brasilien	1 268
China	1 137
Sri Lanka	1 013
Ägypten	939
Argentinien	906
Kenia	815
Polen	712
Namibia	659

Quelle: UN Department of Peacekeeping Operations, Stand Mai 2006

Programme und Fonds (Auswahl)

OHCHR Hoher Kommissar für Menschenrechte

Office of the UN High Commissioner for Human Rights

UN Centre for Human Rights, Palais des Nations, 8–14 Avenue de la Paix, CH-1211 Genf 10
T 00 41/22/917 90 00, Fax 917 90 11
www.ohchr.org

▪ **Gründung:** 1993 auf der Weltmenschenrechtsonferenz in Wien. ▪ **Hochkommissarin:** Louise Arbour (Kanada) ▪ **Personal:** 576 Mitarbeiter ▪ **Finanzierung:** Reguläres UN-Budget 2006/07: 85,6 Mio. US-$, extrabudgetäre Ressourcen: 160 Mio. US-$

▪ **Aufgaben:** Förderung internationaler Zusammenarbeit innerhalb und außerhalb des UN-Systems zugunsten der Menschenrechte, öffentliche Anklage von Menschenrechtsverletzungen, Förderung von internationalen Menschenrechtsstandards und Organisationen, die sich dem Schutz der Menschenrechte verschrieben haben.

UNCTAD Handels- und Entwicklungskonferenz

UN Conference on Trade and Development

Palais des Nations, 8–14 Avenue de la Paix, CH-1211 Genf 10
T 00 41/22/917 58 34, Fax 917 00 42
www.unctad.org

▪ **Gründung:** 1964 ▪ **Ziele:** Förderung des Handels zwischen Ländern unterschiedlichen Entwicklungsstandes (hauptsächlich Industrieländer und Entwicklungs-

länder); Verständigung zwischen Süd und Nord ▪ **Mitglieder**: 192 Staaten ▪ **Organe**: Konferenz alle drei bis vier Jahre, zuletzt 2004 in São Paulo (Brasilien); Organ zwischen den Konferenzen: Rat für Handel und Entwicklung (TDB, Trade and Development Board); Sekretariat mit einem **Generalsekretär**: Supachai Panitchpakdi (Thailand) ▪ **Personal**: ca. 400 Mitarbeiter ▪ **Haushalt**: 112,5 Mio. US-$ (2006/07)
▪ **Aufgaben**: Das Tätigkeitsfeld umfasst den Bereich der wechselseitigen Beziehungen zwischen Handel, wirtschaftlicher Entwicklung und internationaler Wirtschaftshilfe. Lange Jahre galt die UNCTAD als wichtigstes Forum des Nord-Süd-Dialogs, unterdessen hat sie aber an Bedeutung verloren. Dies liegt v. a. daran, dass die Industriestaaten inzwischen die 1995 gegründete Welthandelsorganisation (→ WTO) als Verhandlungsplattform zwischen Nord und Süd bevorzugen. Die meisten Entwicklungsländer halten jedoch an einer reformierten UNCTAD fest.

UNDP Entwicklungsprogramm

UN Development Programme

1, U. N. Plaza, New York, NY 10 017, USA
T 001/212/906 50 00, Fax 906 53 64
www.undp.org

▪ **Gründung**: 1965 ▪ **Organe**: Exekutivrat (zugleich zuständig für → UNFPA) mit 36 Mitgliedern: Genehmigung der Länderprogramme und allgemeine Aufsicht über die Aktivitäten von UNDP (in 166 Ländern vertreten); Sekretariat mit einem **Administrator**: Kemal Derviş (Türkei) ▪ **Personal**: 3322 Mitarbeiter
▪ **Haushalt**: 658 Mio. US-$ (2006/07)
▪ **Aufgaben**: Als zentrale Planungs-, Finanzierungs- und Koordinierungsagentur des UN-Systems beauftragt UNDP in der Regel Trägerorganisationen mit der Durchführung seiner Projekte. Arbeitsschwerpunkte sind die Armutsbekämpfung, die Schaffung demokratischer Regierungsstrukturen, die Krisenbekämpfung und -bewältigung, die Regenerierung der Umwelt, die Schaffung von Arbeitsplätzen, der Kampf gegen HIV/Aids, die Implementierung von Informations- und Kommunikationstechnologien und die Unterstützung der Frauen im Entwicklungsprozess. Veröffentlichung (jährlich): »Bericht zur menschlichen Entwicklung« (Human Development Report).

UNEP Umweltprogramm

UN Environment Programme

P. O. Box 30 552, United Nations Avenue, Gigiri, Nairobi 00 100, Kenia
T 00 254/20/762 12 34, Fax 762 44 89
www.unep.org

▪ **Gründung**: 1972 ▪ **Organe**: Verwaltungsrat; Sekretariat mit einem **Exekutivdirektor**: Achim Steiner (Deutschland) ▪ **Personal**: 605 Mitarbeiter ▪ **Finanzierung**: Das UNEP-Büro wird aus dem regulären UN-Haushalt finanziert; Budget 9,3 Mio. US-$ (2004/05), Umweltfonds 45 Mio. US-$, Trustfonds 80 Mio. US-$.
▪ **Aufgaben**: Als zentrale Koordinierungsstelle für alle Umweltaktivitäten von staatlichen und nichtstaatlichen international agierenden Umwelteinrichtungen innerhalb und außerhalb des UN-Systems ist UNEP hauptsächlich auf drei Ebenen aktiv: 1. Förderung internationaler Abkommen zur Schaffung eines Umwelt-Völkerrechts; 2. Ausarbeitung globaler Umweltschutzrichtlinien; 3. Hilfestellung für nationale Umweltgesetzgebung und -politik; dazu gehört die Bereitstellung von Überwachungs- und Informationsdiensten zum Datenaustausch.

UNFPA Bevölkerungsfonds

UN Population Fund

220 East 42nd Street, New York, NY 10 017, USA,
T 001/212/297 50 00, Fax 557 64 16
Verbindungsbüro: 13 Chemin des Anémones, CH-1219 Châtelaine
T 00 41/22/979 85 73, Fax 917 80 16
www.unfpa.org

▪ **Gründung**: 1967 ▪ **Organe**: Gemeinsamer UNDP/UNFPA-Exekutivrat; Sekretariat mit **Exekutivdirektorin**: Thoraya Obaid (Saudi-Arabien) ▪ **Personal**: 972 Mitarbeiter ▪ **Finanzierung**: UNFPA erhält keine Mittel aus dem regulären UN-Haushalt, sondern finanziert sich durch freiwillige Beiträge. Die Gesamteinnahmen 2004 beliefen sich auf ca. 506 Mio. US-$.
▪ **Aufgaben**: UNFPA unterstützt Entwicklungsländer dabei, Programme zur Bevölkerungsentwicklung zu erarbeiten und durchzuführen. Schwerpunkte sind Familienplanung, Gesundheitsfürsorge für Mütter und Kinder, Sexualerziehung sowie Gesundheitsmaßnahmen für Heranwachsende. Dies geschieht z. B. durch Unterstützung lokaler Initiativen, Bereitstellung von Datenmaterial sowie Informationsveranstaltungen. Seit der Gründung hat der UNFPA fast 6 Mrd. US-$ an Entwicklungsländer gezahlt. Der Bevölkerungsfonds arbeitet in 142 Ländern und Gebieten und unterhält Büros in 112 Ländern, die von neun Country Technical Services Teams koordiniert werden.

UN-HABITAT Programm für menschliche Siedlungen
UN Human Settlements Programme

P. O. Box 30 030, Nairobi, Kenia
T 00 254/20/762 31 20, Fax 762 34 77
www.unhabitat.org
Verbindungsbüro: 11–13 Chemin des Anémones, CH-1219 Châtelaine
T 00 41/22/917 86 46, Fax 917 80 46

▪ **Gründung**: 1977; ab Oktober 1978 zunächst als UNCHS (Zentrum der UN für Wohn- und Siedlungswesen); zum 1. 1. 2002 Umbennung in UN-HABITAT ▪ **Organe**: Gouverneursrat, der die Generalversammlung regelmäßig über alle Aktivitäten informiert; UN-HABITAT unterhält 4 regionale und 7 Verbindungsbüros. Sekretariat mit **Exekutivdirektorin**: Anna Kajumulo Tibaijuka (Tansania) ▪ **Personal**: rd. 200 Mitarbeiter ▪ **Finanzierung**: Die Organisation wird aus dem regulären UN-Haushalt finanziert (44 Mio. US-$ für 2006/07); hinzu kommen extrabudgetäre Einnahmen.
▪ **Aufgaben**: UN-HABITAT koordiniert die Maßnahmen auf dem Gebiet des Wohnungs- und Siedlungswesens innerhalb des UN-Systems und führt Entwicklungsprojekte durch: z. B. zur Verbesserung der städtischen Infrastruktur, der Lebensverhältnisse in Armenvierteln und der Trinkwasserversorgung sowie zur Bekämpfung der Obdachlosigkeit.

UNHCR Hoher Kommissar für Flüchtlinge
UN High Commissioner für Refugees

94 Rue Montbrillant, Case Postale 2500, CH-1211 Genf
T 00 41/22/739 81 11, Fax 73 91 95 46
UNHCR Deutschland: Wallstr. 9–13, D-10 179 Berlin
T 030/30 202 202 0, Fax 30 202 202 20

▪ **Gründung**: 1950 (Arbeitsaufnahme 1. 1. 1951) ▪ **Organe**: Exekutivkomitee mit Delegierten aus 70 Mitgliedstaaten; **Hoher Flüchtlingskommissar**: António Manuel de Oliveira Guterres (Portugal) ▪ **Personal**: 6540 Mitarbeiter in rund 263 Büros in 116 Staaten ▪ **Finanzierung**: UNHCR finanziert sich fast ausschließlich aus freiwilligen Beiträgen der Geberländer. Das UNHCR-Exekutivkomitee (66 Staaten, darunter auch Deutschland) muss dem Vorschlag für den jeweiligen Haushalt (2006: 1,2 Mrd. US-$) zustimmen.
▪ **Aufgaben**: Hauptaufgabe des UNHCR ist es, Flüchtlingen – unabhängig von Rasse, Religion, Geschlecht oder politischer Meinung – internationalen Rechtsschutz zu gewähren und dauerhafte Lösungen für ihre Probleme zu suchen.

Seit längerem erstrecken sich die Hilfsleistungen von UNHCR nicht mehr allein auf internationale Flüchtlinge im Sinne der Genfer Flüchtlingskonvention vom 28. 7. 1951, sondern auch auf Binnenvertriebene und auf Menschen, die vor innerstaatlichen Konflikten und Menschenrechtsverletzungen fliehen.

Neben Soforthilfeprogrammen bei Massenfluchten (Grundversorgung mit Trinkwasser, Nahrungsmitteln, Unterkünften, Kleidung und Medikamenten) und der längerfristigen Versorgung für Flüchtlinge in Wartesituationen strebt UNHCR vor allem dauerhafte Lösungen für Flüchtlinge an. Zur aktuellen Flüchtlingssituation weltweit → Themen der Welt.

UNICEF Weltkinderhilfswerk
UN Children's Fund

3, U. N. Plaza, New York, NY 10 017, USA
T 001/212/326 70 00, Fax 887 74 65, 887 74 54
www.unicef.org
Deutsches Komitee für UNICEF
Höninger Weg 104, 50 969 Köln
T 02 21/93 65 00, Fax 93 65 02 79

▪ **Gründung**: 1946 ▪ **Organe**: Exekutivrat (36 Mitglieder) mit einer **Exekutivdirektorin**: Ann M. Veneman (USA); 7 Regional- und 126 Länderbüros, Versorgungszentrum UNIPAC in Kopenhagen ▪ **Personal**: über 7200 Mitarbeiter (davon 90 % vor Ort) in 158 Ländern
▪ **Finanzierung**: vollständig durch Spenden (Jahresetat 2005: 1,36 Mrd. US-$)
▪ **Aufgaben**: UNICEF arbeitet in 158 Staaten und unterstützt Kinder und Mütter v. a. in den Bereichen Gesundheitsfürsorge, Familienplanung, Wasser und Hygiene, Ernährung, Erziehung und leistet Soforthilfe in Notsituationen. Außerdem engagiert sich UNICEF in zahlreichen über die Grundhilfe hinausgehenden Bereichen der Kinderhilfe.

WFP Welternährungsprogramm
World Food Programme

Via Cesare Giulio Viola 68, Parco dei Medici, I-00 148 Rom
T 00 39/06/651 31, Fax 651 328 40
www.wfp.org

▪ **Gründung**: 1961 (Arbeitsaufnahme 1963) ▪ **Organe**: Exekutivrat mit 36 Mitgliedern; **Exekutivdirektor**: James T. Morris (USA) ▪ **Personal**: 8829 Mitarbeiter, davon 807 in der Zentrale ▪ **Finanzierung**: Die Arbeit des WFP basiert auf freiwilligen Beiträgen (Nahrungsmittel, Geld, Dienstleistungen); Gesamtetat 2004: 2,9 Mrd. US-$

■ **Aufgaben**: Das WFP ist die weltweit größte Einrichtung zur multilateralen Nahrungsmittelhilfe (2004 versorgte das WFP 113 Mio. Menschen in 80 Ländern und verschiffte 5,1 Mio. t Lebensmittel); diese wird in Projektform Ländern mit geringem Einkommen gewährt. Der überwiegende Teil der Mittel wird in jüngster Zeit als Katastrophenhilfe v. a. in den Hungerregionen Afrikas und in den von kriegerischen Auseinandersetzungen betroffenen Gebieten geleistet. Dem WFP obliegt auch die Koordinierung der von unterschiedlichen staatlichen, multilateralen und Nichtregierungsorganisationen gewährten Nahrungsmittelhilfe.

Sonderorganisationen (Auswahl)

FAO Ernährungs- und Landwirtschaftsorganisation
Food and Agriculture Oranization of the UN

Viale delle Terme di Caracalla, I-00100 Rom
T 00 39/06/570 51, Fax 57 05 31 52
www.fao.org

■ **Gründung**: 1945 ■ **Mitglieder**: 187 Staaten sowie die EU-Kommission ■ **Organe**: Konferenz (alle zwei Jahre), Exekutivrat aus 49 Mitgliedern; Sekretariat mit einem **Generaldirektor**: Jacques Diouf (Senegal). Die FAO unterhält 5 Regional-, 5 Subregional-, 5 Verbindungs- und 78 Länderbüros ■ **Personal**: rd. 3700 Mitarbeiter, davon 1500 Agrar- und Ernährungsfachleute; 5 Regional-, 5 Subregional-, 5 Verbindungs- und 8 Länderbüros ■ **Finanzierung**: Haushalt 2006/07: 765,7 Mio. US-$; davon sind 378 Mio. US-$ für Nahrungsmittelprogramme und die Notversorgung in Katastrophenfällen, 228 Mio. US-$ für technische Unterstützungsprogramme vorgesehen
■ **Aufgaben**: Die FAO bekämpft Armut, Unter- und Fehlernährung in den Entwicklungsländern. Sie sammelt, bewertet und veröffentlicht Daten und Informationen über Ernährung, Land- und Forstwirtschaft, Fischerei und formuliert Prioritäten für die regionale Nahrungsmittelproduktion und Ernährungssicherheit. Sie verfügt über ein globales Frühwarnsystem zur rechtzeitigen Erkennung von Versorgungskrisen. Als Entwicklungsorganisation führt die FAO ein Drittel der → UNDP-Programme durch und koordiniert zahlreiche agrar- und fischereiorientierte sowie umweltrelevante UN-Maßnahmen oder wirkt an ihnen entscheidend mit.

ILO Internationale Arbeitsorganisation
International Labour Organization

4 Route de Morillons, CH-1211 Genf 22
T 00 41/22/799 61 11, Fax 798 86 85
www.ilo.org
ILO Vertretung in Deutschland
Karlsplatz 7, 10117 Berlin
T 030/28 09 26 68/69, Fax 28 04 64 40
www.ilo.org/berlin

■ **Gründung**: 1919 (erste UN-Sonderorganisation seit 1946) ■ **Mitglieder**: 178 Staaten; dreigliedriger Aufbau der ILO mit gleichberechtigter Vertretung der Regierungen einerseits, der Sozialpartner andererseits.
■ **Organe**: Internationale Arbeitskonferenz (jährlich, je Mitgliedstaat vier Delegierte: zwei Regierungs-, ein Arbeitgeber- und ein Arbeitnehmervertreter); Verwaltungsrat (tagt drei Mal jährlich; 56 Mitglieder: 28 Regierungs-, je 14 Arbeitnehmer- und Arbeitgebervertreter); Internationales Arbeitsamt (IAA) als ständiges ILO-Sekretariat, Koordinierungsstelle für die weltweit agierenden Experten, Forschungs- und Informationszentrum; IAA-**Generaldirektor**: Juan Somavía (Chile) ■ **Personal**: 1900 Mitarbeiter im ILO-Sekretariat; zusätzlich rund 600 Experten; weltweit rund 40 Außenstellen (Regional-, Verbindungs- und Zweigbüros) ■ **Finanzierung**: Jahresbudget 2005: 274 Mio. US-$
■ **Aufgaben**: Die Tätigkeit der ILO konzentriert sich auf vier Zielbereiche: Förderung und Verwirklichung der grundlegenden Prinzipien und Rechte bei der Arbeit, insbesondere durch Annahme von internationalen, völkerrechtlich verbindlichen Arbeitsnormen (z. B. Verbot von Zwangsarbeit, Vereinigungsfreiheit, Recht auf Kollektivverhandlungen, Schutz vor Diskriminierung und Regelung des Arbeitsmindestalters); Schaffung angemessener Beschäftigungsmöglichkeiten mit ausreichendem Einkommen für Frauen und Männer; Erweiterung und Erhöhung der Wirksamkeit des Sozialschutzes; Stärkung des Prinzips der Dreigliedrigkeit (Arbeitgeberverbände, Gewerkschaften, Staat) und des sozialen Dialoges.

Die ILO fördert die internationale technische Zusammenarbeit und leistet Unterstützung sowohl in Ländern der Dritten Welt wie auch in den Transformationsländern Mittel- und Osteuropas. Arbeitsschwerpunkt ist hierbei die wirksame Erschließung des Arbeitskräftepotenzials z. B. durch Berufs- und Weiterbildung.

IMO Internationale Seeschifffahrtsorganisation

International Maritime Organization

55 Victoria Street, London, SW1H 0EU, Großbritannien
T 00 44/20/77 35 76 11, Fax 78 87 32 10
www.imo.org

▪ **Gründung**: 1948 (in Kraft 1958) ▪ **Mitglieder**: 166 Staaten ▪ **Organe**: Vollversammlung (alle zwei Jahre), Rat (40 Mitglieder), fünf Ausschüsse (Seeschifffahrt, Recht, Schutz der Meeresumwelt, Technische Zusammenarbeit, Erleichterung des internationalen Seeverkehrs); Generalsekretariat mit **Generalsekretär**: Efthimios Mitropoulos (Griechenland) ▪ **Personal**: etwa 300 Mitarbeiter ▪ **Finanzierung**: Haushalt 2006/07: 49,7 Mio. £

▪ **Aufgaben**: Die IMO koordiniert die Zusammenarbeit auf allen Gebieten der internationalen Handelsschifffahrt. Schwerpunkte ihrer Arbeit sind die Beratung und Verabschiedung von Übereinkommen oder Resolutionen über die schiffstechnische und navigatorische Sicherheit auf See, der Meeresumweltschutz, die Rechtsvereinheitlichung zwischen den Mitgliedstaaten sowie die Förderung der technischen Zusammenarbeit zwischen Industriestaaten und Entwicklungsländern.

IWF Internationaler Währungsfonds

International Monetary Fund (IMF)

700 19th Street, NW, Washington, D. C. 20 431, USA
T 001/202/623 70 00, Fax 623 62 78
www.imf.org

▪ **Gründung**: 1944 (in Kraft 1945) ▪ **Mitglieder**: 184 Staaten ▪ **Organe**: Gouverneursrat (alle Mitgliedstaaten mit im Wesentlichen nach der Quote gewichtetem Stimmrecht); Quotensumme 213,48 Mrd. SZR; die höchsten Quoten haben die USA mit 17,46 %, Japan mit 6,26 %, Deutschland mit 6,11 %, Frankreich mit 5,05 und Großbritannien mit 5,05 %; Exekutivdirektorium als ständiges Entscheidungsorgan (24 Exekutivdirektoren); **Generaldirektor** (zugleich Vorsitzender des Exekutivdirektoriums): Rodrigo de Rato y Figaredo (Spanien) ▪ **Personal**: 2693 Mitarbeiter aus 141 Ländern

▪ **Aufgaben**: Der IWF analysiert im Rahmen jährlicher Konsultationen mit den Mitgliedstaaten die nationale Wirtschaftsentwicklung und -politik, überprüft fiskal-, wechselkurs- und geldpolitische Maßnahmen und beurteilt die Auswirkungen der Politik der Mitgliedstaaten auf deren Zahlungsbilanzen; daneben begutachtet der IWF halbjährlich die Weltwirtschaftslage.

Ein Mitgliedstaat kann nach einer in Sonderziehungsrechten (SZR) nach seiner Wirtschaftskraft errechneten Quote (→ oben) auf Kredite ohne Auflagen und Gebühren zurückgreifen. Darüber hinausgehende Vereinbarungen zur Überbrückung von Zahlungsbilanzdefiziten werden verzinst und sind an korrigierende wirtschaftspolitische Maßnahmen des Mitgliedstaats gebunden (sog. Konditionalität). Bei kurzfristigen und vorübergehenden Zahlungsbilanzschwierigkeiten können Bereitschaftskreditvereinbarungen (Stand-by-Arrangements, SBA) abgeschlossen werden. Zur Behebung struktureller Probleme steht die Erweiterte Fondsfazilität (Extended Fund Facility, EFF), bei Zahlungsbilanzproblemen in plötzlich auftretenden Krisen die Fazilität zur Stärkung von Währungsreserven (Supplemental Reserve Facility, SRF) zur Verfügung. Mit der konzessionären Armutsreduzierungs- und Wachstumsfazilität (Poverty Reduction and Growth Facility, PRGF) werden die ärmsten Staaten unterstützt. Zuletzt wurde gemeinsam mit der → Weltbank eine Initiative zur Hilfe für hoch verschuldete arme Länder (Heavily Indebted Poor Countries, HIPC) ins Leben gerufen. Am 22. 12. 2005 beschloss das Exekutivdirektorium, den 19 ärmsten Entwicklungsländern einen vollständigen Schuldenerlass zu gewähren. Dabei handelt es sich um Kredite des IWF an diese Länder in einer Gesamthöhe von 3,341 Mrd. US-$.

▪ **Mittelvergabe** (1 SZR = 1,49 808 US-$; Stand: 5. 6. 2006): Ausstehende Kredite am 31. 3. 2006: 34 Mrd. US-$ von 75 Staaten.

UNESCO Organisation für Erziehung, Wissenschaft und Kultur

UN Educational, Scientific and Cultural Organization

7, Place de Fontenoy, F-75 352 Paris 07 SP
T 00 33/1/45 68 10 00, Fax 45 67 16 90
www.unesco.org
Deutsche UNESCO-Kommission:
Colmantstr. 15, 53 115 Bonn
T 02 28/60 49 70, Fax 604 97 30
www.unesco.de

▪ **Gründung**: 1946 ▪ **Mitglieder**: 191 Staaten und 6 assoziierte Mitglieder ▪ **Organe**: Generalkonferenz (alle zwei Jahre), Exekutivrat (58 Mitglieder), **Generaldirektor**: Koichiro Matsuura (Japan). ▪ **Personal**: 2693 Mitarbeiter aus 141 Ländern, 2/3 am Hauptsitz; 1/3 in den 53 Büros weltweit ▪ **Finanzierung**: Ordentlicher Haushalt 2006/07: 610 Mio. US-$

▪ **Aufgaben**: Die Haupttätigkeitsfelder der UNESCO liegen in folgenden Programmbereichen: Bildung und Erziehung (Schwerpunkt: Bekämpfung des Analphabetentums in den Entwicklungsländern), Naturwissenschaften (Förderung und Entwicklung der Grundlagenforschung, weltweiter Austausch von Forschungsergebnissen), Kulturarbeit (Weltkulturerbe mit 754 Denkmälern in 129 Staaten), Kommunikation, Information und Informatik (Förderung des freien Informationsflusses und einer ausgeglichenen Verbreitung von Informationen, Ausbau der Kommunikationskapazitäten in den Entwicklungsländern), Frieden und Menschenrechte mit dem Ziel der Herausbildung einer »Kultur des Friedens und der Demokratie«.

UNIDO Organisation für industrielle Entwicklung

UN Industrial Development Organization

Vienna International Centre, Postfach 300
A-1400 Wien
T 00 43/1/260 260, Fax 269 26 69
www.unido.org

▪ **Gründung**: 1966 ▪ **Mitglieder**: 171 Staaten ▪ **Organe**: Generalkonferenz (alle 2 Jahre), Rat für industrielle Entwicklung (53 Mitglieder), Komitee für Programm und Budget (27 Mitglieder), Sekretariat mit **Generaldirektor** Kandeh Yumkella (Sierra Leone) und drei Direktoren; 28 Länderbüros und zahlreiche weitere Vertretungen weltweit ▪ **Personal**: 630 in den Hauptsitzen, 123 Mitarbeiter in den Vertretungen vor Ort und ca. 2000 Experten weltweit ▪ **Finanzierung**: Haushalt 2006/07 355,8 Mio. € (davon 150,8 Mio. € reguläres Budget, 19,9 Mio. € operationelles Budget und 185,1 Mio. € aus freiweilligen Beiträgen. 2005 wurden 49 Projekte der technischen Hilfe mit einem Volumen von 112,9 Mio. US-$ umgesetzt, davon entfielen 20 % auf Länder südlich der Sahara 20 % und 21 % auf am wenigsten entwickelte Länder.

▪ **Aufgaben**: UNIDO unterstützt als einzige Organisation im UN-System die Industrialisierung in Entwicklungsländern und in den Transformationsländern Mittel- und Osteuropas sowie die industrielle Zusammenarbeit zwischen Entwicklungsländern und Industriestaaten: durch technische Hilfe, Beratung und Vermittlung, Forschungs- und Studienprogramme.

UNIDO verfolgt drei Hauptziele: Unterstützung der Wettbewerbsfähigkeit von Unternehmen in wenig entwickelten Ländern, Förderung weniger umweltbelastender industrieller Produkte, Schaffung von »produktiver Beschäftigung«. Zunehmend konzentriert UNIDO seine Aktivitäten auf »integrierte Programme«, die darauf abzielen, Entwicklungs- und Transformationsländer bei der Verfolgung ihrer industriepolitischen Ziele zu unterstützen. Dabei sollen gemeinsam mit dem betroffenen Staat und anderen entwicklungspolitischen Organisationen im UN-System Lösungen für die Hauptprobleme bei der Umsetzung der jeweiligen nationalen Strategie gefunden werden.

Weltbankgruppe

World Bank Group

1818 H Street, NW, Washington, D. C. 20 433, USA
T 001/202/473 10 00, Fax 477 63 91
www.worldbank.org

Die Weltbankgruppe umfasst fünf eng miteinander verbundene Institutionen, darunter IBRD und und IDA, die gemeinhin als Weltbank bezeichnet werden, sowie IFC, MIGA und ICSD:

IBRD (Internationale Bank für Wiederaufbau und Entwicklung), *1944 (in Kraft 1945), 184 Mitglieder (Anteilseigner)

IDA (Internationale Entwicklungsorganisation), *1959 (in Kraft 1960), 165 Mitglieder

IFC (Internationale Finanz-Corporation), *1956, 178 Mitglieder; www.ifc.org

MIGA (Multilaterale Investitionsgarantie-Agentur): *1985 (in Kraft 1988), 167 Mitglieder; www.miga.org

ICSID (Internationales Zentrum zur Beilegung von Investitionsstreitigkeiten), *1965 (in Kraft 1966), 143 Mitglieder, www.worldbank.org/icsid

Präsident: Paul Wolfowitz (USA), seit 1. 6. 2005

Personal: ca. 10 000 am Hauptsitz in Washington und den 109 Büros weltweit

▪ **Aufgaben** Gemeinsame Aufgabe der vier rechtlich selbständigen multilateralen Finanzierungsinstitutionen IBRD, IDA, IFC und MIGA ist die Förderung des wirtschaftlichen und sozialen Fortschritts ihrer weniger entwickelten Mitgliedstaaten durch Finanzhilfen, Beratung und technische Hilfe. Sie fungieren zudem als Katalysator für die Unterstützung durch Dritte. Während die IBRD Kredite zu marktüblichen Zinsen (Laufzeit zwischen 15 und 20 Jahren, 5 Jahre tilgungsfrei) vergibt, sind die Kredite der IDA zinslos. Sie haben eine Laufzeit zwischen 35 und 50 Jahren (10 Jahre tilgungsfrei) und werden nur den am wenigsten entwickelten Länder gewährt. Die IFC unterstützt die Finanzierung von Projekten im Privatsektor der Entwicklungsländer, während die MIGA Investoren gegen nichtgeschäftliche Risiken von Direktinvestitionen absichert.

Die Weltbankgruppe finanziert sich nur zu einem geringen Teil über ihr Grundkapital (Einlagen der Mitgliedstaaten), sondern weitgehend durch die Aufnahme von Kapital auf den internationalen Kapitalmärkten.

Mittelvergabe: 2005 vergab die Weltbank Mittel in Höhe von 22,3 Mrd. US-$, davon gingen 24 % nach Lateinamerika und in die Karibik, 22 % nach Südasien, 17 % nach Afrika, 18 % nach Europa und Zentralasien, 13 % Prozent nach Ostasien und in den Pazifik, 6 % in den Nahen Osten einschließlich Ostafrika. Auf der Jahrestagung von Weltbank und IWF beschloss das International Monetary and Financial Committee (IMFC) unter Vorsitz des britischen Schatzkanzlers

Gordon Brown am 24. 9. 2005, den stark verschuldeten armen Ländern (HIPC) einen Schuldenerlass zu gewähren. Über die nächsten 40 Jahre soll auf Schuldendienst und Kapitalrückzahlung bis zu einer Höhe von 55 Mrd. US-$ verzichtet werden.

WHO Weltgesundheitsorganisation
World Health Organization

20 Avenue Appia, CH-1211 Genf 27
T 00 41/22/791 21 11, Fax 791 07 46
www.who.int

▪ **Gründung**: 1946 (in Kraft 1948) ▪ **Mitglieder**: 192 Staaten ▪ **Organe**: Weltgesundheitsversammlung (jährlich), Exekutivrat (34 Mitglieder), Sekretariat mit dem **Generaldirektor**: Anders Nordström (Schweden, kommissarisch nach dem Tod von Lee Jong-wook am 22. 5. 2006) und 9 Exekutivdirektoren; sechs Regionalbüros. ▪ **Personal**: ca. 4000, davon 1500 in der Zentrale ▪ **Finanzierung**: Haushalt 2006/07: 3,3 Mrd. US-$, davon im regulären Budget: rd. 924 Mio. US-$

▪ **Aufgaben**: Nach einer organisatorischen Umstrukturierung Ende der 1990er Jahre konzentriert sich die Arbeit der WHO auf die Bereiche weltweiter Gesundheitswarndienst (Dokumentation und Information über ansteckende Krankheiten, ihre Ursachen und über Todesfälle), Unterstützung bei Auf- und Ausbau leistungsfähiger Gesundheitsdienste in den Entwicklungsländern (Schwerpunkt: primäre Gesundheitsvorsorge durch Verbesserung der Ernährungslage und der Trinkwasserversorgung sowie durch Ausstattung mit notwendigen Medikamenten), Förderung der medizinischen Forschung und Aids-Bekämpfung. Die WHO erarbeitet darüber hinaus die internationalen begrifflichen Standards für medizinische Diagnosen (International Classification of Diseases, ICD), Gesundheitsvorschriften (International Health Regulations, IHR) und für Behinderungen (International Classification of Functioning, Disability and Health, ICF).

Medizinische Versorgung in Burkina Faso

Autonome Organisation

IAEA Internationale Atomenergiebehörde
International Atomic Energy Agency

Vienna International Centre, Wagramer Str. 5, A-1400 Wien
T 00 43/1/2600–0, Fax 2600–7
www.iaea.org

▪ **Gründung**: 1956 (in Kraft 1957) ▪ **Mitglieder**: 139 Staaten ▪ **Organe**: Jährlich tagende Generalkonferenz, Gouverneursrat (35 Mitglieder, tagt in der Regel fünfmal jährlich), Sekretariat mit **Generaldirektor**: Mohamed el-Baradei (Ägypten) ▪ **Personal**: über 2200 Mitarbeiter ▪ **Finanzierung** Haushalt 2006: 273,6 Mio. US-$

▪ **Aufgaben**: Die Internationale Atomenergiebehörde (IAEA), eine rechtlich, organisatorisch und finanziell selbständige Organisation, wird – ohne die bei Sonderorganisationen übliche Anbindung an den ECOSOC – dem UN-System als autonome Organisation zugeordnet. **Hauptaufgabe** der IAEA ist die internationale Zusammenarbeit im Bereich der friedlichen Nutzung der Kernenergie. Sie unterstützt die Mitgliedstaaten bei der Nutzung nuklearer Technologien und erleichtert den Technologietransfer. Darüber hinaus entwickelt die IAEA nukleare Sicherheitsstandards und fördert deren Erreichung bzw. Einhaltung. Durch ihr Inspektionssystem trägt sie zudem dafür Sorge, dass die Mitgliedstaaten ihre Verpflichtungen aus dem Vertrag über die Nichtverbreitung von Atomwaffen und ähnlichen Übereinkommen einhalten und Kernenergie nur zu friedlichen Zwecken nutzen.

CHRONIK Die Generalversammlung der IAEA bestätigte Generaldirektor **Mohamed el-Baradei** (→ Foto) am 26. 9. 2005 für eine dritte Amtszeit, nachdem sich bereits der Gouverneursrat im Juni 2005 dafür ausgesprochen hatte. Seine Wiederwahl war möglich geworden, nachdem die USA ihren Widerstand gegen ein neues Mandat des Ägypters aufgegeben hatten. Baradei hatte die Existenz von Massenvernichtungswaffen im Irak angezweifelt und damit die zentrale Begründung Washingtons für die Irak-Intervention im März 2003 in Frage gestellt. Zuletzt hatte er außerdem mit seiner angeblich zu nachgiebigen Haltung gegenüber Iran im Atomstreit den Unwillen der USA auf sich gezogen.

Für ihren Einsatz gegen den Missbrauch der Nuklearenergie für militärische Zwecke und für ihr Eintreten für die sichere zivile Nutzung der Atomenergie erhielten die IAEA und ihr Generaldirektor am 10. 12. 2005 in Oslo den Friedensnobelpreis verliehen.

Reformbemühungen

Auf dem **»Millennium+5-Gipfel«**, der 60. Vollversammlung vom 14.–16. 9. 2005, konnten sich die rd. 170 teilnehmenden Staats- und Regierungschefs nicht auf eine tiefgreifende Reform der Staatenorganisation einigen. Beschlossen wurden lediglich erste Schritte in Richtung Umbau: die Ablösung der bisherigen Menschenrechtskommission durch einen Rat für Menschenrechte sowie die Gründung einer Kommission für Friedenskonsolidierung, außerdem eine Straffung der Managementstrukturen (→ unten). Die Reform des Sicherheitsrats (→ WA 2006, S. 566 f.) wurde nur am Rande gestreift. Dagegen bekräftigten die 191 UN-Mitgliedstaaten die vor fünf Jahren vereinbarten Millenniumsziele, wonach u. a. die Armut weltweit bis 2015 halbiert werden soll. Zahlreiche Staaten kritisierten abschließend, dass nur ein Minimalkonsens erzielt wurde und ursprünglich vorgesehene Aussagen u. a. zu Abrüstung und Nichtverbreitung von Massenvernichtungswaffen mangels Einigkeit ausgeklammert worden seien. Im Vorfeld des Gipfels hatte es ein wochenlanges Ringen um den Wortlaut des Schlussdokuments gegeben – allein die USA hatten 500 Änderungsvorschläge eingereicht; erst Stunden vor Beginn des Treffens waren schließlich Kompromissformeln gefunden worden.

Die **Kommission für Friedenskonsolidierung** (31 Mitglieder) wurde von der Öffentlichkeit weitgehend unbeachtet am 20. 12. 2005 gegründet. Sie soll kriegsgeschüttelte Staaten beim Übergang zum Frieden unterstützen. In das Gremium entsendet der Sicherheitsrat sieben Vertreter, darunter stets welche der ständigen Mitglieder; weitere sieben Vertreter ernennt der Wirtschafts- und Sozialrat gemäß üblichem regionalen Verteilungsschlüssel. Die zehn größten UN-Beitragszahler und Truppensteller schicken jeweils fünf, die Generalversammlung wählt nochmals sieben Vertreter. Letzteres galt als Zugeständnis an die Entwicklungsländer, die gleichwohl kritisierten, die Industriestaaten hätten zu großen Einfluss in der Kommission.

Im Zuge der **Reform des Sicherheitsrats** brachte **Japan** Ende Januar 2007 einen **neuen Entwurf** ins Spiel, nachdem Tokyo dem G4-Vorschlag insbesondere nach Kritik aus China und Afrika selbst keine Chancen mehr einräumte. Der Entwurf sah eine Erweiterung des Rats um sechs auf dann 21 Sitze vor: je zwei Sitze für Asien und Afrika, je einen für Europa und Lateinamerika. Dabei sollte es der Generalversammlung überlassen sein, zu entscheiden, welche der sechs neuen Mitglieder einen ständigen Satz erhalten. Die restlichen Sitze sollten »halbständig« werden: Einige nichtständige Mitglieder könnten sich unmittelbar nach Ablauf ihrer Amtszeit erneut zur Wahl stellen. Vor allem in Washington stieß der Vorstoß Tokyos auf Ablehnung wegen der Befürchtung, dass durch regionale Kungeleien aus westlicher Sicht ungeeignete Staaten eine Mehrheit für einen Sitz erhalten könnten.

Der Schaffung eines **Rats für Menschenrechte** als Ersatz für die bisherige Menschenrechtskommission stimmte die Generalversammlung am 15. 3. 2006 nach zähen Verhandlungen mit 170 Stimmen zu. Dagegen votierten die USA, Israel sowie die Marshall-Inseln und Palau. Weißrussland, Venezuela und Iran enthielten sich. Die bisherige Menschenrechtskommission war zuletzt stark in Verruf geraten, weil darin Staaten vertreten waren, die wegen schwerer Menschenrechtsverletzungen in der Kritik standen. Außerdem hatten Verurteilungen von Menschenrechtsvergehen oft Jahre gedauert. Am 9. 5. fand die Wahl der 47 Mitglieder aus einem Pool von 65 Kandidaten statt; die USA, die sich wiederholt kritisch gegenüber dem Gremium gezeigt hatten, hatten auf eine Kandidatur verzichtet. Für den Anfang gelten gestaffelte Amtszeiten, damit jährlich Bewegung in das Gremium kommt. Erstmals trat der neue Rat am 19. 6. in Genf für ein zweiwöchiges Treffen zusammen, vornehmlich ging es dabei um die Bestimmung der künftigen Arbeitsgrundlagen.

Bei der Umsetzung seiner im März 2006 unter dem Titel »In die Vereinten Nationen investieren – die Organisation weltweit stärken« vorgelegten Vorschläge zur **Managementreform** musste der Generalsekretär einen **herben Rückschlag** hinnehmen. Am 8. 5. 2006 lehnte die Generalversammlung eine entsprechende Reform mit 121 zu 50 Stimmen ab. Annan hatte insbesondere eine veränderte Prioritätensetzung und eine Ausdehnung der UN-Aktivitäten angestrebt, damit die UN künftig verstärkt in den Bereichen Friedenserhaltung, Friedenskonsolidierung, humanitäre Hilfe, Entwicklung und Schutz der Menschenrechte tätig werden können. Bereits am 28. 4. hatten 108 Entwicklungsländer aus der »Gruppe der 77« im Haushaltsausschuss einen Resolutionsentwurf angenommen, der Kernstücke der Reformvorschläge abschmetterte. Sie wehrten sich damit insbesondere gegen den Vorschlag, in Haushalts- und Finanzierungsfragen einer kleinen repräsentativen Staatengruppe – u. a. die Hauptbeitragszahler – wesentlich mehr Entscheidungsmacht einzuräumen, was auch als Verletzung der UN-Charta gewertet wurde. Von den USA, der EU und von Japan wurde die Ablehnung der Reform heftig kritisiert. Da u. a. Washington im Vorfeld damit gedroht hatte, seine Beitragszahlungen im Falle eines Scheiterns der Reform einzufrieren, drohte der Weltorganisation durch ihre ohnehin angespannte finanzielle Lage akute Handlungsunfähigkeit (→ UN-Generalversammlung, Haushalt). Zusätzlich spitzte sich das Verhältnis zwischen den UN und den USA Mitte Juni 2006 zu, als UN-Untergeneralsekretär Marc Malloch Brown Washington in scharfen Worten vorwarf, die UN einerseits als diplomatisches Instrument zu benutzen, andererseits aber nicht gegen Kritiker im eigenen Land in Schutz zu nehmen.

UN-Migrationsreport

Laut dem am 18. 5. 2006 von Generalsekretär Annan vorgelegten Report über internationale Migration und Entwicklung gab es 2005 rd. 191 Mio. Migranten weltweit (→ Karte und Tabelle), davon rd. 115 Mio. in den entwickelten Ländern und 75 Mio. in Entwicklungsländern. Als Migranten werden dabei sämtliche Personen bezeichnet, die außerhalb ihres Geburtslandes leben. Die meisten von ihnen (34 %) hielten sich 2004 in Europa auf, gefolgt von Asien (28 %) und Nordamerika (23 %), Afrika verzeichnete einen Anteil von 9 %, Lateinamerika und die Karibik von 4 %. Weltweit stieg die Zahl der Migranten zwischen 1990–2005 um 36 Mio. In den Jahren 2000–2004 beschleunigte sich der Anstieg um durchschnittlich 1,9 % pro Jahr, während er zwischen 1990–95 bei durchschnittlich 1,4 % jährlich gelegen hatte. Die Zahl der Flüchtlinge und Asylsuchenden ging zwischen 1990–2005 von 18,5 Mio. auf 13,5 Mio. Personen zurück, davon lebten in den Entwicklungsländern 10,8 Mio. (Asien: 7,8 Mio., Afrika 3 Mio.). Der Migrationsbericht wird auch Thema sein bei der 61. Generalversammlung vom 14.–15. 9. 2006.

Länder mit hohem Anteil an internationalen Migranten in % der Bevölkerung

	1990	2005
USA	15,0	20,2
Russische Föderation	7,4	6,4
Deutschland	3,8	5,3
Ukraine	4,6	3,6
Frankreich	3,8	3,4
Saudi-Arabien	3,1	3,3
Kanada	2,8	3,2
Indien	4,8	3,0
Großbritannien	2,4	2,8
Spanien	k.A.	2,5
Australien	2,6	2,2
Ver. Arab. Emirate	k.A.	1,7
Pakistan	4,2	1,7
Hongkong (VR China)	1,4	1,6
Israel	1,1	1,4
Kasachstan	2,3	1,3
Italien	k.A.	1,3
Jordanien	k.A.	1,2
Elfenbeinküste	1,3	1,2
Japan	k.A.	1,1

Quelle: UN

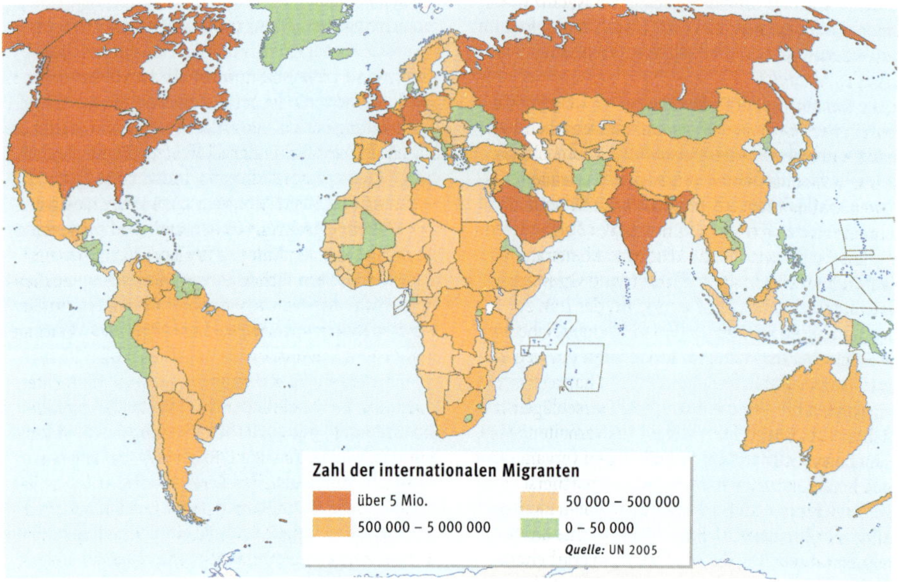

Die Auseinandersetzung um das iranische Atomprogramm

Der seit Jahren schwelende Streit um das iranische Atomprogramm begann am 10. 1. 2006 zu eskalieren, als Iran die Siegel der Internationalen Atomenergiebehörde (IAEA) an der Urananreicherungsanlage in Natanz entfernte und seine Nuklearforschungen wieder aufnahm. Die EU-3 (Deutschland, Frankreich und Großbritannien), die sich bislang bemüht hatten, Iran im Gegenzug für einen Verzicht auf die Forschungen in internationale Wirtschaftsstrukturen einzubinden, zogen sich daraufhin aus den Gesprächen mit Teheran zurück und forderten die Einschaltung des UN-Sicherheitsrats, um gegebenenfalls Sanktionen verhängen zu können. Einen entsprechenden Beschluss fassten die Außenminister der fünf ständigen Sicherheitsratsmitglieder am 30. 1. gemeinsam mit ihrem deutschen Amtskollegen – gegen den Willen von UN-Generalsekretär Annan. Der IAEA-Gouverneursrat stimmte der Entscheidung am 4. 2. zu, die Einschaltung des Sicherheitsrats wurde jedoch auf den 8. 3. vertagt. Während Iran unterdessen der IAEA wieder die Erlaubnis zu unangekündigten Kontrollen seines Atomprogramms entzog und nach zweieinhalbjähriger Pause auch die Urananreicherung in Natanz wieder aufnahm, begannen in New York umgehend informelle Beratungen über das weitere Vorgehen.

Am 29. 3. einigten sich die UN-Sicherheitsratsmitglieder auf eine gemeinsame Erklärung – eine der schwächsten Formen des Eingreifens. Demnach sollte die IAEA innerhalb von 30 Tagen überprüfen, ob Iran die internationalen Forderungen nach vertrauensbildenden Maßnahmen erfüllt und bis dahin seine Urananreicherung eingestellt hat. In der Folge kam es zu einem Streit zwischen den UN-Sicherheitsratsmitgliedern über einen von Frankreich und Großbritannien vorgelegten Resolutionsentwurf, der Iran zur Beendigung seiner Aktivitäten zur Urananreicherung aufforderte: China und Russland lehnten ihn wegen des Hinweises auf Kapitel VII der UN-Charta (das den Sicherheitsrat zu Sanktionen und Militärschlägen ermächtigt) ab. Beobachter führten das verhaltene Vorgehen Chinas nicht zuletzt auf die in den vergangenen Jahren kontinuierlich ausgebauten partnerschaftlichen Beziehungen zu Iran zurück. In einem zweiten Anlauf billigten sämtliche fünf Veto-Mächte des Sicherheitsrats am 2. 6. das von den EU-3 erarbeitete Angebot, das Teheran im Gegenzug zur Einstellung der Urananreicherung wirtschaftliche Anreize zusagte, im Fall einer Ablehnung jedoch weitere Schritte des Sicherheitsrats androhte. Iran verhielt sich gegenüber dem Paket, das der EU-Außenbeauftragte Javier Solana dem iranischen Chefunterhändler Ali Laridschani mit mehrwöchiger Bedenkzeit vorlegte, zunächst jedoch weiterhin ablehnend (weitere Einzelheiten → Iran).

UN-Engagement im Kongo

In einem Schreiben vom 27. 12. 2005 baten die UN die Europäische Union (EU) um Unterstützung der Friedensmission MONUC bei den für Ende Juli 2006 angesetzten Präsidentschafts-, Parlaments- und Regionalwahlen in der Demokratischen Republik Kongo, den ersten freien Abstimmungen seit mehr als 40 Jahren. Ein »europäischer Einsatzverband« soll dabei Abschreckungskräfte umfassen, die dort bei Bedarf stationiert werden können, und sah außerdem »Reservekräfte« zur Verstärkung während und nach den Abstimmungen vor. Die Friedenstruppe, die mit rd. 16 700 Mann die größte der UN ist, gilt allgemein als zu schwach, um allein mit der Regierung die Sicherheit in dem afrikanischen Land während des Urnengangs gewährleisten zu können. Am 25. 4. 2006 erteilte der UN-Sicherheitsrat der EU, die auf die Anfrage zunächst zurückhaltend reagiert und Lagesondierungen vor Ort durchgeführt hatte, das Mandat für die rd. 1500 Mann starke »Eufor R. D. Congo« (→ EU).

UN-Engagement im Sudan

Während die im Süden des Sudan stationierte Friedensmission UNMIS größere Gewaltanwendungen seit dem Abschluss des Friedensabkommens vom 9. 1. 2005 weitgehend unterbinden konnte, eskalierte in der angrenzenden nordwestlichen Region Darfur die Gewalt. Ab September 2006 führten Übergriffe der arabischen, von der sudanesischen Regierung unterstützten Djandjawid-Milizen auf die schwarzafrikanische Zivilbevölkerung in der Region zu schweren Kämpfen zwischen Milizen, Regierungstruppen und teilweise aus dem Tschad heraus agierenden Rebellenorganisationen, die u. a. von den UN scharf verurteilt wurden. Da die finanziell und personell schlecht ausgestattete Friedensmission der Afrikanischen Union (→ AU) der Gewalt nicht Herr zu werden vermochte, stimmten die AU-Vertreter unter massivem Werben der USA am 13. 3. 2006 dafür, sie nach Ablauf im September 2006 an die UN zu übertragen. Ende März 2006 gab der Sicherheitsrat sein Ok für die Stationierung einer UN-Friedenstruppe. Gespräche zwischen dem UN-Gesandten Lakdar Brahimi und dem sudanesischen Präsidenten Omar al-Bashir über die geplante Stationierung von mindestens 10 000 Blauhelmen Anfang Juni 2006 endeten jedoch ergebnislos, obwohl mit dem (von Washington vorangetriebenen) Friedensabkommen von Anfang Mai 2006 zwischen Regierung und der größten Rebellengruppe SLM in Darfur eine selbstformulierte Bedingung Khartums für eine Entsendung von UN-Blauhelmen formal erfüllt worden war. Die Regierung von Bashir hatte im Vorfeld die Umwandlung in eine UN-Mission strikt als

»Neokolonialismus« abgelehnt und auch unverhüllt damit gedroht, internationale Truppen in Darfur bis aufs Blut zu bekämpfen, sollten diese ohne entsprechende Zustimmung stationiert werden. Ende März 2006 verlängerte der Sicherheitsrat das Mandat der UNMIS im Süden Sudans um ein weiteres halbes Jahr, zugleich forderte er die rd. 7000 Mann starke Truppe einstimmig auf, verstärkt gegen die im Sudan agierenden Rebellen der ugandischen Lord's Restistance Army (LRA) und andere bewaffnete Gruppen vorzugehen (weitere Einzelheiten → Sudan).

Internationaler Strafgerichtshof für das ehemalige Jugoslawien

Der prominenteste Angeklagte vor dem Internationalen Strafgerichtshof für das ehemalige Jugoslawien (ICTY), der ehemalige jugoslawische Präsident Slobodan Milošević, starb am 12. 3. 2006 in seiner Zelle in Den Haag, bevor das Verfahren gegen ihn abgeschlossen werden konnte. Vorwürfe, wonach der schwerkranke Milošević im Gefängnis medizinisch nicht richtig behandelt worden sei, wurden durch eine Autopsie am 17. 3. widerlegt. Durch immer neue Verzögerungsmanöver und unter Berufung auf seinen Gesundheitszustand hatte Milošević das Verfahren gegen ihn bis zuletzt immer wieder hinausgezögert. Am

8. 12. 2005 gab die Chefanklägerin **Carla del Ponte** (→ Foto) die Festnahme von Ante Gotovina – dem neben Radovan Karadžić und Ratko Mladić meistgesuchten mutmaßlichen Kriegsverbrecher des Balkankriegs – bekannt. Der entscheidende Hinweis zur Festnahme Gotovinas auf der Kanareninsel Teneriffa war laut del Ponte im September 2005 von der kroatischen Regierung gekommen. Gotovina war seit 2001 offiziell angeklagt und auf der Flucht. → Bosnien und Herzegowina, → Kroatien, → Serbien

Jahresberichte der UN-Programme und Fonds

Anlässlich der Präsentation seines Jahresberichts »Zur Situation der Kinder in der Welt 2006« am 14. 12. 2005 forderte das **Kinderhilfswerk** der Vereinten Nationen (UNICEF) verstärkten Schutz und mehr Hilfe für ausgegrenzte Kinder am Rand der Gesellschaft. So werden nach UNICEF-Schätzungen mehrere 100 Mio. Kinder von herkömmlichen Maßnahmen zur Armutsbekämpfung nicht erreicht. Besonders betroffen sind vor allem Straßenkinder, arbeitende Kinder, Flüchtlinge, Kinder ethnischer Minderheiten sowie Waisenkinder, die von Regierungen und der Öffentlichkeit ignoriert werden. UNICEF wies außerdem darauf hin, dass jedes zweite Kind in Entwicklungsländern ohne Geburtsurkunde bleibt und diesen Kindern damit vielfach die Grundvoraussetzung für eine Schulausbildung und der Zugang zu sozialen Leistungen fehlt.

In ihrem am 4. 5. 2006 vorgestellten Bericht mit dem Titel »Das Ende der Kinderarbeit: Zum Greifen nah« gab die **Internationale Arbeitsorganisation** (ILO) erstmals einen weltweiten Rückgang der Kinderarbeit bekannt: Während 2004 191 Mio. Mädchen und Jungen ihren Lebensunterhalt selbst verdienen mussten, waren es 2000 noch 211 Mio. gewesen. Auch die Zahl der Kinder, die besonders gesundheitsschädliche Tätigkeiten verrichteten, sank im gleichen Zeitraum um ein Drittel auf jetzt 74 Mio. Der größte Rückgang wurde dabei aus Lateinamerika und der Karibik gemeldet, wo die Zahl der erwerbstätigen Kinder zwischen 5 und 14 Jahren auf 5,1 (2000: 16,1) % zurückging. Nur leicht sank die Zahl der erwerbstätigen Kinder dagegen in Asien und der Pazifikregion (von 19,4 im Jahr 2000 auf 18,8 % 2004) sowie in Afrika südlich der Sahara (von 28,8 2000 auf 26,4 % 2004). Gründe für den Rückgang der Kinderarbeit waren nach ILO-Auskunft die Einführung von Schulpflicht und Mindestaltersgrenzen für die Aufnahme von Arbeit, aber auch wirtschaftliches Wachstum und internationaler Handel.

Anlässlich des Weltgesundheitstags am 6. 4. 2006 wies die **Weltgesundheitsorganisation** (WHO) auf den Mangel an Gesundheitspersonal hin. In über 57 Ländern würden mehr als 4 Mio. zusätzliche Ärzte, Pfleger und Hebammen gebraucht. In den am stärksten betroffenen Staaten unterblieben daher lebensrettende Maßnahmen wie Impfungen, die Betreuung von Schwangeren sowie von Aids-, Malaria- und Tbc-Kranken. 36 dieser Länder liegen in Afrika südlich der Sahara, weltweit sind rd. 1,3 Mrd. Personen von jeglicher Gesundheitsversorgung abgeschnitten. Nach Schätzungen der WHO sind weltweit mehr als 59 Mio. Personen Vollzeit im Gesundheitswesen tätig. Überschattet vom Tod von Generaldirektor Lee Jong wook am 22. 5. 2006 fand vom 22.–27. 5. 2006 die 59. Weltgesundheitsversammlung der WHO in Genf statt. Im Mittelpunkt des Treffens standen die Themen Vogelgrippe (→ Themen der Welt), HIV/Aids, Ernährung, Kinderlähmung und Tabakmissbrauch. Mit Wirkungzum 1. 12. 2005 verschärfte die WHO ihren Kampf gegen das Rauchen. Ab diesem Zeitpunkt stellte die Organisation keine Personen mehr ein, die in irgendeiner Form Tabak konsumieren. Bereits beschäftigtes WHO-Personal war von der Regel nicht betroffen.

ai amnesty international

Hauptsitz: 1 Easton Street, London WC1X 0DW
T 00 44/20/74 13 55 00, Fax 79 56 11 57
www.amnesty.org

Deutsche Sektion: ai, 53108 Bonn
T 02 28/98 37 30, Fax 63 00 36
www.amnesty.de

▪ **Gründung:** Am 28. 5.1961 in London (Großbritannien) durch den Rechtsanwalt Peter Benenson (1921–2005) als unabhängige, auf ehrenamtlicher Tätigkeit basierende Nichtregierungsorganisation. Er hatte an diesem Tag einen Aufruf zugunsten der »Vergessenen Gefangenen« veröffentlicht. Aus diesem Appell entstand die seit über 40 Jahren weltweit größte Menschenrechtsorganisation. ▪ **Ziele und Aufgaben:** Weltweiter Einsatz für die Freilassung und Unterstützung von Personen, die unter Missachtung der Allgemeinen Erklärung der Menschenrechte der Vereinten Nationen (→ UN) wegen ihrer Überzeugung, ethnischen Herkunft, Sprache, wegen ihres Glaubens oder ihres Geschlechts inhaftiert sind und Gewalt weder angewandt noch befürwortet haben. ai wendet sich darüber hinaus bedingungslos gegen Folter und Todesstrafe, das »Verschwindenlassen« von Menschen und extralegale Hinrichtungen. ai erhielt 1977 den Friedensnobelpreis, 1978 den UN-Menschenrechtspreis. ▪ **Mitglieder:** mehr als 1,8 Mio. Mitglieder und Förderer in mehr als 150 Staaten. Weltweit gibt es in über 100 Ländern und Territorien Tausende örtliche Jugend-, Studenten- und Berufsgruppen. Zusätzlich gruppieren sich ai-Mitglieder in Themen- und Länderspezialgruppen. In 53 Staaten gibt es kontinuierliche Menschenrechtsarbeit, in 22 weiteren Staaten existieren ai-Strukturen. ▪ **Hauptorgane:** Oberstes Beschlussgremium ist der alle zwei Jahre zusammentretende Internationale Rat aus Delegierten aller Sektionen. Ein halbjährlich tagendes neunköpfiges Internationales Exekutivkomitee setzt die Ratsbeschlüsse um. Das Internationale Sekretariat führt länderspezifische Recherchen zur Ermittlung von Menschenrechtsverletzungen durch, initiiert Kampagnen und Eilaktionen (urgent actions) und entwickelt Strategien zur präventiven Menschenrechtsarbeit; gemeinsam mit den ai-Sektionen übt es Druck auf Regierungen und zwischenstaatliche Organisationen aus, Menschenrechtsverletzungen zu beenden und zu verhindern. **Generalsekretärin:** Irene Zubaida Khan (Bangladesch). **Amnesty International Deutschland** nahm bereits zwei Monate nach Gründung von ai seine Arbeit auf. Die deutsche Sektion zählt heute über 75 000 Unterstützer. Die amtierende Vorstandssprecherin ist Anja Mihr, Generalsekretärin ist Barbara Lochbihler. Insgesamt gibt es in Deutschland 704 ai-Gruppen: 110 Länder-bzw. Themenkoordinationsgruppen sowie 504 Orts- und 90 Jugendgruppen. ▪ **Personal** (Internationales Sekretariat): über 410 hauptamtliche und rd. 120 ehrenamtliche Mitarbeiterinnen und Mitarbeiter aus über 50 Staaten. ▪ **Finanzierung:** Durch Spenden und Beiträge; Gelder von Regierungen werden satzungsgemäß weder beantragt noch entgegengenommen. Im Haushaltsjahr 2004/05 wurden 28,2 Mio. £ eingenommen.

CHRONIK Anlässlich des Internationalen Tags der Menschenrechte am 10. 12. 2005 startete ai die Aktion »Make some noise«. Mit der von Yoko Ono ins Leben gerufenen Initiative, für die international bekannte Pop- und Rockmusiker ihre Songs, darunter »Imagine« von John Lennon, zum Download von der ai-Internetseite bereit stellten, sollten weltweit vor allem junge Menschen auf aktuelle Menschenrechtskampagnen aufmerksam gemacht werden.

Erstmals seit neun Jahren besuchte eine ai-Delegation im März 2006 wieder Syrien und sprach dort mit Regierungsmitgliedern sowie Ex-Gefangenen. ai begrüßte die Bereitschaft der syrischen Behörden zur Kooperation, zeigte sich aber weiterhin besorgt über die nach wie vor angespannte Menschenrechtslage in dem Land.

Der im Mai 2006 vorgelegte **Jahresbericht 2006** warf zahlreichen Regierungen vor, im »Krieg gegen den Terror« juristische Prinzipien fallen zu lassen. Der Kampf gegen den internationalen Terrorismus habe zu einem Anstieg der Menschenrechtsverletzungen geführt. Insgesamt dokumentierte der Bericht Menschenrechtrechtsverletzungen in 150 Staaten von Januar bis Dezember 2005. In 104 Ländern hatte ai gesicherte Kenntnis darüber, dass Sicherheitskräfte, Polizisten oder andere Staatsangestellte Menschen folterten oder misshandelten. In 53 Ländern wurden Menschen zum Tode verurteilt, in 22 Ländern insgesamt 2148 Todesurteile vollstreckt, davon mindestens 1700 in der VR China. Den USA warf ai vor, tausende Menschen ohne Anklage und Prozess in Afghanistan, im Irak und im umstrittenen Gefangenenlager Guantánamo auf Kuba festzuhalten. Anhaltende Verletzungen der Menschenrechte wurden aus Russland, Sudan, Kolumbien, Iran, Nordkorea und der VR China gemeldet. Mit Blick auf Deutschland bemängelte die Menschenrechtsorganisation, dass das Bundesamt für Migration und Flüchtlinge 2005 rd. 11 000 Menschen aus Kriegs- und Krisengebieten den Flüchtlingsstatus aberkannt hatte.

Arabische Liga

Jâmi'at al-duwal al-arabîya; League of Arab States (LAS)

PO Box 11 642, Kairo, Ägypten
T 00 20/2/575 05 11, Fax 577 56 26
www.arableagueonline.org

Vertretung in Deutschland: Markgrafenstr. 25, 10 117 Berlin
T 030/20 62 28 90, Fax 20 45 56 72

▪ **Gründung**: Am 22. 3. 1945 in Kairo (Ägypten) als loser Zusammenschluss afrikanischer und asiatischer Staaten, 1950 durch einen Verteidigungspakt ergänzt. ▪ **Ziele**: Förderung der Beziehungen der Mitgliedstaaten auf politischem, kulturellem, sozialem und wirtschaftlichem Gebiet; Wahrung der Souveränität der Mitgliedstaaten und der arabischen Außeninteressen; Anerkennung Palästinas als unabhängiger Staat (zentrales politisches Ziel); Verhütung und Schlichtung von Streitfällen der Mitglieder untereinander. ▪ **Mitglieder** (22): Ägypten, Algerien, Bahrain, Dschibuti, Irak, Jemen, Jordanien, Katar, Komoren, Kuwait, Libanon, Libyen, Marokko, Mauretanien, Oman, Palästina (durch die PLO vertretenes Vollmitglied), Saudi-Arabien, Somalia, Sudan, Syrien, Tunesien und die Vereinigten Arabischen Emirate. ▪ **Hauptorgane**: Ligarat (tagt halbjährlich auf der Ebene der Staats-/Regierungschefs oder der Außenminister oder deren Vertreter) mit einer Stimme je Mitglied, seine Empfehlungen sind nur für die jeweils zustimmenden Mitglieder verbindlich und müssen von den Staatschefs und Regierungen gebilligt werden. Bei Bedarf Sondertreffen des Ligarats sowie Gipfeltreffen. Arabisches Parlament mit 4 Abgeordneten je Mitgliedsland mit zunächst beratender Funktion. Das Sekretariat wird von einem **Generalsekretär** geleitet – Amre Mohamed Mussa (Ägypten) – und hat 460 Mitarbeiter.

CHRONIK Erstmals trat am 27. 12. 2005 in Kairo das Arabische Parlament zusammen, das im Zuge der Reform der Liga im April 2004 beschlossen worden war. Bis zum Ende seiner provisorischen Fünfjahresperiode sollen sich die Abgeordneten ein internes Reglement geben. Als permanenter Sitz der Versammlung ist Damaskus (Syrien) vorgesehen.

Auf dem 18. Gipfeltreffen in Khartum (Sudan) von 28.–30. 3. 2006 standen die Wahlen in Israel und der Beginn der Regierungsübernahme der Hamas in den Palästinensischen Gebieten im Vordergrund. Die Staatschefs unterstrichen ihre Bereitschaft, der Land-für-Frieden-Politik weiter zu folgen und verabschiedeten eine Solidaritätsbekundung mit den Palästinensern. Aus Protest gegen die Darfur-Politik des sudanesischen Präsidenten Omar al-Bashir waren zehn der 22 Liga-Staatschefs dem Treffen ferngeblieben.

Ärzte ohne Grenzen

Médecins Sans Frontières (MSF)

Rue de Lausanne, CH–1211 Genf,
T 0041/22/849 84 84, Fax 849 84 88
www.msf.org

Deutsche Sektion: Am Köllnischen Park 1, 10 179 Berlin
T 030/22 33 77 00, Fax 22 33 77 88
www.aerzte-ohne-grenzen.de

▪ **Gründung** am 20. 12. 1971 in Paris als Zusammenschluss von zwei französischen Ärztegruppen und Journalisten. Die deutsche Sektion wurde 1993 gegründet. ▪ **Aufgaben**: Medizinische Nothilfe in Ländern, in denen die medizinischen Versorgungsstrukturen zusammengebrochen sind oder einzelne Bevölkerungsgruppen unzureichend medizinisch versorgt werden. Ärzte ohne Grenzen sind neutral, verstehen sich aber auch als Sprachrohr von Menschen in Not. MSF erhielt 1999 den Friedensnobelpreis. ▪ **Organisation**: 19 nationale Sektionen in Australien, Belgien, Dänemark, Deutschland, Frankreich, Griechenland, Großbritannien, Hongkong, Italien, Japan, Kanada, Luxemburg, Niederlande, Norwegen, Österreich, Schweden, Schweiz, Spanien und USA nach nationalem Recht, in Deutschland als eingetragener Verein, organisiert; Internationaler Rat in Genf, zu dem zweimal jährlich die nationalen Vorstände zusammentreffen; ordentliche Mitglieder (ausschließlich Ärzte, Krankenpfleger und Krankenschwestern und anderes medizinisches Fachpersonal) und Fördermitglieder; Mitarbeiter in den Einsatzländern weltweit: 24 666, davon nationale Mitarbeiter 22 640 (2004). ▪ **Finanzierung**: aus Mitgliedsbeiträgen sowie privaten und öffentlichen Spenden, Gesamteinnahmen 2004: 458 Mio. €.

CHRONIK Die deutsche Sektion von MSF berichtete am 19. 8. 2005 von einer positiven Entwicklung ihrer Spenden. So waren im Jahr 2004 30,8 Mio. € eingenommen worden, nahezu doppelt so viel wie im Jahr zuvor. Projekte und Programme konnten dadurch deutlich ausgeweitet werden.

Zur Unterstützung der Opfer des Erdbebens vom 8. 10. 2005 in der Grenzregion zwischen → Pakistan und Indien schickte MSF am 10. 10. mehr als 200 Mitarbeiter in das Krisengebiet, um medizinische und psychologische Nothilfe zu leisten, bis Jahresende 2005 wurden 1200 t Hilfsgüter in die Region gebracht und rd. 22 Mio. € zur Versorgung der Menschen bereitgestellt.

Weitere von MSF unterstützte Länder waren u. a. DR Kongo, wo im März 2006 nach dem Ausbruch einer Masernepidemie in Mbuji Mayi, der zweitgrößten Stadt des Landes, rd. 550 000 Kinder gegen die Infektionskrankheit geimpft wurden. In Angola wurden bis Mai 2006 mehr als 16 000 Menschen wegen Cholera behandelt.

ASEAN Verband Südostasiatischer Staaten

Association of Southeast Asian Nations

70A Jalan Sisingamangaraja, Jakarta 12 110, Indonesien
T 00 62/21/726 29 91, Fax 724 35 04

Büro Brüssel: 74 Rue de Trèves, B-1040 Brüssel
T 00 32/2/286 17 11, Fax 286 17 50
www.aseansec.org

▪ **Gründung**: Am 8. 8. 1967 in Bangkok (Thailand). ▪ **Ziele**: Wirtschaftliche, soziale und kulturelle Zusammenarbeit sowie Festigung des Friedens in Südostasien. 1971 erweitert um eine Zone für Frieden, Freiheit und Neutralität ZOPFAN (Zone of Peace, Freedom and Neutrality), 1992 um die Freihandelszone AFTA (ASEAN Free Trade Area) und 1995 um die Südostasiatische Atomwaffenfreie Zone SEANWFZ (Southeast Asia Nuclear Weapon Free Zone). ▪ **Mitglieder** (10): Brunei, Indonesien, Kambodscha, Laos, Malaysia, Myanmar, Philippinen, Singapur, Thailand und Vietnam; Beobachter: Papua-Neuguinea. ▪ **Hauptorgane**: Ordentliche Gipfelkonferenz der Staats- bzw. Regierungschefs (jährlich), informelle Gipfeltreffen (jährlich oder bei Bedarf); Ministertagung auf Außenministerebene (jährlich) als zentrales Entscheidungsgremium; Fachministertreffen; Sekretariat mit einem Generalsekretär – Ong Keng Yong (Singapur) – und 177 Mitarbeitern.

CHRONIK In Kuala Lumpur (Malaysia) fand vom 12.–14. 12. 2005 unter dem Motto »One Vision, One Identity, One Community« der 11. ASEAN-Gipfel statt. In einer ungewohnt eindeutigen Erklärung forderten die Staats- und Regierungschefs der Staatengemeinschaft das Mitgliedsland Myanmar auf, demokratische Reformen voranzubringen und politische Häftlinge freizulassen. Außerdem wurde die Regierung in Rangun aufgefordert, einem Besuch von ASEAN-Ministern zuzustimmen, die den Fortschritt des Landes auf dem Weg zur Demokratie bewerten wollen. Erstmals in ihrer Geschichte mischte sich die ASEAN damit in die inneren Angelegenheiten eines Mitglieds ein. Angesichts der stockenden Integration zwischen den Mitgliedern wurde ein zehnköpfiger Weisenrat beauftragt, in den nächsten zwei Jahren einen Entwurf auszuarbeiten, der einen legalen und institutionellen Rahmen festlegt für den engeren Zusammenschluss der ASEAN-Staaten. Ferner unterzeichneten die Gipfelteilnehmer zwei Übereinkommen für eine engere Zusammenarbeit mit Russland.

Als Höhepunkt des Treffens galt der erste Ostasiatische Gipfel am 14. 12. 2005, zu dem die zehn ASEAN-Mitglieder die VR China, Japan, Indien, Südkorea sowie Australien und Neuseeland eingeladen hatten; Russland nahm als Beobachter teil. Mit der Konferenz wurde der Grundstein gelegt für eine asiatische Wirtschaftsgemeinschaft; künftig werden sich die Staats- und Regierungschefs jährlich treffen, um über Themen wie Handel, Sicherheit, Armutsbekämpfung und Energie zu beraten.

AU Afrikanische Union

African Union (AU); Union Africaine (UA)

PO Box 3234, Roosevelt Street, Addis Abeba, Äthiopien
T 00 251/11/551 77 00, Fax 551 78 44
www.africa-union.org

▪ **Gründung**: Am 10. 7. 2002 in Durban (Südafrika) durch die Staats- und Regierungschefs von 53 afrikanischen Staaten. Die Afrikanische Union (AU) löste die am 25. 5. 1963 in Addis Abeba (Äthiopien) gegründete Organisation der Afrikanischen Einheit (OAU) ab.
▪ **Aufgaben**: Förderung der Einheit und Solidarität der afrikanischen Staaten; Koordinierung der innerafrikanischen und weltweiten Zusammenarbeit; Selbstverantwortung bei der Bewältigung von Konflikten und Kriegen sowie der Bekämpfung von Hunger.
▪ **Mitglieder** (53): Alle 52 unabhängigen afrikanischen Staaten Ägypten, Algerien, Angola, Äquatorialguinea, Äthiopien, Benin, Botsuana, Burkina Faso, Burundi, Dschibuti, Elfenbeinküste, Eritrea, Gabun, Gambia, Ghana, Guinea, Guinea-Bissau, Kamerun, Kap Verde, Kenia, Komoren, Demokratische Republik Kongo (früher Zaire), Republik Kongo, Lesotho, Liberia, Libyen, Madagaskar, Malawi, Mali, Mauretanien, Mauritius, Mosambik, Namibia, Niger, Nigeria, Ruanda, Sambia, São Tomé und Príncipe, Senegal, Seychellen, Sierra Leone, Simbabwe, Somalia, Sudan, Südafrika, Swasiland, Tansania, Togo, Tschad, Tunesien, Uganda, Zentralafrikanische Republik sowie die Demokratische Arabische Republik Sahara (DARS). Marokko trat aufgrund des Vollmitgliedstatus der DARS 1985 aus der OAU aus. Die Mitgliedschaft Mauretaniens ist ausgesetzt (→ Chronik). ▪ **Hauptorgane**: Die Versammlung der Staats- und Regierungschefs tagt jährlich als oberstes Beschlussorgan und entscheidet mit Zweidrittelmehrheit; sie verabschiedet Direktiven und überwacht deren Umsetzung, berät über Interventionen und Sanktionen gegen zahlungssäumige oder nicht AU-konforme Mitglieder. Exekutivrat der Außenminister (halbjährlich); zur Umsetzung der Beschlüsse der Versammlung. Komitee der Ständigen Vertreter, bestehend aus den am Sitz in Addis Abeba akkreditierten Botschaftern der Mitgliedstaaten. **AU-Kommission** aus jeweils zwei Mitgliedern der fünf Regionen: Zentralafrika, Ostafrika, Westafrika, südliches Afrika und Nordafrika, gewählt für vier Jahre; Präsident: Alpha Oumar Konaré (Mali). **Besondere Fachkommissionen** u. a. für Wirtschaft, Landwirtschaft, für Bildung, Wissenschaft und Technik, Frieden und Sicherheit, Handel und Industrie, Infrastruktur und Energie, Soziales; **Komitee der ständigen Repräsentanten** aus den in Addis Abeba akkreditierten Botschaftern der Mitgliedstaaten. **Friedens- und Sicherheitsrat** (15 auf 2 bzw. 3 Jahre gewählte Mitglieder) soll begrenztes Recht auf Einmischung bei Verbrechen gegen die Menschlichkeit, Kriegsverbrechen und Völkermord erhalten und kann gegebenenfalls Friedenstruppen einsetzen. **Pan-Afrikanisches Parlament** mit fünf von den Parlamenten der Mitgliedstaaten gewählten Vertretern, bislang 202 Delegierte aus 41 Staaten mit zunächst beratender, später gesetzgebender Funktion; Präsidentin: Gertrude Mongella (Tansania). **Wirtschafts-, Sozial- und Kulturrat** (ECOSOCC) seit 30. 3. 2005. Geplant sind: Afrikanischer Gerichtshof, Afrikanische Zentralbank, Afrikanische Investmentbank, Afrikanischer Währungsfonds. **Vorsitzender** der AU: Denis Sassou-Nguesso (Republik Kongo) ▪ **Finanzierung** durch Beiträge der Mitgliedstaaten; Haushalt 2005: 45 Mio. US-$; hohe Beitragsrückstände.

CHRONIK Das Gipfeltreffen in der sudanesischen Hauptstadt Khartum am 23./24. 1. 2006, dem nur ein Teil der 53 afrikanischen Staats- und Regierungschefs beiwohnte, war überschattet vom Streit um den Vorsitz der Union. Gewohnheitsgemäß wollte der sudanesische Präsident Omar al-Bashir als Gastgeber zugleich die Präsidentschaft der Gemeinschaft für das Jahr 2006 übernehmen. Darüber setzten sich die Teilnehmer jedoch hinweg, da al-Bashir wegen seiner Darfur-Politik (→ Sudan) international in der Kritik stand, und verhinderten damit, dass mit dem AU-Vorsitz die Kriegspartei Khartum die Funktion eines neutralen Vermittlers im Darfur-Konflikt übernommen hätte (zur Überwachung eines Waffenstillstands zwischen Rebellen und Armee hat die AU in Darfur eine Beobachtungstruppe stationiert). Als Kompromiss wurde dem Sudan der AU-Vorsitz für 2007 in Aussicht gestellt, während er für 2006 der Republik Kongo übertragen wurde. Die ursprünglich vorgesehenen Themen Bildung und Kultur wurden daraufhin nur noch am Rande gestreift; in der Frage eines Prozesses gegen den früheren tschadischen Diktator Hissène Habré, der seit Jahren im Senegal im Exil lebt, einigten sich die Gipfelteilnehmer auf die Einsetzung eines Gremiums zur Untersuchung des Falls. Senegal verweigerte bislang Habrés Auslieferung, die u. a. auch Belgien fordert.

Am 13. 3. 2006 stimmte die AU in Addis Abeba (Äthiopien) einer Übergabe ihrer Friedensmission im Sudan an die UN zu. Wie der AU-Friedens- und Sicherheitsrat erklärte, sollen damit der Frieden und die Sicherheit in der sudanesischen Krisenregion Darfur gefördert werden. Zugleich verlängerte der Rat das Mandat der AU-Mission im Sudan (AMIS) bis zum 30. 9. 2006. Bislang gelang es der AU nicht, den Darfur-Konflikt einzudämmen, nicht zuletzt aufgrund der schlechten Ausstattung der rd. 7800 dort stationierten Soldaten. Die sudanesische Regierung lehnte indes die geplante Umwandlung der Mission strikt als unerwünschte Einmischung ab.

Aus Protest gegen den Militärputsch in → Mauretanien Anfang August 2005 setzte die AU am 4. 8. 2005 die Mitgliedschaft des nordafrikanischen Staates vorübergehend aus.

Europarat

Council of Europe (CE); Conseil de l'Europe (CE); deutsche Abkürzung: ER

Avenue de l'Europe, F-67 075 Straßburg Cedex
T 00 33/3/88 41 20 00, Fax 88 41 27 45
www.coe.int

▪ **Gründung**: Am 5. 5. 1949 in London; Inkrafttreten der Statuten am 3. 8. 1949. ▪ **Ziele und Aufgaben**: Schutz der Menschenrechte, der pluralistischen Demokratie und des Rechtsstaats; Förderung des Bewusstseins um die gemeinsame kulturelle Identität in ihrer ganzen Vielfalt und deren ständige Weiterentwicklung; Suche nach Lösungen für die gesellschaftlichen Probleme Europas (Diskriminierung von Minderheiten, Fremdenhass, Intoleranz, Umweltverschmutzung, Klonen von Menschen, Aids, Drogen, organisiertes Verbrechen usw.); Konsolidierung der demokratischen Stabilität in Europa durch die Förderung politischer, gesetzgeberischer und verfassungsrechtlicher Reformen. Im Rahmen des ER entstanden bisher 200 Konventionen, Protokolle und Vertragswerke über Menschenrechte, Umweltschutz, Datenschutz, ausländische Arbeitnehmer, Bildungsabschlüsse, sprachliche und ethnische Minderheiten, Raumordnung und Medienpolitik, mit denen die rechtliche Zusammenarbeit der Mitgliedstaaten geregelt wird (sie haben nach ihrer Ratifizierung bindende Wirkung). Die bekanntesten sind die 1953 in Kraft getretene Europäische Menschenrechtskonvention (EMRK) und die Europäische Sozialcharta von 1988. ▪ **Mitglieder**: 46 europäische Staaten mit Ausnahme von Weißrussland und Montenegro. – Beobachterstatus bei den zwischenstaatlichen Instanzen des ER haben Japan, Kanada, Mexiko, die USA und der Vatikan; in der Parlamentarischen Versammlung Kanada, Israel und Mexiko. ▪ **Hauptorgane**: Ministerkomitee der Außenminister oder der Ständigen Vertreter (Botschafter), tagt halbjährlich und legt Richtlinien fest. Die **Parlamentarische Versammlung** aus von den Parlamenten der Mitgliedstaaten entsandten 313 Abgeordneten (zwei bis 18 Abgeordnete je Mitgliedstaat) tagt dreimal jährlich und hat beratende Funktion (Impulsgeber); Präsident: René van der Linden (Niederlande) für ein einjähriges Mandat (zweimal erneuerbar). Das Sekretariat des ER wird von einem **Generalsekretär** geleitet – Terry Davis (Großbritannien) – und beschäftigt rund 1300 Beamte. Beratungsorgan des ER ist der Kongress der Gemeinden und Regionen Europas (KGRE) aus 313 Mitgliedern in zwei Kammern: Regionen und Gemeinden, die rund 200 000 lokale und regionale Gebietskörperschaften aus den 44 Mitgliedstaaten vertreten. Der KGRE tritt einmal im Jahr in Straßburg zusammen. Menschenrechtskommissar des ER ist seit 1. 1. 2006 Thomas Hammerberg (Schweden).
Als Gerichtsbarkeit fungiert der aus 45 Richtern (je einer für jeden ER-Mitgliedstaat) bestehende **Europäische Gerichtshof für Menschenrechte** (EGMR) in Straßburg. ▪ **Finanzen**: Budget 2006: 262,6 Mio. €

CHRONIK Im Vorfeld der Präsidentschaftswahlen in → Weißrussland im März 2006 konstatierte die Parlamentarische Versammlung des ER am 26. 1. 2006 eine weitere Verschlechterung der politischen Situation in dem Land und sprach sich erneut gegen eine Beschäftigung mit dem 1992 gestellten Beitrittsantrag aus. Dagegen lehnten die Abgeordneten Sanktionen gegen das ER-Mitglied → Aserbaidschan ab; bei den Parlamentswahlen im November 2005 war es angeblich zu Betrugsversuchen gekommen.

Zehn Jahre nach seiner Aufnahme übernahm Russland am 19. 5. 2006 erstmals den Vorsitz des ER. Bei der Amtsübernahme von seinem rumänischen Kollegen Mihai-Răzvan Ungureanu verteidigte der russische Außenminister Sergej Lawrow die Beibehaltung der Todesstrafe in seinem Land; bei seinem Beitritt zum ER hatte Moskau deren Abschaffung innerhalb von drei Jahren zugesagt. Zu den Prioritäten seines sechsmonatigen Vorsitzes erklärte Lawrow u. a. den Kampf gegen den Terrorismus und Drogenhandel. Zugleich wollte er sich für die Eindämmung der Klageflut vor dem Europäischen Gerichtshof für Menschenrechte einsetzen; das Tribunal hat Moskau bereits rd. 80 Mal wegen Menschenrechtsverletzungen verurteilt, über 40 000 weitere Klagen sind anhängig.

In seinem am 7. 6. 2006 in Paris veröffentlichten Abschlussbericht stellte Europarats-Ermittler Dick Marty fest, dass 14 europäische Länder in der Affäre um Gefangenenflüge und Geheimgefängnisse mit dem US-Geheimdienst CIA zusammengearbeitet oder illegale Aktivitäten geduldet hatten. Neben Deutschland, das als Startpunkt für Gefangenenflüge benutzt worden war, nannte Marty auch Schweden, Bosnien und Herzegowina, Großbritannien, Mazedonien, Italien und die Türkei; die geheimen CIA-Gefängnisse und Transfers zwischen diesen Einrichtungen glichen einem »weltweiten Spinnennetz«. Am 27. 6. beriet die Parlamentarische Versammlung des ER den Bericht, zugleich forderte sie die USA dringend zum Verzicht auf die illegalen Verschleppungen von Terrorverdächtigen auf und forderte eine striktere Überwachung der Geheimdienste in Europa. Der Schweizer Marty war am 7. 11. 2005 mit der Untersuchung beauftragt worden, nachdem u. a. die US-Zeitung Washington Post von CIA-Gefängnissen in Polen und Rumänien berichtet hatte. Mitte November 2005 hatte Marty 45 europäische Regierungen aufgefordert, bis zum 21. 2. 2006 darzulegen, ob Personen in amtlicher Funktion in die geheime Inhaftierung oder den geheimen Transport von Gefangenen mit der möglichen Beteiligung ausländischer Dienste involviert waren. Die Regierungsberichte hatte Marty am 1. 3. öffentlich gemacht. Für seine Untersuchung hatte Marty auch Daten der Flugüberwachungsbehörde Eurocontrol.

FIFA Weltfußballverband

Féderation Internationale de Football Association

Hitzigweg 11, Postfach 85
CH-8030 Zürich
T 00 41/43/222 77 77, Fax 222 78 78
www.fifa.com

▪ **Gründung**: Am 21. 5. 1904 in Paris durch die nationalen Verbände Frankreichs, Belgiens, Dänemarks, Spaniens, Schwedens, der Niederlande und der Schweiz ▪ **Funktion**: Förderung des internationalen Fußballs; Ausrichtung regelmäßiger internationaler Fußballturniere, darunter alle vier Jahre die Fußballweltmeisterschaft der Herren, die Fußballweltmeisterschaft der Frauen, der Konföderationen-Pokal sowie gemeinsam mit dem Internationalen Olympischen Komitee (IOC, → WA 2005, S. 587) ein Olympisches Fußballturnier. ▪ **Mitglieder**: 207 nationale Fußballverbände, die die FIFA finanziell und logistisch unterstützt. Im Gegenzug verpflichten sich die nationalen Verbände, Statuten, Ziele und Ideale der FIFA umzusetzen. Die nationalen Verbände haben sich ihrerseits in Dachverbänden auf allen Kontinentalen zusammengeschlossen: die Asian Football Confederation (AFC), die African Football Association (CAF), die Confederation of North, Central American and Caribbean Association Football (CONCACAF), die Confederación Sudamericana de Fútbol (CONMEBOL), die Oceania Football Confederation (OFC) und die Union of European Football Associations (UEFA). ▪ **Organe**: Generalsekretariat in Zürich und Zug (Schweiz) mit einem **Generalsekretär** – Urs Lini (Schweiz) –, der für die Umsetzung der Entscheidungen des 24-köpfigen **Exekutivausschusses** verantwortlich ist. Alle zwei Jahre tagt das **FIFA-Plenum (Kongress)**, in dem jedes Mitgliedsland mit jeweils einer Stimme votieren darf und das über die Politik des Verbandes und die Aufnahmeanträge neuer Mitgliedsländer entscheidet, außerdem wählt es alle vier Jahre den **Präsidenten** – Joseph S. Blatter (Schweiz). ▪ **Personal**: 250 Mitarbeiter im Generalsekretariat ▪ **Finanzierung**: → Tabelle ▪ **Weltmeister:** Argentinien (1978, 1986), Brasilien (1958, 1962, 1970, 1994, 2002), Deutschland (1954, 1974, 1990), England (1966), Frankreich (1998), Italien (1934, 1938, 1982, 2006), Uruguay (1930, 1950)

FIFA: Finanzen 2005
in Mio. sfr

Einnahmen	
Wettbewerbseinnahmen	752
davon	
Fernsehrechte	
FIFA WM 2006	423
übrige FIFA-Wettbewerbe	12
Marketingrechte	193
Sponsorenpakete	65
Lizenzrechte	14
Sonstiges	45
Finanzertrag	86
davon	
Währungseffekte	70
Zinsen	14
Investitionen	2
übrige Einnahmen	36
davon	
Markenlizenzierung	21
Sonstige (Mietertrag, Filmverkauf etc.)	15
Einnahmen insgesamt	874
Ausgaben	
Wettbewerbsausgaben	336
davon	
Beiträge an Teams	74
Beiträge an Lokale Organisationskomitees	73
Entschädigung für Teams	45
Sonstige (Versicherungen etc.)	144
Zinsen	10
Entwicklungsprojekte	139
davon	
Programm Finanzielle Unterstützung	79
Konförderationen	23
Förderprogramm Goal	25
Sonstige	12
übrige Ausgaben	175
davon	
Personal	61
Transport, Reise, Unterkunft	22
Veranstaltungsberatung	15
Rechtsberatung	12
Sonstige (Büros etc.)	65
Ausgaben insgesamt	660

Quelle: FIFA

CHRONIK Die FIFA richtete vom 9. 6.–9. 7. 2006 in Deutschland die 18. Fußball-Weltmeisterschaft aus, bei der 32 Mannschaften an den Start gingen (→ Sport). Bei der Bewerbung um den Austragungsort hatte sich Deutschland im Jahr 2000 gegen seine Mitkonkurrenten Brasilien, England, Marokko und Südafrika durchgesetzt.

Die Endrundenauslosung hatte am 10. 12. 2005 in Leipzig stattgefunden. Geleitet wurde das WM-Organisationskomitee von Franz Beckenbauer, unterstützt von Wolfgang Niersbach, Horst Schmidt und Theo Zwanziger. Austragungsorte der Spiele waren Berlin, Dortmund, Frankfurt am Main, Gelsenkirchen, Hamburg, Hannover, Kaiserslautern, Köln, Leipzig, München, Nürnberg und Stuttgart.

G7 / G8

Weltwirtschaftsgipfel

www.g8.russia.ru

▪ **Gründung**: Der erste Weltwirtschaftsgipfel, das Treffen der Staats- und Regierungschefs der führenden Industrienationen, fand 1975 als G6 auf französische Initiative in Rambouillet statt. ▪ **Ziele**: Zunächst beschränkt auf die Koordinierung der nationalen Wirtschaftspolitiken der Mitgliedstaaten. Mittlerweile dient die G7 / G8 als wichtiges Forum für regelmäßige Konsultationen nicht nur über Fragen der Weltwirtschaft, sondern auch der internationalen Politik. Die G7 / G8 erörtert u. a. den Kampf gegen die Armut in den Entwicklungsländern, die Arbeitslosigkeit, den Kampf gegen Kriminalität, den Terrorismus und die Weiterverbreitung von Massenvernichtungswaffen. ▪ **Mitglieder**: Die sieben führenden Wirtschaftsnationen (G7) Deutschland, Frankreich, Großbritannien, Italien, Japan, die USA und Kanada (seit 1976) sowie Russland (seit 1994); seit 1998 formell als G8. Seit 1977 nimmt zudem die Europäische Gemeinschaft (seit 1993 EU) an den Treffen teil. Sie wird durch die Europäische Kommission und das Land, das die EU-Präsidentschaft innehat, vertreten. ▪ **Organisation**: Keine feste Organisationsstruktur. Die G7 / G8 treffen sich regelmäßig zu informellen Ministertreffen sowie auf der Ebene der Staats- und Regierungschefs. Den Vorsitz übernehmen die Mitglieder im Wechsel für jeweils ein Jahr (2005 Großbritannien, 2006 Russische Föderation). Die Gipfeltreffen der Staats- und Regierungschefs werden von ihren persönlichen Beauftragten, den sog. Sherpas, vorbereitet. ▪ **Finanzierung**: durch die Mitgliedstaaten; kein eigenständiges Budget.

CHRONIK Russland übernahm am 1. 1. 2006 turnusgemäß den Vorsitz der G7 / G8 von Großbritannien. Auf dem Vorbereitungstreffen für den Weltwirtschaftsgipfel 2006 (in St. Petersburg vom 15.–17. 7. 2006) Anfang Februar 2006 in Moskau standen die Themen Erdöl- und Erdgaspreise sowie die Sicherheit der Energieversorgung im Vordergrund. Kühl aufgenommen wurde dabei der Vorschlag Russlands, eine vorzeitige Rückzahlung seiner Schulden beim Pariser Klub für eine Teilfinanzierung des 2005 beschlossenen Schuldenerlasses für die ärmsten Entwicklungsländer zu verwenden. Während die vorzeitige Rückzahlung der Moskauer Schulden zwar begrüßt wurde, lehnten die Finanzminister die russische Vorgabe, was mit den Geldern passieren sollte, ab. Auch gegenüber der Forderung des russischen Präsidenten Wladimir Putin nach einer Vollmitgliedschaft seines Landes bei der G7 / G8 zeigten sich insbesondere die USA und Japan skeptisch.

Human Rights Watch

350 Fifth Avenue, 34th floor, New York,
NY 10 118 – 3299, USA,
T T 001 / 212–290 47 00, Fax 736 13 00
www.hrw.org

Poststraße 4–5, 10 178 Berlin
T 030 / 25 93 060, Fax: 25 93 06 29
www.hrw.org / german

▪ **Gründung** 1978 als Helsinki Watch zur Überwachung der Menschenrechtsbestimmungen des KSZE-Abkommens von Helsinki in den Staaten des damaligen Ostblocks. In den 1980er Jahren Gründung von Americas Watch als Zeichen gegen die Menschenrechtsverletzungen der Verbündeten der USA in Zentralamerika. 1988 Zusammenschluss aller Watch Komitees zu Human Rights Watch. ▪ **Aufgaben**: Aufdeckung und Untersuchung von Menschenrechtsverletzungen weltweit, insbesondere Hinrichtungen, Verschleppungen, Folter, politische Verhaftungen, Diskriminierung, ungerechte Gerichtsverfahren und Verletzungen der Meinungs-, Versammlungs- und Religionsfreiheit sowie Missachtung der Rechte von Frauen und Kindern. ▪ **Organe**: Human Rights Watch Council, bestehend aus Komitees in 12 Städten in Europa, den USA und Kanada, acht Beratungsausschüsse zu regionalen und thematischen Arbeitsgebieten mit jeweils einem Vorsitzenden; **Exekutiv-Direktor**: Kenneth Roth (USA) ▪ **Personal**: etwa 190 Mitarbeiter ▪ **Finanzierung**: ausschließlich aus privaten Spenden, Gesamteinnahmen 2005: 39,1 Mio. US-$.

CHRONIK Human Rights Watch verlieh im Oktober 2005 den Human Rights Defender Award, die höchste von der Organisation zu vergebende Auszeichnung, an den iranischen Journalisten Omid Memarian, den aus Darfur (Sudan) stammenden Anwalt Salih Mahmoud Osman und die Uganderin Beatrice Were, die sich für die Rechte von HIV-infizierten Frauen und Kindern in ihrem Land einsetzt.

In dem am 18. 1. 2006 vorgelegten Weltbericht 2006 warf Human Rights Watch den USA vor, im Kampf gegen den Terror Folter und Misshandlungen bewusst einzusetzen. Auch zahlreiche andere Länder, darunter Usbekistan, Russland und die VR China, bedienten sich nach Erkenntnissen der Menschenrechtsorganisation des Vorwands der Terrorismusbekämpfung, um politische Gegner anzugreifen.

Die Gründung des → UN-Rats für Menschenrechte am 15. 3. 2006 lobte Human Rights Watch als substanzielle Verbesserung der UN-Menschenrechtsarbeit, äußerte sich aber am 10. 5. kritisch zur Wahl der Mitglieder des neuen Gremiums. Zuvor hatte die Organisation die UN-Generalversammlung aufgefordert, Russland, China, Kuba und Saudi-Arabien nicht zu wählen.

ICC

Internationaler Strafgerichtshof

International Criminal Court (ICC); Cour pénale internationale (CPI); deutsche Abkürzung: IStGH

Maanweg 174, 2516 AB Den Haag, Niederlande
T 00 31/70/515 85 15, Fax 515 85 55
www.icc-cpi.int

▪ **Gründung** am 17. 7. 1998. Das Statut des ICC trat am 1. 7. 2002 in Kraft, der ICC nahm am 16. 6. 2003 seine praktische Arbeit auf. ▪ **Ziele**: Strafrechtliche Verfolgung von Völkermord, Verbrechen gegen die Menschlichkeit (auch »ethnische Säuberungen« und Entrechtung von Minderheiten), Kriegsverbrechen und Verbrechen des Angriffskriegs ▪ **Vertragsstaaten**: 100 Staaten (→ Tabelle, S. 588) haben bis zum 14. 11. 2005 das Statut des ICC ratifiziert; 38 Staaten haben das Statut bisher nur unterzeichnet. Das »Agreement on Privileges and Immunities of the International Criminal Court« (APIC), das den Richtern und Anklägern volle Immunität zusichert, trat am 22. 7. 2004 in Kraft. 62 Staaten hatten die Vereinbarung bis dahin unterzeichnet; bis zum 19. 4. 2006 haben 38 Staaten das Agreement ratifiziert. Da der ICC kein UN-Organ ist, war diese Zusatzvereinbarung eine Voraussetzung dafür, dass die unabhängige Ausübung der Mitglieder des ICC gewährleistet ist. ▪ **Hauptorgane**

Präsident: Philippe Kirsch (Kanada); 1. Vizepräsidentin: Akua Kuenyehia (Ghana), 2. Vizepräsident: René Blattmann (Bolivien); Kammern (3): Vorverfahrenskammer (7 zugeordnete Richter), Hauptkammer (6 Richter) und Berufungskammer (5 Richter); **Chefankläger** der Anklagebehörde: Luis Moreno Ocampo (Argentinien); Kanzlei als Verwaltungsorgan: Kanzler Bruno Cathala (Frankreich). ▪ **Personal**: 299 Mitarbeiter aus 60 Ländern ▪ **Finanzierung**: durch Beiträge der Unterzeichnerstaaten, Haushalt 2006: 78,6 Mio. € ▪ **Arbeitsweise**: Das ICC-Statut definiert die einzelnen Verbrechen, regelt die Zuständigkeit des Gerichtshofs, den Gerichtsaufbau, das Strafverfahren, die Strafvollstreckung und die strafrechtliche Zusammenarbeit.

Der ICC erhält **automatische Gerichtsbarkeit für die Kernverbrechen** (→ oben), allerdings mit einigen Ausnahmen. Das Gericht kann sich eines Falles annehmen, wenn er vom UN-Sicherheitsrat überwiesen worden ist oder wenn ein Staat, der seine Jurisdiktion anerkannt hat, ihm einen Fall überträgt. Der Ankläger arbeitet unabhängig; er kann von sich aus Ermittlungen aufnehmen, ist dabei aber der steten Kontrolle einer Ermittlungskammer des ICC unterworfen. Für **Kriegsverbrechen** gilt eine Übergangsphase von sieben Jahren, in denen sich jeder Vertragsstaat weigern kann, die Zuständigkeit des ICC für sich und seine Bürger anzuerkennen (Opting out). Die Höchststrafe, die das Gericht verhängen kann, beträgt 30 Jahre, in besonders schweren Fällen lebenslänglich; Personen, die zum Zeitpunkt des Verbrechens weniger als 18 Jahre alt waren, können nicht angeklagt werden. **Verbrechen des Angriffskriegs** sollen erst dann in die Zuständigkeit des Gerichts fallen, wenn eine Überprüfungskonferenz sieben Jahre nach Inkrafttreten des Statuts Näheres dazu festgelegt hat. Der ICC ergänzt die nationalen Strafverfolgungssysteme, ersetzt sie aber nicht. Er ist nur für Verbrechen zuständig, die nach dem 1. 7. 2002 verübt wurden.

Ein Abkommen, das die Beziehungen mit den UN regelt, unterzeichneten der Präsident des ICC, Philippe Kirsch, und UN-Generalsekretär Kofi Annan am 4. 10. 2004. Neben einer engen Zusammenarbeit sieht es auch eine Teilnahme des ICC als Beobachter in der UN-Generalversammlung vor. Außerdem regelt das Abkommen Fälle, in denen der UN-Sicherheitsrat dem ICC eine Situation zur Untersuchung unterbreitet.

CHRONIK Der ICC stellte im Oktober 2005 zum ersten Mal Haftbefehle aus: Das Gericht suchte fünf Anführer der Rebellenorganisation Lord's Resistance Army (LRA) aus Uganda.

Als erster mutmaßlicher Kriegsverbrecher wurde am 17. 3. 2006 der kongolesische Rebellenführer Thomas Lubanga Dyilo nach Den Haag überstellt. Die zuständige Gerichtskammer hatte Anfang Februar 2006 einen Haftbefehl gegen den Afrikaner erlassen, der im März 2005 in der DR Kongo festgenommen worden war (→ WA 2006, S. 277). Lubanga wird vorgeworfen, als Anführer der Union des Patriotes Congolais Kinder und Jugendliche zwischen acht und 15 Jahren ihren Eltern weggenommen und in Ausbildungslagern für Kampfeinsätze vorbereitet zu haben; außerdem gilt er als einer der Hauptverantwortlichen für das Massaker an den Lendu in Bunia im April 2003.

Am 15. 6. 2006 berichtete Chefankläger Luis Moreno-Ocampo dem UN-Sicherheitsrat in New York von der Vorbereitung einer Serie von Anklagen seines Gerichts gegen Verantwortliche von Massakern in der sudanesischen Region Darfur. Der ICC habe eine erhebliche Anzahl von Massakern dokumentiert, u. a. die Ermordung von mehreren tausend Zivilisten. Wann die Anklagen erhoben werden können, sei allerdings noch unklar, da die Regierung des Sudan nach Aussage von Ocampo kein Interesse an einer Bestrafung der Täter habe. Im März 2005 hatte der UN-Sicherheitsrat beschlossen, die Krise in Darfur vor den ICC zu bringen; ein Mandat des UN-Organs war nötig, da der Sudan kein Vertragsstaat des Gerichtshofs ist.

Im Juni 2006 wurde der Prozess gegen den u. a. wegen Kriegsverbrechen angeklagten früheren liberianischen Staatschef Charles Taylor in die Gebäude des ICC nach Den Haag verlegt. Die Regierung von Sierra Leone hatte im Februar 2006 darum gebeten, um die brüchige Stabilität in dem afrikanischen Land nicht zu gefährden. Zuständig für den Prozess blieb jedoch nach wie vor das UN-gestützte Sondertribunal für Sierra Leone.

IKRK Internationales Komitee vom Roten Kreuz

Comité International de la Croix Rouge (CICR); International Committee of the Red Cross (ICRC)

19 Avenue de la Paix, CH-1202 Genf
T 00 41/22/734 60 01, Fax 733 20 57
www.icrc.org

▪ **Gründung**: Am 17. 2. 1863 in Genf (Schweiz) durch Henry Dunant (1828–1910) und vier weitere Schweizer Bürger als »Komitee der Fünf« zur Unterstützung verwundeter Soldaten (ab 1880 Internationales Komitee vom Roten Kreuz/IKRK genannt). Das IKRK ist ein privater, unabhängiger Verein des schweizerischen Zivilrechts. Es ist im politischen, religiösen und ideologischen Bereich neutral; sein internationaler Charakter beruht auf seinem insbesondere in den Genfer Abkommen von 1949 verankerten, durch die Staaten formulierten Auftrag. ▪ **Ziele/Aufgaben**: Förderung und Weiterentwicklung des humanitären Völkerrechts; Überwachung der Einhaltung der Genfer Abkommen durch die Staaten und die Konfliktparteien (z. B. durch Delegiertenbesuche in Gefangenenlagern), sowohl in internationalen als auch in innerstaatlichen Konflikten; Schutz und Hilfe für Kriegsopfer; Eintreten für die Haftbedingungen politischer Häftlinge. Die wichtigsten Handlungsmaximen sind Neutralität und stille Diplomatie. Das IKRK wurde drei Mal mit dem Friedensnobelpreis ausgezeichnet; Dunant erhielt 1901 den ersten je verliehenen Friedensnobelpreis. ▪ **Hauptorgane**: Das vier bis sechs Mal im Jahr als Versammlung tagende Internationale Komitee mit höchstens 25 Schweizer Bürgern legt die allgemeine Politik und die Richtlinien der Tätigkeit fest. **Präsident** ist seit 2000 Jakob Kellenberger (Schweiz). Die vierköpfige Direktion leitet die Geschäfte; sie steht unter der Leitung eines **Generaldirektors**: Angelo Gnaedinger (Schweiz). Das IKRK unterhält derzeit ständige Vertretungen in 79 Staaten und führt Operationen in über 80 Staaten durch. ▪ **Personal**: Mehr als 1400 Delegierte und Mitarbeiter befinden sich derzeit in 80 Missionen für das IKRK überall auf der Welt im Einsatz. Diese Arbeit wird von ca. 11 000 lokalen Kräften unterstützt. Koordiniert wird das IKRK von 800 Mitarbeitern am Hauptsitz in Genf. ▪ **Finanzierung** durch freiwillige Beiträge der Unterzeichnerstaaten des Genfer Abkommens, der nationalen Rotkreuzgesellschaften, der EU und internationaler Organisationen sowie durch öffentliche und private Spenden. Für 2006 sind Ausgaben in Höhe von 153,9 Mio. sfr. für die Genfer Zentrale und 895,3 Mio. sfr. für die weltweiten Hilfseinsätze vorgesehen.

Internationales Rotes Kreuz: Das IKRK und die derzeit 181 nationalen Rotkreuz- und Rothalbmondgesellschaften mit über 400 Mio. individuellen Mitgliedern bilden zusammen mit der 1919 gegründeten Internationalen Föderation der Rotkreuz- und Rothalbmondgesellschaften (kurz: Föderation) die Internationale Bewegung vom Roten Kreuz und Roten Halbmond. Die Aufgaben der Föderation sind in erster Linie friedensbezogen (Gesundheitserziehung, Wohlfahrtsarbeit, Hilfe bei internationalen Notständen, Förderung des Blutspendedienstes und Ausbildungsprogramme).

CHRONIK Die 29. Internationale Konferenz des Roten Kreuzes und Roten Halbmonds stimmte am 22. 6. 2006 in Genf der Einführung des Roten Kristalls als drittem Symbol neben Rotem Kreuz und Rotem Halbmond zu und damit auch für die Aufnahme der Partnerorganisationen aus Israel und den Palästinensischen Autonomiegebieten. Für die erforderliche Änderung der Statuten stimmten 237 Delegationen, dagegen 54, 18 enthielten sich. Die erforderliche Zweidrittelmehrheit wurde damit übertroffen. Stimmberechtigt waren sowohl die 183 nationalen Gesellschaften als auch die 192 Mitgliedstaaten der Genfer Konvention sowie das IKRK und die Internationale Rotkreuzföderation. Die israelische Partnerorganisation des Roten Kreuzes, Magen David Adom (Roter Schild Davids – MDA), bemühte sich seit den 1930er Jahren um den Beitritt zur internationalen Rotkreuz-Bewegung. Mit ihr wird auch die Palästinensische Rote-Halbmond-Gesellschaft (Palestine Red Crescent Society – PCRS) aufgenommen. In Israel sind Krankenwagen und medizinisches Personal mit dem roten Davidstern gekennzeichnet. Da der jüdische Staat das Rote Kreuz der christlichen Länder ebenso ablehnte wie den Roten Halbmond der islamischen Welt, war dem MDA die Aufnahme in die Rotkreuz-Bewegung bislang verwehrt. Gegen den Davidstern hatten jedoch die arabischen Mitglieder massive Vorbehalte. Der Rote Kristall als neues Emblem ist frei von jeder religiösen, nationalen oder kulturellen Assoziation. Am 5. 12. 2005 hatten MDA und PCRS ein Abkommen über die gegenseitige Anerkennung ihrer Sanitätsdienste unterzeichnet.

Der Jahresbericht 2005 legte einen Schwerpunkt auf Gefangenenbesuche: In 76 Ländern wurden 528 000 Häftlinge besucht, um deren Bedingungen zu prüfen. Trotz des anhaltenden Konflikts mit den USA, von denen das IKRK verlangt, an geheimen Orten gefangen gehaltene Terrorismusverdächtige besuchen zu dürfen, wurde dem IKRK Zugang zu den US-Lagern Guantánamo (Kuba) und Bagram (Afghanistan) gewährt.

Die größte Hilfsaktion mit Lebensmitteln und Medikamenten ging wie schon in den Jahren zuvor in die sudanesische Provinz Darfur. Afrika südlich der Sahara erhielt mit 390 Mio. sfr den größten Anteil aller Hilfsleistungen (46 Prozent). Außerhalb Afrikas waren Pakistan (60 Mio. sfr.), Afghanistan (40,5 Mio. sfr.) und die palästinensischen Gebiete (38 Mio. sfr.) die wichtigsten Empfängerländer. Insgesamt wurden über eine Mio. Menschen mit Nahrungsmitteln und drei Mio. mit anderen Hilfsgütern versorgt.

IWC Internationale Walfang-Kommission

International Whaling Commission (IWC)

The Red House, 135 Station Road, Impington,
Cambridge, Cambridgeshire CB4 9NP, Großbritannien
T 00 44/1223/23 39 71, Fax 23 28 76
www.iwcoffice.org

▪ **Gründung** 1946 ▪ **Ziele und Aufgaben**: Überwachung der Walfangvorschriften, Schutz der weltweiten Walbestände, Erhebung statistischer Informationen und Erforschung der Wale und des Walfangs. ▪ **Mitglieder**: 70 Staaten (→ Karte) ▪ **Organe**: Kommission aus Kommissaren der Vertragsstaaten mit einer jährlichen Tagung, Vorsitz: Henrik Fischer (Dänemark); ständige Ausschüsse (4) für Wissenschaft, Technik, Finanzen/Verwaltung und Erhaltung. ▪ **Finanzierung**: durch die Mitgliedstaaten.

CHRONIK Die 58. IWC-Jahrestagung vom 16.–21. 6. 2006 im Karibikstaat St. Kitts und Nevis verabschiedete am 18. 6. eine von St. Kitts und Nevis eingebrachte Erklärung, die ein Verbot des kommerziellen Walfangs als nicht mehr notwendig bezeichnete und die Meeressäuger verantwortlich machte für die Dezimierung der Fischbestände in den Weltmeeren. Die nicht bindende Erklärung, die mit 33 zu 32 Stimmen äußerst knapp angenommen wurde, ändert vorläufig nichts an dem seit 1986 geltenden Walfangverbot. Fangbefürworter wie Japan, Island und Norwegen zeigten sich jedoch hoffnungsvoll, dass das Moratorium bald aufgehoben werden könnte; dafür ist jedoch eine Zweidrittel-Mehrheit notwendig. Angaben von Greenpeace zufolge hat Japan in den vergangenen Jahren bei Abstimmungen in der Kommission wiederholt die Stimmen von bis zu 27 meist sehr armen Ländern wie etwa Togo gekauft. Bislang hatte die Seite der Walfanggegner eine knappe, aber sichere Mehrheit in dem Gremium.

Japanisches Walfangschiff im Südpazifik

Obwohl der Konsum von Walfleisch in Japan seit Jahren zurückgeht und Umfragen zufolge nur noch 11 % der Bevölkerung den Fang der Tiere befürworten, beharrt die Regierung in Tokyo nach wie vor auf dem Recht, Wale zu fangen; nach Aussagen von Beobachtern geht es ihr dabei um das Prinzip, dass natürliche Ressourcen – ob Walfleisch, Elfenbein oder Tropenholz – für alle frei zugänglich sein sollten.

Die 70 Mitgliedstaaten der Internationalen Walfangkommission (IWC)

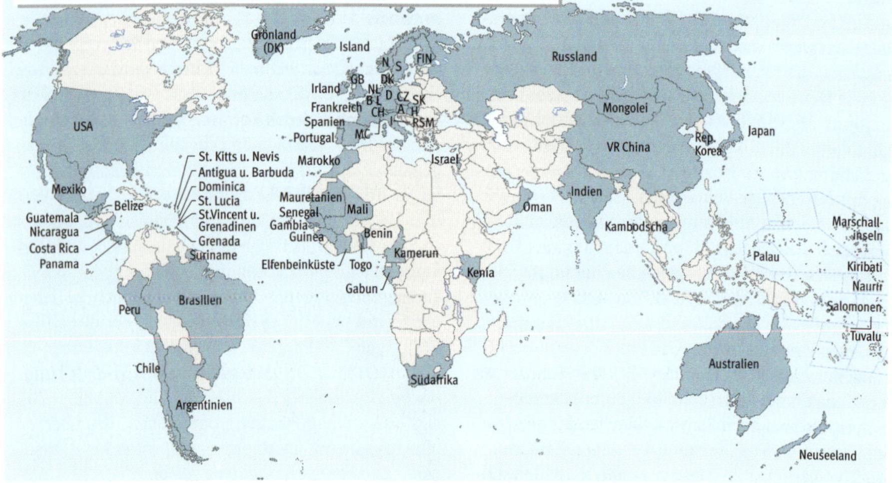

NATO Organisation des Nordatlantikvertrags

North Atlantic Treaty Organization;
Organisation du traité de l'Atlantique du Nord (OTAN)

Boulevard Léopold III, B-1110 Brüssel
T 00 32/2/707 41 11, Fax 707 41 17
www.nato.int

▪ **Gründung**: Am 4. 4. 1949 in Washington D. C. durch einen Vertrag zwischen zwölf Staaten Westeuropas und Nordamerikas als Sicherheitsbündnis gleichberechtigter Staaten; ratifiziert am 24. 8. 1949. ▪ **Ziele**: Zusammenarbeit auf politischem, wirtschaftlichem und militärischem Gebiet zur Friedenserhaltung und Krisenbewältigung in Zusammenarbeit mit den Vereinten Nationen (→ UN) und der Organisation für Sicherheit und Zusammenarbeit in Europa (→ OSZE). Aufgabe in Friedenszeiten ist die Friedenssicherung durch Ausarbeitung von Verteidigungsplänen, Rüstungszusammenarbeit, Errichtung von Infrastruktur, gemeinsame Übungen. Seit 1991 verstärkt die NATO ihre politischen Funktionen und hat neue Aufgaben der Friedenserhaltung und Krisenbewältigung übernommen. ▪ **Mitglieder** (26): Belgien, Bulgarien, Dänemark, Deutschland, Estland, Frankreich, Griechenland, Großbritannien, Island, Italien, Kanada, Lettland, Litauen, Luxemburg, Niederlande, Norwegen, Polen, Portugal, Rumänien, Slowakei, Slowenien, Spanien, Tschechische Republik, Türkei, Ungarn und die USA. – Frankreich und Spanien sind militärisch nicht integriert, Island besitzt keine Streitkräfte.

ORGANISATIONSSTRUKTUREN

Zivile Organisation: Der Nordatlantikrat NAC (North Atlantic Council) ist das höchste Konsultations- und Beschlussgremium; die Staats- und Regierungschefs (NATO-Gipfel) oder Außen- bzw. Verteidigungsminister der 26 Mitgliedstaaten treten in der Regel zweimal im Jahr zusammen. Die NATO-Botschafter in Brüssel fungieren als Ständiger Rat. Weitere Hauptorgane sind der Ausschuss für Verteidigungsplanung (Defence Planning Committee/DPC), die Nukleare Planungsgruppe (Nuclear Planning Group/NPG) und die Nordatlantische Versammlung aus Parlamentariern der 26 Mitgliedstaaten (halbjährlich) zur Vorbereitung nationaler Parlamentsentscheidungen. Das Generalsekretariat wird von einem **Generalsekretär** geleitet (der traditionell ein Europäer ist) – seit 1. 1. 2004 Jaap de Hoop Scheffer (Niederlande) – und hat rund 1400 Mitarbeiter. Im NATO-Hauptquartier sind insgesamt 3150 Vollzeitkräfte beschäftigt, davon rund 1400 bei den nationalen Delegationen und Militärvertretungen.

Integrierte Militärstruktur: Der Militärausschuss (Military Committee/MC) ist das höchste militärische Beratungsgremium der Stabschefs der an der integrierten Militärstruktur teilnehmenden Mitgliedstaaten, zugleich vorgesetzte Behörde der Obersten Alliierten Befehlshaber. Der MC besteht aus ranghohen Militärs der 26 Mitgliedstaaten und trifft sich regelmäßig auf der Ebene der Generalstabschefs. Vorsitzender des Militärausschusses ist Ray Henault (Kanada).

Frankreich hatte sich 1966 aus der integrierten militärischen Struktur des Bündnisses zurückgezogen; die Kontakte werden über eine beim MC akkreditierte französische Militärmission abgewickelt. Island, das über keine eigenen Streitkräfte verfügt, kann einen zivilen Beamten in den MC entsenden. Spanien beteiligt sich nicht an der integrierten Befehlsstruktur der NATO, ist aber Vollmitglied des NAC, der NPG, des DPC und des MC.

Kommandostruktur: In Friedenszeiten unterstehen die Streitkräfte der Mitgliedstaaten größtenteils nationalem Oberbefehl. Die integrierten Stäbe der NATO-Hauptquartiere, die Einheiten der integrierten Luftverteidigung, die Flotte der 17 Frühwarnflugzeuge AWACS (Airborne Warning And Control System) und die drei Einsatzflotten (Atlantik, Mittelmeer und ein Minenabwehrverband) sind auch im Frieden NATO-Befehlshabern unterstellt.

Das Alliierte Kommando Operationen (Allied Command Operations, ACO) mit Sitz in Mons (Belgien) untersteht dem Oberbefehl des SACEUR (Supreme Allied Commander Europe; General James L. Jones, in Personalunion auch Oberkommandierender der US-Streitkräfte in Europa); das Alliierte Kommando Transformation (Allied Command Transformation, ACT) mit Sitz in Norfolk (USA) wird geleitet von General Lance L. Smith. Traditionell werden die beiden militärischen Führungsämter von US-Offizieren bekleidet. Die Kommandostrukturen des Bündnisses wurden 2003 erneuert.

CHRONIK Die Außenminister der Allianz beschlossen am 9. 12. 2005, die NATO-geführte Internationale Afghanistan-Schutztruppe (International Security Assistance Force, ISAF) ab Frühjahr 2006 von 6000 auf 16 000 Soldaten aufzustocken und mit einem »robusten« Mandat auszustatten (d. h. sie dürfen sich mit der Waffengewalt wehren, die die Situation erfordert). Gleichzeitig wurde entschieden, die Zahl der Wiederaufbauteams in den Provinzen von neun auf 13 zu erhö-

US- und ISAF-Soldat in Afghanistan

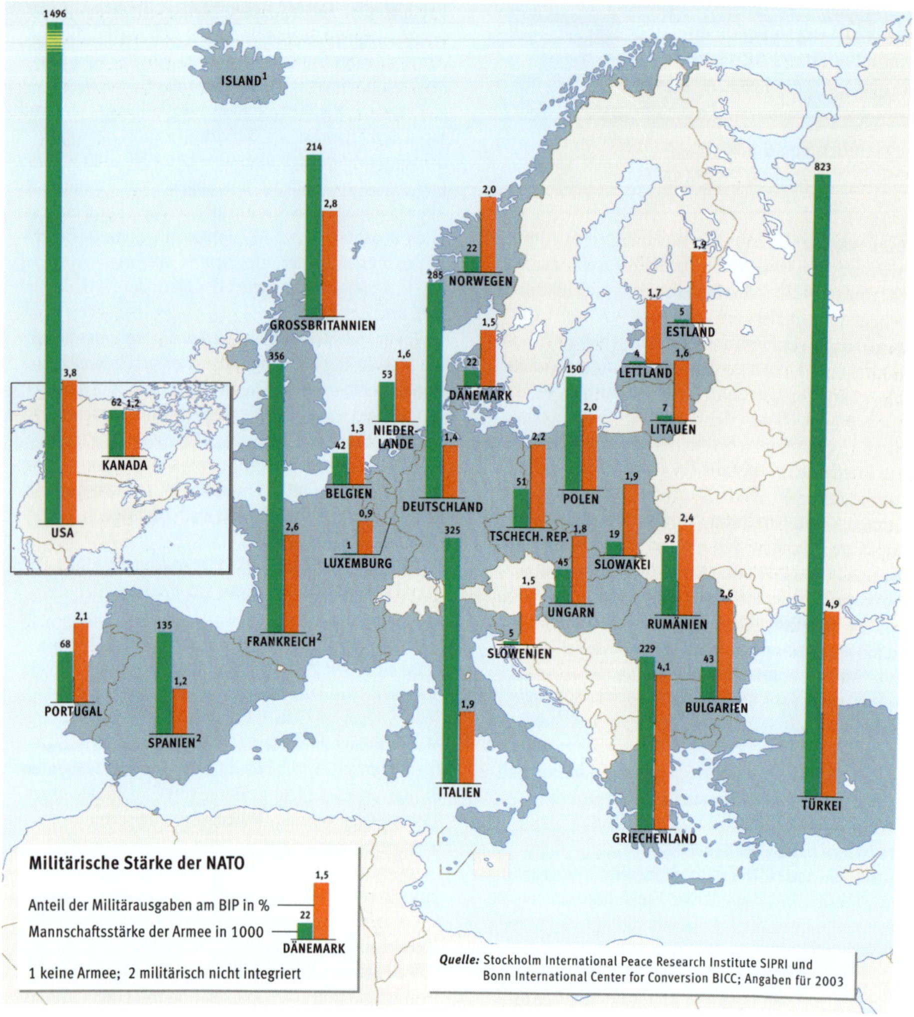

hen. Die zusätzlichen Truppen werden von Großbritannien, Kanada und den Niederlanden gestellt. Auf Drängen vieler europäischer Regierungen blieb die NATO-Mission von der Mission Enduring Freedom getrennt, die die USA vor allem im Osten des Landes leiten. Die Einsätze werden aber künftig über einen Oberkommandierenden miteinander verknüpft, der sowohl nach Brüssel als auch an das US-Hauptquartier berichtet, damit die Einsätze nicht kollidieren. Ferner soll langfristig eine Sicherheitspartnerschaft mit Afghanistan eingegangen werden.

Eine weitere Ausdehnung des ISAF-Einsatzes beschlossen die Verteidigungsminister der NATO-Mitgliedstaaten auf ihrer Frühjahrskonferenz am 8. 6. 2006, an der auch ihr afghanischer Verteidigungsminister Rahim Wardak teilnahm: Bis Jahresende 2006 sollen 25 000 Soldaten im gesamten Land operieren. Das Kommando über den ISAF-Einsatz übernahm am 1. 6. 2006 die Bundesrepublik Deutschland.

Am 24. 1. 2006 beschäftigte sich der Nordatlantikrat mit einer Neuausrichtung des Bündnisses. Der Wunsch der USA und Großbritanniens, durch eine Partnerschaft mit Japan, Südkorea, Australien und Neuseeland die Verteidigungsgemeinschaft in den pazifischen Raum auszuweiten, scheiterte jedoch insbesondere am Widerstand Frankreichs sowie weiteren europäischen Regierungen. Eine Erweiterung war auch Thema einer informellen Außenministerkonferenz in Bulgarien am 27./28. 4. 2006. Eine Entscheidung über einen möglichen Beitritt der Kandidatenstaaten Kroatien, Mazedonien und Albanien soll auf dem für Herbst 2006 in der lettischen Hauptstadt Riga geplanten Gipfel fallen.

OECD Organisation für wirtschaftliche Zusammenarbeit und Entwicklung

Organisation for Economic Cooperation and Development

2, rue André Pascal, F-75 775 Paris Cedex 16, T 0033/1/45 24 82 00, Fax 45 24 85 00 www.oecd.org

Deutsches Büro: OECD Berlin Centre, Schumannstr. 10, 10 117 Berlin T 030/288 83 53, Fax 28 88 35 45 www.oecd.org/deutschland

▪ **Gründung**: am 14. 12. 1960 durch das Pariser Übereinkommen, in Kraft am 30. 9. 1961; die OECD löste die Organisation for European Economic Cooperation (OEEC) ab, die am 16. 4. 1948 zur Koordinierung des European Recovery Plan (ERP, Marshall-Plan) gegründet worden war. ▪ **Ziele**: Förderung der Demokratie und der Marktwirtschaft; Planung, Koordinierung und Vertiefung der wirtschaftlichen Zusammenarbeit der Mitgliedstaaten, Förderung eines nachhaltigen wirtschaftlichen Wachstums und Bereitstellung geeigneter Instrumente und Informationen. ▪ **Mitglieder** (30): Australien, Belgien, Dänemark, Deutschland, Finnland, Frankreich, Griechenland, Großbritannien, Irland, Island, Italien, Japan, Kanada, Republik Korea, Luxemburg, Mexiko, Neuseeland, Niederlande, Norwegen, Österreich, Polen, Portugal, Schweden, Schweiz, Slowakei, Spanien, Tschechische Republik, Türkei, Ungarn, USA. ▪ **Organe**: Rat aus je einem Vertreter der Mitgliedsländer und der Europäischen Kommission, eine jährliche Tagung des Rats auf Ministerebene; Beschlüsse gelten nur für die zustimmenden Mitgliedstaaten; Exekutivausschuss und mehrere Fachausschüsse; Sekretariat unter der Leitung von Angel Gurría (Mexiko) ▪ **Finanzierung**: durch Beiträge der Mitglieder, gestaffelt nach der jeweiligen nationalen Wirtschaftskraft, Jahresbudget 2006: 336 Mrd. €.

CHRONIK In dem am 7. 2. 2006 veröffentlichten Handbuch »Economic Policy Reform: Going for Growth« stellte die OECD die Fähigkeit zu Innovationen als wesentliche Bedingung für wirtschaftliches Wachstum heraus. Innovationsfähigkeit wurde dabei gemessen als Anzahl der gemeldeten Patente bzw. als Höhe der Forschungs- und Entwicklungsaufgaben. Führend sind der Studie zufolge die skandinavischen Staaten, die USA, Korea, Japan und die Schweiz, als innovationsschwach gelten vor allem die süd- und osteuropäischen Staaten. Deutschland und Frankreich wiesen der Untersuchung zufolge zwar eine überdurchschnittliche Forschungs- und Patentintensität auf, haben allerdings Defizite im tertiären Bildungsbereich.

Unter dem Titel »Where Immigrant Students Succeed – a comparative Review of Performance and Engagement from PISA 2003« wurde am 15. 5. 2006 eine

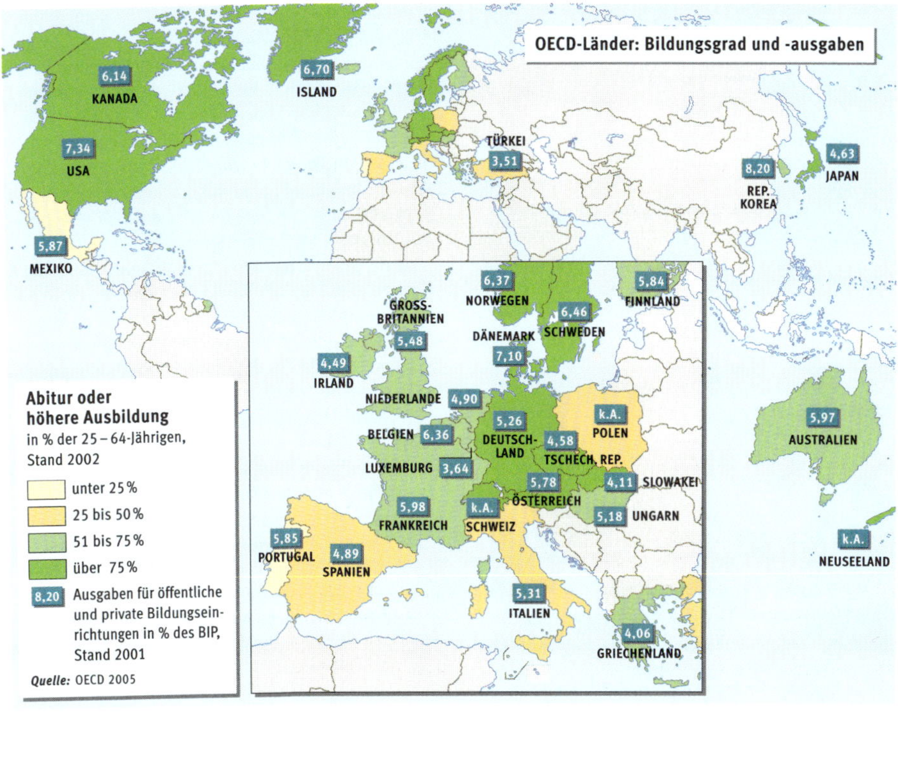

Studie vorgestellt über die Förderung von Jugendlichen mit Migrationshintergrund. Auf der Basis des Programme for International Student Assessment (PISA) wurden die Schulleistungen von Migranten der ersten und zweiten Generation in 17 Ländern untersucht. Dabei zeigte sich, dass ein hohes Zuwanderungsniveau Integration nicht unbedingt behindert und Schüler mit Migrationshintergrund eine Lernbereitschaft aufweisen, die gleich groß oder größer ist als diejenige der Einheimischen. Ihre Leistungen sind jedoch nur in den klassischen Einwanderungsländern Australien, Kanada und Neuseeland sowie in Macau (China) mit denen der Einheimischen vergleichbar. Ein schlechtes Zeugnis stellte die OECD dem deutschen Schulsystem aus, das im Vergleich zu anderen Staaten bei der Förderung von Kindern mit Migrationshintergrund schwach abschnitt.

Erdölangebot

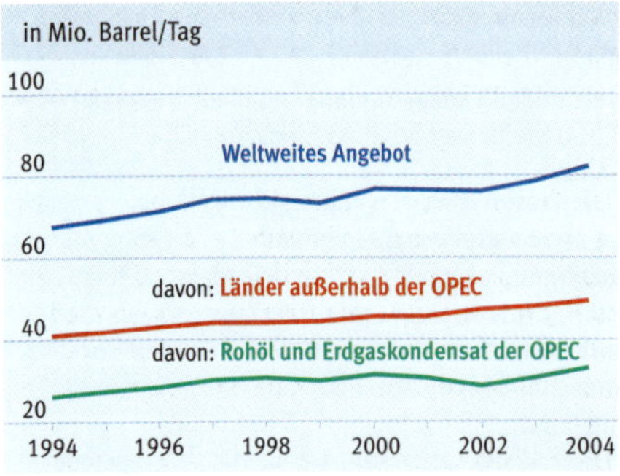

Quelle: OPEC

OPEC-Konferenz in Wien am 31. 1. 2006

OPEC Organisation Erdöl exportierender Länder

Organization of the Petroleum Exporting Countries

Obere Donaustr. 93, A-1020 Wien
T 00 43/1/21 11 22 79, Fax 214 98 27
www.opec.org

▪ **Gründung**: Am 14. 9. 1960 in Bagdad durch die fünf Erdöl-Förderstaaten Irak, Iran, Kuwait, Saudi-Arabien und Venezuela ▪ **Ziele**: Koordinierung der Erdölpolitiken in den Förderstaaten; Stabilisierung der Weltmarktpreise u. a. durch Regulierung der Fördermengen; »faire Erträge« für Investoren in der Erdölindustrie ▪ **Mitglieder** (11): Algerien, Indonesien, Irak, Iran, Katar, Kuwait, Libyen, Nigeria, Saudi-Arabien, Venezuela und die Vereinigten Arabischen Emirate ▪ **Hauptorgane**: Konferenz der Erdöl- bzw. Finanzminister (halbjährlich) zur Festlegung der Preise und Förderquoten; **Präsident**: Edmund Daukoru (Nigeria); Generalsekretär: Mohammed S. Barkindo (Nigeria); rd. 160 Mitarbeiter ▪ **Finanzierung**: zu gleichen Teilen durch die Mitgliedstaaten; Haushalt 2005: 19,8 Mio. €

CHRONIK Angesichts des hohen Ölpreises beschloss die 137. Ministerkonferenz am 20. 9. 2005 in Wien eine auf drei Monate befristete Ausweitung ihrer zuletzt im Juli 2005 festgelegten Förderquote von 28 Mio. Barrel (ein Barrel entspricht 159 Liter)/Tag um 2 Mio. Barrel/Tag auf 30 Mio. Barrel/Tag. Tatsächlich wurde diese Menge zu diesem Zeitpunkt nach Schätzungen jedoch bereits gefördert. Ein zusätzliches Angebot war nach Aussagen von Experten auch nicht nötig, da der Markt ausreichend versorgt war. Das knappe Angebot an Benzin, Diesel, Heizöl und Kerosin und der hohe Preis wurden vor allem zurückgeführt auf die – von Hurrikan Katrina im Golf von Mexiko noch verschärften – Engpässe im Raffineriebereich.

Auf der 139. außerordentlichen Ministerkonferenz in Wien am 31. 1. 2006 (→ Foto) wurde die Mitte Dezember 2005 beschlossene Förderquote von 28 Mio. Barrel/Tag bestätigt. Überschattet wurde die Konferenz vom Konflikt um das iranische Atomprogramm (→ Iran, → UN-Chronik) und der Entscheidung des UN-Sicherheitsrats, die IAEA in den Konflikt einzuschalten.

Auf ihrer 141. Sitzung in Caracas am 1. 6. 2006 lehnten die Ölminister eine von Gastgeber Venezuela vorgeschlagene Reduzierung der Förderquote ab. Angesichts des seit Jahresbeginn 2006 um 16 % gestiegenen Preises auf rd. 70 US-$/Barrel zeigte sich die OPEC allerdings besorgt über eine mögliche Abschwächung des Weltwirtschaftswachstums und mögliche negative Auswirkungen auf die eigenen Staaten.

OSZE Organisation für Sicherheit und Zusammenarbeit in Europa

Organization for Security and Co-operation in Europe (OSCE); Organisation de la sécurité et la coopération en Europe (OSCE)

Kärntner Ring 5–7, A-1010 Wien
T 00 43/1/51 43 60, Fax 514 36 96
www.osce.org

▪ **Gründung**: Am 1. 8. 1975 mit der Schlussakte der Konferenz über Sicherheit und Zusammenarbeit in Europa (KSZE) von Helsinki (Finnland) durch 35 Teilnehmerstaaten. Die Folgekonferenz von Helsinki 1992 gab der KSZE Strukturen und Institutionen einer Organisation; auf der Folgekonferenz in Budapest (Ungarn) 1994 wurde sie (ab 1. 1. 1995) in OSZE umbenannt. ▪ **Ziele**: Stabilität und Sicherheit in ganz Europa; engere Zusammenarbeit in den Bereichen Wirtschaft, Wissenschaft, Kultur und Umweltschutz; Schaffung einer europäischen »Sicherheitsstruktur für das 21. Jahrhundert«, u. a. durch gesamteuropäische Abrüstungsmaßnahmen und Gespräche über vertrauensbildende Maßnahmen und Konfliktverhütung. ▪ **Mitglieder** (56): Alle 46 europäischen Staaten, acht zentralasiatische Staaten sowie Kanada und die USA ▪ **Hauptorgane:** Jährlich wechselnder Vorsitz unter den Mitgliedstaaten, das Amt des Vorsitzenden hat seit 1. 1. 2006 der belgische Außenminister Karel De Gucht inne, der zusammen mit dem letzten und dem folgenden Vorsitzenden (Slowenien, Spanien) die »Troika« bildet; Gipfeltreffen der Staats- und Regierungschefs in unregelmäßigen Abständen (zuletzt 18./19. 9. 1999 in Istanbul) zur Bestandsaufnahme, Prüfung der Verwirklichung eingegangener Verpflichtungen; Ministerrat (Außenminister), jährliches Treffen, zentrales Forum für politische Konsultationen und (auch institutionelle Beschlüsse) im OSZE-Prozess. Für Abstimmungen in der OSZE gilt das Konsensprinzip. Ständiger Rat der OSZE-Botschafter in Wien mit wöchentlichen Sitzungen; Parlamentarische Versammlung mit jährlichen Sitzungen (3.–7. 7. 2006); Büro für Demokratische Institutionen und Menschenrechte (Office for Democratic Institutions and Human Rights, ODIHR) in Warschau (Polen), zur ständigen Überwachung von Wahlen und Menschenrechten; Hoher Kommissar für Nationale Minderheiten: Rolf Ekeus (Schweden, seit 2001) und weitere Spezialorgane; Sekretariat mit Sitz in Wien und einem Büro in Prag für die laufenden Geschäfte mit einem Generalsekretär: Marc Perrin de Brichambaut (Frankreich). ▪ **Personal**: 450 Beschäftigte im Sekretariat, weitere 3000 Mitarbeiter in den Mitgliedstaaten ▪ **Finanzierung** aus Beiträgen der Mitgliedstaaten, Jahresbudget 2006: 168 Mio. €

CHRONIK Das zweitägige jährliche Außenministertreffen in Slowenien endete am 6. 12. 2005 ohne gemeinsame Schlusserklärung. Wie in den beiden Jahren zuvor scheiterte eine Einigung an gegensätzlichen Positionen zu den Verpflichtungen des OSZE-Gipfels von Istanbul 1999. Damals hatte sich Moskau zum Rückzug seiner Truppen aus Georgien, Moldau und Transnistrien innerhalb von zwei Jahren verpflichtet. Während die USA, die EU und die betroffenen Staaten auf einer eindeutigen Erwähnung der russischen Verpflichtung zum Truppenabzug beharrten, lehnte Russland dies ab. Von den 55 OSZE-Staaten waren 53 bereit, der Deklaration zuzustimmen. Eine Einigung erzielten die Außenminister dagegen über die von Russland geforderte Reform der Organisation, in deren Mittelpunkt die »menschliche Dimension« (Wahlen, Wahlbeobachtungen, Feldmissionen, prozedurale Fragen) sowie die Verbesserung von Effizienz und Transparenz stehen sollen. Angenommen wurde außerdem eine Erklärung zum Konflikt um die armenische Exklave Nagorny-Karabakh in Aserbaidschan. Die Formulierung, dass nach Jahren des Kriegs nun die Chance bestehe, den Übergang von Verhandlungen zu Entscheidungen zu vollziehen, wurde auch von den Außenministern der beiden verfeindeten Staaten unterstützt. Allgemein wurde dies interpretiert als Hinweis auf eine bevorstehende Einigung zwischen den Konfliktparteien, die unter OSZE-Vermittlung miteinander verhandeln.

Wahlbeobachter der OSZE kritisierten Unregelmäßigkeiten bei den Parlamentswahlen in → Aserbaidschan am 6. 11. 2005. Das Land habe seine internationalen Verpflichtungen in Bezug auf Wahlen nicht erfüllt.

Die Präsidentschaftswahlen in → Weißrussland am 19. 3. 2006 wurden bereits im Vorfeld kritisiert. Die Abstimmung, bei der Aljaksandr Lukaschenko im Amt bestätigt wurde, sei »weder frei noch fair« gewesen. Russland warf der OSZE daraufhin Parteilichkeit und Einmischung in die inneren Angelegenheiten des Landes vor.

Die Volksabstimmung über die Unabhängigkeit Montenegros am 21. 5. 2006 wurde ebenfalls von der OSZE überwacht, ohne dass wesentliche Unregelmäßigkeiten festgestellt wurden.

Am 13. 5. 2006 entsandte die OSZE die belgische Senatspräsidentin Anne-Marie Lizin als Berichterstatterin in das US-Gefangenenlager Guantánamo auf Kuba; sie konnte jedoch mit keinem der dort Inhaftierten sprechen. Menschenrechtsorganisationen kritisierten, Lizin habe das Lager mit Scheuklappen besichtigt und bezeichneten ihre Äußerungen über die Verhöre und die Haftbedingungen als empörend.

Am 22. 6. 2006 wurde Montenegro als 56. Mitgliedsland in die OSZE aufgenommen.

WTO Welthandelsorganisation

World Trade Organization (WTO);
Organisation mondiale du commerce (OMC)

154 Rue de Lausanne, CH-1211 Genf 21
T 00 41/22/739 51 11, Fax 731 42 06
www.wto.org

▪ **Gründung** am 15. 4. 1994 in Marrakesch (Marokko) als Dachorganisation für die internationalen Handelsbeziehungen. Die WTO-Verträge umfassen – neben dem Abkommen über die Schaffung der Organisation selbst – das **Allgemeine Zoll- und Handelsabkommen GATT** (General Agreement on Tariffs and Trade) von 1947; das **Allgemeine Abkommen über den Handel mit Dienstleistungen GATS** (General Agreement on Trade in Services); das **Abkommen über handelsrelevante Urheberrechte TRIPS** (Agreement on Trade-Related Aspects of Intellectual Property Rights); ein Abkommen über das Streitschlichtungsverfahren, ein Abkommen über die Überprüfung der Handelspolitiken der Mitglieder sowie weitere sektorale Vereinbarungen. Die Abkommen traten (mit Ausnahme des GATT) am 1. 1. 1995 in Kraft. ▪ **Ziele und Aufgaben**: Die WTO soll die internationalen Handelsbeziehungen durch bindende Regelungen auf der Basis des Freihandels organisieren. Sie dient als Forum für internationale Verhandlungen und stellt Streitschlichtungsmechanismen bereit. Darüber hinaus soll sie Entwicklungsländer in Handelsfragen unterstützen und Handelspraktiken ihrer Mitgliedstaaten überprüfen. Sie stützt sich dabei auf die GATT-Prinzipien, die mit Gründung der WTO über den Handel mit Gütern hinaus auf weitere Bereiche, v. a. den Dienstleistungshandel, ausgedehnt wurden: Gegenseitigkeit (die handelspolitischen Leistungen, die sich die Signatare gegenseitig einräumen, müssen gleichwertig sein), Liberalisierung (Abbau von Zöllen und nichttarifären Handelshemmnissen) und Meistbegünstigung (Zoll- und Handelsvorteile, die sich zwei Mitglieder gegenseitig einräumen, sollen allen Signataren zugute kommen). ▪ **Mitglieder** (149, → Tabelle): Am 11. 12. 2005 wurde Saudi-Arabien als Vollmitglied aufgenommen; nächster Beitrittskandidat ist Tonga (beschlossen am 15. 12. 2005); 31 Staaten haben Beobachterstatus, der – ausgenommen beim Vatikan – an die Aufnahme von Beitrittsverhandlungen innerhalb von 5 Jahren gebunden ist. 2005 wurden Beitrittsverhandlungen mit Serbien und Montenegro aufgenommen, die für jedes Land geführt werden. Die 2004/05 beschlossenen Aufnahmegespräche mit Afghanistan, Iran und Irak wurden noch nicht begonnen. Als einzige internationale Organisation ist auch die Europäische Union (→ EU), vertreten durch die Kommission, seit 1995 Mitglied der WTO; alle 25 EU-Mitglieder nehmen jedoch an den Verhandlungen regelmäßig auch mit eigenen Vertretern teil. Andere internationale Organisationen haben Beobachterstatus in den verschiedenen Gremien der WTO; Beobachterstatus im Allgemeinen Rat haben gemäß WTO-Vertrag IWF, Weltbank und WIPO, ferner die UN und UNCTAD sowie FAO, ITC und OECD. ▪ **Hauptorgane**: Ministerkonferenz als oberstes Beschlussorgan in allen von den WTO-Verträgen genannten Angelegenheiten, tagt mindestens alle zwei Jahre, bislang 1996 in Singapur, 1998 in Genf, 1999 in Seattle, 2001 in Doha (Katar), 2003 in Cancún (Mexiko) und 2005 in Hongkong (→ Chronik); Allgemeiner Rat mit Vertretern aller Länder, Beschlussorgan zwischen den Ministerkonferenzen mit Sitz in Genf, fungiert auch als Streitschlichtungsorgan (Dispute Settlement Body) und Organ zur Überprüfung von Handelspraktiken (Trade Policy Review Body); weitere Räte für Warenhandel (GATT-Rat), Dienstleistungshandel (GATS) und für handelsbezogene Aspekte der Rechte auf geistiges Eigentum (TRIPS); das Generalsekretariat untersteht einem **Generaldi-**

rektor: Pascal Lamy (Frankreich) ▪ **Personal**: 630 Mitarbeiter ▪ **Finanzierung** durch die Mitgliedstaaten, Haushalt 2005: 105 Mio. €

CHRONIK Die 6. Ministerkonferenz der WTO fand vom 13.–18. 12. 2005 in Hongkong unter Vorsitz des Hongkonger Handelsministers John Tsang mit 5800 Delegierten der 149 Mitgliedsländer, mehreren tausend Lobbyisten, darunter 2167 Vertretern von Nichtregierungsorganisationen, und 3207 Journalisten statt. Zum Schutz der Konferenz, nicht zuletzt vor den 5000 angereisten Globalisierungsgegnern, waren 9000 Polizisten im Einsatz.

Hauptanliegen war es, die Doha-Runde (benannt nach der 4. Ministerkonferenz 2001 in Doha) über Maßnahmen zur Liberalisierung des Handels zu Ende zu bringen. Dies war auf der 5. Ministerkonferenz 2003 in Cancún gescheitert, da die Entwicklungsländer (G20) unter Führung Brasiliens und Indiens das aus ihrer Sicht unzureichende Vertragswerk ablehnten.

WTO-Generalsekretär Lamy, der noch in Cancún als EU-Handelskommissar die Interessen der europäischen Bauern und die Agrarsubventionen verteidigt und damit zum Scheitern der Konferenz beigetragen hatte, erklärte zu Beginn der Konferenz in Hongkong, das geplante neue Handelsabkommen sei die beste Möglichkeit, Armut zu bekämpfen.

Hauptstreitpunkte waren wie in Cancún die Forderung der G20, dass die Industrieländer zuerst die Einfuhrzölle und Exportsubventionen für Agrarprodukte (EU u. a. Zucker, USA Baumwolle sowie Textilien und Japan Reis) abschaffen sollten, bevor die Schwellen- und Entwicklungsländer ihre Industriezölle senkten. In der Abschlusserklärung einigte man sich auf folgende Ergebnisse: Die Modalitäten der weiteren Liberalisierung des Welthandels sollen erst

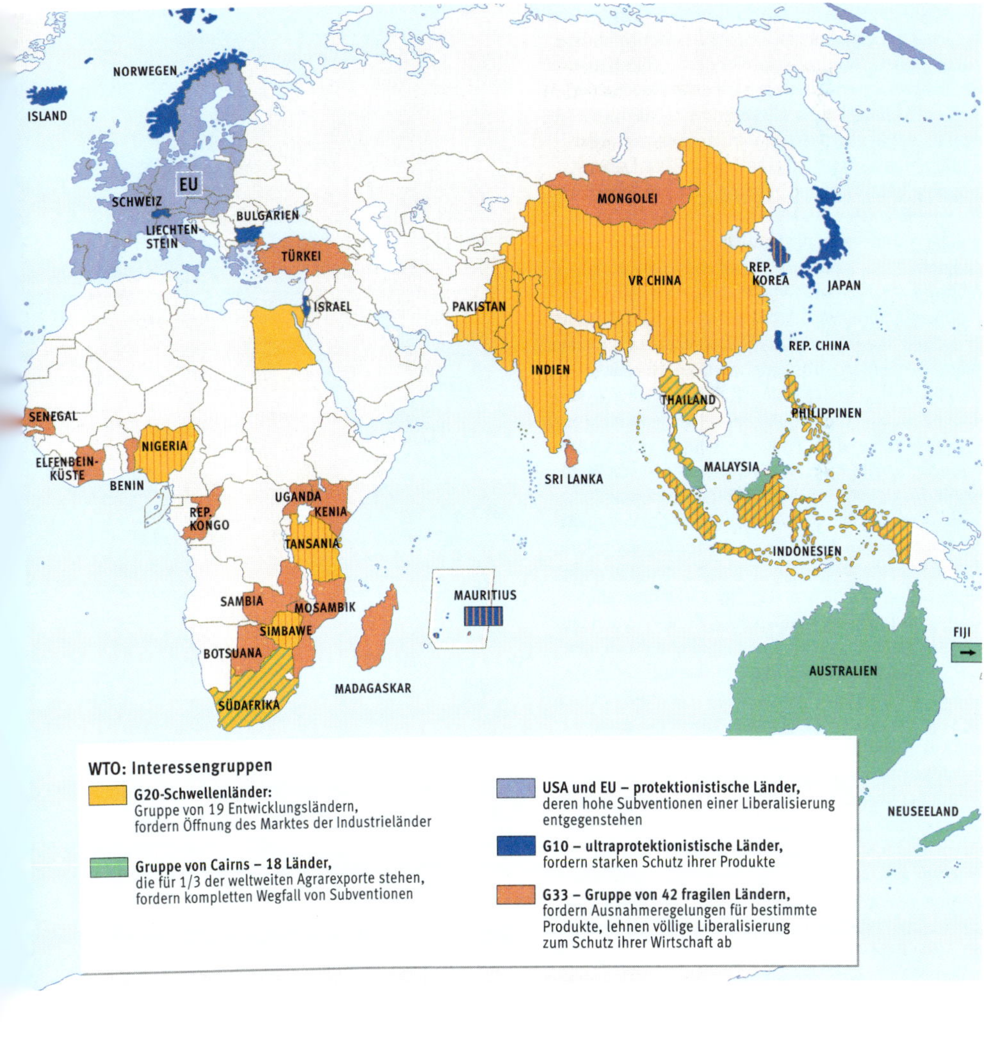

bis Ende April 2006 festgelegt werden. Festgehalten wird am Ziel, die Doha-Runde bis Ende 2006 abzuschließen sowie die Zölle auf Industriegüter nach der »Schweizer Formel« zu senken, wonach hohe Zölle stärker reduziert werden müssen. Die Agrar-Exportsubventionen sollen bis Ende 2013 abgeschafft werden, die Exportsubventionen für Baumwolle bereits bis Ende 2006 (in den USA 250 Mio. US-$, nicht jedoch die Direktsubventionen an die Baumwollfarmer in Höhe von 4 Mrd. US-$). Eingkeit wurde über einen Vorschlag Europas erzielt, den 50 am wenigsten entwickelten Staaten (least developed countries, LCD, von denen 32 Mitglied der WTO sind) zoll- und quotenfreie Exporte der meisten Waren in die Industrieländer zu ermöglichen. Davon ausgeschlossen wurden aber einige der wenigen Produkte wie z. B. Textilien und Zucker, bei denen sie konkurrenzfähig sind.

Am Rande der Konferenz kam es wie schon bei den vorangegangenen Treffen zu heftigen Auseinandersetzungen der Polizei mit Globalisierungsgegnern und Bauernvertretern. Entwicklungshilfeorganisationen kritisierten das Festhalten an einer generellen Senkung von Zöllen, insbesondere nach der Schweizer Formel, die Entwicklungsländer stärker treffe als die Industriestaaten, sowie die zögerliche Senkung der Agrarsubventionen in den entwickelten Staaten. Die Entwicklungsländer bräuchten einen erhöhten Zollschutz, um eine eigene Industrie aufbauen zu können. Demgegenüber protestieren die Landwirte der Industrie- und der Schwellenländer gegen den Abbau der Agrarsubventionen, der ihre Arbeitsplätze vernichte.

Am 29. 1. 2006 wurden die Verhandlungen über den weiteren Fortgang der Doha-Runde in Davos wieder aufgenommen. Ein zweitägiges Treffen der »Sechser-Gruppe« (EU, USA, Japan, Australien, Brasilien und Indien) am 11./12. 3. in London brachte jedoch keine Fortschritte. Das Ziel, bis 30. 4. eine Agenda festzulegen, wurde nicht erreicht. Ein weiteres Sondertreffen wurde am 1. 7. ergebnislos abgebrochen, nachdem die Differenzen über die Agrarhilfen der reichen Staaten nicht überbrückt werden konnten. Zugleich wurde Generaldirektor Lamy beauftragt, einen Ausweg aus der Sackgasse zu suchen; das Ziel war ein Rahmenvertrag bis Ende Juli 2006, in dem die WTO-Mitglieder konkret festlegen, wie weit sie ihre Märkte für Agrarprodukte und Industriegüter öffnen werden.

Sonstige Ereignisse: Am 24. 11. 2005 setzte die EU eine Entscheidung des WTO-Streitschlichtungsorgans um und verabschiedete eine neue Zuckermarktordnung, wonach bis 2010 der Garantiepreis für Zucker von derzeit 631,90 Euro pro Tonne um 36 % gesenkt wird.

In der Auseinandersetzung über die Einfuhr gentechnisch veränderter Produkte in die EU gab die WTO am 10. 5. 2006 den Klagen der USA, Kanadas, Argentiniens u. a. Staaten aus dem Jahre 2003 statt und erklärte die langen Zulassungsverfahren und das faktische Importverbot für illegal.

Regionale Handelsabkommen

In den 1990er Jahren stieg die Zahl der regionalen Handelsabkommen stark an, Mitte 2005 waren rd. 300 bei der WTO gemeldet, davon 168 in Kraft. Mit den dadurch geschaffenen Regeln und Zollsätzen entstanden höchst unterschiedliche und kaum mehr überschaubare Marktzutrittsbedingungen – und damit die Gefahr, dass das Prinzip der Meistbegünstigung im Welthandel durch politisch motivierte Verträge ausgehöhlt wird. Dieses Prinzip kommt vor allem kleineren Staaten entgegen: So gilt der Zollsatz für ein Produkt, den etwa die USA mit der EU bilateral ausgehandelt haben, auch für alle anderen Handelspartner.

Galten regionale Abkommen – etwa eine Zollunion oder ein bilateraler Freihandelsvertrag – vor allem in den 1970/80er Jahren als zweitbeste Lösung, die sich dann häuften, wenn multilaterale Handelsrunden ins Stocken gerieten, so entwickelten sie sich in den 1990er Jahren zu einer eigenständigen, oftmals außenpolitisch motivierten Form der Marktöffnung. So werden »regionale« Handelsabkommen inzwischen immer häufiger über Kontinente hinweg geschlossen. Insbesondere wurden sie – vor allem in der westlichen Hemisphäre und in Asien – nach der gescheiterten WTO-Konferenz in Cancún 2003 und dem dadurch bedingten Stillstand in der Welthandelsrunde vereinbart. Während weltweit nur wenige Staaten noch keine regionalen Handelsvereinbarungen abgeschlossen haben (z. B. die Mongolei), wickelt die EU unterdessen mit nur noch elf Staaten, darunter den USA, ihren Handel nach den multilateral vereinbarten WTO-Zöllen ab; die anderen WTO-Mitglieder kommen in den Genuss von Präferenzen.

Untersagt sind regionale Abkommen von der WTO als GATT-Nachfolgerin nicht, aus einem einfachen Grund: sie sind keineswegs immer schädlich, da sie auch Motor der weltweiten Liberalisierung sein können. Allerdings überprüft die WTO, ob Artikel 24 des GATT-Vertrags beachtet wird: Das Diskriminierungsverbot (und damit die Meistbegünstigung) darf nur dann durch Präferenzzölle umgangen werden, wenn bestimmte – allerdings vage formulierte – Kriterien erfüllt sind. Gefordert wird lediglich, dass ein »substanzieller Teil des Handels« vom Abkommen erfasst wird – also keine gezielte Branchenförderung erfolgt – und das Abkommen bei der WTO registriert wird. Da inzwischen fast jedes WTO-Mitglied regionale Handelsverbindungen vereinbart hat und somit als befangen gilt, ist diese Unbedenklichkeitsempfehlung heute weniger verlässlich denn je. Angesichts dieser Interessenlage schätzen Experten es als wenig wahrscheinlich ein, dass die Kriterien für regionale Verträge in der laufenden Doha-Runde strenger gefasst werden. Langfristig könnte nach Ansicht der WTO nur der völlige Abbau aller WTO-Zölle das Gewirr an regionalen Abkommen beseitigen, denn: regionale Präferenzen nützen nichts, wenn alles zollfrei ist.

WIRTSCHAFT

Für alle folgenden Zahlenangaben, insbesondere die Produktionstabellen, gilt: Die Zahlen für 2004 und 2005 sind häufig vorläufig und beruhen meist auf Schätzungen, z. B. der UN oder von Wirtschaftsforschungsinstituten. Daten für die VR China enthalten keine Angaben zur Rep. China (Taiwan) und zu Hongkong, sofern nicht anders angegeben.« Fachbegriffe werden im → Glossar erläutert.

Die Wirtschaft im globalen Überblick

Die **Weltwirtschaft** wuchs 2005 weniger stark als im Vorjahr, aber wesentlich stärker als erwartet. Die Deutsche Bundesbank schrieb in ihrem Jahresbericht: »Die Weltwirtschaft ist 2005 trotz erheblicher Belastungen durch stark gestiegene Energie- und Rohstoffpreise auf Wachstumskurs geblieben.« Sie hat die »Belastungen durch die Energie- und Rohstoffverteuerung im Jahr 2005 bemerkenswert gut verkraftet«. Insgesamt erhöhte sich die globale Wertschöpfung 2005 um 4,8 %, verglichen mit 5,3 % im Vorjahr (nach IWF-Berechnungen).

Stützen der Weltkonjunktur waren 2005 wiederum die USA, vor allem aber die ostasiatischen Schwellenländer, insbesondere China, mit ungebrochener wirtschaftlicher Dynamik. Daneben profitierten von den stark steigenden Rohstoffpreisen natürlich die Lieferländer, die einen Großteil der zusätzlichen Einnahmen für Importe aus den Industriestaaten ausgaben. Deren Wirtschaft litt daher weniger unter den Preiserhöhungen als zunächst befürchtet. Wegen der starken Zunahme der Industrie- und Rohstoffproduktion expandierte der Welthandel real um 7 %. Dies ist weniger als im Vorjahr (10,5 %), aber wesentlich mehr als im langjährigen Durchschnitt.

Die Wirtschaftsentwicklung in den **Industriestaaten**, den »advanced economies« nach der Terminologie des IWF, verlor gegenüber dem Vorjahr an Dynamik und erreichte 2005 ein Wachstum von 2,7 % (2003 2,0 % – 2004 3,3 %). Die sieben wichtigsten westlichen Industriestaaten (G7) als Teil dieser Gruppe kamen ebenfalls nur auf 2,7 %, obwohl die USA mit 3,6 % und Kanada mit 4,6 % ein wesentlich höheres Ergebnis erzielten. Der Durchschnittswert wurde jedoch durch das geringe Wachstum von Deutschland, Italien (je 0,9 %), Frankreich (1,4 %) und Großbritannien (1,8 %) gedrückt. Die EU als Ganzes bzw. der Euroraum (+1,3 %) kamen ebenfalls wegen der Wachstumsschwäche ihrer großen Mitglieder nur auf eine unterdurchschnittliche Zuwachsrate. Das Gesamtwachstum der Industriestaaten setzte sich daher aus sehr unterschiedlichen Einzelbeiträgen zusammen: ostasiatische, pazifische und nordamerikanische Staaten mit deutlichem Wirtschaftswachstum (z. B. Singapur 6,4 %, Rep.China / Taiwan 4,1 %, Rep. Korea 4,0 %, USA 3,5 %) und europäische Länder mit einer Spannweite des Wachstums zwischen Irland (5,5 %) und Island (4,7 %) einerseits und Italien (0,1 %), Portugal (0,3 %) und Deutschland (0,9 %) andererseits.

Wachstum der Weltwirtschaft 1970–2011

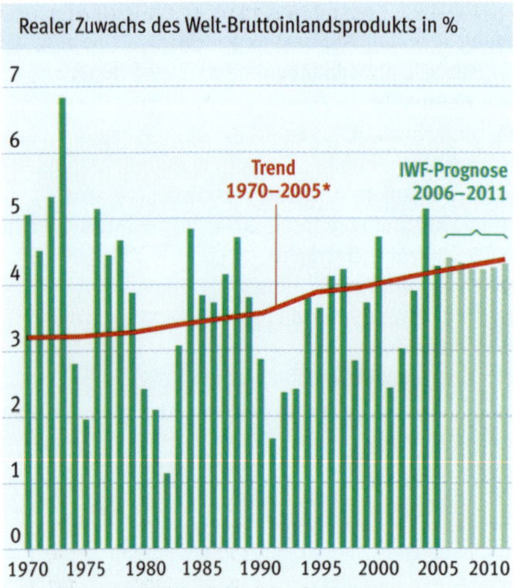

* Wachstumsrate im langjährigen Durchschnitt auf der Basis von Umrechnungen nach Kaufkraftparität

Quelle: IWF 2006

Globale Verteilung des Weltwirtschaftsergebnisses 2004

Staatengruppe	Bruttosozialprodukt in Mrd. US-$	Bevölkerung in Mio.	Bruttonationaleinkommen je Einw. in US-$
Länder mit niedrigem Einkommen	1184,3	2338,1	510
Länder mit mittlerem Einkommen	6594,2	3006,2	2190
(untere Kategorie)	3846,9	2430,3	1580
(obere Kategorie)	2747,8	575,9	4770
Länder mit hohem Einkommen	32064,0	1000,8	32040
Welt insgesamt	39833,6	6345,1	6280

Quelle: Weltbank

In den **Entwicklungsländern** verminderte sich das Wachstumstempo leicht, der Zuwachs betrug aber erneut 7,2 % nach 7,6 % (2004). Die Unterschiede zwischen den Weltregionen wurden geringer, das Wirtschaftswachstum betrug im Jahr 2005 4,3 % in Lateinamerika, 5,2 % in Afrika, 5,9 % im Nahen Osten, 6,5 % in der GUS und in Zentralasien und 8,6 % in Süd- und Ostasien.

Die **Weltwirtschaft** war auch 2005/06 geprägt durch mehrere grundlegende globale Rahmenbedingungen bzw. Entwicklungstendenzen. Diese bestehen teilweise schon seit längerem, entstanden z. T. aber auch erst in den letzten Jahren:

- die **enormen wirtschaftlichen Ungleichgewichte zwischen den einzelnen Staatengruppen**, insbesondere zwischen den Industrieländern in Europa, Nordamerika, Ostasien und Australien mit – im Durchschnitt gesehen – wohlhabender Bevölkerung und andererseits den Entwicklungsländern, in denen trotz teilweise beachtlicher Wachstumsraten immer noch ein großer Teil der Bevölkerung in Armut, unzureichend ernährt und unter menschenunwürdigen Bedingungen lebt;
- die auch 2005/06 **weiter zunehmenden Internationalisierungs- und Globalisierungstendenzen**, die sich vor allem in immer engerer weltweiter Verflechtung der Güterproduktion, der Dienstleistungs- und der Finanzmärkte, in der starken Intensität des Warenaustausches (Welthandel) und im hohen Niveau des internationalen Reiseverkehrs (Tourismus) zeigen;
- die **hohe Arbeitslosigkeit bzw. Unterbeschäftigung** in fast allen Entwicklungs- und vielen Industrieländern. Fast weltweit bestehen konjunkturell, vor allem aber strukturell bedingte Probleme, für die Bevölkerung adäquate Arbeitsplätze zu schaffen;
- die weltweit extrem **ungleiche demografische Entwicklung**. Sie ist gekennzeichnet durch niedrige Geburtenzahlen und daraus folgende Bevölkerungsrückgänge und starke Überalterungstendenzen in den meisten europäischen Staaten und andererseits hohe Wachstumsraten der Bevölkerung in den meisten Entwicklungsländern aufgrund ausgeprägter Geburtenüberschüsse;
- der große **Einfluss der Rohstoffpreise** auf die Konjunktur und die Wirtschaftsentwicklung in den Industriestaaten, die 2005/06 unter stark steigenden Preisen vor allem für Energierohstoffe, aber auch für viele Metalle litten (→ Bergbau und Rohstoffe);
- das wachsende **Ausmaß negativer ökologischer Folgen der intensiven Wirtschaftstätigkeit**. Diese Auswirkungen der Wirtschaft auf die Umwelt wurden lange Zeit kaum beachtet, führen aber neuerdings immerhin in den meisten Industriestaaten zu einer allmählichen Bewusstseinsveränderung und zu Gegenmaßnahmen (→ Umwelt);

Die zehn Staaten mit dem höchsten Bruttoinlandsprodukt (zu Marktpreisen)
in Mrd. US-$

	2004	2003	2002	2000
USA	12 150,9	10 945,8	10 110,1	9 601,5
Japan	4 749,9	4 389,8	4 265,6	4 519,1
Deutschland	2 489,0	2 084,6	1 870,4	2 063,7
Großbritannien	2 016,4	1 680,3	1 486,2	1 459,5
Frankreich	1 858,7	1 523,0	1 342,7	1 438,3
VR China	1 676,8	1 417,3	1 209,5	1 062,9
Italien	1 503,6	1 243,0	1 097,9	1 163,2
Kanada	905,6	756,8	700,5	649,8
Spanien	875,8	698,2	594,1	595,3
Mexiko	703,1	637,2	596,7	497,0

Quelle: Weltbank

- die seit dem New Yorker Terroranschlag vom 11. 9. 2001 zunehmend ins Bewusstsein der Bevölkerung gerückte latente **Bedrohung durch Terror und regionale Kriege**, die sich angesichts der globalen Vernetzung der Wirtschaft auf viele Branchen, vor allem Handel, Verkehr und Tourismus, lähmend und wachstumshemmend auswirken können.

Die **globale Wertschöpfung**, d. h. das gesamte auf der Erde erwirtschaftete Sozialprodukt, betrug nach Berechnungen der Weltbank 2004 rd. 39,834 Billionen US-$ (6280 US-$ pro Kopf im Weltdurchschnitt). Bei einer Umrechnung der nationalen Währungen nach Kaufkraftparität betrugen die Werte 55,584 Billionen US-$ bzw. 8760 US-$ pro Kopf. Die enormen Unterschiede zwischen einzelnen Staaten werden durch die Tabellen deutlich.

Das **weltweite Wohlstandsgefälle und die Unterschiede im Wirtschaftswachstum zwischen reichen und armen Staaten** haben sich in den letzten Jahrzehnten bis in die Gegenwart nicht verringert, sondern eher noch vergrößert. Auch wenn sich keine wesentliche Umverteilung des globalen Wohlstands abzeichnete, konnten in den letzten 25–30 Jahren trotzdem zwei Gruppen von Staaten den Abstand zu den wohlhabenden altindustrialisierten Ländern beträchtlich verringern:

Die zehn reichsten Staaten
Bruttonationaleinkommen je Einwohner in US-$ (ohne Kleinststaaten)

	2004	2003	2002	2000
Luxemburg	56 230	43 940	38 830	42 060
Norwegen	52 030	43 350	37 850	34 530
Schweiz	48 230	39 880	37 930	38 140
USA	41 400	37 610	35 060	34 100
Dänemark	40 650	33 750	30 290	32 280
Island	38 620	30 810	28 590	30 390
Japan	37 180	34 510	33 550	35 620
Schweden	35 770	28 840	24 820	27 140
Irland	34 280	27 010	23 030	22 660
Großbritannien	33 940	28 350	25 250	24 430

Quelle: Weltbank

Die zehn ärmsten Staaten
Bruttonationaleinkommen je Einwohner in US-$ (ohne Kleinststaaten)

	2004	2003	2002	2000
Tadschikistan	280	190	180	180
Niger	230	200	170	180
Sierra Leone	200	150	140	130
Eritrea	180	190	160	170
Malawi	170	170	160	170
Guinea-Bissau	160	140	150	180
Dem. Rep. Kongo	120	100	90	80
Liberia	110	130	150	140
Äthiopien	110	90	100	100
Burundi	90	100	100	110

Quelle: Weltbank

Zuverlässigkeit und Vergleichbarkeit internationaler Wirtschaftsdaten

Vergleiche von Wirtschaftsdaten verschiedener Länder sind häufig problematisch. Einerseits beruhen Statistiken über Entwicklungsländer mit nur gering ausgebildeter Verwaltungsinfrastruktur häufig auf groben Schätzungen und sind daher nur bedingt mit entsprechenden Daten wirtschaftlich hoch entwickelter Länder zu vergleichen, andererseits leidet z. B. bei Finanzstatistiken die Vergleichbarkeit durch den Zwang zur Umrechnung. So muss berücksichtigt werden, dass stärkere Veränderungen des BIP in aufeinander folgenden Jahren auch auf geänderten Wechselkursen gegenüber dem US-$ beruhen können. Abgesehen davon ergibt sich eine gewisse Verzerrung der Ergebnisse und ihrer Vergleichbarkeit durch die Tatsache, dass sie zu offiziellen Wechselkursen – die nicht immer dem wirklichen Wert entsprechen – in US-$ umgerechnet werden. Um diesen Fehler auszuschalten, wird zunehmend statt des aktuellen Wechselkurses der KKP-Kurs (Kaufkraftparität) angewandt (englisch: PPP = »purchasing power parity«). Bei Anwendung des KKP-Kurses hat ein US-$ die gleiche Kaufkraft bezogen auf das BNE des jeweiligen Landes wie der $ bezogen auf das BNE der USA.

Insbesondere bei Entwicklungsländern ergeben sich große Unterschiede zwischen beiden Umrechnungsmethoden. So erreicht Indien ein BIP pro Kopf (2004) von 620 US-$ bei Anwendung des offiziellen Wechselkurses, dagegen von 3100 US-$ bei Kaufkraftparität. Für Brasilien lauten die entsprechenden Zahlen 3090 bzw. 8020 US-$.

Der so genannte informelle Sektor ist ein weiterer wichtiger Grund für die sehr begrenzte Vergleichbarkeit von Wirtschaftsdaten – insbesondere im Vergleich zwischen Industrie- und Entwicklungsländern. Neben dem statistisch erfassten Teil der Wirtschaft besteht eine »Schatten«- oder »Parallelwirtschaft« (»informeller Sektor«), deren beachtliche Leistungen weder steuerlich noch statistisch erfasst werden. Der Anteil dieser illegalen (z. B. Drogenhandel, »Schutzgeld«-Erpressung) bis halblegalen Wirtschaft, die aber in vielen Ländern stillschweigend geduldet wird, liegt beispielsweise in Ländern Lateinamerikas, aber auch in Indien, nach Weltbankschätzungen bei fast 50 % der Gesamtwirtschaft. Diese Summen müssten also zum amtlichen BNE oder BIP hinzugezählt werden.

Auch in westlichen Industrieländern liegt die »Schattenwirtschaft« in Form von »Schwarzarbeit« inzwischen bei 5–25 % des offiziellen BNE – mit zunehmender Tendenz. Für Italien und Griechenland werden 25 % geschätzt, für die west- und nordeuropäischen EU-Staaten zwischen 12–16 %. Für Deutschland kommen Schätzungen von 2006 ebenfalls auf 16 %. Ein Anreiz für Schwarzarbeit sind insbesondere hohe Umsatz- und Einkommensteuern und eine stark regulierte Wirtschaft.

Weitere Probleme der Vergleichbarkeit ergeben sich durch unterschiedliche Begriffsdefinitionen. So wird die Abgrenzung zwischen sekundärem und tertiärem Sektor der Wirtschaft nicht einheitlich gehandhabt (→ Globale Entwicklung des tertiären Sektors), und Arbeitslosenstatistiken verschiedener Länder sind schwer vergleichbar, weil die Berechnung der Quote unterschiedlich erfolgt.

- die Erdöl exportierenden Staaten der arabischen Halbinsel seit Ende der 1970er Jahre und
- die seit den 1980er Jahren weit überdurchschnittlich wachsenden Schwellenländer Ost- und Südostasiens.

Trotz Wachstumskrisen in den 1990er Jahren und um 2001/02 zählen sie derzeit wieder weltweit zu den raschest wachsenden Volkswirtschaften. Bis Ende des ersten Jahrzehnts des 21. Jahrhunderts könnten weitere Schwellenländer Asiens und Lateinamerikas durch überdurchschnittliches Wachstum in die Gruppe der Industriestaaten aufrücken. Der Internationale Währungsfonds (IWF) hat erstmals 1997 mehrere dieser Staaten aus der Gruppe der Schwellenländer herausgenommen und den Industrieländern (»advanced economies«) zugeordnet: Israel, Rep. Korea, Hongkong, Singapur und Rep. China (Taiwan).

Als nächste Ländergruppe dürften vermutlich die **Transformationsländer Ostmittel- und Osteuropas**, die seit 2004 der EU angehören, wegen des dadurch verursachten Wachstumsschubes durch überdurchschnittlich steigende Wirtschaftsergebnisse zu den wohlhabenden Industriestaaten aufschließen.

Beschäftigungsprobleme und Arbeitslosigkeit

Beschäftigungs- und Arbeitsmarktfragen und das Problem der Arbeitslosigkeit zählten auch 2005/06 in vielen Staaten, insbesondere auch in Deutschland, zu den größten wirtschaftspolitischen Problemen. In einigen europäischen Industriestaaten besserte sich zwar die Situation, doch verhinderte das meist nur mäßige Wirtschaftswachstum stärkere Fortschritte beim Abbau der Arbeitslosigkeit. Besonders brisant ist die Problemlage in vielen außereuropäischen Ländern, wo die Diskrepanz zwischen der Zahl und Qualität der zur Verfügung stehenden Arbeitsplätze und der Zahl der Arbeit suchenden Menschen weiter wuchs.

Arbeitslosigkeit hat sich in Industrie-, aber mehr noch in Entwicklungsländern zu einem der größten wirtschafts- und sozialpolitischen Probleme zu Beginn des 21. Jahrhunderts entwickelt. Nach Schätzungen von Experten, u. a. der Internationalen Arbeitsorganisation (ILO) in Genf, betrug 2005 die Zahl der Arbeitslosen weltweit rd. 182 Mio.; die Quote betrug demnach 6,1 %. Diese Zahl ist allerdings wenig aussagekräftig, da in vielen Entwicklungsländern Arbeitskräfte und Arbeitsuchende nicht statistisch erfasst werden. Für realistisch wird die Schätzung gehalten, dass weltweit rd. 25 % aller erwerbsfähigen Menschen arbeitslos oder unterbeschäftigt sind. Hierbei bestehen große regionale Unterschiede. So schätzt die ILO 2004 die Arbeitslosigkeit in Ostasien auf 3,3 %, im Nahen Osten und in Nordafrika auf 11,7 %.

In den **Entwicklungsländern** entsteht das Problem der Arbeitslosigkeit hauptsächlich durch das Bevölkerungswachstum und die starke Abwanderung vom Land in die Städte. Die Landwirtschaft kann die wachsende Bevölkerung nicht mehr ausreichend ernähren (»push«-Faktor) bzw. die Städte locken mit ihrem höheren Lebensstandard und der Aussicht auf sozialen Aufstieg (»pull«-Faktor). Die Zahl der neu entstehenden Arbeitsplätze im städtischen Industrie- oder Dienstleistungssektor ist jedoch längst nicht ausreichend, um die Masse der Zuwanderer zu beschäftigen, die in der Regel arbeitslos bleiben oder höchstens im »informellen Sektor« eine Beschäftigung finden. Mehr als 50 % Arbeitslosigkeit unter der Stadtbevölkerung von ärmeren Entwicklungsländern sind keine Seltenheit. Vor allem die Jugendarbeitslosigkeit ist hier enorm hoch. Sie wird für die meisten afrikanischen und asiatischen Entwicklungsländer auf über 25 % geschätzt.

In den **Industriestaaten** geht das Problem der Arbeitslosigkeit vor allem auf die hohen Kosten menschlicher Arbeit zurück. Da die Lohn- und Lohnnebenkosten in den letzten Jahrzehnten kontinuierlich angestiegen sind, wird in allen Wirtschaftszweigen versucht, die Zahl der Arbeitskräfte zu reduzieren und Arbeitsvorgänge zu vermeiden oder zumindest zu automatisieren. Insbesondere in der Industrieproduktion wurde (und wird) Handarbeit durch Automaten und Roboter ersetzt, aber auch im Dienstleistungsbereich wurde kräftig Personal durch Rationalisierung und Automatisierung abgebaut (z. B. Verkaufspersonal durch Selbstbedienung, Bankpersonal durch Geldautomaten und online-banking, Bahnpersonal durch Fahrkartenautomaten und schaffnerlose Züge usw.). Vor allem die Arbeitsplätze für an- und ungelernte Kräfte, die wenig zur volkswirtschaftlichen Wertschöpfung beitragen, wurden stark reduziert, und bisher ist kein Ende dieses Trends erkennbar. Im Gegenteil: Mit zunehmender Globalisierung und damit verstärkter internationaler Wirtschaftsverflechtung spielen Unterschiede der Lohnkosten eine wachsende Bedeutung, da Unternehmen in den europäischen »Hochlohnländern« direkt mit entsprechenden Konkurrenten in »Niedriglohnländern« im Wettbewerb stehen.

In neuen Industrien und im Dienstleistungsbereich kann die Wirtschaft in den ökonomisch hoch entwickelten Ländern selbst in Zeiten der Hochkonjunktur nicht so viele gleichwertige neue Arbeitsplätze schaffen, wie in schrumpfenden Bereichen verloren gehen. Selbst Wachstumsraten der Wirtschaft von 3–4 % ließen vielfach die Arbeitslosenquote nur um 0,5–1 %-Punkte fallen.

Industriestaaten mit besonders hoher Arbeitslosigkeit

	2005	2004	2003	2000
Griechenland	9,9 %	10,5 %	9,7 %	11,4 %
Frankreich	9,6 %	9,5 %	9,5 %	9,1 %
Spanien	9,2 %	11,0 %	11,5 %	13,9 %
Deutschland	9,1 %	9,2 %	8,8 %	6,9 %
Israel	9,0 %	10,3 %	10,7 %	8,7 %
Finnland	8,4 %	8,8 %	9,0 %	9,8 %
Italien	8,1 %	8,3 %	8,2 %	10,6 %

Quelle: World Economic Outlook

Industriestaaten mit besonders niedriger Arbeitslosigkeit

	2005	2004	2003	2000
Luxemburg	4,2 %	3,9%	3,9 %	2,5 %
Neuseeland	3,7 %	3,9 %	4,7 %	6,0 %
Rep. Korea	3,7 %	3,7 %	3,6 %	4,4 %
Schweiz	3,4 %	3,5 %	3,4 %	1,7 %
Zypern	3,3 %	3,6 %	3,5 %	3,4 %
Singapur	3,0 %	3,4 %	4,0 %	2,7 %
Island	2,1 %	3,1 %	3,4 %	1,3 %

Quelle: World Economic Outlook

Dazu kommt, dass in vielen Fällen hoch bezahlte Vollzeitarbeitsplätze durch gering entlohnte Teilzeitarbeitsplätze ersetzt werden. In den wenigen Ländern mit Rückgang der Arbeitslosigkeit entstand der Zuwachs an Arbeitsplätzen vielfach im Teilzeit- und Niedriglohnbereich. Das Wirtschaftsergebnis wird also mit immer weniger Arbeitskräften erreicht bzw. – umgekehrt – das BIP pro Arbeitskraft steigt laufend an.

Die Prognosen für die meisten europäischen Länder gehen für die nächsten Jahre davon aus, dass die Arbeitslosigkeit weniger durch Wirtschaftswachstum als vielmehr durch den Altersstruktureffekt zurückgehen wird (sinkende Bevölkerungszahlen; es scheiden mehr ältere Erwerbstätige aus als jüngere heranwachsen). Darauf deutet auch die Tatsache hin, dass es in gewissen wirtschaftsstarken Regionen bereits einen Mangel an hochqualifizierten Arbeitskräften gibt (z. B. Niederlande, Südengland, Raum Paris).

Weltwährungsfragen, Auslandsinvestitionen und Staatsverschuldung

Das **Weltwährungssystem** blieb auch 2005 relativ stabil, nachdem schon in den Vorjahren die starken Turbulenzen und Wechselkursverschiebungen überwunden worden waren, die die zweite Hälfte der 1990er Jahre geprägt hatten (Wirtschafts- und Finanzkrisen in Japan, Südostasien, Lateinamerika, Russland).

Im Verhältnis der Währungen zueinander war besonders die Wechselkursentwicklung zwischen Euro und US-Dollar Gegenstand vieler Diskussionen. Trotz der Ausweitung des US-Leistungsbilanzdefizits gewann der US-$ im Jahresverlauf beträchtlich an Wert, während der € entsprechend verlor. Die Deutsche Bundesbank sieht einen möglichen Grund in den Turbulenzen um die europäische Verfassung und die künftige Finanzverfassung der EU, während die Stärke der US-amerikanischen Konjunktur auch den $-Kurs stärkte. Insgesamt wertete sich der € im Jahresverlauf 2005 gegenüber dem US-$ um 13,5 % ab. Zum Jahresbeginn kostete der € 1,36 US-$, zum Jahresende nur noch 1,20 US-$. Gegenüber dem britischen £ und dem japanischen Yen war die Euro-Abwertung wesentlich geringer.

Wichtigste Währung im **Devisenhandel** war auch 2005 der US-$ vor dem €, dem Yen und dem britischen £; wichtigster Finanzplatz war Großbritannien vor den USA und Japan. Nach Studien der Europäischen Zentralbank erhöhte sich 2005 die weltweite Bedeutung des € weiter. So stieg der €-Anteil an den globalen Währungsreserven von 16,4 % (2002) auf 19,0 %, während der US-$-Anteil von 67,5 % auf 64,4 % zurückging. An den internationalen Devisenmärkten betrug der Anteil der Transaktionen in € ca. 25 % (US-$ 50 %, £ und ¥ je 10 %).

Der Wechselkurs des € gegenüber US-$, £ und Yen 1999–2006

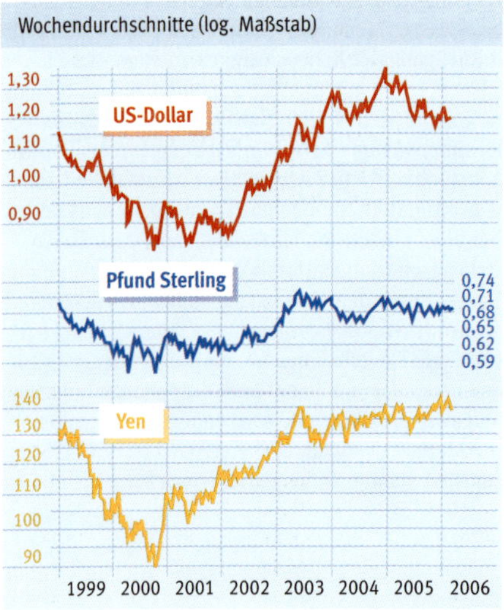

Quelle: Deutsche Bundesbank

Die Globalisierung der Wirtschaft hat in besonders starkem Maß die **Finanzmärkte** erfasst. Sie zeigt sich u. a. in stark angeschwollenen internationalen Kapitalströmen und Finanztransaktionen als Folge der Liberalisierung der Finanzmärkte und der zunehmenden Bedeutung **multinationaler Unternehmen**. Die UN-Konferenz für Handel und Entwicklung (UNCTAD) veröffentlichte in ihrem jährlich publizierten »World Investment Report« einen **»Transnationalitätsindex«** (TNI) für große internationale Konzerne als Verhältnis von Investitionssumme, Umsätzen und Beschäftigten jeweils im Inland (Firmensitz) und im Ausland (100 %= stärkste Multinationalität). Gewisse Firmen mit weltweiter Präsenz kamen 2003 bereits auf einen Index von mehr als 80 %, so z. B. Roche Pharma/Schweiz (91,8 %), Vodafone/Großbritannien (85,1 %), BP/Großbritannien (82,1 %). Unter den großen deutschen Konzernen sind besonders stark global tätig: Siemens (65,3 %), Bertelsmann (60,5 %), BASF (54,9 %), BMW (54,0 %), VW (52,9 %), Bosch (51,9 %), RWE (50,6 %).

Die **Direktinvestitionen der Wirtschaft im Ausland** (so genannte FDI = foreign direct investments) machten auch 2005/06 einen beträchtlichen Anteil der internationalen Kapitalströme aus. Seit Beginn der 1980er Jahre bis zur Jahrtausendwende sind Investitionen in ausländische Produktionsstätten – durch Gründung neuer Werke, Kauf bestehender Unternehmen oder Zusammenschluss von Unternehmen – etwa sechsmal so schnell angestiegen wie das Welthandelsvolumen und haben zu intensiven globalen Finanzverflechtungen geführt. 2000 wurde ein Höhepunkt erreicht; die FDI beliefen sich nach Berechnungen der UNCTAD (»World Investment Report«) weltweit auf 1387,953 Mrd. US-$, wobei etwa 90 % dieser Summe auf Firmenkäufe und Zusammenschlüsse (M & A, »mergers & acquisitions«) entfielen. Seitdem ging das FDI-Volumen stark zurück; 2001 um 41 %, 2002 um 13 % und 2003 um 12 %.

Der Grund für diesen starken Rückgang lag nach Analysen der UNCTAD in einer gewissen Normalisierung nach dem »Platzen« des Informationstechnologiebooms um die Jahrtausendwende, in der Konjunkturabschwächung, in wirtschaftlichen Problemen vieler Industriestaaten und in der Unsicherheit über die weitere Entwicklung angesichts von Kriegs- und Terrorfurcht. 2003–2004 war wieder ein Anstieg der FDI zu verzeichnen; die Investitionssummen ausländischer Investoren erhöhten sich von 632,599 Mrd. US-$ (2003) auf 648,146 Mrd. US-$ (2004).

Bemerkenswert ist nach Meinung der UNCTAD, dass sich der **Schwerpunkt der FDI** immer stärker vom industriellen in den Dienstleistungsbereich verschiebt. 2004 entfielen 63 % der FDI auf Unternehmen des

Die Entwicklung der ausländischen Direktinvestitionen (Empfänger) 1985–2004

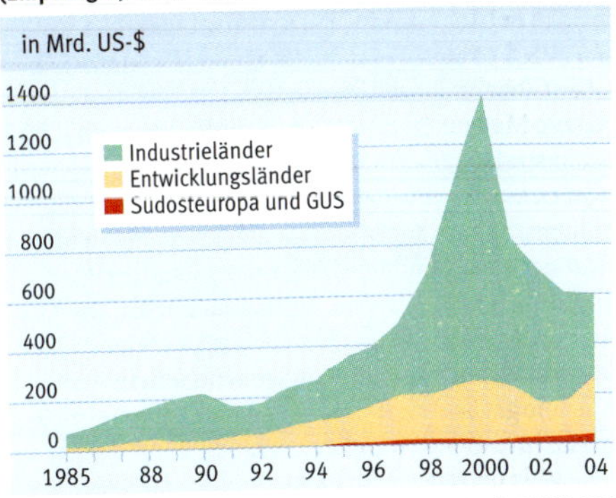

Quelle: UNCTAD 2006

tertiären Sektors (Handel, Verkehr, Tourismus, Finanzdienstleistungen usw.). Auch 2004 betrafen die wichtigsten grenzüberschreitenden Kapitaltransfers Investitionen westeuropäischer und nordamerikanischer Firmen in anderen Industrieländern und in Schwellenländern (z. B. Lateinamerika, Südostasien) sowie umgekehrt US-amerikanische und ostasiatische Investitionen in Europa. In den östlichen Reformländern sowie in den Entwicklungsländern wurde demgegenüber wegen der wirtschaftlichen und politischen Risiken wesentlich weniger investiert. Größere Kapitalströme flossen hier nur nach Russland (11,672 Mrd. US-$), Polen (6,159 Mrd. US-$), Rumänien (5,174 Mrd. US-$), in die Tschechische Republik (4,463 Mrd. US-$) und nach Ungarn (4,167 Mrd. US-$).

Auf Entwicklungsländer entfielen 2004 zwar 36,0 % der Direktinvestitionen, doch der Hauptanteil ging nach China und in die fortgeschrittenen Schwellenländer in Ostasien und Südamerika (Brasilien, Chile, Argentinien). In die 50 am wenigsten entwickelten Länder flossen 2004 nur 10,702 Mrd. US-$, d. h. 1,7 % der weltweiten Auslandsinvestitionen.

Die **Staatsverschuldung** war auch 2005/06 ein heftig diskutiertes Thema der Weltwirtschafts- und Währungspolitik. Entscheidend ist weniger die absolute Schuldenhöhe als vielmehr das Verhältnis von Schulden zu Wirtschaftsleistung und finanzieller Leistungsfähigkeit. So liegt das Hauptproblem bei den Entwicklungsländern in der Unfähigkeit vieler Schuldnerländer, ihre Auslandsschulden fristgerecht zurückzuzahlen. Die USA und viele westeuropäische Staaten sind zwar auch hoch verschuldet, doch handelt es sich weitgehend um Inlandsverschuldung, d. h. Kreditaufnahme bei den eigenen Bürgern. Außerdem haben diese Staaten angesichts ihrer Wirtschaftskraft und des Wohlstands ihrer Bürger keine Probleme mit der Rückzahlung; der Schuldendienst kann lediglich steuer- und finanzpolitisch gefährlich werden und zukünftige Handlungsspielräume und die Investitionsmöglichkeiten der Staaten einengen. Demgegenüber waren viele hochverschuldete Entwicklungsländer auch 2005 nur mit Mühe oder gar nicht in der Lage, ihren Zahlungsverpflichtungen (Zins- und Tilgungsleistungen) voll nachzukommen.

Für die Entwicklungsländer bedeutet die hohe Verschuldung im Ausland nicht nur eine Überforderung ihrer wirtschaftlichen Leistungsfähigkeit. Ihre verlorene Kreditwürdigkeit verhindert auch den dringend benötigten Zufluss von neuem Kapital und bildet ein starkes Hemmnis für ihre Einbindung in den Welthandel.

Die **Auslandsschulden aller Entwicklungsländer** (einschl. Osteuropa und GUS) betrugen nach Angaben der Weltbank (»World Development Report 2006«) 2004 2755,725 Mrd. US-$. Davon entfielen auf die Staaten Lateinamerikas 778,970 Mrd. US-$, die Staaten Osteuropas und Zentralasiens 794,943 Mrd. US-$, die Staaten Afrikas südlich der Sahara 235,056 Mrd. US-$, die Staaten Südasiens 193,933 Mrd. US-$ und die Staaten Nordafrikas und des Nahen Ostens 163,935 Mrd. US-$. Die Schuldendienstzahlungen der Entwicklungsländer beliefen sich 2004 auf 436,5 Mrd. US-$ (Zins und Tilgung). Damit verschlang der

Die wichtigsten Herkunftsländer der weltweiten Direktinvestitionen Investitionssummen im Ausland in Mrd. US-$ (netto)

Land	2004	2003	2000
USA	229,294	119,406	142,626
Belgien / Luxemburg	85,133	137,944	86,362
Großbritannien	65,391	66,457	233,371
Spanien	54,246	30,807	54,675
Frankreich	47,802	53,147	177,449
Kanada	47,453	21,453	44,675
Hongkong	39,753	5,492	59,375
Japan	30,951	28,800	31,558
Schweiz	25,207	15,112	44,673
Italien	19,262	9,071	22,316
Australien	16,288	15,277	0,561
Schweden	15,147	21,238	40,592

Quelle: UNCTAD

Die wichtigsten Empfängerländer der weltweiten Direktinvestitionen Investitionssummen ausländischer Investoren in Mrd. US-$ (netto)

Land	2004	2003	2000
USA	95,859	56,834	314,007
Belgien/Luxemburg	91,366	123,153	88,739
Großbritannien	78,399	20,298	118,764
VR China	60,630	53,505	40,715
Australien	42,594	6.955	13,071
Hongkong	34,035	13,624	61,939
Frankreich	24,318	42,498	43,250
Spanien	18,361	29,013	37,523
Brasilien	18,166	10,144	32,779
Italien	16,815	16,415	13,375
Mexiko	16,602	11,373	15,484
Singapur	16,060	9,331	12,464

Quelle: UNCTAD

Schuldenhöhe ausgewählter Entwicklungs- und Transformationsländer
Auslandsschulden in Mrd. US-$

	2004	2003	2000
VR China	248,934	193,567	149,800
Brasilien	222,026	235,431	237,953
Russland	197,335	175,257	160,300
Argentinien	169,247	166,207	146,172
Türkei	161,595	145,662	116,209
Indonesien	140,649	134,389	141,803
Mexiko	138,689	140,004	150,288
Indien	122,723	113,467	100,367
Polen	99,190	95,219	63,561
Ungarn	63,159	45,785	29,415
Philippinen	60,550	62,663	50,063
Malaysia	52,145	49,074	41,797
Thailand	51,307	51,793	79,675
Chile	44,058	43,231	36,978
Nigeria	35,890	34,963	34,134
Pakistan	35,687	36,345	32,091
Venezuela	35,570	34,851	38,196

Quelle: World Development Report 2006

Schuldendienst 2004 insgesamt 14,0 % der Einnahmen aus dem Export von Waren und Dienstleistungen (in Lateinamerika sogar 31,1 %).

1996 begannen die Weltbank und der Internationale Währungsfonds mit Überlegungen zu einer gezielten **Entschuldung** für Heavily Indebted Poor Countries (HIPC). 1999 beschloss der Weltwirtschaftsgipfel der »G7« in Köln die Einzelheiten eines **Entschuldungsprogramms** für Low Income Countries (LIC), d. h. Länder mit jährlichem Pro-Kopf-Einkommen bis 755 US-$. Unter diese Einkommens- und Verschuldungskriterien fielen 37 Länder mit zusammen 475 Mio. Einwohnern. Schließlich wurde 2000 für 22 Länder ein Teil-Schuldenerlass von insgesamt 34 Mrd. US-$ beschlossen (durchschnittlich 47 % Erlass). Zusammen mit der Gewährung neuer Kredite wurde der Schuldenerlass mit Verpflichtungen zu wirtschaftlichen und politischen Reformen verbunden, um zu verhindern, dass der positive Effekt durch Misswirtschaft, Korruption und Bereicherung einheimischer Machteliten zunichte gemacht wird. Einen weitergehenden Beschluss fasste der G8-Gipfel 2005 in Gleneagles. Danach sollen 18–38 Ländern die Schulden in Höhe von bis zu 56 Mrd. US-$ beim IWF, bei der Weltbank und der Afrikanischen Entwicklungsbank erlassen werden.

Die **Staatsverschuldung** bereitete 2005 auch in der **EU** Probleme. Während noch 2002 die meisten europäischen Regierungen an ihrer stabilitätsorientierten Geld- und Zinspolitik festgehalten hatten, um die Maastricht-Kriterien mit dem Ziel des Abbaus von Haushaltsdefiziten und übermäßiger Staatsverschuldung zu erfüllen, gingen bereits 2003 Deutschland und Frankreich mit schlechtem Beispiel voran und überschritten das geforderte Schuldenlimit von 3 % des BIP. 2005 verschlechterte sich die Situation; die Europäische Zentralbank schrieb: »Bei der Konsolidierung der öffentlichen Finanzen im Euro-Währungsgebiet waren (…) 2005 kaum Fortschritte zu verzeichnen.« Vier Länder (Deutschland, Griechenland, Italien und Portugal) überschritten die 3 %-Verschuldungsgrenze. Finanzexperten werten die mangelnde Haushaltsdisziplin als massive Beeinträchtigung der längerfristigen Stabilität des €. Demgegenüber betrieben viele andere Staaten, insbesondere Entwicklungsländer unter dem Einfluss von IWF und Weltbank, eine auf Stabilität ausgerichtete Politik. Als eine der positiven Folgen blieben auch 2005/06 fast weltweit die Inflationsraten auf annähernd dem niedrigen Stand, den sie um die Jahrtausendwende erreicht hatten.

Die bekannteste **Rangliste der Staaten nach ihrer Kreditwürdigkeit** wird nach Umfragen bei den 100 führenden Banken der Welt zusammengestellt. Die vorderen und mittleren Plätze nehmen die wirtschaftsstarken westlichen Industrieländer ein mit – im globalen Maßstab – hoch produktiver Wirtschaft und relativ geringer Auslandsverschuldung, gemessen am Bruttoinlandsprodukt. In den letzten Jahren sind die meisten ost- und südostasiatischen Schwellenländer mit starker Wirtschaftsentwicklung und stabilen politischen Verhältnissen deutlich in der Rangliste vorgerückt, so z. B. Singapur (17), die Rep. China (Taiwan) (24), Hongkong (25), die Rep. Korea (28), die VR China (36) und Malaysia (37). Auch die Reformstaaten Ostmittel- und Osteuropas mit stabiler Entwicklung konnten auf vordere bis mittlere Plätze vorrücken, so z. B. Slowenien (27), die Tschechische Rep. (32), die Slowakei (38), Estland (39), Polen (40) und Litauen (43). Dagegen blieben die Reformstaaten mit geringeren Fortschritten auf den hinteren Plätzen, so z. B. die Ukraine (75), Makedonien (85), Bosnien und Herzegowina (109). Russland konnte seine Kreditwürdigkeit weiter verbessern und rückte 2006 auf den 55. Rang vor. Am Schluss der bewerteten 173 Länder standen auch Anfang 2006 die ärmsten und wirtschaftlich wie politisch zerrütteten Entwicklungsländer DVR Korea (173), Irak (172) und Somalia (171).

Rangliste der Staaten nach Bonität*
(Kreditwürdigkeit)

Rang März 2006	Rang März 2005	Staat	Index März 2006	Veränderung gegenüber März 2005
1	(1)	Schweiz	95,5	+ 1,0
2	(2)	Norwegen	94,6	+ 0,9
3	(4)	Finnland	94,2	+ 1,5
4	(5)	Großbritannien	94,1	+ 1,4
5	(8)	Dänemark	94,0	+ 1,9
6	(3)	Luxemburg	93,7	+ 0,9
7	(11)	Schweden	93,6	+ 2,0
8	(6)	USA	93,5	+ 1,1
9	(9)	Niederlande	93,5	+ 1,5
10	(13)	Kanada	93,2	+ 2,3

* Bonitätsindex: 100 = ohne Risiko

Quelle: Institutional Investor

Globalisierung als bedeutendste Entwicklung der Weltwirtschaft

Die **Globalisierung** der Weltwirtschaft setzte sich auch 2005/06 fort und wurde durch das relativ starke weltweite Wirtschaftswachstum noch verstärkt. Auch die enorm steigenden Rohstoffpreise und die nach wie vor bestehende Bedrohung durch Terrorismus änderten nichts an der Tendenz zunehmender internationaler Verflechtung der Weltwirtschaft.

Die Globalisierung hat ökonomische, kulturelle, soziale und ökologische Aspekte. Aus wirtschaftlicher Sicht versteht man unter Globalisierung die starke **Zunahme internationaler Wirtschaftsbeziehungen und -verflechtungen** und das Zusammenwachsen von Märkten für Güter und Dienstleistungen über die Grenzen einzelner Staaten hinaus, wobei internationale Kapitalströme und die Diffusion neuer Technologien eine große Rolle spielen. Globalisierung bedeutet also Zunahme der Intensität und der Reichweite wirtschaftlicher Austauschbeziehungen, damit auch Intensivierung des Wettbewerbs durch Vergrößerung der Märkte bis hin zum Entstehen globaler Märkte. Neben der seit langem intensivierten Integration der »Output-Märkte« (Welthandel mit fertigen Industrieprodukten) kam es in den letzten Jahren zu einer verstärkten Integration der »Input-Märkte« und zu einer grenzüberschreitenden Organisation der Produktion und der produktionsnahen Dienstleistungen.

Hauptkennzeichen des gegenwärtigen Stadiums der Globalisierung ist der rapide **abnehmende Einfluss der Nationalstaaten** auf die global operierende Wirtschaft. Die Regierungen und Parlamente einzelner Staaten haben immer weniger Möglichkeiten, beispielsweise Standortentscheidungen, Produktionsziele, Finanztransfers, Geschäftspraktiken usw. von Firmen zu beeinflussen, die global arbeiten. Gerade diese Tatsache ist ein Hauptkritikpunkt von Globalisierungsgegnern, die mehr demokratische Kontrolle fordern.

Ursachen und zugleich Auswirkungen zunehmender Globalisierung sind z. B. Direktinvestitionen von Firmen im Ausland, die Bildung multinationaler Unternehmen, Zulieferbeziehungen über Staatsgrenzen hinweg (»global sourcing«), Finanztransaktionen, Kreditnahme bzw. -vergabe und Risikoversicherungen mit Hilfe ausländischer Geschäftspartner.

Auch die rasche **Zunahme des Welthandels** gehört zu den charakteristischen Auswirkungen der Globalisierung. Sie verläuft seit Jahren wesentlich schneller als das Wachstum der Weltwirtschaft insgesamt. In den letzten 40 Jahren hat sich der Exportanteil an der Weltgüterproduktion von knapp 10 % auf rd. 30 % erhöht. In ähnlicher Größenordnung nahm auch der Anteil der international gehandelten Dienstleistungen zu.

Wichtige Voraussetzungen für die rasch fortschreitende Globalisierung der Wirtschaft waren die langjährigen Bemühungen um einen **freien Welthandel** durch Organisationen wie OECD, GATT und neuerdings WTO (→ Welthandel). Einen Anstoß erhielt der Globalisierungsprozess ferner dadurch, dass sich zwei Staatengruppen aktiv an der Weltwirtschaft beteiligen, die noch vor zwei bis drei Jahrzehnten nur eine marginale Rolle im Welthandel spielten: die neu industrialisierten Staaten Ost- und Südostasiens und neuerdings auch Lateinamerikas, die sich in einem überdurchschnittlich raschen wirtschaftlichen Aufholungsprozess befinden, sowie die Transformationsländer Osteuropas und der GUS. Deutlichster Ausdruck dieser Entwicklung ist der 2004 erfolgte EU-Beitritt von acht Staaten des ehemaligen Ostblocks.

Zusätzlich zu den **geänderten politischen Rahmenbedingungen** wirkte sich in den letzten Jahren insbesondere der **technische Fortschritt im Bereich Verkehr und Telekommunikation** positiv auf die Beschleunigung der Globalisierung aus. Die Personen- und Güterverkehrsverbindungen zwischen allen Regionen der Erde waren noch nie so schnell und so kostengünstig wie heute. Der Gebrauch des genormten Containers erlaubt es beispielsweise, Stückgut ohne das früher notwendige zeitraubende und kostspielige Umpacken und Umladen direkt über eine Kette von mehreren Verkehrsmitteln vom Produzenten zum Einzelhändler oder Endverbraucher zu versenden. Die technischen Möglichkeiten weltweiter billiger Telefon- und Faxverbindungen und Computervernetzungen (→ Kommunikation und Medien) lassen ein Überschreiten beliebiger Distanzen und nationaler wie kontinentaler Grenzen immer selbstverständlicher werden. Sie erlauben es z. B., die Produktion einer Ware in Ostasien vom Schreibtisch in Westeuropa aus ohne Zeitverzögerung zu planen und zu beaufsichtigen oder den Text und das Layout eines Buches in Deutschland zu entwerfen, per E-Mail nach Indien zu schicken und das Buch dort drucken und binden zu lassen.

Die genannten Entwicklungen führen unter Kostengesichtspunkten zu **wachsender internationaler Standortkonkurrenz**. Bei verzögerter Anpassung an die neuen Bedingungen besteht für die traditionellen Industrieländer Westeuropas die Gefahr, dass mehr und mehr Arbeitsplätze aus den »Hochlohnländern« in weitaus billiger produzierende Länder verlagert werden (Export von Arbeitsplätzen), ohne dass vorher ein adäquater Ersatz in Form neuer innovativer Branchen und Technologien entwickelt worden ist. Angesichts weiter zunehmender internationaler Arbeitsteilung wird die Zukunft der westeuropäischen Wirtschaft und ihre Behauptung in der Weltwirtschaft vor allem von Innovationen, von »intelligenter«, forschungsintensiver Güterproduktion und entsprechenden hochwertigen Dienstleistungen abhängen. Ungelernte oder schlecht ausgebildete Arbeitskräfte werden zukünftig in vielen Branchen nur noch gering bezahlte oder gar keine Arbeitsplätze mehr finden. Entsprechende Tätigkeiten werden nach Möglichkeit wegrationalisiert oder in Billiglohnländer ausgelagert.

Die Entwicklung in wirtschaftlich bedeutenden Staaten und Regionen

Industriestaaten

In den OECD-Staaten und den übrigen marktwirtschaftlich organisierten Industriestaaten (»advanced economies«) setzte sich der wirtschaftliche Aufschwung des Vorjahres nur abgeschwächt fort, wobei beträchtliche Unterschiede zwischen den einzelnen Staaten auftraten. Negativ wirkten sich externe Einflüsse auf die wirtschaftliche Entwicklung aus, vor allem die enormen Energie- und Rohstoffpreiserhöhungen und die latente terroristische Bedrohung, aber in einigen Ländern auch interne Einflüsse wie verschleppte Reformen der Sozialsysteme, zurückgehende Realeinkommen breiter Bevölkerungsschichten durch hohe Arbeitslosigkeit, hemmende bürokratische Strukturen u. ä. Vor allem die Investitionstätigkeit der Wirtschaft, aber auch der private Verbrauch waren vielfach durch derartige Einflüsse gehemmt. Kennzeichen der Wirtschaftsentwicklung 2005 waren u. a.:

- Das **Bruttoinlandsprodukt** nahm mit 2,7 % schwächer zu als 2004 (3,3 %). Die sieben wichtigsten Industriestaaten (USA, Japan, Deutschland, Frankreich, Italien, Großbritannien, Kanada) kamen mit 2,5 % auf ein unterdurchschnittliches Ergebnis, da Italien (0,1 %), Deutschland (0,9 %), Frankreich (1,4 %) und Großbritannien (1,8 %) den Durchschnitt drückten. Überdurchschnittlich wuchs die Wirtschaftstätigkeit dagegen in Irland (4,7 %), Griechenland (3,7 %), den USA (3,5 %) und Spanien (3,4 %).
- Die **Arbeitskräftenachfrage** entwickelte sich 2005, wie schon in den Vorjahren, trotz staatlicher Programme zur Bekämpfung der Arbeitslosigkeit nur schwach; sie litt vor allem unter der weiteren Verlagerung von Arbeitsplätzen in »Billiglohnländer«. Außerdem wurde bei der industriellen Produktion verstärkt Personal abgebaut zugunsten weiterer Automatisierung und Rationalisierung, und auch im Dienstleistungsbereich wurde allgemein nur sehr zögernd Personal eingestellt. Im Durchschnitt aller Industriestaaten nahm die Arbeitslosigkeit 2004–2005 von 6,3 auf 6,0 % ab, jedoch bestanden noch große Unterschiede: Neben Ländern mit stark unterdurchschnittlicher Quote wie der Schweiz (3,4 %), Neuseeland (3,7 %), Irland (4,3 %), Japan (4,4 %) oder Norwegen (4,6 %) standen Länder mit nach wie vor hoher und z. T. sogar steigender Arbeitslosigkeit wie Griechenland (9,9 %), Frankreich (9,6 %), Spanien (9,2 %) und Deutschland (9,1 %).
- Die **Inflationsraten** (Anstieg der Verbraucherpreise) erhöhten sich 2005 in den Industriestaaten, jedoch nicht in dem Ausmaß, das wegen der Energie- und Rohstoffpreiserhöhung erwartet worden war. Die antiinflationäre Zinspolitik der meisten Notenbanken, die zurückhaltende Ausgabenpolitik der Regierungen und nicht zuletzt das in vielen Ländern stark gebremste Kaufverhalten der Bevölkerung sorgten für nur mäßige Inflationsraten. 2005 betrug die (gewichtete) durchschnittliche Inflationsrate aller Industriestaaten 2,3 % (gegenüber 2,0 % im Vorjahr). Stark darüber lagen z. B. die USA und Spanien (je 3,4 %) und Griechenland (3,2 %), während z. B. Japan (–0,3 %), die Schweiz (0,6 %), Deutschland und Frankreich (je 1,9 %), beträchtlich unter dem Durchschnitt lagen.
- Der **Welthandel**, an dem überwiegend die Industriestaaten beteiligt sind (als Importeure / Exporteure) zeigte 2005 ein kräftiges, aber trotzdem geringeres Wachstum als 2004. Der Warenhandel nahm um 7,2 % zu (2004: 10,7 %). Triebkräfte des Welthandels waren erneut die Konjunktur in den USA und das starke Wirtschaftswachstum in China, Indien und anderen asiatischen Volkswirtschaften.

Wirtschaftswachstum der USA, Japans, Großbritanniens und des Euroraumes 1999–2006
Veränderung des BIP gegenüber Vorjahr

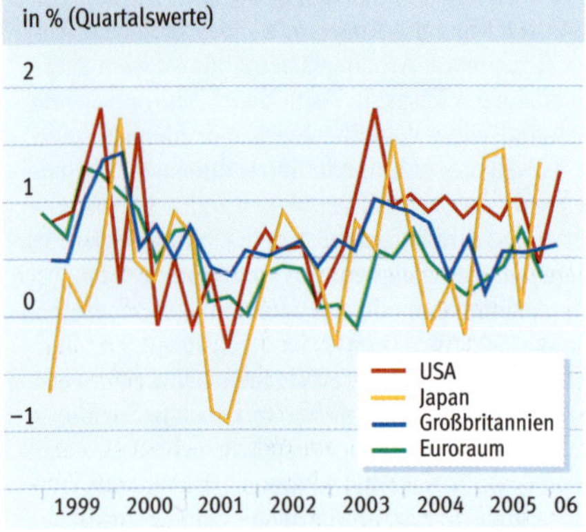

Quelle: EZB

Deutschland → Staatenteil

Euroland (Euroraum)

Die Gruppe der EU-Mitglieder, die sich dem Währungsverbund angeschlossen und den Euro eingeführt haben, werden meist als »Euroland« bezeichnet. Wie schon in den vergangenen Jahren, so blieb der Euroraum 2005 mit einem BIP-Wachstum von nur 1,3 % sehr deutlich hinter dem Wirtschaftsergebnis anderer hoch entwickelten Industriestaaten und der Weltwirtschaft insgesamt zurück. Neben kurzfristigen Einflüssen, die sich negativ auf das Wirtschaftsergebnis ausgewirkt haben (Energie- und Rohstoffpreiserhöhung), nennen Wirtschaftsforschungsinstitute als Hauptursachen für das länger anhaltende unbefriedigende Wirtschaftsergebnis u. a. die hohe Arbeitslosigkeit (verstärkt durch überregulierte Arbeitsmärkte), Schwäche der Binnennachfrage (stagnierende private Konsumausgaben), zu geringe Unternehmensinvestitionen angesichts mäßiger Gewinnerwartungen und niedriger Kapazitätsauslastung, geringe Investitionen der öffentlichen Hand wegen zunehmender Finanzierungsprobleme der staatlichen und kommunalen Haushalte (wesentlich mitverursacht durch überproportional steigende Sozialleistungen). Das durchschnittliche Wachstum von 1,3 % wurde zwar von einigen Mitgliedsländern deutlich übertroffen (Irland 4,7 %, Luxemburg 4,3 %, Griechenland 3,7 %, Spanien 3,4 %), aber vor allem die ungünstigen Ergebnisse von Italien (0,1 %), Deutschland (0,9 %), den Niederlanden (1,1 %) und Frankreich (1,4 %) drückten den Durchschnitt. Positiv war der zumindest leichte Rückgang der Arbeitslosigkeit von 8,9 % (2004) auf 8,6 %. Auch hier schlugen vor allem große Staaten wie Frankreich (9,9 %), Spanien (9,2 %) und Deutschland (9,1 %) negativ zu Buche. Auch der angesichts der Energieverteuerung nur geringe Anstieg der Inflationsrate von 2,1 % (2004) auf 2,2 % wird positiv bewertet. Mit einem deutlichen Anstieg des Wirtschaftsergebnisses wird auch für 2006 nicht gerechnet; der IWF erwartet für den Euroraum ein Plus von höchstens 2,0 %.

Frankreich

Eine Wirtschaftszeitung überschrieb den Konjunkturbericht 2005 für Frankreich mit der Bemerkung »Die Hypothek hausgemachter Probleme«. Gemeint war damit vor allem der Reformstau im wirtschaftlichen und sozialen Bereich, der als Hauptursache für das mäßige Wirtschaftsergebnis gesehen wird. Das BIP wuchs zwar mit 1,4 % stärker als in Deutschland, doch steigen Arbeitslosigkeit (9,6 %) und Staatsverschuldung weiter an. Als besonders problematisch wird die sehr hohe Jugendarbeitslosigkeit gesehen, die in Städten mit hohem Ausländeranteil bis über 50 % anstieg und als wichtigste Ursache der gewalttätigen Jugendkrawalle gilt. Als problematisch erwies sich auch die vor einigen Jahren per Gesetz eingeführte 35-Stunden-Woche, die wegen der erhöhten Kostenbelastung viele Unternehmen zum Personalabbau bzw. zur Abwanderung in das Ausland veranlasste. Das größte Problem, das die wirtschaftspolitischen Aktionsmöglichkeiten der Regierung stark einschränkt, ist – ähnlich wie in Deutschland – die hohe Staatsverschuldung. 2005 überschritt das Defizit im Staatshaushalt mit 3,2 % erneut die im Vertrag von Maastricht festgelegte Obergrenze von 3 % des BIP. Vor allem die steigenden Sozialausgaben überfordern die Finanz-

Inflationsraten der USA, Japans, Großbritanniens und des Euroraumes 1999–2006 (Veränderung gegenüber Vorjahr)

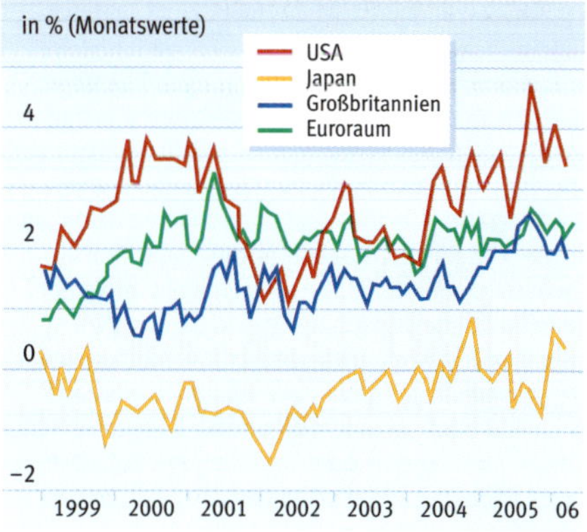

Quelle: EZB

kraft des Staates. Auch der zu teure öffentliche Dienst müsste reformiert werden. Dagegen wird im Bereich Bildung und Forschung seit Jahren zu wenig investiert, sodass die Wirtschaft zunehmend die mangelhafte Ausbildung der Beschäftigten kritisiert.

Großbritannien

Die wirtschaftliche Entwicklung Großbritanniens verläuft mehr als ein Jahrzehnt lang deutlich günstiger als in der übrigen EU. Bei höherem Wirtschaftswachstum waren Preisanstieg und Arbeitslosenquote geringer. 2005 flachte sich die Wachstumsrate deutlich ab; das BIP erhöhte sich nur noch um 1,8 % (2004: 3,1 %), da sich vor allem der private Verbrauch abschwächte. Die Industrieproduktion stagnierte; die Wettbewerbsfähigkeit nahm wegen der stark gestiegenen Rohstoff- und Energiepreise ab. Trotzdem hielt sich die Arbeitslosenquote bei 4,8 %, da wegfallende Industriearbeitsplätze durch den weiter expandierenden Dienstleistungssektor ersetzt werden konnten. Die Inflationsrate stieg von 1,3 % (2004) auf 2,1 % an, vor allem wegen der steigenden Energiepreise.

Italien

Die Konjunkturentwicklung verlief 2005 noch ungünstiger als im Vorjahr – Italien war mit einer minimalen BIP-Zunahme von nur 0,1 % das »Schlusslicht Europas«. Als Hauptursachen der Rezession werden die schwache Inlandsnachfrage aufgrund stagnierender bis sinkender Reallöhne sowie der Verlust der internationalen Wettbewerbsfähigkeit gesehen. So nimmt der Exportanteil Italiens am Welthandel seit Jahren stetig ab, die Industrieproduktion geht seit 2001 jährlich zurück. Zwar nahm die Arbeitslosigkeit 2005 leicht ab auf 8,1 %, doch setzte sich der jahrelange Rückgang der Beschäftigung in der Industrie weiter fort; daneben verloren die Landwirtschaft und das Baugewerbe weitere Arbeitsplätze, die nur teilweise durch den Zuwachs des Dienstleistungssektors kompensiert werden konnten. Als Wachstumshemmnis sehen Wirtschaftsforschungsinstitute die Struktur der italienischen Industrie, die zu stark auf älteren stagnierenden Branchen basiert und zu wenig Hochtechnologie produziert. Dringend notwendig wären zudem durchgreifende Strukturreformen beim Steuer- und beim Rentensystem. Insbesondere das allzu großzügige Sozialsystem verursachte hohe Kosten und trug wesentlich zum Haushaltsdefizit bei, das 2005 auf 4,4 % des BIP anstieg. Die von der Regierung Berlusconi immer wieder versprochenen Wirtschaftsreformen blieben aus; das »Handelsblatt« schrieb von einem »schweren Erbe für die Neuen in Rom«.

Österreich → Staatenteil

Spanien

Die sehr günstige Konjunkturentwicklung der vergangenen Jahre verstärkte sich 2005 noch; das BIP wuchs um 3,4 % (2004: 3,1 %), sodass Spaniens Wirtschaftsergebnis erneut wesentlich günstiger als im EU-Durchschnitt ausfiel. Den Hauptbeitrag lieferten der steigende private Verbrauch und die rege Investitionstätigkeit der Wirtschaft, von der vor allem die Bauindustrie profitierte. Nicht zuletzt bescherte der Tourismus dem Land wieder einen hohen Überschuss der Leistungsbilanz. Spanien war – trotz Stagnationstendenzen in einigen Urlaubsgebieten – auch 2005 wieder das weltweit zweitwichtigste touristische Zielgebiet. Die Verbraucherpreise stiegen mit 3,4 % noch stärker als im Vorjahr. Die Inflationsrate war damit wieder eine der höchsten im EU-Raum. Auch die Arbeitslosigkeit blieb mit 9,2 % relativ hoch. Die Produktionszunahme im Dienstleistungsbereich reichte auch 2005 nicht, um den Personalabbau im industriellen Bereich zu kompensieren, alle neu in das Erwerbsleben eintretenden Jugendlichen aufzunehmen und die Erwerbslosigkeit wesentlich abzubauen. Spanien profitierte bisher stark von EU-Fördergeldern. Daher wurde die EU-Osterweiterung mit gewisser Besorgnis gesehen, da sich ab 2007 die Zahlungen aus EU-Mitteln wesentlich vermindern werden zugunsten von Umschichtungen zu den neuen Mitgliedern. Bisher ist Spanien größter Netto-Empfänger von EU-Geldern.

USA

Die USA waren auch 2005 eines der globalen Wachstumszentren, wie die Deutsche Bundesbank in ihrem Geschäftsbericht schrieb. Allerdings lag die Zunahme des BIP mit 3,5 % nicht mehr auf der Höhe von 2004 (4,2 %). Als Hauptursachen für den Rückgang des Wirtschaftswachstums wurden die Energieverteuerung und die Hurrikanschäden an der Südküste genannt. Getragen wurde die Wirtschaftsentwicklung, wie schon im Vorjahr, vor allem durch den privaten Verbrauch und private Investitionen, z. B. im Hausbau. Wegen der starken Nachfrage erhöhten sich auch die Investitionen der Wirtschaft kräftig (+6,0 %). Die Staatsausgaben stiegen dagegen nur um 1,8 % an. Der Arbeitsmarkt profitierte von der Hochkonjunktur; die Arbeitslosenquote sank von 5,5 % (2004) auf 5,1 % (2005). Die Inflationsrate stieg dagegen erneut an; sie betrug im Jahresdurchschnitt 2005 3,4 % (2004: 2,7 %). Eine Gefahr für die wirtschaftliche Entwicklung der nächsten Jahre wird von vielen Fachleuten im Budgetdefizit des Bundes gesehen, das 2005 allerdings auf 2,7 % des BIP zurückging (2004: 3,4 %). Die Außenwirtschaftsbilanz entwickelte sich dagegen sehr negativ. Das Defizit der Handelsbilanz stieg auf 697 Mrd. US-$ an (= 5,6 % des BIP), das der Leistungsbilanz stieg auf die Rekordsumme von 798 Mrd. US-$ (= 6,4 % des BIP).

Die umsatzstärksten Unternehmen der USA 2005

Unternehmen/Branche	Umsatz in Mrd. US-$	Gewinn in Mrd. US-$	Beschäftigte
Exxon Mobil/Mineralöl	370,998	36,130	83 700
Wal-Mart/Handel	315,654	11,231	1 700 000
Chevron Texaco/Mineralöl	198,200	14,099	59 000
General Motors/Auto	192,604	– 8,554	327 000
Conoco Phillips/Mineralöl	183,364	13,529	35 600
Ford/Auto	178,101	1,998	300 000
General Electric/Elektro	149,702	16,353	316 000
Altria/Nahrungs-, Genussmittel	97,854	10,435	199 000
IBM/Computer	91,134	7,934	329 373
Hewlett-Packard/Computer	86,696	2,398	150 000

Kanada

Das Wirtschaft wuchs 2005 um 2,9 % wie im Vorjahr. Damit erreichte das Ergebnis nicht dasjenige der USA, mit denen die kanadische Wirtschaft eng verbunden ist, insbesondere über die nordamerikanische Freihandelszone NAFTA (zusammen mit Mexiko). Auch 2005 gingen wieder rd. 80 % der kanadischen Exporte in die USA, und 70 % der Importe kamen von dort. 2005 erhöhten sich weniger die Exporte von Industrieprodukten (Elektronik, Kraftfahrzeuge), sondern vor allem von bergbaulichen Rohstoffen. Daneben war der private Konsum eine Stütze der Konjunktur. Trotz der günstigen wirtschaftlichen Entwicklung konnte die Arbeitslosigkeit nur leicht gesenkt werden; die Quote ging auf 6,8 % zurück. Die Inflationsrate erhöhte sich leicht auf 2,2 %.

Japan

Japan war bis Anfang der 1990er Jahre Schrittmacher des Wirtschaftswachstums für die anderen Industriestaaten gewesen und galt als Musterbeispiel für eine dynamisch wachsende Volkswirtschaft. Dem folgten rd. zehn Jahre wirtschaftliche Stagnation, die kurzzeitig, aber ohne nachhaltige Wirkung, durch Konjunkturprogramme der Regierung abgelöst wurden. Erst seit 2003 begann mit einem BIP-Wachstum von 1,8 % wieder eine konjunkturelle Aufschwungphase, die sich mit Wachstumsraten von 2,3 % (2004) und 2,7 % (2005) verstärkte. Insbesondere der steigende private Verbrauch und die Investitionen der Unternehmen trugen zum Wachstum bei, auch profitierte Japan von der Konjunktur in den USA und in China, die 25 % bzw. 11 % der japanischen Exporte aufnahmen. Hinderlich für ein dauerhaftes Wirtschaftswachstum dürften sich jedoch auch künftig die sehr hohe Staatsverschuldung (170 % des BIP 2005) und der negative Saldo des Staatshaushalts (6,5 % des BIP) auswirken. Die Arbeitslosigkeit ging aus konjunkturellen Gründen 2005 auf 4,4 % zurück. Bei den Verbraucherpreisen überwogen – wie schon seit sechs Jahren – deflationäre Tendenzen; die Preise sanken um 0,3 %.

Australien

Mit einem Wirtschaftswachstum von 2,5 % (Zuwachs des BIP) konnte Australien 2005 zwar die Ergebnisse der Vorjahre nicht mehr erreichen (2003: +3,1 %; 2004: +3,6 %), doch setzte sich damit die seit 14 Jahren anhaltend günstige Konjunkturentwicklung fort. Neben der starken Binnennachfrage waren es vor allem die weiter zunehmenden Exporte, die für die günstige Wirtschaftsentwicklung sorgten. Australien profitierte vor allem vom Wirtschaftswachstum in China, daneben vom ebenfalls höheren Rohstoffbedarf in den anderen ostasiatischen Ländern und in den USA. Unter den hochentwickelten Industriestaaten hat das Land bis heute am stärksten seinen Charakter als wichtiges Rohstoffexportland behalten. 2005 entfielen rd. $^2/_3$ der Ausfuhr auf Bergbau- und – in geringerem Maße – Agrarerzeugnisse. Besonders gefragt waren Kohle, Erdöl, Erdgas, Eisenerz, Gold, Nickel, Bauxit und Kupfer, bei den Agrarprodukten Weizen, Fleisch und Wolle. Die australische Wirtschaft profitierte dabei nicht nur vom Mengenwachstum der Exporte, sondern auch von den kräftig gestiegenen Weltmarktpreisen für Rohstoffe. Aber auch die Wirtschaftsreformen, die seit dem Ende der 1980er Jahre durchgeführt worden sind (Deregulierung, Bürokratieabbau, Flexibilisierung der Arbeitsmärkte, Verringerung des staatlichen Einflusses in der Wirtschaft), machen sich nach wie vor positiv im Industrie- und Dienstleistungssektor bemerkbar. Die Industrie wuchs um ca. 2 %. Die Arbeitslosigkeit sank von 5,5 % (2004) auf 5,1 %.

Transformationsländer (Reformstaaten)

Seit der politischen Wende im ehemaligen Herrschaftsbereich der Sowjetunion und dem Zerbrechen des unter sowjetischer Führung stehenden »Rates für gegenseitige Wirtschaftshilfe« (RGW / COMECON) versuchen die betreffenden Staaten Ostmittel-, Ost- und Südosteuropas sowie Kaukasiens und Zentralasiens mit unterschiedlich ausgeprägtem Reformwillen und unterschiedlicher Intensität, die sozialistische Staatswirtschaft zu überwinden und demokratisch-marktwirtschaftliche Strukturen aufzubauen. Diejenigen Staaten, die in diesem Konversionsprozess am weitesten fortgeschritten waren, wurden am 1. 5. 2005 als Mitglieder in die → EU aufgenommen (Estland, Lettland, Litauen, Polen, Slowakei, Slowenien, Tschechische Republik, Ungarn). Als nächste Anwärter werden Rumänien und Bulgarien vermutlich am 1. 1. 2007 EU-Mitglieder; Kroatien und Makedonien könnten in einigen Jahren folgen.

Die betreffenden Staaten (einschließlich der Nachfolgestaaten der UdSSR, die in der GUS lose zusammengefasst sind) werden meist als **Reformstaaten**, **Transformationsländer** oder **Konversionsländer**, **countries in transition** oder **MOE-Staaten** (Mittel- und Osteuropa) bezeichnet. Der IWF zählt sie zu den »Emerging market and developing countries«. Gemessen an der Wirtschaftskraft, ihrem Volkseinkommen und ihrer infrastrukturellen Entwicklung sind sie heute vergleichbar mit fortgeschrittenen Entwicklungsländern (Schwellenländern), z. T. mit Industriestaaten West- und Südeuropas, wie Portugal oder Griechenland. Die **zentralasiatischen** und **transkaukasischen GUS-Staaten** gehören demgegenüber in die Gruppe der **echten Entwicklungsländer**.

Die Modernisierung und Reorganisation der Wirtschaft, insbesondere die Privatisierung, die Durchsetzung der Marktwirtschaft in allen Bereichen und die Eingliederung in den Weltmarkt, werden seit der politischen Wende mit sehr unterschiedlicher Intensität durchgeführt. Auch 2005 gab es in dieser Gruppe Staaten, die bisher weitgehend an den alten Strukturen festgehalten haben und kaum marktwirtschaftliche Fortschritte erkennen ließen (z. B. Weißrussland, Moldau, die zentralasiatischen Staaten). Demgegenüber haben diejenigen Staaten, die inzwischen in die EU aufgenommen wurden, ihre Wirtschaft, ihre Rechtssysteme, ihre Innenpolitik usw. bereits weitgehend an westeuropäische Standards angepasst oder sind zumindest auf dem Weg dorthin.

Die **europäischen Transformationsländer** konnten 2005 – mit den genannten Ausnahmen – ihren marktwirtschaftlichen Aufbau mit meist beträchtlichen Zuwachsraten des Wirtschaftsergebnisses fortsetzen. Vor allem die Einbindung in den Weltmarkt, beträchtliche Investitionen aus dem westeuropäisch-nordamerikanischen Ausland, die wachsende Binnennachfrage aufgrund von Steigerungen der Realeinkommen, nicht zuletzt finanzielle Hilfen der EU für die Beitrittsländer förderten ein solides Wirtschaftswachstum. Insgesamt ergab sich eine Zunahme des Wirtschaftsergebnisses von 5,3 % (2004: 6,5 %) für die ostmittel- und osteuropäischen Staaten (ohne Russland) und von 6,5 % (2004: 8,4 %) für die GUS-Staaten. Die höchsten Zuwächse wiesen in Europa Lettland (10,2 %), Estland (9,8 %), Litauen (7,3 %), Russland (6,4 %), die Tschechische und Slowakische Republik (je 8,0 %), Bulgarien und Albanien (je 5,5 %) auf.

Die **Inflationsraten** konnten durch währungs- und haushaltspolitische Maßnahmen sowie durch die Konsolidierung der Wirtschaft nach den vielfach turbulenten Jahren bis etwa 2000 in den meisten Staaten weiter gesenkt werden. So sank die Teuerungsrate in Rumänien von 22,5 % (2002) über 11,9 % (2004) auf 9,0 % (2005), in Russland von 15,8 % (2002) auf 12,6 % (2005). In den neuen EU-Mitgliedsländern lag die Steigerung der Verbraucherpreise auf dem in Westeuropa verbreiteten Niveau, so in der Tschechischen Republik (1,8 %), in Polen (2,1 %), in Slowenien (2,5 %), in Litauen (2,6 %). Insgesamt erreichte sie in den MOE-Staaten 4,8 % (2004: 6,1 %). Ein wichtiger Grund für die z. T. immer noch vergleichsweise hohen Raten der Geldentwertung war 2005 erneut das in den betreffenden Staaten hohe Defizit der Staatshaushalte. Dieses entstand insbesondere in den GUS-Staaten durch das Missverhältnis von geringen Staatseinnahmen (ineffiziente Staatsverwaltung, schlechte Steuermoral, niedrige Exporterlöse) und hohen Ausgaben (z. B. Preissubventionen, Militärapparat, Subventionierung unwirtschaftlicher Industriebetriebe, Beschäftigung überflüssigen Personals in den verbliebenen Staatsbetrieben). Beispiele sind insbesondere Weißrussland, Moldau und die zentralasiatischen GUS-Staaten.

Problematisch für die weitere Entwicklung sind bei einigen Transformationsländern die hohen **Auslandsschulden** (→ Weltwirtschaftliche Entwicklungen und Probleme). Insgesamt lag die Summe 2005 für die MOE-Länder bei 604,6 Mrd. US-$, für die GUS-Staaten bei 331,4 Mrd. US-$. Sie wird vermutlich in den nächsten Jahren weiter ansteigen, da der Finanzbedarf nur über Kredite aus dem westlichen Ausland gedeckt werden kann. In den Staaten mit stabiler Aufwärtsentwicklung spielen zunehmend auch ausländische Direktinvestitionen eine wichtige Rolle bei der Zuführung von Kapital. Besonders Polen, die Tschechische Republik und Ungarn waren 2005/06 attraktive Zielgebiete für Investitionen ausländischer, meist westeuropäischer und nordamerikanischer Firmen. 2004 flossen 6,159 Mrd. US-$ an ausländischen Direktinvestitionen nach Polen, 4,463 Mrd. US-$ in die Tschechische Republik und 4,167 Mrd. US-$ nach Ungarn.

Das Problem der **Arbeitslosigkeit** bzw. Unterbeschäftigung war schon zu kommunistischer Zeit latent vorhanden (Beschäftigung überflüssiger Arbeitskräfte in Staatsbetrieben) und trat nach der Wende offen zutage. 2005 wiesen die meisten Länder leicht gesunkene Arbeitslosenquoten auf, die aber häufig noch über 10 % bzw. sogar über 15 % lagen (z. B. Polen 18,0 %, Slowakei 17,0 %). Günstiger war die Situation z. B. in Slowenien (5,8 %), Ungarn (6,8 %) und Estland (7,5 %). Nach westeuropäischen Maßstäben ist die Arbeitslosigkeit real höher, besonders in den GUS-Staaten, für die keine genauen Zahlen vorliegen. Vor allem in Russland wird das wahre Ausmaß der Arbeitslosigkeit durch hohe Anteile überflüssiger Beschäftigter in den staatlichen Großbetrieben der Industrie und der Landwirtschaft verschleiert.

Russland

In Russland als größtem Nachfolgestaat der UdSSR hatte sich die Wirtschaft um die Jahrtausendwende weitgehend von den Krisenjahren nach der politischen Wende erholt. Seit 2000 wächst die Wirtschaft sehr kräftig. 2005 wurde wieder eine Zunahme des BIP um 6,4 % erreicht. Hierbei spielten, wie schon 2004, die steigenden Einnahmen aus dem Erdöl- und Erdgasexport die Hauptrolle – einerseits durch höhere Förder- und Ausfuhrmengen, andererseits durch die kräftig erhöhten Weltmarktpreise. Der Rohstoffexport brachte dem Staat einen Haushaltsüberschuss, einen steigenden Leistungsbilanzüberschuss und eine Senkung der Staatsschulden.

Neben dem Rohstoffexport trugen aber auch die zunehmende Investitionsbereitschaft der Wirtschaft und der wachsende Privatverbrauch (+5 %) zum positiven Jahresergebnis bei. Durch Reformgesetze gelingt es zunehmend, das Steuersystem und die Organisation der Wirtschaft zu verbessern, doch fehlen für einen dauerhaften Aufschwung noch wichtige Voraussetzungen: bessere Durchsetzung der Steuerforderungen des Staates, Realisierung der Rechtsstaatlichkeit, energischere Bekämpfung der grassierenden Korruption im Wirtschaftsleben und eine geordnete Lohnpolitik als Voraussetzung für soziale Stabilität. Zwiespältig erschienen die Bemühungen der Regierung Putin, die großen Rohstoffkonzerne de facto wieder zu verstaatlichen (Jukos, Gasprom, Rosneft u. a.). Wirtschaftsfachleute erkennen das Bemühen an, die Ausbeutung der Wirtschaft durch teilweise mafioses Verhalten von »Oligarchen« zu verhindern. Andererseits werden dadurch ausländische Investitionen abgeschreckt, zumal das Problem »Kapitalflucht« aus Russland weiterhin besteht. Nicht gelöst wurden trotz des Wirtschaftsbooms auch 2005 die Probleme Inflation (Rate 12,6 %) und Arbeitslosigkeit (offiziell 7,3 %, real wesentlich höher).

Entwicklungsländer

Die **Entwicklungsländer** wiesen auch 2005, wie schon in den Vorjahren, insgesamt ein stärkeres wirtschaftliches Wachstum auf als die Industrieländer – allerdings nur relativ (in %), nicht in absoluten Werten. Die Unterschiede zwischen den einzelnen Entwicklungsländern waren allerdings auch 2005 wieder sehr ausgeprägt. Einerseits stagnierte in vielen der ärmsten Staaten die wirtschaftliche Entwicklung bzw. die Lage verschlechterte sich teilweise noch weiter, insbesondere dort, wo Kriege, Bürgerkriege, innere Unruhen, instabile und korrupte politische Verhältnisse oder eine inkompetente Wirtschaftspolitik keine gedeihliche Entwicklung ermöglichten. Andererseits gab es in allen Kontinenten Staaten, die durch Reformen, stabile Rahmenbedingungen und/oder eine engere Einbindung in die Weltwirtschaft eine beachtliche wirtschaftliche Entwicklung erlebten. Beispiele waren 2005 in Asien die VR China mit einem BIP-Wachstum von 9,9 %, Indien mit 8,3 %, Vietnam mit 7,5 % und Indonesien mit 5,6 %; in Afrika Äthiopien (8,7 %), Mosambik (7,7 %), Tansania (6,9 %) und Uganda (5,6 %). Insgesamt zeigten die Entwicklungsländer 2005 ein Wirtschaftswachstum von 7,2 % (2004: 7,6 %), wobei die regionalen Unterschiede zwischen Lateinamerika und Asien auffällig waren. Die Wachstumsrate (reales BIP) betrug in Ost-, Südost- und Südasien 8,6 % (2004: 8,8 %), in Nordafrika und dem Nahen Osten 5,9 % (2004: 5,4 %), in Afrika südlich der Sahara 5,2 % (2004: 5,5 %) und in Lateinamerika 4,3 % (2004: 5,6 %).

Die **Entwicklungsländer** sind als eigene Staatengruppe schwierig abzugrenzen, da sie sich in wirtschaftlicher, politischer und sozialer Hinsicht in vielfacher Weise voneinander unterscheiden. Jedoch entstammt – im Gegensatz zum Begriff »Dritte Welt«, der wegen seiner Unbestimmtheit nicht definierbar und zudem anachronistisch ist – der Begriff »Entwicklungsland« dem offiziellen Sprachgebrauch internationaler Organisationen (z. B. UN, IWF und Weltbank: »developing country«) und bezieht sich auf wirtschaftliche, infrastrukturelle, soziale und/oder kulturelle Entwicklungsrückstände im Vergleich zu den Industriestaaten. Ein wichtiges Charakteristikum ist das Vorhandensein sehr starker wirtschaftlicher und sozialer Disparitäten innerhalb eines Landes und seiner Bevölkerung. Typisch sind also eine sehr ungleiche Entwicklung zwischen der Hauptstadt und den peripheren ländlichen Gebieten sowie sehr starke ökonomische, soziale und kulturelle Unterschiede zwischen einer meist sehr kleinen reichen Oberschicht und der armen Masse der Bevölkerung.

In internationalen Statistiken werden Entwicklungsländer oft allein aufgrund **ökonomischer Kriterien** (z. B. Pro-Kopf-Einkommen) abgegrenzt und klassifiziert. Eine verbreitete Klassifikation dieser Art wird jährlich im »Weltentwicklungsbericht« der Welt-

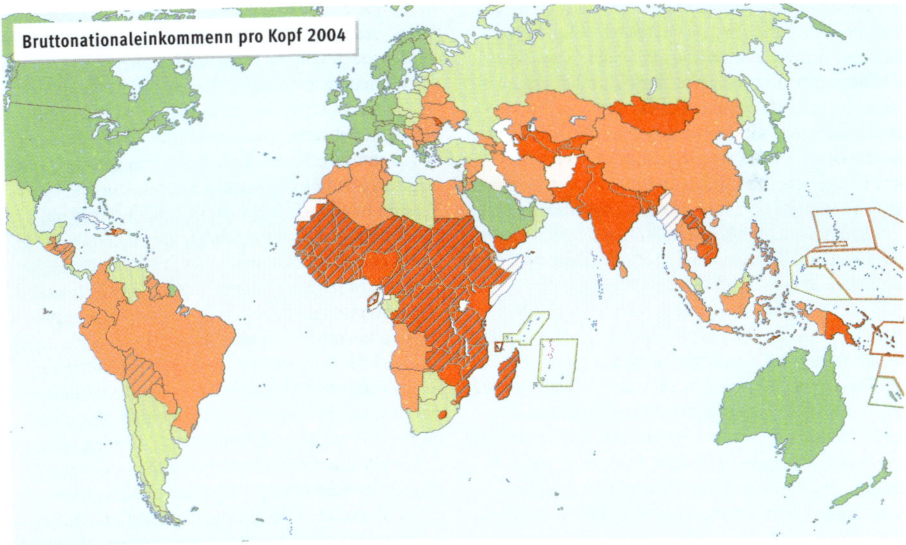

Einkommen nach BNE pro Kopf 2004

- Länder mit niedrigem Einkommen: bis 825 US-$

Länder mit mittlerem Einkommen
- untere Einkommenskategorie: zwischen 826 und 3255 US-$
- obere Einkommenskategorie: zwischen 3256 und 10 065 US-$
- Länder mit hohem Einkommen: ab 10 066 US-$
- keine Angaben
- Heavily Indebted Poor Countries, die am Entschuldungsprogramm von Weltbank und IWF teilnehmen

Quelle: Weltbank

bank veröffentlicht. In der Ausgabe 2006 werden die Entwicklungsländer in folgende Kategorien eingeteilt:

- **Länder mit niedrigem Einkommen** (BNE pro Kopf 2004 bis 825 US-$): z. B. Indien, Pakistan, Bangladesch, Äthiopien, Sudan, Tansania, Kenia, Sambia, Madagaskar, Haiti, aber auch einige Staaten der GUS, wie Kirgisistan, Usbekistan und Tadschikistan;
- **Länder mit mittlerem Einkommen** Untere Einkommenskategorie (BNE pro Kopf 2004 zwischen 826 und 3255 US-$): z. B. VR China, Indonesien, Thailand, Philippinen, Sri Lanka, Kolumbien, Brasilien, Ecuador, Ägypten, Tunesien, Algerien, Marokko, aber auch viele der ehemals sozialistischen Staaten Europas, wie Rumänien, Albanien, Bulgarien, die Ukraine und Weißrussland.

  Obere Einkommenskategorie (BNE pro Kopf 2004 zwischen 3256 und 10 065 US-$): z. B. Argentinien, Venezuela, Mexiko, Chile, Uruguay, unter den europäischen Staaten Polen, Ungarn, Kroatien, Slowakei und die Tschechische Republik;
- **Länder mit hohem Einkommen** (BNE pro Kopf 2004 ab 10 066 US-$). Hierzu gehören neben den Industriestaaten Europas, Nordamerikas, Australiens und Asiens (Japan und Israel) auch Erdöl exportierende Entwicklungsländer mit relativ geringer Einwohnerzahl, wie Saudi-Arabien, Brunei, Katar, Kuwait und die Vereinigten Arabischen Emirate, sowie Industriegüter exportierende Schwellenländer, wie Singapur und Hongkong.
- **Schwellenländer** Unter den Entwicklungsländern mit »hohem Einkommen« und denen mit »mittlerem Einkommen« (obere Kategorie) stehen einige von der wirtschaftlichen Entwicklung her an der Schwelle zu den Industrieländern und werden daher als Schwellenländer bezeichnet. Vor allem die so genannten NIC-Länder oder NIE-Länder (»newly industrialized countries« bzw. »economies«) gehören hierzu. Vielfach werden sie auch »emerging markets« oder »emerging market countries« genannt. Nur unterbrochen durch kürzere Phasen von Wachstumskrisen zeigen viele dieser Staaten, insbesondere in Ost- und Südostasien und Lateinamerika, seit Anfang der 1990er Jahre ein enormes Wirtschaftswachstum. Auch 2005 ergaben sich wieder relativ hohe Zuwachsraten der Wirtschaft, so z. B. in Indonesien (5,6 %), Malaysia (5,3 %), Philippinen (5,1 %), Thailand (4,4 %); in Lateinamerika in Argentinien (9,2 %), Chile (6,3 %) und Kolumbien (5,1 %), während Brasilien (2,3 %) und Mexiko (3,0 %) unter dem Durchschnitt blieben. Sektoral gehören auch die beiden »Wachstumsriesen« VR China (+9,9 %) und Indien (+8,3 %) zu den Schwellenländern, obwohl sie nach dem Kriterium des Volkseinkommens noch starken Aufholbedarf haben.

Mittel- bis längerfristig verfolgen alle Schwellenländer mit geringen Modifikationen die gleiche Entwicklungspolitik: Verbesserung der wirtschaftlichen Situation durch staatlich geförderte Expansion des gewerblichen Unternehmertums, weiteren industriellen Aufbau und verstärkten Fertigwarenexport in die Industriestaaten, aber auch Ausbau eines leistungsfähigen privaten Dienstleistungssektors.

Hohe Anteile des Wirtschaftswachstums gingen auch 2005/06 in den Schwellenländern auf ausländische Direktinvestitionen zurück, vorzugsweise auf den Aufbau von Produktionsstandorten durch europäische und nordamerikanische Firmen. Auch deutsche Firmen verlagerten erneut Produktionskapazitäten in diese so genannten Billiglohnländer, um den hohen deutschen Lohnkosten zu entgehen (z. B. Textil-, Bekleidungs-, Kunststoff-, feinmechanische und Elektronikindustrie). Daneben hat sich in den meisten Schwellenländern inzwischen eine einheimische Unternehmerschicht gebildet, die für einen selbsttragenden wirtschaftlichen Aufschwung sorgt. Auch der Aufbau einer Tourismusinfrastruktur für Gäste aus den Industriestaaten mit Hilfe ausländischer Investitionen trägt seit Jahren zum Wirtschaftswachstum bei (z. B. Türkei, Tunesien, Marokko, Ägypten, Thailand, Malaysia, Mexiko).

Ost-, Südost- und Südasien

Die Entwicklungsländer des Fernen Ostens (Ost- und Südostasien) gelten seit den 1980er Jahren als **»Wachstumspol«** der Weltwirtschaft und als Vorbilder für die zielstrebige Entwicklung ehemals armer Länder zu Industrieländern. Seit einigen Jahren kann auch Südasien mit Indien (der so genannte Mittlere Osten) zu dieser asiatischen Wachstumsregion gezählt werden. Nach einigen Wachstumskrisen in den 1980er Jahren verzeichnen die Länder der Region seit der Jahrtausendwende durchwegs überdurchschnittlich hohe Zuwachsraten der Wirtschaftsleistung. Für 2005 ergab sich für die Region als Ganzes (mit Südasien) eine Erhöhung des BIP um 8,6 nach 8,8 % im Vorjahr. Die Arbeitslosigkeit hielt sich bei etwa 5 %, die Inflationsrate sank auf 3,6 %. Das Ergebnis der Region wird sehr stark von der VR China und Indien beeinflusst; ohne diese beiden Staaten betrug die Wachstumsrate nur 5,6 %. Aber auch in den kleinen Volkswirtschaften stieg die Zuwachsrate seit 2001 fast kontinuierlich an. Nach Strukturreformen im Finanzbereich, dem Neuaufbau eines leistungsfähigen Bankensystems, Maßnahmen zur Deregulierung der Finanz- und Arbeitsmärkte, der Sanierung der Staatshaushalte, der Förderung von Investitionen insbesondere in kleinere und mittlere Betriebe und ähnlichen Reformen, die in den letzten Jahren in Zusammenarbeit mit dem IWF durchgeführt wurden, konnten fast überall die Weichen für ein nachhaltiges Wachstum der Region gestellt werden. 2005 erreichte der BIP-Zuwachs – neben China mit 9,9 % und Indien mit 8,3 % – in den meisten Staaten beachtliche Werte, wie 5,9 % in Sri Lanka, 5,6 % in Indonesien, 5,3 % in Malaysia, 5,1 % auf den Philippinen und 4,4 % in Thailand. Als wichtigste »Schrittmacher« der Entwicklung in dieser Region lösten seit den 1990er Jahren China und Indien Japan ab.

China

Der Volksrepublik gelang es, das starke Wirtschaftswachstum der Vorjahre durch hohe öffentliche Investitionen in Wirtschaft und Infrastruktur, weitere Förderung ausländischer Direktinvestitionen in die Industrie, eine weitere kräftige Steigerung der Exporte (+20 %) und nicht zuletzt durch stark zunehmende Ausgaben der Mittelklasse-Haushalte in den Städten auch 2005 beizubehalten. Eine Wirtschaftszeitung schrieb von »anhaltender Turbokonjunktur«. Das BIP-Wachstum betrug 2005 9,9 nach 10,1 % (2004). China gehört zwar nach dem Pro-Kopf-BIP (1290 US-$ 2004) zu den Entwicklungsländern (»lower-middle-income«), bildet aber zusammen mit anderen ostasiatischen Ländern, wie Rep. Korea (Südkorea), Taiwan, Hongkong und Singapur derzeit die bedeutendste Wachstumsregion der Welt. Im Dezember 2005 veröffentlichte die nationale Statistikbehörde eine Revision der Erhebungen über die Wirtschaftsleistung, die eine Korrektur des BIP um 16,8 % nach oben auf rd. 1800 Mrd. US-$ brachte. Vor allem Dienstleistungen und private Kleinunternehmer seien bisher stark unterbewertet worden. Mit den neuen Zahlen, die 2006 noch einmal überprüft werden sollen, ist China jedenfalls zweifelsfrei die viertgrößte Wirtschaftsmacht nach USA, Japan und Deutschland und hat Großbritannien, Frankreich und Italien überholt.

Ein Hauptproblem Chinas war auch 2005, wie in den Vorjahren, die stark wachstumsorientierte Politik durch Dezentralisierung der Entscheidungsstrukturen in allen Landesteilen in geordneter Weise weiterzuführen, ohne zu starke soziale Spannungen auftreten zu lassen. Hinzu kommt das schwierige Bestreben der kommunistischen Führung, eine »sozialistische Marktwirtschaft« ohne allzu große Liberalisierung und Demokratisierung aufzubauen, um das Machtmonopol der Partei nicht zu gefährden.

Ein Indikator für die ungelösten Probleme eines ungleichen Wachstums in den verschiedenen Landesteilen und unterschiedlichen Branchen ist die zunehmende Arbeitslosigkeit. Sie stieg trotz aller Gegenmaßnahmen weiter an, z. T. durch starke Abwanderung von Landbewohnern aus der Landwirtschaft in die Städte, wo nicht genügend Arbeitsplätze für alle Zuwanderer geschaffen werden konnten, z. T. durch Entlassungen überflüssiger Beschäftigter in den staatlichen Industrie-Großbetrieben und Behörden. 2005 wurde geschätzt, dass trotz der Schaffung von ca. 7,5 Mio. neuen Arbeitsplätzen mindestens 150 Mio. Menschen arbeitslos sind. Um die Zahl nicht weiter anwachsen zu lassen, werden weiterhin unrentable Staatsbetriebe mit Krediten der Staatsbanken am Leben erhalten. Während sich das Wirtschaftswachstum hauptsächlich in den östlichen und südlichen Provinzen abspielt, fehlen Arbeitsplätze in den armen ländlichen Gebieten des Nordens und Westens. Wachsende Unruhe unter der verarmten Landbevölkerung veranlasste die Regierung 2005, Hilfsprogramme für ländliche Notstandsgebiete zu starten. Das durchschnittliche Pro-Kopf-Einkommen der reichsten und der ärmsten Provinzen verhielt sich 2005 wie 9,5:1.

Das wirtschaftliche Wachstum Chinas ging auch 2005 – neben dem boomenden Binnenmarkt – zu einem großen Teil auf den Außenhandel zurück. Die Exporte erhöhten sich um ca. 20 %, die Importe um 30 %. Neben Investitionsgütern wurden vor allem Rohstoffe importiert (Eisenerz, Rohöl, Metallerze, agrarische Rohstoffe), da die kräftig wachsende Industrie immer weniger durch einheimische Ressourcen versorgt werden konnte. Der enorm steigende Verbrauch Chinas führte auch 2005 bei einigen Rohstoffen (z. B. Eisen- und Kupfererz) zu Versorgungsengpässen auf dem Weltmarkt und zu kräftig ansteigenden Preisen (→ Bergbau und Rohstoffe). In der noch unzureichenden Erschließung eigener Rohstoffvorräte und in gravierenden Mängeln der Energie- und Verkehrsinfrastruktur wird ein wichtiger Engpassfaktor für die weitere Entwicklung gesehen (z. B. ungenügende Hafenkapazitäten für den Außenhandel).

Ausländische Direktinvestitionen in der VR China 1999–2006 (ohne Hongkong und Macao)

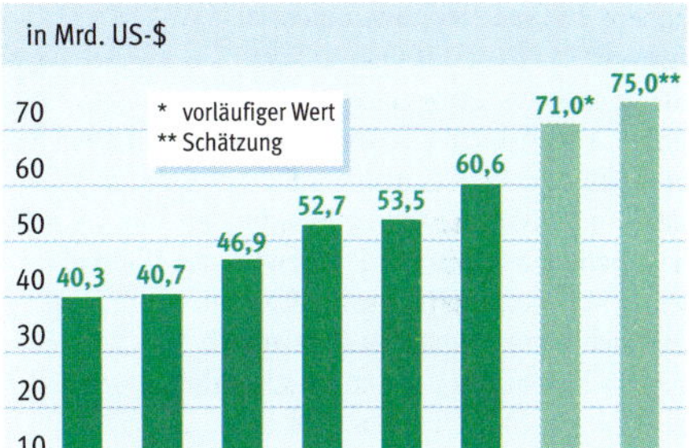

Die enorme wirtschaftliche Entwicklung Chinas wurde auch 2005 wieder zu einem beachtlichen Anteil durch die Nutzung ausländischen Kapitals ermöglicht. Die ausländischen Direktinvestitionen betrugen 2004 60,680 Mrd. US-$ (dazu 34,035 Mrd. US-$ in Hongkong und 0,650 Mrd. US-$ in Macao). China war damit erneut das wichtigste Empfängerland für ausländische Investitionen unter allen Entwicklungsländern. Die kumulierte Gesamtsumme an ausländischen Investitionen belief sich Ende 2004 bereits auf 245,467 Mrd. US-$.

Die Bedeutung von »joint ventures« (chinesisch-ausländische Unternehmen) zeigte sich auch 2005 wieder darin, dass sie ihren Umsatz um fast 25 % steigern konnten. Demgegenüber schlossen etwa 20 % der chinesischen Staatsbetriebe mit Verlust ab; die Produktionssteigerung lag wesentlich unter derjenigen der privaten Unternehmen.

Hongkong gehört zwar staatsrechtlich zu China, bildet aber als »Sonderverwaltungszone« eine eigene wirtschaftliche Einheit und wird auch in allen Statistiken getrennt aufgeführt. Nach einer Wirtschaftskrise, die 2003 durch die SARS-Epidemie verstärkt wurde, erlebt die Stadt seit 2004 wieder eine Hochkonjunktur. Auch 2005 erhöhte sich das BIP um 7,3 %. Die früher bedeutende Industrie ist weitgehend auf das Festland abgewandert; Hongkong hat sich zum Dienstleistungszentrum gewandelt, das bei den Wirtschaftsbeziehungen zwischen China und den westlichen Industriestaaten eine große Rolle spielt. 2004 flossen rd. 34 Mrd. US-$ ausländische Direktinvestitionen nach Hongkong, während andererseits aus Hongkong 39,753 Mrd. US-$ im Ausland, vor allem in der VR China investiert wurden.

Die **Republik China (Taiwan)**, die von der Volksrepublik als »abtrünnige Provinz« angesehen wird, konnte auch 2005 wieder ein Wirtschaftswachstum von 4,1 % erreichen. Das hoch industrialisierte Land leidet unter seiner starken Exportabhängigkeit (insbesondere der Informationstechnologie-Branche) und unter zunehmender Abwanderung von Investoren auf das chinesische Festland. Trotz aller politischen Gegnerschaft nahm 2005/06 die wirtschaftliche Verflechtung mit der Volksrepublik weiter zu (Handel, Investitionen).

Lateinamerika

Die jahrelang andauernde Phase wirtschaftlicher Rezession in Lateinamerika war 2004 mit einem Wirtschaftswachstum von 5,6 % überwunden worden. 2005 stieg das BIP im gewichteten Durchschnitt aller Staaten um 4,3 % an. Am stärksten war das Wachstum in Venezuela (9,3 %), Argentinien (9,2 %), der Dominikanischen Rep. (9,0 %), Peru (6,7 %) und Chile (6,3 %), während Brasilien (2,3 %) und Ecuador (3,3 %) beträchtlich unter dem Durchschnitt lagen. Die Ursachen des starken Konjunkturaufschwungs lagen vor allem im günstigen weltwirtschaftlichen Umfeld, in den kräftig steigenden Rohstoffpreisen auf den Exportmärkten und dem weltweit vermehrten Bedarf an agrarischen und bergbaulichen Rohstoffen, die für fast alle lateinamerikanischen Staaten die wichtigsten Exportgüter darstellen. Auch wirkten sich Reformmaßnahmen im Bankensektor und wieder ansteigende Geldzuflüsse durch ausländische Investoren positiv aus.

Ein Hauptproblem fast aller lateinamerikanischen Staaten ist nach wie vor der enorme soziale Unterschied zwischen der reichen Oberschicht und der Masse der armen Bevölkerung in den ländlichen Räumen und den Slums der Großstädte. Relativ hoch war auch 2005 die Arbeitslosigkeit, sie lag meist bei 15–18 %, bei Berücksichtigung von Unterbeschäftigung, Gelegenheitsarbeit u. ä. bei 20–25 %. Dagegen konnte die Inflationsrate leicht gesenkt werden, in der gesamten Region von 6,5 % (2004) auf 6,3 %. Besonders hoch lag sie noch in Venezuela (13,9 %); in Brasilien betrug sie 6,9 %, in Argentinien 9,6 %.

Die hohe Auslandsverschuldung nahm nur in wenigen Staaten ab; mit rd. 785 Mrd. US-$ war Lateinamerika auch 2005 der höchstverschuldete Kontinent. Die Investitionstätigkeit ausländischer Unternehmen konzentrierte sich 2004 vor allem auf Brasilien (18,166 Mrd. US-$), Mexiko (16,602 Mrd. US-$) und Chile (7,603 Mrd. US-$). Die Investoren kamen vor allem aus den USA und den EU-Staaten.

Mexiko nimmt in Lateinamerika insofern eine Sonderstellung ein, da es als Mitglied der NAFTA eng an die nordamerikanischen Industrieländer angebunden ist und als erstes Schwellenland 1994 Mitglied der OECD wurde (→ Internationale Organisationen). Wegen der engen Bindung an die US-amerikanische Wirtschaft ist die wirtschaftliche Entwicklung Mexikos eng an die Konjunkturzahlen der USA gekoppelt, und Investitionen erfolgen hauptsächlich durch US-amerikanische Unternehmen. Entsprechend dem leichten Konjunkturabschwung in den USA sank in Mexiko die Wachstumsrate von 4,2 (2004) auf 3,0 % (2005). Die Abhängigkeit von der US-amerikanischen Wirtschaft wird daraus deutlich, dass rd. 80 % der Exporte in die USA gehen, die damit für rd. 25 % des BIP sorgen. Bei den Ausfuhren sind inzwischen Industriegüter gleichberechtigt neben die früher dominierenden Rohstoffexporte getreten. Vor allem Zweigbetriebe US-amerikanischer, aber auch europäischer Konzerne produzieren aufgrund des niedrigeren Lohnniveaus für einfache Arbeiter in Mexiko für den US-Markt (sog. Maquiladoras). Um die starke Abhängigkeit der Wirtschaft von den USA zu verringern, wirbt das Land vor allem um europäische Investoren und bemüht sich um eine Differenzierung seiner Industriestruktur.

Niedrigeinkommensländer (LDC)

Die **Entwicklungsländer mit niedrigem Volkseinkommen** werden von der UN auch als LDC (»least developed countries«) bezeichnet. Sie konnten auch 2005, als Gruppe gesehen, ein Wirtschaftswachstum vorweisen, das höher lag als dasjenige der Industrieländer. Der Gesamtdurchschnitt verdeckt allerdings die enormen Unterschiede innerhalb dieser Gruppe. Hierzu gehören einerseits große Entwicklungsländer mit Rohstoffressourcen und bereits regional starker Industrialisierung, die fast alle 2005 ein im Weltmaßstab überdurchschnittliches Wachstum zeigten (z. B. Indien 8,3 %). Die mittelgroßen und kleinen oder rohstoffarmen Länder entwickelten sich dagegen unterschiedlich. Neben Staaten mit bemerkenswertem Wirtschaftswachstum (z. B. Äthiopien 8,7 %, Mosambik 7,7 %, Tansania 6,9 %, Senegal 6,2 %) standen solche mit stagnierender oder negativer Entwicklung (z. B. Togo 0,8 %, Elfenbeinküste 0,5 %, Lesotho −0,7 %, Simbabwe −6,5 %). Letzteres betraf vor allem Staaten, die von inneren Unruhen und Bürgerkriegen betroffen waren. Für einige dieser Staaten liegen mangels einer funktionierenden Staatsgewalt keine Wirtschaftsdaten vor (z. B. Somalia, Liberia, Afghanistan).

Viele arme Entwicklungsländer litten auch 2005 – wie in den Vorjahren – unter dem Mangel an finanziellen Mitteln wegen ausbleibender Geldzuflüsse (Kredite, Investitionen). Eine Hauptursache war vielfach die gewaltige **Überschuldung**, d. h. die Unfähigkeit, die bisher erhaltenen Kredite zurückzuzahlen. Sie führt zu starker Zurückhaltung bei der Gewährung neuer Kredite durch die Industrieländer bzw. durch private Investoren. Oft trägt auch politische Instabilität bis hin zu Bürgerkriegswirren und Willkürherrschaft dazu bei, dass vor allem seitens der Privatwirtschaft der Industrieländer seit längerem kaum Neigung besteht, in den ärmsten Entwicklungsländern zu investieren. Zudem sind die Möglichkeiten und die Bereitschaft der westlichen Industriestaaten, finanzielle Hilfe zu geben, angesichts vielfacher eigener Konjunktur- und Strukturprobleme nur begrenzt. Den hochverschuldeten ärmsten Ländern (HIPC) soll daher durch Schuldenerlass geholfen werden (→ Weltwirtschaftliche Entwicklungen).

Die so genannte **Kapitalflucht** ist eine weitere wichtige Ursache der mangelnden Entwicklungsfähigkeit gerade der ärmsten Länder. Die kleine, aber in der Regel sehr reiche Oberschicht der fast durchwegs diktatorisch regierten armen Entwicklungsländer betrachtet ihre Heimatländer häufig als eine Art Privateigentum und entzieht ihnen jährlich große Summen, um sie in den Industrieländern Europas und Nordamerikas sicher und gewinnbringend anzulegen, statt im eigenen Land zu investieren.

Indien

»Indien zählt heute zu den wachstumsstärksten Ländern«, es ist »auf dem Weg zum Wirtschaftsgiganten«. Diese aktuelle Überschrift einer Wirtschaftszeitung zeigt, dass Indien, das bevölkerungsmäßig zweitgrößte Land der Erde, unter Umständen dabei ist, den chinesischen Weg einer raschen wirtschaftlichen Entwicklung durch Aufbau eines leistungsfähigen Industrie- und Dienstleistungssektors zu gehen. 2005 lag das Wirtschaftswachstum bei 8,3 %; nach Meinung aller Experten dürfte es auch in den kommenden Jahren auf ähnlicher Höhe bleiben, wenn die in den letzten Jahren begonnenen Reformen der stark regulierten Wirtschaft zügig weitergeführt werden.

Das Wirtschaftsklima war zwar auch 2005 durch außenpolitische Probleme (Konflikt mit Pakistan, Kashmirfrage), durch starke Eingriffe des Staates in die Wirtschaft und durch Probleme mit den Staatsfinanzen belastet (Etatdefizit rd. 10 % des BIP; Staatsverschuldung über 80 % des BIP), doch überwogen in der Wirtschaft die positiven Tendenzen. Insbesondere die große Zahl gut ausgebildeter Hochschulabsolventen ist eine wichtige Voraussetzung für die Entwicklung zukunftsträchtiger Branchen. Ein Hindernis ist noch der mangelnde Wille zur Privatisierung der häufig unwirtschaftlich arbeitenden staatlichen industriellen Großbetriebe; auch das völlig unzulängliche Straßennetz und das höchst sanierungsbedürftige Eisenbahnnetz sind Entwicklungshindernisse. Wegen der guten Zukunftsaussichten nahmen die ausländischen Direktinvestitionen 2005 auf über 6 Mrd. US-$ zu. Der starke Produktionszuwachs im Industrie- und Dienstleistungsbereich geht zu einem nicht geringen Teil auf ausländische Unternehmen zurück. Es gelang jedoch nicht, die hohe Arbeitslosigkeit von mehr als 15 % wirksam zu bekämpfen und die starken Disparitäten zwischen zurückgebliebenen, armen ländlichen Gebieten und wirtschaftsstarken städtischen Räumen zu verkleinern. Vom Wirtschaftswachstum der letzten Jahre profitierte vor allem die städtische Ober- und Mittelschicht; in der Gesamtbevölkerung ist der Anteil der absolut Armen immer noch erschreckend hoch (in Großstadtslums und ländlichen Armutsgebieten, wo vor allem die Landwirtschaft dringend modernisiert werden muss). Trotz wachsender Zahlen wohlhabender Stadtbewohner leben immer noch ca. 1/3 der indischen Bevölkerung unter der Armutsgrenze.

Wirtschaftswachstum in Indien und China 1980–2004

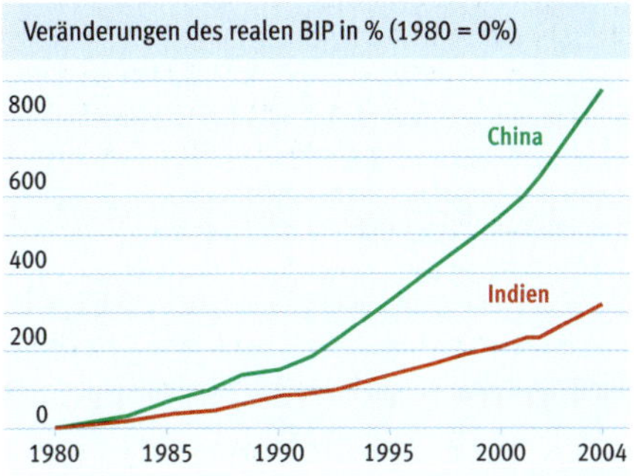

Quelle: UNESCAP

Landwirtschaft und Ernährung in globaler Übersicht

Die globale Situation der Landwirtschaft und der Ernährung der Weltbevölkerung unterschied sich 2005/06 kaum von der Lage in den Vorjahren. Rein rechnerisch reichen die Nahrungsmittelbestände auf der Erde (Ernte und Vorräte) bei weitem aus, um alle Menschen ausreichend zu ernähren. Doch in der Realität ist die Situation durch enorme Disparitäten gekennzeichnet. Wegen der großen weltweiten Unterschiede in der Nahrungsmittelversorgung herrschen in vielen Entwicklungsländern Hunger und Unterernährung. Demgegenüber werden in agrarischen Überschussgebieten, wie in den USA und in der EU, Programme zur Anbaureduzierung und Vermeidung allzu hoher Agrarüberschüsse umgesetzt, und Landwirte erhalten Prämien für die Stilllegung von Ackerflächen.

Die FAO bekräftigte in ihrem Ernährungsbericht 2005 das »Millenniums-Entwicklungsziel«, bis 2015 den Anteil der chronisch Unterernährten an der Weltbevölkerung zu halbieren. Die letzten FAO-Schätzungen von 2004 ergaben für das Jahr 2002, dass weltweit 852 Mio. Menschen unterernährt waren, davon 9 Mio. in den Industrieländern, 28 Mio. in den Transformationsländern Osteuropas und der ehemaligen UdSSR und 815 Mio. in Entwicklungsländern. Unterernährung wird hierbei angenommen, wenn weniger als 2100 kcal pro Tag und Kopf zur Verfügung stehen.

Nach Angaben der FAO sind die Hauptprobleme insbesondere in Südasien und in Afrika südlich der Sahara das starke Bevölkerungswachstum und die zu geringe Wirtschaftsentwicklung, Kriege und Bürgerkriege, das starke Ausmaß der Aids-Erkrankungen und »massive politische, soziale und wirtschaftliche Missstände« in den betreffenden Ländern. Lateinamerika würde bei Fortschrittsraten wie bisher bis 2015 das Ziel erreichen können, auch die asiatischen, pazifischen und karibischen Staaten hätten gute Chancen. Dagegen müssten in Afrika und im Nahen Osten die Anstrengungen vergrößert werden. Vor allem in Zentral-, West- und Ostafrika habe sich die Lage nicht gebessert; in der DR Kongo sei die Situation mit 40 Mio. Unterernährten dramatisch. Ausgebreitet hat sich der Hunger auch in Teilen Zentralasiens (Usbekistan, Tadschikistan).

Wie die → Tabelle zur **globalen Nahrungsmittelerzeugung** zeigt, nahm die Produktion in den letzten Jahren fast weltweit zu, auch pro Einwohner. Die Rückgänge in Europa und in den USA sind auf bewusste Anbaureduzierungen zurückzuführen.

Die FAO fordert einen mehrgleisigen Ansatz zur Bekämpfung von Hunger und Unterernährung: Entwicklungsländer mit Nahrungsmitteldefiziten sollen vor allem durch eine bessere Agrar- und Ernährungspolitik befähigt werden, die Ernährungssicherung aus eigener Kraft zu schaffen. Den bäuerlichen Produzenten sollen Möglichkeiten und Anreize gegeben werden, ihre Produktion umweltgerecht und unter nachhaltiger Nutzung der natürlichen Ressourcen zu steigern. Notwendige politische und sozio-ökonomische Rahmenbedingungen hierfür sind gerechte Agrarverfassungen und Eigentumsverhältnisse an Grund und Boden, Zugang der Landwirte zu Wasser, Dünger, Saatgut und evtl. Krediten, bessere Ausbildung, Kenntnis und Verbreitung moderner Technologien, schließlich für die Ernte effektive Lagerungs-, Verarbeitungs-, Transport- und Vermarktungsstrukturen. In Staaten, die sich mangels natürlicher Ressourcen nie werden vollkommen selbst ernähren können, müssen verstärkt andere Wirtschaftszweige entwickelt werden (z. B. Industrie, Fremdenverkehr), um die finanziellen Mittel für den Kauf von Lebensmitteln auf dem Weltmarkt zu erwirtschaften.

Lediglich für solche Länder, in denen eine Versorgung aus eigener Kraft noch nicht möglich ist oder wo Katastrophen dringende Hilfe erfordern, sieht die FAO für eine begrenzte Zeit **Nahrungsmittelhilfen** vor. Diese Hilfe muss aber in die Agrarpolitik der Empfängerländer eingebunden werden, um die einheimischen Märkte nicht zu stören und die Verkäufe der eigenen Bauern zu behindern. Insbesondere darf Nahrungsmittelhilfe nicht als Instrument der Überschussbeseitigung missbraucht werden.

Deutschland setzte 2005 insgesamt rd. 61 Mio. € für Nahrungsmittelhilfe ein, z. T. als bilaterale Hilfe, z. T. als deutschen Beitrag zum Welternährungsprogramm.

Entwicklung der Nahrungsmittelproduktion nach Ländergruppen und je Einwohner

1999–2001 = 100

Gebiet	Nahrungsmittelproduktion 2003 insgesamt	2003 je Einw.	2002 insgesamt
Welt insgesamt	106,5	102,6	103,5
Europa (mit Russland)	98,3	98,5	101,7
darunter Russland	105,9	107,6	113,3
Nord- und Mittelamerika	102,0	98,4	96,4
darunter USA	101,6	98,4	99,1
Südamerika	113,1	108,4	106,7
darunter Brasilien	119,7	115,3	111,4
Asien	109,7	105,6	105,6
darunter VR China	112,6	110,1	109,1
Indien	104,7	100,0	97,9
Afrika	108,3	101,4	98,9
Australien / Ozeanien	103,0	99,2	92,8

Quelle: FAO

Produktionswert der deutschen Landwirtschaft 2005 (Verkaufserlöse)

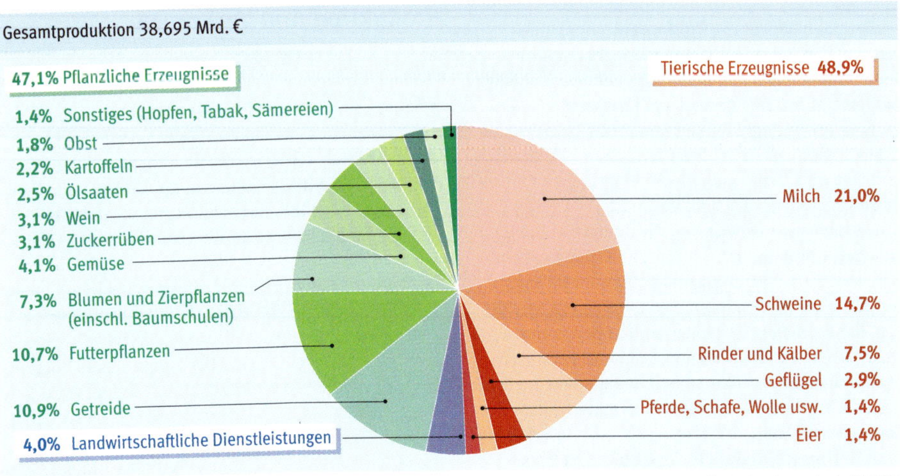

Quelle: Bundesregierung, Agrarbericht 2005

Die Weltagrarmärkte

Die **Weltmarktpreise** für Nahrungs-, Genuss- und Futtermittel sowie agrarische Industrierohstoffe waren in den 1990er Jahren bis 2001 aufgrund starker Produktionssteigerungen und vielfach von Überproduktion durchwegs zurückgegangen und hatten teilweise historische Tiefstände erreicht. 2002 setzte eine Trendwende ein, die allerdings nicht alle Agrarprodukte gleichermaßen erfasste.

Auch 2005 stiegen die Preise für verschiedene Nahrungsmittel und agrarische Industrierohstoffe an, jedoch weniger stark als diejenigen für mineralische, insbesondere Energierohstoffe. Daneben sanken die Preise für einzelne Produkte, sodass im Durchschnitt nur leichte Preissteigerungen zu verzeichnen waren. Bei den meisten Agrarprodukten konnte der Bedarf problemlos befriedigt werden bzw. drückten Angebotsüberschüsse auf die Preise, wie bei Kaffee, Wein oder Zucker, sodass Preiserhöhungen seitens der Erzeuger oder des Handels nur schwer durchsetzbar waren.

Insgesamt nahmen die Weltmarktpreise (auf US-$-Basis) 2005 im Durchschnitt aller Nahrungs- und Genussmittel nur um 0,2 % zu; bei den agrarischen Industrierohstoffen betrug die Steigerung 1,3 %. 2006 verstärkten sich Preisauftriebstendenzen bei einzelnen Produkten.

Die Lage der Landwirtschaft in Deutschland

Die **Situation der deutschen Landwirtschaft** besserte sich 2005/06 deutlich, bezogen auf die Einkommensverhältnisse. Die wichtigsten Ziele der Agrarpolitik der neuen Bundesregierung wurden im »Agrarpolitischen Bericht 2006« dargestellt: Förderung der Land-, Forst-, Fischerei- und Ernährungswirtschaft bei der Sicherung der Nahrungsmittelversorgung, als Lieferant biogener Rohstoffe und Energieträger, bei der Pflege und dem Erhalt der Kulturlandschaft, beim Erhalt der biologischen Vielfalt und bei der Stabilisierung des ländlichen Wirtschaftsraumes. Wichtig sei insbesondere die internationale Wettbewerbs-

Struktur der landwirtschaftlichen Betriebe Deutschlands
(Betriebe ab 2 ha Fläche)

Betriebsgröße in ha	Anzahl der Betriebe in Tsd.		Anteil an allen Betrieben in %		Veränderung 2004–2005 in %	Fläche der Betriebe in Mio. ha		Anteil an der Gesamtfläche in %	
	2005	2004	2005	2004		2005	2004	2005	2004
2–9,9	120,5	123,5	32,9	33,2	– 2,4	0,625	0,643	3,7	3,8
10–19,9	73,0	73,4	19,9	19,7	– 0,5	1,088	1,091	6,4	6,4
20–29,9	37,0	38,3	10,1	10,3	– 3,4	0,918	0,951	5,4	5,6
30–49,9	51,6	52,8	14,1	14,2	– 2,3	2,016	2,052	11,9	12,1
50–99,9	54,2	54,9	14,8	14,7	– 1,3	3,790	3,827	22,3	22,5
100 und mehr	30,3	29,6	8,3	7,3	+ 2,4	8,567	8,409	50,4	49,5
Insgesamt	366,6	372,4	100	100	– 1,6	17,005	16,973	100	100

Quelle: Agrarpolitischer Bericht 2006

fähigkeit durch Ausrichtung der Produktion am Markt.

Eine große Bedeutung für die deutsche Landwirtschaft hat die 2003 beschlossene Reform der GAP (Gemeinsame Agrarpolitik der EU), die 2005 für fast alle Produkte in Kraft getreten ist. Der wichtigste Unterschied zur früheren Subventionierung ist die so genannte Entkoppelung der Prämien von der Produktionsmenge und stattdessen die Ausrichtung an der Betriebsfläche und am Betriebsziel.

Die **Einkommensentwicklung** der deutschen Landwirtschaft verlief 2005 im Durchschnitt der Haupterwerbsbetriebe positiver als in den Vorjahren. Verglichen mit 2004 erhöhten sich die Gewinne um 23,9 % auf 36 647 € pro Betrieb. Höhere Erlöse brachten vor allem Schweine, Rinder, Getreide und erhöhte Subventionen, während der Gartenbau sich negativ entwickelte und die Treibstoffpreise zu steigenden Betriebsaufwendungen führten.

Das wichtigste Produkt für das Einkommen der Landwirte war 2005 die Milch vor Schweinefleisch und Getreide. Zum gesamten **Produktionswert der deutschen Landwirtschaft** → Grafik.

Der **Strukturwandel der deutschen Landwirtschaft**, der seit den 1950er Jahren zu beobachten ist, setzte sich auch 2005 fort. Es wurden weiterhin vor allem unrentable Klein- und Mittelbetriebe aufgegeben, sodass die durchschnittliche Betriebsgröße durch Konzentration auf größere Einheiten anstieg (→ Tabelle).

Auch die **Arbeitskräftesituation** setzte 2005 den bisherigen Trend fort. Die Gesamtzahl aller landwirtschaftlichen Arbeitskräfte verringerte sich 2005 auf nur noch 1,264 Mio. Während in den alten Bundesländern hauptsächlich Betriebsinhaber und ihre Familienangehörigen beschäftigt sind (733 700 gegenüber 102 900 familienfremden Arbeitskräften), arbeiten in den neuen Ländern überwiegend Lohnarbeitskräfte in der Landwirtschaft (84 000 gegenüber 38 800 Familienarbeitskräften).

Die Bedeutung der Landwirtschaft als Mittel des Lebensunterhalts auf dem Land ging weiter zurück. Nach dem Erwerbscharakter zählten 2005 in Deutschland nur noch 42 % aller Betriebe (mit ca. 78 % der Fläche) zu **Haupterwerbsbetrieben** und 58 % der Betriebe (mit 22 % der Fläche) zu den Nebenerwerbsbetrieben. Bei Letzteren machen außerlandwirtschaftliche Einkommen mehr als 50 % des Haushalts-Gesamteinkommens aus. Die Zahl der **Betriebe des »ökologischen Landbaus«** (so genannte Alternativbetriebe) nahm 2005 leicht zu. Es wurden 16 591 ökologisch wirtschaftende Betriebe (nach den EU-Richtlinien) gezählt, die 767 891 ha bewirtschafteten (4,1 % der Betriebe mit 4,5 % der Fläche). Die Betriebe des ökologischen Landbaus erwirtschafteten trotz wesentlich höherer Personalkosten um 21 % höhere Gewinne als konventionell wirtschaftende, da sie bedeutend höhere Preise erzielten.

Ausgewählte Agrarerzeugnisse – Produktion und Verbrauch

Angaben – wenn nicht anders angegeben – nach »FAO Statistical Yearbook«; S = Schätzung; genannt werden immer nur die Hauptproduzenten bzw. -erzeuger; die Weltproduktion, die auf Schätzungen der UN beruht, gibt also nicht die Summe der in den Tabellen aufgeführten Länder wieder.

Weltproduktion wichtiger Produktgruppen
in Mio. t

	2003	2002
Getreide	2 085,774	2 042,390
Gemüse und Melonen	850,899	809,878
Wurzelfrüchte	694,929	693,716
Früchte	494,157	481,683
Ölfrüchte (ohne Nüsse)	123,697	114,351
Hülsenfrüchte	57,139	57,059
Pflanzenfasern	24,557	23,583
Nüsse (ohne Erdnüsse)	8,332	8,161
Milch	616,039	603,853
Fleisch	253,688	247,756

Bananen Produktion in Mio. t

	2003	2002	2000
Indien (S)	16,820	16,500	16,170
Brasilien	6,801	6,504	5,663
VR China	6,126	5,784	5,139
Ecuador	5,883	5,528	6,477
Philippinen	5,369	5,264	4,930
Indonesien	4,177	3,683	3,747
Costa Rica	2,028	2,050	2,250
Mexiko	2,027	2,077	1,863
Thailand (S)	1,900	1,800	1,750
Burundi	1,600	1,603	1,514
Kolumbien	1,536	1,424	1,524
Welternte	70,665	68,015	66,145

Wichtigste **Exportländer** sind die mittelamerikanischen Staaten, bedeutendste **Einfuhrländer** die USA, die EU-Staaten und Japan.

Der **Welthandel** mit Bananen spielt sich hauptsächlich mit den Produkten US-amerikanischer Agrarkonzerne in Mittel- und Südamerika ab. 2005 brach der seit Jahren schwelende »Bananenstreit« durch eine Klage der USA und Ecuadors gegen die EU vor der WTO wieder aus. Hintergrund ist die Erhöhung der EU-Einfuhrzölle für lateinamerikanische Bananen bei gleichzeitiger Bevorzugung der Importe aus den AKP-Staaten (zumeist ehemalige britische und französische Kolonien, vor allem in Afrika). Der EU wurden Zollsenkungen und Gleichbehandlung der Importeure auferlegt.

Baumwolle

Die bedeutendsten **Ausfuhrländer** sind die USA (fast 40 % der Weltexporte), Pakistan und die zentralasiatischen GUS-Staaten; wichtigste **Importeure** sind die ostasiatischen Industrie- und Schwellenländer und die EU-Staaten.

Die **Weltmarktpreise** für Baumwolle, die wegen hoher Lagerbestände jahrelang sehr niedrig lagen, steigen seit 2003 an, da die stark wachsende Textilindustrie in China und anderen ostasiatischen Staaten einen kräftig zunehmenden Importbedarf aufweist. Eine noch stärkere Bedarfszunahme verhindert der steigende Anteil von Chemiefasern für die Produktion von Textilien.

Baumwollfasern (nicht entkörnt) Ernte in Mio. t

	2003	2002	2000
VR China	14,580	14,748	13,251
USA	10,021	9,357	9,580
Pakistan	5,197	5,187	5,488
Indien	7,040	4,450	6,733
Usbekistan	2,823	3,122	3,006
Türkei	2,490	2,542	1,909
Brasilien	2,232	2,170	2,010
Griechenland	1,100	1,282	1,260
Syrien	0,829	0,802	1,082
Australien	0,819	0,932	1,949
Turkmenistan	0,714	0,700	1,030
Weltproduktion	55,515	52,802	54,590

Baumwolle hat nicht nur eine Bedeutung als Faserpflanze, sondern die Körner (Baumwollsaat) dienen – vor allem in Süd- und Ostasien – der Ölproduktion. Von der Gesamterntemenge (→ Tabelle) entfielen 2003 über 40 Mio. t auf Baumwollsaat.

Butter

Wichtige **Ausfuhrländer** sind Neuseeland, die Niederlande, Deutschland, Belgien und Frankreich; wichtige **Einfuhrländer** sind Russland, Großbritannien und Deutschland.

Butterproduktion und -verbrauch änderten sich in den letzten Jahren in **Deutschland** nur wenig. 2005 sank der Verbrauch in Deutschland leicht auf 6,4 kg pro Kopf (in der EU insgesamt nur 4,4 kg). Die ehemals hohen Überschussbestände in der EU sind seit Jahren durch Drosselung der Milchproduktion und subventionierte Exporte stark verringert worden; der Selbstversorgungsgrad mit Butter liegt in der EU bei 111 %, in Deutschland allein bei 85 %.

Erdnüsse → Ölsaaten

Butter Erzeugung in Mio. t

	2004	2003	2000
Indien (einschl. »ghee«, S)	2,700	2,555	1,950
USA	0,567	0,564	0,580
Pakistan	0,561	0,542	0,465
Neuseeland	0,473	0,462	0,344
Deutschland	0,444	0,452	0,425
Frankreich	0,415	0,435	0,448
Russland	0,276	0,285	0,270
Polen	0,180	0,185	0,162
Australien	0,149	0,164	0,179
Iran	0,148	0,145	0,131
Irland	0,142	0,148	0,135
Ukraine	0,138	0,148	0,131
Türkei	0,125	0,124	0,117
Großbritannien	0,122	0,131	0,132
u. a. Schweiz	0,041	0,041	0,037
Österreich	0,032	0,033	0,037
Weltproduktion	8,302	8,182	7,213

Fischfang

Die weltweiten **Fischereierträge** beliefen sich 2005 nach ersten Schätzungen auf rd. 145 Mio. t. Seit mehreren Jahren geht ein zunehmend größerer Anteil auf die **Aquakultur** zurück (Fischzucht in Meeres- und Binnengewässern), die in den Länderzahlen (→ Tabelle) nicht enthalten ist. Sie betrug 2005 etwa 55 Mio. t. Dagegen nahm – trotz vergrößerter Fangflotten – der Fang von hochwertigen Speisefischen aus den Ozeanen weiter ab. Die Ursache liegt, neben zunehmender Meeresverschmutzung, vor allem in eindeutiger **Überfischung** durch zu große Fangflotten mit der Folge sinkender Bestände, die sich in gewissen Meeresräumen kaum mehr regenerieren können.

Die Fänge der **deutschen Fischereifahrzeuge** nahmen 2004 um 3,7 % auf 257 800 t ab. Der Rückgang ging allein auf die Große Hochseefischerei zurück, die nur noch 125 300 t anlandete, während die Kleine Hochsee- und Küstenfischerei (Kutterfischerei) ihre Fänge auf 132 500 t steigerte (Fische, Krabben und Muscheln). Die Verkaufserlöse der deutschen Fischerei sanken auf 177,2 Mio. €.

In der Mitte der 1970er Jahre landete die deutsche Fangflotte noch jährlich rd. 500 000 t an. Die seitdem erfolgte starke Abnahme der Hochseefischerei ist hauptsächlich auf die Aufteilung der Meere in nationale Fischereizonen zurückzuführen (200-Seemeilen-Zone). Die deutschen Fänge stammten früher zu etwa 2/3 aus der 200-Seemeilen-Zone von Ländern außerhalb der EU. Die entsprechenden Gebiete vor Island, Grönland, USA, Kanada und Norwegen wurden seit Ende der 1970er Jahre völlig oder weitgehend für ausländische Fangflotten gesperrt. Derzeit stammen über 70 % der deutschen Fänge aus Nord- und Ostsee und den westbritischen Gewässern.

Fischfang Fangerträge in Mio. t
(See- und Binnenfischerei einschl. Krustentiere und Mollusken, aber ohne Wassersäugetiere; Anlandungen im In- und Ausland (ohne Aquakultur und Fischzucht)

	2002	2001	2000
VR China	16,553	16,529	16,987
Peru	8,767	7,986	10,659
USA	4,937	4,944	4,745
Indonesien	4,505	4,204	4,140
Japan	4,443	4,719	4,989
Chile	4,271	3,797	4,300
Indien	3,771	3,763	3,594
Russland	3,232	3,628	3,974
Thailand	2,921	2,881	2,924
Norwegen	2,743	2,687	2,703
Island	2,130	1,981	1,983
Philippinen	2,031	1,945	1,893
Dänemark	1,932	2,035	1,900
Rep. Korea	1,669	1,988	1,823
Vietnam	1,508	1,491	1,442
Mexiko	1,451	1,399	1,314
Myanmar	1,313	1,167	1,070
Malaysia	1,276	1,235	1,289
Bangladesch	1,104	1,000	1,004
Rep. China	1,043	1,005	1,094
Kanada	1,014	1,050	0,994
Argentinien	0,944	0,923	0,918
Marokko	0,895	1,083	0,897
Spanien	0,883	1,085	0,977
Brasilien	0,822	0,810	0,694
u. a. Deutschland	0,224	0,211	0,206
Weltfangerträge	93,191	92,356	94,849

Die Produktion der **Binnenfischerei**, die fast ausschließlich auf Aquakultur (Teichwirtschaft) entfällt, ergab 2005 38 500 t Speisefische, vor allem Forellen und Karpfen.

Die Fangquoten für das **»EU-Meer«** (200-sm-Zone vor den Küsten der EU-Staaten in Nordsee, Ostsee, Nordatlantik und Mittelmeer) werden seit 1983 jährlich neu festgelegt; außerdem werden EU-Fangrechte vor Drittländern auf die nationalen Fangflotten aufgeteilt.

Zur **Erhaltung und Erholung der Fischbestände** im »EU-Meer« wurden in den letzten Jahren verschiedene Maßnahmen ergriffen, wie Verordnungen über Mindestmaschengrößen der Netze und Höchstfangmengen für besonders bedrohte und in ihren Beständen zurückgegangene Arten (Hering, Sprotte, Kabeljau, Dorsch, Schellfisch, Scholle, Seezunge, Seehecht). Im Dezember 2005 einigten sich die EU-Fischereiminister auf einige weitere Fangreduzierungen, vor allem für den in seinem Bestand bedrohten Kabeljau (Dorsch). Nach Meinung aller Fachleute gehen die bisherigen Maßnahmen nicht weit genug und sind nicht geeignet, die Bestände sich wieder erholen zu lassen. Vor allem die Länder mit großen Fangflotten, wie Großbritannien, Frankreich und Spanien, sperren sich gegen weitergehende und wirksamere Schutzmaßnahmen für die Fischbestände. Insbesondere in der **Nord- und Ostsee** ist die Situation sehr kritisch, zumal sich in diesen Gewässern viele Fischer nicht an die Schutzbestimmungen halten und keine wirksame Kontrolle stattfindet.

Wegen des Rückgangs der Fangmöglichkeiten wurde die **deutsche Seefischereiflotte** seit den 1970er Jahren stark reduziert. Gegenüber 71 Fahrzeugen (1975) existierten 2004 in Deutschland nur noch 11 Fahrzeuge der Großen Hochseefischerei. Die Zahl der Fahrzeuge der Kutter- und Küstenfischerei ging auf 2151 zurück (einschl. nebengewerblicher Fischerei).

Die **Versorgung** Deutschlands mit Fisch erfolgte auch 2005/06 weitgehend durch Importe. Sie betrugen 2004 netto rd. 1,2 Mio. t. Zur Förderung der Fischereiwirtschaft wurden 2005 Subventionen in Höhe von 6,0 Mio. € aus Bundesmitteln gegeben. Dazu kamen EU-Subventionen (z. B. Hilfen für die Modernisierung der Kutterflotte).

Fleisch

Die **Weltfleischproduktion** betrug im Jahr 2003 insgesamt 253,528 Mio. t, davon 98,507 Mio. t Schweinefleisch, 65,015 Mio. t Hühnerfleisch, 62,104 Mio. t Rind-, Kalb- und Büffelfleisch, 12,224 Mio. t Schaf- und Ziegenfleisch.

Erzeugung und **internationaler Handel** mit Fleisch waren in den letzten Jahren starken Turbulenzen ausgesetzt, da die Verbraucher durch diverse Tierkrankheiten verunsichert wurden (BSE, Maul- und Klauenseuche, Schweinepest, Vogelgrippe usw.) und der internationale Handel mit bestimmten Fleischarten zeitweilig ausgesetzt war.

Die wichtigsten **Exportländer** waren 2005
- für Rindfleisch die USA, Kanada, Australien und Argentinien,
- für Schweinefleisch die EU-Staaten und China,
- für Schaffleisch Australien und Neuseeland,
- für Geflügelfleisch die USA, Frankreich, die Niederlande, Thailand und Brasilien.

Die bedeutendsten **Importeure** waren die USA, Japan und die EU-Staaten.

In der **EU** hatte sich der Fleischmarkt nach den Turbulenzen der Vorjahre mit teilweise drastischen Verbrauchsrückgängen 2004 wieder normalisiert, bevor 2005/06 durch die »Vogelgrippe« eine neue Verunsicherung der Verbraucher eintrat. Die Produktionsüberschüsse konnten zuletzt weitgehend abgebaut werden; der Selbstversorgungsgrad der EU-25 betrug bei Rind- und Kalbfleisch 2005 96 % (Pro-Kopf-Verbrauch 17,9 kg), bei Schweinefleisch 107 % (Verbrauch 42,9 kg pro Kopf/Jahr).

In **Deutschland** hatte sich der Fleischverbrauch besonders stark vermindert und erreichte auch 2005

Fleisch Produktion in Mio. t

	insgesamt			Schweinefleisch		Geflügelfleisch		Rind-, Kalb- u. Büffelfl.		Schaf- u. Ziegenfl.	
	2003	**2002**	**2000**	**2003**	**2000**	**2003**	**2000**	**2003**	**2000**	**2003**	**2000**
VR China	71,041	67,760	63,227	46,048	43,058	9,518	12,500	6,619	5,384	3,594	2,654
USA	38,748	38,795	37,661	9,064	8,532	14,855	16,471	11,906	12,311	0,090	0,103
Brasilien	18,684	17,483	14,683	3,059	1,804	7,760	6,020	7,526	6,460	0,109	0,110
Deutschland	6,597	6,491	6,259	4,238	3,850	0,547	0,830	1,220	1,363	0,044	0,045
Frankreich	6,516	6,521	6,466	2,340	2,315	1,130	2,022	1,650	1,590	0,142	0,138
Indien	6,038	5,762	4,850	0,630	0,560	1,440	0,575	2,961	2,863	0,707	0,696
Spanien	5,442	5,248	4,949	3,322	2,962	1,020	0,891	0,700	0,697	0,250	0,240
Russland	4,937	4,692	4,428	1,679	1,250	1,034	0,705	2,000	2,126	0,138	0,156
Mexiko	4,908	4,825	4,457	1,043	1,035	2,157	1,767	1,496	1,415	0,082	0,071
Kanada	4,248	4,291	3,979	1,952	1,675	0,938	1,065	1,171	1,260	0,015	0,011
Italien	4,224	4,183	4,140	1,587	1,475	0,816	1,140	1,127	1,160	0,062	0,074
Argentinien	4,163	4,258	4,067	0,216	0,190	0,932	0,937	2,800	2,900	0,061	0,059
Australien	3,850	3,817	3,704	0,420	0,363	0,690	0,622	2,073	1,988	0,611	0,656
Großbritannien	3,292	3,327	3,514	0,714	0,923	1,295	1,508	0,696	0,708	0,300	0,359
Polen	3,118	3,139	2,924	2,050	1,900	0,700	0,580	0,275	0,341	0,001	0,002
Japan	2,991	3,017	3,005	1,259	1,270	1,218	1,200	0,505	0,534	–	–
Niederlande	2,423	2,676	2,872	1,420	1,643	0,462	0,713	0,464	0,485	0,020	0,017
Dänemark	2,121	2,135	1,986	1,762	1,650	0,188	0,202	0,148	0,159	0,002	0,001
u. a. Österreich	0,851	0,846	0,892	0,510	0,499	0,087	0,102	0,215	0,203	0,008	0,007
Schweiz	0,441	0,440	0,412	0,234	0,225	0,057	0,049	0,139	0,131	0,007	0,007
Weltproduktion	253,528	247,697	232,965	98,507	90,909	65,015	66,510	62,104	60,233	12,224	11,295

noch nicht wieder den Stand vor der BSE-Krise. Der Rind- und Kalbfleischverbrauch erhöhte sich jedoch vom Tiefstand 2001 (9,9 kg pro Kopf) im Jahr 2005 wieder auf 12,6 kg pro Kopf (1999 noch 15,2 kg). Der Schweinefleischverbrauch war von 56,9 kg (1999) auf 53,7 kg (2002) zurückgegangen und stieg 2005 wieder auf 54,6 kg pro Kopf an. Während bei Schweinefleisch 2005 ein Netto-Importbedarf von 0,3 Mio. t bestand, wurde Rindfleisch auch 2005 weit über den eigenen Bedarf hinaus produziert (Selbstversorgungsgrad 117 %). Der Verzehr von Geflügelfleisch betrug 2005 18,0 kg pro Kopf.

Pro-Kopf-Verbrauch der wichtigsten Fleischarten in Deutschland 1950–2005

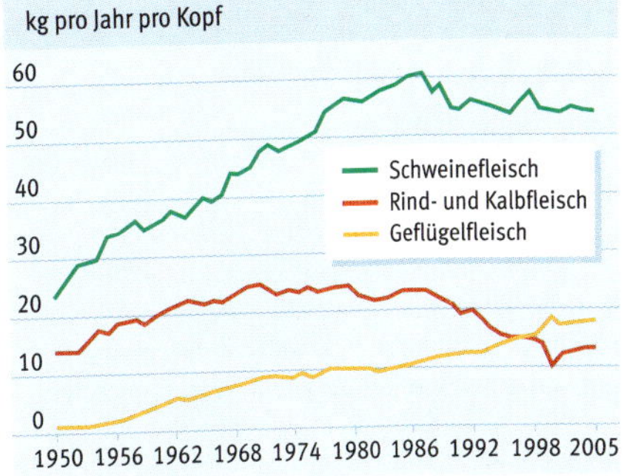

Quelle: Agrarwirtschaft 1/2006

Gerste → Getreide

Getreide

Die **Weltgetreideproduktion** entfällt seit Jahren überwiegend auf drei Arten mit jährlich mehr als 550 Mio. t Ertrag (Mais, Reis und Weizen) und fünf weitere Arten (Gerste, Hirse, Sorghum, Hafer und Roggen), die nicht weltweit, sondern mit regionalen Schwerpunkten angebaut und in einigen Ländern nur als Futtergetreide verwendet werden.

Nach mehreren Jahren, in denen der Verbrauch höher gewesen war als die Ernte und auf Vorräte zurückgegriffen werden musste, stieg 2005 die Weltgetreideproduktion auf rd. 2,2 Mrd. t. Diese Menge übersteigt den Verbrauch beträchtlich, sodass die weltweiten Lagerbestände wieder auf 21 % eines Jahresverbrauchs aufgestockt werden konnten.

Die **Weltmarktpreise** blieben angesichts der sehr guten Ernte stabil. Als neue Alternative zur Getreideverwendung in den Überschussländern nahm 2005 die energetische Nutzung zu (Herstellung von Bioethanol als Treibstoff).

Unter den Getreidearten erhöhte sich 2005 besonders die Weizenerzeugung durch höhere Erträge wegen günstiger Witterungsbedingungen in vielen Anbauländern und wegen Flächenausweitung. Auch die Maiserzeugung nahm stark zu. Die Reisproduktion, die in den 1990er Jahren stark angewachsen war, blieb vor allem in Südostasien auf hohem Niveau.

Die **Flächenerträge** sind nach wie vor regional sehr unterschiedlich. Im weltweiten Durchschnitt errechnete die FAO Getreideerträge je ha von 3082 kg, bei Mais

Getreide Produktion in Mio. t

	Getreide insges.*		Mais (Körnermais)		Reis (ungeschält)		Weizen	
	2003	2002	2003	2002	2003	2000	2003	2000
VR China	377,463	399,997	114,175	121,497	166,417	189,814	86,100	99,636
USA	348,644	298,788	256,905	228,805	9,034	8,658	63,590	60,757
Indien	232,048	206,497	14,800	11,110	132,013	127,531	65,129	76,369
Brasilien	66,388	50,879	47,809	35,500	10,199	11,090	5,900	1,662
Russland	65,464	84,849	2,113	1,541	0,450	0,586	34,062	34,455
Indonesien	62,989	61,144	10,910	9,527	52,079	51,898	–	–
Frankreich	54,925	69,662	11,898	16,440	0,105	0,116	30,582	37,353
Kanada	50,168	36,304	9,587	8,995	–	–	23,552	26,519
Bangladesch	39,683	39,528	0,010	0,010	38,060	37,628	1,550	1,673
Deutschland	39,543	43,391	3,415	3,738	–	–	19,296	21,622
Australien	38,045	18,818	0,316	0,457	0,391	1,230	24,900	7,464
Vietnam	37,452	36,958	2,934	2,511	34,519	32,530	–	–
Argentinien	34,151	32,068	15,040	15,000	0,718	0,904	14,530	16,147
Thailand	31,732	30,499	4,500	4,211	27,000	25,844	0,001	0,001
Türkei	30,798	30,822	2,800	2,100	0,372	0,350	19,000	19,007
Mexiko	30,566	28,772	19,652	19,299	0,192	0,351	3,000	3,275
Pakistan	27,753	27,173	1,275	1,737	6,751	7,204	19,210	19,024
Myanmar	25,664	23,713	0,750	0,660	26,640	21,324	0,100	0,094
Nigeria	24,457	22,089	5,150	4,934	4,952	3,298	0,073	0,051
Polen	23,391	26,877	1,884	1,962	–	–	7,858	9,283
Großbritannien	21,511	22,966	–	–	–	–	14,288	16,704
Spanien	21,411	21,681	4,301	4,463	0,855	0,827	6,290	7,294
Ukraine	19,622	37,984	6,900	4,180	0,084	0,827	13,600	21,348
u. a. Österreich	3,990	4,456	1,452	1,956	–	6,000	1,191	6,255
Schweiz	0,878	1,141	0,094	0,195	–	1,098	0,454	22,108
Weltproduktion	2 075,309	2 029,055	638,043	604,408	589,126	599,155	556,349	1,313

* durch Runden und Zähldifferenzen ergeben sich z. T. Unterschiede zwischen der Gesamtmenge und der Summe der Getreidearten

4385 kg, bei Reis 3899 kg und bei Weizen 2682 kg. In Deutschland betrug dagegen der Getreideertrag insgesamt 6251 kg, der Weizenertrag 6906 kg/ha.

Hauptexportländer für Getreide waren 2005 die USA, Kanada, Australien, die EU-Staaten, Argentinien, Russland und Thailand (für Reis). Futtergetreideausfuhren kamen zu über 50 % aus den USA; es folgten Argentinien, Australien und Kanada. Insgesamt betrug 2005 der Welthandel mit Weizen 110,5 Mio. t und mit Futtergetreide 100,7 Mio. t.

Die wichtigsten **Importeure** für Getreide waren 2005 Japan und die Entwicklungsländer der mittleren und oberen Einkommenskategorien.

Hafer, Hirse → Getreide

Holz

Der weltweite **Holzeinschlag** stieg 2005 auf schätzungsweise 3,450 Mrd. m^3, davon 1,650 Mrd. m^3 Industrie- und 1,800 Mrd. m^3 Brennholz (einschl. Holzkohle). Insbesondere in den ärmeren Entwicklungsländern wird Holz ganz überwiegend für private (Feuerholz) und industrielle Energiegewinnung genutzt. Nach Holzarten entfiel der Einschlag weltweit zu 65 % auf Laubholz.

In **Deutschland** erhöhte sich der Holzeinschlag 2004 auf 54,5 Mio. m^3. Er lag damit 26 % über dem langjährigen Durchschnitt, da aufgrund des extrem heißen Sommers 2003 größere Waldschäden (Insekten- und Trockenschäden) aufzuarbeiten waren. Außerdem stieg die Nachfrage stark an. Der Einschlag entfiel hauptsächlich auf Fichte, Tanne und Douglasie (61 %), Kiefer und Lärche (19 %), Rotbuche (16 %) und Eiche (4 %). Der Selbstversorgungsgrad mit Holz betrug 2005 rd. 95 %. Den Importbedarf deckten vor allem skan-

Die deutsche Holz- und Papierwirtschaft

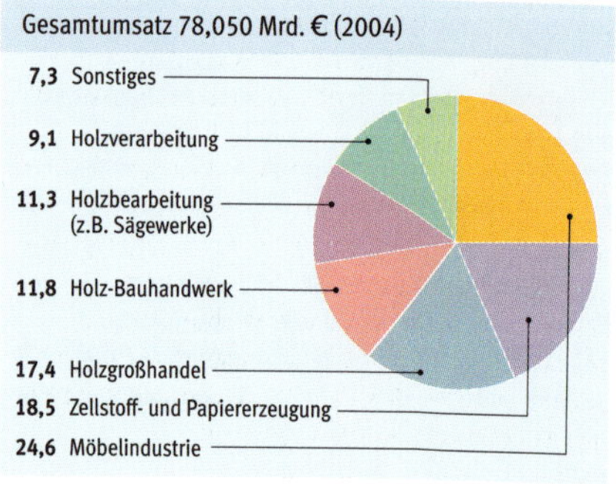

Getreide Produktion in Mio. t (Forts.)

	Gerste		Hirse (mit Sorghum)		Hafer		Roggen	
	2003	2000	2003	2000	2003	2000	2003	2000
VR China	3,115	2,646	4,820	4,734	0,465	1,012	0,510	1,000
USA	6,011	6,939	10,706	12,151	2,100	2,171	0,235	0,213
Indien	1,406	1,447	18,700	17,607	–	–	–	–
Brasilien	0,305	0,257	1,733	0,780	0,391	0,173	0,003	0,007
Russland	17,968	14,079	1,008	1,207	5,175	6,000	4,151	5,400
Indonesien	–	–	–	–	–	–	–	–
Frankreich	9,818	9,709	0,233	0,371	0,555	0,459	0,113	0,146
Kanada	12,328	13,229	–	–	3,691	3,403	0,327	0,260
Bangladesch	0,005	0,004	0,058	0,056	–	–	–	–
Deutschland	10,666	13,495	–	–	1,196	1,087	2,279	4,154
Australien	8,525	6,743	1,595	2,173	1,596	1,050	0,021	0,021
Vietnam	–	–	–	–	–	–	–	–
Argentinien	0,549	0,722	2,707	3,392	0,501	0,644	0,075	0,125
Thailand	0,013	0,011	0,162	0,148	–	–	–	–
Türkei	8,100	8,000	0,007	0,005	0,270	0,265	0,240	0,260
Mexiko	1,109	0,713	6,462	5,842	0,147	0,089	–	–
Pakistan	0,107	0,118	0,410	0,417	–	–	–	–
Myanmar	–	–	0,162	0,169	–	–	–	–
Nigeria	–	–	14,200	13,816	–	–	–	–
Polen	2,831	2,783	–	–	1,182	1,070	3,172	4,003
Großbritannien	6,370	6,492	–	–	0,749	0,640	0,025	0,044
Spanien	8,698	11,063	0,030	0,043	0,873	0,954	0,184	0,220
Ukraine	6,800	6,872	0,350	0,442	0,933	0,881	0,624	0,968
u. a. Österreich	0,882	0,855	–	–	0,129	0,128	0,133	0,183
Schweiz	0,225	0,283	–	–	0,022	0,027	0,011	0,023
Weltproduktion	141,503	133,250	89,390	83,847	26,269	26,303	14,851	20,113

dinavische, osteuropäische und nordamerikanische Länder sowie Österreich.

Holz ist weltweit und auch in Deutschland der wichtigste **nachwachsende Rohstoff**. Die deutsche **Waldfläche** nimmt seit Jahren durch Aufforstungen leicht zu. Sie betrug 2005 rd. 11,1 Mio. ha, d. h. rd. 31 % der Staatsfläche, die von etwa 450 000 Betrieben der Land- und Forstwirtschaft bewirtschaftet wurden. Nach Eigentümern verteilt sich die Waldfläche folgendermaßen: Staatswald 33 %, Privatwald 47 %, Körperschaftswald (Gemeinden, Kirchen, Stiftungen u. ä.) 20 %.

Nach **Baumarten** gliedert sich der Wald in Deutschland folgendermaßen: Fichte, Tanne, Douglasie 32 % – Kiefer, Lärche 27 % – Buche und sonstige Laubbäume 31 % – Eiche 10 %. Insgesamt wird in den deutschen Wäldern deutlich nach den Grundsätzen der **Nachhaltigkeit** gewirtschaftet, d. h. es wird jährlich wesentlich weniger Holz eingeschlagen (im Durchschnitt der letzten 10 Jahre 43,2 Mio. m^3) als nachwächst (über 100 Mio. m^3). Nach Berechnungen des Bundeslandwirtschaftsministeriums wurden in den letzten Jahrzehnten nur ca. 70 % des Holzzuwachses genutzt, sodass noch größere Potenziale insbesondere für eine umweltfreundliche, da CO_2-neutrale, energetische Nutzung des Holzes zur Verfügung stehen.

Kaffee (grün) Ernte in Mio. t

	2003	2002	2000
Brasilien	1,970	2,494	1,904
Vietnam	0,771	0,689	0,803
Indonesien	0,702	0,623	0,625
Kolumbien	0,695	0,697	0,636
Mexiko	0,311	0,313	0,338
Indien	0,275	0,317	0,292
Äthiopien	0,220	0,220	0,230
Guatemala	0,210	0,180	0,312
Uganda	0,186	0,198	0,143
Elfenbeinküste	0,160	0,198	0,336
Peru	0,160	0,170	0,158
Honduras	0,150	0,182	0,193
Costa Rica	0,132	0,141	0,159
El Salvador	0,092	0,092	0,114
Weltproduktion	7,796	7,668	7,529

Die wichtigsten **Kaffee-Exportländer** sind Brasilien, Kolumbien, Vietnam, Indonesien und die mittelamerikanischen Staaten; die bedeutendsten **Importländer** sind die USA, Deutschland, Frankreich, Japan und Italien. Die bedeutendsten Export- und Importländer sind in der **ICO** (Internationale Kaffee-Organisation) zusammengeschlossen, die aber keinen Einfluss auf die Preispolitik nimmt. Versuche von 28 Erzeugerländern, durch einen 2000 erfolgten Zusammenschluss zur **ACPC** (Association of Coffee Producing Countries) ein Quotensystem zur Preisstabilisierung einzuführen, scheiterten bisher.

Die **Weltmarktpreise** für Kaffee hatten 1998–2003 unter einem starken Missverhältnis zwischen stagnierendem Verbrauch in den europäisch-nordamerikanischen Importländern und steigender Erzeugung bei gleichzeitig vollen Lagern gelitten. Erst 2004 kehrte sich der Trend sinkender Preise um, und auch 2005 ergaben sich Preiserhöhungen. Da jedoch die Erzeugung mit der weltweit leichten Verbrauchszunahme Schritt hielt, erfolgten die Preissteigerungen nur in mäßigem Rahmen. In **Deutschland** geht der Kaffeekonsum seit Jahren leicht zurück; er betrug 2005 rd. 149 l/Einwohner.

Kakao (Kakaobohnen) Ernte in Mio. t

	2003	2002	2000
Elfenbeinküste	1,225	1,000	1,396
Ghana	0,475	0,380	0,437
Indonesien	0,426	0,450	0,466
Nigeria	0,380	0,340	0,338
Brasilien	0,171	0,175	0,197
Kamerun	0,125	0,125	0,123
Ecuador	0,089	0,088	0,065
Dominikanische Rep.	0,050	0,050	0,037
Malaysia	0,048	0,048	0,070
Kolumbien	0,047	0,048	0,045
Welternte	3,257	2,922	3,384

Die wichtigsten **Kakao-Exportländer** sind Elfenbeinküste, Indonesien, Ghana und Nigeria; bedeutendste **Importländer** sind die Niederlande, die USA und Deutschland. Die wichtigsten Produzenten sind in der Internationalen Kakao-Organisation (**ICCO**) zusammengeschlossen, die der Marktregulierung und Preisstabilisierung dienen soll.

Die **Weltmarktpreise** für Kakao waren in den letzten Jahren starken Schwankungen unterworfen – aufgrund von zeitweiliger Überproduktion, andererseits witterungsbedingten Ernteausfällen, Bürgerkrieg im Hauptexportland Elfenbeinküste und Spekulationen von Rohstofffonds. 2005 stiegen die Preise an, das relativ hohe Angebot verhinderte jedoch zu starke Erhöhungen.

Kartoffeln

Wichtige **Exportländer** sind die Beneluxländer, Frankreich und Deutschland (für Kartoffelprodukte); wichtige **Importländer** sind Italien, Großbritannien und Deutschland (für Frühkartoffeln).

In **Deutschland** nahm die Anbaufläche in den vergangenen Jahren stark ab; sie betrug 2005 nur noch 276 000 ha (gegenüber noch 548 000 ha 1990). Da auch die Flächenerträge 2005 aus Witterungsgründen zurückgingen, sank die Erntemenge um 15 % auf 11,158 Mio. t; die Preise stiegen dadurch. Die Bedeutung der Kartoffel als Grundnahrungs- und Futtermittel hat in den letzten Jahrzehnten stark abgenommen; der **Pro-Kopf-Verbrauch** lag 2005 nur noch bei 66,2 kg pro Jahr (1992 noch 74,0 kg), davon rd. 34 kg für Kartoffelerzeugnisse.

Kartoffeln Ernte in Mio. t

	2003	2002	2000
VR China	66,813	66,573	66,325
Russland	36,747	32,871	33,979
Indien	23,161	24,082	24,713
USA	20,822	20,856	23,297
Ukraine	18,500	16,620	19,838
Polen	13,732	15,524	24,232
Deutschland	9,813	11,492	13,694
Weißrussland	8,600	7,421	8,718
Niederlande	6,399	7,363	8,127
Frankreich	6,235	6,877	6,434
Großbritannien	5,918	6,375	6,636
Türkei (S)	5,300	5,200	5,370
u. a. Österreich	0,560	0,684	0,695
Schweiz	0,468	0,526	0,600
Weltproduktion	310,810	311,360	329,025

Kautschuk

Über 75 % der **Weltproduktion** werden exportiert; bedeutendste **Exporteure** sind Thailand, Indonesien und Malaysia; die wichtigsten **Einfuhrländer** sind die USA, Japan, China, Deutschland und Frankreich.

Der Anteil des **Naturkautschuks** an der gesamten Gummiproduktion betrug 1939 noch rd. 98 % und sank über 56 % (1955) und 38 % (1965) auf nur noch ca. 30 % Mitte der 1970er Jahre zugunsten des synthetischen Produkts. Seitdem ist der Anteil des Naturkautschuks am gesamten Gummiverbrauch weltweit wieder leicht angestiegen, da er für gewisse Anwendungs-

Kautschuk (Naturkautschuk) Erzeugung in Mio. t (Trockengewicht)

	2003	2002	2000
Thailand	2,506	2,456	2,278
Indonesien	1,792	1,630	1,610
Malaysia	0,986	0,890	0,615
Indien	0,694	0,650	0,622
VR China	0,565	0,527	0,482
Vietnam	0,384	0,373	0,291
Elfenbeinküste	0,123	0,123	0,123
Nigeria	0,112	0,112	0,107
Liberia	0,108	0,108	0,105
Weltproduktion	7,809	7,398	6,824

bereiche Vorteile aufweist (z. B. Winterreifen). In den letzten Jahrzehnten erhöhte sich auch der Bedarf an Latex für die Herstellung von medizinischen Handschuhen und Kondomen.

Die **Weltmarktpreise** für Kautschuk lagen jahrelang relativ niedrig, da Produktion und Lagerbestände stärker anstiegen als die Nachfrage. Dies änderte sich 2005/06 entscheidend. Durch Produktionsausfälle in Thailand und verstärkte Nachfrage, vor allem aus China, das 2005 22 % des weltweiten Kautschukaufkommens aufnahm, stiegen die Preise stark an. Hinzu kommt die ölpreisbedingte Verteuerung des synthetischen Kautschuks, die viele Reifenfabrikanten wieder auf das Naturprodukt ausweichen ließ.

Milch Erzeugung von Kuh-, Büffel-, Schaf-, Ziegen- und Kamelmilch in Mio. t

	2003	2002	2000
Indien	91,100	87,300	81,840
USA	77,252	77,139	76,067
Russland	33,301	33,504	32,300
Deutschland	28,380	27,899	28,353
Frankreich	25,423	25,990	25,630
Brasilien	23,454	22,453	20,521
VR China	21,802	17,320	12,374
Großbritannien	15,056	14,896	14,489
Neuseeland	14,354	13,866	12,235
Ukraine	13,651	14,127	12,710
Italien	12,182	12,405	12,891
Polen	11,893	11,874	11,890
Niederlande	11,075	10,677	11,155
Australien	10,646	11,620	11,183
Türkei	10,611	8,409	9,802
Mexiko	9,990	9,805	9,443
Japan	8,400	8,385	8,497
Argentinien	8,197	8,793	9,933
Kanada	7,880	7,964	8,090
u. a. Schweiz	3,907	3,964	3,889
Österreich	3,253	3,316	3,364
Weltproduktion	588,864	601,741	583,701

Wichtige **Ausfuhrländer** für Trockenmilch sind Neuseeland, die Niederlande, Deutschland und Frankreich, für Frisch- und Kondensmilch die Niederlande und Deutschland.

Die Milchproduktion war in **Deutschland** auch 2005 die mit Abstand wichtigste Einnahmequelle der Landwirtschaft. Sie erbrachte Verkaufserlöse von 8,111 Mrd. € (+0,1 % gegenüber 2004), d. h. 21,0 % des gesamten Produktionswertes der deutschen Landwirtschaft. 2005 lieferten 4,164 Mio. Milchkühe insgesamt 28,537 Mio. t Milch (rd. 6850 l pro Kuh). Der **Verbrauch** sowohl von Milch als auch von Milchprodukten nahm 2005 gegenüber dem Vorjahr leicht ab (Pro-Kopf-Verbrauch 323 kg). Aufgrund des scharfen Wettbewerbs im Einzelhandel und billiger Auslandskonkurrenz hielten sich die Erzeugerpreise auf relativ niedrigem Niveau. Die Einfuhren betrugen 7,250 Mio. t bei Ausfuhren von 7,890 Mio. t. Das Problem großer Milchüberschüsse, das früher in Deutschland wie in der gesamten EU bestanden hatte, ist inzwischen gelöst. Dies wurde durch die »Garantiemengenregelung« der EU erreicht, nach der die Abnahme- und Preisgarantie des Staates nur noch für eine bestimmte »Garantiemenge«, d. h. Höchstmenge pro Erzeuger, gilt. Verschiedene Änderungen der Milchquotenregelung, vor allem bezüglich des Handels mit Milchquoten über Quotenbörsen, sind seit 2002 in Kraft. Die Kosten der EU-Milchmarktordnung – z. B. für Ausfuhrsubventionen – betrugen 2005 2,755 Mrd. €.

Ölsaaten

Die Produktion von Ölsaaten und Ölfrüchten hat ökonomisch eine doppelte Bedeutung, da zwei unterschiedliche Märkte beliefert werden: Pflanzliches Öl wird für die menschliche Ernährung verwendet (z. B. Margarineproduktion), während Ölschrot als eiweißreiches Futtermittel dient.

Im Wirtschaftsjahr 2004/05 erhöhte sich die **Weltproduktion** an Ölfrüchten gegenüber dem Vorjahr um rd. 13 % auf 379,0 Mio. t. Vor allem die Erzeugung von Sojabohnen nahm aufgrund starker Steigerungen in Brasilien, Argentinien und den USA beträchtlich zu, aber auch die Produktion von Rapssaat, Sonnenblumenkernen und Palmöl erhöhte sich. Bei der Weltmarktversorgung mit pflanzlichen Ölen und Fetten (menschliche und tierische Ernährung) lag der Sojaanteil 2005 bei 57 %.

Ölsaaten Weltproduktion in Mio. t

	2003	2002	2000
Sojabohnen	189,234	180,553	161,411
Baumwollsaat	37,200	32,949	33,247
Rapssaat	36,146	34,000	39,511
Erdnüsse (in der Schale)	35,658	33,735	34,670
Palmöl	28,400	26,091	22,417
Sonnenblumensaat	27,740	24,104	26,242
Oliven	17,842	15,724	15,359
Palmkerne	7,150	7,077	6,479
Kopra	5,380	5,137	5,301
Sesamsaat	3,196	2,974	2,883
Leinsaat	2,133	2,034	2,070

Die **Weltmarktpreise** für Ölfrüchte blieben 2005 im Jahresdurchschnitt relativ stabil. Aufgrund der starken Preissteigerungen für Mineralöl wird Pflanzenöl zunehmend auch für die energetische Nutzung interessant (z. B. Biodiesel aus Rapsöl), sodass die Nachfrage in Zukunft stark steigen könnte.

Reis → Getreide

Rinder, Schafe, Schweine Bestand in Mio. 2003 (Rangfolge nach Anzahl der Rinder)

	Rinder	Schafe	Schweine
Brasilien (S)	189,513	14,182	32,605
Indien (S)	187,382	61,789	14,142
VR China	103,468	143,793	469,809
USA	96,100	6,321	59,554
Argentinien	50,869	12,450	3,100
Sudan (S)	38,325	47,000	–
Äthiopien (S)	35,500	11,450	0,026
Mexiko	30,800	6,560	18,100
Australien	26,664	99,300	2,770
Russland	26,524	13,728	17,337
Kolumbien	25,000	2,100	2,300
Bangladesch (S)	24,500	1,260	–
Pakistan	23,300	24,600	–
Frankreich	19,168	8,947	15,265
Tansania (S)	17,704	3,521	0,455
Venezuela	15,989	0,820	2,916
Nigeria (S)	15,164	22,500	6,356
ISüdafrika (S)	13,600	29,100	1,620
Deutschland	13,386	2,697	26,495
Großbritannien	10,519	24,572	4,842
Weltbestand	1331,549	1024,710	950,949

Sojabohnen

Die wichtigsten **Exportländer** sind die USA (2002: 5,624 Mrd. US-$), Brasilien und Argentinien; bedeutendste **Importeure** sind China, Japan, die Niederlande und Deutschland.

Sojabohnen Erzeugung in Mio. t

	2003	2002	2000
USA	65,795	74,290	75,055
Brasilien	51,532	41,903	32,735
Argentinien	34,819	30,000	20,207
VR China	16,500	16,900	15,411
Indien	6,800	4,270	5,276
Paraguay	4,400	3,276	2,980
Kanada	2,268	2,335	2,703
Welternte	189,234	179,917	161,416

Sojabohnen werden v. a. als proteinhaltiges Viehfutter (Sojaschrot) und für die Margarineherstellung (Sojaöl) verwendet. Soja ist weltweit die wichtigste Ölpflanze. Von der Welterzeugung an → Ölsaaten entfielen 2005 57,3 % auf Sojabohnen. Die Erzeugung stieg 2005 auf rd. 222 Mio. t, wobei vor allem Brasilien und Argentinien erhöhte Erntemengen auf den Weltmarkt brachten. Die Preise stiegen im Jahresdurchschnitt nur mäßig an. Bei Soja hat sich in den letzten Jahren die Gentechnik weitgehend durchgesetzt; in Argentinien sind über 90 % aller angebauten Sojabohnen gentechnisch verändert, in Brasilien rd. 40 %.

Tabak

Die wichtigsten **Tabakexportländer** sind die USA, Brasilien, Griechenland, Italien und die Türkei; bedeutende **Importeure** sind die USA, Deutschland, Großbritannien, Russland und die Niederlande.

Tabak (Rohtabak) Ernte in Mio. t

	2003	2002	2000
VR China	2,262	2,455	2,564
Brasilien	0,656	0,670	0,578
Indien	0,595	0,385	0,520
USA	0,364	0,399	0,478
Simbabwe	0,180	0,178	0,228
Türkei	0,152	0,154	0,200
Griechenland	0,121	0,127	0,137
Argentinien	0,118	0,125	0,115
Italien	0,106	0,122	0,130
Pakistan	0,088	0,094	0,108
Thailand	0,081	0,076	0,067
u. a. Deutschland	0,011	0,011	0,011
Welternte	6,128	6,229	6,661

Zigaretten → Industrie, Nahrungs- und Genussmittel

Tee

Die wichtigsten **Tee-Exportländer** sind China, Indien, Sri Lanka und Kenia; bedeutendste **Importeure** sind Großbritannien, Russland, Japan, Pakistan, die USA und die arabischen Länder.

Tee Ernte in Mio. t

	2003	2002	2000
Indien	0,885	0,847	0,835
VR China	0,800	0,765	0,704
Sri Lanka	0,303	0,310	0,306
Kenia	0,290	0,287	0,236
Indonesien	0,159	0,165	0,163
Türkei	0,131	0,150	0,139
Vietnam	0,085	0,090	0,070
Japan	0,092	0,084	0,085
Iran	0,052	0,084	0,050
Weltproduktion	3,207	3,141	2,956

Der **Teeverbrauch** stieg weltweit auch 2005 / 06 an, vor allem wegen des zunehmenden Eigenverbrauchs in den bevölkerungsstarken Hauptproduktionsländern. Die Nachfrage konnte jedoch ohne Probleme gedeckt werden, wobei vor allem die Exporte aus Ostafrika stärker zunahmen. Die **Weltmarktpreise** stiegen nur mäßig an.

Wein Weinerzeugung in Mio. t

	2003	2002	2000
Frankreich	4,582	5,201	5,754
Italien	4,409	4,430	5,162
Spanien	4,076	3,664	4,169
USA	2,077	2,030	2,150
Argentinien	1,323	1,270	1,254
VR China	1,150	1,120	1,050
Australien	1,019	1,151	0,806
Südafrika	0,885	0,719	0,695
Deutschland	0,811	0,989	0,985
Portugal	0,734	0,665	0,671
u. a. Österreich	0,253	0,260	0,234
Schweiz	0,097	0,111	0,128
Weltproduktion	26,200	26,090	27,998

In **Deutschland** umfasste der Weinbau 2005 eine Rebfläche von 99 500 ha. Die größten **Anbaugebiete** lagen in Rheinland-Pfalz (63 %), Baden-Württemberg (27 %), Bayern (6 %), Hessen (3 %).

Die **Weinernte** fiel 2005 in Deutschland mengenmäßig geringer aus als im Vorjahr, aber qualitativ gut. Die Erzeugung sank 2004–2005 von 10,007 Mio. hl auf 9,164 Mio. hl Weinmost, davon 5,401 Mio. hl Weiß- und 3,763 Mio. hl Rotwein. Der Weinverbrauch pro Kopf betrug 2005 24,0 l; er wurde per Saldo etwa zu 50 % durch Importe gedeckt. 2004 wurden 11,7 Mio. hl Wein importiert und 2,5 Mio. hl exportiert.

Wolle (Schafwolle roh) Erzeugung in Mio. t

	2003	2002	2000
Australien	0,545	0,607	0,695
VR China	0,338	0,308	0,293
Neuseeland	0,230	0,228	0,257
Iran	0,075	0,075	0,075
Argentinien	0,072	0,065	0,058
Großbritannien	0,060	0,060	0,064
Indien	0,051	0,051	0,053
Türkei	0,046	0,038	0,047
Südafrika	0,044	0,048	0,053
Uruguay	0,043	0,041	0,057
u. a. Deutschland	0,015	0,015	0,015
Weltproduktion	2,201	2,220	2,346

Die größten Wollproduzenten (insbesondere Australien und Neuseeland) sind auch die **Hauptexporteure**; Japan und die EU-Länder sind die wichtigsten **Importeure**.

Der **Anteil der Schafwolle** am Rohstoffverbrauch der Textilindustrie beträgt derzeit weltweit nur noch weniger als 20 %, verglichen mit 30 % Baumwolle und mehr als 50 % für Chemiefasern. Der **Weltmarktpreis**, der 1998/99 wegen jahrelanger Überproduktion auf ein historisches Tief gefallen war, stieg auch 2005/06 wie in den Vorjahren mäßig an.

Zucker

Wichtige **Exportländer** von Zucker sind Australien, Kuba, Frankreich, Brasilien, Thailand und Deutschland; wichtige **Importeure** sind Russland, China, Japan, USA, Indien und Großbritannien.

Die weltweite Zuckererzeugung und der Verbrauch hielten sich 2005 ungefähr die Waage. Da aufgrund hoher Produktionsüberschüsse aus früheren Jahren Lagerbestände von 42 % des Weltjahresverbrauchs vorhanden sind, hielten sich die **Weltmarktpreise** auf relativ niedrigem Niveau (ca. 8–9 US-cents/lb).

Der **Zuckerverbrauch** für Nahrungszwecke dürfte auch in den nächsten Jahren kaum steigen, da zwar der Verbrauch in den Entwicklungs- und Schwellenländern zunimmt, aber in den meisten europäischen Ländern eher zurückgeht. Um den Zuckerabsatz zu erhöhen, wird nach weiteren Verwendungsmöglichkeiten gesucht. Eine Hauptrolle spielt die Alkoholerzeugung. Treibstoff-Alkohol (Ethanol) aus Zucker wird z. Z. hauptsächlich in Brasilien produziert.

Die **EU** versucht seit längerem, die Zuckerproduktion zu drosseln, um die nur schwer absetzbaren Überschüsse zu verringern. 2005 sank in der vergrößerten EU die Erzeugung auf 18,884 Mio. t bei einem Verbrauch von rd. 16,500 Mio. t (einschl. Industrie). Es standen daher erneut größere Überschussmengen für den Export zur Verfügung, die wegen der weltweit hohen Lagerbestände und angesichts der Weltmarktpreise weit unter dem EU-Niveau nur mit Hilfe von Ausfuhrsubventionen abzusetzen waren. Die Zucker-Marktordnungsausgaben der EU stiegen 2005 auf 1,793 Mrd. €, und 1 Mio. t nicht absetzbarer Zucker wurde »interveniert«, d. h. mit EU-Mitteln eingelagert.

Aufgrund von Klagen zuckerexportierender Entwicklungsländer verpflichtete die WTO die EU, die subventionierte Zuckererzeugung und den Export ab 2006 zu reduzieren. Als Folge wurden bereits 2005/06 in den Niederlanden, in Österreich und in Deutschland Zuckerfabriken geschlossen, die **Zuckerquoten** (= mit Subventionen zu exportierender Zucker) wurden abgesenkt.

Zucker (Rohzucker, zentrif. Zucker aus Zuckerrohr und -rüben) Erzeugung in Mio. t

	2003	2002	2000
Brasilien *	22,400	23,810	17,100
Indien *	18,800	20,475	20,219
VR China *	9,532	11,754	7,021
USA	7,610	7,608	7,955
Thailand *	6,800	5,947	6,447
Mexiko *	5,200	4,872	4,696
Frankreich	5,100	5,139	4,590
Australien *	4,900	4,987	5,448
Deutschland	4,500	4,395	4,765
Südafrika *	2,655	2,626	2,450
Weltproduktion	150,000	145,208	132,610

* Zuckererzeugung aus Zuckerrohr

Globale Rohstoffsituation

Bergbauliche Rohstoffe wurden bis in die 1970er Jahre fast ausschließlich unter strategischen (wirtschaftlichen und politischen) Gesichtspunkten diskutiert. Im Vordergrund standen Fragen nach der Größe der Vorräte, den Gewinnungs- und Bezugsmöglichkeiten oder der Preisentwicklung auf den Weltmärkten.

In den letzten Jahrzehnten erhielten zusätzlich **ökologische Überlegungen** ein größeres Gewicht. Fragen nach den Umweltauswirkungen der Förderung, Aufbereitung, Nutzung und Verarbeitung von Rohstoffen werden seitdem in Deutschland und anderen Industrieländern mindestens ebenso intensiv diskutiert wie die Frage nach Preis und Verfügbarkeit. Eine wichtige Rolle spielte bei allen Rohstofffragen auch die Tatsache, dass sich die pessimistischen Annahmen der 1970er Jahre über eine baldige Erschöpfung vieler Rohstofflagerstätten nicht bewahrheitet haben. Stattdessen zeigten die 1980er und 90er Jahre, dass bei Bergbauprodukten – global gesehen – keinerlei Mangellage eingetreten ist. Es existierte bei allen bergbaulichen Rohstoffen ein ausreichendes Angebot, vielfach sogar ein **Überangebot**.

Seit 2003 und insbesondere seit 2004 hat sich die Versorgungslage dramatisch verändert. Bei fast allen bergbaulich zu gewinnenden Rohstoffen – sowohl für die industrielle Verarbeitung als auch für die Energieproduktion – kam es zur Verknappung, zu Lieferengpässen und vielfach zu Versorgungsproblemen.

Die Ursache dieser neuen Entwicklung liegt jedoch keinesfalls in der Erschöpfung der weltweiten natürlichen Reserven, sondern in einer überraschend schnellen und starken **Zunahme der Nachfrage**, der kein entsprechendes Angebot gegenüberstand. Die Bergwerksunternehmen haben in den letzten zwei Jahrzehnten unter dem Eindruck von Überangeboten und einem sehr niedrigen Preisniveau kaum in die Aufsuchung und Erschließung neuer Lagerstätten und den Bau von Förderanlagen, Raffinerien usw. investiert. Teilweise waren sogar Bergwerke zum Zwecke der Preisstabilisierung durch Drosselung der Förderung stillgelegt worden. Als dann ab 2003 die Nachfrage durch den weltweiten Konjunkturaufschwung und insbesondere die enorme Steigerung der Industrieproduktion in China (und daneben weiteren Schwellenländern) rapide anstieg, konnte die Förderung nicht Schritt halten. Der starke Einfluss von China auf die globale Versorgungssituation wird aus einigen Zahlen deutlich: Bis 1996 war China Netto-Erdölexporteur, inzwischen zählt es trotz gestiegener Rohölförderung zu den größten Importeuren. Ähnlich verhält es sich mit Kohle (seit 2005 Netto-Importeur), Eisen- und anderen Erzen. 2004/05 verbrauchte China aufgrund seiner enormen Bautätigkeit rd. 50 % der Zementproduktion, mehr als 30 % der Kohle- und Eisenerzförderung, fast 30 % der Stahl- und 18 % der Aluminiumproduktion der Welt.

Alle Prognosen gehen derzeit davon aus, dass es mehrere Jahre dauern wird, bis durch Steigerung der Förderung wieder ein Gleichgewicht zwischen Nachfrage und Angebot hergestellt sein wird, immer vorausgesetzt, dass das Wirtschaftswachstum der wichtigsten Verbrauchsländer in der jetzigen Höhe anhält. Andererseits ist es wahrscheinlich, dass durch die starken Preissteigerungen in erhöhtem Maße Einsparungs- und Substitutionseffekte in Gang gesetzt werden (z. B. regenerative anstelle fossiler Energien, Kunststoffe statt Metalle, verstärktes Recycling).

Eine Verknappung durch Erschöpfung der Lagerstätten ist nach heutigen geowissenschaftlichen Erkenntnissen in naher bis mittlerer Zukunft bei keinem bergbaulich zu gewinnenden Rohstoff zu befürchten. Es wird bei dieser Frage häufig übersehen, dass der Umfang der aktuellen Reserven vor allem vom Preis und vom Stand der Abbau- und Fördertechnik abhängt. Bei steigenden Preisen nimmt regelmäßig auch die Menge der verfügbaren Reserven zu, da sich dann der Abbau vorher vernachlässigter ärmerer Lagerstätten rentiert bzw. ein Anreiz zur Erforschung und Erschließung bisher noch unbekannter oder nicht wirtschaftlich nutzbarer Ressourcen entsteht. Daher nimmt in Zeiten steigender Preise, mit verbesserten Abbautechniken und der Erforschung neuer Lagerstätten regelmäßig die **statische Lebensdauer** (Vorräte bei gleichbleibender Jahresförderung) zu.

Statische Lebensdauer ausgewählter Rohstoffe

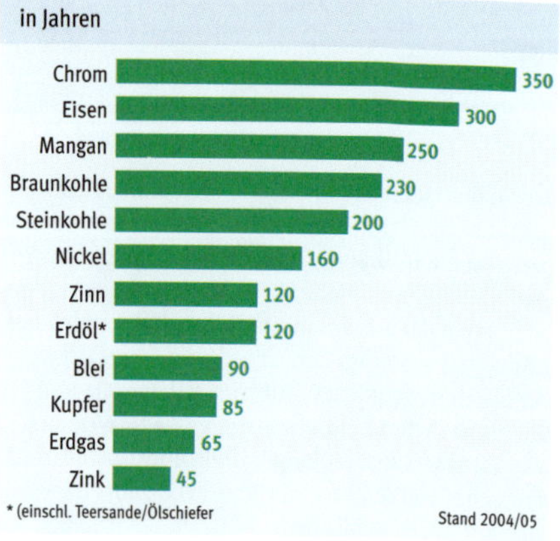

Rohstoff-Recycling

Für die industrielle Verarbeitung wurden früher fast ausschließlich Rohstoffe aus bergbaulicher (oder auch agrarischer) Erzeugung eingesetzt, sog. Primärrohstoffe. Heute wächst dagegen die Bedeutung von Sekundärrohstoffen. Im Gegensatz zu fossilen Energierohstoffen, die beim Verbrennen unwiderruflich verbraucht werden, handelt es sich bei der Verarbeitung mineralischer (z. B. Metall) und z. T. auch organischer Rohstoffe (z. B. Kautschuk, Holz, Papier) eher um ein »Durchgangsstadium«. Ein beträchtlicher Teil der Rohstoffe kann nach Ablauf der Verwendungszeit wieder zurückgewonnen und über das **Recycling** als Sekundärrohstoff in den Produktionskreislauf zurückgeführt werden. Diese Wiederverwendung führt dazu, dass der Bedarf an Bergbauprodukten in den Industrieländern seit Jahren wesentlich schwächer ansteigt als die Güterproduktion und das industrielle Wachstum. Die Verwendung von Sekundärrohstoffen schont aber nicht nur die Ressourcen, sie ist oft auch kostengünstiger als die Verwendung »neuer« Rohstoffe und vor allem ökologisch sinnvoller als die Beseitigung von Altmaterialien durch Deponieren oder Verbrennen. Die Lebensdauer mineralischer Rohstoffvorräte verlängert sich durch das Recycling beträchtlich. Eher negativ wirkt sich dagegen die Zunahme des Recyclings auf die Lieferländer von Primärrohstoffen aus. Häufig sind es arme Entwicklungsländer, für die Recycling Absatzeinbußen und verringerte Deviseneinnahmen zur Folge hat.

In Deutschland liegen die **Recyclingraten** für gewisse Rohstoffe inzwischen über 50 % (z. B. Blei, Silber, Zinn, Glas, Papier), für andere zwischen 35 und 50 % (z. B. Eisen, Kupfer, Aluminium, Zink, Platin).

Welt-Rohstoffmärkte und -preise

Die internationalen Märkte für bergbauliche Rohstoffe wurden auch 2005/06 vor allem durch die Warenbörsen in New York und London gesteuert. Wichtigster Einflussfaktor für die Preisentwicklung war 2005/06, wie im Vorjahr, die konjunkturelle Entwicklung der Weltwirtschaft mit stärkerem Wachstum in den USA, vor allem aber in China und den Schwellenländern Ost- und Südostasiens.

Diese Länder sorgten für einen sprunghaft steigenden Bedarf an Rohstoffen, der bei vielen Produkten das Angebot überstieg. Die Folge war eine Fortsetzung des 2004 begonnenen Preisauftriebs, durch den für viele Rohstoffe die Preise auf vorher nie erreichte Höchststände stiegen (z. B. Erdöl). Die Preisentwicklung wurde auch deshalb als dramatisch empfunden, weil sie auf eine rd. 20-jährige Baisse folgte und viele Rohstoffpreise erst 2001 historische Tiefstände erreicht hatten. Insgesamt erhöhte sich der Gesamtindex für Rohstoffe auf US-$-Basis (2000 = 100) von 90,1 (Durchschnitt 2002) über 134,5 (Durchschnitt 2004) auf 172,8 (Durchschnitt 2005) bzw. 196,0 (März 2006). Die Preisentwicklung erfolgte bei den einzelnen Produktgruppen unterschiedlich. Die Preise für Industrierohstoffe erhöhten sich 2005 um 14,5 %, für Energierohstoffe um 36,7 %, dagegen für agrarische Rohstoffe nur um 1,3 %. Die negativen Folgen der Preissteigerungen für die Weltwirtschaft waren nicht so gravierend wie befürchtet, da die Rohstoffländer – überwiegend Entwicklungsländer – durch die vermehrten Einnahmen in die Lage versetzt wurden, verstärkt Investitionsgüter in den Industriestaaten einzukaufen und den Schuldendienst für Kredite (Zins- und Tilgungszahlungen) wieder vollständig zu leisten.

Entwicklung der Rohstoffpreise an den internationalen Warenbörsen 2002–2006

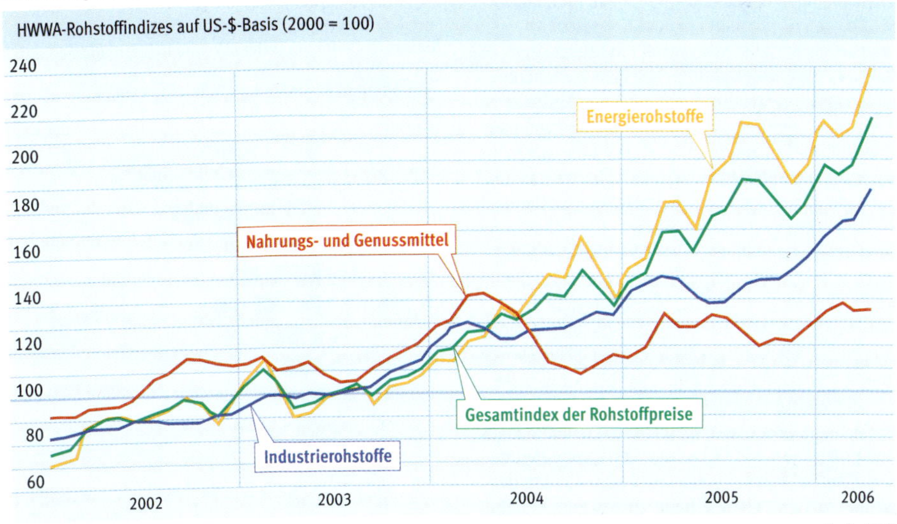

Quelle: HWWA

Ausgewählte Bergbau-Erzeugnisse – Produktion und Verbrauch

In den Tabellen werden nur die Hauptproduzenten nach Rangfolge aufgeführt; Weltproduktion bzw. -förderung häufig Schätzungen. Angaben vorwiegend nach L. Weber & G. Zsak, World Mining Data, Wien 2006, und nach UN-Angaben.

Aluminium → Industrie, Ausgewählte Produktionszahlen

Bauxit

Bauxit dient als Rohstoff für die Aluminiumerzeugung. Als Zwischenprodukt wird zunächst Tonerde (Aluminiumoxid) hergestellt. Die größten **Produzenten** hiervon sind Australien, die USA, Russland und Jamaika.

Bauxit (unterschiedl. Nässegehalt u. Zusammensetzung) Produktion in Mio. t

	2004	2003	2000
Australien	56,593	56,316	53,801
Guinea	17,000	16,814	18,072
Jamaika	13,297	13,445	11,400
VR China	12,500	8,000	9,000
Indien	10,000	10,002	6,500
Brasilien	9,804	13,184	14,100
Russland	5,000	5,442	5,000
Suriname	4,200	3,501	4,000
Venezuela	2,700	2,677	2,181
Griechenland	2,396	2,442	1,966
Guyana	2,000	1,846	2,687
Kasachstan	1,386	1,160	3,730
Weltproduktion	140,325	138,135	135,824

Exportiert wird Bauxit bzw. Tonerde zu rd. drei Vierteln von Entwicklungsländern. Die Bauxit-, Tonerde- bzw. Aluminiumausfuhren erbringen für die Hauptexporteure z. T. mehr als zwei Drittel der Exporterlöse (z. B. Jamaika, Guinea, Suriname). Die führenden Ausfuhrländer sind zur Wahrung ihrer wirtschaftlichen Interessen in der »International Bauxite Association« (**IBA**) zusammengeschlossen.

Blei

Der derzeit wirtschaftlich gewinnbaren **Bleivorräte** werden weltweit auf über 200 Mio. t geschätzt, hauptsächlich in Australien, den USA, Kanada, China und Mexiko. Die größten **Bleiverbraucher** sind die USA, Japan, Deutschland und China. Der Verbrauch ist stark von der Automobilkonjunktur abhängig, da rd. 60 % des Welt-Bleibedarfs auf die Herstellung von Starterbatterien entfallen (Recyclingrate in Deutschland fast 90 %, weltweit rd. 60 %), weitere 20 % auf die chemische Industrie.

Blei (Pb-Inhalt von Erzen und Konzentraten) Produktion in Mio. t

	2004	2003	2000
VR China	0,950	0,670	0,570
Australien	0,678	0,677	0,678
USA	0,445	0,449	0,406
Peru	0,300	0,309	0,271
Mexiko	0,142	0,144	0,161
Polen	0,079	0,077	0,068
Kanada	0,071	0,077	0,143
Russland	0,068	0,063	0,052
Irland	0,051	0,050	0,058
Kasachstan	0,046	0,038	0,034
Marokko	0,041	0,050	0,073
Südafrika	0,036	0,053	0,075
Schweden	0,034	0,050	0,107
Weltproduktion	3,202	2,977	2,997

Die **Weltmarktpreise** für Blei waren bereits 2004 kräftig angestiegen und erhöhten sich 2005 noch einmal um rd. 25 %. Sie betrugen zeitweise 1250 US-$/t gegenüber einem Tiefstand von 690 $ (2001). Die Ursache liegt vor allem im stark steigenden Bedarf Chinas, der die Eigenproduktion übertraf, sodass China erneut als Käufer auf dem Weltmarkt auftrat.

Diamanten

Wertmäßig machen Schmuckdiamanten über 80 % der Förderung aus. Über $^3/_4$ des Bedarfs an Industriediamanten werden synthetisch hergestellt.

Diamantenförderung (Schmuck- und Industriediamanten)

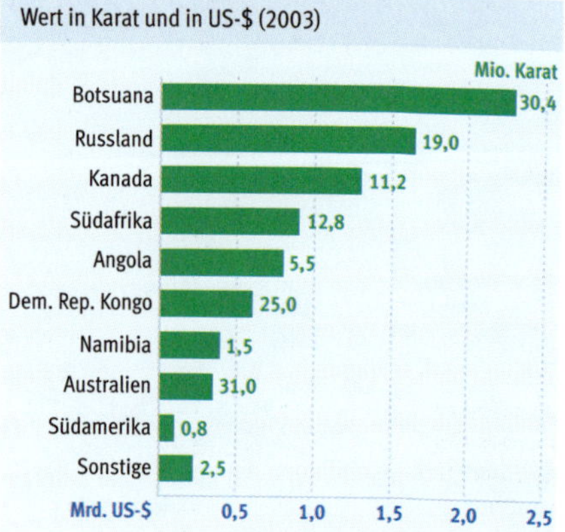

Quellen: Department of Minerals and Energy South Africa, Chamber of Mines of South Africa/Handelsblatt

Der **Welt-Diamantenmarkt** wird hauptsächlich durch den britisch-südafrikanischen de Beers-Konzern gesteuert, der etwa 60 % des Handels mit Rohdiamanten kontrolliert. 2005 erhöhte sich die Nachfrage vor allem nach Schmuckdiamanten stark, sodass die Preise mehrfach erhöht wurden. Die jahrelang hohen Lagerbestände wurden weitgehend geräumt, und in verschiedenen Ländern wurden neue Abbaustätten erschlossen (Australien, Russland, Angola, Kanada u. a.). Die Kimberley-Minen in Südafrika, die weltweit größten und ältesten Diamanten-Abbaustätten (seit 1871) wurden Ende 2005 wegen Erschöpfung geschlossen. Die Hauptabsatzmärkte für Schmuckdiamanten sind die USA (48 %), Ostasien (20 %), Indien und Naher Osten (15 %), Europa (10 %).

Eisenerz

Die **Nachfrage** nach Eisenerz nahm 2005 erneut kräftig zu, da vor allem die chinesische Stahlindustrie ihre Produktion weiterhin stark steigerte. Aber auch andere ostasiatische Länder und die USA erhöhten ihre Stahlproduktion. Durch die dadurch verursachte Verknappung auf dem Rohstoffmarkt (Erz und Stahlschrott) ergab sich eine Erhöhung des Weltmarktpreises von 38,0 % im Jahresdurchschnitt 2005.

Die Schwerpunkte des **Eisenerzabbaus**, auch für die europäische Stahlindustrie, lagen 2005 – wie schon in den Vorjahren – in Übersee, wo in der Regel weitaus höherwertige Erze billiger gefördert und angeboten werden können als durch die europäischen Produzenten. Daher haben fast alle ehemaligen Förderländer in Europa in den letzten Jahren ihre Produktion aufgegeben (z. B. Deutschland, Frankreich, Großbritannien).

Eisenerz Förderung in Mio. t (%-Angaben = durchschnittl. Fe-Gehalt)

	2004	2003	2000
VR China (60 %)	289,8	253,9	160,0
Brasilien (65 %)	255,0	229,6	197,5
Australien (62 %)	235,6	210,7	172,9
Indien (63 %)	135,3	100,0	72,9
Russland (60 %)	95,0	91,8	86,6
Ukraine (60 %)	66,0	62,5	55,7
USA (62 %)	54,7	48,5	63,0
Kasachstan (60 %)	44,4	17,3	14,9
Südafrika (64 %)	33,8	37,3	32,8
Kanada (64 %)	28,3	33,0	37,8
Schweden (64 %)	22,5	21,5	20,6
Venezuela (64 %)	22,0	21,3	17,6
Mauretanien (61 %)	10,7	10,1	11,3
Mexiko (62 %)	6,9	11,0	12,7
u. a. Österreich (30 %)	1,0	1,0	1,3
Weltförderung	1137,3	1066,3	945,0

Quelle: UN, Eurostat

Gold

2005 betrug die **Bergbauproduktion** von Gold nach ersten Schätzungen rd. 2520 t. Zusätzlich zur bergbaulichen Gewinnung kommen jährlich 600–800 t aus Altgoldbeständen auf den Markt.

Südafrika stand auch 2005 mit einer Bergwerksproduktion von 296 t an der Spitze. Sein Abstand zum zweitgrößten Produzenten und sein Anteil an der Weltförderung verringerten sich jedoch weiter durch die Abnahme der südafrikanischen Produktion und die Zunahme der Goldgewinnung in anderen Ländern sowie die Erschließung neuer Vorkommen (z. B. in Peru, Indonesien, Brasilien, China und den zentralasiatischen GUS-Staaten). Während Südafrika Anfang der 1970er Jahre mit fast 1000 t noch rd. 75 % der Welt-Goldförderung erbrachte, sank sein Anteil 2005 auf 12 %.

Die **Weltvorräte** (derzeit bekannte Lagerstätten) von rd. 55 000 t liegen zwar zu fast 40 % im südlichen Afrika, doch hat die Rep. Südafrika wegen der beträchtlichen Tiefe der meisten Bergwerke (bis 4000 m tief) den Nachteil besonders hoher Förderkosten. Auch sind die Löhne der Bergleute stark angestiegen. In den letzten Jahren wurden daher bereits mehrere Goldminen wegen zu hoher Gewinnungskosten und auch wegen Erschöpfung der leichter ausbeutbaren Vorkommen geschlossen. In den meisten anderen Produktionsländern kann Gold dagegen unter günstigeren Voraussetzungen gefördert werden (z. B. Tagebau in Australien und China).

Der **Weltmarktpreis** für Gold war um die Jahrtausendwende auf den tiefsten Stand seit 20 Jahren gefallen. Ende 2001 begann eine starke Aufwärtsentwick-

Gold (Au-Inhalt) Förderung in t

	2004	2003	2000
Südafrika	342,700	420,000	428,221
USA	260,300	276,893	354,000
Australien	258,100	262,000	349,000
VR China	217,300	170,000	162,000
Russland	181,600	180,000	144,000
Peru	173,200	172,619	132,585
Kanada	128,500	140,529	153,781
Indonesien	114,200	82,370	127,192
Usbekistan	83,700	85,000	87,000
Papua-Neuguinea	74,500	62,000	74,540
Ghana	57,800	67,000	76,522
Tansania	47,900	45,000	15,060
Brasilien	42,900	37,000	48,000
Chile	40,000	37,000	54,173
Mali	39,600	58,000	25,900
Philippinen	31,700	37,844	31,050
Argentinien	27,700	29,744	26,388
Kolumbien	23,600	46,515	37,018
Mexiko	21,800	22,177	25,822
Weltförderung	2 469,800	2 469,421	2 576,096

Entwicklung des Goldpreises 2003–2006

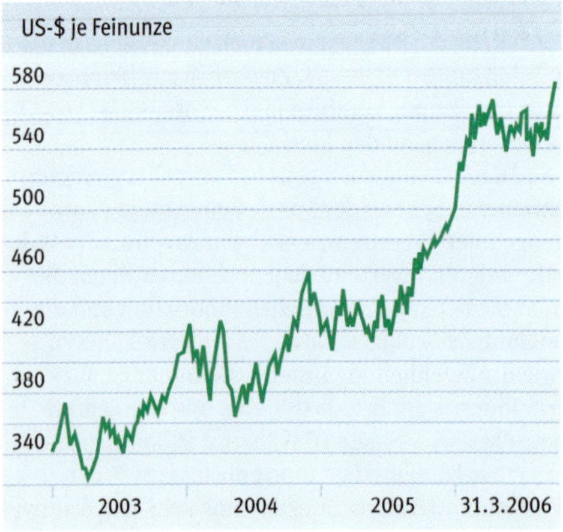

Quelle: Handelsblatt

lung, die auch 2005/06 anhielt. Der Preis stieg dabei von ca. 330 US-$ pro Unze (Ende 2002) über 420 US-$ (Anfang 2005) bis auf 605 US-$/Unze im April 2006. Allerdings wurde der Anstieg immer wieder durch Perioden des Preisrückgangs unterbrochen, da die Hausse weniger durch Angebotsverknappung verursacht wurde als durch Börsenspekulationen, politische Unsicherheit, Inflations-, Kriegs- und Krisenangst. Auch führte der relativ schwache US-$-Kurs dazu, dass viele Kapital-Anleger das Gold als Anlageform bevorzugten. Unter Fachleuten gilt es als möglich, dass der Goldpreis noch im Jahr 2006 die Höhe von 1980 (850 US-$/Unze) wieder erreichen könnte. Gedämpft wurde der Preisanstieg 2005/06 nur zeitweise durch Altgold, das wegen der hohen Preise in den Markt eingebracht wurde, und durch Goldverkäufe einiger Notenbanken.

Die wichtigsten **Goldbezieher** für Verarbeitungszwecke (vor allem Schmuck) waren 2005 Indien, die USA, die Erdölförderländer des Nahen Ostens, die Schwellenländer Ost- und Südostasiens und die EU. An zweiter Stelle der Goldverbraucher stand die Elektronikbranche vor der Münzherstellung.

Kupfer

Die sicheren und wahrscheinlichen **Weltkupfervorräte** werden auf über 600 Mio. t geschätzt, davon rd. 120 in Chile, 100 in den USA, 60–70 in der GUS und je rd. 40 Mio. t in Sambia und Kanada. Die wichtigsten **Exportländer** Chile, Peru, Australien, Indonesien, Sambia und Papua-Neuguinea sind zwecks Preisstabilisierung im »Rat der kupferexportierenden Länder« (**CIPEC**) lose zusammengeschlossen.

Die **Weltmarktpreise** für Kupfer waren 2001 auf ein historisches Tief gefallen, da einer geringen Nachfrage hohe Lagerbestände gegenüberstanden. Diese Situation hat sich seit 2003 unerwartet rasch verändert;

Kupfer (Cu-Inhalt von Erzen und Konzentraten)
Förderung in Mio. t

	2004	2003	2000
Chile	5,380	4,500	4,602
USA	1,160	1,116	1,590
Peru	1,000	0,843	0,554
Indonesien	0,984	0,677	1,064
Russland	0,878	0,665	0,824
Australien	0,854	0,800	0,487
Polen	0,650	0,612	0,486
VR China	0,610	0,530	0,500
Kanada	0,542	0,534	0,623
Kasachstan	0,473	0,409	0,387
Sambia	0,344	0,350	0,263
Mexiko	0,352	0,304	0,339
Papua-Neuguinea	0,230	0,220	0,203
Argentinien	0,190	0,199	0,145
Weltförderung	14,728	12,842	13,293

2004 und 2005 und auch im bisherigen Verlauf von 2006 stieg die Nachfrage enorm an, insbesondere aus China, aber auch aus Indien, Japan und den USA. Da die Förder- und Produktionskapazitäten in den letzten Jahren wegen der niedrigen Preise vermindert worden waren, konnte die Nachfrage nur bedingt gedeckt werden, und die Preise erhöhten sich sprunghaft. Spekulative Einflüsse durch Rohstofffonds führten zu weiteren Preissteigerungen. Insgesamt erhöhte sich der Weltmarktpreis von weniger als 3000 US-$/t Anfang 2004 auf 6000 US-$/t im April 2006.

Die Zukunftsaussichten werden unterschiedlich beurteilt: Einerseits steigt der Bedarf der Elektro-, Elektronik- und Telekommunikationsindustrie, andererseits wird Kupfer in vielen Anwendungsbereichen durch andere Werkstoffe ersetzt, z. B. durch Glasfasern, Aluminium (Bauwesen) und Kunststoffe. Die größten Importeure waren 2005 China, die USA, Japan und Deutschland.

Platin

Der weltweit wichtigste **Produzent** von Platin ist mit großem Abstand die Republik Südafrika (2004 163,0 t). Weitere Produzenten sind Russland (60,6 t), Kanada (26,4 t) und die USA (4,0 t). Diese Länder waren die wichtigsten Lieferanten für den Weltmarkt. Die größten **Verbraucher** sind die USA, China, Japan und Westeuropa (je rd. 25 %). Bedeutendstes Anwendungsgebiet für Platin ist die Herstellung von Abgaskatalysatoren (über 40 % der Nachfrage); hinzu kommt die Verwendung für Münzen und Schmuck (v. a. in China und Japan sehr beliebt), in der Elektronik und Chemie.

Die **Weltmarktpreise** erhöhten sich seit 2003 und stiegen auch 2005 weiter an. Neben einem spekulativen Element lag eine Ursache der Preissteigerungen auch in umfangreichen chinesischen Käufen und entsprechenden Angebotsverknappungen. Die Autoindustrie weicht inzwischen beim Bau von Katalysatoren teilweise auf das verwandte Metall **Palladium** aus, das billiger angeboten wird. In Zukunft wird die Verwendung von Recycling-Platin aus Abgaskatalysatoren zunehmend an Bedeutung gewinnen. Der Bedarf dürfte jedenfalls stark zunehmen, da Platin auch für die Technik der Brennstoffzelle sowie für Computerfestplatten benötigt wird.

Silber

Bedeutendste **Verbrauchsländer** für Silber sind die USA, Japan und Deutschland. Hauptverbraucher sind die Fotochemie, die Elektro- und Elektronikindustrie, Schmuck- und Besteckherstellung sowie die Verwendung für Münzen und Medaillen. Der Bedarf der Fotochemie geht seit dem Aufkommen der Digitalkameras kontinuierlich zurück.

Neben der Bergwerksproduktion beruhte auch 2005/06 das Silberangebot zu einem beträchtlichen Teil auf der Aufarbeitung und Rückgewinnung. Die Recyclingrate beträgt weltweit über 25 %, im industriellen Bereich 60 % (insbesondere aus Filmen). Unter Berücksichtigung von eingeschmolzenen Münzen, Schmuck und dergleichen entfallen weltweit etwa ²/₃ des Silberangebots auf Umschmelz- und Recyclingware.

Der **Weltmarktpreis** folgte auch 2005/06 tendenziell dem Aufwärtstrend für die übrigen Rohstoffe, schwankte jedoch stärker aufgrund spekulativer Elemente (Rohstofffonds und Anlage als Edelmetall). Der Preis erreichte 2005 und 2006 zeitweise mehr als 10 US-$/Unze, verglichen mit nur rd. 5 US-$ um die Jahrtausendwende.

Silber (Ag-Inhalt) Förderung in t

	2004	2003	2000
Mexiko	3 093	2 955	2 747
Peru	2 800	2 921	2 438
Australien	2 237	2 056	1 900
Polen	1 550	1 561	1 144
Chile	1 300	1 100	1 242
Kanada	1 265	1 255	1 161
USA	1 250	1 239	2 259
VR China	1 100	1 200	1 500
Kasachstan	892	800	637
Russland	850	820	628
Türkei	800	795	390
Bolivien	409	465	434
Schweden	293	300	329
Indonesien	263	166	314
Marokko	244	240	270
Weltförderung	19 295	18 827	18 508

Zink (Zn-Inhalt von Erzen und Konzentraten) Produktion in Mio. t

	2004	2003	2000
VR China	2,510	2,200	1,350
Peru	1,400	1,373	0,910
Australien	1,334	1,355	1,410
USA	0,739	0,738	0,828
Kanada	0,736	0,744	0,936
Mexiko	0,384	0,412	0,359
Indien	0,310	0,294	0,175
Russland	0,302	0,268	0,241
Irland	0,290	0,280	0,263
Kasachstan	0,286	0,250	0,254
Weltförderung	9,717	9,341	8,221

Zink wird überwiegend für galvanisierte Stahlprodukte verwendet, daher ist der Bedarf stark von der Stahlkonjunktur abhängig. Der enorm angestiegene Stahlbedarf führt seit 2004 zu einer sehr starken Nachfrage nach Zink, die auch 2005/06 unvermindert anhielt. Hauptnachfrager war China.

Die weltweite Produktion konnte 2005/06 nicht mit dem Bedarf Schritt halten, sodass die Lagerbestände fast vollständig geräumt wurden und der **Weltmarktpreis** mit über 1500 US-$/t auf den höchsten je erreichten Stand anstieg.

Zinn

Die bedeutendsten **Zinnverbraucher** sind die USA, Japan, Deutschland und China, vor allem für Getränkedosen und andere Verpackungen (in Legierungen). Der **Weltmarktpreis** lag jahrelang bei nur etwa 6500 US-$/t; er erhöhte sich bereits 2003 und 2004 stark und setzte den Anstieg auch 2005 fort (bis auf rd. 8500 US-$/t). Die Ursache lag vor allem im Nachfrageschub seitens Chinas und Japans sowie in der starken Industriekonjunktur der USA begründet. Zusätzlich zur Bergwerksproduktion spielt die Verwendung von Sekundärzinn eine große Rolle. Die Recyclingrate liegt bei etwa 50 % des Bedarfs.

Zinn (Sn-Inhalt von Erzen und Konzentraten) Produktion in Mio. t

	2004	2003	2000
VR China	0,115	0,098	0,111
Indonesien	0,073	0,066	0,046
Peru	0,040	0,040	0,037
Bolivien	0,018	0,017	0,012
Brasilien	0,012	0,014	0,014
Russland	0,008	0,007	0,005
Vietnam	0,004	0,005	0,002
Malaysia	0,003	0,003	0,006
Weltförderung	0,306	0,256	0,250

Globale Entwicklungen

Die Industrie hatte auch 2005 – neben dem Dienstleistungssektor – wieder den Hauptanteil am weltweiten Wirtschaftswachstum und erreichte fast eine gleich hohe Produktionszunahme wie 2004. Sowohl in den Industrieländern als auch besonders in den Schwellen- und Entwicklungsländern nahm die Dynamik des produzierenden Sektors zu, wobei die Informationstechnologie und andere »High-Tech«-Industrien stärker steigende Umsätze erzielten. Die Wachstumskräfte waren vor allem in Ostasien überdurchschnittlich stark. Im Weltdurchschnitt schätzen Wirtschaftsforschungsinstitute für 2005 ein industrielles Wachstum von rd. 4,3 %. Die europäisch-nordamerikanischen Industriestaaten blieben unter diesem Wert; die Entwicklungs- und Schwellenländer sowie auch die Transformationsländer Osteuropas erreichten eine wesentlich höhere industrielle Wachstumsrate (5–7 %); in der VR China lag sie sogar bei ca. 9 %.

Westliche Industriestaaten

Das **Industriewachstum** im OECD-Bereich (westliche Industrieländer) wird für 2005 auf 2,0–2,2 % geschätzt, d. h. niedriger als in den Vorjahren. Die wichtigsten Industriestaaten sind nach wie vor die USA, Japan und Deutschland. Zusammen mit Frankreich, Großbritannien, Italien und Kanada bilden sie die Gruppe der 7 führenden Wirtschaftsmächte (**G7**), die sich (seit 1998) zusammen mit Russland als **G8** jährlich zum **»Weltwirtschaftsgipfel«** treffen. Typisch für diese hochentwickelten Staaten, ist die Ablösung der Industrie durch den **Dienstleistungssektor** als wichtigstem Wirtschaftsbereich. Der produzierende Sektor verliert laufend an Bedeutung, sowohl gemessen am Beschäftigungsanteil als auch nach seinem Anteil am BIP.

Als wichtigste Probleme des Industriesektors galten auch 2005/06 der **Umweltschutz** (Emissionen mit Belastung von Luft, Wasser und Boden, → Umwelt) und die Arbeitsplatzsicherung und -schaffung. Die **Arbeitsmarktlage** im industriellen Sektor veränderte sich in den letzten Jahren in allen Industriestaaten ungünstiger als die Produktion, d. h. Produktionsabnahmen führten zu weitaus stärkerem Arbeitskräfteabbau, und Produktionszunahmen ergaben keinen gleich hohen Arbeitskräftebedarf. Eine Erhöhung der Industrieproduktion erfolgt in der Regel weniger durch Neueinstellungen, sondern durch erhöhte Produktivität, verbesserte Auslastung der Anlagen, verstärkte Automatisierung und Robotereinsatz. In Deutschland nahm z. B. der Umsatz des produzierenden Gewerbes 2004–2005 um 4,6 % zu, während die Zahl der Beschäftigten gleichzeitig um 1,4 % zurückging.

Die größten Industrieunternehmen Deutschlands nach ihrem Umsatz 2004
(Umsätze ohne Mehrwert-, Mineralöl- und Tabaksteuer)

Firma/ Branche	Umsatz in Mrd. €	Marktwert in Mrd. €	Beschäftigte
1. DaimlerChrysler/ Automobil	142,059	35,702	384 723
2. Volkswagen/ Automobil	88,963	13,260	342 502
3. Siemens/ Elektronik	75,167	55,568	430 000
4. E.ON/Energie	49,103	46,489	69 710
5. BMW/Automobil	44,335	21,911	105 972
6. RWE/Energie	42,137	22,588	97 777
7. Bosch/Elektronik	40,007	–	242 348
8. ThyssenKrupp/ Mischkonzern	39,342	8,335	184 358
9. BASF/Chemie	37,537	29,575	81 955
10. Bayer/Pharma	29,758	18,186	113 000
11. RAG/Energie, Chemie	18,697	–	103 960
12. MAN/ Maschinenbau	14,947	4,130	61 259
13. Adam Opel/ Automobil	14,300	–	30 925
14. Ford/Automobil	14,000	–	33 500
15. Continental/ Gummi	12,597	6,331	80 586
16. Hochtief/Bau	11,944	1,677	36 409
17. Energie BW/ Energie	11,177	3,119	17 727
18. Henkel/Chemie	10,592	9,054	51 200
19. ZF Friedrichshafen/ Maschinen	9,899	–	54 323
20. Linde/Chemie, Gase	9,421	5,478	41 383

Quelle: Handelsblatt

Die **Industrie** der »alten« Industrieländer Europas ist besonders stark von der zunehmenden **Globalisierung** der gesamten Wirtschaft betroffen. Der produzierende Sektor steht hier einem wachsenden Konkurrenzdruck seitens der neu industrialisierten Staaten gegenüber. Besonders in Westeuropa haben viele Industriebranchen zunehmende Wettbewerbsprobleme durch ihre hohen **Lohn- und Lohnnebenkosten** (einschließlich der steuerlichen Belastung des »Faktors Arbeit«) im Vergleich zu den osteuropäischen und Mittelmeerländern, insbesondere aber zu den Entwicklungsländern Ost- und Südasiens und Lateinamerikas, die in einem raschen Industrialisierungsprozess begriffen sind. Die Betriebe in den europäischen

Hochlohnländern sind zur Sicherung ihrer Konkurrenzfähigkeit zunehmend gezwungen, im Inland verstärkt zu rationalisieren, zu automatisieren und durch Personalabbau ihre Produktionskosten zu senken. Als nächster Schritt wird dann häufig ein Teil der Produktion an kostengünstigere Standorte verlagert. Im Extremfall bleiben nur noch die Forschungs-, Entwicklungs- und Vertriebsabteilungen in Europa, während die Produktion vollständig in ein **Billiglohnland** ausgelagert wird. In Europa werden die Dienstleistungen erbracht, die manuellen Tätigkeiten werden durch billig entlohnte Arbeitskräfte in Entwicklungs- und Schwellenländern ausgeführt und die erzeugten Güter nach Europa exportiert – abzulesen am überproportionalen Anstieg der Exporte von Industrieprodukten aus den Schwellenländern nach Europa.

Ein Problem für die europäische Industrie ist die Höhe der **Arbeitskosten**. Zu ihrer Berechnung werden entweder die Summe aus Lohn- und Personalzusatzkosten pro Arbeitsstunde oder die Lohnstückkosten verwendet, die sich aus der Relation von Arbeitnehmerentgelt zum BIP pro Erwerbstätigen errechnen. Zu den Industriestaaten mit überdurchschnittlich hohen Arbeitskosten gehören z. B. Deutschland, die Schweiz, Belgien, Norwegen und Dänemark; wesentlich niedriger sind sie – abgesehen von überseeischen Schwellenländern – in Ostmittel- und Südosteuropa, aber auch in Nordamerika und Japan.

Ein weiteres Charakteristikum der gegenwärtig ablaufenden Globalisierungsprozesse in der Wirtschaft sind die Fusionen von Industrieunternehmen über nationale Grenzen hinweg, die in den letzten Jahren stark zugenommen haben. Aus fast allen großen Industriefirmen sind inzwischen multinationale Unternehmen geworden.

Entwicklung der Industrie in Deutschland

Nach dem starken Umsatzwachstum des Vorjahres (2004: +5,6 %) konnte die Industrie in Deutschland auch 2005 wieder eine Zunahme des Umsatzes von 4,6 % verbuchen. Real (unter Berücksichtigung von Preisveränderungen) erhöhte sich der Umsatz des produzierenden Gewerbes (= Bezeichnung für den industriellen Sektor in der Statistik) um 3 %. Das Wachstum bezog sich auf fast alle Branchen, besonders stark auf die Metallerzeugung (+12,8 %), den Bergbau (+19,7 %), die chemische Industrie (+6,9 %) und die Kfz-Industrie (+5,3 %). Rückgänge verzeichneten die Rundfunk- und Fernsehindustrie (–4,6 %) und die Textilindustrie (–3,4 %).

Insgesamt betrug der **Umsatz 2005** (ohne Baugewerbe) 1488,647 Mrd. € (2004: 1423,369 Mrd. €); davon entfielen 603,626 Mrd. € (=40,5 %) auf den Auslandsumsatz. Dieser nahm mit 7,0 % wesentlich stärker zu als der Inlandsumsatz. Ein noch stärkeres industrielles Wachstum wurde also durch die schwache Binnennachfrage verhindert. Andererseits stieg der Export relativ stark an (→ Welthandel).

Die Zahl der **Industriebeschäftigten** nahm trotz des Produktionswachstums ab (–1,4 %), insbesondere weil auch 2005 wieder personalintensive Betriebszweige und Produktionsvorgänge ins billigere Ausland verlagert wurden. Die Beschäftigtenzahl sank von 6,015 Mio. (Durchschnitt 2004) auf 5,928 Mio. (2005).

Die industrielle Entwicklung in den Transformationsländern

Nach der politischen Wende um 1990 war es in allen Staaten des ehemaligen Ostblocks zunächst zu massiven Rückgängen der Industrieproduktion, z. T. zu einer regelrechten Entindustrialisierung gekommen, vor allem wegen des technologischen Rückstands und des maroden Zustands der Produktionsmittel und der Infrastruktur. Nach einigen Jahren der Konsolidierung – ungefähr ab 1994/95 – meldeten alle Staaten mit Ausnahme der GUS-Länder wieder ein jährliches industrielles Wachstum. 2005 verzeichneten fast alle Transformationsländer – verglichen mit Westeuropa – überdurchschnittlich hohe Zuwachsraten der Industrieproduktion, die meist zwischen 4–6 % lagen. Die Stärke der Entwicklung hing stark vom Ausmaß der Direktinvestitionen aus den westeuropäisch-nordame-

Die bedeutendsten Industriezweige in Deutschland

Branche	Zahl der Betriebe[1]		Beschäftigte in Mio.[1]		Umsatz in Mrd. €		davon Auslandsumsatz		Exportquote in %	
	2004	2003	2004	2003	2004	2003	2004	2003	2004	2003
Fahrzeugbau	1 740	1 732	0,945	0,948	306,613	280,985	177,617	162,283	57,9	57,8
Elektrotechnik u. Elektronik	5 931	5 869	0,835	0,845	177,093	167,651	83,169	75,011	47,0	44,7
Maschinenbau	7 234	7 248	0,948	0,962	169,980	158,696	89,953	81,470	52,9	51,3
Chemische Industrie	1 864	1 861	0,445	0,464	142,126	136,428	75,640	70,415	53,2	51,6
Ernährungsgewerbe	5 985	5 883	0,523	0,525	131,772	127,270	18,486	16,881	14,0	13,3
Industrie insgesamt	47 973	48 417	6,015	6,133	1 423,369	1 348,122	563,965	513,941	39,6	38,1

1 Jahresdurchschnitt

Quelle: Statistisches Bundesamt

rikanischen Staaten ab. Dagegen wurde die Entwicklung überall gebremst durch noch nicht privatisierte industrielle Großbetriebe, die in der Regel defizitär arbeiten, eigentlich Konkurs anmelden müssten, aber vom Staat mit hohen Summen in Betrieb gehalten werden (hauptsächlich wegen der Sicherung der Arbeitsplätze). Für die weitere Entwicklung halten internationale Organisationen vor allem eine konsequent durchgeführte Reformpolitik für notwendig, die ausländische Investitionen anlockt und den Privatsektor stärkt. In den EU-Beitrittsländern ist dies gewährleistet.

In **Russland** war es 1990–98 zu einer massiven **Entindustrialisierung** mit jährlichen Abnahmeraten der Industrieproduktion bis zu 20 % gekommen (1998 noch –5,2 %). Von diesem Schrumpfungsprozess war besonders die Rüstungsindustrie betroffen, sehr stark aber auch der Maschinenbau, die Elektronik, die Bauindustrie und die gesamte Investitionsgüterindustrie. Insgesamt ging die Industrieproduktion 1990–1998 um mehr als zwei Drittel zurück. Seit 1999 wächst die Industrie wieder, wenn auch relativ einseitig, nämlich hauptsächlich im Bereich Bergbau und Grundstoffindustrie. 2005 betrug das Wachstum der Industrieproduktion nach vorläufigen Berechnungen wie im Vorjahr 7,5 %. Die Zuwächse entfielen weitgehend auf die Erdölförderung und -verarbeitung (+14 %), die Erdgasförderung sowie die Eisen- und Stahlindustrie. Dagegen wies die Verbrauchsgüterindustrie nur eine Zunahme von 2 % auf. Ein Problem für eine zukunftsorientierte Entwicklung sind die zu geringen Investitionen in die Modernisierung älterer und den Aufbau neuer innovativer Betriebe. Ein großer Teil der russischen Industrie befindet sich technisch auf dem Stand der 1960er und 70er Jahre. Die Wiederverstaatlichung der Grundstoffindustrien setzte sich auch 2005 fort, besonders in Form von Unternehmenskäufen durch Staatsfirmen. So stieg der Anteil des Staates an der Ölindustrie von 2,4 % (1999) auf 35,0 % (2005), für die Automobil- und die Flugzeugindustrie wurde 2005 die Gründung von Holding-Gesellschaften mit Mehrheitsbeteiligung des Staates beschlossen.

Eine durchgreifende Besserung ist kurzfristig nicht zu erwarten, da insbesondere noch viele Hemmnisse für ausländische Investitionen bestehen und sich das »Investitionsklima« nur langsam verbessert. Der Kampf gegen Korruption, mafiose Strukturen, Überbürokratisierung und für verbesserten Rechtsschutz wurde bisher nicht wirksam genug geführt. Auch konnte die Kapitalflucht in das Ausland bisher nicht genügend zugunsten inländischer Investitionen eingedämmt werden, sodass zu geringe Teile der gegenwärtigen Gewinne aus dem Rohstoffexport in die Erneuerung der Industrie investiert werden. Negativ auf das Investitionsklima wirken sich auch die Bestrebungen der Regierung Putin aus, die Großindustrie wieder verstärkt unter Staatseinfluss zu stellen.

Der industrielle Sektor in den Entwicklungsländern

Alle statistischen Daten zur **Industrie in den Entwicklungsländern** werden sehr stark durch das industrielle Wachstum in den schon relativ hoch industrialisierten Schwellenländern Südost- und Ostasiens und Lateinamerikas beeinflusst. Die meisten dieser Länder befanden sich auch 2005 in einer konjunkturellen Aufschwungphase, sodass sich auch das industrielle Wachstum entsprechend erhöhte. Die Industrieproduktion wuchs nach vorläufigen Schätzungen in den Entwicklungsländern insgesamt um ca. 4,5 %, allein in Asien um 9 %, in Lateinamerika um 4,5 %, in Afrika um 3,5 % (bei starken regionalen Unterschieden).

Die vergleichsweise sehr **niedrigen Lohn- bzw. Lohnstückkosten** wirkten sich in den Entwicklungsländern auch 2005 positiv auf den industriellen Aufbau und die internationale Konkurrenzfähigkeit aus. Hinzu kamen als positive Faktoren die – trotz der jüngsten energiebedingten Erhöhungen – immer noch relativ niedrigen Transportkosten der Hochseeschifffahrt für den Verkehr zwischen Entwicklungs- und Industriestaaten und die in den letzten Jahren stark verbesserten Möglichkeiten der Kommunikation (Telefon, Fax, E-Mail). Dies sind Anreize für Betriebe in Westeuropa, Nordamerika und Japan, Produktionsstandorte in derartige Billiglohnländer zu verlegen, insbesondere wenn dort eine zumindest befriedigende Verkehrs-, Kommunikations- und Energieinfrastruktur und geeignete Arbeitskräfte zur Verfügung stehen und die politische Lage stabil ist.

In den **ärmeren Entwicklungsländern** verhinderten auch 2005/06 viele negative Rahmenbedingungen, dass sich private Unternehmen aus den Industrieländern Europas, Nordamerikas oder Ostasiens in nennenswertem Umfang in Form von Direktinvestitionen engagierten. Instabile politische Verhältnisse, innere Unruhen bis hin zu Bürgerkriegen, unbefriedigende Sicherheitslage, unzureichende Versorgungslage, ungenügende Verkehrsinfrastruktur usw. blieben unüberwindliche Hindernisse für Investitionen in den industriellen Sektor. Besonders Afrika südlich der Sahara wurde nach wie vor weitgehend ausgespart. Demgegenüber erreichten erneut diejenigen Staaten das stärkste Industriewachstum, die ausländische Investitionen und privates Unternehmertum begünstigten, im Inneren für stabile Verhältnisse sorgten und sich intensiv am Welthandel beteiligten.

Besonders die **rohstoffreichen Entwicklungsländer**, deren Einnahmen hauptsächlich auf dem Export bergbaulicher oder landwirtschaftlicher Rohstoffe basieren, besitzen teilweise günstige Voraussetzungen für wirtschaftliche Entwicklung und Industrialisierung: Rohstoffbasis, Finanzausstattung, Infrastruktur, Einbindung in den Welthandel u. ä. schaffen vergleichsweise gute Bedingungen.

In einer derartigen Aufbauphase sind vor allem lateinamerikanische Rohstoffexporteure, wie Brasilien, Venezuela, Chile und Mexiko, sowie die arabischen Golfstaaten als Erdölexporteure. Viele Rohstoffstaaten versuchen, ihre Deviseneinnahmen zu erhöhen, indem sie Halbfertig- oder Fertigwaren statt Rohprodukte exportieren. In bevölkerungsreichen Rohstoffstaaten mit genügend großem Binnenmarkt, wie z. B. in Brasilien, lohnt sich auch der Aufbau einer Industrie zur Eigenversorgung und Importsubstitution.

Die **Schwellenländer (NIC)**, die Länder, die an der »Schwelle« zum Industrieland stehen (→ Kap. Wirtschaft, Übersicht), verdanken ihren fortgeschrittenen Entwicklungsstatus hauptsächlich ihrer erfolgreichen Industrialisierungspolitik. Sie zeichnen sich in der Regel durch eine bereits relativ gut ausgebaute Infrastruktur, höheres Bildungsniveau, eine zahlenmäßig stärkere Führungsschicht, eine relativ effektive Staatsverwaltung und andere günstige Voraussetzungen für eine wachstumsorientierte Entwicklungsstrategie aus. Meist begannen sie ihre Industrialisierung auf der Basis arbeitsintensiver Exportindustrien (häufig in Industrieparks oder Freihandelszonen) oder von Dienstleistungen (z. B. Tourismus), anfangs mit Hilfe ausländischen Kapitals. Inzwischen treten sie teilweise selbst als Investoren in anderen Ländern auf. UN, Weltbank und Internationaler Währungsfonds bezeichnen diese Staaten als Newly Industrialized Countries / NIC, Newly Industrialized Economies / NIE oder Länder mit mittlerem Einkommen / MIC. Hierzu zählen z. B. Malaysia, Thailand, Südafrika, verschiedene karibische Inselstaaten und südamerikanische Länder. Einige hoch industrialisierte Schwellenländer werden von internationalen Organisationen inzwischen zu den Industrieländern gezählt: Singapur, Hongkong, Rep. China / Taiwan, Rep. Korea, Israel.

Den »alten«, insbesondere den europäischen Industrieländern ist durch die Schwellenländer auf dem Weltmarkt eine vielfältige Konkurrenz erwachsen, insbesondere bei Massengütern und Produkten, die mit ausgereifter Technologie durch angelernte Arbeitskräfte in großen Serien hergestellt werden können (z. B. Textilien und Bekleidung, Schuhe, Elektrogeräte, Spielzeug, elektronische Bauteile). Beispiele für die zunehmende Bedeutung der Schwellenländer als Produzenten und Exporteure von Industriegütern bieten die → Textilindustrie, die → Elektrotechnik, die Kunststofferzeugung (→ chemische Industrie), aber auch etwa die Spielwaren-, feinmechanische und optische Industrie. Investoren in die Industrie der Schwellenländer sind vielfach Unternehmer aus den traditionellen Industriestaaten, immer stärker aber auch Angehörige der kapitalkräftigen Oberschichten der betreffenden Länder selbst.

2005 / 06 konnten fast alle Schwellenländer ihren industriellen Aufbau mit Wachstumsraten von 4–6 % pro Jahr fortsetzen.

Ausgewählte Produktionszahlen und Branchenübersichten

In den Tabellen werden nur die Hauptproduzenten nach Rangfolge aufgeführt; die Weltproduktion umfasst auch die Erzeugung hier nicht genannter Länder.

Aluminium Hüttenproduktion in Mio. t

	2004	2003	2000
VR China	6,100	4,300	2,830
Russland	3,600	3,200	2,884
Kanada	2,640	2,800	2,373
USA	2,500	2,750	3,668
Australien	1,900	1,877	1,769
Brasilien	1,450	1,000	1,270
Norwegen	1,322	1,192	1,030
Südafrika	0,820	0,665	0,674
Indien	0,800	0,798	0,665
Frankreich	0,720	0,716	0,701
Deutschland	0,668	0,660	0,644
Venezuela	0,600	0,592	0,560
Bahrain	0,532	0,532	0,400
Spanien	0,400	0,389	0,365
Neuseeland	0,390	0,370	0,330
Verein. Arab. Emirate	0,350	0,340	0,300
Großbritannien	0,340	0,343	0,305
Tadschikistan	0,280	0,300	0,300
Island	0,271	0,266	0,226
Weltproduktion	27,615	25,013	23,030

Quelle: UN

Die größten **Aluminiumverbraucher** sind die USA, Japan, China, Deutschland, Italien und Frankreich. Das Metall wird wegen seines geringen Gewichts vor allem im Fahrzeugbau verwendet (Straßen-, Schienen- und Luftfahrzeuge; zusammen rd. 45 % des Absatzes in Deutschland), daneben für Verpackungen (Folien, Dosen), im Maschinenbau und Hochbau.

Aufgrund des hohen Stromverbrauchs bei der Aluminiumproduktion wurden in den letzten Jahren größere **Produktionskapazitäten** in Ländern mit billiger Energie neu errichtet, z. B. in Brasilien (Wasserkraft), Venezuela und arabischen OPEC-Staaten, wie Bahrain und Vereinigte Arabische Emirate (Erdöl und -gas), Australien und Südafrika (Kohle) und Island (Erdwärme). Dagegen wurden in Ländern mit hohen Strompreisen seit den 1990er Jahren Fertigungskapazitäten und Produktionsstandorte abgebaut. Auch in Deutschland wurden 2005 / 06 erneut zwei Aluminiumhütten wegen der steigenden Preise für elektrischen Strom, der über 40 % der Produktionskosten ausmacht, geschlossen. Die Fertigung wurde in Länder mit niedrigen Strompreisen verlegt.

Die **Weltmarktpreise** für Aluminium stiegen 2005 / 06 an, jedoch moderater als bei anderen Metallen, da die

Nachfrage durch größere Lagerbestände befriedigt werden konnte. Besonders die Industriekonjunktur in den USA und das weiterhin enorme Wirtschaftswachstum in der Volksrepublik China sorgten, wie schon im Vorjahr, für eine starke Nachfragesteigerung.

Bauindustrie

Wohnungsbau * Zahl der fertig gestellten Wohnungen (Neubauten) in Mio.

	2003	2002	2000
USA	1,836	1,704	1,596
Japan**	1,223	1,221	1,309
Spanien**	0,458	0,420	0,367
Russland	0,420	0,396	0,372
Frankreich**	0,305	0,294	0,301
Deutschland	0,241	0,290	0,423
Polen	0,163	0,098	0,090
Großbritannien	0,170	0,183	0,179
Türkei	0,158	0,161	0,245
Australien	0,157	0,137	0,100
Italien	0,150	0,148	0,142
Kanada	0,125	0,125	0,130
Niederlande**	0,060	0,067	0,071
Portugal	0,054	0,088	0,103
Ukraine	0,043	0,064	0,063
Österreich	0,042	0,042	0,054
Schweiz	0,032	0,029	0,032

* Für viele Staaten, insbesondere die meisten Entwicklungsländer, liegen keine vergleichbaren Zahlen vor. Generell ist die internationale Vergleichbarkeit wegen unterschiedlicher Definition des Begriffs »Wohnung« und wegen unvollständiger statistischer Erfassung sehr erschwert.

** einschl. Instandsetzung *Quelle:* UN

In **Europa** stiegen die Leistungen der **Bauwirtschaft** 2005 leicht an. Zwar ging in Westeuropa die Bautätigkeit überwiegend zurück, doch nahm sie in Ostmitteleuropa erneut zu. In den meisten EU-Ländern gab es insbesondere bei staatlichen Baumaßnahmen (z. B. Straßenbau, öffentliche Gebäude) wegen Bedarfsdeckung oder aus Gründen der Einsparung und des öffentlichen Schuldenabbaus keine Zuwächse mehr. Aber auch der private Wohnungsbau stagnierte, sodass die Zahl der fertig gestellten Wohneinheiten in Westeuropa vom Maximum 2,150 Mio. (1999) auf rd. 1,850 Mio. (2005) sank.

In **Deutschland** drückte die Bauwirtschaft auch 2005, wie im Vorjahr, das gesamtwirtschaftliche Jahresergebnis. Umsätze und Beschäftigtenzahlen nahmen erneut ab (−6,7 % bzw. −6,5 %) und sanken auf den Stand der 1980er Jahre. Der Rückgang betraf wegen der allgemeinen Wirtschaftsflaute sowohl den Wohnungsbau als auch den Wirtschaftsbau; zudem kürzten Staat und Gemeinden wegen niedrigerer Steuereinnahmen die Infrastrukturinvestitionen (z. B. im Straßen- und Eisenbahnbau und bei öffentlichen Hochbauten).

Die Zahl der **Baugenehmigungen** im Wohnungsbau ging 2005 um 10,3 % auf 240 488 zurück. Die Zahl der **fertig gestellten Wohnungen** belief sich 2000 auf 423 044 und 2005 nur noch auf 270 019. Im **Nichtwohnbau** (Industrie, Gewerbe, Büros, Landwirtschaft usw.) setzte sich auch 2005 der Rückgang der Vorjahre fort. Das Volumen der Baugenehmigungen ging von 36,923 Mio. m^2 Nutzfläche (1999) auf 24,716 Mio. m^2 (2005) zurück, die Zahl der fertig gestellten Gebäude sank von 40 473 (1999) auf 27 500 (2005). Im **Tiefbau** (Straßen-, Kanalbau u. ä.), der zu etwa $^3/_4$ von der öffentlichen Hand durchgeführt wird, gingen die Ergebnisse 2005 gegenüber dem Vorjahr um rd. 5 % zurück.

Der **Umsatz** des deutschen Bauhauptgewerbes, der 1995 noch bei 232,402 Mrd. DM gelegen hatte und bis 1999 bereits auf 206,046 Mrd. DM gefallen war, ging 2005 erneut um 6,7 % auf 75,405 Mrd. € zurück. Die **Beschäftigtenzahl** sank 2005 um 6,5 % auf nur noch 0,717 Mio. (1995 noch 1,486 Mio.).

Das **deutsche Baugewerbe** wird nach allen Prognosen 2006 die »Talsohle« der rückläufigen Entwicklung erreicht haben und in den nächsten Jahren evtl. wieder leicht wachsen. Vier Problembereiche machen dem Baugewerbe seit Jahren zu schaffen: die Finanznot der öffentlichen Hand, die eine stärkere Belebung der Bauwirtschaft verhindert; die Konjunkturschwäche, die sich lähmend auf Investitionen der Wirtschaft auswirkt; die Zurückhaltung der Investoren, die sich auch in den Verdichtungsräumen, wo noch zusätzlicher Wohnungsbedarf besteht, wegen mangelnder Rentabilität weitestgehend aus dem Mietwohnungsbau zurückgezogen haben; und die Konkurrenz ausländischer Unternehmen und Subunternehmen. Diese bezahlen ihre Mitarbeiter nach den niedrigeren Lohnsätzen ihrer Heimatländer, können daher günstigere Preise anbieten und deutsche Unternehmen vom Markt verdrängen. Da am Bau 40–50 % der Kosten auf Lohnkosten entfallen, kann dieser Wettbewerbsnachteil durch höhere Produktivität deutscher Unternehmen nicht ausgeglichen werden. Angesichts dieser Probleme bestanden seit den 1990er Jahren beträchtliche Überkapazitäten, die inzwischen weitgehend abgebaut sind.

Baubedarf wird in den nächsten Jahren hauptsächlich im Verkehrsbereich (Schienenneubauten und Straßeninstandhaltung, weniger Neubauten) gesehen. Im Wohnungsbau ist in vielen Regionen Bedarfsdeckung gegeben, ausgenommen wirtschaftsstarke Verdichtungsräume wie München, wo noch Bedarf vorliegt. In Ostdeutschland ist noch großer Sanierungs-, aber kein Neubaubedarf mehr vorhanden. Wegen des Bevölkerungsrückgangs überschreitet in vielen Kreisen die Zahl der Wohnungsabbrüche bereits diejenige der Neubauten.

Einen gewissen Ausgleich für Verluste im Inland fanden deutsche Bauunternehmen auch 2005 durch Aufträge im Ausland (meist über ausländische Tochterfirmen und Beteiligungen), obwohl auch hier die Wettbewerbssituation zunehmend schwieriger wird. Am höchsten waren die Auftragseingänge aus dem Ausland 2001 mit 21,3 Mrd. €; 2004 betrugen sie rd. 15 Mrd. €.

Zement Produktion in Mio. t

	2003	2002	2000
VR China	813,190	725,000	597,000
Indien	115,932	108,144	95,004
USA	94,329	91,266	89,510
Japan	68,520	72,012	81,300
Rep. Korea	60,720	56,820	51,252
Italien	43,920	42,048	39,588
Russland	42,204	39,672	32,400
Spanien	42,000	42,336	38,112
Türkei	35,076	32,580	35,796
Mexiko	34,176	33,348	31,680
Brasilien	34,032	42,192	39,564
Deutschland	33,409	31,248	36,459
Thailand	32,628	32,244	32,004
Indonesien	28,956	31,200	27,792
Ägypten	28,740	26,808	15,600
Saudi-Arabien	23,000	22,000	–
Vietnam	22,600	19,481	–
Frankreich	20,000	20,004	20,004
Rep. China	18,474	19,363	17,572
Malaysia	17,160	14,328	11,488
Weltproduktion	1 950,000	1 840,000	1 650,000

Quelle: UN

Die **Zementproduktion** ist ein wichtiger Indikator für die Baukonjunktur. Sie zeigte daher in den letzten Jahren in vielen Industrieländern stagnierende bis rückläufige Tendenz, da die Bauwirtschaft wegen Bedarfsdeckung (Wohnungsbau) oder fehlender finanzieller Mittel (öffentlicher Bau, Straßenbau) nicht mehr expandierte. In vielen Entwicklungsländern stieg dagegen die Produktion stark an, besonders in China, dem mit großem Abstand weltweit größten Zementproduzenten.

Auch in **Deutschland** waren 2005 wegen der Krise der Bauwirtschaft die Kapazitäten der Zementindustrie nicht ausgelastet. Die Produktion ging auf rd. 30 Mio. t zurück, Absatzeinbußen in Deutschland konnten teilweise durch Exporte ausgeglichen werden.

Chemische Industrie

Die chemische Industrie verbuchte 2005 weltweit eine starke Steigerung der Nachfrage und erhöhte ihre Produktion kräftig. Umsatzzuwächse zeigten in globalem Rahmen besonders die Bereiche Petrochemie, Pharmazie, Farben und Lacke, Düngemittel, Kunststoffe und Kunstfasern. Ein Negativfaktor waren die stark steigenden Preise für Rohstoffe und Energie. Sie wirkten sich in den Produktionskosten und Erzeugerpreisen aus und verschärften die internationale Konkurrenz.

Die **Verlagerung von Produktionskapazitäten** aus den Industrie- in Entwicklungsländer, die seit Jahren zu beobachten ist, setzte sich 2005 fort. In den letzten Jahren kam es z. B. zur Errichtung neuer Produktionsstätten für Mineralölprodukte, Kunststoffe und -fasern, Düngemittel u. a. in Erdölförderländern sowie in lateinamerikanischen und ostasiatischen Schwellenländern, während gleichzeitig die Kapazitäten in Westeuropa und Nordamerika stagnierten oder verringert wurden. In Westeuropa, auch in **Deutschland**, werden zunehmend die Forschungs- und Entwicklungsabteilungen der Unternehmen konzentriert, während die lohn- und/oder energieintensive Produktion in kostengünstigere Länder verlagert wird. Seit Anfang der 1990er Jahre ging die Zahl der Beschäftigten in der chemischen Industrie in Großbritannien um rd. 30 %, in Italien um über 20 % und in Deutschland um etwa 20 % zurück. Wachsende Beschäftigtenzahlen verzeichneten demgegenüber die Schwellenländer Ost- und Südostasiens und Lateinamerikas und zunehmend auch Länder Ostmittel- und Südosteuropas.

Wichtige Ursachen für Betriebs- und Produktionsverlagerungen aus Deutschland und anderen europäischen Staaten sind neben den hohen **Arbeits- und Energiekosten** auch die **Umweltschutzauflagen**, die nur in wenigen anderen Ländern ähnlich streng gehandhabt werden wie in der EU. Die Folge war in den letzten Jahren eine zunehmende Spezialisierung der deutschen Produktion auf innovative und hochspezialisierte Produkte.

Für Unruhe sorgte 2005/06 der Entwurf einer EU-Chemikalienverordnung unter dem Namen REACH (»Registration, Evaluation and Authorisation of Chemicals«). Die Verordnung soll Ende 2006 in Kraft treten und sieht vor, in den kommenden Jahren alle ca. 30 000 chemischen Substanzen, die in einer Menge von mehr als 1 t jährlich produziert werden, auf ihre Umweltverträglichkeit zu untersuchen. Die Chemieindustrie der EU-Länder befürchtet untragbare Kosten insbesondere für Kleinbetriebe und droht mit verstärktem Arbeitsplatzabbau in Europa. Andererseits sehen viele Entwicklungsländer eine Bedrohung für ihre Chemieausfuhren in die EU.

Die **deutsche Chemie-Industrie** konnte 2005 an das Wachstum des Vorjahres anknüpfen und einen Umsatzzuwachs von 6,9 % verbuchen. Insgesamt stieg der Umsatz von 142,126 Mrd. € (2004) auf 151,919 Mrd. €. An der Steigerung war der Export wesentlich beteiligt; der Auslandsumsatz nahm um 7,9 % von 75,640 Mrd. € (2004) auf 81,592 Mrd. € zu und erreichte damit 53,7 % des Umsatzes. Die wichtigsten Produkte waren 2005 Pharmazeutika und Kunststoffe mit je 15–20 % des Produktionswertes, Farbstoffe und Lacke mit 12 %, Wasch- und Reinigungsmittel sowie Körperpflegemittel (je 5 %) sowie Kunstfasern. Die steigenden Rohstoff- und Energiekosten konnten nur teilweise auf die Preise abgewälzt werden; die Erzeugerpreise stiegen um rd. 1 % an.

Der Abbau der **Beschäftigten** setzte sich 2005 trotz Umsatzzuwächse fort. Ihre Zahl sank um 0,9 % auf 441 000. Im globalen Vergleich belegt die deutsche Chemie mit rd. 6 % des Weltumsatzes den 3. Rang nach den USA (25 %) und Japan (12 %). In Deutschland ist die Chemie die viertgrößte Industriebranche nach Fahrzeugbau, Maschinenbau und Elektroindustrie.

Produkte der chemischen Industrie

Kunstfasern auf Zellulose- und Synthetikbasis; Produktion in Mio. t

	2003	2002	2000
VR China	10,100	9,563	6,710
Rep. China	3,250	3,203	3,265
USA	2,900	2,868	3,308
Rep. Korea	2,350	2,347	2,659
Indien	2,050	1,976	1,866
Indonesien	1,250	1,236	1,261
Japan	1,210	1,197	1,434
Deutschland	0,929	0,936	1,026
Thailand	0,920	0,912	0,823
Türkei	0,740	0,735	0,755
Mexiko	0,530	0,528	0,602
Italien	0,491	0,581	0,550
Russland	0,385	0,375	0,399
Brasilien	0,330	0,325	0,347
Weltproduktion	32,000	30,008	28,344
davon Synthetics	29,500	27,890	26,129

Quelle: UN

Die Weltproduktion von Chemiefasern erhöhte sich 2005 auf rd. 34,000 Mio. t. Die Zunahme entfiel überwiegend auf synthetische Fasern, deren Anteil an allen Kunstfasern inzwischen bei rd. 92 % liegt. Regional gesehen entfiel die Zunahme auch in den letzten Jahren hauptsächlich auf Ost- und Südostasien, wo die sechs größten Erzeuger (VR China, Rep. China, Rep. Korea, Japan, Indien, Indonesien, Thailand) 2004 ca. 65 % der Weltproduktion erzeugten.

In **Deutschland** sank die Produktion 2005 auf rd. 0,600 Mio. t. Sie wurden überwiegend exportiert, da die Weiterverarbeitung zu Textilien fast völlig in das Ausland verlagert worden ist.

Kunststoffe (Plastik) gehören seit den 1960er Jahren zu den wichtigsten Erzeugnissen der chemischen Industrie. In der Weltproduktion dominieren die ost- und südostasiatischen Staaten (Japan, China, Korea, Thailand, Malaysia u. a.) vor den USA, Deutschland und anderen EU-Ländern. In **Deutschland** sind Kunststoffe mit rd. 15 % des Produktionswertes das drittwichtigste Erzeugnis der Chemieindustrie (nach Grundstoffen und Pharmazeutika). Deutschland gehört neben den USA und Japan zu den bedeutendsten Kunststoffexporteuren – etwa 50 % der Produktion, während andererseits über 40 % des Inlandsverbrauchs aus Importen stammen. Die wichtigsten

Mineraldünger auf Stickstoffbasis; Produktion in Mio. t N

	2003	2002	2000
VR China	24,100	23,644	21,559
Indien	10,600	10,558	10,943
USA	9,300	9,442	9,904
Russland	6,150	6,011	5,452
Kanada	4,050	3,836	3,831
Indonesien	3,120	2,868	2,853
Ukraine	2,460	2,314	2,130
Pakistan	2,205	2,183	2,054
Ägypten	1,600	1,548	1,287
Saudi-Arabien	1,340	1,299	1,278
Deutschland	1,292	1,205	1,274
Polen	1,230	1,177	1,497
Niederlande	1,115	1,068	1,137
Weltproduktion	90,270	88,169	86,019

Quelle: FAO

Einsatzgebiete von Kunststoffen sind das Verpackungs- und Transportwesen (28 %), das Baugewerbe (20 %), die Elektrotechnik und die Fahrzeugindustrie (je 10 %), Farben, Lacke, Klebstoffe (8 %) sowie Haushaltswaren (6 %). Auch bei Kunststoffen spezialisierte sich die deutsche Industrie, wie in anderen Branchen, zunehmend auf innovative hochwertige Produkte, während Massenware weitgehend importiert wird. Wegen der starken Verteuerung der Rohstoffe (vor allem Erdöl) geriet die deutsche Kunststoffindustrie 2005 unter verschärften Kostendruck.

Synthetischer Kautschuk Produktion in Mio. t

	2003	2002	2000
USA	2,192	2,150	2,395
Japan	1,577	1,522	1,592
VR China	1,272	1,133	0,836
Russland	1,070	0,919	0,837
Deutschland	1,014	1,044	0,851
Frankreich	0,718	0,681	0,669
Rep. Korea	0,700	0,678	0,678
Rep. China	0,529	0,523	0,465
Brasilien	0,405	0,384	0,373
Großbritannien	0,322	0,337	0,286
Italien	0,243	0,250	0,285
Niederlande	0,176	0,176	0,200
Kanada	0,152	0,150	0,187
Weltproduktion	11,470	10,930	10,870

Quelle: UN

Kautschuk → Landwirtschaft

Eisen- und Stahlindustrie

Die **Weltstahlproduktion** erhöhte sich 2005 erneut um rd. 10 % auf 1,170 Mrd. t. Davon entfielen allein 338,5 Mio. t auf China, das damit fast 30 % des Stahls

Eisen Erzeugung von Roheisen in Mio. t

	2004	2003	2000
VR China	251,851	202,914	131,034
Japan	82,974	82,091	81,071
Russland	50,321	48,325	44,536
USA	40,579	40,644	47,878
Brasilien	34,558	32,039	28,135
Ukraine	31,056	29,528	25,697
Deutschland	30,018	29,481	30,845
Rep. Korea	27,556	27,314	24,937
Indien	25,117	26,550	21,321
Frankreich	13,198	12,972	13,916
Italien	10,604	10,148	11,209
Rep. China	10,354	10,260	9,618
Großbritannien	10,180	10,228	10,890
Kanada	8,773	8,554	8,904
Belgien	8,224	7,813	8,477
Polen	6,400	5,632	6,492
Australien	6,116	6,116	7,049
Südafrika	6,011	6,234	6,292
Niederlande	6,011	5,846	4,969
u. a. Österreich	4,847	4,677	4,318
Weltproduktion	717,689	659,216	577,003

Quelle: Statist. Jahrbuch der Stahlindustrie

Stahl (Rohstahl) Erzeugung in Mio. t

	2004	2003	2000
VR China	271,173	220,115	127,236
Japan	112,716	110,511	106,444
USA	98,523	93,677	101,803
Russland	65,583	62,720	59,126
Rep. Korea	47,521	46,310	43,107
Deutschland	46,374	44,809	46,376
Ukraine	38,738	36,922	31,767
Brasilien	32,909	31,147	27,865
Indien	32,626	31,779	26,924
Italien	28,417	26,832	26,759
Frankreich	20,770	19,758	20,954
Türkei	20,478	18,298	14,325
Rep. China	19,536	18,920	16,840
Spanien	17,684	16,472	15,874
Mexiko	16,721	15,178	15,586
Kanada	16,305	15,927	16,594
Großbritannien	13,766	13,268	15,155
Belgien	11,718	11,135	11,637
Polen	10,593	9,107	10,498
Südafrika	9,500	9,481	8,481
Iran	7,869	7,869	6,600
u. a. Österreich	6,530	6,261	5,707
Weltproduktion	1 056,675	969,338	847,622

Quelle: Statist. Jahrbuch der Stahlindustrie

weltweit produzierte (1970 erst 3,1 % – 1990 8,6 % – 2000 15,0 %). Vor allem durch die enorme Produktionszunahme in der VR China erhöhte sich die Weltstahlerzeugung 2005 noch stärker als der Verbrauch, sodass sich die Konkurrenzsituation zwischen den »alten« Stahlproduzenten in Europa und Nordamerika und den »neuen« Produzenten in Ostasien verschärfte. Der Welt-Stahlmarkt war 2005 durch hohe Verbrauchszuwächse gekennzeichnet, die überwiegend auf China, daneben auf andere Schwellenländer und die USA entfielen. Während der Bedarf in Europa vor allem wegen der schwachen Bau- und Automobilkonjunktur nur mäßig zunahm, erhöhte sich der chinesische Bedarf um über 25 %. Die Ursache für Chinas »Stahlhunger« war die anhaltende Hochkonjunktur beim Bau sowie in der Fahrzeug- und Hausgeräteindustrie.

Da die EU und die USA bei Massenstählen aus Preisgründen nicht mit den großen asiatischen Herstellern (China, Japan, Südkorea, Indien) konkurrieren können, haben sie sich auf hochwertige Produkte wie Speziallegierungen und nahtlose Stahlrohre spezialisiert. Insbesondere in der **EU** hat sich die Stahlindustrie in den letzten Jahren zu einer hochproduktiven High-Tech-Branche entwickelt, die durch Automatisierung und starken Personalabbau international wettbewerbsfähig wurde. Während die EU-Stahlindustrie 1980 noch ca. 500 000 Beschäftigte zählte, sank die Zahl bis 2005 auf 240 000.

Aufgrund dieser Entwicklung sank der EU-Anteil an der Weltstahlproduktion von 26 % (1970) auf nur noch 12 % (2005), der Anteil Deutschlands auf 3 %. Die Verschiebung der Gewichte in der Stahlindustrie wird dadurch deutlich, dass 2006 der weltgrößte Stahlkonzern Mittal (Indien/USA) den größten europäischen Konkurrenten Arcelor aufkaufte.

In Deutschland nahm die Stahlerzeugung 2005 gegenüber dem Vorjahr um 4,0 % ab. Es wurden 28,84 Mio. t Roheisen und 44,51 Mio. t Rohstahl erzeugt, davon 38,35 Mio. t in West- und 6,17 Mio. t in Ostdeutschland. Die Kapazitätsauslastung der Hütten sank leicht auf 95 %.

Die weltgrößten Stahlerzeuger

Rohstahlproduktion 2005 in Mio. t

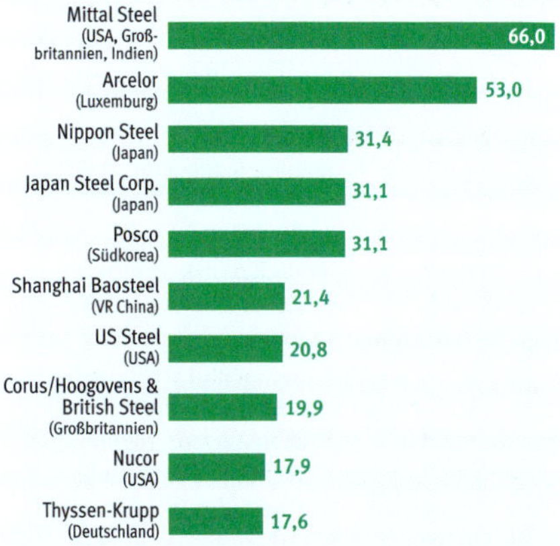

Die Elektro- bzw. Elektronikindustrie konnte 2005 mit weltweit +5,5 % wieder ein starkes Wachstum erzielen, das jedoch nicht mehr den Wert von 2004 (+7 %) erreichte. Besonders China und die anderen ost- und südostasiatischen Länder meldeten wieder kräftig erhöhte Produktions- und Verkaufszahlen. Vor allem die Informationstechnologie (Halbleiter, Informations- und Kommunikationstechnik) konnte fast an die Zuwachsraten des Vorjahres anschließen. In Osteuropa nahmen erneut Produktion und Verkauf von Haushaltsgeräten stark zu, da hier noch größerer Nachholbedarf besteht. Dagegen stagnierte in der EU die Nachfrage bei der Auto- und Unterhaltungselektronik und bei Haushaltsgeräten aufgrund von Sättigungseffekten (fast nur noch Ersatzbedarf).

Auch 2005 war die elektrotechnische und Elektronikindustrie eine Branche mit starken Verlagerungstendenzen in Richtung billiger produzierender Länder. In wichtigen Bereichen, wie Unterhaltungselektronik, Hausgeräte und EDV-Geräte, liegt inzwischen der Schwerpunkt der Produktion in ost- und südostasiatischen Ländern wie Japan, der VR China, der Rep. China/Taiwan, Hongkong, Singapur, der Rep. Korea und Malaysia. Besonders die im Vergleich zu Westeuropa weitaus niedrigeren Lohn- und Lohnnebenkosten in diesen Ländern – zu denen in den letzten Jahren auch osteuropäische Niedriglohnländer kamen – lassen eine sehr preisgünstige Erzeugung zu.

Fernsehgeräte Produktion in Mio.

	2002	2001	2000
VR China	58,057	46,110	45,012
Türkei	12,463	8,025	8,789
Malaysia	9,600	9,501	10,551
Rep. Korea	9,157	9,321	10,054
Polen	7,795	7,502	6,287
USA	7,600	8,264	9,272
Brasilien	5,750	5,463	6,078
Frankreich	5,375	4,977	4,203
Japan	3,130	2,862	3,382
Indien	2,191	1,979	2,399
Russland	1,980	1,024	1,116
Italien	1,212	1,208	1,350
Tschechische Rep.	1,200	1,200	1,141
Weltproduktion	ca. 140,000	ca. 132,000	ca. 130,000

Quelle: UN

Westeuropäische, auch deutsche Firmen verlegen ihre Produktion zunehmend in diese Länder, um preislich konkurrenzfähig zu bleiben.

2005 erwies sich vor allem der Markt für die Halbleiterbranche (Hersteller von Computerchips) und die IT-Industrie (Information und Telekommunikation) als wichtiger Umsatzbringer. Während es in Europa in vielen Bereichen inzwischen Marktsättigung gibt (Handy, PC), stiegen Absatz und Produktion vor allem in Ost- und Südostasien, daneben in den USA und in Osteuropa an. In Deutschland gab es die größten Umsatzzuwächse bei Digitalkameras, die im Verkauf die konventionellen Filmkameras fast völlig verdrängt haben.

Die weltweit größten Chip-Hersteller 2005

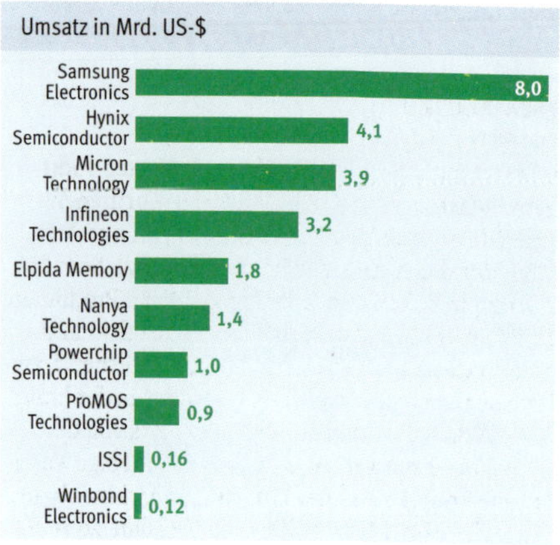

Quelle: Handelsblatt

Die **Elektro- und Elektronikindustrie in Deutschland** konnte 2005 nur zum geringen Teil vom Umsatzzuwachs des Handels, vor allem des Außenhandels (Ausfuhren) profitieren, da vor allem die Importe zunahmen. So standen nach Angaben des betreffenden Industrieverbandes einem inländischen Produktionswert von 130 Mrd. € Importe von 120 Mrd. € und Exporte von 140 Mrd. € gegenüber, d. h. bei den Exporten handelt es sich großenteils um Wiederausfuhren von Produkten, die vorher aus Billiglohnländern importiert worden waren.

Der Umsatz der Branche erhöhte sich 2005 nur um rd. 1 %, im Bereich der Unterhaltungselektronik ging er sogar um 4,6 % zurück. Ohne die Re-Exporte im Außenhandel wäre ein Umsatzrückgang der gesamten Elektronikindustrie zu verzeichnen gewesen. Insbesondere bei Hausgeräten und Unterhaltungselektro-

Einsatz von Industrierobotern 2005

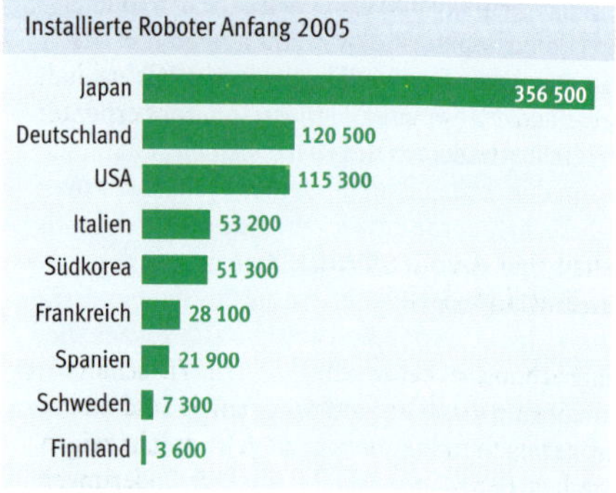

Quelle: SZ/UN-ECE

nik wuchs der deutsche Importüberschuss weiter an. Größere Chancen auf dem inländischen wie auf dem Weltmarkt haben vor allem innovative High-Tech-Produkte der Bereiche Nachrichten-, Mess- und Regeltechnik, Autoelektronik und Industrieroboter.

Kraftfahrzeugindustrie → Straßenverkehr

Maschinenbau

Der Maschinenbau gehört zu den wichtigsten Industriebranchen der technologisch fortgeschrittenen Länder, da er hauptsächlich Ausrüstungen und Maschinen für die industrielle Fertigung liefert. Sein Erfolg hängt in hohem Maße von innovativen Produkten ab; er ist aber auch stark den Konjunkturschwankungen der Industrie unterworfen. Dementsprechend profitierte der Maschinenbau 2005 weltweit von der kräftigen Wirtschaftskonjunktur und besonders von der regen Investitionstätigkeit der Industrie. Die Folge waren weltweite Produktionszunahmen des Maschinenbaus.

Auch der **deutsche Maschinenbau** erreichte 2005 ein sehr gutes Ergebnis. Nach einem Wachstum von 7,1 % (2004) nahm der Umsatz 2005 um 5,2 % auf 178,844 Mrd. € zu. Damit stand der Maschinenbau nach der Automobilindustrie an zweiter Stelle unter den Industriebranchen. Da die Konjunkturlage bei den wichtigsten Handelspartnern wesentlich günstiger war als in Deutschland, konnte der Auslandsumsatz um 9,1 % auf 98,110 Mrd. € gesteigert werden. Der Exportanteil am Umsatz stieg dadurch auf 54,9 %. Trotz des Umsatzwachstums wurde kräftig rationalisiert und das Personal reduziert; insgesamt arbeiteten 2005 im Jahresdurchschnitt 936 000 Beschäftigte im deutschen Maschinenbau (–1,3 %). Damit stand die Branche auch 2005 nach der Beschäftigtenzahl an erster Stelle der deutschen Industriebranchen. Daneben beschäftigen deutsche Maschinenbauunternehmen im Ausland über 300 000 Personen, davon ca. 160 000 in der Produktion, den Rest im Vertriebs- und Servicebereich. Wegen des erhöhten **Maschinenexports** – vor allem High-Tech-Produkte – stand Deutschland weiterhin an der Spitze im Welthandel mit Maschinen (rd. 19,1 %) vor Japan (13,3 %), den USA (12,4 %) und Italien (9,7 %). Die wichtigsten Abnehmer deutscher Maschinen waren 2005 die USA, Frankreich, China, Italien und andere EU-Mitglieder. Besonders stark erhöhten sich die Exporte nach Indien.

Nahrungs-, Genussmittel- und Getränkeindustrie

Das **Ernährungsgewerbe** gehört zu den Wirtschaftszweigen, die nur wenig konjunkturabhängig sind und relativ geringe Schwankungen von Jahr zu Jahr zeigen. Innerhalb der Branche ergeben sich Veränderungen eher längerfristig durch Preisschwankungen einzelner Produkte oder durch veränderte Ernährungstrends. Zu nennen sind hier z. B. der Rückgang des Fleischverbrauchs durch BSE, Vogelgrippe und andere Tierkrankheiten, die Umsatzzunahme von Bio- und Naturkostprodukten, der vermehrte Absatz von Fertiggerichten und Tiefkühlkost im Zusammenhang mit der Zunahme von Single-Haushalten u. ä. 2005 / 06 machten sich in Deutschland die Konjunkturschwäche und die Kaufzurückhaltung der Bevölkerung in stagnierenden Umsätzen der Nahrungs- und Genussmittelindustrie bemerkbar. Im Lebensmitteleinzelhandel setzte sich der Trend zu billigeren Produkten und Angeboten fort (weitere Umsatzzunahme der Discounter auf Kosten von Fachgeschäften).

Die deutsche Nahrungs- und Genussmittelindustrie 2005

	Umsatz in Mrd. €	Beschäftigte Jahresdurchschnitt
Insgesamt	133,603	521 702
davon: Schlachtereien und Fleischverarbeitungsbetriebe	27,998	107 415
Milchverarbeitung	21,784	37 290
Backwarenherstellung	11,176	148 554
Süßwarenherstellung	8,822	31 680
Brauereien	8,209	32 492
Obst- und Gemüseverarbeitung	7,878	28 242
Mineralbrunnen- und Erfrischungsgetränkeindustrie	6,119	24 695
Futtermittelherstellung	5,379	11 709

In **Deutschland** war die Nahrungs- und Genussmittelindustrie auch 2005 mit einem Umsatz von 133,603 Mrd. € einer der größten Industriezweige, vergleichbar mit der Chemischen Industrie. Der Umsatz stieg 2005 leicht an (+1,4 %), hauptsächlich wegen zunehmender Exporte, während im Inland wegen des rückläufigen Realeinkommens der Bevölkerung der Trend zu Billigprodukten anhielt. Die Ausfuhren stiegen um 7,1 % auf 19,794 Mrd. € an (=14,8 % des Umsatzes); für etwa die doppelte Summe wurden Produkte der Ernährungsindustrie importiert.

Der **Getränkeverbrauch** ist in **Deutschland** – wie in den anderen wichtigen Industrieländern – an der Sättigungsgrenze angelangt. 2005 gab es bei den meisten Erfrischungsgetränken, Kaffee und Tee leichte Rückgänge bis stagnierende Tendenzen, insgesamt aber kaum Veränderungen. Der Weinkonsum stieg leicht an, der Absatz von Bier nahm erneut, wie seit Jahren, leicht ab, da der Trend eher zu nichtalkoholischen Getränken geht. Allerdings konnten die inländischen Absatzrückgänge weitgehend durch steigende Exporte ausgeglichen werden. Der Absatz der deutschen Brauereien betrug 2005 105,6 Mio. hl (2004: 105,8); die größte Menge entfiel auf Brauereien in Nordrhein-Westfalen (26,3 Mio. hl) und Bayern (22,7 Mio.

hl). Der deutsche Bierkonsum, der 1976 noch bei 151 l pro Einwohner gelegen hatte, betrug 2005 nur noch 113 l. Der Bierexport konnte 2005 auf rd. 16,5 Mio. hl gesteigert werden, der Import belief sich auf 2,8 Mio. hl. Die Zahl der Brauereien, die jahrelang durch Betriebsaufgaben und Fusionen abgenommen hatte, erhöhte sich zuletzt wieder durch neue kleine Gasthaus-Brauereien. 2005 produzierten in Deutschland 1274 Brauereien, davon 623 in Bayern und 170 in Baden-Württemberg.

Bier Produktion in Mio. hl (nur Bier aus Malz)

	2002	2001	2000
USA	245,000	235,000	233,000
VR China	234,000	230,000	220,000
Deutschland	105,500	106,372	106,877
Russland	70,266	63,700	51,600
Brasilien	64,576	67,905	66,954
Mexiko	63,530	61,632	59,851
Großbritannien	61,000	59,000	58,913
Japan	43,000	48,131	54,638
Spanien	28,631	26,802	26,388
Südafrika	28,500	28,000	25,000
Polen	26,875	25,163	25,231
Niederlande	24,774	24,606	24,956
Tschech. Rep.	17,987	17,734	17,796
Australien	17,445	17,449	17,679
Frankreich	15,800	15,716	15,993
u. a. Österreich	8,745	8,528	8,725
Schweiz	3,600	3,500	3,750
Weltproduktion	1 395,000	1 390,000	1 383,000

Quelle: UN

Zigaretten Produktion in Mio. Stück, meist Schätzungen

	2002	2001	2000
VR China	2 250 000	2 200 000	2 000 000
USA	590 000	595 000	600 000
Russland	382 503	355 632	333 953
Japan	325 000	320 000	300 000
Indonesien	275 000	270 000	260 000
Brasilien	240 000	230 000	220 000
Deutschland	212 500	213 793	206 770
Großbritannien	136 000	138 000	139 125
Türkei	131 938	77 160	76 613
Niederlande	98 000	102 000	105 000
Rep. Korea	94 433	94 116	94 531
Polen	80 865	81 697	83 800
Spanien	78 500	75 000	74 799
Ukraine	72 000	69 731	58 774
Ägypten	58 000	55 000	53 000
Indien	54 991	60 577	75 085
Mexiko	54 704	56 057	56 383
Italien	37 342	45 368	43 694
Weltproduktion	ca. 6 200 000	ca. 6 000 000	ca. 5 900 000

Quelle: UN

Papierindustrie

Die **Erzeugung von Papier** und Pappe gehörte auch 2005/06 weltweit zu den expandierenden Branchen, vor allem durch den zunehmenden Bedarf an Verpackungen und an Druckereierzeugnissen (Zeitungen, Bücher). Dazu kommt der ebenfalls wachsende Bedarf an Hygiene- sowie an Büropapier. Dieser ist – entgegen früheren Prognosen – durch den Einsatz von Computern bisher nicht verringert worden.

Deutschland war auch 2005 der größte Papierproduzent Europas. Die Produktion von Papier, Karton und Pappe stieg um 5,9 % auf 21,589 Mio. t. Die Zunahme erfolgte weitgehend aufgrund steigender Exporte, die um 7 % auf 9,609 Mio. t anstiegen, während der Inlandsabsatz sich um 3 % auf 11,954 Mio. t erhöhte. Die wichtigsten Erzeugnisse waren 2005 grafische Papiere (Druck-, Presse-, Büropapier) mit 49 % der Produktion, Verpackungsmaterial (Papier, Pappe, Karton) mit 38 %, technische Papiere mit 7 % und Hygienepapiere mit 6 %. Der wichtigste **Rohstoff** für die Papier- und Pappeproduktion war auch 2005 **Altpapier**. Die eingesetzte Menge erhöhte sich um 8,2 % auf 14,308 Mio. t (Einsatzquote 66 % vor Zellstoff mit 4,903 Mio. t und Holzstoff mit 1,622 Mio. t). Der **Umsatz** der deutschen Papierindustrie stieg um 4,5 % auf 12,950 Mrd. €, die Beschäftigtenzahl um 3,0 % auf 45 850 Personen. Wichtigste Abnehmerländer der deutschen Exporte waren 2005 Frankreich, Großbritannien und Italien und zunehmend osteuropäische Länder; Hauptlieferländer der Importe (rd. 8,5 Mio. t) waren Finnland, Schweden und Österreich.

Papier Produktion in Mio. t

	Papier und Pappe		davon Zeitungspapier	
	2003	2002	2003	2002
USA	80,800	81,879	5,149	5,248
VR China	37,929	37,930	2,029	2,030
Japan	30,457	30,686	3,552	3,597
Kanada	20,100	20,226	8,489	8,465
Deutschland	19,310	18,526	2,143	2,082
Finnland	13,058	12,789	0,946	1,007
Schweden	11,062	10,724	2,548	2,423
Rep. Korea	10,148	9,812	1,538	1,597
Frankreich	9,939	9,809	1,069	0,994
Italien	9,373	9,317	0,080	0,085
Brasilien	7,811	7,354	–	–
Großbritannien	6,489	6,481	1,038	1,048
Russland	6,349	5,978	1,814	1,714
Spanien	5,437	5,365	0,306	0,303
Österreich	4,565	4,419	0,392	0,365
Indien	4,145	4,105	0,700	0,700
Mexiko	4,060	4,056	0,250	0,240
Niederlande	3,339	3,346	0,427	0,357
u. a. Schweiz	1,818	1,805	0,364	0,365
Weltproduktion	328,065	324,560	37,798	37,374

Quelle: UN

Schiffbau → Verkehr und Kommunikation

Stahlerzeugung → Eisen- und Stahlindustrie

Textil- und Bekleidungsindustrie

Die Textil- und Bekleidungsindustrie ist seit langem eines der deutlichsten Beispiele für die Verlagerung von Produktionskapazitäten in die Niedriglohnländer Ost- und Südasiens und seit der politischen Wende auch Osteuropas. Die Bekleidungsindustrie wurde wegen ihrer leichten Verlagerbarkeit, ihres relativ geringen Kapitaleinsatzes und ihrer Arbeitsintensität von der OECD als Musterbeispiel für Globalisierung bezeichnet.

In allen Industriestaaten Europas und Nordamerikas gehen seit vielen Jahren die Beschäftigtenzahlen im Textilsektor kontinuierlich zurück. In der EU (ohne die neuen Mitglieder) sank die Zahl der Textilbeschäftigten 1990–2006 von 1,695 Mio. auf nur noch 0,985 Mio. In ähnlicher Größenordnung stiegen die Zahlen in Ostasien an. 2005 verzeichnete die Textil- und Bekleidungsindustrie weltweit beträchtlich steigende Umsätze, da sich der wirtschaftliche Aufschwung in vielen Industrie- und Schwellenländern in erhöhten privaten Ausgaben, und auch in Absatzzuwächsen bei technischen Textilien auswirkte.

In **Deutschland** litten 2005 sowohl die Textil- als auch die Bekleidungsindustrie unter der anhaltenden Konjunkturschwäche und dem weiter zunehmenden Trend zum Kauf von Billigangeboten meist ostasiatischer und osteuropäischer Herkunft äußerte. Der **Umsatz** des deutschen **Textilgewerbes** nahm 2005 um 3,4 % auf 12,925 Mrd. € ab, derjenige des **Bekleidungsgewerbes** konnte leicht auf 9,204 Mrd. € gesteigert werden, da sich die Exporte um 4,4 % auf 3,129 Mrd. € erhöhten. Der Anteil des Auslandsumsatzes stieg auf 40,2 % (Textilien) bzw. 34,0 % (Bekleidung).

Die Situation der deutschen Textil- und Bekleidungsindustrie entwickelte sich somit auch 2005 entsprechend dem langjährigen Trend: stagnierende bis abnehmende Produktion. Der Rückgang wird seit Jahren nur gebremst durch die Konzentration auf die Herstellung hochwertiger Produkte – besonders für den Export – und die Diversifizierung zugunsten innovativer Erzeugnisse im Nicht-Bekleidungsbereich. So entfielen in den letzten Jahren mengenmäßig weniger als 30 % auf traditionelle Bekleidungstextilien, dagegen je 35 % auf Heim- und technische Textilien.

Bei den **Beschäftigten** setzte sich der Abnahmetrend auch 2005 fort. In der Textilindustrie ging die Zahl 2004–2005 um 7,4 % auf 88 000 zurück, in der Bekleidungsindustrie sank die Beschäftigtenzahl um 6,7 % auf 42 000. Zum Vergleich: 1960 beschäftigten die beiden Industrien allein in den alten Bundesländern noch 820 000 Personen. In der Textilindustrie der neuen Bundesländer war schon 1994 der drastische Abbau der Kapazitäten weitgehend abgeschlossen, der nach dem Wegfall der staatlichen Subventionen in der DDR und der Hauptabsatzmärkte in Osteuropa eingesetzt hatte. Von ursprünglich 318 000 Arbeitsplätzen der Textil- und Bekleidungsindustrie der DDR (1989) blieben 2005 nur noch rd. 10 500 übrig.

Die Ursache für das starke **Schrumpfen der deutschen Textil- und Bekleidungsindustrie**, das schon seit Jahrzehnten andauert, liegt in Rationalisierungs- und Automatisierungsmaßnahmen, vor allem aber in Betriebsschließungen und -verlagerungen in das billiger produzierende Ausland. Insbesondere die umfangreichen Importe, die seit Jahren aus Ostasien, neuerdings auch aus Osteuropa, Nordafrika und Lateinamerika kommen, engen die Absatzchancen der deutschen Produzenten bei billiger Ware immer stärker ein. Mit Einfuhren von 27,662 Mrd. € (Textilien und Bekleidung ohne Rohstoffe) war Deutschland 2004 der zweitgrößte Importeur nach den USA; die Ausfuhren betrugen 18,664 Mrd. € (überwiegend technische Textilien und Spezialstoffe).

Auch 2005 bezog die **deutsche Textil- und Bekleidungswirtschaft** große Teile ihres Bedarfs aus dem Ausland. So gingen rd. 70 % des Umsatzes der deutschen Bekleidungsindustrie auf Fertigung bzw. Veredelung im Ausland zurück. In den letzten Jahren stammten von allen in Deutschland verkauften Blusen und Sakkos fast 90 % aus dem Ausland; die Miederwarenproduktion deutscher Hersteller findet zu fast 100 % im Ausland statt.

Einer gewissen Regulierung des Welthandels diente bis 2004 das **Welttextilabkommen (WTA)**. Ab 1. 1. 2005 wurde der Welthandel mit Textilien und Bekleidung liberalisiert und den allgemeinen Regeln der WTO über weltweiten Freihandel angepasst. D. h. die Schutzklauseln und Quotenregelungen liefen aus, die die europäische und nordamerikanische Textilindustrie vor übermäßigen Billigimporten aus Entwicklungsländern schützte. Seit Jahresbeginn 2005 zeigt sich, dass hauptsächlich die VR China von der Marktöffnung profitierte; die Textilexporte Chinas in die EU verdoppelten sich fast gegenüber den Vorjahren. Leidtragende sind weniger die europäischen Produzenten, sondern vor allem Textilhersteller in anderen Entwicklungsländern, die nicht mit der billigen chinesischen Massenproduktion konkurrieren können.

Baumwollgewebe (ganz oder überwiegend aus Baumwolle) in Mio. m²

	2003	2002	2000
VR China (Mio. m)	24 407	22 194	33 102
Indien	18 023	19 733	19 670
USA	3 000	3 000	3 718
Russland	2 346	2 326	1 819
Ägypten	1 500	1 500	1 559
Hongkong	650	650	640
Pakistan	629	568	468
Rep. China	600	600	650
Weltproduktion (S)	91 000	90 000	90 000

Energieproduktion und -verbrauch

Die **Welterzeugung von Energie** betrug 2005 nach ersten Schätzungen rd. 13,8 Mrd. t SKE (Steinkohleeinheiten). Die letzten genaueren Berechnungen über Erzeugung und Verbrauch von Energie im globalen Maßstab liegen seitens der UN für 2002 vor und ergaben eine **Primärenergieproduktion** von 13,588 Mrd. t SKE (2001: 13,385) und einen **Energieverbrauch** von 12,698 Mrd. t SKE (2001: 12,380). Die Differenz entfällt vor allem auf Übertragungs- und Umwandlungsverluste.

Die Tabelle zeigt den globalen **Einsatz der wichtigsten Energieträger** und ihre Veränderungen bezüglich des Verbrauchs bis 2002. Derartige Berechnungen können in verschiedenen Quellen beträchtlich voneinander abweichen, je nach dem Umrechnungsmodus und nach dem Ausmaß der Einbeziehung nichtkommerzieller Energieträger (z. B. tierische Energie, Zug- oder Lasttiere, Brennholz, privat genutzte Wind- und Wasserkräfte, Solarenergie u. a.).

Erzeugung und Verbrauch von Energie sind zwar von der Zahl der Menschen auf der Erde und ihrer Zunahme abhängig; entscheidend sind aber primär die Wirtschaftsentwicklung und der Lebensstandard in den großen Industriestaaten und den bevölkerungsreichen und stark wachsenden Schwellenländern, auf die der größte Teil des Energieverbrauchs entfällt. So gab es Anfang der 1990er Jahre mit der wirtschaftlichen Rezession in den wichtigsten westlichen Industrieländern und dem Zusammenbruch der Volkswirtschaften im ehem. »Ostblock« eine deutliche Verlangsamung der weltweiten Verbrauchszuwächse von Energie. Seit der Jahrtausendwende sind deutliche Unterschiede bei den Steigerungen des Energieverbrauchs zu beobachten. Vor allem in den wirtschaftlich stark wachsenden Entwicklungs- und Schwellenländern Ost- und Südasiens (z. B. China, Indien) erhöht sich der Verbrauch zur Zeit stark. Die Industriestaaten Europas und Nordamerikas und die ärmeren Entwicklungsländer zeigen dagegen nur moderate Steigerungen. Neben der Konjunkturschwäche in weltwirtschaftlich wichtigen Ländern (z. B. Deutschland, Frankreich) sind entscheidende Einflussfaktoren die Einsparungsbemühungen in den Industrieländern (Aspekt des »Klimaschutzes«) und der Kapitalmangel in Osteuropa und in vielen Entwicklungsländern, der stärkere Verbrauchssteigerungen verhindert.

Energieverbrauch nach Kontinenten und Regionen in Mrd. t SKE

	2002	2000	1990
Europa (ab 2000 mit Russland)	3,541	3,501	2,346
Nord- u. Mittelamerika	3,814	3,798	3,196
davon USA	3,178	3,167	–
Südamerika	0,439	0,437	0,313
Afrika	0,445	0,414	0,282
Asien (ohne UdSSR / Russland)	4,267	3,861	2,659
davon China	1,271	1,009	0,893
Japan	0,678	0,672	0,564
Australien und Ozeanien	0,192	0,187	0,149
UdSSR (1990) / Russland	0,857	0,851	1,919

Quelle: UN

Der **Weltverbrauch von Energie** stieg 1970–80 um 29,4 %, 1980–90 um 26,4 %, 1990–2000 um 11,3 %. Der globale Verbrauchsanstieg hat sich also stark verlangsamt; und diese Tendenz scheint auch im neuen Jahrhundert anzuhalten. Zur Zeit erhöht sich der Energieverbrauch jährlich um einen wesentlich geringeren Prozentsatz als das globale Wirtschaftswachstum. Hierin zeigt sich auch die abnehmende Bedeutung energieintensiver Schwerindustrien in der Weltwirtschaft sowie die zunehmende Bedeutung des Dienstleistungssektors für das Wirtschaftswachstum.

Der **wichtigste Energieträger** ist – global gesehen – mit großem Abstand das Erdöl (2002: 34,3 %). Sein

Einsatz von Energieträgern für den Welt-Energieverbrauch (nur kommerzielle Energie)

	1970		1980		1990		2000		2002	
	Mrd. t SKE	%	Mrd. t SKE	%	Mrd. t SKE	%	Mrd. t SKE	%	Mrd. t SKE	%
Erdöl	3,009	45,3	3,835	44,6	4,011	36,9	4,311	35,3	4,361	34,3
Kohle (Stein- und Braunkohle)	2,184	32,9	2,623	30,5	3,239	29,8	3,217	26,4	3,496	27,5
Erdgas und Stadtgas	1,293	19,5	1,836	21,4	2,563	23,6	3,319	27,2	3,459	27,2
Kernenergie	0,010	0,1	0,101	1,2	0,738	6,8	0,947	7,8	0,981	7,8
Wasserkraft, Windkraft, Sonstige	0,145	2,2	0,198	2,3	0,314	2,9	0,404	3,3	0,401	3,3
Verbrauch Insgesamt	6,641	100,0	8,593	100,0	10,865	100,0	12,198	100,0	12,698	100,0

Quelle: Yearbook of World Energy Statistics, UN

Verbrauch nahm vor allem in den 1960er und 70er Jahren stark zu und deckte einen Großteil des damaligen Energie-Mehrbedarfs, insbesondere auch für die wachsende Motorisierung, die trotz der Entwicklung alternativer Antriebsmöglichkeiten für Kfz immer noch weitgehend auf Erdöl beruht.

Beim **Erdgas** ist seit den 1970er Jahren die jährliche Verbrauchssteigerung wesentlich höher als die allgemeine Zunahme des Energieverbrauchs; sein Anteil stieg daher von Jahr zu Jahr von 19,5 % (1970) über 21,4 % (1980) und 23,6 % (1990) auf 27,2 % (2002). 2000 und 2001 hatte Erdgas sogar die Kohle als zweitwichtigsten Energieträger abgelöst.

Der Weltverbrauch des »klassischen« Energierohstoffs **Stein- und Braunkohle** nahm zwar in den 1960er und 70er Jahren zu, aber sein Anteil am Gesamtverbrauch sank (1970: 32,9 % – 1980: 30,5 %); ab 1980 stieg der Kohleanteil durch den gezielten und von vielen Staaten durch Subventionen geförderten Einsatz zur Erdölsubstitution zeitweise wieder an (1985: 31,2 %), ging jedoch bis 1990 wieder auf 29,8 % zurück. Seitdem schwankt der Kohleverbrauch vor allem in Abhängigkeit vom allgemeinen Energiepreisniveau, da die Kohle zu den teureren Energieträgern gehört. 2002 betrug der Anteil am weltweiten Energieverbrauch 27,5 %.

Die höchsten Zuwachsraten verzeichnete bis Mitte der 1980er Jahre der Einsatz der **Kernenergie** (1970: 0,1 % – 1980: 1,2 % – 1985: 5,5 % – 1990: 6,8 %). In den letzten Jahren erhöhte sich der Anteil langsamer (2002: 7,7 %), da ein weiterer Ausbau der Kernenergieproduktion in vielen Ländern auf Widerstände stößt.

Der Anteil der **Wasserkraft** und anderer **regenerierbarer Energiequellen** (z. B. Wind- und Sonnenenergie, Geothermie) nahm von 1970 (2,2 %) bis 1980 (2,3 %) relativ langsam, dann durch verstärkten Ausbau und gezielte staatliche Förderung in vielen Ländern etwas schneller zu (1985: 2,6 % – 1990: 2,9 % – 1995: 3,0 % – 2002: 3,3 %). Die Wasserkraft hat vor allem in vielen Entwicklungsländern eine große Bedeutung. In den Industriestaaten ist ihr Anteil, abgesehen von den Gebirgsländern Österreich, Schweiz und Norwegen, relativ unbedeutend und nur schwer steigerungsfähig. Die Nutzung sonstiger regenerativer Energien, wie Sonnen- und Windenergie, führte bisher weltweit zu kaum nennenswerten Anteilen, auch wenn sie in einigen Ländern größere regionale Bedeutung haben (z. B. Geothermie in Island, Windkraft in Norddeutschland und Dänemark).

Aufgrund von Schätzungen der Internationalen Energie-Agentur insbesondere unter Berücksichtigung der aktuellen Entwicklung beim Kraftwerksbau und bei der Motorisierung, kann davon ausgegangen werden, dass die Anteile der einzelnen Energieträger sich auch 2006/07 und in mittelfristiger Zukunft nicht wesentlich verändern werden.

Besonders zwischen Industrie- und Entwicklungsländern unterscheidet sich der **Energieverbrauch pro Einwohner** extrem. Aber auch innerhalb dieser Ländergruppen existieren enorme Unterschiede, je nach wirtschaftlicher, technischer und sozialer Entwicklung. Weltweit veränderte sich der Energieverbrauch pro Kopf in den letzten Jahrzehnten im Durchschnitt nur geringfügig. Er sank zunächst von seinem bisherigen Höchststand 1979 (2061 kg SKE) über 2045 kg (1990), 2035 kg (1995) und 1946 kg (1998) bis auf 1916 kg (1999) und stieg über 1929 kg (2000) wieder auf 1956 kg SKE/Einwohner an. Nach allen Prognosen ist in den nächsten Jahren mit keiner stärkeren Steigerung zu rechnen. Jedoch wird der Energieverbrauch insgesamt natürlich mit der wachsenden Zahl der Weltbevölkerung ansteigen.

Die größten Energieverbraucher
in Mio. t SKE

	2002	2001	2000	1990
USA	3177,8	3117,9	3167,2	2 686,9
VR China	1271,1	1096,4	1009,1	893,4
Russland	856,9	860,2	851,4	–
Japan	677,6	674,3	672,1	564,2
Indien	473,6	456,1	455,1	269,2
Deutschland	457,9	468,7	455,8	501,3
Kanada	352,8	348,3	354,2	291,9
Frankreich	348,8	345,9	333,2	294,7
Großbritannien	318,1	329,3	331,9	307,4
Italien	252,8	250,7	247,5	223,7
Rep. Korea	238,4	227,6	221,7	119,1
Südafrika	198,9	190,3	190,8	115,2
Mexiko	196,4	195,1	196,7	157,8
Ukraine	190,9	208,1	204,2	–
Brasilien	181,6	180,5	177,4	116,9
Spanien	165,9	158,4	156,5	80,8
Australien	160,9	166,3	157,3	127,1
Polen	120,3	123,9	122,5	96,0
u. a. Österreich	37,3	38,0	35,8	31,9
Schweiz	34,0	35	32,9	31,9

Quelle: UN

Der **Pro-Kopf-Verbrauch an Energie** hängt hauptsächlich vom wirtschaftlichen Entwicklungsstand eines Landes ab, daneben aber auch von vielen weiteren Bedingungen und Einflüssen: Ausbau und Zusammensetzung der Industrie (z. B. hoher Verbrauch der metallurgischen und chemischen Industrie), Grad der individuellen Motorisierung, Klima (Dauer der Heizperiode), Art der verwendeten Energieträger und Grad der Rationalisierung bzw. Verschwendung beim Energieeinsatz. Der sehr hohe Energieverbrauch der USA und Kanadas geht zum großen Teil auf den verschwenderischen Umgang mit Energie zurück, die in Nordamerika immer noch relativ billig ist. In Westeuropa nimmt der Energieverbrauch pro Kopf in den meisten Ländern nur noch gering zu oder stagniert durch Einsparungen und technische Entwicklungen (Automatisierung, energiesparende Geräte und Maschinen, verbesserte Heizungs- und Verkehrstechniken, Wär-

Energieverbrauch pro Kopf in ausgewählten Ländern in kg SKE

	2002	2000	1990
Kanada	11 248	11 542	10 503
USA	11 020	11 506	10 751
Australien	8 187	8 210	7 529
Niederlande	7 468	7 005	7 282
Russland (1990 UdSSR)	5 914	5 832	6 632
Frankreich	5 862	5 655	5 193
Deutschland (1990: »alt«)	5 552	5 557	6 241
Großbritannien	5 378	5 566	5 335
Japan	5 319	5 298	4 567
Rep. Korea	5 004	4 691	2 779
Schweiz	4 645	4 555	4 679
Österreich	4 630	4 409	4 137
Italien	4 395	4 283	3 922
Spanien	4 060	3 916	2 938
Polen	3 114	3 171	3 596
Argentinien	2 190	2 282	1 882
Thailand	1 569	1 403	752
Ägypten	1 133	1 022	650
Brasilien	1 040	1 058	788
VR China	982	791	787
Philippinen	529	564	409
Indien	451	448	316
Pakistan	401	403	283
Tansania	49	39	40
Dem. Rep. Kongo	25	34	64
Tschad	8	8	12

Quelle: UN

medämmung der Gebäude), aber auch durch den Abbau der energieintensiven Montan- und chemischen Industrie.

Die wichtigsten globalen **Einflussfaktoren auf den Pro-Kopf-Verbrauch** an Energie in den letzten 10–15 Jahren waren (neben kurzfristigen Konjunkturschwankungen in den großen Industriestaaten):

- **sparsamerer Umgang mit Energie** in den meisten westeuropäischen Industriestaaten, sodass hier der Verbrauch nur noch geringfügig oder gar nicht mehr zunahm (z. B. Deutschland);
- **industrieller Aufbau** und **zunehmende Ausstattung der Privathaushalte** mit Kraftfahrzeugen und elektrischen Geräten in den **Industrie- und Schwellenländern Ost- und Südostasiens und Lateinamerikas**;
- **Zusammenbruch großer Teile von Industrie und Gewerbe im ehemaligen Ostblock**, was zusammen mit dem Absinken des privaten Lebensstandards zu einem beträchtlichen Rückgang des Energieverbrauchs führte, zumal die osteuropäische Industrie mit veralteten Techniken und übermäßig hohem Energieeinsatz arbeitete;
- die **wirtschaftlichen Probleme der rohstoffarmen Entwicklungsländer**, in denen größere Energieimporte durch Devisenmangel und Verschuldung verhindert werden, sodass hier die Bevölkerungszahlen meist wesentlich stärker wachsen als der Energieverbrauch.

Zukünftige Energiequellen und Energievorräte

Die **Weltvorräte** an Energierohstoffen bzw. die Potenziale an regenerierbaren Energien lassen sich nur schwer abschätzen. Auch Expertenaussagen unterscheiden sich stark, je nachdem, ob bei den fossilen Energieträgern nur die heute wirtschaftlich ausbeutbaren Vorkommen berücksichtigt werden oder die nach derzeitigem Kenntnisstand überhaupt vorhandenen oder auch die nur vermuteten. Bei Prognosen über Rohstoffvorräte neigen die Vertreter der konventionellen Kraftwerkswirtschaft eher zu optimistischen Schätzungen, während Befürworter eines verstärkten Ausbaues regenerativer Energiequellen die Vorräte an fossilen Energieträgern eher zu niedrig prognostizieren.

Weltvorräte an Energieträgern 2003/2004 in Mio. t

	gesichert	vermutet
Steinkohle	2 600 000	3 380 000
Braunkohle	750 000	3 690 000
Torf	115 000	370 000
Erdöl	148 200	–
Ölschiefer und -sande (Ölgehalt)	13 800	–
Erdgas (in Mrd. m^3)	170 000	–
Uran (in t)	3 561 150	3 630 300

Quelle: Energy Statistics Yearbook, UN

Zu bedenken ist auch die große Unsicherheit darüber, in welchem Ausmaß erneuerbare (regenerative) Energiequellen ökonomisch und ökologisch sinnvoll einsetzbar sind (z. B. Biomasse, Sonnen- und Windenergie, Gezeiten- und geothermische Energie, Wasserkraftnutzung). Die **Haupthindernisse** für eine raschere Zunahme der **Nutzung regenerativer Energiequellen** sind

- meist geringe Energiedichte und, damit verbunden,
- häufig ein ungünstiges Verhältnis zwischen technischem und finanziellem Aufwand und Ertrag,
- häufig stark störende Eingriffe in den Natur- und Landschaftshaushalt (z. B. Wasserkraftwerke) oder in das Landschaftsbild (z. B. Windkraftwerke),
- meist sehr hohe Abhängigkeit von Tages- und Jahreszeiten, klimatischen und geologischen Verhältnissen u. a. (Problem der starken Variabilität der Erzeugung und der Speicherung der Energie).

Eine **Anwendung erneuerbarer Energien** in größerem Maßstab – über lokale Erzeugung hinaus – wurde deshalb bisher fast ausschließlich durch die Verbrennung von Holz und anderem Biomaterial und bei der Wasserkraft realisiert, die in vielen Industrieländern bereits sehr stark ausgebaut ist, sowie neuerdings zunehmend auch bei der Windkraft. Die direkte Nutzung der Sonnenenergie zur Elektrizitätserzeugung in den Industrieländern der nördlichen Breiten ist bisher ausschließlich mit Hilfe öffentlicher Subventionen konkurrenzfähig. Am wirtschaftlichsten ist der Einsatz regenerativer Energiequellen derzeit im regionalen und lokalen Maßstab, z. B. in gering industrialisierten ländlichen Räumen mit schwachem Energiebedarf oder in Entwicklungsländern mit mangelhafter Versorgungsinfrastruktur. Hier können regenerative Energiequellen, wie Sonnen- und Windenergie, dazu beitragen, den Raubbau am Wald (Brennholz) zu begrenzen.

Ein ins Gewicht fallender Beitrag zur Senkung der CO_2-Emissionen, die bei konventioneller Energieerzeugung in Verbrennungskraftwerken entstehen, ist – global gesehen – in naher Zukunft durch regenerierbare Energieträger nicht zu erwarten, zumal die bevölkerungsreichen Entwicklungs- und Schwellenländer, wie z. B. China, Indien und Brasilien, ihre Kapazitäten an Verbrennungskraftwerken stark ausbauen.

Eine andere Perspektive ist nur wahrscheinlich, wenn es zu einem Durchbruch bei der Kernverschmelzung oder, was eher möglich erscheint, bei der großtechnischen Anwendung regenerativer Energien (z. B. Solarenergie oder Wasserstofftechnik, Geothermie) kommen sollte. Bisher steht einer verstärkten Nutzung erneuerbarer Energien vor allem die Tatsache entgegen, dass die fossilen Energierohstoffe Kohle, Erdöl und Erdgas trotz der jüngsten starken Preissteigerungen immer noch so billig sind, dass z. B. die Solarenergie preislich nicht konkurrieren kann. Aber auch die spezifischen Kosten für den Bau eines Kraftwerkes liegen – bezogen auf die produzierte Energiemenge – bei konventionellen Wärmekraftwerken wesentlich niedriger als bei regenerativen Energien (z. B. Wasser, Wind). Die Internationale Energie-Agentur erwartet daher, dass der Welt-Energiebedarf voraussichtlich noch auf Jahrzehnte hinaus ganz überwiegend von den fossilen Energieträgern (einschließlich Uran) gedeckt werden wird.

Die bekannten **Weltvorräte an fossilen Energierohstoffen**, wie Kohle, Erdöl und Erdgas, nehmen bisher noch jährlich zu, weil größere Mengen neu entdeckt als abgebaut und verbraucht werden. Aber selbstverständlich werden die fossilen und mineralischen Energieträger eines Tages erschöpft sein – die Mineralöl- und Erdgasvorkommen mittel- bis längerfristig, die Kohle- und Uranvorkommen erst nach mehreren Jahrhunderten. Zu einer eventuell möglichen Energienutzung des Wasserstoffs mit Hilfe der Kernverschmelzung, die fast unbegrenzte Reserven bieten würde, lassen sich noch keine gesicherten Prognosen abgeben.

Bei globaler Betrachtung ist es wahrscheinlich, dass kurz- bis mittelfristig der Anteil des Erdöls – längerfristig auch des Erdgases – an der Energieversorgung langsam, aber kontinuierlich geringer wird. Er wird nach heutigem Kenntnisstand voraussichtlich im Wesentlichen durch Kohle, daneben auch durch Kernenergie ersetzt werden, während regenerierbare Energiequellen aus den erwähnten Gründen in den Planungen der meisten Industrie- und Schwellenländer bisher nur zweitrangig eine Rolle spielen.

In den meisten Staaten sollen nach derzeitiger Planung fossile und mineralische Energieträger auch mittel- bis längerfristig die Hauptlast der Versorgung tragen und den weiteren Zuwachs des Verbrauchs decken, der vor allem in den großen Entwicklungsländern zu erwarten ist (z. B. China, Indien, Indonesien, Brasilien).

Energiewirtschaft in Deutschland

Der **Primärenergieverbrauch** nahm in Deutschland 2004–2005 um 1,3 % ab, d. h. von 492,3 Mio. t auf 485,8 Mio. t SKE. Damit setzte sich der Rückgang des Vorjahres (–0,1 %) 2005 verstärkt fort. Insgesamt hielt die langjährige Tendenz an, dass der deutsche Energieverbrauch seit etwa 1990 nur innerhalb eines relativ engen Rahmens schwankt. Die Verbrauchsabnahme lässt sich einerseits mit der etwas wärmeren Witterung 2005 gegenüber 2004 begründen (weniger Heizenergie), dürfte aber hauptsächlich durch die starken Preiserhöhungen für Öl und Gas begründet sein, die zu sparsamerem Verhalten beim Heizen und beim Autofahren führten. Außerdem misst die Statistik nicht den tatsächlichen Verbrauch, sondern den Absatz. Dieser lag beim Heizöl auch wegen des weiteren Lagerabbaus niedriger als im Vorjahr.

Energieverbrauch in Deutschland 1995–2005

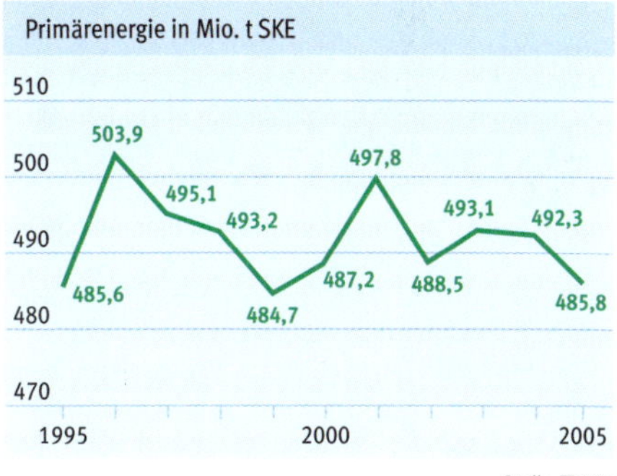

Quelle: ET 2006

Vom gesamten **deutschen Primärenergieverbrauch** von 485,8 Mio. t SKE entfielen 2005 (2004) auf Mineralöl 174,8 (177,9), Erdgas 110,4 (110,4), Steinkohle 62,8 (65,8), Kernenergie 60,7 (62,2), Braunkohle 54,4 (56,2), Wasser- und Windkraft 5,8 (5,6) und auf Sonstiges (Müll, Brennholz, Sonnenenergie sowie Außenhandelssaldo) 16,9 (14,2) Mio. t SKE.

Energieträger in Deutschland 2005
(Anteile am Primärenergieverbrauch)

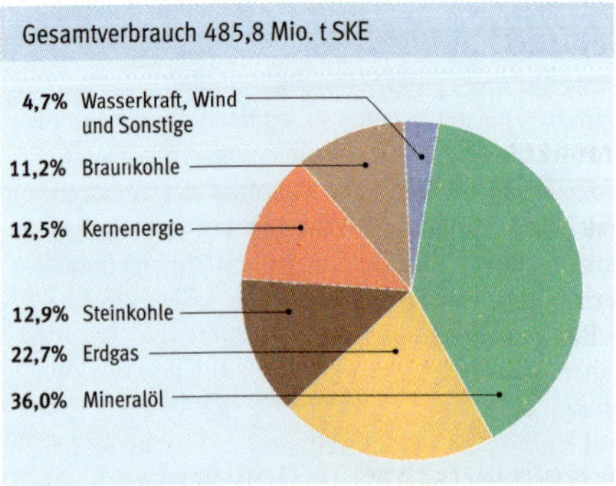

Quelle: Arbeitsgemeinschaft Energiebilanzen 2006

Der **Mineralölverbrauch** nahm 2005 statistisch um 1,7 % ab, vor allem wegen des niedrigeren Absatzes an Ottokraftstoff und Heizöl und wegen des weiteren Vorratsabbaus.

Der Verbrauch von **Erdgas** blieb konstant. Es gab einen Zuwachs bei der Stromerzeugung und einen Rückgang bei der Heizenergie.

Der Verbrauch von **Steinkohle** nahm durch verringerten Einsatz in der Elektrizitätswirtschaft und Stahlindustrie um 4,6 % ab. Bemerkenswert ist hier der längerfristige Bedeutungsverlust: 1955 deckte die Steinkohle noch 72 % des Energiebedarfs der BR Deutschland.

Die **Braunkohle** verlor leicht an Bedeutung als Energieträger (–3,2 %), da die Lieferungen an die Kraftwerke zurückgingen.

Die wichtigsten deutschen Lieferanten für Energierohstoffe 2005

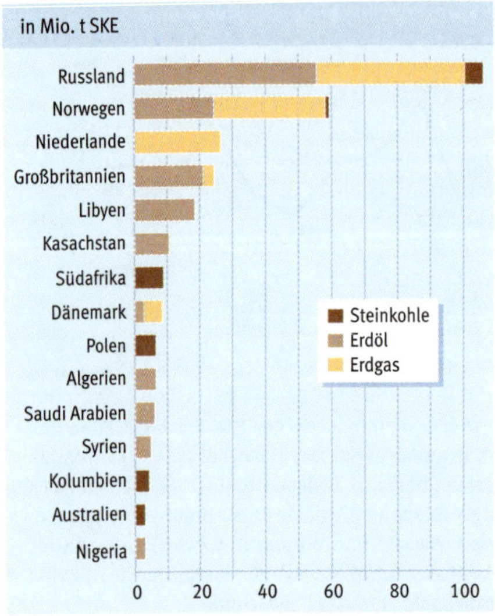

Quelle: ET 3/2006

Der Einsatz der **Kernenergie** für die Stromerzeugung nahm um 2,4 % ab. Die Stromproduktion aus **Wasserkraft** nahm leicht zu, und die **Windkraftnutzung** erhöhte sich aufgrund hoher Investitionen in neue Anlagen auch 2005 wieder kräftig. Insgesamt lag der Anteil erneuerbarer Energien 2005 bei ca. 4,6 % des Verbrauchs.

Der **Pro-Kopf-Verbrauch** an Energie in Deutschland sank 2005 auf 5,9 t SKE. Verglichen mit dem Weltdurchschnitt (ca. 1,9 t SKE pro Kopf und Jahr) liegt der deutsche Verbrauch sehr hoch, doch wird die Energie in Deutschland besonders effizient genutzt, verglichen mit globalen Maßstäben. Der »spezifische Energieverbrauch« (Verhältnis zur erwirtschafteten Wertschöpfung) belief sich 2004 in Deutschland auf 223,0 kg SKE je 1000 € BIP. Weltweit liegt der spezifische Energieverbrauch bei rd. 385 kg SKE je 1000 € BIP. Insgesamt ist Deutschland, das etwa 1,2 % der Weltbevölkerung umfasst, mit etwa 3,7 % am gesamten Weltenergieverbrauch beteiligt.

Vom **Energieverbrauch der privaten Haushalte** entfallen im mehrjährigen Durchschnitt auf Raumheizung 51 %, Auto 30 %, Warmwasserzubereitung 8 %, Hausgeräte 7 %, Information, Kommunikation 3 %, Beleuchtung 1 %. An der **Raumheizung** sind z. Z. folgende Energieträger beteiligt: Erdgas 48 %, Heizöl 28 %, Fernwärme 16 %, Kohle 5 %, Strom 3 %.

Energieprognosen für Deutschland sagen für die nächsten Jahre nur noch geringe Verbrauchszuwächse, eher -rückgänge voraus. Die Prognos AG rechnete bereits 1995 für 2020 nur noch mit einem Primärenergieverbrauch in Deutschland von 486 Mio. t SKE. Als neuere Berechnung kommt die »Esso Energieprognose 2003« zum Ergebnis, dass der Energieverbrauch in Deutschland bis 2005 auf 488 Mio. t SKE und bis 2010 auf 486 Mio. t SKE leicht abnehmen wird, um dann bis 2020 stärker auf 450 Mio. t SKE zurückzugehen.

Einfacher als Prognosen über den Energieverbrauch insgesamt sind zumindest für die nahe bis mittlere Zukunft Vorausschätzungen über den **zukünftigen Anteil der einzelnen Energieträger**, da angesichts der langen Planungs- und Bauzeit für Kraftwerke durch politische Entscheidungen und Investitionen der Energiewirtschaft frühzeitig die Weichen gestellt werden. So nimmt die letzte Esso-Prognose an, dass der Erdölanteil bis 2020 auf 34,3 % zurückgehen wird (hauptsächlich für Kfz- und Luftverkehr sowie Raumheizung). Der Anteil der Steinkohle dürfte bei 14 % bleiben, da bei weiter zurückgehender deutscher Förderung zunehmend Importkohle zur Stromerzeugung eingesetzt werden wird – vorausgesetzt es kommt zur beabsichtigten Stilllegung von Kernkraftwerken. Auch die Braunkohle dürfte einen Anteil von 9–10 % behalten (fast ausschließlich zur Strom- und Fernwärmeerzeugung). Der stärkste Zuwachs (auf 32 % Anteil) wird für Erdgas prognostiziert, aufgrund weiter zunehmender Bedeutung für die Raumheizung und als Kernenergie-Ersatz bei der Stromerzeugung. So befanden sich unter den 22 thermischen Großkraftwerken, die Anfang 2006 im Bau oder in der Planung waren, allein 9 Gaskraftwerke.

Besonders ungewiss ist der künftige Anteil der Stromproduktion aus Kernenergie, da hier nicht wirtschaftliche oder technische Entwicklungen, sondern politische Entscheidungen eine Rolle spielen. Die Prognose geht davon aus, dass ihr Anteil am gesamten deutschen Energieverbrauch bis 2020 durch Stilllegungen auf 3–4 % gesunken sein wird.

Über den künftigen Anteil regenerativer Energien bestehen vielfach sehr optimistische Schätzungen, doch erwartet die Prognose, dass er bei realistischer Betrachtung in den nächsten Jahren nicht über 7 % hinausgehen wird, vor allem durch Zuwächse bei Wind- und Solarenergie und Biomasseverbrennung, weniger bei der Wasserkraft. Der Zuwachs bei den erneuerbaren Energien hängt jedoch stark von einer günstigen wirtschaftlichen Entwicklung ab, da hier die Investitionskosten im Verhältnis zum Ertrag besonders hoch sind und eine merkliche Steigerung massive öffentliche Subventionen und Preiserhöhungen für die Verbraucher voraussetzt. So stiegen die von den Verbrauchern zu zahlenden Mehrkosten für die Förderung von »Ökostrom« von 0,3 Mrd. € (1998) auf 2,7 Mrd. € (2005) durch die erhöhten Einspeisevergütungen (»Erneuerbare-Energien-Gesetz«).

Entwicklung der Stromerzeugung aus erneuerbaren Energien nach Ausbauszenario »Wahrscheinliche Entwicklung«

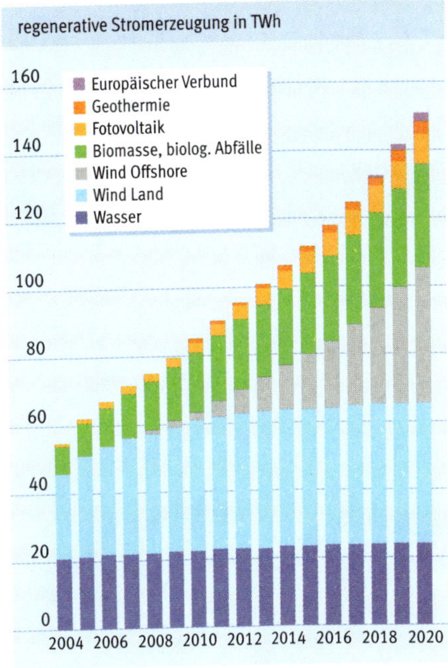

Quelle: Bundesministerium für Umwelt, Naturschutz und Reaktorsicherheit

Erzeugung und Verbrauch der wichtigsten Primär- und Sekundärenergien

Braunkohle

Braunkohle gehört zu den Energierohstoffen mit besonders reichhaltigen Vorräten, die aber in vielen Ländern noch kaum genutzt werden, solange mit Steinkohle, Erdöl u. a. höherwertige Rohstoffe zur Verfügung stehen. Die **Weltreserven** (sicher und vermutet) belaufen sich nach UN-Angaben auf ca. 4430 Mrd. t; die größten Vorräte besitzen (in Mrd. t) Russland (2600), die USA (1035), die VR China (470), Australien (310) und Deutschland (120).

Braunkohle (Lignit) Förderung in Mio. t

	2004	2003	2000
Deutschland	181,926	179,085	167,691
USA	75,000	68,000	83,460
Griechenland	71,237	69,411	63,307
Russland	70,300	70,000	86,400
Australien	69,500	68,000	64,960
Polen	61,200	60,923	61,338
VR China	50,000	52,000	40,000
Tschechische Rep.	48,290	50,390	50,136
Türkei	43,754	43,749	62,952
Serbien und Montenegro	41,000	42,000	33,636
Kanada	36,730	35,550	35,360
Rumänien	30,410	30,030	17,943
Indien	29,300	25,000	21,659
Bulgarien	26,400	23,000	25,850
Thailand	20,000	18,830	17,714
u. a. Österreich	0,235	1,152	1,255
Weltförderung	915,789	876,928	877,417

Deutschland war auch 2005 – trotz einer Abnahme der Förderung – mit Abstand weltweit größter Braunkohlenproduzent. Die **Förderung** ging 2004–2005 um 2,2 % von 181,926 Mio. t auf 177,907 Mio. t zurück (zum Vergleich: 1989 noch 410,7 Mio. t). Von der Gesamtförderung entfielen auf das Rheinische Revier (Köln/Aachen) 97,288, die Lausitz (Cottbus) 59,373 (1989 noch 195,139), das mitteldeutsche Revier (Halle/Leipzig) 19,085 (1989 noch 105,651), Helmstedt 2,129 und Nordostbayern (Oberfranken) 0,032 Mio. t.

Die **Beschäftigtenzahl** im Braunkohlenbergbau sank 2005 um 1,8 % auf 16 996 (1995 noch 40 281).

In Deutschland wurde die Braunkohle auch 2005 ganz überwiegend zur **Elektrizitätserzeugung** verfeuert. Insgesamt wurden 163,162 Mio. t (= 92 % der Förderung) an die Kraftwerke geliefert, die in der Regel direkt in der Nähe der Tagebaue betrieben werden. Beispielsweise wurden im Rheinischen Revier 2005 86,415 Mio. t der Gesamtförderung von 97,288 Mio. t in fünf Großkraftwerken verfeuert.

An **Braunkohle-Veredelungsprodukten** wurden 2005 in Deutschland hergestellt: 1,490 Mio. t Briketts, 2,924 Mio. t Braunkohlenstaub (zur industriellen Kesselfeuerung) sowie Koks, Filterkohle und andere chemische Produkte. Insgesamt trug die Braunkohle 2005 (2004) in Deutschland 11,2 (11,4)% zur Primärenergieversorgung und 25,0 (26,2)% zur Stromerzeugung bei.

In der ehem. **DDR** war die Braunkohle die einzige bedeutende einheimische Energiequelle. Um Devisen für Energieimporte zu sparen, wurde sie ohne Rücksicht auf Umweltschäden extensiv abgebaut, um die Hauptlast der Strom- und Wärmeerzeugung zu tragen. Nach der deutschen Wiedervereinigung wurde der Abbau zunächst stark reduziert. Die **Braunkohleförderung in den neuen Bundesländern** sank daher von 300,790 Mio. t (1989) auf nur noch 64,804 Mio. t (1999). In den letzten Jahren stieg die ostdeutsche Förderung wieder leicht an (2005: 78,458 Mio. t), da 2001 zwei neue Großkraftwerke in Betrieb genommen wurden. Nach dem weitgehenden Abschluss der umweltfreundlichen Umrüstung der Kraftwerke (Rauchgasreinigungsanlagen) und der Stilllegung veralteter Kraftwerke soll eine Fördermenge in dieser Höhe erhalten bleiben. Ein Großteil der Wohnungsheizungen (auch Fernheizungen) wurde inzwischen von der früheren Braunkohlenbrikett- auf Öl- oder Gasheizung umgestellt, sodass auch in den ostdeutschen Revieren die Braunkohle heute ganz überwiegend zum Zwecke der »Verstromung« gefördert wird.

Im **Rheinischen Revier** geriet der **Braunkohlentageabbau** in den 1990er Jahren zunehmend in Kritik wegen der ökologischen (Auswirkungen auf die Grundwasserverhältnisse) und sozialen Folgen (Umsiedlung von Dörfern). Z. Z. werden hier drei großflächige Tagebaue betrieben (Hambach, Garzweiler, Inden). 2006 erfolgt der Übergang vom ausgekohlten Tagebau Garzweiler I auf den Anschlusstagebau Garzweiler II.

Erdgas

Die weltweite **Erdgasförderung** nimmt seit Jahren ständig zu, da in der Industrie zunehmend Erdgas anstelle von Kohle und Öl verwendet wird (auch für die Stromerzeugung). Außerdem werden in vielen europäischen Ländern veraltete Heizungen durch die bequemere und umweltfreundlichere Gasheizung ersetzt. Wegen der geringeren klimaschädlichen Emissionen wird die Gasverwendung auch aus Gründen des Umweltschutzes gefördert. In neue Produktionsanlagen und Transportleitungen wird daher z. Z. beträchtlich investiert. Die weltweite Erdgasförderung wurde 2004 auf 2689,600 (2003: 2660,300) Mrd. m^3 gesteigert; die größten Netto-Förderer waren wie schon 2003 Russland, USA, Kanada und Großbritannien (→ Grafik), gefolgt von den Niederlanden (83,700 Mrd. m^3), Iran (83,500), Norwegen (80,600), Algerien (80,100), Indonesien (71,600) und Saudi-Arabien (60,900).

Die nachgewiesenen und gewinnbaren **Erdgas-Reserven** belaufen sich auf 170 942 Mrd. m^3 (2005). Die Menge nahm gegenüber früheren Jahren zu (z. B. 1990 erst 119 328 Mrd. m^3), da bisher die Fördermenge durch neue Entdeckungen mehr als ausgeglichen wurde. Die größten bekannten Reserven befinden sich im Nahen Osten (→ Karte) und im westlichen Sibirien (ca. 48 000 Mrd. m^3).

Der **Anteil des Erdgases an der Welt-Energieversorgung** lag 2004 bei 27,5 %. Allerdings ist die Verwendung von Erdgas stärker als bei anderen Energiequellen auf wenige Regionen konzentriert. 2004 entfielen allein 40,9 % des Weltverbrauchs auf Europa (einschl. Russland) und 26,6 % auf Nordamerika. Der wichtigste Grund für die starke Konzentration der Erdgasverwendung sind die Transportschwierigkeiten. Daher ist auch der Außenhandel mit Gas bisher auf relativ wenige Handelsströme begrenzt. Der Transport des ge-

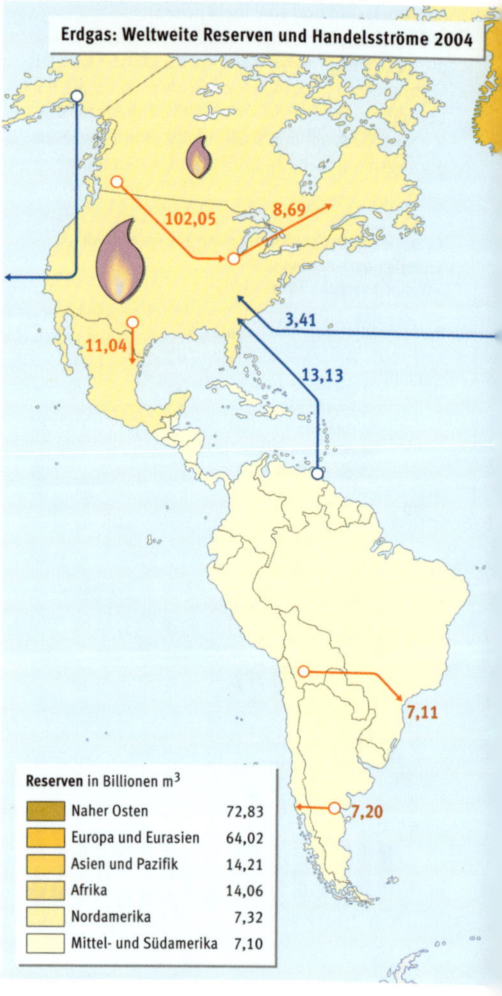

handelten Erdgases erfolgt zu rd. 80 % per Pipeline und zu 20 % in LNG- (»liquefied natural gas«, Flüssiggas-) Tankern.

Das **deutsche Erdgasaufkommen** belief sich 2005 auf 121,8 Mrd. m³ (= +2,0 % gegenüber 2004). Es wurde zu 16 % aus **inländischer Förderung** gedeckt, zu 84 % aus Importen. Diese kamen vor allem aus Russland, dem mit Abstand wichtigsten Lieferanten (40,2 Mrd. m³), Norwegen (30,5 Mrd. m³) und den Niederlanden (24,4 Mrd. m³). Die Inlandsförderung nahm gegenüber 2004 leicht ab und betrug 2005 19,2 Mrd. m³; sie kam zu über 90 % aus den norddeutschen Revieren Weser-Ems, Elbe-Weser und dem westlichen Emsland.

Vom **Gasabsatz** in Deutschland entfielen 2005 auf Haushalte und sonstige Kleinverbraucher 47 %, auf die Industrie (nur Energieverbrauch) 25 %, auf nichtenergetischen Verbrauch und Fernwärmeerzeugung 14 % und auf Kraftwerke ebenfalls 14 %. Gegenüber dem Vorjahr nahm der Verbrauch der Industrie leicht zu, während der Verbrauch der Haushalte aufgrund der höheren Temperaturen während der winterlichen Heizperiode leicht abnahm, obwohl die Zahl der gasbeheizten Wohnungen 2005 um ca. 0,3 Mio. anstieg. Ihre Gesamtzahl betrug Ende 2005 18,1 Mio., d. h. 48 % des deutschen Wohnungsbestandes. Vor allem in Ostdeutschland wurden seit der politischen Wende viele Wohnungen von Braunkohle- auf Gasheizung umgestellt. Insgesamt wurden 2005 in Deutschland 75 % aller Neubauwohnungen mit Gasheizung ausgestattet. Im Kraftwerkssektor wurde 2005 rd. 13 % mehr Erdgas zur Stromerzeugung verbraucht als im Vorjahr.

Der gesamte **Erdgasverbrauch** blieb 2004–2005 in Deutschland fast konstant (101,9 Mrd. m³ = 995,7 Mrd. kWh = 110,4 Mio. t SKE). Der Anteil am gesamten Primärenergieverbrauch stieg leicht von 22,4 (2004) auf 22,7 % (2005).

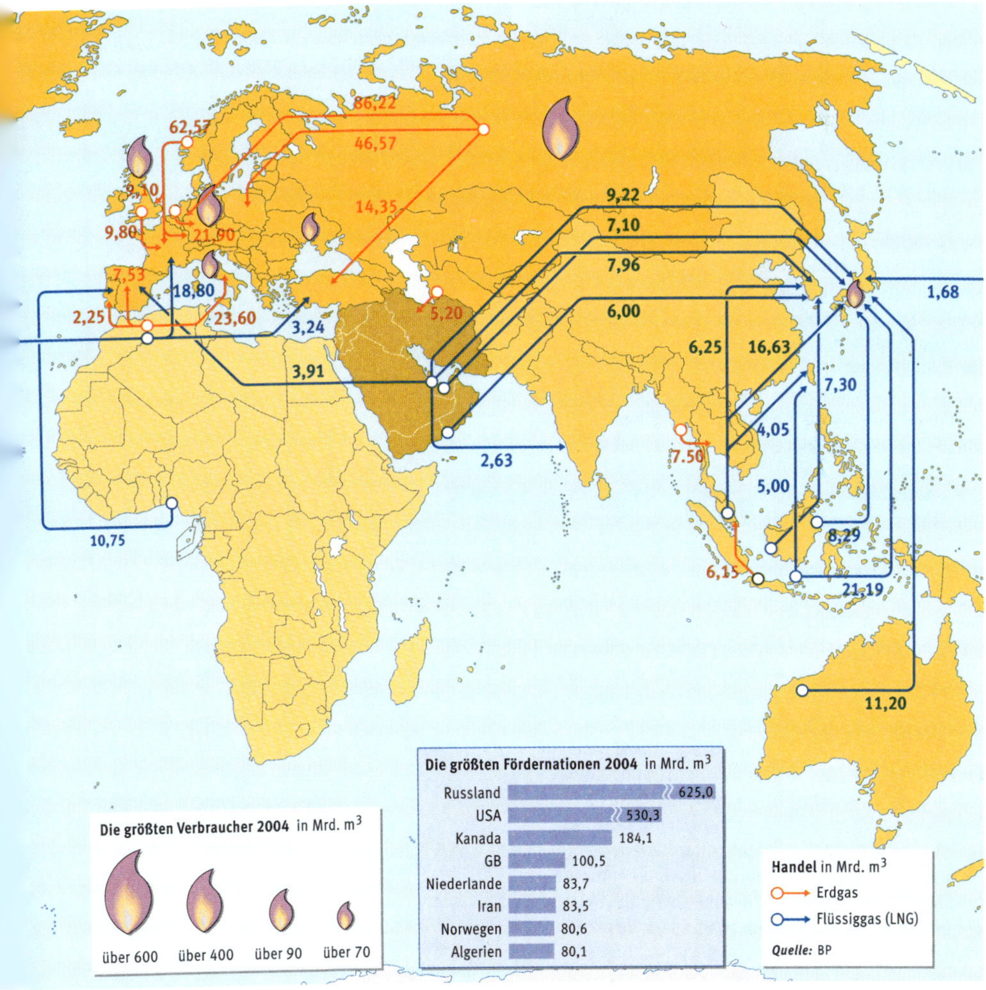

Die **Rohölförderung** nahm 2004 und 2005 jeweils relativ stark zu, da der Bedarf entsprechend anstieg. Vor allem in den beiden Staaten mit dem größten Verbrauch – USA und China – steigerte sich der Einfuhrbedarf kräftig, was zu erhöhter Nachfrage auf dem Weltmarkt und höherer Förderung führte.

Außenhandel mit Erdöl 2002 in Mio. t

Bedeutendste Exporteure		Bedeutendste Importeure	
Saudi-Arabien	288,878	USA	483,786
Russland	188,385	Japan	201,409
Norwegen	139,684	Rep. Korea	108,059
Iran	104,473	Deutschland	104,897
Mexiko	94,746	Indien	82,115
Irak	94,000	Italien	80,953
Venezuela	87,632	Frankreich	79,832
Nigeria	87,402	VR China	69,406
Großbritannien	81,180	Spanien	56,449
Ver. Arab. Emirate	75,200	Großbritannien	51,688
Kanada	57,760	Niederlande	46,837
Gesamtexporte 2002 (2001) 1 867,748 (1 886,372) Mio. t			

Quelle: Energy Statistics Yearbook, UN

Unter den bedeutendsten Förderstaaten stand Saudi-Arabien auch 2004 mit 12,8 % der Weltförderung an der Spitze vor Russland mit 12,0 %. Dagegen ging die Förderung der USA erneut zurück, da immer mehr Lagerstätten erschöpft sind. Insgesamt entfielen 2004 auf den Nahen Osten 30,4 % der weltweiten Ölförderung, auf die GUS 14,6 %, auf Mittel- und Südamerika 14,2 %, auf Nordamerika 12,4 %, auf Afrika 11,2 %, auf Süd- und Ostasien und Australien 9,8 % und auf Europa (ohne Russland und die GUS-Staaten) 7,5 %.

Erdöl ist weltweit der **wichtigste Energielieferant** und deckte 2004 rd. 35,4 % des kommerziellen Welt-Energieverbrauchs. 1974 hatte der Anteil noch 48 % betragen, was damals als zu einseitig empfunden worden war. Nach Planungen während der »Erdölkrisen« in den 1970er Jahren, sollte der Anteil des Erdöls in den 1980er und 90er Jahren durch Einsparungen und verstärkten Einsatz anderer Energieträger (bes. Kernenergie) kontinuierlich gesenkt werden, um die allzu große Abhängigkeit von einem Produkt abzubauen. Wegen der in den 1980er und 90er Jahren stark gesunkenen Preise für Erdölprodukte und aufgrund der hohen Kosten für Erschließung und Ausbau anderer Energieträger, auch wegen der Akzeptanzkrise der Kernenergie, erfolgte bisher die Mineralölsubstitution wesentlich langsamer als ursprünglich geplant, obwohl inzwischen auch das Argument des Klimaschutzes für eine Reduzierung der Ölverbrennung spricht. Stattdessen stieg in vielen Ländern der Erdölanteil am Energieverbrauch wieder an, verursacht durch die Abkehr von Kernenergieplanungen und wegen der weiter fortschreitenden Motorisierung. Für den Kfz-Verkehr ist in kurz- bis mittelfristiger Zukunft mit keiner ins Gewicht fallenden Alternative zum benzin- bzw. dieselbetriebenen Motor zu rechnen.

Die bestätigten **Weltreserven** an Erdöl wurden für Anfang 2005 auf 173,3 Mrd. t berechnet, einschließlich Vorkommen in Ölsanden und -schiefern. Die Reserven – die geortet sind und mit der gegenwärtigen Technik wirtschaftlich gewonnen werden können – nahmen in den letzten Jahren trotz der jährlichen Fördermengen jeweils leicht zu und erreichten 2002/03 den höchsten jemals berechneten Stand. 2004 lag die Förderung höher als die Entdeckung neuer Reserven. Der Zuwachs entfiel hauptsächlich auf Nigeria und Brasilien, während die Reserven vor allem in der Nordsee und in Nordamerika schrumpften.

Saudi-Arabien ist nach wie vor das ölreichste Land; es verfügt über ca. 20 % aller bestätigten Erdölreserven der Welt. Auf Irak, Iran und Kuwait entfallen je 8–10 %. Bei gleichbleibender Jahresförderung würden die derzeit bekannten Reserven (also ohne künftige Neu-Entdeckungen) insgesamt noch 45 Jahre reichen, in Europa nur 8–9 Jahre, im Nahen Osten dagegen rd. 86 Jahre. Seit Beginn der Erdölförderung 1859

Erdöl Förderung (einschl. Naturbenzin, Kondensate, Flüssiggas und Öl aus Teersanden) in Mio. t

	2004	2003	2000
Saudi-Arabien *	487,900	474,800	450,600
Russland	456,800	421,400	323,300
USA**	327,100	341,100	352,600
Iran *	197,900	190,100	189,400
Mexiko	190,800	188,800	171,200
VR China	172,800	169,300	162,600
Venezuela *	163,500	153,400	171,600
Kanada	148,000	141,900	126,900
Norwegen **	146,800	153,000	160,100
Ver. Arab. Emirate *	121,100	117,800	117,300
Kuwait *	119,200	110,200	104,000
Nigeria *	117,400	107,300	103,300
Irak *	102,500	65,900	127,300
Großbritannien **	92,000	105,600	125,900
Algerien *	83,700	79,000	66,800
Libyen *	76,100	70,000	69,500
Brasilien	74,500	76,800	63,200
Kasachstan	57,100	52,200	35,300
Indonesien *	55,500	57,600	72,500
Angola	48,600	43,600	36,900
Katar *	43,500	41,200	38,700
Malaysia	41,500	38,800	35,500
Argentinien	37,700	39,000	40,400
Oman	37,600	40,700	47,600
Indien	37,500	36,700	36,100
Ägypten	34,900	36,800	38,800
Syrien	28,300	29,500	27,400
Kolumbien	27,300	27,900	35,300
Australien	22,200	26,600	35,300
u. a. Deutschland	3,500	3,809	3,120
Weltförderung **	3 821,100	3 697,300	3 604,600

* OPEC-Staaten ** davon mehr als ein Drittel aus untermeerischen Quellen

wurden bis 2004 rd. 278 Mrd. t Erdöl entdeckt. Davon wurden bis Ende 2004 etwa 141,5 Mrd. t (= 51 %) gefördert und verbraucht.

Der **Anteil der OPEC-Länder** an der Welt-Erdölförderung, der 1973 noch 54 % betragen hatte, sank in den 80er Jahren stark ab (1985: 29,7 %), stieg aber 2004 wieder auf 41,0 % an. Auf die OPEC-Länder entfallen 69,4 % der sicheren Welt-Erdölreserven, und wegen ihres relativ geringen Eigenverbrauchs (2004 nur 9,0 % des Weltverbrauchs) entstammten auch 2004 wieder über zwei Drittel des international gehandelten Rohöls von dort.

Die größten Mineralölverbraucher in Mio. t

	2004	2003	2000
USA	927,3	908,2	887,8
VR China	308,6	270,1	219,8
Japan	250,5	253,5	255,0
Russland	131,8	127,2	123,5
Deutschland	123,2	124,8	129,4
Indien	115,3	109,7	98,0
Brasilien	101,7	97,3	100,1
Kanada	100,1	97,1	93,0
Rep. Korea	99,1	100,3	99,3
Frankreich	95,2	96,1	95,2
Italien	91,0	90,8	89,8

Der **Mineralöl-Weltverbrauch** steigt seit Mitte der 1980er Jahre fast jährlich an und erreichte 2004 ein neues Maximum mit 3,780 Mrd. t. Die starke Verbrauchszunahme ging – parallel zur Wirtschaftskonjunktur – vor allem auf das Konto Chinas und der USA, die beide ihren Verbrauch weit über die eigene Förderung hinaus erhöhten, dadurch verstärkt Importe benötigten und zum kräftigen Preisanstieg beitrugen.

Die **Rohölpreise** erhöhten sich 2004–2006 in einem vorher nicht für möglich gehaltenen Ausmaß. Der Spotpreis für das Nordseeöl »Brent« stieg im Jahresdurchschnitt 2004–2005 um 43 % auf 54,53 US-$ pro barrel, der Preis für den »OPEC-Korb« (mehrere Ölsorten aus OPEC-Ländern) erhöhte sich um 40 % auf 50,64 US-$-/barrel, wobei sich diese Durchschnittswerte aus im Lauf des Jahres steigenden Monatswerten zusammensetzen. Anfang 2006 lagen die Preise bereits zeitweise bei mehr als 70 US-$.

Die Ursachen dieser Aufwärtsbewegung der Ölpreise lagen auf der Angebots- wie auf der Nachfrageseite. Insbesondere der Bedarf Chinas, daneben anderer Schwellenländer sowie der USA stieg aus konjunkturellen Gründen sehr stark an. Das Angebot konnte mit der kräftig zunehmenden Nachfrage wegen begrenzter Förderkapazitäten und – vor allem in den USA – mangelnder Raffineriekapazitäten nicht Schritt halten. In den vergangenen Jahren mit relativ niedrigen Preisen war seitens der Ölgesellschaften kaum in neue Förderanlagen und in Erweiterungen der Raffinerien investiert worden, sodass eine Ausweitung der Förderung entsprechend der gestiegenen Nachfrage nicht möglich war. Ende 2005 betrugen die nicht genutzten Förderkapazitäten weltweit nur ca. 1 %. Hinzu kamen die starken Schäden US-amerikanischer Förder- und Raffinerie-Anlagen im Golf von Mexiko durch den Wirbelsturm »Katrina«. Zusätzlich wirkten spekulative Elemente (Rohstofffonds) und die politische Unsicherheit in wichtigen Förderländern in Nahost (Irak, Iran), Lateinamerika (Venezuela) und Westafrika (Nigeria) preistreibend.

In **Deutschland** stiegen die Rohöl-Importpreise frei deutsche Grenze 2004–2005 um 42 % auf 216 € / t SKE im Jahresdurchschnitt. Insbesondere die Benzin- und die Heizölpreise erhöhten sich entsprechend, und die chemische Industrie litt unter den steigenden Rohstoffpreisen. Die Privathaushalte wurden durch stark steigende Kosten für Heizenergie belastet, da sich die Erdgaspreise durch die Koppelung an die Ölpreise ebenfalls erhöhten.

In Deutschland nahm das Mineralölaufkommen 2004–2005 um 0,3 % auf 148,333 Mio. t zu. Die wichtigsten Komponenten des Aufkommens waren Rohöl-

Preisentwicklung des Erdöls 1970–2006

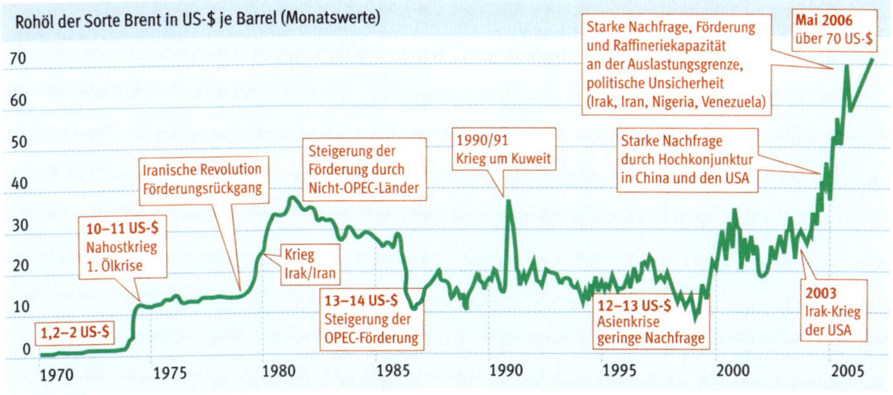

Quelle: Handelsblatt/Datastream

einfuhren (112,203 Mio. t) sowie Importe von Mineralölprodukten (34,498 Mio. t). Die Inlandsförderung nahm leicht ab und war mit 3,442 Mio. t relativ unbedeutend. Sie kam hauptsächlich aus den Fördergebieten Weser-Ems, Elbe-Weser und Schleswig-Holstein.

Rohöllieferanten Deutschlands 2005

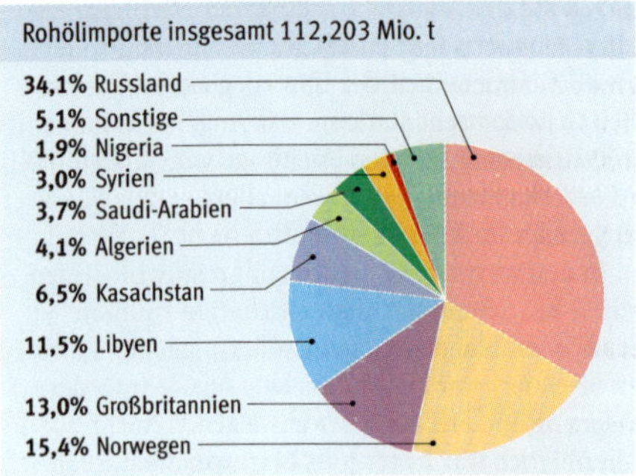

Quelle: Bundesamt für Wirtschaft und Ausfuhrkontrolle 2005

Die Herkunft des importierten Rohöls hat sich gegenüber den früheren Jahrzehnten stark gewandelt. 1973 entfielen noch 96,4 % der Importe auf OPEC-Länder; 2005 lieferten sie nur 22,8 %. Dagegen entfielen 34,1 % auf Lieferungen aus Russland und 30,2 % auf Nordseeöl. Russland war, wie schon in den Vorjahren, auch 2005 wieder der mit großem Abstand wichtigste Lieferant.

Die deutschen **Ausgaben für den Import** von Erdöl und Mineralölprodukten stiegen 2005 wegen der enorm erhöhten Weltmarktpreise sehr stark an (s. o.). Insgesamt wurden 2005 für den Import von Rohöl und Mineralölprodukten netto 36,0 Mrd. € ausgegeben (2004: 25,8 Mrd. €). Dies entsprach 70,0 % aller Importe von Energierohstoffen.

Der **Absatz** von Mineralölprodukten nahm in Deutschland 2004–2005 um 2,1 % von 113,621 Mio. t auf 111,199 Mio. t ab. Die Abnahme betraf Absatzrückgänge bei fast allen Produkten mit Ausnahme von Flugturbinenkraftstoff.

Der Absatz von leichtem Heizöl verringerte sich um 2,7 % auf 24,7 Mio. t, vor allem wegen des weiteren Abbaus der Vorräte bei den Haushalten (Preissteigerungen) und wegen der verringerten Zahl von Ölheizungen. Der Absatz an Ottokraftstoff (Benzin und Super) ging um 6,2 % auf 23,5 Mio. t zurück. Die Ursache lag einerseits beim Rückgang der Fahrzeuge mit Benzinmotor zugunsten von Dieselfahrzeugen, andererseits im so genannten »Tanktourismus« in die Nachbarländer mit niedrigeren Benzinpreisen. Der Absatz an Dieselkraftstoff (PKW, LKW, Busse, Traktoren, Schifffahrt, Bahn), ging trotz erhöhter Fahrzeugzahl wegen sparsamerer Motoren und geringerer Fahrleistungen leicht zurück (–1,0 % auf 28,7 Mio. t, davon 2/3 für Busse und LKW). Für den Flugverkehr wurden 7,5 % mehr Treibstoff abgesetzt (8,1 Mio. t).

Steinkohle

Die weltweiten **Steinkohlenressourcen** werden nach Angaben der UN derzeit auf 5980 Mrd. t geschätzt. Davon gelten 2600 Mrd. t als gesicherte und nachgewiesene Reserven und 3380 Mrd. t als vermutete weitere Reserven. Die größten Vorräte entfallen auf Russland (rd. 28 %), die USA (12 %) und China (10 %).

Steinkohle Förderung in Mio. t (nach UN)

	2004	2003	2000
VR China	1 540,000	1 315,224	999,170
USA	935,850	895,591	909,259
Indien	373,010	348,432	311,751
Australien	276,000	268,506	228,100
Südafrika	243,000	238,160	220,893
Russland	179,000	175,000	185,000
Indonesien	111,730	106,752	71,748
Polen	101,300	102,240	103,173
Kasachstan	82,000	80,500	74,900
Ukraine	56,500	50,000	81,050
Kolumbien	56,000	47,500	38,142
DVR Korea (S)	52,000	45,000	54,000
Kanada	36,000	26,552	33,805
Deutschland	29,152	28,653	37,338
Großbritannien	24,533	28,236	30,465
Tschechische Rep.	14,759	13,650	14,856
Spanien	13,131	12,584	14,965
Weltförderung	4 219,167	3 900,870	3 323,211

Quelle: UN

Steinkohle war bis 1966 weltweit der **wichtigste Energielieferant** und wurde dann vom Erdöl überholt, in den 1990er Jahren auch vom Erdgas. 2005 lieferte Steinkohle nur noch ca. 22 % der Welt-Primärenergie. Während Kohle früher vor allem im Ursprungsland verbraucht wurde, stieg seit den 1970er Jahren der internationale Handel stark an, vor allem durch kostengünstige Angebote aus Übersee. Die früher dominierenden europäischen Kohleproduzenten können demgegenüber preislich seit längerem nicht mehr konkurrieren und reduzierten die Förderung oder stellten sie ganz ein.

Die **Weltförderung** stieg seit 2000 wieder kontinuierlich an, da sich aufgrund der starken Ölpreissteigerungen die Preisdifferenz zur Öl- und Gaskonkurrenz stark verringerte und die Nachfrage deutlich zunahm. Die wichtigsten Produzenten sind seit Jahren die – verglichen mit Europa – preisgünstig abbauenden überseeischen Länder, in denen die Kohle teils zur Deckung des eigenen Energiebedarfs (z. B. USA, VR China, Indien, Südafrika), teils für den Export gefördert wird (vor allem Australien, Südafrika, Indonesien, Kolumbien). China verringerte in den letzten Jahren seine Exporte stark zugunsten der Deckung seines eigenen stark zunehmenden Energiebedarfs.

Die **Weltmarktpreise** für Steinkohle, die 2004 stark angestiegen waren, gingen 2005 wieder zurück, da die Förderung mit der steigenden Nachfrage Schritt halten konnte. Auch die Frachtraten gaben wieder leicht nach. So sanken die Preise für Kraftwerkskohle von 92 US-$/t SKE (Dez. 2004) auf 60 US-$ im Dezember 2005 (frei nordwesteuropäische Seehäfen). Damit lagen die Preise nach wie vor wesentlich unter den Preisen für einheimische deutsche Kohle und der Wettbewerbsvorteil gegenüber anderen fossilen Energieträgern, wie Öl und Gas, erhöhte sich noch.

Außenhandel mit Steinkohle 2002 in Mio. t

Bedeutendste Exporteure		**Bedeutendste Importeure**	
Australien	202,855	Japan	162,674
VR China	83,887	Rep. Korea	68,519
Indonesien	75,100	Deutschland	33,125
Südafrika	69,245	Großbritannien	28,687
Russland	43,497	Spanien	24,514
USA	35,805	Indien	21,807
Kolumbien	34,900	Niederlande	21,677
Kanada	26,813	Russland	20,866
Polen	22,623	Italien	19,211
Gesamtexporte 2002 (2001)		653,290 (668,299) Mio. t	

Quelle: Energy Statistics Yearbook, UN

In **Deutschland** nahm die **Steinkohleförderung** 2005 gegenüber dem Vorjahr um 3,6 % ab. Sie betrug 28,018 Mio. t (2004: 29,151) = 25,8 Mio. t SKE. Die Importe nahmen ebenfalls ab, und zwar auf 38,5 Mio. t SKE (2004: 40,3 Mio.), sodass sich ein Anteil der Importkohle von 60 % ergab. Die wichtigsten Lieferanten waren 2005 Südafrika (25 %), Polen (20 %), die GUS-Staaten (16 %), Kolumbien (12 %) und Australien (9 %). Vom Absatz an Kraftwerke entfielen 46 %, an die Stahlindustrie 36 % und im Wärmemarkt (Kohlenheizung) nur 15 % auf einheimische Kohle.

Der Anteil der Steinkohle an der deutschen Energieversorgung (**Anteil am Primärenergieverbrauch**) betrug 2005 12,9 % (gegenüber 13,4 % im Vorjahr); der Anteil an der Stromerzeugung sank von 22,8 % (2004) auf 21,6 % (2005). Die wichtigsten Kohleabnehmer waren 2005 Kraftwerke (44,3 Mio. t SKE), die Stahlindustrie (16,9 Mio. t SKE) sowie Haushalte und Gewerbe (Wärmemarkt mit 1,6 Mio. t SKE).

Die **Beschäftigtenzahl** im Steinkohlebergbau ging 2005 auf 38 528 zurück, davon 20 293 unter Tage (zum Vergleich: 1957 noch 605 000 Beschäftigte); ihre Leistung erhöhte sich 2005 auf 6,735 t Kohle je Mann unter Tage/Schicht.

Die **Zahl der Zechen** war in den letzten Jahren kontinuierlich gesunken (Höchststand 1956 mit 175 Bergwerken). 2005 förderten nur noch neun Untertage-Schachtanlagen, davon sieben im Ruhrrevier (18,069 Mio. t, 29 377 Beschäftigte) und je eine (mit 2 Standorten) im Saarland (4,731 Mio. t, 6556 Beschäftigte) und in Ibbenbüren (1,913 Mio. t).

Die Förderung von Steinkohle und ihr Einsatz in der Stahlindustrie und in Kraftwerken sind in Deutschland seit Jahrzehnten nur noch durch hohe **öffentliche Subventionen** aufrechtzuerhalten. Am 15. 7. 2003 war der Anpassungs- bzw. Stilllegungsprozess bis 2012 beschlossen worden. Die Förderung soll bis dahin auf 16 Mio. t gedrosselt werden, da mit ca. 20 000 Beschäftigten in nur noch 5–6 Bergwerken gefördert werden sollen. Die staatlichen Zuwendungen hierfür sind bis Ende 2008 geregelt. Für die anschließenden Kohlehilfen bis 2012 sieht der Koalitionsvertrag der schwarz/roten Regierung einen Prüfungsauftrag vor. Im Zuge der weiteren Verringerung der defizitären Kohleförderung in Deutschland wurden am 1. 1. 2006 zwei Förderstandorte geschlossen(Warndt/Luisenthal im Saarland und Lohberg/Osterfeld im Ruhrrevier).

Uran

Wegen der großen energiewirtschaftlichen (Bau von Kernkraftwerken) und militärischen Bedeutung des Urans wurde in den 1960er und 70er Jahren intensive Lagerstättenforschung betrieben. In den 1980er und 90er Jahren wurde in vielen Förderländern der Abbau eingeschränkt, da sich auf dem Weltmarkt ein Überangebot mit sinkenden Preisen entwickelte. In den 90er Jahren wurden zudem große Mengen an Uran frei, die für militärische Zwecke gehortet worden waren.

Eine Wende auf dem **Weltmarkt** trat 2004/05 mit stark steigenden Preisen als Folge der allgemeinen Energiepreiserhöhungen ein. Für die kommenden Jahre wird vor allem in Osteuropa und Asien (z. B. China) mit dem Neubau weiterer Kernkraftwerke und damit mit vermehrten Uranbedarf gerechnet. Die heute bekannten Uranvorräte reichen nach Expertenmeinung noch ca. 60 Jahre, bei Wiederaufarbeitung mehrere Jahrhunderte.

In **Deutschland** bestehen abbauwürdige Lagerstätten im Schwarzwald (Menzenschwand), in Nordostbayern und im Erzgebirge. Von einer kommerziellen Nut-

Uran Gewinnung in t

	2004	**2003**	**2000**
Kanada	11 948	10 294	9 919
Australien	10 597	9 538	8 948
Russland	3 800	3 700	2 358
Niger	3 500	3 400	3 407
Namibia	3 350	3 300	3 201
Kasachstan	3 143	3 200	2 052
Usbekistan	2 000	2 200	2 358
Südafrika	1 058	1 050	1 000
USA	1 000	1 000	1 769
Ukraine	943	980	600
VR China	890	880	589
Gabun	820	825	863
Tschechische Rep.	513	540	587
Weltproduktion	44 193	41 429	38 727

zung wird abgesehen, da der Bedarf der deutschen Kernkraftwerke problemlos im Ausland gedeckt wird.

Die größten Uranreserven (sicher und wahrscheinlich)

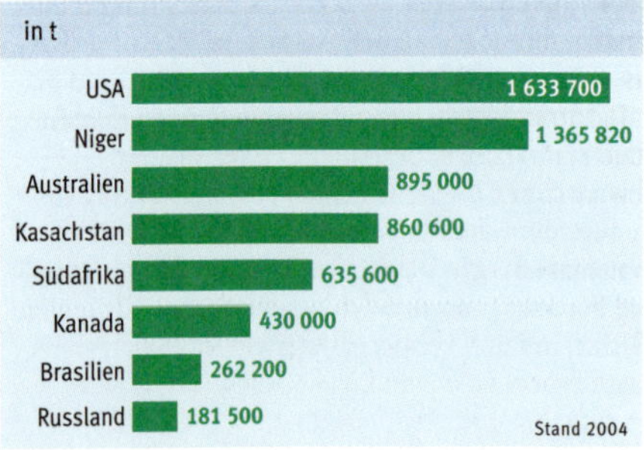

Quelle: World Energy Council

Elektrischer Strom

Elektrischer Strom als **Sekundärenergie** wird durch unterschiedliche Träger von Primärenergie erzeugt. Diese werden – je nach natürlicher, wirtschaftlicher und technischer Ausstattung der einzelnen Staaten – in den unterschiedlichsten Kombinationen angewendet. Bei der großtechnischen Elektrizitätsproduktion handelt es sich vor allem um Kohle, Erdöl, Erdgas und Uran, während regenerative Energien (Wasser- und Sonnenkraft, geothermische Energie u. ä.) im Vergleich dazu nur regional eine größere Rolle spielen.

Der Anteil des **Erdöls** an der Stromerzeugung ist vor allem in den arabischen Ländern (fast 100 %), aber auch in Italien (fast 60 %) und Japan (ca. 30 %) relativ hoch. Einen hohen Anteil des **Erdgases** erreichen z. B. die Niederlande (rd. 65 %) und Irland (45 %); die **Steinkohle** dominiert in Südafrika (90 %), Dänemark (85 %), Großbritannien (65 %), den USA (fast 60 %) und Spanien (über 40 %), die **Braunkohle** in den neuen deutschen Bundesländern (rd. 75 %) und in Griechenland (etwa 60 %), **Stein- und Braunkohle** zusammen in der VR China (rd. 75 %) und in Deutschland (2005: 46,6 %). Der Anteil der **Kernenergie** ist relativ hoch in Litauen (80 %), Frankreich (78 %), Belgien (57 %), Bulgarien (47 %), Schweden (46 %), Schweiz (41 %), Ungarn (39 %) und in der Rep. China / Taiwan (38 %). Der Anteil der **Wasserkraft** als wichtigster regenerativer Stromquelle erreicht relativ hohe Werte z. B. in Norwegen (99 %), Österreich (67 %), Kanada (58 %) und der Schweiz (55 %) sowie in vielen Entwicklungsländern (Brasilien 83 %, Peru 74 %, Venezuela 67 %, Südamerika zusammen 74 %). (Derartige Berechnungen weichen in verschiedenen Quellen oft voneinander ab, je nachdem auf welcher Basis umgerechnet wird und ob nur öffentliche oder auch industrielle und private Stromerzeugung einbezogen wird.)

In **Deutschland** erhöhten sich 2005 **Stromerzeugung** (+0,5 %) und **Stromverbrauch** (+0,3 %) im Vergleich zum Vorjahr. Das Gesamtaufkommen an elektrischem

Elektrischer Strom
Bruttostromerzeugung in Mio. kWh (öffentliche und industrielle Kraftwerke)

	2004	2003	2000
USA	3 792 000	3 687 000	3 791 928
VR China	2 114 028	1 838 748	1 313 112
Russland	930 744	913 896	877 404
Japan	858 888	919 932	940 692
Deutschland	588 124	588 120	557 007
Indien	587 616	540 000	495 768
Kanada	567 600	562 932	581 268
Frankreich	554 000	550 000	540 697
Großbritannien	419 088	353 304	374 897
Brasilien	386 000	364 848	581 040
Rep. Korea	341 664	322 272	266 400
Italien	299 698	292 632	275 826
Spanien	255 888	240 816	212 241
Südafrika	245 798	236 000	210 684
Australien	193 140	186 768	188 544
Ukraine	182 160	172 440	171 444
Mexiko	160 628	170 244	181 944
Polen	150 708	150 012	141 624
Schweden	148 224	132 564	145 755
u. a. Österreich	64 284	62 628	61 792
Schweiz	63 492	66 000	65 352
Weltproduktion	16 845 000	16 663 000	15 440 000

Quelle: UN, EU

Strom stieg 2005 auf 634,7 Mrd. kWh (2004: 622,0 Mrd. kWh); es setzte sich zusammen aus der inländischen Stromerzeugung von brutto 619,0 (2004: 616,0) bzw. netto (abzüglich Eigenverbrauch der Kraftwerke) 581,3 (2004: 577,8) Mrd. kWh und aus Stromimporten von 53,4 (2004: 44,2) Mrd. kWh. Vom Gesamtaufkommen 2005 (2004) entfielen 61,9 (51,5) Mrd. kWh auf Exporte sowie 35,9 (37,8) Mrd. kWh auf Pumpstromverbrauch der Kraftwerke und Netzverluste, sodass sich für 2005 (2004) ein **Netto-Stromverbrauch** von 536,9 (532,7) Mrd. kWh ergab.

Eine Aufgliederung des **Stromverbrauchs nach Nutzergruppen** für 2005 ergab für die Industrie 47 %, private Haushalte 26 %, sonstige Kleinverbraucher (Gewerbe, Landwirtschaft, öffentliche Einrichtungen) 24 %, Verkehr 3 %. Der Verbrauchsanstieg entfiel relativ gleichmäßig auf alle Bereiche.

Wichtigstes **Anwendungsgebiet** für Strom ist in Deutschland der Einsatz als mechanische Energie (Antrieb von Motoren) mit rd. 50 %. Es folgen die Verwendung für Wärme (Heizung, Prozesswärme, Warmwasser) mit rd. 30 %, für Beleuchtung mit 10 % und für die Informations- und Kommunikationstechnik mit 7 %.

Vom **Haushaltsstromverbrauch** entfielen im Durchschnitt der letzten Jahre u. a. auf Raumheizung 23 %, Kühlschrank und Gefriergerät 21 %, Warmwasser 13 %, Fernseher, CD-Spieler, PC 10 %, Elektroherd 9 %, Waschmaschine und Wäschetrockner 8 %, Beleuchtung 8 %.

Stromerzeugung nach Energieträgern in Deutschland 2005

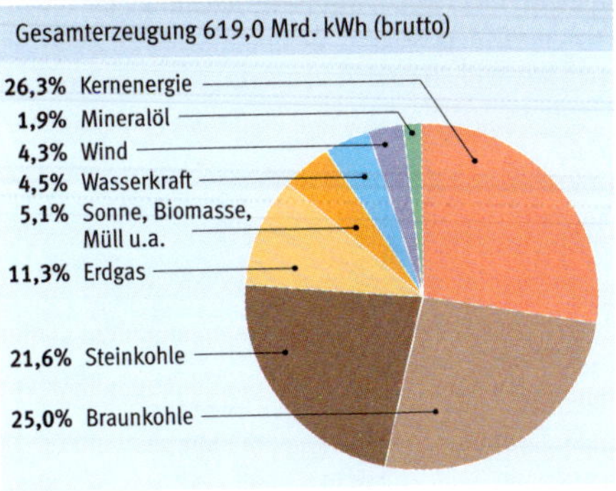

Quelle: ET 2006

Die **Einsatzenergien** für die **deutsche Stromversorgung** sind – verglichen mit anderen Ländern – besonders stark diversifiziert (→ Grafik). Allerdings existieren gravierende regionale Unterschiede: Während die Kernenergie ausschließlich und auch die Steinkohle ganz überwiegend in den westlichen Bundesländern genutzt wird, dient die Braunkohle sowohl in den west- wie in den ostdeutschen Revieren zur Stromerzeugung. Nach der Stilllegung mehrerer besonders umweltschädlicher und der Inbetriebnahme neuer »sauberer« Kraftwerke wird in den neuen Bundesländern Strom weiterhin zu über 75 % aus Braunkohle erzeugt. Während das Erdgas als Primärenergie für die Stromerzeugung wegen ihrer geringeren Emissionen im Vergleich zu festen Brennstoffen in den letzten Jahren vermehrt genutzt wurde, spielt Erdöl mit einem Anteil von nur 1,9 % kaum eine Rolle. Beide Energieträger dienen hauptsächlich der kurzzeitigen »Spitzenstrom«-Erzeugung und werden als Sicherheitsreserve vorgehalten, während Atom- und Kohlekraftwerke in der Regel »rund um die Uhr« in Betrieb sind und für die Deckung der »Grundlast« sorgen. Regenerative und sonstige Energiequellen (Wasser, Wind, Sonne, Biomasse, Müll u. a.) konnten ihren Anteil an der Stromerzeugung 2005 auf 13,9 % steigern (2004: 11,7 %).

Auf erneuerbare (regenerative) Energien entfielen 2005 60,1 Mrd. kWh (2004: 56,7), d. h. 10,7 % der deutschen Stromversorgung (Bruttoinlandsverbrauch). Gegenüber dem Vorjahr nahm die Erzeugung von Hydro-Elektrizität (Wasserkraft) wegen des regenreichen Sommers zu, erreichte aber nicht die Menge von 2002. Dagegen erhöhte sich die in den letzten Jahren mit hohem finanziellen Aufwand und kräftigen Subventionen ausgebaute Wind- und Solarenergie-Erzeugung 2005 auf neue Rekordwerte. Auch die Stromerzeugung durch die Verbrennung von Biomasse nahm stark zu (Holzhackschnitzel, Holzpellets, Biogas u. ä.).

Die **Stromversorgung in Deutschland** machte in den letzten Jahren einen starken Wandel durch. Das Energiewirtschaftsgesetz von 1998 (nach einer EU-Richtlinie von 1997) führte zu einer **Liberalisierung des Strommarktes**; die Versorgungsunternehmen verloren ihre Gebietsmonopole, d. h. das Recht (und die Pflicht), in ihrem Konzessionsgebiet allein Strom zu staatlich kontrollierten Preisen anzubieten. Sie müssen sich nun dem Wettbewerb anderer öffentlicher (z. B. Stadtwerke) oder privater Stromlieferanten stellen, dürfen dafür aber ihre Preise frei kalkulieren. Auf der anderen Seite wurden aus den privaten oder gewerblichen Stromverbrauchern, die bisher keine Wahl hatten, sondern den Strom vom zuständigen Gebietsmonopolisten zu dessen Bedingungen abnehmen mussten, echte Kunden, die sich ihren Lieferanten im gemeinsamen europäischen Elektrizitätsmarkt frei wählen können.

Die neuen Konkurrenzverhältnisse auf dem Energiemarkt führten zunächst zu stark zurückgehenden Preisen, vor allem durch neu auf dem Markt erscheinende Stromlieferanten. Diese sind in der Regel nicht die Erzeuger des Stroms, sonder fungieren als Händler, die elektrischen Strom einkaufen und an die Endverbraucher abgeben. Die Durchleitung von Strom durch die Netze anderer Anbieter wurde nach anfänglichen Problemen inzwischen durch Vereinbarungen und Verträge geregelt. In Deutschland bestand 2004 eine Marktöffnung beim Strom von 100 %, ebenso wie z. B. in Großbritannien oder Österreich (in Frankreich erst 70 %, in den Niederlanden 63 %).

2005 traten weitere Gesetze und Verordnungen in Kraft, z. B. das »Gesetz für die Elektrizitäts- und Gasversorgung«, das »Gesetz über die Bundesnetzagentur für Elektrizität, Gas, Telekommunikation und Eisenbahnen« und die »Netzzugangsverordnung für Strom und Gas«. Ziel ist vor allem die Sicherstellung des diskriminierungsfreien und transparenten Zugangs zu den Strom- und Gasversorgungsnetzen mit Hilfe der Regulierung durch die Bundesagentur und die Landesregulierungsbehörden der Bundesländer.

Die ursprüngliche Verbilligung des Stroms durch die Liberalisierung des Marktes wurde inzwischen zugunsten von Steuererhöhungen und neuen Steuern völlig aufgezehrt (Ökosteuer, Erneuerbare-Energien-Gesetz, Kraft-Wärme-Koppelungsgesetz). 2005 stieg der Großhandelspreis für Strom deutlich an; die Verbraucherpreise erhöhten sich durchschnittlich um 8,7 %. Der Staatsanteil an der Stromrechnung (Steuern) stieg von durchschnittlich 24,7 (1998) über 38,1 (2000) auf 40 % (2005).

Produktion von Strom aus erneuerbaren Quellen in Deutschland in Mrd. kWh

	2005	2004	2002	2000
Wind	26,50	25,00	15,90	9,50
Wasser*	21,52	22,00	27,90	21,70
Biomasse und Müll**	11,10	9,10	6,00	4,30
Fotovoltaik	1,00	0,56	0,19	0,06

* ohne Pumpspeicherkraftwerke ** Müll nur zur Hälfte als regenerativ berechnet

Anfang 2006 waren weltweit in 31 Staaten 444 **Kernkraftwerksblöcke** mit einer Nettoleistung von insgesamt 370,3 Megawatt (MW) in Betrieb, per Saldo 3 Anlagen mehr als vor einem Jahr (nach IAEA bzw. atw.) Die **Stromerzeugung durch Kernkraftwerke** betrug 2005 rd. 2,750 Mrd. Gwh und erreichte damit einen neuen Höchststand. Kernenergie lieferte damit auch 2005, wie im Vorjahr, rd. 17 % der Weltstromproduktion.

Mehr als ein Drittel trägt die Kernenergie in folgenden Ländern zur Stromerzeugung bei: Litauen, Frankreich, Belgien, Slowakei (je über $^1/_2$), Schweden, Bulgarien, Ukraine, Schweiz, Ungarn, Slowenien, Japan, Armenien.

2005 wurden in China, Indien, Japan (2) und Kanada insgesamt fünf Kernkraftwerke neu bzw. wieder in Betrieb genommen; zwei wurden stillgelegt (in Deutschland und in Schweden). Im Bau waren Anfang 2006 insgesamt 23 Kernkraftwerksblöcke in zehn Staaten. Die größten Bauprogramme laufen in Indien (8), China, Russland (je 3), Japan und Taiwan (je 2). In Finnland wurde 2005 mit dem ersten Neubau eines KKW im EU-Raum seit 15 Jahren begonnen.

In **Deutschland** betrug die **Stromerzeugung in Kernkraftwerken** 2005 163,0 Mrd. kWh (2004: 167,1). Mit einem Anteil von 26,3 % an der gesamten Stromerzeugung war damit Uran wiederum der wichtigste Energieträger für die Produktion von elektrischem Strom. Der Anteil der Kernenergie am gesamten Primärenergieverbrauch betrug 12,5 % (2004: 12,6 %).

Die Situation der Kernenergiewirtschaft hat sich in Deutschland seit dem Regierungswechsel von 1998 grundlegend geändert, da die rot-grüne Regierungskoalition von Anfang an eine Beendigung der Atomenergieproduktion anstrebte. 2001/02 wurde gesetzlich festgelegt, »die Nutzung der Kernenergie zur gewerblichen Erzeugung von Elektrizität geordnet zu beenden«. Die wichtigsten Punkte der »Ausstiegsgesetze« sind: Die Nutzung der Kernenergie soll auslaufen, neue Kernkraftwerke dürfen nicht mehr errichtet werden. Für jede bestehende Anlage wird eine Reststrommenge auf der Basis einer Regellaufzeit von 32 Jahren errechnet, aus der sich der Zeitpunkt der Abschaltung ergibt. Strommengen können dabei von einer Anlage auf eine andere übertragen werden. Die **Wiederaufarbeitung** von abgebrannten Brennelementen im Ausland (England und Frankreich) wurde infolge der »Ausstiegsgesetze« am 1. 7. 2005 beendet. Seitdem werden die abgebrannten Brennelemente in Zwischenlagern bei den Kraftwerken gelagert, die inzwischen errichtet wurden. Der Standort eines Endlagers wurde nicht geklärt; die Erkundung des möglichen Endlagers Gorleben wurde bis auf weiteres eingestellt.

In den Koalitionsvereinbarungen der »Großen Koalition« von 2005 wurden die Streitfragen um die Atomenergie wegen grundsätzlicher Meinungsverschiedenheiten ausgespart. Die SPD beharrt auf dem vorgesehenen Zeitplan für die Abschaltung der Kraftwerke, die CDU/CSU und die Energiewirtschaft fordern mehrheitlich eine Verlängerung der Kraftwerkslaufzeiten.

Kernkraftwerke Blöcke März 2006
Betrieb, Nettoleistung, Bau

	in Betrieb Anzahl	Nettoleistung in MW	im Bau Anzahl
USA	104	99 210	–
Frankreich	59	63 263	–
Japan	56	47 839	1
Russland	31	21 743	4
Großbritannien	23	11 852	–
Rep. Korea	20	16 810	–
Kanada	18	12 599	–
Deutschland	17	20 339	–
Indien	15	3 040	8
Ukraine	15	13 107	2
Schweden	10	8 910	–
Spanien	9	7 588	–
VR China	9	6 572	3
Belgien	7	5 801	–
Rep. China (Taiwan)	6	4 904	2
Tschechische Rep.	6	3 368	–
Slowakei	6	2 442	–
Schweiz	5	3 220	–

Weiter KKW sind in Bulgarien, Finnland, Ungarn (je 4), Argentinien, Brasilien, Mexiko, Pakistan, Südafrika (je 2), Armenien, Litauen, den Niederlanden, Rumänien und in Slowenien in Betrieb.

Kernkraftwerke in Deutschland
Betriebsergebnisse 2005 (nach »atw«)

Kraftwerk (Bruttoleistung, Jahr der Inbetriebnahme)	Bruttostromerzeugung in Mrd. kWh 2005	bisher insges.
Biblis A (1225 MW, 1974)	7,799	223,286
Biblis B (1300 MW, 1976)	7,311	229,888
Neckar-1 (840 MW, 1976)	6,349	176,473
Brunsbüttel (806 MW, 1976)	6,275	116,971
Isar-1 (Ohu; 912 MW, 1977)	7,630	169,391
Unterweser (Esenshamm; 1410 MW, 1978)	9,331	250,996
Philippsburg-1 (926 MW, 1979)	6,098	160,160
Grafenrheinfeld (1345 MW, 1981)	10,671	238,398
Krümmel (1316 MW, 1983)	9,648	194,199
Gundremmingen B (1344 MW, 1984)	10,827	206,663
Grohnde (1430 MW, 1984)	11,490	237,485
Gundremmingen C (1344 MW, 1984)	10,514	195,778
Philippsburg-2 (1458 MW, 1984)	11,419	225,997
Brokdorf (1440 MW, 1986)	11,987	207,657
Isar-2 (Ohu; 1475 MW, 1988)	11,716	198,482
Emsland (1400 MW, 1988)	11,487	198,070
Neckar-2 (1395 MW, 1989)	11,577	185,494
Gesamterzeugung	162,129	3 415,388

Globale Entwicklung des tertiären Sektors

In den Wirtschaftswissenschaften gliedert man die ökonomischen Aktivitäten in der Regel in drei Sektoren: **primärer Sektor** (Agrarwirtschaft), **sekundärer Sektor** (produzierendes Gewerbe, d. h. Industrie und Handwerk), **tertiärer Sektor** (Handel, Verkehr und alle sonstigen öffentlichen und privaten Dienstleistungen).

Seit Jahrzehnten ist weltweit in allen Industriestaaten eine **wachsende Bedeutung des tertiären Sektors** zu beobachten. Diese »Tertiarisierung« der Wirtschaft hat sich unter dem Einfluss der Globalisierung deutlich beschleunigt; sie lässt sich zweifach mit Zahlenangaben belegen:

1. anhand des Anteils der Beschäftigten im Dienstleistungssektor,
2. anhand des Anteils der Dienstleistungen an der gesamten Wertschöpfung der Wirtschaft, ausgedrückt durch das Bruttoinlandsprodukt (BIP).

Der **Rückgang landwirtschaftlicher Arbeitsplätze** kam früher hauptsächlich dem sekundären Sektor zugute. Heute geht in praktisch allen wirtschaftlich hoch entwickelten Staaten auch der Anteil der industriell Beschäftigten zurück. Vor allem die zunehmende Automatisierung, ja z. T. Roboterisierung der Produktion trägt zu diesem Abbau von Arbeitsplätzen im produzierenden Sektor bei.

Gewinner dieses **Strukturwandels** sind die **Dienstleistungen**, die in allen hochentwickelten Industriestaaten als einziger Sektor ein **Arbeitsplatzwachstum** aufweisen – anteilsmäßig (prozentual), meist aber auch zahlenmäßig. Der Sektor ist allerdings in sich außerordentlich heterogen; zu ihm gehören z. B. die Wirtschaftsbereiche Handel, Banken und Versicherungen, Verkehr und Fremdenverkehr, medizinische und soziale Dienste, Bildung und Unterricht, Wissenschaft und Forschung, Medien, öffentliche Verwaltung und Rechtswesen. Ein internationaler Vergleich wird dadurch stark erschwert, dass die Beschäftigten in der Regel, auch in Deutschland, nicht nach ihrer Tätigkeit, sondern nach ihrer Arbeitsstätte zugeordnet werden. So gehört beispielsweise ein Jurist in einer Anwaltskanzlei zum tertiären Sektor, derjenige im Management eines Industriebetriebs zum sekundären, d. h. zum produzierenden Sektor. In Deutschland (und vielen anderen Ländern) liegt daher der Anteil der Dienstleistungsbeschäftigten in Wirklichkeit höher als in der Statistik angegeben. Außerdem verwischen sich in modernen High-Tech-Industrien die Grenzen zwischen produzierender und Dienstleistungstätigkeit immer mehr. Unter Beachtung dieser Einschränkungen kann der Anteil der Beschäftigten in den Dienstleistungen Hinweise darauf geben, wie stark die Modernisierung der Wirtschaft in einem Land fortgeschritten ist.

Erwerbsstruktur in ausgewählten Staaten
Anteile der Erwerbstätigen nach Wirtschaftssektoren 2003/2004 in %

	I	II	III
Niederlande	3,0	20,3	76,6
Großbritannien	1,3	22,2	76,3
USA	2,5	21,8	75,6
Australien	3,9	21,0	75,0
Schweiz	3,9	22,1	74,0
Frankreich	3,7	24,8	71,0
Österreich	5,1	28,1	66,7
Deutschland	2,4	31,3	66,4
Italien	4,2	30,8	65,0
Spanien	5,3	30,2	64,5
Chile	13,6	23,4	63,0
Russland	10,0	31,3	58,7
Polen	17,6	29,0	53,4
Ägypten	29,5	21,6	48,9
Philippinen	35,4	16,0	48,6
Türkei	34,0	23,0	43,0
Marokko	43,9	20,2	36,0
VR China (2002)	47,0	24,4	28,6
Indien (2002)	59,0	22,1	18,9
Tansania (2002)	80,5	8,8	10,7

Wegen z. T. unterschiedlicher Erfassungsweise sind die Zahlen nicht immer exakt vergleichbar.
I = Primärer Sektor (Land- und Forstwirtschaft, Fischerei)
II = Sekundärer Sektor (Industrie, Produzierendes Gewerbe)
III = Tertiärer Sektor (Handel, Verkehr, Dienstleistungen)

Quellen: UN, OECD

Beim **Wirtschaftsergebnis** (BIP) nimmt der Anteil der Landwirtschaft überall ab. Der Anteil der Industrie steigt derzeit noch in vielen Entwicklungs-, vor allem Schwellenländern an, während er in den hochentwickelten Industrieländern in der Regel stagniert oder bereits abnimmt. Der Dienstleistungsanteil erhöht sich dagegen praktisch überall. Auffallend ist, dass der Anteil des tertiären Sektors am BIP in vielen hochentwickelten Ländern niedriger ist als der Anteil an den Beschäftigten: ein Hinweis auf die Häufigkeit von niedrig bezahlten Arbeitskräften und Teilzeitbeschäftigten.

Die **Dienstleistungen** stehen wegen ihrer Expansionstendenz in allen wirtschaftlich hoch entwickelten Ländern im Zentrum der Wirtschafts-, speziell der Arbeitsmarktpolitik, da sie den einzigen noch wachsenden Sektor darstellen. Außerdem setzt die Schaffung neuer Arbeitsplätze in den Dienstleistungen in der

Wertschöpfung der Wirtschaft nach Sektoren in ausgewählten Staaten
Anteile der Wirtschaftssektoren am BIP in %

	I		II		III	
	2004	1990	2004	1990	2004	1990
USA	2	2	23	28	75	70
Frankreich	3	4	24	30	73	66
Großbritannien	1	2	27	35	72	63
Niederlande	3	4	26	31	71	65
Australien	3	4	26	28	71	67
Mexiko	4	8	25	30	71	64
Deutschland	1	2	29	38	70	60
Italien	3	4	28	34	70	63
Schweiz	2	3	30	35	68	62
Spanien	3	6	30	35	67	59
Österreich	2	4	32	34	66	62
Polen	3	8	31	50	66	42
Kenia	16	29	19	21	65	52
Türkei	12	18	27	30	61	52
Russland	5	17	34	48	61	35
Chile	9	10	34	39	57	51
Kolumbien	13	17	31	38	55	45
Indien	22	31	26	28	52	41
Ägypten	15	19	32	29	52	52
Iran	11	24	41	21	48	48
Malaysia	10	15	48	42	42	43
Tansania	45	46	16	18	39	36
Indonesien	17	20	46	40	38	42
VR China	15	27	51	42	35	31
DR Kongo	58	30	19	28	23	42

I = Primärer Sektor (Land- und Forstwirtschaft, Fischerei)
II = Sekundärer Sektor (Industrie, Bergbau, Energiewirtschaft, Baugewerbe)
III = Tertiärer Sektor (Handel, Verkehr, Dienstleistungen)
Reihenfolge der Staaten nach dem Anteil des tertiären Sektors als Indikator für die wirtschaftliche Entwicklung

Quelle: World Development Indicators

Regel geringere Investitionen voraus als in der Industrie. Die Verringerung der Arbeitslosigkeit in den USA seit den 1990er Jahren ist beispielsweise fast ausschließlich dem Zuwachs an Arbeitsstellen im tertiären Sektor zu verdanken. In Deutschland konnte dieser Effekt bisher weniger wirken, da wegen der – verglichen mit den USA – hohen Lohn- und Lohnnebenkosten auch im personalkostenintensiven Dienstleistungsbereich fast gleich viele Arbeitsplätze »wegrationalisiert« wie neu geschaffen wurden.

Charakteristisch für den Dienstleistungssektor ist die große Spannweite zwischen sehr hoch und gering bezahlten Tätigkeiten. Einerseits gehören Hilfstätigkeiten dazu, die häufig auf Teilzeitbasis betrieben werden, andererseits fällt der gesamte Bereich der Forschung und Entwicklung, der Datenverarbeitung, der »neuen Medien« usw. darunter, die seit Jahren in den meisten Ländern am stärksten wachsen. Auch in Deutschland ist mit einer weiteren überproportionalen Zunahme des tertiären Sektors zu rechnen.

Welthandel

Entwicklungstendenzen und Probleme des Welthandels

Die Entwicklung des Welthandels zeigt sehr deutlich die fortschreitende Globalisierung der Wirtschaft. Während in den 1980er und 1990er Jahren das Exportvolumen ungefähr in dem gleichen Maß oder nur leicht stärker anstieg als das Weltwirtschaftsergebnis insgesamt, kommt es seit 2003 zu einer Zunahme des Welthandels, die sehr deutlich über dem Wachstum der Weltwirtschaft liegt. Während die Weltwirtschaft um 4,1 % (2003), 5,3 (2004) bzw. 4,8 (2005) wuchs, nahm der Welthandel dagegen um 6,0 % (2003), 10,7 % (2004) bzw. 7,2 % (2005) zu. Es handelt sich hierbei um reale Zunahmen, also unter Abzug von Preissteigerungen.

Die **Zusammensetzung der Welthandelsgüter** veränderte sich in den letzten Jahren stark. Der Handel mit Halbfertig- und Fertigwaren aus Industrieproduktion wuchs mehr als doppelt so stark wie der Handel mit agrarischen und bergbaulichen Rohstoffen. Dies betraf nicht nur den Handel zwischen den großen Industriestaaten, sondern zunehmend auch den Handel zwischen den europäischen und nordamerikanischen Industrieländern und den »newly industrialized countries«, den Schwellenländern Asiens und Lateinamerikas. Insbesondere die weit fortgeschrittene Globalisierung der Wirtschaft mit weltweiten Produktions- und Handelsbeziehungen (z. B. Verlagerung von Fertigungsprozessen aus Westeuropa nach Ostasien) ist eine wesentliche Ursache für den Strukturwandel des Welthandels.

Der **Welthandel** weitete sich zwar in den letzten Jahren durch die Einflüsse der **Internationalisierung** und **Globalisierung der Wirtschaft** und durch die Bemühungen der WTO (Welthandelsorganisation) um den

Entwicklung des Welthandels

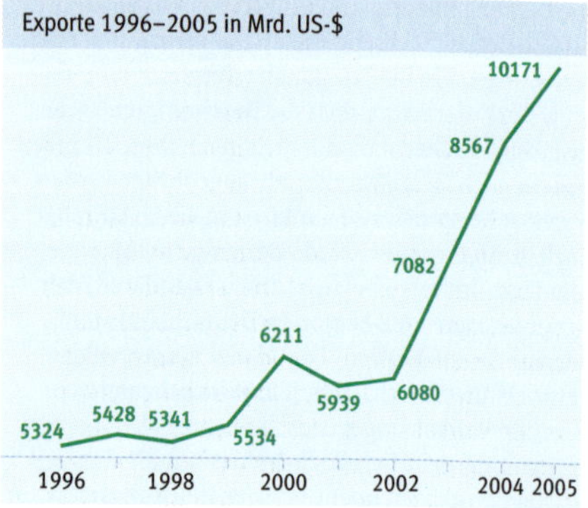

Quelle: UN

Freihandel stark aus, doch zeigen sich vor allem seit Beginn der 1990er Jahre auch kräftige Gegenbewegungen.

Zunehmend wird der freie Welthandel durch die Bildung von Wirtschaftsblöcken und Freihandelszonen, also durch **Regionalisierungstendenzen**, sowie durch staatlichen **Protektionismus** behindert. Freihandelszonen, Wirtschafts- und Zollunionen, wie z. B. die → EU in Europa, die → NAFTA in Nordamerika, Mercosur in Lateinamerika, → ASEAN in Südostasien oder SACU in Südafrika, fördern zwar die Integration ihrer Mitglieder und den Handel innerhalb der jeweiligen Union wirken aber diskriminierend gegenüber Drittländern, denen der ungehinderte Marktzugang versperrt wird.

Weltweit existieren derzeit ca. 40 Handelsbündnisse, die unterschiedlich gut funktionieren und auch unterschiedliche Produktspektren umfassen (z. B. nur Warenhandel oder nur Zollabbau). Auch 2005 entfiel wieder mehr als die Hälfte des globalen Handelsvolumens auf den Handel innerhalb von Freihandelszonen und Zollunionen – 1980 war es erst weniger als ein Drittel. Grundsätzlich wird hierdurch das Prinzip der WTO massiv verletzt, Gleichbehandlung und Nicht-Diskriminierung zu gewährleisten. Die EU ist ein Beispiel dafür, dass der Handel innerhalb der Union wesentlich stärker zunimmt als der Handel mit Drittländern.

Protektionismus im Handel soll die eigene Wirtschaft vor billigerer oder besserer ausländischer Konkurrenz schützen. Viele Entwicklungsländer versuchen, Einfuhren von Industriegütern zum Schutz der eigenen, im Aufbau begriffenen Industrie sowie zur Deviseneinsparung zu reglementieren bzw. zu verhindern. Aber auch viele Industrieländer bemühen sich, ihre eigene Industrie durch Importrestriktionen vor der Konkurrenz billiger produzierender Entwicklungs- und Schwellenländer zu schützen, um Arbeitsplätze zu erhalten (z. B. Schutz der westeuropäischen Textilindustrie durch das 2004 ausgelaufene Welttextilabkommen, → Textilindustrie).

Auch im Handel der Industrieländer untereinander, soweit sie verschiedenen Wirtschaftsblöcken angehören, hält sich Protektionismus in verschiedenen Formen – trotz gegenteiliger Bestimmungen der WTO. Insbesondere tatsächliche oder angebliche gesundheitliche Risiken oder technische Normen werden häufig angeführt, um die Einfuhr bestimmter Waren aus konkurrierenden Ländern zu behindern (z. B. USA – Japan, USA – EU). Mit Subventionen und Steuervorteilen wird versucht, eigenen Waren im internationalen Wettbewerb Konkurrenzvorteile zu verschaffen. 2005 lagen der WTO rd. 20 Streitfälle zwischen USA und EU vor, bei denen es überwiegend um Agrarhandel ging. Die USA werfen der EU die Exportsubventionen für Nahrungsmittel vor und beklagen sich über Importrestriktionen für genveränderte pflanzliche Produkte. Auch im Streit um die Flugzeugindustrie steht eine Einigung noch aus. Hier bestehen gegenseitige Vorwürfe, die Flugzeugproduktion (Boeing bzw. Airbus) zu subventionieren, um sich bessere Verkaufschancen zu verschaffen.

Als **Gesamtvolumen des Welthandels** (Exporte) gibt das Statistische Amt der Vereinten Nationen für 2003 7081,964 Mrd. US-$ an, für 2004 8567,025 Mrd. US-$. Für 2005 beläuft sich der Wert nach vorläufigen Berechnungen auf 10 171,000 Mrd. US-$. Dies bedeutet für 2005 eine Zunahme von 18,7 %. Real (unter Be-

Die führenden Welthandelsländer
(Einfuhr cif, Ausfuhr fob)

Einfuhr 2004	2003		in Mrd. US-$ 2004	2003
1.	1.	USA	1 525,680	1 303,050
2.	2.	Deutschland	718,269	604,729
3.	3.	VR China	560,683	413,062
4.	4.	Japan	454,592	383,085
5.	5.	Großbritannien	451,715	380,821
6.	6.	Frankreich	441,733	370,118
7.	7.	Italien	354,765	297,405
8.	9.	Belgien	285,596	234,947
9.	10.	Niederlande	283,734	233,091
10.	8.	Kanada	273,084	239,083
11.	11.	Hongkong	271,158	231,896
12.	12.	Spanien	257,672	208,553
13.	13.	Rep. Korea	224,463	178,827
14.	14.	Mexiko	197,347	170,490
15.	15.	Singapur	163,851	127,935
16.	16.	Rep. China	160,000	124,000
17.	18.	Australien	109,378	89,090
18.	19.	Österreich	108,866	88,265
19.	17.	Schweiz	106,645	92,014
20.	20.	Schweden	100,437	84,222
Ausfuhr 2004	**2003**		**in Mrd. US-$ 2004**	**2003**
1.	1.	Deutschland	911,859	751,824
2.	2.	USA	818,520	724,771
3.	4.	VR China	593,439	437,899
4.	3.	Japan	565,743	471,999
5.	5.	Frankreich	424,036	365,455
6.	7.	Italien	353,785	299,468
7.	6.	Großbritannien	341,621	304,268
8.	9.	Niederlande	317,936	258,915
9.	10.	Belgien	306,816	255,598
10.	8.	Kanada	304,456	272,696
11.	11.	Hongkong	259,314	223,762
12.	12.	Rep. Korea	253,845	193,817
13.	13.	Mexiko	189,083	165,396
14.	14.	Spanien	182,156	156,024
15.	17.	Russland	181,634	133,656
16.	15.	Singapur	179,611	144,183
17.	16.	Rep. China	175,000	148,000
18.	20.	Saudi-Arabien	125,728	93,245
19.	18.	Malaysia	125,745	99,370
20.	19.	Schweiz	114,138	97,165

Quelle: IWF

Entwicklung des Außenhandels in Afrika und im Nahen Osten 2001–2004

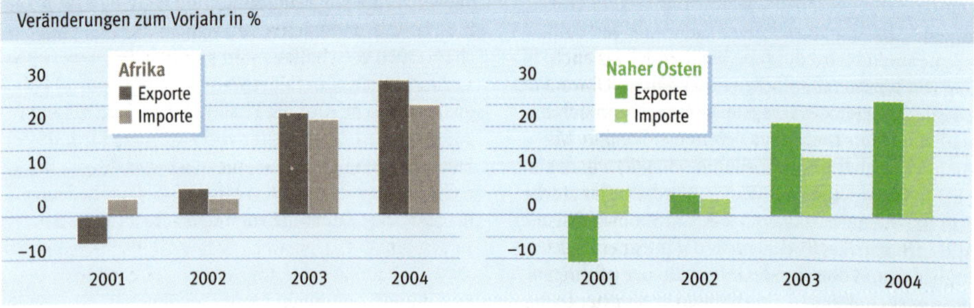

Quelle: WTO 2005

rücksichtigung von Preis- und Wechselkursschwankungen und -veränderungen) lag die Zunahme des Welthandelsvolumens bei 7,2 %.

Die wichtigsten **Welthandelsströme** verliefen auch 2005 nach Richtung und Stärke ähnlich wie in den Vorjahren. Die westlichen Industrieländer (einschließlich Japan) waren weiterhin die führenden Welthandelsmächte; auf sie entfielen im Jahr 2004 Exporte im Wert von 5281,781 Mrd. US-$ (61,7 % aller weltweiten Ausfuhren). Allein die 25 EU-Staaten innerhalb dieser Gruppe exportierten Waren für 3621,074 Mrd. US-$, d. h. 42,3 % aller Exporte. Hiervon entfielen allerdings 2415,957 Mrd. US-$ auf den Handel innerhalb der EU, d. h. 28,2 % des Welthandels sind Handel zwischen EU-Mitgliedsländern.

Die Entwicklungsländer insgesamt exportierten 2004 Waren im Wert von 2778,546 Mrd. US-$ (32,4 % aller Ausfuhren). Hiervon entfiel ein großer Teil auf die ostasiatischen Schwellenländer, von denen allein die ASEAN-Staaten in Südostasien mit 543,717 Mrd. US-$ 6,3 % und die VR China mit 593,439 Mrd. US-$ sogar 6,9 % aller Weltexporte lieferten. Der Anteil der übrigen Gruppen von Entwicklungsländern änderte sich vor allem aufgrund von Preisveränderungen bei Rohstoffen, den wichtigsten Ausfuhrprodukten. Die OPEC-Länder als Gruppe innerhalb der Entwicklungsländer kamen 2004 auf Ausfuhren von 482,149 Mrd. US-$, d. h. 5,6 % aller Exporte. Die ärmsten und am wenigsten entwickelten Länder (LDC) hatten mit 49,354 Mrd. US-$ lediglich einen Anteil von 0,58 % an den Weltexporten.

Die wichtigsten Exportpartner der VR China 2004

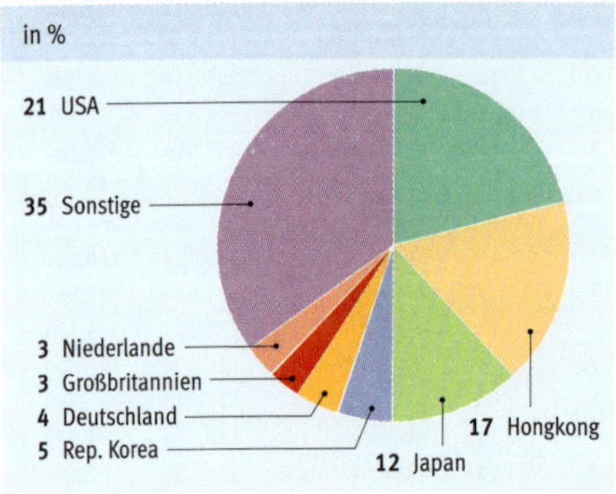

Quelle: bfai 2006

Der Außenhandel der Transformationsländer Ostmittel- und Osteuropas erhöhte sich überdurchschnittlich. Die GUS (einschließlich Russland) steigerte ihre Exporte durch vermehrte Rohstoffausfuhren kräftig auf 261,704 Mrd. US-$ (=3,1 % der Weltexporte), während die neuen EU-Mitglieder durch vermehrten Handelsaustausch ihre weltwirtschaftliche Einbindung verstärkten.

Die **führenden Welthandelsländer** waren auch 2004/05 – wie schon in den Vorjahren – die USA, Deutschland, Japan, Großbritannien, Frankreich, Italien, die Niederlande, Belgien, Kanada und, als einziges Entwicklungsland, China. Die Volksrepublik rückte dank der enormen Steigerung ihres Außenhandels 2004 bei den Einfuhren wie bei den Ausfuhren jeweils auf den 3. Platz und überholte damit Industrieländer wie Japan (bei den Exporten), Großbritannien, Frankreich und Italien.

Als nächste Gruppe folgten die Industrie- und Schwellenländer Ost- und Südostasiens (newly industrialized countries) – Hongkong, Rep. Korea (Südkorea), Singapur, Rep. China (Taiwan) und Malaysia – sowie die in wirtschaftlicher Hinsicht mittelgroßen europäischen Industriestaaten Spanien, die Schweiz und Österreich.

Nur vier weitere Staaten, die nicht zu den oben genannten Gruppen gehören, zählen zu den 20 wichtigsten Welthandelsländern: die beiden wichtigen Industriegüter- und Rohstoffexporteure Mexiko und Australien – wobei Mexiko stark von der Zugehörigkeit zur NAFTA (Zollunion mit USA und Kanada) profitiert – sowie Russland und Saudi-Arabien. Als größter Nachfolgestaat der UdSSR zählt Russland vor allem durch seine Rohstoffexporte zu den 20 größten Ausfuhrländern, und Saudi-Arabien rückte als größtes Erdölexportland durch die Preissteigerungen beim Erdöl in diese Gruppe.

Deutscher Außenhandel

Der **deutsche Außenhandel** (→ Grafik) steigerte sich 2005 sowohl bei den Ausfuhren (+ 7,5 %) als auch insbesondere bei den Einfuhren (+ 8,7 %). Obwohl der Zuwachs bei den Importen größer war, ergab sich ein gegenüber 2004 leicht höherer positiver Saldo. Mit + 160,554 Mrd. € (2004: + 156,096 Mrd. €) wurde ein neuer Rekord- Ausfuhrüberschuss erzielt. Das starke Wachstum des Exports wurde erreicht, obwohl sich aufgrund des hohen Euro-Kurses gegenüber dem US-$ und anderen Währungen die deutschen Ausfuhren in die entsprechenden Länder beträchtlich verteuert hatten. Trotzdem konnte Deutschland seine Stellung als – neben den USA – weltweit wichtigstes Exportland halten. Dieses hohe Niveau der Exportwirtschaft ging zweifellos auf die nach wie vor bestehende Stärke der deutschen Industrie zurück, die es verstand, trotz vergleichsweise hoher Preise durch innovative Produkte und technisch hochwertige Erzeugnisse Marktpositionen zu sichern.

Daneben spielt ein anderer Aspekt bei dem deutschen Außenhandel eine immer größere Rolle: Die Zunahme der Importe gerade von Industrieerzeugnissen, weniger von Rohstoffen, zeigt die zunehmende Globalisierung der Wirtschaft und die starke Einbindung Deutschlands in den Weltmarkt. Die früher übliche Charakterisierung als Rohstoffe importierendes und Fertigwaren exportierendes Land trifft längst nicht mehr zu. In der Fachliteratur wird dafür der Begriff **»Basarökonomie«** verwendet. Gemeint ist damit, dass weniger produziert als vielmehr gehandelt wird; konkret: Der deutsche Export besteht inzwischen zu rd. 40 % aus vorher importierten Vorprodukten und Halbfertigwaren, die im Inland nur weiter bearbeitet oder veredelt werden. Die Folge ist – trotz Zunahme von Industriegüterexporten – ein massiver Abbau von industriellen Arbeitsplätzen in Deutschland, da die personalintensiven Fertigungsstufen immer mehr ins Ausland verlagert werden.

Insgesamt betrugen 2005 die **deutschen Exporte** 786,186 Mrd. €, die **Importe** 625,632 Mrd. € (vorläufige Angaben). Die Ausfuhren erreichten damit erneut – wie schon im Vorjahr – den höchsten bisher erreichten Wert in der Geschichte der BR Deutschland. Aufgrund des hohen Überschusses der Außenhandelsbilanz von 160,554 Mrd. € entwickelte sich auch die deutsche Leistungsbilanz gegenüber dem Ausland wieder sehr positiv. Die Defizite der Dienstleistungsbilanz (–27,876 Mrd. €, vor allem verursacht durch das hohe Defizit im Tourismus), der unentgeltlichen Leistungen (laufende Übertragungen; –28,921 Mrd. €) und der Ergänzungen zum Außenhandel (–20,170 Mrd. €) konnten durch den Handelsbilanzüberschuss mehr als ausgeglichen werden, sodass sich 2005 ein Plus der Leistungsbilanz von 92,230 Mrd. € ergab, verglichen mit 81,925 Mrd. € 2004.

Eine grobe regionale Gliederung der **Handelsströme** aus bzw. nach Deutschland zeigt, dass die Bedeutung der **EU-Partner** und der **USA** für den deutschen Außenhandel auch 2005 überragend war. Der Handelsaustausch mit den EU-Partnern nahm bei den Importen um 7,6 %, bei den Exporten um 6,9 % zu, sodass 2005 63,4 % der deutschen Ausfuhren in die EU gingen und 59,0 % der Einfuhren von dort kamen. Der Exportüberschuss im Außenhandel mit den übrigen EU-Ländern erhöhte sich 2004–2005 von 123,691 auf 129,725 Mrd. €.

Auch der Handel mit den anderen großen Industrie- und Schwellenländern nahm 2005 z. T. kräftig zu. Im Austausch mit den **USA** erhöhten sich vor allem die Exportwerte (+6,9 %), während die deutschen Importe aus den USA nur um 1,6 % zunahmen. Umgekehrt verhielt es sich beim Handel mit den Staaten Ostasiens, wo China bereits seit 2002 Japan als wichtigsten deutschen Handelspartner abgelöst hat. Die deutschen Exporte nach **China** stiegen zwar um 1,4 % an, während die Importe aus China um 21,7 % zunahmen. Der Handel mit Japan stagnierte dagegen (deutsche Exporte +4,8 %, Importe –0,7 %).

Entwicklung des deutschen Außenhandels 1995–2005

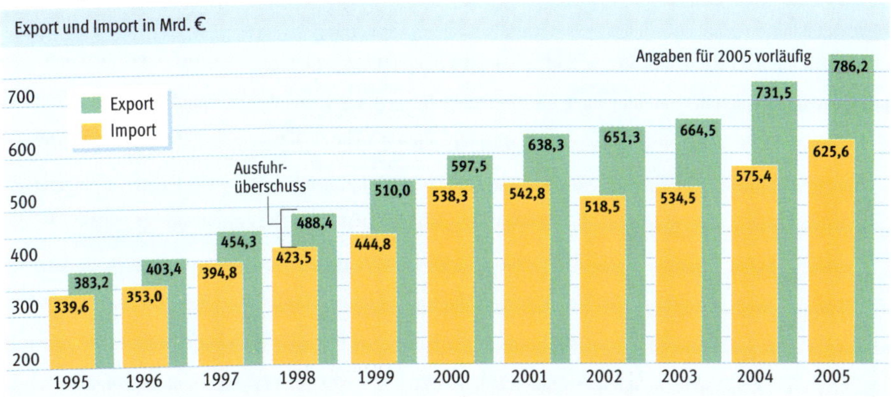

Im Handel mit den **EU-Beitrittsländern** setzten sich die Zunahmetendenzen der letzten Jahre verstärkt fort. So erhöhten sich die deutschen Exporte nach Polen um 16,7 %, die Importe von dort um 0,5 %; die entsprechenden Zahlen für die Tschechische Republik lauteten 6,1 % bzw. 7,0 % und für Ungarn 6,0 % bzw. 6,9 %.

Der Handel mit den Rohstoffe exportierenden **Entwicklungsländern** (vor allem Staaten Afrikas, Vorderasiens und Lateinamerikas) nahm wertmäßig vor allem wegen der stark gestiegenen Rohstoffpreise zu. Insgesamt war der Handelsaustausch mit Entwicklungsländern aber relativ gering. So betrugen die Exporte nach ganz Afrika 2005 nur 14,785 Mrd. €, die Importe 13,208 Mrd. € – in der Summe vergleichbar mit dem Handelsaustausch mit Schweden. Hier wirkte es sich auch aus, dass der deutsche Rohstoffbedarf wegen der Konjunkturschwäche stagnierte, sodass es trotz stark gestiegener Preise kaum Zuwachsraten gab. Eine Ausnahme unter den Entwicklungsländern bot erneut China, das wegen seines rasanten wirtschaftlichen Aufbaus immer mehr Industriegüter nach Deutschland liefert.

Deutschland war auch 2005 wie seit mehreren Jahrzehnten das **zweitwichtigste Welthandelsland** nach den USA und vor Japan, Frankreich und Großbritannien. Auch 2005 wurden im Warenhandel mit fast allen Kontinenten und Staatengruppen Überschüsse erzielt, ausgenommen Süd- und Ostasien. Hier geht der defizitäre Saldo auf die hohen Einfuhrüberschüsse im Handel mit Japan und China und die ebenfalls – wenn auch nicht in dieser Höhe – bestehenden negativen Salden mit der Rep. Korea, der Rep. China (Taiwan), Thailand und anderen südostasiatischen Schwellenländern zurück.

Die wichtigsten **Außenhandelspartner** Deutschlands waren auch 2005 – wie schon in den Vorjahren – mit weitem Abstand die übrigen westlichen Industriestaaten, und zwar sowohl als Einkaufs- wie auch als Käuferländer (Ursprungs- und Bestimmungsländer). Auf diese Länder entfielen jeweils etwa drei Viertel der deutschen Ein- und Ausfuhren. Eine Analyse nach einzelnen Ländern zeigt, dass die vorderen Plätze in der Im- und Exportstatistik auch 2005 von **EU-Staaten** eingenommen wurden. Lediglich die **USA** standen bei den Liefer- wie bei den Abnehmerländern an 3. bzw. 2. Stelle. **Frankreich** behielt, wie schon seit vielen Jahren, seinen 1. Rang als Abnehmerland mit einem Anteil von 10,2 % der deutschen Ausfuhren, und es blieb auch 2005 wichtigstes Lieferland mit 8,7 % aller deutschen Importe. Einen weiteren Sprung nach vorn auf der Liste der Lieferanten für deutsche Einfuhren machte die **VR China**, die Großbritannien und Italien überholte und zum viertwichtigsten Lieferanten aufrückte. Ansonsten belegten die **EU-Partner** Niederlande, Großbritannien, Italien, Belgien/Luxemburg, Österreich und Schweden die nächsten Plätze. Ähnlich war 2005 auch die Rangliste der wichtigsten deutschen Exportkunden, wo die ersten acht Plätze – neben den USA – nur von EU-Partnern eingenommen wurden.

Bemerkenswert war in den letzten Jahren das Vorrücken der **Transformationsländer Ostmitteleuropas**, die seit 2004 EU-Mitglieder sind, unter die wichtigsten deutschen Handelspartner. Auch 2005 standen die Tschechische Republik, Polen und Ungarn wieder unter den ersten 16 deutschen Handelspartnern. Bei den Ausfuhren lagen Polen und die Tschechische Republik auf den Plätzen 10 und 12, noch vor Russland, Japan und den »alten« EU-Mitgliedern Schweden, Dänemark, Finnland und Portugal.

Unter den überseeischen Ländern waren die **USA** mit 6,6 % der deutschen Einfuhren und 8,8 % der Ausfuhren auch 2005 der bedeutendste Handelspartner. Der deutsche Überschuss im US-Handel stieg von 24,151 Mrd. € (2004) auf 27,969 Mrd. € (2005) an, da die deutschen Exporte sich stärker steigerten als die Importe aus den USA. Zweitwichtigster überseeischer Handelspartner war auch 2005 mit wachsender Bedeutung die **VR China**. Sie rückte auf den 4. Rang bei den Lieferanten und den 11. Rang bei den Abnehmern vor. Da die deutschen Bezüge aus China wesentlich stärker zunahmen als die Lieferungen dorthin, er-

Der deutsche Außenhandel nach Kontinenten

Liefer- bzw. Bezugsstaaten	Importe			Exporte in Mrd. €			Saldo		
	2005	2004	2003	2005	2004	2003	2005	2004	2003
Europa	445,4	408,7	384,9	581,5	541,4	490,7	+136,2	+132,7	+105,7
davon EU-Staaten[1)]	368,8	342,6	324,0	498,6	466,3	426,3	+129,7	+123,7	+102,3
Amerika	57,4	54,7	51,9	92,0	84,7	79,6	+ 34,5	+ 30,0	+ 27,7
davon USA u. Kanada	44,0	43,2	41,8	74,8	69,8	66,5	+ 30,8	+ 26,6	+ 24,8
Asien	106,9	98,2	84,8	90,6	84,8	75,6	– 16,3	– 13,4	– 9,2
davon VR China	39,9	32,8	25,7	21,3	21,0	18,3	– 18,6	– 11,8	– 7,4
Afrika	13,2	11,1	10,2	14,8	13,8	12,1	+ 1,6	+ 2,7	+ 1,8
Australien u. Ozeanien	2,1	2,2	1,9	5,8	5,5	5,0	+ 3,8	+ 3,3	+ 3,1
Insgesamt*	625,6	575,4	534,5	786,2	731,5	664,5	+160,6	+156,1	+129,9

* Der Gesamtwert stimmt wegen nicht zuzuordnender Handelsströme nicht völlig mit der Summe der Kontinente überein. Die Zahlen für 2005 sind vorläufig.

1) ab 2003: EU-25

Die wichtigsten deutschen Außenhandelspartner

Einfuhr	in Mrd. €		
	2005*	2004	2003
1. Frankreich	54,627	51,535	48,545
2. Niederlande	53,371	46,204	42,301
3. USA	41,342	40,709	39,231
4. VR China	39,891	32,791	25,681
5. Großbritannien	39,414	34,466	31,712
6. Italien	35,589	35,676	34,259
7. Belgien mit Luxemb.	33,687	28,818	26,132
8. Österreich	25,292	24,020	21,453
9. Schweiz	23,283	21,445	19,093
10. Russland	21,621	16,335	14,231
11. Japan	21,435	21,583	19,684
12. Spanien	17,985	17,426	16,518
13. Tschech. Rep.	17,647	16,493	17,538
14. Polen	16,093	15,973	15,888
15. Irland	15,431	14,772	13,627
16. Norwegen	14,999	13,135	13,445
17. Ungarn	14,332	13,412	12,297
18. Schweden	11,308	10,197	9,501
19. Dänemark	9,570	9,669	9,486
20. Rep. Korea	9,051	7,728	5,724
Ausfuhr	**in Mrd. €**		
	2005*	**2004**	**2003**
1. Frankreich	79,871	74,360	69,025
2. USA	69,311	64,860	61,654
3. Großbritannien	61,681	59,986	55,597
4. Italien	54,374	51,479	48,414
5. Niederlande	47,799	46,730	42,219
6. Belgien mit Luxemb.	47,749	43,992	38,413
7. Österreich	42,533	40,244	35,857
8. Spanien	40,395	36,249	32,364
9. Schweiz	29,579	27,917	26,009
10. Polen	21,909	18,776	16,362
11. VR China	21,280	20,992	18,265
12. Tschech. Rep.	18,842	17,766	16,785
13. Russland	17,282	14,988	12,120
14. Schweden	17,238	15,730	14,240
15. Ungarn	13,581	12,816	11,860
16. Japan	13,330	12,719	11,889
17. Türkei	12,803	11,788	8,850
18. Dänemark	12,325	11,358	11,272
19. Finnland	8,228	7,322	6,686
20. Portugal	7,424	6,720	6,344

* Zahlen vorläufig

höhte sich das deutsche Außenhandelsdefizit von 11,800 Mrd. € (2004) auf 18,611 Mrd. € (2005). Der Handel mit **Japan** stagnierte (leicht steigende Ausfuhr, zurückgehende deutsche Einfuhren); das deutsche Defizit sank daher von 8,865 Mrd. € (2004) auf 8,104 Mrd. € (2005).

Besonders hohe **Überschüsse** erzielte Deutschland 2005 im Handel mit den EU-Partnern und Nachbarländern, so mit Frankreich (25,244 Mrd. €), Spanien (22,410 Mrd. €), Großbritannien (22,268 Mrd. €). Bei überseeischen Handelspartnern ergaben sich größere Überschüsse vor allem mit den USA (27,969 Mrd. €), Australien (3,777 Mrd. €), Südafrika (3,302 Mrd. €) und Kanada (2,868 Mrd. €).

Größere **Außenhandelsdefizite** ergaben sich 2005 mit einigen Industriegüter- und Rohstofflieferanten wie VR China (–18,611 Mrd. €), Irland (–10,567 Mrd. €), Japan (–8,104 Mrd. €), Niederlande (–5,573 Mrd. €) und Russland (–4,340 Mrd. €).

Auch 2005 resultierte der **Außenhandelsüberschuss** Deutschlands überwiegend aus den positiven Salden im Warenaustausch mit den meisten industrialisierten europäischen Ländern sowie mit mehreren Rohstoffe exportierenden (und somit devisenstarken) Entwicklungsländern. Negative Salden traten vor allem im Handel mit einigen ostasiatischen Industrie- und Schwellenländern auf, die Industrieprodukte exportieren (ASEAN-Länder), sowie gegenüber vielen der ärmeren Rohstofflieferanten unter den Entwicklungsländern (z. B. Erdöl, Kaffee, Erze).

Die wichtigsten Güter im deutschen Außenhandel

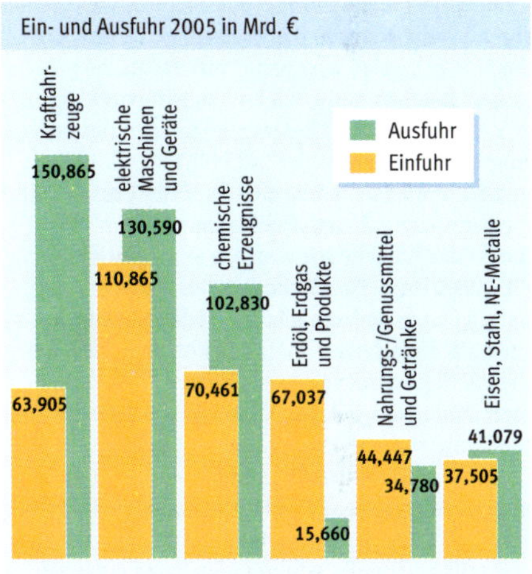

Die Zusammensetzung der **Waren und Güter**, die im deutschen Ex- und Import gehandelt wurden, hat sich in den letzten Jahren wenig verändert. Auch 2005 dominierte sehr stark der Außenhandel mit Gütern des produzierenden Sektors gegenüber Nahrungs- und Genussmitteln. Aufgrund der starken Preissteigerungen rückten Rohstoffe – zumindest wertmäßig – in der Rangliste der Außenhandelsgüter weiter vor.

Der größte **Ausfuhrüberschuss** wurde wieder mit Kraftfahrzeugen erwirtschaftet, nämlich 86,960 Mrd. €. Den größten **Einfuhrüberschuss** ergab der Handel mit Erdöl und Erdgas und Mineralölprodukten (51,377 Mrd. €) sowie mit Nahrungs- und Genussmitteln und Getränken (9,667 Mrd. €).

In allen wirtschaftlich hochentwickelten Staaten läuft im Einzelhandel seit mehreren Jahrzehnten ein Strukturwandel ab, der vor allem durch folgende Veränderungen gekennzeichnet ist: Vergrößerung der Verkaufsfläche insgesamt und pro Betrieb, Umstellung auf Selbstbedienung, Verringerung des Personals, Aufgabe kleiner und umsatzschwacher Läden, Anschluss von Einzelbetrieben an Einkaufsgenossenschaften oder Handelsketten. Der Lebensmitteleinzelhandel hatte bei diesen Entwicklungen eine gewisse Vorreiterrolle; sie sind aber auch z. B. im Handel mit Möbeln, Textilien und Bekleidung, Haushaltswaren, Elektrogeräten usw. zu erkennen. Während dieser Umstrukturierungsprozess in den USA bereits in den 1970er Jahren weitgehend abgeschlossen war, ist er in Europa noch in vollem Gange.

In **Deutschland** fanden die größten Veränderungen in den 1980er und 90er Jahren statt. So nahm z. B. im deutschen Lebensmitteleinzelhandel die Anzahl der Ladengeschäfte von 1970 (alte Länder) bis 1995 (Gesamtdeutschland) von 153 999 auf 76 403 ab, während gleichzeitig die Verkaufsfläche von 8,15 auf 23,19 Mio. m² zunahm, d. h. die Verkaufsfläche pro Geschäft stieg von 53 auf 304 m². Die Entwicklung setzte sich seitdem beschleunigt fort. Die traditionellen »Tante-Emma-Läden« sind fast völlig verschwunden; 2004 entfielen bereits über 85 % des Umsatzes im Lebensmitteleinzelhandel auf die 10 größten Unternehmen der Branche (Discounter, Supermarktketten).

Die **Umsätze im Einzelhandel** in Deutschland stagnierten in den meisten Jahren seit der Jahrtausendwende. Die Ursache der Kaufzurückhaltung wird in der hohen Arbeitslosigkeit, der schwachen Konjunktur mit realen Einkommensverlusten für weite Bevölkerungskreise sowie in Zukunftsangst gesehen.

2005 erwirtschaftete der deutsche Einzelhandel einen gegenüber 2004 um 1,6 % erhöhten Umsatz. Den stärksten Zuwachs erreichte der Versandhandel mit 4,5 %, während der Facheinzelhandel mit Lebensmitteln um 2,2 % abnahm. Der Gesamtumsatz des deutschen Einzelhandels betrug nach einer repräsentativen Erhebung des Statistischen Bundesamts 456,763 Mrd. € (einschl. Kfz-Handel und Tankstellen), er beschäftigte 3,034 Mio. Personen. Vom Gesamtumsatz des Einzelhandels entfielen 2003/04 24,6 % auf traditionelle Fachgeschäfte, 22,1 % auf Fachmärkte, 11,8 % auf SB-Warenhäuser, 11,3 % auf Lebensmitteldiscounter, 7,8 % auf Supermärkte, 5,9 % auf Versandhandel und 3,8 % auf Waren- bzw. Kaufhäuser.

Trotz stagnierender Umsätze setzte sich 2005 die **Flächenexpansion** im deutschen Einzelhandel fort, was zum Verdrängungswettbewerb beitrug. So erhöhte sich 2003–2005 die Zahl der »shopping-center« mit mehr als 15 000 m² Verkaufsfläche von 308 auf 325. Mit 1,4 m² pro Einwohner verfügt Deutschland über mehr Verkaufsfläche als jedes andere Land Europas.

Verkehr

Personen- und Güterverkehr

Der internationale Verkehr über Staatsgrenzen hinweg kann als Folgeerscheinung der zunehmenden Globalisierung der Wirtschaft gesehen werden, aber auch als Mitverursacher, denn seine rasche Entwicklung (Kostensenkung, Beschleunigung) ermöglicht Globalisierungseffekte.

Nur zeitweise unterbrochen durch die Terrorangriffe vom 11. 9. 2001 und durch die Konjunkturschwäche in vielen Industriestaaten zu Beginn des Jahrtausends, weist der internationale Verkehr seit langem hohe Zuwachsraten auf, besonders deutlich beim Tourismus und bei der Güterbeförderung im Außenhandel. Auch im regionalen und innerstaatlichen Rahmen, wo vielfach Mobilität als Indikator für hohe Lebensqualität angesehen wird, zeigen sowohl Personen- als auch Güterverkehr weltweit jährlich beachtliche Zuwächse, wobei hier vor allem die Wirtschaftskonjunktur eine entscheidende Rolle spielt.

Nach mehreren Jahren der Stagnation oder sogar des Rückgangs waren schon 2004 und verstärkt 2005 fast weltweit wieder in allen Verkehrsbereichen Zuwächse zu verzeichnen. Im **Güterverkehr** sorgte vor allem die starke Zunahme des Außenhandels für hohe Verkehrssteigerungen. Beim **Personenverkehr** war es hauptsächlich der internationale Urlaubsreiseverkehr (→ Tourismus), der wieder beachtliche Zuwachsraten aufwies.

Neben den Industriestaaten waren es vor allem die Schwellenländer und die Transformationsländer Ost- und Südosteuropas, in denen sich der Verkehr 2005 überdurchschnittlich entwickelte. Wegen des kräftigeren Wirtschaftswachstums nahm der Güterverkehr stärker zu, und durch die verbesserte Einkommenssituation der Bevölkerung erhöhte sich der Motorisierungsgrad und damit der Straßenverkehr. Besonders die Schwellenländer Ostasiens wiesen beachtliche Verkehrszunahmen auf (z. B. China). Dagegen ist in den ärmeren Entwicklungsländern der Verkehr weiterhin relativ unbedeutend.

In **Deutschland** war 2001 zunächst ein Ende der jahrelangen Zuwachsraten des Verkehrs erreicht. 2002 stagnierte die Verkehrsmenge; 2003 nahmen sowohl Personen- als auch Güterverkehr leicht ab. 2004 war ein Zuwachs sowohl beim Schienen- als auch beim Straßenverkehr (Personen- und Güterverkehr) zu verzeichnen; für 2005 zeigen erste Berechnungen wieder Stagnationstendenzen. Einflussfaktoren auf die Verkehrsentwicklung waren in den vergangenen Jahren die wirtschaftliche Lage einschließlich der ungünstigen Arbeitsmarktlage, die – im Durchschnitt der Gesamtbevölkerung – zurückgehenden Realeinkommen, die Kriegs- und Terrorfurcht mit negativem Einfluss auf den Tourismus, die starken Preiserhöhungen für Benzin und Diesel, aber auch Sättigungseffekte in vielen Wirtschaftsbereichen. Bei der Zunahme des Güterverkehrs spielten vor allem das Außenhandelswachstum und der zunehmende Güteraustausch mit den neuen EU-Mitgliedsländern in Osteuropa eine wichtige Rolle.

Personenverkehr in Deutschland 2004

Verkehrszweig	beförderte Personen in Mio.	Personen-km in Mrd.
Kfz (privat)	58 335	907,0
Straßenverkehr (öffentlich)	8 780	74,3
davon Linienverkehr (einschl. U- und Straßenbahn)	8 706	51,8
Ausflugs- u. ä. Verkehr	74	22,5
Eisenbahnverkehr	2 071	72,6
davon Fernverkehr	115	32,4
Luftverkehr	106,3	48,4

Quelle: Bundesverkehrsministerium

Güterverkehr in Deutschland 2004

Verkehrszweig	beförderte Güter in Mio. t	Tonnen-km in Mrd.
LKW-Verkehr (gewerblich)*	1 572,1	204,2
LKW-Verkehr (Werkverkehr)	1 178,5	62,7
Eisenbahnverkehr	310,3	86,4
Binnenschiffsverkehr	235,9	63,7
Seeverkehr (nach und von deutschen Seehäfen)	268,2	1 481,0
Luftverkehr	2,8	1,0
Rohrfernleitungen (nur Rohöl)	93,8	16,2

* ohne ausländische LKW

Quelle: Bundesverkehrsministerium

Die Verkehrsentwicklung, gegliedert nach Verkehrsmitteln, zeigen die Tabellen. Beim **Personenverkehr** ergab sich bei der Verkehrsleistung insgesamt 2002–2003 ein Rückgang von 1,072 Billionen auf 1,063 Bill. Personen-km; für 2004 wird eine Zunahme auf 1,070 Bill. Personen-km geschätzt (Individual- und öffentlicher Verkehr).

Beim **Güterverkehr** erhöhten sich bei den beiden wichtigsten Verkehrsträgern die Leistungen 2002–2003: beim Straßengüterverkehr von 354,5 auf 362,9 Mrd. t-km, beim Bahnverkehr von 76,3 auf 79,8 Mrd. t-km.

Kraftfahrzeugproduktion und Straßenverkehr

Kraftfahrzeugbestand Der **Weltbestand** an Kraftfahrzeugen beträgt derzeit rd. 750 Mio. Die letzten genauen Zahlen ermittelte die UN für 2001: 521,466 Mio. PKW und 210,791 Mio. Nutzfahrzeuge (LKW, Busse u. a.; jeweils ohne motorisierte Zweiräder, landwirtschaftliche Zugmaschinen, Anhänger, Polizei- und Militärfahrzeuge).

Kraftfahrzeugbestand 2003 in Mio. (teilweise S)

	PKW	LKW (inkl. Kombi)
USA (2002)	135,921	93,699
Japan	55,213	17,716
Deutschland	45,023*	2,586
Italien	34,310	3,934
Großbritannien	29,896	3,073
Frankreich	29,560	5,772
Russland	23,383	4,460
Brasilien (2000)	23,242	5,306
Spanien	18,688	4,189
Kanada	17,755*	3,628
VR China	14,788	8,535
Mexiko (2002)	12,965	5,919
Polen	11,244	2,192
Australien	10,404	2,312
Rep. Korea	10,279	4,308
Indien (2002)	7,571	2,681
Niederlande (2002)	6,855	0,918
Rep. China	5,170	0,886
u. a. Österreich	4,054*	0,326
Schweiz	3,754	0,283
zum Vergleich: Kenia	0,330	0,058
Äthiopien (2001)	0,059	0,034

* inkl. Kombi

Die **Motorisierung** ist weltweit nach wie vor sehr ungleich. So entfallen in den USA 467, in Deutschland 561, in Luxemburg sogar 650 PKW auf 1000 Einwohner, dagegen in China nur 12, in Indien 7 und in den meisten Staaten West- und Zentralafrikas 1–2.

Die **Neuzulassung** von Kraftfahrzeugen nahm in Deutschland 2005 wieder zu, nachdem die Zahl mehrere Jahre stagniert hatte und z. T. rückläufig war. Nach Angaben des Kraftfahrtbundesamtes wurden 2005 3,832 Mio. fabrikneue Kfz zugelassen (2004: 3,775 Mio.). Im Einzelnen stieg die Zulassungszahl bei PKW um 2,3 % auf 3,342 Mio., bei LKW um 3,7 % auf 0,223 Mio.; bei Motorrädern ging sie um 4,7 % auf 0,189 Mio. zurück. Die Zahl der **Besitzumschreibungen** gebrauchter Kfz sank um 0,3 % auf 7,454 Mio., davon 6,655 Mio. PKW.

Bestand an Kraftfahrzeugen in Deutschland
Zugelassene Kfz zu Jahresbeginn in Mio.

	2006	2005	2000
PKW und Kombi	46,090	45,376	42,840
LKW	2,573	2,572	2,527
Motorräder	3,903	3,828	3,338
Traktoren	1,976	1,962	1,920
Omnibusse	0,084	0,086	0,086
Sonstige (Wohnmobile, Sonderfahrzeuge usw.)*	0,284	0,697	0,655
Kfz insgesamt	54,910	54,520	51,366

* Wohnmobile ab 2006 unter PKW

Quelle: Kraftfahrtbundesamt

Neuzulassung von PKW in Deutschland 2005

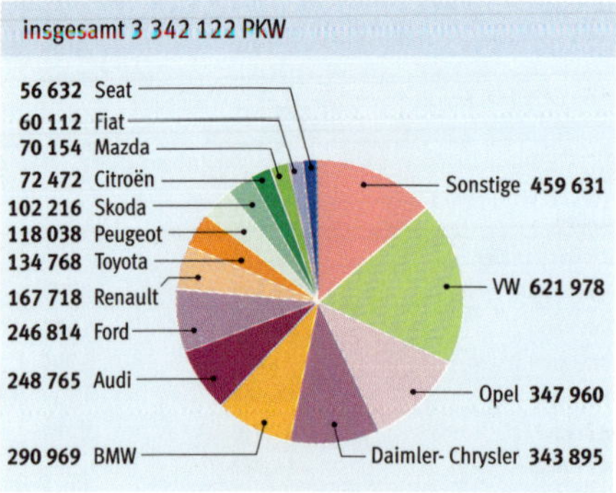

Quelle: Kraftfahrtbundesamt

Die **Weltproduktion von Kraftfahrzeugen** nahm in den letzten Jahren nur noch leicht zu. Die Produktion von PKW betrug 2004 42,2 Mio., von Nutzfahrzeugen 18,8 Mio. Stück. Die größten Produktionsländer waren die USA (11,6 Mio.) vor Japan (8,720 Mio.), Deutschland (5,191 Mio.) und Frankreich (3,155 Mio.). Die weltweit größten Pkw-Hersteller waren 2004 General Motors vor Toyota und Ford. 2005 stieg die Produktion leicht an; am stärksten wuchs der Ausstoß in der VR China, die Frankreich als viertwichtigsten Produzenten überholte.

Auch in der **Automobilindustrie** setzte sich 2005/06 der Globalisierungsprozess vor allem in Form von internationalen Zusammenschlüssen oder Beteiligungen fort, mit denen auf den Kosten- und Konkurrenzdruck geantwortet wird. Allerdings ist die Automobilindustrie schon seit Jahren dadurch besonders stark international orientiert, dass sie in besonders hohem Maße Produktionsstätten im Ausland betreibt. Es gibt vor allem zwei Gründe für diese Verlagerungstendenzen: Einerseits zwingen vielfach Handelsbeschränkungen (z. B. hohe Einfuhrzölle) und das Bedürfnis nach Marktnähe dazu, in wichtigen Abnahmeländern direkt zu produzieren, andererseits haben die europäischen Produktionsstandorte, besonders Deutschland, durch hohe Arbeitskosten, Steuern und staatliche Auflagen stark an Wettbewerbsfähigkeit eingebüßt. Eine Folge ist z. B., dass die deutschen PKW-Exporte sich zunehmend auf die EU-Länder und andere Industrieländer konzentrieren, wo deutsche High-Tech-Produkte trotz ihres relativ hohen Preises gute Absatzchancen haben. Die Produktion deutscher Marken für den Verkauf in Entwicklungsländern wird dagegen zunehmend in ausländische Werke verlagert. 2005 verteilte sich die Herstellung von PKW deutscher Marken fast zu gleichen Teilen (50:50 %) auf Deutschland und auf das Ausland. Eine ähnliche Globalisierungsstrategie verfolgen die US-amerikanischen und japanischen Hersteller.

In **Deutschland** zeigte die **PKW-Produktion** – nach Rückgängen um die Jahrtausendwende – in den letzten Jahren wieder eine leicht steigende Tendenz. Der Ausstoß betrug 2003 5,605 Mio. und 2004 5,773 Mio. Fahrzeuge. 2005 stieg die Produktion auf 5,850 Mio. (einschl. Kombi). Die Herstellung von Nutzfahrzeugen (LKW, Omnibusse und Sonderfahrzeuge) erhöhte sich, vor allem wegen steigender Exporte, 2004 auf 377,9 Tsd. (2003: 347,0 Tsd.), erreichte aber noch nicht wieder den Stand von 2000 (394,7 Tsd.).

Die Produktion von Kraftfahrzeugen konnte nur dadurch auf dieser Höhe aufrechterhalten werden, weil es gelang, bei stagnierendem Inlandsabsatz erneut die Exporte zu steigern. Die Exportquote stieg 2004 bei PKW auf 70,6 %, bei Nutzfahrzeugen auf 72,0 %.

Die **Kraftfahrzeugindustrie** gehörte in Deutschland auch 2005 zu den bedeutendsten Industriebranchen. Der Umsatz stieg von 279,154 Mrd. (2004) um 5,3 % auf 293,887 Mrd. € (2005). Davon entfielen 172,689 Mrd. € auf Auslandsumsatz (=58,8 %). Trotz der Produktionszunahme wurde die Zahl der Beschäftigten 2005 um 0,5 % auf 798 000 verringert.

Straßenverkehr und Straßenbau In **Deutschland** war zuletzt 1999 ein stärkeres Wachstum des Straßenverkehrs zu verzeichnen gewesen. Seitdem sinken die Zuwachsraten. Beim Personenverkehr auf der Straße (öffentlicher und Individualverkehr) zeigt die Verkehrsmenge seit der Jahrtausendwende von Jahr zu Jahr nur noch geringe Zuwachsraten; 2003 gab es einen leichten Rückgang, 2004 und 2005 wieder leichte Zunahmen. Der Straßengüterverkehr steigt demgegenüber weiterhin langsam, aber kontinuierlich an, wobei ein von Jahr zu Jahr zunehmender Anteil auf Fahrten ausländischer LKW in Deutschland entfällt.

Der **Individualverkehr mit PKW** betrug 2004 591,2 Mrd. km (Fahrleistung aller PKW und Kombi). Die Erhöhung gegenüber dem Vorjahr ergab sich durch

Produktion von Kraftfahrzeugen in Mio.
(ohne Montage importierter Bausätze)

	PKW und Kombi		LKW, Busse u. a. Nutzfahrzeuge*	
	2003	2002	2003	2002
USA	4,510	5,019	7,605	7,261
Japan	8,478	8,618	1,808	1,639
Deutschland	5,121	5,123	0,347	0,346
Frankreich	3,220	3,293	0,400	0,409
VR China	2,019	1,102	2,425	2,185
Rep. Korea	2,768	2,651	0,410	0,496
Spanien	2,339	2,267	0,630	0,588
Kanada	1,340	1,369	1,213	1,260
Großbritannien	1,658	1,630	0,189	0,193
Mexiko	0,774	0,960	0,801	0,845
Brasilien	1,505	1,520	0,323	0,271
Italien	1,026	1,126	0,295	0,301
Russland	1,010	0,980	0,268	0,240
Indien	0,908	0,704	0,254	0,191
Tschech. Rep.	0,436	0,441	–	–
Polen	0,334	0,288	–	–
Weltproduktion	41,949	41,358	18,632	17,636

* ohne Traktoren

Quelle: UN

vermehrten PKW-Bestand (45,258 Mio. PKW zum Jahresende 2004) und größere Fahrleistung pro PKW im Durchschnitt (13 100 km pro Jahr). Der Benzin- und Dieselverbrauch für PKW hielt sich trotzdem ungefähr auf der Höhe des Vorjahres, da der spezifische Verbrauch leicht abnahm. Im Durchschnitt verbrauchte ein PKW 1990 noch 9,7 l Benzin pro 100 km, 2004 nur noch 8,3 l; bei Dieselmotoren sank der Verbrauch von 7,8 l/100 km (1990) auf 6,9 l (2004).

Der **Straßenbau** blieb 2005/06 weltweit auf relativ niedrigem Niveau. In den meisten Industrieländern wird er bereits seit Jahren zunehmend eingeschränkt, da der vordringliche Bedarf weitgehend gedeckt ist und Gesichtspunkte des Natur- und Umweltschutzes gegen eine weitere Verdichtung des Straßennetzes sprechen. Hinzu kam in vielen Staaten Finanzknappheit der öffentlichen Hand wegen der schwachen Wirtschaftskonjunktur. In den Entwicklungsländern, aber auch in den Transformationsländern Osteuropas besteht zwar noch großer Nachholbedarf bei der Straßenverkehrsinfrastruktur, doch stagnierte das Neubauvolumen hier vor allem aus finanziellen Gründen. In der VR China, in Indien, Lateinamerika, aber auch in Russland und den zentralasiatischen Staaten existieren zahlreiche Pläne zum Bau von Überlandstraßen, die günstige Auswirkungen auf die wirtschaftliche Entwicklung hätten. Nur ein kleiner Teil der Projekte dürfte in absehbarer Zeit Aussicht auf Realisierung haben. Eine Ausnahme stellte China dar, wo seit Jahren intensiver Straßenbau in den wachsenden Industriegebieten, aber auch zur Erschließung der peripheren Landesteile betrieben wird.

In **Deutschland** wurde der **Straßenbau** auch 2005/06 infolge der Finanzknappheit der öffentlichen Haushalte auf relativ niedrigem Niveau gehalten, zumal der Unterhalt des bestehenden Straßennetzes jährlich steigende Aufwendungen erfordert. An Neubauten wurden hauptsächlich Ortsumgehungen und kleinere Lückenschließungen im Bundesstraßen- und Autobahnnetz fertig gestellt (z. B. Fertigstellung des Westteils des Münchner Autobahnringes). Im Übrigen wurden hauptsächlich Bauvorhaben im Rahmen der »Verkehrsprojekte Deutsche Einheit« realisiert (Fertigstellung der Ostsee-Autobahn Lübeck – Rostock – Stettin, Teilabschnitte der Verbindung Erfurt – Schweinfurt und Teilstücke in Sachsen-Anhalt und Thüringen). Wegen der finanziellen Probleme der öffentlichen Haushalte wird das Ausmaß des Straßenbaus in den nächsten Jahren stark von den Erträgen der LKW-Maut auf den Bundesautobahnen abhängen.

Die **LKW-Maut auf Autobahnen** wurde nach längeren Verzögerungen wegen technischer Pannen statt am 31. 8. 2003 erst am 1. 1. 2005 eingeführt. Die Gebühr beträgt durchschnittlich 12,4 cent/km. Die Einnahmen betrugen 2005 2,860 Mrd. €, von denen 2,245 Mrd. in Bau und Unterhalt von Verkehrswegen fließen.

Das **deutsche Straßennetz** umfasste 2004 insgesamt 231 420 km Straßen des überörtlichen Verkehrs, davon 12 044 km Bundesautobahnen, 41 139 km Bundesstraßen, 86 809 km Landes- bzw. Staatsstraßen und 91 428 km Kreisstraßen. Hinzu kommen rd. 432 000 km Gemeindestraßen (inner- und außerorts).

Die Verwendung der LKW-Mauteinnahmen 2005

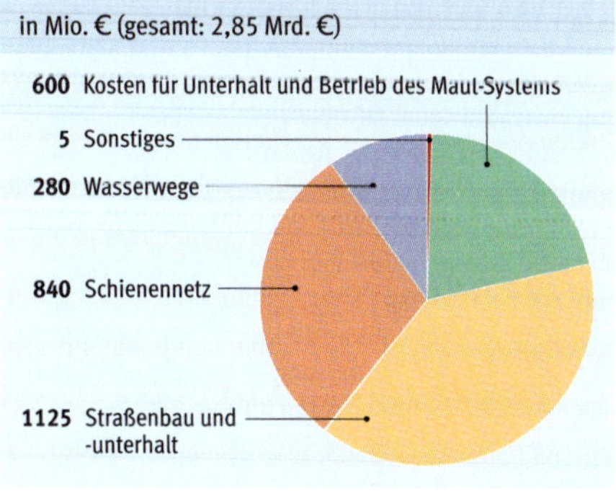

Quelle: Bundesverkehrsministerium/Handelsblatt

Eisenbahnverkehr

Verkehrsleistungen der Eisenbahn in ausgewählten Ländern 2003 (Passagier- und Güterverkehr)

	Personen-km in Mio.	Netto-t-km in Mio.
Indien	515 044	353 194
VR China	462 279	1 647 558
Japan	241 160	22 600
Russland	157 100	1 664 300
Frankreich	71 937	46 835
Deutschland (nur DB)	69 535	73 951
Ukraine	52 558	225 287
Italien	46 374	20 772
Großbritannien	41 130	19 824
Ägypten (2002)	40 837	4 188
Rep. Korea	28 562	11 057
Pakistan	22 305	5 605
Polen	19 643	47 394
Spanien (nur staatl.)	19 309	13 668
Schweiz (2002)	14 951	10 650
Niederlande	13 848	4 026
USA (2002)	8 552	2 264 982
Österreich (nur ÖBB)	8 150	17 852

Streckennetz und Verkehrsentwicklung Das **Streckennetz der Eisenbahn** (Personen- und Güterverkehr) umfasste 2005/06 weltweit rd. 1,260 Mio. km, davon rd. 295 000 km in Nordamerika (USA und Kanada), 180 000 km in den GUS-Staaten und 160 000 km im Europäischen Wirtschaftsraum (EWR). Die längsten Netze besaßen 2003 die USA (235 000 km), Russland (85 500 km), Indien (63 100 km), die Volksrepublik China (60 500 km), Kanada (60 000 km), Deutschland

(36 054 km), Frankreich (29 269 km), die Ukraine (22 050 km) und Südafrika (20 050 km).

In **Entwicklungsländern** wurden 2005 in einigen Fällen Netzerweiterungen zur besseren Raumerschließung vorgenommen. Diverse weitere Ausbaupläne konnten wegen Kapitalmangel nicht in Angriff genommen werden. Am aktivsten war die VR China, die ihr Netz 2005/06 um über 1000 km erweiterte; größtes Projekt war der 2006 abgeschlossene Bau einer Bahnlinie nach Lhasa (Tibet). Ein ernstes Problem stellt in vielen Entwicklungsländern der sehr schlechte technische Zustand der meisten Eisenbahnlinien dar. Er ist die Hauptursache für die oft nur sehr begrenzte Leistungsfähigkeit, geringe Transportgeschwindigkeit und die häufigen Unfälle. Insbesondere in Indien, dessen Eisenbahnnetz weitgehend aus der britischen Kolonialzeit stammt, besteht großer Erneuerungsbedarf.

In den meisten **europäischen Industriestaaten** wurden auch 2005/06 die organisatorischen und technischen Reformen veralteter, defizitärer und wenig leistungsfähiger Bahnsysteme fortgesetzt. Die Bahn soll, auch aus Gründen des Umweltschutzes, gegenüber dem Straßen- und z. T. auch dem Luftverkehr konkurrenzfähig gemacht werden, da sie in den letzten Jahrzehnten fast überall stark an Fahrgästen und Gütermengen verloren hat. Die Gründe sind vor allem veraltete Verkehrskonzepte, zu hohe Kosten, mangelhafte Flexibilität, zu langsame und unzuverlässige Beförderung. Zu den Reformvorhaben gehören generell

- in den **ländlichen Räumen** die **Attraktivitätssteigerung** (durch Beschleunigung, Taktfahrplan und komfortableres Wagenmaterial) oder andernfalls Stilllegung gering frequentierter Nebenstrecken,
- die Konzentration der **Bahn als Massenverkehrsmittel** auf stark befahrene Hauptstrecken und
- auf den **Personenverkehr** in den **Verdichtungsräumen** (z. B. Ausbau von S-Bahnen).

Hauptziele der Bahnpolitik und des Bahnausbaues sind in den städtischen Verdichtungsräumen die Zurückdrängung des umweltschädlichen PKW-Verkehrs zugunsten des öffentlichen Personennahverkehrs und auf den Hauptstrecken zwischen den wichtigen Wirtschaftszentren die Modernisierung, teilweise auch der Neubau, der Bahnlinien, um den Verkehr zu beschleunigen und die Transportkapazität zu erhöhen. Die Bahn soll dadurch gegenüber der Konkurrenz von PKW, LKW und Flugzeug (auf Kurzstrecken) wieder attraktiver gemacht werden. Nach der ersten Schnellfahrlinie in Japan (»Shinkansen«) sind inzwischen neu trassierte Schnellbahnen in vielen europäischen Ländern in Betrieb oder zumindest im Bau bzw. in der Planung: Deutschland (ICE), Frankreich (TGV), Schweiz, Österreich, Italien, Spanien, Niederlande, Belgien, Großbritannien. Diese modernen Linien verzeichnen (im Gegensatz zum sonst eher stagnierenden Bahnverkehr) durchwegs zunehmende Passagierzahlen und konnten z. B. in Deutschland den Kurzstreckenflugverkehr zwischen Großstädten reduzieren (z. B. Hamburg – Berlin).

Eine weitere Neuentwicklung im Eisenbahnbereich ist der **Transrapid**, ein Zug, der sich mittels der Magnetschwebetechnik ohne Räder auf einer Schiene fortbewegt und Geschwindigkeiten bis 500 km/h erreichen kann. Die Technik wurde in Deutschland entwickelt und auf einer Versuchsstrecke im Emsland ab 1984 bis zur Serienreife erprobt. Nach dem Scheitern erster Pläne für den Bau einer Strecke von Hamburg nach Berlin wurde 2002 die erste kommerziell betriebene Transrapid-Strecke von einem deutschen Konsortium in China gebaut (ca. 30 km von Shanghai zum Flughafen Pudong) und seit 2004 kommerziell betrieben. Die Verhandlungen über den Bau einer Verlängerungsstrecke bis in die Stadt Hangzhou (160 km) sind noch nicht beendet. Inzwischen liegen aus China Meldungen vor, dass eine eigene Magnetschwebebahn mit chinesischer Technologie entwickelt werde.

In **Deutschland** wird seit 2003 nur noch eine Strecke geplant: die Verbindung vom Münchner Hauptbahnhof zum Flughafen, die mit finanzieller Beteiligung des Bundes gebaut werden soll. Eine Realisierung ist jedoch wegen der staatlichen Finanzknappheit ungewiss. Zur Zeit läuft das Planfeststellungsverfahren.

Das EU-Konzept der **Transeuropäischen Netze (TEN)** sieht u. a. den Aus- und Neubau leistungsfähiger Bahnlinien vor. Nach den ursprünglichen Plänen sollten bis 2010 9000 km Neubau- und 15 000 km Ausbaustrecken realisiert werden, um Europa bis 2020 mit einem Netz schneller Bahnlinien zu überziehen. Aufgrund der seither aufgetretenen Finanzierungsprobleme und Bauverzögerungen ist jedoch eine Realisierung im geplanten Zeitraum nicht mehr möglich.

Transeuropäische Bahnprojekte (Auswahl)

Quelle: EU

Ein seit vielen Jahren diskutiertes Projekt im Rahmen der Transeuropäischen Netze ist der **Brenner-Basistunnel** zwischen dem Tiroler Inntal und Südtirol zur Aufnahme der jährlich wachsenden Verkehrsströme über die Alpen auf der Brennerroute. Inzwischen wird in Österreich (Inntal) und in Italien (Etschtal), jedoch noch nicht in Deutschland am Ausbau der Zulaufstrecken gearbeitet, und mit dem Bau eines Erkundungsstollens wurde im Juli 2006 begonnen. Noch nicht geklärt ist jedoch die Finanzierung des Projekts (Schnellfahrstrecke München-Verona 409 km, davon 56 km Tunnel zwischen Innsbruck und Franzensfeste). Nach derzeitigem Stand wird mit Baukosten nur für den Tunnel von ca. 6 Mrd. €, evtl. bis über 10 Mrd. € gerechnet. Die Kosten soll – neben Österreich und Italien – zu mindestens 50 % die EU übernehmen. Bei einem Baubeginn 2006/07 könnte die Fertigstellung 2015 erfolgen. Die Zahl der Züge durch den Tunnel könnte 400 pro Tag betragen (bisher 100).

In der Schweiz wurde dagegen 2003 mit dem Bau des 57 km langen **Gotthard-Basistunnels** als Teil der **Neuen Eisenbahn-Alpen-Transversale (NEAT)** begonnen. Der Tunnel ist Kernstück der neuen Schnellfahrstrecke Zürich – Mailand, die 2015 eröffnet werden soll. Ziel ist neben der Beschleunigung des Personenschienenverkehrs vor allem die Verlagerung des alpenquerenden Güterverkehrs von der Straße auf die Schiene. Beim zweiten Projekt der NEAT, dem Lötschberg-Basistunnel (34,7 km), erfolgte im April 2005 der Durchstich. Die Inbetriebnahme ist für 2007 geplant; die Kosten werden voraussichtlich bei 2,8 Mrd. € liegen.

Eisenbahnen in Deutschland In **Deutschland** wird öffentlicher **Schienenverkehr** durch die Deutsche Bahn AG (die am 1. 1. 1994 durch Fusion der Deutschen Bundesbahn und der Deutschen Reichsbahn der ehem. DDR entstanden ist und privatwirtschaftlich umorganisiert wurde) und 15 Regionaleisenbahngesellschaften betrieben, und zwar auf einer Streckenlänge von 41 531 km (2004). Der Anteil der elektrifizierten Strecken betrug 47,9 % (19 882 km). Die Zahl der Bahnhöfe wurde wegen der Schließung vieler kleiner Stationen im ländlichen Raum bzw. durch die Umwandlung in Haltestellen mit Automatenverkauf in den letzten Jahren stark verringert; sie betrug 2004 nur noch 5046 und soll weiter reduziert werden.

An **Fahrzeugen** besitzen die Bahnen in Deutschland (2004) u. a. 3326 Elektroloks, 2733 Dieselloks, 8325 Triebwagen, 12 269 Reisezugwagen und 107 031 Güterwagen. Folgende **Transportleistungen** wurden 2004 erbracht: 2,071 Mrd. beförderte Personen (davon 1,955 Mrd. im Nah- und 0,115 Mrd. im Fernverkehr), rd. 70 Mrd. geleistete Personen-km, 310,261 Mio. t beförderte Güter und 86,409 Mrd. geleistete t-km. Während der Personenverkehr in den letzten Jahren stagnierte, nahm der Güterverkehr nach Jahren des Rückgangs wieder zu (2005: +4,1 %); der Marktanteil der Bahn am gesamten Güterverkehr stieg vom Tiefpunkt 14,4 % (1999) wieder auf 16,0 % (2005).

Deutschland: ICE-Streckennetz

Netzknotenumbau — Neubaustrecke — Ausbaustrecke

Quelle: Deutsche Bahn AG/SZ

Die Umstrukturierung des früheren Staatsbetriebs **Deutsche Bundesbahn** in die privatwirtschaftlich organisierte Deutsche Bahn AG ist seit 2001 weitgehend abgeschlossen. 2005/06 wurde kontrovers über den Zeitpunkt des nächsten Schrittes diskutiert, nämlich die endgültige Privatisierung durch Verkauf der Aktien an der Börse; bisher ist der Bund Alleinaktionär. Ein Streitpunkt ist die Frage, ob auch das Schienennetz verkauft oder ob es vom Unternehmen abgetrennt werden und im Staatseigentum verbleiben soll.

Wichtige Projekte der **Deutschen Bahn** waren 2005/06:

- die weitere Sanierung bestehender Bahnstrecken, die in den letzten Jahren mangels genügender finanzieller Mittel nicht ausreichend instand gehalten worden waren und die aufgrund von Langsamfahrstellen laufend zu Verspätungen führen;
- Umbau und Modernisierung großer Bahnhöfe (teils abgeschlossen, teils noch im Bau), z. B. in Berlin;
- Aus- und Neubau von Bahnstrecken zur Leistungssteigerung und für höhere Geschwindigkeiten (Neubaustrecke Ingolstadt – Nürnberg im Mai 2006 eingeweiht), sowie Netzergänzungen und Modernisierungen im Rahmen der Verkehrsprojekte »Deutsche Einheit«.

Bau bzw. Fertigstellung aller Projekte litten auch 2005/06 unter den reduzierten Finanzierungsmöglichkeiten wegen der Finanzknappheit des Staates. Für die Jahre 2005–2009 wurden die Bundesmittel für Bahnprojekte auf 3,0–3,5 Mrd. € jährlich gekürzt.

Binnenschifffahrt Die Binnenschifffahrt spielte vor dem Beginn des Eisenbahn- und Autozeitalters weltweit eine wichtige Rolle beim Personen- und Gütertransport über mittlere und weite Entfernungen. Heute beschränkt sich ihre Bedeutung vor allem auf Entwicklungsländer mit geeigneten Wasserstraßen. In den Industrieländern ist die zwar kostengünstige und umweltfreundliche, aber relativ langsame Binnenschifffahrt weitestgehend durch den flexibleren Eisenbahn- und Kfz-Verkehr verdrängt worden. Ausnahmen sind die Niederlande, Belgien und Deutschland, wo die Fluss- und Kanalschifffahrt im Güterverkehr noch eine bedeutende Rolle spielt. Der Personenverkehr nahm in den letzten Jahren in Form von Flusskreuzfahrten wieder stärker zu (z. B. Rhein, Donau, Wolga, Nil).

In **Deutschland** hatten die befahrbaren Binnenwasserstraßen (ohne Seen) 2004 eine Länge von 7476 km. Die Zahl der Schiffe der deutschen Binnenschifffahrtsunternehmen betrug 2004 2347 Güterschiffe und 962 Fahrgastschiffe. Während die Zahl der Passagierschiffe in den letzten Jahren zunahm (für Freizeit- und Kreuzfahrten), wurde die Zahl der Güterschiffe wegen des harten Konkurrenzkampfes in der EU und wegen bestehender Überkapazitäten 2005 verringert.

Die **Binnenschifffahrt** in **Deutschland** nahm 2004 und 2005 kräftig zu; im Winter 2005/06 war sie durch die lange Frostperiode behindert. Die auf **Binnenschiffen** beförderte **Gütermenge** betrug 2004 235,861 Mio. t; die wichtigsten transportierten Güter waren Steine und Erden (45,423 Mio. t), Erdöl und Mineralölerzeugnisse (38,617 Mio. t), Erze (38,157 Mio. t), Kohle, Koks und Briketts (34,109 Mio. t), landwirtschaftliche Erzeugnisse, Nahrungs- und Genussmittel (24,710 Mio. t), chemische Erzeugnisse (19,129 Mio. t), Eisen, Stahl und NE-Metalle (12,950 Mio. t).

Wichtige Binnenhäfen in Deutschland
Umschlag in Mio. t

	2004	2003
Duisburger Häfen	48,946	45,963
Köln	14,710	13,220
Hamburg (nur Binnenverkehr)	8,987	9,037
Mannheim	7,683	6,951
Ludwigshafen	7,302	7,144
Karlsruhe	6,698	6,227
Neuss	5,693	4,486
Bremen (nur Binnenverkehr)	4,682	4,106
Heilbronn	4,255	4,207
Gelsenkirchen	3,711	3,353
Kehl	3,546	3,252
Regensburg	3,462	3,194
Frankfurt am Main	3,398	3,412
Krefeld-Uerdingen	3,292	3,318
Marl-Brassert	3,284	3,493

Quelle: Statistisches Bundesamt

Der Gesamtverkehr (Transportleistung) auf den deutschen Binnenwasserstraßen lag 2004 bei 63,667 Mrd. t-km; davon entfielen 42,371 Mrd. t-km auf Verkehr auf ausländischen Schiffen. Vor allem niederländische Schiffe sind auf den deutschen Wasserstraßen unterwegs (32,672 Mrd. t-km). Der weitaus wichtigste Verkehrsweg in Deutschland war der **Rhein** mit seinen Nebenflüssen, auf den 50,947 Mrd. t-km entfielen.

Das deutsche **Binnenwasserstraßennetz** wurde in den vergangenen Jahren vor allem in den neuen Bundesländern verbessert (Verkehrsprojekte »Deutsche Einheit«, Schiffahrtswege im Raum Berlin, Elbequerung durch den Mittellandkanal bei Magdeburg), außerdem im unteren und mittleren Main (Verbreiterung und Vertiefung der Fahrrinne). Für die Rhein-Main-Donau-Wasserstraße liegen Pläne vor, um die Donau zwischen Straubing und Vilshofen durch wasserbautechnische Maßnahmen und Flussregulierungen leistungsfähiger zu machen, damit eine durchgehende Befahrbarkeit auch in Trockenperioden gewährleistet werden kann. Auch 2005 wurde über entsprechende Baumaßnahmen wegen des Widerstands durch den Naturschutz noch nicht endgültig entschieden. Pläne zum Ausbau der mittleren Elbe und der Saale wurden nach dem Hochwasser vom Sommer 2002 vorerst gestoppt.

Seeschifffahrt Der **Welt-Seegüterverkehr** belief sich 2004 (2003) auf 6,542 (6,133) Mrd. t geladene Güter im Außenhandel bzw. 27,635 (25,854) Billionen Tonnen-km. Die Zunahme betrug somit 2003–2004 6,7 bzw. 6,9 %; für 2005 gehen vorläufige Berechnungen von einer Zunahme von wieder rd. 6 % aus. Dieses starke Wachstum der Seeschifffahrt zeigt deutlich die Zuwachstendenzen und die Struktur des Welthandels. Wie die Grafik zeigt, wird die Entwicklung des weltweiten Seefrachtverkehrs hauptsächlich durch den Mineralöltransport sowie durch die Rubrik »Sonstiges« dominiert, hinter der im Wesentlichen die zunehmenden Containertransporte von Industriegütern stehen.

Entwicklung des Welt-Seegüterverkehrs 1984–2004

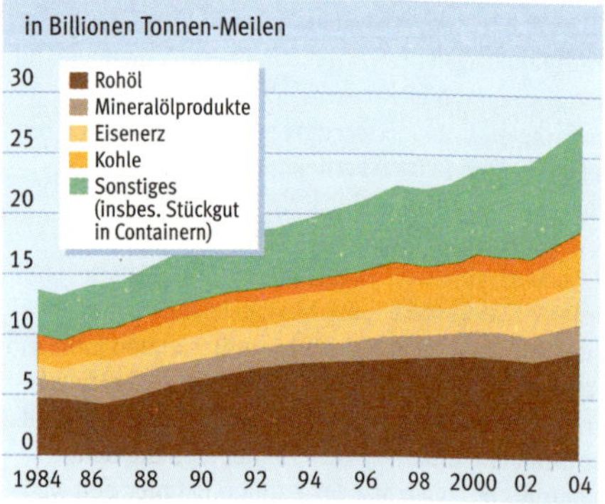

Quelle: ISL 2005

Im April 2006 war es 50 Jahre her, dass das erste Containerschiff in den USA eingesetzt wurde. Seitdem hat der zeit- und kostensparende **Containertransport** den Stückgutverkehr revolutioniert und zur Globalisierung der Industrieproduktion beigetragen. Die Zahl der Containerschiffe erhöhte sich 1995–2005 von 1590 auf 3220 (=8,1 % aller Seegüterschiffe).

2005 stieg die Auslastung der Schiffskapazitäten aufgrund der Zunahme des Welthandels trotz reger Neubautätigkeit so stark an, dass sich zeitweise Kapazitätsengpässe ergaben. Die Folge war ein hohes Niveau der Frachtkosten, das durch die steigenden Preise für Dieselöl weiter erhöht wurde. Um angesichts der Konkurrenz im Seefrachtgeschäft Kosten zu sparen, nutzten auch 2005/06 viele Schiffseigner der europäischen Hochlohnländer die Möglichkeit, ihre Schiffe »auszuflaggen«, d. h. unter **»Billigflaggen«** mit niedriger entlohnten ausländischen Seeleuten zu fahren. 2005 fuhren fast 70 % der Schiffstonnage der Industrieländer (OECD-Länder) unter fremder Flagge.

Schiffsbestand der Handelsflotten am 1. 1. 2005
Seeschiffs-Einheiten von 300 BRT und darüber

Land (Flagge) Reihenfolge nach Tonnage	Schiffe Anzahl	in Mio. BRT	in Mio. dwt
1. Panama*	5 408	130,522	195,323
2. Liberia*	1 484	53,499	83,773
3. Griechenland	1 153	32,330	55,368
4. Bahamas*	1 113	33,539	45,422
5. Hongkong	924	25,390	42,873
6. Singapur	1 024	25,043	39,624
7. Malta*	1 147	22,769	37,002
8. Marshallinseln*	540	21,933	36,875
9. Zypern*	1 005	21,234	34,174
10. VR China	2 266	19,201	28,814
11. Norwegen (einschl. NIS**)	1 046	18,584	25,520
12. Großbritannien	817	17,933	21,874
13. Japan	2 607	11,874	14,957
14. USA	575	10,768	13,393
15. Indien	399	6,949	11,714
16. Rep. Korea	913	6,976	11,090
17. Italien	732	10,520	10,996
18. St. Vincent u. d. Grenadinen*	762	6,038	9,037
19. Iran	186	5,174	8,995
22. Deutschland	389	7,552	8,620
61. Schweiz	23	0,511	0,892
108. Österreich	8	0,034	0,044

* überwiegend »Billigflaggen« (so genannte Fluchttonnage)
** NIS = Norway International Shipping Register
Quelle: Shipping Statistics Yearbook, ISL

Entwicklung der deutschen Seeschifffahrt Mit ihrer modernen Handelsflotte und einer innovativen Marketingpolitik (vor allem Spezialisierung auf dem Wachstumsmarkt Containerverkehr) konnten die deutschen Reeder auch 2005 ihre Stellung unter den weltweit führenden Seefahrtsländern behaupten und zusätzliche Marktanteile gewinnen. Die von deutschen Reedern betriebene Flotte war 2005 die drittgrößte der Welt, die Containerflotte war die größte der Welt (vor Japan und Griechenland), auch wenn die meisten Schiffe unter fremder Flagge fahren.

Die **deutsche Handelsflotte** (deutsche Flagge) bestand am 1. 1. 2005 nur noch aus 389 (2003: 464) Schiffseinheiten mit 7,552 Mio. BRT, davon 189 Containerschiffe, 97 Trockenfrachter, 25 Öl- und 3 Flüssiggastanker sowie 74 Fahrgastschiffe. In diesen Zahlen nicht enthalten sind die rd. 600 nicht Handelszwecken dienenden Schiffe (Fischereifahrzeuge, Yachten usw.), die Schiffe der Bundesmarine sowie deutsche Schiffe, die unter fremder Flagge fahren (vor allem Antigua & Barbuda, Liberia und Zypern). Ihre Zahl stieg in den letzten Jahren stark an, besonders zur Lohnkosten- und Steuerersparnis. 2005 fuhren 2067

Güterverkehr in führenden Seehäfen
Umschlag in Mio. t

	2004	2000
1. Singapur	393,418	325,591
2. Shanghai (VR China)	378,962	204,400
3. Rotterdam (Niederlande)	352,360	319,969
4. Ningbo (VR China)	225,850	115,474
5. South Louisiana (USA)	225,662	222,587
6. Hongkong (VR China)	220,879	174,642
7. Pusan (Rep. Korea)	219,760	113,073
8. Guangzhou (VR China)	215,190	111,280
9. Tianjin (VR China)	206,161	95,660
10. Nagoya (Japan)	182,289	157,406
11. Houston (USA)	181,966	169,254
12. Chiba (Japan)	169,254	169,043
13. Kwangyang (Rep. Korea)	165,875	139,476
14. Los Angeles (USA)	162,068	101,507
15. Qingdao (VR China)	161,650	86,360
16. Ulsan (Rep. Korea)	156,517	151,067
17. Kaohsiung (Rep. China)	152,468	115,287
18. Antwerpen (Belgien)	152,326	130,531
19. Qinhuangdao (VR China)	150,320	97,430
20. Dalian (VR China)	145,162	90,841
21. Long Beach (USA)	144,535	124,830
22. Shenzhen (VR China)	135,246	59,968
23. Yokohama (Japan)	126,960	116,994
24. Hamburg (Deutschland)	114,484	85,863
25. Inchon (Rep. Korea)	113,073	120,398
26. Port Hedland (Australien)	108,500	72,914
27. Kitakyushu (Japan)	103,245	93,454
28. Port Kelang (Malaysia)	99,911	65,277
29. Marseille (Frankreich)	94,093	94,097
30. Osaka (Japan)	93,147	92,948
31. Tokio (Japan)	91,427	84,559
32. Dampier (Australien)	87,928	81,446
33. Kobe (Japan)	85,661	84,640
34. Hay Point (Australien)	85,559	69,379
35. Richards Bay (Südafrika)	84,954	91,519

Quelle: Institut für Seeverkehrswirtschaft und Logistik, Bremen

Wichtige deutsche Seehäfen
Güterumschlag in Mio. t (ohne Binnenschifffahrt)

	Gesamtumschlag 2004	Gesamtumschlag 2003	Einladungen 2004	Ausladungen 2004
Hamburg	99,529	93,562	39,332	60,197
Bremen/Bremerhaven	45,370	42,492	20,812	24,557
Wilhelmshaven	44,956	39,427	10,006	34,950
Lübeck	19,168	17,786	7,885	11,283
Rostock	16,367	16,712	7,364	9,003
Brunsbüttel	6,896	7,180	1,760	5,136
Brake	5,002	5,178	1,945	3,057
Bützfleth	4,697	4,182	1,474	3,223
Puttgarden	3,574	3,375	2,156	1,418
Nordenham	3,535	2,944	0,427	3,108
Emden	3,498	3,313	1,188	2,310

in Deutschland beheimatete Schiffe mit 33,302 Mio. BRT unter fremder Flagge, d. h. 81,5 % des gesamten deutschen Schiffsbestandes (1994 erst 53,5 %).

Die Zahl der **Beschäftigten** auf deutschen Schiffen sank vom Höchststand 48 000 (1971) auf nur noch 10 799 (Anfang 2005).

Der **Güterumschlag** der deutschen Seehäfen erreichte in den letzten Jahren neue Rekordwerte. 2004 stieg der Umschlag um 6,7 % auf 271,9 Mio. t, 2005 erhöhte sich die Menge nach ersten Schätzungen auf 282 Mio. t. Vom Gesamtumschlag entfielen 81 % auf Nordsee- und 19 % auf Ostseehäfen. Die starke Zunahme des Umschlags geht fast ausschließlich auf erhöhte Transportmengen im Stückgutverkehr (meist in Containern) im Rahmen des deutschen Außenhandels zurück. Wesentlich geringere Steigerungen und teilweise Stagnationstendenzen zeigten die Umschlagmengen von Massengütern, wie Getreide, Erdöl und Erzen.

Größter Hafen war erneut mit sehr großem Vorsprung Hamburg mit einer Steigerung des Umschlags 2005 auf den Rekordwert von 125,743 Mio. t (davon rd. 83 Mio. t in Containern). Hamburg war damit weltweit der achtgrößte Containerhafen.

Insgesamt teilte sich der **Güterverkehr über See** mit deutschen Häfen 2004 auf in 168,5 Mio. t im Empfang (Import) und 103,4 Mio. t im Versand (Export).

Schiffbau Der **Weltschiffbau** belief sich 2004 (2003) auf 1931 (1731) fertig gestellte Handels- und Passagierschiffe mit 40,586 (36,786) Mio. BRT. Über den Bau von Kriegsschiffen liegen keine Daten vor.

Der bisherige Höchststand im **Weltschiffbau** war 1974 mit 34,624 Mio. BRT erzielt worden, vor allem durch den Bau von Großtankern für den Erdöltransport. In den 1980er Jahren nahm der Schiffbau stark ab und betrug 1988 nur noch 10,909 Mio. BRT. Seitdem nahm die Schiffbautätigkeit wieder kontinuierlich zu; durch die Steigerung des überseeischen Welthandels und die zunehmende Überalterung des vorhandenen Schiffsbestandes erhöhte sich der Bedarf an Schiffsneubauten stark, und 2004 wurde eine neue Rekordbauleistung der Werften erreicht. Allerdings haben sich in den 1970er und 80er Jahren die Schwerpunkte der Werftindustrie weltweit radikal verschoben, da sich der sehr personalkostenintensive Schiffbau in Länder mit niedrigerem Lohnniveau verlagerte. Ehemals führende Schiffbaunationen, wie Großbritannien (um 1960 an 2. Stelle in der Welt), Norwegen oder Niederlande spielen heute kaum mehr eine Rolle. Der Schiffbau konzentrierte sich aus Kostengründen immer stärker auf Ostasien (1975 52 %, 2004 85 % des Weltschiffbaus).

In der **Werftindustrie** bestanden 2004 weltweit Überkapazitäten von rd. 25 %, obwohl die Zahl der Schiffsneubauten stark zunahm. Werftneubauten und -erweiterungen in Ostasien, vor allem in Südkorea, verschärften jedoch die Konkurrenz, während in Europa und Nordamerika die Kapazitäten verringert wurden. Die koreanische Schiffbauindustrie wurde auch 2005 massiv vom Staat subventioniert, sodass sie weltweit die Preise unterbieten konnte. Bei der WTO waren daher mehrere Klagen wegen der koreanischen Dumpingpolitik anhängig. Bis zum Urteilsspruch wurden den europäischen Werften ebenfalls staatliche Subventionen beim Bau von Containerschiffen und Spezialtankern zugesprochen. Daneben überleben viele europäische Werften hauptsächlich durch militärische Aufträge.

Fertig gestellte Handelsschiffe
in Mio. gt (Brutto-Tonnen; nach ISL)

	2004	2003	2000
Rep. Korea	14,526	13,865	12,232
Japan	14,526	12,827	11,999
VR China	4,874	3,717	1,484
Deutschland	0,958	0,860	0,983
Italien	0,634	0,636	0,570
Polen	0,607	0,418	0,627
Rep. China (S)	0,550	0,500	0,650
Spanien	0,402	0,372	0,458
USA	0,303	0,329	0,058
Dänemark	0,291	0,380	0,373
Finnland	0,237	0,224	0,223
Niederlande	0,232	0,182	0,303

Auch in **Deutschland** hatten die Werften 2005/06 wieder stark unter den ungleichen internationalen Wettbewerbsbedingungen zu leiden. Um sich gegen die hoch subventionierte ausländische Konkurrenz durchzusetzen, wurden auch die deutschen Schiffbauunternehmen mit Subventionen aus Bundesmitteln unterstützt. Die meisten Werften konnten sich durch Diversifizierung und Spezialisierung auf dem Markt behaupten (Bau hochwertiger Spezialschiffe mit aufwendiger Technologie, Spezialisierung auf Containerschiffe und Kreuzfahrtschiffe sowie militärischer Bereich).

Deutschland war auch 2005 die größte europäische und weltweit die viertgrößte Schiffbaunation mit einem Weltmarktanteil von allerdings nur 2,4 %. 2004 wurden insgesamt 61 Seeschiffe mit 0,977 Mio. BRT fertig gestellt, darunter 39 Containerschiffe, 11 Passagierschiffe und 2 Chemikalientanker. Der **Umsatz der Werften** belief sich 2004 auf 4,523 Mrd. € (davon 49,5 % im Export); der **Personalbestand** im Schiffbau betrug 23 000.

Luftverkehr und Flugzeugbau

Luftverkehr Der **Weltluftverkehr** hatte sich bereits 2004 weitgehend von den negativen Tendenzen der Vorjahre erholt, die durch Umsatzeinbrüche (2001) und Stagnation (2002/03) gekennzeichnet waren. Die wirtschaftliche Hochkonjunktur in Ostasien und in den USA, dazu die offenbar nachlassende Gefahr von Terroranschlägen führten 2005 zu einer beachtlichen Steigerung des weltweiten Passagier-, insbesondere des Touristenflugverkehrs, aber auch des Frachtverkehrs (jeweils etwa +8 %). Allerdings besserte sich die wirtschaftliche Lage der meisten Fluggesellschaften nicht. Vor allem die massiven Preissteigerungen beim Kerosin führten dazu, dass im globalen Luftfahrtgeschäft kumulierte Verluste von ca. 6 Mrd. US-$ aufliefen. Außerdem wurden die nationalen Fluggesellschaften stark durch Billigflieger (z. B. Ryanair, Easy Jet, Air Berlin) bedrängt, die durch Verzicht auf Komfort und Nebenleistungen, Starts von abgelegenen, aber billigeren Flughäfen und günstige Preise hohe Zuwächse erzielten.

In **Deutschland** setzte sich 2005 die Zunahme des Flugverkehrs vom Vorjahr fort. Es ergab sich eine Steigerung von 6,7 % (167,628 Mio. ein- und aussteigende Passagiere auf den 24 Verkehrsflughäfen). Von diesen Fluggästen benutzten 85 % das Flugzeug für Auslandsreisen.

Größter Flughafen war 2005 wieder Frankfurt-Rhein/Main mit 51,791 Mio. Ein- und Aussteigern und Transitreisenden (+1,9 %). An 2. Stelle stand wieder München (28,451 Mio.) vor Düsseldorf und Berlin-Tegel. Um den in Zukunft erwarteten Verkehrszuwachs zu bewältigen, wurden größere Neubaumaßnahmen geplant. In München wurde der Bau einer dritten Start- und Landebahn beschlossen; in Berlin machte Anfang 2006 eine Verwaltungsgerichtsentscheidung den Weg frei zum Beginn der Bauarbeiten für den neuen Zentralflughafen Schönefeld, der Tempelhof und Tegel ersetzen soll.

Hauptziel der **Auslands-Flugreisenden** war auch 2005 Spanien mit 10,264 Mio. Passagieren (+7,2 %); es folgten Großbritannien (5,434 Mio.; +7,4 %), die Türkei (5,321 Mio.; +4,1 %), Italien (4,574 Mio.; +10,3 %), die USA (4,244 Mio.; +7,0 %), Frankreich (2,987 Mio.; +4,4 %), Griechenland (2,348 Mio.; +2,1 %) und Österreich (2,247 Mio.; +11,3 %). Nach Zielen in Europa flogen insgesamt 47,866 Mio., nach Amerika 6,176 Mio., nach Asien 5,304 Mio., nach Afrika 2,686 Mio. und nach Australien 0,047 Mio. Reisende.

Die wichtigsten von Deutschland aus angeflogenen **Destinationen** waren 2004 London (3,530 Mio.), Palma de Mallorca (3,164), Antalya (2,544), Paris (1,866), Wien (1,489), Zürich (1,305), Istanbul (1,295) und Amsterdam (1,116).

Flugleistungen der internationalen Verkehrsflughäfen in Deutschland 2005/2004
einschließlich Transit und nichtgewerblicher Verkehr (nach ADV)

Flughafen	Flugzeugbewegungen insgesamt		Fluggäste (an, ab, Transit)		Luftfracht in t		Luftpost	
	2005	2004	2005	2004	2005	2004	2005	2004
Frankfurt a. M.	490 147	464 160	52 219 412	51 034 249	1 892 098	1 740 732	99 437	117 653
München	398 838	381 514	28 619 427	26 754 744	208 662	177 394	15 215	21 339
Berlin*	239 760	221 563	17 153 074	14 803 971	23 156	28 835	7 457	11 395
Düsseldorf	200 621	199 139	15 510 990	15 201 850	57 459	56 639	136	111
Hamburg	156 180	151 960	10 676 016	9 841 526	24 990	25 655	7 688	12 847
Köln / Bonn	154 594	151 501	9 452 185	8 311 119	650 949	622 142	6 723	10 333
Stuttgart	160 405	156 821	9 405 887	8 779 486	17 305	18 128	9 352	8 644
Hannover	88 936	88 716	5 637 385	5 202 128	6 551	6 274	10 323	10 262
Nürnberg	76 119	72 322	3 843 710	3 606 248	12 034	13 637	3	548
Hahn	37 283	29 191	3 076 823	2 738 349	107 302	66 071	–	–
Leipzig / Halle	37 905	39 505	2 122 233	1 999 427	12 052	5 679	838	4 599
Dresden	36 309	34 471	1 782 901	1 612 868	441	416	–	2
Dortmund	38 918	32 480	1 742 911	1 116 932	58	31	–	–
Bremen	42 560	42 309	1 739 797	1 662 980	776	873	13	13
Münster / Osnabrück	41 030	35 937	1 540 656	1 425 477	64	562	2	–
Saarbrücken	14 202	13 505	486 230	454 124	54	44	–	1
Erfurt	14 017	20 563	438 912	480 021	4 855	3 764	–	–
Insgesamt	2 227 816	2 135 657	165 448 549	155 025 499	3 018 806	2 766 876	157 187	197 747

* Flughäfen Tegel, Tempelhof und Schönefeld

Der **Luftfrachtverkehr** von bzw. nach deutschen Flughäfen beschränkte sich ganz überwiegend auf Auslandsflüge. Von der Gesamtmenge an Luftfracht von 2,915 Mio. t (+8,9 % gegenüber 2004) entfielen 1,412 Mio. t auf Versand in das Ausland und 1,407 Mio. t auf Empfang aus dem Ausland.

Flugzeugbau Die **Luft- und Raumfahrtindustrie** konnte 2005 die günstige Geschäftsentwicklung des Vorjahres fortsetzen. Sowohl der Markt für Zivil- als auch für Militärmaschinen und für Weltraumflugkörper expandierte.

Auf dem Weltmarkt für **zivile Großraumflugzeuge** sind seit 1997 nur noch zwei große Hersteller tätig: Boeing in Seattle/USA und der multinationale europäische Flugzeugkonzern EADS mit seiner Tochtergesellschaft Airbus. Zwischen beiden Gesellschaften herrschte auch 2005 ein erbitterter Wettbewerb, vor allem um den expandierenden ostasiatischen Markt. 2005 lieferte Airbus 370 Flugzeuge aus und überholte damit erneut Boeing mit 320 Maschinen. Das spektakulärste Neubauprojekt war der Airbus 380, der bei einem maximalen Startgewicht von 550 t – je nach Bestuhlung – in zwei Etagen über 600 Passagiere befördern kann. Die Maschine soll ab Ende 2006 ausgeliefert werden.

Der Streit zwischen den USA und der EU über die Zulässigkeit von Subventionen, die Boeing bzw. Airbus erhalten, hielt 2005/06 an. Beide Seiten verklagten sich gegenseitig vor der WTO.

In **Deutschland** erlebte die Luft- und Raumfahrtindustrie 2005 ein starkes Wachstum. Die Umsätze stiegen um 16 % auf 19 Mrd. €, die Beschäftigtenzahlen um 9 % auf 81 300 Personen. Neben der zivilen und der militärischen Luftfahrt geht das Wachstum vor allem auf Satellitensysteme zurück. Einen weiteren Aufschwung für diesen Bereich brachte der Beschluss der EU-Verkehrsminister, ein eigenes europäisches Satellitennavigationssystem (»Galileo«) einzurichten. Es soll mit dem US-amerikanischen GPS konkurrieren, aus 30 Satelliten bestehen und bis 2008 einsatzbereit sein. Von den Investitionskosten von rd. 3,8 Mrd. € trägt Deutschland etwa 500 Mio. und bekommt eine der beiden Bodenkontrollstationen (Oberpfaffenhofen bei München). Am 28. 12. 2005 startete der erste Galileo-Testsatellit mit einer russischen Trägerrakete von Baikonur (Kasachstan) aus.

Verkehrsleistungen der wichtigsten internationalen Flughäfen 2004

Flughafen	Passagiere in Mio.	Veränderung 04/03	Fracht in Mio. t	Veränderung 04/03
	(jeweils an, ab und Transit)			
Atlanta/Hartsfield	83,6	+ 5,7%	0,862	+ 7,5%
Chicago/O'Hare	75,5	+ 8,7%	1,475	– 2,4%
London /Heathrow	67,3	+ 6,1%	1,412	+ 8,6%
Tokio/Haneda	62,3	– 0,9%	0,774	+ 7,1%
Los Angeles	60,7	+10,4%	1,914	+ 4,3%
Dallas/Fort Worth	59,4	+11,6%	0,742	+11,4%
Paris/Charles-de-Gaulle	51,3	+ 6,3%	1,877	+ 8,9%
Frankfurt/Rhein-Main	51,0	+ 5,7%	1,858	+11,5%
Amsterdam/Schiphol	42,5	+ 6,5%	1,467	+ 8,4%
Denver	42,4	+13,0%	0,340	+ 1,0%
Las Vegas/McCarran	41,4	+14,2%	0,080	+33,3%
Phoenix/Sky Harbor	39,5	+ 5,6%	0,330	+ 0,6%
Madrid/Barajas	38,7	+ 7,9%	0,378	+10,8%
Bangkok	38,0	+25,8%	1,058	+11,3%
New York/J.F. Kennedy	37,5	+18,2%	1,706	+ 3,1%
Minneapolis/St. Paul	36,7	+10,6%	0,330	+ 1,5%
Hongkong	36,7	+35,5%	3,119	+16,9%
Houston/G. Bush Intercont.	36,5	+ 6,9%	0,401	+ 5,0%
Detroit/ Metro Wayne	36,5	+ 6,9%	0,340	+ 8,4%
Peking	34,9	+43,2%	0,669	+ 1,0%
San Francisco	32,2	+10,0%	0,563	– 1,9%
New York/Newark	31,9	+ 8,4%	0,985	+ 2,4%
London/Gatwick	31,5	+ 4,8%	0,320	+ 6,8%
Orlando	31,3	+14,0%	0,145	+ 0,2%
Tokio/Narita	31,1	+17,0%	2,373	+10,1%
Singapur/Changi	30,4	+23,1%	1,796	+10,0%
Miami	30,2	+ 1,9%	1,779	+ 8,6%
Seattle/Tacoma	28,8	+ 7,5%	0,347	– 1,3%
Toronto/Lester B. Pearson	28,6	+15,7%	0,316	+ 2,4%
Philadelphia	28,5	+15,5%	0,571	+ 8,9%
Rom/Fiumicino	28,1	+ 7,0%	0,295	+ 4,8%
Sydney/Kingsford Smith	27,0	+10,3%	0,330	+ 6,7%
München/F. J. Strauß	26,8	+10,8%	0,199	+22,0%
Boston/Logan	26,1	+14,7%	0,366	+ 0,9%

Quelle: ADV

Tourismus

Der weltweite **Tourismus** erholte sich 2005 wieder vollständig von den starken Einbrüchen, die er zu Beginn des Jahrtausends erlebt hatte. Als Folge der Anschläge vom 11. 9. 2001, der seitdem andauernden Terror- und Kriegsfurcht, der kriegerischen Auseinandersetzungen im Nahen Osten, der SARS-Epidemie in Ostasien, aber auch der schlechten Konjunkturlage in vielen Industrieländern war es von 2001–2003 zu einer Stagnation, teilweise zu Rückgängen des weltweiten Reiseverkehrs gekommen. Die Gesamtzahl der Auslandstouristen nahm von 687,3 Mio. (2000) bis 2003 auf 681,723 Mio. ab. 2004 hatte es wieder eine Zunahme auf 788 Mio. gegeben, und 2005 stieg die Zahl sogar auf 808 Mio. an (nach UNWTO). Die Zahl aller Touristen (einschl. Inland und Mehrfachzählungen) dürfte 2005 etwa 5,9 Mrd. betragen haben. In den von der Welttourismusorganisation UNWTO erhobenen Statistiken sind auch Geschäfts-, Tagungs- und Kongressreisen u. a. enthalten.

Internationaler Touristenreiseverkehr 2004

Zahl der einreisenden Touristen / Deviseneinnahmen und -ausgaben

	Touristen in Mio. aus dem Ausland	Devisen in Mrd. US-$ Einnahmen durch Tourismus	Ausgaben
Frankreich	75,121	32,329*	19,460*
Spanien	53,599	51,125	13,337
USA	46,085	112,780	93,217
VR China	41,761	27,755	21,360
Italien	37,071	37,872	24,062
Großbritannien	27,755	37,193	68,778
Russland	22,051	6,958	16,527
Hongkong	21,811	11,815	12,417*
Mexiko	20,618	11,566	8,034
Österreich	19,373	18,401	12,811
Kanada	19,095	14,925	19,730
Deutschland	18,399**	35,589	78,553
Türkei	16,826	9,010*	1,881*
Malaysia	15,703	6,799	3,401
Polen	14,290	6,499	4,157
Griechenland	13,969	12,809	2,880
Thailand	11,737	13,054	5,343
Portugal	11,617	8,922	3,359
Niederlande	9,646	10,463	14,201
Saudi-Arabien	8,579	6,540	4,262
Kroatien	7,912	7,191	0,872
Schweden	7,627**	6,548**	9,375**
Irland	6,982	5,962	5,287
Belgien	6,690**	10,044	15,295
Südafrika	6,678	6,729	3,661
Schweiz	6,530**	12,208	10,599
Japan	6,138	14,343	48,175

* = 2002 ** = 2003 *Quelle:* World Tourism Organization

Als **Tourist** wird nach den Richtlinien der **World Tourism Organization (WTO)** jeder Ausländer gezählt, der die Grenze überschreitet und sich mindestens 24 Std. im Land aufhält (ohne Transitreisende, ausländische Arbeitnehmer u. Ä.). Teilweise werden nur die Ankünfte in Hotels gezählt, oft nur Stichproben gemacht; die Daten sind daher vielfach ungenau und nur bedingt vergleichbar. Die Angaben über die Deviseneinnahmen sind meist Schätzungen bzw. erfassen nur den offiziellen Geldumtausch.

Die **Einnahmen** im grenzüberschreitenden Tourismus wurden für 2003 auf 605,706 Mrd. US-$ berechnet, im Tourismus insgesamt auf 4,1 Bill. US-$. Damit gehört der Fremdenverkehr zu den wirtschaftlich bedeutendsten Aktivitäten (rd. 12 % des weltweiten BNE). Die Zahl der **Arbeitsplätze** im Tourismusgewerbe (einschl. Hotellerie, Gastronomie usw.) beträgt nach OECD-Angaben weltweit rd. 245 Mio. (etwa 12 % aller Arbeitsplätze).

Auch 2005 war Europa der am meisten von Touristen besuchte Erdteil. Von den weltweit 808 Mio. als »Gästeankünfte« gezählten Auslandstouristen entfielen 55 % (443,9 Mio.) auf europäische Staaten. Asien kam auf 158,2 Mio.; in Amerika gab es nur eine leichte Zunahme auf 133,1 Mio., von denen 89,4 Mio. auf Nordamerika entfielen. In Afrika war die Zahl der Touristen mit 38,7 Mio. noch sehr niedrig; sie nahm allerdings um 10,1 % zu. Der Hauptanteil entfiel hier auf die Mittelmeeranrainer und auf Südafrika.

Wie schon in den Vorjahren wurden auch 2005 über die Hälfte aller Auslandsreisen von den westlichen Industrieländern aus unternommen, fast 50 % aller Ausgaben im grenzüberschreitenden Tourismus der Welt wurden von Europäern getätigt. Die **wirtschaftliche Bedeutung des Tourismus** war allerdings für viele kleine Inselstaaten unter den Entwicklungsländern am größten, da für diese nur geringe Alternativen für Arbeitsplätze und Deviseneinnahmen bestehen. So betrug der Anteil des Fremdenverkehrs am Bruttosozialprodukt in den letzten Jahren in verschiedenen karibischen Inselstaaten (Antigua und Barbuda, St. Lucia, Bahamas u. a.), auf den Malediven und Seychellen und in Fidschi jeweils mehr als 30–40 %.

Tourismus in Deutschland In **Deutschland** war der jahrzehntelange Aufwärtstrend der Tourismuswirtschaft – wie fast überall auf der Welt – 2001 beendet. 2002–2004 zeigte der Tourismus Rückgangs- bzw. Stagnationstendenzen; erst 2005 war wieder ein leichter Zuwachs zu verzeichnen, und zwar sowohl beim Ausländertourismus (Ausländer in Deutschland, +6,3 %) als auch beim Auslandstourismus (Deutsche im Ausland ca. +5,0). Der Binnentourismus (Deutsche in Deutschland) nahm 2005 nach Jahren erstmals wieder zu (+0,8 %). Da die Ausgaben deutscher Touristen im Ausland stärker anstiegen als die Einnahmen durch Ausländer, erhöhte sich das deutsche Defizit der Reiseverkehrsbilanz (Devisenbilanz) mit dem Ausland.

Deutsche Reiseverkehrsbilanz 1995–2005

Jahr	Einnahmen im Reiseverkehr mit dem Ausland in Mrd. €	Ausgaben	Saldo
1995	13,183	44,083	– 30,900
2000	20,239	57,427	– 37,188
2001	20,164	57,985	– 37,821
2002	20,350	55,504	– 35,154
2003	20,426	57,187	– 36,761
2004	22,243	57,056	– 34,813
2005 (S)	23,474	58,823	– 35,349

Quelle: Deutsche Bundesbank

Die nachfolgende Tabelle zeigt anhand der deutschen Devisenausgaben bzw. -einnahmen die wichtigsten Reiseziele deutscher Touristen bzw. die Herkunftsländer ausländischer Touristen. Seit der Einführung der europäischen Gemeinschaftswährung handelt es sich beim Reiseverkehr innerhalb des Euro-Raumes nur noch um Hochrechnungen aufgrund von Befragungen.

Die Zahl der **Gäste in Beherbergungsstätten** (ab neun Gästebetten; andere zählt die Statistik nicht; einschl. Camping) erhöhte sich von 116,411 Mio. (2004) auf 120,574 Mio. (2005). Die Zahl der **Gästeübernachtungen** stieg geringer an, nämlich von 338,769 Mio. (2004) auf 343,981 Mio. (+1,5 %), d. h. die durchschnittliche

Deutsche Ausgaben und Einnahmen im internationalen Reiseverkehr 2005
in Mrd. €

	Ausgaben	Einnahmen	Saldo
Spanien	7,011	0,817	– 6,194
Österreich	6,399	2,013	– 4,368
Italien	5,428	1,295	– 4,133
Türkei	3,811	0,116	– 3,695
Frankreich	3,728	2,100	– 1,628
Niederlande	3,066	2,784	– 0,282
USA	2,922	2,322	– 0,600
Schweiz	2,490	2,786	+ 0,296
Polen	2,055	0,673	– 1,382
Tschechische Rep.	1,964	0,256	– 1,708
Griechenland	1,780	0,242	– 1,538
Großbritannien	1,605	1,448	– 0,157
Dänemark	0,999	1,386	+ 0,387
Kroatien	0,974	0,030	– 0,944
Belgien	0,854	0,912	+ 0,058
Ungarn	0,737	0,063	– 0,674
Portugal	0,650	0,175	– 0,475
Insgesamt	58,823	23,474	– 35,349

Quelle: Deutsche Bundesbank

Wichtige Herkunftsländer ausländischer Touristen in Deutschland 2005
(einschließlich Camping)

Herkunftsland	Gästeübernachtungen in Mio.	Veränderung gegenüber 2004 in %	Anteil an allen Ausländern in %
Niederlande	8,430	+ 5,1	17,5
USA	4,420	+ 2,3	9,2
Großbritannien	3,970	+ 5,4	8,2
Schweiz	3,220	+ 10,0	6,7
Italien	2,680	+ 8,1	5,6
Belgien	2,080	+ 7,2	4,3
Frankreich	2,050	+ 4,6	4,2
Österreich	2,050	+ 7,9	4,2
Dänemark	1,770	+ 12,0	3,7
Spanien	1,460	+ 19,7	3,0
Schweden	1,400	+ 1,9	2,9
Japan	1,310	+ 1,9	2,7
Insgesamt	48,250	+ 6,3	100,0

Aufenthaltsdauer sank von 2,91 auf 2,85 Tage. Das Volumen des Übernachtungstourismus lag damit trotz der Steigerungen immer noch unter den Werten von 2000 und 2001.

Unter den Bundesländern erreichten 2005 nur Berlin und Hamburg größere Zuwachsraten (10,3 % bzw. 8,2 %). Die meisten Länder mussten sich mit geringen Zuwächsen zufrieden geben (z. B. Bayern und Baden-Württemberg je + 1,2 %, Nordrhein-Westfalen +2,0 %, Mecklenburg-Vorpommern +0,4 %) oder Rückgänge verzeichnen (z. B. Niedersachsen –0,6 %). Die beliebtesten Reiseziele blieben Bayern mit 21,7 % und Baden-Württemberg mit 11,8 % der Übernachtungen.

Ungünstig entwickelte sich der Tourismus in den Heilbädern, auf die mit 65,60 Mio. 19,15 % der Gästeübernachtungen entfielen. Hier gab es einen Rückgang von 0,9 %. Gewinner waren demgegenüber wieder die Großstädte, die einen Zuwachs von 6,1 % erreichten. Generell nimmt der **Städtetourismus** seit Jahren zu. Die bedeutendsten Fremdenverkehrsstädte waren auch 2005 wieder Berlin (14,620 Mio. Übernachtungen), München (8,120 Mio.) und Hamburg (6,440 Mio.).

Ausländertourismus in Deutschland 1996–2005

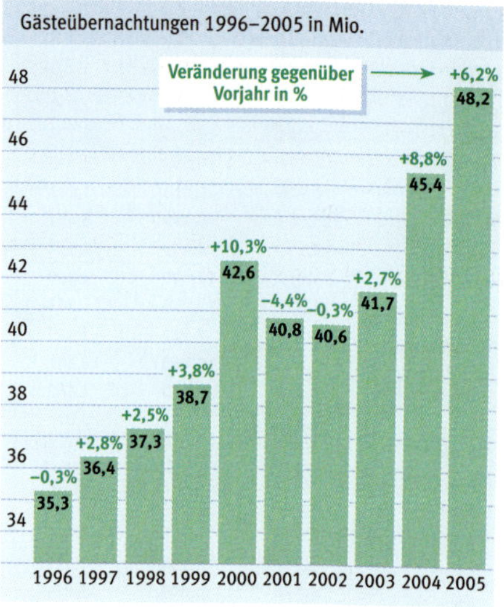

Quelle: Statistisches Bundesamt

Der **Ausländertourismus** in Deutschland war nach mehreren Jahren der Stagnation 2004 wieder stärker angestiegen. 2005 setzte sich die Aufwärtsbewegung mit einer kräftigen Zunahme (+6,2 %) fort. Die Zahl der einreisenden ausländischen Touristen erhöhte sich von 20,137 Mio. (2004) auf 21,500 Mio.; die Zahl der Übernachtungen stieg von 45,374 Mio. (2004) auf 48,246 Mio. Insgesamt entfielen somit 14,0 % der Gästeübernachtungen auf Ausländer – im internationalen Vergleich ein relativ niedriger Wert.

Die Reihenfolge der nach Deutschland einreisenden Nationalitäten mit Niederländern, US-Amerikanern und Briten an der Spitze änderte sich nur unwesentlich. Die stärksten Zunahmen wurden im Jahr 2005 bei den Gästen aus Spanien (+19,7 %), Dänemark (+12,0 %), der Schweiz (+10,0 %) und Italien (+8,1 %) verzeichnet.

Kommunikation und Medien

Die Fortschritte der **Informationstechnologie** (IT-Branche) führten dazu, dass der Nachrichtenverkehr und die Massenkommunikation seit den 1990er Jahren rasant wuchsen – zahlenmäßig, aber auch qualitativ bezüglich neuer Anwendungsmöglichkeiten. Durch den Einsatz der Computertechnik wuchs die Kommunikationsindustrie weltweit und erschloss sich neue Märkte, sowohl im geschäftlichen wie im privaten Bereich (z. B. Funktelefon, E-Mail-Kommunikation, Online-Verbindungen, Internet, E-Commerce). Innerhalb weniger Jahre kam es beim Nachrichtenverkehr zu einer rasch fortschreitenden Ausbreitung papierloser Kommunikation, die nach allen Prognosen in den nächsten Jahren weiter zunehmen wird (E-Mail, CD-Rom und Internet anstelle von Briefen, Zeitungen, Zeitschriften und Büchern). Das rasche Fortschreiten der Globalisierung wäre ohne die neuen Kommunikationsmedien nicht möglich gewesen.

Telefon-Anschlüsse und Mobilfunkteilnehmer
2004 (teilw. 2003)

	Telefon-Hauptanschlüsse in Mio.	je 1000 Einw.	Mobilfunkteilnehmer (Zellulartechnik) in Mio.	je 1000 Einw.
VR China	262,747	205	269,953	211
USA	181,403	617	158,722	540
Japan	60,219	472	86,655	679
Deutschland	54,250	657	64,800	785
Indien	48,917	46	26,154	25
Brasilien	39,222	220	46,373	260
Russland	36,993	258	36,500	255
Großbritannien	34,898	589	52,984	891
Frankreich	33,905	567	41,683	697
Italien	26,596	462	55,918	971
Rep. Korea	25,800	541	33,592	704
Kanada	20,664	656	13,291	422
Türkei	18,917	267	27,888	393
Spanien	17,568	419	37,507	894
Mexiko	16,311	158	30,098	291
Iran	14,571	211	3,377	49
Rep. China	13,355	591	25,800	1141
Australien	10,815	548	14,347	727
u. a. Schweiz	5,324	742	6,172	861
Österreich	3,881	479	7,095	876

Quelle: International Telecommunication Union

Die Zahl der **Telefon-Hauptanschlüsse** im Festnetz betrug 2003 weltweit 1,148 Mrd., d. h. 183 pro 1000 Einwohner. Davon entfielen auf den ostasiatisch-pazifischen Raum (mit Australien) rd. 380 Mio., auf Europa 350 Mio., auf Nordamerika 220 Mio., Lateinamerika 90 Mio., Afrika 77 Mio. und Vorder- und Südasien 32 Mio. Die Zuwachsrate nahm in den letzten Jahren ab und betrug 2005 nur noch 1,8 %, da ein großer Teil des Telekommunikationsbedarfs inzwischen in vielen Ländern durch das Mobiltelefon abgedeckt wird. Die Zahl aller Sprechstellen (mit Nebenstellen) dürfte 2004 etwa 2,4 Mrd. betragen haben.

Internetnutzer

jeweils Jahresbeginn	in Mio 2004	1999	je 10 000 Einwohner 2004
USA	161,632	60,000	5558
VR China	79,500	2,100	632
Japan	61,600	16,940	4827
Deutschland	39,000	8,100	4725
Rep. Korea	29,220	3,103	6097
Großbritannien*	25,000	8,000	4231
Frankreich	21,900	3,700	3656
Italien	18,500	2,600	3367
Indien	18,481	1,400	175
Kanada*	15,200	7,500	4839
Brasilien*	14,300	2,500	822
Australien	11,300	3,000	5667
Spanien	9,789	1,733	2391
Rep. China	8,830	3,011	3906
Niederlande	8,500	1,600	5219
Russland*	6,000	1,200	409
u. a. Österreich	3,730	0,710	4620
Schweiz	2,916	1,200	3985

* Angaben für 2003

Quelle: International Telecommunication Union

Die **Internetnutzung** erlebte in den letzten Jahren ein ähnlich stürmisches Wachstum wie das Mobiltelefon. 2005 nahm die Zahl der Internetnutzer weltweit um rd. 10 % auf rd. 920 Mio. zu. Von diesen Internetnutzern lebten etwa je 30 % in Europa, in Ost- und Südostasien und in Nordamerika. In den USA ist inzwischen weitgehend der Sättigungsgrad erreicht, während die Zahl der Nutzer in Europa langsam und in Ostasien schnell weiter wächst.

In **Deutschland** belief sich der Anteil der **Internetnutzer** 2004 auf 58 % der Bevölkerung ab 10 Jahren. E-Mails als moderne Form der schriftlichen Kommunikation wurden 2005 bereits von 47 % der Bevölkerung verschickt. Bei Jugendlichen (15–24 Jahre) lag der Anteil bei 77 %, bei Älteren (ab 65 Jahre) nur bei 10 %. Das Internet gebrauchten nach Umfragen 2004 80 % der Nutzer zum Senden und Empfangen von E-Mails, 82 % zur Information über Waren und Dienstleistungen, 48 % zur Information über Urlaub und Reisen, 43 % zum Einkaufen, 48 % zur Information über öffentliche Einrichtungen und 35 % zur privaten Weiterbildung.

Zwei Anwendungen des Internet nahmen in den letzten Jahren besonders stark zu: **E-Commerce** (vor allem beim Versandhandel) und **Telearbeit**. Anfang 2005 betrieben in Deutschland bereits rd. 3 Mio. Personen Telearbeit in irgendeiner Form (Teleheimarbeit, mobile Telearbeit in der Wohnung und/oder an verschiedenen Arbeitsplätzen, Telearbeitsplätze von Selbständigen u. ä.).

E-Commerce, die Anbahnung und Abwicklung von Geschäften auf elektronischem Wege (z. B. Warenbestellungen oder Erbringung von Dienstleistungen und deren Abrechnung per Internet) hatte um die Jahrtausendwende ein erstes starkes Wachstum erlebt, vor allem durch kräftige Zunahme des elektronischen Handels zwischen Unternehmen (»B2B«). 2001 trat – wie im gesamten Bereich der Internetökonomie (»New Economy«) – eine gewisse Ernüchterung ein. Das Einkaufen per Internet nimmt jedoch weiterhin langsam, aber kontinuierlich zu. Nach neueren Umfragen benutzen rd. 40 % aller Internetnutzer gelegentlich oder regelmäßig die Möglichkeiten des Online-Einkaufens. Im Vordergrund steht das Einkaufen von Büchern, Eintritts- und Fahrkarten sowie generell im Versandhandel, wo bei einigen Unternehmen 2005 bereits rd. 40 % des Umsatzes per Internet gemacht wurden – abgesehen von reinen Internethändlern, wie Buchversendern. Stärker als das Einkaufen per Internet wuchs in Deutschland 2005 das online-banking (Bankgeschäfte per Internet).

Bei der **Telefon-Kommunikation** wurde in **Deutschland** das Monopol der Post (Telekom) 1991 (beim Mobilfunk) bzw. 1998 (beim leitungsgebundenen Telefon) beendet. Seitdem herrscht ein harter Konkurrenzkampf. Mehrere in- und ausländische Gesellschaften bieten seit 1998 Telekommunikationsdienstleistungen an und erreichten 2005 Marktanteile bei Fern- und Auslandsgesprächen von fast 50 % zu Lasten der Telekom. Die Konkurrenzbetreiber nutzen gegen Entgelt das Netz der Telekom, insbesondere deren Hausanschlüsse. Der Wettbewerb läuft vor allem über den Preis für Ferngespräche und führte bereits bis 2001 zu Preisreduzierungen bis 85 % für Inlands- und bis 93 % für Auslandsgespräche. 2003 wurden auch die Ortsnetze für Alternativ-Anbieter neben der Telekom geöffnet. Der ruinöse Preiswettbewerb führte inzwischen zum Ausscheiden einiger Unternehmen aus dem Geschäft.

Das schnellste Wachstum im Kommunikationssektor erreichte das **Mobiltelefon** (Mobilfunk in Zellulartechnik, »Handy«). Die Verbreitung von Mobiltelefonen nahm 2005 weltweit um rd. 25 % zu; es wurden ca. 800 Mio. Geräte verkauft. Die bedeutendsten Hersteller waren Nokia (30 %), Motorola (17 %), Samsung (13 %), Siemens und Sony-Ericsson (je 5–6 %). In Deutschland und anderen europäischen Ländern ist inzwischen weitgehend Marktsättigung erreicht; der Umsatz nahm 2005 kaum mehr zu, obwohl verstärkt Handys mit Zusatzfunktionen (z. B. Kamera) vermarktet wurden. Auch mit dem weiteren Ausbau des UMTS-Netzes (»Universal Mobile Communications Standard«) sind neue Funktionen verbunden (Übermittlung von Fotos und Grafiken).

Besonders hoch war auch 2005 wieder der Absatz in Ländern mit ungenügend ausgebautem Festnetz (z. B. in Osteuropa und fortgeschritteneren Entwicklungsländern), wo 2005 teilweise Wachstumsraten von über 30 % erreicht wurden. Weltweit besitzen inzwischen 2,2 Mrd. Menschen ein Mobiltelefon; in Westeuropa liegt die Marktsättigung bereits bei 80 %.

Jahreschronik

27. 7. 2005 ▪ Stärkste Regenfälle in der Geschichte Indiens: In Mumbai (Bombay) fallen an einem Tag 944 mm Regen (450 Flutopfer).
29. 8. 2005 ▪ Hurrikan Katrina trifft mit über 200 km/h auf Louisiana. New Orleans zu 80 % überschwemmt. 1388 Tote und 125 Mrd. US-$ Schäden. Benzinpreise steigen in Deutschland auf Rekordhöhe (1,42 € pro l Super).
6. 9. 2005 ▪ Strahlenfolgen des Tschernobyl-Unfalls laut UN-Studie mit ca. 4000 Krebsopfern weniger gravierend als befürchtet. Psychologische Folgen dagegen bisher unterschätzt.
30. 9. 2005 ▪ »Weltatlas der Menschenaffen« zeigt erstmals umfassend Bedrohungsstatus von Schimpansen, Gorillas und Orang-Utans.
8. 10. 2005 ▪ Schwerstes Erdbeben in der Geschichte Pakistans mit 88 000 Toten. Mehr als drei Mio. Obdachlose. Die Krisenregion im Kashmir ist wochenlang unzugänglich und wird aus der Luft versorgt.
15. 10. 2005 ▪ Der mit 500 000 höchst dotierte Deutsche Umweltpreis geht an den Umweltbildungsexperten Berndt Heydemann und den Solarenergieforscher Joachim Luther.
14. 11. 2005 ▪ FAO legt Zustandsbericht der globalen Wälder vor: Wälder schrumpfen langsamer, aber immer noch um 7,3 Mio. ha pro Jahr.
26. / 27. 11. 2005 ▪ Folgenschwerster Stromausfall der Nachkriegsgeschichte in Deutschland: Nach Schneesturm sind 250 000 Menschen im Münsterland zum Teil mehrere Tage ohne Licht und Energie.
2. 12. 2005 ▪ Umweltminister der VR China, Xie Zhenhua, tritt nach schwerer Benzol-Verseuchung des Songhua-Flusses zurück. Die Behörden hatten die Katastrophe 10 Tage verschwiegen.
9. 12. 2005 ▪ Der Alternative Nobelpreis 2005 wird u.a. an die Kanadier Maude Barlow und Tony Clarke verliehen, die sich für ein »Recht auf Wasser« einsetzen und eine Privatisierung der Wasserversorgung ablehnen.
9. 12. 2005 ▪ UN-Klimakonferenz in Montréal hält an Kyoto-Protokoll fest; Verhandlungen über Nachfolgeabkommen für die Zeit ab 2012 beginnen 2006.
13. 12. 2005 ▪ EU-Ministerrat einigt sich auf Chemikalien-Richtlinie REACH: 30 000 Chemikalien werden registriert und auf Umweltverträglichkeit getestet.
14. 12. 2005 ▪ Bundessortenamt genehmigt erstmals Anbau einer gentechnisch veränderten Pflanze in Deutschland (drei Maissorten mit dem Kürzel MON 810).
1. 1. 2006 ▪ Gründung des Nationalparks Harz als erster Bundesländer übergreifender Nationalpark.
2. 1. 2006 ▪ Dach der Eissporthalle in Bad Reichenhall stürzt nach schweren Schneefällen ein (15 Tote).
24. 1. 2006 ▪ Bundesregierung stellt Waldzustandsbericht 2005 vor: Waldschäden nur leicht reduziert. Eiche so krank wie nie zuvor.
16. 2. 2006 ▪ Eröffnung der weltgrößten Messe für Ökoprodukte »Biofach« in Nürnberg. Umsatz mit Bioprodukten hat sich in Deutschland zwischen 2000 und 2005 auf 4 Mrd. € verdoppelt.
22. 2. 2006 ▪ Feinstaub: Bundesregierung beschließt Fahrzeugkennzeichnung mit Plaketten nach Schadstoffklassen. Kommunen können mit neuem Smog-Schild ganze Viertel absperren.
14. 3. 2006 ▪ EU-Wirtschaftsminister beschließen Energiespar-Richtlinie: Energieverbrauch soll in allen Mitgliedstaaten zwischen 2008 und 2017 jährlich mindestens um 1 % sinken.
20. 3. 2006 ▪ Zyklon Larry trifft mit Windgeschwindigkeiten von bis zu 300 km/h auf die Nordostküste Australiens. Bananen- und Zuckerrohrernte zerstört; mindestens 500 Mio. € Schäden.
21. 3. 2006 ▪ 4. Weltwasserforum in Mexiko-City: UN-Bericht fordert »Grundrecht auf Wasser«.
24. 3. 2006 ▪ EU-Richtlinie zur Rücknahme von Elektroschrott tritt in Kraft: Elektro-Altgeräte werden von Kommunen gebührenfrei eingesammelt. Rücknahmepflicht für Hersteller
3. 4. 2006 ▪ Energiegipfel im Bundeskanzleramt: Ankündigung von Milliarden-Investitionen in die Energieversorgung. Allein 40 Mrd. € in erneuerbare Energien bis 2012
26. 4. 2006 ▪ 20. Jahrestag der Reaktorkatastrophe von Tschernobyl wird von Streit über Strahlenfolgen begleitet: Je nach Studie zwischen 4000 und 93 000 zu erwartende Krebstote
27. 5. 2006 ▪ Erdbeben der Stärke 6,3 fordert auf der indonesischen Insel Java mehr als 6000 Tote
29. 5. 2006 ▪ Grundsteinlegung für weltweit erstes CO_2-freies Kohlekraftwerk bei Spremberg (Brandenburg). CO_2 aus Braunkohleverbrennung wird abgetrennt, verflüssigt und in tiefen Erdschichten abgelagert.
29. 5. 2006 ▪ 100 Jahre staatlicher Naturschutz in Deutschland. 1906 gründete Kaiser Wilhelm II. in Dresden die »Staatliche Stelle für Naturdenkmalpflege in Preußen«.
6. 6. 2006 ▪ 20. Jahrestag der Gründung des Bundesumweltministeriums

Globale Erwärmung

Die globale Klimaerwärmung (»global warming«) beruht auf der Eigenschaft der Erdatmosphäre, die Wärmeabstrahlung der Erdoberfläche und bodennaher Luftschichten in das Weltall zu verringern. Ohne diesen »natürlichen **Treibhauseffekt**« läge die bodennahe Weltmitteltemperatur heute nicht bei 14,5 °C, sondern bei lebensfeindlichen –18 °C. An diesem »gewünschten« Treibhauseffekt sind als wichtigstes natürliches Treibhausgas der Wasserdampf mit 61 %, Kohlendioxid (CO_2) mit 21 %, bodennahes Ozon (O_3) mit 7 % und andere Gase mit 11 % beteiligt. Sowohl die atmosphärische Konzentration der Treibhausgase als auch die globale Mitteltemperatur sind natürlichen Schwankungen unterworfen, die jedoch zunehmend durch den Einfluss menschlicher Aktivitäten überlagert werden. Diese führen zur Anreicherung der Treibhausgase und zu einer globalen Erwärmung (»anthropogener Treibhauseffekt«).

Klimabilanz

Nach Berechnungen des britischen Hadley Centre und der Universität East Anglia war das Jahr 2005 das zweitwärmste Jahr seit Beginn der Aufzeichnungen 1861. Die Temperatur an der Erdoberfläche lag im Jahresdurchschnitt um 0,47 °C über dem Mittel der Jahre 1961–1990 (14,0 °C; Abweichung 2003: +0,49 °C, 1998 als bisher wärmstes Jahr: +0,52 °C). Nach Berechnungsmethoden US-amerikanischer Forschungseinrichtungen war 2005 sogar das bisher wärmste Jahr (National Climatic Data Center: +0,52 °C, Goddard Institute: +0,58 °C gegenüber Mittelwert der Jahre 1951–1980).

Die letzten zehn Jahre (1996–2005) waren – mit Ausnahme von 1996 und 2000 – die wärmsten seit Beginn der Beobachtungen. Im 20. Jahrhundert hat sich das Weltklima um mehr als 0,6 °C erwärmt, das Tempo des Anstiegs hat sich seit 1976 deutlich erhöht (→ Grafik).

Regional waren die **Klimaextreme** wie schon in den Vorjahren sehr unterschiedlich verteilt: **Hitzewellen** gab es in Australien (wärmstes Jahr seit Beginn der Aufzeichnungen 1910), Indien, Pakistan und Bangladesch (Mai/Juni, Rekordtemperaturen 45–50 °C, verspäteter Südwestmonsun, mindestens 400 Todesopfer in Indien), im Südwesten der USA (Anfang Juli), in Zentralkanada (bisher wärmster und feuchtester Sommer), in der VR China (einer der wärmsten Sommer seit 1951), Südeuropa und Nordafrika (Juli, Temperaturen in Algerien bis zu 50 °C, mehrere Todesopfer). **Kältewellen** wurden auf dem Balkan (Anfang Februar), in Marokko (Januar, Temperaturen bis –14 °C) und im ostasiatischen Raum (Dezember, Japan und Korea) beobachtet. Die langjährige **Dürreperiode** am Horn von Afrika (Südsomalia, Ostkenia, Südostäthiopien und Nordosttansania) setzte sich fort – 11 Mio. Menschen in dieser Region sind vom Hungertod bedroht. Ebenfalls von Dürre betroffen waren u. a. das südliche Afrika (5 Mio. hungernde Menschen in Malawi), Westeuropa (schlimmste Dürren in Spanien und Portugal seit den 1940er Jahren), Südbrasilien (Dezember, Mais- und Sojaernte stark beeinträchtigt)

Entwicklung des Weltklimas 1861–2005

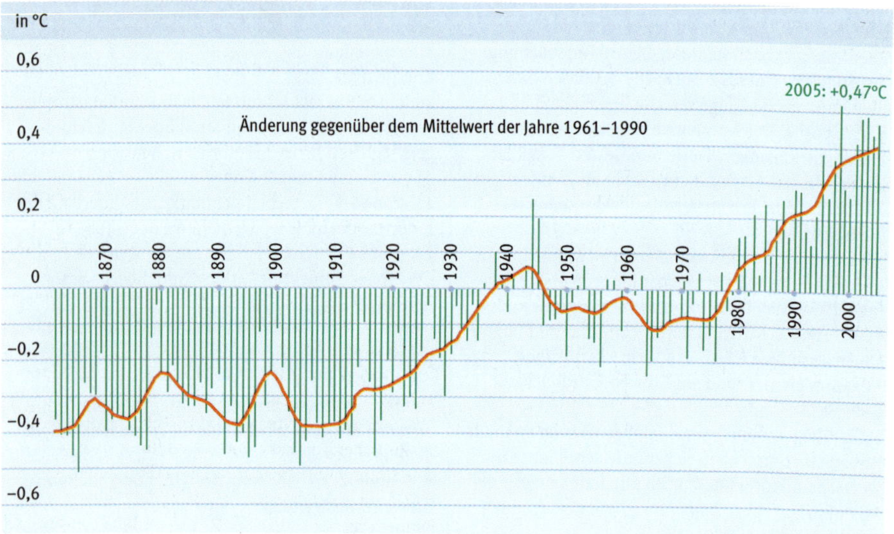

Quelle: WMO

und das Amazonasbecken (niedrigste Wasserstände seit 60 Jahren). Von sintflutartigen Regenfällen und **Überschwemmungen** während der Monsunzeit (Juni–September) waren in West- und Südindien 20 Mio. Menschen betroffen, es kam zu 800 Todesfällen. Am 27. 7. 2005 fielen in Mumbai 944 mm Regen – mehr als jemals zuvor an einem Tag. Den Wasserfluten fielen ca. 450 Menschen zum Opfer. Weitere Überschwemmungen gab es u. a. zwischen Oktober und Dezember in Südostindien (300 Tote), Thailand (52 Tote) und Vietnam (69 Tote), in der dritten Juni-Woche im Süden der VR China (170 Tote), zwischen Mai und August in Osteuropa (66 Tote allein in Rumänien), im Januar in Costa Rica und Panama (35 000 Flüchtlinge) sowie im Februar in Kolumbien und Venezuela (80 Tote).

Die Zahl der **tropischen Stürme** (Windgeschwindigkeiten größer als 62 km/h) in der atlantischen Hurrikan-Saison nimmt seit 1995 merklich zu und erreichte mit 27 im Jahr 2005 einen neuen Rekordwert. Zwölf von ihnen fielen in die Gruppe der Hurrikane (Windgeschwindigkeiten größer als 118 km/h, → S. 37). Im Nordostpazifik war die Sturmaktivität mit 16 Stürmen (davon 7 Hurrikane) leicht unterdurchschnittlich, ebenso im Nordwestpazifik (23 Stürme, davon 17 Taifune/Hurrikane, langjähriger Durchschnitt: 27 Stürme).

Das Jahr 2005 war in **Deutschland** nach Angaben des Deutschen Wetterdienstes (DWD) mit einer Mitteltemperatur von 9,0 °C um 0,8 Grad wärmer als im langjährigen Durchschnitt. Zum Vergleich: Weltweit war das Jahr 2005 laut World Meteorological Organization (WMO) mit 14,5 °C ein halbes Grad wärmer als im statistischen Mittel. Die höchsten Temperaturen wurden am 28. 7. in Niederstetten mit 36,7 °C und in Karlsruhe mit 36,3 °C gemessen. Im bundesweiten Mittel konnten 1766 Sonnenscheinstunden gezählt werden – 16 % mehr als im Durchschnitt. Zugleich ergab die Jahresbilanz ein leichtes Minus bei den Niederschlägen. Über alle Regionen Deutschlands gemittelt fielen 2005 rd. 736 l pro m² Regen, Schnee oder Hagel. Das waren etwa 93 % des Normwertes von 789 l.

Der Winter 2005/2006 war deutlich kälter und trockener als normal. Die Mitteltemperatur lag mit –0,8 °C ein Grad unter dem Normalwert von 0,2 °C. Die niedrigste Temperatur im Flachland wurde am 23. 1. in Ueckermünde mit –23,6 °C gemessen. Auf der Zugspitze war es nur ein Grad kälter, nämlich –24,7 °C am 5. 2. Die Niederschlagsmengen lagen 25 % unter dem Durchschnitt. Aufgrund der niedrigen Temperaturen fiel der Niederschlag immer wieder als Schnee, sodass zeitweilig ganz Deutschland unter einer Schneedecke lag. In einigen Regionen blieb der Schnee den ganzen Winter liegen, wie zum Beispiel im Berchtesgadener Land.

Schneesturm im Münsterland

Am ersten Adventwochenende 2005 hat ein schwerer Schneesturm im Münsterland den folgenschwersten Stromausfall der Nachkriegsgeschichte in Deutschland ausgelöst. Am 26./27. 11. fielen in der Region innerhalb von 24 Stunden 30–50 cm Schnee. Da der Schnee bei Temperaturen um den Gefrierpunkt relativ feucht war, bildeten sich um die Stromkabel von Überlandleitungen bis zu 10 cm dicke Eiskrusten. Die schweren Lasten brachten rd. 50 Strommasten zum Einsturz. In der Folge waren 250 000 Menschen im Münsterland zum Teil mehrere Tage ohne Licht und Energie. Am Stromnetz des Energieversorgers RWE sind nach eigenen Angaben Schäden in Höhe von 42 Mio. € entstanden. Zur Regulierung der Schäden bei den Stromkunden richtete der Konzern einen Härtefallfonds in Höhe von 5 Mio. € ein. RWE legte im Februar 2006 ein Gutachten vor, das die Stromausfälle fast ausschließlich auf die extremen Wetterbedingungen zurückführte. Eine am 27. 4. 2006 bekannt gewordene Untersuchung des Bundesamts für Materialforschung kam hingegen zu dem Ergebnis, dass spröder Stahl an unzureichend sanierten Strommasten mitverantwortlich für die Stromausfälle war.

Umgeknickte Strommasten bei Laer in der Nähe von Münster

Folgen des Klimawandels

Der in den letzten hundert Jahren beobachtete **Anstieg des Meeresspiegels** um 10–20 cm ist wahrscheinlich größtenteils auf die globale Erwärmung zurückzuführen. Dieser Vorgang könnte durch das Abschmelzen der polaren Eiskappen beschleunigt werden. Das Meereis in der Arktis ist heute nur noch halb so dick wie vor 50 Jahren, seine Ausdehnung lag 2005 das vierte Jahr in Folge deutlich unter dem langjährigen Durchschnitt (–20 % gegenüber der Periode 1974–2004). Bis zum Jahr 2100 rechnet der auf UN-Ebene eingerichtete »Zwischenstaatliche Ausschuss für den Klimawandel« (Intergovernmental Panel on Climate Change, IPCC) mit einem weiteren Anstieg der globalen Mitteltemperatur um 1,4 bis 5,8 °C und des Meeresspiegels um 9 bis 88 cm, falls keine geeigneten Gegenmaßnahmen ergriffen werden. Neue, Ende September 2005 veröffentlichte Modellrechnungen, an denen weltweit 15 Forschungsgruppen beteiligt waren, ergaben eine Erwärmung um 4 °C im Falle weiter wie bisher ansteigender Treibhausgasemissionen, und um 2,5 °C, falls zumindest die Vorgaben des Kyoto-Protokolls eingehalten werden.

Nach neuen, von US-Forschern Ende März 2006 im Wissenschaftsmagazin Science veröffentlichten Studien könnten die Eisdecken in Grönland und der Antarktis wesentlich schneller abschmelzen als bisher geschätzt: Die arktischen Sommer im Jahr 2100 werden demnach möglicherweise so warm sein wie vor fast 130 000 Jahren. Damals war der Meeresspiegel sechs Meter höher als heute. Da die Zerstörung der Eisschichten und der folgende Anstieg des Meeresspiegels mit zeitlicher Verzögerung erfolgen, würde dieser Prozess irgendwann in der zweiten Hälfte des 21. Jahrhunderts unumkehrbar werden. Die Forscher gehen davon aus, dass der Meeresspiegel bis zum Jahr 2100 um vier bis sechs Meter ansteigen wird, wenn die Treibhausgasemissionen nicht rasch und dauerhaft reduziert werden.

Eine weithin sichtbare Folge der globalen Erwärmung ist der beschleunigte Rückgang alpiner Gletscher (**Gletscherschwund**, → WA 2006, S. 684). Das Abschmelzen begann Mitte des 19. Jahrhunderts, als die Alpengletscher noch ein Volumen von 200 km³ hatten. Im Jahr 2000 waren es noch 75 und in 2005 nur noch 68 km³. Allein zwischen 1985 und 2000 haben die Alpengletscher 20 % ihrer Fläche und ein Viertel ihres Volumens verloren. Ein Abschmelzen in dieser Größenordnung war eigentlich erst bis 2025 erwartet worden. Die Geschwindigkeit des Flächenverlusts hat sich von jährlich 1 % zwischen 1973 und 1985 auf heute 2 % p. a. verdoppelt.

Der Klimawandel hat gravierende Folgen für die **menschliche Gesundheit**. Nach einer Ende November 2005 veröffentlichten Studie, an der auch die Weltgesundheitsorganisation (WHO) beteiligt war, erkranken weltweit jährlich mehr als fünf Mio. Menschen an den Folgen des Klimawechsels; 150 000 dieser Erkrankungen enden mit dem Tod. Bereits bis 2030 könnten sich diese Werte verdoppeln. Die globale Erwärmung ist für 2,4 % aller Durchfallerkrankungen und für 2 % aller Malariaerkrankungen verantwortlich.

Auch das **Leben im Meer** ist durch den Klimawandel zunehmend bedroht. Etwa die Hälfte des seit Beginn der Industrialisierung vom Menschen freigesetzten CO_2 ist von den Weltmeeren aufgenommen und zum Teil in Kohlensäure umgewandelt worden. Das Meerwasser wird dadurch insgesamt saurer und für Meerestiere mit Kalkschalen wie z. B. Korallen, Muscheln und einige Planktonarten gefährlich. Der den Säuregehalt bezeichnende pH-Wert der Meere beträgt heute 8,2 und könnte bis 2100 auf 7,7 absinken. Meeresbiologen gehen davon aus, dass zahlreiche Arten diesem Wandel zum Opfer fallen würden. Ein solch dramatischer Wandel der Ozean-Chemie hat zuletzt vor 65 Mio. Jahren – zur Zeit des Dinosauriersterbens – stattgefunden und war von einem plötzlichen Aussterben der Meerestiere mit kalkhaltigen Schalen begleitet.

Weitere gravierende Folgen durch die globale Erwärmung ergeben sich für die landwirtschaftliche Produktion, die Artenvielfalt, die Trinkwasserreserven und die menschlichen Siedlungen. Von den Auswirkungen am stärksten betroffen sein werden Entwicklungsländer und Inselstaaten. In den kommenden Jahrzehnten muss demnach mit mehr Stürmen, heftigeren Niederschlägen, mehr Überschwemmungen und mehr Hitze- und Dürreperioden gerechnet werden.

In Europa wird neben den Bergregionen vor allem der Mittelmeerraum betroffen sein. Heftige Dürren wie in den Jahren 2003 und 2005 könnten sich in Zukunft häufen, warnt eine im Oktober 2005 im Magazin Science veröffentlichte Studie. Die Durchschnittstemperaturen in Europa könnten sich bis 2080 um 2,1 bis 4,4 °C erhöhen. Dies könnte dazu führen, dass zusätzliche 14 bis 38 % der Bevölkerung des Mittelmeerraums in Gebieten mit erhöhtem Wassermangel leben. Hinzu käme die zusätzliche Belastung durch steigenden Wasserbedarf für Tourismus und Landwirtschaft. Durch häufigere und schwerere Trockenperioden würde die Waldbrandgefahr in der Mittelmeerregion weiter erhöht. Höhere Temperaturen und der Rückgang der Schneedecke verändern den Jahresverlauf und die Menge des Wassers in Flüssen: Generell wird eine geringere Wasserführung im Sommer und mehr Wasser im Winter erwartet. Dies erhöht die Gefahr von Überschwemmungen und beeinträchtigt die Schiffbarkeit, ebenso die Wasserkraftnutzung im Sommer. Der Rückgang der Schneedecke beeinträchtigt außerdem den Wintersport.

Weiterhin erwartet das IPCC, dass
- sich die Zahl der in Ländern mit ungenügenden Trinkwasserreserven lebenden Menschen bis zum Jahr 2025 auf fünf Mrd. verdreifachen wird;
- sich die Auswirkungen der Luftverschmutzung in den Städten verschlimmern werden;
- bis Ende des 21. Jahrhunderts jeder zweite Gletscher in Europa geschmolzen sein wird;
- sich das Absterben der Korallenriffe in Folge der Erwärmung der Ozeane fortsetzt. Heute gelten 27 % aller Korallenriffe als schwer beschädigt (1992: 10 %), bis 2030 könnten 60 % komplett verschwunden sein;
- die Ernteerträge in tropischen und subtropischen Regionen zurückgehen werden;
- für zehn Mio. Menschen das Überschwemmungsrisiko zunehmen wird.

Ursachen der Klimaerwärmung

Über den Zusammenhang zwischen menschlichen Aktivitäten und beobachteter Erwärmung gibt es eine anhaltende wissenschaftliche Kontroverse. Der jüngste IPCC-Bericht spricht jedoch von »neuen und stärkeren Beweisen«, dass der überwiegende Teil der globalen Erwärmung der letzten 50 Jahre vom Menschen verursacht wurde. Hauptverantwortlich für die Erwärmung ist demnach der in den letzten Jahren und Jahrzehnten rasch gewachsene Ausstoß von Treibhausgasen.

Globale CO_2-Emissionen 1990–2004

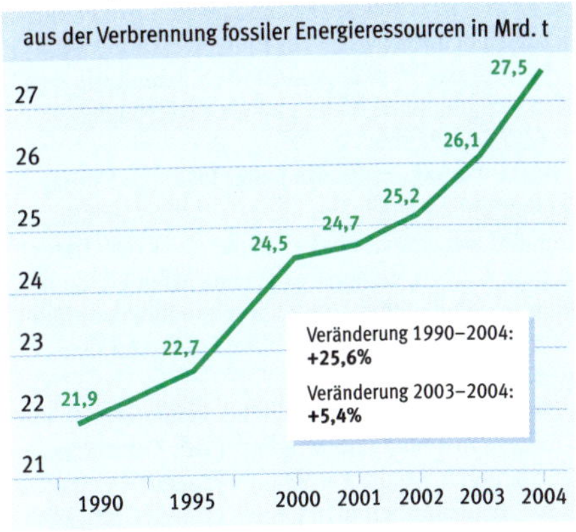

Der Ausstoß des wichtigsten Treibhausgases Kohlendioxid (CO_2) durch die Verbrennung fossiler Energieträger (Kohle, Erdöl, Erdgas) durch den Menschen hat sich im Laufe der Industrialisierung von 342 Mio. t im Jahr 1860 auf 27,5 Mrd. t im Jahr 2004 etwa um den Faktor 80 erhöht. Zwischen 1990 und 2004 nahmen die Emissionen um mehr als ein Viertel zu – allein zwischen 2003 und 2004 betrug der Zuwachs 5,4 % (→ Grafik). Zwischen 1751 und heute wurden insgesamt mehr als 1000 Mrd. t CO_2 freigesetzt, mehr als die Hälfte davon seit Mitte der 1970er Jahre.

Die CO_2-Emissionen sind in fast allen Ländern kräftig gestiegen. In den OECD-Ländern waren sie 2004 knapp 16 % höher als 1990. Mit einem Plus von 9 % gegenüber dem Vorjahr sind die CO_2-Emissionen in den Entwicklungs- und Schwellenländern besonders kräftig gewachsen – Spitzenreiter ist VR China mit einem Zuwachs von rd. 15 %.

Die Internationale Energieagentur (IEA) rechnet in ihrem World Energy Outlook 2005 mit einer Zunahme des globalen Primärenergiebedarfs bis 2030 um mehr als 50 % gegenüber 2003. Damit verbunden wäre ein Anstieg der weltweiten, energiebedingten CO_2-Emissionen auf 37 Mrd. t (+52 %). Fast drei Viertel dieses Zuwachses werden in den Entwicklungsländern stattfinden (→ Grafik). Voraussichtlich in den frühen 2020er Jahren werden die CO_2-Emissionen der Entwicklungsländer erstmals die der Industriestaaten übersteigen. Zwischen 2003 und 2030 wird der Anstieg der Emissionen allein in der VR China größer sein als der in allen Industriestaaten und Russland zusammen. Die Pro-Kopf-Emissionen in den Entwicklungsländern bleiben mit 3 t p. a. jedoch auch 2030 noch deutlich unter denen der Industriestaaten (13 t p. a.) (→ Grafik).

Von dem zweitwichtigsten Treibhausgas **Methan (CH_4)** werden jährlich rd. 500 Mio. t durch menschliche Aktivitäten in die Atmosphäre eingebracht – fast fünfmal so viel wie in der vorindustriellen Zeit. Auf Viehhaltung und Reisanbau entfallen gemeinsam mehr als die Hälfte dieser Emissionen, weitere bedeutsame Quellen sind die Biomasseverbrennung, die Kohleförderung, Mülldeponien und die Erdgasförderung. Weitere Treibhausgase sind Distickstoffoxid (NH_2), teilhalogenierte Kohlenwasserstoffe (H-FKW), perfluorierte Kohlenwasserstoffe (PFC) und Schwefelhexafluorid (SF_6).

Die vom Menschen ausgestoßenen Treibhausgase verbleiben bis zu 200 Jahren (CO_2) in der Atmosphäre, bevor sie durch chemische/biologische Prozesse (wie die Fotosynthese im Falle des CO_2) wieder entfernt werden.

Die **Konzentration des wichtigsten Treibhausgases CO_2** in der Erdatmosphäre ist im Jahresdurchschnitt 2005 auf das neue Rekordniveau von 381 ppm (parts per million) angestiegen – ein solch hoher Wert wurde wahrscheinlich zuletzt vor einer Mio., möglicherweise sogar letztmals vor 30 Mio. Jahren erreicht (→ Grafik). Die Zunahme gegenüber dem Vorjahr betrug 2,5 ppm und liegt damit um zwei Drittel über dem Mittel der 1990er Jahre (1,5 ppm pro Jahr) – die Anreicherung von CO_2 in der Atmosphäre hat sich also dramatisch beschleunigt. Eine weitere Zunahme der Konzentra-

CO_2-Emissionen nach Regionen

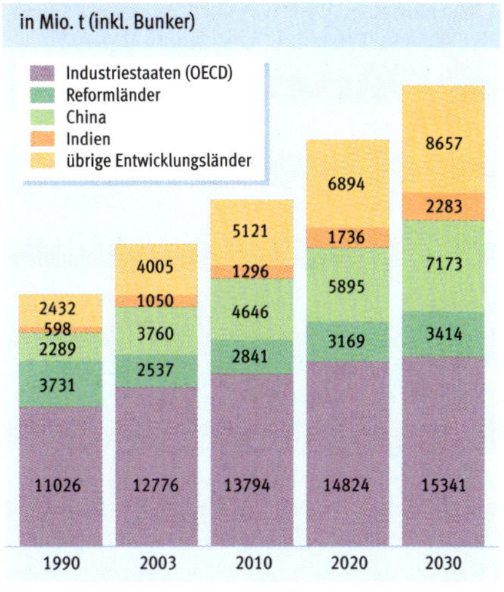

Quelle: IEA

tion erhöht die Wahrscheinlichkeit nichtlinearer Effekte, beispielsweise wenn die Ozeane, die wegen steigenden CO_2-Gehalts heute schon fast so sauer sind wie zu Zeiten des Sauriersterbens, weniger oder kein CO_2 mehr aus der Luft aufnehmen können – das würde die Zuwachsraten der CO_2-Konzentration in der Atomsphäre noch schneller ansteigen lassen.

Ein zusätzlicher Beitrag zum Anstieg der atmosphärischen CO_2-Konzentrationen resultiert aus der **Abholzung von Waldflächen**, die bei ihrem Wachstum CO_2 aus der Luft einbinden und deshalb im CO_2-Kreislauf als »Senke« fungieren. Der Beitrag der Entwaldungen wird derzeit auf etwa 5,9 Mrd. t CO_2 pro Jahr geschätzt.

Klimaschutz

Die wichtigste internationale Vereinbarung zum Klimaschutz ist die 1992 auf dem Erdgipfel in Rio de Janeiro von mehr als 150 Staaten unterzeichnete **Klimarahmenkonvention (KRK)**. Das bis Mitte 2006 von 189 Staaten ratifizierte Abkommen soll »die Treibhausgaskonzentrationen in der Atmosphäre auf einem Niveau stabilisieren, das eine gefährliche Störung des Klimasystems verhindert«. Die Verpflichtungen zum Klimaschutz wurden weiterentwickelt durch die Annahme des sog. **Kyoto-Protokolls** anlässlich der dritten Vertragsstaatenkonferenz (VSK) der KRK Ende 1997 in Kyoto (Japan). In den Folgejahren wurden die Bestimmungen des Protokolls schrittweise konkretisiert. Nach zähem Ringen um die erforderliche Zahl der ratifizierenden Staaten ist die Vereinbarung schließlich am 16. 2. 2005 in Kraft getreten (→ WA 2006, S. 686). In der Vereinbarung verpflichten sich die Industrieländer erstmals auf eine überprüfbare Reduktion ihrer Treibhausgasemissionen um insgesamt 5,2 % bis zur »Budgetperiode« 2008–12. Unter die Regelung fallen die Emissionen von Kohlendioxid (CO_2), Methan (CH_4) und Distickstoffoxid (NH_2)

Globale CO_2-Konzentration

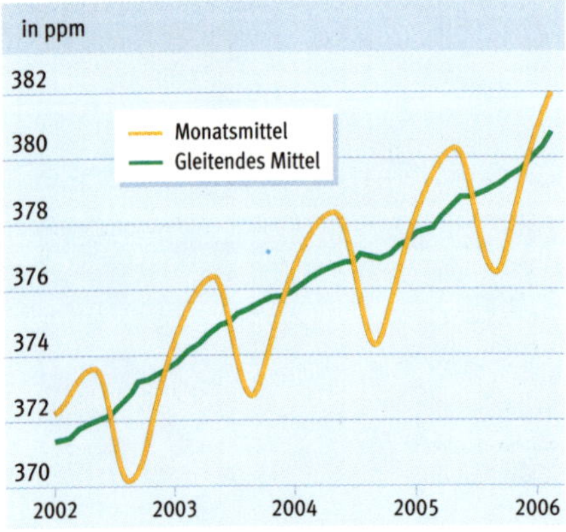

Quellen: National Oceanic & Atmospheric Administration (NOAA)

(Bezugsjahr 1990) sowie von teilhalogenierten Kohlenwasserstoffen (H-FKW), perfluorierten Kohlenwasserstoffen (PFC) und Schwefelhexafluorid (SF_6) (Bezugsjahr 1995). Neben der Reduktion von Emissionen können die Verpflichtungen auch durch Ausweitung von Waldflächen, die als Kohlenstoffspeicher (CO_2-Senke) anerkannt sind, erfüllt werden – und zwar bis zu 3,5 Prozentpunkte der jeweiligen Reduktionsverpflichtung. Außerdem können Emissionsrechte von anderen Ländern erworben werden, die ihr Soll übererfüllen (→ Emissionshandel). Schließlich können sich Industriestaaten im Rahmen des »Clean Development Mechanism« (CDM) Investitionen in klimafreundliche Technologien – mit Ausnahme der Kernkraft – in Entwicklungsländern auf ihr Reduktionsziel anrechnen lassen. Bis Ende April 2006 wurde das Protokoll von insgesamt 163 Staaten ratifiziert, auf die insgesamt 62 % der globalen Treibhausgasemissionen entfallen.

Die **11. Vertragsstaatenkonferenz (VSK)** zur Klimarahmenkonvention vom 28. 11.–9. 12. 2005 in Montréal (Kanada) war – nach dem formellen In-Kraft-Treten am 16. 2. 2005 – gleichzeitig die erste Mitgliederkonferenz des Kyoto-Protokolls. Mit mehr als 10 000 Teilnehmern war sie größte Weltklimakonferenz aller Zeiten.

Nach schwierigen Verhandlungen einigten sich die zu diesem Zeitpunkt 156 Mitglieder des Kyoto-Protokolls darauf, im Mai 2006 Verhandlungen über ein Nachfolgeabkommen zu beginnen, dessen Gültigkeit nahtlos an die 2012 endende erste Kyoto-Phase anschließt. Parallel dazu sollen neue Gespräche über den Klimawandel stattfinden, an denen auch die USA und Australien teilnehmen, die das Kyoto-Protokoll bisher ablehnen und nicht ratifiziert haben. Die Abschlusserklärung lässt offen, wie lange die Verhandlungen dauern sollen und wie die künftige Lastenverteilung beim Klimaschutz aussehen soll.

Dennoch wurde die Konferenz als großer Erfolg gewertet, weil bis zuletzt befürchtet wurde, dass die USA – als Hauptverursacher des Problems – sich ganz aus den internationalen Verhandlungen zurückziehen würden. Die USA hatten in den Verhandlungen versucht, im Gegensatz zu den verbindlichen Zielsetzungen des Kyoto-Protokolls einen freiwilligen Klimaschutz einzuführen, der vor allem auf die Verbreitung neuer Technologien in Entwicklungsländern setzt. Diesem Bestreben haben sich zahlreiche Mitglieder des Kyoto-Protokolls widersetzt. Stattdessen einigten sie sich auf einen Sanktionsmechanismus für Länder, die ihre Verpflichtungen aus dem Kyoto-Protokoll bis 2012 nicht erfüllt haben.

Für den Fall, dass keine weiteren Maßnahmen gegen die globale Erwärmung ergriffen werden, rechnet das Deutsche Institut für Wirtschaftsforschung (DIW) mit globalen **Klimaschäden** von bis zu 20 Bill. US-$ im Jahr 2100. Wesentlich günstiger wäre es, sofort mit einer aktiven Klimaschutzpolitik zu beginnen. Die

Kyoto-Ziele: Ist und Soll

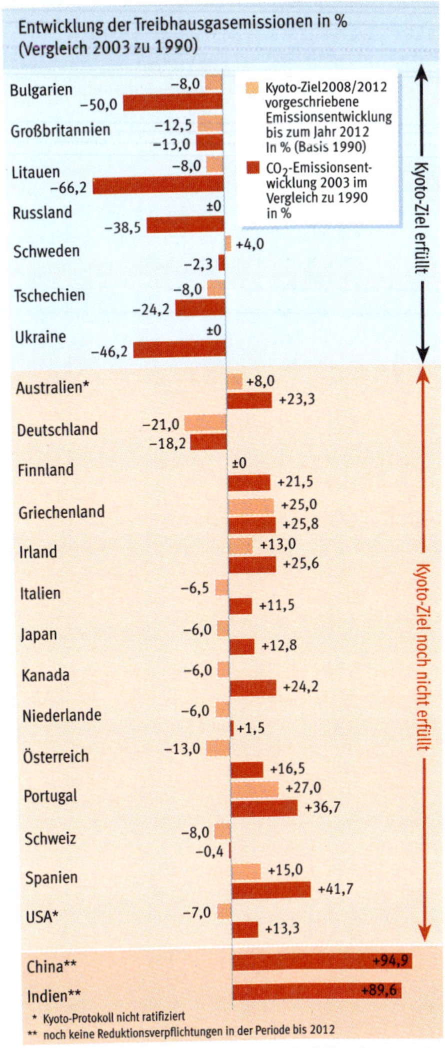

Quelle: Sekretariat der UN-Klimarahmenkonvention

Kosten dafür schätzt das DIW auf 430 Mrd. US-$ bis 2050 und 3 Billionen US-$ bis zum Jahr 2100.

Nach Einschätzung des IPCC kann der weltweite Ausstoß an Treibhausgasen bereits mit vorhandener Technologie und ohne wirtschaftliche Einbußen erheblich reduziert werden. Die Hälfte des technischen Einsparpotenzials könnte so erschlossen werden, dass der wirtschaftliche Nutzen (u. a. durch verringerten Energieverbrauch) größer als die Kosten wäre.

Nach einer Untersuchung der Internationalen Energieagentur (IEA) könnten die Industriestaaten allein durch die Einführung strengerer Verbrauchsstandards für elektrische Geräte in privaten Haushalten bis 2010 ihre CO_2-Emissionen um 320 Mio. t – entsprechend 30 % ihrer Reduktionsverpflichtungen aus dem Kyoto-Protokoll – reduzieren. Die Mehrkosten für die effizienteren Geräte würden dabei durch wesentlich niedrigere Verbrauchskosten mehr als ausgeglichen.

Neben diesen **Gegenmaßnahmen** (»mitigation«) betont das IPCC die Notwendigkeit von **Anpassungsmaßnahmen** (»adaptation«), da sich eine weitere Erwärmung in den nächsten Jahrzehnten wegen der langen Verweildauer der Treibhausgase in der Atmosphäre nur noch zum Teil vermeiden lässt. Europa wird demnach etwa 1 % seines Bruttonationaleinkommens (BNE) aufwenden müssen, um sich – etwa durch Deichbau oder Anpassungen in der Landwirtschaft – gegen die Folgen des Klimawandels zu schützen. In vielen Entwicklungsländern werden die Anpassungskosten auf 10 % des BNE oder höher taxiert; in besonders betroffenen Staaten wie Bangladesch, das wegen der langen, tief liegenden Küstenlinie extrem vom Anstieg des Meeresspiegels betroffen sein wird, sogar auf 50 %.

Klimaschutz in Deutschland

Der Ausstoß des wichtigsten Treibhausgases CO_2 in Deutschland ist nach Berechnungen des Deutschen Instituts für Wirtschaftsforschung (DIW) im Jahr 2004 gegenüber dem Vorjahr um 2,3 % auf 786 Mio. t gesunken (temperaturbereinigt: 792 Mio. t, –2,0 %). Dies ist der stärkste Rückgang seit Mitte der 1990er Jahre. Verursacht wurde er v. a. durch den reduzierten Primärenergieverbrauch in Folge hoher Energiepreise und durch den Übergang zu emissionsfreien (erneuerbare Energien) oder emissionsarmen (Erdgas) Energieträgern. Der Einfluss des europäischen Emissionshandels lässt sich noch nicht beurteilen. Zusammen mit den Emissionen aus Industrieprozessen lagen die CO_2-Emissionen 2004 insgesamt bei 866 Mio. t (temperaturbereinigt 872 Mio. t).
Gegenüber dem Basisjahr 1990 gingen die CO_2-Emissionen damit zwar um mehr als 16 % zurück – seit Mitte der 1990er Jahre ist der Rückgang jedoch stark

CO_2-Emissionen in Deutschland 2004
nach Sektoren (insges. 884 Mio. t)

Sektor	Anteil (%)	Änderung gegenüber 1990 (%)
Energieerzeugung / -umwandlung	43,2	– 12,8
Industrie	9,2	– 38,3
Verkehr	18,9	+ 5,7
Haushalte	13,1	– 10,7
Kleinverbraucher	6,6	– 35,7
Industrieprozesse	9,0	– 4,1
Summe	*100*	*– 14,1*

Quelle: DIW

verlangsamt. Das frühere Klimaschutzziel der Bundesregierung, die CO_2-Emissionen bis 2005 um ein Viertel zu reduzieren – ist damit klar (um 94 Mio. t) verfehlt worden. Dennoch ist Deutschland eines der wenigen Industrieländer, in denen die Emissionen deutlich reduziert werden konnten.

In erreichbare Nähe rückt dagegen die im Rahmen des Kyoto-Protokolls eingegangene Verpflichtung, die Emissionen von insgesamt sechs Treibhausgasen bis 2012 um 21 % zu reduzieren. Nach Berechnungen des DIW lagen die deutschen Emissionen der »Kyoto-Gase« (ausgedrückt jeweils in CO_2-Äquivalenten, entsprechend der Klimawirksamkeit der einzelnen Gase) 2004 bereits um 19–20 % unter dem Wert von 1990.

Treibhausgasemissionen in Deutschland 1990–2004

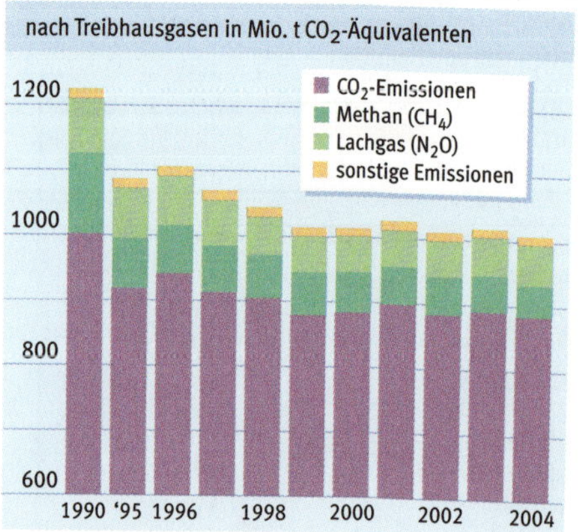

Quelle: DIW

EU-Emissionshandel: Vor der zweiten Handelsperiode (2008–2012)

Mit der auf der Montréaler Klimakonferenz erreichten Einigung über die Verlängerung des Kyoto-Abkommens über 2012 hinaus ist der Fortbestand des in der EU eingeführten Handels mit CO_2-Zertifikaten (»Emissionshandel«, → WA 2005, S. 682, WA 2006, S. 686) wahrscheinlicher geworden. Fristgerecht zum 30. 6. 2006 hat die Bundesregierung den deutschen Entwurf des Nationalen Allokationsplans (Zuteilungsplan) für die zweite Handelsperiode (»NAP2«, Jahre 2008–2012) an die EU-Kommission gemeldet. Darin werden Emissionsobergrenzen für alle Sektoren (Energie, Industrie, Verkehr, Haushalte, Gewerbe/Handel/Dienstleistungen) und Regeln für die Zuteilung der Emissionszertifikate an die teilnehmenden Unternehmen festgelegt. Ein beteiligtes Unternehmen kann CO_2 nur ausstoßen, wenn es die Zertifikate dafür besitzt. Emittiert eine Anlage mehr CO_2, müssen Zertifikate dazu gekauft werden, wird weniger Kohlendioxid ausgestoßen, können diese verkauft werden.

Der NAP2 sieht vor, dass die Energieversorger und Industrieunternehmen in den nächsten Jahren den CO_2-Ausstoß auf insgesamt maximal 482 Mio. t pro Jahr reduzieren – 3,4 % weniger als in den Jahren 2005 bis 2007. Industrie- und Energieanlagen werden im Gegensatz zur ersten Handelsperiode unterschiedlich behandelt. Die Energieversorger erhalten gegenüber ihren bisherigen CO_2-Emissionen um 15 % weniger kostenlose Zertifikate. Laut dem bei der Erstellung des NAP2 federführenden Bundesumweltministerium sollen dadurch bei den Energieversorgern Zusatzgewinne in Milliardenhöhe abgeschöpft werden, die durch die Einberechnung kostenlos zugeteilter Zertifikate in den Strompreis entstanden sind. Die Stromwirtschaft warnte in Reaktion auf den Entwurf vor neuen Preisrunden. Die in den Emissionshandel einbezogene Industrie muss ihre CO_2-Emissionen um lediglich 1,25 % mindern – durch diese moderate Reduktion sollen Nachteile im internationalen Wettbewerb vermieden werden. Der NAP2 enthält einen deutlichen Anreiz zum Bau neuer Braun- und Steinkohlekraftwerke: Altanlagen werden durch Anwendung der sog. Malusregel ab 2008 um zusätzliche 15 % belastet – für Neuanlagen mit bester verfügbarer Technik erfolgt hingegen eine 100 %-tige, kostenlose Zuteilung. Diese Bevorzugung – z. B. im Vergleich zu klimafreundlicheren, gasbetriebenen GUD-Kraftwerken wurde von Klimaschützern kritisiert. Ebenfalls durch eine annähernde Vollausstattung mit kostenlosen Zertifikaten bevorzugt wird die Stromerzeugung in Kraft-Wärme-Koppelungsanlagen (KWK).

Aufgrund der hohen Zertifikatspreise (von bis zu 30 € pro Tonne im April 2006 an der Leipziger Strombörse) dürfen künftig vermehrt (bis zu 12 % des Gesamtvolumens) Emissionsrechte durch Klimaschutzprojekte außerhalb der EU erworben werden. Die Zahl der Sonderregelungen soll – auch in Reaktion auf die Kritik an NAP1 – drastisch reduziert werden. Dennoch enthält der Entwurf eine Sonderregelung, nach der Ersatzanlagen, die bereits genehmigt wurden oder sich im Bau befinden, zusätzliche Zertifikate erhalten. Diese Bestimmung wurde als »Lex RWE« heftig kritisiert, weil dadurch das RWE-Großkraftwerk Neurath einseitig (mit geschätzten 220 Mio. €) begünstigt würde. Ebenfalls Kritik zog die geringe Zertifikat-Reserve für Neuanlagen in Höhe von jährlich 10 Mio. t auf sich. Experten gehen davon aus, dass diese Grenze klar überschritten wird. Dann müssten Zertifikate aus der nächsten Handelsperiode »geliehen werden«, d. h. die Reduktionslasten würden in die Zukunft verschoben.

Nach neuen, am 30. 9. 2005 bekannt gemachten Plänen der EU-Kommission soll zukünftig auch der Luftverkehr in den Emissionshandel einbezogen werden.

Umweltkatastrophen

Die Häufigkeit großer Naturkatastrophen hat sich seit den 1960er Jahren mehr als verdoppelt, die daraus resultierenden volkswirtschaftlichen Schäden sind auf das Siebenfache und die versicherten Schäden auf das Vierzehnfache gestiegen. Immer mehr Menschen fallen den Katastrophen zum Opfer. Verantwortlich für diese Entwicklung ist v. a. die zunehmende Konzentration von Bevölkerung und Werten in Hochrisikogebieten wie z. B. der Küste Floridas, die immer wieder von verheerenden Hurrikanen heimgesucht wird.
Mit Ausnahme von Erdbeben sind praktisch alle Naturkatastrophen wetterbedingt. Wenngleich eine Zunahme extremer Wetterereignisse heute noch nicht zweifelsfrei nachgewiesen werden kann, geht die Klimaforschung davon aus, dass die fortschreitende Erwärmung der Erdatmosphäre in den nächsten Jahrzehnten zu einem vermehrten Auftreten von Stürmen, Überschwemmungen und Dürren führen wird.

Tornado über Hamburg

Am Abend des 27. 3. 2006 fegte ein Tornado über den im Süden Hamburgs liegenden Stadtteil Harburg. Zwei Kranarbeiter, die ihr umkippendes Gerät nicht rechtzeitig verlassen konnten, kamen dabei ums Leben, zwei weitere Bauarbeiter wurden verletzt. Der Wirbelsturm deckte das Aluminiumdach einer Bootswerft ab und schleuderte es auf nahe gelegene Stromleitungen. Der dadurch verursachte Stromausfall dauerte bis zum nächsten Morgen – 70 000 Haushalte waren betroffen. Durch Blitzeinschläge in mehreren Stellwerken der Bahn kam der Regional- und Fernverkehr über mehrere Stunden zum Erliegen – mehrere Tausend Reisende mussten warten. Der Sachschaden geht in Millionenhöhe. Die Stadt Hamburg gewährte dem Stadtbezirk 250 000 € Soforthilfe.

Katastrophenbilanz

Das Jahr 2005 war vor allem durch Wetterkatastrophen geprägt. Rund die Hälfte der erfassten Schadenereignisse waren Stürme. Die Kosten, die sie den Volkswirtschaften verursachten, beliefen sich auf über 185 Mrd. US-\$. Über 83 Mrd. US-\$ versicherte Werte zerstörten allein die Hurrikane in den USA, der Karibik und Mexiko (→ Hurrikansaison 2005, S. 36). Die folgenschwerste humanitäre Katastrophe löste ein Erdbeben aus, das im Oktober im Grenzgebiet zwischen Pakistan und Indien 88 000 Todesopfer forderte und zu den fünf schwersten der letzten hundert Jahre zählt. So viele Todesopfer wurden in den letzten 25 Jahren nur noch zweimal verzeichnet: 1991 nach einer Sturmflut in Bangladesch und 2004 nach dem Tsunami in Südasien. Insgesamt kamen bei Naturkatastrophen 2005 mehr als 100 000 Menschen zu Tode. Folglich ist es nicht verwunderlich, dass auch die versicherten Schäden mit 94 Mrd. US-\$ eine noch nie da gewesene Dimension erreichten: die bisherige Rekordbelastung von 2004 verdoppelte sich. Die Zahl der Naturkatastrophen lag mit etwa 650 dokumentierten Ereignissen im Durchschnitt der letzten 10 Jahre.

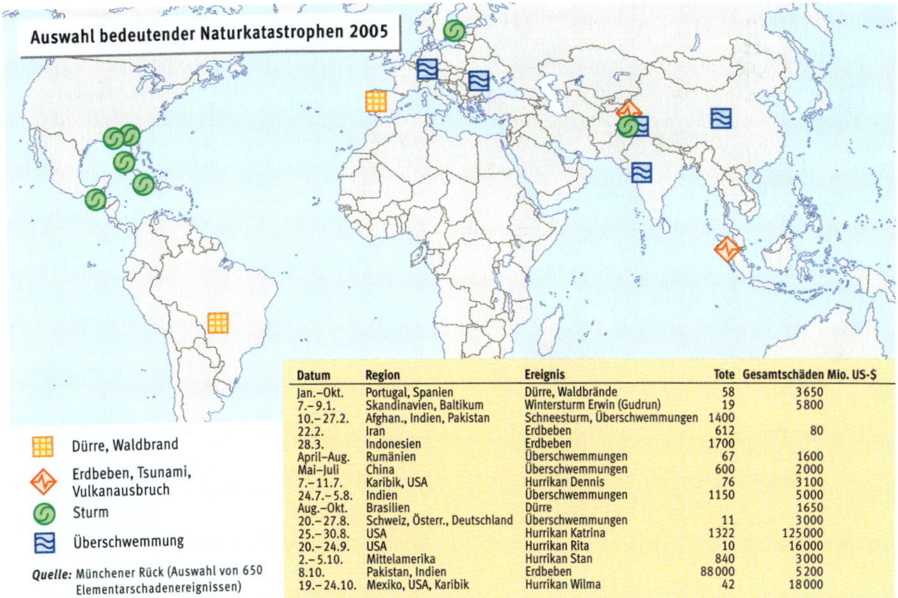

Datum	Region	Ereignis	Tote	Gesamtschäden Mio. US-$
Jan.–Okt.	Portugal, Spanien	Dürre, Waldbrände	58	3650
7.–9.1.	Skandinavien, Baltikum	Wintersturm Erwin (Gudrun)	19	5800
10.–27.2.	Afghan., Indien, Pakistan	Schneesturm, Überschwemmungen	1400	
22.2.	Iran	Erdbeben	612	80
28.3.	Indonesien	Erdbeben	1700	
April–Aug.	Rumänien	Überschwemmungen	67	1600
Mai–Juli	China	Überschwemmungen	600	2000
7.–11.7.	Karibik, USA	Hurrikan Dennis	76	3100
24.7.–5.8.	Indien	Überschwemmungen	1150	5000
Aug.–Okt.	Brasilien	Dürre		1650
20.–27.8.	Schweiz, Österr., Deutschland	Überschwemmungen	11	3000
25.–30.8.	USA	Hurrikan Katrina	1322	125000
20.–24.9.	USA	Hurrikan Rita	10	16000
2.–5.10.	Mittelamerika	Hurrikan Stan	840	3000
8.10.	Pakistan, Indien	Erdbeben	88000	5200
19.–24.10.	Mexiko, USA, Karibik	Hurrikan Wilma	42	18000

Erdbeben in Kashmir

Das Erdbeben der Stärke 7,6 am 8. 10. 2005 um 8.52 Uhr Ortszeit verwüstete weite Teile Kashmirs und Nordpakistans. Die etwa 50 Sekunden dauernden Erschütterungen ließen rd. 200 000 Häuser einstürzen und machten ganze Ortschaften und Städte dem Erdboden gleich. Mit 88 000 Toten, ca. 200 000 Verletzten und mehr als drei Mio. Obdachlosen ist das Kashmir-Beben nach dem Tsunami vom Dezember 2004 die schlimmste Naturkatastrophe der letzten Jahrzehnte. Beim Einsturz hunderter Schulen kam nahezu eine ganze Generation junger Menschen ums Leben.

In der betroffenen Region leben mehrere Mio. Menschen – teilweise in Großstädten wie Muzaffarabad und Balakot, aber auch in unzähligen kleinen Bergdörfern und Häusern an den steilen Talflanken. Die Landbevölkerung wohnt in einfachen Behausungen aus unregelmäßigen Steinen und schlechtem Mörtel. Während des Bebens stürzten die Steinwände ein und begruben die Bewohner unter den schweren Dächern. Hunderte Erdrutsche zerstörten große Teile der Infrastruktur. Schweres Räum- und Bergungsgerät konnte nur mit Transporthubschraubern in die zerstörten Ortschaften geflogen werden. Viele Gebiete waren wochenlang unzugänglich und nur aus der Luft zu versorgen.

Eingestürzte Häuser in Battagaram

Energienutzung

Die Debatte über die Zukunft der Energieversorgung nimmt angesichts wachsender Gefahren durch die globale Erwärmung und den Preisanstieg bei fossilen Energieträgern (insbes. Erdöl) an Intensität zu. Weitgehend unstrittig ist die Notwendigkeit, die Effizienz der Energieumwandlung (insbes. die Wirkungsgrade von Kraftwerken) zu steigern und Endenergie einzusparen (z. B. durch wärmeisolierte Häuser, sparsamere Autos und Haushaltsgeräte). Wesentlich kontroverser ist die Frage nach dem Energiemix der Zukunft. Damit verbindet sich u. a. die Frage, ob der Klimagefahr und der Verknappung fossiler Energieträger eher mit dem Ausbau der (quasi CO_2-freien) Atomenergie oder besser mit der verstärkten Nutzung erneuerbarer Energiequellen zu begegnen sei.

Erdöl wird knapper

Über die Reichweite fossiler Energieträger gibt es eine anhaltende internationale Kontroverse. In deren Kern steht die Frage, ob die wirtschaftlich erschließbaren Reserven an Kohle, Erdöl und Erdgas durch Neufunde und Verbesserungen in der Fördertechnologie schneller gesteigert werden können als die weltweite Nachfrage. Falls nicht, schrumpfen die Reserven und ihre berechnete Reichweite. Insbesondere die Reichweite des Erdöls ist höchst umstritten. Nach Angaben der Bundesanstalt für Geowissenschaften und Rohstoffe (BGR) ist die uneingeschränkte Versorgung mit Erdöl nur noch für 10–20 Jahre gesichert, die statische Reichweite (nutzbare Reserven geteilt durch aktuellen Jahresverbrauch) liegt bei 43 Jahren. Den Scheitelpunkt der Erdölförderung vermutet die BGR im Zeitraum 2010 bis 2030 – anschließend wird die weltweite Erdölproduktion abnehmen. Dramatischer wird die Versorgungssituation durch unabhängige Erdölexperten eingeschätzt, die die Höhe der von Erdölkonzernen und Staaten gemeldeten Erdölreserven in Frage stellen. Sie sehen den Scheitelpunkt z. T. schon im Jahr 2007. Der rasante Anstieg des Erdölpreises in den letzten Jahren ist jedoch kaum mit dieser mittelfristigen Verknappung als vielmehr mit aktuellen Engpässen bei den Förderkapazitäten zu begründen: In den Zeiten billigen Erdöls in den 1990er Jahren waren Investitionen in Exploration und Förderung zurückgestellt worden. Der Aufbau zusätzlicher Kapazitäten kann jedoch mit der aktuell wachsenden Erdölnachfrage (insbes. aus den asiatischen Wachstumsregionen) kaum Schritt halten. Der steile Preisanstieg im Frühjahr 2006 (→ S. 681) wurde außerdem mit der Zuspitzung des Iran-Konflikts und den anhaltenden Unruhen in Nigeria erklärt. Im Berichtszeitraum hat sich die Debatte um drohende Konflikte (»Ressourcenkriege«) über das knapper werdende Erdöl dadurch intensiviert. Grundlegende Ursache dafür ist die zunehmende Konzentration der verbleibenden Reserven in Konfliktzonen und instabilen Ländern. Hinzu kommen in jüngster Zeit verstärkte Bemühungen der VR China und Indiens, ihren rasch wachsenden Erdölbedarf durch strategische Kooperationen mit Erzeugerländern abzusichern.

»Renaissance der Atomkraft«

Ende 2005 waren nach Angaben der Internationalen Atomenergiebehörde (IAEA) weltweit 443 Kraftwerksblöcke in insgesamt 30 Ländern in Betrieb. Der Anteil an der globalen Stromerzeugung betrug 2003 rd. 16 % – mehr als je zuvor. Um mit der allgemein bis 2030 erwarteten Verdopplung der Stromnachfrage Schritt halten zu können, geht die IAEA in ihrer Langfristprognose von einer Ausweitung der Kernenergienutzung bis 2030 um das 2,5-fache und bis 2050 gar um das vierfache aus.

In jüngster Zeit gibt es in der Tat einige Anzeichen für eine Rückkehr der Kernkraft. Weltweit befanden sich Ende 2005 insges. 27 neue Reaktoren in Bau – fast die Hälfte davon allerdings schon seit mehr als 17 Jahren (→ WA 2006, S. 691). Besonders ehrgeizige Ausbaupläne gibt es in Asien: In Indien sind derzeit neun Kraftwerksblöcke in Bau, in der VR China sind seit 2002 sechs Reaktoren ans Netz gegangen – bis 2020 sollen nach Regierungsplänen bis zu 30 weitere folgen. In den USA spricht sich die Bush-Administration für den Neubau von Kraftwerken aus – allerdings wurde seit 1973 kein Reaktor mehr genehmigt. Im westfinnischen Olkiluoto wurde am 12. 9. 2005 der Grundstein für den Bau des ersten Atomreaktors in Europa nach der Tschernobyl-Katastrophe gelegt. Der von einem deutsch-französischen Konsortium gebaute Druckwasserreaktor der neuen Generation (EPR) soll 2009 ans Netz gehen. Der Preis von 3 Mrd. € (schlüsselfertig) ist laut Beobachtern extrem günstig und soll dem Konsortium eine gute Startposition bei weiteren Neubauvorhaben sichern. Der Kauf wurde durch die französische Exportkreditagentur mit dem zweithöchsten Kredit ihrer Geschichte (610 Mio. €) abgesichert. Ein baugleicher Reaktor soll im französischen Flamanville in der Normandie entstehen – die öffentlichen Anhörungen dazu haben Ende 2005 begonnen.

Trotz dieser Neubauplanungen halten viele Experten es für eher unwahrscheinlich, dass sich der Anteil der Kernenergie an der insgesamt rasch wachsenden Stromnachfrage halten lässt. Nach einer im Juni 2005 veröffentlichten Studie für das Europaparlament müssten in den nächsten zehn Jahren ca. 80 Reaktoren geplant, gebaut und in Betrieb genommen werden, um die Zahl der Kraftwerksblöcke konstant zu halten – d. h. alle sechs Wochen müsste ein neuer Block ans Netz gehen. In den folgenden zehn Jahren würden – wegen der wachsenden Zahl von Stilllegungen – sogar 200 neue Blöcke benötigt. Selbst die 30 neuen Reaktoren in der VR China würden den Kernenergieanteil an der Stromversorgung bis 2020 nur auf 4 % steigern können. Dem Neubau von Kernkraftwerken stehen neben dem Widerstand in der Bevölkerung und der ungeklärten Lagerungsfrage für Atommüll vor allem die Kosten entgegen: Strom aus neuen Kernkraftwerken würde in Deutschland nach Berechnungen des Bremer Energieinstituts 4,3 ct pro kWh kosten – deutlich mehr als Strom aus Steinkohle (3,3 ct) oder Braunkohlekraftwerken (2,7 ct). In aktuellen Vorhersagen sinkt die globale Bedeutung der Kernenergie: In der Prognose des US-Energieministeriums geht ihr Anteil an der weltweiten Energieversorgung von heute 6,5 % auf 5,3 % im Jahr 2025 zurück, bis 2030 wird er laut Internationaler Energieagentur (IEA) sogar bis auf 4,6 % fallen.

Erneuerbare Energien

Der Anteil erneuerbarer Energien am Weltenergiebedarf betrug gemäß des im November 2005 erstmals vorgelegten »Global Status Report« im Jahr 2004 rd. 17 %. Die bisher am meisten genutzte erneuerbare Energiequelle ist Biomasse – sie kommt überwiegend auf nichtkommerzieller Basis zur häuslichen Energieversorgung in Entwicklungsländern zum Einsatz (»traditionelle Biomasse«). Die zweitgrößte erneuerbare Energiequelle ist die Wasserkraft, wobei üblicherweise zwischen kleinen und großen Wasserkraftwerken unterschieden wird – die Schwelle liegt bei einer Leistung von 10 MW. Große Wasserkraftwerke stehen oft mit Staudammprojekten in Verbindung, deren ökologische

Mittleres Wachstum erneuerbarer Energien weltweit 2000–2004

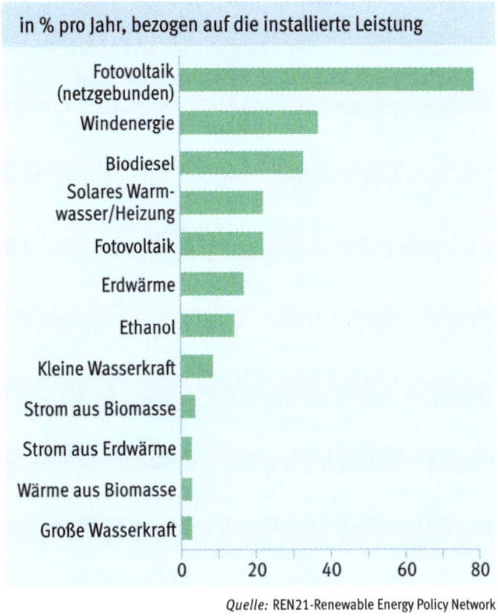

Quelle: REN21-Renewable Energy Policy Network

Anteil erneuerbarer Energien am Weltprimärenergiebedarf 2004

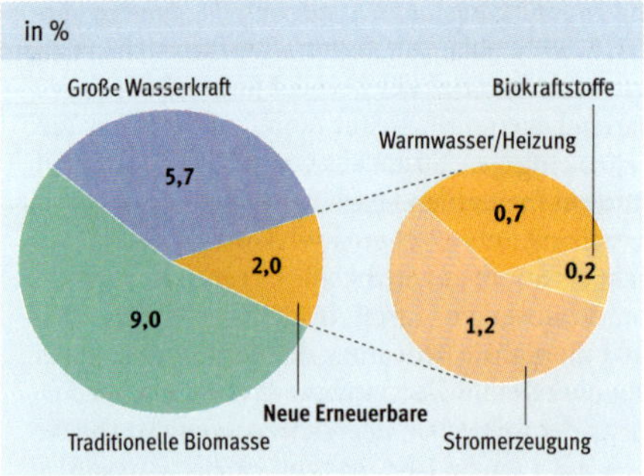

Quelle: REN21-Renewable Energy Policy Network

und soziale Folgen strittig sind. Die sog. »neuen Erneuerbaren« (moderne Biomassenutzung, Biokraftstoffe, kleine Wasserkraft, Windenergie, Solarenergie, Erdwärme, Gezeitenenergie) stehen bisher nur für 2 % des Weltenergiebedarfs – ihr Wachstum ist mit durchschnittlich knapp 20 % p. a. seit 1990 jedoch deutlich höher als das der anderen Erneuerbaren.

Weiterhin stellt der »Global Status Report« fest, dass 2004 weltweit

- 30 Mrd. US-$ in erneuerbare Energien investiert wurden;
- 160 Gigawatt elektrische Leistung in erneuerbare Energien-Anlagen – entsprechend 4 % der Leistung des globalen Kraftwerksparks – installiert waren;
- 1,7 Mio. Menschen direkt in der Erneuerbare-Energien-Industrie beschäftigt waren;
- mittlerweile 48 Staaten Politikmaßnahmen zur Förderung erneuerbarer Energien umgesetzt haben.

Erneuerbare Energien in Deutschland

Der Anteil erneuerbarer Energien am **Stromverbrauch** ist 2005 nach Angaben der Arbeitsgruppe Erneuerbare-Energien-Statistik (AGEE-Stat) auf 10,2 % (2004: 9,4 %) gestiegen. Insgesamt wurden 62 Mrd. kWh Strom aus erneuerbaren Energien produziert. Bezogen auf den gesamten Primärenergieverbrauch beträgt der Anteil der erneuerbaren Energien damit 4,6 % (2004: 4 %). Die Zielvorgabe der Bundesregierung (4,2 % bis 2010) ist damit bereits 2005 überschritten worden.

Die Windenergie (rd. 26,5 Mrd. kWh) leistete auch im Jahr 2005 den größten Beitrag zur Stromerzeugung aus erneuerbaren Energien, gefolgt von der Wasserkraft (rd. 21,5 Mrd. kWh) und der Biomasse (rd. 10 Mrd. kWh). Gegenüber dem Vorjahr erhöhte sich besonders die Stromerzeugung aus Biogas (um rd. 2 Mrd. kWh). Strom aus Windenergie stieg um rd. 1 Mrd. kWh und Strom aus Wasserkraft um rd. 0,5 Mrd. kWh. Die Solarstromproduktion verdoppelte sich auf rd. 1 Mrd. kWh. Die Bundesregierung zeigte sich im Frühjahr 2006 optimistisch, dass sie ihr Ziel, den Anteil der erneuerbaren Energien an der Stromproduktion bis 2020 auf mindestens 20 % zu steigern, erreichen wird. Bei günstigen Bedingungen seien sogar 25 % erreichbar.

Wichtigstes Instrument für die Umsetzung des Ausbauziels für die Stromerzeugung aus erneuerbaren Energien ist das zum 1. 4. 2000 in Kraft getretene und zum 1. 8. 2004 novellierte **Erneuerbare Energien Gesetz (EEG)**. Ziel des Gesetzes ist es, durch Zahlung gesetzlich garantierter Einspeisetarife einen wirtschaftlichen Betrieb der Anlagen zu gewährleisten: z. B. für Strom aus Biogasanlagen aktuell (2006) bis zu 21,2 cent/kWh und für Solarstromanlagen bis zu 51,8 cent/kWh. Das EEG setzt sich als Förderinstrument zunehmend auch international durch – bis Mitte 2005 gab es weltweit 37 Staaten und Provinzen, in denen eine vergleichbare Gesetzgebung in Kraft war. 1990 war Deutschland mit der Einführung des Stromeinspeisegesetzes, dem Vorgänger des EEG, das erste Land gewesen, das ein solches Fördersystem flächendeckend einführte.

Ein ebenfalls starkes Wachstum gab es bei der Nutzung von **Biokraftstoffen** (insbes. Biodiesel): Mit rd. 2 Mio. t hat sich deren Absatz gegenüber dem Vorjahr fast verdoppelt (→ WA 2006, S. 693).

Der Anteil der erneuerbarer Energien am gesamten **Wärmemarkt** beträgt bisher nur 5,4 % und wird bisher fast ausschließlich (94 %) durch Biomasse erbracht. Um die o. g. Ausbauerfolge bei der Stromerzeugung auch im Wärmesektor erreichen zu können, wurde die Verabschiedung eines **regenerativen Wärmenutzungsgesetzes** in der Koalitionsvereinbarung der neuen Bundesregierung in Aussicht gestellt.

Durch die Nutzung erneuerbarer Energien konnte in Deutschland im Jahr 2005 die Emission von rd. 83 Mio. t CO_2 vermieden werden. Der Umsatz der Erneuerbare-Energien-Branche stieg auf 16 Mrd. €, die Zahl der Beschäftigten auf 157 000.

Stromerzeugung aus erneuerbaren Energien in Deutschland 1990–2005

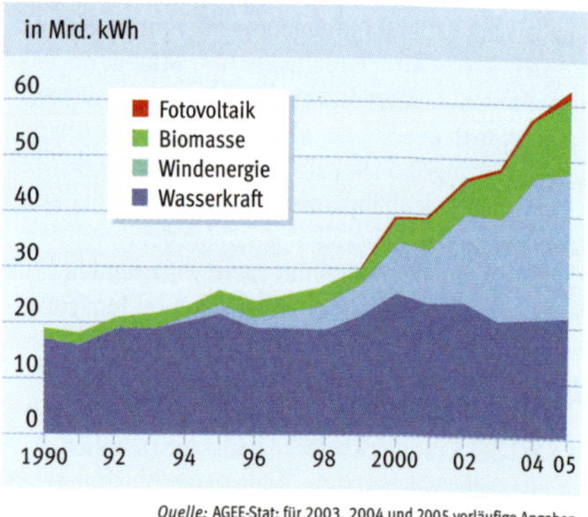

Quelle: AGEE-Stat; für 2003, 2004 und 2005 vorläufige Angaben, teilweise geschätzt, Stand Februar 2006 (Strom aus Geothermie auf Grund geringer Strommengen nicht ausgewiesen)

Energiegipfel

Am 3. 4. 2006 fand im Bundeskanzleramt auf Einladung von Bundeskanzlerin Angela Merkel (CDU) ein Spitzengespräch (»Energiegipfel«) statt, mit dem die Entwicklung eines energiepolitischen Gesamtkonzepts für Deutschland bis zum Jahr 2020 angestoßen werden sollte. Eingeladen waren Vertreter von Regierung, Wirtschaft und Verbrauchern. Ziel des Konzeptes ist es, die Abhängigkeit von Energieimporten zu verringern, weitere Preisanstiege zu verhindern und ökologischen Anforderungen gerecht zu werden. Wichtigstes Element des Gipfels war die Verlautbarung von **Investitionsplänen**, die allerdings größtenteils schon vorher bekannt waren: So sagten die vier großen Energiekonzerne zu, bis 2012 20 Mrd. € in neue Kraftwerke und 13 Mrd. € in die Stromnetze zu investieren – für die gleichen Bereiche kommen nochmals ca. 20 Mrd. € durch Stadtwerke und Kommunen hinzu. Für die Weiterentwicklung und den Ausbau der erneuerbaren Energien sind bis zu 40 Mrd. € vorgesehen. Die Mittel für Energieforschung sollen bis 2009 um zwei Mrd. € erhöht werden.

Bereits im Vorfeld des Gipfels wurde heftig über das Thema **Atomausstieg** gestritten. In der Koalitionsvereinbarung hatte sich die große Koalition auf ein Festhalten an dem Ausstiegsbeschluss der Vorgängerregierung geeinigt. Die Reaktorlaufzeiten werden darin auf 32 Jahre begrenzt. Vor dem Gipfel forderten jedoch einige CDU-Ministerpräsidenten (u. a. aus Baden-Württemberg, Hessen und Niedersachsen), die Laufzeiten der Kernkraftwerke auf 40 oder gar 60 Jahre (wie in den USA) zu verlängern. Unterstützung erhielten sie dabei von Wirtschaftsminister Michael Glos (CSU), den Wirtschaftsverbänden und Energieversorgern. Bundeskanzlerin Merkel machte mit Hinweis auf den Koalitionsvertrag deutlich, dass der Atomausstieg auf dem Gipfel keine bedeutende Rolle einnehmen werde.

Von Umwelt- und Verbraucherschützern wurde anschließend kritisiert, dass das Thema Energiesparen auf dem Gipfel kaum eine Rolle gespielt hätte. Stattdessen hätte man einseitig über die Ausweitung des Energieangebots diskutiert. Wenn die Investitionspläne insbesondere beim Bau neuer Kohlekraftwerke umgesetzt würden, wären langfristige Klimaschutzziele kaum zu erreichen.

Bei dem Treffen wurden drei Arbeitsgruppen gegründet, die den nächsten Energiegipfel im September 2006 vorbereiten sollen. Sie werden sich mit den nationalen und internationalen Aspekten der Energiepolitik sowie mit dem Thema Energieeffizienz beschäftigen. Das Gesamtkonzept soll bis Mitte 2007 vorliegen.

Wälder

Es gibt weltweit mehr als 90 verschiedene Definitionen von Wäldern und Waldflächen. Die auf UN-Ebene für die Wälder zuständige Welternährungsorganisation FAO definiert Wald als eine von Bäumen dominierte Vegetationsform, wobei die Bäume im Reifestadium mindestens 5 m groß sein und 10 % der Bodenoberfläche überschirmen müssen. Waldflächen müssen nach dieser Definition mindestens 0,5 ha groß sein. Die globale Waldfläche betrug laut FAO im Jahr 2005 3952 Mio. ha. Dies entspricht 30 % der eisfreien Landfläche und einer Waldfläche von 0,62 ha pro Kopf der Weltbevölkerung. Die Waldvorkommen sind sehr ungleichmäßig verteilt. 64 Länder mit einer Gesamtbevölkerung von 2 Mrd. Menschen haben weniger als 0,1 ha Wald pro Kopf, während zwei Drittel der globalen Waldfläche auf nur 10 waldreiche Länder entfallen. 96 % dieser Fläche sind natürliche Wälder, 4 % sind Forstplantagen. 47 % der Waldflächen sind tropische Wälder, 9 % subtropische, 11 % temperierte und 33 % boreale Wälder. Wälder und Waldböden enthalten gemeinsam 283 Gigatonnen Kohlenstoff – 50 % mehr als die Erdatmosphäre.

Waldverluste

In 25 Staaten sind die Wälder praktisch verschwunden, 18 Staaten haben mehr als 95 %, weitere 11 mehr als 90 % ihrer ursprünglichen Waldfläche (Schätzwert für die Zeit vor dem Beginn des Ackerbaus im 16. Jahrhundert) verloren. Im Verlauf der Menschheitsgeschichte hat sich die Waldfläche von 6 Mrd. ha (vor 8000 Jahren) auf knapp 4 Mrd. ha reduziert.

Die Zerstörung von Wäldern schreitet laut der am 14. 11. 2005 von der FAO vorgelegten Studie, die auf einer im Fünf-Jahres-Rhythmus durchgeführten Erhebung globaler Waldflächen basiert, in alarmierendem Tempo voran. Zwischen 2000 und 2005 gingen weltweit durchschnittlich 13 Mio. ha Wald pro Jahr verloren – v. a. durch die Umwandlung in Ackerland. Diese Verluste wurden teilweise durch Neupflanzungen und Ausdehnung bestehender Wälder kompensiert – die Nettoverluste betrugen 7,3 Mio. ha pro Jahr, eine Fläche der Größe Bayerns. Der Rückgang der Wälder hat sich damit gegenüber dem Zeitraum 1990–2000 (8,9 Mio. ha p. a.) und noch deutlicher gegenüber den 1980er Jahren (ca. 13 Mio. ha p. a.) verlangsamt, bleibt jedoch im Umfang besorgniserregend. Die sog. Primärwälder, in denen der Einfluss aktueller oder früherer menschlicher Aktivitäten nicht erkennbar ist, schrumpfen um 6 Mio. ha p. a. und machen nur noch 36 % der globalen Waldflächen aus. Bedingt durch großräumige Wiederaufforstungsprogramme in der VR China (4 Mio. ha p. a.) sind die Waldflächen Asiens zwischen 2000 und 2005 erstmals wieder gewachsen; die stärksten Schwunde finden weiterhin in Südamerika (4,3 Mio. ha p. a.) und Afrika (4 Mio. ha p. a.) statt. In Äthiopien z. B. ist die Bewaldung in den letzten 100 Jahren von 40 % auf rd. 4 % der Landesfläche zurückgegangen. In Trockenzeiten führt dies in den betroffenen Gegenden zu extremen Dürren, da durch die fehlende Bodenspeicherung Quellen zu schnell versiegen.

Trotz zahlreicher Bemühungen gibt es bisher noch keine globale Konvention zum **Schutz der Wälder**. Die auf dem Erdgipfel in Rio de Janeiro 1992 verabschiedete »Walderklärung« und das Kapitel 11 der »Agenda 21« definieren zwar grundlegende Prinzipien der Bewirtschaftung, des Schutzes und der nachhaltigen Nutzung aller Wälder der Erde; völkerrechtlich verbindlich sind sie aber nicht. Das innerhalb des UN-Systems im Jahr 2000 eingerichtete **Waldforum** (UN Forum on Forests, UNFF) hat sich bei seiner 6. Sitzung vom 13.–24. 2. 2006 in New York auf vier Zielvorgaben für eine nachhaltige Waldbewirtschaftung geeinigt:

- Trendumkehr bei der Abholzung von Waldflächen durch Schutzmaßnahmen und Wiederaufforstung; Verminderung von Waldschäden;
- Verbesserung der sozialen und ökologischen Funktionen der Wälder, insbes. mit Blick auf die Lebensbedingungen von Urwaldvölkern;
- Ausweitung von Waldflächen, die unter besonderem Schutz stehen oder in denen nachhaltige Forstwirtschaft betrieben wird;
- Erschließung neuer Finanzmittel für die Umsetzung nachhaltiger Forstwirtschaft.

Waldschäden

In den gemäßigten Breiten stellt die Entwaldung nicht das forstliche Hauptproblem dar. Die neueste FAO-Studie bescheinigt den europäischen Wäldern – entgegen dem globalen Trend – sogar ein jährliches Wachstum von 661 000 ha bzw. 0,1 % der Waldfläche pro Jahr. Schwierigkeiten resultieren vielmehr aus einer reduzierten Vitalität der Wälder, gemeinhin als **neuartige Waldschäden oder »Waldsterben«** beschrieben.

Im Rahmen eines europaweiten Programms wird der Waldzustand seit 1989 nach einheitlichen Methoden in mittlerweile 31 europäischen Staaten erfasst. Nach einer kurzen Erholung nach 1995 hat sich der Zustand der europäischen Wälder in den letzten Jahren wieder verschlechtert. So wurde im Jahr 2004 eine deutliche Zunahme der Nadel- und Blattverluste bei allen Hauptbaumarten festgestellt. Besonders stark

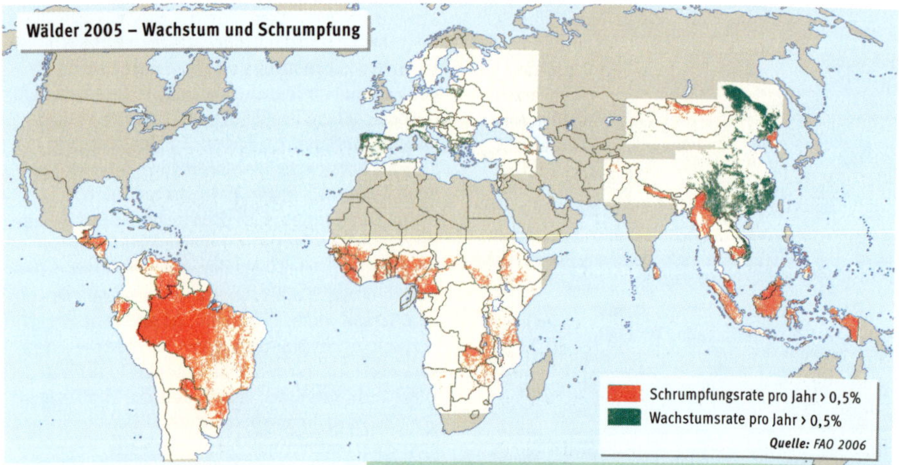

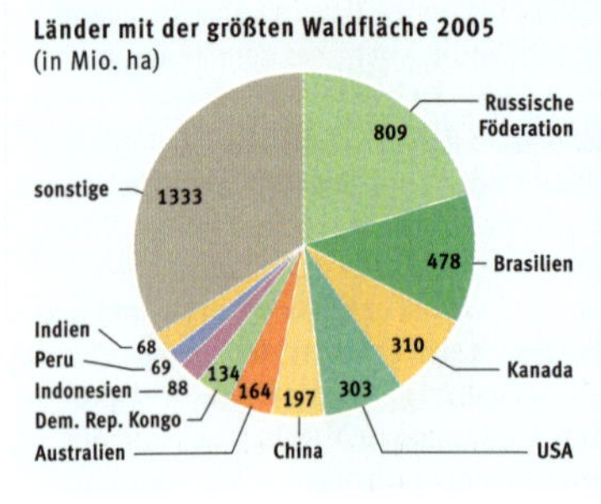

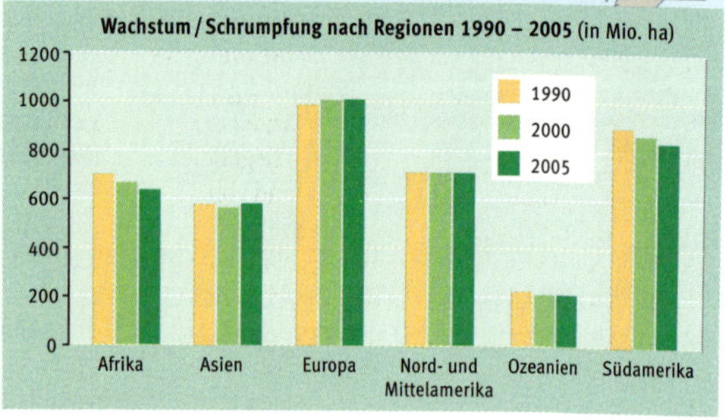

Waldschäden in Europa 1989–2004
Nadel-/Blattverlust bei den Hauptbaumarten

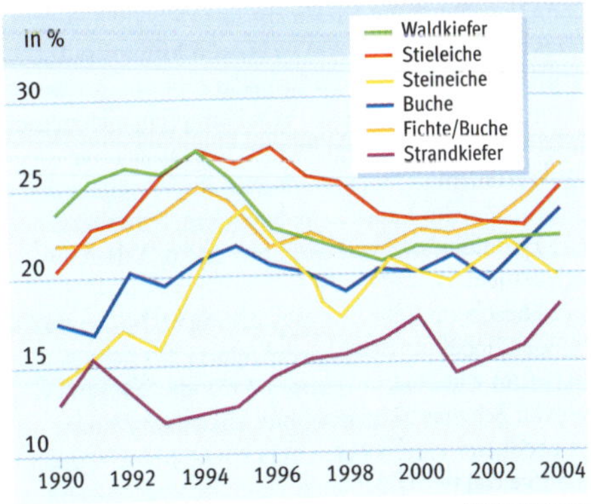

Quelle: ICP Forests

Waldschäden in Deutschland 1986–2005

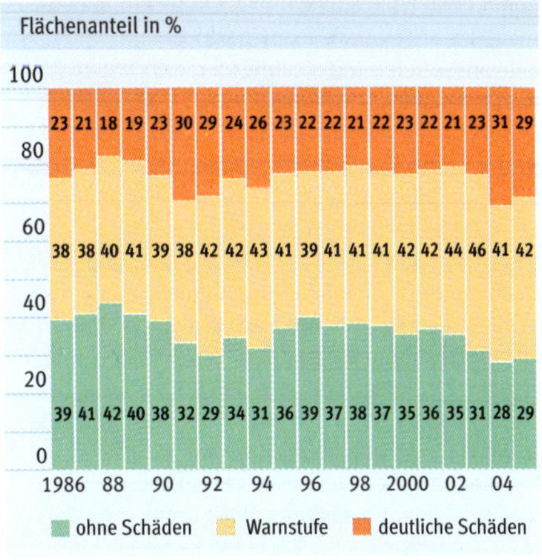

Quelle: BMVEL

war der Anstieg der Schäden bei der Buche. Mehr als 23 % aller 135 000 bewerteten Bäume wurden als geschädigt oder deutlich geschädigt eingestuft. Der anhaltende Negativtrend wird v. a. mit den Spätfolgen des trockenen und extrem heißen Sommers 2003 in Verbindung gebracht.

Ursachen der Waldschäden sind erhöhte Stoffeinträge, die die Artenzusammensetzung der Wälder bereits erheblich verändert haben. Die Vielfalt der Pflanzenarten ist demnach auf 58 % der Flächen gefährdet. Auf 45 % der Flächen ist mit einer Destabilisierung der Waldbäume zu rechnen und auf einem Drittel der Flächen ist die Funktionsfähigkeit der Baumwurzeln durch Säureeintrag beeinträchtigt. Vor allem in Mitteleuropa werden die Grenzwerte für die Säureeinträge überschritten; überhöhte Stickstoffeinträge sind in ganz Westeuropa verbreitet.

Zustand der Wälder in Deutschland

Der Zustand des deutschen Waldes hat sich im Jahr 2005 gegenüber dem Vorjahr leicht verbessert, bleibt aber im langjährigen Vergleich immer noch besorgniserregend. Mehr als 70 % der Bäume weisen sichtbare Schäden auf.

Dies geht aus dem im Januar 2006 von der Bundesregierung vorgelegten **Waldzustandsbericht 2005** hervor. Der Anteil deutlich geschädigter Bäume mit sichtbaren Kronenverlichtungen ist um 2 % zurückgegangen, beträgt aber immer noch 29 %. Der Anteil der Bäume ohne sichtbare Kronenverlichtung liegt bei 29 % und hat sich gegenüber dem Tiefststand von 2004 (28 %) nur unwesentlich verändert. Besonders schlecht geht es der Eiche. Ihr Kronenzustand hat sich 2005 zum dritten Mal hintereinander verschlechtert; der Anteil deutlicher Kronenverlichtungen erreichte mit 51 % einen neuen Höchststand. Mit Ausnahme der Kiefer geht es allen wichtigen heimischen Baumsorten schlechter als zu Beginn der 1990er Jahre. Die Ursache der Waldschäden sieht der Bericht im Zusammenwirken verschiedener Umweltfaktoren: Witterungseinflüsse wie z. B. der trockene und heiße Sommer 2003 können die Bäume schwächen. Schädlinge haben es dann leichter, die Bäume zu befallen.

Außerdem leidet der Wald an den Folgen der Luftverschmutzung (früher Schwefel und Schwermetalle, heute v. a. Stickstoff und Ozon). Bei der Eiche spielt die Massenvermehrung blattfressender Insekten eine

Baum des Jahres 2006 in Deutschland und der Schweiz: Schwarzpappel (Populus nigra L.)

wesentliche Rolle. Erstmals veröffentlichten Umweltgruppen zeitgleich mit dem Bericht der Bundesregierung einen **alternativen Waldschadensbericht**, der den Einfluss deutscher Holznachfrage auf die Forstwirtschaft in anderen Ländern untersucht. Als weltweit viertgrößter Papierverbraucher ist Deutschland demnach mitverantwortlich an der Abholzung wertvoller Urwälder und deren Ersatz durch »schnellwüchsige Zellstoffplantagen«.

Baum des Jahres 2006 in Deutschland und der Schweiz ist die Europäische Schwarzpappel (Populus nigra L.). Sie gehört zu den Baumarten, die eigentlich weit verbreitet sein müssten, aber inzwischen so selten geworden sind, dass sie in den Roten Listen bedrohter Pflanzenarten stehen. Die Gründe dafür sind v. a. die Veränderung und der Verlust natürlicher Flussauen sowie die Verwendung anderer, nichtheimischer Pappelarten oder einer Kreuzung mit ihnen. In Österreich ist die Ulme Baum des Jahres 2006.

Biologische Vielfalt

Die Begriffe »biologische Vielfalt« und »Biodiversität« gehen über den der »Artenvielfalt« (Verschiedenheit aller Tier- und Pflanzenarten) hinaus und erfassen zusätzlich die Vielfalt der Ökosysteme und der Sorten jeder einzelnen Spezies. Das Ziel des Erhalts der biologischen Vielfalt folgt zum einen aus der Anerkennung ihres Eigenwerts, zum anderen gründet es auf der Erkenntnis, dass eine Vielfalt der Erscheinungsformen Grundvoraussetzung für die Stabilität der Ökosysteme ist, von deren Leistungen letztendlich auch der Mensch abhängt. Nicht zuletzt stellt die Biodiversität eine ökonomische Ressource dar. Der Marktwert aller biogenen Medikamente wird beispielsweise auf 75–150 Mrd. US-$ p. a. geschätzt. Die Gesundheitsversorgung von drei Vierteln der Weltbevölkerung stützt sich direkt auf natürliche Heilmittel. Trotz des Wissens um ihre zentrale Bedeutung setzt sich der Verlust an biologischer Vielfalt mit großer Geschwindigkeit fort.

Artenvielfalt

Erst seit Ende 1995 liegt eine umfassende, globale Abschätzung der biologischen Vielfalt vor. Der im Auftrag des UN-Umweltprogramms UNEP erarbeitete Bericht geht von weltweit 1,75 Mio. beschriebenen und wissenschaftlich benannten Arten aus. Jährlich kommen etwa 12 000 neue Arten hinzu. Am vielfältigsten sind die Insekten mit ca. 950 000 Arten, gefolgt von den Pflanzen mit 265 000 Arten. Selbst die Vielfalt von Spinnen, Weichtieren und Pilzen ist jeweils fast doppelt so groß wie die der Wirbeltiere (ca. 56 000 bekannte Arten). Bekannt ist jedoch nur ein Bruchteil aller Arten. Schätzungen für die Gesamtzahl liegen in der Größenordnung von 10 bis 100 Millionen und werden durch die Zahl der unbekannten Insektenarten dominiert. Die globale Vielfalt an pflanzlichen und tierischen Lebensformen ist sehr inhomogen verteilt. Die feuchtwarmen tropischen Regenwälder, die nur etwa 7 % der Landfläche bedecken, beherbergen bis zu 90 % der an Land vorkommenden Artenvielfalt.

Gebiete mit großer und gleichzeitig bedrohter biologischer Vielfalt werden als **»Hot Spots«** bezeichnet. Ein Hot Spot muss laut Definition mindestens 1500 von weltweit 300 000 endemischen (d. h. nur an einem Ort vorkommenden) Arten beherbergen und mindestens 70 % seiner natürlichen Vegetation verloren haben. 25 »Hot Spots« sind bisher bekannt. Sie sind der einzig verbliebene Lebensraum für 44 % der Pflanzenarten und 35 % der Wirbeltierarten, obwohl sie nur 1,4 % der Landfläche der Erde ausmachen. Lediglich 38 % der Gesamtfläche der »Hot Spots« stehen bisher unter Naturschutz.

Artenverluste

Nach Einschätzung verschiedener Experten verschwinden jährlich bis zu 35 000 Arten für immer von der Erde. Die Geschwindigkeit des globalen Artenverlustes liegt um den Faktor 1000–10 000 über der natürlichen Aussterberate von ca. 10 Arten pro Jahr (Säugetiere: 1 Art in 400 Jahren). Das Artensterben beschleunigt sich dramatisch: Nach einer von der US-amerikanischen Akademie der Wissenschaften im Dezember 2005 veröffentlichten Studie sind heute dreimal so viele Arten bedroht, wie in den vergangenen 500 Jahren bereits ausgestorben sind. Untersucht wurden insgesamt fast 1400 Arten, für die es weltweite Daten gibt. Seit dem Jahr 1500 ist die Ausrottung von 245 dieser Arten verzeichnet, 795 Arten sind vom Aussterben bedroht – die meisten von ihnen leben jeweils nur noch an einem Ort. Die Studie identifiziert 595 Zentren bevorstehenden Aussterbens, die jeweils als einzige verbliebene Heimat für bedrohte Arten dienen. Nur ein Drittel dieser – überwiegend in Entwicklungsländern liegenden Refugien – ist durch Schutzmaßnahmen gesichert.

Vom Aussterben bedrohte Arten werden seit Anfang der 1960er Jahre in **»Roten Listen«** geführt. Dadurch soll die Aufstellung und Umsetzung von Schutzprogrammen erleichtert werden. Seit 2004 liegt erstmals eine vollständige Bewertung aller beschriebenen Amphibien-Arten vor. Demnach sind fast ein Drittel aller Arten bedroht. Der Bestand vieler Frösche, Kröten und Salamander nimmt selbst in Schutzgebieten drastisch ab. Die Ursachen des globalen Amphibien-Sterbens sind jedoch nur unzureichend geklärt.

Die Ursachen für den Verlust biologischer Vielfalt sind vielfältig. Zu den wichtigsten gehören

- die Vernichtung und ökologische Beeinträchtigung von Lebensräumen durch den Menschen: 89 % aller bedrohten Tierarten, 83 % aller bedrohten Säugetierarten und 91 % aller bedrohten Pflanzenarten sind betroffen;
- die Übernutzung von Ökosystemen (z. B. Holzeinschlag, Jagd, Fischen): 37 % aller Vögel, 34 % aller Säugetierarten und 8 % aller Pflanzenarten sind betroffen;
- die Einführung fremder Arten: Sie ist die häufigste Ursache für das Verschwinden von Vogelarten (insbesondere auf Inseln);
- die Verschmutzung durch Luftschadstoffe und giftige Abfälle (z. B. Stickstoffeinträge in Waldböden, Erdölverschmutzung der Meere);
- die globale Erwärmung, an deren Geschwindigkeit sich viele Arten nicht anpassen können (z. B. Absterben von Korallenriffen und Verschwinden von Korallenfischen). In der Folge könnten bis 2050 mehr als eine Mio. Arten aussterben.

Artenschutz / Schutz der biologischen Vielfalt

Einen wichtigen Beitrag zum Erhalt der biologischen Vielfalt liefern **nationale und internationale Schutzgebiete**, in denen menschliche Aktivitäten (u. a. Land- und Forstwirtschaft) besonderen Einschränkungen unterworfen werden. Neuere Untersuchungen belegen, dass diese Schutzgebietssysteme – entgegen häufig geübter Kritik – sehr effizient sind. Im Gegensatz zu den umgebenden Gebieten können Rodungen und andere Landnutzungsänderungen in Schutzgebieten meist vermieden und damit Lebensräume für Tier- und Pflanzenarten erhalten werden. Die weltweite Zahl der Schutzgebiete hat im Jahr 2003 die Marke von 100 000 überschritten. Ende 2004 betrug die weltweit unter Schutz stehende Fläche (inkl. Meeresschutzgebiete) 19,5 Mio. km² – entsprechend 13 % der Landflächen.

Die bisher umfassendste internationale Vereinbarung zum Schutz der biologischen Vielfalt ist das 1992 in Rio de Janeiro (Brasilien) unterzeichnete Abkommen über die biologische Vielfalt (**Biodiversitäts-Konvention**). Ziele der bis Mai 2006 von 188 Staaten ratifizierten Konvention sind über den Erhalt der biologischen Vielfalt hinaus die nachhaltige Nutzung ihrer Bestandteile sowie die faire Aufteilung der daraus resultierenden Gewinne. Als erste Ergänzung der Biodiversitäts-Konvention verabschiedeten die Vertragsstaaten im Jahr 2000 in Cartagena (Kolumbien) das Abkommen über die grenzüberschreitende Verbringung gentechnisch veränderter Organismen (GVOs). Das sog. **Biosafety-Protokoll** legt Mindeststandards im Handel mit genmanipulierten Produkten fest. Einzelne Länder können die Einfuhr genmanipulierter Lebensmittel oder anderer Produkte wie Baumwolle oder Saatgut aus reiner Vorsorge verbieten. Bis Mai 2006 waren dem Protokoll 132 Staaten beigetreten.

Auf der 8. Vertragsstaatenkonferenz der Konvention vom 20.–31. 3. 2006 in Curitiba (Brasilien) wurde der bisher zäh verlaufende Umsetzungsprozess der Konvention beschleunigt. Die mit 4000 Teilnehmern (darunter 122 Umweltminister) bisher größte UN-Konferenz zu diesem Thema bekräftigte das Ziel, den Verlust an biologischer Vielfalt bis 2010 spürbar zu

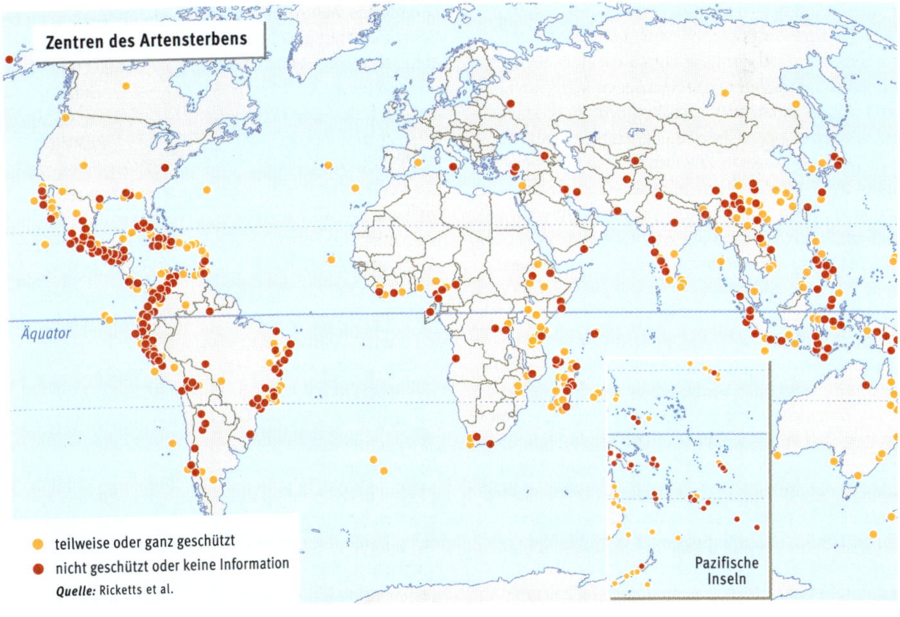

Rote Liste bedrohter Arten 2004

Gruppe	Zahl beschriebener Arten	Zahl bewerteter Arten	Anteil bedrohter Arten an beschriebenen (bewerteten) Arten in %
Wirbeltiere			
Säugetiere	5 416	4 863	20 (23)
Vögel	9 917	9 917	12 (12)
Reptilien	8 163	499	4 (61)
Amphibien	5 743	5 743	31 (31)
Fische	28 500	1 721	3 (46)
Zwischensumme	**57 739**	**22 733**	**9 (23)**
Nichtwirbeltiere			
Insekten	950 000	771	0,06 (73)
Weichtiere	70 000	2 163	1 (45)
Krustentiere	40 000	496	1 (86)
andere	130 200	55	0,02 (55)
Zwischensumme	**1 190 200**	**3 382**	**0,17 (57)**
Pflanzen/Sonstige	297 655	11 826	2,7 (70)
insgesamt	**1 545 594**	**38 046**	**1 (41)**

Quelle: IUCN

reduzieren. Die Verhandlungen über ein Regime zum Zugang und zum gerechten Vorteilsausgleich bei der Nutzung biologischer Ressourcen sollen bis spätestens 2010 abgeschlossen werden. Beim Aufbau weltweiter Schutzgebiete für besonders gefährdete Wald- und Meeresökosysteme konnten Vereinbarungen über regelmäßige Überprüfungen der Fortschritte, jedoch nicht über verbindliche Flächenanteile und Sanktionsmechanismen getroffen werden. Die Beschlüsse gegen den illegalen Holzeinschlag wurden von Umweltschützern und zahlreichen Regierungen als viel zu unverbindlich kritisiert. Die Mitglieder des Cartagena-Protokolls haben sich in Curitiba gegen den Widerstand der Saatgutindustrie darauf geeinigt, dass lebende veränderte Organismen für Nahrungs-, Futter- und Weiterverarbeitungszwecke ab 2012 eindeutig ausgewiesen werden müssen. Außerdem sollen die sog. Terminator-Technologie, bei der das Saatgut gentechnisch verändert wird und die Pflanzen nur mit Hilfe einer herstellereigenen Chemikalie keimen können, sowie gentechnisch veränderte Bäume weiterhin nicht genutzt werden.

Bereits seit 1975 existiert das **Washingtoner Artenschutzabkommen** (CITES – Convention on International Trade in Endangered Species of Wild Fauna and Flora). Die mittlerweile 166 Unterzeichnerstaaten verpflichten sich zum Schutz bedrohter Arten durch Handelskontrollen oder -verbote (→ WA 2006, S. 698).

Auf der 58. Sitzung der **Internationalen Walfangkommission** (IWC) vom 16.–20. 6. 2006 auf der Karibikinsel St. Kitts und Nevis spitzte sich der Streit zwischen Gegnern und Befürwortern des kommerziellen Walfangs zu. Der Walfangnation Japan gelang erstmals – mit einer knappen Mehrheit von 33 zu 32 Stimmen – die Durchsetzung einer Resolution, die sich für die Beendigung des seit 1986 gültigen Walfang-Moratoriums ausspricht. Das Moratorium verbietet den Fang von 13 vom Aussterben bedrohten Walarten, bleibt jedoch weiterhin gültig, da zu seiner Abschaffung eine Dreiviertel-Mehrheit erforderlich ist. Japan ignoriert das Moratorium seit Jahren und tötet nach Angaben von Umweltschutzorganisationen jährlich bis zu 2000 Wale unter dem Deckmantel der Walforschung, die von der IWC erlaubt wird.

Im Juni 2005 hatte die IWC Japan aufgefordert, den Walfang zu Forschungszwecken einzustellen. Japan weitete jedoch dieses Programm aus und gab trotz scharfer internationaler Proteste 850 Zwergwale (doppelt so viele wie im Vorjahr) und erstmals auch 10 der als bedroht geltenden Finnwale zum Fang frei (→ auch Kap. Internationale Organisationen).

Naturpark Harz

Zum 1. 1. 2006 wurde mit dem Naturpark Harz der erste Bundesländer übergreifende Nationalpark gegründet. Dazu wurden der in Niedersachsen am 1. 1. 1994 gegründete Nationalpark Harz (15 800 ha) und der in Sachsen-Anhalt bereits seit 1990 bestehende Nationalpark Hochharz (8900 ha) per Staatsvertrag zusammengefügt. Entstanden ist dadurch der sechstgrößte deutsche Nationalpark. Ähnliche Überlegungen werden nun für die über drei Bundesländer verteilten Wattenmeer-Nationalparks angestellt. Neben 14 Nationalparks gibt es in Deutschland 14 Naturparks und 93 Biosphärenreservate. Um die Transparenz für Bürger zu erhöhen und Kräfte zu bündeln, haben sich die deutschen Reservate im Jahr 2005 zur **Vereinigung Nationale Naturlandschaften** zusammengeschlossen.

Nationalparks in Deutschland

	Gründung	Fläche (in ha)
Schleswig-Holsteinisches Wattenmeer	1985	441 000
Niedersächsisches Wattenmeer	1986	240 000
Vorpommersche Boddenlandschaft	1990	80 500
Müritz	1990	32 000
Unteres Odertal	1990	32 884
Harz	2006	24 700
Bayerischer Wald	1970	24 250
Berchtesgaden	1978	21 000
Hamburgisches Wattenmeer	1990	13 750
Eifel	2004	11 000
Sächsische Schweiz	1990	9 292
Hainich	1997	7 600
Kellerwald-Edersee	2004	5 724
Jasmund	1990	3 000

Die Gesamtfläche der 14 Nationalparks beträgt 946 700 ha (2,7 % der Landfläche)
Quelle: Umweltbundesamt

97,5 % der weltweiten Wasservorkommen (1,4 Mrd. km³) befinden sich als Salzwasser in den Weltmeeren, die die Erde zu 71 % bedecken. Von den 2,5 % Süßwasser sind 70 % in den Eisschichten von Nord- und Südpol gebunden. Die anderen 30 % liegen überwiegend als großflächig verteilte Bodenfeuchte oder in wasserführenden Schichten (Aquiferen) vor. Letztlich sind nur 1 % des Süßwassers (0,007 % allen Wassers) für den Menschen nutzbar.

Von dieser jährlich verfügbaren Menge werden bereits heute 54 % genutzt, 70 % davon allein in der Landwirtschaft. Aufgrund des Bevölkerungswachstums könnte der Gesamtverbrauch im Jahr 2025 auf 70 % steigen. Im Verlauf des 20. Jahrhunderts hat sich die **globale Wasserentnahme** mehr als versechsfacht und ist damit mehr als doppelt so schnell gewachsen wie die Weltbevölkerung.

Der im Jahr 2003 von den Vereinten Nationen erstmals vorgelegte **Weltwasserentwicklungsbericht** spricht von einer sich verschärfenden internationalen Wasserkrise. Obwohl die Wasservorkommen sehr unterschiedlich auf Länder und Regionen verteilt sind, wird laut UN von den Auswirkungen keine Region verschont bleiben. Bis 2050 werden günstigsten Falls 2 Mrd. Menschen in 48 Ländern und schlimmsten Falls 7 Mrd. Menschen in 60 Ländern von **Wasserknappheit** (Pro-Kopf-Verfügbarkeit an Süßwasser geringer als 1666 m³ p. a.) oder **Wassermangel** (weniger als 1000 m³ p.a.) betroffen sein. Der Anteil der globalen Erwärmung an der Wasserverknappung wird auf 20 % geschätzt. Die Pro-Kopf-Verfügbarkeit an Süßwasser wird in den nächsten 20 Jahren im globalen Durchschnitt um ein Drittel zurückgehen. Neu von Wasserknappheit betroffen sind u. a. die Anwohner der Flüsse Volta, Farah, Nil, Narmada, Euphrat und Tigris.

Die Zahl der Menschen mit **Zugang zu sauberem Trinkwasser** wächst zwar dank hoher, v. a. nach 1980

Anhaltende Kritik an großen Staudammprojekten

Der Bau großer Staudämme zur Stromerzeugung und zur Bewässerung von Äckern und Feldern hat Hochkonjunktur. In den letzten 50 Jahren wurden weltweit mehr als 40 000 größere Staudämme gebaut. Derzeit sind mehr als 400 Staudämme mit einer Höhe von mehr als 60 Metern in Bau bzw. Planung, die meisten davon in der VR China, Iran und der Türkei. Jährlich fließen rd. 20 Mrd. US-$ in diese Vorhaben.

Im Jahr 2000 hatte die international besetzte Weltstaudammkommission (WCD) nach zweijährigen Beratungen Kriterien für einen sozial- und umweltverträglichen Dammbau erarbeitet. Dazu gehört u. a. die Beteiligung der betroffenen Bevölkerung an der Entscheidung über den Bau und an den Einnahmen aus der Stromerzeugung. Nach einer von der Umweltorganisation World Wildlife Fund (WWF) am 14. 11. 2006 vorgelegten Studie werden diese Kriterien jedoch auch fünf Jahre nach ihrer Verabschiedung bei zahlreichen Projekten von Staaten und Entwicklungsorganisationen nicht beachtet:

- Das 1,2 Mrd. US-$ teure Projekt **Nam Theun 2** in Laos wird als erster Staudamm seit mehreren Jahren wieder von der Weltbank unterstützt, obwohl 5700 Menschen umgesiedelt werden müssen und weitere 50 000 von Einschränkungen in der Fischerei betroffen sein werden.
- Deutschland unterstützt den Bau des **Ermenek-Staudamms** (Gesamtkosten 650 Mio. US-$) in der Osttürkei mit einer 2002 erteilten Hermes-Bürgschaft für am Bau beteiligte deutsche Unternehmen, obwohl die Türkei die WCD-Richtlinien ablehnt.
- Gleiches ist für den 1,5 Mrd. US-$ teuren **Ilisu-Damm** im Südosten der Türkei zu erwarten, um dessen Bau sich ebenfalls deutsche Unternehmen bewerben.

Andere Umweltorganisationen wie das International Rivers Network (IRN) kritisieren, dass die großen Staudammprojekte zu viel Geld verschlingen und der Nutzen aus Stromerzeugung und Bewässerung bei den reichen Teilen der Bevölkerung (Industrie, Stadtbewohner, Großbauern) ankommt – nicht jedoch bei der armen Landbevölkerung, die ohnehin keinen Zugang zu Trinkwasser-, Bewässerungs- oder Stromleitungen hat. Unter dem Aspekt der Armutsbekämpfung wäre es wesentlich sinnvoller, in dezentrale und örtlich angepasste Technologien wie kleinere Dämme bzw. lokale Wasserspeicher, Tretpumpen sowie wassersparende Tröpfchenbewässerung und neue Reisanbaumethoden zu investieren.

Durch den Ilisu-Staudamm wird die mittelalterliche Stadt Hasankeyf verschwinden

Bewässerungslandwirtschaft weltweit 1961–2002

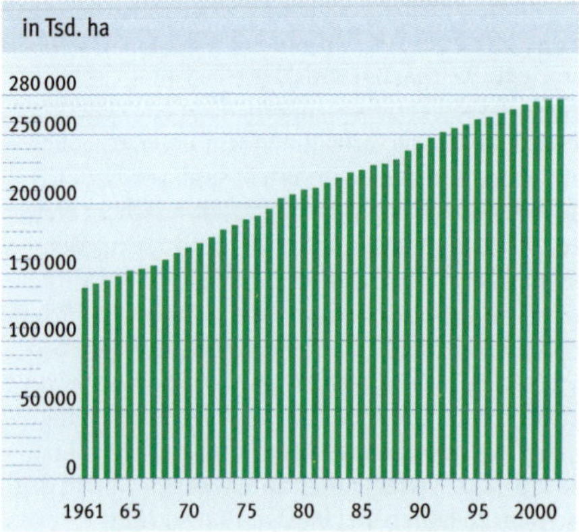

Quelle: FAO

eingesetzter Investitionen mittlerweile schneller als die Bevölkerung, dennoch waren 2002 nach Angaben der Weltgesundheitsorganisation (WHO) immer noch rd. 1,1 Mrd. Menschen unzureichend mit sauberem Wasser versorgt. In den afrikanischen Ländern südlich der Sahara liegt der Anteil unversorgter Bevölkerung mit 42 % besonders hoch.

2,6 Mrd. Menschen – der Hälfte der in Entwicklungsländern lebenden Menschen – fehlt der **Zugang zu Sanitäreinrichtungen**. 2,2 Mio. Menschen sterben jährlich an Infektionskrankheiten (insbes. Durchfallerkrankungen) aufgrund unzureichender Versorgung mit Trinkwasser und Sanitäreinrichtungen, 90 % davon sind Kinder unter 5 Jahren.

Der zunehmende Druck auf die Wasserressourcen ist neben dem Bevölkerungswachstum auf die **Zunahme von Bewässerungslandwirtschaft** sowie industrieller und privater Nutzung zurückzuführen. 69 % der globalen Wasserentnahme entfallen auf die Landwirtschaft (Industrie: 23 %, private Haushalte: 8 %). Die bewässerten Flächen haben sich von 153 Mio. im Jahr 1966 auf 276 Mio. ha im Jahr 2002 nahezu verdoppelt. Auf diesen 17 % der weltweiten Ackerfläche werden 40 % der Nahrungsmittel für die Weltbevölkerung produziert; 70 % dieser Flächen liegen in Asien. Ein Großteil der in den letzten Jahrzehnten erreichten Steigerung der Nahrungsmittelproduktion wäre nicht ohne die Ausweitung der Bewässerung möglich gewesen.

Das Ogallala-Aquifer im mittleren Westen der USA beispielsweise wird durch die Bewässerung von Getreidefeldern derart übernutzt, dass voraussichtlich in den nächsten 20 Jahren 40 % der bewässerten Flächen brach fallen werden. Ein Großteil des in der Landwirtschaft genutzten Wassers verdunstet oder geht anderweitig verloren. Die Effizienz der Bewässerungslandwirtschaft wird global auf 43 % geschätzt, wobei große Unterschiede zwischen trockenen Regionen (58 % Effizienz) und wasserreichen Regionen (31 % Effizienz) bestehen. Nach Meinung von Experten könnten 40 % des derzeit für künstliche Bewässerung eingesetzten Wassers durch effizientere Technologie (Tropfenbewässerung aus perforierten Rohren) eingespart werden – dies entspricht in etwa dem bis 2050 vorausgesagten Mehrbedarf.

Wasserpolitik

Im Gegensatz zum globalen Klima oder zur stratosphärischen Ozonschicht handelt es sich bei den Süßwasserreserven um nationale oder regionale Güter. Zu ihrem Schutz bedarf es nationaler und länderübergreifender Strategien. Aus der Abhängigkeit von Süßwasserzuflüssen aus Nachbarstaaten können Konflikte resultieren, vor allem dann, wenn Wasserknappheit herrscht und die Nutzung des Flusswassers nicht über Verträge geregelt ist.

Auf dem 2. Weltwasserforum vom 17.–22. 3. 2000 in Den Haag (Niederlande) wurde das Ziel formuliert, die Zahl der Menschen ohne Zugang zu sauberem Trinkwasser und ohne Zugang zu sanitären Einrichtungen bis 2015 jeweils zu halbieren (Basisjahr 1990) und bis 2025 auf Null zu bringen. Diese Ziele wurden

Globale Wasserkrise

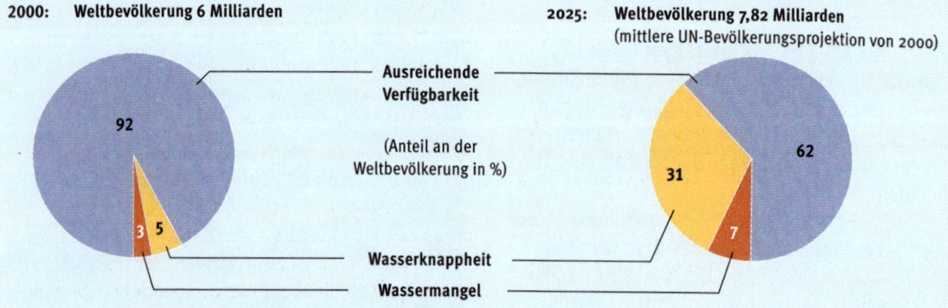

Wasserknappheit: Verfügbares Süßwasserangebot je Kopf und Jahr beträgt 1001 bis 1666 m³.
Wassermangel: Süßwasserangebot je Kopf und Jahr beträgt 1000 m³ oder weniger.

Quelle: PAI 2003, nach FAZ

Wasserkonflikte

Um die knapper werdenden Wasserressourcen entbrennen vermehrt Verteilungskämpfe. Zwischen 1948 und 1999 wurden weltweit 507 Wasserkonflikte aufgezeichnet, davon 39 gewaltsame. Ein bekanntes Beispiel ist das Jordanbecken mit den Anrainerstaaten Israel, Jordanien, Syrien und Libanon. Bereits im Sechstagekrieg 1967 hatte Israel strategisch wichtige Wassergebiete besetzt. Ein aktuelles Beispiel sind Euphrat und Tigris, an deren Oberlauf die Türkei durch riesige Staudammprojekte große Wassermengen abzweigt – zum Missfallen der am Unterlauf liegenden Länder Syrien und Irak. Ähnliches gilt für den Indus und die an ihn grenzenden Atommächte Pakistan und Indien. Verschärfen könnte sich die Situation auch am Nil, von dem die am Unterlauf liegenden Länder Sudan und Ägypten gewaltige Mengen zu Bewässerungszwecken entnehmen – so viel, dass der Strom zu bestimmten Jahreszeiten kaum noch das Meer erreicht. Das am Oberlauf liegende Äthiopien verzichtet bisher weitgehend auf Bewässerungslandwirtschaft, wird das aber angesichts des vorausgesagten Bevölkerungswachstums nicht mehr lange durchhalten können. In den drei Nil-Staaten wird sich die Bevölkerung bis 2050 auf mehr als 360 Mio. Menschen verdoppeln – Wasserkonflikte sind dann vorprogrammiert. Bisher scheint sich bei solchen Auseinandersetzungen die Vernunft durchzusetzen. Die Zahl grenzüberschreitender Vereinbarungen zur Wassernutzung in den letzten 50 Jahren ist mit 1228 immer noch 2,5-mal so hoch wie die der registrierten Konflikte.

Aber auch innerhalb der Landesgrenzen verschärft sich der Kampf ums Wasser. Im Norden Kenias z. B. werden Kämpfe zwischen Volksgruppen um knapper werdende Weideflächen und Wasserstellen immer häufiger und brutaler. Mitte Juli 2005 wurden in der Region mehr als 70 Menschen ermordet, darunter 22 Jugendliche, die in der Schule überfallen und hingerichtet wurden. Auch die Eskalation des mörderischen Darfur-Krieges im West-Sudan ist nicht ohne die langjährigen Auseinandersetzungen zwischen sesshaften Volksgruppen und Nomadenvölkern um Wasser und Weideland zu erklären.

Ein weiteres Beispiel ist der Jemen. Durch Ausbau der Bewässerungslandwirtschaft, bei der Wasser mit Hilfe von dieselbetriebenen Pumpen aus großen Tiefen gefördert wird, ist der Grundwasserspiegel in der Hauptstadt Sanaa von 30 Meter in den 1960er Jahren auf heute 800–1000 Meter Tiefe abgesunken – jedes Jahr fällt er um weitere 6–8 Meter. Als die Regierung im Juli 2005 die Erdölsubventionen aufhob und die Dieselpreise sich in der Folge mehr als verdoppelten, kam es zu Unruhen mit mehreren Dutzend Toten. Da die Wasserversorgung praktisch vollständig auf Dieselpumpen beruht, wurden ärmere Bevölkerungsschichten von diesem Schritt existenziell bedroht.

Kenia: Folgen der Dürre in Bissil im Januar 2006

durch die UN-Generalversammlung auf dem »Millenniumsgipfel« vom 6.–8. 9. 2000 und auf dem Weltgipfel in Johannesburg (26. 8.–4. 9. 2002) als Teil des Aktionsplans zum Schutz der Umwelt bekräftigt. Um diese Ziele erreichen zu können, müssen laut Weltwasserentwicklungsbericht bis 2015 jährlich zusätzlich 100 Mio. Menschen mit Wasseranschlüssen und 125 Mio. Menschen mit Sanitäranschlüssen versorgt werden. Nach Schätzungen der Weltbank ist dazu eine Steigerung der Investitionen im Wassersektor von heute 60–80 Mrd. auf 180 Mrd. US-$ pro Jahr notwendig. In der Abschlusserklärung des 3. Weltwasserforums vom 16.–23. 3. 2003 in Kyoto (Japan) verständigten sich 170 Staaten und 43 internationale Organisationen darauf, die technischen und finanziellen Mittel zur weltweiten Versorgung mit sauberem Trinkwasser zu verdoppeln.

Auf dem **4. Weltwasserforum** vom 16.–22. 3. 2006 in Mexiko City wurde der **2. Weltwasserentwicklungsbericht** vorgestellt. Die Studie, an deren Erstellung u. a. 24 UN-Organisationen beteiligt waren, bemängelt ein weit verbreitetes Missmanagement bei der Bekämpfung der Wasserknappheit in den ärmeren Ländern und fordert die Verankerung eines Grundrechts auf Wasser in den nationalen Verfassungen. Besonders kritisch setzt sich der Bericht mit den jahrelang von der Weltbank geförderten Privatisierungsstrategien für den Wassersektor auseinander. Diese seien in vielen Regionen gescheitert und mussten z. T. revidiert werden; internationale Wasserkonzerne ziehen sich zunehmend wieder aus den ärmeren Ländern zurück. Hauptproblem vieler Privatisierungsprojekte ist, dass ärmere Bevölkerungsschichten von der Trinkwasserversorgung ausgeschlossen bleiben oder sich drastisch steigende Wasserpreise nicht leisten können. Gerade in den wachsenden Elendsvierteln der Megastädte sind Wasserpreise, die die Kosten der nötigen Investitionen abdecken, kaum durchsetzbar. Folglich muss die öffentliche Seite in diesen Projekten mehr Verantwortung übernehmen.

Ozeane bedecken 71 % der Erdoberfläche und enthalten mehr als 90 % der lebenden Biomasse auf der Erde. Mehr als 50 % der Weltbevölkerung leben an ihren Küsten innerhalb eines 60 km breiten Streifens – bis zum Jahr 2020 könnte dieser Anteil auf 75 % steigen. Die Grundernährung von 3,5 Mrd. (überwiegend in Entwicklungsländern lebenden) Menschen hängt von Erzeugnissen aus Ozeanen und Küsten ab. Küstennahe Ökosysteme wie z. B. Mangrovenwälder und Korallenriffe beherbergen eine große Zahl von Tier- und Pflanzenarten. Menschliche Aktivitäten gefährden das ökologische Gleichgewicht von Meeres- und Küstenökosystemen in zunehmendem Maße.

Überfischung

Eines der gravierendsten Probleme stellt die Übernutzung zahlreicher Fischbestände dar. Bis 1950 war die Überfischung auf Fanggründe im Nordatlantik, Nordpazifik und Mittelmeer beschränkt. In den letzten 20 Jahren ist sie mehr und mehr zu einem globalen Phänomen geworden. Nach neuesten Angaben der Welternährungsorganisation (FAO) waren im Jahre 2004 25 % der weltweiten Fischbestände entweder überfischt (17 %), erschöpft (7 %) oder sie befanden sich im Aufbau nach völliger Erschöpfung (1 %). Mehr als die Hälfte (52 %) der Fischbestände wurden am biologischen Limit befischt; lediglich 23 % wurden entweder moderat (20 %) oder gering (3 %) befischt und boten Spielraum für größere Fangmengen. Die Zahl der Fischbestände, bei denen die Fangmengen gesteigert werden könnten, ist seit Mitte der 1970er Jahre stark rückläufig. Seit Mitte der 1980er Jahre stagniert die Menge des im Meer gefangenen Fischs bei ca. 80 Mio. t. Die Steigerung des weltweiten Fischfangs auf 132 Mio. t im Jahr 2003 geht fast ausschließlich auf die Ausweitung der Fischzucht (Aquakultur) zurück, die bereits 30 % der Fangmenge ausmacht. In riesigen Unterwasser-Farmen werden große Mengen Fisch produziert, in Europa v. a. Lachs, in Asien Garnelen.

Fischfang nach Kategorien

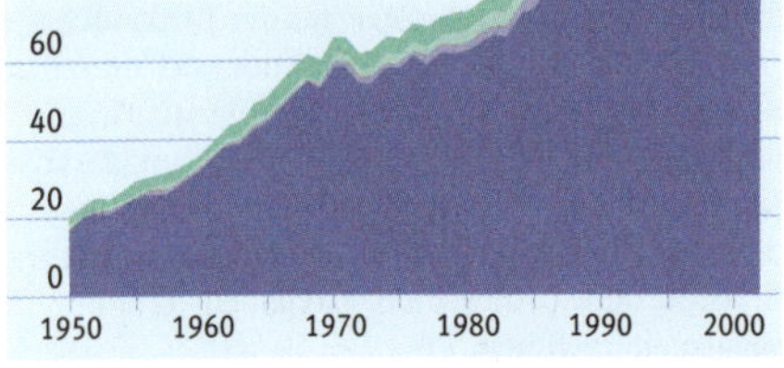

Quelle: FAO

Gier nach Kaviar bedroht den Stör

Kaviar, der Rogen des Beluga-Störs, ist das teuerste Lebensmittel der Welt. In deutschen Delikatessläden kosten 100 g mittlerweile mehr als 300 €. Mit dem Zusammenbruch der Sowjetunion fiel 1990 das Staatsmonopol auf den Störfang und die Jagd auf den Stör begann. Von den reichen Beständen im Delta der Wolga-Mündung im Kaspischen Meer sind heute höchstens noch 10 % übrig. Seit 1998 sind sämtliche Störarten im Washingtoner Artenschutzabkommen als bedroht gelistet und internationalen Handelsbeschränkungen unterworfen. Die Kontrolle des Kaviarhandels ist jedoch enorm schwierig. Nach Schätzungen von Experten stammen 90 % des weltweit gehandelten Kaviars aus illegalen Quellen. Auf dem russischen Schwarzmarkt ist mit Kaviar mehr Geld zu verdienen als mit Drogen oder Waffen. Bei Auseinandersetzungen zwischen Wilderern kommt es auf dem Kaspischen Meer immer wieder zu Schießereien und Todesfällen. Erst im Frühsommer 2005 hat der Gouverneur der Wolga-Region Astrachan, wo rd. 95 % des Weltmarktbedarfs an Kaviar verarbeitet werden, den Handel verboten. Im Oktober 2005 haben die USA, der weltweit größte Absatzmarkt, einen Importstopp für Beluga-Kaviar erlassen.

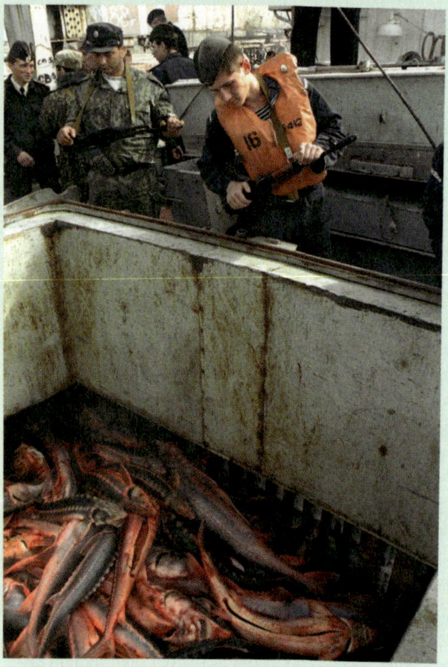

Illegaler Störfang in Kaspisk am Kaspischen Meer (Russland)

Gütesiegel für nachhaltigen Fischfang

Das bisher einzige Gütesiegel für nachhaltigen Fischfang verleiht der 1997 vom Lebensmittelkonzern Unilever und der Umweltorganisation World Wildlife Fund (WWF) gegründete Marine Stewardship Council (MSC). Die mittlerweile unabhängige und rein aus Spenden finanzierte Organisation hat strenge Kriterien für eine Ressourcen schonende Fischerei entwickelt: Die Überfischung und Gefährdung von Beständen ist verboten, die Meeresökosysteme müssen als Lebensgrundlage der Fische bewahrt und ein effektives Kontrollsystem eingeführt werden, das die Einhaltung der Kriterien garantiert. Bis Ende 2004 waren 4 % der weltweiten Fischereien mit dem MSC-Siegel zertifiziert. Im Mai 2005 kam mit dem Alaska-Seelachs aus US-amerikanischer Produktion eine wichtige Fischerei hinzu. Damit wird für die Verbraucher unterscheidbar, ob der Lachs aus den als sicher geltenden Beständen im US-amerikanischen Teil des Beringmeers oder aus russischen und chinesischen Gewässern stammen, in denen der Lachs überfischt ist und als existenziell bedroht gilt. Im Beringmeer ist die Größe der Fangflotte und die Fangmenge (Quote) gesetzlich fixiert – jedes Schiff hat einen festen Anteil an der Fangquote. Auch für den Beifang wurde eine Obergrenze eingeführt, die durch Kontrolleure an Bord geprüft wird.

In der EU konnten bisher keine größeren Fischereien zertifiziert werden. Beim Festlegen der Fanquoten einigen sich die EU-Mitgliedstaaten in der Regel auf den kleinsten gemeinsamen Nenner, der meist über dem von Wissenschaftlern empfohlenen Niveau liegt – wie das Beispiel Kabeljau zeigt. In der Nordsee gibt es dem Internationalen Rat für Meeresforschung (ICES) zufolge nur noch einen Bestand von knapp unter 50 000 t Kabeljau. Als Mindestbestand für die Arterhaltung gelten 150 000 t. Dennoch hat die EU für 2006 eine Fangquote von rd. 20 000 t erlaubt.

Hauptursache der Überfischung sind Überkapazitäten bei den Fangflotten, die weltweit auf 30–40 % geschätzt werden. 2003 gab es weltweit 4,1 Mio. registrierte Fangschiffe (1,3 Mio. mit Deck, 2,8 Mio. ohne Deck); die Fischereiflotte der EU umfasst ca. 100 000 Schiffe.

Weltweit leben immer noch ca. 10 Mio. (Klein-) Fischer direkt vom Fischfang, geraten jedoch zunehmend in Konkurrenz zu den industriellen Fangbooten (Trawlern). Die Zunahme der Schleppnetzfischerei gefährdet die empfindlichen Ökosysteme in Seeböden und Korallenriffen. Die Fangtiefen reichen bei dieser Methode von 400 bis zu 1500 m, die betroffene Fläche wird auf 14,8 Mio. km² geschätzt. Der dabei entstehende Beifang beträgt im Mittel 25 % (20 Mio. t p. a.), bei der Shrimps-Fischerei sogar bis zu 500 %, und wird meist ungenutzt wieder über Bord geworfen.

Nach einer Ende Juli 2005 im Wissenschaftsmagazin Science veröffentlichten Studie führt die Überfischung der Meere zu einem dramatischen Rückgang der Artenvielfalt: In den letzten 50 Jahren hat sich der Fischfang verzehnfacht – die Artenvielfalt ist im gleichen Zeitraum um 10–50 % zurückgegangen. Die Studie nennt fünf große **subtropische »Hot Spots«** der Artenvielfalt (vor der Ostküste Floridas, im Süden von Hawaii, in der Nähe des Great Barrier Reefs in Australien, bei Sri Lanka und nördlich der Osterinsel), die unbedingt geschützt werden müssten.

Meeresverschmutzung

Nach Einschätzung der Weltumweltorganisation (UNEP) hat sich die Belastung von Ozeanen und küstennahen Ökosystemen durch menschliche Aktivitäten in den letzten Jahrzehnten intensiviert. Zu den wichtigsten Phänomenen gehören die Zerstörung von Lebensräumen für Tiere und Pflanzen durch küstennahen Siedlungsbau und die Ausweitung der Fischzucht sowie der Eintrag von Schadstoffen über Flüsse, die Atmosphäre und die Schifffahrt.

Besonderes Aufsehen erregen z. B. **Tankerunglücke** wie die der Tanker »Erika« 1999 und »Prestige« 2002 an der europäischen Atlantikküste. Jährlich werden durch solche Unglücke im Durchschnitt der Jahre 1994–2004 laut UNEP ca. 85 000 t Öl freigesetzt. Je nach Schwere des Unglücks und lokalen Bedingungen kommt es zum Massensterben von Fischen und Vögeln und zum Zusammenbruch von Fischerei und Tourismus. In Reaktion auf die Unglücke hat die EU mittlerweile zwei Gesetzespakete (Erika I, II) verabschiedet. Seitdem dürfen einwandige, mit Schweröl beladene Tanker europäische Häfen nicht mehr anlaufen. Im November 2005 schlug die EU-Kommission das Gesetzespaket Erika III vor. Vorgesehen ist darin u. a. eine schwarze Liste mit Eigentümern von Billigschiffen.

Weniger Aufsehen – aber wahrscheinlich größeren Schaden – verursachen die auf knapp 3 Mio. t jährlich geschätzten **kontinuierlichen Öleinleitungen** über Flüsse und durch Schiffe. Die aus verschmutzten Küstengewässern und Meeren resultierenden volkswirtschaftlichen Schäden werden auf 12,8 Mrd. US-$ p. a. geschätzt. Durch Plastikmüll kommen jährlich bis zu einer Mio. Seevögel, 100 000 Säugetiere und eine große Zahl von Fischen zu Tode. Ein besonderes Problem ist die massenhafte **illegale Öleinleitung auf hoher See** – meist beim Waschen von Schiffstanks. Allein im Jahre 2001 wurden in der Ostsee 390 und in der Nordsee 596 illegale Öleinleitungen registriert – die Gesamtzahl in europäischen Gewässern wird auf bis zu 3000 geschätzt. Vor diesem Hintergrund hat das Europäische Parlament am 23. 2. 2005 dem Entwurf einer Richtlinie zugestimmt, die die Einleitung von Schadstoffen in die Meere künftig als strafrechtliches Vergehen einstuft. Das neue EU-Gesetz soll außerdem eine einheitliche EU-Küstenwache schaffen, die illegale Meeresverschmutzung durch Schiffe bekämpfen soll.

Umweltveränderungen beeinflussen die menschliche Gesundheit. Laut Weltgesundheitsorganisation (WHO) ergeben sich aus Verschlechterungen der Umweltqualität erhebliche Gesundheitsrisiken. Statistisch werden Gesundheitsschäden durch die »durch Krankheit / Arbeitsunfähigkeit belasteten Lebensjahre« (Disability Adjusted Life Years – DALYs) ausgedrückt. Dieser Gesundheitsindikator berücksichtigt sowohl frühzeitige Todesfälle als auch Krankheiten. Folgende Umwelteinflüsse sind v. a. relevant:

- Verschmutztes Trinkwasser (→ Foto), unzureichende Sanitäreinrichtungen und Hygiene: 3,1 % (1,7 Mio.) aller Todesfälle und 3,7 % (54,2 Mio. DALYs) aller Gesundheitsschäden;
- Luftverschmutzung in Städten: 1,4 % (0,8 Mio.) aller Todesfälle und 0,8 % (7,9 Mio. DALYs) aller Gesundheitsschäden;
- Luftverschmutzung in Innenräumen durch offene Verbrennung von Biomasse: 2,8 % (1,6 Mio.) aller Todesfälle und 2,7 % (ca. 40 Mio. DALYs) aller Gesundheitsschäden;
- Bleivergiftungen: 0,4 % (0,23 Mio.) aller Todesfälle und 0,9 % (12,9 Mio. DALYs) aller Gesundheitsschäden;
- Klimawandel (indirekt durch Zunahme von Dürren, Malaria und anderer Krankheiten wie Dengue-Fieber): 0,3 % (0,15 Mio.) aller Todesfälle und 0,4 % (5,5 Mio. DALYs) aller Gesundheitsschäden.

Wassertümpel in der Provinz Amhara (Äthiopien)

Feinstaub

Seit dem 1. 1. 2005 gelten in der Europäischen Union (EU) neue Grenzwerte für die Belastung der Luft durch gesundheitsschädlichen Feinstaub (→ WA 2006, S. 704). Die zulässige Höchstbelastung durch Feinstaub wurde durch die EU auf 50 Mikrogramm pro Kubikmeter Luft (mg/m³) festgelegt, wobei je Messstation bis zu 35 Überschreitungen pro Jahr erlaubt sind. Dieses Kriterium konnte an 43 innerstädtischen Messstationen in Deutschland im Jahr 2005 nicht eingehalten werden. Auch im Jahr 2006 war der Grenzwert bereits Ende April an 18 Stationen an mehr als 35 Tagen überschritten worden. Obwohl der Straßenverkehr nur für 17 % der Feinstaubemissionen verantwortlich ist, werden die Grenzüberschreitungen v. a. an Straßen mit hohem Verkehrsaufkommen registriert. Das liegt u. a. an den – in der Emissionsstatistik nicht erfassten – Feinstäuben aus dem Reifen- und Bremsabrieb (ca. 75 000 t p. a.) sowie an der Tatsache, dass der Feinstaub insbes. bei trockener und windarmer Witterung mehrfach von der Straße wieder aufgewirbelt wird.

Feinstaubbelastung in deutschen Städten
Zahl der Tage mit Grenzwertüberschreitung 2005

Station	Tage
München / Landshuter Allee	107
Leipzig-Mitte	107
Düsseldorf Corneliusstraße	88
Bremen Verkehr 2	82
Leipzig Lützener Straße	82
Dresden-Mitte	78
Dortmund Brackeler Straße	76
Berlin Friedrichshain-Frankfurter Allee	72
Berlin Neukölln-Silbersteinstraße	72
Hannover Verkehr	64

Quelle: Umweltbundesamt

Die Umsetzung von Maßnahmen zur Reduzierung der Feinstaubbelastung kommt in Deutschland nur schleppend voran. Obwohl der Bundesrat bereits im Jahr 2001 »steuerliche Regelungen« zur Förderung von Rußfiltern bei Dieselfahrzeugen gefordert hatte, existierte bis Mai 2006 noch nicht einmal ein entsprechender Referentenentwurf bei den zuständigen Bundesministerien. Auch die von der Bundesregierung am 22. 2. 2006 beschlossene Plakettenverordnung, nach der die Schadstoffklasse von Fahrzeugen künftig mit bundeseinheitlichen Plaketten gekennzeichnet werden muss, wurde vom Bundesrat auf Initiative Bayerns am 7. 4. 2006 abgeschwächt: Demnach sollen gefilterte Diesel-Pkw keine eigenen Plaketten mehr erhalten, sondern die gleichen wie ungefilterte Fahrzeuge, die die Euro-4-Norm erfüllen. Dieser Schritt wurde von Umweltverbänden und Kommunen heftig kritisiert, weil ihnen dadurch ein wichtiges Instrument zur Kontrolle von Fahrverboten wieder aus der Hand genommen würde.

Architektur

■ **Topographie des Terrors** Zusammen mit dem Landschaftsarchitekten Heinz W. Hallmann gewinnt die Architektin Ursula Wilms am 25. 1. 2006 den mit 100 000 € dotierten Wettbewerb für den Neubau des Berliner Dokumentationszentrums »Topographie des Terrors«. Der Entwurf, ein quadratischer, eingeschossiger, rundum verglaster Kubus mit einer Fassade aus hellem, durchlässigem Metallgewebe, war aus insgesamt 309 Vorschlägen ausgewählt worden. Mit dem Neubau soll noch 2007 begonnen werden, die Eröffnung ist für Ende 2009 geplant. Die reinen Baukosten werden auf 15 Mio. € geschätzt, für die Realisierung des gesamten Projekts, das jeweils zur Hälfte vom Bund und von Berlin finanziert wird, stehen nach Angaben des Bundesamts für Bauwesen 20 Mio. € zur Verfügung.

Auf dem 6,2 ha großen Gelände direkt neben dem Martin-Gropius-Bau befanden sich 1933–45 die Zentralen der Gestapo und der SS-Führung. Seit 1987 informiert dort, in einem Ausgrabungsgang entlang der baulichen Überreste, eine provisorische Open-Air-Ausstellung über die Geschichte des Ortes und die NS-Verbrechen. Das jetzt geplante Dokumentationszentrum sieht auf 3500 m² Nutzfläche mehrere Ausstellungsräume, einen Veranstaltungssaal, eine Cafeteria und eine Bibliothek vor.

Auf dem Gelände sollte ursprünglich ein Gebäude nach den Plänen des Schweizer Architekten Peter Zumthor realisiert werden. Mit einem Aufsehen erregenden Entwurf hatte Zumthor 1993 den ersten Architektenwettbewerb für die Gestaltung der Gedenkstätte gewonnen. Die komplizierte Bauausführung und die Pleite mehrerer beteiligter Baufirmen verzögerten den Bau jedoch immer wieder. Aufgrund der immensen Kostenüberschreitungen (die ursprünglich veranschlagten 18 Mio. € hatten sich am Ende mit 38 Mio. € mehr als verdoppelt) wurden die Bauarbeiten im Mai 2004 gestoppt, die drei bereits errichteten Treppentürme abgerissen. Die Kosten für Planungen, Bau und Abriss betrugen rd. 15 Mio. €.

■ **Palast der Republik** Nach jahrelangen heftigen Debatten über die zukünftige Nutzung des Gebäudes wurde am 6. 2. 2006 mit der Demontage des seit 1990 geschlossenen Palasts der Republik in Berlin begonnen. Mit 431 zu 120 Stimmen hatte der Deutsche Bundestag am 19. 1. 2006 für den endgültigen Abriss gestimmt. In namentlicher Abstimmung waren die Anträge der Grünen und der Linkspartei für einen Aufschub bzw. einen Abriss-Stopp des sozialistischen Prestigebaus abgelehnt worden. Der an der Stelle des im Zweiten Weltkrieg schwer beschädigten und 1950 von der SED-Führung gesprengten Berliner Stadtschlosses errichtete Bau war im April 1976 eröffnet worden. Der 485 Mio. Ost-Mark teure Palast, wegen seiner kostspieligen Ausstattung auch »Palazzo Prozzo« genannt, war Sitz und Tagungsort der DDR-Volkskammer sowie ein multifunktionales Kulturzentrum mit zahlreichen Restaurants und Veranstaltungssälen. Nach der Wende wurde der Bau wegen Asbestverseuchung geschlossen und 1998–2001 im Rahmen der Asbestbeseitigung komplett entkernt.

Nachdem bereits im Juli 2002 eine breite Mehrheit im Deutschen Bundestag für die Errichtung eines Neubaus mit den barocken Fassaden des einstigen Berliner Stadtschlosses gestimmt hatte, wurde am 6. 11. 2003 der Abriss des Palastes beschlossen. Angesichts der angespannten Haushaltslage wurden die Pläne für den Wiederaufbau des Schlosses (geschätzte Kosten rd. 670 Mio. €) jedoch zunächst auf Eis gelegt und eine »gärtnerische Übergangsgestaltung« vorgeschlagen.

Bereits Anfang 2002 hatten Kulturschaffende gefordert, mit Ausstellungen, Konzerten, Lesungen und Theateraufführungen den inzwischen asbestfreien Palast wieder der Öffentlichkeit zugänglich zu machen. Im Januar 2004 einigte man sich schließlich mit dem Eigentümer des Palastes, dem Bundesvermögensamt, auf eine kulturelle Zwischennutzung; bis Dezember 2005 fanden über 900 Veranstaltungen mit 550 000 Teilnehmern statt. Als letzte Ausstellung vor Beginn der Abrissarbeiten war die Kunstausstellung

Palast der Republik

»Wunder von Dresden«

Zwölf Jahre nach Beginn des Wiederaufbaus wurde die Dresdner Frauenkirche am 30. 10. 2005 im Rahmen eines ökumenischen Festgottesdienstes geweiht. Der 1726–43 nach den Plänen George Bährs erbaute spätbarocke Sakralbau war im Februar 1945 durch alliierte Luftangriffe fast vollständig zerstört worden, jahrzehntelang galt die Ruine als Mahnmal gegen den Krieg.

Einweihung der Dresdner Frauenkirche am 30. 10. 2005

Mit einer symbolischen Grundsteinlegung begann am 27. 5. 1994 der originalgetreue Wiederaufbau der Kirche. Ein Jahr zuvor waren die Überreste Stein für Stein abgetragen worden; etwa 44 % der historischen Bausubstanz wurden beim Neubau wieder verwendet.

Der Grundriss der Kirche misst 41 mal 41 Meter, die Gesamthöhe beträgt 92 Meter. Die 12 000 t schwere, auf acht Innenpfeilern liegende Kuppel beginnt in 40 Metern Höhe mit einem Durchmesser von 26 Metern. Der 2000 Besucher fassende Innenraum wurde ebenfalls detailgenau rekonstruiert, von der barocken Bemalung der Kuppelfresken bis zu dem aus über 2000 geborgenen Bruchstücken zusammengesetzten Altar.

Verantwortlich für Wiederaufbau und Nutzung der Kirche ist die Stiftung Frauenkirche Dresden, die, ebenso wie die Gesellschaft zur Förderung des Wiederaufbaus, aus einer Bürgerinitiative hervorgegangen ist: Um den Wiederaufbau zu finanzieren, hatten Dresdner Bürger im Februar 1990 einen weltweiten Spendenaufruf initiiert (»Ruf aus Dresden«).

Die Gesamtkosten des Wiederaufbaus betrugen knapp 180 Mio. €; über 100 Mio. € wurden aus privaten Spenden finanziert, den Rest übernahmen der Bund, das Land Sachsen und die Stadt Dresden.

»White Cube« mit Arbeiten von in Berlin lebenden, international renommierten Künstlern zu sehen.

Der Abriss des 180 Meter langen und 85 Meter breiten Gebäudes soll bis Ostern 2007 abgeschlossen sein, die Kosten werden voraussichtlich 12 Mio. € betragen, knapp zwei Drittel wird der Bund übernehmen. 20 000 t Stahl, 50 000 m^3 Beton und 500 t Glas müssen demontiert werden. Lediglich das Fundament bleibt stehen: Die gegen Grundwasser abgedichtete Betonwanne wird mit einem Sand-Wasser-Gemisch aufgefüllt, um zu verhindern, dass die Wanne durch das fehlende Gewicht nach oben treibt und damit den Grundwasserspiegel senkt, was ein Absacken der Gebäude auf der gegenüberliegenden Museumsinsel zur Folge haben könnte.

■ **Ground Zero** Viereinhalb Jahre nach den Terroranschlägen vom 11. September 2001 begannen am 27. 4. 2006 die Bauarbeiten auf Ground Zero in New York; bis 2012 sollen dort fünf Hochhäuser entstehen. Einen Tag vor Baubeginn hatten sich der Pächter des Geländes, Larry Silverstein, und die Hafenbehörde von New York, der das Grundstück gehört, auf einen Kompromiss geeinigt. Danach wird Silverstein lediglich drei der geplanten fünf Wolkenkratzer bauen und die Kontrolle über den »Freedom Tower«, Herzstück der Neubebauung, und einen weiteren Büroturm abtreten.

Dem Beginn der Bauarbeiten waren monatelange Verhandlungen über die Finanzierung des Wiederaufbaus des bei den Attentaten zerstörten World Trade Centers (WTC) vorausgegangen. Silverstein, der das WTC nur wenige Wochen vor den Terroranschlägen für 99 Jahre gepachtet hatte, wollte das gesamte Bauvorhaben selbst finanzieren und leiten. Die Behörden bezweifelten jedoch, dass er die für den Bau veranschlagten Kosten von 7 Mrd. US-$ (5,8 Mrd. €) alleine würde aufbringen können. In diesem Fall hätte die Hafenbehörde als Landeigentümer für die Kosten der Fertigstellung aufkommen müssen.

Der Neubau des World Trade Centers hatte sich schon mehrfach verzögert: Bereits im Februar 2003 erhielt Star-Architekt Daniel Libeskind den Zuschlag für die Neubebauung des Ground Zero. Wegen zu geringer Bürokapazitäten und erheblicher Sicherheitsbedenken wurden die Pläne für den »Freedom Tower« jedoch mehrfach überarbeitet, von Libeskinds ursprünglichem Entwurf blieben nur noch wenige Elemente, unter anderem die symbolträchtige Höhe von 1776 Fuß, die an das Gründungsjahr der Vereinigten Staaten erinnern soll. Die asymmetrische Spitze und die sich nach oben stark verengende Fassade sollen ebenso wenig realisiert werden wie die Energie produzierenden Windturbinen auf dem Dach und die offene Arkade. Der Turm soll nun auf einem etwa 60 Meter hohen Fundament errichtet werden, das durch eine spezielle Stahl-Titan-Mischung selbst schwerste Bombenanschläge überstehen soll. Zudem wird er nicht mehr, wie eigentlich geplant, direkt neben der Stadtautobahn liegen.

Ebenfalls nicht verwirklicht wird der Bau des Freiheits-Museums, des Internationalen Freedom Centers (IFC). Nach monatelangen Auseinandersetzungen um die politische Ausrichtung des IFC gab der Gouverneur des Bundesstaates New York, George Pataki, am 29. 9. 2005 bekannt, dass das Museum nicht auf dem Gelände des neuen World Trade Centers gebaut werden wird: das Projekt habe »zu viel Widerstand, zu viel Streit hervorgerufen«. Geplant war, mit dem IFC nicht nur an die Anschläge des 11. September zu erinnern, sondern sie vielmehr in einen Kontext des weltweiten Kampfes für Freiheit zu stellen. Damit würdige das Museum jedoch das Andenken an die 2749 Todesopfer der Anschläge herab, kritisierten Angehörige der Opfer das Vorhaben; die Gedenkstätte solle ausschließlich den Ereignissen des 11. September gewidmet sein. Mehrere Gewerkschaften von Polizei und Feuerwehr sowie prominente Politiker, darunter New Yorks Ex-Bürgermeister Rudolph Giuliani und Senatorin Hillary Rodham Clinton, hatten sich dem Protest der Angehörigen angeschlossen.

▪ **Architektur-Biennale** Biennale-Präsident Davide Croff präsentierte am 3. 5. 2006 in Rom das Programm der 10. Architektur-Biennale, die vom 10. 9.–19. 11. 2006 unter der Leitung von Richard Burdett, Architektur- und Städtebauprofessor an der London School of Economics, in Venedig stattfindet.

Unter dem Titel »Städte, Architektur und Gesellschaft« gliedert sich die diesjährige Biennale in vier Sektionen: Die Hauptausstellung in den Hallen des »Arsenale« thematisiert die Erfahrungen und Probleme von insgesamt 16 Großstädten der Welt (»Meta-Cities«), darunter São Paulo, Shanghai, New York und Berlin. Zwei begleitende Ausstellungen in Venedig und Palermo (»Städte aus Stein« und »Hafenstädte«) beschäftigen sich mit speziellen urbanen Themen und Bedingungen in Süditalien. Parallel zeigen 50 Nationen ihre Ausstellungsbeiträge in den Pavillons der »Giardini«.

Den deutschen Beitrag kuratieren die Berliner Architekten Armand Grüntuch und Almut Ernst. Ihr Konzept setzt sich mit der Innenentwicklung der Städte und Möglichkeiten neuer urbaner Qualitäten in bereits bestehenden Stadträumen auseinander. Aktuelle Beispiele von Umnutzungen, Lücken- und Brückengebäuden sollen zeigen, dass »Architektur und Ingenieurbau mit geringen Eingriffen und in oft wenig attraktiven Bereichen städtische Potenziale ressourcenschonend für neue Wohn- und Arbeitswelten wecken können«.

Die Bundesregierung unterstützt die Ausstellung im Deutschen Pavillon auf dem Biennale-Gelände mit rd. 500 000 €.

Denkmalschutz und Denkmalpflege in Deutschland

In Zusammenarbeit mit den Staatlichen Kunstsammlungen Dresden initiierten die Deutsche Stiftung Denkmalschutz, die Vereinigung der Landesdenkmalpfleger und die Dehio-Vereinigung die Ausstellung »ZeitSchichten. Erkennen und erhalten. Denkmalpflege in Deutschland«, die vom 30. 7.–13. 11. 2005 im Dresdner Residenzschloss gezeigt wurde.

Anlass der Ausstellung war das 100-jährige Jubiläum des »Handbuchs der deutschen Kunstdenkmäler« von Georg Dehio, der als Mitbegründer der modernen Denkmalpflege gilt. Neben einer umfassenden Übersicht über Geschichte und Gegenwart der Denkmalpflege in Deutschland befasste sich die Ausstellung auch mit der kontroversen Debatte um Original, Kopie und Ergänzung von Baudenkmalen. Darüber hinaus sollte anhand von Denkmalprojekten des 19. und 20. Jahrhunderts sowie aktuellen Beispielen der historische und gegenwärtige Umgang mit dem architektonischen Erbe nachvollziehbar gemacht und gleichzeitig zur Diskussion gestellt werden: Was gilt als Denkmal und wird als solches von den entsprechenden Behörden anerkannt und gepflegt?

Aufgabengebiete und Zuständigkeiten Der Schutz von Denkmalen fällt in Deutschland unter die Kulturhoheit der Länder und ist in den jeweiligen Denkmalschutzgesetzen geregelt. Je nach Verwaltungsaufbau eines Bundeslandes sind die zuständigen Institutionen in eine Obere und eine Untere Denkmalschutzbehörde gegliedert. Die Unteren Denkmalschutzbehörden beraten zu Fragen des Denkmalschutzes, sind Ansprechpartner für Denkmalbesitzer und Investoren. Die Oberen Denkmalschutzbehörden üben die Fachaufsicht über die Unteren Denkmalschutzbehörden aus, sind zuständig für Denkmäler, die im Eigentum des Bundes oder des Landes stehen, und zum Teil auch verantwortlich für die Aufstellung und Fortführung von Denkmalverzeichnissen.

In den größeren Bundesländern gibt es überdies im jeweils zuständigen Landesministerium oder – in den Stadtstaaten in der entsprechenden Senatsbehörde – eine Oberste Denkmalschutzbehörde, die die Fachaufsicht über die ihr unterstellten Denkmalbehörden ausübt und die jährlichen Förderprogramme zusammenstellt.

Neben den Denkmalschutzbehörden hat jedes Bundesland zudem noch eine zentrale Fachbehörde, das Landesdenkmalamt, zu deren Aufgabengebiet u. a. die Bestandsaufnahme und Untersuchung der Denkmäler und die Öffentlichkeitsarbeit gehören.

▪ **Skandal um Klon-Forscher** Wegen Betrugs und Veruntreuung von Forschungszuschüssen erhob die Staatsanwaltschaft in Seoul am 12. 5. 2006 Anklage gegen den südkoreanischen Klonforscher Hwang Woo-suk. Dem 53-jährigen Tiermediziner wurde zudem der Verstoß gegen das im Januar 2005 in Kraft getretene Bioethikgesetz vorgeworfen, weil er Frauen für ihre Eizellspenden bezahlt hatte. Die Staatsanwaltschaft war nach fünfmonatigen Ermittlungen zu der Überzeugung gelangt, dass Hwang seine Forschungsergebnisse gezielt manipuliert habe. Ein Untersuchungsausschuss der Universität hatte am 23. 12. 2005 einen Bericht veröffentlicht, demzufolge Hwang seine als bahnbrechend geltenden Ergebnisse über Stammzellenforschung weitgehend gefälscht haben soll.

Hwang Woo-suk

In einer im Mai 2004 publizierten Studie hatte er behauptet, menschliche Embryonen geklont und daraus maßgeschneiderte Stammzellen gewonnen zu haben. Seine vermeintlichen Forschungserfolge wurden als Durchbruch in der Medizin gefeiert: Mit patientenspezifischen Stammzellen könnten möglicherweise zahlreiche, bislang als unheilbar geltende Krankheiten geheilt werden. Aufgrund des Untersuchungsberichtes entzog ihm die Regierung im März die Lizenz zur Forschung mit embryonalen Eizellen, wenige Tage später verlor er seine Professur an der Nationaluniversität von Seoul.

Nach offiziellen Angaben erhielten Hwang und sein Team für ihre Forschungsarbeiten seit 1993 insgesamt 46 Mrd. Won (37,8 Mio. €); nach entsprechenden Ermittlungen der Rechnungsprüfungsbehörde steht er nun im Verdacht, 2,8 Mrd. Won (rd. 2,3 Mio. €) der staatlichen Zuschüsse und privaten Spenden veruntreut zu haben. Im Fall einer Verurteilung droht Hwang eine mehrjährige Haftstrafe.

▪ **Exzellenz-Initiative** Am 20. 1. 2006 gab die Gemeinsame Kommission des Wissenschaftsrates und der Deutschen Forschungsgemeinschaft ihre Entscheidungen in der ersten Ausschreibungsrunde der sog. Exzellenz-Initiative bekannt: 36 der 74 teilnehmenden Universitäten wurden aufgefordert, ihre ausformulierten Anträge bis April 2006 einzureichen. Die endgültige Entscheidung soll am 13. 10. fallen. Das insgesamt 1,9 Mrd. € umfassende Bund-Länder-Programm sieht drei Förderlinien vor:

- den Aufbau von 30 herausragenden Forschungszentren; für jeden dieser »Exzellenzcluster« stehen pro Jahr durchschnittlich 6,5 Mio. € zur Verfügung;
- die Einrichtung von 40 Graduiertenschulen zur Förderung des wissenschaftlichen Nachwuchses; die Schulen sollen jeweils 1 Mio. € jährlich erhalten;
- die spezielle Förderung von einer noch offenen Zahl von Hochschulen zum Aufbau von international anerkannten Elite-Universitäten; für diese »Zukunftskonzepte zum projektbezogenen Ausbau der universitären Spitzenforschung« sind insgesamt 210 Mio. € pro Jahr geplant.

In der ersten Wettbewerbsrunde hatten 74 Universitäten insgesamt 319 Antragsskizzen eingereicht, davon 157 für die Förderlinie Exzellenzcluster, 135 für die Förderlinie Graduiertenschulen und 27 für die Förderlinie Zukunftskonzepte. Davon wurden bei den Graduiertenschulen 39, bei den Exzellenzclustern 41 und bei den Zukunftskonzepten zehn Skizzen positiv bewertet. In die Vorauswahl für die Elite-Universitäten kamen die RWTH Aachen, die Universitäten Bremen, Freiburg, Heidelberg, Karlsruhe (TH), Tübingen und Würzburg, die Freie Universität Berlin sowie die Ludwig-Maximilians-Universität München und die Technische Universität München.

Verbunden mit der Exzellenzinitiative ist der Einstieg in die so genannte Vollkostenfinanzierung: zu jedem bewilligten Projekt kommen noch einmal 20 % der Bewilligungssumme hinzu. Damit sollen die indirekten Kosten der Forschung (Raummiete, Gerätebeschaffung etc.) abgedeckt werden.

Das gesamte Förderungsprogramm läuft bis 2011, 75 % der Kosten übernimmt der Bund, 25 % das jeweilige Sitz-Land der geförderten Universität.

▪ **Studiengebühren** Nach Niedersachsen, Baden-Württemberg, Nordrhein-Westfalen und Bayern führt Hessen als fünftes Bundesland allgemeine Studiengebühren ein. Nach einem Beschluss des Landeskabinetts vom 5. 5. 2006 wird ab dem Wintersemester 2007/2008 an den hessischen Hochschulen eine Studiengebühr von 500 € pro Semester erhoben. In den anderen Bundesländern gelten die neuen Regelungen ab Sommer 2007. Die zusätzlichen Einnahmen sollen zu einer Verbesserung der Lehre und der Studienbedingungen und zu mehr Wettbewerbsfähigkeit der Universitäten führen. Um die Sozialverträglichkeit von Studiengebühren zu gewährleisten, sind verschiedene Darlehensmodelle vorgesehen.

Die unionsgeführten Länder hatten gegen die von der rot-grünen Bundesregierung im August 2002 in das Hochschulrahmengesetz (HRG) aufgenommene Regelung eines bundesweiten Verbots von Studiengebühren für das Erststudium beim Bundesverfassungsgericht (BVG) geklagt. Mit seinem Urteil, in dem die Regelung für verfassungswidrig erklärt wurde, gab das BVG im Januar 2005 der Klage statt.

Experten schätzen, dass durch bundesweite Gebühren jährlich etwa 1,4 Mrd. € zusätzlich in die Kassen der Universitäten fließen würden.

▪ **PISA-Studie 2006** Am 19. 4. 2006 begann die zweimonatige Haupterhebung der dritten PISA-Studie. Bundesweit beteiligten sich 230 Schulen mit rd. 5750 Schülerinnen und Schülern. An dem im Auftrag der Organisation für wirtschaftliche Zusammenarbeit (OECD) erstellten internationalen Schulleistungstest

Deutschland: Ausgaben der Hochschulen
in Mio. €

	2002	2003
Universiäten* (ohne medizinische Einrichtungen)	12 845	12 867
Medizinische Einrichtungen der Universitäten*	13 902	14 121
Pädagogische Hochchulen	88	95
Theologische Hochschulen	28	27
Kunsthochschulen	460	468
Fachhochschulen	2 799	2 834
Verwaltungsfachhochschulen	253	232
Hochschulen insgesamt	30 374	30 644

* inkl. Gesamthochschulen
2003/04 gab es in Deutschland 365 Hochschulen (100 Universitäten, 6 Pädagogische u. 16 Theologische Hochschulen, 52 Kunst-, 162 Fach- u. 29 Verwaltungsfachhochschulen *Quelle:* Statistisches Bundesamt 2005

»Programme for International Student Assessment« (PISA) nehmen weltweit 57 Länder teil. Während in den beiden vorangegangenen Studien 2000 und 2003 die Kompetenzbereiche Lesen und Mathematik als Schwerpunktgebiete untersucht wurden, steht 2006 das naturwissenschaftliche Verständnis im Mittelpunkt der Untersuchungen. Die Hälfte der Testaufgaben stammt aus den Fachgebieten Physik, Chemie, Biologie und Geowissenschaften, jeweils ein Viertel der Aufgaben betrifft die Bereiche Lesen und Mathematik. Neben dem Wissenstest, der Erhebung demografischer Daten und Indikatoren des sozialen und familiären Hintergrunds wurden in der PISA-Studie 2006 erstmals auch sog. motivationale Einstellungen erfasst. Dazu wird im Anschluss an die Bearbeitung der Testaufgaben gefragt, inwieweit die jeweils angesprochenen naturwissenschaftlichen Bereiche als persönlich bedeutsam bzw. interessant erlebt werden.

Um einen Vergleich der einzelnen Bundesländer zu ermöglichen, wurden in einer nationalen Ergänzungsstudie rd. 57 000 Schülerinnen und Schüler aus etwa 1500 Schulen getestet. An einem zusätzlichen zweiten Testtag sollten im Auftrag der Kultusministerkonferenz (KMK) erstmals exemplarisch die Bildungsstandards für das Fach Mathematik getestet werden. In den Jahren 2003 und 2004 hatte die KMK bundesweit geltende Bildungsstandards für mehrere Schulfächer in unterschiedlichen Schularten beschlossen. Bildungsstandards legen die grundsätzlichen Kompetenzen fest, die sich Schülerinnen und Schüler bis zu einer bestimmten Jahrgangsstufe angeeignet haben sollten. Das ermöglicht unter anderem einen systematischen Vergleich der einzelnen Schularten.

Die internationalen Testergebnisse sollen bis Dezember 2007 vorliegen, die Ergebnisse der nationalen Ergänzungsstudie im Herbst 2008 veröffentlicht werden.

Film

Filmfestival Venedig Auf der 62. »Mostra Internazionale d'Arte Cinematografica«, die vom 31. 8.–10. 9. 2005 zum zweiten Mal unter der Leitung des Festivaldirektors Marco Müller stattfand, gewann der chinesisch-amerikanische Regisseur Ang Lee mit »Brokeback Mountain«, einem Melodrama über die homosexuelle Beziehung zweier Cowboys im Wyoming der 1960er Jahre, den Goldenen Löwen für den besten Film. Hollywood-Star George Clooney, im Vorfeld als Favorit gehandelt, erhielt für seine zweite Regiearbeit »Good Night, and Good Luck« den Drehbuch-Preis. Unter den 20 Filmen, die im Wettbewerb um den Goldenen Löwen liefen, war kein einziger deutscher Beitrag. Den letzten »deutschen Löwen« gewann Wim Wenders 1982 mit »Der Stand der Dinge«.

Eröffnet wurde das Festival am Lido mit »Seven Swords« von Tsui Hark. Der Film über einen chinesischen Schwertkämpfer im 17. Jahrhundert lief außer Konkurrenz. Ebenfalls außer Konkurrenz wurden u. a. Tim Burtons »Corpse Bride«, »All The Invisible Children« von Emir Kusturica und Spike Lee, Lasse Hallströms »Casanova« und »Bubble« von Steven Soderbergh gezeigt.

Für eine Überraschung sorgte die Ankündigung, ein zweites italienisches Filmfestival etablieren zu wollen; die Einzelheiten wurden auf einer kurzfristig einberufenen Pressekonferenz am 8. 9. 2005 in Venedig vorgestellt: Das Festival soll vom 13.–21. 10. 2006 in dem neuen, von Architekt Renzo Piano errichteten Kultur-Komplex in Rom stattfinden und – ebenso wie die »mostra« – einen internationalen Wettbewerb ausrichten. Geplant ist, das neue Festival mit dem gleichen Etat wie die Filmfestspiele in Venedig (rd. sieben Mio. €) auszustatten. Es könnte so zu einer ernsthaften Konkurrenz des ältesten und neben Cannes und Berlin wichtigsten Filmfestivals der Welt werden.

Das Kinojahr 2005 Die deutsche Kinobranche erreichte im Jahr 2005 das schlechteste Ergebnis seit 1995. Laut Mitteilung der Filmförderungsanstalt (FFA) vom 8. 2. 2006 sank die Zahl der Kinobesucher um knapp 19 % auf 127,3 Mio. Zuschauer. Im Schnitt ging jeder Deutsche 1,54-mal ins Kino, in den alten Bundesländern lag der Besucherrückgang bei 19,9 %, in den neuen Bundesländern sogar bei 23,3 %. Beim Umsatz verzeichneten die Filmtheater Einbußen von 16,6 %, hier sanken die Zahlen von knapp 893 Mio. € auf 745 Mio. €. Als mögliche Ursachen für die schlechte Bilanz werden die allgemeine Konsumzurückhaltung, das expandierende DVD-Geschäft und das Raubkopieren genannt. Laut der FFA-Brennerstudie 2005 wurden im ersten Halbjahr fast 12 Mio. Spiel- und Kinofilme aus dem Internet heruntergeladen, das waren 1,6 Mio. mehr als im Vorjahr. Über 64 % der Bevölkerung verfügen über einen privaten Internetzugang, 6,9 Mio. Personen besitzen einen DVD-Brenner, 2,8 Mio. einen DVD-Recorder. Der Studie zufolge ha-

55 Jahre Filmbewertungsstelle Wiesbaden (FBW)

Die am 20. 8. 1951 gegründete »Filmbewertungsstelle Wiesbaden« (FBW) ist eine Einrichtung aller 16 Länder mit dem Status einer Oberen Landesbehörde; sie untersteht der Dienstaufsicht des Hessischen Ministeriums für Wissenschaft und Kunst, finanziert sich aber durch die Prüfungsgebühren selbst. In erster Linie hat die FBW die Aufgabe, Filme (einschließlich der Vermarktung auf VHS/DVD) durch die Vergabe der Prädikate »wertvoll« und »besonders wertvoll« zu fördern. Die Kriterien für die Beurteilung der Filme sind in einer Verfahrensordnung festgelegt. Der Kriterienkatalog sieht u. a. vor, dass bei der Beurteilung künstlerischer Qualitäten materielle Fragen keine Rolle spielen sollten: »Der finanzielle Aufwand bei der Herstellung des Films, seine voraussichtlichen Marktchancen sowie persönliche Umstände, insbesondere die wirtschaftliche Lage des Antragstellers, dürfen bei der Begutachtung nicht berücksichtigt werden«. Die Verfahrensordnung regelt überdies, welche Filme von der Bewertung ausgeschlossen sind, bzw. kein Prädikat erhalten dürfen. Dies sind u. a. Filme, die »gegen die Verfassung oder die Gesetze verstoßen, oder Persönlichkeitsrechte oder das sittliche oder religiöse Gefühl verletzen«, »erkennen lassen, dass sie der kommerziellen Werbung dienen« oder »in einem so mangelhaften technischen Zustand vorgelegt werden, dass die Identität der zu begutachtenden mit der auszuwertenden Fassung nicht mehr gewährleistet scheint«. Die Begutachtung von Filmen findet nur auf Antrag statt, die Prüfung ist gebührenpflichtig und kostet, je nach Filmlänge bis zu 3000 €. Mit dem Prädikat »besonders wertvoll« werden Filme ausgezeichnet, denen eine »überragende künstlerische, dokumentarische oder filmhistorische Bedeutung zukommt«. Für die Erteilung dieses Prädikats ist eine Zwei-Drittel-Mehrheit der Ausschussmitglieder erforderlich. Die Mitglieder der Ausschüsse werden auf Vorschlag der Länder vom Hessischen Minister für Wissenschaft und Kunst für drei Jahre berufen. Aus dem Kreis der Beisitzer wählt die Konferenz der Kultusminister (KMK) dann fünf Vorsitzende aus. Seit 1951 wurden über 24 250 Filme bewertet. Der erste Film, der das Prädikat »besonders wertvoll« erhielt, war Peter Lorres »Der Verlorene«.

ben sich damit die technischen Möglichkeiten im Vergleich zum Vorjahr nahezu verdoppelt.

Als weitere Ursache für die schlechten Kinoergebnisse bewerten Experten das Fehlen einheimischer Kinohits. Die deutschen Produktionen »(T)Raumschiff Enterprise«, »Der Untergang« und »7 Zwerge« kamen im vergangenen Jahr allein schon auf fast 20 Mio. Zuschauer. Die erfolgreichste deutsche Produktion des Jahres 2005 »Die weiße Massai« erreichte mit 2,1 Mio. Besuchern Platz 9 der Top Ten-Hitliste. Die ersten drei Plätze belegten »Harry Potter und der Feuerkelch« (7,5 Mio. Zuschauer), »Madagaskar« (6,6 Mio.) und »Star Wars: Episode III« (5,6 Mio.).

Nach Angaben der audiovisuellen Beobachtungsstelle des Europarats sanken die Kinobesuche in 2005 gegenüber dem Vorjahr EU-weit um 11 % auf 892 Mio. In den neuen EU-Staaten Polen (–29 %), Slowakei (–24 %) und Tschechien (–21 %) war der Rückgang besonders stark. Der mit Abstand größte Publikumserfolg war »Harry Potter und der Feuerkelch«, der insgesamt 41 Mio. Besucher verzeichnen konnte. »Star Wars: Episode III« kam auf 33 Mio. Zuschauer, »Madagaskar« auf 29,4 Mio. Erfolgreichster europäischer Film war »Charlie und die Schokoladenfabrik« mit rd. 20 Mio. Besuchern.

■ **Berlinale** Unter Leitung der diesjährigen Präsidentin, der britischen Schauspielerin Charlotte Rampling, zeichnete die internationale Jury »Grbavica« mit dem Hauptpreis, dem Goldenen Löwen aus. Der Film der bosnischen Regisseurin Jasmila Žbanić spielt im Nachkriegs-Sarajewo und erzählt die Geschichte einer im Bosnienkrieg vergewaltigten Frau. Insgesamt konkurrierten 19 Filme im Wettbewerb um die Goldenen und Silbernen Bären, darunter auch vier deutsche Produktionen: »Elementarteilchen« von Oskar Roehler, »Der freie Wille« von Matthias Glasner, »Requiem« von Hans-Christian Schmid und »Sehnsucht« von Valeska Grisebach. Sieben weitere Filme im Wettbewerb liefen außer Konkurrenz. Eröffnet wurden die Filmfestspiele am 9. 2. 2006 mit der Weltpremiere von Marc Evans' Drama »Snow Cake«. Bis zum 19. 2. waren knapp 400 Filme aus 56 Ländern zu sehen. Die Retrospektive war dieses Jahr den »Traumfrauen des Films« gewidmet: das Programm präsentierte 30 Leinwandgöttinnen der 1950er Jahre, darunter Ava Gardner, Grace Kelly, Anna Magnani und Brigitte Bardot. Thematischer Schwerpunkt des Nachwuchs-Forums »Berlinale Talent Campus«, der 2006 bereits zum vierten Mal stattfand, war der Filmschnitt. Für den diesjährigen Campus hatten sich über 3500 junge Filmschaffende aus 121 Ländern beworben.

Die Gesamtkosten der 56. Berlinale beliefen sich auf rd. 16 Mio. €. Davon trug der Bund 6 Mio. €, der Rest finanzierte sich aus Sponsorengeldern, den Einnahmen aus dem Verkauf von Eintrittskarten und Katalogen und den Erlösen aus dem Berlinale-Shop.

Die Gründung der Filmfestspiele geht auf eine Initiative der drei Westalliierten im Nachkriegs-Berlin zurück, die einstige Bedeutung Berlins als Kunstmetropole und Filmstadt sollte wiederbelebt werden. Eröffnungsfilm der ersten Berlinale am 6. 6. 1951 war Alfred Hitchcocks »Rebecca«.

■ **»Oscars«** Die vier Kilogramm schwere, mit Gold überzogene Oscar-Statuette, der begehrteste Filmpreis der Welt, am 6. 3. 2006 zum 78. Mal von der »Academy of Motion Picture Arts and Sciences« vergeben, ging in der wichtigsten Kategorie »bester Film« überra-

Filmfestivals und Filmpreise

Land	*Bester Film*	*Bester europäischer/nichtenglischsprachiger Film*	*Bester Regisseur*	*Bester Hauptdarsteller*	*Beste Hauptdarstellerin*
Deutschland					
Berlinale 2006	»Grbavica« Jasmila Zbanic		Michael Winterbottom »The Road to Guantánamo«	Moritz Bleibtreu »Elementarteilchen«	Sandra Hüller »Requiem«
Deutscher Filmpreis 2006	»Das Leben der anderen« Florian Henckel von Donnersmarck		Florian Henckel von Donnersmarck »Das Leben der anderen«	Ulrich Mühe »Das Leben der anderen«	Sandra Hüller »Requiem«
Europa					
Europäischer Filmpreis 2005	»Caché« Michael Haneke		Michael Haneke »Caché«	Daniel Auteuil »Caché«	Julia Jentsch »Sophie Scholl«
Frankreich					
Filmfestspiele Cannes 2006	»The Wind that Skakes the Barley« Ken Loach		Bruno Dumont »Flandres«	Jamel Debbouze/ Samy Nacéri/ Roschdy Zem/ Sami Buajila »Indigènes«	Penélope Cruz/ Carmen Maura/ Lola Duenas/ Blanco Portillo/ Yohana Cobo/ Chus Lampreave »Volver«
Césars 2006	»De battre mon cœur s'est arrêté« Jacques Audiard	»Million Dollar Baby« Clint Eastwood	Jacques Audiard »De battre mon coeur s'est arrêté«	Michel Bouquet »Le promeneur du Champ de Mars«	Nathalie Baye »Le petit lieutenant«
Großbritannien					
Bafta-Awards 2006	»Brokeback Mountain« Ang Lee		»Brokeback Mountain« Ang Lee	Philip Seymour Hoffman »Capote«	Reese Whitherspoon »Walk The Line«
Italien					
Filmfestspiele von Venedig 2005	»Brokeback Mountain« Ang Lee		Philippe Garrel »Les Amants réguliers«	David Strathairn »Good Night, and Good Luck«	Giovanna Mezzogiorno »La bestia nel cuore«
Schweiz					
Schweizer Filmpreis 2006	»Mein Name ist Eugen« Marcel Steiner			Carlos Real »Snow White«	Marthe Keller »Fragile«
Filmfestival Locarno 2005	»Nine Lives« Rodrigo García			Patrick Drolet »La Neuvaine«	Kathy Baker/ Amy Brenneman/ Elpidia Carrilo/ Glenn Close/ Lisa Gay Hamilton/ Holly Hunter/ Sissy Spacek/ Amanda Seyfried/ Robin Wrigt Penn »Nine Lives«
Spanien					
Goyas 2006	»La vida secreta de las palabras« Isabel Coixet	»Match Point« Woody Allen	Isabel Coixet »La vida secreta de las palabras«	Óscar Jaenada »Camarón«	Candela Peña »Princesas«
Vereinigte Staaten von Amerika					
Oscars 2006	»L.A. Crash« Paul Haggis	»Tsotsi« Gavin Hood	Ang Lee »Brokeback Mountain«	Philip Seymour Hoffman »Capote«	Reese Whitherspoon »Walk The Line«
Golden Globes 2006	»Brokeback Mountain« Ang Lee	»Paradise Now« Hany Abu-Assad	Ang Lee »Brokeback Mountain«	Philip Seymour Hoffman »Capote«	Felicity Huffman »Transamerica«

schend an »L. A. Crash«, eine sozialkritische Studie über die alltägliche Rassendiskriminierung in Los Angeles. Der Film des kanadischen Regisseurs Paul Haggis war für nur sieben Mio US-$ (5,9 Mio. €) gedreht worden, weniger als ein Zehntel der Produktionskosten von Steven Spielbergs »Munich«. Ang Lee, dessen »Brokeback Mountain« im Vorfeld als Top-Favorit für den besten Film gehandelt wurde, erhielt jeweils einen Oscar für die beste Regie, das beste adaptierte Drehbuch und die beste Filmmusik.

Die über 5800 Mitglieder der Akademie bewerten in insgesamt 24 Wettbewerbssparten die besten Leistungen des Vorjahres, darunter bester Film, Regie, weibliche und männliche Haupt- und Nebenrolle, Drehbuch, Musik und Ausstattung. Die Kategorie »bester fremdsprachiger Film« wurde erst 1956 eingeführt. Den diesjährigen »Auslands-Oscar«, für den unter anderem auch Marc Rothemunds »Sophie Scholl – Die letzten Tage« nominiert war, gewann die südafrikanische Produktion »Tsotsi«.

■ **Festival von Cannes** Eröffnet wurde das 59. Internationale Filmfestival von Cannes (17.–28. 5. 2006) mit der Weltpremiere des Hollywood-Films »The Da Vinci Code«, der Verfilmung von Dan Browns gleichnamigem Bestseller. Neben Ron Howards Thriller, der nicht am Wettbewerb teilnahm, liefen noch drei andere große US-Produktionen außer Konkurrenz: »X-Men: The Last Stand«, der Animationsfilm »Over The Hedge« und »United 93«, ein Film über den Absturz der am 11. September 2001 von Terroristen entführten United Airlines-Maschine.

Um die Preise des Hauptwettbewerbs konkurrierten in diesem Jahr 20 Filme aus 13 Ländern, mehr als die Hälfte davon kamen aus Europa. Deutsche Produktionen liefen nur in den Nebenreihen, das aber sehr erfolgreich: Matthias Luthardt erhielt für seinen Spielfilm »Pingpong« den Drehbuchpreis der Internationalen Kritikerwoche, Matthias Müller und Christoph Girardet (»Kristall«) gewannen den Großen Preis Canal + für den besten Kurzfilm und Stefan Müller wurde in der Sektion Cinéfondation für »Mr. Schwartz, Mr. Hazen & Mrs. Horlocker« ausgezeichnet. Die Goldene

Bollywood

Spätestens seit die Fernsehsender RTL 2 und arte dem indischen Kino eine Reihe bzw. einen Themenabend widmeten, boomt der indische Film in Deutschland. Filme wie »Veer & Zaara« oder »Sometimes Happy, Sometimes Sad« genießen inzwischen Kultstatus. Die Bezeichnung Bollywood setzt sich aus Bombay und Hollywood zusammen. Bombay (heute offiziell Mumbai) ist das Zentrum der indischen Kinokultur, dort entstehen pro Jahr etwa 250 Filme in der Nationalsprache Hindi. Obwohl heute viele Filme auch in anderen Regionen Indiens (u. a. in Tamil Nadu und Andhra Pradesh) produziert werden, hat sich der Begriff Bollywood als Synonym für das gesamte indische Kino etabliert. Mit 900 Filmen pro Jahr ist Bollywood die weltweit größte Filmindustrie, geschätzter Umsatz 2004: 4,5 Mrd. US-$. In Anlehnung an die indische Gewürzmischung werden die Filme des Bollywood-Kinos auch Masala-Movies genannt: die stilistischen Merkmale und dramaturgischen Elemente bleiben – ähnlich wie die Zutaten eines Currys – stets gleich, werden aber immer wieder variiert. Große Gefühle wie Liebe, Leidenschaft, Eifersucht, Verrat und Hass dominieren die Handlung der bis zu vier Stunden langen Filme, die immer glücklich enden: im Masala-Movie ist das Happy End obligatorisch.

Bollywood-Filmplakat (Ausschnitt)

Für den westlichen Zuschauer gewöhnungsbedürftig ist die verwirrende Vielzahl von Nebenhandlungen und die oft abrupten Kostüm- und Ortswechsel: waren die Protagonisten gerade noch auf einem indischen Basar, sind sie im nächsten Moment in Ägypten oder tanzen vor einer schneebedeckten Schweizer Bergkulisse. Seit Beginn der politischen Unruhen in der Kashmir-Region dienen die Schweizer Berge als Ersatz-Kulisse für das Himalaya-Gebirge, jährlich werden etwa 20 Filme in den Alpen gedreht, Seilbahnen, Almhütten und Pferdeschlitten inklusive. Im Zuge der EU-Erweiterung hat Bollywood inzwischen Polen als kostengünstige Alternative zur Schweiz entdeckt, der neueste Film von Erfolgsregisseur Kunal Kohli, »Fanaah«, wurde im Februar 2006 im polnischen Ski-Ort Zakopane gedreht.

Wichtiges dramaturgisches Element der Masala-Movies sind die Musik- und Tanz-Sequenzen, die die eigentliche Story vielfach unterbrechen. Da reale Liebesszenen im indischen Film tabu sind, sind die Tänze oft Symbol für sexuelle Handlungen, drücken Gefühle wie Liebe oder Begierde aus. Zudem gibt es in fast jedem Bollywood-Film eine »Wet-Sari-Szene«: damit sich die Kleidung möglichst durchsichtig an den Körper schmiegt, lässt sich die Hauptdarstellerin vom Meerwasser umspülen, fällt in einen See oder läuft durch den Monsunregen. Wichtiger Indikator für die Erfolgsaussichten eines Films ist die Musik: Der Soundtrack kommt lange vor Filmstart in den Handel und läuft auf allen Musikkanälen der Radiostationen. Werden die Songs gut angenommen, wird auch der Film erfolgreich. Das indische Kino ist von einem stark entwickelten Starsystem geprägt, die Schauspieler des Bollywood-Kinos sind Mega-Stars, die von ihren Fans vergöttert werden. Die Filmidole sind allgegenwärtig: ihr Privatleben ist Dauerthema in den Medien, sie lächeln von unzähligen, überlebensgroßen Plakaten, treten in Werbespots auf und werden in Modezeitschriften portraitiert.

Palme für den besten Film vergab die Jury, in diesem Jahr unter der Leitung des chinesischen Regisseurs Wong Kar-Wai, an Ken Loach für »The Wind that Shakes the Barley«, der im Bürgerkriegs-Irland der 1920er Jahre spielt. Der Große Preis des Festivals ging an Bruno Dumont für »Flandres«. Die Schauspielpreise des Wettbewerbs wurden dieses Mal nicht an einzelne Stars, sondern jeweils an ganze Ensembles vergeben. Die Preise teilten sich die Schauspielerinnen aus Pedro Almodóvars »Volver« und die vier Darsteller aus »Indigènes« von Rachid Bouchareb.

Kulturpolitik

▪ **Fusion der Kulturstiftungen** Auf der Ministerpräsidenten-Konferenz am 30. 3. 2006 wurde die Entscheidung über die geplante Fusion der Bundeskulturstiftung mit der Kulturstiftung der Länder erneut vertagt. Es war bereits der vierte Versuch, die Kulturstiftungen zusammenzuführen. Zuletzt waren die Verhandlungen im Dezember 2003 vor allem am Widerstand Bayerns gescheitert, das ein Vetorecht der Länder und eine Festschreibung der Finanzierungsgrundlagen gefordert hatte.

Auf Wunsch der unionsgeführten Länder soll nun zunächst die Verabschiedung der Föderalismusreform abgewartet werden: erst nach einer Neuregelung der Zuständigkeiten von Bund und Ländern könne über eine gemeinsame Bundeskulturstiftung entschieden werden. Der Finanzierungsrahmen der beiden Stiftungen differiert erheblich: während die Bundeskulturstiftung mit 38 Mio. € ausgestattet ist, sind es bei der Kulturstiftung der Länder lediglich 8 Mio. €.

▪ **Rechtschreibreform** Nachdem bereits die Kultusministerkonferenz (KMK) am 2. 3. 2006 die Umsetzung der Ende Februar vom Rat für deutsche Rechtschreibung vorgelegten Empfehlungen beschlossen hatte, billigten auch die Ministerpräsidenten der 16 Bundesländer am 30. 3. 2006 die vom Rat vorgeschlagenen Korrekturen an der Rechtschreibreform von 1996. Damit gelten ab August 2006 bundesweit an allen Schulen wieder einheitliche Rechtschreibregeln. Während einer einjährigen Übergangsfrist sollen alte Schreibweisen nicht als Fehler angerechnet, sondern lediglich als falsch markiert werden. Die seit 1996 heftig umstrittene Rechtschreibreform (→ WA 2006, S. 712) war zum 1. 8. 2005 in 14 der 16 Bundesländer in Kraft getreten. Bayern und Nordrhein-Westfalen wollten die vom Rat für deutsche Rechtschreibung angekündigten Neuerungsvorschläge abwarten und hatten die ursprünglich bis zum 31. 7. 2005 geltende Übergangsfrist verlängert. Der Rat für deutsche Rechtschreibung, der die besonders strittigen Fragen der Reform klären sollte, hatte unter Vorsitz des ehemaligen bayerischen Wissenschaftsministers Hans Zehetmair im Dezember 2004 seine Arbeit aufgenommen. Die im Februar vorgelegten Korrekturempfehlungen des 39-köpfigen Gremiums (18 Vertreter aus Deutschland, je neun aus Österreich und der Schweiz und jeweils einer aus Liechtenstein, der Autonomen Provinz Bozen-Südtirol und der deutschsprachigen Gemeinschaft in Belgien) betrafen die Getrennt- und Zusammenschreibung (eislaufen statt Eis laufen, krankschreiben statt krank schreiben), die Silbentrennung (keine Abtrennung von Einzelbuchstaben wie bei E-sel und keine sinnentstellende Trennung wie bei Urin-stinkt), die Groß- und Kleinschreibung (feste Begriffe wie »Große Koalition« oder »Schwarzer Kontinent« sowie das »Du« in Briefen werden wieder großgeschrieben) und die Zeichensetzung (mehr Kommata, um Sinneinheiten leichter durchschaubar zu machen).

Neben der Erarbeitung der Korrekturvorschläge soll der Rat langfristig die Entwicklung der Rechtschreibung beobachten. Darüber hinaus wird das Expertengremium festlegen, welche Schreibweisen verbindlich sind. Alle fünf Jahre wird der Rat einen Bericht über die Ergebnisse und die Erfahrungen mit der Rechtschreibreform vorlegen.

▪ **Kulturhauptstädte Europas** Am 11. 4. 2006 gab die zuständige EU-Jury in Brüssel ihre Entscheidung bekannt: 2010 wird Essen Kulturhauptstadt Europas. Die Ruhrgebiets-Metropole setzte sich damit gegen den Mitbewerber Görlitz durch. Knapp drei Jahre dauerte der innerdeutsche Wettstreit um den begehrten Titel, insgesamt 16 Städte hatten sich um die Auszeichnung beworben. Nach Abgabe der Unterlagen bei den zuständigen Kultusministerien, dem Auswahlverfahren der Länder und der Einreichung der Bewerbungen beim Auswärtigen Amt, wurden sie im September 2004 wiederum dem Bundesrat übermittelt, der seine Empfehlung im Juni 2005 an die EU-Jury abgab.

Die Idee, jährlich eine oder mehrere europäische Kulturhauptstädte zu benennen, entstand 1985 und geht auf eine Initiative der damaligen griechischen Kulturministerin Melina Mercouri zurück. Die ausgewählten Städte sollen Einheimischen wie Besuchern markante Merkmale der Stadt, der Region und des

Deutschland: Kulturausgaben 2001/2004

Land	Kulturausgaben pro Einw. in € 2001	2004
Sachsen	167,20	156,30
Mecklenburg-Vorpommern	120,88	84,10
Thüringen	115,50	106,53
Sachsen-Anhalt	103,28	104,96
Bayern	89,46	79,87
Baden-Württemberg	87,31	85,91
Brandenburg	80,95	80,08
Nordrhein-Westfalen	75,36	67,58
Hessen	70,24	72,86
Saarland	65,38	57,50
Niedersachsen	62,03	55,06
Schleswig-Holstein	57,02	51,64
Rheinland-Pfalz	55,67	52,11

Quelle: Deutscher Kulturrat 2006

Landes näher bringen sowie Veranstaltungen fördern, bei denen Kulturschaffende aus anderen Regionen Europas einbezogen werden. Seit 2005 gilt ein neues Auswahlverfahren: Im Rotationsprinzip stellt jeweils ein EU-Land eine Kulturhauptstadt. Spätestens vier Jahre vor dem betreffenden Jahr müssen eine oder mehrere Städte vorgeschlagen werden. Um auch die seit der EU-Erweiterung im Mai 2004 hinzugekommenen zehn Mitgliedstaaten einzubinden, werden 2009–2019 jährlich zwei Kulturhauptstädte ernannt, jeweils aus einem alten und einem neuen EU-Land. 2010 wird neben Deutschland Ungarn eine Kulturhauptstadt stellen: das am Fuße des Mecsek-Gebirges nahe der kroatischen Grenze liegende Pécs.

■ **Akademie der Künste** Auf der Frühjahrs-Mitgliederversammlung am 29.4.2006 in Berlin wurde Klaus Staeck zum neuen Präsidenten der Akademie gewählt. Der 68-jährige Grafiker wurde damit Nachfolger des Schweizer Schriftstellers Adolf Muschg, der im Dezember 2005 überraschend von seinem Amt zurückgetreten war. Muschg, dessen reguläre Amtszeit erst im Mai 2006 zu Ende gegangen wäre, hatte seine Entscheidung mit »unüberbrückbaren Differenzen« über die neue Satzung begründet; der vom Senat vorgelegte Entwurf widerspreche »fundamental dem Konzept einer handlungs- und zukunftsfähigen Institution von überregionaler Bedeutung«.

Die 1698 gegründete Akademie der Künste, die gegenwärtig etwa 370 in- und ausländische Mitglieder hat, ist in die Abteilungen Bildende Kunst, Baukunst, Musik, Literatur, Darstellende Kunst und Film- und Medienkunst untergliedert. Mit einem Archivbestand von ca. 880 Einzelbeständen (darunter die Archive von Bertolt Brecht, Günter Grass, Käthe Kollwitz und Heinrich Mann), 17 000 Blatt Bühnenbildentwürfen/Theatergrafiken, ca. 38 000 großformatigen Blättern (Bühnen- und Kostümentwürfen, Plänen) sowie ca. 500 000 Fotos verfügt die Akademie über das bedeutendste Archiv zur Kunst des 20. Jahrhunderts.

Anfang 2005 hatte der Bund die Künstlersozietät in seine Trägerschaft übernommen. Die Akademie, die einen jährlichen Bundeszuschuss von 18 Mio. € erhält, soll die Kunst fördern und die Bundesländer in allen Angelegenheiten der Kunst beraten und unterstützen. Mit dem Umzug in den von Günther Behnisch entworfenen Neubau im Mai 2005 war die Akademie an ihren historischen Standort am Pariser Platz zurückgekehrt.

■ **Goethe-Institut** Die Spekulationen über eine mögliche Schließung des Kopenhagener Instituts im März 2006 waren Auslöser für eine grundsätzliche Debatte über die zukünftige Ausrichtung der Goethe-Institute. Trotz Auslaufen des Mietvertrags für das Institut in Kopenhagen wurde kein neues Gebäude angemietet. Vorläufig ungeklärt ist, in welcher Form das dortige Institut zukünftig arbeiten wird: als Voll-Institution oder als so genanntes »Büroinstitut« ohne Veranstaltungssaal und Bibliothek.

Das Goethe-Institut, eine der größten Mittler-Organisationen der Auswärtigen Kulturpolitik, unterhält derzeit 144 Institute in 80 Ländern, davon 16 in Deutschland. Weltweit beschäftigt die Institution ca. 3000 Mitarbeiter und verfügt über ein Jahresbudget von 255 Mio. €. Angesichts kontinuierlich sinkender Zuwendungen – zwischen 2001 und 2005 wurde die jährliche Grundförderung der Goethe-Institute durch das Auswärtige Amt um 16 Mio. € auf 109 Mio. € gekürzt – denkt man in der Goethe-Führung über eine umfassende Neuorganisation der 128 Auslandsinstitute nach. Geplant ist, alle Standorte zu prüfen, die Internet-Aktivitäten auszubauen und die Präsenzformen umzugestalten, d.h. bestehende Institute möglicherweise durch »Informationszentren«, »Mediatheken« und »Dialogpunkte« zu ersetzen.

Bei der Präsidiumssitzung am 3.5.2005 in Berlin wurde »nach sehr kontroversen Diskussionen« (Goethe-Präsidentin Jutta Limbach) eine Entscheidung über das von Generalsekretär Hans-Georg Knopp vorgelegte Konzept zur Neustrukturierung der deutschen Kulturvermittlung im Ausland aber zunächst vertagt. Knopp plädiert dafür, einige Standorte, vor allem in West-Europa, wohin 42 % der Mittel fließen, aufzugeben, dafür mehr in flexible Kulturprojekte zu investieren und die Präsentation deutscher Kultur in Indien und China zu verstärken. Ein Rückzug aus Europa sei jedoch nicht vorgesehen.

Für Oktober 2006 ist ein Fachkongress geplant, der über das umfassende Restrukturierungsprogramm der 128 auswärtigen Goethe-Institute beraten soll.

Kunst, Museen und Ausstellungen

■ **Prozess um Kunsthandel** Am 16.11.2005 begann in Rom ein Prozess wegen illegalen Handels mit antiken Kunstschätzen. Hauptangeklagte ist Marion True, ehemalige Kuratorin des 1997 eröffneten Getty-Centers in Los Angeles. Nach Ermittlungen der Staatsanwaltschaft soll sie in den 1980er und 1990er Jahren mehr als 40 antike Kunstwerke im Wert von 20 Mio. US-$ gekauft haben, obwohl sie wusste, dass diese aus Raubgrabungen in Italien stammten. Bei einer Verurteilung drohen ihr und dem mitangeklagten Schweizer Kunsthändler Emanuel Robert Hecht, der die Ankäufe des Getty-Centers vermittelt haben soll, bis zu acht Jahren Haft. Bei den illegal verkauften Kunstwerken handelt es sich um römische, griechische und etruskische Skulpturen, Vasen und Amphoren, die vor allem aus Raubgrabungen um den Vesuv und Sizilien stammen. Der Prozess in Rom soll erstmals die räuberischen Praktiken des internationalen Kunsthandels aufdecken; bisher mangelte es immer an konkreten Beweisen, den illegalen Handel zweifelsfrei nachzeichnen zu können. Der Handel mit antiken Kunstwerken gilt – nach dem Drogen- und Müllgeschäft – als wichtigster Wirtschaftszweig der Mafia. Die Ermittlungen der Staatsanwaltschaft hatten bereits 1995 begonnen, nachdem im Genfer Depot des italienischen Kunsthändlers Giacomo Medici 2000 archäologische Fundstücke und 4000 Fotos weiterer Kunstwerke aus Raubgrabungen sichergestellt wurden. Einen Teil dieser Objekte entdeckten die italienischen Fahnder in japanischen, australischen, dänischen und deutschen Museen. Als »Zeichen des guten Willens« hatte das kalifornische Getty-Center bereits 1999 fünf archäologische Fundstücke an Italien zurückerstattet; wenige Tage nach Prozess-Beginn gab das Museum drei weitere Kunststücke zurück.

Rembrandt-Jahr Zum Auftakt des Jubiläumsjahres zum 400. Geburtstag des niederländischen Malers Rembrandt van Rijn wurden am 14. 12. 2005 in Leiden eine Ausstellung über die Mutter des Künstlers eröffnet (»Rembrandts Mutter – Mythos und Wirklichkeit«) und in Amsterdam am 21. 12. auf dem Rembrandtplein eine lebensgroße Bronzeplastik der »Nachtwache« enthüllt. Rembrandt hat etwa 280 Gemälde, fast 300 Radierungen und etwa 200 Zeichnungen hinterlassen, das weltweit bekannteste Bild, die »Nachtwache«, hängt im Amsterdamer Reichsmuseum.

In Amsterdam, Den Haag und seiner Geburtsstadt Leiden werden im »Rembrandt-Jahr« mehr als 20 Ausstellungen gezeigt. Zu den wichtigsten zählen »Rembrandt und Caravaggio«, eine gemeinsame Ausstellung des Reichsmuseums und des Van Gogh Museums, und »Rembrandt – Suche eines Genies« im Amsterdamer Rembrandthuis, eine Forschungsausstellung, die sich mit den künstlerischen Strategien des Malers befasst. Darüber hinaus zeigt das Reichsmuseum zum ersten Mal sämtliche Rembrandt-Gemälde (»All the Rembrandts«) und beschäftigt sich in »Really Rembrandt?« mit den ständigen Zu- und Ab- und Wiederzuschreibungen von Werken des Malers. Anlässlich des Rembrandt-Jahres erwarten die Niederlande 1,5 Mio. Besucher, allein die Stadt Amsterdam rechnet mit 450 000 zusätzlichen Gästen.

documenta Die Kunsthalle Fridericianum Kassel bot mit der Ausstellung »50 Jahre documenta« (1. 9.–20. 11. 2005) einen Rückblick auf die Kasseler Weltkunstausstellung. Die 1955 von Arnold Bode begründete documenta gilt als weltweit wichtigste Ausstellung zeitgenössischer Kunst. Das »Museum der 100 Tage« war zunächst als einmalige Begleitausstellung zur Bundesgartenschau konzipiert: Bode wollte die von den Nationalsozialisten als »entartet« geächtete Kunst in einer gemeinsamen Ausstellung zeigen. Wegen des großen Erfolges wurde die Ausstellung wiederholt und findet seit 1972 alle fünf Jahre statt. Künstlerischer Leiter der ersten vier documenta-Schauen war Arnold Bode; seit 1972 beruft eine internationale Jury jeweils einen neuen Kurator. Die documenta 12 findet 2007 statt, künstlerischer Leiter ist Roger M. Buergel.

Die Jubiläumsausstellung im Fridericianum war in fünf Kapitel gegliedert: »archive in motion« präsentierte in elf Kammern das dokumentarische Material der Kasseler Kunstschauen, ergänzt durch jeweils

»50 Jahre documenta«. Arbeit von Sabine Groß, 1972

korrespondierende Arbeiten eines zeitgenössischen Künstlers. »Diskrete Energien« zeigte Werke aus den vergangenen documenta-Ausstellungen »die gegenläufig zur Kunstgeschichtsschreibung stehen, sich dem Museum entzogen haben oder zu poetisch bzw. archaisch waren«. »Vor Ort« wies in einem Führer inklusive Stadtplan auf documenta-Kunstwerke im Stadtraum Kassel hin und erläuterte deren historischen und urbanen Kontext. Das Kapitel »Film« rekonstruierte das von Arnold Bode zur ersten documenta 1955 organisierte Filmprogramm; zu sehen waren unter anderem Filme von Fritz Lang und Luis Buñuel. Fünftes Kapitel war die dreitägige Tagung »documenta zwischen Inszenierung und Kritik«, die nicht nur den Stand der documenta-Forschung zusammenfassen, sondern auch neue Perspektiven der Kunstausstellung entwickeln sollte.

Dresden in Versailles Der französische Staatspräsident Jacques Chirac und Bundeskanzlerin Angela Merkel eröffneten am 23. 1. 2006 im Schloss von Versailles die Kunstausstellung »Die Pracht des sächsischen Hofes. Dresden in Versailles«. Vor deren Rückkehr in die dann rekonstruierten Räume des Historischen Grünen Gewölbes in Dresden präsentierte die Schau im Nordteil des Versailler Schlosses rd. 230 kostbare Exponate aus der Staatlichen Kunstsammlung Dresden. Seltene Silbermöbel, Porzellan, Waffen, Bronzeplastiken und Elfenbeindrechseleien vermittelten einen Eindruck vom fürstlichen Dresden des 18. Jahrhunderts; gleichzeitig veranschaulichten die Ausstellungsstücke den kulturellen Austausch zwischen Frankreich und Deutschland im Zeitalter des Absolutismus. Höhepunkte der Ausstellung waren das Krönungsgewand und der Juwelenschmuck des Kurfürsten August der Starke (1670–1733) und der »Obeliscus Augustalis« des Goldschmieds und Juweliers Johann Melchior Dinglinger. Eigens für die Schau in Versailles restauriert, war es das erste Mal, dass das Werk außerhalb Dresdens gezeigt wurde.

Musée de l'Orangerie Nach sechsjährigen Umbau- und Renovierungsarbeiten wurde das Pariser Orangerie-Museum im Tuileriengarten am 17. 5. 2006 wiedereröffnet. Mittelpunkt des Museums bilden Claude Monets »Nymphéas«: Monet (1840–1926) hatte seinen

Seerosen-Bilderzyklus, der aus 22 jeweils zwei Meter hohen Gemälden besteht, dem französischen Staat am 12.11.1918, einen Tag nach Beendigung des Ersten Weltkriegs, geschenkt und das Präsentationskonzept vorgegeben: zwischen Garten und Seine und unter natürlichem Licht. Die beiden elliptischen Säle im Orangerie-Museum, wo die Seerosen seit 1927 gezeigt werden, hat Monet selbst entworfen. Anfang der 1960er Jahre wurde das Museum umgestaltet: Die Witwe des Pariser Kunsthändlers und Sammlers Paul Guillaume hatte dem französischen Staat eine Sammlung von 144 Gemälden verkauft – unter der Bedingung, dass sie in ihrer Gesamtheit und dauerhaft in der Orangerie ausgestellt werden. Um für die Sammlung Platz zu schaffen, wurde unter dem Glasdach ein Zwischengeschoss eingezogen, die Monet-Säle lagen damit im Halbdunkel. Zusätzlich versperrte eine Treppe den Zugang zu den Sälen. Im Zuge der jetzt vorgenommenen Umbauarbeiten wurden das Obergeschoss und die Treppe entfernt und das Glasdach neu errichtet. Der Besucher wird jetzt über eine Holzbrücke direkt zu Monets Seerosen geführt, die, gedämpft durch weiße Stoffblenden, wieder in einem sanften Licht präsentiert werden. Die Sammlung Guillaume, für die 1000 m² mehr Ausstellungsfläche geschaffen wurden, befindet sich jetzt im Untergeschoss des Museums. Die Kosten für den Umbau betrugen knapp 29 Mio. €.

Raubkunst Vom 5.4.–20.6.2006 zeigte das Los Angeles County Museum of Modern Art die fünf Klimt-Gemälde, die drei Monate zuvor von der Österreichischen Galerie Belvedere an die Erbin der ursprünglichen Besitzer, Maria Altmann, zurückgegeben worden waren. Mit der Ausstellung wollte sie sich bei ihrer zweiten Heimatstadt für die Aufnahme nach der Flucht vor den Nationalsozialisten bedanken. Nach einem fünf Jahre währenden Rechtsstreit um die Restitution von sechs Werken des österreichischen Jugendstil-Malers Gustav Klimt aus dem Besitz des Ehepaars Adele und Ferdinand Bloch-Bauer, hatte ein Schiedsgericht der Erbengemeinschaft um Maria Altmann fünf der berühmtesten Gemälde Gustav Klimts zugesprochen: Die beiden Porträts »Adele Bloch-Bauer I« und »Adele Bloch-Bauer II«, »Apfelbaum«, »Buchenwald/Birkenwald« und »Häuser in Unterach«. Nachdem sich Bildungsministerin Elisabeth Gehrer (ÖVP) im Juni 1999 auf Empfehlung des Kunstrückgabebeirats gegen eine Restitution und damit für den Verbleib der fünf Bilder im Belvedere ausgesprochen hatte, reichten die Erben Klage gegen die Republik Österreich ein; Schätzungen zufolge kostete das Verfahren etwa 3,5 Mio. €.

Die fünf Klimt-Gemälde, die bis zur Rückgabe im Belvedere ausgestellt waren, gelten als Hauptwerke des österreichischen Jugendstils und werden auf einen Gesamtwert von 250 Mio. € geschätzt. Einen Rückkauf durch die österreichische Regierung schloss Bildungsministerin Elisabeth Gehrer aus: selbst der Ankauf nur eines der Klimt-Bilder übersteige das Budget aller Museen Österreichs. Im Juni 2006 wurde das Porträt »Adele Bloch-Bauer I« für 135 Mio. US-$ an den US-amerikanischen Unternehmer Ronald S. Lauder verkauft. Das teuerste Gemälde der Welt wird zukünftig in dessen New Yorker Museum Neue Galerie zu sehen sein.

Friedrich-Retrospektive Mit rd. 80 Ölgemälden und über 100 Arbeiten auf Papier aus mehr als 50 Museen und Privatsammlungen zeigte das Essener Museum Folkwang vom 5.5.–20.8.2006 eine der umfassendsten Ausstellungen zum Werk Caspar David Friedrichs. Die Schau »Caspar David Friedrich – Die Erfindung der Romantik« war die erste Retrospektive in Deutschland nach den beiden großen Ausstellungen in Hamburg und Dresden anlässlich Friedrichs 200. Geburtstag im Jahr 1974. Friedrich, der noch zu Lebzeiten in Vergessenheit geriet, wurde zu Beginn des 20. Jahrhunderts wiederentdeckt und gilt heute als wichtigster Maler der deutschen Romantik. Zu den Meisterwerken der Ausstellung gehören »Das Kreuz im Gebirge« (1807/08) aus der Galerie Neue Meister in Dresden und das erstmals entliehene und wohl populärste Werk des Malers »Kreidefelsen auf Rügen« (1818) aus dem Museum in Winterthur.

DHM Am 2.6.2006, fast 20 Jahre nach der Gründung der Sammlung, wurde die Dauerausstellung des Deutschen Historischen Museums (DHM) im alten Zeughaus am Berliner Schlossplatz eröffnet. Auf einer Ausstellungsfläche von 7500 m² werden rd. 8000 Exponate präsentiert – das sind 1% aller bislang gesammelten Objekte. Mit Hilfe eines Leitsystems und 130 Multimedia-Stationen werden die Besucher durch die chronologisch und in insgesamt neun Epochen gegliederte Schau geführt: von der Varus-Schlacht im Jahr 9 nach Christus bis zur Wiedervereinigung. Zu den Exponaten gehören neben dem Gehrock Friedrichs des Großen, einem Taschentuch Napoleons und Resten der Berliner Mauer auch ein Zelt aus der Zeit der Türkenkriege, eine Flugabwehrkanone aus dem Zweiten Weltkrieg, ein Trabi und ein VW-Käfer. Die Gründung des Museums geht auf eine Initiative des früheren Bundeskanzlers Helmut Kohl zurück; 2000 begann die Planung für die Dauerausstellung, deren Vorbereitung schon seit 1985 von einer Wissenschaftskommission begleitet wurde. Bisher musste sich das Museum auf die Präsentation von Wechselausstellungen im angegliederten Pei-Bau beschränken; mit der Eröffnung der 11 Mio. € teuren Dauerausstellung ist der Ausbau des Museums nun vollendet.

Personalien Lisa Dennison, bislang stellvertretende Direktorin und Chef-Kuratorin, ist seit 1.10.2005 neue Direktorin des New Yorker Guggenheim-Museums.

Der Historiker und Direktor des Londoner Leo-Baeck-Instituts, Raphael Gross, übernahm im Januar 2006 die Leitung des Jüdischen Museums in Frankfurt am Main; er tritt die Nachfolge von Georg Heuberger an, der seit Eröffnung des Museums 1988 an dessen Spitze stand.

Nachfolger von Uwe Schneede, dem langjährigen Direktor der Hamburger Kunsthalle, der Ende Januar

2006 in den Ruhestand ging, ist der ehemalige Leiter des Essener Folkwang-Museums, Hubertus Gaßner.

Der deutsche Kunsthistoriker Axel Rüger, zuvor Kurator an der National Gallery in London, ist seit März 2006 neuer Direktor des Amsterdamer Van Gogh Museums. Er tritt die Nachfolge John Leightons an, der die Leitung der Schottischen Nationalmuseen übernommen hat.

Der bisherige Leiter der Kunsthalle Emden, Achim Sommer, ist seit Mai 2006 neuer Direktor des im vergangenen September eröffneten Max Ernst Museums in Brühl. Er löste Gabriele Uelsberg ab; die Chefin des Rheinischen Landesmuseums in Bonn hatte das Museum übergangsweise geleitet, nachdem Gründungsdirektorin Bettina Mette noch vor der Museumseröffnung fristlos entlassen worden war.

Die Direktorin des Kunstvereins Braunschweig, Karola Grässlin, wurde am 1. 7. 2006 Leiterin der Kunsthalle Baden-Baden.

Als Nachfolger von Christian von Holst, der in den Ruhestand geht, wird der bisherige Kurator der Tate Gallery in London, Sean Rainbird, ab 1. 11. 2006 neuer Direktor der Stuttgarter Staatsgalerie.

Literatur

Buchbranche Nach Angaben des Börsenvereins des Deutschen Buchhandels konnte die Buchbranche im Jahr 2004 ihren Umsatz im Vergleich zum Vorjahr nur um 0,1 % auf 9,1 Mrd € steigern. Obwohl sich der Anteil des Sortimentsbuchhandels am Buchverkauf weiter verringerte, stellt er mit 5,1 Mrd. € noch immer den wichtigsten Vertriebsweg im deutschen Buchmarkt, mit 1,6 Mrd. € ist der Direktvertrieb der Verlage der zweitgrößte Absatzkanal. Es folgen der Reise- und Versandbuchhandel (0,9 Mrd. €), die Warenhäuser (0,4 Mrd. €), die Buchgemeinschaften (0,3 Mrd. €) und die sonstigen Verkaufsstellen mit 0,8 Mrd. €. Ein Riesenumsatzplus – wie schon in den vergangenen Jahren – verzeichneten die Online-Buchhändler: ihr Umsatz stieg 2004 um 27 % auf 510 Mio. €.

Größter Verkaufshit des Jahres 2005 war mit 2 Mio. Exemplaren Joanne K. Rowlings »Harry Potter und der Halbblutprinz«. Geschätzter Erlös des sechsten und vorletzten Bandes der Harry-Potter-Reihe: 45 Mio. €, das sind 0,5 % des gesamten deutschen Buchumsatzes.

Weltweit werden jährlich rd. 1,2 Mio. Bücher veröffentlicht, davon 375 000 in englischer und 80 000 in deutscher Sprache. Der weltweite Gesamtumsatz beträgt knapp 60 Mrd. €.

Literatur-Nobelpreis Mit der Begründung, die Preisvergabe an Elfriede Jelinek im Vorjahr habe »den Wert der Auszeichnung auf absehbare Zeit zerstört«, legte Knut Ahnlund, Professor für Nordische Literatur und seit 1983 Mitglied der Schwedischen Akademie, am 11. 10. 2005, zwei Tage vor Bekanntgabe des Preisträgers für 2005, seine Mitgliedschaft nieder. In einem Artikel

Die Gewinner des Literatur-Nobelpreises seit 1991

1991	Nadine Gordimer (Südafrika)
1992	Derek Walcott (St. Lucia)
1993	Toni Morrison (USA)
1994	Kenzaburo Oe (Japan)
1995	Seamus Heaney (Irland)
1996	Wisława Szymborska (Polen)
1997	Daria Fo (Italien)
1998	José Saramago (Portugal)
1999	Günter Grass (Deutschland)
2000	Gao Xingjian (China)
2001	V. S. Naipaul (Trinidad und Tobago/GB)
2002	Imre Kertész (Ungarn)
2003	John Maxwell Coetzee (Südafrika)
2004	Elfriede Jelinek (Österreich)
2005	Harold Pinter (Großbritannien)

für die Zeitung Svenska Dagbladet bezeichnete er das Œuvre Jelineks als »monomanisches, äußerst schmal angelegtes Werk«, eine »Textmasse ohne eine Spur künstlerischer Struktur«. Zudem bezweifelte er, dass die Jury-Mitglieder Jelineks Werk tatsächlich gelesen hätten. Ahnlund hatte aufgrund persönlicher Konflikte mit anderen Mitgliedern der Akademie schon seit 1996 nicht mehr an deren Arbeit teilgenommen.

Die 18 Mitglieder der Svenska Akademien, die seit 1901 den Literatur-Nobelpreis vergibt, werden auf Lebenszeit gewählt. Nach den aus dem Jahr 1786 stammenden Statuten der Akademie ist ein Austritt aus der »Runde der Achtzehn« nicht möglich. Im Falle eines Rücktritts werden sie nicht ersetzt, sondern gelten weiter als passive Mitglieder. So stehen bereits seit 1989 die »Stühle« (so die offizielle Bezeichnung für die Mitgliedschaft) von Kerstin Ekman und Lars Gyllensten leer: die beiden Schriftsteller waren aus Protest gegen das Schweigen der Akademie zum Fall Salman Rushdie zurückgetreten.

Leipziger Buchmesse Die Buchmesse in Leipzig bleibt weiter auf Wachstumskurs: mit 126 000 Besuchern konnte die Bücherschau (16.–19. 3. 2006) ein Plus von 17 % gegenüber dem Vorjahr verzeichnen. 2162 Aussteller aus 36 Ländern stellten ihre Neuerscheinungen in den Leipziger Messehallen vor, Themenschwerpunkte waren die junge deutschsprachige Literatur, die Literaturen Mittel- u. Osteuropas, das Kinder- und Jugendbuch einschließlich Comics und das Autorenspecial, das sich in diesem Jahr der »Situation der EU an ihren inneren und äußeren Grenzen« widmete. Das begleitende Literaturfestival »Leipzig liest« bot an fünf Tagen 1800 Veranstaltungen auf dem Messegelände und an 250 weiteren Orten in Leipzig; rd. 1500 Autoren, Literaturkritiker, Wissenschaftler, Schauspieler, Musiker und Sportler nahmen an Lesungen, Diskussionsrunden und sonstigen Foren teil. Den in diesem Jahr zum zweiten Mal vergebenen »Preis der Leipziger Buchmesse« für herausragende deutschsprachige Neuerscheinungen in den Kategorien Belletristik, Sachbuch/Essayistik und Übersetzung erhielten Ilija Trojanow für seinen Roman »Der Weltensammler«, Franz Schuh für seine Textsammlung »Schwere Vorwürfe, schmutzige Wäsche« und Ragni Maria Gschwend für die Übersetzung von Antonio Morescos »Aufbrüche«.

▪ **Deutsche Nationalbibliothek** Gegen die Stimmen der FDP und der Linken beschloss der Deutsche Bundestag am 6. 4. 2006 die Deutsche Bibliothek in Frankfurt am Main und Leipzig in »Deutsche Nationalbibliothek« umzubenennen. Mit der Namensänderung, die auf eine Initiative der vorangegangenen Bundesregierung zurückgeht, erhält die Bibliothek zudem einen erweiterten Sammelauftrag: als »Deutsche Nationalbibliothek« wird sie auch Texte und Publikationen sammeln, die ausschließlich online erscheinen. Die Mehrausgaben für die Bereitstellung der nötigen IT-Infrastruktur, der zu erwartenden Mengen an Netzpublikationen und einem Personalmehrbedarf von bis zu 28 Stellen betragen ab dem Jahr 2007 1,9 Mio. € bis 2,9 Mio. € im Jahr 2011.

Nach der Wiedervereinigung Deutschlands wurde die Deutsche Bibliothek Frankfurt mit der Deutschen Bücherei Leipzig zusammengeführt. Seitdem nahmen die beiden Einrichtungen unter dem Namen »Deutsche Bibliothek« gemeinsam die Funktion einer Nationalbibliothek für ganz Deutschland wahr. Ihre wesentliche Aufgabe ist es, alle deutschsprachigen Veröffentlichungen sowie die über Deutschland erschienenen Auslandspublikationen ab 1913 zu sammeln, dauerhaft zu archivieren, zu dokumentieren und zugänglich zu machen. Mit 22 Mio. Einheiten ist die Deutsche Bibliothek die zentrale Archivbibliothek und das nationalbibliografische Informationszentrum der Bundesrepublik.

▪ **»Sakrileg«** Dan Brown, Autor von »The Da Vinci Code« (deutsch »Sakrileg«) wurde am 7. 4. 2006 vom Vorwurf des Plagiats freigesprochen. Mit der Entscheidung des Obersten Gerichtshofes in London scheiterte der Versuch der Autoren Michael Baigent und Richard Leigh, den Weiterverkauf des Brown-Thrillers in Großbritannien sowie den Kinostart der Hollywoodverfilmung zu unterbinden. In dem spektakulären Prozess hatten die beiden Autoren Brown vorgeworfen, widerrechtlich wesentliche Elemente seines Historien-Thrillers aus ihrem vor 24 Jahren erschienenen Sachbuch »Der heilige Gral und seine Erben« übernommen zu haben. In Dan Browns Buch geht es um die Suche nach dem heiligen Gral, bei dem es sich nicht um den Kelch Christi, sondern um verborgenes und verleugnetes Wissen handelt: danach soll Jesus Christus mit Maria Magdalena verheiratet gewesen sein und ein Kind gezeugt haben. Da eine Klage gegen Dan Brown persönlich nach britischem Recht sehr kompliziert gewesen wäre, richteten die beiden Kläger ihre Forderungen wegen angeblicher Urheberrechtsverletzung an Browns Verlag.

Vor Gericht hatte Brown die Vorwürfe als »völlig abstrus« zurückgewiesen; er räumte ein, bei seinen Recherchen auch »Der heilige Gral und seine Erben« gelesen zu haben, das Werk sei aber nur eins von vielen gewesen.

Mit Beginn des Prozesses stiegen die Verkaufszahlen beider Bücher. Von Michael Baigents und Richard Leighs Sachbuch wurden wöchentlich mehr als 3000 Exemplare verkauft, davor waren es lediglich 350. Die Auflage von Browns inzwischen in 44 Sprachen übersetztem Bestseller liegt weltweit bei über 40 Mio. Beide Bücher sind bei Random House, einer Tochter des deutschen Bertelsmann-Konzerns, erschienen.

▪ **Frankfurter Buchmesse** Am 12. 5. 2006 sagte die Frankfurter Buchmesse ihr erst wenige Tage zuvor angekündigtes Engagement für London überraschend ab. Geplant war, im April 2007 eine internationale Buchmesse in London (»The Book Fair Earl's Court, London 2007«) in Konkurrenz zur traditionsreichen »London Book Fair« auszurichten. Leitung und Organisation sollte die Frankfurter Buchmesse als Ausstellungs- und Messe GmbH (AuM) übernehmen. 2006 war die »London Book Fair«, die vom weltweit größten Messeunternehmen, Reed Exhibitions, ausgerichtet wird, erstmals in den Docklands, außerhalb des Zentrums, veranstaltet worden, was bei den Ausstellern auf große Kritik gestoßen war. Mit der »Book Fair Earl's Court« sollte im nächsten Jahr nun wieder eine Buchmesse im Zentrum Londons stattfinden. Dazu war eine mündliche Vereinbarung zwischen EC&O Venues, dem Betreiber der Messehallen Earl's Court, und der AuM getroffen worden. Nachdem jedoch öffentlich wurde, dass EC&O Venues zwischenzeitlich einen Vertrag mit Reed Exhibitions für Earl's Court im April 2007 abgeschlossen hatte, gab die Frankfurter Buchmesse ihren Rückzug aus der Organisation der geplanten Messe bekannt.

Preisträger internationaler Literaturpreise

Astrid-Lindgren-Gedächtnispreis 2006 (Schweden, 535 000 €)
Katherine Paterson (USA)
Georg-Büchner-Preis 2006 (Deutschland 40 000 €)
Oskar Pastior
Impac Dublin Literary Award 2006 (Irland 100 000 €)
Colm Tóibín (Irland)
Ingeborg-Bachmann-Preis 2006 (Österreich 22 500 €)
Kathrin Passig (Deutschland)
Joseph-Breitbach-Preis 2006 (Deutschland 50 000 €)
Wulf Kirsten
Literaturpreis des Nordischen Rates 2006 (Skandinavien 47 000 €)
Göran Sonnevi (Schweden)
National Book Award 2005 (USA 10 000 US-$)
William T. Vollmann (USA)
Premio Camões 2006 (Portugal 100 000 €)
Luandino Vieira (Angola; hat den Preis abgelehnt)
Premio Ruan Rulfo 2005 (Mexiko 100 000 €)
Tomás Segovia (Spanien)
Premio Planeta 2005 (Spanien 601 000 €)
Maria de la Pau Janer (Spanien)
Prix Goncourt 2005 (Frankreich 7 €)
François Weyergans (Frankreich)

Nach der Buchmesse in Frankfurt gilt die bestehende »London Book Fair« als zweitwichtigster Treffpunkt der englischsprachigen Buchwelt.

Auf der diesjährigen Frankfurter Bücherschau, die vom 4.–8. 10. 2006 stattfindet, wird sich Indien als Gastland präsentieren. Neben einem Gemeinschaftsstand von 200 indischen Verlegern wird die Buchmesse unter dem Motto »Zukunft Bildung« erstmals einen Kongress zu nichtliterarischen Themen des Gastlandes anbieten.

▪ **Literaturmuseum Marbach** Am 6. 6. 2006 eröffnete Bundespräsident Horst Köhler das neue Literaturmuseum der Moderne (LiMo) in Marbach am Neckar. Das vom britischen Architekten David Chipperfield und seinem Projektleiter Alexander Schwarz entworfene Gebäude auf der Schillerhöhe war nach zweijähriger Bauzeit im Januar an die Deutsche Schillergesellschaft übergeben worden. Ursprünglich sollte der Neubau noch vor Ablauf des Schillerjahres im November 2005 eröffnet werden, musste dann aber aufgrund von Terminproblemen bei der Lieferung einiger Baumaterialien um einige Monate verschoben werden. Die Baukosten des in direkter Nachbarschaft zum Schiller-Nationalmuseum und zum Deutschen Literaturarchiv entstandenen Museums in Höhe von 11,8 Mio. € wurden jeweils zur Hälfte vom Bund und vom Land Baden-Württemberg getragen.

Literaturmuseum der Moderne (LiMo)

Das LiMo verfügt über eine Gesamtfläche von 3800 m², davon sind rd. 1400 m² für Dauer- und Wechselausstellungen vorgesehen. Die in fünf Monaten erstellte Dauerausstellung präsentiert 1400 Exponate aus der rd. 20 Mio. Stücke umfassenden Sammlung des Deutschen Literaturarchivs. Sie sind in drei Räumen mit den Namen »nexus«, »stilus« und »fluxus« angeordnet. Die Ausstellungsstücke sind durch den Einsatz von Glasvitrinen von allen Seiten sichtbar. Damit die Besucher direkt mit den Exponaten »kommunizieren« können, wurde auf schriftliche Erläuterungen ganz verzichtet und lediglich kleine Hinweisschilder wie »Rilke, 1901« oder »Benn, 1921« angebracht. Zu den bedeutendsten Exponaten gehören die Original-Manuskripte von Franz Kafkas »Prozess«, Alfred Döblins »Berlin Alexanderplatz« und Hermann Hesses »Steppenwolf«. Ebenfalls gezeigt werden Abiturzeugnisse, Notizbücher, Briefe, Dokumente und persönliche Gegenstände von Autoren. Neben der dauerhaften Präsentation der Sammlung wird es in diesem Jahr noch zwei Wechselausstellungen geben: zu Gottfried Benn (7. 7.–27. 8. 2006) und Hannah Arendt (5. 10.–26. 11. 2006).

Medien

▪ **Schleichwerbung** Auf ihren zweitägigen Beratungen am 12.–13. 9. 2005 in Stuttgart verabschiedeten die Intendanten der ARD einen umfangreichen Maßnahmenkatalog gegen Schleichwerbung im öffentlich-rechtlichen Fernsehen. Danach werden u. a. die Herstellungsverträge mit privaten TV-Auftragsproduzenten erheblich verschärft: sollte sich ein Produzent entgegen der vertraglichen Zusicherung doch für die »Platzierung von Inhalten oder Themen« bezahlen lassen, drohen empfindliche Vertragsstrafen und Schadenersatzforderungen. Darüber hinaus soll eine Programmbeobachtungsstelle eingerichtet werden, die alle Vorabendsendungen nach illegaler Produkt- oder Themenwerbung untersucht und die zuständigen Redaktionen informiert. Entsprechend der EU-Richtlinien und des Rundfunkstaatsvertrags, der gesetzlichen Grundlage für das öffentlich-rechtliche Fernsehen in Deutschland, ist ein striktes Gebot zur Trennung von Werbung und Programm einzuhalten: Werbung muss als solche klar erkennbar sein, Schleichwerbung ist verboten.

Mit diesen Maßnahmen reagierte die ARD auf die 2005 aufgedeckten Fälle von Schleichwerbung in Produktionen der mehrheitlich ARD-Anstalten gehörenden Bavaria Film. Eine Überprüfung der Bavaria im Juli 2005 ergab, dass allein in der ARD-Vorabendserie »Marienhof« zwischen Januar 2002 und Mai 2005 117 bezahlte Werbebotschaften für Produkte und Firmen untergebracht wurden. Die Einnahmen aus diesem unerlaubten Nebengeschäft beliefen sich auf rd. 1,5 Mio. €.

Dabei wurden nicht nur bestimmte Produkte platziert, sondern auch Themen oder Aussagen eines bestimmten Anbieters in das Programm integriert. In einem im September 2005 veröffentlichten Bericht der zwischenzeitlich von der ARD eingerichteten Clearingstelle gegen Schleichwerbung sind alle ihr bekannten Fälle dokumentiert; darin werden neben den Serien »Marienhof« und »In aller Freundschaft« auch diverse »Tatort«-Produktionen genannt. Dem Bericht zufolge zahlte u. a. der Gesamtverband der Deutschen Versicherungswirtschaft (GDV) mit 208 607 € den höchsten Einzelbetrag; dafür wurden mittels der Serienfigur »Corinna« im »Marienhof« verschiedene Versicherungsfälle thematisiert.

Die Produktionsverträge zwischen ARD und Bavaria untersagen dem Auftragsproduzenten das bezahlte Product-Placement. Ende Dezember 2005 kündigte die ARD eine Schadensersatzforderung gegenüber der Bavaria in Höhe von 2,5 Mio. € an.

■ **ProSiebenSat.1** Nach monatelangem Ringen mit den zuständigen Aufsichtsbehörden teilte die Axel Springer AG am 1. 2. 2006 mit, dass die Pläne für die bisher größte Medienfusion in Deutschland aufgrund unzumutbarer Risiken, die durch zahlreiche wirtschaftliche und juristische Unsicherheiten entstanden seien, nicht weiter verfolgt würden. Die Axel Springer AG hatte am 5. 8. 2005 die 2,5 Mrd. € teure Übernahme der ProSiebenSat.1 Media AG bekannt gegeben. Eine Investorengruppe um US-Milliardär Haim Saban hatte Deutschlands größten Fernsehkonzern, das Herzstück des zusammengebrochenen Medien-Imperiums von Leo Kirch, erst im Sommer 2003 übernommen.

Nachdem sich das Bundeskartellamt in mehreren Zwischenberichten bereits ablehnend zur geplanten Fusion der Springer AG mit ProSiebenSat.1 geäußert hatte, legte am 10. 1. 2006 auch die Kommission zur Ermittlung der Konzentration im Medienbereich (KEK) ihr Veto ein: Das Vorhaben sei nicht genehmigungsfähig, da die starke Position der ProSiebenSat.1-Gruppe, zu der neben den beiden Kernsendern auch Kabel 1 und der Nachrichtenkanal N24 gehören, im bundesweiten Privatfernsehen mit der überragenden Stellung des Springer-Verlages bei der Tagespresse zu einer vorherrschenden Meinungsmacht führe. Nach den Berechnungen der KEK erhielte Springer durch den Zusammenschluss einen Meinungseinfluss, der einem Zuschaueranteil von über 42 % entspräche.

Laut Rundfunkstaatsvertrag darf ein Unternehmen, das auch in anderen Medienbereichen tätig ist, höchstens 25 % erreichen. Änderungsvorschläge der KEK hatte Springer abgelehnt; die Kommission hatte gefordert, dass Springer entweder auf den Erwerb eines der beiden Sender verzichtet oder einen auch wirtschaftlich einflussreichen Fernsehbeirat installiert. Die Entscheidungen der 1997 gegründeten Medienaufsicht sind bindend, können aber mit einer Drei-Viertel-Mehrheit der Landesmedienanstalten aufgehoben werden.

Da ein Zusammenschluss auf dem Fernsehwerbemarkt, dem Lesermarkt für Straßenverkaufszeitungen sowie dem bundesweiten Anzeigenmarkt für Zeitungen zu einer kartellrechtlich nicht genehmigungsfähigen Marktmacht führen würde, untersagte das Bundeskartellamt am 23. 1. 2006 in einer endgültigen Entscheidung die Übernahme der Fernseh-Gruppe ProSiebenSat.1 durch die Axel Springer AG. Zuvor hatte die Wettbewerbsbehörde mehrere Zugeständnisse Springers ausgeschlagen, u. a. hatte das Unternehmen den Verkauf seiner Programm- und Familienzeitschriften angeboten und sich am 11. 1. 2006 bereit erklärt, auf den Fernsehsender ProSieben zu verzichten. Nachdem das Kartellamt forderte, dass Springer den Sender vor einer Übernahme der Gruppe verkauft, zog das Unternehmen am 16. 1. 2006 sein Verkaufsangebot wieder zurück.

Die weltgrößten Medienkonzerne
Umsatz 2004 in Mrd. €

Time Warner Inc. (USA)	33,84
Walt Disney Corp. (USA)	24,72
Viacom Inc. (USA)	18,11
News Corp. Ltd. (Australien)	17,41
Bertelsmann AG (Deutschland)	17,02
Comcast Corp. (USA)	16,33
Sony Entertainment (Japan)	14,71
NBC Universal Inc. (USA)	10,36
Vivendi Universal (Frankreich)	9,05
Lagadère Groupe (Frankreich)	8,59
Clear Channel Comm., Inc. (USA)	7,57
Cox Enterprises, Inc. (USA)	7,33
Reed Elsevier (Großbritannien)	7,09
Liberty Media Corp. (USA)	6,18
ARD (Deutschland)	5,94

Quelle: Süddeutsche Zeitung

■ **Rundfunkgebühren** Am 7. 3. 2006, rd. zehn Monate nach der Erhöhung der Rundfunkgebühren, legte das ZDF beim Bundesverfassungsgericht (BVG) Beschwerde gegen das Verfahren zur Festsetzung der letzten Gebührenerhöhung ein. Der Grund für den Gang nach Karlsruhe, so ZDF-Intendant Markus Schächter, der zunächst eine Klage abgelehnt hatte, sei das Scheitern einer politischen Lösung gewesen.

Die Ministerpräsidenten der Bundesländer hatten Ende 2004 eine Erhöhung der Rundfunkgebühren um 88 Cent auf monatlich 17,03 € beschlossen. Sie waren damit erstmals unter der Empfehlung der Kommission zur Ermittlung des Finanzbedarfs der Rundfunkanstalten (KEF) geblieben, die eine Anhebung der Gebühren um monatlich 1,09 € vorgeschlagen hatte. Die ARD hatte bereits im Juni 2005 beschlossen, beim BVG eine Beschwerde gegen die Gebührenerhöhung einzulegen. Gleichzeitig hatten die Intendanten ihr Interesse an Gesprächen mit den Ländern signalisiert und als Gesprächsgrundlage ein Indexierungsmodell zur Anpassung der Gebühren vorgelegt.

Nachdem die Ministerpräsidenten zu keinen Gesprächen bereit waren, reichte die ARD beim BVG am 25. 10. 2005 eine Verfassungsklage gegen die Gebührenerhöhung ein. Die ARD bezog sich dabei auf ein Urteil des BVG aus dem Jahr 1994, das zwar Abweichungen von Empfehlungen der KEF im Grundsatz zulässt, aber als Abweichungsgründe im Wesentlichen nur gelten lässt, was im Zusammenhang mit dem Informationszugang und der angemessenen Belastung des Rundfunkteilnehmers steht. Zudem müssen diese Gründe nachprüfbar sein. Nach Auffassung der ARD seien die von den Ländern für eine Abweichung vom KEF-Vorschlag angeführten Gründe weder nachprüfbar noch entsprächen sie den vom BVG genannten Ausnahmetatbeständen.

Musik

Elbphilharmonie Mit den Stimmen von CDU und Grünen beschloss das Hamburger Landesparlament am 26. 10. 2005 den Bau der »Elbphilharmonie«, eines neuen Konzerthauses in der Hafencity. Das vom Schweizer Architektenbüro Herzog & de Meuron entworfene spektakuläre Gebäude soll nach den bisherigen Planungen 186 Mio. € kosten, 77 Mio. will die Stadt Hamburg aufbringen, 74 Mio. soll ein privater Investor übernehmen und 35 Mio. sollen aus privaten Spenden finanziert werden. Die Eröffnung ist für 2009 geplant. Der futuristische Glasbau der Elbphilharmonie wird auf den bestehenden Kaispeicher A im Hamburger Hafen aufgesetzt. Der von Werner Kallmorgen entworfene und 1963–66 erbaute Kakaospeicher soll überwiegend als Erschließungs- und Parkraum genutzt werden, die charakteristischen Fassaden bleiben erhalten. Das Nutzungskonzept des neuen Konzertbaus sieht einen großen Konzertsaal mit ca. 2200 Plätzen, einen kleinen, multifunktionalen Saal mit etwa 600 Plätzen, ein Hotel und Luxus-Appartements vor.

Erster Generalintendant der geplanten Elbphilharmonie und der Hamburger Laeiszhalle (Musikhalle) wird der derzeitige Leiter des Wiener Konzerthauses Christoph Lieben-Seutter; er wird im September 2007 sein Amt antreten. Für eigene Konzertreihen stehen jährlich 3,6 Mio. € an städtischen Zuschüssen zur Verfügung.

Die geplante Elbphilharmonie in Hamburg

Mozartjahr 2006 Zahlreiche Opernpremieren und Konzerte bildeten am 27. 1. 2006, dem 250. Geburtstag von Wolfgang Amadeus Mozart (1756–91), den Auftakt des Mozartjahres 2006, unter anderem inszenierten Filmregisseur Michael Haneke »Don Giovanni« an der Pariser Oper und Willy Decker »Idomeneo« am Theater an der Wien. Das Mozartjahr sieht ein umfangreiches Programm vor: allein der Veranstaltungskalender Salzburgs verzeichnet 55 Uraufführungen, 36 Opernproduktionen, 260 Konzerte, 55 Mozart-Messen, acht Ausstellungen, knapp 100 Projekte im Bereich Darstellende bzw. Bildende Kunst, zehn Tagungen und Kongresse und 120 Kinder- und Jugendprojekte. Höhepunkt des Programms sind die Salzburger Festspiele, die Mozarts musiktheatralisches Gesamtwerk, 22 zum Teil selten gespielte Bühnenwerke, von »Apollo und Hyacinth«, dem Opern-Erstling des 12-jährigen Wunderkinds, bis zu den Reifewerken »Zauberflöte« und »Titus« zeigen.

Die Stadt Wien, wohin Mozart 1781 übersiedelte, präsentiert neben zahlreichen musikdramatischen und konzertanten Aufführungen verschiedene Ausstellungen. Die Schau »Mozart – Experiment Aufklärung« in der Albertina porträtiert Wien im Spannungsfeld von Aufklärung, Rokoko und beginnender Romantik und das neu eröffnete »Mozarthaus Vienna« zeigt in einer neuen Dauerausstellung das politisch-gesellschaftliche Leben und das musikalische Geschehen zu Zeiten Mozarts. In dem Gebäude in der Domgasse 5 hatte Mozart 1784–87 gelebt.

Die »deutsche Mozartstadt« Augsburg, Heimat von Mozarts Vater Leopold, ehrt den Musiker ebenfalls mit einer Reihe von Konzerten, Vorträgen und Tagungen und einer Ausstellung im restaurierten Schaezlerpalais, die sich mit den unterschiedlichen Aspekten des Mozart-Kults und der Mozart-Rezeption befasst.

Musikbranche 2005 Laut Verbandsstatistik der deutschen Phonoverbände, die 86 % des bundesdeutschen Musikmarktes abdecken, fiel im Jahr 2005 der Umsatz im Vergleich zum Vorjahr um 4,6 % auf 1,5 Mrd. €, der Gesamtumsatz der Branche fiel um 0,4 % von 1,753 Mrd. € auf 1,746 Mrd. €.

Positiv entwickelte sich dagegen der digitale Musikvertrieb: im Vergleich zum Vorjahr stieg die Zahl der legalen Downloads von 6,4 auf 16,4 Mio. Einzeltracks; damit erhöhte sich der Umsatz mit verkauften Downloads von 11 Mio. € (2004) auf 26 Mio. € im Jahr 2005. Weltweit verdreifachte sich der Branchenumsatz mit legalen Downloads auf 1,1 Mrd. US-$. Auch der Erfolgstrend deutschsprachiger Musik hielt weiter an: 35,3 % der Alben in den offiziellen deutschen Charts waren Produktionen aus Deutschland, bei den Singles waren es mit 51,4 % sogar mehr als die Hälfte.

Größtes Problem der Musikindustrie bleiben Raubkopierer und Nutzer illegaler Tauschbörsen im Internet. Nach Angaben der repräsentativen Brennerstudie 2006, für die die Gesellschaft für Konsumgüterforschung (GfK) im Auftrag der Phonoverbände 10 000 Personen ab zehn Jahren zu ihrem Kauf- und Brennverhalten befragt hat, wurden in Deutschland 275 Mio. CD-Rohlinge und 21 Mio. DVD-Rohlinge mit Musik bespielt; unter Annahme einer 7,8-fachen Speicherkapazität einer DVD gegenüber einer CD entspricht das 439 Mio. »CD-Äquivalenten«. Im selben Zeitraum wurden nur 123,7 Mio. Alben verkauft. Die Zahl der Musikdownloads aus illegalen Internetquellen stieg innerhalb eines Jahres von 383 auf 415 Mio.; das entspricht einem Wert von rd. 6,3 Mrd. €.

Personalien Der italienische Dirigent Renato Palumbo wird ab der Spielzeit 2006/2007 Generalmusikdirektor der Deutschen Oper in Berlin. Der 42jährige tritt die Nachfolge Christian Thielemanns an, der im Mai 2004 zurückgetreten war.

Preisträger internationaler Musikpreise

Ernst-von-Siemens-Musikpreis 2006 (Deutschland)	
	Daniel Barenboim
Polar-Musikpreis 2006 (Schweden)	
	Led Zeppelin und Valery Gergiev
Grammy Awards 2006 (USA)	
	Stevie Wonder (bester Popsänger)
	Kelly Clarkson (beste Popsängerin)
	How to Dismantle an Atomic Bomb, U2 (Album des Jahres)
	Sometimes You Can Make It On Your Own, U2 (Song des Jahres)
	John Legend (bester Newcomer)
Brit Awards 2006 (Großbritannien)	
	Kanye West (bester Sänger)
	Madonna (beste Sängerin)
	Green Day (beste Band)
	Green Day, American Idiot (bestes Album)
MTV Europe Music Awards 2006	
	Robbie Wiliams (bester Sänger)
	Shakira (beste Sängerin)
	Black Eyed Peas (beste Popband)
	American Idiot, Green Day (bestes Album)
	James Blunt (bester Newcomer)

Als Nachfolger Kent Naganos, der an die Bayerische Staatsoper München wechselt, wird Ingo Metzmacher ab August 2007 Chefdirigent und künstlerischer Leiter des Deutschen Symphonie Orchesters Berlin.

Marie Zimmermann, Schauspieldirektorin der Wiener Festwochen, wird Intendantin der RuhrTriennale 2008–2010. Die Intendanz des Festivals wechselt turnusgemäß, 2005 hatte Jürgen Flimm die Leitung für drei Jahre übernommen.

Theater

▪ **Kudamm-Bühnen** Rd. 800 Theaterfreunde, Schauspieler und Politiker demonstrierten am 20. 2. 2006 in Berlin gegen die drohende Schließung des Theaters und der Komödie am Kurfürstendamm. Am 6. 1. 2006 war bekannt geworden, dass der Mietvertrag der beiden Theater zum Jahresende 2006 gekündigt worden war. Die einst von Max Reinhardt geleiteten Traditionsbühnen, zu deren Stars auch Harald Juhnke gehörte, liegen im Kudamm-Karree, einem Geschäftszentrum, das nach den Plänen des Immobilienfonds DB Real Estate, einem Tochterunternehmen der Deutschen Bank, umgebaut werden soll. Das Konzept sieht den Abriss der beiden Theater und den Bau einer Shopping-Passage sowie einen eventuellen Neubau eines Theaters im 3. Stock dieser Passage vor. Nach einem Gespräch zwischen Berlins Regierendem Bürgermeister Klaus Wowereit, den beiden Vertragspartnern und einem Vorstandsmitglied der Deutschen Bank am 19. 1. war der Kündigungstermin vorerst um ein halbes Jahr auf den 30. 6. 2007 verschoben worden.

▪ **Ruhrfestspiele** William Shakespeares »Richard II.« mit Oscar-Preisträger Kevin Spacey in einer Inszenierung des Londoner Old Vic Theatre eröffnete am 1. 5. 2006 das Jubiläumsprogramm der 60. Ruhrfestspiele Recklinghausen. Bis zum 11. 6. standen insgesamt 52 Stücke und 250 Vorstellungen auf dem Spielplan, darunter die George-Tabori-Inszenierung »Warten auf Godot« und Becketts »Das letzte Band« mit Otto Sander. Im zweiten Jahr der Intendanz Frank Hoffmanns konnte das Festival bereits vor der ersten Aufführung einen Rekord verzeichnen: 64 000 Karten wurden schon im Vorverkauf abgesetzt. Hoffmann hatte im September 2004 kurzfristig die Interimsleitung der Festspiele übernommen, nachdem sein Vorgänger Frank Castorf nach nur einer Spielzeit fristlos entlassen worden war. Im Dezember 2005 verlängerte der Aufsichtsrat der Recklinghausener Ruhrfestspiele Hoffmanns Vertrag um drei Jahre bis 2009.

▪ **Berliner Theatertreffen** Mit Jürgen Goschs Düsseldorfer »Macbeth«-Inszenierung wurde das 43. Theatertreffen deutschsprachiger Bühnen am 5. 5. 2006 in Berlin eröffnet. Bis zum 21. 5. waren die »zehn bemerkenswertesten« Inszenierungen der vorangegangenen Saison im Haus der Berliner Festspiele zu sehen. Eine unabhängige Jury aus Theaterkritikern hatte die zehn Inszenierungen aus insgesamt 341 Theaterstücken, die sie innerhalb eines Jahres begutachtet hatten, ausgewählt. Neben Gosch, der auch noch mit Tschechows »Drei Schwestern« vertreten war, waren Paul Binnerts, William Forsythe, Dimiter Gotscheff, Helgard Haug und Daniel Wetzel (Rimini Protokoll), Karin Henkel, Christoph Marthaler, Sebastian Nübling, Thomas Ostermeier und Andres Veiel eingeladen worden.

Die drei im Rahmen des Theatertreffens vergebenen Preise gingen an: Felix Goeser (Alfred-Kerr-Darstellerpreis), an Andrea Breth (Theaterpreis Berlin) und an Dimiter Gotscheff (3sat-Preis für eine »zukunftsweisende Leistung des deutschen Schauspiels«) für seine Inszenierung von Tschechows »Iwanow« an der Berliner Volksbühne.

Mit 557 eingereichten Theaterstücken aus 26 Ländern Europas verzeichnete der »Stückemarkt für dramatische Neuentdeckungen aus ganz Europa« einen neuen Rekord. Ausgewählt wurden sechs Stücke (drei deutschsprachige und drei internationale), die in szenischen Lesungen präsentiert wurden. Der mit 5000,- € dotierte Förderpreis für neue Dramatik der Bundeszentrale für politische Bildung ging an Thomas Freyer für »Amoklauf mein Kinderspiel«.

▪ **Mülheimer Theatertage** Bei den diesjährigen Mülheimer Theatertagen (13. 5.–4. 6. 2006) standen sieben zeitgenössische Stücke im Wettbewerb: bewertet werden die Stücke, nicht die Inszenierungen. Seit 1976 werden während des jährlich stattfindenden Festivals, das zu den wichtigsten deutschen Theatertreffen zählt, sieben bis acht neue Stücke gezeigt. Die Auswahl trifft ein unabhängiges Gremium aus den in der jeweiligen Saison uraufgeführten deutschsprachigen Stücken, in diesem Jahr waren die sieben nominierten Aufführungen unter 140 Stücken ausgewählt worden. Am Ende des Festivals vergibt eine fünfköpfige Jury aus Theaterschaffenden, Kritikern und Dramatikern den mit 15 000 € dotierten Mülheimer Dramatikerpreis. Der Gewinner wird in einer öffentlichen Diskussion ermittelt. In diesem Jahr ging der Preis an René Pollesch für sein Stück »Cappuccetto Rosso« in der Inszenierung der Volksbühne Berlin/Salzburger Festspiele. Pollesch, der bereits zum zweiten Mal mit dem Mülheimer Dramatikerpreis ausgezeichnet wurde, erhielt auch den Publikumspreis.

UNESCO-Weltkulturerbe

UNESCO-Kultur-Konvention Gegen die Stimmen der USA und Israels verabschiedete die UNESCO-Generalkonferenz am 20.10.2005 das »Übereinkommen zum Schutz und zur Förderung der Vielfalt kultureller Ausdrucksformen«. Die Vereinbarung tritt in Kraft, sobald sie von 30 der 191 Mitgliedstaaten ratifiziert wurde. Die Kulturkonvention sichert das Recht aller Staaten auf eine eigenständige Kulturpolitik – gegen die von der Welthandelsorganisation (WTO) im Rahmen des »Allgemeinen Abkommens über den Handel mit Dienstleistungen« (GATS) geforderten Liberalisierungen des Dienstleistungssektors.

Das in dem Übereinkommen festgeschriebene Recht eines jeden Staates, die Vielfalt kulturellen Ausdrucks auf seinem Staatsgebiet zu schützen und zu fördern, soll gewährleisten, dass Literatur, Musik, Film oder Fernsehen nicht nur nach rein kommerziellen Aspekten bewertet werden. Mit der Anerkennung der symbolischen und identitätsstiftenden Werte kultureller Güter und Dienstleistungen erhält die Kultur eine Sonderstellung: würde sie mit wirtschaftlichen Handelsgütern gleichgestellt, wäre eine Subventionierung kultureller Einrichtungen nicht mehr möglich, nach WTO-Maßstäben wäre das ein Wettbewerb verzerrendes protektionistisches Vorgehen. Konkret heißt das, öffentliche Fördermittel für Film- und Fernsehproduktionen, Theater- und Opernensembles oder Bibliotheken sind weiterhin gesichert.

Laut einer am 15.12.2005 veröffentlichten Studie der UNESCO sind Großbritannien, die USA und die Volksrepublik China die weltgrößten Kulturexporteure: 2002 hat Großbritannien Kulturgüter im Wert von 7,1 Mrd. € exportiert, es folgen die USA mit 6,3 Mrd. € und China mit 4,3 Mrd. €; zusammen sind das 40 % des gesamten Kulturgüter-Welthandels. Afrika und Lateinamerika tragen dagegen zusammen lediglich 4 % zum Handel mit kulturellen Gütern bei.

Rote Liste des UNESCO-Welterbes Am 15.12.2005 beschloss der Kölner Stadtrat die umstrittenen Bebauungspläne für die rechte Rheinseite aufzugeben und ein neues Rahmenkonzept für das Areal zu entwickeln. Mit der Entscheidung reagierte die Stadt auf die Androhung der UNESCO, dem Kölner Dom den Weltkulturerbestatus abzuerkennen. Auf ihrer Tagung im chinesischen Suzhou hatten die 21 Mitglieder des Welterbekomitees den Dom auf die Rote Liste des bedrohten Welterbes gesetzt, da ihrer Ansicht nach durch die Hochhausplanungen auf der gegenüberliegenden Rheinseite die visuelle Integrität des Doms und der einzigartigen Kölner Stadtsilhouette gefährdet seien. Die Rote Liste der UNESCO verzeichnet Welterbestätten, die »durch Kriege, Naturkatastrophen oder durch menschliche Eingriffe besonders gefährdet sind«. Zur Zeit stehen 33 gefährdete Stätten auf der Liste, darunter die Everglades in den USA und die Altstadt von Jerusalem.

Um der Stadt Köln Zeit zu geben für eine mögliche Nachbesserung der Hochhauspläne, wurde die Entscheidung über eine endgültige Aberkennung des Weltkulturerbestatus auf der Sitzung des Welterbekomitees im Juli 2005 in Durban zunächst vertagt.

Möglicherweise droht auch Dresden die Aberkennung des erst im Juli 2004 für seine rd. 20 Kilometer lange Flusslandschaft errungenen Weltkulturerbestatus: in seinem Brief vom Sept. 2005 an das Auswärtige Amt äußerte der Direktor des UNESCO-Welterbezentrums in Paris, Francesco Bandarin, seine Sorge über die geplante »Waldschlößchenbrücke«, die das historische Bild des Elbtals beeinträchtigen würde.

Um den geplanten Bau der Brücke wird bereits seit Jahren zwischen Stadtplanern, Umweltschützern und Bürgerinitiativen gestritten; bei einem Bürgerentscheid im Februar 2005 hatten sich fast 68 % der Dresdner Bürger für den Bau ausgesprochen.

Abkommen gegen illegalen Kunsthandel Am 12.2.2006 stimmte das Bundeskabinett für den Entwurf eines Gesetzes zur Umsetzung des UNESCO-Übereinkommens zum internationalen Kulturgüterschutz. Dem bereits 1970 von der UNESCO verabschiedeten Übereinkommen sind inzwischen 109 Vertragsstaaten beigetreten, darunter neben 17 EU-Mitgliedstaaten auch die Schweiz, USA, Australien, China, Russland und Japan. Die Vereinbarung regelt die von den Vertragsstaaten zu ergreifenden Maßnahmen gegen den illegalen Kulturhandel – zum Schutz des eigenen nationalen Kulturgutes und zum Schutz rechtswidrig eingeführten Kulturgutes sowie zu dessen Herausgabe auf Ersuchen des Herkunftslandes.

Die vom Kulturgüterdiebstahl betroffenen Länder verfügen meist weder über die Mittel noch die Kapazitäten, die illegale Ausfuhr ihrer Kulturgüter zu verhindern; oft werden die illegal ausgeführten Güter über Drittländer transferiert und dort mit den nötigen Papieren versehen. Aus verfassungsrechtlichen Gründen wird das jetzt vom Bundeskabinett abgesegnete Gesetz nicht rückwirkend, sondern nur für zukünftige Sachverhalte gelten; auf die Rückgabe der in den vergangenen Jahren im Irak gestohlenen Kunstschätze beispielsweise ist es daher nicht anwendbar.

Nobelpreise 2005

Nach dem Vermächtnis des schwedischen Chemikers und Industriellen Alfred Nobel (1833–96) werden seit 1901 Personen und Institutionen für ihre Verdienste um die Erhaltung des Friedens sowie für Leistungen auf den Gebieten Literatur, Chemie, Physik und Medizin oder Physiologie ausgezeichnet. Darüber hinaus stiftete 1969 die Schwedische Reichsbank den Preis für Wirtschaftswissenschaften. Die heute mit jeweils 10 Mio. skr (ca. 1,1 Mio. €) dotierten Auszeichnungen werden jedes Jahr am 10. 12., dem Todestag Nobels, vom norwegischen König in Oslo bzw. vom schwedischen Monarchen in Stockholm überreicht.

▪ **Friedensnobelpreis** Der Friedensnobelpreis 2005 ging je zur Hälfte an die Internationale Atomenergiebehörde (IAEA) und ihren Generaldirektor Mohammed el-Baradei für ihren Einsatz um eine Verhinderung der militärischen Nutzung der Kernenergie und der Ausbreitung von Atomwaffen. Der ägyptische Völkerrechtler und Diplomat el-Baradei hat 1997 die Leitung der IAEA übernommen. Er war im Irak mitverantwortlich für die Waffenkontrollen und setzt in den Auseinandersetzungen um die Atomprogramme in Nordkorea und im Iran auf die Ausschöpfung aller diplomatischen Mittel. Hauptaufgabe der IAEA ist die internationale Zusammenarbeit im Bereich der friedlichen Nutzung der Kernenergie. Sie ist das Kontrollorgan des Vertrags über die Nichtverbreitung von Atomwaffen (Atomwaffensperrvertrag).

▪ **Nobelpreis für Literatur** Die Auszeichnung ging an den britischen Dramatiker Harold Pinter. Die Schwedische Akademie der Schönen Künste begründete die Entscheidung damit, dass Pinter »in seinen Dramen den Abgrund unter dem alltäglichen Geschwätz freilegt und in den geschlossenen Raum der Unterdrückung einbricht«. Er gelte als »hervorragendster Vertreter des englischen Dramas in der zweiten Hälfte des 20. Jahrhunderts«. Als Dramatiker debütierte Pinter 1957 mit dem Einakter »Das Zimmer«, der in einem ärmlichen Wohnzimmer eines Arbeiterehepaares spielt. Der weltweite Durchbruch gelang ihm mit dem Stück »Der Hausmeister« (1959). Insgesamt hat er 29 Bühnenwerke geschrieben, darunter »Die Geburtstagsfeier« (1958), »Das Treibhaus« (1959) und »Die Heimkehr« (1965). Pinter hat auch Hörspiele und Drehbücher für Film und Fernsehen verfasst und als Regisseur gearbeitet. Seit 1973 hat er sich neben der Schriftstellerei als Vorkämpfer für die Menschenrechte profiliert.

▪ **Nobelpreis für Chemie** Der Preis ging zu je einem Drittel an den Franzosen Yves Chauvin (forschte am Institut Français du Pétrole in Rueïl-Malmaison) und an die beiden US-Amerikaner Robert H. Grubbs (California Institute of Technology / Caltech in Pasadena) und Richard R. Schrock (Massachusetts Institute of Technology / MIT in Cambridge) für die Entdeckung neuer Wege zur gezielten Herstellung von Kunststoffen und Medikamenten. Sie haben eine Methode entwickelt, mit der Pflanzen- und Erdölverbindungen mit Hilfe von Katalysatoren so zielgerichtet umgebaut werden können, dass daraus schnell und umweltfreundlich Kunststoffe oder Arzneimittel entstehen können.

▪ **Nobelpreis für Physik** Die Auszeichnung ging zu je einem Drittel an die beiden US-Wissenschaftler Roy J. Glauber und John L. Hall sowie an den Deutschen Theodor W. Hänsch für ihre Arbeiten auf dem Gebiet der laserbasierten Präzisionsspektroskopie. Den drei Physikern ist es gelungen, die ultraschnellen Schwingungen von Licht extrem genau zu messen. Damit sind u. a. präzisere Messungen von Frequenzen zum Einsatz in Präzisionsuhren und in neuen Technologien zur globalen Standortbestimmung mit Navigationssystemen möglich. Glauber lehrte bis zur Emeritierung überwiegend an der Harvard University in Cambridge (Massachusetts), Hall an der University of Colorado; Hänsch ist Lehrstuhlinhaber für Experimentalphysik und Laserspektroskopie an der Ludwig-Maximilians-Universität in München und zugleich Wissenschaftlicher Direktor des Max-Planck-Instituts für Quantenoptik in Garching.

▪ **Nobelpreis für Medizin** Den Nobelpreis für Medizin erhielten je zur Hälfte die australischen Wissenschaftler Barry J. Marshall und Robin J. Warren für die Entdeckung des Magenbakteriums Helicobacter pylori. Sie hatten bereits 1982 herausgefunden, dass nicht Stress und Übersäuerung die Hauptursache für eine Entzündung (Gastritis) und für Geschwüre des Magens und des Zwölffingerdarms (peptische Ulzera) sind, sondern eine Infektion des Magens mit Helicobacter pylori. Die Krankheit kann seitdem durch eine kurze Antibiotika-Therapie und durch Medikamente zur Blockade der Magensäureproduktion geheilt werden. Marshall ist an der University of Western Australia tätig, Warren arbeitet als Pathologe am Royal Perth Hospital.

▪ **Nobel-Gedenkpreis für Wirtschaftswissenschaften** Der Gedenkpreis ging je zur Hälfte an den an der Hebräischen Universität in Jerusalem lehrenden US-amerikanisch-israelischen Wirtschafts- und Politikwissenschaftler Robert J. Aumann und den US-amerikanischen Ökonomen und Politologen Thomas C. Schelling (bis 1990 University of Maryland) für die Weiterentwicklung der Spieltheorie, mit deren Hilfe Interessenkonflikte in Wirtschaft und Handel gelöst, aber auch Kriege vermieden werden können. In der Begründung der Preisvergabe durch die Königlich-Schwedische Akademie in Stockholm heißt es, der Beitrag der beiden Forscher werde in vielen Bereichen genutzt, unter anderem bei »Sicherheits- und Abrüstungsstrategien, der Preisbildung an Märkten sowie in wirtschaftlichen und politischen Verhandlungen«.

Fußball

Weltmeisterschaft

Deutschland, 9. 6.–9. 7. 2006

Weltmeister 2006 Italien, Deutschland überraschend Dritter, Turnierfavorit Brasilien überschätzt und früh gescheitert, die WM ab dem Halbfinale eine reine EM, Asien in Stagnation, Afrika in Lauerstellung – das sind in Kürze die sportlichen Nachrichten der 18. Fußball-Weltmeisterschaft. Ausgeblieben ist der von vielen Experten prognostizierte Hochgeschwindigkeitsfußball. Rasante Ballzirkulation, Flügelspiel, Steilpässe in die Spitze – all das gehörte nicht zum bevorzugten Repertoire der stilprägenden Mannschaften des Turniers. Wo der bespielbare Raum dank immer kompakterer Defensivsysteme und der Dominanz laufstarker, athletischer Spielertypen ständig verengt wird, sinkt die Torquote. Das kollektive Vergnügen aber litt unter der Torflaute nicht.

Weltmeister 2006 Italien – Mannschaftskapitän Fabio Cannavaro mit dem WM-Pokal

Deutschland im Fußballsommer: vier Wochen Partylaune bei Kaiserwetter. Die globalisierte Fußball-Community feierte sich selbst, in den Stadien, Innenstädten und Fanmeilen, vor den Großleinwänden in Kneipen und Cafés. Von der friedlichen, im besten Sinne internationalen Atmosphäre ließen sich die Gäste aus aller Welt begeistern und mitreißen. Deutschland erlebte die erste Weltmeisterschaft der Frauen: fast jeder zweite Fan war weiblich – auch das dürfte zur Zivilisierung der Begeisterung beigetragen haben. »Wir fangen fast schon an, uns selber zu mögen«, kommentierte Innenminister Wolfgang Schäuble gut gelaunt.

Wer hätte ernsthaft erwartet, dass das arg bespöttelte Projekt **»Challenge 2006«** dem Land traumhafte Fußballwochen bescheren würde? Eigentlich war es eine »mission impossible«, zu der Jürgen Klinsmann und Joachim Löw im Juli 2004 aufgebrochen waren. Wer die Maxime ausgibt, mit einer jungen Mannschaft Weltmeister werden zu wollen, gilt schnell als größenwahnsinnig. Klinsmann stand vom ersten Tag an für einen Kulturbruch. Konditionstrainer Mark Versteegen samt Helfern und Equipment aus Phoenix, Arizona, der Schweizer Chefscout Urs Siegenthaler, der Teampsychologe Hans-Dieter Hermann – diese Personalien wären in der bravdeutschen Ära eines Rudi Völler undenkbar gewesen. Klinsmann, wohnhaft in Huntington Beach, Kalifornien, ist als Bundestrainer keinem Konflikt aus dem Weg gegangen. Christian Wörns, von halb Fußball-Deutschland nach dem 1:4-Debakel im März 2006 gegen Italien gefordert, wurde ebenso ausgebootet wie der als »illoyal« kritisierte Torwarttrainer Sepp Maier – kein Kevin Kuranyi im WM-Kader, dafür aber der unerfahrene Dortmunder Außenstürmer David Odonkor, und in der **»T-Frage«** die Entscheidung für Jens Lehmann als offensiv agierendem Torhüter.

Motivationsscharlatanerie und **»Malibu-Optimismus«**, das waren die häufigsten Vorwürfe der Kritiker des neuen Kurses. Genau dieser Optimismus wurde zur Energiequelle, aus der sich im Sommer 2006 die rauschhafte Fußballparty auf Deutschlands Straßen und Plätzen speiste.

Wer **Italien** bei einer WM nicht als Titelkandiaten auf der Liste hat, muss gute Gründe vorweisen können. Genau daran haben skrupellose Macher des italienischen Fußballs der Seria A in den vergangenen Monaten tatkräftig gearbeitet. Allen voran Luciano Moggi, der Ex-Manager von Juventus Turin, und seine Kollegen vom AC Mailand und AC Florenz, denen u. a. Bestechung, Spielmanipulation und Bildung einer kriminellen Vereinigung vorgeworfen wurde. Als dann noch die Nachricht vom mutmaßlichen Selbstmordversuch des neuen Juve-Managers Gianluca Pessotto eintraf, wirkte die Squadra Azzurra wie paralysiert. Und dann die Wende: Italien, mit dem Rücken zur Wand, bäumte sich auf, machte auf dem grünen Rasen plötzlich »bella figura«, gewann von Spiel zu Spiel an Format. Während zu Hause die Fundamente des Profifußballs wegzubrechen drohten, schickte sich Marcello Lippis Team an, Weltmeister zu werden. Abwehr und defensives Mittelfeld haben sich wieder einmal als Prunkstücke italienischer Fußballkunst erwiesen. Wer Ausnahmekönner wie Cannavaro, Zambrotta, Nesta, Gattuso und Pirlo in seinen Reihen weiß, kann geduldig abwarten, bis Toni, Totti, Inzaghi oder Gilardino ein Tor gelingt – oder gleich mehrere, wie beim 6:4-Finalsieg nach Elfmeterschießen gegen Frankreich.

Nach schwachem Beginn sah es aus, als würde die **»Generation Zidane«** das Trauerspiel von der WM

Weltmeisterschaft 2006

Gruppe A			**Gruppe B**		
Deutschland – Costa Rica		4:2	England – Paraguay		1:0
Polen – Ecuador		0:2	Trinidad und Tobago – Schweden		0:0
Deutschland – Polen		1:0	England – Trinidad und Tobago		2:0
Ecuador – Costa Rica		3:0	Schweden – Paraguay		1:0
Ecuador – Deutschland		0:3	Paraguay – Trinidad und Tobago		2:0
Costa Rica – Polen		1:2	Schweden – England		2:2
1. Deutschland	8:2	9 Pkt.	1. England	5:2	7 Pkt.
2. Ecuador	5:3	6 Pkt.	2. Schweden	3:2	5 Pkt.
3. Polen	2:4	3 Pkt.	3. Paraguay	2:2	3 Pkt.
4. Costa Rica	3:9	0 Pkt.	4. Trinidad und Tobago	0:4	1 Pkt.
Gruppe C			**Gruppe D**		
Argentinien – Elfenbeinküste		2:1	Mexiko – Iran		3:1
Serbien und Montenegro – Niederlande		0:1	Angola – Portugal		0:1
Argentinien – Serbien und Montenegro		6:0	Mexiko – Angola		0:0
Niederlande – Elfenbeinküste		2:1	Portugal – Iran		2:0
Niederlande – Argentinien		0:0	Portugal – Mexiko		2:1
Elfenbeinküste – Serbien und Montenegro		3:2	Iran – Angola		1:1
1. Argentinien	8:1	7 Pkt.	1. Portugal	5:1	9 Pkt.
2. Niederlande	3:1	7 Pkt.	2. Mexiko	4:3	4 Pkt.
3. Elfenbeinküste	5:6	3 Pkt.	3. Angola	1:2	2 Pkt.
4. Serbien und Montenegro	2:10	0 Pkt.	4. Iran	2:6	1 Pkt.
Gruppe E			**Gruppe F**		
USA – Tschechien		0:3	Australien – Japan		3:1
Italien – Ghana		2:0	Brasilien – Kroatien		1:0
Tschechien – Ghana		0:2	Japan – Kroatien		0:0
Italien – USA		1:1	Brasilien – Australien		2:0
Tschechien – Italien		0:2	Japan – Brasilien		1:4
Ghana – USA		2:1	Kroatien – Australien		2:2
1. Italien	5:1	7 Pkt.	1. Brasilien	7:1	9 Pkt.
2. Ghana	4:3	6 Pkt.	2. Australien	5:5	4 Pkt.
3. Tschechien	3:4	3 Pkt.	3. Kroatien	2:3	2 Pkt.
4. USA	2:6	1 Pkt.	4. Japan	2:7	1 Pkt.
Gruppe G			**Gruppe H**		
Südkorea – Togo		2:1	Spanien – Ukraine		4:0
Frankreich – Schweiz		0:0	Tunesien – Saudi-Arabien		2:2
Frankreich – Südkorea		1:1	Saudi-Arabien – Ukraine		0:4
Togo – Schweiz		0:2	Spanien – Tunesien		3:1
Schweiz – Südkorea		2:0	Ukraine – Tunesien		1:0
Togo – Frankreich		0:2	Saudi-Arabien – Spanien		0:1
1. Schweiz	4:0	7 Pkt.	1. Spanien	8:1	9 Pkt.
2. Frankreich	3:1	5 Pkt.	2. Ukraine	5:4	6 Pkt.
3. Südkorea	3:4	4 Pkt.	3. Tunesien	3:6	1 Pkt.
4. Togo	1:6	0 Pkt.	4. Saudi-Arabien	2:7	1 Pkt.
ACHTELFINALE					
Deutschland – Schweden	2:0		**England** – Ecuador	1:0	
Argentinien – Mexiko	2:1 n. V.		**Portugal** – Niederlande	1:0	
Italien – Australien	1:0		**Brasilien** – Ghana	3:0	
Schweiz – **Ukraine**	0:3 n. E.		Spanien – **Frankreich**	1:3	
VIERTELFINALE					
Deutschland – Argentinen	5:3 n. E.		England – **Portugal**	1:3 n. E.	
Italien – Ukraine	3:0		Brasilien – **Frankreich**	0:1	
HALBFINALE					
Deutschland – **Italien**	0:2 n. V.		Portugal – **Frankreich**	0:1	
FINALE			**SPIEL UM PLATZ 3**		
Italien – Frankreich	6:4 n. E.		**Deutschland** – Portugal	3:1	

2002 fortschreiben. »Allez les Vieux« statt »Allez les Bleus« – das Team des kritisch beäugten Trainers Raymond Domenech schien zu alt, um im modernen Tempofußball mithalten zu können. Doch **Frankreich** kam, je weiter es sich voranklämpfte, immer besser auf

Touren. **»C'est Zidane!«** (Foto), hieß es triumphierend, als der 34-jährige Großmeister des Weltfußballs noch einmal all das zeigte, was ihn so einzigartig gemacht hat, die kunstvolle Pirouette, der elegante Übersteiger, der zentimetergenaue Pass in die Spitze. »Zizou« be-scherte der »grande nation« ein Wechselbad der Gefühle. Durch mitreißende Auftritte gegen Brasilien und Portugal ebnete er den Weg ins WM-Finale, wo er mit einer Tätlichkeit gegen Marco Materazzi kurz vor Ende der Verlängerung und in den allerletzten Minuten seiner großartigen Karriere Frankreichs Traum vom zweiten WM-Titel durch einen rüden Kopfstoß beendete.

Mit ein wenig mehr Glück hätte **Deutschland** dank seines so aufwändigen wie mitreißenden Offensivstils durchaus Weltmeister werden können. Am Ende fehlten im Halbfinale gegen Italien nur zwei Minuten, um das Elfmeterschießen zu erreichen, die deutscheste aller Fußballdomänen. Das mit großer Leichtigkeit herausgespielte 3:0 gegen Portugal besiegelte den 3. Platz, sportlich die Sensation dieser WM.

Helle Freude der deutschen Nationalmannschaft nach dem Sieg über Argentinien im Elfmeterschießen

Dem deutschen Trainerstab ist es gelungen, der »06-er Generation« den Glauben an ihre Möglichkeiten und Stärken einzupflanzen. Von dem 4:2 der Marke »heiter weiter« im ersten Spiel gegen Costa Rica bis zu den defensiv und offensiv gut ausbalancierten Auftritten im Viertel- und Halbfinale hat sich die deutsche Auswahl beeindruckend gesteigert. An der psychischen Robustheit, Konzentriertheit, Lockerheit und dem unerschütterlichen Selbstbewusstsein der »Klinsmänner« haben sich ihre Gegner die Zähne ausgebissen. Jens Lehmann, provozierend cool im Elfmeterschießen gegen Argentinien, Per Mertesacker und Christoph Metzelder als sattelfeste Innenverteidigung, Philipp Lahm mit glanzvollen Momenten an der linken Außenseite, das defensive Mittelfeldbollwerk Frings/Ballack und der als Vorbereiter und Vollstrecker unwiderstehliche WM-Torschützenkönig Miroslav Klose (5 Tore) – der deutsche Turniererfolg hatte viele Väter. Jürgen Klinsmanns Abschied nach der WM kam nicht unerwartet. »Jogi« Löw als neuer Bundestrainer bietet wie kein anderer die Gewähr, das offensive »System Klinsmann« kreativ weiterzuentwickeln.

Während **Portugal** sich dank Trainer Luiz Felipe Scolari mit Platz 4 – trotz des ungelösten Konflikts »Art Deco oder Operettenfußball Marke Cristiano Ronaldo« – in der Weltspitze festgesetzt hat, sind **Tschechien**, **England** und die **Niederlande** die prominenten Geschlagenen dieser WM. Und während der selbst ernannte Titelkandidat England mit seinem Ergebnisfußball auf der ganzen Linie enttäuschte und wie so oft im Elfmeterschießen scheiterte, konnte **Spaniens** junge Mannschaft unter Trainer Luis Aragones vor allem in der Vorrunde faszinierende Akzente setzen.

Dass **Südamerika** sich bereits im Viertelfinale aus dem Turnier verabschieden würde, darauf hätte vorher kaum jemand gewettet. **Brasilien** mit seinem Apparatschik-Fußball war die große Turnierenttäuschung: satt, selbstgenügsam, überheblich und langsam auf den Beinen. »Noch nie hat eine brasilianische Mannschaft bei einer WM so schlecht Fußball gespielt wie diese«, zürnte Brito, Mitglied der Weltmeistermannschaft von 1970. Das »magische Viereck« aus Ronaldinho, Kaká, Ronaldo und Adriano verströmte keinen Zauber: eine Handvoll guter Szenen, sonst nichts als Zweckfußball. Während Ronaldinho beim FC Barcelona einen Deco neben sich und mit Eto'o und Giuly pfeilschnelle Spitzen vor sich hat, ist er in der aktuellen Seleçao »nur eine Anspielstation zwischen all den Säulenheiligen, ein Goldfisch an der Leine« (FAZ).

Anders als Brasilien hat **Argentinien** keineswegs enttäuscht. Geführt vom begnadeten Spielgestalter Juan Roman Riquelme vom FC Villareal, avancierten die »Peker-Boys« nach dem grandiosen 6:0 gegen Serbien und Montenegro zum Turnierfavoriten. Vielleicht hat sich der charismatische José Néstor Pekerman tatsächlich »verzockt«, als er im Viertelfinale gegen Deutschland mit einer 1:0-Führung im Rücken kurz vor Schluss seine Offensiv-Asse Riquelme und Crespo vom Platz nahm und statt des 18-jährigen Jungstars Lionel Messi einen defensiven Mann brachte. Tatsache ist: Die »Albiceleste« hätte einen glanzvollen Weltmeister abgegeben.

Die positive Überraschung des Turniers war das Fußball-Entwicklungsland **Australien**. Trainer Guus Hiddink bewies einmal mehr, dass er so gut wie jeder Mannschaft eine schlüssige Spielidee mit auf den Weg zu geben versteht.

Und Afrika? Bis zum Achtelfinale präsentierte sich **Ghana** als wuchtiges, technisch begabtes Kollektiv. Und was die von Didier Drogba inspirierte **Elfenbeinküste** in einer anderen als der »Killergruppe« C hätte bewirken können, davon bekam man in den Spielen gegen Argentinien und die Niederlande eine Ahnung. Die Fußball-WM 2010 in Südafrika kann kommen!

Afrika-Cup

Ägypten, 20. 1.–10. 2. 2006

Als erste Mannschaft gewann **Ägypten** den Afrika-Cup zum fünften Mal. Der Gastgeber der seit 1957 ausgetragenen Kontinentalmeisterschaft setzte sich vor 74 000 Zuschauern in Kairo im Elfmeterschießen gegen die Elfenbeinküste durch, obwohl sein bester Stürmer Mido nicht dabei war; der Spieler des Premier League-Clubs Tottenham Hotspurs hatte sich lautstark gegen seine Auswechslung im Halbfinale gegen Senegal zur Wehr gesetzt. Zwei der stärksten afrikanischen Mannschaften, die in der WM-Qualifikation auf der Strecke geblieben waren, nutzten den Africa-Cup zur Wiedergutmachung: das mit Weltklassespielern gespickte Team aus **Kamerun**, das durch einen vergebenen Elfmeter in der Nachspielzeit gegen Ägypten gescheitert war. Und **Nigeria**, das vom Nobody Angola düpiert worden war, einem Land, in dem nach 27 Jahren Bürgerkrieg mit Hunderttausenden Toten erst allmählich ein nationaler Ligabetrieb Konturen annimmt.

Spektakulärer Höhepunkt des Turniers war das Elfmeterschießen in der letzten Viertelfinal-Begegnung zwischen Kamerun und der **Elfenbeinküste**: Als der Kameruner Samuel Eto'o (FC Barcelona) den 23. Strafstoß über das Tor setzte, war es dem anderen afrikanischen Superstar Didier Drogba vom FC Chelsea vorbehalten, die Ivorer mit dem eher seltenen Ergebnis von 11:12 n. E. ins Finale zu schießen.

Wegen seines Zweijahresturnus steht die **Afrikameisterschaft** stets in der Kritik der europäischen Spitzenklubs, weil sie exakt dann stattfindet, wenn die Top-Ligen der Welt in der entscheidenden Meisterschaftsphase sind. Der afrikanische Kontinent braucht aber die fußballerische Leistungsschau zu seinen Bedingungen und seinen Zeitvorgaben. Kein Wunder, dass **Spieleragenten und Scouts** aus aller Welt sich beim Afrika-Cup auf den Tribünen ein Stelldichein geben; selbst Zweitligisten haben ihre Einkäufer auf Shoppingtour geschickt. Afrika ist das wichtigste Reservoir des Weltfußballs: Von 368 Fußballern, die in Ägypten um den Titel spielten, steht jeder Zweite in Europa unter Vertrag. Von einem europäischen Spitzenklub verpflichtet zu werden und einen ähnlichen Weg zu gehen wie Mickaël Essien, John Obi Mikel, Emmanuel Adebayor, Didier Zokora, Drogba und Eto'o, das ist der Traum fast jedes afrikanischen Jungen.

Viertelfinale	Guinea – **Senegal**	2:3
	Ägypten – DR Kongo	4:1
	Nigeria – Tunesien	6:5 n. E.
	Kamerun – **Elfenbeinküste**	11:12 n. E.
Halbfinale	**Elfenbeinküste** – Nigeria	1:0
	Ägypten – Senegal	2:1
Spiel um Platz 3	**Nigeria** – Senegal	1:0
Finale	Elfenbeinküste – **Ägypten**	2:4 n. E.

Champions League 2005/06

FC Barcelona gegen **Arsenal London** im Finale der Champions League, Ronaldinho, Deco, Eto'o gegen Henry, Fabregas, Eboué – das versprach ein mitreißendes Fußballfest im Pariser Stade de France zu werden. Der frühe Platzverweis des Arsenal-Keepers Jens Lehmann nach einer Notbremse gegen Eto'o raubte dem Spiel den Esprit. Großer Kampf statt große Kunst, Abwehrschlacht statt Offensivgala beim mühsamen 2:1 der Katalanen gegen einen dezimierten Gegner. Dennoch siegte mit dem FC Barcelona zweifellos die derzeit beste europäische Vereinsmannschaft. **Trainer Frank Rijkaard** ist bei Barça das Kunststück gelungen, ein mitreißendes Spielsystem aus alter Ajax-Schule und brasilianischer Ballkunst zu etablieren. Effizienz kombiniert mit Momenten von hypnotischer Schönheit, dieser neuen katalanischen Mischung waren weder der FC Chelsea noch Benfica Lissabon, AC Milan und Arsenal London gewachsen.

Viertelfinale	**Arsenal London** – Juventus Turin	2:0, 0:0
	Benfica Lissabon – **FC Barcelona**	0:0, 0:2
	Olympique Lyon – **AC Mailand**	0:0, 1:3
	Inter Mailand – **FC Villarreal**	2:1, 0:1
Halbfinale	AC Mailand – **FC Barcelona**	0:1, 0:0
	Arsenal London – FC Villarreal	1:0, 0:0
Finale	**FC Barcelona** – Arsenal London	2:1 (0:1)

UEFA-Cup 2005/06

Für den **FC Schalke 04**, den letzten deutschen Mitspieler auf europäischem Parkett, war es ein schwacher Trost, mit dem **FC Sevilla** im Halbfinale am späteren UEFA-Cupsieger gescheitert zu sein; Mirko Slomkas Team agierte viel zu vorsichtig, um die Spanier um Argentiniens Nationalstürmer Javier Saviola ernsthaft zu gefährden. Im Finale in Eindhoven setzten sich die Andalusier sicher mit 4:0 gegen den **FC Middlesbrough** durch. Ein drittes Fußballwunder für die vom zukünftigen englischen Nationalcoach Steve McClaren trainierten Engländer wäre auch des Guten zuviel gewesen, nachdem sie zunächst gegen den FC Basel und dann im Halbfinale gegen Steaua Bukarest einen Dreitore-Rückstand noch in letzter Minute wettgemacht hatten.

Viertelfinale	Lewski Sofia – **FC Schalke 04**	1:3, 1:1
	Rapid Bukarest – **Steaua Bukarest**	1:1, 0:0
	FC Basel – **FC Middlesbrough**	2:0, 1:4
	FC Sevilla – Zenit St. Petersburg	4:1, 1:1
Halbfinale	Steaua Bukarest – **FC Middlesbrough**	1:0, 2:4
	FC Schalke 04 – **FC Sevilla**	0:0, 0:1
Finale	FC Middlesbrough – **FC Sevilla**	0:4 (0:1)

Bundesliga-Saison 2005/06

Die Bundesliga-Spielzeit 2005/06 wird nicht zu denen zählen, die in der kollektiven Erinnerung deutscher Fußballfans einen Ehrenplatz einnimmt. Mit dem **Double** aus Meisterschaft und Pokal gewann der FC Bayern München wieder einmal alles, was es national zu gewinnen gab – und wirkte doch am Ende so ernüchtert, als stünde er mit leeren Händen da. Während Arminia Bielefeld, als Abstiegskandidat Nr. 1 hoch gehandelt, sich als ebenso erstligatauglich erwies wie Jürgen Klopps Mainzer »Fußball-Gang« und die Frankfurter Eintracht, treten mit Kaiserslautern, Köln und Duisburg drei Traditionsvereine den Weg in die Zweitklassigkeit an. Zumindest der **Saisonausklang** war von hohem Unterhaltungswert: Durch einen 2:1-Erfolg im Nord-Derby beim Hamburger SV sicherte sich Werder Bremen noch die Direktqualifikation für die Champions League, während das 2:2 beim VfL Wolfsburg den Spielern vom Betzenberg den Abstieg bescherte.

Mit 14 Siegen in 17 Partien spielte Rekordmeister **Bayern München** eine überragende Vorrunde. Spielerischer Höhepunkt war die Gala gegen Juventus Turin beim 2:1-Sieg in der Champions-League-Gruppenphase. Kraftstrotzend, selbstbewusst, erfolgreich – die Münchner wähnten sich bereits auf europäischem Top-Niveau, als das »Debakel von San Siro«, die sang- und klanglose 1:4-Niederlage im Achtelfinal-Rückspiel beim AC Mailand, die Mannschaft aus der Bahn warf. Auch die Personalie Ballack dürfte den FC Bayern mehr beschäftigt haben, als ihm lieb sein konnte; seinen europäischen Ambitionen hat das enervierende Wechselhickhack zweifellos geschadet.

Der Verein steht vor einem Strukturwandel. Noch wirkt das Bayern-Triumvirat Hoeneß, Rummenigge und Magath uneins über Richtung und Radikalität des Umbaus in der Mannschaft. Mit dem Paraguayer Julio Dos Santos und Lukas Podolski in der Offensivabteilung und dem vom HSV abgeworbenen Abwehrhünen Daniel van Buyten könnte sich der Club an der Säbener Straße klug verstärkt haben. Ob das ausreicht, um den Weggang Michael Ballacks zum FC Chelsea zu kompensieren, muss die nächste Spielzeit erweisen.

Vizemeister **Werder Bremen** stand auch in dieser Spielzeit dank Klose und Klasnić, Micoud und Borowski, Valdez und Frings für Jubel, Trubel und Spektakel.

Miroslav Klose war mit 25 Toren und 14 Assists mit Abstand bester Stürmer der Liga, obwohl er verletzungsbedingt nur 26 von 34 Saisonspielen bestreiten konnte. Dass mehrere europäische Top-Vereine ihn nach seinem starken WM-Auftritt lieber heute als morgen aus seinem Vertrag bei Werder herauskaufen möchten, verwundert nicht. In der kommenden Saison muss Werder, so viel steht fest, ohne seinen charismatischen Mittelfeldregisseur Johan Micoud auskommen, den es zum Karriereende in heimische Gefilde, zu Girondins Bordeaux zieht.

Torschützenkönig 2006 Miroslav Klose

Auch wenn dem **Hamburger SV** nach 55 Pflichtspielen am Ende die Kräfte schwanden: Der HSV ist auf dem besten Wege, sich national und international ins Rampenlicht zu spielen. Nicht nur dank seiner spektakulären Neuzugänge van der Vaart, Atouba und de Jong spielten die Hanseaten eine große Saison, auch Spieler wie Barbarez, Jarolim, Trochowski, Demel, Mahdavikia und Wächter sorgten dafür, dass man in Hamburg wieder europäisch träumen darf.

Die Saisonbilanz des **FC Schalke 04** fällt wenig berauschend aus. Vierter in der Liga, 0:6-Pokalblamage gegen Eintracht Frankfurt, Scheitern im UEFA-Cup kurz vor dem erhofften Titelgewinn – die Königsblauen haben alle ihre Saisonziele verpasst. Unter dem Strich blieben zu viele schmucklose Auftritte und spielerische Enttäuschungen (Kevin Kuranyi, Fabian Ernst), zu wenig Esprit und Tore. Die Entlassung von Trainer Ralf Rangnick und der Wechsel zu Mirko Slomka hat die Saisonbilanz nicht komfortabler ausfallen lassen.

Tristesse, Schlammschlachten (der »Fall Calmund«, die »Affäre Nowotny«) und eine grottenschlechte Hinrunde: **Bayer Leverkusen** schien in der ersten Saisonhälfte lustvoll mit dem »Modellversuch Selbstdemontage« beschäftigt, um dann unter dem neuen Trainer Michael Skibbe mit der zweitbesten Rückrundendenbilanz noch den Sprung auf Platz 5 und die direkte Qualifikation für den UEFA-Cup zu schaffen. Auf seinen Klasse-Stürmer Dimitar Berbatov muss das Werksteam in der kommenden Saison verzichten; der bulgarische Torjäger ist den Tottenham Hotspurs rund 17 Mio. € wert.

DFB-Pokal 2005/06

Viertelfinale	
FC Bayern München – FSV Mainz 05	3:2 n. V.
Arminia Bielefeld – Kickers Offenbach	5:3 n. E.
TSV 1860 München – **Eintracht Frankfurt**	1:3
FC St. Pauli – Werder Bremen	3:1
Halbfinale	
Eintracht Frankfurt – Arminia Bielefeld	1:0
FC St. Pauli – **FC Bayern München**	0:3
Finale	
Eintracht Frankfurt – **FC Bayern München**	0:1

Ergebnisse der Bundesliga-Saison 2005/2006

1. FC Bayern München		3:1 0:3	1:2 0:2	3:0 1:1	1:0 5:2	3:0 0:0	3:3 2:1	2:1 2:1	3:1 0:0	3:0 3:1
2. Werder Bremen	3:0 1:3		1:1 2:1	0:0 1:2	2:1 1:1	0:3 2:1	3:2 1:0	6:2 1:3	1:1 0:0	2:0 1:2
3. Hamburger SV	2:0 2:1	1:2 1:1		1:0 2:0	0:2 1:0	2:1 2:4	2:4 1:1	3:0 1:2	0:2 2:1	2:0 0:0
4. FC Schalke 04	1:1 0:3	2:1 0:0	0:2 0:1		7:4 1:1	0:0 2:1	0:0 2:1	2:0 1:1	3:2 0:2	1:1 0:0
5. Bayer Leverkusen	2:5 0:1	1:1 1:2	0:1 2:0	1:1 4:7		1:2 5:1	2:1 2:1	2:2 1:1	1:1 2:0	2:1 1:1
6. Hertha BSC	0:0 0:3	1:2 3:0	4:2 1:2	1:2 0:0	1:5 2:1		0:0 0:2	1:1 1:2	2:0 3:3	2:2 2:2
7. Bor. Dortmund	1:2 3:3	0:1 2:3	1:1 4:2	1:2 0:0	1:2 1:2	2:0 0:0		2:1 2:1	0:0 0:0	2:1 1:2
8. 1. FC Nürnberg	1:2 1:2	3:1 2:6	2:1 0:3	1:1 0:2	1:1 2:2	2:1 1:1	1:2 1:2		0:1 0:1	5:2 1:0
9. VfB Stuttgart	0:0 1:3	0:0 1:1	1:2 2:0	2:0 2:3	0:2 1:1	3:3 0:2	0:0 0:0	1:0 1:0		1:1 1:1
10. Bor. M' Gladbach	1:3 0:3	2:1 0:2	0:0 0:2	0:0 1:1	1:1 1:2	2:2 2:2	2:1 1:2	0:1 2:5	1:1 1:1	
11. 1. FSV Mainz 05	2:2 1:2	0:2 2:4	1:3 0:1	1:0 0:1	3:1 2:1	2:2 1:3	1:1 1:1	4:1 0:3	1:2 1:2	3:0 0:1
12. Hannover 96	1:1 0:1	0:0 0:5	2:1 1:1	1:2 0:2	2:2 0:0	2:2 1:1	1:2 2:0	1:1 1:1	3:3 2:2	1:1 2:2
13. Arminia Bielefeld	1:2 0:2	0:1 2:5	0:2 1:2	0:1 1:3	1:0 1:1	3:0 0:1	1:0 0:2	0:0 3:2	2:1 1:1	0:2 0:2
14. Eintracht Frankfurt	0:1 2:5	0:1 1:4	1:2 1:1	0:1 0:2	1:4 1:2	1:1 0:2	2:0 1:1	1:0 1:0	1:1 2:0	0:2 3:4
15. VfL Wolfsburg	0:0 0:2	1:1 1:6	0:1 1:0	0:0 2:2	2:1 0:4	1:1 0:3	2:2 2:3	1:1 0:1	0:1 1:2	2:0 1:1
16. 1. FC K'lautern	1:1 1:2	1:5 2:0	0:3 0:3	0:2 1:2	2:2 1:5	0:2 0:3	3:3 1:2	1:3 2:3	1:1 0:1	3:0 1:4
17. 1. FC Köln	1:2 2:2	1:4 0:6	0:1 1:3	2:2 1:1	0:3 1:2	0:1 4:2	0:0 1:2	3:4 1:2	0:0 3:2	2:1 0:2
18. MSV Duisburg	1:3 0:4	3:5 0:2	0:2 0:2	1:1 0:3	1:3 2:3	2:1 2:3	1:1 0:2	1:0 0:3	1:1 1:0	1:1 1:2

Champions League: FC Bayern München, Werder Bremen
Champions League Qualifikation: Hamburger SV
UEFA-Cup: Schalke 04, Bayer 04 Leverkusen

Absteiger in die 2. Bundesliga: 1. FC Kaiserslautern, 1. FC Köln, MSV Duisburg
Aufsteiger in die 1. Bundesliga: VfL Bochum, Alemannia Aachen, Energie Cottbus

								Heimbilanz/Auswärtsbilanz					Gesamt		
								G	U	V	Pte.	Tore	Pte.	Tore	Diff.
2:1 2:2	1:0 1:1	2:0 2:1	5:2 1:0	2:0 0:0	2:1 1:1	2:2 2:1	4:0 3:1	14 8	2 7	1 2	44 31	42:14 25:18	75	67:32	+35
4:2 2:0	5:0 0:0	5:2 1:0	4:1 1:0	6:1 1:1	0:2 5:1	6:0 4:1	2:0 5:3	12 9	3 4	2 4	39 31	50:18 29:19	70	79:37	+42
1:0 3:1	1:1 1:2	2:1 2:0	1:1 2:1	0:1 1:0	3:0 3:0	3:1 1:0	2:0 2:0	10 11	2 3	5 3	32 36	26:16 27:14	68	53:30	+23
1:0 0:1	2:0 2:1	3:1 1:0	2:0 1:0	2:2 0:0	2:1 2:0	1:1 2:2	3:0 1:1	10 6	6 7	1 4	36 25	32:16 15:15	61	47:31	+16
1:2 1:3	0:0 2:2	1:1 0:1	2:1 4:1	4:0 1:2	5:1 2:2	2:1 3:0	3:2 3:1	7 7	6 4	4 6	27 25	30:23 34:26	52	64:49	+15
3:1 2:2	1:1 2:2	1:0 0:3	2:0 1:1	3:0 1:1	3:0 2:0	2:4 1:0	3:2 1:2	8 4	5 7	4 6	29 19	30:22 22:26	48	52:48	+4
1:1 1:1	0:2 2:1	2:0 0:1	1:1 0:2	3:2 2:2	2:1 3:3	2:1 0:0	2:0 1:1	8 3	4 9	5 5	28 18	23:18 22:24	46	45:42	+3
3:0 1:4	1:1 1:1	2:3 0:0	0:1 0:1	1:0 1:1	3:2 3:1	2:1 4:3	3:0 0:1	9 3	3 5	5 9	30 14	31:20 18:31	44	49:51	−2
2:1 2:1	2:2 3:3	1:1 1:2	0:2 1:1	2:1 1:0	1:0 1:1	2:3 0:0	0:1 1:1	5 4	7 9	5 4	22 21	18:19 19:20	43	37:39	−2
1:0 0:3	2:2 1:1	2:0 2:0	4:3 2:0	1:1 0:2	4:1 0:3	2:0 1:2	2:1 1:1	8 2	7 5	2 10	31 11	27:18 15:32	42	42:50	−8
	0:0 2:2	1:1 0:2	2:2 0:0	5:1 3:0	0:2 2:0	4:2 0:1	1:1 0:0	6 3	7 4	4 10	25 13	31:23 15:24	38	46:47	−1
2:2 0:0		0:1 1:4	2:0 1:0	2:4 1:2	5:1 0:1	1:0 4:1	1:1 0:0	4 3	9 8	4 6	21 17	27:24 16:23	38	43:47	−4
2:0 1:1	4:1 1:0		1:0 0:3	0:1 0:0	0:0 0:2	3:2 2:4	0:2 1:1	8 2	2 5	7 10	26 11	18:15 14:32	37	32:47	−15
0:0 2:2	0:1 0:2	3:0 0:1		1:1 0:1	2:2 2:1	6:3 1:1	5:2 1:0	5 4	5 4	7 9	20 16	24:22 18:29	36	42:51	−9
0:3 1:5	2:1 4:2	0:0 1:0	1:0 1:1		2:2 2:3	1:1 0:3	1:1 0:1	4 3	10 3	3 11	22 12	16:16 17:39	34	33:55	−22
0:2 2:0	1:0 1:5	2:0 0:0	1:2 2:2	3:2 2:2		2:2 3:2	5:3 2:2	5 3	5 4	7 10	20 13	26:33 21:38	33	47:71	−24
1:0 2:4	1:4 0:1	4:2 2:3	1:1 3:6	3:0 1:1	2:3 2:2		3:1 1:1	5 2	4 5	8 10	19 11	24:29 25:42	30	49:71	−22
0:0 1:1	0:0 1:1	1:1 2:0	0:1 2:5	1:0 1:1	2:2 3:5	1:1 1:3		3 2	9 3	5 12	18 9	17:23 17:40	27	34:63	−29

2. Bundesliga 2005/06

Auch ohne die Sterne vom Fußballhimmel heruntergespielt zu haben, ist dem **VfL Bochum** unter Trainer Marcel Koller zum fünften Mal umgehend die Rückkehr in die erste Liga geglückt. Und auch **Alemannia Aachen** ist nach 36 Jahren endlich wieder erstklassig. Kluge Transferpolitik, pfleglicher Umgang mit alten Haudegen und jungen Talenten, ein gut eingespieltes Führungsgespann mit Trainer Dieter Hecking und Sportdirektor Jörg Schmadtke und die Fan-Trutzburg Tivoli, das sind die Aktivposten, mit denen der rheinische Traditionsverein auf den Spuren anderer »Kultzwerge« wie FC St. Pauli, SC Freiburg und Mainz 05 nun sein Glück in der ersten Liga suchen wird. Den letzten freien Aufstiegsplatz ergatterte überraschend **Energie Cottbus**, während Mitfavorit **TSV München 1860** dem Desaster nur um Haaresbreite entging: Ein einziger Punkt trennte die »Löwen« am letzten Spieltag vom ersten Absteiger Dresden. Und ohne den Verkauf von Anteilen an der gemeinsam mit dem FC Bayern München betriebenen Stadion GmbH wäre der Zwangsabstieg nicht zu verhindern gewesen.

2. Bundesliga Saison 2005/06

	Tore	Punkte
1. VfL Bochum	55:26	66
2. Alemannia Aachen	61:36	65
3. Energie Cottbus	49:33	58
4. SC Freiburg	41:33	56
5. SpVgg Greuther Fürth	51:42	54
6. Karlsruher SC	55:45	53

Absteiger: Dyanamo Dresden, 1. FC Saarbrücken, LR Ahlen, SF Siegen
Aufsteiger: Rot-Weiß Essen, Carl Zeiss Jena, FC Augsburg, TuS Koblenz

Frauenfußball

Bundesliga Saison 2005/06

	G	U	V	Tore	Punkte
1. Turbine Potsdam	19	2	1	115:13	59
2. FCR Duisburg	17	4	1	90:11	55
3. 1. FFC Frankfurt	17	1	4	97:25	52

DFB-Pokal 2005/06

Finale	
1. FFC Frankfurt – **Turbine Potsdam**	0:2

UEFA-Pokal 2005/06

Halbfinale		
Turbine Potsdam – Djurgården/Alvsjö Stockholm	2:3	5:2
1. FFC Frankfurt – Montpellier HSC	0:1	3:2
Finale		
Turbine Potsdam – **1. FFC Frankfurt**	0:4	2:3

Europäische Top-Ligen 2005/06

England – Premier League

1. **FC Chelsea London**	91 Pkt.
2. Manchester United	83 Pkt.
3. FC Liverpool	82 Pkt.
4. FC Arsenal London	67 Pkt.

Frankreich – Première Division

1. **Olympique Lyon**	84 Pkt.
2. Girondins Bordeaux	69 Pkt.
3. OSC Lille	62 Pkt.
4. RC Lens	60 Pkt.

Griechenland – National Division

1. **Olympiakos Piräus**	70 Pkt.
2. AEK Athen	67 Pkt.
3. Panathinaikos Athen	67 Pkt.
4. Iraklis Saloniki	51 Pkt.

Italien – Serie A*

1. **Inter Mailand**	76 Pkt.
2. AS Rom	69 Pkt.
3. AC Mailand	58 Pkt.
4. AC Chievo Verona	54 Pkt.

* Tabellenstand nach Revisionsurteil im Manipulationsprozess, in dem Meister Juventus Turin mit Zwangsabstieg (Serie B), AC Mailand (2.), AC Florenz (4.) und Lazio Rom (5.) mit Punktabzug bestraft wurden. (Stand: 25. 7. 2006)

Niederlande – HC Eredivisie

1. **PSV Eindhoven**	84 Pkt.
2. AZ Alkmaar	74 Pkt.
3. Feyenoord Rotterdam	71 Pkt.
4. Ajax Amsterdam	60 Pkt.

Portugal – SuperLiga

1. **FC Porto**	79 Pkt.
2. Sporting Lissabon	72 Pkt.
3. Benfica Lissabon	67 Pkt.
4. Sporting Braga	58 Pkt.

Spanien – Primera División

1. **FC Barcelona**	82 Pkt.
2. Real Madrid	70 Pkt.
3. FC Valencia	69 Pkt.
4. CA Osasuna Pamplona	68 Pkt.

Türkei – 1. Futbol Süper Lig

1. **Galatasaray Istanbul**	83 Pkt.
2. Fenerbahce Istanbul	81 Pkt.
3. Besiktas Istanbul	54 Pkt.

Champions-League-Direktqualifikation
Teilnahme an Champions-League-Qualifikation
UEFA-Cup

Österreich

Austria Wien stand bereits am vorletzten Spieltag als Meister fest. Für die »Veilchen«, neben Rapid die zweite Wiener Fußballgroßmacht, war es bereits der 23. Titelgewinn. Ohne seine eklatante Auswärtsschwäche aber hätte **Red Bull Salzburg** bereits im Jahr eins nach dem Einstieg des Brausemilliardärs Dieter Mateschitz den Titel holen können. Salzburg spielte hopp oder top: 20 Heimsiege, 3 Unentschieden, 13 Auswärtsniederlagen; Austria Wien leistete sich dagegen zwar zehn Unentschieden, dafür aber nur 7 Auswärtsniederlagen.

Für die Saison 2006/07 rüsten die Mozartstädter gewaltig auf. Erstes Opfer der Radikalkur ist Kurt Jara, der trotz erreichter Saisonziele gehen musste. Die »Roten Bullen« wollen mit einer Doppelspitze Richtung Europa durchstarten: mit **Lothar Matthäus** als Trainer und **Giovanni Trapattoni** als Teamchef. Der Zeitpunkt scheint gut gewählt: Im Sommer 2008 richtet Österreich gemeinsam mit der Schweiz die Europameisterschaft aus – endlich einmal ein Fußball-Großereignis, für das die Kicker aus der Alpenrepublik automatisch qualifiziert sind. Geld gewinnt keine Spiele, hilft aber ungemein beim Zusammenzukaufen eines hochwertigen Spielerkaders. Dass der Geldzustrom aber ebenso plötzlich versiegen kann, wie er eingesetzt hat, wird die Austria bald zu spüren bekommen: Der austro-kanadische Milliardär **Frank Stronach** zieht sich ab 2007 von seinem Fußballspielzeug Austria zurück. Das »Strategiespiel der Milliardäre« sei entschieden, Österreich drohe »die ewige Dominanz der Salzburger«, befürchtet die Süddeutsche Zeitung.

Bundesliga
Abschlusstabelle Saison 2005/06

		G	U	V	Tore	Diff.	Pkt.
1.	Austria Wien	19	10	7	51:33	18	67
2.	RB Salzburg	20	3	13	62:42	20	63
3.	SV Pasching	16	10	10	43:32	11	58
4.	SV Ried	13	13	10	48:47	1	52
5.	Rapid Wien	13	10	13	51:41	10	49
6.	Grazer AK	13	6	17	47:48	–1	45
7.	SV Mattersburg	12	8	16	40:54	–14	44
8.	Sturm Graz	10	12	14	44:51	–7	42
9.	FC Wacker Tirol	10	12	14	44:55	–11	42
10.	Admira Wacker Mödling	9	6	21	42:69	–27	33

Champions League Qualifikation: Austria Wien, RB Salzburg
UEFA-Cup: SV Pasching
Absteiger: Admira Wacker Mödling
Aufsteiger in die Bundesliga: SCR Altach

Schweiz

Spannend wie seit Jahren nicht mehr endete die Super League. Seit dem sechsten Spieltag thronte der FC Basel an der Tabellenspitze, 59 Spiele war die Mannschaft im St. Jakob-Park ungeschlagen geblieben. Die Basler, auch dank Trainer Christian Grosser die Übermannschaft der letzten Jahre, ließen es auf ein Herzschlagfinale mit dem **FC Zürich** ankommen und verloren – in der dritten Minute der Nachspielzeit.

Vor zweieinhalb Jahren war Zürich noch Tabellenletzter der Super League. Trainer Lucien Favre sicherte dem Verein die Klasse und entging so dem Rausschmiss; im Jahr danach gewann der FC den Cup, nun gelang dem stillen Perfektionisten Favre sein Meisterstück mit dem jüngsten Team der Liga. Der Triumph des FC Zürich wird dem Aufschwung im Schweizer Fußball weitere Impulse geben. Die Erfolge des **FC Basel** (2003) und des **FC Thun** (2005) in der Champions League, die beeindruckende Qualifikation der »Nati« für die Fußball-WM 2006 und die Europameisterschaft 2008 im eigenen Land lassen Vorfreude aufkommen.

Der Schweizer Fußball ist im Aufwind. 2002 wurde seine U17-Auswahl Europameister, seither sind Schweizer Youngster wie zuletzt Jonas Elmer (FC Chelsea) und Pirmin Schwegler (Bayer Leverkusen) begehrte Handelsware. Ob Senderos (FC Arsenal), Frei (Stade Rennes), Vogel (AC Mailand), Barnetta (Bayer Leverkusen), Vanlanthen (NAC Breda) oder Wicky (HSV), sie alle profitierten von dem von Hansruedi Hasler und Nationaltrainer »Köbi« Kuhn inspirierten **Nachwuchskonzept**. Eines müssen die jungen Schweizer aber ganz sicher noch lernen: Elfmeter.

Super League
Abschlusstabelle Saison 2005/06

		G	U	V	Tore	Diff.	Pkt.
1.	FC Zürich	23	9	4	86:36	50	78
2.	FC Basel	23	9	4	87:42	45	78
3.	Young Boys Bern	17	11	8	60:46	14	62
4.	Grasshopper Zürich	14	13	9	44:33	11	55
5.	FC Thun	14	7	15	50:53	–3	49
6.	FC St. Gallen	11	7	18	51:56	–5	40
7.	FC Aarau	8	11	17	29:63	–34	35
8.	FC Schaffhausen	7	12	17	32:55	–23	33
9.	Neuchâtel Xamax FC	9	6	21	41:70	–29	33
10.	Yverdon-Sport FC	9	5	22	38:64	–26	32

Champions League Qualifikation: FC Zürich
UEFA-Cup: FC Basel, Young Boys Bern
Absteiger: Yverdon-Sport
Aufsteiger in die Super League: FC Luzern, FC Sion

Weltmeisterschaft 2005

Helsinki, 6.–14. 8. 2005

Nach dem Debakel bei der WM 2003 in Paris und den Olympischen Spielen 2004 in Athen ist beim Deutschen Leichtathletik-Verband (DLV) die chronische Schönfärberei einer nüchternen Bestandsaufnahme gewichen. Mit je einmal Gold und Silber und dreimal Bronze zog sich die Mannschaft des DLV achtbar aus der Affäre. Einige junge Athleten wie die Überraschungs-Vierten André Niklaus im Zehnkampf und der Hammerwerfer Markus Esser konnten sich für den Peking-Perspektivkader empfehlen. Das strukturelle Problem der deutschen Leichtathletik zeigt sich an mehreren Indizien: der signifikant hohen Zahl von früh gescheiterten Athleten, der Nichtbesetzung mehrerer Laufdisziplinen und dem wachsenden Anteil von Werfern und Stoßern bei der Medaillenausbeute.

Für die einzige Goldmedaille in Helsinki sorgte die 37-jährige **Franka Dietzsch**, die den Diskuswettbewerb überlegen mit 66,56 m gewann. Die Entdeckung im deutschen Team war die Freiburger Speerwerferin Christina Obergföll, der am 14. 8. mit unglaublichen 70,03 m vielleicht der Wurf ihres Lebens gelang – Europarekord und 30 000 Dollar Prämie. Dass Obergföll für diesen »Ausrutscher nach oben« nicht mit der Goldmedaille belohnt wurde, lag an der überragenden Kubanerin Osleidys Menéndez, die mit 71,70 m einen neuen Weltrekord aufstellte. Für die bronzenen DLV-Medaillen sorgten Steffi Nerius (Speerwurf), Ralf Bartels (Kugelstoßen) und Michael Möllenbeck (Diskus).

Trotz **schwieriger Witterungsbedingungen** gab es in Helsinki eine Reihe herausragender Leistungen:

DAMEN **Stabhochsprung** Jelena Isinbajewa (RUS) 5,01 m (Weltrekord) ▪ **Hochsprung** Kajsa Bergqvist (SWE) 2,02 m ▪ **Siebenkampf** Carolina Klüft (SWE) 6887 Pkt. ▪ **5000 m** Tirunesh Dibaba (ETH) 14:38,59 min ▪ **20 km Gehen** Olimpiada Iwanowa (RUS) 1:25:41 h (Weltrekord)

HERREN **100 m** Justin Gatlin (USA) 9,88 sec ▪ **400 m** Jeremy Wariner (USA) 43,93 sec ▪ **Weitsprung** Dwight Phillips (USA) 8,60 m ▪ **Diskus** Virgilijus Alekna (LTU) 70,17 m ▪ **Zehnkampf** Bryan Clay USA) 8732 Pkt.

Medaillenspiegel Weltmeisterschaft 2005

Platz	Nation	Gold	Silber	Bronze
1	USA	14	8	3
2	Russland	7	8	5
3	Äthiopien	3	4	2
4	Kuba	2	4	0
5	Weißrussland	2	2	1

Horrorvision Gendoping

Manipulationen mit Fremd- und Eigenurin, Designerdrogen aus der Balco-Giftküche, Blutdopingskandal im Radsport (Ullrich, Basso u. a.), Debatte um zweifelhafte Rekorde in der deutschen Leichtathletik, Steroidverdacht gegen die US-Baseball-Legende Barry Bonds (San Francisco Giants), Anbruch des Gendoping-Zeitalters – die Schlagzeilen um illegale Leistungssteigerung im Profisport reißen nicht ab.

Gegen den Leichtathletik-Trainer **Thomas Springstein**, seit der Dopingffäre um Doppelweltmeisterin Katrin Krabbe und 400-Meter-Europameisterin Grit Breuer (1992) im Visier einer kritischen Öffentlichkeit, ermittelte das Magdeburger Amtsgericht seit Januar 2006. Springstein soll im April 2003 der damals 16-jährigen Hürdensprinterin Anne-Kathrin Elbe aus der Laufgruppe seiner Lebensgefährtin Grit Breuer zwei Andriol-Kapseln mit dem Wirkstoff Testosteron-Undecanoat gegeben haben.

Dass sich die Affäre Springstein zum **Gendoping-Skandal** ausweitete, ist einem Zufallsfund zu verdanken. Bei der Durchsuchung seiner Wohnung im September 2004 waren brisante E-Mails zu Tage gefördert worden, die nur einen Schluss zulassen: Im Spitzensport wird mit Gendoping experimentiert. Das von der Firma Oxford Biomedica vertriebene Anämie-Medikament **Repoxygen** gilt in den interessierten Kreisen als erstes waschechtes Gendoping-Präparat auf dem Schwarzmarkt. Durch die Kopplung an »Genvektoren« verankert es das Epo-Gen in den Muskelzellen: die Initialzündung für eine selbstregulative Produktion roter Blutkörperchen im Knochenmark. Eine pharmakologische Wunderwaffe für Patienten mit Blutarmut – und für Doper aller Ausdauersparten. In Springsteins regem E-Mail-Verkehr mit einem Dr. Peraita und dem niederländischen Arzt Berend Nikkels, der u. a. die niederländischen Eisschnelllauf-Stars Gianni Romme und Erben Wennemars betreut hat, werden offen die Wechselwirkungen von Anabolika, Wachstumshormonen (HGH), Insulin und Repoxygen zur Leistungsoptimierung in den Langsprintdisziplinen speziell in ihrer Auswirkung auf den weiblichen Organismus thematisiert. »Damit ist ein neuer Rubikon in der Dopingpraxis überschritten. Das ist schlimmer als in der DDR und brutaler als beim Balco-Skandal.« (Prof. Werner Franke)

Die prominenten Strafverteidiger Peter-Michael Diestel und Johann Schwenn sorgten dafür, dass der Prozess für Thomas Springstein glimpflich endete: ein Jahr und vier Monate auf Bewährung. Die Verteidigung blieb bis zuletzt bei ihrer Linie, Springstein sei »kein poststalinistischer Giftmischer«, er habe sich ausschließlich »wissenschaftlich« mit Doping beschäftigt.

Eines steht fest: Den **»Hexenmeistern des Sports«** (FAZ) ist mit dem deutschen Arzneimittelgesetz nicht beizukommen.

Tennis

Bei den Herren geht der »Kampf der Gladiatoren« zwischen **Roger Federer** (24) und **Rafael Nadal** (20), weiter. »Wir haben nun zwei, drei Jahre das Glück, zwei großartige Spieler gleichzeitig ihr bestes Tennis spielen zu sehen«, schreibt die »Times«. Mit seinem vierten Wimbledon-Triumph seit 2003 steht der Schweizer nun in einer Reihe mit Björn Borg und Pete Sampras, denen das gleiche Kunststück gelang. Im Finale der French Open war Federer nach glänzendem Auftakt gegen das spanische Energiebündel noch eingebrochen – und verpasste so die Chance, als erster Spieler nach Don Budge (1938) und Rod Laver (1962, 1969) alle vier Grand-Slam-Titel gleichzeitig zu halten.

Die einzigartige Karriere von **Andre Agassi** steht kurz vor ihrem Abschluss. Bei den US Open 2005 hatte der 36-jährige Tennis-Veteranen aus Las Vegas ein letztes Mal sein Potenzial abrufen können, als er nach drei kräftezehrenden Fünfsatzerfolgen erst im Finale an Federer scheiterte. Eines hat er dem Schweizer Maestro aber noch immer voraus: den Karriere-Grand-Slam, also Siege in Melbourne, Paris, Wimbledon und New York. Bei den US Open Anfang September geht Agassis sentimentale Abschiedstour nach einer 20-jährigen Profikarriere endgültig zu Ende – und sein Publikum wird den Rebellen, Kämpfer und Tennisphilosophen mit Ovationen und Tränen verabschieden.

Amélie Mauresmo auf ihrem Weg zum Wimbledon-Sieg 2006

Für die Französin **Amélie Mauresmo** ist es das erfolgreichste Jahr ihrer Karriere. Nach dem Sieg bei den WTA Tour Championships 2005 in Los Angeles gegen ihre Landsfrau Mary Pierce gewann sie auch noch die Australian Open und Wimbledon und führt die Weltrangliste 2006 deutlich an. Im Damentennis scheinen derzeit eine ganze Reihe von Spielerinnen in der Lage, große Turniere zu gewinnen: neben den beiden Französinnen die Belgierinnen Justine Henin-Hardenne und Kim Clijsters, die Russinnen Maria Scharapowa, Nadia Petrova, Swetlana Kusnetzowa und Jelena Dementjewa – und auch Martina Hingis, der nach Jahren verletzungsbedingter Wettkampfabstinenz ein überragendes Comeback geglückt ist.

US Open 2005			New York, 29. 8. – 11. 9. 2005
Damen	Halbfinale	Maria Scharapowa (RUS) – **Kim Clijsters** (BEL)	2:6, 7:6, 3:6
		Mary Pierce (FRA) – Jelena Dementjewa (RUS)	3:6, 6:2, 6:2
	Finale	**Kim Clijsters** (BEL) – Mary Pierce (FRA)	6:3, 6:1
Herren	Halbfinale	**Roger Federer** (SUI) – Lleyton Hewitt (AUS)	6:3, 7:6, 4:6, 6:3
		Robby Ginepri (USA) – **Andre Agassi** (USA)	4:6, 7:5, 3:6, 6:4, 3:6
	Finale	**Roger Federer** (SUI) – Andre Agassi (USA)	6:3, 2:6, 7:6, 6:1
Australian Open 2006			Melbourne, 16. 1. – 29. 1. 2006
Damen	Halbfinale	**Justine Henin-Hardenne** (BEL) – Maria Scharapowa (RUS)	4:6, 6:1, 6:4
		Amélie Mauresmo (FRA) – Kim Clijsters (BEL)	5:7, 6:2, 3:2 (Aufgabe Clijsters)
	Finale	Justine Henin-Hardenne (BEL) – **Amélie Mauresmo (FRA)**	1:6, 0:2 (Aufgabe Henin-Hardenne)
Herren	Halbfinale	**Roger Federer** (SUI) – Nicolas Kiefer (GER)	6:3, 5:7, 6:0, 6:2
		David Nalbandian (ARG) – **Marcos Baghdatis** (CYP)	6:3, 7:5, 3:6, 4:6, 4:6
	Finale	**Roger Federer** (SUI) – Marcos Baghdatis (CYP)	5:7, 7:5, 6:0, 6:2
French Open 2006			Paris, 28. 5. – 11. 6. 2006
Damen	Halbfinale	Nicole Vaidisova (CZE) – **Swetlana Kusnezowa** (RUS)	7:5, 6:7, 2:6
		Justine Henin-Hardenne (BEL) – Kim Clijsters (BEL)	6:3, 6:2
	Finale	Swetlana Kusnezowa (RUS) – **Justine Henin-Hardenne** (BEL)	4:6, 4:6
Herren	Halbfinale	**Roger Federer** (SUI) – David Nalbandian (ARG)	3:6, 6:4, 5:2 (Aufgabe Nalbandian)
		Ivan Ljubičić (CRO) – **Rafael Nadal** (ESP)	4:6, 2:6, 6:7
	Finale	Roger Federer (SUI) – **Rafael Nadal** (ESP)	6:1, 1:6, 4:6, 6:7
All England Lawn Championship 2006			Wimbledon, 26. 6. – 9. 7. 2006
Damen	Halbfinale	**Amélie Mauresmo** (FRA) – Maria Scharapowa (RUS)	6:3, 3:6, 6:2
		Justine Henin-Hardenne (BEL) – Kim Clijsters (BEL)	6:4, 7:6
	Finale	**Amélie Mauresmo** (FRA) – Justine Henin-Hardenne (BEL)	2:6, 6:3, 6:4
Herren	Halbfinale	**Roger Federer** (SUI) – Jonas Björkman (SWE)	6:2, 6:0, 6:2
		Marcos Baghdatis (CYP) – **Rafael Nadal** (ESP)	1:6, 5:7, 3:6
	Finale	**Roger Federer** (SUI) – Rafael Nadal (ESP)	6:0, 7:6, 6:7, 6:3

Rallye Dakar 2006

Faszinierend und grausam, letztes sportliches Abenteuer und zynisches Marketinginstrument der Autokonzerne: die Urteile über den **Wüstenklassiker** waren schon immer gespalten, seit der legendäre Rallyepilot Thierry Sabine 1973 die Paris–Dakar ins Leben rief. Der Tod fährt bei der Dakar immer mit. Mehr als 50 Menschen haben auf den Schotterpisten der nordafrikanischen Wüste ihr Leben gelassen, Fahrer, Serviceleute und Zuschauer. Im vergangenen Jahr starben mit José Manuel Pérez und Fabrizio Meoni zwei Motorradprofis und drei andere aus dem Umfeld der Rallye. 2006 überlebten der australische Motorradpilot Andy Caldecotte (Genickbruch) und zwei Kinder, ein zwölfjähriger Junge aus Guinea und ein zehnjähriges senegalesisches Mädchen, die Hatz der High-Tech-Karawane nicht. Selbst der Vatikan sah sich in seiner Zeitung Osservatore Romano zu einem scharfen Protest gegen den »makabren Charme« einer anachronistischen Leistungsschau genötigt, die Jahr für Jahr Menschenleben leichtfertig aufs Spiel setze.

An den auf Technik, Taktik und Logistik fixierten Rallyeteams geht der erbitterte Streit um Sinn und Unsinn der millionenschweren Veranstaltung vorbei. Speziell Volkswagen war mit großen Hoffnungen angereist; mit seiner Race Touareg-Armada und Top-Piloten wie Carlos Sainz, **Jutta Kleinschmidt**, Giniel de Villiers, Bruno Saby und Mark Miller wollten die Wolfsburger endlich die Mitsubishi Pajeros das Fürchten lehren und ihren ersten Sieg einfahren. In Dakar blieben für die ambitionierten Touaregs nur Platz zwei und einige achtbare Platzierungen.

Insgesamt 508 Motorräder, Autos und Race-Trucks waren am Silvestertag 2005 in Lissabon zur 28. Auflage der Rallye gestartet. Nach gut 9000 Kilometern durch Portugal, Marokko, Mauretanien, Mali, Guinea und Senegal stand der Franzose **Luc Alphand** in Dakar ganz oben auf dem Treppchen. Zu den Geschlagenen gehörten sein Markengefährte, der achtmalige Dakar-Sieger Stéphane Peterhansel (Platz 5), ebenso wie Jutta Kleinschmidt und ihre Beifahrerin Fabricia Pons, die wegen eines Defekts an der Radaufhängung auf der 11. Etappe ausschieden.

Rallye Dakar 2006

1. Luc Alphand/ Gilles Picard	Mitsubishi Pajero	53:47:32 h
2. Ginniel de Villiers/ Tina Thörner	VW Touareg	+ 17:53 min
3. Joan-Nani Roma/ Henri Magne	Mitsubishi Pajero	+ 1:50:38 h
4. Stéphane Peterhansel/ Jean-Paul Cottret	Mitsubishi Pajero	+ 3:20:24 h
5. Mark Miller/ Dirk von Zitzewitz	VW Touareg	+ 3:23:25 h

Formel 1-Saison 2005

Jeweils Platz drei in der Fahrer- und Konstrukteurswertung, ein einziger Saisonsieg beim Skandalrennen in Indianapolis: Für das erfolgsverwöhnte Ferrari-Team und seinen Chefpiloten Michael Schumacher war es **ein Jahr zum Abhaken**. Die Scuderia hatte die Konsequenzen der Regeländerungen für Taktik und Timing ihrer roten Renner offenbar unterschätzt. Der neue F2005 wurde zu spät fertig und litt an einer Reihe von Kinderkrankheiten. Gravierender aber war, dass es Ferraris japanischem Reifenpartner Bridgestone, anders als der Konkurrenz von Michelin, nicht gelang, stabile Pneus für die lange Distanz von Qualifikation und Rennen zu konstruieren.

Frustriert vom mühseligen Saisonverlauf, leistete sich auch der siebenmalige Weltmeister für einen Piloten seiner Klasse zu viele Patzer: Verbremser, Kollisionen, Flüchtigkeitsfehler mit gravierendem Ausgang (wie beim China-Grand-Prix in Schanghai). Die WM war früh in der Saison für die Titelverteidiger aus Maranello verloren.

Fahrerwertung 2005

	Fahrer	Team	Punkte
1.	Fernando Alonso (ESP)	Renault	133
2.	Kimi Räikkönen (FIN)	McLaren-Mercedes	112
3.	Michael Schumacher (GER)	Ferrari	62
4.	Juan-Pablo Montoya (COL)	McLaren-Mercedes	60
5.	Giancarlo Fisichella (ITA)	Renault	58
6.	Ralf Schumacher (GER)	Toyota	45
7.	Jarno Trulli (ITA)	Toyota	43
8.	Rubens Barrichello (BRA)	Ferrari	38
9.	Jenson Button (GB)	BAR-Honda	37
10.	Mark Webber (AUS)	BMW-Williams	36

An der Spitze zog das »blaue Wunder« **Fernando Alonso** einsam seine Kreise, souverän und abgeklärt wie Michael Schumacher in seinen besten Zeiten. Wie selbstbewusst der mit 24 Jahren jüngste Formel 1-Weltmeister aller Zeiten seine Zukunft plant, demonstrierte der »Formel 1-Coup des Jahres« eindrucksvoll: Fernando Alonso wird in der Rennsaison 2007 für Ron Dennis' britisch-deutsches Team McLaren-Mercedes ins Cockpit steigen. Dort sieht er die Zukunft, nicht beim jungen Erfolgsteam Renault.

KONSTRUKTEURSWERTUNG 2005 1. Renault 191 Pkt., 2. McLaren-Mercedes 182 Pkt., 3. Ferrari 100 Pkt., 4. Toyota 88 Pkt., 5. BMW Williams 66 Pkt., 6. BAR-Honda 38 Pkt., 7. Red Bull 34 Pkt., 8. Sauber 20 Pkt., 9. Jordan 12 Pkt., 10. Minardi 7 Pkt.

Formel 1-Saison 2006

Der Streit um die Fortschreibung des **Concorde Agreements** ist vom Tisch. Mit dem Verkauf der Formel 1-Holding SLEC an die Investmentgesellschaft CVC Capital Partners war die Drohung der in der GPMA assoziierten Automobilhersteller Mercedes, BMW, Honda, Renault und Toyota hinfällig, von 2008 an eine eigene Rennserie zu starten. Dass **Bernie Ecclestone** auch weiterhin Hauptprofiteur im Milliardengeschäft Formel 1 bleibt, hat er durch Beteiligungen an der Firma Alpha Prema sichergestellt, die in Zukunft die Geschicke der Königsklasse des Motorsports bestimmen wird. Was der Formel 1 zum perfekten globalsierten Sportevent noch fehle, wurde Ecclestone vor kurzem gefragt. »Ein Schwarzer, ein Chinese, eine Frau und ein schneller, junger Deutscher.« Mit dem in Wiesbaden geborenen Niko Rosberg, der in seinem ersten Rennen für Williams in Bahrain spektakulär auf Rang 7 vorfuhr, gibt es den »jungen, schnellen Deutschen« bereits – und mit dem hochtalentierten 21 Jahre alten Briten Lewis Hamilton steht der erste farbige Rennfahrer kurz vor seinem Formel 1-Debüt. Da sollte es mit den beiden anderen Wünschen auch bald klappen.

So umstritten das ab 2008 geltende neue Formel 1-Reglement (Stichwort: »Billig-Formel«) auch sein mag – mit den neuen Regularien für die Saison 2006 ist dem autokratischen FIA-Chef **Max Mosley** ein großer Wurf gelungen. Schwächere Triebwerke (Acht- statt Zehn-Zylinder-Aggregate, maximal 2,4 Liter Hubraum) und beliebig häufige Reifenwechsel während des Rennens schaffen Raum für variable Rennstrategien und taktische Geplänkel in der Boxengasse. Die wichtigste Neuerung betrifft den Qualifikationsmodus:

Das »blaue Wunder« Fernando Alonso

Aus dem oft so tristen Einzelzeitfahren ist ein spektakuläres k.o.-System geworden, an dessen Ende die zehn Besten die Pole Position ausfahren und dabei wegen der neuen Tankregel ihre Rennstrategie bereits beim Qualifying festlegen müssen.

Die Liaison **Renault / Alonso** dominierte den »Hochgeschwindigkeitszirkus« in der Saison 2006 zunächst mit einschüchternder Konstanz. Ob tatsächlich der spanische Weltmeister einen überlegenen Start-Ziel-Sieg landen wird, liegt in der Hand von Michael Schumachers wiedererstarktem Ferrari-Team.

Formel 1 2006

Rennen	Sieger	Zweiter	Dritter	Pole Position
GP von Bahrain (Manama, 12.3.)	Alonso (ESP) (Renault)	M. Schumacher (GER) (Ferrari)	Räikkönen (FIN) (McLaren-Mercedes)	M. Schumacher (Ferrari)
GP von Malaysia (Sepang, 19.3.)	Fisichella (ITA) (Renault)	Alonso (ESP) (Renault)	Button (GB) (Honda)	Fisichella (Renault)
GP von Australien (Melbourne, 2.4.)	Alonso (ESP) (Renault)	Räikkönen (FIN) (McLaren-Mercedes)	R. Schumacher (GER) (Toyota)	Button (Honda)
GP von San Marino (Imola, 23.4.)	M. Schumacher (GER) (Ferrari)	Alonso (ESP) (Renault)	Montoya (COL) (McLaren-Mercedes)	M. Schumacher (Ferrari)
GP von Europa (Nürburgring, 7.5.)	M. Schumacher (GER) (Ferrari)	Alonso (ESP) (Renault)	Massa (BRA) (Ferrari)	Alonso (Renault)
GP von Spanien (Barcelona, 14.5.)	Alonso (ESP) (Renault)	M. Schumacher (GER) (Ferrari)	Fisichella (ITA) (Renault)	Alonso (Renault)
GP von Monaco (Monte Carlo, 28.5.)	Alonso (ESP) (Renault)	Montoya (COL) (McLaren-Mercedes)	Coulthard (GB) (Red Bull Racing)	Alonso (Renault)
GP von Großbritannien (Silverstone, 11.6.)	Alonso (ESP) (Renault)	M. Schumacher (GER) (Ferrari)	Räikkönen (FIN) (McLaren-Mercedes)	Alonso (Renault)
GP von Kanada (Montreal, 25.6.)	Alonso (ESP) (Renault)	M. Schumacher (GER) (Ferrari)	Räikkönen (FIN) (McLaren-Mercedes)	Alonso (Renault)
GP der USA (Indianapolis, 2.7.)	M. Schumacher (GER) (Ferrari)	Massa (BRA) (Ferrari)	Fisichella (ITA) (Renault)	M. Schumacher (Ferrari)
GP von Frankreich (Magny-Cours, 16.7.)	M. Schumacher (GER) (Ferrari)	Alonso (ESP) (Renault)	Massa (BRA) (Ferrari)	M. Schumacher (Ferrari)

Weitere Rennen: GP von Deutschland (Hockenheim, 30.7.), GP von Ungarn (Hungaroring, 6.8.), GP der Türkei (Istanbul, 27.8.), GP von Italien (Monza, 10.9.), GP von China (Shanghai, 1.10), GP von Japan (Suzuka, 8.10.), GP von Brasilien (Interlagos, 22.10.)

Radsport

Rad-Klassiker 2005/06 Die umstrittene ProTour-Serie des Radsport-Weltverbandes UCI steht auf der Kippe. Die Ausrichter der drei Großveranstaltungen Tour de France (Amaury Sport Organisation), Giro d'Italia (RSC) und Vuelta a España (Unipublic), die elf der insgesamt 27 ProTour-Rennen ausrichten, drohen mit der Etablierung einer eigenen Serie, der Trophée Trois Grands Tours. Es geht um Macht, Eitelkeiten und Geld (allein die Lizenzierung von 20 Profiteams für vier Jahre bringt der UCI 5 Mio. €). Weil Pat McQuaid, Nachfolger des autokratischen UCI-Präsidenten Hein Verbruggen, wenig verhandlungsbereit zu sein scheint, könnte der selbst ernannten »Formel 1 des Radsports« das rasche Aus drohen.

Straßen-WM 2005 Auf der Zielgeraden in Madrid, wo am Vortag dank perfekter Teamarbeit die 31-jährige **Regina Schleicher** das erste deutsche WM-Gold der Präsidenten-Ära Scharping gewonnen hatte, kam es auch bei den Männern zum erwarteten Massensprint, den der neue belgische Radsportheros Tom Boonen in Eddy-Merckx-Manier für sich entschied. Die favorisierten Italiener Paolo Bettini und Alessandro Petacchi waren überraschend chancenlos beim Kampf um das Regenbogentrikot des Straßenweltmeisters.

Paris–Tours Letzte Ausfahrt Tours: **Erik Zabels** dritter Sieg beim Herbstklassiker war auch sein letzter im magentafarbenen Trikot von T-Mobile. Zabel verlässt die Bonner Equipe, um an der Seite des weltbesten Sprinters Petacchi im neugegründeten Milram Team noch einmal für Furore zu sorgen. Hier kann er sich auch seinen Traum Tour de France noch einmal erfüllen.

Lüttich–Bastogne–Lüttich Überragender deutscher Fahrer bei den Frühjahrsklassikern war **Patrik Sinkewitz** von T-Mobile. In den Ardennen diktierte er lange Rhythmus und Tempo der Spitzengruppe, hatte aber im Zielsprint auf der ansteigenden Rue Jean-Jaurès in Lüttich als Vierter das Nachsehen. Mit Rang 4 bei der Baskenland-Rundfahrt und Rang 5 beim Amstel Gold Race, der Kräfte zehrenden Rundfahrt durch die niederländische Provinz Limburg, fuhr er weitere glänzende Platzierungen ein.

Giro d'Italia Der 28 Jahre alte Lombarde **Ivan Basso** präsentierte sich beim Giro in überragender Verfassung. Er gewann drei der fünf schweren Hochgebirgsetappen und erreichte das Ziel mit dem größten Vorsprung (9:18 min) auf den Zweitplatzierten seit 41 Jahren; die hoch gewettete italienische Konkurrenz (Cunego, di Luca, Savoldelli, Simoni) hatte nicht den Hauch einer Chance gegen den CSC-Kapitän. Ob aber der Giro tatsächlich »die optimale Vorbereitung auf die Tour« (Bjarne Riis) ist, wird auch weiter ungeklärt bleiben; der Letzte, dem das Double aus Giro und Tour gelang, war Marco Pantani (1998). Jan Ullrich nutzte nach seinen Knieproblemen die Gelegenheit, endlich ins Rollen zu kommen, beendete aber das Rennen auf der 20. Etappe. Für Aufsehen sorgte Stefan Schumacher vom Team Gerolsteiner. Vierter beim Prolog, Rosa Trikot des Gesamtführenden vor der 4. Etappe, Gewinn der Schlussetappe: eine glänzende Bilanz.

Tour de Suisse Kurz vor dem Start der Tour de France 2006 in Strasbourg entschied **Jan Ullrich** – wie schon 2004 – die mit 22 000 Höhenmetern gespickte 70. Tour de Suisse im abschließenden Zeitfahren für sich. Auf den finalen 30,7 km von Kerzers nach Bern machte er im Gewittersturm 50 Sekunden Rückstand auf den führenden Spanier Koldo Gil Perez wett.

Radklassiker 2005/06

Rennen	Sieger/Team	Zweiter/Team	Dritter/Team
Spanien-Rundfahrt 27.8.–18.9.2005	Denis Menchov (RUS)* Rabobank	Carlos Sastre (ESP) CSC	Francisco Mancebo (ESP) Caisse d'Epargne – Illes Balears
Straßen-WM 2005 25.9.2005	Tom Boonen Belgien	Alejandro Valverde Belmonte Spanien	Anthony Geslin Frankreich
Paris–Tours 9.10.2005	Erik Zabel (GER) T-Mobile	Daniele Bennati (ITA) Lampre	Allan Davis (AUS) Liberty Seguros-Würth
Mailand–San Remo 18.3.2006	Filippo Pozzato (ITA) Quick Step	Alessandro Petacchi (ITA) Milram	Luca Paolini (ITA) Liquigas Bianchi
Flandern-Rundfahrt 2.4.2006	Tom Boonen (BEL) Quick Step	Leif Hoste (BEL) Discovery Channel	George Hincapie (USA) Discovery Channel
Paris–Roubaix 9.4.2006	Fabian Cancellara (SUI) CSC	Tom Boonen (BEL) Quick Step	Alessandro Ballan (ITA) Lampre-Fondital
Amstel Gold Race 16.4.2006	Frank Schleck (LUX) CSC	Steffen Wesemann (DEU) T-Mobile	Michael Boogerd (NED) Rabobank
Lüttich–Bastogne–Lüttich 23.4.2006	Alejandro Valverde Belmonte (ESP) Caisse d'Epargne-Illes Balears	Paolo Bettini (ITA) Quick Step	Damiano Cunego (ITA) Lampre-Fondital
Giro d'Italia 6.–28.5.2006	Ivan Basso (ITA) CSC	José Enrique Gutiérrez (ESP) Phonak	Gilberto Simoni (ITA) Saunier Duval-Prodir
Tour de Suisse 10.–18.6.2006	Jan Ullrich (GER) T-Mobile	Koldo Gil Perez (ESP) Saunier Duval-Prodir	Jörg Jaksche (GER) Astana-Würth

* Roberto Heras (ESP) vom Team Liberty Seguros-Würth wurde vom spanischen Verband wegen Epo-Dopings für zwei Jahre gesperrt; auch der Sieg bei der Vuelta 2005 wurde ihm nachträglich aberkannt.

Tour de France 2006

Frankreich, 1.–23. 7. 2006

Die Nachricht kam nicht unerwartet und schlug doch wie eine Bombe ein: Einen Tag vor dem Prolog in Straßburg wurden mit Jan Ullrich (T-Mobile), Ivan Basso (CSC) und Francisco Mancebo (Ag2r) gleich drei **Favoriten** auf den Gesamtsieg von der Tour de France 2006 **ausgeschlossen**. Die in einer 500-seitigen Ermittlungsakte dokumentierte **»Operación Puerto«** der spanischen Guardia Civil förderte belastendes Material in Hülle und Fülle zu Tage. T-Mobile reagierte sofort: Ullrich wurde suspendiert, sein Berater Rudy Pevenage entlassen. Indizien legen nahe, dass das deutsche Radsportidol nicht nur 2006 sein Blut für die Reinfusion hat aufbereiten lassen, sondern sich im Jahr zuvor noch bis zum Ende der ersten Tour-Woche mit verbotenen Substanzen (Testosteron, Wachstumshormonen, Insulin, Cortison) für die Alpen- und Pyrenäen-Etappen präpariert hat. Jan Ullrichs Karriere dürfte damit ein unrühmliches Ende gefunden haben.

Im Zentrum des europaweit operierenden Dopingnetzes steht der spanische Arzt **Eufemiano Fuentes Rodríguez**. Er war bei einer Razzia am 23. 5. 2006 in Madrid festgenommen worden, ebenso der Hämatologe José Luis Merino Batres, in dessen Labor rd. 200 codierte Blutbeutel sichergestellt wurden. Das Kartell des Schweigens bröckelt nur langsam. Fahrersprecher Jens Voigt (CSC) ist einer der wenigen Aktiven, der Klartext redet. Seine Forderungen: genetischer Fingerabdruck aller lizenzierten Fahrer; Verbot der Zusammenarbeit mit dopingbelasteten Ärzten wie Michele Ferrari oder Luigi Cecchini.

Die **sportliche Bilanz** der 93. Auflage der Frankreich-Rundfahrt fällt überraschend erfreulich aus. Seit vielen Jahren war keine Tour mehr so offen und spannend wie diese. Zehn Mal wechselte das Gelbe Trikot bei dieser rasanten Lotterie, bis es endgültig im Besitz des Amerikaners **Floyd Landis** (Phonak) war, den am Ende nicht einmal eine Minute vom Überraschungs-Zweiten Oscar Pereiro trennte. Und wer hätte nach dem Schock von Straßburg noch an ein Happy End für T-Mobile geglaubt? Bestes Team der Tour de France 2006, drei Etappensiege (durch Matthias Kessler und den zweimaligen Zeitfahr-Dominator Sergej Gontschar), Platz drei für **Andreas Klöden** in Paris. Die »Anarchie im Machtvakuum« (SZ), die fehlende Hierarchie im Peloton, hat der Tour gut getan. Die Helden sind entzaubert, die Ära Armstrong/Ullrich ist endgültig zu Ende. Viele Radsportfans weinen ihr schon jetzt keine Träne mehr nach.

Tour de France 2006	Endergebnis
1. Floyd Landis (Phonak)	89:39:30 h
2. Oscar Pereiro (Caisse d'Epargne/Illes Balears)	+ 0:57 min
3. Andreas Klöden (T-Mobile)	+ 1:29 min
4. Carlos Sastre (CSC)	+ 3:13 min
5. Cadel Evans (Davitamon-Lotto)	+ 5:08 min

Stand: 23. 7., vor Auswertung der Dopingproben

Tischtennis

Mannschafts-Weltmeisterschaft 2006

Bremen, 24. 4.–1. 5. 2006

Damen	Halbfinale	
	VR China – Weißrussland	3:0
	Japan – **Hongkong**	2:3
	Finale	
	VR China – Hongkong	3:1
Herren	Halbfinale	
	VR China – Deutschland	3:1
	Südkorea – Hongkong	3:0
	Finale	
	VR China – Südkorea	3:0

Während die deutschen Damen bei der Mannschafts-WM in Bremen mit Platz 11 das schlechteste Ergebnis seit 1991 erzielten, verloren die DTTB-Herren nur ein einziges Spiel: im Halbfinale gegen die übermächtigen Chinesen. Überragender Akteur auf deutscher Seite war **Timo Boll** (Foto). Er gewann neun seiner zehn Einzel

und musste sich lediglich dem Weltbesten Wang Liqin geschlagen geben. Lange präsentierte sich das deutsche Tischtennis nicht mehr so stark wie in Bremen; die Perspektiven für die Einzel-WM 2007 in Zagreb und Olympia 2008 in Peking könnten kaum besser sein. Vorderes Mittelfeld oder Weltspitze: Timo Boll macht den Unterschied aus, egal ob er für die Nationalmannschaft oder den TTV Gönnern am Brett steht. Mit ihm als Führungsspieler konnte der diesjährige Bundesliga-Fünfte Gönnern zum zweiten Mal nacheinander die Champions League gegen Belgiens Topclub RC Charleroi für sich entscheiden.

Timo Boll geht konsequent seinen eigenen Weg. Speziell den 22. und 23. 10. 2005 dürfte er in seinem Kalender rot markiert haben: Beim **Weltcup in Lüttich** gelang ihm das Kunststück, innerhalb von 24 Stunden die drei besten Tischtennisspieler Chinas zu schlagen, Ma Lin, Wang Liqin und Wang Hao. In China, seiner zweiten Heimat, hat Timo Boll in den letzten Jahren immer wieder an seiner Technik und Wettkampfhärte gearbeitet. Dort ist er ein Idol, ein Tischtennis-Popstar, kreischende Mädchen, überdrehte Journalisten und Polizeischutz inklusive.

Europameisterschaft 2006

Schweiz, 26. 1.–5. 2. 2006

Deutschland fuhr zwar als **Titelverteidiger** in die Schweiz, galt aber im Kampf um einen der vorderen Plätze als krasser Außenseiter. Seit dem Gewinn der olympischen Silbermedaille in Athen 2004 ist mehr als ein halbes Dutzend Leistungsträger zurückgetreten (zuletzt Ex-Welthandballer Daniel Stephan vom TBV Lemgo), andere wie Regisseur Markus Baur konnten verletzungsbedingt nicht antreten. Als sich auch noch der eingebürgerte Ukrainer Oleg Velyky (SG Kronau-Östringen) einen Kreuzbandriss zuzog, gab Nationaltrainer Heiner Brand die Parole aus: Improvisieren, kämpfen, überraschen!

Die Überraschung gelang. Von Spiel zu Spiel wuchs die Mannschaft zusammen. Sie brachte Weltmeister Spanien mit 31:31 an den Rand einer Niederlage, verlor überhaupt nur eine einzige Partie (in der Vorrunde gegen den späteren Europameister Frankreich).

Halbfinale	**Spanien** – Dänemark	34:31
	Frankreich – Kroatien	29:23
Spiel um Platz 3	Kroatien – **Dänemark**	27:32
Finale	**Frankreich** – Spanien	31:23

Am Ende stand für Deutschland ein überzeugender fünfter Platz und damit die direkte Qualifikation für die **EM 2008** in Norwegen. Pascal Hens, Florian Kehrmann, Christian Zeitz, Andrej Klimovets, Torsten Jansen, sie alle überzeugten. Zwei Spieler aber hob Brand besonders hervor: den Magdeburger Abwehrspezialisten Oliver Roggisch und den als Aushilfsspielmacher eingeplanten Göppinger Michael Kraus. Der 22-jährige Jungspund war die Turnierüberraschung aus deutscher Sicht: dynamisch, torgefährlich, unbekümmert. Auch wenn gegenüber Franzosen und Spaniern ein unübersehbarer Nachholbedarf in Sachen Athletik besteht: die junge deutsche Mannschaft hat Potenzial und scheint früher als erwartet erwachsen zu werden. Die WM 2007 in Köln kann kommen.

Champions League 2005/06

Halbfinale		
MKB Veszprem KC – **Portland San Antonio**	29:27	29:32
B.M. Ciudad Real – SG Flensburg-Handewitt	31:22	29:27
Finale		
Portland San Antonio – **B.M. Ciudad Real**	19:25	28:37

EHF-Pokal 2005/06

Finale		
Frisch Auf Göppingen – **TBV Lemgo**	29:30	22:25

DHB-Pokal 2005/06

Halbfinale	
HSV Hamburg – SC Magdeburg	31:30
THW Kiel – **SG Kronau-Östringen**	31:33
Finale	
SG Kronau-Östringen – **HSV Hamburg**	25:26

Bundesliga-Saison 2005/06

Auch wenn sie bereits im Viertelfinale der Champions League am Dauerrivalen SG Flensburg-Handewitt scheiterten und den DHB-Pokal beim Hamburger Final Four-Turnier »wegschenkten«: der **THW Kiel** agierte dominant wie lange nicht mehr. Im 13. Jahr der Zusammenarbeit von Trainer Noka Serdarusic und Manager Uwe Schwenker gelang das Kunststück, zehn neue Spieler in kürzester Zeit zu integrieren. Das neue Gesicht des THW Kiel hat einen Namen: Nikola Karabatic. Der von Montpellier HB nach Kiel gewechselte Rückraumschütze war nicht nur im EM-Finale 2006 gegen Spanien mit elf Treffern der entscheidende Mann, er riss den THW auch in der Bundesliga mit. Das übliche Kopf-an-Kopf-Rennen mit Flensburg, Lemgo oder Magdeburg fand nicht statt; Kiel dominierte die Liga.

Ob der Kieler High-Speed-Handball (mit teilweise »unwirklichen« Ergebnissen wie beim 54:34-Rekordspiel gegen Magdeburg) und Könner wie Stefan Lövgren, Henning Fritz, Vid Kavticnik, Kim Andersson, Nikola Karabatic und der neu verpflichtete charismatische Däne Lars Krogh Jeppesen ausreichen werden, um in der nächsten Saison die spanische Vorherrschaft in der **Champions League** zu brechen, erscheint allerdings fraglich. Wer wie Balonmano Ciudad Real einen schwerreichen Sponsor wie Domingo Díaz de Mera zum Vereinspräsidenten hat, kann sich einen Kader von der Klasse des THW Kiel gleich zwei Mal leisten. Seinen Traum vom Gewinn des kontinentalen Championats wird der Perfektionist Noka Serdarusic deshalb noch lange nicht begraben.

Spannung für die kommende Saison verspricht die Aufwärtsentwicklung des bergischen Traditionsvereins **VfL Gummersbach**, der seine wichtigsten Spiele nicht mehr in der heimischen Eugen-Haas-Halle, sondern in der Kölnarena vor bis zu 20 000 Zuschauern austrägt. Der Marke VfL Gummersbach scheint die Verpflanzung aus der Provinz in die rheinische Metropole bestens zu bekommen.

Bundesliga-Saison 2005/06

1. THW Kiel	62:6 Pkt.
2. SG Flensburg-Handewitt	55:13 Pkt.
3. VfL Gummersbach	54:14 Pkt.
4. SC Magdeburg	52:16 Pkt.
5. TBV Lemgo	50:18 Pkt.
6. SG Kronau-Östringen	38:30 Pkt.

Basketball

Europameisterschaft 2005

Serbien und Montenegro, 16. 9.–25. 9. 2005

Seit der griechischen Basketball-Ikone Nikos Galis 1987 hat kein Spieler einer Europameisterschaft derart seinen Stempel aufgedrückt wie **Dirk Nowitzki**: Bester Spieler der EM, bester ausländischer Profi in der NBA, die Ehrungen reißen nicht ab. Mit Pascal Roller, Robert Garrett, Mihtat Demirel, Marko Pesic und Denis Wucherer hat Erfolgscoach Dirk Bauermann um Superstar Nowitzki herum eine verschworene Truppe formiert, die vor der EM niemand auf der Rechnung hatte.

Halbfinale	Frankreich – **Griechenland**	66:67
	Spanien – **Deutschland**	73:74
Finale	**Griechenland** – Deutschland	78:62

Bundesliga 2005/06

Wer vor der Saison auf **RheinEnergie Köln** als neuen deutschen Meister gesetzt hat, dürfte mit seinem Risikotipp viel Geld verdient haben. In einem dramatischen Playoff-Halbfinale wurde erst GHP Bamberg besiegt und dann im Finale Alba Berlin, das ohne Jovo Stanojevic (Kreuzbandriss) chancenlos war. Für die Liga ist die junge Kölner Mannschaft, bei der **Sasa Obradovic** einen Traumstart als Trainer erlebte, ein Glücksfall. 2004 Opel Skyliners Frankfurt, 2005 GHP Bamberg, 2006 RheinEnergie Köln, besser konnte es nach Jahren trister Ligadominanz von Bayer Leverkusen (1990–96) und Alba Berlin (1997–2003) nicht kommen. Und dass Liganeuling Eisbären Bremerhaven auf Anhieb ins Halbfinale vorstieß, bestätigt den Trend: die Basketball-Bundesliga lebt!

Halbfinale	**Alba Berlin** – Eisbären Bremerhaven (91:68, 85:87, 93:89, 95:82)	3:1
	GHP Bamberg – **RheinEnergie Köln** (83:79, 49:65, 87:58, 66:69, 68:69)	2:3
Finale	Alba Berlin – **RheinEnergie Köln** (79:88, 69:64, 80:82, 74:85)	1:3

NBA 2006	
Eastern Conference-Finale	
Detroit Pistons – **Miami Heat** (86:91, 92:88, 83:98, 78:89, 91:78, 78:95)	2:4
Western Conference-Finale	
Phoenix Suns – **Dallas Mavericks** (121:118, 98:105, 88:95, 106:86, 101:117, 93:102)	2:4
NBA-Finale	
Dallas Mavericks – **Miami Heat** (90:80, 99:85, 96:98, 74:98, 100:101, 92:95)	2 :4

NBA-Superstar Dirk Nowitzki

Melancholie in Dallas: die Mavericks haben die **Best of 7-Serie** des NBA-Finales 2005/06 verloren. Anders als gegen die San Antonio Spurs und im Conference-Finale gegen die Phoenix Suns war Dallas als Favorit in diese entscheidende Auseinandersetzung gegangen. Chefcoach Avery Johnson hatte die Defensive so gestärkt, dass zum ersten Mal der NBA-Titel für die »Mavs« und ihren exzentrischen Besitzer Mark Cuban in Reichweite schien. Nowitzky & Co. lagen nach 2:0-Siegen im dritten Spiel wenige Minuten vor Schluss scheinbar uneinholbar mit 13 Punkten vorn, da begann die Ein-Mann-Show des 24-jährigen Shooting Guard der Miami Heat, **Dwyane Wade**. Er führte die Mannschaft von Trainer Pat Riley fast im Alleingang zum 4:2-Sieg. Mit seiner Explosivität, seinem Passspiel, den traumwandlerisch sicheren Sprung- und Freiwürfen (35 Punkte im Schnitt) und der Ruhe in den spielentscheidenden Momenten erinnerte Wade auffallend an sein Vorbild, »His Airness« Michael Jordan.

Dass Dallas drei von vier Spielen der Finalserie mit ein, zwei bzw. drei Punkten Differenz verlor, war bitter – und ein Zeichen für die sinkende Formkurve seines deutschen Stars. Dennoch kann der Würzburger auf eine phantastische NBA-Saison zurückblicken.

Das 2,13 Meter große **»German Wunderkind«** hat sich seinen Erfolg in der amerikanischen Profiliga hart erarbeitet. Nowitzki brachte schon als Basketball-Teenager Talent, Willensstärke und eine starke Physis mit. Und er hatte das Glück, von **Holger Geschwindner** entdeckt zu werden. Der Kapitän der deutschen Olympiaauswahl von 1972 bastelte unbeirrt an seiner Vision, aus dem großen, talentierten und recht ungelenken Burschen einen der weltbesten Basketballer zu machen. Der »Shot Doctor«, einst wegen seiner exzentrischen Trainingsmethoden (Fechten, Ballett, Rollschuhlaufen, Jazztanz, Gymnastik etc.) in der deutschen Basketballszene mitleidig belächelt, lässt seinen Schützling bis heute ständig an den entscheidenden Details feilen: Dribblings, Freiwürfe, Blocktechnik, Spiel unter dem Korb, Dreier – das ganze Repertoire.

Technisch ist Nowitzki zu einem der perfektesten Spieler der NBA gereift, seit ihn Don Nelson 1999 aus Würzburg zu den Dallas Mavericks geholt hat. Er mag nicht die Geschmeidigkeit eines »Magic« Johnson oder Michael Jordan besitzen, und doch kann er am Ball einfach alles. Viel muss er nicht mehr lernen, um zu Larry »The Legend« Bird aufzuschließen, dem besten weißen Spieler in der Geschichte der NBA. »Dirk gehört die Zukunft. Wenn die Leute künftig über die großen Männer im Basketball reden, dann wird es darum gehen, ob sie all das können, was er kann, oder nicht.« (Shaquille O'Neal)

Vigo, Kapstadt, Melbourne, Wellington, Rio de Janeiro, Baltimore, Annapolis, New York, Portsmouth, Rotterdam, Göteborg – einmal rund um die Erde, 32 000 Seemeilen durch die gefährlichsten Weltmeere, mit glühender Hitze am Äquator und Eiseskälte im Südpolarmeer – das ist das **Volvo Ocean Race** (VOR). Rekorde und Tragödien liegen bei der härtesten Segelregatta der Welt dicht beieinander. 1973, bei der Premiere des Rennens (damals noch Whitbread Race), starben drei Menschen. Auch 2006 hat das Segelspektakel mit dem Niederländer Hans Horrevoets (32) von der ABN Amro Two wieder ein Menschenleben gefordert. Das Unglück war der tragische Höhepunkt einer Pannenserie, die das VOR vom Start am 12. 11. 2005 an begleitete. Der Rausch der Geschwindigkeit hat seinen Preis. Übermüdete Crews – aus Kostengründen wurden die Crews von zwölf auf zehn reduziert – machen mehr Fehler, erst recht auf den hochgezüchteten Speedracern der neuen Generation. Die **Schwenkkiel-Technologie** hat die schnellsten Einrumpfboote der Welt mit Spitzengeschwindigkeiten von mehr als 80 km/h noch anfälliger gemacht.

Nur mit Mühe hatten die Veranstalter sieben Yachten an den Start gebracht; nicht viele Sponsoren sind bereit, 20 bis 25 Mio. € für ein konkurrenzfähiges Boot zu zahlen. Die Konkurrenz mit dem **America's Cup** und dem **Vendée Globe** macht den medialen Transfer des High-Tech-Images zum A und O für die Sponsoren: das Volvo Ocean Race als Marketingevent auf hoher See. Mehr als zwei Milliarden Zuschauer sollen während des Rennens mit spektakulären Bildern versorgt worden sein; auch angeblich 25 000 Presseberichte und Millionen Zuhörer im selbstproduzierten Internet-Radio lassen die Veranstalter jubeln.

Volvo Ocean Race 2005/06

1. ABN Amro One	NED/Skipper: Mike Sanderson
2. Black Pearl/Pirates of The Caribbean	USA/Skipper: Paul Cayard
3. Brasil 1	BRA/Skipper: Torben Grael

Weltmeisterschaft 2006

Riga, 5. 5. – 21. 5. 2006

Schwedens Eishockeycracks gelang in Lettland ein historischer Triumph: Sie sind die Ersten, die im selben Jahr Olympiasieger und Weltmeister werden konnten. Es war ein aufregendes Turnier. Einseitig verlief nur das Finale des Teams Tre Kronor von Trainer Bengt Gustafsson gegen Titelverteidiger Tschechien. **Kanada** trat mit einer jungen, hochtalentierten Mannschaft an, allen voran der überragende WM-Verteidiger Stephane Robidas und Sidney Crosby (18), den viele in der NHL für den »neuen Wayne Gretzky« halten. Auch in **Russland** scheint eine neue Profigeneration heranzuwachsen, mit der die »Sbornaja« endlich an die glanzvollen Erfolge der Vergangenheit anknüpfen kann. Und **Finnland**? Spielte wie stets einen Mix aus offensiv spektakulärem und kampfbetontem Eishockey – und scheiterte kurz vor dem großen Ziel.

Halbfinale	Kanada – **Schweden**	4:5
	Tschechien – Finnland	3:1
Spiel um Platz 3	Kanada – **Finnland**	0:5
Finale	**Schweden** – Tschechien	4:0

Ungeschlagen und mit einem Torverhältnis von 34:4 sicherte sich das verjüngte Team von Bundestrainer **Uwe Krupp** bei der **B-Weltmeisterschaft** in Amiens/FRA (24. 4.–30. 4.) den direkten Wiederaufstieg in den Kreis der sechzehn weltbesten Mannschaften. Einziger Wermutstropfen: Kapitän Stefan Ustorf (32) erklärte aus privaten Gründen seinen Abschied aus dem Nationalteam.

DEL 2005/06

Die **Eisbären Berlin** haben mit der Titelverteidigung in der DEL ihre nationale Ausnahmestellung untermauert. Die vom kräftezehrenden Halbfinal-Derby gegen die Kölner Haie zermürbten DEG Metro Stars hatten gegen die Eisbären aus dem Osten Berlins nicht den Hauch einer Chance. Eisbären-Coach Pierre Pagé bot das Team mit der besten Mischung aus ausländischen Routiniers, gestandenen deutschen Spielern und aufregenden Talenten wie dem 18-jährigen Christoph Gawlik auf.

Halbfinale	**Eisbären Berlin** – Hannover Scorpions (4:3 n.V., 3:2, 5:3)	3:0
	DEG Metro Stars –Kölner Haie (3:2, 3:5, 6:1, 4:5 n.V., 5:3)	3:2
Finale	**Eisbären Berlin** – DEG Metro Stars (6:1, 2:0, 6:2)	3:0

Olympische Winterspiele 2006

Turin, 10.–26. 2. 2006

»Andrà tutto bene«, es wird schon alles gut gehen: Nach dieser Maxime verfuhren die piemontesischen Gastgeber der 20. Olympischen Winterspiele. Prachtvolle Barockstadt, florierende Wirtschafts- und Kulturmetropole, Zentrale der Fiat-Werke, Heimat von zwei italienischen Fußballlegenden (Juventus und AC Turin) – dass die Wahl des IOC auf die Stadt in Savoyen fiel, besaß einigen Charme. »**Turin** ist immer schon eine Königsstadt ohne König gewesen, eine Bauernsiedlung des Mezzogiorno in Hochhäusern, eine Industriestadt mit immer weniger Industrie. Und jetzt eben eine Wintersportmetropole ohne Berge.« (FAZ) Weil zahlreiche Austragungsstätten wie Sestriere, Bardonecchia oder Pragelato in den Westalpen liegen, waren Verkehrsengpässe und andere Probleme vorprogrammiert. Gegen die Entscheidung, eine Schnellbahnverbindung durch das Susatal zu bauen, ging die Bevölkerung der betroffenen Ortschaften auf die Barrikaden. Kein Wunder, dass die polizeiliche und militärische Sicherheitszentrale für die Olympischen Spiele in der alten Bischofsstadt Susa stationiert war.

Die Erinnerung an die Traumspiele von Lillehammer 1994 sind Schnee von gestern. Viele Wettbewerbe in und um Turin litten unter geringem Zuschauerzuspruch; überschäumende Stimmung gab es dagegen bei den Happenings auf der »Medal Plaza« im Herzen der piemontesischen Kapitale.

Deutsche Momente bei Olympia

- Ein Auftakt wie gemalt – zwei deutsche Goldmedaillen am ersten Wettkampftag. Dem Kombinierer **Georg Hettich**, bislang stets im Schatten von Ronny Ackermann und Björn Kircheisen und noch ohne Sieg in einem Weltcuprennen, gelang ein triumphaler Sieg in Pragelato. Der Goldmedaille im Einzel ließ er später noch Silber im Team und Bronze im Sprint folgen – ein kompletter Medaillensatz. Ronny Ackermann blieb im Formtief stecken; sein Dauerrivale Hannu Manninen, blieb erneut ohne Einzelmedaille.

Michael Greis

- Biathlet **Michael Greis** tat es dem Schonacher Hettich gleich. Am Ende war Greis – und nicht die norwegische Biathlon-Legende Ole Einar Bjørndalen – mit drei Goldmedaillen (20 Kilometer, Massenstart, Team) der erfolgreichste Athlet der 20. Olympischen Winterspiele.
- Ernüchterung statt Euphorie am Tag 2: Gleich vier deutsche Edelmetall-Kandidaten scheiterten. Mehr als Platz sieben war für Rodelveteran **Georg Hackl** bei seinem letzten großen Auftritt nicht mehr drin, **Tobias Angerer** kam in der 30-km-Verfolgung über den zwölften Rang nicht hinaus, und im Eisschnelllauf blieben den Favoritinnen **Anni Friesinger** und **Claudia Pechstein** über 3000 Meter nur die Plätze vier und fünf. Zumindest im Teamwettbewerb holten sie an der Seite von Daniela Anschütz-Thoms, Sabine Völker und Lucille Opitz das erhoffte Gold. Und auch der deutsche Langlauf erreichte noch sein olympisches Soll: dreimal Silber (für Claudia Künzel im Sprint und beide Staffeln), einmal Bronze (für Tobias Angerer über 15 Kilometer klassisch).
- Während sich das österreichische Langlauf- und Biathlon-Team nach dem Dopingskandal um Trainer Walter Mayer in seine Einzelteile auflöste, waren die **deutschen Biathleten** in der Traumlandschaft von San Sicario eine Klasse für sich. Neben Michael Greis durften sich auch Kati Wilhelm, Martina Glagow, Uschi Disl und Sven Fischer mit Einzelmedaillen schmücken. Die strahlende Ausbeute von Turin 2006: 5 x Gold, 3 x Silber, 2 x Bronze.
- Sylke Otto vor Silke Kraushaar und Tatjana Hüfner – die Verteilung von Gold, Silber und Bronze unter den drei **Rodlerinnen** hätte so oder so ausgehen können. Nur dass eine andere Rodlerin in die deutsche Phalanx einbrechen würde, das wäre einer kleinen Sensation gleichgekommen.
- **André Lange** aus Oberhof wurde im Eiskanal von Cesana Pariol als vierter Deutscher Doppel-Olympiasieger im Zweier- und Viererbob.
- Fabelhafte Welt der Amelie! Das Küken im deutschen Team, die 18-jährige **Amelie Kober**, gewann in Bardonecchia im Parallel-Riesenslalom der Snowboarder die unerwartetste aller deutschen Medaillen.

Medaillenspiegel Turin 2006 (84 Entscheidungen)

Platz	Nation	Gold	Silber	Bronze
1	Deutschland	11	12	6
2	USA	9	9	7
3	Österreich	9	7	7
4	Russland	8	6	8
5	Kanada	7	10	7
6	Schweden	7	2	5
7	Südkorea	6	3	2
8	Schweiz	5	4	5
9	Italien	5	0	6
10	Frankreich	3	2	4
	Niederlande	3	2	4

Wintersport

Biathlon

Einen schöneren Biathlon-Winter werden die Schützlinge der Bundestrainer Uwe Müßiggang (Damen) und Frank Ullrich (Herren) so schnell nicht erleben. Nicht nur bei den olympischen Biathon-Wettbewerben in San Sicario setzten deutsche Athletinnen und Athleten Glanzpunkte. Beim letzten Weltcup-Wochenende Ende März 2006 am Osloer Holmenkollen beendete **Kati Wilhelm** als überlegene Gesamtweltcup-Siegerin die Saison standesgemäß mit dem Sieg im Verfolgungsrennen: 20 Schuss, 20 Treffer. Seit dem Umzug aus ihrer thüringischen Heimat nach Ruhpolding, ins Trainingsrevier von Uschi Disl, hat sich Kati Wilhelm in allen Belangen verbessert. Sechs Einzelsiege, dazu neun zweite Plätze, mit dieser Bilanz ist sie in der vergangenen Saison allen Konkurrentinnen enteilt.

Für **Uschi Disl** (35) hätte es keinen stimmungsvolleren Schlusspunkt unter ihrer großartigen Karriere als den altehrwürdigen Holmenkollen geben können, für ihre Dauerkonkurrentin, die Norwegerin Liv-Grete Poirée, erst recht nicht. 16 Jahre Wettkampfsport, 30 Weltcupsiege, 8 WM-Titel, 5 Olympische Spiele mit 9 Medaillen in allen Farben – mit Uschi Disl geht eine Biathletin der ersten Stunde in sportlichen Ruhestand, eine aus jener Ära, in der Biathletinnen noch öffentlich als »Flintenweiber« angegriffen wurden.

Biathlon: Gesamtweltcup 2005/06

Damen	1.	Kati Wilhelm (GER)	969 Pkt.
	2.	Anna Carin Olofsson (SWE)	818 Pkt.
	3.	Martina Glagow (GER)	694 Pkt.
	4.	Sandrine Bailly (FRA)	674 Pkt.
	5.	Uschi Disl (GER)	580 Pkt.
Herren	1.	Ole Einar Bjørndalen (NOR)	812 Pkt.
	2.	Raphael Poirée (FRA)	693 Pkt.
	3.	Sven Fischer (GER)	674 Pkt.
	4.	Tomasz Sikora (PL)	605 Pkt.
	5.	Michael Rösch (GER)	573 Pkt.

Skispringen

Dass in einer so diffizilen Sportart wie dem Skispringen, in der das Material nach hundertstel Millimetern vermessen wird und minimalste Fehler beim Absprung und der aerodynamisch effizienten Durchquerung des Luftraums mit Punktabzügen bestraft werden, gleich zwei Athleten auf den Zehntelpunkt genau sich den ersten Platz teilen – das hat extremen Seltenheitswert. **Jakub Janda** und **Janne Ahonen**, die überragenden Skispringer der Saison 2005/06, haben bei der Vierschanzentournee für den ersten Doppelsieg (1081,5 Pkt.) in 54 Jahren gesorgt. Während Janda mit einer nicht mehr zeitgemäßen »japanischen« Technik (weit gespreizte, fast parallel zum Körper geführte Ski) dank seines slowenischen Trainers Vasja Bajc so gut war wie nie zuvor in seiner Karriere, springt Ahonen, »ein kompletter Skispringer ohne irgendwelche Einschränkungen« (Toni Innauer), mit fast aufreizender Konstanz seit zehn Jahren um jeden Sieg mit.

Skispringen: Gesamtweltcup 2005/06

1.	Jakub Janda (CZE)	1151 Pkt.
2.	Janne Ahonen (FIN)	1024 Pkt.
3.	Andreas Küttel (SUI)	980 Pkt.

Skilanglauf

In der ersten Saisonhälfte legte der Traunsteiner **Tobias Angerer** mit einer beeindruckenden Siegesserie den Grundstein für den Gewinn des Gesamtweltcups. Im Pursuit (Skiathlon), dem Wettbewerb über zwei Mal 15 Kilometer im klassischen und freien Stil mit »Boxenstopp« zum Ski- und Stöckewechseln, war Angerer kaum zu bezwingen; aber auch in den anderen Disziplinen zwischen Sprint und Langdistanz verblüffte er mit enormer Konstanz. Angerers Spezialität sind die letzten Meter; explosiver als er vermochte niemand am Ende kräftezehrender Rennen die letzten hundert Meter im Sprint zurückzulegen. Entscheidend für seinen Leistungssprung war der Wechsel in Cuno Schreyls Oberhofer Trainingsgruppe um Axel Teichmann, Jens Filbrich und Andreas Schlütter.

Ski Langlauf: Gesamtweltcup 2005/06

Damen	1.	Marit Björgen (NOR)	986 Pkt.
	2.	Becky Scott (CAN)	920 Pkt.
	3.	Julija Tchepalova (RUS)	756 Pkt.
Herren	1.	Tobias Angerer (GER)	829 Pkt.
	2.	Jens Arne Svartedal (NOR)	577 Pkt.
	3.	Tor Arne Hetland (NOR)	570 Pkt.

Nordische Kombination: Gesamtweltcup 2005/06

1.	Hannu Manninen (FIN)	1320 Pkt.
2.	Magnus-H. Moan (NOR)	875 Pkt.
3.	Björn Kircheisen (GER)	758 Pkt.

Ski Alpin: Gesamtweltcup 2005/06

Damen	1.	Janica Kostelić (KRO)	1970 Pkt.
	2.	Anja Pärson (SWE)	1662 Pkt.
	3.	Michaela Dorfmeister (AUT)	1364 Pkt.
Herren	1.	Benjamin Raich (AUT)	1410 Pkt.
	2.	Aksel Lund Svindal (NOR)	1006 Pkt.
	3.	Bode Miller (USA)	928 Pkt.

In diesem Kapitel sind in Auswahl Persönlichkeiten porträtiert, die zum Stichtag 1. 7. 2006 hohe Staats- und Regierungsämter bekleiden, im Berichtszeitraum in Ämter gekommen sind oder im Zentrum des öffentlichen Interesses standen. Schwerpunktmäßig sind neben den Amtsträgern der deutschen Regierung die Staats- und Regierungschefs der afrikanischen Länder berücksichtigt. Die Personennamen sind nach der in deutschsprachigen Publikationen üblichen Schreibweise bzw. Transkription angeordnet.

Abbas, Mahmud (Palästina), *Sfad 26. 3. 1935; seit 2005 Präsident der Autonomiebehörde

Der in Galiläa geborene Abbas ging nach der Gründung des Staates Israel 1948 mit seiner Familie ins syrische Exil, schloss dort ein Jura-Studium ab und promovierte in Moskau über die Geschichte des Zionismus. In den 1960er Jahren schloss er sich der Fatah-Bewegung Jassir Arafats an, gehörte seit 1968 zum Führungszirkel der Palästinensischen Befreiungsorganisation (PLO) und war Mitglied im Palästinensischen Nationalrat. Der Befürworter einer friedlichen Lösung des israelisch-palästinensischen Konflikts gehörte 1993 zur palästinensischen Delegation, die die Verträge von Oslo aushandelte. 1996 übernahm er den Posten des PLO-Generalsekretärs und leitete den Umbau der ehemaligen Widerstandsorganisation zu einer Zivilregierung ein. Im April 2003 wurde Abbas Ministerpräsident; fehlender Rückhalt im Parlament sowie Kompetenzstreitigkeiten mit Arafat zwangen ihn aber bereits im September 2003 zum Rücktritt. Nach Arafats Tod wählte ihn das Exekutivkomitee der PLO im November 2004 zum neuen Vorsitzenden; am 15. 1. 2005 wurde Abbas als neuer Präsident der Autonomiebehörde vereidigt. Nach einem Erdrutschsieg der radikalislamischen Hamas bei der Parlamentswahl am 25. 1. 2006 zeichnete sich eine konfliktträchtige »Cohabitation« zwischen dem Präsidenten und der zukünftigen Hamas-Regierung ab.

Afewerki, Isayas (Eritrea), *Asmara 2. 2. 1946; seit 1993 Staats- und Regierungschef

Während seines Studiums der Ingenieurwissenschaften in Addis Abeba schloss sich Afewerki 1966 dem Untergrundkampf der Eritreischen Befreiungsfront (ELF) an, die für die Unabhängigkeit des vom äthiopischen Kaiser Haile Selassie völkerrechtwidrig annektierten Gebietes kämpfte; seine militärische Ausbildung erhielt er teilweise in der VR China. Von der ELF spaltete sich 1970 die Eritreische Volksbefreiungsfront (EPLF) ab, zu deren Generalsekretär Afewerki 1987 gewählt wurde. Am 24. 5. 1993 wurde er als erster Staatspräsident der unabhängig gewordenen Republik Eritrea vereidigt; seither steht er auch einer Übergangsregierung vor. Galt Afewerki anfänglich auch im Westen als Hoffnungsträger, ist seine Einparteienherrschaft durch den Grenzkrieg mit Äthiopien (1998–2000) und durch massive Menschenrechtsverletzungen im eigenen Land zunehmend in Verruf geraten. Die Umsetzung einer Entscheidung der unabhängigen Grenzkommission aus dem Jahr 2002 ist bisher nicht vorgenommen worden. Seit langem von Afewerki angekündigte Demokratisierungsmaßnahmen liegen mit dem Hinweis auf den schwelenden Grenzkonflikt auf Eis.

Ahmadinedschad, Mahmud (Iran), *Aradan 28. 10. 1956; seit 2005 Staats- und Regierungschef

Während des Ingenieurstudiums schloss sich der in Teheran aufgewachsene Ahmadinedschad der islamischen Opposition gegen das Schah-Regime an. Nach Ausbruch des Krieges zwischen Iran und Irak meldete er sich als Freiwilliger an die Front, 1986 trat er den Revolutionsgarden bei. Anschließend war er in verschiedenen Städten als Bürgermeister tätig, bevor er 1993 Gouverneur der Provinz Ardabil wurde, wo er sich nach Naturkatastrophen als Krisenmanager auszeichnete. 1997 ging er als wissenschaftlicher Mitarbeiter an die Universität in Teheran. 2003 wurde Ahmadinedschad, mittlerweile zu einem Führer der sog. »Neokonservativen« aufgestiegen, zum Oberbürgermeister der Hauptstadt gewählt, wo er mit einer radikalislamischen Politik (z. B. Einrichtung von nach Geschlechtern getrennten Aufzügen in öffentlichen Gebäuden) von sich reden machte. Als Fürsprecher der Armen, Bekämpfer des korrupten Establishments und Gegner der Reformer trat Ahmadinedschad zu den Präsidentschaftswahlen 2005 an und galt, obwohl Kandidat des mächtigen Wächterrats und des Revolutionsführers Sayed Ali Khamenei, zunächst als krasser Außenseiter. In der Stichwahl am 24. 6. siegte er über den Ex-Präsidenten Hashemi Rafsandschani und wurde Anfang August als sechster Staatspräsident der Islamischen Republik Iran vereidigt. Im Streit um das iranische Atomprogramm suchte Ahmadinedschad mit einer unnachgiebigen Haltung die Konfrontation mit dem Westen, Israel sprach er in den ersten Monaten seiner Amtszeit wiederholt das Existenzrecht ab.

Bachelet Jeria, Michelle (Chile), *Santiago 29. 9. 1951; seit 2006 Staats- und Regierungschefin

Die Tochter eines unter der Pinochet-Diktatur gefolterten, sozialistischen Luftwaffengenerals geriet selbst in Haft, bevor sie mit ihrer Mutter in die DDR fliehen konnte. Dort setzte sie ihr Medizinstudium fort, das sie nach ihrer Rückkehr aus dem Exil 1979 an der Universität von Chile beendete. Ihre politische Arbeit in der Sozialistischen Partei begann Bachelet im Untergrund; nach dem Übergang zur Demokratie 1990 arbeitete sie im Gesundheitsministerium, 2000 wurde sie von Präsident Ricardo Lagos Escobar mit der Leitung des Ministeriums betraut. 2002 wechselte sie an die Spitze des Verteidigungsministeriums und trieb dort die Demokratisierung der Streitkräfte voran, legte das Ministeramt aber zugunsten ihrer Präsidentschaftskandidatur Ende 2004 nieder. Die geschiedene Politikerin und bekennende Atheistin gewann in der Stichwahl am 15. 1. 2006 gegen den konservativen Kandidaten Sebastián Piñera Echenique und wurde am 11. 3. 2006 als Staats- und Regierungschefin vereidigt. Ihr Kabinett besetzte sie zu gleichen Teilen mit Frauen und Männern.

Bakojannis, Dora (Griechenland), *Athen 1954; seit 2006 Außenministerin

Die älteste Tochter des ehemaligen Ministerpräsidenten Konstantin Mitsotakis (1990–93) lebte zwischen 1967 und 1974 in Paris, wohin ihre Familie vor der griechischen Militärdiktatur geflohen war. Nach dem Studium der Rechte in Athen und der Politik- und Kommunikationswissenschaften in München war sie ab 1974 in verschiedenen Ministerien beschäftigt und leitete ab Mitte der 1980er Jahre das Büro ihres Vaters. Als ihr Mann 1989 von der linksradikalen Terrorgruppe 17. November erschossen wurde, übernahm Bakojannis seinen Wahlkreis und gewann für die konservative Partei Nea Demokratia einen Parlamentssitz, den sie bei den nächsten Wahlen verteidigen konnte. In der Regierung ihres Vaters bekam sie den Posten der Kulturministerin. Im Oktober 2002 wurde sie mit großem Vorsprung zur Athener Bürgermeisterin gewählt. Premierminister Kostas Karamanlis, der seit März 2004 regiert, berief Bakojannis am 14. 2. 2006 im Rahmen einer Kabinettsumbildung auf den Posten der Außenministerin.

Baradei, Mohamed el- (Ägypten / IAEA), *Kairo 17. 6. 1942; seit 1997 Generaldirektor der Internationalen Atomenergiebehörde

Nach dem Studium der Rechtswissenschaft in Kairo schlug er 1964 eine diplomatische Laufbahn ein. Zunächst Mitarbeiter an der Ständigen Vertretung Ägyptens bei den UN in New York und Genf, übernahm er nach seiner Promotion an der New York University School of Law 1974 den Posten eines Rechtsberaters im Außenministerium. Seine Karriere bei den UN begann 1980. Nach verschiedenen Stationen wurde er 1984 zum Repräsentanten des Generaldirektors der Internationalen Atomenergiebehörde (IAEA) in Wien berufen. 1987–91 leitete Baradei als Direktor die Rechtsabteilung der Atomenergiebehörde und arbeitete v. a. auf den Themenfeldern nukleare Sicherheit und technische Zusammenarbeit innerhalb der IAEA-Mitgliedstaaten. 1993 zunächst zu dessen Stellvertreter ernannt, folgte er 1997 Hans Blix im Amt des Generaldirektors nach. Seitdem ist er vorrangig damit beschäftigt, illegale Atomwaffenprogramme von Staaten wie Nordkorea, Libyen und Iran aufzudecken und auf diplomatischem Weg zu unterbinden. Im Vorfeld des Irak-Kriegs 2003 prangerte Baradei die mangelnde Kooperationsbereitschaft von Saddam Hussein an, distanzierte sich aber auch deutlich von der aggressiven Haltung der USA. Auch im 2005 eskalierenden Konflikt um das iranische Atomprogramm setzte Baradei auf diplomatische Verständigung. Trotz massiver Gegnerschaft der USA wurde Baradei 2005 einstimmig für eine dritte Amtszeit als Generaldirektor der IAEA bestätigt; kurz darauf erhielt er gemeinsam mit der Behörde den Friedensnobelpreis.

Barroso, José Manuel Durão (Portugal / EU), *Lissabon 23. 3. 1956; seit 2004 Präsident der EU-Kommission

Nach dem Studium der Rechts- und Politikwissenschaften an den Universitäten von Lissabon, Genf, New York sowie am Europäischen Hochschulinstitut in Florenz war Barroso als Assistent an der Universität Georgetown in Washington tätig. 1980 trat er dem konservativ-liberalen Partido Social Democrata (PSD) bei und wurde für diesen erstmals 1985 ins Parlament gewählt. 1986 zum Staatssekretär im Innenministerium ernannt, wechselte er 1987 als Staatssekretär ins Außenministerium, dessen Leitung er 1992 übernahm. Als sein wichtigster Erfolg gilt ein Friedensabkommen für Angola. Nach der Wahlniederlage des PSD 1995 scheiterte Barroso mit dem Versuch, Parteichef zu werden, 1999 erreichte er dieses Ziel nach heftigem innerparteilichen Machtkampf. Bei den Parlamentswahlen 2002 gewann er mit dem PSD knapp vor dem seit 1995 regierenden Partido Socialista und stand als Ministerpräsident einer Regierungskoalition von PSD und der nationalistischen Volkspartei

(CDS-PP) vor. Im Juni 2004 wurde Barroso als Kompromisskandidat zum Präsidenten der EU-Kommission bestimmt und im Juli vom Europäischen Parlament bestätigt. Er konnte das Amt allerdings erst nach der wegen einer drohenden Abstimmungsniederlage vor dem EP erzwungenen Umbildung seiner Kommission am 22. 11. antreten.

Bashir, Omar Hassan Ahmad al- (Sudan), *1944; seit 1989 Chef des Revolutionären Kommandorats, 1993 Staatspräsident

Der aus dem muslimischen Norden stammende Bashir, der die Militärakademie in Khartum absolvierte, putschte sich 1989 an die Macht. Er löste die Regierung auf, richtete einen »Revolutionären Kommandorat für die nationale Rettung« ein und machte sich zu dessen Chef, zum Staatsoberhaupt, Verteidigungsminister und Oberkommandierenden der Streitkräfte. Verhandlungen mit den Rebellen zur Lösung des seit 1983 wieder voll entbrannten Bürgerkriegs mit dem Südsudan blieben ergebnislos. Unter dem starken Einfluss seines damaligen Unterstützers, dem radikal-islamischen Hassan at-Turabi, führte Bashir ein zunehmend islamistisch-repressives System ein. 1993 beförderte der Kommandorat Bashir zum Präsidenten und löste sich anschließend auf. 1996 durchgeführte Präsidentschaftswahlen entschied Bashir für sich, ebenso wie die von der Opposition boykottierten Wahlen 2000. Wegen Differenzen über den Bürgerkrieg zerbrach 1999 die Allianz zwischen Bashir und at-Turabi. Aus der außenpolitischen Isolierung konnte Bashir nach dem 11. 9. 2001 entkommen, indem er die Anschläge deutlich verurteilte. Während es Bashir nach langen Verhandlungen im Januar 2005 gelang, den Jahrzehnte andauernden Krieg im Süden mit der Unterzeichnung eines Friedensvertrages formell zu beenden, brach 2003 in Darfur ein neuer Bürgerkrieg aus.

Beck, Kurt (Deutschland), *Bad Bergzabern 5. 2. 1949; seit 1994 Ministerpräsident von Rheinland-Pfalz und seit 2006 SPD-Parteivorsitzender

Nach der Ausbildung zum Elektromechaniker arbeitete Beck ab 1967 als Funkelektroniker im Heeresinstandsetzungswerk in Bad Bergzabern. 1972 trat er in die SPD ein, wurde 1979 in den Landtag von Rheinland-Pfalz gewählt, wo er 1982 sozialpolitischer Sprecher der SPD-Fraktion wurde; 1985–91 war er Parlamentarischer Geschäftsführer der Landtagsfraktion, anschließend Fraktionsvorsitzender. Nach dem Wechsel von Rudolf Scharping in die Bundespolitik übernahm Beck, seit Ende 1993 SPD-Landesvorsitzender, am 26. 10. 1994 den Posten des Ministerpräsidenten. Seither führt der volksverbundene und bodenständige Politiker erfolgreich die sozialliberale Regierung (bestätigt bei den Wahlen 1996, 2001 und 2006). 2003 wurde er zum stellvertretenden Vorsitzenden der Bundes-SPD gewählt. Nach dem überraschenden Rücktritt des SPD-Vorsitzenden Franz Müntefering 2005 überließ Beck dem brandenburgischen Ministerpräsidenten Matthias Platzeck die Nachfolge, wurde aber als herausgehobener erster Stellvertreter bestimmt. Als Platzeck nach wenigen Monaten aus gesundheitlichen Gründen den Vorsitz niederlegte, war der Weg frei für Beck, der am 14. 5. 2006 auf einem Sonderparteitag an die Spitze der SPD gewählt wurde.

Beckett, Margaret (Großbritannien), *Ashton-Under-Lyne 15. 1. 1943; seit 2006 Außenministerin

Bevor sie 1970 in der Labour Party aktiv wurde, absolvierte Beckett eine Ingenieurslehre, spezialisierte sich auf Metallurgie und arbeitete an der Universität Manchester in der Forschung. 1974–79 war sie als Abgeordnete im britischen Unterhaus und arbeitete gleichzeitig im Ministerium für Angelegenheiten in Übersee und anschließend als Parlamentarische Staatssekretärin im Erziehungsministerium. 1983 zog sie wieder ins Unterhaus ein. 1992 wurde Beckett als erste Frau zur Vizevorsitzenden gewählt und übernahm nach dem Tod des Vorsitzenden John Smith 1994 für einige Monate den Vorsitz, unterlag dann aber in einer Wahl um das Amt Tony Blair. Dieser machte sie nach dem Wahlsieg von Labour 1997 zur Ministerin für Handel und Industrie, 1998 wurde sie Präsidentin des Unterhauses. 2001 wurde ihr das neu geschaffene Amt der Ministerin für Umwelt, Nahrung und ländliche Angelegenheiten übertragen. Im Zuge einer Kabinettsumbildung, die Tony Blair nach dem schlechten Abschneiden seiner Partei bei den Kommunalwahlen 2006 vornahm, wurde Beckett am 5. 5. an die Spitze des Ministeriums für Äußeres und Angelegenheiten des Commonwealth berufen.

Biya, Paul (Kamerun), *Mvoméka 13. 2. 1933; seit 1982 Staatspräsident

Nach dem Studium der Politik und des öffentlichen Rechts in Paris war der aus dem Süden stammende Katholik Biya ab 1964 in Kamerun in der Verwaltung tätig; unter dem langjährigen Präsidenten Ahmadou Ahidjo machte er eine politische Karriere und wurde 1975 von diesem in das neu geschaffene Amt des Ministerpräsident berufen. Nach dessen überraschendem Rücktritt am 6. 11. 1982 übernahm Biya das Amt des Staatspräsidenten, löste jenen 1983 auch als Vorsitzender der Einheitspartei Union Nationale Camerounaise (seit 1985 Rassemblement Démocratique du Peuple Camerounais / RDPC) ab und entfernte sukzessive alle Gefolgsleute Ahidjos aus der Regierung. Biya, der 1990 offiziell die Einparteienherrschaft aufhob und Liberalisierungs- und Demokratisierungsmaßnahmen ankündigte, hält sich mit autoritärem Führungsstil an der Macht, die ersten freien Präsidentschaftswahlen seit der Unabhängigkeit des Landes am 11. 10. 1992 und die darauffolgenden Wahlen 1997 und 2004, die er beide mit großer Mehrheit gewann, waren von Betrugsvorwürfen überschattet und von Unruhen begleitet.

Blair, Tony [Anthony Charles Lynton] (Großbritannien), *Edinburgh 6. 5. 1953; seit 1997 Premierminister

Nach einem Jurastudium in Oxford war Blair als Rechtsanwalt tätig. 1975 trat er der Labour Party bei, wurde 1983 erstmals ins Unterhaus gewählt und avancierte rasch zum Sprecher für Finanz- und Wirtschaftsfragen. 1988 wurde er in das Schattenkabinett von Labour-Chef Neil Kinnock berufen, 1992 war er unter dessen Nachfolger John Smith ebenfalls Mitglied des Schattenkabinetts. Als dieser unerwartet starb, wurde Blair 1994 zum neuen Parteivorsitzenden gewählt. Unter dem Motto »New Labour« wandelte er die sozialistische, gewerkschaftsnahe Partei in eine moderne Partei der Mitte um und führte Labour zu einem grandiosen Sieg bei den Unterhauswahlen 1997. In seiner ersten Amtszeit als Premier setzte Blair erfolgreich eine Reform des Sozialstaats und der Regionalverwaltung durch und trieb den Friedensprozess in Nordirland voran. 2001 wurden er und die Labour Party mit deutlicher Mehrheit bestätigt. Außenpolitisch setzte er in seiner zweiten Amtszeit auf die Zusammenarbeit mit den USA und unterstrich diesen Kurs mit der innenpolitisch umstrittenen britischen Unterstützung im Irak-Krieg 2003. Bei den Unterhauswahlen am 5. 5. 2005 führte Blair die Labour Party – wenn auch mit deutlichen Verlusten – zu einem dritten Sieg in Folge. Blairs Rückhalt begann jedoch zu sinken: Nach der Wahlschlappe der Labour Party bei den Komunalwahlen im Mai 2006 wuchs auch der innerparteiliche Druck auf Blair, mehrere Labour-Abgeordnete forderten ihn auf, einen Termin für seinen Rücktritt zu nennen.

Bongo Ondimba, Omar (Gabun), *Lewai 30. 12. 1935; seit 1967 Staatspräsident

Der den Bateke angehörende Bongo stieg nach Erlangung des Wirtschaftsdiploms, Tätigkeit in der Verwaltung und einer militärischen Ausbildung ab 1960 in der Regierung des Staatspräsidenten Léon Mba zum Vizepräsidenten auf. Nach dessen Tod 1967 regierte er in den folgenden 20 Jahren, zugleich Vorsitzender der Einheitspartei Parti Démocratique Gabonais (PDG), das Land autokratisch und in enger Bindung an Frankreich. Reiche Erdölfunde und seine liberale Wirtschaftspolitik bescherten einen relativen Wohlstand. Rückläufige Einnahmen aus dem Erdölgeschäft und Misswirtschaft führten Ende der 1980er Jahre zu einer Wirtschaftskrise und sozialen Unruhen. Bongo sah sich 1991 gezwungen, das Mehrparteiensystem einzuführen. 1993 und 1998 setzte er sich bei umstrittenen Präsidentschaftswahlen gegen seine Konkurrenten durch. Die PDG verteidigte 2001 ebenfalls ihre absolute Mehrheit. Seit den 1990er Jahren änderte Bongo seinen Regierungsstil und erkaufte sich die Loyalität seiner Kritiker mit Regierungsposten; seine Vermittlungserfolge in der Region erbrachten ihm Respekt auf dem Kontinent. Eine Verfassungsänderung ermöglicht seit 2003 die unbegrenzte Wiederwahl des Präsidenten, der im November 2005 mit fast 80 % der Stimmen im Amt bestätigen wurde.

Boni, Yayi (Benin), *Tchaourou 1952; seit 2006 Staats- und Regierungschef

Der promovierte Wirtschaftswissenschaftler arbeitete unter Präsident Nicéphore Dieudonné Soglo (1991–96) als Berater in Finanz- und Bankangelegenheiten, bis er 1994 Präsident der Westafrikanischen Entwicklungsbank wurde. Bei den Präsidentschaftswahlen 2006, an denen der langjährige Präsident Mathieu Kérékou (1972–91 und 1996–2006) aus Altersgründen nicht mehr teilnehmen konnte, trat Boni parteiunabhängig an und versprach, seine »politische Unschuld« für eine radikale Wendung zum Besseren einzusetzen. In der zweiten Runde von mehreren Parteien unterstützt gewann er mit fast 75 % der Stimmen gegen den ehemaligen Regierungschef Adrien Houngbédji und wurde am 6. 4. 2006 im Amt vereidigt.

Bozizé, François (Zentralafrikanische Republik), *Mouila (Gabun) 14. 10. 1946; seit 2003 Staatspräsident

Bozizé absolvierte eine Armeelaufbahn. Während der Militärherrschaft von André Kolingba (1981–93) gehörte er zur Opposition und verbrachte nach einem gescheiterten Putsch 1983 viele Jahre in Togo im Exil. Bei den ersten freien Wahlen 1993 bewarb er sich erfolglos um die Präsidentschaft. Danach unterstützte er den neuen Präsidenten Ange-Félix Patassé und schlug als Generalstabschef mehrere Revolten gegen diesen nieder. Nach angeblicher Beteiligung an einem gescheiterten Putsch gegen Patassé 2001 floh er in den Tschad und versuchte von dort aus 2002 erfolglos, den Präsidenten zu stürzen. Während eines Auslandsaufenthalts seines Kontrahenten nahm Bozizé im März 2003 kampflos die Hauptstadt Bangui ein und ließ sich von den Aufständischen zum Präsidenten ausrufen. Er bestellte ein Übergangskabinett, in dem Vertreter aller politischen Parteien und der Zivilgesellschaft vertreten waren, und versprach die Rückkehr zu einer verfassungsmäßigen Ordnung. Bei den im Frühjahr 2005 abgehaltenen Präsidentschaftswahlen setzte sich Bozizé gegen seine Mitbewerber durch, bei den gleichzeitig stattfindenden Parlamentswahlen wurde die ihn unterstützende Kwa Na Kwa-Koalition mit deutlichem Abstand stärkste Kraft.

Bush, George W. (USA), *New Haven 6. 7. 1946; seit 2001 Präsident

Der Sohn des früheren Präsidenten George Bush sen. (1989–93) ist Absolvent der Elite-Universitäten Yale und Harvard. Nach erfolglosen Jahren in der texanischen Erdölindustrie wurde er als Mitstreiter und Geschäftsführer der Baseballmannschaft Texas Rangers bekannt. Mit seinem 40. Geburtstag kam die Wende: Bush schwor dem Alkohol ab und konvertierte zum methodistischen Glauben. 1994 gelang ihm überraschend ein knapper Sieg über die demokratische Gouverneurin von Texas, Ann W. Richards; 1998 wurde er mit großer Mehrheit wieder gewählt. Am 7. 11. 2000 setzte er sich bei den Präsidentschaftswahlen nach einem Auszählungskrimi gegen den Kandidaten der Demokraten, Vizepräsident Al Gore, durch. Als Nachfolger von Bill Clinton wurde Bush am 20. 1. 2001 als 43. US-Präsident vereidigt. Nach den Terroranschlägen auf das World Trade Center und das Pentagon am 11. 9. 2001 als Symbole amerikanischer Wirtschaftskraft und militärischer Macht erklärte er den Kampf gegen den Terrorismus zum Leitmotiv der US-Politik. Bush verzichtete im Irak-Konflikt auf ein UN-Mandat und stürzte stattdessen mit einer »Koalition der Willigen« im Frühjahr 2003 das Regime Saddam Husseins, dem er den Besitz von Massenvernichtungswaffen vorwarf. Bei den Präsidentschaftswahlen am 2. 11. 2004 siegte Bush deutlich über seinen demokratischen Herausforderer John Kerry.

Calmy-Rey, Micheline (Schweiz), *Sion 8. 7. 1945; Bundesrätin, seit 2003 Außenministerin

Nach dem Erwerb der Handelsmatura in Sion und dem Lizentiat der Politikwissenschaften in Genf war sie bis 1997 Geschäftsführerin einer Gesellschaft für Buchvertrieb. Das Mitglied der Sozialdemokratischen Partei (SP) war zwischen 1981 und 1997 Mitglied des Grossen Rats im Kanton Genf, Präsidentin der Finanzkommission und des Grossen Rats. Zweimal (1986–90 und 1993–97) war sie SP-Vorsitzende im Kanton Genf. Ab 1997 gehörte Calmy-Rey der Genfer Regierung an, dessen Präsidentin sie 2002 wurde. Am 4. 12. 2002 zur Bundesrätin gewählt (im Dez. 2003 bestätigt), übernahm sie am 1. 1. 2003 als Nachfolgerin von Joseph Deiss das Amt der Vorsteherin des Eidgenössischen Departements für Auswärtige Angelegenheiten. 2005 wurde sie von der Vereinigten Bundesversammlung zur Vize-Präsidentin für 2006 gewählt.

Cavaco Silva, Aníbal António (Portugal), *Boliqueime (Algarve) 15. 7. 1939; seit 2006 Staatspräsident

Nach dem Studium der Finanz- und Wirtschaftswissenschaften in Lissabon und York (Promotion) leitete Cavaco Silva die Abteilung für Forschung und Statistik der Bank von Portugal. Nach der April-Revolution 1974 trat er der bürgerlich-liberalen Demokratischen Volkspartei von Francisco Sá Carneiro bei (seit 1976 Sozialdemokratische Partei / PSD) und war 1980–81 Finanzminister unter Sá Carneiro. Im Mai 1985 wurde Cavaco Silva zum Parteivorsitzenden der PSD gewählt (bis 1995) und bildete nach deren Sieg bei den Parlamentswahlen im selben Jahr eine Minderheitsregierung. Mit strikt marktwirtschaftlichen Maßnahmen bekämpfte er erfolgreich die Wirtschaftskrise und integrierte sein Land in die EG und das Europäische Währungssystem. Von den Linksparteien 1987 gestürzt, errang er bei den nachfolgenden Wahlen mit der PSD die absolute Mehrheit. Bei den Parlamentswahlen 1995 musste seine PSD allerdings herbe Verluste hinnehmen; neuer Regierungschef wurde der Sozialist António Guterres (PS). Nachdem er bei den Präsidentschaftswahlen 1996 seinem Konkurrenten Jorge Sampaio unterlegen war, zog sich Cavaco Silva aus der Politik zurück und war als Berater der portugiesischen Zentralbank und als Wirtschaftsprofessor an der Katholischen Universität Lissabon tätig. Bei den Präsidentschaftswahlen am 22. 1. 2006 setzte er sich im ersten Wahlgang mit knapper absoluter Mehrheit durch und wurde am 9. 3. als erster konservativer Präsident seit 1974 vereidigt.

Chirac, Jacques René (Frankreich), *Paris 29. 11. 1932; seit 1995 Staatspräsident

Der an Elitehochschulen ausgebildete Chirac wurde 1967 erstmals in die Nationalversammlung gewählt. Von Staatspräsident Georges Pompidou gefördert, wurde das Mitglied der neogaullistischen Union des Démocrates pour la République (UDR) 1971 Minister für Beziehungen zum Parlament, 1972 Landwirtschafts- und 1974 Innenminister. 1976 übernahm er den Vorsitz der mittlerweile in Rassemblement pour la République (RPR) umbenannten Partei. Das Amt des Ministerpräsidenten bekleidete er zweimal, 1974–76 unter Valéry Giscard d'Estaing und 1986–88 in der Kohabitation mit Präsident François Mitterrand. 1977–95 war er Bürgermeister von Paris. Bei den Präsidentschaftswahlen 1995 besiegte er im zweiten Wahlgang den Sozialisten Lionel Jospin. Seine Wiederwahl 2002 erfolgte nach einem politischen Erdbeben: Chirac trat in der Stichwahl gegen den Rechtspopulisten Jean-Marie Le Pen an, der sich im ersten Wahlgang vor Jospin platzieren konnte. Chirac erhielt ein überwältigendes Votum. Auch bei den Parlamentswahlen im Juni 2002 errang er mit seiner Partei einen deutlichen Sieg. Nach der schweren Niederlage bei den Regionalwahlen und bei der Europawahl 2004 traf Chirac die risikoreiche Entscheidung, das Volk über den europäischen Verfassungstext abstimmen zu lassen. Das Nein der Franzosen im Mai 2005 brachte ihm die bitterste Niederlage seiner politischen Laufbahn bei. Den Preis dafür zahlte Ministerpräsident Jean-Pierre Raffarin, der zurücktreten musste und durch Dominique de Villepin ersetzt wurde.

Compaoré, Blaise (Burkina Faso); *Ouagadougou 3. 2. 1951; seit 1987 Staatspräsident

Angehöriger der Mossi. Compaoré stieg beim Militär zum Offizier auf. 1982 unterstützte er den Militärputsch gegen Präsident Saye Zerbo, aus dem sein Freund Thomas Sankara als Ministerpräsident hervorging. Kurz darauf wieder entlassen, putschte sich Sankara 1983 ins Präsidentenamt und machte Compaoré zum Staatsminister im Präsidialamt und Justizminister. In einem blutigen Staatsstreich stürzte Compaoré 1987 Sankara, der dabei ums Leben kam, ernannte sich zum Staats- und Regierungschef und begann mit einer vorsichtigen Demokratisierung. Bei der Präsidentschaftswahl 1991, die von der Opposition boykottiert wurde, wurde er ohne Gegenkandidat bestätigt, ebenso 1998. Die Regierungspartei Congrès pour la Democratie et le Progrès (CDP) siegte bei den Parlamentswahlen 1992 und 1997. Nach der Ermordung des regimekritischen Journalisten Norbert Zongo 1998 geriet Compaoré unter innenpolitischen Druck, konnte aber die Lage mit einer öffentlichen Entschuldigung 2000 wieder beruhigen. Bei den Parlamentswahlen 2002 errang die CDP nur noch eine knappe Mehrheit. Die Präsidentschaftswahlen 2005 gewann Compaoré mit 80 % der Stimmen und trat damit eine dritte Amtszeit an, obwohl nach Verfassungsänderungen nur zwei Amtsperioden erlaubt sind. Der Verfassungsrat Burkina Fasos hatte jedoch entschieden, dass die Änderungen nicht rückwirkend anzuwenden seien.

Conté, Lansana (Guinea), *Koya 1934; seit 1984 Staatspräsident

Conté durchlief eine Militärlaufbahn: Ausbildung an der Militärakademie Saint Louis im Senegal, seit 1956 Offizier in der französischen Kolonialarmee, danach in der guineischen Nationalarmee, ab 1970 Stabschef. 1984 übernahm er eine Woche nach dem Tod von Sékou Touré in einem unblutigen Staatsstreich die Macht und setzte sich an die Spitze des Militärkomitees der Nationalen Erneuerung. Er öffnete die berüchtigten Straflager Tourés, leitete Wirtschaftsreformen ein und versprach eine schnelle Rückkehr zur Demokratie. 1991 wurde eine neue Verfassung erlassen, in umstrittenen Präsidentschaftswahlen 1993 und 1998 wurde Conté im Amt bestätigt. Durch ein Referendum drückte er 2001 eine Verfassungsänderung durch, die ihm eine weitere Kandidatur ermöglichte, 2003 gewann er erneut die Präsidentschaftswahl. Formal Präsident eines Rechtsstaats, hat Conté faktisch alle demokratischen Institutionen gleichgeschaltet, das Parlament wird nach Wahlen von 1995 und 2002 von ihm nahe stehenden Parteien dominiert, weder Justiz noch Presse sind frei, oppositionelle Politiker werden behindert, eingesperrt und gefoltert.

D'Alema, Massimo (Italien), *Rom 20. 4. 1949; seit 2006 Außenminister

Als Sohn eines kommunistischen Parlamentariers machte er rasch Parteikarriere: Jungpionier, im kommunistischen Jugendverband, dessen Chef er 1975 wurde, dann im Partito Communista (PCI) enger Vertrauter von Generalsekretär Achille Occhetto. 1988–90 war er Chefredakteur des Parteiorgans »L'Unita«. Er trat entschieden für die Umwandlung des PCI in die Demokratische Partei der Linken (PDS) ein und wurde 1994 deren Vorsitzender. 1996 schmiedete er die Mitte-links-Allianz L'Ulivo, die die vorgezogenen Parlamentswahlen 1996 mit ihrem Spitzenkandidaten Romano Prodi gewinnen konnte. Die PDS wurde bei diesen Wahlen stärkste Partei. Nach einer Abstimmungsniederlage Prodis wurde D'Alema Ende 1998 als erster Postkommunist in Westeuropa Regierungschef. Nachdem er bereits im Dezember 1999 wegen Querelen sein Kabinett umbilden musste, trat D'Alema nach der Niederlage der Koalitionsparteien des Mitte-links-Bündnisses bei den Regionalwahlen vom April 2000 zurück. Nach dem knappen Wahlsieg der Mitte-links-Koalition am 9. 4. 2006 wurde D'Alema am 17. 5. als Außenminister in Romano Prodis Regierung vereidigt.

Déby, Idriss (Tschad), *Fada 1952; seit 1990 Staatspräsident

Ehemals Weggefährte seines Amtsvorgängers Hissène Habré, zu dessen Aufstieg er entscheidend beigetragen hat. Nach Habrés Sieg 1982 wurde Déby Oberbefehlshaber der Armee und 1985 Militärberater. Nach einem gescheiterten Putschversuch gegen Habré im April 1989 floh Déby in den Sudan, wo er in wenigen Monaten eine neue Kampftruppe um sich scharte und die Mouvement Patriotique pour le Salut (MPS) gründete. Déby fiel 1990 mit seinen Rebellen im Tschad ein, eroberte in wenigen Wochen die Hauptstadt N'Djamena und wurde 1991 als Präsident vereidigt. Déby gelang es, das ethnisch heterogene Land, das durch den Gegensatz zwischen dem islamisch-arabischen Norden und dem schwarzafrikanischen bevölkerungsreichen Süden geprägt ist, zu stabilisieren. Der bewaffnete Konflikt mit den Rebellen im Tibesti konnte 2001 durch ein Friedensabkommen beigelegt werden. Aus den ersten freien Präsidentschaftswahlen 1996 ging Déby als Sieger hervor (2001 bestätigt), sein MPS sicherte sich 2002 die überwältigende Mehrheit im Parlament. Um sich 2006 erneut im Amt bestätigen zu lassen, ließ Déby 2004 von der Nationalversammlung die Amtszeitbeschränkung aufheben und dies 2005 in einem Referendum bestätigen. Wie erwartet siegte er am 3. 5. 2006 vor vier weiteren Kandidaten, alle Mitglieder der Regierungsparteien.

Djukanović, Milo (Montenegro), *Niksić 15. 2. 1962; 1998–2002 Republikpräsident, 1991–97 und seit 2003 Ministerpräsident

Djukanović trat nach einem Studium der Wirtschaftswissenschaften an der Universität Titograd (heute Podgorica) der Kommunistischen Partei bei und stieg schnell zum ZK-Mitglied (1986–89) auf. Nach dem Zerfall Jugoslawiens wurde er Mitglied in der Demokratischen Partei der Sozialisten Montenegros (DPS) und 29-jährig 1991 Ministerpräsident der jugoslawischen Teilrepublik. Bald zählte er zu den reichsten Männern Montenegros und geriet in den Verdacht, mit Zigarettenschmuggel und anderen illegalen Geschäften sein Geld zu verdienen. Im innerparteilichen Machtkampf setzte er sich gegen Präsident Momir Bulatović, einen Getreuen von Slobodan Milošević, durch, ging aus den Präsidentschaftswahlen 1997 knapp als Sieger über Bulatović hervor und wurde am 15. 1. 1998 als neuer Präsident der Teilrepublik vereidigt. Nach einem längeren politischen Patt zwischen den proserbischen Kräften und den Befürwortern eines unabhängigen Staates unter Djukanović gelang es ihm bei den Parlamentswahlen 2002, mit seiner Parteienallianz einen Sieg zu erringen und am 10. 3. 2003 das Amt des Ministerpräsidenten zu übernehmen. Seinen größten Erfolg konnte er 2006 feiern, als in einer Volksabstimmung am 21. 5. die erforderliche Mehrheit der Abstimmenden für die Auflösung des Staatenbundes mit Serbien votierte. Am 3. 6. erklärte sich Montenegro für unabhängig.

Erdoğan, Recep Tayyip (Türkei), *Istanbul 26. 2. 1954; seit 2003 Ministerpräsident

Nach dem Besuch der staatlich-religiösen Imam-Hatip-Oberschule studierte der aus einem Armenviertel Istanbuls stammende Erdoğan Wirtschaftswissenschaften. Anschließend arbeitete er in der Privatwirtschaft. Als 22-Jähriger schloss sich der strenggläubige Erdoğan der fundamentalistischen Heilspartei an und wurde Vorsitzender ihrer Jugendorganisation. Mit Unterstützung seines Mentors Necmettin Erbakan rückte er 1984 in den Vorstand der Wohlfahrtspartei (RP) auf, einer Nachfolgeorganisation der inzwischen verbotenen Heilspartei, und wurde 1994 Oberbürgermeister Istanbuls. Mit einer pragmatischen Kommunalpolitik erwarb er sich Ansehen bei der Bevölkerung. Wegen Volksverhetzung wurde Erdoğan 1998 zu einer mehrmonatigen Haftstrafe und lebenslangem Politikverbot verurteilt. Seit dieser Zeit setzte er sich von Erbakan ab und gründete 2001 die Partei für Gerechtigkeit und Entwicklung (AKP), in der er demokratische Reformkräfte unter den Religiösen sammelte. Bei den Parlamentswahlen 2002 errang er einen überragenden Wahlsieg, konnte allerdings erst nach einer Verfassungsänderung, die sein Politikverbot aufhob, am 12. 3. 2003 Ministerpräsident werden. Seither verfolgt Erdoğan mit beachtlichem Tempo die Durchsetzung politischer und wirtschaftlicher Strukturreformen, um die Türkei in die EU zu führen.

Fischer, Heinz (Österreich), *Graz 9. 10. 1938; seit 2004 Bundespräsident

Studium der Rechts- und Staatswissenschaften an der Universität Wien, 1978 Habilitation an der Universität Innsbruck (Politikwissenschaft). Zu Beginn seiner über 40-jährigen Laufbahn als SPÖ-Berufspolitiker stieg er vom Sekretär des Klubs der Sozialdemokratischen Abgeordneten und Bundesräte zum Obmann auf, war 1983–87 Bundesminister für Wissenschaft und Forschung, 1990–2003 Nationalratspräsident und anschließend dessen Stellvertreter. Im Januar 2004 bestimmte die SPÖ Fischer, der als Mann des Ausgleichs gilt, zu ihrem Kandidaten für die Wahl des Bundespräsidenten. Die Präsidentschaftswahl am 25. 4. 2004 konnte er gegen die einzige Mitbewerberin, die amtierende Außenministerin Benita Ferrero-Waldner von der ÖVP, gewinnen. Er wurde am 8. 7. im Amt vereidigt.

Fotyga, Anna (Polen), *Lebork 1957; seit 2006 Außenministerin

Wirtschaftsstudium in Danzig und Aufbaustudium in New York. Nach Praktika in der US-Regierung arbeitete Fotyga in mehreren internationalen Organisationen, u. a. der Weltbank. In der Regierung Jerzy Buzek (1997–2001) war sie Beraterin des Premierministers für auswärtige Angelegenheiten. 2004 wurde das Mitglied der nationalkonservativen Partei Recht und Gerechtigkeit (PiS) ins Europaparlament gewählt. Nachdem die PiS bei den Parlamentswahlen im Herbst 2005 stärkste Kraft wurde und mit einem Minderheitskabinett unter Kazimierz Marcinkiewicz die Regierung übernahm, wurde zunächst der frühere polnische Botschafter in Moskau, Stefan Meller, mit der

Leitung des Außenamtes beauftragt. Als dieser im Mai 2006 aus Protest gegen die Aufnahme der populistischen Bauernpartei und der rechtsextremen Liga Polnischer Familien in die Regierungskoalition sein Amt niederlegt, folgt ihm Fotyga am 9. 5. 2006 als erste Außenministerin Polens.

Gabriel, Sigmar (Deutschland), *Goslar 12. 9. 1959; seit 2005 Bundesminister für Umwelt, Naturschutz und Reaktorsicherheit

Foto: SPD-Bundestagsfraktion

Nach einem Lehramtsstudium in Deutsch, Politik und Soziologie arbeitete Gabriel zunächst in der Erwachsenenbildung. Seit 1977 Mitglied der SPD war er 1990–2005 Abgeordneter des niedersächsischen Landtags, wo er sich u. a. in den Ausschüssen für Umwelt, Soziales und Wirtschaft und im Innen- sowie Kulturausschuss profilierte. 1994 wurde er innenpolitischer Sprecher der SPD-Landtagsfraktion, bevor er 1997 zum stellvertretenden, 1998/99 und 2003–2005 zum Vorsitzenden der Landtagsfraktion gewählt wurde. Nach dem Rücktritt Gerhard Glogowskis wurde Gabriel 1999 niedersächsischer Ministerpräsident (bis 2003). 2005 zog er mit einem Direktmandat in den Bundestag und wurde am 22. 11. 2005 als Bundesminister für Umwelt, Naturschutz und Reaktorsicherheit vereidigt.

Gahr Støre, Jonas (Norwegen), *25. 8. 1960; seit 2005 Außenminister

Nach einem zweijährigen Besuch der Königlichen Norwegischen Marineakademie erwarb Gahr Støre am Pariser Institut d'Etudes Politiques einen Abschluss in Politikwissenschaft und arbeitete anschließend als Assistent an der Harvard Law School und als Forscher an einem Wirtschaftsinstitut in Oslo. 1989 trat er der Regierungschefin Gro Harlem Brundtland als Berater zur Seite. In der ersten Regierung des amtierenden Premierministers Jens Stoltenberg wurde Gahr Støre 2000 Staatssekretär im Preminsterbüro, ab 2003 war er Generalsekretär des Norwegischen Roten Kreuzes. In Stoltenbergs zweiter Regierung wurde er am 17. 10. 2005 mit der Leitung des Außenministeriums betraut.

García Pérez, Alán (Peru), *Lima 23. 5. 1949; 1985–90 und seit 2006 Staatspräsident

Nach dem Studium der Rechtswissenschaften in Lima und Madrid und der Soziologie in Paris wandte sich García Pérez der Politik zu. Bereits als Schüler war er der Jugendorganisation der sozialdemokratisch orientierten Alianza Popular Revolucionaria Americana (APRA) beigetreten. 1979 war er Mitglied der Verfassunggebenden Versammlung, 1980 wurde er ins Parlament gewäht, 1982 wurde er Generalsekretär der APRA; als deren Kandidat gewann er die Präsidentschaftswahlen 1985. Bei seinem Amtsantritt befand sich Peru in einer schweren Wirtschaftskrise, der García Pérez u. a. mit einer rigorosen Schuldenpolitik zu begegnen suchte: die Rückzahlung von Auslandsschulden wurde auf 10 % der peruanischen Exporterlöse begrenzt. Die Folge war eine Hyperinflation, das hoch verschuldete Land verspielte seine Kreditwürdigkeit bei internationalen Finanzinstitutionen. Die soziale Not nahm dramatisch zu, dem wachsenden Terror der Guerillabewegung Sendero Luminoso (Leuchtender Pfad) vesuchte er erfolglos durch massiven Militäreinsatz zu begegnen. Im Mai 1995 erließ die peruanische Justiz gegen ihn einen Haftbefehl wegen Verdachts der Korruption, persönlichen Bereicherung und Veruntreuung von Staatsmitteln. Zu dieser Zeit hielt sich García jedoch im Exil auf und kehrte erst nach Peru zurück, nachdem alle Korruptionsverfahren wegen Verjährung eingestellt worden waren. Zu den Präsidentschaftswahlen 2001 trat er erneut an, unterlag jedoch in der Stichwahl Alejandro Toledo Manrique. Sein politisches Comeback gelang ihm erst bei den Stichwahlen um das Präsidentamt im Juni 2006, als er sich mit 55 % gegen den Linksnationalisten Ollanta Humala durchsetzen konnte.

Gbagbo, Laurent (Elfenbeinküste), *Gagnoa 31. 5. 1945; seit 2000 Staatspräsident

Der promovierte Historiker und engagierte Gewerkschafter, der in den 1970er Jahren wegen seiner Gegnerschaft zum Präsidenten Félix Houphouët-Boigny zeitweise inhaftiert war, gründete 1982 im Untergrund die Ivorische Volksfront (FPI). Nach Exil in Frankreich (1982–88) unterlag er bei den ersten demokratischen Präsidentschaftswahlen 1990 Houphouët-Boigny. Als dessen Nachfolger Henri Konan Bédié 1999 aus dem Amt geputscht wurde, arrangierte sich Gbagbo mit dem Putschisten General Robert Guéï und trat mit seiner FPI in eine Übergangsregierung ein. Bei den Präsidentschaftswahlen 2000 ging er gegen Guéï ins Rennen und wurde, nachdem der General wegen Wahlmanipulationen durch einen Volksaufstand aus dem Amt gejagt wurde, am 26. 10. 2000 als Staatspräsident vereidigt. Gbagbos ultranationalistische und rassistische Parolen und die Vernachlässigung des von muslimischen Immigranten geprägten Nordens erregten Widerstand (Putschversuch 2002), gegen den Gbagbo mit äußerster Gewalt, gestützt auf Schlägerbanden der Jeunes Patriotes, vorging. Die Lage eskalierte 2002 zu einem Bürgerkrieg, der das Land faktisch teilt. Durch französische Vermittlung kam 2003 der Friedensplan von Marcoussis zustande, im Rahmen dessen die Rebellenorganisationen und Gbagbos Regierung gemeinsam eine Übergangsregierung bildeten, aus der die Forces Nouvelles kurz darauf wieder austraten. Ein unter UN-Schirmherrschaft vereinbarter Zeitplan zur Umsetzung des Marcoussis-Plans 2004 konnte die Krise oberflächlich beruhigen. Die Ende 2005 durch Vermittlung der Afrikanischen Union (AU) installierte Übergangsregierung soll nun den Friedensprozess und freie Wahlen organisieren.

Glos, Michael (Deutschland), *Brünnau 14. 12. 1944; seit 2005 Bundesminister für Wirtschaft und Technologie

Als Müllermeister übernahm Glos 1968 den elterlichen Getreidemühlen- und Landwirtschaftsbetrieb. Seit 1970 Mitglied der CSU, zog er 1976 erstmals in den Bundestag, wo er 1980–87 den Vorsitz des Finanz-, Haushalts- und Wirtschaftsausschusses innehatte, 1987–90 war er finanz- und steuerpolitischer Sprecher der CDU/CSU-Bundestagsfraktion. Glos übernahm 1991 den stellvertretenden Vorsitz der CDU/CSU-Fraktion für den Bereich Wirtschaft, Landwirtschaft, Mittelstand und Verkehr und wurde 1993 Mitglied im Parteivorstand und im Präsidium der CSU, außerdem Vorsitzender der CSU-Landesgruppe im Deutschen Bundestag und Erster Stellvertretender Vorsitzender der CDU/CSU-Bundestagsfraktion. Bereits im Bundestagswahlkampf 2002 war Glos Mitglied des »Kompetenzteams« von Kanzlerkandidat Edmund Stoiber.
Als sich nach der Bundestagswahl 2005 CDU/CSU und SPD auf die Bildung einer großen Koalition geeinigt hatten, ließ Stoiber wissen, dass er nicht als Wirtschaftsminister in das Kabinett Angela Merkels wechseln, sondern Ministerpräsident in Bayern bleiben wolle. Die CSU nominierte daraufhin Glos als neuen Wirtschafts- und Technologieminister, als der er am 22. 11. 2005 vereidigt wurde.

Gnassingbé, Faure Essozimna (Togo), *Afagnan 6. 6. 1966; seit 2005 Staatspräsident

Nach einem Wirtschaftsstudium in Paris und Washington stieg der Sohn des langjährigen Staatspräsidenten Gnassingbé Eyadéma in die Politik ein und eroberte bei den Parlamentswahlen von 1998 und 2002 für die Staatspartei Rassemblement du Peuple Togolais ein Mandat. Mit einer Verfassungsänderung, in der das Mindestalter für das Amt des Staatspräsidenten von 45 auf 35 Jahre herabgesetzt wurde, ebnete ihm sein Vater 2002 den Weg zu seiner Nachfolge. Ein Jahr später übertrug er ihm den einflussreichen Kabinettsposten des Ministers für öffentliche Einrichtungen, Bergbau, Post und Telekommunikation. Zwei Tage nach dem Tod seines Vaters am 5. 2. 2005 ließ sich Gnassingbé vom Militär als Präsident vereidigen. Obwohl das Parlament diesen Verfassungsbruch nachträglich legitimierte, trat er nach drei Wochen auf internationalen Druck zurück und erklärte sich zu Neuwahlen bereit. Aus diesen ging »Bébé Gnassingbé« – wie er von der Opposition genannt wird – nach einem von blutigen Unruhen überschatteten Wahlkampf am 26. 4. siegreich hervor. Die Opposition, die ihm massiven Wahlbetrug vorwarf, erkannte zunächst den am 4. 5. vereidigten neuen Machthaber nicht an. Unter Vermittlung des nigerianischen Präsidenten Olusegun Obasanjo kam es jedoch zur Bildung einer Regierung der nationalen Einheit; Edem Kodjo, Vorsitzender einer Oppositionspartei, wurde das Amt des Regierungschefs übertragen. Die Ernennung von Kpatcha Gnassingbé, Bruder des Präsidenten, zum Verteidigungsminister und damit Oberbefehlshaber der Streitkräfte, legt jedoch die Machtverhältnisse offen.

Guebuza, Armando Emílio (Mosambik), *Murrupula 20. 1. 1943; seit 2005 Staatspräsident

20-jährig schloss sich Guebuza der Befreiungsbewegung FRELIMO an, nahm 1964–74 am Guerillakampf gegen die portugiesische Kolonialherrschaft teil und wurde nach der Unabhängigkeit in der von Staatspräsident Samora Machel geführten Regierung Innenminister. In den späten 1980er Jahren leitete er die Friedensverhandlungen mit der Guerillabewegung RENAMO in Rom, die seit der Unabhängigkeit einen bewaffneten Kampf gegen die FRELIMO führte. Der Bürgerkrieg konnte 1992 beendet werden. Unter Staatspräsident Joaquim Alberto Chissano war Guebuza Transportminister. 2002 wurde er gegen den Wunsch Chissanos zum Generalsekretär der FRELIMO gewählt. Der mehrfache Dollarmillionär gebietet mittlerweile über ein Geschäftsimperium, das vom Tourismus über den Transportsektor bis zum Finanzwesen reicht.
Nach dem freiwilligen Verzicht Chissanos auf eine nochmalige Kandidatur gewann Guebuza Ende 2004 die Präsidentschaftswahlen und wurde am 2. 2. 2005 vereidigt.

Guelleh, Ismaïl Omar (Dschibuti), *Diré-Dawa (Äthiopien) 1947; seit 1999 Staatspräsident

Angehöriger der Volksgruppe der Issa. Ab 1968 arbeitete er in der frannzösischen Kolonialverwaltung, wurde aber 1975, als sein Engagement für die Unabhängigkeitsbewegung Ligue populaire africaine pour l'indépendance (LPAI) bekannt wurde, entlassen. Nach der Unabhängigkeit 1977 berief ihn sein Onkel, Präsident Hassan Gouled Aptidon zum Kabinettschef mit Zuständigkeit für innere und äußere Sicherheit, was er bis 1999 blieb. In der 1981–92 einzig legalen Partei Rassemblement Populaire pour le Progrès (RPP) gehörte Guelleh ab 1983 dem Zentralkomitee, ab 1987 dem Politbüro an. Als Kandidat des aus zwei Parteien gebildeten Regierungsbündnisses (RPP/FRUD) gewann Guelleh die Präsidentschaftswahlen am 9. 4. 1999.
Das Bündnis konnte sich auch bei den Parlamentswahlen 2003 durchsetzen. Trotz einer verbesserten Men-

schenrechtslage seit seinem Amtsantritt wurden auch ihm willkürliche Verhaftungen, Unterdrückung der Opposition und Wahlbetrug vorgeworfen. Die Präsidentschaftswahlen im April 2005 gewann Guelleh unangefochten, da sie von der Opposition boykottiert wurden.

Hanija, Ismail (Palästina), *Schati 1962 oder 1963; seit 2006 Regierungschef

Hanija, geboren im Flüchtlingslager Schati nahe Gaza-Stadt, studierte Pädagogik und arabische Literatur in Kairo und an der Islamischen Universität in Gaza-Stadt. Hier schloss er sich der 1987 gegründeten Islamischen Widerstandsbewegung Hamas an, war nach Ausbruch der ersten Intifada mehrfach inhaftiert – in israelischen Gefängnissen lernte er fließend Hebräisch – und wurde 1992 in den Südlibanon deportiert. Nach seiner Rückkehr in den Gazastreifen übernahm er 1993 das Amt des Dekans der Islamischen Universität. Als die Palästinensische Autonomiebehörde 1994 eingerichtet wurde, stellte er die Verbindung der Hamas zur palästinensischen Regierung her und baute so gute Kontakte zur Fatah auf. 1998 wurde Hanija Büroleiter und enger Vertrauter des Hamas-Gründers und Chefs Ahmed Jassin und damit Verbindungsglied zwischen dem politischen und dem terroristischen Flügel der Organisation. Nach der Tötung Jassins und dessen Nachfolgers Abedelasis Rantisi (2004) durch das israelische Militär rückte Hanija zusammen mit Mahmud Zahar an die Spitze der Hamas. Der als Pragmatiker geltende Hanija wurde nach dem Wahlsieg der Hamas bei den Parlamentswahlen vom 25. 1. 2006 zum Ministerpräsidenten ernannt und am 29. 3. vereidigt. Eine von ihm angestrebte Regierung der nationalen Einheit gemeinsam mit der Fatah kam nicht zustande.

Harper, Stephen (Kanada), *Toronto 30. 4. 1959; seit 2006 Premierminister

Nach dem Wirtschaftsstudium an der Universität of Calgary trat Harper 1985 als Assistent eines Abgeordneten der Progressive Conservative Party (PCP) aktiv in die Politik ein. 1987 gehörte zu den Gründungsmitgliedern der Reform Party, einer konservativen Abspaltung der PCP, für die er 1993 zum ersten Mal ins Unterhaus einzog. 1997 verließ er die Partei im Streit mit dem Parteivorsitzenden Preston Manning und zog sich aus der Politik zurück. 2002 übernahm er die Führung der inzwischen in Canadian Alliance (CA) umbenannten Reform Party und zog wieder als Abgeordneter ins Unterhaus. 2003 beschlossen die beiden konservativen Parteien CA und PCP zu fusionieren, 2004 wurde Harper zum Vorsitzenden der neuen Conservative Party (CP) gewählt. Ende 2005 gelang es der oppositionellen CP, den seit 2003 amtierenden, durch einen Korruptionsskandal stark angeschlagenen liberalen Premierminister Paul Martin durch ein Missstrauensvotum zu stürzen. Bei den Parlamentswahlen im Januar 2006 siegte die CP, wenn auch knapper als erwartet, und Harper wurde am 6. 2. als Chef einer Minderheitsregierung vereidigt.

Hu Jintao (Volksrepublik China), *Jixi 1942; seit 2003 Staatspräsident

Nach dem Studium der Wasserkrafttechnik an der Pekinger Eliteuniversität Qinghua wurde Hu Jintao 1968 an das Ministerium für Wasserressourcen berufen und mit Wasserbauprojekten in der Provinz Gansu betraut. Ab 1974 übernahm er in der Aufbaukommission für Gansu leitende Funktionen und begann zugleich seine Politkarriere in der Jugendorganisation der Kommunistischen Partei (1984 Erster Sekretär des ZK). 1985 wechselte er als Sekretär ins Parteikomitee der Provinz Guizhou und wurde 1988 als Parteichef in die autonome Unruheprovinz Tibet entsandt, wo er 1989 das Kriegsrecht verhängte und Proteste gegen die chinesische Besatzungsmacht niederschlagen ließ. Protegiert von Deng Xiaoping, wurde er 1992 als jüngstes Mitglied in den Ständigen Ausschuss des Politbüros berufen, im Jahr darauf zum Leiter der Parteihochschule in Peking ernannt. Sein Aufstieg setzte sich 1998 mit seiner Ernennung zum stellvertretenden Staatspräsidenten und 1999 zum stellvertretenden Vorsitzenden der Zentralen Militärkommission der Partei fort. Beim 16. Parteikongress der KPCh wurde er Ende 2002 zum neuen Parteichef gekürt und löste Anfang 2003 Jiang Zemin als Staatspräsident ab. 2004 übernahm Hu Jintao auch den Vorsitz der Zentralen Militärkommission von Jiang Zemin, das letzte der Schlüsselämter in Partei, Staat und Volksbefreiungsarmee. Damit fand der 2002 eingeleitete Generationswechsel in der Führung des Landes seinen Abschluss.

Jammeh, Yahya (Gambia), *Kanilai 25. 5. 1965; seit 1994 Staats- und Regierungschef

Nach einer steilen Militärkarriere (ab 1992 Kommandeur der Militärpolizei) war Leutnant Jammeh 1994 führend am unblutigen Putsch gegen den seit 1970 autokratisch herrschenden Präsidenten Dawda Kairaba Jawara beteiligt. Jammeh übte als Vorsitzender des Provisorischen Rats der Streitkräfte faktisch das Amt des Staatasoberhaupts aus. 1996 erfolgte die Rückkehr zur demokratischen zivilen Ordnung. Jammeh, mittlerweile aus dem Militär ausgeschieden, ließ sich durch Wahl legitimieren (2001 bestätigt). Die ihm nahe stehende Alliance for Patriotic Reorientation and Construction (APRC) erhielt 1997 und 2002 die Mehrheit der Sitze im Parlament. Seit der Rückkehr zur verfassungsmäßigen Ordnung hat sich die Lage der Menschenrechte zwar verbessert, der autokratische Regierungsstil Yammehs gibt aber immer wieder Anlass zur Kritik. Willkürliche Verhaftungen von Oppositionellen sind an der Tagesordnung, einen Aufruhr unter Studenten, die der Regierung Folter eines Kommilitonen vorwarfen, ließ der Präsident blutig niederschlagen; die Beschneidung der Pressefreiheit nahm in der Ära Jammeh kontinuierlich zu.

Johnson-Sirleaf, Ellen (Liberia), *Monrovia 29. 10. 1938; seit 2006 Staats- und Regierungschefin

Nach dem Studium der Finanzwissenschaften an der Universität Harvard wurde Johnson-Sirleaf in ihrem Heimatland 1972/73 unter Präsident William R. Tolbert Staatssekretärin im Finanzministerium. Nach dem Militärputsch von Samuel Doe 1980 wurde sie zunächst Finanzministerin, zerstritt sich aber 1982 mit Doe und ging als Leiterin einer Bank nach Nairobi, kehrte aber vor den Wahlen 1985 in ihr Heimatland zurück. Ihre Regime-Kritik brachte ihr eine zehnjährige Haftstrafe ein, im September 1986 konnte sie jedoch in die USA fliehen, wo sie u. a. Afrika-Direktorin des UN-Entwicklungsprogramms (UNDP) war. 1997 kehrte sie nach Liberia zurück und trat bei den Präsidentschaftswahlen gegen den von ihr nach seinem Putsch gegen Doe 1989 anfänglich unterstützen Milizenchef Charles Taylor an, dem sie unterlag. Nach der Flucht Taylors 2003 nahm Johnson-Sirleaf für ihre Unity Party an den Friedensverhandlungen in Accra teil, die den 14-jährigen Bürgerkrieg beendeten. Innerhalb der Übergangsregierung unter Gyude Bryant übernahm sie die Leitung einer Kommission für Regierungsreformen. Für die Unity Party zog sie in den Wahlkampf für das Präsidentenamt 2005 und schlug in der Stichwahl am 8. 11. den politisch unerfahrenen ehemaligen Fußballstar George Weah und wurde am 16. 1. 2006 als erste gewählte Präsidentin Liberias und ganz Afrikas vereidigt.

Jung, Franz Josef (Deutschland), *Erbach 5. 3. 1949; seit 2005 Bundesminister für Verteidigung

Der promovierte Jurist, der sich 1976 als Rechtsanwalt niederließ und 1983 zum Notar bestellt wurde, trat 1971 der CDU bei. Seit 1983 war er Abgeordneter des Hessischen Landtags, in den Jahren 1987–91 Generalsekretär der CDU Hessen, seit 1998 stellvertretender Landesvorsitzender und Bundesvorstandsmitglied der CDU. Nach dem Sieg der CDU bei den hessischen Landtagswahlen wurde Jung 1999 zum Minister für Bundes- und Europaangelegenheiten und Chef der Staatskanzlei ernannt, musste aber aufgrund seiner Verwicklungen in eine parteiinterne Spendenaffäre 2000 zurücktreten. Nachdem die CDU bei den hessischen Landtagswahlen im Februar 2003 die absolute Mehrheit der Sitze gewonnen hatte, wurde der Vertraute des Ministerpräsidenten Roland Koch Fraktionsvorsitzender. Im Herbst 2005 zog Jung als Abgeordneter in den deutschen Bundestag ein und wurde am 22. 11. als Bundesminister der Verteidigung in die schwarz-rote Bundesregierung unter Bundeskanzlerin Angela Merkel berufen.

Jusuf Ahmed, Abdullahi (Somalia), *Galkayo 15. 12. 1934; seit 2004 Staatspräsident

Der in der Region Puntland geborene, dem Klan der Darod angehörende Jusuf schlug nach dem Jurastudium eine militärische Laufbahn ein. 1965–68 war er Militärattaché an der somalischen Botschaft in Moskau. Da Jusuf den Putsch von General Siad Barre 1969 nicht mitgetragen hatte, wurde er bis 1975 inhaftiert, dann aber rehabilitiert. Als Befehlshaber im Krieg gegen Äthiopien 1977/78 eingesetzt, überwarf er sich kurz darauf erneut mit Barre. Nach der Bildung der militärischen Oppositionsgruppe Somali Salvation Democratic Front wurde er 1985 erneut inhaftiert und kam erst nach dem Sturz von Barre 1991 frei. 1998 wurde er zum Präsidenten der autonomen Region Puntland gewählt. Nach Auslaufen seiner Amtszeit kam es 2001 zur militärischen Auseinandersetzung mit seinem Hauptwidersacher Jama Ali Jama, bei denen sich Jusuf durchsetzen konnte. Im Rahmen der in Nairobi tagenden Somalischen Nationalen Versöhnungskonferenz wurde Jusuf im Herbst 2004 vom neuen Übergangsparlament zum Präsidenten von Somalia gewählt. Anfang 2005 kam es zu einem Zerwürfnis der neuen Institutionen über die Wahl des Regierungssitzes im Heimatland sowie über die Zusammensetzung einer von Jusuf geforderten Friedensunterstützungsmission. Während sich im Juni 2005 ein Teil der Regierung und des Parlaments nach Mogadischu begab, übersiedelten Jusuf und sein Regierungschef Ali Muhammad Ghedi nach Jowhar und Beidoa.

Kabbah, Ahmad Tejan (Sierra Leone), *Pendembu 16. 2. 1932; 1996/97 und seit 1998 Staats- und Regierungschef

Nach seiner Rückkehr aus Großbritannien, wo er u. a. in Oxford Rechts- und Wirtschaftswissenschaften studiert hatte, wurde er zunächst Distriktkommissar. Kabbah, der 1954 der Sierra Leone People's Party (SLPP) beigetreten war, hatte anschließend 1963–68 Ämter in verschiedenen Regierungen inne. Nach der Machtübernahme der Militärs Ende der 1960er Jahre verließ er Sierra Leone und war bis Anfang der 1990er Jahre für das UN-Entwicklungsprogramm (UNDP) in New York, Lesotho und Tansania tätig. 1995 wurde er Vorsitzender der SLPP, die bei den Parlamentswahlen 1996 stärkste Kraft wurde, er selbst konnte die gleichzeitig stattfindende Präsidentschaftswahl für sich entscheiden. Ein Jahr später wurde Kabbah durch einen Militärputsch aus dem Amt gejagt und musste ins Ausland fliehen. Nach dem Sturz des Putschregimes durch die ECOMOG-Friedenstruppe im Februar 1998 kehrte Kabbah nach Sierra Leone zurück und übernahm neben dem Präsidentenamt auch das Verteidigungsministerium. Der seit 1989 tobende Bürgerkrieg eskalierte nun endgültig und fand mit dem Überfall der Rebellentruppen auf Freetown 1999 seinen blutigen Höhepunkt. Nach der Beendigung des Bürgerkrieges fanden im Mai 2002 Präsidentschafts- und Parlamentswahlen statt, aus denen Amtsinhaber Kabbah und seine SLPP als klare Sieger hervorgingen.

Kabila, Joseph (Demokratische Republik Kongo), *Hewa Bora 4. 6. 1971; seit 2001 Staatspräsident

Der in Tansania, Burundi und Uganda aufgewachsene Joseph Kabila kam erst 1996 mit der Rebellenarmee seines Adoptivvaters Laurent-Désiré Kabila in den Kongo. Nach dem Sturz des Diktators Mobuto Sese Seko 1997 ernannte ihn der neue Staatspräsident Kabila zum Generalmajor und Armeebefehlshaber. Die 1998 beginnende Rebellion gegen den neuen Machthaber, die von Ruanda und Uganda unterstützt wurde und sich rasch zu einem verheerenden regionalen Krieg ausweitete, an dem Truppen aus fünf benachbarten Staaten (Ruanda und Uganda auf Seiten der Rebellen gegen Kabila; Simbabwe, Namibia und Angola auf der Seite Kabilas) beteiligt waren, forderte über 4 Mio. Opfer. Als Laurent-Désiré Kabila im Januar 2001 einem Attentat zum Opfer fiel, folgte ihm sein Sohn Joseph im Amt. Die 2002 wieder aufgenommenen Verhandlungen führten zu einem Friedensvertrag mit Ruanda und Uganda, die sich verpflichteten, ihre Truppen abzuziehen. Im Dezember wurde unter Vermittlung der UN ein Abkommen der Regierung mit den Rebellen und der Opposition erzielt, das vorsah, diese an der auf zwei Jahre begrenzten Übergangsregierung zu beteiligen. Im Mai 2005 wurde vom Übergangsparlament eine neue Verfassung verabschiedet, die im Dezember 2005 per Referendum angenommen wurde und im Februar 2006 in Kraft trat. Damit wurde der Weg frei für die Parlaments- und Präsidentschaftswahlen.

Kaczyński, Jarosław (Polen), *Warschau 18. 6. 1949; seit 2006 Ministerpräsident

Der promovierte Jurist war 1971–81 als Assistent und wissenschaftlicher Mitarbeiter an der Universität Warschau und in deren Außenstelle in Białystok tätig. In enger Zusammenarbeit mit seinem Zwillingsbruder Lech (→ unten) begann Kaczyński 1980 sein politisches Engagement als Rechtsberater der streikenden Arbeiter der Danziger Leninwerft und war an der Gründung der oppositionellen Gewerkschaft Solidarność beteiligt. 1990 unterstützte er in der Zentrumsallianz die Präsidentschaftskandidatur Wałęsas und wurde nach dessen Wahl Staatsminister und Chef der Präsidialkanzlei, bevor er sich 1991 mit Wałęsa zerstritt. 1991–93 saß Kaczyński als Abgeordneter für die Zentrumsallianz, 1997–2001 für die Bewegung für den Wiederaufbau Polens im Parlament. Die Zwillingsbrüder gründeten 2001 die rechts-nationale Partei Recht und Gerechtigkeit (PiS), die sich auf die Fahnen schrieb, »Anstand und Moral« in der Politik durchzusetzen. Jarosław Kaczyński zog als Fraktionsführer der PiS erneut ins Parlament ein und übernahm nach der Wahl von Lech Kaczyński zum Oberbürgermeister von Warschau von diesem den Parteivorsitz der PiS. Nachdem die PiS aus den Parlamentswahlen im September 2005 als stärkste Kraft hervorgegangen war, verzichtete Jarosław Kaczyński auf das Ministerpräsidentenamt, um die Aussichten seines Bruders Lech bei der Präsidentschaftswahl im Oktober nicht zu gefährden, und überließ das Amt Kazimierz Marcinkiewicz, der am 31. 10. 2005 Chef einer Minderheitsregierung wurde. Als dieser am 7. 7. 2006 seinen Rücktritt erklärte, schlug die Parteiführung der PiS Jarosław Kaczyński für dessen Nachfolge vor. Kaczyński wurde am 14. 7. 2006 vereidigt.

Kaczyński, Lech (Polen), *Warschau 18. 6. 1949; seit 2005 Staatspräsident

Habilitierter Jurist, spezialisiert auf Arbeitsrecht. Seine politische Arbeit begann Kaczyński als Gewerkschaftsaktivist, 1980 war er an der Seite seines Zwillingsbruders Jarosław als Rechtsberater für die Streikenden der Danziger Leninwerft tätig. An der Gründung der Solidarność beteiligt, wurde Kaczyński wie Lech Wałęsa 1981 interniert. Für politischen Pluralismus saß Kaczyński 1989 mit am »Runden Tisch« und wurde zum Senator gewählt. 1990 machte er sich in der Zentrumsallianz für die Präsidentschaftskandidatur Wałęsas stark und war 1991 einige Monate Staatsminister für Fragen der Sicherheit, bevor er sich mit Wałęsa überwarf. Unter dem konservativen Ministerpräsidenten Jerzy Buzek kehrte er 2000 als Justizminister in die Politik zurück. Seine Verschärfung des Strafrechts verschaffte ihm zunehmend Popularität. Gemeinsam mit seinem Zwillingsbruder Jarosław gründete Lech 2001 die rechts-nationale Partei Recht und Gerechtigkeit (PiS), deren Vorsitzender er wurde. Nach seiner Wahl zum Oberbürgermeister von Warschau 2002 trat er vom Vorsitz der Partei zurück. Zwei Wochen vor der Präsidentschaftswahl im Oktober 2005, für die Lech Kaczyński als aussichtsreicher Kandidat antreten wollte, ging die PiS aus den Parlamentswahlen als stärkste Kraft hervor. Sein Bruder Jarosław Kaczyński verzichtete zunächst auf das Ministerpräsidentenamt, um die Erfolgsaussichten seines Zwillingsbruders nicht zu schmälern. Nachdem Lech in der ersten Runde noch deutlich hinter Donald Tusk von der liberalkonservativen Bürgerplattform zurück gelegen hatte, gewann er die Stichwahl im November klar und wurde am 23. 12. 2005 als Präsident vereidigt.

Kagame, Paul (Ruanda), *Gitarama 1957; seit 2000 Staatspräsident

Der Tutsi Kagame, dessen Eltern 1960 vor dem ersten großen Massaker der Hutu geflohen waren, wuchs in einem ugandischen Flüchtlingslager auf und wurde Berufsoffizier. Als der ugandische Diktator Idi Amin in den 1970er Jahren Pogrome gegen die ruandischen Flüchtlinge organisierte, schloss er sich der tansanischen Armee an. Nach dem Sturz von Amin im Krieg von 1978/79 trat er der Nationalen Widerstandsarmee (NRA) von Yoweri Museveni bei, stieg zum Generalmajor auf und wurde Chef des Militärischen Nachrichtendienstes. 1990 schloss er sich der von Uganda aus operierenden Front Patriotique Rwandais (FPR) an und übernahm später deren Kommando. Nach Massakern der Hutu-Mehrheit an der Tutsi-Bevölkerung 1994 marschierte er in Ruanda ein und stürzte die Hutu-Regierung. Er bildete ein überwiegend aus Angehörigen der Tutsi bestehendes Kabinett, berief jedoch in das Amt des Staatspräsidenten mit Pasteur Bizimungu einen Hutu-Politiker; als Vizepräsident und Verteidigungsminister behielt er aber entscheidenden Einfluss. Nach dem Rücktritt Bizimungus wurde Kagame 2000 vom Parlament zum Übergangspräsidenten gewählt. Nach der Einführung einer neuen Verfassung durch ein Referendum 2003 gewann Kagame die anschließenden von Unregelmäßigkeiten geprägten Präsidentschaftswahlen mit 95 % der Stimmen, bei den Parlamentswahlen wurde seine Partei FPR mit Abstand stärkste Kraft. Die Machtfülle Kagames, die erdrückenden Mehrheitsverhältnisse im Parlament und die Unterdrückung der Opposition untergraben den Anschein demokratischer Legitimation.

Kibaki, Mwai (Kenia), *Gatuyaini 15. 11. 1931; seit 2002 Staatspräsident

Studium zunächst an der Makerere-Universität in Kampala, später an der angesehenen London School of Economics. Seit den 1960er Jahren gehörte er als Mitglied der herrschenden Einheitspartei Kenya African National Union (KANU) zur politischen Elite des Landes. In den 1970er Jahren war er Finanzminister im Kabinett des ersten Präsidenten Jomo Kenyatta, später unter Daniel arap Moi zehn Jahre lang Vizepräsident, bis er 1988 von diesem entlassen wurde. Nach Einführung des Mehrparteiensystems gründete er die Democratic Party (DP), die in den 1990er Jahren stärkste oppositionelle Kraft war. 1992 und 1997 kandidierte er erfolglos um die Präsidentschaft. Aus den Wahlen 2002, bei denen Moi nicht mehr antrat, ging Kibaki als Kandidat des oppositionellen Wahlbündnisses National Rainbow Coalition (NARC) als Sieger hervor. Mit dem ersten demokratischen Machtwechsel in der Geschichte Kenias wurde die fast 40-jährige Vorherrschaft der KANU-Partei beendet. Bei seiner Vereidigung Ende Dezember 2002 versprach Kibaki Wirtschafts- und Bildungsreformen und sagte der grassierenden Korruption den Kampf an. Doch schon nach kurzer Zeit sah sich die Regierung selbst schweren Korruptionsvorwürfen ausgesetzt. Im November 2005 lehnte die Bevölkerung in einer Volksabstimmung die neue Verfassung Kibakis ab, der entgegen seines Wahlversprechens, das Amt eines starken Ministerpräsidenten zu schaffen, einen Entwurf vorgelegt hatte, der die starke Stellung des Präsidenten nicht beschnitt.

Kikwete, Jakaya Mrisho (Tansania), *Msoga 7. 10. 1950; seit 2005 Staats- und Regierungschef

Nach wirtschaftswissenschaftlichen Studien machte Kikwete Karriere im Militär. Bereits 1975 war er der Tanganyika African National Union beigetreten, aus der sich 1977 die Revolutionspartei (Chama Cha Mapinduzi, CCM) als Einheitspartei entwickelte. 1992 verließ Kikwete das Militär, nachdem er bereits seit 1988 einen Sitz im Parlament innehatte. Unter Präsident Ali Hassan Mwinyi leitete er ab 1990 für vier Jahre das Ministerium für Energie, Bergbau und Wasser, 1994 für ein Jahr das Finanzministerium. Bei den ersten Präsidentschaftswahlen seit der Einführung des Mehrparteiensystems 1995 gewann der CCM-Kandidat Benjamin Mkapa, der dem bei der Nominierung unterlegenen Kikwete die Leitung des Außenministeriums übertrug. Kikwete erwarb sich als Friedensvermittler in Burundi und der Demokratischen Republik Kongo internationales Ansehen. Für die Präsidentschaftswahlen 2005 nominierte die CCM Kikwete, der am 14. 12. 2005 mit rd. 80 % der Stimmen gewählt und eine Woche später vereidigt wurde.

Köhler, Horst (Deutschland), *Skierbieszów (Polen) 22. 2. 1943; seit 2004 Bundespräsident

Köhler promovierte in Volkswirtschaftslehre und Politischen Wissenschaften an der Universität Tübingen und arbeitete ab 1969 am dortigen Institut für Wirtschaftsforschung. 1976–89 war er in verschiedenen

Funktionen im Wirtschafts- und Finanzministerium tätig, wurde 1990 Staatssekretär im Finanzministerium und führte für die Regierung die Verhandlungen über den Maastricht-Vertrag über die Europäische Wirtschafts- und Währungsunion. Als persönlicher Vertreter von Bundeskanzler Helmut Kohl war er an der Vorbereitung verschiedener G7-Wirtschaftsgipfel beteiligt. 1993 übernahm er das Amt des Präsidenten des Deutschen Sparkassen- und Giroverbandes. Vom Herbst 1998 an stand er knapp zwei Jahre an der Spitze der Europäischen Bank für Wiederaufbau und Entwicklung. Auf Vorschlag der Bundesregierung wurde Köhler 2000 zum Direktor des Internationalen Währungsfonds (IWF) gewählt. Neben der Krisenprävention galt sein Engagement der Armutsbekämpfung. Sein Amt beim IWF gab er nach seiner Nominierung zum Bundespräsidentschaftskandidaten der CDU im Frühjahr 2004 auf. Am 23. 5. 2004 wurde Köhler von der Bundesversammlung zum 9. Präsidenten der Bundesrepublik Deutschland gewählt und am 1. 7. vereidigt.

Koirala, Girija Prasad (Nepal), *Bihar (Indien) 1925; 1991–94, 1998/1999, 2000/01 und seit 2006 Premierminister

Zusammen mit seinen Brüdern Matrika und Bishweshwar gründete Koirala die nepalesische Kongresspartei. 1960 wurde Girija Koirala nach der Entlassung seines Bruders Bishweshwar, des ersten demokratisch gewählten Premierministers Nepals, durch König Mahendra zusammen mit anderen Mitgliedern seiner Familie inhaftiert und erst 1967 nach einem Hungerstreik entlassen. Nach dem Wahlsieg der Kongresspartei 1991 wurde Koirala erstmals Premier- und Außenminister (bis 1994). Von April 1998 bis Mai 1999 war er erneut Premier- und Außenminister. Im März 2000 wurde er zum dritten Mal zum Premierminister ernannt und leitete zudem das Verteidigungsressort. Zu dieser Zeit breitete sich der bewaffnete Kampf maoistischer Rebellen über das ganze Land aus, Koirala setzte auf hartes militärisches Vorgehen. Nach 16-monatiger Amtszeit trat er im Juli 2001 nach Kritik an seinem Krisenmanagement während des Massakers im Königspalast zurück. Nach wochenlangen Demonstrationen gegen König Gyanendra setzte dieser Ende April 2006 das vier Jahre zuvor aufgelöste Parlament wieder ein und bestimmte Koirala zum vierten Mal als Chef einer Übergangsregierung. Koirala kündigte an, Gespräche mit den maoistischen Rebellen aufzunehmen und eine Verfassung gebende Versammlung einzuberufen.

Koizumi, Junichirô (Japan), *Yokosuka 8. 1. 1942; seit 2001 Ministerpräsident

Nach dem Studium der Wirtschaftswissenschaften an der Keio-Universität trat Koizumi in die Liberaldemokratische Partei (LDP) ein. 1972 wurde er erstmals ins Unterhaus gewählt, seither konnte er seinen Wahlkreis zehnmal verteidigen. 1979 wurde er Staatssekretär für Finanzen, unter drei Regierungschefs war er Gesundheitsminister und Minister für Post und Telekommunikation. 1995 und 1998 bemühte er sich vergeblich um das Amt des Parteivorsitzenden, das er 2001 errang, als erstmals eine Urwahl stattfand. Das Parteivolk verband mit seiner Person einen neuen Politikstil und die Hoffnung auf politische Reformen. Nach seiner Wahl zum Premier am 26. 4. sah sich Koizumi jedoch schnell mit den verkrusteten Parteistrukturen konfrontiert. Angekündigte Reformen blieben stecken, die beliebte Außenministerin Tanaka wurde von der eigenen Partei demontiert. Trotz der anhaltenden Wirtschaftsmisere mit einer für Japan ungewöhnlich hohen Arbeitslosigkeit von über fünf Prozent wurde er im September 2003 als Parteivorsitzender wieder gewählt und nach den Parlamentswahlen im November 2003 als Regierungschef bestätigt. Wegen seines blockierten Reformprogramms zur Postprivatisierung beraumte Koizumi im August 2005 Neuwahlen für den 11. 9. an, die seiner Regierungskoalition eine komfortable Zweidrittelmehrheit einbrachten. Am 21. 9. wurde er vom Unterhaus für eine weitere Amtszeit bestätigt, drei Wochen später passierte sein Gesetzespaket zur Privatisierung der Post beide Kammern des Parlaments.

Kufuor, John Agyekum (Ghana), *Kumasi 8. 12. 1938; seit 2001 Staatspräsident

Nach einem Studium in London und Oxford arbeitete Kufuor zunächst als Anwalt und startete dann eine politische Laufbahn, zunächst auf kommunaler Ebene in seiner Heimatstadt Kumasi. 1969 wurde er ins Parlament gewählt, gehörte der Verfassunggebenden Versammlung an und war in der zivilen Regierung unter Präsident Edward Akufo-Addo (1969–72) stellvertretender Außenminister. Nach dem ersten Putsch des Fliegerleutnants Jerry Rawlings wurde er 1979 wiederum Mitglied der Verfassunggebenden Versammlung für die Dritte Republik. Für die Volksfrontpartei (PFP) wurde er ins Parlament gewählt und agierte als Oppositionsführer. Nach der erneuten Machtübernahme Rawlings' 1981 diente Kufuor wenige Monate als Minister für lokale Verwaltung, danach verabschiedete er sich von der Politik. 1996 nahm er als Kandidat der von ihm gegründeten Oppositionspartei Neue Patriotische Partei (NPP) an der Präsidentschaftswahl teil, musste sich aber Rawlings geschlagen geben. Die Wahlen 2000, zu denen Rawlings nicht mehr angetreten war, konnte er für sich entscheiden. Seit seinem Amtsantritt am 7. 1. 2001 versucht er, sein demokratisches Reformprogramm umzusetzen und erlangte schnell internationales Ansehen für seine Bemühungen. Am 7. 12. 2004 wurde er für eine weitere Amtszeit bestätigt.

Lammert, Norbert (Deutschland), *Bochum 16. 11. 1948; seit 2005 Bundestagspräsident

Lammert studierte Politik, Soziologie und Geschichte und war nach seiner Promotion als Dozent tätig. Seit 1966 Mitglied der CDU, zog er 1980 erstmals in den Bundestag ein und rückte 1986 in den nordrhein-westfälischen CDU-Parteivorstand auf. Ab 1989 war Lammert Parlamentarischer Staatssekretär zunächst im Bundesministerium für Bildung und Wissenschaft, ab 1994 im Bundeswirtschaftsministerium, 1997/98 im Bundesverkehrsministerium. 1998 wurde er kultur- und medienpolitischer Sprecher der CDU/CSU-Fraktion im Bundestag. 2002 wurde der parteiübergreifend als kompetenter Pragmatiker geschätzte Lammert zum Vizepräsidenten des Bundestages, am 18. 10. 2005 vom 16. Deutschen Bundestag mit 93 % der Parlamentarierstimmen zum Bundestagspräsidenten gewählt.

Leuenberger, Moritz (Schweiz), *Biel 21. 9. 1946; Bundesrat und 2006 Bundespräsident

Nach dem Jurastudium in Zürich war Leuenberg als selbständiger Rechtsanwalt tätig. 1969 trat er der Sozialdemokratischen Partei (SP) bei. Von 1972–83 gehörte er dem Gemeinderat der Stadt Zürich an, von 1979–95 dem Nationalrat. Bekanntheit erlangte er als Vorsitzender der parlamentarischen Kommission, die 1989 die Staatsschutzaffäre untersuchte. Am 27. 9. 1995 in den Bundesrat gewählt, leitet Leuenberger seit dem 1. 11. das Eidgenössische Verkehrs- und Energiewirtschaftsdepartement. Einen der Hauptschwerpunkte seiner Arbeit bildete die Durchsetzung der neuen Eisenbahn-Alpentransversale, die er 1998 auf den Weg brachte. 2001 hatte er das Amt des Bundespräsidenten inne, das im jährlichen Turnus zwischen den sieben Bundesräten wechselt. Nach den Parlamentswahlen 2003 blieb er in seinen Funktionen im Amt. Im Januar 2005 zum Vizepräsidenten bestimmt, wählte die Vereinigte Bundesversammlung den inzwischen dienstältesten Bundesrat am 7. 12. erneut zum Bundespräsidenten für 2006.

Leyen, Ursula von der (Deutschland), *Brüssel 8. 10. 1958; seit 2005 Bundesministerin für Familie, Senioren, Frauen und Jugend

Nach dreijährigem Volkswirtschaftsstudium wechselte von der Leyen zur Medizin (Promotion) und war 1988–2002 als Ärztin und in der medizinischen Forschung tätig. Seit 1990 ist sie Mitglied der CDU und arbeitete 1996/97 im niedersächsischen Landesfachausschuss Soziales und Familie. 2003 zog sie als Abgeordnete in den Niedersächsischen Landtag ein und wurde 2003 niedersächsische Ministerin für Soziales, Frauen, Familie und Gesundheit. 2004 in das CDU-Parteipräsidium gewählt, galt sie bald als Vertraute der späteren Bundeskanzlerin Angela Merkel, die sie während des Wahlkampfes zur vorgezogenen Bundestagswahl 2005 in ihr »Kompetenzteam« aufnahm. Am 22. 11. 2005 wurde von der Leyen als Ministerin für Familie, Senioren, Frauen und Jugend im Kabinett der großen Koalition vereidigt.

Livni, Tsipi (Israel), *Tel Aviv 5. 7. 1958; seit 2006 Außenministerin

Anwältin für Handels-, Grundstücks- und Verfassungsrecht. 1980–84 arbeitete Livni für den israelischen Auslandsgeheimdienst Mossad. Bevor sie 1999 für den Likud in die Knesset einzog, war sie als Generaldirektorin mit der Privatisierung staatlicher Unternehmen betraut. Nach seinem Amtsantritt 2001 betraute sie Ministerpräsident Ariel Scharon nacheinander mit der Leitung verschiedener Ministerien: regionale Zusammenarbeit (2001), Landwirtschaft (2002), Immigration (2003), Justiz (ab 2004). Ursprünglich vehemente Ablehnerin der Oslo-Verträge, machte sie den politischen Weg ihres Parteifreundes Scharon mit und unterstützte dessen Räumung des Gazastreifens. Ende 2005 wechselte sie in die von Scharon neu gegründete Partei Kadima und wurde am 18. 1. 2006 nach Scharons Erkrankung vom amtierenden Premier Ehud Olmert im Zuge einer Kabinettsumbildung zusätzlich mit der Leitung des Außenministeriums beauftragt. Nach den Knessetwahlen im März 2006 wurde Livni von Premierminister Olmert wiederum zur Außenministerin und ersten stellvertretenden Premierministerin ernannt.

MacKay, Peter (Kanada), *New Glasgow 27. 9. 1965; seit 2006 Außenminister

Nach einem Studium der Geistes- und Rechtswissenschaften ließ sich MacKay als Rechtsanwalt in seiner Heimatstadt in der Provinz Nova Scotia nieder, bevor er 1993 Staatsanwalt in der Zentralregion Nova Scotias wurde. 1997 zog er erstmals für die Progressive Conservative Party (PCP) ins Bundesparlament in Ottawa ein, verteidigte fortan sein Mandat und gehörte u. a. verschiedenen juristischen Kommissionen an. 2003 zum Vorsitzenden der PCP gewählt, trieb er die Vereinigung des konservativen Lagers, das seit 1987 gespalten war, voran und vereinbarte noch im gleichen Jahr den Zusammenschluss mit der Canadian Alliance des heutigen Premierministers Stephen Harper zur Conservative Party (CP). MacKay wurde zum Stellvertreter des neuen Parteichefs Stephen Harper gewählt, der ihn nach dem Sturz der liberalen Regierung im November 2005 und dem Wahlsieg der Konservativen bei der Parlamentswahl im Januar 2006 als Außenminister in sein Kabinett aufnahm. Wegen seiner Befürwortung der US-Invasion im Irak ist der am 6. 2. vereidigte MacKay besonders geeignet, die angeschlagene Beziehung Kanadas zu den USA zu verbessern.

Maizière, Thomas de (Deutschland), *Bonn 21. 1. 1954; seit 2005 Chef des Bundeskanzleramts

Foto: CDU

Studium der Rechtswissenschaften und Geschichte (Promotion). Seit 1971 Mitglied der CDU, war de Maizière 1983–85 Mitarbeiter der Regierenden Bürgermeister von Berlin Richard von Weizsäcker und Eberhard Diepgen, 1985–89 Referatsleiter in der Senatskanzlei des Landes Berlin. Nach der Wende gehörte er 1990 der Verhandlungsdelegation für den Einigungsvertrag an. Anschließend engagierte sich de Maizière auf Länderebene: 1990–94 als Staatssekretär im Kultusministerium des Landes Mecklenburg-Vorpommern, wo er 1994–98 Chef der Staatskanzlei war, bevor er 1999–2001 als Leiter in die Sächsische Staatskanzlei wechselte. Hier wurde er 2001 Staatsminister der Finanzen, 2000 Staatsminister der Justiz, und war seit 2004 Abgeordneter des Sächsischen Landtags. 2004 berief Ministerpräsident Georg Milbradt ihn zum Staatsminister des Inneren. Unter der neuen Bundeskanzlerin Angela Merkel wurde de Maizière im November 2005 als Chef des Bundeskanzleramts und Bundesminister für besondere Aufgaben Mitglied des Kabinetts der großen Koalition.

Maktoum, Muhammad Bin Raschid al- (Vereinigte Arabische Emirate), *Dubai 1949; seit 2006 Emir von Dubai und Ministerpräsident der VAE

Unter seinem Bruder Scheich Maktoum, dem ersten Ministerpräsidenten der aus sieben Emiraten bestehenden VAE, wurde Muhammed Bin Raschid al-Maktoum, der seine militärische Ausbildung in Großbritannien erhielt, zum Verteidigungsminister ernannt. 1995 wurde er Kronprinz von Dubai. Zusammen mit seinem Bruder Scheich Maktoum hat Muhammad Dubai konsequent zu einem Zentrum für Handel und Tourismus ausgebaut, um sich von den Öleinnahmen unabhängig zu machen. Nach dem Tod seines Bruders Maktoum am 4. 1. 2006 erbte Scheich Muhammad den Titel des Emirs und Staatsoberhaupts von Dubai und wurde Ministerpräsident der VAE. Gleichzeitig behielt er die Leitung des Verteidigungsministeriums.

Maliki, Nuri al- (Irak), *Hindija 1. 7. 1950; seit 2006 Ministerpräsident

Der studierte Arabist trat früh der schiitischen Oppositionspartei Dawa bei und floh 1980, unter Saddam Husseins Regime zum Tode verurteilt, über den Iran nach Syrien, von wo aus er gemeinsam mit Ibrahim al-Dschaafari (Übergangsregierungschef 2005/06) den Widerstand organisierte. Nach dem Sturz Husseins 2003 kehrte der vehemente Kritiker der US-Politik in den Irak zurück und übernahm als stellvertretender Chef der Dawa-Partei eine entscheidende Rolle beim politischen Wiederaufbau. Er war an der Ausarbeitung der Verfassung beteiligt, die das Volk im Oktober 2005 annahm; seine aggressive Rolle bei der Ämtersäuberung von Husseins Gefolgsleuten (Entbaathifizierung) brachte ihm jedoch auch Kritik ein. Trotz seiner Nähe zu Dschaafari, den Sunniten und Kurden als Kandidaten für das Premierministeramt ablehnten, wurde Maliki am 22. 4. 2006 zum Regierungschef bestimmt, nachdem die Vereinigte Irakische Allianz, in der die Dawa-Partei dominiert, aus den Parlamentswahlen vom 20. 1. 2006 als Sieger hervorgegangen war. Der neue Ministerpräsident wurde am 20. 5. vereidigt.

Mbeki, Thabo Mvuyelwa (Südafrika), *Idutywa 18. 6. 1942; seit 1999 Staatspräsident

Mbeki gehört der Volksgruppe der Xhosa an. Der Sohn eines prominenten ANC-Mitglieds trat 1956 in die ANC-Jugendliga ein. 1962 ging er ins Exil, studierte Volkswirtschaft in Großbritannien und erhielt 1970 eine militärische Ausbildung in der Sowjetunion. Danach war er enger Berater von ANC-Präsident Oliver Tambo und als Chefdiplomat der in Südafrika verbotenen Befreiungsbewegung tätig. 1990 kehrte er in seine Heimat zurück und leitete die Geheimgespräche mit der Regierung, die im selben Jahr zur Freilassung Nelson Mandelas führten. Nach dem Sieg des ANC bei den ersten freien und demokratischen Wahlen 1994 wurde Mbeki Vizechef des ANC, ab Dezember 1994 auch stellvertretender Staatspräsident. 1997 wurde er zum ANC-Vorsitzenden gewählt. Nach seinem Sieg bei den Präsidentschaftswahlen 1999 folgte er Mandela am 16. 6. auch im Amt des Staatspräsidenten nach. Wirtschaftspolitisch durchaus erfolgreich, führte seine Unterstützung autokratischer und korrupter Politiker Schwarzafrikas, wie z. B. Robert Mugabe aus Simbabwe, im westlichen Ausland zu Irritationen. Auch jahrelange Versäumnisse in der Aids-Politik musste er sich vorwerfen lassen. Nach dem überwältigen Wahlsieg des ANC im April 2004 trat er eine zweite Amtszeit an.

Menezes, Fradique de (São Tomé und Príncipe), *Madalena 21. 3. 1942; seit 2001 Staatspräsident

Nach dem Studium der Psychologie und Pädagogik an der Universität in Brüssel und des Internationalen Wirtschaftswesens am Chicago Board of Trading trat er 1975 eine Professur in seiner Heimat an und arbeitete im Landwirtschaftsministerium, wechselte aber 1977 wieder in die Privatwirtschaft. Ab 1981 hatte de Menezes Botschafterposten in verschiedenen Ländern inne, bevor er 1986/87 unter Staats- und Regierungschef Manuel Pinto da Costa das Außenministerium übernahm. Bei den ersten Mehrparteienwahlen 1991 kandidierte der wohlhabende Unternehmer für den Acção Democrática Independente (ADI), zwei Jahre später übernahm er den Parteivorsitz. Nach Ablauf der Amtszeit von Präsident Miguel Trovoada (ADI) konnte sich de Menezes bei den Präsidentschaftswahlen 2001 bereits im ersten Durchgang überraschend die absolute Mehrheit sichern. Am 16. 7. 2003 putschte sich die Armee an die Macht, während de Menezes zu einem Besuch in Nigeria weilte, doch bei seiner Rückkehr am 23. 7. hatte er sich mit den Aufständischen bereits auf die Wiederherstellung der verfassungsmäßigen Ordnung geeinigt. Bei den Parlamentswahlen im März 2006 gewann ein de Menezes nahe stehendes Parteienbündnis eine Mehrheit im bisher von der ehemaligen sozialistischen Einheitspartei dominierten Parlament.

Merkel, Angela (Deutschland), *Hamburg 17. 7. 1954; seit 2005 Bundeskanzlerin

Foto: CDU

Nach dem Studium der Physik an der Universität Leipzig (Promotion) arbeitete Merkel am Zentralinstitut für Physikalische Chemie an der Akademie der Wissenschaften in Berlin (Ost). Vor der Wende keiner Partei zugehörig, war sie im Herbst 1989 Mitbegründerin und Vorstandsmitglied des Demokratischen Aufbruchs (DA), der sich 1990 mit der Ost-CDU vereinigte. In der ersten gesamtdeutschen Regierung unter Kanzler Helmut Kohl übernahm Merkel 1991 das Amt der Bundesministerin für Frauen und Jugend, 1994 das Ressort Umwelt, Naturschutz und Reaktorsicherheit. Ab 1991 war sie stellvertretende Bundesvorsitzende, ab 1992 Vorsitzende der CDU in Mecklenburg-Vorpommern. Nach der Niederlage der CDU bei der Bundestagswahl 1998 stieg Merkel zur Generalsekretärin der CDU auf, nach dem Rücktritt Wolfgang Schäubles wurde sie 2000 zur Parteivorsitzenden gewählt und ist damit die erste Frau an der Spitze der Christdemokraten. Während Merkel 2002 in der Auseinandersetzung um die Kanzlerkandidatur noch zugunsten des CSU-Vorsitzenden Edmund Stoiber verzichtet hatte, konnte sie nach der Bundestagswahl als neue Fraktionsvorsitzende der CDU und Oppositionsführerin ihre Machtposition in der Partei ausbauen und zog schließlich als Kanzlerkandidatin der CDU im Sommer 2005 in den Wahlkampf. Nach vorgezogenen Neuwahlen am 18. 9. 2005, bei denen weder Schwarz-Gelb noch Rot-Grün eine Mehrheit gewannen, wurde Merkel am 20. 9. als Fraktionsvorsitzende bestätigt, konnte ihren Anspruch auf das Kanzleramt durchsetzen und eine große Koalition bilden. Merkel wurde am 22. 11. 2005 zur ersten Kanzlerin der Bundesrepublik Deutschland gewählt.

Michel, James Alix (Seychellen), *auf Mahé 16. 8. 1944; seit 2004 Staatspräsident

Nach der Ausbildung zum Lehrer ging Michel früh in die Politik. 1964 wurde er Mitglied der neu gegründeten links gerichteten Seychelles People's United Party (inzwischen Seychelles People's Progressive Front, SPPF) von France Albert René, der fast 30 Jahre das Land regierte. Seit dessen Machtübernahme 1977 hatte Michel verschiedene Schlüsselpositionen in Partei und Regierung inne: Er war Finanz- und Wirtschaftsminister sowie Verteidigungsminister, 1994 wurde er zum Generalsekretär der SPPF gewählt, 1996 übernahm er den Posten des Vizepräsidenten und war seit langem von René als Nachfolger bestimmt worden. Nach dessen Rücktritt im Frühjahr 2004 wurde Michel am 14. 4. als Präsident vereidigt. Er trat sein Amt mit dem Versprechen an, die Anfang der 1990er Jahre eingeleitete Demokratisierung und Liberalisierung des Landes, insbesondere in der Wirtschaft, voranzutreiben.

Mogae, Festus Gontobanye (Botsuana), *Serowe 21. 8. 1939; seit 1998 Staatspräsident

Nach dem Studium der Volkswirtschaft in Oxford arbeitete Mogae ab 1971 in verschiedenen Funktionen im Finanzministerium. In Finanzorganisationen in Washington und Abidjan sammelte er internationale Erfahrungen, bevor er 1980 Gouverneur der Bank von Botsuana (bis 1982), 1989 Minister für Finanzen und Entwicklungsplanung und 1992 Vizepräsident wurde. Das Mitglied der Botswana Democratic Party (BDP) trat 1998 die Nachfolge von Ketumile Quett Masire als Staatspräsident an, nachdem ihn dieser seit längerem auf die Amtsübernahme vorbereitet hatte. Durch den klaren Sieg seiner Partei bei der Wahl 1999 für eine erste vollständige Amtszeit gewählt, wurde er nach der Parlamentswahl 2004 im Amt bestätigt, kündigte aber bereits vor der Wahl an, nicht die volle Amtszeit zu regieren und das Amts 2008 an den Vizepräsidenten Ian Khama zu übergeben. Mogae gilt als Architekt der soliden Finanzpolitik des Landes und gehört zu den demokratischen Vorzeigepolitikern auf dem afrikanischen Kontinent.

Morales Ayma, Evo (Bolivien), *Orinoca 26. 10. 1959; seit 2006 Staats- und Regierungschef

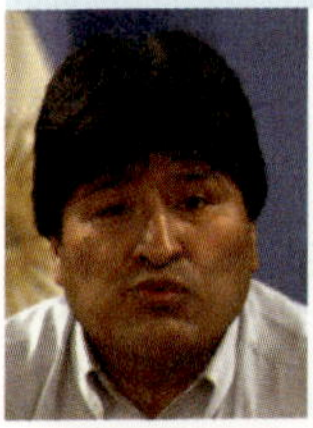

Der Aymara-Indio, Sohn eines armen Landarbeiters, wuchs in einem kleines Dorf im Departamento Oruro auf. Als Ende der 1990er Jahre der damalige Staatspräsident Hugo Bánzer Suárez mit der Zerstörung der Kokafelder begann, stellte sich Morales an die Spitze der Kokabauern und forderte eine Legalisierung des Kokaanbaus. 1997 zog er als Abgeordneter des von ihm begründeten Movimiento al Socialismo (MAS), ein Sammelbecken von Kokabauern, Landarbeitern, Indios und Linken aller Richtungen, ins Parlament ein. Sein Mandat wurde ihm 2002 wegen gewalttätiger Aktionen zwischen Kokabauern und Sicherheitskräften entzogen. Bei den Präsidentschaftswahlen im selben Jahr kam er mit 21 % der Stimmen überraschenderweise hinter Expräsident Gonzalo Sánchez de Lozada auf den zweiten Platz, doch da keiner der beiden Erstplatzierten die absolute Mehrheit erreicht hatte, wählte das Parlament anschließend Sánchez de Lozada zum Staatspräsidenten. Morales war Mitanführer der Proteste, die im Oktober 2003 dessen Sturz herbeiführten. Ein ähnliches Schicksal ereilte seinen Nachfolger Carlos Mesa Gisbert, der im Juni 2005 zurücktrat. Bei der Präsidentschaftswahl im Dezember 2005 erhielt Morales bereits im ersten Wahlgang die absolute Mehrheit. Mit Morales, der am 22. 1. 2006 vereidigt wurde, kam zum ersten Mal in der Geschichte Boliviens ein Vertreter der indigenen Bevölkerungsmehrheit ins Präsidentenamt.

Mosisili, Bethuel Pakalitha (Lesotho), *14. 3. 1945; seit 1998 Premierminister

Nach Studien in Lesotho, Südafrika, den USA und Kanada begann Mosisili 1972 als Hilfslehrer und stieg zum Universitätsdozenten auf. Seit 1967 Mitglied der Basotho Congress Party (BCP), wurde er 1993 ins Parlament gewählt und unter Premierminister Ntsu Mokhehle zum Bildungsminister ernannt. 1995 wurde er Innenminister und stellvertretender Ministerpräsident. 1998 wählte ihn der Lesotho Congress for Democracy (LCD), der sich von der BCP abgespalten hatte, zum Vorsitzenden. Nach dem überwältigenden Wahlsieg der LCD bei den Parlamentswahlen 1998 wurde Mosisili Premierminister. Als es wegen Unregelmäßigkeiten bei den Wahlen zu Protesten kam und eine Militärrevolte drohte, rief Mosisili südafrikanische Truppen zu Hilfe. Neuwahlen wurden für 2000 angesetzt, aber erst 2002 durchgeführt. Wiederum siegte der LCD, wenn auch weniger deutlich. Mosisili wurde erneut als Premierminister vereidigt. Er behielt das Amt auch bei einer von König Letsie III. durchgeführten Kabinettsumbildung im November 2004.

Mswati III. (Swasiland), *April 1968; seit 1986 König

Prinz Makhosetive, Sohn des 1982 gestorbenen Königs Sobhuza II., wurde an einer Privatschule in Großbritannien erzogen, anschließend besuchte er die Militärakademie von Sandhurst. 1986 wurde er nach der Interimsregentschaft seiner Mutter zum König des Swasivolkes gewählt und als 25. Herrscher des Dlamini-Clans inthronisiert. Mswati III. regiert als letzter absolutistischer Monarch Afrikas per Dekret, seit 1973 sind alle politischen Parteien verboten und die Verfassung außer Kraft gesetzt. Auf innenpolitischen Druck hin ließ er 1993, 1998 und 2003 Parlamentswahlen ohne Parteien abhalten und eine Verfassung ausarbeiten, die aber nur kosmetische Änderungen aufwies. Im Juni 2005 verabschiedete das Parlament einen Verfassungsentwurf, der zwar politische Parteien zulässt, die fast absolute Macht des Königs, der gerichtlich nicht belangt werden kann, aber nicht antastet. Die Unterschrift Mswatis III. setzte die neue Verfassung am 26. 7. in Kraft.

Mugabe, Robert Gabriel (Simbabwe), *Kutama 21. 2. 1924; seit 1987 Staatspräsident

Nach dem Studium (u. a. Wirtschafts- und Rechtswissenschaften) in Südafrika und London war Mugabe als Lehrer tätig, ab 1956 auch im späteren Ghana, wo er politisch von Kwame Nkrumah beeinflusst wurde. 1960 kehrte er nach Rhodesien zurück und engagierte sich zusammen mit Joshua Nkomo in der Befreiungsbewegung gegen die weiße Minderheitsherrschaft. 1963 gründete Mugabe die marxistische Zimbabwe African National Union (ZANU). 1964 wurde er verhaftet und zehn Jahre in einem Internierungslager gefangen gehalten. Ab 1974 führte er die Guerillaverbände gegen das Regime von Ian Smith. Nach der Entlassung in die Unabhängigkeit errang Mugabe mit der ZANU bei den Wahlen 1980 die absolute Mehrheit und bildete die erste Regierung. Nach einer gnadenlosen Verfolgung der konkurrierenden Zimbabwe African People's Union (ZAPU) unter Nkomo vereinbarte er 1987 mit seinem Rivalen den Zusammenschluss zu einer Einheitspartei, der Zimbabwe African National Union-Patriotic Front (ZANU-PF). Nach Einführung des Präsidialsystems wurde Mugabe im selben Jahr als Präsident vereidigt (bestätigt 1990, 1996 und 2002). Zunehmend autokratisch regierend trieb Mugabe das Land seither in den Ruin. Die Landreform eskalierte zum Konflikt, nachdem Mugabe die Bevölkerung mit rassistischen Parolen gegen weiße Farmer aufgehetzt hatte, die Aids-Politik erschöpfte sich in Hasstiraden gegen Homosexuelle. International ist Mugabe nach der Suspendierung 2002 und dem Austritt aus dem

Commonwealth 2003 vollständig isoliert. Bei der umstrittenen Parlamentswahl 2005 erhielt die ZANU-PF eine Zweidrittelmehrheit. Mit verschärften Mediengesetzen und dem Abriss Zehntausender Behausungen in Harares Elendsvierteln setzte Mugabe seinen autokratischen Führungsstil fort.

Müntefering, Franz (Deutschland), *Neheim-Hüsten 16. 1. 1940; seit 2005 Vizekanzler und Bundesminister für Arbeit und Soziales

Nach seiner Wahl in den deutschen Bundestag 1975 gab der Industriekaufmann, der seit 1966 Mitglied der SPD ist, seinen Beruf zugunsten der Politik auf. 1991 wurde er in den SPD-Bundesvorstand gewählt, 1992 Chef des mächtigen SPD-Bezirks Westliches Westfalen und im selben Jahr unter Ministerpräsident Johannes Rau Minister für Arbeit, Gesundheit und Soziales in der nordrhein-westfälischen Landesregierung. 1995 wechselte Müntefering ins Amt des SPD-Bundesgeschäftsführers nach Bonn, 1998 beerbte er Rau als Parteivorsitzender der NRW-SPD (bis 2001) und wurde vom SPD-Kanzlerkandidaten Gerhard Schröder in dessen Kernteam berufen. Nach dem SPD-Wahlsieg leitete er ein Jahr das Bundesministerium für Verkehr, Bau- und Wohnungswesen. 1999 wurde Müntefering das neu geschaffene Amt eines SPD-Generalsekretärs übertragen, in dem er eine Modernisierung der Parteistrukturen einleitete. 2002 übernahm der »Cheforganisator sozialdemokratischer Disziplin« (FR, 26. 9. 2002) den Fraktionsvorsitz im Bundestag. Nach dem Rücktritt Schröders vom Amt des Parteivorsitzenden wurde Müntefering 2004 mit 95 % der Stimmen zum neuen SPD-Vorsitzenden gewählt, trat aber bereits im Oktober 2005 wieder vom Amt zurück, nachdem er sich bei der Wahl des Generalsekretärs mit seinem Personalvorschlag nicht hatte durchsetzen können. Müntefering, der nach den vorgezogenen Bundestagswahlen im September 2005 die Verhandlungen mit der CDU über eine große Koalition geleitet hatte, wurde unter Bundeskanzlerin Angela Merkel Vizekanzler und übernahm das Arbeits- und Sozialministerium.

Museveni, Yoweri Kaguta (Uganda), *Ntungamo bei Mbarara 1944; seit 1986 Staatspräsident

Museveni studierte Wirtschafts- und Politikwissenschaften an der Universität von Daressalam (Tansania). Nach der Machtübernahme Idi Amins verließ er 1971 das Land und nahm von seinem Exil in Tansania aus den Kampf gegen den Diktator auf. Nach dessen Sturz 1979 war er in zwei Interimsregierungen kurzzeitig Verteidigungsminister. 1981–86 kämpfte er mit seiner Bewegung National Resistance Movement (NRM) gegen das diktatorische Regime Milton Obotes und dessen Nachfolger Tito Okello. 1986 wurde Museveni als Präsident vereidigt. Mit einer Regierung der nationalen Einheit gelang es ihm, das Land weit gehend zu befrieden (erfolglos blieb er allerdings bisher gegen die im Norden operierende Lord's Resistance Army) und eine erfolgreiche Wirtschaftspolitik zu betreiben. 1990 verlängerte er seine Amtszeit ohne Wahlen um weitere fünf Jahre, 1995 erließ er eine neue Verfassung, die das »Demokratie-ohne-Parteien-System« festschrieb, Uganda faktisch zu einem Einparteienstaat und jeden Ugander zum Zwangsmitglied der NRM machte. 1996 gewann er die ersten direkten Präsidentschaftswahlen seit 1962 (2001 bestätigt). In einem Referendum sprach sich die deutliche Mehrheit der Ugander 2005 für die Wiedereinführung des Mehrparteiensystems aus, bei den Mehrparteien- und Präsidentschaftswahlen im Februar 2006 verteidigte Museveni jedoch nach offiziellen Angaben klar sein Mandat.

Mutharika, Bingu wa (Malawi), *Thyolo 24. 2. 1934; seit 2004 Staatspräsident

Nach dem Studium der Wirtschaftswissenschaften in Neu-Delhi (Indien) war Mutharika im öffentlichen Dienst tätig, verließ aber 1963 wegen des autoritären Regimes von Hastings Kamuzu Banda Malawi und arbeitete bis 1997 für internationale Organisationen, u. a. für die Vereinten Nationen, die Weltbank und die südostafrikanische Wirtschaftsorganisation COMESA. 1994 trat er der United Democratic Front (UDF) von Bakili Muluzi bei, wegen unterschiedlicher Auffassungen hinsichtlich der Wirtschaftspolitik verließ er aber 1997 die UDF und gründete die United Party. Als er 1999 bei den Präsidentschaftswahlen gegen Muluzi eine Niederlage erlitt, kehrte er in die UDF zurück. Aus den Präsidentschaftswahlen 2004 ging er als Sieger hervor, wurde am 24. 5. als Präsident vereidigt und übernahm auch das Verteidigungsressort. Im Februar 2005 trat Mutharika angesichts des Machtkampfs mit seinem Vorgänger Muluzi – Hauptstreitpunkt waren die Maßnahmen zur Korruptionsbekämpfung, die zu Verfahren gegen zehn ehemalige Minister der Regierung Muluzi geführt hatten – vom Vorsitz der UDF zurück und gründete die Democratic Progressive Party (DPP). Die UDF scheiterte mit einem Amtsenthebungsverfahren gegen den Präsidenten.

Mwanawasa, Levy Patrick (Sambia), *Mufulira 3. 9. 1948; seit 2002 Staatspräsident

Nach dem Jurastudium ließ sich Mwanawasa als Rechtsanwalt nieder. Vorübergehend übte er 1985/86 das Mandat des Generalanwalts aus. Anfang der 1990er Jahre schloss er sich dem Movement for Multiparty Democracy (MMD) von Frederick Chiluba an und wurde nach den ersten Mehrparteienwahlen 1991 Stellvertreter des Staatspräsidenten Chiluba. Nach Kritik an der grassierenden Korruption trat er 1994 von seinem Amt zurück und widmete sich wieder seiner Anwaltstätigkeit. 1996 kandidierte er erfolglos um den Vorsitz der regierenden MMD. Trotz einer durch einen schweren Autounfall hervorgerufenen Sprachstörung schlug ihn Chiluba 2001 als Kandidat der MMD für die Präsidentschaftswahlen vor. Nach der umstrittenen Abstimmung wurde Mwanawasa zum Wahlsieger erklärt und am 2. 1. 2002 als Präsident vereidigt. Bereits kurz nach Amtsantritt schuf er eine Antikorruptionskommission, 2003 begann der erste Korruptionsprozess gegen seinen Vorgänger Chiluba.

Napolitano, Giorgio (Italien), *Neapel 29. 6. 1925; seit 2006 Staatspräsident

Der promovierte Jurist schloss sich 1942 dem Kampf gegen die Faschisten an und trat 1945 der kommunistischen Partei Italiens bei (PCI), in der er rasch Karriere machte und in Zentralkomitee und Parteivorstand aufrückte. 1953–68 und 1972–96 gehörte er der Abgeordnetenkammer an und setzte sich für die Förderung des wirtschaftlich unterentwickelten Süditalien ein. 1981–86 war er Fraktionsvorsitzender der Kommunisten, in den 1980er Jahren gehörte er dem Ausschuss für Auswärtige Angelegenheiten an. Die Umwandlung der Kommunisten in eine sozialdemokratische Partei (Partito Democratico della Sinistra, PDS) nach dem Zusammenbruch der Sowjetunion 1991 hatte Napolitano lange propagiert. 1992–94 war er Vorsitzender der Abgeordnetenkammer. Nach der Neuordnung der italienischen Parteienlandschaft Anfang der 1990er Jahre formierte sich die PDS in der Mitte-links-Allianz »L'Ulivo«, die 1996 die Regierung übernahm; Napolitano wurde Innenminister (bis 1998). Der für seine EU- und USA-freundliche Haltung bekannte Politiker, der im September 2005 zum »Senator auf Lebenszeit« ernannt wurde, wurde am 10. 5. 2006 von beiden Häusern des Parlaments und Delegierten der Regionen im vierten Wahlgang zum elften Nachkriegspräsidenten gewählt.

Neves, José Maria Pereira (Kap Verde), *Santa Catarina 28. 3. 1969; seit 2001 Ministerpräsident

Neves trat nach Abschluss eines Studiums der Verwaltung in Brasilien in den öffentlichen Dienst ein. Ende der 1980er Jahre trat er der ehemaligen Einheitspartei Partido Africano da Indipendência de Cabo Verde (PAICV) bei. 1996 wurde Neves ins Parlament, 2000 zum Bürgermeister von Santa Catarina gewählt. Im selben Jahr errang er den Parteivorsitz des PAICV, der unter seiner Führung stärkste Kraft bei den Parlamentswahlen Anfang 2001 wurde. Am 1. 2. 2001 wurde Neves als Premierminister vereidigt. Dank seiner erfolgreichen Wirtschafts- und Finanzpolitik konnte Neves seine Partei bei den Wahlen im Januar 2006 erneut zum Sieg führen und sein Amt verteidigen.

Nkurunziza, Pierre (Burundi), *Bujumbura 18. 12. 1963; seit 2005 Staats- und Regierungschef

Nach einem Universitätsstudium (Pädagogik und Sport) wurde Nkurunziza, Angehöriger der Mehrheitsethnie der Hutu, Lehrer und Universitätsdozent, bevor ihn 1995 das von Tutsi verübte Massaker an der Universität von Burundi in den Untergrundkampf trieb, wo er sich dem bewaffneten Arm der größten Hutu-Rebellengruppe Conseil National pour la Défense de la Démocratie-Forces pour la Défense de la Démocratie (CNDD-FDD) anschloss. 1998 wurde er stellvertretender Generalsekretär, 2001 zum Parteivorsitzenden der CNDD-FDD gewählt. Mit dem seit 1996 regierenden Tutsi-Präsidenten Pierre Buyoya führte er die Verhandlungen über ein Ende des seit 1993 wütenden Bürgerkriegs, die 2003 in ein Friedensabkommen mündeten. Nach einem Übergangsprozess wurde im Februar 2005 per Referendum die neue Verfassung angenommen, die eine Machtverteilung zwischen Hutu, Tutsi und Twa festschreibt, und damit der Weg freigemacht für Parlamentswahlen im Juni 2005, aus denen der CNDD-FDD als klarer Sieger hervorging. Als einziger Kandidat bei den Präsidentschaftswahlen wurde Pierre Nkurunziza im August 2005 in das oberste Amt gewählt.

Obasanjo, Olusegun (Nigeria), *Abeokuta 9. 3. 1937; 1976–79 und seit 1999 Staatsoberhaupt

Der Yoruba Obasanjo schlug eine militärische Laufbahn ein, nach der Ausbildung u. a. in Indien und Großbritannien stieg er zum Brigadegeneral und Generalstabschef auf. 1970 trug er entscheidend zur Beendigung des Bürgerkriegs mit der abtrünnigen Region Biafra bei. 1975 wurde er Minister für Öffentliche Arbeiten und Wohnungsbau; nach dem Sturz des Staatspräsidenten General Yakubu Gowon Ende Juli 1975 wurde er Mitglied des »Obersten Militärrates« unter Murtala Ramat Muhammed und Generalstabschef. Nach der Ermordung Muhammeds durch eine Offiziersgruppe wurde er 1976 Vorsitzender des »Obersten Militärrates« und als erster Yoruba Staatspräsident. 1977/78 leitete er den Übergang zu einer Zivilregierung ein, u. a. durch Wiederzulassung von Parteien und Parlamentswahlen. Nach dem Sieg von Shehu Shagari bei den Präsidentschaftswahlen 1979 trat Obasanjo zurück. Inzwischen aus der Armee ausgeschieden, trat er in den folgenden Jahren als Berater auf der internationalen Bühne in Erscheinung, 1986 und 1991 kandidierte er erfolglos für das Amt des UN-Generalsekretärs. Als Kritiker des Militärdiktators Sani Abacha wurde er 1995 zu 15 Jahren Haft verurteilt, aus der er 1998 nach Abachas Tod freikam. Aus den Präsidentschaftswahlen 1999, für die ihn die ein

Jahr zuvor gegründete People's Democratic Party (PDP) nominiert hatte, ging Obasanjo als Sieger hervor. 2003 wurde er mit über fast 62 % der Stimmen im Amt bestätigt.

Obiang Nguema Mbasogo, Teodoro (Äquatorialguinea), *Akoakama-Esangui 5. 6. 1942; seit 1979 Staatspräsident

Nach seiner Ausbildung an der Militärakademie im spanischen Zaragoza machte Obiang unter seinem Onkel Francisco Macías Nguema, der 1968 erster Staatspräsident des von Spanien unabhängigen Äquatorialguinea geworden war und schnell zu einem der grausamten Diktatoren des Kontinents wurde, zunächst Karriere in der Armee. In den 1970er Jahren übernahm er eine leitende Position im Erziehungsministerium, ab 1975 war er Verteidigungsminister. 1979 stürzte Obiang Präsident Macías, ließ ihn hinrichten und ernannte sich selbst zum Staatsoberhaupt. Er versprach demokratische Veränderungen, setzte aber die Politik seines Vorgängers fort. 1987 gründete er den Partido Democrático de Guinea Ecuatorial (PDGE), der seitdem alle Wahlen gewann. Sich selbst ließ er in manipulierten Präsidentschaftswahlen 1989, 1996 und 2002 bestätigen und überstand mehrere angebliche oder tatsächliche Putschversuche. Massive Menschenrechtsverletzungen führten immer wieder zu internationalen Protesten und Isolation, seit aber das einst bitterarme Land in den 1990er Jahren große Offshore-Erdölvorkommen entdeckte, intensivierten sich zumindest die wirtschaftlichen Beziehungen v. a. mit den USA.

Olmert, Ehud (Israel), *Binyamina 30. 9. 1945; seit 2006 Ministerpräsident

Nach dem Studium der Psychologie, Philosophie und Rechtswissenschaften in Jerusalem ließ sich Olmert als Rechtsanwalt nieder. 1973 zog er erstmals für den Likud in die Knesset ein, 1988 wurde er unter Jitzhak Schamir (Likud) für zwei Jahre Minister ohne Portfolio, bevor er 1990 für zwei Jahre das Gesundheitsministerium übernahm. 1993 trat Olmert, der sich in der Vergangenheit einen Ruf als Hardliner gemacht hatte, gegen den langjährigen Amtsinhaber, Teddy Kollek, in den Wahlkampf um das Bürgermeisteramt von Jerusalem an und gewann. 1998 wurde er wieder gewählt und musste nach der geltenden Gesetzeslage seinen Sitz in der Knesset aufgeben. 2003 übernahm er unter Ministerpräsident Ariel Scharon das Ministerium für Industrie, Handel und Arbeit, wurde 2003 Kommunikationsminister und ab 2005 Finanzminister. Nach Scharons Erkrankung übernahm Olmert, der in Scharons neue Partei Kadima gewechselt hatte, am 4. 1. 2006 interimistisch die Führung der Regierung und den Parteivorsitz der Kadima. Bei den Parlamentswahlen am 28. 3. wurde die Kadima stärkste Fraktion, Olmert schmiedete eine Vier-Parteien-Koalition und wurde am 4. 5. als neuer Ministerpräsident vereidigt.

Plassnik, Ursula (Österreich), *Klagenfurt 23. 5. 1956; seit 2004 Außenministerin

Plassnik studierte Rechtswissenschaften an der Universität Wien (Promotion) und dem Collège d'Europe in Brügge. 1981 begann sie ihre berufliche Laufbahn im Außenministerium, wo sie bis 1997 in verschiedenen Funktionen tätig war. Anschließend wurde sie Kabinettschefin des damaligen Außenministers und Vizekanzlers Wolfgang Schüssel; in dieser Funktion blieb sie als seine überaus loyale Vertraute auch nach seinem Amtsantritt als Bundeskanzler. Ab Januar 2004 vertrat sie ihr Land als Botschafterin in der Schweiz. Als Benita Ferrero-Waldner im Herbst 2004 als EU-Außenkommissarin nach Brüssel ging, wurde ihr am 20. 10. die Leitung des Außenressorts übertragen. Erst wenige Tage zuvor war die bis dahin parteilose Plassnik der Österreichischen Volkspartei beigetreten.

Pohamba, Hifikepunye Lucas (Namibia), *Okanghudi 18. 8. 1935; seit 2005 Staatspräsident

Pohamba gehörte zu den Gründungsmitgliedern der sozialistischen South West Africa People's Organization (SWAPO). Bis zur Unabhängigkeit Namibias 1990 lebte der enge Vertraute von Samuel Nujoma viele Jahre im Exil, fungierte für die SWAPO als Außenminister und war 1977–89 Schatzmeister der Partei. 1990 wurde Pohamba Innenminister, 1995 übertrug ihm Nujoma die Leitung des Fischereiministeriums (bis 1998). 2001 rückte er an die Spitze des Schlüsselressorts für Landangelegenheiten. Nicht zuletzt wegen seiner bedingungslosen Loyalität gegenüber Nujoma erkor ihn dieser zu seinem Nachfolger und setzte ihn als Kandidaten für das Amt des Staatspräsidenten auf einem Sonderparteitag der SWAPO im Mai 2004 durch. Die Präsidentschaftswahlen im November gewann Pohamba erwartungsgemäß und wurde am 21. 3. 2005 vereidigt. Als SWAPO-Vorsitzender behält Nujoma aber weiter entscheidenden Einfluss auf die Regierungspolitik.

Préval, René (Haiti), *Fonds-des-Negres 17. 1. 1943; 1996–2000 und seit 2006 Staatspräsident

Entstammt einer wohlhabenden Familie, die in Opposition zum Diktator François Duvalier geriet und 1963 ins belgische Exil ging. Dort studierte er Agrarwissenschaften. 1982 kehrte er als Geschäftsmann nach Haiti zurück und schloss sich der Opposition gegen die Duvalier-Diktatur an. Als Wegbegleiter von Jean-Bertrand Aristide wurde er in dessen Lavalas-Bewegung aktiv. Während der ersten kurzen Amtsperiode von Aristide als Staatspräsident, die nach acht Monaten im August 1991 blutig durch das Militär beendet wurde, amtierte Préval als Ministerpräsident, Innen- und Verteidigungsminister. Nach dem Putsch ging er ins Exil. Aus den Präsidentschaftswahlen 1995 ging Préval als Sieger hervor (Amtsantritt Februar 1996), wenngleich Aristide weiterhin im Hintergrund die Fäden in der Hand behielt. Nachdem der 2000 wieder zum Präsidenten gewählte Aristide 2004 aus dem Amt gejagt worden war, trat Préval nach einer Übergangsphase erneut zu den Präsidentschaftswahlen im Februar 2006 an. Obwohl hoch favorisiert, verpasste er im ersten Wahlgang die absolute Mehrheit knapp, wurde aber dennoch von der Wahlkommission in Abstimmung mit der Organisation Amerikanischer Staaten (OAS) und dem Kommandeur der seit 2004 stationierten UN-Friedenstruppe MINUSTAH zum Sieger erklärt und am 14. 5. 2006 vereidigt. Damit wurde ein erneutes Abgleiten ins Chaos verhindert, das nach den tagelangen gewalttätigen Protesten und Straßendemonstrationen der Préval-Anhänger zu befürchten gewesen war.

Prodi, Romano (Italien), *Scandiano 9. 8. 1939; 1996–98 und seit 2006 Ministerpräsident

Nach dem Abschluss des Jurastudiums in Mailand und Studien u. a. an der London School of Economics schlug Prodi zunächst eine akademische Laufbahn ein; er gilt als Gründer der italienischen Schule der Industrieökonomik und machte sich auch als Wirtschaftspublizist einen Namen. 1978/79 war er Industrieminister im Kabinett von Giulio Andreotti, danach Leiter eines Wirtschaftsforschungsinstituts und 1982–89 sowie 1993/94 Präsident des Staatskonzerns IRI. Erst 1995, nach dem Scheitern der Regierung von Silvio Berlusconi, zog es den parteilosen Manager und Wirtschaftsprofessor wieder in die Politik. Als Kandidat des linken Wahlbündnisses L'Ulivo, das bei den vorgezogenen Parlamentswahlen 1996 in beiden Parlamentskammern siegte, wurde Prodi mit der Bildung der 55. Nachkriegsregierung beauftragt und am 18. 5. als Ministerpräsident vereidigt. 1998 trat er nach einer verlorenen Vertrauensabstimmung zurück. Das wichtigste Ereignis seiner Amtszeit als Präsident der EU-Kommission (1999–2004) waren die Verhandlungen und die Aufnahme von 10 neuen Staaten. Bei den Parlamentswahlen am 9./10. 4. 2006 siegte das Mitte-links-Bündnis L'Unione mit seinem Spitzenkandidaten Prodi knapp über die Mitte-rechts-Allianz Berlusconis. Dieser erkannte den knappen Wahlausgang zunächst nicht an, reichte aber am 2. 5. schließlich seinen Rücktritt ein. Zwei Wochen später nahm die 61. Nachkriegsregierung unter Prodi ihre Arbeit auf.

Rajapakse, Mahinda (Sri Lanka), *Weeraketiya 1946; seit 2005 Staatspräsident

Der aus einer Politikerfamilie im Süden Sri Lankas stammende Rajapakse wurde 1970 für die Sri Lanka Freedom Party (SLFP) zum ersten Mal ins Parlament gewählt – mit 24 Jahren als damals jüngster Abgeordneter; daneben arbeitete er als Rechtsanwalt und Menschenrechtsaktivist. 1994–2001 hatte er zwei Ministerämter inne: Zunächst war er zuständig für das Ressort Arbeit, wo er sich insbesondere für Gesetze zum Schutz der Arbeiter stark machte, allerdings am Widerstand der großen Unternehmen scheiterte. Als Fischereiminister setzte er sich vor allem für die in Slums lebenden Fischer ein. Während der konfliktreichen Kohabitation der Präsidentin Chandrika Bandaranaike Kumaratunga und dem Ministerpräsidenten Ranil Wickremasinghe von der United National Party (UNP) 2002–04 war Rajapakse Oppositionsführer im Parlament. Nach dem Sieg der SLFP und ihrer Verbündeten bei den Parlamentswahlen 2004 wurde Rajapakse am 6. 4. 2004 als Ministerpräsident vereidigt. Bei der im November 2005 stattgefundenen Präsidentschaftswahl, bei der Chandrika Bandaranaike nach zwei Amtszeiten gemäß der Verfassung nicht mehr kandidieren durfte, errang er einen knappen Wahlsieg über Oppositionsführer Wickremasinghe und wurde am 19. 11. als neuer Staatspräsident vereidigt.

Ramgoolam, Navin Chandra (Mauritius), *14. 7. 1947; 1995–2000 und seit 2005 Regierungschef

Der Arzt und Rechtsanwalt wurde 1991 Vorsitzender der Parti Travailliste Mauricien (PTM), die sein Vater, Sir Seewoosagur Ramgoolam, 1936 mitbegründet hatte. 1995 errang der PTM in einer Allianz mit dem Mouvement Militant Mauricien (MMM) alle Parlamentssitze, Ramgoolam wurde Regierungschef. Trotz Bruchs des Bündnisses mit dem MMM konnte Ramgoolam mit wechselnden Koalitionen sein Amt bis 2000 ausüben. Nach den Wahlen 2000, die dem PTM eine empfindliche Niederlage bescherten, ging er in die Opposition. Vor den Parlamentswahlen im Juli 2005 gelang es Ramgoolam, ein breites Wahlbündnis seines PTM mit fünf Parteien zu bilden. Diese Alliance Sociale errang am 3. 7. bei einer hohen Wahlbeteiligung von 81,5 % die absolute Mehrheit der Parlamentssitze und Ramgoolam wurde am 7. 7. erneut als Regierungschef vereidigt. Er übernahm zusätzlich die Leitung des Verteidigungs- und des Innenministeriums.

Ravalomanana, Marc (Madagaskar), *Imerinkasinina 12. 12. 1949; seit 2002 Staatspräsident

Mit Krediten der Weltbank baute Ravalomanan die elterliche Molkerei zu einem Nahrungsmittelkonzern auf: TIKO ist heute das größte Unternehmen Madagaskars. 1999 ging er in die Politik und wurde Bürgermeister von Antananarivo. Als Herausforderer von Amtsinhaber Didier Ratsiraka trat er bei den Präsidentschaftswahlen 2001/02 an und ging als Sieger aus der Abstimmung hervor. Nach der Weigerung Ratsirakas, das Votum anzuerkennen, erklärte sich Ravalomanana am 22. 2. 2002 selbst zum Wahlsieger und die Regierung seines Kontrahenten für abgesetzt. Z. T. blutige Auseinandersetzungen unter den Anhängern der Rivalen stürzten das Land ins Chaos. Nach einer vom Obersten Gericht angeordneten Neuauszählung wurde auf einen zweiten Wahlgang verzichtet und Ravalomanana am 6. 5. als neuer Präsident vereidigt. Auch Frankreich, das Ratsiraka unterstützt hatte, erkannte die neue Regierung im Juli an. Seine Partei Tiako i Madagasikara (»Ich liebe Madagaskar«) errang bei den Parlamentswahlen im Dezember 2002 die absolute Mehrheit.

Rice, Condoleezza (USA), *Birmingham 14. 11. 1954; seit 2005 Außenministerin

Schon mit 15 Jahren begann Rice ein Politikstudium an der Universität in Denver. Nach ihrer Promotion 1981 lehrte sie an der Stanford University, wo sie sich insbesondere mit Fragen der Sicherheits-, Ost- und Mitteleuropapolitik und Waffenkontrolle befasste. 1989–91 beriet Rice, die 1982 der Republikanischen Partei beigetreten war, als Mitglied im Nationalen Sicherheitsrat den Präsidenten George Bush sen. in osteuropäischen und sowjetischen Angelegenheiten und war an der Vorbereitung der Zwei-plus-vier-Gespräche zur deutschen Vereinigung beteiligt. Anschließend verfolgte sie ihre wissenschaftliche Karriere weiter. 1999 kehrte sie als außenpolitische Beraterin des Präsidentschaftskandidaten George W. Bush in die Politik zurück. Nach der gewonnenen Wahl ernannte Bush sie 2001 zur Chefin des Nationalen Sicherheitsrats. Rice war maßgeblich an der Ausarbeitung der neuen »Nationalen Sicherheitsstrategie« beteiligt, die das Recht auf Selbstverteidigung durch präventives Handeln postuliert. Nach Bushs Wiederwahl im November 2004 berief dieser seine enge Vertraute an die Spitze des State Department. Sie trat das Amt am 26. 1. 2005 an.

Sabah, Sabah al-Ahmed al-Jaber as- (Kuwait), *1929; seit 2006 Emir von Kuwait

Sohn des Emirs Ahmed al-Jaber as-Sabah (1921–50). Während der britischen Kolonialregierung gehörte Sabah 1955–61 dem höchsten kuwaitischen Regierungsgremium an. Mit Ende der Kolonialzeit wurde er für ein Jahr Informationsminister, bevor er 1963 zum Außenminister ernannt wurde. Der geschickte Diplomat hatte dieses Amt 40 Jahre inne. Nachdem sein Halbbruder Jaber al-Ahmed al-Jaber as-Sabah 2001 einen Schlaganfall erlitten hatte, vertrat der reformorientierte Politiker ihn auf der internationalen Bühne. 2003 trennte Scheich Jaber das Amt des Premierministers von dem des Kronprinzen und ernannte den reformorientierten Sabah zum Premier mit beachtlichen Kompetenzen. Seine Regierung bestellte die erste weibliche Ministerin des Emirats, setzte sich für das Frauenwahlrecht und religiöse Toleranz ein. Als mit dem Tod von Scheich Jaber am 15. 1. 2006 die Macht auf den kranken Kronprinz Sa'ad al-Abdullah as-Sabah überging, wählte ihn das Parlament am 24. 1. einstimmig ab, um den Weg für Sabah frei zu machen. Dies war der erste durch ein gewähltes Gremium bewirkte Machtwechsel in einem der sechs Golfemirate. Am 29. 1. wurde Sabah vor dem Parlament vereidigt.

Sambi, Ahmed Abdallah Mohammed (Komoren), *Mutsamudu 5. 6. 1958; seit 2006 Staats- und Regierungschef

Sambi, der im Iran und in Saudi-Arabien Islamische Politische Theorie studiert hat, gilt als moderater Muslim und wird wegen seiner Studien im Iran auch »Ajatollah Sambi« genannt. 1990 gehörte er zu den Mitbegründern der islamischen Partei Front National pour la Justice, war Parlamentsabgeordneter, wechselte aber bald in die Privatwirtschaft. 2005 kündigte der von der Insel Anjouan stammende Sambi trotz seiner Parteizugehörigkeit seine Kandidatur als Unabhängiger für die Präsidentschaftswahlen 2006 an, an der laut der Verfassung von 2001, nach der sich die drei Inseln in der Aufstellung des Präsidentschaftskandidaten abwechseln, diesmal nur Kandidaten von Anjouan antreten konnten. Am 14. 5. 2006 setzte sich Sambi gegen zwei Rivalen mit 58 % der Stimmen durch und ist damit der erste friedlich an die Macht gekommene Präsident seit der Unabhängigkeit der Komoren 1975.

Santos, José Eduardo dos (Angola), *Luanda 28. 8. 1942; seit 1979 Staatspräsident

1961 schloss sich dos Santos dem marxistisch-leninistischen Movimento Popular de Libertação de Angola (MPLA), der gegen die portugiesische Kolonialherrschaft kämpfte, an. 1963–70 wurde er in Moskau zum Ingenieur für Petrochemie ausgebildet, nach seiner Rückkehr stieg er rasch in der MPLA auf und gehörte seit 1974 dem ZK und Politbüro der Partei an. 1975 wurde er erster Außenminister des unabhängigen Angola, 1978 Sekretär des ZK und Planungsminister. Nach dem Tod von António Agostinho Neto am 20. 9. 1979 wurde er vom ZK der MPLA zum Vorsitzenden, zum

Staatspräsident (am 21. 9. vereidigt) und zum Oberkommandierenden gewählt. Der seit der Unabhängigkeit ausgetragene Machtkampf zwischen der von Kuba und der Sowjetunion unterstützten Regierung und der pro-westlichen Rebellenorganisation UNITA unter ihrem Führer und dos Santos' Gegenspieler Jonas Savimbi ließ Anfang der 1990er Jahre nach, ein Friedensabkommen ermöglichte im September 1992 international überwachte Wahlen, in denen die inzwischen vom Marxismus-Leninismus abgerückte MPLA eine deutliche Mehrheit errang. Dos Santos scheiterte in der Präsidentschaftswahl zwar knapp an der absoluten Mehrheit, zu der Stichwahl zwischen ihm und Jonas Savimbi kam es wegen des Totalboykotts der UNITA nicht mehr. Mit dem Tod Savimbis 2002 endete zwar der Bürgerkrieg, aber der Aufbau des Landes kam bisher nicht voran. Die Einkünfte aus der Erdöl- und Diamantenförderung fließen in die Taschen einer schmalen Oberschicht, dos Santos selbst gilt als steinreich.

Sassou-Nguesso, Denis (Republik Kongo), *Edou 1943; 1979–92 und seit 1997 Staatspräsident

Nach einer militärischen Ausbildung stieg Sassou-Nguesso zum Offizier auf. 1963 nahm er am Militärputsch gegen den ersten Staatspräsidenten Fulbert Youlou teil und war auch am Putsch 1968 führend beteiligt. Er wurde Mitglied des Nationalrats der Revolution unter der Führung von Marien Ngouabi, der 1969 Staatspräsident wurde und, gestützt auf den marxistisch-leninistischen Parti Congolais du Travail (PCT), die Volksrepublik etablierte. Als dieser 1977 einem Attentat zum Opfer fiel, setzte sich nach zweijährigen Machtkämpfen 1979 Sassou-Nguesso als Partei- und Staatschef durch. 1992 unterlag Sassou-Nguesso bei den ersten Präsidentschaftswahlen nach Einführung des Mehrparteiensystems Pascal Lissouba. Sich verschärfende ethnische Konflikte führten 1994 zum Bürgerkrieg. Unterstützt von den Nachbarstaaten Demokratische Republik Kongo, Gabun – dessen Präsident Omar Bongo Ondimba sein Schwiegervater ist –, Angola und Frankreich, eroberte Sassou-Nguesso mit seinen Cobra-Milizen 1997 die Hauptstadt Brazzaville und das Wirtschaftszentrum Pointe Noire. Nach der Flucht Lissoubas erklärte er sich zum Staatschef. Eine 2002 mittels eines Referendums abgesegnete Verfassungsänderung sicherte Sassou-Nguesso umfassende Macht, bei den Präsidentschaftswahlen im gleichen Jahr ließ sich Sassou-Nguesso im Amt bestätigen. Im Januar 2006 übernahm er für ein Jahr den Vorsitz der Afrikanischen Union (AU).

Schäuble, Wolfgang (Deutschland), *Freiburg i. Br. 18. 9. 1942, seit 2005 Bundesinnenminister

Nach dem Studium der Rechts- und Wirtschaftswissenschaften (Promotion) war Schäuble zunächst in der Steuerverwaltung Baden-Württemberg, dann als Rechtsanwalt tätig. Mit 19 Jahren trat er in die Junge Union, mit 23 in die CDU ein. In Südbaden wurde er 1969 Bezirksvorsitzender der JU, 1970 Mitglied des Bezirksvorstandes der CDU und 1982 dessen stellvertretender Vorsitzender. Ab 1972 Mitglied des Bundestages, wurde Schäuble auf Vorschlag Helmut Kohls 1981 Parlamentarischer Geschäftsführer der CDU/CSU-Bundestagsfraktion, 1984 Bundesminister für besondere Aufgaben und Chef des Bundeskanzleramtes, 1989 Bundesminister des Innern und Mitglied des CDU-Bundesvorstandes. Als Verhandlungsführer der Bundesrepublik bei den deutsch-deutschen Einigungsverhandlungen oblag ihm die Federführung im Einigungsvertrag. Obwohl durch ein Attentat im Oktober 1990 schwer verletzt und seitdem querschnittsgelähmt, nahm er kurze Zeit später die politische Arbeit wieder auf und wurde im November 1991 Vorsitzender der CDU/CSU-Bundestagsfraktion. In der Partei als Kronprinz für das Amt des Bundeskanzlers angesehen und auch von Kohl öffentlich zu seinem Nachfolger erkoren, blieb er loyal, als dieser noch einmal zur Bundestagswahl 1998 als Spitzenkandidat antrat. Nach der Niederlage Kohls und der CDU gegen die SPD unter Gerhard Schröder am 27. 9. 1998 folgte ihm Schäuble am 7. 11. im Amt des Parteivorsitzenden nach. Zugleich als Fraktionsvorsitzender bestätigt, vereinte er damit beide Spitzenämter in seiner Hand. Im Zuge der CDU-Spendenaffäre erklärte er am 16. 2. 2000 seinen Rücktritt vom Partei- und Fraktionsvorsitz. Im Kabinett von Bundeskanzlerin Angela Merkel, das sie nach den vorgezogenen Bundestagswahlen 2005 im Rahmen einer großen Koalition bildete, übernahm Schäuble am 22. 11. die Leitung des Bundesinnenministeriums.

Schavan, Annette (Deutschland), *Jüchen 10. 6. 1955; seit 2005 Bundesministerin für Bildung

Foto: CDU

Studium der katholischen Theologie, Philosophie und Erziehungswissenschaften (Promotion). Anschließend war sie neben ihrer Lehrtätigkeit an den Universitäten Bonn und Aachen bei der Bischöflichen Studienstiftung Cusanuswerk, 1991–95 in leitender Funktion, tätig. 1984–87 hatte sie zudem die Leitung der Abteilung für außerschulische Jugendbildung im Generalvikariat Aachen inne. Seit 1975 ist Schavan Mitglied der CDU. 1987/88 war sie Bundesgeschäftsführerin der Frauen-Union der CDU und arbeitete 1990–94 im CDU-Bundesfachausschuss Frauenpolitik. 1995 berief sie der baden-württembergische Ministerpräsident Erwin Teufel (CDU) als Ministerin für Kultus, Jugend und Sport in sein Landeskabinett. Mit ihrem Vorstoß, durch ein Landesgesetz (verabschiedet am 1. 4. 2004) das Kopftuchverbot für muslimische Lehrerinnen durchzusetzen, erhielt sie große Medienaufmerksamkeit. Seit 1996 ist Schavan Mitglied im Landesvorstand der CDU Baden-Württemberg, seit 1998 stellvertretende Bundesparteivorsitzende und seit 2001 Abgeordnete des Landtags von Baden-Württemberg. Nach der Ankündigung von Ministerpräsident Erwin Teufel, im April 2005 das Amt des Ministerpräsidenten und des CDU-Parteivorsitzenden in Baden-Württemberg aufzugeben, erhob Schavan Anspruch auf die Nachfolge Teufels, unterlag aber in einer Mitgliederbefragung der baden-württembergischen CDU gegen den damaligen Landtagsfraktionschef Günther Oettinger. Bereits im »Kompetenzteam« der CDU-Spitzenkandidatin Angela Merkel vertreten, wurde Schavan nach den vorgezogenen Bundestagswahlen und der Wahl Merkels zur Bundeskanzlerin am 22. 11. 2005 im 16. Deutschen Bundestag als Bundesministerin für Bildung vereidigt.

Schmidt, Ulla (Deutschland), *Aachen 13. 6. 1949; seit 2002 Bundesministerin für Gesundheit und soziale Sicherung

Foto: SPD-Parteivorstand

Nach dem Studium der Psychologie und Lehramt für Grund- und Hauptschulen in Aachen, war Schmidt anschließend als Lehrerin für Lernbehinderte tätig, parallel dazu absolvierte sie ein Fernstudium für Lehramt zur Rehabilitation Lernbehinderter. Seit 1983 gehört sie der SPD an und nahm dort verschiedene Funktionen auf örtlicher und überörtlicher Ebene wahr, bis sie 1990 in den Bundestag gewählt wurde, wo sie sich insbesondere für die Themen Frauen, Soziales und Familien einsetzte. Im Januar 2001 löste Schmidt die in der BSE-Krise unglücklich agierende Andrea Fischer in der Leitung des Gesundheitsministeriums ab, und behielt ihren Posten nach der knappen Bestätigung der rot-grünen Regierung bei der Parlamentswahl im September 2002. Im Mai 2003 gab sie, gemeinsam mit dem CSU-Gesundheitsexperten Horst Seehofer, die Eckpunkte einer Gesundheitsreform bekannt, die das Ziel hat, die Ausgaben der gesetzlichen Krankenkassen zu senken. Auf Kritik stieß besonders die Anfang des Jahres 2004 eingeführte Praxisgebühr. Nach den vorgezogenen Bundestagswahlen im Herbst 2005 wurde Schmidt am 22. 11. 2005 erneut mit der Leitung des Bundesministeriums für Gesundheit in der von Angela Merkel geführten Bundesregierung der großen Koalition betraut.

Schüssel, Wolfgang (Österreich), *Wien 7. 6. 1945; seit 2000 Bundeskanzler

Der promovierte Jurist arbeitete ab 1968 als Sekretär der Parlamentsfraktion der ÖVP. 1975 wechselte er zum Wirtschaftsbund der ÖVP, deren Generalsekretär er bis 1991 war. Seit 1979 saß Schüssel als Abgeordneter im Nationalrat, wo er sich mit Finanz- und Wirtschaftsfragen beschäftigte und 1987 stellvertretender Obmann des Finanzausschusses wurde. 1989 übernahm er das Bundeswirtschaftsministerium, das er bis 1995 leitete. In diesem Jahr wurde er Außenminister und Vizekanzler in der Koalitionsregierung Franz Vranitzkys und behielt seine Ämter auch unter Viktor Klima. Nach den Nationalratswahlen 1999 ging Schüssel, der seit 1995 Parteivorsitzender der ÖVP ist, unter Protesten aus dem In- und Ausland eine Koalition mit der rechtspopulistischen FPÖ ein und wurde am 4. 2. 2000 zum Bundeskanzler gewählt. Nach dem Scheitern der Mitte-rechts-Koalition im September 2002, eineinhalb Jahre vor Ablauf der Legislaturperiode, triumphierte Schüssel bei den Nationalratswahlen am 24. 11. – die ÖVP wurde erstmals seit über 30 Jahren wieder stärkste Kraft. Am 28. 2. 2003 wurde er erneut Bundeskanzler in einer ÖVP/FPÖ (seit 2005 BZÖ)-Koalition. Die Regierungsperiode war von häufigen Ministerwechseln belastet, sodass trotz des belobigten Reformprogramms v. a. wegen der Rekordarbeitslosigkeit eine dürftige Bilanz erstellt wurde. Turnusgemäß übernahm Schüssel im ersten Halbjahr 2006 die EU-Ratspräsidentschaft.

Seehofer, Horst (Deutschland), *Ingolstadt 4. 7. 1949; seit 2006 Bundesminister für Verbraucherschutz, Ernährung und Landwirtschaft

Der Verwaltungsfachmann arbeitete zehn Jahre in der Kommunalpolitik, bevor er mit der Wahl zum Abgeordneten des Wahlkreises Ingolstadt in den Deutschen Bundestag Berufspolitiker wurde. Er trat 1969 der JU und 1971 der CSU bei und engagierte sich auf sozial- und gesundheitspolitischem Gebiet. 1989–92 war er Parlamentarischer Staatssekretär beim Bundesminister für Arbeit und Sozialordnung Norbert Blüm, 1992–98 stand er dem Bundesministerium für Gesundheit vor. Als stellvertretender Vorsitzender der CDU/CSU-Bundestagsfraktion war er ab 1998 zuständig für die Bereiche Europa, Landwirtschaft und Umwelt, ab 2000 für Gesundheit, soziale Sicherung und Arbeitnehmer. In der »Herzog-Kommission« kämpfte Seehofer für einen sozialen Ausgleich und setzte sich u. a. für eine Bürgerversicherung ein, was zu Konflikten mit der CDU-Vorsitzenden Angela Merkel und CSU-Chef Edmund Stoiber führte. Für die Union nahm er im Sommer 2003 an der überparteilichen Konsenskommission von Bundesgesundheitsministerin Ulla Schmidt über die Gesundheitsreform teil und trat, da er den Gesundheitskompromiss von CDU/CSU nicht mittragen wollte, 2004 vom stellvertretenden Vorsitz der Bundestagsfraktion zurück. Der »Parteirebell« (Spiegel) wurde nach den vorgezogenen Parlamentswahlen im September 2005 ins Kabinett der großen Koalition aufgenommen und am 22. 11. als Minister für Verbraucherschutz, Ernährung und Landwirtschaft vereidigt.

Sejdiu, Fatmir (Serbien / Kosovo), *Pakashtice 23. 10. 1951; seit 2006 Präsident

Nach dem Jurastudium lehrte Sejdiu als Dozent für Rechtsgeschichte an der Universität von Priština. Zusammen mit Ibrahim Rugova gehörte er 1989 zu den Gründungsmitgliedern der Demokratischen Liga Kosovos (LDK), die sich für eine Unabhängigkeit des Kosovo von Serbien einsetzte. Wie Rugova verfolgte Sejdiu stets eine Politik des gewaltlosen Widerstandes. Bei den 2001 durch die UNO ausgerichteten freien Parlamentswahlen im Kosovo gewann die LDK die Mehrheit, Sejdiu wurde Fraktionsvorsitzender der LDK, Rugova wurde im März 2002 zum provisorischen Präsidenten gewählt. Nach Rugovas Tod am 21. 1. 2006 war Sejdiu einziger Kandidat für dessen Nachfolge und erhielt am 10. 2. 2006 im dritten Wahlgang die nötige Zweidrittelmehrheit im Parlament.

Simpson Miller, Portia (Jamaika), *Wood Hall 12. 12. 1945; seit 2006 Premierministerin

Seit den 1970er Jahren ist Simpson Miller, die aus einfachen Verhältnissen stammt, in der sozialdemokratischen People's National Party (PNP) politisch aktiv; 1978 wurde sie Vizepräsidentin der PNP. Ab 1983 war sie Parteisprecherin für Frauenfragen, soziale Sicherheit und Verbraucherschutz, wurde 1989 ins Parlament gewählt und übernahm in der Folge verschiedene Ministerämter (Arbeit, Wohlfahrt, Sport, Tourismus). Während die äußerst populäre Politikerin mit ihrer Kandidatur zum Parteivorsitz 1992 gegen Percival J. Patterson noch verloren hatte, war sie im Februar 2006 erfolgreich, als Patterson seinen Ausstieg aus der Politik bekannt gab. Mit der Wahl zur PNP-Vorsitzenden wurde Simpson Miller nach jamaikanischem Recht automatisch auch Ministerpräsidentin. Am 30. 3. 2006 wurde sie als erste Frau in diesem Amt vereidigt.

Spanta, Rangin Dadfar (Afghanistan), *1955; seit 2006 Außenminister

Der aus der Provinz Herat stammende Spanta flüchtete nach dem sowjetischen Einmarsch 1979 zunächst in den Iran, dann nach Pakistan und setzte sich von dort aus gegen die Besatzung seiner Heimat ein. 1982 erhielt er in Deutschland politisches Asyl und nahm in Aachen ein Politikstudium auf, das er mit der Promotion abschloss. Anschließend lehrte er an der TH Aachen Politikwissenschaften und engagierte sich im Vorstand der »Allianz für Demokratie in Afghanistan«, eines Bündnisses afghanischer Exilparteien und -gruppierungen. Als Mitglied von Bündnis 90 / Die Grünen war er auf kommunaler Ebene in Aachen aktiv. Als Berater der Heinrich-Böll-Stiftung reiste er 2001 zum ersten Mal wieder nach Afghanistan. 2004 berief ihn der neu gewählte afghanische Präsident Hamid Karzai als außenpolitischen Berater in sein Kabinett, im April 2006 wurde Rangin Dadfar Spanta zum Außenminister ernannt.

Steinbrück, Peer (Deutschland), *Hamburg 10. 1. 1947; seit 2005 Bundesminister für Finanzen

Der Diplomvolkswirt und SPD-Politiker begann seine Berufslaufbahn 1974 in Bonner Ministerien, bevor er 1985 nach Nordrhein-Westfalen ging. Dort war er 1986–90 Leiter des Büros von Ministerpräsident Johannes Rau. 1990 wechselte er nach Schleswig-Holstein, wo er schließlich 1993 die Leitung des Ministeriums für Wirtschaft, Technik und Verkehr übernahm. 1998 löste er Bodo Hombach als Wirtschaftsminister in Nordrhein-Westfalen ab. Ab 2000 war Steinbrück dann Finanzminister, im November 2002 wurde er als Nachfolger seines Parteifreundes Wolfgang Clement, der als »Super«-Minister für Wirtschaft und Arbeit in die Bundesregierung eintrat, Ministerpräsident des Landes Nordrhein-Westfalen in einer rot-grünen Regierung. Das schlechte Abschneiden der SPD bei den Landtagswahlen im Mai 2005 bedeutete nicht nur ein Ende der rot-grünen Regierung auf Landesebene, sondern veranlasste Bundeskanzler Gerhard Schröder, vorgezogene Neuwahlen auf Bundesebene anzustreben. Steinbrück verzichtete auf Landes- und Fraktionsvorsitz in Nordrhein-Westfalen und übernahm in der großen Koalition unter Bundeskanzlerin Angela Merkel am 22. 11. das Finanzressort.

Steinmeier, Frank-Walter (Deutschland), *Detmold 5. 1. 1956; seit 2005 Bundesminister des Auswärtigen Amtes

Foto: Bundesbildstelle

Studium der Rechtswissenschaften und der Politologie in Gießen (Promotion). Seit 1976 Mitglied der SPD. 1986–91 war Steinmeier wissenschaftlicher Mitarbeiter am Lehrstuhl für Öffentliches Recht und Wissenschaft von der Politik an der Universität Gießen, bevor er 1991 als Referent für Medienrecht und -politik in die niedersächsische Staatskanzlei wechselte. 1993 stieg er zum Leiter des persönlichen Büros von Ministerpräsident Gerhard Schröder auf. 1994 übernahm er die Leitung der Abteilung für Richtlinien der Politik, Ressortkoordinierung und Planung, 1996 machte Schröder ihn zum Staatssekretär und Leiter der Staatskanzlei. Mit Schröders Wechsel an die Bundesspitze 1998 wurde Steinmeier Staatssekretär im Bundeskanzleramt und Beauftragter für die Nachrichtendienste. 1999 avancierte er zum Chef des Bundeskanzleramtes und war in dieser Funktion an außenpolitischen Entscheidungen in der Europa- und Russlandpolitik mitbeteiligt. Nach der Bundestagswahl 2002 wurde er erwartungsgemäß im Amt bestätigt und hatte eine führende Rolle bei der Ausarbeitung der »Agenda 2010«. In der großen Koalition unter Bundeskanzlerin Angela Merkel übernahm er am 22. 11. 2005 die Leitung des Auswärtigen Amtes.

Stoltenberg, Jens (Norwegen), *Oslo 16. 3. 1959; 2000–01 und seit 2005 Ministerpräsident

Neben dem Studium der Wirtschaftswissenschaften war Stoltenberg in der Jugendorganisation der Arbeiterpartei (DnA) aktiv. 1989/90 arbeitete er für das norwegische Statistikamt, nebenher lehrte er als Dozent für Wirtschaftswissenschaften. 1990/91 war er Staatssekretär im Umweltministerium, 1993 wurde er erstmals ins Parlament gewählt. In der Regierung von Gro Harlem Brundtland hatte er 1993–96 den Posten des Energie- und Umweltministers inne. Anschließend übernahm er in der Regierung seines Parteifreundes Thorbjørn Jagland 1996/97 das Finanzministerium. Seit 1997 in der Opposition wurde Stoltenberg 2000 zum Fraktionschef der DnA gewählt, nach dem vorzeitigen Rücktritt der Regierung des Christdemokraten Kjell Magne Bondevik im März 2000 mit der Regierungsbildung beauftragt und am 10. 3. als bisher jüngster Ministerpräsident Norwegens vereidigt. Für seinen konsequenten Sparkurs und seine Privatisierungspolitik bekam er bei den Parlamentswahlen 2001 die Quittung: Mit rd. 24 % erzielte die DnA das schlechteste Ergebnis seit 1924. In der Opposition bemühte sich Stoltenberg, der seit 2002 Parteivorsitzender ist, das soziale Profil der DnA zu schärfen. Bei den Parlamentswahlen 2005 konnte Stoltenberg über acht Prozentpunkte hinzugewinnen. Am 17. 10. wurde er als Ministerpräsident einer Koalitionsregierung aus DnA, sozialistischer Linkspartei und Zentrumspartei vereidigt.

Tandja, Mamadou (Niger), *Maïne Soroa 1938; seit 1999 Staats- und Regierungschef

Militärlaufbahn, zuletzt im Rang eines Oberst. 1974 beteiligte er sich am Militärputsch gegen den ersten Staatspräsidenten Hamani Diori (1960–74) und wurde neben dem neuen Machthaber Seyni Kountché Mitglied im Obersten Militärrat. Nach seiner Verabschiedung aus der Armee sammelte er politische Erfahrung, u. a. als Präfekt der Region Tahoua, als Botschafter in Nigeria und als Innenminister. Vom Mouvement Nationale de la Société de Développement (MNSD) ins Rennen geschickt, blieb er bei den Präsidentschaftswahlen 1993 und 1996 chancenlos. 1999 gewann er in der Stichwahl gegen den ehemaligen Ministerpräsidenten Mahamadou Issoufou und wurde am 22. 12. im Amt vereidigt. Auch bei den Präsidentschaftswahlen 2004 setzte sich Tandja wiederum in der Stichwahl gegen Issoufou durch.

Tiefensee, Wolfgang (Deutschland), *Gera 4. 1. 1955; seit 2005 Bundesminister für Verkehr, Bau- und Wohnungswesen und zuständig für den Aufbau Ost

Foto: Rainer Justen-Behling

Der Diplomingenieur für industrielle Elektronik und Elektrotechnik war 1979–86 im VEB Fernmeldewerk Leipzig, 1986–89 an der Technischen Hochschule Leipzig tätig. Im Wendejahr 1989/1990 führte ihn seine 1988 in Arbeitsgruppen begonnene politische Arbeit als Vertreter der Bürgerbewegung »Demokratie Jetzt« an den Runden Tisch Leipzig. 1990 zog er in Leipzig in den Stadtrat, war seit 1992 Dezernent für Jugend, Schule und Bildung, seit 1994 Bürgermeister und 1. Stellvertreter des Oberbürgermeisters, sowie Beigeordneter für Jugend, Schule und Sport. 1995 trat er der SPD bei. 1998–2005 war Tiefensee Oberbürgermeister der Stadt Leipzig; in seiner Amtszeit erreichte er bedeutende Industrieansiedlungen (BMW, Siemens, Porsche, DHL), scheiterte aber 2004 mit der Olympia-Bewerbung seiner Stadt. Im April 2005 wurde er als Oberbürgermeister im ersten Wahlgang mit 67 % der Stimmen wieder gewählt. Mitte November 2005 wurde Tiefensee in den SPD-Parteivorstand gewählt und übernahm am 22. 11. 2005 in der großen Koalition unter Bundeskanzlerin Angela Merkel das Ministerium für Verkehr, Bau- und Wohnungswesen.

Touré, Amadou Toumani (Mali), *Mopti 1948; 1991/92 Staatsoberhaupt, seit 2002 Staats- und Regierungschef

Der Karrieresoldat absolvierte seine militärische Ausbildung in der Sowjetunion und in Frankreich. Nach seiner Rückkehr nach Mali machte ihn Staatspräsident Moussa Traoré zum Kommandanten des Fallschirmjägerbataillons und zugleich zum Chef der Präsidentengarde. 1991 putschte Touré gegen den seit 1968 regierenden Traoré und ließ sich als Präsident eines Übergangskomitees zum Staatsoberhaupt ausrufen. Er setzte sich für ein Mehrparteiensystem ein und gab mit den ersten freien Wahlen in der Geschichte des Landes im April 1992, aus denen Alpha Oumar Konaré als Sieger und Präsident hervorging, die Macht an eine zivile Regierung zurück. Danach machte er vor allem durch Vermittlungsversuche 1993 im burundischen Bürgerkrieg auf sich aufmerksam. 1996/97 verhandelte er erfolgreich für die OAU in der Zentralafrikanischen Republik. Im Rang eines Generals schied er im September 2001 aus dem Militär aus, um für die Präsidentschaft zu kandidieren. Aus den Wahlen 2002 ging er als klarer Sieger hervor und löste Konaré ab, der nach zwei Amtszeiten nicht wieder kandidieren durfte. Der parteilose Touré gilt wegen seines sozialen Engagements als Mann der kleinen Leute.

Uribe Vélez, Álvaro (Kolumbien), *Medellín 4. 7. 1952; seit 2002 Staatspräsident

Uribe studierte Jura und Politik an der Universität von Antioquia, dann in Harvard und Oxford. Neben seiner Tätigkeit als Rechtsanwalt engagierte er sich in der Politik: 1982 wurde er Bürgermeister von Medellín, 1986–94 saß er im Senat. Als Gouverneur seiner Heimatprovinz Antioquia (1995–97) profilierte sich Uribe, dessen Vater 1983 bei einem Entführungsversuch der linksgerichteten Rebellen der Revolutionären Streitkräfte Kolumbiens (FARC) ermordet worden war, als Hardliner. Zunächst Mitglied der Liberalen Partei, verließ er sie aber und führte 2002 den Wahlkampf um das Präsidentenamt als unabhängiger Kandidat. Bei den Wahlen erzielte er bereits im ersten Wahlgang die erforderliche absolute Mehrheit. Als Präsident ging Uribe seinen Wahlversprechen folgend mit harter Hand gegen die FARC-Guerilla vor und lehnte jedwede Zugeständnisse und Verhandlungen mit der FARC über den Austausch von Gefangenen und Geiseln ab. Dank milliardenschwerer US-amerikanischer Militärhilfe setzte er den 1999 initiierten »Plan Colombia«, durch Besprühen der Kokainanbauflächen aus der Luft die Produktion des Rauschgifts und durch Aufrüstung von Polizei und Militär den Drogenhandel zu unterbinden, verstärkt fort. Ab Mitte 2003 wurden Verhandlungen mit den Paramilitärs über eine Demobilisierung geführt; seither gelang die Entwaffnung einiger Tausend Kämpfer. Die deutlich verbesserte Sicherheitslage insbesondere in den Städten brachte Uribe breite Zustimmung in der Bevölkerung ein. Aus den Parlamentswahlen im März 2006 ging das Lager des Präsidenten als klarer Sieger hervor. Bei den Präsidentschaftswahlen im Mai 2006 errang Uribe einen haushohen Sieg. Seine Wiederwahl hatte er durch eine Verfassungsänderung 2004 möglich gemacht.

Vall, Ely Ould Mohammed (Mauretanien), *Nouakchott 1952; seit 2005 Staats- und Regierungschef

Militärische Ausbildung in Marokko. Nach seiner Rückkehr nach Mauretanien war Vall Kommandeur gegen die saharauische Befreiungsbewegung POLISARIO in der Westsahara. Einen Putschversuch gegen den damaligen Generalstabschef Maaouiya Ould Sid' Ahmed Taya 1981 wehrte er ab und unterstützte Taya 1984 bei dessen Putsch gegen Diktator Mohammed Khouna Ould Haydallah. Unter Präsident Taya wurde er 1985 Chef des nationalen Sicherheitsdienstes, der seit den 1990er Jahren für die massiven Repressionen gegen Oppositionelle verantwortlich war. Vall vereitelte in der Folge mehrere Putschversuche gegen Taya, setzte diesen aber am 3. 8. 2005 als Kopf eines »Rates für Gerechtigkeit und Demokratie« in einem unblutigen Putsch ab. Nach dem vom Volk begrüßten Machtwechsel löste er das Parlament auf und versprach, spätestens in zwei Jahren zur demokratischen Ordnung zurückzukehren.

Vieira, João Bernardo (Guinea-Bissau), *Bissau 27. 4. 1939; 1980–99 und seit 2005 Staats- und Regierungschef

Vieira schloss sich 1960 dem Partido Africano Independência da Guiné e Cabo Verde (PAIGC) an, der seit 1959 einen bewaffneten Kampf gegen die portugiesischen Kolonialherren führte. Noch vor der Unabhängigkeit 1974 wurde Vieira Präsident der Nationalen Volksversammlung, 1978 wurde er Ministerpräsident. 1980 stürzte er Staatspräsident Luís de Almeida Cabral, setzte sich an die Spitze des Revolutionsrates und übte ab 1984 auch das Amt des Ministerpräsidenten aus. 1994 ging er als Sieger aus den ersten freien Präsidentschaftswahlen hervor. 1998 begann in der Hauptstadt Bissau ein Militäraufstand unter Führung von General Ansumane Mane, der in einen Bürgerkrieg mündete. Nach erbitterten Kämpfen zwischen regierungstreuen Truppen und Rebellen und mehreren gescheiterten Friedensabkommen wurde Vieira am 7. 5. 1999 abgesetzt. Er flüchtete zunächst in die portugiesische Botschaft und ging dann ins Exil nach Portugal. Nachdem der seit 2000 autoritär regierende Präsident Kumba Yala im September 2003 in einem unblutigen Putsch entmachtet worden war, kehrte Vieira im April 2005 aus dem Exil zurück und siegte bei der Präsidentschaftswahl im Juli.

Villepin, Dominique Galouzeau de (Frankreich), *Rabat (Marokko) 14. 11. 1953; seit 2005 Ministerpräsident

Villepin, Neffe des früheren Premiers Jacques Chaban-Delmas, absolvierte die Elite-Verwaltungsschule ENA und wurde dann Karrierediplomat. Seine ersten Posten führten ihn nach Washington und Neu-Delhi. 1993 wurde er Kabinettsdirektor beim Außenminister Alain Juppé, 1995 betraute ihn der neue Präsident Jacques Chirac, dessen Partei RPR er bereits mit 24 Jahren beigetreten war, mit dem Schlüsselposten des Generalsekretärs im Elysee-Palast. Nach dem Rücktritt der Regierung unter Premier Lionel Jospin wurde Villepin 2002 vom neuen Ministerpräsidenten Jean-Pierre Raffarin zum Außenminister berufen. Im UN-Sicherheitsrat hielt er im Frühjahr 2003 dem Druck der USA stand, die die militärische Option im Irak-Konflikt durch das Gremium sanktionieren lassen wollten, und verteidigte die Haltung seines Landes – die friedliche Entwaffnung des Iraks unter Aufrechterhaltung einer militärischen Drohkulisse. 2004 übernahm Villepin nach einer Kabinettsumbildung den Posten des Innenministers. Nach dem Rücktritt von Ministerpräsident Raffarin infolge der verheerenden Abstimmungsniederlage beim Referendum zum europäischen Verfassungstext ernannte ihn Chirac am 31. 5. 2005 zum Ministerpräsidenten. Der enge Vertraute des Staatspräsidenten steht einer Regierung vor, in der der schärfste innerparteiliche Gegner Chiracs, Nicolas Sarkozy, mit der Leitung des Innenministeriums betraut wurde. Durch die Ausschreitungen in Pariser Vorstädten Ende 2005, das Scheitern der Arbeitsrechtsreform im April 2006 und die Clearstream-Affäre ist Villepin bereits nach einem Amtsjahr schwer angeschlagen.

Wade, Abdoulaye (Senegal), *Saint-Louis 29. 5. 1926; seit 2000 Staatspräsident

Nach einer Ausbildung zum Lehrer studierte er in Frankreich Jura, Mathematik und Volkswirtschaft (Promotion). Anschließend war er als Juraprofessor an der Universität in Dakar und als Rechtsanwalt und Berater internationaler Organisationen tätig. Viermal kandidierte er vergeblich für die Präsidentschaft, erstmals 1978 gegen den langjährigen Präsidenten Léopold Sédar Senghor. Zuerst Mitglied der sozialistischen Einheitspartei, gründete er 1974 die Demokratische Partei (PDS). Zweimal war Wade unter Senghors Nachfolger Abdou Diouf Minister, wurde aber wiederholt auch politisch verfolgt und inhaftiert. 1999 kehrte er aus einem einjährigen freiwilligem Exil in Frankreich zurück. Mit einem breiten Oppositionsbündnis siegte er 2000 bei der Stichwahl zur Präsidentenwahl gegen den langjährigen Amtsinhaber Diouf. Mit der Vereidigung des gläubigen Muslims Wade ging die 40 Jahre andauernde Vorherrschaft des Parti Socialiste (PS) zu Ende. Im Januar 2001 wurde per Referendum eine neue Verfassung angenommen, die die Bürgerrechte, insbesondere der Frauen, stärkt und die Amtszeit des Präsidenten auf maximal zehn Jahre begrenzt. Einem erklärten Ziel, der dauerhaften Lösung des Konflikts um die für Unabhängigkeit kämpfende Casamance, ist Wade trotz eines Ende 2004 unterzeichneten Friedensabkommens zwischen Regierung und den seit 1982 kämpfenden Rebellen der südlichen Provinz nicht näher gekommen. Auch wegen der anhaltend schlechten Wirtschaftslage verliert der einstige Hoffnungsträger zunehmend Rückhalt in der Bevölkerung.

Wen Jiabao (Volksrepublik China), *Tianjin 1942; seit 2003 Ministerpräsident

Noch während seines Studiums der Geologie in Peking trat Wen Jiabao 1965 der kommunistischen Partei (KPCh) bei. 1968–82 arbeitete er als Geomechaniker in der nordwestlichen Provinz Gansu, wo er ab 1978 auch leitende Funktionen am Amt für Geologie sowie politische Ämter wahrnahm. 1982 kehrte er nach Peking zurück und wurde Direktor im Ministerium für Geologie. Ab 1985 wirkte er zunächst als stellvertretender, ab 1986 als Direktor des ZK-Hauptbüros der KPCh, ein Jahr später wurde er ins Sekretariat des ZK berufen, wo er bis 1997 verschiedene leitende Aufgaben erfüllte. 1997 wurde er Mitglied des Politbüros, 1998 stellvertretender Ministerpräsident, als der er sich vehement für die marktwirtschaftliche Öffnung Chinas einsetzte und mit der Reformierung des Finanz- und Bankenwesens betraut war. 2002 erfolgte seine Wahl in das höchste Parteigremium, den Ständigen Ausschuss des Politbüros. Am 16. 3. 2003 wurde Wen Jiabao, der als kompetenter Wirtschaftsfachmann und wendiger Parteistratege gilt, vom Nationalen Volkskongress zum neuen Ministerpräsidenten gewählt.

Wieczorek-Zeul, Heidemarie (Deutschland), *Frankfurt / Main 21. 11. 1942; seit 1998 Bundesministerin für wirtschaftliche Zusammenarbeit und Entwicklung

Nach dem Studium der Anglistik und Geschichte in Frankfurt unterrichtete Wieczorek-Zeul 1965–74 an einer Schule in Rüsselsheim. 1965 trat sie in die SPD ein und startete ihre politische Karriere als Stadtverordnete in Rüsselsheim (1968–72). 1974 zur Bundesvorsitzenden der SPD-Nachwuchsorganisation Jungsozialisten gewählt, gelang Wieczorek-Zeul 1979 der Einzug ins Europäische Parlament. 1987 wurde sie Abgeordnete des Deutschen Bundestags, dort war sie europapolitische Sprecherin ihrer Fraktion. Seit 1993 ist sie stellvertretende Vorsitzende der Bundes-SPD und wurde 1995 in den Vorstand der SPD-Bundestagsfraktion gewählt. Seit der Wahl Gerhard Schröders zum Bundeskanzler 1998 führt sie das Bundesministerium für wirtschaftliche Zusammenarbeit und Entwicklung (2002 bestätigt). Dabei tat sie sich besonders mit ihrer Entschuldungsinitiative der 41 ärmsten Entwicklungsländer hervor. Bei den Verhandlungen um den Bundeshaushalt 2005 setzte sie sich nachdrücklich für die Stärkung ihres Ministeriums ein, das sie nach Bildung der großen Koalition unter Bundeskanzlerin Angela Merkel am 22. 11. 2005 erneut übernahm.

Yudhoyono, Susilo Bambang (Indonesien), *Pacitan 9. 9. 1949; seit 2004 Staatspräsident

Der aus einer Offiziersfamilie stammende Yudhoyono stieg zunächst in der Armee zum General auf. 2000 wechselte er in die Politik. In der Regierung von Präsident Abdurrahman Wahid war er erst Minister für Bergbau und Energie, avancierte jedoch bald zum Sicherheitsminister. Im Zuge des Amtsenthebungsverfahrens gegen Wahid verlangte dieser von Yudhoyono die Verhängung des Ausnahmezustands. Yudhoyono lehnte ab und verlor seinen Posten. Megawati Sukarnoputri, Vizepräsidentin unter Wahid und dessen Nachfolgerin ab Juli 2001, holte Yudhoyono als Sicherheitsminister in ihr Kabinett zurück. Im März 2004 kam es nach öffentlich ausgetragenen Meinungsverschiedenheiten zum Bruch zwischen beiden. Yudhoyono schied erneut aus dem Kabinett aus, gründete die Demokratische Partei, auf die bei den Parlamentswahlen im April 2004 7,5 % der Stimmen entfielen. Aus den Präsidentschaftswahlen ging er im zweiten Durchgang im September 2004 als Sieger hervor und war damit der erste direkt vom Volk gewählte Präsident Indonesiens. Yudhoyono, der auch der »denkende General« genannt wird, gilt als mediengewandt und wird als integrer Reformer angesehen. Respekt erwarb er sich wegen der Umsicht, mit der er auf die Terroranschläge in Bali im Oktober 2002 reagierte, und wegen seines geschickten Krisenmanagements nach der verheerenden Tsunami-Katastrophe vom Dezember 2004, die er in der Konfliktprovinz Aceh darüber hinaus zum friedlichen Ausgleich mit den Separatisten nutzen konnte.

Zelaya Rosales, José Manuel (Honduras), *Catacamas 20. 9. 1952; seit 2006 Staats- und Regierungschef

Nach seiner Ausbildung zum Bauingenieur an der Universität von Honduras (ohne Abschluss) war Zelaya Rosales als Unternehmer im land- und forstwirtschaftlichen Bereich tätig. Seit 1970 ist er Mitglied der Liberalen Partei (PL). 1986–98 war er Abgeordneter im Parlament, 1994 wurde er Direktor für den honduranischen Sozialinvestitionsfonds (im Ministerrang). 1998 trat er unter dem liberalen Präsidenten Carlos Roberto Flores Facussé ins Kabinett ein und betreute nach der Hurrikankatastrophe den Wiederaufbau. Ein Jahr später legte er seine Posten nieder, um sich erfolglos um die parteiinterne Kandidatur für die Präsidentschaftsnominierung zu bemühen. Im Februar 2005 wurde er dann von der PL als Präsidentschaftskandidat bestimmt. Die Wahlen am 27. 11. gewann Zelaya Rosales mit knappem Vorsprung vor dem Kandidaten des Partido Nacional, Porfirio Lobo Sosa. Auch bei den zeitgleich stattfindenden Parlamentswahlen siegte der PL. Am 27. 1. 2006 wurde Zelayas als siebter Präsident seit der Wiederherstellung der zivilen Herrschaft 1981 vereidigt.

Zenawi, Meles (Äthiopien), *Adua 9. 5. 1955; 1991–95 Staatspräsident, seit 1995 Ministerpräsident

Der Sohn einer christlichen Kleinhändlerfamilie begann in Addis Abeba ein Medizinstudium, schloss sich 1974 aber der tigrayischen Befreiungsfront an, die in Opposition zum Mengistu-Regime stand und sich in den späten 1980er Jahren zusammen mit anderen Rebellengruppen zur Ethiopian People's Revolutionary Democratic Front (EPRDF) zusammenschloss. Als deren Generalsekretär wurde er nach dem Sturz von Mengistu im Mai 1991 Chef einer Interimsregierung und vom neu gebildeten Nationalrat am 22. 7. zum Staatsoberhaupt gewählt. Er versprach einen demokratischen Wandel, gravierende Menschenrechtsverletzungen blieben aber an der Tagesordnung. Bei den von den wichtigsten Oppositionsparteien boykottierten Parlamentswahlen 1995 errang die EPRDF einen hohen Sieg. Meles Zenawi wurde am 24. 8. vom Parlament in das mit weitreichenden Exekutivbefugnissen ausgestattete Amt des Ministerpräsidenten berufen (2000 und 2005 bestätigt). Unter seiner Regierung verschlechterten sich die Beziehungen zum Nachbarstaat Eritrea, dessen Unabhängigkeit er 1993 anerkannt hatte; kriegerische Auseinandersetzungen flammten 2000/2001 wieder auf, die in den nächsten Jahren nicht unter Kontrolle gebracht wurden.

Zypries, Brigitte (Deutschland), *Kassel 16. 11. 1953; seit 2002 Bundesjustizministerin

Foto: SPD-Parteivorstand

Nach dem Jurastudium in Gießen arbeitete Zypries zunächst als wissenschaftliche Mitarbeiterin an der Universität Gießen; es folgten Stationen in der Hessischen Staatskanzlei, am Bundesverfassungsgericht und in der Niedersächsischen Staatskanzlei, wo sie bis zur Staatssekretärin aufstieg. Nach der Wahl Gerhard Schröders zum Bundeskanzler 1998 ging sie mit diesem nach Bonn und wurde Staatssekretärin im Bundesinnenministerium. Dort kümmerte sie sich vor allem um die Modernisierung der Verwaltung, koordinierte 2002 die Hilfe für die von der Flutkatastrophe betroffenen Regionen. Nach seiner Wiederwahl 2002 ernannte Schröder die eher als Managerin denn als Politikerin (Die ZEIT) geltende Zypries zur Justizministerin. Als solche initiierte sie bislang u. a. eine vorsichtige Modernisierung der Justiz und novellierte das Urheber- und das Sexualstrafrecht. Im Mai 2005 billigte das Kabinett ihren Gesetzentwurf, der die Offenlegung aller Vorstandsgehälter in börsennotierten Unternehmen vorschreibt. Auch nach den vorgezogenen Bundestagswahlen im September 2005 behielt Zypries im Kabinett der großen Koalition unter Bundeskanzlerin Angela Merkel ihr Amt.

Aretin, Annette von (85), dt. Fernsehmoderatorin und Journalistin. Ihre Rundfunk-Karriere begann die gelernte Fotografin 1947 als freie Mitarbeiterin bei Radio München, dem späteren Bayerischen Rundfunk (BR); dort sprach sie zunächst in der beliebten Radiosendung »Fleckerl-Teppich« das »Ännchen von Kalau« und wurde später die erste Fernsehansagerin des BR. Darüber hinaus war sie bis zu ihrer Pensionierung 1980 Chefin des Besetzungsbüros. Einem Millionenpublikum wurde sie als »Ratedame« in Robert Lembkes legendärer Quizsendung »Was bin ich?« bekannt, in der sie 34 Jahre lang in insgesamt 337 Folgen ihre berühmte Frage »Gehe ich recht in der Annahme, dass ...?« stellte. 2. 3. 2006 München

Ba Jin [Li Yaotang] (101), chines. Schriftsteller, gehörte zu den wichtigsten Autoren Chinas. Sohn einer wohlhabenden Familie, ging er nach einem Englisch-, Französisch- u. Japanisch-Studium 1926 für zwei Jahre nach Paris, wo er seinen ersten Roman »Verfall« schrieb. Nach der Gründung der Volksrepublik 1949 gehörte er dem Nationalen Volkskongress an; während der Kulturrevolution wurde er als Konterrevolutionär verfolgt und erst 1977 rehabilitiert. Zu den bekanntesten Werken Ba Jins, der auch eine ganze Reihe ausländischer Werke ins Chinesische übersetzt hat, gehört die Romantrilogie »Die Familie«, »Frühjahr« und »Herbst«. 17. 10. 2005 Shanghai

Benchley, Peter (65), US-Journalist und Schriftsteller. Sein 1974 erschienener Bestseller »Der weiße Hai« wurde weltweit mehr als 20 Mio. Mal verkauft; mit der gleichnamigen Verfilmung gelang Steven Spielberg ein Jahr später der Durchbruch als Regisseur. Später distanzierte sich Benchley von seinem Buch über die »Meeres-Bestie« und setzte sich in Artikeln, Reden und Fernsehdokumentationen immer wieder für den Schutz von Haien ein. Benchley, selbst leidenschaftlicher Taucher, schrieb noch zahlreiche weitere Romane über das Meer und seine Bewohner, darunter das 1977 ebenfalls sehr erfolgreich verfilmte Buch »Die Tiefe«. 11. 2. 2006 Princeton (New Jersey)

Besson, Benno (83), Schweizer Theaterregisseur und Brecht-Schüler, Vater von Pierre Besson und Katharina Thalbach, begann 1952 mit eigenen Regiearbeiten am Berliner Ensemble im Theater am Schiffbauerdamm, wo er u. a. erfolgreich »Don Juan« und »Der gute Mensch von Sezuan« inszenierte. Wechselte 1968 ans Deutsche Theater, wo er mit Peter Hacks' »Frieden« und »Der Drache« von Jewgeni Schwarz Theatergeschichte schrieb. Ab 1969 war er acht Jahre lang künstlerischer Leiter und später Intendant der Ostberliner Volksbühne. 1982–89 leitete er die Genfer »Comédie«, seitdem arbeitete er als freier Regisseur an verschiedenen europäischen Bühnen. 23. 2. 2006 Berlin

Best, George (59), nordir. Fußballspieler, debütierte bereits mit 17 Jahren bei Manchester United, der Mannschaft, mit der er 1965 und 1967 englischer Meister wurde und 1968 den Europacup gewann. Im selben Jahr wurde er europäischer Fußballer des Jahres. Wegen seiner Alkoholexzesse und zahlreichen Affären geriet er immer wieder in die Schlagzeilen der Boulevard-Presse, auch noch nach dem Ende seiner Fußball-Karriere, u. a. als er 1984 wegen Trunkenheit am Steuer zu einer Gefängnisstrafe verurteilt wurde. 25. 11. 2005 London

Boenisch, Peter (78), dt. Journalist, langjähriger Chefredakteur der »Bild-Zeitung« und Regierungssprecher unter Bundeskanzler Helmut Kohl. Boenisch, einer der bekanntesten deutschen Journalisten, begann seine Karriere als Lokal- und Sportreporter und gehörte 1956 zu den Mitbegründern des Teenager-Magazins »Bravo«. 1961 übernahm er die Chefredaktion der »Bild-Zeitung«, später zusätzlich die der »Bild am Sonntag«, 1978–81 war er Chefredakteur der »Welt«. 1983 ernannte ihn Helmut Kohl zum Staatssekretär und Leiter des Bundespresse- und Informationsamts. Ein Vermittlungsverfahren wegen Steuerhinterziehung zwang ihn zwei Jahre später zum Rücktritt, danach arbeitete er als freier Publizist. 8. 7. 2005 Gmund am Tegernsee

Burda, Aenne (96), dt. Verlegerin. 1949 übernahm sie einen kleinen, heruntergewirtschafteten Verlag in Lahr, den sie zum weltgrößten Modefachverlag ausbaute. Ihre Zeitschrift »Burda Moden« startete 1950 mit 48 Mitarbeitern und einer Auflage von 100 000 Exemplaren. Zwei Jahre später begann die Produktion von Schnittmustern, die der Zeitschrift fortan beilagen. 1965 überschritt die Auflage die Millionengrenze. Als eines der ersten deutschen Unternehmen expandierte der Modeverlag Aenne Burda ins Ausland; heute erscheint das »Burda Modemagazin« in 16 Sprachen und 89 Ländern. 3. 11. 2005 Offenburg

Clarin, Hans (75), dt. Schauspieler. Nach der Schauspielschule debütierte er 1950 an den Kammerspielen in München und war dann bis 1967 am Bayerischen Staatschauspiel engagiert. Clarin, der in über 100 Filmen und Fernsehproduktionen mitwirkte, arbeitete daneben auch als Synchronsprecher; u. a. war er die Stimme von Hui Buh, dem Schlossgespenst und von Kriminalassistent Cookie in der US-Serie »77 Sunset Strip«. Populär wurde er mit der Zeichentrickfigur »Pumuckl«, dem vorwitzigen rothaarigen Kobold, den er über 40 Jahre lang auf unzähligen Platten und in Kino- und Fernsehfilmen sprach. 28. 8. 2005 Aschau i. Chiemgau

Constant [Anton Nieuwenhuys] (85), niederl. Maler und Bildhauer; Kunststudium in Amsterdam, 1948 Mitbegründer der Künstlergruppe CoBrA, die die Verwirklichung einer neuen, experimentellen und spontanen Kunst forderte. In den 1950er Jahren beschäftigte sich Constant zunehmend mit sozialen und gesellschaftlichen Fragen, die er in Raum- und Architekturutopien umsetzte. Mit »New Babylon« entwarf er eine Stadt für den modernen Menschen in einer vollautomatisierten Welt; 1956–74 arbeitete er dazu unzählige Modelle, Zeichnungen, Collagen, Stadtpläne, Gemälde und theoretische Schriften aus. Constants »New Babylon«-Visionen waren zuletzt 2002 auf Okwui Enwezors documenta 11 in Kassel zu sehen. 1. 8. 2005 Utrecht

Domin, Hilde (96), dt. Schriftstellerin, gehörte zu den bedeutendsten deutschen Lyrikerinnen der Nachkriegszeit. Als Tochter eines jüdischen Rechtsanwalts emigrierte sie vor der Machtergreifung der Nationalsozialisten zusammen mit ihrem späteren Ehemann Erwin Walter Palm nach Italien, wo sie 1935 über die Staatsgeschichte der Renaissance promovierte. 1939 flohen beide zunächst nach England, lebten dann in der Dominikanischen Republik und kehrten 1954 nach Deutschland zurück. In Anlehnung an die Hauptstadt der Karibikinsel nannte sie sich nun Domin. 1959 erschien ihr erster Gedichtband »Nur eine Rose als Stütze«. Für ihr Werk, das neben Lyrik auch Essays, Erzählungen und literaturwissenschaftliche Abhandlungen umfasst, erhielt sie zahlreiche Auszeichnungen. 22. 2. 2006 Heidelberg

Dor, Milo (82), österr.-serb. Schriftsteller, Mitglied der Gruppe 47 und Ehrenpräsident des österreichischen PEN-Clubs. Sohn einer serbischen Familie aus dem Banat, in Budapest geboren und in Belgrad aufgewachsen. Als Mitglied des kommunistischen Widerstands wurde er 1942 verhaftet und nach Wien deportiert. Nach Kriegsende blieb er in Wien, studierte Romanistik und Theaterwissenschaften, arbeitete als Journalist. Bekannt wurde er mit seinem autobiographischen Roman »Tote auf Urlaub«, dem ersten Teil der historischen Trilogie »Die Raikow Saga«. Gemeinsam mit Reinhard Federmann verfasste er eine Reihe von Kriminalromanen, Hörspielen und Fernsehdrehbüchern. Dor wurde mehrfach ausgezeichnet, u. a. mit dem Österreichischen Staatspreis für Literatur. 5. 12. 2005 Wien

Duisenberg, Wim [Willem Frederik] (70), niederl. Wirtschaftswissenschaftler, ehemaliger Finanzminister und erster Präsident der Europäischen Zentralbank (EZB). Nach dem Studium der Wirtschaftswissenschaften promovierte er 1965, Anfang der 1970er Jahre wurde er Finanzminister der damaligen niederländischen Linksregierung, ab 1982 war er Präsident der niederländischen Zentralbank. Als Chef der EZB, an deren Spitze er 1999–2003 stand, leitete er die Einführung der europäischen Gemeinschaftswährung. »Mr. Euro«, wie er seitdem tituliert wurde, widersetzte sich erfolgreich allen Versuchen der politischen Einflussnahme auf die Geld- und Zinspolitik der Zentralbank – sein Name stand für die Unabhängigkeit der neuen Währung. 31. 7. 2005 Faucon (Frankreich)

Fahd (84), König von Saudi-Arabien, einer der Söhne Ibn Sauds, Gründer des modernen Saudi-Arabiens. Wurde nach dem Tod König Khaleds 1982 dessen Nachfolger. König Fahd, der auch das Amt des Ministerpräsidenten übernahm, machte das arabische Land, das über die weltweit größten Ölreserven verfügt, in seiner Amtszeit zu einem engen Verbündeten der USA. 1995 erlitt er einen Schlaganfall; seitdem führte sein Halbbruder, Kronprinz Abdullah, die Regierungsgeschäfte. 1. 8. 2005 Riad

Felgen, Camillo [Jean Nicolas] (84), luxemb. Moderator und Sänger. Als langjähriger Chefsprecher von Radio Luxemburg einer der bekanntesten Moderatoren des Privatsenders. Einem breiten Fernsehpublikum wurde er durch seine Sendung »Spiel ohne Grenzen« bekannt, 1965–73 moderierte er das Städte-Duell insgesamt 125 Mal. Erfolgreich war der ausgebildete Bariton auch als Komponist und Texter; Felgen komponierte rd. 3000 Lieder und schrieb u. a. die Texte der beiden Songs, die die Beatles auf Deutsch aufnahmen: »Komm, gib mir deine Hand« (»I want to hold your hand«) und »Sie liebt dich« (»She loves you«). 16. 7. 2005 Esch-sur-Alzette (Luxemburg)

Ferrer, Ibrahim (78), kuban. Sänger und Meister des Son. Mit zwölf Jahren Vollwaise schlug er sich mit Gelegenheitsjobs durch, war Zeitungsverkäufer und Schuhputzer und sang mit einem Cousin auf Partys und Familienfeiern. Mit dem damals populären Orquesta Chepín-Chovén landete er 1955 einen ersten Hit. Weltstar wurde er erst im Alter von 72 Jahren, als Ry Cooder mit Ferrer und den kubanischen Musiker-Legenden Compay Segundo und Rubén Gonzáles das Album »Buena Vista Social Club« aufnahm. 6. 8. 2005 Havanna

Freed, James Ingo (75), US-Architekt deutscher Herkunft. Der Sohn einer jüdischen Familie aus Essen floh als Neunjähriger nach Chicago, wo er bei Verwandten aufwuchs. Anfang der 1950er Jahre studierte er Architektur bei Ludwig Mies van der Rohe, arbeitete später mit dem amerikanischen Stararchitekten Ieoh Ming Pei zusammen. Sein bekanntestes Bauwerk ist das 1993 eröffnete Holocaust-Museum in Washington, dessen ungewöhnliches Design von Kritikern hochgelobt wurde. 15. 12. 2005 New York

Friedan, Betty (85), US-Sozialwissenschaftlerin und Autorin des Weltbestsellers »Der Weiblichkeitswahn«, der ihren Ruf als »Urmutter der Frauenbewegung« begründete. Die 1963 erschienene Studie, in der sie die Lebenssituation amerikanischer Frauen und deren alltägliche Isolierung in ihren gepflegten Vorort-Häuschen beschreibt, ist eine Abrechnung mit der herkömmlichen Rollenverteilung zwischen Mann und Frau. 1966 war sie Mitbegründerin der »National Organization for Women« (NOW) und erste Präsidentin der bis heute einflussreichen Frauenrechtsorganisation. 1995 erschien ihr letztes Buch »Mythos Alter«, das sich mit der sozialen Ausgrenzung alter Menschen und neuen Formen der Selbstverwirklichung befasst. 4. 4. 2006 Washington/D.C.

Gernhardt, Robert (68), dt. Schriftsteller, Karikaturist und Mitbegründer der »Neuen Frankfurter Schule«, gehörte zu den bedeutendsten Lyrikern Deutschlands. Im estnischen Reval (heute Tallinn) geboren und nach dem Krieg in Göttingen aufgewachsen, studierte er Malerei und Germanistik in Stuttgart und Berlin. 1964 trat er in die Frankfurter Redaktion der Satirezeitschrift »pardon« ein, ab 1966 arbeitete er als freier Maler, Zeichner und Schriftsteller. 1979 gehörte er zu den Begründern des Satiremagazins »Titanic«. Neben zahlreichen Gedichtbänden verfasste Gernhardt auch einen Roman, ein Schauspiel und etliche Sammelbände mit Erzählungen, Satiren und Essays. Darüber hinaus schrieb er Kinderbücher und arbeitete an den Drehbüchern von »Otto«-Filmen mit. Für sein umfangreiches Œuvre wurde er mehrfach ausgezeichnet, u. a. im Jahr 2004 mit dem Heinrich-Heine-Preis der Stadt Düsseldorf. 30. 6. 2006 Frankfurt am Main

Glotz, Peter (66), dt. Kommunikationswissenschaftler und Publizist, ehemaliger Bundesgeschäftsführer der SPD, Studium der Zeitungswissenschaften, Philosophie, Germanistik und Soziologie. 1970 in den Bayerischen Landtag gewählt, ab 1972 Mitglied des Bundestages. 1977 wurde er Senator für Bildung und Wissenschaft in Berlin, 1981–87 war er dann Bundesgeschäftsführer der SPD. 1996 verabschiedete er sich aus der aktiven Politik und wurde Gründungsrektor der Erfurter Universität. 1999 wechselte er an die Universität von St. Gallen und leitete dort das Institut für Medien und Kommunikationsmanagement. Peter Glotz veröffentlichte eine Reihe von Büchern, darunter »Die Innenausstattung der Macht« (1987). 2005 erschien seine Autobiographie »Von Heimat zu Heimat«. 25. 8. 2005 Zürich

Harrer, Heinrich (93), österr. Bergsteiger, Forscher und Schriftsteller, war 1938 einer der vier Erstbesteiger der Eiger-Nordwand, wurde ein Jahr später in die deutsche Himalaya-Expedition zum Nanga Parbat berufen. Bei Kriegsausbruch in Indien interniert, gelang ihm fünf Jahre später die Flucht nach Tibet, wo er Berater und Lehrer des damals elfjährigen Dalai Lama wurde. Nach seiner Rückkehr aus Tibet unternahm er Dutzende von Expeditionen, die er in mehr als 20 Büchern beschrieb. Sein bekanntestes Buch »Sieben Jahre in Tibet« wurde 1997 mit Brad Pitt verfilmt. Umstritten blieb seine Vergangenheit während der Nazi-Zeit; er war Mitglied der NSDAP und der SS, was er später als Fehler und ideologischen Irrtum bezeichnete. 7. 1. 2006 Friesach (Kärnten)

Hüsch, Hanns Dieter (80), dt. Kabarettist, galt als einer der wichtigsten und produktivsten Vertreter des literarischen Kabaretts, mit über 70 Solo-Programmen stand er mehr als 50 Jahre auf der Bühne. Daneben schrieb er zahlreiche Bücher und Hörspiele. In den 1970er Jahren synchronisierte er über 400 Filme für die ZDF-Reihen »Väter der Klamotte« und »Dick und Doof«. Ende 2000 beendete der vielfach Ausgezeichnete (u. a. zweimal mit dem Deutschen Kleinkunstpreis) seine Karriere; nach einem Schlaganfall im Jahr 2001 zog er sich ganz aus der Öffentlichkeit zurück. 6. 12. 2005 Windeck-Werfen

Kaltenbach, Marianne (84), Schweizer Gastronomin und Kochbuchautorin; die ausgebildete Werbeassistentin und PR-Beraterin war in der Küche Autodidaktin. Seit 1965 verfasste sie rd. 50 Kochbücher, vor allem über die schweizerische und italienische Küche, ihr erfolgreichstes war das 1977 erstmals erschienene »Ächti Schwizer Chuchi« (später: »Aus Schweizer Küchen«). 1980–90 führte sie ein eigenes Restaurant in Luzern. 15. 10. 2005 Luzern

Karprow, Allan (78), US-Künstler und Erfinder des Happenings, studierte zunächst Architektur, wandte sich später der Malerei zu, um dann zwei Jahre bei John Cage zu studieren. 1959 veranstaltete er in der New Yorker Reuben Gallery sein erstes Happening (»18 happenings in six parts«), bei dem Jasper Johns und Robert Rauschenberg eine Leinwand von zwei Seiten bemalten und die Besucher zum ersten Mal in das Kunst-Geschehen einbezogen wurden. Kaprow, der am Visual Art Department der Universität in San Diego lehrte, nahm zweimal an der Kasseler documenta teil. In Zusammenarbeit mit dem Van Abbe-Museum in Eindhoven zeigt das Münchner Haus der Kunst ab Oktober 2006 eine große Kaprow-Retrospektive, an deren Vorbereitung Kaprow noch entscheidend beteiligt war. 5. 4. 2006 Encinitas (Kalifornien)

Korfmann, Manfred (63), dt. Archäologe und langjähriger Troja-Forscher, seit 1982 Professor des Instituts für Ur- und Frühgeschichte an der Universität Tübingen. Seit ihm die türkische Regierung 1988 eine persönliche Grabungslizenz erteilt hatte, durchsuchte er über 15 Jahre lang mit 370 Wissenschaftlern 13 240 m^2 Boden der sagenumwobenen Stadt Troja. 2001 war er wissenschaftlicher Leiter der Ausstellung »Troja – Traum und Wirklichkeit«, die Mythos und Wirklichkeit Trojas umfassend darstellte. Kurz nach Eröffnung der Ausstellung entbrannte ein Expertenstreit zwischen Korfmann und dem Tübinger Althistoriker Frank Kolb, in dem es vorrangig um die Größe und Bedeutung des historischen Troja ging. 11. 8. 2005 Ofterdingen

Koselleck, Reinhart (82), dt. Historiker, international anerkannter Geschichtswissenschaftler und Mitherausgeber des Lexikons »Geschichtliche Grundbegriffe«. Studium der Geschichte, Philosophie, Staatsrecht und Soziologie in Bristol und Heidelberg, wo er 1954 promovierte. Seine Dissertation »Kritik und Krise« ist inzwischen in neun Auflagen erschienen und wurde in fünf Sprachen übersetzt, seine 1967 veröffentlichte Habilitationsschrift »Preußen zwischen Reform und Revolution« gilt bis heute als Standardwerk. Nach Professuren in Bochum und Heidelberg übernahm Koselleck, einer der Gründerväter der Bielefelder Universität, 1974 den Lehrstuhl für Theorie und Geschichte in Bielefeld; er lehrte dort bis zu seiner Emeritierung 1988. 3. 2. 2006 Bielefeld

Kuby, Erich (95), dt. Publizist, galt über Jahrzehnte als einer der profiliertesten linken Journalisten Deutschlands. Er schrieb u. a. für die Berliner Wochenzeitung »Freitag«, die »Süddeutsche Zeitung« und den »Spiegel«. Zu seinen größten Bucherfolgen zählen »Das ist des Deutschen Vaterland – 70 Millionen in zwei Wartesälen« und »Rosemarie, des deutschen Wunders liebstes Kind«. Der Weltbestseller über das Leben der ermordeten Frankfurter Prostituierten Rosemarie Nitribitt wurde in 17 Sprachen übersetzt und 1958 unter dem Titel »Das Mädchen Rosemarie« von Rolf Thiele verfilmt. 10. 9. 2005 Venedig

Lem, Stanislaw (85), poln. Schriftsteller und Philosoph. Weltruhm erlangte er als Meister der Science-Fiction-Literatur. Zu seinen Hauptwerken zählen »Solaris« (zweimal verfilmt), »Fiasko« und seine satirischen »Sterntagebücher«. Seine Bücher, die zu den literarisch anspruchsvollsten Klassikern des Genres gehören, wurden in 41 Sprachen übersetzt und erreichten eine Auflage von mehr als 27 Mio. Exemplaren. Lem faszinierte seine Leser mit vorausschauenden Zukunftsvisionen wie der Biotechnologie und des Internets. Neben seinen Science-Fiction-Romanen verfasste er literaturtheoretische Abhandlungen, zwei Kriminalromane und zahlreiche Essay-Sammlungen. 27. 3. 2006 Krakau

Ligeti, György (83), österr.-ungar. Komponist und einer der wichtigsten Vertreter experimenteller Musik. Studierte Musik und Komposition in Budapest; nach dem Ungarn-Aufstand 1956 floh er nach Wien. 1957 bis 1969 war er freier Mitarbeiter im legendären Studio für elektronische Musik des WDR in Köln und arbeitete mit Avantgarde-Komponisten wie Pierre Boulez und Karlheinz Stockhausen zusammen. Der internationale Durchbruch gelang ihm 1961 mit dem Orchesterstück »Atmosphères«. Zu seinen wichtigsten Werken gehören »Lux Aeterna« und »Le Grand Macabre«. Einige seiner Kompositionen wurden als Soundtrack zu Stanley Kubricks »2001 – Odyssee im Weltraum« bekannt. Ligeti war Träger verschiedener internationaler Musikauszeichnungen, darunter des Praemium Imperiale und des Ernst-von-Siemens-Musikpreises. 12. 6. 2006 Wien

Mangelsdorff, Albert (76), dt. Jazzmusiker; der Posaunenvirtuose galt als einer der Erneuerer des deutschen Jazz. Mangelsdorff, der in seiner Jugend auch Geige und Gitarre spielte, begann als Musiker in einer Big Band und wurde später Leiter des Jazz-Ensembles des Hessischen Rundfunks. 1961 gründete er das Albert-Mangelsdorff-Quintett, von 1975 bis zu dessen Auflösung im Jahr 2002 war er festes Mitglied von Wolfgang Dauners United Jazz & Rock Ensemble. Weltberühmt wurde er mit seinem mehrstimmigen (»multiphonen«) Spiel auf der Posaune: man spielt einen Ton und singt gleichzeitig ins Instrument, wodurch sich hörbare Obertöne und damit auch Akkorde bilden. 25. 7. 2005 Frankfurt am Main

Milošević, Slobodan (64), serb. Politiker, ehemaliger Präsident Serbiens und Jugoslawiens. Nach einem Abschluss an der juristischen Fakultät in Belgrad war er zunächst in der Wirtschaft tätig, wurde 1986 Chef der Serbischen Kommunistischen Partei und drei Jahre später Präsident Serbiens. In den folgenden 13 Jahren regierte der oft als »skrupelloser Machtmensch« Bezeichnete uneingeschränkt über das Land, ging mit äußerster Härte gegen seine Gegner vor. Im April 2001 wurde er verhaftet und zwei Monate später an das

Den Haager UN-Tribunal ausgeliefert. Milošević, der als Hauptschuldiger für die vier Balkankriege der 1990er Jahre gilt, wurden Völkermord und Verbrechen gegen die Menschlichkeit vorgeworfen. 11. 3. 2006 Scheveningen

Moog, Robert (70), US-Ingenieur, Erfinder des nach ihm benannten Synthesizers. Der Durchbruch kam 1968 mit Wendy Carlos' »Switched on Bach«, der elektronischen Version von Bach-Stücken. Noch erfolgreicher war der 1971 herausgekommene Minimoog, ein handliches Bühneninstrument, das den Sound der 1970er Jahre revolutionierte und von vielen Bands und Musikern eingesetzt wurde, von den Beatles und Rolling Stones bis Pink Floyd, Herbie Hancock und Chick Corea. 21. 8. 2005 Asheville (North Carolina)

Nenning, Günther (84), österr. Journalist und Schriftsteller, studierte Sprach- und Religionswissenschaften, später noch Politikwissenschaften, erwarb zwei Doktortitel. Nenning, der auch als Autor für den »Spiegel« und »Die Zeit« schrieb, begann seine journalistische Laufbahn 1948 als Redakteur der sozialdemokratischen »Neuen Zeitung« in Wien, wechselte dann zum Kulturmagazin »Forum«. Dem Fernsehzuschauer wurde er durch die ORF-Sendung »Club 2« und die ARD-Talkshow »III nach Neun« bekannt. Der immer wieder als politischer Querdenker bezeichnete Nenning galt in Österreich als Galionsfigur der Grünen. Zuletzt sorgte er mit seinem »Austrokoffer« für Diskussionen: das Literaturprojekt sollte die österreichische Literatur nach 1945 in 18 Bänden zusammenfassen, scheiterte aber am Widerstand einiger Autoren. 15. 5. 2005 Tirol

Nilsson, Birgit (87), schwed. Opernsängerin, galt als führende Wagner-Sopranistin, zu ihren Glanzrollen zählten die Brünhilde und die Isolde. Ihre internationale Karriere begann 1954 mit einem Auftritt bei den Bayreuther Festspielen. Sie arbeitete mit den führenden Dirigenten ihrer Zeit von Karl Böhm bis Herbert von Karajan und feierte Triumphe an allen wichtigen Opernhäusern der Welt. Mitte der 1980er Jahre zog sie sich von der Bühne zurück. Für ihre international erfolgreiche Autobiografie (»Ein Leben für die Oper«) erhielt sie 1997 den Schwedischen Humorpreis. 25. 12. 2005 Schonen (Schweden)

Obote, Milton (80), ugand. Politiker, 1966–71 und 1980–85 Staatspräsident Ugandas. Der Sohn eines Longo-Häuptlings war zunächst Premierminister des unabhängig gewordenen Uganda. Als entschiedener Vertreter eines sozialistischen Zentralismus stürzte er 1966 König Mutesa II. und übernahm das Amt des Staatspräsidenten. 1971 wurde er von Idi Amin gestürzt. 1979 gehörte Obote zu den Initiatoren der tansanischen Intervention in Uganda, wurde 1980 noch einmal Staatspräsident und etablierte ein diktatorisches Regime. 1985 erneut durch einen Militärputsch gestürzt, ging er ins Exil nach Sambia. 10. 10. 2005 Johannesburg

Paik, Nam June (73), korean.-amerikan. Künstler, »Vater der Video-Kunst« und Professor an der Kunstakademie Düsseldorf. Nach einem Studium der Musik- und Kunstgeschichte in Japan ging er 1956 nach Deutschland und studierte an der Freiburger Musikhochschule Komposition. Ende der 1950er Jahre entwickelte er das Konzept der so genannten Aktionsmusik, bei der zufällige Geräusche mit klassischen Akkorden gemischt werden. Ab den 1960er Jahren begann er mit dem Medium Fernsehen zu arbeiten, 1970 entstand der erste Video-Synthesizer, mit dem Fernseh- und Video-Bilder verfremdet werden konnten. International bekannt wurde er mit seinen Multi-Monitor-Installationen: bei den Olympischen Spielen 1988 in Seoul errichtete er einen Medienturm (»The more the better«) aus über 1000 Monitoren. 29. 1. 2006 Miami (Florida)

Parks, Rosa (92), US-Bürgerrechtlerin, berühmt wurde sie durch die Weigerung, ihren Platz im Bus für einen Weißen zu räumen. Weil sie damit gegen die damals gültigen Rassentrennungsgesetze verstoßen hatte, wurde sie verhaftet und zu einer Geldstrafe verurteilt. Ihre Festnahme löste einen 13 Monate dauernden Boykott des öffentlichen Bussystems aus; an der Spitze der Protestbewegung stand der 26jährige Pastor Martin Luther King. Ein Jahr später erklärte der Oberste US-Gerichtshof die Rassentrennung in öffentlichen Einrichtungen der Vereinigten Staaten für verfassungswidrig. 24. 10. 2005 Detroit (Michigan)

Pickett, Wilson (64), US-Sänger und Soul-Legende. Nachdem er als Leadsänger der »Falcons« 1962 mit »I Found a Love« einen ersten Hit landete, startete er seine Solokarriere. Der Durchbruch gelang ihm 1965 mit »In the Midnight Hour«. Bis 1970 konnte er insgesamt 28 Singles in den Hot 100 platzieren, darunter »Land of 1000 Dances« und »Mustang Sally«. Pickett, der zuletzt wegen Alkohol- und Drogenmissbrauchs mehrfach mit dem Gesetz in Konflikt geriet, wurde 1991 in die Rock and Roll Hall of Fame aufgenommen. 19. 1. 2006 Washington / D.C.

Profumo, John (91), brit. Politiker, ehemaliger Kriegsminister Großbritanniens, musste 1963 wegen eines Sexskandals zurücktreten. Profumo, damals einer der ranghöchsten britischen Geheimnisträger, hatte eine außereheliche Affäre mit dem 19jährigen Call-Girl Christine Keeler, die gleichzeitig eine Beziehung zu dem unter Spionageverdacht stehenden sowjetischen Marineattaché Jewgeni Iwanow unterhielt. Als bekannt wurde, dass Profumo einen parlamentarischen Untersuchungsausschuss bezüglich seiner Affäre mit Miss Keeler belogen hatte, trat er von seinem Amt zurück. Profumo, dessen vielversprechende Karriere durch den Skandal ein jähes Ende fand, zog sich aus der Öffentlichkeit zurück und engagierte sich fortan im sozialen Bereich. 10. 3. 2006 London

Rau, Johannes (75), dt. Politiker, ehemaliger Bundespräsident und langjähriger Ministerpräsident Nordrhein-Westfalens. Der gelernte Verlagsbuchhändler hatte sich bereits früh in der Gesamtdeutschen Volkspartei politisch engagiert. Nach deren Selbstauflösung seit 1958 Mitglied der SPD, 1969/1970 Oberbürgermeister von Wuppertal und 1970–78 Minister für Forschung und Wissenschaft in NRW, 1978–98 Ministerpräsident. 1999 wurde er als Nachfolger Roman Herzogs zum Bundespräsidenten gewählt. In dieser Funktion setzte er sich nachdrücklich für das Zusammenleben von Deutschen und Ausländern ein und bezog klare politische Positionen, u. a. im Streit um das Zuwanderungsgesetz und in der Globalisierungsdebatte. Mit seiner vielbeachteten Rede vor der Knesset im Februar 2000 erwarb er sich auch international ein sehr großes Ansehen. 27. 1. 2006 Berlin

Reinhardt, Franz »Schnuckenack« (85), dt. Geiger und Komponist, Großneffe des legendären Django Reinhardt, studierte am Mainzer Konservatorium Musik. Als Angehöriger der Sinti mit seiner Familie nach Polen deportiert, gelang ihm 1940 die Flucht aus dem KZ; nach Kriegsende kehrte er nach Deutschland zurück. Mit seinem 1967 gegründeten Schnuckenack-Reinhardt-Quintett, das Vorbild für zahlreiche andere Ensembles des Gypsy-Jazz wurde, verband er Jazz, Swing und Valse Musette mit Csárdás und osteuropäischer Roma-Folklore zu einer eigenständigen Stilrichtung. 15. 4. 2006 St. Leon-Rot

Rugova, Ibrahim (61), kosovarischer Literaturwissenschaftler und Präsident der seit 1999 unter der Übergangsverwaltung der Vereinten Nationen stehenden Provinz Kosovo. Rugova, der Anfang der 1990er Jahre den gewaltlosen Widerstand gegen die Politik des damaligen jugoslawischen Präsidenten Milošević angeführt hatte, galt unter den Kosovo-Albanern als Symbolfigur der nach staatlicher Unabhängigkeit strebenden Provinz. Nachdem Milošević 1989 die Autonomie des Kosovos aufgehoben hatte, war unter Rugovas Führung eine Parallelverwaltung mit einem eigenen Schul- u. Gesundheitssystem entstanden. Der »Gandhi des Balkan«, der eigentlich die albanische Delegation bei den Verhandlungen über den künftigen Status des bis heute völkerrechtlich zu Serbien gehörenden Kosovo anführen sollte, starb kurz vor Beginn des in Wien geplanten Treffens. 21. 1. 2006 Priština

Schönhuber, Franz (82), dt. Journalist und Politiker, Gründer der rechtsextremen Partei »Die Republikaner«. Schönhuber war Chefredakteur des Münchner Boulevard-Blatts »tz«, bevor er Hauptabteilungsleiter beim Bayerischen Rundfunk wurde. Dort wurde er nach der Veröffentlichung seines Buches »Ich war dabei«, in dem er seine Vergangenheit in der Waffen-SS verteidigte, 1982 fristlos entlassen. Gemeinsam mit Franz Handlos und Ekkehard Voigt gründete er 1983 die »Republikaner«, deren Vorsitzender er bis 1994 blieb. Nach internen Streitigkeiten um seinen Führungsstil verließ er ein Jahr später die »Republikaner«. Als Parteiloser kandidierte er 1998 für Gerhard Freys ultrarechte DVU und 2005 für die NPD – bei der Nachwahl zur Bundestagswahl in Dresden – als Ersatz für die kurz zuvor gestorbene Direktkandidatin der NPD. 27. 11. 2005 München

Schutz, Frère Roger (90), Schweizer Prior und Gründer der ökumenischen Glaubensgemeinschaft von Taizé. Um ein Zeichen gegen die Zerrissenheit des Christentums zu setzen, gründete der evangelische Theologe und ordinierte Pastor 1940 in Taizé, einem Dorf in der Nähe Dijons, die Gemeinschaft; 1949 legten die ersten sieben Brüder die klassischen Ordensgelübde ab. Seit der Begründung der »Pilgerfahrt des Vertrauens« 1982 kommen jedes Jahr zehntausende junge Menschen nach Taizé. Frère Roger, der 1974 mit dem Friedenspreis des Deutschen Buchhandels ausgezeichnet wurde und unter den Führern verschiedener Konfessionen großes Ansehen genoss, wurde während einer Andacht von einer offenbar geistig verwirrten Frau niedergestochen und erlag wenig später seinen Verletzungen. 16. 8. 2005 Taizé

Simon, Claude (91), franz. Schriftsteller und Literaturnobelpreisträger, neben Alain Robbe-Grillet und Nathalie Sarraute einer der führenden Vertreter des »nouveau roman«. In Madagaskar geboren und im südfranzösischen Perpignan aufgewachsen, studierte er in Paris, Oxford und Cambridge. Im Zweiten Weltkrieg geriet er als Soldat in deutsche Gefangenschaft, konnte jedoch fliehen, schloss sich dann der französischen Widerstandsbewegung an. Die Erfahrungen des Zweiten Weltkriegs hat er vielfach in seinen Romanen verarbeitet. Charakteristisch für seinen Erzählstil sind sehr realistische Beschreibungen, oft ohne chronologische Handlung, und lange, aus inneren Monologen bestehende Passagen. Den internationalen Durchbruch schaffte er 1960 mit seinem Roman »Die Straße in Flandern«. Zu seinen rd. 20 Romanen gehören »Der Palast«, »Geschichte« und »Die Akazie«. 6. 7. 2005 Paris

Spiegel, Paul (68), dt. Unternehmer und Präsident des Zentralrats der Juden in Deutschland. Die nationalsozialistische Verfolgungs- und Vernichtungspolitik überlebte er als Kind auf einem belgischen Bauernhof, wo er gemeinsam mit seiner Mutter Unterschlupf gefunden hatte. Nach Kriegsende kehrte er nach Deutschland zurück, arbeitete später als Redakteur bei der »Allgemeinen Jüdischen Wochenzeitung«; 1986 gründete er eine Künstleragentur. Seit 1993 Vizepräsident des Zentralrats, trat er nach dem Tod von Ignatz Bubis 2000 dessen Nachfolge an. Höhepunkte der Amtszeit Spiegels, der als konzilianter Brückenbauer zur nichtjüdischen Mehrheit galt, waren der Abschluss des ersten Staatsvertrages zwischen dem Zentralrat und der Bundesregierung. 30. 4. 2006 Düsseldorf

Stern, Carola [Erika Assmus] (75), dt. Publizistin und Gründungsmitglied der deutschen Sektion von amnesty international. Die auf der Ostseeinsel Usedom geborene Stern war Dozentin an der SED-Parteihochschule, bevor sie 1951 nach West-Berlin flüchtete. Nach einem Studium der Politischen Wissenschaften an der FU Berlin arbeitete sie als Verlagslektorin und war 1970–85 Kommentatorin beim Westdeutschen Rundfunk in Köln. Sie veröffentlichte zahlreiche Biografien, u. a. über Walter Ulbricht, Willy Brandt, Rahel Varnhagen und über Künstlerpaare wie Bertolt Brecht und Helene Weigel, Gustaf Gründgens und Marianne Hoppe. Für Schlagzeilen sorgte ihre zweite, 2000 erschienene und später auch verfilmte Autobiografie »Doppelleben«, in der sie sich offen dazu bekannte, im Auftrag der CIA in die SED eingetreten zu sein und Spionage betrieben zu haben. 19. 1. 2006 Berlin

Struck, Karin (58), dt. Schriftstellerin. Ihre Familie floh 1953 aus der DDR in die Bundesrepublik. Nach dem Abitur studierte sie in Bielefeld Romanistik, Germanistik und Politologie. Ihr 1973 bei Suhrkamp erschienener Debütroman »Klassenliebe«, die Geschichte einer Frau aus proletarischen Verhältnissen, die zwischen ihrem ungeliebten Ehemann und ihrem intellektuellen Geliebten steht, machte sie über Nacht berühmt. Auf ihren nächsten Roman »Die Mutter«, in dem sie das Mutterglück besingt, reagierten Leser und Kritik gleichermaßen irritiert. Es folgten »Lieben«, »Trennung« und »Kindheits Ende«, die zunehmend kritisch aufgenommen wurden. In ihren Büchern »Blaubarts Schatten« und »Ich sehe mein Kind im Traum« wandte sich die vierfache Mutter und engagierte Abtreibungsgegnerin gegen Schwangerschaftsabbrüche; 1996 konvertierte sie zum katholischen Glauben. 6. 2. 2006 München

Toelle, Tom (74), dt. Fernseh- und Theaterregisseur, studierte Geschichte und Philosophie, war dann als Regisseur tätig. Er inszenierte am Hamburger Thalia Theater und am Theater in der Josefstadt in Wien; fürs Fernsehen drehte er über 40 Filme, darunter »Der Reichstagsbrandprozess«, »Via Mala«, »Deutschlandlied« und »Der Trinker« mit Harald Juhnke in der Titelrolle. Berühmt wurde er mit dem gemeinsam mit Wolfgang Menge realisierten »Millionenspiel«, für das er 1971 den Prix Italia erhielt. Seit 1994 war er Dozent an der Filmakademie Baden-Württemberg, ab 1998 war er dort Professor für Regie / Szenischer Film. 25. 3. 2006 Berlin

Trebitsch, Gyula (91), dt. Film- und Fernsehproduzent. Nach der Handelsakademie begann der gebürtige Ungar als Volontär bei der Budapester Dependance der UFA. Seine 1936 gegründete Produktionsfirma wurde zwei Jahre später arisiert; Trebitsch musste die UFA verlassen. Nach Einsätzen im jüdischen Arbeitsdienst war er in verschiedenen Konzentrationslagern interniert, bei Kriegsende wurde er aus dem KZ Wöbbelin befreit. Gemeinsam mit Walter Koppel gründete er 1947 die Real-Film, die Klassiker wie »Keine Angst vor großen Tieren«, »Des Teufels General« und »Der Hauptmann von Köpenick« schuf. Trebitsch produzierte als einer der Ersten auch für das Fernsehen, u. a. die Serien »Diese Drombuschs« und »Die Bertinis«. Für sein Lebenswerk wurde er vielfach geehrt, zuletzt 2000 mit dem Deutschen Filmpreis in Gold. 12. 12. 2005 Hamburg

Waechter, Friedrich Karl (67), dt. Zeichner und Autor, gehörte neben Robert Gernhardt, F. W. Bernstein und Chlodwig Poth zu den Begründern der »Neuen Frankfurter Schule«; er war auch an der Gründung der beiden Satire-Magazine »Pardon« und »Titanic« beteiligt. Waechter zählte zudem zu den bekanntesten deutschen Theater- und Jugendbuchautoren, sein »Anti-Struwwelpeter« ist längst ein Klassiker, ebenso wie sein Kinder- und Jugendstück »Schule mit Clowns«. 16. 9. 2005 Frankfurt am Main

Walt, Deon van der (47), südafrikan. Sänger, zählte zu den bedeutendsten lyrischen Tenören. Der in Kapstadt geborene und seit 1988 in Zürich lebende Sänger debütierte 1985 am Royal Opera House Covent Garden in London. 1987 sang er erstmals bei den Salzburger Festspielen, trat dann an allen großen Opernhäusern der Welt auf. Seit Ende der 1980er Jahre betrieb er in der Nähe von Kapstadt ein Weingut, das von der Familie geleitet wurde. Nach einer Auseinandersetzung über die Führung des Gutes erschoss van der Walt seinen 78jährigen Vater und anschließend sich selbst. 29. 11. 2005 nahe Kapstadt

Weinberger, Caspar (88), US-Politiker, 1981–87 unter Ronald Reagan Verteidigungsminister. In dieser Funktion setzte er eine massive Aufstockung des US-Rüstungsetats durch. Weinberger, der schon unter

Richard Nixon Direktor des zum Weißen Haus gehörenden Haushaltsbüros und Minister für Gesundheit, Bildung und Wohlfahrt war, wirkte als Chef des Pentagon u. a. maßgeblich an den Plänen des SDI-Programms mit. Im Zuge der Ermittlungen in der Iran-Contra-Affäre, in der es um den illegalen Verkauf von Waffen an den Iran zur Finanzierung rechtsgerichteter Rebellen in Nicaragua ging, trat Weinberger 1987 zurück. Er wurde deshalb auch unter Anklage gestellt, jedoch kurz vor Prozessbeginn vom damaligen US-Präsidenten George Bush begnadigt. 28. 3. 2006 Bangor (Maine)

Werner, Ilse [Ilse Charlotte Still] (84), dt. Schauspielerin, Schlagersängerin und Pfeifvirtuosin. Die in Batavia, der heutigen indonesischen Hauptstadt Jakarta, geborene Werner, die ihre schauspielerische Ausbildung am Max Reinhardt-Seminar in Wien erhielt, zählte zu den großen Stars der UFA; spielte u. a. in »Wir machen Musik«, »Münchhausen« und »Große Freiheit Nr. 7«. Mit Liedtiteln wie »Sing ein Lied, wenn du mal traurig bist« und »Du und ich im Mondenschein« gehörte sie zu den beliebtesten Stars während des Zweiten Weltkriegs. Nach dem Krieg wurde sie mit einem Berufsverbot belegt, musste sich dem »Clearing-Verfahren« der amerikanischen Besatzungsmacht unterziehen. Ab den 1960er Jahren spielte sie Theater, drehte Fernsehserien und hatte ihre eigene Fernsehshow »Eine Frau mit Pfiff«. 1986 wurde sie für ihr Lebenswerk mit dem Filmband in Gold ausgezeichnet. 8. 8. 2005 Lübeck

Wiesenthal, Simon (96), österr.-israel. Architekt und Publizist und einer der bekanntesten Nazi-Verfolger. Der Überlebende der Shoah enttarnte mehr als 1100 Menschen, die an Verbrechen während der Zeit des Nationalsozialismus beteiligt waren, und führte sie der Gerichtsbarkeit zu, darunter Adolf Eichmann und Franz Stangl, der Kommandant des Konzentrationslagers Treblinka. 1961 gründete Wiesenthal in Wien ein Dokumentationszentrum zum Massenmord an den Juden; dort werden von Zeugen erhaltene Informationen ausgewertet und Karteien zu Tätern und Tatorten angelegt. 1977 nahm das nach ihm benannte »Simon Wiesenthal Center« mit Hauptsitz in Los Angeles zur Verfolgung flüchtiger Kriegsverbrecher seine Arbeit auf. 20. 9. 2005 Wien

Williams, Tookie (51), US-Ex-Bandenchef der berüchtigten »Crips-Gang« in Los Angeles, war 1981 zum Tod wegen Raubmordes verurteilt worden: bei zwei Raubüberfällen soll er 1979 vier Menschen erschossen haben. Williams, der bis zuletzt seine Unschuld beteuerte, verbrachte insgesamt 24 Jahre in der Todeszelle. Im Gefängnis hatte er sich von seiner kriminellen Vergangenheit distanziert und mehrere Bücher für Kinder und Jugendliche geschrieben, in denen er für gewaltlose Konfliktlösungen warb. Trotz weltweiter Proteste wurde das Todesurteil mit einer Giftinjektion vollstreckt, nachdem Kaliforniens Gouverneur Arnold Schwarzenegger wenige Stunden zuvor ein letztes Gnadengesuch abgelehnt hatte. 13. 12. 2005 San Quentin (Kalifornien)

Wise, Robert (92), US-Regisseur und Produzent. Wise, der sich in den 1930er Jahren vom Laufburschen beim Studio RKO erst zum Toncutter und später zum Filmschnitt hochgearbeitet hatte, drehte rd. 40 Filme unterschiedlichster Genres, darunter »Andromeda – Tödlicher Staub aus dem All«, den Gruselklassiker »Der Leichendieb« und den Monumental-Film »Der Untergang von Troja«. Weltweit bekannt wurde er mit der Verfilmung von Leonard Bernsteins »West Side Story«, die 1961 mit insgesamt zehn Oscars ausgezeichnet wurde. 14. 9. 2005 Los Angeles (Kalifornien)

Zaugg, Rémy (62), Schweizer Konzeptkünstler. Der »Philosophen-Künstler«, der Arbeiten auf Papier, Skulpturen im öffentlichen Raum, architektonische Entwürfe und urbanistische Analysen schuf, beschäftigte sich in seinen Werken mit der Wahrnehmung: dem Sehen und dem Verstehen des Gesehenen. Daneben verfasste er kunsttheoretische Texte wie »Das Kunstmuseum, das ich mir erträume. Oder Der Ort des Werkes und des Menschen.« Als Urbanist entwickelte er groß angelegte Studien. Viele Jahre arbeitete er mit den Architekten Herzog & de Meuron zusammen, mit denen er zahlreiche Projekte realisierte. Über seine künstlerische Tätigkeit hinaus war er ein anerkannter Ausstellungsmacher, u. a. organisierte er 1991 im Pariser Musée d'Art Moderne eine große Alberto Giacometti-Retrospektive. 23. 8. 2005 Basel

Probleme bei der Erstellung und Beurteilung statistischen Datenmaterials
Leserbriefe weisen manchmal auf vermeintliche Unstimmigkeiten in den Zahlenangaben des Fischer Weltalmanachs hin. Diese Differenzen resultieren meistens aus der Vielfalt der von der Redaktion benutzten Quellen. Auf einige Probleme beim Umgang mit statistischem Datenmaterial soll deshalb hier näher eingegangen werden.
Auf nationaler wie internationaler Ebene bestehen zahlreiche Institutionen, die statistische Daten ermitteln. In der Bundesrepublik ist diese Aufgabe dem Statistischen Bundesamt, den Statistischen Landesämtern und nachgeordneten Stellen übertragen. Statistische Ämter unterhalten u. a. auch die EU, OECD, Weltbank und UN. Um möglichst zuverlässige Daten über Staaten, Organisationen und Wirtschaft zu erhalten, zieht der Fischer Weltalmanach vorrangig amtliche Statistiken heran. Deshalb können die jeweiligen Bezugsjahre vor allem bei Staaten mit geringer entwickelter statistischer Infrastruktur auch länger zurückliegen. Da in vielen Staaten (auch mit hohem statistischem Erfassungs- und Bearbeitungsstand) und internationalen Organisationen unterschiedliche statistische Konzepte zugrunde liegen, ist das Datenmaterial meist nicht ohne weiteres vergleichbar. Einige Hinweise zu besonders auffälligen Abweichungen finden Sie im folgenden Glossar.

Aufgeführt werden die Quellen für die Indikatioren in den Tabellen mit den Basisdaten sowie für die Strukturdaten der Einzelstaaten.

▪ **Agglomeration (A):** Ballungsraum; darunter versteht man ein Stadtgebiet mit seinen Umlandgemeinden. Im Fall von Frankfurt kann man z. B. das Rhein-Main-Gebiet (inkl. Darmstadt, Wiesbaden, Mainz) als eine solche Agglomeration bezeichnen. International ist allerdings die Definition der Stadt und damit die Angaben zu deren Bevölkerung nicht einheitlich geregelt.

▪ **Alphabetisierungsrate (Erwachsene):** Anteil der Erwachsenen über 15 Jahre, die einen kurzen, einfachen Text ihres alltäglichen Lebens lesen, schreiben und verstehen können. Verdecktes Analphabetentum (auch in Industrieländern) erlaubt zumeist nur Schätzungen (Quelle: Weltbank).

▪ **Amtssprache:** offizielle → Sprache in einem Staat (bei Behörden, Gerichten etc.) oder einer internationalen Organisation.

▪ **Arbeitslosenquote:** amtlicher Hauptindikator für die Arbeitsmarkt- und Beschäftigungslage. Man unterscheidet die allgemeine von der speziellen Arbeitslosenquote. Letztere bezeichnet den Anteil der registrierten Arbeitslosen an der Gesamtheit aller abhängig beschäftigten Erwerbspersonen. Die allgemeine Arbeitslosenquote (die genauer als die spezielle ist) bezeichnet den Anteil der registrierten Arbeitslosen an der Gesamtheit aller Erwerbspersonen, zu der auch Selbständige und mithelfende Familienangehörige zählen.

Die hier genannte offizielle Arbeitslosenquote nach ILO berücksichtigt weder die verdeckte Arbeitslosigkeit (z. B. nicht arbeitslos gemeldete Personen) noch den Anteil der Unterbeschäftigten (Personen, die weniger als 15 Stunden in der Woche arbeiten). Für Deutschland gilt die nationale Definition, nach der die Unterbeschäftigten mitberücksichtigt werden.

▪ **Armutsgrenze:** die absolute Armutsgrenze ist definiert als Einkommens- oder Ausgabenniveau, unter dem sich die Betroffenen eine angemessene Mindesternährung und bestimmte lebenswichtige Artikel des täglichen Bedarfs nicht mehr leisten können. Die Weltbank bezeichnet Menschen, die mit weniger als 1 US-$ pro Tag um ihr Überleben kämpfen, als arm.

▪ **Ärzte** Quelle: Weltgesundheitsorganisation (WHO)

▪ **Ausländische Direktinvestitionen** → Direktinvestitionen

▪ **Auslandsschulden:** Sammelbegriff für alle kurz-, mittel- und langfristigen Verpflichtungen eines Staates gegenüber dem Ausland aus dem Handels- und Kapitalverkehr sowie aus politischen Verpflichtungen wie z. B. Reparationen (→ Staatsverschuldung).

▪ **Auslandsverschuldung:** Forderungsrechte des Auslands gegenüber einem Staat. Die hier genannte Summe schließt neben privaten und öffentlichen Krediten auch staatliche Entwicklungshilfezahlungen sowie Kredite des Internationalen Währungsfonds (IWF) und der Weltbank mit ein. Die hohe Auslandsverschuldung der Entwicklungsländer ist in den letzten Jahren zu einem auch internationalen wirtschaftspolitischem Problem geworden (Quelle: Weltbank; → Staatsverschuldung).

▪ **Außenhandel:** grenzüberschreitender Handel, wichtigster Bestandteil der Außenwirtschaft. Er umfasst Ex- und Importe von Gütern (Waren und Dienstleistungen), die in der Außenhandelsstatistik in tatsächlichen Werten erfasst werden.

▪ **Beschäftigte:** die hier genannten Zahlen entstammen der amtlichen Erwerbsstatistik oder der Sozialstatistik. Erstere erfasst alle abhängig beschäftigten Erwerbstätigen wie Angestellte, Arbeiter, Auszubildende, Beamte und Soldaten, Selbständige als Eigentümer, Pächter oder freiberuflich Tätige sowie unbezahlt arbeitende Familienmitglieder ohne Haushaltsführende. Die Sozialstatistik erfasst alle sozialversicherungspflichtig beschäftigten Arbeitnehmer.

▪ **Bevölkerung** → Einwohner

▪ **Bevölkerungsdichte:** Verhältnis der Bevölkerung eines Gebietes zur Fläche dieses Gebiets in Quadratkilometern. Diese Durchschnittszahl gibt keinen Aufschluss über die unterschiedliche Besiedlungsdichte aufgrund geographischer Gegebenheiten (unbewohnbare Gebiete) und vermittelt deshalb z. B. für Länder wie Algerien mit seinem hohen Wüstenanteil kaum Erkenntnisse.

▪ **Bevölkerungswachstum:** Anteil der Gesamtbevölkerung, um den die Bevölkerung eines bestimmten Raumes im jährlichen Schnitt wächst. Das Wachstum geht auf Geburtenüberschüsse, auf einen positiven Wanderungssaldo oder eine Kombination beider Möglichkeiten zurück. Ein negatives Wachstum bedeutet, dass die → Sterberate höher ist als die → Geburtenrate oder mehr Personen aus- als eingewandert sind.

▪ **Bildungsausgaben:** Anteil der öffentlichen Ausgaben für Bildung am → Bruttoinlandsprodukt (Quelle: Weltbank).

▪ **Binnenflüchtlinge** → Flüchtlinge

▪ **Biodiversität (auch biologische Vielfalt):** Bezeichnung für die Verschiedenheit und die Eigenart aller Tier- und Pflanzenarten ebenso für die Vielfalt an Ökosystemen wie für die gesamte genetische Vielfalt.

▪ **BIP** → Bruttoinlandsprodukt

▪ **BNE** → Bruttonationaleinkommen

▪ **Brutto(inlands)investitionen:** alle finanziellen, sachlichen und immateriellen Vermögensanlagen einer nationalen Wirtschaft zum Erhalt und Ausbau der Produktionskapazitäten (im Inland). Die Bruttoinvestitionen setzen auf dem bestehenden Anlagevermögen (Gebäude, Maschinenpark u. a.) auf und umfassen Ersatzinvestitionen (zur Aufrechterhaltung der betrieblichen Leistungsfähigkeit) und Erweiterungsinvestitionen (zum Ausbau der Produktionskapazitäten) sowie Nettoveränderungen der Inventurbestände.

▪ **Bruttoinlandsprodukt (BIP):** Wachstumsindikator für die volkswirtschaftliche Gesamtleistung eines Staates. Das BIP umfasst die Summe aller von In- und Ausländern innerhalb einer Volkswirtschaft für den Endverbrauch produzierten Güter und erbrachten Dienstleistungen. Nicht enthalten sind Abzüge für die Wertminderung von Sachkapital oder die Erschöpfung und Verminderung von Ressourcen. BIP nominal (zu laufenden Preisen) bedeutet, dass die Preise des Erhebungsjahres zugrunde gelegt werden; BIP real (zu konstanten Preisen) basiert auf den Preisen eines bestimmten Bezugsjahres; es erfasst die tatsächliche Wirtschaftsleistung besser, da zwischenzeitliche Preissteigerungen berücksichtigt werden. Die nominale Zuwachsrate eines BIP kann daher positiv sein, während sie real negativ ist.

Die Vergleichbarkeit des BIP verschiedener Staaten ist bei unterschiedlichen Wirtschaftssystemen problematisch. Eine weitere Unschärfe bringt die Umrechnung in US-$ mit, weil Wechselkursschwankungen, Kaufkraftunterschiede und Unterschiede zwischen binnenländischem und außenwirtschaftlichem Preisniveau nicht berücksichtigt sind. Ein Kursanstieg des Dollar kann dazu führen, dass das BIP in absoluten Zahlen abnimmt und dennoch real ein prozentualer Zuwachs ausgewiesen wird. Schließlich erfasst das BIP nicht die in der → Schattenwirtschaft erbrachten Leistungen (→ Bruttonationaleinkommen) (Quelle: Weltbank).

In Deutschland ist durch die Revision 2005 der Volkswirtschaftlichen Gesamtrechnung (Umsetzung der europäischen Rechtsvorschriften) ein neues Verfahrung zur Berechnung des BIP eingeführt worden: Die bisherige Festpreisbasis wurde zugunsten einer jährlich wechselnden Vorjahrespreisbasis aufgegeben.

▪ **Bruttonationaleinkommen (BNE) (auch Bruttosozialprodukt):** jährliche von den Bürgern eines Staates erbrachte volkswirtschaftliche Gesamtleistung. Sie setzt sich zusammen aus dem BIP sowie den von Inländern im Ausland aus Arbeit und Kapital erwirtschafteten Einkommen, abzüglich der von Ausländern im Inland bezogenen Einkommen. Leistungen und Güter, die in Privathaushalten oder durch → Schattenwirtschaft oder → Subsistenzwirtschaft erbracht werden, bleiben unberücksichtigt (→ Bruttoinlandsprodukt) (Quelle: Weltbank).

▪ **Bruttonationaleinkommen (BNE) pro Kopf:** absoluter Betrag des BNE geteilt durch die Einwohner eines Staates. Ein im Vergleich zu Industriestaaten niedriger Betrag kennzeichnet ein Land als wirtschaftlich unterentwickelt, gibt aber nur begrenzt Auskunft über die tatsächliche Lage. Von höherer Aussagekraft ist das reale BNE pro Kopf in PPP-$ (→ Kaufkraftparität) (Quelle: Weltbank).

▪ **Bruttosozialprodukt (BSP)** → Bruttonationaleinkommen

▪ **Codes (Länderkürzel):** Im Staatenkopf wird der Zwei- bzw. Drei-Buchstaben-Code nach DIN EN ISO 3166–1 aufgeführt.

▪ **Dienstleistungen:** immaterielle Güter bzw. wirtschaftliche Leistungen, bei denen Produktion und Verbrauch zeitlich zusammenfallen und die daher nicht übertragbar, lagerfähig und transportierbar sind (z. B. Arzt-, Bank- oder Handelsleistungen). Im Außenhandel versteht man unter Dienstleistungen alle wirtschaftlichen Leistungen, die nicht durch den Warenverkehr bedingt sind (z. B. Deviseneinnahmen und -ausgaben). Dienstleistungen entstehen auch aus der Warenbewegung selbst (z. B. Frachten, Provisionen, Versicherungen).

▪ **Direktinvestitionen, ausländische:** Kapitalanlagen im Ausland durch Erwerb von direkten Eigentumsrechten an Immobilien, Auslandsniederlassungen, Geschäftsanteilen, Unternehmen und Tochterunternehmen sowie Reinvestitionen aus Direktinvestitionen (Quelle: Weltbank).

▪ **Einschulungsrate (bereinigt):** Anteil der eingeschulten Schüler und Schülerinnen in % des Bevölkerungsanteils der für die jeweilige Bildungsstufe relevanten Altersgruppe (Quelle: Weltbank).

- **Einwohner:** bezeichnet alle in einer Stadt, einem Gebiet, Land oder Staat wohnenden, d. h. im Wesentlichen ständig anwesenden, Menschen. Diese Definition schließt in einem Staat ständig wohnende Ausländer mit ein. Statistische Probleme entstehen aus unterschiedlichen Definitionen der Wohnbevölkerung und verschiedenen Berechnungsmethoden der Fortschreibung. Es werden – sofern vorhanden – angegeben: die Ergebnisse der zuletzt durchgeführten Volkszählung (mit → Z gekennzeichnet) sowie eine aktuellere Fortschreibung (→ F), die auf der Basis der letzten Zählung unter Berücksichtigung der → Geburten- und → Sterberate ermittelt wird. Schätzungen (→ S) sind nur Annäherungswerte mit hoher Fehlerquote. Wenn nicht anders angegeben, beziehen sich die Angaben auf die Jahresmitte. Hinter der Einwohnerangabe ist in Klammern die Rangstelle innerhalb der bis 1. 8. 2006 unabhängigen Staaten (außer Vatikanstadt) angegeben (Quelle: Weltbank).
- **Energieverbrauch:** gemessen wird der Energieverbrauch in Öleinheit (ÖE) (auch Rohöleinheit (RÖE) 1 kg ÖE = 42 000 kJ (Kilojoule) = 10 000 kcal (Kilokalorien) = 1,4 SKE kg (Quelle: Weltbank).
- **Entwicklungshilfe** Quelle: Weltbank
- **Erneuerbare Energien:** Energiequellen, die sich durch natürliche Prozesse ständig erneuern (Wind, Wasserkraft, Sonne, Biomasse).
- **Erwerbspersonen:** zusammenfassende Bezeichnung für → Erwerbstätige und Erwerbslose (registrierte und nicht registrierte Arbeitslose).
- **Erwerbstätige:** Erwerbspersonen, die eine unmittelbar oder mittelbar auf Erwerb gerichtete Tätigkeit ausüben. Dazu zählen Selbständige, abhängige Erwerbstätige und mithelfende Familienangehörige.

  Statistiken unterscheiden nicht immer eindeutig zwischen Erwerbstätigen, Erwerbspersonen und Beschäftigten. Die Zuordnung zu den einzelnen Sektoren ist (ähnlich wie beim → BIP) nicht einheitlich (»informeller Erwerbssektor«).
- **F (Fortschreibung):** im weiteren Sinne in der amtlichen Statistik die Weiterführung eines statistischen Verzeichnisses (→ Einwohner).
- **Fläche:** Landgebiet und Binnengewässer. Angaben können aus mehreren Gründen erheblich schwanken: je nach Quelle (Weltbank, UN, nationale statistische Jahrbücher) unterschiedliche Zuordnung politisch umstrittener Gebiete, unterschiedliche Abgrenzung von Binnengewässern, Neuvermessungen, Rundungsfehler u. ä. Hinter der Flächenangabe ist in Klammern die Rangstelle innerhalb der bis 1. 8. 2006 unabhängigen 194 Staaten angegeben.
- **Flüchtlinge:** Menschen, die ihr Heimatland verlassen haben, weil sie dort wegen ihrer Rasse, Religion, Nationalität oder politischen Überzeugung verfolgt werden oder vor Kriegen geflohen sind. Als Binnenflüchtlinge werden Menschen bezeichnet, die in ihren Landesgrenzen bleiben, aber vor Bürgerkriegen, Naturkatastrophen oder Umweltschäden aus ihren Heimatorten geflüchtet sind. (Quelle: Weltbank; in der Basistabelle werden unter den Herkunftsländern Flüchtlinge über 10 000 aufgeführt.)
- **Fruchtbarkeitsrate (insgesamt):** durchschnittliche Zahl von Kindern, die eine Frau im Laufe ihres Lebens lebend gebären würde, wenn sie in jeder Altersstufe in Übereinstimmung mit der altersspezifischen Fruchtbarkeitsrate Kinder zur Welt bringen würde (Quelle: Weltbank).
- **Geburtenrate:** jährliche Anzahl der Geburten pro 1000 Einwohner; bestimmt zusammen mit der → Sterberate die Rate des → Bevölkerungswachstums (Quelle: Weltbank).
- **Gesamte Auslandsverschuldung:** das Schuldenberichtssystem der Weltbank versteht darunter die Summe aller öffentlichen, öffentlich garantierten, privaten nicht garantierten langfristigen Auslandsschulden, der kurzfristigen Schulden und der in Anspruch genommenen IWF-Kredite.
- **Gesundheitsausgaben** Quelle: Weltgesundheitsorganisation (WHO)
- **HDI (Human Development Index, Index menschlicher Entwicklung):** 1990 vom UNDP erstmals benutzter Indikator für den Entwicklungsstand eines Staates. Der HDI setzt sich zusammen aus der Lebenserwartung bei Geburt, dem Alphabetisierungsgrad der Erwachsenen und der realen Kaufkraft pro Kopf.
- **Inflationsrate:** Messzahl für die Geschwindigkeit der Preissteigerung. Sie wird für einen definierten Zeitraum (in der Regel 1 Jahr / 5 Jahre / 10 Jahre) berechnet, indem der BIP-Wert in laufenden Preisen durch den BIP-Wert in konstanten Preisen in der jeweiligen nationalen Währung dividiert wird. Abweichungen ergeben sich durch unterschiedliche »Warenkörbe« als Berechnungsgrundlage (Quelle: nationale Statistische Ämter, bfai).
- **Kaufkraftparität (PPP-$):** internationale Kaufkraft der Währung eines Landes. Sie gibt an, wie viel Einheiten der jeweiligen Währung erforderlich sind, um den gleichen repräsentativen Waren- und Dienstleistungskorb zu kaufen, den man für 1 US-$ in den USA erhalten könnte.
- **Kindersterblichkeit(srate):** Anteil der Kinder, die im Zeitraum von der Geburt bis zum fünften Lebensjahr sterben, bezogen auf 1000 Lebendgeburten (Quelle: Weltbank).
- **Lebenserwartung bei der Geburt:** Anzahl der Jahre, die ein Neugeborenes leben würde, wenn die bei seiner Geburt bestehenden Lebensumstände und Sterblichkeitsraten während seines ganzen Lebens unverändert blieben (Quelle: Weltbank).
- **Leistungsbilanz:** Teil der Zahlungsbilanz eines Staates. Sie erfasst den Export und Import von Waren (Handelsbilanz), von Dienstleistungen aus den Berei-

chen Reiseverkehr, Transport- und Versicherungsleistungen und Kapitalerträgen (Dienstleistungsbilanz) sowie die geleisteten und empfangenen privaten und öffentlichen Übertragungen, also Überweisungen von ausländischen Arbeitnehmern in ihre Heimatländer, Beiträge an internationale Organisationen oder Entwicklungshilfe (Übertragungsbilanz).

▪ **Lohnnebenkosten:** Arbeitgeberanteil zur Sozialversicherung (Renten-, Kranken-, Pflege- und Arbeitslosenversicherung); wird im Zusammenhang mit der Standortdiskussion der Industrie als Begründung für die Abwanderung von Unternehmen in Billiglohnländer angeführt. Infrastruktur und Produktivität bleiben dabei unberücksichtigt (Arbeitskosten).

▪ **Militär** Quelle für Anzahl der Soldaten und Militärausgaben: Bonn International Center for Conversion

▪ **Name des Staates:** → Staatennamen

▪ **Nationaleinkommen:** → Bruttonationaleinkommen

▪ **Nationalfeiertag:** Angaben nach der Liste der diplomatischen Missionen in der Bundesrepublik Deutschland.

▪ **Parlament:** die aufgeführte Sitzverteilung der Parteien gibt das Ergebnis der letzten Wahl wieder. Zwischen Wahlen stattfindende Parteiwechsel von Abgeordneten, Parteiumbenennungen oder -neugründungen werden nicht berücksichtigt. In Klammern werden die Ergebnisse der vorhergehenden Wahl aufgeführt. Bei starken Veränderungen im Parteienspektrum entfällt der Vergleich, oder die Ergebnisse der vorhergehenden Wahl werden gesondert genannt.

▪ **PPP-$:** Purchasing Power Parity → Kaufkraftparität

▪ **Privater Verbrauch:** Marktwert aller zum Ge- und Verbrauch bestimmten Waren und Dienstleistungen, die von privaten Haushalten und gemeinnützigen Einrichtungen zur Befriedigung des Konsumbedürfnisses gekauft werden oder die diese als Sacheinkommen erhalten.

▪ **Rangstelle:** Im Juli 2006 gibt es – bei getrennter Zählung der politisch geteilten Staaten China und Korea – insgesamt 194 Staaten. Diese Gesamtzahl ist maßgebend für die Rangstelle bei der Fläche. Bei der Rangstelle der Einwohnerzahlen wird von 193 Staaten ausgegangen. Ausgenommen ist die Vatikanstadt.

▪ **Realeinkommen:** preisbereinigtes, d. h. um die Geldentwertungsrate verringertes Nominaleinkommen, das als Indikator für die tatsächliche Kaufkraft des Einkommens dient. Bei einer Inflationsrate von 5 % und einer Steigerung des Nominaleinkommens um 3 % sinkt das Realeinkommen um 2 %.

▪ **Religion:** Angaben zu den wichtigsten religiösen Bekenntnissen. Da solche Daten bei Volkszählungen nicht immer (oder gar nicht) erfasst werden, sind nicht immer aktuelle und verlässliche Angaben zu erhalten. Die Angaben beruhen überwiegend auf Schätzungen. Da Personen auch mehreren Religionsgemeinschaften angehören können, kann die Summe der Prozentangaben 100 überschreiten.

▪ **S (Schätzung):** ungefähre Angaben, die nicht auf einer kontinuierlichen statistischen Erfassung basieren (→ Einwohner).

▪ **Säuglingssterblichkeit(srate):** Anzahl der Säuglinge pro Jahr, die zwischen Geburt und erstem Lebensjahr sterben, bezogen auf 1000 Lebendgeburten (Quelle: Weltbank).

▪ **Schattenwirtschaft:** alle wirtschaftlichen Tätigkeiten, die nicht in die Berechnung des → BNE eingehen. Dazu gehören: Nachbarschaftshilfe, Schwarzarbeit, Alternativökonomie, Selbstversorgung und kriminelle Wirtschaftsaktivitäten. Der Anteil der Schattenwirtschaft am BNE kann nicht exakt ermittelt werden. Das statistische Bild einer Volkswirtschaft entspricht daher nicht den realen Verhältnissen, was zu politischen Fehlentscheidungen und Einbußen an Steuereinnahmen führt.

▪ **Schul-/Universitätsbesuch:** durchschnittliche Anzahl der Jahre, die ein Mensch in der Schule (Grundschule, weiterführende Schule) und Universität verbringt einschließlich Wiederholungsjahre (Quelle: UNICEF).

▪ **Schuldendienst:** Höhe der Zins- und Tilgungsleistungen, die ein verschuldetes Land jährlich an private und öffentliche Kreditgeber im Ausland zu transferieren hat (in der Regel in einer Hartwährung wie US-$, d. h. in Devisen).

▪ **Sozialhilfe:** in Deutschland öffentliche Hilfeleistung, die bedürftige Einwohner in Anspruch nehmen können, um ihnen ein Leben zu ermöglichen, das der Würde des Menschen entspricht. Seit dem 1. 1. 2005 hat das Arbeitslosengeld II die Arbeitslosenhilfe und Sozialhilfe für Erwerbsfähige und deren Angehörige ersetzt. Sozialhilfe erhalten nur noch Erwerbsunfähige auf Zeit, Vorruheständler mit niedriger Rente, längerfristig Erkrankte und hilfebedürftige Kinder mit selbst nicht hilfebedürftigen Eltern.

▪ **Sozialleistungen:** in Deutschland alle Geld- und Sachleistungen, die privaten Haushalten oder Einzelpersonen vom Staat bzw. von öffentlich-rechtlichen Körperschaften oder von Unternehmen zur Deckung bestimmter sozialer Risiken und Bedürfnisse gewährt werden. Sie dienen der sozialen Absicherung gegenüber Risiken, dem Familienleistungsausgleich sowie anderen sozialpolitischen Aufgaben wie der Jugendhilfe oder der Unterstützung Behinderter. Finanziert werden sie im wesentlichen durch Beiträge der Versicherten und der Arbeitgeber sowie durch Zuweisungen des Staates

▪ **Sprachen:** neben der → Amtssprache die wichtigsten gesprochenen Sprachen, wobei in einigen afrikanischen und asiatischen Ländern nur Sprachengruppen angegeben werden. Verlässliche und aktuelle Angaben sind für kaum ein Land zu erhalten.

▪ **Staatennamen:** offizielle deutsche Bezeichnung nach Angaben des Auswärtigen Amtes und – falls vorhanden – weitere gebräuchliche Bezeichnungen sowie die offizielle Bezeichnung in der/den offiziellen Landessprache(n).

- **Staatsverschuldung:** Schulden der Gebietskörperschaften (Bund, Länder, Gemeinden).
- **Städte:** genannt wird zuerst die inländische Schreibweise, in Klammern folgt die in deutschsprachigen Zeitungen übliche Schreibweise. Die Reihenfolge richtet sich nach der Einwohnerzahl.
- **Städtische Bevölkerung:** Anteil der Bevölkerung in städtischen Gebieten entsprechend der nationalen Definition für die zuletzt durchgeführte Volkszählung. Da es international keine einheitliche Definition gibt, sind diese Angaben meist Schätzungen (Quelle: Weltbank).
- **Sterberate:** jährliche Anzahl der Todesfälle pro 1000 Einwohner; bestimmt zusammen mit der → Geburtenrate die Rate des → Bevölkerungswachstums (Quelle: Weltbank).
- **Subsistenzwirtschaft:** landwirtschaftliche Produktionsform, die der Eigenversorgung dient und nicht in den Geldkreislauf (und in die Berechnung des → BNE) eingeht. Die Subsistenzwirtschaft wird inzwischen dem informellen Sektor zugewiesen.
- **Volkseinkommen:** auch Nettonationaleinkommen zu Faktorkosten oder Nettoinländereinkommen; die Summe aller von Inländern im Laufe eines Jahres aus dem In- und Ausland bezogenen Erwerbs- und Vermögenseinkommen (Löhne, Gehälter, Zinsen, Mieten, Pachten, Vertriebsgewinne). Es entspricht der in Geld ausgedrückten Summe aller produzierten Güter und Dienstleistungen einer Volkswirtschaft, die verbraucht, investiert oder gegen ausländische Erzeugnisse eingetauscht wurden. Das Volkseinkommen ist eine zentrale Größe der Volkswirtschaftlichen Gesamtrechnungen.
- **Wahlen** → Parlament
- **Währung:** innerhalb eines Staates das durch Gesetz (Geldverfassung) bestimmte Geldsystem. Es hat sich eingebürgert, national von Geldeinheit, international von Währungseinheit zu sprechen. Angegeben sind die Kurse für den Verkauf der jeweiligen Währung, die ausschließlich auf Angaben der Deutschen Bundesbank basieren (Stand: Juni 2006, wenn nicht anders angegeben).
- **Z (Zählung):** in der amtlichen Statistik die Ergebnisse der letzten Volkszählung (→ Einwohner).
- **Zahlungsbilanz:** wertmäßige Gegenüberstellung aller außenwirtschaftlichen Transaktionen während einer bestimmten Periode (→ Leistungsbilanz).
- **Zugang zu Sanitäreinrichtungen:** Anteil der Bevölkerung mit angemessenem Zugang zu hygienischer Beseitigung von Exkrementen und Abfällen, einschließlich Latrinen im Freien und Kompostierung (Quelle: Weltbank).
- **Zugang zu Trinkwasser:** Anteil der Bevölkerung, der in einer Entfernung von höchstens 15 Gehminuten angemessenen Zugang zu gesundheitlich unbedenklichem Wasser hat. Dazu gehört behandeltes Oberflächenwasser oder unbehandeltes, nicht verschmutztes Wasser aus Quellen, sauberen Brunnen und geschützten Bohrlöchern (Quelle: Weltbank).

Weltregionen

Afrika südlich der Sahara: Angola, Äquatorialguinea, Äthiopien, Benin, Botsuana, Burkina Faso, Burundi, Elfenbeinküste, Eritrea, Gabun, Gambia, Ghana, Guinea, Guinea-Bissau, Kamerun, Kap Verde, Kenia, Komoren, Kongo (DR), Kongo (Rep.), Lesotho, Liberia, Madagaskar, Malawi, Mali, Mauritanien, Mauritius, Mayotte, Mosambik, Namibia, Niger, Nigeria, Ruanda, Sambia, São Tomé und Príncipe, Senegal, Seychellen, Sierra Leone, Simbabwe, Somalia, Südafrika, Sudan, Swasiland, Tansania, Togo, Tschad, Uganda, Zentralafrikanische Republik

Naher Osten und Nordafrika: Ägypten, Algerien, Dschibuti, Irak, Iran, Jemen, Jordanien, Libanon, Libyen, Marokko, Oman, Palästinensische Gebiete, Saudi-Arabien, Syrien, Tunesien

Südasien: Afghanistan, Bangladesch, Bhutan, Indien, Malediven, Nepal, Pakistan, Sri Lanka

Ostasien und Pazifik: Amerikanisch-Samoa, China (VR), Fidschi, Indonesien, Kambodscha, Kiribati, Korea (DVR), Laos, Malaysia, Marshallinseln, Mikronesien, Mongolei, Myanmar, Nördliche Marianen, Palau, Papua-Neuguinea, Philippinen, Salomonen, Samoa, Thailand, Timor-Leste, Tonga, Vanuatu, Vietnam

Lateinamerika und Karibik: Antigua und Barbuda, Argentinien, Barbados, Belize, Bolivien, Brasilien, Chile, Costa Rica, Dominica, Dominikanische Republik, Ecuador, El Salvador, Grenada, Guatemala, Guyana, Haiti, Honduras, Jamaika, Kolumbien, Kuba, Mexiko, Nicaragua, Panama, Paraguay, Peru, St. Kitts und Nevis, St. Lucia, St. Vincent und die Grenadinen, Suriname, Trinidad und Tobago, Uruguay, Venezuela

Europa und Zentralasien: Albanien, Armenien, Aserbaidschan, Bosnien und Herzegowina, Bulgarien, Estland, Georgien, Kirgisistan, Kroatien, Lettland, Litauen, Mazedonien, Moldau, Polen, Rumänien, Russland, Serbien und Montenegro, Slowakei, Tadschikistan, Tschechische Republik, Türkei, Turkmenistan, Ukraine, Ungarn, Usbekistan, Weißrussland

Am wenigsten entwickelte Länder (nach UN): Afghanistan, Angola, Äquatorialguinea, Äthiopien, Bangladesch, Benin, Bhutan, Burkina Faso, Burundi, Dschibuti, Eritrea, Gambia, Guinea, Guinea-Bissau, Haiti, Jemen, Kambodscha, Kap Verde, Kiribati, Komoren, Kongo (DR), Laos, Lesotho, Liberia, Madagaskar, Malawi, Malediven, Mali, Mauretanien, Mosambik, Myanmar, Nepal, Niger, Ruanda, Salomonen, Sambia, Samoa, São Tomé und Príncipe, Senegal, Sierra Leone, Somalia, Sudan, Tansania, Timor-Leste, Togo, Tschad, Tuvalu, Uganda, Vanuatu, Zentralafrikanische Republik

Sachregister

■ = Karte
▲ = Tabelle
● = Grafik

Personenregister

■ = Foto